Curso de
Direito Processual Penal

Nestor Távora
Rosmar Rodrigues Alencar

Curso de **Direito Processual Penal**

14ª edição
revista, atualizada e ampliada

2019

EDITORA *Jus*PODIVM
www.editorajuspodivm.com.br

EDITORA
*Jus*PODIVM
www.editorajuspodivm.com.br

Rua Território Rio Branco, 87 – Pituba – CEP: 41830-530 – Salvador – Bahia
Tel: (71) 3045.9051
• Contato: https://www.editorajuspodivm.com.br/sac

Diagramação: Ideia Impressa *(ideiaimpressadesign@gmail.com)*

Capa: Ana Caquetti

T231c Távora, Nestor
Curso de direito processual penal / Nestor Távora, Rosmar Rodrigues Alencar – 14. ed. rev. e atual. – Salvador: Ed. JusPodivm, 2019.
1.888 p.

Bibliografia.
ISBN 978-85-442-2548-6.

1. Direito processual. 2. Direito processual penal. I. Título.

CDD 341.43

Nota à 14ª edição

É com grande satisfação que apresentamos ao leitor a 14ª Edição do *Curso de Direito Processual Penal*, amplamente revisada e atualizada. O nosso compromisso didático é mais uma vez reafirmado, com a abordagem dos assuntos de maneira completa, sem, contudo, exceder em extensão.

O desenvolvimento dos capítulos, com linguagem clara, precisa e convidativa, segue sendo nossa principal meta, para que a leitura flua de maneira agradável e a compreensão do assunto seja obtida, com melhor aproveitamento de tempo que a modernidade exige.

Nosso propósito é que professores, profissionais das carreiras jurídicas, juristas, acadêmicos de direito, candidatos a concursos jurídicos e os interessados no processo penal encontrem o material necessário e seguro para seus objetivos.

A grande receptividade das edições passadas, que rapidamente se esgotaram, depois de sucessivas tiragens, deu-nos fôlego para continuarmos com o método que escolhemos para otimização de resultados.

Seguimos com a divisão do livro em capítulos, cujo conteúdo é formado por exposição doutrinária, quadro sinóptico, súmulas da jurisprudência e informativos do STF e STJ, bem como questões atuais de concursos públicos.

Além das questões objetivas, trazemos questões discursivas comentadas, extraídas de concursos públicos estaduais e federais para ingresso nos cargos de magistrado, de membro do Ministério Público, de membro da Defensoria Pública e de delegado de polícia, reunidas em cada capítulo. A aprendizagem é, desse modo, complementada com o desenvolvimento da capacidade do leitor de resolver problemas práticos forenses que são explorados nesses certames.

A 14ª edição vem atualizada de acordo com súmulas e legislação que repercutiram recentemente no Direito Processual Penal, especialmente:

a) Lei 13.804/2019 - Medidas cautelares restritivas à habilitação para dirigir;

b) Lei 13.793/2019 - Exame de documentos por advogado;

c) Lei 13.774/2018 – Modificação da organização da Justiça Militar da União;

d) Lei 13.772/2018 – Violência doméstica por violação a intimidade da mulher;

e) Lei 13.771/2018 – Majorantes do feminicídio;

f) Lei 13.769/2018 – Substituição da prisão preventiva por prisão domiciliar da mulher gestante ou responsável por crianças ou pessoas com deficiência;

g) Lei 13.728/2018 – Contagem de prazos na Lei nº 9.099/1995;

h) Lei 13.721/2018 – Prioridade de exame de corpo de delito em casos de violência doméstica;

i) Lei 13.718/2018 – Modifica a ação penal nos crimes contra a dignidade sexual;

j) Lei 13.642/2018 – Acrescenta atribuição à Polícia Federal no que concerne à investigação de crimes praticados por meio da rede mundial de computadores;

k) Lei 13.608/2018 – Prevê noticiante anônimo (*whistleblower*);

l) Lei 13.603/2018 – Princípio da simplicidade na Lei nº 9.099/1995;

m) Decreto nº 9.586/2018 – Política de proteção contra a violência doméstica;

n) Resoluções-CNMP 181/2017 e 183/2018 – Acordo de não persecução penal.

o) Enunciados das Súmulas 599, 600, 604, 606, 607 e 617 do Superior Tribunal de Justiça.

Atentos à evolução da jurisprudência do Supremo Tribunal Federal e do Superior Tribunal de Justiça, o livro vem sendo reescrito e reestruturado de forma analítica, de acordo com a legislação comum, especial e, sobretudo, em compasso com a Constituição de 1988. Objetiva-se facilitar o acesso ao conhecimento do novo Direito Processual Penal que vem se construindo, trazendo para a obra assuntos que se interpenetram.

Como nos preocupamos com a necessidade de conferir, ao processo penal brasileiro, o seu papel de escudo da democracia, apresentamos, ao lado da dogmática – indispensável ao alicerce do conhecimento da matéria –, também reflexões próprias de estudos críticos, aptas a potencializar aqueles conteúdos e a fortalecer a estrutura de garantias da nossa disciplina, ainda que diante de seguidas tentativas de desviá-la de sua função mais autêntica. O leitor encontrará os diversos entendimentos, de variadas correntes doutrinárias e jurisprudenciais. No entanto, perceberá o nosso posicionamento de enfrentamento a práticas autoritárias e de deferência à Constituição.

Agradecemos a todos pela generosa acolhida e, em especial, aos nossos alunos pelas sugestões e *e-mails* por nós recebidos. Esse feedback é fundamental para conferir papel pragmático ao livro, ao lado do seu teor teórico. Rogamos que não poupem críticas, que podem ser enviadas à Editora. Continuamos, assim, com a ideia que inspirou o Curso desde seu primeiro momento, qual seja, a de ser fonte atualizada dos estudos do Direito Processual Penal.

NESTOR TÁVORA | **ROSMAR RODRIGUES ALENCAR**

Prefácio

O Brasil vive hoje tempos de inquietação e, talvez por isso mesmo, de efervescência acadêmica. No entanto, nem sempre as razões ou as motivações têm a mesma origem. No mundo, vasto mundo, do Direito, muitos são os interesses que movimentam a respectiva produção literária, e bem assim a denominada produção científica.

Não temos rubores em nos referir à natureza científica da produção, e, tampouco, de ajuntar a ela expressão designativa de um certo tipo de saber/conhecimento, outras e ainda mais específicas características, tais as hipóteses da metodologia e da técnica. Pode-se não acreditar em nenhum tipo de conhecimento verdadeiro, como sói ocorrer hoje nos bastidores das Academias Brasileiras, nas quais afora o reconhecimento da primazia do papel desempenhado pelos Direitos Humanos na epistemologia jurídica, tudo o mais parece permanentemente incerto. Mas, ainda assim, a precariedade de todo conhecimento não pode obscurecer as vantagens da técnica e da metodologia do ensino e da pesquisa. Se é verdade que não existe o método para a definição do método científico, também é igualmente verdadeira a conclusão no sentido de que aquele que tem por precária toda ciência deve submeter à dúvida a própria afirmação.

Mas, a propósito de quê, tudo isso?

Trata-se do seguinte: em um ambiente acadêmico ou profissional verdadeiramente democrático, os destinos e os propósitos pessoais de cada um devem ser recebidos com a mesma atenção que dedicamos àqueles (propósitos) que reputamos os melhores. No Brasil, verifica-se, com pesar, que as obras jurídicas de maior abrangência temática, geralmente dirigidas a um público não exatamente, ou não necessariamente, interessado nas mesmas problematizações de boa parte dos grupos de pesquisa das Universidades, geralmente não recebem o tratamento destinado às produções integradas às diversas linhas de pesquisa. Evidentemente, obras didáticas têm perfil diferente das investigações monográficas. Mas nada justifica a atitude de desconfiança, a desigualdade de tratamento, de preconceito, enfim, fundada unicamente na escolha temática do autor.

Esse é um trabalho didático. Cuida de abordar o processo penal brasileiro, tarefa essa a exigir fôlego, dedicação e prudência, sobretudo porque destinada a abranger uma grande área do conhecimento jurídico.

E é uma obra destinada a quem quer que se disponha a conhecer o processo penal brasileiro, seja aluno, seja profissional do Direito (advogado, juiz, membro do Ministério Público, delegado etc.), seja aluno de curso preparatório, seja, enfim e também, pesquisador acadêmico.

Seus autores, ao contrário de tantos outros (a corrida pela reprodução de literatura jurídica é alarmante!), acumulam conhecimentos teóricos, como é obvio, mas também aliados à práxis do Direito e do Processo Penal, seja no foro do magistério seja no foro judiciário. Tais experiências nos parecem indispensáveis à boa e comprometida reflexão. Quem pensa que o universo dos cursos preparatórios destinados aos concursos públicos não oferece espaço para a reflexão mais aprofundada está fora de seu tempo. Pior: pode estar com a visão obscurecida pela busca de uma excelência acadêmica que sequer é privativa das academias.

O processo penal brasileiro não é mais o mesmo do texto, puro e simples, do Código de Processo Penal.

Desde a Constituição da República, em 1988, o aprofundamento constitucional das questões ligadas às garantias individuais é fato consumado e indiscutível. A visão garantista do processo penal não é mais novidade, e, pelo menos no mundo acadêmico, nem é mais minoria. Basta ver também a maior parte das decisões emanadas de nossos Tribunais Superiores, para ficarmos apenas com o Superior Tribunal de Justiça e com a Suprema Corte, revelando a introjeção, na jurisprudência, da necessidade de uma mais efetiva tutela das liberdades públicas.

Por outro lado, a pauta garantista, e como não poderia deixar de ser, não garante (escolha proposital) interpretações idênticas sobre a extensão de cada garantia constitucional, tampouco unidade ou uniformidade de propósitos quanto à aplicação do Direito. Enquanto a prática do Direito continuar sendo obra humana, continuaremos a encontrar (visões de) humanidades distintas; mas, nem por isso, arbitrárias ou não garantistas, quando divergentes da nossa leitura. É dizer: muitas são as interpretações até mesmo do sentido de humanidade, quando não da melhor maneira de promover a realização dos direitos humanos. Para não irmos longe: nossa Constituição, que é eminentemente garantista, contempla a proteção penal dos direitos humanos, o que, para aqueles que professam o abolicionismo penal pode parecer inaceitável, se e desde que com os olhos postos unicamente no sistema penitenciário ainda em curso.

Nestor e Rosmar são também garantistas. Veem o processo penal sob as exigências constitucionais do devido processo legal, daí porque, por exemplo, sustentam que, ao menos em tese, o Ministério Público há de ser imparcial, a ele incumbindo a defesa da ordem jurídica. Nesse sentido, na configuração de um processo com tais características, não se pode pensar em um Ministério Público acusador. Dizer que o "uso do cachimbo (acusar) pode fazer a boca torta (acusador)" tanto pode ser verdadeiro quanto falso, na prática, tudo a depender da experiência humana envolvida. No plano da filosofia, a afirmação equivaleria ao equívoco da falácia naturalista...

No entanto, a concepção garantista do trabalho, que rigorosamente tem essas feições, não implica a deslegitimação permanente do processo penal, como se vê por aí em muitos estudos, e, pior, nem sempre com motivações acadêmicas – embora assim intitulados.

A obra, como logo verá o leitor, é didática, mas não é superficial; é original em muitos aspectos, mas respeita a divergência, e, mais que isso, faz questão de registrar o pensamento divergente, permitindo, com isso, que o leitor possa fazer livremente a sua escolha teórica.

Não há muito a se dizer sobre um trabalho que tem por objeto uma área de conhecimento tão grande como acontece com os chamados Manuais de Direito, na medida em que não se trata de uma tese ou de um estudo monográfico, com maior ênfase na verticalidade do aprofundamento temático. Nada obstante, pode-se deixar assentadas duas questões essenciais, a saber:

a) a estrutura do trabalho é constitucional, dialogando, portanto, com a interpretação jurídica contemporânea, e

b) o trabalho tem compromisso com o leitor, permitindo uma interlocução de acordo com os interesses, acadêmicos ou profissionais, de cada um. E isso, a nosso aviso, não é pouco.

EUGÊNIO PACELLI DE OLIVEIRA

Mestre e Doutor em Direito.
Professor da Escola Superior do Ministério Público da União.

Sumário

CAPÍTULO I
LINHAS INTRODUTÓRIAS

1. Direito Processual Penal ... 45
   1.1. Conceito e finalidade ... 45
   1.2. Características ... 46
   1.3. Posição enciclopédica ... 47
2. Entendendo o Tema ... 47
   2.1. Interesse ... 47
   2.2. Pretensão ... 48
   2.3. Lide ... 48
   2.4. Ação ... 49
      2.4.1. Noção ... 49
      2.4.2. Teorias da Ação ... 50
   2.5. Processo ... 51
      2.5.1. Procedimento (aspecto objetivo do processo) ... 51
      2.5.2. Relação jurídica processual (aspecto subjetivo do processo) ... 51
      2.5.3. Natureza jurídica do processo ... 52
3. Sistemas Processuais ... 54
   3.1. Sistema inquisitivo ... 54
   3.2. Sistema acusatório ... 55
   3.3. Sistema misto ou acusatório formal ... 56
4. Fontes ... 57
   4.1. Conceito ... 57
   4.2. Classificação ... 57
      4.2.1. Fonte de produção ou material ... 57
      4.2.2. Fonte formal ou de cognição ... 58
5. Analogia ... 59
   5.1. Conceito ... 59
   5.2. Espécies ... 59
      5.2.1. Analogia *legis* ... 60
      5.2.2. Analogia *juris* ... 60
   5.3. Aplicação subsidiária do CPC/2015 ... 60
6. Interpretação da Lei Processual ... 61
   6.1. Quanto à origem ou ao sujeito que a realiza ... 62
      6.1.1. Autêntica ou legislativa ... 62
      6.1.2. Doutrinária ou científica ... 62
      6.1.3. Judicial ou jurisprudencial ... 62

6.2. Quanto ao modo ou aos meios empregados 63
6.2.1. Literal, gramatical ou sintática 63
6.2.2. Teleológica 63
6.2.3. Lógica 63
6.2.4. Histórica 63
6.2.5. Sistemática 63
6.3. Quanto ao resultado 63
6.3.1. Declarativa 63
6.3.2. Restritiva 63
6.3.3. Extensiva ou ampliativa 64
6.3.4. Progressiva, adaptativa ou evolutiva 64
7. A Lei Processual Penal no tempo 64
7.1. Sistema da unidade processual 64
7.2. Sistema das fases processuais 64
7.3. Sistema do isolamento dos atos processuais 65
8. A Lei Processual Penal no espaço 66
9. Princípios Processuais Penais 69
9.1. Princípio da presunção de inocência ou da não culpabilidade 69
9.2. Princípio da imparcialidade do juiz 73
9.3. Princípio da igualdade processual (princípio da paridade de armas e sua distinção) 74
9.4. Princípio do contraditório ou bilateralidade da audiência 75
9.5. Princípio da ampla defesa 77
9.6. Princípio da ação, demanda ou iniciativa das partes 78
9.7. Princípio da oficialidade 79
9.8. Princípio da oficiosidade 79
9.9. Princípio da verdade real 79
9.10. Princípio da obrigatoriedade 80
9.11. Princípio da indisponibilidade 81
9.12. Princípio do impulso oficial 82
9.13. Princípio da motivação das decisões 82
9.14. Princípio da publicidade 83
9.15. Princípio do duplo grau de jurisdição 85
9.16. Princípio do juiz natural 86
9.17. Princípio do promotor natural ou do promotor legal 86
9.18. Princípio do defensor natural 88
9.19. Princípio do devido processo legal 88
9.20. Princípio do favor rei ou favor réu 89
9.21. Princípio da economia processual 89
9.22. Princípio da oralidade 90
9.23. Princípio da autoritariedade 91
9.24. Princípio da duração razoável do processo penal 91
9.25. Princípio da proporcionalidade 94
9.26. Princípio da inexigibilidade de autoincriminação 97

9.27. Princípio da cooperação processual ... 99
10. Quadro Sinótico ... 100
11. Súmulas Aplicáveis ... 109
11.1. STJ ... 109
11.2. STF ... 110
12. Informativos Recentes ... 110
12.1. STJ ... 110
12.2. STF ... 111
13. Questões de Concursos Públicos ... 113
14. Gabarito Anotado ... 117
15. Questões discursivas com comentários ... 119

CAPÍTULO II
INQUÉRITO POLICIAL

1. A persecução criminal ... 127
2. Polícia judiciária e polícia administrativa ... 128
2.1. Polícia administrativa ou de segurança ... 128
2.2. Polícia judiciária ... 128
3. Conceito e finalidade do inquérito policial ... 129
3.1. Natureza jurídica do inquérito ... 130
3.2. Verificação de procedência das informações (VPI) ... 130
3.3. Destinatários do inquérito policial ... 130
4. Inquéritos não policiais ... 131
4.1. Inquéritos parlamentares ... 131
4.2. Inquéritos policiais militares ... 133
4.3. Inquérito civil ... 133
4.4. Inquérito judicial ... 133
4.5. Inquéritos por crimes praticados por magistrados ou promotores ... 134
4.6. Investigações envolvendo autoridades que gozam de foro por prerrogativa de função ... 134
4.7. Investigações particulares e investigação criminal defensiva ... 135
4.8. Investigações a cargo do Ministério Público (procedimento investigatório criminal) ... 135
4.9. Investigações pelos demais órgãos públicos ... 136
4.10. Investigações conjuntas ... 137
5. Características do inquérito policial ... 138
5.1. Discricionariedade ... 138
5.2. Escrito ... 139
5.3. Sigiloso ... 139
5.3.1. Espécies de sigilo: interno e externo ... 139
5.3.2. Acesso aos autos do inquérito pelo advogado ... 139
5.3.3. Ampliação do acesso aos autos de investigação preliminar pelo advogado ... 141

5.3.4. *Lawfare* ... 148
5.3.5. *Trial by media* ou publicidade ostensiva ... 149
5.4. Oficialidade ... 149
5.5. Oficiosidade ... 149
5.6. Indisponibilidade ... 150
5.7. Inquisitivo ... 150
5.8. Autoritariedade ... 152
5.9. Dispensabilidade ... 152
6. Competência (atribuição) ... 153
6.1. Critério territorial ... 153
6.2. Critério material ... 153
6.3. Critério em razão da pessoa ... 154
7. Prazos ... 155
7.1. Regra geral ... 155
7.2. Prazos especiais ... 156
7.2.1. Inquéritos a cargo da polícia federal ... 156
7.2.2. Crimes contra a economia popular ... 156
7.2.3. Lei antitóxicos ... 156
7.2.4. Inquéritos militares ... 156
7.3. Contagem do prazo ... 156
7.4. Controle dos prazos e armazenamento de dados ... 157
8. Valor probatório ... 158
9. Vícios ... 160
10. *Notitia Criminis* (notícia do crime) ... 161
10.1. Conceito ... 161
10.2. Espécies ... 162
11. Peças inaugurais do inquérito policial ... 165
12. Incomunicabilidade ... 165
13. Providências ... 166
13.1. Reprodução simulada dos fatos ... 176
13.2. Indiciamento ... 177
13.2.1. Conceito ... 177
13.2.2. Indiciado menor ... 178
13.2.3. Desindiciamento ... 178
13.2.4. Vedação ao indiciamento ... 178
13.2.5. Afastamento do servidor público indiciado em crimes de lavagem de dinheiro ... 179
13.2.6. Os limites do indiciamento e a Lei nº 12.830/2013 ... 179
14. Encerramento ... 181
14.1. Crimes de ação penal pública ... 182
14.1.1. Quais são as hipóteses que autorizariam o pedido de arquivamento? ... 183
14.1.2. Se o magistrado homologar o pedido de arquivamento, esta decisão é imutável pela coisa julgada material? ... 185
14.1.3. Recurso e ação privada subsidiária da pública ... 187

14.1.4. Divergência do magistrado quanto ao pedido de arquivamento do inquérito policial e distinções do procedimento conforme a competência da Justiça ... 188
14.1.5. Desarquivamento ... 200
14.1.6. Arquivamento implícito ... 201
14.1.7. Arquivamento indireto ... 203
14.1.8. Arquivamento originário ... 203
14.1.9. Arquivamento provisório ... 204
14.2. Crimes de ação penal privada ... 204
14.3. Arquivamento do inquérito policial sem requerimento do Ministério Público ... 204
15. Considerações Finais ... 206
15.1. Termo circunstanciado ... 206
15.2. Controle externo da atividade policial ... 206
16. Quadro Sinótico ... 207
17. Súmulas Aplicáveis ... 216
17.1. STJ ... 216
17.2. STF ... 216
18. Informativos Recentes ... 217
18.1. STJ ... 217
18.2. STF ... 218
19. Questões de concursos públicos ... 222
20. Gabarito anotado ... 227
21. Questões discursivas com comentários ... 229

CAPÍTULO III
AÇÃO PENAL

1. Conceito ... 243
2. Características ... 244
2.1. Autônomo ... 244
2.2. Abstrato ... 244
2.3. Subjetivo ... 245
2.4. Público ... 245
2.5. Instrumental ... 245
2.6. Localização no ordenamento jurídico ... 245
3. Condições para o exercício da ação penal ... 245
3.1. Conceito ... 245
3.1.1. Interesse de agir ... 247
3.1.2. Legitimidade (*legitimatio ad causam*) ... 249
3.1.3. Justa causa ... 250
3.1.4. Condições específicas ... 252
3.1.5. Condições objetivas de punibilidade ... 253
3.1.6. Condições de prosseguibilidade ... 253
3.2. Oportunidade para verificação das condições para o exercício da ação penal ... 255

4. Classificação das ações 256
4.1. Ação penal pública incondicionada 257
4.1.1. Conceito e titularidade 257
4.1.2. Princípios informadores 258
4.2. Ação pública condicionada 263
4.2.1. Conceito e considerações 263
5. Ação penal privada 270
5.1. Conceito e considerações 270
5.2. Titularidade 270
5.3. Princípios 271
5.3.1. Da oportunidade ou conveniência 271
5.3.2. Da disponibilidade 272
5.3.3. Da indivisibilidade 275
5.3.4. Da intranscendência ou da pessoalidade 276
5.4. Espécies de ação penal privada 276
5.4.1. Exclusivamente privada ou propriamente dita 277
5.4.2. Personalíssima 277
5.4.3. Subsidiária da pública ou supletiva ou acidentalmente privada 277
5.5. Custas e honorários advocatícios 279
6. Questões complementares 280
6.1. Ação de prevenção penal 280
6.2. Ação penal *ex officio* 280
6.3. Ação penal pública subsidiária da pública 280
6.4. Ação penal popular 281
6.5. Ação penal nos crimes contra a dignidade sexual 281
6.5.1. Direito intertemporal 285
6.6. Ação penal nos crimes contra a honra de funcionário público 286
6.7. Ação penal secundária 287
6.8. Ação penal adesiva 287
6.9. Ação penal na injúria por preconceito 288
6.10. Ação penal extensiva 288
6.11. Ação penal de segundo grau 288
7. Inicial acusatória 289
7.1. Conceito 289
7.2. Requisitos formais 289
7.2.1. Descrição do fato, com todas as suas circunstâncias 289
7.2.2. Qualificação do acusado ou fornecimento de dados que possibilitem a sua identificação 292
7.2.3. Classificação do crime 292
7.2.4. Rol de testemunhas 293
7.2.5. Pedido de condenação 293
7.2.6. Endereçamento 293
7.2.7. Nome e assinatura 293
7.2.8. Outros requisitos 294

7.3. Prazos para oferta da denúncia ... 295
7.3.1. Prazos especiais para oferta da denúncia ... 295
7.3.2. Início da contagem do prazo e o seu encerramento ... 296
7.3.3. Desatendimento do prazo ... 296
7.4. Prazos para oferta da queixa-crime ... 296
7.4.1. Prazos especiais ... 297
7.5. Aditamento da queixa ... 298
7.6. Rejeição da denúncia ou queixa ... 298
7.6.1. Repropositura da ação ... 301
7.6.2. Rejeição *versus* não recebimento ... 301
7.6.3. Rejeição parcial ... 302
7.6.4. Recurso para combater a rejeição ... 302
7.6.5. Fundamentação do recebimento e recebimento tácito ... 302
8. Quadro sinótico ... 303
9. Súmulas aplicáveis ... 312
9.1. STJ ... 312
9.2. STF ... 313
10. Informativos recentes ... 313
10.1. STJ ... 313
10.2. STF ... 315
11. Questões de concursos públicos ... 318
12. Gabarito Anotado ... 324
13. Questões discursivas com comentários ... 326

CAPÍTULO IV
AÇÃO CIVIL *EX DELICTO*

1. Considerações iniciais ... 339
1.1. Ação civil *ex delicto* de conhecimento ou de cognição, ação de ressarcimento do dano ou ação civil *ex delicto* em sentido estrito (art. 64, parágrafo único, CPP) .. 340
1.2. Ação civil *ex delicto* de execução ou ação civil *ex delicto* em sentido amplo (art. 63, parágrafo único, CPP) ... 341
2. Legitimidade ativa e passiva ... 342
3. Competência na ação reparatória ... 343
4. Sistemas processuais ... 344
4.1. Sistema da confusão ... 344
4.2. Sistema da solidariedade ou da união ... 344
4.3. Sistema da livre escolha ... 344
4.4. Sistema da separação ou independência ... 344
5. Suspensão da demanda civil ... 347
5.1. Regime legal da suspensão ... 348
5.1.1. Obrigatoriedade da suspensão ... 348
5.1.2. Facultatividade ... 348
6. Execução da sentença condenatória penal ... 348

7. Sentença absolutória e subordinação temática 349
7.1. Absolvição pela prova da inexistência do fato (art. 386, I, CPP) 349
7.2. Não houver prova da existência do fato (art. 386, II, CPP) 350
7.3. Não constituir o fato infração penal (art. 386, III, CPP) 350
7.4. Estar provado que o réu não concorreu para a infração (art. 386, IV, CPP) 350
7.5. Não existir prova de ter o réu concorrido para a infração penal (art. 386, V, CPP) 351
7.6. Existir circunstância que exclua o crime (art. 386, VI, CPP) 351
7.7. Existir circunstância que isente o réu de pena 352
7.8. Ainda as razões absolutórias do art. 386, VI, CPP, e a fundada dúvida sobre sua existência 352
7.8.1. Absolvição por estar provada a existência de causa excludente de ilicitude real 352
7.8.2. Absolvição por estar provada causa excludente de ilicitude putativa e *aberratio ictus* (erro de alvo ou erro na execução) 352
7.8.3. Absolvição por restar provada a existência de causa excludente de culpabilidade 353
7.8.4. Absolvição por existir fundada dúvida sobre a existência de causa excludente de ilicitude ou de causa excludente de culpabilidade 353
7.9. Não existir prova suficiente para a condenação (art. 386, VII, CPP) 353
8. Efeitos civis de outras sentenças e decisões penais 354
8.1. Decisão de arquivamento do inquérito policial 354
8.2. Decisão que julgar extinta a punibilidade 355
8.2.1. Extinção da punibilidade pela morte do agente (art. 107, I, CP) 355
8.2.2. Extinção da punibilidade pela anistia, graça ou indulto (art. 107, II, CP) 355
8.2.3. Extinção da punibilidade pela retroatividade de lei que não mais considera o fato como criminoso (art. 107, III, CP) 356
8.2.4. Pela prescrição, decadência ou perempção (art. 107, IV, CP) 356
8.2.5. Pela renúncia do direito de queixa ou pelo perdão aceito, nos crimes de ação privada (art. 107, V, CP) 356
8.2.6. Pela retratação do agente, nos casos que a lei admite (art. 107, VI, CP) 357
8.2.7. Pelo perdão judicial, nos casos previstos em lei (art. 107, IX, CP) 357
8.3. Sentença absolutória imprópria 358
8.4. Sentença absolutória prolatada pelo Júri Popular 358
8.5. Sentença homologatória de transação penal 358
9. Revisão criminal e ação rescisória 359
10. Prazo prescricional 359
11. Quadro sinótico 360
12. Súmulas aplicáveis 364
12.1. STJ 364
13. Informativos recentes 364
13.1. STJ 364
13.2. STF 365
14. Questões de concursos públicos 366
15. Gabarito anotado 369
16. Questões discursivas com comentários 371

CAPÍTULO V
JURISDIÇÃO E COMPETÊNCIA

1. Jurisdição 374
1.1. Conceito 374
1.1.1. Jurisdição típica: Poder Judiciário ou Justiça Ordinária 375
1.1.2. Jurisdição atípica: justiça extraordinária ou justiça política 376
1.2. Princípios 377
1.2.1. Investidura 377
1.2.2. Indelegabilidade 377
1.2.3. Juiz natural 378
1.2.4. Inafastabilidade 380
1.2.5. Inevitabilidade ou irrecusabilidade 380
1.2.6. Correlação ou relatividade 381
1.2.7. Devido processo legal 384
1.3. Características 385
1.3.1. Inércia 385
1.3.2. Substitutividade 385
1.3.3. Lide 385
1.3.4. Atuação do direito 386
1.3.5. Imutabilidade 386
2. Competência 387
2.1. Conceito 387
2.2. Critérios 388
2.2.1. Competência material 388
2.2.2. Competência funcional 388
2.3. Competência *ratione materiae* 389
2.3.1. Justiça comum estadual 390
2.3.2. Justiça comum federal 391
2.3.3. Competência da justiça especializada militar 407
2.3.4. Competência da justiça especializada eleitoral 414
2.4. Competência *ratione loci* 415
2.4.1. Domicílio ou residência do réu 418
2.4.2. Critério subsidiário 418
2.4.3. Crimes praticados a bordo de navios ou aeronaves 419
2.4.4. Crimes praticados no exterior 421
2.4.5. Súmulas aplicáveis 421
2.5. Competência pela natureza da infração 421
2.6. Colegiado de primeiro grau de jurisdição 421
2.6.1. Considerações gerais 421
2.6.2. Objetivos da instituição de colegiado no âmbito do juízo de primeiro grau 423
2.6.3. Procedimento para formação de colegiado de primeiro grau 424
2.6.4. Princípio do juiz natural 430

2.6.5. Vedação de menção a voto divergente ... 431

2.7. Competência *ratione personae* ou *ratione funcionae* ... 432

2.7.1. Prerrogativa de função e manutenção do cargo ou mandato ... 434

2.7.2. Prerrogativa versus tribunal do júri ... 439

2.7.3. Prerrogativa funcional dos prefeitos ... 440

2.7.4. Foro privilegiado e deslocamento ... 440

2.7.5. Prerrogativa de função: crime de responsabilidade versus improbidade administrativa ... 441

2.7.6. Prerrogativa de função e indiciamento ... 442

2.7.7. Duplo grau de jurisdição versus cessação da prerrogativa de função ... 443

2.7.8. Prerrogativa de função fixada na Constituição Estadual e princípio da simetria ou do paralelismo ... 443

2.7.9. Prerrogativa de função e exceção da verdade ... 445

2.8. Competência absoluta *versus* relativa ... 446

2.9. Prevenção ... 449

2.10. Distribuição ... 450

2.11. Conexão e continência ... 450

2.11.1. Conexão ... 450

2.11.2. Continência ... 452

2.11.3. Preclusão e momento de reconhecimento da conexão ou continência ... 452

2.12. Foro prevalente ... 454

2.12.1. Concurso entre júri versus jurisdição comum ou especial ... 454

2.12.2. Concurso entre jurisdições de diversas categorias ... 455

2.12.3. Concurso entre jurisdição comum *versus* especial ... 457

2.12.4. Concurso entre jurisdições de mesma categoria ... 458

2.13. Separação de processos ... 459

2.13.1. Separação obrigatória ... 459

2.13.2. Separação facultativa ... 461

2.14. *Perpetuatio jurisdictionis* ... 461

2.14.1. Perpetuação da jurisdição *versus* desclassificação no rito do júri ... 462

2.14.2. Perpetuação da jurisdição *versus* procedimento de tráfico internacional de drogas ... 463

2.14.3. Supressão e criação de órgão jurisdicional ... 463

2.15. Prorrogação de competência ... 465

2.15.1. Noção ... 465

2.15.2. Prorrogação necessária ... 465

2.15.3. Prorrogação facultativa ... 465

3. Quadro sinótico ... 466

4. Súmulas aplicáveis ... 480

4.1. STJ ... 480

4.2. STF ... 481

5. Informativos recentes ... 481

5.1. STJ ... 481

5.2. STF ... 486

6. Questões de concursos públicos ... 491

7. Gabarito anotado 497
8. Questões discursivas com comentários 499

CAPÍTULO VI
QUESTÕES E PROCESSOS INCIDENTES

1. Considerações iniciais 509
1.1. Incidente processual 510
1.2. Processo incidente 510
1.3. Ponto em sentido processual 511
1.4. Questão 511
1.5. Questão incidente 511
1.6. Questão prévia 511
1.7. Questão preliminar ou processual 512
1.8. Questão prejudicial 512
1.9. Questão sucessiva e posterior 513
1.10. Autuação em apartado 513
1.11. Classificações dos incidentes processuais 514
1.11.1. Quanto à profundidade meritória 514
1.11.2. Quanto à finalidade do incidente 514
2. Questões prejudiciais 515
2.1. Classificação 516
2.1.1. Prejudicial homogênea e heterogênea 516
2.1.2. Prejudicial obrigatória e facultativa 516
2.1.3. Prejudicial total e parcial 517
2.1.4. Prejudicial devolutiva e não devolutiva (princípio da suficiência) 518
2.2. Natureza jurídica e características 519
2.2.1. Natureza Jurídica 519
2.2.2. Características 520
2.3. Sistemas de solução 521
2.4. Processamento da prejudicial obrigatória e da facultativa 522
2.4.1. Pressupostos 522
2.4.2. Procedimento 525
2.5. Recursos 528
2.6. Prescrição 529
3. Exceções 529
3.1. Conceito 529
3.2. As espécies de exceções e seus processamentos 532
3.2.1. Exceção de suspeição 532
3.2.2. Exceção de incompetência 537
3.2.3. Exceção de litispendência 539
3.2.4. Exceção de ilegitimidade de parte 541
3.2.5. Exceção de coisa julgada (*exceptio rei judicatae*) 542
4. Incompatibilidades, impedimento e suspeição 547

4.1. Processamento ... 549
4.2. Efeitos ... 551
4.3. Recursos ... 551
5. Conflito de jurisdição ... 551
5.1. Espécies e competência ... 552
5.2. Arguição do conflito ... 553
5.3. Processamento ... 555
5.4. Recursos ... 555
6. Conflito de atribuições ... 556
6.1. Competência para dirimir o conflito ... 556
6.2. Processamento ... 558
7. Restituição de coisas apreendidas ... 558
7.1. Introdução ... 558
7.2. Autoridade restituinte ... 560
7.3. Confisco ... 560
7.4. Procedimento da restituição ... 561
7.5. Recurso ... 562
8. Medidas assecuratórias ... 562
8.1. Noção e espécies ... 562
8.2. Disciplina comum às medidas assecuratórias ... 566
8.2.1. Pressupostos para decretação das medidas assecuratórias: *fumus comissi delicti e periculum libertatis* ... 566
8.2.2. Possibilidade de alienação antecipada dos bens constritos ... 570
8.3. Previsão de medidas assecuratórias em leis especiais ... 571
8.3.1. Medidas assecuratórias específicas da Lei de Entorpecentes – crimes de tráfico ilícito de drogas (Lei nº 11.343/2006) ... 572
8.3.2. Crimes de lavagem de dinheiro (Lei nº 9.613/1998, alterada pela Lei nº 12.683/2012) ... 573
8.3.3. Crimes de tráfico de pessoas (Lei nº 13.344/2016) ... 575
8.4. Sequestro de bens imóveis ... 576
8.4.1. Cabimento ... 576
8.4.2. Embargos ... 577
8.4.3. Recurso ... 578
8.4.4. Levantamento ... 578
8.4.5. Destinação ao final do processo ... 578
8.5. Sequestro de bens móveis ... 579
8.5.1. Cabimento ... 579
8.5.2. Embargos ... 579
8.5.3. Recurso ... 579
8.5.4. Levantamento ... 580
8.5.5. Destinação ao final do processo ... 580
8.6. Hipoteca legal ... 580
8.6.1. Cabimento e legitimidade ... 580
8.6.2. Embargos ... 581

8.6.3. Procedimento ... 581
8.6.4. Recurso ... 582
8.6.5. Levantamento ... 582
8.6.6. Destinação ao final do processo ... 583
8.7. Arresto de bens móveis (antigo sequestro definitivo ou subsidiário) ... 584
8.7.1. Cabimento ... 584
8.7.2. Embargos ... 585
8.7.3. Procedimento ... 585
8.7.4. Recurso ... 586
8.7.5. Levantamento ... 586
8.7.6. Destinação ao final do processo ... 586
8.8. Arresto de imóveis (antigo sequestro prévio) ... 587
8.8.1. Cabimento ... 587
8.8.2. Embargos ... 588
8.8.3. Recurso ... 588
9. Incidente de falsidade ... 589
9.1. Introdução ... 589
9.2. Espécies ... 590
9.3. Legitimidade ... 591
9.4. Procedimento do incidente ... 591
9.5. Efeitos ... 592
9.6. Recurso ... 592
10. Incidente de insanidade mental ... 593
10.1. Introdução ... 593
10.2. Procedimento ... 594
10.3. Sequência ... 594
10.4. Recurso ... 595
10.5. Insanidade que se manifesta no cumprimento da pena ... 595
10.6. Insanidade superveniente ... 596
11. Ação civil de confisco (*civil forfeiture action*) ... 596
11.1. Noção ... 596
11.2. Distinções ... 597
11.3. Finalidade ... 597
11.4. Perdimento de bens segundo o direito brasileiro ... 597
11.5. Necessidade de criação de ação civil de confisco com objeto amplo ... 598
11.6. Existência de ação confiscatória no direito brasileiro restrita aos casos de culturas ilegais de plantas psicotrópicas e de exploração de trabalho escravo ... 598
12. Quadro Sinótico ... 599
13. Súmulas Aplicáveis ... 614
13.1. STJ ... 614
13.2. STF ... 614
14. Informativos recentes ... 614
14.1. STJ ... 614
14.2. STF ... 615

15. Questões de concursos públicos ... 616
16. Gabarito Anotado ... 620
17. Questões discursivas com comentários ... 622

CAPÍTULO VII
PROVA

1. Teoria Geral da Prova ... 627
1.1. Conceito e finalidade ... 627
1.1.1. Prova ... 628
1.1.2. Elementos de informação ... 628
1.1.3. Meios de prova ... 629
1.1.4. Meios de obtenção de prova ou meios de investigação de prova ... 629
1.1.5. Fontes de prova ... 629
1.1.6. Técnicas especiais de investigação ... 630
1.1.7. Sucedâneos probatórios ... 630
1.2. Destinatários ... 633
1.3. Natureza jurídica ... 633
1.4. Objeto ... 633
1.4.1. Objeto da prova ... 633
1.4.2. Objeto de prova ... 633
1.5. Classificação da prova ... 635
1.5.1. Quanto ao objeto ... 635
1.5.2. Quanto ao efeito ou valor ... 636
1.5.3. Quanto ao sujeito ou causa ... 636
1.5.4. Quanto à forma ou aparência ... 637
1.5.5. Quanto à possibilidade de renovação em juízo ... 637
1.5.6. Quanto ao momento procedimental ... 638
1.5.7. Quanto à previsão legal ... 639
1.5.8. Quanto à finalidade da prova ... 640
1.5.9. Quanto à imposição legal da forma da prova ... 641
1.6. Meios de prova ... 642
1.7. Vedação probatória ... 642
1.8. Teorias sobre o tema das provas ilícitas ... 645
1.8.1. Teoria dos frutos da árvore envenenada (*fruits of the poisonous tree*), teoria da ilicitude por derivação ou "*taint doctrine*" ... 645
1.8.2. Princípio da proporcionalidade ou razoabilidade ... 651
1.8.3. Teoria da exclusão da ilicitude da prova ... 654
1.8.4. Princípio ou teoria da serendipidade ... 654
1.8.5. Inutilização da prova ilícita ... 658
1.8.6. Teoria da exceção de erro inócuo ... 659
1.9. Prova emprestada ... 660
1.10. Ônus da prova ... 663
1.10.1. Classificação do ônus da prova ... 664

1.10.2. Ônus da prova e *standards* probatórios ... 666
1.10.3. Inversão do ônus da prova ... 667
1.11. Iniciativa do juiz ... 670
1.12. Sistemas de apreciação da prova ... 672
1.12.1. Sistema da certeza moral do juiz ou íntima convicção ou "secunda conscientia" ... 672
1.12.2. Sistema da certeza moral do legislador, das regras legais ou da prova tarifada ... 672
1.12.3. Sistema do livre convencimento motivado ou persuasão racional ... 673
1.13. Princípios da prova ... 674
1.13.1. Princípio da autorresponsabilidade das partes ... 674
1.13.2. Princípio da audiência contraditória ... 674
1.13.3. Princípio da aquisição ou comunhão ... 674
1.13.4. Princípio da oralidade ... 674
1.13.5. Princípio da publicidade ... 675
1.13.6. Princípio do livre convencimento motivado ... 675
1.14. Procedimento probatório ... 676
1.14.1. Proposição ... 676
1.14.2. Admissão ... 676
1.14.3. Produção e contraditório ... 676
1.14.4. Valoração ... 676
1.15. Cooperação Jurídica Internacional para produção probatória ... 676
2. Provas em espécie ... 680
2.1. Exames periciais ... 680
2.1.1. Considerações gerais ... 680
2.1.2. Realização das perícias ... 683
2.1.3. Apreciação dos laudos periciais ... 684
2.1.4. Exame de corpo de delito ... 684
2.1.5. Necessidade do laudo ... 686
2.1.6. Outras perícias ... 686
2.2. Interrogatório do acusado ... 694
2.2.1. Conceito e natureza jurídica ... 694
2.2.2. Necessidade e reinterrogatório ... 695
2.2.3. Formalidades do interrogatório ... 697
2.2.4. Procedimento ... 701
2.3. Confissão ... 709
2.3.1. Conceito e objeto ... 709
2.3.2. Natureza jurídica ... 709
2.3.3. Espécies ... 710
2.3.4. Requisitos ... 711
2.3.5. Peculiaridades ... 711
2.3.6. Valor probatório ... 712
2.3.7. Delação e delação premiada ... 712
2.4. Ofendido ... 745

2.4.1. Considerações gerais: conceito e natureza ... 745
2.4.2. Repercussões processuais ... 745
2.4.3. Valor probatório das declarações do ofendido ... 746
2.4.4. Prerrogativas do ofendido ... 746
2.4.5. Escuta especializada e depoimento especial de criança ou de adolescente (Lei nº 13.431/2017 – depoimento sem dano) ... 748
2.4.6. Proteção à mulher em situação de violência doméstica ou familiar e regras específicas de atendimento policial e pericial especializado (Lei nº 13.505/2017) ... 750
2.5. Testemunhas ... 751
2.5.1. Conceito e natureza ... 751
2.5.2. Características da prova testemunhal ... 751
2.5.3. Recusa e impedimento ... 752
2.5.4. Demais vedações ... 753
2.5.5. Deveres da testemunha ... 754
2.5.6. Número de testemunhas ... 754
2.5.7. Classificação ... 755
2.5.8. Lugar do depoimento, precatória e videoconferência ... 759
2.5.9. Testemunho dos militares e funcionários públicos ... 760
2.5.10. Procedimento para tomar o depoimento ... 761
2.5.11. O depoimento ... 762
2.5.12. Falso testemunho e prisão em flagrante ... 766
2.5.13. Competência para julgamento do falso testemunho ... 767
2.5.14. Proteção ... 767
2.5.15. Valor Probatório ... 768
2.6. Reconhecimento de pessoas e coisas ... 768
2.6.1. Conceito e natureza jurídica ... 768
2.6.2. Reconhecimento de pessoas ... 768
2.6.3. Reconhecimento fotográfico e fonográfico ... 771
2.6.4. Reconhecimento de coisas ... 771
2.7. Acareação ... 771
2.7.1. Conceito e natureza ... 771
2.7.2. Pressupostos ... 771
2.7.3. Procedimento ... 771
2.7.4. Valor probatório ... 772
2.8. Documentos ... 772
2.8.1. Conceito ... 772
2.8.2. Espécies ... 773
2.8.3. Requisitos ... 774
2.8.4. Produção ... 774
2.8.5. Tradução ... 775
2.8.6. Restituição ... 775
2.9. Indícios e presunções ... 776
2.9.1. Conceito ... 776

2.9.2. Classificação ... 777
2.9.3. Valor probatório ... 777
2.10. Busca e apreensão ... 778
2.10.1. Conceito e natureza jurídica ... 778
2.10.2. Iniciativa ... 779
2.10.3. Objeto ... 780
2.10.4. Momento ... 781
2.10.5. Espécies ... 781
2.11. Interceptação telefônica ... 792
2.11.1. Noções fundamentais ... 792
2.11.2. Iniciativa ... 813
2.11.3. Limites à interceptação de comunicações telefônicas ... 814
2.11.4. Procedimento e requisitos ao deferimento da medida ... 816
2.11.5. Prazo e renovação da interceptação telefônica ... 820
2.11.6. Condução da interceptação e acompanhamento pelo Ministério Público . 821
2.11.7. Transcrição da gravação e auto circunstanciado ... 822
2.11.8. Encontro fortuito de provas ou "serendipidade" ... 823
2.11.9. Inutilização de gravação ... 825
2.11.10. Proteção penal e administrativa ... 825
2.11.11. Problemas de direito intertemporal ... 826
3. Quadro Sinótico ... 828
4. Súmulas aplicáveis ... 865
4.1. STJ ... 865
4.2. STF ... 865
5. Informativos recentes ... 865
5.1. STJ ... 865
5.2. STF ... 869
6. Questões de concursos públicos ... 876
7. Gabarito Anotado ... 881
8. Questões discursivas com comentários ... 883

CAPÍTULO VIII
SUJEITOS NO PROCESSO PENAL

1. A relação processual penal ... 903
2. Órgãos do Poder Judiciário e do Ministério Público ... 904
2.1. Juiz ... 904
2.2. Ministério Público ... 906
2.2.1. Considerações gerais ... 906
2.2.2. Organização e atuação ... 908
2.2.3. Impedimento e suspeição do presentante do Ministério Público ... 909
2.2.4. Princípios atinentes ao Ministério Público ... 910
2.3. Funcionários do Poder Judiciário ... 911
2.4. Auxiliares do juízo ... 912

3. Acusado e defensor 913
4. Querelante 917
5. Assistente do Ministério Público 917
6. Assistente da defesa 921
7. Quadro Sinótico 922
8. Súmulas aplicáveis 926
8.1. STF 926
8.2. STJ 926
9. Informativos recentes 926
9.1. STJ 926
9.2. STF 927
10. Questões de concursos públicos 929
11. Gabarito Anotado 933
12. Questões discursivas com comentários 935

CAPÍTULO IX
PRISÕES

1. Conceito 937
2. Formalidades e execução 938
2.1. Mandado de prisão 939
2.2. Restrição de horário e inviolabilidade domiciliar 940
2.3. Prisão em perseguição 941
2.4. Prisão em território diverso da atuação judicial 942
2.5. Prisão especial 943
2.6. Emprego de força e uso de algemas 945
2.7. Emprego de força e uso de instrumentos não letais (Lei nº 13.060/2014) 949
2.8. Regime disciplinar diferenciado (RDD) 949
3. Prisão em flagrante 951
3.1. Conceito 951
3.2. Espécies de flagrante 952
3.2.1. Flagrante próprio (propriamente dito, real ou verdadeiro) 952
3.2.2. Flagrante impróprio (irreal ou quase flagrante) 953
3.2.3. Flagrante presumido (ficto ou assimilado) 953
3.2.4. Flagrante compulsório ou obrigatório 953
3.2.5. Flagrante facultativo 954
3.2.6. Flagrante esperado 954
3.2.7. Flagrante preparado ou provocado 954
3.2.8. Flagrante prorrogado (retardado, postergado, diferido, estratégico ou ação controlada) 956
3.2.9. Flagrante forjado 957
3.2.10. Flagrante por apresentação 958
3.2.11. Flagrante cataléptico 958
4. Flagrante nas várias espécies de crime 959

4.1. Crime permanente 959
4.2. Crime habitual 960
4.3. Crime de ação penal privada e pública condicionada 960
4.4. Crime continuado 961
4.5. Infração de menor potencial ofensivo 962
5. Sujeitos do flagrante 963
5.1. Sujeito ativo 963
5.2. Sujeito passivo 963
5.2.1. Conceito e hipóteses 963
5.2.2. Prisão de diplomata estrangeiro 964
5.2.3. Prisão e aplicação de outras medidas cautelares a Membro do Congresso Nacional 967
5.3. Autoridade competente 971
6. Procedimentos e formalidades 971
6.1. Nota de culpa 974
6.2. Remessa à autoridade 974
6.3. Audiência de custódia 975
7. Prisão preventiva 980
7.1. Conceito 980
7.2. Pressupostos 980
7.3. As hipóteses de decretação 980
7.4. Infrações que comportam a medida 985
7.5. Decretação e sistema recursal 989
7.6. Fundamentação 990
7.7. Revogação 991
7.8. Apresentação espontânea 992
7.9. Preventiva versus excludentes de ilicitude 993
8. Prisão temporária 994
8.1. Conceito 994
8.2. Decretação 994
8.3. Cabimento 995
8.3.1. Imprescindibilidade para as investigações do inquérito policial (inciso I) 995
8.3.2. Indiciado não tem residência fixa ou não fornece elementos para sua identificação (inciso II) 996
8.3.3. Quando houver fundadas razões, de acordo com qualquer prova admitida na legislação penal, de autoria ou participação do indiciado nos seguintes crimes relacionados (inciso III) 997
8.4. Prazos 999
8.4.1. Regra geral (art. 2º da Lei nº 7.960/1989) 999
8.4.2. Crimes hediondos e assemelhados 1000
8.5. Procedimento 1000
9. Prisão na fase dos recursos 1001
9.1. Prisão decorrente de decisão de pronúncia 1002
9.2. Prisão decorrente de sentença condenatória recorrível 1003
9.3. Prisão em segunda instância e execução provisória da pena 1006
10. Prisão domiciliar 1010

11. Prisão administrativa ... 1013
12. Prisão civil ... 1014
13. Prisão para averiguações ... 1016
14. "Difusões vermelhas" (*red notices*) e a prisão para fins de extradição – Lei nº 13.445/2017 (Lei de Migração) ... 1016
14.1. Difusão vermelha e a prisão para fins de extradição ... 1017
14.1.1. Difusão vermelha ordenada por autoridade judiciária brasileira ... 1017
14.1.2. Difusão vermelha oriunda de outro país (autoridade judiciária ou administrativa de Estado-membro estrangeiro) e prisão cautelar para fins de extradição no Brasil ... 1018
15. Quadro sinótico ... 1020
16. Súmulas aplicáveis ... 1035
16.1. STJ ... 1035
16.2. STF ... 1035
17. Informativos recentes ... 1035
17.1. STJ ... 1035
17.2. STF ... 1036
18. Questões de concursos públicos ... 1038
19. Gabarito anotado ... 1045
20. Questões discursivas com comentários ... 1047

CAPÍTULO X
LIBERDADE PROVISÓRIA E OUTRAS MEDIDAS CAUTELARES DIVERSAS DA PRISÃO

1. Conceito ... 1061
2. Espécies ... 1063
2.1. Liberdade provisória obrigatória ... 1063
2.2. Liberdade provisória permitida ... 1064
2.3. Liberdade provisória vedada ... 1064
3. Liberdade provisória sem fiança ... 1065
3.1. Liberdade provisória sem fiança e sem vinculação ... 1065
3.2. Liberdade provisória sem fiança e com vinculação ... 1067
3.2.1. Restrições ... 1069
3.2.2. Fundamentação ... 1073
3.2.3. Outras hipóteses de cabimento ... 1074
3.2.4. Sistema recursal ... 1074
4. Liberdade provisória mediante fiança ... 1074
4.1. Fiança X liberdade provisória mediante fiança ... 1075
4.2. Objetivos da fiança ... 1075
4.3. Valor da fiança ... 1075
4.3.1. Demais critérios para o arbitramento ... 1076
4.4. Modalidades de fiança ... 1077
4.5. Obrigações do afiançado ... 1077
4.6. Vedações legais ... 1078

4.6.1. Vedações do art. 323, CPP 1080
4.6.2. Vedações do art. 324, CPP 1081
4.6.3. Demais vedações 1082
4.7. Quebra da fiança 1083
4.8. Perda da fiança 1084
4.9. Cassação da fiança 1084
4.10. Reforço da fiança 1085
4.11. Dispensa da fiança 1086
4.12. Procedimento 1086
4.13. Execução 1087
5. Outras medidas cautelares diversas da prisão 1087
5.1. Considerações gerais 1087
5.1.1. Bipolaridade das medidas cautelares e poder geral de cautela no processo penal 1088
5.1.2. Princípios informadores 1090
5.2. Momento e legitimidade 1091
5.3. Requisitos 1092
5.4. Cautelares em espécie 1092
6. Quadro sinótico 1097
7. Súmulas aplicáveis 1105
7.1. STJ 1105
7.2. STF 1105
8. Informativos recentes 1106
8.1. STJ 1106
8.2. STF 1107
9. Questões de concursos públicos 1108
10. Gabarito anotado 1112
11. Questões discursivas com comentários 1113

CAPÍTULO XI
ATOS DE COMUNICAÇÃO PROCESSUAL

1. Formas de comunicação processual 1117
2. Citação 1118
2.1. Conceito 1118
2.2. Espécies 1118
2.2.1. Citação pessoal 1119
2.2.2. Citação por edital 1122
2.2.3. Citação por hora certa 1124
3. Intimação, notificação e contagem de prazos 1126
3.1. Intimação 1126
3.2. Notificação 1126
3.3. Citação 1126
3.4. Intimações do Ministério Público e da Defensoria Pública 1127

3.5. Intimação do defensor dativo e do advogado 1127
3.6. Fluência e contagem dos prazos 1128
3.7. Suspensão do prazo da advogada adotante ou que se tornar mãe (Lei nº 13.363/2016) 1129
3.8. Intimação em audiência 1129
3.9. Regras especiais de intimação em matéria processual penal 1129
3.10. Intimação por edital ou com hora certa no processo criminal e sistema inquisitivo 1130
3.11. Intimação do acusado preso 1130
3.12. Intimação por carta 1130
4. Revelia e suspensão do processo penal 1131
5. Informatização do processo judicial 1133
6. Quadro Sinótico 1135
7. Súmulas Aplicáveis 1140
7.1. STJ 1140
7.2. STF 1140
8. Informativos recentes 1140
8.1. STJ 1140
8.2. STF 1141
9. Questões de concursos públicos 1142
10. Gabarito Anotado 1147
11. Questões discursivas com comentários 1149

CAPÍTULO XII
SENTENÇA

1. Noção de sentença 1153
1.1. Introdução 1153
1.2. Outros atos judiciais 1155
1.2.1. Provimentos 1155
1.2.2. Atos reais ou materiais 1155
2. Classificação das sentenças 1155
2.1. Sentença declaratória 1156
2.2. Sentença constitutiva 1156
2.2.1. Sentença constitutiva positiva 1156
2.2.2. Sentença constitutiva negativa 1156
2.3. Sentença mandamental 1157
2.4. Sentença executiva 1157
2.5. Sentença condenatória 1157
2.6. Outras classificações 1157
2.6.1. Interlocutórias simples 1157
2.6.2. Interlocutórias mistas 1157
2.6.3. Decisões definitivas ou sentenças em sentido próprio 1158
2.6.4. Sentenças executáveis 1158
2.6.5. Sentenças não executáveis 1158
2.6.6. Sentenças suicidas 1158
2.6.7. Sentenças vazias 1158

2.6.8. Sentenças subjetivamente simples 1158
2.6.9. Sentenças subjetivamente plúrimas 1159
2.6.10. Sentenças subjetivamente complexas 1159
2.6.11. Sentenças autofágicas 1159
2.6.12. Sentenças materiais 1159
2.6.13. Sentenças formais 1159
3. Fundamentação e estrutura das sentenças 1159
3.1. Fundamentação per relationem ou aliunde 1160
3.2. Estruturação da sentença 1160
3.2.1. *Emendatio libelli* 1162
3.2.2. *Mutatio libelli* 1164
4. Sentenças em processo penal condenatório e seus efeitos 1169
4.1. Sentença condenatória 1169
4.1.1. Efeitos da sentença penal condenatória 1176
4.1.2. Efeito prodrômico da sentença penal condenatória ou *non reformatio in pejus* 1180
4.1.3. Técnica da sentença penal condenatória 1182
4.2. Sentença absolutória 1185
4.3. Sentença declaratória de extinção da punibilidade 1188
4.4. Publicação e intimação da sentença 1189
4.4.1. Publicação da sentença 1189
4.4.2. Intimação da sentença 1190
5. Coisa julgada e preclusão 1195
5.1. Distinção 1195
5.2. Coisa julgada 1195
5.3. Preclusão 1195
5.4. Coisa julgada criminal e revisão criminal favor rei 1196
5.5. Coisa julgada criminal e o princípio da correlação entre a *causa petendi* e a sentença 1197
6. Quadro Sinótico 1198
7. Súmulas aplicáveis 1208
7.1. STJ 1208
7.2. STF 1209
8. Informativos recentes 1209
8.1. STJ 1209
8.2. STF 1210
9. Questões de concursos públicos 1211
10. Gabarito Anotado 1216
11. Questões discursivas com comentários 1218

CAPÍTULO XIII
PROCEDIMENTOS

1. Considerações Gerais 1227
2. Procedimento comum 1228
2.1. Procedimento comum ordinário (artigos 394 a 405, CPP) 1230

2.1.1. Questões complementares ... 1238
2.1.2. Sequência ... 1245
2.2. Procedimento comum sumário (artigos 531 a 536, CPP) ... 1247
2.2.1. Sequência ... 1248
2.3. Procedimento comum sumaríssimo (juizados especiais criminais) ... 1250
2.3.1. Considerações iniciais ... 1250
2.3.2. Fase preliminar ... 1251
2.3.3. Audiência preliminar ... 1252
2.3.4. Procedimento sumaríssimo ... 1257
3. Procedimentos especiais ... 1261
3.1. Crimes afiançáveis imputados a funcionário público ... 1262
3.1.1. Peculiaridades do procedimento ... 1263
3.1.2. Sequência ... 1265
3.2. Crimes contra a honra ... 1265
3.2.1. Sequência ... 1267
3.3. Procedimento especial para processamento dos crimes de drogas ... 1268
3.3.1. Sequência ... 1273
3.4. Procedimento especial para os crimes falimentares ... 1275
3.5. Outros procedimentos especiais ... 1276
3.5.1. Procedimento criminal da ação penal originária dos tribunais ... 1276
3.5.2. Procedimento para os crimes contra a propriedade imaterial ... 1279
3.5.3. Procedimento para a restauração de autos extraviados ... 1281
4. Procedimento especial dos crimes dolosos contra a vida ... 1283
4.1. Fundamentos do tribunal do júri ... 1283
4.2. Princípios reitores ... 1284
4.3. Características ... 1285
4.4. Rito especial do júri ... 1286
4.4.1. Primeira fase ou juízo da instrução preliminar (*judicium accusationis*) ... 1287
4.5. Sentença de absolvição sumária ... 1299
4.6. Decisão de desclassificação da infração penal contra a vida ... 1302
4.7. Rito especial do júri: segunda fase ou preparação para o julgamento (*judicium causae* ou juízo de mérito) ... 1304
4.8. Rol de testemunhas e diligências ... 1306
4.9. Desaforamento ... 1306
4.10. Instalação da reunião do júri ... 1308
4.10.1. Preparativos administrativos e processuais ... 1308
4.10.2. Alistamento dos jurados ... 1308
4.10.3. Organização da pauta ... 1310
4.10.4. Sorteio e convocação dos jurados ... 1310
4.10.5. Função de jurado ... 1311
4.10.6. Reunião e sessões do tribunal do júri ... 1313
4.11. Formação do conselho de sentença ... 1315
4.12. Atos instrutórios ... 1317
4.13. Debates e poderes do juiz ... 1319

4.14. Formulação dos quesitos e votação 1320
4.15. Sentença e ata da sessão 1325
4.16. Recurso e anulação parcial do julgamento do júri 1326
5. Procedimento especial dos crimes militares 1328
6. Quadro Sinótico 1333
7. Súmulas Aplicáveis 1354
7.1. STJ 1354
7.2. STF 1355
8. Informativos recentes 1355
8.1. STJ 1355
8.2. STF 1357
9. Questões de concursos públicos 1358
10. Gabarito Anotado 1363
11. Questões discursivas com comentários 1366

CAPÍTULO XIV
RECURSOS

1. Teoria geral dos recursos 1379
1.1. Conceito 1379
1.2. Natureza jurídica 1380
1.3. Fundamentos e o duplo grau de jurisdição 1381
1.4. Princípios recursais 1383
1.5. Impedimentos 1394
1.6. Pressupostos de admissibilidade recursal 1395
1.6.1. Pressupostos objetivos de admissibilidade recursal 1397
1.6.2. Pressupostos subjetivos de admissibilidade recursal 1402
1.6.3. Juízo de admissibilidade e competência recursal 1406
1.7. Efeitos recursais 1407
1.8. Extinção dos recursos 1413
2. Recursos em espécie 1414
2.1. Apelação 1414
2.1.1. Noção 1414
2.1.2. Interposição 1416
2.1.3. Cabimento 1418
2.1.4. Processamento 1422
2.1.5. Julgamento 1425
2.2. Recurso em sentido estrito 1431
2.2.1. Noção 1431
2.2.2. Interposição 1431
2.2.3. Cabimento 1432
2.2.4. Processamento 1437
2.2.5. Julgamento 1440
2.3. Carta testemunhável 1440

2.3.1. Noção ... 1440
2.3.2. Interposição ... 1441
2.3.3. Cabimento ... 1443
2.3.4. Processamento ... 1444
2.3.5. Julgamento ... 1446
2.4. Correição Parcial ... 1446
2.4.1. Noção ... 1446
2.4.2. Interposição ... 1447
2.4.3. Cabimento ... 1448
2.4.4. Processamento ... 1449
2.4.5. Julgamento ... 1450
2.5. "Embarguinhos" e embargos de declaração ... 1450
2.5.1. Noção ... 1450
2.5.2. Interposição ... 1450
2.5.3. Cabimento ... 1451
2.5.4. Processamento ... 1451
2.5.5. Julgamento ... 1453
2.6. Agravo interno ou regimental ... 1453
2.6.1. Noção ... 1453
2.6.2. Interposição ... 1453
2.6.3. Cabimento ... 1455
2.6.4. Processamento ... 1456
2.6.5. Julgamento ... 1456
2.7. Embargos infringentes e de nulidade ... 1457
2.7.1. Noção ... 1457
2.7.2. Interposição ... 1457
2.7.3. Cabimento ... 1458
2.7.4. Processamento ... 1460
2.7.5. Julgamento ... 1462
2.8. Recursos especial e extraordinário ... 1463
2.8.1. Noção ... 1463
2.8.2. Interposição ... 1463
2.8.3. Cabimento ... 1466
2.8.4. Processamento ... 1471
2.8.5. Julgamento ... 1472
2.9. Reclamação constitucional ... 1474
2.9.1. Noção ... 1474
2.9.2. Interposição ... 1475
2.9.3. Cabimento ... 1475
2.9.4. Processamento ... 1476
2.9.5. Julgamento ... 1476
2.10. Recurso ordinário constitucional ... 1477
2.10.1. Noção ... 1477
2.10.2. Interposição ... 1477

2.10.3. Cabimento ... 1478
2.10.4. Processamento ... 1480
2.10.5. Julgamento ... 1481
2.11. Agravo em recurso especial e em recurso extraordinário ... 1481
2.11.1. Noção ... 1481
2.11.2. Interposição ... 1482
2.11.3. Cabimento ... 1483
2.11.4. Processamento ... 1484
2.11.5. Julgamento ... 1485
2.12. Embargos de divergência ... 1486
2.12.1. Noção ... 1486
2.12.2. Interposição ... 1486
2.12.3. Cabimento ... 1486
2.12.4. Processamento ... 1487
2.12.5. Julgamento ... 1487
2.13. Agravo em execução ... 1488
2.13.1. Noção ... 1488
2.13.2. Interposição ... 1488
2.13.3. Cabimento ... 1489
2.13.4. Processamento ... 1489
2.13.5. Julgamento ... 1490
2.14. Reclamação contra a lista geral de jurados ... 1490
2.14.1. Noção ... 1490
2.14.2. Interposição ... 1490
2.14.3. Cabimento ... 1490
2.14.4. Processamento ... 1491
2.14.5. Julgamento ... 1491
2.15. Incidente de resolução de demandas repetitivas ... 1491
2.15.1. Noção ... 1491
2.15.2. Iniciativa ... 1492
2.15.3. Cabimento ... 1492
2.15.4. Processamento ... 1493
2.15.5. Julgamento ... 1493
3. Quadro Sinótico ... 1495
4. Súmulas aplicáveis ... 1523
4.1. STJ ... 1523
4.2. STF ... 1524
5. Informativos recentes ... 1525
5.1. STJ ... 1525
5.2. STF ... 1527
6. Questões de concursos públicos ... 1529
7. Gabarito Anotado ... 1533
8. Questões discursivas com comentários ... 1535

CAPÍTULO XV
NULIDADES

1. Nulidades processuais em geral ... 1541
 1.1. Introdução ... 1541
  1.1.1. Noção de nulidade ... 1541
  1.1.2. Sistemas de nulidades: rol exemplificativo *versus* rol taxativo ... 1542
  1.1.3. Fundamento constitucional ... 1544
  1.1.4. Tipicidade e atipicidade do ato processual ... 1545
  1.1.5. Elementos e formalidades do ato processual penal ... 1546
  1.1.6. Confronto doutrinário ... 1547
 1.2. Classificações das nulidades ... 1548
  1.2.1. Influência do direito privado ... 1548
  1.2.2. Fundamento das classificações ... 1548
  1.2.3. Divergências na terminologia classificatória ... 1548
  1.2.4. Doutrina clássica das nulidades *versus* doutrina das nulidades como sanção ... 1548
  1.2.5. Vantagens e desvantagens da adoção de uma classificação ... 1549
  1.2.6. Relativização das nulidades processuais ... 1550
  1.2.7. Classificações na doutrina ... 1550
 1.3. Princípios informativos das nulidades ... 1554
  1.3.1. O princípio da boa boa-fé objetiva e o *duty to mitigate the loss* na esfera criminal ... 1558
2. Inexistência dos atos processuais ... 1559
3. Nulidades absolutas e relativas ... 1560
 3.1. A arguição de nulidade ... 1560
 3.2. Efeitos ... 1562
4. Hipóteses passíveis de reconhecimento judicial de nulidade ... 1562
 4.1. Falta ou deficiência de defesa ... 1563
 4.2. Ilegitimidade da parte ... 1565
 4.3. Incompetência do juízo ... 1568
 4.4. Incompatibilidade, impedimento, suspeição ou suborno do juiz ... 1570
 4.5. Inexistência ou defeito de peça acusatória ou de representação ... 1572
 4.6. Ausência de intervenção do Ministério Público ... 1574
 4.7. Ausência ou defeito de citação e do interrogatório do réu ... 1574
 4.8. Vícios na decisão de pronúncia e rol de testemunhas ... 1577
 4.9. Não intimação do réu da data de julgamento pelo júri ... 1578
 4.10. Presença de pelo menos quinze jurados para o júri ... 1578
 4.11. Concessão de prazos processuais ... 1579
 4.12. Falta de intimação de testemunhas ... 1581
 4.13. Falta de exame de corpo de delito nos crimes que deixam vestígios ... 1583
 4.14. Irregularidade no sorteio e incomunicabilidade dos jurados ... 1584
 4.15. Defeito ou contradição na quesitação e nas respectivas respostas no júri ... 1585
 4.16. Irregularidades surgidas nos debates perante o tribunal popular ... 1586

4.17. Vícios na sentença ... 1587
4.18. Descumprimento de disposição que preconiza reexame necessário ... 1591
4.19. Falta ou irregularidade na intimação de atos processuais ... 1592
4.20. Descumprimento do quorum legal de julgamento nos tribunais ... 1593
4.21. Omissão de formalidade essencial de ato processual ... 1594
4.22. Nulidades no inquérito policial ... 1595
4.22.1. Divergência doutrinária ... 1595
4.22.2. Jurisprudência ... 1596
5. Reconhecimento judicial da nulidade e saneamento do ato processual penal ... 1596
6. Quadro Sinótico ... 1597
7. Súmulas aplicáveis ... 1610
7.1. STF ... 1610
8. Informativos recentes ... 1610
8.1. STJ ... 1610
8.2. STF ... 1612
9. Questões de concursos públicos ... 1612
10. Gabarito Anotado ... 1616
11. Questões discursivas com comentários ... 1618

CAPÍTULO XVI
AÇÕES AUTÔNOMAS DE IMPUGNAÇÃO

1. De ordem geral ... 1621
2. *Habeas corpus* ... 1622
2.1. Fundamentos ... 1622
2.2. Natureza jurídica ... 1623
2.3. Cabimento ... 1625
2.3.1. Violação à liberdade de ir e vir ... 1625
2.3.2. Habeas corpus preventivo, repressivo e suspensivo ... 1629
2.3.3. Crime com pena privativa de liberdade ... 1630
2.3.4. Transgressão disciplinar ... 1631
2.4. Processamento e julgamento ... 1632
2.4.1. Competência ... 1632
2.4.2. Legitimidade ativa e passiva ... 1635
2.4.3. Forma de propositura ... 1637
2.4.4. Rito processual ... 1638
2.4.5. Julgamento ... 1640
2.4.6. Trancamento do inquérito, do processo ou do termo circunstanciado de ocorrência ... 1642
2.4.7. *Habeas corpus ex officio*, liberdade provisória e relaxamento de prisão ... 1643
2.4.8. Recursos em *habeas corpus* e *habeas corpus* substitutivo ... 1643
2.4.9. Jurisprudência defensiva: o *habeas corpus* substitutivo de recurso ordinário constitucional e a concessão de *habeas corpus* de ofício ... 1645
3. Mandado de Segurança ... 1646

3.1. Fundamentos ... 1646
3.2. Cabimento ... 1647
3.3. Processamento e julgamento ... 1651
3.3.1. Competência ... 1651
3.3.2. Legitimidade ativa e passiva ... 1651
3.3.3. Procedimento do mandado de segurança ... 1653
3.3.4. Julgamento ... 1656
3.4. Mandado de segurança coletivo ... 1657
4. Revisão Criminal ... 1659
4.1. Fundamentos ... 1659
4.2. Cabimento ... 1660
4.3. Processamento e julgamento ... 1661
4.3.1. Competência ... 1661
4.3.2. Legitimidade *ad causam* ... 1662
4.3.3. Propositura ... 1663
4.3.4. Rito da revisão criminal ... 1664
4.3.5. Julgamento e indenização ... 1665
5. Quadro Sinótico ... 1667
6. Súmulas aplicáveis ... 1681
6.1. STJ ... 1681
6.2. STF ... 1681
7. Informativos recentes ... 1681
7.1. STJ ... 1681
7.2. STF ... 1682
8. Questões de concursos públicos ... 1688
9. Gabarito Anotado ... 1692
10. Questões discursivas com comentários ... 1694

CAPÍTULO XVII
DISPOSIÇÕES GERAIS DO CPP

1. Audiências e sessões ... 1697
2. Publicidade ... 1698
3. Poder de polícia do juiz ... 1699
4. Prazos ... 1699
4.1. Prazos penais versus prazos processuais ... 1699
4.2. Fluência dos prazos processuais ... 1700
4.3. Prazos processuais em espécie ... 1702
4.4. Princípios informadores da disciplina dos prazos processuais ... 1704
5. Retirada de autos ... 1705
6. Custas processuais ... 1706
7. Substituição do escrivão/diretor de secretaria ... 1707
8. Estatística judiciária criminal ... 1708
9. Quadro sinótico ... 1709

10. Súmulas aplicáveis ... 1712
  10.1. STJ ... 1712
  10.2. STF ... 1712
11. Informativos recentes ... 1712
  11.1. STJ ... 1712
  11.2. STF ... 1713
12. Questões de concursos públicos ... 1713
13. Gabarito anotado ... 1715
14. Questões discursivas com comentários ... 1715

CAPÍTULO XVIII
TRIBUNAL PENAL INTERNACIONAL

1. Sistema internacional de persecução criminal ... 1717
2. Jurisdição e competência ... 1719
  2.1. Competência material irretroativa ... 1719
  2.2. Atuação da jurisdição do Tribunal Penal Internacional ... 1720
  2.3. Princípios informadores da jurisdição e da competência do Tribunal Penal Internacional ... 1721
3. Princípios informadores do Direito Penal e do Processo Penal Internacional ... 1723
4. Inquérito ... 1725
5. Procedimento criminal ... 1726
  5.1. Juízo de Instrução ... 1726
  5.2. Juízo de Julgamento ... 1727
  5.3. Juízo de Recursos ... 1729
6. Execução da pena ... 1730
7. Quadro sinótico ... 1731
8. Informativos recentes ... 1734
  8.1. STF ... 1734
9. Questões de concursos públicos ... 1735
10. Gabarito anotado ... 1736
11. Questões discursivas com comentários ... 1737

CAPÍTULO XIX
EXECUÇÃO PENAL

1. Considerações gerais ... 1739
  1.1. Noção ... 1739
  1.2. Natureza jurídica da execução penal ... 1740
  1.3. Autonomia do processo executivo penal ... 1741
2. Requisitos da execução penal ... 1742
3. Objetivos da execução penal ... 1743
4. Princípios e garantias da execução penal ... 1743
  4.1. Devido processo legal ... 1743
  4.2. Juízo competente ... 1744

4.3. Individualização da pena ... 1745
4.4. Personalização da pena ... 1746
4.5. Legalidade e irretroatividade da lei ... 1746
4.6. Contraditório e ampla defesa ... 1748
4.7. Direito à prova ... 1748
4.8. Isonomia ... 1749
4.9. Direito a não autoincriminação ... 1749
4.10. Reeducação ... 1750
4.11. Duplo grau de jurisdição ... 1750
4.12. Humanização ... 1750
4.13. Cooperação comunitária ... 1751
4.14. Oficialidade ... 1751
4.15. Publicidade ... 1751
4.16. Aplicação ao preso provisório ... 1751
4.17. Motivação das decisões ... 1752
4.18. *Numerus clausus* ... 1752
5. Órgãos da execução penal ... 1752
6. Estabelecimentos para cumprimento de pena ... 1755
6.1. Definição do estabelecimento ... 1755
6.2. Penitenciária ... 1757
6.3. Colônia agrícola, industrial ou similar ... 1758
6.4. Casa do Albergado ... 1758
6.5. Centro de Observação ... 1760
6.6. Hospital de Custódia e Tratamento Psiquiátrico ... 1760
6.7. Cadeia pública ... 1760
6.8. Critérios para separação de presos provisórios e apenados ... 1760
6.9. Execução indireta de atividades acessórias (privatização ou terceirização no sistema prisional) ... 1761
7. Jurisdição e competência da execução penal ... 1762
8. Restrição de direitos na execução da pena ... 1763
8.1. Deveres ... 1763
8.2. Direitos ... 1763
8.3. Direitos políticos ... 1764
8.4. Visita ... 1765
8.5. Comunicação ... 1766
8.6. Assistência ... 1766
8.6.1. Assistência material ... 1766
8.6.2. Assistência à saúde ... 1766
8.6.3. Assistência jurídica ... 1766
8.6.4. Assistência educacional ... 1767
8.6.5. Assistência social ... 1767
8.6.6. Assistência religiosa ... 1768
8.6.7. Assistência ao egresso ... 1768

8.7. Trabalho ... 1768
8.8. Faltas disciplinares ... 1770
8.8.1. Espécies ... 1772
8.8.2. Apuração, defesa técnica e aplicação ... 1772
8.9. Regime Disciplinar Diferenciado ... 1773
8.10. Sanções ... 1775
8.11. Recompensas ... 1775
9. Intervenção do Ministério Público na execução penal ... 1775
10. Processo de execução penal ... 1776
10.1. Penas privativas de liberdade ... 1776
10.2. Penas restritivas de direito ... 1776
10.3. Pena de multa ... 1779
10.4. Medida de segurança ... 1782
10.5. Prisão albergue domiciliar ... 1785
10.6. Procedimento da execução penal ... 1785
10.6.1. Iniciativa ... 1785
10.6.2. Guia de execução penal ... 1786
10.6.3. Processamento ... 1786
10.7. Execução provisória da pena ... 1787
10.7.1. Execução provisória de pena privativa de liberdade e dissídio jurisprudencial ... 1787
10.7.2. Impossibilidade de execução provisória de pena restritiva de direitos ... 1789
10.8. Regressão de regime ... 1790
10.8.1. Regressão cautelar ... 1791
10.9. Progressão de regime ... 1791
10.9.1. Requisitos ... 1791
10.9.2. Progressão por salto ... 1795
10.10. Incidentes e conversões ... 1795
10.10.1. Doença mental superveniente ... 1796
10.10.2. Desvio e excesso de execução ... 1797
10.10.3. Anistia e indulto ... 1797
10.11. Remição ... 1800
10.12. Detração penal ... 1803
10.13. Autorizações de saída ... 1804
10.14. Livramento condicional ... 1806
10.15. Monitoração eletrônica ... 1809
10.16. Suspensão condicional da pena ... 1811
10.17. Meios de impugnação ... 1813
10.17.1. Recursos ... 1813
10.17.2. Ações autônomas de impugnação ... 1813
10.18. Extinção de punibilidade pelo cumprimento da pena ... 1814
11. Tecnologia aplicada à execução penal – Lei nº 12.714/2012 ... 1814
12. Quadro sinótico ... 1817
13. Súmulas aplicáveis ... 1831

13.1. STJ 1831
13.2. STF 1832
14. Informativos recentes 1832
14.1. STJ 1832
14.1.1. Saída temporária 1832
14.1.2. Detração penal 1833
14.1.3. Falta grave 1834
14.1.4. Trabalho externo 1835
14.1.5. Execução provisória da pena 1835
14.1.6. Progressão de regime 1837
14.1.7. Regime de cumprimento de pena 1837
14.1.8. Remição 1837
14.1.9. Substituição da pena 1838
14.1.10. Outros temas 1839
14.2. STF 1840
14.2.1. Falta grave 1840
14.2.2. Execução provisória da pena 1840
14.2.3. Remição 1843
14.2.4. Regime de cumprimento da pena 1843
14.2.5. Progressão de regime 1845
14.2.6. Trabalho Externo 1846
14.2.7. Outros temas 1847
15. Questões de concursos públicos 1850
16. Gabarito anotado 1854
17. Questões discursivas com comentários 1856

BIBLIOGRAFIA 1867

Capítulo I

Linhas introdutórias

Sumário • 1. Direito Processual Penal: 1.1. Conceito e finalidade; 1.2. Características: 1.2.1. Autonomia; 1.2.2. Instrumentalidade; 1.2.3. Normatividade; 1.3. Posição enciclopédica – 2. Entendendo O Tema: 2.1. Interesse; 2.2. Pretensão; 2.3. Lide; 2.4. Ação: 2.4.1. Noção; 2.4.2. Teorias da Ação: 2.4.2.1. Ação como vingança privada; 2.4.2.2. Ação civilista ou imanentista; 2.4.2.3. Ação como direito concreto; 2.4.2.4. Ação como direito potestativo; 2.4.2.5. Ação como direito abstrato; 2.5. Processo: 2.5.1. Procedimento (aspecto objetivo do processo); 2.5.2. Relação jurídica processual (aspecto subjetivo do processo): 2.5.2.1. Os sujeitos processuais; 2.5.2.2. O objeto da relação: 2.5.2.2.1. Aspecto material; 2.5.2.2.2. Aspecto processual; 2.5.2.3. Os pressupostos processuais: 2.5.2.3.1. Subjetivos: 2.5.2.3.1.1. Relativos ao juiz: 2.5.2.3.1.1.1. Investidura; 2.5.2.3.1.1.2. Competência; 2.5.2.3.1.1.3. Ausência de suspeição; 2.5.2.3.1.2. Relativos às partes: 2.5.2.3.1.2.1. Capacidade de ser parte; 2.5.2.3.1.2.2. Capacidade de estar em juízo "sozinho"; 2.5.2.3.1.2.3. Capacidade postulatória; 2.5.2.3.2. Objetivos: 2.5.2.3.2.1. Extrínsecos; 2.5.2.3.2.2. Intrínsecos; 2.5.3. Natureza jurídica do processo: 2.5.3.1. Processo como contrato; 2.5.3.2. Processo como quase-contrato; 2.5.3.3. Processo como serviço público; 2.5.3.4. Processo como instituição jurídica; 2.5.3.5. Processo como procedimento – 3. Sistemas Processuais: 3.1. Sistema inquisitivo; 3.2. Sistema acusatório; 3.3. Sistema misto ou acusatório formal – 4. Fontes: 4.1. Conceito; 4.2. Classificação: 4.2.1. Fonte de produção ou material; 4.2.2. Fonte formal ou de cognição: 4.2.2.1. Imediata ou direta; 4.2.2.2. Mediatas, indiretas ou supletivas: 4.2.2.2.1. Costumes: 4.2.2.2.1.1. *Secundum legem*; 4.2.2.2.1.2. *Praeter legem*; 4.2.2.2.1.3. *Contra Legem*; 4.2.2.2.2. Princípios gerais do direito – 5. Analogia: 5.1. Conceito; 5.2. Espécies: 5.2.1. Analogia *legis*; 5.2.2. Analogia *juris*; 5.3. Aplicação subsidiária do CPC/2015 – 6. Interpretação da Lei Processual: 6.1. Quanto à origem ou ao sujeito que a realiza: 6.1.1. Autêntica ou legislativa; 6.1.2. Doutrinária ou científica; 6.1.3. Judicial ou jurisprudencial; 6.2. Quanto ao modo ou aos meios empregados: 6.2.1. Literal, gramatical ou sintática; 6.2.2. Teleológica; 6.2.3. Lógica; 6.2.4. histórica; 6.2.5. Sistemática; 6.3. Quanto ao resultado: 6.3.1. Declarativa; 6.3.2. Restritiva; 6.3.3. Extensiva ou ampliativa; 6.3.4. Progressiva, adaptativa ou evolutiva – 7. A Lei Processual Penal no tempo: 7.1. Sistema da unidade processual; 7.2. Sistema das fases processuais; 7.3. Sistema do isolamento dos atos processuais – 8. A Lei Processual Penal no espaço – 9. Princípios Processuais Penais: 9.1. Princípio da presunção de inocência ou da não culpabilidade; 9.2. Princípio da imparcialidade do juiz; 9.3. Princípio da igualdade processual (princípio da paridade de armas e sua distinção); 9.4. Princípio do contraditório ou bilateralidade da audiência; 9.5. Princípio da ampla defesa; 9.6. Princípio da ação, demanda ou iniciativa das partes; 9.7. Princípio da oficialidade; 9.8. Princípio da oficiosidade; 9.9. Princípio da verdade real; 9.10. Princípio da obrigatoriedade; 9.11. Princípio da indisponibilidade; 9.12. Princípio do impulso oficial; 9.13. Princípio da motivação das decisões; 9.14. Princípio da publicidade; 9.15. Princípio do duplo grau de jurisdição; 9.16. Princípio do juiz natural; 9.17. Princípio do promotor natural ou do promotor legal; 9.18. Princípio do defensor natural; 9.19. Princípio do devido processo legal; 9.20. Princípio do *favor rei* ou favor réu; 9.21. Princípio da economia processual; 9.22. Princípio da oralidade; 9.23. Princípio da autoritariedade; 9.24. Princípio da duração razoável do processo penal; 9.25. Princípio da proporcionalidade; 9.26. Princípio da inexigibilidade de autoincriminação; 9.27. Princípio da cooperação processual – 10. Quadro Sinótico – 11. Súmulas Aplicáveis: 11.1. STJ; 11.2. STF – 12. Informativos Recentes: 12.1. STJ; 12.2. STF – 13. Questões de Concursos Públicos – 14. Gabarito Anotado – 15. Questões discursivas com comentários

1. DIREITO PROCESSUAL PENAL

1.1. Conceito e finalidade

O direito é um só e é constituído pela linguagem. A linguagem é a tessitura constitutiva do mundo, dentro de um prisma fenomenológico-existencialista[1]. No ponto, pode-se

1. STRECK, Lenio Luiz. *Jurisdição constitucional e hermenêutica*. 2. ed. Rio de Janeiro: Forense, 2004. p. 5.

anuir com Edvaldo Brito quando enfatiza que "a realidade do direito é, em si, linguagem"[2]. Esse modo de enxergar o direito é importantíssimo para sua aplicação contextualizada socialmente. É assim que o direito processual penal compreenderá a interpretação/aplicação normativa penal sem descurar da Constituição e dos fatos da atualidade.

Com essa advertência – que deve permear o estudo deste livro –, calha trazer à baila a lição de Frederico Marques, especialmente quando aduz que o direito processual penal "é o conjunto de princípios e normas que regulam a aplicação jurisdicional do direito penal, bem como as atividades persecutórias da Polícia Judiciária, e a estruturação dos órgãos da função jurisdicional e respectivos auxiliares"[3].

As disposições constitucionais sobre matéria criminal fazem parte desse conjunto e a sua interpretação/aplicação, nas palavras de Thiago Bomfim, não pode "ser uma atividade puramente mecânica", porém deve convergir para uma "atividade criadora, responsável por reconhecer como sendo parte integrante do sistema valores que até então se apresentavam sob uma perspectiva eminentemente filosófica, sociológica e ética"[4].

Com efeito, o processo penal deve ser compreendido de sorte a conferir efetividade ao direito penal, fornecendo os meios e o caminho para materializar a aplicação da pena ao caso concreto. Deve-se ter em vista que o *jus puniendi* concentra-se na figura do Estado. Essa característica não se modifica quando se cuida de ação penal privada, eis que aqui o querelante passa a figurar como substituto processual.

Outrossim, estando a vingança privada banida, como regra, do estado democrático de direito, com a tipificação criminal do exercício arbitrário das próprias razões como crime contra a administração da justiça (art. 345 do CP), resta confiar ao direito processual penal a solução das demandas criminais, delineando toda a persecução penal do Estado, já que se cuida daquela "parte do direito que regula a atividade tutelar do direito penal"[5].

No que tange à finalidade do direito processual penal, ela pode ser dividida em mediata e imediata: aquela diz respeito à própria pacificação social obtida com a solução do conflito, enquanto a última está ligada ao fato de que o direito processual penal viabiliza a aplicação do direito penal, concretizando-o.

FINALIDADE DO DIREITO PROCESSUAL PENAL	
Mediata	**Imediata**
alcançar a pacificação social com a solução do conflito	viabilizar a aplicação do direito penal, concretizando-o

1.2. Características

A doutrina costuma discorrer sobre três características do direito processual penal. Senão vejamos.

2. BRITO, Edvaldo. *Limites da revisão constitucional*. Porto Alegre: Sergio Antonio Fabris, 1993. p. 16.
3. MARQUES, José Frederico. *Elementos de direito processual penal*. 2. ed. Campinas: Millennium, 2003. v.1. p. 16.
4. BOMFIM, Thiago. *Os princípios constitucionais e sua força normativa*: análise da prática jurisprudencial. Salvador: JusPODIVM, 2008. p. 103.
5. BELING, Ernst apud TOURINHO FILHO, Fernando da Costa. *Processo penal*. São Paulo: Saraiva, 2003. v.1. p. 26.

1.2.1. **Autonomia:** o direito processual não é submisso ao direito material, isto porque tem princípios e regras próprias e especializantes.

1.2.2. **Instrumentalidade:** é o meio para fazer atuar o direito material penal, consubstanciando o caminho a ser seguido para a obtenção de um provimento jurisdicional válido. Em outros termos, como aduz Rubens Casara, o processo penal surge "como resposta à exigência de racionalidade da aplicação do direito material", vale dizer, como instrumento, o processo criminal é garantia de provimento penal racional.[6]

1.2.3. **Normatividade:** é uma disciplina normativa, de caráter dogmático, inclusive com codificação própria (Código de Processo Penal: Dec-Lei nº 3.689/1941).

1.3. Posição enciclopédica

Há uma crítica atual à dicotomia romana entre ***jus publicum et jus privatum***, notadamente porque a distinção não explica perfeitamente todas as nuances de cada uma das esferas do direito. Não obstante, o direito processual penal é reconhecido como um dos ramos do direito público. O fundamento é que um dos sujeitos é o Estado e a finalidade das normas é obter a repressão dos delitos, através do exercício do *jus puniendi*, intrínseco àquele.

2. ENTENDENDO O TEMA

Passaremos aqui, de forma sucinta, a identificar alguns conceitos fundamentais para o estudo da matéria, levando-nos a relembrar tópicos da teoria geral do processo, enfrentados embrionariamente.

2.1. Interesse

É o desejo, a cobiça, a vontade de conquistar algo. É um conceito extrajurídico, que desperta aquilo que se quer alcançar. O interesse indica uma relação entre as necessidades humanas (que são de variadas ordens) e os bens da vida aptos a satisfazê-las.

Nas palavras de Moacyr Amaral Santos, "a razão entre o homem e os bens, ora maior, ora menor, é o que se chama interesse. Assim, aquilata-se o interesse da posição do homem, em relação a um bem, variável conforme suas necessidades. Sujeito do interesse é o homem; o bem é o seu objeto"[7].

Nesse sentido, Francisco Wildo destaca que "quando existe uma necessidade que pode ser satisfeita por um determinado bem da vida, dizemos que há um interesse por esse bem. Desde Carnelutti, define-se o interesse como uma situação favorável à satisfação de uma necessidade"[8].

6. CASARA, Rubens. *Interpretação retrospectiva:* sociedade brasileira e processo penal. Rio de janeiro: Lumen Juris, 2004. p. 100.
7. SANTOS, Moacyr Amaral. *Primeiras linhas de direito processual civil*. 21. ed. São Paulo: Saraiva, 2008. v.1. p. 3-4.
8. DANTAS, Francisco Wildo Lacerda. *Teoria geral do processo*: jurisdição, ação (defesa), processo. 2. ed. São Paulo: Método, 2007. p. 41.

2.2. Pretensão

É a intenção de subordinar interesse alheio ao próprio. A beleza da busca do que se pretende é o prazer da conquista, que muitas vezes envolve a submissão de um bem jurídico alheio para que prevaleça o nosso.

Pretensão, em direito processual, é conceito formado pelos seguintes elementos: (1) é intencional, vale dizer, dirige-se a um fim, de cunho teleológico, expressando a vontade do sujeito ativo em subordinar o sujeito passivo a uma satisfação de necessidade que aquele entende legítima (em direito processual penal, a pretensão punitiva estatal tem seu início deflagrado a partir do conhecimento do cometimento do crime); (2) é dotada de persistência, pois uma vez deduzida em juízo, perdura no tempo, ainda que desapareça o intento condenatório do Ministério Público, razão pela qual, ao final, o que a rigor se julga improcedente não é a pretensão, porém o pedido condenatório (é possível ao juiz, segundo o ordenamento jurídico brasileiro, julgar procedente o pedido condenatório, mesmo que o Ministério Público tenha requerido absolvição); e (3) é exteriorizada pela ação penal, eis que esta veicula o *jus puniendi* do Estado.

2.3. Lide

Como a prevalência de nosso interesse não se faz sem resistência, e no âmbito dos conflitos penais, a resistência à pretensão punitiva do Estado é de rigor (princípio da ampla defesa, consagrado no art. 5º, inciso LV, da Carta Magna); a lide surge do conflito de interesses qualificado pela pretensão resistida[9]. No embate criminal, teremos, de um lado, a pretensão do Estado de fazer valer o direito material, aplicando a pena ao caso concreto, e, do outro, o *status libertatis* do imputado, que só pode ser apenado após o devido processo legal. Pressupõe-se, portanto, uma resistência necessária do réu, tal como consagra expressamente a Carta Magna, em seu art. 133, ao afirmar que o advogado é peça essencial à administração da justiça –, bem como a Súmula nº 523, do STF, que enfatiza que a falta de defesa constitui nulidade absoluta do processo.

É bastante controvertida a questão sobre a existência de lide no processo penal. Isso porque a presença de interesses antagônicos seria precipitada, já que a acusação e a defesa estariam em busca do mesmo interesse, que é a realização de justiça. No processo criminal a figura do Ministério Público, preocupada com o justo provimento, e não com a condenação desmedida, estaria no mesmo sentido da pretensão defensiva, buscando a adequada aplicação da lei penal[10].

Ademais, na esfera penal o conflito entre as partes é irrelevante, pois o bem em jogo é indisponível, ao passo que no processo civil, de regra, há poder de disposição das partes em face dos respectivos interesses. Na seara penal há o interesse público prevalente na realização da justiça, o que é contemporizado nas ações de iniciativa privada, pois a vítima é movida

9. CARNELUTTI,Francesco. *Sistema de direito processual civil*. Tradução: Hiltomar Martins Oliveira. São Paulo: ClassicBook, 2000. v.1. p. 93.

10. BIZZOTTO, Alexandre; RODRIGUES, Andreia de Brito. *Julgamento antecipado civil e penal*. Goiânia: AB, 1999.p. 120. Também fazem registro, preferindo a expressão *controvérsia penal*: ARAÚJO CINTRA. Antonio Carlos de; GRINOVER. Ada Pellegrini; DINAMARCO. Cândido R. *Teoria geral do processo*. 13.ed. Malheiros: São Paulo, 1997. p. 132.

pelos princípios da oportunidade, podendo exercer ou não a ação, e da disponibilidade, podendo desistir da demanda, seja perdoando o réu, ou através da perempção.

Gustavo Badaró apregoa que a lide não é condição essencial para o surgimento e desenvolvimento do processo. Ela pode até existir quando o acusado resiste à pretensão formulada pela acusação, mas é "absolutamente irrelevante para o desenvolvimento e a decisão do processo". Em razão da *nulla poena sine iudicio*, o processo penal é ferramenta necessária e incontornável, já que os interessados têm no judiciário o órgão canalizador da aplicação do direito punitivo, e a "necessidade do contraditório como meio mais eficiente para a descoberta da verdade" acaba por ratificar a dependência processual para resolver a pretensão que nasce insatisfeita[11]. Por essa razão, a ação penal é uma ação necessária, quando se pensa na efetivação da pretensão punitiva.

O réu não pode voluntariamente submeter-se à pretensão acusatória, ressalvada a possibilidade da transação penal, no âmbito da **justiça consensual**. Da mesma maneira, se o réu confessar o crime, ou se o Ministério Público requer a absolvição, isso não é suficiente para que o processo chegue ao seu final de maneira precipitada. É necessária cognição exauriente do manancial probatório para formação do convencimento do julgador, já que estamos diante de bens jurídicos indisponíveis, e a lide deve ser vista de forma acidental, secundária, e despicienda para o exercício jurisdicional em matéria criminal. Não é outra a posição de Afrânio Silva Jardim, que entende que a lide é prescindível ao processo; o que é indispensável é "a pretensão do autor manifestada em juízo, exteriorizada pelo pedido e delimitada pela causa de pedir"[12].

2.4. Ação

2.4.1. *Noção*

Gerindo o Estado a administração da própria justiça, evitando com isso que nós, anuentes do Pacto Social, façamos justiça com as próprias mãos, não pode aquele se omitir (*non liquet*). Tem o dever de agir, cabendo-nos o direito público subjetivo de obter uma decisão acerca do fato objeto do processo. Desta forma, enquanto o poder-dever de punir é do Estado, a nós cabe o direito de exigir esta punição, que é o direito à tutela jurisdicional.

Na senda da doutrina processual majoritária, José Antônio Paganella Boschi sustenta que "a ação é o direito 'subjetivo' público de 'mover' a jurisdição", explicando que o "'poder' de mover a jurisdição pode ter natureza de 'direito subjetivo público' nas ações de iniciativa privada ou de 'dever jurídico' nas ações públicas"[13].

Interessa anotar, todavia, a crítica de Ovídio Baptista, com a qual concordamos, consistente em enfatizar que a doutrina processual, na realidade, confunde "ação" processual com o direito subjetivo público do litigante de obter prestação jurisdicional. "Ação" (processual), dessa forma, é agir em juízo – e não direito subjetivo público –, não sendo adequado mesclar o conceito de ação, "qualquer que seja o nível em que o conceito seja tomado, e o

11. BADARÓ, Gustavo Henrique Righi Ivahy. *Ônus da prova no processo penal*. São Paulo: RT, 2003. p. 205-206.
12. JARDIM, Afrânio Silva. *Direito processual penal*. Rio de Janeiro: Forense, 2005. p. 161.
13. BOSCHI, José Antonio Paganella. *Ação penal*: denúncia, queixa e aditamento. 3. ed. Rio de Janeiro: AIDE, 2002. p. 21-22.

conceito de direito subjetivo que lhe serve de suporte", ou mesmo confundir "direito público subjetivo de ação" com a atuação "desse direito através da ação processual"[14].

2.4.2. Teorias da Ação

No curso da história da teoria da ação, várias concepções sobre sua natureza jurídica foram construídas. A diferença entre elas fica por conta de elementos relacionados ao ordenamento jurídico vigente, ao ponto de vista do teórico ou ao estado da arte do conceito. Dentre as teorias em torno da ação, podem ser alinhadas, a partir do momento em que inexistia monopólio estatal da jurisdição:

2.4.2.1. **ação como vingança privada**: quando o Estado não exercia jurisdição penal, cabia ao ofendido exercer a denominada vingança privada. Era o exercício direto da tutela retributiva por meio de ação material da vítima, atualmente vedada. Só excepcionalmente o Estado autoriza o atuar direto do ofendido, a exemplo dos casos de excludentes de ilicitude (art. 23, do Código Penal);

2.4.2.2. **ação civilista ou imanentista**: a ação manejada pelo interessado retrata o seu próprio direito. A ideia de ação decorre do direito material que a assegura, onde este caracteriza a natureza jurídica daquela (Savigny). A partir da polêmica entre Bernhard Windscheid e Theodor Muther, teve início a distinção entre a ação material e a ação processual. Para Windscheid, a ação moderna seria o direito de exigir algo que deriva, necessariamente, do direito material. Tomava em consideração, para tanto, que a *actio* romana era o próprio direito. De outro lado, Muther, ação e direito são distintos, isto é, a ação como direito subjetivo público, de um lado, e, do outro, o direito subjetivo material a ser protegido[15].

2.4.2.3. **ação como direito concreto**[16]: a ação, para essa concepção, é entendida como direito a uma sentença favorável, malgrado entendida como direito autônomo (Wach, Chiovenda, Bülow);

2.4.2.4. **ação como direito potestativo**: de acordo com a teoria de Chiovenda (incluído também na teoria da ação como direito concreto), a ação também se caracteriza como poder jurídico necessário à atuação da vontade da lei;

2.4.2.5. **ação como direito abstrato**: Liebman, nessa linha, entende a ação como direito subjetivo diverso daquele do direito substancial, estabelecendo as condições da ação como a espécie de ponto de tangência entre a ação e o direito material[17]. Nessa senda, a ação se cuida de um direito de iniciativa e impulso, através do qual se põe em movimento o exercício de uma função pública[18].

---

14. SILVA, Ovídio Araújo Baptista da. Direito subjetivo, pretensão de direito material e ação. In: *Polêmica sobre a ação: a tutela jurisdicional na perspectiva das relações entre direito e processo*. Fábio Cardoso Machado; Guilherme Rizzo Amaral (orgs.). Porto Alegre: Livraria do Advogado, 2006. p. 31.
15. LOPES JÚNIOR, Aury. (Re) descobrindo as teorias acerca da natureza jurídica do processo (penal). *Revista Brasileira de Ciências Criminais*, São Paulo, nº 75, p. 102-105, dez. 2008.
16. NICOLITT, André. *Manual de processo penal*. 5. ed. São Paulo: RT, 2014. p. 65-67.
17. *Idem*. p. 66.
18. LIEBMAN, Enrico Tullio. *Manuale di diritto processuale civile*: I. 4. ed. Milano: Giuffrè, 1980. p. 135.

2.5. Processo

É o instrumento de atuação da jurisdição. É a principal ferramenta para solucionar os conflitos de interesse que se apresentam. No léxico, a palavra processo significa "ato de proceder ou de andar". Contempla um elemento constitutivo objetivo, qual seja, o procedimento, que é a sequência de atos concatenados a um objetivo final, é dizer, o provimento jurisdicional, e um elemento constitutivo subjetivo, que é a relação jurídica processual entre os sujeitos que integram o processo.

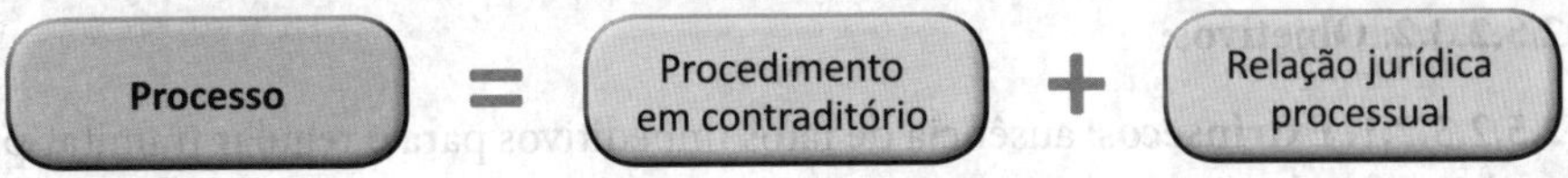

2.5.1. Procedimento (aspecto objetivo do processo)

É a sequência de atos praticados no processo.

2.5.2. Relação jurídica processual (aspecto subjetivo do processo)

É o nexo que une e disciplina a conduta dos sujeitos processuais em suas ligações recíprocas durante o desenrolar do procedimento, sendo seus elementos identificadores:

2.5.2.1. Os sujeitos processuais: partes e magistrado.

2.5.2.2. O objeto da relação:

2.5.2.2.1. Aspecto material: bem da vida;

2.5.2.2.2. Aspecto processual: provimento jurisdicional desejado.

2.5.2.3. Os pressupostos processuais:

2.5.2.3.1. Subjetivos:

2.5.2.3.1.1. *Relativos ao juiz:*

2.5.2.3.1.1.1. Investidura: é a necessidade de estar investido no cargo em conformidade com a Constituição e a legislação em vigor;

2.5.2.3.1.1.2. Competência: é a medida da jurisdição. É o limite legal dentro do qual o órgão jurisdicional poderá atuar;

2.5.2.3.1.1.3. Ausência de suspeição: é a imparcialidade necessária para o exercício da jurisdição. As hipóteses que levam a suspeição e ao impedimento do magistrado estão listadas nos artigos 252, 253 e 254 do CPP.

2.5.2.3.1.2. *Relativos às partes:*

2.5.2.3.1.2.1. Capacidade de ser parte: é a capacidade de contrair obrigações e exercer direitos. A capacidade de ser parte refere-se a todas as pessoas, salientando-se que para haver capacidade de ser parte passiva no processo penal, é preciso que o agente tenha idade igual ou superior a dezoito anos, considerada à época da ocorrência dos fatos narrados na denúncia;

2.5.2.3.1.2.2. Capacidade de estar em juízo "sozinho": refere-se à necessidade de assistência e representação daqueles que não gozam da plena capacidade;

2.5.2.3.1.2.3. Capacidade postulatória: necessária para o pleito judicial, afinal, como consagra a Carta Magna em seu art. 133, o advogado é peça essencial à administração da justiça.

2.5.2.3.2. Objetivos:

2.5.2.3.2.1. Extrínsecos: ausência de fatos impeditivos para o regular tramitar procedimental, a exemplo da inexistência de coisa julgada ou de litispendência;

2.5.2.3.2.2. Intrínsecos: regularidade formal, ou melhor, respeito à disciplina normativa do processo, ao devido processo legal ou ao chamado processo tipificado, isto é, aquele previsto em lei.

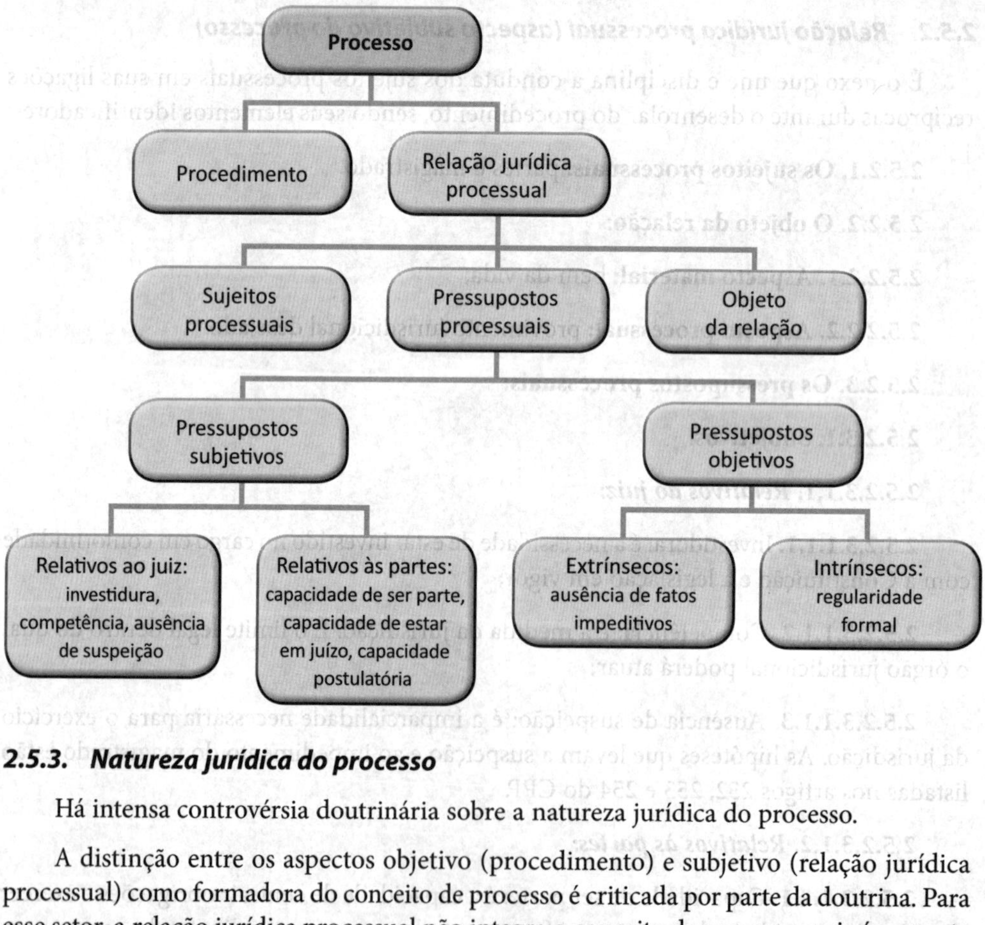

2.5.3. Natureza jurídica do processo

Há intensa controvérsia doutrinária sobre a natureza jurídica do processo.

A distinção entre os aspectos objetivo (procedimento) e subjetivo (relação jurídica processual) como formadora do conceito de processo é criticada por parte da doutrina. Para esse setor, a relação jurídica processual não integra o conceito de processo, pois é somente após o processo ser deflagrado que será possível falar em algo distinto, consistente na relação jurídica processual. Em outros termos, o processo cria a relação jurídica processual, mas não é, ele próprio, essa relação.

De certa forma, a diferença apresentada conta com a contribuição de Oskar Von Bülow[19], que passou a ver o processo não restritamente ao seu aspecto evidente (procedimento), mas como relação jurídica processual, entendida esta como a que se dá entre as partes e o juiz. Nasce relação jurídica quando o autor ajuíza a ação em face do Estado-juiz. Em outros termos, o juiz deve ordenar citação do réu, realizar vários atos e prestar a tutela jurisdicional. Nesse sentido, não lhe é facultado dizer o direito, sendo-lhe exigida uma resposta estatal. De outro lado, aquela relação é distinta da outra, de natureza material, decorrente da incidência de normas penais. Essa concepção, adotada em larga medida, pelo direito brasileiro, enxerga o processo (inclusive o penal) como relação de direito público, desenvolvida progressivamente com o envolvimento das partes e do órgão do Poder Judiciário.

Outros autores clássicos do direito processual apontam diversas naturezas e finalidades na tentativa de definir a função do processo.

Para James Goldschmidt, processualista alemão, "el proceso es el procedimiento cuyo fin es la constitución de la cosa juzgada". A função de constituição de coisa julgada como finalidade do processo, retrata o modo peculiar desse procedimento. O autor vê o processo como situação jurídica necessária à constituição da imutabilidade do julgado submetido em juízo. Não se resume o processo à definição de relação jurídica, sendo antes espaço para a deflagração de um modo para exercício de ônus e expectativas[20].

Partindo dessa concepção, a possibilidade de coisa julgada material, levada a efeito por meio do processo, é a nota de sua distinção relativamente ao inquérito policial. Este é procedimento administrativo, porém não tem por finalidade produzir a imutabilidade, como advertem Afrânio Silva Jardim e Pierre Souto Maior Coutinho de Amorim[21].

A natureza jurídica do processo é apontada ainda como contrato, quase-contrato, serviço público, instituição jurídica e procedimento[22], variando a concepção relativamente ao ordenamento em vigor ou ao ponto de vista do teórico.

2.5.3.1. Processo como contrato: atividade particular, exercida no âmbito privado, onde poderia haver a escolha de cláusulas e de juiz;

2.5.3.2. Processo como quase-contrato: em que a vontade das partes tem lugar de forma indireta, decorrendo as obrigações mais da lei do que do consenso (Savigny);

19. BÜLOW, Oskar Von. *Teoria das exceções e dos pressupostos processuais*. Tradução: Ricardo Rodrigues Gama. 2. ed. Campinas: LZN, 2005. p. 11-15.

20. GOLDSCHMIDT, James. *Principios generales del proceso*: teoria general del proceso. 2. ed. Buenos Aires: EJEA, 1961. p. 37.

21. JARDIM, Afrânio Silva; AMORIM, Pierre Souto Maior Coutinho de. *Direito processual penal*: Estudos e pareceres. 13. ed. Rio de Janeiro: Lumen Juris, 2014. p. 560-561.

22. LOPES JÚNIOR, Aury. (Re) descobrindo as teorias acerca da natureza jurídica do processo (penal). *Revista Brasileira de Ciências Criminais*, São Paulo, nº 75, p. 101-129, dez. 2008.

2.5.3.3. Processo como serviço público: entende a jurisdição como forma de prestação levada a cabo pelo poder público, sendo mera relação de fato; e

2.5.3.4. Processo como instituição jurídica: vê o processo como relação jurídica disciplinada normativamente (Guasp), vale dizer, incluindo as teorias da norma jurídica e da relação jurídica. De acordo com o jurista espanhol, o processo não é instrumento do direito material, porém o inverso, pois é o direito material que proporciona os instrumentos necessários ao labor processual, embora isso não signifique dizer que o direito material não exista por si. Daí entender Guasp que a preponderância do direito material ou processual relativamente ao processo é questão de ponto de vista. Para que haja o enlace entre eles, indispensável é o respeito às regras de competência, de imputação, dentre outras, que ocorrem no âmbito da instituição de conexões entre as diversas disciplinas, caracterizando, assim o processo (instituição jurídica)[23];

2.5.3.5. Processo como procedimento, entendendo-o como uma concatenação de atos, organizados em ordem sucessiva.

3. SISTEMAS PROCESSUAIS

A depender dos princípios que venham a informá-lo, o processo penal, na sua estrutura, pode ser inquisitivo, acusatório e misto. É o que Tourinho Filho enquadra como tipos de processo penal[24].

A principal função da estrutura processual, como aponta Geraldo Prado, é a de garantia contra o arbítrio estatal, conformando-se o processo penal à Constituição Federal, de sorte que o sistema processual penal estaria contido dentro do sistema judiciário, que por sua vez é espécie do sistema constitucional, que deriva do sistema político[25].

3.1. Sistema inquisitivo

O princípio inquisitivo é caracterizado pela inexistência de contraditório e de ampla defesa, com concentração das funções de acusar, defender e julgar em uma figura única (juiz). O procedimento é escrito e sigiloso, com o início da persecução, produção da prova e prolação de decisão pelo magistrado. Esse sistema, como observa Aury Lopes Jr., "foi desacreditado – principalmente por incidir em um erro psicológico: crer que uma mesma pessoa possa exercer funções tão antagônicas como investigar, acusar, defender e julgar"[26].

No sistema inquisitivo (ou inquisitório), permeado que é pelo princípio inquisitivo, o que se vê é a mitigação dos direitos e garantias individuais, em favor de um pretenso interesse coletivo de ver o acusado punido. É justificada a pretensão punitiva estatal com lastro na necessidade de não serem outorgadas excessivas garantias fundamentais.

23. GUASP, Jaime. *Derecho procesal civil*: tomo primeiro [introduccion y parte general]. Madrid: IEP, 1968. p. 34.
24. TOURINHO FILHO, Fernando da Costa. *Processo penal*. São Paulo: Saraiva, 2003. v.1. p. 88.
25. PRADO, Geraldo. *Sistema acusatório. A conformidade constitucional das leis processuais penais*. 4. ed. Rio de Janeiro: Lumen Juris, 2006. p. 55.
26. LOPES Jr, Aury. *Direito processual penal e sua conformidade constitucional*: volume I. Rio de Janeiro: Lúmen Júris, 2007. p. 68.

O discurso de fundo é a efetividade da prestação jurisdicional, a celeridade e a necessidade de segurança, razão pela qual o réu, mero figurante, submete-se ao processo numa condição de absoluta sujeição, sendo em verdade mais um objeto da persecução do que sujeito de direitos. É que, conforme esse sistema, os direitos de um indivíduo não podem se sobrepor ao interesse maior, o coletivo.

O Código de Processo Penal brasileiro, de 1941, seguiu essa linha de raciocínio, inspirado que foi, em sua maior parte, no Código Rocco, da Itália, de inspiração fascista. Preponderava a ideia que colocava o juiz em uma posição hierarquicamente superior às partes da relação jurídica processual, como uma espécie de superparte, sem cautelas para preservar eficazmente sua imparcialidade.

O Código então centralizou no juiz a gestão da prova, com a possibilidade de sua produção sem necessidade de provocação das partes, conferindo-lhe poderes como os de iniciar ação penal através do procedimento denominado judicialiforme (sem observar o princípio *ne procedat iudex ex officio*), de controlar a função investigatória mediante a fiscalização do arquivamento do inquérito policial e de modificar não só a capitulação dada ao fato imputado pelo Ministério Público (*emendatio libelli*), mas também o de tomar a iniciativa para dar novo enquadramento jurídico ao fato narrado, provocando o órgão acusatório a aditar a inicial (*mutatio libelli*).

Essas características do sistema inquisitório ainda encontram ressonância nas reformas que sofreu o Código de Processo Penal a partir de 2008, notadamente no que se refere à gestão probatória, eis que o seu art. 156, inciso I, confere ao magistrado, notadamente, a possibilidade de ordenar, de ofício, mesmo antes de iniciada a ação penal, a produção de provas consideradas urgentes e relevantes, observando a necessidade, adequação e proporcionalidade da medida.

O dispositivo mencionado é de duvidosa constitucionalidade, consoante vem se manifestando parcela considerável da doutrina, mormente porque não passa pelo filtro norteado pelo modelo constitucional de processo traçado pela Constituição de 1988. Assentadas as ideias do sistema inquisitivo e verificada sua presença na sistemática do Código de Processo Penal, cabe o exame do sistema oposto, o acusatório, com o fito de adequar a interpretação do seu texto com a Lei Maior.

3.2. Sistema acusatório

Com origem que remonta ao Direito grego[27], o sistema acusatório é o adotado no Brasil, de acordo com o modelo plasmado na Constituição Federal de 1988. Com efeito, ao estabelecer como função privativa do Ministério Público a promoção da ação penal (art. 129, I, CF/88), a Carta Magna deixou nítida a preferência por esse modelo que tem como características fundamentais a separação entre as funções de acusar, defender e julgar, conferidas a personagens distintos. Os princípios do contraditório, da ampla defesa e da publicidade regem todo o processo; o órgão julgador é dotado de imparcialidade; o sistema de apreciação das provas é o do livre convencimento motivado. Nota-se que o

27. LOPES Jr, Aury. *Direito processual penal e sua conformidade constitucional*: volume I. Rio de Janeiro: Lúmen Júris, 2007. p. 58.

que efetivamente diferencia o sistema inquisitorial do acusatório é a posição dos sujeitos processuais e a **gestão de prova**, não sendo mais o juiz, por excelência, o seu gestor.[28]

O CPC/2015 acolhe o princípio do convencimento motivado. Não inclui o termo "livre", ao assentar que o juiz dará as razões de seu convencimento que, por sua vez, deve ser exposto de forma clara e precisa (art. 371). O legislador quer dizer que o juiz tem limites para fundamentar. Não pode se arrimar em argumentos fora do sistema jurídico. Isso significa que a "liberdade" do magistrado para motivar o julgado é regrada, ou seja, deve ter reconhecimento do ordenamento jurídico.

Nesse contexto, lembramos que o art. 155, CPP, averba que o juiz formará seu convencimento pela "livre apreciação da prova". Permanece nosso sistema sendo o da persuasão racional, que exige convencimento motivado. Pensamos que o CPC/2015 não trouxe maior repercussão ao CPP com a supressão do termo "livre", salvo quando explicita novos cânones ao magistrado no seu dever de fundamentar (art. 93, IX, CF/1988). De tal modo, plausível concluir que a liberdade no convencimento não deve ser ilimitada. Nesse sentido, o CPC/2015 têm importantes contornos para que o convencimento seja fundamentado da melhor maneira, estatuindo o que não deve se entender por fundamentação (art. 489 e § 1º).

É de se ressaltar, contudo, que não adotamos o sistema acusatório puro, e sim o não ortodoxo, pois o magistrado não é um espectador estático na persecução, tendo, ainda que excepcionalmente, iniciativa probatória, e podendo, de outra banda, conceder *habeas corpus* de ofício e decretar prisão preventiva, bem como ordenar e modificar medidas cautelares. É essa também a linha expressamente afirmada pela relatoria da Comissão do Projeto de Código de Processo Penal, sugerindo uma leitura não radical do princípio acusatório.

De outro lado, a existência do inquérito policial não descaracteriza o sistema acusatório, pois se trata de uma fase pré-processual, que visa dar embasamento à formação da *opinio delicti* pelo titular da ação penal, onde não há partes, contraditório ou ampla defesa. Contudo, essa regra de ser o inquérito puramente inquisitivo deve ser aplicada com cautela, máxime quando se está diante de produção de prova que não seja passível de repetição em juízo.

Deveras, em casos como tais, impende que a autoridade policial, mediante ato fundamentado, assegure a participação do indiciado – quando possível – na produção probatória, conferindo efetividade a direitos fundamentais constitucionais no âmbito do inquérito policial.

Como se depreende, embora o Código de Processo Penal brasileiro seja inspirado preponderantemente em princípios inquisitivos – conquanto existam dispositivos inseridos pelas sucessivas reformas que prestigiam o sistema acusatório –, a sua leitura deve ser feita à luz da Constituição, pelo que seu modelo de processo deve se adequar ao **constitucional acusatório,** corrigindo os excessos inquisitivos (interpretação conforme à Constituição).

3.3. Sistema misto ou acusatório formal

O sistema misto tem raízes na Revolução Francesa, conjunto de movimentos político-sociais cujos ideais se disseminaram pela Europa continental, e possui, como marco legal, o ***Code d'Instruction criminelle*** francês de 1808. Caracteriza-se por uma **instrução preliminar**, secreta e escrita, a cargo do juiz, com poderes inquisitivos, no intuito da colheita de

28. LIMA, Renato Brasileiro de. *Manual de Processo Penal*. Vol. 1. Niterói: Impetus, 2011. p. 6.

provas, e por uma **fase contraditória (judicial)** em que se dá o julgamento, admitindo-se o exercício da ampla defesa e de todos os direitos dela decorrentes. Dissecando toda a persecução no sistema misto, temos:

(**a**) investigação preliminar, a cargo da polícia judiciária;

(**b**) instrução preparatória, patrocinada pelo juiz instrutor;

(**c**) julgamento: só este último, contudo, sob o crivo do contraditório e da ampla defesa.

(**d**) recurso: normalmente há o "recurso de cassação", no qual se impugnam apenas as questões de direito, mas também é possível o "recurso de apelação", no qual são impugnadas as questões de fato e de direito[29].

Como se depreende, trata-se de sistema que se afasta de um modelo puro, aproximando-se por vezes mais de um sistema inquisitivo e, por outras, de um sistema acusatório. Daí a menção, por parte da doutrina, a um sistema inquisitivo-garantista, espécie de modelo intermediário, caracterizado pelo atendimento de garantias constitucionais – a exemplo do contraditório, da ampla defesa, da presunção de inocência e da publicidade –, porém com poderes instrutórios fortes nas mãos do juiz (gestão de prova *ex officio*). Embora haja posição minoritária que sustente a inexistência de sistema misto – argumentando que o sistema ou é acusatório ou não o é (quando resvala para a classificação inquisitória) –, cremos plenamente possível a existência de sistema misto, eclético ou híbrido, como classificação apta a definir modelos cujo processo se estrutura basicamente em duas etapas: **(1)** uma inquisitorial, sem contraditório, com rito instrutório secreto e com prevalência da palavra escrita; e **(2)** outra acusatória, com imputação certa, garantia do contraditório e procedimento regido pela publicidade e pela prevalência do princípio da oralidade.

4. FONTES

4.1. Conceito

É tudo aquilo de onde provém um preceito jurídico. É a origem do próprio direito.

4.2. Classificação

4.2.1. Fonte de produção ou material: é aquela que elabora a norma. No Brasil, a competência para legislar sobre direito processual penal é da União. Lembre-se, contudo, que o parágrafo único do art. 22, da CF/1988, permite que através de lei complementar seja atribuída aos Estados-membros a competência para legislarem sobre processo penal, em questões específicas de direito local.

Já em relação ao direito penitenciário e procedimentos, a competência para legislar é concorrente da União, Estados e Distrito Federal (art. 24, I e XI, CF/1988). Nesse contexto, fonte material ou de produção pode ser o órgão legiferante ou, ainda, a atividade deste órgão, como pondera Robson Maia Lins, ao asseverar que fonte é "a atividade humana de produção de enunciados prescritivos".[30]

29. FEITOZA, Denilson. *Direito processual penal*: teoria, crítica e práxis. 7. ed. Niterói: Impetus, 2011. p. 62.
30. LINS, Robson Maia. *Curso de direito tributário brasileiro*. São Paulo: Noeses, 2019. p. 47.

Vale destacar ainda que o Presidente da República pode legislar, via Decreto, sobre o indulto (art. 84, XII, CF/1988), sendo-lhe vedado, entretanto, por medida provisória, legislar acerca de direito penal e processual penal (art. 62, I, "b", CF/1988). Restaria a pergunta: e se o Presidente, ignorando a imposição constitucional, editar medida provisória em favor do réu? Nesse caso, consoante Luiz Flávio Gomes[31], deve se aplicar normalmente o novel diploma, rejeitando somente a medida provisória em desfavor do imputado. Todavia, não concordamos com a conclusão do autor, bastando imaginar que seria um despropósito considerar válida a edição de medida provisória em matéria criminal beneficiando pessoa ligada ao Presidente da República.

Na realidade, a ideia de que todo e qualquer fato deve ser interpretado favoravelmente ao acusado é um dogma que tem a pretensão de suplantar a efetividade da Constituição e que confunde vigência com validade. Se um enunciado normativo é promulgado em descompasso com aquela, é porque é inválido, não obstante vigente. O controle de constitucionalidade não pode ser recusado pelo juiz que, antes, tem o dever de exercê-lo.

Lenio Luiz Streck, em contexto análogo, adverte que "a equivalência (metafísica) entre vigência e validade de um texto constitui forte componente de enfraquecimento da Constituição e, consequentemente, do papel da jurisdição constitucional, mormente no controle difuso de constitucionalidade". Deveras, "todo ato interpretativo (e, portanto, aplicativo) é um ato de jurisdição constitucional. O texto infraconstitucional somente pode ser aplicado depois de passar pelo processo constitucional". Daí que "se um texto normativo, muito embora inconstitucional, é aplicado, é porque sequer foi feito o sopesamento entre sua vigência e validade"[32].

4.2.2. Fonte formal ou de cognição: é aquela que revela a norma.

4.2.2.1. imediata ou direta: leis e tratados (art. 5º, §§ 2º e 3º, e art. 22, I, CF/1988).

Anote-se, ademais, que, nos termos do § 3º do art. 5º da CF, inserido pela EC nº 45/2004, os tratados e convenções internacionais sobre direitos humanos que forem aprovados, em cada Casa do Congresso Nacional, em dois turnos, por três quintos dos votos dos respectivos membros, serão equivalentes às emendas constitucionais.

4.2.2.2. mediatas, indiretas ou supletivas: desdobram-se em costumes e princípios gerais do direito.

4.2.2.2.1. Costumes (art. 4º, LINDB): é o que se costuma chamar de praxe forense. É uma regra de conduta praticada de modo geral, constante e uniforme, com a consciência de sua obrigatoriedade. É justamente a consciência da obrigação de cumprimento que diferencia o costume do mero hábito. Os costumes classificam-se em:

4.2.2.2.1.1. *Secundum legem:* ratificam e sedimentam o disposto em lei;

4.2.2.2.1.2. *Praeter legem:* viabilizam a supressão de lacunas na lei;

31. GOMES, Luiz Flávio. *Direito processual penal*. São Paulo: RT, 2005. p. 46.

32. STRECK, Lenio Luiz. *Jurisdição constitucional e hermenêutica*: uma nova crítica do direito. 2. ed. Rio de Janeiro: Forense, 2004. p. 384-385.

4.2.2.2.1.3. ***Contra legem:*** são aqueles que contrariam a lei. Em outras palavras, o costume passa a considerar a lei revogada. Lembre-se, contudo, que o costume, apesar da classificação esboçada, não tem o condão de revogar dispositivos legais.

4.2.2.2.2. Princípios gerais do direito (art. 3º, CPP): são premissas éticas extraídas da legislação e do ordenamento jurídico em geral. São estabelecidos de acordo com a consciência ética do povo.

Dissertando sobre as fontes formais do Direito Penal, Luiz Flávio Gomes e Antonio García-Pablos Molina[33] pontuam que o tema merece releitura após a EC nº 45/2004. Segue a classificação por eles esboçada:

	FONTES FORMAIS	
	Imediatas	**Mediatas**
Antes da EC 45/2004	‣ Lei.	‣ Costumes; e ‣ Princípios gerais de direito.
Depois da EC 45/2004	‣ Lei – fonte única do Direito penal incriminador interno. ‣ Constituição; ‣ Tratados internacionais de direitos humanos; ‣ Medidas provisórias ‣ Jurisprudência	‣ Doutrina (explica ou interpreta as fontes formais imediatas). ‣ Note: os costumes figuram como fontes informais de direito.

O raciocínio dos autores é perfeitamente aplicável ao direito processual penal.

5. ANALOGIA

5.1. Conceito

A analogia é forma de autointegração da lei (art. 3º, CPP e 4º, LINDB). Pela analogia, aplicamos a um fato não regido pela norma jurídica, disposição legal aplicada a fato semelhante (*ubi eadem ratio, ubi idem ius*). Afinal, onde existe a mesma razão, deve ser aplicado o mesmo direito.

Assim, em face da omissão involuntária da lei, aplicamos norma que disciplina fato análogo. Ao contrário do que acontece no direito penal, no âmbito do qual a analogia não pode ser utilizada em prejuízo do réu, na esfera processual ela goza de ampla aplicação. Todavia, deve-se interpretar com reservas a admissibilidade da analogia quando se trata da restrição cautelar da liberdade, ou quando importe em flexibilização de garantias, o que seria intolerável à luz da Constituição Federal.

5.2. Espécies

A analogia pode se apresentar como:

33. GOMES, Luiz Flávio; CUNHA, Rogério Sanches (org.). *Direito Penal: parte geral.* 2. ed. São Paulo: RT, 2009.

5.2.1. analogia *legis*: em face da lacuna da lei, aplicamos a norma positivada que rege caso semelhante.

Norberto Bobbio explica que a *analogia legis* é a analogia propriamente dita (interpretação analógica), através da qual se constitui uma nova norma, similar a uma já existente, visando regular uma hipótese não prevista nesta, mas semelhante a essa já disciplinada. Funda-se, portanto, no raciocínio por analogia e é concebida a partir do pressuposto de que o positivismo jurídico admite a existência das lacunas compreendidas em certo sentido como formulação incompleta da vontade do legislador. Neste sentido se fala de interpretação integrativa, para indicar que a integração ocorre no interior do ordenamento, com meios predispostos pelo próprio ordenamento (autointegração).

Com a interpretação integrativa estende-se a casos não expressamente previstos a mesma disciplina estabelecida por uma norma que prevê casos similares[34].

5.2.2. analogia *juris*: são aplicados princípios jurídicos ante a omissão da lei. Em outras palavras, a partir dos princípios gerais de direito, o interprete forma indutivamente uma regra geral, para aplicá-la a um caso concreto que não conta com norma expressa ou semelhante para regulá-lo. No processo penal, o princípio geral *favor rei* possibilita a construção indutiva de regras gerais para a solução de casos não regulados expressamente.

5.3. Aplicação subsidiária do CPC/2015

O CPC/2015 só terá aplicação em sede processual penal nos casos em que o Código de Processo Penal ou legislação processual penal especial não dispuser sobre o assunto. Os problemas relacionados aos limites de incidência da legislação processual comum e a sua aplicação analógica geralmente suscitam divergências.

Cuida-se de questão que a Lei de Introdução às Normas do Direito Brasileiro (Dec-Lei nº 4.657/1942) busca resolver, notadamente no seu art. 2º, §§ 1º e 2º.

O primeiro princípio aplicável é o de que a lei posterior revoga a anterior, previsto na primeira parte do § 1º, do art. 2º, da Lei de Introdução às Normas do Direito Brasileiro, quando aduz que "a lei posterior revoga a anterior quando expressamente o declare".

Tal é revogação autêntica, ou seja, a revogação expressa. Quando o CPC/2015 declara que fica revogada, a partir da sua vigência, a Lei nº 5.869/1973, assentou diretamente que as disposições deste último não servirão mais para determinar a aplicação do direito, devendo ser buscado fundamento em outra fonte formal. O CPC/2015, a propósito, dita, no § 4º, do seu art. 1.046, que as remissões a disposições do CPC/1973, existentes em outras leis, passam a referir-se às que lhes são correspondentes.

Situação mais delicada – e que mais de perto interessa ao processo penal – é a questão da revogação tácita. Note-se que não se trata de revogação em sentido estrito, mas de problema que fica no campo da interpretação. É o mesmo § 1º, do art. 2º, da Lei de Introdução, que dita que também se considera revogada a lei anterior que destoe da lei mais nova, quando seja com ela incompatível ou quando regule inteiramente a matéria de que

34. BOBBIO, Norberto. *O positivismo jurídico*: lições de filosofia do direito. Tradução: Márcio Pugliesi; Edson Bini; Carlos E. Rodrigues. São Paulo: Ícone, 2006. p. 215.

tratava a lei anterior. É o intérprete que construirá decisão que inclua ou não a lei antiga no âmbito da norma de revogação tácita depreendida da nova lei.

Além desse limite, devemos cuidar para reconhecer a especialidade do ramo direito processual penal. Isso quer dizer que, em linha de princípio, o CPC/2015 não prevalece sobre o que o CPP regulou de maneira expressa, em face da diversidade essencial dos objetos regulados.

Essa conclusão decorre do segundo princípio aqui aplicável que é o da especialidade, descrito no § 2º, do art. 2º, da Lei de Introdução às Normas do Direito Brasileiro, ao enfatizar que a lei nova, que estabeleça disposições gerais ou especiais a par das já existentes, não revoga nem modifica a lei anterior.

Além dessa regra, outras, de não menos importância, são as do art. 7º, incisos I e II, da Lei Complementar nº 95/1998 (lei que regula a elaboração de outras leis, nos termos do art. 59, da CF/1988). Vale dizer, de um lado, que excetuadas as codificações, cada lei tratará de um único objeto; e, de outro, que a lei não conterá matéria estranha a seu objeto ou a este não vinculada por afinidade, pertinência ou conexão.

Nessa senda, não é o CPC/2015 que deve declarar sua aplicação subsidiária ao processo penal, mas são as necessidades interpretativas e lacunas da legislação processual penal que impõem a sua integração, como preconizado pelo art. 3º, do CPP: "a lei processual penal admitirá interpretação extensiva e aplicação analógica, bem como o suplemento dos princípios gerais de direito".

Embora não fosse necessário, o CPC/2015 foi expresso ao excluir os processos criminais da ordem cronológica de conclusão para proferir sentença ou acórdão, cuja lista deve estar disponível ao público. Desse modo, dúvida não há de que os processos criminais de competência de varas que tenham ou não competência cumulativa também civil não serão objeto da lista cronológica de julgamento.

6. INTERPRETAÇÃO DA LEI PROCESSUAL

Está ultrapassado o entendimento de que a interpretação seria a atividade de extrair o sentido exato da "norma". Não podem ser confundidos norma jurídica e enunciado normativo. O enunciado é texto a partir do qual se construirá a norma jurídica. Esta, por sua vez, é construída pelo intérprete/aplicador diante de uma situação jurídica.

A interpretação da lei processual é a sua aplicação em determinado momento, salientando-se, com Gabriel Ivo, a indispensabilidade "da presença do homem", não sendo "exagerado dizer que o homem constitui em linguagem a incidência"[35].

Como adverte Paulo Machado Cordeiro, é preciso evitar a vinculação mecânica e "total do juiz à lei, sem qualquer preocupação com a ideia de que a lei faz parte de um sistema que tem a Constituição como fundamento de legitimidade das decisões proferidas", impondo-se

35. IVO, Gabriel. *Norma jurídica*: produção e controle. São Paulo: Noeses, 2006. p. 48.

que o juiz tenha "poderes para completar o ordenamento jurídico ou interpretá-lo de modo a viabilizar os direitos fundamentais"[36].

A partir de tais advertências – indispensáveis para que o direito seja compreendido em seu contexto atual –, será esposada a classificação tradicional, conforme os tópicos seguintes, sem descurar do enfoque crítico que permeia este livro.

6.1. Quanto à origem ou ao sujeito que a realiza

A interpretação/aplicação do direito, quanto à origem, é classificada doutrinariamente em:

6.1.1. autêntica ou legislativa: é a realizada pelo próprio legislador que, através de outro texto de lei, faz os esclarecimentos necessários sobre determinado assunto, podendo ser contextual, leia-se, aquela realizada no corpo do próprio texto interpretado, ou posterior, é dizer, em outro diploma subsequente à norma interpretada. É importante ressaltar que a norma interpretativa, dando a devida acepção ao conteúdo da norma interpretada, tem efeito retroativo.

Ex.: o CPP, no seu art. 302, traz a acepção daquilo que se entende por prisão em flagrante.

6.1.2. doutrinária ou científica: é aquela realizada pelos estudiosos do direito. Atente-se que a exposição de motivos do Código é forma de interpretação doutrinária, pois não tem conteúdo de lei.

6.1.3. judicial ou jurisprudencial: é a interpretação/aplicação do direito conferida pelos juízes e tribunais. É de se ressaltar que a EC nº 45/2004 introduziu o art. 103-A na Carta Magna, prevendo a súmula vinculante no direito brasileiro. Destarte, o Supremo Tribunal Federal poderá, de ofício ou por provocação, mediante decisão de dois terços dos seus membros, após reiteradas decisões sobre matéria constitucional, aprovar súmula que, a partir de sua publicação na imprensa oficial, terá efeito vinculante em relação aos demais órgãos do Poder Judiciário e à administração pública direta e indireta, nas esferas federal, estadual e municipal, bem como proceder à sua revisão ou cancelamento, na forma estabelecida em lei. Ademais, a súmula terá por objetivo a validade, a interpretação e a eficácia de normas determinadas, acerca das quais haja controvérsia atual entre órgãos judiciários ou entre esses e a administração pública que acarrete grave insegurança jurídica e relevante multiplicação de processos sobre questão idêntica.

No texto constitucional também se vê a possibilidade de aprovação, revisão ou cancelamento de súmula provocada por aqueles que podem propor ação direta de inconstitucionalidade, e ainda, a ressalva de que do ato administrativo ou decisão judicial que contrariar a súmula aplicável ou que indevidamente a aplicar, caberá reclamação ao Supremo Tribunal Federal que, julgando-a procedente, anulará o ato administrativo ou cassará a decisão judicial reclamada, e determinará que outra seja proferida com ou sem aplicação da súmula, conforme o caso.

36. CORDEIRO, Paulo Machado. *A responsabilidade social dos juízes e a aplicação dos direitos fundamentais*. Salvador: JusPODIVM, 2007. p. 41.

Sem entrar no mérito do acerto do instituto, certo é que foi inserido mecanismo tendente a afetar de perto a interpretação jurisdicional: a súmula vinculante, chancelando o que se denomina "direito sumular". Dirley da Cunha Júnior e Carlos Rátis afirmam que o direito sumular "representa o direito emanado de súmulas de um tribunal". Em outras palavras, "a súmula reflete a jurisprudência de um tribunal ou de uma seção especializada autorizada a emitir uma consolidação sobre determinada matéria em litígio", passando tal súmula "a ter efeitos vinculantes, pois ela serve como orientação precedente para se evitar o julgamento de causas repetitivas, embora diversas as partes e seus patronos"[37].

A disposição constitucional trazida pela EC nº 45/2004 reclamou regulamentação legislativa. Foi assim que se deu o advento da Lei nº 11.417/2006, com o fito de disciplinar o aspecto procedimental para a edição, revisão e cancelamento de enunciado de súmula vinculante, cumprindo assim a exigência constitucional que remetia a matéria à lei ordinária.

6.2. Quanto ao modo ou aos meios empregados

A doutrina tradicional entende a interpretação como subdividida em espécies ou em métodos:

6.2.1. literal, gramatical ou sintática: é a forma mais simples de interpretar. Leva-se em conta o texto da lei e a significação das palavras empregadas, leia-se, o seu sentido literal;

6.2.2. teleológica: busca-se a finalidade da norma, a vontade da lei.

6.2.3. lógica: vale-se das regras de raciocínio e conclusão para compreender o espírito da lei.

6.2.4. histórica: analisa o contexto da votação do diploma legislativo, os debates, as emendas propostas, etc.

6.2.5. sistemática: as normas fazem parte de uma comunidade, inter-relacionando-se. Assim, a interpretação sistemática leva em conta a norma colocada num todo, é dizer, como integrante de um ordenamento jurídico. Afinal, como leciona Bobbio, "as normas jurídicas nunca existem isoladamente, mas sempre em um contexto de normas com relações particulares entre si"[38].

6.3. Quanto ao resultado

Seguindo a mesma linha, a interpretação ainda pode ser:

6.3.1. declarativa: há uma exata correspondência entre o texto da lei e aquilo que ela desejou externar.

6.3.2. restritiva: a norma disse mais do que desejava, cabendo ao intérprete aparar as arestas, para aferir o seu real alcance.

---

37. CUNHA JÚNIOR, Dirley; RATIS, Carlos. *Emenda Constitucional 45/2004*: comentários à reforma do Poder Judiciário. Salvador: JusPODIVM, 2005. p. 47.
38. BOBBIO. Norberto. *Teoria do ordenamento jurídico*. Tradução: Maria Celeste Cordeiro Leite dos Santos. 10. ed. Brasília: UnB, 1997. p. 19.

6.3.3. extensiva ou ampliativa: o texto da lei ficou aquém do que desejava. Necessita-se ampliar o seu alcance, para que assim possamos atingir o seu significado.

6.3.4. progressiva, adaptativa ou evolutiva: o direito é dinâmico e os fenômenos sociais não são estanques, exigindo do intérprete o esmero na atualização dos diplomas normativos, pois a realidade o impõe, dando-se efetividade à norma não trabalhada ou não modernizada pelo legislador.

INTERPRETAÇÃO DA LEI PROCESSUAL		
Quanto à origem ou ao sujeito que a realiza	**Quanto ao modo ou aos meios empregados**	**Quanto ao resultado**
‣ Autêntica ou legislativa; ‣ Doutrinária ou científica; ‣ Judicial ou jurisprudencial.	‣ Literal, gramatical ou sintática; ‣ Teleológica; ‣ Lógica; ‣ Histórica; ‣ Sistemática.	‣ Declarativa; ‣ Restritiva; ‣ Extensiva ou ampliativa; ‣ Progressista, adaptativa ou evolutiva.

7. A LEI PROCESSUAL PENAL NO TEMPO

A lei processual penal, uma vez inserida no mundo jurídico, tem aplicação imediata, atingindo inclusive os processos que já estão em curso, pouco importando se traz ou não situação gravosa ao imputado, em virtude do princípio do efeito imediato ou da aplicação imediata. Destarte, os atos anteriores, em decorrência do princípio do *tempus regit actum*, continuam válidos e, com o advento de nova lei, os atos futuros realizar-se-ão pautados pelos ditames do novo diploma. Logo, a regra é bastante simples quanto à aplicação da lei processual: esta tem aplicação imediata, pouco importa se gravosa ou não à situação do réu. Os atos anteriores já praticados antes da vigência da nova norma continuam válidos. Por imperativo constitucional, há de ser respeitado o direito adquirido, o ato jurídico perfeito e a coisa julgada (art. 5º, XXXVI, da CF/1988).

A lei processual penal nova envolve problemas de direito intertemporal, relativamente ao rito do processo. Explicamos. Além do enunciado normativo de natureza híbrida, mais adiante estudado, existem os processos em andamento, frente à lei nova, de índole processual. Aplica-se à lei nova aos atos anteriores ou somente aos atos vindouros?

Nesse caso, a regra no Brasil, como se disse, é a do *tempus regit actum*, ou seja, os atos processuais já praticados são tratados como atos jurídicos perfeitos, só se aplicando a nova lei ao procedimento em curso relativamente aos atos processuais que se seguirão. É a dicção do art. 2º, do CPP, que estatui que a lei processual penal aplicar-se-á desde logo, sem prejuízo da validade dos atos realizados sob a vigência da lei anterior, seguindo o legislador o sistema do isolamento dos atos processuais, dentre três sistemas possíveis:

7.1. Sistema da unidade processual: o processo só pode ser regulado por uma única lei, razão pela qual a lei nova não se aplica ao rito já iniciado, evitando-se efeito retroativo da lei nova e conferindo efeito ultrativo à lei anterior;

7.2. Sistema das fases processuais: as fases processuais de um mesmo processo podem ser reguladas por lei distintas promulgadas sucessivamente no tempo. Foi o sistema adotado, excepcionalmente, pela Lei de Introdução ao Código de Processo Penal, na norma de transição do seu art. 6º, que rezava que as ações penais, em que já se tivesse iniciado a produção de prova testemunhal, deveriam prosseguir, até a sentença de primeira instância, com o rito estabelecido na lei anterior;

7.3. Sistema do isolamento dos atos processuais: adotado expressamente pelo sistema processual penal brasileiro (art. 2º, do CPP), consubstancia o princípio do *tempus regit actum*, razão pela qual, de um lado, os atos praticados sob a vigência da lei anterior são perfeitos, enquanto os atos ainda não praticados devem ser editados consoante a lei nova, de forma integral.

Já a lei penal, ou seja, aquela que interfere diretamente no direito de punir do Estado, teve disciplina temporal na Carta Magna, asseverando o art. 5º, inciso XL, que "a lei penal não retroagirá, salvo para beneficiar o réu". Segundo os tribunais superiores, a aplicação do princípio da retroatividade da lei penal benéfica não autoriza a combinação de leis (ou ***lex tertia***), devendo ser aplicado, na íntegra, o diploma que mais favorece o réu, seja ele o anterior (revogado) ou o posterior (vigente). Nesse sentido a súmula 501 do STJ e precedente do Supremo Tribunal Federal[39], tecidos a partir da análise do art. 12, da revogada Lei nº 6.368/1976, e do art. 33, § 4º, da Lei nº 11.343/2006, que atualmente disciplina o crime de tráfico de drogas.

Ainda no que toca à aplicação da lei penal no tempo, pontue-se que se a sentença condenatória já tiver transitado em julgado, caberá ao juízo das execuções a aplicação da lei nova mais benigna, conforme a Súmula nº 611, do STF.

Fazendo uma digressão em auxílio ao leitor, ressaltamos que o período de vigência da norma é chamado período de atividade desta. Assim, uma vez publicada, e não havendo *vacatio legis* (que é o período eventualmente existente para que a sociedade tenha conhecimento da nova lei), a norma entra em vigor, atua, enquanto não for revogada. Excepcionalmente a lei faz valer os seus efeitos mesmo em período anterior ou posterior à sua vigência (extratividade), tendo assim atuação pretérita (retroatividade) ou futura (ultratividade).

E se a lei for híbrida? É a hipótese em que pode surgir o fenômeno das normas heterotópicas (heterotopia é o fato de uma norma com conteúdo processual penal se situar, topicamente, em diploma de natureza penal, substancial). Em outras palavras, como deve ser aplicado um enunciado novo que traz, a um só tempo, normas tanto de direito processual quanto de direito material? Como não pode haver cisão, deve prevalecer o aspecto penal. Se este for benéfico, a lei será aplicada às infrações ocorridas antes da sua vigência. O aspecto penal retroage, e o processual terá aplicação imediata, preservando-se os atos praticados quando da vigência da norma anterior.

Já se a parte penal for maléfica, a nova norma não terá nenhuma incidência aos crimes ocorridos antes de sua vigência e o processo iniciado, todo ele, será regido pelos preceitos processuais previstos na antiga lei.

39. STF – Tribunal Pleno – RE 600817 – Rel. Min. Ricardo Lewandowski – julgado em 07/11/2013 (Informativo nº 727).

Uma observação se faz necessária: a lei pode ser revogada ainda que esteja em curso o período de *vacatio legis*. Como exemplo, pode ser citada a revogação do Código Penal de 1969 que ocorreu antes mesmo de se operar sua vigência.

<table>
<tr><th colspan="4">LEI PROCESSUAL PENAL NO TEMPO</th></tr>
<tr><th colspan="2">Regra:
lei estritamente processual</th><th colspan="2">Exceção:
lei mista ou híbrida</th></tr>
<tr><td>Noção</td><td>É a lei que contém apenas preceitos de direito processual</td><td>Noção</td><td>É a lei que traz preceitos de direito processual e de direito penal</td></tr>
<tr><td>Como se aplica</td><td>Aplicação imediata com preservação dos atos anteriores
Princípio do efeito imediato ou da aplicação imediata</td><td>Como se aplica</td><td>Não pode haver cisão
Prevalece o aspecto penal: se este for benéfico, a lei retroage por completo; se for maléfico, a lei não retroage.</td></tr>
</table>

CONCEITOS IMPORTANTES	
Ab-rogação	**Derrogação**
É a revogação total de uma lei por outra.	É a revogação parcial.

Objetivando uma interpretação consentânea à Constituição Federal, Paulo Queiroz e Antonio Vieira, em posição minoritária, defendem que a irretroatividade da lei penal mais gravosa também deve ser aplicada à norma processual, de sorte a potencializar as garantias inerentes ao imputado. Por essa razão, o sistema não deve ser visto de forma estanque, e as normas penais e processuais penais devem ser colocadas no mesmo patamar. Nessa linha, o dogma da aplicação imediata da lei processual (benéfica ou maléfica), consagrado no art. 2º, do CPP, estaria ultrapassado, de forma que a norma processual mais gravosa só seria aplicada aos delitos consumados após sua entrada em vigor.

Já a lei processual mais benéfica poderia retroagir, implicando inclusive na renovação de atos processuais, a depender da fase em que o processo se achar.

Por outro lado, as normas estritamente procedimentais, que não afetem garantias, teriam aplicação imediata, em conformidade com o art. 2º, do CPP.

8. A LEI PROCESSUAL PENAL NO ESPAÇO

A aplicação da lei processual penal pátria é informada pelo **princípio da territorialidade absoluta.** Logo, tem aplicação a todos os processos em trâmite no território nacional (*locus regit actum*). A matéria vem tratada no art. 1º, do CPP, destacando a aplicação da lei pátria nos processos que aqui tramitem. Devem ser aplicados/interpretados no Brasil tanto as disposições do Código de Processo Penal, quanto os enunciados da legislação processual extravagante. Excepcionalmente, porém, a lei autoriza a incidência de outros diplomas normativos, senão vejamos:

> Art. 1º. O processo penal reger-se-á, em todo território brasileiro, por este Código, ressalvados:
>
> I – os tratados, as convenções e as regras de direito internacional;

A peculiaridade do inciso I é que o mesmo trata de uma hipótese de exclusão da jurisdição pátria, em atenção aos tratados, convenções e regras de direito internacional, dando prevalência à própria ordem internacional, onde infrações aqui ocorridas não serão julgadas em território nacional, como acontece com a imunidade diplomática, positivada na Convenção de Viena, aprovada pelo Decreto Legislativo nº 103, do ano de 1964.

Assim, agentes diplomáticos aqui acreditados, como embaixadores, secretários de embaixada, bem como seus familiares, além dos funcionários de organizações internacionais, tal qual a ONU, terão a aplicação da lei material do seu respectivo país, e por via de consequência, o processo lá tramitará.

Já o cônsul, segundo entendimento do Supremo Tribunal Federal, só tem direito a imunidade se os fatos delitivos decorrerem do desempenho de suas funções.

Vale destacar que a EC nº 45/2004 acrescentou os parágrafos 3º e 4º ao art. 5º do texto constitucional, assim prevendo:

> § 3º. Os tratados e convenções internacionais sobre direitos humanos que forem aprovados, em cada casa do Congresso Nacional, em dois turnos, por três quintos dos votos dos respectivos membros, serão equivalentes às emendas constitucionais.
>
> § 4º. O Brasil se submete à jurisdição de Tribunal Penal Internacional a cuja criação tenha manifestado adesão.

É de se observar que o § 3º deve ser interpretado em consonância com o § 2º do mesmo artigo, de sorte que a atual ordem jurídica consagra tratados que versam sobre direitos humanos com *status* material e formal constitucional, justamente pela aprovação do ***quorum*** de três quintos, e outros desprovidos desta formalidade. Há aqui "o reconhecimento da materialidade constitucional dos tratados internacionais que versam sobre direitos humanos", exigindo-se "a observância de *quorum* específico para seu assento formal, enquanto emenda constitucional". De tal forma, "a partir da publicação da EC nº 45/2004, passam a existir duas categorias de tratados que versam sobre direitos humanos":

(1) os tratados internacionais materialmente constitucionais, ou seja, aqueles que são apenas materialmente constitucionais, por força do § 2º do art. 5º; e,

(2) aqueles que são material e formalmente constitucionais, equiparando-se às emendas constitucionais.

Já o Tribunal Penal Internacional, cujo berço é o Estatuto de Roma, assinado em 17 de julho de 1998, aprovado no Brasil pelo Decreto Legislativo nº 112/2002 e promulgado pelo Decreto Presidencial nº 4.388/2002, tem jurisdição subsidiária, apenas quando o país competente não faça valer a lei penal, especialmente nos crimes de guerra e contra a humanidade. Resta saber se é possível a entrega pelo governo brasileiro de nacionais ao TPI, ou se este ato implica extradição, o que violentaria o art. 5º, inc. LI, ao prescrever que "nenhum brasileiro será extraditado, salvo o naturalizado, em caso de crime comum, praticado antes da naturalização, ou de comprovado envolvimento em tráfico ilícito de entorpecentes e drogas afins, na forma da lei" ou ainda, quanto ao estrangeiro, a previsão do inciso LII, ao indicar que não será concedida a extradição de estrangeiro por crime político ou de opinião.

A nosso ver, a entrega ao TPI não se confunde com a extradição, já que esta última é a entrega da pessoa ao país estrangeiro com jurisdição para imprimir a reprimenda ao caso concreto, por ter atribuição para tanto. Já o TPI integra a própria Justiça brasileira, sendo um órgão especial da tessitura do nosso Judiciário. É o que conclui Saulo Casali Bahia, aduzindo que nada mais seria que "submeter o acusado ou condenado à própria justiça, ainda que em grau ou instância internacional, pois a previsão do artigo 7º, do ADCT (relativa ao tribunal internacional de direitos humanos), consubstancia a criação de um órgão que passa a integrar a estrutura judiciária brasileira, como instância última".

> II – as prerrogativas do Presidente da República, dos Ministros de Estado, nos crimes conexos com os do Presidente da República, e dos Ministros do Supremo Tribunal Federal, nos crimes de responsabilidade (Constituição Federal, arts. 86, 89 – § 2º e 100);

A jurisdição política foi tratada no inciso II, lembrando que os crimes de responsabilidade invocam, como regra, apreciação na esfera do Poder Legislativo, como professa a Constituição Federal, exemplificativamente, no inciso I do art. 52, positivando que cabe ao Senado Federal processar e julgar o Presidente e o Vice-Presidente da República nos crimes de responsabilidade, bem como os Ministros de Estado e os Comandantes da Marinha, do Exército e da Aeronáutica nos crimes da mesma natureza conexos com aqueles.

> III – os processos de competência da Justiça Militar;

O inciso III trata da Justiça Especializada Militar, que tem codificação própria tanto na esfera material, Código Penal Militar, que define os crimes militares (Decreto-lei nº 1.001/69), quanto na processual, com o Código de Processo Penal Militar (Decreto-lei nº 1.102/69). Não se deve olvidar que a Justiça Eleitoral, também especializada, tem competência para apreciação dos crimes eleitorais e conexos, possuindo codificação própria (Lei nº 4.737/1965, Código Eleitoral).

> IV – os processos da competência do tribunal especial (Constituição Federal, art. 122, nº 17);

O tribunal especial a que faz menção o inciso IV é o antigo Tribunal de Segurança Nacional, que não mais existe, previsto que era na Carta outorgada de 1937, que, em seu art. 122, nº 17, estatuía que "os crimes que atentarem contra a existência, a segurança e a integridade do Estado, a guarda e o emprego da economia popular serão submetidos a processo e julgamento perante tribunal especial, na forma que a lei instituir". Hoje, os crimes contra a segurança nacional estão previstos na Lei nº 7.170/1983, sendo afetos à Justiça Federal (art. 109, inc. IV da Constituição Federal). Sob a égide da Constituição do Brasil de 1988, segurança nacional deixa de ser entendida como segurança do Estado (conceito de índole fascista), para ser concebida como segurança da nação, do povo (conceito de cariz democrático).

> V – os processos por crime de imprensa.

Os crimes de imprensa, lembrados pelo inciso V, tramitarão na justiça comum. Tinha o procedimento disciplinado pela Lei nº 5.250/1967 (Lei de Imprensa). O STF, entretanto, apreciando a ADPF nº 130-7, declarou não recepcionada a referida lei. Isso não significa, todavia, que eventuais abusos perpetrados pela imprensa sejam tolerados. A matéria passa à disciplina do Código Penal e do Código de Processo Penal.

É de se destacar que, pelo princípio adotado (territorialidade estrita), a lei processual brasileira não tem, ao contrário do que ocorre com a lei penal, extraterritorialidade (art. 7º, CP). Contudo, Tourinho Filho, indicando vasta doutrina, aponta exceções a esta possibilidade, quais sejam:

(1) aplicação da lei processual brasileira em território *nullius*;

(2) em havendo autorização de um determinado país, para que o ato processual a ser praticado em seu território o fosse de acordo com a lei brasileira; e

(3) nos casos de território ocupado em tempo de guerra.

Atenção! Não podemos esquecer que o CPP é de 1941, e a alusão a dispositivos da CF que o artigo transcrito acima faz não guarda correspondência com a atual Constituição Federal de 1988.

9. PRINCÍPIOS PROCESSUAIS PENAIS

O processo penal deve estar pautado e ter por vetor principal a Constituição Federal. O processo, enquanto tal, deve ser sinônimo de garantia aos imputados contra as arbitrariedades estatais, sem perder de vista a necessidade de efetividade da prestação jurisdicional. Aliás, o processo é uma das previsões constitucionais de garantia do atendimento ao texto da Constituição do Brasil.

Nesse aspecto, os princípios que irrigam a nossa disciplina são fundamentais, muitos deles encontrando respaldo expresso na própria Constituição da República. Os princípios não estão no sistema em um rol taxativo. Em verdade, diante da atividade do jurista para a construção da norma jurídica, serão possíveis aplicações que evidenciem tanto princípios constitucionais expressos como princípios constitucionais decorrentes do sistema constitucional.

Vejamos, então, os princípios constitucionais e infraconstitucionais que incidem na disciplina do direito processual penal.

9.1. Princípio da presunção de inocência ou da não culpabilidade

Presunção de inocência, presunção de não culpabilidade e estado de inocência são denominações tratadas como sinônimas pela mais recente doutrina. Não há utilidade prática na distinção. Trata-se de princípio que foi inserido expressamente no ordenamento jurídico brasileiro pela Constituição de 1988. Antes, já se invocava sua aplicação, por decorrer do sistema, de forma implícita. A CF/1988 cuidou do estado de inocência de forma ampla, isto é, de modo mais abrangente que a Convenção Americana de Direitos Humanos (ratificada pelo Brasil: Decreto nº 678/1992), na medida em que esta estabeleceu que "toda pessoa acusada de um delito tem direito a que se presuma sua inocência, enquanto não for legalmente comprovada sua culpa" (art. 8º, 2), enquanto aquela dispôs como limite da presunção de não culpabilidade o trânsito em julgado da sentença penal condenatória.

De tal sorte, o reconhecimento da autoria de uma infração criminal pressupõe sentença condenatória transitada em julgado (art. 5º, LVII, da CF/1988). Antes deste marco, somos presumivelmente inocentes, cabendo à acusação o ônus probatório desta demonstração, além do que o cerceamento cautelar da liberdade só pode ocorrer em situações excepcionais e de estrita necessidade. Neste contexto, a regra é a liberdade e o encarceramento, antes de transitar em julgado a sentença condenatória, deve figurar como medida de estrita exceção.

Não é outro o entendimento do STF, que por sua composição plenária, firmou o entendimento de que o *status* de inocência prevalece até o trânsito em julgado da sentença final, ainda que pendente recurso especial e/ou extraordinário, sendo que a necessidade/utilidade do cárcere cautelar pressupõe devida demonstração. Na mesma linha intelectiva, o legislador ordinário, com a Lei nº 11.719/2008, revogou o art. 594 do CPP, dispositivo que condicionava o direito do réu de apelar ao recolhimento à prisão, em nítida violação ao princípio referido.

No entanto, em julgado diverso, o STF modificou seu posicionamento sobre o tema. O seu órgão Pleno deliberou que após confirmação da condenação penal por tribunal, em segundo julgamento, poderá ser iniciada a execução da pena de forma provisória, antes do trânsito em julgado da sentença penal condenatória[40]. A decisão se deu por maioria de votos e, inicialmente, não tinha efeitos gerais. Trata-se de julgado em direção oposta à orientação antes firmada, que somente admitia a prisão provisória, ainda que lastreada em condenação não transitada em julgado, quando existente o requisito da cautelaridade, vale dizer, quando indispensável, nos termos do art. 312, do CPP (subprincípio da necessidade).

Entendemos que tal decisão ofende o postulado da presunção da inocência. Ninguém deve ser considerado culpado antes do trânsito em julgado da sentença penal condenatória. Admitir a execução provisória da pena em momento anterior à formação de coisa julgada, com base em argumento de eficiência do sistema e só pelo fato de ter sido afirmada a condenação em outro tribunal, esbarra no texto da Constituição (art. 5º, LVII) e do CPP (art. 283). Aliás, não foi sequer considerada a letra deste último artigo do Código, referentemente ao texto da Lei Maior.

A decisão foi objeto de divergências entre os ministros, com o desfecho de reconhecimento de repercussão geral, para que produza efeitos gerais (ARE 964.246)[41]. O STF reconheceu a reafirmação de sua jurisprudência nesse sentido, reputando que a execução provisória de pena não ofende o princípio constitucional da presunção de inocência, nem fere o art. 283, do CPP.

Pela presunção de inocência, as medidas cautelares durante a persecução estão a exigir redobrado cuidado. Quebra de sigilo fiscal, bancário, telefônico, busca e apreensão domiciliar, ou a própria exposição da figura do indiciado ou réu na imprensa através da apresentação da imagem ou de informações conseguidas no esforço investigatório podem causar prejuízos irreversíveis à sua figura. Atenta a estas premissas, a Lei nº 12.403/2011, que instituiu novas medidas cautelares de natureza pessoal no processo penal, conferiu ao art. 283, do CPP, enunciado que estabelece que ninguém poderá ser preso senão em flagrante delito ou por ordem escrita e fundamentada da autoridade judiciária competente, em

40. STF. Informativo nº 814, de fevereiro de 2016 (Pleno – HC 126292/SP – Rel. Min. Teori Zavascki – 17/02/2016).

41. Cuidou-se de decisão tomada em "Plenário virtual", no ARE 964.246: "O Tribunal, por unanimidade, reputou constitucional a questão. O Tribunal, por unanimidade, reconheceu a existência de repercussão geral da questão constitucional suscitada. No mérito, por maioria, reafirmou a jurisprudência dominante sobre a matéria, vencidos os Ministros Celso de Mello, Dias Toffoli, Marco Aurélio e Ricardo Lewandowski. Não se manifestou a Ministra Rosa Weber".

decorrência de sentença condenatória transitada em julgado ou, no curso da investigação ou do processo, em virtude de prisão temporária ou prisão preventiva.

O Supremo Tribunal Federal julgou, por maioria, improcedentes os pedidos de ações diretas de inconstitucionalidades movidas contra, notadamente, dispositivos da Lei Complementar nº 105/2001 (que dispõe sobre o sigilo de operações financeiras) e da Lei Complementar 104/2001 (que alterou o Código Tributário Nacional, para admitir o compartilhamento de informações sigilosas entre órgãos da administração pública, para fins penais e de inscrição em dívida ativa tributária). As ações se baseavam na necessidade de ordem judicial para o afastamento dos sigilos bancário, financeiro e tributário[42].

Ao dispensar ordem judicial para o denominado "compartilhamento de informações" entre órgãos da Administração pública, limitando o âmbito de incidência do art. 5º, XII, da Constituição Federal, o STF ampliou possibilidade de investigação preliminar, inclusive sem notícia-crime prévia, indicando a subsistência de um sistema regido pela presunção de culpa, contrário ao estado de inocência.

O Ministro Dias Toffoli, relator, votou no sentido de que a previsão de compartilhamento de informações bancárias e financeiras entre diversos órgãos da Administração Pública não mitiga o direito aos sigilos bancário e financeiro, bem como não constituem violação ao direito à intimidade. Isso porque a legislação, ao lado de possibilitar o acesso direto a dados sigilosos e comunicação aos órgãos da Fazenda Pública, preconiza que esses mesmos órgãos estarão obrigados a guardar sigilo sobre as informações objeto de acesso.

Nesse contexto, não haveria "quebra de sigilo", vedada, mas "transferência de sigilo" dos bancos à Administração Pública (Fisco), regida pela mais estrita legalidade. Por outro lado, argumentou o STF que, na hipótese, fica compatibilizada a relação entre o dever fundamental de pagar tributos e o dever da Administração de fiscalizar tributos, em compasso com os compromissos assumidos pelo Brasil internacionalmente. Ao lado da regulamentação, por decreto, do proceder da União para compartilhamento de dados sigilosos, estados-membros e municípios, para que possam se valer da transferência de dados sigilosos, devem, conforme a decisão referida, conter regramento análogo ao Decreto nº 3.724/2001, observando como parâmetros, a necessidade de:

(a) pertinência temática entre a obtenção das informações bancárias e o tributo objeto de cobrança no procedimento administrativo instaurado;

(b) prévia notificação do contribuinte quanto à instauração do processo e a todos os demais atos, garantido o mais amplo acesso do contribuinte aos autos, permitindo-lhe tirar cópias, não apenas de documentos, mas também de decisões;

(c) sujeição do pedido de acesso a um superior hierárquico;

(d) existência de sistemas eletrônicos de segurança que fossem certificados e com o registro de acesso; e

(e) estabelecimento de mecanismos efetivos de apuração e correção de desvios.

42. STF. Informativos nº 814 e 815, de fevereiro de 2016 (Pleno – ADIs 2386/DF, 2390/DF, 2397/DF e 2897/DF).

Ficaram vencidos os Ministros Celso de Mello e Marco Aurélio, que conferiam interpretação conforme a Constituição aos enunciados impugnados pelas ações, para alijar a possibilidade de acesso direto aos dados bancários pelos órgãos públicos, vedado inclusive o denominado "compartilhamento de informações". Consoante expuseram, tal compartilhamento só deveria ser admissível depois de consideradas as finalidades previstas na cláusula final do inciso XII do art. 5º da CF, para fins de investigação criminal ou instrução criminal. Para tanto, a decretação de afastamento do sigilo bancário ou financeiro dependeria de ordem judicial, sem o que não deveria ser admissível que a instituição financeira forneça à Administração Tributária, ao Ministério Público, à Polícia Judiciária ou ao Tribunal de Constas da União, informações sob os sigilos aludidos.

Entendemos que assiste razão à posição vencida. Não parece haver diferença substancial entre "quebra de sigilo" e "compartilhamento de informações", ainda que tal ocorra no âmbito de órgãos da própria Administração Pública e que o órgão receptor da informação seja obrigado a não propalar tais dados. Em outros termos, o "compartilhamento de informações" se constitui no método retórico para restringir, sem ordem judicial, o direito ao sigilo bancário e financeiro, inclusive sem impor persecução penal. Sob outro prisma, a decisão indica a supressão de qualquer limite ao exercício do poder de fiscalização tributária da Administração Pública, permitindo acesso facilitado àqueles dados para fins de inscrição na dívida ativa. A existência de decreto para regular um procedimento administrativo indica dissonância com o postulado que exige que sua atividade fiscal seja estreitamente vinculada à lei.

Do princípio da presunção de inocência derivam duas regras fundamentais: a regra probatória, ou de juízo, segundo a qual a parte acusadora tem o ônus de demonstrar a culpabilidade do acusado – e não este de provar sua inocência – e a regra de tratamento, segundo a qual ninguém pode ser considerado culpado senão depois de sentença com trânsito em julgado, o que impede qualquer antecipação de juízo condenatório ou de culpabilidade.

A propósito da dimensão do princípio da presunção de inocência, George Sarmento enfatiza a necessidade de "cristalizar a presunção de inocência como um direito fundamental multifacetário, que se manifesta como regra de julgamento, regra de processo e regra de tratamento". Cria-se assim "um amplo espectro de garantias processuais que beneficiam o acusado durante as investigações e a tramitação da ação penal", porém, "sem impedir que o Estado cumpra sua missão de investigar e punir os criminosos, fazendo uso de todos os instrumentos de persecução penal previstos em lei", assegurando o combate legítimo e efetivo da criminalidade[43].

Vale destacar ainda que o princípio da presunção de inocência tem sido encarado como sinônimo de presunção de não culpabilidade. São expressões equivalentes. Esta é a nossa posição. Não podemos desmerecer, contudo, que em face da redação esboçada no inciso LVII, do art. 5º, da CF/1988, ensaiou-se uma distinção entre presunção de inocência e presunção de não culpabilidade.

Ao tratarmos do tema em livro específico, juntamente com Alex Sampaio, alertamos que "a redação que demos ao princípio levou ao equivocado raciocínio de que em face daquele contra o qual há instaurada uma ação penal", seria presumível sua culpabilidade,

43. SARMENTO, George. A presunção de inocência no sistema constitucional brasileiro. In: *Direitos fundamentais na Constituição de 1988*: estudos comemorativos aos seus vinte anos. Rosmar Antonni Rodrigues Cavalcanti de Alencar (org.). Porto Alegre: Núria Fabris, 2008. p. 217-243.

mercê de contra ele existir "suporte probatório mínimo, que impediria a presunção de sua inocência"[44]. Em síntese, a presunção de inocência duraria até o início do processo. Após, o réu, em face do lastro probatório contra si angariado, poderia ter tratamento similar àqueles já definitivamente condenados. Segundo Simone Schreiber, esquadrinhando o histórico italiano, "só se poderia admitir a presunção de inocência do delinquente ocasional que houvesse negado a prática do crime, e mesmo assim enquanto não se reunisse a prova indiciária contra ele", haja vista que "a própria instauração do processo criminal autorizava que se presumisse a culpa do imputado, e não sua inocência"[45].

É certo que na atual ordem constitucional, não podemos admitir uma distinção dessa ordem. Enquanto não transitar em julgado a sentença condenatória, a culpa não se estabelece. Ainda assim, o STF, nas Súmulas nº 716 e 717, admite a aplicação dos benefícios da Lei de Execuções Penais, como a progressão de regime, àqueles que ainda não estejam definitivamente condenados, desde que exista sentença condenatória em que só a defesa tenha recorrido. É o que se tem chamado de execução provisória.

O STF, aliás, mitigando a abrangência da presunção de inocência, por maioria, reconheceu a constitucionalidade da regra do art. 305, do Código de Trânsito Brasileiro, que tipifica como crime a conduta de "afastar-se o condutor do veículo do local do acidente, para fugir à responsabilidade penal ou civil que lhe possa ser atribuída". Entendemos que o dispositivo viola a Constituição, pelo que não concordamos com a flexibilização dos direitos fundamentais em jogo. Entretanto, diferentemente, a decisão majoritária da Suprema Corte considerou que não há restrição ao princípio da não incriminação, porquanto garantido o direito ao silêncio e ressalvadas as hipóteses de exclusão da tipicidade e da antijuridicidade. De compasso com o afirmado durante o julgamento, seria "admissível a flexibilização do princípio da vedação à autoincriminação proporcionada pela opção do legislador de criminalizar a conduta de fugir do local do acidente". Em acréscimo, reputou que tal procedimento não afetaria "o núcleo irredutível daquela garantia enquanto direito fundamental, qual seja, jamais obrigar o investigado ou réu a agir ativamente na produção de prova contra si próprio"[46]

9.2. Princípio da imparcialidade do juiz

A imparcialidade – denominada por alguns de "alheiabilidade" – é entendida como característica essencial do perfil do juiz consistente em não poder ter vínculos subjetivos com o processo de modo a lhe tirar o afastamento necessário para conduzi-lo com isenção. Trata-se de decorrência imediata da CF/1988, que veda o juízo ou tribunal de exceção (art. 5º, XXXVII) e garante que o processo e a sentença sejam conduzidos pela autoridade competente (art. 5º, LIII), representando exigência indeclinável no Estado Democrático de Direito.

Observa-se que tanto o impedimento como a suspeição devem ser reconhecidos *ex officio* pelo juiz, afastando-se voluntariamente de oficiar no processo e encaminhando-o ao seu substituto legal. A CF/1988 confere ao magistrado as garantias da vitaliciedade, inamovibilidade e irredutibilidade de subsídios (art. 95) para que ele possa atuar com isenção – o que inclui declarar-se suspeito ou impedido. De todo modo, caso não reconheça a situação de imparcialidade,

44. SAMPAIO, Alex; TÁVORA, Nestor. Princípio da presunção de inocência. In: *Princípios penais constitucionais*. Ricardo Augusto Schmitt (org.). Salvador: JusPodivm, 2007. p. 171-190.
45. SCHREIBER, Simone. O princípio da presunção de inocência. *Revista Jus Navegandi*. Teresina, ano 10, nº 790. 1 set. 2005. Disponível em: <https://jus.com.br/artigos/7198>. Acesso em: 9 dez. 2016.
46. STF – Pleno – RE 971.959/RS – Repercussão Geral – Tema 907 – Rel. Min. Luiz Fux – j. 14.11.2018.

o juiz interessado deve ser recusado, e os permissivos legais para tanto se encontram no art. 254 (hipóteses de suspeição) e no art. 252 (hipóteses de impedimento), do CPP.

Cabe notar que a imparcialidade deve ser indicativa de honestidade. É que o magistrado leva consigo os valores de sua formação, que acabam por justificar entendimentos distintos em relação a uma pluralidade de situações fáticas, o que não significa, a princípio, que seja parcial.

Deveras, o ideal do juiz imparcial é de ser concebido aproximativamente. Vale dizer, a isenção preconizada pelo ordenamento jurídico implica na postura de um magistrado que cumpra a Constituição, de maneira honesta, prolatando decisões suficientemente motivadas. Isso não induz que o juiz se abstraia de seus valores para que exerça seu mister.

No intuito de assegurar o princípio em tela, a 2ª Turma, do STF, reconheceu a nulidade de processo criminal por crime contra os costumes em virtude da apuração dos fatos ter ocorrido pelo mesmo juiz em sede de ação cível de investigação de paternidade. Durante o julgamento, em voto-vista, o Ministro César Peluso

> concluiu que, na espécie, pelo conteúdo da decisão do juiz, restara evidenciado que ele teria sido influenciado pelos elementos coligidos na investigação preliminar. Dessa forma, considerou que teria ocorrido hipótese de ruptura da denominada imparcialidade objetiva do magistrado, cuja falta, incapacita-o, de todo, para conhecer e decidir causa que lhe tenha sido submetida. Esclareceu que a imparcialidade denomina-se objetiva, uma vez que não provém de ausência de vínculos juridicamente importantes entre o juiz e qualquer dos interessados jurídicos na causa, sejam partes ou não (imparcialidade dita subjetiva), mas porque corresponde à condição de originalidade da cognição que irá o juiz desenvolver na causa, no sentido de que não haja ainda, de modo consciente ou inconsciente, formado nenhuma convicção ou juízo prévio, no mesmo ou em outro processo, sobre os fatos por apurar ou sobre a sorte jurídica da lide por decidir. Assim, sua perda significa falta da isenção inerente ao exercício legítimo da função jurisdicional[47].

9.3. Princípio da igualdade processual (princípio da paridade de armas e sua distinção)

Também tratado como princípio da paridade de armas, consagra o tratamento isonômico das partes no transcorrer processual, em decorrência do próprio art. 5º, *caput*, da Constituição Federal. O que deve prevalecer é a chamada igualdade material, leia-se, os desiguais devem ser tratados desigualmente, na medida de suas desigualdades.

O referido princípio ganha força com as alterações introduzidas no art. 134, da Constituição Federal, assegurando a autonomia da Defensoria Pública. Seria fictícia a paridade, se o órgão ministerial, acusador oficial, desfrutasse da estrutura e condição digna e necessária de trabalho, ao passo que os defensores, assoberbados pelas demandas que se acumulam, ficassem na condição de pedintes, subjugados a boa vontade do Executivo para que pudessem galgar um mínimo de estrutura para desempenhar as suas funções. Foi um pequeno passo, porém ainda há muito a se fazer.

Embora a regra seja a isonomia processual, em situações específicas deverá haver uma preponderância do interesse do acusado, consoante se depreende do princípio do *favor rei*, ou favor réu, a seguir estudado (item 9.20).

47. STF – 2ª Turma – HC 94641/BA – Rel. Orig. Min. Ellen Gracie. – Rel. p/ Acórdão Min. Joaquim Barbosa – Informativo de jurisprudência nº 528 – Nulidade do processo e imparcialidade do juízo 2 – Data: 10 a 14 de novembro de 2008.

O princípio da paridade de armas, malgrado seja tratado como sinônimo de igualdade ou isonomia no processo penal, tem conteúdo mais rico, indicando o direito da defesa de desempenhar um papel proativo, mormente na produção de prova e no exercício de poderes que possibilitem a plena igualdade, tal como consta do art. 8, do Pacto de São José da Costa Rica.

Sob esse prisma, não basta a outorga de prazos iguais, de contraditório e de defesa ampla. A paridade de armas impõe um *plus*, consistente no poder do acusado atuar com os mesmos instrumentos garantidos à acusação, a exemplo de formulação de pedidos de interceptações telefônicas e de busca e apreensão, bem como da admissibilidade de assistente de defesa, possibilitando uma real igualdade.

Na doutrina, Welton Roberto fundamenta a diferença entre igualdade e paridade de armas, a fim de evitar que o investigado ou acusado seja tratado como convidado de prata[48]. Concordamos com a distinção.

Na jurisprudência, o Supremo Tribunal Federal dá realce a essa norma de *status* constitucional, conquanto não esteja descrita, de forma explícita, no ordenamento jurídico.

Porém, a menção ao princípio da paridade de armas feita pelo STF não discerne claramente seu conteúdo relativamente ao princípio da isonomia. Tal se verifica em ementa de acórdão no qual se assentou que "a isonomia é um elemento ínsito ao princípio constitucional do contraditório (art. 5º, LV, da CF/1988), do qual se extrai a necessidade de assegurar que as partes gozem das mesmas oportunidades e faculdades processuais, atuando sempre com paridade de armas, a fim de garantir que o resultado final jurisdicional espelhe a justiça do processo em que prolatado". De outra vertente, o mesmo julgado frisou que "as exceções ao princípio da paridade de armas apenas têm lugar quando houver fundamento razoável baseado na necessidade de remediar um desequilíbrio entre as partes, e devem ser interpretadas de modo restritivo, conforme a parêmia *exceptiones sunt strictissimae interpretationis*"[49].

Veja-se que a passagem do princípio da isonomia ao da paridade de armas feita nesse aresto, indica que o STF não discerne isonomia de paridade de armas.

Pensamos que melhor seria delimitar cada um dos princípios, evidenciando o conteúdo proativo da paridade de armas, a fim de melhor concretizar os pilares do sistema acusatório e dos demais princípios que constituem o núcleo duro de direito processual penal constitucional. Em outras palavras, definir o sentido e o alcance da paridade de armas representa modo de conferir maior efetividade a sua função tendente a prevenir contra a possibilidade de que o imputado e a sua defesa se reduzam a objetos decorativos da persecução penal.

9.4. Princípio do contraditório ou bilateralidade da audiência

Traduzido no binômio ciência e participação, e de respaldo constitucional (art. 5º, LV, da CF/1988), impõe que às partes deve ser dada a possibilidade de influir no convencimento do magistrado, oportunizando-se a participação e manifestação sobre os atos que constituem a evolução processual. O princípio do contraditório, ao qual está aliado o da ampla defesa, estudado no tópico seguinte, já existia de forma implícita no ordenamento

48. ROBERTO, Welton. *Paridade de armas no processo penal*. Belo Horizonte: Fórum, 2011. p. 88.
49. STF – Pleno – ARE 648629 (Repercussão Geral) – Relator: Ministro Luiz Fux – julgado em 24/04/2013.

jurídico brasileiro vigente sob a égide das Constituições anteriores a 1988. No entanto, sua positivação expressa se deu com o advento da Constituição de 1988, reconhecendo-lhe a qualidade de direito de primeira geração, de proteção à liberdade.

Numa visão macroscópica, o contraditório vai abranger a garantia de influir em processo com repercussão na esfera jurídica do agente, independente do polo da relação processual em que se encontre. Como afirma Elio Fazzalari, a "própria essência do contraditório exige que dele participem ao menos dois sujeitos, um 'interessado' e um 'contra-interessado', sobre um dos quais o ato final é destinado a desenvolver efeitos favoráveis, e, sobre o outro, efeitos prejudiciais". O agente, autor ou réu, será admitido a influenciar o conteúdo da decisão judicial, o que abrange o direito de produzir prova, o direito de alegar, de se manifestar, de ser cientificado, dentre outros.

De modo diverso ao que ocorre no âmbito processual civil, no processo penal não é suficiente assegurar ao acusado apenas o direito à informação e à reação em um plano formal. "Estando em discussão a liberdade de locomoção, ainda que o acusado não tenha interesse em oferecer reação à pretensão acusatória, o próprio ordenamento jurídico impõe a obrigatoriedade de assistência técnica de um defensor". Nesse sentido o Código de Processo Penal assegura o contraditório em sua acepção material, como ocorre no art. 261, que estabelece a necessidade de defensor que exerça "manifestação fundamentada" e o art. 497, V, que atribui ao juiz presidente do Tribunal do Júri o dever de atribuir novo defensor, caso considere o acusado "indefeso".

Em algumas hipóteses, terá lugar o que se denomina "contraditório diferido ou postergado". É o caso, em particular, das medidas cautelares reais, a exemplo do sequestro de bens imóveis, previsto no art. 125, CPP, e da interceptação das comunicações telefônicas (Lei nº 9.296/1996). Quanto às medidas cautelares de natureza pessoal, imprescindível registrar que a Lei nº 12.403/2011, alterando o Código de Processo Penal, previu o contraditório como regra, de modo que a parte contrária somente deixará de ser intimada em "casos de urgência ou perigo de ineficácia da medida" (art. 282, § 3º, CPP).

Com base na forma como se manifesta o contraditório – que tem como consectário lógico o direito à informação –, a doutrina classifica esse princípio em: **(1) contraditório para a prova** ou **contraditório real**, que nada mais é do que a atuação das partes de forma contemporânea à produção da prova, cientificando-lhes previamente para o fim de possibilitar a participação ampla na constituição da prova, tal como se dá com a oitiva de testemunhas, acareações e reconhecimento de pessoas; e **(2) contraditório sobre a prova** ou **contraditório postergado** ou **diferido**, consistente na ciência das partes posteriormente à produção da prova, ou seja, a parte tem oportunidade de se manifestar, mas em um momento posterior, em razão do fito de evitar que sejam frustrados os objetivos da formação de prova específica, a exemplo do que ocorre com o deferimento de interceptação telefônica.

Por fim, importante ressaltar o entendimento majoritário segundo o qual não é exigível o direito ao contraditório em sede de inquérito policial, já que se trata de procedimento administrativo de caráter informativo. Não obstante, assegura-se o direito à publicidade, permitindo o "acesso amplo aos elementos de prova" colhidos no procedimento investigatório, nos termos da Súmula Vinculante nº 14.

O princípio do contraditório, no direito processual penal, está bem arraigado nos fundamentos do sistema acusatório. O CPC/2015 estabelece regras que dão concreção ao contraditório enquanto princípio constitucional, assegurando às partes a paridade de tratamento no curso do processo e declarando competir ao juiz velar pelo efetivo contraditório. No processo penal, temos exemplos colhidos na jurisprudência que enfatizam a necessidade de paridade de armas, como a que delimitou o direito do Ministério Público à intimação pessoal, considerando-o intimado quando da entrada dos autos na respectiva repartição ministerial.

O juiz não deve prolatar decisão contra uma das partes sem que antes seja previamente ouvida, salvo nos casos de urgência (artigos 9º, parágrafo único e 10, CPC/2015). Em certa medida, o CPP contém disposição semelhante, mas de abrangência mais restrita às regras de decretação de medidas cautelares diversas da prisão (§ 3º, do art. 282, CPP, que expressa que, ressalvados os casos de urgência ou de perigo de ineficácia da medida, o juiz, ao receber o pedido de medida cautelar, determinará a intimação da parte contrária, acompanhada de cópia do requerimento e das peças necessárias, permanecendo os autos em juízo). A aplicação da norma mais abrangente do CPC /2015 evidencia a necessidade de participação dos interessados, toda vez que se estiver diante da possibilidade de providência jurisdicional que lhes afetem.

No âmbito do processo penal, regras que informam os lindes da acusação e a impossibilidade do atuar de ofício em desfavor da defesa recomendam, ao contrário, a aplicação da novel disposição em favor do acusado (*favor rei*). Tal determina que, em qualquer grau de jurisdição, o órgão jurisdicional não pode decidir com base em fundamento a respeito do qual não se tenha oportunizado manifestação das partes, ainda que se trate de matéria apreciável de ofício.

A incidência da aludida regra é de relevo quando cotejada com a disposição da *emendatio libelli*, do art. 383, do CPP. Aplicando o contraditório disposto no CPC/2015, entendemos que o juiz não deve se restringir à regra de que o réu se defende dos fatos, e não da capitulação legal dada a eles. Ao que nos parece, verificando o magistrado que poderá haver incidência de tipo penal mais gravoso ao acusado, cujos fundamentos não foram objeto de debate, deverá declarar essa possibilidade e abrir oportunidade para as partes se pronunciarem a respeito, invocando, para tanto, dispositivo do CPC/2015 por analogia (art. 3º, CPP). Tal solução se coaduna perfeitamente com o sistema acusatório.

9.5. Princípio da ampla defesa

Enquanto o contraditório é princípio protetivo de ambas as partes (autor e réu), a ampla defesa – que com o contraditório não se confunde – é garantia com destinatário certo: o acusado.

A defesa pode ser subdividida em: **(1) defesa técnica (defesa processual** ou **específica**), efetuada por profissional habilitado; e **(2) autodefesa (defesa material** ou **genérica**), realizada pelo próprio imputado. A primeira é sempre obrigatória. A segunda está no âmbito de conveniência do réu, que pode optar por permanecer inerte, invocando inclusive o silêncio. A autodefesa comporta também subdivisão, representada pelo direito de audiência, "oportunidade de influir na defesa por intermédio do interrogatório", e no direito de presença, "consistente na possibilidade de o réu tomar posição, a todo momento, sobre o material produzido, sendo-lhe garantida a imediação com o defensor, o juiz e as provas".

Deve ser assegurada a ampla possibilidade de defesa, lançando-se mão dos meios e recursos disponíveis e a ela inerentes (art. 5º, LV, CF/1988), sendo, ademais, dever do Estado prestar assistência jurídica integral e gratuita aos que comprovarem insuficiência de recursos (art. 5º, LXXIV, CF/1988).

O STF consagra na Súmula nº 523, ao tratar da defesa técnica, que no "processo penal, a falta de defesa constitui nulidade absoluta, mas a sua deficiência só o anulará se houver prova de prejuízo para o réu". Também do Pretório Excelso é o verbete segundo o qual "é nulo o julgamento da apelação se, após a manifestação nos autos da renúncia do único defensor, o réu não foi previamente intimado para constituir outro" (Súmula nº 708).

É também em homenagem ao princípio da ampla defesa que o Código de Processo Penal prevê a necessidade de nomeação de defensor para oferecimento da resposta à acusação, quando o acusado não apresentá-la no prazo legal (art. 396, § 2º, CPP). Idêntica previsão consta da Lei de Drogas, conforme art. 55, § 3º deste diploma.

Por fim, assinale-se que a ampla defesa não se confunde com a "plenitude de defesa", estabelecida como garantia própria do Tribunal do Júri no art. 5º, XXXVIII, "a", CF/1988. É que o exercício da ampla defesa está adstrito aos argumentos jurídicos (normativos) a serem invocados pela parte no intuito de rebater as imputações formuladas, enquanto que plenitude de defesa autoriza a utilização não só de argumentos técnicos, mas também de natureza sentimental, social e até mesmo de política criminal, no intuito de convencer o corpo de jurados.

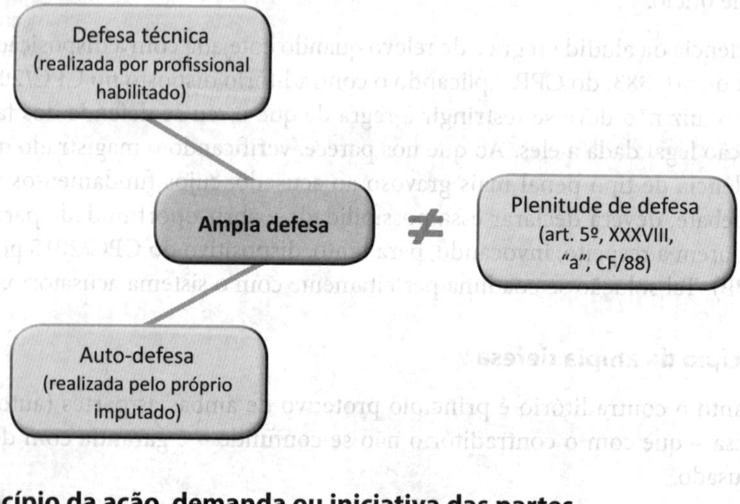

9.6. Princípio da ação, demanda ou iniciativa das partes

Também conhecido como *ne procedat judex ex officio*, este princípio significa que, sendo a jurisdição inerte, cabe às partes a provocação do Poder Judiciário, exercendo o direito de ação, no intuito da obtenção do provimento jurisdicional. Neste contexto, o artigo 26 do CPP não foi recepcionado pela Constituição de 1988, não se admitindo mais que nas contravenções a ação penal tenha início por portaria baixada pelo delegado ou pelo magistrado (que se chamava de **processo judicialiforme**). De fato, a partir da nova ordem constitucional, a titularidade da ação penal foi, a partir de então, conferida privativamente ao Ministério Público (art. 129, I), admitindo-se, nos casos previstos, a iniciativa privada (ação penal privada exclusiva, personalíssima e subsidiária da pública).

Mesmo diante da inércia jurisdicional, em homenagem ao *status libertatis*, nada impede que os juízes e tribunais concedam *habeas corpus* de ofício, sempre que tenham notícia de que exista ameaça ou lesão à liberdade de locomoção (art. 654, § 2º, CPP). De todo modo, o princípio da demanda (em sentido amplo) – ainda que exercida mediante a técnica da concessão da ordem de ofício – está atrelado à noção de ação enquanto direito subjetivo público que, a seu turno, envolve outras garantias constitucionais, como a consubstanciada no princípio do devido processo legal, de acordo com o que doutrina Ada Pellegrini Grinover.[50]

9.7. Princípio da oficialidade

Os órgãos incumbidos da persecução criminal (soma do inquérito policial e do processo), atividade eminentemente pública, são órgãos oficiais por excelência, tendo a Constituição Federal consagrado a titularidade da ação penal pública ao Ministério Público (art. 129, I), e disciplinado a polícia judiciária no § 4º, do seu art. 144.

9.8. Princípio da oficiosidade

A atuação oficial na persecução criminal, como regra, ocorre sem necessidade de autorização, isto é, prescinde de qualquer condição para agir, desempenhando suas atividades *ex officio*. Excepcionalmente, o início da persecução penal pressupõe autorização do legítimo interessado, como se dá na ação penal pública condicionada à representação da vítima ou à requisição do Ministro da Justiça (art. 24, CPP).

9.9. Princípio da verdade real

O processo penal não se conforma com ilações fictícias ou afastadas da realidade. O magistrado pauta o seu trabalho na reconstrução da verdade dos fatos, superando eventual desídia das partes na colheita probatória, como forma de exarar um provimento jurisdicional mais próximo possível do ideal de justiça. Todavia, a proatividade judicial na produção probatória encontra forte resistência doutrinária em razão do filtro constitucional desempenhado pela adoção do sistema acusatório, limitando a atuação do julgador, como veremos no Capítulo VII, item 11.1, reservado ao estudo da iniciativa instrutória do magistrado.

O princípio da verdade real (ou "substancial", de acordo com termologia adotada pelo art. 566, CPP) também é conhecido como princípio da livre-investigação da prova no interior do pedido, princípio da imparcialidade do juiz na direção e apreciação da prova, princípio da investigação, princípio inquisitivo e princípio da investigação judicial da prova[51]. Independentemente da denominação que se lhe dê, é de se observar que a verdade real, em termos absolutos, pode se revelar inatingível. Afinal, a revitalização no seio do processo, dentro do fórum, numa sala de audiência, daquilo que ocorreu muitas vezes anos atrás, é, em verdade, a materialização formal daquilo que se imagina ter acontecido.

50. GRINOVER, Ada Pellegrini. *As garantias constitucionais do direito de ação*. São Paulo: RT, 1973. p.177-178.

51. LIMA, Renato Brasileiro de. *Manual de Processo Penal*. Vol. 1. Niterói: Impetus, 2011. p. 49.

Ao disporem sobre as provas ilícitas, a Constituição Federal de 1988 (art. 5º, LVI) e o Código de Processo Penal (art. 157) estabeleceram limites ao alcance da verdade real. Ao prescrever que "são inadmissíveis, no processo, as provas obtidas por meios ilícitos", o legislador vedou as provas obtidas com violação à norma constitucional ou legal, ainda que elas retratem a "verdade real".

Ferrajoli afirma que a "impossibilidade de formular um critério seguro de verdade das teses judiciais depende do fato de que a verdade 'certa', 'objetiva' ou 'absoluta' representa sempre a 'expressão de um ideal inalcançável'"[52].

A própria definição da verdade é algo que atormenta o homem ao longo dos séculos, não havendo um conceito que possa traduzir com segurança o vocábulo. Originária do latim *veritate*, aproxima-se de exatidão, conformidade com o real, ou como sugere Marco Antônio de Barros, conformidade do **objeto** com a **inteligência**[53].

Devemos buscar a verdade processual, identificada como verossimilhança[54] (verdade aproximada), extraída de um processo pautado no devido procedimento, respeitando-se o contraditório, a ampla defesa, a paridade de armas e conduzido por magistrado imparcial. O resultado almejado é a prolação de decisão que reflita o convencimento do julgador, construído com equilíbrio e que se reveste como a justa medida, seja por sentença condenatória ou absolutória.

Aury Lopes Jr. reputa um grave erro se falar em **verdade real**, não só porque a própria noção de verdade é excessiva e difícil de ser apreendida, mas também pelo fato de não se poder atribuir o adjetivo de **real** a um fato passado, que só existe no imaginário. Para o autor, o real está vinculado à ideia de presente, e o crime, como fato necessariamente da história, será reconstruído no processo. É fundamental compreender o ritual do processo, para se perceber que a verdade na decisão é um mito, negando-se que a obtenção da verdade seja o objetivo do processo ou adjetivo da sentença. A sentença seria então um ato de crença, de convencimento, um sentimento declarado pelo juiz, e a verdade é tomada como algo contingencial, e não como fator estruturante do processo[55].

9.10. Princípio da obrigatoriedade

Os órgãos incumbidos da persecução criminal, estando presentes os permissivos legais, estão obrigados a atuar. A persecução criminal é de ordem pública, e não cabe juízo de conveniência ou oportunidade. Assim, o delegado de polícia e o promotor de justiça, como regra, estão obrigados a agir, não podendo exercer juízo de conveniência quanto ao início da persecução.

Vale ressaltar que a Lei nº 9.099/1995, objetivando mitigar a sanha penalizadora do Estado, instituiu uma contemporização ao princípio da obrigatoriedade, que ganhou o nome de princípio da obrigatoriedade mitigada ou da discricionariedade regrada, que nada mais é que, nas infrações de menor potencial ofensivo, a possibilidade, com base no art. 76 da Lei

52. FERRAJOLI. Luigi. *Direito e Razão. Teoria do Garantismo Penal*. 2. ed. São Paulo: RT, 2006. p. 52.
53. BARROS, Marco Antonio de. *A busca da verdade no processo penal*. São Paulo: RT, 2002.p. 15.
54. KHALED JR. Salah H. *Ambição de verdade no processo penal*. Salvador: Juspodivm, 2009. p. 33.
55. LOPES JR, Aury. *Direito processual penal e sua conformidade constitucional*. Rio de Janeiro: Lumen Juris, 2007. v.1. p. 540-550.

dos Juizados, da oferta de transação penal, ou seja, a submissão do suposto autor da infração a uma medida alternativa, não privativa de liberdade, em troca do não início do processo.

Por meio da Lei nº 12.850/2013, foi detalhado o procedimento para formalização de acordo de colaboração premiada, bem como prevista, no § 4º, do seu art. 4º, a possibilidade de não oferecimento de denúncia pelo Ministério Público, quando o delator não for líder da organização criminosa e quando tiver sido o primeiro a colaborar. O Conselho Nacional do Ministério Público emitiu, a sua vez, a Resolução nº 181/2017, logo alterada pela de nº 183/2018, com o propósito de dispor sob a forma de fixação de penas restritivas de direito e correlato acompanhamento no âmbito do Ministério Público, com baixo controle pelo Judiciário.

A possibilidade de "acordo de não persecução penal, a semelhança da transação penal, seria uma inserção de mais uma hipótese de princípio da obrigatoriedade mitigada ou da discricionariedade regrada em sede de ação penal pública.[56] Não anuímos com tal ampliação de espaço de consenso, por considerá-la inconstitucional material e formalmente, como aventamos no Capítulo VII (provas). No ponto, seguimos o magistério de Geraldo prado, que destaca a incompatibilidade com o sistema de garantias, anotando que o prestígio da justiça penal negociada tem relação com a "defasagem de um sistema que emperrou em grande parte pela inflação de leis incriminadoras", bem como "pela falta de ousadia de descriminalizar".[57]

Atenção! Nos crimes de *ação penal privada*, quais sejam, naqueles em que a titularidade da ação foi conferida à própria vítima ou ao seu representante legal, o que vigora é o princípio oposto, ou seja, o da oportunidade, pois cabe a ela ou ao seu representante escolher entre dar início à persecução criminal ou não.

Princípio da obrigatoriedade	Princípio da obrigatoriedade limitada	Princípio da oportunidade
Diante dos permissivos legais, delegado e MP estão obrigados a atuar	Mesmo diante dos permissivos legais é possível deixar de oferecer a denúncia, oferecendo a transação penal	Cabe a vítima ou seu representante optar pelo início ou não da persecução
Aplicado na ação penal pública	Aplicado às infrações de menor potencial ofensivo (Lei nº 9.099/95)	Aplicado na ação penal privada

9.11. Princípio da indisponibilidade

O princípio da indisponibilidade é uma decorrência do princípio da obrigatoriedade, rezando que, uma vez iniciado o inquérito policial ou o processo penal, os órgãos incumbidos da persecução criminal não podem deles dispor.

56. Nesse sentido, Mara Lina do Carmo aduz que "o benefício denominado pacto de impunidade – ou pacto/cláusula de não persecução penal –, previsto no artigo 4º, § 4º, da Lei 12.850/2013, indubitavelmente, evidencia uma mitigação ao princípio da obrigatoriedade da ação penal pública que vigora no sistema jurídico brasileiro" (CARMO, Mara Lina Silva do. *Ampla defesa e colaboração premiada no estado democrático de direito*. 2018. 136 f. Dissertação (Mestrado), Pontifícia Universidade Católica de São Paulo, São Paulo. p. 114).

57. PRADO, Geraldo. *Transação penal*. 2. ed. Rio de Janeiro: Lumen Juris, 2006. p. 158.

Com efeito, o delegado não pode arquivar os autos do inquérito policial (art. 17, CPP) e o promotor não pode desistir da ação interposta (art. 42, CPP). Caso o membro do Ministério Público esteja convencido, após a instrução probatória, da inocência do réu, deve manifestar-se, como guardião da sociedade e fiscal da justa aplicação da lei, em sede de alegações finais, pela absolvição do imputado, o que não significa disponibilidade do processo.

É de se destacar que a fase recursal iniciada pelo *Parquet*, conquanto não esteja regida pelo princípio da obrigatoriedade, é informada pelo princípio da indisponibilidade, pelo que, caso o órgão ministerial tenha apresentado recurso, não poderá dele desistir (art. 576, CPP).

A Lei nº 9.099/1995 também mitigou o princípio da indisponibilidade, trazendo o instituto da suspensão condicional do processo (art. 89). Assim, nos crimes com pena mínima não superior a um ano, preenchidos os requisitos legais, o Ministério Público ao oferecer denúncia, poderá propor a suspensão do processo, por dois a quatro anos. Uma vez expirado esse prazo sem que tenha ocorrido revogação da suspensão, será declarada extinta a punibilidade.

Atenção! Não se pode olvidar que nas ações de iniciativa privada, a vítima ou o seu representante podem dispor da ação iniciada, é dizer, desistir da mesma, seja perdoando o autor da infração, seja pela ocorrência da perempção (art. 60 do CPP), o que leva ao reconhecimento de que o princípio reitor é o da *disponibilidade*.

Princípio da indisponibilidade	Mitigação à indisponibilidade	Princípio da disponibilidade
Iniciado o inquérito ou o processo, delegado e MP não podem dele desistir	Ao oferecer a denúncia, o MP pode propor a suspensão condicional do processo	Vítima ou seu representante podem dispor da ação iniciada
Aplicado na ação penal pública	Ocorre nas infrações com pena mínima igual ou inferir a um ano (art. 89 da Lei nº 9.099/95)	Aplicado na ação penal privada

9.12. Princípio do impulso oficial

Apesar da inércia da jurisdição, é imperativo afirmar que, uma vez iniciado o processo, com o recebimento da inicial acusatória, cabe ao magistrado velar para que este chegue ao seu final, marcando audiências, estipulando prazos, determinando intimações, enfim, impulsionando o andamento do próprio procedimento.

9.13. Princípio da motivação das decisões

O princípio da motivação das decisões judiciais é uma decorrência expressa do art. 93, inciso IX, da Carta Magna, asseverando que o juiz é livre para decidir, desde que o faça de forma motivada, sob pena de nulidade insanável. Trata-se de autêntica garantia fundamental, decorrendo da fundamentação da decisão judicial o alicerce necessário para a segurança jurídica do caso submetido ao judiciário.

Do princípio da fundamentação das decisões judiciais decorrem outras garantias, tal como a da cláusula do devido processo legal que, por sua vez, também alberga outros direitos fundamentais incidentes tanto no âmbito procedimental quanto na esfera material.

Existe direta relação entre a obrigatoriedade de motivação das decisões e o sistema do livre convencimento do juiz, adotado pelo art. 155, *caput*, do CPP. Deste modo, a fundamentação, no processo penal, deve se apoiar nos elementos produzidos perante o contraditório judicial, "ressalvando-se desta exigência tão somente as provas cautelares, realizadas antecipadamente e não sujeitas à repetição"[58].

Indispensável referir a admissibilidade, pelos Tribunais Superiores[59-60], da motivação ***per relationem***, caracterizada pela utilização das razões empregadas, por exemplo, pelo magistrado da instância inferior (ou pelo Ministério Público, em parecer), na fundamentação da decisão proferida.

Em arremate, com Beclaute Oliveira Silva, pode-se averbar que "o fato de a fundamentação da decisão (sentença) judicial delimitar a própria configuração do Poder Judiciário, possibilitando a existência do sistema de freios e contrapesos, não exclui outras significações também importantes", a exemplo da significação do princípio do devido processo legal[61].

9.14. Princípio da publicidade

A publicidade dos atos processuais é a regra. Publicidade é a permissibilidade de acesso aos autos processuais conferida a todos os interessados. Os limites à publicidade devem, por exceção, estar formalmente delimitados por fonte formal de direito (Constituição ou lei) O sigilo é, nesses termos, admissível, notadamente quando a defesa da intimidade ou o interesse social o exigirem (art. 5º, LX, CF/1988). O art. 792, § 1º, do CPP, prevê o sigilo se da publicidade do ato puder ocorrer escândalo, inconveniente grave ou perigo de perturbação da ordem.

O art. 93, inciso IX, também da Constituição do Brasil, alterado pela EC nº 45/2004, assegura que todos os julgamentos dos órgãos do Poder Judiciário serão públicos, e fundamentadas todas as decisões, sob pena de nulidade. A lei, todavia, pode limitar a presença, em determinados atos, às próprias partes e a seus advogados, ou somente a estes, em casos nos quais a preservação do direito à intimidade do interessado no sigilo não prejudique o interesse público à informação.

A publicidade comporta classificação, conforme os seguintes critérios:

(1) quanto ao sigilo do conteúdo do ato processual:

(a) publicidade interna, relativa às partes, restrita ou específica: é aquela que reveste ato cujo conhecimento é privativo das partes ou de sujeitos processuais específicos. Como exemplos, temos: a publicidade mitigada na votação feita no âmbito do Tribunal do Júri, realizada em sala especial (art. 485, *caput*, do CPP – antiga "sala secreta"), amparada constitucionalmente pelo sigilo das votações estabelecido no art. 5º, XXXVIII, "b", da Constituição de 1988. Os casos de "segredo de justiça", tal como se vê da restrição criada com a Lei nº 12.015/2009, que prevê a tramitação sob segredo de justiça dos processos em que se apure crime contra a dignidade sexual (art. 234-B do Código Penal):

58. AVENA, Norberto. *Direito processual penal esquematizado*. 3. ed. São Paulo: Método, 2011. p. 49
59. STF – Segunda Turma – ARE 753481 – Rel. Min. Celso de Mello – DJe 28/10/2013.
60. STJ – Quinta Turma – HC 263985 – Rel. Min. Marco Aurélio Bellizze – DJe 25/11/2013.
61. SILVA, Beclaute Oliveira. *A garantia fundamental à motivação da decisão judicial*. Salvador: JusPODIVM, 2007. p. 111.

(b) publicidade externa, relativa ao público externo ou geral: é a regra. Trata-se da que não guarda restrição quanto ao conhecimento público e está preconizada no art. 93, IX, da Constituição Federal, eis que todos os atos do Poder Judiciário serão públicos, salvo exceções expressas;

(2) quanto à voluntariedade do conhecimento do ato:

(a) publicidade ativa: determinados atos do processo chegam ao conhecimento do público de forma involuntária;

(b) publicidade passiva: a iniciativa para conhecimento do ato processual é do público que vai ao seu encontro para tomar ciência do ato;

(3) quanto à acessibilidade do ato processual:

(a) publicidade imediata: ocorre quando a publicidade dos atos processuais este disponível a todos, indistintamente;

(b) publicidade mediata: é a que se dá quando só se tem como tomar ciência dos atos processuais pela imprensa (*mass media*), certidão, ou cópia (nesse sentido: Rogério Lauria Tucci e Renato Brasileiro Lima[62]).

No que se refere às partes, a publicidade dos atos na fase processual deve permanecer intocada, justamente porque ela permitirá a materialização do contraditório e a participação no processo. O máximo que se poderia autorizar é a realização de ato sem a cientificação momentânea e, por sua vez, sem a publicidade imediata, o que se fará em momento posterior, uma vez cumprida a diligência, a exemplo do que acontece com a realização de interceptação telefônica na fase processual.

Já quanto ao inquérito policial, por se tratar de fase pré-processual, é regido pelo princípio da sigilação, assegurando-se ao advogado, contudo, por força do art. 7º, XIV, da Lei nº 8.906/1994 (Estatuto da OAB), a consulta aos autos correspondentes, o que foi corroborado pela súmula vinculante nº 14 do STF, de sorte que "é direito do defensor, no interesse do representado, ter acesso amplo aos elementos de prova que, já documentados em procedimento investigatório por órgão com competência de polícia judiciária, digam respeito ao exercício do direito de defesa".

Por sua vez, para preservar o ofendido, é possível a decretação judicial do segredo de justiça, que pode atingir toda a persecução penal, englobando dados, depoimentos e demais informações constantes dos autos, de forma a não expor a vítima aos meios de comunicação (art. 201, § 6º, CPP).

Devemos anotar que a publicidade, importante garantia constitucional que permeia o processo acusatório (art. 93, IX, CF), pode ser desvirtuada. O desvio de finalidade da garantia da publicidade dos atos processuais pode se apresentar quando colide com outros direitos individuais fundamentais, não raras vezes, revelando-se prejudicial ao direito do imputado, em sua intimidade e em sua vida privada. É possível, destarte, dividir efeitos antijurídicos, não desejados, por implicarem risco ao devido processo legal e à presunção de inocência:

62. LIMA, Renato Brasileiro. *Curso de processo penal*. Niterói: Impetus, 2013. p. 30-31.

(1) o primeiro seria a manifestação de algum interesse privado, de setores da população, no desfecho da demanda penal, com o intuito de influenciar a tomada da decisão judicial ou mesmo visando reformá-la, sem necessariamente seguir a via legal recursal. Algo semelhante ao "**efeito *backlash***", tomado dos norte-americanos, como reação da sociedade – institucionais ou sociais –, força política, oposição e/ou pressão contra deliberações de maior visibilidade, proferidas pelo Poder Judiciário. O conceito de *backlash* não se associa a decisões boas ou ruins, podendo se dirigir contra uma ou outra;[63]

(2) o segundo, não necessariamente vinculado ao primeiro, mas que dele pode decorrer é o prejuízo que pode advir da **publicidade opressiva**, dificultando um julgamento criminal justo, diante do embate entre a liberdade de expressão e o direito à informação. Como realça Simone Schreiber, "se os meios de comunicação promoverem um noticiário intenso, subjetivo, parcial e dedicado a reclamar a 'punição exemplar' de determinado indivíduo acusado de um crime, certamente o ambiente de serenidade em que esse julgamento deve ocorrer será afetado".[64]

9.15. Princípio do duplo grau de jurisdição

Este princípio assegura a possibilidade de revisão das decisões judiciais, através do sistema recursal, onde as decisões do juízo *a quo* podem ser reapreciadas pelos tribunais. É uma decorrência da própria estrutura do Judiciário, vazada na CF/1988 que, em vários dispositivos, atribui competência recursal aos diversos tribunais do país.

Todavia, interessa sublinhar que o duplo grau de jurisdição não é princípio contemplado na Constituição, haja vista que processos existem sem que esse duplo grau incida, a exemplo daqueles de competência originária do Supremo Tribunal Federal. O duplo grau de jurisdição não é um enunciado normativo que incide indistintamente em todos os processos penais.

Por sua vez, o Pacto de São José da Costa Rica, em seu art. 8º, 2, "***h***", dispõe acerca do direito de recorrer das decisões judiciais. Entendemos que o referido Pacto, neste ponto, é recebido como lei ordinária, já que o direito ao recurso não pode ser enquadrado como expressão de direito fundamental, encontrando-se, por consequência, fragilizado, dentro das várias exceções existentes no sistema de decisões simplesmente irrecorríveis.

Sob outro prisma, as garantias do devido processo legal (art. 5º, LIV, CF/1988), do contraditório e da ampla defesa, com os meios e recursos a ela inerentes, "aos litigantes, em processo judicial ou administrativo, e aos acusados em geral" (art. 5º, LV, CF/1998), não implica no reconhecimento da existência do princípio do duplo grau de jurisdição a nível constitucional. É de se notar, de mais a mais, que esse princípio subsiste respaldado

63. De acordo com Mariana Pimentel, "o fenômeno do *backlash* não é novidade no cenário internacional e tem merecido especial aprofundamento na doutrina americana. Na história dos Estados Unidos, despontam reações de toda ordem", em decorrência de julgamento de casos conhecidos e "que provocaram intensa discussão acerca do poder da Suprema Corte de dar respostas a questões de ordem social e institucional tão caras à população. Neste ponto, esclarece-se que o conceito de *backlash* não se associa com erro ou acerto da decisão objeto da reação. Não há, por assim dizer, um liame inexorável entre a reação social e a correção da decisão" (PIMENTEL, Mariana Barsaglia. 'Backlash' às decisões do Supremo Tribunal Federal sobre união homoafetiva. *Revista de Informação Legislativa*. Brasília, a.54, n.214, p.193, abr./jun. 2017).

64. SCHREIBER, Simone. *A publicidade opressiva de julgamentos criminais*. Rio de Janeiro: Renovar, 2008. p. 4.

na tradição de uma política legislativa com raízes iluministas e que permeia a cultura forense brasileira.

9.16. Princípio do juiz natural

O princípio do juiz natural consagra o direito de ser processado pelo magistrado competente (art. 5º, inc. LIII, da CF) e a vedação constitucional à criação de juízos ou tribunais de exceção (art. 5º, inc. XXXVII, da CF). Em outras palavras, tal princípio impede a criação casuística de tribunais pós-fato, para apreciar um determinado caso.

A Lei Orgânica da Magistratura prevê a possibilidade de convocação de juízes de primeiro grau para a composição de turma julgadora, isto na hipótese do membro do tribunal se afastar por mais de trinta dias ou ter sido criada uma vaga (art. 118, LC 35/1979[65]). Em razão deste expediente, sói ocorrerem julgamentos por turmas compostas majoritariamente de juízes convocados, o que conduzia à recorrente alegação de nulidade, até que o Supremo Tribunal Federal pacificou a matéria declarando que "não viola o postulado constitucional do juiz natural o julgamento de apelação por órgão composto majoritariamente por juízes convocados"[66-67].

O princípio do juiz natural ou princípio do juiz legal não é ofendido quando o magistrado fisicamente competente é substituído por outro de acordo com as regras legais, tal como acontece com as hipóteses de substituições legais e com os regimes de convocação de magistrados por órgãos de segunda instância ou de instância superior. A alteração da composição física deve ocorrer em compasso com a lei (juiz com competência atribuída por lei). Daí o entendimento do STF mencionado, no sentido de que o julgamento por colegiado integrado, em sua maioria, por magistrados de primeiro grau convocados, não viola o princípio do juiz natural nem o duplo grau de jurisdição[68].

9.17. Princípio do promotor natural ou do promotor legal

Este princípio veda a designação arbitrária, pela Chefia da Instituição, de promotor para patrocinar caso específico, vale dizer, o promotor natural há de ser, sempre, aquele previamente estatuído em lei. Como ensina Hugo Nigro Mazzilli, "o princípio do promotor natural é decorrência do princípio da independência funcional. Consiste na existência de um órgão do Ministério Público investido nas suas atribuições por critérios legais prévios. É o oposto do promotor de encomenda"[69].

65. No âmbito da Justiça Federal, a convocação é regulada pelo art. 4º da Lei 9788/99.
66. STF – Tribunal Pleno – RE 597133/RS – Rel. Min. Ricardo Lewandowski – Dj 06/04/2011. O entendimento tem sido mantido pela Corte, vide HC 11507/SP.
67. O STJ adota a mesma posição quanto ao tema: "Não há falar em nulidade em virtude do julgamento colegiado ter sido proferido por juízes convocados, haja vista o Supremo Tribunal Federal ter decidido, nos autos do RE 597.133/RS, de relatoria do Ministro Ricardo Lewandowski, Dje de 05/04/2011, julgado sob o regime de repercussão geral, que não viola o postulado constitucional do juiz natural o julgamento de recurso por órgãos fracionários de tribunais compostos majoritariamente por juízes convocados". (STJ – Quinta Turma – HC 197.094/SP – Rel. Min. Campos Marques (des. convocado) – DJe 19/08/2013).
68. STF – RE 597.133, Pleno, Relator o Ministro Ricardo Lewandowski, DJ de 06.04.11 (STF, 113874/MG).
69. MAZZILLI, Hugo Nigro. *A defesa dos interesses difusos em juízo*. 20. ed. São Paulo: Saraiva, 2007. p. 33.

Adotam o princípio do promotor natural, dentre outros, os Professores Sérgio Demoro Hamilton, Paulo Rangel, Marcelo Navarro Ribeiro Dantas. Eugênio Pacelli de Oliveira, a seu turno, aviva que "a exigência do promotor natural está relacionada com a necessidade de preservação da independência funcional e da inamovibilidade dos membros do ***Parquet***", de sorte "a impedir toda e qualquer substituição e/ou designação que não atendam a critérios fundados em motivações estritamente impessoais, e desde que em situações previstas em lei", a exemplo "de férias, licenças, suspeições, impedimentos, rodízio na distribuição de tarefas, o caso do art. 28 do CPP, etc. O promotor natural é a proibição "do promotor (ou acusador) de exceção"[70].

Nelson Nery Junior salienta, para ser respeitado, o princípio do promotor natural exige a presença dos seguintes requisitos:

(**a**) a investidura no cargo de Promotor de Justiça;

(**b**) a existência de órgão de execução;

(**c**) a lotação por titularidade e inamovibilidade do Promotor de Justiça no órgão de execução, exceto as hipóteses legais de substituição e remoção;

(**d**) a definição em lei das atribuições do órgão.[71]

O princípio em comento tem ressonância nos tribunais superiores. No Superior Tribunal de Justiça, o tema é pacificamente aceito, em ambas as turmas, podendo se extrair o seguinte excerto jurisprudencial, a título de exemplo: "A garantia constitucional acerca da isenção na escolha dos Promotores para atuarem na persecução penal visa assegurar o exercício pleno e independente das atribuições do Ministério Público, rechaçando a figura do acusador de exceção, escolhido ao arbítrio do Procurador-Geral"[72]. No Supremo Tribunal Federal, por sua vez, há decisões nos dois sentidos: pela existência do princípio do promotor natural[73] e pela sua inexistência[74], sob o argumento de que tal princípio é incompatível com o da indivisibilidade do Ministério Público.

Entrementes, razão assiste à doutrina majoritária, pois a Constituição da República, ao estampar em seu art. 5º, inciso XXXVII, a vedação de juízos ou de tribunais de exceção, não admite, a toda evidência, os acusadores por indicação.

A abrangência de aplicação desse princípio é limitada ao processo criminal, excluído, portanto, o inquérito policial. Deste modo, eventuais diligências realizadas na fase das investigações policiais a partir de determinação (requisição) de promotor distinto daquele que seja quem deva atuar não desnaturam o princípio.[75] É o que se tem visto, inclusive, em casos de grande repercussão nos Estados, quando não raro ocorre a designação de membros

70. OLIVEIRA, Eugênio Pacelli. *Curso de processo penal*. 3. ed. Belo Horizonte: Del Rey, 2004. p. 462.
71. NERY JUNIOR, Nelson. *Princípios do processo civil na Constituição Federal*. 6. ed. São Paulo: RT, 2000. p. 92.
72. STJ – Quinta Turma – RHC 28.473/ES, Rel. Ministra LAURITA VAZ – Dje 20/08/2012. No mesmo sentido: STJ – Sexta Turma – HC 236.730 – Rel. Ministro Og Fernandes – DJe 20/08/2012.
73. STF – Primeira Turma – HC 109893 – Min. Marco Aurélio – DJe 01/03/2012 – Info nº 652. O Pleno também julgou a matéria nos autos do HC 67759-2 (Rel. Min. Celso de Mello – DJ 01/07/1993).
74. STF – Segunda Turma – RE 387974/DF – Rel. Min. Ellen Gracie – DJ 26/03/2004.
75. AVENA, Norberto. *Direito processual penal esquematizado*. 3. ed. São Paulo: Método, 2011. p. 49.

do *Parquet* para o acompanhamento e fiscalização dos procedimentos investigatórios preliminares.

9.18. Princípio do defensor natural

A noção de "princípio do defensor natural" é inferida por analogia ao "princípio do juiz natural", como também o foi o "princípio do promotor natural". A ideia do defensor natural consiste na vedação de nomeação de defensor diverso daquele defensor público que tem atribuição legal para atuar na causa.

Trata-se de uma proteção contra o arbítrio em razão da possibilidade de nomeação de defensor dativo por parte do juiz ou contra designações do defensor público geral que desatendam as normas que traçam as atribuições das defensorias públicas, cujos membros são revestidos de inamovibilidade.

Como o Supremo Tribunal Federal se manifestou contra a ideia do promotor natural, é possível uma previsão no sentido de que o "princípio do defensor natural" não será afirmado como algo similar ao "princípio do juiz natural".

Mas não é por isso que devemos negar a existência do "princípio do defensor natural", como também não concordamos com quem negue a do "princípio do promotor natural". Tal sustentação principiológica prestigia o sistema acusatório, com definição precisa das funções de acusar, defender e julgar.

Sob outra vertente, a noção de um "defensor natural" implica o reforço da defesa do acusado, recusando a validação de defesas deficitárias, notadamente quando nomeações casuísticas comprometem decisivamente a atuação técnica, já que segundo o STF, na Súmula nº 523, a deficiência da defesa leva à nulidade do processo.

Isso quer dizer que existem regras para que a escolha recaia sobre pessoa com a aptidão necessária à defesa técnica do acusado, evitando surpresas (como ocorre com as designações/nomeações às vésperas da prática de determinado ato processual que, por seu turno, demandaria mais tempo para o advogado/defensor tomar nota de importantes detalhes do processo)[76].

9.19. Princípio do devido processo legal

O art. 5º, inciso LIV, da CF/1988 assegura que ninguém será privado da liberdade ou de seus bens sem o devido processo legal. O devido processo legal é o estabelecido em lei, devendo traduzir-se em sinônimo de garantia, atendendo assim aos ditames constitucionais. Com isto, consagra-se a necessidade do processo tipificado, sem a supressão e/ou desvirtuamento de atos essenciais. Em se tratando de aplicação da sanção penal, é necessário que a reprimenda pretendida seja submetida ao crivo do Poder Judiciário, pois *nulla poena sine judicio*. Mas não é só. A pretensão punitiva deve perfazer-se dentro de um procedimento regular, perante a autoridade competente, tendo por alicerce provas validamente colhidas, respeitando-se o contraditório e a ampla defesa.

76. SANTIAGO, Nestor Eduardo Araruna. O princípio do defensor natural no processo penal brasileiro. In: *A Renovação Processual Penal após a Constituição de 1988*: estudos em homenagem ao Professor José Barcelos de Souza. Nestor Eduardo Araruna Santiago; Marcellus Polastri Lima (orgs.). Rio de Janeiro: Lumen Juris, 2009. p. 240-242.

Com José Herval Sampaio Júnior, "vê-se que esse princípio assume dentro do processo penal uma importância transcendental e que delineia todo o seu agir, limitando inclusive a atividade do legislador", porquanto "deve a lei se conformar com os direitos e garantias fundamentais do cidadão", não havendo lugar para a interferência no núcleo protetivo da liberdade do agente, sem que sejam observados os condicionamentos e limites que decorrem da cláusula *due process of law*[77].

O devido processo legal deve ser analisado em duas perspectivas: a primeira, **processual**, que assegura a tutela de bens jurídicos por meios do devido procedimento (*procedural due process*); a segunda, **material**, reclama, no campo da aplicação e elaboração normativa, uma atuação substancialmente adequada, correta, razoável (*substantive due process of law*).

Portanto, não basta só a boa preleção das normas. É também imprescindível um adequado instrumento para sua aplicação, isto é, o processo jurisdicional (*judicial process*). Como indica Tucci, o *substantive due process of law* reclama "um instrumento hábil à determinação exegética das preceituações disciplinadoras dos relacionamentos jurídicos entre os membros da comunidade"[78]. O processo deve ser instrumento de garantia contra os excessos do Estado, visto como ferramenta de implementação da Constituição Federal, como garantia suprema do *jus libertatis*[79].

9.20. Princípio do favor rei ou favor réu

A dúvida sempre milita em favor do acusado (*in dubio pro reo*). Em verdade, na ponderação entre o direito de punir do Estado e o *status libertatis* do imputado, este último deve prevalecer. Como mencionado, este princípio mitiga, em parte, o princípio da isonomia processual, o que se justifica em razão do direito à liberdade envolvido – e dos riscos advindos de eventual condenação equivocada. Nesse contexto, o inciso VII do art. 386, CPP, prevê como hipótese de absolvição do réu a ausência de provas suficientes a corroborar a imputação formulada pelo órgão acusador, típica positivação do *favor rei* (também denominado ***favor inocentiae*** e ***favor libertatis***).

9.21. Princípio da economia processual

Deve-se buscar a maior efetividade, com a produção da menor quantidade de atos possível. A Lei nº 9.099/1995 (Lei dos Juizados Especiais) asseverou em seu art. 62 o princípio em estudo, além do princípio da celeridade e da informalidade, como forma de imprimir a rápida solução dos conflitos, sem apego ao rigor formal, e tendo em mente que a procrastinação desarrazoada é asilo de injustiças não só à vítima, mas também ao imputado.

Preocupado com a morosidade processual, o novel legislador, através da EC nº 45/2004, acrescentou o inciso LXXVIII ao art. 5º da Carta Magna, professando que "a todos, no âmbito judicial e administrativo, são assegurados a razoável tramitação do processo e os meios que garantam a celeridade de sua tramitação".

---

77. SAMPAIO JÚNIOR, José Herval. *Processo constitucional*: nova concepção de jurisdição. São Paulo: Método, 2008. p. 137.
78. TUCCI, Rogério Lauria. *Direitos e garantias individuais no processo penal brasileiro*. 2.ed. São Paulo: RT, 2004. p. 63.
79. MARQUES, José Frederico. *Elementos de direito processual penal*. 2.ed. Campinas: Milenium, 2003. v.1. p. 83.

Deve-se lembrar, contudo, que a celeridade a desbravar os matizes arcaicos da persecução penal deve exigir do legislador ordinário um enfrentamento racional e equilibrado da estrutura procedimental, eliminando-se expedientes de cunho meramente procrastinatório, mas jamais se distanciando das garantias fundamentais do processo ético e provido de ferramentas que tragam segurança ao imputado. A celeridade não pode se afastar da qualidade na prestação jurisdicional, afinal, a reflexão é salutar e necessária à justa composição dos conflitos.

9.22. Princípio da oralidade

O princípio da oralidade assegura a produção dos atos processuais de viva voz, de forma verbal, sem impedimento da redução a termo dos atos mais relevantes, o que vai refletir na maneira de conduzir o procedimento. Isto porque, com a oralidade, a tendência é a realização dos atos de instrução perante o magistrado, em audiência única, que se encerra com a prolação de decisão, vinculando o magistrado que conduziu a audiência instrutória a decidir a causa. Como leciona Francisco Morato, em clássica lição.

> "A oralidade caracteriza-se pelas circumstancias de serem as discussões travadas e as conclusões deduzidas de viva voz em audiencia do juiz singular ou collectivo; da promptidão com que pronuncia a sentença o mesmo juiz que assistiu á instrucção e debates do feito; da concentração de toda a actividade processual, attinente á instrucção e tratamento da causa, em uma só audiência ou em audiencias immediatas"[80].

O princípio da oralidade ganhou força com o advento da Lei nº 9.099/1995 (Juizados Especiais) que, em seu art. 62, o assegurou expressamente, dando prevalência à palavra falada. Foi também o que aconteceu com a reforma, dando-se ênfase aos debates orais, em preferência aos memoriais, que terão cabimento quando a complexidade do caso os justificar (art. 403 c/c § 3º, CPP). Do princípio da oralidade, decorrem os princípios da imediatidade, da concentração e da identidade física do julgador.

Pelo princípio da imediatidade ou do imediatismo, o ideal é que a instrução probatória se desenvolva perante o magistrado, para que ele possa colher todas as impressões na formação do seu convencimento, sem a existência de intermediários. Muitas vezes mil palavras não são suficientes para traduzir com perfeição um ato ou uma expressão colhida em audiência.

Já a concentração é o desejo de que os atos da instrução sejam reunidos em uma só audiência, ou no menor número possível, imprimindo celeridade ao procedimento (art. 400, § 1º, do CPP). Deve haver proximidade entre a data da ocorrência das audiências e a decisão final, para que tudo ainda esteja "vivo" na memória do julgador.

Quanto ao princípio da identidade física do juiz, temos que o magistrado que conduziu a instrução deve obrigatoriamente julgar a causa, de sorte a assegurar o real contato do juiz que irá proferir sentença com o material probatório produzido nos autos.

A formação do convencimento é um processo de lapidação, e a presidência da instrução acaba contribuindo decisivamente para tanto, já que a prova é produzida perante aquele que irá decidir. Até então, tal princípio não era reconhecido na esfera criminal, sendo aplicado, pela

80. MORATO, Francisco. *A oralidade*. In: *Processo oral*. Rio de Janeiro: Forense, 1940. p. 2.

peculiaridade dos procedimentos, nos juizados especiais e na segunda fase do júri, mesmo sem previsão legal neste sentido. Sensível aos reclamos doutrinários, o legislador, por intermédio da Lei nº 11.719/08, inseriu o § 2º ao art. 399, do CPP, reconhecendo expressamente a identidade física do juiz, de sorte que "o juiz que presidiu a instrução deverá proferir sentença". Desta forma, e como regra geral, caberá ao presidente da instrução sentenciar, não sendo dado à lei de organização judiciária excepcionar a regra, sob pena de nulidade processual. Só nos casos devidamente justificados, como promoção, aposentadoria, falecimento, exoneração do órgão julgador, dentre outros, é que a regra poderá ser excepcionada. O CPC/2015 não dispôs de maneira detalhada sobre o princípio da identidade física do juiz. Entendemos, no entanto, que o seu art. 366, o contemplou, devendo ser conjugado com o enunciado do § 2º, do art. 399, do CPP, como firmado outrora pelo STJ[81]. Segundo o entendimento desta corte, não haverá nulidade caso o juiz titular sentencie o feito quando o seu substituto presidiu a instrução, vez que a norma inserta no art. 399, § 2º, do CPP, teria "caráter relativo"[82]. Pensamos que se deve assegurar mais efetividade ao princípio da identidade física do juiz, só possibilitando sua flexibilização em último caso, repetindo-se as provas, se for necessário.

Sendo possível que o processo seja julgado pelo juiz que conduziu a instrução (nos termos do art. 366, CPC/2015), a exemplo do caso de afastamento temporário e de curta duração desse magistrado, não estará configurada situação apta a obrigar que o juiz que o substituiu nesse interregno profira a sentença.

A *contrario sensu*, também não lhe será permitido, nesse breve tempo de afastamento, proferir sentença no feito que não instruiu, mormente porque o juiz titular não estará, a rigor, incurso nas condições suficientes para tanto. Vale registrar que há quem entenda que oCPC/2015 suprimiu o princípio da identidade física do juiz, por conta de não dispor de maneira expressa nesse sentido.

No entanto, o princípio da identidade física, a nosso ver, continua presente no sistema jurídico, seja pela mencionada previsão no corpo do CPP, seja mesmo pela dicção do aludido art. 366, do CPC/2015, que prevê que, uma vez encerrado o debate ou oferecidas as razões finais, o juiz proferirá sentença em audiência ou no prazo de trinta dias.

9.23. Princípio da autoritariedade

O princípio da autoritariedade consagra que as pessoas incumbidas da persecução penal estatal são autoridades públicas. Desse princípio decorre a nota distintiva da decisão judicial em relação aos demais atos do poder público, consistente na aptidão de poder prevalecer contra a vontade de seus destinatários. Não se pode perder de vista, entretanto, que a vontade da autoridade pública estará sempre limitada pela lei e pela Constituição, de modo que qualquer excesso é passível de responsabilização.

9.24. Princípio da duração razoável do processo penal

A prestação da jurisdição envolve a tensão entre necessidade de segurança e de prestação célere. A partir da Emenda à Constituição de nº 45, de 30 de dezembro de 2004,

81. STJ – HC 185.859-SP – Info 483.
82. STJ – Sexta Turma – HC 167156/PR – Rel. Min. Maria Thereza de Assis Moura – DJe 11/04/2013.

a CF/1988 passou a dispor que a todos, no âmbito judicial e administrativo, devem ser assegurados a razoável duração do processo e os meios que garantam a celeridade de sua tramitação (art. 5º, LXXVIII).

Para a edição da mencionada Emenda, foram considerados os efeitos deletérios do processo e que o direito à celeridade pertence tanto à vítima como ao réu. Objetiva-se assim evitar a procrastinação indeterminada de uma persecução estigmatizadora e cruel, que simboliza, no mais das vezes, verdadeira antecipação de pena.

Também é verdade que a persecução penal equilibrada demanda reflexão. Desse modo, pode-se constatar que o advento de institutos eminentemente pragmáticos, como a súmula vinculante, coloca em segundo plano o efetivo acesso à justiça, levando-se a que os fins justifiquem os meios.

O referido preceito já fazia parte do ordenamento pátrio, encampado pela Convenção Americana sobre Direitos Humanos, é dizer, o Pacto de São José da Costa Rica, inserido no corpo legislativo nacional pelo Decreto nº 678, de 6 de novembro de 1992, tendo natureza contudo, até então, de lei ordinária[83].

A razoável duração do processo implica decisivamente na legalidade da manutenção da prisão cautelar, afinal, o excesso prazal da custódia provisória leva à ilegalidade da segregação, entendimento consagrado inclusive no âmbito do STF, eis que a súmula de nº 697 reconheceu que a "proibição de liberdade provisória nos processos por crimes hediondos não veda o relaxamento da prisão processual por excesso de prazo". Note-se que tal súmula perdeu sua utilidade prática, pois com o advento da Lei nº 11.464/2007, alterando o inciso II do art. 2º da Lei nº 8.072/1990, os crimes hediondos passaram a admitir liberdade provisória. Porém a ideia continua, qual seja: o excesso de prazo leva à ilegalidade da prisão cautelar, independente de qual seja a infração.

O STJ tem sido prodigioso em refratar o reconhecimento do excesso de prazo da prisão cautelar em algumas situações, tentando com isso estabelecer critérios objetivos onde não haveria a possibilidade de alegação da ilegalidade por excesso de prazo. Para tanto, foram editados os seguintes verbetes da súmula desse Tribunal:

> **Súmula nº 21:** Pronunciado o réu, fica superada a alegação do constrangimento ilegal da prisão por excesso de prazo;
>
> **Súmula nº 52:** Encerrada a instrução, fica superada a alegação de constrangimento por excesso de prazo;
>
> **Súmula nº 64:** Não constitui constrangimento ilegal o excesso de prazo na instrução, provocado pela defesa.

Apesar da contundência do entendimento do Superior Tribunal de Justiça, essas súmulas não podem ser encaradas como verdade inconteste e, havendo excesso na prisão, que perdura por tempo desarrazoado, o relaxamento é obrigatório.

Não se pode descurar que o processo penal é também ferramenta de verbalização da Constituição Federal, sendo instrumento de contenção do abuso estatal. Assinala Aury

83. Conforme assentou o Supremo Tribunal Federal, o Pacto de São José da Costa Rica (Convenção Americana sobre Direitos Humanos) é norma de *status* supralegal e impede que a legislação ordinária possa derrogar ou afastar suas disposições (STF, AgRg no RE nº 404276 e HC nº 94013).

Lopes Jr. que o processo, "como instrumento para a realização do Direito Penal, deve realizar sua dupla função: de um lado, tornar viável a aplicação da pena, e, de outro, servir como **efetivo instrumento de garantia dos direitos e liberdades individuais**", de forma a assegurar os indivíduos dos excessos do Estado. Por isso, "o processo penal deve servir como instrumento de limitação da atividade estatal, estruturando-se de modo a garantir plena efetividade aos direitos individuais constitucionalmente previstos"[84]. O processo não se impõe, e pronto. É necessário que venha a legitimar-se, e isso só é possível quando ele se apresenta também como garantia de respeito aos preceitos primários fundamentais estabelecidos na Carta Magna, notadamente no seu art. 5º. É o processo que tem que se adequar às exigências constitucionais, e não o inverso. Não se tem como exigir do processo que ele forneça resultados adequados, céleres, seguros, se não há estrutura para que se desenvolva a reflexão e maturação necessária sobre os fatos.

O alicerce do processo é a instrução contraditória, que permitirá ao magistrado cognição plena acerca da imputação e da contraimputação, na dialética necessária a toda discussão em juízo, como residência segura do provimento almejado. Sem o alicerce, as bases certamente irão ruir, não servindo de nada a construção açodada, se ao final o resultado obtido virá abaixo. Processo às pressas descura não só da preservação das prerrogativas constitucionais básicas, mas também estará, muitas vezes, despido de lastro probatório idôneo, o que lhe retira toda a credibilidade.

Ao estabelecer, no art. 5º, inciso LXXVIII, da Carta Magna, o princípio da razoável duração do processo, almeja-se evitar dilações processuais indevidas, criando-se uma espécie de **tempo virtual**, como parâmetro para a extensão do processo. Inspirado pelo princípio em voga, o legislador estabeleceu em lei limites para o elastério da instrução, de sessenta dias no procedimento comum ordinário (art. 400, CPP), e de noventa, para o encerramento da primeira fase do júri (art. 412, CPP). Por sua vez, a Lei nº 12.850/2013 definiu o conceito de organização criminosa e, disciplinando meios de prova, infrações e procedimento, estabeleceu o prazo máximo de cento e vinte dias para o encerramento da instrução, quando o réu estiver preso, prazo prorrogável por até igual período por decisão motivada pela complexidade da causa ou por fato procrastinatório atribuível ao réu (art. 22, parágrafo único).

Em que pese a adoção explícita do princípio da razoável duração do processo, depreende-se do sistema processual penal brasileiro ter sido adotada a denominada "teoria do não prazo" (em contraponto à "teoria do prazo fixo")[85]. Com efeito, a leitura da Constituição Federal e da própria Convenção Americana de Direitos Humanos conduzem permitem verificar que, na ausência de parâmetros temporais pré-estabelecidos, o controle acerca da razoabilidade da duração do processo será feito a partir de observação concreta identificadas pelo juiz da causa. Note-se, inclusive, que a fixação de prazos (como os acima apontados) para a conclusão da instrução processual não descaracterizam a teoria adotada, tendo em vista que não foram estabelecidas sanções para o seu descumprimento.

84. LOPES JR. Aury. *Introdução crítica ao processo penal*. 4.ed. Rio de Janeiro: Lumen Juris, 2006. p. 38.
85. Décio Alonso, depois de explicar essas categorias doutrina que "a necessidade de um prazo máximo de duração dos processos é inquestionável. Não se pode pretender que uma pessoa fique sujeita a um processo penal por tempo indeterminado, já que isso violaria elementos essenciais" (GOMES, Décio Alonso. *Desaceleração processual penal:* abordagens sobre dromologia na busca de tempo razoável do processo penal. Rio de Janeiro, 2007. p. 109).

O tempo do processo, qualquer que seja ele, deve ser visto como garantia, e não como meta, vinculado à cláusula do *due process of law*[86], pois correlato ao processo justo. Evita excessos, pois a existência do processo já traz desastrosas consequências ao réu, inclusive de caráter econômico, e, por essa razão, é induvidoso que existe interesse do imputado na solução da incerteza. Como observa Ricardo Jacobsen, o "razoável pode ser entendido como um ponto entre dois irrazoáveis". Portanto, "o razoável é a negação, antítese da irrazoabilidade da aceleração e da demora. Encontra-se como um entre-lugar que, como tal, somente pode ser conhecido através da negação de dois lócus antagônicos"[87].

Deve ser lida com reparos a afirmação de que a dilação processual interessa necessariamente à defesa, que busca na prescrição o respaldo para procrastinar o procedimento[88]. O retardo aproveita a quem não tem razão, independente do polo da relação processual. Sendo o réu inocente, tem total interesse na solução imediata do conflito, retirando o peso de carregar consigo uma imputação injusta.

A seu turno, a resposta punitiva deslocada no tempo pode soar como sinônimo de injustiça, que é aquela feita a destempo[89]. É que, consoante salientado por Francisco Rosito, "o processo deve demorar exatamente o tempo necessário para atender a sua finalidade de resolver o conflito com justiça", resolvendo "o direito material a quem efetivamente o tem, sem deixar de respeitar o contraditório, a ampla defesa, a igualdade entre as partes e o dever de adequada fundamentação, sob pena de violarmos garantias transcendentais do nosso sistema"[90].

Por outro lado, o tempo do processo não pode ter por indicador o **tempo social**[91]. O tempo da sociedade tem por parâmetro o imediato, a rapidez, a eficiência, o que, não raro, é incompatível com o grau de reflexão exigido no processo criminal, para que as garantias mínimas do réu não sejam atropeladas (em alta velocidade!). Como preleciona Augusto Jobim do Amaral, legitimam-se "arbitrariedades e atropelos processuais a partir de termos a que tudo se aplica, porque aludem a uma razão autofundada e não intersubjetiva"[92]. É o que Aury Lopes Jr. entende por eficiência antigarantista[93].

9.25. Princípio da proporcionalidade

O princípio da proporcionalidade tem campo de estudo aprofundado no direito constitucional, apesar de não estar positivado expressamente na Constituição de 1988. Não há uniformidade em sua apresentação doutrinária, havendo divergência sobre se ele é sinônimo do princípio da razoabilidade ou se não se confunde com este. Não obstante sua sede mais fértil seja encontrada no direito constitucional, sua importância é realçada no direito processual

86. LOPES JR. Aury; BADARÓ, Gustavo Henrique. *Direito ao processo penal no prazo razoável*. Rio de Janeiro: Lumen Juris, 2006.p. 17.
87. GLOECKNER, Ricardo Jacobsen. *Risco e processo penal*. Salvador: Juspodivm, 2009. p. 348.
88. MARINONI, Luiz Guilherme. *Tutela antecipatória, julgamento antecipado e execução imediata da sentença*. 2.ed. São Paulo: RT, 1998. p. 21.
89. CARVALHO, Luciana Jordão da Motta Armiliato de. *Julgamento antecipado da lide penal: uma possibilidade constitucional*. 2005. 181 f. Dissertação (Mestrado), Universidade Paranaense – UNIPAR, Umuarama. p. 69.
90. ROSITO, Francisco. Princípio da duração razoável do processo. *Revista de Processo*, a.33, nº 161, p. 36, jul. 2008.
91. A expressão é utilizada por Ana Messuti. (MESSUTI, Ana. Tradução: Tadeu Antonio Dix Silva e Maria Clara Veronesi de Toledo. *O tempo como pena*. São Paulo: RT, 2003. p. 41).
92. AMARAL, Augusto Jobim do. *Violência e processo penal*. Rio de Janeiro: Lumen Juris, 2008. p. 151.
93. LOPES JR. Aury. *Introdução crítica ao processo penal*. 4.ed. Rio de Janeiro: Lumen Juris, 2006. p. 37.

penal, tanto porque os ramos do direito se inter-relacionam, como porque o direito processual penal é constituído de vasta enunciação normativa na Constituição do Brasil.

Há entendimento de que o princípio da proporcionalidade não se identifica com o princípio da razoabilidade. Enquanto o princípio da razoabilidade é denominação que representa uma norma jurídica consistente em um cânone interpretativo que conduza o jurista a decisões aceitáveis, o princípio da proporcionalidade, de origem germânica[94], representa um procedimento de aplicação/interpretação de norma jurídica tendente a concretizar um direito fundamental em dado caso concreto.

Os que entendem razoabilidade e proporcionalidade como expressões sinônimas, contornam a diferença entre um fenômeno de aplicação do direito que requer o perpassar por três etapas (proporcionalidade = necessidade, adequação e proporcionalidade em sentido estrito), de outro fenômeno que assim não exige, haja vista que tem o condão de orientar o intérprete a não aceitar como válidas soluções jurídicas que conduzam a absurdos (razoabilidade). De todo modo, pode-se dizer que o princípio da proporcionalidade é constituído por dois pressupostos: (1) o primeiro, formal, ponto de partida lastreado no princípio da legalidade, que limita a restrição às liberdades individuais; (2) o segundo, material, norteador do ponto de chegada do intérprete, consistente no princípio da justificação teleológica, que direciona a solução do caso concreto em compasso com uma finalidade que, por sua vez, deve ser justificada racionalmente, através de fundamentação suficiente.

O campo de atuação do princípio da proporcionalidade é polarizado. Tem-se admitido que ele deve ser tratado como um superprincípio, talhando a estratégia de composição no aparente "conflito principiológico" (ex.: proteção à intimidade *versus* quebra de sigilo). Por sua vez, deve ser visto também na sua faceta da **proibição de excesso**, limitando os arbítrios da atividade estatal, já que os fins da persecução penal nem sempre justificam os meios, vedando-se a atuação abusiva do Estado ao encampar a bandeira do combate ao crime.

Deve-se destacar ainda, com Edilson Mougenot Bonfim, outra modalidade do princípio da proporcionalidade, que é a **proibição de infraproteção** ou **proibição de proteção deficiente.** O campo de proteção do cidadão deve ser visto de forma ampla. Existe a "proteção vertical", contra os arbítrios do próprio Estado, evitando-se assim excessos, como visto acima, e a "proteção horizontal", que é a garantia contra agressão de terceiros, "no qual o Estado atua como garante eficaz dos cidadãos, impedindo tais agressões". Portanto, a atividade estatal protetiva não pode ser deficitária, o que pode desaguar em nulidade do ato[95]. Cite-se como exemplo a Súmula nº 523, do STF, assegurando que a ausência de defesa implica na nulidade absoluta do processo, e a deficiência, em nulidade relativa.

O princípio da proporcionalidade tem especial aplicação no direito processual penal, tal como se dá na disciplina legal da validade da prova. Se a utilização do princípio da proporcionalidade em favor do réu para o acatamento de prova que seria ilícita é pacífica, essa mesma utilização contra o réu para o fim de garantir valores como o da segurança coletiva é bastante controvertida no Brasil. Pode-se dizer que é minoritário o setor da doutrina e da jurisprudência que defende a aplicação excepcional do princípio da proporcionalidade contra o acusado, para satisfazer pretensões do "movimento da lei e da ordem".

94. SAMPAIO JÚNIOR, José Herval. *Processo constitucional*: nova concepção de jurisdição. São Paulo: Método. p. 154.
95. BONFIM, Edilson Mougenot. *Curso de processo penal*. São Paulo: Saraiva, 2006. p. 64.

A origem histórica da utilização do princípio da proporcionalidade em matéria probatória pode ser encontrada nos Estados Unidos da América, em razão da inexistência de regramento na Constituição daquele país sobre a regra de exclusão das provas obtidas ilicitamente e as que dela são derivadas, o que ensejou a teoria da *exclusionary rule* e suas respectivas exceções, dentre elas o princípio da proporcionalidade ou *balancing test*, assim explicitado por Walter Nunes da Silva Júnior, referindo-se, no ponto, a estudo específico de Manuel da Costa Andrade:

> Faz parte do Direito judicial americano a cláusula de exceção à regra da *exclusionary rule* identificada como *balancing test*, que corresponde à versão adaptada do princípio da proporcionalidade criado no sistema jurídico alemão. Para flexibilizar a rigidez da *exclusionary rule*, tem-se aceitado que o juiz, em cada caso concreto, faça a ponderação de valores assegurados pela Constituição, tendo em consideração a intensidade e quantidade da violação ao direito fundamental e o dano que poderá advir caso a prova não seja admitida. [...]
>
> O princípio da proporcionalidade foi construído na doutrina e jurisprudência alemãs, possuindo ampla aceitação no Direito europeu continental. [...]
>
> A proibição da valoração da prova adquirida de forma ilícita, sob a batuta do princípio da proporcionalidade, deve ser o resultado de apreciação judicial que tem de levar em consideração (1) o interesse concreto da persecução criminal, (2) a gravidade da lesão à norma, (3) o bem jurídico tutelado pela norma constitucional violada e (4) a carência de tutela do interesse lesado[96].

Ainda cabe frisar que o princípio da proporcionalidade não pode ser invocado para se sobrepor a garantias e direitos individuais do acusado, especialmente no Brasil (país com histórico peculiar de violações aos direitos humanos), não obstante a Corte Suprema brasileira tenha admitido, no *Habeas Corpus* 80949/RJ, a possibilidade remota de sua aplicação "em caso extremo de necessidade inadiável e incontornável, situação que deve ser considerada tendo em conta o caso concreto"[97].

De todo modo, a compreensão da incidência do princípio da proporcionalidade em matéria de prova ilícita é norteada por antigo precedente do STF que reiterou a explícita proscrição da prova ilícita do direito brasileiro, sem distinções quanto ao crime objeto do processo. No julgado, ficou assentado que o princípio da proporcionalidade não pode ser invocado para fazer prevalecer a busca da verdade a todo custo. Teorias estrangeiras que o aplicam são inadequadas à ordem constitucional brasileira, diante da vedação constitucional da admissão da prova ilícita, sendo indevidas considerações sobre a gravidade da infração penal objeto da investigação ou da imputação[98].

Na decisão das ações diretas de inconstitucionalidade contra os dispositivos permissivos do denominado "compartilhamento de informações" entre órgãos públicos da Administração, que referimos no item 9.1 acima, o Supremo Tribunal Federal justificou que aquele

96. SILVA JÚNIOR, Walter Nunes da. *Curso de direito processual penal*: teoria (constitucional) do processo penal. Rio de Janeiro: Renovar, 2008. p. 516-517.
97. SILVA JÚNIOR, Walter Nunes da. *Curso de direito processual penal*: teoria (constitucional) do processo penal. Rio de Janeiro: Renovar, 2008. p. 519.
98. STF – Primeira Turma – HC 80949/RJ – Rel. Min. Sepúlveda Pertence – Informativo nº 250 de 12 a 16 de novembro de 2001 – Prova ilícita: inadmissibilidade (transcrições).

proceder, diverso da "quebra de sigilo", tem respaldo no princípio da proporcionalidade. Para a Corte, além de dever ser "medida fiscalizatória sigilosa e pontual, o acesso amplo a dados bancários pelo Fisco exigiria a existência de processo administrativo – ou procedimento fiscal". De tal sorte, o contribuinte estaria resguardado por todas as garantias da Lei 9.784/1999 (que dispõe sobre processo administrativo no âmbito federal), a exemplo da "observância dos princípios da finalidade, da motivação, da proporcionalidade e do interesse público", com a "extensa possibilidade de controle sobre os atos da Administração Fiscal"[99].

9.26. Princípio da inexigibilidade de autoincriminação

O princípio da inexigibilidade de autoincriminação ou *nemo tenetur se detegere* (também denominado de princípio da autodefesa pelos Tribunais), que assegura que ninguém pode ser compelido a produzir prova contra si mesmo, tem pontos de contato com o princípio da presunção de inocência e com o direito ao silêncio assegurado pela Constituição. A ideia é a de limitação do poder de punir do Estado, importando, sob esse enfoque, em caracterização de certa desigualdade processual penal.

Decerto, consoante salienta Francisco das Neves Baptista, "associada ao *nemo tenetur se detegere*, a presunção de inocência aprofunda a desigualdade no processo, facultando ao imputado ocultar as informações de que se valerá em sua defesa e compelindo a acusação a dar-lhe acesso a tudo quanto pretenda contra ele usar". Tal entendimento é largamente difundido "nos sistemas jurídicos ocidentais"[100].

O princípio da não autoincriminação guarda semelhança com o conhecido ***Miranda warnings***, originado do julgamento Miranda *versus* Arizona, Estados Unidos, em que a falta da advertência ao acusado dos seus direitos constitucionais levou à anulação da confissão e das provas dela derivadas[101].

Na esteira do referido "Aviso de Miranda", o princípio da vedação à autoincriminação se liga à necessidade de comunicar ao preso, ao indiciado ou ao acusado (ou mesmo a qualquer pessoa que, potencialmente, possa se incriminar, ainda que na condição de testemunha) sobre o conteúdo de seus direitos, que constituem o núcleo de garantia fundamentais disposto na Constituição Federal. Fala-se de leitura de direitos constitucionais de forma prévia a qualquer procedimento, de nota de ciência das garantias constitucionais (um *plus* prévio e que antecede muito a conhecida nota de culpa, entregue após a formalização da prisão). Daí que é ilícita a gravação de conversa informal entre agentes da polícia e o conduzido preso em flagrante, se realizado o registro do diálogo quando da lavratura do auto, sem que tenha havido a necessária e prévia comunicação do direito ao silêncio.

De tal modo, o conteúdo do *nemo tenetur se detegere* envolve os direitos imputado de: **(1)** silêncio ou permanecer calado; **(2)** não ser compelido a confessar o cometimento da infração penal; **(3)** inexigibilidade de dizer a verdade; **(4)** não adotar conduta ativa que possa causar-lhe incriminação; **(5)** não produzir prova incriminadora invasiva ou que

---

99. STF. Informativos nº 814 e 815, de fevereiro de 2016 (Pleno – ADIs 2386/DF, 2390/DF, 2397/DF e 2897/DF).

100. BAPTISTA, Francisco das Neves. *O mito da verdade real na dogmática do processo penal*. Rio de Janeiro: Renovar, 2001. p. 174.

101. LIMA, Renato Brasileiro de. *Manual de Processo Penal*. Vol. 1. Niterói: Impetus, 2011. p. 58.

imponham penetração em seu organismo (as constatações não invasivas são admitidas, a exemplo do exame da saliva deixada em copo para verificação de DNA)[102]. Como se infere, o princípio *nemo tenetur se detegere* tem incidência específica relativamente ao mérito do interrogatório, das declarações ou do depoimento, haja vista que o indiciado, conduzido, réu, declarante e testemunhas têm o dever de informar seu nome, seu endereço e demais dados de sua qualificação, não sendo aplicável no ponto o direito ao silêncio.

No entanto, entendemos que o direito ao silêncio do imputado deve ser irrestrito. Tanto assim é que foi reconhecida a inconstitucionalidade de ser exigida a sua presença perante à autoridade policial ou judiciária, com a vedação das conduções coercitivas. Em suma, pode-se vincar que é inconstitucional qualquer ameaça de lesão ao direito de ficar calado[103].

A jurisprudência brasileira, retratada em decisões do Supremo Tribunal Federal, rechaça a possibilidade de obrigar o acusado (ou mesmo testemunha que corra o risco de admitir fato que possa acarretar processo criminal contra si) a praticar ato tendente a servir como prova contra si próprio. Com efeito, em mais de uma oportunidade, a Corte Suprema brasileira reafirmou a existência do princípio da inexigibilidade de autoincriminação no direito pátrio. Fiel aos postulados constitucionais contornam a atuação das instituições estatais, reafirmou que qualquer indivíduo tem, dentre as suas garantias, o direito de permanecer em silêncio e o direito a não ser constrangido a confessar a prática de um ilícito penal (*nemo tenetur se detegere*)[104].

Não obstante reconheçam o princípio da autodefesa, os tribunais lhe têm imposto limites. É o que tem ocorrido de maneira reiterada quando se discute a possibilidade do conduzido pela autoridade policial apresentar documentos falsos para burlar a sua identificação. Nestes casos, os Tribunais Superiores[105-106] têm rechaçado a aplicação do princípio do *nemo tenetur se detegere*, concluindo pela tipicidade da conduta.

O direito de não produzir provas contra si mesmo adquiriu notável relevo com recentes alterações sofridas pelo Código de Trânsito Brasileiro. Num primeiro momento, o art. 306 do CTB foi modificado pela Lei nº 11.705/2008 (conhecida como "Lei Seca"), passando a prever o crime de conduzir veículo automotor estando com a "concentração de álcool por litro de sangue igual ou superior a 6 decigramas". Dada a redação do dispositivo, restava inviabilizada a presunção acerca deste *quantum*, sendo indispensável a realização do popular "teste do bafômetro" (etilômetro) ou do exame de sangue para que houvesse adequação típica.

Ocorre que, à luz do princípio da autodefesa, o condutor do veículo não podia ser compelido a soprar o etilômetro, devendo-se afastar, inclusive, os posicionamentos doutrinários que afirmam que a recusa configuraria o crime de desobediência (art. 330, CP) – em razão do desrespeito a ordem de funcionário público –, já que o condutor estaria amparado pela excludente do exercício regular de um direito – de não produzir prova contra si mesmo.

Dada a potencial ineficácia da lei, que esbarrava no princípio constitucional sob comento, o legislador inovou mais uma vez, reeditando a figura típica constante do art. 306

102. LIMA, Renato Brasileiro. *Curso de processo penal*. Niterói: Impetus, 2013. p. 42-45.
103. STF – Pleno – ADPF's 395/444-DF – Rel. Min. Gilmar Mendes – julgado em 13 e 14.6.2019 – Informativo nº 906, de 11 a 15 de junho de 2018.
104. STF – HC 96982/DF – Rel. Min. Celso de Mello – Info nº 530.
105. STJ – Quinta Turma – REsp 1322009/GO – Rel. Min. Marilza Maynard – DJe 26/10/2012.
106. STF – Segunda Turma – HC 112176 – Rel. Min. Ricardo Lewandowski – DJe 27/08/2012 (Precedente: Plenário – RE 640139 RG – Rel. Min. Dias Toffoli – DJe 14/10/2011).

do CTB. Com a Lei nº 12.760/2012, o crime de trânsito passou a prever a conduta de dirigir "com a capacidade psicomotora alterada", o que pode ser constatado por meio do popular "teste do bafômetro" (art. 306, § 1º, I, segunda parte), teste toxicológico (art. 306, § 2º, com alteração dada pela Lei nº 12.971/2014) ou de outras maneiras, como a prova testemunhal (art. 306, II e § 2º, *in fine*). Apesar da dicção de tal via probatória, deve-se pontuar que a realização do exame clínico, toxicológico ou a constatação por meio do etilômetro continuam devendo respeito ao direito a não autoincriminação – podendo as demais constatações, todavia, serem feitas mesmo sem a autorização do condutor[107].

9.27. Princípio da cooperação processual

O contraditório reconhece a necessidade de participação das partes. No processo penal, as peculiaridades do sistema acusatório e das regras quanto ao ônus probatório, mitigam, em certa medida, a ideia de um princípio da cooperação processual, adotado expressamente pelo CPC/2015 (art. 6º). Não é de se esperar que o acusado, no processo penal, coopere alertando sobre eventuais irregularidades de atos processuais, mesmo estando ciente que, ao final, haverá probabilidade de prolação de decisão contrária aos seus direitos ou mesmo que cerceie sua liberdade. Ao contrário, a defesa do acusado tem interesse tanto em refutar o mérito da ação condenatória, quanto em apresentar objeções protelatórias, mormente em face do princípio consistente no fato de que ninguém deve ser compelido a se descobrir (*nemo tenetur se detegere* ou vedação à autoincriminação).

Mas, na linha do que se tem verificado na jurisprudência em matéria criminal, notadamente diante da relativização de nulidades processuais provocadas ou não suscitadas oportunamente pelas partes, tem-se entendido pela necessidade de cooperação mútua de todos os envolvidos, tal qual um sistema de corresponsabilidade (art. 5º e 6º, CPC/2015). No ponto, registramos nossa discordância quanto a essa tendência pretoriana, em razão de findar por também relativizar as garantias processuais do acusado.

Sem embargo, diante da jurisprudência que tem tratado como nulidade relativa vícios que outrora eram considerados nulidade absoluta, tem-se entendido cabível a aplicação analógica do princípio da cooperação processual, ao processo penal.

Parte-se da ideia de que, verificando vício processual, a parte prejudicada não pode, por exemplo, retardar o momento de sua alegação, para futuramente sustentar uma nulidade absoluta, requerendo a invalidação de todo o processo. Nessa senda, afirma-se que não é possível mais tolerar omissões propositais que fujam do escopo da regra do *duty to mitigate the loss* (dever de reduzir o prejuízo). Daí que o CPC/2015 ordena que todos os sujeitos do processo têm o dever de cooperar entre si para que se obtenha, em tempo razoável, decisão de mérito justa e efetiva. A disposição encontra sintonia com o princípio constitucional da razoável duração do processo e da boa-fé objetiva.

Outros dois enunciados do CPC/2015 que respaldam essa conclusão são: **(a)** o que declara que as partes têm o direito de obter, em prazo razoável, a solução integral do mérito, incluída a atividade satisfativa (art. 4º); e **(b)** o que determina que aquele que de qualquer forma participa do processo deve comportar-se de acordo com a boa-fé (art. 5º). Tais regras,

107. Sobre o tema, confira mais detalhes no Capítulo VII – Provas.

diante da melhor precisão e generalidade de sua aplicação que aquelas de objetivo semelhante do CPP, têm perfeita incidência no direito processual penal, colmatando as lacunas existentes.

Em suma, entendemos que o princípio da cooperação processual não deve ter aplicação para mitigar as garantias do imputado. O STJ, contudo, seguindo aquela tendência de ampliar a incidência daquele, decidiu que não há nulidade no despacho que determina a intimação do Ministério Público para a apresentação de provas que pretenda produzir em juízo. Na hipótese, o MP acostou rol de testemunhas extemporaneamente e o juiz admitiu. Alegou-se inexistir prejuízo, pois, seguindo o STF[108], as testemunhas podem ser ouvidas pelo juiz como se fossem suas e, de outro lado, aquele proceder, depois de apresentada a denúncia, porém antes da formação da relação processual, não seria apto a causar prejuízo à defesa, eis que esta teria amplas possibilidades de contraditar os elementos probatórios até ali pleiteados[109].

10. QUADRO SINÓTICO

CAPÍTULO I – LINHAS INTRODUTÓRIAS		
DIREITO PROCESSUAL PENAL		
Conceito e finalidades	O processo penal deve conferir efetividade ao direito penal, fornecendo os meios e o caminho para materializar a aplicação da pena ao caso concreto. Tem como finalidades a pacificação social obtida com a solução do conflito (mediata), e a viabilização da aplicação do direito penal, concretizando-o (imediata).	**1.1**
Características	**1.2.1.** Autonomia: o direito processual não é submisso ao direito material, isto porque, tem princípios e regras próprias e especializantes. **1.2.2.** Instrumentalidade: é o meio para fazer atuar o direito material penal, oferecendo as ferramentas e os caminhos a serem seguidos na obtenção de um provimento jurisdicional válido. **1.2.3.** Normatividade: é uma disciplina normativa, de caráter dogmático, inclusive com codificação própria (Código de Processo Penal: Dec-lei nº 3.689/41).	**1.2**
Posição enciclopédica	É um dos ramos do direito público, embora haja uma crítica atual à dicotomia romana entre *jus publicum et jus privatum*.	**1.3**
ENTENDENDO O TEMA		
Interesse	É o desejo, a cobiça, a vontade de conquistar algo. O interesse indica uma relação entre as necessidades humanas (que são de variadas ordens) e os bens da vida aptos a satisfazê-las.	**2.1**
Pretensão	É a intenção de subordinar interesse alheio ao próprio.	**2.2**
Lide	Surge do conflito de interesses qualificado pela pretensão resistida. No embate criminal, teremos, de um lado, a pretensão do Estado de fazer valer o direito material, aplicando a pena ao caso concreto, e, do outro, o *status libertatis* do imputado, que só pode ser apenado após o devido processo legal.	**2.3**

108. STF – RHC 86.793 – Primeira Turma – Rel. Min. Eros Grau – DJ: 18/11/2005.

109. STJ – Quinta Turma – RHC 201301244282 – Rel. Min. Reynaldo Soares da Fonseca – DJ: 23/02/2016.

<table>
<tr><th colspan="3">CAPÍTULO I – LINHAS INTRODUTÓRIAS</th></tr>
<tr><td>Ação: Noção</td><td>O Estado tem o dever de agir, cabendo-nos o direito público subjetivo de obter do mesmo uma decisão acerca da lide objeto do processo.</td><td>2.4.1</td></tr>
<tr><td>Teorias da Ação</td><td>No curso da história da teoria da ação, várias concepções sobre sua natureza jurídica foram construídas.
Dentre as teorias em torno da ação, podem ser alinhadas, a partir do momento em que inexistia monopólio estatal da jurisdição:
2.4.2.1 ação como vingança privada;
2.4.2.2. ação civilista ou imanentista;
2.4.2.3. ação como direito concreto;
2.4.2.4. ação como direito potestativo;
2.4.2.5. ação como direito abstrato.</td><td>2.4.2</td></tr>
<tr><td>Processo</td><td>É o instrumento de atuação da jurisdição. Contempla um elemento constitutivo objetivo (o procedimento), e um elemento constitutivo subjetivo (relação jurídica processual entre os sujeitos que integram o processo).</td><td>2.5</td></tr>
<tr><td>Procedimento (aspecto objetivo do processo)</td><td>É a sequência de atos praticados no processo.</td><td>2.5.1</td></tr>
<tr><td>Relação jurídica processual (aspecto subjetivo do processo)</td><td>É o nexo que une e disciplina a conduta dos sujeitos processuais em suas ligações recíprocas durante o desenrolar do procedimento, sendo seus elementos identificadores:
2.5.2.1. Os sujeitos processuais;
2.5.2.2. O objeto da relação;
2.5.2.2.1. Aspecto material: bem da vida;
2.5.2.2.2. Aspecto processual: provimento jurisdicional desejado.
2.5.2.3. Os pressupostos processuais:
2.5.2.3.1. Subjetivos:
2.5.2.3.1.1.Relativos ao juiz:
2.5.2.3.1.1.1. Investidura;
2.5.2.3.1.1.2. Competência;
2.5.2.3.1.1.3. Ausência de suspeição.
2.5.2.3.1.2. Relativos às partes:
2.5.2.3.1.2.1. Capacidade de ser parte;
2.5.2.3.1.2.2. Capacidade de estar em juízo "sozinho;
2.5.2.3.1.2.3.Capacidade postulatória.
2.5.2.3.2.Objetivos:
2.5.2.3.2.1. Extrínsecos;
2.5.2.3.2.2. Intrínsecos.</td><td>2.5.2</td></tr>
</table>

CAPÍTULO I – LINHAS INTRODUTÓRIAS		
Natureza Jurídica do Processo	Há intensa controvérsia doutrinária sobre a natureza jurídica do processo. A distinção entre os aspectos objetivo (procedimento) e subjetivo (relação jurídica processual) como formadora do conceito de processo é criticada por parte da doutrina. Outros autores clássicos do direito processual apontam diversas naturezas e finalidades na tentativa de definir a função do processo. Para James Goldschmidt, não se resume o processo à definição de relação jurídica, sendo antes espaço para a deflagração de um modo para exercício de ônus e expectativas. A natureza jurídica do processo é apontada ainda como contrato, quase-contrato, serviço público, instituição jurídica e procedimento, variando a concepção relativamente ao ordenamento em vigor ou ao ponto de vista do teórico. A natureza jurídica do processo é apontada ainda como contrato (2.5.3.1.), quase-contrato (2.5.3.2.), serviço público (2.5.3.3.), instituição jurídica (2.5.3.4.) e procedimento (2.5.3.5.), variando a concepção relativamente ao ordenamento em vigor ou ao ponto de vista do teórico.	**2.5.3**
SISTEMAS PROCESSUAIS		
A depender dos princípios que venham a informá-lo, o processo penal, na sua estrutura, pode ser inquisitivo, acusatório e misto. É com a fundamentação da sentença que são explicitadas as teses da acusação e da defesa, as provas produzidas e as razões do convencimento do juiz.		**3**
Sistema inquisitivo	Concentra em figura única (juiz) as funções de acusar, defender e julgar; não há contraditório ou ampla defesa; o procedimento é escrito e sigiloso, com o início da persecução, produção da prova e prolação de decisão pelo magistrado.	**3.1**
Sistema acusatório	Há nítida separação entre as funções de acusar, defender e julgar; o contraditório, a ampla defesa e a publicidade regem todo o processo; o órgão julgador é dotado de imparcialidade; o sistema de apreciação das provas é o do livre convencimento motivado. É o sistema adotado no Brasil, com algumas mitigações. O CPC/2015 acolhe o princípio do convencimento motivado. Não inclui o termo "livre", ao assentar que o juiz dará as razões de seu convencimento que, por sua vez, deve ser exposto de forma clara e precisa. O CPC/2015 não trouxe maior repercussão com a supressão do termo "livre", salvo em razão de deixar mais claro o dever do magistrado de fundamentar suas decisões de forma suficiente (art. 93, IX, CF/1988). De tal modo, plausível concluir que a liberdade no convencimento não deve ser ilimitada. Nesse sentido, o CPC/2015 têm importantes contornos para que o convencimento seja fundamentado da melhor maneira, estatuindo o que não deve se entender por fundamentação (art. 489 e § 1º).	**3.2**
Sistema misto ou acusatório formal	Caracteriza-se por uma instrução preliminar, secreta e escrita, a cargo do juiz, com poderes inquisitivos, no intuito da colheita de provas, e por uma fase contraditória (judicial) em que se dá o julgamento, admitindo-se o exercício da ampla defesa e de todos os direitos dela decorrentes.	**3.3**

CAPÍTULO I – LINHAS INTRODUTÓRIAS		
Procedimento	É a sequência de atos praticados no processo.	**3.3.1**
Relação jurídica processual	É o nexo que une e disciplina a conduta dos sujeitos processuais em suas ligações recíprocas durante o desenrolar do procedimento, sendo seus elementos identificadores: a) os sujeitos processuais: partes e magistrado. b) o objeto da relação: Aspecto material: bem da vida; Aspecto processual: provimento jurisdicional desejado. c) os pressupostos processuais: c.1) subjetivos: – **Relativos ao juiz:** Investidura, Competência, Ausência de suspeição – **Relativos às partes:** Capacidade de ser parte, Capacidade de estar em juízo "sozinho", Capacidade postulatória. c.2) Objetivos: Extrínsecos; Intrínsecos.	**3.3.2**
FONTES		
Conceito	É tudo aquilo de onde provém um preceito jurídico. É a origem do próprio direito.	**4.1**
Classificação	**4.2.1.** Fonte de produção ou material: é aquela que elabora a norma. Nesse contexto, fonte material ou de produção pode ser o órgão legiferante ou, ainda, a atividade deste órgão, como pondera Robson Maia Lins, ao asseverar que fonte é "a atividade humana de produção de enunciados prescritivos"[110]. **4.2.2.** Fonte formal ou de cognição: é aquela que revela a norma. **4.2.2.1 imediata ou direta:** leis e tratados (art. 5º, §§ 2º e 3º, e art. 22, I, CF/1988). **4.2.2.2. mediatas, indiretas ou supletivas:** costumes e princípios gerais do direito. 4.2.2.2.1. costumes (art. 4º, LINDB): é o que se costuma chamar de praxe forense. Os costumes classificam-se em: 4.2.2.2.1.1.secundum legem; 4.2.2.2.1.2. praeter legem; 4.2.2.2.1.3. contra legem. 4.2.2.2.2. princípios gerais do direito (art. 3º, CPP): são premissas éticas extraídas da legislação e do ordenamento jurídico em geral.	**4.2**
ANALOGIA		
Conceito	É forma de autointegração da lei (art. 3º, CPP e 4º, LINDB). Pela analogia, aplicamos a um fato não regido pela norma jurídica, disposição legal aplicada a fato semelhante. Deve-se interpretar com reservas a admissibilidade da analogia quando se trata da restrição cautelar da liberdade, ou quando importe em flexibilização de garantias.	**5.1**

110. LINS, Robson Maia. Curso de direito tributário brasileiro. São Paulo: Noeses, 2019. p. 47.

CAPÍTULO I – LINHAS INTRODUTÓRIAS		
Espécies	**5.2.1.** Analogia *legis*: em face da lacuna da lei, aplicamos a norma positivada que rege caso semelhante; **5.2.2.** Analogia *juris*: são aplicados princípios jurídicos ante a omissão da lei.	**5.2**
Aplicação subsidiária do CPC/2015	O CPC/2015 só terá aplicação em sede processual penal nos casos em que o Código de Processo Penal ou legislação processual penal especial não dispuser sobre o assunto. Em linha de princípio, o CPC/2015 não prevalece sobre o que o CPP regulou de maneira expressa, em face da diversidade essencial dos objetos regulados. Note-se que não é o CPC/2015 que declara sua aplicação subsidiária ao processo penal, mas são as necessidades interpretativas e lacunas da legislação processual penal que impõem a sua integração, como preconizado pelo art. 3º, do CPP: "a lei processual penal admitirá interpretação extensiva e aplicação analógica, bem como o suplemento dos princípios gerais de direito". Nessa senda, o CPC/2-15 foi expresso ao excluir os processos criminais da ordem cronológica de conclusão para proferir sentença ou acórdão.	**5.3**
INTERPRETAÇÃO DA LEI PROCESSUAL		
Quanto à origem ou ao sujeito que a realiza	**6.1.1.** autêntica ou legislativa: realizada pelo próprio legislador; **6.1.2.** doutrinária ou científica: realizada pelos estudiosos do direito; **6.1.3.** judicial ou jurisprudencial: realizada pelos juízes e tribunais.	**6.1**
Quanto ao modo ou aos meios empregados	**6.2.1.** literal, gramatical ou sintática: leva-se em conta o texto da lei e o sentido literal das palavras; **6.2.2.** teleológica: busca-se a finalidade da norma, a vontade da lei; **6.2.3.** lógica: objetiva-se a compreensão do espírito da lei, por meio das regras de raciocínio e conclusão; **6.2.4.** histórica: analisa-se o contexto da votação do diploma legislativo, os debates, as emendas propostas, etc. **6.2.5.** sistemática: leva-se em conta a norma colocada num todo, é dizer, como integrante de um ordenamento jurídico.	**6.2**
Quanto ao resultado	**6.3.1.** declarativa: há exata correspondência entre o texto da lei e o que a mesma desejou externar; **6.3.2.** restritiva: a norma disse mais do que desejava, cabendo ao intérprete aparar as arestas, para aferir o seu real alcance; **6.3.3.** extensiva ou ampliativa: o texto da lei ficou aquém do que desejava; cabendo ao intérprete ampliar o seu alcance; **6.3.4.** progressiva, adaptativa ou evolutiva: exige-se do intérprete o esmero na atualização dos diplomas normativos, pois a realidade o impõe.	**6.3**
A LEI PROCESSUAL PENAL NO TEMPO		
A lei processual penal, de regra, tem aplicação imediata, atingindo inclusive os processos que já estão em curso.		**7**

<table>
<tr><th colspan="3">CAPÍTULO I – LINHAS INTRODUTÓRIAS</th></tr>
<tr><td colspan="2">Retroatividade pro réu – Paulo Queiroz e Antonio Vieira, em posição minoritária, defendem que a irretroatividade da lei penal mais gravosa também deve ser aplicada à norma processual. Já a lei processual mais benéfica poderia retroagir, implicando inclusive na renovação de atos processuais.</td><td>7</td></tr>
<tr><td colspan="2">O art. 2º, do CPP, estatui que a lei processual penal aplicar-se-á desde logo, sem prejuízo da validade dos atos realizados sob a vigência da lei anterior, seguindo o legislador o sistema do isolamento dos atos processuais, dentre três sistemas possíveis:
7.1. Sistema da unidade processual;
7.2. Sistema das fases processuais;
7.3. Sistema do isolamento dos atos processuais.</td><td>7</td></tr>
<tr><th colspan="3">A LEI PROCESSUAL PENAL NO ESPAÇO</th></tr>
<tr><td colspan="2">A lei processual penal pátria é informada pelo princípio da territorialidade absoluta. Logo, tem aplicação a todos os processos em trâmite no território nacional (locus regit actum).</td><td>8</td></tr>
<tr><th colspan="3">PRINCÍPIOS PROCESSUAIS PENAIS</th></tr>
<tr><td>Princípio da presunção de inocência ou da não culpabilidade</td><td>O reconhecimento da autoria de uma infração criminal pressupõe sentença condenatória transitada em julgado (art. 5º, LVII da CF/88).
O princípio da presunção de inocência tem sido encarado como sinônimo de presunção de não culpabilidade. Essa é a posição adotada nesse trabalho.</td><td>9.1</td></tr>
<tr><td>Princípio da imparcialidade do juiz</td><td>A imparcialidade é entendida como característica essencial do perfil do juiz consistente em não poder ter vínculos subjetivos com o processo de modo a lhe tirar o afastamento necessário para conduzir com isenção o processo.</td><td>9.2</td></tr>
<tr><td>Princípio da igualdade processual (princípio da paridade de armas e sua distinção)</td><td>Consagra o tratamento isonômico das partes no transcorrer processual, em decorrência do próprio art. 5º, caput, da Constituição Federal. O que deve prevalecer é a chamada igualdade material. É também tratado como princípio da paridade de armas.
O princípio da paridade de armas, malgrado seja tratado como sinônimo de igualdade ou isonomia no processo penal, tem conteúdo mais rico, indicando o direito da defesa de desempenhar um papel proativo, mormente na produção de prova e no exercício de poderes que possibilitem a plena igualdade, tal como consta do art. 8, do Pacto de São José da Costa Rica.</td><td>9.3</td></tr>
<tr><td>Princípio do contraditório ou bilateralidade da audiência</td><td>Impõe que às partes deve ser dada a possibilidade de influir no convencimento do magistrado, oportunizando-se a participação e manifestação sobre os atos que constituem a evolução processual.
O CPC/2015 estabelece regras que dão maior concreção ao contraditório enquanto princípio constitucional, assegurando às partes a paridade de tratamento no curso do processo e declarando competir ao juiz velar pelo efetivo contraditório. No processo penal, temos exemplos colhidos na jurisprudência que enfatizam a necessidade de paridade de armas, como a que delimitou o direito do Ministério Público à intimação pessoal, considerando-o intimado quando da entrada dos autos na respectiva repartição ministerial.</td><td>9.4</td></tr>
<tr><td>Princípio da ampla defesa</td><td>Deve ser assegurada a ampla possibilidade de defesa, lançando-se mão dos meios e recursos disponíveis e a ela inerentes (art. 5º, LV, CF/1988).</td><td>9.5</td></tr>
</table>

<table>
<tr><th colspan="3">CAPÍTULO I – LINHAS INTRODUTÓRIAS</th></tr>
<tr><td>Princípio da ampla defesa</td><td>São duas as possibilidades:
a) técnica: efetuada por profissional e obrigatória;
b) autodefesa: realizada pelo próprio imputado e dependente da sua conveniência.</td><td>9.5</td></tr>
<tr><td>Princípio da ação, demanda ou iniciativa das partes</td><td>Cabe às partes a provocação, exercendo o direito de ação, no intuito da obtenção do provimento jurisdicional. Desde a promulgação da CF/88, já não se admite o que se chamava de processo judicialiforme.
Nada impede que os juízes e tribunais concedam habeas corpus de ofício, sempre que tenham notícia de que exista ameaça ou lesão à liberdade de locomoção (art. 654, § 2º, CPP).
De todo modo, o princípio da demanda (em sentido amplo) – ainda que exercida mediante a técnica da concessão da ordem de ofício – está atrelado à noção de ação enquanto direito subjetivo público que, a seu turno, envolve outras garantias constitucionais, como a consubstanciada no princípio do devido processo legal.</td><td>9.6</td></tr>
<tr><td>Princípio da oficialidade</td><td>Os órgãos incumbidos da persecução criminal são órgãos oficiais por excelência, tendo a Constituição Federal consagrado a titularidade da ação penal pública ao Ministério Público (art. 129, I), e disciplinado a polícia judiciária no § 4º, do seu art. 144.</td><td>9.7</td></tr>
<tr><td>Princípio da oficiosidade</td><td>A atuação oficial na persecução criminal, como regra, ocorre sem necessidade de autorização. Excepcionalmente, o início da persecução penal pressupõe autorização do legítimo interessado, como se dá na ação penal pública condicionada à representação da vítima ou à requisição do Ministro da Justiça.</td><td>9.8</td></tr>
<tr><td>Princípio da verdade real</td><td>O magistrado pauta o seu trabalho na reconstrução da verdade dos fatos, superando eventual desídia das partes na colheita probatória, como forma de exarar um provimento jurisdicional mais próximo possível do ideal de justiça.
A proatividade judicial na produção probatória encontra forte resistência doutrinária.</td><td>9.9</td></tr>
<tr><td>Princípio da obrigatoriedade</td><td>A persecução criminal é de ordem pública e, em regra, não cabe juízo de conveniência ou oportunidade quanto ao seu início.
A Lei. 9099/95 mitigou esse princípio, prevendo no seu art. 76 a possibilidade de transação penal.
A Lei nº 12.850/2013 detalhou o procedimento para formalização de acordo de colaboração premiada, bem como prevista, no § 4º, do seu art. 4º, a possibilidade de não oferecimento de denúncia pelo Ministério Público, quando o delator não for líder da organização criminosa e quando tiver sido o primeiro a colaborar. Nos crimes de ação penal privada, o que vigora é o princípio oposto, ou seja, o da oportunidade, pois cabe à vítima ou ao seu representante, escolher entre dar início à persecução criminal ou não.</td><td>9.10</td></tr>
<tr><td>Princípio da indisponibilidade</td><td>Iniciado o inquérito policial ou o processo penal, os órgãos incumbidos da persecução criminal não podem deles dispor.</td><td>9.11</td></tr>
</table>

CAPÍTULO I – LINHAS INTRODUTÓRIAS		
Princípio da indisponibilidade	A Lei nº 9.099/1995 também mitigou o princípio da indisponibilidade, trazendo o instituto da suspensão condicional do processo (art. 89). Nas ações de iniciativa privada, a vítima ou o seu representante podem desistir da ação interposta, seja perdoando o autor da infração, seja pela ocorrência da perempção (art. 60 do CPP). Vale, portanto, para essas ações, o princípio da disponibilidade.	**9.11**
Princípio do impulso oficial	Uma vez iniciado o processo, com o recebimento da inicial acusatória, cabe ao magistrado velar para que o mesmo chegue ao seu final, marcando audiências, estipulando prazos, determinando intimações etc.	**9.12**
Princípio da motivação das decisões	Decorre do art. 93, inc. IX da Carta Magna, asseverando que o juiz é livre para decidir, desde que o faça de forma motivada, sob pena de nulidade insanável. Trata-se de autêntica garantia fundamental, decorrendo da fundamentação da decisão judicial o alicerce necessário para a segurança jurídica do caso submetido ao judiciário.	**9.13**
Princípio da publicidade	A publicidade dos atos processuais é a regra. Publicidade é a permissibilidade de acesso aos autos processuais conferida a todos os interessados. Os limites à publicidade devem, por exceção, estar formalmente delimitados por fonte formal de direito (Constituição ou lei) O sigilo é, nesses termos, admissível, notadamente quando a defesa da intimidade ou o interesse social o exigirem (art. 5º, LX, CF/1988). O art. 792, § 1º, do CPP, prevê o sigilo se da publicidade do ato puder ocorrer escândalo, inconveniente grave ou perigo de perturbação da ordem. Em relação ao inquérito policial, por se tratar de fase pré-processual, é regido pelo princípio da sigilação. Contudo, assegura-se ao advogado a consulta aos autos correspondentes. (súmula vinculante nº 14, STF) Deve-se distinguir a publicidade relativa às partes, ou seja, a chamada publicidade interna ou específica, e a relativa ao público em geral, ou publicidade externa. Esta última é que encontra mitigação pelas exceções postas no texto constitucional. Por fim, devemos anotar que a publicidade, importante garantia constitucional que permeia o processo acusatório (art. 93, IX, CF), pode ser desvirtuada. O desvio de finalidade da garantia da publicidade dos atos processuais pode se apresentar quando colide com outros direitos individuais fundamentais, não raras vezes, revelando-se prejudicial ao direito do imputado, em sua intimidade e em sua vida privada.	**9.14**
Princípio do duplo grau de jurisdição	Este princípio assegura a possibilidade de revisão das decisões judiciais, através do sistema recursal, onde as decisões do juízo a quo podem ser reapreciadas pelos tribunais. É uma decorrência da própria estrutura do Judiciário, vazada na CF/1988 que, em vários dispositivos, atribui competência recursal aos diversos tribunais do país.	**9.15**
Princípio do juiz natural	O princípio do juiz natural consagra o direito de ser processado pelo magistrado competente (art. 5º, inc. LIII da CF) e a vedação constitucional à criação de juízos ou tribunais de exceção (art. 5º, inc. XXXVII da CF).	**9.16**
Do promotor natural ou do promotor legal	Este princípio veda a designação arbitrária, pela Chefia da Instituição, de promotor para patrocinar caso específico.	**9.17**

CAPÍTULO I – LINHAS INTRODUTÓRIAS		
Do promotor natural ou do promotor legal	O STF, em julgamento que teve como Relatora a Ministra Ellen Gracie, contrariando julgamentos anteriores do próprio Pretório Excelso, entendeu pela inexistência do princípio do promotor natural, sob o argumento de que tal princípio é incompatível com o da indivisibilidade do Ministério Público.	**9.17**
Princípio do defensor natural	Consiste na vedação de nomeação de defensor diverso daquele defensor público que tem atribuição legal para atuar na causa.	**9.18**
Princípio do devido processo legal	O devido processo legal é o estabelecido em lei, devendo traduzir-se em sinônimo de garantia, atendendo assim aos ditames constitucionais. Com isto, consagra-se a necessidade do processo tipificado, sem a supressão e/ou desvirtuamento de atos essenciais. Deve ser analisado em duas perspectivas: a primeira, processual, que assegura a tutela de bens jurídicos por meios do devido procedimento (*procedural due process*); a segunda, material, reclama, no campo da aplicação e elaboração normativa, uma atuação substancialmente adequada, correta, razoável (substantive d*ue process of law*).	**9.19**
Princípio do *favor rei* ou favor réu	A dúvida sempre milita em favor do acusado (*in dubio pro reo*). Em verdade, na ponderação entre o direito de punir do Estado e o *status libertatis* do imputado, este último deve prevalecer.	**9.20**
Princípio da economia processual	Deve-se buscar a maior efetividade, com a produção da menor quantidade de atos possível	**9.21**
Princípio da oralidade	Assegura a produção dos atos processuais de viva voz, de forma verbal, sem impedimento da redução a termo dos atos mais relevantes, o que vai refletir na maneira de conduzir o procedimento. a) Imediatidade: o ideal é que a instrução probatória se desenvolva perante o magistrado; b) Concentração: é o desejo de que os atos da instrução sejam reunidos em uma só audiência, ou na menor quantidade das mesmas; c) Identidade física do juiz: por ele, o magistrado que conduziu a instrução deve obrigatoriamente julgar a causa, salvo hipóteses excepcionais expressamente contempladas. O CPC/2015 não dispôs de maneira detalhada sobre o princípio da identidade física do juiz. Entendemos, no entanto, que o seu art. 366, o contemplou, devendo ser conjugado com o enunciado do § 2º, do art. 399, do CPP, como firmado outrora pelo STJ.	**9.22**
Princípio da autoritariedade	O princípio da autoritariedade consagra que os órgãos incumbidos da persecução penal estatal são autoridades públicas.	**9.23**
Princípio da duração razoável do processo penal	A prestação da jurisdição envolve a tensão entre necessidade de segurança e de prestação célere. A partir da Emenda à Constituição de nº 45, de 30 de dezembro de 2004, a CF/1988 passou a dispor que a todos, no âmbito judicial e administrativo, devem ser assegurados a razoável duração do processo e os meios que garantam a celeridade de sua tramitação (art. 5º, LXXVIII). O direito à celeridade pertence tanto à vítima como ao réu.	**9.24**

CAPÍTULO I – LINHAS INTRODUTÓRIAS		
Princípio da proporcionalidade	O princípio da proporcionalidade requer o perpassar do intérprete por três etapas (necessidade, adequação e proporcionalidade em sentido estrito). Deve ser visto, ainda, na vertente da proibição do excesso e da proteção deficiente. No processo penal, o princípio da proporcionalidade tem especial aplicação na disciplina legal da validade da prova.	**9.25**
Princípio da inexigibilidade de autoincriminação	O princípio da inexigibilidade de autoincriminação ou *nemo tenetur se detegere*, que assegura que ninguém pode ser compelido a produzir prova contra si mesmo, tem pontos de contato com o princípio da presunção de inocência e com o direito ao silêncio assegurado pela Constituição.	**9.26**
Princípio da cooperação processual	Na linha do que se tem verificado na jurisprudência em matéria criminal, notadamente diante da relativização de nulidades processuais provocadas ou não suscitadas oportunamente pelas partes, tem-se entendido pela necessidade de cooperação mútua, de todos os envolvidos, tal qual um sistema de corresponsabilidade. No ponto,	**9.27**
Princípio da cooperação processual	registramos nossa discordância quanto a essa tendência pretoriana, em razão de findar por também relativizar as garantias processuais do acusado. Sem embargo, diante da jurisprudência que tem tratado como nulidade relativa vícios que outrora eram considerados nulidade absoluta, tem-se entendido cabível a aplicação analógica do princípio da cooperação processual, ao processo penal.	**9.27**
Princípio da cooperação processual	Parte-se da ideia de que, verificando vício processual, a parte prejudicada não pode, por exemplo, retardar o momento de sua alegação, para futuramente sustentar uma nulidade absoluta, requerendo a invalidação de todo o processo. Nessa senda, afirma-se que não é possível mais tolerar omissões propositais que fujam do escopo da regra do *duty to mitigate the loss* (dever de reduzir o prejuízo). Daí que o CPC/2015 ordena que todos os sujeitos do processo têm o dever de cooperar entre si para que se obtenha, em tempo razoável, decisão de mérito justa e efetiva. A disposição encontra sintonia com o princípio constitucional da razoável duração do processo e da boa-fé objetiva. Entendemos que o princípio da cooperação processual não deve ter aplicação para mitigar as garantias do imputado. O STJ, contudo, seguindo aquela tendência de ampliar a incidência daquele, decidiu que não há nulidade no despacho que determina a intimação do Ministério Público para a apresentação de provas que pretenda produzir em juízo.	**9.27**

11. SÚMULAS APLICÁVEIS

11.1. STJ

Súmula nº 21: Pronunciado o réu, fica superada a alegação do constrangimento ilegal da prisão por excesso de prazo na instrução.

Súmula nº 52: Encerrada a instrução criminal, fica superada a alegação de constrangimento por excesso de prazo.

Súmula nº 64: Não constitui constrangimento ilegal o excesso de prazo na instrução, provocado pela defesa.

Súmula nº 501: É cabível a aplicação retroativa da Lei nº 11.343/2006, desde que o resultado da incidência das suas disposições, na íntegra, seja mais favorável ao réu do que o advindo da aplicação da Lei nº 6.368/1976, sendo vedada a combinação de leis.

11.2. STF

Súmula Vinculante nº 14. É direito do defensor, no interesse do representado, ter acesso amplo aos elementos de prova que, já documentados em procedimento investigatório realizado por órgão com competência de polícia judiciária, digam respeito ao exercício do direito de defesa.

Súmula nº 523: No processo penal, a falta da defesa constitui nulidade absoluta, mas a sua deficiência só o anulará se houver prova de prejuízo para o réu.

Súmula nº 611: Transitada em julgada a sentença condenatória, compete ao juízo das execuções a aplicação da lei mais benigna.

Súmula nº 697: A proibição de liberdade provisória nos processos por crimes hediondos não veda o relaxamento da prisão processual por excesso de prazo.

Súmula nº 708: É nulo o julgamento da apelação se, após a manifestação nos autos da renúncia do único defensor, o réu não foi previamente intimado para constituir outro.

Súmula nº 716: Admite-se a progressão de regime de cumprimento da pena ou a aplicação imediata do regime menos severo nela determinada, antes do trânsito em julgado da sentença condenatória.

Súmula nº 717: Não impede a progressão de regime de execução da pena, fixada em sentença não transitada em julgado, o fato de o réu se encontrar em prisão especial.

12. INFORMATIVOS RECENTES

12.1. STJ

♦ **Tráfico de entorpecentes. Momento do interrogatório. Último ato da instrução. Novo entendimento firmado pelo Excelso no bojo do HC 127.900/AM. Modulação dos efeitos. Publicação da ata de julgamento. Acusado interrogado no início da instrução.**

Os procedimentos regidos por leis especiais devem observar, a partir da publicação da ata de julgamento do HC 127.900/AM do STF (11.03.2016), a regra disposta no art. 400 do CPP, cujo conteúdo determina ser o interrogatório o último ato da instrução criminal.

A controvérsia jurídica cinge-se a analisar suposta nulidade na realização do interrogatório, como primeiro ato da instrução processual, de acusado pela prática de cometer crime de tráfico de drogas. Há longa data, o Superior Tribunal de Justiça, com o aval da 2ª Turma do Supremo Tribunal Federal, vinha entendendo, com assento no princípio da especialidade, que a nova sistemática estabelecida pelo art. 400 do CPP, com a redação conferida pela Lei nº 11.719/2008 – que transpôs a oitiva do acusado para o fim da audiência –, não se aplicaria ao procedimento próprio descrito nos arts. 54 a 59 da Lei de Drogas, segundo a qual o interrogatório ocorreria em momento anterior à oitiva das testemunhas, na forma como preconiza o art. 57 do referido diploma legal. Ocorre que, no julgamento do HC nº 127.900/AM, Rel. Min. Dias Toffoli, DJe 3/8/2016, a Suprema Corte, por seu Plenário, realizou uma releitura do artigo 400 do CPP, à luz do sistema constitucional acusatório e dos princípios do contraditório e da ampla defesa. (...) Em conclusão: o interrogatório passa a ser o último ato da instrução, sendo que a Lei nº 11.719/2008, geral e posterior, prepondera sobre as disposições em contrário presentes em leis especiais. Por fim, importante ressaltar que, em atenção ao princípio da segurança jurídica, foi realizada a modulação dos efeitos da decisão da Corte Suprema, pelo que a nova interpretação dada somente teria aplicabilidade a partir da publicação da ata daquele julgamento, ocorrida em 11.03.2016 (DJe nº 46, divulgado em 10/3/2016). A partir desse marco, portanto, incorreriam em nulidade os processos em que o interrogatório fosse o primeiro ato da instrução. HC 397.382-SC, Rel. Min. Maria Thereza de Assis Moura, por unanimidade, julgado em 3/8/2017, DJe 14/8/2017. (Info 609)

♦ **Direito Processual Penal. Reexame necessário de sentença absolutória sumária em procedimento do tribunal do júri após entrada em vigor da lei nº 11.689/2008.**

Após a entrada em vigor da Lei nº 11.689/2008, em 8 de agosto de 2008, o reexame necessário de decisão absolutória sumária proferida em procedimento do Tribunal do Júri que estiver pendente de apreciação não deve ser examinado pelo Tribunal *ad quem*, mesmo que o encaminhamento da decisão absolutória à instância superior tenha ocorrido antes da entrada em vigor da referida Lei. Por força do que dispõe o art. 2º do CPP, as normas processuais possuem aplicação imediata quando de sua entrada em vigor. Assim, as remessas necessárias não remetidas aos Tribunais ou não julgadas por estes até 8 de agosto de 2008, data em que a Lei nº 11.689/2008 – que provocou a eliminação do recurso de ofício nos casos de absolvição sumária – passou a ser exigida, em virtude da *vacatio legis* de 60 dias, não podem mais ser apreciadas, uma vez que tal procedimento, necessário apenas para dar eficácia à sentença de absolvição sumária no procedimento do Tribunal do Júri, já não mais está em vigor, por força do princípio *tempus regit actum*. Vale dizer, a norma adjetiva que simplesmente altera o rito procedimental, sem qualquer desdobramento de direito material, tem aplicação imediata. (...) *HC 278.124-PI, Rel. Min. Leopoldo de Arruda Raposo (Desembargador convocado do TJ/PE), Rel. para acórdão Min. Felix Fischer, julgado em 9/6/2015, DJe 30/11/2015. (Info 574)*

♦ **Direito processual penal. Defesa prévia com pedido de indicação de rol de testemunhas *a posteriori*.**

O magistrado pode, de forma motivada, deferir o pedido apresentado em resposta à acusação pela defensoria pública no sentido de lhe ser permitida a indicação do rol

de testemunhas em momento posterior, tendo em vista que ainda não teria tido a oportunidade de contatar o réu. De fato, ultrapassado o prazo processual adequado, há preclusão do direito de se arrolar testemunha, em que pese ser possível a admissão da oitiva requerida a destempo como testemunha do juízo, nos termos do art. 209 do CPP, tendo em vista ser o magistrado o destinatário da prova. Na hipótese em foco, no momento da apresentação da defesa prévia, houve pedido de indicação de rol de testemunhas *a posteriori*. Assim, não há preclusão, pois não houve inércia da defesa, ficando ao prudente arbítrio do magistrado o deferimento do pedido formulado. **Além disso, diante da impossibilidade do contato do defensor público com o acusado e da busca da verdade real, o deferimento do pedido não viola os princípios da paridade de armas e do contraditório.** (...). *REsp 1.443.533-RS, Rel. Min. Maria Thereza de Assis Moura, julgado em 23/6/2015, DJe 3/8/2015. (Info 565)*

♦ **Direito processual penal. Hipótese de relativização da coisa julgada.**

Constatado o trânsito em julgado de duas decisões condenando o agente pela prática de um único crime – a primeira proferida por juízo estadual absolutamente incompetente e a segunda proferida pelo juízo federal constitucionalmente competente –, a condenação anterior deve ser anulada caso se verifique que nela fora imposta pena maior do que a fixada posteriormente. Em primeiro lugar, faz-se necessário asseverar que o STJ já se pronunciou no sentido de que "A sentença proferida por juízo absolutamente incompetente impede o exame dos mesmos fatos ainda que pela justiça constitucionalmente competente, pois, ao contrário, estar-se-ia não só diante de vedado *bis in idem* como também na contramão da necessária segurança jurídica que a imutabilidade da coisa julgada visa garantir" (RHC 29.775 PI, Quinta Turma, DJe 25/6/2013). Com efeito, sopesando a garantia do juiz natural em face do princípio do *ne bis in idem*, deve preponderar este último como decorrência do princípio fundamental da dignidade da pessoa humana, princípio basilar do Estado Democrático de Direito, consoante explicita o inciso III do art. 1º da CF. **Cabe ressaltar, a propósito, que esse entendimento foi consolidado para, dando efetividade ao princípio do *favor rei*, impedir o início ou a continuidade de outro processo que tenha por objetivo discutir os mesmos fatos que já foram objeto de decisão anterior.** A situação em análise, entretanto, é peculiar. Existem duas condenações transitadas em julgado, sendo que a primeira foi proferida por juízo estadual absolutamente incompetente e a segunda pelo juízo constitucionalmente competente, tendo este estabelecido, inclusive, *quantum* de pena inferior ao definido anteriormente. Dessa forma, nessa hipótese, considerando a situação mais favorável ao réu, bem como a existência de trânsito em julgado perante a justiça competente para análise do feito, deve ser relativizada a coisa julgada, de modo a tornar possível a prevalência do princípio fundamental da dignidade da pessoa humana. *HC 297.482-CE, Rel. Min. Felix Fischer, julgado em 12/5/2015, DJe 21/5/2015. (Info 562)*

♦ **Direito processual penal. Utilização por órgão público de bem apreendido.**

É possível a aplicação analógica dos arts. 61 e 62 da Lei 11.343/2006 para admitir a utilização pelos órgãos públicos de aeronave apreendida no curso da persecução penal de crime não previsto na Lei de Drogas, sobretudo se presente o interesse público de evitar a deterioração do bem. Isso porque, em primeiro lugar, de acordo com o art. 3º do CPP, a lei processual penal admitirá interpretação extensiva e aplicação analógica, bem como o suplemento dos princípios gerais de direito. Assim, é possível, sobretudo porque permitido pelo próprio CPP, o uso da analogia, que consiste em processo de integração por meio do qual se aplica a uma determinada situação para a qual inexiste hipótese normativa própria um preceito que regula hipótese semelhante. Ressalte-se, ainda, que, para o uso da analogia, não importam a natureza da situação concreta e a natureza do diploma de onde se deve extrair a norma reguladora. (...). *REsp 1.420.960-MG, Rel. Min. Sebastião Reis Júnior, julgado em 24/2/2015, DJe 2/3/2015. (Info 556)*

♦ **Direito processual penal. Requerimento de sustentação oral realizado após o horário limite determinado pela presidência do órgão julgador.**

O advogado que teve deferido pedido de sustentação oral previamente formulado ao relator por meio de petição e que compareceu à sessão de julgamento antes de apreciada a apelação pelo colegiado não pode ser impedido de exercer o seu direito sob a justificativa de que, no dia da sessão de julgamento, não se inscreveu, antes do término do horário fixado pela Presidência do órgão julgador, para sustentação. A CF assegura, como alguns de seus princípios fundamentais, a observância do devido processo legal, da ampla defesa e do contraditório. Vistos, portanto, como um direito da parte, o contraditório e o respeito a todas as regras que subjazem ao devido processo legal se concretizam no exercício dos poderes processuais necessários para agir ou defender-se em juízo e para poder influir de modo positivo no convencimento judicial. São, desse modo, entendidos como o direito à observância das normas que evitam a lesão ao próprio direito da parte, tornando-se, portanto, uma garantia para o correto desenvolvimento do processo. Ademais, o art. 133 da CF também dispõe que o advogado é indispensável à administração da justiça, o que demonstra a importância da sua atuação no processo judicial. (...). *REsp 1.388.442-DF, Rel. Min. Rogerio Schietti Cruz, julgado em 18/12/2014, DJe 25/2/2015. (Info 556)*

12.2. STF

♦ **Sigilo e fiscalização tributária – 4**

O Plenário, em conclusão de julgamento e por maioria, reputou improcedentes os pedidos formulados em ações diretas de inconstitucionalidade ajuizadas em face de normas federais que possibilitam a utilização, por parte da fiscalização tributária, de dados bancários e fiscais acobertados por sigilo constitucional, sem a intermediação do Poder Judiciário (LC 104/2001, art. 1º; LC 105/2001, artigos 1º, § 3º e 4º, 3º, § 3º, 5º e 6º; Decreto 3.724/2001; Decreto 4.489/2002; e Decreto 4.545/2002) – v. Informativo 814. A Corte afirmou que, relativamente à alegação de inconstitucionalidade da expressão "do inquérito ou", contida no § 4º do art. 1º da LC 105/2001, a norma impugnada não cuidaria da transferência de informações bancárias ao Fisco, questão que estaria no cerne das ações diretas. Tratar-se-ia de norma referente à investigação criminal levada a efeito no inquérito policial, em cujo âmbito há muito se admitiria a quebra de sigilo bancário, quando presentes indícios de prática criminosa (AC 3.872 AgR/DF, DJe de 13.11.2015; HC 125.585 AgR/PE, DJe de 19.12.2014; Inq 897 AgR/DF, DJU de 24.3.1995). No que tange à impugnação dos artigos 5º e 6º da LC 105/2001, ponto central das ações diretas de inconstitucionalidade, haveria que se consignar a inexistência, nos dispositivos combatidos, de violação a direito fundamental, notadamente de ofensa à intimidade. Não haveria "quebra de sigilo bancário", mas, ao contrário, a afirmação desse direito. Outrossim, seria clara a confluência entre os deveres do contribuinte – o dever fundamental de pagar tributos – e os deveres do Fisco – o dever de bem tributar e fiscalizar. Esses últimos com fundamento, inclusive, nos mais recentes compromissos internacionais assumidos pelo Brasil. Nesse sentido, para se falar em "quebra de sigilo bancário" pelos preceitos impugnados, necessário seria vislumbrar, em seus comandos, autorização para a exposição das informações bancárias obtidas pelo Fisco. A previsão de circulação dos dados bancários, todavia, inexistiria nos dispositivos questionados, que consagrariam, de modo expresso, a permanência no sigilo das informações obtidas com base em seus comandos. O que ocorreria não seria propriamente a quebra de sigilo, mas a "transferência de sigilo" dos bancos ao Fisco. Nessa transmutação, inexistiria qualquer distinção entre uma e outra espécie de sigilo que pudesse apontar para uma menor seriedade do sigilo fiscal em face do bancário. Ao contrário, os segredos impostos às instituições financeiras – muitas das quais de natureza privada – se manteria, com ainda mais razão, com relação aos órgãos fiscais integrantes da Administração Pública, submetidos à mais estrita legalidade. *ADI 2390/DF, rel. Min. Dias Toffoli, 24.2.2016. (ADI-2390); ADI 2386/DF, rel. Min. Dias Toffoli, 24.2.2016. (ADI-2386); ADI 2397/DF, rel. Min. Dias Toffoli, 24.2.2016. (ADI-2397); ADI 2859/DF, rel. Min. Dias Toffoli, 24.2.2016. (ADI-2859) (Info 815)*

♦ Sigilo e fiscalização tributária – 5

O Plenário destacou que, em síntese, a LC 105/2001 possibilitara o acesso de dados bancários pelo Fisco, para identificação, com maior precisão, por meio de legítima atividade fiscalizatória, do patrimônio, dos rendimentos e das atividades econômicas do contribuinte. Não permitiria, contudo, a divulgação dessas informações, resguardando-se a intimidade e a vida íntima do correntista. E esse resguardo se tornaria evidente com a leitura sistemática da lei em questão. Essa seria, em verdade, bastante protetiva na ponderação entre o acesso aos dados bancários do contribuinte e o exercício da atividade fiscalizatória pelo Fisco. Além de consistir em medida fiscalizatória sigilosa e pontual, o acesso amplo a dados bancários pelo Fisco exigiria a existência de processo administrativo – ou procedimento fiscal. Isso por si, já atrairia para o contribuinte todas as garantias da Lei 9.784/1999 – dentre elas, a observância dos princípios da finalidade, da motivação, da proporcionalidade e do interesse público –, a permitir extensa possibilidade de controle sobre os atos da Administração Fiscal. De todo modo, por se tratar de mero compartilhamento de informações sigilosas, seria mais adequado situar as previsões legais combatidas na categoria de elementos concretizadores dos deveres dos cidadãos e do Fisco na implementação da justiça social, a qual teria, como um de seus mais poderosos instrumentos, a tributação. Nessa senda, o dever fundamental de pagar tributos estaria alicerçado na ideia de solidariedade social. Assim, dado que o pagamento de tributos, no Brasil, seria um dever fundamental – por representar o contributo de cada cidadão para a manutenção e o desenvolvimento de um Estado que promove direitos fundamentais –, seria preciso que se adotassem mecanismos efetivos de combate à sonegação fiscal. No entanto, a Corte ressaltou que os Estados-Membros e os Municípios somente poderiam obter as informações previstas no art. 6º da LC 105/2001, uma vez regulamentada a matéria de forma análoga ao Decreto 3.724/2001, observados os seguintes parâmetros: a) pertinência temática entre a obtenção das informações bancárias e o tributo objeto de cobrança no procedimento administrativo instaurado; b) prévia notificação do contribuinte quanto à instauração do processo e a todos os demais atos, garantido o mais amplo acesso do contribuinte aos autos, permitindo-lhe tirar cópias, não apenas de documentos, mas também de decisões; c) sujeição do pedido de acesso a um superior hierárquico; d) existência de sistemas eletrônicos de segurança que fossem certificados e com o registro de acesso; e, finalmente, e) estabelecimento de mecanismos efetivos de apuração e correção de desvios. Já quanto à impugnação ao art. 1º da LC 104/2001, no ponto em que insere o § 1º, II, e o § 2º ao art. 198 do CTN, o Tribunal asseverou que os dispositivos seriam referentes ao sigilo imposto à Receita Federal quando essa detivesse informações sobre a situação econômica e financeira do contribuinte. Os preceitos atacados autorizariam o compartilhamento de tais informações com autoridades administrativas, no interesse da Administração Pública, desde que comprovada a instauração de processo administrativo, no órgão ou entidade a que pertencesse a autoridade solicitante, destinado a investigar, pela prática de infração administrativa, o sujeito passivo a que se referisse a informação. *ADI 2390/DF, rel. Min. Dias Toffoli, 24.2.2016. (ADI-2390); ADI 2386/DF, rel. Min. Dias Toffoli, 24.2.2016. (ADI-2386); ADI 2397/DF, rel. Min. Dias Toffoli, 24.2.2016. (ADI-2397); ADI 2859/DF, rel. Min. Dias Toffoli, 24.2.2016. (ADI-2859) (Info 815)*

♦ **Sigilo e fiscalização tributária – 6**

A Corte asseverou que, no ponto, mais uma vez o legislador teria se preocupado em criar mecanismos que impedissem a circulação ou o extravasamento das informações relativas ao contribuinte. Diante das cautelas fixadas na lei, não haveria propriamente quebra de sigilo, mas sim transferência de informações sigilosas no âmbito da Administração Pública. Em relação ao art. 3º, § 3º, da LC 105/2001 – a determinar que o Banco Central do Brasil (Bacen) e a Comissão de Valores Mobiliários (CVM) forneçam à Advocacia-Geral da União (AGU) "as informações e documentos necessários à defesa da União nas ações em que seja parte" –, ressaltou que essa previsão seria prática corrente. Isso se daria porque, de fato, os órgãos de defesa da União solicitariam aos órgãos federais envolvidos em determinada lide informações destinadas a subsidiar a elaboração de contestações, recursos e outros atos processuais. E de nada adiantaria a possibilidade de acesso dos dados bancários pelo Fisco se não fosse possível que essa utilização legítima fosse objeto de defesa em juízo por meio do órgão por isso responsável, a AGU. Por fim, julgou parcialmente prejudicada uma das ações, relativamente ao Decreto 4.545/2002. O Ministro Roberto Barroso reajustou seu voto para acompanhar o relator. Vencidos os Ministros Marco Aurélio e Celso de Mello, que conferiam interpretação conforme aos dispositivos legais atacados, de modo a afastar a possibilidade de acesso direto aos dados bancários pelos órgãos públicos, vedado inclusive o compartilhamento de informações. Este só seria possível, consideradas as finalidades previstas na cláusula final do inciso XII do art. 5º da CF, para fins de investigação criminal ou instrução criminal. Nesse sentido, a decretação da quebra do sigilo bancário, ressalvada a competência extraordinária das CPIs (CF, art. 58, § 3º), pressuporia, sempre, a existência de ordem judicial, sem o que não se imporia à instituição financeira o dever de fornecer à Administração Tributária, ao Ministério Público, à Polícia Judiciária ou, ainda, ao TCU, as informações que lhe tivessem sido solicitadas. *ADI 2390/DF, rel. Min. Dias Toffoli, 24.2.2016. (ADI-2390); ADI 2386/DF, rel. Min. Dias Toffoli, 24.2.2016. (ADI-2386); ADI 2397/DF, rel. Min. Dias Toffoli, 24.2.2016. (ADI-2397); ADI 2859/DF, rel. Min. Dias Toffoli, 24.2.2016. (ADI-2859) (Info 815)*

♦ **Denúncia e prazo em dobro para resposta à acusação**

Em face da importância da fase pré-processual da denúncia, a Segunda Turma, por maioria, deu provimento, em parte, a agravo regimental em inquérito para deferir o prazo em dobro para que o denunciado apresente sua resposta. **Na espécie, o requerente fizera dois pedidos: a) que tivesse acesso à integralidade da prova disponível à acusação, com a reabertura de prazo para a resposta preliminar; e b) que o prazo de 15 dias do art. 4º da Lei 8.038/1990 ("Art. 4º – Apresentada a denúncia ou a queixa ao Tribunal, far-se-á a notificação do acusado para oferecer resposta no prazo de quinze dias") fosse contado em dobro, por aplicação analógica do art. 191 do CPC ("Art. 191 – Quando os litisconsortes tiverem diferentes procuradores, ser-lhes-ão contados em dobro os prazos para contestar, para recorrer e, de modo geral, para falar nos autos").** Quanto ao termo "a quo" do prazo, a Turma denegou o pedido, porque toda a documentação que teria relação direta com a denúncia estaria disponível na secretaria do STF para que a defesa procedesse à devida resposta. **Por outro lado, em nome do princípio da ampla defesa, deferiu a concessão do prazo em dobro.** (...). *Inq 4112/DF, rel. orig. Min. Teori Zavascki, red. p/ o acórdão Min. Gilmar Mendes, 1º.9.2015. (Inq-4112) (Info 797)*

♦ **Inquéritos e ações penais em andamento e maus antecedentes – 4**

Inquéritos policiais ou ações penais sem trânsito em julgado não podem ser considerados como maus antecedentes para fins de dosimetria da pena. Esse o entendimento do Plenário que, em conclusão de julgamento e por maioria, desproveu recurso extraordinário – v. Informativo 749. O Colegiado explicou que a jurisprudência da Corte sobre o tema estaria em evolução, e a tendência atual seria no sentido de que a cláusula constitucional da não culpabilidade (CF, art. 5º, LVII) não poderia ser afastada. Haveria semelhante movimento por parte da doutrina, a concluir que, sob o império da nova ordem constitucional, somente poderiam ser valoradas como maus antecedentes as decisões condenatórias irrecorríveis. Assim, não poderiam ser considerados para esse fim quaisquer outras investigações ou processos criminais em andamento, mesmo em fase recursal. (...). *RE 591054/SC, rel. Min. Marco Aurélio, 17.12.2014. (RE-591054) (Info 772)*

13. QUESTÕES DE CONCURSOS PÚBLICOS

01. (2017 – FCC – DPE-PR – Defensor Público) Os princípios constitucionais aplicáveis ao processo penal incluem:

(A) indisponibilidade.

(B) verdade real.

(C) razoável duração do processo.

(D) identidade física do juiz.

(E) *favor rei*.

02. (2017 – NUCEPE – SEJUS-PI – Agente Penitenciário – Reaplicação) Quanto a lei processual no tempo, marque a alternativa CORRETA.

(A) Um processo que tiver sido encerrado sob a vigência da lei processual anterior deverá ser revisto.

(B) Se há um processo penal a ser iniciado, deverá ser regido pela nova lei processual, para que seus atos se tornem válidos e eficazes.

(C) Caso o processo penal já tenha sido iniciado, os atos praticados deverão ser refeitos e, todos os posteriores deverão ser praticados conforme a nova lei.

(D) No Brasil é adotado no processo penal o sistema da unidade processual, um complexo de atos inseparáveis uns dos outros, isto é, em todo o processo apenas poderá ser aplicada uma lei processual.

(E) Os atos processuais regidos pela lei processual penal anterior não são considerados válidos.

(2017 – IBADE – PC-AC – Delegado de Polícia Civil – Adaptada) Sobre princípio de processo penal, julgue os itens seguintes.

03. O contraditório é a organização dialética do processo através de tese e antítese legitimadoras da síntese, é a afirmação e negação. Ou seja, os atos processuais se desenvolvem de forma unilateral, o que se chama unilateralidade dos atos processuais.

04. No processo penal brasileiro, apesar de inúmeros princípios que lhe emprestam um caráter democrático, não vigora o princípio da identidade física do juiz.

(2016 – CESPE – TJ-AM – Juiz Substituto Adaptada) Relativamente aos sistemas e princípios fundamentais do processo penal, julgue os itens seguintes.

05. O direito ao silêncio ou garantia contra a autoincriminação derrubou um dos pilares do processo penal tradicional: o dogma da verdade real, permitindo que o acusado permaneça em silêncio durante a investigação ou em juízo, bem como impedindo de forma absoluta que ele seja compelido a produzir ou contribuir com a formação da prova ou identificação pessoal contrária ao seu interesse, revogando as previsões legais nesse sentido.

06. O princípio do juiz natural tem origem no direito anglo-saxão, construído inicialmente com base na ideia da vedação do tribunal de exceção. Posteriormente, por obra do direito norte-americano, acrescentou-se a exigência da regra de competência previamente estabelecida ao fato, fruto, provavelmente, do federalismo adotado por aquele país. O direito brasileiro adota tal princípio nessas duas vertentes fundamentais.

07. (2016 – FCC – DPE-ES – Defensor Público) Sobre a garantia do duplo grau de jurisdição,

(A) é típico de sistemas processuais inquisitivos e se vale para uma melhor gestão da prova em virtude da colegialidade dos Tribunais.

(B) não se aplica nos Juizados Especiais Criminais, em virtude da informalidade que vigora nesse sistema.

(C) é expressa e explicitamente prevista na Constituição de 1988, aplicando-se, inclusive, aos casos de competência originária do STF.

(D) a jurisprudência dominante dos Tribunais Superiores considera aplicável o duplo grau de jurisdição apenas em relação ao acusado, não podendo o Ministério Público recorrer em caso de absolvição em primeira instância.

(E) a Corte Interamericana de Direitos Humanos já decidiu que no caso de o acusado ter sido absolvido em primeiro grau, mas em razão de recurso da acusação, é condenado em segundo grau pela primeira vez, deve ser garantido recurso amplo desta decisão, podendo rediscutir questões de fato e de direito.

08. (2016 – UFMT – DPE-MT – Defensor Público) Quanto à eficácia temporal, a lei processual penal

(A) aplica-se somente a fatos criminosos ocorridos após a sua vigência.

(B) tem aplicação imediata, sem prejuízo da validade dos atos já realizados.

(C) vigora desde logo, tendo sempre efeito retroativo.

(D) tem aplicação imediata nos processos ainda não instruídos.

(E) não tem aplicação imediata, salvo para beneficiar o acusado.

09. (2016 – VUNESP – TJ-SP – Titular de Serviços de Notas e de Registros – Provimento) Dos princípios constitucionais do processo penal a seguir enumerados, assinale o que admite que a legislação infraconstitucional estabeleça exceções.

(A) Princípio do contraditório.

(B) Princípio da publicidade.

(C) Princípio da presunção da inocência.

(D) Princípio da imunidade à autoacusação.

10. (2015 – FCC – DPE-SP – Defensor Público) "Paridade de armas no processo penal é a igual distribuição, durante o processo penal (...) aos envolvidos que defendem interesses contrapostos, de oportunidades para apresentação de argumentos orais ou escritos e de provas com vistas a fazer prevalecer suas respectivas teses perante a autoridade judicial" (Renato Stanziola Vieira, Paridade de armas no processo penal, Gazeta Jurídica, Brasília, 2014, p. 236).

Com base no texto acima, é situação de NÃO violação ao princípio da paridade de armas:

(A) Oferecimento de parecer do Ministério Público em recurso decorrente de ação penal de iniciativa pública.

(B) Sustentação oral no Ministério Público após a defesa, em julgamento de recurso exclusivo da acusação.

(C) Sigilo das medidas cautelares em curso na investigação preliminar, cuja ciência ao investigado ou defensor possa prejudicar a eficácia do ato.

(D) Abertura de vista ao Ministério Público após oferecimento de resposta à acusação, onde se alega atipicidade pela incidência do princípio da insignificância.

(E) Distribuição dos espaços físicos entre as partes nos julgamentos populares.

---

11. (2015 – FCC – DPE-MA – Defensor Público) O modelo processual acusatório tem sido entendido como o adequado a um Estado Democrático de Direito por ser o mais garantista. Tem-se como um pressuposto estrutural e lógico do modelo a

(A) possibilidade de *emendatio libelli* e *mutatio libelli*.

(B) existência de uma investigação prévia por delegado de polícia.

(C) possibilidade da prova ser colhida pelo próprio juiz.

(D) previsão legal de prisões processuais.

(E) separação entre juiz e acusação.

---

12. (2015 – FCC – DPE-MA – Defensor Público) A necessidade de assegurar que as partes gozem das mesmas oportunidades e faculdades processuais consiste o conteúdo do princípio processual

(A) da paridade de armas.

(B) do contraditório.

(C) da ampla defesa.

(D) da identidade física do juiz.

(E) do estado de inocência.

---

13. (2015 – VUNESP – TJ-MS – Juiz Substituto) Com relação ao Princípio Constitucional da Publicidade, com correspondência no Código de Processo Penal, é correto afirmar que

(A) a publicidade ampla e a publicidade restrita não constituem regras de maior ou menor valor no processo penal, cabendo ao poder discricionário do juiz a preservação da intimidade dos sujeitos processuais.

(B) a publicidade restrita tem regramento pela legislação infraconstitucional e não foi recepcionada pela Constituição Federal, que normatiza a publicidade ampla dos atos processuais como garantia absoluta do indivíduo.

(C) de acordo com o artigo 93, inciso IX, da Constituição Federal, com nova redação dada pela EC 45/2004, os atos processuais serão públicos, sob pena de nulidade, cabendo ao juiz limitar a presença, nas audiências, de partes e advogados.

(D) a publicidade restrita é regra geral dos atos processuais, ao passo que a publicidade ampla é exceção e ocorre nas situações expressas em lei, dependendo de decisão judicial no caso concreto.

(E) a publicidade ampla é regra geral dos atos processuais, ao passo que a publicidade restrita é exceção e ocorre nas situações expressas em lei, dependendo de decisão judicial no caso concreto.

---

14. (2015 – VUNESP – MPE-SP – Analista de Promotoria) De acordo com o princípio da presunção de inocência, previsto no artigo 5º, inciso LVII, da Constituição Federal, explícito no processo penal,

(A) iniciada a ação penal e feita a citação, o réu não é obrigado a comparecer em Juízo e se autoacusar, mas, comparecendo, não tem direito ao silêncio.

(B) em caso de dúvida, por aplicação do princípio da prevalência do interesse da sociedade (*in dubio pro societate*), condena-se o acusado.

(C) o ônus da prova de inocência cabe à defesa, após recebimento da denúncia ou queixa-crime e consequente início da ação penal.

(D) surge como sua decorrência lógica, a indispensabilidade da medida cautelar extrema, de prisão, ainda que desnecessária à instrução e à ordem pública

(E) presume-se inocente o acusado até pronunciamento de culpa, por sentença condenatória, transitada em julgado.

---

15. (2015 – FCC – TJ-RR – Juiz Substituto) O princípio internacionalmente consagrado do Duplo Grau de Jurisdição é reconhecido por várias legislações ocidentais. No Brasil, o princípio também é reconhecido e, segundo o Supremo Tribunal Federal, decorre

(A) diretamente do texto constitucional brasileiro e está previsto no artigo 5º como uma garantia fundamental.

(B) diretamente do texto constitucional brasileiro, mas não está previsto no artigo 5º.

(C) do Pacto de Direitos Civis e Políticos e tem previsão na Constituição Federal do Brasil.

(D) do Pacto de São José da Costa Rica e não tem previsão Constitucional.

(E) diretamente dos pactos internacionais de direitos humanos e tem previsão expressa na Constituição Federal do Brasil.

---

16. (2015 – FCC – TJ-RR – Juiz Substituto) A lei processual penal brasileira

(A) admite interpretação extensiva e aplicação analógica, bem como o suplemento dos princípios gerais de direito.

(B) aplica-se desde logo, em prejuízo da validade dos atos realizados sob a vigência da lei anterior.

(C) retroage no tempo para obrigar a refeitura dos atos processuais, caso seja mais benéfica ao réu.

(D) não admite definição de prazo de *vacatio legis*.

(E) será aplicada nos atos processuais praticados em outro território que não o brasileiro, em casos de extraterritorialidade da lei penal.

17. (2015 – VUNESP – TJ-SP – Escrevente Técnico Judiciário) No que concerne à estruturação da defesa de acusados em juízo criminal, é correto afirmar (CPP, art. 263):

(A) o acusado que é Advogado pode apresentar defesa "em nome próprio", sem necessidade de constituição de outro profissional.

(B) o acusado que não constituir Advogado será obrigatoriamente defendido por Procurador Municipal ou Estadual.

(C) o Juiz não pode indicar Advogado de forma compulsória a um acusado, que sempre tem o direito inalienável de articular a própria defesa, ainda que não seja habilitado para tanto.

(D) se for indicado um Defensor Público ao acusado, este não pode desconstituí-lo para nomear um profissional de sua confiança.

(E) apenas nos crimes mais graves o acusado deve obrigatoriamente ser assistido por Advogado, podendo articular a própria defesa, mesmo sem habilitação, nos casos em que não está em risco sua liberdade.

18. (2015 – FUNIVERSA – SEAP-DF – Agente de Atividades Penitenciárias) No que se refere ao direito processual penal, julgue o item, segundo o entendimento dos tribunais superiores e da doutrina dominante.

Ao ser interrogado, o acusado pode calar acerca dos fatos criminosos que lhe são imputados ou, ainda, e via de consequência do sistema de garantias constitucionais, negar a autoria delitiva, sem que isso dê ensejo à apenação criminal ou mesmo à valoração negativa dessas declarações pelo magistrado.19. **(2015 – FCC – TJ-PE – Juiz Substituto)** Antonio está sendo processado pela prática do delito de furto qualificado. É correto dizer que, caso haja mudança nas normas que regulamentam o procedimento comum ordinário,

(A) a nova lei se aplica ao processo no estágio em que se encontra, se concluída a fase de instrução.

(B) a nova lei apenas se aplica se benéfica ao acusado.

(C) os atos praticados sob a vigência da lei anterior são válidos.

(D) a nova lei se aplica ao processo no estágio em que se encontra, apenas se ainda não recebida a denúncia contra Antonio.

(E) os atos praticados sob a vigência da lei anterior precisam ser ratificados, caso contrário não serão considerados válidos.

20. (Vunesp – Delegado de Polícia – SP/2014) A respeito do direito ao silêncio do acusado no inquérito policial, é correto afirmar que

(A) não importará em confissão, mas em presunção de culpabilidade.

(B) importará em confissão.

(C) importará em confissão, exceto se o acusado manifestar o direito constitucional de somente falar em juízo.

(D) não importará em confissão, entretanto, poderá constituir elemento para formação do convencimento do juiz em eventual processo penal.

(E) não importará em confissão.

21. (Vunesp – Delegado de Polícia – SP/2014) A lei processual penal

(A) tem aplicação imediata, sem prejuízo dos atos realizados sob a vigência de lei anterior.

(B) somente pode ser aplicada a processos iniciados sob sua vigência.

(C) tem aplicação imediata, devendo ser declarados inválidos os atos praticados sob a vigência de lei anterior.

(D) tem aplicação imediata, devendo ser renovados os atos praticados sob a vigência da lei anterior.

(E) é retroativa aos atos praticados sob a vigência de lei anterior.

22. (Vunesp – Delegado de Polícia – SP/2014) São princípios constitucionais explícitos do processo penal:

(A) ampla defesa e intervenção mínima.

(B) presunção de inocência e lesividade.

(C) intervenção mínima e duplo grau de jurisdição.

(D) presunção de inocência e ampla defesa.

(E) lesividade e intervenção mínima.

23. (Vunesp – Delegado de Polícia – SP/2014) Em se tratando de processo penal, assinale a alternativa que apresenta, correta e respectivamente, uma fonte direta e uma fonte indireta.

(A) Costume e lei.

(B) Costume e jurisprudência.

(C) Doutrina e jurisprudência.

(D) Princípios gerais do direito e doutrina.

(E) Lei e costume.

24. (MPE-SC – Promotor de Justiça – SC/2014 – Adaptada) São efeitos do princípio tempus regit actum, previsto no Código de Processo Penal: a) os atos processuais realizados sob a égide da lei anterior são considerados válidos; b) as normas processuais têm aplicação imediata, pouco importando se o fato que deu origem ao processo é anterior à sua entrada em vigor.

25. (MPE-SC – Promotor de Justiça – SC/2014 – Adaptada) Segundo o Código de Processo Penal, a lei processual penal admitirá interpretação extensiva e aplicação analógica.

26. (Cespe – Juiz de Direito – TJ – CE/2018) Acerca dos princípios penais constitucionais e dos direitos fundamentais do cidadão à luz da CF, julgue os itens a seguir.

I São princípios processuais penais expressos na CF a presunção de não culpabilidade, o devido processo legal e o direito do suspeito ou indiciado ao silêncio.

II O direito processual penal compreende o conjunto de normas jurídicas destinadas a regular o modo, os meios e os órgãos do Estado encarregados do exercício do jus puniendi.

III A CF determina que o Brasil se submeta à jurisdição do Tribunal Penal Internacional, porém veda absolutamente a entrega de brasileiro naturalizado a jurisdição estrangeira.

IV De acordo com o princípio da irretroatividade da lei processual penal, a regra nova não pode retroagir, mesmo quando eventualmente beneficiar o réu.

Estão certos apenas os itens

(A) I e II.

(B) I e IV.

(C) II e III.

(D) I, III e IV.

(E) II, III e IV.

27. (CESPE – ABIN – Oficial Técnico de Inteligência – Área 2 – 2018) Acerca dos princípios gerais, das fontes e da interpretação da lei processual penal, bem como dos sistemas de processo penal, julgue o item que se segue. A publicidade, a imparcialidade, o contraditório e a ampla defesa são características marcantes do sistema processual acusatório. ( ) Certo ( ) Errado

28. (FCC – DPE-AP – Defensor Público – 2018) O sistema acusatório

(A) se caracteriza por separar as funções de acusar e julgar e por deixar a iniciativa probatória com as partes.

(B) se verifica quando a Constituição prevê garantias ao acusado.

(C) tem sua raiz na motivação das decisões judiciais.

(D) vigora em sua plenitude no direito brasileiro.

(E) privilegia a acusação, sendo próprio dos regimes autoritários.

29. (VUNESP – MPE-SP – Analista Jurídico do Ministério Público – 2018) Em relação aos princípios que regem o processo penal, afirma-se corretamente:

(A) a Constituição Federal garante expressamente os princípios da independência e da imparcialidade do juiz.

(B) o recurso extraordinário e o recurso especial têm por função assegurar o duplo grau de jurisdição.

(C) o direito ao julgamento em prazo razoável está previsto na Constituição Federal e pode ter como termo inicial ato realizado na fase de inquérito policial.

(D) sobre o princípio da motivação das decisões judiciais, há previsão no CPP quanto à denominada motivação per relationem.

(E) o art. 20, do CPP, que garante o sigilo das investigações no inquérito policial, não foi recepcionado pela Constituição Federal, que previu expressamente o princípio da publicidade.

30. (FGV – AL-RO – Consultor Legislativo – Assessoramento Legislativo – 2018) Analise as assertivas a seguir, que tratam sobre os princípios aplicáveis ao Direito Processual Penal.

I. Com base no princípio da presunção de inocência, a prisão preventiva deve ser decretada apenas quando as medidas cautelares alternativas não forem suficientes, não mais havendo prisão automática em razão de sentença condenatória de primeira instância;

II. Inspirado no princípio de que ninguém é obrigado a produzir provas contra si, o agente pode se recusar a realizar exame de etilômetro (bafômetro), podendo, porém, o crime ser demonstrado por outros meios de prova;

III. Com base no princípio da irretroatividade da lei processual penal, uma lei de conteúdo exclusivamente processual penal, em sendo mais gravosa ao réu, não poderá retroagir para atingir fatos anteriores a sua entrada em vigor.

Com base na jurisprudência dos Tribunais Superiores, está(ão) correta(s), apenas, as assertivas previstas nos itens

(A) I, II e III.

(B) I e II.

(C) I e III.

(D) II e III.

(E) I.

14. GABARITO ANOTADO

01 – C

Vide:

- Ar. 5º, LXXVIII, da CF.

- Item "9.24. Princípio da duração razoável do processo penal".

02 – B

Vide:

- Art. 2º do CPP.
- Item "7. A Lei Processual Penal no tempo".

03 – E

Vide:

- Item "9.4. Princípio do contraditório ou bilateralidade da audiência".

04 – E

Vide:

- Art. 399, § 2, do CPP.
- Item "9.22. Princípio da oralidade".

05 – E

Vide:

- Item "9.26. Princípio da inexigibilidade de autoincriminação".

06 – C

Vide:

- Art. 5º, XXXVII e LIII, da CF/88.
- Item "9.16. Princípio do juiz natural".

07 – E

Vide:

- Corte Interamericana, caso "Mohamed vs. Argentina.
- Art. 8º, 2, "h", do Pacto de São José da Costa Rica.
- Item "9.15. Princípio do duplo grau de jurisdição".

08 – B

Vide:

- Art. 2º, do CPP.
- Item "7. A Lei Processual Penal no tempo".

09 – B

Vide:

- Art. 5º, LX, da CF/88.
- Item "9.14. Princípio da publicidade"

10 – C

Vide:

- Súmula vinculante 14.
- Item "9.3. Princípio da igualdade processual" (princípio da paridade de armas e sua distinção).

11 – E

Vide:

- Item "3.2. Sistema acusatório".

12 – A

Vide:

- Art. 5º, *caput*, da CF/88.
- Item "9.3. Princípio da igualdade processual" (princípio da paridade de armas e sua distinção).

13 – E

Vide:

- Art. 5º, LX, da CF/88.
- Item "9.14. Princípio da publicidade".

14 – E

Vide:

- - Art. 5º, LVII, da CF/88.
- Art. 8º, 2, da Convenção Americana de Direitos Humanos.
- Item "9.1. Princípio da presunção de inocência ou da não culpabilidade"

15 – D

Vide:

- Art. 8º, 2, "h", do Pacto de São José da Costa Rica.
- Item "9.15. Princípio do duplo grau de jurisdição".

16 – A

Vide:

- Art. 3º do CPP.
- Item "6. Interpretação da Lei processual".

17 – A

Vide:

- Art. 263 do CPP.
- Item "9.5. Princípio da ampla defesa".

18 – C

Vide:

- Item "9.26. Princípio da inexigibilidade de autoincriminação"

19 – C

Vide:

- Art. 2º do CPP.
- Item "7. Lei Processual Penal no tempo".

20 – E

Vide:

- Art. 198, CPP
- Item 9.26. Princípio da inexigibilidade de autoincriminação

21 – A

Vide:

- Art. 2º, CPP
- Item 7. A Lei Processual Penal no Tempo

22 – D

Vide:

- Art. 5º, incisos LVII e LV, CF/88
- Item 9. Princípios processuais Penais

23 – E

Vide:

- Art. 5º, §§ 2º e 3º CPP e art. 22, I, CF/88
- Art. 4º, da LINDB
- Item 4.2. Classificação

24 – C

Vide:

- Art. 2º, CPP
- Item 7. A Lei Processual Penal no Tempo

25 – C

Vide:

- Art. 3º, CPP
- Item 4.2. Classificação

26 – A

Vide:

- Item "9. Princípios Processuais Penais"

27 – CERTO

Vide:

- Item "3.2. Sistema acusatório".

28 – A

Vide:

- Item "3.2. Sistema acusatório".

29 – C

Vide:

- Art. 5, LXXVIII, CF.

30 – B

Vide:

- Item "9. Princípios Processuais Penais".

15. QUESTÕES DISCURSIVAS COM COMENTÁRIOS

01. (Juiz de Direito/SP – 187º concurso – 2017 – VUNESP) Considerada a garantia constitucional da motivação das decisões judiciais, discorra sobre os seguintes temas:

(A) Finalidades endoprocessuais (técnicas) e extraprocessuais (políticas) da garantia.

(B) Possibilidade de motivação implícita.

(C) Exceção constitucional à regra.

(D) Decisões interlocutórias restritivas à liberdade individual.

(E) Recebimento da denúncia e apreciação da resposta à acusação.

Resposta

Nas respostas esperadas e fundamentadas disponibilizadas pela organizadora, constou o seguinte espelho:

"a) Finalidade endoprocessual ou técnica: proporciona às partes o conhecimento das razões de decidir, possibilitando a impugnação e o ataque aos seus fundamentos pela via recursal. Ademais, permite que os órgãos judiciários de segundo grau possam examinar a legalidade e a justiça da decisão.

Finalidade extraprocessual ou política: permite que, além das partes e dos juízes de segundo grau, a própria comunidade possa verificar se o juiz decide com imparcialidade e com conhecimento de causa. A motivação confere "transparência" à decisão judicial, permitindo controle difuso e generalizado sobre o modo pelo qual o juiz administra a justiça.

b) Inadmissível, em princípio, a apreciação implícita das teses jurídicas apresentadas pelas partes, a menos que a exposição da tese aceita pelo julgador para o caso concreto já contenha os argumentos de rejeição da tese apresentada em sentido oposto. É preciso que haja entre as questões efetivamente resolvidas e as implicitamente solucionadas uma relação de implicação necessária, de forma que a aceitação de uma leve à exclusão de outra, ou vice-versa. STF, HC 84.383.

c) A decisão dos jurados no Tribunal do Júri (art. 5º, XXXVIII, b, da CF), pois é o próprio povo que decide por intermédio de seus integrantes, não necessitando legitimar o ato com argumentação justificada, lógica ou normativamente.

d) A necessidade de motivação das decisões restritivas à liberdade individual é expressamente prevista nos arts. 315, 387, § 1º, e 413, § 3º, do Código de Processo Penal, e no art. 2º, § 2º, da Lei 7.960/89. Imprescindível que se funde a motivação em fatos concretos e específicos, indicativos da imprescindibilidade da segregação antecipada. Não bastam, por exemplo, meras conjecturas ou fórmulas vazias, com simples repetição das palavras da lei, e a gravidade abstrata do delito imputado.

e) Apesar de discordância de parte da doutrina, tem prevalecido o entendimento jurisprudencial, mesmo após a Constituição de 1988, de desnecessidade de motivação da decisão de recebimento da denúncia, sob os argumentos de que constituiria simples despacho de movimentação processual ou decisão com carga decisória diversa das que têm as sentenças condenatórias ou absolutórias.

No entanto, estatui o art. 396-A do CPP, introduzido com a reforma de 2008, que, na resposta, de caráter obrigatório, o acusado poderá arguir preliminares e alegar tudo que interesse à sua defesa. Diante disso, passou-se a entender que, da exigência, decorreria o dever de o julgador apreciar as teses apresentadas, acatando-as ou rebatendo-as motivadamente, admitindo-se, inclusive, que reveja sua decisão de recebimento da denúncia ou queixa." [111]

02. (Promotor de Justiça MPE-PR – 2014 – MPE-PR) Discorra sobre a seguinte assertiva: "Com as últimas reformas legislativas, alguns artigos do CPP, com traços do sistema penal inquisitório, foram revogados ou alterados, mas persistem dispositivos em descompasso com o sistema constitucional acusatório". (máximo de 20 linhas)

Resposta

O espelho de correção divulgado exige que, num primeiro momento, diferencie-se com brevidade sistema inquisitório do sistema acusatório, bem como seja feita a indicação sobre qual foi o modelo brasileiro adotado pelo CPP (se acusatório, se inquisitorial ou misto, fundamentando a posição) e seu eventual contraste com o sistema da Constituição Federal. Os sistemas processuais foram estudados no item 3 do presente capítulo, tendo sido ressaltado que a leitura dos dispositivos do CPP deve ser feita à luz da Constituição, adequando-se o nosso sistema processual ao constitucional acusatório. Importante mencionar as alterações legislativas da "minirreforma" de 2008 do CPP (Leis nºs 11.690/08, 11.689/08 e 11.719/08) e Lei nº 12.403/11, por meio das quais foi reduzida a atuação de ofício do juízo. Outrossim, necessário comentar ao menos um dispositivo legal que manteve traço inquisitório, como a manutenção da possibilidade de o juiz determinar a produção de provas urgentes antes de iniciada a ação penal e ordenar diligências de ofício para esclarecimento de ponto relevante durante o processo (art. 156, I e II, do CPP), quando o ônus probatório é do MP. É indispensável, ainda, que seja abordada a alteração do interrogatório como primeiro ato – lembrando que no sistema inquisitório valoriza-se a confissão como a rainha das provas – meio de prova –, passando para depois da instrução – meio de defesa, podendo o acusado permanecer em silêncio (norma constitucional) e deixar de comparecer ao ato e ao julgamento no júri. Deve ser valorizado o sistema acusatório, comentando-se pelo menos um dispositivo do CPP alterado pela minirreforma de 2008 ou pela lei de medidas cautelares pessoais, tais como a possibilidade das partes fazerem indagações diretamente à testemunha, antes do magistrado (art. 212, do CPP) ou a impossibilidade do juiz aplicar de ofício medidas cautelares pessoais durante a investigação (art. 282, § 2º e 4º, do CPP – Lei nº 12.403/11).

03. (Promotor de Justiça MPE-PR – 2014 – MPE-PR) Discorra sobre o princípio do Juiz Natural no processo penal brasileiro, abrangendo: a) conceituação e sua previsão no ordenamento jurídico e b) explicite como se efetiva a distribuição de competência a partir do referido princípio. (máximo de 20 linhas)

Resposta

O princípio do juiz natural expressa o direito de ser processado pelo magistrado competente, assim como a vedação constitucional à criação de juízos ou tribunais de exceção. Conforme destacado pelo espelho de correção, compreende-se o direito que cada cidadão tem em saber previamente, por meio de fontes constitucionais, qual autoridade irá processá-lo e julgá-lo, sendo este juízo constituído antes do fato delituoso a ser julgado e mediante regras taxativas de competência. O princípio está consagrado no art. 5º, incisos XXXVII e LIII, da CF: no primeiro inciso indicado é estabelecida a vedação aos tribunais de exceção, juízo ad hoc (criados para julgamento de determinado fato), bem como juízo ex post factum (criados após a prática dos fatos postos a julgamento). Quanto ao segundo inciso apontado, diz respeito aos julgamentos pelo juízo competente, isto é, ninguém será processado nem sentenciado senão pelo juízo competente, dotado de todas as garantias institucionais e pessoais previstas constitucionalmente. Por fim, quanto aos critérios de distribuição de competência a partir do referido princípio, o espelho de correção pontuou que a Constituição Federal estabelece:

- *Competência ratione personae, em razão das funções (foro por prerrogativa de função), art. 102, 105, 108 e 96, III da CRFB.*
- *Competência ratione materiae, especializada por matéria, conforme a titularidade do bem e à natureza do crime (Justiça Comum: Federal (expressa) e Estadual (residual); Justiça Especializada: Justiça Militar e Justiça Eleitoral; Julgamento pelo Tribunal do Júri: crimes contra a vida, art. 5º, XXXVIII da CRFB).*

04. (Vunesp – Defensor Público – MS/2008) Explique a garantia da paridade de armas no processo penal, frente ao princípio do in dúbio pro reo.

Resposta

A paridade de armas no direito processual penal deve ser compreendida conforme sua finalidade primária, que é a de proteger a liberdade, ao lado do fito de fazer atuar o direito penal objetivo. Como o direito processual penal decorre do

111. <https://documento.vunesp.com.br/documento/stream/Mjg1NjAz> Acesso em> 18.12.2017.

seu núcleo constitucional sedimentado no art. 5º, da CF – sistema processual penal acusatório – suas regras são entendidas como manifestações de direitos fundamentais de primeira geração, eis que protegem a liberdade do indivíduo contra o arbítrio estatal.

Daí que, ao lado da isonomia formal entre as partes, assegurada por diversas regras processuais penais – a exemplo da resposta preliminar à acusação (art. 396-A, CPP), da oportunidade do acusado para falar sempre por derradeiro em sede de debates orais finais ou memoriais, da oportunidade para ambas as partes apresentar razões e contrarrazões a recursos –, o Código de Processo Penal e leis extravagantes impõem a existência de defesa técnica ao acusado por advogado/defensor – não bastando a autodefesa –, com formas de solucionar deficiência ou ausência de defesa. Ademais, o princípio do favor rei possibilita interpretação mais favorável ao acusado quando existente dúvida (art. 386, CPP) ou para fins de desempate quando de julgamento por órgãos colegiados.

A justificativa para o aparente desequilíbrio da paridade de armas no direito processual penal decorre, sobretudo, do princípio constitucional do estado de inocência, sendo preferível um culpado impune do que um inocente preso. Decorre, ainda, do reconhecimento histórico de abusos e erros judiciários quando do julgamento de acusados. O aparato de persecução penal, em regra, é muito mais forte que a defesa do réu, sendo necessário, para equilibrar a balança e conferir isonomia material, um conjunto de regras que sirvam de escudo aos direitos fundamentais da pessoa acusada.

---

05. (Vunesp – Defensor Público – MS/2008) Explique quais são as manifestações processuais do direito de autodefesa do réu e ainda se esse direito é renunciável.

Resposta

Temos duas formas de defesa em processo penal: a autodefesa e a defesa técnica. A defesa técnica é indispensável, irrenunciável. Ainda que o acusado não constitua advogado, ser-lhe-á dado defensor público (intimado para prestar assistência) ou nomeado defensor dativo.

Já a autodefesa é renunciável. Compreende o direito de comparecimento aos atos processuais, o direito de ser interrogado e o direito de ser intimado para fins recursais em juízo de primeiro grau de jurisdição. O manejo de recurso pelo próprio acusado, contra decisão ou sentença de juiz singular, dispensa representação por profissional de advocacia. Naturalmente que, depois de interposto o recurso pelo réu no exercício de postulação leiga, o juiz deverá oportunizar que seu advogado oferte razões recursais ou deverá nomear defensor dativo ou intimar defensor público para este fim.

Embora seja renunciável, pensamos que a renúncia à autodefesa deve ser contemporânea ao ato objeto da renúncia, como por exemplo, o requerimento do réu preso de dispensa de comparecimento ao interrogatório perante o tribunal do júri. Não é possível, contudo, renunciar ao prazo recursal de maneira prévia, por exemplo, declarando tal renúncia em resposta preliminar à acusação, em procuração outorgada ao advogado ou em acordo de delação premiada. Renúncias feitas com essa antecedência devem ser reputadas inválidas.

---

06. (FAURGS – Delegado de Polícia – RS/2006) Diante do disposto no artigo 2º do Código de Processo Penal, referente à aplicação imediata da lei processual penal, questiona-se sobre a aplicabilidade do artigo 366 do referido Código quanto a fatos ocorridos antes da edição da Lei nº 9.271/96 que estabeleceu a atual redação desse artigo.

Resposta

O art. 366, do CPP, com redação determinada pela Lei nº 9.271/1996, tem aplicação somente para fatos ocorridos após a sua vigência.

Sua composição é híbrida, eis que constitui norma de direito material (quando determina a suspensão da prescrição) e norma de direito processual (quando determina a suspensão do processo).

Depois de controvérsias sobre a possibilidade de cisão das normas que formam o dispositivo, firmou-se o entendimento hoje pacificado nos tribunais superiores de que não é possível cindir o dispositivo e, para evitar a aplicação da parte penal prejudicial em afronta ao princípio da irretroatividade da lei penal mais gravosa, entendeu-se por conferir incidência do artigo só para os fatos vindouros, de forma integral.

---

07. (MPE-GO – Promotor de Justiça – GO/2010) O sistema do Código de Processo Penal brasileiro possibilita a sobreposição de funções do órgão jurisdicional e do órgão oficial de acusação, fazendo com que se tenha condições quase ilimitadas para o agir jurisdicional no âmbito de busca e produção de prova. Esse agir oficioso por parte do órgão jurisprudencial cria o que Franco Cordero denominou de "quadri mentali paranoidi" (quadros mentais paranoicos), já que quem produz prova desenvolve um raciocínio baseado no primado das hipóteses sobre fatos. Tal situação está em sintonia com o sistema acusatório previsto na Constituição do Brasil de 1988? Fundamente com argumentos críticos.

Resposta

O sistema acusatório pressupõe repartição de funções bem definidas no processo penal condenatório, com ênfase para a preservação da imparcialidade do magistrado. A Constituição de 1988 assegurou o sistema acusatório, especialmente quando declarou a atribuição do Ministério Público para promover a ação penal pública, permitindo alijar, de uma vez por todas, a possibilidade de juiz ou de autoridade policial iniciar uma ação penal.

A promoção da ação penal subentende a produção probatória. Um dos aspectos da ação é a prova. A gestão da prova só se produz perante um juiz. Mas o sistema acusatório, a rigor, não permite que o juiz tenha a iniciativa probatória. Daí que a questão da gestão da prova é um dos temas centrais do sistema acusatório. Nosso CPP permite o agir de ofício pelo juiz para a produção probatória, porém essa autuação só tem se entendido possível quando já instaurado processo e, de preferência, de forma supletiva às partes. O protagonismo judicial probatório durante o processo, aliás, só deve ser possível para garantir a eficácia dos direitos do acusado, na senda de que o processo penal é muito mais uma garantia do que um instrumento para efetivar punições. Alguns dispositivos do CPP, como o art. 212, já seguem a tendência de colocar o juiz de acordo com o perfil necessário ao acusatório: ele formula perguntas às testemunhas por último, depois das partes, especialmente porque a parte que arrolou o depoente é a primeira a perguntar. Daí a atuação supletiva e cuidadosa, com vistas a preservar o julgamento do mérito contra o risco da parcialidade.

O quadro mental paranoico referido pelo autor deriva da postura do juiz inquisidor que pretende atestar a hipótese da acusação sobre o fato, buscando a todo custo a prova que pretende para evidenciar a correção da imputação, formulada mentalmente por ele próprio, sem respeito ao contraditório efetivo.

08. (MPE-SP – Promotor de Justiça – SP/2012) Dissertação: PRINCÍPIOS CONSTITUCIONAIS DO PROCESSO E SEUS REFLEXOS NA LEGISLAÇÃO PROCESSUAL PENAL

Resposta

Tratando-se de questão aberta, sem limites de linhas, o candidato deve demonstrar todo domínio possível do assunto. Estudamos os princípios processuais penais no curso deste capítulo, para onde remetemos o leitor.

09. (MPE-SC – Promotor de Justiça – SC/2007) O princípio do Promotor Natural, que decorre do princípio do devido processo legal, é uma das garantias constitucionais do cidadão para impedir que o Estado exorbite de suas atribuições em benefício ou detrimento de alguém. Assim, é inconstitucional a norma prevista no art. 28 do Código de Processo Penal que autoriza o Procurador-Geral de Justiça, ou outro órgão do Ministério Público por ele designado, oferecer a denúncia em caso de inquérito policial remetido pelo juiz que não acolheu pedido de arquivamento formulado pelo Promotor de Justiça Titular?

Fundamente a resposta.

Resposta

O Supremo Tribunal Federal não tem dado essa amplitude ao princípio do promotor natural. Aliás, este princípio não vem sendo reconhecido pela Suprema Corte para o fim de impedir a substituição entre os membros, com base em critérios objetivos, a teor do princípio da indivisibilidade da instituição.

Quanto ao art. 28, do CPP, o texto confere ao Poder Judiciário a função atípica de fiscalizador do princípio da obrigatoriedade da ação penal pública. Havendo discordância do juiz relativamente à manifestação do promotor de justiça, o magistrado não compele o membro do MP a agir conforme entende, nem atua em seu lugar, porém remete ao Chefe do Parquet, que terá, ao cabo, a palavra final sobre o assunto, a respeito do que não poderá o juiz mais divergir.

A função anômala de fiscal pode não ser a melhor técnica para o controle de arquivamento de inquéritos policiais. Para boa parte da doutrina, melhor que os pedidos de arquivamento de inquérito policial fosse promovido perante os órgãos de cúpula do próprio Ministério Público, a exemplo do que ocorre com as promoções de inquérito civil público, que depende de concordância do Conselho Superior do Ministério Público respectivo.

No entanto, não chega o disposto no art. 28, CPP, sob essa ótica, a ofender o princípio do promotor natural, até porque o juiz não delibera acerca da substituição do membro ou pela feitura direta do ato, reservando a decisão da questão à chefia do órgão. Mas um argumento é possível para sustentar inconstitucionalidade da previsão: o juiz, ao tomar a iniciativa de discordar do pedido de arquivamento, está indicando que entende ser plausível a imputação para o oferecimento de denúncia que, caso aconteça, ele próprio irá julgar. Ora, nesses termos, há violação ao sistema acusatório constitucional que exige divisão de tarefas bem distintas entre acusar, defender e julgar. De certa maneira, ao fiscalizar o princípio da obrigatoriedade da ação penal, o juiz vê maculada sua indispensável imparcialidade.

10. (MPE-PR – Promotor de Justiça – PR/2011) (Máximo 10 linhas). O art. 387, inciso IV do Código de Processo Penal recebeu nova redação pela lei 11.719, de 20 de junho de 2008. É possível sua aplicação na sentença ou acórdão lavrados hoje, relativo a casos cuja instrução tenha terminado antes da entrada em vigor da lei? Explique.

Resposta

O inciso referido dispõe que o juiz fixará o valor mínimo para reparação dos danos causados pela infração, considerando os prejuízos causados pelo acusado.

Para responder a questão, devemos ter em conta que o problema se trata de direito intertemporal e que a regra em tela é de natureza não só processual, mas também de cunho material.

Se a norma fosse só de direito processual, não haveria óbice a sua aplicação imediata, desde que formulado pedido nesse sentido pelo legitimado e fosse assegurado o contraditório. Teria lugar, no caso, o art. 2º, CPP – aplicação desde logo –, sem se perquirir a respeito do encerramento ou não da instrução (tempus regit actum). A lei processual aplicável é aquela vigente à época da prolação da sentença.

Como a norma tem forte teor material – pois fixação de valor do dano é matéria de natureza civil, ainda que se trate de quantum mínimo –, não é possível a sua incidência retroativa para alcançar os fatos cometidos em data anterior à vigência do novel inciso IV, do art. 387, CPP. Nesse sentido já se posicionou o STJ[112].

11. (MPE-PR – Promotor de Justiça – PR/2012) (Máximo de 20 linhas). Considere a seguinte sequência de atos processuais:

O réu foi interrogado, sua defesa recebeu os autos e apresentou a defesa inicial por escrito; a seguir, foram ouvidas testemunhas do Ministério Público num ato processual e noutra audiência as testemunhas de defesa (nas inquirições o juiz questionou primeiro as testemunhas e em seguida as partes fizeram indagações); depois os autos seguiram primeiro à promotoria e depois para a defesa, que ofereceram alegações escritas; por fim, o juiz recebeu o processo e emitiu sentença.

Tendo em pauta os sistemas processuais penais, qual deles é mais consentâneo com o procedimento acima? Justifique.

Resposta

O procedimento retratado é de índole mais inquisitória. Isso porque foram seguidas as seguintes regras: (a) interrogatório no início do procedimento, mitigando maior possibilidade de contraditório e ampla defesa se comparada sua realização ao final; (b) prevalência de manifestações escritas, contrariamente ao procedimento filiado ao sistema acusatório que dá ênfase à palavra falada (processo oral); (c) produção de provas em várias audiências (o sistema acusatório prestigia a concentração dos atos processuais em uma única audiência, assegurando maior possibilidade de um processo oral); (d) juiz teve iniciativa probatória, sendo o primeiro a formular perguntas às testemunhas (o sistema inquisitório retira a iniciativa do juiz alusiva à gestão da prova).

12. (UFMT – Promotor de Justiça – MT/2012) Discorra sobre a Convenção Americana sobre Direitos Humanos (Pacto de São José, da Costa Rica), promulgada pelo Decreto nº 678/1992, e os direitos e garantias processuais penais. Coteje os direitos e garantias processuais penais constantes na Convenção com os direitos e garantias incorporados (ou não) ao processo penal brasileiro, apontando o entendimento do Supremo Tribunal Federal sobre a questão.

O Supremo Tribunal Federal reconhece status supralegal ao Pacto de São José de Costa Rica, incorporado ao ordenamento jurídico nacional, em 1992, embora tenha sido firmada em 1969. Sobre a qualidade desse tratado protetivo de direitos humanos, anotamos nesse capítulo.

As disposições da Convenção que afetam o processo penal são:

1) o seu art. 7º, que prevê o direito à liberdade pessoal, assegurando que:

(A) toda pessoa tem direito à liberdade e segurança pessoais (a CF/1988 garantiu o estado de inocência como regra e que ninguém será preso salvo em flagrante delito ou por ordem judicial, ressalvados crimes militares e transgressões disciplinares militares);

(B) ninguém pode ser privado de sua liberdade física, salvo pelas causas e nas condições previamente fixadas pelas Constituições políticas dos Estados-partes ou pelas leis de acordo com elas promulgadas (o sistema processual penal brasileiro tem disposições em sentido análogo, conferindo prevalência à liberdade);

(C) ninguém pode ser submetido a detenção ou encarceramento arbitrários;

(D) toda pessoa detida ou retida deve ser informada das razões da detenção e notificada, sem demora, da acusação ou das acusações formuladas contra ela (o CPP dispõe sobre a necessidade de comunicação das razões da prisão à pessoa detida, com formalidades bem delineadas, bem como que devem ser comunicadas as autoridades judiciais e do Ministério Público);

(E) toda pessoa presa, detida ou retida deve ser conduzida, sem demora, à presença de um juiz ou outra autoridade autorizada por lei a exercer funções judiciais e tem o direito de ser julgada em prazo razoável ou de ser posta em liberdade, sem prejuízo de que prossiga o processo. Sua liberdade pode ser condicionada a garantias que assegurem o seu comparecimento em juízo (o sistema processual penal brasileiro carece de previsão expressa de uma "audiência de custódia" da pessoa presa. Temos regras para que o juiz competente fique imediatamente ciente da prisão, mas falta previsão de apresentação imediata do preso, salvo no processo de habeas corpus, prevendo o art. 656, CPP, a faculdade do juiz determinar a apresentação do preso).

(F) toda pessoa privada da liberdade tem direito a recorrer a um juiz ou tribunal competente, a fim de que este decida, sem demora, sobre a legalidade de sua prisão ou detenção e ordene sua soltura, se a prisão ou a detenção forem ilegais. O recurso não pode ser restringido nem abolido e pode ser interposto pela própria pessoa ou por outra pessoa (o sistema recursal brasileiro assegura, na quase totalidade dos casos, essa possibilidade. No entanto, quando se trata de recursos contra decisões de tribunais, há mitigação, porque em regra, para insurgência contra decisão de tribunal se exige advogado, salvo no processo de habeas corpus. Ademais, das decisões do STF, em ações penais originárias, o direito recursal a instância superior fica prejudicado).

112. STJ – Quinta Turma – AGRESP 201101195424 – Rel. Min. Laurita Vaz – Dje 05/11/2013.

2) O seu art. 8º estabelece as garantias judiciais, afirmando que:

(A) toda pessoa terá o direito de ser ouvida, com as devidas garantias e dentro de um prazo razoável, por um juiz ou Tribunal competente, independente e imparcial, estabelecido anteriormente por lei, na apuração de qualquer acusação penal formulada contra ela (essas regras estão também regradas no direito processual penal interno brasileiro, a exemplo da previsão do princípio da razoável duração do processo).

(B) toda pessoa acusada de um delito tem direito a que se presuma sua inocência, enquanto não for legalmente comprovada sua culpa (o estado de inocência gizado na Constituição vigora até o transito em julgado de sentença penal condenatória);

(C) durante o processo, toda pessoa tem direito, em plena igualdade, às seguintes garantias mínimas:

c.1) direito do acusado de ser assistido gratuitamente por um tradutor ou intérprete, caso não compreenda ou não fale a língua do juízo ou tribunal (falta previsão mais específica sobre o ponto, embora tenhamos defensoria pública e, de certo modo, haja disposição no sentido de assegurar tradutor ou intérprete, bem como a assistência judiciária gratuita);

c.2) comunicação prévia e pormenorizada ao acusado da acusação formulada (as regras de citação da legislação processual penal pátria assegura, em boa medida, a ciência da imputação de forma prévia);

c.3) concessão ao acusado do tempo e dos meios necessários à preparação de sua defesa (as leis brasileiras preveem prazos, viabilizando essa regra);

c.4) direito do acusado de defender-se pessoalmente ou de ser assistido por um defensor de sua escolha e de comunicar-se, livremente e em particular, com seu defensor (poderíamos ter regras mais específicas, porém, o ordenamento nacional assegura defesa técnica e autodefesa, bem como a comunicação livre do acusado e de seu advogado, mediante regras que garantem prerrogativas funcionais aos advogados);

c.5) direito irrenunciável de ser assistido por um defensor proporcionado pelo Estado, remunerado ou não, segundo a legislação interna, se o acusado não se defender ele próprio, nem nomear defensor dentro do prazo estabelecido pela lei (atualmente essa regra é eficaz segundo o próprio Código de Processo Penal, a exemplo dos parágrafos do seu art. 396-A, garantindo o caráter irrenunciável da defesa técnica);

c.6) direito da defesa de inquirir as testemunhas presentes no Tribunal e de obter o comparecimento, como testemunhas ou peritos, de outras pessoas que possam lançar luz sobre os fatos (as leis processuais penais preveem a possibilidade de ser garantida condução coercitiva dessas pessoas, caso haja necessidade);

c.7) direito de não ser obrigada a depor contra si mesma, nem a confessar-se culpada (nosso sistema vem se adequando para garantir que ninguém seja obrigado a se autoincriminar. As regras que eventualmente violam o princípio do nemo tenetur se detegere vêm sendo objeto de controle de constitucionalidade ou de interpretação conforme a Constituição).

c.8) direito de recorrer da sentença a juiz ou tribunal superior (temos previsão de recursos, salvo quando mitigados pela natureza do órgão, como é o caso de julgados proferidos em ações originárias ajuizadas perante o STF);

(D) A confissão do acusado só é válida se feita sem coação de nenhuma natureza (o art. 187, do CPP, assegura o direito ao silêncio, não permitindo que esta circunstância seja utilizada para desfavorecer o réu. A Lei nº 9.455/1997 pune a tortura);

(E) O acusado absolvido por sentença transitada em julgado não poderá ser submetido a novo processo pelos mesmos fatos (nosso sistema legislado atende razoavelmente essa regra. É o ne bis in idem – ninguém poderá ser processado duas vezes pelo mesmo fato. No entanto, na jurisprudência do STF e do STJ tem se verificado a admissão de um novo processo contra o agente quando, na segunda denúncia, é modificada a sua condição de autor para partícipe ou vice-versa. Para nós, há violação ao princípio em tela);

(F) processo penal deve ser público, salvo no que for necessário para preservar os interesses da justiça (a Constituição e nossas leis processuais penais asseguram tal regra. Pensamos que o fato do inquérito policial ser sigiloso não é violador da publicidade processual, já que não temos, na fase de investigação preliminar, um processo penal instaurado);

3) o art. 25 da Convenção estatui regras de proteção judicial, preconizando, notadamente, que toda pessoa tem direito a um recurso simples e rápido ou a qualquer outro recurso efetivo, perante os juízes ou tribunais competentes, que a proteja contra atos que violem seus direitos fundamentais reconhecidos pela Constituição, pela lei ou pela presente Convenção, mesmo quando tal violação seja cometida por pessoas que estejam atuando no exercício de suas funções oficiais (o sistema processual penal brasileiro prevê ações autônomas de impugnação eficazes, notadamente o habeas corpus e o mandado de segurança).

---

13. (MPE-MS – Promotor de Justiça – MS/2011) Abstraídas as discussões doutrinárias e jurisprudenciais acerca da nulidade ou inexistência da sentença proferida por juiz absolutamente incompetente, responda: Poderá o Promotor de Justiça ofertar nova acusação contra o acusado absolvido por juiz constitucionalmente incompetente? (Extensão máxima: 20 linhas)

Não poderá oferecer nova denúncia. Ainda que se trate de juízo absolutamente incompetente, o fato de já ter sido submetido a processo, com sentença absolutória definitiva (transitada em julgado), é óbice a um novo processo. Aplica-se o princípio ne bis in idem, que garante que ninguém será processado duas vezes pelo mesmo fato. No entanto, caso o julgado absolutório seja submetido a recurso da acusação, com sua invalidação posterior e reconhecimento da incompetência absoluta, naturalmente pode a pessoa ser acusada perante juízo competente, porque não se formou coisa julgada absolutória (nesse sentido, o STF e o STJ, salientando a inaplicabilidade, nessa situação, do princípio do non reformatio in pejus).

---

14. (TJ/SP – Juiz de Direito – SP/2007) Considerando que o processo penal é regido pelo sistema acusatório, conforme o disposto no artigo 129, I, da CF, a aplicação do art. 384, parágrafo único, do CPP representaria hipótese de atividade judicial anômala? Como conciliar esse texto legal com o princípio do *ne procedat judex ex-officio*?

Resposta

Para compatibilizar com o princípio de que o juiz não agirá de ofício, se entende que só o Ministério Público deve tomar inciativa para apresentar o aditamento acrescentando nova infração penal, elemento ou circunstância, em razão de fato revelado no curso da instrução. A atuação anômala – que de fato é – do Judiciário para fiscalizar o não aditamento e aplicar o art. 28, CPP, por analogia, é violadora do sistema acusatório, eis que ao juiz não é dado prejulgamentos sequer para instar o órgão ministerial a cumprir seu mister.

No entanto, o art. 384, CPP, cuja redação foi melhorada com a Lei 11.719/2008, permanece sem reconhecimento de inconstitucionalidade por parte dos tribunais.

Observação: O tema é de predileção dos examinadores, conforme se vê na questão a seguir.

---

15. (TRF/2R/Juiz/2007) A "*mutatio libelli*" de que trata o art. 384 do CPP, empreendida pelo juiz, viola o princípio acusatório?

Muitas críticas são dirigidas ao art. 384, caput, do CPP, justamente por permitir ao juiz certa dose de iniciativa para sugerir que o Ministério Público emende a inicial para acrescer fato que constitua elemento ou circunstância da infração penal e que não tenha sido objeto de descrição na denúncia.

Resposta

A regra a ser observada para sentenciar é da correlação entre petição inicial acusatória e sentença.

Ocorre que o controle dessa iniciativa pelo juiz é que teria o condão de ofender o princípio acusatório.

Se o juiz discordar do não aditamento da denúncia pelo Ministério Público, ele poderá se valer do disposto no § 1º, do art. 384, do CPP, para aplicar, por analogia, o art. 28, do mesmo Código, remetendo a questão para que o Procurador-Geral de Justiça delibere, seja insistindo no não oferecimento do aditamento – quando o juiz deverá aquiescer – seja oferecendo o aditamento ou designando outro membro para este fim. Essa postura do juiz evidencia certo ferimento do sistema acusatório, porquanto confere ao magistrado a possibilidade de imiscuir-se na opinio delicti e nas atribuições próprias da função de acusar, desequilibrando sua imparcialidade.

---

16. (TRF/2R/Juiz/2007) Quais as consequências básicas que derivam da reunião, no Estado, do poder-dever de punir e do poder-dever de tutela jurídica processual?

O Estado reúne em suas mãos, sob o aspecto funcional, as atividades de:

(A) acusar: Estado-acusador, função exercida pelo Ministério Público. Excepcionalmente, o particular detém a função de legitimado autônomo para a condução do processo (ação penal privada exclusiva, subsidiária e personalíssima);

(B) julgar: Estado-juiz, que presta jurisdição, que presta tutela jurisdicional ou tutela jurídica processual, por meio do Poder Judiciário;

(C) punir: Estado-administração, efetiva o jus puniendi por meio do Judiciário na função jurisdicional-administrativa de execução penal, bem como através da estrutura penitenciária a cargo dos órgãos da Administração Pública:

(D) defender: Estado-defensor, que estrutura defensorias públicas para garantir, para quem não tiver advogado constituído, defesa técnica.

Resposta

Seguindo o enunciado da questão, as consequências básicas estruturais em razão da reunião do poder-dever de punir e do poder-dever de tutela jurisdicional é a existência do Estado-administração (para fazer atuar o primeiro poder-dever) e o Estado-juiz (para tornar viável o segundo). Evidentemente, há toda uma tessitura normativa para que tais atividades sejam desenvolvidas nos termos da lei, a exemplo daquelas que disciplinam o processo de execução penal (Lei nº 7.210/1984) e o processo penal condenatório (CPP e leis especiais).

---

17. (MPF/24) Na jurisprudência do STJ (por ex. HC 78.349-MT, Rel. Min. Felix Fischer, 18.6.2007), tem-se entendido que o prazo para encerramento da instrução com réu preso não é rígido, estando sujeito, o exame de seu excesso, ao juízo de "razoabilidade". O que se entende por "razoabilidade" e quais os critérios que a norteiam?

Resposta

Há quem distinga razoabilidade – proibição do excesso – e proporcionalidade – princípio que sintetiza três passos que devem ser seguidos também com o fito de limitar o excesso. Para nós, razoabilidade e proporcionalidade são expressões correlatas, sinônimas, designando a mesma ideia. Para conferir maior concretude ao princípio, o intérprete perpassa por três etapas: a necessidade, a adequação ou idoneidade e a proporcionalidade em sentido estrito ou juízo de ponderação. Estudamos o princípio aqui referido no curso deste capítulo (tópico 9.25), para onde remetemos o leitor.

Capítulo II

Inquérito policial

Sumário • 1. A persecução criminal – 2. Polícia judiciária e polícia administrativa: 2.1. Polícia administrativa ou de segurança; 2.2. Polícia judiciária – 3. Conceito e finalidade do inquérito policial: 3.1. Natureza jurídica do inquérito; 3.2. Verificação de procedência das informações (VPI); 3.3. Destinatários do inquérito policial – 4. Inquéritos não policiais: 4.1. Inquéritos parlamentares; 4.2. Inquéritos policiais militares; 4.3. Inquérito civil; 4.4. Inquérito judicial; 4.5. Inquéritos por crimes praticados por magistrados ou promotores; 4.6. Investigações envolvendo autoridades que gozam de foro por prerrogativa de função; 4.7. Investigações particulares e investigação criminal defensiva; 4.8. Investigações a cargo do Ministério Público (procedimento investigatório criminal); 4.9. Investigações pelos demais órgãos públicos; 4.10. Investigações conjuntas – 5. Características do inquérito policial: 5.1. Discricionariedade; 5.2. Escrito; 5.3. Sigiloso: 5.3.1. Espécies de sigilo: interno e externo; 5.3.2. Acesso aos autos do inquérito pelo advogado; 5.3.3. Ampliação do acesso aos autos de investigação preliminar pelo advogado: 5.3.3.1. Necessidade de assegurar maior acesso às investigações criminais; 5.3.3.2. Âmbito de aplicação das disposições do Estatuto da OAB incluídos pela Lei nº 13.245/2016; 5.3.3.3. Sigilo e sua relação com a natureza inquisitiva do inquérito policial; 5.3.3.4. Direito do advogado do representado de examinar os autos da investigação; 5.3.3.5. Sigilo dos autos de investigação e autoridade responsável pelos seus limites; 5.3.3.6. Direito do advogado de se fazer presente às declarações do investigado; 5.3.3.7. Nulidade do ato investigativo sem que seja assegurado ou permitido advogado; 5.3.4. *Lawfare; 5.3.5. Trial by media* ou publicidade ostensiva; 5.4. Oficialidade; 5.5. Oficiosidade; 5.6. Indisponibilidade; 5.7. Inquisitivo; 5.8. Autoritariedade; 5.9. Dispensabilidade – 6. Competência (atribuição): 6.1. Critério territorial; 6.2. Critério material; 6.3. Critério em razão da pessoa – 7. Prazos: 7.1. Regra geral; 7.2. Prazos especiais: 7.2.1. Inquéritos a cargo da polícia federal; 7.2.2. Crimes contra a economia popular; 7.2.3. Lei antitóxicos; 7.2.4. Inquéritos militares; 7.3. Contagem do prazo; 7.4. Controle dos prazos e armazenamento de dados – 8. Valor probatório – 9. Vícios – 10 *Notitia Criminis* (notícia do crime): 10.1. Conceito; 10.2. Espécies: 10.2.1. Espontânea (cognição imediata); 10.2.2. Provocada (cognição mediata): 10.2.2.1. Requisição do juiz ou do Ministério Público; 10.2.2.2. Requerimento da vítima; 10.2.2.3. Delação; 10.2.2.4. Representação da vítima (*delatio criminis* postulatória); 10.2.2.5. Requisição do Ministro da Justiça; 10.2.3. Notícia crime revestida de forma coercitiva – 11. Peças inaugurais do inquérito policial – 12. Incomunicabilidade – 13. Providências: 13.1. Reprodução simulada dos fatos; 13.2. Indiciamento: 13.2.1. Conceito; 13.2.2. Indiciado menor; 13.2.3. Desindiciamento; 13.2.4. Vedação ao indiciamento; 13.2.5. Afastamento do servidor público indiciado em crimes de lavagem de dinheiro; 13.2.6. Os limites do indiciamento e a Lei nº 12.830/2013 – 14. Encerramento: 14.1. Crimes de ação penal pública: 14.1.1. Quais são as hipóteses que autorizariam o pedido de arquivamento?; 14.1.1.1. Faltar pressuposto processual ou condição para o exercício da ação penal; 14.1.1.2. Faltar justa causa; 14.1.2. Se o magistrado homologar o pedido de arquivamento, esta decisão é imutável pela coisa julgada material?; 14.1.3. Recurso e ação privada subsidiária da pública; 14.1.4. Divergência do magistrado quanto ao pedido de arquivamento do inquérito policial e distinções do procedimento conforme a competência da Justiça: 14.1.4.1. Justiça estadual; 14.1.4.2. Justiça federal; 14.1.4.3. Justiça comum do Distrito Federal; 14.1.4.4. Justiça militar: 14.1.4.4.1. Justiça militar da União; 14.1.4.4.2. Justiça militar dos estados; 14.1.4.5. Justiça eleitoral; 14.1.4.6. Órgãos colegiados: 14.1.4.6.1. Supremo Tribunal Federal; 14.1.4.6.2. Tribunais de justiça e tribunais de justiça militar; 14.1.4.6.3. Tribunal Superior Eleitoral; 14.1.4.6.4. Demais órgãos colegiados: 14.1.4.6.4.1. Superior Tribunal de Justiça; 14.1.4.6.4.2. Superior Tribunal Militar; 14.1.4.6.4.3. Tribunais Regionais Federais; 14.1.4.6.4.4. Tribunais Regionais Eleitorais; 14.1.5. Desarquivamento; 14.1.6. Arquivamento implícito; 14.1.7. Arquivamento indireto; 14.1.8. Arquivamento originário; 14.1.9. Arquivamento provisório; 14.2. Crimes de ação penal privada; 14.3. Arquivamento do inquérito policial sem requerimento do Ministério Público – 15. Considerações Finais: 15.1. Termo circunstanciado; 15.2. Controle externo da atividade policial – 16. Quadro Sinótico – 17. Súmulas Aplicáveis: 17.1. STJ; 17.2. STF – 18. Informativos Recentes: 18.1. STJ; 18.2. STF – 19. Questões de concursos públicos – 20. Gabarito anotado – 21. Questões discursivas com comentários

1. A PERSECUÇÃO CRIMINAL

A persecução criminal para a apuração das infrações penais e sua respectiva autoria comporta duas fases bem delineadas. A primeira, preliminar, inquisitiva, e objeto do presente capítulo, é o inquérito policial. A segunda, submissa ao contraditório e à ampla defesa, é denominada de fase processual. Assim, materializado o dever de punir do Estado com a ocorrência de um suposto fato delituoso, cabe a ele, Estado, como regra, iniciar a *persecutio criminis* para apurar, processar e enfim fazer valer o direito de punir, solucionando as lides e aplicando a lei ao caso concreto.

Como leciona Frederico Marques, "a *persecutio criminis* apresenta dois momentos distintos: o da investigação e o da ação penal. Esta consiste no pedido de julgamento da pretensão punitiva, enquanto a primeira é atividade preparatória da ação penal, de caráter preliminar e informativo: *inquisitio nihil est quam informatio delicti*"[1]. Em outros termos, a persecução penal estatal se constitui de duas etapas: (1) a investigação preliminar, gênero do qual é espécie o inquérito policial, objeto deste capítulo, cujo objetivo é formar lastro probatório mínimo para a deflagração válida da fase seguinte; e (2) o processo penal, que é desencadeado pela propositura de ação penal perante o Judiciário.

O inquérito policial é um procedimento de caráter instrumental – uma instrumentalidade preliminar se vista diante da natural instrumentalidade do processo penal em face do direito penal material –, cujo fito é o de esclarecer previamente os fatos tidos por delituosos antes de ser ajuizada a ação penal. Sua importância verifica-se pelo fato de ser cediço que o processo penal fere o *status dignitatis* do acusado. Daí que de sua instrumentalidade decorrem duas funções: (1) preservadora: embora seja o inquérito policial peça prescindível – pois a ação penal pode ser movida com base em simples peças de informação –, fato é que sua instauração é apta à precaução contra ações penais temerárias, sem justa causa ou infundadas, com vantagens à economia processual; (2) preparatória: colige elementos de informação, protegendo a prova contra a ação do tempo e conferindo robustez à justa causa para a ação penal[2].

2. POLÍCIA JUDICIÁRIA E POLÍCIA ADMINISTRATIVA

A polícia tem a incumbência de preservar a paz social e intervir nos conflitos mediante atividade investigativa tendente a apurar infrações que venham ocorrer.

Basicamente, podemos subdividir o papel da polícia em:

2.1. Polícia administrativa ou de segurança

De caráter eminentemente preventivo, visa, com o seu papel ostensivo de atuação, impedir a ocorrência de infrações. Ex.: a Polícia Militar dos Estados-membros.

2.2. Polícia judiciária

De atuação repressiva, que age, em regra, após a ocorrência de infrações, visando angariar elementos para apuração da autoria e constatação da materialidade delitiva. Neste aspecto, destacamos o papel da Polícia Civil que deflui do art. 144, § 4º, da CF/1988, *verbis*: "às polícias civis, dirigidas por delegados de carreira, incumbem, ressalvada a competência

1. MARQUES, José Frederico. *Elementos de direito processual penal*. 2. ed. Campinas: Millennium, 2003. v.1. p. 138.
2. LIMA, Renato Brasileiro. *Curso de processo penal*. Niterói: Impetus, 2013. p. 71.

da União, as funções de polícia judiciária e a apuração de infrações penais, exceto as militares". No que nos interessa, a polícia judiciária tem a missão primordial de elaboração do inquérito policial. Incumbirá ainda à autoridade policial fornecer às autoridades judiciárias as informações necessárias à instrução e julgamento dos processos; realizar as diligências requisitadas pelo juiz ou pelo Ministério Público; cumprir os mandados de prisão e representar, se necessário for, pela decretação de prisão cautelar (art. 13, CPP).

Cumpre registrar a distinção feita por parte da doutrina, capitaneada por Denilson Feitoza[3], que, à luz do art. 144 da CF/1988, sustenta a existência de polícias judiciária e investigativa, adotando nítida diferenciação. Nesse contexto, as diligências referentes à persecução preliminar da infração penal seriam realizadas pela polícia investigativa, enquanto que a função de auxiliar o Poder Judiciário (executar mandado de busca e apreensão, por exemplo) recairia sobre a polícia judiciária. A Lei nº 12.830/2013, no seu artigo 2º, parece adotar esta concepção, ao dispor que "as funções de polícia judiciária **e** a apuração de infrações penais exercidas pelo delegado de polícia são de natureza jurídica".

3. CONCEITO E FINALIDADE DO INQUÉRITO POLICIAL

Como ensina Tourinho Filho, o inquérito é "o conjunto de diligências realizadas pela Polícia Judiciária para a apuração de uma infração penal e sua autoria, a fim de que o titular da ação penal possa ingressar em juízo"[4].

Com a ocorrência da infração, é salutar que se investigue com o fito de coligir elementos que demonstrem a autoria e a materialidade do delito, viabilizando-se o início da ação penal. Vale destacar que o inquérito visa carrear elementos de informação. A rigor, elementos de informação se distinguem de prova. Isso porque a prova – tal como será estudada no capítulo específico sobre direito probatório – é constituída formalmente quando sua formação perpassa por todas as suas etapas, em especial, o crivo do contraditório perante juízo competente. Com efeito, a prova se completa quando há postulação pelas partes, admissão pelo juiz, produção com participação das partes e valoração por decisão fundamentada. Como as "provas" colhidas no inquérito policial não são produzidas por juiz, porém pela autoridade policial, assim como não há contraditório ou procedimento dialético – salvo, excepcionalmente, quando se vislumbra a irrepetibilidade da prova –, tecnicamente são chamadas de elementos de informação, não sendo científico chamar-lhes de "provas". Essa distinção, doutrinária, é depreendida, inclusive, do teor do art. 155, *caput*, do CPP, com redação dada pela Lei nº 11.690/2008, que diz que "o juiz formará sua convicção pela livre apreciação da prova produzida em contraditório judicial, não podendo fundamentar sua decisão exclusivamente nos elementos informativos colhidos na investigação, ressalvadas as provas cautelares, não repetíveis e antecipadas".

O inquérito policial vem a ser o procedimento administrativo, preliminar, presidido pelo delegado de polícia, no intuito de identificar o autor do ilícito e os elementos que atestem a sua materialidade (existência), contribuindo para a formação da opinião delitiva do titular da ação penal, ou seja, fornecendo elementos para convencer o titular da ação

3. FEITOZA, Denilson. *Direito processual penal*: teoria, crítica e práxis. 7. ed. Niterói: Impetus, 2011. p. 202-203.
4. TOURINHO FILHO, Fernando da Costa. *Processo penal*. São Paulo: Saraiva, 2003. v.1. p. 192.

penal se o processo deve ou não ser deflagrado. Pontue-se que a Lei nº 12.830/2013, ao dispor sobre a investigação criminal conduzida pelo delegado de polícia, deixa consignado que a apuração investigativa preliminar tem como objetivo apuração de circunstâncias, materialidade e autoria das infrações penais (art. 2º, § 1º).

Muito embora o novel diploma acima mencionado não trate expressamente do tema, não se pode negar que o inquérito policial também contribui para a decretação de medidas cautelares no decorrer da persecução penal, onde o magistrado pode tomá-lo como base para proferir decisões ainda antes de iniciado o processo, como por exemplo, a decretação de prisão preventiva ou a determinação de interceptação telefônica.

Com a Súmula nº 444, do STJ, firmou-se o entendimento segundo o qual é vedada a utilização de inquéritos policiais e ações penais em curso para agravar a pena-base, prestigiando o princípio da presunção de inocência e reforçando o caráter preparatório próprio do inquérito.

3.1. Natureza jurídica do inquérito

O inquérito é um procedimento de índole eminentemente administrativa, de caráter informativo, preparatório da ação penal. Rege-se pelas regras do ato administrativo em geral.

3.2. Verificação de procedência das informações (VPI)

A verificação de procedência de informações recebidas pela autoridade policial é procedimento simplificado, iniciado de forma prévia ao inquérito policial. O dispositivo legal que possibilita a instauração dessa espécie de sindicância preliminar ao inquérito é o § 3º, do artigo 5º, do Código de Processo Penal. De acordo com o teor desse enunciado, a partir de notícia-crime levada ao conhecimento da autoridade policial, esta, verificada a procedência das informações, ordenará a instauração de inquérito.

Vale dizer, a verificação de procedência das informações é a forma preliminar de constatação dos elementos mínimos necessários para que um inquérito policial não seja instaurado temerariamente. André Nicolitt aponta que a "Verificação Preliminar de Inquérito" ou "Verificação da Procedência das Informações" (VPI) é um procedimento investigatório, independentemente do nome que se lhe dê. Decerto, uma vez iniciada tal investigação, ela passa a se sujeitar ao mecanismo de controle de arquivamento previsto no art. 28, do CPP, eis que este é categórico ao frisar que, além do inquérito policial, quaisquer peças de informação devem ser arquivadas por meio de requerimento do Ministério Público dirigido ao juiz[5].

3.3. Destinatários do inquérito policial

Os elementos de informação coligidos servem à formação da *opinio delicti*. Em outras palavras, diretamente, a reunião de documentos, laudos e depoimentos serão suporte probatório ao exercício da ação penal, pública ou privada. De tal sorte, os destinatários imediatos ou diretos do inquérito serão o Ministério Público ou o ofendido (e, eventualmente, os sucessores processuais deste). Por outra via, o juiz será, restritamente, destinatário mediato ou indireto.

5. NICOLITT, André. *Manual de processo penal*. 5. ed. São Paulo: RT, 2014. p. 190.

Cuidando-se de procedimento especial do júri, o inquérito policial somente deve ter como destinatário o juiz da instrução preliminar (antes chamado juiz sumariante), que conduz o processo em sua primeira fase (*judicium accusationis* ou de admissibilidade, que compreende os atos da propositura da denúncia à preclusão da decisão de pronúncia).

Entendemos, juntamente com André Nicolitt, que os jurados não são destinatários, sequer indiretos ou mediatos, dos elementos de informação do inquérito policial, a não ser de forma limitada às provas periciais irrepetíveis. Nas palavras do processualista, "no procedimento do júri, muito embora vigore o princípio da íntima convicção e não seja exigida fundamentação na decisão do júri, o julgamento deste órgão não está dispensado de observar o princípio do contraditório. Desta forma, a decisão dos jurados não pode ser influenciada pelo inquérito policial". Alvitra o autor, ademais, com posicionamento ainda minoritário no Brasil, que o juiz deve ordenar que os autos do inquérito policial sejam retirados do processo, conservando-se, apenas, as provas técnicas irrepetíveis[6].

4. INQUÉRITOS NÃO POLICIAIS

A titularidade das investigações não está concentrada somente nas mãos das polícias civil e federal. Compulsando o teor do art. 4º, parágrafo único, do CPP, vemos que este consagra a possibilidade de inquéritos não policiais (ou extrapoliciais). Certamente não desejou o nosso legislador, nem mesmo o constituinte, que as investigações criminais fossem exclusivas da polícia. Tanto é verdade que existe a possibilidade do desenvolvimento de procedimentos administrativos, fora da seara policial, destinados à apuração de infrações penais e que podem perfeitamente viabilizar a propositura da ação criminal. Senão vejamos:

4.1. Inquéritos parlamentares

Patrocinados pelas Comissões Parlamentares de Inquérito (CPIs), e que por força do art. 1º da Lei nº 10.001/2000, remeterão os respectivos relatórios com a resolução que o aprovar aos chefes do Ministério Público da União ou dos Estados, ou ainda às autoridades administrativas ou judiciais com poder de decisão, conforme o caso, para prática de atos de sua competência. Nesse sentido, o art. 6º-A, da Lei nº 1.579/1952[7]. O inquérito parlamentar deve ser instaurado por prazo certo, como deliberação de um terço dos membros da Câmara dos Deputados ou do Senado, nos termos dessa Lei, com as alterações promovidas pela Lei nº 13.367/2016[8]. Por sua vez, o inquérito parlamentar será analisado prioritariamente, cabendo à autoridade a quem foi encaminhado informar à respectiva comissão, em 30 dias, quais as providências adotadas. Havendo instauração de procedimento investigativo ou de processo judicial em razão do inquérito parlamentar, a autoridade que o presidir, a cada seis meses,

6. NICOLITT, André. *Manual de processo penal*. 5. ed. São Paulo: RT, 2014. p. 181.
7. Nos termos do art. 6º-A, da Lei que dispõe sobre as Comissões Parlamentares de Inquérito, elas devem encaminhar relatório circunstanciado, com suas conclusões, para as devidas providências, entre outros órgãos, ao Ministério Público ou à Advocacia-Geral da União, com cópia da documentação, para que promovam a responsabilidade civil ou criminal por infrações apuradas e adotem outras medidas decorrentes de suas funções institucionais.
8. Nos termos do *caput*, do art. 1º, da Lei 1.579/1952, com redação dada pela Lei nº 13.367/2016, as Comissões Parlamentares de Inquérito, criadas na forma do § 3º do art. 58 da Constituição Federal, terão poderes de investigação próprios das autoridades judiciais, além de outros previstos nos regimentos da Câmara dos Deputados e do Senado Federal, com ampla ação nas pesquisas destinadas a apurar fato determinado e por prazo certo. O parágrafo único, daquele enunciado, complementa que a criação de Comissão Parlamentar de Inquérito dependerá de requerimento de um terço da totalidade dos membros da Câmara dos Deputados e do Senado Federal, em conjunto ou separadamente.

deverá informar à CPI em que fase se encontra o procedimento, estabelecendo assim perene acompanhamento pelo Poder Legislativo (art. 2º c/c art. 3º, Lei nº 10.001/2000). O próprio STF, na sua Súmula nº 397, assevera que o poder de polícia da Câmara dos Deputados e do Senado Federal, em caso de crime cometido nas suas dependências, compreende, consoante o regimento, a prisão em flagrante do acusado e a realização do inquérito.

O texto vigente do art. 2º, da Lei nº 1.579/1952, delimita que, no exercício de suas atribuições, poderão as Comissões Parlamentares de Inquérito determinar diligências que reputarem necessárias e requerer a convocação de Ministros de Estado, tomar o depoimento de quaisquer autoridades federais, estaduais ou municipais, ouvir os indiciados, inquirir testemunhas sob compromisso, requisitar da administração pública direta, indireta ou fundacional informações e documentos, e transportar-se aos lugares onde se fizer mister a sua presença. Entrementes, consoante o art. 3º, daquele diploma legal, com enunciado dado pela Lei nº 13.367/2016, em caso de não comparecimento da testemunha sem motivo justificado, a sua intimação será solicitada ao juiz criminal da localidade em que resida ou se encontre, a teor dos arts. 218 e 219, do CPP. Vale dizer, o poder de condução coercitiva é reservado ao Poder Judiciário, exigindo-se decisão fundamentada que evidencie o atendimento dos pressupostos legais.

Também submetida à cláusula de reserva jurisdicional está a possibilidade de imposição de medidas cautelares restritivas de direito dos investigados em inquérito parlamentar. De acordo com o art. 3º-A, da Lei nº 1.579/1952, caberá ao presidente da Comissão Parlamentar de Inquérito, por deliberação desta, solicitar, em qualquer fase da investigação, ao juízo criminal competente medida cautelar necessária, quando se verificar a existência de indícios veementes da proveniência ilícita de bens.

Sobre a Súmula nº 397, da Suprema Corte, Rômulo Moreira anota que ela conflita com as atribuições da polícia federal, haja vista que entende que não cabe à polícia legislativa mais do que a simples voz e efetivação da prisão em flagrante do autor do fato. Em outros termos, pondera que a lavratura de auto de prisão em flagrante e a realização de inquérito por delito ocorrido nas dependências das casas legislativas da União são atribuições da polícia federal, citando julgado do Tribunal Regional Federal da Primeira Região que afastou a tese de que aquela incumbência seria exclusiva da polícia legislativa[9]. O processualista argumenta que aquele enunciado é anterior à Constituição de 1988, eis que editada em 3 de abril de 1964, indicando as hipóteses cuja atribuição da polícia federal é apontada pelo ordenamento jurídico[10].

De fato, pelas disposições existentes no ordenamento em vigor, perde força a tese de exclusividade para que a polícia legislativa exerça atividades próprias da polícia federal relativamente aos delitos cometidos no âmbito do Senado ou da Câmara Federal. No entanto, ninguém duvida do poder investigatório das Comissões Parlamentares de Inquérito, mediante a feitura de seu respectivo inquérito parlamentar.

9. TRF1 – Mandado de Segurança nº 0005585-43.2015.4.01.0000. A Corte especial desse Tribunal denegou o *writ*, impetrado pelo Diretor-Geral do Senado Federal, por unanimidade. Entendeu-se que cabe à Polícia Federal a investigação de infração penal havida no Senado Federal, alijando a tese de que a investigação dos fatos seria de atribuição exclusiva da Polícia Legislativa.

10. MOREIRA, Rômulo de Andrade. Polícia Legislativa pode realizar investigação criminal?. *Revista Jus Navigandi*, Teresina, ano 20, nº 4467, 24 set. 2015. Disponível em: <http://jus.com.br/artigos/42640>. Acesso em: 3 nov. 2015.

Entendemos, todavia, ser necessária uma advertência quanto às investigações preliminares em geral: urge que seja feita uma regulamentação mais detalhada de seu procedimento e, em especial, da divisão de atribuições entre os órgãos que exercem alguma fatia do poder de polícia. A excessiva discricionariedade nesse âmbito mitiga, em tese, a proteção de garantias fundamentais da pessoa imputada, porquanto acaba por resvalar em carência de controle das formas de investigações criminais em geral.

4.2. Inquéritos policiais militares

A teor do art. 8º do Código de Processo Penal Militar, estão a cargo da polícia judiciária militar, composta por integrantes da carreira. Nada impede que sejam requisitados à polícia civil e respectivas repartições técnicas pesquisas e os exames necessários a subsidiar o inquérito militar. Quanto aos crimes dolosos contra a vida praticados por militar contra civil, mesmo sendo delitos comuns, de competência do tribunal do júri, por força do art. 82, § 2º, do CPPM, são passíveis de inquérito militar, que servirá para embasar futura denúncia. Nada impede que seja também instaurado inquérito policial no âmbito da polícia civil, coexistindo os procedimentos.

4.3. Inquérito civil

Disciplinado no art. 8º, § 1º, da Lei nº 7.347/1985, é presidido pelo Ministério Público e objetiva reunir elementos para a propositura da ação civil pública. Pode perfeitamente embasar ação de âmbito criminal.

4.4. Inquérito judicial

Tratado na antiga Lei de Falências (Dec-Lei nº 7.661/1945) –, que consistia em um procedimento preparatório para a ação penal, presidido pelo juiz de direito, e irrigado pelo princípio do contraditório e da ampla defesa. A atual Lei de Falências, contudo, revogando o diploma anterior, não disciplinou o instituto, de sorte que, a nosso sentir, e sem ingressar no aspecto da constitucionalidade de se admitir um inquérito presidido pelo magistrado, em frontal violação ao sistema acusatório, nos inclinamos pelo entendimento de que o inquérito judicial se encontra revogado pela atual Lei de Falências (Lei nº 11.101/2005). Por outro lado, o art. 3º, da revogada Lei nº 9.034/1995 (crime organizado), que autorizava que as diligências investigatórias no âmbito das organizações criminosas fossem realizadas diretamente pelo magistrado, nas hipóteses do art. 2º, inciso III, da referida lei, ensejando a figura do juiz inquisidor, encontrava-se sepultado em razão dos seguintes fatores: **(1)** o inciso III do art. 2º autorizava o acesso a dados, documentos e informações fiscais, bancárias, financeiras e eleitorais, para apuração dos ilícitos praticados por quadrilha, bando, associação ou organização criminosa de qualquer tipo; **(2)** quanto aos dados bancários e financeiros, a Lei Complementar nº 105/2001 disciplinou completamente a matéria, revogando parcialmente o dispositivo. Já quanto aos dados fiscais e eleitorais, o STF apreciando a Ação Direta de Inconstitucionalidade nº 1.570-2/2004, julgou o pedido parcialmente procedente, fulminando por completo o que restava do dispositivo. Logo, já não havia mais a figura do juiz inquisidor no combate ao crime organizado, caindo por terra a disposição do art. 3º da Lei nº 9.034/1995. A Lei nº 12.850/2013 (lei que definiu organizações criminosas, regrou a respectiva investigação criminal e tratou do seu procedimento) revogou expressamente a Lei nº 9.034/1995, em seu art. 26. Por mais essa razão, não há que se falar em juiz inquisidor, ainda que se trate de delito que envolva organização criminosa.

Segundo a nova lei, todas as providências investigativas criminais que não já decorram da finalidade da atividade policial, dependerão de requerimento do Ministério Público ou de representação da autoridade policial, ouvido o *Parquet*, formulado ao juiz competente. Com efeito, a Lei nº 12.850/2013 prevê que a infiltração de agentes de polícia em tarefas de investigação dependerá de representação do delegado de polícia ou requerimento do Ministério Público (nesta hipótese após manifestação técnica do delegado de polícia quando solicitada no curso de inquérito policial, para que haja motivada e sigilosa autorização judicial que estabeleça seus contornos), sendo a Lei expressa ao dizer que na hipótese de representação do delegado de polícia, o juiz competente deve ouvir o Ministério Público antes de decidir (art. 10, § 1º).

4.5. Inquéritos por crimes praticados por magistrados ou promotores

São as investigações presididas pelos órgãos de cúpula de cada carreira, de acordo com o que dispõe o art. 33, parágrafo único, da LOMAN, e art. 41, parágrafo único, da LONMP.

4.6. Investigações envolvendo autoridades que gozam de foro por prerrogativa de função

Em tais hipóteses, o delegado de polícia não poderá indiciar tais autoridades, nem instaurar inquérito para apuração de eventual infração, pois as investigações vão tramitar perante o tribunal onde a referida autoridade desfruta do foro privilegiado. Ex.: caso um senador venha a praticar infração penal, as investigações vão se desenvolver sob a presidência de um Ministro do STF.

No entanto, a matéria não é pacífica. Para nós, há vedação nesse proceder em face da imunidade parlamentar de natureza formal.

Desse modo, entendemos que se um deputado federal for encontrado em flagrante, a solução legal/constitucional é a prisão em flagrante, seguida de comunicação imediata ao STF, a quem compete a presidência investigativa.

No Supremo Tribunal Federal, temos decisões em dois sentidos: (1) a primeira que concluiu que, para instauração de inquérito policial contra parlamentar, não precisa que o delegado de polícia obtenha prévia autorização da Câmara dos Deputados, nem do Supremo Tribunal Federal, bastando submeter o inquérito, no prazo legal, ao STF, já que é perante este que eventual ação penal naquele baseada poderá ser processada e julgada[11]; e (2) a segunda, posterior àquela, e que respalda nosso entendimento, reputou nulo o indiciamento de senador pelo delegado de polícia, ao fundamento de que a prerrogativa de foro tem por fito garantir o livre exercício da função do agente público e, para sua efetividade, a supervisão judicial constitucional pelo STF deve ser desempenhada durante toda a tramitação das investigações, sob pena de esvaziamento da ideia de prerrogativa[12].

11. STF – Primeira Turma – HC 80592 – Rel. Min. Sydney Sanches – DJ de 22/6/2001. p. 23.
12. STF – Tribunal Pleno – Inq 2411 QO – Rel. Min. Gilmar Mendes – DJ de 25/4/2008.

4.7. Investigações particulares e investigação criminal defensiva

Podem embasar a ação penal, contudo encontram ampla limitação em razão dos parcos recursos do cidadão para a colheita de elementos probatórios. A disciplina legal existente é parca e se refere aos detetives particulares (Lei nº 3.099/1957). Embora carente a regulamentação no âmbito do processo penal, não há óbice à condução paralela de investigação pela defesa do indiciado (**investigação criminal defensiva**), desde que não ofenda direitos individuais fundamentais, como a intimidade, a honra e a vida privada.

O Projeto de Código de Processo Penal (Projeto nº 156/2009), a propósito, prevê disciplina específica para a **investigação criminal defensiva** conduzida pelo investigado, assistido por seu advogado, por defensor público ou por outros mandatários com poderes expressos. O artigo 13, do Projeto, dispõe que será facultado ao investigado tomar iniciativa de investigar, identificando fontes de prova em favor de sua defesa, inclusive entrevistando pessoas. Trata-se de enunciado que objetiva instituir, expressamente, permissão legal para investigar, muito embora o sistema já admita tal possibilidade implicitamente, eis que não há incompatibilidade, nem, muito menos, proibição explícita. A investigação defensiva, no entanto, poderá ser controlada pelo Judiciário, mormente se houver excesso. O Projeto nº 156/2009 tem a virtude de prevê regulamentação mínima para a investigação defensiva, destacando que: **(1)** as entrevistas a pessoas no curso dessa investigação deverão ser precedidas de esclarecimentos sobre seus objetivos e do consentimento formal das pessoas ouvidas; **(2)** a suposta vítima não poderá ser interpelada para os fins de investigação defensiva, salvo se houver autorização do chamado "juiz das garantias", sempre resguardado o seu consentimento; **(3)** nesse caso, o juiz das garantias poderá, sendo necessário, fixar condições para a realização da entrevista; **(4)** os pedidos de entrevista deverão ser feitos com discrição e reserva necessárias, em dias úteis e com observância do horário comercial; **(5)** o material produzido poderá ser juntado aos autos do inquérito, a critério da autoridade policial, na senda da discricionariedade que caracteriza este procedimento de investigação preliminar; e **(6)** os condutores da investigação criminal defensiva estarão sujeitos à responsabilidade civil, criminal e disciplinar por eventuais excessos cometidos.

4.8. Investigações a cargo do Ministério Público (procedimento investigatório criminal)

É perfeitamente possível ao Ministério Público a realização de investigações no âmbito criminal. Perceba que não se deseja a presidência do inquérito policial pelo Ministério Público, pois isto, por reclamo constitucional (art. 144, § 4º, da CF/1988), é atribuição da autoridade policial. O que se pretende, sendo plenamente possível por decorrência do texto constitucional e com base na teoria dos poderes implícitos (*implied powers theory*), é a possibilidade do órgão ministerial promover, por força própria, a colheita de material probatório para viabilizar o futuro processo. Poderia assim o promotor de justiça instaurar procedimento administrativo investigatório (inquérito ministerial), e colher os elementos que repute indispensáveis, dentro das suas atribuições, para viabilizar a propositura da ação penal. Eventuais temores pelos excessos possíveis não devem objetar a posição aqui assumida, pois não se ilide a responsabilidade administrativa, civil e criminal do membro do Ministério Público incauto na presidência da investigação preliminar. Nesse sentido manifesta-se o Superior Tribunal de Justiça, segundo o qual a polícia judiciária não possui o monopólio da investigação criminal[13]. Corroborando o entendimento, a súmula de nº 234 dispõe que "a participação de membro do Ministério Público na fase investigatória criminal não acarreta o seu impedimento ou suspeição para o oferecimento da denúncia". O STF, por sua vez, já se manifestou pela inconstitucionalidade das investigações ministeriais[14], ao fundamento de que assistiria ao MP a requisição de diligências investigatórias à polícia ou a requisição de instauração de inquérito policial, e não colhê-las por força própria. Entretanto, as decisões da Suprema Corte passaram a explicitar o entendimento favorável à iniciativa investigativa do MP, afinal, quem tem atribuição constitucional para exercer a ação, também deve possuir as ferramentas para levantar subsídios para esse mister (teoria dos poderes implícitos).

Aponte-se, por oportuno, a recente conclusão do julgamento Recurso Extraordinário nº 593727[15], consolidando-se o entendimento pelo reconhecimento da legitimidade do Ministério Público para promover, por autoridade própria, investigações de natureza penal. A tese fixada em repercussão geral foi a seguinte: "O Ministério Público dispõe de competência para promover, por autoridade própria, e por prazo razoável, investigações de natureza penal, desde que respeitados os direitos e garantias que assistem a qualquer indiciado ou a qualquer pessoa sob investigação do Estado, observadas, sempre, por seus agentes, as hipóteses de reserva constitucional de jurisdição e, também, as prerrogativas profissionais de que se acham investidos, em nosso País, os advogados (Lei 8.906/1994, art. 7º, notadamente os incisos I, II, III, XI, XIII[16], XIV e XIX), sem prejuízo da possibilidade – sempre presente no Estado democrático de Direito – do permanente controle jurisdicional dos atos, necessariamente documentados (enunciado nº 14, Súmula Vinculante), praticados pelos membros dessa Instituição." Note-se, destarte, que o STF, além de reconhecer a iniciativa investigativa do Ministério Público, fixou alguns parâmetros a serem observados pelo *Parquet* para que a investigação seja legítima. Ressalte-se, por fim, que restaram vencidos os Ministros Cezar Peluso, Ricardo Lewandowski e Dias Toffoli, que davam provimento ao recurso extraordinário e reconheciam, em menor extensão, o poder de investigação do Ministério Público, em situações pontuais e excepcionais; e o Ministro Marco Aurélio, que dava provimento ao recurso, negando ao Ministério Público a legitimidade de investigação.

4.9. Investigações pelos demais órgãos públicos

Como se depreende, a atividade investigativa não é exclusiva da polícia. Peças de informação podem ser suficientes para a propositura da ação penal, eis que o inquérito policial é dispensável. Daí ser possível que a autoridade administrativa que conduz procedimento para apurar faltas disciplinares, diante da notícia de crime de ação penal pública incondicionada, extraia cópias e remeta ao órgão do Ministério Público, podendo este valer-se de tais peças para oferecer denúncia. De outra vertente, a Lei nº 9.613/1998 criou o Conselho de Controle de Atividades Financeiras (COAF), com atribuição, dentre outras, para identificar as operações suspeitas de práticas ilícitas referentes à lavagem de capitais, sem prejuízo da atuação concorrente de outros órgãos. O poder de controle e fiscalização do COAF é concretizado com a adoção da política de conhecer o cliente (***know your***

13. STJ – HC 18.060 – Info 463.
14. STF – RE 233072-4/RJ – RHC 81326/DF.
15. STF – RE 593727 – Info 785.
16. Alterado pela Lei nº. 13.793/2019.

customer – KYC) e pode ser inferida pela conjugação dos artigos 9º, 10, III, e 14, § 3º, da Lei de Lavagem de Capitais (branqueamento de capitais, em Portugal). O fito é compelir instituições financeiras e similares a conhecer o perfil do cliente, o costume do correntista, detectando operações incompatíveis, suspeitas de lavagem de dinheiro. Naturalmente, ciente o COAF de indícios de crime, deve encaminhar peças de informação ao órgão do Ministério Público para as providências penais cabíveis.

4.10. Investigações conjuntas

É possível a reunião, formal (por convênio, por exemplo) ou informal (ocasional), de esforços de órgãos para investigar determinados delitos, a exemplo do que ocorre com a formação de forças tarefas (*task forces*). Para tanto, deve haver permissivo legal, delimitando as atribuições dos órgãos envolvidos. A Lei nº 13.344/2016, que dispõe sobre a prevenção e a repressão do tráfico interno e internacional de pessoas, bem como sobre a proteção às vítimas, prevê a formação de equipes conjuntas de investigação em seu art. 5º, III, ao lado da possibilidade de cooperação entre órgãos do sistema de justiça e segurança, nacionais e estrangeiros (inciso I) e da integração de políticas e ações de repressão aos crimes correlatos e da responsabilização dos seus autores (inciso III).

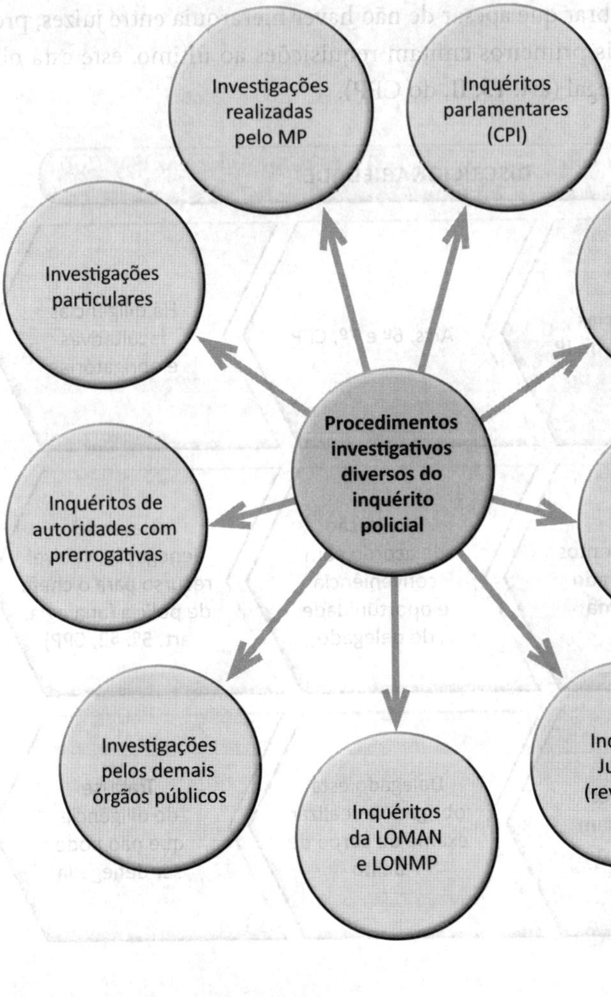

5. CARACTERÍSTICAS DO INQUÉRITO POLICIAL

O inquérito, como procedimento administrativo preliminar, é regido por características que o diferenciam, em substância, do processo. Assim temos:

5.1. Discricionariedade

A fase pré-processual não tem o rigor procedimental da persecução em juízo. O delegado de polícia conduz as investigações da forma que melhor lhe aprouver. O rumo das diligências está a cargo do delegado, e os arts. 6º e 7º, do CPP indicam as diligências que podem ou devem ser desenvolvidas por ele. A autoridade policial pode atender ou não aos requerimentos patrocinados pelo indiciado ou pela própria vítima (art. 14, CPP), fazendo um juízo de conveniência e oportunidade quanto à relevância daquilo que lhe foi solicitado. Só não poderá indeferir a realização do exame de corpo de delito, quando a infração praticada deixar vestígios, pelo que se pode afirmar que a discricionariedade do inquérito não é absoluta. Havendo denegação da diligência requerida, nada impede que seja apresentado recurso administrativo ao Chefe de Polícia, por analogia ao art. 5º, § 2º, CPP. Sempre é bom lembrar que apesar de não haver hierarquia entre juízes, promotores e delegados, caso os dois primeiros emitam requisições ao último, este está obrigado a atender, por imposição legal (art. 13, II, do CPP).

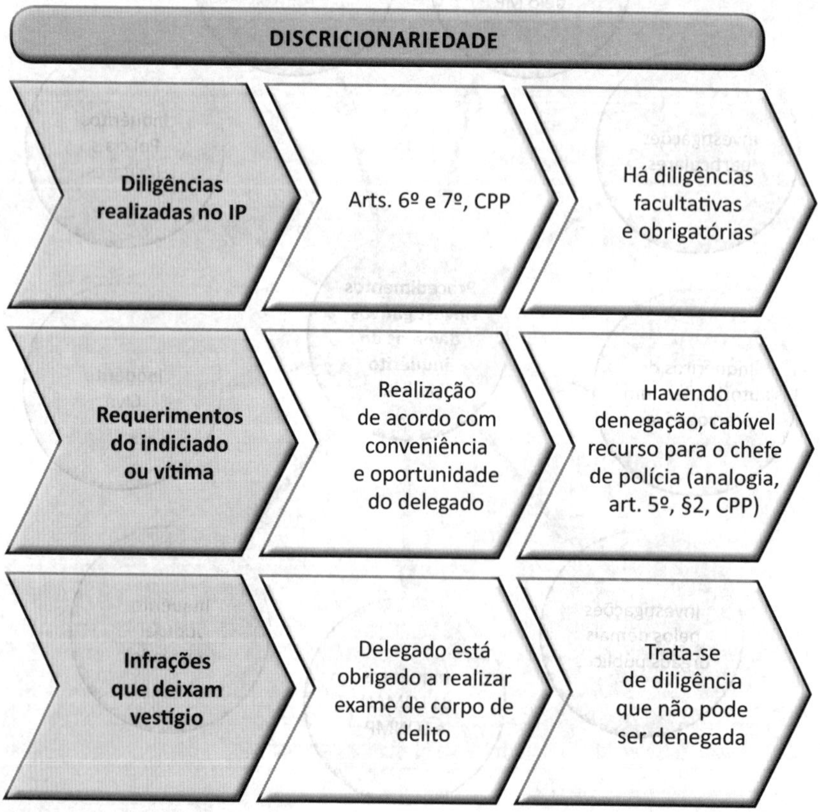

5.2. Escrito

Sendo procedimento administrativo destinado a fornecer elementos ao titular da ação penal, o inquérito, por exigência legal, deve ser escrito, prescrevendo o art. 9º, do CPP, que todas as peças do inquérito policial serão, num só processado, reduzidas a escrito ou datilografadas e, neste caso, rubricadas pela autoridade. Os atos produzidos oralmente serão reduzidos a termo. Nada impede, com base em interpretação progressiva da lei, que outras formas de documentação sejam utilizadas, de maneira a imprimir maior fidelidade ao ato, funcionando como ferramenta complementar à forma documental, como a gravação de som e/ou imagem na oitiva dos suspeitos, testemunhas e ofendidos na fase preliminar (art. 405, § 1º, CPP), por meio de sistema audiovisual.

5.3. Sigiloso

Ao contrário do que ocorre no processo, o inquérito não comporta publicidade, sendo procedimento essencialmente sigiloso, disciplinando o art. 20, do CPP, que "a autoridade assegurará no inquérito o sigilo necessário à elucidação do fato ou exigido pelo interesse da sociedade". Este sigilo, contudo, não se estende, por uma razão lógica, nem ao magistrado, nem ao membro do Ministério Público.

5.3.1. Espécies de sigilo: interno e externo

Devemos diferenciar o sigilo ou segredo externo das investigações, que é aquele imposto para evitar a divulgação de informações essenciais do inquérito ao público em geral, por intermédio do sistema midiático, do segredo ou sigilo interno, que é aquele imposto para restringir o acesso aos autos do procedimento por parte do indiciado e/ou do seu advogado.

Na dimensão do segredo interno, afirma Fauzi Hassan Choukr:

> O sigilo "interno" da investigação diz respeito ao acesso limitado aos autos tal como concebido na forma inquisitiva do processo penal, e configura verdadeira restrição a que o investigado e mesmo seu defensor possam consultar o produto da investigação. No direito brasileiro – assim como em outros países – o acesso limitado aos autos é dificultado pelo fato das investigações serem produzidas unilateralmente por agências públicas, haver escassa previsão legal de participação efetiva da defesa técnica – mesmo nas situações de constrição da liberdade ou de outros direitos fundamentais – e, sobretudo, pela própria cultura inquisitiva que permeia nosso sistema[17].

5.3.2. Acesso aos autos do inquérito pelo advogado

O advogado do indiciado pode consultar os autos do inquérito policial, conforme preceito legal estampado no art. 7º, XIII[18] a XV, e § 1º, da Lei nº 8.906/1994 – Estatuto da OAB. Como lembra Aury Lopes Jr., "... não existe sigilo para o advogado no inquérito policial e não lhe pode ser negado o acesso às suas peças nem ser negado o direito à extração de cópias ou fazer apontamentos"[19]. Como se depreende, o Estatuto da Ordem, na

17. CHOUKR, Fauzi Hassan. *Código de processo penal. Comentários consolidados e crítica jurisprudencial.* 2.ed. Rio de Janeiro: Lumen Juris, 2007. p. 84.
18. Alterado pela Lei nº 13.793/2019.
19. LOPES JR., Aury. *Sistemas de investigação preliminar no processo penal.* Rio de Janeiro: Lumen Juris, 2001. p. 312.

redação dada ao inciso XIV, do seu art. 7º, pela Lei nº 13.245/2016, assegura a prerrogativa do advogado de "examinar, em qualquer instituição responsável por conduzir investigação, mesmo sem procuração, autos de flagrante e de investigações de qualquer natureza, findos ou em andamento, ainda que conclusos à autoridade, podendo copiar peças e tomar apontamentos, em meio físico ou digital". De todo modo, a prerrogativa não deve ser invocada por advogado que não esteja atuando no interesse de suspeito, investigado ou indiciado. Para prevenir abusos, deve a autoridade policial ou encarregado registrar os acessos aos autos da investigação preliminar pelos advogados, viabilizando controle e preservação do sigilo em favor dos direitos do imputado, evitando-se a exposição de sua imagem ou intimidade.

O sigilo do inquérito é o estritamente necessário ao êxito das investigações e à preservação da figura do indiciado, evitando-se um desgaste daquele que é presumivelmente inocente. Objetiva-se assim o sigilo aos terceiros estranhos à persecução e principalmente à imprensa, no intuito de serem evitadas condenações sumárias pela opinião pública, com a publicação de informações prelibatórias, que muitas vezes não se sustentam na fase processual.

Já há posição, contudo, sustentando o sigilo absoluto do inquérito policial, determinado pelo magistrado, a impedir até mesmo o acesso do advogado aos autos do procedimento, devendo-se dar prevalência ao interesse público sobre o privado, em face da relevância do sigilo investigatório. Este entendimento nega o Estatuto da OAB, na conveniência casuística de desconsiderar a vigência da norma, o que não é dado ao intérprete.

Pacificando a matéria, e consagrando o acesso do advogado aos autos do procedimento investigativo, o Supremo Tribunal Federal editou o enunciado nº 14, de sua Súmula Vinculante, *verbis*:

> É direito do defensor, no interesse do representado, ter acesso amplo aos elementos de prova que, já documentados em procedimento investigatório realizado por órgão com competência de polícia judiciária, digam respeito ao exercício do direito de defesa.

Acaba, assim, a conveniência arbitrária do sigilo. Havendo documentação do material probatório, que já faz parte dos autos do inquérito, não há razão para impedir o acesso. Aquilo que já integra o corpo do inquérito, sendo fruto da diligência empreendida, como, v.g., a degravação da interceptação telefônica, os dados bancários ou fiscais do sigilo regularmente quebrado, os documentos levantados em busca e apreensão, o laudo pericial, estarão no espectro de acesso da defesa. Havendo arbítrio por parte da autoridade, admite-se o manejo do mandado de segurança, da reclamação constitucional ao STF (para fazer valer o mandamento da súmula vinculante) e até mesmo de *habeas corpus*, caso se possa constatar, mesmo que indiretamente, risco de ofensa à liberdade de locomoção do indiciado, sem prejuízo da responsabilidade por abuso de autoridade (Lei nº 4.898/1965).

Como decorrência do sigilo, preconiza o parágrafo único do art. 20, do CPP, que nos atestados de antecedentes que lhe forem solicitados, a autoridade policial não poderá mencionar quaisquer anotações referentes à instauração de inquérito contra os requerentes. É importante mencionar que a atual redação foi dada pela Lei nº 12.681/2012, restando excluída a possibilidade de serem mencionadas condenações anteriores nos atestados fornecidos[20].

A preservação do estado de inocência está a exigir esta conduta. Os efeitos estigmatizantes causados pela certidão de antecedentes levam a uma publicidade negativa e deletéria da imagem do indiciado. Assim, afora as condenações definitivas, quaisquer outras informações de inquéritos em curso só serão certificadas se requisitadas por magistrado, membro do Ministério Público, autoridade policial ou agente do Estado, em pedido devidamente motivado, explicitando o uso do documento. Neste sentido tem se manifestado o STJ[21].

Existe corrente, minoritária, que entende que a regra é a publicidade dos atos do inquérito policial, diante do princípio da publicidade dos atos processuais (art. 93, IX, da CF/1988). Aduz que toda investigação preliminar com fins penais deve ser conduzida sob a égide da publicidade, seja interna, seja externa, pelo que só seria justificado o sigilo externo em situações excepcionais e suficientemente motivadas, com o intuito de proteger a honra, imagem, privacidade, imagem dos investigados e a preservação do estado de inocência. Para essa posição, as regras legais que afirmam o sigilo de forma automática do inquérito – ainda que só externamente –, não guardam compatibilidade com o regime democrático constitucional[22].

5.3.3. Ampliação do acesso aos autos de investigação preliminar pelo advogado

5.3.3.1. Necessidade de assegurar maior acesso às investigações criminais

As disposições que asseguram o direito de acesso aos autos do inquérito policial e de outras investigações criminais pelo advogado não se mostraram suficientes para conter abusos. Nem mesmo a Súmula Vinculante nº 14, do STF, garantiu a proscrição de procedimentos que pretendem ser sigilosos ao defensor do imputado. Não precisaríamos de tantas regras para fazer valer os direitos fundamentais se a Constituição de 1988 não tivesse uma baixa aplicação. Deveras, ainda se mostra muito difícil fazer valer o conjunto de garantias constitucionais que foram fruto de experiências históricas e que são um dos pilares do Estado Democrático de Direito.

O legislador ordinário, alterando alguns dispositivos do supracitado art. 7º, do Estatuto da OAB[23] (alterações promovidas pela Lei nº 13.245/2016), sufragou novos enunciados para ampliar e efetivar o direito de acesso aos autos da investigação pelo advogado. Com muito mais razão, não se pode tolerar a negativa de acesso aos autos de processo penal instaurado pelo advogado. Eventual necessidade de sigilo não tem abrangência tal que mitigue o direito ao contraditório e à ampla defesa, mormente da defesa técnica.

---

20. Anterior redação do Art. 20, p. único do CPP: "Nos atestados de antecedentes que lhe forem solicitados, a autoridade policial não poderá mencionar quaisquer anotações referentes a instauração de inquérito contra os requerentes, **salvo no caso de existir condenação anterior.**"
21. STJ – 6ª T. – RMS 5195-1/SP – Rel. Min. Luiz Vicente Cernicchiaro – DJ 6/5/1996.
22. CAVALCANTI, Danielle Souza de Andrade e Silva. *A investigação preliminar nos delitos de competência originária de tribunais*. Niterói: Lúmen Júris, 2011. p. 283-284.
23. O inciso XIII e o §13 do art. 7º do Estatuto da OAB (Lei nº. 8.906/1994) foram modificados pela Lei nº. 13.793/2019 que, a seu turno, também alterou a Lei nº. 11.419/2006 (dispõe sobre a informatização do processo judicial) e o CPC (Lei nº. 13.105/2015), para assegurar a advogados o exame e a obtenção de cópias de atos e documentos de processos e de procedimentos eletrônicos.

5.3.3.2. Âmbito de aplicação das disposições do Estatuto da OAB incluídos pela Lei nº 13.245/2016

Os enunciados acrescidos ou alterados no Estatuto da OAB se reportam às investigações, em sentido amplo. As novas regras cuidam de prerrogativas dos advogados que não se restringem ao inquérito policial, mas têm incidência sobre qualquer apuração preliminar ao processo penal, a exemplo do procedimento administrativo criminal no âmbito do Ministério Público, investigações de fatos atribuídos a membros do Poder Judiciário, Procedimento Administrativo conduzido pelo COAF (Conselho de Controle de Atividades Financeiras), inquéritos civis públicos por ilícito cível (quando também for infração penal), dentre outras hipóteses[24].

5.3.3.3. Sigilo e sua relação com a natureza inquisitiva do inquérito policial

Note-se que a Lei nº 13.245/2016 não abriu espaço para que os princípios da publicidade, do contraditório e da ampla defesa tenham plena aplicação no curso do inquérito policial. Garantiu-se a participação do advogado nos atos das investigações, em especial, no interrogatório ali prestado, porém não afastou sua essência inquisitiva[25].

A Constituição assegura o contraditório e a ampla defesa aos litigantes em processos judiciais e administrativos. O inquérito policial, por sua natureza prévia, não se acomoda àquele conceito constitucional, apesar de ser "procedimento administrativo". O seu desenvolvimento sob a égide da publicidade e do contraditório pleno tornaria a investigação similar ao processo penal, sem que fosse conduzida por magistrado.

Afrânio Silva Jardim tocou no cerne da questão, apontando a inconstitucionalidade desse entendimento ao ponderar que se o inquérito viesse a ser contraditório, passaria a ser uma primeira fase do processo penal: "a prova ali produzida poderia lastrear um juízo condenatório. O que pode parecer liberal, na verdade, de liberal não tem nada. O nosso sistema processual penal restaria totalmente descaracterizado e esta primeira fase do processo seria instaurada sem qualquer lastro probatório mínimo"[26].

Não obstante, há posicionamento doutrinário crítico que entende que a ausência de contraditório no inquérito policial evidencia inconstitucionalidade manifesta. Nesse sentido, José Boanerges Meira adverte que, durante a investigação policial, "a 'produção de provas' não se realiza amparada pelas garantias constitucionais mínimas. A proteção aos direitos fundamentais é posta de lado para agasalhar a máxima de que o Estado deve sobrepor-se ao cidadão em dados instantes da persecução penal"[27].

Com efeito, entendemos que a lei nova não aboliu a natureza inquisitiva do inquérito, mas trouxe a possibilidade de incidência regrada de porção do contraditório e da defesa (sem ser

24. MOREIRA, Rômulo de Andrade; ROSA, Alexandre Morais da. Lei nova 13.245/2016: saiba quando, onde e como o advogado deve ter vista da investigação preliminar. *Empório do Direito*. Disponível em: <http://emporiododireito.com.br/lei-nova-13-24516-saiba-quando-onde-e-como-o-advogado-deve-ter-vista-da-investigacao-preliminar-por-romulo-de-andrade-moreira-e-alexandre-morais-da-rosa/>. Acesso em: 18 jan. 2016.
25. Em sentido contrário: SUMARIVA, Paulo Henrique. Inquérito policial deixa de ser inquisitivo: Lei 13.245/2016 altera as regras da investigação criminal. *JusBrasil*. Disponível em: <http://paulosumariva.jusbrasil.com.br/artigos/296224010/inquerito-policial-deixa-de-ser-inquisitivo-lei-13245-2016-altera-as-regras-da-investigacao-criminal>. Acesso em: 19 jan. 2016.
26. JARDIM, Afrânio Silva. Algumas reflexões sobre as investigações de condutas delituosas e a atuação dos advogados. *Empório do Direito*. Disponível em: <http://emporiododireito.com.br/algumas-reflexoes/>. Acesso em: 18 jan. 2016.
27. MEIRA, José Boanerges. *Inquérito policial*. Belo Horizonte: Mandamentos, 2009. p. 198.

ampla)[28], assegurando a essencial "paridade de armas" à defesa técnica. A previsão para intervenção do advogado na produção dos elementos de informação das investigações é similar a uma investigação defensiva, no bojo dos próprios autos do inquérito ou de outra apuração. Essa possibilidade está descrita na previsão do advogado "apresentar razões e quesitos" no curso da investigação (art. 7º, XXI, "a", Estatuto da OAB).

A previsão legal é medida importante para limitar o risco de recortes de versões do fato ou de condução intencional do resultado das investigações. De todo modo, não devem ser entendidas como medidas aptas a conferir maior valor aos elementos de informação colhidos nas investigações preliminares, para fins condenatórios, por exemplo.

5.3.3.4. Direito do advogado do representado de examinar os autos da investigação

Dentre os enunciados alterados, o inciso XIV, do art. 7º, do Estatuto da Ordem dos Advogados do Brasil, passou a dispor que é garantido ao advogado o direito de examinar, em qualquer instituição responsável por conduzir investigação, mesmo sem procuração, autos de flagrante e de investigações de qualquer natureza, findos ou em andamento, ainda que conclusos à autoridade, podendo copiar peças e tomar apontamentos, em meio físico ou digital.

Tal disposição foi expressa no sentido de dispensar a apresentação da procuração, que é o documento formal que materializa o contrato de mandato. Para consultar os autos de investigação criminal, basta ao advogado apresentar-se como tal e que está agindo no interesse do representado (investigado ou indiciado).

No entanto, se houver sujeição dos autos da investigação a alguma espécie de sigilo, deve o advogado apresentar a procuração, haja vista que se tutela aqui tanto a eficiência da apuração, quanto os direitos do imputado.

O § 10, do art. 7º, do Estatuto da OAB, nesse sentido, passou a ditar que nos autos sujeitos a sigilo, deve o advogado apresentar procuração para o exercício dos direitos de que trata o inciso XIV[29].

Caso se verifique que o advogado não está agindo em proveito da defesa ou que está se valendo da sua condição para divulgar informações das investigações à imprensa, a autoridade policial deve indeferir o seu acesso aos autos. Fora dessas hipóteses, a negativa indevida de acesso aos autos do inquérito sujeitará o encarregado da apuração à responsabilidade por delito de abuso de autoridade (Lei nº 4.898/1965)[30].

---

28. Argumentação similar é esposada por Henrique Castro e Adriano Sousa Costa: "A justificativa da natureza inquisitorial é de fácil entendimento. Afinal, caso os atos investigatórios dependessem de prévia comunicação à defesa, restaria frustrada a localização de fontes de prova e comprometida a eficácia da Polícia Judiciária, em grande parte calcada no elemento surpresa. [...] Isso não significa que não haja incidência dos princípios do contraditório e da ampla defesa, que são perfeitamente aplicáveis durante a fase pré-processual, ainda que de forma mais tênue do que na fase processual" (CASTRO, Henrique Hoffmann Monteiro de; COSTA, Adriano Sousa. Advogado é importante no inquérito, mas não obrigatório. *Consultor jurídico*. Disponível em: <http://www.conjur.com.br/2016-jan-14/advogado-importante-inquerito-policial-nao-obrigatorio>. Acesso em: 19 jan. 2016).
29. A Lei nº. 13.793/2019 reforçou o disposto no §10º ao incluir o §13º, no art. 7º, no Estatuto da OAB. Mencionado dispositivo diz que: "o disposto nos incisos XIII e XIV do caput deste artigo aplica-se integralmente a processos e a procedimentos eletrônicos, ressalvado o disposto nos §§ 10 e 11 deste artigo".
30. Nesse sentido: MOREIRA, Rômulo de Andrade; ROSA, Alexandre Morais da. Lei nova 13.245/2016: saiba quando, onde e como o advogado deve ter vista da investigação preliminar. *Empório do Direito*. Disponível em: <http://emporiododireito.com.br/lei-nova-13-24516-saiba-quando-onde-e-como-o-advogado-deve-ter-vista-da-investigacao-preliminar-por-romulo-de-andrade-moreira-e-alexandre-morais-da-rosa/>. Acesso em: 18 jan. 2016.

5.3.3.5. Sigilo dos autos de investigação e autoridade responsável pelos seus limites

Primeira premissa que deve ficar bem vincada é a de que o sigilo de autos de inquérito policial, investigação criminal ou processo não deve ter como destinatário o advogado. O que está documentado nesses autos é plenamente acessível pelo advogado que age, legalmente, em favor dos interesses do imputado.

No entanto, a Lei nº 13.245/2016 trouxe dispositivo que refere que a autoridade competente poderá delimitar o acesso do advogado aos elementos de prova relacionados a diligências em andamento e ainda não documentados (§ 11, do art. 7º, do Estatuto da OAB[31]). Veja-se que o legislador, embora regulando prerrogativas do advogado, findou por prever restrições ao seu acesso a elementos de prova relacionados a diligências em andamento e ainda não documentados.

O enunciado legal refere "autoridade competente", sem indicar qual a autoridade com o poder de circunscrever o acesso do advogado: delegado de polícia, membro do Ministério Público ou juiz. Valeu-se da expressão "autoridade competente" que, tecnicamente, seria designativo do poder dos magistrados, haja vista que para as demais autoridades reserva-se, doutrinariamente, a locução "autoridade com atribuição".

Duas vertentes doutrinárias se formam em torno de qual autoridade que tem a atribuição ou a competência para "delimitar o acesso do advogado aos elementos de prova relacionados a diligências em andamento e ainda não documentados".

A primeira, com tendência majoritária, reputa que a autoridade aludida pelo enunciado do § 11 é a policial ou a encarregada de outras investigações preliminares. Em outras palavras, segundo esta concepção, cabe à autoridade policial, ministerial ou encarregada das investigações obstar o acesso do advogado àqueles elementos que ainda não foram documentados no inquérito policial ou em outros autos de investigação preliminar, de forma fundamentada[32].

A segunda corrente, a qual propugnamos *ad legem ferenda*, sustenta a necessidade de decisão judicial para que haja restrição de acesso a elementos de prova relacionados a diligências em andamento e não documentados. É o que na prática forense se dá com a aposição de sigilo aos requerimentos de busca e apreensão, de interceptação telefônica ou de quaisquer diligências cuja preservação de segredo seja essencial ao seu êxito. Todos são formados em autos apartados aos da investigação preliminar e submetidos à apreciação do juiz. A gravidade da limitação a direito fundamental impõe decisão judicial.

---

31. A Lei nº. 13.793/2019 reforçou o disposto no §10º ao incluir o §13º, no art. 7º, no Estatuto da OAB. Mencionado dispositivo diz que: "o disposto nos incisos XIII e XIV do caput deste artigo aplica-se integralmente a processos e a procedimentos eletrônicos, ressalvado o disposto nos §§ 10 e 11 deste artigo".

32. Defendendo ser a autoridade investigativa a responsável para delimitar o acesso do advogado aos elementos de informação e criticando o legislador pela falta de técnica na diferenciação entre ato de prova e ato de investigação, Rômulo de Andrade Moreira e Alexandre Morais da Rosa pontificam que "apenas justifica-se a restrição quanto às diligências em andamento (nunca em relação aquelas já realizadas, ainda que não documentadas) e quando houver risco efetivo (e sério) de comprometimento da eficácia ou da finalidade das diligências. Se, efetivamente, houver (real) comprometimento para a eficácia ou para a finalidade do ato investigatório, parece-nos razoável que não tenha, ainda, o advogado acesso a este ato procedimental, protelando-se o acesso. Tudo deve ser, como dito acima, também justificado, em conformidade com o art. 2º., § 6º., da Lei nº 12.830/13, por analogia. A motivação da exceção precisa de motivação pela autoridade condutora da investigação" (MOREIRA, Rômulo de Andrade; ROSA, Alexandre Morais da. Lei nova 13.245/2016: saiba quando, onde e como o advogado deve ter vista da investigação preliminar. *Empório do Direito*. Disponível em: <http://emporiododireito.com.br/lei-nova-13-24516-saiba-quando-onde-e-como-o--advogado-deve-ter-vista-da-investigacao-preliminar-por-romulo-de-andrade-moreira-e-alexandre-morais-da-rosa/>. Acesso em: 18 jan. 2016).

De acordo com essa segunda orientação, no que concerne às diligências não documentadas, diante da possibilidade de frustração de seus objetivos por conta do acesso ao seu conteúdo pelo advogado, a autoridade competente deve descrever, de maneira fundamentada nos autos, a parte que deve o advogado ter acesso.

Na esteira dessa nossa posição, se a autoridade policial se deparar com questão dessa natureza, e não detiver atribuição para resolvê-la, deverá enviá-la ao juiz competente para que a examine e decida motivadamente. A parte final do aludido § 11, do art. 7º, do Estatuto da Ordem, expressa essa atribuição (competência) da autoridade responsável (juiz), averbando que deve ela observar os limites relativos a risco de comprometimento da eficiência, da eficácia ou da finalidade das diligências.

Na realidade, compreendemos ser desnecessário o teor do § 11, do art. 7º, ora estudado. Afinal, tudo o que está nos autos das investigações preliminares é acessível ao advogado do representado. O que não está naqueles autos, por outro lado, não é passível de acesso, simplesmente por não estar ainda documentado.

Melhor seria que a lei dispusesse expressamente sobre a indispensabilidade de decisão judicial pormenorizada para resolver sobre os limites do segredo das investigações e sobre o dever da autoridade investigativa remeter ao juiz a questão quando suscitado óbice de acesso do advogado ao conteúdo de diligências não fundamentadas ou documentadas. Isso porque, a rigor, o delegado de polícia não deveria ter atribuição para resolver limites do sigilo de inquérito ou de diligências em andamento relativamente ao advogado do imputado, como sujeito passivo do segredo, a fim de não conflitar com as prerrogativas da advocacia na tutela dos direitos fundamentais dos investigados.

O § 12, do art. 7º, do Estatuto da OAB, foi acrescido para estabelecer sanção pelo descumprimento da regra enunciada no seu inciso XIV. Em outras palavras, a negativa de acesso aos autos pelo advogado, em desacordo com os direitos gizados naquele inciso, "o fornecimento incompleto de autos ou o fornecimento de autos em que houve a retirada de peças já incluídas no caderno investigativo implicará responsabilização criminal e funcional por abuso de autoridade do responsável que impedir o acesso do advogado com o intuito de prejudicar o exercício da defesa, sem prejuízo do direito subjetivo do advogado de requerer acesso aos autos ao juiz competente".

Em suma, o direito ao acesso pelo advogado com procuração é pleno em relação aos autos de investigação submetidos a sigilo, porquanto já inclusa a documentação. O sigilo deve ser oposto restrita e relativamente a terceiros, estranhos à apuração. No que concerne aos elementos pendentes de documentação, por conta de diligências em andamento, tem cabimento as observações acima tecidas.

Ressalte-se, novamente, que havendo arbítrio por parte da autoridade, admite-se o manejo do mandado de segurança, da reclamação constitucional ao STF (para fazer valer o mandamento do enunciado nº 14 da súmula vinculante) e até mesmo de *habeas corpus*, já admitido em diversos precedentes. Ainda, conforme se extrai do § 12º, do art. 7º, ora estudado, autoriza-se o requerimento ao juiz competente, por meio de petição autônoma, no intuito da consecução do fim almejado. Naturalmente, tal requerimento é fato gerador de prevenção, fixando a competência para o futuro processo criminal.

5.3.3.6. Direito do advogado de se fazer presente às declarações do investigado

Programas de televisão noticiam variadas violações a direitos humanos, a exemplo do ferimento à garantia fundamental que tem o agente de permanecer em silêncio. Não é incomum a existência de reportagens nas quais se vê a autoridade policial instando o investigado a dizer a verdade. Muitas das vezes, não se tem presença de advogado ou, quando há, ela fica mais no plano decorativo, em afronta também às prerrogativas dos causídicos.

Atento a essa realidade, o inciso XXI, do referido art. 7º, do Estatuto da OAB, veio preconizar que é direito do advogado "assistir a seus clientes investigados durante a apuração de infrações, sob pena de nulidade absoluta do respectivo interrogatório ou depoimento e, subsequentemente, de todos os elementos investigatórios e probatórios dele decorrentes ou derivados, direta ou indiretamente, podendo, inclusive, no curso da respectiva apuração: a) apresentar razões e quesitos".

Pensamos que a disposição é salutar, necessária, compatível com a Constituição e não ofensiva aos propósitos da investigação preliminar. Confere-se ao advogado a paridade de armas necessária para que o inquérito policial ou outro procedimento investigativo estatal seja corroborado por uma parcela investigativa de natureza defensiva.

Em outros termos, é vedado à autoridade policial tomar interrogatório de investigado sem que seja a este oportunizada a assistência jurídica por advogado. O enunciado encontra compatibilidade com o inciso LXIII, do art. 5º, da Constituição de 1988, que estabelece que "o preso será informado de seus direitos, entre os quais o de permanecer calado, sendo-lhe assegurada a assistência da família e de advogado".

O dispositivo legal garante o direito de presença e de assistência do causídico. Ao investigado, assegura-se à ciência de que, querendo, tem o direito de ser acompanhado por advogado.

Nesse contexto, o advogado do representado, constituído nos autos da investigação preliminar, tem direito à comunicação da designação de dia em que serão inquiridos investigados e testemunhas? Se não for assegurado meios para viabilizar a comunicação ao advogado sobre os dias de produção de testemunhos e demais inquirições, inclusive do investigado, pensamos que a garantia de assistência ao indiciado poderá ser frustrada. A matéria está pendente de julgamento no STF, perante sua Segunda Turma. Do voto já proferido, foi dito que "as prerrogativas da defesa técnica, no curso da investigação preliminar, reforçadas no Estatuto da OAB, não conferem, ao advogado, o direito subjetivo de intimação prévia e tempestiva do calendário de inquirições do inquérito policial". A parte interessada sustenta que, em conformidade com o inciso XXI, do art. 7º, do Estatuto da OAB, seria impositiva a participação do advogado na colheita de depoimentos no decurso de inquérito policial[33].

Se o responsável pelas investigações impedir a presença do advogado ou não assegurar a assistência jurídica solicitada pelo investigado, tomando-lhe as declarações, restará ferido o enunciado legal (inciso XXI, art. 7º, Estatuto da OAB).

33. Noticiado no Informativo nº 916, de 17 a 21 de setembro de 2018, do STF. Verbete "Defesa técnica e oitivas" (STF – Segunda Turma – Pet. 7.612 AgR/DF, rel. Min. Edson Fachin, julgamento em 18.9.2018).

Note-se que não basta comunicar que o investigado tem direito a advogado. Deve-se dar efetiva ciência de que ele tem o direito de o constituir ou de solicitar defensor, antes de ser ouvido. Se o investigado não desejar a presença de advogado para este ato inquisitivo, e mesmo assim sendo tomadas suas declarações, deve ser documentada sua manifestação. Desse modo, não restará violado o dispositivo em tela e não haverá a nulidade aventada.

Se o advogado ou defensor se fizer presente, deve a autoridade policial adotar as cautelas para fazer valer a sua participação, por meio da admissão de formulação de "razões e quesitos". Conquanto não se trate de um contraditório pleno, devem ser inseridos nesses vocábulos os esclarecimentos e as reperguntas do advogado no curso do interrogatório do investigado, bem como a possibilidade de participar da produção pericial, por meio de apresentação de quesitos aos *experts*.

Sob outra vertente, o termo "razões" (a serem oferecidas pelo advogado), torna possível concretizar o direito de petição nos autos de investigação. Ademais, consagra o dever da autoridade que preside a investigação admitir pedidos do advogado, reduzindo o caráter unilateral da investigação, embora possa, motivadamente, indeferi-los. Para tanto, o inciso XXI, do art. 7º, do Estatuto da OAB, estampou que o advogado pode, no curso do procedimento investigativo, "apresentar razões e quesitos" (alínea "a").

Importante ressaltar que, no projeto de lei submetido à sanção, havia a previsão, na alínea "b", da possibilidade de requisição de diligências, tendo sido, porém, vetada. Logicamente, os pedidos do advogado devem se respaldar nos ditames do sistema jurídico pátrio. O delegado de polícia poderá negar, fundamentadamente, juntada de razões e quesitos que afrontem o ordenamento jurídico ou que visem tumultuar a condução dos trabalhos.

5.3.3.7. Nulidade do ato investigativo sem que seja assegurado ou permitido advogado

A nova legislação, inserindo o inciso XXI, ao art. 7º, do Estatuto da OAB, reafirmou a prerrogativa do advogado de "assistir seus clientes". A violação a essa regra tem, como consequência normativa, a "nulidade absoluta do respectivo interrogatório ou depoimento". Vale afirmar, na hipótese de falta de assistência do investigado por advogado, em razão de óbice ou de omissão de informação desse direito ao declarante, haverá vício grave que deve implicar o desfazimento dos efeitos do ato produzido (invalidação).

O dispositivo foi expresso ao preconizar a aplicação do princípio da consequencialidade, ordenando que devem ser inquinados de nulidade absoluta todos os elementos investigatórios e probatórios dele decorrentes ou derivados, direta ou indiretamente.

O ordenamento jurídico passa a reconhecer, expressamente, a aplicação do sistema das nulidades processuais à investigação preliminar. Com essa ferramenta, dissipam-se as dúvidas, injustificáveis, sobre a possibilidade de controle sobre a higidez dos atos do inquérito policial e dos demais procedimentos investigatórios. Como o vício é classificado pelo legislador como "nulidade absoluta", a presunção legal de prejuízo deve compelir o juiz à indispensável invalidação dos atos investigatórios defeituosos, bem como aos que dele dependam[34].

34. Veja-se que a nulidade dos atos subsequentes fica estritamente condicionado à relação de dependência. A propósito, Afrânio Silva Jardim elucida que "a nulidade de algum ato do procedimento investigatório prévio jamais pode levar à nulidade do processo penal. Pode sim, se for a única prova a legitimar o exercício da ação penal, levar à extinção desta

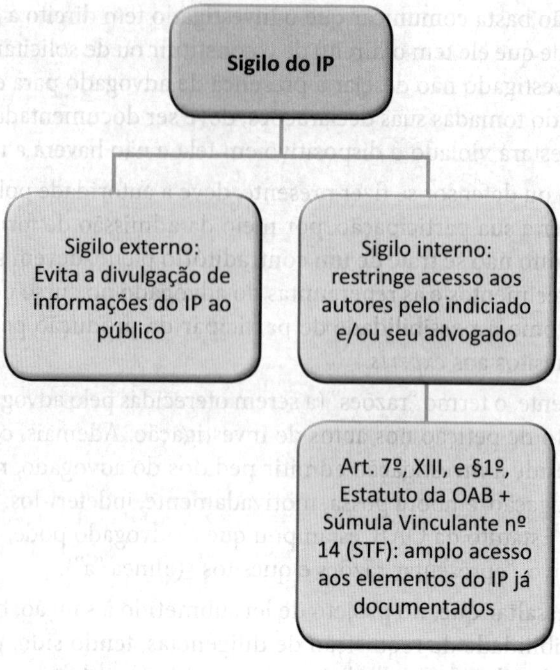

5.3.4. *Lawfare*

Lawfare é termo que designa estratégia jurídica de dominação de uma parte em detrimento de outra, mediante manipulação de meios legais disponíveis para mitigar o sigilo das investigações em detrimento das garantias do investigado. Trata-se de abuso de direito que, em tese, pode ser usado pela parte acusadora (Ministério Público ou querelante) ou pelo imputado (defesa). A palavra tem origem inglesa e é formada pela junção de duas outras: *law* (direito) e *warfare* (guerra), indicando o sentido de uma disputa desigual. No direito internacional, *lawfare* pode designar o conjunto de procedimentos aparentemente legais para um Estado, mais forte, constranger e minar a legitimidade de outro Estado, mais fraco, notadamente quando envolvidos assuntos de segurança nacional ou internacional[35].

No direito processual penal, a estratégia *lawfare*, geralmente, é inferida pela constatação de auxílio dos meios de comunicação (mídia) aos órgãos de persecução penal estatal. Com a divulgação sistemática do caso penal pela mídia, o órgão acusador se agiganta relativamente ao réu. Aliás, entendemos que o acusado, frente aos órgãos de persecução penal, é hipossuficiente, considerando a existência de forte estrutura policial (investigação preliminar), ministerial (promoção de ação penal e de produção probatória) e judicial (condução do processo penal).

Quando, além desses três atores, agrega-se a força da mídia, completa-se a desproporção da parte acusadora relativamente à defesa, eis que a técnica da *lawfare*, enquanto ilegítima guerra jurídica, tende a enfraquecer, ainda mais, a imagem do acusado, fragilizando-o.

---

relação processual sem resolução do mérito, por falta de suporte probatório mínimo que legitime a acusação penal (condição da ação que chamávamos de "justa causa") (JARDIM, Afrânio Silva. Algumas reflexões sobre as investigações de condutas delituosas e a atuação dos advogados. *Empório do Direito*. Disponível em: <http://emporiododireito.com.br/algumas-reflexoes/>. Acesso em: 18 jan. 2016).

35. Cf. GOLDSTEIN, Brooke; MEYER, Aaron Eitan. *Lawfare*: the war against free speech. EUA: Createspace Pub, 2011. 240p.

Em acréscimo, essa estratégia pode significar tentativa de pressionar ou influenciar negativamente o julgamento, a exemplo de casos emblemáticos julgados pelo júri popular. Como se depreende, trata-se de vício que inquina a persecução penal de nulidade (absoluta), por suprimir ou debilitar sobremodo o direito à ampla defesa e ao contraditório[36].

5.3.5. *Trial by media* ou publicidade ostensiva

A publicidade ostensiva é próxima da *lawfare* e tem o propósito de afastar o sigilo das investigações, com prejuízo ao princípio da paridade de armas[37]. Pode-se imaginar *lawfare* sem que necessariamente se valha da mídia, a exemplo da realização de manifestos públicos, com divulgação de panfletos, passeatas e pressões por meio de petições a órgãos públicos e privados. No entanto, no Brasil, a *lawfare*, em regra, está associada à publicidade ostensiva (*trial by media*), pela mídia televisiva, com abuso do direito à informação para se formar antecipadamente juízo de culpa em desfavor do imputado.

A publicidade ostensiva ou *trial by media* consiste em estratégia que conta com a atuação conjunta de órgãos da persecução penal (Ministério Público e polícia investigativa), a exemplo da deflagração de operação policial ou de processo penal que, sistematicamente, trabalha com o envio à imprensa de informações relacionadas aos fatos (documentos, depoimentos), para divulgação. Tal articulação, como regra, tende a desaguar em *lawfare*.

Rubens Casara denomina "processo penal do espetáculo" ao fato de casos emblemáticos do processo criminal brasileiro terem se tornado "objeto privilegiado de entretenimento". Contrastando com a ideia do processo penal ter sido posto como um "instrumento de racionalização do poder penal", vê-se, não raras vezes, o seu uso para "entreter", com profunda transformação[38].

5.4. Oficialidade

O delegado de polícia de carreira, autoridade que preside o inquérito policial, constitui-se em órgão oficial do Estado (art. 144, § 4º, CF/1988).

5.5. Oficiosidade

Havendo crime de ação penal pública **incondicionada**, a autoridade policial deve atuar de ofício, instaurando o inquérito e apurando prontamente os fatos, haja vista que,

36. Entendemos que o lawfare viola os pilares da democracia, como anotam Alexandre Morais da Rosa e Salah H. Khaled Jr: "estamos testemunhando acontecimentos extremamente preocupantes nos últimos tempos no direito penal brasileiro. Não se trata de alarmismo. Quem dera fosse o caso. Estamos diante de fatos extremamente graves, que atentam de forma explícita contra o Estado Democrático de Direito e que estão sendo perpetrados por instituições que deveriam estar a serviço dele, comprometidos com ele. Fatos que causam mais do que perplexidade. Causam revolta acadêmica, no desejo de construir espaços de crítica. Nem mesmo na Ditadura se viu algo semelhante enquanto prática punitiva taticamente exercida de forma organizada e coordenada por agências de persecução do sistema penal" (ROSA; Alexandre Morais da; KHALED JR., Salah. *In dubio pro hell* I: profanando o sistema penal. 2. ed. Florianópolis: Empório do Direito, 2015. p. 33).

37. MENDONÇA, Tabata Cassenote; ROCHA, Álvaro Filipe Oxley da. A deturpação do princípio da publicidade pela mídia durante a investigação policial: perspectivas críticas. *Mídias e direitos da sociedade em rede*. Santa Maria (RS), 29 mai. 2015. Disponível em: <http://coral.ufsm.br/congressodireito/anais/2015/2-15.pdf>. Acesso em: 25 dez. 2016.

38. CASARA, Rubens R. R. *Estado pós-democrático*: neo-obscurantismo e gestão dos indesejáveis. Rio de Janeiro: Civilização Brasileira, 2017. p.159-160. De forma similar, embora em contexto diverso, Alexandre Morais da Rosa pondera que o direito à informação não deve transferir a sede da jurisdição à mídia que, em conhecida operação de investigação criminal, valeu-se do "uso fragmentado de informações vazadas" como tática "com a finalidade de sustentar a legitimação da operação e das ações dos jogadores" (ROSA, Alexandre Morais da. *Guia compacto do processo penal conforme a teoria dos jogos*. 3. ed. Florianópolis: Empório do Direito, 2016. p.186-187).

na hipótese, sua atuação decorre de imperativo legal (art. 5º, I, CPP) dispensando, pois, qualquer autorização para agir.

Já nos crimes de ação penal pública condicionada e ação penal privada, isto é, naqueles que ofendem de tal modo a vítima em sua intimidade que o legislador achou por bem condicionar a persecução criminal à autorização desta, ou conferir-lhe o próprio direito de ação, a autoridade policial depende daquela permissão para poder atuar, eis que a própria legislação condicionou o início do inquérito a este requisito (art. 5º, parágrafos 4º e 5º, CPP). Havendo delação anônima em crime de ação penal privada, não poderá a autoridade policial iniciar o inquérito sem a prévia autorização da vítima. Da mesma forma, se terceiro for à delegacia no lugar do ofendido, o inquérito não será deflagrado.

OFICIOSIDADE	
Atuação da autoridade policial	
› Crimes de ação penal pública incondicionada	› Crimes de ação pública condicionada ou ação privada
› Atuação de ofício	› Atuação condicionada à manifestação da vítima

5.6. Indisponibilidade

A persecução criminal é de ordem pública, e uma vez iniciado o inquérito, não pode o delegado de polícia dele dispor. Se diante de uma circunstância fática, o delegado percebe que não houve crime, nem em tese, não deve iniciar o inquérito policial. Daí que a autoridade policial não está, a princípio obrigada a instaurar de qualquer modo o inquérito policial, devendo antes se precaver, aferindo a plausibilidade da notícia do crime, notadamente aquelas de natureza apócrifa (delação anônima). Contudo, uma vez iniciado o procedimento investigativo, deve levá-lo até o final, não podendo arquivá-lo, em virtude de expressa vedação contida no art. 17 do CPP.

5.7. Inquisitivo

O inquérito é inquisitivo: as atividades persecutórias ficam concentradas nas mãos de uma única autoridade e não há oportunidade para o exercício do contraditório ou da ampla defesa. Na fase pré-processual não existem partes, apenas uma autoridade investigando e o suposto autor da infração normalmente na condição de indiciado.

A inquisitoriedade permite agilidade nas investigações, otimizando a atuação da autoridade policial. Contudo, como não houve a participação do indiciado ou suspeito no transcorrer do procedimento, defendendo-se e exercendo contraditório, não poderá o magistrado, na fase processual, valer-se apenas do inquérito para proferir sentença condenatória, pois incorreria em clara violação ao texto constitucional.

Admitindo a possibilidade de defesa na fase inquisitorial, porém em posição francamente minoritária, Marta Saad, aduz que "se não se mostra apropriado falar em contraditório no curso do inquérito policial, seja porque não há acusação formal, seja porque, na opinião de alguns, sequer há procedimento, não se pode afirmar que não se admite o exercício do direito de defesa, porque esta tem lugar 'em todos os crimes e em qualquer tempo, e estado da causa', e se trata de oposição ou resistência à imputação informal, pela ocorrência de lesão ou ameaça de lesão"[39].

Uma nota explicativa: a ideia de que contraditório exige partes é um dogma falso. Há contraditório, por exemplo, na jurisdição voluntária[40]. Contraditório é o direito de participar de um procedimento que lhe possa trazer alguma espécie de repercussão jurídica; não tem como pressuposto a existência de partes adversárias. Se há possibilidade de defesa, é porque há exercício do contraditório; se eu me defendo, estou participando do procedimento; estou, portanto, exercitando o meu direito de participação.

Tem-se que assegurar ao indiciado não só a assistência de advogado, como direito fundamental, mas também a realização efetiva da defesa necessária no próprio inquérito, além da produção de elementos que terão força probatória ao longo da persecução penal, seja para convencer o magistrado que a inicial acusatória deve ser rejeitada, seja para lastrear *habeas corpus* trancativo do próprio inquérito, ou, à luz da atual perspectiva procedimental, embasar a defesa preliminar no intuito do êxito na obtenção do julgamento antecipado do mérito.

A atuação da defesa na fase preliminar tem sido colocada com um desvio de percepção evidente. Tenta-se afastar o direito de defesa (e o contraditório) da fase preliminar, na pressuposição de que eles militariam contra a necessidade da eficiência investigativa, em verdadeiro obstáculo a boa atuação da polícia judiciária.

Atenuar o contraditório e o direito de defesa na fase preliminar, por suas próprias características, não pode significar integral eliminação. O inquérito deve funcionar como procedimento de filtro, viabilizando a deflagração do processo quando exista justa causa, mas também contribuindo para que pessoas nitidamente inocentes não sejam processadas. Vivemos numa fase de "processualização dos procedimentos"[41], e estes, como "métodos de exercício de poder, vêm sendo modulados com a previsão de respeito ao princípio do contraditório", ampliando-se o espectro horizontal de incidência dos direitos e garantias fundamentais[42].

Nesse sentido, há quem sustente a existência de ampla defesa no inquérito policial. Trata-se de posição minoritária que inclusive diferencia duas formas de exercício de direito de defesa: **(1)** exercício exógeno (o etmo "exo" significa topicamente "fora" do inquérito policial): trata-se de manejo de técnica paralela ao inquérito, mediante o ajuizamento, por exemplo, de ação autônoma de impugnação com o fito de obter o trancamento da investigação preliminar (*habeas corpus* trancativo); **(2)** exercício endógeno, cujo etmo "endo" dá ideia de ato praticado no curso da investigação, de forma incidente e dependente, tal como requerimentos dirigidos à autoridade policial, declarações do acusado ou intervenção do advogado em situação excepcional, para garantir o acatamento às garantias individuais[43].

Vale destacar ainda que de forma excepcional, existem inquéritos extrapoliciais onde a defesa é de rigor, como no inquérito para a decretação da expulsão de estrangeiro e aquele instaurado para apurar falta administrativa. Este último, todavia, enfrenta resistência na jurisprudência do STF, ao editar o enunciado nº 5, de natureza vinculante: "A falta de defesa

39. SAAD, Marta. *O direito de defesa no inquérito policial*. São Paulo: RT, 2004. p. 221-222.
40. DIDIER JR., Fredie. *Curso de direito processual civil*. 11.ed. Salvador: Juspodivm, 2009. p. 100.
41. DANTAS, Miguel Calmon. *Direito fundamental à processualização*. In: *Constituição e processo*. DIDIER JR.; WAMBIER, Luiz Rodrigues; GOMES JR., Luiz Manoel (coord.). Salvador: Juspodivm, 2007.p. 368; 416-417.
42. DIDIER JR., Fredie; ZANETI JR., Hermes. *Curso de direito processual civil*. 4.ed. Salvador: Juspodivm, 2009. p. 221-222.
43. SAAD, Marta. *O direito de defesa no inquérito policial*. São Paulo: RT, 2004. p. 221-222. Cf. também: LIMA, Renato Brasileiro. *Curso de processo penal*. Niterói: Impetus, 2013. p. 84.

técnica por advogado no processo administrativo disciplinar não ofende a Constituição". Já o inquérito judicial, tratado nos arts. 103 e ss. da antiga Lei de Falências (Dec.-Lei nº 7.661/1945), que também admitia contraditório e ampla defesa, encontra-se revogado.

5.8. Autoritariedade

O delegado de polícia, presidente do inquérito policial, é autoridade pública (art. 144, § 4º, da CF).

A Lei nº 12.830/2013 dispõe sobre a investigação criminal conduzida pelo Delegado de Polícia. Dentre os dispositivos legais pertinentes à característica em tela, especial relevo tem o § 4º, do seu art. 2º, que suscita a ideia de um **princípio do delegado natural**, na esteira da noção mais geral de um **princípio da autoridade natural** (juiz natural, promotor natural e defensor natural). O dispositivo reza que o inquérito policial ou outro procedimento previsto em lei somente poderá ser avocado ou redistribuído por superior hierárquico, mediante despacho fundamentado, por motivo de interesse público ou nas hipóteses de inobservância dos procedimentos previstos em regulamento da corporação que prejudique a eficácia da investigação.

A necessidade de despacho fundamentado para que a condução do inquérito policial não permaneça sob a presidência do delegado de polícia indicado por lei e a indispensabilidade de motivação lastreada em critério de interesse público ou por razão de irregularidade são limites à excessiva discricionariedade que havia tanto na edição de ato tendente a avocar os autos de subordinado a superior, quanto na designação de delegado diverso do previsto nas normas de regência sem justificativa plausível. Conquanto haja resistências da jurisprudência e da doutrina majoritária em admitir tal princípio do delegado de polícia natural, entendemos que já se trata de princípio positivado no sistema.

Corolário do princípio do delegado natural, é a imposição de limites à remoção da autoridade policial, que só poderá ocorrer por ato fundamentado (§ 5º, art. 2º, Lei nº 12.830/2013). O art. 3º, por outro prisma, dá realce a este princípio e à característica de autoritariedade do delegado de polícia, quando averba que esse cargo é privativo de bacharel em Direito, devendo-lhe ser dispensado o mesmo tratamento protocolar que recebem os magistrados, os membros da Defensoria Pública e do Ministério Público e os advogados.

5.9. Dispensabilidade

Da leitura de dispositivos que regem a persecução penal preliminar, a exemplo art. 39, § 5º, CPP, podemos concluir que o inquérito não é imprescindível para a propositura da ação penal. Se os elementos que venham lastrear a inicial acusatória forem colhidos de outra forma, não se exige a instauração do inquérito. Tanto é verdade que a denúncia ou a queixa podem ter por base, como já ressaltado, inquéritos não policiais, dispensando-se a atuação da polícia judiciária. Contudo, se o inquérito policial for a base para a propositura da ação, este vai acompanhar a inicial acusatória apresentada (art. 12, CPP).

Embora não seja recomendável, nada obsta, de igual maneira, que as medidas cautelares sejam decretadas sem que haja inquérito instaurado. Neste caso, será necessária a produção de elementos informativos suficientes à decretação da medida, devendo estes serem analisados de forma cuidadosa, já que dispensado o procedimento formal preliminar.

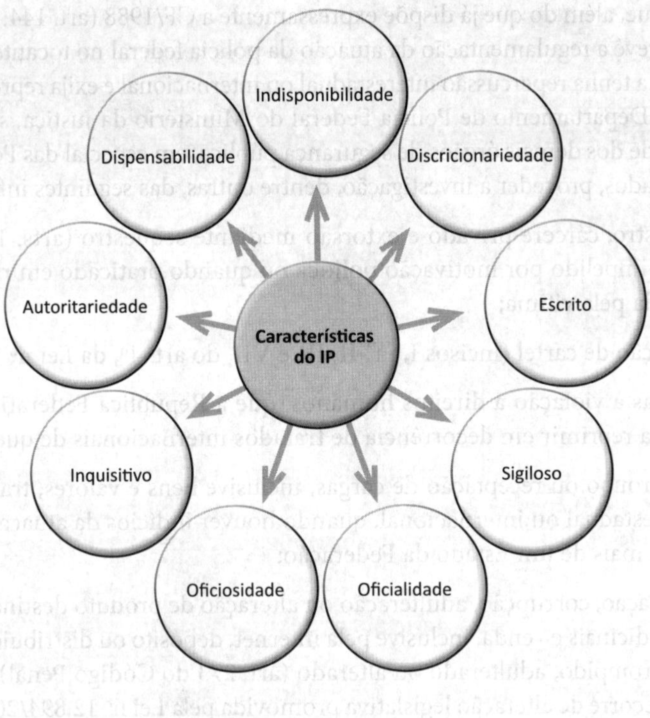

6. COMPETÊNCIA (ATRIBUIÇÃO)

Apesar do parágrafo único do art. 4º referir-se à competência, é certo que os delegados têm atribuição. Afinal, o termo competência é afeto aos juízes, significando a delimitação da jurisdição. Para sabermos então qual o delegado com atribuição para atuar em um determinado caso, ou seja, quem vai investigar uma certa infração, podemos nos valer dos seguintes critérios, que se complementam:

6.1. Critério territorial

Por este critério, delegado com atribuição é aquele que exerce suas funções na circunscrição em que se consumou a infração (art. 4º, *caput*, CPP). ***Circunscrição*** significa a delimitação territorial na qual o delegado exerce as suas atividades.

6.2. Critério material

Pelo critério material, temos a segmentação da atuação da polícia, com delegacias especializadas na investigação e no combate a determinado tipo de infração, a exemplo das delegacias especializadas em homicídios, entorpecentes, furtos e roubos, etc.

O sistema de segurança pública está delineado no art. 144, da Constituição do Brasil, onde se vê a definição das tarefas dos diversos órgãos que o compõem, em especial: **(1)** a polícia federal, com atribuição definida de forma específica referente a delitos federais e a tráfico de entorpecentes e drogas afins, contrabando e descaminho (sem prejuízo da atuação de outros órgãos); e **(2)** a polícia civil, com atribuição residual, isto é, todo delito que não for afeto à competência da União ou da Justiça Militar, incumbe a ela apurar.

É de ver que, além do que já dispõe expressamente a CF/1988 (art. 144, § 1º, I), a Lei nº 10.446/2002 prevê a regulamentação da atuação da polícia federal no tocante a outras infrações cuja prática tenha repercussão interestadual ou internacional e exija repressão uniforme, ao autorizar o Departamento de Polícia Federal do Ministério da Justiça, sem prejuízo da responsabilidade dos demais órgãos de segurança pública, em especial das Polícias Militares e Civis dos Estados, proceder à investigação, dentre outras, das seguintes infrações penais:

(1) sequestro, cárcere privado e extorsão mediante sequestro (arts. 148 e 159, CP), se o agente foi impelido por motivação política ou quando praticado em razão da função pública exercida pela vítima;

(2) formação de cartel (incisos I, "a", II, III e VII, do art. 4º, da Lei nº 8.137/1990);

(3) alusivas à violação a direitos humanos, que a República Federativa do Brasil se comprometeu a reprimir em decorrência de tratados internacionais de que seja parte;

(4) furto, roubo ou receptação de cargas, inclusive bens e valores, transportadas em operação interestadual ou internacional, quando houver indícios da atuação de quadrilha ou bando[44] em mais de um Estado da Federação;

(5) falsificação, corrupção, adulteração ou alteração de produto destinado a fins terapêuticos ou medicinais e venda, inclusive pela internet, depósito ou distribuição do produto falsificado, corrompido, adulterado ou alterado (art. 273 do Código Penal). Anote-se que esta previsão decorre de alteração legislativa promovida pela Lei nº 12.894/2013, que entrou em vigor em 17 de dezembro de 2013.

(6) furto, roubo ou dano contra instituições financeiras, incluindo agências bancárias ou caixas eletrônicos, quando houver indícios da atuação de associação criminosa em mais de um Estado da Federação. Esta hipótese foi inserida pela Lei 13.124/15, que entrou em vigor na data de sua publicação (22 de maio de 2015);

(7) quaisquer crimes cometidos por meio da rede mundial de computadores que têm a aptidão de difundir conteúdo misógino, definidos como aqueles que propagam o ódio ou a aversão às mulheres (cuida-se do inciso VII, do art. 1º, da Lei nº 10.446, de 8 de maio de 2002, acrescido pela Lei nº 13.642, de 3 de abril de 2018).

Além desses casos, que evidenciam que a investigação preliminar de crimes de competência da Justiça Estadual não é de exclusividade da polícia civil, cabendo a atuação concorrente da polícia federal, o Departamento de Polícia Federal, verificando o atendimento dos pressupostos da **(a)** "repercussão interestadual ou internacional" e **(b)** da "exigência de repressão uniforme", procederá à apuração de outras hipóteses, desde que tal providência seja autorizada ou determinada pelo Ministro de Estado da Justiça.

6.3. Critério em razão da pessoa

Leva-se em consideração a figura da vítima, tais como as delegacias da mulher, do turista, do idoso, dentre outras.

44. A lei nº 12.850/2013 alterou a redação e conteúdo do art. 288 do Código Penal, que passou a se chamar "associação criminosa".

Nada impede, nas comarcas em que exista mais de uma circunscrição policial, que a autoridade com exercício em uma delas ordene diligências em outra, independentemente de precatórias ou requisições, podendo ainda prontamente atuar em razão de fatos que venham a ocorrer em sua presença (art. 22, CPP).

É também mera irregularidade o fato do inquérito tramitar em local diverso do da consumação da infração, afinal, a violação dos critérios de atribuição não tem o condão de macular o futuro processo. O advogado do indiciado, entretanto, poderá impetrar *habeas corpus* para trancar o inquérito que tramita irregularmente, por desrespeito à fixação da atribuição. A não contaminação do futuro processo não é obstáculo ao combate do inquérito irregular.

ATRIBUIÇÃO PARA O IP		
Critério territorial	**Critério material**	**Critério em razão da pessoa**
Ex.: circunscrição policial	Ex.: natureza da infração	Ex.: delegacia do idoso

7. PRAZOS

O inquérito policial não pode se estender indefinidamente, dispondo o Código de Processo Penal e a legislação extravagante acerca dos prazos de sua conclusão. Alguns procedimentos terão prioridade na sua tramitação, a exemplo do que prevê o art. 19-A (incluído pela Lei nº 12.483/2011), da Lei de Proteção a Vítimas e Testemunhas, o art. 71, do Estatuto do Idoso (Lei nº 10.741/2003), e o art. 394-A (incluído pela Lei nº 13.285/2016), do CPP.

Malgrado as opiniões em sentido contrário[45], consideramos que a natureza dos prazos de conclusão do inquérito policial varia segundo esteja o investigado solto ou preso: **(1)** estando solto o indiciado, os prazos de conclusão do inquérito ostentam natureza processual, razão pela qual são contados excluindo-se o dia do início e incluindo-se o dia do vencimento, nos termos do art. 798, §§ 1º e 3º, CPP; **(2)** estando preso o indiciado, os prazos para conclusão do inquérito recebem natureza material para o fim de ser considerada excessiva a duração da prisão. De tal modo, deve ser contado o lapso prazal incluindo-se o dia do início (data da prisão, independentemente do horário) e excluído o dia do final. A ausência de remessa do inquérito policial à Justiça ao final do prazo implica constrangimento ilegal sanável via *habeas corpus*. Isso porque, havendo indiciado preso, o regime de tramitação deve ser urgente, até porque existe regime de plantão nos fóruns (dias sem expediente forense, como sábados, domingos e feriados). Daí a natureza material do prazo de conclusão quando for o caso de indiciado preso, não podendo ser prorrogado (art. 10, CP).

Vejamos quais são os prazos para conclusão do inquérito policial.

7.1. Regra geral

Como regra geral, para os crimes da atribuição da polícia civil estadual, o prazo para a conclusão do inquérito é de 10 dias, estando o indiciado preso, prazo este improrrogável,

45. LIMA, Renato Brasileiro. *Curso de processo penal*. Niterói: Impetus, 2013. p. 114.

e de 30 dias, se o agente está solto. Este último prazo comporta prorrogação, a requerimento do delegado e mediante autorização do juiz (art. 10, CPP), não especificando a lei qual o tempo de prorrogação nem quantas vezes poderá ocorrer, o que nos leva a crer que esta pode se dar pela frequência e pelo tempo necessários, desde que haja autorização judicial para tanto. Não se fez previsão quanto à prévia oitiva do MP para que haja ou não prorrogação. Entendemos que o titular da ação deve ser ouvido, afinal, estando satisfeito com os elementos até então colhidos, poderá de pronto deflagrar a ação, sem a necessidade de maiores delongas.

7.2. Prazos especiais

A legislação extravagante consagra regras especiais de conclusão do inquérito policial. As principais regras são:

7.2.1. Inquéritos a cargo da polícia federal. Se o indiciado estiver preso, o prazo para conclusão do inquérito é de 15 dias, prorrogável por igual período, pressupondo autorização judicial (art. 66 da Lei nº 5.010/1966). Estando solto o indiciado, seguimos a regra geral, ou seja, 30 dias para a conclusão, prorrogáveis mediante solicitação do delegado e autorização do juiz, cabendo a este estipular o prazo, haja vista o silêncio da lei sobre o quanto de prorrogação. Nada impede, a toda evidência, que haja mais de uma prorrogação.

7.2.2. Crimes contra a economia popular: o § 1º do art. 10 da Lei nº 1.521/1951 prevê o prazo de 10 dias para a conclusão do inquérito policial. Todavia, não faz distinção entre indiciado preso ou solto, logo o prazo é único, não contemplando prorrogação.

7.2.3. Lei antitóxicos: a nova lei de repressão aos entorpecentes, Lei nº 11.343/2006, prevê o prazo de 30 dias, duplicáveis, em estando o indiciado preso, e de 90 dias, também duplicáveis, se solto estiver, por deliberação judicial, ouvindo-se o Ministério Público, mediante pedido justificado da autoridade de polícia judiciária (art. 51).

7.2.4. Inquéritos militares: caso o indiciado esteja preso, o encerramento do inquérito policial militar deve ocorrer em vinte dias. Já se solto estiver, o prazo é de 40 dias, prorrogáveis por mais vinte dias pela autoridade militar superior, desde que não estejam concluídos exames ou perícias já iniciados, ou haja necessidade de diligências indispensáveis à elucidação do fato (art. 20, *caput*, § 1º, CPPM).

HIPÓTESE	PRAZO PARA CONCLUSÃO DO INQUÉRITO POLICIAL	
	Indiciado preso	Indiciado solto
Regra Geral – CPP	10 dias	30 dias
Polícia Federal	15 dias (+15)	30 dias
Crimes contra a Economia Popular	10 dias	10 dias
Lei antitóxicos	30 dias (+30)	90 dias (+90)
Inquéritos militares	20 dias	40 dias (+20)

7.3. Contagem do prazo

Vistas as regras gerais de fixação dos prazos para o encerramento do inquérito policial, vejamos como fixar os marcos inicial e final da contagem. Mirabete entende que o prazo deve ser contado atendendo aos ditames do Código de Processo Penal, ou seja, excluindo-se o dia do começo e incluindo-se o último dia, sem fazer distinção entre indiciado preso ou solto (art. 798, § 1º, CPP).

Não obstante, reputamos que se o indiciado estiver preso, o prazo do inquérito deve ser contado na forma do art. 10, do Código Penal, ou seja, incluindo-se o dia do começo e excluindo-se o do vencimento. Em estando solto, segue-se a regra insculpida no § 1º, do art. 798, do CPP, a qual explicitamos acima. Não é outra a posição de Guilherme de Souza Nucci, salientando que se cuida "de norma processual penal material, que lida com o direito à liberdade, logo, não deixa de ter cristalino fundo de direito material. Por isso, entendemos deva ser contado como se faz com qualquer prazo penal, nos termos do art. 10, do Código Penal, incluindo-se o primeiro dia (data da prisão) e excluindo o dia do final"[46].

Se o prazo do inquérito encerrar-se em dia onde não há expediente forense, não cabe falar-se em prorrogação para o primeiro dia útil subsequente, assim como se a prisão em flagrante ocorreu no final de semana, o inquérito terá o seu início imediatamente, afinal as delegacias de polícia atuam em sistema de plantão.

Lembra Nucci que a jurisprudência pátria tem admitido um sistema de compensação caso haja o excesso prazal na conclusão do inquérito, levando em conta o prazo de que dispõe o Ministério Público para ofertar denúncia. Assim, caso o delegado, estando o indiciado preso, conclua o inquérito em doze dias, mas o promotor oferte a denúncia em dois dias, apesar de dispor de 5 dias, não há de se falar em constrangimento ilegal a viabilizar o relaxamento da prisão, concluindo que o Estado-investigação e o Estado-acusação dispõem, juntos, de 15 dias para manter o suposto autor do fato preso (dez dias para conclusão do inquérito e 5 dias para a oferta da denúncia).

Sem embargo, é de ver que a admissão de tal ordem de compensação equivale à permissão de flagrante violação dos prazos legais, em prejuízo do imputado, dando margem a interpretação distanciada do Código de Processo Penal, eis que em seu art. 10 não admite a prorrogabilidade do prazo para conclusão do inquérito quando o indiciado estiver recluso.

7.4. Controle dos prazos e armazenamento de dados

A Lei nº 12.714/2012 é o diploma legal que dispõe sobre o sistema de acompanhamento da execução penal, da prisão cautelar e da medida de segurança. Trata-se de um subsistema do sistema jurídico, com regras próprias para o controle e fiscalização do cerceio de liberdade imposto pelo aparato estatal. Para colocar em prática a ideia, ao Poder Executivo federal foi dada a competência material de instituir sistema nacional, visando à interoperabilidade das bases de dados e informações dos sistemas informatizados instituídos pelos Estados e pelo Distrito Federal. Nesse intento, a União poderá apoiar os Estados e o Distrito Federal no desenvolvimento, implementação e adequação de sistemas próprios que permitam interoperabilidade. Se efetivado o sistema, teremos um útil instrumento para controlar prazos de inquéritos policiais com investigados presos, evitando-se violações a direitos fundamentais. O acompanhamento eletrônico de medidas limitativas de liberdade dos indiciados depende da manutenção e da atualização de dados.

46. NUCCI, Guilherme de Souza. *Código de processo penal comentado*. 3. ed. São Paulo: RT, 2004. p. 141.

8. VALOR PROBATÓRIO

O inquérito policial tem valor probatório relativo, pois carece de confirmação por outros elementos colhidos durante a instrução processual. O inquérito, já sabemos, objetiva angariar subsídios para contribuir na formação da opinião delitiva do titular da ação penal, não havendo, nessa fase, contraditório ou ampla defesa. Não pode o magistrado condenar o réu com base tão somente em elementos colhidos durante o inquérito[47]. É essencial que a instrução probatória em juízo, regida pelo contraditório e pela ampla defesa, oportunize colher elementos convincentes e robustos a fundamentar um decreto condenatório.

A relatividade do valor dos elementos de informação do inquérito policial se deve a mais de um motivo: **(1)** os elementos colhidos não são submetidos à formação contraditória; **(2)** o juiz não poderá tomar decisões fundadas apenas nos elementos de informação, ressalvadas as provas cautelares, antecipadas e irrepetíveis, valendo notar que o inquérito não é excluído fisicamente do processo, conquanto não seja idôneo para justificar isoladamente um decreto condenatório; **(3)** os elementos de informação devem ser interpretados em conjunto com as provas carreadas em juízo, sendo relativos justamente porque são vistos conjuntamente com vistas à compatibilidade com a prova constituída durante o trâmite do processo penal, sob o crivo do contraditório.

Como leciona Aury Lopes Jr., "podemos afirmar que o inquérito somente gera atos de investigação, com uma função endoprocedimental, no sentido de que sua eficácia probatória é limitada, interna à fase. Servem para fundamentar as decisões interlocutórias tomadas no seu curso (como fundamentar o pedido de prisão temporária ou preventiva) e para fundamentar a probabilidade do *fumus commissi delicti* que justificará o processo ou o não processo"[48].

Não deve haver **extensibilidade jurisdicional** ou **onipresença** do inquérito policial durante todo o processo e graus recursais. Coibindo essa prática, a Quinta Turma do STJ pôs óbice ao uso desmedido dos elementos informativos do inquérito policial no curso do processo condenatório, eis que comum a práticas autoritárias. Na ocasião foi dito que, "no Estado Democrático de Direito, a força argumentativa das convicções dos magistrados deve ser extraída de provas submetidas ao contraditório e à ampla defesa". Decerto, "o mínimo flerte com decisões despóticas não é tolerado, e a liberdade do cidadão só pode ser restringida após a superação do princípio da presunção de inocência, medida que se dá por meio de procedimento realizado sob o crivo do devido processo legal". Ademais, ficou sublinhado, pelo Ministro Ribeiro Dantas, que "a prova produzida extrajudicialmente é elemento cognitivo destituído do devido processo legal, princípio garantidor das liberdades públicas e limitador do arbítrio estatal"[49].

A regra é que os elementos probatórios, reunidos na fase pré-processual, que Aury Lopes Jr. aponta como atos de investigação, devem ser repetidos na fase processual, leia-se, colhidos perante o magistrado, numa instrução dialética, sob o crivo do contraditório e da ampla defesa, pois só então poderão embasar uma sentença condenatória.

Vale ressaltar, contudo, que existem provas não repetíveis, também chamadas de não renováveis, que devem ser realizadas imediatamente, pois caso contrário perecerão e não poderão mais ser produzidas, de forma a prejudicar substancialmente a demonstração da verdade. Como então equalizar tal situação: a produção de elementos probatórios na

---

47. STF – 1ª T. – HC 67917-0/RJ – Rel. Min. Sepúlveda Pertence – j. 17-4-1990 – DJU 5-3-1993. p. 2897.
48. LOPES JR., Aury. *Sistemas de investigação preliminar no processo penal*. Rio de Janeiro: Lumen Juris, 2001. p. 190.
49. STJ – Quinta Turma – Agr.REsp. 1.740.921/GO – Rel. Min. Ribeiro Dantas – j. 19.11.2018.

fase inquisitorial, passíveis de valoração numa sentença condenatória, tendo, contudo, de preservar os princípios do contraditório e ampla defesa, princípios inaplicáveis, grosso modo, no inquérito policial?

Além de ser recomendável que a autoridade policial, em tais casos, autorize fundamentadamente que o indiciado e/ou seu advogado acompanhe a produção da prova não repetível, a solução encontra guarida no incidente de produção antecipada de prova, em que ainda durante o inquérito, instaura-se um procedimento, perante o magistrado, sob o crivo do contraditório e da ampla defesa, com a participação das futuras partes do processo, desde que determinada prova seja imprescindível para a prolação de futura sentença, e haja indícios a demonstrar que o perecimento da mesma é provável.

É necessário que nossa legislação de forma mais clara discipline a produção antecipada de provas, medida cautelar das mais relevantes e que encontra parca ressonância no art. 225, do CPP.

Calha por fim destacar que as provas de caráter eminentemente técnico realizadas na fase do inquérito, a exemplo das perícias, têm sido comumente utilizadas na fase processual como prova de valor similar às colhidas em juízo, sobretudo pela isenção e profissionalismo atribuídos aos peritos. Melhor seria, como já tem sido implementado, porém de forma minoritária, que durante o inquérito fosse permitido ao defensor do indiciado, quando da produção de exames periciais, formular quesitos aos peritos, no intuito da demonstração de fatos relevantes à futura tese defensiva.

Da mesma forma, os documentos colhidos na fase preliminar, interceptações telefônicas, objetos conseguidos mediante busca e apreensão, têm sido valorados na fase processual, quando serão submetidos à manifestação da defesa, num contraditório ***diferido*** ou ***postergado***. O atual enunciado do art. 155, do CPP, alterado pela reforma de 2008, estabelece que "o juiz formará sua convicção pela livre apreciação da prova produzida em contraditório judicial, não podendo fundamentar sua decisão exclusivamente nos elementos informativos colhidos na investigação, ressalvadas as provas cautelares, não repetíveis e antecipadas".

Nos termos desse texto, prova deverá ser o elemento colhido em **instrução judicial**, sob o crivo do contraditório e da ampla defesa, a viabilizar sua valoração como sustentáculo de futura sentença. Somente prova plena em sentido estrito pode ensejar condenação. Os elementos de informação reunidos na investigação preliminar, endemicamente destituídos de contraditório ou ampla defesa, não podem lastrear eventual sentença condenatória. A ressalva foi feita quanto às provas cautelares, não repetíveis e antecipadas. As cautelares determinadas na fase inquisitorial e que permitem a produção probatória, como a medida de busca e apreensão ou a interceptação telefônica, se justificam por sua necessidade e urgência, para que os elementos não venham a se esvair. A persecução criminal, em alguns momentos, exige rapidez e pronta eficiência, de sorte que tais ferramentas acabam sendo úteis à elucidação dos fatos e captação de elementos para desvendar a verdade. Já as provas irrepetíveis, como aquelas obtidas através de exame pericial cujos vestígios tendem a desaparecer, e por isso a impossibilidade do seu refazimento, também serão aproveitadas na fase processual. Advirta-se, por oportuno, que tais elementos ganham o *status* de prova a ser valorada na sentença após a submissão ao contraditório e a manifestação da defesa, o que se dá, em regra, na fase processual (contraditório diferido ou postergado). Já o incidente de produção antecipada de prova, como já visto, deve tramitar perante o magistrado, com a presença das futuras partes, e por conseguinte, assegura-se ao material colhido o justo título de prova, a ser aproveitada na fase processual.

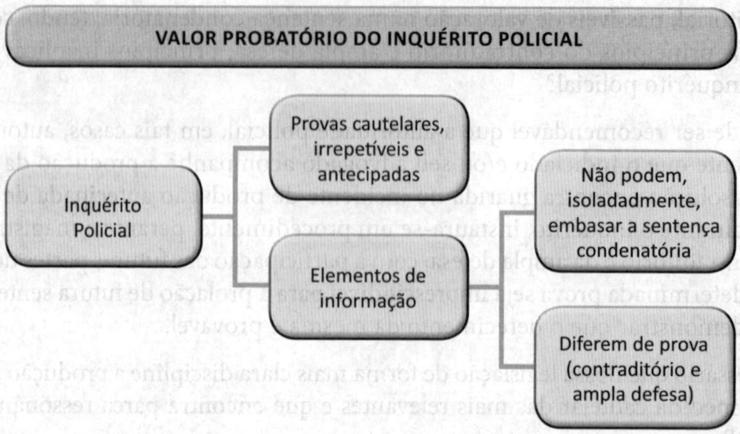

9. VÍCIOS

Os vícios ocorridos no inquérito policial não atingem a ação penal.

Tem prevalecido tanto nos tribunais como na doutrina que, sendo o inquérito dispensável, algo que não é essencial ao processo, não tem o condão de, uma vez viciado, contaminar a ação penal. Em outras palavras, os males ocorridos no inquérito não têm a força de macular a fase judicial. A irregularidade ocorrida durante o inquérito poderá gerar a invalidade ou ineficácia do ato inquinado, todavia, sem levar à nulidade processual. Ex.: havendo prisão em flagrante ilegal durante o inquérito, ela deve ser relaxada; todavia, este fato não leva à nulidade do futuro processo contra o suposto autor do fato.

Neste sentido, as lições de Paulo Rangel, que conclui poder "haver ilegalidade nos atos praticados no curso do inquérito policial, a ponto de acarretar seu desfazimento pelo judiciário, pois os atos nele praticados estão sujeitos à disciplina dos atos administrativos em geral". No entanto, "não há que se falar em contaminação da ação penal em face de defeitos ocorridos na prática dos atos do inquérito, pois este é peça meramente de informação e, como tal, serve de base à denúncia"[50].

Não é outro o entendimento dos tribunais superiores[51-52], que têm se manifestado reiteradamente no sentido de que eventuais vícios no inquérito policial não são capazes de contaminar a ação penal.

Não podemos deixar de destacar, contudo, apesar de posição francamente minoritária, as lições de Aury Lopes Jr., reconhecendo a possibilidade de contaminação do processo pelos vícios ocorridos no inquérito policial, principalmente pelo mau vezo de alguns magistrados em valorar os elementos colhidos no inquérito como prova em suas sentenças, advertindo que "o rançoso discurso de que as irregularidades do inquérito não contaminam o processo não é uma verdade absoluta e tampouco deve ser considerada uma regra geral. Todo o contrário, exige-se do juiz uma diligência tal na condução do processo que o leve a verificar se, no curso do IP, não foi cometida alguma nulidade absoluta ou relativa (quando

50. RANGEL, Paulo. *Direito processual penal*. 7. ed. Rio de Janeiro: Lumen Juris, 2003. p. 87.
51. STF – Primeira Turma – HC 111094 – Rel. Min. Luiz Fux – DJe 16/11/2012.
52. STJ – Sexta Turma – HC 216.201 – Rel. Min. Alderito Ramos de Oliveira (desem. Convocada) – DJe 13/08/2012.

alegada). Verificada, o ato deverá ser repetido e excluída a respectiva peça que o materializa, sob pena de contaminação dos atos que dele derivem. Caso o ato não seja repetido, ainda que por impossibilidade, **a sua valoração na sentença ensejará a nulidade do processo**"[53].

A despeito desta divergência, podemos facilmente concluir que caso a inicial acusatória esteja embasada tão somente em inquérito viciado, deverá ser rejeitada por falta de justa causa, diga-se, pela ausência de lastro probatório mínimo e idôneo ao início do processo, com fundamento no art. 395, inciso III, do CPP, com redação inserida pela Lei nº 11.719/2008. Já se durante o inquérito obtivermos, por exemplo, uma confissão mediante tortura, e dela decorra todo o material probatório em detrimento do suposto autor do fato, como uma busca e apreensão na residência do confitente, apreendendo-se drogas, é de se reconhecer a aplicação da teoria dos frutos da árvore envenenada ou da ilicitude por derivação, isto é, todas as provas obtidas em virtude da ilicitude precedente deverão ser reputadas inválidas, havendo assim clara influência na fase processual.

10. *NOTITIA CRIMINIS* (NOTÍCIA DO CRIME)

10.1. Conceito

É o conhecimento pela autoridade, espontâneo ou provocado, de um fato aparentemente criminoso. A ciência da infração penal pode ocorrer de diversas maneiras, e esta comunicação, provocada ou por força própria, é chamada de notícia do crime ou notícia do fato.

Normalmente é endereçada à autoridade policial, ao membro do Ministério Público ou ao magistrado. Caberá ao delegado, diante do fato aparentemente típico que lhe é apresentado, iniciar as investigações. O MP, diante de notícia crime que contenha em si elementos suficientes revelando a autoria e a materialidade, dispensará a elaboração do inquérito, oferecendo de pronto denúncia; diante de notícia crime deficiente, poderá requisitar diligências à autoridade policial. Já o magistrado, em face da notícia crime que lhe é apresentada, poderá remetê-la ao MP, para providências cabíveis, ou requisitar a instauração do inquérito policial.

O CPP não estipula um prazo geral para a instauração do inquérito policial a contar da ciência da notícia do fato. Ele dispõe sobre uma série de providências que devem ser tomadas pela autoridade policial logo que tiver conhecimento da infração penal (art. 6º). Sem embargo, o § 4º, do art. 13-B, do CPP, incluído pela Lei nº 13.344/2016, prevê, para os casos de tráfico de pessoas, que o inquérito policial deverá ser instaurado no prazo máximo de setenta e duas horas, contado do registro da respectiva ocorrência policial.

NOTITIA CRIMINIS **(CONHECIMENTO, PELA AUTORIDADE, DE UM FATO APARENTEMENTE CRIMINOSO)**	
Endereçamento	**Providência**
Autoridade policial	Procede a investigações
Ministério Público	Oferece denúncia ou requisita instauração de IP
Juiz	Remete ao Ministério Público ou requisita instauração de IP

53. LOPES JR., Aury. *Sistemas de investigação preliminar no processo penal*. Rio de Janeiro: Lumen Juris, 2001. p. 201.

10.2. Espécies

10.2.1. Espontânea (cognição imediata): é o conhecimento direto dos fatos pela autoridade policial ou através de comunicação informal. Ex.: a autoridade tem notícia da infração através de suas investigações ou pela imprensa.

A chamada ***delação apócrifa*** ou ***notitia criminis inqualificada*** é o que vulgarmente chamamos de denúncia anônima. Em que pese a Constituição Federal consagrar a livre manifestação de pensamento, vedando o anonimato (art. 5º, IV), certo é que a polícia deve acautelar-se diante da notícia anônima, e proceder às investigações com cuidado redobrado, porém não deixando de atuar. Nesse sentido é que STF e STJ têm admitido a denúncia anônima apenas quando precedida de diligências preliminares que atestem a verossimilhança dos fatos noticiados[54-55].

Indo além da tradicional notícia do fato meramente apócrifa, a Lei nº 13.608/2018 previu a possibilidade de, por meio telefônico, qualquer pessoa reportar anonimamente um fato delituoso. A ousadia do legislador seguiu com o estabelecimento de possibilidade de recebimento de dinheiro em troca da informação prestada, em compasso com a sua eficácia. A novidade tem inspiração estrangeira e, a nosso ver, é refratária à compatibilização com o sistema de garantias fundamentais. A novel legislação finda por fomentar o denuncismo, com a agravante de estabelecer um "preço" de troca.

A modificação legislativa recaiu sobre o art. 4°, da Lei n° 10.201/2001, que disciplina o Fundo Nacional de Segurança Pública (FNSP, do Ministério da Justiça), com a inserção de dois incisos que preveem a possibilidade de notícia-crime apócrifa, garantindo o sigilo para o usuário.

Dentre os projetos que devem ser apoiados pelo aludido Fundo, na área de segurança pública, estão: (1) o "serviço telefônico para recebimento de denúncias, com garantia de sigilo para o usuário"; e (2) a "premiação, em dinheiro, para informações que levem à resolução de crimes".

Não se trata de hipótese de colaboração premiada. A previsão de um noticiador anônimo e alheio ao protagonismo do suposto delito noticiado é instituto diverso, mais amplo e sem requisitos rígidos, com semelhanças com o reportante do direito norte americano.

O seu valor como prova, por tal razão, deve ser bastante limitado, eis que se trata de *notitia criminis* inqualificada e o anonimato é vedado pela Constituição. A autoridade recebedora das informações agirá com as cautelas recomendadas para os casos de delação anônima, a fim de aferir a sua procedência.

O novo diploma legal segue linha de incentivo a que qualquer pessoa denuncie infrações penais, de forma similar à "meta 4/2016", da ENCCLA (Estratégia Nacional de Combate à Corrupção e à Lavagem de Dinheiro), que propõe a elaboração de "diagnóstico e proposição de aprimoramento do sistema brasileiro de proteção e incentivo ao denunciante e *whistleblower*".

O "reportante do bem" (*whistleblower* significa, literalmente, soprador de apito) é o designativo para quem, espontaneamente, noticia um ilícito civil ou penal a uma autoridade,

54. STJ – Sexta Turma – Rel. Min. Og Fernandes – HC 237.164 – DJe 08/03/2013.
55. STF – Segunda Turma – HC 105484 – Rel. Min. Cármen Lúcia – DJe 16/04/2013.

com informações importantes acerca do fato. O conteúdo reportado pelo *whistleblower* é livre, isto é, pode consistir em crimes de lavagem de capitais, delitos contra a fé pública, contra a vida, contra o patrimônio público, dentre outros. O reportante pode ser qualquer pessoa, não havendo necessidade de ser coautor do delito, como na confissão e na delação premiada.

10.2.2. Provocada (cognição mediata): é o conhecimento da infração pela autoridade mediante provocação de terceiros. São elas:

10.2.2.1. Requisição do juiz ou do Ministério Público: nos crimes de ação penal pública, o juiz ou o promotor de justiça podem determinar a instauração do inquérito policial através da requisição. Aqui, requisição é sinônimo de imposição, devendo a autoridade dar início ao inquérito policial. Se o procedimento instaurado é visivelmente arbitrário, a autoridade requisitante deve ser indicada como coatora (juiz ou promotor), o que vai direcionar a competência para apreciar eventual *habeas corpus* trancativo, é dizer, o TJ, se a autoridade é estadual, ou o TRF, se é federal.

10.2.2.2. Requerimento da vítima: a vítima da infração ou o seu representante legal noticiam o fato à autoridade policial através de ***requerimento***, devendo conter a narração dos fatos e suas circunstâncias; a individualização do suposto autor da infração, ou seus sinais característicos e razões de convicção de ser o mesmo o sujeito ativo do delito; a nomeação de testemunhas, com indicação da profissão e das respectivas residências (art. 5º, § 1º, CPP).

Caso o delegado de polícia indefira o requerimento do ofendido para instauração do inquérito policial, por entender que não há infração penal a apurar, poderá haver recurso ***administrativo*** ao chefe de polícia (art. 5º, § 2º, CPP). É de se destacar que a autoridade policial, ao analisar os fatos que lhe são trazidos, deve exercer um juízo de tipicidade para aferir o enquadramento legal da possível infração. Se o fato não é previsto em lei como crime, com muita razão, não há de se falar em instauração de inquérito policial, devendo a autoridade negar-se a iniciá-lo. Não se cogita, na hipótese, de violação a direito líquido e certo da vítima a dar ensejo à impetração de mandado de segurança, afinal, o enquadramento legal é feito pela autoridade policial, e convencendo-se o delegado de que o fato é atípico, restaria ao eventual prejudicado o manejo de recurso administrativo à instância superior da polícia. Neste sentido, entendimento do Superior Tribunal de Justiça[56].

Restaria ainda a provocação acerca da possibilidade ou não da autoridade policial invocar o princípio da insignificância para deixar de instaurar o inquérito policial. A posição francamente majoritária tem se inclinado pela impossibilidade do delegado de polícia invocar o princípio da insignificância para deixar de atuar, pois estaria movido pelo princípio da obrigatoriedade. A análise crítica quanto à insignificância da conduta (tipicidade material) caberia ao titular da ação penal, que na hipótese, com base no inquérito elaborado, teria maiores elementos para promover o arquivamento, já que a insignificância demonstrada é fator que leva à atipicidade da conduta. Assim, deve o delegado instaurar o

56. "Mandado de segurança. Inquérito policial. Pedido de instauração. Recusa. Ausência de direito líquido e certo. Se a autoridade policial recusa, justificadamente, instaurar inquérito policial, por entender que os fatos levados a seu conhecimento são atípicos, inexiste direito líquido e certo a ser preservado pela via do *writ*" (STJ – Sexta Turma – RMS 7.598 – Rel. Min. William Patterson – DJU 12/5/1997).

inquérito policial, concluí-lo e encaminhá-lo ao juízo, evitando, contudo, o indiciamento. A manifestação acerca da insignificância deve ficar com o titular da ação penal. Nada impede, porém, que instaurado o inquérito policial, possa o suposto autor da conduta insignificante, diante do constrangimento ilegal, impetrar *habeas corpus* para trancar o procedimento investigatório iniciado.

Merece destaque a Lei 13.239/2015, recentemente publicada, que dispõe sobre a oferta e a realização, no âmbito do Sistema Único de Saúde – SUS, de cirurgia plástica reparadora de sequelas de lesões causadas por atos de violência contra a mulher. De acordo com o art. 3º, hospitais e os centros de saúde pública, ao receberem vítimas de violência, deverão informá-las da possibilidade de acesso gratuito à cirurgia plástica para reparação das lesões ou sequelas de agressão comprovada. Registre-se que a mulher vítima de violência grave que necessitar de cirurgia deverá procurar unidade que a realize, portando o **registro oficial de ocorrência da agressão**. Note-se, ademais, que a omissão da prestação da referida informação sujeita o responsável pelo hospital ou centro de saúde à penalidades (multa no valor do décuplo de sua remuneração mensal; perda da função pública; proibição de contratar com o poder público e de receber benefícios ou incentivos fiscais ou creditícios, direta ou indiretamente, ainda que por intermédio de pessoa jurídica da qual seja sócio majoritário, pelo prazo de quatro anos), a serem aplicadas cumulativamente (art. 5º). O diploma legal em estudo, destarte, tem potencial para ser um importante instrumento de promoção da dignidade da mulher.

10.2.2.3. Delação: qualquer do povo, nos crimes de ação penal pública incondicionada, pode, validamente, noticiar o fato delituoso à autoridade policial, dando ensejo à instauração do inquérito, através da delação. Esta não tem cabimento nos crimes de ação privada e pública condicionada, já que nestas hipóteses o inquérito, para ser iniciado, pressupõe manifestação do legítimo interessado.

10.2.2.4. Representação da vítima (*delatio criminis* postulatória): nos crimes de ação penal pública condicionada à representação, ou seja, naqueles em que o legislador, por uma questão de política criminal, conferiu à vítima o poder de autorizar ou não a persecução criminal, se ela resolve fazê-lo, noticiando o fato para que o inquérito seja instaurado, estará representando. A representação funciona como verdadeira condição de procedibilidade, e sem ela, o inquérito não poderá ser instaurado. E se for? A vítima poderá impetrar ***mandado de segurança*** para trancá-lo, afinal é latente a violação de direito líquido e certo do ofendido de não ver iniciada a investigação sem sua autorização.

10.2.2.5. Requisição do Ministro da Justiça: em alguns crimes, ditos de ação pública condicionada, a persecução criminal está a depender de autorização do Ministro da Justiça, também chamada de ***requisição***. O que é sempre conveniente distinguir é que esta requisição, apresentada pelo Ministro da Justiça, ao contrário da requisição emanada dos juízes e promotores, não é sinônimo de ordem, e sim uma mera autorização para o início da persecução criminal em algumas infrações que a exigem.

10.2.3. Notícia crime revestida de forma coercitiva: é aquela apresentada juntamente com o infrator preso em flagrante. Pode representar hipótese de notícia crime espontânea, quando quem realiza a prisão é a própria autoridade policial ou seus agentes, ou provocada, quando quem realiza a prisão é um particular (art. 301, CPP).

11. PEÇAS INAUGURAIS DO INQUÉRITO POLICIAL

O auto de prisão em flagrante, as requisições e os requerimentos se materializam na peça inaugural do inquérito policial. Nos demais casos, a autoridade policial baixa uma portaria para o início do procedimento. Esta nada mais é do que uma peça sucinta, indicando, sempre que possível, o nome e o prenome do suposto autor do fato e da vítima, o dia, local e hora do fato delituoso, e o desfecho é a determinação da instauração do inquérito. Na praxe, mesmo diante de requisições ou requerimentos, os delegados têm baixado portaria para o início do inquérito. Apesar de desnecessário, não há qualquer problema em tal expediente.

12. INCOMUNICABILIDADE

O art. 21, do CPP, contempla a possibilidade de decretação da incomunicabilidade do preso durante o inquérito policial, por conveniência da investigação ou quando o interesse da sociedade o exigisse, por deliberação judicial, mediante requerimento da autoridade policial ou do Ministério Público, e por até três dias. Ocorre que, este dispositivo, em face do disposto no art. 136, § 3º, inciso IV, da CF, que não admite a incomunicabilidade até mesmo durante o Estado de Defesa, não foi recepcionado pela Carta Magna. Ora, se em momentos de grave instabilidade institucional, ensejadores da decretação do Estado de Defesa, não poderá ser determinada a incomunicabilidade, também não será viável nos períodos de normalidade. Neste sentido, a doutrina majoritária, nos ensinamentos, dentre outros, de Tourinho Filho[57] e Rômulo Moreira[58]. Esta, certamente, a melhor posição.

Contra este entendimento, admitindo a decretação da incomunicabilidade, Damásio E. de Jesus aduz "que o art. 21 do CPP não foi revogado pelo art. 136, § 3º, IV, da CF. Em primeiro lugar, a proibição diz respeito ao período em que ocorrer a decretação do estado de defesa (art. 136, *caput*, da CF), aplicável à 'prisão por crime contra o Estado' (§ 3º, I), infração de natureza política. Em segundo lugar, o legislador constituinte, se quisesse elevar tal proibição à categoria de princípio geral, certamente a teria inserido no art. 5º, ao lado de outros mandamentos que procuram resguardar os direitos do preso. Não o fez, relacionando a medida com os direitos políticos. Daí porque, segundo nosso entendimento, o art. 21 do CPP continua em vigor"[59].

Calha ressaltar, contudo, que ainda quando em vigor o art. 21, do CPP (e para aqueles que o admitem até hoje), a incomunicabilidade não era extensível ao advogado do indiciado (parágrafo único), ratificando assim a inutilidade do instituto.

O regime disciplinar diferenciado (RDD), introduzido na Lei de Execução Penal pela Lei nº 10.792/2003, deu tratamento carcerário mais áspero a delinquentes incursos em uma das situações que autorizam a inserção em tal ordem de exceção (art. 52, LEP). O RDD não prevê a incomunicabilidade dos presos imersos em tal regime, apenas ficando consagrado no inciso III, do art. 52, da LEP, que as visitas semanais serão de duas pessoas, sem contar as crianças, e por até duas horas. Ademais, os Estados e o Distrito Federal poderão regulamentar o RDD para "disciplinar o cadastramento e agendamento prévio das entrevistas dos presos provisórios ou condenados com seus advogados, regularmente constituídos nos autos da ação penal ou processo de execução criminal, conforme o caso" (art. 5º, IV, Lei nº 10.792/2003). Agendamento e organização das visitas não significa incomunicabilidade, e sim expediente administrativo para a boa condução carcerária.

A inclusão em regime disciplinar diferenciado, segundo a dicção do art. 53, V, da Lei de Execução Penal, é sanção disciplinar, dentre as espécies ali estipuladas. Como se cuida de sanção disciplinar, a sua imposição depende de instauração regular de procedimento administrativo tendente a apurar os fatos noticiados ao preso cautelar ou definitivo[60]. Mesmo assim, também não há de se falar em incomunicabilidade das pessoas submetidas ao RDD, pois se a Lei nº 10.792/2003 cometesse mais este desatino, a inconstitucionalidade seria manifesta.

13. PROVIDÊNCIAS

Os artigos 6º e 7º, do CPP, indicam as providências a serem tomadas pela autoridade policial na condução das investigações. Apesar da discricionariedade do inquérito, o

57. TOURINHO FILHO, Fernando da Costa. *Processo penal*. São Paulo: Saraiva, 2003. v.1. p. 210.
58. MOREIRA, Rômulo de Andrade. *Direito processual penal*. Salvador: JusPODIVM, 2007. p. 9.
59. JESUS, Damásio E. de. *Código de processo penal anotado*. 10. ed. São Paulo: Saraiva, 2003. p. 25.
60. STF – Segunda Turma – HC 96328 – Rel. Min. Cezar Peluzo – DJe 09/04/2010.

legislador achou por bem elencar as diligências que podem, e outras que devem ser realizadas pela autoridade policial no decorrer do inquérito. Além das providências específicas abaixo estudadas, a Lei nº 12.830/2013 estabelece o poder de requisitar perícia, documentos e dados que interessem à apuração dos fatos, estabelecendo em lei atribuição que, na prática, já era exercida pelos delegados de polícia.

São as diligências previstas nos artigos 6º e 7º, do CPP:

I – Dirigir-se ao local dos fatos, isolando a área para atuação dos peritos;

A Lei nº 8.862/1994, que conferiu tal redação a esse dispositivo, tornou tal diligência obrigatória, justamente pela importância da atuação dos peritos para desvendar a infração, colhendo elementos e as impressões necessárias para a elaboração do laudo. Só após a liberação dos peritos, é que os objetos poderão ser apreendidos e a cena do crime poderá ser alterada. Excepcionalmente, a Lei nº 5.970/1973 prevê, no seu art. 1º, que em caso de acidente de trânsito, a autoridade ou agente policial que primeiro tomar conhecimento do fato poderá autorizar, independentemente de exame do local, a imediata remoção das pessoas que tenham sofrido lesão, se estiverem no leito da via pública e prejudicarem o tráfego. Isto se deve não só para segurança dos acidentados e de terceiros, como também para a boa fluidez do trânsito.

II – Apreender objetos;

A apreensão dos objetos ligados à infração penal vem disciplinada nos arts. 240 ***usque*** 250, do CPP. É de grande valia a captação de tais elementos, que vão enriquecer a instrução em juízo, já que, como versa o art. 11, do CPP, "os instrumentos do crime, bem como os objetos que interessem à prova, acompanharão os autos do inquérito". Em relação aos instrumentos utilizados para a realização da infração, devem ser periciados a fim de se lhes verificar a natureza e a eficiência (art. 175, CPP). Convém destacar que segundo o STJ, a autoridade policial poderá apreender os objetos relacionados com a infração, mesmo antes da instauração do respectivo inquérito.

III – Colher todas as provas;

Como norma genérica, é recomendável que a autoridade policial esteja atenta para que não venham a perecer os elementos necessários à elucidação dos fatos. Assim, deverá proceder à colheita de todo material probatório não só que demonstre a autoria e a materialidade da infração, revelando os seus reais autores, mas também que elimine, por exclusão, o vínculo equivocado de pessoas inocentes à prática do crime. No que toca especificamente às informações, documentos e dados, a Lei nº 12.830/2013 trouxe previsão expressa acerca da atribuição do delegado para sua requisição (art. 2º, § 2º). Os elementos colhidos na fase pré-processual não devem ter via única, ou seja, restringir-se à seara acusatória. O inquérito deve estar comprometido com a apuração da verdade, e os elementos em prol da defesa não podem ser desconsiderados.

Inserido no poder de colher todas as provas, está previsto legalmente o poder de requisição da autoridade policial relativamente a alguns crimes.

(1) Para os crimes de tráfico de pessoas, previstos nos arts. 148, 149 e 149-A, no § 3º do art. 158 e no art. 159, do Código Penal, e no art. 239, do Estatuto da Criança e do Adolescente:

(1.a) o membro do Ministério Público ou o delegado de polícia poderá requisitar, de quaisquer órgãos do poder público ou de empresas da iniciativa privada, dados e informações cadastrais da vítima ou de suspeitos. Trata-se da redação do art. 13-A, *caput*, do CPP, incluído pela Lei nº 13.344/2016. O parágrafo único desse artigo aviva que "a requisição, que será atendida no prazo de 24 (vinte e quatro) horas, conterá, o nome da autoridade requisitante, o número do inquérito policial e a identificação da unidade de polícia judiciária responsável pela investigação. Como se depreende, esse autorizativo legal pode envolver dados protegidos por sigilo constitucional com reserva de jurisdição. Caso isso ocorra no plano concreto, o delegado de polícia ou o Ministério Público deverá requerer ao juiz o acesso aos dados ou às informações, observados os incisos XII, XIV e XXXIII, do art. 5º, da CF/1988, e outros diplomas legais que delimitam o afastamento de sigilo sobre dados e informações cadastrais;

(1.b) mesmo raciocínio deve ser dado ao art. 13-B, do CPP (também inserido pela Lei nº 13.344/2016), que reza que "se necessário à prevenção e à repressão dos crimes relacionados ao tráfico de pessoas, o membro do Ministério Público ou o delegado de polícia poderão requisitar, mediante autorização judicial, às empresas prestadoras de serviço de telecomunicações e/ou telemática que disponibilizem imediatamente os meios técnicos adequados – como sinais, informações e outros – que permitam a localização da vítima ou dos suspeitos do delito em curso"[61]. Sobre os dados sob responsabilidade de provedores de *internet* e análogos, o sigilo somente deve ser afastado judicialmente, na forma estatuída na Lei nº 12.965/2014, que comentamos no item 2.11.1.9, do Capítulo VI (provas). Nesse passo, entendemos ser totalmente inconstitucional o § 4º, do art. 13-B, incluído no CPP, que reza que se não houver manifestação judicial no prazo de doze horas, "a autoridade competente requisitará às empresas prestadoras de serviço de telecomunicações e/ou telemática que disponibilizem imediatamente os meios técnicos adequados – como sinais, informações e outros – que permitam a localização da vítima ou dos suspeitos do delito em curso, com imediata comunicação ao juiz". Isso porque, no ponto, a cláusula de reserva de jurisdição é expressa no inciso XII, do art. 5º, da CF/1988. Pensamos ser desproporcional e inconcebível a autorização da fixação de poder de afastamento do sigilo em degraus (primeiro o juiz e depois o MP ou autoridade policial). A previsão, em outras palavras, despreza a garantia do sigilo das comunicações telefônicas e de dados.

(2) Para os crimes relacionados a organizações criminosas[62], o art. 15, da Lei nº 13.850/2013, preconiza que "o delegado de polícia e o Ministério Público terão acesso, independentemente de autorização judicial, apenas aos dados cadastrais do investigado que informem exclusivamente a qualificação pessoal, a filiação e o endereço mantidos pela Justiça Eleitoral, empresas telefônicas, instituições financeiras, provedores de *internet* e administradoras de cartão de crédito". Mesmas observações que fizemos acima têm lugar para esses casos. Além dos indícios se referirem a tipo penal que autorize a incidência do conceito de organização criminosa, não pode implicar afastamento de sigilos protegidos por cláusula de reserva jurisdicional.

61. Os parágrafos do art. 13-B, CPP, complementam: " § 1º Para os efeitos deste artigo, sinal significa posicionamento da estação de cobertura, setorização e intensidade de radiofrequência. § 2º Na hipótese de que trata o *caput*, o sinal: I – não permitirá acesso ao conteúdo da comunicação de qualquer natureza, que dependerá de autorização judicial, conforme disposto em lei; II – deverá ser fornecido pela prestadora de telefonia móvel celular por período não superior a 30 (trinta) dias, renovável por uma única vez, por igual período; III – para períodos superiores àquele de que trata o inciso II, será necessária a apresentação de ordem judicial".

62. O art. 9º, da Lei 13.344/2016, averba que a ela se aplica subsidiariamente, no que couber, o disposto na Lei nº 12.850/2013.

(3) Para os crimes de lavagem de capitais, o art. 17-B, da Lei nº 12.683/2012, reza que "a autoridade policial e o Ministério Público terão acesso, exclusivamente, aos dados cadastrais do investigado que informam qualificação pessoal, filiação e endereço, independentemente de autorização judicial, mantidos pela Justiça Eleitoral, pelas empresas telefônicas, pelas instituições financeiras, pelos provedores de internet e pelas administradoras de cartão de crédito". Também na hipótese não deve se admitir que o manejo desse poder interfira na órbita reservada à decisão judicial.

IV – Ouvir o ofendido;

As declarações da vítima devem ser tomadas com resguardo, afinal é pessoa intimamente interessada no deslinde da persecução penal. Contudo, as informações trazidas pela vítima podem ser de fundamental importância para a apuração da verdade, trazendo elementos que norteiem o rumo das investigações. O ofendido não será compromissado a dizer a verdade, afinal não é testemunha, e caso dê causa à instauração das investigações ou do processo imputando infração a alguém sabidamente inocente, incorrerá no crime de denunciação caluniosa (art. 339, CP).

Se o ofendido, devidamente notificado a comparecer para ser ouvido, não o fizer, não justificando a ausência, poderá ser conduzido coercitivamente à presença da autoridade (art. 201, § 1º, CPP).

Deve-se ter especial atenção com pessoas ofendidas hipossuficientes, tais como crianças, mulheres em situação de violência familiar e idosos, seguindo-se regras específicas de tomada de depoimentos e de proteção, tais como as estabelecidas pelas Leis nos 13.431/2017 e 13.505/2017 (sobre tais pontos, remetemos o leitor aos itens 2.4.5 e 2.4.6, do Capítulo VII – Provas).

V – Ouvir o indiciado;

A oitiva do suspeito na fase do inquérito deve observar, no que for aplicável, os artigos 185 a 196 do CPP, que tratam do interrogatório na fase judicial, sendo-lhe assegurado o direito ao silêncio (art. 5º, LXIII, CF).

O interrogatório foi remodelado pela Lei nº 10.792/2003 (e mais recentemente pela Lei nº 11.900/09), que alterou significativamente os artigos 185 a 196 do CPP. As novidades trazidas com a reforma serão aplicadas com restrições ao inquérito, já que este é regido pela inquisitoriedade. O CPP prevê, em seu art. 187, que o interrogatório seja realizado em duas partes: **(1)** a primeira destinada a perguntas relativas à pessoa do agente; **(2)** a segunda atinente aos fatos. Na fase do inquérito, a autoridade policial não formulará perguntas sobre a pessoa do imputado, até porque são questões que dizem respeito à aplicação das circunstâncias judiciais do art. 59, do CP, o que será feito na sentença, ato do juiz. Como se trata de procedimento inquisitivo, a presença do advogado é facultativa, ficando a critério da autoridade policial oportunizar os esclarecimentos formulados ao seu constituinte. Poderá o causídico orientar o seu assistido e acompanhá-lo durante todo o feito, inclusive o aconselhando a ficar calado.

O termo de oitiva do indiciado será assinado por duas testemunhas que tenham ouvido a sua leitura, na presença do indiciado, como forma de evitar distorções entre aquilo que foi dito pelo suspeito e o que ficou registrado pelo escrivão. A omissão desta formalidade acarreta mera irregularidade, não tendo o cunho de descredibilizar, por si só, a realização do ato.

Caso o indiciado não atenda à notificação para comparecer para ser interrogado, nem justifique sua ausência, não poderá ser conduzido coercitivamente à presença da autoridade. A condução coercitiva do indiciado, para seu interrogatório, teve sua inconstitucionalidade reconhecida pelo Supremo Tribunal Federal, em sede de ação de arguição de preceito fundamental[63]. A previsão da garantia fundamental ao silêncio torna sem propósito a condução daquele que não deseja participar do interrogatório. Não há sentido em conduzir o imputado que, perante a autoridade, deseja ficar calado. A condução coercitiva também esbarra no fato de que, ao menos na fase processual, o interrogatório ganhou nítidos contornos de meio de defesa, afastando-se da concepção legal que o encarta como meio de prova.

Por outro lado, entendemos que o indiciado tem direito a ser ouvido nos autos do inquérito policial ou da investigação preliminar, antes do seu respectivo encerramento pelo delegado de polícia. Caso seja possível oportunizar sua oitiva, pensamos que se trata de diligência indispensável, sob pena de se surpreender o imputado com a instauração de processo penal com acusações açodadas e sem o atendimento das funções preventivas e preparatórias que lhe são preconizadas.

Coerente com o caráter de meio de defesa do interrogatório do indiciado, somos partidários da posição de que ele não comete delito na hipótese de apresentar falsa identidade perante a autoridade policial. Afinal, se defendemos que o investigado não pode ser conduzido coercitivamente e se lhe é assegurado o direito ao silêncio, natural concluir que ele não pode ser compelido a contribuir para o êxito da persecução penal que, ao cabo, poderá resultar no cerceamento de sua liberdade. Incide na espécie o princípio do *nemo tenetur se detegere* (ninguém pode ser compelido a se descobrir, sendo vedada coerção para que alguém se autoincrimine).

Todavia, não é essa a posição dominante na jurisprudência, havendo o Superior Tribunal de Justiça, inclusive, editado o enunciado nº 522, de sua Súmula, para frisar que "a conduta de atribuir-se falsa identidade perante autoridade policial é típica, ainda que em situação de alegada autodefesa".

VI – Proceder ao reconhecimento de pessoas e coisas e a acareações;

O reconhecimento é tratado nos artigos 226 a 228, do CPP, objetivando que alguém, na presença da autoridade, identifique pessoa ou objeto que já tenha visto em momento anterior. Já a acareação é possível sempre que exista divergência entre as declarações prestadas por aqueles que têm conhecimento dos fatos delitivos apurados no inquérito, estando disciplinada nos artigos 229 e 230, do CPP. São ferramentas probatórias importantes no desvendamento da verdade, e que compõem o manancial à disposição da autoridade de polícia.

VII – Realização do exame de corpo de delito e outras perícias;

Sempre que a infração deixar vestígios, a materialidade delitiva será demonstrada pela realização do exame de corpo de delito (art. 158, CPP[64]). A existência da infração é

63. STF – Pleno – ADPFs 395/444-DF – Rel. Min. Gilmar Mendes – julgado em 13 e 14.6.2019. No Informativo nº 906, de 11 a 15 de junho de 2018, foi noticiada a declaração de não recepção da expressão "para o interrogatório" consignada no art. 260, do CPP, destacando: (1) a possibilidade de sanções de ordem disciplinar, civil e penal do agente responsável; (2) a ilicitude das provas obtidas, sem prejuízo da responsabilidade civil do Estado, muito embora tenha destacado que aquele reconhecimento de inconstitucionalidade não possui o condão de autorizar o desfazimento de interrogatórios tomados anteriormente, mediante o auxílio de conduções coercitivas.

64. O art. 158 do CPP sofreu alteração pela Lei nº. 13.721/2018 que acrescentou o parágrafo único.

demonstrada pela elaboração do competente exame e a ausência de realização da perícia não pode ser suprida, nem mesmo, pela confissão do suspeito. Eventualmente, não sendo possível realizar o exame, a materialidade será demonstrada pela prova testemunhal (art. 167, CPP) – também denominada de prova indireta –, mas nunca pela confissão. A autoridade policial não poderá negar a realização do exame quando o crime deixe vestígios.

Além do exame de corpo de delito, outras perícias podem ser necessárias, devendo a autoridade acautelar-se para que sejam realizadas, o que, aliás, passa a constar de maneira expressa na legislação processual com o art. 2º, § 2º, da Lei nº 12.830/2013.

Em atenção especial aos crimes de violência sexual, a Lei nº 12.845/2013[65] dispõe sobre o atendimento obrigatório e integral às vítimas destes delitos, consignando que, por ocasião do atendimento nos hospitais do Sistema Único de Saúde (SUS), o médico deverá preservar materiais que possam ser coletados no exame médico legal. Prevê ainda o diploma que cabe ao órgão de medicina legal o exame de DNA para identificação do agressor. Trata-se de previsão salutar voltada à colheita de elementos que futuramente poderão ser utilizados para a formação da ***opinio delicti***, tanto quanto à autoria quanto à materialidade delitiva.

VIII – Ordenar a identificação datiloscópica do indiciado e fazer juntar sua folha de antecedentes.

A identificação do indiciado objetiva diferenciá-lo das demais pessoas. Como lembra Heráclito Mossin, "significa estabelecer sua identidade por intermédio de seus sinais e dados pessoais: deformidades, cicatrizes, tatuagens, peculiaridades, compleição, cútis, cor dos olhos, cor de cabelos, altura, alcunha, bem como outras qualidades sociais e morais que possam também identificá-lo"[66]. Somam-se a estes elementos a qualificação, levando em conta o prenome, sobrenome, filiação, naturalidade, estado civil, profissão, etc.

Fator que já levou a acaloradas discussões diz respeito à necessidade da identificação criminal, já que o STF, na Súmula nº 568, consagrou o entendimento de que "a identificação criminal não constitui constrangimento ilegal, ainda que o indiciado já tenha sido identificado civilmente".

A referida súmula perdeu a razão de existir, já que, com o advento da Constituição Federal, o seu art. 5º, inciso LVIII, chancelou que "o civilmente identificado não será submetido a identificação criminal, salvo nas hipóteses previstas em lei". Com a atual Carta Magna, a identificação criminal é exceção, tendo cabimento nas hipóteses expressamente autorizadas pela legislação. Nesse sentido, a Lei nº 10.054/2000 veio a disciplinar a matéria, prevendo a identificação criminal, inclusive pelo processo datiloscópico e fotográfico, trazendo no art. 3º as hipóteses de cabimento. Serão identificados criminalmente:

(a) os indiciados ou acusados por homicídio doloso, crimes contra o patrimônio praticados mediante violência ou grave ameaça, crime de receptação qualificada, crimes contra a liberdade sexual ou crime de falsificação de documento público;

(b) em havendo fundada suspeita de falsificação ou adulteração do documento de identidade;

65. A Lei foi publicada no DOU em 02/08/2013 e estabeleceu prazo de *vacatio legis* de 90 (noventa) dias.

66. MOSSIN, Heráclito Antônio. *Comentários ao código de processo penal*. São Paulo: Manole, 2005. p. 34.

(c) se o estado de conservação ou a distância temporal da expedição do documento apresentado impossibilite a completa identificação dos caracteres essenciais;

(d) constar dos registros policiais o uso de outros nomes ou diferentes qualificações;

(e) houver registro de extravio do documento de identidade;

(f) o indiciado ou o acusado não comprovar, em 48 horas, sua identificação civil.

Andou mal o legislador quando selecionou algumas infrações, sem nenhum critério de justificação, onde seria de rigor a identificação criminal, mesmo que já houvesse identificação civil (letra "a" acima). Desafia o razoável e fere a excepcionalidade da Constituição Federal, tal paradigma de gestão, já que a identificação é um mal necessário, desde que se restrinja a mais absoluta necessidade. Logo, a nosso sentir, não há respaldo constitucional para tal previsão. No mesmo entendimento, Damásio E. de Jesus[67] e Luiz Flávio Gomes[68].

Dando diverso direcionamento à matéria, a Lei nº 12.037/2009 revogou expressamente a Lei nº 10.054/2000, apresentando as novas hipóteses de cabimento da identificação criminal, incluindo o processo datiloscópico e fotográfico. Nada impede que sejam utilizados outros processos na identificação criminal, como a utilização do material genético ou da íris ocular, preservando-se, naturalmente, o direito a não autoincriminação[69]. Releva destacar os principais pontos da nova disciplina legal, a saber:

(1) O civilmente identificado, de regra, não será identificado criminalmente, servindo como documentos idôneos de identificação civil a carteira de identidade, de trabalho, profissional, passaporte, identificação funcional (civil ou militar), além de qualquer outro documento público que permita a identificação, como a CNH (carteira nacional de habilitação).

(2) As hipóteses de admissibilidade, que podem dar margem à identificação criminal, mesmo diante da apresentação de documentação civil (cuja cópia necessariamente será anexada aos autos do procedimento), passam a ser as seguintes (art. 3º, Lei nº 12.037/2009):

> I – o documento apresentar rasura ou tiver indício de falsificação;
>
> II – o documento apresentado for insuficiente para identificar cabalmente o indiciado;
>
> III – o indiciado portar documentos de identidade distintos, com informações conflitantes entre si;
>
> IV – a identificação criminal for essencial às investigações policiais, segundo despacho da autoridade judiciária competente, que decidirá de ofício ou

---

67. "Pensamos que a CF, ao determinar que 'o civilmente identificado não será submetido a identificação criminal, *salvo nas hipóteses previstas em* lei (art. 5º, LVIII – itálico nosso), não pretendeu referir-se a espécies de crimes (homicídio, estupro, etc.), como fez o inc. I do art. 3º da Lei nº 10.054/2000. Não há razão para que o civilmente identificado submeta-se à identificação penal, salvo casos excepcionais, como quando não apresenta nenhum documento, ou este contém rasuras, indícios de falsificação etc.(hipóteses mencionadas em outros incisos do art. 3º). A exigência de identificação criminal não decorre da natureza do delito e sim das circunstâncias da situação concreta. Por isso, a disposição do inc. I é de duvidosa constitucionalidade" (JESUS, Damásio E. de. Só os pobres vão sujar os dedos. São Paulo: Complexo Jurídico Damásio de Jesus, dez. 2000. Disponível em: <www.damasio.com.br>. Acesso em: 16/2/2008).
68. GOMES, Flávio Luiz. Identificação criminal. *Revista Consulex*, Brasília, nº 99, p. 45, fev.2001.
69. MOREIRA, Rômulo. *A nova lei de identificação criminal*. Disponível em: www.romulomoreira.com.br. Acesso em 15/12/2009.

mediante representação da autoridade policial, do Ministério Público ou da defesa;

V – constar de registros policiais o uso de outros nomes ou diferentes qualificações;

VI – o estado de conservação ou a distância temporal ou da localidade da expedição do documento apresentado impossibilite a completa identificação dos caracteres essenciais.

Percebe-se que não se fez escolha casuística de delitos que por sua especial gravidade obrigariam a identificação criminal. Andou bem o legislador, prestigiando o fator necessidade como decisivo para justificar a excepcionalidade da medida. A seu turno, caso o indiciado ou o capturado em flagrante não esteja com o documento de identificação civil em mãos, deve a autoridade conceder prazo razoável para que o apresente, ou para que pessoa de sua confiança o traga, já que a imediata identificação criminal seria precipitada. A Lei nº 10.054/2000 falava em 48 horas (art. 3º, VI). Apesar de sua revogação, entendemos que o prazo deve ser mantido. Caso o flagranteado não satisfaça a exigência, mesmo depois de decorrido o prazo para supri-la, será possível, com esteio no princípio da harmonização ou da concordância prática: **(a)** conduzi-lo coercitivamente à presença da autoridade policial; e **(b)** colher as impressões digitais para o fim de armazenar dados da identidade física do suposto sujeito ativo do crime, sem que isso signifique ferimento ao princípio de que ninguém deve ser compelido a produzir prova contra si mesmo (***nemo tenetur se detegere*** ou vedação à autoincriminação).

Por força da edição da Lei nº 12.654/2012[70], nos casos do art. 3º, IV, da Lei nº 12.037/2009 (a identificação criminal é essencial às investigações), está autorizada a coleta de "material biológico para obtenção de perfil genético". A inovação deve ser lida à luz do princípio da vedação à autoincriminação, de maneira que, havendo recusa do capturado ou indiciado, não se poderá obrigá-lo ao fornecimento.

Nos termos do novel diploma, os dados relacionados à coleta do perfil genético são sigilosos, devendo ser armazenados em bancos de dados gerenciados por unidade oficial de perícia. As informações colhidas, ressalva-se, não poderão revelar traços somáticos ou comportamentais das pessoas, exceto determinação genética de gênero (art. 5º-A, da Lei nº 12.037/2009).

(3) A determinação para a identificação criminal normalmente é originada da autoridade policial, aferida a real necessidade. Já o juiz, na fase processual ou sendo essencial para a investigação preliminar, e por decisão motivada (e não despacho, como sugere a lei), poderá autorizar a medida ***ex officio*** ou por provocação do MP, da defesa ou da autoridade policial (art. 3º, IV, Lei nº 12.037/2009). A determinação da identificação sem amparo legal caracteriza abuso de autoridade.

(4) O resultado da identificação, com a colheita das impressões digitais e fotografia, será acostado aos autos da persecução penal (flagrante, termo circunstanciado, inquérito e/ou processo). Deve-se evitar ao máximo a exposição do identificado, notadamente a exploração midiática da imagem ou do material colhido. Como é presumivelmente inocente, a

70. Também foi alterada a Lei de Execução Penal, que será analisada em Capítulo próprio.

identificação não constará de certidões ou atestado de antecedentes, enquanto não transitar em julgado a sentença condenatória, ressalvadas as requisições emanadas das autoridades que integram a persecução penal, como membros do MP, juízes e delegados. Sobrevindo absolvição, arquivamento do inquérito policial ou rejeição da petição inicial, uma vez preclusa a decisão judicial nesse sentido, o indiciado (ou réu) poderá requerer a retirada da identificação fotográfica dos autos da persecução, como forma de preservação da imagem, desde que apresente a competente identificação civil. Havendo denegação, poderá ingressar com mandado de segurança.

(5) A Lei de Identificação do Perfil Genético impôs, em sede de execução penal, uma consequência automática aos condenados por crime doloso cometido, com emprego de violência de natureza grave contra pessoa ou por qualquer dos crimes hediondo ou equiparado (previstos no art. 1º, da Lei nº 8.072/1990), determinando que "serão submetidos, obrigatoriamente, à identificação do perfil genético, mediante extração de DNA – ácido desoxirribonucleico, por técnica adequada e indolor". A alteração foi consignada no art. 9º-A, da Lei de Execução Penal (acrescido pela Lei nº 12.654/2012). Entendemos que o dispositivo necessita de leitura à luz da Constituição, notadamente em face do princípio da não autoincriminação em face de fatos futuros, bem como do direito de liberdade, de forma que: **(a)** o apenado não poderá sofrer ser objeto de técnicas invasivas sem o seu consentimento, ainda que indolores; **(b)** o perfil genético do apenado identificado não pode ser utilizado para investigações futuras, como uma espécie de prova pré-constituída, antes mesmo da prática de novo delito, toda vez que o apenado não tiver consentido o uso de técnicas invasivas; e **(c)** não há óbice ao recolhimento de material descartado pelo próprio apenado de forma voluntária ou involuntária, para fins de submissão ao exame de DNA para identificação do perfil genético (objeto passivo de prova), a exemplo de vestes íntimas, saliva, esperma e outros resíduos descartados, hipóteses em que poderão servir para investigações futuras, desde que o acesso ao banco de dados, sigiloso por força de lei, seja autorizado pelo juiz.

Há debate doutrinário acerca da necessidade de trânsito em julgado da sentença penal condenatória. Pensamos – diante da excepcionalidade da medida e de sua natureza invasiva – que o legislador disse mais do que deveria dizer, devendo-se conferir interpretação restritiva do texto para só autorizar a identificação genética depois de passada em julgado a sentença penal condenatória. Entendemos, desse modo, que a identificação genética não pode ter cunho probatório cautelar, tendo natureza de efeito da condenação, que requer que contra a sentença penal condenatória não caiba mais recursos.

No entanto, é possível interpretação declarativa, notadamente baseada na ideia de que não há ofensa ao princípio da não culpabilidade em razão da adoção de medida cautelar de cunho probatório, lastreada na necessidade devidamente justificada. Para tanto, necessário entender a identificação do perfil genético como medida acautelatória de fins probatórios.

De todo modo, o acesso ao banco de dados de perfis genéticos para fins criminais deverá ser informado pelo princípio da proporcionalidade, conjugado ao princípio da dignidade humana. Isso será alcançado, primordialmente, pelo consentimento do identificado. Como advertem Callegari e outros:

> [...] o princípio da proporcionalidade impõe, no Brasil, no que concerne ao tema da regulamentação do banco de perfis genéticos para fins de instrução criminal, em primeiro lugar, que a utilização desses dados obedeça

aos critérios de adequação, necessidade e proporcionalidade estrita da matéria probatória e, em segundo lugar, que o consentimento do afetado seja compreendido como integrante do conteúdo essencial do direito fundamental à proteção de dados pessoais, no sentido de que seja reconhecido o direito da pessoa de ser informada sobre quem possui seus dados e com que finalidade.[71]

Havia ainda previsão de identificação criminal no art. 5º, da Lei nº 9.034/1995, desconsiderando a existência da identificação civil, no que se refere às pessoas envolvidas com a ação praticada por organizações criminosas. A disposição era de duvidosa constitucionalidade. O art. 26, da Lei nº 12.850/2013, revogou expressamente a Lei nº 9.034/1995, sem repetir enunciado com conteúdo análogo. A identificação criminal, desse modo, só deve seguir o que dispõe a Lei nº 12.037/2009, conforme as hipóteses ali preconizadas.

Segundo o STF, a condução coercitiva para fins de identificação datiloscópica em face de recusa imotivada do indiciado não constitui constrangimento ilegal. Em último caso, a condução coercitiva figuraria como ferramenta válida a trazer o indiciado para identificação.

De todo modo, em caso de não ser oferecida denúncia ou queixa-crime, bem como nas hipóteses de absolvição ou rejeição da peça acusatória, é facultado ao indiciado ou ao réu, após o arquivamento definitivo do inquérito, ou trânsito em julgado da sentença, requerer a retirada da identificação fotográfica do inquérito ou processo, desde que apresente provas de sua identificação civil. Por outro lado, a exclusão dos perfis genéticos dos bancos de dados ocorrerá no término do prazo estabelecido em lei para a prescrição do delito. Note-se que os dados gerais de identificação (qualificação e digitais) não são objeto de devolução segundo os arts. 7º e 7º-A, da Lei 12.037/2009.

Por fim, prevê o dispositivo em estudo (art. 6º, VIII, CPP) que a autoridade policial deve fazer juntar aos autos do inquérito a folha de antecedentes do indiciado, sendo de valiosa contribuição para esclarecer a vida pregressa, identificar eventual reincidência e fornecer os elementos informadores de envolvimento do suspeito em outras infrações. Esta determinação legal deverá ser lida em conjunto com o art. 23 do CPP, que disciplina a obrigação de oficiar o Instituto de Identificação e Estatística quando da remessa dos autos do inquérito ao juízo.

IX – Averiguar a vida pregressa do indiciado, do ponto de vista individual, familiar e social, sua condição econômica, sua atitude e estado de ânimo antes e depois do crime e durante ele, e quaisquer outros elementos que contribuírem para a apreciação de seu temperamento e caráter.

Essas condições podem ajudar a aferir eventual qualificadora, algum privilégio, eventual causa de isenção de pena ou qualquer outra circunstância que venha a interferir na sua fixação. Chama-se pregressamento. É resquício, sob certa ótica, da criminologia positivista e da corrente que se filia a um direito penal de autor (de cunho autoritário), com o qual não concordamos.

X – colher informações sobre a existência de filhos, respectivas idades e se possuem alguma deficiência e o nome e o contato de eventual responsável pelos cuidados dos filhos, indicado pela pessoa presa.

71. CALLEGARI, André Luís; WERMUTH, Maiquel Ângelo Dezord; ENGELMANN, Wilson. *DNA e investigação criminal no Brasil*. Porto Alegre: Livraria do Advogado, 2012. p. 82.

A Lei nº 13.257/2016 estabeleceu regras visando formular e implementar políticas públicas em favor da primeira infância, considerando a especificidade e a relevância dos primeiros anos de vida no desenvolvimento infantil e no desenvolvimento do ser humano. Além de nova disciplina que trouxe, modificou a legislação em vigor.

Quanto ao Código de Processo Penal, estatuiu, como providência a cargo da autoridade policial, que ela deverá colher informações sobre a existência de filhos, respectivas idades, se possuem alguma deficiência, assim como o nome e o contato de eventual responsável pelos cuidados dos filhos, indicado pela pessoa presa.

Essa circunstância é relevante não só para aplicação e execução da pena, em face da necessidade de sua individualização e acompanhamento, mas também como cautela para que filhos não fiquem privados dos cuidados necessários em razão da imposição de pena ao pai ou ao responsável. Visa-se mitigar a denominada transcendência da pena aos familiares do apenado.

Sabe-se que a pena não deve passar da pessoa do apenado, porém alguns efeitos lhe transcendem alcançando filhos e cônjuge, tais como a estigmatização, o vexame e a privação de afeto. Tratando-se de criança, de adolescente ou de incapaz, o delegado de polícia fará constar essa informação, a fim de que seja levada em conta quando da tomada de decisões.

De tal sorte, passou a dispor o inciso X, do art. 6º, do CPP, que deverá a autoridade policial "colher informações sobre a existência de filhos, respectivas idades e se possuem alguma deficiência e o nome e o contato de eventual responsável pelos cuidados dos filhos, indicado pela pessoa presa".

Mesma providência deve ser adotada em qualquer investigação criminal preliminar, aplicando-se tal disposição por analogia. Malgrado o texto fale em "pessoa presa", o questionamento deve ser formulado também em relação ao investigado solto, porquanto se cuida de precaução contra eventual decreto prisional ulterior, fazendo constar, de antemão, essa circunstância.

13.1. Reprodução simulada dos fatos

É a reconstituição do crime. Sendo necessário esclarecer a forma como aconteceu a infração, a reprodução simulada pode ser determinada (art. 7º, CPP). Vale lembrar que o indiciado não está obrigado a participar desta, pois não pode ser compelido a auto incriminar-se. Segundo Capez[72], obriga-se, contudo, mesmo não desejando participar, a comparecer no dia e hora aprazados, em atenção à determinação da autoridade policial, sob pena de condução coercitiva (art. 260, CPP).

Pensamos que deve prevalecer a posição em sentido contrário, afinal, se não há obrigação de participar, também não há de estar presente. O comparecimento poderia desaguar num constrangimento ilegal de caráter acusador. Neste sentido, milita o STF[73].

Nem há de se falar em decretação de prisão preventiva pela ausência à reprodução simulada, por evidente constrangimento ilegal. Se não cabe condução coercitiva, quiçá decretação de preventiva.

72. CAPEZ, Fernando. *Curso de processo penal*. 12. ed. São Paulo: Saraiva, 2005. p. 85.

73. Trata-se de razão similar invocada também para sustentar a inconstitucionalidade da condução coercitiva do imputado para o interrogatório (art. 260), como firmado pela Suprema Corte (STF – Pleno – ADPF's 395/444-DF – Rel. Min. Gilmar Mendes – julgado em 13 e 14.6.2019 – Informativo nº 906, de 11 a 15 de junho de 2018).

Não será autorizada a reprodução simulada se constituir ofensa à moralidade ou à ordem pública, a exemplo do imenso constrangimento ocasionado pela reprodução de crime sexual.

13.2. Indiciamento

13.2.1. Conceito

É a informação ao suposto autor a respeito do fato objeto das investigações. É a cientificação ao suspeito de que ele passa a ser o principal foco do inquérito. Saímos do juízo de possibilidade para o de probabilidade e as investigações são centradas em pessoa determinada. Logo, só cabe falar em indiciamento se houver um lastro mínimo de prova vinculando o suspeito à prática delitiva, o que se faz após análise técnico-jurídica do fato, indicando-se autoria, materialidade e circunstâncias, como dispõe a Lei nº 12.830/2013. Deve a autoridade policial deixar clara a situação do indivíduo, informando-lhe a condição de indiciado sempre que existam elementos para tanto. O indiciamento não pode se consubstanciar em ato de arbítrio. Se feito sem lastro mínimo, é ilegal, dando ensejo à impetração de *habeas corpus* para ilidi-lo ou até mesmo para trancar o inquérito policial iniciado.

Discutia-se acerca da possibilidade do indiciamento feito por requisição do juiz ou do Ministério Público. O entendimento por nós defendido era de que a delineação subjetiva do foco investigativo era de atribuição do titular do inquérito (ou da investigação preliminar correspondente). A Lei nº 12.830/2013 positivou essa perspectiva, disciplinando ser ato privativo do delegado de polícia o indiciamento, entendimento já chancelado pelo Supremo Tribunal Federal, sob o argumento de que requisição judiciária de indiciamento é postura incompatível com o sistema acusatório[74]. Por outro lado, não é admitido que a autoridade policial faça o indiciamento do autor do fato em termo circunstanciado de ocorrência, sendo ato incompatível com a simplicidade do rito para os crimes de menor potencial ofensivo.

Diz-se que o indiciamento é a situação que retrata a convergência de indícios que apontam o investigado como provável autor do delito. O indiciamento produz efeitos de natureza extraprocessual e endoprocessual. Emana **efeito extraprocessual** porque "indica", isto é, aponta à sociedade o provável sujeito ativo do crime. Também irradia **efeito endoprocessual** consistente em ser antecedente lógico, contudo não necessário para que o suposto autor do delito figure no polo passivo da denúncia ou da queixa-crime, como denunciado/acusado ou querelado. De outra vertente, o indiciamento pode ser **direto** (quando o agente está presente) ou **indireto** (quando o agente está ausente, a exemplo da situação de foragido ou em lugar incerto)[75]. Ainda se fala, de um lado, em **indiciamento formal**, que reúne três peças (auto de qualificação e interrogatório; informações acerca de sua vida pregressa; e boletim de identificação); e, de outro, em **indiciamento material** ou **propriamente dito**, mediante o qual o delegado de polícia, por ato fundamentado, aponta a autoria de uma infração a alguém.

Deflagrado o processo, não há mais de se falar em indiciado, já que o suspeito passa ao ***status*** de imputado (réu). O indiciamento após a instauração do processo é causa de

74. STF – Segunda Turma – HC 115015 – Rel. Min. Teori Zavascki – DJe 12/09/2013. Mais comentários no tópico "f" deste item.
75. LIMA, Renato Brasileiro. *Curso de processo penal*. Niterói: Impetus, 2013. p. 109.

constrangimento ilegal à liberdade do acusado, diante de sua patente desnecessidade. Não obstante, descobrindo-se incidentalmente crimes conexos, nada impede seja instaurada investigação para apurar tais infrações. Portanto, o réu pode ser indiciado por outros delitos, que serão levados ao processo já existente via aditamento, ou a depender do estágio processual, podem ensejar a instauração de novo processo.

13.2.2. Indiciado menor

Os indivíduos entre dezoito e vinte e um anos, antes do advento do atual Código Civil, eram reputados relativamente capazes. Assim, praticando infração, deveriam ser assistidos, ainda na fase do inquérito, por curador. Contudo, com o advento do Código Civil de 2002, seu art. 5º passou a considerar os maiores de dezoito anos absolutamente capazes, pelo que parte da doutrina veio a entender que o art. 15 do CPP – que impõe a nomeação de curador na fase inquisitorial – teria perdido a razão de existir. Não obstante, o certo é que com a revogação de dispositivo do Código de Processo Penal que preconizava a necessidade de curador ao menor de vinte e um anos e maior de dezoito para o ato de interrogatório perante o juiz, pela Lei nº 10.792/2003, uniformizaram-se doutrina e jurisprudência no sentido de ser desnecessária a nomeação de curador ao indiciado menor de vinte e um anos, bem como no de que se operou revogação tácita do mencionado art. 15, do Código.

Subsiste, todavia, a possibilidade de nomeação de curador para o índio não aculturado (isto é, não adaptado ao convívio em sociedade), bem como para a pessoa inimputável (art. 151, CPP)[76].

13.2.3. Desindiciamento

Nada impede que a autoridade policial, ao entender, no transcurso das investigações, que a pessoa indiciada não está vinculada ao fato, promova o desindiciamento, seja na evolução do inquérito, ou no relatório de encerramento do procedimento. De qualquer sorte, tudo deve ser descrito no relatório, de forma a permitir a pronta análise pelo titular da ação penal. É possível também que o desindiciamento ocorra de forma coacta, pela procedência de *habeas corpus* impetrado no objetivo de trancar o inquérito em relação a algum suspeito.

13.2.4. Vedação ao indiciamento

Algumas autoridades não podem ser objeto de indiciamento formal por parte da autoridade policial, segundo disposição legal ou por força de entendimento jurisprudencial. As respectivas regras destacam que toda vez que, no curso de investigação preliminar, existir indício de prática de infração penal por parte de agente com prerrogativa de função, a autoridade policial, civil ou militar remeterá, imediatamente, sob pena de responsabilidade, os respectivos autos ao Chefe da respectiva instituição, a quem competirá tomar as providências previstas para o prosseguimento da apuração. São elas: **(1)** magistrados (art. 33, parágrafo único, da Lei Complementar nº 35/1979); **(2)** membros do Ministério Público (art. 18, parágrafo único, da Lei Complementar nº 75/1993; art. 41, parágrafo único,

---

76. LIMA, Renato Brasileiro. *Curso de processo penal*. Niterói: Impetus, 2013. p. 97.

da Lei nº 8.625/1993); (3) parlamentares federais: neste caso, deve ser observado o mais recente entendimento do Supremo Tribunal Federal, que torna possível o indiciamento do parlamentar, desde que previamente autorizado pelo Ministro Relator do Inquérito Policial, responsável pela supervisão do inquérito. Aliás, é exigida a autorização do Ministro-Relator inclusive para a abertura de inquérito policial contra senador ou deputado-federal[77].

13.2.5. Afastamento do servidor público indiciado em crimes de lavagem de dinheiro

O art. 17-D à Lei 9.613/1998 prevê efeito específico do indiciamento de servidor público em face do suposto cometimento de crime de lavagem de capitais, qual seja, o afastamento automático de suas funções. Como se sabe, o indiciamento é ato privativo da autoridade policial. Com a previsão, pretendeu o legislador permitir o afastamento das atividades de servidor público, sem autorização judicial. Em outras palavras, ao dizer que "em caso de indiciamento de servidor público, este será afastado, sem prejuízo de remuneração e demais direitos previstos em lei, até que o juiz competente autorize, em decisão fundamentada, o seu retorno", o dispositivo concedeu o poder de aplicar medida cautelar diversa da prisão à autoridade policial, ofendendo cláusula de reserva jurisdicional (princípio da jurisdicionalidade), eis que se trata de privação de garantia fundamental. O dispositivo deve, então, receber interpretação conforme a Constituição, para se entender que diante do indiciamento a autoridade policial tem o poder de, justificadamente, representar pela aplicação da medida cautelar de afastamento do servidor público de suas funções, inclusive nos moldes do art. 319, VI, CPP, com redação dada pela Lei nº 12.403/2011 (suspensão do exercício de função pública com o fito de evitar reiteração criminosa). Da mesma forma, tem legitimidade o Ministério Público para requerer a cautela, a fim de provocar a atuação do juiz competente.

13.2.6. Os limites do indiciamento e a Lei nº 12.830/2013

O Supremo Tribunal Federal apreciou caso concreto descrito nos autos do *Habeas Corpus* nº 115.015/SP, deixou assentado que sendo o ato de indiciamento de atribuição exclusiva da autoridade policial, não há fundamento jurídico que permita o magistrado, após receber a denúncia, requisitar ao Delegado de Polícia o indiciamento de determinada pessoa. Requisição desse jaez "é incompatível com o sistema acusatório, que impõe a separação orgânica das funções concernentes à persecução penal, de modo a impedir que o juiz adote qualquer postura inerente à função investigatória"[78].

Em outras palavras, a aludida requisição de indiciamento expedida pela autoridade judiciária, é eivada de ilegalidade e inconstitucionalidade. Ilegalidade porque não é poder incluído na esfera de competência dos juízes, mas, de forma privativa, é atribuição do delegado de polícia. Inconstitucionalidade porque não se coaduna com o modelo constitucional acusatório adotado pelo núcleo de processo penal estabelecido no art. 5º, da Constituição do Brasil. Viola a divisão de funções e retrata um ativismo judicial incompatível com o princípio da imparcialidade que permeia atividade jurisdicional.

77. STF – Tribunal Pleno – Pet 3825 QO – Rel. Min. Sepúlveda Pertence – Rel. p/ Acórdão: Min. Gilmar Mendes DJe 03/04/2008.
78. STF – Segunda Turma – HC 115.015/SP – Rel. Min. Teori Zavascki – DJ 27/8/2013.

Indiciamento é o ato-produto decorrente do procedimento de atribuição exclusiva da autoridade de polícia judiciária (delegado de polícia), consistente na atribuição da autoria do delito à pessoa investigada, com descrição da materialidade e de suas circunstâncias. O indiciamento deve descrever os elementos de informação coligidos na investigação preliminar (inquérito policial) que representem indícios suficientes de autoria relativamente à perpetração de infração penal pela pessoa investigada.

Não há indiciamento sem um dizer do delegado de polícia a respeito[79]. Conquanto o indiciamento não vincule o membro do Ministério quanto à providência a ser adotada, nem muito menos o juiz, trata-se de um dos atos normativos individuais e concretos da persecução penal que caracterizam o que se convencionou chamar de ***strepitus judicii*** (escândalo causado pela divulgação do fato que poderá vir a ser objeto de processo criminal), afetando seriamente o ***status dignitatis*** da pessoa investigada[80].

A Lei nº 12.830/2013 disciplinou as linhas gerais da investigação criminal conduzida pelo delegado de polícia. O seu art. 2º, *caput* e § 6º, estabelecem os parâmetros para o ato de indiciamento. Aquele dita que as funções de polícia judiciária e a apuração de infrações penais exercidas pelo delegado de polícia são de natureza jurídica, essenciais e exclusivas de Estado. O último arremata que o indiciamento, privativo do delegado de polícia, dar-se-á por ato fundamentado, mediante análise técnico-jurídica do fato, que deverá indicar a autoria, materialidade e suas circunstâncias.

Em suma, o delegado de polícia é a autoridade administrativa indicada para exercer funções de polícia judiciária e, mormente, para apurar infrações penais. São atividades que compõem porção da persecução penal estatal[81]. A persecução penal estatal é desenvolvida por uma investigação preliminar (o delegado de polícia preside inquérito policial, que é espécie, subclasse, daquela classe normativa[82]) e, seguidamente, por um processo penal condenatório (iniciado com a dedução de pretensão punitiva estatal em juízo, mediante oferecimento de ação penal, processada perante o magistrado competente) O indiciamento é ato administrativo de atribuição privativa do delegado de polícia, cujo momento de sua produção se cinge à fase de investigação preliminar[83].

A qualidade de acusado ao sujeito processado suplanta a necessidade de indiciamento. Ora, se: **(1)** de um lado, o indiciamento dar-se-á por ato fundamentado do delegado de polícia, mediante análise técnico-jurídica do fato, que deverá indicar a autoria, materialidade e suas circunstâncias; e **(2)** de outro, o oferecimento de ação penal depende de que a petição inicial conterá a exposição do fato criminoso, com todas as suas circunstâncias, a qualificação do acusado ou esclarecimentos pelos quais se possa identificá-lo, a classificação do crime e, quando necessário, o rol das testemunhas; logicamente, a produção de indiciamento em momento posterior à deflagração do processo penal representa um ***plus*** à exposição do indiciado, um maior constrangimento, desnecessário e ilegal.

79. IVO, Gabriel. *Norma jurídica*: produção e controle. São Paulo: Noeses, 2006. p. 41-42.
80. CARVALHO, Paulo de Barros. *Direito tributário*: fundamentos jurídicos da incidência. 9. ed. São Paulo: Saraiva, 2012. p. 210.
81. MOUSSALLEM, Tárek Moysés. *Revogação em matéria tributária*. São Paulo: Noeses, 2005. p. 44.
82. MOUSSALLEM, Tárek Moysés. *Revogação em matéria tributária*. São Paulo: Noeses, 2005. p. 44.
83. GAMA, Tácio Lacerda. *Competência tributária*: fundamentos para uma teoria da nulidade. 2. ed. São Paulo: Noeses, 2011. p. 262.

Ademais, o ato de indiciamento é inerente ao poder um tanto discricionário do delegado de polícia, dentro do espaço de conformação de sua atribuição na condução do inquérito policial. Como o não indiciamento não representa óbice ao agir do Ministério Público, é de todo irrelevante requisição formulada à autoridade policial para formalizar o indiciamento.

Realizado indiciamento em descompasso com os ditames da legislação de regência, notadamente se já estiver sendo processado o acusado, haverá nulidade capaz de ser reconhecida judicialmente. Nesse contexto, deverá o órgão jurisdicional responsável pelo controle do vício:

(1) reconhecer que o ato normativo de indiciamento foi produzido em violação à regra de atribuição de sua feitura; e

(2) sancionar o vício com invalidação, por ato fundamentado apto a afastar qualquer constrangimento ilegal à pessoa acusada.

A anulação deve se impor para afastar muitas consequências jurídicas e morais que decorrem do indiciamento formal e material. A fundamentação da nulidade deve se lastrear normativamente, especialmente na proteção das garantias fundamentais[84].

14. ENCERRAMENTO

O inquérito policial é encerrado com a produção de minucioso relatório que informa tudo quanto apurado. É peça essencialmente descritiva, trazendo um esboço das principais diligências realizadas na fase preliminar, e justificando eventualmente até mesmo aquelas que não foram realizadas por algum motivo relevante, como a menção às testemunhas que não foram inquiridas, indicando onde possam ser encontradas.

Não deve a autoridade policial esboçar juízo de valor no relatório, afinal, a opinião delitiva cabe ao titular da ação penal, e não ao delegado de polícia, ressalva feita à Lei nº 11.343/2006 (Lei de Tóxicos), prevendo que, na elaboração do relatório, a autoridade policial deva justificar as razões que a levaram à classificação do delito (art. 52).

Os autos do inquérito, integrados com o relatório, serão remetidos ao Judiciário (art. 10, § 1º, CPP), para que sejam acessados pelo titular da ação penal. Em alguns Estados da Federação, como ocorre na Bahia, os autos serão remetidos às ***centrais de inquérito***, vinculadas ao MP, para que a distribuição seja realizada diretamente ao promotor com atribuição para atuar no caso.

Na senda do que já costumeiramente se praticava no âmbito de vários órgãos do Ministério Público, Polícia e Judiciário, o Superior Tribunal de Justiça assentou que não há qualquer ilegalidade na tramitação direta de inquéritos entre a Polícia Judiciária e o Ministério Público. Ao invés de passar sempre pelo Judiciário para depois simplesmente ser o inquérito remetido ao *Parquet*, a tramitação direta entre Ministério Público e a Polícia não viola preceitos constitucionais. Ao contrário, tal procedimento, segundo a Corte Superior, atende à garantia da duração razoável do processo, eis que "lhe assegura célere tramitação, bem como aos postulados da economia processual e da eficiência"[85].

---

84. CARVALHO, Aurora Tomazini de. *Curso de teoria geral do direito*: o construtivismo lógico-semântico. 3. ed. São Paulo: Noeses, 2013. p. 526.

85. STJ – Quinta Turma – AIRESP 201500690675 – Rel. Min. Reynaldo Soares da Fonseca – DJ:25/05/2016.

Sendo o fato de difícil elucidação e estando o indiciado solto, poderá o delegado requerer à autoridade judicial a devolução dos autos para ulteriores diligências, que serão realizadas no prazo designado pelo magistrado.

Ao fazer a remessa, a autoridade policial deverá oficiar ao Instituto de Identificação e Estatística, ou órgão congênere, mencionando o juízo para o qual os autos foram remetidos, além dos dados relativos à infração e à pessoa do indiciado. Isso permite a formação do ***boletim individual*** (art. 809, CPP), sendo uma rica fonte de informações sobre o indiciado, a ser consultada, quando necessário, pelas autoridades incumbidas da persecução penal. Os instrumentos do crime, bem como os objetos que interessem à prova, acompanharão os autos do inquérito.

Pois bem, chegando ao juízo os autos do inquérito, teremos o seguinte:

14.1. Crimes de ação penal pública

Deve o magistrado abrir vistas do inquérito ao titular da ação penal, leia-se, o Ministério Público, que então deverá proceder da forma seguinte.

(1) Se o inquérito foi exitoso, e apurou a contento a autoria e a materialidade delitiva, deverá o membro do ***Parquet*** exercer a ação penal, oferecendo denúncia no intuito de que o processo criminal se inicie. Sobre essa etapa, trataremos no próximo capítulo, quando do estudo da ação penal.

(2) Caso o inquérito não tenha apurado os elementos que o MP repute imprescindíveis ao oferecimento da denúncia, abre-se a oportunidade da requisição de novas diligências, que terão por finalidade complementar o material que já foi colhido (art. 16, CPP). Esta requisição passa pelo juiz, já que seguimos o sistema presidencialista, e deve ser remetida à autoridade policial com prazo para cumprimento. Realizadas as diligências, retornam ao magistrado, que deverá abrir vistas ao promotor. Satisfeito com o material angariado, abre-se então ao Ministério Público a oferta da denúncia. Caso contrário, em não sendo o material complementar elucidador, restaria a promoção do arquivamento.

Cabe ainda uma pergunta: pode o magistrado indeferir as diligências requisitadas pelo MP por entender que são protelatórias ou desnecessárias? A resposta negativa se impõe, afinal, é o Ministério Público, por previsão constitucional (art. 129, I), o titular da ação penal, cabendo ao órgão ministerial o juízo quanto à necessidade ou não de diligência complementar. O magistrado que indefere o pleito ministerial está tumultuando arbitrariamente o procedimento, dando ensejo ao cabimento de correição parcial. Nada impede, em atenção à celeridade, já que o julgamento do recurso demanda tempo, que as diligências sejam requisitadas pelo MP diretamente à autoridade policial, por autorização do art. 13, II, CPP.

Vale destacar que as diligências complementares só poderão ser requisitadas se o suspeito estiver solto. Caso esteja preso, a sua colocação em liberdade é de rigor, afinal, se ainda não existem elementos para a propositura da denúncia, com muita razão não há lastro para a manutenção da prisão.

(3) Já se entender que não é caso de oferecer a denúncia, pela absoluta ausência de elementos mínimos a indicar a autoria ou a materialidade delitiva, ou até mesmo a existência de alguma infração, deve promover o arquivamento, aguardando então o surgimento de novos elementos a justificar a propositura da inicial acusatória.

O arquivamento do inquérito ou de outras peças de informação ocorre pela impossibilidade de oferta da ação, devendo ser promovido pelo MP, titular da ação penal pública, e homologado pelo magistrado. O exercício da ação penal não pode ser uma aventura irresponsável, só assistindo razão ao início do processo se existirem elementos mínimos que façam concluir pela ocorrência da infração e dos seus autores. Caso contrário, o arquivamento é a saída a ser seguida.

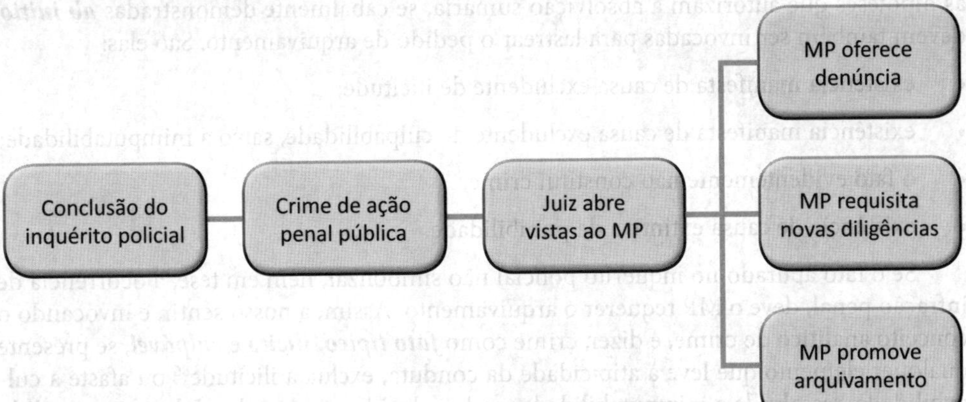

Dentro do arquivamento, algumas provocações podem ser feitas.

14.1.1. Quais são as hipóteses que autorizariam o pedido de arquivamento?

Indagação das mais importantes que não foi disciplinada pelo Código, levando a aplicação do art. 395, do CPP, para suprir a inquietante omissão. O referido dispositivo trata da rejeição da inicial acusatória pelo judiciário, ou seja, quando o magistrado, exercendo juízo de admissibilidade, conclua, amparado pela lei, que o processo não deve se iniciar e que a melhor alternativa seria rechaçar a inicial apresentada. Podemos então concluir: ora, se é caso de rejeição da denúncia, o promotor não deveria tê-la oferecido, e se isto é verdade, encontramos assim as principais hipóteses em que estaria autorizado a pedir o arquivamento. Logo, teríamos que o arquivamento deve ser requerido nas seguintes situações:

14.1.1.1. Faltar pressuposto processual ou condição para o exercício da ação penal.

Não havendo qualquer dos requisitos para a existência ou para o desenvolvimento válido da ação ou do processo, é sinal que a alternativa dada a acusação é a promoção do arquivamento. Se faltar qualquer condição para o exercício regular do direito de ação, quais sejam, legitimidade, interesse, além dos pressupostos processuais objetivos e/ ou subjetivos, como é curial, o pedido de arquivamento deve ser apresentado. Assim como se faltar qualquer condição de procedibilidade para o exercício da ação, a exemplo da representação e da requisição do Ministro da Justiça nos crimes de ação pública condicionada.

14.1.1.2. Faltar justa causa.

A justa causa, como já visto, é a necessidade de lastro probatório mínimo para o exercício da ação, sendo também uma condição desta. Sem os indícios de autoria e da materialidade, torna-se inviável qualquer pretensão acusatória.

O julgamento antecipado da lide é perfeitamente admissível, nas hipóteses elegidas no art. 397, do CPP. Vale dizer, se o membro do ***Parquet*** vislumbra, pela análise dos elementos que lhe são trazidos pelo inquérito ou por quaisquer outras peças de informação, que está demonstrada hipótese autorizadora de absolvição sumária, não deve promover a denúncia, sob a justificativa de que o processo deve ser deflagrado para que o réu seja absolvido. Quem tem de ser absolvido, não deve ser processado! Logo, entendemos que as hipóteses que autorizam a absolvição sumária, se cabalmente demonstradas ***ab initio***, devem também ser invocadas para lastrear o pedido de arquivamento. São elas:

- existência manifesta de causa excludente de ilicitude;
- existência manifesta de causa excludente de culpabilidade, salvo a inimputabilidade;
- o fato evidentemente não constitui crime;
- existência de causa extintiva da punibilidade.

Se o fato apurado no inquérito policial não simbolizar, nem em tese, a ocorrência de infração penal, deve o MP requerer o arquivamento. Assim, a nosso sentir, e invocando o conceito analítico de crime, é dizer, crime como ***fato típico, ilícito*** e ***culpável***, se presente qualquer elemento que leve à atipicidade da conduta, exclua a ilicitude[86] ou afaste a culpabilidade, ressalvada a inimputabilidade, onde o devido processo legal deve ser atendido para que ao final do processo seja aplicada medida de segurança ao inimputável, somos partidários de que existindo elementos que descaracterizem a infração, deve haver o requerimento de arquivamento. A título ilustrativo, se pelos elementos colhidos no inquérito, o promotor estiver convencido de que o agente atuou amparado pela legitima defesa, deverá, ao invés de denunciá-lo, requerer o arquivamento, afinal, a legítima defesa exclui a ilicitude e por consequência, a própria infração penal.

Advirta-se que o entendimento aqui esposado é francamente minoritário. Tem prevalecido a tese de que a interpretação deve ser restrita às hipóteses de atipicidade. Havendo excludente de ilicitude ou culpabilidade, o adequado seria o oferecimento da denúncia, para iniciado o processo, certificar-se o direito com a sentença absolutória. Era até então o posicionamento do STF,[87] abrandado pela inclusão das excludentes de ilicitude no rol de causas justificantes do arquivamento[88].

Por sua vez, estando presente causa extintiva da punibilidade, não haveria razão alguma para o exercício da ação penal, afinal o direito de punir não mais poderá ser efetivado. Logo, propício o arquivamento, seja quando presente a prescrição, ou qualquer outra causa semelhante (artigos 107 ***et seq***, CP). O mais adequado é que o magistrado, ao invés de simplesmente arquivar o inquérito ou as peças de informação, declare expressamente a extinção da punibilidade.

86. Adotando as excludentes de ilicitude como autorizadoras do pedido de arquivamento, o magistério sempre equilibrado de Marcellus Polastri Lima, concluindo que em se tratando, "portanto, de presença evidente de uma causa excludente de ilicitude, o inquérito ou outro procedimento investigatório deverá ser arquivado" (LIMA, Marcellus Polastri. *Curso de processo penal*. Rio de Janeiro: Lumen Juris, 2002. v.1. p. 162).
87. EMENTA: *HABEAS CORPUS*. USO INDEVIDO DE UNIFORME MILITAR POR CIVIL. ART. 172 DO CÓDIGO PENAL MILITAR. DENÚNCIA. ALEGADA ATIPICIDADE DO FATO. Peça acusatória que, ao revés, descreve fato previsto na lei penal. A presença, ou não, de causa excludente da culpa haverá de ser verificada no curso da instrução criminal. Ademais, a falta de justa causa para a ação penal somente pode ser reconhecida e afirmada quando manifesto que o fato narrado não constitui crime. *Habeas corpus* indeferido (STF – 1ª T. – HC 79359/RJ – Rel. Min. Ilmar Galvão – DJ 8/10/1999. p. 39).
88. No mesmo sentido: RHC 200500343088, LAURITA VAZ, STJ – QUINTA TURMA, 07/04/2008

14.1.2. Se o magistrado homologar o pedido de arquivamento, esta decisão é imutável pela coisa julgada material?

A homologação do arquivamento tem natureza administrativo-judicial, já que emana do magistrado, contudo é proferida ainda na fase pré-processual, não certificando o direito e por consequência não é imutável pela coisa julgada.

A teor da súmula nº 524 do STF, "arquivado o inquérito policial, por despacho do juiz, a requerimento do promotor de justiça, não pode a ação ser iniciada sem novas provas". Arquivado o inquérito policial ou as peças de informação, nada impede que em momento posterior haja o oferecimento de denúncia acerca daquele mesmo fato, desde que surjam novas provas, ou seja, elementos até então desconhecidos que revelem a autoria ou a materialidade da infração.

Atento à busca da verdade, o CPP autoriza, após o arquivamento, e sem a necessidade de instaurar um outro inquérito, que a autoridade policial continue realizando diligências, objetivando a captação de eventual prova nova. Se assim o fizer, remeterá aquilo que colheu a juízo, para que o MP, tendo acesso ao material conseguido, possa oferecer denúncia (art. 18, CPP).

É importante salientar que a jurisprudência majoritária dos Tribunais Superiores entende que, se o arquivamento é realizado com base na ***prova da atipicidade do fato***, estando o promotor convencido de que existe lastro suficiente que faça concluir que o fato é atípico, e se o pedido for homologado nestes exatos termos, a decisão, de forma excepcional, faz coisa julgada material. Neste raciocínio, não seria admissível denúncia nem mesmo se surgissem novas provas, por ofensa à coisa julgada material. Nessa hipótese – certeza da atipicidade –, prevalece o entendimento de que haverá coisa julgada material ainda que o juízo seja absolutamente incompetente[89-90].

Desse modo, cabe distinguir os limites objetivos da coisa julgada – se apenas formal (o que viabiliza a reabertura da persecução penal caso ocorra o suprimento da falta havida como pressuposto para o oferecimento da ação penal) ***ou*** se formal e material (impedindo a reabertura da persecução penal) –, conforme o fundamento da decisão homologatória da promoção de arquivamento realizada pelo Ministério Público, da seguinte forma:

- a decisão homologatória da promoção de arquivamento do inquérito policial produzirá tão somente **coisa julgada formal**, sem impor óbice intransponível à renovação da ação penal, quando seu fundamento consistir em:

- falta de justa causa para a propositura da ação penal, quando esta significar insuficiência de elementos informativos para supedanear minimamente a petição inicial acusatória. Nesse caso, uma vez arquivado o inquérito policial, este só pode ser reaberto diante da notícia de "prova nova", nos termos referidos acima. Note-se que a ausência de justa causa é hipótese de rejeição da peça acusatória (art. 395, III. CPP). Cuida-se de termo de conteúdo vago que pode significar: **(i)** insuficiência do suporte probatório mínimo para o desencadeamento válido e regular da demanda penal (o arquivamento do inquérito,

89. STF – Primeira Turma – HC 83346 – Rel. Min. Sepúlveda Pertence – DJ 19/08/2005.
90. STJ – Sexta Turma – HC 173.397/RS – Rel. Min. Maria Thereza de Assis Moura – DJe 11/04/2011.

nesses termos produz apenas coisa julgada formal); ou (ii) argumento retórico para não promoção da ação penal em casos que a providência penal se mostra excessiva (insignificância ou atipicidade material) – ou, para alguns, condição específica para a propositura da demanda penal, ao lado das condições gerais da ação penal (art. 395, II, CPP) –, tal como se dá quanto ao arquivamento de termo circunstanciado de ocorrência em face de contravenção penal de vias de fato (de ação penal pública incondicionada), quando a vítima manifesta o desejo de não ver o agente processado (ora, se o crime de lesão corporal leve é de ação penal pública condicionada à representação, o delito menor de vias de fato, embora seja de ação penal pública incondicionada, deve receber tratamento análogo, para que se leve em consideração a vontade do ofendido (daí a falta de justa causa para a ação penal quando há oposição expressa do ofendido ou mesmo quando ocorre composição civil). Se o inquérito policial for arquivado por falta de justa causa, com esteio neste último sentido, a coisa julgada formada será formal e material.

- ausência de pressupostos processuais ou de condições da ação penal: como o exame de tais elementos são logicamente anteriores ao exame do mérito da demanda, o arquivamento do inquérito policial arrimado na falta de pressuposto processual de existência ou de validade para o regular e válido andamento do processo penal (juiz com jurisdição, inexistência de litispendência ou de coisa julgada, capacidade processual), bem como na carência de condição da ação penal (legitimidade para a causa, interesse processual e pedido juridicamente possível), produzem, em regra, coisa julgada tão somente formal. Também a falta o arquivamento do inquérito policial por condição de procedibilidade implica a formação de coisa julgada formal. Isso quer dizer que uma vez suprida a falta ou o defeito que sustentou a decisão de arquivamento, é possível o oferecimento de ação penal, respeitados os limites alusivos à decadência ou à prescrição da pretensão punitiva estatal.

- por sua vez, constituirá **coisa julgada material**, impedindo a instauração de nova persecução penal lastreada nos mesmos fatos, a decisão que homologa o arquivamento do inquérito, quando baseada em:

- atipicidade do fato ou inexistência de crime: se o Ministério Público requerer arquivamento sustentando ser o fato atípico ou inexistir crime, a decisão judicial homologatória do arquivamento forma coisa julgada material, fechando as portas para nova apuração do fato ou rediscussão jurídica da matéria. Nesse sentido, o arquivamento assim fundado é ato irrevogável e irretratável. Note-se que o arquivamento por "falta de justa causa" produz coisa julgada material quando "justa causa" for entendida no segundo sentido acima referido ou como equivalente a entender o Promotor que o fato é de baixa lesividade (princípio da insignificância), tal como se fosse o caso de atipicidade material.

- existência manifesta de causa excludente de ilicitude: reconhecida legítima defesa ou outra excludente de ilicitude pelo *Parquet*, a decisão que concorda com a promoção de arquivamento também forma coisa julgada material. Acerca da formação de coisa julgada material quando o arquivamento do inquérito consistir em hipótese evidente de legítima defesa ou de outra excludente de ilicitude, STF e STJ possuem decisões divergentes. No âmbito do Superior Tribunal de Justiça foi decidido que a decisão de arquivamento do inquérito policial que reconhece legítima defesa exige certeza jurídica, razão pela qual sobre ela se forma coisa julgada material, posição a qual nos filiamos. Decerto – realçou o STJ, pela sua Sexta Turma –, que sendo a hipótese de arquivamento de inquérito policial com lastro em atipia, extinção de punibilidade (morte do agente, prescrição etc.) ou excludente de ilicitude, haverá necessariamente coisa julgada material, não cabendo invocar a incidência a Súmula 524, do STF, porquanto restrita ao desarquivamento das peças investigativas fundado na superveniência de provas novas[91]. Por outro lado, a Suprema Corte, por suas Primeira[92] e Segunda[93] Turmas, entende que é possível a reabertura de investigações se advierem elementos novos que mudem o rumo da primeira apuração, não sendo o caso de aplicar entendimento análogo ao arquivamento por atipicidade, em face de constituir decisão *rebus sic stantibus*. Reafirmando o entendimento com o qual não concordamos, a Segunda Turma decidiu recentemente que o arquivamento de inquérito, a pedido do Ministério Público, em virtude da prática de conduta acobertada por excludente de ilicitude não obsta seu desarquivamento no surgimento de novas provas, inexistindo, na hipótese, impedimento legal para o prosseguimento das investigações.

- existência manifesta de causa excludente de culpabilidade, salvo a inimputabilidade: como a inimputabilidade não é hipótese de rejeição de inicial, mas de absolvição imprópria, que impõe medida de segurança, o arquivamento do inquérito só pode acontecer quando feito com esteio em outras excludentes de culpabilidade, tal como a coação irresistível. Uma vez arquivado sob este fundamento, haverá coisa julgada material sobre a decisão judicial, obstaculizando uma segunda persecução penal.
- reconhecimento de causa extintiva de punibilidade: as causas extintivas de punibilidades, elencadas no art. 107, do CP, podem ser invocadas na promoção de arquivamento do inquérito policial. A decisão homologatória exarada nesses termos, também produz coisa julgada material. Note-se que se o motivo foi o óbito, o entendimento dos tribunais é no sentido que se a decisão se basear em certidão de óbito falsa ela será qualificada como inexistente, não havendo que se falar em coisa julgada na hipótese. Vale dizer, não havendo fraude processual, a decisão que arquiva o inquérito policial com fulcro em causa extintiva de punibilidade é apta a constituir coisa julgada material.

14.1.3. Recurso e ação privada subsidiária da pública

A decisão homologatória do pedido de arquivamento é irrecorrível, não havendo contemplação legal de recurso para combatê-la. Todavia, o indiciado deve ser intimado, não só para ter ciência do ato, mas também para opor-se a eventual denúncia oferecida em momento posterior, uma vez destituída de prova nova.

A exceção à irrecorribilidade é tratada pelo art. 7º, da Lei nº 1.521/1951, prevendo o recurso de ofício da decisão que arquivar o inquérito nos crimes contra a economia popular e contra a saúde pública. Se o tribunal der provimento, deverá remeter os autos ao

91. STJ – Sexta Turma – REsp 791.471/RJ – Rel. Min. Nefi Cordeiro – Julgado em: 25/11/2014.
92. STF – Primeira Turma – HC 95211 – Rel. Min. Cármen Lúcia – julgado 10/3/2009 – DJ 19/8/2011.
93. STF – Segunda Turma – HC 125101 – Rel. p/ Acórdão Min. Dias Toffoli, julgado em 25/08/2015

Procurador Geral, para que atue de acordo com o art. 28, do CPP, oferecendo denúncia por força própria, designando outro membro do MP para fazê-lo, ou insistindo no arquivamento, quando então não haverá mais nada a fazer.

Há também a previsão do art. 6º, da Lei nº 1.508/1951, contemplando o recurso em sentido estrito para combater a decisão de arquivamento da representação nas contravenções do jogo do bicho e de aposta de corrida de cavalos fora do hipódromo (artigos 58 e 60, Decreto-lei nº 6.259/1944). A nosso ver, o referido dispositivo não foi recepcionado pela Constituição Federal, afinal, sendo a ação pública privativa do MP, requerendo o promotor o arquivamento, não assistiria razão para que terceira pessoa recorresse.

Também não há de se falar em ação privada subsidiária da pública se houve a manifestação pelo arquivamento, afinal, ela só tem cabimento nas hipóteses de inércia do MP, e se o promotor requereu o arquivamento, certamente não está sendo desidioso.

Por sua vez, se o magistrado promove o arquivamento ***ex officio***, sem requerimento ministerial, estará tumultuando arbitrariamente o procedimento, em ato que desafia correição parcial.

Questão controvertida é sobre o cabimento de recurso contra o chamado "arquivamento definitivo de inquérito policial", isto é, contra a decisão judicial (ato jurisdicional) que determina o arquivamento do inquérito policial, a pedido do Ministério Público, mas que se fundamenta em motivo capaz de formar coisa julgada material. O arquivamento do inquérito policial, em regra, acontece por decisão homologatória com natureza administrativa. No entanto, algumas situações ensejam espécies de antecipação de julgamento de mérito, ainda que sem processo em sentido estrito, tais como as hipóteses de arquivamento fundado em: **(1)** atipicidade do fato (o juiz reconhece que o fato não constitui crime); **(2)** inexistência do fato (o juiz declara a inexistência do suporte fático pressuposto para o crime); e **(3)** negativa de autoria (o juiz reconhece que não foi o indiciado ou investigado que concorreu para a infração penal).

Duas posições se forma a respeito: **(1)** a primeira, majoritária, entende que não é cabível recurso da decisão que arquiva definitivamente o inquérito policial lastreada naqueles motivos, porque se trata de arquivamento de inquérito determinada pelo Juiz, a pedido do Ministério Público (dupla anuência), bem como porque não há previsão legal específica (taxatividade dos recursos); **(2)** a segunda, minoritária, sustenta que é cabível apelação contra a decisão de arquivamento definitivo do inquérito policial, em virtude de ser decisão com força de definitiva, amoldando-se ao que preconiza o art. 593, II, do CPP. Entendemos possível o cabimento de apelação contra decisão de arquivamento definitivo de inquérito policial, eis que, em essência, tem natureza de sentença cuja parte declarativa tem a aptidão de constituir coisa julgada material, sendo razoável possibilitar à vítima e ao Ministério Público (quando o juiz homologar o pedido de arquivamento fundado em motivo diverso do requerido) o manejo de recurso que vise impugnar decisão judicial.

14.1.4. Divergência do magistrado quanto ao pedido de arquivamento do inquérito policial e distinções do procedimento conforme a competência da Justiça

O arquivamento do inquérito policial, em regra, é ato complexo. Isso porque depende de dois atos distintos, de órgãos diversos, para que possa produzir efeitos:

- requerimento do órgão do Ministério Público;
- anuência do órgão do Poder Judiciário, manifestada através de decisão homologatória.

Quando há discordância do juiz quanto ao pleito de arquivamento formulado pelo Ministério Público, sucedem desdobramentos que, como regra, estão descritos no enunciado do art. 28, do CPP. Este dispositivo assegura importantes princípios: o ***princípio da devolução,*** uma vez que remete ao próprio órgão do Ministério Público, titular da ação penal, a análise da divergência sobre o arquivamento; os princípios do promotor natural e do devido processo legal, tendo em vista que eventual remessa dos autos a outro promotor implicaria nulidade manifesta[94].

Vejamos a transcrição do dispositivo em comento:

> Art. 28. Se o órgão do Ministério Público, ao invés de apresentar a denúncia, requerer o arquivamento do inquérito policial ou de quaisquer peças de informação, o juiz, no caso de considerar improcedentes as razões invocadas, fará remessa do inquérito ou peças de informação ao procurador-geral, e este oferecerá a denúncia, designará outro órgão do Ministério Público para oferecê-la, ou insistirá no pedido de arquivamento, ao qual só então estará o juiz obrigado a atender.

Se essa é regra, fato é que nem sempre é assim que acontece. Há diferenças no procedimento de arquivamento, de acordo com a Justiça perante a qual tramita o inquérito policial objeto do pedido de arquivamento, em razão da incidência da legislação específica aplicável ao respectivo Ministério Público.

Vejamos cada uma das hipóteses.

14.1.4.1. Justiça estadual

Na justiça estadual de primeira instância (juiz singular), seguimos a regra geral, aplicando, na íntegra, o citado art. 28, do CPP:

- entendendo ser hipótese de arquivamento do inquérito policial ou de peças de informação, o Promotor de Justiça formula requerimento nesse sentido ao juiz de direito;
- concordando o juiz, proferirá decisão homologatória de arquivamento;
- caso o juiz discorde do requerimento de arquivamento, deverá remeter o inquérito ou as peças de informação ao Procurador-Geral de Justiça (Chefe do Ministério Público estadual);
- o Procurador-Geral de Justiça poderá: **(a)** oferecer denúncia; **(b)** designar outro Promotor para oferecer denúncia; ou **(c)** reiterar o pedido de arquivamento, quando estará o juiz obrigado a acatar.

Releva anotar, especificamente quanto à hipótese "b", que o promotor de justiça designado está obrigado a promover a denúncia, afinal, como aponta Tourinho Filho, atua por delegação (***longa manus***) do Procurador Geral[95]. O promotor que atua como ***longa***

94. STJ – HC 6802/RJ – DJU 15/6/1998. p. 166
95. TOURINHO FILHO, Fernando da Costa. *Código de processo penal comentado*. 5. ed. São Paulo: Saraiva, 1999. v. 1. p. 90.

manus da Chefia do MP, atuando nos limites do art. 28, do CPP, é conhecido também como "Promotor do 28"[96], designando bem a ideia de que está ele adstrito à delegação conferida pelo Procurador Geral. Todavia, parte da doutrina (minoritária) defende que o promotor designado deverá analisar as circunstâncias do caso, e entendendo que a denúncia não é pertinente, não estará obrigado a deflagrar o processo, restando ao Procurador Geral designar outro membro do ***Parquet***, ou ele mesmo atuar na causa, respeitando-se, em última análise, a independência funcional[97].

Prosseguindo a análise do art. 28, do CPP, note-se que a sua aplicação integral decorre da inexistência de discrepância com o que preconiza a Lei nº 8.625/1993, que dispõe sobre a Lei Orgânica dos Ministérios Públicos dos Estados, ao averbar:

- em seu art. 10, que compete ao Procurador-Geral de Justiça:

> d) oferecer denúncia ou propor ação civil pública nas hipóteses de não confirmação de arquivamento de inquérito policial ou civil, bem como de quaisquer peças de informações;

- em seu art. 12, que compete ao Colégio de Procuradores de Justiça:

> XI – rever, mediante requerimento de legítimo interessado, nos termos da Lei Orgânica, decisão de arquivamento de inquérito policial ou peças de informações determinada pelo Procurador-Geral de Justiça, nos casos de sua atribuição originária;

14.1.4.2. Justiça federal

No âmbito da justiça federal de primeira instância (juiz singular), o art. 28, do CPP deve ser interpretado de forma conjunta com o art. 62, IV, da Lei Complementar nº 75/1993, que define a organização, as atribuições e o estatuto do Ministério Público da União. No ponto, interessa a atribuição específica das Câmaras de Coordenação e Revisão do Ministério Público Federal, porquanto lhes compete:

> IV – manifestar-se sobre o arquivamento de inquérito policial, inquérito parlamentar ou peças de informação, exceto nos casos de competência originária do Procurador-Geral;

O procedimento para arquivamento perante o juiz federal (singular) de primeira instância obedecerá às seguintes regras:

- entendendo ser hipótese de arquivamento do inquérito policial ou de peças de informação, o Procurador da República (Membro do Ministério Público Federal) formula requerimento nesse sentido ao juiz federal;
- concordando o juiz, proferirá decisão homologatória de arquivamento;
- caso o juiz federal discorde do requerimento de arquivamento, deverá remeter o inquérito ou as peças de informação às Câmaras de Coordenação e Revisão do Ministério Público Federal;

96. LIMA, Renato Brasileiro. *Curso de processo penal*. Niterói: Impetus, 2013. p. 129.
97. MOREIRA, Rômulo. *A ética do promotor de justiça criminal*. Disponível em: www.romulomoreira.com.br. Acesso em 11/11/2009.

- a Câmara de Coordenação e Revisão, com atribuição conforme a matéria, poderá deliberar: (**a**) pela designação de outro membro para o oferecimento de denúncia; ou (**b**) pela insistência no pedido de arquivamento. A manifestação da Câmara tem caráter opinativo, sendo os autos encaminhados ao Procurador-Geral da República que, por seu turno, poderá discordar da manifestação, haja vista se tratar de atividade de "coordenação", podendo, conforme o art. 28, do CPP: (**a**) oferecer denúncia; (**b**) designar outro Procurador da República para oferecê-la; ou (**c**) reiterar o pedido de arquivamento, quando estará o juiz federal obrigado a acatar.

Em síntese, essas duas primeiras situações de divergência quanto ao arquivamento da inicial acusatória podem ser representadas da seguinte maneira:

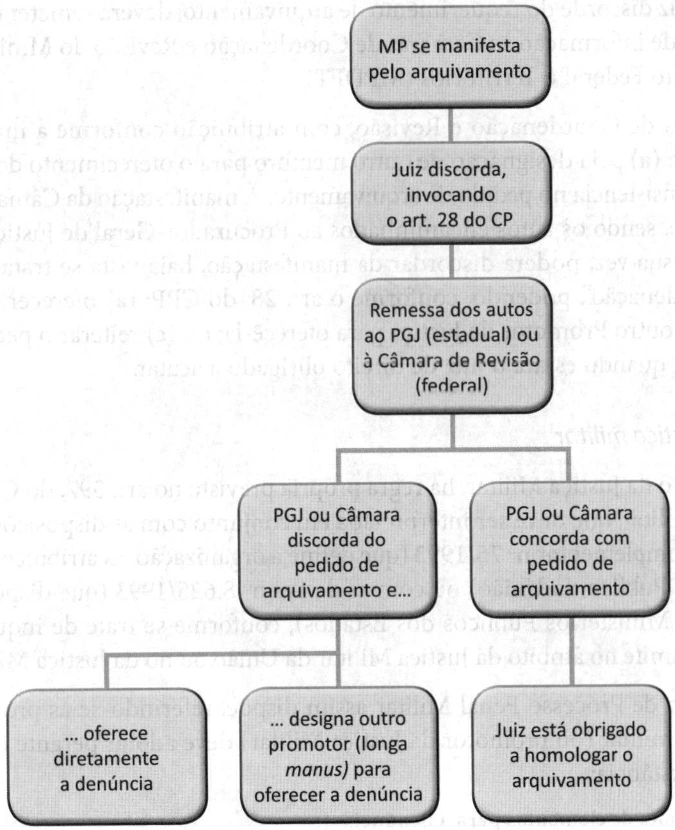

14.1.4.3. Justiça comum do Distrito Federal

No âmbito da Justiça Comum do Distrito Federal de primeira instância (juiz singular), o art. 28, do CPP deve ser interpretado de forma conjunta com o art. 171, V, da Lei Complementar nº 75/1993, que define a organização, as atribuições e o estatuto do Ministério Público da União. No ponto, interessa a atribuição específica das Câmaras de Coordenação e Revisão do Ministério Público do Distrito Federal e Territórios, porquanto lhes compete:

> V – manifestar-se sobre o arquivamento de inquérito policial, inquérito parlamentar ou peças de informação, exceto nos casos de competência originária do Procurador-Geral;

O procedimento para arquivamento perante o juiz singular de primeira instância da Justiça Comum do Distrito Federal e Territórios, obedecerá às seguintes regras:

- entendendo ser hipótese de arquivamento do inquérito policial ou de peças de informação, o Promotor de Justiça (Membro do Ministério Público do Distrito Federal e Territórios) deve formular requerimento nesse sentido ao juiz de direito do Distrito Federal e Territórios;
- concordando o juiz, proferirá decisão homologatória de arquivamento;
- caso o juiz discorde do requerimento de arquivamento, deverá remeter o inquérito ou as peças de informação às Câmaras de Coordenação e Revisão do Ministério Público do Distrito Federal e Territórios (MPDFT);
- a Câmara de Coordenação e Revisão, com atribuição conforme a matéria, poderá deliberar: **(a)** pela designação de outro membro para o oferecimento de denúncia; ou **(b)** pela insistência no pedido de arquivamento. A manifestação da Câmara tem caráter opinativo, sendo os autos encaminhados ao Procurador-Geral de Justiça do MPDFT que, por sua vez, poderá discordar da manifestação, haja vista se tratar de atividade de "coordenação", podendo, conforme o art. 28, do CPP: **(a)** oferecer denúncia; **(b)** designar outro Promotor de Justiça para oferecê-la; ou **(c)** reiterar o pedido de arquivamento, quando estará o juiz de direito obrigado a acatar.

14.1.4.4. Justiça militar

No âmbito da Justiça Militar, há regra própria prevista no art. 397, do Código de Processo Penal Militar, que deve ser interpretada em conjunto com as disposições do art. 136, IV, d da Lei Complementar nº 75/1993 (que define a organização, as atribuições e o estatuto do Ministério Público da União) ou com as da Lei nº 8.625/1993 (que dispõe sobre a Lei Orgânica dos Ministérios Públicos dos Estados), conforme se trate de inquérito policial militar que tramite no âmbito da Justiça Militar da União ou no da Justiça Militar estadual.

O Código de Processo Penal Militar assim dispõe, referindo-se às providências que o procurador-militar (ou promotor da Justiça Militar) deve adotar perante o juízo militar de primeira instância:

> **Falta de elementos para a denúncia**
>
> Art. 397. Se o procurador, sem prejuízo da diligência a que se refere o art. 26, nº I, entender que os autos do inquérito ou as peças de informação não ministram os elementos indispensáveis ao oferecimento da denúncia, requererá ao auditor que os mande arquivar. Se este concordar com o pedido, determinará o arquivamento; se dele discordar, remeterá os autos ao procurador-geral.
>
> **Designação de outro procurador**
>
> 1º Se o procurador-geral entender que há elementos para a ação penal, designará outro procurador, a fim de promovê-la; em caso contrário, mandará arquivar o processo.

> **Avocamento do processo**
>
> 2º A mesma designação poderá fazer, avocando o processo, sempre que tiver conhecimento de que, existindo em determinado caso elementos para a ação penal, esta não foi promovida.

14.1.4.4.1. Justiça militar da União

No âmbito da Justiça Militar da União, o art. 397, do CPPM, de deve ser interpretado em conjunto com o art. 136, IV, d da Lei Complementar nº 75/1993, que define a organização, as atribuições e o estatuto do Ministério Público da União. No ponto, interessa a atribuição específica da Câmara de Coordenação e Revisão do Ministério Público Militar da União, porquanto lhe compete:

> IV – manifestar-se sobre o arquivamento de inquérito policial militar, exceto nos casos de competência originária do Procurador-Geral;

O procedimento para arquivamento perante o juízo militar da União de primeira instância obedecerá às seguintes regras:

- entendendo ser hipótese de arquivamento do inquérito policial militar ou de peças de informação, o Promotor da Justiça Militar da União (também denominado de Procurador Militar, que é o Membro do Ministério Militar junto à primeira instância) deve formular requerimento nesse sentido ao juiz-auditor;
- concordando o juiz-auditor, proferirá decisão homologatória de arquivamento que, no entanto, não se aperfeiçoa enquanto não submetida à correição do Ministro-Auditor Corregedor (remessa necessária ao Corregedor da Justiça Militar da União, para aferição de equívoco procedimental quanto ao processamento do arquivamento do inquérito policial militar ou das peças de informação, que não seja ato jurisdicional, isto é, com força de coisa julgada material). Sobre o ponto, o Supremo Tribunal Federal tem jurisprudência reiterada, no sentido da validade da previsão, inclusive com a possibilidade de interposição, pelo Ministro Auditor Corregedor, de representação, junto ao Superior Tribunal Militar, para a revisão do arquivamento de inquérito policial deferido pelo juiz auditor[98];
- caso o juiz-auditor discorde do requerimento de arquivamento, deverá remeter o inquérito policial militar ou as peças de informação à Câmara de Coordenação e Revisão do Ministério Público Militar da União;
- a Câmara de Coordenação e Revisão do Ministério Público Militar poderá deliberar: **(a)** pela designação de outro membro para o oferecimento de denúncia; ou **(b)** pela insistência no pedido de arquivamento. A manifestação da Câmara tem caráter meramente opinativo, sendo os autos encaminhados ao Procurador-Geral do Ministério Público Militar que, por sua vez, poderá discordar da manifestação, haja vista se tratar de atividade de "coordenação", podendo, conforme o art. 397, do CPPM: **(a)** designar

98. "1. Não caracteriza constrangimento ilegal a decisão do Superior Tribunal Militar que, constatando existentes indícios de crime e de sua autoria, acolhe a representação do Juiz-Auditor Corregedor na correição parcial. Precedentes. 2. É firme a jurisprudência deste Supremo Tribunal no sentido da compatibilidade da correição parcial com o art. 129, inc. I, da Constituição da República. Precedentes" (STF – Segunda Turma – HC 109047 – Rel. Min. Cármen Lúcia – DJe 20/11/2013).

outro Promotor de Justiça Militar (Procurador Militar) para oferecê-la; ou **(b)** reiterar o pedido de arquivamento, quando estará o juiz-auditor obrigado a acatar. Note-se que o CPPM não prevê que o próprio Procurador-Geral do Ministério Público Militar ofereça denúncia perante a Justiça Militar da União. O dispositivo apenas autoriza que ele somente designe outro Promotor de Justiça Militar para que ajuíze a ação penal. Embora o CPPM não tenha feito alusão a essa possibilidade, decorre da finalidade da regra que o próprio chefe da instituição possa também oferecer a denúncia. Afinal, como o Promotor Militar designado age dentro dos limites da delegação do Procurador-Geral, nada mais lógico que quem confira o fim (designar para oferecer denúncia), detenha os meios para alcançá-lo (ele próprio possa promover a ação penal, propondo denúncia).

14.1.4.4.2. Justiça militar dos estados

Na Justiça Militar Estadual de primeira instância (juízo de direito da Justiça Militar dos Estados), seguimos a regra geral do citado art. 397, CPP, porém com as adaptações previstas no art. 28, do CPP, e no art. 10, da Lei nº 8.625/1993 (Lei Orgânica dos Ministérios Públicos do Estado), razão pela qual o procedimento de arquivamento não se distingue daquele realizado no âmbito da Justiça Comum Estadual:

- entendendo ser hipótese de arquivamento do inquérito policial ou de peças de informação, o Promotor de Justiça Militar (ou Procurador Militar de primeira instância) formula requerimento nesse sentido ao juiz de direito da Justiça Militar (juiz-auditor militar estadual);
- concordando o juiz, proferirá decisão homologatória de arquivamento;
- caso o juiz-auditor discorde do requerimento de arquivamento, deverá remeter o inquérito ou as peças de informação ao Procurador-Geral de Justiça (Chefe do Ministério Público estadual);
- o Procurador-Geral de Justiça poderá: **(a)** oferecer denúncia; **(b)** designar outro Promotor para oferecer denúncia; ou **(c)** reiterar o pedido de arquivamento, quando estará o juiz obrigado a acatar.

Note-se que a aplicação subsidiária do art. 28, do CPP, decorre da inexistência de discrepância com o que preconiza a Lei nº 8.625/1993, que dispõe sobre a Lei Orgânica dos Ministérios Públicos dos Estados, ao averbar:

- em seu art. 10, que compete ao Procurador-Geral de Justiça:

> d) oferecer denúncia ou propor ação civil pública nas hipóteses de não confirmação de arquivamento de inquérito policial ou civil, bem como de quaisquer peças de informações;

- em seu art. 12, que compete ao Colégio de Procuradores de Justiça:

> XI – rever, mediante requerimento de legítimo interessado, nos termos da Lei Orgânica, decisão de arquivamento de inquérito policial ou peças de informações determinada pelo Procurador-Geral de Justiça, nos casos de sua atribuição originária;

14.1.4.5. Justiça eleitoral

No âmbito da Justiça Eleitoral de primeira instância, o procedimento de arquivamento deve obedecer ao que estabelece o Código Eleitoral, no § 1º, do seu art. 357, com a derrogação estatuída a partir do texto do art. 62, IV, da Lei Complementar nº 75/1993, que define a organização, as atribuições e o estatuto do Ministério Público da União.

Isso porque, a Chefia do Ministério Público Eleitoral, no âmbito de cada estado, é realizada por um Procurador da República (Procurador Regional Eleitoral, membro do Ministério Público Federal), embora os promotores eleitorais (junto à primeira instância) sejam promotores de justiça do respectivo Ministério Público do Estado.

De acordo com o *caput*, do art. 79, da Lei Complementar 75/1993, "o Promotor Eleitoral será o membro do Ministério Público local que oficie junto ao Juízo incumbido do serviço eleitoral de cada Zona". O parágrafo único deste enunciado reza que, "na inexistência de Promotor que oficie perante a Zona Eleitoral, ou havendo impedimento ou recusa justificada, o Chefe do Ministério Público local indicará ao Procurador Regional Eleitoral o substituto a ser designado".

Como se depreende, trata-se de disposição que prevê a edição de um ato designativo de promotor eleitoral (função ocupada por membro do MP de estado-membro) pelo procurador regional eleitoral (função ocupada por membro do MPF), consoante indicação do chefe do Ministério Público local (estadual). Tal deve acontecer quando for o caso de impedimento ou de recusa justificada do promotor eleitoral que atue junto à zona eleitoral.

É a hipótese de edição de ato complexo, exarado pelo procurador regional eleitoral, mas precedido de ato indicativo do promotor eleitoral substituto, pelo procurador-geral de justiça.

Visando expurgar o art. 79, da LC nº 75/1993, foi ajuizada ação direta de inconstitucionalidade perante o STF. A ação foi julgada improcedente, por maioria de votos, ocasião em que a Corte Suprema enfatizou que, embora haja a participação do Ministério Público dos Estados na composição do Ministério Público Eleitoral, cumulando o membro da instituição as duas funções, elas não se confundem. Há, no caso, conjuntos diversos de atribuições, inclusive, de remuneração. O promotor de justiça recebe pelo Tesouro Estadual, em virtude da função estadual, e o promotor eleitoral, também recebe pelo Tesouro Federal, em razão da atribuição eleitoral. Acrescentou o STF que a subordinação hierárquico-administrativa não funcional do promotor eleitoral seria estabelecida em relação ao Procurador Regional Eleitoral, e não em relação ao Procurador-Geral de Justiça.

Em face dessa constatação, concluiu que o ato formal de designação do promotor eleitoral para a função eleitoral deve ser de atribuição do Ministério Público Federal, e não pelo Ministério Público local. Há conjugação de vontades tanto do Procurador-Geral de Justiça, responsável por indicar um membro do Ministério Público estadual, quanto do Procurador Regional Eleitoral, a quem caberia o ato formal de designação. Daí que o dispositivo impugnado não teria a força de ofender a autonomia do Ministério Público estadual, eis que não incidiria sobre a esfera de atribuição do Ministério Público local, porém sobre ramo diverso da instituição, o Ministério Público Eleitoral[99].

O § 1º, do art. 357, do Código Eleitoral, averba que:

> § 1º Se o órgão do Ministério Público, ao invés de apresentar a denúncia, requerer o arquivamento da comunicação, o juiz, no caso de considerar improcedentes as razões invocadas, fará remessa da comunicação ao Procurador Regional, e este oferecerá a denúncia, designará outro Promotor para oferecê-la, ou insistirá no pedido de arquivamento, ao qual só então estará o juiz obrigado a atender.

No ponto, cabe conjugar ao enunciado transcrito, a atribuição específica das Câmaras de Coordenação e Revisão do Ministério Público Federal, porquanto lhes compete:

> IV – manifestar-se sobre o arquivamento de inquérito policial, inquérito parlamentar ou peças de informação, exceto nos casos de competência originária do Procurador-Geral;

De tal sorte, o procedimento para arquivamento do inquérito policial perante o juiz eleitoral (singular) de primeira instância[100], obedecerá às seguintes regras:

- entendendo ser hipótese de arquivamento do inquérito policial ou de peças de informação, o Promotor Eleitoral (função desempenhada por Membro do Ministério Público Estadual) formula requerimento nesse sentido ao juiz eleitoral (função desempenhada por juiz de direito da Justiça Comum Estadual);
- concordando o juiz eleitoral, proferirá decisão homologatória de arquivamento;
- caso o juiz eleitoral discorde do requerimento de arquivamento, deverá remeter o inquérito ou as peças de informação às Câmaras de Coordenação e Revisão do Ministério Público Federal;
- a Câmara de Coordenação e Revisão, com atribuição conforme a matéria, poderá deliberar: **(a)** pela designação de outro membro para o oferecimento de denúncia; ou **(b)** pela insistência no pedido de arquivamento. A manifestação da Câmara tem caráter opinativo, sendo os autos encaminhados ao Procurador Regional Eleitoral (Procurador da República, Membro do Ministério Público Federal) que, por seu turno, poderá discordar da manifestação, haja vista se tratar de atividade de "coordenação", podendo, conforme o art. 28, do CPP: **(a)** oferecer denúncia; **(b)** designar outro Promotor Eleitoral (função desempenhada por Membro do Ministério Público Estadual) para oferecê-la; ou **(c)** reiterar o pedido de arquivamento, quando estará o juiz eleitoral obrigado a acatar.

Como se depreende, apesar da existência de dispositivo expresso no Código Eleitoral (art. 357, § 1º), sem fazer menção à manifestação prévia de órgão opinativo à decisão

99. STF. Informativo nº 817, de março de 2016 (ADI-3802 – Rel. Min. Dias Toffoli).
100. Como aponta Adriano Soares da Costa, "os juízes eleitorais são magistrados togados, pertencentes à carreira da Justiça Estadual. Exercem a função eleitoral quando lotados em comarcas de única vara, que sejam sede de zona eleitoral, ou quando sejam designados pelo TRE, no caso de comarca com mais de uma vara" (COSTA, Adriano Soares da. *Instituições de direito eleitoral*: teoria da inelegibilidade; direito processual eleitoral. Belo Horizonte: Fórum, 2016. p. 294).

do Procurador Regional Eleitoral, deve a 2ª Câmara de Coordenação e Revisão do MPF exarar pronunciamento nos casos em que o Juiz eleitoral entender por improcedentes as razões de arquivamento invocadas pelo Promotor Eleitoral, como observa Renato Brasileiro Lima[101]. É, ademais, o teor consignado no Enunciado nº 29, daquele órgão do Ministério Público Federal:

> Enunciado 29 – Compete à 2ª Câmara de Coordenação e Revisão do Ministério Público Federal manifestar-se nas hipóteses em que o Juiz Eleitoral considerar improcedentes as razões invocadas pelo Promotor Eleitoral ao requerer o arquivamento de inquérito policial ou de peças de informação, derrogado o art. 357, § 1º do Código Eleitoral pelo art. 62, inciso IV da Lei Complementar nº 75/93.

14.1.4.6. Órgãos colegiados

A distinção quanto ao rito do arquivamento do inquérito policial nos órgãos colegiados fica por conta de se tratar de atribuição: **(1)** do Procurador-Geral da República (Chefe do Ministério Público da União); ou **(2)** do Procurador-Geral de Justiça (Chefe do Ministério Público Estadual).

Não sendo atribuição da Chefia do respectivo Ministério Público, o procedimento adotado será aquele previsto para o arquivamento do inquérito policial no âmbito do juízo singular, embora se trate de tribunal ou outro órgão colegiado.

14.1.4.6.1. Supremo Tribunal Federal

No âmbito do Supremo Tribunal Federal, o arquivamento do inquérito policial, formulado pelo Procurador-Geral da República, não se submete ao controle do Poder Judiciário. De tal modo, promovido o arquivamento do Inquérito Policial pelo Chefe do Ministério Público da União, sem que seu fundamento seja capaz de constituir coisa julgada material, não cabe ao STF manifestar discordância, mas tão somente homologar o arquivamento nos termos da promoção do Procurador-Geral da República, nos termos de sua atribuição natural prevista na Lei Complementar nº 75/1993, por decisão de natureza administrativa.

A Suprema Corte reiteradamente tem se manifestado a propósito, destacando que só há necessidade de decisão jurisdicional, quando o fundamento seja meritório, notadamente "extinção de punibilidade" ou "atipicidade":

> 5. A jurisprudência do Supremo Tribunal Federal assevera que o pronunciamento de arquivamento, em regra, deve ser acolhido sem que se questione ou se entre no mérito da avaliação deduzida pelo titular da ação penal. Precedentes [...] 6. Esses julgados ressalvam, contudo, duas hipóteses em que a determinação judicial do arquivamento possa gerar coisa julgada material, a saber: prescrição da pretensão punitiva e atipicidade da conduta. Constata-se, portanto, que apenas nas hipóteses de atipicidade da conduta e extinção da punibilidade poderá o Tribunal analisar o mérito das alegações trazidas pelo PGR. 7. No caso concreto ora em apreço, o pedido de arquivamento formulado pelo Procurador-Geral da República lastreou-se no argumento de não haver base empírica que indicasse a participação do parlamentar nos

101. LIMA, Renato Brasileiro de. *Curso de processo penal*: volume único. Niterói: Impetus, 2013. p. 131.

> fatos apurados. 8. Questão de ordem resolvida no sentido do arquivamento destes autos, nos termos do parecer do MPF[102].

O art. 231, § 4º, "e", do RISTF, dispõe que o relator deve determinar o arquivamento do inquérito quando verificar a ausência de indícios mínimos de autoria ou materialidade, nos casos em que forem descumpridos os prazos para a instrução.

Melhor seria que essa disposição falasse em concessão de *habeas corpus ex officio*. Isso porque a atribuição para o arquivamento do inquérito policial, no âmbito da Suprema Corte, é do Procurador Geral da República. A atuação do STF deve ser restrita à homologação, apenas recusando-a quando versar sobre situação antijurídica. Naturalmente, uma vez concedida a tutela de *habeas corpus* de ofício, o efeito consequente deve ser o seu encerramento, equivalente ao arquivamento[103].

A mesma Corte asseverou que tal regra somente pode ser aplicada excepcionalmente. Vale dizer, o arquivamento de ofício, pelo relator de investigação policial em trâmite perante o STF, somente pode acontecer em hipóteses de evidente constrangimento ilegal[104].

Entendemos que o STF exorbitou a competência para exercer sua função legislativa atípica para elaborar seu Regimento Interno, ao inovar o ordenamento jurídico com regra que permite arquivamento de ofício de inquérito policial naqueles casos, em virtude daquela disposição regimental ter natureza, estrita, de direito processual penal, cuja competência, inversamente, é reservada ao poder legislativo, segundo o texto constitucional (art. 22, I, CF).

14.1.4.6.2. Tribunais de justiça e tribunais de justiça militar

O art. 29, da Lei nº 8.625/1993, que dispõe sobre a Lei Orgânica dos Ministérios Públicos dos Estados, dispõe que compete ao Procurador-Geral de Justiça:

> VII – determinar o arquivamento de representação, notícia de crime, peças de informação, conclusão de comissões parlamentares de inquérito ou inquérito policial, nas hipóteses de suas atribuições legais;

Da mesma forma como ocorre no âmbito das atribuições do Procurador-Geral da República junto ao Supremo Tribunal Federal, as promoções de arquivamento formuladas pelo Procurador-Geral de Justiça do respectivo Estado não comportam outro destino senão o homologatório do respectivo Tribunal, seja ele o de Justiça ou de Justiça Militar, salvo hipóteses de "atipicidade" ou de "extinção de punibilidade", ou seja, que sejam capazes de formarem coisa julgada material.

14.1.4.6.3. Tribunal Superior Eleitoral

A função de Procurador-Geral Eleitoral é desempenhada pelo Procurador-Geral da República. Desse modo, o mesmo raciocínio aplicável no âmbito da Suprema Corte, vale para os inquéritos policiais cuja manifestação de arquivamento tenha sido expendida

102. STF – Inq 2341 QO, Relator(a): Min. GILMAR MENDES, Tribunal Pleno, julgado em 28/06/2007, DJe-082 DIVULG 16-08-2007 PUBLIC 17-08-2007 DJ 17-08-2007 PP-00024 EMENT VOL-02285-02 PP-00387 LEXSTF v. 29, nº 344, 2007, p. 504-512 RT v. 96, nº 866, 2007, p. 552-555.
103. STF – Segunda Turma – Inq 4420/DF – Rel. Min. Gilmar Mendes – j. 21.8.2018 – Verbete "Declinação de competência e arquivamento de inquérito").
104. STF – Segunda Turma – Inq 4244/DF – rel. Min. Gilmar Mendes, red. p/ o ac. Min. Ricardo Lewandowski – j. 20.11.2018 – Informativo 924, de 19 a 23.11.2018.

pelo Procurador-Geral Eleitoral (cuja figura coincide com o Chefe do Ministério Público Federal).

14.1.4.6.4. Demais órgãos colegiados

Na esfera dos demais órgãos colegiados, o pedido de arquivamento originário de arquivamento é formulado por Subprocuradores-Gerais da República, por Procuradores Regionais da República ou por Procuradores Regionais Eleitorais (isto é, Membros do Ministério Público da União). Como não é ato formulado pelo Procurador-Geral da República, aplica-se a estes órgãos, o que foi dito acima, de acordo com a esfera de Justiça correspondente (Federal, Eleitoral ou Militar).

Cabe ressalvar que, quando se trata de reiteração de promoção de arquivamento de inquérito policial (formulada pelo Procurador-Geral da República ou pelo Procurador-Geral de Justiça), valem as mesmas observações quanto à impossibilidade de discordância do órgão colegiado no âmbito do Supremo Tribunal de Justiça e dos Tribunais de Justiça dos Estados, salvo quando exigir decisão jurisdicional (casos de coisa julgada material: "atipicidade" e "extinção de punibilidade").

14.1.4.6.4.1. Superior Tribunal de Justiça

No âmbito do Superior Tribunal de Justiça, a discordância exarada pelo órgão colegiado a respeito da promoção de arquivamento emitida por Subprocurador-Geral, submete-se ao controle da Câmara de Coordenação e Revisão do Ministério Público Federal, com atribuição legal conforme a matéria, nos termos descritos no tópico do arquivamento perante a Justiça Federal.

14.1.4.6.4.2. Superior Tribunal Militar

Na esfera do Superior Tribunal Militar, a discordância emitida pelo órgão colegiado quanto à promoção de arquivamento formulada por Membro do Ministério Público Militar junto àquela Corte, sujeita-se ao controle da Câmara de Coordenação e Revisão do Ministério Público Militar, nos termos descritos no tópico do arquivamento perante a Justiça Militar da União.

14.1.4.6.4.3. Tribunais Regionais Federais

Quanto às investigações que correm perante os Tribunais Regionais Federais, a discordância do órgão colegiado acerca da promoção de arquivamento emitida por Procurador Regional da República, submete-se ao controle da Câmara de Coordenação e Revisão do Ministério Público Federal, com atribuição legal conforme a matéria, nos termos descritos no tópico do arquivamento perante a Justiça Federal[105].

14.1.4.6.4.4. Tribunais Regionais Eleitorais

No que toca aos inquéritos policiais que tramitam perante os Tribunais Regionais Eleitorais, a discordância do órgão colegiado acerca da promoção de arquivamento emitida por Procurador Regional Eleitoral, fica sob o controle da Câmara de Coordenação e Revisão do

105. TRF5 – Pleno – INQ 00124992020124050000, Desembargador Federal Francisco Cavalcanti, DJE – Data: 06/11/2012 – p. 176.

Ministério Público Federal, com atribuição legal conforme a matéria, nos termos descritos no tópico do arquivamento perante a Justiça Eleitoral[106].

14.1.5. *Desarquivamento*

Se o arquivamento é afeto ao magistrado, pressupondo requerimento fundamentado do Ministério Público, sendo vedado ao delegado a sua promoção (art. 17 do CPP), restaria a indagação: a quem cabe o desarquivamento?

A nosso sentir, o desarquivamento é ato privativo do Ministério Público, sem a necessidade de intervenção judicial, ocorrendo quando o promotor, convencido da existência de novas provas (súmula nº 524, STF), oferece denúncia, exercendo a ação penal. O ato jurídico do desarquivamento ocorreria com o oferecimento da denúncia, que está condicionada ao surgimento de novas provas, segundo a jurisprudência sumulada do Pretório Excelso, sempre que em momento anterior tenha ocorrido o arquivamento.

Concluímos que, enquanto os autos do inquérito estiverem arquivados, pode o delegado de polícia validamente colher qualquer elemento que possa simbolizar a existência de prova nova, remetendo-os prontamente ao magistrado. Uma vez entregue o inquérito policial ao Ministério Público e caso se convença o promotor de que se trata realmente de prova nova, oferecerá denúncia, operando-se assim o desarquivamento.

Prova nova é o requisito indispensável para o desarquivamento do inquérito arquivado por falta de lastro probatório para o oferecimento da denúncia. Nos termos do art. 18, CPP, a autoridade policial poderá realizar novas pesquisas, se de outras provas, relacionadas ao objeto do inquérito, tiver notícia. O desarquivamento depende, assim, de novos elementos. Sobre os requisitos da "prova nova", o STJ assentou que são três, notadamente:

> [...] a) que **seja formalmente nova**, isto é, sejam apresentados novos fatos, anteriormente desconhecidos; b) que seja **substancialmente nova**, isto é, tenha idoneidade para alterar o juízo anteriormente proferido sobre a desnecessidade da persecução penal; c) seja **apta a produzir alteração no panorama probatório** dentro do qual foi concebido e acolhido o pedido de arquivamento; 2. Preenchidos os requisitos – isto é, tida a nova prova por pertinente aos motivos declarados para o arquivamento do inquérito policial, colhidos novos depoimentos, ainda que de testemunha anteriormente ouvida, e diante da retificação do testemunho anteriormente prestado –, é de se concluir pela ocorrência de novas provas, suficientes para o desarquivamento do inquérito policial e o consequente oferecimento da denúncia; [...][107]. (original sem grifo)

Entendemos que não basta que a prova seja formalmente nova, mas substancialmente nova e com aptidão para alterar o panorama probatório. Desse modo, dos três requisitos elencados pelo STJ, **apenas dois são essenciais**, sendo aquele primeiro apenas um pressuposto lógico, mas que não é definidor da necessidade de desarquivamento do inquérito. Aliás, o mesmo STJ, em outro julgado, esclarece bem a distinção, ao destacar que:

106. TSE – Recurso Especial Eleitoral nº 25030, Acórdão de 10/04/2007, Relator(a) Min. Antonio Cezar Peluso, Publicação: DJ – Diário de justiça, Data 15/05/2007, Página 158.

107. STJ – Sexta Turma – RHC 200501796256 – Rel. Min. Hélio Quaglia Barbosa – DJ 01/08/2006.

> [...] "Novas provas capazes de autorizar início da ação penal, segundo a súmula 524, serão somente aquelas que produzem alteração no panorama probatório dentro do qual fora concebido e acolhido o pedido de arquivamento do inquérito. **A nova prova há de ser substancialmente inovadora, e não formalmente nova**" (RT 540/393), nela não se incluindo, por certo, a simples mudança de entendimento jurisprudencial. [...][108] (original sem grifo)

No mesmo sentido, manifesta-se o STF, para assentar que não basta ser a prova formalmente nova. Há de ser prova nova substancial para haver o desarquivamento do inquérito. No ponto, o Ministro Ricardo Lewandowski, em seu voto prolatado nos autos do HC 94869, assentou ainda que a Súmula nº 524, do STF regula a propositura da ação penal, diante do surgimento de novas provas aptas ao sucesso das investigações – o que é algo diverso do desarquivamento, eis que bastaria, para este, a notícia de novas provas, sem perquirir acerca do êxito da apuração. Em outros termos, para o desarquivamento, é suficiente a notícia de novas provas legitimando o prosseguimento das investigações encerradas pela decisão de arquivamento. No tocante à propositura da ação penal, esta dependerá do sucesso dessas investigações, ou seja, da efetiva produção de novas provas. Sem tal elemento, ausente estará a justa causa para ação penal. Daí que "o desarquivamento do inquérito policial nada mais significa do que uma decisão administrativa de natureza persecutória no sentido de modificar os efeitos do arquivamento. Enquanto este tem como consequência a cessação das investigações, aquele tem como efeito a retomada das investigações inicialmente paralisadas pela decisão de arquivamento"[109]

Desse modo, podemos alinhar duas espécies de "prova nova", a formal e a substancial:

- prova formalmente nova: é a fonte já conhecida, que já foi objeto de produção no curso das investigações, mas que recebe interpretação nova ou que informa elemento novo. A doutrina exemplifica com a testemunha ouvida no início das investigações e que, em momento posterior ao arquivamento do inquérito policial, apresenta nova versão, justificando que havia sido ameaçada quando do primeiro depoimento. A fonte da prova é conhecida (a testemunha) e o seu depoimento é, assim, formalmente novo (o testemunho). Para o desarquivamento do inquérito, não basta que a prova seja formalmente nova, sendo necessária prova substancialmente nova no contexto probatório.

- prova substancialmente nova: é fonte desconhecida, inédita, a exemplo do cadáver que não foi encontrado por ter sido ocultado quando do cometimento do homicídio. Nesse caso, tanto a fonte da prova, como a produção da prova em si inova de forma relevante o panorama probatório, sendo apta ao desarquivamento do inquérito policial e, se da investigação resultar suporte probatório mínimo, poderá ser ajuizada ação penal de forma regular e válida. Nesse sentido, a prova nova funcionará como "condição de procedibilidade para o exercício da ação penal"[110].

14.1.6. *Arquivamento implícito*

Segundo Afrânio Silva Jardim, entende-se "por arquivamento implícito o fenômeno de ordem processual decorrente de o titular da ação penal deixar de incluir na denúncia

108. STJ – Sexta Turma – HC 200201030877 – Rel. Min. Hamilton Carvalhido – DJ 16/02/2004.

109. STF. Notícias STF: Suspenso julgamento sobre reabertura de inquérito policial contra Ney Suassuna. Disponível em: <http://www.stf.jus.br/portal/cms/verNoticiaDetalhe.asp?idConteudo=120103>. Acesso em: 31/7/2013.

110. LIMA, Renato Brasileiro. *Curso de processo penal*. Niterói: Impetus, 2013. p. 128.

algum fato investigado ou algum dos indiciados, sem expressa manifestação ou justificação deste procedimento. Este arquivamento se consuma quando o Juiz não se pronuncia na forma do art. 28 com relação ao que foi omitido na peça acusatória. Melhor seria dizer ***arquivamento tácito***[111]" (grifo nosso).

Se o Ministério Público, ao propor a denúncia, deixar de se manifestar acerca de alguma infração relatada no inquérito ou deixar de indicar algum criminoso que tenha sido indiciado, seguido do recebimento da denúncia pelo juiz que não notou a omissão, ocorre o arquivamento implícito, que é aquele nascido em razão da omissão ministerial que passa despercebida pelo magistrado.

A título de exemplo, imaginemos o inquérito que tenha indicado três delinquentes, pela prática de duas infrações penais. Caso o promotor denuncie apenas dois deles, e por um único crime, nada requerendo quanto ao indivíduo e à infração faltante, opera-se o chamado arquivamento implícito.

Destarte, quando em momento posterior o promotor deseje aditar a denúncia para lançar o terceiro criminoso ou a infração não contemplada, exige-se a existência de prova nova. Da mesma forma, percebendo o magistrado a omissão ministerial, remeterá os autos ao Procurador Geral, invocando o art. 28, do CPP.

Poderá ocorrer o arquivamento implícito ainda, quando o promotor requeira o arquivamento expresso em razão de algumas infrações ou de alguns criminosos, deixando de se manifestar em relação aos demais. Decorre nesta última hipótese, de um arquivamento expresso falho, lacunoso.

Como se percebe, o arquivamento implícito do inquérito policial implica no reconhecimento dos efeitos do arquivamento expresso abrangendo a conduta do promotor que não externa claramente a situação jurídica de todos os investigados ou das infrações apuradas. Na primeira hipótese, seria o **arquivamento implícito subjetivo,** quando a omissão é de infratores; na segunda, **arquivamento implícito objetivo,** quando a lacuna é em razão das infrações investigadas e não denunciadas[112].

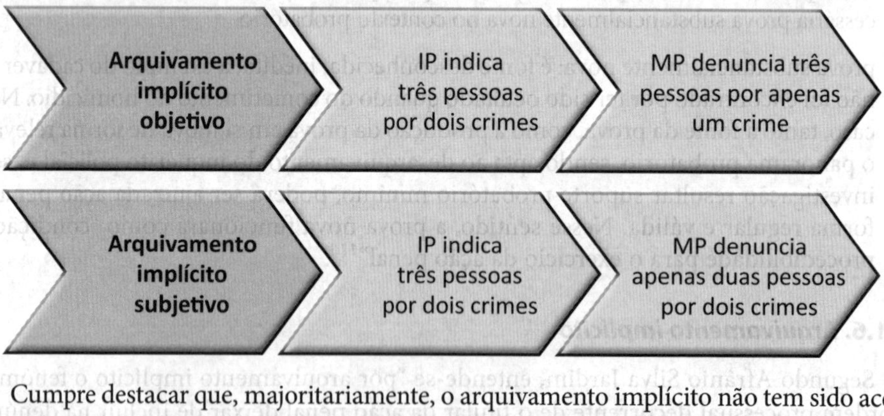

Cumpre destacar que, majoritariamente, o arquivamento implícito não tem sido aceito, nem pela jurisprudência, nem pela doutrina, justamente por ausência de disciplina legal. O Superior Tribunal de Justiça sustenta que o silêncio do ***Parquet*** no que toca a acusados

111. JARDIM, Afrânio Silva. *Direito processual penal.* 11. ed. Rio de Janeiro: Forense, 2003. p. 170.

112. JARDIM, Afrânio Silva. *Direito processual penal.* 11. ed. Rio de Janeiro: Forense, 2003. p. 170.

cujos nomes só aparecem em momento subsequente ao aditamento da denúncia não importa em arquivamento quanto a eles, só se considerando arquivado o inquérito policial mediante decisão do juiz (art. 18, CPP)[113]. À luz do art. 569, do CPP, entende esta Corte que o aditamento pode se dar a qualquer tempo, desde que antes da sentença final[114]. No mesmo sentido tem decidido o STF, declarando ser a ação penal pública regida pelo postulado da indisponibilidade, pelo que inexistiria o arquivamento implícito[115].

14.1.7. *Arquivamento indireto*

O que se tem chamado de arquivamento indireto nada mais é do que a hipótese do MP deixar de oferecer denúncia por entender que o juízo é incompetente, requerendo a remessa dos autos ao órgão competente. Caso o magistrado discorde do pleito ministerial, como não há como obrigar o promotor a oferecer denúncia, restaria, por analogia, invocar o art. 28, remetendo os autos ao Procurador Geral, para que este delibere a respeito[116].

14.1.8. *Arquivamento originário*

Se o requerimento de arquivamento parte direto do Procurador Geral, nas ações em que atue originariamente, não há como o relator no Tribunal invocar o art. 28 do CPP, afinal, o pedido já emana do próprio Procurador-Geral. Subsiste, como via única, a homologação.

Restaria, por força do art. 12, inciso XI, da Lei nº 8.625/1993, Lei Orgânica Nacional do Ministério Público, ao Colégio de Procuradores de Justiça, rever, mediante requerimento do legítimo interessado, nos termos da Lei Orgânica, decisão de arquivamento de inquérito policial ou peças de informação determinada pelo Procurador-Geral de Justiça, nos casos de sua atribuição originária. Caberá ao Colégio de Procuradores, provocado administrativamente, deliberar se designa outro membro da instituição para oferecer denúncia, em substituição ao Procurador Geral, ou se mantém o arquivamento.

Por outro lado, havendo mais indiciados que não gozam de foro privilegiado, segundo o STF, os autos do inquérito devem ser remetidos ao juízo de primeiro grau, que deve abrir vistas ao MP, para que se manifeste quanto aos demais suspeitos[117].

113. STJ – Quinta Turma – HC 95344 – Rel. Min. Jorge Mussi – DJe 15/12/2009.
114. STJ – Quinta Turma – HC 181.179 – Rel. Min. Laurita Vaz – DJe 28/06/2012
115. STF – Segunda Turma – AI 803138 AgR – Rel. Min. Gilmar Mendes – DJe 11/10/2012. No mesmo sentido: STF – Primeira Turma – HC 104356 – Rel. Min. Ricardo Lewandowski – DJe 02/12/2010.
116. STJ – CA 43-4 – Rel. Anselmo Santiago – j. 11.06.1997 – DJU 04.08.1997, p. 34.642.
117. STF – Inq. 1030-8 – Rel. Néri da Silveira – DJU 13.12.1996. p. 50.168.

14.1.9. *Arquivamento provisório*

É possível que o arquivamento se origine da ausência de uma condição de procedibilidade, como no caso da vítima de crime de ação pública condicionada à representação, que se retrata antes da denúncia ser oferecida. Restaria ao MP promover o arquivamento, aguardando que eventualmente a vítima se arrependa e volte a representar. Se isso não ocorrer, a vítima decairá do direito de representação, e a possibilidade da realização do desarquivamento irá desaparecer. O que era provisório passará a ser então definitivo.

14.2. Crimes de ação penal privada

Nos crimes de ação penal privada, encerrado o inquérito policial e remetido a juízo, deve-se aguardar a iniciativa da vítima, através do seu advogado, para que acesse os autos da investigação que estão disponíveis em cartório, no intuito do oferecimento da queixa-crime. Nada impede que os autos do inquérito, por traslado, sejam entregues ao requerente (art. 19, CPP).

A vítima, como regra, dispõe de seis meses para a propositura da ação privada, contados do dia em que tem o conhecimento da autoria da infração. Logo, deve estar atenta ao desenrolar do inquérito e do dia em que o mesmo está à disposição em juízo, posto que, se não for diligente, expirado o prazo, opera-se a decadência. A pendência do inquérito policial não prorroga o prazo que a vítima dispõe para exercer a ação. Em situações drásticas, se o inquérito não estiver concluído, resta à vítima, para evitar a decadência, oferecer a ação sem o inquérito, requerendo ao juízo que seja ele lançado aos autos, assim que concluído.

É bom lembrar que não há de se falar em arquivamento do inquérito nos crimes de iniciativa privada. Se a vítima não deseja oferecer a ação, basta ficar inerte, e com isso, ultrapassado o prazo de seis meses, opera-se a decadência. Caso o ofendido, inadvertidamente, requeira o arquivamento do inquérito, estará renunciando ao direito de ação, e por consequência dando ensejo à extinção da punibilidade (art. 107, V, CP).

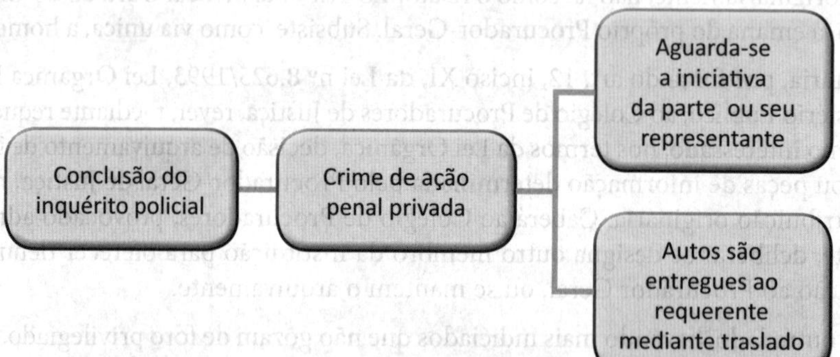

14.3. Arquivamento do inquérito policial sem requerimento do Ministério Público

O arquivamento do inquérito policial sem pedido do Ministério Público é referido na jurisprudência pelo nome vulgar de trancamento. Geralmente, o trancamento de uma investigação preliminar, a exemplo do inquérito, ocorre no bojo de ação de *habeas corpus* ou mesmo por meio da técnica de *habeas corpus* de ofício, consubstanciada na tutela concedida por tribunal, independentemente de provocação específica, como órgão responsável para tornar efetiva as garantias fundamentais centradas no núcleo duro de direito processual penal constitucional.

No âmbito de primeira instância, depois de instaurada a persecução penal por meio do inquérito policial, o seu arquivamento só pode se dar por meio de requerimento do Ministério Público, formulado perante o juiz singular. O juiz de primeiro grau só pode ordenar o trancamento de inquérito policial se a autoridade coatora não detiver prerrogativa de função que imponha a competência do órgão de segunda instância para julgar o *habeas corpus*. Vale dizer:

(1) se o inquérito policial for instaurado pela autoridade policial, de ofício, o juiz pode ordenar o arquivamento, especialmente quando não anuir o Ministério Público com a licitude da persecução penal. Nessa hipótese, a manifestação do Ministério Público contrária a instauração daquela investigação preliminar equivale a um pedido de arquivamento, como pode se dar quando entender que não há fato típico a apurar;

(2) caso o inquérito policial tiver sido instaurado mediante requisição do Ministério Público ou se o *Parquet* corroborar a investigação, pleiteando novas diligências ou sucessivas devoluções à delegacia para continuidade da persecução, o juiz de primeiro grau não pode ordenar o arquivamento de ofício, ou seja, não pode o juiz singular "trancar" o inquérito policial sem pedido do titular da futura ação penal ou contra a sua vontade. Isso porque falta ao magistrado de primeira instância competência para julgar *habeas corpus* ou conceder tutela de *habeas corpus de officio* contra ato de autoridade que detenha prerrogativa de função perante o tribunal de instância a ele superior. Na hipótese, o membro do Ministério Público, ao encampar o impulsionamento das investigações no curso do inquérito policial, tornou-se a autoridade coatora para figurar no polo passivo daquela ação constitucional, falecendo ao juiz a possibilidade de obstar o andamento da investigação já instaurada. De tal modo, cabe aos interessados, ou a qualquer pessoa, mover o *writ* junto ao tribunal competente para determinar o arquivamento do inquérito policial deflagrado em violação a direito do imputado/indiciado.

Esse ponto é de relevo porque, recentemente, a 4ª Câmara Criminal do Tribunal de Justiça de São Paulo entendeu pela possibilidade de arquivamento de ofício do inquérito policial pelo juiz de primeiro grau, depois de sucessivas prorrogações de prazo sem o oferecimento de denúncia[118]. Olvidou aquele órgão, em sede de correição parcial, que a decisão do juiz findou por violar regra de competência que determina que cabe ao Tribunal de segunda instância, no exercício de função jurisdicional, julgar *habeas corpus* contra coação de promotor de justiça.

No caso, caberia ao interessado pleitear a anulação da decisão de arquivamento (trancamento) proferida pelo juiz. O Ministério Público poderia, inclusive, impetrar mandado de segurança para assegurar o direito ao exercício de suas atribuições. Assim provocado, o tribunal poderia, até mesmo de ofício, conceder *habeas corpus* de ofício para trancar o inquérito policial, com a perda do objeto do *mandamus*. O que não se pode anuir é com a violação às disposições constitucionais sobre competência dos órgãos do Poder Judiciário.

No bojo da decisão, fez-se menção a atuação do juiz como garantidor dos direitos do acusado. Isso é exato quando jurisdicionalizada a questão e, naturalmente, tem competência para colocar fim à lide de forma antecipada. Situação bem diversa é a do inquérito policial,

118. TJSP – 4ª Câmara Criminal – Correição Parcial nº 2194554-13.2014.8.26.0000 – Relator: Des. Edilson Brandão – 2014.

procedimento administrativo, que ainda não se jurisdicionalizou ou que não foi base para qualquer pedido dirigido ao juiz competente para a futura e eventual ação penal. Enquanto se desenvolve a investigação, sob o controle do Ministério Público, ainda que de forma externa, sem a interferência da jurisdição, o órgão competente para atuar e fazer cessar ilegalidade é aquele indicado pela Constituição para julgar habeas corpus ou mandado de segurança contra membro do Ministério Público ou contra juiz de primeiro grau.

15. CONSIDERAÇÕES FINAIS

15.1. Termo circunstanciado

Nas infrações de menor potencial ofensivo, quais sejam, os crimes com pena máxima não superior a dois anos e todas as contravenções penais comuns, tratadas pela Lei nº 9.099/1995 (Lei dos Juizados), o legislador, visando imprimir celeridade, prevê, como regra, no art. 69, a substituição do inquérito policial pela elaboração do termo circunstanciado de ocorrência (TCO), que é uma peça despida de rigor formal, contendo breve e sucinta narrativa que descreve sumamente os fatos e indica os envolvidos e eventuais testemunhas, devendo ser remetido, ***incontinenti***, aos Juizados Especiais Criminais.

É mera irregularidade a realização de inquérito policial ao invés do termo circunstanciado. Em algumas situações, como na hipótese da autoria da infração ser desconhecida ou da alta complexidade do fato, restará à autoridade policial, como alternativa, a elaboração do inquérito.

A legitimidade para presidência do TCO é da autoridade policial, afinal, é ferramenta de investigação preliminar, estando circunscrita a margem de atribuição da polícia judiciária. Todavia, já se tem admitido a elaboração do TCO pela polícia militar, em razão da baixa complexidade da peça[119]. No particular, somos obrigados a discordar. A apuração das infrações penais é atribuída constitucionalmente à polícia civil, e o TCO é a peça preliminar correspondente no âmbito dos juizados. Ademais, de regra, ele é o supedâneo para a proposta de transação penal e até mesmo da denúncia, no procedimento dos juizados especiais, exigindo a colheita de lastro probatório idôneo, por autoridade legítima, o que não pode ser generalizado. O papel da polícia militar, de relevância inconteste para a segurança social, não se confunde com a atuação da polícia civil, nem é direcionado a esse objetivo.

Por sua vez, a Lei nº 11.343/2006 (Lei de tóxicos), prevê a presidência da lavratura do TCO pelo magistrado, nos delitos de porte para uso de substância entorpecente e cultivo ou semeio para consumo (art. 48). Na falta do magistrado, a lavratura será realizada pela autoridade policial. Na atual ordem constitucional, não cabe ao magistrado esse papel, razão pela qual entendemos que a previsão é flagrantemente inconstitucional.

15.2. Controle externo da atividade policial

Controle externo da atividade policial, na dicção de Paulo Cláudio e João Batista Tovo, "é o controle que vem de fora e se exerce no âmbito do processo penal, sobre a polícia judiciária". Trata-se de "fiscalização exercida sobre as atividades de pessoas, órgãos, departamentos", a fim de que não ocorram desvios de conduta, relativamente à ordem normativa pré-estabelecida[120].

---

119. TOURINHO FILHO, Fernando da Costa. *Comentários à lei dos juizados especiais criminais*. 2. ed. São Paulo: Saraiva, 2002. p. 71-72.

120. TOVO, Paulo Cláudio; TOVO, João Baptista. *Primeiras linhas sobre o processo penal em face da nova Constituição*. Porto Alegre: Safe, 1989. p. 41.

Dispõe o inciso VII, do art. 129, da CF/1988, que caberá ao Ministério Público exercer o controle externo da atividade policial, na forma da lei complementar, de iniciativa dos respectivos Procuradores-Gerais da União e dos Estados. Este controle nada tem a ver com subordinação hierárquica, e sim como forma de fiscalização externa salutar ao desempenho da atividade da polícia judiciária.

Nesta linha, conclui Afrânio Silva Jardim: "é inerente à ideia de Estado de Direito Democrático um sistema de controle de atividades públicas, seja através da sociedade civil organizada, seja através do chamado controle externo, a ser realizado por órgãos estatais que gozem de alguma independência administrativa". E arremata dizendo que "o controle externo da atividade de polícia judiciária pelo Ministério Público prescinde de qualquer vinculação administrativa ou hierárquica entre as duas instituições[121]".

16. QUADRO SINÓTICO

CAPÍTULO II – INQUÉRITO POLICIAL		
A PERSECUÇÃO CRIMINAL		
Para a apuração das infrações penais e sua respectiva autoria comporta duas fases bem delineadas: o inquérito policial e a fase processual.		**1**
POLÍCIA JUDICIÁRIA E POLÍCIA ADMINISTRATIVA		
Polícia administrativa ou de segurança	Caráter eminentemente preventivo. Cumpre registrar a distinção feita por parte da doutrina, que, à luz do art. 144 da CF/88 sustenta a existência de polícias judiciária e investigativa, adotando nítida diferenciação. A lei nº 12.830/2013 parece abraçar esta corrente no seu art. 2º.	**2.1**
Polícia judiciária	Atuação repressiva.	**2.2**
CONCEITO E FINALIDADE DO INQUÉRITO POLICIAL		
Procedimento administrativo, preliminar, presidido pelo delegado de polícia, no intuito de identificar o autor do ilícito e os elementos que atestem a sua materialidade (existência), contribuindo para a formação da opinião delitiva do titular da ação penal.		**3**
Natureza jurídica do inquérito	Procedimento de índole eminentemente administrativa, de caráter informativo, preparatório da ação penal.	**3.1**
Verificação de procedência das Informações (VPI)	A verificação de procedência de informações recebidas pela autoridade policial é procedimento simplificado, iniciado de forma prévia ao inquérito policial. O dispositivo legal que possibilita a instauração dessa espécie de sindicância preliminar ao inquérito é o § 3º, do artigo 5º, do Código de Processo Penal. De acordo com o teor desse enunciado, a partir de notícia-crime levada ao conhecimento da autoridade policial, esta, verificada a procedência das informações, ordenará a instauração de inquérito.	**3.2**

121. JARDIM, Afrânio Silva. *Direito processual penal*. 11. ed. Rio de Janeiro: Forense, 2002. p. 333.

CAPÍTULO II – INQUÉRITO POLICIAL		
Destinatários do Inquérito Policial	Os elementos de informação coligidos servem à formação da *opinio delicti*. De tal sorte, os destinatários imediatos ou diretos do inquérito serão o Ministério Público ou o ofendido (e, eventualmente, os sucessores processuais deste). Por outra via, o juiz será, restritamente, destinatário mediato ou indireto.	**3.3**
INQUÉRITOS NÃO POLICIAIS		
4.1. Inquéritos parlamentares; **4.2.** Inquéritos policiais militares; **4.3.** Inquérito civil; **4.4.** Inquérito judicial; **4.5.** Inquéritos por crimes praticados por magistrados ou promotores; **4.6.** Investigações contra autoridades que gozam de foro por prerrogativa de função;		**4**
4.7. Investigações particulares e investigação criminal defensiva; **4.8.** Investigações a cargo do Ministério Público (procedimento investigatório criminal); **4.9.** Investigações pelos demais órgãos públicos; **4.10.** Investigações conjuntas.		**4**
CARACTERÍSTICAS DO INQUÉRITO POLICIAL		
Discricionariedade	O delegado de polícia conduz as investigações da forma que melhor lhe aprouver. Só não poderá indeferir a realização do exame de corpo de delito, quando a infração praticada deixar vestígios. Tem que atender às requisições do Juiz e do MP.	**5.1**
Escrito	O inquérito, por exigência legal, deve ser escrito (art. 9º do CPP). Os atos produzidos oralmente serão reduzidos a termo. Outras formas podem ser usadas complementarmente para imprimir maior fidelidade ao ato (gravação de som e/ou imagem, por exemplo).	**5.2**
Sigiloso	O inquérito não comporta publicidade, sendo procedimento essencialmente sigiloso. O advogado do indiciado pode consultar os autos do inquérito policial (art. 7º, XIII a XV e XXI, e §§ 1º, 10, 11 e 12, da Lei nº 8.906/1994 – Estatuto da OAB). Súmula vinculante, 14, STF.	**5.3**
Espécies de sigilo: interno e externo	Devemos diferenciar o sigilo ou segredo externo das investigações, que é aquele imposto para evi-tar a divulgação de informações essenciais do inquérito ao público em geral, por intermédio do sistema midiático, do segredo ou sigilo interno, que é aquele imposto para restringir o acesso aos autos do procedimento por parte do indiciado e/ou do seu advogado.	**5.3.1**
Acesso aos autos do inquérito pelo advogado	O advogado do indiciado pode consultar os autos do inquérito policial, conforme preceito legal es-tampado no art. 7º, XIII a XV, e § 1º, da Lei nº 8.906/1994 – Estatuto da OAB. A prerrogativa não deve ser invocada por advogado que não esteja atuando no interesse de suspeito, investigado ou indiciado. Para prevenir abusos, deve a autoridade policial ou encarregado registrar os acessos aos autos da investigação preliminar pelos advogados, viabilizando controle e preservação do sigilo em favor dos direitos do imputado, evitando-se a exposição de sua imagem ou intimidade.	**5.3.2**

CAPÍTULO II – INQUÉRITO POLICIAL		
Ampliação do acesso aos autos de investigação preliminar pelo advogado	**5.3.3.1.** Necessidade de assegurar maior acesso às investigações criminais: As disposições que asseguram o direito de acesso aos autos do inquérito policial e de outras inves-tigações criminais pelo advogado não se mostraram suficientes para conter abusos. Nem mesmo a Súmula Vinculante nº 14, do STF, garantiu a proscrição de procedimentos que pretendem ser sigilosos ao defensor do imputado. O legislador ordinário, alterando alguns dispositivos do supracitado art. 7º, do Estatuto da OAB (alterações promovidas pela Lei nº 13.245/2016), sufragou novos enunciados para ampliar e efetivar o direito de acesso aos autos da investigação pelo advogado. **5.3.3.2.** Âmbito de aplicação das disposições do Estatuto da OAB incluídos pela Lei nº 13.245/2016: Os enunciados acrescidos ou alterados no Estatuto da OAB se reportam às investigações, em sentido amplo.	**5.3.3**
Ampliação do acesso aos autos de investigação preliminar pelo advogado	**5.3.3.3.** Sigilo e sua relação com a natureza inquisitiva do inquérito policial: a Lei nº 13.245/2016 não abriu espaço para que os princípios da publicidade, do contraditório e da ampla defesa tenham plena aplicação no curso do inquérito policial. Garantiu-se a participação do advogado nos atos das investigações, em especial, no interrogatório ali prestado, porém não afastou sua essência inquisitiva. **5.3.3.4.** Direito do advogado do representado de examinar os autos da investigação: O inciso XIV, do art. 7º, do Estatuto da Ordem dos Advogados do Brasil, passou a dispor que é garantido ao advogado o direito de examinar, em qualquer instituição responsável por conduzir investigação, mesmo sem procuração, autos de flagrante e de investigações de qualquer natureza, findos ou em andamento, ainda que conclusos à autoridade, podendo copiar peças e tomar apontamentos, em meio físico ou digital. **5.3.3.5.** Sigilo dos autos de investigação e autoridade responsável pelos seus limites: o sigilo de autos de inquérito policial, investigação criminal ou processo não deve ter como destinatário o advogado. O que está documentado nesses autos é plenamente acessível pelo advogado que age, legalmente, em favor dos interesses do imputado. A Lei nº 13.245/2016 trouxe dispositivo que refere que a autoridade competente poderá delimitar o acesso do advogado aos elementos de prova relacionados a diligências em andamento e ainda não documentados (§ 11, do art. 7º, do Estatuto da OAB). **5.3.3.6.** Direito do advogado de se fazer presente às declarações do investigado: O inciso XXI, do referido art. 7º, do Estatuto da OAB, preconiza que é direito do advogado "assistir a seus clientes investigados durante a apuração de infrações, sob pena de nulidade absoluta do respectivo interrogatório ou depoimento e, subsequentemente, de todos os elementos investigatórios e probatórios dele decorrentes ou derivados, direta ou indiretamente, podendo, inclusive, no curso da respectiva apuração: a) apresentar razões e quesitos".	**5.3.3**

CAPÍTULO II – INQUÉRITO POLICIAL		
Ampliação do acesso aos autos de investigação preliminar pelo advogado	**5.3.3.7.** Nulidade do ato investigativo sem que seja assegurado ou permitido advogado: a nova legislação, inserindo o inciso XXI, ao art. 7º, do Estatuto da OAB, reafirmou a prerrogativa do advogado de "assistir seus clientes". A violação a essa regra tem, como consequência normativa, a "nulidade absoluta do respectivo interrogatório ou depoimento".	**5.3.3**
Lawfare	*Lawfare* é termo que designa estratégia jurídica de dominação de uma parte em detrimento de outra, mediante manipulação de meios legais disponíveis para mitigar o sigilo das investigações em detrimento das garantias do investigado. Trata-se de abuso de direito.	**5.3.4**
Trial by media ou publicidade ostensiva	A publicidade ostensiva é próxima da *lawfare* e tem o propósito de afastar o sigilo das investigações, com prejuízo ao princípio da paridade de armas.	**5.3.5**
Oficialidade	O delegado de polícia de carreira, autoridade que preside o inquérito policial, constitui-se em órgão oficial do Estado (art. 144, § 4º, da CF).	**5.4**
Oficiosidade	Na ação penal pública incondicionada, a autoridade policial deve atuar de ofício. Na ação penal pública condicionada e ação penal privada (inclusive em casos de delação anônima), a autoridade policial depende da permissão da vítima para poder atuar.	**5.5**
Indisponibilidade	A persecução criminal é de ordem pública, e uma vez iniciado o inquérito, não pode o delegado de polícia dispor do mesmo.	**5.6**
Inquisitivo	As atividades persecutórias ficam concentradas nas mãos de uma única autoridade e não há oportunidade para o exercício do contraditório ou da ampla defesa. Excepcionalmente, existem inquéritos extrapoliciais onde a defesa é de rigor (inquérito para a decretação da expulsão de estrangeiro e aquele instaurado para apurar falta administrativa). Tem-se que assegurar ao indiciado a realização efetiva da defesa necessária no próprio inquérito, além da produção de elementos que terão força probatória ao longo da persecução penal. Vale destacar que a defesa, no inquérito para apuração de falta administrativa, enfrenta resistência na jurisprudência do STF, ao editar o enunciado nº 5, de natureza vinculante: "A falta de defesa técnica por advogado no processo administrativo disciplinar não ofende a Constituição".	**5.7**
Autoritariedade	O delegado de polícia, presidente do inquérito policial, é autoridade pública (art. 144, § 4º, da CF).	**5.8**
Dispensabilidade	O inquérito não é imprescindível para a propositura da ação penal. Contudo, se o inquérito policial for a base para a propositura da ação, este vai acompanhar a inicial acusatória apresentada (art. 12 do CPP).	**5.9**

CAPÍTULO II – INQUÉRITO POLICIAL		
COMPETÊNCIA (ATRIBUIÇÃO)		
Critério territorial	Leva-se em consideração a circunscrição em que se consumou a infração.	**6.1**
Critério material	Tem-se a segmentação da atuação da polícia, com delegacias especializadas na investigação e no combate a determinado tipo de infração.	**6.2**
Critério em razão da pessoa	Leva-se em consideração a figura da vítima.	**6.3**
PRAZOS		
Regra geral	10 dias, estando o indiciado preso, prazo este improrrogável, e de 30 dias, se o agente enfrenta o inquérito solto.	**7.1**
Prazos especiais	7.2.1. inquéritos a cargo da polícia federal: art. 66 da Lei nº 5.010/1966; 7.2.2. crimes contra a economia popular: 1º do art. 10 da Lei nº 1.521/ 1951; 7.2.3. lei antitóxicos: artigo 51, Lei nº 11.343/2006; 7.2.4. Inquéritos militares: art. 20, *caput*, § 1º, CPPM.	**7.2**
Contagem do prazo	Exclui-se o dia do começo e inclui-se o último dia, para o indiciado solto (art. 798, § 1º, CPP). Se preso, o dia da prisão já é computado no prazo (art. 10, CP).	**7.3**
Controle dos prazos e armazenamento de dados	A Lei nº 12.714/2012, é o diploma legal que dispõe sobre o sistema de acompanhamento da execução penal, da prisão cautelar e da medida de segurança. Para colocar em prática a ideia, ao Poder Executivo federal foi dada a competência material de instituir sistema nacional, visando à interoperabilidade das bases de dados e informações dos sistemas informatizados instituídos pelos Estados e pelo Distrito Federal. Nesse intento, a União poderá apoiar os Estados e o Distrito Federal no desenvolvimento, implementação e adequação de sistemas próprios que permitam interoperabilidade. Os dados e as informações que necessariamente o sistema deve ter estão no art. 2º, da Lei nº 12.714/2012. Cuida-se de rol não taxativo. Visando otimizar a investigação, relativamente ao crime de tráfico nacional e internacional de pessoas (arts. 148, 149 e 149-A, no § 3º do art. 158 e no art. 159, do Código Penal, e no art. 239, do Estatuto da Criança e do Adolescente), o art. 10, da Lei 13.344/2016, autoriza o Poder Público a criar sistema de informações visando à coleta e à gestão de dados que orientem o seu enfrentamento.	**7.4**
VALOR PROBATÓRIO		
Relativo, pois carece de confirmação por outros elementos colhidos durante a instrução processual. Para ter valor probatório, é preciso que seja realizado sob o crivo do contraditório e ampla defesa. As provas cautelares ou irrepetíveis ganham verdadeiro *status* de prova na fase processual (contraditório diferido ou postergado). Já o incidente de produção antecipada de prova deve tramitar perante o magistrado, como a presença das futuras partes, para ganhar seu valor probatório. A de se ressaltar que não deve haver extensibilidade jurisdicional ou onipresença do inquérito policial durante todo o processo e graus recursais, conforme entendeu a Quinta Turma do STJ[122].		**8**

122. STJ – Quinta Turma – Agr.REsp. 1.740.921/GO – Rel. Min. Ribeiro Dantas – j. 19.11.2018.

CAPÍTULO II – INQUÉRITO POLICIAL		
VÍCIOS		
Tem prevalecido tanto nos tribunais como na doutrina, que sendo o inquérito dispensável, algo que não é essencial ao processo, não tem o condão de, uma vez viciado, contaminar a ação penal. Contudo, caso a inicial acusatória esteja embasada tão somente em inquérito viciado, deverá ser rejeitada por falta de justa causa, diga-se, pela ausência de lastro probatório mínimo e idôneo ao início do processo (art. 395, inciso III, do CPP).		**9**
NOTITIA CRIMINIS **(NOTÍCIA DO CRIME)**		
Conceito	Normalmente endereçada à autoridade policial, ao membro do Ministério Público ou ao magistrado, é o conhecimento pela autoridade, espontâneo ou provocado, de um fato aparentemente criminoso. O CPP não estipula um prazo geral para a instauração do inquérito policial a contar da ciência da notícia do fato. Ele dispõe sobre uma série de providências que devem ser tomadas pela autoridade policial logo que tiver conhecimento da infração penal (art. 6º). Sem embargo, o § 4º, do art. 13-B, do CPP, incluído pela Lei nº 13.344/2016, prevê, para os casos de tráfico de pessoas, que o inquérito policial deverá ser instaurado no prazo máximo de setenta e duas horas, contado do registro da respectiva ocorrência policial.	**10.1**
Espécies	10.2.1. espontânea (cognição imediata): é o conhecimento direto dos fatos pela autoridade policial ou através de comunicação informal. Ressalte-se que a delação apócrifa ou *notitia criminis* inqualificada pode dar ensejo à instauração do inquérito policial, desde que a autoridade policial proceda à colheita de outros elementos de prova. 10.2.2. provocada (cognição mediata): 10.2.2.1. requisição do juiz ou do Ministério Público; 10.2.2.2. requerimento da vítima; 10.2.2.3. delação; 10.2.2.4. representação da vítima (*delatio criminis* postulatória); 10.2.2.5. requisição do Ministro da Justiça. 10.2.3. notícia crime revestida de forma coercitiva: pode ser tanto espontânea como provocada, devendo ser apresentada juntamente com o infrator preso em flagrante.	**10.2**
PEÇAS INAUGURAIS DO INQUÉRITO POLICIAL		
Autos de prisão em flagrante, requisições, requerimentos, portarias.		**11**
INCOMUNICABILIDADE		
Em face do disposto no art. 136, § 3º, IV, da CF, que não admite a incomunicabilidade até mesmo durante o Estado de Defesa, o artigo 21 do CPP, que possibilita a incomunicabilidade do preso durante o inquérito policial, não foi recepcionado pela Carta Magna. O regime disciplinar diferenciado (RDD), introduzido na Lei de Execução Penal pela Lei nº 10.792/2003, deu tratamento carcerário mais áspero a delinquentes incursos em uma das situações que autorizam a inserção em tal ordem de exceção (art. 52, LEP). O RDD não prevê a incomunicabilidade dos presos imersos em tal regime, apenas ficando consagrado no inciso III, do art. 52, da LEP, que as visitas semanais serão de duas pessoas, sem contar as crianças, e por até duas horas.		**12**

<table>
<tr><th colspan="3">CAPÍTULO II – INQUÉRITO POLICIAL</th></tr>
<tr><th colspan="3">PROVIDÊNCIAS: ARTIGOS 6º E 7º DO CPP</th></tr>
<tr><td colspan="2">São providências previstas a serem adotadas pela autoridade policial:
I) Dirigir-se ao local dos fatos, isolando a área para atuação dos peritos;
II) Apreender objetos;
III) Colher todas as provas;
IV) Ouvir o ofendido;
V) Ouvir o indiciado;
VI) proceder a reconhecimento de pessoas e coisas e a acareações;
VII) Realização do exame de corpo de delito e outras perícias;
VIII) Ordenar a identificação datiloscópica do indiciado e fazer juntar sua folha de antecedentes (vide Lei nº 12.037/2009 e alteração promovida pela Lei nº 12.654/2012);
IX) Averiguar a vida pregressa do indiciado, do ponto de vista individual, familiar e social, sua condição econômica, sua atitude e estado de ânimo antes e depois do crime e durante ele, e quaisquer outros elementos que contribuírem para a apreciação de seu temperamento e caráter.
X) Colher informações sobre a existência de filhos, respectivas idades e se possuem alguma deficiência e o nome e o contato de eventual responsável pelos cuidados dos filhos, indicado pela pessoa presa.</td><td>13</td></tr>
<tr><td>Reprodução simulada dos fatos</td><td>É a reconstituição do crime. O indiciado não está obrigado a participar desta, pois não pode ser compelido a auto incriminar-se.</td><td>13.1</td></tr>
<tr><td>Indiciamento</td><td>13.2.1. Conceito: É a cientificação ao suspeito a respeito do fato objeto das investigações. Trata-se de ato privativo da autoridade policial, nos termos da Lei nº 12.830/2013.
13.2.2. Indiciado menor: Com a revogação de dispositivo do Código de Processo Penal que preconizava a necessidade de curador ao menor de vinte e um anos e maior de dezoito para o ato de interrogatório perante o juiz, pela Lei nº 10.792/2003, uniformizaram-se doutrina e jurisprudência no sentido de ser desnecessária a nomeação de curador ao indiciado menor de vinte e um anos, bem como no de que se operou revogação tácita do mencionado art. 15, do Código.
13.2.3. Desindiciamento: Nada impede que a autoridade policial, ao entender, no transcurso das investigações, que a pessoa indiciada não está vinculada ao fato, promova o desindiciamento, seja na evolução do inquérito, ou no relatório de encerramento do procedimento.
13.2.4. Vedação ao indiciamento:
Algumas autoridades não podem ser objeto de indiciamento formal por parte da autoridade policial, segundo disposição legal ou por força de entendimento jurisprudencial. São elas: (1) magistrados; (2) membros do Ministério Público; (3) parlamentares federais.
13.2.5. Afastamento do servidor público indiciado em crimes de lavagem de dinheiro: o art. 17-D à Lei 9.613/1998 prevê efeito específico do indiciamento de servidor público em face do suposto cometimento de crime de lavagem de capitais, qual seja, o afastamento automático de suas funções. Com a previsão, pretendeu o legislador permitir o afastamento das atividades de servidor público, sem autorização judicial. O dispositivo deve</td><td>13.2</td></tr>
</table>

<table>
<tr><th colspan="3">CAPÍTULO II – INQUÉRITO POLICIAL</th></tr>
<tr><td>Indiciamento</td><td>receber interpretação conforme a Constituição, para se entender que diante do indiciamento a autoridade policial tem o poder de, justificadamente, representar pela aplicação da medida cautelar de afastamento do servidor público de suas funções.

13.2.6. Os limites do indiciamento e a Lei nº 12.830/2013: requisição de indiciamento expedida pela autoridade judiciária, é eivada de ilegalidade e inconstitucionalidade. Ilegalidade porque não é poder incluído na esfera de competência dos juízes, mas, de forma privativa, é atribuição do delegado de polícia. Inconstitucionalidade porque não se coaduna com o modelo constitucional acusatório adotado pelo núcleo de processo penal estabelecido no art. 5º, da Constituição do Brasil. Realizado indiciamento em descompasso com os ditames da legislação de regência, haverá nulidade capaz de ser reconhecida judicialmente</td><td>13.2</td></tr>
<tr><th colspan="3">ENCERRAMENTO</th></tr>
<tr><td colspan="2">Os autos do inquérito, integrados com o relatório, serão remetidos ao Judiciário, para que sejam acessados pelo titular da ação penal.</td><td>14</td></tr>
<tr><td>Crimes de ação penal pública</td><td>Deve o magistrado abrir vistas do inquérito ao titular da ação penal, que poderá: oferecer denúncia, requisitar novas diligências ou promover o arquivamento do inquérito policial.

O magistrado não pode indeferir as diligências requisitadas pelo MP por entender que as mesmas são protelatórias.

14.1.1. Quais são as hipóteses que autorizariam o pedido de arquivamento?

14.1.1.1. Faltar pressuposto processual ou condição para o exercício da ação penal.
14.1.1.2. Faltar justa causa.
Se o membro do Parquet vislumbra, pela análise dos elementos que lhe são trazidos pelo inquérito ou por quaisquer outras peças de informação, que está demonstrada hipótese autorizadora de absolvição sumária, não deve promover a denúncia.

14.1.2. Se o magistrado homologar o pedido de arquivamento, esta decisão é imutável pela coisa julgada material?

A homologação do arquivamento tem natureza administrativo-judicial, já que emana do magistrado, contudo é proferida ainda na fase pré-processual, não certificando o direito e por consequência não é imutável pela coisa julgada. Importante distinguir os limites objetivos da coisa julgada – se apenas formal (o que viabiliza a reabertura da persecução penal caso ocorra o suprimento da falta havida como pressuposto para o oferecimento da ação penal) ou se formal e material (impedindo a reabertura da persecução penal) –, conforme o fundamento da decisão homologatória da promoção de arquivamento realizada pelo Ministério Público. Um exemplo de situação que constitui coisa julgada material é a decisão que homologa o arquivamento quando baseada em atipicidade do fato ou inexistência do crime.</td><td>14.1</td></tr>
</table>

CAPÍTULO II – INQUÉRITO POLICIAL

	14.1.3. Recurso e ação privada subsidiária da pública: A decisão homologatória do pedido de arquivamento é irrecorrível, não havendo contemplação legal de recurso para combatê-la. Também não há de se falar em ação privada subsidiária da pública se houve a manifestação pelo arquivamento, afinal, ela só tem cabimento nas hipóteses de inércia do MP, e se o promotor requereu o arquivamento, certamente não está sendo desidioso. **14.1.4. Divergência do magistrado quanto ao pedido de arquivamento do inquérito policial e distinções do procedimento conforme a competência da Justiça:** Há diferenças no procedimento de arquivamento, de acordo com a Justiça perante a qual tramita o inquérito policial objeto do pedido de arquivamento. 14.1.4.1. Justiça estadual: na justiça estadual de primeira segue-se a regra geral, aplicando, na íntegra, o citado art. 28, do CPP. 14.1.4.2. Justiça federal: no âmbito da justiça federal de primeira instância (juiz singular), o art. 28, do CPP deve ser interpretado de forma conjunta com o art. 62, IV, da Lei Complementar nº 75/1993, que define a organização, as atribuições e o estatuto do Ministério Público da União.	
Crimes de ação penal pública	14.1.4.3. Justiça comum do Distrito Federal: no âmbito da Justiça Comum do Distrito Federal de primeira instância (juiz singular), o art. 28, do CPP deve ser interpretado de forma conjunta com o art. 171, V, da Lei Complementar nº 75/1993, que define a organização, as atribuições e o estatuto do Ministério Público da União. 14.1.4.4. Justiça militar: no âmbito da Justiça Militar, há regra própria prevista no art. 397, do Código de Processo Penal Militar, que deve ser interpretada em conjunto com as disposições do art. 136, IV, d da Lei Complementar nº 75/1993 (que define a organização, as atribuições e o estatuto do Ministério Público da União) ou com as da Lei nº 8.625/1993 (que dispõe sobre a Lei Orgânica dos Ministérios Públicos dos Estados). 14.1.4.5. Justiça eleitoral: no âmbito da Justiça Eleitoral de primeira instância, o procedimento de arquivamento deve obedecer ao que estabelece o Código Eleitoral, no § 1º, do seu art. 357, com a derrogação estatuída a partir do texto do art. 62, IV, da Lei Complementar nº 75/1993, que define a organização, as atribuições e o estatuto do Ministério Público da União. 14.1.4.6. Órgãos colegiados. **14.1.5. Desarquivamento**: é ato privativo do Ministério Público, ocorrendo quando o promotor, convencido da existência de novas provas (súmula nº 524, STF), oferece denúncia, exercendo a ação penal. **14.1.6. Arquivamento implícito:** Surge em razão da omissão ministerial que passa desapercebida pelo magistrado. Poderá ocorrer o arquivamento implícito ainda, quando o promotor requeira o arquivamento expresso em razão de algumas infrações ou de alguns criminosos, deixando de se manifestar em relação aos demais. Cumpre destacar que, majoritariamente, o arquivamento implícito não tem sido aceito, nem pela jurisprudência, nem pela doutrina, justamente por ausência de disciplina legal.	**14.1**

CAPÍTULO II – INQUÉRITO POLICIAL		
Crimes de ação penal pública	**14.1.7. Arquivamento indireto:** Hipótese do MP deixar de oferecer denúncia por entender que o juízo é incompetente, requerendo a remessa dos autos ao órgão competente. **14.1.8. Arquivamento originário:** Quando parte direto do Procurador Geral, nas ações em que o mesmo atue originariamente **14.1.9. Arquivamento provisório:** Quando ocorre a ausência de uma condição de procedibilidade, como no caso da vítima de crime de ação pública condicionada à representação, que se retrata antes da denúncia ser oferecida.	**14.1**
Crimes de ação penal privada	Deve-se aguardar a iniciativa da vítima, através do seu advogado, para que acesse os autos da investigação que estão disponíveis em cartório, no intuito do oferecimento da queixa crime, no prazo de 06 meses, em regra.	**14.2**
Arquivamento do inquérito policial sem requerimento do Ministério Público	O arquivamento do inquérito policial sem pedido do Ministério Público é referido na jurisprudência pelo nome vulgar de trancamento. Geralmente, o trancamento de uma investigação preliminar, a exemplo do inquérito, ocorre no bojo de ação de *habeas corpus* ou mesmo por meio da técnica de *habeas corpus* de ofício, consubstanciada na tutela concedida por tribunal, independentemente de provocação específica, como órgão responsável para tornar efetiva as garantias fundamentais centradas no núcleo duro de direito processual penal constitucional.	**14.3**
CONSIDERAÇÕES FINAIS		
Termo circunstanciado	Previsto para os crimes de menor potencial ofensivo, é uma peça despida de rigor formal, contendo breve e sucinta narrativa que descreve sumamente os fatos e indica os envolvidos e eventuais testemunhas, devendo ser remetido, incontinenti, aos Juizados Especiais Criminais. A legitimidade para presidência do TCO é da autoridade policial. Por sua vez, a Lei nº 11.343/2006 (Lei de tóxicos), prevê a presidência da lavratura do TCO pelo magistrado, nos delitos de porte para uso de substância entorpecente e cultivo ou semeio para consumo (art. 48).	**15.1**
Controle externo da atividade policial	Controle externo da atividade policial é o controle que vem de fora e se exerce no âmbito do processo penal, sobre a polícia judiciária. Trata-se de "fiscalização exercida sobre as atividades de pessoas, órgãos, departamentos", a fim de que não ocorram desvios de conduta, relativamente à ordem normativa pré-estabelecida. Caberá ao Ministério Público exercer o controle externo da atividade policial, na forma da lei complementar, de iniciativa dos respectivos Procuradores-Gerais da União e dos Estados.	**15.2**

17. SÚMULAS APLICÁVEIS

17.1. STJ

234. A participação de membro do Ministério Público na fase investigatória criminal não acarreta seu impedimento ou suspeição para o oferecimento de denúncia.

444. É vedada a utilização de inquéritos policiais e ações penais em curso para agravar a pena-base.

522. A conduta de atribuir-se falsa identidade perante autoridade policial é típica, ainda que em situação de alegada autodefesa.

17.2. STF

Súmula Vinculante nº 14. É direito do defensor, no interesse do representado, ter acesso amplo aos elementos de prova que, já documentados em procedimento investigatório realizado por órgão com competência de polícia judiciária, digam respeito ao exercício do direito de defesa.

---

397. O poder de polícia da Câmara dos Deputados e do Senado Federal, em caso de crime cometido nas suas dependências, compreende, consoante o regimento, a prisão em flagrante do acusado e a realização do inquérito.

---

524. Arquivado o inquérito policial, por despacho do juiz, a requerimento do promotor de justiça, não pode a ação penal ser iniciada sem novas provas.

18. INFORMATIVOS RECENTES

18.1. STJ

♦ **Direito Processual Penal. Tramitação direta de inquérito policial entre a Polícia Federal e o Ministério Público Federal.**

Não é ilegal a portaria editada por Juiz Federal que, fundada na Res. CJF nº 63/2009, estabelece a tramitação direta de inquérito policial entre a Polícia Federal e o Ministério Público Federal. (...) a tramitação direta de inquéritos entre a Polícia Judiciária e o órgão de persecução criminal traduz expediente que, longe de violar preceitos constitucionais, atende à garantia da duração razoável do processo – pois lhe assegura célere tramitação –, bem como aos postulados da economia processual e da eficiência. Ressalte-se que tal constatação não afasta a necessidade de observância, no bojo de feitos investigativos, da chamada cláusula de reserva de jurisdição, qual seja, a necessidade de prévio pronunciamento judicial quando for necessária a adoção de medidas que possam irradiar efeitos sobre as garantias individuais. Ademais, não se pode alegar que haveria violação do princípio do contraditório e do princípio da ampla defesa ao se impedir o acesso dos autos de inquérito pelos advogados, o que também desrespeitaria o exercício da advocacia como função indispensável à administração da Justiça e o próprio Estatuto da Advocacia, que garante o amplo acesso dos autos pelos causídicos. Isso porque o art. 5º da Res. CJF nº 63/2009 prevê expressamente que "os advogados e os estagiários de Direito regularmente inscritos na Ordem dos Advogados do Brasil terão direito de examinar os autos do inquérito, devendo, no caso de extração de cópias, apresentar o seu requerimento por escrito à autoridade competente". Faz-se mister destacar que, não obstante a referida Resolução do CJF ser objeto, no STF, de ação direta de inconstitucionalidade – ADI 4.305 –, o feito, proposto em 2009 pela Associação Nacional dos Delegados de Polícia Federal, ainda está concluso ao relator, não havendo notícia de concessão de pedido liminar. Assim, enquanto não existir manifestação da Corte Suprema quanto ao tema, deve ser mantida a validade da Resolução. Registre-se, ademais, que não se olvida a existência de julgado do STF, nos autos da ADI 2.886, em que se reconhece a inconstitucionalidade de lei estadual que determinava a tramitação direta do inquérito policial entre o Ministério Público e a Polícia Judiciária, por entender padecer a legislação de vício formal. Apesar de o referido julgamento ter sido finalizado em abril de 2014, convém destacar que se iniciou em junho de 2005, sendo certo que, dos onze Ministros integrantes da Corte (que votaram ao longo desses nove anos), quatro ficaram vencidos, e que, dos votos vencedores, três ministros não mais integram o Tribunal. Assim, não há como afirmar como certa a possível declaração da inconstitucionalidade da Resolução do CJF objeto da ADI 4.305. *RMS 46.165-SP, Rel. Min. Gurgel de Faria, julgado em 19/11/2015, DJe 4/12/2015. (Info 574)*

♦ **Direito processual penal. Hipótese de inocorrência de ação controlada.**

A investigação policial que tem como única finalidade obter informações mais concretas acerca de conduta e de paradeiro de determinado traficante, sem pretensão de identificar outros suspeitos, não configura a ação controlada do art. 53, II, da Lei 11.343/2006, sendo dispensável a autorização judicial para a sua realização. Como se extrai do art. 53, II, da Lei 11.343/2006, a ação controlada tem como finalidade "[...] identificar e responsabilizar maior número de integrantes de operações de tráfico [...]". Nesse sentido, a doutrina afirma que a ação controlada consiste em retardar a intervenção policial com a meta de atingir o "peixe graúdo", sem que se dissemine a prisão dos meros carregadores de drogas ilícitas, atuando por ordem dos verdadeiros comandantes da operação, traficantes realmente perigosos. Assim, a investigação policial que almeja apenas obter informações mais concretas acerca de condutas e de paradeiro de determinado traficante, sem pretensão de identificar outros suspeitos, não configura ação controlada, sendo dispensável a autorização judicial para a sua realização. *RHC 60.251-SC, Rel. Min. Sebastião Reis Júnior, julgado em 17/9/2015, DJe 9/10/2015. (Info 570)*

♦ **Direito processual penal. Arquivamento do inquérito policial.**

Na ação penal pública incondicionada, a vítima não tem direito líquido e certo de impedir o arquivamento do inquérito ou das peças de informação. (...) Há, portanto, um sistema de controle de legalidade muito técnico e rigoroso em relação ao arquivamento de inquérito policial, inerente ao próprio sistema acusatório. No exercício da atividade jurisdicional, o Juiz, considerando os elementos trazidos nos autos de inquérito ou nas peças de informações, tem o poder-dever de anuir ou discordar do pedido de arquivamento formulado pelo Ministério Público. Não há, porém, obrigação de, em qualquer hipótese, remeter os autos para nova apreciação do Procurador-Geral. Assim, se constatar pertinência nos fundamentos do pedido de arquivamento, o Juiz terá o poder-dever de promover o arquivamento, não cabendo contra essa decisão recurso. Ademais, no sistema processual penal vigente, a função jurisdicional não contempla a iniciativa acusatória, de maneira que, do mesmo modo que não poderá o Juiz autoprovocar a jurisdição, não poderá obrigar o Ministério Público, diante de sua independência funcional, a oferecer a denúncia ou a ter, em toda e qualquer hipótese, reexaminado o pedido de arquivamento pela instância superior, o respectivo Procurador-Geral. Ao Ministério Público cabe formar a *opinio delicti* e, se entender devido, oferecer a denúncia. Desse modo, uma vez verificada a inexistência de elementos mínimos que corroborem a autoria e a materialidade delitivas, pode o *Parquet* requerer o arquivamento do inquérito, e o Juiz, por consequência, avaliar se concorda ou não com a promoção ministerial. Uma vez anuindo, fica afastado o procedimento previsto no art. 28 do CPP, sem que, com isso, seja violado direito líquido e certo da possível vítima de crime de ver processado seu suposto ofensor (RMS 12.572-SP, Sexta Turma, DJ de 10/9/2007) (...). *MS 21.081-DF, Rel. Min. Raul Araújo, julgado em 17/6/2015, DJe 4/8/2015. (art. 565)*

♦ **Direito processual penal. Inaplicabilidade do art. 28 do CPP nos procedimentos investigativos que tramitem originariamente no STJ.**

Se membro do MPF, atuando no STJ, requerer o arquivamento do inquérito policial ou de quaisquer peças de informação que tramitem originariamente perante esse Tribunal Superior, este, mesmo considerando improcedentes as razões invocadas, deverá determinar o arquivamento solicitado, sem a possibilidade de remessa para o Procurador-Geral da República, não se aplicando o art. 28 do CPP. Isso porque a jurisprudência do STJ é no sentido de que os membros do MPF atuam por delegação do Procurador-Geral da República na instância especial. (...). Precedentes citados: Rp 409-DF, Corte Especial, DJe 14/10/2011; AgRg na Sd 150-SP, Corte Especial, DJe 5/5/2008; e AgRg na NC 86-SP, Corte Especial, DJ 11/6/2001. *Inq 967-DF, Rel. Min. Humberto Martins, julgado em 18/3/2015, DJe 30/3/2015. (Info 558)*

♦ **Direito processual penal. Efeitos do arquivamento do inquérito policial pelo reconhecimento de legítima defesa.**

Promovido o arquivamento do inquérito policial pelo reconhecimento de legítima defesa, a coisa julgada material impede a rediscussão do caso penal em qualquer novo feito criminal, descabendo perquirir a existência de novas provas. Isso porque a decisão judicial que define o mérito do caso penal, mesmo no arquivamento do inquérito policial, gera efeitos de coisa julgada material. Ademais, a decisão judicial que examina o mérito e reconhece a atipia ou a excludente da ilicitude é prolatada somente em caso de convencimento com grau de certeza jurídica pelo magistrado. (...) *REsp 791.471-RJ, Rel. Min. Nefi Cordeiro, julgado em 25/11/2014, DJe 16/12/2014. (Info 554)*

♦ **Direito processual penal. Ingresso em domicílio sem autorização.**

A existência de denúncias anônimas somada à fuga do acusado, por si sós, não configuram fundadas razões a autorizar o ingresso policial no domicílio do acusado sem o seu consentimento ou determinação judicial. STJ. 6ª Turma. RHC 83.501-SP, Rel. Min. Nefi Cordeiro, julgado em 06/03/2018 (Info 623).

18.2. STF

♦ **Delação premiada e sigilo**

O sigilo sobre o conteúdo de colaboração premiada deve perdurar, no máximo, até o recebimento da denúncia. Essa é a orientação, da Primeira Turma, que negou provimento a agravo regimental. A Turma afirmou que, no âmbito da Administração Pública, a publicidade é a regra e o sigilo a exceção (CF, art. 5º, LX). O sigilo do que ajustado é elemento essencial para a efetividade da colaboração firmada, como forma de garantir o êxito das investigações (Lei 12.850/2013, art. 7º, § 2º), e para assegurar a proteção da pessoa do colaborador e das pessoas próximas (Lei 12.850/2013, art. 5º, II). (...) O sigilo sobre o conteúdo da colaboração premiada, consoante versa o § 3º do citado artigo, deve permanecer, como regra, até o recebimento da denúncia. O preceito trata da cessação do sigilo relativamente ao acordo, além de assegurar o direito de o investigado conhecer aqueles que o subscreveram a denúncia, de modo a viabilizar a ampla defesa e o contraditório. A delação premiada objetiva, com transparência, a elucidação de fato criminoso. O parágrafo citado não encerra observância absoluta, mas termo final máximo. Deve ser mantido até esse ponto apenas se houver necessidade concreta. Inq 4435 AgR/DF, rel. Min. Marco Aurélio, julgamento em 12.9.2017. (Inq-4435) (Info 877)

♦ **Desarquivamento de inquérito e excludente de ilicitude – 4**

O arquivamento de inquérito policial por excludente de ilicitude realizado com base em provas fraudadas não faz coisa julgada material. Com base nesse entendimento, o Plenário, por maioria, denegou a ordem de "habeas corpus". No caso, após o arquivamento do inquérito, o Ministério Público reinquiriu testemunhas e concluiu que as declarações prestadas naquele inquérito teriam sido alteradas por autoridade policial. Diante dessas novas provas, o "Parquet" ofereceu denúncia contra os pacientes – v. Informativos 446, 512e 597. O Tribunal entendeu possível a reabertura das investigações, nos termos do art. 18 do CPP, ante os novos elementos de convicção colhidos pelo Ministério Público. Asseverou que o arquivamento do inquérito não faz coisa julgada, desde que não tenha sido por atipicidade do fato ou por preclusão. Vencidos os ministros Marco Aurélio, Joaquim Barbosa e Cezar Peluso, que deferiam a ordem. (...) HC 87395/PR, rel. Min. Ricardo Lewandowski, julgamento em 23.3.2017. (HC-87395) (Info 858)

♦ **Inquérito e compartilhamento de peças**

A Segunda Turma, por maioria, deu provimento a agravo regimental interposto contra decisão que determinou o compartilhamento de peças de investigação com a 13ª Vara Federal de Curitiba/PR, que apura crimes

praticados no âmbito da Transpetro e ligados a suposta organização criminosa investigada na Operação Lava Jato. No caso, depoimentos de colaborador apontam para a responsabilidade conjunta de cinco membros de partido político por supostos atos de corrupção que envolveriam a manutenção do delator na chefia da Transpetro, mediante pagamento de vantagem indevida, desviada de contratos da companhia. Daqueles, quatro são atualmente senadores. O agravante era senador na época dos atos mencionados, mas hoje não ocupa cargo eletivo. (...) Sublinhou que, na hipótese dos autos, em que quatro dos cinco investigados têm prerrogativa de foro, haveria risco de o compartilhamento de dados com a 13ª Vara Federal de Curitiba/PR acarretar em investigação de personagens sob a jurisdição do STF, o que poderia gerar anulação processual. Vencido o ministro Edson Fachin (relator), que mantinha a decisão agravada. (...) Pet 6138 AgR-segundo/DF, rel. orig. Min. Edson Fachin, red. p/ o ac. Min. Dias Toffoli, julgamento em 21.2.2017. (Pet-6138) (Info 855)

♦ HC: denúncias anônimas e lançamento definitivo – 1

Nos crimes de sonegação tributária, apesar de a jurisprudência do STF condicionar a persecução penal à existência do lançamento tributário definitivo, o mesmo não ocorre quanto à investigação preliminar. Os crimes contra a ordem tributária ou de outra modalidade delitiva podem ser tentados e consumados e jamais se entendeu pela impossibilidade da investigação preliminar durante a execução de um crime e mesmo antes da consumação. Com base nessa orientação, a Primeira Turma julgou extinto o "writ", sem resolução do mérito. Assentou a inadequação da via processual, por se tratar de "habeas corpus" substitutivo do recurso ordinário constitucional. Porém, concedeu a ordem de ofício para trancar a ação penal no que se refere aos crimes fiscais a envolver apropriação e sonegação de contribuições previdenciárias descontadas de produtores rurais, ao crime de lavagem de dinheiro tendo por antecedente a sonegação dessas mesmas contribuições previdenciárias, e ao crime de sonegação da Cofins pertinente à parte quitada. Afirmou, ainda, a inexistência de prejuízo na continuidade da ação penal em relação ao restante da imputação. Na espécie, durante as investigações, iniciadas para apurar crimes de ordem tributária, foram revelados, fortuitamente, indícios de crimes mais graves, especificamente o de corrupção de agentes públicos para acobertar as atividades supostamente ilícitas. Os pacientes respondem a ação penal por apropriação indébita previdenciária, associação criminosa, falsidade ideológica, corrupção ativa e sonegação de contribuição previdenciária. Além disso, são acusados de omitir informação ou prestar declaração falsa às autoridades fazendárias. Pretendiam a nulidade da investigação porque: a) iniciada a partir de denúncia anônima; b) fora autorizada interceptação telefônica para apurar crimes fiscais sem que houvesse lançamento tributário definitivo; e c) os tributos sonegados seriam, em parte, inválidos, e o remanescente teria sido quitado e parcelado. *HC 106152/MS, rel. Min. Rosa Weber, 29.3.2016. (HC-106152) (Info 819)*

♦ HC: denúncias anônimas e lançamento definitivo – 2

A Turma, de início, reafirmou o entendimento da Corte no sentido de que notícias anônimas não autorizam, por si sós, a propositura de ação penal ou mesmo, na fase de investigação preliminar, o emprego de métodos invasivos de investigação, como interceptação telefônica ou busca e apreensão. Entretanto, elas podem constituir fonte de informação e de provas que não pode ser simplesmente descartada pelos órgãos do Poder Judiciário. Assim, assentou a inexistência de invalidade na investigação instaurada a partir de notícia crime anônima encaminhada ao MPF. (...) Não haveria que se falar, portanto, em utilização indevida da notícia crime anônima, cujo tratamento observara a jurisprudência do STF. Ademais, a investigação e a persecução penal teriam prosseguido com base nas provas colacionadas a partir dela e não com fulcro exclusivo nela. De igual forma, as diligências mais invasivas, como a interceptação telefônica, só foram deflagradas após a colheita de vários elementos probatórios que corroboravam o teor da notícia anônima e que, por si só, autorizavam a medida investigatória. *HC 106152/MS, rel. Min. Rosa Weber, 29.3.2016. (HC-106152) (Info 819)*

♦ HC: denúncias anônimas e lançamento definitivo – 3

Quanto ao argumento de nulidade da investigação porquanto iniciada antes da existência de lançamento tributário definitivo, a Turma citou a atual jurisprudência do STF, que condicionaria a persecução por crime contra a ordem tributária à realização do lançamento fiscal. O lançamento definitivo do crédito tributário constituiria atividade privativa da autoridade administrativa e, sem tributo constituído, não haveria como caracterizar o crime de sonegação tributária (HC 81.611/DF, DJU de 13.5.2005). Apesar de a jurisprudência do STF condicionar a persecução penal à existência do lançamento tributário definitivo, o mesmo não ocorreria relativamente à investigação preliminar. (...) Na espécie, as provas dos crimes de corrupção fortuitamente colhidas no curso da interceptação não pareceriam se revestir de ilicitude, pelo menos no exame que comportam na via estreita do "habeas corpus", independentemente do resultado obtido quanto aos crimes contra a ordem tributária que motivaram o início da investigação. *HC 106152/MS, rel. Min. Rosa Weber, 29.3.2016. (HC-106152) (Info 819)*

♦ Interceptação telefônica. "Denúncia anônima". Quebra de sigilo. Renovação das interceptações

"Denúncia anônima" e quebra de sigilo: Segundo a jurisprudência do STJ e do STF, não há ilegalidade em iniciar investigações preliminares com base em "denúncia anônima" a fim de se verificar a plausibilidade das alegações contidas no documento apócrifo. A Polícia, com base em diligências preliminares para atestar a veracidade dessas "denúncias" e também lastreada em informações recebidas pelo Ministério da Justiça e pela CGU, requereu ao juízo a decretação da interceptação telefônica do investigado. O STF entendeu que a decisão do magistrado foi correta considerando que a decretação da interceptação telefônica não foi feita com base unicamente na "denúncia anônima" e sim após a realização de diligências investigativas e também com base nas informações recebidas dos órgãos públicos de fiscalização. Renovação das interceptações: A Lei nº 9.296/96 prevê que a interceptação telefônica "não poderá exceder o prazo de quinze dias, renovável por igual tempo uma vez comprovada a indispensabilidade do meio de prova." (art. 5º). A interceptação telefônica não pode exceder 15 dias. Contudo, pode ser renovada por igual período, não havendo restrição legal ao número de vezes para tal renovação, se comprovada a sua necessidade. *STF. 2ª Turma. RHC 132115/PR, Rel. Min. Dias Tóffoli, julgado em 6/2/2018 (Info 890).*

♦ **ADI e designação de promotor eleitoral – 2**

O Procurador-Geral da República detém a prerrogativa, ao lado daquela atribuída ao Chefe do Poder Executivo, de iniciar os projetos de lei que versem sobre a organização e as atribuições do Ministério Público Eleitoral. Assim, a designação, de membro do Ministério Público local como promotor eleitoral, por Procurador Regional Eleitoral, que é membro do Ministério Público Federal, não afronta a autonomia administrativa do Ministério Público do Estado. Com base nessa orientação, o Plenário, em conclusão de julgamento e por maioria, reputou improcedente pedido formulado em ação direta de inconstitucionalidade ajuizada em face do art. 79 da LC 75/1993 (...). A designação do promotor eleitoral seria ato de natureza complexa, resultado da conjugação de vontades tanto do Procurador-Geral de Justiça, responsável por indicar um membro do Ministério Público estadual, quanto do Procurador Regional Eleitoral, a quem competiria o ato formal de designação. Dessa maneira, o art. 79, "caput" e parágrafo único, da Lei Complementar 75/ 1993, não teria o condão de ofender a autonomia do Ministério Público Estadual, porque não incidiria sobre a esfera de atribuição do "parquet" local, mas sobre ramo diverso da instituição, o Ministério Público Eleitoral. Por consequência, não interviria nas atribuições ou na organização do Ministério Público Estadual. *ADI 3802/DF, rel. Min. Dias Toffoli, 10.3.2016. (ADI-3802) (Info 817)*

♦ **ADI e designação de promotor eleitoral – 3**

Vencidos os Ministros Marco Aurélio e Luiz Fux que julgavam a ação procedente. Consideravam atípica e heterodoxa a designação de promotor estadual pelo procurador federal. Entendiam haver vício de iniciativa quanto ao disposto no parágrafo único do artigo 79 da LC 75/1993. Apontavam que a designação de membros para o exercício de atribuições seria tema típico de organização de cada Ministério Público e, por isso, não caberia ao Procurador-Geral da República a iniciativa de projeto de lei concernente a normas gerais de organização do "parquet" nos Estados. (...) *ADI 3802/DF, rel. Min. Dias Toffoli, 10.3.2016. (ADI-3802) (Info 817)*

♦ **Arquivamento de inquérito e procedimento investigatório criminal – 2**

Em conclusão de julgamento, a Segunda Turma, ante o empate na votação (RISTF, art. 150, § 3º), deu provimento a agravo regimental e acolheu pedido formulado em reclamação, para determinar o trancamento de procedimento investigatório criminal. Apontava-se a ilegitimidade da instauração do referido procedimento por parte do Ministério Público estadual para apurar os mesmos fatos objeto do Inq 3.738/SP, que fora previamente arquivado no STF – v. Informativo 809. Prevaleceu o voto do Ministro Gilmar Mendes. Afirmou que, em tese, a situação em comento se enquadraria na hipótese de cabimento da reclamação perante o STF, na forma do art. 102, I, "l", da CF. Assim, de acordo com o art. 18 do CPP, após o arquivamento do inquérito por falta de provas, poder-se-ia proceder a novas pesquisas se de outras provas houvesse notícia. Por outro lado, a reabertura da investigação não poderia decorrer da simples mudança de opinião ou reavaliação da situação. Seria indispensável que houvesse novas provas ou, ao menos, novas linhas de investigação em perspectiva. Não seria possível, ademais, a reabertura de investigações para aprofundar linhas investigativas já disponíveis para exploração anterior. No vertente caso, contudo, teria havido a simples reabertura de investigação arquivada a pedido do PGR. (...) Por fim, as supostas novas provas a embasar o procedimento seriam elementos de informação contidos em inquérito civil, que fora trancado por envolver detentor de prerrogativa de foro perante o STF e por possuir características de investigação criminal, o que tornaria esses elementos de informação provas ilícitas. Em divergência, os Ministros Teori Zavascki (relator) e Cármen Lúcia negavam provimento ao agravo. Asseveravam não caber reclamação para se verificar se novas provas são hábeis a ensejar a reabertura de investigação cujo arquivamento fora determinado pelo STF. Além disso, não se trataria de persecução penal propriamente dita, mas somente tomada de providências no âmbito do Ministério Público estadual, fato que não implicaria ofensa à autoridade da decisão pelo arquivamento do Inq 3.738/SP. *Rcl 20132/SP, rel. orig. Min. Teori Zavascki, red. p/ o acórdão Min. Gilmar Mendes, 23.2.2016. (Rcl-20132) (Info 815)*

♦ **Arquivamento de inquérito de ofício pelo STF**

O STF pode, de ofício, arquivar inquérito quando verificar que, mesmo após terem sido feitas diligências de investigação e terem sido descumpridos os prazos para a instrução do inquérito, não foram reunidos indícios mínimos de autoria ou materialidade (art. 231, § 4º, "e", do RISTF). A pendência de investigação, por prazo irrazoável, sem amparo em suspeita contundente, ofende o direito à razoável duração do processo (art. 5º, LXXVIII, da CF/88) e a dignidade da pessoa humana (art. 1º, III, da CF/88). *STF. 2ª Turma. Inq 4420/DF, Rel. Min. Gilmar Mendes, julgado em 21/8/2018 (Info 912).*

♦ **Inquérito e acesso às provas**

Diligências determinadas a requerimento do Ministério Público Federal são meramente informativas, não suscetíveis ao princípio do contraditório. Desse modo, não cabe à defesa controlar, "ex ante", a investigação, de modo a restringir os poderes instrutórios do relator do feito para deferir, desde logo, as diligências requeridas pelo Ministério Público que entender pertinentes e relevantes para o esclarecimento dos fatos. (...) A Turma destacou que o Enunciado 14 da Súmula Vinculante assegura ao defensor legalmente constituído do investigado o direito de pleno acesso ao inquérito, desde que se trate de provas já produzidas e formalmente incorporadas ao procedimento investigatório. Excluídas, consequentemente, as informações e providências investigatórias ainda em curso de execução e, por isso mesmo, não documentadas nos autos. Precedente citado: HC 93.767/DF (DJe de 1º.4.2014). *Inq 3387 AgR/CE, rel. Min. Dias Toffoli, 15.12.2015. (Inq-3387) (Info 812)*

♦ Arquivamento de inquérito policial e coisa julgada

O arquivamento de inquérito policial em razão do reconhecimento de excludente de ilicitude não faz coisa julgada material. Esse o entendimento da Segunda Turma, que, em conclusão de julgamento e por maioria, denegou a ordem em "habeas corpus" em que se pleiteava o reconhecimento da coisa julgada material e a extinção de ação penal. No caso, em razão da suposta prática do delito de homicídio tentado (CP, art. 121, § 2º, IV, c/c art. 14, II), foram instaurados dois inquéritos – um civil e um militar – em face do ora paciente e de corréus. O inquérito policial militar fora arquivado em 21.10.1993, a pedido do Ministério Público, que entendera que os agentes teriam agido em estrito cumprimento de dever legal. Já no inquérito policial civil, o paciente fora denunciado em 23.12.1998 e, instruída a ação penal, condenado à pena de 10 anos de reclusão. (...) A decisão da Justiça Militar, na hipótese em comento, não afastara o fato típico ocorrido, mas sim sua ilicitude, em razão do estrito cumprimento do dever legal, que o Ministério Público entendera provado a partir dos elementos de prova de que dispunha até então. Nesse diapasão, o eventual surgimento de novos elementos de convicção teria o condão de impulsionar a reabertura do inquérito na justiça comum, a teor do art. 18 do CPP ("Depois de ordenado o arquivamento do inquérito pela autoridade judiciária, por falta de base para a denúncia, a autoridade policial poderá proceder a novas pesquisas, se de outras provas tiver notícia"). Na espécie, a simples leitura das provas constantes dos autos apontaria uma nova versão para os fatos delituosos, em consequência do prosseguimento das investigações na justiça comum, não havendo impedimento legal para a propositura da nova ação penal contra o paciente naquela seara. Vencido o Ministro Teori Zavascki (relator), que entendia estar configurada a coisa julgada material. Leia o inteiro teor do voto condutor na seção "Transcrições" deste Informativo. *HC 125101/SP, rel. orig. Min. Teori Zavascki, red. p/ o acórdão Min. Dias Toffoli, 25.8.2015. (HC-125101) (Info 796)*

♦ Ministério Público e investigação criminal – 20

O Ministério Público dispõe de competência para promover, por autoridade própria, e por prazo razoável, investigações de natureza penal, desde que respeitados os direitos e garantias que assistem a qualquer indiciado ou a qualquer pessoa sob investigação do Estado, observadas, sempre, por seus agentes, as hipóteses de reserva constitucional de jurisdição e, também, as prerrogativas profissionais de que se acham investidos, em nosso País, os advogados (Lei 8.906/1994, art. 7º, notadamente os incisos I, II, III, XI, XIII, XIV e XIX), sem prejuízo da possibilidade – sempre presente no Estado democrático de Direito – do permanente controle jurisdicional dos atos, necessariamente documentados (Enunciado 14 da Súmula Vinculante), praticados pelos membros dessa Instituição. Com base nessa orientação, o Plenário, em conclusão de julgamento e por maioria, negou provimento a recurso extraordinário em que discutida a constitucionalidade da realização de procedimento investigatório criminal pelo Ministério Público. No caso, o acórdão impugnado dispusera que, na fase de recebimento da denúncia, prevaleceria a máxima "in dubio pro societate", oportunidade em que se possibilitaria ao titular da ação penal ampliar o conjunto probatório. Sustentava o recorrente que a investigação realizada pelo "parquet" ultrapassaria suas atribuições funcionais constitucionalmente previstas – v. Informativos 671, 672 e 693. O Tribunal asseverou que a questão em debate seria de grande importância, por envolver o exercício de poderes por parte do Ministério Público. A legitimidade do poder investigatório do órgão seria extraída da Constituição, a partir de cláusula que outorgaria o monopólio da ação penal pública e o controle externo sobre a atividade policial. O "parquet", porém, não poderia presidir o inquérito policial, por ser função precípua da autoridade policial. Ademais, a função investigatória do Ministério Público não se converteria em atividade ordinária, mas excepcional, a legitimar a sua atuação em casos de abuso de autoridade, prática de delito por policiais, crimes contra a Administração Pública, inércia dos organismos policiais, ou procrastinação indevida no desempenho de investigação penal, situações que, exemplificativamente, justificariam a intervenção subsidiária do órgão ministerial. Haveria, no entanto, a necessidade de fiscalização da legalidade dos atos investigatórios, de estabelecimento de exigências de caráter procedimental e de se respeitar direitos e garantias que assistiriam a qualquer pessoa sob investigação – inclusive em matéria de preservação da integridade de prerrogativas profissionais dos advogados, tudo sob o controle e a fiscalização do Poder Judiciário. Vencidos os Ministros Cezar Peluso (relator), Ricardo Lewandowski (Presidente) e Dias Toffoli, que davam provimento ao recurso extraordinário e reconheciam, em menor extensão, o poder de investigação do Ministério Público, em situações pontuais e excepcionais; e o Ministro Marco Aurélio, que dava provimento ao recurso, proclamando a ilegitimidade absoluta do Ministério Público para, por meios próprios, realizar investigações criminais. *RE 593727/MG, rel. orig. Min. Cezar Peluso, red. p/ o acórdão Min. Gilmar Mendes, 14.5.2015. (RE-593727) (Info 785)*

19. QUESTÕES DE CONCURSOS PÚBLICOS

01. (2017 – CESPE – TRE-BA – Analista Judiciário – Área Administrativa) Indiciado em determinado inquérito policial, Pedro requereu, por meio de seu advogado, acesso aos autos da investigação. O requerimento foi negado pelo delegado de polícia. Nessa situação hipotética, a decisão da autoridade policial está

(A) correta, pois, sendo procedimento inquisitório, não há de se falar em assistência de advogado no curso do inquérito policial.

(B) incorreta, pois o exercício do direito de defesa e contraditório são plenamente aplicáveis ao inquérito policial.

(C) incorreta, pois afronta o princípio da publicidade, igualmente aplicável às ações penais em curso e aos inquéritos policiais.

(D) correta, pois o inquérito policial, sendo procedimento inquisitório, deve ser mantido em sigilo até o ajuizamento da ação penal.

(E) incorreta, pois o acesso do indiciado, por meio de seu advogado, aos autos do procedimento investigatório é garantia de seu direito de defesa.

02. (2017 – FCC – DPE-RS – Analista Processual) No tocante ao inquérito policial relativo à apuração de crime a que se procede mediante ação penal pública incondicionada, é correto afirmar:

(A) É vedada a instauração de inquérito policial de ofício.

(B) O ofendido não pode requerer diligência no curso de inquérito policial.

(C) A autoridade policial poderá mandar arquivar autos de inquérito.

(D) A autoridade policial poderá mandar instaurar inquérito a partir de comunicação de fato feita por qualquer pessoa, mas deve aguardar a iniciativa do ofendido ou seu representante legal para que seja instaurado.

(E) Depois de ordenado o arquivamento do inquérito pela autoridade judiciária, por falta de base para a denúncia, a autoridade policial poderá proceder a novas pesquisas, se de outras provas tiver notícia.

03. (2017 – VUNESP – TJ-SP – Juiz Substituto) Durante o inquérito, o advogado

(A) pode assistir a seus clientes investigados durante a apuração de infrações, sob pena de nulidade absoluta do respectivo interrogatório ou depoimento e, subsequentemente, de todos os elementos investigatórios e probatórios dele decorrentes ou derivados, direta ou indiretamente, mas não pode apresentar razões e quesitos.

(B) não precisa apresentar procuração para examinar autos sujeitos a sigilo, desde que ainda não conclusos à autoridade.

(C) pode ter delimitado, pela autoridade competente, o acesso aos elementos de prova relacionados a diligências em andamento e ainda não documentadas nos autos, quando houver risco de comprometimento da eficiência, da eficácia ou da finalidade das diligências.

(D) pode examinar, em qualquer instituição responsável por conduzir a investigação, mesmo sem procuração, autos de flagrante e de investigações de qualquer natureza, findos ou em andamento, ainda que conclusos à autoridade, mas não pode copiar peças e tomar apontamentos por meio digital.

04. (2017 – TRF – 2ª Região – TRF – 2ª REGIÃO – Juiz Federal Substituto) Delegado da Polícia Federal recebe carta apócrifa, na qual é reportado esquema de fraude, consistente em produzir atestados falsos para obtenção, junto ao INSS, de benefícios de auxíiodoença. Após diligências preliminares destinadas a verificar a verossimilhança das informações da carta, o Delegado instaura inquérito policial para completa apuração dos fatos. Consideradas tal narrativa e a jurisprudência do STF, assinale a opção correta:

(A) O inquérito deve ser trancado, pois é ilegal a sua instauração a partir de denúncia anônima.

(B) É legal a instauração de inquérito policial em virtude de denúncia anônima, desde que realizadas diligências preliminares para verificar a verossimilhança das informações.

(C) O inquérito deve ser trancado. No caso de denúncia anônima, a jurisprudência do STF assinala que o inquérito policial só pode ser instaurado com autorização judicial prévia.

(D) Em virtude da regra constitucional que veda o anonimato, a jurisprudência dos Tribunais Superiores aponta que o inquérito policial só pode ser formalmente instaurado após diligências prévias e após a autorização do juiz, que, em alguns casos, pode ser posterior.

(E) Independentemente da questão do anonimato, que depende de solução diversa das acima apontadas, o Delegado agiu de forma ilícita, pois é vedada a realização de diligências investigatórias antes da instauração formal de inquérito policial, já que subtrai da apreciação legal o eventual arquivamento das informações.

05. (2017 – FCC – TJ-SC – Juiz Substituto) Concluído o Inquérito Policial pela polícia judiciária, o órgão do Ministério Público requer o arquivamento do processado. O Juiz, por entender que o Ministério Público do Estado de Santa Catarina não fundamentou a manifestação de arquivamento, com base no Código de Processo Penal, deverá

(A) encaminhar o Inquérito Policial à Corregedoria-Geral do Ministério Público.

(B) indeferir o arquivamento do Inquérito Policial.

(C) remeter o Inquérito Policial ao Procurador-Geral de Justiça.

(D) indeferir o pedido de arquivamento e remeter cópias ao Procurador-Geral de Justiça e ao Corregedor-Geral do Ministério Público.

(E) remeter o Inquérito Policial à polícia judiciária para prosseguir na investigação.

---

06. (2016 – CESPE – PC-GO – Agente de Polícia Substituto) A respeito do IP, assinale a opção correta.

(A) O delegado de polícia, se estiver convencido da ausência de elementos suficientes para imputar autoria a determinada pessoa, deverá mandar arquivar o IP, podendo desarquivá-lo se surgir prova nova.

(B) O IP é presidido pelo delegado de polícia sob a supervisão direta do MP, que poderá intervir a qualquer tempo para determinar a realização de perícias ou diligências.

(C) A atividade investigatória de crimes não é exclusiva da polícia judiciária, podendo ser eventualmente presidida por outras autoridades, conforme dispuser a lei especial.

(D) O IP é indispensável para o oferecimento da denúncia; o promotor de justiça não poderá denunciar o réu sem esse procedimento investigatório prévio.

(E) O IP é peça indispensável à propositura da ação penal pública incondicionada, sob pena de nulidade, e deve assegurar as garantias constitucionais da ampla defesa e do contraditório.

---

07. (2016 – CESPE – PC-GO – Escrivão de Polícia Substituto) Acerca de aspectos diversos pertinentes ao IP, assinale a opção correta.

(A) O IP, em razão da complexidade ou gravidade do delito a ser apurado, poderá ser presidido por representante do MP, mediante prévia determinação judicial nesse sentido.

(B) A notitia criminis é denominada direta quando a própria vítima provoca a atuação da polícia judiciária, comunicando a ocorrência de fato delituoso diretamente à autoridade policial.

(C) O indiciamento é ato próprio da autoridade policial a ser adotado na fase inquisitorial.

(D) O prazo legal para o encerramento do IP é relevante independentemente de o indiciado estar solto ou preso, visto que a superação dos prazos de investigação tem o efeito de encerrar a persecução penal na esfera policial.

(E) Do despacho da autoridade policial que indeferir requerimento de abertura de IP feito pelo ofendido ou seu representante legal é cabível, como único remédio jurídico, recurso ao juiz criminal da comarca onde, em tese, ocorreu o fato delituoso.

---

08. (2016 – FUNCAB – PC-PA – Delegado de Polícia Civil) Sobre inquérito, assinale a opção correta.

(A) Por ser o inquérito sigiloso, quando por imperiosa razão de ordem pública for, fundamentadamente, decretado o segredo, o advogado não terá acesso às diligências documentadas nos autos do inquérito.

(B) O inquérito é um procedimento administrativo, que embora admita o exercício de alguns direitos de defesa e de informação ao indiciado, tem natureza acusatória, é sigiloso e desprovido de ampla defesa e contraditório.

(C) A Constituição de 1988 institui o sistema acusatório, impondo a separação das funções de investigar, acusar, defender e julgar. Porém, isso não faz da polícia judiciária uma função essencial à justiça por não ser da essência e estrutura do sistema acusatório.

(D) O indiciamento é ato privativo da autoridade policial, ou seja, delegado de polícia, não cabendo ao Ministério Público, mesmo nos casos de requisição de sua instauração por parte do Parquet, definir o indiciamento.

(E) Nos casos de indiciado solto, o inquérito policial, nos termos do código de processo penal, deverá ser encerrado em 90 dias.

---

09. (2016 – FUNCAB – PC-PA – Delegado de Polícia Civil) São atos típicos do Delegado de Polícia:

(A) Auto de Prisão em Flagrante. Termo Circunstanciado, despacho saneador.

(B) Portaria de instauração do inquérito, decisão de indiciamento, representação por prisão preventiva e lavratura do Termo Circunstanciado.

(C) Portaria de instauração do inquérito, representação por prisão preventiva, Auto de Prisão em Flagrante e despacho saneador.

(D) Auto de Prisão em Flagrante. Termo Circunstanciado, decisão de pronúncia e denúncia.

(E) Portaria de instauração do inquérito, representação por prisão preventiva, Auto de Prisão em Flagrante e decisão de pronúncia.

---

10. (2016 – CESPE – PC-PE – Escrivão de Polícia) No que se refere ao arquivamento do inquérito policial, assinale a opção correta.

(A) Membro do Ministério Público ordenará o arquivamento do inquérito policial se verificar que o fato investigado é atípico.

(B) Cabe à autoridade policial ordenar o arquivamento quando a requisição de instauração recebida não fornecer o mínimo indispensável para se proceder à investigação.

(C) Sendo o crime de ação penal privada, o arquivamento do inquérito policial depende de decisão do juiz, após pedido do Ministério Público.

(D) O inquérito pode ser arquivado pela autoridade policial se ela verificar ter havido a extinção da punibilidade do indiciado.

(E) Sendo o arquivamento ordenado em razão da ausência de elementos para basear a denúncia, a autoridade policial poderá empreender novas investigações se receber notícia de novas provas.

---

11. (2015 – MPE-BA – MPE-BA – Promotor de Justiça Substituto – Adaptada) No dia 12 de janeiro de 2015, o promotor de Justiça de determinada comarca da Bahia recebeu um inquérito policial em que constavam Josélio e Perênio como indiciados pela prática dos crimes de estupro de vulnerável e tentativa de homicídio qualificado. No último dia do prazo, o referido promotor de Justiça ofereceu denúncia contra Josélio e lhe imputou aqueles crimes, mas, sem expressa justificativa, não incluiu em sua denúncia o indiciado Perênio. Por sua vez, o juiz, ao receber a peça acusatória, manteve-se silente quanto à omissão do promotor de Justiça.

Em relação à situação acima descrita, julgue o item que segue:

Quanto ao indiciado Perênio, houve o arquivamento implícito do inquérito policial, o que tem sido aceito pela jurisprudência do Superior Tribunal de Justiça e do Supremo Tribunal Federal.

---

12. (2015 – FCC – DPE-SP – Defensor Público) O arquivamento implícito do inquérito policial é

(A) consequência lógica da rejeição parcial da denúncia.

(B) o fenômeno decorrente de o MP deixar de incluir na denúncia algum fato investigado ou algum suspeito, sem expressa justificação.

(C) o arquivamento promovido fundamentadamente pelo Procurador-Geral da República dos inquéritos que tratam de suposta prática de crimes de competência originária do Supremo Tribunal Federal.

(D) o arquivamento operado de ofício pelo delegado de polícia, quando este entende estarem ausentes prova da materialidade delitiva e indícios mínimos de autoria.

(E) o arquivamento promovido pelo Procurador-Geral de Justiça, após a remessa dos autos pelo juiz de direito que discorda do pedido de arquivamento requerido pelo órgão do Ministério Público em primeiro grau.

---

13. (2015 – FCC – DPE-MA – Defensor Público) O inquérito policial

(A) após seu arquivamento, poderá ser desarquivado a qualquer momento para possibilitar novas investigações, desde que haja concordância do Ministério Público.

(B) em curso poderá ser avocado por superior por motivo de interesse público.

(C) poderá ser instaurado por requisição judicial, a depender da análise de conveniência e oportunidade do delegado de polícia.

(D) nos casos de ação penal privada e ação penal pública condicionada poderá ser instaurado mesmo sem a representação da vítima ou seu representante legal, desde que se trate de crime hediondo.

(E) independentemente do crime investigado deverá ser impreterivelmente concluído no prazo de 30 dias se o investigado estiver solto.

---

14. (2015 – CESPE – TJ-PB – Juiz Substituto) A autoridade policial foi informada da descoberta de um cadáver, com perfurações por toda a região abdominal, às margens de uma rodovia. Próximo ao local, havia também uma faca com marcas de sangue e garrafas de bebida alcoólica.

Em face dessa situação, e considerando-se o disposto no CPP, a autoridade policial deverá

(A) oficiar ao Poder Judiciário a fim de que se efetue a retirada do corpo do local.

(B) dirigir-se ao local e providenciar que o estado e a conservação das coisas não sejam alterados até a chegada de peritos criminais.

(C) determinar de imediato a higienização da faca para proceder a reprodução simulada dos fatos.

(D) requerer autorização judicial para que a área seja isolada e para o deslocamento de peritos criminais.

(E) pedir autorização judicial para abertura do inquérito policial.

---

15. (2015 – CESPE – TJ-DFT – Juiz de Direito Substituto) Em relação ao inquérito policial, assinale a opção correta.

(A) Lavrado o auto de prisão em flagrante de crime de adulteração de produto destinado a fins terapêuticos, a autoridade policial poderá conceder ao preso a liberdade provisória mediante o pagamento de fiança.

(B) Segundo interpretação do STF, a participação de procurador da República na fase de investigação policial acarreta o seu impedimento para o subsequente oferecimento da denúncia

(C) O superior hierárquico do delegado pode determinar a redistribuição de inquérito policial por motivo de interesse público e mediante despacho fundamentado.

(D) A colaboração premiada é admitida na fase policial, quando pode ser concedida pela autoridade policial, e na fase processual, quando é concedida pela autoridade judicial.

(E) Havendo indícios de crime praticado por organização criminosa, a autoridade policial poderá autorizar, de ofício, a infiltração de seus agentes de polícia em tarefa de investigação.

16. (2015 – FUNIVERSA – PC-DF – Papiloscopista Policial) No que se refere ao inquérito policial e ao seu arquivamento, assinale a alternativa correta.

(A) Como o inquérito policial não constitui fase da ação penal, não é necessário o seu arquivamento, bastando que não se ofereça a respectiva denúncia ou queixa.

(B) Em não havendo ação penal, o arquivamento do inquérito policial é ato complexo que envolve ato do delegado e do promotor, não sendo necessária decisão judicial de arquivamento.

(C) Mesmo depois de ordenado pela autoridade judiciária, em caso de arquivamento do inquérito por falta de base para a denúncia, a autoridade policial poderá, se de outras provas tiver notícia, proceder a novas pesquisas.

(D) Caso se convença de que o autor do crime agiu em legítima defesa, o delegado de polícia poderá mandar arquivar os autos do inquérito policial

(E) Sendo o inquérito policial destinado a embasar a *opinio delicti* do titular da ação penal, não pode o juiz discordar de pedido de arquivamento formulado por promotor.

17. (2015 – FUNIVERSA – PC-DF – Papiloscopista Policial) Assinale a alternativa correta acerca do inquérito policial e do indiciamento segundo o CPP e a doutrina.

(A) Cabe ao promotor ou ao juiz, mediante requisição, determinar o indiciamento de alguém pela autoridade policial.

(B) Veda-se à vítima requerer ao delegado realização de diligências na fase do inquérito policial.

(C) Cabe à autoridade policial decretar a prisão preventiva do indiciado.

(D) O indiciamento é um ato discricionário da autoridade policial.

(E) Quando a autoridade policial tiver conhecimento da prática da infração penal, deverá averiguar a vida pregressa do indiciado, sob o ponto de vista individual, familiar e social, sua condição econômica, sua atitude e seu estado de ânimo antes e depois do crime e durante ele, além de quaisquer outros elementos que contribuírem para a apreciação do seu temperamento e do seu caráter.

18. (2015 – FUNIVERSA – PC-DF – Delegado de Polícia) Assinale a alternativa correta em relação ao inquérito policial.

(A) Há, no ordenamento jurídico brasileiro, expressa previsão do inquérito policial judicialiforme.

(B) Nos crimes em que a ação pública depender de representação, o inquérito não poderá sem ela ser iniciado.

(C) O inquérito policial, cuja natureza é cautelar, constitui uma das fases processuais.

(D) O inquérito policial é dispensável à propositura da ação penal privada e da ação penal pública condicionada, mas é indispensável à propositura da ação penal pública incondicionada.

(E) Segundo jurisprudência pacificada no STF, o poder de investigação do Ministério Público é amplo e irrestrito.

19. (Fundação Aroeira – Delegado de Polícia – TO/2014) Os autos de inquérito policial que apuram crimes de ação penal pública poderão ser arquivados

(A) pela autoridade policial, em virtude de requisição do Secretário de Segurança Pública.

(B) pelo juiz de direito, em virtude de requerimento do órgão do Ministério Público.

(C) pelo escrivão, em virtude de determinação do chefe de polícia.

(D) pela Corregedoria de Polícia, em virtude de representação do ofendido.

20. (ACAFE – Delegado de Polícia – SC/2014) De acordo com o Código de Processo Penal, e considerando o inquérito policial nos crimes de ação pública, analise as afirmações a seguir e assinale a alternativa correta.

I. Será iniciado de ofício.

II. Será iniciado mediante requisição da autoridade judiciária ou do Ministério Público, ou a requerimento do ofendido ou de quem tiver qualidade para representá-lo.

III. Do despacho que indeferir o requerimento de abertura de inquérito não caberá recurso.

IV. O inquérito, nos crimes em que a ação pública depender de representação, não poderá sem ela ser iniciado.

(A) Todas as afirmações estão corretas.

(B) Todas as afirmações estão incorretas.

(C) Apenas I, II e III estão corretas.

(D) Apenas II e IV estão corretas.

(E) Apenas I, II e IV estão corretas.

21. (ACAFE – Delegado de Polícia – SC/2014) De acordo com o Código de Processo Penal assinale a alternativa correta.

(A) A polícia judiciária será exercida pelas autoridades policiais no território de suas respectivas jurisdições e terá por fim a apuração das infrações penais e da sua autoria.

(B) Ciente da prática de um crime, a autoridade policial deverá, se possível e conveniente, dirigir-se ao local dos fatos.

(C) O ofendido ou seu representante legal e o indiciado poderão requerer qualquer diligência, que sempre será realizada em até 10 dias.

(E) O inquérito, nos crimes em que a ação pública depender de representação, não poderá sem ela ser iniciado, bem como, nos crimes de ação privada, a autoridade policial somente poderá proceder a inquérito a requerimento de quem tenha qualidade para intentá-la.

---

22. (ACAFE – Delegado de Polícia – SC/2014) De acordo com o Código de Processo Penal, especificamente quanto ao Inquérito, assinale a alternativa correta.

(A) No relatório, não poderá a autoridade policial indicar testemunhas que não tiverem sido inquiridas.

(B) A autoridade policial deverá concluí-lo no prazo de 10 dias, se o indiciado estiver preso preventivamente, contado o prazo a partir do dia seguinte em que se executar a ordem de prisão, ou no prazo de 30 dias, quando estiver solto, mediante fiança ou sem ela.

(C) A autoridade policial fará minucioso relatório do que tiver sido apurado e enviará os autos ao juiz competente.

(D) A autoridade policial fará minucioso relatório do que tiver sido apurado e enviará os autos ao Ministério Público.

(E) Quando o fato for de difícil elucidação e o indiciado estiver preso, a autoridade policial poderá requerer ao juiz a devolução dos autos, para ulteriores diligências, que serão realizadas no prazo de 30 dias.

---

23. (UEG – Delegado de Polícia – PC/GO/2018) Quando o inquérito policial é instaurado a partir de um auto de prisão em flagrante delito, diz-se haver:

(A) *notitia criminis* inqualificada.

(B) *delatio criminis* postulatória.

(C) *notitia criminis* de cognição imediata.

(D) *notitia criminis* de cognição mediata.

(E) *notitia criminis* de cognição coercitiva.

---

24. (UEG – Delegado de Polícia – PC/GO/2018) Sobre o inquérito policial, segundo o Código de Processo Penal, tem-se o seguinte:

(A) A representação, no caso de ação penal pública condicionada, pode ser apresentada por procurador.

(B) Em regra, irregularidade em ato praticado no inquérito policial gera a nulidade do processo penal dele decorrente.

(C) A representação do ofendido é irretratável depois de recebida a denúncia.

(D) Da decisão que indefere o requerimento de abertura de inquérito policial formulado pelo ofendido cabe recurso ao Ministério Público.

(E) Se o investigado estiver preso em flagrante, o extrapolamento do prazo de conclusão gera nulidade da investigação.

---

25. (Cespe – Técnico Judiciário – Área Administrativa – STJ/2018) A respeito dos procedimentos de investigação, julgue os itens que se seguem. Notitia criminis é o meio pelo qual a vítima de delito ou o seu representante legal manifesta sua vontade a respeito da instauração do inquérito policial e do posterior oferecimento de denúncia, nas hipóteses de ação penal pública condicionada.

---

26. (Cespe – Técnico Judiciário – Área Administrativa – STJ/2018) A respeito dos procedimentos de investigação, julgue os itens que se seguem. O inquérito policial tem caráter inquisitório, dispensando a ampla defesa e o contraditório, motivo pelo qual os elementos de informação nele documentados não são disponibilizados ao defensor do investigado.

---

27. (Cespe – Juiz de Direito – TJ – CE/2018) Julgue os itens a seguir, a respeito do inquérito policial e das disposições preliminares do Código de Processo Penal.

I Aos processos em curso, a lei processual penal será aplicada imediatamente, mantendo-se, todavia, os atos praticados sob a égide da lei anterior.

II Caso tome conhecimento da existência de novas provas, a autoridade policial poderá determinar o arquivamento do inquérito e proceder a novas diligências.

III Ocorrendo o arquivamento do inquérito por falta de fundamentos para a denúncia, a autoridade policial poderá dar continuidade à investigação se tiver notícia de outras provas.

IV A autoridade policial poderá manter o indiciado incomunicável por até cinco dias se essa medida for indispensável à investigação.

Estão certos apenas os itens

(A) I e II.

(B) I e III.

(C) III e IV.

(D) I, II e IV.

(E) II, III e IV.

---

28. (Cespe – Analista Judiciário – Área Judiciária – STJ/2018) Acerca do inquérito policial, do acusado e seu defensor e da ação penal, julgue os itens que se seguem. Em se tratando de crimes que se processam mediante ação penal pública incondicionada, o inquérito policial poderá ser instaurado de ofício pela autoridade policial.

29. (Cespe – Analista Judiciário – Área Judiciária – STJ/2018) Acerca do inquérito policial, do acusado e seu defensor e da ação penal, julgue os itens que se seguem. O titular da ação penal pública condicionada é o Ministério Público.

30. (Cespe – Analista do MPU – Direito – MPU/2018) Em relação a inquérito policial, ação penal e competência, julgue os próximos itens, de acordo com o entendimento da doutrina majoritária e dos tribunais superiores. É de seis meses o prazo para que o ministro da Justiça requeira a instauração de inquérito policial em crime de ação penal pública condicionada. Findo esse prazo, opera-se a decadência do direito de ação.

31. (UFPR – COREN-PR – Advogado – 2018) A respeito da disciplina jurídica do inquérito policial no processo penal brasileiro, assinale a alternativa correta.

(A) A polícia judiciária será exercida pelas autoridades policiais no território de suas respectivas circunscrições e terá por fim a apuração das infrações penais e da sua autoria, sendo possível o exercício da polícia judiciária também por autoridades administrativas, a quem por lei seja cometida a mesma função.

(B) No curso do inquérito policial, o ofendido poderá requerer à autoridade policial a realização de qualquer diligência, no entanto o indiciado não possui o mesmo direito, por se tratar o inquérito de mero procedimento administrativo, que não deve observância às garantias de contraditório e ampla defesa.

(C) O Ministério Público poderá requerer a devolução do inquérito à autoridade policial para novas diligências que entender convenientes ou oportunas.

(D) O inquérito policial é público, sendo a divulgação de seu teor exigida pelo interesse da sociedade.

(E) Nos atestados de antecedentes que lhe forem solicitados, a autoridade policial mencionará quaisquer anotações referentes à instauração de inquérito contra os requerentes.

32. (CESPE – Polícia Federal – Papiloscopista Policial Federal – 2018) Na tentativa de entrar em território brasileiro com drogas ilícitas a bordo de um veículo, um traficante disparou um tiro contra agente policial federal que estava em missão em unidade fronteiriça. Após troca de tiros, outros agentes prenderam o traficante em flagrante, conduziram-no à autoridade policial local e levaram o colega ferido ao hospital da região. Nessa situação hipotética, ao tomar conhecimento do homicídio, cuja ação penal é pública incondicionada, a autoridade policial terá de instaurar o inquérito de ofício, o qual terá como peça inaugural uma portaria que conterá o objeto de investigação, as circunstâncias conhecidas e as diligências iniciais que serão cumpridas. ( ) certo ( ) errado

20. GABARITO ANOTADO

01 – E

Vide:

- Súmula vinculante 14.
- Itens "5.3.2. Acesso aos autos do inquérito pelo advogado" e "5.7. Inquisitivo".

02 – E

Vide:

- Art. 18 do CPP.
- Itens "14.1. Crimes de ação penal pública";" 14.1.5. Desarquivamento".

03 – C

Vide:

- Art. 7º, § 11, da Lei 8.906/1994 (Estatuto da OAB).
- Súmula vinculante 14.
- Item "5.3.3. Ampliação do acesso aos autos de investigação preliminar pelo advogado"

04 – B

Vide:

- HC 109598 AgR, Relator(a): Min. Celso de Mello, Segunda Turma, julgado em 15/03/2016: *"(...) Persecução penal e delação anônima – Viabilidade, desde que a instauração formal do inquérito tenha sido precedida de averiguação sumária, "com prudência e discrição", destinada a apurar a verossimilhança dos fatos delatados e da respectiva autoria – Doutrina – Precedentes do supremo tribunal federal(...)".*
- Itens "10. *Notitia criminis* (notícia do crime)"; "10.2. Espécies".

05 – C

Vide:

- Art. 28 do CPP.
- Item "14.1.4. Divergência do magistrado quanto ao pedido de arquivamento do inquérito policial e distinções do procedimento conforme a competência da Justiça".

06 – C

Vide:

- STF, Tribunal Pleno, RE 593727.
- Item "4. Inquéritos não policiais"

07 – C

Vide:

- Art. 2º, § 6º, da Lei 12.830/2013.

- Item "13.2. Indiciamento"

08 – D

Vide:

- Art. 2º, § 6º, da Lei 12.830/2013.
- Item "13.2. Indiciamento"

09 – B

Vide:

- Art. 13, IV do CPP.
- Art. 69, da Lei 9.099/95.
- Art. 2º, § 6º, da Lei 12.830/2013.
- Itens "11. Peças inaugurais do inquérito policial", "15.1. Termo circunstanciado", "2.2. Polícia judiciária" e "13.2. Indiciamento".

10 – E

Vide:

- Art. 18 do CPP.
- Item "14.1. Crimes de ação penal pública", "14.1.5. Desarquivamento".

11 – E

Vide:

- STJ, Quinta Turma, HC 181.179.
- STF, Segunda Turma, AI 803138.
- Item "14. Encerramento"; "14.1. Crimes de ação penal pública"; "14.1.6. Arquivamento implícito"

12 – B

Vide:

- Item "14. Encerramento"; "14.1. Crimes de ação penal pública"; "14.1.6. Arquivamento implícito"

13 – B

Vide:

- Art. 2º, § 4º, da Lei 12.830/13.
- Item "5.8. Autoritariedade"

14 – B

Vide:

- Art. 6º, I, do CPP.
- Item "13. Providências"

15 – C

Vide:

- Art. 2º, § 4º, da Lei 12.830/13.
- Item "5.8. Autoritariedade"

16 – C

Vide:

- Art. 18 do CPP.
- Item "14.1. Crimes de ação penal pública".

17 – E

Vide:

- Art. 6º, IX, do CPP.
- Item "13. Providências"

18 – B

Vide:

- Art. 5, § 4º, do CPP.
- Item "10.2. Espécies"; "10.2.2.4. Representação da vítima (*delatio criminis* postulatória)"

19 – B

Vide:

- Art. 18, CPP
- Item 14. Encerramento

20 – E

Vide:

- I – Art. 5º, I, CPP; item 5.5. Oficiosidade
- II – Art. 5º, II, CPP; item 10. *Notitia criminis* (notícia do crime) / 10.2. Espécies
- III – Art. 5º, § 2º, CPP; item 10.2. Espécies
- IV – Art. 5º, § 4º, CPP; item 10.2. Espécies

21 – E

Vide:

- **Art. 5º, *caput* e § 4º, CPP**
- Item 10. *Notitia criminis* (notícia do crime)

22 – C

Vide:

- Art. 10, § 1º, CPP
- Item 14. Encerramento

23 – E

Vide:

- Item "10. *Notitia criminis* (notícia do crime)".

24 – A

Vide:

- Art. 5º. §2º, CPP.
- Art. 25, CPP.
- Art. 39, CPP.
- Art. 648, II, CPP.
- Item "10. *Notitia criminis* (notícia do crime)".

25 – ERRADO

Vide:

- Item "10. *Notitia Criminis* (notícia do crime)".

26 – ERRADO

Vide:

- Súmula vinculante 14.
- EAOAB – Lei nº 8.906 de 04 de Julho de 1994, Art. 7º, XXI
- Item "5.3. Sigiloso"

27 – B

Vide:

- Art. 18, CPP.
- Art. 21, CPP.
- Art. 136, §3º, IV, CF.
- Súmula 524 do STF.

28 – CERTO

Vide:

- Art. 5º. CPP.
- Item "5. Características do inquérito policial"

29 – CERTO

Vide:

- Art. 129, I, CF.
- Art. 24, CPP.

30 – ERRADO

Vide:

- Item "10.2. Espécies".

31 – A

Vide:

- Art. 144, § 1º, IV e § 4º, CF
- Art. 4º, CPP.
- Item "2. Polícia judiciária e polícia administrativa".

32 – CERTO

Vide:

- Art. 5º, CPP.
- Art. 6º, CPP.
- Item "1.4. Encerramento".

21. QUESTÕES DISCURSIVAS COM COMENTÁRIOS

01. (Promotor de Justiça – GO – 2014 – MPE-GO) No que consiste a investigação criminal defensiva? É aplicável ao sistema processual penal brasileiro? Justifique.

Resposta

Conforme constou do espelho de resposta, deveriam ser abordados os seguintes tópicos:

a) investigação criminal;

b) investigação realizada por particular;

c) princípios da paridade de armas e da ampla defesa;

d) investigação criminal defensiva e suas consequências jurídicas;

e) previsão do instituto no anteprojeto do novo CPP.

A investigação criminal defensiva nada mais é do que a possibilidade de o investigado realizar diretamente a investigação do crime, por meio de seu defensor, objetivando reunir os elementos de convicção que lhe sejam favoráveis. Está intimamente relacionada aos princípios da igualdade e da ampla defesa, representando a investigação defensiva, ainda, uma forma de equilibrar o atual movimento de atribuir poderes investigatórios ao Ministério Público, tal como ressaltado pela banca. Trata-se, portanto, de atividades investigatórias desenvolvidas pelo defensor em qualquer fase da persecução penal, com ou sem assistência de investigador particular, tendo por finalidade a colheita de elementos informativos que possam beneficiar o investigado. Ressalte-se que, apesar de poder ser realizada, o particular não é dotado de poderes coercitivos, assim como também não lhe é permitido violar direitos e garantias fundamentais. Por fim, registre-se que o projeto do novo Código de Processo Penal (Projeto de Lei nº 156/2009) prevê, de forma expressa, o instituto da "investigação criminal defensiva".

02. (Defensor Público Estadual – MG – 2014 – FUNDEP) Discorra sobre investigação criminal defensiva abordando: conceito; fundamentos; principal limitação jurídica e diferença da faculdade conferida no artigo 14 do Código de Processo Penal.

Resposta

Investigação criminal defensiva é a possibilidade de a defesa do acusado realizar diligências investigativas como meio de prova, a fim de reunir subsídios à sua defesa. Está relacionada aos princípios da igualdade e da ampla defesa. Apesar de entendermos não haver óbice à condução paralela de investigação pela defesa do indiciado, esta não pode ofender direitos individuais fundamentais, como a intimidade, a honra e a vida privada.

Conforme indicado no espelho de correção, a principal limitação jurídica a ser indicada é a ausência de poder de polícia na investigação criminal defensiva.

Ressalte-se, ainda, que o art. 14 do CPP permite que o acusado, na fase inquisitorial, apresente requerimentos, bem como indique provas em seu favor. Tais requerimentos, contudo, se submetem à discricionariedade da autoridade que conduz o feito (artigo 14, do CPP). Logo, é possível verificar a clara diferença entre a investigação criminal defensiva e a faculdade do artigo 14 do Código de Processo Penal, (autonomia da defesa de investigar x adstrição à investigação conduzida pela polícia).

03. (Analista – MPE-BA – 2014 – AOCP) Discorra sobre o poder investigatório do Ministério Público na atual conjuntura jurídica brasileira.

Resposta

A Constituição Federal descreve que, entre as funções institucionais do Ministério Público, está a titularidade da ação penal pública, sendo sua atribuição promovê-la privativamente, requisitar diligências investigatórias e a instauração de inquérito policial, bem como promover o inquérito civil e a ação civil pública, expedir notificações nos procedimentos administrativos, requisitar informações e documentos, além de outras na forma da lei (art. 129 da CF).

O poder investigatório do Ministério Público em âmbito cível decorre diretamente da própria Constituição Federal. Por outro lado, quanto à legitimação para a investigação criminal do Ministério Público, decorre da própria titularidade da ação penal pública (teoria dos poderes implícitos), sendo inclusive reconhecida pelos Tribunais Superiores.

O Projeto de Emenda Constitucional nº 37 fomentou a discussão, e teve como propósito dar exclusividade às polícias civil e federal para a apuração das infrações penais. Com a rejeição da PEC 37, o poder investigatório em âmbito criminal manteve a sua prevalência, nos termos, inclusive, da recente decisão do STF, proferida no RE 583727, consolidando-se o entendimento pelo reconhecimento da legitimidade do Ministério Público para promover, por autoridade própria, investigações de natureza penal. A tese fixada em repercussão geral foi a seguinte: "O Ministério Público dispõe de competência para promover, por autoridade própria, e por prazo razoável, investigações de natureza penal, desde que respeitados os direitos e garantias que assistem a qualquer indiciado ou a qualquer pessoa sob investigação do Estado, observadas, sempre, por seus agentes, as hipóteses de reserva constitucional de jurisdição e, também, as prerrogativas profissionais de que se acham investidos, em nosso País, os advogados (Lei 8.906/1994, art. 7º, notadamente os incisos I, II, III, XI, XIII, XIV e XIX), sem prejuízo da possibilidade – sempre presente no Estado democrático de Direito – do permanente controle jurisdicional dos atos, necessariamente documentados (Enunciado 14 da Súmula Vinculante), praticados pelos membros dessa Instituição."

04. (PC – RJ – Delegado de Polícia – RJ/2001) ESPAÇO MÁXIMO PARA RESPOSTA INTEGRAL: 30 linhas

Carlos recebe em casa, na cidade do Rio de Janeiro, durante cinco dias consecutivos, cartas anônimas contendo ameaças de morte em virtude de o citado indivíduo ter prestado declarações públicas de apoio ao regime TALIBÃ, que governa o Afeganistão. Nas cartas anônimas, enviadas de Niterói, o autor anunciou ter sido o responsável por graves agressões, praticadas antes, contra torcedores de um time de futebol, fornecendo detalhes até então conhecidos exclusivamente pela autoridade policial encarregada de investigar o caso e assim revelando a seriedade das suas intenções. Carlos pretende a apuração das ameaças e a punição do responsável. Jornalistas ouvem comentários sobre o assunto. Indaga-se:

(A) No tocante à investigação, como deve proceder a autoridade policial perante a qual o ofendido vier a noticiar o fato, representando pela punição do autor?

(B) Terá atribuição a autoridade policial de Niterói, de onde foram expedidas e remetidas as cartas, ou a do Rio de Janeiro, onde Carlos as recebeu e tomou conhecimento das ameaças?

(C) Instaurado inquérito policial ou lavrado termo circunstanciado, a investigação estará sujeita ao sigilo? Podem os jornalistas ter acesso às informações da investigação?

Resposta

(A) Para o início das investigações, necessário definir qual infração penal foi cometida. Tratando-se de seguidas ameaças, o crime cometido é o do art. 147, CP, cuja pena máxima abstrata é de seis meses de detenção. Como se trata de crime cometido várias vezes, com grave ameaça à pessoa, com circunstâncias, motivos e conduta social do agente desfavoráveis, a regra de continuidade delitiva aplicável é a do parágrafo único, do art. 71, CP, possibilitando a exasperação da pena em até o triplo. Ainda assim, segundo a regra atual, permanece sendo a infração penal de menor potencial ofensivo (não excede a dois anos a pena máxima). Na época da questão, o parâmetro era de um ano a pena abstrata máxima. Daí que a resposta correta quando do concurso era a lavratura de inquérito policial. Se fosse hoje a prova, cabível seria o termo circunstanciado de ocorrência.

Outro ponto relevante é saber que se trata de delito cuja ação penal é de iniciativa pública condicionada à representação do ofendido. No caso em tela, como as cartas são apócrifas, anônimas, é imprescindível que, antes de ser instaurado o procedimento cabível, a autoridade policial tome as cautelas necessárias para a aferição da procedência da notícia-crime. Após, cabível será a instauração de termo circunstanciado de ocorrência.

(B) A ameaça por carta em tela é delito plurilocal, aplicando-se a regra do art. 70, CPP (teoria do resultado). Caberá a apuração à autoridade policial do local onde foram

abertas às cartas (momento consumativo), ou seja, o delegado de polícia do Rio de Janeiro, onde Carlos recebeu e tomou conhecimento das ameaças (resposta da questão à época do concurso). Como o fato é delito de menor potencial ofensivo, incidindo a Lei nº 9.099/1995, a teoria aplicável passou a ser a da atividade, sendo atribuição do delegado do local da ação ou da omissão (nesse caso, Niterói).

(C) Caso tivéssemos inquérito policial, a regra seria que fosse sigiloso. O sigilo é característica própria da fase de investigação preliminar. É possível sustentar, mutatis mutandis, a necessidade de sigilo para o caso de termo circunstanciado de ocorrência, notadamente visando preservar o status dignitatis do autor do fato. De tal modo, para acautelar a imagem da pessoa investigada e mesmo para garantir o êxito das investigações, a regra é de que haja sigilo externo, não podendo jornalistas terem acesso irrestrito às informações das investigações em curso. Certo que essa regra pode ceder, excepcionalmente, quando em colisão com o direito à informação, desde que com a devida justificativa fundamentada, mediante critério de ponderação, a fim de coibir abusos consistentes na exposição indevida de supostos agentes.

05. (PC – RJ – Delegado de Polícia – RJ/2001) ESPAÇO MÁXIMO PARA RESPOSTA INTEGRAL: 30 linhas

Um adolescente é apresentado ao Delegado de Polícia por estar vendendo um instrumento empregado usualmente na prática de furto. Como deve proceder a Autoridade Policial? Responda fundamentadamente.

Resposta

A conduta é descrita como contravenção penal, tipificada no art. 24, da Lei de Contravenções Penais, infração penal de menor potencial ofensivo. Como a questão refere a agente adolescente, o procedimento cabível é a lavratura de procedimento para a apuração de ato infracional, nos termos do Estatuto da Criança e do Adolescente.

06. (PC – RJ – Delegado de Polícia – RJ/2002) ESPAÇO MÁXIMO PARA RESPOSTA: 30 LINHAS

Em que consiste o ato de interdição policial, que fins persegue, qual o seu prazo e qual o dispositivo legal à espécie?

Resposta

A interdição policial é expressão do poder de polícia da autoridade policial e é depreendido do art. 6º, I, do CPP, que reza que uma vez cometida a infração penal deve a autoridade policial se dirigir ao local do delito, a fim de providenciar que não se alterem o estado das coisas até a chegada dos peritos criminais. Pode ser compreendida como o ato de isolamento do local de crime. A expressão "interdição policial" era encontrada na revogada Lei nº 9.034/1995, que dispunha sobre os meios operacionais para prevenção e repressão de ações praticadas por organizações criminosas, para explicar que a ação controlada consistia no retardo da "interdição policial" para fazê-la no momento mais adequado. Então, interdição policial também pode significar gênero da atuação da polícia com o fito de adotar as providências necessárias à coibição do delito.

Para os fins da questão em tela, interdição é a providência de isolamento do local do crime, pelo prazo necessário à chegada dos peritos, a teor do art. 6º, I, CPP.

07. (FUNCAB – Delegado de Polícia – RJ/2013) Discorra sobre o instituto jurídico do arquivamento implícito e suas formas.

Resposta

O arquivamento implícito consiste na conduta do Ministério Público de oferecer a ação penal de forma parcial – sem descrever todos os fatos típicos ou sem incluir todos os agentes –, seguido do recebimento da denúncia pelo juiz sem qualquer objeção e sem aplicar o art. 28, do CPP. Pode ser arquivamento implícito objetivo (quando se refere a fato típico não descrito na denúncia) ou subjetivo (quando a omissão é de coautor do delito). Como vimos neste capítulo, o arquivamento implícito não é figura admitida pela jurisprudência do STF.

08. (FGV – Delegado de Polícia – AP/2010) Instaurado inquérito policial nº 123/10, da Delegacia Especializada em Entorpecentes, para apuração do crime de tráfico ilícito de entorpecentes, são identificados e indiciados 3 suspeitos da prática do crime, os quais seriam intermediários entre o traficante internacional que traz a droga proveniente do exterior e os traficantes que vendem a droga diretamente aos usuários. Os indiciados são José da Silva, João de Souza e Joaquim dos Santos.

Com o avançar das investigações, são inquiridas várias testemunhas, as quais temem por suas vidas caso os indiciados tomem conhecimento dos seus depoimentos, bem como reunidas provas da participação de José, João e Joaquim no crime. Autorizada a interceptação telefônica por quinze dias (medida cautelar nº 456/10), são coletadas provas suficientes para o oferecimento da denúncia, razão pela qual o pedido de interceptação não é renovado, sendo os autos da medida cautelar juntados aos autos do inquérito, elaborando o Delegado um relatório conclusivo e encaminhando os autos à justiça, que os remete ao Ministério Público.

O promotor de justiça, contudo, requisita como diligência a oitiva dos investigados, providência que não tinha sido tomada pelo delegado. Ao intimar o indiciado João de Souza, comparece antes da data aprazada para realização da oitiva um advogado com procuração com poderes específicos para defendê-lo nos autos do inquérito policial nº 123/10, solicitando vista dos autos e obtenção de cópias.

Tendo em vista o disposto no art. 20 do CPP, pergunta-se:

1) Poderá o Delegado de Polícia indeferir pedido de vista dos autos do inquérito, formulado por advogado constituído pelo indiciado, alegando que a divulgação dos depoimentos das testemunhas coloca suas vidas em risco?

2) Poderá o Delegado de Polícia indeferir pedido de vista da cautelar apensada aos autos do inquérito, alegando que o mandato outorgado está restrito aos autos do inquérito?

3) Poderá o Delegado de Polícia restringir o acesso do advogado de João aos documentos e conversas que se refiram exclusivamente a João?

4) Poderá o Delegado de Polícia deixar de intimar João de Souza e devolver os autos à Justiça, requerendo ao juiz que indefira a diligência do promotor por ser a mesma desnecessária?

Fundamente as suas respostas demonstrando conhecimento acerca dos institutos jurídicos aplicáveis ao caso e indicando os dispositivos legais pertinentes.

Resposta

1) O delegado não poderá negar vista dos autos do inquérito policial ao advogado do representado. Nesse sentido, a Súmula Vinculante 14, do STF, reza que é direito do defensor, no interesse do representado, ter acesso amplo aos elementos de prova que, já documentados em procedimento investigatório realizado por órgão com competência de polícia judiciária, digam respeito ao exercício do direito de defesa. Para preservar a segurança das testemunhas, resta a aplicação das cautelas da Lei nº 9.807/1999, que dispõe sobre a proteção de vítimas e depoentes.

2) É possível restringir o acesso aos autos da cautelar que, embora apensada, não tenha sido objeto de publicidade, persistindo a necessidade de sigilo para o êxito das investigações. Depois que documentada a prova nos autos do inquérito policial, passando a integrar este ou o processo, não é mais possível impedir que o advogado do representado tenha a ele acesso.

3) O delegado de polícia pode se aparelhar, organizar-se para não admitir que o advogado tenha acesso a documentos que não interessem ao seu representado e cujo sigilo resguarde indiciado diverso. No entanto, não é possível que vede acesso a documentos comuns ou informações que, embora se refiram a indiciado diverso, acaba por repercutir no interesse do representado. No HC 88.190, ficou dito pelo STF que invocar a intimidade dos demais acusados, para impedir o acesso aos autos, importa restrição ao direito de cada um do envolvidos, pela razão manifesta de que os impede a todos de conhecer o que, documentalmente, lhes seja contrário. Por isso, a autoridade que investiga deve, mediante expedientes adequados, aparelhar-se para permitir que a defesa de cada paciente tenha acesso, pelo menos, ao que diga respeito ao seu constituinte.

4) O delegado de polícia não poderá deixar de cumprir a diligência requisitada pelo Ministério Público que, por sua vez, é o dominus litis, detendo a opinio delicti para deliberar sobre o exercício da ação penal. Não cabe, no ponto, ao delegado de polícia firmar juízo de valor para julgar desnecessárias as oitivas pleiteadas. Aliás, como o delegado de polícia não será parte da futura e eventual ação penal, não é dado a ele o poder-atribuição de querer indeferimento de diligências requisitadas pelo Ministério Público.

---

09. (UFRJ – Delegado de Polícia – DF/2005) Gabriel G. Márquez, investigado pela prática de estelionato, constitui Ruy Barbosa como seu defensor, fazendo juntar ao inquérito policial procuração com outorga de poderes específicos. O advogado passa, então, a acompanhar os atos realizados pela Autoridade Policial durante a investigação, que culmina com denúncia ofertada pelo Ministério Público. Realizadas sucessivas citações, na derradeira tentativa, o Oficial de Justiça declara que o réu encontra-se em local incerto e não sabido. É realizada a citação por edital. Com base no narrado, indaga-se:

(A) o defensor constituído pode acompanhar as investigações?

(B) é possível falar em Defesa na fase pré-processual?

(C) na hipótese, deverá ocorrer a suspensão do processo e do prazo prescricional, ou o processo tem sua marcha regular?

Resposta

(A) O defensor constituído por acompanhar as investigações. É direito do investigado ou preso ter advogado. Aliás, quando é o caso de preso em flagrante que não declara ter advogado, a regra é que a Defensoria Pública receba, em vinte e quatro horas, o auto de prisão respectivo.

(B) Em regra, não há que se falar em defesa na fase de investigação preliminar. O inquérito policial é inquisitivo e não há contraditório, malgrado possa o defensor acompanhar as diligências que não requeiram produção sigilosa. A doutrina minoritária vislumbra possibilidade de contraditório na fase pré-processual quando é o caso de provas irrepetíveis.

(C) A aplicação do art. 366, do CPP, impõe tanto a suspensão do processo, quanto a suspensão do prazo prescricional, toda vez que o acusado, citado por edital por estar em local incerto e não sabido, não constitua advogado, nem compareça aos autos. No caso, a procuração juntada ao inquérito, sendo específica para acompanhar esta fase, não é suficiente a autorizar o entendimento de que o acusado constituiu advogado para o processo penal. Daí a conclusão ser a de determinar a suspensão do processo e do curso da prescrição.

---

10. (MPF/24) O juiz ou o delegado podem indeferir o acesso de advogado de investigado aos autos do inquérito sob o fundamento de que existem diligências sigilosas em andamento (por ex. escuta telefônica)?

Resposta

O tema é recorrente. Falamos acima sobre a distinção. A Súmula Vinculante 14, do STF, veda que o delegado de polícia não permita o acesso do advogado do representado aos autos do inquérito policial. No entanto, as diligências sigilosas, que não estão documentadas nos autos do inquérito policial, mas em procedimento apartado, não serão objeto de consulta por parte do advogado, tal como se dá com os autos de interceptação telefônica em andamento.

11. (PC-GO – Delegado de Polícia – GO/2003) Durante uma cirurgia, Duarte, filho de Perônia, faleceu em consequência de uma reação alérgica a medicamento e choque anafilático. A equipe era composta por três médicos: Pedro, o chefe, Pedrito, cirurgião, e Anastácio, anestesista.

Com base no inquérito policial instaurado em face de Pedro, Pedrito e Anastácio, o Ministério Público ofereceu denúncia em desfavor de Anastácio, o qual teria feito o "risco cirúrgico" e afirmado que a vítima não apresentava qualquer antecedente alérgico ou alergia a medicamentos.

Quanto aos demais investigados, integrantes da equipe médica, o Ministério Público quedou-se silente, não se manifestando sobre eventual pedido de arquivamento do inquérito.

O juiz então recebeu a denúncia e determinou o arquivamento do inquérito policial em relação a Pedro e Pedrito, fluindo-se o prazo preclusivo relativo a tal decisão.

Com base nessas informações e considerando:

(A) os precedentes do superior Tribunal de Justiça e do supremo Tribunal Federal, órgãos responsáveis pela uniformização da aplicação das normas federais e constitucionais vigentes;

(B) que o Ministério Público ofereceu denúncia contra apenas alguns dos investigados, deixando de se manifestar quanto aos demais;

Responda:

Poderá o Ministério Público, posteriormente, denunciar Pedro e Pedrito pelos mesmos fatos? Fundamente sua resposta, de forma sucinta.

Resposta

A questão quer do candidato conhecimento sobre o instituto doutrinário denominado "arquivamento implícito". O arquivamento implícito requer duas condutas omissivas. Uma do Ministério Público, que oferece denúncia em relação a uma pessoa e/ou um fato e silencia quanto a outra pessoa e/ou outro fato. A outra do juiz, que recebe a denúncia tal como foi proposta pelo Ministério Público, nada falando em relação ao agente e/ou ao fato não incluídos.

No caso em tela, embora o Ministério Público tenha se omitido, propositalmente ou não, o juiz foi expresso em declarar o arquivamento do inquérito em face de Pedro e Pedrito, com a preclusão dessa decisão.

Nesse contexto, importa distinguir. Não houve, no caso, autêntico arquivamento implícito do inquérito policial. Caso se cuidasse dessa figura, deveria o candidato enfatizar que STJ e STF não o admitem, pelo que autorizado ficaria o MP a aditar a denúncia para incluir os demais agentes, sem maiores formalidades.

Como o arquivamento ocorreu expressamente, incide na hipótese a Súmula 524, do STF. Vale dizer, poderá o MP, posteriormente, denunciar Pedro e Pedrito pelos mesmos fatos, através de aditamento à inicial acusatória, desde que advenha nova prova, entendida esta como a prova materialmente, essencialmente nova (não apenas formalmente nova).

12. (PC-MG – Delegado de Polícia – MG/2008) Mévio Alcebíades Mendonça reside no Brasil desde os anos 80, sempre ocupando a função de cônsul honorário do país X. Durante suas férias de janeiro de 2008, ávido por conhecer as belezas de Minas Gerais, optou por passar 20 dias descansando na cidade de Ouro Preto. Durante esse período, considerando que havia acabado de se separar de sua esposa, Mévio não resistiu aos encantos de uma jovem estudante domiciliada em Ouro Preto, que, à época, contava com 17 anos e, mediante grave ameaça, forçou-a a manter consigo conjunção carnal. Após a prática do ato sexual, Mévio ministrou uma espécie de sonífero na jovem estudante que adormeceu durante o período de 03 horas. Assim que acordou, a jovem procurou sua vizinha que, imediatamente, comunicou o fato à autoridade policial da cidade de Ouro Preto e solicitou providências.

Como Delegado de Polícia da cidade, quais as providências que deverão ser tomadas?

Resposta

Tratando-se de crime sexual, a palavra da vítima, em regra, deve ser mais valorada. O delegado deve tomar-lhe as declarações e submetê-la a exame pericial de conjunção carnal. Verificando a procedência das informações, deve seguir instaurando inquérito policial. Como não há situação de flagrante na hipótese e como os elementos ainda são parcos para um pleito de prisão preventiva (art. 312, CPP), pode o delegado representar pela decretação de prisão temporária, pelo prazo de trinta dias, por se tratar de crime hediondo catalogado no art. 1º, III, da Lei nº 7.960/1989, bem como por se mostrar a prisão necessária às investigações do inquérito policial (inciso I, do mesmo dispositivo legal).

13. (FUNCAB – Delegado de Polícia – RO/2014) Vinícius, com a concordância de sua companheira Aline, em janeiro de 2014, pratica com Herbert, filho desta e seu enteado, de apenas 11 anos, atos libidinosos diversos, o que ocorreu em quatro dias distintos no referido mês, sempre agindo, à noite, na casa do casal, do mesmo modo e nas mesmas condições. Aline assistia à violência sexual praticada e orientava Vinícius quanto a que ato libidinoso praticar contra seu filho. O fato foi levado, em março, ao conhecimento da autoridade policial que instaurou o procedimento próprio.

Diante desse quadro, fundamentadamente:

(A) faça o devido e completo enquadramento penal para os envolvidos no caso;

(B) aponte o tipo de ação penal a ser proposta;

(C) aponte o prazo para conclusão do inquérito policial em questão.

Resposta

a) Ambos respondem por estupro de vulnerável, aplicando-se a regra da continuação delitiva, conforme entendimento mais recente do STF, afastando-se daquele que vedava a continuação delitiva nesses crimes: art. 217, caput, c/c o art. 71, c/c o art. 29, todos do CP. Note-se que Aline é partícipe do fato, eis que o enunciado fala que ela orientava Vinícius.

b) A ação penal é pública incondicionada, em razão do sujeito passivo ser menor de dezoito anos (art. 225, parágrafo único).

c) Tratando-se de indiciado solto, o prazo para conclusão do inquérito policial é de trinta dias (art. 10, CPP).

---

14. (FAURGS – Delegado de Polícia – RS/1998) Surpreendida asfixiando seu filho nascido uma hora antes, a jovem NA exibia visível perturbação psíquica, decorrente do parto, a ponto de não oferecer qualquer resistência à voz de prisão pronunciada pelo segurança LD, no berçário do Hospital. Comunicada a Polícia, os inspetores PA e AP chegaram ao Hospital e tomaram ciência da morte do recém-nascido, provocada por NA, que foi conduzida à Delegacia de Polícia e apresentada à Autoridade Policial. O Delegado de Polícia constatou que NA estava completando 19 anos de idade naquele dia, trabalhava como balconista desde os 15 anos numa loja de tecidos da cidade, era solteira, residia com seus genitores – a quem ajudava financeiramente – e não registrava qualquer antecedente policial ou judicial que a desabonasse naquela comunidade.

(A) Qual ou quais as medidas de Polícia Judiciária a serem adotadas imediatamente?

(B) Qual ou quais os fundamentos jurídicos legais para a adoção dessas providências?

(C) Qual é a situação da acusada, no que se refere ao direito à liberdade? Por quê?

(D) Qual é o procedimento que o futuro processo penal deverá adotar na espécie? Por quê?

Resposta

(A) Lavratura do auto de prisão em flagrante, com a comunicação imediata da prisão ao juiz e ao Ministério Público. Dentro de 24 horas, deve ser enviado o auto de prisão em flagrante ao juiz e entregue nota de culpa à pessoa presa. Caso não informe advogado, deve cópia do auto de prisão em flagrante ser encaminhado à Defensoria Pública. Atualmente, o crime em tela é afiançável, aplicando-se as novas disposições editadas pela Lei nº 12.403/2011. Como a pena máxima abstrata do crime consumado é de seis anos de detenção e, na hipótese, foi ele tentado, com a incidência da redução do art. 14, II, CP (redução de 1/3 a 2/3), a pena máxima será igual a quatro anos. Cabível ao delegado arbitrar a fiança de 1 a 100 salários mínimos. O auto de prisão em flagrante será a peça inaugural do inquérito policial. A criança agredida deve ser encaminhada para exame de corpo de delito de lesões corporais.

(B) A prisão em flagrante se funda nos artigos 302 e seguintes, com as providências ulteriores. O arbitramento de fiança está regulado no art. 325, com redação determinada pela Lei nº 12.403/2011. O inquérito policial é de ser instaurado nos termos do art. 5º, do CPP.

(C) Além do cabimento de fiança como providência de contracautela à prisão em flagrante, cabível, pode o delegado representar pela decretação de outras medidas cautelares diversas da prisão, conforme o caso (art. 319, CPP). Verificando-se, por incidente de insanidade mental instaurado judicialmente – mediante representação da autoridade policial –, que a jovem NA estava em situação de inimputabilidade e com doença psíquica duradoura, com possibilidade de reiteração de crime com violência ou grave ameaça à pessoa, pode o delegado de polícia também representar ao juiz pela decretação da internação provisória de NA (art. 319, VII, CPP).

(D) Reconhecida a inimputabilidade, o processo penal seguirá o procedimento para aplicação de medida de segurança, através da chamada ação penal de prevenção penal. O rito é o comum ordinário, eis que a pena máxima abstrata é igual a quatro anos, considerando o crime de infanticídio na forma tentada.

---

15. (Cespe – Delegado de Polícia Federal – DPF/2013) Almir foi preso em flagrante no aeroporto Antônio Carlos Jobim, na cidade do Rio de Janeiro – RJ, após adentrar em território nacional com duas malas repletas de roupas, relógios e eletroeletrônicos não declarados à Receita Federal do Brasil e cujo imposto de importação não fora devidamente recolhido. Os produtos foram apreendidos e Almir, encaminhado à delegacia da Polícia Federal. Na posse do conduzido, foram apreendidos os seguintes objetos: i) diversas passagens aéreas Rio-Miami-Rio em nome de Geraldo e Gabriel; ii) caderno de notas com nome de diversos funcionários do aeroporto; e iii) inúmeras notas fiscais de produtos adquiridos no estrangeiro, que somavam mais de R$ 60.000,00. Durante seu depoimento extrajudicial, na presença de seu advogado, João, Almir afirmou que as roupas e joias não haviam sido adquiridas no exterior, que os eletroeletrônicos realmente eram importados, mas estariam dentro da cota de isenção de imposto de importação e que Geraldo e Gabriel eram apenas seus amigos. Após pagar fiança arbitrada pela autoridade policial, Almir foi solto e, dentro do prazo legal, recorreu administrativamente do auto de infração de apreensão das mercadorias e de arbitramento do imposto devido, recurso ainda pendente de julgamento pelo órgão Fazendário.

Instaurado inquérito policial, Almir foi formalmente indiciado. Dando continuidade às investigações, o delegado de polícia requereu ao juiz criminal competente a interceptação telefônica do indiciado, o que foi deferido pelo prazo de quinze dias. O conteúdo das interceptações apontou que Geraldo e Gabriel combinaram que viajariam aos Estados Unidos da América para comprar mercadorias, que seriam revendidas no Brasil por preços inferiores aos de mercado, sendo o preço das passagens aéreas e os lucros das vendas repartidos por todos. Constatou-se que as viagens ocorreram durante os últimos três anos e que os envolvidos não pagavam o respectivo imposto, dissimulando a importação das mercadorias. Com a venda das mercadorias, o trio teria arrecadado mais de R$ 12.000.000,00, e Geraldo adquirido um imóvel na rua Vieira Souto, no bairro de Ipanema, na cidade do Rio de Janeiro – RJ, utilizando os ganhos com a infração penal, muito embora tenha constado do instrumento de aquisição do bem o nome de seu filho, Cléber. Além disso, em conversa travada entre Geraldo e João, seu advogado, verificou-se que os documentos e arquivos digitais contábeis do grupo estariam arquivados no escritório do causídico, onde seriam destruídos por Gabriel em poucos dias. Verificou-se, ainda, que o pagamento dos honorários de João era realizado mediante a entrega de parte das mercadorias importadas. Apurou-se, também, que os indiciados contavam com a colaboração de Paulo, que, na qualidade de funcionário da Receita Federal do Brasil, os auxiliava a burlar a fiscalização fazendária, e que, como retribuição, participava no lucro do grupo com a venda das mercadorias, sendo o pagamento da propina de responsabilidade de João. Surgiram indícios, ainda, da participação de outras pessoas no grupo, inclusive de funcionários públicos, bem como de utilização de empresas-fantasmas no esquema criminoso, o que, diante do fim do prazo das interceptações telefônicas, não pôde ser suficientemente apurado. Em seguida, os autos do inquérito policial foram conclusos ao delegado da Polícia Federal para análise.

Em face da situação hipotética acima apresentada, redija, na condição de delegado responsável pela investigação do caso concreto, a peça profissional a ele adequada, direcionando-a à autoridade competente. Exponha a fundamentação jurídica pertinente, tipifique os crimes cometidos e requeira o que entender de direito, no que se refere às investigações.

Resposta

O candidato deve individualizar a conduta dos envolvidos, apontando o enquadramento em relação a cada investigado/indiciado, notadamente: (a) art. 180, caput, CP (receptação); (b) art. 288, CP (associação criminosa); (c) art. 317, CP (corrupção passiva); (d) art. 318, CP (facilitação de descaminho); (e) art. 333, caput (corrupção ativa); e (f) art. 334, caput, CP (descaminho).

Em regra, o escritório de advocacia é inviolável, bem como as comunicações entre causídico e cliente. No entanto, na hipótese, o advogado passou a ser coautor de alguns delitos, envolvendo-se em corrupção ativa e em receptação. Nesse contexto, as interceptações telefônicas são válidas relativamente às conversas entre patrocinado e advogado, bem como se torna possível diligências de busca e apreensão (art. 240, CPP) no respectivo escritório para a apreensão das coisas obtidas através de meios criminosos ou para a prova da infração penal.

Cabível sustentar, por outro lado, o cabimento de prisão preventiva (art. 312, CPP) e de medidas cautelares diversas da prisão (art. 319, CPP), notadamente a suspensão do exercício da função pública do agente da Receita Federal, diante do justo receio de sua utilização para a prática de infrações penais relacionadas (inciso VI).

Para as investigações, a quebra do sigilo fiscal das supostas empresas fantasmas é providência auxiliar das investigações. Além dessa providência, cuidando-se de necessidade extrema a continuidade das interceptações telefônicas dos indiciados/investigados e presentes os pressupostos para a concessão da medida, pode ser determinada a prorrogação das interceptações telefônicas, com a extensão da medida relativamente a outros números telefônicos.

Para todas essas providências, deve o candidato, na qualidade de delegado de polícia, formular peças de "representação", descrevendo as situações e as condutas, bem como evidenciando a plausibilidade de cada uma das medidas que entende ter cabimento. A representação será para: (a) decretação de prisão preventiva e de medidas cautelares diversas da prisão, conforme o teor de cada conduta e atendido o subprincípio da necessidade (art. 282, CPP); (b) busca e apreensão de mercadorias no escritório de advocacia, com o acompanhamento da OAB (art. 240, CPP e Estatuto da OAB); (c) decretação de quebra do sigilo fiscal das empresas ditas "fantasmas" (art. 198, Código Tributário Nacional); e (d) decretação de quebra de sigilo telefônico e/ou declaração de prorrogação das interceptações telefônicas em curso.

Quanto às providências sigilosas, frise-se ser recomendável que a autoridade policial formule petições de representação em separado, a fim de se aparelhar contra a ineficácia das medidas.

---

16. (FAURGS – Delegado de Polícia – RS/2006) O Ministério Público, em razão de denúncias anônimas noticiando o tráfico de entorpecentes em determinado bairro da Capital, requisitou à autoridade policial instauração de inquérito para apurar o delito e esclarecer sua autoria. O delegado de polícia, por sua vez, ao receber a requisição do Ministério Público, optou por iniciar procedimento de Verificação de Procedência das Informações (VPI). Realizou, então, diligências no local do fato, confirmando as suspeitas iniciais, pois constatou movimentação compatível com a atividade de comercialização de entorpecentes no endereço investigado. Ainda, junto a vizinhos – que não quiseram se identificar por temerem represálias apurou que o "patrão" do tráfico seria um indivíduo conhecido por "Bolacha", que efetuava suas negociações ilícitas pelo telefone celular nº xxxxxx. De posse dessas informações, circunstanciadas em relatório de investigações, o delegado de polícia representou em juízo pela quebra de sigilo da referida linha telefônica, a fim de obter os extratos das ligações recebidas e efetuadas e os dados cadastrais de seu titular, bem como pela escuta telefônica, nos termos da Lei nº 9296/96. O Juiz de Direito, ao examinar os pedidos, indeferiu a quebra de sigilo e a escuta telefônica, por não ter sido instaurado o respectivo inquérito policial. Responda as questões abaixo, justificando suas respostas.

(A) Pode o delegado de polida recusar-se a cumprir requisição de inquérito por membro do Ministério Público? Em caso afirmativo, em que situação?

(B) No caso em exame, agiu com acerto o magistrado ao indeferir os pedidos de quebra de sigilo e escuta telefônica, em razão da não instauração de inquérito policial?

(C) Em que consiste o procedimento de Verificação de Procedência das Informações (VPI) e quais os seus limites?

Resposta

(A) Em regra, o sistema de persecução penal não admite recusa de requisição ministerial, por parte da autoridade policial, para instaurar o inquérito policial. Havendo notícia de crime, em tese, é dever da autoridade policial instaurar inquérito policial. No entanto, há limites para a deflagração do inquérito policial, notadamente quando os elementos de informação obtidos ou a serem obtidos estejam limitados pelas garantias individuais fundamentais, tais como o direito ao sigilo e a vedação ao anonimato. Como, no caso, a notícia é apócrifa, correta a providência do delegado de polícia de, antes de instaurar o inquérito requisitado pelo Parquet exclusivamente com base naquela informação, tome as cautelas necessárias no sentido de averiguar a procedência para, somente após verifica-la, através de diligências diversas a fim de confirmar a notícia recebida, instaurar inquérito policial. Nesse sentido, o STJ, arrimado em precedente do STF.

(B) A interceptação telefônica deve ser a ultima ratio para a colheita de elementos de informação. À luz da jurisprudência do STF e do STJ, o magistrado não agiu com acerto, eis que entendem possível a interceptação telefônica preliminar, anterior à instauração do inquérito policial.

(C) O procedimento de verificação de procedência de informações são as diligências preliminares a uma provável instauração de inquérito policial visando evitar constrangimento desnecessário ao investigado provocado por notícias temerárias. Seus limites são constatados a contrario sensu, isto é, toda vez que não existirem elementos suficientes e válidos para a constatação da plausibilidade do fato ensejador de inquérito policial, a exemplo de notícias anônimas, tem lugar a VPI, que lhe antecede. Havendo notícia-crime válida e suficiente ao inquérito policial, indevida a VPI.

---

17. (FAURGS – Delegado de Polícia – RS/1998) No verão de 1997, o Inspetor de Polícia JB foi escolhido para reforçar o policiamento repressivo no litoral do Estado, sendo designado para a Delegacia de Polícia de Tramandaí. Alugou uma casa e transferiu sua família para aquela cidade. Certificando-se de que seus familiares haviam se adaptado em Tramandaí, para lá JB postulou remoção funcional, sendo atendido pela Chefia da Polícia Civil. Desejando comprar a casa de veraneio que locara, JB pôs à venda sua moradia em Triunfo, onde residira. Morando em Tramandaí, o engenheiro AP interessou-se pelo negócio, eis que trabalhava no Polo Petroquímico. Ajustada a compra-e-venda, a transferência imobiliária foi registrada no Cartório de Registro de Imóveis de Triunfo, e o valor da transação foi pago à vista com um cheque da agência de Triunfo do Banco do Estado do Rio Grande do Sul. Levada a desconto, a cártula não possuía suficiente provisão de fundos em poder do sacado e, após diversas tentativas infrutíferas para localizar o comprador, JB apresentou *notitia criminis* perante a Autoridade Policial de Tramandaí.

(A) Qual ou quais as medidas a serem adotadas pelo Delegado de Polícia no exercício das funções de Polícia Judiciária?

(B) O que justifica a adoção dessa(s) medida(s)?

(C) Quais os fundamentos, jurídicos e legais, dessa(s) providência(s)?

(D) Qual é a prova acusatória mais importante no conjunto de fatos relatado acima? Por quê?

Resposta

(A) A Súmula 521, STF, averba que o foro competente para o processo e julgamento dos crimes de estelionato, sob a modalidade de emissão dolosa de cheque sem provisão de fundos, é o do local onde se deu a recusa do pagamento pelo sacado. A notícia-crime foi apresentada perante a autoridade policial de Tramandaí, quando a autoridade policial com atribuição legal em razão do critério territorial é a de Triunfo, local da recusa pelo sacado, por não dispor de

fundos. Para este delegado de polícia a notícia-crime deve ser encaminhada. Verificando-se crime do art. 171, § 2º, VI, CP, cuja ação é pública incondicionada, a autoridade policial de Triunfo deve instaurar inquérito policial.

(B) A instauração de inquérito policial é obrigatória, diante da materialidade do crime e indícios suficientes de autoria, em face de se tratar de crime cuja iniciativa para a ação penal é pública incondicionada (art. 100, CP).

(C) A instauração do inquérito policial deve se dar por meio de portaria, de ofício, pela autoridade policial de Triunfo, em razão de ser o local da recusa do pagamento pelo sacado (Súmula 521, STF), seguindo os termos do art. 5º, CPP.

(D) A prova mais importante é a cártula original, o próprio cheque com a justificativa de devolução em razão da insuficiência de fundos. Isso porque nele estão todos os elementos que atestam materialidade e apontam a autoria delitiva.

18. (FAURGS – Delegado de Polícia – RS/1998) O Delegado de Polícia de Canela instaurou inquérito policial e indiciou ABC pela prática de homicídio doloso na forma tentada porque, após acirrada discussão conjugal, tomou o revólver de brinquedo do filho e investiu contra sua cônjuge MGC, empunhando tal objeto. A mulher correu para o dormitório do casal, chaveou a porta de acesso e ouviu ABC esbravejar durante várias horas até que, iniciado o jogo do Brasil na Copa, fez-se silêncio na moradia. Instaurado o feito policial, o Advogado de ABC impetrou *habeas corpus* e o Juiz de Direito de Canela, CAO, concedeu a ordem para o trancamento daquele inquérito policial; o quanto foi integralmente confirmado em grau recursal pela Superior Instância, apesar dos esforços dos órgãos do Ministério Público que atuaram na causa.

Face a desentendimentos profissionais com a cúpula do Poder Judiciário, dois anos depois, CAO decidiu renunciar à Magistratura e, por concurso público de provas e títulos, ingressou na Polícia Judiciária como Delegado de Polícia e foi designado para a Delegacia de Polícia de Canela. Alguns meses após assumir a nova função pública, CAO deparou-se com o registro de ocorrência policial que noticiava o seguinte fato: "No dia 10 de julho de 1997, às 20 horas, na Rua Dona Carlinda, nesta cidade, o indivíduo ABC tomou o táxi de RT com destino ao Bairro Saiqüi e, na saída da cidade, encostou um revólver na nuca do motorista do táxi, disse que era um assalto e ordenou-lhe que passasse a féria; o assalto não foi consumado porque, nervoso, o motorista do táxi desgovernou o veículo, que chocou-se num poste. Detido por populares, a pedido do motorista do táxi, ficou comprovado que ABC utilizara um revólver de brinquedo de seu filho para a ação e, nessa Delegacia de Polícia, o mesmo foi liberado".

(A) Quais os fundamentos jurídico-penais da decisão judicial de trancamento da *persecutio* criminal instaurada contra ABC, em relação aos fatos envolvendo sua cônjuge?

(B) No exercício das atribuições de Polícia Judiciária qual(is) a(s) atitude(s) a ser(em) tomada(s) quanto aos fatos relacionados com o motorista do táxi?

(C) Quais são os fundamentos jurídicos e legais dessa decisão funcional?

(D) Na hipótese de ABC impetrar novo *habeas corpus*, baseado no emprego de revólver de brinquedo, agora em relação aos fatos envolvendo o motorista do táxi, quais serão os fundamentos que o atual Delegado de Polícia de Canela deverá utilizar ao prestar as informações requisitadas pela Autoridade Judiciária?

Resposta

(A) O fundamento é falta de justa causa para investigação preliminar, em razão da conduta ser delito impossível (art. 17, CP), fato atípico, eis que a arma de brinquedo seria incapaz de produzir disparos e a morte da esposa.

(B) Nesse caso, há tentativa de roubo na sua forma fundamental, simples (art. 157, caput, CP), apesar do uso de arma de brinquedo. Não havendo prisão em flagrante, cabível a instauração de inquérito policial. Como se tratou de grave ameaça a pessoa, não é fora de cogitação se representar pela prisão preventiva ou, melhor, pela imposição de medidas cautelares diversas da prisão que sejam adequadas ao caso (art. 282 e art. 319, CPP).

(C) Os fundamentos à instauração do inquérito decorrem de ser o crime de ação pública incondicionada (art. 5º, CPP). Os demais argumentos já estão alinhados acima.

(D) As informações devem consignar os elementos apurados que evidenciam indícios de autoria e materialidade de fato típico, antijurídico e culpável, explicitando todas as providências tomadas, bem como informações sobre a vida pregressa e antecedentes criminais, dentre outras de natureza pessoal.

19. (FAURGS – Delegado de Polícia – RS/1998) O colaborador policial EHT compareceu à Delegacia de Polícia de Passo Fundo para informar a Autoridade Policial de que, proveniente do Paraná, chegaria na cidade, na madrugada de 10 de dezembro de 1989, volumoso carregamento de *cannabis sativa* via rodoviária, a fim de ser distribuído aos traficantes locais, para comércio naquela região. Alertado por essas informações, o Delegado de Polícia desenvolveu intensas investigações pertinentes e montou rígido dispositivo policial para surpreender e prender os envolvidos, por ocasião da distribuição da droga em Passo Fundo. Na data mencionada, tripulando três automóveis, os transportadores da maconha foram interceptados pela barreira policial montada no começo da Avenida Brasil. De imediato, abandonaram os veículos e fugiram do local. A perseguição policial resultou inexitosa; todavia, a Polícia apreendeu 230 quilos de maconha, quatro pistolas calibre 7.65 mm, dois mil dólares americanos, documentos de identificação pessoal dos quatros indivíduos, objetos pessoais diversos e três automóveis importados. Identificados, ficou constatado que os quatro indivíduos são vadios e não possuem residência fixa, portando antecedentes policiais e judiciais no Rio Grande do Sul, no Paraná, em São Paulo e no Mato Grosso do Sul, para onde teriam seguido após a fuga, segundo o informante EHT deu ciência ao novo Delegado de Polícia de Passo Fundo, que constatou estar paralisado o respectivo Inquérito Policial instaurado.

(A) Sob o panorama jurídico e legal, a ação policial relativa à tentativa de flagrante desenvolvida pelo Delegado de Polícia de Passo Fundo é legítima? Por quê?

(B) No exercício da função de Polícia Judiciária, quais as medidas que deverão ser adotadas na atualidade?

(C) Quais os fundamentos jurídicos e legais para a adoção dessas providências?

(D) O que deverá ser feito com os objetos apreendidos que se encontram no Depósito Público de Passo Fundo? Por quê?

Resposta

(A) Não há ilegalidade na espera do flagrante (flagrante esperado), quando se tem a informação de uma possível ação delituosa. Ilegalidade haveria se a polícia provocasse, induzisse o flagrante, o que não ocorreu na espécie. Legítima a tentativa de flagrante da polícia.

(B) Não havendo prisão em flagrante, a instauração de inquérito policial deve ocorrer por meio de portaria. A autoridade policial deve submeter a droga apreendida a exame de constatação de substância entorpecente. Também as armas devem ser periciadas, a fim de ser verificada potencialidade ofensiva. Os demais objetos devem ser apreendidos, lavrando-se o respectivo termo, para que, no momento oportuno, haja deliberação sobre seus destinos. Como não foi efetivada prisão em flagrante, o delegado de polícia tem a possibilidade de "representar" pela prisão temporária (art. 1º, I e III, da Lei nº 7.960/1989), pela prisão preventiva (art. 312, CPP) ou ainda pela imposição de medidas cautelares diversas da prisão (art. 319, CPP), considerando critério de proporcionalidade (art. 282, CPP). A fundamentação não deve levar em conta a situação pessoal de ser o indiciado "vadio", expressão e contravenção penal que reputamos inconstitucional.

(C) Para instaurar inquérito policial, o delegado de polícia emite portaria, a teor do art. 5º, CPP. A apreensão dos bens/objetos se lastreia no art. 240, CPP. As demais providências são fundamentadas conforme expusemos na alínea anterior.

(D) Os bens apreendidos devem permanecer acautelados em local apropriado e colocados à disposição do juízo competente para que lhes dê destinação. Não se tratando de objeto cuja posse, uso ou detenção constitua fato ilícito, que não interessem à persecução penal e pertençam a terceiro de boa-fé, a regra é que sejam restituídos. Possível, atualmente, a alienação antecipada de bens (art. 144, CPP). A substância entorpecente apreendida será destruída seguindo-se os ditames específicos da Lei nº 11.343/2006 e suas alterações posteriores, reservando-se quantidade necessária ao julgamento dos fatos. Os bens podem, ao final, serem objeto de decretação de perda em favor da União/confisco (art. 243, CF; Lei nº 11.343/2006; art. 91, CP).

---

20. (FAURGS – Delegado de Polícia – RS/2006) Em data de 26 de outubro de 2006, o gerente de um posto de gasolina ofereceu *notitia criminis* à Polícia Civil em razão de haver recebido um cheque emitido por X, sem suficiente provisão de fundos em poder do sacado, como forma de pagamento à vista pelos serviços prestados em seu estabelecimento comercial. Instaurado o inquérito policial, pouco antes de sua conclusão, a autoridade investigante constatou que X era Juiz de Direito. Em razão disso, determinou a remessa do inquérito policial ao Presidente do Tribunal de Justiça para a tomada das providências cabíveis. Na semana seguinte, aquele mesmo gerente ofereceu nova *notitia criminis* à Policia Civil, em razão de idêntico fato, que agora foi praticado por Y. O inquérito policial foi instaurado e concluído, sendo que, no momento do indiciamento de Y, a autoridade policial constatou que o investigado era Promotor de Justiça. Ciente da profissão do investigado, a autoridade policial redigiu normalmente seu relatório final, indiciando Y pela pratica de crime contra o patrimônio.

Diante dos fatos apresentados, está correta a conduta da autoridade policial de remeter ao Presidente do Tribunal de Justiça o inquérito policial instaurado contra X, levando-se em consideração que o crime praticado não decorreu do exercício de sua função? Responda, fundamentadamente, em até 10 linhas.

Resposta

Como o juiz de direito tem prerrogativa de função junto ao Tribunal de Justiça ao qual está vinculado, não pode a autoridade policial conduzir investigação cujo fato apurado tenha como agente aquela autoridade. O indiciamento é uma das expressões da investigação conduzida pela autoridade policial. Falta-lhe atribuição para indiciar o juiz de direito. Só poderia prosseguir com as investigações caso autorizada expressamente pelo órgão com esse poder que, na hipótese, é o tribunal de justiça.

Correta a conduta da autoridade policial de remeter o inquérito instaurado contra X ao tribunal, ainda que o crime não tenha relação com o exercício da função de magistrado. Incorreta, de ouro lado, a conduta da autoridade policial relativamente a Y, por conta do promotor de justiça também ser detentor de foro privilegiado junto ao Tribunal competente.

---

21. (FADEMS – Promotor de Justiça – MS/2013) Discorra sobre os limites constitucionais da investigação criminal pelo Ministério Público (resposta em no máximo 50 linhas).

Resposta

Muita controvérsia gira em torno da possibilidade do Ministério Público conduzir investigação criminal. Cabe notar que o MP não preside inquérito policial, podendo instaurar procedimentos criminais. No âmbito do STF, há divergências sobre o poder investigativo criminal do Ministério Público. Prevalece a tese que defende a possibilidade. O STJ segue a linha de admitir a investigação conduzida pelo Ministério Público.

Na verdade, o poder investigativo de infrações penais não é exclusivo da polícia. Discorremos sobre as diversas formas de inquéritos extrapoliciais no curso deste capítulo. Até particulares, observadas as regras de intimidade, podem carrear elementos de informação que constituam materialidade e indícios de autoria para uma futura ação penal. O MP, por outro lado, pode instaurar inquérito civil público para apurar improbidade administrativa, cujo fato seja também crime. Diante de autos de inquérito civil, pode o Ministério Público mover ação civil pública e, com base nos mesmos elementos extraídos por cópia, pode ajuizar a ação penal relativamente aos mesmos fatos. A questão possibilita também discussão em torno da necessidade de melhor regulamentação do poder investigatório criminal, para que sejam vedadas escolhas arbitrárias a respeito do que e de quem investigar, regrando objetivamente os casos e os requisitos para que seja instaurado o procedimento criminal específico. Certo é que o Ministério Público tem atribuição para promover a ação penal pública e, para tanto, deve ter nas mãos os meios necessários, a exemplo dos poderes para reunir elementos de informação para tal fim.

Tentativas não faltam de retirar das mãos do MP esse Poder que, por tais razões, parece já ter reconhecimento geral. Referimo-nos à rejeição da famigerada PEC-37 que pretendia colocar só na esfera das polícias civil e federal as investigações de infrações penais, limitando o poder ministerial à mera complementação. Embora reclamem por limites para a atuação investigativa criminal do Ministério Público – o que, em parte, procede, para evitar desmedido poder discricionário nessa seara –, o certo é que o poder investigativo criminal do Parquet faz parte de sua essência de promotor da ação penal pública.

22. (MPE-SC – Promotor de Justiça – SC/2007) O princípio do Promotor Natural, que decorre do princípio do devido processo legal, é uma das garantias constitucionais do cidadão para impedir que o Estado exorbite de suas atribuições em benefício ou detrimento de alguém. Assim, é inconstitucional a norma prevista no art. 28 do Código de Processo Penal que autoriza o Procurador-Geral de Justiça, ou outro órgão do Ministério Público por ele designado, oferecer a denúncia em caso de inquérito policial remetido pelo juiz que não acolheu pedido de arquivamento formulado pelo Promotor de Justiça Titular?

Fundamente a resposta.

Resposta

O Supremo Tribunal Federal não tem dado essa amplitude ao princípio do promotor natural. Aliás, este princípio não vem sendo reconhecido pela Suprema Corte para o fim de impedir a substituição entre os membros, com base em critérios objetivos, a teor do princípio da indivisibilidade da instituição.

Quanto ao art. 28, do CPP, o texto confere ao Poder Judiciário a função atípica de fiscalizador do princípio da obrigatoriedade da ação penal pública. Havendo discordância do juiz relativamente à manifestação do promotor de justiça, o magistrado não compele o membro do MP a agir conforme entende, nem atua em seu lugar, porém remete ao Chefe do Parquet, que terá, ao cabo, a palavra final sobre o assunto, a respeito do que não poderá o juiz mais divergir.

A função anômala de fiscal pode não ser a melhor técnica para o controle de arquivamento de inquéritos policiais. Para boa parte da doutrina, melhor que os pedidos de arquivamento de inquérito policial fosse promovido perante os órgãos de cúpula do próprio Ministério Público, a exemplo do que ocorre com as promoções de inquérito civil público, que depende de concordância do Conselho Superior do Ministério Público respectivo.

No entanto, não chega o disposto no art. 28, CPP, sob essa ótica, a ofender o princípio do promotor natural, até porque o juiz não delibera acerca da substituição do membro ou pela feitura direta do ato, reservando a decisão da questão à chefia do órgão. Mas um argumento é possível para sustentar inconstitucionalidade da previsão: o juiz, ao tomar a iniciativa de discordar do pedido de arquivamento, está indicando que entende ser plausível a imputação para o oferecimento de denúncia que, caso aconteça, ele próprio irá julgar. Ora, nesses termos, há violação ao sistema acusatório constitucional que exige divisão de tarefas bem distintas entre acusar, defender e julgar. De certa maneira, ao fiscalizar o princípio da obrigatoriedade da ação penal, o juiz vê maculada sua indispensável imparcialidade.

23. (MPDFT – Promotor de Justiça – DF/2011) Exponha os fundamentos teóricos, bem como os dispositivos constitucionais e infraconstitucionais que justificam a realização de investigação criminal pré-processual pelo Ministério Público, indicando a orientação jurisprudencial recente do Supremo Tribunal Federal e do Superior Tribunal de Justiça sobre o tema. Limite a resposta ao máximo de 2 (DUAS) PÁGINAS.

Resposta

No campo constitucional, o art. 129, I, da CF/1988, atribui ao MP promover a ação penal pública. Para tal fim, é intuitivo que disponha dos meios. O art. 144, da mesma Carta, não reza que a polícia tem atribuição exclusiva para investigar infrações penais. De outro lado, as leis orgânicas do Ministério Público dispõem sobre várias atribuições com-

patíveis com o exercício da sua função investigativa criminal, a exemplo das notificações, dentre outras (LC 75/1993 e Lei 8.625/1993).

Conquanto tenha havido, no início, certa resistência no STF quanto ao poder investigatório do Ministério Público, a Suprema Corte (entendimento mais recente) e o STJ vêm admitindo a condução de investigações criminais pelo Parquet, naturalmente que diversas do inquérito policial, privativo da polícia.

O tema é sempre objeto de questionamento dos candidatos ao cargo de membro do Ministério Público, como já comentamos acima.

24. (MPE-PR – Promotor de Justiça – PR/2012) (máximo de 15 linhas). A prescrição da pretensão punitiva, denominada virtual ou antecipada, não tem previsão legal e é rechaçada pela jurisprudência majoritária do Superior Tribunal de Justiça. A partir de análise das condições da ação penal, seria possível o Ministério Público fundamentar o arquivamento do inquérito policial, valendo-se de argumentos semelhantes aos utilizados para defender a prescrição virtual? Justifique.

Resposta

É possível requerer o arquivamento fundamentando a ausência de uma das condições da ação penal, notadamente o interesse processual, tripartido que é em interesse, utilidade e adequação. A verificação, antecipada, de que, ao final da ação penal, a pretensão punitiva estatal estará prescrita com base na pena aplicada é argumento suficiente para sustentar a inutilidade da promoção da ação penal, pleiteando assim, motivadamente, o arquivamento do inquérito policial.

25. (MPE-PR – Promotor de Justiça – PR/2012) (máximo de 25 linhas). Discorra acerca do procedimento investigatório criminal presidido pelo Ministério Público.

Resposta

O assunto é um dos temas de predileção das bancas examinadoras para ingresso na carreira ministerial. Anotamos acima os pontos de partida para a dissertação, remetendo também o leitor para o tópico sobre inquéritos extrapoliciais desenvolvido neste capítulo.

26. (MPE-MS – Promotor de Justiça – MS/2011) A Constituição Federal convenciona que é livre a manifestação do pensamento, sendo vedado o anonimato (art. 5º, IV). O Estatuto Penal disciplina, a seu turno, que a comunicação falsa de crime poderá ensejar a configuração de outros delitos (arts. 339 e 340). E, ainda, assenta o Código de Processo Penal, em seu art. 5º, § 3º, que qualquer pessoa do povo que tiver conhecimento da existência de infração penal em que caiba ação pública poderá, verbalmente ou por escrito, comunicá-la à autoridade policial. Nada obstante, em períodos eleitorais é frequente a apresentação de cartas apócrifas delatando adversários políticos, assim como de vítimas que temendo por sua integridade física delatam anonimamente o criminoso. Discorra sobre a validade de investigações iniciadas a partir de *delatio criminis* sem identificação do seu respectivo autor (denúncia anônima ou apócrifa). (Extensão máxima: 20 linhas)

Resposta

Apesar do anonimato ser vedado, a notícia-crime apócrifa ou inqualificada autoriza o delegado de polícia a tomar as cautelas necessárias no sentido de averiguar a veracidade da informação. Com esse proceder, é possível que seja instaurado o procedimento investigativo adequado, caso constada a prática do ilícito penal. É um elemento informativo, embrionário, que não chega a ser uma prova, mas que pode fazer nascer providências preliminares que podem desaguar na deflagração de inquérito policial.

27. (MPF/21) Numa situação de arquivamento do inquérito policial pode acontecer decisão com a marca da imutabilidade plena?

Resposta

É possível, embora a regra seja a de que o arquivamento do inquérito policial se funde na insuficiência de lastro probatório mínimo para a promoção da ação penal (Súmula 524, STF), permitindo a reabertura das investigações na hipótese de surgirem novas provas.

Com efeito, o arquivamento do inquérito pode ser de natureza definitiva, tal qual uma sentença, a exemplo das declarações de extinção de punibilidade, de atipicidade do fato, de inexistência do fato ou de excludentes de ilicitude. Caso haja declaração irrefutável de situação apta a definir o direito, reconhecendo, antecipadamente, o descabimento do exercício do jus puniendi estatal, haverá formação de coisa julgada material.

28. (MPF/17) Dissertar sobre o controle externo da atividade policial pelo Ministério Público, abordando sinteticamente os seguintes aspectos: fontes formais, objeto, finalidade, extensão do controle e argumentos que têm sido contrapostos pela Polícia.

Resposta

A previsão do controle externo da atividade policial pelo Ministério Público tem sede constitucional, com regulamentação muito sucinta nas leis orgânicas do Parquet. O seu objeto é a atividade da polícia investigativa. A finalidade é a de aferir a regularidade da persecução penal pela polícia, mediante integração com os órgãos do Ministério Público, com ênfase na eficiência investigativa verificada pelo fornecimento de elementos para a propositura da ação penal, bem como pela atividade de correção de desvios e abusos, com a tomada das providências cabíveis. A extensão do controle abrange todos os órgãos policiais que se relacionam com a persecução penal e com a segurança pública, direta ou indiretamente. A falta de regulamentação desse controle, com ampla dose de discrição para os membros do Ministério Público, ao lado de um minimalismo de previsão legal, são os argumentos opostos pela polícia ao exercício do controle externo da atividade policial.

29. (MPF/17) É cabível a impetração de "*habeas corpus*" ou de mandado de segurança contra indiciamento no inquérito policial? Responder fundamentadamente.

Resposta

É cabível habeas corpus quando o delito, em tese, contiver previsão de pena privativa de liberdade. Será o caso de mandado de segurança quando se cuidar de pena restritiva de direito, vale dizer, de pena diversa daquela privativa de liberdade. Falamos do indiciamento de forma exauriente no curso deste capítulo, explicando a carga negativa que tal ato produz, afetando o status dignitatis do investigado, modificando seu estado jurídico, facilitando a imposição de medidas cautelares restritivas de direitos, privativas de liberdade e reais, bem como contribuindo para o strepitus judicii. Ora, diante dessa afetação aos direitos fundamentais do indiciado, cabíveis as ações referidas para ver cessar constrangimento ilegal, seja ele a liberdade de ir e vir, seja mesmo direcionado a direito líquido e certo.

Capítulo III

Ação Penal

Sumário • 1. Conceito – 2. Características: 2.1. Autônomo; 2.2. Abstrato; 2.3. Subjetivo; 2.4. Público; 2.5. Instrumental; 2.6. Localização no ordenamento jurídico – 3. Condições para o exercício da ação penal: 3.1. Conceito: 3.1.1. Interesse de agir; 3.1.2. Legitimidade (*legitimatio ad causam*); 3.1.3. Justa causa; 3.1.4. Condições específicas: 3.1.4.1. Condições de procedibilidade; 3.1.4.2. Condições específicas constitucionais; 3.1.4.3. Condições específicas legais; 3.1.4.4. Condições específicas jurisprudenciais; 3.1.5. Condições objetivas de punibilidade; 3.1.6. Condições de prosseguibilidade; 3.2. Oportunidade para verificação das condições para o exercício da ação penal – 4. Classificação das ações: 4.1. Ação penal pública incondicionada: 4.1.1. Conceito e titularidade; 4.1.2. Princípios informadores: 4.1.2.1. Da obrigatoriedade (legalidade processual); 4.1.2.2. Da indisponibilidade ou da indesistibilidade; 4.1.2.3. Da oficialidade; 4.1.2.4. Da autoritariedade; 4.1.2.5. Da oficiosidade; 4.1.2.6. Da indivisibilidade; 4.1.2.7. Da intranscendência ou da pessoalidade; 4.2. Ação pública condicionada: 4.2.1. Conceito e considerações: 4.2.1.1. A representação: 4.2.1.1.1. Os destinatários; 4.2.1.1.2. Ausência de rigor formal; 4.2.1.1.3. O prazo e sua contagem; 4.2.1.1.4. O menor representado; 4.2.1.1.5. A sucessão processual; 4.2.1.1.6. Ausência de vinculação do Ministério Público; 4.2.1.1.7. Eficácia objetiva; 4.2.1.1.8. Retratação; 4.2.1.2. A requisição do Ministro da Justiça: 4.2.1.2.1. Destinatário; 4.2.1.2.2. Prazo para oferecimento; 4.2.1.2.3. Retratação; 4.2.1.2.4. Ausência de vinculação do MP; 4.2.1.2.5. Eficácia objetiva – 5. Ação penal privada: 5.1. Conceito e considerações; 5.2. Titularidade; 5.3. Princípios: 5.3.1. Da oportunidade ou conveniência: 5.3.1.1. Decadência; 5.3.1.2. Renúncia; 5.3.2. Da disponibilidade: 5.3.2.1. Perdão da vítima; 5.3.2.2. Perempção; 5.3.3. Da indivisibilidade; 5.3.4. Da intranscendência ou da pessoalidade; 5.4. Espécies de ação penal privada: 5.4.1. Exclusivamente privada ou propriamente dita; 5.4.2. Personalíssima; 5.4.3. Subsidiária da pública ou supletiva ou acidentalmente privada: 5.4.3.1. Atuação do Ministério Público; 5.5. Custas e honorários advocatícios – 6. Questões complementares: 6.1. Ação de prevenção penal; 6.2. Ação penal *ex officio*; 6.3. Ação penal pública subsidiária da pública; 6.4. Ação penal popular; 6.5. Ação penal nos crimes contra a dignidade sexual: 6.5.1. Direito intertemporal; 6.6. Ação penal nos crimes contra a honra de funcionário público; 6.7. Ação penal secundária; 6.8. Ação penal adesiva; 6.9. Ação penal na injúria por preconceito; 6.10. Ação penal extensiva; 6.11. Ação penal de segundo grau – 7. Inicial acusatória: 7.1. Conceito; 7.2. Requisitos formais: 7.2.1. Descrição do fato, com todas as suas circunstâncias; 7.2.2. Qualificação do acusado ou fornecimento de dados que possibilitem a sua identificação; 7.2.3. Classificação do crime; 7.2.4. Rol de testemunhas; 7.2.5. Pedido de condenação; 7.2.6. Endereçamento; 7.2.7. Nome e assinatura; 7.2.8. Outros requisitos; 7.3. Prazos para oferta da denúncia: 7.3.1. Prazos especiais para oferta da denúncia; 7.3.2. Início da contagem do prazo e o seu encerramento; 7.3.3. Desatendimento do prazo; 7.4. Prazos para oferta da queixa-crime: 7.4.1. Prazos especiais; 7.5. Aditamento da queixa; 7.6. Rejeição da denúncia ou queixa: 7.6.1. Repropositura da ação; 7.6.2. Rejeição *versus* não recebimento; 7.6.3. Rejeição parcial; 7.6.4. Recurso para combater a rejeição; 7.6.5. Fundamentação do recebimento e recebimento tácito – 8. Quadro sinótico – 9. Súmulas aplicáveis: 9.1. STJ; 9.2. STF – 10. Informativos recentes: 10.1. STJ; 10.2. STF – 11. Questões de concursos públicos – 12. Gabarito Anotado – 13. Questões discursivas com comentários

1. CONCEITO

É o direito público subjetivo de pedir ao Estado-Juiz a aplicação do direito penal objetivo ao caso concreto. A Constituição consagra, no art. 5º, inciso XXXV, que a lei não excluirá da apreciação do Poder Judiciário lesão ou ameaça a direito. Logo, sendo a jurisdição inerte, e estando a autotutela banida, como regra, do ordenamento jurídico[1], resta

1. O exercício arbitrário das próprias razões é tratado no art. 345 do CP como crime contra a administração da justiça.

aos interessados, através do exercício do direito de ação, provocar a jurisdição no intuito de obter o provimento jurisdicional adequado à solução do litígio.

A doutrina diverge ao conceituar o direito de ação. São, basicamente, duas as correntes:

(1) a primeira entende, como nós, que a ação é direito público subjetivo, conexo a uma pretensão. A ação penal é direito que tem natureza jurídica híbrida, mista ou eclética, ou seja, é de natureza preponderantemente processual, mas tem também, natureza de direito material, haja vista que o não exercício da ação, notadamente aquelas de iniciativa privada ou mesmo de ação penal pública condicionada à representação, tem repercussão na esfera punitiva do estado. Em outras palavras, a inatividade do particular para deflagrar a persecução penal no prazo legal é prevista em lei como causa extintiva da punibilidade. De outro lado, as alterações legislativas que repercutem na iniciativa da ação penal pública nem sempre são aplicadas nos termos do art. 2º, do CPP, que preconiza o princípio do ***tempus regit actum*** (que determina que a lei processual penal tem aplicabilidade imediata para incidir sobre os fatos vindouros). Em alguns casos, visualizando-se possibilidade de tratamento mais gravoso para o imputado (acusado ou indiciado), deve ser invocado o princípio da irretroatividade da ***lex gravior*** ou irretroatividade em prejuízo do réu. A título de exemplo, temos as modificações introduzidas pela Lei nº 12.015/2009, no capítulo do Código Penal que trata dos delitos contra a dignidade sexual. No caso, as hipóteses de ação penal privada exclusiva foram alteradas para, em regra, crimes de ação penal pública condicionada à representação. No entanto, com a vigência da Lei nº 13.718/2018, a partir de 25/9/2018, todos os crimes contra a dignidade sexual passaram a dispensar a anuência da vítima, pois o legislador modificou o Código Penal para torná-los de iniciativa pública incondicionada, por meio de mais uma lei mais gravosa, irretroativa. Sem embargo, como a primeira espécie de ação penal (privada) enseja maiores chances ao acusado de ser beneficiado com causas extintivas de punibilidade (especialmente, perempção por abandono da causa), devemos concluir que a nova lei só se aplica aos fatos cometidos em período compreendido pela sua vigência, mesmo no ponto referente à iniciativa da ação penal (instituto processual e material).

(2) a segunda posição sustenta que ação não é direito. O Direito subjetivo existente é o direito à tutela jurisdicional ou mesmo o direito de petição. A ação processual seria simplesmente conduta ou "o agir" em juízo, coisa diversa de direito. A ação seria então a expressão dinâmica de um direito subjetivo público que lhe prece e no qual se lastreia (Nesse sentido: Ovídio Baptista; também Pontes de Miranda[2]). De tal sorte, a ação penal é o agir em juízo para movimentar o direito punitivo estatal. A ação teria, sob essa perspectiva, natureza só processual.

2. CARACTERÍSTICAS

As características atinentes ao direito de ação levam ao reconhecimento de que este é:

2.1. Autônomo: não se confunde com o direito material. Tem força e brilho próprio. O direito de ação é preexistente à pretensão punitiva do Estado, que surge com a ocorrência da infração penal.

2.2. Abstrato: independe do resultado do processo. Mesmo que a demanda seja julgada improcedente, o direito de ação terá sido exercido.

2. SILVA, Ovídio A. B. *Curso de processo civil*: volume 1: processo de conhecimento. 5. ed. São Paulo: RT, 2000. p. 77.

2.3. Subjetivo: o titular do direito é especificado na própria legislação, sendo como regra o Ministério Público (art. 257,I do CPP) e excepcionalmente a própria vítima ou seu representante legal.

2.4. Público: a atividade provocada é de natureza pública, sendo a ação exercida contra o próprio Estado.

2.5. Instrumental: é o meio para se alcançar a efetividade do direito material.

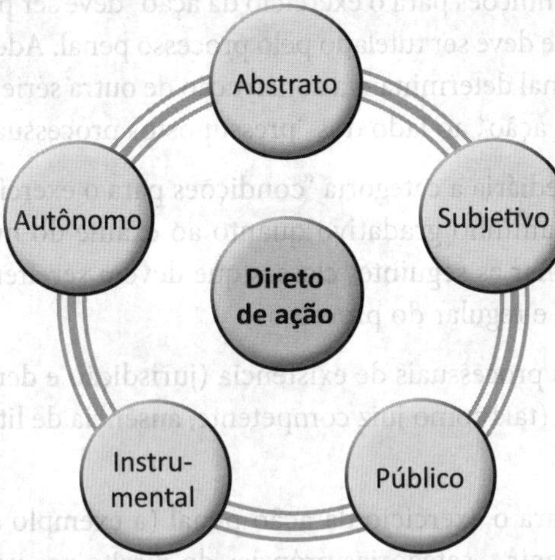

2.6. Localização no ordenamento jurídico. Tendo o direito de ação natureza flagrantemente processual, deveria estar tratado, segundo a melhor doutrina, apenas no âmbito do Código de Processo Penal[3]. Contudo, o legislador pátrio tratou do tema tanto no Código Penal, quanto no de Processo Penal (artigos 100 ***et seq***, CP, e artigos 24 ***et seq***, CPP).

3. CONDIÇÕES PARA O EXERCÍCIO DA AÇÃO PENAL

3.1. Conceito

São os requisitos necessários e condicionantes ao exercício regular da ação penal. Como se depreende, o exercício do direito de ação não se pode traduzir numa aventura desmedida. É certo que a deflagração da ação implica sérias consequências ao réu, exigindo-se do demandante o preenchimento de certas condições, para que o pleito jurisdicional possa ser exercido de forma legítima: são as condições da ação, desenvolvidas na obra de Enrico Tullio Liebman[4], e que são identificáveis "à luz da relação jurídica material deduzida em juízo"[5], protegendo-se o Poder Judiciário dos excessos do Estado-acusação, ou da vítima, na condição de querelante, em verdadeiro abuso de direito, evitando-se a possibilidade do manejo de ações inviáveis, pois o simples exercício da ação já implica consequências ao demandado, já que o processo é oneroso, não apenas pelo desgaste da sujeição ao procedimento, como pelos custos diretos ou indiretamente relacionados, pelo emprego de tempo, honorários etc.

3. MARQUES, José Frederico. *Elementos de direito processual penal*. 2. ed. Campinas: Millennium, 2003. v.1. p. 343.
4. LIEBMAN, Enrico Tullio. *Manual de direito processual civil*. 2.ed. Rio de Janeiro: Forense, 1986.
5. DIDIER JR., Fredie. *Direito Processual Civil*, vol. I. 5. ed. Salvador: Juspodivm, 2005. p. 182.

Apesar do CPC/2015 ter suprimido a expressão "condições da ação", no direito processual penal subsiste a categoria "**condições para o exercício da ação penal**" (art. 395, II, CPP). No entanto, o legislador processual penal não definiu o que seriam tais condições da ação. Para precisá-la, partimos do autorizativo do próprio CPP, disposto no seu art. 3º, que sublinha que a lei processual penal admitirá interpretação extensiva e aplicação analógica, bem como o suplemento dos princípios gerais de direito.

O conteúdo das "condições para o exercício da ação" deve ser preenchido com atenção ao direito à liberdade que deve ser tutelado pelo processo penal. Ademais, as peculiaridades do direito processual penal determinam a construção de outra série de limites que se valem do termo "condições da ação", ao lado dos "pressupostos processuais".

Reputamos intermediária a categoria "condições para o exercício da ação penal". Isso porque, seguindo um caminho gradativo quanto ao exame do núcleo meritório da demanda, poderemos alinhar as seguintes classes que devem ser aferidas para que haja um desenvolvimento válido e regular do processo:

(1) os pressupostos processuais de existência (jurisdição e demanda, por exemplo) e de validade do processo (tais como juiz competente, ausência de litispendência e ausência de coisa julgada[6]);

(2) as condições para o exercício da ação penal (a exemplo da legitimidade para a causa e do interesse de agir – categorias próprias do direito processual civil e que, muito restritamente, poderiam ser invocadas pelo processualista penal);

(3) as questões de mérito (que para serem apreciadas precisariam do juízo positivo de admissibilidade das primeiras duas etapas – pressupostos processuais e condições de ação).

De acordo com o art. 395, a denúncia ou queixa será rejeitada quando: (1) for manifestamente inepta; (2) faltar pressuposto processual ou condição para o exercício da ação penal; ou (3) faltar justa causa para o exercício da ação penal. O CPC/2015 não fala na categoria "condições da ação", mas alude a interesse processual e a legitimidade para causa, que eram estudadas no direito processual civil como espécies daquelas.

O CPC/2015 excluiu a menção à "possibilidade jurídica do pedido". Entendemos que a opção do legislador em suprimi-la foi acertada porque se tratava de categoria que necessitava de excessiva retórica para ser justificada no sistema jurídico. Tinha sido abandonada por Liebman, jurista italiano que inspirou o legislador do CPC/1973, antes mesmo deste entrar em vigor. No âmbito do processo penal, severas críticas são dirigidas à aplicação das categorias próprias do direito processual civil ao direito processual penal. As reservas

6. Importante registrar o magistério autorizado de Afrânio Silva Jardim, em recente estudo, que aponta, a "originalidade" como condição genérica para o regular exercício de qualquer ação. O autor sustenta que os tradicionais pressupostos objetivos extrínsecos denominados "litispendência" e "coisa julgada" são, em verdade, condições da ação, porquanto não são sanáveis, sem viabilidade de renovação da demanda com correção do vício. Em outros termos, a ação (penal) tem que ser original, não se admitindo reproduções, em face da vedação de dupla persecução penal (JARDIM, Afrânio Silva. *A originalidade como condição para o regular exercício do direito de ação* (texto inédito: Novíssimo trabalho sobre as condições de ação). Disponível em: <https://www.youtube.com/watch?v=hPK00ihVFyc>. Acesso em: 10/2/2015.

às condições da ação do direito processual civil não se restringem à possibilidade jurídica do pedido ora extirpada, mas também às demais que hoje são inominadas no texto do CPC/2015.

Considerando o contexto processual civil aplicado por analogia ao processo penal (art. 3º, CPP), as condições para o exercício da ação penal podem ser genéricas, isto é, aquelas que são parâmetros para toda e qualquer ação penal. São elas: a legitimidade, o interesse processual e a justa causa. As duas primeiras estão mencionadas no inciso VI, do art. 485, inciso VI, do CPC/2015 que, contudo, não as denomina condições da ação. São abrangidas pelo direito processual penal como condições para o exercício da ação penal por meio da combinação daquele dispositivo processual civil com o inciso II, do art. 395, e com o art. 3º, do CPP. A justa causa é trabalhada de forma autônoma no inciso III, do mesmo art. 395, CPP, sendo polêmico o enquadramento como uma quarta condição da ação, como veremos adiante.

Em pormenor, teremos condições especiais para o exercício da ação penal, que se traduzem em verdadeiras condições de procedibilidade, sem as quais a persecução penal não poderá ser deflagrada. É o que acontece com a representação e a requisição do Ministro da Justiça, nos crimes a ela condicionados, o que justificaria, em todos os casos, a rejeição da inicial acusatória.

Vejamos cada das condições aludidas, genéricas e específicas.

3.1.1. Interesse de agir

Materializa-se no trinômio necessidade, adequação e utilidade. Deve haver **necessidade** para bater as portas do judiciário no intuito de solver a demanda, através do meio **adequado**, e este provimento deve ter o condão de trazer algo de relevo, **útil** ao autor.

Quanto ao **interesse-necessidade**, o que se objetiva identificar é se a lide pode ser resolvida na seara extrajudicial, por outras formas de contenção de conflitos, ou se é necessário o uso das vias regulares, com o exercício da ação criminal.

Na seara criminal o interesse-necessidade é presumido, afinal, fazer justiça com as próprias mãos caracteriza infração penal (art. 345, CP), sendo fundamental a solução do caso penal no seio do judiciário. Afigura-se normalmente como imprescindível lançar mão do direito de ação para solver a contenda criminal.

Em relação ao **interesse-adequação**, como a solução do litígio vazado em juízo pressupõe a entrega ao julgador de meio hábil a solucioná-lo, esta eleição do mecanismo a ser empregado é vital ao preenchimento da condição da ação em estudo. Valendo-nos de um elucidador exemplo, desejando a parte trancar a persecução penal iniciada para apurar infração apenada tão somente com multa, o meio adequado é o mandado de segurança e não a ação de *habeas corpus*, pois, cominando-se apenas multa, não há o risco de restrição à liberdade de locomoção. Neste sentido, a Súmula nº 693, do STF, aduzindo que não cabe *habeas corpus* contra decisão condenatória a pena de multa, ou relativo a processo em curso por infração penal a que a pena pecuniária seja a única cominada. O mesmo se diga quando a **vítima** de infração privada deseja trancar inquérito policial deflagrado à sua revelia. Ora, como a liberdade de locomoção da vítima não foi colocada em perigo, a ação adequada é o mandado de segurança. No mesmo raciocínio, se a pessoa jurídica figurar como indiciada ou ré na demanda penal, a ação de impugnação hábil a socorrê-la é o mandado de segurança, e não o *habeas corpus*, afinal, é incompatível com a concepção da pessoa jurídica a liberdade de locomoção.

Importa salientar a crítica doutrinária quanto ao tratamento da adequação na perspectiva do interesse de agir, pois a matéria estaria mais bem vinculada à forma do que propriamente ao interesse do demandante[7]. De fato, o equívoco na escolha do meio não significa que o demandante não tenha interesse. A seu turno, Eugênio Pacelli aponta a absoluta inutilidade do **interesse-adequação** nas ações penais de caráter **condenatório**, afinal, o erro quanto ao tipo de reprimenda requerida não impede o recebimento da petição inicial, cabendo ao magistrado, ao sentenciar, corrigi-lo, valendo-se do art. 383, do CPP[8].

Já quanto ao **interesse-utilidade**, este só existe se houver esperança, mesmo que remota, da realização do *jus puniendi* estatal, com aplicação da sanção penal adequada. Se a punição não é mais possível, a ação passa a ser absolutamente inútil.

Poderíamos imaginar a hipótese do membro do Ministério Público deixar de promover a ação penal, requerendo o arquivamento, pautando sua fundamentação na inutilidade da demanda, pois, em face da possível pena que será aplicada na sentença final, provavelmente operar-se-á a prescrição retroativa. É fenômeno que tem ganhado força, inclusive no seio da Procuradoria-Geral de Justiça do Estado de São Paulo, e que tem a denominação de **prescrição virtual**, **antecipada** ou em **perspectiva**.

Em trabalho específico sobre o tema, Igor Teles Fonseca de Macedo chancela que "a prescrição em perspectiva é o reconhecimento da carência de ação (falta de interesse--utilidade), por conta da constatação de que eventual pena que venha a ser aplicada, numa condenação hipotética, inevitavelmente será abarcada pela prescrição retroativa, tornando inútil a instauração da ação penal, ou, se for o caso, a continuação da ação já iniciada"[9].

E a propósito, Ney Fayet Júnior, Marcela Fayet e Karina Brack destacam que, "se oferecida a denúncia, nos casos da iminência da prescrição abstrata (ou pela provável prescrição retroativa que se perpetrará em razão do ***quantum*** de pena a ser imposta ao réu), se sugere que esta seja rejeitada", sendo possível, em caso da ação penal já ter tomado seu curso após o recebimento da denúncia, que a defesa maneje "*habeas corpus* para o fim de trancamento da ação penal, em face da falta de interesse de agir. Por óbvio, pelos mesmos motivos, pode o inquérito ser arquivado, bem como não ser oferecida a peça acusatória pelo Ministério Público"[10].

Em que pese a coerência do discurso, a Lei nº 12.234/2010 deu o primeiro passo para fulminar a prescrição virtual. O texto em vigor do § 1º, do art. 110, do CP, passou a ditar que a prescrição não pode ter por termo inicial data anterior à denúncia ou a queixa

7. CARVALHO, José Orlando Rocha de. *Ação declaratória* Rio de Janeiro: Forense, 2002. p. 61.
8. OLIVEIRA, Eugênio Pacelli de. *Curso de processo penal*. 3.ed. Belo Horizonte: Del Rey, 2004.p. 79.
9. MACEDO, Igor Teles Fonseca de. *Prescrição virtual*. Salvador: JusPodivm 2007. p. 85.
10. FAYET JÚNIOR, Ney; FAYET, Marcela; BRACK, Karina. *Prescrição penal*: temas atuais e controvertidos: doutrina e jurisprudência. Porto Alegre: Livraria do Advogado, 2007. p. 164.

crime. Reduziu-se assim o âmbito de aferição do instituto, já que a prescrição virtual está diretamente ligada à provável incidência da prescrição retroativa.

O STJ, por sua vez, sumulou a matéria, chancelando a inadmissibilidade da "extinção da punibilidade pela prescrição da pretensão punitiva com fundamento em pena hipotética, independentemente da existência ou sorte do processo penal" (Súmula nº 438). É dizer, o titular da ação não mais poderá "virtualizar" a provável pena a ser aplicada em futura condenação, para antever os processos que são absolutamente inúteis, pela provável incidência da prescrição retroativa. Edifica-se interpretação intolerante com a análise criteriosa dos fatos trazidos na investigação preliminar, que podem permitir, de imediato, a identificação de demandas que se revelarão absolutamente infrutíferas.

3.1.2. Legitimidade *(legitimatio ad causam)*

Nas lições de Alfredo Buzaid[11], é a pertinência subjetiva da ação. Mirabete esclarece que "a ação só pode ser proposta por quem é titular do interesse que se quer realizar e contra aquele cujo interesse deve ficar subordinado ao do autor"[12].

No polo ativo deve figurar como regra o Ministério Público, titular exclusivo da ação penal pública, ou o particular (querelante), titularizando as ações de iniciativa privada, porém na condição de substituto processual, pleiteando em nome próprio direito alheio (***jus puniendi*** pertencente ao Estado). Já no polo passivo, como solar conclusão, figura o réu, que nas ações de iniciativa privada ganha o adjetivo de querelado.

É importante destacar que segundo a atual ordem constitucional, a pessoa jurídica pode figurar no polo passivo da demanda criminal. Nesse sentido, o § 5º, do art. 173, da CF/1988 estampa que a lei, sem prejuízo da responsabilidade individual dos dirigentes da pessoa jurídica, estabelecerá a responsabilidade desta, sujeitando-a às punições compatíveis com sua natureza, nos atos praticados contra a **ordem econômica e financeira e contra a economia popular**. De outra vertente, o § 3º, do art. 225, dispõe que as condutas e atividades consideradas lesivas ao meio ambiente sujeitarão os infratores, pessoas físicas ou jurídicas, a sanções penais e administrativas, independentemente da obrigação de reparar os danos causados.

Vale frisar que a Constituição remete à disciplina da lei ordinária o tratamento da responsabilidade criminal da pessoa jurídica. Atualmente é apenas a Lei nº 9.605/1998 que disciplina a matéria, no tocante às infrações praticadas em detrimento do meio ambiente.

O Superior Tribunal de Justiça, em construção jurisprudencial, passou a vincular o ajuizamento da ação penal contra a pessoa jurídica à indicação, ainda na inicial acusatória, da pessoa física responsável pela sua administração. Criou-se, assim, a **teoria ou sistema da dupla imputação**. Em que pese ainda se encontrem julgados nesse sentido[13], o Supremo Tribunal Federal declarou que este entendimento afronta o art. 225, § 3º, da CF/88, asseverando que a Constituição não teria estabelecido esta condicionante. Com base nessas premissas, a primeira turma do STF decidiu pela possibilidade de condenação da pessoa

11. Buzaid, Alfredo. *Agravo de petição no sistema do Código de Processo Civil*. 2.ed.São Paulo: Saraiva, 1956.p. 89.
12. MIRABETE, Julio Fabbrini. *Processo Penal*. 15. ed. São Paulo: Atlas, 2004. p. 111.
13. STJ – Quinta Turma – RMS 37.293/SP – Rel. Min. Laurita Vaz – DJe 09/05/2013

jurídica dissociada da pessoa física[14]. Depois da divergência do STF, o STJ, em agosto de 2015, por sua Quinta Turma, retificou seu entendimento e afastou também a teoria da dupla imputação, permitindo o prosseguimento de ação penal por crime ambiental contra a Petrobrás, no bojo da qual o juiz de primeiro grau absolveu a pessoa física supostamente responsável. Entendeu-se que "é possível a responsabilização penal da pessoa jurídica por delitos ambientais independentemente da responsabilização concomitante da pessoa física que agia em seu nome" e que "a personalidade fictícia atribuída à pessoa jurídica não pode servir de artifício para a prática de condutas espúrias por parte das pessoas naturais responsáveis pela sua condução"[15]. A responsabilidade penal da pessoa jurídica, embora refutável doutrinariamente, é admitida pela CF/1988 que, por sua vez, não distingue a natureza pública ou privada do ente responsável (§ 3º, art. 225). Em razão disso, pensamos, em tese, ser possível responsabilizar penalmente a pessoa jurídica de direito público por crime ambiental.

Estando a pessoa jurídica no **polo ativo** da demanda, exercendo o direito de ação, a exemplo de empresa que tenha sido vítima de difamação, a representação será feita por quem os respectivos contratos ou estatutos designarem, e no silêncio destes, pelos diretores ou sócios-administradores (art. 37, CPP).

3.1.3. Justa causa

A ação só pode ser validamente exercida se a parte autora lastrear a inicial com um mínimo probatório que indique os indícios de autoria, da materialidade delitiva, e da constatação da ocorrência de infração penal em tese (art. 395, III, CPP). É o ***fumus commissi delicti*** (fumaça da prática do delito) para o exercício da ação penal. Como a instauração do processo já atenta contra o ***status dignitatis*** do demandado, não se pode permitir que a ação seja uma aventura irresponsável, lançando-se no polo passivo, sem nenhum critério, qualquer pessoa. Nos dizeres de Afrânio Silva Jardim, "torna-se necessário ao regular exercício da ação penal a demonstração, ***prima facie***, de que a acusação não é temerária ou leviana, por isso que lastreada em um mínimo de prova. Este suporte probatório mínimo se relaciona com os indícios de autoria, existência material de uma conduta típica e alguma prova de sua antijuridicidade e culpabilidade"[16]. Normalmente tais elementos são extraídos do inquérito policial, e nada impede que possam ser obtidos através de outras peças de informação, como relatórios de CPI, inquéritos militares, dentre outros.

A ***justa causa***, todavia, não é pacificamente aceita como quarta condição da ação. Alguns a integram ao interesse de agir[17], ou mesmo como requisito ao desenvolvimento do procedimento, e "não à propositura da demanda"[18]. Afrânio Silva Jardim sugere que se reconheça no processo penal condenatório a justa causa do inciso III, do art. 395, do CPP, como categoria diversa de condição da ação. Vale dizer, na senda do processualista,

14. STF – Primeira Turma – RE 548181 – Rel. Min. Rosa Weber – Info 714.
15. STJ – Quinta Turma – RMS 39.173/BA – Rel. Min. Reynaldo Soares da Fonseca – julgado em 06/08/2015 – DJe 13/08/2015.
16. JARDIM, Afrânio Silva. *Direito processual penal*. 11. ed. Rio de Janeiro: Forense, 2002.p. 97.
17. GRECO FILHO, Vicente. *Manual de processo penal*. São Paulo: Saraiva, 1991.p. 82.
18. DIDIER JR. Fredie. *Pressupostos processuais e condições da ação*: o juízo de admissibilidade do processo. São Paulo: Saraiva, 2005. p. 296.

a justa causa deve ser enquadrada como "pressuposto de legitimação do processo penal condenatório", para assegurar um processo com acusação de uma ação típica, sem que resvale em injustiça[19].

É possível ainda falar-se em "justa causa duplicada". A denominada "justa causa duplicada" guarda relação com a Lei nº 9.613/1998, que dispõe sobre os delitos de lavagem de capitais. Como vimos, justa causa tem, dentre suas acepções adotadas pela doutrina, a natureza de uma quarta condição da ação penal. Para os delitos de lavagem de capitais, convencionou-se chamar "justa causa duplicada" aquela condição específica da ação penal que consiste na exigência de que a denúncia faça constar necessariamente:

(1) a descrição fática do crime de lavagem de capitais e

(2) a descrição da proveniência ilícita dos bens, direitos ou valores obtidos a partir de infração penal antecedente (crime ou contravenção penal), acompanhada de indícios suficientes.

A questão reside, notadamente, no § 1º, do art. 2º, da Lei de Lavagem de Dinheiro, com redação dada pela Lei nº 12.683/2012, que dispõe que a denúncia será instruída com indícios suficientes da existência da infração penal antecedente, sendo puníveis os fatos previstos nesta Lei, ainda que desconhecido ou isento de pena o autor, ou extinta a punibilidade da infração penal antecedente.

A partir desse enunciado, para o preenchimento da condição da ação penal "justa causa duplicada", aferida em estado de asserção (conforme a narrativa da denúncia e dos elementos de prova que sejam indícios suficientes da infração penal antecedente), temos que a petição inicial deve:

(1) descrever delito de lavagem de capitais, disposto no tipo fundamental, gizado no art. 1º, *caput*, da Lei nº 9.613/1998 ("ocultar ou dissimular a natureza, origem, localização, disposição, movimentação ou propriedade de bens, direitos ou valores provenientes, direta ou indiretamente, de infração penal"), ou nos seus tipos derivados (parágrafos do mesmo dispositivo legal), conforme redação conferida pela Lei nº 12.683/2012;

(2) descrever a existência de infração penal antecedente, individualizando-a: note-se que o dispositivo em vigor se contenta com "infração penal" (que abrange crime ou contravenção), não mais fazendo menção a "crime", sendo, no ponto, lei penal mais gravosa (***lex gravior***);

(3) estar acompanhada de suporte probatório mínimo relativamente ao delito imputado ao agente, isto é, ao crime de lavagem de capitais;

(4) estar instruída com indícios (provas parciais, semiplenas, elementos, com grau de persuasão menor que uma prova robusta) aptos a apontar a existência de infração penal antecedente: quanto a este ponto, em face da autonomia do processo-crime por lavagem de capitais, é irrelevante que o autor da infração penal antecedente seja isento de pena, desconhecido ou, ainda, esteja extinta a punibilidade.

19. JARDIM, Afrânio Silva; AMORIM, Pierre Souto Maior Coutinho de. *Direito processual penal*: estudos e pareceres. 14. ed. Salvador: Juspodivm, 2016. p. 585.

Chamamos a atenção para o aspecto "autonomia" do processo criminal por crime de lavagem de capitais, conforme bem destacado pelo transcrito § 1º, do art. 2º, da Lei nº 9.613/2013:

(1) o processo por crime de lavagem de capitais não implica, necessariamente, reunião de processos relativamente àquele da infração penal antecedente. Pode haver conexão apta a tanto, mas se trata de faculdade e não de obrigatoriedade;

(2) o desfecho do processo-crime pela infração penal antecedente não é prejudicial ao delito de lavagem, pelo que o feito deste crime corre normalmente, não sendo relevantes fatos como isenção de pena, não julgamento deste por ser desconhecido o autor do delito anterior ou, ainda, extinção da punibilidade da infração penal antecedente;

(3) eventualmente, o julgamento do processo pelo crime antecedente pode repercutir no do crime de lavagem de dinheiro, como pode ocorrer com o julgamento que considere inexistente a suposta infração anterior: nesses casos, será possível *habeas corpus* para trancar o processo pelo crime de lavagem de capitais ou mesmo revisão criminal, se já transitada a sentença penal condenatória;

(4) o fato de ter sido a infração penal antecedente cometida no exterior é irrelevante para a tramitação do processo pelo crime de lavagem de dinheiro no Brasil.

O STJ já se manifestou reiteradamente sobre o tema. Ressaltando a autonomia do processo pelo delito de lavagem de dinheiro, a Corte deixou assentado que "ainda que o órgão ministerial jamais possa provar que o paciente cometeu os delitos dispostos nos artigos 4º, 16, 21 e 22 da Lei 7.492/1986, o certo é que há indícios de que tais ilícitos teriam sido praticados pelos demais corréus, circunstância que evidencia a legalidade da manutenção da ação penal contra ele deflagrada para apurar o cometimento do crime de lavagem de capitais"[20].

3.1.4. Condições específicas

Algumas espécies de ação penal, além das condições supracitadas, comuns a todas as ações, exigem ainda a presença de condições específicas, a exemplo da representação da vítima ou da requisição do Ministro da Justiça, cabíveis nas infrações públicas condicionadas, e sem as quais o direito de ação não pode ser exercido. Assim, teríamos as condições genéricas das ações penais, quais sejam, legitimidade, interesse, e justa causa, e as condições específicas, é dizer, as condições de procedibilidade e as condições específicas constitucionais, legais e jurisprudenciais, albergadas, expressa ou implicitamente, nos incisos II e III do art. 395 do CPP. As condições específicas da ação penal – entendidas como as que precisam ser providas para, a par das condições gerais da ação penal, autorizar o desencadeamento da ação penal – podem ser assim agrupadas:

3.1.4.1. Condições de procedibilidade

É o caso da requisição do Ministro da Justiça ou representação da vítima, a exemplo do que ocorre nos crimes de ação penal pública condicionada: lesão corporal leve – art. 129, *caput*, do CP;

20. STJ – Quinta Turma – HC 207.936/MG – Rel. Min. Jorge Mussi – DJe 12/04/2012.

3.1.4.2. *Condições específicas constitucionais*

Sob essa designação, incluímos a admissão da acusação pela Câmara dos Deputados para o início de processo contra o Presidente e o Vice-Presidente da República, bem como contra os Ministros do Estado, a teor dos artigos 51, I, e 86, *caput*, CF;

3.1.4.3. *Condições específicas legais*

São as hipóteses de juntada de laudo pericial nos casos de crime contra a propriedade imaterial que deixe vestígios, em compasso com o art. 525, do CPP[21]; trânsito em julgado da sentença cível nos autos da ação anulatória de casamento, quando se tratar de crime do art. 236, do CP – crime de induzimento a erro essencial e de ocultação de impedimento –, de acordo com o parágrafo único do mesmo artigo;

3.1.4.4. *Condições específicas jurisprudenciais*

Casos como o de surgimento de novas provas, nas hipóteses de impronúncia do acusado por suposto delito doloso contra a vida de competência do júri ou de arquivamento do inquérito policial por insuficiência de provas – Súmula 524, STF; o lançamento definitivo do tributo, para a tipicidade dos crimes tributários previstos no art. 1º, I a IV, da Lei nº 8.137/1990, exigindo-se o prévio exaurimento das vias administrativas para que a ação penal possa ser proposta, diante do que dispõe a Súmula Vinculante nº 24, do STF, evitando-se que a demanda penal se torne forma de cobrança tributária. No entanto, interpretando esse enunciado vinculante, a Quinta Turma do STJ ponderou que, para a deflagração da ação penal, é suficiente a prova da constituição definitiva do crédito tributário, "sendo desnecessária a juntada integral do procedimento administrativo fiscal correspondente"[22].

3.1.5. Condições objetivas de punibilidade

São condições necessárias para o exercício do *jus puniendi*, aferidas em momento subsequente à instauração do processo. No caso, nada impede que a ação penal seja exercida validamente, diante da presença das condições gerais e específicas para seu ajuizamento. Há óbice, contudo, à prolação de sentença condenatória, enquanto não preenchido o pressuposto punitivo, sendo autêntica questão prejudicial para o julgamento do mérito da demanda penal. É o que ocorre com as hipóteses: de ingresso no País, do autor de crime praticado no estrangeiro (diante da dicção do art. 7º, §§ 2º, "a" e "b", e 3º, do CP); e de sentença que decreta a falência, concede a recuperação judicial ou extrajudicial, nas infrações falimentares, nos termos do previsto no art. 180, da Lei de Falência e Recuperação Judicial.

3.1.6. Condições de prosseguibilidade

Esta seria uma condição para a continuidade da ação já deflagrada. Ex.: nos crimes inafiançáveis de competência do Júri, após a pronúncia, o processo só prosseguia após a intimação pessoal do réu daquela decisão. Enquanto isto não ocorria, o feito ficava paralisado. Era a **crise de instância**, pela pendência de um ato processual sem o qual o processo não podia prosseguir. Com a nova previsão do art. 420, parágrafo único do CPP, imprimida pela

21. O enunciado nº 574, da Súmula do STJ, aprovado em 22 de junho de 2016, reza que "para a configuração do delito de violação de direito autoral e a comprovação de sua materialidade, é suficiente a perícia realizada por amostragem do produto apreendido, nos aspectos externos do material, e é desnecessária a identificação dos titulares dos direitos autorais violados ou daqueles que os representem".
22. STJ - Quinta Turma - RHC 94.288/RJ - Rel. Min. Reynaldo Soares da Fonseca - j. 22/5/2018.

Lei nº 11.689/2008, se o pronunciado solto não for encontrado, será intimado por edital, ilidindo-se assim a paralisação do procedimento. Pode-se cogitar, entretanto, como condição de prosseguibilidade, a necessidade do agente recobrar a higidez mental nas hipóteses de insanidade superveniente, pois, enquanto isso não ocorre, o processo fica paralisado, e a prescrição corre normalmente. É mais um caso de crise de instância (art. 152, *caput*, CPP).

Num esforço de síntese teríamos:

<table>
<tr><td>CONDIÇÕES GENÉRICAS</td><td colspan="2">› Legitimidade ad causam;
› Interesse de agir;
› Justa causa.</td></tr>
<tr><td rowspan="4">CONDIÇÕES ESPECÍFICAS</td><td>Condições de procedibilidade</td><td>› Representação;
› Requisição do Ministro da Justiça.</td></tr>
<tr><td>Condições específicas constitucionais</td><td>Admissão da acusação pela Câmara dos Deputados para o início de processo contra o Presidente e o Vice-Presidente da República, bem como contra os Ministros do Estado, a teor dos artigos 51, I, e 86, caput, CF</td></tr>
<tr><td>Condições específicas legais</td><td>Juntada de laudo pericial nos casos de crime contra a propriedade imaterial que deixe vestígios, em compasso com o art. 525, do CPP; trânsito em julgado da sentença cível nos autos da ação anulatória de casamento, quando se tratar de crime do art. 236, do CP – crime de induzimento a erro essencial e de ocultação de impedimento –, de acordo com o parágrafo único do mesmo artigo</td></tr>
<tr><td>Condições específicas jurisprudenciais</td><td>Surgimento de novas provas, nas hipóteses de impronúncia do acusado por suposto delito doloso contra a vida de competência do júri ou de arquivamento do inquérito policial por insuficiência de provas – Súmula 524, STF; o lançamento definitivo do tributo, para a tipicidade dos crimes tributários previstos no art. 1º, I a IV, da Lei nº 8.137/1990, exigindo-se o prévio exaurimento das vias administrativas para que a ação penal possa ser proposta, diante do que dispõe a Súmula Vinculante nº 24, do STF, evitando-se que a demanda penal se torne forma de cobrança tributária</td></tr>
<tr><td>CONDIÇÕES OBJETIVAS DE PUNIBILIDADE</td><td colspan="2">› Sentença anulatória do casamento, no crime de induzimento a erro ao matrimônio (art. 236, CP);
› Ingresso no País, do autor de crime praticado no estrangeiro (art. 7º, §§ 2º, "a" e "b", e 3º, CP);
› Declaração da procedência da acusação, pela Câmara dos Deputados, no julgamento do Presidente da República (art. 86, CF);
› A sentença que decreta a falência concede a recuperação judicial ou extrajudicial, nas infrações falimentares (art. 180, Lei nº 11.101/2005).
› Para parte da doutrina, o lançamento definitivo do crédito tributário também seria condição objetiva de punibilidade*, apesar do enunciado da Súmula Vinculante nº 24.</td></tr>
<tr><td>CONDIÇÕES DE PROSSEGUIBILIDADE</td><td colspan="2">Condição para a continuidade da ação já deflagrada.
Ex.: a necessidade de o agente recobrar a higidez mental nas hipóteses de insanidade superveniente, pois, enquanto isso não ocorre, o processo fica paralisado, e a prescrição corre normalmente. É mais um caso de crise de instância (art. 152, caput, CPP).</td></tr>
</table>

3.2. Oportunidade para verificação das condições para o exercício da ação penal

Valendo-nos por analogia do art. 485, § 3º, do CPC/2015, concluímos que a ausência das condições da ação pode ser reconhecida a qualquer tempo, o que levaria à carência da ação e extinção do processo sem julgamento meritório. Este entendimento foi adotado pelo STJ no julgamento do REsp 1.318.180-DF, quando restou consignado ser possível a reapreciação da inicial acusatória pelo magistrado após a apresentação da resposta à acusação por parte do réu. Os princípios da economia e celeridade processuais recomendariam, segunda aquela Corte, o abortamento do processo quando verificado que não seria possível analisar o mérito da ação por estar presente uma das causas de rejeição indicadas no art. 395 do CPP[23].

Não obstante o entendimento pretoriano, tal expediente pode nos levar a situações de absoluta perplexidade. Exemplo: ficando demonstrado cabalmente ao final da instrução que a imputação feita na inicial se deu em detrimento de pessoa diversa, é dizer, o processamento ocorreu em face de alguém que não participou da infração penal, deve o magistrado absolvê-lo, enfrentando o mérito, ou reconhecer que se operou a ilegitimidade passiva ***ad causam***, extinguindo então o processo sem enfrentamento meritório, por ausência de uma das condições da ação penal?

Divide-se a doutrina em duas correntes: uma primeira, titularizada por ***Liebman***[24], afirma que a demonstração das condições da ação comporta inclusive a dilação probatória para convencer o magistrado da sua presença ou não, o que em última análise, atendendo aos ditames do já mencionado § 3º do art. 485 do CPC/2015, levaria fatalmente à extinção do processo sem julgamento de mérito.

Refletindo sobre o tema, Fredie Didier Jr. lembra que:

> As dificuldades que normalmente se apresentam na separação das condições da ação do mérito da causa – aliadas ao fato de que a extinção do processo sem exame do mérito, por carência da ação, após longos anos de embate processual, é consequência indesejável – fizeram com que surgisse uma concepção doutrinária que busca mitigar os efeitos danosos que a adoção irrestrita do que o Código diz poderia causar[25].

Nessa senda, a segunda posição, defendida dentre outros por Barbosa Moreira e Alexandre Freitas Câmara[26], levaria à aplicação da **teoria da asserção ou da "*prospettazione*"**, ao fundamento de que as condições para o exercício da ação penal devem ser aferidas de acordo com a narrativa constante na inicial acusatória, acompanhada de suporte probatório suficiente para o seu desenvolvimento válido e regular. Apresentada a inicial ao magistrado, este analisaria a presença ou não das condições da ação de acordo com aquilo que foi narrado pelo autor da demanda. Constatando a ausência de uma ou algumas das condições para o exercício da ação penal, deve rejeitar a inicial (art. 395, II e III, CPP). Contudo, concluindo que estão atendidas aquelas condições por esta análise prelibatória,

23. STJ – REsp 1.318.180/DF – Rel. Min. Sebastião Reis Júnior – Info 522.
24. LIEBMAN, Enrico Tullio. *Manual de Direito Processual Civil*. 2. ed. Rio de Janeiro: Forense, 1986. v.1. p. 154.
25. DIDIER JÚNIOR, Fredie. *Curso de direito processual civil*: teoria geral do processo e processo de conhecimento. 6. ed. Salvador: JusPODIVM, 2006. v.I. p. 170.
26. CÂMARA, Alexandre Freitas. *Lições de Direito Processual Civil*. 7. ed. Rio de Janeiro: Lumen Juris, 2002, v. I.

meramente superficial, deve receber a inicial dando início ao processo. No transcorrer deste, aquilo que anteriormente tratamos como condição para o exercício da ação penal deve ser reputado matéria de mérito, cabendo ao juiz absolver ou condenar o réu, quando o procedimento estiver em estágio mais adiantado.

Num esforço de síntese, por esta segunda posição, o momento oportuno para a discussão acerca das condições da ação seria o da admissibilidade da inicial, cujo momento preclusivo no procedimento comum ordinário e sumário é o da rejeição ou acolhimento de absolvição sumária (art. 397, CPP). Superada esta fase, resta ao magistrado o enfrentamento meritório.

4. CLASSIFICAÇÃO DAS AÇÕES

No âmbito do processo civil, a classificação das ações pode ser feita de acordo com a natureza do processo. O processo civil pode ser: **(1)** de conhecimento: quando se pretende acertar o direito que ainda não está definido em um título executivo; **(2)** de execução: na hipótese de processo se basear em título executivo prévio, razão pela qual se instaura procedimento tendente à concretização dos atos materiais necessários à satisfação do comando da sentença ou de título extrajudicial; e **(3)** cautelar: quando se pretende provimento que assegure a utilidade do processo de conhecimento ou do processo de execução, tal como se dá com a ação de arresto para garantir que a dívida seja adimplida quando se verificar que o devedor está dilapidando seu patrimônio para se furtar ao cumprimento da obrigação.

Entendemos que no processo penal as ações podem também se apresentar como: **(1)** de conhecimento ou de cognição: como é o caso da ação penal condenatória, que visa definir, acertar, o limite do direito punitivo estatal; **(2)** de execução: tal como se dá com as providências jurisdicionais e administrativas para execução da sentença condenatória; **(3)** cautelar: como se vê com a ação de *habeas corpus* preventivo, que visa à obtenção de uma cautela ao reverso, para evitar cerceamento da liberdade em violação às normas constitucionais e legais.

Parte da doutrina entende que não há processo cautelar autônomo no direito processual penal, justificando que o que há são deferimentos de "medidas cautelares incidentais". Discordamos, tanto pelo exemplo apresentado (*habeas corpus* preventivo é ação penal não condenatória e que permite a concessão de liminar com os requisitos próprios das ações cautelares: ***fumus boni juris*** e ***periculum in mora***), quanto por existir procedimentos autônomos cautelares no processo penal aptos a serem classificados como processo cautelar. Exemplos: **(a)** pedido de interceptação telefônica (Lei nº 9.296/1996): o requerimento de interceptação telefônica é uma ação cautelar probatória, autuada em separado, com os elementos necessários para se ter como formado o processo, isto é, há pedido dirigido a um juiz (processo) e, embora não haja contraditório inicial por razões óbvias, a prova produzida é objeto de contraditório postergado; **(b)** as medidas assecuratórias de hipoteca legal, de sequestro e de arresto de bens imóveis ou móveis (artigos 134, 135, 136 e 137, do CPP): da mesma maneira, se vê nessas demandas pedido formulado perante juiz, por meio de petição inicial (processo), com a atenção ao preenchimento dos pressupostos para a concessão de liminar, bem como se oportunizando o contraditório diferido, posterior, em compasso com o princípio da bilateralidade da audiência.

A principal classificação das ações penais condenatórias tem por referência a titularidade do direito de ação. Neste aspecto, as ações subdividem-se em ações penais públicas e ações penais privadas (art. 100, *caput*, CP). As primeiras, cujo titular privativo é o Ministério Público (art. 129, I, CF, c/c art. 257, I, CPP), podem ser públicas incondicionadas e públicas condicionadas (art. 100, § 1º, CP). Já as ações penais privadas, titularizadas pelo ofendido ou por seu representante legal, podem ser principais (ou exclusivas) e subsidiárias (art. 100, § 3º, CP), havendo ainda as chamadas ações privadas personalíssimas. Vejamos cada uma delas, separadamente.

4.1. Ação penal pública incondicionada

4.1.1. Conceito e titularidade

A ação penal pública incondicionada é aquela titularizada pelo Ministério Público e que prescinde de manifestação de vontade da vítima ou de terceiros para ser exercida. Ela constitui a regra em nosso ordenamento e será a ação cabível quando do silêncio da lei acerca da ação penal cabível. A parte inicial do *caput* do art. 24, do CPP, assevera que "nos crimes de ação pública, esta será promovida por denúncia do Ministério Público...", ao passo que o § 2º, do mesmo artigo, reza que "seja qual for o crime, quando praticado em detrimento do patrimônio ou interesse da União, Estado e Município, a ação penal será pública".

A Constituição tem no Ministério Público o órgão acusador oficial do Estado e, na esmagadora maioria das infrações, atuará o promotor incondicionalmente, ***ex officio***, sem a necessidade de autorização ou manifestação de vontade de quem quer que seja.

Portanto, o chamado processo judicialiforme, encampado pelos artigos 26 e 531, do CPP, prevendo a possibilidade de, em algumas infrações, o início da ação ocorrer através do auto de prisão em flagrante ou por portaria emanada da autoridade policial ou judiciária, encontra-se revogado pelo inciso I, do art. 129, da CF, afinal, a titularidade da ação penal pública foi conferida ao Ministério Público pela Carta de 1988, sendo impensável o exercício da ação por iniciativa do delegado ou do magistrado. Com o advento da Lei nº 11.719/2008, o art. 531 foi alterado, sendo sepultado expressamente o antigo instituto. A seu turno, assevera-se no art. 257, inciso I, que cabe ao MP a promoção privativa da ação pública. Nada mais se fez do que adequar o código aos ditames constitucionais.

O processo judicialiforme é um exemplo do que a doutrina tem chamado de ação penal *ex officio*. Neste sentido, Nilo César Martins Pompílio da Hora, comentando o superado instituto, informa que "a ação penal *ex officio* (sem provocação), se iniciava mediante auto de prisão em flagrante delito ou mediante portaria da autoridade policial ou judiciária que agia de ofício, ou por requerimento (solicitação) do Ministério Público, tudo nos termos do art. 531 do CPP"[27].

O CPP autoriza, nos crimes de ação penal pública, a provocação do Ministério Público por qualquer do povo, fornecendo informações sobre a possível infração ocorrida (art. 27).

27. HORA, Nilo César Martins Pompílio da. *Ação penal*: retrospectiva e perspectiva. Rio de Janeiro: Lumen Juris, 2001. p. 67.

4.1.2. Princípios informadores

No Capítulo I, estudamos os princípios que informam o direito processual penal em geral. Entendemos que princípio é espécie de norma. Norma é gênero do qual são espécies regras e princípios. Texto não se confunde com a norma. A norma é construída a partir do que enuncia o texto, seja de forma expressa ou implícita. Princípio é, então, mandamento nuclear, alicerce do sistema, informador da aplicação de regras, vetor hermenêutico ou cânone interpretativo.

A ação penal é regida, naturalmente, pelos princípios processuais penais gerais – aplicáveis de forma não específica –, a exemplo dos princípios: **(1)** da demanda ou do ***ne procedat iudex ex officio***: o juiz penal só profere decisões quando provocado, não havendo mais o processo judicialiforme, inaugurado por meio de portaria do magistrado ou do delegado de polícia; **(2)** da vedação de dupla persecução penal (***ne bis in idem***): conhecido, no Direito norte-americano como ***double jeopardy***, ou seja, objetiva-se evitar o risco duplo, a dupla punição ou ver processar o agente pelo mesmo fato duas vezes. A ação penal é entendida, em processo penal, como idêntica a uma anterior quando coincidem: o sujeito passivo da relação jurídico-processual (parte passiva) e a narrativa fática (causa de pedir)[28].

Ao lado dos princípios gerais, que informam o processo penal como um todo, temos princípios específicos à ação penal.

Os princípios que disciplinam a ação penal pública incondicionada, e que norteiam também, como regra, a ação penal pública condicionada, são os seguintes:

4.1.2.1. Da obrigatoriedade (legalidade processual)

Estando presentes os requisitos legais, o Ministério Público está obrigado a patrocinar a persecução criminal, ofertando denúncia para que o processo seja iniciado. Não cabe ao MP juízo de conveniência ou oportunidade. Não por acaso, o art. 24 do CPP informa que "nos crimes de ação pública, esta será promovida por denúncia do Ministério Público".

Não se pode olvidar, como já ressaltado no Capítulo I, que a Lei nº 9.099/1995, objetivando mitigar a sanha penalizadora do Estado, instituiu uma contemporização ao princípio da obrigatoriedade, que ganhou o nome de princípio da obrigatoriedade mitigada ou da discricionariedade regrada, que nada mais é que, nas infrações de menor potencial ofensivo, a possibilidade, com base no art. 76 da Lei dos Juizados, da oferta de transação penal, é dizer, a submissão do suposto autor da infração a uma medida alternativa, não privativa de liberdade, evitando-se a oferta da denúncia. Substitui-se o embate formal em juízo, pela composição entre as partes. A transação penal brasileira não exige o reconhecimento da culpa nem importará em reincidência, distinguindo-se da transação norte-americana (***plea bargaining***), onde a composição pressupõe a assunção da culpa pelo transacionado.

Como se depreende, a transação penal não é propriamente exceção ao princípio da obrigatoriedade da ação penal, como sustenta parte da doutrina. A transação penal é ação penal pública não convencional tendente a propor a aplicação imediata de pena restritiva de direito, seguindo um "devido processo legal" abreviado. Convencional é a denúncia,

28. LIMA, Renato Brasileiro de. *Curso de processo penal*. Niterói: Impetus, 2013. p. 189.

petição inicial da ação penal pública. Daí que se o Ministério Público estiver diante dos pressupostos para o oferecimento da transação penal, nos termos do art. 76, da Lei nº 9.099/1995, estará compelido a propor essa espécie de "ação penal" (transação penal), incidindo o princípio da obrigatoriedade.

Diferentemente, há exceção ao princípio da obrigatoriedade na hipótese de "acordo de leniência" no curso de investigações de crimes contra a ordem econômica. Leniência é tolerância estatal, brandura. Trata-se do poder que tem o CADE (Conselho Administrativo da Ordem Econômica) de celebrar "acordo de leniência" com os investigados de infração à ordem econômica. O acordo implica o compromisso dos investigados no sentido de: **(1)** identificar os demais envolvidos na infração; e **(2)** obter informações e documentos comprobatórios da infração objeto da apuração. Verificada a celebração do acordo (artigos 86 e 87, da Lei nº 12.529/2011), o Ministério Público restará impedido de oferecer denúncia por crimes contra a ordem econômica (Lei nº 8.137/1990), nos delitos diretamente relacionados à pratica cartelizada (Lei nº 8.666/1993) e no crime do art. 288, do Código Penal. O legislador dá com uma mão e tira com a outra, vale dizer: enquanto estiver o ***Parquet*** impedido de exercer ação penal, fica também suspenso o prazo prescricional. Se o acordo de leniência for cumprido pelo investigado, haverá extinção da punibilidade.

Nessa linha, também pode ser entendida como exceção à obrigatoriedade a existência de parcelamento do débito tributário nas hipóteses de crimes contra a ordem tributária, tal como dispõe o art. 68, da Lei nº 11.941/2009. Em face de preconizar que a pretensão punitiva fica suspensa, forçoso concluir que o Ministério Público fica impedido de ajuizar ação penal enquanto pendente o parcelamento, porquanto ausente estaria a justa causa, recomendando inclusive a rejeição da peça acusatória se existente tal situação de suspensão da exigibilidade do débito. Da mesma forma, haverá suspensão da prescrição enquanto vigente o parcelamento.

Entendemos que o termo de ajustamento de conduta em procedimento civil para apuração de infração ambiental não impede a atuação do Ministério Público na esfera criminal pelo crime ambiental residual ou subjacente[29]. Renato Brasileiro de Lima pondera que o ajuste de conduta teria o condão de evitar que o acusado se submetesse a cerimônias degradantes (***status-degradation ceremony***: procedimentos ritualizados que ofendem o ***status dignitatis*** do agente, despojando-o de sua identidade ao ser condenado, e recebendo outra, degradada), restando impedido o Ministério Público de ofertar denúncia enquanto pender o cumprimento do ajuste[30]. No entanto, não há previsão legal para autorizar a mitigação à obrigatoriedade. Ao contrário, o princípio da proteção máxima ao meio ambiente permite concluir que a providência civil, fixada no termo de ajuste de conduta, só impede a propositura de ação civil pública, não sendo capaz de paralisar a jurisdição criminal.

4.1.2.2. Da indisponibilidade ou da indesistibilidade

Como decorrência do princípio da obrigatoriedade, uma vez proposta a ação, o Ministério Público não pode dela dispor (art. 42, CPP). Não pode o órgão ministerial, sequer,

29. Nesse sentido, o STJ deliberou que "a assinatura do termo de ajustamento de conduta com órgão ambiental não impede a instauração de ação penal" (STJ – Corte Especial – APn 888-DF, Rel. Min. Nancy Andrighi, por unanimidade, j. 02/05/2018).
30. LIMA, Renato Brasileiro de. *Curso de processo penal*. Niterói: Impetus, 2013. p. 194.

desistir do recurso interposto (art. 576, CPP), afinal, a fase recursal é um desdobramento do direito de ação.

Perceba que o MP não é obrigado a recorrer. Contudo, se o fizer, não poderá desistir do recurso manejado. Esse princípio tem lugar também na ação penal privada subsidiária da pública na hipótese de abandono da causa pelo querelante, fato que enseja a tomada da ação pelo Ministério Público com parte autora principal.

Cumpre ainda observar que o MP não é um colecionador de condenações, assumindo o relevante papel de guardião da sociedade e fiscal da justa aplicação da lei. Apesar de não poder dispor da ação, pode validamente, em sede de alegações finais, pleitear a absolvição do réu, impetrar *habeas corpus* em favor deste, e até recorrer para beneficiá-lo.

A possibilidade de pedido absolutório pelo Ministério Público, no bojo da ação penal pública, enseja o que Afrânio Silva Jardim denomina de lide como elemento acidental do processo penal. Isso porque o Ministério Público: **(1)** deve atuar obrigatoriamente, promovendo a ação penal pública, se presente lastro probatório mínimo, exercendo a pretensão punitiva estatal; **(2)** não pode desistir da ação penal ou do recurso interposto, haja vista a indisponibilidade da ação penal; **(3)** pode pedir absolvição, surgindo o fenômeno da inexistência de conflito de interesses ou da supressão da pretensão punitiva (resvalando na ausência de pretensão resistida), razão pela qual a lide restará ausente, comprovando sua natureza de elemento acidental à jurisdição penal[31].

A Lei nº 9.099/1995 também trouxe uma mitigação ao princípio da indisponibilidade, autorizando que, nas infrações com pena mínima não superior a **um ano**, seja proposta a **suspensão condicional do processo** (art. 89), observando-se ainda o entendimento da súmula nº 723 do STF, segundo o qual "não se admite a suspensão condicional do processo por crime continuado, se a soma da pena mínima da infração mais grave com o aumento mínimo de um sexto for superior a um ano". A denúncia seria oferecida e com ela a proposta de suspensão do processo, por período de dois a quatro anos, desde que o réu não esteja sendo processado ou não tenha sido condenado por outro crime, e desde que também estejam presentes os requisitos que autorizem a concessão do ***sursis*** (art. 77, CP). Passado o período de prova e não descumpridas as condições especificadas na proposta, o juiz declarará extinta a punibilidade (§ 5º, art. 89).

4.1.2.3. Da oficialidade

Este princípio informa que a persecução penal ***in*** juízo está a cargo de um órgão oficial, qual seja, o Ministério Público.

4.1.2.4. Da autoritariedade

O promotor de justiça (ou o procurador da república, na esfera federal), órgão da persecução criminal, é autoridade pública.

4.1.2.5. Da oficiosidade

A ação penal pública incondicionada não carece de qualquer autorização para instaurar-se, devendo o Ministério Público atuar ***ex officio***.

---

31. CÂMARA, Alexandre Freitas. A lide como elemento acidental da jurisdição. In: *Tributo a Afrânio Silva Jardim*: escritos e estudos. Marcelo Lessa Bastos; Pierre Souto Maior Coutinho de Amorim (orgs.). Niterói: *Lumen Juris*, 2011. p. 9-16.

4.1.2.6. *Da indivisibilidade*

A ação penal deve estender-se a todos aqueles que praticaram a infração criminal. Assim, o ***Parquet*** tem o dever de ofertar a denúncia em face de todos os envolvidos. Neste sentido, a doutrina majoritária, nos ensinamentos de José Antônio Paganella Boschi[32], Luiz Flávio Gomes[33], Tourinho Filho[34], dentre outros.

Há, entretanto, posição contrária a aqui esboçada, filiando-se ao **princípio da divisibilidade**, ao argumento de que, optando o Ministério Público por angariar maiores elementos para posteriormente processar os demais envolvidos, o processo poderia ser desmembrado, utilizando-se o promotor do aditamento da denúncia para posteriormente lançá-los aos autos. Neste sentido, o magistério de Mirabete:

> Fala-se também no **princípio da divisibilidade**, oposto ao princípio da indivisibilidade da ação privada. Por esse princípio, o processo pode ser desmembrado, o oferecimento da denúncia contra um acusado não exclui a possibilidade de ação penal contra outros, permite-se o aditamento da denúncia com a inclusão de corréu a qualquer tempo ou a propositura de nova ação penal contra coautor não incluído em processo já sentenciado etc.[35]

Esta última posição tem prevalecido dentro do Supremo Tribunal Federal[36] e do Superior Tribunal de Justiça, expressando que "o princípio da indivisibilidade da ação, quanto à validade do processo, é inaplicável à ação penal pública, no sentido de que o oferecimento da denúncia contra um acusado ou mais não impossibilita a posterior acusação de outros"[37].

Ao que parece, é preciso fazer uma correção de rumos. Mesmo para aqueles que defendem o princípio da indivisibilidade, como nós, é ponto pacífico que a oferta da denúncia contra parte dos delinquentes não impede o aditamento para lançamento dos demais réus incidentalmente descobertos, afinal, o MP é movido pelo princípio da obrigatoriedade, não havendo de se falar em renúncia ao direito de ação. Tal postura fortalece o reconhecimento de que todos devem ser processados, e que a ação é indivisível, não cabendo ao MP escolher arbitrariamente quem processar.

Daí que, de acordo com as condições objetivas ou subjetivas da demanda penal, é possível que alguns agentes sejam processados e condenados e outros não, ensejando situação em que acusados estarão em posições jurídicas diferenciadas. É o caso de propositura de denúncia contra apenas um acusado, em face de outro, coautor, ter sido beneficiado com transação penal nas infrações de menor potencial ofensivo (art. 76, da Lei nº 9.099/1995). Também a suspensão do processo em relação ao réu que preenche os requisitos do art. 89, da Lei nº 9.099/1995, possibilita tratar de forma desigual agentes que concorreram para um mesmo fato, cindindo a demanda.

O aditamento é o complemento da petição inicial.

32. BOSCHI, José Antonio Paganella. *Ação penal*: denúncia, queixa e aditamento. 3. ed. Rio de Janeiro: AIDE, 2002. p. 79.
33. GOMES, Luiz Flávio. *Direito processual penal*. São Paulo: RT, 2005. p. 90.
34. TOURINHO FILHO, Fernando da Costa. *Manual de processo penal*. 5. ed. São Paulo: Saraiva, 2003. p. 123.
35. MIRABETE, Julio Fabbrini. *Processo Penal*. 15. ed. São Paulo: Atlas, 2004. p. 121.
36. STF – HC – Rel. Celso de Mello – j. 19.12.1996 – JSTF – LEX 227/371.
37. STJ – Sexta Turma – Resp. 388.473 – Rel. Paulo Medina – j. 07.08.2003 – DJU 15.09.2003, p. 411.

Pode o aditamento ser próprio ou impróprio.

O aditamento próprio se biparte em real e pessoal: o aditamento próprio real se apresenta como: (1) **aditamento próprio real material** (quando incluir fato delituoso, elementar ou circunstância nova, inovando na descrição da imputação); (2) **aditamento próprio real legal** (sem inovar propriamente a descrição narrativa do fato, acresce dispositivos legais e processuais a partir de interpretação que enseja a alteração do procedimento e/ou da competência para processamento e julgamento do processo). O **aditamento próprio pessoal** é o que resulta na inclusão de coautores e partícipes. Por seu turno, o aditamento impróprio consiste nas correções de falhas, esclarecimentos que não inovam o fato imputado, ou mesmo em retificação simples ou ratificação da denúncia.

Já quanto ao aspecto volitivo do ato, o aditamento será espontâneo ou provocado. **Aditamento espontâneo**: quando realizado pelo Ministério Público, sem a atuação do juiz na função anômala de fiscal do princípio da obrigatoriedade da ação penal, postura essa mais apropriada ao sistema de cariz acusatório. **Aditamento provocado**: quando a iniciativa do Ministério Público tiver decorrido do exercício judicial daquela função de controle, hipótese em que o juiz insta o ***Parquet*** sempre que este não faz o aditamento espontaneamente (art. 384, § 1º, CPP)[38].

É possível a formulação de aditamento que suplante, integralmente, os termos da inicial acusatória. Para tanto, todavia, devem ser atendidos, rigorosamente, os ditames do contraditório e da ampla defesa. Pensamos, inclusive, que este é o sentido que se depreende do art. 384, § 4º, do CPP, quando preconiza que, uma vez aditada a inicial, o juiz ficará adstrito aos termos do aditamento. No ponto, a impossibilidade do magistrado volver a instrução probatória àquela narrativa da denúncia originária decorre de substituição integral da petição inicial.

Como se depreende, trata-se de nova demanda nos mesmos autos, em substituição a já proposta, razão pela qual se exige o cumprimento do contraditório e da ampla defesa na forma gizada no CPP. Caso o aditamento se dê depois de iniciada a instrução (audiência), a regra da *mutatio libelli* impõe nova citação, seguida de resposta à acusação em cinco dias, devendo cada parte arrolar até três testemunhas (art. 384, § 4º, CPP). Na hipótese de aditamento anterior à audiência de instrução, impõe-se a renovação do rito comum, nos termos do art. 396-A, do Código (citação, resposta preliminar em 10 dias, fase de absolvição sumária ou de designação de audiência etc.).

O cabimento de substituição de petição inicial foi reconhecido pela Presidência do STF, em sede de ação direta de inconstitucionalidade, antes de distribuído o processo eletrônico. Embora não se cuide matéria penal, a decisão monocrática do Presidente da Suprema Corte criou precedente que afasta a preclusão consumativa que se entendia ocorrida até então. Em casos anteriores a esse, a posição do STF obstava a possibilidade de aditamento integral de peça vestibular de demandas. Na espécie, o Presidente do Supremo Tribunal autorizou que fosse substituída a petição inicial já protocolada, da ADIn 5334, proposta pela Procuradoria Geral da República contra exigência de registro na OAB imposta aos advogados públicos[39].

38. LIMA, Renato Brasileiro de. *Curso de processo penal*. Niterói: Impetus, 2013. p. 272.
39. STF – ADIn 5334 – Decisão Monocrática – Presidência do STF – Min. Ricardo Lewandowski – Data: 19 jun. 2015.

4.1.2.7. *Da intranscendência ou da pessoalidade*

A ação só pode ser proposta contra quem se imputa a prática do delito. Sendo a responsabilidade criminal essencialmente subjetiva, a demanda não pode prejudicar terceiros que não tenham concorrido de alguma forma para o cometimento da infração (art. 29, CP). O falecimento do autor do fato não impede que os herdeiros, dentro das forças da herança, estejam obrigados a indenizar a vítima pelos danos causados.

4.2. Ação pública condicionada

4.2.1. Conceito e considerações

A ação penal pública condicionada é também titularizada pelo Ministério Público; afinal, trata-se de ação pública. Entretanto, porque há ofensa à vítima em sua intimidade, para o seu exercício válido, o legislador optou por condicioná-la a um permissivo externado por esta ou seu representante legal, permissivo este tecnicamente denominado representação. Pode, ainda, a permissão, ser dada na forma de requisição oriunda do Ministro da Justiça, por uma opção cabalmente política, a exemplo das ações deflagradas com o propósito de apurar crime cometido contra a honra do Presidente da República e de chefe de governo estrangeiro (art. 141, I, c/c art. 145, parágrafo único, CP). Examinemos amiúde os institutos desta espécie de ação:

4.2.1.1. A representação

É uma condição de procedibilidade para que possa instaurar-se a persecução criminal. É um pedido autorizador feito pela vítima ou por seu representante legal. Sem ela a persecução penal não se inicia. Não pode haver a propositura da ação, e também não pode sequer ser iniciado o inquérito policial, afinal, o legislador conferiu à vítima a faculdade de autorizar ou não o início do procedimento. Isto porque a preservação da intimidade do ofendido foi colocada em primeiro plano. Muitas vezes o constrangimento de reconstruir os fatos já passados e expor a intimidade em juízo ou na delegacia é mais desgastante do que a própria impunidade do criminoso. Assim, nem mesmo o auto de prisão em flagrante poderá ser lavrado sem que a vítima autorize.

Adquiriu relevo jurisprudencial a análise do instituto da representação no crime de lesão corporal de natureza leve à luz da Lei Maria da Penha (Lei nº 11.340/2006). Entenda-se: o art. 88, da Lei nº 9.099/1995 (Lei dos Juizados Especiais), passou a exigir a representação da vítima nesses casos, transformando a ação, antes pública incondicionada, em condicionada à representação. Por sua vez, o art. 41, da Lei nº 11.340/2006, estatui a inaplicabilidade da Lei dos Juizados Especiais em caso de agressão doméstica e familiar contra a mulher.

Ocorre que parte da doutrina e jurisprudência entendia que a vedação trazida pela Lei Maria da Penha restringia-se aos institutos despenalizadores e à aplicação do rito sumaríssimo, não atingindo, portanto, a titularidade da ação penal. Essa perspectiva foi endossada pelo STJ, que chegou a pacificar o entendimento de que, em caso de violência (de natureza leve) contra a mulher, a ***persecutio criminis*** dependeria de sua manifestação[40].

40. STJ – Terceira Seção – REsp 1097042 – Rel. Min. Napoleão Nunes Maia Filho, Rel. p/ acórdão Jorge Mussi – DJe 21/05/2010 (Info 424).

De maneira diametralmente oposta se posicionou o Supremo Tribunal Federal, quando do julgamento, em sede de controle concentrado de constitucionalidade, da ADI nº 4424 e da ADC nº 19[41]. A Máxima Corte, em decisão tomada por maioria, assentou a constitucionalidade do referido art. 41, da Lei Maria da Penha, e fixou como melhor interpretação a de que, em caso de lesão leve no contexto doméstico e familiar, a ação adequada é a pública incondicionada, prescindindo da autorização da ofendida.

De outro lado, quando o crime cometido não se tratar "lesão corporal leve" (cuja previsão de exigência de representação está na Lei nº 9.099/1995 e foi entendida como de ação penal pública incondicionada quando cometida na seara doméstica e familiar), mas de outros delitos cometidos de ação penal pública condicionada previstos no Código Penal ou em outras leis, porém cometidos no âmbito familiar, persiste, segundo o STF, a necessidade de representação, aplicando-se o art. 16, da Lei Maria da Penha. De tal forma, para crimes como de ameaça (art. 147, CP) e de estupro (art. 213, CP), a ação é pública condicionada.

4.2.1.1.1. Os destinatários

A representação, ofertada pela vítima, por seu representante ou por procurador com poderes especiais (não precisa ser advogado), pode ser destinada à autoridade policial, ao Ministério Público ou ao próprio juiz. Nestas duas últimas hipóteses, será remetida a autoridade policial para que esta proceda a inquérito (art. 39, § 4º, CPP). Nada impede que em havendo lastro probatório embasando a representação e apto a viabilizar o exercício da ação, que o magistrado a remeta diretamente ao MP. Já se o ***Parquet*** entende que evidentemente não se trata de infração penal, caberá a promoção do arquivamento da representação.

4.2.1.1.2. Ausência de rigor formal

Segundo o Supremo Tribunal Federal[42], a representação é peça sem rigor formal, e pode ser apresentada oralmente ou por escrito (art. 39, CPP), tanto na delegacia, quanto perante o magistrado ou o membro do Ministério Público. O importante é que a vítima revele o interesse claro e inequívoco de ver o autor do fato processado.

De acordo com o STJ, caso a vítima apresente queixa-crime por equívoco, imaginando tratar-se de crime de iniciativa privada, esta pode validamente ser tomada como representação, havendo a constatação de que na verdade se trata de crime de ação pública condicionada. Tal é o desapego ao formalismo, nitidamente desnecessário.

4.2.1.1.3. O prazo e sua contagem

A representação deve ser ofertada, como regra, no prazo de **seis meses** do conhecimento da **autoria** da infração penal, isto é, de quando a vítima toma ciência de quem foi o

41. STF – ADI 4424; ADC 19 – Info 654. O Supremo Tribunal Federal decidiu, em controle concentrado de constitucionalidade, que o tratamento conferido pela Lei Maria da Penha à mulher representa efetivação do princípio da isonomia. Com base neste entendimento, diplomas normativos vêm sendo editados com o intuito de concretizar os objetivos da Lei, criando instrumentos de atendimento à mulher em situação de vulnerabilidade. Nesse contexto, editou-se o Decreto nº 8.086/2013, que institui o "Programa Mulher: Viver sem Violência que objetiva integrar e ampliar os serviços públicos existentes voltados às mulheres em situação de violência, mediante a articulação dos atendimentos especializados no âmbito da saúde, da justiça, da rede socioassistencial e da promoção da autonomia financeira".
42. STF – HC – Rel. Francisco Rezek – RT 731/522.

responsável pelo delito. Logo, o dia em que o ofendido toma conhecimento de quem seja o infrator já é o primeiro dia para representar.

Por ser prazo de natureza decadencial, é contado na forma do art. 10 do CP, ou seja, inclui-se o dia do início e exclui-se o do vencimento. Este prazo também não se interrompe, não se suspende nem se prorroga. Caso se encerre em final de semana ou feriado, a vítima deverá representar à autoridade que esteja de plantão, afinal, não haverá prorrogação para o primeiro dia útil subsequente.

Como o início do prazo para representar ocorre quando do conhecimento do autor da infração penal, são irrelevantes para o seu decurso questões supervenientes relativas à desclassificação do delito, inicialmente tipificado como de ação pública incondicionada e, durante o processo, enquadrado como de ação pública condicionada, dependente de manifestação da vítima. Se o fendido não tiver ofertado representação, admitida sem apego formal, no prazo de seis meses contados da ciência da autoria do delito, incidirá a decadência, como causa extintiva da punibilidade.

Por outro lado, deve-se advertir que se o ofendido tiver, durante a investigação preliminar ou o processo manifestado o desejo inequívoco de ver processado o autor do fato, deve-se entender como existente a representação mesmo diante da desclassificação da infração penal (a exemplo da de lesão corporal grave para a de lesão leve). Caso inexista pronunciamento nesse sentido, pensamos ser vedado ao juízo ordenar a intimação da vítima para que represente em desfavor do agente, tanto por violar os pilares do sistema acusatório (divisão de atribuições entre os sujeitos processuais), quanto por implicar incentivo do ofendido à litigância.

A Lei nº 9.099/1995 prevê que a representação será apresentada oralmente na audiência preliminar, uma vez frustrada a composição civil dos danos (art. 75). Contudo corre-se o risco desta audiência ser realizada após o decurso do prazo decadencial de seis meses, que começou a correr do conhecimento da autoria da infração. Assim, a prudência exige que a autoridade policial, quando da elaboração do termo circunstanciado (TCO), já colha, ainda na delegacia de polícia, a representação da vítima, evitando-se a frustração da representação pelo decurso do tempo.

O art. 41 da Lei de Imprensa (Lei nº 5.250/1967) fixava o prazo para representar em três meses, contados da data da publicação ou transmissão da notícia. Todavia, com o julgamento da ADPF nº 130-7, o STF a declarou não recepcionada em sua integralidade, de sorte que os excessos praticados pela imprensa passam a ser regidos pelas normas gerais do CP e do CPP.

4.2.1.1.4. O menor representado

Se a vítima for menor de 18 anos, o direito de representação deve ser exercido pelo representante legal. O art. 34 do CPP, admitindo a possibilidade da representação ser proposta pelo representante legal do indivíduo menor de 21 anos e maior de 18, encontra-se tacitamente revogado, pois tais pessoas, em face do art. 5º, do CC, são absolutamente capazes. Na mesma linha, a súmula nº 594 do STF prevendo que "os direitos de queixa e de representação podem ser exercidos, independentemente, pelo ofendido ou por seu representante legal" não tem mais aplicação prática, afinal, integralizando 18 anos, não há mais de se falar em representante legal àquele que por lei, é absolutamente capaz.

Assim temos:

- **Menor de 18 anos:** só o representante legal representa. E se for emancipado, poderá representar? Não. Neste caso, restaria como solução, segundo Luiz Flávio Gomes[43], ou nomear-se curador especial, ou aguardar que complete 18 anos, quando só então poderá representar. O prazo decadencial só passa a contar a partir do advento da maioridade. O risco, contudo, é a ocorrência da prescrição.
- **Maior de 18 anos:** só a vítima pode representar, não havendo mais de se falar na figura do representante legal com o advento do atual Código Civil.
- **Menor emancipado:** mesmo emancipado pelo casamento ou por qualquer motivo na órbita do direito civil, o menor entre 16 e 18 necessita ser representado legalmente na esfera penal. A capacidade plena que detém é só para os atos da vida civil. Não possui capacidade para agir sozinho no âmbito criminal, carecendo de responsável legal. Isso decorre do regramento específico do direito processual penal: o prazo decadencial para que o ofendido menor represente passa a fluir da data que complete 18 anos.

4.2.1.1.5. A sucessão processual

Em caso de morte ou declaração de ausência da vítima, o direito de representar passa ao cônjuge (incluída a companheira), ascendentes, descendentes ou aos irmãos, ordem esta preferencial e taxativa:

C	ônjuge	→	Art. 36 c/c o art. 31 do CPP
A	scendentes		
D	escendentes		
I	rmãos		

O código prevê a figura do curador especial para oferecer a representação, nos casos de ausência de representante legal dos menores, ou ainda em se tratando de retardados mentais e pessoas mentalmente enfermas (art. 33, CPP). Quando os interesses do representante legal colidirem com os do menor, a exemplo dos crimes praticados pelos pais contra os próprios filhos, tem cabimento também a nomeação do curador especial pelo juiz competente, seja por provocação do membro do Ministério Público ou até mesmo *ex officio*. O curador é verdadeiro substituto processual, atuando em nome próprio, na defesa de interesse alheio. É sempre bom frisar que o curador não está obrigado a representar. Cabe a ele ponderar a conveniência ou não da representação em face dos interesses da vítima. A possibilidade de nomeação do curador especial pelo juiz nos casos citados decorre de interpretação extensiva do art. 33, do CPP. Não há obrigatoriedade para o curador nomeado oferecer representação (ou queixa-crime), sob pena de se reputar oferecida a representação pelo juiz que o nomeou. De outra vertente, na ausência de representante legal (pai, mãe ou tutor), a jurisprudência tem entendido que qualquer pessoa responsável pelo menor, em sentido amplo, pode oferecer representação em seu nome. Tal posicionamento decorre da desnecessidade de rigor formal que informa a representação.

43. GOMES, Luiz Flávio. *Direito processual penal*. São Paulo: RT, 2005. p. 96.

As pessoas jurídicas, quando vítimas de infração, podem representar por intermédio de seus representantes designados nos respectivos contratos sociais ou estatutos e, no silêncio destes, por seus diretores ou sócios-administradores, em analogia ao art. 37, do CPP, que trata do exercício do direito de ação pela pessoa jurídica.

A mulher casada, por clara interpretação constitucional, pode representar sem o consentimento do marido. O art. 35, do CPP, que fazia restrições ao seu direito, foi expressamente revogado pela Lei nº 9.520/1997.

4.2.1.1.6. Ausência de vinculação do Ministério Público

O ***Parquet***, diante da representação, analisa se estão presentes os requisitos legais, para só então oferecer denúncia. A representação é uma autorização e um pedido para que a persecução seja instaurada; não é ordem nem vincula o promotor de justiça, que pode, inclusive, em sua peça acusatória, enquadrar a conduta delituosa em dispositivo legal diverso daquele eventualmente apontado pela vítima, ou até mesmo, assim entendendo, promover o arquivamento. O que se está a indicar é que o MP tem liberdade para realizar o enquadramento típico dos fatos pelos quais a vítima representou.

4.2.1.1.7. Eficácia objetiva

Se a vítima indica na representação apenas parte dos envolvidos, o Ministério Público pode, de pronto, ofertar denúncia contra os demais coautores ou partícipes, sem a necessidade de nova manifestação de vontade do ofendido. Afinal, como a persecução penal é pública, a exigência da representação é tão somente para constatação de que a vítima deseja ver processados os possíveis infratores. Operada a manifestação de vontade, cabe ao ***Parquet*** delinear os limites subjetivos da denúncia. Tourinho Filho, discorrendo sobre o tema, concluiu que se a representação for oferecida contra um dos agentes, a denúncia poderá ser apresentada em relação aos demais partícipes do mesmo fato, mormente "em decorrência do princípio da indivisibilidade da ação penal"[44].

Em que pese esta ser a posição francamente majoritária tanto na doutrina quanto na jurisprudência[45], cabe ressaltar a posição minoritária, porém mais acertada, no sentido de que caso a vítima represente apenas elencando parte dos envolvidos, deve o Ministério Público provocá-la a se manifestar quanto ao corréu ou partícipe não indicado. Permanecendo a omissão, deve ser reconhecida a renúncia ao direito de representar, o que operaria a extinção da punibilidade em benefício de todos os envolvidos na infração penal. Neste prisma, manifesta-se Luiz Flávio Gomes:

> Se o ofendido diz que só quer representar contra um, isso significa renúncia em relação ao outro e havendo renúncia para um dos coautores, estende para todos, isto é, extinção da punibilidade para todos. Caso a vítima reconheça o equívoco e represente também em relação ao outro, cabe ao MP oferecer denúncia contra todos (desde que haja justa causa em relação a todos)[46].

44. TOURINHO FILHO, Fernando da Costa. *Processo penal*. São Paulo: Saraiva, 2003. v.1. p. 359.
45. Neste sentido o STF: "Na ação penal pública condicionada, desde que feita a representação pelo ofendido, o Ministério Público, à vista dos elementos indiciários de prova que lhe forem fornecidos, tem plena liberdade de denunciar a todos os implicados no evento delituoso mesmo se não nomeados pela vítima" (1ª T. – HC 54083/SP – Rel. Min. Antônio Neder – DJ 8/7/1976. p. 16).
46. GOMES, Luiz Flávio. *Direito processual penal*. São Paulo: RT, 2005. p. 98.

4.2.1.1.8. Retratação

Enquanto não **oferecida a denúncia**, a vítima pode retratar-se da representação, inibindo o início do processo. Como a representação está adstrita à conveniência do ofendido, uma vez apresentada, é possível que ele se arrependa, volte atrás. Só é possível até a apresentação da inicial acusatória na secretaria da vara criminal ou na distribuição, pois após este ato, a representação é irretratável (art. 25, CPP, c/c art. 102, CP).

Para a doutrina majoritária, a vítima pode retratar-se e reapresentar a representação quantas vezes entender conveniente. Tal significa que pode retratar-se da representação e, em se arrependendo, reapresentá-la, respeitando apenas o marco do oferecimento da denúncia e o prazo decadencial dos seis meses, pois, uma vez oferecida a peça acusatória, a representação passa a ser irretratável. Assim, num pequeno jogo de palavras, com a vênia do leitor, concluímos que cabe retratação da retratação da representação, ou seja, a vítima que representa e se retrata, pode novamente representar.

Em posição francamente minoritária, encontra-se Tourinho Filho, entendendo que a retratação da representação levaria à renúncia ao direito de representar, acarretando a extinção da punibilidade. E afirma:

> Havendo retratação da representação, poderá o Promotor de Justiça requerer o arquivamento dos autos do inquérito policial ou das peças de informação? A retratação, na hipótese, assemelha-se, em tudo e por tudo, à renúncia, e, assim, devem os autos ser arquivados, em face da ausência de representação, condição a que se subordina, às vezes, o *jus accusationis*. Permitir-se a retratação da retratação é entregar ao ofendido arma poderosa para fins de vingança ou outros inconfessáveis[47].

Já a Lei Maria da Penha, Lei nº 11.340/2006, que cria mecanismos para coibir a violência doméstica e familiar contra a mulher[48], prevê que só será admitida a renúncia à representação perante o juiz, em audiência especialmente designada com tal finalidade, antes do recebimento da denúncia e ouvido o Ministério Público (art. 16). Perceba que a nova lei foi mais rigorosa com a retratação, exigindo audiência específica com tal finalidade, no intuito de inibir eventual coação à mulher agredida para que retire a representação, e ainda altera o marco de admissão, comportando a retratação até antes do **recebimento da denúncia**[49]. Para o STJ, a audiência de retratação somente deverá ser designada se houver prévia manifestação da vítima, ou seja, somente será determinado o ato se a mulher demonstrar interesse em se retratar[50].

RETRATAÇÃO		
Previsão legal	Art. 25 do CPP c/c art. 102 do CP	Art. 16 da Lei Maria da Penha
Momento	Até o oferecimento da inicial acusatória	Até o recebimento da inicial acusatória
Depende de audiência específica	Não	Sim, perante o juiz

47. TOURINHO FILHO, Fernando da Costa. *Processo penal*. São Paulo: Saraiva, 2003. v.1. p. 358.
48. Por meio do Decreto nº 9.586/2018, foram instituídos o Sistema Nacional de Políticas para as Mulheres (SINAPOM) e o Plano Nacional de Combate à Violência Doméstica.
49. STF – HC 109176 – Info 643.
50. STJ – RMS 34.067 – Info 483.

4.2.1.2. *A requisição do Ministro da Justiça*

É um ato de conveniência política, a cargo do Ministro da Justiça, autorizando a persecução criminal nas infrações que a exijam. O legislador condicionou a intervenção punitiva estatal, nestas hipóteses de caráter excepcional, à discricionariedade do Ministro da Justiça, como ocorre, a título de exemplo, nos crimes cometidos por estrangeiro contra brasileiro fora do Brasil (art. 7º, § 3º, "b", CP).

4.2.1.2.1. Destinatário

A requisição ministerial será endereçada ao Ministério Público, na figura do Procurador Geral.

4.2.1.2.2. Prazo para oferecimento

Pode ser ofertada a qualquer tempo, enquanto a infração não estiver prescrita, ou a punibilidade não estiver extinta por qualquer outra causa. Não existe prazo decadencial para apresentar a requisição, ao contrário do que ocorre com a representação da vítima.

4.2.1.2.3. Retratação

Por ausência de previsão legal, e por ser um ato de natureza política a cargo do Ministro da Justiça, que exige serenidade e ponderação antes de ser apresentada, não cabe retratação da requisição, pois esta revelaria fragilidade do Estado brasileiro. Neste sentido, as lições de Tourinho Filho, asseverando que "se a lei não fixou prazo para a sua feitura, se embora o art. 24, do CPP fale da representação e da requisição e o artigo seguinte permite apenas a retratação da representação, é sinal de que o legislador não quis admitir a possibilidade de retratação"[51].

Contudo, a doutrina está longe de pacificar o tema, havendo forte posição no sentido da admissibilidade de retratação da requisição até o oferecimento da denúncia, em analogia à representação. Neste sentido, dentre outros, o magistério de Luiz Flávio Gomes[52], Nilo César Martins e Pompílio da Hora[53], ao fundamento de que a requisição é acima de tudo um ato administrativo de cunho político, admitindo-se o seu desfazimento (retratação), como admitem os atos administrativos em geral.

4.2.1.2.4. Ausência de vinculação do MP

A requisição não vincula o Ministério Público, e como já afirmado, não é sinônimo de ordem. Ofertada a requisição, pode o órgão ministerial propor o arquivamento do feito, caso entenda que não existe justa causa para o início da demanda, assim como imprimir definição jurídica diversa daquela que foi apresentada.

4.2.1.2.5. Eficácia objetiva

Assim como a representação, o entendimento majoritário é no sentido de que a requisição ministerial também goza de eficácia objetiva, e por consequência, se não forem contemplados todos os criminosos, poderá o Ministério Público, de pronto, denunciar os que não foram enquadrados, sem a necessidade de aditamento pelo Ministro da Justiça.

---

51. TOURINHO FILHO, Fernando da Costa. *Manual de processo penal*. 5. ed. São Paulo: Saraiva, 2003.p. 145.
52. GOMES, Luiz Flávio. *Direito processual penal*. São Paulo: RT, 2005. p. 97.
53. HORA, Nilo César Martins Pompílio da. *Ação penal*: retrospectiva e perspectiva. Rio de Janeiro Lumen Juris, 2001. p. 67.

5. AÇÃO PENAL PRIVADA

5.1. Conceito e considerações

Naquelas infrações penais que ofendem sobremaneira a intimidade da vítima, o legislador lhe conferiu o próprio exercício do direito de ação. Nestas hipóteses, a persecução criminal é transferida excepcionalmente ao particular que atua em nome próprio, na tutela de interesse alheio (*jus puniendi* do Estado). O fundamento é evitar o constrangimento do processo (***strepitus iudicii***), podendo a vítima optar entre expor a sua intimidade em juízo ou quedar-se inerte, pois muitas vezes, o sofrimento causado pela exposição ao processo é maior do que a própria impunidade do criminoso. Ação penal de iniciativa privada tem assim o fito de proteger o ofendido contra a "vitimização secundária" (ou efeito vitimizador), que muitas vezes é provocada por meio de novos danos e exposições decorrentes das investigações levadas a cabo pelos órgãos da persecução penal estatal. Não obstante, se o desejar, a vítima pode processar o infrator, apresentando a competente queixa-crime, que é a peça inaugural das ações penais de iniciativa privada. Na ação privada, o autor da demanda ganha o nome de **querelante**, ao passo que o réu é o **querelado.**

É crescente, entretanto, a crítica à manutenção das ações de iniciativa privada. A atuação subsidiária do Direito Penal, que só pode ser acionado como ***ultima ratio***, nos permite concluir que o interesse público na punição estará sempre presente, em razão da necessária seletividade dos bens jurídicos fundamentais para proteção por conduto da norma penal, não sendo razoável afastar-se o MP da condução da persecução[54].

Sendo o objetivo a proteção da vítima em face do ***strepitus iudicii*** (escândalo do processo), o mais adequado é que os delitos de iniciativa privada migrem para o âmbito das ações públicas condicionadas à representação. Desta forma, o MP continuaria como titular da ação, dependendo da manifestação de vontade do legítimo interessado, a quem cabe dosar o que é mais conveniente: expor-se ao processo ou preservar a intimidade, assistindo em contrapartida a impunidade do seu algoz.

Ao que parece, a Lei nº 12.015/2009 seguiu esta tendência, e tratando dos crimes contra a dignidade sexual (estupro, violação sexual mediante fraude, etc.), que de regra eram de iniciativa privada, deu novo tratamento à matéria, migrando a persecução para iniciativa pública, dependente, todavia, de representação do ofendido, e excepcionalmente, iniciando-se incondicionalmente (art. 225, CP). Atualmente, após a vigência da Lei nº 13.718/2018, em 25/9/2018, todos os delitos contra a dignidade sexual tornaram-se de iniciativa pública incondicionada.

5.2. Titularidade

O exercício do direito de ação cabe ao ofendido ou ao seu representante legal (art. 30, CPP). No caso de morte ou declaração de ausência da vítima, o direito de ação transfere-se ao cônjuge (incluída a companheira), ascendentes, descendentes e irmãos, nesta ordem preferencial (art. 31, CPP). Tudo o mais quanto tratamos da legitimidade para representar, aqui tem aplicação, assim, a figura do curador para o incapaz é tratada no art. 33 do CPP, além da possibilidade da pessoa jurídica ter legitimidade ativa para a propositura da ação penal privada, como destacamos pela leitura do art. 37, do mesmo Código. Já quanto àqueles que têm entre 18 e 21 anos, por serem

54. OLIVEIRA, Eugênio Pacelli de. *Curso de processo penal.* 10. ed. Rio de Janeiro: Lumen Juris, 2008. p. 123.

absolutamente capazes, o direito de ação é cabível apenas a eles, não havendo que se cogitar da presença do representante legal, afinal, como já frisado, são absolutamente capazes. Por isso, o art. 34, do CPP, encontra-se tacitamente derrogado, quando trata da figura do representante legal a referidas pessoas, além da perda de eficácia da Súmula nº 594, do STF[55]. Na Suprema Corte, aliás, foi realçada a legitimidade *ad causam* da mulher para formalizar queixa-crime com imputação do crime de injúria contra a honra do cônjuge[56].

5.3. Princípios

São norteadores da ação penal privada os princípios:

5.3.1. Da oportunidade ou conveniência

Por este princípio, é facultado à vítima decidir entre ofertar ou não a ação, pois ela, por permissivo legal, é a titular do direito. Não querendo exercê-lo, pode ficar inerte e deixar transcorrer ***in albis*** o prazo decadencial de seis meses para ofertar a queixa ou, se assim o desejar, renunciar a este direito de forma expressa ou tácita (artigos 49 e 50, CPP). O exercício da ação penal privada é de pura conveniência do ofendido, exercendo a ação apenas e tão somente se o desejar. Caso não pretenda exercitar o direito de ação, teremos:

5.3.1.1. Decadência

Pela omissão da vítima em propor a ação privada, quedando-se inerte no transcurso do prazo de seis meses de que dispõe para exercer o seu direito, contados como regra do conhecimento da autoria da infração (art. 38, CPP, c/c o art. 107, IV, CP). Vale destacar, sempre por oportuno, que sendo o referido prazo de natureza decadencial, não se prorroga, não se suspende nem se interrompe, contando-se na forma do art. 10, do CP, incluindo-se o primeiro dia e excluindo-se o do vencimento. Portanto, a vítima tem prazo para exercer a ação privada. Se não o fizer, decai do direito, ocasionando a extinção da punibilidade.

Como já ressaltado, a pendência de inquérito policial inconcluso apurando infração de caráter privado não possibilita a dilação do prazo para a vítima ofertar a ação. Para não decair do direito, restaria ao querelante propor a demanda criminal, sem o inquérito, requerendo ao magistrado, na inicial, que os autos sejam apensos ao processo, assim que o inquérito for concluído.

O ajuizamento da queixa-crime, mesmo perante juízo relativa ou absolutamente incompetente, obsta o decurso do prazo decadencial, eis que existente ação processual, vale dizer: a partir da propositura da queixa, há de fato exercício do *jus puniendi* pelo particular e instauração de processo (pedido condenatório e jurisdição). O recebimento posterior da queixa-crime pelo juízo competente não causa prejuízo ao direito punitivo estatal. O que importa é que o ajuizamento da demanda tenha se dado dentro do prazo de seis meses previsto em lei. No entanto, a inexistência de procuração com poderes especiais ou a apresentação de procuração com a cláusula geral (para o foro geral ou ***ad juditia***) enseja

55. Súmula nº 594-STF: "Os direitos de queixa e de representação podem ser exercidos, independentemente, pelo ofendido ou por seu representante legal".
56. STF – Segunda Turma – Pet 7417 AgR/DF – Relator Min. Luiz Fux, red. p/ o ac. Min. Marco Aurélio, j. 9.10.2018 – Informativo nº 919, de 8 a 12.10.2018. Na dicção do noticiado neste Informativo, "a mulher do deputado federal tem legitimidade ativa *ad causam* para formalizar queixa-crime com imputação do crime de injúria (art. 140, CP), atribuído a senador, contra a honra de seu marido".

o reconhecimento da decadência se escoado o prazo em momento ulterior, não podendo ser suprida posteriormente, haja vista que o advogado pleiteia em juízo fazendo prova do mandato e, inexistindo poderes específicos, devem ser reputados inexistentes os atos por aquele praticado em nome do outorgante.

5.3.1.2. Renúncia

Opera-se pela prática de ato incompatível com a vontade de ver processado o infrator, ou através de declaração expressa da vítima neste sentido. Já que a vítima é movida pelo princípio da oportunidade, é possível que ela revele o desejo de não exercer a ação, seja de forma expressa, declarando que não o fará, seja de forma tácita, praticando ato incompatível com a vontade de dar início a ação penal.

Podemos enquadrar na segunda situação – renúncia tácita – o fato da vítima passar a manter laços fraternos e de amizade com o infrator, convidando-o, por exemplo, para batizar um filho. A mera cordialidade e atos de boa educação, contudo, como cumprimentar o infrator, não implicam renúncia, assim como aceitar indenização cível pelos danos causados pelo delito. A exceção encontra-se no parágrafo único, do art. 74, da Lei nº 9.099/1995, prevendo que, nas infrações de menor potencial ofensivo de iniciativa privada, a composição civil dos danos leva à renúncia ao direito de ação.

A renúncia tácita admite todos os meios de prova para demonstrá-la (art. 57, CPP), ao passo que a renúncia expressa deve constar de declaração assinada pelo ofendido, por seu representante legal, ou por procurador com poderes especiais (este não precisa ser advogado).

Por consectário lógico, a renúncia é ato voluntário (sem coação sobre a pessoa do ofendido ou do seu representante legal), unilateral (não há necessidade de aceitação pelo suposto sujeito ativo da infração), **pré-processual (extraprocessual)** e **irretratável**, já que em razão dela o direito de ação não mais poderá ser exercido, tendo por consequência a extinção da punibilidade (art. 107, V, CP).

Nunca é demais lembrar, tratando-se da renúncia, que o parágrafo único do art. 50, do CPP, prevendo ainda a figura do representante legal para aqueles que possuem entre 18 e 21 anos, encontra-se revogado tacitamente pelo Código Civil.

Se a renúncia for ofertada em benefício de apenas parcela dos infratores, se estenderá a todos (extensibilidade da renúncia). Renunciando a vítima em proveito de um ou alguns, todos lucram (art. 49, CPP).

A lei não faz previsão da promoção de arquivamento do inquérito policial pela vítima. Se ela o fizer, movida pelo desejo de não processar o infrator conhecido, este ato implicará na renúncia tácita ao direito de ação.

5.3.2. Da disponibilidade

Pelo princípio em estudo, uma vez exercida a ação penal, poderá o particular desistir desta, seja perdoando o acusado (art. 51 ***et seq***, CPP), seja pelo advento da perempção. Se a ação penal privada é movida pelo interesse do ofendido, e se ele pode optar entre exercer ou não o direito de ação (princípio da oportunidade), com muito mais razão, tendo deflagrado a ação, poderá arrepender-se, dispondo do seu direito. Assim teremos:

5.3.2.1. Perdão da vítima

É uma espécie de benevolência. Qualquer motivo pode levar a vítima a não mais desejar prosseguir com a ação, perdoando o réu. O perdão tem por consequência a extinção da punibilidade (art. 107, V, CP). Contudo, precisa ser **aceito** pelo imputado, senão não operará efeitos (ato bilateral). Uma vez oferecido o perdão mediante declaração nos autos, o demandado será intimado para dizer se concorda, dentro de três dias. Se nada disser, o silêncio implica acatamento (aceitação tácita).

A bilateralidade do perdão se justifica pela possibilidade do réu desejar provar a sua inocência, objetivando que o processo evolua, para sagrar-se absolvido (já que a aceitação do perdão apenas extingue a punibilidade). Eventualmente, pode até mesmo processar o querelante por denunciação caluniosa (art. 339, CP). Já a aceitação do perdão fora do processo (perdão extrajudicial), constará de declaração assinada pelo querelado ou por procurador com poderes especiais, que, por sua vez, não precisa ser advogado (art. 59, CPP). Neste caso, não é necessária a ratificação do perdão em juízo.

Como já dito, o perdão poderá ser expresso, mediante declaração ofertada pelo querelante dentro ou fora dos autos, ou tácito, com a prática pelo ofendido de ato incompatível com a vontade de continuar processando o réu, como por exemplo, o início de namoro entre eles. O perdão tácito admite todos os meios de prova (art. 57, CPP).

Havendo corréus, o perdão oferecido a apenas um aproveitará aos demais. Isso porque a ação penal privada é indivisível. Ofertando o perdão, o querelante estará beneficiando todos os réus que desejarem aceitá-lo. Caso um ou alguns não o aceitem, o processo continuará contra aqueles que o recusaram.

O art. 53 faz a previsão da aceitação do perdão pelo curador do réu mentalmente enfermo ou retardado mental, quando este não possuir representante legal, ou havendo colidência de interesses entre ambos. Já os artigos 52 e 54, do CPP, fazendo menção ao papel do representante legal na aceitação e na oferta do perdão àqueles que têm entre 18 e 21 anos, encontram-se tacitamente derrogados pelo Código Civil.

No aspecto temporal, o perdão pode ser ofertado até o trânsito em julgado da sentença final (art. 106, § 2º, CP).

Em síntese, são essas as semelhanças e diferenças entre a renúncia e o perdão:

RENÚNCIA	PERDÃO DA VÍTIMA
‣ Extingue a punibilidade nas ações exclusivamente privada e privada personalíssima	‣ Extingue a punibilidade nas ações exclusivamente privada e privada personalíssima
‣ Está vinculada ao princípio da oportunidade ou conveniência	‣ Está vinculada ao princípio da disponibilidade
‣ Ato unilateral: independe de aceitação.	‣ Ato bilateral: depende de aceitação.
‣ É pré-processual	‣ É processual
‣ A renúncia concedida a um dos corréus estende-se aos demais (princípio da indivisibilidade).	‣ O perdão concedido a um dos corréus estende-se aos demais, desde que haja aceitação (princípio da indivisibilidade).

5.3.2.2. Perempção

Esta revela a desídia do querelante que já exerceu o direito de ação, sendo uma sanção processual ocasionada pela inércia na condução da ação privada, desaguando na extinção da punibilidade (art. 107, IV, CP). Suas hipóteses de ocorrência estão disciplinadas no art. 60, do CPP. Vejamos:

> Art. 60. Nos casos em que somente se procede mediante queixa, considerar-se-á perempta a ação penal:
>
> I – quando, iniciada esta, o querelante deixar de promover o andamento do processo durante 30 (trinta) dias seguidos;

Atenção! Os atrasos justificados não devem implicar perempção. Já se ocorrerem diversas paralisações, porém nenhuma isoladamente dando margem ao preenchimento dos 30 dias, é incabível o somatório para o reconhecimento da sanção.

> II – quando, falecendo o querelante, ou sobrevindo sua incapacidade, não comparecer em juízo, para prosseguir no processo, dentro do prazo de 60 (sessenta) dias, qualquer das pessoas a quem couber fazê-lo, ressalvado o disposto no art. 36;

Atenção! Não mais podendo dar continuidade ao feito, devem substituir o querelante as pessoas indicadas no art. 31 do CPP, é dizer, o rol preferencial composto do cônjuge (incluída a companheira), ascendentes, descendentes e irmãos. Não é necessária a intimação pessoal dos sucessores para seguirem no processo. Portanto, o prazo se inicia da morte ou do reconhecimento da incapacidade do querelante.

> III – quando o querelante deixar de comparecer, sem motivo justificado, a qualquer ato do processo a que deva estar presente, ou deixar de formular o pedido de condenação nas alegações finais;

Atenção! Pela leitura do dispositivo, percebe-se que a ausência deve ser injustificada. Ausência justificada ilide a perempção. Caso a presença do advogado possa substituir a do querelante, não há de se falar em perempção.

Atenção! Quanto ao pedido de condenação nas alegações finais, exige-se bastante cautela para o reconhecimento da perempção nestes casos. Se da narrativa feita em alegações deduzir-se o desejo de condenação, não se deve reconhecer a perempção. Já se esta intenção não puder ser extraída, seja pela displicência na construção da peça, seja porque o querelante não mais deseja ver o réu condenado, a perempção é de rigor. Já se o querelante requer expressamente a absolvição do réu em alegações finais, não restará ao magistrado outra alternativa que não o reconhecimento da perempção. E se o querelante for omisso na apresentação das alegações finais? Se esta omissão ocasionar a paralisação do processo por 30 dias seguidos, deve ser reconhecida a perempção com base no inciso I do art. 60 do CPP.

Havendo concurso de infrações, pode ocorrer perempção em face de apenas algumas delas. Já quanto à existência de vários querelantes, a perempção em razão de parte deles não prejudica os demais.

IV – quando, sendo o querelante pessoa jurídica, esta se extinguir sem deixar sucessor.

Atenção! Extinta a pessoa jurídica e não se habilitando nenhum sucessor interessado a prosseguir no feito, resta o reconhecimento da extinção da punibilidade pela perempção.

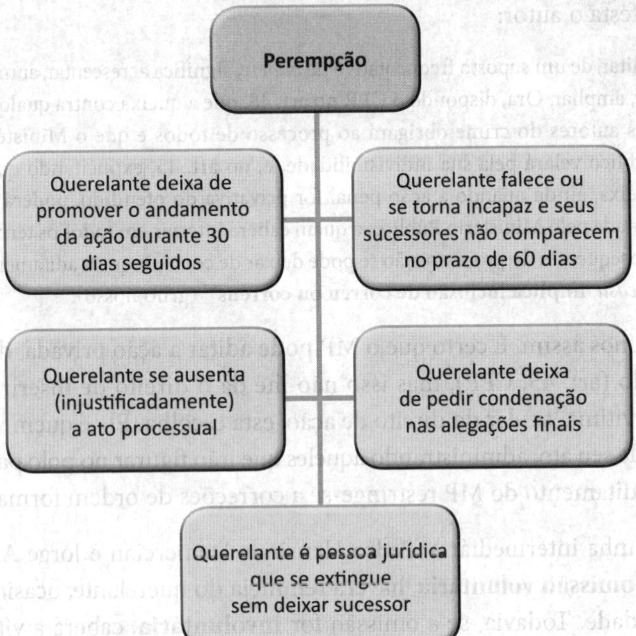

5.3.3. Da indivisibilidade

O art. 48, do CPP, reconhece de forma expressa o princípio da indivisibilidade da ação penal privada, devendo o particular, ao optar pelo processamento dos autores da infração, fazê-lo em detrimento de todos os envolvidos. É dizer, ou processa todos, ou não processa ninguém, cabendo ao Ministério Público velar pela indivisibilidade da ação penal privada. Afinal, atua como ***custos legis***.

O Ministério Público, como fiscal do princípio da indivisibilidade, não pode aditar a queixa crime, lançando novos réus ao processo, pois lhe falta **legitimidade ativa "*ad causam*"**. Tendo o Ministério Público vista dos autos na ação de iniciativa privada (art. 45, CPP), e percebendo o órgão ministerial que o particular omitiu-se dolosamente em processar todos os envolvidos, resta, em parecer, manifestar-se pela extinção da punibilidade, afinal, quando o querelante ajuíza a ação lançando no polo passivo apenas parte dos envolvidos, mesmo sabendo da existência de outros e tendo elementos para processá-los (justa causa), estará renunciando ao direto de ação quanto àqueles que deixou de processar, e como já visto, a renúncia beneficia todos os envolvidos.

Já se a omissão do querelante foi involuntária, resta ao MP, ainda em parecer, manifestar-se para que o querelante se posicione quanto a sua omissão, cabendo a ele a opção entre aditar ou não a queixa crime. Promovendo o aditamento, o processo segue o seu curso regular. Não o fazendo, incorrerá em renúncia, o que desaguará na extinção da punibilidade (art. 107, V, CP).

Tourinho Filho, contrariando o aqui esboçado, admite a possibilidade de aditamento da queixa pelo promotor de justiça, lançando corréu, em face da omissão do querelante. Assim se manifesta o autor:

> Aditar, de um suposto frequentativo de *addere*, significa acrescentar, aumentar, ampliar. Ora, dispondo o CPP, no art. 48, que a queixa contra qualquer dos autores do crime obrigará ao processo de todos e que o Ministério Público velará pela sua indivisibilidade, e, no art. 45, explicitando que a queixa, ainda quando a ação penal for privativa do ofendido, poderá ser aditada pelo Ministério Público, a quem caberá intervir em todos os termos subsequentes do processo, não se pode deixar de concluir que o aditamento, *in casu*, **implica inclusão de corréu ou corréus**[57] (grifo nosso).

Não pensamos assim. É certo que o MP pode aditar a ação privada, dispondo de três dias para fazê-lo (art. 45, CPP), mas isso não lhe dá o direito de inserir outros réus na demanda. É da vítima, titular do direito de ação, esta escolha. Ela é quem vai arcar com as consequências de seu ato, administrando aqueles que irão figurar no polo passivo da relação processual. O aditamento do MP restringe-se a correções de ordem formal.

Seguindo linha intermediária, Pedro Henrique Demercian e Jorge Assaf Maluly entendem que na **omissão voluntária**, haverá renúncia do querelante, ocasionando a extinção da punibilidade. Todavia, se a omissão for **involuntária**, caberá à vítima ou ao MP, indistintamente, o aditamento, de forma a fazer respeitar o princípio da indivisibilidade[58].

5.3.4. Da intranscendência ou da pessoalidade

Este princípio, comum às ações penais públicas, reza que a ação só pode ser proposta contra a pessoa a quem se imputa a prática do delito.

AÇÃO PÚBLICA INCONDICIONADA	AÇÃO PRIVADA
‣ Obrigatoriedade; ‣ Indisponibilidade; ‣ Oficialidade; ‣ Indivisibilidade (*STF – Divisibilidade); ‣ Intranscendência ou pessoalidade.	‣ Oportunidade ou conveniência (decadência/renúncia); ‣ Disponibilidade (perdão/perempção); ‣ Indivisibilidade; ‣ Intranscendência ou pessoalidade.

5.4. Espécies de ação penal privada

São três as modalidades de ação penal privada, quais sejam:

57. TOURINHO FILHO, Fernando da Costa. *Processo penal*. São Paulo: Saraiva, 2003. v.1. p. 633.
58. DEMERCIAN, Pedro Henrique; MALULY, Jorge Assaf. *Curso de processo penal*. Rio de Janeiro: Forense, 2005. p. 125.

5.4.1. Exclusivamente privada ou propriamente dita

É aquela exercida pela vítima ou por seu representante legal. Sempre que o crime for de iniciativa privada, deve o dispositivo legal trazer de forma expressa que a titularidade da ação é do particular, mediante a oferta da queixa-crime (art. 100, CP). Esta ação caracteriza-se pela possibilidade de sucessão nos casos de morte ou ausência da vítima pelo cônjuge (incluída a companheira), ascendentes, descendentes e irmãos (art. 30 c/c art. 31, CPP).

Morrendo o querelante ou sendo declarado ausente por deliberação judicial, o direito de ação passa ao rol de sucessores do art. 31 do CPP, tendo estes o prazo de 60 dias para prosseguir com a ação, e a omissão leva à perempção (art. 60, II, CPP).

5.4.2. Personalíssima

Nesta espécie, o direito de ação só poderá ser exercido pela vítima. Não há intervenção do representante legal e nem sucessão por morte ou ausência. Caso o ofendido venha a falecer, restará o reconhecimento da extinção da punibilidade, seja pela decadência, caso a ação ainda não tenha sido exercida, seja pela perempção, caso a demanda já esteja em curso, pois a mais ninguém é dado promover a ação ou prosseguir na que tenha sido iniciada.

Se a vítima for menor de 18 anos, terá de aguardar completar a maioridade para exercer a ação. Enquanto isto, o prazo decadencial não estará correndo. Se doente mental, terá de recobrar a sanidade.

O único exemplo no ordenamento de infração sujeita à ação personalíssima é o crime de induzimento a erro essencial e ocultação de impedimento ao casamento (art. 236, CP), já que o adultério, que também servia como exemplo, foi revogado pela Lei nº 11.106/2005 (art. 240, CP).

5.4.3. Subsidiária da pública ou supletiva ou acidentalmente privada

A ação penal privada subsidiária da pública, iniciada por queixa substitutiva ou subsidiária, encontra previsão constitucional expressa (art. 5º, LIX, CF; art. 29, CPP e art. 100, § 3º, CP), e estando no título reservado aos direitos e garantias fundamentais, não pode ser suprimida do ordenamento nem por emenda constitucional, sendo verdadeira cláusula pétrea.

Tem cabimento diante da inércia do MP, que, nos prazos legais, deixa de atuar, não promovendo a denúncia ou, em sendo o caso, não se manifestando pelo arquivamento dos autos do inquérito policial[59], ou ainda, não requisitando novas diligências. É uma forma de fiscalização da atividade ministerial, evitando eventuais arbítrios pela desídia do ***Parquet***. É uma mera faculdade, cabendo ao particular optar entre manejar ou não a ação, gozando como regra do prazo de seis meses, iniciados, contudo, do encerramento do prazo que o MP dispõe para atuar, ou seja, normalmente cinco ou quinze dias, a depender da existência ou não de prisão (art. 46, CPP).

59. STF: "Quando o Ministério Público, não tendo ficado inerte, requer, no prazo legal (art. 46, CPP), o arquivamento do inquérito ou da representação não cabe a ação penal privada subsidiária" (Pleno – Inq-AgR 2242/DF – Rel. Min. Eros Grau – DJ 25/8/2006. p. 16).

Frise-se que, em caso de "arquivamento implícito" – o Ministério Público se omite quanto a infração ou indiciado investigado na apuração preliminar – não está autorizado o ajuizamento da queixa subsidiária, consoante entendimento do Superior Tribunal de Justiça[60].

5.4.3.1. Atuação do Ministério Público

O ***Parquet***, na ação penal privada subsidiária, figura como **interveniente adesivo obrigatório** ou **parte adjunta**, atuando em todos os termos do processo, sob pena de nulidade (art. 564, III, "*d*", CPP), tendo amplos poderes.

Caberá ao MP dentre outras atribuições (art. 29, CPP):

- aditar a queixa, até mesmo para lançar corréu, afinal, em última análise, trata-se de crime de ação pública;
- repudiar a queixa-crime apresentada, se entender que não foi desidioso, ou quando a petição do querelante é inepta, oferecendo em substituição denúncia (**denúncia substitutiva**). Quando a vítima ingressa com a ação penal privada subsidiária, a petição inicial é a **queixa-crime substitutiva** da denúncia que não foi apresentada. Por sua vez, quando o MP repudia a queixa, por entender que não houve omissão ou porque há defeito formal na peça apresentada, a denúncia é **substitutiva** da queixa repudiada.

Entendemos que o MP tem que fundamentar o repúdio, cabendo ao magistrado, concluindo que houve arbítrio do promotor e que a desídia existia, rejeitar o repúdio e a denúncia substitutiva, acatando a queixa-crime;

- fornecer elementos de prova;
- interpor recurso;
- a todo tempo, no caso de negligência do querelante, retomar a ação como parte principal. A ação privada subsidiária é indisponível. Se o querelante sinalizar com o perdão ou for desidioso, tentando com isso ocasionar a perempção, será afastado, assumindo o MP dali por diante como parte principal (este fenômeno é conhecido como **ação penal indireta**). Restará ao querelante afastado habilitar-se como assistente de acusação.

Caso o Ministério Público entenda que a ação proposta pelo particular não atende aos mínimos requisitos legais, ou seja, é desprovida de justa causa, deverá se manifestar pela rejeição da inicial pelo magistrado. Este último, contudo, não vinculado ao parecer ministerial, poderá receber a queixa-crime, dando assim início ao processo. Restará ao ***Parquet*** impetrar *habeas corpus* em favor do réu, para trancar o processo iniciado.

Prevê o art. 801, do CPP, a perda de vencimentos do promotor desidioso por tantos dias quantos forem os excedidos do prazo que dispunha para atuar, e na contagem do tempo de serviço, para efeito de promoção e aposentadoria, a perda seria do dobro dos dias excedidos (parágrafo único). Este dispositivo não tem mais aplicação: primeiro, porque a CF/1988 assegurou a irredutibilidade dos vencimentos do MP; segundo, quanto aos critérios de promoção, a matéria está devidamente tratada nas respectivas Leis Orgânicas.

60. STJ – Quinta Turma – HC 21.074/RJ – – Rel. Min. Gilson Dipp – DJ 23/06/2003.

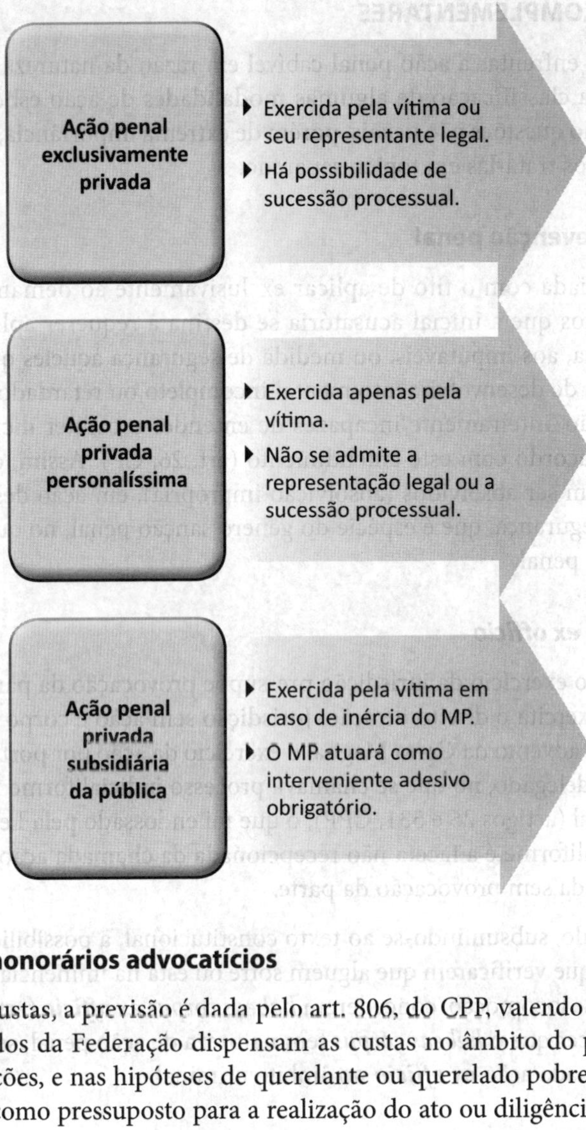

5.5. Custas e honorários advocatícios

Quanto às custas, a previsão é dada pelo art. 806, do CPP, valendo ressaltar, contudo, que alguns Estados da Federação dispensam as custas no âmbito do processo criminal. Afora estas exceções, e nas hipóteses de querelante ou querelado pobres, as custas devem ser depositadas como pressuposto para a realização do ato ou diligência.

Na ação privada subsidiária da pública, atuando o querelante em substituição ao órgão ministerial, não há de se falar no pagamento de custas ou demais despesas processuais.

Já em relação aos honorários advocatícios, superando a divergência acadêmica, já se tem precedente pela admissibilidade nas ações de iniciativa privada, obrigando-se ao querelante vencido o pagamento de honorários ao causídico que defendeu o querelado. Nas hipóteses de nomeação do advogado pelo juiz para ajuizar a ação, sendo a vítima pobre, em razão da impossibilidade ou inexistência de Defensor Público na comarca, os honorários devem ser fixados pelo magistrado, de acordo com tabela organizada pelo Conselho Seccional da OAB, e são devidos pelo Estado, de acordo com o art. 22, § 1º, da Lei nº 8.906/1994[61].

61. Súmula 201-STJ: "Os honorários advocatícios não podem ser fixados em salários mínimos".

6. QUESTÕES COMPLEMENTARES

Passaremos a enfrentar a ação penal cabível em razão da natureza de determinadas infrações, além da classificação de algumas modalidades de ação esboçadas por nossa doutrina. Como são questões não usuais, porém de extrema importância, por uma questão didática, resolvemos tratá-las em tópico separado.

6.1. Ação de prevenção penal

É aquela iniciada com o fito de aplicar exclusivamente ao demandado medida de segurança. Sabemos que a inicial acusatória se destina a requerer aplicação de sanção penal, é dizer, pena, aos imputáveis, ou medida de segurança àqueles que em virtude de doença mental, ou de desenvolvimento mental incompleto ou retardado, eram, ao tempo da ação ou omissão, inteiramente incapazes de entender o caráter ilícito do fato ou de determinar-se de acordo com este entendimento (art. 26, CP). Assim, os absolutamente inimputáveis devem ser absolvidos (absolvição imprópria), em ação destinada a aplicar--lhes medida de segurança, que é espécie do gênero sanção penal, no que se entende por ação de prevenção penal.

6.2. Ação penal *ex officio*

Já vimos que o exercício da jurisdição pressupõe provocação da parte, que o faz justamente quando exercita o direito de ação. Jurisdição sem ação é corpo sem alma, sendo impensável, com o advento da Carta Magna, o exercício da ação por portaria do magistrado ou do próprio delegado, no que se chamava processo judicialiforme, já revogado pelo texto constitucional (artigos 26 e 531, CPP), o que foi endossado pela Lei nº 11.719/2008. O processo judicialiforme é a faceta não recepcionada da chamada ação penal ***ex officio***, que é aquela iniciada sem provocação da parte.

Temos, contudo, subsumindo-se ao texto constitucional, a possibilidade dos juízes e tribunais, sempre que verificarem que alguém sofre ou está na iminência de sofrer coação ilegal à liberdade de locomoção, concederem *habeas corpus* ***ex officio*** (art. 654, § 2º, CPP). Não se deve esquecer que o *habeas corpus* tem natureza de ação penal, sendo assim a vertente legal da chamada ação ***ex officio*** no âmbito criminal.

6.3. Ação penal pública subsidiária da pública

Diz-se pública subsidiária da pública a ação intentada pelo Ministério Público Federal, frente à inércia do Ministério Público Estadual nos crimes definidos no Decreto-lei nº 201, de 27/2/1967, praticados por prefeito. Com efeito, o § 2º, do art. 2º, do referido diploma preconiza que "se as providências para a abertura do inquérito policial ou instauração da ação penal não forem atendidas pela autoridade policial ou pelo Ministério Público estadual, poderão ser requeridas ao Procurador-Geral da República".

Ora, a inércia do Ministério Público Estadual, notadamente do Procurador Geral de Justiça no âmbito de apuração dos crimes praticados por prefeito, não poderá dar ensejo à atuação do Procurador Geral da República, por absoluta ausência de atribuição deste para atuar, e sob pena de colocar em cheque a independência funcional do Ministério Público

Estadual. Restaria, diante da letargia do Procurador Geral de Justiça, provocar o Colégio de Procuradores no âmbito do Ministério Público Estadual, ou ainda, com permissivo no art. 29 do CPP, dar início a ação penal privada subsidiária da pública. Temos, portanto, que o dispositivo não foi recepcionado pela Constituição Federal.

6.4. Ação penal popular

A Lei nº 1.079/1950 contempla a possibilidade de qualquer cidadão oferecer "***denúncia***" nos crimes de responsabilidade praticados pelo Presidente da República, Ministros de Estado, Ministros do Supremo Tribunal Federal, Procurador-Geral da República e Governadores dos Estados e seus secretários.

Os crimes de responsabilidade, em verdade, são infrações de caráter político, com reprimenda da mesma natureza, diga-se, perda de cargo público e proibição do seu exercício por determinado período, a serem apreciadas pelos órgãos de jurisdição política.

Essa denúncia oferecida pelo cidadão é tomada em sentido ***lato***, não materializando o exercício de ação penal propriamente dita. Nesta égide, cai por terra o argumento daqueles que sustentam a não recepção da Lei nº 1.079/1950 neste item pela Carta Magna, ao fundamento de que a Constituição, em seu art. 129, inciso I, teria conferido o exercício da ação penal pública privativamente ao Ministério Público. Na verdade, a denúncia tratada pela lei deve ser interpretada como notícia da infração, objetivando a sua apuração e o julgamento político dos eventuais envolvidos. Com isso, não haveria nenhuma incompatibilidade com a atual ordem constitucional.

No mesmo sentido, Pacelli pondera que não "parece sustentável o argumento no sentido de que, a partir da Constituição de 1988, a persecução em razão da prática de crime de responsabilidade seria também privativa do Ministério Público (art. 129, I, CF/1988)", porquanto "em tal situação não se pode falar rigorosamente em ação penal, ainda que a terminologia adotada na Constituição faça referência a crimes de responsabilidade"[62].

A única ação penal popular em vigor, porém sem natureza condenatória, é o *habeas corpus*, em razão da ampla legitimidade para propositura (art. 5º, inciso LXVIII, CF).

6.5. Ação penal nos crimes contra a dignidade sexual

Os crimes contra a dignidade sexual[63] (antes conhecidos por crimes contra os costumes) estão inseridos no Título VI, da parte especial, do CP, e apesar da especial gravidade, historicamente eram passíveis de ação privada, sendo a ação pública nitidamente excepcional. A Lei nº 12.015/2009 imprimiu novo tratamento à matéria, de sorte que, além das alterações na parte material, subsumindo no mesmo tipo penal as condutas que caracterizavam o atentado violento ao pudor, sob o título de estupro (art. 213, CP), ocorreram significativas alterações na parte processual, notadamente no que se refere à titularidade da ação.

62. OLIVEIRA, Eugênio Pacelli. *Curso de processo penal*. 3. ed. Belo Horizonte: Del Rey, 2004. p. 102.
63. A Lei nº 12.845, publicada em 02/08/2013 e com período de *vacatio legis* de 90 (noventa) dias dispõe sobre o atendimento obrigatório e integral de pessoas em situação de violência sexual, conferindo tratamento especial para as vítimas dos delitos em comento.

Por questão de praticidade, é importante destacar como estava disciplinada a titularidade da ação nos delitos sexuais antes da reforma, e quais as consequências trazidas pela Lei nº 12.015/09. Vejamos:

Antes da reforma, na antiga redação dos arts. 223 e 225, do CP, o tratamento era este:

(a) Ação privada: era a regra. Como estas infrações afetam sobremaneira a intimidade da vítima, o nosso legislador optava por conferir a ela o próprio exercício do direito de ação.

(b) Ação pública condicionada: não tendo a vítima condição financeira, a sua hipossuficiência trazia para o MP a titularidade da ação, dependendo todavia de representação.

(c) Ação pública incondicionada: se a violência utilizada para praticar a infração provocasse lesão corporal grave ou morte, ou ainda, se ocorresse abuso do poder familiar, ou da qualidade de padrasto, tutor ou curador.

Esquematizando, tínhamos:

AÇÃO PENAL – CRIMES CONTRA OS COSTUMES – PANORAMA ANTERIOR À LEI Nº 12.015/09		
Ação pública incondicionada	**Ação pública condicionada**	**Ação privada**
▸ Ocasione lesão corporal grave ou morte; ▸ Praticado com abuso do poder familiar, das relações de tutela ou curatela.	▸ Vítima pobre.	▸ Demais hipóteses, inclusive com a ocorrência da presunção de violência (art. 223 do CP).

Quanto ao crime de **estupro,** o STF preocupou-se em editar súmula específica abordando a ação cabível. Valeu-se o Supremo da premissa que o estupro seria uma infração complexa, isto é, adviria da composição de duas outras infrações, desaguando na aplicação do art. 101 do CP, ***verbis***:

> **Art. 101.** Quando a lei considera como elemento ou circunstância do tipo legal fatos que, por si mesmos, constituem crimes, cabe ação pública em relação àquele, desde que, em relação a qualquer destes, se deva proceder por iniciativa do Ministério Público.

Em suma, o artigo transcrito considera que diante de um crime complexo, que é aquele originário da junção de duas outras infrações, para se saber qual a ação penal cabível, deve-se indagar se um dos crimes originários que foram mixados para o surgimento do complexo é patrocinado por ação pública. Se afirmativo, o crime complexo também o será. Ora, este dispositivo era absolutamente ocioso, já que, para saber a ação cabível em uma determinada infração, seja ela complexa ou não, basta ler a lei, já que o artigo 100 do CP é claro ao afirmar que a norma declarará expressamente quais as infrações manejadas por ação privada, levando à conclusão, por exclusão, que no silêncio da lei, o crime é patrocinado por ação pública.

Insistindo na tese que o estupro é crime complexo, o STF editou a súmula nº 608 do STF, consagrando que "no crime de estupro, praticado mediante violência real, a ação penal é pública incondicionada". Por este entendimento, se o estuprador provocasse apenas lesão leve na vítima, a ação seria pública incondicionada. **Violência real** é a agressão física, englobando a conduta que leva à morte, às lesões corporais e até mesmo às vias de fato.

Estavam excluídas a **violência moral** (ameaça) e a **violência presumida**, que caracterizam o estupro, mas em regra a ação era privada.

Mesmo com o advento da Lei nº 9.099/1995, condicionando o crime de lesão corporal leve à representação da vítima (art. 88), não houve interferência na aplicação da súmula nº 608, e conforme o STJ, o estupro que ocasionasse apenas lesão leve continuaria sendo de ação pública incondicionada.

Tínhamos para o estupro:

AÇÃO PENAL – CRIME DE ESTUPRO – SÚMULA 608/STF		
Ação pública incondicionada	**Ação pública condicionada**	**Ação privada**
› Praticado mediante violência real, provocando morte, lesão grave, leve ou até mesmo vias de fato; › Praticado com abuso do poder familiar, das relações de tutela ou curatela.	› Vítima pobre.	› Demais hipóteses, inclusive com a ocorrência da presunção de violência (art. 223, CP).

Com o advento da Lei nº 12.015/09, os crimes contra a dignidade sexual previstos no Capítulo I (Crimes contra a liberdade sexual – arts. 213 ao 216-A, CP) e no Capítulo II (Crimes sexuais contra vulnerável – arts. 217-A ao 218-B, CP) passaram a ter tratamento uniforme. Na jurisprudência, verificamos a falta de consenso em torno da aplicação do enunciado nº 608, da Súmula, do STF. Por exemplo, a Primeira Turma, do STF, ao apreciar o *Habeas Corpus* 125.360/RJ[64], assentou que "a Súmula 608 do STF permanece válida mesmo após o advento da Lei nº 12.015/2009", avivando que, "em caso de estupro praticado mediante violência real", a ação penal seria pública incondicionada.

Portanto, durante a vigência da Lei nº 12.015/2009, o panorama aplicável aos crimes contra a dignidade sexual seria o seguinte:

(a) ação privada: não mais subsistiu, a não ser com a inércia do MP, quando então cabível a ação privada subsidiária da pública.

(b) ação pública condicionada: passou a ser a regra geral, mesmo quando o delito causasse lesão corporal grave ou morte (art. 225, *caput*, CP), ressalvada a divergência em torno da Súmula nº 608, do STF. A pobreza não foi contemplada como elemento para o condicionamento do exercício da ação pública.

(c) ação pública incondicionada: quando a vítima é menor de dezoito anos ou pessoa vulnerável (art. 225, parágrafo único, CP). Vulnerável é o menor de 14 anos; os portadores de enfermidade ou doença mental, que forem submetidos à situação de exploração ou que não possuírem discernimento para a prática do ato, a teor da Lei nº 13.146/2015[65], e as pessoas que por qualquer outra causa não podem oferecer resistência, como as que se encontram

64. STF – Primeira Turma – Rel. Min. Marco Aurélico – red. p/ o ac. Min. Alexandre de Moraes – julgado em 27/2/2018 (Informativo nº 892).

65. A vulnerabilidade dessas pessoas é especial segundo o Estatuto das Pessoas com Deficiência instituído pela Lei nº 13.146/2015. De acordo com suas disposições, a deficiência mental, bem como a curatela (interdição) não são motivos que permitam a supressão de direitos sexuais e da orientação sexual da pessoa com deficiência (arts. 6º, II, 8º, 18, § 4º, VI e VII, 85, § 1º), diante do caráter nuclear à condição de ser humano dessas pessoas. De acordo com essa lei, a

entorpecidas (art. 217-A, CP). Percebe-se claramente que não se fez referência à expressão **violência presumida**, substituída pela vulnerabilidade.

No entanto, distinção importante foi apontada recentemente pelo STJ, quanto à pessoa vulnerável e a espécie de ação penal pública. Assentou a corte que, se a vulnerabilidade é transitória, a exemplo de quem é agredido e fica desacordado (ou, ainda, nos casos de embriaguez), a ação penal é pública condicionada. Por outro lado, se a vulnerabilidade é definitiva, a ação penal é pública incondicionada (tal como se dá com o ofendido incapaz mentalmente).

No julgamento do caso concreto, noticiado em Informativo do STJ, ficou assentado que se procede mediante ação penal condicionada à representação no crime de estupro praticado contra vítima que, por estar desacordada em razão de ter sido anteriormente agredida, era incapaz de oferecer resistência apenas na ocasião da ocorrência dos atos libidinosos. A Corte Superior explicitou que, segundo o art. 225, do CP, o crime de estupro, em qualquer de suas formas, é, em regra, de ação penal pública condicionada à representação, sendo, apenas em duas hipóteses, de ação penal pública incondicionada, quais sejam, vítima menor de 18 anos ou pessoa vulnerável. Ponderou, ainda, que a doutrina penal reconhece a existência de certa confusão na previsão contida no art. 225, *caput* e parágrafo único, do CP, para definir a espécie de ação penal pública, passando a ideia de que a ação penal do crime de estupro de vulnerável seria sempre incondicionada. No entanto, a interpretação que deve ser dada ao referido dispositivo legal, conforme definiu o STJ, é a de que, em relação à vítima possuidora de incapacidade permanente de oferecer resistência à prática dos atos libidinosos, a ação penal seria sempre incondicionada. Porém, em se tratando de pessoa incapaz de oferecer resistência apenas na ocasião da ocorrência dos atos libidinosos – não sendo considerada pessoa vulnerável de forma definitiva –, a ação penal permanece condicionada à representação da vítima, que deve deter o poder de evitar o *strepitus judicii*[66].

AÇÃO PENAL – CRIME DE ESTUPRO APÓS LEI Nº 12.015/09 E ANTES DA LEI 13.718/2018		
Ação pública incondicionada	**Ação pública condicionada**	**Ação privada**
› Vítima menor de 18 ou pessoa vulnerável (definitivamente, segundo jurisprudência recente do STJ. Se a vulnerabilidade for transitória, a ação é pública condicionada). e se for praticada mediante violência real (Súmula 608 do STF, conforme julga-mento do HC 125.360/RJ.)	› Regra geral (*mesmo quando ocasionem lesão grave ou morte*) › A pobreza não é elemento a tornar condicionada a ação	› Não foi contemplada. › Somente será manejada em caso de inércia do MP, titular da ação penal

Como anunciamos linhas atrás, o legislador, mais uma vez, modificou a sistemática da iniciativa da ação penal dos crimes sexuais, no percurso de tornar as leis penais mais severas. Com a promulgação e vigência a partir de 25/9/2018 da Lei nº 13.718/2018, temos, no sistema jurídico brasileiro, mais uma lei gravosa, especialmente no ponto que, alterando

pessoa com deficiência é especialmente vulnerável e devem receber proteção contra formas de exploração. Disso podemos concluir que somente haverá estupro, em razão de sua vulnerabilidade especial aludida, se evidenciada exploração, assegurando a inclusão preconizada por esse diploma normativo.

66. STJ – HC 276.510-RJ – Rel. Min. Sebastião Reis Júnior – julgado em: 11 nov. 2014 – Dje 01 dez. 2014.

o art. 225, do Código Penal, passou a dispor que todos os crimes contra a dignidade sexual dispostos no Código Penal são de iniciativa pública incondicionada.

Nota-se que o legislador desprezou, inclusive, a vontade da vítima de delitos sexuais de não ter sua intimidade exposta, suspendendo, no ponto, o direito à intimidade e à vida privada, ambos vazados na Constituição[67]. Sob esse ponto de vista, a Lei nº 13.718/2018 é dotada de caracteres como o simbolismo, a emergencialidade[68] e o eficientismo, na linha punitivista denunciada por Hugo Leonardo Rodrigues Santos. Nas palavras do autor, "não são admissíveis as políticas criminais que promovem uma relativização de direitos individuais e garantias, por serem absolutamente ilegítimas[69].

A multicitada Lei nº 13.718/2018 é irretroativa, isto é, somente alcança os fatos ocorridos após sua vigência, pelo que deve o intérprete ficar atento aos problemas de direito intertemporal, além dos descritos no item seguinte (6.5.1). Vale dizer, a Lei anterior, de nº 12.015/2009, estará dotada de ultratividade restritamente aos fatos acontecidos em seu tempo de operatividade. Por exemplo, se ocorrido crime de estupro contra pessoa não vulnerável em 2017, a ação penal deve ser de iniciativa pública, condicionada à representação ofertada dentro do prazo decadencial previsto no CPP, ainda que o início da demanda condenatória somente se dê em 2019.

6.5.1. Direito intertemporal

Há quem entenda que é de seis meses a partir da notificação do juízo, o prazo para oferecer representação nos processos em andamento nas hipóteses de crimes ocorridos antes da vigência da nova lei e que eram, na origem, delitos de ação penal pública incondicionada. Isso porque a norma utilizada seria o art. 38, do Código de Processo Penal, que prevê expressamente o prazo decadencial da representação para que possa ser deflagrada a ação penal. Como se trata de norma geral, em relação ao art. 91, da Lei nº 9.099/1995 – que preconiza o prazo de 30 dias a partir da notificação para a apresentação de representação nos casos do processo em andamento –, no caso dos processos em andamento que exijam representação, deve-se intimar o ofendido para ofertá-la, só decaindo desse direito após o decurso do lapso de seis meses.

A analogia do art. 38, do CPP, não guarda mais semelhança que a do art. 91, da Lei nº 9.099/1995. Enquanto aquela é para o oferecimento da representação em momento anterior à persecução penal e que não fala em notificação para que seu curso flua, a última se refere a processos já instaurados mas que, por conta de superveniência legislativa, carecem de representação incidental, pelo que se faz necessária notificação do ofendido e para se posicionar em prazo mais exíguo, sob pena de conferir tratamento mais severo ao acusado de fato anterior ao advento da nova lei.

Entendemos que a norma tem natureza híbrida, sendo "norma processual com conteúdo material ou norma mista"[70]. Logo, será aplicada apenas para os crimes ocorridos

67. No inciso X, do art. 5º, da CF, está assegurado que "são invioláveis a intimidade, a vida privada, a honra e a imagem das pessoas, assegurado o direito a indenização pelo dano material ou moral decorrente de sua violação".
68. A alteração legislativa teve lugar após episódio repercutido intensamente na grande mídia e nas redes sociais, conhecido como o caso do imputado que ejaculou em outra pessoa, no interior de um ônibus. Para atender ao clamor em torno desse fato, a indigitada Lei nº 13.718/2018 revogou a contravenção penal de importunação ofensiva ao pudor e criou, em seu lugar, o crime de importunação sexual (art. 215-A, do Código Penal).
69. SANTOS, Hugo Leonardo Rodrigues. *Estudos críticos de criminologia e direito penal*. Rio de Janeiro: Lumen Juris, 2015. p. 79.
70. CASTANHO DE CARVALHO, Luis Gustavo Grandinetti. *O processo penal em face da constituição*. Rio de Janeiro: Forense, 1998. p. 137.

após a sua entrada em vigor, retroagindo, todavia, nos pontos em que for benéfica. Por essa razão, nas hipóteses em que a ação cabível era pública incondicionada e passa a ser condicionada à representação, deve haver notificação do ofendido ou do seu representante legal, nos processos já existentes, para que represente, se desejar. Não o fazendo, decairá do direito, operando-se a extinção da punibilidade. E qual o prazo que terá para representar? Por analogia ao art. 91 da Lei nº 9.099/1995, 30 dias, contados da respectiva notificação. No mesmo sentido, Rômulo Moreira assim se manifesta:

> [...] se houve denúncia e não havia a necessidade de representação e agora passou a ter (art. 225, *caput*, CP), é preciso que se suspenda o curso do procedimento para que a vítima (ou seu representante legal ou seus sucessores) seja notificada para oferecê-la. Neste caso, o prazo para a representação, por analogia com o art. 91 da Lei nº 9.099/95, será de trinta dias. Se o titular da representação, devidamente notificado, não o fizer, extingue-se a punibilidade pela decadência; se representar, o processo terá seguimento; se não for encontrado, aguarda-se o transcurso do prazo prescricional[71].

6.6. Ação penal nos crimes contra a honra de funcionário público

É a hipótese denominada pela doutrina majoritária como "legitimação concorrente". Havendo ofensa à honra do funcionário público que diga respeito ao exercício das funções (***propter officium***), segundo a parte final do parágrafo único do art. 145 do CP, trata-se de crime de ação pública condicionada a representação. O STF, contudo, objetivando respaldar ao máximo a tutela da honra do ***intraneus***, consolidou entendimento de que a legitimidade, nesta hipótese, seria concorrente, ou seja, caberá ao funcionário público optar entre representar, e neste caso estaremos diante do texto da lei, ação pública condicionada, ou poderá ainda, ao sabor de sua conveniência, contratar advogado para o patrocínio da ação, que neste caso será privada. Para tanto, editou a Súmula nº 714, assentando que "é concorrente a legitimidade do ofendido, mediante queixa, e do Ministério Público, condicionada à representação do ofendido, para a ação penal nos crimes contra a honra de servidor público em razão do exercício de suas funções".

Questão interessante seria a hipótese de o funcionário público representar e o órgão ministerial, ao invés de ofertar a denúncia, promover o arquivamento. Seria possível ao funcionário contratar advogado para promoção da ação privada? Ao nosso sentir, uma vez oferecida a representação, ocorre a preclusão da segunda via da ***persecutio criminis***, de modo que não poderá mais o funcionário público oferecer a queixa-crime correspondente. Com base nesse entendimento, albergado pelo STF[72], parte da doutrina defende que a legitimação, nesses casos, é denominada de "legitimação alternativa" e não concorrente, justamente porque, uma vez feita a opção pela representação ou queixa, esgota-se a possibilidade de valer-se daquela remanescente.

Por fim, registre-se que a Súmula nº 714 não se aplicará quando, embora ocorrido crime contra a honra do funcionário público, a ação prevista em lei for pública incondicionada. É o que acontece, por exemplo, nas infrações penais previstas no Código Eleitoral, todas de ação pública (vide art. 355 da Lei nº 4.737/65), ***inclusive*** os crimes de calúnia, injúria e difamação. Nessas hipóteses, não caberá queixa-crime, tampouco

71. MOREIRA, Rômulo. *Ação penal nos crimes contra a liberdade sexual e nos delitos sexuais contra vulnerável – A lei nº 12.015/09*. Disponível em: www.romulomoreira.com.br. Acesso em 15/12/2009.
72. STF – Plenário – Inq 1.939-9/BA – Rel. Min. Sepúlveda Pertente – DJ 02/04/2004.

representação, não sendo possível falar em legitimação concorrente. Portanto, a atuação do particular restrita a eventual inércia do ***dominus litis***, quando poderá ajuizar ação privada subsidiária da pública.

6.7. Ação penal secundária

Quando as circunstâncias aplicadas ao caso fazem variar a modalidade de ação a ser intentada, como no exemplo típico dos crimes contra a honra, temos o que a doutrina chama de ação penal secundária. Haverá, nesses casos, o que se convencionou chamar de "legitimação secundária". É o que acontece, por exemplo, com a calúnia contra o Presidente da República. É que, de regra, os crimes contra a honra são de ação privada. Todavia, tratando-se do Presidente, **secundariamente, a ação passa a ser pública condicionada à requisição do Ministro da Justiça (art. 145, parágrafo único, CP).**

Como visto, legitimação concorrente e legitimação secundária não se confundem:

LEGITIMAÇÃO	
Concorrente	**Secundária**
Há uma regra geral de legitimação para a ação penal.	Há uma regra geral de legitimação para a ação penal.
A regra geral concorre (coexiste) com uma legitimação excepcional.	A regra geral é modificada por circunstâncias específicas, modificando-se a legitimação.
Ex: Difamação praticada contra servidor público propter officium. Regra geral: ação pública condicionada a representação – legitimação excepcional: ação privada	Ex: crimes contra a honra previstos no CP. Regra geral: ação privada. Crime contra a honra praticado contra o Presidente: ação condicionada à requisição do Ministro da Justiça.

6.8. Ação penal adesiva

Também chamada de intervenção adesiva facultativa, é a possibilidade de militarem no polo ativo, em conjunto, o Ministério Público e o querelante, nos casos onde houver hipótese de conexão ou continência entre crimes de ação penal de iniciativa pública e de ação penal de iniciativa privada. Trata-se de caso similar ao do litisconsórcio do direito processual civil, interessando destacar que, no âmbito do processo penal, ao invés de uma petição única (litisconsórcio originário), a regra é que haja a propositura de denúncia pelo ***Parquet*** e a de queixa pela vítima do delito conexo, surgindo assim um "litisconsórcio" (impróprio) em momento ulterior, qual seja, o da reunião das demandas.

Numa outra perspectiva, Tourinho Filho aponta que na Alemanha, o instituto (ação adesiva) se caracteriza pela satisfação do dano ***ex delicto*** no próprio juízo penal, o que no Brasil se assemelharia a atuação do assistente de acusação, em busca da justa indenização. Ao que parece, a mera habilitação do assistente não caracteriza o exercício de ação autônoma, sendo inapropriada a nomenclatura[73].

73. TOURINHO FILHO, Fernando da Costa. *Processo penal*. São Paulo: Saraiva, 2003. v. 1. p. 494-495.

6.9. Ação penal na injúria por preconceito

Com a alteração promovida pela Lei nº 12.033/2009, a injúria consistente na "utilização de elementos referentes a raça, cor, etnia, religião, origem ou a condição de pessoa idosa ou portadora de deficiência", antes passível de ação de iniciativa privada, passou a ser de ação pública condicionada à representação (parágrafo único, art. 145, CP).

Percebe-se que com a modificação do legitimado ativo da demanda (antes o ofendido e agora o MP), a bagagem principiológica também foi alterada, já que a ação pública é movida pelo princípio da indisponibilidade, não comportando perdão ou perempção, e, portanto, o tratamento processual passa a ser mais gravoso ao réu, já que tais hipóteses de extinção da punibilidade não têm mais aplicação.

Acreditamos, desta forma, que a nova disciplina legal será aplicada aos delitos ocorridos após a entrada em vigor da Lei nº 12.033/2009, não abrangendo os delitos já praticados, tendo natureza híbrida.

Por oportuno, recorde-se que o delito de injúria por preconceito não se confunde com o crime de racismo, tendo em vista que neste o agente dirige sua conduta discriminatória a um grupo ou coletividade e a ação penal respectiva é pública incondicionada (Lei nº 7.716/1989).

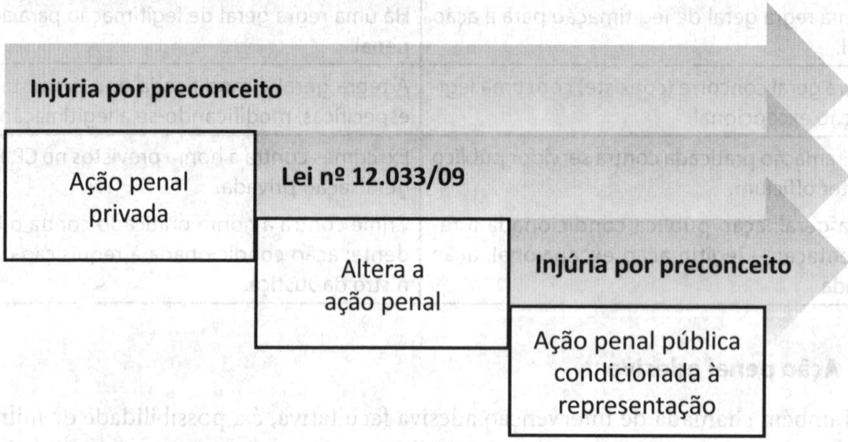

6.10. Ação penal extensiva

De acordo com a regra do art. 101, do CP, nos crimes complexos, leia-se, nos delitos que se originam da soma de condutas que constituem delitos autônomos, se um deles é de ação pública, o delito decorrente da junção também o será (por extensão). É o que ocorre na injúria real, que consiste no emprego de violência ou vias de fato, e que pela natureza ou meio empregado, são considerados aviltantes. Em tal situação, a injúria será de ação pública incondicionada.

6.11. Ação penal de segundo grau

São as ações manejadas diretamente perante tribunal, distantes, portanto, da atuação do juiz singular (**ações originárias**). É o que ocorre quando o imputado possui foro privilegiado, sendo que a estrutura procedimental é regida pela Lei nº 8.038/1990. É também o que comumente acontece nas ações autônomas de impugnação, como o *habeas corpus*, o mandado de segurança e a revisão criminal, em que a competência para julgamento pode estar afeta diretamente ao tribunal, por força da disciplina entabulada na Constituição Federal ou nas Constituições estaduais.

7. INICIAL ACUSATÓRIA

7.1. Conceito

É a peça que inaugura o processo, contendo a imputação formulada pelo órgão acusador. Nos crimes de ação penal pública, recebe o nome de **denúncia**, enquanto que nas ações penais privadas é denominada de **queixa-crime**. A petição inicial é oferecida ao magistrado, para que este, exercendo juízo de admissibilidade, a receba ou não. Segundo o STF, o processo se inicia pelo **recebimento** da inicial acusatória[74]. Contudo, como lembra Luiz Flávio Gomes[75], para a existência de um processo, bastam dois requisitos: órgão jurisdicional e demanda, ou seja, o processo já existe mesmo que a denúncia seja rejeitada. Neste mesmo prisma, Tourinho Filho alerta que "não se deve confundir início da ação com seu ajuizamento. Aquele se dá com o oferecimento da peça acusatória", enquanto o último "se dá quando o juiz profere despacho determinando a citação"[76]. Por sua vez, o art. 363 do CPP, assevera que o processo "terá completada a sua formação quando realizada a citação do acusado". Portanto, a integralização processual opera-se pela citação, contudo o mesmo já existia desde o oferecimento da inicial, como defende Luiz Flávio Gomes, ou do recebimento da denúncia, como informa o STF.

7.2. Requisitos formais

Os requisitos tanto da denúncia quanto da queixa-crime estão delineados no art. 41 do CPP. São eles:

7.2.1. Descrição do fato, com todas as suas circunstâncias

Lembre-se que o réu se defende dos fatos que lhe são imputados e não da tipificação jurídica que lhes é dada. Portanto, a narrativa deve abranger os fatos que enquadrem o tipo básico, ou seja, a essência da tipificação do delito, além do tipo derivado, que implica na descrição das qualificadoras e causas de aumento. Inicial acusatória com descrição fática deficitária ou ausente é petição inepta, merecendo ser rejeitada (art. 395, I, CPP), e caso seja recebida, acarreta nulidade do processo.

Muito embora a defesa recaia sobre fatos, segundo os tribunais superiores, "o oferecimento de denúncia por delito tipificado em norma penal em branco sem a respectiva indicação da norma complementar constitui evidente inépcia, uma vez que impossibilita a defesa adequada do acusado"[77]. Nesta linha de raciocínio, requer maior atenção do titular da ação penal a apresentação de denúncia em caso de leis que se utilizam deste

74. O Supremo entendeu que, no momento da denúncia, prevalece o princípio do *in dubio pro societate* (STF. 1ª Turma. Inq 4506/DF, rel. Min. Marco Aurélio, red. p/ o ac. Min. Roberto Barroso, julgado em 17/04/2018 – Info 898).
75. GOMES, Luiz Flávio. *Direito processual penal*. São Paulo: RT, 2005. p. 91.
76. TOURINHO FILHO, Fernando da Costa. *Processo penal*. São Paulo: Saraiva, 2003. v.1. p. 391.
77. STJ – Quinta Turma – HC 174165 – Rel. Min. Gilson Dipp – DJe 08/03/2012. No mesmo sentido: STF – Primeira Turma – RHC 65130 – Rel. Min. Paulo Galloti – DJ 07/08/1987.

recurso (norma penal em branco), como é o caso da Lei nº 9.605/1998, que disciplina os crimes ambientais.

Segundo o STF, a inépcia da inicial só pode ser suscitada até antes da prolação da sentença. Advindo sentença, o que se pode questionar, a partir de então, é a própria decisão condenatória, e não mais a denúncia que deu ensejo a ela (inteligência do art. 569, CPP).

Não se deve confundir inépcia da inicial com descrição sucinta dos fatos contidos na peça. É de bom tom que a denúncia seja clara, direta, bem estruturada e precisa. A descrição comedida, porém clara dos acontecimentos é o que exige a boa técnica.

Segundo Luiz Flávio Gomes[78], existem duas modalidades de **inépcia**: a **formal**, pela ausência dos requisitos essenciais do art. 41, do CPP; e a **material**, por falta de justa causa, que é a ausência de elementos probatórios mínimos para o início da ação penal.

A narração do fato eivada de grave deficiência, mencionando superficialmente elementos do tipo penal em abstrato e sem os mínimos elementos para a identificação do fato como típico e antijurídico é o que se denomina de "criptoimputação" (Scarance)[79]. Trata-se de imputação confusa, incompreensível, que dificulta o exercício de defesa. O neologismo "criptoimputação" deriva de criptografia, técnica de comunicação confidencial, com linguagem inacessível, que bem representa a qualificação de inépcia que recebe uma petição inicial.

A petição inicial deve então descrever os fatos, com todas as circunstâncias conhecidas, isto é, deve narrar a imputação, de forma expressa. Não se admite, no processo penal, a imputação implícita. A redação anterior do art. 384, *caput*, do CPP, previa a possibilidade de ***mutatio libelli*** quando o juiz reconhecesse a possibilidade de definição jurídica do fato, em razão de prova existente nos autos de circunstância elementar que não estivesse contida, explícita ou implicitamente na denúncia. Nessa hipótese, os autos seguiam para a defesa se manifestar. Como o dispositivo apontado não menciona qualquer elemento implícito, confirma-se o entendimento de que não há que se autorizar imputação implícita em processo penal.

Importa examinar o entendimento consubstanciado no Enunciado Criminal de nº 73, do FONAJE (Fórum Nacional de Juizados Especiais[80]) que, aparentemente, posiciona-se pela admissibilidade de "**denúncia implícita**". Nos termos do seu texto, "o juiz pode deixar de homologar transação penal em razão de atipicidade, ocorrência de prescrição ou falta de justa causa para a ação penal, equivalendo tal decisão à rejeição da denúncia ou queixa". Para os adeptos de que a natureza jurídica da transação penal é de ação penal, a conclusão do enunciado não causa estranheza.

Consoante pensamos a proposta de transação penal deve ser feita por meio de descrição de imputação (fato típico, antijurídico, culpável e punível), como estudamos no Capítulo XIII (procedimentos). Decerto, a transação penal é um exercício de "ação", sendo assim uma ação penal não ortodoxa, já que é bem diferente da denúncia ou da queixa. Se o juiz recusa homologação, deve justificar, tal qual se dá com a rejeição de uma peça acusatória,

78. GOMES, Luiz Flávio. *Direito processual penal*. São Paulo: RT, 2005. p. 93.
79. LIMA, Renato Brasileiro de. *Curso de processo penal*. Niterói: Impetus, 2013. p. 253.
80. CNJ. Corregedoria Nacional de Justiça. Fórum Nacional de Juizados Especiais (Fonaje). Enunciado nº 73. Disponível em: <http://www.cnj.jus.br/corregedoriacnj/redescobrindo-os-juizados-especiais/enunciados-fonaje/enunciados--criminais>. Acesso em: 4 nov. 2015.

obstando a possibilidade de ser aplicada pena restritiva de direitos. A nosso ver, portanto, não há que se falar em "denúncia implícita", pois, em primeiro lugar, não foi de fato realizada peça acusatória, e, em segundo, pressupõe-se que a parte acusadora descreva a imputação de forma escorreita para fundamentar a proposta de transação penal.

São indispensáveis os elementos essenciais da imputação contida na peça acusatória: a descrição pormenorizada do fato criminoso, evitando-se imputação de fato atípico ou que cause prejuízo à ampla defesa. A falta de elementos essenciais enseja nulidade absoluta. Por sua vez, os elementos acidentais circundam o fato delituoso, oferecendo-lhe os contornos distintivos, a exemplo do horário que foi cometido o delito. São aptos a causar nulidade relativa, dependendo de demonstração do prejuízo à defesa. A inicial deve conter, desse modo: **(1)** descrição de uma conduta fática; **(2)** a imputação, que é atribuição da autoria de uma conduta humana; e **(3)** a qualificação jurídico-criminal da narrativa, isto é, o enquadramento da conduta na lei penal. O MP ou querelante necessita fazer a classificação provisória do delito (tipo fundamental) e de suas qualificadoras (tipo derivado). É desnecessário imputar agravantes na denúncia ou na queixa, eis que se trata, em boa medida, de matéria preponderantemente de direito (reincidência, qualidade de ascendente da vítima, etc.) e, ademais, o art. 385, do CPP, autoriza ao juiz reconhecer agravantes mesmo nas hipóteses de ausência de pedido condenatório, nas ações penais públicas.

Questão interessante diz respeito à chamada denúncia genérica. Havendo concurso de infratores, deve ser destacada a quota de participação de cada um na infração penal. O grau de contribuição e como ela se deu são essenciais para se precisar o que está sendo imputado ao réu, e em que circunstâncias, garantindo-se o exercício da ampla defesa.

O STF, todavia, já se manifestou no sentido de que nos crimes de autoria coletiva, notadamente nos societários e multitudinários (sob influência de multidão), seria possível a **imputação genérica**, sem especificar exatamente a conduta de cada agente para o deslinde da infração penal, se até aquele momento não se conseguiu apurar tais circunstâncias. A expectativa é que durante a instrução processual tais elementos possam ser colhidos, de sorte a não se inviabilizar o processamento de todos os infratores, principalmente em circunstâncias complexas onde não fica claro, com os elementos colhidos no inquérito, o nível de envolvimento de cada criminoso[81].

A nosso sentir, denúncia genérica afronta o princípio constitucional da ampla defesa, afinal, a falta de especificação dos fatos é de prejuízo evidente à atuação defensiva, pois o réu se defende dos fatos, e se estes não estiverem especificados, a insegurança quanto ao posicionamento frente ao processo é gritante. A questão está longe de ser pacífica, havendo posições divergentes dentro do STF[82] e do STJ[83], apesar de sensivelmente ter prevalecido a admissibilidade da denúncia genérica.

81. STF: "A jurisprudência do STF vem se orientando no sentido de que é admitida a narração genérica dos fatos, sem discriminação da conduta específica de cada denunciado (CPP, art. 41), quando se trata de crime multitudinário, eis que só a instrução pode esclarecer quem concorreu, participou ou ficou alheio à ação ilícita ou ao resultado com ela obtido; no caso, a denúncia indica o fato imputado ao paciente e possibilita o exercício de defesa" (2ª T. – HC 73208/RJ – Rel. Min. Maurício Correa – DJ 7/2/1997. p. 1337).

82. STF: "Em tema de crimes societários, é indispensável que a peça acusatória individualize a conduta de cada denunciado, sob pena de ser considerada inepta" (1ª T. – HC 82246/RJ – Rel. Min. Ellen Gracie – DJ 14/11/2002. p. 33).

83. STJ: "Nos chamados crimes societários é imprescindível que a denúncia descreva, ao menos sucintamente, a participação de cada pessoa no evento criminoso. A invocação da condição de sócio ou diretor, sem a individualização das condutas, não é suficiente para viabilizar a ação penal, por impedir o exercício do contraditório e da ampla defesa" (5ª T. – REsp. 135264/GO – Rel. Min. Edson Vidigal – DJ 17/8/1998. p. 79).

Há quem diferencie: **(1)** imputação geral: acusação de vários réus de cometimento de um único fato delituoso (cumulação subjetiva de demanda), sem discernir as funções de cada um em crime de autoria coletiva (nessa hipótese não há inépcia da inicial, pelo que deve ser recebida); e **(2)** imputação genérica: acusação de vários réus de cometimento de diversos crimes, pelo que há cumulação subjetiva (mais de um réu) e objetiva de demandas (mais de uma imputação), através de denúncia genérica, sem definição das respectivas autorias (seria este o caso de inépcia e rejeição da inicial).

Outro aspecto interessante a ser destacado é a questão da **imputação alternativa**, que é a possibilidade de se imputar alternativamente uma infração a pessoas diversas ou várias infrações alternadas a pessoa especificada. Assim, estando em dúvida a acusação se quem praticou o delito foi "A" ou "B", ofereceria a denúncia ou a queixa contra um ou outro, na esperança que a instrução processual revele quem realmente cometeu o crime (imputação alternativa subjetiva). Haveria ainda a imputação alternativa objetiva, onde a dúvida subsiste em razão de qual infração foi praticada. A título de exemplo, não tendo o Ministério Público elementos suficientes para concluir se um objeto foi ou não subtraído com o emprego de grave ameaça, ofereceria denúncia por furto ou por roubo, na expectativa que a instrução processual certifique qual infração realmente aconteceu, e então possa haver condenação pela infração correta[84].

A acusação certa e delimitada é condição necessária para o exercício do direito de defesa. A nosso ver, a imputação alternativa torna fluida e variável a acusação, em flagrante instabilidade a prejudicar a atuação da defesa. Neste sentido, o magistério de Guilherme de Souza Nucci, entendendo "ser inviável essa modalidade de denúncia ou queixa. Se o órgão acusatório está em dúvida quanto a determinado fato ou quanto à classificação que mereça, deve fazer sua opção antes do oferecimento", porém "jamais apresentar ao juiz duas versões contra o mesmo réu, deixando que uma delas prevaleça ao final. Tal medida impossibilita a ideal e ampla defesa pelo acusado, que seria obrigado a apresentar argumentos em vários sentidos, sem saber, afinal, contra qual conduta efetivamente se volta o Estado-acusação"[85].

7.2.2. Qualificação do acusado ou fornecimento de dados que possibilitem a sua identificação

Se os dados para a qualificação adequada do denunciado forem incertos (nome, patronímico, filiação, estado civil, etc.), podem ser utilizados outros dados que permitam sua identificação, como características físicas, sexo, altura, idade, dentre outros.

7.2.3. Classificação do crime

A tipificação legal dada pelo órgão acusador é obrigatória na inicial apresentada. Não basta apenas fazer referência ao nome do crime. É de rigor que se faça o enquadramento legal, indicando-se o artigo de lei aplicável ao caso concreto. Todavia, havendo esquecimento, caracteriza mera irregularidade, não sendo fundamento para rejeição da denúncia ou da queixa-crime, já que o réu se defende dos fatos[86]. O magistrado, mesmo que discorde da capitulação apresentada na petição inicial, não poderá alterá-la no momento em que recebe a denúncia ou a queixa-crime, pois, se assim proceder, estará se imiscuindo arbitrariamente na atribuição legal

84. JARDIM, Afrânio Silva. *Direito processual penal*. 11. ed. Rio de Janeiro: Forense, 2002.p. 157-158.
85. NUCCI, Guilherme de Souza. *Código de processo penal comentado*. 3. ed. São Paulo: RT, 2004. p. 142.
86. STF – Segunda Turma – ROHC 81.956-7 – Rel. Min. Carlos Velloso – DJU 23/08/2002.

do órgão acusador. O momento adequado para o magistrado corrigir eventual erro quanto à tipificação é quando da prolação da sentença, onde deverá aplicar a norma que entende coerente ao caso concreto, valendo-se do instituto da ***emendatio libelli*** (art. 383, CPP).

7.2.4. Rol de testemunhas

A prova testemunhal é facultativa, e se não for apresentada quando do oferecimento da inicial pelo órgão acusador, opera-se a preclusão. Nada impede que o magistrado ouça eventualmente testemunhas não arroladas oportunamente, mas aí já estaríamos a depender da boa vontade judicial (art. 209, CPP).

Vale dizer, ressalvados os casos de aditamento da inicial consoante previsão legal (art. 384, CPP), o momento para acostar rol de testemunhas deve ser entendido como preclusivo, isto é, não deve ser dilatado para admitir, por exemplo, que a parte autora o complemente após o oferecimento da ação penal, a fim de não desequilibrar o embate processual entre Ministério Público e defesa do acusado. O STJ, contudo, por sua Quinta Turma, admitiu que o Ministério Público pudesse suprir a falta de apresentação de rol de testemunhas, especialmente antes de formada a relação processual[87].

7.2.5. Pedido de condenação

É possível que não haja o pedido expresso de condenação, podendo defluir do contexto da imputação feita na inicial, o que acarretaria então mera irregularidade. Se já existirem elementos que façam concluir ser o agente absolutamente inimputável, como a prévia realização do incidente de insanidade mental durante o inquérito policial, teremos a possibilidade da inicial requerer a absolvição imprópria, para que ao final do devido processo legal, seja aplicada medida de segurança.

7.2.6. Endereçamento

É a indicação do órgão jurisdicional ao qual a peça vestibular é direcionada. O erro quanto ao endereçamento não enseja a inépcia da inicial[88].

7.2.7. Nome e assinatura

A inicial deve conter o nome e a assinatura do órgão acusador. A ausência de assinatura pode levar à própria inexistência do ato, não sendo possível identificar, nem em tese, o autor. Caso contrário, revelando-se ocasional esquecimento, mas certificando-se a real autoria, passa a mera irregularidade. Assim se manifestam Ada Pellegrini Grinover, Antônio Scarance Fernandes e Antônio Magalhães Gomes Filho, informando que "denúncia ou queixa não assinada pode significar inexistência. Não, contudo, se facilmente identificável quem a elaborou; assim, se o promotor, apesar de não ter subscrito a peça acusatória, lançou cota nos autos, assinando-a e nela fazendo constar que está oferecendo denúncia, não há razão plausível para, em excessivo apego ao formalismo, anular o processo"[89].

87. STJ – Quinta Turma – RHC 201301244282 – Rel. Min. Reynaldo Soares da Fonseca, DJ: 23/02/2016.

88. STF: "O erro de endereçamento não invalida a denúncia" (RHC 60216 – DJU 24/9/1982. p. 9444).

89. GRINOVER, Ada Pellegrini; FERNANDES, Antônio Scarance; GOMES FILHO, Antônio Magalhães. *As nulidades no processo penal*. 7. ed. São Paulo: RT, 2001. p. 97.

7.2.8. Outros requisitos

A inicial acusatória deve ser escrita em vernáculo, podendo conter o requerimento de diligências e o pedido de citação do demandado. Este último não é essencial, sendo uma decorrência implícita da própria inicial. As omissões da denúncia ou da queixa poderão ser supridas a todo tempo, antes da sentença (art. 569, CPP).

A inicial privada poderá ser oferecida pelo próprio querelante, desde que este seja advogado. Do contrário, a queixa-crime deve estar acompanhada da respectiva procuração com poderes especiais (é insuficiente a cláusula ***ad judicia***), devendo constar do instrumento do mandato o nome do querelado[90] e a menção ao fato criminoso, salvo quando tais esclarecimentos dependerem de diligências que devem ser previamente requeridas no juízo criminal (art. 44, CPP). Não se exige a descrição pormenorizada do fato, bastando, segundo entendimento jurisprudencial, a indicação do "dispositivo penal no qual o querelado é incurso"[91-92].

Tratando-se de assistência do réu por núcleo de pratica jurídica, designada por nomeação judicial, dispensável a juntada de procuração, de acordo com o vincado pelo STJ[93], que assim assentou por inexistir, no caso, atuação provocada pelo assistido, mas sim exercício do *munus* público por determinação judicial, sendo, portanto, afastada a incidência do Enunciado nº 115, de sua Súmula.

Eventuais defeitos da procuração estarão supridos se o querelante assinar a inicial acusatória juntamente com o advogado[94], sendo desnecessário o reconhecimento de sua firma para o ato[95]. Em que pese nosso entendimento de que os vícios da procuração devam ser sanados até o prazo decadencial, os tribunais superiores têm declarado que as omissões formais da procuração podem ser sanadas a qualquer tempo, mesmo após superado este prazo[96-97].

Já as omissões formais da procuração poderão ser sanadas enquanto não esgotado o prazo decadencial. Afinal, superado este lapso, opera-se a decadência. O STF, contudo, tem entendido que os defeitos podem ser sanados até a sentença[98]. Vale acentuar que o defeito de procuração, referido nos julgados da Suprema Corte, consiste na omissão do fato criminoso naquele instrumento de mandato, requisito necessário à propositura da ação penal privada[99].

---

90. O texto do artigo 44 do CPP se refere a "nome do querelante", em evidente erro terminológico, pois o nome que deve constar no mandato é o do querelado.
91. STJ – Quinta Turma – HC 119827 – Rel. Min. Jorge Mussi – DJe 19/04/2010.
92. STF – Segunda Turma – HC 85951 – Rel. Min. Gilmar Mendes – DJ 03/03/2006.
93. STJ – Terceira Seção – EAREsp 798.496/DF – Rel. Ministro Nefi Cordeiro – j. 11/04/2018.
94. STJ – Quinta Turma – HC 85.039 – Rel. Min. Felix Fischer – DJe 30/03/2009.
95. STJ – Quinta Turma – HC 119827 – Rel. Min. Jorge Mussi – DJe 19/04/2010.
96. STJ – Sexta Turma – HC 131.078 – Rel. Min. Alderita Ramos de Oliveira (Desem. convocada do TJ/PE) – DJe 14/02/2013.
97. STF – Primeira Turma – HC 84397 – Rel. Min. Sepúlveda Pertence – DJ 12/11/2004.
98. STF: "O defeito na procuração pode ser sanado, ainda depois de escoado o prazo de decadência mediante ratificação dos atos processuais" (1ª T. – HC 84397/DF – Rel. Min. Sepúlveda Pertence – DJ 12/11/2004. p. 29).
99. De acordo com a ementa de julgado, do STF: "O defeito da procuração outorgada pelo querelante ao seu advogado, para propor queixa-crime, sem menção do fato criminoso, constitui hipótese de ilegitimidade do representante da parte, que, a teor do art. 568 C.Pr.Pen., "poderá ser a todo o tempo sanada, mediante ratificação dos atos

7.3. Prazos para oferta da denúncia

A denúncia deve ser ofertada atendendo aos prazos estipulados no art. 46, do CPP, quais sejam: em 5 dias, se o denunciado estiver preso; em 15 dias, se solto. Esta é a regra geral.

7.3.1. Prazos especiais para oferta da denúncia

A legislação extravagante traz uma série de prazos específicos para a oferta da inicial pública. Vejamos:

(**a**) 10 dias, para crime eleitoral (art. 357, Código Eleitoral).

(**b**) 10 dias, para crimes de imprensa (art. 40, § 1º, Lei nº 5.250/1967). Com a não recepção da Lei nº 5.250/67 pela CF (ADPF nº 130-7), os crimes praticados pela imprensa passam a estar regidos pelo CP, e o prazo da denúncia segue a regra geral do CPP (art. 46).

(**c**) 10 dias, para tráfico de drogas (art. 54, III, Lei nº 11.343/2006).

(**d**) 48 horas, para crime de abuso de autoridade (art. 13, Lei nº 4.898/1965).

(**e**) 2 dias, para crimes contra a economia popular (art. 10, § 2º, Lei nº 1.521/1951).

A nova Lei de Falências (Lei nº 11.101/2005), em seu art. 187, § 1º, prevê que "o prazo para oferecimento da denúncia regula-se pelo art. 46 do Código de Processo Penal, salvo se o Ministério Público, estando o réu solto ou afiançado, decidir aguardar a apresentação da exposição circunstanciada de que trata o art. 186 desta Lei, devendo, em seguida, oferecer a denúncia em 15 (quinze) dias". Permite-se com isso, se o infrator estiver **solto**, que o promotor aguarde a apresentação do relatório pelo administrador judicial, apontando as causas e eventuais circunstâncias que conduziram à falência, "e outras informações detalhadas a respeito da conduta do devedor e de outros responsáveis, se houver, por atos que possam constituir crime relacionado com a recuperação judicial ou com a falência, ou outro delito conexo a estes" (art. 186). Apresentado o relatório, terá 15 dias para denunciar.

PRAZOS PARA OFERTA DA DENÚNCIA	
Hipótese	**Prazo**
Regra Geral – CPP	5 dias (preso)/15 dias (solto)
Crime eleitoral	10 dias
Crimes de imprensa	Aplica-se a regra geral (ADPF nº 130)
Tráfico de drogas	10 dias
Abuso de autoridade	48 horas
Crimes contra a economia popular	2 dias
Lei de Falências	5 dias (preso)/15 dias (solto)/15 dias após relatório do administrador judicial (solto)

processuais" (RHC 65.879, Célio Borja)" (Primeira Turma – HC 86994 – Relator: Ministro Sepúlveda Pertence, julgado em 14/03/2006, DJ 31/03/2006).

7.3.2. *Início da contagem do prazo e o seu encerramento*

O prazo para a oferta da inicial pública tem o início de contagem esboçado no art. 46 do CPP, é dizer, do dia em que o membro do Ministério Público receber os autos do inquérito policial ou das peças de informação. A data do termo de vista pessoal do MP fixa o marco inicial, já contado como primeiro dia para a oferta da denúncia. Afinal, a regra em comento é especial em relação ao art. 798, § 1º, do CPP.

Encerrado o prazo em final de semana ou feriado, prorroga-se para o primeiro dia útil subsequente. Em situações excepcionais, como greve ou algum outro impedimento, admite-se também o elastério prazal (§ 4º, art. 798, CPP).

Já se existirem vários denunciados em situação diversa, uns presos e outros não, o prazo deve ser contado como se todos estivessem presos.

7.3.3. *Desatendimento do prazo*

A perda do prazo pelo promotor para oferta da inicial não impede a apresentação a destempo. Contudo, a irregularidade pelo desatendimento do prazo pode desaguar nas seguintes consequências:

(a) dá ensejo à oferta da ação penal privada subsidiária da pública (art. 29, CPP);

(b) relaxamento da prisão cautelar eventualmente existente, caso o excesso seja desarrazoado;

(c) responsabilização criminal do promotor desidioso por prevaricação (art. 319, CP), caso tenha concorrido dolosamente;

(d) perda de vencimentos pelo número de dias excedidos, em razão do disposto no art. 801 do CPP. Contudo, como já visto, posta na Carta Magna a independência ministerial e a irredutibilidade de subsídio (art. 128, § 5º, inciso I, "c", CF/1988), e não tendo o judiciário função correicional em face do Ministério Público, é solar a não recepção do art. 801, do CPP pelo texto constitucional. Restaria ao promotor desidioso ser responsabilizado administrativamente perante a corregedoria do Ministério Público.

7.4. Prazos para oferta da queixa-crime

A queixa-crime, como regra geral, deve ser ofertada no prazo de seis meses contados do conhecimento da autoria da infração, ou, sendo a ação subsidiária da pública, do dia em que se esgotar o prazo para oferecimento da denúncia. Sendo este prazo de ordem decadencial, não se interrompe, não se suspende nem se prorroga[100], contando-se na forma do art. 10 do CP, incluindo-se o primeiro dia e excluindo-se o do vencimento.

Encerrando-se em finais de semana ou feriados, não se dilata para o primeiro dia útil subsequente. Nos crimes permanentes, o prazo se inicia, atendendo a regra geral, do conhecimento da autoria, pouco importando quando cessará a permanência. Já no crime

100. Nos termos do art. 207 do Código Civil: "Salvo disposição legal em contrário, não se aplicam à decadência as normas que impedem, suspendem ou interrompem a prescrição".

continuado, a contagem prazal se dá isoladamente em razão do conhecimento da autoria de cada conduta delitiva cometida. A perda do prazo para o oferecimento da queixa-crime leva à extinção da punibilidade, com base no art. 107, inciso IV, do CP. Já a pendência de inquérito policial inconcluso não tem o condão de elastecer o prazo para a oferta da inicial privada. Resta ao querelante exercer a ação sem o inquérito policial, requerendo ao magistrado que oficie ao delegado no objetivo de que o inquérito, assim que concluído, seja remetido a juízo para se juntar aos autos. Pode o magistrado optar por aguardar o envio do inquérito para deliberar se recebe ou não a inicial privada, caso se faça necessário para constatar a existência (ou não) de justa causa (lastro probatório mínimo).

7.4.1. *Prazos especiais*

(a) **Lei de Imprensa** (Lei nº 5.250/1967): o art. 41, § 1º, da Lei de Imprensa, prevê o prazo de três meses, contados da publicação ou transmissão da notícia. Com a sua não recepção pela CF (ADPF nº 130-7), a regra passa a ser a geral, isto é, seis meses, contados do conhecimento do responsável pelo delito.

(b) **Crime de induzimento a erro essencial e ocultação de impedimento ao casamento** (art. 236, parágrafo único, CP): a queixa-crime poderá ser ofertada no prazo de seis meses após o trânsito em julgado da sentença que, no cível, anule o casamento.

(c) **Crimes contra a propriedade imaterial que deixem vestígios**: o prazo, nestas hipóteses, é de trinta dias, contados da homologação do laudo, que ficará em cartório à disposição do ofendido para que, desejando, oferte a sua ação (***caput*** do art. 529, CPP). Contudo, teremos que compatibilizar a referida regra com o art. 38, CPP, assim, conhecendo o ofendido o autor do crime contra a propriedade imaterial, deflagra-se o prazo decadencial de seis meses para o exercício da ação. Iniciadas as diligências investigatórias e concluído o laudo, passa, a partir daí, a dispor de trinta dias para ofertar a inicial acusatória.

Sobre o ponto, a Súmula nº 574, do STJ, passou a ditar que, para a configuração do delito de violação de direito autoral e a comprovação de sua materialidade, é suficiente a perícia realizada por amostragem do produto apreendido, nos aspectos externos do material, e é desnecessária a identificação dos titulares dos direitos autorais violados ou daqueles que os representem.

OFERECIMENTO DE QUEIXA-CRIME	PRAZO	A CONTAR DO
Regra geral	6 meses	Ciência da autoria
Lei de Imprensa	Antes da ADPF nº 130 – 3 meses	Publicação ou transmissão da notícia
	Depois da ADPF nº 130 – 6 meses	Ciência da autoria
Induzimento a erro essencial e ocultação de impedimento ao casamento	6 meses	Trânsito em julgado da sentença cível de anulação do casamento
Crimes contra a propriedade imaterial que deixem vestígios	30 dias	Homologação do laudo

7.5. Aditamento da queixa

Aditar é complementar, lançar novos elementos. Ao órgão do Ministério Público é facultado aditar a queixa-crime, e como ***custos legis*** poderá acrescentar elementos que influam na fixação da pena, dispondo do prazo de três dias para fazê-lo. Nos crimes de imprensa, o prazo era de 10 dias. Agora, frente a não recepção da Lei nº 5.250/67, o prazo é o geral: 3 dias.

Lembre-se, como já abordado, que falta ao Ministério Público legitimidade para aditar a queixa no intuito de lançar novos acusados na ação privada exclusiva[101]. Já na subsidiária da pública, o MP dispõe de ampla liberdade no aditamento, podendo, inclusive, incluir corréus.

Dessa forma, o aditamento da queixa-crime pelo MP é sempre impróprio: cumpre ao órgão ministerial velar pelas correções técnicas, suprindo falhas na petição inicial como a correta tipificação dos fatos ou descrição fática não essencial, ou seja, só pode atuar sem inovar, seja trazendo novo delito não descrito pelo querelante, seja para incluir elementar para torná-lo típico.

7.6. Rejeição da denúncia ou queixa

A denúncia e a queixa, uma vez recebidas pelo magistrado, marcarão, segundo o STF, o início do processo. O despacho do juiz, atestando a perfeição técnica da inicial acusatória, formaliza o início do processo penal, que estará integralizado com a realização da citação (art. 363, CPP). Contudo, impõe-se que a inicial atenda não só aos requisitos formais do art. 41 do CPP, como também não esteja maculada por uma daquelas hipóteses esboçadas no art. 395 do CPP[102], que levariam à sua rejeição. Deste modo, temos as seguintes hipóteses que autorizariam o magistrado a não receber a petição:

I – For manifestamente inepta;

A inépcia estará caracterizada pelo desatendimento dos requisitos essenciais à petição (art. 41, CPP), notadamente, pela debilidade ou ausência de narrativa fática. Como os limites da acusação são delineados pela contextualização dos fatos, a deficiência ou inexistência da narrativa, como acontece com a inicial que se conforta em indicar apenas o dispositivo legal supostamente infringido, implica na merecida rejeição. Fatos intrincados, ininteligíveis, contraditórios, também podem ensejar, a critério do magistrado, a refutação da denúncia ou da queixa-crime.

II – Faltar pressuposto processual ou condição para o exercício da ação penal;

Já enfrentamos os pressupostos processuais e as condições da ação em momento anterior (Capítulo I, item 2.5.2, e Capítulo III, item 3), e a evidente ausência de qualquer deles, também é obstáculo ao recebimento da inicial.

III – Faltar justa causa.

A justa causa é a necessidade do lastro mínimo de prova para o exercício da ação, é dizer, indícios de autoria e da materialidade, normalmente coligidos do inquérito policial

101. Súmula nº 16 das Mesas de Processo Penal da Faculdade de Direito da USP: "Em face dos princípios que regem a ação privada, não é possível o aditamento à queixa pelo MP para inclusão de corréu".
102. Substituiu o art. 43 do CPP, revogado pela Lei nº 11.719/2008.

ou dos demais procedimentos apuratórios preliminares. Neste viés, a fragilidade probatória pode ser de tal ordem gritante, que o início do processo em si mesmo representaria ilegalidade manifesta, por não existirem elementos mínimos revelando que a infração existiu ou que o denunciado concorreu para o delito. Quando o crime deixar vestígios, é de bom tom que a petição inicial se faça acompanhar pelo exame de corpo de delito, atestando a materialidade. Entretanto, não sendo possível a sua prévia realização, nada impede que a prova testemunhal supra a omissão. Todavia, em situações excepcionais, a lei exige a prévia realização da perícia, como condição de procedibilidade para a deflagração do processo. É o que ocorre, a título de exemplo, nos crimes contra a propriedade imaterial que deixam vestígios (art. art. 525, CPP), e na Lei de Tóxicos (art. 50, § 1º, da Lei nº 11.343/2006). Nestas hipóteses, se a petição inicial não se fizer acompanhar pela perícia, será rejeitada.

Importante abrir uma digressão sobre os crimes contra a propriedade imaterial, tendo em vista que o STJ emitiu o enunciado nº 574, da sua Súmula, assentando que, para a configuração do delito de violação de direito autoral e a comprovação de sua materialidade, é suficiente a perícia realizada por amostragem do produto apreendido, nos aspectos externos do material, e é desnecessária a identificação dos titulares dos direitos autorais violados ou daqueles que os representem.

Quanto à suficiência da amostragem do produto apreendido para a realização da perícia sob os aspectos externos do material, trata-se de procedimento sufragado legalmente para outras espécies de exames periciais, a exemplo daquela quantidade de droga que deve ser reservada antes da destruição de toda quantidade de substância entorpecente, para a finalidade de exame pericial definitivo. Nesse sentido dispõe, por exemplo, o § 3º, do art. 50, da Lei nº 11.343/2006, na esteira de jurisprudência sedimentada.

A apreensão de grande quantidade de produto representativo da materialidade de crime contra direitos de autor recomenda, logicamente, a mesma solução, tal como concluiu o enunciado sumular. Afinal, onde há a mesma razão, deve ser aplicada a mesma disposição.

Entrementes, considerando que as condutas que configuram crimes de direito do autor nem sempre são de iniciativa pública incondicionada, reputamos imprecisa a redação da nova Súmula. Isso porque pode subverter o sistema ao admitir que sejam tomadas providências persecutórias criminais em relação ao crime de violação de direito autoral, mediante a realização de perícia independentemente do conhecimento de quem seja o ofendido pelo delito. Ou seja, não se deve admitir a feitura de perícia sobre o material quando for indispensável a anuência da vítima por se tratar de delito de ação penal privada (*caput*, do art. 184, CP) ou de ação penal pública condicionada à representação (§ 3º, do art. 184, CP).

Vale dizer, a crítica à Súmula nº 574, do STJ, recai sobre a sua parte final que dita que "é desnecessária a identificação dos titulares dos direitos autorais violados ou daqueles que os representem" para a perícia sobre o material apreendido, sem distinguir que isso será admitido se, e somente se, o delito que necessite da perícia para ser apurado se enquadrar em infração penal de iniciativa pública incondicionada (§ 1º e 2º, do art. 184, CP).

Note-se que se para a apuração de delito conexo ao crime de direito autoral de ação penal que dependa de manifestação do ofendido, não se mostrar necessária a perícia sobre o material apreendido, não deve ser esta realizada. Daí que se houver infração penal de sonegação fiscal conexa ao delito de violação a direito autoral de iniciativa privada, a perícia só deve ser ordenada independentemente de ser conhecido o titular daquele direito se o exame interessar à materialidade do crime de ação pública (sonegação tributária).

Por outro lado, e numa visão ampliativa, entendemos que todas as hipóteses que autorizaram a absolvição sumária (julgamento antecipado do mérito, inserido no art. 397 do CPP pela Lei nº 11.719/2008), também justificam a rejeição da inicial, se cabalmente demonstradas desde o início. Se é certo que tais hipóteses não são tão corriqueiras, também é verdade que não se deve exigir que o processo comece para que então o suposto infrator seja absolvido. Se é evidente que a infração inocorreu, ou existindo qualquer excludente (ressalvada a inimputabilidade), ou até mesmo se já extinta a punibilidade, é um despautério deflagrar a ação, invocando-se o brocardo ***in dubio pro societate***, para depois realizar-se a absolvição. Ora, primeiro porque em situações como estas deveria o ***Parquet*** ter se manifestado pelo arquivamento. E se não o fez, caberá ao magistrado rejeitar a inicial, evitando-se, portanto, o início desnecessário do processo, desde que evidenciada a hipótese justificadora, é dizer, juízo de certeza (art. 397, CPP). Caso contrário, recebe-se a inicial, deflagrando-se regularmente o processo. Desta forma, agregando às três hipóteses anteriores (art. 395), teremos, pela interpretação do art. 397:

> I – Existência manifesta de causa excludente de ilicitude;
>
> II – Existência manifesta de causa excludente de culpabilidade, ressalvada a inimputabilidade;
>
> III – Fato narrado evidentemente não constitui crime;
>
> IV – Estiver extinta a punibilidade.

A toda evidência, havendo o oferecimento da denúncia ou da queixa por fato que não se enquadra em lei como infração penal, restaria ao magistrado rechaçar a inicial, negando o início do processo. Como esposado por Afrânio Silva Jardim, é equivocado tomar como parâmetro o mérito do processo quando, ainda, não cabe, naquele momento, ao juiz valorar. Vale dizer, "neste momento, o juiz tem de se ater a constatar se estão presentes os requisitos para admitir a peça acusatória, tendo em vista a regra do art. 395 do Cód. Proc. Penal"[103].

Por sua vez, estruturando as hipóteses acima com o conceito analítico de crime que é o somatório do **fato típico**, da **ilicitude** e da **culpabilidade**, é solar o entendimento de que sem um destes elementos, temos que reconhecer a inexistência da infração. Com isso, podemos concluir que, a título de exemplo, caso esteja evidente que a conduta do agente é amparada pela legítima defesa, como esta ilide a ilicitude, e por sua vez sem ilicitude não há infração, deverá o magistrado rejeitar a inicial acusatória. O mesmo se diga em havendo uma dirimente, pois excluída a culpabilidade, também não haverá infração. Nesta última hipótese, temos que ressalvar apenas a inimputabilidade, pois se o indivíduo sofre das faculdades mentais, deve haver processo, para ao final ser aplicada medida de segurança.

103. JARDIM, Afrânio Silva; AMORIM, Pierre Souto Maior Coutinho de. *Direito processual penal:* estudos, pareceres e crônicas. 15. ed. Salvador: Juspodivm, 2018. p. 751.

FATO TÍPICO	ILICITUDE	CULPABILIDADE
Conduta	Legítima defesa	Imputabilidade
Resultado	Estado de necessidade	Potencial consciência da ilicitude
Nexo causal	Exercício regular do direito	Exigibilidade de conduta diversa
Tipicidade	Estrito cumprimento do dever legal	–

A demonstração cabal de que não houve infração penal, tomada esta nos termos do esquema acima, acarreta a rejeição da inicial acusatória. Diga-se o mesmo quando estivermos diante do princípio da insignificância, pois condutas bagatelares levam à própria atipicidade do fato, desaguando em fundamento idôneo para a rejeição da inicial. Da mesma forma, uma vez extinta a punibilidade, o Estado perde a possibilidade de aplicar sanção em face do fato ocorrido, e por sua vez, a inicial deve ser rejeitada.

É verdade que uma demonstração como esta encontra dificuldades, principalmente pela regra da superficialidade dos elementos probatórios colhidos até esta fase da persecução penal, o que não pode eliminar, contudo, a possibilidade de tal conclusão.

A posição aqui defendida está longe de ser pacífica, havendo forte posição no sentido de que as excludentes de ilicitude e de culpabilidade, estritamente vinculadas ao mérito, devem ser analisadas no momento da sentença, não tendo o condão de justificar a rejeição da inicial. Neste sentido, a jurisprudência do STJ, que tem prevalecido.

7.6.1. Repropositura da ação

Previa o parágrafo único do art. 43, do CPP, que uma vez satisfeita a legitimidade ou suprida a condição da ação faltante, a inicial acusatória poderia ser reproposta. Bastaria que o defeito fosse sanado para que o exercício da ação pudesse seguir o seu rumo novamente. O referido dispositivo foi revogado expressamente (Lei nº 11.719/08), contudo, a ideia subsiste. Como as hipóteses regulares de rejeição da inicial estão listadas no art. 395 do CPP (inépcia, ausência de condição da ação ou pressuposto processual e justa causa), uma vez superado o defeito que motivou a rejeição, nada impede a repropositura da ação.

7.6.2. Rejeição versus não recebimento

Há quem aponte distinção entre a rejeição e o não recebimento da denúncia ou da queixa-crime, em que pese o texto legal não fazer tal referência. A rejeição equivaleria ao próprio julgamento de mérito antecipado, fazendo coisa julgada, ao passo que o mero não recebimento não seria um obstáculo para a repropositura da ação, uma vez satisfeita a condição que o motivou. Com isso, teríamos o cabimento do recurso de apelação para a decisão de rejeição, afinal ela satisfaz o próprio mérito, ao passo que o recurso em sentido estrito se destinaria ao combate do não recebimento. Neste sentido, o magistério de José Antonio Paganella Boschi[104].

Em que pese o sempre balizado entendimento do autor, insistimos que a referida distinção não encontra ressonância na doutrina majoritária, que tem a rejeição e o não recebimento como expressões sinônimas.

104. BOSCHI, José Antonio Paganella. *Ação penal*: denúncia, queixa e aditamento. 3. ed. Rio de Janeiro: AIDE, 2002. p. 233.

7.6.3. *Rejeição parcial*

Acreditamos ser possível ao magistrado, sem se imiscuir nas atribuições do órgão acusador, rejeitar parcialmente a inicial acusatória. Nada impede que o juiz rejeite parcialmente a inicial para excluir um ou alguns imputados, quando não haja lastro probatório mínimo vinculando-os aos fatos. O mesmo raciocínio pode ser seguido na hipótese de pluralidade de infrações objeto de uma mesma denúncia, onde, em não havendo justa causa, algumas podem ser excluídas. O mesmo se diga quanto às qualificadoras ou causas de exasperação de pena.

7.6.4. *Recurso para combater a rejeição*

O recurso cabível do não recebimento da denúncia ou queixa, como regra, por disposição do inciso I, do art. 581, do CPP, é o **recurso em sentido estrito**. Já se a inicial for recebida, normalmente não há recurso, podendo o réu valer-se do *habeas corpus* para tentar trancar o processo iniciado. Podemos destacar as seguintes exceções:

(a) na Lei nº 9.099/1995, Juizados Especiais, a rejeição da inicial acusatória comporta apelação (art. 82);

(b) na Lei nº 5.250/1967, Lei de Imprensa, o § 2º do art. 44 informa que do não recebimento da inicial caberá apelação, ao passo que o recebimento desafiaria recurso em sentido estrito. Com a não recepção da Lei de Imprensa (ADPF nº 130-7), passamos a seguir a regra geral: da rejeição caberá recurso em sentido estrito (art. 581, I, CPP), ao passo que o recebimento da petição é irrecorrível, subsistindo o cabimento de *habeas corpus*.

(c) na Lei nº 8.038/1990, que trata do procedimento originário perante os Tribunais, tanto o recebimento quanto a rejeição da inicial não comportam mais qualquer recurso ordinário, já que a decisão será proferida pelo tribunal. Já se admitiu agravo regimental, quando a mesma era da alçada do relator. Advirta-se, entretanto, que havendo violação à Constituição Federal ou norma infraconstitucional, é possível o ingresso com recurso extraordinário ou especial.

Efeito do julgamento do recurso: havendo ***error in procedendo*** (de ordem processual, acarretando nulidade), a procedência do recurso implicará na devolução dos autos para que o juízo ***a quo*** profira uma nova decisão, recebendo ou rejeitando a inicial. Já em se tratando de ***error in judicando*** (de ordem material na apreciação do fato), o acórdão proferido no julgamento já funcionará como decisão de recebimento. Neste sentido, a súmula nº 709 do STF, aduzindo que "salvo quando nula a decisão de primeiro grau, o acórdão que provê o recurso contra a rejeição da denúncia vale, desde logo, pelo recebimento dela".

7.6.5. *Fundamentação do recebimento e recebimento tácito*

Ao analisar a admissibilidade da inicial acusatória, e ao proferir juízo positivo quanto à presença dos requisitos mínimos para o início do processo, o magistrado deverá receber a denúncia ou a queixa, e este simples ato é o marco deflagrador da persecução em juízo, além de ocasionar a interrupção da prescrição, transformar quem até então era mero suspeito em réu e prevenir a competência. Por sua importância, não podemos nos furtar em reconhecer que se trata de autêntica decisão judicial (interlocutória simples), e por força do art. 93, inciso IX da Constituição Federal, obrigatoriamente deve ser fundamentada. Não há de se exigir uma fundamentação detalhada e profunda, afinal estamos no início do processo, e o magistrado não pode antecipar o juízo de mérito acerca da lide, uma vez que a instrução probatória ainda está por vir, contudo, demonstrar, em objetiva fundamentação, que vislumbra os requisitos do art. 41 do CPP, e a ***contrario sensu***, do art. 395, é, em última análise, o mínimo que deve fazer para atender ao mandamento constitucional.

Apesar da posição aqui adotada, a jurisprudência majoritária, inclusive dos Tribunais Superiores, trilha outro caminho, indicando que o magistrado, ao receber a denúncia ou queixa, não precisa fundamentar a decisão, pois esta, ainda sob tal ótica, não teria natureza decisória, e a fundamentação seria uma antecipação indevida ao exame do mérito. Por esta posição, o recebimento da inicial teria natureza de mero despacho, e com isso, a admissibilidade já implicaria, **implicitamente**, na análise dos requisitos legais para o início do processo. Neste sentido, o Supremo Tribunal Federal, que assim se manifestou:

> O despacho que recebe a denúncia ou a queixa, embora tenha conteúdo decisório, não se encarta no conceito de decisão, como previsto no art. 93, IX, da Constituição, não sendo exigida a sua fundamentação (art. 394, CPP); a fundamentação é exigida, apenas, quando o juiz rejeita a denúncia ou a queixa (art. 516, CPP). Precedentes[105].

Também se tem admitido, dentro do STF, o recebimento tácito da inicial, quando o juiz, sem ao menos proferir o despacho de recebimento, determina de pronto a citação do réu e data para a realização do interrogatório. Assim:

> O Código de Processo Penal não reclama explicitude ao ato de recebimento judicial da peça acusatória. O ordenamento processual penal brasileiro não repele, em consequência, a formulação, pela autoridade judiciária, de um juízo implícito de admissibilidade da denúncia. O mero ato processual do juiz – que designa desde logo, data para o interrogatório do denunciado e ordena-lhe a citação – supõe o recebimento da denúncia[106].

Uma vez recebida a exordial e iniciado o processo, não é possível, ao órgão julgador, juízo de retratação. A ponderação e a análise dos requisitos legais são a pedra de toque no momento da admissibilidade, pois, a reconsideração do recebimento da inicial não encontra guarida legal. Nada impede que os defeitos da petição inicial, contudo, sejam suscitados no decorrer do processo, o que pode desaguar, em situações extremas, na extinção do processo sem julgamento de mérito. Contudo, as mazelas da denúncia ou da queixa devem ser suscitadas até antes da prolação da sentença, afinal, depois que a decisão é proferida, esta é que será objeto de discussão em via recursal, e não mais os defeitos da inicial.

8. QUADRO SINÓTICO

CAPÍTULO III – AÇÃO PENAL	
CONCEITO	
É o direito público subjetivo de pedir ao Estado-Juiz a aplicação do direito penal objetivo ao caso concreto.	**1**

105. HC 72286-5/PR – DJU 16/2/1996. p. 2998.

106. STF – 1ª T. – HC 68926/MG – Rel. Min. Celso de Mello – DJ 28/2/1992. p. 13453.

CAPÍTULO III – AÇÃO PENAL		
CARACTERÍSTICAS		
2.1. Autônomo: o direito de ação é preexistente à pretensão punitiva do Estado, que surge com a ocorrência da infração penal; 2.2. Abstrato: independe do resultado do processo; 2.3. Subjetivo: o titular do direito é especificado na própria legislação, sendo como regra o Ministério Público e excepcionalmente a própria vítima ou seu representante legal; 2.4. Público: a atividade provocada é de natureza pública, sendo a ação exercida contra o próprio Estado; 2.5. Instrumental: é o meio para se alcançar a efetividade do direito material.		**2**
Localização no ordenamento jurídico	Código Penal (artigos 100 *et seq*) e Código de Processo Penal (artigos 24 *et seq*).	**2.1**
CONDIÇÕES PARA O EXERCÍCIO DA AÇÃO PENAL		
Conceito	São requisitos necessários e condicionantes ao exercício regular da ação penal. Apesar do CPC/2015 ter suprimido a expressão "condições da ação", no direito processual penal subsiste a categoria "**condições para o exercício da ação penal**" (art. 395, II, CPP). No entanto, o legislador processual penal não definiu o que seriam tais condições da ação. 3.1.1. Interesse de agir; 3.1.2. Legitimidade (*legitimatio ad causam*); 3.1.3. Justa causa: a ação só pode ser validamente exercida se a parte autora lastrear a inicial com um mínimo probatório que indique os indícios de autoria, da materialidade delitiva, e da constatação da ocorrência de infração penal em tese. 3.1.4. Condições específicas: são exemplos: a representação da vítima ou a requisição do Ministro da Justiça, cabíveis nas infrações públicas condicionadas, e sem as quais o direito de ação não pode ser exercido. 3.1.4.1. Condições de procedibilidade;	**3.1**
Conceito	3.1.4.2. Condições específicas constitucionais; 3.1.4.3. Condições específicas legais; 3.1.4.4. Condições específicas jurisprudenciais. 3.1.5. Condições objetivas de punibilidade; 3.1.6. Condições de prosseguibilidade.	**3.1**
Oportunidade para verificação das condições para o exercício da ação penal	De regra, a qualquer tempo. Porém, há forte corrente doutrinária no sentido de que o momento oportuno para a discussão acerca das condições da ação seria o da admissibilidade da inicial.	**3.2**

CAPÍTULO III – AÇÃO PENAL		
CLASSIFICAÇÃO DAS AÇÕES		
Ação penal pública incondicionada		
Conceito e titularidade	Titularizada pelo Ministério Público, prescinde de manifestação de vontade da vítima ou de terceiros para ser exercida.	**4.1.1**
Princípios informadores	4.1.2.1. Da obrigatoriedade: presentes os requisitos legais, o Ministério Público está obrigado a patrocinar a persecução criminal, ofertando denúncia para que o processo seja iniciado. 4.1.2.2. Da indisponibilidade ou da indesistibilidade: uma vez proposta a ação, o Ministério Público não pode dela dispor. 4.1.2.3. Da oficialidade: a persecução penal in juízo está a cargo de um órgão oficial, qual seja, o Ministério Público. 4.1.2.4. Da autoritariedade: o promotor de justiça (ou o procurador da república, na esfera federal), órgão da persecução criminal, é autoridade pública. 4.1.2.5. Da oficiosidade: a ação penal pública incondicionada não carece de qualquer autorização para instaurar-se, devendo o Ministério Público atuar *ex officio*. 4.1.2.6. Da indivisibilidade: o *Parquet* tem o dever de ofertar a denúncia em face de todos os envolvidos na prática da infração penal. Para o STF e STJ, "o princípio da indivisibilidade da ação, quanto à validade do processo, é inaplicável à ação penal pública, no sentido de que o oferecimento da denúncia contra um acusado ou mais não impossibilita a posterior acusação de outros". 4.1.2.7. Da intranscendência ou pessoalidade: a ação só pode ser proposta contra quem se imputa a prática do delito.	**4.1.2**
Ação pública condicionada		
Conceito e considerações	A ação pública condicionada é também titularizada pelo Ministério Público. Entretanto, depende de representação da vítima ou de seu representante legal e, ainda, de requisição do Ministro da Justiça. **4.2.1.1. Representação:** **Conceito:** é uma condição de procedibilidade para que possa instaurar-se a persecução criminal. É um pedido autorizador feito pela vítima ou por seu representante legal.	**4.2.1**
Conceito e considerações	**4.2.1.1.1. Destinatários:** a representação, ofertada pela vítima, por seu representante ou por procurador com poderes especiais (não precisa ser advogado), pode ser destinada à autoridade policial, ao Ministério Público ou ao próprio juiz. **4.2.1.1.2. Ausência de rigor formal:** a representação pode ser apresentada oralmente ou por escrito, tanto na delegacia, quanto perante o magistrado ou o membro do Ministério Público; o importante é que a vítima revele o interesse claro e inequívoco de ver o autor do fato processado.	**4.2.1**

CAPÍTULO III – AÇÃO PENAL		
Conceito e considerações	**4.2.1.1.3. O prazo e sua contagem:** como regra, o prazo é de seis meses do conhecimento da autoria da infração penal, devendo, em seu cômputo, ser incluído o dia do início e excluído o do vencimento. A Lei nº 9.099/95 prevê que a representação será apresentada oralmente na audiência preliminar, uma vez frustrada a composição civil dos danos. **4.2.1.1.4. O menor representado:** se a vítima for menor de 18 anos, o direito de representação deve ser exercido pelo representante legal. **4.2.1.1.5. A sucessão processual:** em caso de morte ou declaração de ausência da vítima, o direito de representar passa ao cônjuge (incluída a companheira), ascendentes, descendentes ou aos irmãos. **4.2.1.1.6.Ausência de vinculação do Ministério Público:** a representação não é ordem nem vincula o promotor de justiça, que pode, inclusive, em sua peça acusatória, enquadrar a conduta delituosa em dispositivo legal diverso daquele eventualmente apontado pela vítima, ou até mesmo, em assim entendendo, promover o arquivamento. **4.2.1.1.7. Eficácia objetiva:** a exigência da representação é tão somente para constatação de que a vítima deseja ver processados os infratores, cabendo ao *Parquet* delinear os limites subjetivos da denúncia, ofertando a inicial contra os demais coautores ou partícipes (não indicados pela vítima), sem a necessidade de nova manifestação de vontade da mesma. **4.2.1.1.8. Retratação**: enquanto não **oferecida** a denúncia, a vítima pode retratar-se da representação, inibindo o início do processo. Já a Lei Maria da Penha, Lei nº 11.340/2006, que cria mecanismos para coibir a violência doméstica e familiar contra a mulher, prevê que só será admitida a renúncia à representação perante o juiz, em audiência especialmente designada com tal finalidade, antes do recebimento da denúncia e ouvido o Ministério Público. Recorde-se que o STF adota o entendimento de que a lesão corporal de natureza leve ou culposa contra a mulher é crime de ação pública incondicionada (ADI nº 4424-ADC nº 19). A regra acerca da retratação, contudo, segue sendo aplicada para os demais delitos (ex.: ameaça). **4.2.1.2. Requisição do Ministro da Justiça:** **Conceito**: trata-se de ato de conveniência política, a cargo do Ministro da Justiça, autorizando a persecução criminal nas infrações que a exijam. **4.2.1.2.1. Destinatário**: Ministério Público, na figura do Procurador Geral. **4.2.1.2.2. Prazo para oferecimento**: pode ser apresentada a qualquer tempo, enquanto a infração não estiver prescrita. **4.2.1.2.3.Retratação**: prevalece que não é cabível, pois revelaria fragilidade do Estado brasileiro. Contudo, a doutrina está longe de pacificar o tema, havendo forte posição no sentido da admissibilidade de retratação da requisição até o oferecimento da denúncia, em analogia à representação.	**4.2.1**

CAPÍTULO III – AÇÃO PENAL		
Conceito e considerações	**4.2.1.2.4. Ausência de vinculação do Ministério Público**: a requisição não é ordem nem vincula o promotor de justiça, que pode, inclusive, em sua peça acusatória, enquadrar a conduta delituosa em dispositivo legal diverso daquele eventualmente apontado pelo Ministro da Justiça, ou até mesmo, em assim entendendo, promover o arquivamento. **4.2.1.2.5. Eficácia objetiva**: se não forem contemplados todos os criminosos, poderá o Ministério Público, de pronto, denunciar os que não foram enquadrados, sem a necessidade de aditamento pelo Ministro da Justiça.	**4.2.1**
	AÇÃO PENAL PRIVADA	
Conceito e considerações	Nas infrações penais que ofendem sobremaneira a intimidade da vítima, a persecução criminal é transferida excepcionalmente ao particular que atua em nome próprio, na tutela de interesse alheio (*jus puniendi* do Estado). Atualmente, após a vigência da Lei nº 13.718/2018, em 25/9/2018, todos os delitos contra a dignidade sexual tornaram-se de iniciativa pública incondicionada.	**5.1**
Titularidade	O exercício do direito de ação cabe ao ofendido ou ao seu representante legal. No caso de morte ou declaração de ausência da vítima, o direito de ação transfere-se ao cônjuge [incluído(a) o(a) companheiro(a)], ascendentes, descendentes e irmãos, nesta ordem preferencial. Na Suprema Corte foi realçada a legitimidade *ad causam* da mulher para formalizar queixa-crime com imputação do crime de injúria contra a honra do cônjuge[107].	**5.2**
Princípios	**5.3.1. Da oportunidade ou conveniência:** é facultado à vítima decidir entre ofertar ou não a ação, pois ela, por permissivo legal, é a titular do direito. 5.3.1.1. A decadência: Pela omissão da vítima em propor a ação privada, quedando-se inerte no transcurso do prazo de seis meses de que dispõe para exercer o seu direito, contados como regra do conhecimento da autoria da infração (art. 38, CPP, c/c o art. 107, IV, CP). 5.3.1.2. Renúncia: Opera-se pela prática de ato incompatível com a vontade de ver processado o infrator, ou através de declaração expressa da vítima neste sentido. **5.3.2. Da disponibilidade:** uma vez exercida a ação penal, poderá o particular desistir da mesma, seja perdoando o acusado, seja pelo advento da perempção. 5.3.2.1. Perdão da vítima: É uma espécie de benevolência. Qualquer motivo pode levar a vítima a não mais desejar prosseguir com a ação, perdoando o réu. O perdão tem por consequência a extinção da punibilidade (art. 107, V, CP). Contudo, precisa ser aceito pelo imputado, senão não operará efeitos (ato bilateral).	**5.3**

107. STF – Segunda Turma – Pet 7417 AgR/DF – Relator Min. Luiz Fux, red. p/ o ac. Min. Marco Aurélio, j. 9.10.2018 – Informativo nº 919, de 8 a 12.10.2018. Na dicção do noticiado neste Informativo, "a mulher do deputado federal tem legitimidade ativa *ad causam* para formalizar queixa-crime com imputação do crime de injúria (art. 140, CP), atribuído a senador, contra a honra de seu marido".

CAPÍTULO III – AÇÃO PENAL		
Princípios	5.3.2.2. Perempção: Esta revela a desídia do querelante que já exerceu o direito de ação, sendo uma sanção processual ocasionada pela inércia na condução da ação privada, desaguando na extinção da punibilidade (art. 107, IV, CP). **5.3.3. Da indivisibilidade:** o particular, ao optar pelo processamento dos autores da infração, deve fazê-lo em detrimento de todos os envolvidos. Isso porque quando o querelante ajuíza a ação lançando no polo passivo apenas parte dos envolvidos, mesmo sabendo da existência de outros e tendo elementos para processá-los (justa causa), estará renunciando ao direto de ação quanto àqueles que deixou de processar, o que beneficia a todos os envolvidos **5.3.4. Da intranscendência ou da pessoalidade:** a ação só pode ser proposta contra a pessoa a quem se imputa a prática do delito.	**5.3**
Espécies de ação penal privada	**5.4.1. Exclusivamente privada ou propriamente dita:** a ação é exercida pela vítima ou por seu representante legal. **5.4.2. Personalíssima:** o direito de ação só poderá ser exercido pela vítima. **5.4.3. Subsidiária da pública ou supletiva ou acidentalmente privada:** tem cabimento diante da inércia do MP, que, nos prazos legais, deixa de atuar, não promovendo a denúncia ou, em sendo o caso, não se manifestando pelo arquivamento dos autos do inquérito policial, ou ainda, não requisitando novas diligências. O *Parquet*, na ação penal privada subsidiária, figura como interveniente adesivo obrigatório, atuando em todos os termos do processo, sob pena de nulidade absoluta. 5.4.3.1. Atuação do Ministério Público: o *Parquet*, na ação penal privada subsidiária, figura como interveniente adesivo obrigatório ou parte adjunta, atuando em todos os termos do processo, sob pena de nulidade (art. 564, III, "d", CPP), tendo amplos poderes.	**5.4**
Custas e honorários advocatícios	**Custas:** a previsão é dada pelo art. 806 do CPP. Alguns Estados da Federação dispensam as custas no âmbito do processo criminal. Afora estas exceções, e nas hipóteses de querelante ou querelado pobres, além das ações manejadas pelo MP, as custas devem ser depositadas como pressuposto para a realização do ato ou diligência. Na ação privada subsidiária da pública, atuando o querelante em substituição ao órgão ministerial, não há de se falar no pagamento de custas ou demais despesas processuais. **Honorários advocatícios**: há precedente pela admissibilidade dos mesmos nas ações de iniciativa privada. Nas hipóteses de nomeação do advogado pelo juiz para ajuizar a ação, sendo a vítima pobre, em razão da impossibilidade ou inexistência de Defensor Público na comarca, os honorários devem ser fixados pelo magistrado, de acordo com tabela organizada pelo Conselho Seccional da OAB, e são devidos pelo Estado, ao amparo do art. 22, § 1º da Lei nº 8.906/94.	**5.5**

CAPÍTULO III – AÇÃO PENAL		
QUESTÕES COMPLEMENTARES		
Ação de prevenção penal	É aquela iniciada com o fito de aplicar exclusivamente ao demandado medida de segurança.	**6.1**
Ação penal *ex officio*	O exercício da jurisdição pressupõe provocação da parte. Com o advento da Carta Magna, é impensável o exercício da ação por portaria do magistrado ou do próprio delegado, no que se chamava processo judicialiforme, já revogado pelo texto constitucional (artigos 26 e 531, CPP). O processo judicialiforme é a faceta não recepcionada da chamada ação penal *ex officio*, que é aquela iniciada sem provocação da parte.	**6.2**
Ação penal pública subsidiária da pública	É a ação intentada pelo Ministério Público Federal, frente à inércia do Ministério Público Estadual nos crimes definidos no Decreto-lei nº 201, de 27/2/1967, praticados por prefeito. Também incompatível com o texto constitucional.	**6.3**
Ação penal popular	É a possibilidade, contemplada pela Lei nº 1.079/1950, de qualquer cidadão oferecer denúncia nos crimes de responsabilidade praticados pelo Presidente da República, Ministros de Estado, Ministros do Supremo Tribunal Federal, Procurador-Geral da República e Governadores dos Estados e seus secretários. Deve ser encarada não como exercício da ação, e sim como mera notícia-crime.	**6.4**
Ação penal nos crimes contra a dignidade sexual	Regra geral (após a lei 12.015/09): **Ação pública incondicionada:** quando a vítima é menor de dezoito anos ou pessoa vulnerável (art. 225, parágrafo único, CP). Vulnerável é o menor de 14 anos; os portadores de enfermidade ou doença mental, que forem submetidos à situação de exploração ou que não possuírem discernimento para a prática do ato, a teor da Lei nº 13.146/2015[108], e as pessoas que por qualquer outra causa não podem oferecer resistência, como as que se encontram entorpecidas (art. 217-A, CP). Percebe-se claramente que não se fez referência à expressão **violência presumida**, substituída pela vulnerabilidade. **Ação pública condicionada:** passou a ser a regra geral, mesmo quando o delito causasse lesão corporal grave ou morte (art. 225, *caput*, CP), ressalvada a divergência em torno da Súmula nº 608, do STF. A pobreza não foi contemplada como elemento para o condicionamento do exercício da ação pública. **Ação privada:** não mais subsistiu, a não ser com a inércia do MP, quando então cabível a ação privada subsidiária da pública.	**6.5**

108. A vulnerabilidade dessas pessoas é especial segundo o Estatuto das Pessoas com Deficiência instituído pela Lei nº 13.146/2015. De acordo com suas disposições, a deficiência mental, bem como a curatela (interdição) não são motivos que permitam a supressão de direitos sexuais e da orientação sexual da pessoa com deficiência (arts. 6º, II, 8º, 18, § 4º, VI e VII, 85, § 1º), diante do caráter nuclear de sua condição de ser humano *dessas pessoas*. De acordo com essa lei, a pessoa com deficiência é especialmente vulnerável e deve receber proteção contra formas de exploração. Disso podemos concluir que somente haverá estupro, em razão de sua vulnerabilidade especial aludida, se evidenciada exploração, assegurando a inclusão preconizada por esse diploma normativo.

CAPÍTULO III – AÇÃO PENAL		
Direito intertemporal	A norma (Lei 12.015/09) tem natureza híbrida, sendo "norma processual com conteúdo material ou norma mista" (CASTANHO DE CARVALHO, Luis Gustavo Grandinetti). Logo, será aplicada apenas para os crimes ocorridos após a sua entrada em vigor, retroagindo, todavia, nos pontos em que for benéfica.	**6.5.1**
Ação penal nos crimes contra a honra de funcionário público	Havendo ofensa à honra do funcionário público que diga respeito ao exercício das funções, o STF consolidou entendimento de que a legitimidade seria concorrente (possibilidade de ação pública condicionada ou ação privada) – Súmula nº 714 do STF.	**6.6**
Ação penal secundária	Dá-se quando as circunstâncias aplicadas ao caso fazem variar a modalidade de ação a ser intentada (exemplo: crimes contra a honra).	**6.7**
Ação penal adesiva	É a possibilidade de militarem no polo ativo, em conjunto, o Ministério Público e o querelante, nos casos onde houver hipótese de conexão ou continência entre crimes de ação penal de iniciativa pública e de ação penal de iniciativa privada.	**6.8**
Ação penal na injúria por preconceito	Com a alteração promovida pela Lei nº 12.033/09, a injúria consistente na "utilização de elementos referentes a raça, cor, etnia, religião, origem ou a condição de pessoa idosa ou portadora de deficiência", antes passível de ação de iniciativa privada, passou a ser de ação pública condicionada à representação (parágrafo único, art. 145, CP). Com a modificação do legitimado ativo da demanda (antes o ofendido e agora o MP), a bagagem principiológica também foi alterada, já que a ação pública é movida pelo princípio da indisponibilidade, não comportando perdão ou perempção, e, portanto, o tratamento processual passa a ser mais gravoso ao réu, já que tais hipóteses de extinção da punibilidade não têm mais aplicação.	**6.9**
Ação penal extensiva	Nos crimes complexos, se um deles é de ação pública, o delito decorrente da junção também o será (por extensão).	**6.10**
Ação penal de segundo grau	São as ações manejadas diretamente perante tribunal, distantes da atuação do juiz singular (**ações originárias**).	**6.11**
INICIAL ACUSATÓRIA		
Conceito	É a peça que inaugura o processo, contendo a imputação formulada pelo órgão acusador, sendo que, nos crimes de ação penal pública, recebe o nome de **denúncia**, enquanto que nas ações penais privadas é denominada de **queixa-crime**. O processo apenas "terá completada a sua formação quando realizada a citação do acusado" (art. 363, CPP).	**7.1**
Requisitos formais	7.2.1. Descrição do fato, com todas as suas circunstâncias; 7.2.2. Qualificação do acusado ou fornecimento de dados que possibilitem a sua identificação; 7.2.3. Classificação do crime; 7.2.4. Rol de testemunhas; 7.2.5. Pedido de condenação;	**7.2**

CAPÍTULO III – AÇÃO PENAL		
Requisitos formais	7.2.6. Endereçamento; 7.2.7. Nome e assinatura; 7.2.8. Outros requisitos.	**7.2**
Prazos para oferta da denúncia	Regra geral: 05 dias se o denunciado estiver preso; 15 dias se o denunciado estiver solto.	**7.3**
Prazos especiais para oferta da denúncia	a) 10 dias, para crime eleitoral (art. 357, Código Eleitoral); b) 10 dias, para tráfico de drogas (art. 54, III, Lei nº 11.343/2006); c) 48 horas, para crime de abuso de autoridade (art. 13, Lei nº 4.898/1965); d) 2 dias, para crimes contra a economia popular (art. 10, § 2º, Lei nº 1.521/1951).	**7.3.1**
Início da contagem do prazo e o seu encerramento	O prazo para a oferta da inicial pública tem o início de contagem no dia em que o membro do Ministério Público receber os autos do inquérito policial ou das peças de informação. Encerrado o prazo em final de semana ou feriado, o mesmo será prorrogado para o primeiro dia útil subsequente.	**7.3.2**
Desatendimento do prazo	A perda do prazo pelo promotor para oferta da inicial não impede que a mesma seja apresentada a destempo.	**7.3.3**
Prazos para oferta da queixa-crime	Regra geral: deve ser ofertada no prazo de seis meses contados do conhecimento da autoria da infração.	**7.4**
Prazos especiais	a) Lei de Imprensa (Lei nº 5.250/1967): o art. 41, § 1º, da Lei de Imprensa, prevê o prazo de três meses, contados da publicação ou transmissão da notícia. Com a sua não recepção pela CF (ADPF nº 130-7), a regra passa a ser a geral, isto é, seis meses, contados do conhecimento do responsável pelo delito. b) Crime de induzimento a erro essencial e ocultação de impedimento ao casamento: seis meses após o transito em julgado da sentença que no cível, anule o casamento; c) Crimes contra a propriedade imaterial que deixem vestígios: o prazo, nestas hipóteses, é de trinta dias, contados da homologação do laudo, que ficará em cartório à disposição do ofendido para que, em desejando, oferte a sua ação.	**7.4.1**
Aditamento da queixa	Ao órgão do Ministério Público é facultado aditar a queixa-crime, e como *custos legis* poderá acrescentar elementos que influam na fixação da pena, dispondo do prazo de três dias para fazê-lo.	**7.5**
Rejeição da denúncia ou queixa	**Hipóteses:** I) For manifestamente inepta; II) Faltar pressuposto processual ou condição para o exercício da ação penal; III) Faltar justa causa.	**7.6**

CAPÍTULO III – AÇÃO PENAL		
Rejeição da denúncia ou queixa	IV) Existência manifesta de causa excludente de ilicitude; V) Existência manifesta de causa excludente de culpabilidade, ressalvada a inimputabilidade; VI) Fato narrado evidentemente não constitui crime; VII) Estiver extinta a punibilidade;	**7.6**
Repropositura da ação	Uma vez superado o defeito que motivou a rejeição, nada impede a repropositura da ação.	**7.6.1**
Rejeição X não recebimento	Esta distinção não encontra ressonância na doutrina majoritária, que tem a rejeição e o não recebimento como expressões sinônimas.	**7.6.2**
Rejeição parcial	Nada impede que o juiz rejeite parcialmente a inicial para excluir imputados ou infrações, desde que não haja lastro mínimo embasando-os.	**7.6.3**
Recurso para combater a rejeição	Recurso em sentido estrito, como regra geral. Já se a inicial for recebida, normalmente não há recurso, podendo o réu valer-se do *habeas corpus* para tentar trancar o processo iniciado. Exceções: **(a)** na Lei nº 9.099/1995, Juizados Especiais, a rejeição da inicial acusatória comporta apelação (art. 82); **(b)** na Lei nº 8.038/1990, que trata do procedimento originário perante os Tribunais, tanto o recebimento quanto a rejeição da inicial não comportam mais qualquer recurso ordinário, já que a decisão será proferida pelo tribunal. Já se admitiu agravo regimental, quando a mesma era da alçada do relator. Advirta-se, entretanto, que havendo violação à Constituição Federal ou norma infraconstitucional, é possível o ingresso com recurso extraordinário ou especial.	**7.6.4**
Fundamentação do recebimento e recebimento tácito	Não há que se exigir uma fundamentação detalhada e profunda. O STF entende que não precisa fundamentar. Também se tem admitido, dentro do STF, o recebimento tácito da inicial, quando o juiz, sem ao menos proferir o despacho de recebimento, determina de pronto a citação do réu e data para a realização do interrogatório.	**7.6.5**

9. SÚMULAS APLICÁVEIS

9.1. STJ

201. Os honorários advocatícios não podem ser fixados em salários-mínimos.

330. É desnecessária a resposta preliminar de que trata o artigo 514 do Código de Processo Penal, na ação penal instruída por inquérito policial.

542. A ação penal relativa ao crime de lesão corporal resultante de violência doméstica contra a mulher é pública incondicionada.

574. Para a configuração do delito de violação de direito autoral e a comprovação de sua materialidade, é suficiente a perícia realizada por amostragem do produto apreendido, nos aspectos externos do material, e é desnecessária a identificação dos titulares dos direitos autorais violados ou daqueles que os representem.

599. O princípio da insignificância é inaplicável aos crimes contra a administração pública.

606. Não se aplica o princípio da insignificância aos casos de transmissão clandestina de sinal de internet via radiofrequência que caracterizam o fato típico previsto no artigo 183 da lei 9.472/97.

9.2. STF

Súmula Vinculante nº 35. A homologação da transação penal prevista no artigo 76 da Lei 9.099/1995 não faz coisa julgada material e, descumpridas suas cláusulas, retoma-se a situação anterior, possibilitando-se ao Ministério Público a continuidade da persecução penal mediante oferecimento de denúncia ou requisição de inquérito policial.

594. Os direitos de queixa e de representação podem ser exercidos, independentemente, pelo ofendido ou por seu representante legal.

608. No crime de estupro, praticado mediante violência real, a ação penal é pública incondicionada.

693. Não cabe *"habeas corpus"* contra decisão condenatória a pena de multa, ou relativo a processo em curso por infração penal a que a pena pecuniária seja a única cominada.

709. Salvo quando nula a decisão de primeiro grau, o acórdão que provê o recurso contra a rejeição da denúncia vale, desde logo, pelo recebimento dela.

714. É concorrente a legitimidade do ofendido, mediante queixa, e do Ministério Público, condicionada à representação do ofendido, para a ação penal por crime contra a honra de servidor público em razão do exercício de suas funções.

723. Não se admite a suspensão condicional do processo por crime continuado, se a soma da pena mínima da infração mais grave com o aumento mínimo de um sexto for superior a um ano.

10. INFORMATIVOS RECENTES

10.1. STJ

♦ **Recurso em Habeas Corpus. Trancamento da ação penal. Inépcia da denúncia. Lesão corporal leve qualificada pela violência doméstica familiar. Art. 129, § 9º, do CP. Briga entre irmãos. Ambiente de trabalho. Irrelevância. Vínculo familiar. Violência doméstica caracterizada.**

Não é inepta a denúncia que se fundamenta no art. 129, § 9º, do CP – lesão corporal leve –, qualificada pela violência doméstica, tão somente em razão de o crime não ter ocorrido no ambiente familiar. A controvérsia de que trata o habeas corpus envolve discussão a respeito do trancamento da ação penal, em razão de alegada inépcia da denúncia fundamentada no art. 129, § 9º, do Código Penal. Isso porque, a conduta estabelecida no tipo penal não se amoldaria às hipóteses em que a agressão física, ainda que entre irmãos, tenha ocorrido na sede da empresa em que o autor e a vítima trabalhavam. Com efeito, da simples leitura do artigo mencionado, verifica-se que a lesão corporal qualificada pela violência doméstica não exige que as agressões ocorram em contexto familiar de forma peremptória, apresentando, em verdade, diversos núcleos alternativos. Portanto, cuidando-se de lesões corporais praticadas contra irmão, a conduta já se encontra devidamente subsumida ao tipo penal tratado, o qual não exige que a lesão seja contra familiar e também em contexto familiar, sendo suficiente a configuração da primeira elementar. (...) RHC 50.026-PA, Rel. Min. Reynaldo Soares da Fonseca, por unanimidade, julgado em 3/8/2017, DJe 16/8/2017. (Info 609)

♦ **Crime de lesões corporais cometidos contra mulher no âmbito doméstico e familiar. Natureza da ação penal. Revisão do entendimento do STJ. Adequação à orientação da ADI 4.424/DF – STF. Ação pública incondicionada.**

A ação penal nos crimes de lesão corporal leve cometidos em detrimento da mulher, no âmbito doméstico e familiar, é pública incondicionada. (...) em sessão realizada em 9/2/2012, o Plenário do Supremo Tribunal Federal, por maioria de votos, julgou procedente a Ação Direta de Inconstitucionalidade nº 4.424, com efeito erga omnes, em que atribuiu orientação, conforme à Constituição, aos arts. 12, I, 16 e 41, todos da Lei nº 11.340/2006, acolhendo, assim, tese oposta à jurisprudência consolidada desta Corte, ao assentar que os crimes de lesão corporal praticados contra a mulher no âmbito doméstico e familiar são de ação penal pública incondicionada. Concluiu-se, em suma, que, não obstante permanecer imperiosa a representação para crimes dispostos em leis diversas da Lei nº 9.099/95, como o de ameaça e os cometidos contra a dignidade sexual, nas hipóteses de lesões corporais, mesmo que de natureza leve ou culposa, praticadas contra a mulher em âmbito doméstico, a ação penal cabível seria pública incondicionada. Já em consonância com o referido julgamento do Excelso Pretório acerca do tema, a Terceira Seção houve por bem editar a Súmula nº 542, publicada no DJe 26/8/2015 – o que reforça, ainda mais, a revisão da tese fixada no REsp representativo da controvérsia nº 1.097.042-DF, a fim de adequá-lo ao entendimento externado pela Suprema Corte, considerando os princípios da segurança jurídica, da proteção da confiança e da isonomia, nos termos dos arts. 927, § 4º, do CPC de 2015 e 256-S do Regimento Interno do STJ (Emenda Regimental nº 24/2016). Pet 11.805-DF, Rel. Min. Rogerio Schietti Cruz, Terceira Seção, por unanimidade, julgado em 10/5/2017, DJe 17/5/2017. (Tema 177 – Revisão) (Info 604)

♦ **Direito Processual Penal. Honorários advocatícios sucumbenciais em ação penal privada extinta sem julgamento de mérito.**

É possível condenar o querelante em honorários advocatícios sucumbenciais na hipótese de rejeição de queixa-crime por ausência de justa causa. É pacífica a orientação de possibilidade de condenação em honorários advocatícios em caso de ação penal privada (AgRg no REsp 1.206.311-SP, Quinta Turma, DJe 11/6/2014), com base no princípio geral de sucumbência e na aplicação do Código de Processo Civil. Nesse contexto, o antigo Código de Processo Civil – aplicado quando da condenação dos honorários advocatícios – previa a fixação da referida verba em razão da sucumbência da parte, independentemente da apreciação do mérito do feito, com suporte no princípio da causalidade. Assim, considerando que o regime de fixação de honorários advocatícios em sede de ação penal privada deve seguir a mesma lógica do processo civil, não há como aplicar de forma restritiva o CPC/1973, devendo responder por custas e honorários advocatícios a parte que deu causa ao ajuizamento da demanda, mesmo quando não enfrentado o mérito. Portanto, deve prevalecer o entendimento da Corte Especial sobre o tema (EDcl no AgRg na PET na APn 735-DF, DJe de 18/12/2015), a qual confirmou a possibilidade de fixação de honorários advocatícios em caso de rejeição de queixa-crime, fundamentando-se nos arts. 3º e 804 do CPP, em harmonia com o art. 20 do antigo CPC. *EREsp 1.218.726-RJ, Rel. Min. Felix Fischer, julgado em 22/6/2016, DJe 1/7/2016. (Info 586)*

♦ **Direito Processual Penal. Rejeição de inicial acusatória desacompanhada de documentos hábeis a demonstrar, ainda que de modo indiciário, a autoria e a materialidade do crime.**

Deve ser rejeitada a queixa-crime que, oferecida antes de qualquer procedimento prévio, impute a prática de infração de menor potencial ofensivo com base apenas na versão do autor e na indicação de rol de testemunhas, desacompanhada de Termo Circunstanciado ou de qualquer outro documento hábil a demonstrar, ainda que de modo indiciário, a autoria e a materialidade do crime. Isso porque a imputação penal desacompanhada de documentos hábeis a demonstrar, ainda que de modo indiciário, a autoria e a materialidade do crime, destituída, desse modo, de base empírica idônea, implica ausência de "justa causa", fato que, nos termos do art. 395, III, do CPP, desautoriza a instauração da *persecutio criminis in iudicio*. De fato, a despeito de o rito dos Juizados Especiais Criminais ser pautado pelos critérios da oralidade, simplicidade e informalidade, a inicial acusatória (queixa-crime ou denúncia), mesmo nas infrações de menor potencial ofensivo, deve vir acompanhada com o mínimo embasamento probatório, ou seja, com lastro probatório mínimo apto a demonstrar, ainda que de modo indiciário, a efetiva realização do ilícito penal. Dessa forma, mesmo nas infrações de menor potencial ofensivo, é necessária análise da justa causa, seja na denúncia ou na queixa-crime. (...) *RHC 61.822-DF, Rel. Min. Felix Fischer, julgado em 17/12/2015, DJe 25/2/2016. (Info 577)*

♦ **Direito Processual Penal. Complementação de denúncia com rol de testemunhas.**

A intimação do Ministério Público para que indique as provas que pretende produzir em Juízo e a juntada do rol de testemunhas pela acusação, após a apresentação da denúncia, mas antes da formação da relação processual, não são causas, por si sós, de nulidade absoluta. Isso porque, a despeito da previsão legal do momento processual adequado para o arrolamento das testemunhas tanto para a acusação (art. 41 do CPP) quanto para a defesa (arts. 396 e 396-A), aspectos procedimentais devem ser observados pelas partes, devendo-se proceder a uma visão global do todo previsto, interpretando sistematicamente o CPP. (...) *RHC 37.587-SC, Rel. Min. Reynaldo Soares da Fonseca, julgado em 16/2/2016, DJe 23/2/2016. (Info 577)*

♦ **Direito Processual Penal. Limite Para Aplicação do Princípio da Indivisibilidade da Ação Penal Privada.**

A não inclusão de eventuais suspeitos na queixa-crime não configura, por si só, renúncia tácita ao direito de queixa. Com efeito, o direito de queixa é indivisível, é dizer, a queixa contra qualquer dos autores do crime obrigará ao processo de todos (art. 48 do CPP). Dessarte, o ofendido não pode limitar a este ou aquele autor da conduta tida como delituosa o exercício do *jus accusationis*, tanto que o art. 49 do CPP dispõe que a renúncia ao direito de queixa, em relação a um dos autores do crime, a todos se estenderá. Portanto, o princípio da indivisibilidade da ação penal privada torna obrigatória a formulação da queixa-crime em face de todos os autores, coautores e partícipes do injusto penal, sendo que a inobservância de tal princípio acarreta a renúncia ao direito de queixa, que de acordo com o art. 107, V, do CP, é causa de extinção da punibilidade. Contudo, para o reconhecimento da renúncia tácita ao direito de queixa, exige-se a demonstração de que a não inclusão de determinados autores ou partícipes na queixa-crime se deu de forma deliberada pelo querelante (HC 186.405-RJ, Quinta Turma, DJe de 11/12/2014). *RHC 55.142-MG, Rel. Min. Felix Fischer, julgado em 12/5/2015, DJe 21/5/2015. (Info 562)*

♦ **Direito Processual Penal. Termo de ajustamento de conduta (TAC). Crimes ambientais.**

A assinatura do termo de ajustamento de conduta com órgão ambiental não impede a instauração de ação penal. As Turmas especializadas em matéria penal do STJ adotam a orientação de que, em razão da independência das instâncias penal e administrativa, a celebração de termo de ajustamento de conduta é incapaz de impedir a persecução penal, repercutindo apenas, em hipótese de condenação, na dosimetria da pena. Nesse sentido: AgRg no AREsp 984.920-BA, Rel. Min. Sebastião Reis Júnior, Sexta Turma, DJe 31/08/2017 e HC 160.525-RJ, Rel. Min. Jorge Mussi, Quinta Turma, DJe 14/03/2013. Assim, "mostra-se irrelevante o fato de o recorrente haver celebrado termo de ajustamento de conduta, [...] razão pela qual o *Parquet*, dispondo de elementos mínimos para oferecer a denúncia, pode fazê-lo, ainda que as condutas tenham sido objeto de acordo extrajudicial" (RHC 41.003-PI, Rel. Min. Jorge Mussi, Quinta Turma, DJe 03/02/2014). Desse modo, a assinatura do termo de ajustamento de conduta, firmado entre denunciado e o Estado, representado pela Secretaria de Estado do Meio Ambiente, não impede a instauração da ação penal, pois não elide a tipicidade formal das condutas imputadas ao acusado. *(STJ – Corte Especial, APn 888-DF, Rel. Min. Nancy Andrighi, por unanimidade, julgado em 02/05/2018, DJe 10/05/2018) (Info 625)*

♦ **Direito Penal. Corrupção ativa. Emissão de guia de recolhimento de imposto em montante menor do que o devido. Pagamento da diferença antes do recebimento da denúncia. Causa de extinção da punibilidade. Aplicação analógica ao delito de corrupção. Impossibilidade.**

O pagamento da diferença do imposto devido, antes do recebimento da denúncia, não extingue a punibilidade pelo crime de corrupção ativa atrelado ao de sonegação fiscal. De início, é mister consignar que não há razão plausível para reconhecer que o crime de corrupção ativa tenha extinta a punibilidade porque a autora pagou, antes do recebimento da denúncia, o montante de tributo que havia elidido, indevidamente, com o oferecimento da vantagem indevida a servidor público encarregado de emitir a guia de recolhimento respectiva. São delitos totalmente distintos, com bem jurídicos tutelados igualmente diversos. A extinção da punibilidade dos crimes de cunho fiscal, pelo pagamento do tributo, antes do recebimento da denúncia, tem a ver com a proteção da ordem tributária e com a efetividade da arrecadação estatal, enquanto no crime de corrupção ativa, o bem jurídico tutelado é o normal funcionamento e o prestígio da administração pública. Nesse sentido, oferecer a funcionário público vantagem ilícita para que não emita guia com o valor realmente devido a título de tributo causa mortis, é, em tese e sem qualquer prejulgamento, conduta de reprovabilidade patente e não merece, por isso mesmo, benefício de extinção da punibilidade, muito menos por lógica de analogia, porque subverte a ordem da administração pública, depõe contra a sua reputação e influencia o comportamento de outros agentes públicos, ainda que a diferença do quantum devido, tenha sido solvida antes do recebimento da denúncia. Este fato, por si só, não tem força para apagar a agressão ao prestígio da Administração. O crime de corrupção, abstratamente descrito como típico no art. 333 do Código Penal, possui natureza formal e se aperfeiçoa com a oferta ou promessa de vantagem indevida a funcionário público, para praticar, omitir ou retardar ato de ofício. Por outro lado, o que motivou o legislador ordinário a decretar a Lei nº 9.249/1995, que em seu artigo 34 dispõe acerca da extinção da punibilidade do crime contra a ordem tributária, quando o agente promover o pagamento do tributo ou contribuição social, inclusive acessórios, antes do recebimento da denúncia, foi o mote arrecadador, ou seja, para o Estado, em se tratando de delito fiscal, afigura-se vantajoso receber o montante pecuniário relativo ao tributo com a "ameaça" do processo criminal, ainda que a ordem tributária tenha sido, em tese, malferida com a ação de sonegar. *RHC 95.557-GO, Rel. Min. Maria Thereza de Assis Moura, por unanimidade, julgado em 21/06/2018, DJe 01/08/2018 (Info 631)*

10.2. STF

♦ **Art. 86 da CF: apreciação das teses da defesa e necessidade de aguardar juízo de admissibilidade da Câmara dos Deputados**

O Plenário, por maioria, resolveu questão de ordem – em inquérito que apura supostos delitos de obstrução de justiça e organização criminosa praticados pelo presidente da República – no sentido de que o juízo político de admissibilidade exercido pela Câmara dos Deputados [CF, art. 86, "caput"] precede a análise jurídica pelo STF para conhecer e julgar qualquer questão ou matéria defensiva suscitada pelo denunciado. A Corte decidiu, ainda, que a possibilidade de rescisão ou de revisão, total ou parcial, de acordo de colaboração premiada, devidamente reconhecido pelo Poder Judiciário, em decorrência de descumprimento de deveres assumidos pelo colaborador, não propicia conhecer e julgar alegação de imprestabilidade das provas, porque a rescisão ou revisão tem efeitos somente entre as partes, não atingindo a esfera jurídica de terceiros. (...) O Tribunal afirmou que, somente após a autorização da Câmara dos Deputados, é que se pode dar sequência à persecução penal no âmbito do STF. Essa conclusão ressai cristalina quando se atenta para a redação do art. 86, § 1º, I, da CF, o qual determina o afastamento do Presidente da República das suas funções se recebida a denúncia ou a queixa-crime pelo STF. (...) condicionando o processamento do Presidente da República à autorização da Câmara dos Deputados, tem a CF, justamente, a finalidade de proteger a soberania do voto popular, impondo que, quem fora eleito pelo sufrágio, só seja afastado do exercício de seu mandato com a autorização dos representantes do próprio povo. Essa é a razão, também, pela qual a CF elegeu a Câmara dos Deputados para realizar esse juízo político, eis que se trata da Casa do Congresso Nacional tradicionalmente associada à representação do povo. Assim, somente após a autorização da Câmara dos Deputados, o STF determinará, nos termos do art. 4º da Lei 8.038/1990, a notificação do denunciado para, no prazo de 15 dias, apresentar sua resposta à acusação. Não cabendo ao STF proferir juízo de admissibilidade sobre denúncia oferecida contra o presidente da República antes da autorização da Câmara dos Deputados, igualmente não cabe proferir juízo antecipado a respeito de eventuais teses defensivas, cuja ambiência própria é o momento previsto no art. 4º da Lei 8.038/1990, o qual prevê a apresentação de resposta à acusação após o oferecimento da denúncia (...). Vencido o ministro Gilmar Mendes (...). Inq 4483 QO/DF, rel. Min. Edson Fachin, julgamento em 20 e 21.9.2017. (Inq-4483) (Info 878)

♦ **Prazo decadencial e direito de representação**

A Primeira Turma iniciou julgamento de "habeas corpus" em que solicitada a extinção de processo criminal por ofensa ao devido processo legal, em razão de cerceamento de defesa e desconsideração do prazo decaden-

cial do direito de representação. A denúncia do paciente por crime de atentado violento ao pudor foi realizada mais de cinco anos após a ocorrência do delito. Iniciada a ação, determinou-se prisão cautelar do acusado, a qual foi afastada decorrido período superior a um ano, e negou-se requerimento de oitiva de testemunhas. (...) O ministro Marco Aurélio (relator) concedeu a ordem para declarar extinto o processo-crime ante a decadência. Assentou aplicação da condição de procedibilidade observada na Lei 12.015/2009, que alterou o disposto no art. 225 do Código Penal (CP), haja vista a denúncia ter sido feita em 2012, quando o novo dispositivo, mais benéfico ao réu, já estava em vigor. Nesse sentido, o direito de representação da vítima teria decaído seis meses após o fato delituoso, não sendo possível a instauração do processo. O ministro entendeu, ainda, transgressão às garantias constitucionais e ao devido processo legal, quanto ao indeferimento do pedido de oitiva de testemunha e à presunção de culpabilidade, votando pelo deferimento da ordem. Em seguida, o ministro Alexandre de Moraes pediu vista. HC 125360/RJ, rel. Min. Marco Aurélio, julgamento em 19.9.2017. (HC-125360) (Info 878)

♦ **Recebimento da denúncia: corrupção passiva e lavagem de dinheiro**

A Segunda Turma, por maioria, recebeu em parte denúncia oferecida contra senador e dois de seus assessores pela prática do crime de corrupção passiva, previsto no art. 317, "caput" e § 1º, do CP ["Art. 317 – Solicitar ou receber, para si ou para outrem, direta ou indiretamente, ainda que fora da função ou antes de assumi-la, mas em razão dela, vantagem indevida, ou aceitar promessa de tal vantagem: Pena – reclusão, de 2 (dois) a 12 (doze) anos, e multa. § 1º – A pena é aumentada de um terço, se, em consequência da vantagem ou promessa, o funcionário retarda ou deixa de praticar qualquer ato de ofício ou o pratica infringindo dever funcional"], e pelo delito de lavagem de dinheiro, disposto no art. 1º, "caput" e § 4º, da Lei 9.613/1998. (...) A Turma afirmou que, nesse momento processual de recebimento da denúncia, compete ao julgador tão somente analisar a existência de suporte probatório mínimo a embasar a peça acusatória e atestar a presença dos requisitos necessários para o recebimento, ou não, da denúncia (CPP, arts. 41, 395 e 397; Lei 8.038/1990, arts. 1º a 12). Ressaltou que, na espécie, a exordial acusatória atende aos requisitos do art. 41 do CPP. Observou que a denúncia narra a prática pelos acusados, em tese, dos crimes de corrupção passiva majorada (CP, art. 317, § 1º, c/c art. 327, § 2º) e de lavagem de dinheiro (Lei 9.613/1998, art. 1º, "caput" e § 4º), condutas relacionadas ao suposto recebimento pelo senador, com auxílio direto de dois de seus assessores, de vantagem indevida paga no âmbito de esquema criminoso arquitetado em torno da Diretoria de Abastecimento da estatal. Assentou constar da denúncia descrição compreensível das condutas imputadas aos acusados, com indicação das circunstâncias de tempo, lugar e modo, sem qualquer prejuízo ao exercício de defesa. Aliás, o direito à defesa foi exercido de forma ampla pelos denunciados, que se contrapuseram, em suas respostas, aos fatos e à capitulação indicada pelo órgão acusatório. Ao lado disso, não é necessário que a denúncia descreva minuciosamente as ações ilícitas, mesmo porque isso equivaleria a exercício de antecipação do que será apurado na fase instrutória, sob o crivo do contraditório. O que se exige é uma descrição lógica e coerente que possibilite ao acusado compreender a imputação e exercer seu direito de defesa. (...) Reiterou que, nesta fase, não se exige juízo de certeza. Desse modo, o material indiciário mostra-se suficiente ao recebimento da denúncia, motivo por que não procedem as teses defensivas suscitadas contra a peça acusatória, que descreve a ocorrência de crimes antecedentes (contra a Administração Pública), bem como indica com clareza a ação e intenção dos denunciados de ocultar os valores recebidos por intermédio de organização criminosa, que se subsumem ao tipo penal descrito no art. 1º, V e § 4º, da Lei 9.613/1998, na redação anterior à Lei 12.683/2012, em vista de os fatos terem ocorrido em 2010. Enfatizou, por outro lado, que deveria ser excluída da denúncia a causa de aumento do art. 327, § 2º, do CP ("A pena será aumentada da terça parte quando os autores dos crimes previstos neste Capítulo forem ocupantes de cargos em comissão ou de função de direção ou assessoramento de órgão da administração direta, sociedade de economia mista, empresa pública ou fundação instituída pelo poder público"), por ser incabível pelo mero exercício de mandato popular. Para isso, a situação exigiria uma imposição hierárquica que não foi demonstrada nos autos. (...) Vencidos, em parte, os ministros Dias Toffoli e Gilmar Mendes (...). Inq 3982/DF, rel. Min. Edson Fachin, julgamento em 7.3.2017. (Inq-3982) (Info 856)

♦ **Ação penal privada subsidiária da pública ajuizada contra Presidente da República e legitimidade**

A Primeira Turma iniciou julgamento de agravo regimental interposto contra decisão que considerara inepta petição inicial de ação penal privada subsidiária da pública ajuizada contra a Presidente da República por suposto indício de autoria e materialidade da prática dos crimes tipificados nos artigos 147, 299, 312, 316, 317, 319, 320, 327, 330, 344, 347, 348, 349, 359-A e 359-C do CP; art. 350 do Código Eleitoral; art. 1º, § 1º, I e II, e § 4º da Lei 9.613/1998; e art. 1º, §§ 1º, 2º e § 3º da Lei 12.850/2013. No caso, o agravante sustenta sua legitimidade à propositura da presente ação penal privada subsidiária da pública, ao afirmar que as condutas imputadas à Presidente da República atingiriam todo o povo brasileiro, e, nessa medida, o próprio requerente, considerada sua condição de cidadão. Preliminarmente, a Turma, por maioria, assentou sua competência para apreciar a matéria. Observou que nas hipóteses de manifesto descabimento, e tendo em vista o congestionamento do Plenário, se poderia resolver a questão na Turma. Vencido o Ministro Marco Aurélio, que fixava a competência do Pleno. Ponderava que na hipótese de se dar seguimento a ação penal contra a Presidente da República caberia àquele órgão julgar o agravo regimental. Quanto ao mérito, o Ministro Roberto Barroso (relator) negou provimento ao agravo regimental. Reputou não existir direito difuso de queixa titularizado por todos os cidadãos. Se assim fosse, seria possível o ajuizamento de ação penal privada subsidiária da pública para todos os tipos de crime, por toda a coletividade, sempre que se considerasse inerte o órgão acusador. Esse direito seria titularizado apenas pelo ofendido, sujeito passivo do delito, que seria aquele diretamente atingido pelos efeitos da conduta criminosa. Frisou que não haveria qualquer crime entre aqueles imputados à querelada que possuísse como sujeito passivo o agravante. Em seguida, pediu vista o Ministro Marco Aurélio. *Pet 6071 AgR/DF, rel. Min. Roberto Barroso, 30.8.2016. (Pet-6071) (Info 837)*

♦ Crime sexual contra vulnerável e titularidade da ação penal – 1

O Plenário, por maioria, denegou a ordem em "habeas corpus" impetrado com base na suposta ilegitimidade do Ministério Público para intentar ação penal pública contra o paciente, denunciado pela alegada prática, em 2007, do crime de atentado violento ao pudor com violência presumida (CP, art. 214, c/c o art. 224, "a", na redação originária). No caso, o representante da vítima apresentara requerimento perante a autoridade policial (CP, art. 225, na antiga redação) e ajuizara queixa-crime. Posteriormente, o Ministério Público manifestara-se pela rejeição da queixa por ilegitimidade da parte e oferecera denúncia. A queixa-crime fora, então, rejeitada, e a parte fora admitida como assistente da acusação. Prevaleceu o voto do Ministro Roberto Barroso, no que acompanhado pelos Ministros Luiz Fux, Gilmar Mendes e Dias Toffoli. Entendeu que a controvérsia acerca da recepção do art. 225 do CP pela atual ordem constitucional não poderia levar à eventual desproteção da vítima. Em outras palavras, não se poderia, num primeiro momento, declarar a inviabilidade de ação penal privada e, posteriormente, a impossibilidade de ação penal pública, para deixar o bem jurídico violado sem tutela. Assim, necessário interpretar esse dispositivo à luz do art. 227 da CF ("É dever da família, da sociedade e do Estado assegurar à criança, ao adolescente e ao jovem, com absoluta prioridade, o direito à vida, à saúde, à alimentação, à educação, ao lazer, à profissionalização, à cultura, à dignidade, ao respeito, à liberdade e à convivência familiar e comunitária, além de colocá-los a salvo de toda forma de negligência, discriminação, exploração, violência, crueldade e opressão"). Dessa forma, interpretar o art. 225 do CP de modo a não entender cabível qualquer tipo de sanção em face da conduta perpetrada implicaria negar aplicação ao art. 227 da CF. Necessário, portanto, excepcionar a aplicabilidade da redação antiga do art. 225 do CP para a situação dos autos, tendo em conta a relevância do aludido dispositivo constitucional. O Ministro Luiz Fux ressaltou que eventual juízo de não recepção do art. 225 do CP poderia implicar insegurança jurídica, tendo em conta diversos casos já julgados de acordo com essa norma. Ademais, em relação a possível decadência do direito de ação em hipóteses semelhantes, seria possível concluir que o menor, ao adquirir a maioridade, poderia propor ação penal no que se refere a bem jurídico que lhe dissesse respeito. O Ministro Dias Toffoli salientou que o tema seria delicado por envolver relações e dramas familiares, e que não caberia ao Estado invadir essa problemática. O Ministro Gilmar Mendes frisou o princípio da proteção insuficiente para afirmar que a decisão da Corte não poderia implicar esvaziamento da tutela do bem jurídico no caso concreto. *HC 123971/DF, rel. orig. Min. Teori Zavascki, red. p/ o acórdão Min. Roberto Barroso, 25.2.2016. (HC-123971) (Info 815)*

♦ Crime sexual contra vulnerável e titularidade da ação penal – 2

Por sua vez, os Ministros Edson Fachin e Rosa Weber também denegaram a ordem, mas o fizeram com fulcro na não recepção, pela Constituição, do art. 225 do CP, na redação anterior à Lei 12.015/2009, na parte em que estabelecia ser privada a ação penal quando o crime fosse cometido contra criança ou adolescente. O Ministro Edson Fachin apontou que o dispositivo viola o art. 227 da CF. Condicionar o exercício do poder punitivo estatal em crimes graves à iniciativa dos representantes legais de crianças ou adolescentes não cumpriria com o ditame de assegurar a essas pessoas, com prioridade, o direito à dignidade, ao respeito e à liberdade. Ademais, a regra nova do preceito penal em comento não retroagiria, uma vez que prevalecia o disposto no art. 100 do CP, desde a entrada em vigor da Constituição. Portanto, a ação penal, na hipótese, sempre seria pública. Além disso, assentou que o princípio da retroatividade de norma penal mais benéfica aplica-se às leis penais, e não a entendimentos jurisprudenciais. Seria possível, contudo, que certo posicionamento tivesse efeitos retroativos apenas se dissesse respeito à tipicidade ou não de determinada conduta, mas, no caso, se cuidaria da legitimidade ativa para exercício da ação penal. Ainda que essa legitimidade pudesse influir na punibilidade, não se poderia sustentar que alguém tem o direito subjetivo de não ser punido porque, no momento em que praticado o fato, entendia-se que a titularidade da ação penal pertencia a outrem, de acordo com a orientação jurisprudencial dominante à época. Vencidos os Ministros Teori Zavascki (relator), Marco Aurélio e Ricardo Lewandowski (Presidente), que concediam parcialmente a ordem para reconhecer a ilegitimidade ativa do Ministério Público, com o consequente arquivamento dos autos. *HC 123971/DF, rel. orig. Min. Teori Zavascki, red. p/ o acórdão Min. Roberto Barroso, 25.2.2016. (HC-123971) (Info 815)*

♦ Queixa-crime e indivisibilidade da ação penal

Não oferecida a queixa-crime contra todos os supostos autores ou partícipes da prática delituosa, há afronta ao princípio da indivisibilidade da ação penal, a implicar renúncia tácita ao direito de querela, cuja eficácia extintiva da punibilidade estende-se a todos quantos alegadamente hajam intervindo no cometimento da infração penal. Com base nesse entendimento, a Primeira Turma rejeitou queixa-crime oferecida em face de senador a quem fora imputada a prática dos delitos de calúnia e difamação. Na espécie, o parlamentar teria alegadamente imputado ao querelante, mediante ampla divulgação (internet), o cometimento de crimes e atos, tudo com a nítida e deliberada intenção de ferir a honra deste. A Turma ressaltou que as supostas difamação e calúnia teriam sido veiculadas por outros meios além do imputado ao querelado, e que a notícia supostamente vexatória fora reencaminhada por outras pessoas. Destacou que a responsabilização penal se daria por todas as pessoas que veicularam a notícia caluniadora e difamatória e que, portanto, fora violado o princípio da indivisibilidade da ação penal. Ademais, ainda que não houvesse ofensa ao referido postulado, o querelante não trouxera aos autos a cópia da página da rede social em que fora veiculada a notícia. *Inq 3526/DF, rel. Min. Roberto Barroso, 2.2.2016. (Inq-3526) (Info 813)*

♦ Em caso de estupro praticado mediante violência real, a ação penal é pública incondicionada

A Súmula 608 do STF permanece válida mesmo após o advento da Lei nº 12.015/2009. Assim, em caso de estupro praticado mediante violência real, a ação penal é pública incondicionada mesmo após a Lei nº 12.015/2009. *STF. 1ª Turma. HC 125360/RJ, rel. Min. Marco Aurélio, red. p/ o ac. Min. Alexandre de Moraes, julgado em 27/2/2018 (Info 892).*

♦ Em caso de estupro praticado mediante violência real, a ação penal é pública incondicionada.

Nos termos da Súmula 608 do STF, no crime de estupro praticado mediante violência real, a ação é pública incondicionada. O entendimento dessa súmula pode ser aplicado independentemente da existência da ocorrência de lesões corporais nas vítimas de estupro. A violência real se caracteriza não apenas nas situações em que se verificam lesões corporais, mas sempre que é empregada força física contra a vítima, cerceando-lhe a liberdade de agir segundo a sua vontade. Assim, se os atos foram praticados sob grave ameaça, com imobilização de vítimas, uso de força física e, em alguns casos, com mulheres sedadas, trata-se de crime de estupro que se enquadra na Súmula 608 do STF e que, portanto, a ação é pública incondicionada. *STF. 2ª Turma. RHC 117978, Rel. Min. Dias Toffoli, julgado em 05/06/2018 (Info 905).*

♦ Suspensão condicional do processo. Art. 89 da Lei nº. 9.099/1995.

O acusado que responde a outro processo não tem direito ao benefício, sendo essa previsão constitucional. De acordo com o art. 89 da Lei nº 9.099/95, a suspensão condicional do processo é instituto de política criminal, benéfico ao acusado, que visa a evitar a sua sujeição a um processo penal, cujos requisitos encontram-se expressamente previstos na norma em questão. É constitucional a norma do art. 89 da Lei nº 9.099/95, que estabelece os requisitos para a concessão do benefício da suspensão condicional do processo, entre eles o de não responder o acusado por outros delitos. Assim, a existência de ações penais em curso contra o denunciado impede a concessão do sursis processual por força do art. 89 da Lei nº 9.099/95. *STF. 1ª Turma. AP 968/SP, Rel. Min. Luiz Fux, julgado em 22/5/2018 (Info 903)*

♦ DENÚNCIA Princípio do *in dubio pro societate*

No momento da denúncia, prevalece o princípio do *in dubio pro societate. STF. 1ª Turma. Inq 4506/DF, rel. Min. Marco Aurélio, red. p/ o ac. Min. Roberto Barroso, julgado em 17/04/2018 (Info 898).*

11. QUESTÕES DE CONCURSOS PÚBLICOS

01. (2017 – CESPE – Órgão – PJC-MT – Delegado de Polícia Substituto) Assinale a opção correta no que se refere à ação penal.

(A) Aplica-se a perempção como forma extintiva da punibilidade às ações penais exclusivamente privadas e às ações privadas subsidiárias das públicas.

(B) O princípio da indivisibilidade, quando não observado, impõe ao juiz a rejeição da denúncia nas ações penais públicas.

(C) Há legitimidade concorrente do ofendido e do MP para a persecução de crimes contra a honra de funcionário público em razão de suas funções.

(D) Na ação penal privada, todas as manifestações de disponibilidade pelo ofendido serão extensivas a todos os réus e(ou) responsáveis pelo fato delituoso, independentemente de qualquer reserva ou condição apresentada por eles.

(E) Diante de concurso formal entre um delito de ação penal pública e outro de ação penal privada, caberá ao representante do MP oferecer denúncia em relação aos dois crimes.

02. (2017 – FCC – TRE-PR – Analista Judiciário – Área Judiciária) Sobre as diversas modalidades de ação penal, é correto afirmar:

(A) Em caso de morte do ofendido, o direito de intentar a ação privada propriamente dita se transmite ao cônjuge, ascendente, descendente ou irmão da vítima.

(B) O prazo decandencial para o oferecimento da requisição pelo Ministro da Justiça na ação penal condicionada é de seis meses.

(C) A ação penal privada subsidiária da pública fere o comando constitucional que atribui ao Ministério Público a titularidade da ação penal.

(D) Com a revogação do crime de adultério, deixou de existir no ordenamento jurídico brasileiro a chamada ação penal privada personalíssima.

(E) A perempção poderá ser reconhecida em qualquer momento do inquérito policial, bem como antes ou, ainda, após iniciada a ação penal.

03. (2017 – FAURGS – TJ-RS – Analista Judiciário – Ciências Jurídicas e Sociais) Em se tratando da ação penal, é correto afirmar que:

(A) nas ações penais de natureza pública condicionada à representação, a vítima poderá retratar-se da representação a qualquer tempo, desde que não tenha sido proferida sentença de mérito no processo.

(B) a ação penal privada subsidiária poderá ser intentada nos casos de ação penal pública, inclusive quando houver pedido de arquivamento do inquérito policial pelo órgão acusatório.

(C) nas ações penais de natureza pública incondicionada, quando do oferecimento da denúncia, o Ministério Público deverá expor sinteticamente o fato criminoso, bem como indicar a qualificação do acusado, podendo complementar a peça acusatória ou apresentar rol de testemunhas no prazo de 15 dias.

(D) nas ações penais públicas incondicionadas, o inquérito policial é elemento indispensável para a propositura da denúncia, não se admitindo que o Ministério Público faça uso de outros meios de informação para sustentar o oferecimento da acusação.

(E) nas ações penais privadas movidas mediante queixa, havendo pluralidade de autores, a queixa não poderá ser movida de forma seletiva contra apenas alguns desses autores, sendo que a renúncia ao exercício do direito de queixa, em relação a qualquer um deles, aproveitará a todos.

04. (2017 – FUNDEP (Gestão de Concursos) – MPE-MG – Promotor de Justiça Substituto) Sobre ação penal, é CORRETO afirmar:

(A) A legitimação para promover ação penal no crime praticado contra a honra do servidor público, em razão do exercício de suas funções, é concorrente, pelo que, mesmo após ofertada representação ao Ministério Público e por ele requeridas diligências, não perde o ofendido a legitimidade para oferecer queixa.

(B) O crime de estupro de vulnerável é de ação penal pública incondicionada, havendo, porém, quem defenda solução diversa, em caso de vulnerabilidade temporária.

(C) São de ação penal pública condicionada os crimes de violação de direito autoral caracterizados pela reprodução, mesmo em parte, por qualquer meio, de obra intelectual, sem autorização e com intuito de lucro.

(D) Praticada injúria real de que decorram lesões corporais leves, não há discrepância, entre os doutrinadores, quanto a ser o crime sujeito a ação penal privada.

05. (2016 – CESPE – PC-PE – Delegado de Polícia) Acerca da ação penal, suas características, espécies e condições, assinale a opção correta.

(A) A perempção incide tanto na ação penal privada exclusiva quanto na ação penal privada subsidiária da ação penal pública.

(B) Os prazos prescricionais e decadenciais incidem de igual forma tanto na ação penal pública condicionada à representação do ofendido quanto na ação penal pública condicionada à representação do ministro da Justiça.

(C) De regra, não há necessidade de a queixa-crime ser proposta por advogado dotado de poderes específicos para tal fim, em homenagem ao princípio do devido processo legal.

(D) Tanto na ação pública condicionada à representação quanto na ação penal privada, se o ofendido tiver menos de vinte e um anos de idade e mais de dezoito anos de idade, o direito de queixa ou de representação poderá ser exercido por ele ou por seu representante legal.

(E) É concorrente a legitimidade do ofendido, mediante queixa, e do MP, condicionada à representação do ofendido, para a ação penal por crime contra a honra de servidor público em razão do exercício de suas funções.

06. (2016 – FUNCAB – PC-PA – Escrivão de Polícia Civil) A ação penal pode ser classificada como Pública ou Privada, levando-se em consideração o responsável pelo seu ajuizamento. A perempção, o perdão, a decadência e a renúncia são institutos relacionados ao prosseguimento da ação penal. Sendo assim, é possível afirmar que:

(A) o perdão concedido a um dos querelados aproveitará a todos, sem que produza, todavia, efeito em relação ao que o recusar.

(B) concedido o perdão pelo querelados, mediante declaração expressa nos autos, o Juiz julgará extinta a punibilidade, independentemente da aceitação do perdão pelo querelado.

(C) quando, iniciada a ação penal privada, o querelante deixar de promover o andamento do processo durante 30 dias seguidos, ocorrerá a decadência.

(D) a renúncia ao exercício do direito de queixa, em relação a um dos autores do crime, não se estenderá aos demais.

(E) nos casos em que somente se procede mediante queixa, considerar-se-á perempta a ação penal quando, falecendo o querelante, ou sobrevindo sua incapacidade, não comparecer em juízo, para prosseguir no processo, dentro do prazo de 30 (trinta) dias, qualquer das pessoas a quem couber fazê-lo.

07. (2016 – NUCEPE – SEJUS-PI – Agente Penitenciário) A ação Penal é o poder-dever de provocar o Poder Judiciário para decidir a conduta definida em lei como crime. Acerca da Ação Penal, assinale a opção CORRETA.

(A) O direito de oferecer queixa ou prosseguir na ação, se esta já estiver em curso, será exclusivamente do ofendido, não podendo o seu cônjuge lhe substituir.

(B) Quando a Ação for privativa do ofendido, o Ministério Público não poderá aditar a queixa.

(C) Sempre é possível o perdão por parte da vítima durante o inquérito policial.

(D) O Ministério Público não poderá desistir da Ação Penal.

(E) Existindo três querelados identificados na ação é possível o perdão a apenas um deles, desde que seja nos autos da Ação.

08. (2016 – UFMT – DPE-MT – Defensor Público) São princípios que regem a ação penal privada:

(A) obrigatoriedade e intranscendência.

(B) indivisibilidade e obrigatoriedade.

(C) oportunidade e indisponibilidade.

(D) instranscendência e indisponibilidade.

(E) disponibilidade e indivisibilidade.

09. (2016 – VUNESP – TJM-SP – Juiz de Direito Substituto) Assinale a alternativa correta a respeito dos pressupostos e das condições da ação penal.

(A) A inépcia da inicial apenas poderá ser avaliada no momento do recebimento da acusação, não podendo ser apreciada depois disso, restando superada a alegação.

(B) O arquivamento do inquérito policial, por atipicidade do fato, não faz coisa julgada, não podendo ser invocado como exceção de coisa julgada.

(C) A citação por hora certa não está prevista, expressamente, no Código de Processo Penal, sendo aplicável por analogia no processo penal em decorrência das disposições do Código de Processo Civil.

(D) Não se admite a rejeição da denúncia, com base na prescrição virtual do crime objeto da acusação.

(E) O vício quanto à regularidade da procuração na ação penal privada pode ser emendado (capacidade postulatória), mesmo após o transcurso do prazo decadencial.

10. (2016 – VUNESP – TJ-RJ – Juiz Substituto) Em 09 de abril de 2009, em uma festa de aniversário, A, maior, relatou ter sido estuprada por B, irmão da aniversariante. Foi oferecida queixa-crime aos 08 de outubro de 2009, a qual foi recebida em 03 de novembro do mesmo ano, tendo o Juiz determinado, de ofício, a realização de exame de sangue de B, para comparar com os vestígios de sêmen encontrados na vítima. O acusado recusou-se a fazer o exame, suscitando seu direito ao silêncio. Ao final, B acabou condenado, sob o fundamento de que, ao se recusar a fornecer material genético, houve inversão do ônus da prova, não tendo provado sua inocência.

A respeito do caso, assinale a alternativa correta.

(A) O processo não é nulo, pois, ainda que ao tempo da propositura da inicial, a ação penal fosse condicionada à representação, ao tempo do crime, a ação era de iniciativa privada, não se aplicando a Lei nº 12.015/2009, de 07 de agosto de 2009, nesta parte.

(B) O juiz, em sede penal, não pode ordenar a realização de provas, pois não há mais espaço para poderes instrutórios, reminiscência do sistema inquisitorial.

(C) O processo é nulo, pois a ação penal é de iniciativa privada, e o recebimento da queixa deu-se após o prazo decadencial, de seis meses.

(D) O processo é nulo, por ilegitimidade de parte, pois o crime de estupro, com as alterações advindas da Lei nº 12.015/2009, de 07 de agosto de 2009, passou a ser processável mediante ação penal pública, condicionada à representação da vítima.

(E) Acertada a condenação proferida, haja vista que a recusa em oferecer material genético acarreta inversão do ônus da prova.

11. (2016 – VUNESP – TJ-RJ – Juiz Substituto) A, casada com B, durante uma discussão de casal, levou um soco, sendo ameaçada de morte. Diante dos gritos e ameaças, os vizinhos acionaram a Polícia que, ao chegar ao local, conduziu todos à Delegacia. A, inicialmente, prestou depoimento na Delegacia e manifestou o desejo de que o marido fosse processado criminalmente pelos crimes de lesão corporal leve e ameaça. Entretanto, encerradas as investigações policiais e remetidos os autos ao Fórum, em sede de audiência preliminar, A informou o Juízo que havia se reconciliado com B, não desejando que o marido fosse processado por ambos os crimes. Diante da nova manifestação de vontade de A, é correto afirmar que o procedimento

(A) deverá ser arquivado, vez que a ação penal, seja para o crime de ameaça, seja para o de lesão corporal de natureza leve, é condicionada à representação da vítima, e a retratação de A obsta o prosseguimento do feito.

(B) terá seguimento quanto ao crime de lesão corporal, visto que a ação penal é pública incondicionada, por ter se dado em âmbito doméstico. Já quanto ao crime de ameaça, a retratação de A obsta o prosseguimento, visto que a ação penal continua condicionada à representação, ainda que praticada em âmbito doméstico.

(C) terá seguimento, tanto para o crime de ameaça quanto para o crime de lesão corporal, pois em se tratando de crimes ocorridos no âmbito doméstico, a ação penal é pública incondicionada, pouco importando a retratação de A.

(D) terá seguimento, tanto para o crime de ameaça quanto para o crime de lesão corporal. Todavia, é possível ao órgão de acusação, desde logo, ofertar a transação penal.

(E) será arquivado quanto ao crime de ameaça, já que a ação é condicionada à representação da vítima. Quanto ao crime de lesão corporal, ocorrida em âmbito doméstico, o procedimento terá seguimento, por tratar-se de ação penal pública incondicionada. Todavia, é possível ao órgão de acusação, desde logo, ofertar a transação penal.

---

12. (2015 – FGV – TJ-RO – Oficial de Justiça) Tradicionalmente, a doutrina classifica as ações penais como privadas, públicas incondicionadas, públicas condicionadas e privadas subsidiária da pública. Os princípios aplicáveis às ações exclusivamente privadas são:

(A) oportunidade, disponibilidade e indivisibilidade;

(B) obrigatoriedade, indisponibilidade e indivisibilidade;

(C) oportunidade, indisponibilidade e divisibilidade;

(D) oportunidade, disponibilidade e divisibilidade;

(E) obrigatoriedade, disponibilidade e divisibilidade.

---

13. (2015 – FCC – DPE-MA – Defensor Público) Sobre a ação penal, considerando-se a classificação legal e o entendimento doutrinário e jurisprudencial,

(A) o direito de representação somente poderá ser exercido por procurador, mediante declaração, escrita ou oral, em casos de impossibilidade de execução do ato pelo próprio ofendido.

(B) se o órgão do Ministério Público, ao invés de apresentar a denúncia, requerer o arquivamento do inquérito policial ou de quaisquer peças de informação, a vítima poderá, no prazo de seis meses, oferecer ação penal privada subsidiária.

(C) após a Constituição Federal de 1988, a ação penal privada subsidiária da pública não respeitará mais o prazo de seis meses previsto para as ações penais privadas, por se tratar de um direito constitucional, conforme já decidiu o STF.

(D) sendo a ação de natureza privada, no caso de morte do ofendido ou quando declarado ausente por decisão judicial, o direito de oferecer queixa ou prosseguir na ação passará ao cônjuge, ascendente, descendente ou irmão, salvo nos casos de ação penal privada personalíssima.

(E) nos casos de ação penal privada, ocorrendo a morte do ofendido, se comparecer mais de uma pessoa com direito de queixa, a preferência será definida pela ordem de manifestação.

---

14. (2015 – FCC – TCE-AM – Auditor) Nos crimes de ação pública, quando a lei o exigir, esta será promovida pelo Ministério Público, mas dependerá de

(A) instrução preliminar.

(B) representação do Ministro da Justiça, do ofendido ou de quem tiver qualidade para representá-lo.

(C) autorização do Poder Judiciário.

(D) recebimento da denúncia pelo Juiz Criminal.

(E) requisição do Ministro da Justiça, ou de representação do ofendido ou de quem tiver qualidade para representá-lo.

---

15. (2015 – VUNESP – TJ-MS – Juiz Substituto) XISTO, querelante em ação penal privada, ao término da instrução e representado por advogado constituído, requereu a absolvição de CRISTÓVÃO, querelado. Deve o juiz

(A) determinar a extração de peças processuais e o encaminhamento à autoridade policial, para apuração da prática, pelo querelante, de denunciação caluniosa.

(B) designar audiência para tentativa de conciliação das partes, em homenagem ao princípio da intervenção mínima.

(C) considerar perempta a ação penal, porque o querelante deixou de formular pedido de condenação nas alegações finais.

(D) encaminhar os autos em vista ao Ministério Público, titular da ação penal, para manifestação de interesse na produção de outras provas.

(E) absolver CRISTÓVÃO, com fundamento no artigo 386, inciso VII, do Código de Processo Penal.

---

16. (2015 – FCC – MPE-PB – Técnico Ministerial – Sem Especialidade) Mario e José são jornalistas, colunistas de um determinado jornal brasileiro. Numa edição do jornal em um domingo os referidos jornalistas subscrevem uma matéria ofensiva a Richard, empresário conhecido. Considerando difamatória a matéria, Richard, através de seu advogado, propõe queixa-crime apenas contra o jornalista Mario, imputando-lhe crime de difamação. Neste caso, o Ministério Público, ao receber os autos,

(A) declinará de atuar na ação penal privada.

(B) promoverá o aditamento da queixa-crime para incluir o jornalista José, zelando pela indivisibilidade da ação penal.

(C) postulará ao juiz a imediata extinção da ação penal, reconhecendo a renúncia tácita ao direito de queixa ao jornalista José, extensiva ao jornalista Mario.

(D) postulará ao juiz a rejeição imediata da queixa-crime.

(E) deverá zelar pela indivisibilidade da ação penal e proporá que o querelante faça o aditamento, sob pena de implicar renúncia ao direito de queixa a ambos os jornalistas.

---

17. (2015 – FGV – DPE-RO – Analista da Defensoria Pública – Analista Jurídico) Nos crimes de ação penal pública condicionada à representação, essa representação tradicionalmente é classificada pela doutrina como condição especial para o regular exercício do direito de ação. Sobre a representação e sua relação com as ações públicas condicionadas, é correto afirmar que:

(A) salvo disposição em contrário, o ofendido ou seu representante decairá do direito de representação no prazo de seis meses, contados do dia em que o fato ocorreu;

(B) a representação do ofendido vincula o Ministério Público, que necessariamente terá que oferecer denúncia;

(C) a ausência de representação do ofendido não impede o oferecimento de denúncia, podendo a omissão ser suprida a qualquer tempo antes da sentença final;

(D) como regra, a representação independe de formalidades prescritas em lei, cabendo retratação até o momento de ser proferida a sentença;

(E) ainda que tenha ocorrido a retratação do direito de representação, o ofendido poderá oferecer nova representação, desde que respeitado o prazo decadencial.

18. (Fundação Aroeira – Delegado de Polícia – TO/2014) Nos termos do Código de Processo Penal, o prazo para o oferecimento da denúncia pelo representante do Ministério Público, estando o acusado preso ou solto, será, respectivamente, de

(A) cinco e quinze dias.

(B) dez e vinte dias.

(C) vinte e trinta dias.

(D) trinta e sessenta dias.

19. (ACAFE – Delegado de Polícia – SC/2014) Considere as disposições do Código de Processo Penal quanto à ação penal e assinale a alternativa correta.

(A) As fundações, associações ou sociedades legalmente constituídas não poderão exercer a ação penal, pois carecem de personalidade jurídica para esse fim.

(B) Será admitida ação pública nos crimes de ação privada, se esta não for intentada no prazo legal, cabendo ao Ministério Público aditar a queixa, repudiá-la e oferecer denúncia substitutiva, intervir em todos os termos do processo, fornecer elementos de prova, interpor recurso e, a todo tempo, no caso de negligência do querelante, retomar a ação como parte principal.

(C) As fundações, associações ou sociedades legalmente constituídas só poderão exercer a ação penal se assistidas pelo Ministério Público.

(D) Será admitida ação privada nos crimes de ação pública, se esta não for intentada no prazo legal, cabendo ao Ministério Público aditar a queixa, repudiá-la e oferecer denúncia substitutiva, intervir em todos os termos do processo, fornecer elementos de prova, interpor recurso e, a todo tempo, no caso de negligência do querelante, retomar a ação como parte principal.

(E) As fundações, associações ou sociedades legalmente constituídas só poderão exercer a ação penal se representadas pelo Ministério Público.

20. (FCC – Promotor de Justiça – PA/2014) Antonio, de 25 anos, está sendo processado pelo delito de furto praticado contra João, seu irmão gêmeo. Diante disso,

(A) mesmo depois de oferecida a denúncia, se a pedido de João, o Ministério Público pode desistir da ação.

(B) o número máximo de testemunhas a serem arroladas na denúncia é 5.

(C) o Ministério Público não pode oferecer denúncia sem representação de João.

(D) o número máximo de testemunhas a serem arroladas na queixa é 5.

(E) ao fim, o juiz pode isentar Antonio de pena.

21. (MPE-SC – Promotor de Justiça – SC/2014) Conforme Súmula do Supremo Tribunal Federal, é concorrente a legitimidade do ofendido, mediante queixa, e do Ministério Público, condicionada à representação do ofendido, para a ação penal por crime contra a honra de servidor público em razão do exercício de suas funções.

22. (Cespe – Juiz de Direito – TJ – CE/2018) Considerando a jurisprudência dos tribunais superiores com relação ao processo penal e às nulidades processuais, assinale a opção correta.

(A) É desnecessária a oitiva da defesa para o desaforamento de processo em julgamento pelo tribunal do júri, quando tal ato for recomendado em razão das graves repercussões sociais do processo.

(B) As condições genéricas da ação penal são a possibilidade jurídica do pedido, o interesse de agir e a legitimidade da parte.

(C) Admite-se a extinção antecipada da punibilidade do réu sob a justificativa de que a pena que seria aplicada levaria inexoravelmente à prescrição da pretensão punitiva.

(D) É nula a oitiva de testemunhas por carta precatória sem a presença do réu, mesmo que este, devidamente intimado, não tenha requerido o seu comparecimento.

(E) A liberdade provisória não pode ser concedida a acusados de tráfico de entorpecentes.

23. (CONSULPLAN – TJ-MG – Titular de Serviços de Notas e de Registros – 2018) No sistema jurídico brasileiro, considerando-se a modalidade de ação penal e a terminologia adequada dos institutos processuais, é correto afirmar que:

(A) Nos crimes de ação penal privada, a queixa deve ser apresentada exclusivamente perante a Autoridade Judiciária, mediante assistência técnica de advogado.

(B) Nos crimes de ação penal pública, a queixa deve ser apresentada pelo ofendido perante o Delegado de Polícia, funcionando como causa de suspensão da prescrição.

(C) Nos crimes de ação penal privada, a denúncia deve ser apresentada pelo Ministério Público, perante o Juiz de Direito, até 6 (seis) meses após a representação do ofendido.

(D) Nos crimes de ação penal privada, a queixa deve ser apresentada por advogado perante o Delegado de Polícia, funcionando como causa de interrupção da prescrição.

24. (FCC – MPE-PB – Promotor de Justiça Substituto – 2018) Para que a ação penal tenha justa causa e possibilite a ampla defesa do acusado, a denúncia deverá conter os seguintes requisitos essenciais:

(A) Exposição do fato criminoso, com todas as suas circunstâncias, a qualificação do acusado ou esclarecimentos pelos quais se possa identificá-lo, a classificação do crime e, quando necessário, o rol das testemunhas.

(B) Exposição do fato criminoso, com todas as suas circunstâncias, a qualificação do acusado ou esclarecimentos pelos quais se possa identificá-lo, a classificação do crime, o rol das testemunhas e o pedido de condenação.

(C) Exposição do fato criminoso, com todas as suas circunstâncias, a qualificação do acusado ou esclarecimentos pelos quais se possa identificá-lo, a classificação do crime, o rol das testemunhas e pedido alternativo para o caso de desclassificação do crime.

(D) Exposição do fato criminoso, com todas as suas circunstâncias, a qualificação do acusado e da vítima ou esclarecimentos pelos quais se possa identificá-los, a classificação do crime e o rol completo das provas que se pretende produzir.

(E) Exposição do fato criminoso, com todas as suas circunstâncias, a qualificação do acusado ou esclarecimentos pelos quais se possa identificá-lo, a classificação do crime, o rol das testemunhas, o pedido de condenação e o procedimento a ser observado.

25. (FCC – MPE-PB – Promotor de Justiça Substituto – 2018) Estabelece o Código de Processo Penal que o Ministério Público velará pela indivisibilidade da ação penal de iniciativa privada. Sobre o tema, é correto afirmar:

(A) Caso julgue necessários maiores esclarecimentos e documentos complementares, o Ministério Público terá o prazo de três dias para aditar a queixa.

(B) A renúncia ao exercício do direito de queixa, em relação a um dos autores do crime, deverá ser aceita pelo beneficiário.

(C) A queixa contra qualquer dos autores do crime obrigará ao processo de todos.

(D) Em caso de abandono da ação penal privada pelo querelante, o Ministério Público deverá assumir a acusação.

(E) Na hipótese de ação penal perempta, o Juiz, somente após ouvir o Ministério Público, poderá declarar extinta a punibilidade do querelado.

26. (CONSULPLAN – TJ-MG – Juiz de Direito Substituto – 2018) Analise as afirmativas a seguir.

I. Segundo o Código de Processo Penal, a "emendatio libelli" exige que seja assegurada ao acusado vista sobre a possível modificação da classificação jurídica do fato, para incidência de crime mais gravemente apenado.

II. "Y" foi denunciado por tentativa de furto simples. Encerrada a instrução, a prova coligida aponta para a prática de furto qualificado consumado, a exigir a providência do art. 384 do CPP ("mutatio libelli"). O Promotor de Justiça oficiante recusou-se a aditar a denúncia e, remetidos os autos ao Procurador Geral de Justiça, este avalizou a recusa. Neste caso, nada restará ao magistrado fazer, a não ser proferir sentença pelo crime constante da inicial.

III. No caso de "mutatio libelli", não procedendo o órgão do Ministério Público ao aditamento, o assistente de acusação poderá fazê-lo, no prazo de 5 (cinco) dias, ficando o Juiz, na sentença, adstrito aos termos do aditamento.

IV. É admissível a "mutatio libelli" em segundo grau de jurisdição.

Assinale a alternativa correta.

(A) Todas as afirmativas estão incorretas.

(B) A afirmativa II está integralmente correta e as afirmativas I, III e IV estão incorretas.

(C) As afirmativas I, II e III estão integralmente corretas, mas a afirmativa IV está incorreta.

(D) As afirmativas I e II estão integralmente corretas e as afirmativas III e IV estão incorretas.

27. (FGV – TJ-SC – Analista Jurídico – 2018) O Código de Processo Penal prevê uma série de institutos aplicáveis às ações penais de natureza privada. Sobre tais institutos, é correto afirmar que:

(A) a renúncia ao exercício do direito de queixa ocorre antes do oferecimento da inicial acusatória, mas deverá ser expressa, seja através de declaração do ofendido seja por procurador com poderes especiais;

(B) o perdão do ofendido oferecido a um dos querelados poderá a todos aproveitar, podendo, porém, ser recusado pelo beneficiário, ocasião em que não produzirá efeitos em relação a quem recusou;

(C) a renúncia ao exercício do direito de queixa ocorre após o oferecimento da inicial acusatória, gerando extinção da punibilidade em relação a todos os querelados;

(D) a decadência ocorrerá se o ofendido não oferecer queixa no prazo de 06 meses a contar da data dos fatos, sendo irrelevante a data da descoberta da autoria;

(E) a perempção ocorre quando o querelante deixa de comparecer a atos processuais para os quais foi intimado, ainda que de maneira justificada.

28. (FGV – MPE-AL – Analista do Ministério Público – Área Jurídica – 2018) Paulo foi vítima de um crime de difamação, crime esse de ação penal privada, no dia 01 de dezembro de 2017, ocasião em que recebeu uma carta com o conteúdo criminoso. Diante disso, compareceu, no mesmo dia, em sede policial, narrou o ocorrido e demonstrou interesse na investigação da autoria delitiva. No dia 14 de dezembro de 2017, foi elaborado relatório conclusivo, indicando que Mariana e Marta agiram em comunhão de ações e desígnios e eram as autoras do delito. Paulo procura Mariana, que era sua ex-companheira, para esclarecimentos sobre o ocorrido, ocasião em que os dois se entendem e retomam o relacionamento. Em relação à Marta, porém, Paulo ofereceu queixa-crime, em 13 de junho de 2018, imputando-lhe a prática do crime do Art. 139 do CP. Com base apenas nas informações narradas, ao analisar o procedimento em 15 de junho de 2018, o Promotor de Justiça deverá opinar pelo

(A) não recebimento da queixa em face de Marta, tendo em vista que houve decadência no exercício do direito de queixa.

(B) recebimento da queixa em face de Marta, uma vez que a mesma foi oferecida dentro do prazo legal, nada mais podendo ser feito em relação à Mariana, já que houve renúncia ao exercício do direito de queixa em relação a esta.

(C) não recebimento da queixa em face de Marta, diante da renúncia ao exercício do direito de queixa em favor de Mariana.

(D) não recebimento da queixa em face de Marta, uma vez que houve perdão do ofendido.

(E) recebimento da queixa em face de Marta, bem como intimação do querelante para imediato aditamento da queixa, incluindo Mariana no polo passivo.

12. GABARITO ANOTADO

01 – C

Vide:

- Súmula 714, do STF.
- Item "6.6. Ação penal nos crimes contra a honra de funcionário público".

02 – A

Vide:

- Art. 31 do CPP.
- Item "5.2. Titularidade".

03 – E

Vide:

- Artigos 48 e 49 do CPP.
- Item "5.3. Princípios: 5.3.3. Da indivisibilidade".

04 – B

Vide:

- Item "6.5. Ação penal nos crimes contra a dignidade sexual"

05 – E

Vide:

- Súmula 714, do STF.
- Item "6.6. Ação penal nos crimes contra a honra de funcionário público".

06 – A

Vide:

- Art. 51 do CPP.
- Itens "5. Ação penal privada", "5.3. Princípios", "5.3.2. Da disponibilidade".

07 – D

Vide:

- Art. 42 do CPP.
- Itens "4.1. Ação penal pública incondicionada", "4.1.2. Princípios informadores", "4.1.2.2. Da indisponibilidade ou da indesistibilidade".

08 – E

Vide:

- Itens "5. Ação penal privada", "5.3. Princípios"

09 – D

Vide:

- Art. 438, STJ.
- Item "3. Condições para o exercício da ação penal".

10 – A

Vide:

- Itens "6.5. Ação penal nos crimes contra a dignidade sexual", "6.5.1. Direito intertemporal".

11 – B

Vide:

- Súmula 542, do STJ.
- Itens "4.2. Ação pública condicionada", "4.2.1. Conceito e considerações", "4.2.1.1.8. Retratação".

12 – A

Vide:

- Artigos 38, 48 a 51, 57 e 60, do CPP.
- Item "5.3. Princípios"

13 – D

Vide:

- Art. 31 do CPP.
- Item "5.2. Titularidade"

14 – E

Vide:

- Art. 24 do CPP.
- Item "4.2.1. Conceito e considerações."

15 – C

Vide:

- Art. 60, III, do CPP.
- Item "5.3. Princípios"; "5.3.2. Da disponibilidade"; "5.3.2.2. Perempção".

16 – E

Vide:z'

- Art. 48 do CPP.
- Item "5.3. Princípios"; "5.3.3. Da indivisibilidade".

17 – E

Vide:

- Art. 25 do CPP.
- Item "4.2.1. Conceito e considerações"; "4.2.1.1.8) Retratação".

18 – A

Vide:

- Art. 46, CPP
- Item 7.3.2. Início da contagem do prazo e o seu encerramento

19 – D

Vide:

- Art. 29, CPP
- Item 5.4. Espécies de ação penal privada

20 – C

Vide:

- Art. 24, CPP
- Item 4.1.1. Conceito e titularidade

21 – C

Vide:

- Súmula nº 714, STF
- Item 6.6. Ação penal nos crimes contra a honra de funcionário público

22 – B

Vide:

- Item: "3. Condições para o exercício da ação penal".

23 – A

Vide:

- Art. 39, CPP.
- Art. 44, CPP.
- Art. 117, CPP.
- Art. 140, §2º, CPP.
- Art. 145, CPP.

24 – A

Vide:

- Art. 41, CPP

25 – C

Vide:

- Art. 47, CPP.
- Art. 48, CPP.
- Art. 61, CPP.

26 – B

Vide:

- Art. 28, CPP.
- Art. 383, CPP.
- Art. 384, CPP.
- Súmula 453, STF.

27 – B

Vide:

- Art. 38, CPP.
- Art. 51, CPP.
- Art. 57, CPP.
- Art. 60, III, CPP.

28 – C

Vide:

- Art. 38, CPP.

13. QUESTÕES DISCURSIVAS COM COMENTÁRIOS

01. (Promotor de Justiça – RS – MPE-RS – 2014) A família Silva se reuniu no feriado nacional de proclamação da república no ano de 2013, para comemorar o aniversário de Euclides, nascido em 15/11/1953, na sua casa. Durante todo o dia, o clima festivo preponderou. À noite, todos se deslocaram para suas residências, com exceção de Petrônio, irmão caçula do aniversariante, que ficou zanzando pelas proximidades. Aproveitando-se da escuridão e munido de um pé de cabra, arrebentou uma janela nos fundos da edificação, ingressou no seu interior, e subtraiu várias coisas de arte e objetos de valor do ofendido. Para o seu azar, deixou cair sua carteira de identidade junto à janela. De manhã, percebendo o que tinha acontecido, a governanta da moradia procurou imediatamente a autoridade policial para narrar o delito, pois o seu patrão já viajara para Alemanha de manhã cedo e nada percebeu. A polícia judiciária compareceu ao local, efetuou perícia na janela arrombada – inclusive com fotos – e um dos espertos descobriu a identidade no chão, o que, mais tarde, com impressões digitais colhidas, confirmou a autoria do crime. O Delegado, de ofício, determinou a abertura de inquérito policial, onde testemunhas foram ouvidas, laudos foram juntados, e o indiciado Petrônio negou a autoria. A vítima não foi ouvida porque estava na Alemanha por ser alto funcionário de uma empresa multinacional. O inquérito foi concluído em 30 dias e remetido ao Ministério Público. Como representante do Ministério Público, você denunciaria o indiciado, requereria arquivamento ou pediria alguma diligência? Em qualquer caso, fundamente a opção escolhida, apontando a base legal.

Resposta

Conforme o espelho de correção disponibilizado pela banca, a questão envolvia o conhecimento a respeito de ação penal pública. Em síntese, a vítima, com 60 anos, teve várias obras de arte e objetos de valor furtados pelo seu irmão. O ofendido, trabalhando no exterior, não foi ouvido e nem fez qualquer requerimento no inquérito policial, aberto em razão da comunicação do crime pela sua governanta. Desta forma, em princípio, pelo art. 182, II, do Código Penal, o Promotor de Justiça não poderia denunciar por estar ausente a representação da vítima no inquérito policial. Entretanto, aplica-se o art. 183, III, também do Código Penal, isto é, não tem o indiciado imunidade alguma por ter a vítima 60 anos na data do delito. Assim, portanto, o Promotor de Justiça deveria oferecer denúncia.

02. (Promotor de Justiça – MPE-GO – 2010) Carioca e Mineirinho se conheceram na cadeia. Ao saírem, planejaram um assalto. Escolhida uma residência em Goiânia-GO, armados com faca e revólver, renderam os moradores. Durante o assalto, apesar dos protestos de Carioca, Mineirinho estuprou uma moradora. Quando estavam no quintal da casa, colocando os bens subtraídos das vítimas no veículo de uma delas, foram surpreendidos pela polícia. Houve troca de tiros e um vizinho foi atingido por disparo fatal efetuado por Mineirinho. Carioca foi preso e Mineirinho fugiu com R$ 30,00 (trinta reais) que havia subtraído da vítima de estupro.

(A) Se for o caso, elabore a denúncia, inclusive com a quota introdutória, considerando os seguintes dados: 1.1. Carioca foi identificado como sendo José dos Anzóis, brasileiro, solteiro, natural de Cumari-GO, nascido em 14/04/1992, filho de João dos Anzóis e Maria dos Anjos, servente, residente na Rua das Travessas nº 123, Jardim da Paz, Goiânia-GO. 1.2. Mineirinho não foi identificado civilmente. Apurou-se, contudo, que ele tem aproximadamente 1,70 de altura, cabelos castanhos liso, olhos e pele clara, aparentando 18 anos de idade, com um brinco na orelha esquerda e gosta de usar óculos escuros, bermudão e chinelo. 1.3. Além da vítima de estupro, Clara da Silva (13 anos de idade), estavam na residência mais três vítimas: Antônio da Silva, Joaquim da Silva e Manoel da Silva. 1.4. Durante o estupro, que consistiu em conjunção carnal, Antônio tentou reagir, mas foi contido por Carioca que estava armado com uma faca. 1.5. O vizinho atingido pelo disparo fatal foi identificado como Jorge de Deus, maior de 14 anos, mas débil mental. Estava na porta da sua residência, quando a bala disparada por Mineirinho ricocheteou no asfalto e lhe atingiu a cabeça, causando imediatamente a sua morte. 1.6. Data do fato: 14/04/2010. Local: Ruas das Lágrimas nº 1010, Setor da Alegria, Goiânia-GO.

(B) Não sendo caso de denúncia, elabore a promoção de arquivamento devidamente fundamentada.

Resposta

O espelho de correção indicou que o caso é de denúncia. O CPP, em seu art. art. 41, determina, sob pena de inépcia, que a denúncia deverá conter a exposição do fato criminoso, com todas as suas circunstâncias, a qualificação do acusado ou esclarecimentos pelos quais se possa identificá-lo, a classificação do crime e, quando necessário, o rol das testemunhas. Na questão prática, conforme narrado, Mineirinho não foi identificado civilmente e não se apurou esclarecimentos para sua identificação. Carioca, por sua vez, deve ser denunciado por latrocínio consumado em concurso material com estupro de vulnerável. O latrocínio se consumou com a morte de Jorge de Deus, o vizinho que foi atingido pelo disparo. A participação no estupro ficou evidenciada quando impediu a reação de Antônio, conforme narrado. Na quota introdutória, contudo, cabe requerimento de diligência em relação a Mineirinho, para obtenção de sua identificação e localização.

03. (Promotor de Justiça MPE-PR – 2014 – MPE-PR) Discorra sobre o princípio da indisponibilidade da ação penal, tratando da mitigação de sua aplicação no processo penal brasileiro. (Máximo de 15 linhas)

Resposta

O princípio da indisponibilidade, aplicável à ação penal pública, é também conhecido como princípio da indesistibilidade. É um desdobramento lógico do princípio da obrigatoriedade, de forma que, uma vez proposta a ação, o Ministério Público não pode dela dispor. Destarte, se o Ministério Público é obrigado a oferecer a denúncia, estando presentes os requisitos legais, também não pode dispor ou desistir do processo em curso (indisponibilidade). Destacou o espelho de correção que o princípio da indisponibilidade tem aplicação na fase processual, enquanto o princípio da obrigatoriedade aplica-se na fase pré-processual. O CPP prevê, expressamente, no art. 42, que o Ministério Público não pode desistir da ação penal, assim como também não poderá desistir do recurso que interpôs (art. 576, CPP). Como exemplo prático de mitigação do princípio, destacou-se a suspensão condicional do processo, prevista no art. 89, da Lei nº 9.099/95, tendo em vista que sendo preenchidos os requisitos objetivos e subjetivos para suspensão, oferecida a proposta pelo órgão ministerial, com posterior aceitação do acusado e de seu defensor, e ulterior homologação da autoridade judiciária, o processo permanecerá suspenso.

04. (Defensor Público Estadual – GO – 2014 – UFG) O art. 16, da Lei nº 11.340/2006, dispõe: "Nas ações penais públicas condicionadas à representação da ofendida de que trata esta Lei, só será admitida a renúncia à representação perante o juiz, em audiência especialmente designada com tal finalidade, antes do recebimento da denúncia e ouvido o Ministério Público". Acerca desse dispositivo legal, responda, fundamentado em doutrina e jurisprudência: a) Em que sentido o termo "renúncia" foi empregado pelo legislador? b) Qual é a condição essencial para a designação da audiência pelo juiz?

Resposta

Conforme constou o espelho de correção divulgado, o termo "renúncia" foi empregado pelo legislador no sentido de "retratação", tendo em vista que a renúncia ao direito de representar só é possível antes do oferecimento da representação. Uma vez ofertada a representação pela vítima, esta poderá se retratar, no caso, mesmo depois de ofertada a denúncia pelo Ministério Público, mas desde que antes do seu recebimento pelo juiz.

Note-se que o Superior Tribunal de Justiça entende que a audiência prevista no dispositivo mencionado depende de prévia manifestação da parte ofendida antes do recebimento da denúncia, a demonstrar sua intenção de retratar-se, seja por meio da autoridade policial ou diretamente no fórum. Assim, somente após a manifestação dessa vontade da vítima, o juízo deverá designar a audiência para sanar as dúvidas sobre a continuidade da ação penal.

05. (Promotor de Justiça – 2014 – MPE-GO) O que se entende por criptoimputação? Qual(ais) a(s) sua(s) consequência(s) para o processo penal? Como deve agir o Promotor de Justiça a fim de evitá-la?

Resposta

A criptoimputação é a narração do fato eivada de grave deficiência, mencionando superficialmente elementos do tipo penal em abstrato e sem os mínimos elementos para a identificação do fato como típico e antijurídico. Trata-se, destarte, da imputação maculada por grave situação de deficiência na narração do fato imputado, imputação incompreensível, que dificulta o exercício de defesa.

Conforme constou da resposta padrão divulgada, a primeira consequência da criptoimputação é a rejeição da denúncia. Por outro lado, se for recebida a denúncia eivada pela criptoimputação, equivocadamente, deverá o juiz absolver sumariamente o réu com fundamento no art. 397, III, do CPP. Não o fazendo, será possível a impetração de habeas corpus (CPP, art. 647 c/c art. 648, VI) em razão de faltar ao processo elemento essencial configurador de nulidade (CPP, art. 564, IV).

Para evitar a criptoimputação, deve o promotor de Justiça observar o art. 41 do CPP, descrevendo de modo preciso os elementos estruturais que compõem o tipo penal, sob pena de se devolver, ilegitimamente, ao réu, o ônus (que sobre ele não incide) de provar que é inocente.

06. (UFRJ – Delegado de Polícia – DF/2005) O que se entende por imputação alternativa? Este instituto traz alguma influência para a fase pré-processual? Existe alguma norma no Código de Processo Penal Brasileiro que preveja modalidade de imputação alternativa superveniente?

Resposta

A imputação alternativa consiste no oferecimento de peça acusatória que atribua a um denunciado a prática de dois fatos delituosos, de forma alternativa, ou seja, de maneira mutuamente excludente, a exemplo de imputar ao acusado a prática de um furto ou de um roubo, diante da dúvida sobre a elementar "grave ameaça". Afrânio Silva Jardim enxerga a possibilidade de atribuir também um único fato a dois denunciados, de forma alternativa, vale dizer, o estupro imputado cometido por um réu ou por outro.

Na fase pré-processual não se fala em imputação, porém é possível vislumbrar a possibilidade de um inquérito que investigue fato sobre o qual se tenha dúvida sobre o seu enquadramento, a depender da elementar em jogo – dúvida sobre se é homicídio ou se é roubo seguido de morte – ou mesmo dúvida sobre o agente, dentre dois ou mais, que efetivamente cometeu o delito.

No entanto, a maioria da doutrina entende que a denúncia tem que ser certa, sem possibilidade de imputar alternativamente uma conduta ou outra a alguém e, muito menos de imputar a prática de uma condutar a uma ou a outra pessoa, alternativamente.

Na fase pré-processual, seria um plus constrangedor indiciar, alternativamente, um ou outro investigado por determinado fato. Retiraria também a plausibilidade do indiciamento atribuir um fato ou outro, também alternativamente, a determinado indiciado.

No STF, há precedente antigo, lembrado por Afrânio Silva Jardim, que possibilita a admissão de imputação alternativa superveniente, isto é, aquela que não é formulada por ocasião da denúncia, mas a que decorre de um aditamento. O STF, em suma, aduziu que o juiz não ficaria impedido, depois do aditamento, de julgar a causa conforme os fatos narrados na petição inicial não aditada. Daí a alternatividade superveniente.

A legislação hoje é expressa em não admitir imputação alternativa. O art. 384 e parágrafos aduz que, uma vez aditada a denúncia, o juiz deve ficar adstrito aos termos do aditamento. A Lei nº 12.830/2013 que estabelece os limites do indiciamento também não prevê tal possibilidade.

---

07. (UEG – Delegado de Polícia – GO/2009) Em 20/10/2007, um delegado de polícia tomou conhecimento, via imprensa, de que Tripa Seca teria agredido o síndico de seu condomínio, expondo sua vida a perigo. No mesmo dia, instaurou, de ofício, inquérito policial. Em 20/07/2008, as investigações foram encerradas. Pela prova técnica juntada aos autos, se concluiu que não houve perigo de vida, bem como o crime praticado não fora o de lesões corporais graves, mas sim leves. A vítima, após as agressões, viajou para outro Estado, não sendo, portanto, ouvida. Analise o problema e, justificadamente, dê a solução jurídica ao caso.

Resposta

O crime de lesão corporal de natureza leve (art. 129, caput, CP) é crime de menor potencial ofensivo (Lei nº 9.099/1995), cuja apuração deve ocorrer através de termo circunstanciado de ocorrência e não de inquérito policial, como ocorreu no caso.

Outro problema, que antecede esse, é que o delito cuja ação penal é de iniciativa pública condicionada à representação do ofendido. Isso quer dizer que, se fosse possível verificar que o crime era o de lesão corporal leve desde o início, não poderia ter sido iniciada qualquer providência investigativa de ofício.

Nessa hipótese, cabível habeas corpus para trancar o inquérito policial, eis que não foi preenchida a necessária condição de procedibilidade.

A vítima não deve ser instada para oferecer representação. Ela deve manifestar seu desejo espontaneamente, sem que seja intimada para este fim.

Quanto ao inquérito policial, a autoridade policial deve encaminhá-lo à Justiça para que, ciente o Ministério Público, este requeira o arquivamento provisório enquanto se aguarda o decurso do prazo decadencial. Ultrapassado este sem que a vítima se manifeste, deve ser declarada a extinção da punibilidade (art. 61, CPP, c/c art. 107, IV, CP).

---

08. (PC-PR – Delegado de Polícia – PR/2013) Discorra sobre as condições da ação penal.

Abordamos as condições da ação de forma analítica no curso deste capítulo, para onde remetemos o leitor. Não havendo limite de linhas, deve o candidato sistematizar o assunto e demonstrar conhecimento a respeito.

---

09. (FUNCAB – Delegado de Polícia – RO/2014) Vinícius, com a concordância de sua companheira Aline, em janeiro de 2014, pratica com Herbert, filho desta e seu enteado, de apenas 11 anos, atos libidinosos diversos, o que ocorreu em quatro dias distintos no referido mês, sempre agindo, à noite, na casa do casal, do mesmo modo e nas mesmas condições. Aline assistia à violência sexual praticada e orientava Vinícius quanto a que ato libidinoso praticar contra seu filho. O fato foi levado, em março, ao conhecimento da autoridade policial que instaurou o procedimento próprio.

Diante desse quadro, fundamentadamente:

(A) faça o devido e completo enquadramento penal para os envolvidos no caso;

(B) aponte o tipo de ação penal a ser proposta;

(C) aponte o prazo para conclusão do inquérito policial em questão.

Resposta

(A) Ambos respondem por estupro de vulnerável, aplicando-se a regra da continuação delitiva, conforme entendimento mais recente do STF, afastando-se daquele que vedava a continuação delitiva nesses crimes: art. 217, caput, c/c o art. 71, c/c o art. 29, todos do CP. Note-se que Aline é partícipe do fato, eis que o enunciado fala que ela orientava Vinícius.

(B) A ação penal é pública incondicionada, em razão do sujeito passivo ser menor de dezoito anos (art. 225, parágrafo único).

(C) Tratando-se de indiciado solto, o prazo para conclusão do inquérito policial é de trinta dias (art. 10, CPP).

---

10. (PC-RS – Delegado de Polícia – RS/2009) O cidadão João, em conflito doméstico, prevalecendo-se de sua força física, agride sua mulher, causando-lhe lesões corporais leves. Maria, a esposa agredida, dirige-se à Delegacia de Polícia, comunicando à autoridade policial a agressão sofrida. Conforme o disposto no art. 88 da Lei 9.099/95, "... dependerá de representação a ação penal relativa aos crimes de lesões corporais leves e lesões culposas". Todavia, pela leitura da Lei 11.340, de 07 de agosto de 2006 (Lei Maria da Penha), no seu art. 41, está determinado que "aos crimes praticados com violência doméstica e familiar contra a mulher, independentemente da peita prevista, não se aplica a Lei nº 9.099 de 26 de setembro de 1995" (Lei dos Juizados Especiais Criminais). A Lei Maria da Penha refere em outros dispositivos à representação. Comente sobre esta (aparente) contradição e indique, fundamentadamente, qual a solução para ela, sem dispensar o entendimento sobre a natureza da ação penal (pública incondicionada, pública condicionada ou privada), que resultará da ação de João. A ocorrência de lesões leves em conflito doméstico de que resulte a aplicação da Lei Maria da Penha, resultará em ação penal pública incondicionada ou dependerá ela de representação? Quais as providências que a autoridade policial deverá tomar ao receber a *notitia criminis* da agressão?

Resposta

A aparente contradição já foi objeto de apreciação do STF, conforme expusemos neste capítulo. Os artigos 16 e 41, da Lei Maria da Penha, são o objeto de interpretação. No caso, a ação penal é de iniciativa pública incondicionada. Isso porque o crime de lesão corporal leve tem previsão de ser de ação pública condicionada na Lei nº 9.099/1995 e, por sua vez, o art. 41, da Lei nº 11.340/2006, determina que não se aplica a Lei dos Juizados Especiais aos casos de violência doméstica familiar à Mulher. Daí decorre a seguinte conclusão: não havendo previsão especial de espécie de iniciativa de ação na Lei nº 9.099/1995, os delitos que envolvam violência doméstica contra a mulher continuam com a mesma espécie de ação penal prevista em Lei (o estupro, por exemplo, prossegue como de ação penal pública condicionada, como regra; a ameaça também), salvo se a previsão for determinada pela Lei nº 9.099/1995, tal qual a lesão corporal leve, que tem ação penal de iniciativa pública incondicionada quando a violência for contra mulher no contexto de relação afetiva.

11. (MPE-GO – Promotor de Justiça – GO/2010) Qual o papel da vítima no controle da formação da *opinio delicti* no atual Código de Processo Penal?

Resposta

A opinio delicti referida no enunciado da questão é do Ministério Público. A vítima exerce este controle quando a persecução penal do delito em juízo depende de ação penal pública condicionada à representação do ofendido (vítima). Sabemos que existem as ações de iniciativa privada do ofendido e a ação penal pública condicionada à requisição do Ministro da Justiça, no entanto, na primeira, a vítima-querelante é quem detém a opinio delicti (não exerce controle sobre a ação que ela própria tem legitimidade para mover). Na segunda, a requisição é ofertada por quem não é vítima, sendo, aliás, expressão política do Estado.

O candidato, atendendo ao que pede a questão, deve discorrer sobre o instituto da representação, seu prazo decadencial, suas hipóteses de retratabilidade (até o oferecimento da denúncia, segundo o CPP) e sua informalidade. Sobre o ponto, remetemos o leitor ao tópico que tratamos desse instituto.

12. (MPE-MA – Promotor de Justiça – MA/2009) MÁXIMO DE 40 LINHAS – Considere o seguinte depoimento de testemunha, prestado no inquérito policial e corroborado por outras provas periciais e testemunhais.

"Que o declarante em 18/12/2008, por volta das 2 horas da madrugada saiu de uma festa de confraternização e transitava pela Avenida Couto Pereira; que ao chegar no centro desta cidade e comarca de Sol do Leste/MA, em razão do grande movimento de pessoas que frequentavam os diversos bares ali existentes foi obrigado a reduzir a marcha até parar, quando se aproximou por trás um veículo Audi/SS, cor vermelha, placa AAA-1818/MA, cujo motorista inconformado por ter que parar buzinou bastante e dava sinal de luz para fazer o declarante abrir passagem, mas não era possível porque várias pessoas cruzavam a rua; que em seguida o motorista arrancou violentamente o Audi e continuou acelerando bastante mesmo se aproximando de um cruzamento até que sem parar invadiu a preferencial e colidiu com uma moto que vinha pela Rua Barão de Mauá; que viu as vítimas, que depois veio a saber se chamarem Pietro Lagony e Joset Lagony Doria, serem violentamente jogadas contra as bombas de um posto de gasolina localizado naquela esquina; que as vítimas faleceram no local e quando o socorro chegou um deles ainda respirava, mas com muita dificuldade; que o indiciado saiu atordoado do veículo e tinha hálito com cheiro forte de álcool; que soube dias depois que o bafômetro registrou 12 dg/l; que o carro estragou bastante e a motocicleta virou sucata, que o local estava bastante movimentado; que muitos veículos estavam parados nos dois lados da rua e os bares tinham filas com gente até na calçada esperando para entrar; que no interior do Audi os policiais encontraram um revólver marca Smith&Wesson, calibre .38, número de série AVT-0017; que viu a arma, era preta e tinha 06 balas no tambor; que soube que estava embaixo do banco e que ele não tinha porte; que o indiciado estava sozinho no carro; que as vítimas ficaram mutiladas conforme mostram os laudos de necropsia (fls. 45/48 e 50/53); que a arma apreendida é a mesma descrita no auto respectivo de fls. 15; que o Audi tinha película muito escura nos vidros; que não dava para enxergar nada dentro do carro; que ficou no local até a polícia encerrar a ocorrência. Nada mais".

Orientado pelas disposições do artigo 41 do Código de Processo Penal, elabore somente a exposição dos fatos delituosos, com todas as suas circunstâncias, bem como a classificação jurídica (capitulação legal), apontando, desta forma, quais os artigos do Código Penal incidentes na espécie.

Resposta

Sendo a denúncia peça técnica, sugerimos que o candidato elabore roteiro que catalogue cada conduta e sua respectiva tipificação legal (tipo fundamental e derivado). Em seguida, deve fazer a narrativa de cada conduta, de acordo com os fatos descritos, cotejando o comportamento com os elementos do tipo penal referido. A causa de pedir é o aspecto central da acusatória. Além de focar nos tipos penais adequados, evitando assim descrição de fato atípico, a denúncia deve conter os elementos que lhe são próprios. Para tanto, devem ser confrontados os artigos 41 (requisitos da peça acusatória) e 395 (hipóteses de rejeição). Ao final, deve arrolar testemunhas e requerer diligênrcias, como o exame de potencialidade ofensiva da arma. Há uma discussão atual sobre se a conduta configura homicídio doloso (dolo eventual). Para nós, o homicídio é culposo, em razão de imprudência (culpa consciente). Na tipificação das condutas, com o pedido de condenação, deve observar técnica apropriada, por exemplo: art. 302, § 3º (homicídio culposo no trânsito qualificado[109], por duas vezes), da Lei 9.503/1997, com redação determinada pela Lei nº 12.971/2014, c/c art. 70, CP (concurso formal relativamente às duas vítimas), e art. 14, da Lei 10.826/2003 (porte ilegal de arma), c/c o art. 69, CP (concurso material com o primeiro delito).

13. Elaboração de denúncia (Valor: 4 pontos)

Nos autos do inquérito policial restou apurado que os indiciados Caio e Tício, em coautoria, praticaram os crimes de estupro e de homicídio qualificado pelo motivo torpe e pelo meio cruel. Os delitos foram perpetrados em concurso material contra a vítima Afrodite.

Os autos de informação indicam que, na prática do crime de homicídio, Caio e Tício contaram com a participação de Brutus.

No exercício das funções do cargo de Promotor de Justiça da Comarca de Saramandaia, ofereça denúncia com lastro nas informações contidas no inquérito policial.

Orientações ao candidato:

- *Zele pela objetividade e clareza, evitando dissertações desnecessárias;*
- *As demais circunstâncias dos fatos que se inserem no iter criminis poderão ser criadas pelo candidato, observando-se as imputações apresentadas pelo examinador.*
- *Limite a exposição ao* **máximo de sessenta linhas**.
- *O candidato não deverá se identificar na peça nem assiná-la.*

Resposta

Mais uma vez o examinador requerendo do candidato conhecimento sobre a elaboração da denúncia. Peça técnica que é, as mesmas orientações anotadas para a questão anterior devem nortear a formulação da resposta a esta questão.

14. (MPE-MG – Promotor de Justiça – MG/2007) Existe diferença entre pressupostos de existência do processo e pressupostos de existência da relação processual penal? Justifique sua resposta (máximo de 20 linhas).

Resposta

O processo pode ser compreendido objetivamente (inauguração com a peça acusatória e sequencia de atos processuais) e subjetivamente (relação jurídica processual entre autor, juiz e acusado).

Feita essa distinção, nota-se a diferença entre os pressupostos de existência do processo e os pressupostos de existência da relação jurídica processual penal.

A doutrina se divide sobre o momento de existência do processo: a primeira, majoritária, aduz que o momento é o do recebimento da peça acusatória; a segunda, a qual nos filiamos, informa que há processo desde que simplesmente oferecida a ação penal; a terceira alega existir processo penal com a citação.

Para existir processo penal, basta o oferecimento da petição inicial. Tanto que uma vez rejeitada a denúncia, cabe recurso em sentido estrito e, desse recurso, deve o denunciado ser intimado pessoalmente para ofertar contrarrazões (Súmula 707, STF).

Para existir relação jurídica processual completa, necessária a citação do acusado, tornando-a angularizada (art. 363, CPP).

Em suma, os pressupostos de existência do processo são existência de órgão jurisdicional (juiz) e pedido (demanda, ação penal que deduz a pretensão punitiva estatal). Já os pressupostos de existência da relação jurídica processual consistem na participação dos sujeitos processuais (partes e magistrados, através do exercício da competência material do juízo e da citação). É posição minoritária.

15. (MPE-MG – Promotor de Justiça – MG/2008) (máximo de 20 linhas)

O Juiz de Direito poderá receber parcialmente a denúncia, decotando qualificadora que entenda ser

---

109. Redação dada pela Lei nº 13.546/2017, com *vacatio legis* de 120 dias a contar de 20 de dezembro de 2017 (art. 6º). Segundo o texto em vigor do § 3º, do art. 302, do CTN, " § 3º Se o agente conduz veículo automotor sob a influência de álcool ou de qualquer outra substância psicoativa que determine dependência: Penas – reclusão, de cinco a oito anos, e suspensão ou proibição do direito de se obter a permissão ou a habilitação para dirigir veículo automotor."

impertinente? Poderá, no mesmo ato, alterar a imputação para reconhecer a prática de crime diverso do narrado?

Resposta

É possível o recebimento parcial da denúncia. Esse controle limitativo da imputação pelo juiz é compatível com o sistema acusatório e evita que o denunciado responda indevidamente por fato tido por conexo ou por crime tido por qualificado sem que a petição inicial venha acompanhada do necessário suporte probatório mínimo.

No entanto, em regra, o juiz não pode alterar a imputação para reconhecer crime diverso. Estaria, se assim fosse possível, violando o princípio de que o juiz não pode agir de ofício (princípio da demanda), ao mesmo tempo que também estaria invadindo a seara funcional do Ministério Público (opinio delicti). Para modificações da imputação ou para retificação da capitulação dos fatos, o momento adequado é o que antecede a sentença (art. 384, CPP – mutatio libelli) ou a própria sentença (art. 383, CPP – emendatio libelli).

16. (MPE-MG – Promotor de Justiça – MG/2008) (máximo de 20 linhas)

Uma ação penal pode ser, ao mesmo tempo, secundária e adesiva? Justifique sua resposta.

É possível. São classificações que retratam fenômenos compatíveis. A ação secundária é nome que designa a ação cuja iniciativa é, por exemplo, privada, mas, secundariamente, dependendo da qualidade do sujeito passivo, é pública condicionada, tal como se dá nos crimes contra a honra do Presidente da República). A ação penal adesiva envolve uma forma de litisconsórcio que reúne queixa-crime movida por ofendido e denúncia do MP, em face da conexão ou da continência. No exemplo dado, pode o fato difamatório consistir na difamação do Presidente da República e de um cidadão comum, em concurso formal. Teremos assim, ação penal secundária, caso seja formulada denúncia em razão da apresentação de requisição do Ministro da Justiça, e ação penal adesiva àquela se formulada queixa-crime pelo cidadão comum.

17. (MPE-MS – Promotor de Justiça – MS/2007) Considerando o texto extraído do caderno Cotidiano, do jornal FOLHA DE SÃO PAULO, do dia 11 de novembro de 2006 – a seguir transcrito – como se fosse o relatório final de um inquérito policial, apresente a peça processual que julgar conveniente, de forma a mais completa possível, nos termos do que dispõe o Código de Processo Penal.

São Paulo, sábado, 11 de novembro de 2006
FOLHA DE S.Paulo cotidiano

Homem invade ônibus e, por 10 h, ameaça ex.

Cerca de 50 pessoas foram inicialmente mantidas reféns pelo desempregado, que ameaçava matar a ex-mulher e se suicidar.

Negociações foram iniciadas de forma improvisada, com a participação de parentes, de pastor e até de ex-pagodeiro; rodovia Dutra ficou parada.

XXXXXXXXXXXXX GRAFICO XXXXXXXXXXXXX

Marcos Tristão/ Agência O Globo

Passageiro é retirado de ônibus sequestrado por vigilante desempregado, que ameaçava assassinar ex-mulher e depois se matar.

SERGIO TORRES

MARIO HUGO MONKEN

TALITA FIGUEIREDO

DA SUCURSAL DO RIO

Inconformado pelo que chamou de traição da ex-mulher, Cristina Ribeiro, 36, o desempregado André Luiz Ribeiro da Silva, 35, a manteve sob a mira de um revólver das 8h às 18h20 de ontem, dentro de um ônibus. Cerca de 50 pessoas foram inicialmente mantidas reféns pelo homem, que ameaçava matá-la e suicidar-se. Ele se entregou à polícia após mais de dez horas de tensão. Ninguém ficou ferido gravemente. Cristina sofreu escoriações leves.

O caso chegou a parar a via Dutra (principal ligação entre Rio e São Paulo), nos dois sentidos. O ônibus da viação Tinguá fazia a linha 499 (Cabuçu, em Nova Iguaçu, à Central do Brasil, no centro do Rio). Ficou estacionado no acostamento do km 176, sentido Rio.

Vigilante sem emprego, André invadiu o ônibus lotado na localidade de Rosa dos Ventos, em Nova Iguaçu. Trazia a mulher agarrada pelos cabelos. Apontou o revólver para o motorista Flávio Teles de Menezes, mandou-o fechar a porta e prosseguir. Eram cerca de 8h.

No ônibus, dizem os reféns, André agredia a ex-mulher com tapas e socos no rosto. Aos gritos, acusava-a de traição. Eles se separaram há três meses.

Avisadas por pedestres e por passageiros com celular, a PM e a Polícia Rodoviária federal iniciaram a perseguição. Após 30 minutos, o ônibus parou em um engarrafamento e a polícia o cercou. O motorista abriu a porta e fugiu. Atrás dele, desceu um grupo de reféns. Duas mulheres que passavam mal haviam saltado pouco antes.

Para tirar o veículo do meio da Dutra, o cobrador do ônibus, Luiz Carlos Ferreira da Silva, a mando da PM, assumiu a direção. O ônibus parou menos de 1 km depois, escoltado por carros policiais e por uma carreta.

A negociação começou ali, às 8h30. Em troca de água, André aceitou liberar cinco reféns.

Às 13h, no local, o comandante-geral da PM, coronel Hudson de Aguiar, disse que o sequestrador não dizia "coisa com coisa". "Ele já falou que está com dez,

15, 22 pessoas." O ônibus tinha cerca de 50 pessoas. Em três momentos reféns foram liberados.

Até a chegada de especialistas do Bope (Batalhão de Operações Especiais), cinco horas e meia após o início do sequestro, as negociações vinham sendo conduzidas de forma improvisada, com a participação de parentes do sequestrador, de um pastor evangélico e até do ex-pagodeiro Waguinho.

Com o novo comando, todos foram afastados. Às 16h20, 15 reféns foram soltos e saíram pela janela. Ficaram André, Cristina e o cobrador. O caso foi resolvido duas horas depois. O primeiro a sair foi o cobrador. Depois, André se entregou. Cristina foi a última a sair.

Minutos antes, quem assistia ao Bope preparando-se para invadir o ônibus imaginou que poderia se repetir o episódio do ônibus 174. Um policial chegou à janela e apontou a arma. Não houve disparos. "Os policiais só entraram no ônibus depois que ele havia entregue a arma", disse Aguiar.

A arma foi entregue ao promotor Carlos Guilherme Santos Machado, que participou das negociações.

Segundo a polícia, André ficará preso e será indiciado sob acusação de sequestro, lesão corporal e porte ilegal de arma. O advogado Flávio Fernandes, contratado pela família de André, afirma que ele não pode responder por seqüestro porque os reféns ficaram no ônibus mesmo depois de liberados.

Resposta

Cabível, na condição de promotor de justiça, elaborar denúncia, seguindo o roteiro que sugerimos nas questões similares acima. Deve-se se enfrentar a correta tipificação dos fatos: art. 129, caput, CP, c/c a Lei 11.340/2006, e art. 147, (ameaça contra quinze pessoas) e seu § 1º, I (contra a mulher), c/c art. 70, CP (em concurso formal), tudo c/c o art. 69, CP (os crimes de ameaça em concurso material com o crime de lesões leves). Nessa peça técnica, como não se noticiou a aplicação do art. 310, II, do CPP (eis que a alteração promovida pela Lei nº 12.403/2011 é posterior ao concurso em tela), cabível formular requerimento de conversão da prisão em flagrante em prisão preventiva, fundando-se na necessidade de se garantir a ordem pública (fundamentação consistente).

18. (MPE-MS – Promotor de Justiça – MS/2008) Se o art. 93, IX, da Constituição Federal determina que "serão motivadas todas as decisões do Poder Judiciário", por que a decisão que recebe a denúncia não carece de motivação? Fundamente a resposta.

Resposta

A jurisprudência do STF e do STJ entende que o despacho de recebimento da denúncia não necessita de fundamentação. A doutrina majoritária, ao contrário, sustenta o cunho decisório do recebimento da denúncia, avivando carecer de fundamentação.

Certo é que, nos procedimentos que o recebimento da denúncia é precedido de defesa preliminar (procedimento dos crimes de tráfico de entorpecentes ou dos delitos afiançáveis funcionais atribuídos a funcionários públicos), naturalmente o recebimento da denúncia enfrentará matérias que exigirão fundamentação.

Também o recebimento de denúncia perante órgãos colegiados é fundamentado, já que submetido à votação pelos respectivos membros.

Quanto à rejeição da denúncia, não há controvérsia sobre sua natureza de decisão, devendo ser fundamentada e desafiando recurso em sentido estrito.

19. (CESPE – Promotor de Justiça – TO/2012) Disserte sobre a Lei Maria da Penha (Lei nº 11.340/2006), abordando, necessariamente, os seguintes aspectos:

- fundamento constitucional e objetivos da referida norma;
- alcance da citada lei em relação a contravenções penais;
- necessidade de representação da vítima para a propositura da ação penal pública nos casos de crimes de lesão corporal leve;
- aplicabilidade da Lei nº 9.099/1995 aos crimes praticados com violência doméstica e familiar contra a mulher.

Resposta

A Lei Maria da Penha fundamenta-se em questões de isonomia material entre homem e mulher, considerando o fato histórico de graves violações a direitos humanos nessa esfera, bem como recomendações e decisões da Corte Interamericana de Direitos Humanos. Sobre o ponto, a Constituição Federal tem como objetivo promover o bem de todos e, como princípio nas suas relações internacionais a prevalência dos direitos humanos (artigos 3º, 4º e 5º). Objetiva-se, com este diploma legal, proteger a incolumidade física da pessoa do sexo feminino, notadamente contra agressões no âmbito afetivo e nas relações domésticas.

A Lei é aplicável às contravenções penais, tal como as vias de fato. Lavra-se inquérito policial e se veda a aplicação dos institutos despenalizadores da Lei nº 9.099/1995 (art. 41, da Lei nº 11.340/2006).

Tratando-se de lesão corporal leve – cuja previsão de representação está na Lei nº 9.099/1995 –, o fato de incidir a Lei Maria da Penha torna a ação de iniciativa pública incondicionada. Só para crimes que não estejam previstos na Lei dos Juizados Especiais Criminais é que poderemos ter ação de iniciativa pública condicionada à representação (conjugação dos artigos 16 e 41, da Lei Maria da Penha, conforme entendimento do Pretório Excelso).

Como se disse, não se aplica a Lei nº 9.099/1995 quando o caso é de crime praticado com violência doméstica e familiar contra a mulher, por força de expressa disposição legal (art. 41, da Lei nº 11.340/2006).

20. (MPE-PR – Promotor de Justiça – PR/2012) (máximo de 15 linhas). O magistrado, na ocasião da análise da denúncia criminal oferecida, sem qualquer correspondência com a descrição fática e qualificação jurídica do Ministério Público, recebe a inicial considerando a prática de delito diverso, para o qual se comina pena mais grave. Qual é o princípio do processo penal, relacionado à ação penal, que não foi observado pelo juiz? Fundamente.

Resposta

O princípio da imparcialidade recomenda que o juiz só analise a capitulação dada aos fatos pelo órgão da acusação quando da sentença. Isso porque a qualificação jurídica é uma das porções do julgamento do fato. Deixando para o momento da sentença, o juiz respeita as regras da emendatio libelli (art. 383, CPP). Quando antecede, acaba por se imiscuir na atividade ministerial, interferindo indevidamente na opinio delicti, que cabe ao Parquet. Ao juiz só se permite declarar equívoco de capitulação quando esta, tal qual formulada pelo MP, acarretar nulidades por vício de competência ou de procedimento. Na hipótese, o magistrado violou, notadamente, o princípio da demanda (ne procedat iudex ex officio), este relacionado aos princípios da ação penal.

21. (MPE-PR – Promotor de Justiça – PR/2008) (máximo de 15 linhas).

Como se inicia, em regra, a ação penal de natureza pública e quais os princípios que a regem, desde que não se enquadre na Lei nº 9.099/95?

Resposta

Inicia-se com a denúncia, com aplicação do princípio da obrigatoriedade e de outros que discorremos no tópico da classificação das ações penais, para onde remetemos o leitor.

22. (ACP – Promotor de Justiça – PB/2011) Poderá um funcionário público propor ação penal privada contra outro servidor, acusando-o, por meio da imprensa, de crime contra a honra praticado em razão do exercício das funções por aquele desempenhadas, antes de decorridos seis meses do fato, caso já tenha representado ao Ministério Público, estando, ainda em curso, o prazo para oferecimento de denúncia? Responda fundamentadamente à luz do entendimento jurisprudencial dominante.

Resposta

Não é possível, eis que já escolheu a via da representação ao MP. Fala-se de legitimação concorrente para ação penal por crime contra a honra (Súmula 714, STF), porém, na verdade, o que se tem é uma legitimação alternativa. A ação penal privada propter officium decorre da possibilidade do funcionário ofendido, ao invés de oferecer representação para que o MP promova ação penal pública condicionada, promover diretamente, por queixa-crime, a ação penal de iniciativa privada.

23. (MPE-SC – Promotor de Justiça – SC/2010) J. S. trabalhava na Prefeitura Municipal de Palhoça. Para conceder alvarás de funcionamento de estabelecimentos comerciais, prevalecendo-se da função que exercia, J. S. impunha o pagamento para si do valor de R$ 500,00. Inúmeras pessoas, durante vários meses consecutivos, a partir de 27/10/2009, efetuaram o pagamento do valor em dinheiro, entregando-o pessoalmente ao referido agente. Alguns efetuaram o pagamento em cheque. Como não sabia o que fazer com os cheques, para não ser descoberto, J. S. resolveu montar, em sociedade com seu cunhado M. M., uma empresa, denominada SUCESSO LTDA, do ramo de compra e venda de sucata, a qual foi constituída formalmente em 19/11/2009, através da inscrição do contrato social na Junta Comercial do Estado de Santa Catarina. Efetivamente a empresa não funcionava, pois não possuía empregados, não tinha sede física real, sequer desenvolvia a atividade comercial apregoada no contrato social. Dando continuidade ao seu intento, J. S. promoveu em 20/12/2009, a abertura de uma conta bancária em nome da SUCESSO LTDA, passando a depositar rotineiramente os cheques que recebia como pagamento da atividade ilícita na conta bancária da empresa SUCESSO LTDA. Pretendendo respaldar a movimentação bancária da empresa SUCESSO LTDA, J. S. contratou em 03/01/2010, M. S. para fazer a "arte gráfica" de uma nota fiscal "fria", aproveitando-se do nome, inscrição estadual e CNPJ verdadeiros da empresa PANAMERICANO LTDA (sem que os sócios desta soubessem, sequer desconfiassem), sediada em Joinville/SC. Para tanto, como se tratava de um negócio ilícito que geraria riscos, M. S. cobrou o montante de R$ 1.000,00, que foi pago por J. S. através de dois cheques de terceiros que havia recebido como pagamento da atividade ilícita que desempenhava. Após, em 20/01/2010, J. S. contratou, sem AIDF, a impressão de um bloco de notas "frias" na GRAFICA PROPINA, de propriedade de R. T., o qual relutou em executar o serviço, mas resolveu fazê-lo, por conta do preço alto cobrado e aceito, totalizando a importância de R$ 5.000,00, também pago com cheques oriundos do proveito ilícito que recebia. Para acobertar o volume financeiro da conta bancária da empresa SUCESSO LTDA, J. S. contratou, em 19/02/2010, V. F. como secretária, atribuindo-lhe a função de controlar a movimentação bancária mensal e a obrigação de preencher vários documentos administrativos, dentre os quais as "notas frias" no valor correspondente aos depósitos efetuados (os quais eram repassados através de uma planilha), visando aquele fazer crer que os recursos que aportavam na conta bancária (depósitos de cheques) eram oriundos da atividade comercial da empresa SUCESSO LTDA com seus clientes/fornecedores.

(A) Descreva e indique fundamentadamente o(s) tipo(s) penal(is) praticado(s) pelas pessoas acima arroladas, exercitando a subsunção e promovendo a individualização da(s) conduta(s) (considerando inclusive circunstâncias agravantes, atenuantes, causas de aumento ou diminuição de pena, se for o caso).

(B) Analisando-se individualmente o(s) tipo(s) penal(is) arrolado(s) no item anterior, abstraindo-se eventual aplicação da regra de concurso de crimes, questiona-se: – é possível no caso a aplicação dos benefícios previstos na Lei nº 9.099/95? Fundamente sua resposta, indicando o dispositivo legal.

(C) Qual(is) medida(s) processual(is) você adotaria se, como Promotor de Justiça, recebesse um inquérito policial que tratasse dos fatos acima narrados? Considere que todos os fatos estivessem provados nos autos.

(D) Levando em conta o item anterior, imagine hipoteticamente que durante o processo restou evidenciado que J. S., na qualidade de servidor público, não teria sido notificado para responder por escrito, em 15 dias, na forma preconizada pela Lei processual. Por tal razão, seu defensor arguiu a nulidade do feito. O processo veio com vista para você, como membro do Ministério Público. Apresente seu posicionamento, fundamentadamente, levando em conta a qualificação e a observação abaixo arroladas.

Qualificação:

- J.S., brasileiro, casado, servidor público municipal, nascido em 19/10/1990, residente na rua B., nº 13, bairro C., Florianópolis/SC;
- M. M., brasileiro, solteiro, estudante, nascido em 20/12/1991, residente na rua A.L., nº 231, bairro C., Florianópolis/SC;
- M. S., brasileiro, divorciado, designer, nascido em 11/05/1989, residente na rua H. B., s/n, bairro P. B., Palhoça/SC;
- R. T., brasileiro, casado, empresário, nascido em 25/10/1991, residente na rua A. B., nº 222, ap. 903, bl. M., bairro E., Florianópolis/SC;
- V. F., brasileira, casada, secretária terceirizada contratada, nascida em 20/11/90, residente na rua A.L., s/n, bairro I., São José/SC.

Observação: AIDF é Autorização de Impressão de Documento Fiscais, a ser concedida pela Secretaria de Estado da Fazenda sempre que o contribuinte queira confeccionar e gerar a impressão de blocos de notas fiscais.

Resposta

a) Para individualizar as condutas, necessário cotejar os tipos penais dos artigos 317, § 1º (corrupção passiva, com causa especial de aumento de pena), 333, parágrafo único (corrupção ativa, com causa especial de aumento de pena), estes do Código Penal, 1º, caput, § 1º, I, e § 2º, I, da Lei nº 9.613/1998 (redação dada pela Lei nº 12.683/2012). Os delitos de falsidade (art. 298, Código Penal) são meio para o crime de lavagem de dinheiro, configurando, a partir do princípio da consunção (conflito aparente de normas), um fato anterior não punível, não fazendo parte da tipificação, conquanto deva ser narrada a conduta, com suas circunstâncias na denúncia. Deve o candidato atender a tudo que se pede na questão, relativamente ao direito penal (agravantes, atenuantes, qualificadoras).

b) Atualmente, os artigos apontados não são objeto de benefícios da Lei nº 9.099/1995, em razão de alteração legislativa que exasperou o mínimo legal do delito do artigo 317, caput, do Código Penal, não cabendo mais, na sua forma fundamental, a suspensão condicional do processo do art. 89, daquela legislação. Certo é que se o crime de falsidade documental fosse visto isoladamente – e não como ato consistente na dissimulação do crime de lavagem de capitais –, a pena mínima de um ano em abstrato gizada no art. 298, CP, autorizaria o sursis processual. Note-se, contudo, que, diante do concurso de crimes, isso não seria possível.

c) Além do oferecimento de denúncia, o promotor tem hoje à disposição a medida cautelar de afastamento do indiciado funcionário público, toda vez que for apontada a autoria delitiva de crime de lavagem de dinheiro, aplicando o art. 17-D, da Lei 9.613/1998 (acrescentado pela Lei nº 12.683/2012), c/c o art. 319, VI, do CPP. Como diligências, o promotor de justiça pode requerer perícia sobre os documentos cuja falsidade é apontada, bem como o afastamento do sigilo fiscal da empresa constituída ilicitamente.

d) A notificação prévia para apresentação de resposta prévia em 15 dias é assegurada só ao funcionário. Tem se entendido que a existência de inquérito policial prévia torna dispensável a notificação que deve anteceder o recebimento da denúncia (súmula 330 do STJ). Ademais, seguindo-se o procedimento ordinário, relativamente aos crimes não funcionais mais graves que estes, também se entende que a uniformização do rito, para o comum ordinário não provoca nulidade do feito. Por fim, a natureza da nulidade aventada tem sido considerada relativa, cuja falta só determina a invalidação se demonstrado prejuízo.

24. (MPE-SC – Promotor de Justiça – SC/2013) No dia 15 outubro de 2010, à noite, na Rua do Casario nº 11, bairro da Coroa, na cidade de Piratuba/SC, JALTO GÁLIO agrediu fisicamente a vítima MILA BEOFI, sua companheira, pegando-a pelos cabelos, desferindo-lhe uns tabefes, sem, contudo, causar-lhe lesões corporais. Ato contínuo, o agressor, armando-se de um facão, ameaçou a vítima MILA, dizendo que a mataria.

Diante dos fatos acima relatados, o agressor acabou preso e encaminhado à Delegacia, onde, após os procedimentos legais, foi posto em liberdade.

Ao retornar para casa, já na madrugada seguinte, o agressor JALTO passou novamente a discutir com a vítima MILA, culpando-a pela sua prisão, e, de inopino, pegou um tijolo e arremessou-o contra a vítima, mas, errando o alvo, atingiu a perna da vizinha VILINA ATIVA, causando-lhe, em consequência, as lesões corporais leves descritas no laudo pericial.

Preso e devidamente atuado o agressor, o instrumento policial foi remetido ao juízo, onde, após breve tramitação, sem oitiva do Ministério Público, foi concedida liberdade provisória a JALTO, mediante aplicação de medidas cautelares e de proteção, as quais descumpriu logo em seguida.

Analise o enunciado e responda fundamentadamente:

1) Qual a responsabilidade penal de JALTO diante dos fatos praticados, inclusive o descumprimento das medidas de proteção?
2) Aos fatos praticados pelo agressor aplica-se a Lei nº 9.099/95?
3) Nas infrações penais públicas condicionadas, oferecida a representação, é possível a renúncia?
4) Ao relaxar a prisão em flagrante, poderá o juiz aplicar alguma medida cautelar ou protetiva?
5) No caso, a autoridade policial poderia conceder liberdade provisória, mediante fiança, ao autor de crime ou aplicar alguma medida protetiva de urgência ou medida cautelar?

Resposta

1) O agressor está incurso nas penas do crime de ameaça (art. 147, CP) e da contravenção penal de vias de fato (art. 21, caput, LCP), em concurso material (art. 69, CP).

2) Não se aplica a Lei nº 9.099/1995, em razão da incidência do art. 41, da Lei nº 11.340/2006 (Lei Maria da Penha).

3) Nesses casos, a renúncia é cabível em relação ao delito cuja inciativa é pública condicionada à representação (art. 147, CP – ameaça), desde que antes do recebimento da denúncia, seja designada audiência para este fim específico, perante o juiz, colhendo-se, por termo, a renúncia à representação, ouvido o MP.

4) Relaxando a prisão em flagrante, em face de ilegalidade, ainda é possível que o juiz fixe medida cautelar diversa da prisão (art. 319, c/c art. 282, CPP), bem como medidas protetivas previstas na Lei nº 11.340/2006.

5) Em razão do cabimento, em tese, de prisão preventiva com base no art. 313, III, CPP, entende-se que a autoridade policial não pode arbitrar fiança para os casos que envolvam violência doméstica contra a mulher, não ficando o juiz impedido de concedê-la, inclusive arbitrando a fiança. As medidas que pode o delegado aplicar são aquelas que expressamente prevê a Lei Maria da Penha, notadamente no seu art. 12, que tratam das providências tomadas durante a condução do inquérito policial.

25. (MPE-MS – Promotor de Justiça – MS/2011) Abstraídas as discussões doutrinárias e jurisprudenciais acerca da nulidade ou inexistência da sentença proferida por juiz absolutamente incompetente, responda: Poderá o Promotor de Justiça ofertar nova acusação contra o acusado absolvido por juiz constitucionalmente incompetente?

(Extensão máxima: 20 linhas)

Resposta

Não poderá oferecer nova denúncia. Ainda que se trate de juízo absolutamente incompetente, o fato de já ter sido submetido a processo, com sentença absolutória definitiva (transitada em julgado), é óbice a um novo processo. Aplica-se o princípio ne bis in idem, que garante que ninguém será processado duas vezes pelo mesmo fato. No entanto, caso o julgado absolutório seja submetido a recurso da acusação, com sua invalidação posterior e reconhecimento da incompetência absoluta, naturalmente pode a pessoa ser acusada perante juízo competente, porque não se formou coisa julgada absolutória (nesse sentido, o STF e o STJ, salientando a inaplicabilidade, nessa situação, do princípio do non reformatio in pejus).

26. (MPE-MS – Promotor de Justiça – MS/2011) No dia 22 (vinte e dois) de abril do ano de 2004, período da manhã, aproximadamente 9h40min, na altura do km 06 da Rodovia Estadual MS-163, ainda no município de Campo Grande-MS., Carlos Bezerra fez com que o veículo por ele conduzido acabasse por colidir com outro dirigido por Cristiano Souza, ferindo-o gravemente, só não tendo provocado sua morte por ação da própria vítima.

Constou do boletim de ocorrência da Polícia Rodoviária Estadual que naquela manhã Carlos Bezerra conduzia um caminhão de sua propriedade, marca MERCEDEZ-BENS, ano 1979, modelo 1113, placas KWB-4713, trafegando no sentido "Campo Grande-Bandeirantes" e ao se deparar com um micro-ônibus que seguia à sua frente e que, por integrar um cortejo fúnebre, empreendia uma velocidade inferior, Carlos Bezerra, indiferente à faixa destinada aos veículos que trafegavam na direção contrária e aproveitando o "embalo" do caminhão, com a intenção de ultrapassá-lo, deslocou seu veículo até a outra faixa da pista. Ao efetuar a ultrapassagem, Carlos Bezerra fez com que o MERCEDEZ-BENS 1113 colidisse com a caminhonete GM/BLAZER, placas AKD-0790, que tinha Cristiano Souza na sua direção e Tatiana Branquinha e a criança Juliana Branquinha como passageiras, os quais estavam transitando na direção "Bandeirantes-Campo Grande".

Como resultado deste abalroamento, Cristiano Souza sofreu diversas lesões, dentre elas ferida corto-contusa em região mentoniana e mandibular esquerda, com cerca de 40mm de extensão; ferida corto-contusa em região cervical esquerda com 10mm de extensão e com pontos cirúrgicos; feridas corto-contusas em face interna da boca à esquerda; enquanto Tatiana Branquinha sofreu equimoses em face lateral externa, de terço médio, do braço esquerdo, com 70 mm de diâmetro; escoriações com feridas corto-contusas em cotovelo esquerdo, com sutura cirúrgica e com 60mm de extensão e a criança Juliana Branquinha sofreu ferida corto-contusa em membro inferior esquerdo com 20mm de extensão. As lesões sofridas por Cristiano Souza o incapacitaram para as ocupações habituais por mais de 30 (trinta) dias, bem como geraram para ele perigo de vida (em razão de trauma crânio-encefálico).

Carlos Bezerra anteriormente já havia sido condenado judicialmente pela prática de crime de homicídio culposo na direção de veículo automotor, cuja vítima fatal foi uma criança, e, ainda assim, continuou a agir de forma nitidamente arriscada na condução de seu caminhão, demonstrando, com isto, seu desapego à incolumidade alheia, agindo com intensa reprovabilidade ético-jurídica.

A morte das vítimas só não veio a acontecer porque, mesmo sem esperar ou suspeitar da irregular manobra, num último momento, Cristiano Souza conseguiu desviar parcialmente o automóvel por ele conduzido do caminhão dirigido por Carlos, circunstância que fez com que os ferimentos decorrentes da colisão não causassem a morte dos ocupantes da caminhonete GM/BLAZER.

Valendo-se dos fatos e circunstâncias delituosas acima narradas elabore a peça processual adequada, observando estritamente a previsão do art. 41, do Código de Processo Penal, abordando cada uma das situações e dados acima retratados, inclusive com indicação expressa dos dispositivos legais aplicáveis, levando em consideração que o processo-crime, contendo os elementos de prova e convicção descritos, foram encaminhados com vista ao representante do Ministério Público para devido pronunciamento, que deverá, ao final, datar a peça, sem se identificar, consignando tão somente a expressão "Promotor de Justiça Substituto".

Resposta

Mais uma vez o examinador exige que o candidato ao cargo de promotor de justiça elabore a inicial acusatória, narrando delitos de homicídio e lesões cometidos na condução de veículo automotor.

Sendo a denúncia peça técnica, sugerimos que o candidato elabore roteiro que catalogue cada conduta e sua respectiva tipificação legal (tipo fundamental e derivado). Em seguida, deve fazer a narrativa de cada conduta, de acordo com os fatos narrados, cotejando o comportamento com os elementos do tipo penal referido. A causa de pedir é o aspecto central da acusatória. Além de focar nos tipos penais adequados, evitando assim descrição de fato atípico, a denúncia deve conter os elementos que lhe são próprios. Para tanto, devem ser confrontados os artigos 41 (requisitos da peça acusatória) e 395 (hipóteses de rejeição). Ao final, deve arrolar testemunhas e requerer diligências, como juntadas de exames periciais ou exames complementares. Há uma discussão atual sobre se a conduta narrada configura homicídio doloso (dolo eventual). Para nós, o homicídio é culposo, em razão de imprudência (culpa consciente). Para ser doloso, seria preciso que o agente aceitasse, de antemão, o resultado morte, o que parece não ter ocorrido na hipótese. A tipificação das condutas, com o pedido de condenação, deve observar técnica apropriada, como já comentamos acima.

27. (MPE-SC – Promotor de Justiça – SC/2013) Zequinha, 40 anos de idade, foi preso em Balneário Camboriú por tráfico de entorpecentes (comercialização de um quilo de maconha) em 12 de maio de 2011, sendo denunciado por tal delito em 25 de maio de 2011, tendo obtido liberdade provisória em 30 de maio do mesmo ano, mediante o recolhimento domiciliar no período noturno. Em 10 de setembro de 2011, Zequinha foi condenado ao cumprimento de 1 ano e 8 meses de prisão, sendo-lhe aplicada a redução da pena de 2/3 pelas condições do § 4º do artigo 33 da Lei nº 11.343/06, com substituição da pena por restritivas de direitos. O Ministério Público recorreu da decisão que ainda não transitou em julgado.

Em 04 de setembro de 2011, Zequinha foi novamente preso em Balneário Camboriú por crime de tráfico de entorpecentes (venda de um quilo de cocaína), obtendo nova liberdade provisória em 08 de setembro de 2011, mediante a proibição de ausentar-se da Comarca. Denunciado em 20 de janeiro de 2012, restou condenado em 13 de abril de 2013, ao cumprimento da pena de 6 anos de prisão (aumento da pena pela quantidade da droga), que restou diminuída em 1/3 pela aplicação da redução da pena prevista no § 4º do artigo 33, da Lei nº 11.343/06, chegando a 4 anos em regime aberto, sem a substituição da pena por restritiva de direito, concedendo o direito de recorrer em liberdade, já que nessa condição respondeu ao processo. Nos dois processos ficou evidenciado que Zequinha não possuía atividade laboral, bem como que os policiais que prestaram depoimento o conheciam como sendo o traficante da localidade.

Por fim, em 18 de fevereiro de 2013, Zequinha foi novamente preso por tráfico de entorpecentes em Balneário Camboriú, quando estava no interior do veículo Citroen C4, placas MEU 0002, adquirido em 1º de fevereiro de 2013, trazendo consigo R$ 5.000,00 em dinheiro e transportando dez quilos de cocaína, em compartimento previamente preparado para omitir a presença de substância entorpecente (constatou-se, no inquérito, que o veículo estava registrado no nome de Zequinha com alienação fiduciária ao Banco do Povo). A prisão em flagrante de Zequinha foi convertida em preventiva regularmente, sendo lhe negada liberdade provisória. No transcurso das investigações (que contaram com interceptações telefônicas) foi constatado que a esposa de Zequinha, Dona Marta, 37 anos de idade, que assim como seu marido não tinha atividade laboral lícita, era sócia proprietária de uma locadora de automóveis na cidade de Criciúma.

Quebrado o sigilo bancário da referida empresa, verificou-se que, desde o ano de 2011, a conta corrente dessa pessoa jurídica recebia depósitos diversos, sempre de bancos localizados em Balneário Camboriú, todos em espécie, que nunca eram superiores a R$ 10.000,00 e que, somados, ultrapassavam os R$ 100.000,00 mensais, os quais eram efetuados por Guilherme, 17 anos em 2011, filho de Zequinha e Dona Marta o qual tinha ciência da origem dos recursos, que sempre lhe foram repassados por seu pai. Verificou-se, ainda, que esses valores eram repassados semanalmente, por meio de transferências eletrônicas efetuadas pela internet para a empresa de comércio de peças de veículos de Noé, 55 anos de idade, situada em Florianópolis (Noé foi preso por tráfico de entorpecentes em 2005 na cidade de Balneário Camboriú e era vizinho dos pais de Zequinha na época).

Com esses valores, constatou-se que Noé, sabedor da procedência ilícita do dinheiro, adquiriu entre outubro de 2011 e maio de 2013, cinco apartamentos na cidade de Balneário Camboriú pelo valor de R$ 400.000,00 cada imóvel. Três dias após cada negociação, Noé vendeu os imóveis pelo mesmo preço adquirido para a empresa de comércio de compra e venda de automóveis de João Gustavo, 50 anos de idade, situada em Itajaí o qual é tio de Dona Marta, sendo que Zequinha possuía procuração para representar a pessoa jurídica, quando das assinaturas dos contratos de compra e venda com a empresa de Noé, que recebeu 6% de comissão de cada negócio.

Os apartamentos foram locados na Imobiliária de Joel (preso por receptação em 2008) e os valores dos aluguéis eram pagos diretamente em dinheiro para Dona Marta (os aluguéis somavam R$ 15.000,00 mensais) que também possuía procuração da empresa de João Gustavo, o qual estava ciente da real propriedade dos imóveis e da atividade do grupo.

A investigação demonstrou, ainda, que os valores dos aluguéis eram utilizados para manter os gastos da família de Zequinha e Dona Marta, bem como para a aquisição de entorpecentes no Mato Grosso do Sul (no veículo foram encontrados comprovantes de depósitos em conta corrente de pessoa jurídica sediada em Ponta Porã/MS, com datas e valores coincidentes com o recebimento dos aluguéis, sempre em valores menores a R$ 10.000,00).

Além disso, constatou-se que as empresas de Noé e de Dona Marta, embora estivessem estabelecidos em endereço correspondente a imóvel locado, guarnecido com alguns móveis próprios (televisor, mesas, computadores, etc.), não apresentavam movimentação registrada nas Receitas Federal, Estadual e Municipal e não tinham empregados registrados, enquanto que a empresa de João Gustavo era estabelecida e apresentava movimentação compatível com a entrada e saída de veículos, inclusive com pagamento regular de impostos.

De acordo com estas informações acima, responda justificadamente:

1. Intimado, agora, da sentença de 13 de abril maio de 2013 quais providências o Ministério Público deve tomar, fundamentando sua resposta.
2. Recebendo os autos do caderno policial da prisão em flagrante de 18 de fevereiro de 2013, indique a conduta de todos os envolvidos, promovendo, justificadamente, a classificação dos delitos praticados.
3. Qual o Juízo competente para os fatos investigados pelo flagrante de 18 de fevereiro de 2013?
4. Quais as medidas deveriam ser requeridas junto com a ação penal? Fundamente sua resposta.

Resposta

1. Contra a sentença, cabível recurso de apelação, visando, por exemplo, majorar a pena e/ou sustentar o não cabimento da substituição da pena, sabendo que, em tese, o STF admite a substituição para os crimes de tráfico. A fundamentação do recurso deve considerar tal entendimento.

2. Os delitos narrados são, mormente, capitulados na Lei nº 11.343/2006 (entorpecentes), na Lei 9.613/1998 (lavagem de capitais) e no art. 288, CP (associação criminosa).

3. O juízo competente é o do local da aquisição da substância entorpecente, eis que com essa conduta o delito já se perfez, consumando-se. O transporte é um exaurimento ou pos factum impunível. Daí ser competente o Juízo da Comarca de Ponta Porã/MS.

4. É cabível medida assecuratória de sequestro em relação aos apartamentos adquiridos com o proveito auferido dos delitos de tráfico (art. 60, da Lei 11.343/2006). Possível também o afastamento do sigilo fiscal das empresas envolvidas, por ordem judicial, considerando que já foi decretada a quebra de sigilo bancário ali indicada. Quando do oferecimento da ação penal, deve o MP requerer juntada de laudo de constatação definitivo da droga apreendida, bem como a aplicação do art. 50, da Lei de Entorpecentes, para ordenar a destruição da droga apreendida, guardando-se amostra necessária para a confecção do laudo definitivo. É possível, ainda, em petição cautelar autônoma, pleitear a alienação antecipada dos bens apreendidos, seguindo os ditames dos parágrafos, do art. 62, da Lei de Drogas. O candidato pode fundamentar a necessidade de medidas cautelares diversas da prisão (art. 319, CPP) em relação aos demais acusados, levando em conta que Zequinha já está com a prisão preventiva convertida (art. 310, II, c/c art. 312, CPP).

28. (FGV – Juiz de Direito – AM/2013) Wellington agrediu sua companheira, resultando da agressão lesões corporais leves. Instaurado de ofício inquérito policial, foi oferecida e recebida denúncia, sem manifestação expressa ou informal da vítima no sentido de desejar a instauração ou o prosseguimento da ação. A defesa de Wellington peticionou pleiteando o trancamento da ação penal, por ausência de condição de procedibilidade para o exercício da ação.

Na condição de Juiz da causa, decida o pedido de forma fundamentada.

Resposta

Aplicável à espécie os ditames específicos da Lei nº 11.340/2006 (Lei Maria da Penha). Cuida-se de ação penal pública incondicionada, na senda da jurisprudência do STF, diante da agressão a mulher no bojo de relação afetiva. O pedido da defesa deve ser indeferido. Sobre o ponto, veja o leitor o que anotamos acerca das peculiaridades da ação penal que envolve violência contra a mulher.

29. (TJ/RJ – Juiz de Direito – RJ/2008) Intentado o pedido de Reabilitação pelo condenado, observados os critérios legais, veio o requerente a falecer na tramitação do pedido. Filho menor representado pela genitora, visando reparar o passado criminoso do genitor, requereu o prosseguimento do feito até final Reabilitação. Decida o requerimento, de modo sucinto, justificando.

Resposta

O pedido deve ser indeferido, porque a reabilitação é ação penal de natureza personalíssima, que não admite sucessão processual, eis que visa, primordialmente, possibilitar a efetiva reintegração do condenado que já cumpriu pena há mais de dois anos.

30. (MPF/19) O "despacho" de recebimento ou rejeição de denúncia ou queixa deve ser fundamentado? Discorra.

Resposta

Como se vê, temos mais um tema de predileção dos examinadores. Respondemos acima, em questão similar, salientando que o despacho de recebimento, como regra, dispensa fundamentação, enquanto a rejeição da denúncia exige fundamentação. Precedentes do STF e do STJ.

Capítulo IV

Ação Civil *ex delicto*

Sumário • 1. Considerações iniciais: 1.1. Ação civil *ex delicto* de conhecimento ou de cognição, ação de ressarcimento do dano ou ação civil *ex delicto* em sentido estrito (art. 64, parágrafo único, CPP); 1.2. Ação civil *ex delicto* de execução ou ação civil *ex delicto* em sentido amplo (art. 63, parágra-fo único, CPP) – 2. Legitimidade ativa e passiva – 3. Competência na ação reparatória – 4. Sistemas processuais: 4.1. Sistema da confusão; 4.2. Sistema da solidariedade ou da união; 4.3. Sistema da livre escolha; 4.4. Sistema da separação ou independência – 5. Suspensão da demanda civil: 5.1. Regime legal da suspensão: 5.1.1. Obrigatoriedade da suspensão; 5.1.2. Facultatividade – 6. Execução da sentença condenatória penal – 7. Sentença absolutória e subordinação temática: 7.1. Absolvição pela prova da inexistência do fato (art. 386, I, CPP); 7.2. Não houver prova da existência do fato (art. 386, II, CPP); 7.3. Não constituir o fato infração penal (art. 386, III, CPP); 7.4. Estar provado que o réu não concorreu para a infração (art. 386, IV, CPP); 7.5. Não existir prova de ter o réu concorrido para a infração penal (art. 386, V, CPP); 7.6. Existir circunstância que exclua o crime (art. 386, VI, CPP); 7.7. Existir circunstância que isente o réu de pena; 7.8. Ainda as razões absolutórias do art. 386, VI, CPP, e a fundada dúvida sobre sua existência: 7.8.1. Absolvição por estar provada a existência de causa excludente de ilicitude real; 7.8.2. Absolvição por estar provada causa excludente de ilicitude putativa e *aberratio ictus* (erro de alvo ou erro na execução); 7.8.3. Absolvição por restar provada a existência de causa excludente de culpabilidade; 7.8.4. Absolvição por existir fundada dúvida sobre a existência de causa excludente de ilicitude ou de causa excludente de culpabilidade; 7.9. Não existir prova suficiente para a condenação (art. 386, VII, CPP) – 8. Efeitos civis de outras sentenças e decisões penais: 8.1. Decisão de arquivamento do inquérito policial; 8.2. Decisão que julgar extinta a punibilidade: 8.2.1. Extinção da punibilidade pela morte do agente (art. 107, I, CP); 8.2.2. Extinção da punibilidade pela anistia, graça ou indulto (art. 107, II, CP); 8.2.3. Extinção da punibilidade pela retroatividade de lei que não mais considera o fato como criminoso (art. 107, III, CP); 8.2.4. Pela prescrição, decadência ou perempção (art. 107, IV, CP); 8.2.5. Pela renúncia do direito de queixa ou pelo perdão aceito, nos crimes de ação privada (art. 107, V, CP); 8.2.6. Pela retratação do agente, nos casos que a lei admite (art. 107, VI, CP); 8.2.7. Pelo perdão judicial, nos casos previstos em lei (art. 107, IX, CP); 8.3. Sentença absolutória imprópria; 8.4. Sentença absolutória prolatada pelo Júri Popular; 8.5. Sentença homologatória de transação penal – 9. Revisão criminal e ação rescisória – 10. Prazo prescricional – 11. Quadro sinótico – 12. Súmulas aplicáveis: 12.1. STJ 13. Informativos recentes: 13.1. STJ; 13.2. STF – 14. Questões de concursos públicos – 15. Gabarito anotado – 16. Questões discursivas com comentários

1. CONSIDERAÇÕES INICIAIS

Um mesmo fato pode ter repercussão nas várias searas do direito, em verdadeira múltipla incidência[1]. Isso porque se distinguem plano dos fatos e plano do direito. O fato ou suporte fático é a porção da realidade que pode sofrer recorte jurídico pela norma. A norma pode ser de direito penal, processual penal, de direito civil etc. Daí que uma conduta humana pode implicar comportamento tipificado penalmente, bem como pode se materializar em ilícito cível, trazendo para a vítima, se identificada, pretensões de cunho indenizatório.

Assegura a Constituição do Brasil, no seu art. 5º, inciso V, a indenização pelo dano material e moral. A conduta criminosa pode trazer sérias repercussões no patrimônio do ofendido. Considerando essa circunstância, as leis brasileiras, que encontram seu fundamento de validade na Constituição, especificam as regras que constituem o microssistema reparatório de danos provocados por infrações penais, conforme o seguinte panorama:

1. ASSIS, Araken de. *Eficácia civil da sentença penal*. 2. ed. São Paulo: RT, 2000. p. 17.

(1) o art. 186 do Código Civil assevera que aquele que causar dano a outrem, ainda que exclusivamente moral, pratica ato ilícito;

(2) o art. 927, também do Código Civil, prescreve a obrigação de reparação dos danos por parte do causador do ilícito;

(3) o art. 935, do mesmo Código, averba que a responsabilidade civil é independente da criminal, não se podendo questionar mais sobre a existência do fato, ou sobre quem seja o seu autor, quando estas questões se acharem decididas no juízo criminal;

(4) o art. 91, I, do Código Penal, assevera que a sentença condenatória penal torna certa a obrigação de reparar o dano causado pelo crime (efeito penal obrigatório ou genérico, que decorre dos termos legais, sem necessidade de declaração judicial expressa nesse sentido). A sentença condenatória penal é título executivo judicial, independentemente do órgão do Judiciário que a profira. Daí que, ainda que se trate de sentença prolatada no âmbito do Tribunal do Júri, cujos jurados são regidos pelo sistema da convicção íntima, valerá como título executivo judicial para fins de promoção de ação civil ***ex delicto*** executiva (art. 63, CPP), embora exista alguma divergência sobre o tema[2];

(5) o art. 515, VI, do CPC/2015, afirma que a sentença condenatória transitada em julgado é título executivo judicial que, em regra, carece de prévia liquidação (salvo a parte relativa ao valor mínimo do dano fixado na sentença penal condenatória pelo juiz), devendo ser executada no juízo cível competente (art. 516, CPC/2015);

(6) o art. 63, *caput*, do Código de Processo Penal, dispõe que, após o trânsito em julgado da sentença condenatória, é possível executar a pretensão indenizatória no juízo cível;

(7) o art. 64, *caput*, do Código de Processo Penal, autoriza que o ofendido, caso não deseje aguardar o desfecho do processo penal, tem a possibilidade de ingressar com ação civil de conhecimento, pleiteando a reparação dos danos que lhe foram causados.

Dessa forma, o CPP garante as ferramentas para a consecução da indenização em prol da vítima. A vítima não pode continuar a figurar como ilustre esquecida. O conjunto desses dispositivos assegura ao ofendido, a ação civil ***ex delicto*** (ação civil decorrente do dano provocado pelo crime). Trata-se de alternativa de livre escolha da vítima, que enseja duas subespécies de ação.

1.1. Ação civil *ex delicto* de conhecimento ou de cognição, ação de ressarcimento do dano *ou* ação civil *ex delicto* em sentido estrito (art. 64, parágrafo único, CPP)

É a demanda proposta antes do trânsito em julgado da sentença penal condenatória, isto é, que não se fundamenta em um decreto condenatório definitivo e contra o qual não caibam mais recursos, mas que visa também indenização causada pela infração penal. Em outros termos, a ação civil ***ex delicto*** de conhecimento não se fundamenta em um título executivo judicial (sentença penal). Pode ser ajuizada antes ou durante a tramitação de inquérito policial ou de ação penal. A demanda civil ***ex delicto*** de conhecimento depende de instrução. Instruir é "dar ao conhecimento de", vale dizer, o juiz cível será o destinatário da prova que abrangerá todas as discussões possíveis acerca do fato e da autoria do delito,

2. LIMA, Renato Brasileiro. *Curso de Processo Penal*: volume único. Rio de Janeiro: Impetus, 2013. p. 284.

que será produzida inclusive, se necessário for, em audiência de instrução. Esta ação – cujo rito pode ser ordinário, sumário ou sumaríssimo, de acordo com os critérios da lei processual civil – dá ensejo à sentença condenatória cível que, transitada em julgado, abre a porta para o seu cumprimento, com os atos de execução subsequentes. Independe, pois, de ingresso de demanda criminal condenatória. No entanto, o juiz cível tem a faculdade de determinar a suspensão do processo quando tiver notícia do oferecimento de ação penal, com o objetivo de evitar decisões conflitantes.

1.2. Ação civil *ex delicto* de execução *ou* ação civil *ex delicto* em sentido amplo (art. 63, parágrafo único, CPP)

É a demanda civil lastreada em título executivo penal condenatório (sentença penal condenatória com trânsito em julgado). Não se cuida, tecnicamente, de ação civil ***ex delicto***, salvo em sentido amplo, eis que é ação executiva, que dispensa processo de conhecimento prévio. Durante a pendência da ação penal condenatória, não corre a prescrição para a propositura da ação civil. A ação civil ***ex delicto*** de execução dispensa instrução, eis que o fato ilícito e respectiva autoria já se encontram definitivamente esclarecidos conforme sentença penal condenatória transitada em julgado. Tal título é, em regra, ilíquido, e se executa em compasso com o que dispõe o art. 515, VI, CPC/2015. Pode, contudo, ser líquido ou parcialmente líquido, notadamente quando o juiz tiver, na sentença, fixado valor mínimo do dano provocado pela infração penal, a teor do art. 387, IV, CPP, caso em que as providências executivas dispensam liquidação prévia através de juntada de planilha. Daí que o parágrafo único, do art. 63, do CPP, sublinha que uma vez operado o trânsito em julgado da sentença condenatória, a execução poderá ser realizada pelo valor fixado nos termos do inciso IV, do *caput*, do art. 387, do CPP, sem prejuízo da liquidação para a apuração do dano efetivamente sofrido.

Ação civil *ex delicto* de conhecimento

- art. 64, parágrafo único, do CPP;
- Independe da demanda criminal condenatória;
- É proposta antes do trânsito em julgado da sentença condenatória criminal.

Ação civil *ex delicto* de execução

- Art. 63, p. único, CPP;
- Depende da demanda criminal condenatória;
- É lastreada em sentença penal condenatória com trânsito em julgado (título executivo – Art. art. 475, II, CPC/1973 (art. 515, VI, NCPC).

Embora prevista no Código de Processo Penal, sabemos que a ação civil *ex delicto*, seja ela de conhecimento ou de execução, tem trâmite regulado pelo CPC/2015. O art. 63, CPP, é expresso nesse sentido, pelo que as poucas disposições que regulam essa demanda na lei processual penal são destinadas mais a delimitar os contornos da coisa julgada criminal, para fins de definir se a demanda a ser ajuizada na esfera cível será de conhecimento (art. 64, parágrafo único, CPP) ou de execução (art. 63, parágrafo único, CPP).

2. LEGITIMIDADE ATIVA E PASSIVA

A legitimidade ativa para a propositura da ação é da vítima, do seu representante legal, no caso do menor de 18 anos ou doente mental, e havendo óbito ou ausência, passa para os herdeiros (art. 63, CPP). O rol, portanto, é mais extenso no caso de sucessão, não se limitando ao cônjuge, ascendentes, descendentes e irmãos, pois a lei contempla todos os eventuais herdeiros.

Por sua vez, sendo a vítima pobre, a ação de conhecimento ou a execução será promovida, a seu requerimento, pelo MP, que atua em substituição processual (art. 68, CPP). Nada impede que o magistrado nomeie advogado dativo para fazê-lo. E com mais razão, nas comarcas onde a Defensoria Pública encontra-se estruturada, o dispositivo não tem mais aplicabilidade. Dispondo a Constituição do Brasil, em seu art. 134, que compete à Defensoria Pública a orientação jurídica e a defesa, em todos os graus, dos necessitados, a conclusão não poderia ser outra. Nesse sentido, o STF[3] admite a inconstitucionalidade progressiva daquele dispositivo, condicionada à implementação das defensorias em todo o país, quando então a atividade do ***Parquet*** nesse mister estará definitivamente sepultada.

Já no polo passivo irá figurar o autor do crime, sem prejuízo do processamento do responsável civil. Este último só poderá ser sujeito passivo da ação de conhecimento, não se admitindo a execução da sentença penal condenatória em seu detrimento, afinal, não foi parte no processo penal, não servindo o título contra aquele que não figurou no polo passivo da demanda. Advirta-se que nos Juizados Especiais Criminais, o responsável civil é notificado para comparecer à audiência preliminar, e se ele fizer parte do acordo de composição civil dos danos, a sentença homologatória será título executivo válido contra sua pessoa (artigos 72 e 74, Lei nº 9.099/1995).

Questão polêmica é a seleção do que pode ser arguido em favor do responsável civil em sua defesa. Será que na ação de conhecimento ele poderá rediscutir a autoria e a materialidade do crime, que já ficaram definidas em sentença penal condenatória transitada em julgado? Imaginemos o dono de uma empresa que esteja sendo processado no cível porque o motorista da instituição atropelou culposamente alguém. Será possível, ao responsável civil, afirmar, na ação indenizatória movida em seu desfavor, a negativa de autoria, ou a inexistência do fato, que já estão resolvidos na esfera penal? A questão é por demais importante, afinal, interfere diretamente na indenização, e pode desaguar na existência de decisões contraditórias. Temos aqui duas posições:

3. STF – Segunda Turma – RE 341717 – Rel. Min. Celso de Mello – DJe 05/03/2010. Ver também: STF – 1ª Turma – RE 147.776-SP – Rel. Min. Sepúlveda Pertence – DJ 19/5/1998.

(a) Pacelli se manifesta pela impossibilidade do responsável civil trazer à tona tais discussões, pois já decididas no processo penal, e que "por força do disposto expressamente no art. 933, do Código Civil, onde se estabelece a responsabilidade objetiva – independentemente de culpa – do empregador e do comitente, por ato ilícito praticado por seus empregados, serviçais e prepostos, a matéria de defesa reservada ao terceiro, responsável civil, na hipótese de já haver decisão condenatória em face do agente do delito (reconhecendo, portanto, a existência do fato e a autoria, nos termos do art. 935, Código Civil), será unicamente aquela atinente à existência, ou não, de relação jurídica (contratual ou legal), entre ele e o agente do crime. A questão relativa à existência e autoria do fato estará fora de seu alcance, desde que passada em julgado a sentença condenatória"[4]. Ressalva apenas a possibilidade da ação civil ser intentada antes do trânsito em julgado da sentença penal, quando então o responsável civil poderá ventilar toda matéria em seu favor. É também a nossa posição.

(b) A segunda posição, que tem prevalecido, admite que o responsável civil invoque todo argumento que lhe for conveniente dentro da ação indenizatória, pois não pode ser prejudicado por decisão emanada do processo penal em que não foi parte. Neste sentido, Mirabete[5].

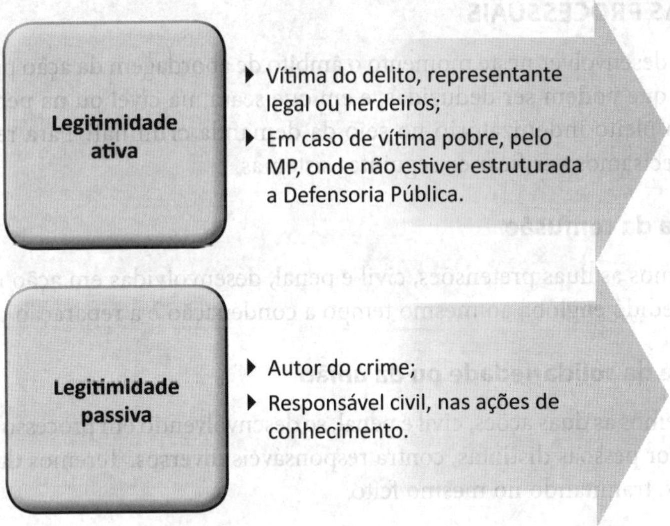

3. COMPETÊNCIA NA AÇÃO REPARATÓRIA

Quanto à competência para a ação civil ***ex delicto***, seja a ação de conhecimento, seja a ação executória, precedida da competente liquidação, estas serão manejadas no juízo cível correspondente, sem vínculos com a definição da competência penal. Em tal cotejo, forma-se, ao menos, duas posições:

(a) A primeira, defendida inicialmente por Araken de Assis[6], definindo-a pelo **lugar do ato ou fato**. Identificado o local do delito que desaguou no dano, fixa-se a competência para a ação civil.

4. OLIVEIRA, Eugênio Pacelli. *Curso de processo penal*. 3. ed. Belo Horizonte: Del Rey, 2004. p. 188.
5. MIRABETE, Julio Fabbrini. *Processo Penal*. 15. ed. São Paulo: Atlas, 2004. p. 149.
6. ASSIS, Araken de. *Eficácia civil da sentença penal*. 2. ed. São Paulo: RT, 2000. p. 76.

(b) A segunda posição, majoritária, resolve a questão para entender que cabe à vítima optar entre ajuizar a ação civil no **lugar do seu domicílio** ou no **local do fato**, havendo verdadeira concorrência de foros. Nada impede que opte por ajuizar a ação no **domicílio do réu**. Nesse sentido, Tourinho Filho[7], Fredie Didier Jr.[8] e Capez[9]. É também a nossa posição.

Nos termos do CPC/2015, nas ações de reparação do dano sofrido em razão de delito ou acidente de veículos – inclusive de aeronave –, será competente o foro do **domicílio do autor** ou do **local do fato** (art. 53, V), sufragando a segunda posição.

Note-se que tal competência para a ação reparatória (de conhecimento) segue critério diverso daquele aplicável à competência para a ação de cumprimento de sentença penal condenatória transitada em julgado (execução). Neste caso, o exequente, nos termos do parágrafo único, do art. 516, do CPC/2015, poderá, naquilo que couber, optar pelo juízo do atual domicílio do executado, pelo juízo do local onde se encontrem os bens sujeitos à execução ou pelo juízo do local onde deva ser executada a obrigação de fazer ou de não fazer, casos em que a remessa dos autos do processo será solicitada ao juízo de origem.

4. SISTEMAS PROCESSUAIS

Busca-se desenvolver neste momento o âmbito de abordagem da ação proposta. Quais as pretensões que podem ser deduzidas, e em que seara, na cível ou na penal? É possível desenvolver o pleito indenizatório no seio da demanda criminal? Para responder a tal indagação, precisamos verificar os seguintes sistemas.

4.1. Sistema da confusão

Neste, temos as duas pretensões, civil e penal, desenvolvidas em ação única no juízo criminal. O pedido engloba ao mesmo tempo a condenação e a reparação dos danos.

4.2. Sistema da solidariedade ou da união

Aqui, teremos as duas ações, civil e penal, se desenvolvendo em processo único. Podem ser movidas por pessoas distintas, contra responsáveis diversos. Teremos duas pretensões e dois pedidos, tramitando no mesmo feito.

4.3. Sistema da livre escolha

A parte opta pelo pleito reparatório na esfera cível ou na penal. Dentro da discricionariedade do demandante, as ações podem tramitar em conjunto na Justiça criminal, ou em separado.

4.4. Sistema da separação ou independência

Era o adotado no Brasil até o advento da Lei nº 9.099/1995 e da reforma processual penal de 2008, onde cada ação deveria tramitar na competente Justiça, com o devido

7. TOURINHO FILHO, Fernando da Costa. *Manual de processo penal*. 5. ed. São Paulo: Saraiva, 2003. p. 205-206.
8. DIDIER JÚNIOR, Fredie. *Curso de direito processual civil*: teoria geral do processo e processo de conhecimento. 6. ed. Salvador: JusPODIVM, 2006. v. I. p. 126
9. CAPEZ, Fernando. *Curso de processo penal*. 12. ed. São Paulo: Saraiva, 2005. p. 155.

procedimento. Naquele contexto, o art. 935, do Código Civil, estatui que a responsabilidade civil é independente da criminal, não se podendo questionar mais sobre a existência do fato, ou sobre quem seja o seu autor, quando estas questões se acharem decididas no juízo criminal. Percebem-se pontos de aproximação, com interferências da justiça penal na cível e vice-versa, mesmo com a adoção do sistema separatista. Temos, até mesmo, matéria cível que se desenvolve de forma excepcional, perante o juízo criminal, como acontece com a Lei nº 11.340/2006 (Lei Maria da Penha), que, em seu art. 33, prevê o acúmulo de competência cível e penal nas varas criminais, enquanto não estruturados, na localidade, os Juizados de Violência Doméstica e Familiar contra a Mulher. É também o que ocorre nos Juizados Especiais Criminais, na realização da composição civil dos danos, objetivando ressarcir os prejuízos da vítima, a ser homologada pelo juiz penal. Existe ainda a multa reparatória em favor da vítima, fixada nos crimes praticados na direção de veículo automotor[10], quando, na sentença condenatória, os interesses patrimoniais da vítima, ou dos seus familiares, não serão esquecidos, estabelecendo-se multa, calculada com base no § 1º do art. 49 do CP, em razão dos prejuízos materiais provocados pelo delito (art. 297, CTB).

A partir da Lei nº 11.719/2008, o CPP passou a contemplar a fixação do valor mínimo da indenização a ser estabelecido na sentença condenatória, considerando-se os danos sofridos pelo ofendido (art. 387. IV, CPP), de sorte que o quanto indenizatório já estaria certificado, bastando que o legitimado execute o título, que neste ponto é líquido, na esfera cível (art. 63, parágrafo único, CPP). O que se percebe, neste mister, é uma tentativa de adoção do sistema da confusão, onde pretensão condenatória e indenizatória estariam veiculadas na mesma demanda. Até porque, não acreditamos que o magistrado possa reconhecer o pleito indenizatório sem que tenha havido requerimento neste sentido. Não funcionaria como um efeito automático da sentença condenatória, que até então apenas tornava certa a obrigação de indenizar. O magistrado não pode julgar ***extra petita***, de sorte que só estabelecerá o valor da indenização se tal requerimento lhe foi apresentado, em regra, com a apresentação da inicial acusatória. Discordamos do entendimento da doutrina majoritária (não da jurisprudência![11]) de que, pela dicção do art. 387, *caput*, do CPP, o juiz pode fixar de ofício, independentemente de pedido explícito.

Com efeito, o art. 387, inciso IV, do CPP, deve receber interpretação conforme a Constituição, de maneira que o juiz só estará autorizado a fixar o valor mínimo do dano na sentença condenatória se: **(1)** houver pedido nesse sentido, para que a sentença atenda ao princípio da correlação ao pedido, bem como para se adequar ao sistema acusatório, eis que o juiz, como regra, não procederá de ofício (***ne procedat iudex ex officio***); **(2)** o pedido de fixação do valor mínimo do dano for formulado pelo legitimado, considerando que ninguém poderá pleitear em nome próprio direito alheio, salvo quando autorizado por lei (art. 18, *caput*, CPC/2015), assim como que o Ministério Público não tem legitimidade para defender direitos individuais disponíveis (reparação de dano, em regra, é direito individual disponível); e **(3)** sobre o pedido de fixação do valor mínimo do dano haja procedimento dialético, com contraditório e debate, evitando-se surpresas ao acusado. Note-se

10. Dispõe a Súmula nº 575, do STJ, que "constitui crime a conduta de permitir, confiar ou entregar a direção de veículo automotor a pessoa que não seja habilitada, ou que se encontre em qualquer das situações previstas no art. 310 do CTB, independentemente da ocorrência de lesão ou de perigo de dano concreto na condução do veículo".
11. STJ – Quinta Turma – REsp 1193083/RS – Rel. Min. Laurita Vaz – DJe 27/08/2013.

que o artigo de lei (o texto, o enunciado) não é inconstitucional de per si, podendo dar azo à interpretação inconstitucional (fixação de ofício pelo juiz), pelo que se deve conferir interpretação conforme a Constituição.

Permanecemos com o entendimento de que o juiz penal só poderá fixar o valor mínimo do dano se houver pedido expresso nesse sentido por parte do legitimado ordinário, sendo vedado o requerimento por parte do MP em virtude de não ter legitimidade para pleitear direitos individuais disponíveis (art. 127, CF)[12]. O CPC/2015, em seu art. 18, *caput*, estabelece a atuação da parte em substituição processual, quando se pleiteia direito alheio em nome próprio (legitimação extraordinária). Exige-se, para tanto, previsão no ordenamento jurídico. Poderá haver substituição processual desde que haja esteio em fontes formais do direito (Constituição, Súmula Vinculante, legislação etc.). Como não há disposição legal, compatível com a CF/1988, que autorize o Ministério Público a pleitear condenação relativa à indenização da vítima, entendemos que somente o ofendido (ou sucessor legal), representado por advogado, pode ingressar na ação penal condenatória para requerer a incidência do art. 387, IV, do CPP.

E quem tem legitimidade para requerer a indenização? Nas ações privadas, não teremos maiores problemas, já que o ofendido é o próprio titular da ação, tendo também legitimidade para requerer a justa indenização. O problema se avizinha no âmbito das ações públicas: estará o MP legitimado para requerer indenização em favor do ofendido? Entendemos que não, já que tal pretensão exorbitaria o âmbito de sua atribuição. No máximo, sendo a vítima pobre, e se na comarca não há Defensoria, assistiria ao MP requerer a indenização em favor do hipossuficiente, por analogia ao art. 68 do CPP. Nos demais casos, restaria ao ofendido devidamente identificado habilitar-se como assistente de acusação, para só assim apresentar sua pretensão indenizatória.

Maior dificuldade teremos quanto a demonstração probatória do valor da indenização. Devem as partes empreender esforços na colheita de provas vinculadas a pretensão indenizatória? Como ficará a instrução processual: restrita aos limites do pleito criminal, ou também passará a abarcar a pretensão cível? Devemos interpretar o dispositivo de sorte a que este se compatibilize com a nova rotina dos procedimentos, que passaram a ser mais escorreitos e concentrados, em busca de uma pretensa celeridade, e também com a própria Constituição Federal, que assegura a razoável duração do processo (art. 5º, LXXVIII). Se a questão cível for tão ou mais complexa que a criminal, de sorte a tumultuar a evolução do procedimento, deve o magistrado criminal remeter as partes à esfera cível, para que lá, em condições propícias, possam debater de forma exauriente a questão indenizatória. Nada impede que o ofendido aguarde a eventual sentença condenatória, e posteriormente promova a competente liquidação, e posterior execução. Caso contrário, haverá verdadeira anarquia processual, atravancando todo o procedimento.

Restaria, portanto, a discussão do quanto indenizatório na esfera penal naquelas situações de evidente aferição, quando a complexidade é mínima ou inexistente, e até mesmo quando as partes cheguem a um denominador, cabendo ao magistrado verdadeiramente "homologar" o acordo. Desta forma, admite-se até mesmo a produção probatória para

12. Negando a atuação de ofício do juiz, embora não ainda a legitimidade do Ministério Público para pleitear a fixação do valor mínimo do dano na sentença, o STJ decidiu que, "nos casos de violência contra a mulher praticados no âmbito doméstico e familiar, é possível a fixação de valor mínimo indenizatório a título de dano moral, desde que haja pedido expresso da acusação ou da parte ofendida, ainda que não especificada a quantia, e independentemente de instrução probatória" (STJ – Terceira Seção – REsp 1.643.051-MS – Rel. Min. Rogerio Schietti Cruz – j. 28/02/2018 – Tema 983).

demonstrar o quantitativo do prejuízo, desde que, insistimos, não venha a afetar o procedimento de forma desarrazoada.

A natureza do valor mínimo do dano fixado pelo juiz na sentença condenatória desperta controvérsia, mormente se seria somente material, ou também moral. Caso sejam atendidos os pressupostos para fixação do valor mínimo do dano (legitimidade, pedido, contraditório e elementos suficientes colhidos na instrução), como a lei não distinguiu a espécie do dano, é possível que, após certificar-se sobre a obrigação do acusado de indenizar (o ***an debeatur***), o juiz fixe o ***quantum debeatur*** de forma que englobe tanto o dano patrimonial (aí inseridos os danos positivos ou emergentes e os lucros cessantes ou danos negativos), bem como o dano moral e o danos estético. Vale lembrar que é lícita a cumulação do dano moral e do dano estético, consoante Súmula nº 387, do STJ.

De toda sorte, teremos a mitigação do sistema separatista, com a possibilidade de adoção do sistema da confusão, se este for adaptável ao caso concreto, isto é, o pleito indenizatório da parte tem que ser compatível com a realidade do procedimento, cabendo ao juiz determinar se é ou não possível que o processo penal abarque tal hipótese, ou se as partes devem ir ao cível. Daí que se pode dizer que o sistema processual brasileiro se filia ao sistema da independência das instâncias penal e civil, com certa dose de mitigação, sendo por isso, um **sistema separatista limitado**.

Na linha de Elmir Dulclerc, entendemos que merece crítica a tendência em mesclar o sistema separatista com tintas do sistema da confusão. Em outros termos, cabe a crítica ao dogma da unidade da jurisdição, com a reunião das pretensões cíveis e penais. De compasso com o que aviva o autor, "o mais grave, sem dúvida alguma, de trazer a pretensão de reparação da vítima para o ambiente do processo penal é que isso acaba desnaturando o processo da sua verdadeira função, isto é, de garantia da liberdade e obstáculo ao poder punitivo estatal". Deveras, caso tenha de administrar a questão da reparação do dano, no curso do processo penal condenatório, "o juiz dificilmente encontrará o lugar equidistante que lhe cabe, entre a pretensão punitiva estatal e a necessária proteção à liberdade do acusado"[13].

5. SUSPENSÃO DA DEMANDA CIVIL

Objetivando evitar decisões contraditórias, admite-se que o juiz cível suspenda o curso da ação indenizatória, aguardando o trânsito em julgado da sentença criminal (art. 64, parágrafo único, CPP). Mesmo que a ação penal ainda não tenha se iniciado, a ação civil poderá ser suspensa. Neste caso, se a ação penal não for deflagrada no prazo de três meses, contados da intimação do ato de suspensão da demanda cível, o processo civil deverá prosseguir, passando ao juiz cível a incumbência de examinar incidentalmente a questão prejudicial de natureza criminal (§ 1º, do art. 315, CPC/2015).

E se as ações tramitam paralelamente, por quanto tempo a ação civil deverá ficar suspensa? Entendemos que a suspensão não poderá exceder o prazo máximo de 01 ano, por aplicação do § 2º, do art. 315, do CPC/2015.

Caso o juiz cível dê prosseguimento à demanda civil e, no seu curso, sobrevenha sentença criminal, nada impede que a leve em consideração para julgar a questão civil prejudicada. O art. 493, do CPC/2015, autoriza este proceder, ao preconizar que, surgindo fato novo (o advento da sentença penal), o juiz cível ouvirá as partes sobre ele antes de decidir.

13. DUCLERC, Elmir. *Por uma teoria do processo penal*. Florianópolis: Empório do Direito, 2015. p. 85.

5.1. Regime legal da suspensão

Resta saber se a suspensão da ação civil, em face da prejudicial penal, é obrigatória ou facultativa. Temos aqui duas posições.

5.1.1. Obrigatoriedade da suspensão

Para Tourinho Filho[14] a suspensão seria impositiva, evitando-se as consequências desastrosas de se abrir o flanco e oportunizar a existência de decisões contraditórias.

5.1.2. Facultatividade

Entendemos que a suspensão da demanda cível é uma faculdade da autoridade judicial, no âmbito de conveniência em razão da formação do seu convencimento (art. 64, parágrafo único, CPP). É possível que a instrução do feito cível já permita ao magistrado aquilatar as repercussões jurídicas daquela conduta, sem a necessidade de aguardar o deslinde da causa penal. E se no transcorrer da ação sobrevier sentença criminal, nada impede que esta seja levada em consideração (art. 493, CPC/2015). Nessa linha, Pacelli[15] e precedentes no STJ[16].

6. EXECUÇÃO DA SENTENÇA CONDENATÓRIA PENAL

Como já visto, a sentença condenatória torna certa a obrigação de reparar o dano, sendo título executivo judicial, fixando a autoria e a materialidade, que não mais poderão ser discutidas na esfera civil. O título, contudo, pode ou não definir o quanto é devido, merecendo, neste último caso, previamente ser liquidado (art. 63, parágrafo único, CPP). Se o magistrado teve condições de estabelecer o valor da indenização, a sentença, na sua parte líquida, será de pronto executada no cível. Como o valor estabelecido é o mínimo da indenização, nada impede que a parte, entendendo que o numerário fixado pelo magistrado criminal é insuficiente, liquide a sentença condenatória penal, e na sequência a execute, para se ressarcir integralmente. Caso o juiz penal fixe o quanto da indenização e o réu condenado tenha prestado fiança, entendemos que excepcionalmente a execução pode ser feita na própria esfera penal, bastando ao ofendido requerer ao próprio juízo criminal o levantamento do valor da fiança para satisfação do seu direito.

Já a sentença concessiva do perdão judicial, segundo o STJ, na súmula nº 18, é considerada como meramente declaratória, sem os consequentes efeitos penais típicos de uma decisão condenatória, de sorte que, em tese, não poderia ser executada. Todavia, entendemos de forma diversa. Afinal, o perdão judicial se dá em circunstâncias excepcionais, onde não haja a necessidade de aplicação de pena ao infrator. O dano, contudo, subsiste reconhecido judicialmente. Acreditamos assim que ela possa ser executada. No mesmo sentido, Nucci[17] e Mirabete[18].

14. TOURINHO FILHO, Fernando da Costa. *Código de processo penal comentado*. 5. ed. São Paulo: Saraiva, 1999. v.1. p. 158.
15. OLIVEIRA, Eugênio Pacelli. *Curso de processo penal*. 3. ed. Belo Horizonte: Del Rey, 2004. p. 178
16. STJ – 3ª T. – REsp. 47246/RJ – Rel. Min. Costa Leite – DJ 30/8/1994.
17. NUCCI, Guilherme de Souza. *Manual de processo penal e execução penal*. 3. ed. São Paulo: RT, 2007. p. 208.
18. MIRABETE, Julio Fabbrini. *Processo Penal*. 14. ed. São Paulo: Atlas, 2003. p. 157.

Havendo a extinção da pretensão punitiva, pela prescrição ou por qualquer outra causa (art. 107, CP), não há, ***a priori***, que se falar em título executivo, ressalvadas as hipóteses de haver perdão judicial, como ressaltado acima e no capítulo que estudamos as sentenças. Já se houver extinção da pretensão executória, os efeitos secundários da sentença serão preservados, mantendo-se o título intacto para efeitos da pretensão indenizatória.

A seu turno, a sentença penal estrangeira poderá ser homologada no Brasil, quando a lei brasileira, na espécie, produzir as mesmas consequências (art. 788, CPP). A competência para a homologação, de acordo com o art. 105, inciso I, "i", da CF/1988, é do STJ.

7. SENTENÇA ABSOLUTÓRIA E SUBORDINAÇÃO TEMÁTICA

A relação entre a sentença penal absolutória e a demanda civil ***ex delicto*** de conhecimento é de ordem lógica: o motivo absolutório pode tornar inquestionável a inexistência do dever de indenizar por parte do réu absolvido. Toda vez que o juiz penal reconhecer, de forma categórica, que inexistiu lastro fático (inexistência do fato) ou que dado acusado não concorreu para a infração penal (negativa de autoria) ou, ainda, que o acusado agiu de acordo com a lei sem ofender direitos de terceiros (excludentes), forma-se coisa julgada criminal que encerra a discussão quanto aos elementos que poderiam constituir ilícito cível. Embora se diga que, nessas hipóteses, não cabe ação civil ***ex delicto***, a rigor, o que não tem lugar é o dever reparatório do acusado absolvido por tais razões. A ação civil *ex delicto* pode até ser movida contra outra pessoa. Se for ajuizada contra o acusado absolvido por esses fundamentos que repercutem na esfera civil, a petição inicial será indeferida, porquanto existirá coisa julgada criminal com efeitos civis.

Em outras palavras, existe uma interpenetração inquestionável entre a esfera penal e a cível. Já tratamos, em parte, da subordinação exercida pela justiça penal, onde a sentença condenatória certifica autoria e materialidade, tornando certa a obrigação de reparar os danos. Vejamos agora quais os reflexos advindos da decisão absolutória, destacando aquelas hipóteses que inviabilizam a deflagração da ação civil reparatória. Como as hipóteses de absolvição estão colocadas no art. 386 do CPP, que recebeu influxo da Lei nº 11.690/08, trataremos cada uma de per si.

7.1. Absolvição pela prova da inexistência do fato (art. 386, I, CPP)

Se ficar demonstrado categoricamente a inexistência do fato, não há de se falar em responsabilidade penal, logo a absolvição é obrigatória, mas também estará ilidida a responsabilidade civil, afinal, se a infração inexistiu, não houve dano (art. 66, ***in fine***, CPP). A absolvição com este fundamento tranca as portas da esfera cível, fazendo coisa julgada.

Já se o MP requerer o arquivamento do inquérito policial ou das peças de informação, nada impede a propositura da ação civil competente (art. 67, CPP).

A esfera criminal tem eficácia preponderante em relação à cível. Deve-se considerar o que se dispôs na conclusão da sentença criminal. A coisa julgada criminal que afirma não ter existido o fato certifica que não há suporte fático para incidir norma não só penal, mas também cível. Ou seja, como o juiz criminal afirmou que o fato não existiu na realidade naturalística para o fim de reconhecer a existência de crime (fato jurídico ilícito criminal), não se torna possível que o juiz cível, contraditoriamente, declare que aquele mesmo fato aconteceu para o fim de fazer incidir norma civil reparatória em razão de fato jurídico ilícito civil.

7.2. Não houver prova da existência do fato (art. 386, II, CPP)

Nesta hipótese, sensivelmente distinta da anterior, a debilidade probatória levou a absolvição, afinal, ***in dubio pro reo***. Contudo, nada impede que se renove a discussão na esfera cível, tentando-se provar a existência do fato e os danos por ele ocasionados.

Observe-se que a parte dispositiva a sentença penal apenas afirmou que a prova é insuficiente para fins de condenação penal, haja vista a dúvida razoável sobre a existência do fato. O processo penal é dotado de maior rigor para que uma demanda seja acolhida, afinal está em jogo imposição de pena privativa de liberdade. O juízo condenatório penal é mais exigente que o cível. De tal sorte, a absolvição criminal por não haver prova suficiente da existência do fato não impede a propositura de ação civil ***ex delicto***, já que, no cível, o juiz labora com a verdade formal e as regras sobre ônus da prova são aptas a suplantar eventual fragilidade probatória, o que não se admite no feito criminal.

7.3. Não constituir o fato infração penal (art. 386, III, CPP)

O fato praticado pode não estar enquadrado na tipificação penal, mas constituir ilícito civil, e havendo dano, a ação indenizatória terá cabimento.

O juiz faz três operações bem distintas na sentença: (**a**) primeiro, descreve a situação fática que é o pressuposto de fato (suposto ou suporte fático) para a incidência normativa (conceito fático); (**b**) em seguida, descreve o tipo normativo penal que se pretende fazer o enquadramento penal do fato (conceito típico); e (**c**) por último, procede à subsunção entre os conceitos (conceito fático ao conceito típico). Quando não há tal tipicidade, o juiz absolve o acusado pelo motivo de não constituir o fato infração penal. Note-se que o juiz tão somente declarou a atipicidade do fato, mas não negou a existência de um fato que, em tese, pode ter repercussão jurídica. Daí que a ação indenizatória pode ser ajuizada, porquanto o fato jurídico pode receber recorte cível, isto é, o fato pode constituir ilícito cível causador de um dano indenizável, ainda que não seja infração penal.

7.4. Estar provado que o réu não concorreu para a infração (art. 386, IV, CPP)

Questão interessante diz respeito à negativa da autoria. Pela antiga redação do dispositivo em comento, caberia a absolvição por ausência de provas que demonstrassem a concorrência do réu para a infração. Em tal caso, nada impediria o manejo da ação civil indenizatória, afinal, a fragilidade da instrução penal que levaria à absolvição (***in dubio pro reo***), poderia ser superada na esfera cível, na discussão do pleito indenizatório. Até então, havia uma lacuna legal que viabilizasse a absolvição sob o fundamento da prova cabal de que o réu não concorreu para o crime, o que não impedia que o magistrado, na sentença, invocasse tal argumento, obstando a ação civil ***ex delicto***, como vinha se manifestando o STF[19].

Como se depreende, a hipótese de negativa de autoria significa que o juiz criminal firmou juízo de certeza de que o acusado não concorreu para a infração penal. O juízo

19. STF – MS 23.188/RJ – Rel. Min. Ellen Gracie – Informativo-STF nº 295.

de certeza do âmbito criminal torna decidida a questão também no cível, pelo que a coisa julgada criminal produz efeitos na esfera cível para obstar qualquer pretensão ressarcitória contra o acusado. Note-se que a dicção do dispositivo refere ao fato de estar provado que determinado acusado não contribuiu para a infração penal.

Admissível absolver pela certeza da negativa de autoria, o que por consequência, irá trancar as portas da ação indenizatória. Já a situação da debilidade probatória que revele a autoria, está disposta no inciso V do art. 386, que veremos a seguir.

7.5. Não existir prova de ter o réu concorrido para a infração penal (art. 386, V, CPP)

Esta situação não se confunde com a anterior, pois, aqui, não se conseguiu provar que o réu concorreu para a infração. A instrução probatória foi deficitária, de sorte que a dúvida ocasiona a absolvição. Nada impede que o ofendido ingresse no cível, para que lá demonstre o vínculo do suposto infrator com o fato, na expectativa de viabilizar a indenização.

Tal caso é espécie do gênero "insuficiência de provas". A insuficiência de provas é apenas para os fins penais. Para os efeitos cíveis, as possibilidades de procedência do pedido indenizatório são mais amplas, flexíveis, menos exigentes. Enquanto no processo penal vigora o ***in dubio pro reo***, na esfera cível existem outras regras de julgamento e de ônus da prova que viabilizam o que se convencionou chamar de "verdade formal". De tal maneira, não há incompatibilidade em se absolver o réu criminalmente porque não existe prova de ter concorrido para a infração penal e em condená-lo a ressarcir o ofendido porque comprovado, na demanda reparatória, que ele concorreu para o ilícito civil. Embora o suporte fático seja o mesmo, a incidência da norma jurídica penal incriminadora depende de critérios mais rigorosos que os da incidência da norma jurídica que define o fato como ilícito civil danoso.

7.6. Existir circunstância que exclua o crime (art. 386, VI, CPP)

O reconhecimento das **excludentes de ilicitude** no âmbito penal faz coisa julgada no cível. **Vale dizer, caso ocorra o ajuizamento da ação indenizatória, haverá, como regra, óbice ao exame do seu mérito, em razão da coisa julgada criminal**. Excepcionalmente, mesmo a conduta estando justificada na seara penal, subsiste a indenização. Aqui, a coerência da lei civil é manifesta. Perceba que segundo o art. 188 do Código Civil, que se coaduna com o art. 65 do CPP, temos:

> Art. 188. Não constituem atos ilícitos:
>
> I – os praticados em legítima defesa ou no exercício regular de um direito reconhecido;
>
> II – a deterioração ou destruição da coisa alheia, ou a lesão à pessoa, a fim de remover perigo iminente.
>
> Parágrafo único. No caso do inciso II, o ato será legítimo somente quando as circunstâncias o tornarem absolutamente necessário, não excedendo os limites do indispensável para a remoção do perigo.

Na hipótese do inciso II, se a pessoa lesada ou o dono da coisa deteriorada ou destruída não for o causador do perigo, terá direito à indenização (art. 929, CC). Nesse caso, aquele que atuou em estado de necessidade e foi absolvido na justiça penal, terá de indenizar, assistindo ação regressiva contra o causador do perigo para reaver aquilo que pagou (art. 930, CC).

Da mesma forma, havendo legítima defesa putativa, ou seja, aquela imaginada pelo agente, em erro plenamente justificável, a indenização terá cabimento, ou ainda, em ocorrendo erro de alvo ***(aberratio ictus).***

7.7. Existir circunstância que isente o réu de pena

Já quanto às **excludentes de culpabilidade**, estas, **em regra, não inibem a obrigação de indenizar**. Da mesma forma, se o magistrado está em dúvida acerca da existência de uma das excludentes (ilicitude ou culpabilidade), deve absolver, mas não haverá obstáculo à propositura da ação civil indenizatória (parte final do dispositivo). Nada impede que na seara cível fique demonstrada a ocorrência do delito, e a obrigação indenizatória se estabeleça.

7.8. Ainda as razões absolutórias do art. 386, VI, CPP, e a fundada dúvida sobre sua existência

Em síntese, o dispositivo do art. 386, VI, CPP, traz quatro possibilidades com consequências diversas quanto à produção de coisa julgada no âmbito cível.

7.8.1. Absolvição por estar provada a existência de causa excludente de ilicitude real

Nesse caso, o juiz criminal espancou qualquer dúvida sobre a existência de causa excludente de criminalidade, tal como se for declarado que o réu agiu em legítima defesa. A certeza quanto à atuação lícita do réu, impede sua responsabilização cível, salvo em duas situações: (a.1) se o acusado tiver atingido terceiro inocente, quando este terá ação contra o acusado e este ação de regresso contra o ofendido provocador; (a.2) se o acusado tiver agido em estado de necessidade agressivo, quando não impedirá que o ofendido o acione civilmente, sendo assegurado ao réu o direito de regresso contra quem tiver causado a situação desencadeadora do seu comportamento enquadrado em estado de necessidade;

7.8.2. Absolvição por estar provada causa excludente de ilicitude putativa e *aberratio ictus* (erro de alvo ou erro na execução)

Exemplo clássico de causa excludente de ilicitude putativa é o encontro que o acusado tem com seu inimigo e, na ocasião, supõe que este, ao levar a mão à cintura, iria agredi-lo com arma de fogo. Agindo mais rápido, o acusado deflagra disparos contra o suposto agressor. Comprovada a inexistência da suposta agressão do inimigo do acusado (ofendido), conclui-se que a atuação deste se deu em situação de legítima defesa putativa, porquanto se a situação suposta de fato existisse, tornaria a ação do réu legítima. Nesse caso, não há impedimento para a discussão do fato na esfera cível, eis que o dano se deu sem a provocação do ofendido, tratando-se de agressão injusta do acusado, que terá o dever de indenizar. Note-se, por outro lado que, se a repulsa (agressão do acusado contra o ofendido) tiver ocorrido em razão de agressão inicial do próprio ofendido, a ação indenizatória poderá ser obstada pela coisa julgada absolutória. Diferentemente, se o erro na execução, em legítima defesa real, atinge terceira pessoa inocente, não há óbice ao dever de indenizar do acusado em relação à pessoa efetivamente lesionada.

7.8.3. Absolvição por restar provada a existência de causa excludente de culpabilidade

Trata-se de hipótese que isenta o réu de pena. A infração penal é fato típico, antijurídico e culpável. A isenção de pena reconhece a ausência de culpabilidade, porém o fato persiste em ser típico e antijurídico, pelo que a decisão criminal em tela não faz coisa julgada civil. Desse modo, a regra é que subsista o dever indenizatório quando a absolvição se fundar na mera causa excludente de culpabilidade (causa exculpante), tais como a coação moral irresistível, a inexigibilidade de conduta diversa, a embriaguez completa decorrente de caso fortuito ou força maior, o erro de proibição.

7.8.4. Absolvição por existir fundada dúvida sobre a existência de causa excludente de ilicitude ou de causa excludente de culpabilidade

Cuida-se de espécie do gênero "insuficiência de provas" para fins condenatórios penais. No processo criminal vigora a máxima ***in dubio pro reo***: cabe ao Ministério Público comprovar que não houve excludente de ilicitude ou que não aconteceu situação excludente de culpabilidade (com a redação dada pela lei 11.719/2008 ao dispositivo legal). Se não se desincumbe de tal ônus da acusação, a solução é absolutória. Todavia, tal sentença transitada em julgado não constitui obstáculo à rediscussão do fato por intermédio de ação cível ***ex delicto*** de conhecimento, pois o juízo de certeza que se requer para se proferir sentença penal condenatório não coincide com as técnicas de julgamento da demanda cível, regida por outras regras sobre ônus da prova e de julgamento, baseadas na verdade formal.

7.9. Não existir prova suficiente para a condenação (art. 386, VII, CPP)

Mais uma vez, a debilidade probatória não impede o manejo da ação civil reparatória.

A cláusula do art. 386, VII, CPP, é a cláusula de arremate das possibilidades absolutórias e a mais genérica das hipóteses relativamente às demais espécies de absolvição por insuficiência de provas. De forma análoga aos demais casos, a absolvição fundamentada neste motivo não é óbice à propositura de ação civil ***ex delicto***, porquanto a insuficiência de provas não decide a matéria fática com o cunho de definitividade, eis que é possível a renovação do debate para fins reparatórios.

DECISÕES ABSOLUTÓRIAS NO JUÍZO CRIMINAL	
Decisões absolutórias que impedem a responsabilidade civil	**CPP**
Absolvição por haver prova da inexistência do fato	Art. 386, I
Absolvição por haver prova de que o réu não concorreu para o crime	Art. 386, IV
Absolvição por certeza quanto à excludente de ilicitude real	Art. 386, VI, 1ª parte
Absolvição por não haver prova da existência do fato	Art. 386, II
Absolvição porque o fato não constitui infração penal	Art. 386, III c/c art. 67, III
Absolvição porque não há prova de que o réu concorreu para o crime	Art. 386, V
Absolvição por certeza quanto à excludente de ilicitude (a) quando atingido terceiro inocente; (b) quando do estado de necessidade agressivo; (c) quando a excludente é putativa; (d) quando há erro na execução da excludente	Art. 386, VI, 1ª parte

DECISÕES ABSOLUTÓRIAS NO JUÍZO CRIMINAL	
Absolvição por certeza quanto à excludente de culpabilidade, em regra	Art. 386, VI, 1ª parte
Absolvição por haver fundada dúvida quanto à excludente de ilicitude ou de culpabilidade	Art. 386, VI, 2ª parte
Absolvição por não haver prova suficiente para condenação	Art. 386, VII.

8. EFEITOS CIVIS DE OUTRAS SENTENÇAS E DECISÕES PENAIS

O processo penal não é apenas encerrado com sentenças condenatórias ou absolutórias. Existem outros tipos de sentenças e decisões que resolvem porção do mérito da demanda ou que lhe resolvem o mérito de forma mais ou menos parcial. O processo penal condenatório pode ser encerrado por sentença extintiva de punibilidade. O processo penal pode ser iniciado por ação penal de prevenção penal, visando impor medida de segurança a inimputável, dando ensejo à denominada sentença absolutória imprópria. Volvendo para o inquérito policial, procedimento investigatório preliminar à ação penal, observa-se que esse pode ser arquivado, por decisão do juiz, ao invés de ser oferecida denúncia ou queixa.

O art. 67, do Código de Processo Penal, dispõe que não impedirão a propositura da ação civil:

> I – o despacho de arquivamento do inquérito ou das peças de informação;
>
> II – a decisão que julgar extinta a punibilidade;
>
> III – a sentença absolutória que decidir que o fato imputado não constitui crime.

Diante desse contexto, importa examinar outras sentenças e decisões que interessam ao estudo da ação civil *ex delicto*, notadamente:

8.1. Decisão de arquivamento do inquérito policial

O arquivamento de inquérito policial por insuficiência de provas, naturalmente, não impede o debate da questão indenizatória em ação civil ***ex delicto***. No entanto, não se desconhece que a decisão de arquivamento de inquérito, excepcionalmente, produz coisa julgada material criminal. Isso porque o juiz pode arquivar o inquérito policial em razão de reconhecer a atipicidade do fato ou de acolher manifestação do Ministério Público de existência de excludente de criminalidade. A atipicidade do fato não nega a existência do fato, pelo que não há que se falar em impedimento à propositura de ação civil ***ex delicto***. No entanto, a declaração, em decisão de arquivamento de inquérito policial, de que o indiciado praticou o delito amparado por excludente de ilicitude, notadamente a legítima defesa real, tem o condão de impedir a ação civil, em face dessa coisa julgada material criminal repercutir na esfera cível[20]. Desse modo, podemos dizer que, **em regra**,

20. O STJ reconhece força de coisa julgada material criminal à decisão de arquivamento de inquérito policial que reconhece, peremptoriamente, excludente de ilicitude: "A decisão de arquivamento do inquérito policial no âmbito da Justiça Comum, em virtude de promoção ministerial no sentido da atipicidade do fato e da incidência de causa excludente

a decisão de arquivamento de inquérito policial não constitui óbice ao ajuizamento de ação civil *ex delicto*.

8.2. Decisão que julgar extinta a punibilidade

Não há um momento predeterminado para que o juiz declare extinta a punibilidade do agente. O art. 61, do CPP, dita que, em qualquer fase do processo, o juiz, se reconhecer extinta a punibilidade, deverá declará-la independentemente de provocação, isto é, de ofício. Daí que decisão extintiva de punibilidade pode acontecer na fase do inquérito policial, do processo penal condenatório (de conhecimento) e do processo de execução penal. Dessa forma, embora o art. 67, do CPP, fale que a decisão que julgar extinta a punibilidade não impedirá a propositura da ação civil, é necessário distinguir, mormente de acordo com a fase em que se encontra o processo penal e o motivo da extinção da punibilidade.

8.2.1. *Extinção da punibilidade pela morte do agente (art. 107, I, CP)*

Não impede a propositura de ação civil *ex delicto* contra o espólio ou contra os herdeiros, nos limites da força da herança. No entanto, se a morte ocorrer após o trânsito em julgado da sentença condenatória criminal, a ação civil *ex delicto* cabível será a executiva, baseada em título executivo judicial. Caso a morte do agente ocorra antes de prolação de sentença ou mesmo antes do trânsito em julgado de sentença penal condenatória, terá lugar a ação civil ex delicto cognitiva, com amplo debate sobre as questões de fato. Ambas são movidas contra o espólio ou herdeiros, limitando-se, a execução, ao patrimônio deixado pelo agente.

8.2.2. *Extinção da punibilidade pela anistia, graça ou indulto (art. 107, II, CP)*

Não impedem a propositura de ação cível *ex delicto*. A anistia, a graça e o indulto repercutem nos efeitos penais, impedindo a propositura de ação penal, trancando a ação penal já proposta ou arquivando a execução penal com a soltura do apenado. Note-se que subsiste o suporte fático que pode ensejar a ação reparatória civil, ou seja, o fato que deu ensejo à persecução penal permanece suficiente para o acionamento do agente na esfera cível para ressarcir eventual dano causado por sua conduta. A anistia ("esquecimento") é o ato pelo qual o Poder Legislativo (Congresso Nacional) declara a extinção da punibilidade, por razões de utilidade social, de todos os agentes que, até determinado termo, cometeram certas infrações penais, em regra, delitos políticos. Pode consistir no encerramento de diligências persecutórias, bem como na nulidade das condenações, cessando os efeitos penais (não os extrapenais). Enquanto a graça e o indulto, concedido pelo Presidente da República, põe fim à execução penal, sem apagar os efeitos da condenação, a anistia anula a punição e os demais efeitos condenatórios (não os efeitos civis).

---

de ilicitude, impossibilita a instauração de ação penal perante a Justiça Especializada, uma vez que o Estado-Juiz já se manifestou sobre o fato, dando-o por atípico (precedentes). Ainda que se trate de decisão proferida por juízo absolutamente incompetente, deve-se reconhecer a prevalência dos princípios do *favor rei*, *favor libertatis* e *ne bis in idem*, de modo a preservar a segurança jurídica que o ordenamento jurídico demanda. Precedentes". (STJ – Sexta Turma – HC 173.397/RS – Rel. Min. Maria Thereza de Assis Moura – DJe 11/04/2011).

8.2.3. *Extinção da punibilidade pela retroatividade de lei que não mais considera o fato como criminoso (art. 107, III, CP)*

Trata-se de hipótese de ***abolitio criminis***. Como é intuitivo, o fato da lei deixar de considerar crime um certo fato, não impede o ajuizamento de ação civil ***ex delicto***, porquanto a retroatividade da lei penal menos gravosa (***lex mitior***) só opera efeitos penais, persistindo o dever de indenizar o dano pelo agente responsável pela conduta. O dispositivo em tela deve ser interpretado conjugadamente com o art. 2º, do Código Penal, que destaca que ninguém pode ser punido por fato que lei posterior deixa de considerar crime, cessando em virtude dela a execução e os efeitos penais da sentença condenatória. Em outras palavras, deixar de considerar um fato como crime não é obstáculo para que haja incidência do recorte jurídico civil deste mesmo suporte fático, podendo haver assim o direito do ofendido à indenização. Há controvérsia doutrinária sobre se a ***abolitio criminis*** retira da sentença penal condenatória transitada em julgado a natureza de título executivo judicial civil. Duas posições se formam: **(1)** a primeira, ainda prevalente, sustenta que a sentença penal condenatória, ainda que atingida pela ***abolitio criminis***, mantém sua qualidade de título executivo judicial, eis que o artigo 2º, *caput*, do Código Penal, aduz que a ***abolitio criminis*** faz cessar a execução e os efeitos penais (não os civis) daquela sentença[21]; **(2)** a segunda corrente, que é também a nossa posição, entende que a ***abolitio criminis*** não apaga o fato jurídico (que continua sendo um ilícito civil danoso), mas tão somente os efeitos penais, de forma ***ex tunc***, pelo que a sentença penal condenatória, ainda que transitada em julgado, perde uma das bases sobre a qual se sustenta, notadamente a qualificação do fato como crime, razão pela qual deixa de ser título executivo judicial, por carecer de validade no mundo jurídico (invalidade superveniente). Isso não constitui óbice para que o ofendido promova a ação civil de ressarcimento dos danos na forma do art. 64, do CPP (ação civil de conhecimento).

8.2.4. *Pela prescrição, decadência ou perempção (art. 107, IV, CP)*

As decisões que reconhecem a decadência e a perempção são extintivas da punibilidade do agente, mas não impedem o ajuizamento de ação civil indenizatória pelo ofendido (ação civil ***ex delicto* de conhecimento**). A decadência ocorre com o decurso do prazo previsto em lei para oferecer representação (nas ações penais públicas condicionadas) ou queixa-crime (nas ações penais privadas). A perempção se dá, em suma, com a desídia do querelante que deixa de promover atos que lhe compete no curso de ação penal privada exclusiva ou personalíssima. Naturalmente, não há repercussão de tais decisões sobre os efeitos civis (extrapenais). Já a decisão que extingue a punibilidade pela prescrição da pretensão punitiva estatal, **em regra**, comporta ação civil ***ex delicto* de conhecimento**. Isso porque se a prescrição ocorrer depois do trânsito em julgado da sentença condenatória (prescrição da pretensão executória), o ofendido poderá promover ação civil ***ex delicto* executiva**, ou seja, lastreada em título executivo judicial (sentença condenatória penal).

8.2.5. *Pela renúncia do direito de queixa ou pelo perdão aceito, nos crimes de ação privada (art. 107, V, CP)*

A decisão de extinção de punibilidade pela renúncia ao direito de queixa, por si só, não impede a propositura da ação civil ***ex delicto*** de cognição. No ponto, as instâncias civil

21. LIMA, Renato Brasileiro. *Curso de Processo Penal*: volume único. Rio de Janeiro: Impetus, 2013. p. 284.

e criminal são independentes. O ofendido pode não desejar se expor na esfera criminal, mas externar seu interesse em ser ressarcido pelo ilícito decorrente da infração penal. No entanto, atenção especial deve ser dada ao parágrafo único, do art. 74, da Lei nº 9.099/1995, que reza que a composição civil dos danos homologada perante o juizado especial criminal, em crime de ação penal privada, acarreta a renúncia ao direito de queixa. No caso, a renúncia ao direito de queixa, de per si, não é a causa do impedimento da ação civil ***ex delicto***, pois o impedimento existente se dá por conta de já ter sido resolvido, pelo acordo civil no âmbito dos juizados criminais, a questão relativa à indenização, eis que aqui o sistema da independência das instâncias sofre mitigação (sistema da confusão). Por outro lado, tratando-se de perdão aceito pelo querelado – com ação penal privada em trâmite –, a extinção da punibilidade não constitui óbice à ação civil ***ex delicto***, só produzindo efeitos penais, haja vista que, pela mesma razão acima, é assegurado ao ofendido o acesso às esferas civil e penal de forma independente.

8.2.6. *Pela retratação do agente, nos casos que a lei admite (art. 107, VI, CP)*

A extinção da punibilidade pela retratação do agente fica restrita à produção de efeitos penais, sobejando os efeitos civis (extrapenais), pelo que não há impedimento de manejo de ação civil ***ex delicto*** de conhecimento.

Sobre a retratação do agente, importante ressaltar a alteração promovida pela Lei 13.188/2015 ao Código Penal, mais especificamente em seu art. 143, que disciplina o instituto em relação aos crimes contra a honra. A referida lei incluiu o parágrafo único, acrescentando mais um requisito para que a retratação tenha efeitos penais (no caso de calúnia ou difamação praticada com a utilização de meios de comunicação), qual seja, a necessidade de que a retratação seja feita, se assim desejar o ofendido, pelos mesmos meios em que se praticou a ofensa. Assim, nos crimes de calúnia ou difamação, em que tenham sido utilizados meios de comunicação, a retratação deve ser realizada antes da sentença e, se assim desejar a vítima, pelo mesmo meio em que foi perpetrada a lesão.

8.2.7. *Pelo perdão judicial, nos casos previstos em lei (art. 107, IX, CP)*

Mesmo extinta a punibilidade pelo perdão judicial, não ficam fechadas as portas do Judiciário para o acatamento de ação civil ***ex delicto* de conhecimento**. O perdão judicial é causa extintiva de punibilidade que pode ser declarada por variadas causas previstas em lei (colaboração ou delação premiada, acordo de leniência nos crimes econômicos, homicídio culposo de familiar na condução de veículo automotor). Pode ter lugar antes do início do processo penal, durante o curso do processo penal e mesmo no bojo da sentença penal condenatória. Quando concedido o perdão judicial em capítulo final da sentença penal condenatória, existem divergências se tal sentença tem natureza condenatória ou simplesmente é declaratória de extinção da punibilidade. Prevalece a posição de que se trata de sentença declaratória de extinção de punibilidade, que não subsiste para fins de reincidência e que é classificada como sentença autofágica (porque tem o condão de impedir a propagação dos seus efeitos, eis que, inclusive, não é considerada para efeitos de reincidência). A Súmula nº 18, do STJ, dispõe nesse sentido. Daí que a tal sentença não é considerada título executivo judicial para o fim de ser promovida ação civil ***ex delicto* de execução** (art. 63, parágrafo único, CPP), cabendo, naturalmente, a ação civil ***ex delicto* de cognição**, para ressarcimento do dano (art. 64, CPP).

8.3. Sentença absolutória imprópria

A sentença proferida em ação de prevenção penal é assim denominada porque julga improcedente a pretensão punitiva estatal, mas aplica medida de segurança. O juiz reconhece que o fato é típico e antijurídico, mas não lhe põe o rótulo da culpabilidade. Embora seja afirmado pelo juiz penal que o fato é típico e antijurídico, a sentença absolutória imprópria não é título executivo judicial, pelo que a ação civil ***ex delicto*** cabível não é a do art. 63, parágrafo único, do CPP (de execução), mas a ação de ressarcimento fundada no art. 64, do Código (ação civil ***ex delicto*** de conhecimento). A ação civil ***ex delicto*** de conhecimento, neste caso, pode ser movida, de forma **sucessiva**: **(a)** contra o responsável civil, nos termos do art. 932, do Código Civil; ou **(b)** contra o próprio incapaz, se as pessoas por ele responsáveis não tiverem obrigação de fazê-lo ou não dispuserem de meios suficientes, a teor do art. 928, parágrafo único, do mesmo diploma legal.

8.4. Sentença absolutória prolatada pelo Júri Popular

Com a reforma do Código de Processo Penal, as decisões dos jurados passaram a respeitar o sigilo contra a votação unânime, só sendo divulgado os votos dos jurados até a apuração do quarto voto vencedor. Além disso, a quesitação exigida pelo Código deve necessariamente conter uma pergunta aberta que engloba todas as teses possíveis de absolvição, qual seja: "o jurado absolve o acusado?".

Se o réu for absolvido em virtude da resposta afirmativa dos jurados a esse quesito genérico ("o jurado absolve o acusado?"), a sentença absolutória correspondente não produzirá qualquer efeito civil, diante da incerteza acerca da razão da decisão de absolvição tomada no âmbito do Júri Popular.

De tal sorte, absolvido o acusado pelos jurados em face da resposta positiva ao quesito genérico de absolvição, pode o ofendido rediscutir a matéria através do ajuizamento de ação civil ***ex delicto*** de conhecimento (ação de ressarcimento), para ver debatida a questão em esfera diversa da criminal. Portanto, em face da incerteza sobre a razão absolutória, é inaplicável à hipótese a regra segundo a qual "a responsabilidade civil é independente da criminal, não se podendo questionar mais sobre a existência do fato, ou sobre quem seja o seu autor, quando estas questões se acharem decididas no juízo criminal" (art. 935, do Código Civil).

Observe-se, contudo, que as decisões dos jurados de absolvição, fundadas no primeiro ou no segundo quesito (art. 483, I e II, CPP), fazem coisa julgada material criminal e civil. Isso porque o primeiro quesito alude à materialidade do fato, enquanto o segundo se refere à autoria ou à participação. Dessa maneira, negada a materialidade do fato (existência da ocorrência em si), a tese acolhida pelos jurados será a de inexistência do próprio fato. Por outra via, negada a autoria ou participação, a tese escolhida será a de negativa de autoria ou de participação. Ambas são impeditivas de novo julgamento do fato pelo juízo cível.

8.5. Sentença homologatória de transação penal

A transação penal (art. 76, da Lei nº 9.099/1995) é a aceitação de proposta de aplicação imediata de pena restritiva de direitos no âmbito dos juizados especiais criminais, diante de crime de menor potencial ofensivo. O autor do fato, ao aceitá-la, não reconhece culpa. Tal sentença não é condenação em sentido estrito. Tanto não é que permanecerá o autor do fato primário e de bons antecedentes. De tal modo, a sentença homologatória de transação penal não é título executivo judicial (não produz efeitos civis, malgrado haja controvérsia sobre sua natureza: se condenatória ou se homologatória). Não obstante, é possível que o ofendido, que não tenha sido beneficiado com composição civil dos danos, promova ação de ressarcimento no juízo cível (ação civil ***ex delicto*** de conhecimento), no âmbito da qual será debatida a questão que não foi objeto de instrução pelo juiz criminal.

OUTRAS DECISÕES QUE NÃO IMPEDEM A RESPONSABILIDADE CIVIL	
Decisões que não impedem a responsabilidade civil	**CPP**
Decisão de arquivamento do inquérito policial*	Art. 67, I
Decisão que julga extinta a punibilidade	Art. 67, II c/c art. 107 do CP
Absolvição imprópria – aplicação de medida de segurança	–
Absolvição proferida pelo Júri Popular**	–
(*) Salvo arquivamento por reconhecimento de excludente real da ilicitude. (**) Inaplicável o art. 935 do Código Civil.	

9. REVISÃO CRIMINAL E AÇÃO RESCISÓRIA

Havendo o ajuizamento da revisão criminal, e sendo julgada procedente, o título materializado na sentença condenatória transitada em julgado desaparece, impedindo-se o início da execução no âmbito cível ou eliminando-se aquela já iniciada. Se o pagamento já tinha ocorrido, abre-se a possibilidade de ação de restituição, para reaver o que se pagou.

Pode ocorrer ainda o trânsito em julgado da sentença cível assegurando a indenização. Se posteriormente, advier no âmbito penal sentença absolutória reconhecendo a inexistência do fato (ou por qualquer outro fundamento, ilidindo a indenização), deverá ter lugar, na esfera cível, o manejo da ação rescisória, arrimada em erro sobre inexistência do fato (art. 966, CPC/2015).

10. PRAZO PRESCRICIONAL

De acordo com o art. 200, do Código Civil, quando a ação civil se originar de fato que deva ser apurado no juízo criminal, "não correrá a prescrição antes da respectiva sentença definitiva". Com o advento da sentença penal transitada em julgado, o prazo prescricional para a ação civil começa a correr. A prescrição em tal caso ocorrerá com o decurso do lapso de três anos (art. 206, § 3º, V, CC). Ratificando o disposto em lei, o STJ tem entendimento sedimentado a jurisprudência de ambas as Turmas da Primeira Seção do STJ é firme no sentido de que, na hipótese de ação indenizatória *ex delicto*, o prazo prescricional do direito de requerer a reparação deverá começar a fluir a partir do trânsito em julgado da sentença penal condenatória[22].

22. STJ – Primeira Turma – REsp 1056333 – Rel. Min. Benedito Gonçalves – DJe 18/06/2010.

11. QUADRO SINÓTICO

CAPÍTULO IV – AÇÃO CIVIL EX DELICTO	
CONSIDERAÇÕES INICIAIS	
Uma conduta tipificada penalmente também pode se materializar em ilícito cível, trazendo para a vítima, se identificada, pretensões de cunho indenizatório. Com razão, o art. 91, I, do CP, assevera que a sentença condenatória penal torna certa a obrigação de reparar o dano causado pelo crime, sendo título executivo judicial (art. 515, VI, CPC/2015), carecendo de prévia liquidação. Embora prevista no Código de Processo Penal, sabemos que a ação civil *ex delicto*, seja ela de conhecimento ou de execução, tem trâmite regulado pelo CPC/2015. O art. 63, CPP, é expresso nesse sentido, pelo que as poucas disposições que regulam essa demanda na lei processual penal são destinadas mais a delimitar os contornos da coisa julgada criminal, para fins de definir se a demanda a ser ajuizada na esfera cível será de conhecimento (art. 64, parágrafo único, CPP) ou de execução (art. 63, parágrafo único, CPP). **1.1.** Ação civil *ex delicto* de conhecimento ou de cognição, ação de ressarcimento do dano ou ação civil ex delicto em sentido estrito (art. 64, parágrafo único, CPP): É a demanda proposta antes do trânsito em julgado da sentença penal condenatória, isto é, que não se fundamenta em um decreto condenatório definitivo e contra o qual não caibam mais recursos, mas que visa também indenização causada pela infração penal. 1.2. Ação civil *ex delicto* de execução ou ação civil ex delicto em sentido amplo (art. 63, parágra-fo único, CPP): É a demanda civil lastreada em título executivo penal condenatório (sentença penal condenatória com trânsito em julgado). Não se cuida, tecnicamente, de ação civil ex delicto, salvo em sentido amplo, eis que é ação executiva, que dispensa processo de conhecimento prévio.	**1**
LEGITIMIDADE ATIVA E PASSIVA	
A legitimidade ativa é da vítima, do seu representante legal, no caso do menor de 18 anos ou doente mental, e em havendo óbito ou ausência, dos herdeiros. Sendo a vítima pobre, a ação de conhecimento ou a execução será promovida, a seu requerimento, pelo MP; nada impede, porém, que o magistrado nomeie advogado dativo para fazê-lo. E com mais razão, nas comarcas onde a Defensoria Pública encontra-se estruturada, o dispositivo não tem mais aplicabilidade, face ao disposto no artigo 134 da CF. Já no polo passivo irá figurar o autor do crime, sem prejuízo do processamento do responsável civil.	**2**
COMPETÊNCIA DA AÇÃO REPARATÓRIA	
Quanto à competência para a ação civil ***ex delicto***, seja a ação de conhecimento, seja a ação executória, precedida da competente liquidação, estas serão manejadas no juízo cível correspondente, sem vínculos com a definição da competência penal. Em tal cotejo, forma-se, ao menos, duas posições: (a) A primeira, defendida inicialmente por Araken de Assis, definindo-a pelo lugar do ato ou fato. (b) A segunda posição, majoritária, resolve para entender que cabe à vítima optar entre ajuizar a ação civil no lugar do seu domicílio ou no local do fato, havendo verdadeira concorrência de foros. Nada impede que opte por ajuizar a ação no domicílio do réu. Nesse sentido, Tourinho Filho, Fredie Didier Jr. e Capez. É também a nossa posição. Nos termos do CPC/2015, nas ações de reparação do dano sofrido em razão de delito ou acidente de veículos – inclusive de aeronave –, será competente o foro do domicílio do autor ou do local do fato (art. 53, V), sufragando a segunda posição.	**3**

CAPÍTULO IV – AÇÃO CIVIL EX DELICTO	
Tratando-se de ação de execução (cumprimento de sentença penal condenatória transitada em julgado), o ofendido poderá optar pelo juízo do atual domicílio do executado/condenado, pelo juízo do local onde se encontrem os bens sujeitos à execução ou pelo juízo do local onde deva ser executada a obrigação de fazer ou de não fazer, casos em que a remessa dos autos do processo será solicitada ao juízo de origem.	**3**
SISTEMAS PROCESSUAIS	
4.1. Sistema da confusão: o pedido engloba ao mesmo tempo a condenação e a reparação dos danos; **4.2.** Sistema da solidariedade ou da união: teremos duas pretensões e dois pedidos, tramitando no mesmo feito; **4.3.** Sistema da livre escolha: a parte opta pelo pleito reparatório na esfera cível ou na penal; **4.4.** Sistema da separação ou independência: cada ação tramitará na competente Justiça, com o devido procedimento. Não é mais absoluta a adoção do sistema separatista no ordenamento brasileiro. Haverá mitigação do sistema separatista, com a possibilidade de adoção do sistema da confusão, se este for adaptável ao caso concreto, isto é, o pleito indenizatório da parte tem que ser compatível com a realidade do procedimento, cabendo ao juiz determinar se é ou não possível que o processo penal abarque tal hipótese, ou se as partes devem ir ao cível.	**4**
SUSPENSÃO DA DEMANDA CIVIL	
Objetivando evitar decisões contraditórias, admite-se que o juiz cível suspenda o curso da ação indenizatória, aguardando o trânsito em julgado da sentença criminal, mesmo que a ação penal ainda não tenha se iniciado. E se as ações tramitam paralelamente, por quanto tempo a ação civil deverá ficar ficará sobrestada-suspensa? Entendemos que a suspensão não poderá exceder o prazo máximo de 01 ano, por aplicação do § 2º, do art. 315, do CPC/2015. 5.1. Regime legal da suspensão: 5.1.1. Obrigatoriedade da suspensão: Para Tourinho Filho a suspensão seria impositiva, evitando-se as consequências desastrosas de se abrir o flanco e oportunizar a existência de decisões contraditórias. 5.1.2. Facultatividade: Entendemos que a suspensão da demanda cível é uma faculdade da autoridade judicial, no âmbito de conveniência em razão da formação do seu convencimento (art. 64, parágrafo único, CPP).	**5**
EXECUÇÃO DA SENTENÇA CONDENATÓRIA PENAL	
A sentença condenatória torna certa a obrigação de reparar o dano, sendo título executivo judicial, fixando a autoria e a materialidade, que não mais poderão ser discutidas na esfera civil.	**6**
SENTENÇA ABSOLUTÓRIA E SUBORDINAÇÃO TEMÁTICA	
A relação entre a sentença penal absolutória e a demanda civil ex delicto de conhecimento é de ordem lógica: o motivo absolutório pode tornar inquestionável a inexistência do dever de indenizar por parte do réu absolvido. Toda vez que o juiz penal reconhecer, de forma categórica, que inexistiu lastro fático (inexistência do fato) ou que dado acusado não concorreu para a infração penal (negativa de autoria) ou, ainda, que o acusado agiu de acordo com a lei sem ofender direitos de terceiros (excludentes), forma-se coisa julgada criminal que encerra a discussão quanto aos elementos que poderiam constituir ilícito cível.	**7**

CAPÍTULO IV – AÇÃO CIVIL EX DELICTO

Vejamos quais os reflexos advindos da decisão absolutória, destacando aquelas hipóteses que inviabilizam a deflagração da ação civil reparatória. Como as hipóteses de absolvição estão colocadas no art. 386 do CPP, que recebeu influxo da Lei nº 11.690/08, trataremos cada uma de per si.

7.1. Absolvição pela prova da inexistência do fato (art. 386, I, CPP). A absolvição com este fundamento tranca as portas da esfera cível, fazendo coisa julgada.

7.2. Não houver prova da existência do fato (art. 386, II, CPP). A absolvição criminal por não haver prova suficiente da existência do fato não impede a propositura de ação civil ex delicto, já que, no cível, o juiz labora com a verdade formal e as regras sobre ônus da prova são aptas a suplantar eventual fragilidade probatória, o que não se admite no feito criminal.

7.3. Não constituir o fato infração penal (art. 386, III, CPP). O fato praticado pode não estar enquadrado na tipificação penal, mas constituir ilícito civil, e havendo dano, a ação indenizatória terá cabimento.

7.4. Estar provado que o réu não concorreu para a infração (art. 386, IV, CPP). Com a nova redação, fica clara a possibilidade de absolver pela certeza da negativa de autoria, o que por consequência, irá trancar as portas da ação indenizatória.

7.5. Não existir prova de ter o réu concorrido para a infração penal (art. 386, V, CPP). A instrução probatória foi deficitária, de sorte que a dúvida ocasiona a absolvição. Nada impede que o ofendido ingresse no cível, para que lá demonstre o vínculo do suposto infrator com o fato, na expectativa de viabilizar a indenização.

7.6. Existir circunstância que exclua o crime (art. 386, VI, do CPP): O reconhecimento das excludentes de ilicitude no âmbito penal faz coisa julgada no cível. Excepcionalmente, mesmo a conduta estando justificada na seara penal, subsiste a indenização. 7

7.7. Existir circunstância que isente o réu de pena: Já quanto às excludentes de culpabilidade, estas, em regra, não inibem a obrigação de indenizar.

7.8. Razões absolutórias do art. 386, VI, CPP, e a fundada dúvida sobre sua existência:

7.8.1. Absolvição por estar provada a existência de causa excludente de ilicitude real: A certeza quanto à atuação lícita do réu, impede sua responsabilização cível, salvo em duas situações: (a.1) se o acusado tiver atingido terceiro inocente, quando este terá ação contra o acusado e este ação de regresso contra o ofen-dido provocador; (a.2) se o acusado tiver agido em estado de necessidade agressivo, quando não impedirá que o ofendido o acione civilmente;

7.8.2. Absolvição por estar provada causa excludente de ilicitude putativa e aberratio ictus (erro de alvo ou erro na execução): não há impedimento para a discussão do fato na esfera cível;

7.8.3. Absolvição por restar provada a existência de causa excludente de culpabilidade: a isenção de pena reconhece a ausência de culpabilidade, porém o fato persiste em ser típico e antijurídico, pelo que a decisão criminal em tela não faz coisa julgada civil.

7.8.4. Absolvição por existir fundada dúvida sobre a existência de causa excludente de ilicitude ou de causa excludente de culpabilidade: não constitui obstáculo à rediscussão do fato por intermédio de ação cível ex delicto de conhecimento.

7.9. Não existir prova suficiente para a condenação (art. 386, VII, CPP): a debilidade probatória não impede o manejo da ação civil reparatória.

CAPÍTULO IV – AÇÃO CIVIL EX DELICTO

EFEITOS CIVIS DE OUTRAS SENTENÇAS E DECISÕES PENAIS

O processo penal não é apenas encerrado com sentenças condenatórias ou absolutórias. Importa examinar outras sentenças e decisões que interessam ao estudo da ação civil ex delicto, notadamente:

8.1. decisão de arquivamento do inquérito policial. Em regra, a decisão de arquivamento de inquérito policial não constitui óbice ao ajuizamento de ação civil ex delicto. Constituíra óbice em caso de arquivamento por reconhecimento de causa excludente real da ilicitude.

8.2. decisão que julgar extinta a punibilidade: é necessário distinguir a situação que ensejou a extinção, mormente de acordo com a fase em que se encontra o processo penal e o motivo da extinção da punibilidade.

8.2.1. Extinção da punibilidade pela morte do agente (art. 107, I, CP)

Não impede a propositura de ação civil ex delicto contra o espólio ou contra os herdeiros, nos limites da força da herança.

8.2.2. Extinção da punibilidade pela anistia, graça ou indulto (art. 107, II, CP)

Não impedem a propositura de ação cível ex delicto.

8.2.3. Extinção da punibilidade pela retroatividade de lei que não mais considera o fato como criminoso (art. 107, III, CP)

Trata-se de hipótese de abolitio criminis. Como é intuitivo, o fato da lei deixar de considerar crime um certo fato, não impede o ajuizamento de ação civil ex delicto, porquanto a retroatividade da lei penal menos gravosa (lex mitior) só opera efeitos penais, persistindo o dever de indenizar o dano pelo agente responsável pela conduta. 8

8.2.4. Pela prescrição, decadência ou perempção (art. 107, IV, CP)

As decisões que reconhecem a decadência e a perempção são extintivas da punibilidade do agente, mas não impedem o ajuizamento de ação civil indenizatória pelo ofendido (ação civil ex delicto de conhecimento).

8.2.5. Pela renúncia do direito de queixa ou pelo perdão aceito, nos crimes de ação privada (art. 107, V, CP)

A decisão de extinção de punibilidade pela renúncia ao direito de queixa, por si só, não impede a propositura da ação civil ex delicto de cognição.

8.2.6. Pela retratação do agente, nos casos que a lei admite (art. 107, VI, CP)

Não há impedimento de manejo de ação civil ex delicto de conhecimento.

8.2.7. Pelo perdão judicial, nos casos previstos em lei (art. 107, IX, CP)

Mesmo extinta a punibilidade pelo perdão judicial, não ficam fechadas as portas do Judiciário para o acatamento de ação civil ex delicto de conhecimento.

8.3. sentença absolutória imprópria. O juiz reconhece que o fato é típico e antijurídico, mas não lhe põe o rótulo da culpabilidade. Embora seja afirmado pelo juiz penal que o fato é típico e antijurídico, a sentença absolutória imprópria não é título executivo judicial, pelo que a ação civil ex delicto cabível não é a do art. 63, parágrafo único, do CPP (de execução), mas a ação de ressarcimento fundada no art. 64, do Código (ação civil ex delicto de conhecimento).

CAPÍTULO IV – AÇÃO CIVIL EX DELICTO	
8.4. sentença absolutória prolatada pelo Júri Popular. Absolvido o acusado pelos jurados em face da resposta positiva ao quesito genérico de absolvição ("o jurado absolve o acusado?"), por não ser possível precisar o motivo da absolvição por parte dos jurados, é dado ao ofendido rediscutir a matéria através do ajuizamento de ação civil *ex delicto* de conhecimento (ação de ressarcimento), para ver debatida a questão em esfera diversa da criminal. Por outro lado, as decisões de absolvição fundadas no primeiro ou no segundo quesito (art. 483, I e II, CPP), fazem coisa julgada material criminal e civil. Isso porque o primeiro quesito alude à materialidade do fato, enquanto o segundo se refere à autoria ou à participação **8.5. Sentença homologatória de transação penal:** a sentença homologatória de transação penal não é título executivo judicial (não produz efeitos civis, malgrado haja controvérsia sobre sua natureza: se condenatória ou se homologatória). Não obstante, é possível que o ofendido, que não tenha sido beneficiado com composição civil dos danos, promova ação de ressarcimento no juízo cível (ação civil *ex delicto* de conhecimento), no âmbito da qual será debatida a questão que não foi objeto de instrução pelo juiz criminal.	8
REVISÃO CRIMINAL E AÇÃO RESCISÓRIA	
Sendo julgada procedente a revisão criminal, o título materializado na sentença condenatória transitada em julgado desaparece, impedindo-se o início da execução no âmbito cível ou eliminando-se aquela já iniciada. Se posteriormente, advier no âmbito penal sentença absolutória reconhecendo a inexistência do fato, deverá ter lugar, na esfera civil, o manejo da ação rescisória.	9
PRAZO PRESCRICIONAL	
De acordo com o art. 200 do Código Civil, quando a ação civil se originar de fato que deva ser apurado no juízo criminal, "não correrá a prescrição antes da respectiva sentença definitiva". Com o advento da sentença penal transitada em julgado, o prazo prescricional para a ação civil começa a correr. A prescrição em tal caso ocorrerá com o decurso do lapso de três anos (art. 206, § 3º, V, CC).	10

12. SÚMULAS APLICÁVEIS

12.1. STJ

18. A sentença concessiva do perdão judicial é declaratória da extinção da punibilidade, não subsistindo qualquer efeito condenatório.

387. É lícita a cumulação das indenizações de dano estético e dano moral.

13. INFORMATIVOS RECENTES

13.1. STJ

Direito Civil. Ação Civil Ex Delicto.O termo inicial do prazo de prescrição para o ajuizamento da ação de indenização por danos decorrentes de crime (ação civil ex delicto) é a data do trânsito em julgado da sentença penal condenatória, ainda que se trate de ação proposta contra empregador em razão de crime praticado por empregado no exercício do trabalho que lhe competia. Sabe-se que, em regra, impera a noção de independência entre as instâncias civil e criminal (art. 935 do CC). O CC, entretanto, previu dispositivo inédito em seu art. 200, reconhecendo causa impeditiva da prescrição. De acordo com o referido artigo, "Quando a ação se originar de fato que deva ser apurado no juízo criminal, não correrá a prescrição antes da respectiva sentença definitiva". Assim, prestigiando a boa-fé e a segurança jurídica, estabelece a norma que o início do prazo prescricional não decorre da violação do direito subjetivo em si, mas, ao contrário, a partir da definição por sentença no juízo criminal que apure definitivamente o fato, ou seja, há uma espécie legal de actio nata. A aplicação do art. 200 do CC tem valia quando houver relação de prejudicialidade entre as esferas cível e penal – isto é, quando a conduta originar-se de fato também a ser apurado no juízo criminal –, sendo fundamental a existência de ação penal em curso (ou, ao menos, inquérito policial em trâmite). Posto isso, cumpre ressaltar que o art. 933 do CC considera a responsabilidade civil por ato de terceiro como sendo objetiva. A responsabilização objetiva do empregador, no entanto, só exsurgirá se, antes, for demonstrada a culpa do empregado ou preposto, à exceção, por evidência, da relação de consumo. Nesse contexto, em sendo necessária, para o reconhecimento da responsabilidade civil do patrão pelos atos do empregado, a demonstração da culpa anterior do causador direto do dano, deverá, também, incidir a causa obstativa da prescrição do art. 200 no tocante à ação civil ex delicto, caso esta conduta do preposto esteja também sendo apurada em processo criminal. É que, como bem adverte a doutrina, não obstante a ação penal só se dirigir contra os autores do dano, o prazo prescricional ficará suspenso, também, para o ajuizamento da ação contra os responsáveis, já que na lei não se encontra limitação desse efeito (art. 932 do CC). (...) *REsp 1.135.988-SP, Rel. Min. Luis Felipe Salomão, julgado em 8/10/2013 (Info. 530).*

♦ Direito Processual Penal. Irretroatividade do art. 387, IV, do CPP, com a redação dada pela Lei 11.719/2008.

A regra do art. 387, IV, do CPP, que dispõe sobre a fixação, na sentença condenatória, de valor mínimo para reparação civil dos danos causados ao ofendido, aplica-se somente aos delitos praticados depois da vigência da Lei 11.719/2008, que deu nova redação ao dispositivo. Isso porque se trata de norma híbrida – de direito material e processual – mais gravosa ao réu, de sorte que não pode retroagir. Precedente citado: REsp 1.206.635-RS, Quinta Turma, DJe 9/10/2012. *REsp 1.193.083-RS, Rel. Min. Laurita Vaz, julgado em 20/8/2013 (Info. 528).*

13.2. STF

♦ Condenação criminal: reparação de dano e contraditório – 1

O Plenário, por maioria, julgou parcialmente procedente pedido formulado em revisão criminal para afastar da condenação imposta ao requerente a fixação do valor mínimo de reparação dos danos, nos termos do art. 387, IV, do CPP ("Art. 387. O juiz, ao proferir sentença condenatória: ... IV – fixará valor mínimo para reparação dos danos causados pela infração, considerando os prejuízos sofridos pelo ofendido"), sem prejuízo da persecução correspondente em procedimento autônomo, mantidas íntegras as demais cominações condenatórias. (...) Todavia, **no que diz respeito à fixação do valor mínimo destinado à reparação de danos, nos termos do art. 387, IV, do CPP, o Colegiado lembrou que essa previsão normativa fora inserida pela Lei 11.719/2008, que não somente seria posterior aos fatos, ocorridos entre 1995 e 1998, como também ao oferecimento da denúncia, em 1999. Assim, sobretudo porque não ocorrido o contraditório a respeito, incidiria reserva intransponível à incidência da norma, do ponto de vista material e processual.** *RvC 5437/RO, rel. Min. Teori Zavascki, 17.12.2014. (Info 772)*

♦ Condenação criminal: reparação de dano e contraditório – 2

Vencidos os Ministros Cármen Lúcia, Gilmar Mendes e Celso de Mello, que julgavam o pedido integralmente improcedente. Apontavam que a necessidade de reparação do dano causado teria respaldo no art. 91, I, do CP, já em vigor à época dos fatos. A inovação trazida pela Lei 11.719/2008 diria respeito apenas à delegação para que o juiz fixasse o valor mínimo. Tratar-se-ia, portanto, de mera mudança na regra de procedimento, aplicável ao caso. O Ministro Celso de Mello acrescia que a referida lei também alterara o parágrafo único do art. 67 do CPP. Transitada em julgado a sentença condenatória, a execução poderá ser efetuada pelo valor fixado nos termos do inciso IV do 'caput' do art. 387 deste Código sem prejuízo da liquidação para a apuração do dano efetivamente sofrido, a indicar que o valor a ser ressarcido não seria imutável, e o dano efetivamente sofrido seria apurado em liquidação. Vencido, ademais, o Ministro Marco Aurélio, que julgava o pleito procedente para assentar a incompetência do STF para julgar o requerente, em face da renúncia ocorrida antes do julgamento, bem assim anulava a dosimetria da pena, segundo a qual o exercício do então réu de seu direito à renúncia fora considerado circunstância judicial desfavorável. Além disso, também afastava o ressarcimento do dano nos termos do art. 387, IV, do CPP. *RvC 5437/RO, rel. Min. Teori Zavascki, 17.12.2014. (Info 772)*

♦ Ação *ex delicto*. Legitimidade. Defensoria Pública.

A Turma negou provimento a recurso ordinário em *habeas corpus* em que a Defensoria Pública do Estado do Rio de Janeiro alegava a ilegitimidade do Ministério Público para propor ação penal pública condicionada à representação pela suposta prática dos delitos de estupro (CP, art. 213) e atentado violento ao pudor (CP, art. 214) quando, não obstante a pobreza da vítima, o ente da federação possui Defensoria Pública devidamente aparelhada. Rejeitou-se o argumento de inconstitucionalidade do art. 225, §§ 1º e 2º, do CP pelo simples fato de o Estado-membro ser provido de Defensoria Pública estruturada. Asseverou-se, no ponto, ser distinto o dever de o Estado prestar assistência judiciária às pessoas menos favorecidas e as condições estabelecidas no Código Penal para a propositura da ação penal. Desse modo, **considerou-se despropositada a construção da recorrente no sentido de invocar, para a espécie, a norma do art. 68 do CPP e a jurisprudência fixada pela Corte quanto a esse dispositivo – até que viabilizada, em cada Estado, a implementação da Defensoria Pública, o Parquet deteria legitimidade para o ajuizamento de ação civil ex delicto, quando o titular do direito à reparação do dano for pobre –, a fim de converter a ação penal pública condicionada em ação penal privada, que passaria a ter como parte legitimada ativa a Defensoria Pública.** Aduziu-se que a opção do legislador pela convivência entre os artigos 32 do CPP (autoriza o juiz, comprovada a pobreza da parte, a nomear advogado para a promoção da ação penal privada) e 225 do CP (concede titularidade ao Ministério Público para a propositura de ação penal pública condicionada) tem como consequência impedir que, na hipótese do art. 225, § 1º, I, do CP (vítima pobre), depois de formalizada a representação, possa haver concessão de perdão ou abandono da causa. Por fim, entendeu-se que tal eleição não fora alterada com a criação e instalação das defensorias públicas nos Estados, pois a norma visa impedir que, nas hipóteses de pobreza declarada da ofendida, após a representação formalizada, não haja disposição de conteúdo material do processo. *RHC 88143/RJ, rel. Min. Joaquim Barbosa, 24.4.2007. 2ª Turma. (Info 464)*

14. QUESTÕES DE CONCURSOS PÚBLICOS

01. (2017 – CESPE – TRE-BA – Analista Judiciário – Área Judiciária) João foi vítima de um crime de furto praticado por Pedro. A res furtiva não foi recuperada pela vítima. Instaurado inquérito, apuraram-se a autoria e a materialidade e ofereceu-se a denúncia contra Pedro.

Nessa situação hipotética, a propositura da ação civil *ex delicto* contra Pedro

(A) estará prejudicada, por haver litispendência.

(B) independerá da existência da ação penal.

(C) será inadmissível, pois ninguém pode ser punido duas vezes pela prática do mesmo fato.

(D) dependerá do trânsito em julgado da sentença penal.

(E) dependerá da condenação do acusado por órgão jurisdicional colegiado.

02. (2016 – CESPE – TJ-AM – Juiz Substituto – Adaptada) Carla fez um seguro de vida que previa o pagamento de vultosa indenização a seu marido, José, caso ela viesse a falecer. O contrato previa que o beneficiário não teria direito à indenização se causasse a morte da segurada. Alguns meses depois, Carla foi encontrada morta, tendo o perito oficial que assinou o laudo cadavérico concluído que a causa provável fora envenenamento. Em que pese o delegado não ter indiciado José, o MP concluiu que havia indícios de autoria, razão pela qual ele foi denunciado por homicídio doloso. O juiz recebeu a denúncia e determinou a citação do réu. José negou a autoria do delito, tendo solicitado a admissão de assistente técnico e apresentado defesa em que requereu sua absolvição sumária. O parecer do assistente técnico foi no sentido de que a morte de Carla tivera causas naturais. Acerca dessa situação hipotética, julgue o item seguinte.

Caso o juiz absolva José por estar provado não ser ele autor do fato, essa decisão não impedirá que os genitores de Carla ingressem com ação civil indenizatória e obtenham o reconhecimento de sua responsabilidade civil.

03. (2016 – VUNESP – Prefeitura de Alumínio – SP – Procurador Jurídico) O termo inicial do prazo de prescrição para o ajuizamento da ação de indenização por danos decorrentes de crime (ação civil *ex delicto*), de ação proposta contra empregador em razão de crime praticado por empregado no exercício do trabalho que lhe competia, é a data

(A) da prática do ato ilícito.

(B) da data da lesão.

(C) do trânsito em julgado da sentença penal condenatória.

(D) da data do conhecimento do fato por parte do titular lesado.

(E) da data do conhecimento do fato por parte do empregador.

04. (Defensor Público – PA – FMP – 2015 – Adaptada) Em razão de preceito constitucional, o Ministério Público é o único legitimado a ajuizar ação civil *ex delicto* em favor do titular do direito à reparação do dano, desde que ele seja pobre e requeira tal providência.

05. (Defensor Público – PA – FMP – 2015 – Adaptada) O despacho de arquivamento do inquérito policial e a sentença absolutória que decidir que o fato imputado não constitui crime são situações que impedem a propositura da ação civil *ex delicto*.

06. (TRF 4 – Juiz Federal Substituto 4ª região/2014 – Adaptada) Não obstante a sentença absolutória no juízo criminal, a ação civil poderá ser proposta quando não tiver sido, categoricamente, reconhecida a inexistência material do fato. Da mesma forma, não se impedirá a propositura da ação civil quando for arquivado o inquérito, declarada a extinção da punibilidade, decidido que o fato imputado não constitui crime ou reconhecida causa excludente de tipicidade.

07. (Juiz Federal Substituto – TRF2/CESPE/2013 – Adaptada) Uma vez que transite em julgado a condenação criminal que fixe o valor da reparação civil pelos danos causados, o ofendido não poderá mover ação de reparação de danos com o propósito de acrescer seu valor, mas apenas execução do título executivo judicial formado na sentença penal.

08. (Juiz Federal Substituto – TRF2/CESPE/2013 – Adaptada) O ofendido poderá propor ação civil em face do agente, ainda que a sentença absolutória decida que o fato imputado não constitui crime.

09. (Técnico Judiciário – TJ/AC/CESPE/2012) Considere que Januário, empregado da padaria Pão & Saúde, ao dirigir veículo da empresa para a entrega de encomendas, no horário regular de trabalho, tenha atropelado Fátima e que esta tenha falecido em decorrência do acidente. Considere, ainda, que Januário tenha sido condenado, por sentença judicial transitada em julgado, pela prática de homicídio culposo. Nessa situação, a ação civil ex delicto, de natureza executória, poderá ser movida em face de Januário ou da empresa empregadora, responsável civil por ato de seu preposto.

10. (Juiz de Direito Substituto – TJ/PI/CESPE/2012) Acerca da ação civil ex delicto, assinale a opção correta.

(A) Violação dos direitos fundamentais da pessoa humana enseja ação de reparação ex delicto, cujo prazo prescricional se inicia com o trânsito em julgado da sentença penal condenatória.

(B) Fixado na sentença penal condenatória valor mínimo para reparação dos danos causados pela infração e considerados os prejuízos sofridos pelo ofendido, a execução civil estará limitada ao mínimo.

(C) Na hipótese de a pena privativa de liberdade, na sentença condenatória, ser substituída pela restritiva de prestação pecuniária, será necessária a prévia liquidação da quantia indenizatória devida à vítima.

(D) O fato praticado sob alguma excludente de ilicitude não enseja reparação civil, exceto na hipótese de estado de necessidade agressivo e de legítima defesa, no caso de ser atingido, por erro na execução, terceiro inocente.

(E) O termo a quo para o ajuizamento da ação civil ex delicto começa a fluir, em regra, a partir do ajuizamento da ação penal.

11. (Promotor de Justiça – MPE/MG/Consulplan/2012) Assinale a alternativa correta. Impede o ajuizamento da ação civil para reparação do dano causado por crime:

(A) O acórdão que reconhece a inexistência material do fato.

(B) O despacho de arquivamento do inquérito policial.

(C) A decisão que julga extinta a punibilidade.

(D) A sentença que decide que o fato não constitui crime.

12. (Promotor de Justiça – MPE/RR/CESPE/2012 – Adaptada) A absolvição sumária prevista no CPP, por qualquer de seus fundamentos, obsta o ajuizamento da ação civil.

13. (Promotor de Justiça – MPE/RR/CESPE/2012 – Adaptada) O arquivamento de inquérito policial ordenado pela autoridade judiciária, mediante requerimento do órgão do MP, por falta de justa causa para o oferecimento da denúncia, impede o ajuizamento da ação civil ex delicto.

14. (Promotor de Justiça – MPE/TO/CESPE/2012) Assinale a opção correta a respeito da ação civil.

(A) A responsabilidade civil decorrente da prática de um crime depende da conclusão da ação penal, de modo a afastar o risco de decisões contraditórias, possível se ocorressem paralelamente uma ação penal e uma ação civil sobre o mesmo fato.

(B) Diante de uma causa de excludente de ilicitude reconhecida pela sentença criminal, como, por exemplo, a legítima defesa, afasta-se a possibilidade de ressarcimento, mesmo que o terceiro lesado não tenha sido o causador do perigo.

(C) Não são causas impeditivas da reparação civil as decisões do juízo penal que determinem o arquivamento do inquérito policial, que declarem extinta a punibilidade do réu ou que absolvam o réu por não ser o fato infração penal.

(D) A reparação do dano causado pelo crime pode ser proposta contra o réu do processo criminal, ou contra o seu responsável civil, no caso da impossibilidade de o réu arcar financeiramente com o prejuízo causado.

(E) Poderá o ofendido promover a execução da sentença penal condenatória perante o juízo cível tomando como base, exclusivamente, o valor mínimo fixado na sentença criminal, não cabendo a liquidação da sentença para a apuração do dano efetivamente sofrido.

15. (Defensor Público – DPE/ES/CESPE/2012 – Adaptada) Considere que Júlio, agindo em legítima defesa contra Celso, atinja, por erro na execução – aberratio ictus –, Fátima, que esteja passando pelo local no momento e que não tenha relação com os contendores, causando-lhe lesões graves. Nessa situação hipotética, ainda que Júlio seja absolvido penalmente, haverá o dever de reparar os danos materiais e morais causados a Fátima, com o direito de regresso em face de Celso.

16. (Analista Judiciário – TRE/RJ/CESPE/2012 – Adaptada) As esferas cível e penal são independentes, razão por que o prazo prescricional para o ajuizamento da ação civil ex delicto começa a fluir a partir do fato criminoso.

17. (Juiz Substituto – TJ/AC/CESPE/2012 – Adaptada) Vânia alega que Carlos, servidor público com curso superior, praticou contra ela o crime de extorsão, motivo pelo qual Carlos está sendo processado. A sentença absolutória por ausência de prova da existência do fato impediria a propositura de ação civil indenizatória contra Carlos.

18. (Juiz Substituto – TJ/BA/CESPE/2012 – Adaptada) A ação civil *ex delicto* não poderá ser proposta caso a sentença absolutória tenha decidido que o fato imputado ao réu não constitui crime, ante a eficácia preclusiva de coisa julgada.

19. (Promotor de Justiça – MPE/TO/CESPE/ 2012 – Adaptada) A sentença absolutória que reconheça ter o réu agido com amparo em qualquer uma das causas excludentes de ilicitude faz coisa julgada no juízo cível, afastando a obrigação de reparação do dano eventualmente causado.

20. (Juiz Substituto – TRF1/CESPE/2011 – Adaptada) O CPP estabelece, de forma expressa, três modalidades de sentença absolutória: a sumária ou antecipada, a definitiva e a absolutória imprópria e, quando fundadas em motivos ou causas absolutórias arroladas expressamente no CPP, consideram-se aduzidas e repelidas todas as alegações que a acusação tenha para o acolhimento da pretensão punitiva, restando definidos os limites objetivos da coisa julgada, com eficácia preclusiva em relação à jurisdição civil em todos os casos.

21. (Procurador – ALE/ES/CESPE/2011 – Adaptada) Tratando-se de ação civil ex delicto, com o objetivo de reparação de danos, o termo a quo para ajuizamento da ação começa a fluir a partir da data dos fatos delituosos.

22. (Juiz Substituto – TJ/PB/CESPE/2011 – Adaptada) Conforme jurisprudência do STJ, na hipótese de ação indenizatória ex delicto, o prazo prescricional começa a fluir a partir da data do crime.

23. (Juiz Substituto – TJ/PB/CESPE/2011 – Adaptada) É concorrente a legitimidade do MP e da DP para a representação de hipossuficiente em ação civil de reparação por dano decorrente de conduta criminosa, inclusive em estado onde haja DP organizada.

24. (Defensor Público da União – DPU/CESPE/2010) Segundo o art. 68 do CPP, quando o titular do direito à reparação do dano for pobre, a execução da sentença condenatória ou a ação civil será promovida, a seu requerimento, pelo MP. A jurisprudência já se assentou no sentido de que, apesar de a CF ter afastado das atribuições do MP a defesa dos hipossuficientes, pois a incumbiu às defensorias públicas, há apenas inconstitucionalidade progressiva do art. 68 do CPP, enquanto não criada e organizada a defensoria no respectivo estado. Assim, o MP detém legitimidade para promover, como substituto processual de necessitados, a ação civil por danos resultantes de crime nos estados em que ainda não tiver sido instalada Defensoria Pública.

25. (Promotor de Justiça – MP/BA/FESMIP/2010 – Adaptada) A decisão que julga extinta a punibilidade não impede a propositura da ação civil ex delicto.

26. (CESPE – MPE-PI – Analista Ministerial – 2018) Durante uma festa, após desentendimentos entre Carlos e Miro, este proferiu xingamentos racistas contra aquele, o que levou Carlos a empurrar seu agressor, que caiu em uma mesa de vidro. Com o forte impacto, a mesa se despedaçou completamente e seus cacos causaram cortes profundos por todo o corpo de Miro. Os convidados ligaram para a polícia e para o corpo de bombeiros: Carlos foi preso em flagrante e Miro foi encaminhado ao hospital, onde ficou internado por cinco dias, com risco de morte; passou por procedimentos cirúrgicos e, posteriormente, teve de ficar afastado de sua atividade laboral por trinta e dois dias. O Ministério Público denunciou Carlos por lesão corporal de natureza grave. Nessa situação hipotética, caso Carlos alegue que a vítima teria proferido xingamentos racistas, Miro precisará esperar o encerramento da ação penal, cuja sentença deverá ser condenatória, para, então, propor eventual ação civil indenizatória pelos gastos hospitalares, danos morais e eventuais demais prejuízos. ( ) Certo ( ) Errado

27. (UEG – PC-GO – Delegado de Polícia – 2018) Leia o texto a seguir.

Capítulo V. Das responsabilidades.

Art. 305 – Pelo exercício irregular de suas atribuições, o funcionário responde civil, penal e administrativamente. (Lei n. 10.460, de 22 de fevereiro de 1988. Disponível em: <www.gabinetecivil.goias.gov.br/pagina_leis.php?id=4221> . Acesso em: 12 jun. 2018).
A absolvição criminal só afasta a responsabilidade civil e administrativa se

(A) não ficar configurada ocorrência de prejuízo eminente ao Estado

(B) constranger o funcionário no exercício corrente de suas atribuições.

(C) negar a existência do fato ou afastar do acusado a respectiva autoria.

(D) houver diferença entre as datas de abertura dos respectivos processos

(E) órgão da administração isentar o funcionário via comunicado oficial ordinário.

28. (CESPE – TJ-CE – Juiz Substituto – 2018) Considerando a doutrina e a jurisprudência dos tribunais superiores, assinale a opção correta, acerca da ação civil ex delicto, da competência, da jurisdição e dos processos incidentes.

(A) A sentença que concede o perdão judicial depois de reconhecida a culpa do réu enseja reparação civil ex delicto.

(B) A sentença absolutória do juízo criminal que declare a inexistência do fato ou que o réu não tenha concorrido para o crime faz coisa julgada no juízo cível, obstando a reparação civil ex delicto.

(C) A distinção entre competência absoluta, que é improrrogável, e competência relativa, que é prorrogável, decorre de expressa disposição legal.

(D) As exceções de suspeição, de ilegitimidade da parte e de incompetência do juízo são exemplos de exceções peremptórias que ocasionam a extinção do processo.

(E) No processo penal, somente os juízes e os promotores de justiça poderão ser alvo de impugnações de atuação por meio de exceção de suspeição.

29. (FCC – DPE-RS – Defensor Público – 2018) Pedro, plenamente capaz, apresentou queixa-crime contra Paulo, igualmente capaz, alegando ter sido vítima de injúria. No juízo criminal, realizada audiência preliminar, não concordaram as partes em conciliar. Ato contínuo, foi oferecida representação por parte de Pedro e apresentada, pelo Ministério Público, proposta de transação penal, a qual foi integralmente aceita por Paulo. Assim, ante a transação penal realizada, restou Paulo obrigado a pagar o valor correspondente a uma cesta básica em favor de entidade de cunho assistencial, a ser designada pelo juízo. Nesse caso,

(A) a transação penal realizada por Paulo gera presunção absoluta de culpa em eventual ação de reparação de dano civil proposta por Pedro.

(B) a transação penal realizada por Paulo gera presunção relativa de culpa em eventual ação de reparação de dano civil proposta por Pedro.

(C) poderá Paulo, em relação à ação que tenha por objeto apurar a responsabilidade civil pelo ocorrido, questionar a existência do fato ou sobre quem seja o seu autor.

(D) Paulo não poderá, quando da ação de reparação civil, questionar a existência do fato ou sobre quem seja o seu autor, uma vez que essas questões já se acham decididas no juízo criminal.

(E) a impossibilidade de Pedro provar o prejuízo material sofrido em razão da injúria é óbice para que seja indenizado na esfera cível.

15. GABARITO ANOTADO

01 – B

Vide:

- Art. 64 do CPP.
- Itens "1. Considerações iniciais" e "4. Sistemas processuais".

02 – E

Vide:

- Art. 386, IV, e artigos 64, 65 e 66, do CPP.
- Item "7. Sentença absolutória e subordinação temática"

03 – C

Vide:

- Art. 63 do CPP e art. 200 do CC.
- Item "10. Prazo prescricional"

04 – E

Vide:

- Art. 63 e 68, CPP e art. 134 da CF/88.
- Item "2. Legitimidade ativa e passiva"

05 – E

Vide:

- Art. 67, I e III, CPP.
- Itens "8.1. Decisão de arquivamento do inquérito policial" e "7. Sentença absolutória e subordinação temática".

06 – E

Vide:

- Art. 66, in fine, CPP
- Item 7. Sentença absolutória e subordinação temática

07 – E

Vide:

- Art. 63, parágrafo único, CPP.
- Item "6. Execução da sentença condenatória penal".

08 – C

Vide:

- Art. 67, III, CPP.
- Item "7. Sentença absolutória e subordinação temática".

09 – E

"A sentença penal condenatória não constitui título executivo contra o responsável civil pelos danos decorrentes do ilícito, que não fez parte da relação jurídico-processual, podendo ser ajuizada contra ele ação, pelo processo de conhecimento, tendente à obtenção do título a ser executado". (STJ – REsp. 343.917)

Vide:

- Item "2. Legitimidade ativa e passiva".

10 – D

Vide:

- Art. 65 do CPP.
- Art. 188, c/c art. 929 e art. 930, todos do CC.
- Item "7. Sentença absolutória e subordinação temática".

11 – A

Vide:

- Art. 66, CPP.
- Item "7. Sentença absolutória e subordinação temática".

12 – E

Vide:

- Item "7. Sentença absolutória e subordinação temática".

13 – E

Vide:

- Art. 67, I, CPP.
- Item "7. Sentença absolutória e subordinação temática".

14 – C

Vide:

- Art. 67, CPP.
- Itens "6. Execução da sentença condenatória penal" e "7. Sentença absolutória e subordinação temática".

15 – C

Vide:

- Art. 188, I, c/c art. 930, parágrafo único, ambos do CC.
- Item "7. Sentença absolutória e subordinação temática".

16 – E

Vide:

- Art. 63 do CPP e art. 200 do CC.
- Item "10. Prazo prescricional".

17 – E

Vide:

- Art. 66, CPP.
- Item "7. Sentença absolutória e subordinação temática".

18 – E

Vide:

- Art. 67, III, CPP.
- Item "7. Sentença absolutória e subordinação temática".

19 – E

Vide:

- Art. 65, CPP.
- Item "7. Sentença absolutória e subordinação temática".

20 – E

Vide:

- Art. 66, CPP.
- Item "7. Sentença absolutória e subordinação temática".

21 – E

Vide:

- Art. 63, CPP.
- Item "1. Considerações iniciais".

22 – E

Vide:

- Art. 63 do CPP e art. 200 do CC.
- Item "10. Prazo Prescricional".

23 – E

Vide:

- Art. 68, CPP.
- tem "2. Legitimidade ativa e passiva".

24 – C

"A alternativa radical da jurisdição constitucional ortodoxa entre a constitucionalidade plena e a declaração de inconstitucionalidade ou revogação por inconstitucionalidade da lei com fulminante eficácia ex tunc faz abstração da evidência de que a implementação de uma nova ordem constitucional não é um fato instantâneo, mas um processo, no qual a possibilidade de realização da norma da Constituição – ainda quando teoricamente não se cuide de preceito de eficácia limitada – subordina-se muitas vezes a alterações da realidade fáctica que a viabilizem. 2. No contexto da Constituição de 1988, a atribuição anteriormente dada ao Ministério Público pelo art. 68 C. Pr. Penal – constituindo modalidade de assistência judiciária – deve reputar-se transferida para a Defensoria Pública: essa, porém, para esse fim, só se pode considerar existente, onde e quando organizada, de direito e de fato, nos moldes do art. 134 da própria Constituição e da lei complementar por ela ordenada: até que – na União ou em cada Estado considerado –, se implemente essa condição de viabilização da cogitada transferência constitucional de atribuições, o art. 68 C. Pr. Pen. será considerado ainda vigente: é o caso do Estado de São Paulo, como decidiu o plenário no RE 135328" (STF – RE 147.776).

Vide:

- Item "4. Sistemas processuais".

25 – C

Vide:

- Art. 67, II, CPP.
- Item "6. Execução da sentença condenatória penal".

26 – ERRADO

Vide:

- Art. 63, CPP.
- Art. 64, CPP.
- Art. 66, CPP.
- Art. 68, CPP.
- Art. 387, IV, CPP.

27 – C

Vide:

- Art. 935, CC.
- Art. 126, Lei nº. 8.112/1990.
- Itens "7. Sentença absolutória e subordinação temática" e "8. Efeitos civis de outras sentenças e decisões penais"

28 – B

Vide:

- Art. 935, CC.
- Art. 66, CPP.

29 – C

Vide:

- Art. 76, §6º Lei nº. 9.099/1995.

16. QUESTÕES DISCURSIVAS COM COMENTÁRIOS

01. (Magistratura Estadual – TJAM – 2013 – FGV) Ao proferir sentença condenatória por fato ocorrido no ano de 2007, apesar de ausência de pedido do Ministério Público ou da vítima, o juiz de piso fixou o valor mínimo para reparação civil dos danos causados ao ofendido, assim agindo escorado no artigo 387, IV, do CPP.

Considerando a jurisprudência recente do STJ, decidiu corretamente o Magistrado sentenciante?

Resposta

O padrão de resposta divulgado indicou dois pontos que devem ser analisados nesta questão: possibilidade de aplicação do instituto a fatos ocorridos antes da entrada em vigor da lei 11719/2008; e possibilidade de o juiz fixar a indenização mínima na sentença (artigo 387, IV, CPP) sem pedido do Ministério Público ou da parte.

Sobre o tema, a jurisprudência do STJ se firmou no sentido de que o valor mínimo para reparação civil somente deve ser fixada na sentença nos fatos ocorridos após a vigência da Lei 11719/08, tendo em vista que se trata de norma híbrida – de direito material e processual, mais gravosa ao réu, de forma que não pode retroagir. Ademais, é necessário pedido expresso do ofendido ou do Ministério Público, bem como a concessão de oportunidade de exercício do contraditório pelo réu.

Neste sentido, as decisões abaixo transcritas.

DIREITO PROCESSUAL PENAL. IRRETROATIVIDADE DO ART. 387, IV, DO CPP, COM A REDAÇÃO DADA PELA LEI 11.719/2008. – A regra do art. 387, IV, do CPP, que dispõe sobre a fixação, na sentença condenatória, de valor mínimo para reparação civil dos danos causados ao ofendido, aplica-se somente aos delitos praticados depois da vigência da Lei 11.719/2008, que deu nova redação ao dispositivo. Isso porque se trata de norma híbrida – de direito material e processual – mais gravosa ao réu, de sorte que não pode retroagir. Precedente citado: REsp 1.206.635-RS, Quinta Turma, DJe 9/10/2012. REsp 1.193.083-RS, Rel. Min. Laurita Vaz, julgado em 20/8/2013.

DIREITO PROCESSUAL PENAL. REPARAÇÃO CIVIL DOS DANOS DECORRENTES DE CRIME. Para que seja fixado na sentença valor mínimo para reparação dos danos causados pela infração, com base no art. 387, IV, do CPP, é necessário pedido expresso do ofendido ou do Ministério Público e a concessão de oportunidade de exercício do contraditório pelo réu. Precedentes citados: REsp 1.248.490-RS, Quinta Turma, DJe 21/5/2012; e Resp 1.185.542-RS, Quinta Turma, DJe de 16/5/2011. REsp 1.193.083-RS, Rel. Min. Laurita Vaz, julgado em 20/08/2013, DJe 27/8/2013.

02. (MPF/21) X é absolvido por fundamentação pertinente ao reconhecimento de estado de necessidade exculpante. Cabe o ajuizamento da "actio civilis ex delicto".

Resposta

O Código Penal somente fala em estado de necessidade como excludente de ilicitude, declarando inexistir crime neste caso (art. 23, I). No art. 24, o CP declara que se considera nessa situação quem pratica o fato para salvar de perigo atual, que não provocou por sua vontade, nem podia de outro modo evitar, direito próprio ou alheio, cujo sacrifício, nas circunstâncias, não era razoável exigir-se.

A designação "exculpante" é para fatos que o Código Penal declara o agente isento de pena. Vale dizer, suprime-se a culpabilidade, do fato típico e antijurídico. Note-se que o ato ilícito, contrário a direito e danoso, continua a existir quando estamos diante de um contexto "exculpante".

Como o Código Penal não sufraga o estado de necessidade exculpante, a absolvição somente se dá com base em fundamento supralegal.

A diferença do estado de necessidade (stricto sensu) e do estado de necessidade exculpante consiste na dimensão de valor do bem sacrificado.

Haverá estado de necessidade (excludente de ilicitude), quando o bem sacrificado for de valor menor que o protegido pela conduta do agente (tratando-se de excludente de antijuridicidade, em regra não haverá deve reparatório e a coisa julgada criminal assim o será também no âmbito cível).

Por outro lado, o estado de necessidade será exculpante quando o bem sacrificado for de valor igual ou maior que aquele protegido pela conduta do agente. Este será isento de pena em razão da constatação de que não era possível exigir dele conduta diversa.

Note-se que a conduta lastreada em estado de necessidade exculpante não faz coisa julgada na seara cível. O fato continua típico e antijurídico, apenas se afastando a culpabilidade (juízo de reprovabilidade penal). De tal modo, persiste sendo ilícito civil indenizável. Daí que uma vez movendo ação civil ex delicto de conhecimento por este fato, presente o pressuposto processual de validade "ausência de coisa julgada na esfera cível", deve a demanda ter seguimento regular.

Capítulo V

Jurisdição e competência

Sumário • 1. Jurisdição: 1.1. Conceito: 1.1.1. Jurisdição típica: Poder Judiciário ou Justiça Ordinária; 1.1.2. Jurisdição atípica: justiça extraordinária ou justiça política; 1.2. Princípios: 1.2.1. Investidura; 1.2.2. Indelegabilidade; 1.2.3. Juiz natural; 1.2.4. Inafastabilidade; 1.2.5. Inevitabilidade ou irrecusabilidade; 1.2.6. Correlação ou relatividade: 1.2.6.1. *Emendatio libelli; 1.2.6.2. Mutatio libelli*; 1.2.7. Devido processo legal; 1.3. Características: 1.3.1. Inércia; 1.3.2. Substitutividade; 1.3.3. Lide; 1.3.4. Atuação do direito; 1.3.5. Imutabilidade – 2. Competência: 2.1. Conceito; 2.2. Critérios: 2.2.1. Competência material: 2.2.1.1. Critério *ratione materiae*; 2.2.1.2. Critério *ratione personae*; 2.2.1.3. Critério *ratione loci*; 2.2.2. Competência funcional: 2.2.2.1. Fase do processo; 2.2.2.2. Objeto do juízo; 2.2.2.3. Grau de jurisdição; 2.3. Competência *ratione materiae*: 2.3.1. Justiça comum estadual; 2.3.2. Justiça comum federal: 2.3.2.1. Os crimes políticos (inciso IV, primeira parte); 2.3.2.2. Infrações penais praticadas em detrimento de bens, serviços ou interesses da União ou de suas entidades autárquicas, empresas públicas, excluídas as contravenções e ressalvada a competência da Justiça Militar e da Justiça Eleitoral (inciso IV, parte final): 2.3.2.2.1. Infrações abrangidas; 2.3.2.2.2. Bens, serviços ou interesses pertencentes a ente federal; 2.3.2.2.3. Entes contemplados; 2.3.2.2.4. Entes não englobados; 2.3.2.2.5. Súmulas aplicadas do STJ; 2.3.2.3. Os crimes previstos em tratado ou convenção internacional, quando, iniciada a execução no País, o resultado tenha ou devesse ter ocorrido no estrangeiro, ou reciprocamente (inciso V); 2.3.2.4. As causas relativas a direitos humanos (inciso V-A); 2.3.2.5. Crimes contra a organização do trabalho (inciso VI, primeira parte); 2.3.2.6. Crimes contra o sistema financeiro e a ordem econômico-financeira (inciso VI, parte final); 2.3.2.7. O *habeas corpus* e o mandado de segurança em matéria criminal (incisos VII e VIII); 2.3.2.8. Os crimes cometidos a bordo de navios ou aeronaves, ressalvada a competência da Justiça Militar (inciso IX); 2.3.2.9. Os crimes de ingresso ou permanência irregular de estrangeiro (inciso X); 2.3.2.10. A disputa sobre direitos indígenas (inciso XI); 2.3.2.11. Competência territorial da Justiça Federal; 2.3.3. Competência da justiça especializada militar: 2.3.3.1. Conceito de crime militar como regra geral definidora da competência da justiça castrense; 2.3.3.2. Exclusão da competência da justiça militar estadual para julgar crimes dolosos contra a vida de civil (§ 4º, do art. 125, CF/1988); 2.3.3.3. Alteração legislativa promovida no Código Penal Militar pela Lei nº 13.491/2017 e interpretação restritiva; 2.3.3.4. Modificação da competência entre os órgãos da Justiça Militar da União – Lei 13.774/2018; 2.3.3.5. Composição da Justiça Militar; 2.3.4. Competência da justiça especializada eleitoral; 2.4. Competência *ratione loci*: 2.4.1. Domicílio ou residência do réu; 2.4.2. Critério subsidiário; 2.4.3. Crimes praticados a bordo de navios ou aeronaves; 2.4.4. Crimes praticados no exterior; 2.4.5. Súmulas aplicáveis; 2.5. Competência pela natureza da infração; 2.6. Colegiado de primeiro grau de jurisdição: 2.6.1. Considerações gerais; 2.6.2 Objetivos da instituição de colegiado no âmbito do juízo de primeiro grau; 2.6.3. Procedimento para formação de colegiado de primeiro grau; 2.6.4. Princípio do juiz natural; 2.6.5. Vedação de menção a voto divergente; 2.7. Competência *ratione personae* ou *ratione funcionae*: 2.7.1. Prerrogativa de função e manutenção do cargo ou mandato: 2.7.1.1. Antes do exercício de função com prerrogativa de foro ou regra da atualidade; 2.7.1.2. Durante o exercício de função com prerrogativa de foro ou regra da contemporaneidade; 2.7.1.3. Após o exercício da função com prerrogativa de foro; 2.7.1.4. Restrição da competência por prerrogativa de função às infrações relacionadas ao cargo; 2.7.2. Prerrogativa *versus* tribunal do júri; 2.7.3. Prerrogativa funcional dos prefeitos; 2.7.4. Foro privilegiado e deslocamento; 2.7.5. Prerrogativa de função: crime de responsabilidade *versus* improbidade administrativa; 2.7.6. Prerrogativa de função e indiciamento; 2.7.7. Duplo grau de jurisdição *versus* cessação da prerrogativa de função; 2.7.8. Prerrogativa de função fixada na Constituição Estadual e princípio da simetria ou do paralelismo; 2.7.8.1. Imunidade parlamentar estadual e simetria – pendência de julgamento no STF; 2.7.9. Prerrogativa de função e exceção da verdade; 2.8. Competência absoluta *versus* relativa; 2.9. Prevenção; 2.10. Distribuição; 2.11. Conexão e continência: 2.11.1. Conexão: 2.11.1.1. Conexão intersubjetiva (art. 76, I, CPP): 2.11.1.1.1. Conexão intersubjetiva por simultaneidade; 2.11.1.1.2. Conexão intersubjetiva concursal; 2.11.1.1.3. Conexão intersubjetiva por reciprocidade; 2.11.1.2. Conexão objetiva, material, teleológica ou finalista (art. 76, II, CPP); 2.11.1.3. Conexão instrumental ou probatória (art. 76, III, CPP); 2.11.1.4. Conexão na fase preliminar investigatória; 2.11.2. Continência: 2.11.2.1. Continência por cumulação subjetiva (art. 77, I, CPP); 2.11.2.2. Continência por cumulação objetiva (art. 77, II, CPP); 2.11.3. Preclusão e momento de reconhecimento da conexão ou continência; 2.12. Foro prevalente: 2.12.1. Concurso entre júri *versus* jurisdição comum ou especial; 2.12.2. Concurso entre jurisdições de diversas categorias; 2.12.3. Concurso entre jurisdição comum *versus* especial; 2.12.4. Concurso entre jurisdições de mesma categoria; 2.13. Separação de processos: 2.13.1. Separação obrigatória: 2.13.1.1. Concurso entre a jurisdição comum e a militar; 2.13.1.2. Concurso entre a jurisdição comum e o juízo de menores; 2.13.1.3. Superveniência de doença mental; 2.13.1.4. Fuga de corréu; 2.13.1.5. Recusas no júri; 2.13.2. Separação facultativa: 2.13.2.1. Infrações praticadas em circunstância de tempo ou lugar diferentes; 2.13.2.2. Número excessivo de acusados; 2.13.2.3. Qualquer outro motivo relevante; 2.14. *Perpetuatio jurisdictionis*: 2.14.1. Perpetuação da jurisdição *versus* desclassificação no rito do júri: 2.14.1.1. Desclassificação da infração ao final do juízo da instrução preliminar do júri; 2.14.1.2. Desclassificação da infração na sessão de julgamento do júri; 2.14.2. Perpetuação da jurisdição *versus* procedimento de tráfico internacional de drogas: 2.14.2.1. Perpetuação da jurisdição federal (art. 81, CPP); 2.14.2.2. Não aplicação da *perpetuatio jurisdictionis*; 2.14.3. Supressão e criação de órgão jurisdicional: 2.14.3.1. Supressão de órgão jurisdicional; 2.14.3.2. Alteração da competência em razão da matéria ou em razão da hierarquia; 2.14.3.3. Criação de nova vara com idêntica competência e no mesmo espaço territorial da vara originariamente competente; 2.14.3.4. Criação de nova vara federal com jurisdição sobre o município onde ocorreu a infração penal e que não era contemplado com vara federal à época do crime; 2.14.3.5. Extinção da delegação de competência federal para processamento e julgamento dos crimes de drogas; 2.14.3.6. Alteração da competência em razão da hierarquia; 2.15. Prorrogação de competência: 2.15.1. Noção; 2.15.2. Prorrogação necessária; 2.15.3. Prorrogação facultativa – 3. Quadro sinótico – 4. Súmulas aplicáveis: 4.1. STJ; 4.2. STF – 5. Informativos recentes: 5.1. STJ; 5.2. STF – 6. Questões de concursos públicos – 7. Gabarito anotado – 8. Questões discursivas com comentários

1. JURISDIÇÃO

1.1. Conceito

É o poder-dever pertinente ao Estado-Juiz de aplicar o direito ao caso concreto. Como a autotutela foi banida, em regra, do ordenamento, coube ao Poder Judiciário a missão constitucional de certificar o direito, dirimindo as demandas que lhe são apresentadas. Em que pese a jurisdição ser ínsita ao Poder Judiciário, outros órgãos, com assento constitucional, também a exercem, como acontece na atuação política do Senado Federal no julgamento do Presidente e do Vice-Presidente da República nos crimes de responsabilidade (art. 52, I, CF).

O exercício da jurisdição adveio assim como função do Estado que imperativamente aplica a lei ***hic et nunc*** (aqui e agora) à hipótese concreta[1]. Com a jurisdição monopolizada pelo estado, o juiz atua substitutivamente (Chiovenda), isto é, no lugar dos titulares dos interesses conflitantes, aplicando o direito objetivo[2].

Fredie Didier Jr., fracionando o conceito, afirma que jurisdição "é a função atribuída a terceiro imparcial **(a)** de realizar o Direito de modo imperativo **(b)** e criativo **(c)**, reconhecendo/efetivando/protegendo situações jurídicas **(d)** concretamente deduzidas **(e)**, em decisão insuscetível de controle externo **(f)** e com aptidão para tornar-se indiscutível **(g)**"[3].

De fato, a concretização do direito exige um órgão supra partes, desinteressado, que atue de forma imperativa e tenha condição de criativamente solucionar o conflito objetivamente apresentado, maximizando a pacificação do litígio, em decisão apta à imutabilidade pela coisa julgada.

1. DEMO, Roberto Luis Luchi. *Competência penal originária*: uma perspectiva jurisprudencial crítica. São Paulo: Malheiros, 2005. p. 59.
2. MARQUES, José Frederico. *Da competência em material penal*. Campinas: Millennium, 2000. p. 7.
3. DIDIER JR., Fredie. *Curso de direito processual civil*. 11. ed. Salvador: Juspodivm, 2009. v.1. p. 67.

Na visão de Tourinho, a jurisdição, como função, "é aquela incumbência afeta ao Juiz de, por meio do processo, aplicar a lei aos casos concretos" e, como atividade, "é toda aquela diligência do Juiz dentro no processo objetivando a dar a cada um o que é seu"[4].

Etimologicamente, vem de ***jurisdictio***, que significa a **ação de dizer o direito** (***juris*** = direito; ***dictio*** = dizer).

1.1.1. Jurisdição típica: Poder Judiciário ou Justiça Ordinária

Ordinariamente, a prestação jurisdicional é feita pelos órgãos que compõem a estrutura do Poder Judiciário. Desde o ápice, sendo o órgão de cúpula o Supremo Tribunal Federal, até a base, integrado pelos juízes de primeiro grau de jurisdição, a atividade de processar e julgar infrações penais é atribuição típica do Poder Judiciário. A divisão da jurisdição em competências tem o intuito de conferir à Jurisdição maior funcionalidade. A jurisdição é uma e o seu exercício observa os ditames da harmonia entre os Poderes que constituem o Estado brasileiro.

Em regra, a Justiça Comum do Poder Judiciário julga crimes comuns. A sua Justiça Especializada, se militar, julga crime militar e tão somente crime militar. Se eleitoral, julga crime eleitoral, bem como os conexos a estes. Julgando crimes comuns, como é de sua natureza ínsita, o Poder Judiciário exerce sua função jurisdicional típica de forma ordinária: Justiça ordinária. No entanto, o Supremo Tribunal Federal e o Superior Tribunal de Justiça julgam também os denominados "crimes de responsabilidade" que sejam atribuídos a determinados agentes políticos. Ao julgar crimes de responsabilidade em sentido estrito, o Poder Judiciário permanece exercendo função que lhe é típica (a de julgar), porém se trata de parcela que, em regra, é dos órgãos que compõem a Justiça Extraordinária (com possibilidade de aplicação de sanções de natureza política).

De acordo com o disposto no art. 102, inciso I, "c", ao Supremo Tribunal Federal compete ao Supremo Tribunal Federal, precipuamente, a guarda da Constituição, cabendo-lhe:

> I – processar e julgar, originariamente:
>
> [...]
>
> c) nas infrações penais comuns e nos crimes de responsabilidade, os Ministros de Estado e os Comandantes da Marinha, do Exército e da Aeronáutica, ressalvado o disposto no art. 52, I, os membros dos Tribunais Superiores, os do Tribunal de Contas da União e os chefes de missão diplomática de caráter permanente;

O Superior Tribunal de Justiça, conforme previsão do art. 105, inciso I, "a", tem competência para:

> I – processar e julgar, originariamente:
>
> a) nos crimes comuns, os Governadores dos Estados e do Distrito Federal, e, nestes e nos de responsabilidade, os desembargadores dos Tribunais de Justiça dos Estados e do Distrito Federal, os membros dos Tribunais de Contas dos Estados e do Distrito Federal, os dos Tribunais Regionais Federais, dos

4. TOURINHO FILHO, Fernando da Costa. *Manual de processo penal*. 5. ed. São Paulo: Saraiva, 2003. p. 218

Tribunais Regionais Eleitorais e do Trabalho, os membros dos Conselhos ou Tribunais de Contas dos Municípios e os do Ministério Público da União que oficiem perante tribunais.

1.1.2. Jurisdição atípica: justiça extraordinária ou justiça política

A Justiça Extraordinária ou Justiça Política é constituída de órgãos do Poder Legislativo. O Poder Legislativo, ao julgar, exerce atividade que lhe é atípica. Atividade típica do legislativo é legislar. A Justiça Política, exercida por órgãos diversos do Poder Judiciário (de forma extraordinária), tem a competência de julgar só crimes de responsabilidade no sentido estrito do termo, tratando-se de atividade jurisdicional exercida por órgãos da estrutura política do Legislativo (órgão político, conforme denominação doutrinária imprópria).

Crimes de responsabilidade não se confundem com crimes comuns. Os crimes de responsabilidade impõem sanções diversas de pena privativa de liberdade. Os crimes de responsabilidade em sentido estrito são, em verdade, infrações político-administrativas que podem conduzir ao afastamento das funções, a um ***impeachment***. De todo modo, tais crimes e respectivas sanções precisam estar tipificados em lei, porém não deságuam em processo criminal convencional com imposição de penas privativas de liberdade, mas em sanções de ordem política.

Como se disse, a atividade de julgar é própria do Judiciário. Tipicamente, em conformidade com a harmonia entre os Poderes assegurada pela Constituição, ao Judiciário compete a função de declarar o direito diante dos conflitos que lhe são submetidos, independentemente da natureza da matéria. A jurisdição é una. A Constituição, todavia, prevê que órgãos diversos da estrutura do Judiciário possam também julgar crimes de responsabilidade ***stricto sensu***. A autorização para processamento de determinadas autoridades e o julgamento dos crimes de responsabilidade que, tecnicamente, são infrações político-administrativas, é levado a cabo por órgãos do Poder Legislativo:

(1) o art. 51, inciso I, da CF/1988, dispõe que compete privativamente à Câmara dos Deputados autorizar, por dois terços de seus membros, a instauração de processo contra o Presidente e o Vice-Presidente da República e os Ministros de Estado;

(2) o art. 52, inciso I, da CF/1988, prevê que compete privativamente ao Senado Federal: **(a)** processar e julgar o Presidente e o Vice-Presidente da República nos crimes de responsabilidade, bem como os Ministros de Estado e os Comandantes da Marinha, do Exército e da Aeronáutica nos crimes da mesma natureza conexos com aqueles; **(b)** processar e julgar os Ministros do Supremo Tribunal Federal, os membros do Conselho Nacional de Justiça e do Conselho Nacional do Ministério Público, o Procurador-Geral da República e o Advogado-Geral da União nos crimes de responsabilidade;

(3) a Lei nº 1.079/1950 contém regras sobre o processamento e julgamento de crimes de responsabilidade, bem como prevê os delitos de responsabilidade praticados por governador de Estado (infrações político-administrativas). Os crimes de responsabilidade imputados a governador com o intuito de afasta-lo das funções por ***impeachment*** é de competência da Assembleia Legislativa respectiva;

(4) o Decreto-Lei nº 201/1967, que disciplina a responsabilidade dos prefeitos, assenta crimes de responsabilidade em sentido amplo (que são crimes comuns), de competência da Justiça Ordinária (Poder Judiciário), e crimes de responsabilidade em sentido estrito, de competência da correspondente Câmara Municipal, para processamento e julgamento de ilícitos que possam acarretar o afastamento desse agente político das suas funções (***impeachment***).

1.2. Princípios

Adotamos a expressão princípios como espécie de norma. Norma é gênero, enquanto regras e princípios são espécies. De acordo com essa perspectiva, norma não se confunde com o texto. O enunciado é texto. O conjunto de enunciados é texto bruto. A interpretação do texto possibilita os contornos da norma. Os princípios são, assim, normas, que resultam da interpretação de um enunciado, de um conjunto de enunciados ou de fragmentos de enunciados. Têm a utilidade de servir como vetores hermenêuticos, cânones interpretativos mais vagos que conformam o sistema processual penal.

A doutrina encampa alguns princípios fundamentais da jurisdição. Vejamos.

1.2.1. Investidura

Para exercer jurisdição é necessário ser magistrado; logo, estar devidamente investido na função. Faltando investidura, o ato praticado é inexistente, já que ausente um pressuposto processual essencial. Ademais, subsiste a possibilidade de responsabilidade criminal por usurpação de função (art. 328, CP).

A investidura se dá conforme as regras previstas na Constituição do Brasil. A regra é o concurso público, devendo o candidato ao cargo de juiz substituto comprovar a prática jurídica de três anos no ato da inscrição definitiva no certame e não quando da posse, conforme reafirmado pelo STF[5]. Há, sem embargo, outras formas de investidura, tal como se dá com o provimento dos cargos de Ministro do Superior Tribunal de Justiça, de Desembargadores nomeados para as vagas destinadas ao quinto constitucional (advogados e Membros do Ministério Público) e de membros do Judiciário que são promovidos segundo os critérios de antiguidade e de merecimento.

O juiz aposentado, naturalmente, não tem poder jurisdicional. O juiz afastado por motivo legal também não o tem, eis que o competente é o juiz que o substitui conforme as regras de regência. As decisões proferidas por juiz que não está autorizado pela norma que lhe outorga jurisdição são inquinadas de nulidade absoluta. Como há impedimento ao exercício jurisdicional, prevalece o entendimento que sustenta tratar-se de decisão inexistente juridicamente. O juiz de férias, por sua vez, não praticará atos processuais. Caso isso ocorra, o ato processual não será inexistente, mas eivado de nulidade absoluta, por violar regra que atribui a competência a seu substituto legal.

1.2.2. Indelegabilidade

A regra é que a função jurisdicional não pode ser delegada a outro órgão, mesmo que jurisdicional. O juiz não pode delegar suas atribuições típicas a seus servidores, tais

5. STF – RE 655.265 (Repercussão Geral) – Rel. Min. Edson Fachin – Data: 13/04/2016.

como: conduzir de audiências, decidir sobre questões incidentes. Não pode também delegar suas atribuições a outro juiz. A substituição entre juízes ocorre conforme as regras instituídas para este fim. A doutrina costuma catalogar as cartas precatórias, as cartas de ordem e as cartas rogatórias, como exceções ao princípio da indelegabilidade da jurisdição, eis que há a prática de atos processuais por um outro magistrado, que não o originariamente competente.

No entanto, há certa divergência quanto a serem tais atos exceções à indelegabilidade da jurisdição:

(1) para a maioria da doutrina, a emissão de cartas rogatórias, de ordem e precatórias é mesmo exceção à indelegabilidade, porquanto o juiz (que emite carta precatória) ou o tribunal (que expede carta de ordem) está entregando a outro juiz ou tribunal a prática de ato que é inerente ao processo originário (do juízo deprecante), pelo que se trata de delegação de ato jurisdicional de processo para o qual não é competente o deprecado para processar e julgar;

(2) para uma segunda corrente, é preciso distinguir: **(a)** a carta de ordem seria exceção à indelegabilidade, porquanto se um tribunal emite tal carta para o fim de possibilitar a oitiva de testemunha por juiz que esteja àquele vinculado, há delegação, haja vista que o tribunal, na hipótese, tem jurisdição sobre o espaço territorial de competência do juiz que cumprirá a ordem de produção de prova; **(b)** as cartas rogatória e precatória não seriam exceções ao princípio em tela, pois os juízes que expedem tais cartas não têm jurisdição sobre o território do juízo deprecado ou rogado, eis que não se pode delegar o que não se tem originariamente (o juiz de direito criminal da Comarca de Maceió não tem competência para praticar atos processuais na Comarca de Salvador, não delegando desse modo jurisdição que não possui).

É de ver que a controvérsia é de ponto de vista, de referência. Se considerarmos como referência o ato processual em si, objeto da carta precatória, as cartas em geral (independentemente dessas cartas serem precatória, rogatória ou de ordem) serão exceções à indelegabilidade da jurisdição, já que o juiz está delegando ato do processo para que outro juiz o faça (quando poderia o próprio deprecante fazer por videoconferência, se presentes os pressupostos legais). Se a referência for a competência criminal que se exerce em determinado espaço territorial, a carta de ordem emitida por tribunal a juiz vinculado àquele seria exceção à indelegabilidade da jurisdição, porque o tribunal também exerce competência criminal sobre o espaço territorial da Comarca daquele juízo de primeiro grau. Por outro lado, as cartas rogatórias e precatórias não seriam exceções à indelegabilidade, em face dos respectivos órgãos envolvidos não terem competência criminal coincidentes territorialmente, pelo que, sob tal perspectiva, não há o que se delegar, quando não se tem originariamente aquele poder.

1.2.3. Juiz natural

O art. 5º, da Constituição Federal, no inciso LIII, assevera que ninguém será processado nem sentenciado senão pela autoridade competente. Isso quer dizer que para haver processo penal válido é indispensável que a atribuição para processar e julgar o acusado seja conferida constitucional e legalmente pela Constituição e pelas leis de processo. Em outras palavras, são vedadas providências como:

(1) a designação arbitrária de juiz para condução de processos em tramitação;

(2) a substituição entre juízes que não obedeça a critérios previamente determinados, ou seja, substituição entre juízes existe, porém deve respeitar as normas que regem a matéria, tal como se dá com a substituição de desembargadores por juízes, não havendo nulidade das decisões dos respectivos órgãos colegiados de segundo grau de jurisdição pelo fato de sua composição estar constituída, em sua maior parte, por membros convocados, eis que atendidas as regras de substituição e de convocação;

(3) a alteração de competência que não seja em razão de supressão de órgãos ou de criação de órgãos para o fim de se dividir tarefas a fim de conferir maior funcionalidade à jurisdição.

Sobre o ponto, é de ver que a regra é a ***perpetuatio jurisdictionis***, isto é, se o processo teve início perante um órgão jurisdicional, deve ter continuidade perante este juízo, sem que a criação de outro órgão com igual competência determine a alteração de sua tramitação. O Código de Processo Penal não trata expressamente o assunto, invocando-se, na omissão, o enunciado do art. 43, do CPC/2015, que dispõe que a competência é determinada no momento do registro ou da distribuição da petição inicial, sendo irrelevantes as modificações do estado de fato ou de direito ocorridas posteriormente, salvo quando suprimirem órgão judiciário ou alterarem a competência absoluta (em razão da matéria ou da hierarquia).

No entanto, a competência – como medida ou quantidade de jurisdição – é instituto que deve ser hábil à finalidade de conferir funcionalidade à jurisdição. Com essa ideia, tem-se entendido que não há violação ao princípio do juiz natural quando se redistribui processos dentro do âmbito territorial competente para apreciar a matéria, em face de criação de varas igualmente competentes. Realmente, seria contraproducente imaginar que embora criados novos órgãos com igual competência criminal relativamente aos já existentes em um mesmo espaço territorial, não fosse possível a redistribuição de processos, sem haver equilíbrio do acervo. O STJ decidiu nesse sentido, avivando que a criação de varas criminais especializadas vem ao encontro do propósito de organização de um sistema de justiça célere e apto a enfrentar satisfatoriamente as lides penais, bem como que, embora a competência, como regra, seja fixada no momento da propositura da ação penal, a criação de Vara especializada em função da matéria, de natureza absoluta, consubstancia motivo hábil à redistribuição do feito criminal[6].

Naturalmente, a redistribuição de processos não poderá ocorrer, em regra, quando o juiz já tiver exaurido sua prestação jurisdicional, vale dizer, se já tiver proferido sentença, não havendo, nesse caso, incidência imediata da lei processual penal (art. 2º, CPP). Importa frisar que ainda não se aplica a ***perpetuatio jurisdictionis*** quando: (1) há extinção de órgão jurisdicional, devendo o acervo migrar para os órgãos remanescentes; (2) há superveniente posse do acusado em cargo que implique foro por prerrogativa de função ou encerramento do mandato (alteração de competência segundo o critério hierárquico); (3) ocorre modificação de competência do órgão jurisdicional em razão da matéria, com superveniente incompetência do órgão originariamente competente.

6. STJ – Sexta Turma – HC 180.840/PR – Rel. Min. Og Fernandes – Dje 15/03/2013.

Também é expressão do princípio do juiz natural o inciso XXXVII, do art. 5º, da Constituição, que veda juízo ou tribunal de exceção. Significa dizer que não pode ser criado órgão jurisdicional para o fim específico de julgar determinados casos. O órgão do Judiciário deve existir legalmente de forma prévia, ou seja, a Constituição requer que o juízo esteja previamente instituído, com competência previamente determinada, para que possa haver julgamento válido. Não pode haver criação, no sistema brasileiro, de órgão nos moldes do Tribunal de Nuremberg, que instituído pós-guerra, recebeu competência para julgar crimes nazistas, aplicando sanções de acordo com critérios diversos da legalidade estrita. O processo penal tem a finalidade precípua de servir de escudo à liberdade.

No entanto, não é tribunal de exceção a promulgação de lei excepcional ou temporária, que tipifica como crimes certas condutas ofensivas a bens jurídicos que estejam ameaçados por espaço de tempo previamente delimitado. Lei dessa espécie goza de ultratividade mesmo após perder vigência (aplica-se aos fatos ocorridos durante a sua vigência). Isso porque há justificativa para que tenha vigor pelo tempo que o bem jurídico se encontrava ameaçado, em face de circunstância excepcional, como seria a hipótese de fases de epidemias e de guerras, com a criação de tipos penais específicos para vigência durante o tempo em que os bens jurídicos necessitassem de proteção especial.

1.2.4. Inafastabilidade

O art. 5º, inciso XXXV, da CF/1988, assegura que a lei não excluirá da apreciação do Poder Judiciário lesão ou ameaça a direito. O acesso à justiça é direito fundamental. Por sua vez, o magistrado não poderá eximir-se da função de julgar (indeclinabilidade jurisdicional).

A lei não pode suprimir do juiz o poder que lhe é especialmente inerente: julgar, resolver litígios nos espaços de penumbra, de contingência. Algumas leis penais e processuais penais pretenderam impedir que o juiz concedesse liberdade provisória a certos tipos de crime, tal como se deu com a Lei dos Crimes Hediondos em sua redação originária. A jurisprudência majoritária tem dado interpretação conforme a dispositivos que eventualmente proíbem, de forma absoluta, que o juiz exerça seu poder jurisdicional, essencialmente dotado de alguma carga – limitada – de discricionariedade, para dizer que quando existir vedação peremptória, fechada, à concessão da liberdade provisória, tais dispositivos não dispensam a sua leitura de acordo com critérios de adequação e de necessidade (art. 282, CPP) e com princípios construídos a partir do núcleo do processo penal disposto no art. 5º, da Constituição.

Daí que, conquanto a prática de crime grave cuja lei preveja vedação à liberdade provisória seja indicativo de um dos elementos para justificar a prisão do agente, esse fator, por si só, não pode conduzir ao impedimento do juiz de conceder tal liberdade toda vez que não existir os pressupostos para a decretação da prisão preventiva (art. 312, CPP). Em outros termos, a simples proibição expressa por um artigo de lei não é suficiente para limitar o poder do juiz de examinar o caso concreto, diante do princípio da inafastabilidade da jurisdição.

1.2.5. Inevitabilidade ou irrecusabilidade

A jurisdição não está sujeita à vontade das partes. Impõe-se.

A jurisdição penal, em especial, é permeada por esse princípio. O Ministério Público, diante de crimes de ação penal pública incondicionada, age obrigatoriamente. O processo, instaurado, tem seu fluxo contínuo até desaguar em sentença. As partes se submetem ao julgado, ainda que não o queiram. Nas ações penais privadas, existe maior número de formas que possibilita a abreviação do processo sem condenação (extinção da punibilidade pela perempção), no entanto, prolatada sentença e com seu trânsito em julgado, as partes envolvidas não podem evitar ou recusar seus efeitos, sendo imperioso o seu cumprimento enquanto não prescreva a pretensão punitiva estatal.

1.2.6. Correlação ou relatividade

Deve haver correspondência entre a sentença e o pedido feito na inicial acusatória. Não pode haver julgamento ***extra***, ***citra*** ou ***ultra petita***. O magistrado está adstrito àquilo que lhe foi pedido.

O CPP indica ferramentas para assegurar o princípio da correlação, permitindo a racionalidade entre o pedido formulado na inicial e aquilo a ser decidido na sentença. Admitem-se, no momento do julgamento, correções quanto ao mero equívoco da tipificação esboçada na inicial, e até mesmo a adequação da acusação em razão da modificação dos próprios fatos imputados ao réu, em razão das provas colhidas no transcorrer da instrução processual.

Logo, temos a previsão dos seguintes institutos.

1.2.6.1. *Emendatio libelli*

Aduz o art. 383, do CPP, que o juiz, sem modificar a descrição do fato contida na denúncia ou queixa, poderá atribuir-lhe definição jurídica diversa, ainda que, em consequência, tenha de aplicar pena mais grave.

Pouco importa a tipificação esboçada na inicial acusatória, pois ao juiz, na sentença, caberá o devido enquadramento legal, afinal, ***jura novit curia*** (o juiz conhece o direito).

O momento adequado para corrigir os equívocos de tipificação é o da prolação da sentença. Esta é a regra. Ao receber a inicial acusatória, dando início ao processo, não pode o magistrado alterar a tipificação esboçada na denúncia ou na queixa-crime. Se o fizer, estará se imiscuindo arbitrariamente nas atribuições do órgão acusador. É na sentença o momento oportuno para fazê-lo. E não se exige nenhuma formalidade para tanto.

De ofício, aplicando a lei ao caso concreto, o magistrado fará o enquadramento típico, dentro do livre convencimento motivado. Como o réu se defende dos fatos, não há de se falar em prejuízo, mesmo que o novo enquadramento importe imposição de pena mais severa.

A ***emendatio libelli*** tem cabimento até mesmo no segundo grau de jurisdição, havendo restrição apenas se implicar na ***reformatio in pejus***.

Por sua vez, se em consequência da nova definição jurídica, houver a possibilidade da oferta de suspensão condicional do processo, em face do crime ter pena mínima de até um ano, deve o juiz proceder na forma do art. 89, da Lei nº 9.099/1995, oportunizado ao MP a operacionalização da proposta (art. 383, § 1º, CPP). Por sua vez, se em razão do novo enquadramento, percebe-se que a infração é de competência de outro juízo, os autos lhe devem ser remetidos. Essas consequências processuais são por demais importantes ao desate do procedimento, de sorte que, em que pese o instituto da ***emendatio libelli*** ser idealizado no título do Código reservado à sentença, entendemos que, antevendo o magistrado, em casos evidentes que em razão da ***emendatio*** ele não é competente ou que é possível suspensão condicional do processo, ele deve invocar o instituto imediatamente, inclusive no momento da admissibilidade da inicial, se necessário for, para evitar a prática de atos inúteis, seja porque tem cabimento a suspensão, ou porque a incompetência é latente, afinal, os atos praticados por magistrado incompetente serão, em regra, declarados nulos.

Veja de forma sintética:

EMENDATIO LIBELLI	
Conceito	Modificação, pelo juiz, da capitulação jurídica dada ao fato na inicial acusatória.
Momento	Prolação da sentença.
Exemplo	MP narra subtração com violência na denúncia (art. 157, CP), requerendo condenação por furto (art. 155, CP).
Procedimento	Sem ouvir as partes, o magistrado altera o tipo penal, ainda que a pena do novo delito seja mais grave.
Defesa do réu	Não há prejuízo, pois o réu se defende de fatos e estes não foram alterados por ocasião da aplicação do instituto.
Aplicação em instância recursal	É possível, vide art. 617 do CPP.
Possíveis consequências da aplicação do instituto	Oferecimento de proposta de suspensão condicional do processo (art. 89 da lei nº 9.099/95)
	Remessa dos autos para o juízo competente

1.2.6.2. Mutatio libelli

O art. 384, do CPP, tem cabimento quando os **fatos narrados** na inicial são dissonantes daqueles apurados na instrução criminal. A distinção é quanto à matéria fática, deduzida na petição inicial, relativamente à outros elementos conhecidos durante a produção da prova.

Vale dizer, percebendo o magistrado que os fatos realmente ocorridos são diversos dos narrados na inicial, pouco importa se são mais ou menos graves do que os inicialmente idealizados, irá oportunizar o aditamento por parte do Ministério Público, que disporá de cinco dias para fazê-lo, podendo indicar até três testemunhas. Se o aditamento for feito oralmente, em audiência, será reduzido a termo. A defesa, assim que realizado o aditamento, será intimada, e terá cinco dias para se manifestar, podendo também indicar até três testemunhas. Autos conclusos, resta ao juiz receber ou não o aditamento. Caso venha a rejeitá-lo, esta decisão desafia recurso em sentido estrito (art. 581, I, CPP). Recebido o aditamento, a defesa poderá manejar *habeas corpus*, na expectativa de que os novos elementos lançados aos autos sejam afastados, por falta de justa causa ou qualquer outro motivo relevante. Com o juízo positivo de admissibilidade quanto ao aditamento, o magistrado a requerimento de qualquer das partes, designará dia e hora para continuação da audiência, com inquirição de testemunhas, novo interrogatório do acusado, realização de debates e julgamento. Caso as partes não tenham requerido a retomada da audiência, o julgador, em razão do impulso oficial que lhe é inerente, irá marcar, de ofício, a realização do ato.

A título de exemplo: "A" foi denunciado por ter subtraído sorrateiramente um veículo que estaria estacionado numa pequena viela, tendo supostamente incorrido no art. 155, *caput*, do CP, ou seja, furto. Na instrução processual, uma testemunha informa que no dia do crime o agente teria se valido de uma arma de fogo e tomado o carro de assalto, contrariando assim a narrativa esboçada na denúncia. Percebe-se, pelas declarações da testemunha, que o crime ocorrido teria sido o de roubo, cuja pena abstratamente cominada é de 4 a 10 anos de reclusão. Nesta hipótese, deve o juiz, antes de sentenciar, oportunizar que o *Parquet* adite a denúncia, para complementá-la em razão dos novos elementos, tendo cinco dias para fazê-lo, e podendo indicar até três testemunhas. Posteriormente deve notificar a defesa para que esta se manifeste, no prazo de cinco dias, podendo indicar até três testemunhas. Recebido o aditamento, a audiência será retomada. Rejeitado o aditamento, o processo seguirá o seu curso regular, com a apresentação de memoriais e prolação de sentença.

Havendo inércia ou negativa do Ministério Público quanto ao aditamento da inicial, cabe ao juiz invocar o art. 28, do CPP, remetendo os autos para deliberação do Procurador Geral de Justiça ou às Câmaras de Coordenação e Revisão do MPF (art. 384, § 1º do CPP).

O instituto da ***mutatio libelli*** não terá cabimento na fase recursal, pois nesta hipótese haveria flagrante supressão de instância, inaugurando-se em segunda instância a discussão de fatos que não foram objeto de debate em primeiro grau de jurisdição. Nesse sentido, a Súmula nº 453, do STF, informando que não se aplicam à segunda instância o art. 384, e parágrafo único, do Código de Processo Penal, que possibilitam dar nova definição jurídica ao fato delituoso, em virtude de elemento ou circunstância não contida na denúncia ou queixa.

Antevendo o magistrado a possibilidade de aplicação da ***mutatio libelli,*** deve proceder com todo o cuidado, para não antecipar juízo de mérito quanto ao fato supostamente ocorrido, afinal, a instrução probatória revela apenas a possibilidade de alteração fática, e o aditamento pode ser rejeitado, após a manifestação defensiva. Há entendimento de que, mesmo após a aplicação da ***mutatio libelli***, e uma vez recebido o aditamento, não está o juiz obstado de sentenciar com base nos fatos originais (descritos na denúncia), ou seja, não se reputa que não é de todo impossível que o magistrado fundamente a sentença com lastro naquilo que originariamente estava narrado na inicial acusatória. Todavia, a parte final, do § 4º, do art. 384, do CPP, indica que o juiz estará adstrito aos termos do aditamento, dissentindo dessa nossa posição. Com isso, retomada a instrução e percebendo que os fatos realmente ocorridos eram os originariamente narrados, o julgador não poderá revitalizar os termos iniciais da denúncia, cabendo condenar ou absolver o réu em face dos fatos trazidos com o aditamento. Nada impede, entretanto, que o membro do Ministério Público, em razão de eventual absolvição pelos fatos apresentados com o aditamento, apresente nova denúncia, nos mesmos moldes daquela que equivocadamente foi superada pelo aditamento. E nem se diga que este ato fere a coisa julgada material, isto porque, com o aditamento, a imputação original foi substituída. Portanto, a coisa julgada advinda em face da sentença está adstrita aos termos do aditamento.

Se os fatos originariamente narrados não forem apreciados na sentença, nova denúncia é viável quanto a eles, e não em razão daqueles trazidos com o aditamento, pois estes estão abrangidos pela coisa julgada material. Ressalve-se, entretanto, que a incidência da parte final do enunciado do § 4º, do art. 384, do CPP, ocorrerá quando o fato definido no aditamento suplantar inteiramente os fatos narrados na denúncia, conferindo base descritiva para a classificação do crime em seu tipo fundamental e de suas circunstâncias qualificadoras. Porém – e isso precisa ficar bem claro –, caso o aditamento se refira ao acréscimo de circunstância que qualifica o crime descrito na forma simples na petição inicial acusatória, o juiz não ficará "adstrito" ao aditamento no sentido de que só pode condenar pelo crime em sua forma qualificada, mas, caso não provada a qualificadora e reste patentemente provado o delito na sua forma simples, deve desacolher a acusação no que toca ao aditamento (qualificadora), condenando o acusado pelo crime simples.

Se em razão da ***mutatio*** percebe-se que a infração realmente ocorrida tem pena mínima de até um ano, ou é de competência de outro juízo, deve-se oportunizar a suspensão condicional do processo, ou proceder a remessa dos autos ao juízo competente, conforme o caso (art. 384, § 3º, CPP).

A ***mutatio libelli*** não tem aplicação nas ações de iniciativa privada exclusiva e personalíssima, pois estas são movidas pelo princípio da disponibilidade e oportunidade. Resta, portanto, aos crimes de ação pública, e para as ações privadas subsidiárias.

Em síntese:

MUTATIO LIBELLI	
Conceito	Oportunização ao MP de inclusão de nova circunstância fática em razão da divergência entre os fatos indicados na inicial e aqueles apurados na instrução processual.
Momento	Encerrada a instrução probatória.
Exemplo	MP narra subtração sem violência na denúncia e requer condenação por furto (art. 155, CP), mas a instrução revela ter havido violência na execução do crime.
Procedimento	Abre-se vistas ao MP para aditamento da denúncia no prazo de 5 dias. O defensor se manifestará também em 5 dias. Haverá novo interrogatório e oitiva de testemunhas (máx. 3).
Defesa	Como se defende de fatos, precisa se manifestar sobre o aditamento.
Aplicação em instância recursal	É vedada, vide súmula nº 453/STF.
Observações	O juiz está adstrito aos termos do aditamento.
	Aplica-se somente às ações pública e privada subsidiária da pública.
Possíveis consequências da aplicação do instituto	Oferecimento de proposta de suspensão condicional do processo (art. 89 da lei nº 9.099/95)
	Remessa dos autos para o juízo competente

1.2.7. Devido processo legal

Previsto no art. 5º, inciso LIV, da CF consagra que ninguém será privado da liberdade ou de seus bens sem o devido processo legal.

O conteúdo do ***due process of law*** é bastante rico. Envolve não só aspectos procedimentais, processuais, como a observância da sequência dos ritos, de regras de legitimidades e de normas que conferem competência ao juízo criminal. O devido processo legal tem um conteúdo material, substancial. Em processo penal, esse caráter é distintivo quando se agrega a essa noção os princípios do ***favor rei*** e do ***in dubio pro reo***, como regras de julgamento do fato imputado. Na produção da prova, o devido processo legal material tem o condão de limitar procedimentos que possam constituir crimes. No procedimento de busca e apreensão, são indispensáveis as regras que tipificam o crime de violação de domicílio (art. 150, CP). Na produção de prova oral, a observância de regras da Lei de Tortura e de normas materiais previstas na Constituição da República também. A interceptação telefônica deve ser realizada consoante o que reza a Lei nº 9.296/1996, cujos dispositivos têm conteúdo processual, mas também com carga valorativa material.

1.3. Características

As principais características da jurisdição são:

1.3.1. Inércia

Em regra, os órgãos jurisdicionais são inertes, dependem de provocação (***ne procedat judex ex officio***), o que se faz pelo exercício do direito de ação. Todavia, a ordem de *habeas corpus* pode ser concedida ***ex officio***, sempre que os juízes e/ou tribunais tenham conhecimento do risco (ou da ofensa) à liberdade de locomoção. Mitiga-se a inércia, em favor da liberdade.

1.3.2. Substitutividade

Como a autotutela foi banida, salvo em casos excepcionais, cabe ao Estado, substituindo a atividade das partes, resolver os litígios. A nota da substitutividade, segundo Chiovenda, caracteriza a jurisdição. Francisco Wildo Lacerda Dantas, a propósito, noticia que, para Giuseppe Chiovenda, o critério diferencial da atividade jurisdicional é a de ser uma atividade em substituição àquela originariamente exercida privadamente, mercê do monopólio de seu exercício pelo Estado[7].

No direito processual penal, a substitutividade é nota essencial. Enquanto os conflitos de interesse de natureza civil podem ser resolvidos por composição entre os envolvidos, arbitragem, sem chegar às barras da Justiça, os conflitos penais exigem a atuação do Estado. Mesmo em se tratando de crimes de menor potencial ofensivo, cujo procedimento é bastante simplificado (Lei nº 9.099/1995), a atuação do Estado-Juiz é indeclinável. Ainda que haja confissão e concordância do agente em se submeter aos limites das penas de determinado delito, a intervenção do Estado, como protetor da liberdade através do processo penal, é providência necessária à eficácia das leis penais.

1.3.3. Lide

Apesar das divergências doutrinárias, é entendimento corredio a pressuposição da lide para o exercício jurisdicional, ou seja, a presença do conflito de interesses qualificado pela

7. DANTAS, Francisco Wildo Lacerda. *Teoria geral do processo*: jurisdição, ação (defesa), processo. 2. ed. São Paulo: Método, 2007. p. 106.

pretensão resistida[8]. No dizer de Galeno Lacerda, lide é "o conflito de interesses que pode surgir em caso de resistência efetiva ou em caso de ambas as partes se julgarem com direito"[9].

Todavia, como já apresentado no Capítulo 1 (item 2.3), ao que parece, é inapropriado falar em lide como pressuposto da jurisdição penal, não só em razão da indisponibilidade dos bens jurídicos em jogo, mas também pelo papel desempenhado pelo MP diante da atual ordem constitucional. Como órgão de fiscalização da lei e proteção da sociedade, o MP almeja, assim como a defesa, o justo provimento jurisdicional, de sorte que não haveria, a grosso modo, conflito de interesses.

Daí que parte da doutrina vê a lide como elemento acidental do processo (Afrânio Silva Jardim). O conflito de interesses na ação penal condenatória nem sempre se faz presente. O Ministério Público, diante de suporte probatório mínimo, está obrigado a denunciar. Todavia, não é obrigado a requerer a condenação. Toda vez que o ***Parquet*** se posiciona favoravelmente ao acusado, desaparece o elemento lide, ou seja, não haverá a pretensão estatal do Ministério Público de sujeitar o acusado às penas legais, embora possa o juiz discordar do órgão ministerial para prolatar sentença condenatória.

1.3.4. Atuação do direito

A atividade jurisdicional tem por objetivo aplicar o direito ao caso concreto, restabelecendo-se a paz social violada pela infração cometida.

Em processo penal, vislumbramos duas finalidades, a partir desse princípio da jurisdição: **(1)** a finalidade primeira do direito processual penal é a de proteger a liberdade. O acusado não pode ter sua liberdade cerceada, senão pela atuação do direito penal através de regras processuais penais pré-estabelecidas. Sem a intervenção estatal, prevalece a regra da liberdade, de modo que o processo penal, a jurisdição penal, é garantia de que a privação da liberdade ou de seus bens só se faz por seu intermédio; e **(2)** a finalidade secundária do processo penal é o exercício da jurisdição para fazer atuar o direito concreto, ou seja, o processo penal serve à concretização das normas abstratas pelo poder jurisdicional.

1.3.5. Imutabilidade

No intuito de fortalecer os laços e tranquilidade social, o exercício da jurisdição deságua em provimento final (sentença), que se reveste de imutabilidade após o seu trânsito em julgado, não podendo ser modificado, salvo exceções, a exemplo da revisão criminal ***pro*** *reo*. Uma das expressões mais importantes para o direito é a segurança jurídica. A estabilidade das relações jurídicas e a manutenção do ***status quo*** são aspirações do ordenamento jurídico. A jurisdição dita o direito ao caso concreto. O "dizer o direito" jurisdicional difere do "dizer o direito" da doutrina, eis que aquele é declarado de maneira autoritativa e com previsões de regras que o torna definitivo, para que não se revolva eternamente sobre o caso.

Criam-se assim institutos como o da coisa julgada e o da preclusão, para qualificar a sentença com o rótulo da imutabilidade toda vez que contra ela não caibam mais recursos e impedir que o processo retorne às fases anteriores. Pontes de Miranda, a propósito,

8. CARNELUTTI, Francesco. *Sistema de direito processual civil*. Tradução: Hiltomar Martins Oliveira. São Paulo: ClassicBook, 2000.v.1. p. 93.
9. LACERDA, Galeno. *Teoria geral do processo*. Rio de Janeiro: Forense, 2008. p. 64.

destaca que o princípio da imodificabilidade da sentença definitiva (coisa julgada) tem origem romana. Já a noção de imodificabilidade das resoluções interlocutórias equiparadas a sentenças tem origem germânico-canônica. Nesse contexto, a existência de limites legais, impedindo que sejam modificadas tanto as sentenças de mérito quanto as decisões interlocutórias, autoriza reconhecer o princípio da preclusividade das resoluções judiciais. O processo é um andar adiante e tende à estabilização das relações jurídicas. Exceção a essa regra só existe se for expressa[10].

O valor da imutabilidade da jurisdição é tão caro ao processo penal que a sentença penal absolutória transitada em julgado não pode ser rescindida, em face de não ser cabível revisão criminal contra ela (**imutabilidade forte**). O acusado não poder ser perseguido pelo mesmo fato duas vezes. Isso quer dizer que só é possível responder a um processo penal com desfecho de mérito absolutório uma única vez. Por outro lado, a imutabilidade da coisa julgada condenatória não é absoluta, porquanto, em tese, cabe contra ela revisão criminal a qualquer tempo, se presentes os pressupostos legais (**imutabilidade fraca**).

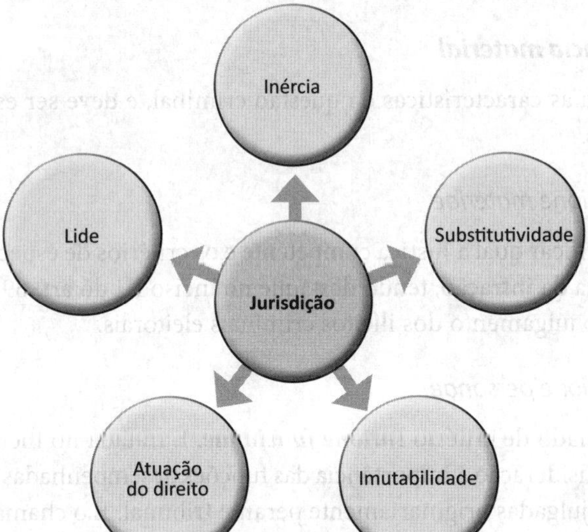

2. COMPETÊNCIA

2.1. Conceito

Apesar de a jurisdição ser una e indivisível, é humanamente impossível que um só juiz decida todos os litígios ocorridos. Num universo de magistrados, a competência é conceituada como a medida ou delimitação da jurisdição, ou nas palavras de Tourinho Filho, é "o âmbito, legislativamente delimitado, dentro do qual o órgão exerce o seu Poder Jurisdicional"[11].

A competência passa a ser um critério legal de administração eficiente da atividade dos órgãos jurisdicionais, definindo previamente a margem de atuação de cada um, isto é, externando os limites de poder.

10. PONTES DE MIRANDA, Francisco Cavalcanti. *Tratado das ações*: tomo 1. Campinas: Bookseller, 1998. p. 318.
11. TOURINHO FILHO, Fernando da Costa. *Manual de processo penal*. 5. ed. São Paulo: Saraiva, 2003. p. 231.

As bases da competência criminal estão na Constituição Federal. As leis de processo penal complementam a Constituição, concretizando seus comandos e estabelecendo critérios para interpretar o texto bruto do ordenamento jurídico. O conjunto de normas de competência constitui a divisão de tarefas que possibilita conferir funcionalidade à jurisdição. A jurisdição é una, é conceito fundante do sistema. A competência penal é a delimitação da jurisdição, consistindo nos contornos segundo critérios logicamente concatenados, seja de especialidade da Justiça, seja de distribuição territorial, seja mesmo de solução de ausência de critérios prévios.

2.2. Critérios

Para determinar a competência e chegar à conclusão da autoridade competente, é fundamental o estudo e análise das diversas espécies de competência, ou melhor, dos parâmetros usados pelos diplomas legais para distribuir, entre as autoridades judiciais, a parcela de sua atuação. Assim temos:

2.2.1. *Competência material*

Leva em conta as características da questão criminal, e deve ser estudada sobre três aspectos principais.

2.2.1.1. Critério ratione materiae

Objetiva identificar qual a Justiça competente e os critérios de especialização, levando em conta a natureza da infração, tendo destaque no inciso III do art. 69 do CPP. Ex.: cabe à Justiça Eleitoral o julgamento dos ilícitos criminais eleitorais.

2.2.1.2. Critério ratione personae

Também chamado de critério ***ratione funcionae***. É tratada no inciso VII, do art. 69, do CPP, leva em consideração a importância das funções desempenhadas por determinadas pessoas, que serão julgadas originariamente perante tribunal. É o chamado foro por prerrogativa de função. Ex.: cabe ao STF o julgamento das infrações penais comuns praticadas pelo Presidente da República (art. 102, I, "b", CF/1988).

2.2.1.3. Critério ratione loci

Estampado nos incisos I e II, do art. 69, do CPP, visa identificar o juízo territorialmente competente, considerando como parâmetros o local da consumação do delito, além do domicílio ou residência do réu.

COMPETÊNCIA MATERIAL		
ratione materiae	*ratione personae ou ratione funcionae*	*ratione loci*

2.2.2. *Competência funcional*

Leva-se em conta como elemento de distribuição os atos processuais praticados, e deve ser analisada também sobre três aspectos principais.

2.2.2.1. *Fase do processo*

Normalmente um só juiz é competente para praticar todos os atos do processo. Contudo, pode haver segmentação, como, por exemplo, um juiz que vai instruir e sentenciar a causa criminal, e um outro a quem incumbirá a fase de execução (art. 65, LEP). Cuida-se de competência funcional horizontal, eis que não há hierarquia entre os juízes competentes de acordo com a fase processual.

2.2.2.2. *Objeto do juízo*

Por este critério, há uma distribuição de tarefas na decisão das várias questões trazidas durante o processo. No Júri, por exemplo, que é um tribunal colegiado heterogêneo, composto por um juiz togado e pelos jurados (juízes leigos), ao primeiro caberá resolver as questões de direito, prolatar a sentença e proceder à dosimetria da pena, ao passo que aos jurados caberá a resposta aos quesitos que lhes são formulados. Como não se fala em hierarquia entre juiz togado e os jurados, teremos também aqui competência funcional horizontal.

2.2.2.3. *Grau de jurisdição*

É a chamada competência funcional vertical (ou hierárquica), podendo dar azo ao duplo grau de jurisdição, com a interposição dos recursos, ou inaugurar a chamada competência originária, com as ações que tramitam diretamente perante tribunal.

Esses critérios, por sua relevância para a compreensão da competência em matéria penal, merecem estudo detalhado.

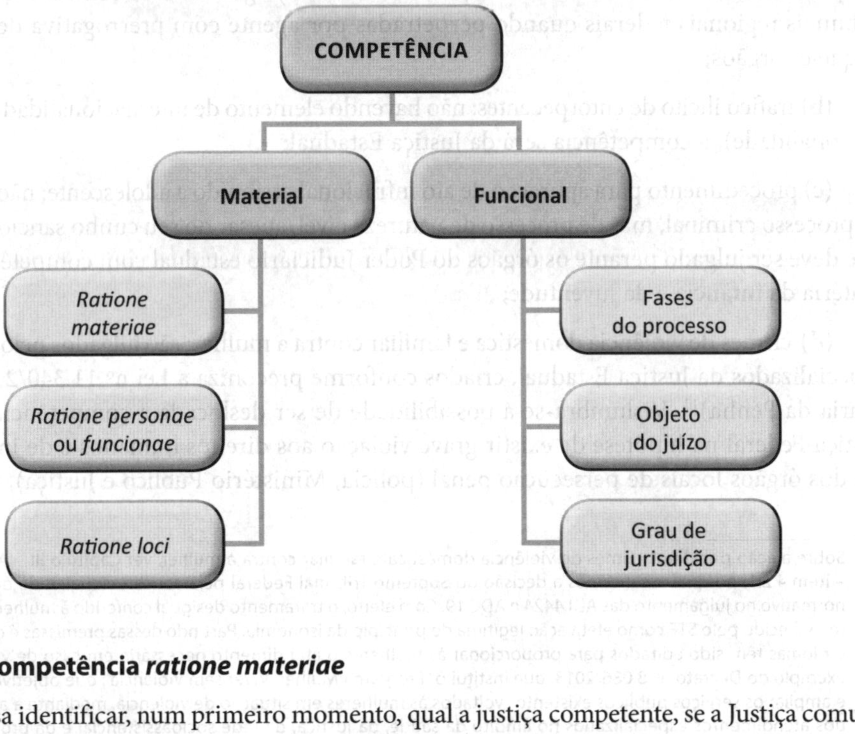

2.3. Competência *ratione materiae*

Visa identificar, num primeiro momento, qual a justiça competente, se a Justiça comum (Federal ou Estadual), ou a Justiça especializada (Militar, Eleitoral, etc.).

Assim teremos:

2.3.1. Justiça comum estadual

É a Justiça residual por excelência, sendo competente para apreciar, por exclusão, todas as infrações que não sejam da alçada da justiça especializada ou da Justiça comum Federal. Embora se diga que a competência é residual, fato é que a Justiça Estadual processa e julga a maioria dos crimes. Para que haja deslocamento de competência para a Justiça Federal e para Justiça especializada (eleitoral e militar), é preciso que exista elemento de atração que determine a modificação.

Natural que a Justiça Estadual abarque a maioria dos crimes, afinal a estrutura da Justiça Estadual é dotada de maior número de juízes e comarcas para abranger com maior eficácia o território nacional. Em contrapartida, os parâmetros para a determinação da competência da Justiça Federal são de exegese mais restrita, consoante critérios para impor a fixação de sua competência. Existe, ademais, regra para deslocar processos que seriam de competência da Justiça Estadual para a Justiça Federal toda vez que envolver grave violação a direitos humanos, em face de tratados e convenções que o Brasil subscreveu e de previsão constitucional conferida pela Emenda à Constituição nº 45/2004 (art. 109, § 5º, CF).

Dentre os casos residuais de competência da Justiça Estadual, destacam-se o processamento e julgamento:

(a) das contravenções penais: são, em regra, de competência da Justiça Estadual, ainda que ofenda interesse da União. Há possibilidade de julgamento de contravenção pelos tribunais regionais federais quando perpetradas por agente com prerrogativa de função naqueles órgãos;

(b) tráfico ilícito de entorpecentes: não havendo elemento de internacionalidade (transnacionalidade), a competência será da Justiça Estadual;

(c) procedimento para apuração de ato infracional atribuído a adolescente: não se trata de processo criminal, mas de processo de natureza cível, apesar do seu cunho sancionatório, que deve ser julgado perante os órgãos do Poder Judiciário estadual com competência em matéria da infância e da juventude;

(d) crimes de violência doméstica e familiar contra a mulher: são julgados pelos órgãos especializados da Justiça Estadual, criados conforme preconiza a Lei nº 11.340/2006 (Lei Maria da Penha)[12]. Vislumbra-se a possibilidade de ser deslocada a competência para a Justiça Federal na hipótese de existir grave violação aos direitos humanos e de ineficiência dos órgãos locais de persecução penal (polícia, Ministério Público e Justiça), fazendo

12. Sobre a ação penal nos crimes de violência doméstica e familiar contra a mulher, ver Capítulo III – Ação Penal – item 4.2.1, no qual assentamos a decisão do Supremo Tribunal Federal pela constitucionalidade do diploma normativo no julgamento das ADI 4424 e ADC 19. Com efeito, o tratamento desigual conferido à mulher pela Lei é reconhecido pelo STF como efetivação legítima do princípio da isonomia. Partindo dessas premissas é que outros diplomas têm sido editados para proporcionar às mulheres o atendimento necessário em caso de violência, a exemplo do Decreto nº 8.086/2013, que institui o "Programa Mulher: Viver sem Violência", que objetiva "integrar e ampliar os serviços públicos existentes voltados às mulheres em situação de violência, mediante a articulação dos atendimentos especializados no âmbito da saúde, da justiça, da rede socioassistencial e da promoção da autonomia financeira".

incidir o art. 109, § 5º, da Constituição. Para a definição da competência do juizado ou vara especializada no processamento e julgamento de crimes de violência doméstica e familiar contra a mulher, é relevante destacar que o crime que se ajusta aos seus limites:

(1) não pode ser delito doloso contra a vida, porquanto este encontra previsão constitucional para ser julgado pelo tribunal do Júri;

(2) o sujeito ativo da infração penal pode ser tanto homem quanto mulher;

(3) o sujeito passivo da infração penal há de ser pessoa do sexo feminino, independentemente da orientação sexual;

(4) a agressão tem que guardar relação com as relações afetivas da seara doméstica ou familiar, podendo ser cometida tanto no âmbito da unidade doméstica, quanto fora da residência, mas em razão de relação familiar ou de afeto;

(5) a vítima deve ser econômica ou fisicamente mais frágil (hipossuficiência em sentido amplo), em situação de maior vulnerabilidade, evidenciando opressão à mulher; e

(6) a agressão pode ocorrer nas relações de parentesco diversas de um casal, ou de companheiros, podendo se dar entre irmãos por exemplo, mas sempre tendo como pessoa ofendida uma mulher.

2.3.2. *Justiça comum federal*

Tem sua competência expressamente contemplada na Constituição Federal, sendo que o art. 108, da Carta Magna, trata da competência dos Tribunais Regionais Federais, e o art. 109 elenca a competência dos juízes federais. Trataremos neste tópico da competência da justiça federal de primeiro grau, reservando-nos a tratar dos aspectos mais relevantes da competência dos TRFs dentro do tema competência ***ratione personae***. Compete, portanto, aos juízes federais julgar (art. 109, CF/1988):

2.3.2.1. Os crimes políticos (inciso IV, primeira parte)

Em razão da omissão da Carta Magna em definir o que seja crime político, ficou a cargo da doutrina e da jurisprudência definir sua abrangência para fins de fixação da competência da Justiça Federal.

Somar-se-ia assim à necessidade de contemplação legal instituindo o crime político, a intenção de atentar contra a soberania nacional e a estrutura política brasileira[13].

Atualmente, temos como paradigma a Lei nº 7.170/1983, tratando dos crimes contra a segurança nacional, que serão processados e julgados perante a Justiça Federal. O art. 30, deste diploma legal, informa que a competência seria da Justiça Militar, não foi recepcionado pela Constituição Federal.

A jurisprudência do STF, na maioria dos casos, tem se posicionado no sentido de não reconhecer como crimes políticos condutas definidas na Lei de Segurança Nacional

13. HC 73452-9/RJ – DJU 27/06/1997. p. 30226.

quando faltar a eles motivação política tendente a comprometer a soberania nacional[14]. Entende necessária para tanto a contemplação legal instituidora do crime político, bem como a intenção de atentar contra a estrutura política brasileira[15].

No entanto, em caso isolado referente a delito de importação de armamento de uso privativo das forças armadas, reconheceu a existência de crime político tipificado no art. 12, da Lei nº 7.170/1983 para fins de julgamento pela Justiça Federal[16], sem realçar a necessidade de motivação de ordem política para sua configuração[17].

A ideia majoritariamente aceita pela doutrina e jurisprudência é a de reconhecer a existência de crime político, cuja espécie, nas palavras de Roberto Luchi Demo, "somente se caracteriza quando presentes os pressupostos cristalizados no art. 2º, da Lei nº 7.170/1983: motivação política e lesão real ou potencial aos bens juridicamente tutelados"[18].

2.3.2.2. Infrações penais praticadas em detrimento de bens, serviços ou interesses da União ou de suas entidades autárquicas, empresas públicas, excluídas as contravenções e ressalvada a competência da Justiça Militar e da Justiça Eleitoral (inciso IV, parte final)

A título de organização, vamos fracionar o dispositivo na ordem de ideias a seguir.

2.3.2.2.1. Infrações abrangidas

Tão somente os crimes são apreciados pela Justiça Federal. As contravenções estão terminantemente excluídas. O julgamento de contravenção que afete ente federal será de competência dos juizados especiais na esfera estadual.[19]De acordo com o art. 1º da Lei de Introdução ao Código Penal, considera-se "crime a infração penal a que a lei comina pena de reclusão ou de detenção, quer isoladamente, quer alternativa ou cumulativamente com a pena de multa; contravenção, a infração penal a que a lei comina, isoladamente, pena de prisão simples ou de multa, ou ambas, alternativa ou cumulativamente".

2.3.2.2.2. Bens, serviços ou interesses pertencentes a ente federal

Esta trilogia é o termômetro para a fixação da competência federal. Deve haver correlação direta entre a conduta delituosa e a afetação a um destes elementos. Os **bens** são o patrimônio do ente federal, sendo que a Constituição rotulou os bens pertencentes à União no art. 20, incisos I a XI. Atenção especial merece a definição de competência para processamento e julgamento de crimes praticados em detrimento de bens que compõe órgão do Distrito Federal: ainda que organizado e mantido pela União, os seus bens não são da União, pelo que a competência para seu processamento e julgamento é da Justiça do Distrito Federal e Territórios e não da Justiça Federal[20].

---

14. STF – Tribunal Pleno – RC 1468 – Rel. Min. Ilmar Galvão – Rel. p/ Acórdão: Min. Maurício Corrêa – DJ de 16/8/2000. p. 88.
15. STF – HC 73452-9/RJ – Rel. Min. Maurício Corrêa – DJ de 27/6/1997. p. 30226.
16. STF – Primeira Turma – HC 74782 – Rel. Min. Ilmar Galvão – DJ de 27/6/1997. p. 30230.
17. OLIVEIRA, Eugênio Pacelli de. *Curso de processo penal*. 2. ed. Belo Horizonte: Del Rey, 2003. p. 220.
18. DEMO, Roberto Luis Luchi. *Competência penal originária*: uma perspectiva jurisprudencial crítica. São Paulo: Malheiros, 2005. p. 141.
19. Contravenções penais não serão julgadas pela Justiça Federal, salvo se o agente for detentor de prerrogativa de função junto ao Tribunal Regional Federal.
20. STJ – Terceira Seção – CC 119.321/DF – Rel. Min. Marco Aurélio Bellizze – DJe 25/06/2013.

Quanto aos **serviços**, passamos a focalizar a própria atividade do ente federal, a sua finalidade, ao passo que o **interesse**, talvez a expressão de significação mais ampla, abarca aquilo que está ligado ao ente federal, aquilo que lhe diz respeito. Não é suficiente o simples interesse genérico ou indeterminado para atrair a competência da Justiça Federal, imprescindível, para tanto, existir interesse direto e imediato da União, afastando-se ofensas indiretas, reflexas, que não se coadunem com o parâmetro restritivo para a definição da competência da Justiça Federal. Vejam-se os seguintes casos:

(1) o fato de ser o Ministério da Saúde o órgão central do Sistema Nacional de Transplante (art. 2º, do Decreto nº 9.175/2017) não é definidor, de ***per si***, da competência da Justiça Federal para julgar crime de remoção de tecidos e órgãos, tipificado no art. 14, *caput*, da Lei nº 9.434/1997;

(2) o bem particular submetido a tombamento pelo ente federal (Instituto do Patrimônio Histórico e Artístico Nacional – IPHAN), conquanto não se acomode à noção de "bem da união", recebe especial qualificação que faz nascer o interesse da união em protegê-lo, pelo que os crimes contra eles cometidos são de competência da Justiça Federal. Por outro lado, se o bem é tombado por órgão de proteção e conservação do Estado ou do Município, não há que se falar em competência da Justiça Federal;[21]

(3) os serviços de telecomunicações são de competência da União (art. 21, XI, CF/1988), razão pela qual compete à Justiça Federal processar e julgar crime de compartilhar sinal de internet, mediante a sua transmissão, via rádio[22], de maneira clandestina (delito tipificado no art. 183, da Lei nº 9.472/1997)[23]. Se se tratar de simples recepção clandestina de TV a cabo, a competência é da Justiça Estadual[24], eis que aí só muito reflexamente há interesse da União, não se justificando a competência da Justiça Federal. No entanto, cuida-se de ilícito diverso de crime, porquanto o sinal de TV a cabo é algo diverso de "energia", para o fim de configurar "furto", pelo que o STF declarou a atipicidade dessa conduta[25];

(4) os crimes previstos na Lei do Desarmamento (Lei nº 10.826/2003) são, em regra, de competência da Justiça Estadual, não sendo relevante para atribuir a competência à Justiça Federal o fato de ser a arma de uso restrito ou a circunstância de competir ao Sistema Nacional de Armas – SINARM (órgão vinculado ao Ministério da Justiça e à Polícia Federal) a função de fiscalização do cadastro das armas de fogo. Só quando há o elemento da transnacionalidade que surge o interesse federal (tópico estudado mais adiante), tal como se dá nos crimes de tráfico internacional de armas tipificado no art. 18, dessa Lei, eis que existente convenção internacional prevendo a repressão a esse delito, firmada pelo Brasil (Convenção Interamericana contra a fabricação e o tráfico de armas de fogo, munições, explosivos e outros materiais afins)[26];

---

21. STJ – Terceira Seção – CC 19.157/MG – Rel. Min. José Dantas – DJ 03/08/1998.
22. Consoante a Súmula 606, do STJ, "não se aplica o princípio da insignificância a casos de transmissão clandestina de sinal de *internet* via radiofrequência, que caracteriza o fato típico previsto no artigo 183 da Lei 9.472/97".
23. STJ – Sexta Turma – AgRg nos EDcl no REsp 1304152/DF – Rel. Min. Sebastião Reis Júnior – DJe 10/04/2013.
24. STJ – Terceira Seção – CC 46.065/RJ – Rel. Min. Hélio Quaglia Barbosa – DJ 07/03/2005.
25. STF – Segunda Turma – HC 97261 – Rel. Min. Joaquim Barbosa – DJe 03/05/2011. Ressalte-se o entendimento diametralmente oposto adotado pelo Superior Tribunal de Justiça, que entende que o sinal de TV a cabo se equipara a energia para fins de incidência do art. 155, § 3º, do CP. (STJ – Quinta Turma – RHC 30847/RJ – Rel. Min. Jorge Mussi – Dje 04/09/2013).
26. STJ – Terceira Seção – CC 121.372/SC – Rel. Min. Sebastião Reis Júnior – DJe 25/05/2012.

(5) a juntada de documentos falsos em autos de processo que tramita na Justiça Federal evidencia o interesse federal para processar e julgar o crime de falsidade. Também o relevante liame funcional relativo ao cometimento de crime por servidor público federal, contra funcionário público federal e servidores equiparados atrai a competência da Justiça Federal. Daí que crimes cometidos contra agente de polícia federal e contra engenheiros credenciados pelo IBAMA no exercício de atividade pública (funcionários públicos por equiparação) são de competência da Justiça Federal[27]. Se um particular atribui a si próprio a qualificação de servidor público federal, tal fato, por si só, não será relevante para a fixação da competência da Justiça Federal. Porém, se dessa falsa atribuição decorre prejuízo a bem, a interesse ou ao serviço público federal, estabelecida estará a competência da Justiça Federal, tal como acontece com o delito de tráfico de influência no âmbito de ente federal[28];

(6) quanto aos crimes ambientais, deve-se distinguir, em razão do caráter restritivo da competência da Justiça Federal no ponto:

(6.a) a circunstância de ter sido o IBAMA o órgão responsável pela lavratura do auto de infração por crime ambiental ou pela apuração do ilícito ambiental não é suficiente para a fixação da competência da Justiça Federal, notadamente quando o crime é cometido em local diverso daqueles protegidos segundo o interesse da União (lesionando Unidade de Conservação da Natureza ou bens da União)[29];

(6.b) se o crime é de extração de recursos minerais (bem da União, art. 20, CF/1988), a competência é da Justiça Federal;

(6.c) se o crime consiste em pesca de camarão em período de defeso, em mar territorial (bem da União), a competência é da Justiça Federal;

(6.d) se a infração penal consiste em destruir área de preservação permanente (bem da União), a competência é da Justiça Federal, porém se o delito é tão somente praticado "no entorno da Unidade de Conservação", não há atração da competência da Justiça Federal, porquanto tais áreas não se acomodam à definição de Unidade de Conservação (Lei nº 9.985/2000)[30], porém o STJ decidiu que a pesca proibida em área adjacente à estação ecológica da União (entorno de Unidade de Conservação Federal), estabelece a competência da Justiça Federal para seu processamento e julgamento[31];

(6.e) quando o crime é de pesca em águas fluviais que banham mais de um Estado da Federação, a competência é da Justiça Federal[32];

(6.f) também é competência da Justiça Federal a manutenção de espécime da fauna silvestre em cativeiro (nem todo delito contra a fauna é da Justiça Federal, sendo a regra que seja da Justiça dos Estados), porquanto compete ao IBAMA a função fiscalizatória sobre as espécies ameaçadas de extinção[33];

27. STJ – Sexta Turma – HC 47.364/SC – Rel. Min. Hélio Quaglia Barbosa – DJ 04/09/2006.
28. STJ – Quinta Turma – HC 14.455/PA – Rel. Min. Jorge Scartezzini – DJ 20/08/2001.
29. STJ – Terceira Seção – CC 113.345/RJ – Rel. Min. Marco Aurélio Bellizze – DJe 13/09/2012.
30. LIMA, Renato Brasileiro. *Curso de processo penal*: volume único. Niterói: Impetus, 2013. p. 403-404.
31. STJ – Terceira Seção – CC 115.282/RS – Rel. Min. Maria Thereza de Assis Moura – DJe 16/06/2011.
32. STJ – Terceira Seção – CC 39.055/RS – Rel. Min. Paulo Medida – DJ 11/04/2005.
33. STJ – Terceira Seção – CC 37.137/MG – Rel. Min. Feliz Fischer – DJ 14/04/2003.

(6.g) quando o órgão ambiental competente para fiscalizar a proteção do bem relacionado ao ambiente, a competência é da Justiça dos Estados, tal como se dá com a extração de areia em propriedade particular[34] (que não afeta bem da União), bem como com a realização de obras e serviços potencialmente poluidores sem a licença ambiental local[35];

(6.h) se o fato consiste em crime ambiental decorrente de construção de moradias de programa habitacional popular, nas hipóteses em que a Caixa Econômica Federal atue, tão somente, na qualidade de agente financiador da obra, a competência será da Justiça estadual. Além do papel de financiador, para que aquela empresa pública federal seja responsabilizada, não basta que a entidade figure como financeira. É preciso que ela tenha atuado na elaboração do projeto ou na fiscalização da segurança e da higidez da obra[36];

(7) o processamento e julgamento de crime ambiental referente a parcelamento irregular de solo urbano (grilagem de terras) em terras da União é de competência da Justiça Federal, por ser cometido em detrimento de bem da União, notadamente quando se dá em área de preservação ambiental[37]. No entanto, há controvérsias, existindo julgados que determinam a competência da Justiça dos Estados para julgar esse crime, diante do desinteresse da União quanto ao registro[38];

(8) o processamento e julgamento de crimes de modificação genética de organismos (liberação no meio ambiente de organismos geneticamente modificados), tais como culturas transgênicas (soja e outras), em desconformidade com a legislação vigente (art. 27, Lei nº 11.105/2005), é da competência da Justiça Federal[39];

(9) quanto aos crimes de falso documental, necessário diferenciar, de conformidade com um tríplice critério (o tipo penal em que o autor se encontra em curso, o órgão responsável pela expedição do documento falsificado ou o órgão ao qual é apresentado o documento falso), nos seguintes termos:

(9.a) tratando-se de delitos de falsidade material ou ideológica que importe só a falsificação do documento (artigos 296 a 299, CP), a competência será da Justiça Federal se o órgão responsável pela produção do documento verdadeiro for a União ou entes federais englobados, eis que se trata de conduta praticada em detrimento de serviço federal. Seguindo essa orientação, o STF editou a Súmula Vinculante nº 36, verberando que "compete à Justiça Federal comum processar e julgar civil denunciado pelos crimes de falsificação e de uso de documento falso quando se tratar de falsificação da Caderneta de Inscrição e Registro (CIR) ou de Carteira de Habilitação de Arrais-Amador (CHA), ambas expedidas pela Marinha do Brasil";

(9.b) sendo delito que implique o uso de documento falso (artigo 304, CP), deve-se distinguir se o uso foi praticado pela pessoa que fabricou o documento falso – caso em que a competência será fixada de acordo com o órgão que detém a atribuição para a confecção do documento (interessa a natureza do documento), eis que o segundo delito é um ***post***

34. STJ – Terceira Seção – CC 18.840/RJ – Rel. Min. William Patterson – DJ 22/04/1997.
35. STJ – Terceira Seção – CC 28.279/MG – Rel. Min. Félix Fischer – DJ 05/06/2000.
36. STJ – Terceira Seção – CC 139.197-RS – Rel. Min. Joel Ilan Paciornik – j. 25/10/2017.
37. STJ – Terceira Seção – CC 35.335/DF – Rel. Min. José Arnaldo da Fonseca – DJ 02/02/2004.
38. STJ – Terceira Seção – CC 75.229/PB – Rel. Min. Arnaldo Esteves Lima – Dje 05/05/2008.
39. STJ – Terceira Seção – CC 41.279/RS – Rel. Min. Jorge Scartezzini – DJ 01/07/2004.

factum não punível – ou se o uso foi perpetrado por pessoa diversa da que fabricou o documento, quando a competência será determinada de acordo com a natureza do órgão prejudicado pela apresentação do documento contrafeito;

(9.c) cuidando-se de prática de delito de falso como meio para prática de um crime fim – notadamente para a perpetração de crime de estelionato, o crime de falso fica absorvido pelo estelionato, pelo que a competência é fixada em razão da qualidade do sujeito passivo do delito (se for órgão da União o prejudicado pelo estelionato, a competência é da Justiça Federal);

(9.d) embora a Súmula nº 62, do STJ, afirme que "compete à Justiça Estadual processar e julgar o crime de falsa anotação na Carteira de Trabalho e Previdência Social, atribuído à empresa privada", o mesmo STJ, através de sua 3ª Seção, alterou esse entendimento ao julgar conduta omissiva equivalente, declarando competir à Justiça Federal – e não à Justiça Estadual – processar e julgar o crime caracterizado pela omissão de anotação de vínculo empregatício na CTPS (art. 297, § 4º, do CP)[40];

(10) a regra é que a Justiça Federal não julgue contravenções penais, podendo julgá-las quando o agente for detentor de prerrogativa de função junto ao Tribunal Regional Federal;

(11) os crimes de lavagem de capitais somente serão de competência da Justiça Federal se o crime antecedente o for. Isso porque, visto de per si, o modo de cometimento do delito de lavagem não tem, em regra, o condão de ferir interesse da União. No entanto, se da perpetração da infração penal de lavagem, decorre violação a interesse federal de forma direta, notadamente em função do crime antecedente ser de competência da Justiça Federal, haverá atração para processamento e julgamento do crime de lavagem de dinheiro para essa justiça, por força da conexão probatória ou instrumental (art. 76, III, CPP) consistente no vínculo objetivo entre as duas infrações. Aliás, o art. 2º da Lei nº 9.613/1998 (com redação alterada pela Lei nº 12.683/2012) é expresso ao dizer que os crimes de lavagem de dinheiro serão da competência da Justiça Federal quando: **(11.a)** praticados contra o sistema financeiro e a ordem econômico-financeira, ou em detrimento de bens, serviços ou interesses da União, ou de suas entidades autárquicas ou empresas públicas; e **(11.b)** a infração penal antecedente for da competência da Justiça Federal[41].

(12) À Justiça Federal compete o julgamento dos crimes de contrabando e de descaminho, ainda que inexistentes indícios de transnacionalidade na conduta"[42]. O interesse da União (ordem tributária) decorre do suposto não-recolhimento de tributo federal, notadamente referente ao imposto de importação[43].

40. **Compete à Justiça Federal – e não à Justiça Estadual – processar e julgar o crime caracterizado pela omissão de anotação de vínculo empregatício na CTPS (art. 297, § 4º, do CP).** A Terceira Seção do STJ modificou o entendimento a respeito da matéria, posicionando-se no sentido de que, no delito tipificado no art. 297, § 4º, do CP – figura típica equiparada à falsificação de documento público –, o sujeito passivo é o Estado e, eventualmente, de forma secundária, o particular – terceiro prejudicado com a omissão das informações –, circunstância que atrai a competência da Justiça Federal, conforme o disposto no art. 109, IV, da CF (CC 127.706-RS, Terceira Seção, DJe 3/9/2014). Precedente citado: AgRg no CC 131.442-RS, Terceira Seção, DJe 19/12/2014. (CC 135.200-SP, Rel. originário Min. Nefi Cordeiro, Rel. para acórdão Min. Sebastião Reis Júnior, julgado em 22/10/2014, DJe 2/2/2015).

41. Nesse sentido: STJ – Terceira Seção – CC 113.359/RJ – Rel. Min. Marco Aurélio Bellizze – DJe 05/06/2013.

42. STJ – Terceira Seção – CC 160.748-SP, Rel. Min. Sebastião Reis Júnior, por unanimidade, julgado em 26/09/2018, DJe 04/10/2018 – Informativo 635, de 9.11.2018.

43. STJ – Terceira Seção – CC 159.680-MG – Rel. Min. Reynaldo Soares da Fonseca, por unanimidade, julgado em 08/08/2018, DJe 20/08/2018.

(13) Também compete à Justiça Federal o julgamento de crime contra o sistema financeiro, tipificado pelo art. 16 da Lei n. 7.492/1986, consistente na simulação de consórcio por meio de venda premiada, operada sem autorização do Banco Central do Brasil[44].

2.3.2.2.3. Entes contemplados

(1) União: engloba todos os órgãos da Administração direta, tal como ministérios, departamentos, abrangendo seus serviços, interesses e patrimônio.

(2) Autarquias: as autarquias são "pessoas jurídicas de direito público, com capacidade exclusivamente administrativa, criadas por lei específica para exercerem, em caráter especializado e com prerrogativas públicas, atividades típicas referentes à prestação de certos serviços públicos"[45]. Ex.: Banco Central do Brasil; INSS; Agências Reguladoras (ANATEL, ANEL etc.).

(3) Empresas públicas: entidade dotada de personalidade jurídica de direito privado, com patrimônio próprio e capital exclusivo da União, criada por lei para a exploração de atividade econômica que o Governo seja levado a exercer por força de contingência ou de conveniência administrativa, podendo revestir-se de qualquer das formas admitidas em direito (art. 5º, inciso II do Decreto-lei nº 200/1967). Ex.: Caixa Econômica Federal; Correios. Dessa forma, um crime contra a agência brasileira de correios e telégrafos é de competência da Justiça Federal porque esta, ente da administração indireta federal, explora atividade de interesse federal. Caso se trate de exploração de serviço postal por particulares, a competência é da Justiça Estadual. O STJ tem entendido que se o crime é praticado em prejuízo de agência de correios comunitária operada mediante convênio firmado entre a Empresa Brasileira de Correios e Telégrafos (EBCT) e a municipalidade, também é fixada a competência da Justiça Federal, em razão de haver não só interesse da prefeitura do município, mas também interesse público federal da EBCT, relativo ao funcionamento do serviço postal.

(4) Fundações públicas: entidade dotada de personalidade jurídica de direito privado, sem fins lucrativos, criada em virtude de autorização legislativa, para o desenvolvimento de atividades que não exijam execução por órgãos ou entidades de direito público, com autonomia administrativa, patrimônio próprio gerido pelos respectivos órgãos de direção, e funcionamento custeado por recursos da União e de outras fontes (art. 5º, IV, Decreto-Lei nº 20019/67). Em que pese a omissão do texto constitucional, é prevalente o entendimento que os crimes praticados em detrimento de fundação pública federal são apreciados pela justiça federal, ao argumento de que estas seriam espécies do gênero autarquia.

2.3.2.2.4. Entes não englobados

(1) Sociedades de economia mista: entidade dotada de personalidade jurídica de direito privado, criada por lei para a exploração de atividade econômica, sob a forma de sociedade anônima, cujas ações com direito de voto pertençam, em sua maioria, à União ou a entidade da administração indireta (art. 5º, inciso III, do Decreto-Lei nº 200/1967). Ex.: Banco do Brasil; Petrobrás.

44. STJ – Terceira Seção – CC 160.077-PA, Rel. Min. Joel Ilan Paciornik, por unanimidade, julgado em 10/10/2018, DJe 19/10/2018 – Informativo 637, de 7.12.2018.

45. CUNHA JÚNIOR, Dirley. *Curso de direito administrativo*. 5. ed. Salvador: JusPODIVM, 2007. p. 142.

Como a omissão da Constituição foi voluntária, as infrações contra as sociedades de economia mista vão tramitar na justiça comum estadual.

(2) Conselhos de fiscalização profissional: a Lei nº 9.649/1998, em seu art. 58, retirou dos respectivos conselhos o ***status*** de autarquia, ressalvando a OAB. Apesar da dicção desse dispositivo, o STF se manifestou no sentido de que a competência continuaria sendo da esfera federal[46]. Com o julgamento da ação direta de inconstitucionalidade nº 1.717-DF, a discussão acabou, pois os respectivos conselhos voltaram a ter a natureza de autarquia, e por consequência, a competência da esfera federal volta a ser a regra.

Mais recentemente, a matéria voltou a ser discutida, já que o STF, apreciando nova ação direta de inconstitucionalidade, de nº 3026, cuja relatoria competiu ao Ministro Eros Grau, averbou que:

- A OAB não é uma entidade da Administração Indireta da União. A Ordem é um serviço público independente, categoria ímpar no elenco das personalidades jurídicas existentes no direito brasileiro.
- A OAB não está incluída na categoria na qual se inserem essas que se tem referido como "autarquias especiais" para pretender-se afirmar equivocada independência das hoje chamadas "agências".
- Por não consubstanciar uma entidade da Administração Indireta, a OAB não está sujeita a controle da Administração, nem a qualquer das suas partes está vinculada. Essa não vinculação é formal e materialmente necessária.
- A OAB ocupa-se de atividades atinentes aos advogados, que exercem função constitucionalmente privilegiada, na medida em que são indispensáveis à administração da Justiça (art. 133, CF/1988). É entidade cuja finalidade é afeita a atribuições, interesses e seleção de advogados. Não há ordem de relação ou dependência entre a OAB e qualquer órgão público.
- A Ordem dos Advogados do Brasil, cujas características são autonomia e independência, não pode ser tida como congênere dos demais órgãos de fiscalização profissional. A OAB não está voltada exclusivamente a finalidades corporativas. Possui finalidade institucional.

Em que pese o contundente entendimento do STF, acreditamos que a competência criminal da Justiça Federal subsiste, isso porque, como afirma Renato Brasileiro de Lima, "por se ocupar de atividades atinentes aos advogados, que exercem função constitucionalmente privilegiada, na medida em que são indispensáveis à administração da Justiça, afastou o Supremo Tribunal Federal a sujeição da OAB ao regime das autarquias no tocante à vinculação à Administração, ..., sem, todavia, ter a Suprema Corte afastado prerrogativas e privilégios, dentre eles exatamente o da competência perante a Justiça Federal"[47].

(3) Concessionárias de serviço público, sindicatos: não atraem, por falta de previsão constitucional, a competência para a justiça federal, assim como os crimes em detrimento de

46. HC 77909-3/DF – DJ 12/3/1999. p. 33.
47. LIMA, Renato Brasileiro de. *Competência criminal.* Salvador: Juspodivm, 2010. p. 245.

entidade particular de ensino superior. Nessa linha, entendeu o STJ que a competência para processamento e julgamento de crimes cometidos contra casa lotérica é da Justiça Estadual, em face de se tratar de pessoa jurídica de direito privado permissionária de serviço público, pois, na hipótese, não se cogitou de lesão a interesse, bem ou serviço de ente federal[48].

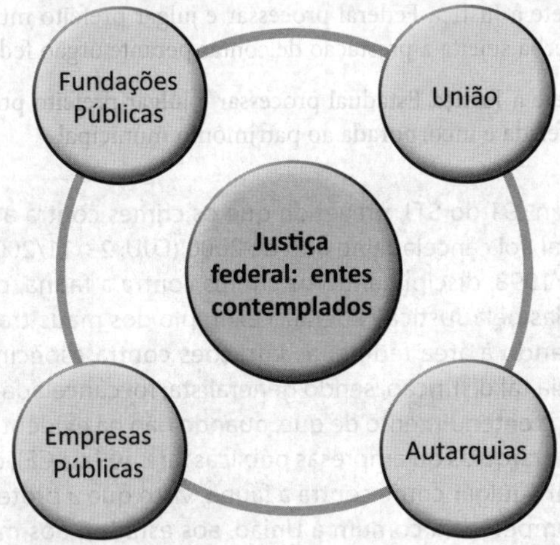

2.3.2.2.5. Súmulas aplicadas do STJ

42. Compete à Justiça Comum Estadual processar e julgar as causas cíveis em que é parte sociedade de economia mista e os crimes praticados em seu detrimento.

62. Compete à Justiça Estadual processar e julgar o crime de falsa anotação na Carteira de Trabalho e Previdência Social, atribuído à empresa privada. (**Observação importante:** decisão recente da 3ª Seção do STJ alterou esse entendimento declarando competir à Justiça Federal o julgamento desse delito[49]).

73. A utilização de papel-moeda grosseiramente falsificado configura, em tese, o crime de estelionato, da competência da Justiça Estadual.

104. Compete à Justiça Estadual o processo e julgamento dos crimes de falsificação e uso de documento falso relativo a estabelecimento particular de ensino.

147. Compete à Justiça Federal processar e julgar os crimes praticados contra funcionário público federal, quando relacionados com o exercício da função.

151. A competência para o processo e julgamento por crime de contrabando ou descaminho define-se pela prevenção do Juízo Federal do lugar da apreensão dos bens.

48. STJ – Terceira Seção – CC 40.771/SP – Rel. Min. Paulo Gallotti – DJ 09/05/2005.

49. **Compete à Justiça Federal – e não à Justiça Estadual – processar e julgar o crime caracterizado pela omissão de anotação de vínculo empregatício na CTPS (art. 297, § 4º, do CP).** A Terceira Seção do STJ modificou o entendimento a respeito da matéria, posicionando-se no sentido de que, no delito tipificado no art. 297, § 4º, do CP – figura típica equiparada à falsificação de documento público –, o sujeito passivo é o Estado e, eventualmente, de forma secundária, o particular – terceiro prejudicado com a omissão das informações –, circunstância que atrai a competência da Justiça Federal, conforme o disposto no art. 109, IV, da CF (CC 127.706-RS, Terceira Seção, DJe 3/9/2014). Precedente citado: AgRg no CC 131.442-RS, Terceira Seção, DJe 19/12/2014. (CC 135.200-**SP**, Rel. originário Min. Nefi Cordeiro, Rel. para acórdão Min. Sebastião Reis Júnior, julgado em 22/10/2014, DJe 2/2/2015).

165. Compete à Justiça Federal processar e julgar crime de falso testemunho cometido no processo trabalhista.

200. O Juízo Federal competente para processar e julgar acusado de crime de uso de passaporte falso é o do lugar onde o delito se consumou.

208. Compete à Justiça Federal processar e julgar prefeito municipal por desvio de verba sujeita a prestação de contas perante órgão federal.

209. Compete à Justiça Estadual processar e julgar prefeito por desvio de verba transferida e incorporada ao patrimônio municipal.

Observação: a Súmula nº 91 do STJ, prevendo que os crimes contra a fauna seriam julgados perante a Justiça Federal, foi cancelada no ano de 2000 (DJU, 23/11/2000, p. 101). Isso se deve ao fato da Lei nº 9.605/1998, disciplinando os crimes contra a fauna, prever infrações penais que não serão apreciadas pela Justiça Federal, a exemplo dos maus-tratos contra animais domésticos (art. 32), restando à área federal as infrações contra espécimes silvestres. Como a referida súmula não fazia tal distinção, sendo generalista, foi cancelada. Após o cancelamento da súmula, o STJ firmou o entendimento de que, quando não há evidente lesão a bens, serviços ou interesse da União, autarquias ou empresas públicas (art. 109 da CF), compete à Justiça estadual, de regra, processar e julgar crime contra a fauna, visto que a proteção ao meio ambiente constitui matéria de competência comum à União, aos estados, aos municípios e ao Distrito Federal (art. 23, VI e VII, da CF).[50]

Extinto Tribunal Federal de Recursos:

31. Compete à Justiça Estadual o processo e julgamento de crime de falsificação ou de uso de certificado de conclusão de curso de 1º e 2º graus, desde que não se refira a estabelecimento federal de ensino ou a falsidade não seja de assinatura de funcionário federal.

98. Compete à Justiça Federal processar e julgar os crimes praticados contra servidor público federal, no exercício de suas funções e com estas relacionados.

254. Compete à Justiça Federal processar e julgar os delitos praticados por funcionário público federal, no exercício de suas funções e com estas relacionados.

2.3.2.3. Os crimes previstos em tratado ou convenção internacional, quando, iniciada a execução no País, o resultado tenha ou devesse ter ocorrido no estrangeiro, ou reciprocamente (inciso V)

Sendo da União a atribuição de manter relação com Estados estrangeiros, o que engloba a celebração de tratados e convenções de ordem internacional (art. 21, I, CF/1988), resta à Justiça Federal a apreciação das infrações assim contempladas.

Contudo, além da existência do tratado ou convenção, é essencial que a infração praticada transcenda as fronteiras de mais de um país, ou seja, a internacionalidade da conduta é requisito objetivo para a fixação da competência federal. Logo, em que pese a existência de tratado ou convenção internacional, se a infração limitar-se às fronteiras brasileiras, a competência será, de regra, da Justiça Estadual. A título de exemplo, o tráfico interno de

50. STJ – CC 114.798 – Info 466.

drogas é de competência estadual, ao passo que o tráfico internacional será julgado pela Justiça Federal. Neste sentido a Súmula nº 522, do STF: "salvo ocorrência de tráfico para o exterior, quando então a competência será da Justiça Federal, compete à Justiça dos Estados o processo e julgamento dos crimes relativos a entorpecentes".

Com efeito, a internacionalidade da conduta, isoladamente, não é suficiente à determinação da competência da Justiça Federal. Tanto isso é verdade que os crimes cometidos pela ***internet*** que não sejam objeto de tratado ou convenção internacional são da competência da Justiça dos Estados, tal como se dá com os delitos de estelionato cometido pela rede mundial de computadores[51]. Por outro lado, tratando-se de crime de pedofilia pela ***internet***, a competência será da Justiça Federal porque, além da transnacionalidade da conduta, o Brasil se obrigou a reprimir tal infração penal subscrevendo convenção internacional de proteção à criança e ao adolescente[52]. Pela mesma razão – de ser a conduta internacional e de existir tratado ou convenção firmado pelo Brasil se obrigando a reprimir a infração penal perante a comunidade internacional –, são crimes de competência da Justiça Federal, o processamento e julgamento dos crimes:

(1) de tráfico internacional de drogas;

(2) de tráfico internacional de arma de fogo;

(3) de tráfico internacional de pessoas para fim de exploração sexual;

(4) de transferência ilegal de criança ou adolescente para o exterior[53];

(5) de "violação de direito autoral e contra a lei de *software* decorrentes do compartilhamento ilícito de sinal de TV por assinatura, via satélite ou cabo, por meio de serviços de *card sharing*"[54];

(6) "praticados no exterior, porém com competência transferida para a jurisdição brasileira, em razão de negativa de extradição, aplicável o art. 109, IV, da CF/88"[55]; e

(7) "que envolvam a aplicação da Lei Maria da Penha, excepcionalmente, julgados pela Justiça Federal quando há repercussão transnacional"[56].

2.3.2.4. As causas relativas a direitos humanos (inciso V-A)

Este inciso foi acrescentado pela EC nº 45/2004, movida pela federalização dos crimes que afrontem direitos humanos. Não se pode perder de vista a necessária conjugação do dispositivo em enfoque com o § 5º, do art. 109, da CF/1988:

51. STJ – Terceira Seção – CC 126.768/MG – Rel. Min. Alderita Ramos de Oliveira (desemb. convocada TJ/PE) – DJe 10/05/2013.
52. STJ – Terceira Seção – CC 111.309/SP – Rel. Min. Gilson Dipp – DJe 12/11/2010.
53. LIMA, Renato Brasileiro. *Curso de processo penal:* volume único. Niterói: Impetus, 2013. p. 414-424.
54. Definem a competência da Justiça Federal, nessa hipótese, a transnacionalidade do delito e o compromisso do Brasil de o reprimir, consoante Convenção de Berna ratificada e introduzida no ordenamento jurídico brasileiro por meio do Decreto nº 75.699/1975 (STJ – Terceira Seção – CC 150.629-SP – Rel. Min. Nefi Cordeiro – por unanimidade – julgado em 22/02/2018 – DJe 28/02/2018 – Informativo nº 620, de 23 de março de 2018).
55. A fixação da competência da Justiça Federal, no ponto, deve se arrimar na repercussão que decorre: (i) das relações da União com estados estrangeiros, (ii) do cumprimento dos tratados internacionais firmados e (iii) da cooperação jurídica internacional passiva (arts. 105 e 109, X, da CF/88), que impõe que a Justiça Federal execute cartas rogatórias, após chanceladas pelo STJ (STJ – Terceira Seção – CC 154.656-MG – Rel. Min. Ribeiro Dantas, por unanimidade, julgado em 25/04/2018, DJe 03/05/2018).
56. O STJ assim definiu a competência da Justiça Federal para apreciar o pedido de medida protetiva de urgência decorrente de crime de ameaça contra a mulher cometido, por meio de rede social de grande alcance, quando iniciado no estrangeiro e o seu resultado ocorrer no Brasil (STJ – Terceira Seção – CC 150.712-SP, Rel. Min. Joel Ilan Paciornik, por unanimidade, julgado em 10/10/2018, DJe 19/10/2018 – Informativo 636, de 23.11.2018).

> § 5. Nas hipóteses de grave violação de direitos humanos, o Procurador-Geral da República, com a finalidade de assegurar o cumprimento de obrigações decorrentes de tratados internacionais de direitos humanos dos quais o Brasil seja parte, poderá suscitar, perante o Superior Tribunal de Justiça, em qualquer fase do inquérito ou do processo, incidente de deslocamento de competência para a Justiça Federal.

Temos a previsão de um incidente processual para que se preserve a competência da Justiça Federal. Resta-nos saber em que circunstâncias ele teria cabimento. A nosso sentir, sendo a competência federal de ordem material, e por consequência absoluta, os juízes e delegados de polícia estadual deveriam, de ofício, declinar de sua competência e atribuição respectivamente, remetendo os autos para a esfera federal, sempre que estiverem diante de infração que afete direitos humanos contemplada em tratado internacional que o Brasil seja signatário. Caso não o façam, abre-se então, ao PGR, como forma de preservar a competência da Justiça Federal, o incidente protetivo perante o STJ. Portanto, esta ferramenta seria apenas mais um instituto para se assegurar a manutenção do juiz natural, já que o próprio magistrado deveria declarar-se ***ex officio*** incompetente, assim como as partes poderiam apresentar exceção de incompetência a qualquer tempo, afinal, é critério de competência absoluta.

Se iniciado o processo na esfera estadual e julgado procedente o incidente, todos os atos praticados no juízo absolutamente incompetente devem ser declarados nulos, com o necessário refazimento perante o juízo competente, leia-se, Justiça Federal, em razão do inciso I, do art. 564, c/c o art. 573, do CPP.

Já se o inquérito for iniciado na esfera estadual, é mera irregularidade, tendo as diligências até então realizadas total aproveitamento pela Polícia Federal.

O incidente em estudo foi invocado no caso da missionária americana Dorothy Stang, assassinada no Estado do Pará, quando então o Procurador Geral da República manifestou-se pelo deslocamento da competência da Justiça Estadual para a Federal. O incidente não teve êxito, por entender o STJ que além da violação de direitos humanos e da existência de tratado ou convenção internacional, seria necessário que a polícia ou justiça estaduais não cumprissem o seu mister, ou seja, haveria o condicionamento à existência de algum obstáculo na esfera estadual, que dificultasse ou impedisse o êxito das investigações ou do processo[57].

No mesmo sentido do STJ, o magistério de Fredie Didier Jr., ilustrando que "o objetivo não-declarado é o de retirar da competência da justiça estadual causas que, em razão da sua magnitude, pudessem vir a sofrer com as influências políticas locais. É medida que se assemelha ao desaforamento, no procedimento para apuração de crime doloso contra a vida, perante o tribunal do júri"[58]. E continua, fazendo uma última advertência: "acolhido o pedido de deslocamento da competência, os atos até então praticados são válidos, pois a autoridade era competente. O julgamento do STJ é fato superveniente que altera a competência absoluta ***ex nunc***"[59].

57. STJ – IDC-1/PA – Rel. Min. Arnaldo Esteves Lima – j. 8/6/2005.
58. DIDIER JÚNIOR, Fredie. *Curso de direito processual civil*: teoria geral do processo e processo de conhecimento. 6. ed. Salvador: JusPODIVM, 2006. v.I.p. 154.
59. DIDIER JÚNIOR, Fredie. *Curso de direito processual civil*: teoria geral do processo e processo de conhecimento. 6. ed. Salvador: JusPODIVM, 2006. v.I.p. 155.

Em que pese a autoridade da posição, corroborada pela jurisprudência do STJ, ousamos discordar. A competência da Justiça Federal, a nosso sentir, não pode estar condicionada à eficiência na órbita estadual, afinal, o próprio texto constitucional não fez e nem poderia fazer tal ressalva, que depõe contra a própria autonomia da Justiça Estadual. Nem se diga que tal expediente é similar ao desaforamento no âmbito do procedimento do Júri, pois lá, diferente daqui, deslocamos apenas a sessão de julgamento para a comarca mais próxima, em expediente que afeta a competência meramente territorial, que, diga-se de passagem, é meramente relativa, em prol de um bem maior que é a regularidade do julgamento em plenário (arts. 427 e 428, CPP).

Já na fase do inquérito policial, quando o nosso legislador deseja que a polícia federal interfira, mesmo em crimes nitidamente de competência estadual, ele o faz de forma expressa, certificando os parâmetros para esta atuação, como ocorre na Lei nº 10.446/2002, autorizando a atuação da polícia federal nas infrações penais de repercussão interestadual ou internacional que exigem repressão uniforme, sem prejuízo, contudo, da atividade paralela das polícias estaduais. A referida lei, no art. 1º, indica quais as infrações que comportariam tal atuação e, no parágrafo único, autoriza ao Ministro da Justiça, por força própria, determinar a intervenção da polícia federal em casos similares. Temos com isso a atuação da polícia federal, que auxilia as polícias estaduais, mantendo intocada a competência para julgamento de tais infrações.

Logo, apesar da posição do STJ, ***data venia***, somos contrários ao condicionamento da atuação federal à eficiência da atividade estadual.

2.3.2.5. Crimes contra a organização do trabalho (inciso VI, primeira parte)

Tais crimes estão previstos nos arts. 197 a 207, do CP, sendo que, só serão julgados na Justiça Federal se houver ofensa à coletividade de trabalhadores. Ofensas que afetem interesses individuais resolvem-se na Justiça Estadual. Nesse sentido, a Súmula nº 115, do TFR, averbando competir à Justiça Federal processar e julgar os crimes contra a organização do trabalho, quando tenham por objeto a organização geral do trabalho ou direitos dos trabalhadores considerados coletivamente.

A posição prevalente (do STF[60] e STJ[61]) continua sendo a de exigir, em regra, para a atração da competência da Justiça Federal, que haja ofensa pelo menos a um dado grupo de trabalhadores, excluindo-se do leque daquela Justiça o delito praticado contra o trabalhador, considerado individualmente. No que toca ao crime de redução à condição análoga a de escravo, o STJ pacificou seu entendimento[62], seguindo o STF, que fixou sua posição no sentido de que o crime de redução à condição análoga à de escravo é de competência da Justiça Federal, mesmo que perpetrado contra o "homem trabalhador". Entendeu a Suprema Corte que quaisquer condutas que violem não só o sistema de órgãos e instituições que preservam, coletivamente, os direitos e deveres dos trabalhadores, mas também o "homem trabalhador", atingindo-o nas esferas em que a Constituição lhe confere proteção máxima, enquadram-se na categoria dos crimes contra a organização do trabalho, se praticadas no contexto de relações de trabalho[63].

---

60. STF – Primeira Turma – RE 599943 AgR – Rel. Min. Cármen Lúcia – Dje 01/02/2011.
61. STJ – Terceira Seção – CC 123.714/MS – Rel. Min. Marilza Maynard (desem. convocada do TJ/SE – DJe 05/11/2012.
62. STJ – Primeira Seção – CC 127.846/MS – Rel. Min. Sérgio Kukina – DJe 02/10/2013.
63. STF – Segunda Turma – RE 541627 – Rel. Min. Ellen Gracie – DJe 21/11/2008.

2.3.2.6. Crimes contra o sistema financeiro e a ordem econômico-financeira (inciso VI, parte final)

Iniciaremos pelo tratamento dos crimes contra o sistema financeiro nacional (SFN), que é composto pelas instituições financeiras públicas e particulares, e as pessoas a elas equiparadas (parágrafo único do art. 1º, Lei nº 7.492/1986). Rodolfo Tigre Maia assevera que "são criminalizadas aquelas ações ou omissões humanas, praticadas ou não por agentes institucionalmente ligados ao sistema, dirigidas a lesionar ou colocar em perigo o SFN, enquanto estrutura jurídico-econômica global valiosa para o Estado brasileiro, bem como as instituições que dele participam, e o patrimônio dos indivíduos que nele investem suas poupanças privadas"[64].

Ocorre que, não basta que a conduta afete o SFN. Para que a competência seja da esfera federal, é fundamental que a lei ordinária, disciplinando a infração, preveja expressamente a competência federal, como manda o inciso VI, do art. 109, da CF/1988. Precisamos de contemplação expressa no texto do diploma normativo. É o que ocorre na Lei nº 7.492/1986 (Lei do Colarinho Branco), que, em seu art. 26, informa que nos crimes nela previstos, a ação será promovida pelo Ministério Público Federal, perante a Justiça Federal.

No que tange à ordem econômico-financeira, da mesma forma, necessita-se de previsão expressa na legislação ordinária para que haja a apreciação perante a Justiça Federal. As Leis nºs 8.137/1990 e 8.176/1991 tratam da matéria, contudo, por ausência de previsão nos respectivos textos, os crimes nelas previstos serão apreciados, em regra, na Justiça Estadual. Subsiste o julgamento na seara federal quando estas infrações afetarem bens, serviços ou interesses de ente federal, por aplicação do inciso IV, do art. 109, da CF/1988[65].

2.3.2.7. O habeas corpus e o mandado de segurança em matéria criminal (incisos VII e VIII)

Tanto o ***habeas corpus*** como o mandado de segurança, tendo o ***status*** de ações autônomas de impugnação, encontram respaldo constitucional nos seguintes incisos do art. 5º, da Constituição do Brasil, ***verbis***:

> LXVIII – conceder-se-á *habeas corpus* sempre que alguém sofrer ou se achar ameaçado de sofrer violência ou coação em sua liberdade de locomoção, por ilegalidade ou abuso de poder.
>
> LXIX – conceder-se-á mandado de segurança para proteger direito líquido e certo, não amparado por *habeas corpus* ou *habeas data*, quando o responsável pela ilegalidade ou abuso de poder for **autoridade pública** ou agente de pessoa jurídica no **exercício de atribuições do Poder Público** (grifo nosso).

Teremos oportunidade mais adiante de tratar das hipóteses de cabimento tanto do mandado de segurança quanto do ***habeas corpus***. Neste momento, tratando da competência para apreciação destas ações, especificamente na seara federal, é por demais importante dar enfoque ao papel da **autoridade coatora**, ou seja, a autora da ilegalidade ou do abuso de poder a ensejar a impetração do HC ou do mandado de segurança. Se esta estiver sob o manto da jurisdição federal, leia-se, não se encontrando vinculada diretamente a outra jurisdição, a competência para apreciação da respectiva ação de impugnação será da esfera federal.

64. MAIA, Rodolfo Tigre. *Dos crimes contra o Sistema Financeiro Nacional*. São Paulo: Malheiros, 1996. p. 15.
65. STJ – CC 15206/RJ – Rel. Min. Fernando Gonçalves – DJ 23/6/1997. p. 29942.

2.3.2.8. Os crimes cometidos a bordo de navios ou aeronaves, ressalvada a competência da Justiça Militar (inciso IX)

À exceção das embarcações e aeronaves militares, os crimes havidos dentro de navios e aeronaves civis, sejam consumados ou tentados, dolosos ou culposos, serão apreciados na Justiça Federal.

O conceito de navio pode ser encontrado a partir do art. 11, da Lei nº 2.180/1954. A conjugação da aptidão à realização de viagens internacionais e o grande porte é que nos podem dar segurança na identificação das embarcações consideradas propriamente navio. Estão de fora as canoas, lanchas, botes, etc. As infrações ocorridas em embarcações de pequeno calado serão apreciadas na esfera estadual.

Já o conceito de aeronave nos é dado pelo art. 106, da Lei nº 7.565/1986 (Código Brasileiro de Aeronáutica), ditando que se considera aeronave todo aparelho manobrável em voo, que possa sustentar-se e circular no espaço aéreo, mediante reações aerodinâmicas, apto a transportar pessoas ou coisas.

Como a CF/1988 usou a expressão genérica **aeronave**, sem fazer distinção, o porte e a autonomia são irrelevantes para a definição da competência federal.

2.3.2.9. Os crimes de ingresso ou permanência irregular de estrangeiro (inciso X)

Asseverando o art. 22 da CF/1988, em seus incisos XIII e XV, respectivamente, que cabe à União legislar sobre nacionalidade, cidadania e naturalização, e também sobre a emigração e imigração, entrada, extradição e expulsão de estrangeiro, natural que as infrações afetas ao alienígena para legitimar o seu ingresso ou permanência irregular no país, sejam apreciadas pela Justiça Federal.

É oportuno lembrar que a conduta de ingressar ou permanecer ilegalmente no país, em si mesma, não é tipificada como crime, tendo natureza de infração de cunho administrativo, a merecer reprimenda desta natureza. O que será apreciado na Justiça Criminal Federal são as infrações penais perpetradas para a consecução da permanência ou do ingresso irregular no Brasil.

Como observa Vladimir Souza Carvalho, "não cabe à Justiça Federal apreciar o ingresso ou a permanência irregular como fatos, porque a tarefa é da Administração. O que a Constituição Federal reserva aos juízes federais é o julgamento de todo e qualquer crime, previsto na legislação comum e especial, cometido pelo alienígena com o intuito de regularizar o seu ingresso e permanência no Brasil"[66]. Note-se, ademais, que não basta que o delito tenha sido cometido por pessoa estrangeira. Necessário que haja fato atribuído a agente estrangeiro e que tal fato seja tipificado como crime que guarde relação com o ingresso e permanência irregular da pessoa estrangeira no país.

2.3.2.10. A disputa sobre direitos indígenas (inciso XI)

As demandas criminais que versem sobre direitos indígenas só serão apreciadas pela Justiça Federal em havendo afetação da **coletividade indígena**. Portanto, lesões pontuais,

66. CARVALHO, Vladimir Souza. *Competência da Justiça Federal*. 6. ed. Curitiba: Juruá, 2005. p. 455.

individualizadas, que não tenham por escopo o interesse do grupo, serão apreciadas na Justiça Estadual. Neste sentido, a Súmula nº 140, do STJ: "compete à Justiça Comum Estadual processar e julgar crime em que o indígena figure como autor ou vítima".

Se o crime contra o índio envolver disputa de direitos indígenas e, nesse contexto, qualificar-se como delito contra a vida, a competência será do Tribunal do Júri Federal. Quando há tal interesse coletivo, surge para a FUNAI (Fundação Nacional do Índio) o interesse em prestar assistência aos índios envolvidos, eis que é órgão tutor dos silvícolas não integrados (Lei nº 6.001/1973, art. 2º). Caso o crime cometido seja de genocídio contra índios (tipificação disposta na Lei nº 2.889/1956), é relevante distinguir:

(1) se o crime de genocídio contra grupo indígena se deu em concurso formal próprio, isto é, uma única ação e múltiplo resultado "morte", a competência será da Justiça Federal (por afetar a coletividade indígena), porém não haverá que se falar de competência do Tribunal do Júri, porquanto não é o genocídio delito doloso contra a vida, porém a proteção de grupos étnicos especificados na lei. De tal modo, será tal infração penal julgada pelo juiz federal (singular, de primeiro grau de jurisdição). Aliás, o genocídio, conquanto previsto em tratado internacional, não é crime que atraia, por si só, a competência da Justiça Federal, sendo necessário que haja outro elemento, seja aquele tendente a ferir a coletividade indígena, seja o da transnacionalidade do delito, seja ainda a possibilidade de incidente de deslocamento de competência quando presentes os demais requisitos para o seu acolhimento[67];

(2) se o crime de genocídio contra grupo de indígenas decorrer de concurso formal impróprio, vale dizer, o crime de genocídio (crime unitário) foi cometido mediante a prática de vários crimes de homicídio cometidos sucessivamente (concurso material), há, naturalmente, a atração da competência da Justiça Federal (por existir na hipótese violação a direitos indígenas, atingindo a coletividade dos índios) e, no âmbito dessa justiça, será o delito julgado pelo Tribunal do Júri[68].

2.3.2.11. Competência territorial da Justiça Federal

A competência territorial da Justiça Federal é ditada, como regra, pelas normas gerais afetas à esfera estadual, prevalecendo o local da consumação da infração como determinante para identificação do foro competente (art. 70, CPP). Vale destacar apenas, com arrimo na CF, que nas comarcas que não forem sede de vara federal, e havendo previsão legal, poderá ocorrer o processamento e julgamento de crime federal perante a própria justiça estadual (§ 3º, art. 109, CF/1988). Eventuais recursos serão endereçados ao competente Tribunal Regional Federal. Era o que ocorria com o tráfico internacional de drogas. Contudo, com o advento da Lei nº 11.343/2006 (Lei Antidrogas), o parágrafo único, do art. 70, deu tratamento diverso à matéria, versando que os crimes praticados nos Municípios que não sejam sede de vara federal serão processados e julgados na vara federal da circunscrição respectiva.

67. LIMA, Renato Brasileiro. *Curso de processo penal*: volume único. Niterói: Impetus, 2013. p. 445.

68. Nesse sentido: STJ – Quinta Turma – EDcl no REsp 222.653/RR – Rel. Ming. Jorge Scartezinni – DJ 13/08/2001; STF – Tribunal Pleno – RE 351487 – Rel. Min. Cezar Peluso, Tribunal Pleno – DJ 10/11/2006.

<table>
<tr><td rowspan="8">COMPETÊNCIA RATIONE MATERIAE DA JUSTIÇA FEDERAL</td><td>Crimes políticos;</td></tr>
<tr><td>Infrações contra bens, serviços ou interesses da União, suas entidades autárquicas e empresas públicas;</td></tr>
<tr><td>Causas relativas a direitos humanos;</td></tr>
<tr><td>Crimes contra a organização do trabalho;</td></tr>
<tr><td>Crimes contra o sistema financeiro nacional e a ordem econômico-financeira;</td></tr>
<tr><td>Habeas corpus e mandado de segurança em matéria criminal;</td></tr>
<tr><td>Crimes de ingresso ou permanência irregular de estrangeiro;</td></tr>
<tr><td>Disputa sobre direitos indígenas.</td></tr>
</table>

2.3.3. *Competência da justiça especializada militar*

A Justiça especializada Militar deve julgar os crimes militares. O art. 9º, do Código Penal Militar, define os crimes militares em tempo de paz, ao passo que o art. 10, do mesmo Código, trata dos crimes militares em tempo de guerra.

A Justiça Castrense não aprecia qualquer outra infração que não aquelas ditas militares, sendo que nenhum instituto da Lei nº 9.099/1995 (Juizados Especiais) é aplicável à Justiça Militar, havendo vedação expressa nesse sentido (art. 90-A).

2.3.3.1. Conceito de crime militar como regra geral definidora da competência da justiça castrense

Para definição da competência da Justiça Militar é indispensável a fixação do conceito de crime militar: **(a)** para parte da doutrina, o conceito de crime militar seria ***ratione legis*** (em razão da definição legal, segundo o Código Penal Militar), eis que a Constituição Federal assevera que compete à Justiça Militar julgar os crimes militares definidos em lei; **(b)** para outra corrente, a competência seria ***ratione materiae*** (para a Justiça Militar da União, pouco importando a qualidade dos sujeitos do crime ativo e/ou passivo) ou ***ratione materiae*** e ***ratione personae*** (para a Justiça Militar do Estados, haja vista que compete a essa Justiça julgar policiais militares e bombeiros militares nos crimes militares definidos em lei). Entendemos que ambos os pontos de vista se completam, com o fito de explicar como se determina a competência da Justiça Castrense.

Importante distinguir, ademais, as formas como classificam o crime militar[69]:

(1) crime propriamente militar (crime militar próprio, puramente militar, meramente militar ou exclusivamente militar): é o que exige a qualidade de militar do sujeito ativo do delito para a configuração do crime militar, ou seja, a especial qualificação do agente do crime como militar faz parte de seu contorno típico, bem como a natureza da conduta (há de ser funcional, referente à vida militar), a exemplo do crime de desrespeito a superior, diante de outro militar, previsto no art. 160, do Código Penal Militar;

69. LIMA, Renato Brasileiro. *Curso de processo penal*: volume único. Niterói: Impetus, 2013. p. 329-333. O autor refere Jorge Alberto Romeiro. Seguimos também nomenclatura utilizada na jurisprudência pátria.

(2) crime impropriamente militar: é o delito definido na lei penal militar, mas que pode ser praticado por militar ou por cidadão comum (civil), podendo ser de três tipos: **(a)** os previsto só no Código Penal Militar, sem qualquer similitude na lei penal comum (art. 164, do CPM – oposição a ordens de sentinela); **(b)** os também previstos na lei penal militar, porém com alguma distinção (art. 299, CPM, desacato à militar); **(c)** os dispostos de maneira idêntica na lei penal comum e na lei penal militar (art. 205, CPM – homicídio simples).

(3) crime tipicamente militar: é o delito que é só definido na lei penal militar, mas que pode ser praticado por militar ou por civil. Note-se que crime tipicamente militar é espécie de crime impropriamente militar (item acima, letra "a"), não encontrando igual definição, nem sequer análoga, na lei penal comum.

(4) crime próprio militar: é o crime que não pode ser praticado por todo e qualquer militar, exigindo uma qualidade especial do sujeito ativo militar do delito. Trata-se de uma especificidade do crime propriamente militar que com este não se confunde, pois detém maior idiossincrasia, particularidade, que é o fato de exigir do agente militar uma qualidade ainda mais especial, tal qual a de chefe ou comandante, ou seja, uma determinada posição de superioridade que lhe impõe um distinto dever de conduta, impondo-lhe um ônus maior, um ***plus*** relativamente ao crime propriamente militar (ex.: art. 169, CPM – operação militar sem ordem superior, pois exige que o sujeito ativo se encontre na posição de comandante).

(5) crime militar de tipificação direta: pode ser praticado por militar ou por civil, sendo crime não definido na lei penal comum ou definido nesta de modo diverso, mas que para aferir sua configuração, basta recorrer a sua definição típica consignada na parte especial do Código Penal Militar, sendo desnecessário complemento dos critérios do art. 9º, II e III, do Código Penal Militar. Embora próximo ao conceito de crime tipicamente militar, deste se distingue porque este não admite definição sequer semelhante na lei penal comum, sendo mais especifico que o conceito de crime militar de tipificação direta, que admite definição análoga à da lei penal comum.

(6) crime militar de tipificação indireta: é o delito previsto na lei penal militar que encontra igual definição na lei penal comum e, por tal motivo, carece de integração pelos critérios do art. 9º, II e III, do Código Penal Militar, para que seja completada sua tipificação.

2.3.3.2. Exclusão da competência da justiça militar estadual para julgar crimes dolosos contra a vida de civil (§ 4º, do art. 125, CF/1988)

Advirta-se que os crimes **dolosos contra a vida** praticados por militar contra civil, tentados ou consumados, foram retirados da alçada militar, passando para a Justiça Comum, dentro da competência do júri, em razão da redação do art. 9º, parágrafo único, do CPM e do art. 125, § 4º, da CF. Se o crime é culposo, subsiste a competência da Justiça Militar. Da mesma forma, se o delito doloso contra a vida se deu entre militares. Entendemos que aquela alteração normativa era aplicável não só aos policiais e bombeiros militares, mas também aos integrantes das forças armadas. Isso pelo menos até o advento da Lei 13.491/2017, comentada no tópico seguinte (item 2.3.3.3). É verdade que o § 4º do art. 125 da CF trata apenas dos militares estaduais, todavia, não há dissociação no âmbito do Código Penal Militar, onde a matéria é também disciplinada.

O Superior Tribunal Militar, por sua vez, já declarou incidentalmente a inconstitucionalidade do parágrafo único do art. 9º do CPM, assumindo o entendimento de que os militares federais, mesmo quando praticam crime doloso contra a vida de civil, deveriam ser julgados na alçada militar. Todavia, não foi este o entendimento trilhado pelo STF e pelo STJ, de forma a uniformizar a matéria, até o advento da Lei nº 13.491/2017. Ao que parece, até então, estaduais ou federais, os militares deveriam ir a júri quando invistissem dolosamente contra a vida de um civil[70].

Devemos ressaltar que os casos de ***aberratio ictus*** (erro na execução do delito) não afetam a competência para o julgamento. É dizer: se um militar, desejando matar outro militar, erra o alvo e acerta um civil, onde será julgado?[71] Para efeitos penais, na fixação da pena, levam-se em conta as características de quem se desejava atingir. No aspecto processual, de fixação da competência, o importante é definir a pessoa realmente atingida. Portanto, se por erro na pontaria o civil foi atingido, o militar vai a júri, consoante entendimento do STJ[72]. Importante para a fixação da competência em tal hipótese, saber quem foi a vítima real, não sendo relevante a vítima virtual.

De acordo com o parágrafo único, do art. 9º, do Código Penal Militar, a competência para processar e julgar o homicídio doloso contra a vida de civil será da Justiça Militar quando for cometido em ação militar realizada contra aeronave que se encontre em contexto descrito no artigo 303, do Código Brasileiro de Aeronáutica (Lei nº 7.565/1986).

O abuso de autoridade, tratado pela Lei nº 4.898/1965, é crime comum, e se praticado por militar, não será julgado na justiça especializada. Neste sentido, a Súmula nº 172, do STJ: "compete à Justiça Comum processar e julgar militar por crime de abuso de autoridade, ainda que praticado em serviço". Já o crime de tortura, em entendimento consolidado pelo STJ, é crime comum, não sendo apreciado na Justiça Militar[73].

No mesmo raciocínio, a Súmula nº 75, do STJ: "compete à Justiça Comum Estadual processar e julgar o policial militar por crime de promover ou facilitar a fuga de preso de estabelecimento penal", ao passo que a Súmula nº 6 indica que "compete à Justiça Comum Estadual processar e julgar delito decorrente de acidente de trânsito envolvendo viatura de polícia Militar, salvo se autor e vítima forem policiais militares em situação de atividade".

Como se depreende, a jurisprudência tem adotado critério restritivo para a fixação da competência da Justiça Castrense (do latim ***castrensis***, isto é, referente ao serviço militar, ao acampamento militar, à vida e à classe militar) tanto quando o agente é civil (para afastar a competência da Justiça Militar da União toda vez que não se verificar o dolo específico de desmoralizar as instituições militares), quanto quando a vítima é civil, para afastar a competência da Justiça Militar dos Estados (para equiparar o serviço que não seja estritamente militar ao serviço público em geral, determinando a competência da Justiça Comum dos Estados).

70. LIMA, Renato Brasileiro de. *Competência criminal.* Salvador: Juspodivm, 2010. p. 208-209.
71. LIMA, Renato Brasileiro de. *Competência criminal.* Salvador: Juspodivm, 2010. p. 213.
72. STJ – CC 27.368/SP – 3º Seção – Rel. Min. José Arnaldo da Fonseca – DJ 27/11/2000. p. 123.
73. STJ – 5º T. – ROHC 11.532 – Rel. Edson Vidigal – j. 21.08.2001 – DJU 24.09.2001, p. 321.

2.3.3.3. Alteração legislativa promovida no Código Penal Militar pela Lei nº 13.491/2017 e interpretação restritiva

A Lei nº 13.491/2017 expressa que a Justiça Militar da União deve julgar crime doloso contra a vida de civil perpetrado por militar das forças armadas em serviço. Trata-se de alteração de dispositivos do art. 9º, do Código Penal Militar.

Na senda do § 4º, do art. 125, da Constituição Federal de 1988 (redação da Emenda Constitucional n° 45/2004), o legislador deixou evidenciado que somente deve haver Júri para julgar militares estaduais (policiais militares e bombeiros militares), acusados de crimes dolosos contra a vida.

A modificação legislativa recaiu sobre disposições em torno do conceito de crime militar, de importância central em matéria de competência criminal da Justiça Castrense. O novo enunciado conferido ao inciso II, do art. 9°, do Código Penal Militar, aviva que crime militar pode ter sede normativa em diploma legal diverso daquele Código. Pela redação do parágrafo único, atribuída pela Lei n° 12.432/2011, já havia remissão a crime militar em cotejo com legislação especial, aludindo à competência da Justiça Militar da União para julgar crimes envolvendo ações de abates a aeronaves, nos termos do Código Brasileiro de Aeronáutica.

Veja-se que a atual redação do § 1º, do inciso II, do art. 9°, do Código Penal Militar, não altera o que já pacificado quanto à competência do Júri (Estadual) para julgar os militares estaduais quando, por exemplo, forem acusados do cometimento de homicídio doloso contra a vida de civil, haja vista que estampa que os crimes de que trata o aludido artigo, "quando dolosos contra a vida e cometidos por militares contra civil, serão da competência do Tribunal do Júri".

A autêntica inovação legislativa ficou por conta do § 2º, do inciso II, dado ao mesmo enunciado legal penal militar.

Até então, tinha-se que:

(1) o crime doloso contra a vida de civil, cometido por militar das forças armadas em serviço, deveria ser julgado, como regra, por Júri constituído perante a Justiça Federal (por força do parágrafo único, do inciso III, do art. 9°, do CPM, c/c o art. 4°, do Decreto-Lei n° 253/1967 – não com base no art. 125, § 4º, da CF/1988, restrito que é ao júri destinado aos militares estaduais); e

(2) o crime doloso contra a vida de civil, cometido por militar das forças armadas em atividade militar que implicasse abate de aeronaves, deveria – como ainda deve – ser julgado pela Justiça Militar da União (parágrafo único, do inciso III, do art. 9°, CPM, c/c o art. 303, § 2°, do Código Brasileiro de Aeronáutica).

A Lei nº 13.491/2017 amplia a competência da Justiça Militar da União, devolvendo o que havia sido subtraído a partir das reformas sobre os enunciados do art. 9°, do Código Penal Militar, operadas pela Lei nº 9.299/1996 e seguintes[74].Essa extensão de competência

74. Assim passou a dispor o § 2º, do inciso II, do art. 9°, do Código Penal Militar, que foi objeto de maior repercussão promovida pela Lei nº 13.491/2017: " § 2º Os crimes de que trata este artigo, quando dolosos contra a vida e cometidos por militares das Forças Armadas contra civil, serão da competência da Justiça Militar da União, se praticados

da Justiça Militar da União, com redução da competência do Júri Popular Federal, todavia, ocorre no momento em que as Forças Armadas passaram a exercer, ao menos eventualmente, a função atípica de "segurança pública interna".

Sob o ponto de vista lógico, suprimir a competência do Júri Federal para julgamento dos crimes dolosos contra a vida de civil, imputados a membros das forças armadas, quando tais se derem no contexto de serviço similar ao da polícia ostensiva (polícia militar), conflita com o sentido do § 4º, do art. 125, da Constituição Federal (redação da Emenda Constitucional nº 45/2004).

Note-se que, nessa situação, a razão idêntica do § 4º, do art. 125, da Lei Maior de 1988, indica permitir a aplicação dessa disposição para estabelecer a competência do Júri no âmbito Federal. Afinal, "*ubi eadem ratio ibi eadem legis dispositio*". Vale dizer, "onde existe a mesma razão, aí se aplica o mesmo dispositivo legal". Em poucas palavras, se o membro das Forças Armadas estiver no exercício de função própria da polícia militar, classificável como segurança pública, a teor do art. 144, da Constituição do Brasil, deverá ser submetido a Júri Popular, a ser formado na esfera da Justiça Federal, com esteio nas disposições aqui citadas.

Apesar de antevermos a possibilidade de polêmica intensa em torno da modificação legislativa em estudo, entendemos que ela não deve ser compreendida como forma de ampliar a competência da Justiça Militar dos Estados. Isso porque norma que permita que crime comum seja julgado pela Justiça Militar parece ferir balizas lógicas de uma visão de sistema especializado de justiça.

A nosso ver, é contradição semântica: (1) dizer que crime previsto em lei comum é crime militar (incorreto do ponto de vista lógico-semântico); (2) autorizar aplicação da legislação penal comum sem atentar para os alicerces específicos que a Constituição prevê para instituições com o designativo "militar".

O resultado daí resultante seria, no nosso sistema, equivocado.

Uma via que podemos sugerir para minimizar o apontado retrocesso legislativo seria interpretação conforme a Constituição para imprimir ao novo texto sentido correto (semântica) e compatível com a estrutura do Estado Democrático de direito (sintaxe). Fechando a necessidade de correção sob a ótica da lógica e apontando que a Lei nº 13.491/2017 não deve ser interpetada declarativa ou extensivamente, sem que com isso resvale em inconstitucionalidade, reputamos que a função do direito processual penal militar propugna por competência reduzida, cujo critério nuclear, tradicionalmente, consiste no conceito de crime militar bem demarcado (pragmática), atrelado à noção de bens, interesses e serviços militares.

Pragmaticamente, tutela-se a liberdade do imputado militar que, somente no caso de crime militar (descrito em lei penal militar, ainda que extravagante), poderia ser processado pela justiça especializada castrense.

no contexto: I – do cumprimento de atribuições que lhes forem estabelecidas pelo Presidente da República ou pelo Ministro de Estado da Defesa; II – de ação que envolva a segurança de instituição militar ou de missão militar, mesmo que não beligerante; ou III – de atividade de natureza militar, de operação de paz, de garantia da lei e da ordem ou de atribuição subsidiária, realizadas em conformidade com o disposto no art. 142 da Constituição Federal e na forma dos seguintes diplomas legais: a) Lei nº 7.565, de 19 de dezembro de 1986 – Código Brasileiro de Aeronáutica; b) Lei Complementar nº 97, de 9 de junho de 1999; c) Decreto-Lei nº 1.002, de 21 de outubro de 1969 – Código de Processo Penal Militar; e d) Lei nº 4.737, de 15 de julho de 1965 – Código Eleitoral."

A uma exegese, portanto, deve ser estrita relativamente à alteração do inciso II, do art. 9º, do Código Penal Militar – CPM, quando refere que será considerado "crime militar", nas situações ali indicadas, os previstos "no Código Penal Militar e na legislação penal".

Só deve ser crime militar o delito previsto em diploma legal diverso do CPM, se houver previsão legal expressa e específica quanto ao crime da legislação extravagante (como a hipótese de delitos que envolvam abate de aeronave). Nesse sentido, não devemos entender extensivamente o conceito de crime militar para nele se acomodar toda e qualquer infração comum.

Do contrário, a Justiça Militar Estadual passaria a julgar crimes (e talvez contravenções?) cometidos por militares estaduais em serviço, inclusive contra civil. Por exemplo: crime de abuso de autoridade, crime de tortura, dentre outros que, traducionalmente, são infrações penais comuns e, desse modo, julgadas pela Justiça Comum (Estadual, como regra). Também os respectivos órgãos de investigação das milícias passariam a apurar tais fatos supostamente ocorridos em serviço militar, o que seria de todo violador das repartições de atribuições e competências que migram da Constituição às leis.

2.3.3.4. Modificação da competência entre os órgãos da Justiça Militar da União – Lei 13.774/2018

A recentíssima Lei nº 13.774, de 19 de dezembro de 2018, alterou vários dispositivos da Lei Orgânica da Justiça Militar da União (Lei nº 8.457/1992). As mudanças começam pelo novo nome dado ao juiz togado, concursado, de primeiro grau de jurisdição, tradicionalmente conhecido como juiz auditor.

Com efeito, de acordo com a redação dada pela lei alteradora – que repercutiu em uma série de artigos daquela legislação – doravante não teremos juízes auditores e juízes auditores substitutos como órgãos da Justiça Militar da União, mas juízes federais da Justiça Militar e juízes federais substitutos da Justiça Militar (art. 1º, IV, da Lei nº 8.457/1992). Embora a expressão "juiz auditor" ainda seja encontrada em outros diplomas normativos – como no Código de Processo Penal -, devemos interpretar substituindo-as pelo novo designativo correlato inserido pela Lei nº 13.774/2018.

Vale dizer, onde se lê juiz auditor, leia-se juiz federal da Justiça Militar.

Trata-se de modificação que torna a disciplina legal da Justiça Militar da União similar àquela instituída pela Emenda Constitucional nº 45/2004, ao aludir a cargo análogo no âmbito estadual, o de juiz de direito do juízo militar. Decerto, o § 5º, do art. 125, da Constituição passou a dispor que "compete aos juízes de direito do juízo militar processar e julgar, singularmente, os crimes militares cometidos contra civis e as ações judiciais contra atos disciplinares militares, cabendo ao Conselho de Justiça, sob a presidência de juiz de direito, processar e julgar os demais crimes militares".

Com a edição da Lei nº 13.774/2018, o que já havia sido modificado no âmbito da Justiça Militar dos estados, agora é estendido, ao menos parcialmente, à Justiça Militar da União.

Não apenas o nome do magistrado, que não integra a carreira militar, sendo um civil, concursado, que segue carreira da magistratura: de juiz auditor se torna juiz federal da Justiça Militar. Foram também modificadas regras importantes de competência e de presidência dos órgãos colegiados julgadores de primeiro grau de jurisdição da Justiça Militar da União.

De acordo com os enunciados agora em vigor, a competência da Justiça Militar da União, tal como a da Justiça Militar estadual, passa a se bifurcar. Vale dizer: (1) de um lado, há a competência do juiz federal da Justiça Militar ou do juiz federal substituto da Justiça Militar; e (2) de outro, há a competência dos conselhos permanente e especial da Justiça Militar da União, compostos que são por um daqueles magistrados togados (civis, concursados e não integrantes de carreira militar) e por mais quatro oficiais, que são militares das forças armadas.

De tal modo, a teor da redação em vigor do art. 30, da Lei nº 8.457/1992 ao juiz singular denominado juiz federal da Justiça Militar da União compete processar e julgar, monocraticamente:

(i) os civis incursos em crime militar, tal como definido nos incisos I e III, do art. 9º, do CPM;

(ii) os militares quando estes forem acusados juntamente com aqueles no mesmo processo; e

(iii) os *habeas corpus*, *habeas data* e mandados de segurança contra ato de autoridade militar praticado em razão da ocorrência de crime militar, exceto o praticado por oficial-general, diante da reserva de competência do STM.

De outra vertente, a competência dos Conselhos Permanente e Especial foi restringida. É residual a competência desses órgãos da Justiça Militar da União, relativamente à competência específica do juiz federal militar.

Caberá, portanto: (a) ao Conselho Permanente de Justiça, processar e julgar apenas militares (não os civis ou militares acusados juntamente com civis) que não sejam oficiais, nos delitos definidos na legislação penal militar; (b) ao Conselho Especial de Justiça, identicamente processar e julgar militar nos crimes militares, quando se tratar de acusado oficial.

A presidência dos Conselhos Permanente e Especial da Justiça Militar da União não será mais do oficial (militar) de maior posto, que ainda prevalecia no âmbito federal militar, mas do juiz federal – titular ou substituto – da Justiça Militar da União, tal como preconiza o art. 30, inciso I-A, da Lei nº 8.457/1992, modificado pela Lei nº 13.774/2018.

2.3.3.5. Composição da Justiça Militar

A Justiça Militar, por sua vez, tem sua composição assim definida:

(1) Justiça Militar dos Estados: é constituída pelos juízes de direito e pelos Conselhos de Justiça, e em segundo grau, pelo próprio Tribunal de Justiça, ou por Tribunal de Justiça Militar nos Estado em que o efetivo seja superior a vinte mil integrantes (§ 3º, art. 125, CF), tendo competência para apreciar os crimes militares praticados por policiais militares e bombeiros militares. Logo, não julga civil. Neste sentido, a Súmula nº 53, do STJ: "Compete à Justiça Comum Estadual processar e julgar civil acusado de prática de crime contra instituições militares estaduais".

- ***Competência territorial da Justiça Militar Estadual:*** é definida pelo local onde o policial estadual desempenha as suas funções, independente do Estado da federação onde o crime veio a consumar-se. Assim, um PM do Estado da Bahia que pratica crime militar em Sergipe, será julgado pela Justiça Militar Estadual baiana – súmula nº 78 do STJ: "compete à Justiça Militar processar e julgar policial de corporação estadual, ainda que o delito tenha sido praticado em outra unidade federativa".

(2) Justiça Militar da União: (a) no primeiro grau de jurisdição é composta pelos juízes federais (titulares e substitutos) da Justiça Militar da União (órgãos monocráticos, singulares) e pelos Conselhos de Justiça (especial e permanente – órgãos colegiados que atuarão nas sedes das Auditorias Militares); (2) no segundo grau de jurisdição, pelo seu órgão de instância superior, o Superior Tribunal Militar (STM).

A Justiça Castrense Federal tem competência para julgar os membros das Forças Armadas, e além deles, os civis que incorram em crime militar.

JUSTIÇA MILITAR DOS ESTADOS	JUSTIÇA MILITAR FEDERAL
‣ Juízes de direito e Conselhos de justiça (primeiro grau); ‣ Tribunal e Justiça ou Tribunal de Justiça Militar (segundo grau); ‣ Não julga civil.	‣ Conselhos de Justiça (órgão colegiado); ‣ Instância superior: STM; ‣ Julga militares das forças armadas e civis que pratiquem crime militar.

2.3.4. *Competência da justiça especializada eleitoral*

A Justiça Eleitoral está disciplinada nos arts. 118 a 121, da Constituição Federal[75]. A disciplina quanto à competência dos tribunais, juízes de direito e juntas eleitorais foi conferida à lei complementar. Em face da omissão do Congresso Nacional, em verdadeira lacuna normativa, concluímos que o Código Eleitoral foi recepcionado pela CF/1988 (Lei nº 4.737/65).

A Justiça Eleitoral tem competência para apreciar as infrações eleitorais, leia-se, aquelas disciplinadas na legislação eleitoral, e além delas, as infrações comuns que lhes sejam conexas. É também competente para apreciar o *habeas corpus* e o mandado de segurança, desde que exista pertinência temática. O Código Eleitoral, entretanto, não disciplina exclusivamente a matéria, havendo integração por força da Lei nº 9.504/1997 e da Lei Complementar nº 64/1990.

São crimes eleitorais somente os definidos na lei eleitoral, ou seja, os crimes eleitorais ***ratione legis***. São crimes que ferem bens jurídicos alusivos ao prélio eleitoral e que estão dispostos, em regra, no Código Eleitoral ou em lei que o defina como eleitoral. A Justiça Eleitoral tem competência para julgar os delitos eleitorais, mas também infrações penais comuns que lhe sejam conexas. Enquanto a Justiça Militar nunca julga crime comum, independentemente de conexão com eventual crime militar, a Justiça Eleitoral, diferentemente, pode julgar crimes comuns por força da conexão com um crime definido pela lei eleitoral. É irrelevante, para a configuração da competência dessa Justiça Especializada, o fato de haver motivação política ou de ter sido o crime praticado em época de campanha eleitoral.

75. COSTA, Adriano Soares da. *Instituições de direito eleitoral:* teoria da inelegibilidade; direito processual eleitoral. Belo Horizonte: Fórum, 2016. p.286-288.

Se a infração eleitoral ou aquela comum que lhe seja conexa estiver dentro do patamar de menor potencial ofensivo, admite-se a aplicação dos institutos despenalizadores da Lei nº 9.099/1995, como a composição civil (art. 74) e a transação penal (art. 76), dentro do respectivo procedimento eleitoral. É também cabível a suspensão condicional do processo, que tem aplicação aos delitos com pena mínima de até um ano (art. 89).

2.4. Competência *ratione loci*

Identificada a Justiça competente, se comum ou especializada, passaremos a estudar o juízo territorialmente competente. De início, no que se refere ao território ou foro, a norma geral é a do art. 70, do CPP: "a competência será, de regra, determinada pelo lugar em que se consumar a infração, ou, no caso de tentativa, pelo lugar em que for praticado o último ato de execução". Esta disposição deve ser complementada pelo inciso I, do art. 14, do CP, que considera consumado o delito quando se reúnem todos os elementos de sua definição legal. Assim, identificamos três teorias a respeito do local do crime:

(a) Teoria do resultado: o juízo territorialmente competente é o do local onde se operou a consumação do delito. É a teoria prevalente, sendo complementada pelas outras duas (art. 70, *caput*, CPP).

A teoria do resultado ganha relevância nos delitos plurilocais, que são aqueles onde os atos executórios ocorrem em local distinto do resultado, sempre dentro do território nacional. É aplicável tal teoria aos seguintes casos:

(1) Imaginemos uma carta injuriosa que é escrita em Teresina e enviada a João Pessoa, onde a vítima reside. Nesta hipótese, a competência territorial será de João Pessoa, local onde a infração veio a consumar-se.

(2) Adequando as regras processuais penais à moderna criminalidade, o STJ firmou o entendimento de que, configurado o crime de furto mediante fraude através de saques indevidos em conta corrente por meio da ***internet***, o juízo competente será aquele em que se situa a conta fraudada, por aplicação do art. 70, do CPP[76].

(3) Tratando-se de crimes materiais, ou seja, delitos que preveem e exigem a produção de resultado naturalístico, a regra é que o juízo competente seja o da produção do resultado, porquanto geralmente é o local com maior probabilidade de se apurar mais facilmente o crime.

(4) Se o delito for qualificado pelo resultado, a competência é estabelecida no juízo do local da produção do resultado qualificador.

(5) Quando se cuidar de crime formal, relevante é saber o momento consumativo do crime, que firmará o foro competente, não sendo capaz que fixar a competência nem o juízo da ação ou da omissão, nem muito menos onde tiver ocorrido o mero exaurimento da infração penal.

(6) Caso o crime seja permanente, enquanto perdurar a permanência tem-se foro competente, razão pela qual, havendo pluralidade de juízos igualmente competentes, será utilizado o critério subsidiário: a prevenção, que atua como **norma de encerramento**. No caso de contrabando e descaminho, é a prevenção que resolve a competência territorial,

76. STJ – Terceira Seção – CC 121096/PR – Min. Alderita Ramos de Oliveira (Des. Convocada) – DJe 18/09/2012.

pelo que a Súmula 151, do STJ, reza que a competência para o processo e julgamento desses delitos é definida pela prevenção do Juízo Federal onde foram apreendidos os bens.

(7) Também a prevenção resolve hipótese de continuação delitiva, eis que esse instituto é ficção jurídica relativamente a vários delitos que, por seu turno, podem ser cometidos em foros distintos[77].

(8) Por outro lado, entendemos que em se tratando de depoimento de testemunha tomado por videoconferência, a competência é do juízo criminal do local do juízo processante, já que o depoimento é diretamente tomado pelo juízo onde corre o processo principal, ou seja, pelo juízo da causa.

(9) O crime de uso de documento falso é julgado pelo juízo do local onde o documento foi apresentado (onde se consumou o delito de uso). Se a falsificação se deu pelo próprio sujeito que usou o documento, o uso é mero exaurimento do primeiro crime, pelo que a competência é definida pelo lugar onde se consumou a feitura do documento falso.

(b) ***Teoria da atividade:*** a competência seria fixada pelo local da ação ou omissão. É adotada nas hipóteses de crime tentado e também nos Juizados Especiais Criminais (art. 63, Lei nº 9.099/1995).

No crime de homicídio, o STJ tem construído sólida jurisprudência no sentido de que a competência é fixada pelo **local da ação**, e não do resultado. Isso pela facilidade da colheita probatória no lugar em que os atos executórios se desenvolveram, além da resposta à comunidade que reside onde ocorreu a ofensa ao bem jurídico tutelado[78]. Ressalta-se que, pelas mesmas razões, o STJ já aplicou este raciocínio ao latrocínio, espécie de crime contra o patrimônio qualificado pelo resultado morte[79].

Como se depreende, a regra do art. 70, do CPP, que se aplica aos **crimes plurilocais** para determinar o julgamento do delito no local onde se produziu o resultado, é afastada em relação à espécie, porque a realidade dita que a investigação do delito, bem como a instrução do processo penal terá mais êxito se correr no local onde aconteceram os fatos (local da ação ou da omissão). Trata-se de aplicação do **princípio do esboço do resultado** que, nas palavras de Fernando de Almeida Pedroso, consiste em se verificar que a conduta delituosa se exauriu em determinado local onde deveria ter sido também o do momento consumativo do crime, pelo que se adota interpretação teleológica consistente em considerar que o fato delituoso já havia prenunciado ou esboçado o seu resultado no local da ação ou da omissão e que sua consumação só ocorreu em outro lugar por acidente ou casualidade[80].

Já na Lei de Imprensa, a competência territorial era fixada pelo local de impressão do jornal ou periódico, e pelo local onde estivesse situado o estúdio do permissionário ou concessionário do serviço de radiofusão, bem como o da administração principal da agência noticiosa (art. 42, Lei nº 5.250/1967). Todavia, com a não recepção da norma pela CF (ADPF nº 130-7), passamos a seguir a regra geral, qual seja, local da consumação do delito (art. 70, *caput*, CPP), que em última análise, já era o que previa o não recepcionado art. 42 da Lei nº 5.250/1967, que continuará servindo como parâmetro para direcionar a matéria. Atente-se

77. LIMA, Renato Brasileiro. *Curso de processo penal*: volume único. Niterói: Impetus, 2013. p. 494-497.
78. STJ – Sexta Turma – HC 196.458 – Rel. Min. Sebastião Reis Júnior – DJe 08/02/2012. O entendimento é consolidado na Corte: Quinta Turma – RHC 793 – Min. Edson Vidigal – DJ 05/11/1990.
79. STJ – Quinta Turma – RHC 22.295 – Rel. Min. Jane Silva (Desembargadora Convocada do TJ/MG), DJ 17/12/2007.
80. PEDROSO, Fernando de Almeida. Competência penal: princípio do esboço do resultado e crimes qualificados pelo evento. *Justitia*, São Paulo, v. 54, nº 158, p. 17-19, abr./jun. 1992. Disponível em: <http://www.justitia.com.br/revistas/5c48a8.pdf>. Acesso em: 13 nov. 2013.

para o fato de que, na esteira do entendimento do STJ, as ofensas proferidas através da ***internet*** são de competência do juízo do lugar de onde partiu a publicação virtual[81] e não do local onde ganharam publicidade. Com efeito, em relação a crimes contra a honra praticados através da rede mundial de computadores (***internet***), como não é possível definir o local da produção do resultado, já que se dá em múltiplos locais, a competência será do juízo do local da conduta delituosa, ou seja, onde o comportamento criminoso foi concluído.

Sendo crime de pedofilia cometido pela ***internet***, mediante divulgação de imagens pornográficas de crianças e de adolescentes, como não é possível precisar o lugar do resultado, a competência será o do lugar da ação ou da omissão (momento consumativo do crime), sendo irrelevante o local da sede do provedor respectivo[82].

Já quanto às hipóteses de crimes de mera conduta, cujo tipo penal não faz menção a resultado naturalístico, como se dá com o delito de violação de domicílio, o juízo competente para seu processamento e julgamento é o lugar da ação ou omissão, aplicando-se a teoria em tela (da atividade). Desse modo, a competência para processamento e julgamento do falso testemunho, tomado por carta precatória, é do juízo deprecado, pois lá ocorreu a consumação do delito.

(c) ***Teoria da ubiquidade (mista ou eclética):*** a competência territorial no Brasil seria estabelecida tanto pelo local da ação quanto pelo do resultado, desde que um ou outro aqui ocorram. É aplicada nos **crimes à distância ou de espaço máximo**, que são aqueles em que os atos executórios se iniciam no Brasil e o resultado ocorre em outro país, ou a ação delituosa se inicia no estrangeiro, e o resultado, mesmo que parcialmente, ocorre ou deveria ocorrer no Brasil (parágrafos 1º e 2º, art. 70, CPP). Não bastam atos preparatórios para definir a competência da Justiça brasileira, sendo necessário que, ao menos em parte, o ***iter criminis*** se dê no Brasil. Ex.: se um criminoso na Argentina envia uma carta bomba para um endereço em Belo Horizonte, e consegue com o seu intento matar o desafeto, como os atos executórios se iniciaram em outro país e o resultado se deu no Brasil, trata-se de crime à distância. A competência territorial, portanto, é determinada pelo local no Brasil onde o resultado ocorreu. Se o exemplo fosse inverso, e a carta partisse do Brasil em direção a Argentina, a competência seria determinada pelo local, no Brasil, onde ocorreu o último ato executório.

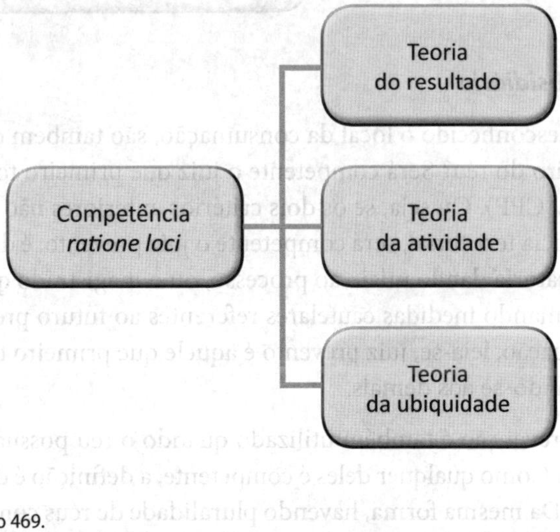

81. STJ – CC 97.201 – Info 469.

82. STJ – Terceira Seção – CC 29.886/SP – Rel. Maria Thereza de Assis Moura – DJ 01/02/2008.

2.4.1. *Domicílio ou residência do réu*

Pergunta-se: e se não for conhecido o local da consumação do crime? A competência é então determinada pelo domicílio ou residência do réu (art. 72, *caput*, CPP). **Domicílio** é o lugar onde a pessoa estabelece sua residência com ânimo definitivo, e, subsidiariamente, o lugar onde exerce suas ocupações habituais, o ponto central de seus negócios ou local onde for encontrada. **Residência** é a morada sem ânimo definitivo.

Nas ações exclusivamente privadas, o querelante pode, mesmo sabido o local da consumação, optar por propor a ação no domicílio ou residência do réu. É uma mera opção, que pode ou não ser exercida, ao talante da conveniência (art. 73, CPP). Esta faculdade, contudo, não tem cabimento nas ações penais privadas subsidiárias da pública, sendo aplicada apenas nas ações privadas exclusivas e personalíssimas. Trata-se do denominado *foro domicilii*, foro supletivo ou, impropriamente, "foro subsidiário".

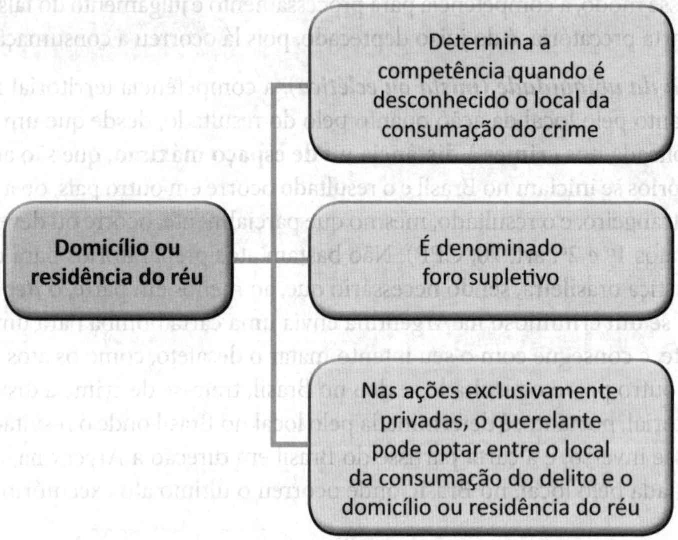

2.4.2. *Critério subsidiário*

E se, além de desconhecido o local da consumação, são também desconhecidos a residência e o paradeiro do réu? Será competente o juiz que primeiro tomar conhecimento do fato (§ 2º, art. 72, CPP). Ou seja, se os dois critérios anteriores não solucionarem a definição da competência territorial, será competente o juiz prevento, é dizer, o que primeiro recebe a inicial acusatória dando início ao processo, ou o magistrado que ainda na fase do inquérito, já está tomando medidas cautelares referentes ao futuro processo. Prevenção é sinônimo de antecipação, leia-se, juiz prevento é aquele que primeiro toma contato com o fato e atua, antecipando-se aos demais.

O critério de prevenção é também utilizado quando o réu possua mais de uma residência ou domicílio. Como qualquer deles é competente, a definição é dada pela prevenção (§ 1º, art. 72, CPP). Da mesma forma, havendo pluralidade de réus com domicílio diverso, a prevenção será a solução.

Quando incerto o limite territorial entre duas ou mais comarcas, ou quando a infração foi consumada ou tentada na divisa entre elas, diante da situação de incerteza em se precisar exatamente o local exato da consumação, a competência é fixada pela prevenção.

Nos crimes continuados e permanentes, ocorridos em duas ou mais comarcas, a competência também será definida pela prevenção.

No entanto, importante avivar que o critério da prevenção para fixação da competência do juiz em matéria criminal é de difícil compatibilização com um dos pilares centrais do sistema acusatório, que é o da necessidade de um juiz imparcial. Prestigiado setor doutrinário aponta que, em matéria criminal, o juiz prevento, que deliberou sobre questões cautelares ou investigativas, antes de deflagrado o processo penal, ao invés de se tornar o competente para julgá-lo deveria estar impedido.

Com efeito, na linha da crítica do processo penal, podemos indagar: o juiz que decretou medidas como interceptações telefônicas, buscas e apreensões e prisões preventivas, ou que autorizou, por exemplo, infiltração de agentes, reconhecerá um equívoco no curso ou ao sentenciar um acusado, caso perceba que todas aquelas medidas tenham resvalado em abuso de poder? Ou, inversamente, o juiz procurará argumentar que acertou ao tomar aquelas providências antes do início do processo que, agora, estar a julgar?

Afrânio Silva Jardim, nesse sentido, pondera ser necessário evitar que, em um Estado Democrático de Direito, o juiz exerça a função de combater crimes ou aja em prol de políticas de repressão. Para tanto, aviva que a criação de um juiz de garantias ou algo semelhante seria relevante para evitar sua vinculação como um protagonista de combate a delitos. Esse juiz, "que fosse atuar em medidas cautelares ou probatória na fase inquisitorial, deveria estar impedido de atuar no processo que venha a ser instaurado, de modo a preservar a sua imparcialidade. Aquele que está na liça tem grandes possibilidades de se vincular à investigação de que participa, ainda que não perceba"[83].

2.4.3. Crimes praticados a bordo de navios ou aeronaves

Já vimos, no aspecto ***ratione materiae***, que a competência em tais infrações, como regra, é da Justiça Federal. Já no aspecto territorial, faremos a seguinte distinção:

(a) Viagens nacionais: se o navio ou a aeronave iniciar a viagem e a encerrar em território brasileiro, o juízo competente é o do local onde primeiro a aeronave pousar ou o navio atracar após a ocorrência da infração, mesmo que fora da rota original. Assim, se um avião sai de Aracaju-SE em direção a Belo Horizonte-MG, e durante o voo um passageiro espanca o outro, forçando um pouso não previsto em Vitória-ES, o juízo competente será a Justiça Federal do local onde o pouso ocorreu imediatamente após a infração, é dizer, Vitória do Espírito Santo.

(b) Viagens internacionais: se o navio ou a aeronave vem do estrangeiro para o Brasil, ou parte do Brasil em direção ao exterior, a competência será firmada, pressupondo que a infração aconteceu em território brasileiro, no local da chegada, no primeiro caso, ou no da saída, no último.

83. JARDIM, Afrânio Silva; AMORIM, Pierre Souto Maior Coutinho de. *Direito processual penal:* estudos, pareceres e crônicas. 15. ed. Salvador: Juspodivm, 2018. p. 761.

A título de exemplo: um navio particular de bandeira brasileira saiu de Portugal em direção ao Brasil. No meio do caminho, ainda no oceano Atlântico, ou seja, transitando em águas internacionais, um passageiro mata o outro. Ora, as infrações ocorridas em navios particulares de bandeira brasileira que estão em águas internacionais, sem nenhuma dúvida, ocorreram em território brasileiro. Logo, o juízo territorialmente competente será o do local onde o navio atracar primeiro no Brasil. Se a situação fosse inversa e a viagem tivesse se originado no Brasil, com destino a Portugal, a competência seria fixada pelo juízo federal do local da partida, desde que, vale ressaltar, o crime ocorra em território brasileiro (art. 5º, CP).

Considera-se território nacional:

(1) **o solo compreendido nas fronteiras brasileiras;**

(2) **rios, lagos, mares interiores, golfos, baías e portos;**

(3) **mar territorial:** faixa de doze milhas marítimas de largura, medidas a partir da linha de baixa-mar do litoral continental e insular brasileiro, tal como indicada nas cartas náuticas de grande escala, reconhecidas oficialmente no Brasil (art. 1º, Lei nº 8.617/1993);

(4) **espaço aéreo:** é a camada atmosférica que cobre o nosso território, sendo parte integrante dele. De acordo com o art. 11, da Lei nº 7.565/1986, o Brasil exerce completa e exclusiva soberania acima de seu território e mar territorial. Já quanto ao espaço cósmico, este é de livre exploração e utilização por todos os Estados, não se submetendo a apropriação nacional por proclamação de soberania, por uso, ocupação, nem por qualquer outro meio, conforme Tratado sobre a Exploração e Uso do Espaço Cósmico, aprovado pela Assembleia das Nações Unidas, e no Brasil pelo Decreto Legislativo nº 41/1968 e pelo Decreto nº 64.362/1969.

(5) **Território nacional por extensão ou equiparação:** compreende as aeronaves e os navios públicos ou a serviço do governo brasileiro, onde quer que se encontrem, bem como as aeronaves e as embarcações brasileiras, mercantes ou de propriedade privada, que se achem, respectivamente, no território brasileiro, ou navegando ou sobrevoando o alto mar (§ 1º, art. 5º, CP).

Quanto às embarcações e aeronaves privadas estrangeiras, quando adentrem em território brasileiro, as infrações nelas ocorridas passam a ser disciplinadas pela lei brasileira (art. 5º, § 2º do CP). Contudo, se uma embarcação estrangeira está apenas passando por águas territoriais brasileiras, caso venha a ocorrer um crime em seu interior, sem reflexos externos, ou seja, não atingindo a paz, a segurança e a boa ordem brasileira, mesmo reconhecendo que a infração ocorreu no território nacional, o Brasil não irá julgá-la, em atenção ao **direito de passagem inocente**, resguardado no art. 3º da Lei nº 8.617/1993. Tourinho Filho, citando a Convenção de Tóquio, da qual o Brasil é signatário (Decreto nº 66.520/1970), afirma que o direito de passagem inocente também se aplica às aeronaves privadas estrangeiras que estejam apenas em trânsito pelo nosso espaço aéreo, e não havendo interesse brasileiro, não iremos nos imiscuir no julgamento[84].

Por outro lado, se ao invés de pousar em território nacional, a aeronave proveniente do exterior cai em mar territorial brasileiro, tornando impossível saber o limite territorial que define

84. TOURINHO FILHO, Fernando da Costa. *Código de processo penal comentado*. 5. ed. São Paulo: Saraiva, 1999. p. 244.

a competência territorial do juízo, a competência será determinada pelo critério da prevenção, eis que faltam condições, na hipótese, para saber o ponto de partida da aeronave no Brasil[85].

2.4.4. *Crimes praticados no exterior*

Até aqui analisamos as regras para a definição da competência territorial dos crimes ocorridos no território brasileiro. Contudo, não se pode desconsiderar que o Código Penal brasileiro goza de extraterritorialidade, sendo aplicado a infrações consumadas no estrangeiro (art. 7º, CP). Portanto, precisamos identificar qual o órgão no Brasil territorialmente competente. Nestas hipóteses, o juízo competente será o da Capital do Estado onde por último tiver residido o acusado, e caso ele nunca tenha residido no Brasil, será julgado na Capital da República (art. 88, CPP).

A título de exemplo, se um indivíduo mata um brasileiro em Paris, e foge para o Brasil, será julgado na capital do Estado onde por último tenha residido em nosso país. E se nunca tiver residido no Brasil? Será julgado em Brasília.

2.4.5. *Súmulas aplicáveis*

> **Súmula 521 do STF:** O foro competente para o processo e julgamento dos crimes de estelionato, sob a modalidade de emissão dolosa de cheque sem provisão de fundos, é o do local onde se deu a recusa do pagamento pelo sacado.
>
> **Súmula 244 do STJ:** Compete ao foro do local da recusa processar e julgar o crime de estelionato mediante cheque sem provisão de fundos.
>
> **Súmula 151 do STJ:** A competência para o processo e julgamento por crime de contrabando ou descaminho define-se pela prevenção do Juízo Federal do lugar da apreensão dos bens.

2.5. Competência pela natureza da infração

Especificada a "justiça competente", leia-se, comum ou especial, e definido o foro competente, passamos a analisar qual o "juízo competente". Em comarcas onde há apenas um juiz, este tem competência plena, cabendo a ele dirimir todas as demandas. Já em comarcas onde diversos magistrados possuem competência plena, a solução será dada pela distribuição. Contudo, em localidades onde existe pluralidade de julgadores, pode haver a divisão do trabalho, em face da especialização pela natureza da infração. Para tanto, o art. 74, do CPP confere à lei de organização judiciária o estabelecimento da divisão de trabalho, ressalvada a competência privativa para os crimes dolosos contra a vida, pois estas infrações, por sua natureza, serão apreciadas pelo Tribunal do Júri (art. 5º, XXXVIII, CF/1988).

2.6. Colegiado de primeiro grau de jurisdição

2.6.1. *Considerações gerais*

A Lei nº 12.694/2012 inseriu no direito positivo a faculdade de ser instituído órgão colegiado no âmbito do juízo criminal de primeiro grau. Tal pode ocorrer quando da

85. LIMA, Renato Brasileiro. *Curso de processo penal*: volume único. Niterói: Impetus, 2013. p. 500.

existência de alguns pressupostos referentes à situação de segurança do magistrado competente para a condução do processo criminal em curso ou futuro. Ademais, depende de decisão fundamentada do juiz singular natural da causa, indicando os motivos autorizadores da providência. O colegiado de primeiro grau se classifica dentre as hipóteses de competência funcional por objeto do juízo (sua natureza jurídica é afeta às funções especificadas na decisão de instauração do colegiado que, por sua vez, será formado de três juízes).

Assim que promulgada, surgiram polêmicas sobre a constitucionalidade do referido diploma legislativo, apelidada de "Lei do juiz sem rosto". Malgrado assim seja referida por parte da doutrina, a Lei nº 12.694/2012 não se confunde com "Lei do juiz sem rosto" (que determina o sigilo total quanto à identidade e imagem dos juízes, sem permitir divulgação dos seus nomes). A similitude que seria possível apontar é quanto ao objetivo de ambos os institutos de conferir segurança aos magistrados que conduzem processos cujos acusados podem, de forma concreta, expor a segurança dos juízes a risco. Dentre as polêmicas suscitadas pela nova lei, alega-se que haveria violação a princípios constitucionais com a possibilidade discricionária de criação, a critério do juiz natural da causa, do colegiado formado ao todo por três juízes para casos específicos.

As regras da nova lei devem ser confrontadas com um precedente do Supremo Tribunal Federal, sobre o julgamento de ação direta de inconstitucionalidade (ADI nº 4.414) ajuizada pela OAB contra a Lei nº 6.806/2007, do Estado de Alagoas, noticiada no Informativo 667, de 21 a 25 de maio de 2012.

Isso porque se alega que a Lei nº 12.694/2012, a um só tempo, viola dois princípios constitucionais:

(1) o princípio do juiz natural: eis que a Constituição assegura que ninguém será processado ou julgado senão pela autoridade competente, razão pela qual o acusado teria direito de saber, previamente, qual órgão irá conduzir seu processo, bem como quem é o juiz competente previamente, sem surpresas;

(2) o princípio da fundamentação das decisões judiciais: a previsão legal de vedação de menção a voto divergente na fundamentação da sentença seria inconstitucional porque cercearia o direito de recorrer do acusado. Não sabendo os motivos da divergência minoritária, o réu ficaria impedido de melhor fundamentar seus recursos. Em acréscimo, alega-se que a previsão contraria a tendência de transparência que se vê na atividade pública, da qual faz parte o processo criminal.

Embora sejam argumentos sustentáveis, entendemos que a Lei nº 12.694/2012 não chega a ser inconstitucional. Seus dispositivos não ofendem, no plano da expressão, a Constituição. No plano da interpretação, excessos podem resvalar em inconstitucionalidade, porém, lastreado em critério de necessidade – e bem atento aos objetivos do novo diploma – não vemos incompatibilidade com o texto constitucional.

Parece ser essa a tendência do Supremo Tribunal Federal.

Isso em virtude de já ter examinado a alegação de inconstitucionalidade integral da Lei nº 6.806/2007, do Estado de Alagoas, que instituiu vara especializada em processamento e julgamento de delitos envolvendo criminalidade organizada. A Suprema Corte declarou a inconstitucionalidade de alguns artigos e ordenou a interpretação conforme de outros. No entanto, manteve a lei estadual vergastada na essência.

No ponto, interessa que o STF:

(1) deixou vincado que não há ofensa ao princípio do juiz natural em razão de instituição de órgão colegiado no âmbito do primeiro grau de jurisdição;

(2) não considerou inconstitucional o critério adotado pela Lei nº 6.806/2007, do Estado de Alagoas, em seu art. 4º, para a prolação das decisões, qual seja, a de que os juízes, "após deliberação prévia da maioria, decidirão em conjunto todos os atos judiciais de competência da Vara", esclarecendo que "os atos processuais urgentes, quer anteriores ou concomitantes à instrução prévia, quer os da instrução processual, poderão ser assinados por qualquer um dos juízes, e, os demais, por pelo menos três deles".

Note-se que, na essência, a Lei nº 12.694/2012 guarda semelhança com a estadual já examinada pelo STF. No julgamento da ADI 4414 se vê que a Corte buscou suprimir toda interpretação que ofenda critérios objetivos, impessoais ou apriorísticos e assentou que não se verificou afronta aos princípios do juiz natural, da vedação à criação de tribunais de exceção e da legalidade[86]. Prestigiou-se, como se depreende, a técnica da interpretação conforme a Constituição.

2.6.2. Objetivos da instituição de colegiado no âmbito do juízo de primeiro grau

A formação de um órgão colegiado, a partir de decisão motivada do juiz natural da causa criminal, tem o fito de despersonalizar a figura do juiz singular. Em outras palavras, verificando o juiz situação que seja apta a colocar sua segurança em risco, quando se apure crime praticado por organizações criminosas, terá a faculdade de proferir decisão, justificando a necessidade de composição de órgão coletivo, formado por ele e mais dois juízes, sorteados eletronicamente.

O objetivo geral da previsão legal é diluir a responsabilidade do juízo de primeiro grau, essencialmente singular (um único juiz), em três membros (dois magistrados de primeiro grau oficiando conjuntamente com o juiz natural do processo ou o que tenha a competência definida, por prevenção, mesmo antes da deflagração da ação penal). Tudo visando que a personificação da jurisdição em um único magistrado não seja motivo de causar-lhe riscos, notadamente diante de fatos concretos que indiquem perigo a sua integridade física.

Providência similar já era adotada no âmbito do Ministério Público. Por ato do Procurador-Geral de Justiça, eram designados outros membros para atuarem em conjunto em casos específicos, subscrevendo atos de atribuição ministerial, a exemplo de denúncias contra pessoas acusadas de delitos de maior gravidade ou em face da qualidade do agente, com o mesmo objetivo de tornar impessoal a atuação do Estado (promotor da ação penal).

Como se depreende, trata-se de lei que procura viabilizar meios de proporcionar segurança a magistrados que, eventualmente, se sintam ameaçados na sua atividade judicante. Os registros de homicídios e de ameaças concretas a juízes conduziram à aprovação da Lei nº 12.694/2012, com o apoio das entidades associativas de magistrados brasileiros.

Destarte, além da previsão de instauração de colegiado, a nova legislação prevê que os tribunais, na esfera de suas competências, estão autorizados a adotar as medidas necessárias

86. STF – Informativo 667, de 21 a 25 de maio de 2002 – verbete "Organização criminosa e vara especializada".

para reforçar a segurança dos prédios da Justiça. Dentre os meios de reforço da segurança, estão permitidos:

(1) o controle de acesso, com identificação, aos seus prédios, mormente aqueles com varas criminais, ou às áreas dos prédios com varas criminais;

(2) a instalação de câmeras de vigilância nos seus prédios, especialmente nas varas criminais e áreas adjacentes; e

(3) a instalação de aparelhos detectores de metais, aos quais se devem submeter todos que queiram ter acesso aos seus prédios, notadamente às varas criminais ou às respectivas salas de audiência, ainda que exerçam qualquer cargo ou função pública, ressalvados os integrantes de missão policial, a escolta de presos e os agentes ou inspetores de segurança próprios.

2.6.3. *Procedimento para formação de colegiado de primeiro grau*

A Lei nº 12.694/2012, em seu art. 1º, preconiza que em processos ou procedimentos que tenham por objeto crimes praticados por organizações criminosas, o juiz poderá decidir pela formação de colegiado para a prática de qualquer ato processual, elencando os principais atos que podem ser atribuídos ao aludido órgão coletivo.

Organização criminosa sempre foi expressão de definição vaga. A Lei nº 9.034/1995 foi o diploma legal que disciplinou por muitos anos os procedimentos para investigação de organizações criminosas, mas não trazia em seu corpo um conceito para essa expressão. Os tribunais, inclusive o STF, laboravam com definição que partia da definição do então delito de "quadrilha ou bando", estatuído no art. 288, do Código Penal, cuja formação exigia a coautoria de pelo menos 4 (quatro) agentes. Com a edição da Lei nº 12.694/2012, o legislador, exercendo atividade atípica de conceituar, especificou, no art. 2º, sua definição. Trouxe, assim, os contornos do conceito de forma semelhante ao delito de formação de quadrilha, assentando que organização criminosa, para os efeitos daquela lei, seria a associação, de três ou mais pessoas, estruturalmente ordenada e caracterizada pela divisão de tarefas, ainda que informalmente, com objetivo de obter, direta ou indiretamente, vantagem de qualquer natureza, mediante a prática de crimes cuja pena máxima seja igual ou superior a quatro anos ou que sejam de caráter transnacional.

A Lei nº 12.850/2013 é o diploma legal que define organização criminosa e dispõe sobre a investigação criminal, os meios de obtenção da prova, infrações penais correlatas e o procedimento criminal respectivo. A Lei nº 9.034/1995 foi expressamente revogada pela Lei nº 12.850/2013 (art. 26). Diferentemente da Lei nº 9.034/1995, a Lei nº 12.850/2013 traz conceito legal expresso de organização criminosa. De outro lado, o crime de "quadrilha ou bando" – que servia de base à definição jurisprudencial de organização criminosa durante o tempo que não havia conceito legal –, passou a se chamar de "associação criminosa", com a imposição de coautoria de pelo menos 3 (três) pessoas.

O conceito de organização criminosa, por sua vez, passou a exigir a participação de pelo menos quatro agentes. Decerto, ditou o § 1º, do art. 1º, da Lei 12.850/2013, que se considera organização criminosa a associação de quatro ou mais pessoas estruturalmente ordenada e caracterizada pela divisão de tarefas, ainda que informalmente, com objetivo de obter, direta ou indiretamente, vantagem de qualquer natureza, mediante a prática de infrações penais cujas penas máximas sejam superiores quatro anos, ou que sejam de caráter transnacional.

A formação do colegiado de primeiro grau deve, portanto, considerar o conceito legal de organização criminosa disposto na Lei nº 12.850/2013, notadamente porque o crime objeto de apuração deve indicar pena máxima abstrata não apenas igual, mas superior ao patamar de quatro anos ou, se não, que tenha caráter transnacional, para que se justifique a instauração do colegiado de primeiro grau. No ponto, o art. 2º (conceito de organização criminosa), da Lei 12.694/2012, foi revogado tacitamente, em razão da disposição prevista no § 1º, do art. 1º, da Lei nº 12.850/2013, não guardar compatibilidade, ao menos parcial, com a dicção daquele dispositivo da Lei do Colegiado de Primeiro Grau. Enquanto o art. 2º, da Lei 12.694/2012 previa que, para a formação do colegiado, seria necessário que o crime fosse imputado a organização criminosa (conceito aberto, que não era previsto na Lei nº 9.034/1995) e que fosse apenado, em tese, com pena igual ou superior a 4 (quatro) anos, a nova Lei que define organização criminosa, colocou como elemento definidor de organização criminosa, "a prática de infrações penais cujas penas máximas sejam superiores a 4 (quatro) anos, ou que sejam de caráter transnacional".

Em síntese, o conceito de organização criminosa tomado como parâmetro para a possibilidade de formação do órgão colegiado de primeiro grau de jurisdição é formado pelos seguintes elementos:

(1) associação de 4 (quatro) ou mais pessoas: não basta que haja coautoria momentânea, é necessário um caráter de estabilidade da organização;

(2) estruturalmente ordenada e caracterizada pela divisão de tarefas, ainda que informalmente: embora não se imponha uma espécie de "estatuto" da organização criminosa (admite-se a informalidade), o caso concreto deve evidenciar organização mínima, com estruturação que dê ideia de hierarquia entre os componentes ou de unidade de comando. A divisão de tarefas deve ser demonstrada pela repartição de funções entre os componentes da organização, diante de objetivos pré-definidos;

(3) com o objetivo de obter, direta ou indiretamente, vantagem de qualquer natureza: o intuito de locupletamento deve ser evidenciado pelos sinais externos que caracterizam o interesse dos membros na empreitada delituosa. Não necessariamente a vantagem deve ser patrimonial, podendo ser vantagens de naturezas diversas, como sexual, por exemplo, na hipótese de crimes de pedofilia;

(4) mediante a prática de infrações penais cujas penas sejam superiores a 4 (quatro) anos, ou que sejam de caráter transnacional: para efeito de aferir a pena máxima em abstrato, deve ser considerado cada crime visto isoladamente, porém fazendo incidir qualificadoras, causas de aumento e de diminuição de pena, nos casos de tipos penais derivados. A quantidade de pena se torna irrelevante quando os delitos tenham caráter transnacional, para o fim de definir a associação como organização criminosa. Como a nova lei menciona "infrações penais", é possível, embora remotamente, que sejam tanto crimes como contravenções penais – independentemente do quantitativo da pena –, quando o delito envolver elemento de internacionalidade (caráter transnacional).

Antes do advento da Lei nº 12.850/2013, "organização criminosa" não era, por si só, crime, ou seja, não havia definição de crime de organização criminosa. Organização criminosa era o ***modus*** de cometimento de outros crimes, sendo tal conceito usado como parâmetro de outras medidas restritivas à liberdade ou a direitos do indiciado ou acusado (a exemplo de aplicação da sanção de regime disciplinar diferenciado ao preso provisório ou definitivo ou da possibilidade de interrogatório por videoconferência). Agora, é crime punido com reclusão de 3 (três) a 8 (oito) anos a conduta de "promover, constituir, financiar ou integrar, pessoalmente ou por interposta pessoa, organização criminosa" (art. 2º, *caput*, da Lei nº 12.850/2013).

Quanto a problemas de direito intertemporal, há quem entenda que a formação do colegiado de primeiro grau está restrita às persecuções penais relativas a crimes ocorridos após a vigência da Lei nº 12.694/2012, qual seja, a data de 23 de outubro de 2012. O autor se arrima na ideia do juiz natural e entende que o colegiado estaria sendo instituído após a prática do fato delituoso, como se fosse um juízo de exceção[87]. Com a devida vênia, não pensamos que a instituição do colegiado para processos em andamento chegue a tal ponto. Isso porque se trata de lei processual, sem conteúdo material. De outro lado, fosse levar às últimas consequências, mesmo para os processos instaurados após o advento da lei, a formação superveniente do colegiado não deixaria de ser um provimento concreto de juízes que não estariam previstos abstratamente na lei. Ademais, o juiz natural da causa não fica afastado do julgamento. Daí que deve ser aplicado o art. 2º, do CPP, estabelecendo a vigência plena da Lei nº 12.694/2012, para os processos em curso, mesmo que relativo a fato anterior a sua vigência.

O procedimento para instauração do colegiado se estrutura conforme os seguintes elementos:

(a) *Competência para a formação*

Compete ao juiz natural da causa decidir pela formação de colegiado. A competência se verifica conforme as regras definidas na Constituição e nas leis de processo. A competência em matéria penal se define conforme diversas regras, a exemplo da do local de consumação do delito. Daí não ser necessária a existência de processo (com denúncia oferecida perante o juiz competente) para ser instaurado o incidente. A definição da competência penal se define, em regra, antes do início formal do processo. Sobre o assunto, remetemos o leitor ao capítulo sobre jurisdição e competência.

(b) *Cabimento*

A formação de colegiado terá cabimento toda vez que estiverem presentes as seguintes condições:

(1) existência de processos criminais ou procedimentos (inquéritos policiais, por exemplo), que tenham por objetos de apuração crimes (não contravenções) imputados a organizações criminosas;

(2) os crimes imputados a organizações criminosas devem ter pena máxima superior a 4 (quatro) anos ou caráter transnacional. Para o cômputo em abstrato desse patamar máximo, deve ser levado em consideração cada crime visto isoladamente, com a aplicação de regras que exasperam a pena em abstrato, tais como as de concurso formal de crimes,

87. LIMA, Renato Brasileiro. *Curso de processo penal*: volume único. Niterói: Impetus, 2013. p. 524.

continuação delitiva, tentativa, qualificadoras, causa de aumento e de diminuição de pena, enfim, todas as normas que incidem para minorar ou majorar a pena (art. 1º, § 1º, da Lei nº 12.850/2013). Não são consideradas, para tanto, circunstâncias agravantes e atenuantes;

(3) existência de motivos e circunstâncias que acarretem risco à integridade física do juiz. A existência deve ser concreta, não sendo suficientes meras conjecturas. Em outros termos, o juiz competente deverá justificar a situação que reputa ameaçadora, apontando, por exemplo, existência de ameaças ou de periculosidade dos agentes. O simples receio não é apto a legitimar a formação do colegiado.

(c) ***Momento***

O juiz terá a faculdade de decidir pela formação do colegiado de forma preparatória ou incidental ao processo criminal. Preparatória quando se estiver na fase investigativa, com a existência de inquérito policial ou procedimento investigativo criminal. Incidental quando já existir denúncia oferecida, isto é, com a instauração de processo criminal.

De acordo com a finalidade, é possível intuir que o colegiado de primeiro grau poderá ser instaurado em qualquer fase da persecução penal estatal, seja ela fase da investigação preliminar (decidindo o colegiado sobre decretação de prisão, concessão de liberdade provisória e imposição de medidas cautelares), do processo penal (decisões de toda ordem e prolação de sentença) ou da execução penal (decisões sobre benefícios penais, progressão de regime e livramento condicional).

(d) ***Finalidade***

Os incisos do art. 1º, da Lei nº 12.694/2012, especificam a finalidade da formação do colegiado. O objetivo geral é a proteção da integridade física do juiz naturalmente competente, preservando o exercício independente da função jurisdicional. Para tanto, a instituição tem a finalidade de viabilizar a prática de um ou mais atos processuais de forma colegiada, coletiva.

O rol de atos processuais previstos em lei é exemplificativo, podendo a formação do colegiado ter, cumulativa ou alternativamente, a finalidade específica de:

(1) decretação de prisão ou de medidas assecuratórias;

(2) concessão de liberdade provisória ou revogação de prisão;

(3) prolação de sentença;

(4) concessão de progressão ou a decretação de regressão de regime de cumprimento de pena;

(5) concessão de livramento condicional (a lei fala em "liberdade condicional", porém se trata de benefício da fase de execução penal bastante conhecido);

(6) transferência de preso para estabelecimento prisional de segurança máxima; e

(7) inclusão do preso no regime disciplinar diferenciado.

(e) ***Formação do colegiado***

O juiz naturalmente competente, diante de situação autorizadora, poderá – isto é, tem a faculdade, no exercício de poder discricionário – proferir decisão fundamentada pela formação de órgão colegiado de primeiro grau, para com ele atuar conjuntamente. Trata-se de faculdade do juiz natural da causa instaurar o incidente de formação de colegiado de primeiro grau. O juízo de oportunidade e conveniência para a instauração do colegiado é do juiz que é naturalmente competente para decidir sobre a instauração do colegiado. Caso entenda não instaurar, apesar da presença dos requisitos legais, não há mecanismo que obrigue o juiz natural, do ponto de vista externo, formar o colegiado. Caso decida pela formação, há vinculação quanto à presença dos pressupostos legais (quanto a este aspecto, não há discricionariedade, mas vinculação para que a formação do colegiado seja válida, isto é, de acordo com os requisitos previstos em lei).

Pode-se dizer então que a decisão de formação do colegiado de primeiro grau de jurisdição é: **(1)** discricionária: quanto à aferição da conveniência ou oportunidade de instaurar o incidente, uma vez verificadas as condições exigidas na lei; **(2)** vinculada: quanto à fundamentação da decisão, que deve demonstrar, objetivamente, que foram preenchidos os requisitos para a instauração do incidente. A decisão de instauração do colegiado deve atender a dicção do art. 93, IX, da Constituição, ou seja, deve ser fundamentada de modo bastante, evidenciando a existência de apuração de infrações penais atribuídas a organizações criminosas, cuja totalização da pena máxima em abstrato seja superior a 4 (quatro) anos ou que, independentemente da pena, tenha caráter transnacional (§ 1º, do art. 1º, da Lei nº 12.850/2013). Contra a decisão de formação do colegiado não cabe recurso específico, podendo ser manejado o *habeas corpus* (em favor do indiciado ou acusado) ou o mandado de segurança (pelo Ministério Público), como sucedâneos recursais.

O colegiado é composto por três membros, juízes de primeira instância, sendo um o juiz natural do processo e dois outros juízes escolhidos por sorteio eletrônico dentre aqueles de competência criminal em exercício no primeiro grau de jurisdição. Note-se que a atuação dos membros se dará conjuntamente, seguindo regras de procedimento perante juiz singular.

A lei contém regras que visam harmonizar a instituição do colegiado com o princípio do juiz natural, na medida em que, de um lado, mantém em sua composição o juiz originária e naturalmente competente e, de outro, completa a composição por sorteio dentre aqueles que detêm igual competência criminal, ainda que domiciliados em municípios diversos.

(f) *Comunicação*

Decidindo pela formação do colegiado, o juiz fará comunicação ao órgão correicional ao qual está vinculado diretamente (corregedoria), com a finalidade de controle, de fiscalização administrativo-disciplinar do magistrado, assim como para viabilizar a atuação conjunta dos juízes que venham a ser sorteados para compor o órgão.

Isso porque não poderão compor o colegiado de primeiro grau, naturalmente, os juízes afastados de suas funções, impedidos ou suspeitos, do mesmo modo que a atuação conjunta deve ser levada a efeito com o cuidado de não prejudicar as atividades jurisdicionais originárias de todos os membros. A ciência à corregedoria é, portanto, imprescindível quando da decisão de formação do colegiado de primeiro grau.

(g) *Duração e competência do colegiado*

A duração variará conforme o que constar na decisão do juiz competente. Diz o § 3º, do art. 1º, da Lei nº 12.694/2012, que a competência do colegiado limita-se ao ato para o qual foi convocado. Se a decisão do juiz pela formação do órgão colegiado for ampla, isto é, para todos os atos processuais, sem exceção, a atuação colegiada perdurará até o encerramento das funções jurisdicionais de primeiro grau. Caso seja restrita – por exemplo, para prolatar sentença –, a competência para a condução do processo pelo colegiado estará exaurida com a prática deste único ato.

(h) ***Decisões do órgão colegiado***

O § 6º, do art. 1º, da Lei nº 12.694/2012, é enunciado que desperta polêmica, fazendo lembrar a figura do "juiz sem rosto". Prevê que as decisões do colegiado, devidamente fundamentadas e firmadas, sem exceção, por todos os seus integrantes, serão publicadas sem qualquer referência a voto divergente de qualquer membro.

Observe-se que as decisões são tomadas por maioria de votos e conterão fundamentação. O que não existirá é a menção a existência de voto divergente, partindo o legislador da ilação de que a divulgação de divergência esvaziaria o objetivo da lei que é a de conferir proteção aos juízes ameaçados em razão da função jurisdicional, pela desconcentração da responsabilidade pela atividade jurisdicional através do exercício conjunto por três membros.

(i) ***Sigilo de reuniões***

A lei prevê a possibilidade de reuniões sigilosas. Para tanto, deve existir risco de que a publicidade resulte em prejuízo à eficácia da decisão judicial. O sigilo decretado sem justificativa é inconstitucional e acarretará nulidade do ato processual praticado. De tal modo, para que seja afirmado o sigilo de uma reunião, devem ser obedecidos os seguintes requisitos e formalidades, de forma cumulativa:

(1) decisão fundamentada nesse sentido, indicando os motivos e a extensão da medida;

(2) risco de ineficácia da medida, especialmente aquelas de natureza cautelar cujo sigilo prévio seja indispensável;

(3) após a documentação da reunião e da prática do ato processual que carecia de sigilo para sua realização, o advogado terá amplo acesso aos respectivos conteúdos; e

(4) o acesso aos autos pelo advogado não será em qualquer hipótese restringido.

(j) ***Outras regras específicas***

A lei prevê a possibilidade reunião por via eletrônica quando o colegiado for composto por juízes domiciliados em cidades diversas. Trata-se de providência salutar, que observa a tendência de informatização do processo judicial e da utilização de meios digitais, perfeitamente possível com o uso de tecnologia segura e adequada aos propósitos legais.

Ainda dispõe a Lei nº 12.694/2012, no § 7º, do seu art. 1º, que cada tribunal, na esfera de suas competências, emitirá normas regulamentando a composição do colegiado e os procedimentos a serem adotados para o seu funcionamento.

CARACTERÍSTICAS DO COLEGIADO DE PRIMEIRO GRAU – LEI Nº 12.694/2012	
Competência para a formação	compete ao juiz natural da causa decidir pela formação de colegiado.

CARACTERÍSTICAS DO COLEGIADO DE PRIMEIRO GRAU – LEI Nº 12.694/2012	
Cabimento	existência de processos criminais ou procedimentos (inquéritos policiais, por exemplo), que tenham por objetos de apuração crimes (não contravenções) imputados a organizações criminosas os crimes imputados a organizações criminosas devem ter pena máxima superior a 4 (quatro) anos ou caráter transnacional (Lei nº 12.850/2013) existência de motivos e circunstâncias que acarretem risco à integridade física do juiz.
Momento	fase preparatória (investigativa) ou no curso da ação penal (incidentalmente)
Finalidade	prática de qualquer ato, especialmente: decretação de prisão ou de medidas assecuratórias; concessão de liberdade provisória ou revogação de prisão; sentença; progressão ou regressão de regime de cumprimento de pena; concessão de liberdade condicional; transferência de preso para estabelecimento prisional de segurança máxima; e inclusão do preso no regime disciplinar diferenciado.
Formação	três membros: o juiz natural do processo e dois juízes de competência criminal sorteados eletronicamente
Comunicação	a instauração do órgão colegiado deve ser comunicada ao órgão correicional
Duração e competência do colegiado	a competência está limitada ao ato para o qual foi convocado o colegiado
Decisões do colegiado	as decisões são tomadas por maioria de votos, devendo ser fundamentadas e, ainda, firmadas por todos os magistrados. Não será feita menção a voto divergente.
Sigilo das reuniões	as reuniões poderão ser sigilosas sempre que houver risco de que a publicidade resulte em prejuízo à eficácia da decisão judicial
Reuniões eletrônicas	é possível a reunião por via eletrônica quando os juízes forem domiciliados em comarcas diversas
Normas regulamentares	os tribunais expedirão normas regulamentando a composição e procedimento para o funcionamento do colegiado.

2.6.4. *Princípio do juiz natural*

Com o advento da Lei nº 12.694/2012, surgiram dúvidas sobre se a formação de colegiado de primeiro grau ofenderia o princípio do juiz natural. Pelo menos duas posições doutrinárias são possíveis.

(1) A primeira sustentando a inconstitucionalidade da previsão. Para essa corrente, o acusado tem o direito de saber qual juiz é competente para apreciar o fato de maneira prévia. Isto é, a formação posterior do colegiado – ou seja, após a prática do crime –, ofenderia o princípio do juiz natural, instituindo algo semelhante a um tribunal de exceção.

(2) A segunda que não vê inconstitucionalidade, com esteio na interpretação conforme a Constituição. Vale dizer, só em casos excepcionais que o colegiado é instituído, de forma motivada, quando presentes os requisitos legais. Há um controle correicional a respeito. Nessa senda, o princípio do juiz natural não é ofendido pela formação do colegiado a partir de regras rígidas:

(a) verificação de situação concreta que ponha em risco a integridade física do juiz natural da causa;

(b) decisão motivada;

(c) permanência do juiz natural como membro do colegiado; e

(d) sorteio eletrônico de dois outros juízes de primeiro grau com igual competência.

Não haveria assim similitude com tribunal de exceção e a aparente colidência de princípios seria resolvida pela técnica da interpretação conforme a Constituição, não admitindo formação de colegiado de primeiro grau sem a presença dos requisitos legais.

A segunda orientação é a nossa posição. Também é a orientação sinalizada pelo STF no precedente mencionado acima (ADI 4414)[88].

2.6.5. Vedação de menção a voto divergente

A previsão de vedação de menção a voto divergente também suscita discussões em torno da inconstitucionalidade da medida. Três orientações podem ser vislumbradas.

(1) A primeira sustentando a inconstitucionalidade total da previsão, seja porque não há publicidade da fundamentação do voto divergente, seja porque não se indica o membro que divergiu. O acusado teria direito de saber tanto quem divergiu, para aferir a coerência da posição do membro relativamente a casos análogos, quanto os motivos da discrepância, para fundamentar eventual recurso. A ausência de publicidade desses aspectos daria causa à inconstitucionalidade por violação à regra do art. 93, IX, da Constituição, que estatui que as decisões do Poder Judiciário sejam fundamentadas e públicas, bem como acarretaria prejuízo ao direito de recorrer do acusado, tendo em vista o cerceio de tomar nota de fundamentos aptos para arrazoar eventual recurso.

(2) A segunda posição, intermediária, defende que não há inconstitucionalidade quanto à preservação da identidade do juiz que ficou vencido, devendo, todavia, ser publicado o conteúdo do seu voto, para conferir transparência às decisões tomadas majoritariamente pelo colegiado e dar eficácia ao direito de recorrer.

(3) A terceira corrente aviva que não há inconstitucionalidade na previsão de que na sentença não deve haver menção a voto divergente. Pensamos que essa é a orientação mais acertada, por mais de uma razão. Em primeiro lugar, a divulgação de voto divergente retiraria a eficácia do objetivo da lei que é a de diluir a responsabilidade, atribuindo-a conjuntamente a três membros. Em outros termos, o conhecimento da discrepância de um dos membros poderia reduzir a eficácia da lei de conferir segurança ao magistrado ameaçado. Em segundo lugar, o conhecimento do voto divergente não ampliaria para o acusado o seu direito de recorrer, pois não cabem contra as decisões do juízo de primeiro grau embargos de divergência ou de nulidade (só cabíveis contra decisões majoritárias no âmbito dos tribunais, nos julgamentos previstos em lei). Em terceiro lugar, o juízo segue o procedimento do juízo singular, não sendo cabível tratar o colegiado de primeiro grau da mesma forma como funcionam os órgãos colegiados dos tribunais.

88. STF – Informativo 667, de 21 a 25 de maio de 2002 – verbete "Organização criminosa e vara especializada".

O STF sinalizou que não vê inconstitucionalidade em norma semelhante à da Lei nº 12.694/2012, quando apreciou a ADI 4414, como referido supra, sufragando, pelo que parece, a terceira posição[89].

2.7. Competência *ratione personae* ou *ratione funcionae*

Determinadas pessoas, em razão da alta relevância da função que desempenham, têm direito ao julgamento por órgão de maior graduação. Permite-se, assim, enaltecer a função desempenhada, e evitar as pressões indiretas que poderiam ocorrer se as diversas autoridades fossem julgadas pelos juízes de primeiro grau. Para proteger o exercício do cargo ou da função que tenha relevância constitucional estatal, contra investidas de toda a ordem, para assegurar ao acusado detentor de prerrogativa de função um julgamento com menor suscetibilidade a pressões externas (porque colegiado), bem como para proteger o julgamento contra ameaças de pressões do próprio acusado, prevê o ordenamento jurídico a prerrogativa de função. Nesse sentido se diz que o foro por prerrogativa de função é uma garantia dúplice, bilateral, que, de um lado, tem um caráter favorável ao acusado (outorga a ele o direito de ser julgado por órgão coletivo, que tem menor chance de ser objeto de constrangimentos por terceiros que o juízo singular) e, de outro, manifesta-se contra o réu (eis que também é menor o risco de coação efetuada pelo próprio réu relativamente a um órgão judicial coletivo, que a um órgão singular).

O foro privilegiado está diluído principalmente na Constituição Federal e nas Constituições estaduais. Como estas regras constitucionais foram instituídas em razão do interesse público, prevalece o entendimento de que a prerrogativa por foro de função não viola o princípio do juiz natural. Contudo, em caso de confronto entre prerrogativa prevista em constituição estadual que conflite com regra de competência prevista na Carta Magna, dada a hierarquia entre as normas, restará afastada a prerrogativa. É o que ocorre, por exemplo, com a prerrogativa de foro estabelecida em constituição estadual e a competência do Tribunal do Júri, como veremos adiante.

Questão relevante é a previsão constitucional que atribui ao STF a competência para processar e julgar os Ministros de Estado, os Comandantes da Marinha, do Exército e da Aeronáutica, tanto nas infrações penais comuns, quanto nos crimes de responsabilidade. A definição de quem é Ministro de Estado é ditada por lei federal, que cria o cargo e o ministério correspondente. A Lei nº 13.502/2017[90] é a que indica quais são os Ministérios e quem são os Ministros de Estado (art. 22).

No ponto, foi questionada a constitucionalidade da inclusão do Presidente do Banco Central do Brasil como Ministro de Estado (inciso VII, do art. 22, da Lei nº 13.502/2017). O STF, por maioria, rejeitou duas ações diretas de inconstitucionalidade contra esse dispositivo. Entendeu justificada a relevância e urgência da medida provisória, aduzindo que o cargo apontado é dotado de importância para a atribuição de prerrogativa de função, a fim de proteger as instituições. Comparativamente, averbou que previsões no direito internacional colimam proteger o exercício de função equivalente[91].

89. STF – Informativo 667, de 21 a 25 de maio de 2002 – verbete "Organização criminosa e vara especializada".
90. A Lei nº. 13.502/2017, em seu art. 82, I, revogou a Lei nº. 10.683/2003.
91. STF. Supremo mantém status de ministro para o cargo de presidente do bc. Disponível em: <http://www.stf.jus.br/portal/cms/verNoticiaDetalhe.asp?idConteudo=64704>. Acesso em: 10 nov. 2015.

A época do julgamento, divergiram os Ministros Carlos Ayres Britto, Marco Aurélio, Carlos Velloso e Sepúlveda Pertence. Dentre os argumentos para que não fosse reconhecido o *status* de Ministro ao Presidente do Banco Central, foram alinhados, especialmente, o paradoxo de se criar Ministro sem ministério, a existência de sabatina para a investidura no cargo de Presidente do Banco Central (o que não se dá com os Ministros de Estado) e, sobremodo, o fato de ser a regra de competência constitucional *numerus clausus*.

Em compasso com os votos divergentes, entendemos que o legislador não poderia ampliar a competência do STF, pela via da atribuição de qualidade de Ministro a certos agentes. Também o uso de Medida Provisória, ainda que de forma transversa, não deveria ter repercussão em matéria processual penal, mormente a que se refere a norma de competência para processamento e julgamento de infrações penais, eis que esbarra na dicção do art. 62, § 1º, inciso I, "b", da Constituição de 1988.

a) Supremo Tribunal Federal (art. 102, CF):

Executivo	Legislativo	Judiciário	Outras autoridades
‣ Presidente ‣ Vice-presidente ‣ Ministros de Estado ‣ Advogado Geral da União ‣ Presidente do Banco Central ‣ Controlador Geral da União	‣ Membros do Congresso Nacional (Deputados Federais; Senadores)	‣ Membros dos tribunais superiores (STF, STJ, TST, TSE e STM)	‣ Procurador-Geral da República ‣ Comandante das Forças Armadas ‣ Membros do Tribunal de Contas da União ‣ Chefes de missão diplomática permanente

b) Superior Tribunal de Justiça (art. 105, CF):

Executivo	Legislativo	Judiciário	Outras autoridades
‣ Governadores	–	‣ Membros do TRF, do TRE, dos TJs e dos TRTs	‣ Membros dos Tribunais de Contas dos Estados, Distrito Federal e Municípios ‣ Membros do MP da União que atuam perante tribunais

c) Tribunais de Justiça:

Executivo	Legislativo	Judiciário	Outras autoridades
‣ Prefeitos	‣ Deputados estaduais	‣ Juízes de Direito	‣ Membros do MP estadual

d) Tribunais Regionais Federais (art. 108, CF):

Executivo	Legislativo	Judiciário	Outras autoridades
‣ Prefeitos	‣ Deputados estaduais	‣ Juízes federais, juízes do trabalho, juízes militares da União	‣ Membros do MP da União (MPE, MPT, MPM, MP do DF)

Em síntese:

CF	EXECUTIVO	LEGISLATIVO	JUDICIÁRIO	OUTRAS AUTORIDADES
STF Art. 102	‣ Presidente da República ‣ Vice-Presidente ‣ Ministros de Estado ‣ Advogado Geral da União ‣ Presidente do Banco Central ‣ Controlador Geral da União	‣ Membros do Congresso Nacional (deputados federais; senadores)	‣ Membros dos tribunais superiores (STF, TST, TSE, STM)	‣ Procurador-Geral da República ‣ Comandantes das Forças Armadas ‣ Membros do Tribunal de Contas da União ‣ Chefes de missão diplomática permanente
STJ Art. 105	‣ Governadores	–	‣ Membros do TRF, do TRE, dos TJs e dos TRTs	‣ Membros dos Tribunais de Contas dos Estados, Distrito Federal e Municípios ‣ Membros do MP da União que atuam perante tribunais
Tribunais de Justiça	‣ Prefeitos	‣ Deputados estaduais	‣ Juízes de Direito	‣ Membros do MP estadual
Tribunais Regionais Federais art. 108	‣ Prefeitos	‣ Deputados estaduais	‣ Juízes federais, juízes do trabalho, juízes militares da União	‣ Membros do MP da União (MPE, MPT, MPM, MP do DF)

2.7.1. Prerrogativa de função e manutenção do cargo ou mandato

Questão tormentosa e inquietante diz respeito ao momento de encerramento do direito ao foro privilegiado. A súmula nº 394 do STF disciplinava que as infrações cometidas durante o exercício funcional, permaneceriam sob a égide da competência especial por prerrogativa de função, ainda que o inquérito ou a ação penal fossem iniciados após a cessação daquele exercício. A referida súmula foi cancelada em 1999, numa interpretação do art. 102, I, "b", da CF, acentuando que, uma vez encerrado o exercício funcional, não prevaleceria mais o foro por prerrogativa, devendo os autos ser encaminhados ao primeiro grau.

Decidiu o STF, em posição contundente, que uma vez terminado o cargo ou o mandato, encerrava-se o foro privilegiado, e eventuais processos existentes seriam imediatamente remetidos ao juízo de primeiro grau, sem prejuízo da validade dos atos até então praticados. Concluímos também que as infrações descobertas posteriormente, quando a referida autoridade já não mais ocupava o posto que lhe conferia a prerrogativa, seriam julgadas, com a mesma razão, no primeiro grau.

Em 2002, com o advento da Lei nº 10.628, novo entendimento foi dado à questão, pois, devido à alteração do art. 84 do CPP, em face do que dispõe o seu § 1º, os ilícitos decorrentes de atos administrativos praticados pelo agente no exercício de suas funções, ficarão a cargo do competente Tribunal, até mesmo nas hipóteses em que o inquérito ou a ação se iniciem após encerramento da atividade funcional.

Ou seja, revitalizaram, através de lei ordinária, restringindo, contudo, o alcance às infrações praticadas em razão da função, os dizeres da extinta súmula nº 394. Mas não foi só! O nosso legislador, não conformado, ainda inseriu um § 2º ao art. 84 do CPP, contemplando com foro privilegiado os agentes que incorressem em improbidade administrativa.

Tais alterações foram objeto de duas ações diretas de inconstitucionalidade, de números 2.797-2 e 2.860-0, julgadas procedentes pelo STF, que declarou inconstitucionais as alterações realizadas, de sorte que, **se entende que, após a apreciação das ADINs, não há mais de se falar em manutenção do foro privilegiado uma vez encerrado o cargo ou o mandato, nem muito menos em prerrogativa de função para as ações de improbidade administrativa**[92]. Estas últimas, pouco importa se a autoridade continua ou não exercendo as funções, serão ajuizadas perante o juízo de primeiro grau.

Todavia, a matéria está bem distante de ser pacificada. Deveras, muito recentemente, o Supremo Tribunal Federal decidiu, por maioria, que a ele compete julgar ação por ato de improbidade administrativa movida "contra atual Ministro do STF, à época Advogado-Geral da União, e outros, na qual se lhe imputam a suposta prática dos crimes previstos nos artigos 11, I e II, e 12, III, da Lei nº 8.429/92". Nessa linha, entendeu o STF "que distribuir competência para juiz de 1º grau para julgamento de ministro da Corte quebraria o sistema judiciário como um todo". Ao final, o Pretório Excelso "determinou o arquivamento da petição, em relação ao referido Ministro desta Corte, haja vista o fato de ele não mais ocupar o cargo de Advogado-Geral da União, e a descida dos autos ao mencionado juízo de 1ª instância, relativamente aos demais acusados"[93].

Por outro lado, a questão da renúncia ao mandato como forma de se eximir ao julgamento perante o tribunal ***a priori*** competente, forçando a remessa dos autos ao juízo de

92. O Plenário do STF, em julgamento dos Embargos Declaratórios opostos contra a decisão que julgou a ADIN 2.797, modulou os efeitos da declaração de inconstitucionalidade para "preservar a validade dos atos processuais praticados no curso das mencionadas ações e inquéritos contra ex-ocupantes de cargos públicos e de mandatos eletivos julgados no período de 24.12.2002, data de vigência da Lei 10.628/2002, até a data da declaração de sua inconstitucionalidade, 15.9.2005" (STF – Tribunal Pleno – ADI 2797 – Rel. p/ o acórdão Min. Ayres Britto – DJe 17/05/2012 – Info 667).

93. STF – Pleno – Pet. 3211 QO/DF – Rel. Min. Marco Aurélio – Informativo nº 498, de 10 a 14 de março de 2008.

primeiro grau, foi apreciada pelo plenário do STF[94]. Na ocasião, a Suprema Corte entendeu que o ato caracterizaria "inaceitável fraude processual, que frustraria as regras constitucionais e não apenas as de competência". Assim, entendeu-se que a renúncia ao mandato na iminência do julgamento importaria abuso de direito, inconcebível na atual ordem constitucional. Por essa razão, e considerando que ninguém pode se valer da própria torpeza, a renúncia ao mandato com o nítido objetivo de deslocar a competência, frustrando o princípio do juiz natural, não tem o condão de ilidir a manutenção do foro privilegiado.

Podemos dizer que, de acordo com o momento do cometimento do delito, o agente titular de cargo ou função que detenha prerrogativa de função é passível de ser regido pelas seguintes regras:

2.7.1.1. Antes do exercício de função com prerrogativa de foro ou regra da atualidade

Se a infração penal tiver sido perpetrada em data anterior ao início do exercício de cargo ou função com prerrogativa de foro, o processo criminal deve ser remetido para o órgão competente para julgar o agente, segundo disponha a norma que estabeleça o foro privilegiado. É a **regra da atualidade** do exercício do cargo. Enquanto detiver a função que determina a competência criminal com prerrogativa de função, eventual processo criminal contra o agente não pode ser julgado por órgão diverso do estabelecido ***ratione personae*** (critério hierárquico). Cessado o exercício do cargo, por motivo que não enseje fraude processual, põe-se fim ao foro por prerrogativa de função. A alteração da competência não inquina de nulidade os atos praticados perante outro juízo na época em que este era competente: ***tempus regit actum***.

2.7.1.2. Durante o exercício de função com prerrogativa de foro ou regra da contemporaneidade

A **regra da contemporaneidade** partia do pressuposto de que a competência era definida pela data do cometimento da infração penal. Caso ela tivesse sido cometida durante o exercício do cargo, o foro de julgamento do agente seria o estabelecido em razão da sua função (foro por prerrogativa de função). Caso terminasse o mandato eletivo, ou seja, mesmo que exonerado do cargo, a prerrogativa não cessava, pois aplicava-se a *perpetuatio jurisdictionis*. Era regra que era estabelecida pelo enunciado nº 394, da Súmula, do STF, que dispunha que se o crime tivesse sido cometido no exercício funcional, prevalecia a competência especial por prerrogativa de função, mesmo que a investigação preliminar ou a ação penal tivesse início após a cessação daquele exercício. Com o cancelamento dessa Súmula, não é mais aplicável em nosso sistema, a regra da contemporaneidade.

2.7.1.3. Após o exercício da função com prerrogativa de foro

A competência por prerrogativa de função não se estende para o tempo para atingir a competência de processamento e julgamento de crimes cometidos posteriormente ao término do exercício funcional. Este o teor da Súmula nº 451, do STF. Decorre da atualidade do exercício funcional, e evidencia que a competência em razão de foro privilegiado não tem a força de se estender no tempo quando já finalizado mandato ou o exercício de cargo ou função pública.

94. STF – Tribunal Pleno – AP 396 – Rel. Min. Cármen Lúcia – DJe 28/04/2011.

2.7.1.4. *Restrição da competência por prerrogativa de função às infrações relacionadas ao cargo*

Após a finalização do julgamento da Ação Penal nº 962/DF, o Supremo Tribunal Federal reduziu, mais uma vez o alcance das regras que outorgam competência por prerrogativa de função. Se, na origem, a regra era a da contemporaneidade do mandato e, na fase intermediária do nosso direito, passou a se aplicar o cânone da sua atualidade, podemos dizer que, após esse julgado, vigora atualmente a **regra da atualidade limitada**, porém permeada pelo **critério da fase processual** que, por sua vez, determinará a perpetuação de jurisdição criminal por prerrogativa de função quando, encerrada a instrução criminal e aberto prazo para alegações finais, desaparecer o elemento de conexão que assegurava a competência por prerrogativa de foro, a exemplo do encerramento do mandato ou da exoneração do cargo.

A primeira advertência que podemos alinhar, antes de expor o alcance da novidade, é que a decisão da Suprema Corte extrapolou os limites textuais da Constituição da República. Naturalmente, o nosso sistema jurídico não lhe outorgou o poder de reescrever disposições constitucionais[95]. Antes, conferiu ao STF o papel de guardião maior da CF.

A limitação dada à antes vigente regra da atualidade, definida pela maioria da Suprema Corte neste julgado, para o efeito de fixar a competência por prerrogativa de função, consistiu nos pressupostos a seguir.

(a) A competência por prerrogativa de função somente incide em relação aos fatos ocorridos durante o mandato, cargo ou função. Trata-se do critério temporal da atualidade do exercício da função pública, que toma como referência o tempo do fato. Note-se que além do tempo, exige-se que o agente permaneça no exercício do mandato. Cessado o mandato, o processo deve baixar, a fim de que o fato seja julgado pelo juiz singular de primeiro grau de jurisdição. Tal regra já vigorava, porém sem as restrições agora acrescidas.

(b) O foro privilegiado terá lugar apenas para os delitos que tenham **relação com o cargo, mandato ou função**. Alguns crimes são, de forma mais evidente, delitos funcionais, com nítida relação com o cargo. Outras infrações penais, também claramente, estão fora da órbita nuclear do mandato. No entanto, alguns delitos podem se situar em espaço de dúvida. Isso quer dizer que essa limitação pode ensejar insegurança jurídica a respeito do liame entre a infração penal e o cargo, mandato ou função. Quem irá investigar? A qual órgão do MP caberá propor a denúncia? Qual o órgão do Poder Judiciário competente para, por exemplo, processar e sentenciar fato ocorrido no interior de um Estado? Há situações de certeza de que um crime tem a ver com o exercício da função pública atual, bem como de clarividência de que algum delito não tem ligação com aquela função. Todavia, é muito provável a existência de um largo campo de dúvida, de zona cinzenta, que ensejará interpretações diversas e retórica para justificar que uma infração penal está ou não relacionada ao exercício de cargo público.

(c) Os processos-crime relacionados ao exercício de **cargo ou de mandato anterior** deverão seguir ou permanecer no juízo singular (juiz de primeiro grau de jurisdição).

95. A criação do direito, no nosso sistema, não deveria chegar a esse ponto, comprometendo a estabilidade do sistema. Ney Bello adverte, no confronto entre teorias da interpretação, sobre a necessidade do direito ser dinâmico para conferir segurança jurídica. Entrementes, o autor completa que essa dinâmica deve permanecer "presa às regras seguras do direito textualizado, não dando ensanchas à opressão mascarada pela juridicidade" (BELLO FILHO, Ney de Barros. *Sistema constitucional aberto*. Belo Horizonte: Del Rey, 2003. p. 282).

Tal ilação decorre da necessária relação com o exercício atual do cargo ou função. Vale dizer, a infração penal que determinará o alcance do foro privilegiado é somente aquela cometida durante o cargo ou a função atual (atualidade) e enquanto permanecer o agente público no seu efetivo exercício (contemporaneidade). Trata-se de mais uma limitação relativamente à regra anterior que determinava a remessa, ao tribunal competente para julgar o agente com prerrogativa de foro, de todos os processos criminais, que envolvessem delitos funcionais ou não. Veja-se que antes a atualidade tomava como referência apenas o exercício do atual do mandato, atraindo os processos com crimes imputados à pessoa com prerrogativa de função. Agora, a atualidade limitada exige que o processo-crime veicule fato criminoso funcional e que tenha ocorrido durante o exercício daquele cargo, mandato ou função. Pensamos que, na hipótese de reeleições sucessivas, a jurisdição fixada se perpetua, considerando a ausência de solução de continuidade de um mandato a outro. Nos demais casos – como na mudança, com novo provimento, de cargo (de promotor de justiça para o de desembargador), mandato (de deputado estadual para deputado federal) ou função (de um Ministério de Estado a outro) – a competência por prerrogativa de função desaparece, com o encaminhamento do processo criminal ao juízo de primeiro grau

(d) O STF, ainda, criou **regra da fase processual** para mitigar a aplicação da regra da atualidade limitada. Vale dizer, se o motivo que determinou a incidência da competência por prerrogativa de função desaparecer, o processo crime deve ser remetido ao juízo singular, assim como a investigação deverá seguir ao órgão de polícia local. No entanto, essa solução somente se aplica se o encerramento do mandato ou a exoneração da função ou do cargo acontecer até o encerramento da instrução e abertura de prazo para alegações finais. De compasso com a Suprema Corte: "finalizada a instrução processual com a publicação do despacho de intimação para serem apresentadas as alegações finais, mantém-se a competência do STF para o julgamento de detentores de foro por prerrogativa de função, ainda que referentemente a crimes não relacionados ao cargo ou função desempenhada"[96].

Devemos opor, sob perspectiva doutrinária crítica, que a aludida restrição da competência por prerrogativa de função tende à satisfação de um anseio de eficiência na aplicação da lei penal, de celeridade, de combate ao crime e à impunidade[97]. Em permeio, está o conhecido déficit estrutural de órgãos do Poder Judiciário e outros da persecução penal estatal, para processar e julgar demandas, cujo número foi incrementado. Sobre esse ponto, discordamos: (i) do discurso da impunidade, pois as regras criminais devem tutelar a liberdade e aplicar a sanção com atendimento a procedimento estrito[98]; (ii) da ideia de eficientismo do processo criminal, eis que o procedimento penal não deve se mostrar eficiente com o uso do acusado como instrumento de seus fins, devendo, antes,

96. STF – Primeira Turma – AP 962/DF, rel. Min. Marco Aurélio, red. p/ o ac. Min. Roberto Barroso, julgamento em 16.10.2018.
97. O discurso da impunidade é alimentado, em certa medida, pelo processo de globalização da economia, maximizado pela "expansão do sistema de comunicação funcionando como instrumento de dominação, numa sistemática de oferecimento da informação e notícia como os principais produtos de consumo" (SILVA, Luciano Nascimento. *Teoria do direito penal econômico e fundamentos constitucionais da ciência criminal secundária.* Curitiba: Juruá, 2010. p. 29-30).
98. A função, atrelada a estrutura do processo penal, deve ser útil como "último bastião da liberdade na tutela dos direitos e garantias fundamentais e que se desenvolva com o devido controle do poder e possibilite a máxima eficácia deles" (SILVEIRA FILHO, Sylvio Lourenço da. *Introdução ao direito processual penal.* 2. ed. Florianópolis: Empório do Direito, 2015. p. 21).

servir aos propósitos democráticos (legalidade e constitucionalidade)[99]; (iii) da função de combate ao crime do Poder Judiciário que, diferentemente, deve aplicar a lei, a Constituição e as normas que regulam a conduta humana; e (d) da afirmação de que o foro por prerrogativa de função seria responsável pela fraca persecução penal de pessoas que exercem funções centrais do Estado Democrático de Direito, haja vista que o problema maior indica ser o estrutural.

Os demais tribunais passaram a aplicar o posicionamento do STF. No âmbito do STJ, foi dito que "as hipóteses de foro por prerrogativa de função perante o STJ restringem-se àquelas em que o crime for praticado em razão e durante o exercício do cargo ou função". Na oportunidade, a Corte Superior esclareceu que, em atenção ao princípio ou à regra da *Kompetenz-Kompetenz*, é o próprio tribunal superior que "deve exercer o controle da própria competência, máxime em se tratando de ações originárias, porquanto atua, nesses casos, não como corte de revisão ou de superposição, mas como primeiro julgador da causa"[100]. Em outro julgado, ficou dito que "a proximidade da prescrição do crime praticado por desembargador excepciona o entendimento consolidado na APn 937-STF, que considerou que o foro por prerrogativa de função deve ser restrito a crimes cometidos ao tempo do exercício do cargo e que tenham relação com o cargo e prorroga a competência do STJ"[101].

Em esforço de síntese, a competência por prerrogativa de função, arrimada em **regra da atualidade restrita**, pode ser representada segundo o seguinte quadro:

CRIMES COMETIDOS POR DEPUTADO FEDERAL OU SENADOR	
Situação	**Competência**
Crime cometido antes da diplomação como Deputado ou Senador	Juízo de 1ª instância
Crime cometido depois da diplomação (durante o exercício do cargo), mas o delito não tem relação com as funções desempenhadas.	
Crime cometido depois da diplomação (durante o exercício do cargo) e o delito está relacionado com as funções desempenhadas.	STF

2.7.2. *Prerrogativa versus tribunal do júri*

As autoridades com foro privilegiado estatuído na Constituição Federal não irão a júri, sendo julgadas pelo respectivo tribunal competente. Já aquelas com foro por prerrogativa de função previsto na Constituição estadual, como normalmente ocorre com os vice-governadores e defensores públicos, caso incorram em crime doloso contra a vida, irão a júri.

99. A ideia de eficiência pode, em poucas palavras, tornar-se predatória:"é preciso ter cautela em seu transplante para o Judiciário" (SANTOS JÚNIOR, Rosivaldo Toscano dos. *Controle remoto e decisão judicial:* quando se decide em decidir. Niterói: Lumen Juris, 2014. p. 99).

100. STJ – Corte Especial – AgRg na APn 866-DF – Rel. Min. Luis Felipe Salomão, por unanimidade, julgado em 20/06/2018, DJe 03/08/2018 – Informativo nº 630, de 30.8.2018.

101. Entendimento da Corte Especial do STJ, consignado no Informativo 630, de 31.8.2018 (QO na APn 703-GO, Rel. Min. Benedito Gonçalves, por unanimidade, julgado em 01/08/2018, DJe 09/08/2018).

Este o entendimento do STF, averbado na Súmula nº 721: "a competência constitucional do Tribunal do Júri prevalece sobre o foro por prerrogativa de função estabelecido exclusivamente pela Constituição Estadual".

Não obstante, conforme mencionado abaixo, o STJ entende que, mesmo quando prevista expressamente na Constituição estadual, o deputado estadual deverá ser julgado pelo tribunal de justiça respectivo, por força do princípio da simetria ou paralelismo. Trata-se de hipótese de inaplicabilidade da Súmula 721 do STF e, por conseguinte, da competência do Tribunal do Júri para julgamento do parlamentar estadual[102].

O STF editou a Súmula Vinculante nº 45, com o mesmo teor da Súmula nº 721, reiterando que "*a competência constitucional do Tribunal do Júri prevalece sobre o foro por prerrogativa de função estabelecido exclusivamente pela Constituição Estadual*". Nos debates que precederam a sua aprovação, consta caso de procurador do estado, que deve ir a júri, por esta prevalecer sobre a competência estatuída tão somente na constituição estadual.

Quanto ao deputado estadual, permanece inaplicável esse entendimento sumular, ainda que vinculante, em virtude da simetria referida.

2.7.3. *Prerrogativa funcional dos prefeitos*

Os prefeitos, como já visto, serão julgados perante o Tribunal de Justiça (art. 29, X, CF/1988). Contudo, de acordo com a Súmula nº 702, do STF, "a competência do TJ para julgar prefeitos restringe-se aos crimes de competência da Justiça comum estadual; nos demais casos, a competência originária caberá ao respectivo tribunal de segundo grau". Diante do verbete, nos crimes contra a União, suas autarquias e empresas públicas, quem julgará o prefeito é o TRF, e nos crimes eleitorais, o TRE. Aplicamos também este entendimento aos Deputados Estaduais[103].

Quanto ao desvio de verbas públicas perpetrado pelo prefeito, o STJ editou duas súmulas elucidadoras, dirimindo todas as dúvidas quanto ao julgamento na esfera estadual ou federal. Vejamos:

> **Súmula nº 208 do STJ:** "Compete à Justiça Federal processar e julgar prefeito municipal por desvio de verba sujeita a prestação de contas perante órgão federal".
>
> **Súmula nº 209 do STJ:** "Compete à Justiça Estadual processar e julgar prefeito por desvio de verba transferida e incorporada ao patrimônio municipal".

2.7.4. *Foro privilegiado e deslocamento*

Sempre que a autoridade que goza de foro privilegiado incorrer em infração penal, mesmo que esteja fora da jurisdição territorial do respectivo tribunal, será julgada perante o tribunal de origem. Por esta regra, se um juiz estadual do Tocantins praticar infração penal numa viagem ao Amazonas, será julgado perante o TJ do Tocantins.

Corroborando esse entendimento, decidiu o Superior Tribunal de Justiça, em julgado que ora transcrevemos: "Consignou-se que o constituinte, ao criar a prerrogativa prevista

102. STJ – Terceira Seção – CC 105.227/TO – Rel. Min. Maria Thereza de Assis Moura – DJe 25/03/2011. Informativo 457 do STJ.
103. STF – Pleno – HC 72207/PA – Rel. Min. Néri da Silveira – DJ 3/3/2000. p. 60.

no art. 29, X, da CF/1988, previu que o julgamento dos prefeitos em razão do cometimento de crimes comuns ocorre no tribunal de justiça. A razão dessa regra é que, devido ao relevo da função de prefeito e ao interesse que isso gera no estado em que localizado o município, a apreciação da conduta deve se dar no tribunal de justiça da respectiva unidade da Federação. [...] Dessa forma, para apreciar causa referente a prefeito, **não se mostra razoável reconhecer a competência da corte do local do cometimento do delito em detrimento do tribunal em que localizado o município administrado por ele.**[104]"

Ressalte-se que o mesmo raciocínio não se aplica aos vereadores, salvo se a Constituição Estadual lhe conferir a prerrogativa de foro. Do contrário, o vereador que se encontre em comarca diversa daquela em que exerce o seu mandato será processado segundo a regra geral de competência (art. 70, CPP).

2.7.5. Prerrogativa de função: crime de responsabilidade versus improbidade administrativa

Prevalece o entendimento de que crime de responsabilidade em sentido estrito (infração político-administrativa) é ilícito diverso daquele que tipifica a improbidade administrativa. Em outras palavras, é possível o acionamento do agente em esferas distintas: seja na criminal-política (quando o agente político responde a processo tendente a afastá-lo das funções por órgão geralmente político), seja na judicial por improbidade administrativa (ilícito civil, cujo julgamento compete ao Poder Judiciário, investido de jurisdição civil). No entanto, a matéria não é pacífica, nem uniforme, sendo possível alinhar como parâmetros as seguintes conclusões, em esforço de síntese:

(1) o Supremo Tribunal Federal entendeu, por maioria de votos, que não pode existir, para os agentes políticos, a dupla incidência de sistemas para responsabilização político-administrativa, em razão dos Ministros de Estado, na espécie, serem submetidos a regime especial de responsabilidade, em face da previsão do art. 102, inciso I, "c", da CF, transcrito acima[105];

(2) a Suprema Corte só estabelece a vedação de ***bis in idem*** relativamente ao julgamento de crime de responsabilidade (infração político-administrativa) e a ação de improbidade administrativa, para os casos de agentes com prerrogativa de função para julgamento do crime de responsabilidade estabelecida na Constituição do Brasil. Para os demais agentes, inclusive para aqueles que só têm prerrogativa de função referentemente aos crimes comuns, como os prefeitos, não há vedação que seja responsabilizado pela improbidade administrativa, julgado perante o juízo de primeiro grau, de forma cumulativa com o crime de responsabilidade em sentido estrito (processado e julgado pela respectiva Câmara Municipal)[106];

(3) os parlamentares não se sujeitam a processo de ***impeachment***, podendo, de outro lado, haver ação por improbidade administrativa contra eles, cuja competência é do juízo de primeiro grau, bem como processo de cassação do mandato na respectiva casa legislativa[107];

---

104. STJ – Terceira Seção – CC 120.848 – Rel. Min. Laurita Vaz – DJe 27/03/2012.
105. STF – Tribunal Pleno – Rcl 2138 – Rel. Min. Nelson Jobim, Rel. p/ acórdão Min. Gilmar Mendes – DJe 18/04/2008.
106. STF – Tribunal Pleno – Rcl 2138 – Rel. Min. Nelson Jobim, Rel. p/ acórdão Min. Gilmar Mendes – DJe 18/04/2008.
107. STF – Tribunal Pleno – Pet 3923 QO – Rel. Min. Joaquim Barbosa – DJe 26/09/2008.

(4) o Supremo Tribunal Federal, em sua composição anterior, contrariando a tendência de firmar a competência do juízo de primeiro grau para julgar ações de improbidade administrativa contra quem detenha prerrogativa de função na seara criminal, assentou que as ações de improbidade administrativa contra agentes públicos que tenham prerrogativa de função no Supremo Tribunal Federal, serão processadas e julgadas perante a própria Suprema Corte[108];

(5) o STJ deixou vincada a possibilidade de aplicação da Lei nº 8.429/1992 (Lei de improbidade administrativa) aos agentes políticos, porém que a competência para processá-la e julgá-la não é do juízo de primeiro grau, por não ser concebível que o juiz singular determine a perda de cargo de agentes que têm em seu favor garantida a prerrogativa de função, seja em razão de crimes comuns, seja em face de crime de responsabilidade, avivando, no ponto, sua **competência implícita complementar**[109].

(6) o STF, em sua composição atual, deliberou, em julgamento tomado por maioria, por firmar a competência do juízo de primeiro grau para julgar ação de improbidade administrativa contra agente político. Também retificou o entendimento anterior que generalizava a unicidade de regime sancionatório e equiparava as esferas de improbidade administrativa e de infração político-administrativa (delito de responsabilidade). Doravante, a Corte Suprema, capitaneada pelo Min. Roberto Barroso, assentou que apenas o Presidente da República se submente ao regime da unidade sancionatória, apenas respondendo por crime de responsabilidade. Aos demais agentes políticos, aplicável será o **duplo regime sancionatório**, incidindo as esferas relativas a infrações político-administrativas (impropriamente chamadas de crime de responsabilidade) e de improbidade administrativa[110].

O Enunciado nº 46, da Súmula Vinculante, do STF, reza que "a definição dos crimes de responsabilidade e o estabelecimento das respectivas normas de processo e julgamento são de competência legislativa privativa da União". Considerando essa competência legislativa da União depreendida do art. 22, I, da CF, foi movida reclamação perante o STF, visando restabelecer a autoridade do afirmado pela Suprema Corte. Em decisão monocrática, foi concedida a liminar requerida para "determinar a suspensão dos efeitos do Decreto Legislativo nº 003/2016 da Câmara Legislativa do Município de Nova Olinda/CE", que afastou temporariamente o prefeito do exercício do mandato antes da conclusão do processo de cassação que tramita contra ele, por ter sido considerada violada a competência legislativa da União[111].

2.7.6. Prerrogativa de função e indiciamento

A Lei nº 12.830/2013 dispõe que o indiciamento é ato privativo do delegado de polícia, que deve se dar por ato fundamentado, mediante análise técnico-jurídica do fato, que deverá indicar a autoria, materialidade e suas circunstâncias. Quando a pessoa investigada a ser indiciada é detentora de foro por prerrogativa de função, o delegado de polícia não

108. STF – Tribunal Pleno – Rcl 2138 – Rel. Min. Nelson Jobim, Rel. p/ acórdão Min. Gilmar Mendes – DJe 18/04/2008.
109. STJ – Corte Especial – Rcl 2.790/SC – Rel. Min. Teori Zavascki – DJe 04/03/2010.
110. STF – Pleno – Pet 3230 – Rel. Min. Teori Zavascki – red. p/ Min. Roberto Barroso, j. 10/5/2018.
111. STF. Suspenso afastamento de prefeito de município do CE por violação à Súmula Vinculante 46 (Reclamação nº 24461). Disponível em: <http://www.stf.jus.br/portal/cms/verNoticiaDetalhe.asp?idConteudo=321369>. Acesso em 27 jul. 2016.

pode realizar o indiciamento, salvo se autorizado pelo órgão detentor de competência para processar e julgar o investigado ou, no âmbito do STF, pelo Ministro-Relator[112]. Sobre o indiciamento, remetemos o leitor ao Capítulo 2 (inquérito policial).

2.7.7. Duplo grau de jurisdição versus cessação da prerrogativa de função

O duplo grau de jurisdição para acusados com prerrogativa de função é limitado. Em algumas situações, o duplo grau não existirá, tal como ocorre com os julgamentos de competência originária do Supremo Tribunal Federal, onde os recursos dirigidos contra acórdão condenatório são julgados pelo mesmo órgão. Quanto à competência dos demais órgãos colegiados para processar e julgar crimes contra titulares de foro por prerrogativa de função, é de ver que o duplo grau existe, porém mitigado, porquanto não há, nos recursos disponíveis, a possibilidade de reexame integral da matéria, tal qual acontece com a reapreciação das sentenças de juízes de primeiro grau, que são impugnadas por apelação.

De outro lado, a cessação da prerrogativa de função não torna nulos os atos praticados pelo juízo que até então era competente, porque ***tempus regit actum***. Os recursos contra as decisões e prazos correspondentes são aqueles previstos nas datas de suas prolações. Na hipótese inversa: quando o processo é julgado pelo juízo de primeiro grau e, depois da sentença condenatória, passa o acusado a ter prerrogativa de função porque assumiu mandato eletivo, caberá apelação (porque define o recurso e o prazo a data da prolação da sentença pelo juízo competente) e o órgão que julgará o recurso é aquele que passou a ter, seguidamente, competência para julgar o agente, em virtude do estabelecimento do foro por prerrogativa de função. Caso o agente condenado em primeira instância tenha passado a ser, depois, Deputado Federal, julgará o apelo o Supremo Tribunal Federal[113].

2.7.8. Prerrogativa de função fixada na Constituição Estadual e princípio da simetria ou do paralelismo

Para ser estabelecida prerrogativa de função pela Constituição Estadual é necessário que seja respeitado o princípio da simetria ou do paralelismo. Deve haver relação de semelhança relativamente à prerrogativa de função conferida pela Constituição Federal em razão de exercício de determinado cargo, para ser válida a regra do constituinte estadual que estabelece prerrogativa de função em face de cargo que guarda correspondência na esfera estadual, ou seja, com atribuições similares ao cargo que conta com previsão de foro privilegiado na Carta Magna.

Toda vez que o foro por prerrogativa de função for estabelecido exclusivamente na Constituição Estadual ou nas leis locais – e não na Constituição Federal –, é oponível aos órgãos do Poder Judiciário de maneira restrita, ou seja, a autoridade com prerrogativa de função será julgada pelo Tribunal de Justiça ou pelo Tribunal Regional Federal, conforme haja interesse federal. Nesse sentido, o STJ apreciou caso de deputado estadual acusado de crime que ofendia interesse da União. Embora o parlamentar detivesse prerrogativa de função gizada na Constituição do Estado-membro para ser julgado perante o Tribunal

112. STF – Tribunal Pleno – Inq 2411 QO – Rel. Min. Gilmar Mendes – DJe 25/04/2008.

113. LIMA, Renato Brasileiro. *Curso de processo penal*: volume único. Niterói: Impetus, 2013. p. 453.

de Justiça, assentou o STJ que a competência para o julgamento era do Tribunal Regional Federal, em face do que preconiza a Constituição Federal[114].

O princípio da simetria ou do paralelismo também foi empregado pelo STJ para afastar a competência do tribunal do júri e afirmar a competência do tribunal de justiça em caso de crime doloso contra a vida praticado por deputado estadual. Para a Corte, o princípio mencionado torna inaplicável a Súmula nº 721, do STF e Súmula Vinculante nº 45, ao parlamentar estadual. Em outras palavras, embora o foro por prerrogativa de função estabelecido na constituição estadual não prevaleça sobre a prerrogativa prevista na Constituição Federal, o princípio da simetria implica na competência do tribunal de justiça respectivo para julgamento dos deputados estaduais[115].

2.7.8.1. Imunidade parlamentar estadual e simetria – pendência de julgamento no STF:

É de ver que está pendente de julgamento ação que aponta afastar a aplicação do princípio da simetria em favor dos parlamentares estaduais[116]. O debate gira em torno do exame de dispositivos constitucionais estaduais que estendem a deputados estaduais as imunidades formais previstas no art. 53, da Constituição Federal, para deputados federais e senadores. No caso, resoluções de casa legislativa estadual "revogaram prisões cautelares, preventivas e provisórias de deputados estaduais e determinam o pleno retorno aos respectivos mandatos parlamentares, com todos os seus consectários", aplicando entendimento do STF fixado em demanda anterior, referido à imunidade parlamentar de congressista anterior.

A ADI 5.823/RN-MC foi proposta pela Associação dos Magistrados Brasileiros. Foi questionada a legitimidade dessa entidade de classe para promover tal ADI, diante da necessidade de pertinência temática. O STF, contudo, por maioria, deliberou que a AMB é parte legítima para tal demanda. Quanto ao mérito, três posições se formaram:

(1) O relator, Ministro Marco Aurélio – ADI 5.823/RN – "indeferiu a medida cautelar, no que foi acompanhado pelos ministros Alexandre de Moraes, Gilmar Mendes e Celso de Mello. Para ele, a leitura da Constituição Federal, sob os ângulos literal e sistemático, revela que os deputados estaduais têm direito às imunidades formal e material e à inviolabilidade conferidas pelo Constituinte aos congressistas, no que estendidas, expressamente, ao legislador local" (princípio da simetria).

(2) O Ministro Edson Fachin – Relator das ADI's 5.824 e 5.825 – considerou "preenchidos os requisitos do 'fumus boni iuris' e do 'periculum in mora', e deferiu a medida cautelar, para suspender as normas impugnadas e a eficácia das resoluções. Ele foi acompanhado pelos ministros Rosa Weber, Luiz Fux e Cármen Lúcia (Presidente). O ministro Fachin fixou interpretação conforme a Constituição, no sentido de assentar

114. STJ – Sexta Turma – HC 56.597/BA – Rel. Min. Paulo Gallotti – DJ 29/10/2007.

115. Nesse sentido: "1. Apesar de não constar do artigo 27, parágrafo 1º, da Carta Magna, expressamente, a extensão do foro por prerrogativa de função aos deputados estaduais, tem-se que as Constituições locais, ao estabelecerem para os parlamentares do estado idêntica garantia prevista para os congressistas, refletem a própria Constituição Federal, não se podendo, portanto, afirmar que referida prerrogativa encontra-se prevista, exclusivamente, na Constituição Estadual. 2. A adoção de um critério fundado na aplicação de regras simétricas, conforme preceitua a própria Carta Magna, em seu artigo 25, reforça a relevância da função pública protegida pela norma do foro privativo. 3. Conflito conhecido para declarar a competência do Tribunal de Justiça do Estado de Alagoas. (STJ – Terceira Seção – CC 105.227/TO – Rel. Min. Maria Thereza de Assis Moura – DJe 25/03/2011 – Informativo 457 do STJ).

116. STF – Pleno – ADI 5.823/RN-MC – Informativo-STF 887, de 4 a 8/12/2017 – Imunidades parlamentares.

que as regras estaduais não vedam ao Poder Judiciário decretar medidas cautelares de natureza penal em desfavor de deputados estaduais, nem conferem poderes às assembleias legislativas para revogar ou sustar os atos judiciais respectivos. Ressaltou que a decretação da prisão preventiva e medidas cautelares alternativas envolve um juízo técnico-jurídico que não pode ser substituído pelo juízo político emitido pelo Legislativo a respeito de prisão em flagrante".

(3) Em menor extensão, o Ministro Dias Toffoli deferiu a medida cautelar, "para suspender a eficácia do art. 38, § 2º, da Constituição do Estado do Rio Grande do Norte, do art. 102, § 2º, da Constituição do Estado do Rio de Janeiro e do art. 29, § 2º, da Constituição do Estado do Mato Grosso". Consoante essa posição, "a vedação da prisão prevista no art. 53, § 2º, da CF é restrita, única e exclusivamente, aos membros do Congresso Nacional. Observou que, nos demais parágrafos do art. 53, faz-se menção a deputados e senadores e somente no § 2º a referência é específica aos membros do Congresso Nacional. Ou seja, trata-se de defesa da instituição e não do mandato".

Após, o julgamento aguarda votos dos demais Ministros. Somos filiados ao primeiro entendimento.

2.7.9. Prerrogativa de função e exceção da verdade

Exceção da verdade é defesa passível de ser apresentada em processo penal por crime contra a honra, notadamente quando a acusação se funda em crime de calúnia (regra geral) ou em crime de difamação (quando o acusado é funcionário público e o fato diz respeito ao exercício de suas funções). Para que haja repercussão na competência do juízo quanto ao julgamento da exceção da verdade, a ação penal deve narrar crime contra honra cujo sujeito passivo da relação jurídica material criminosa (ofendido) é a autoridade pública com prerrogativa de função.

O crime contra honra que admite o deslocamento do julgamento da exceção da verdade pelo tribunal com competência para julgar a suposta vítima que detém prerrogativa de função é o crime de calúnia, que consiste em imputar a alguém, falsamente, fato definido como crime (art. 138, *caput*, CP). Como a difamação não consiste em imputação de fato definido como crime – podendo se tratar de imputação de contravenção –, o entendimento majoritário é que a exceção da verdade não é remetida ao tribunal competente para julgar crimes imputados ao agente com prerrogativa de foro. Isso significa dizer que o art. 85, do Código de Processo Penal, é objeto de exegese restrita:

> Art. 85. Nos processos por crime contra a honra, em que forem querelantes as pessoas que a Constituição sujeita à jurisdição do Supremo Tribunal Federal e dos Tribunais de Apelação, àquele ou a estes caberá o julgamento, quando oposta e admitida a exceção da verdade.

Movida a ação penal e oposta a ***exceptio veritatis*** pelo acusado/querelado perante o juízo de primeiro grau, este pode admiti-la ou não. Se houver admissibilidade, a exceção da verdade é julgada pelo tribunal que detiver competência para julgar a autoridade com foro privilegiado, eis que o seu acolhimento pode resvalar em reconhecimento da prática de crime cuja competência para julgamento não é do juízo de primeiro grau. Caso haja inadmissibilidade da exceção, o processo permanecerá no juízo de primeiro grau de jurisdição, eis que inexistirá ameaça de instauração de investigação policial ou processo penal contra a pessoa com prerrogativa de função.

Na esteira do STJ, o juízo de admissibilidade, o processamento e a instrução da exceção da verdade oposta em face de autoridades públicas com prerrogativa de foro devem ser feitos pelo próprio juízo da ação penal originária que, após a instrução dos autos, admitida a ***exceptio veritatis***, deve remetê-los à Instância Superior para julgamento do mérito[117].

Ademais, a depender do desfecho da exceção da verdade, o processo penal ajuizado em primeiro grau de jurisdição poderá sofrer seus efeitos: **(1)** caso a exceção seja acolhida, o juiz de primeiro grau terá de proferir sentença absolutória relativamente ao acusado do crime contra a honra, em razão do fato não constituir crime; **(2)** se a exceção da verdade for rejeitada, o juiz prosseguirá até final sentença que, naturalmente, poderá ser de condenação ou de absolvição do acusado, a depender do conjunto probatório.

De tudo que foi dito, a síntese para inferir a competência para julgar a exceção da verdade é: **(1)** querelante que detenha prerrogativa de função junto a tribunal (entendemos possível a exceção da verdade também para ações penais públicas condicionadas que veiculem imputação de crime de calúnia a acusado, conquanto o art. 85, do CPP, só faça menção a querelante); **(2)** crime contra honra de calúnia (é a regra, posição majoritária), sendo viável o manejo em face de crime de difamação e deslocamento do seu julgamento para o tribunal em casos restritos, como o de narrar contravenção); **(3)** preservação da competência do tribunal para o exame de mérito de crime que eventualmente possa ser atribuído à autoridade pública, considerando que a autoridade pública que move ação penal privada temerária pode responder por delito de denunciação caluniosa (art. 339, CP).

Com esteio nessas razões, é plausível concluir que o pedido de explicações em juízo, movido pela autoridade pública em face de suposto fato que possa configurar calúnia contra aquela, é da competência do tribunal que seja seu foro por prerrogativa de função para processamento e julgamento de infração penal a ela imputada. Note-se que o pedido de explicações é providência de ordem cautelar, com a finalidade de instruir ação penal condenatória futura, e que se destina à obtenção de tutela cautelar penal[118].

2.8. Competência absoluta *versus* relativa

Os critérios de competência absoluta ou constitucional são previstos em atenção ao interesse público. Logo, eventual desatendimento não convalidará os atos praticados no transcorrer do processo. Já a competência relativa atende, sobretudo, ao interesse das partes. Consequentemente, a transgressão aos ditames legais para a fixação da competência relativa, se não suscitada em tempo hábil, implica preclusão, e consequente prorrogação da competência, leia-se, o magistrado a princípio incompetente, passa a ser competente, por aquiescência das partes.

Já as hipóteses que levem à incompetência absoluta do juízo, podem ser suscitadas a qualquer momento.

Tanto a incompetência absoluta como a relativa podem ser declaradas de ofício. Em se tratando de incompetência relativa, acreditamos que a defesa, sob pena de preclusão, deverá sinalizar no prazo de apresentação da defesa preliminar, qual seja, dez dias (art. 396, CPP). Já o juiz, em se tratando de incompetência absoluta, poderá declinar do feito a qualquer momento. Na incompetência relativa, poderá se afastar até a absolvição sumária (art. 397,

117. STJ – Corte Especial – Rcl 6.595/MT – Rel. Min. Laurita Vaz – DJe 01/07/2013.

118. LIMA, Renato Brasileiro. *Curso de processo penal*: volume único. Niterói: Impetus, 2013. p. 453.

CPP). Merece, portanto, releitura a súmula nº 33 do STJ, afirmando que "a incompetência relativa não pode ser declarada de ofício", já que o juiz, até a fase do art. 397, poderá fazê-lo.

Há quem entenda, contudo, que, a partir da adoção do princípio da identidade física do juiz pelo Código de Processo Penal, o reconhecimento da incompetência relativa de ofício pelo juiz apenas terá lugar até o início da instrução processual, razão pela qual haveria preclusão ***pro judicato*** toda vez que fosse iniciada a instrução (preclusão para o próprio magistrado)[119]. Não nos parece que seja assim, eis que, de um lado, instrução não se inicia com a audiência, mas com todos os atos probatórios que geralmente acontece em momento anterior, seja pela realização de perícias, seja pela admissão de documentos aos autos. De outro lado, a referência preclusiva para que a competência relativa se fixe alusivamente a um só juiz, evitando incertezas quanto a tal aspecto relevante do processo, há de ser o primeiro momento seguidamente àquele que a parte tenha para suscitá-la nos autos, sendo este, para o juiz, a etapa de examinar se é o caso de absolver sumariamente ou não o acusado (art. 397, CPP).

De outro lado, em processo penal, não há óbice para que a arguição de incompetência absoluta seja feita por meio de exceção: tanto a incompetência absoluta, quanto a incompetência relativa podem ser fustigadas em exceção de incompetência. O art. 111, CPP, dispõe que as exceções serão processadas em apartado e não suspenderão, como regra, o processo principal. O juiz mandará autuar em apartado toda vez que ele não concorde de plano com a alegação de incompetência, quando haverá necessidade de ser seguido o rito próprio previsto no Código de Processo Penal. Note-se que o processo penal, no ponto, difere do processo civil. O CPC/2015 não prevê exceção de incompetência, independentemente da natureza relativa ou absoluta da competência do juízo (a incompetência absoluta ou relativa, no direito processual civil, deve ser alegada em preliminar de contestação, consoante o art. 64. Também diferentemente do Código de Processo Penal, cujo art. 567 que determina a nulidade dos atos decisórios quando se cuidar de reconhecimento de incompetência (absoluta, segundo a jurisprudência do STF), no direito processual civil, não haverá automaticamente a nulidade dos atos decisórios quando a incompetência reconhecida for absoluta.

No âmbito do tribunal, o reconhecimento de ofício de incompetência absoluta deve ser aplicado com atenção ao enunciado da Súmula nº 160, do STF, eis que esta enfatiza que é nula a decisão do Tribunal que acolhe, contra o réu, nulidade não arguida no recurso da acusação, ressalvados os casos de recursos de ofício. Em outras palavras, havendo só recurso do Ministério Público, que não argua incompetência do órgão ***a quo***, ainda que absoluta, não pode órgão ***ad quem*** (Tribunal), reconhecê-la se isso implicar prejuízo para o acusado (que, por exemplo, foi absolvido). Esse o nosso entendimento e o do STF. Naturalmente se o acusado tiver sido condenado, ainda que minimamente, o Tribunal poderá acolher a incompetência absoluta não fustigada. Porém, no órgão ***a quo*** de fato competente, haverá a limitação inerente ao princípio da vedação de ***reformatio in pejus*** indireta, de sorte que eventual condenação não exceda o patamar da pena aplicada por ocasião do primeiro julgamento.

A incompetência absoluta reconhecida impõe, segundo o STF e jurisprudência majoritária, a nulidade dos atos decisórios, enquanto a incompetência relativa só determina a remessa dos autos ao órgão judicante naturalmente competente, sem nulidade de qualquer ato. Como

119. LIMA, Renato Brasileiro. *Curso de processo penal*: volume único. Niterói: Impetus, 2013. p. 304.

dispõe o art. 567, do CPP, a incompetência do juízo anula somente os atos decisórios, devendo o processo, quando for declarada a nulidade, ser remetido ao juiz competente. Embora o STF entenda que, em regra, o recebimento de denúncia tem a natureza de despacho – e não de decisão –, fato é que entende a Suprema Corte que a incompetência absoluta reconhecida tem a força de anular inclusive o recebimento da denúncia, razão pela qual não tem ele o condão de interromper a prescrição, retirando o efeito decorrente do art. 117, do Código Penal.

Na doutrina, prevalece o entendimento de que, em que pese a lei não ter distinguido entre competência absoluta ou relativa, há de se reconhecer que, em se tratando de incompetência absoluta, não só os atos decisórios, mas também os instrutórios devem ser reputados imprestáveis. Se a incompetência é meramente relativa, é que se aproveitam os atos de prova, restando imprestáveis os atos decisórios. No entanto, com o princípio da identidade física do juiz, sendo a incompetência relativa, os atos instrutórios devem ser anulados, já que, nesse caso, a prova produzida se deu perante juiz diverso daquele competente para julgar o fato. A jurisprudência, contudo, segue a tendência de não anular a prova produzida perante juiz relativamente incompetente territorialmente só por conta do princípio da identidade física do juiz, sob o argumento de que é necessária a demonstração de prejuízo para o réu.

Temos que ressaltar que o critério territorial de fixação de competência é relativo. Os demais são de ordem absoluta. Todavia, Aury Lopes Jr., em posição minoritária, entende não ser adequado falar em competência criminal relativa, já que na esfera penal a "competência tem uma outra dimensão, completamente diversa daquela que lhe dá o processo civil. Aqui vige o princípio supremo do **juiz natural**. As pessoas têm o direito fundamental de serem julgadas por um juiz competente em razão da matéria, pessoa e lugar cujas regras estejam previamente estabelecidas"[120]. Para o autor, é intolerável a flexibilização comumente realizada com a competência ***ratione loci***.

Questão que requer atenção é o pedido de declinação de competência formulado pelo Ministério Público antes do oferecimento da denúncia. Se o juiz concorda com o pedido, não há maiores problemas porque eventual discussão sobre a fixação da competência competirá ao juízo deprecado ou o conflito de competência ou de atribuição será suscitado neste juízo ou pelo órgão ministerial que atue perante ele. Diferentemente é quando o juiz não concorda com a manifestação declinatória de competência formulada pelo ***Parquet***. Nesse caso, temos o que se convencionou chamar de pedido de arquivamento indireto, eis que a questão é tratada como se existisse um pleito de arquivamento. Como o juiz não pode obrigar o Ministério Público a oferecer denúncia e não cabe recurso em sentido estrito contra a decisão do juiz que reconhece sua competência, cabe a ele, magistrado, aplicar, por analogia, o art. 28, do Código de Processo Penal, remetendo-se os autos ao Procurador-Geral de Justiça (se o processo é de competência da Justiça dos Estados) ou à Câmara de Coordenação e Revisão do Ministério Público Federal (se o processo é de competência da Justiça Federal). Tais órgãos de controle revisional do respectivo Ministério Público terão a palavra final sobre a remessa dos autos do inquérito a outro juízo ou sobre o oferecimento de peça acusatória.

Sob outro prisma, quanto à providência ministerial no órgão judicial para o qual foi remetido o processo com denúncia, há de se distinguir: **(1)** se a declinação de competência

120. LOPES JR., Aury. *Direito processual penal e sua conformidade constitucional*. 3. ed. Rio de Janeiro: Lumen Juris, 2008. v. 1. p. 454.

foi em razão do reconhecimento de incompetência relativa, não há que se falar em ratificação da denúncia, podendo, naturalmente, haver aditamento para retificá-la, haja vista que os órgãos do Ministério Público são dotados de independência funcional; (2) se a declinatória ocorrer por força de declaração de incompetência absoluta do órgão judicial, será necessária a ratificação, a (re-)ratificação ou a apresentação de nova denúncia por parte do órgão do Ministério Público que funcionar junto ao juízo competente. A falta de ratificação ou de nova denúncia implica a inexistência jurídica do processo.

2.9. Prevenção

Como já visto, prevenção significa antecipação, e concorrendo dois ou mais juízes igualmente competentes ou com jurisdição cumulativa, prevalente é aquele que primeiro pratica atos do processo ou medidas relativas ao futuro processo, ainda que anteriores ao oferecimento da denúncia ou da queixa. Ex.: juiz que decide, na fase do inquérito, sobre a prisão preventiva, torna-se, pela prevenção, competente para a futura ação penal.

Juízes igualmente competentes são aqueles que possuem mesma competência material e territorial. Já os magistrados com competência cumulativa possuem idêntica competência material, mas estão situados em foros diferentes.

O CPP disciplina as hipóteses de estabelecimento da prevenção. Vejamos:

(a) quando incerto o limite territorial entre duas ou mais jurisdições, e a infração tenha sido praticada em suas divisas (art. 70, § 3º);

(b) tratando-se de crime continuado ou permanente, que se estenda pelo território de mais de uma jurisdição (art. 71);

(c) não sendo conhecido o local da consumação do delito, a competência territorial é firmada pelo domicílio ou residência do réu (art. 72, *caput*). Se ele tem mais de uma residência, ou não possui residência, ou é desconhecido o seu paradeiro, a competência é firmada pela prevenção (art. 72, §§ 1º e 2º).

(d) havendo conexão entre duas ou mais infrações e não ocorrendo a solução pelas regras do art. 78, II, "a" e "b", a competência é também firmada pela prevenção (art. 78, II, "c").

Por sua vez, não firma prevenção a atuação do magistrado em escala de plantão, em razão da natureza excepcional do serviço prestado, como ocorre com os juízes que funcionam durante os feriados ou finais de semana. Da mesma forma, apreciação de *habeas corpus*, impetrado ainda na fase do inquérito tendo o delegado como autoridade coatora, não fixa prevenção para o futuro processo. Sendo o ***habeas corpus*** ação autônoma de impugnação, não vai se prestar a estabelecer tal vínculo.

Como sequer tangenciam o mérito de eventual ação penal condenatória futura, as medidas meramente preparatórias não têm força para prevenir o juízo, tal como o pedido de explicações em juízo (art. 144, CP). Isso porque não há propriamente jurisdição no sentido de "declarar o direito à espécie", mas apenas atividade de formação de documentos, juntamente com a resposta da pessoa que figura no polo passivo do pedido de explicação. As decisões do juiz plantonista também não induzem prevenção, a exemplo das que apreciam o auto de prisão em flagrante para os fins do art. 310, do CPP (relaxamento da prisão, conversão em prisão preventiva ou concessão de liberdade provisória com ou sem fiança).

2.10. Distribuição

Havendo mais de um juiz competente na comarca, a competência firmar-se-á pela distribuição, que nada mais é do que um instituto disciplinador de serviços[121], significando a repartição dos processos entre juízes igualmente competentes (art. 75, parágrafo único, CPP). Trata-se de critério de fixação concreta da competência do juízo definido por competente. O desatendimento à regra da distribuição gera incompetência de natureza relativa, segundo jurisprudência dominante do STJ[122] e do STF[123].

A precedência da distribuição nas comarcas ou seções judiciárias onde existir mais de um juiz com idêntica competência em razão da matéria e do território, definirá a competência. Se a distribuição for de procedimento para apreciação de providência de natureza cautelar, tais como concessão de fiança, medidas assecuratórias de arresto, sequestro ou hipoteca legal, decretação de prisão preventiva, prisão temporária, medidas cautelares diversas da prisão (art. 319, CPP), diligência de busca e apreensão ou interceptação telefônica, ocorrerá, em regra, prevenção do juiz para a ação penal futura. Em outras palavras, a ação penal ajuizada deverá ser distribuída por dependência (não por sorteio) ao juiz que primeiro apreciou o fato que tangencia, ao menos superficialmente, o mérito da demanda condenatória.

2.11. Conexão e continência

Previstas nos artigos 76 e 77, do CPP, não são bem um critério de fixação de competência, e sim de modificação desta, atraindo para um determinado juízo crimes e/ou infratores que poderiam ser julgados separadamente. Resumidamente, a conexão e a continência estabelecem, em verdade, vínculos de atração, que permitem uma reunião processual de elementos que seriam passíveis de processos distintos, perante órgãos jurisdicionais diversos. Vejamos:

2.11.1. Conexão

É a interligação entre duas ou mais infrações, levando a que sejam apreciadas perante o mesmo órgão jurisdicional. Infrações conexas são aquelas que estão interligadas, merecendo portanto, em prol da celeridade do feito e para evitar decisões contraditórias, apreciação em processo único.

Resta-nos saber quais são os motivos legais que levam ao reconhecimento da conexão, isto é, quais são as causas que estabelecem o instituto. Passaremos, assim, a identificá-las, realizando a classificação das hipóteses de conexão:

2.11.1.1. Conexão intersubjetiva (art. 76, I, CPP)

Teremos duas ou mais infrações interligadas, e estas infrações devem ter sido praticadas por **duas ou mais pessoas**. Na conexão intersubjetiva, encontraremos obrigatoriamente pluralidade de criminosos. A conexão intersubjetiva se triparte em:

121. TOURINHO FILHO, Fernando da Costa. *Manual de processo penal*. 5. ed. São Paulo: Saraiva, 2003. p. 251.
122. STJ – Quinta Turma – RHC 12.998/MG – Rel. Min. Feliz Fischer – DJ 23/06/2003.
123. STF – Segunda Turma – RHC 117096 – Rel. Min. Ricardo Lewandowski – DJe 14/10/2013.

2.11.1.1.1. Conexão intersubjetiva por simultaneidade

Nesta modalidade, ocorrem várias infrações, praticadas ao mesmo tempo, por várias pessoas reunidas. Ou seja, o vínculo entre as infrações se materializa pelo fato delas terem sido praticadas nas mesmas circunstâncias de tempo e de espaço. Ex.: torcedores enfurecidos que depredam estádio de futebol, **sem estarem previamente acordados**. São vários os crimes de dano, que devem ser julgados em conjunto, pois são conexos.

2.11.1.1.2. Conexão intersubjetiva concursal

Ocorre quando várias pessoas, **previamente acordadas**, praticam várias infrações, embora **diverso o tempo e o lugar**. Ex.: gangue que pratica vários delitos em determinada cidade, porém em bairros diversos, para dificultar o trabalho da polícia. São também vários crimes praticados, mas em concurso de agentes, e que devem ser julgados conjuntamente, pois conexos.

2.11.1.1.3. Conexão intersubjetiva por reciprocidade

Ocorre quando várias infrações são praticadas, por diversas pessoas, **umas contra as outras**. A reciprocidade na violação de bens jurídicos é que caracterizaria o vínculo. Ex.: num duelo, desafiante e desafiado acabam sofrendo e provocando lesões corporais recíprocas.

É bom lembrar que o crime de rixa não serve de exemplo para caracterizar a conexão por reciprocidade, pois, para haver conexão, obrigatoriamente devem existir duas ou mais infrações vinculadas. Na rixa, o crime é único.

2.11.1.2. Conexão objetiva, material, teleológica ou finalista (art. 76, II, CPP)

Ocorre quando uma infração é praticada para facilitar ou ocultar outra, ou para conseguir impunidade ou vantagem. Ex.: comparsa que mata o outro para ficar com todo o produto do crime; homicida que além da vítima, mata a única testemunha para ficar impune.

2.11.1.3. Conexão instrumental ou probatória (art. 76, III, CPP)

Tem cabimento quando a prova de uma infração ou de suas elementares influir na prova de outra infração. Ex.: prova do crime de furto influindo decisivamente na comprovação e responsabilização do agente receptador. O evidente vínculo (objetivo) entre as infrações leva ao julgamento em processo único. Assim, não bastam razões de mera conveniência no ***simultaneus processus***, reclamando-se que haja vínculo objetivo entre os diversos fatos criminosos[124].

2.11.1.4. Conexão na fase preliminar investigatória

A conexão implica reunião de processos, não existindo disciplina normativa quanto à questão das investigações policiais. ***A priori***, não haverá reunião de inquéritos em razão da conexão, devendo cada qual tramitar separadamente na circunscrição em que houve a consumação do delito. Lembra Guilherme Nucci, contudo, que "sendo útil ao

124. STJ – Quinta Turma – HC 105.446 – Rel. Min. Arnaldo Esteves Lima – DJe 03/08/2009.

esclarecimento e busca da verdade real, pode-se providenciar a sua união em uma só delegacia ou departamento policial, desde que conte com a autorização judicial, ouvindo-se antes o Ministério Público"[125].

2.11.2. Continência

É o vínculo que une **vários infratores a uma única infração**, ou a ligação de várias infrações por decorrerem de conduta única, ou seja, **resultarem do concurso formal de crimes**, ocasionando a reunião de todos os elementos em processo único. Assim teremos:

2.11.2.1. Continência por cumulação subjetiva (art. 77, I, CPP)

Ocorre quando duas ou mais pessoas concorrerem para a prática da **mesma infração**. Como todos aqueles que concorrem para o crime devem por ele ser responsabilizados, nada mais razoável que sejam julgados em processo único. Ex.: coautoria em homicídio. Os agentes deverão ser processados conjuntamente, em face da continência.

2.11.2.2. Continência por cumulação objetiva (art. 77, II, CPP)

Ocasiona a reunião em um só processo de vários resultados lesivos advindos de uma só conduta. Portanto, caracterizado o concurso formal de infrações (arts. 70, 73 e 74, CP), a reunião para julgamento em um único feito ocorre em razão da continência.

2.11.3. Preclusão e momento de reconhecimento da conexão ou continência

A conexão e a continência podem ser reconhecidas quando da propositura da ação penal, no momento em que o juiz recebe integralmente a petição inicial, tal como formulada pela parte autora. Na hipótese, a reunião de fatos para julgamento único ocorre originariamente, mediante ato do juiz que defere, sem reservas, o processamento da denúncia ou da queixa que descreve fatos conexos ou continentes.

Sob outra vertente, é perfeitamente possível o reconhecimento superveniente da conexão e da continência, para o fim de ser determinada a reunião de julgamentos relativamente a fatos descritos em petições iniciais diversas, objetos de processos distintos. No entanto, para tal proceder é necessário que haja compatibilidade de fases processuais e que não haja prejuízo à eficácia do direito ao contraditório e à ampla defesa do imputado.

Tal aspecto é objeto do art. 82, do Código de Processo Penal, que dispõe que se ocorrer a instauração de processos diferentes, a autoridade de jurisdição prevalente deverá avocar os autos que estejam em trâmite perante outros juízes. O dispositivo limita esse poder ao que denomina "sentença definitiva", vale dizer, para o Código de Processo Penal, a prolação de "sentença definitiva" é obstáculo ao reconhecimento de conexão ou de continência verificada posteriormente.

A parte final do aludido enunciado enfatiza, de forma imprópria, que "a unidade dos processos só se dará, ulteriormente, para o efeito de soma ou de unificação das penas". Trata-se de previsão ociosa porque, independentemente de haver conexão ou continência,

125. NUCCI, Guilherme de Souza. *Manual de processo penal e execução penal*. 3. ed. São Paulo: RT, 2007. p. 274.

no curso do processo de execução penal, compete ao juiz proferir decisão de unificação das penas, relativamente a cada acusado (art. 66, III, "a", LEP). Note-se que pode haver fato delituoso continente imputado a réus distintos, a exemplo do homicídio praticado em coautoria por dois agentes (art. 77, I, CPP). Nessas condições, não haverá unificação de pena, sendo formado um processo de execução penal para cada apenado.

Sem embargo, de acordo com o citado art. 82, do Código de Processo Penal, se já houver "sentença definitiva" em um dos processos com conteúdo fático conexo ou continente, haverá preclusão *pro judicato*, restando vedado ao juiz com jurisdição prevalente avocar processo. Contudo, o que é "sentença definitiva" segundo o art. 82, do CPP? O sentido dessa expressão é de sentença final, de mérito, ainda que sem trânsito em julgado, podendo ser sentença absolutória, sentença condenatória ou sentença extintiva de punibilidade.

Algumas sentenças finais não se amoldam ao conceito de "sentença definitiva" para os fins do art. 82, do Código. Dentre as que não são enquadráveis estão a sentença de impronúncia, a sentença que indefere petição inicial, a decisão de arquivamento de inquérito policial, haja vista que têm natureza terminativa. Caso a decisão de arquivamento de inquérito policial ou a de indeferimento da petição inicial contiver declaração que as torne aptas à produção de coisa julgada, ainda que pendente de recurso, não caberá a avocação de processos sob o pretexto de existir conexão.

Dúvida relevante existe a respeito da aplicação do art. 82, do CPP, relativamente à decisão de pronúncia. A pronúncia do réu para submissão a júri popular é decisão interlocutória mista não terminativa. Não tem aptidão para produção de coisa julgada material, submetendo-se apenas a regras preclusivas. A finalidade maior da pronúncia é delimitar a imputação para o fim de assegurar a competência dos jurados para o julgamento de crime doloso contra a vida.

Entendida sua natureza, surge a questão, diante da descoberta de conexão ou continência superveniente à pronúncia do acusado, estaria o juiz da instrução preliminar impedido de avocar processos com fatos conexos ou continentes?

Três posições são possíveis em torno da questão, em virtude do Código não dispor expressamente sobre o problema envolvendo a prolação da decisão de pronúncia e a descoberta posterior do fato conexo ou continente, porém anterior à sessão plenária de julgamento.

A primeira corrente, baseada na ausência de previsão legal, defende que não deve ser admitida a avocação de processo quando verificada a conexão ou a continência depois de proferida a decisão de pronúncia, ainda que não preclusa, eis que já seria "sentença definitiva" em sentido amplo. A falta de autorizativo para a reunião de julgamentos após definida a competência para o julgamento obsta a reunião, aliada ao fato de se tratar de fase processual inconciliável com outro processo em estágio inicial ou instrutório.

A segunda posição entende que a prolação de pronúncia só é óbice à reunião de processos, por meio da avocação, quando não preclusa pelo decurso do prazo às partes sem interposição de recurso em sentido estrito. Depois da preclusão da pronúncia, ela se torna equiparada à "sentença definitiva", além do que se consolidam direitos no âmbito subjetivo das partes. Eventuais retrocessos causariam prejuízo a direitos fundamentais, notadamente ao contraditório e à ampla defesa.

O terceiro entendimento, sustentado por Guilherme Nucci, sustenta a aplicação analógica do § 2º, do art. 421, do CPP, para admitir o reconhecimento de conexão ou de continência posterior à pronúncia, ainda que já tenha se operado a preclusão. A fim de homenagear o contraditório e a defesa ampla, essa posição pondera que deve ser admitido aditamento à inicial, com a tomada das cautelas necessárias à sua efetivação[126].

Ponderando vantagens e desvantagens na admissão do reconhecimento da conexão ou da continência em momento posterior à pronúncia, deve ser realçado o risco de julgamentos conflitantes caso não sejam reunidos os processos. Como a pronúncia não transita em julgado, sendo decisão posta em permeio ao procedimento do júri, a posição de Nucci é mais apropriada à efetivação dos direitos fundamentais, pelo que nos filiamos a ela.

Afinal, o art. 3º, do CPP, admite a analogia para os casos não resolvidos pelas disposições legais específicas. De toda sorte, deve-se frisar que a admissão de novo fato, conexo ou continente, depois de já pronunciado o acusado, não pode implicar dificuldade para que o réu refute a tese da acusação, bem como exerça o contraditório e, amplamente, o seu direito de defesa.

2.12. Foro prevalente

Havendo conexão ou continência, e a consequente necessidade de reunião em um só processo das diversas infrações ou dos vários criminosos, resta a seguinte indagação: perante qual órgão jurisdicional haverá a reunião, ou seja, qual o juízo ou tribunal que recepcionará todo o julgamento? Para responder a tal questão, necessitaremos estudar as regras do foro prevalente, diga-se, aquele que chamará para si, por força de lei, a responsabilidade para apreciar todo o conjunto de infrações e/ou de infratores. Passaremos a enfrentar as regras de prevalência, disciplinadas na sua essência no art. 78 do CPP, com a advertência de que caso a reunião em um só processo implique violação das regras de competência fixadas na Constituição Federal, restará impossibilitada a junção, de sorte que a separação processual será a única saída. Senão vejamos.

2.12.1. Concurso entre júri *versus* jurisdição comum ou especial

Se um crime doloso contra a vida for conexo a outro crime comum, ambos serão apreciados pelo Tribunal Popular, pois este é o prevalente. O júri aprecia os crimes dolosos contra a vida, e além deles, os crimes que lhes sejam conexos. Com o advento da Lei nº 11.313/2006, alterando o art. 60, da Lei nº 9.099/1995, havendo concorrência entre crime doloso contra a vida e infração de menor potencial ofensivo, ambos irão a júri, devendo-se, contudo, quanto a esta última, oportunizar-se a transação penal e a composição civil dos danos. Acreditamos que neste caso, antes do processo se iniciar regularmente, deve ser realizada audiência preliminar, para que a tentativa de composição civil e de transação penal seja efetivada em prol da infração de menor potencial ofensivo. Se a audiência for frustrada, malogrando a composição civil ou a transação, é que as infrações tramitarão juntas no processo.

126. NUCCI, Guilherme de Souza. *Manual de processo penal e execução penal*. 6. ed. São Paulo: RT, 2010. p. 290.

Se houver a concorrência entre o júri e crime de competência da Justiça Federal, ambos serão apreciados dentro do júri a ser realizado na esfera federal.

Já havendo a concorrência entre o júri e crime de competência da jurisdição especial, seja ela militar ou eleitoral, deverá ocorrer a separação de processos.

2.12.2. Concurso entre jurisdições de diversas categorias

Havendo concorrência entre órgãos de hierarquia distinta, prevalecerá a de maior graduação. A título de exemplo: se um Deputado Federal comete infração em concurso com cidadão comum, ambos serão julgados, em razão da continência por cumulação subjetiva, perante o STF, órgão naturalmente competente para julgar o Deputado, e que prevalecerá para julgar, também, o cidadão desprovido de foro privilegiado que concorreu para o crime, e que normalmente seria julgado perante o juízo de primeiro grau. Como a continência implica reunião de julgamento, ambos serão processados perante o órgão de maior hierarquia. Esta atração não ocasiona prejuízo, nem viola o princípio do juiz natural. Neste sentido, a súmula nº 704 do STF: "não viola as garantias do juiz natural, da ampla defesa e do devido processo legal a atração por continência ou conexão do corréu ao foro por prerrogativa de função de um dos denunciados."

Acreditamos, contudo, que se os autores do delito possuem foro privilegiado previsto na Constituição Federal, impõe-se a separação de processos, pois a aplicação das regras de foro prevalente, em razão da conexão ou continência, desaguaria na violação da própria Carta Magna. Ex.: se Governador praticar infração penal juntamente com Senador, como é a própria Constituição Federal que define o foro privilegiado para ambos, sendo o Governador julgado perante o STJ e o senador perante o STF, obriga-se, para respeito ao juízo natural constitucionalmente fixado, a separação dos processos. Este, contudo, não foi o entendimento adotado pela Suprema Corte, ao consagrar que a concorrência numa mesma infração de membro do STJ e do TRF levaria a que todos fossem julgados perante o STF, reunindo-se, portanto, no tribunal mais graduado[127], não havendo que se falar em prejuízo ao imputado (Informativo nº 529). É também a posição de Eugênio Pacelli, aduzindo: "o tribunal de maior hierarquia sempre preencherá os requisitos pelos quais se instituiu a competência daquele que lhe é inferior. Exemplo: Governador de Estado e Deputado Federal acusados de determinado crime deverão ser julgados no Supremo Tribunal Federal. A unidade da jurisdição, seguramente, impõe tal conclusão"[128]. É a posição que tem prevalecido.

Por fim, se autoridade com foro estatuído na Constituição Federal incorrer em crime doloso contra a vida juntamente com outrem que não possui tal prerrogativa, resta a conclusão de que haverá separação de julgamento, pois aqueles que possuem foro privilegiado disciplinado na CF não irão a júri (Súmula vinculante nº 45 e Súmula nº 721, STF), ao passo que as demais pessoas, têm consagrado no art. 5º, inciso XXXVIII, da CF/1988, o seu juiz natural para os crimes dolosos contra a vida, qual seja, o tribunal popular. Embora

127. Inq 2424/RJ, rel. Min. Cezar Peluso, 19 e 20.11.2008.

128. OLIVEIRA, Eugênio Pacelli de. *Curso de Processo Penal*. 2.ed. Belo Horizonte: Del Rey, 2003. p. 281.

este entendimento encontrasse resistência na Máxima Corte[129], tem sido o posicionamento predominante do STF, em significativa mudança jurisprudencial[130-131].

É de ver que o concurso entre jurisdições de diversas categorias, em razão de um dos agentes possuir foro por prerrogativa de função, impõe, de maneira não absoluta, a reunião de processos. Caso o relator ou tribunal entenda não ser conveniente a reunião, é possível o desmembramento do processo para que um ou mais réus seja julgado na primeira instância. É a dicção do art. 80, do CPP. No processo conhecido como "mensalão", o STF decidiu por remeter o julgamento de um dos réus – que havia sido prejudicado em face de nulidade absoluta decorrente de vício de intimação – a julgamento pelo juiz singular, excepcionando a regra do *simultaneus processus.*[132]

O Supremo Tribunal Federal, ao apreciar ação de reclamação, afirmou que "o desmembramento do processo em relação a imputados que não possuam prerrogativa de foro, deve ser a regra, diante da excepcionalidade do foro por prerrogativa de função, ressalvadas as hipóteses em que possa causar prejuízo relevante"[133]. Em sentido semelhante, em sede de investigação preliminar e "diante da negativa de autorização por parte da Câmara dos Deputados para instauração de processo penal em face do Presidente da República e de Ministros de Estado", a Suprema Corte concluiu pelo "desmembramento dos autos em relação a diversos investigados não detentores de foro por prerrogativa de função no Supremo Tribunal Federal, determinando-se a remessa dos autos ao competente juízo de primeira instância"[134].

No entanto, essa contingência de não se saber ao certo como deliberará o tribunal de maior grau de jurisdição – se pela separação de julgamentos ou pela reunião de processos –, milita contrariamente à garantia do juiz natural. Na dicção de Gustavo Badaró, "a incerteza sobre o julgamento conjunto ou a separação dos processos impede que se conclua pelo respeito à garantia de predeterminação do juiz cometente, nos termos do art. 5º LIII, da CF, em relação aos cidadãos comuns, que venham a praticar crimes em concurso de agentes com pessoas que tenham prerrogativa de função, ou que pratique crime conexo a

129. Veja-se, a título de exemplo, o entendimento anterior da Máxima Corte: "Tendo em vista que um dos denunciados por crime doloso contra a vida é desembargador, detentor de foro por prerrogativa de função (CF, art. 105, I, a), todos os demais coautores serão processados e julgados perante o Superior Tribunal de Justiça, por força do princípio da conexão. Incidência da súmula 704/STF. A competência do Tribunal do Júri é mitigada pela própria Carta da República (STF – Segunda Turma – HC 83583 – Rel. Min. Ellen Gracie – DJ 07/05/2004).

130. Os atuais precedentes podem ser ilustrados através dos seguintes julgados: STF – Primeira Turma – HC 89056/MS – DJe 03/10/2008; RE 564991 ED/ES – Rel. Min. Marco Aurélio – DJe 20/09/2011.

131. O STJ tem precedente também no sentido por nós defendido: "A jurisprudência desta Corte e do Supremo Tribunal Federal tem proclamado que, em caso de crime doloso contra a vida cometido por mais de uma pessoa, aquele que não ostenta foro por prerrogativa de função deve ser julgado perante o Júri Popular, em consonância com o preceito normativo do art. 5º, XXXVIII, "d", da Constituição Federal" (STJ – Sexta Turma – HC 52.105/ES – Rel. Min. Og Fernandes – DJe 13/06/2011).

132. STF – Tribunal Pleno – AP 470 – Rel. Min. Joaquim Barbosa – DJe 22/04/2013.

133. Noticiado no Informativo nº 913, de 27 a 31.8.2018 – Verbete "Reclamação e concessão de 'habeas corpus' de ofício" – Transcrições (STF – Reclamação 24.506/SP – Rel. Min. Dias Tófoli). Precedente citado: Inq nº 2.903/AC-AgR, Pleno, Relator o Ministro Teori Zavaschi, DJe de 1º/7/14.

134. STF – Inq 4483 AgR-segundo-DF; Inq 4327 AgR-segundo-DF – Rel. Min. Edson Fachin – julg. em 14 e 19/12/2017 – Informativo n° 888, de 11 a 19 de dezembro de 2017. Na ocasião, acrescentou que "a imunidade formal do Presidente da República, disposta no art. 51, inciso I, e no art. 86, 'caput', da Constituição do Brasil, tem por objetivo "tutelar o exercício regular dos cargos de Presidente da República e de Ministro de Estado, razão pela qual não é extensível a codenunciados que não se encontram investidos em tais funções".

outro de autoria de detentor de foro por prerrogativa de função". A imprecisão do art. 80, do CPP, prejudica a desejável predeterminação do juiz competente para o acusado sem prerrogativa de função, razão pela qual deve ser entendida como obrigatória a reunião, porquanto a separação de processos, "na verdade, significa alteração de competência"[135].

2.12.3. Concurso entre jurisdição comum *versus* especial

Na concorrência entre a Justiça comum e a especializada, esta última prevalecerá. Logo, havendo conexão entre crime eleitoral e outro comum, ambos serão apreciados perante a justiça especializada eleitoral. Destarte, a justiça eleitoral julga as infrações eleitorais e as comuns conexas.

No entanto, a justiça eleitoral somente julga, por força da aplicação da regra de conexão, as infrações penais conexas de competência da justiça estadual. No que toca à competência da justiça federal para julgar crimes na forma do art. 109, da Constituição de 1988, essa não deve ser afastada pelas disposições que regulam conexão e continência, preconizadas pelos arts. 76 e 77, do CPP.

A justificativa é a de que a competência da justiça federal para julgar crimes, embora de natureza comum, tem sede na Constituição de 1988, razão pela qual não deve ser aplicado enunciado infraconstitucional para afastar a incidência da lei maior (critério hierárquico da Constituição diante da legislação infraconstitucional). Daí que, havendo relação de conexão entre crime eleitoral e crime federal, a regra é a de que os processos sejam apartados[136].

A Segunda Turma do STF, no entanto, afirmando – corretamente – que a jurisprudência da Corte entende que, "havendo conexão entre crimes de competência da Justiça Eleitoral e crimes de competência da Justiça comum" (estadual), "prevalecerá a primeira", findou por aplicar esse raciocínio a questão que envolvia possível confronto entre Justiça Eleitoral e a Justiça Federal. Reputou, assim, que aquela Justiça, especializada, é "foro prevalente" na hipótese de concurso entre sua jurisdição e a da Justiça Federal. A hipótese vertente consistia na apreciação de supostas delações eleitorais, cuja "questão de fundo dos depoimentos", poderia "configurar crime eleitoral, o que atrai a competência da Justiça especializada"[137].

Quanto à justiça especializada militar, não se aplica também regras de conexão ou de continência para atrair sua competência para julgar crimes comuns. Afinal, a justiça militar só aprecia infrações militares. Havendo relação de conexão entre crime militar e qualquer outra infração que não seja militar, resta a separação de processos.

Concorrendo a justiça comum estadual com a federal, em que pese ambas serem comuns, prevalecerá a federal. Se crime federal é conexo com estadual, ambos serão apreciados

135. BADARÓ, Gustavo, Henrique. *Juiz natural no processo penal*. São Paulo: RT, 2014. p.393-395.

136. Nesse sentido precedentes do STJ (Terceira Seção – CC 201300362786 – Rel. Ministro Marco Aurélio Bellizze – DJE DATA: 30/04/2013.

137. STF – Segunda Turma – PET 6694 – Rel. Min. Dias Toffoli – j. 3/4/2018. No mesmo diapasão, em outro julgado, provido "agravo regimental interposto contra decisão que havia determinado a cisão de investigações com a remessa de declarações prestadas em colaboração premiada às Seções Judiciárias do Distrito Federal e do Paraná", para – considerando a matéria "única e exclusivamente eleitoral, e, por se tratar de delitos eleitorais conexos com crimes comuns" – ordenar seu processamento naquela justiça especializada. De tal modo, o Colegiado "determinou o envio dos termos de depoimento dos colaboradores e de eventual documentação correlata à Justiça Eleitoral" (STF – Segunda Turma – PET 7319/DF, rel. Min. Edson Fachin, julgamento em 27.3.2018 -Informativo 895, de 19 a 30 de março de 2018).

na esfera federal. Neste sentido, a súmula nº 122 do STJ: "compete à Justiça Federal o processo e julgamento unificado dos crimes conexos de competência federal e estadual, não se aplicando a regra do art. 78, II, a, do CPP".

Note-se que diversa solução será aplicada se houver conexão entre crime de competência da justiça federal e contravenção penal. Como a justiça comum federal de primeira instância não tem competência para julgar contravenções penais (art. 109, IV, segunda parte, CF/1988), a regra é a de que sejam cindidos os processos. Nessa linha, a Súmula 38, do STJ, é expressa no sentido de que compete à justiça estadual comum, na vigência da Constituição de 1988, o processo por contravenção penal, ainda que praticada em detrimento de bens, serviços ou interesse da União ou de suas Entidades.

Excepcionalmente, pensamos que a justiça comum federal, de segunda instância, pode julgar contravenção penal, relativamente aos agentes públicos que detém prerrogativa de função junto aos tribunais regionais federais, malgrado o art. 108, inciso I, "a", da CF/1988, faça menção a "crime" e não a contravenção penal.

2.12.4. Concurso entre jurisdições de mesma categoria

Havendo concorrência entre jurisdições de categoria similar, aplicaremos as seguintes regras:

(a) Prevalecerá o local da consumação da infração mais grave. Ex.: roubo consumado em Vitória da Conquista-BA, conexo com duas receptações consumadas em Porto Seguro-BA. Sabemos que a competência territorial é definida pelo local da consumação da infração. Como há conexão, teremos de reunir infrações consumadas em locais diversos perante um único juízo. Qual? No exemplo dado, todas serão apreciadas perante o juízo de Vitória da Conquista, pois lá ocorreu a consumação da infração mais grave. Essa regra será aplicada, mesmo que a infração de maior gravidade seja conexa com outra que tenha o ***status*** de menor potencial ofensivo. Sendo assim, a infração de menor potencialidade lesiva sai da esfera dos juizados, se for conexa com outra que não o seja, cabendo ao juízo competente para apreciar a mais grave, o julgamento de ambas. Repise-se que mesmo fora dos juizados, deve ser oportunizado para a infração de menor potencial ofensivo a transação penal e a composição civil dos danos, pelo acréscimo do parágrafo único ao art. 60, da Lei nº 9.099/1995, imprimido pela Lei nº 11.313/2006.

(b) Se as infrações interligadas tiverem igual gravidade, prevalecerá o juízo do local da consumação do maior número de crimes. No exemplo acima, se tivéssemos ao invés do roubo, um furto consumado em Vitória da Conquista conexo às mesmas duas receptações em Porto Seguro, como todas as infrações possuem igual gravidade, ou seja, têm pena abstrata de 1 a 4 anos de reclusão, prevalecerá Porto Seguro, local da consumação da maior quantidade de delitos.

(c) Já se as infrações forem em igual gravidade e quantidade, a regra do foro prevalente será solucionada pela prevenção. Se tivéssemos o furto conexo a apenas uma receptação, a prevenção definiria o juízo prevalente.

Observação importante: se, mesmo havendo conexão ou continência, os processos tramitarem separadamente, a autoridade de jurisdição prevalente deverá avocar os processos que corram perante os outros magistrados, salvo se já tiver, no processo desgarrado, a prolação de sentença definitiva (art. 82, CPP). A expressão **sentença definitiva** deve ser interpretada como a sentença que encerrou a primeira fase processual, podendo, contudo, ainda ser passível de recurso. Esta conclusão é a mais adequada, impedindo a avocação de processos que se encontrem na fase recursal, afinal, não se cogitaria da possibilidade de o juiz prevalente modificar a sentença proferida em processo que tramitou perante outro órgão. Se os processos correram separadamente, advindo sentença naquele que tramitou distante do juízo prevalente, não há de se falar em avocatória, cabendo, entretanto, a junção posterior para efeito de soma ou unificação das penas, já na fase de execução.

2.13. Separação de processos

Mesmo havendo conexão ou continência, como já advertido, é possível que os processos tramitem separadamente, seja porque a lei impõe, e nesse caso teremos apartação obrigatória, notadamente quando a unificação implique violação aos critérios de competência estabelecidos na CF, seja por conveniência, quando então a separação é facultativa. Vejamos.

2.13.1. Separação obrigatória

O art. 79, do CPP, indica, exemplificativamente, hipóteses de separação compulsória. São elas:

2.13.1.1. Concurso entre a jurisdição comum e a militar

Como já tratado anteriormente, a justiça militar aprecia apenas as infrações militares (arts. 9º e 10, CPM). Neste contexto, havendo conexão entre crime militar e comum, é de rigor a separação de processos. Da mesma forma, se a conexão é entre delito militar e eleitoral.

2.13.1.2. Concurso entre a jurisdição comum e o juízo de menores

Preceitua o art. 228, da CF/1988, conjugado com o art. 104, da Lei nº 8.069/1990, Estatuto da Criança e do Adolescente, que os menores de dezoito anos são inimputáveis. Havendo concurso entre maiores e menores, impõe-se a separação, afinal, estes últimos não praticam crime, ficando submetidos às medidas socioeducativas previstas na legislação especial, em razão da prática de eventuais atos infracionais.

2.13.1.3. Superveniência de doença mental

Esta situação é por demais interessante. Sabemos que os criminosos que têm a capacidade de entender e querer, logo imputáveis, devem ser processados para a consequente aplicação de pena. Sabemos também que durante o processo temos assegurada a ampla defesa, que é a conjugação da defesa técnica, por profissional habilitado, obrigatória, mas também é possível a autodefesa, que é a exercida pelo próprio réu. Caso um imputável venha a praticar infração penal e após este evento ocorra a inimputabilidade, uma vez iniciado o processo, este ficará suspenso, aguardando que o agente recobre a sanidade, já que está impossibilitado de exercer a autodefesa, e como à época do fato era imputável, o objetivo é que lhe seja aplicada pena. Em havendo corréus, e advindo a insanidade em razão de um deles, restará a separação de processos, pois o procedimento irá evoluir apenas em razão do imputável.

2.13.1.4. Fuga de corréu

Havendo fuga, é possível que o processo fique suspenso, em razão da impossibilidade do julgamento à revelia. É o que ocorre pela leitura do art. 366, do CPP: se um dos corréus for citado por edital, não comparecer e nem nomear advogado, o processo, quanto a ele, ficará suspenso, e estará suspenso também o curso do prazo prescricional, aguardando-se que seja encontrado. Consequentemente, em que pese ter se iniciado processo único abarcando todos os infratores, não haverá unidade de julgamento, afinal, o processo não evoluirá em relação ao agente não encontrado para ser citado pessoalmente[138].

Situação semelhante acontecia no procedimento do júri, pois havendo corréus pronunciados por crime doloso contra a vida inafiançável, era obrigatória a intimação pessoal da decisão de pronúncia. Se um deles não era localizado e a intimação pessoal malograva, o julgamento só prosseguia quanto ao infrator intimado pessoalmente. Já o prazo prescricional continuava correndo. Era a crise de instância, pois o processo ficava paralisado enquanto o ato não era realizado. Com a alteração do art. 420, do CPP, pela Lei nº 11.689/2008, não sendo possível a intimação pessoal da decisão de pronúncia, haverá a intimação editalícia, e o réu não encontrado será julgado à revelia, estando, portanto, suprimida tal hipótese de separação.

No júri, também era possível o desmembramento para julgamento, em se tratando de crime inafiançável, se um dos corréus não comparecesse para a sessão de julgamento. O réu presente seria julgado, e, se existissem elementos que levassem a crer que o ausente estava tentando se eximir da responsabilidade penal, poderia ser-lhe decretada a prisão preventiva (art. 312, CPP). Com a reforma, o não comparecimento de um dos corréus (solto) implica no seu julgamento à revelia, de sorte que o desmembramento não irá se operar pela ausência. Continua possível, entretanto, havendo elementos que façam crer que o agente fugiu, a decretação da preventiva (art. 457, CPP). Já se um dos corréus preso não foi conduzido pela autoridade, o julgamento, quanto a ele, será adiado, podendo-se julgar o comparsa presente. Subsiste, neste caso, a possibilidade de desmembramento.

2.13.1.5. Recusas no júri

Na segunda fase do procedimento do júri, a defesa e a acusação, na formação do Conselho de Sentença, poderão recusar, sem justificar, até três jurados, que é a recusa peremptória. Havendo corréus, com defensores distintos, é possível que as recusas não coincidam, indicando a lei que estas poderão ser feitas por um só defensor, em comum acordo (art. 469, *caput*, CPP) A estratégia para aceitar ou recusar jurado é personalíssima, e o perfil de um jurado, que é adequado para a tese de um advogado, pode não ser interessante para o outro. Sendo sorteado jurado que é aceito por um dos defensores, e recusado pelo colega, caso a acusação também o aceitasse, haveria obrigatoriamente a separação de julgamentos. Mais uma vez, teríamos processo único abarcando todos os infratores, com dissociação de julgamento. Com

138. Esta regra continua, mesmo com a alteração do art. 366 pela Lei nº 11.719/08.

a reforma, se os defensores optarem por fazer suas recusas individualmente, caso apenas um deles não aceite o jurado, este será afastado do julgamento, de sorte que o júri só será adiado se não ficarem ao menos sete jurados para composição do conselho de sentença. Com isso, havendo dois advogados, caso apenas um deles recuse o jurado sorteado, e o outro o aceite, não haverá separação de processos pela discordância, pois o jurado estará automaticamente afastado por ter havido uma recusa. O desejo é impedir, como ocorria antes, a combinação entre os advogados, para forçar a separação de julgamentos. O máximo que poderá ocorrer é o adiamento, pela não obtenção do mínimo de sete jurados para composição do Conselho de Sentença, conhecido como estouro de urna. Deverá o juiz, em tal circunstância, remarcar o júri para o primeiro dia útil desimpedido, convocando os jurados suplentes, e para que o estouro não se repita, poderá desmembrar o julgamento, determinando que os réus sejam julgados em dias distintos (art. 469, § 1º, CPP).

2.13.2. *Separação facultativa*

É apresentada pelo art. 80, do CPP, nas seguintes hipóteses:

2.13.2.1. Infrações praticadas em circunstância de tempo ou lugar diferentes

A distinção temporal ou de lugar pode motivar a separação de processos, sendo no último caso, até conveniente para a captação probatória, pela facilidade em realizar a instrução no próprio distrito da culpa.

2.13.2.2. Número excessivo de acusados

O número excessivo de réus pode ocasionar uma imoderada dilação processual, desaguando na extensão desproporcional do tempo de prisão cautelar. A CF/1988 assegura no art. 5º, inciso LXXVIII, a razoável duração do processo, devendo o juiz atuar no intuito de garantir a celeridade, já que o excesso temporal do encarceramento cautelar leva à ilegalidade da prisão. Cabe ao magistrado, de ofício ou por provocação, analisar a conveniência de manter processo uno ou determinar a separação, notadamente quando exista número excessivo de réus, uns presos e outros em liberdade.

2.13.2.3. Qualquer outro motivo relevante

A lei deixa um "cheque em branco" à disposição do judiciário, pois qualquer outro motivo relevante, desde que devidamente motivado, pode levar à separação processual. Exemplo de separação facultativa de processos a partir dessa cláusula aberta, é o que dispõe a Súmula nº 704, do STF, que enuncia que não há violação às garantias do juiz natural, da ampla defesa e do devido processo legal a atração por continência ou conexão do processo do corréu ao foro por prerrogativa de função de um dos denunciados. Para que haja a separação, deve haver fundamentação que aponte razão relevante que indique ser melhor a separação do que a reunião dos julgamentos dos acusados.

2.14. *Perpetuatio jurisdictionis*

A perpetuação da jurisdição permite, havendo reunião de infrações e/ou infratores pela conexão ou continência, que o juiz prevalente, mesmo que venha a absolver ou desclassificar a infração que determinou a atração, continue competente para julgar as demais.

Ainda que no feito de sua competência própria venha o juiz ou tribunal a proferir decisão absolutória ou que desclassifique a infração para outra que não se inclua na sua competência, continuará competente em relação às conexas (art. 81, CPP).

De acordo com a Súmula 122, do STJ, compete à Justiça Federal o processo e julgamento unificado dos crimes conexos de competência federal e estadual, não se aplicando a regra do art. 78, II, "a", do Código de Processo Penal. O teor desse enunciado deve ser conjugado com o do art. 81, do CPP, para aplicar a regra da ***perpetuatio jurisdictionis*** quando o juiz apreciar o mérito do crime de competência da Justiça Federal, mesmo que prolate sentença absolutória, permanecendo competente para também julgar os conexos que seria, originariamente, de competência da Justiça Estadual. No entanto, a absolvição do crime que atraiu a competência da Justiça Federal, deve se distinguir de outras hipóteses em que o juiz não aprecia o mérito do delito federal de forma mais aprofundada. Isso significa dizer que, se ao invés de se tratar de absolvição propriamente dita, o juiz federal declarar a extinção da punibilidade relativamente ao crime federal por motivos relacionados à ***abolitio criminis***, ao óbito do acusado e à prescrição da pretensão punitiva, deve remeter o julgamento dos demais crimes à Justiça estadual, por não mais existir o motivo que autorizava a atração[139].

2.14.1. *Perpetuação da jurisdição versus desclassificação no rito do júri*

No procedimento do júri, temos que fazer a seguinte distinção para o estudo da perpetuação da jurisdição.

2.14.1.1. *Desclassificação da infração ao final do juízo da instrução preliminar do júri*

Se ao final da **primeira fase** o juiz desclassificar a infração, entendendo que não se trata de crime doloso contra a vida, remeterá os autos ao juízo competente. A primeira fase funciona como filtro para identificar quais as infrações que encontram ou não substrato mínimo para julgamento pelo Conselho de Sentença. Da mesma forma, caso o magistrado impronuncie o réu ou o absolva sumariamente, havendo infrações conexas, serão remetidas ao juízo competente (parágrafo único, art. 81, CPP).

2.14.1.2. *Desclassificação da infração na sessão de julgamento do júri*

Já na **segunda fase**, em plenário, se os jurados desclassificam o crime doloso contra a vida, o julgamento, não só deste, mas também dos crimes conexos, fica afeto ao juiz presidente do júri. Ora, se o corpo de jurados reconhece que não houve dolo de matar, desclassificando o delito, estão reconhecendo sua incompetência, competindo o julgamento ao juiz presidente, que de forma singular apreciará a infração desclassificada e as conexas (art. 492, § 1º e § 2º, CPP). Já se os jurados **absolverem** o réu pelo crime doloso contra a vida, afirmam a competência, e por isso continuam aptos para apreciar as infrações conexas. No entanto, há uma ressalva importante que afasta a aplicação do art. 492, §§ 1º e 2º, CPP, impedindo o julgamento do fato pelo juiz-presidente do júri: caso a desclassificação do crime doloso contra a vida pelos jurados implique reconhecimento de que se trata de crime militar. Como a Justiça comum não tem competência para julgar crime militar, o

139. STJ – Terceira Seção – CC 110.998/MS – Rel. Min. Maria Thereza de Assis Moura – DJe 04/06/2010.

juiz-presidente não poderá apreciar o fato, razão pela qual deve remeter à Justiça castrense o julgamento do fato. Seria a hipótese dos jurados concluírem que não se trata de crime doloso contra a vida praticado por militar contra civil, fazendo com que o fato retorne ao estado de crime militar, consoante os critérios do art. 9º, do CPM[140].

2.14.2. *Perpetuação da jurisdição versus procedimento de tráfico internacional de drogas*

Caso a desclassificação ocorra no bojo de processo-crime por tráfico internacional de drogas, que corre perante a Justiça Federal, pelo fato do juiz, na sentença, constatar que não se deu o elemento da internacionalidade que se supunha inicialmente, duas posições se formam.

2.14.2.1. *Perpetuação da jurisdição federal (art. 81, CPP)*

A primeira corrente (prevalente), entende possível a incidência do art. 81, do CPP, pelo que o juiz federal continuaria competente para processar e julgar o delito de tráfico de drogas, ainda que não comprovada a transnacionalidade, restando prorrogada sua jurisdição (*perpetuatio jurisdictionis*)[141].

2.14.2.2. *Não aplicação da perpetuatio jurisdictionis*

A segunda posição sustenta que o juiz federal, ao reconhecer só o cometimento de tráfico de entorpecentes interno (tráfico de drogas doméstico), torna-se incompetente absolutamente para julgá-lo, por ser competência do juiz de direito, não se aplicando a ***perpetuatio jurisdictionis***[142]. Entendemos que se deve aplicar a *perpetuatio jurisdictionis*, definindo-se a competência de acordo com o que se narra no início da demanda, em estado de asserção (*in status assertio*nis).

2.14.3. *Supressão e criação de órgão jurisdicional*

É possível que, mesmo iniciado o processo, seja instituída nova vara criminal na comarca, restando a seguinte dúvida: os processos que versem sobre crimes que passam a ser de competência da nova vara, devem ou não ser remetidos ao novel órgão jurisdicional? Tanto na doutrina quanto na jurisprudência, tem-se admitido a aplicação, por força da analogia, do art. 43 do CPC/2015, de forma que a competência é determinada **no momento do registro ou da distribuição da petição inicial**, sendo irrelevantes as modificações do estado de fato ou de direito ocorridas posteriormente, salvo quando suprimirem órgão judiciário ou alterarem a competência absoluta. Mais especificadamente, as ressalvas à perpetuação da jurisdição são as hipóteses a seguir.

2.14.3.1. *Supressão de órgão jurisdicional*

Foi o que ocorreu com os Tribunais de Alçada, com o advento da EC nº 45/2004.

---

140. LIMA, Renato Brasileiro. *Curso de processo penal*: volume único. Niterói: Impetus, 2013. p. 549.

141. STJ – Quinta Turma – HC 217.363/SC – Rel. Min. Campos Marques (desem. convocado TJ/PR) – DJe 07/06/2013.

142. LIMA, Renato Brasileiro. *Curso de processo penal*: volume único. Niterói: Impetus, 2013. p. 418-419.

2.14.3.2. Alteração da competência em razão da matéria ou em razão da hierarquia

Perceba que havendo alteração da competência de natureza absoluta (matéria ou hierarquia), qualquer que seja ela, a remessa deve ocorrer. Tratando-se de competência relativa (territorial), a matéria é resolvida, de regra, pela lei de organização judiciária. No seu silêncio, não deve haver a remessa.

2.14.3.3. Criação de nova vara com idêntica competência e no mesmo espaço territorial da vara originariamente competente

Trata-se de necessidade de divisão de tarefas, não se aplicando a ***perpetuatio jurisdictionis.*** Em outras palavras, se em comarca de vara única, com excessivo volume de processos, são criadas mais duas varas com igual competência criminal, haverá redistribuição do acervo, eis que não seria razoável o desequilíbrio de trabalho entre os referidos órgãos[143].

2.14.3.4. Criação de nova vara federal com jurisdição sobre o município onde ocorreu a infração penal e que não era contemplado com vara federal à época do crime

Não há incompetência superveniente do juízo em que se iniciou a ação penal, incidindo a ***perpetuatio jurisdictionis,*** isto é, a criação de vara federal no local em que ocorrida a infração não implica a incompetência superveniente do juízo a que, até então, competia processar e julgar o processo[144].

2.14.3.5. Extinção da delegação de competência federal para processamento e julgamento dos crimes de drogas

Questão tormentosa é aquela inerente à delegação de competência federal ao juízo estadual do local da consumação do crime. É o que ocorria com a antiga Lei de Tóxicos (Lei nº 10.409/2002), que permitia o julgamento do tráfico internacional de drogas perante o juízo estadual da comarca em que ocorreu a consumação do fato. Já a Lei nº 11.343/2006 (nova Lei de Tóxicos), dá tratamento diverso à matéria, dispondo que a competência será da vara federal da circunscrição respectiva. Pergunta-se: os processos iniciados na esfera estadual, quando da vigência da antiga lei, devem ser remetidos à esfera federal, em face da nova previsão? Entendemos que não. A ausência, à época da instauração do processo, de vara específica para julgamento da matéria, permite concluir que o processo foi iniciado perante o juízo competente, leia-se, aquele já existente, por previsão legal, antes da ocorrência da infração. Todavia, a matéria está longe de ser pacífica, havendo posições em contrário tanto na doutrina[145], como na jurisprudência[146].

2.14.3.6. Alteração da competência em razão da hierarquia

É o que ocorre quando pessoas comuns passam a desfrutar de foro privilegiado, implicando remessa dos autos ao tribunal, sendo que os atos anteriormente praticados em primeiro grau serão reputados válidos (***tempus regit actum***).

---

143. STJ – Quinta Turma – REsp 675.262/RJ – Rel. Min. Felix Fischer – DJ 02/05/2005.
144. STJ – Sexta Turma – HC 246.383/SP – Rel. Min. Og Fernandes – DJe 20/08/2013.
145. LIMA, Renato Brasileiro de. *Competência criminal*. Salvador: Juspodivm, 2010. p. 621.
146. TRF 3º R. – Rec. 95030485819 – Rel. Pedro Rotta – j. 26.06.1996 – DJU 28.01.1997, p. 3039.

2.15. Prorrogação de competência

2.15.1. Noção

Prorrogação de competência é fato jurídico modificador de competência, em razão do preenchimento de condição estabelecida em lei para sanar vício de competência de natureza relativa (inobservância quanto regras afetas à competência territorial, por prevenção e por distribuição). Cuida-se de fenômeno que estende a competência de um órgão jurisdicional para o fim de abarcar o processamento e o julgamento de causas que não estariam, originariamente, na sua alçada jurisdicional. Como se infere, a incompetência absoluta não pode ser objeto de prorrogação, em virtude do interesse público prevalente que determina a nulidade de atos decisórios no processo eivado dessa atipicidade (art. 564, I, c/c o art. 567, CPP).

2.15.2. Prorrogação necessária

A **prorrogação necessária** ou **legal** é a que não depende de ação ou omissão das partes, mas decorre de fato jurídico por si só suficiente para determinar que haja modificação de competência relativamente a um ou mais crimes que não estariam abrangidos pela competência fixada para um órgão jurisdicional. Ocorre prorrogação necessária ou legal, independentemente da vontade das partes (nesse sentido, não voluntária), nas hipóteses de conexão e continência previstas nos artigos 76 e 77, do CPP. A iniciativa pode ser do próprio juiz processante, que pode avocar os processos cuja reunião por conexão ou continência seja conveniente, bem como do juízo que toma conhecimento de outro feito que, pelas circunstâncias, seja revestido de atratividade que recomende a remessa dos autos. Em regra, todavia, a prorrogação necessária decorre da narrativa da petição inicial, no bojo da qual já constam os fatos objeto de conexão ou continência que, conhecidos pelo juiz, determinarão a prorrogação.

2.15.3. Prorrogação facultativa

Também denominada de **prorrogação voluntária** (no sentido de depender de ação ou omissão das partes). Quando tal prorrogação acontece em razão de fato omissivo – a exemplo de não ser fustigada a incompetência de natureza relativa oportunamente, deixando a parte de promover exceção de incompetência no prazo da resposta preliminar à acusação, dando assim ensejo à preclusão –, recebe o nome de **tácita.** Note-se que, para o juiz, só haverá prorrogação (com preclusão *pro judicato*), segundo entendemos, após a fase de absolvição sumária do art. 397, CPP, isto é, passando a oportunidade de absolver sumariamente o acusado e nada sendo dito sobre a incompetência relativa, dar-se-á a prorrogação de competência de índole facultativa tácita. De outro lado, será **expressa** quando houver pedido das partes para que o feito seja remetido para outro juízo, incompetente relativamente, mas que as circunstâncias do fato recomendam a prorrogação, tal como se dá com as hipóteses de desaforamento do processo do Júri.

3. QUADRO SINÓTICO

CAPÍTULO V – JURISDIÇÃO E COMPETÊNCIA		
JURISDIÇÃO		
Conceito		
É o poder-dever pertinente ao Estado-Juiz de aplicar o direito ao caso concreto.		**1.1**
Jurisdição típica: Poder Judiciário ou Justiça Ordinária	Ordinariamente, a prestação jurisdicional é feita pelos órgãos que compõem a estrutura do Poder Judiciário.	**1.1.1**
Jurisdição atípica: justiça extraordinária ou justiça política	A Justiça Extraordinária ou Justiça Política é constituída de órgãos do Poder Legislativo.	**1.1.2**
Princípios		
Investidura	Para exercer jurisdição é necessário ser magistrado; logo, estar devidamente investido na função. A investidura se dá conforme as regras previstas na Constituição do Brasil. A regra é o concurso público.	**1.2.1**
Indelegabilidade	A função jurisdicional não pode ser delegada a um outro órgão. Exceções: precatórias e cartas de ordem, onde há a prática de atos processuais por um outro magistrado, que não o originariamente competente.	**1.2.2**
Juiz natural	Art. 5º da CF/1988, LIII ("ninguém será processado nem sentenciado senão pela autoridade competente") e XXXVII ("não haverá juízo ou tribunal de exceção"). São vedadas a designação arbitrária de juiz para condução de processos em tramitação; a substituição entre juízes que não obedeça a critérios previamente determinados e a alteração de competência que não seja em razão de supressão de órgãos ou de criação de órgãos para o fim de se dividir tarefas a fim de conferir maior funcionalidade à jurisdição.	**1.2.3**
Inafastabilidade	Art. 5º, inciso XXXV da CF/1988 ("a lei não excluirá da apreciação do Poder Judiciário lesão ou ameaça a direito").	**1.2.4**
Inevitabilidade ou irrecusabilidade	A jurisdição não está sujeita à vontade das partes.	**1.2.5**
Correlação ou relatividade	Deve haver correspondência entre a sentença e o pedido feito na inicial acusatória. ***1.2.6.1. Emendatio libelli:*** O juiz, sem modificar a descrição do fato contida na denúncia ou queixa, poderá atribuir-lhe definição jurídica diversa, ainda que, em consequência, tenha de aplicar pena mais grave. (Art. 383,CPP). Tem cabimento até mesmo no segundo grau de jurisdição. Se houver a possibilidade da oferta de suspensão condicional do processo, deve o magistrado proceder na forma do art. 89 da Lei nº 9099/95. Caso se conclua que a infração é de competência de outro juízo, os autos lhe devem ser remetidos.	**1.2.6**

CAPÍTULO V – JURISDIÇÃO E COMPETÊNCIA		
Correlação ou relatividade	***1.2.6.2. Mutatio libelli:*** Tem cabimento quando os fatos narrados na inicial são dissonantes daqueles apurados na instrução criminal. Não terá cabimento na fase recursal, nem tem aplicação nas ações de iniciativa privada exclusiva e personalíssima. Percebendo o magistrado que os fatos realmente ocorridos são diversos dos narrados na inicial, pouco importa se são mais ou menos graves do que os inicialmente idealizados, irá oportunizar o aditamento por parte do Ministério Público, que disporá de cinco dias para fazê-lo, podendo indicar até três testemunhas. A defesa será intimada e também terá cinco dias para se manifestar, podendo indicar até três testemunhas. Rejeitado o aditamento, cabe recurso em sentido estrito (art. 581, inc. I, CPP). Recebido, a defesa poderá manejar *habeas corpus* e o magistrado, de ofício ou a requerimento das partes, designará dia e hora para a continuação da audiência, com inquirição de testemunhas, novo interrogatório do acusado, realização de debates e julgamento. O § 4º do art. 384 indica que o juiz estará adstrito aos termos do aditamento. Assim, se os fatos originariamente narrados não forem apreciados na sentença, nova denúncia é viável quanto a eles, e não em razão daqueles trazidos com o aditamento, pois estes estão abrangidos pela coisa julgada material.	**1.2.6**
Devido processo legal	Previsto no art. 5º, inciso LIV da CF consagra que "ninguém será privado da liberdade ou de seus bens sem o devido processo legal".	**1.2.7**
Características		
Inércia	Em regra, os órgãos jurisdicionais dependem de provocação (*ne procedat judex ex officio*).	**1.3.1**
Substitutividade	Cabe ao Estado, substituindo a atividade das partes, resolver os litígios.	**1.3.2**
Lide	O entendimento majoritário pressupõe a existência de lide para o exercício jurisdicional, ou seja, a presença do conflito de interesses qualificado pela pretensão resistida. Todavia, é inapropriado falar em lide como pressuposto da jurisdição penal, não só em razão da indisponibilidade dos bens jurídicos em jogo, mas também pelo papel desempenhado pelo MP diante da atual ordem constitucional.	**1.3.3**
Atuação do direito	A atividade jurisdicional tem por objetivo aplicar o direito ao caso concreto, restabelecendo-se a paz social violada pela infração cometida.	**1.3.4**
Imutabilidade	A sentença reveste-se do caráter da imutabilidade após o seu trânsito em julgado, não podendo ser modificada, salvo exceções, a exemplo da revisão criminal *pro* réu.	**1.3.5**
COMPETÊNCIA		
Conceito		
Medida ou delimitação da jurisdição.		**2.1**

CAPÍTULO V – JURISDIÇÃO E COMPETÊNCIA		
Critérios		
Competência material	Leva em conta as características da questão criminal: *2.2.1.1. Ratione materiae;* *2.2.1.2. Ratione personae; e* *2.2.1.3. Ratione loci.*	**2.2.1**
Competência funcional	Leva-se em conta como elemento de distribuição os atos processuais praticados: **2.2.2.1.** Fase do processo: normalmente um só juiz é competente para praticar todos os atos do processo. Contudo, pode haver segmentação. Cuida-se de competência funcional horizontal **2.2.2.2.** Objeto do juízo: há uma distribuição de tarefas na decisão das várias questões trazidas durante o processo. Também se trata de competência funcional horizontal. **2.2.2.3.** Grau de jurisdição: é a chamada competência funcional vertical (ou hierárquica), podendo dar azo ao duplo grau de jurisdição.	**2.2.2**
Competência *ratione materiae*		
Justiça comum estadual	É a Justiça residual por excelência, sendo competente para apreciar, por exclusão, todas as infrações que não sejam da alçada da justiça especializada ou da Justiça comum Federal.	**2.3.1**
Justiça comum federal	A competência da justiça comum federal é prevista no art. 109, CF/1988. O dispositivo atribui aos juízes federais o dever de processar e julgar: 2.3.2.1. Os crimes políticos (inciso IV, primeira parte): A ideia majoritariamente aceita pela doutrina e jurisprudência é a de reconhecer a existência de crime político, cuja espécie, nas palavras de Roberto Luchi Demo, "somente se caracteriza quando presentes os pressupostos cristalizados no art. 2º, da Lei 7.170/1983: motivação política e lesão real ou potencial aos bens juridicamente tutelados". 2.3.2.2. Infrações penais praticadas em detrimento de bens, serviços ou interesses da União ou de suas entidades autárquicas, empresas públicas, excluídas as contravenções e ressalvada a competência da Justiça Militar e da Justiça Eleitoral (inciso IV, parte final). 2.3.2.3. Os crimes previstos em tratado ou convenção internacional, quando, iniciada a execução no País, o resultado tenha ou devesse ter ocorrido no estrangeiro, ou reciprocamente (inciso V). 2.3.2.4. As causas relativas a direitos humanos (inciso V-A). 2.3.2.5. Crimes contra a organização do trabalho (inciso VI, primeira parte).	**2.3.2**
Justiça comum federal	2.3.2.6. Crimes contra o sistema financeiro e a ordem econômico-financeira (inciso VI, parte final). 2.3.2.7. O *habeas corpus* e o mandado de segurança em matéria criminal (incisos VII e VIII). 2.3.2.8. Os crimes cometidos a bordo de navios ou aeronaves, ressalvada a competência da Justiça Militar (inciso IX). 2.3.2.9. Os crimes de ingresso ou permanência irregular de estrangeiro (inciso X).	**2.3.2**

<table>
<tr><th colspan="3">CAPÍTULO V – JURISDIÇÃO E COMPETÊNCIA</th></tr>
<tr><td>Justiça comum federal</td><td>2.3.2.10. A disputa sobre direitos indígenas (inciso XI).
2.3.2.11. Competência territorial da Justiça Federal: A competência territorial da Justiça Federal é ditada, como regra, pelas normas gerais afetas à esfera estadual, prevalecendo o local da consumação da infração como determinante para identificação do foro competente (art. 70, CPP).</td><td>2.3.2</td></tr>
<tr><td>Competência da justiça especializada militar</td><td>Julga somente os crimes militares.
2.3.3.1. Conceito de crime militar como regra geral definidora da competência da justiça castrense: Para definição da competência da Justiça Militar é indispensável a fixação do conceito de crime militar: (a) para parte da doutrina, o conceito de crime militar seria ratione legis; (b) para outra corrente, a competência seria ratione materiae (para a Justiça Militar da União, pouco importando a qualidade dos sujeitos do crime ativo e/ou passivo) ou ratione materiae e ratione personae (para a Justiça Militar do Estados, haja vista que compete a essa Justiça julgar policiais militares e bombeiros militares nos crimes militares definidos em lei). Entendemos que ambos os pontos de vista se completam, com o fito de explicar como se determina a competência da Justiça Castrense.
2.3.3.2. Exclusão da competência da justiça militar estadual para julgar crimes dolosos contra a vida de civil (§ 4º, do art. 125, CF/1988): Advirta-se que os crimes dolosos contra a vida praticados por militar contra civil, tentados ou consumados, foram retirados da alçada militar, passando para a Justiça Comum, dentro da competência do júri, em razão da redação do art. 9º, parágrafo único, do CPM e do art. 125, § 4º, da CF. Se o crime é culposo, subsiste a competência da Justiça Militar.
2.3.3.3. Alteração legislativa promovida no Código Penal Militar pela Lei nº 13.491/2017 e interpretação restritiva: A Lei nº 13.491/2017 amplia a competência da Justiça Militar da União, devolvendo o que havia sido subtraído a partir das reformas sobre os enunciados do art. 9°, do Código Penal Militar, operadas pela Lei nº 9.299/1996 e seguintes. Uma via que podemos sugerir para minimizar o apontado retrocesso legislativo seria interpretação conforme a Constituição para imprimir ao novo texto sentido correto (semânti-ca) e compatível com a estrutura do Estado Democrático de direito (sintaxe). Só deve ser crime militar o delito previsto em diploma legal diverso do CPM, se houver previsão legal expressa e específica quanto ao crime da legislação extravagante (como a hipótese de delitos que envolvam abate de aeronave). Nesse sentido, não devemos entender extensivamente o conceito de crime militar para nele se acomodar toda e qualquer infração comum.
2.3.3.4. Modificação da competência entre os órgãos da Justiça Militar da União – Lei 13.774/2018: A Lei nº 13.774/2018 alterou vários dispositivos da Lei Orgânica da Justiça Militar da União (Lei nº 8.457/1992). As mudanças começam pelo novo nome dado ao juiz togado, concursado, de primeiro grau de jurisdição, tradicionalmente conhecido como juiz auditor. De acordo com a</td><td>2.3.3</td></tr>
</table>

CAPÍTULO V – JURISDIÇÃO E COMPETÊNCIA		
Competência da justiça especializada militar	nova redação temos, agora, juízes federais da Justiça Militar e juízes federais substitutos da Justiça Militar (art. 1º, IV, da Lei nº 8.457/1992) – onde se lê juiz auditor, leia-se juiz federal da Justiça Militar. Modifica-se, também, o que já havia sido modificado no âmbito da Justiça Militar dos estados, agora é estendido, ao menos parcialmente, à Justiça Militar da União. O magistrado, de juiz auditor se torna juiz federal da Justiça Militar. De acordo com os enunciados agora em vigor, a competência da Justiça Militar da União, tal como a da Justiça Militar estadual, passa a se bifurcar: (1) de um lado, há a competência do juiz federal da Justiça Militar ou do juiz federal substituto da Justiça Militar; e (2) de outro, há a competência dos conselhos permanente e especial da Justiça Militar da União.	**2.3.3**
Competência da justiça especializada militar	**2.3.3.5.** Composição da Justiça Militar: a) Justiça Militar dos Estados: tem competência para apreciar os crimes militares praticados por policiais militares e bombeiros militares; b) Justiça Militar da União: (a) no primeiro grau de jurisdição é composta pelos juízes federais (titulares e substitutos) da Justiça Militar da União (órgãos monocráticos, singulares) e pelos Conselhos de Justiça (especial e permanente – órgãos colegiados que atuarão nas sedes das Auditorias Militares); (2) no segundo grau de jurisdição, pelo seu órgão de instância superior, o Superior Tribunal Militar (STM).	**2.3.3**
Competência da justiça especializada eleitoral	Apreciar as infrações eleitorais e as que lhes sejam conexas. É também competente para apreciar o *habeas corpus* e o mandado de segurança, desde que exista pertinência temática.	**2.3.4**
Competência *ratione loci*		
Em regra a competência é determinada pelo lugar em que se consumar a infração, ou, no caso de tentativa, pelo lugar em que for praticado o último ato de execução. Três teorias a respeito do local do crime: Em regra a competência é determinada pelo lugar em que se consumar a infração, ou, no caso de tentativa, pelo lugar em que for praticado o último ato de execução. Três teorias a respeito do local do crime: Teoria da atividade: a competência seria fixada pelo local da ação ou omissão. É adotada nas hipóteses de crime tentado e também nos Juizados Especiais Criminais (art. 63 da Lei nº 9.099/1995). No crime de homicídio, o STJ tem construído sólida jurisprudência no sentido de que a competência é fixada pelo **local da ação**, e não do resultado. Teoria do resultado: o juízo territorialmente competente é o do local onde se operou a consumação do delito. Teoria da ubiquidade (mista ou eclética): a competência territorial no Brasil é estabelecida tanto pelo local da ação quanto pelo do resultado, desde que um ou outro aqui ocorram. É aplicada nos crimes à distância (§§ 1º e 2º, art. 70, CPP).		**2.4**

CAPÍTULO V – JURISDIÇÃO E COMPETÊNCIA		
Domicílio ou residência do réu	Em caso de não conhecimento do local do crime, a competência é determinada pelo domicílio ou residência do réu (art. 72, *caput*, CPP). Trata-se do foro supletivo. Nas ações exclusivamente privadas, o querelante pode, mesmo sabido o local da consumação, optar por propor a ação no domicílio ou residência do réu.	**2.4.1**
Critério subsidiário	Se além de desconhecido o local da consumação, são também desconhecidos a residência e o paradeiro do réu, será competente o juiz que primeiro tomar conhecimento do fato (§ 2º, art. 72, CPP).	**2.4.2**
Crimes praticados a bordo de navios ou aeronaves	a) Viagens nacionais: se o navio ou a aeronave iniciar a viagem e a encerrar em território brasileiro, o juízo competente é o do local onde primeiro a aeronave pousar ou o navio atracar após a ocorrência da infração. b) Viagens internacionais: se o navio ou a aeronave vem do estrangeiro para o Brasil, ou parte do Brasil em direção ao exterior, a competência será firmada, pressupondo que a infração aconteceu em território brasileiro, no local da chegada, no primeiro caso, ou no da saída, no último.	**2.4.3**
Crimes praticados no exterior	O juízo competente será o da Capital do Estado onde por último tiver residido o acusado, e caso o mesmo nunca tenha residido no Brasil, será julgado na Capital da República (art. 88, CPP).	**2.4.4**
Súmulas aplicadas	STJ: 42, 62, 73, 104, 147, 151, 165, 200, 208, 209. TFR: 31, 98, 254.	**2.4.5**
Competência pela natureza da infração		
Permite a identificação do juízo competente a depender da qualidade da infração a ser julgada. É o que ocorre com os crimes dolosos contra a vida, que por sua natureza, vão a Júri. Ver esquema no item 2.7.		**2.5**
Colegiado de primeiro grau de jurisdição		
Considerações gerais	A Lei nº 12.694/2012 inseriu no direito positivo a faculdade de ser instituído órgão colegiado no âmbito do juízo criminal de primeiro grau. Tal pode ocorrer quando da existência de alguns pressupostos referentes à situação de segurança do magistrado competente para a condução do processo criminal em curso ou futuro.	**2.6.1**
Objetivos da instituição de colegiado no âmbito do juízo de primeiro grau	O objetivo geral da previsão legal é diluir a responsabilidade do juízo de primeiro grau, essencialmente singular (um único juiz), em três membros. Tudo visando que a personificação da jurisdição em um único magistrado não seja motivo de causar-lhe riscos, notadamente diante de fatos concretos que indiquem perigo a sua integridade física.	**2.6.2**
Procedimento para formação de colegiado de primeiro grau	O procedimento para instauração do colegiado se estrutura conforme os seguintes elementos: **A) Competência para a formação**: compete ao juiz natural da causa decidir pela formação de colegiado.	**2.6.3**

CAPÍTULO V – JURISDIÇÃO E COMPETÊNCIA		
Procedimento para formação de colegiado de primeiro grau	**B) Cabimento:** existência de processos criminais ou procedimentos (inquéritos policiais, por exemplo), que tenham por objetos de apuração crimes (não contravenções) imputados a organizações criminosas; os crimes imputados a organizações criminosas devem ter pena máxima superior a 4 (quatro) anos ou caráter transnacional; existência de motivos e circunstâncias que acarretem risco à integridade física do juiz. **C) Momento:** pode ocorrer na fase preparatória (investigativa) ou no curso da ação penal, de forma incidental. **D) Finalidade:** art. 1º da Lei nº 12.694/2012 (rol exemplificativo) **E) Formação:** o colegiado é composto por três membros, juízes de primeira instância, sendo um o juiz natural do processo e dois outros juízes escolhidos por sorteio eletrônico dentre aqueles de competência criminal em exercício no primeiro grau de jurisdição. **F) Comunicação:** decidindo o juiz pela formação do colegiado, deverá comunicar ao órgão correcional. **G) Duração e competência do colegiado:** a competência do colegiado limita-se ao ato para o qual foi convocado.	**2.6.3**
Procedimento para formação de colegiado de primeiro grau	**H) Decisões do órgão colegiado**: as decisões são tomadas por maioria de votos, devendo ser fundamentadas e, ainda, firmadas por todos os magistrados. Não será feita menção a voto divergente. **I) Sigilo de reuniões**: As reuniões poderão ser sigilosas sempre que houver risco de que a publicidade resulte em prejuízo à eficácia da decisão judicial. **J) Outras regras específicas:** é possível a reunião pela via eletrônica quando os juízes que compõem o colegiado forem domiciliados em comarcas diversas; os tribunais expedirão normas regulamentando a composição e procedimento para o funcionamento do colegiado.	**2.6.3**
Princípio do juiz natural	Com o advento da Lei nº 12.694/2012, surgiram dúvidas sobre se a formação de colegiado de primeiro grau ofenderia o princípio do juiz natural. Uma primeira corrente sustenta a sua inconstitucionalidade, pois o colegiado é formado após a prática do crime; a segunda corrente não vê inconstitucionalidade, aduzindo que as hipóteses de formação são excepcionais, havendo requisitos legais pré-estabelecidos.	**2.6.4**
Vedação de menção a voto divergente	Três correntes: a) a vedação de menção a voto divergente é inconstitucional, violando o art. 93, IX, CF/88; b) a identidade do juiz deve ser preservada, mas deve ser publicado o seu voto; c) não há inconstitucionalidade, pois a divulgação retiraria a eficácia do objetivo da lei, porque o voto divergente não ampliaria para o acusado o seu direito de recorrer e porque o juízo segue o procedimento de juízo singular e não colegiado.	**2.6.5**

CAPÍTULO V – JURISDIÇÃO E COMPETÊNCIA		
Competência *ratione personae*		
Prerrogativa de função e manutenção do cargo ou mandato	Atualmente não há mais de se falar em manutenção do foro privilegiado uma vez encerrado o cargo ou o mandato, nem muito menos em prerrogativa de função para as ações de improbidade administrativa.	**2.7.1**
Antes do exercício de função com prerrogativa de foro ou regra da atualidade	Se a infração penal tiver sido perpetrada em data anterior ao início do exercício de cargo ou função com prerrogativa de foro, o processo criminal deve ser remetido para o órgão competente para julgar o agente, segundo disponha a norma que estabeleça o foro privilegiado. É a regra da atualidade.	**2.7.1.1**
Durante o exercício de função com prerrogativa de foro ou regra da contemporaneidade	A regra da contemporaneidade partia do pressuposto de que a competência era definida pela data do cometimento da infração penal. Com o cancelamento da súmula nº 394 do STF, não é mais aplicável em nosso sistema, a regra da contemporaneidade.	**2.7.1.2**
Após o exercício da função com prerrogativa de foro	A competência por prerrogativa de função não se estende para o tempo para atingir a competência de processamento e julgamento de crimes cometidos posteriormente ao término do exercício funcional (súmula nº 451 do STF).	**2.7.1.3**
Restrição da competência por prerrogativa de função às infrações relacionadas ao cargo	Para efeito de fixar a competência por prerrogativa de função, deve-se observar os pressupostos a seguir: a) A competência por prerrogativa de função somente incide em relação aos fatos ocorridos durante o mandato, cargo ou função. b) O foro privilegiado terá lugar apenas para os delitos que tenham **relação com o cargo, mandato ou função.** c) Os processos-crime relacionados ao exercício de **cargo ou de mandato anterior** deverão seguir ou permanecer no juízo singular (juiz de primeiro grau de jurisdição). d) O STF, ainda, criou **regra da fase processual** para mitigar a aplicação da regra da atualidade limitada. Vale dizer, se o motivo que determinou a incidência da competência por prerrogativa de função desaparecer, o processo crime deve ser remetido ao juízo singular, assim como a investigação deverá seguir ao órgão de polícia local. No entanto, essa solução somente se aplica se o encerramento do mandato ou a exoneração da função ou do cargo acontecer até o encerramento da instrução e abertura de prazo para alegações finais.	**2.7.1.4**
Prerrogativa *versus* tribunal do júri	As autoridades com foro privilegiado estatuído na CF não irão a júri, sendo julgadas pelo respectivo tribunal competente. Já aquelas com foro por prerrogativa de função previsto na Constituição estadual, caso incorram em crime doloso contra a vida, irão a júri. *A competência constitucional do Tribunal do Júri prevalece sobre o foro por prerrogativa de função estabelecido exclusivamente pela Constituição Estadual (Súmula Vinculante nº. 45).*	**2.7.2**

CAPÍTULO V – JURISDIÇÃO E COMPETÊNCIA		
Prerrogativa funcional dos prefeitos	Serão julgados perante o Tribunal de Justiça (art. 29, X, CF/1988). Nos crimes contra a União, suas autarquias e empresas públicas, quem julgará o prefeito é o TRF, e nos crimes eleitorais, o TRE. Aplica-se também este entendimento aos Deputados Estaduais.	**2.7.3**
Foro privilegiado e deslocamento	Sempre que a autoridade que goza de foro privilegiado incorrer em infração penal, mesmo que esteja fora da jurisdição territorial do respectivo tribunal, será julgada perante o tribunal de origem.	**2.7.4**
Prerrogativa de função: crime de responsabilidade *versus* improbidade administrativa	Prevalece o entendimento de que crime de responsabilidade em sentido estrito (infração político-administrativa) é ilícito diverso daquele que tipifica a improbidade administrativa. Em outras palavras, é possível o acionamento do agente em esferas distintas: seja na criminal-política (quando o agente político responde a processo tendente a afastá-lo das funções por órgão geralmente político), seja na judicial por improbidade administrativa (ilícito civil, cujo julgamento compete ao Poder Judiciário, investido de jurisdição civil).	**2.7.5**
Prerrogativa de função e indiciamento	Quando a pessoa investigada a ser indiciada é detentora de foro por prerrogativa de função, o delegado de polícia não pode realizar o indiciamento, salvo se autorizado pelo órgão detentor de competência para processar e julgar o investigado ou, no âmbito do STF, pelo Ministro-Relator.	**2.7.6**
Duplo grau de jurisdição *versus* cessação da prerrogativa de função	O duplo grau de jurisdição para acusados com prerrogativa de função é limitado e, nas ações originárias perante o STF, inexiste. A cessação da prerrogativa de função não torna nulos os atos praticados e os recursos contra as decisões e prazos correspondentes são aqueles previstos na data de suas prolações.	**2.7.7**
Prerrogativa de função fixada na Constituição Estadual e princípio da simetria ou do paralelismo	Deve haver relação de semelhança relativamente à prerrogativa de função conferida pela Constituição Federal em razão de exercício de determinado cargo, para ser válida a regra do constituinte estadual que estabelece prerrogativa de função em face de cargo que guarda correspondência na esfera estadual, ou seja, com atribuições similares ao cargo que conta com previsão de foro privilegiado na Carta Magna	**2.7.8**
Imunidade parlamentar estadual e simetria – pendência de julgamento no STF	Está pendente de julgamento ação que aponta afastar a aplicação do princípio da simetria em favor dos parlamentares estaduais (ADI 5.823/RN). A ADI 5.823/RN-MC foi proposta pela Associação dos Magistrados Brasileiros. Foi questionada a legitimidade dessa entidade de classe para promover tal ADI, diante da necessidade de pertinência temática. O STF, contudo, por maioria, deliberou que a AMB é parte legítima para tal demanda.	**2.7.8.1**
Imunidade parlamentar estadual e simetria – pendência de julgamento no STF	Sobre o mérito, somos filiados ao entendimento adotado pelo Relator, Ministro Marco Aurélio, que "indeferiu a medida cautelar, no que foi acompanhado pelos ministros Alexandre de Moraes, Gilmar Mendes e Celso de Mello. Para ele, a leitura da Constituição Federal, sob os ângulos literal e sistemático, revela que os deputados estaduais têm direito às imunidades formal e material e à inviolabilidade conferidas pelo Constituinte aos congressistas, no que estendidas, expressamente, ao legislador local" (princípio da simetria).	**2.7.8.1**

<table>
<tr><th colspan="3">CAPÍTULO V – JURISDIÇÃO E COMPETÊNCIA</th></tr>
<tr><td>Prerrogativa de função e exceção da verdade</td><td>A síntese para inferir a competência para julgar a exceção da verdade é:
1) querelante que detenha prerrogativa de função junto a tribunal (entendemos possível a exceção da verdade também para ações penais públicas condicionadas que veiculem imputação de crime de calúnia a acusado, conquanto o art. 85, do CPP, só faça menção a querelante);
2) crime contra honra de calúnia (é a regra, posição majoritária), sendo viável o manejo em face de crime de difamação e deslocamento do seu julgamento para o tribunal em casos restritos, como o de narrar contravenção);
3) preservação da competência do tribunal para o exame de mérito de crime que eventualmente possa ser atribuído à autoridade pública, considerando que a autoridade pública que move ação penal privada temerária pode responder por delito de denunciação caluniosa (art. 339).</td><td>2.7.9</td></tr>
<tr><th colspan="3">Competência absoluta versus relativa</th></tr>
<tr><td colspan="2">Os critérios de competência absoluta ou constitucional são previstos em atenção ao interesse público. Eventual desatendimento não convalidará os atos praticados no transcorrer do processo. Já a competência relativa atende sobretudo ao interesse das partes.
Consequentemente, a transgressão aos ditames legais para a fixação da competência relativa, se não suscitada em tempo hábil, implica em preclusão, e consequente prorrogação da competência. Tanto a incompetência absoluta como a relativa podem ser declaradas de ofício.
Na incompetência relativa, poderá se afastar até a absolvição sumária (art. 397, CPP). Merece, portanto, releitura a súmula nº 33 do STJ, afirmando que "a incompetência relativa não pode ser declarada de ofício", já que o juiz, até a fase do art. 397, poderá fazê-lo.
O CPC/2015 não prevê exceção de incompetência, independentemente da natureza relativa ou absoluta da competência do juízo (a incompetência absoluta ou relativa, no direito processual civil, deve ser alegada em preliminar de contestação, consoante o art. 64. Também diferentemente do Código de Processo Penal, cujo art. 567 que determina a nulidade dos atos decisórios quando se cuidar de reconhecimento de incompetência (absoluta, segundo a jurisprudência do STF), no direito processual civil, não haverá automaticamente a nulidade dos atos decisórios quando a incompetência reconhecida for absoluta.</td><td>2.8</td></tr>
<tr><th colspan="3">Prevenção</th></tr>
<tr><td colspan="2">Prevenção significa antecipação, e concorrendo dois ou mais juízes igualmente competentes ou com jurisdição cumulativa, prevalente é aquele que primeiro pratica atos do processo ou medidas relativas ao mesmo. Hipóteses:
a) quando incerto o limite territorial entre duas ou mais jurisdições, e a infração tenha sido praticada em suas divisas (art. 70, § 3º);</td><td>2.9</td></tr>
<tr><td colspan="2">b) tratando-se de crime continuado ou permanente, que se estenda pelo território de mais de uma jurisdição (art. 71);
c) não sendo conhecido o local da consumação do delito e se o réu tiver mais de uma residência, não possuir residência ou for desconhecido o seu paradeiro, a competência é firmada pela prevenção (art. 72, §§ 1º e 2º);
d) havendo conexão entre duas ou mais infrações e não ocorrendo a solução pelas regras do art. 78, II, "a" e "b" (art. 78, II, "c").</td><td>2.9</td></tr>
</table>

CAPÍTULO V – JURISDIÇÃO E COMPETÊNCIA		
Distribuição		
Havendo mais de um juiz competente na comarca, a competência firmar-se-á pela distribuição.		**2.10**
Conexão e continência		
Conexão	É a interligação entre duas ou mais infrações, levando a que sejam apreciadas perante o mesmo órgão jurisdicional. **2.11.1.1.** Conexão intersubjetiva (art. 76, I, CPP): duas ou mais infrações interligadas, e estas infrações devem ter sido praticadas por duas ou mais pessoas. 2.11.1.1.1. Conexão intersubjetiva por simultaneidade: nesta modalidade, ocorrem várias infrações, praticadas ao mesmo tempo, por várias pessoas reunidas. 2.11.1.1.2. Conexão intersubjetiva concursal: ocorre quando várias pessoas, previamente acordadas, praticam várias infrações, embora diverso o tempo e o lugar. 2.11.1.1.3. Conexão intersubjetiva por reciprocidade: ocorre quando várias infrações são praticadas, por diversas pessoas, umas contra as outras. **2.11.1.2.** Conexão objetiva, material, teleológica ou finalista (art. 76, II, CPP): ocorre quando uma infração é praticada para facilitar ou ocultar outra, ou para conseguir impunidade ou vantagem. **2.11.1.3.** Instrumental ou probatória (art. 76, III, CPP): tem cabimento quando a prova de uma infração ou de suas elementares influir na prova de outra infração. **2.11.1.4.** Conexão na fase preliminar investigatória: a princípio não haverá reunião de inquéritos em razão da conexão. Contudo, se for necessário, ocorrerá com autorização judicial e com a oitiva do Ministério Público.	**2.11.1**
Continência	É o vínculo que une **vários infratores a uma única infração**, ou a ligação de várias infrações por decorrerem de conduta única, ou seja, **resultarem do concurso formal de crimes**, ocasionando a reunião de todos os elementos em processo único **2.11.2.1.** Continência por cumulação subjetiva (art. 77, I, CPP): ocorre quando duas ou mais pessoas concorrerem para a prática da mesma infração.	**2.11.2**
Continência	**2.11.2.2.** Continência por cumulação objetiva (art. 77, II, CPP): implica na reunião em um só processo de vários resultados lesivos advindos de uma só conduta.	**2.11.2**

<table>
<tr><th colspan="3">CAPÍTULO V – JURISDIÇÃO E COMPETÊNCIA</th></tr>
<tr><td>Preclusão e momento de reconhecimento da conexão ou continência</td><td>A conexão e a continência podem ser reconhecidas quando da propositura da ação penal, no momento em que o juiz recebe integralmente a petição inicial, tal como formulada pela parte autora. É possível, também, o reconhecimento superveniente da conexão e da continência, para o fim de ser determinada a reunião de julgamentos relativamente a fatos descritos em petições iniciais diversas, objetos de processos distintos. No entanto, para tal proceder é necessário que haja compatibilidade de fases processuais e que não haja prejuízo à eficácia do direito ao contraditório e à ampla defesa do imputado. Para o Código de Processo Penal, a prolação de "sentença definitiva" é obstáculo ao reconhecimento de conexão ou de continência verificada posteriormente (art. 82 do CPP).
Quanto à descoberta de conexão ou continência superveniente à pronúncia do acusado, porém anterior à sessão plenária de julgamento, e a possibilidade de o juiz de instrução preliminar avocar processos com fatos conexos ou continentes, há três posições. Filiamo-nos ao entendimento que sustenta a aplicação analógica do § 2º, do art. 421, do CPP, para admitir o reconhecimento de conexão ou de continência posterior à pronúncia, ainda que já tenha se operado a preclusão.</td><td>2.11.3</td></tr>
<tr><th colspan="3">Foro prevalente</th></tr>
<tr><td colspan="2">Havendo conexão ou continência, eis as regras de determinação do foro prevalente:
2.12.1. Concurso entre júri versus jurisdição comum ou especial
Se um crime doloso contra a vida for conexo a um crime comum, ambos serão apreciados pelo Tribunal Popular, pois este é o prevalente. O júri aprecia os crimes dolosos contra a vida e os crimes que lhes sejam conexos.
Se houver a concorrência entre o júri e crime de competência da Justiça Federal, ambos serão apreciados dentro do júri a ser realizado na esfera federal.
Havendo a concorrência entre o júri e crime de competência da jurisdição especial, seja ela militar ou eleitoral, deverá ocorrer separação de processos.
2.12.2. Concurso entre jurisdições de diversas categorias: Em havendo concorrência entre órgãos de hierarquia distinta, prevalecerá a de maior graduação. Acreditamos, contudo, que se os autores do delito possuem foro privilegiado previsto na Constituição Federal, impõe-se a separação de processos, pois a aplicação das regras de foro prevalente, em razão da conexão ou continência, desaguaria na violação da própria Carta Magna.</td><td>2.12</td></tr>
<tr><td colspan="2">2.12.3. Concurso entre jurisdição comum versus especial: Na concorrência entre a Justiça comum e a especializada, esta última prevalecerá. A regra não se aplica à justiça especializada militar, afinal, esta só aprecia infrações militares. Em havendo conexão entre crime militar e qualquer outra infração que não seja militar, resta a separação de processos.
2.12.4. Concurso entre jurisdições de mesma categoria: Havendo concorrência entre jurisdições de categoria similar, aplicaremos as seguintes regras:</td><td>2.12</td></tr>
</table>

CAPÍTULO V – JURISDIÇÃO E COMPETÊNCIA		
a) Prevalecerá o local da consumação da infração mais grave. b) Se as infrações interligadas tiverem igual gravidade, prevalecerá o juízo do local da consumação do maior número de crimes. c) Se as infrações forem de igual gravidade e em igual quantidade, resolve-se pela prevenção. Se mesmo havendo conexão ou continência, os processos tramitarem separadamente, a autoridade de jurisdição prevalente deverá avocar os processos que corram perante os outros magistrados, salvo se já tiver, no processo desgarrado, a prolação de sentença definitiva (art. 82, CPP).		**2.12**
Separação dos processos		
Separação obrigatória	2.13.1.1. Concurso entre a jurisdição comum e a militar 2.13.1.2. Concurso entre a jurisdição comum e o juízo de menores 2.13.1.3. Superveniência de doença mental 2.13.1.4. Fuga de corréu 2.13.1.5. Recusas no júri	**2.13.1**
Separação facultativa	2.13.2.1. Infrações praticadas em circunstância de tempo ou lugar diferentes. 2.13.2.2. Número excessivo de acusados 2.13.2.3. Qualquer outro motivo relevante	**2.13.2**
Perpetuatio jurisdictionis		
Havendo reunião de infrações e/ou infratores pela conexão ou continência, o juiz prevalente, mesmo que venha a absolver ou desclassificar a infração que determinou a atração, continuará competente para julgar as demais.		**2.14**
Perpetuação da jurisdição versus desclassificação no rito do júri:	2.14.1.1. Se ao final da primeira fase o juiz desclassificar a infração, entendendo que não se trata de crime doloso contra a vida, remeterá os autos ao juízo competente. Da mesma forma, caso o magistrado impronuncie o réu ou o absolva sumariamente, havendo infrações conexas, serão remetidas ao juízo competente (parágrafo único, art. 81, CPP). 2.14.1.2. Já na segunda fase, em plenário, se os jurados desclassificam o crime doloso contra a vida, o julgamento, não só deste, mas também dos crimes conexos, fica afeto ao juiz Presidente do Júri. Já se os jurados absolverem o réu pelo crime doloso contra a vida, estão reconhecendo que são competentes, e por isso continuam aptos para apreciar as infrações conexas (§ 2º, art. 492, CPP).	**2.14.1.**
Perpetuação da jurisdição versus procedimento de tráfico internacional de drogas	Caso a desclassificação ocorra no bojo de processo-crime por tráfico internacional de drogas, que corre perante a Justiça Federal, pelo fato do juiz, na sentença, constatar que não se deu o elemento da internacionalidade que se supunha inicialmente, duas posições se formam:	**2.14.2**

<table>
<tr><th colspan="3">CAPÍTULO V – JURISDIÇÃO E COMPETÊNCIA</th></tr>
<tr><td>Perpetuação da jurisdição versus procedimento de tráfico internacional de drogas</td><td>2.14.2.1. Perpetuação da jurisdição federal (art. 81, CPP): a primeira corrente (prevalente), entende possível a incidência do art. 81, do CPP.
2.14.2.2. Não aplicação da perpetuatio jurisdictionis: a segunda posição sustenta que o juiz federal, ao reconhecer só o cometimento de tráfico de entorpecentes interno (tráfico de drogas doméstico), torna-se incompetente absolutamente para julgá-lo, por ser competência do juiz de direito, não se aplicando a perpetuatio jurisdictionis.
Entendemos que se deve aplicar a perpetuatio jurisdictionis.</td><td>2.14.2</td></tr>
<tr><td>Supressão e criação de órgão jurisdicional</td><td>Tanto na doutrina quanto na jurisprudência, tem-se admitido a aplicação, por força da analogia, do art. 43 do CPC/2015, de forma que a competência é determinada no momento do registro ou da distribuição da petição inicial, sendo irrelevantes as modificações do estado de fato ou de direito ocorridas posteriormente, salvo quando suprimirem órgão judiciário ou alterarem a competência absoluta. Mais especificadamente, as ressalvas à perpetuação da jurisdição são seguintes hipóteses:
2.14.3.1. Supressão de órgão jurisdicional.
2.14.3.2. Alteração da competência em razão da matéria ou em razão da hierarquia.
2.14.3.3. Criação de nova vara com idêntica competência e no mesmo espaço territorial da vara originariamente competente.
2.14.3.4. Criação de nova vara federal com jurisdição sobre o município onde ocorreu a infração penal e que não era contemplado com vara federal à época do crime.
2.14.3.5. Extinção da delegação de competência federal para processamento e julgamento dos crimes de drogas: a ausência, à época da instauração do processo, de vara específica para julgamento da matéria, permite concluir que o processo foi iniciado perante o juízo competente, leia-se, aquele já existente, por previsão legal, antes da ocorrência da infração, devendo permanecer na justiça estadual. Todavia, a matéria está longe de ser pacífica
2.14.3.6. Alteração da competência em razão da hierarquia.</td><td>2.14.3</td></tr>
<tr><th colspan="3">Prorrogação de competência</th></tr>
<tr><td>Noção</td><td>Cuida-se de fenômeno que estende a competência de um órgão jurisdicional para o fim de abarcar o processamento e o julgamento de causas que não estariam, originariamente, na sua alçada jurisdicional.
A incompetência absoluta não pode ser objeto de prorrogação.</td><td>2.15.1</td></tr>
<tr><td>Prorrogação necessária</td><td>A prorrogação necessária ou legal é a que não depende de ação ou omissão das partes, mas decorre de fato jurídico por si só suficiente para determinar que haja modificação de competência relativamente a um ou mais crimes que não estariam abrangidos pela competência fixada para um órgão jurisdicional.</td><td>2.15.2</td></tr>
</table>

CAPÍTULO V – JURISDIÇÃO E COMPETÊNCIA		
Prorrogação facultativa	Quando tal prorrogação acontece em razão de fato omissivo, recebe o nome de **tácita**. Será **expressa** quando houver pedido das partes para que o feito seja remetido para outro juízo, incompetente relativamente, mas que as circunstâncias do fato recomendam a prorrogação, tal como se dá com as hipóteses de desaforamento do processo do Júri.	2.15.3

4. SÚMULAS APLICÁVEIS

4.1. STJ

6. Compete à justiça comum estadual processar e julgar delito decorrente de acidente de trânsito envolvendo viatura de polícia militar, salvo se autor e vítima forem policiais militares em situação de atividade.

33. A incompetência relativa não pode ser declarada de ofício.

38. Compete à justiça estadual comum, na vigência da Constituição de 1988, o processo por contravenção penal, ainda que praticada em detrimento de bens, serviços ou interesse da União ou de suas entidades.

42. Compete à Justiça Comum Estadual processar e julgar as causas cíveis em que é parte sociedade de economia mista e os crimes praticados em seu detrimento.

53. Compete à Justiça Comum Estadual processar e julgar civil acusado de prática de crime contra instituições militares estaduais.

62. Compete à Justiça Estadual processar e julgar o crime de falsa anotação na Carteira de Trabalho e Previdência Social, atribuído à empresa privada. (**Observação importante:** decisão recente da 3ª Seção do STJ, alterou esse entendimento declarando competir à Justiça Federal o julgamento desse delito)[147]

73. A utilização de papel-moeda grosseiramente falsificado configura, em tese, o crime de estelionato, da competência da Justiça estadual.

75. Compete à Justiça Comum Estadual processar e julgar o policial militar por crime de promover ou facilitar a fuga de preso de estabelecimento penal.

78. Compete à Justiça Militar processar e julgar policial de corporação estadual, ainda que o delito tenha sido praticado em outra unidade federativa.

104. Compete à Justiça Estadual o processo e julgamento dos crimes de falsificação e uso de documento falso relativo a estabelecimento particular de ensino.

122. Compete à Justiça Federal o processo e julgamento unificado dos crimes conexos de competência federal e estadual, não se aplicando a regra do art. 78, II, a, do Código de Processo Penal.

140. Compete à Justiça Comum Estadual processar e julgar crime em que o indígena figure como autor ou vítima.

147. Compete à Justiça Federal processar e julgar os crimes praticados contra funcionário público federal, quando relacionados com o exercício da função.

151. A competência para o processo e julgamento por crime de contrabando ou descaminho define-se pela prevenção do Juízo Federal do lugar da apreensão dos bens.

165. Compete à Justiça Federal processar e julgar crime de falso testemunho cometido no processo trabalhista.

172. Compete à Justiça Comum Estadual processar e julgar militar por crime de abuso de autoridade, ainda que praticado em serviço.

200. O Juízo Federal competente para processar e julgar acusado de crime de uso de passaporte falso é o do lugar onde o delito se consumou.

208. Compete à Justiça Federal processar e julgar prefeito municipal por desvio de verba sujeita a prestação de contas perante órgão federal.

209. Compete à Justiça Estadual processar e julgar prefeito por desvio de verba transferida e incorporada ao patrimônio municipal.

147. **Compete à Justiça Federal – e não à Justiça Estadual – processar e julgar o crime caracterizado pela omissão de anotação de vínculo empregatício na CTPS (art. 297, § 4º, do CP).** A Terceira Seção do STJ modificou o entendimento a respeito da matéria, posicionando-se no sentido de que, no delito tipificado no art. 297, § 4º, do CP – figura típica equiparada à falsificação de documento público –, o sujeito passivo é o Estado e, eventualmente, de forma secundária, o particular – terceiro prejudicado com a omissão das informações –, circunstância que atrai a competência da Justiça Federal, conforme o disposto no art. 109, IV, da CF (CC 127.706-RS, Terceira Seção, DJe 3/9/2014). Precedente citado: AgRg no CC 131.442-RS, Terceira Seção, DJe 19/12/2014. (CC 135.200-SP, Rel. originário Min. Nefi Cordeiro, Rel. para acórdão Min. Sebastião Reis Júnior, julgado em 22/10/2014, DJe 2/2/2015).

235. A conexão não determina a reunião dos processos, se um deles já foi julgado.

244. Compete ao foro do local da recusa processar e julgar o crime de estelionato mediante cheque sem provisão de fundos.

528. Compete ao juiz federal do local da apreensão da droga remetida do exterior pela via postal processar e julgar o crime de tráfico internacional.

546. A competência para processar e julgar o crime de uso de documento falso é firmada em razão da entidade ou órgão ao qual foi apresentado o documento público, não importando a qualificação do órgão expedidor.

600. Para a configuração da violência doméstica e familiar prevista no artigo 5º da Lei nº 11.340/2006 (Lei Maria da Penha) não se exige a coabitação entre autor e vítima.

4.2. STF

Súmula Vinculante nº 36. Compete à Justiça Federal comum processar e julgar civil denunciado pelos crimes de falsificação e de uso de documento falso quando se tratar de falsificação da Caderneta de Inscrição e Registro (CIR) ou de Carteira de Habilitação de Amador (CHA), ainda que expedidas pela Marinha do Brasil.

Súmula Vinculante nº 45. A competência constitucional do Tribunal do Júri prevalece sobre o foro por prerrogativa de função estabelecido exclusivamente pela constituição estadual.

Súmula Vinculante nº 46. A definição dos crimes de responsabilidade e o estabelecimento das respectivas normas de processo e julgamento são de competência legislativa privativa da União.

453. Não se aplicam à segunda instância o art. 384 e parágrafo único do Código de Processo Penal, que possibilitam dar nova definição jurídica ao fato delituoso, em virtude de circunstância elementar não contida explícita ou implicitamente na denúncia ou queixa.

521. O foro competente para o processo e julgamento dos crimes de estelionato, sob a modalidade de emissão dolosa de cheque sem provisão de fundos, é o do local onde se deu a recusa do pagamento pelo sacado.

522. Salvo ocorrência de tráfico para o exterior, quando então a competência será da Justiça Federal, compete à Justiça dos Estados o processo e julgamento dos crimes relativos a entorpecentes.

702. A competência do Tribunal de Justiça para julgar prefeitos restringe-se aos crimes de competência da Justiça comum estadual; nos demais casos, a competência originária caberá ao respectivo tribunal de segundo grau.

704. Não viola as garantias do juiz natural, da ampla defesa e do devido processo legal a atração por continência ou conexão do corréu ao foro por prerrogativa de função de um dos denunciados.

721. A competência constitucional do tribunal do Júri prevalece sobre o foro por prerrogativa de função estabelecido exclusivamente pela Constituição Estadual.

722. São da competência legislativa da união a definição dos crimes de responsabilidade e o estabelecimento das respectivas normas de processo e julgamento.

5. INFORMATIVOS RECENTES

5.1. STJ

♦ **Conflito negativo de competência. Justiça Federal versus Justiça Estadual. Inquérito policial. Divulgação de imagem pornográfica de adolescente via whatsapp e em chat no facebook. Art. 241-A da Lei 8.069/1990 (ECA). Internacionalidade. Inexistência. Competência da justiça estadual.**

Compete à Justiça Federal a condução do inquérito que investiga o cometimento do delito previsto no art. 241-A do ECA nas hipóteses em que há a constatação da internacionalidade da conduta e à Justiça Estadual nos casos em que o crime é praticado por meio de troca de informações privadas, como nas conversas via whatsapp ou por meio de chat na rede social facebook. (...) Em 29/10/2015, a matéria foi posta a exame do Plenário do Supremo Tribunal Federal, no julgamento do Recurso Extraordinário nº 628.624-MG, em sede de repercussão geral, ocasião em que ficou assentado que a fixação da competência da Justiça Federal para o julgamento do delito do art. 241-A do Estatuto da Criança e do Adolescente (divulgação e publicação de conteúdo pedófilo-pornográfico) pressupõe a possibilidade de identificação do atributo da internacionalidade do resultado obtido ou que se pretendia obter. Observe-se que a constatação da internacionalidade do delito demandaria apenas que a publicação do material pornográfico tivesse sido feita em "ambiência virtual de sítios de amplo e fácil acesso a qualquer sujeito, em qualquer parte do planeta, que esteja conectado à internet", independentemente da ocorrência efetiva de acesso no estrangeiro. Por sua vez, tanto no aplicativo WhatsApp quanto nos diálogos (chat) estabelecidos na rede social Facebook, a comunicação se dá entre destinatários escolhidos pelo emissor da mensagem. Trata-se de troca de informação privada que não está acessível a qualquer pessoa. Assim sendo, não preenchido o requisito estabelecido pela Corte Suprema, de que a postagem de conteúdo pedófilo-pornográfico tenha sido feita em cenário propício ao livre acesso, deve-se ter em conta que a definição do Juízo competente em tais hipóteses se dá em razão do âmbito de divulgação e publicação do referido

conteúdo, o que revela a competência da Justiça Estadual. CC 150.564-MG, Rel. Min. Reynaldo Soares da Fonseca, por unanimidade, julgado em 26/4/2017, DJe 2/5/2017. (Info 603)

♦ Conflito negativo de competência. Justiça Federal X Justiça Estadual. Inquérito Policial. Falso Tribunal Internacional de Justiça e Conciliação.

Compete à Justiça Estadual a condução de inquérito policial no qual se apura suposto crime de estelionato, em que foi obtida vantagem ilícita em prejuízo de vítimas particulares mantidas em erro mediante a criação de falso Tribunal Internacional de Justiça e Conciliação para solução de controvérsias. (...) As vítimas do referido crime teriam pago a um tribunal de conciliação irregular – Tribunal Internacional de Justiça e Conciliação – determinada quantia, a título de custas processuais. Este órgão de conciliação não tinha registro junto ao Conselho Nacional das Instituições de Mediação e Arbitragem – CONIMA. Com efeito, a ausência de registro do tribunal, por si só, não tem o condão de revelar interesse da União, de suas autarquias ou de empresas públicas federais na persecução criminal dos investigados. Em consulta ao estatuto social do CONIMA verifica-se que ele é uma sociedade civil sem fins lucrativos. Não consta, dentre os objetivos elencados no art. 2º de seu estatuto, a fiscalização de instituições de arbitragem, nem tampouco a obrigatoriedade de filiação ao Conselho para revestir de legalidade a instituição de mediação e arbitragem. Mas, ainda que assim não fosse, trata-se, nitidamente, de instituição privada que congrega, como associados, outras instituições privadas, daí por que nem a ausência de registro no CONIMA, nem tampouco a falsa representação de uma instituição como tribunal de arbitragem, têm o condão de lesar diretamente interesse da União, de suas autarquias ou de empresas públicas federais, afastando-se, por consequência, a competência da Justiça Federal. (...) CC 146.726-SP, Rel. Min. Reynaldo Soares da Fonseca, por unanimidade, julgado em 14/12/2016, DJe 1/2/2017. (Info 597)

♦ Operadora de plano de saúde não caracterizada como seguradora. Impossibilidade de equiparação a instituição financeira. Crime contra o sistema financeiro nacional afastado. Possíveis crimes falimentares ou patrimoniais. Competência da justiça estadual.

Compete à justiça estadual o processamento e julgamento de ação penal que apura supostas fraudes praticadas por administrador na gestão de operadora de plano de saúde não caracterizada como seguradora. (...) A diferença fundamental entre as seguradoras e as demais operadoras de planos de assistência à saúde consiste na possibilidade que lhes é franqueada de negociarem – captarem e administrarem – seguro-saúde, que não se confunde com as demais formas de planos privados de assistência à saúde. O seguro-saúde é uma modalidade de contrato de seguro formalizado junto a seguradoras especializadas, destinado a proteger segurados e seus dependentes incluídos na apólice em situações de doenças e lesões estipuladas contratualmente. Nos termos da apólice, a seguradora obriga-se a reembolsar o segurado, ou pagar em nome deste e à sua ordem, despesas de natureza médico-hospitalar que resultem da ocorrência de eventos (sinistros) cobertos. Com base nessas premissas, constatou-se que a operadora de plano de saúde em análise no caso concreto não poderia ser considerada uma sociedade seguradora. No direito penal, é vedada a analogia in malan partem, por afronta ao princípio da legalidade (artigo 5º, XXXIX, Constituição, e artigo 1º do Código Penal), de modo que não é legítimo que se pretenda promover a equiparação das demais operadoras de planos privados de assistência à saúde às seguradoras para justificar uma imputação penal. Com isso, concluiu-se que a prática de fraudes à frente da operadora de plano de saúde em análise pode caracterizar, em tese, crimes contra o patrimônio – como estelionato e apropriação indébita – ou crimes falimentares, mas jamais um crime contra o sistema financeiro nacional. Assim sendo, a competência para o processamento e julgamento do feito recai sobre a Justiça Estadual. CC 148.110-MG, Rel. Min. Reynaldo Soares da Fonseca, Rel. para acórdão Min. Maria Thereza de Assis Moura, por maioria, julgado em 23/11/2016, DJe 13/12/2016. (Info 595)

♦ Conflito negativo de competência. Crimes contra a honra de particular supostamente cometidos durante depoimento prestado à Procuradoria do Trabalho. Competência da Justiça estadual.

Não compete à Justiça federal processar e julgar queixa-crime proposta por particular contra particular, somente pelo fato de as declarações do querelado terem sido prestadas na Procuradoria do Trabalho. (...) Estando em análise nas queixas-crime a prática de delitos contra a honra, e não de falso testemunho, tampouco se vislumbrando nos autos indícios de que os depoimentos prestados por querelados perante o parquet trabalhista são falsos, estaremos diante de verdadeira relação entre particulares e não haverá nenhum interesse ou violação de direito que afete a União, de modo que a causa não se enquadrará em nenhuma das hipóteses do art. 109 da Constituição Federal e não incidirá, assim, a Súmula nº 165 do STJ, que assim dispõe: "compete a justiça federal processar e julgar crime de falso testemunho cometido no processo trabalhista." CC 148.350-PI, Rel. Min. Felix Fischer, por unanimidade, julgado em 9/11/2016, DJe 18/11/2016. (Info 593)

♦ Direito Processual Penal. Competência da justiça comum federal para julgar militar da ativa.

Compete à Justiça Comum Federal – e não à Justiça Militar – processar e julgar a suposta prática, por militar da ativa, de crime previsto apenas na Lei nº 8.666/1993 (Lei de Licitações), ainda que praticado contra a administração militar. A CF preceitua no art. 124 que "À Justiça Militar compete processar e julgar os crimes militares definidos em lei". Os arts. 9º e 10 do CPM são normas de interpretação de quais são exatamente os crimes militares. Quanto ao inciso II do art. 9º, são crimes militares os «previstos neste Código, embora também o sejam com igual definição na lei penal comum, quando praticados: [...] e) por militar em situação de atividade, ou assemelhado, contra patrimônio sob administração militar, ou a ordem administrativa militar (...) Desse modo, para configurar crime militar com base no art. 9º, I e II, necessariamente o delito deve constar do rol de crimes previstos expressamente no CPM, sob pena de não ser considerado crime militar e, por sua vez, ser afastada a competência da justiça especializada. Interpretar de forma diversa é ampliar os crimes militares quando o legislador expressamente inseriu nos incisos I e II que crime militar é aquele expresso no Código Penal Militar. *CC 146.388-RJ, Rel. Min. Felix Fischer, julgado em 22/6/2016, DJe 1/7/2016. (Info 586)*

♦ **Conflito de competência. Crimes de falsificação de documento e uso de documento falso praticados por brasileiros em território estrangeiro. Competência da Justiça Federal.**

Compete à Justiça Federal o processamento e o julgamento da ação penal que versa sobre crime praticado no exterior, o qual tenha sido transferida para a jurisdição brasileira, por negativa de extradição, aplicável o art. 109, IV, da CF/88 (STJ, Terceira Seção, CC 154.656-MG, Rel. Min. Ribeiro Dantas, por unanimidade, julgado em 25/04/2018, DJe 03/05/2018) (Info 625)

♦ **Direito Processual Penal. Competência para julgar crime praticado em banco postal.**

Compete à Justiça Estadual – e não à Justiça Federal – processar e julgar ação penal na qual se apurem infrações penais decorrentes da tentativa de abertura de conta corrente mediante a apresentação de documento falso em agência do Banco do Brasil (BB) localizada nas dependências de agência da Empresa Brasileira de Correios e Telégrafos (ECT) que funcione como Banco Postal. Realmente, de acordo com o art. 109, IV, da CF, compete à Justiça Federal processar e julgar "os crimes políticos e as infrações penais praticadas em detrimento de bens, serviços ou interesse da União ou de suas entidades autárquicas ou empresas públicas, excluídas as contravenções e ressalvada a competência da Justiça Militar e da Justiça Eleitoral". Apesar de a ECT ser empresa pública federal, ela presta serviços relativos ao Banco Postal, em todo território nacional, como correspondente bancário de instituições financeiras contratantes, às quais cabe a inteira responsabilidade pelos serviços prestados pela empresa contratada, em consonância com o disposto na Portaria 588/2000 do Ministério das Comunicações e, em especial, na forma da Resolução 3.954/2011 do Bacen (...). Ora, se cabe à instituição financeira contratante dos serviços (no caso, o BB) a responsabilidade pelos serviços bancários disponibilizados pela ECT a seus clientes e usuários, eventual lesão decorrente da abertura de conta corrente por meio da utilização de documento falso atingiria o patrimônio e os serviços da instituição financeira contratante, e não os da ECT. (...). *CC 129.804-PB, Rel. Min. Reynaldo Soares da Fonseca, julgado em 28/10/2015, DJe 6/11/2015. (Info 572)*

♦ **Direito Processual Penal. Competência da Justiça Militar. Civil que furta arma de soldado da Aeronáutica dentro de estabelecimento militar: crime militar**

Compete à Justiça Militar processar e julgar o crime de furto, praticado por civil, de patrimônio que, sob administração militar, encontra-se nas dependências desta. STJ. 3ª Seção. CC 145.721-SP, Rel. Min. Joel Ilan Paciornik, julgado em 22/02/2018 (Info 621) Direito Processual Penal. Competência da Justiça Estadual julgamento militar licenciado.

Compete à Justiça Estadual a execução de medida de segurança imposta a militar licenciado. STJ. 3ª Seção. CC 149.442-RJ, Rel. Min. Joel Ilan Paciornik, julgado em 09/05/2018 (Info 626).

♦ **Direito Processual Penal. Competência da Justiça Federal. Ameaças de ex-namorado à mulher via facebook. Crime à distância. Internacionalidade configurada. Pedido de medidas protetivas de urgência ao Poder Judiciário brasileiro. Lei Maria da Penha. Concretude às convenções internacionais firmadas pelo Brasil. Competência da justiça Federal.**

Compete à Justiça Federal apreciar o pedido de medida protetiva de urgência decorrente de crime de ameaça contra a mulher cometido, por meio de rede social de grande alcance, quando iniciado no estrangeiro e o seu resultado ocorrer no Brasil (CC 150.712-SP, Rel. Min. Joel Ilan Paciornik, por unanimidade, julgado em 10/10/2018, DJe 19/10/2018) – Info 636.

♦ **Direito Processual Penal. Utilização de formulários falsos da receita federal e competência.**

O fato de os agentes, utilizando-se de formulários falsos da Receita Federal, terem se passado por Auditores desse órgão com intuito de obter vantagem financeira ilícita de particulares não atrai, por si só, a competência da Justiça Federal. Isso porque, em que pese tratar-se de uso de documento público, observa-se que a falsidade foi empregada, tão somente, em detrimento de particular. Assim sendo, se se pudesse cogitar de eventual prejuízo sofrido pela União, ele seria apenas reflexo, na medida em que o prejuízo direto está nitidamente limitado à esfera individual da vítima, uma vez que as condutas em análise não trazem prejuízo direto e efetivo a bens, serviços ou interesses da União, de suas entidades autárquicas ou empresas públicas (art. 109, IV, da CF).*CC 141.593-RJ, Rel. Min. Reynaldo Soares da Fonseca, julgado em 26/8/2015, DJe 4/9/2015. (Info 568)*

♦ **Direito Processual Penal. Estelionato e foro competente para processar a persecução penal.**

Compete ao juízo do foro onde se encontra localizada a agência bancária por meio da qual o suposto estelio-

natário recebeu o proveito do crime – e não ao juízo do foro em que está situada a agência na qual a vítima possui conta bancária – processar a persecução penal instaurada para apurar crime de estelionato no qual a vítima teria sido induzida a depositar determinada quantia na conta pessoal do agente do delito. Com efeito, a competência é definida pelo lugar em que se consuma a infração, nos termos do art. 70 do CPP. Dessa forma, cuidando-se de crime de estelionato, tem-se que a consumação se dá no momento da obtenção da vantagem indevida, ou seja, no momento em que o valor é depositado na conta corrente do autor do delito, passando, portanto, à sua disponibilidade. (...) *CC 139.800-MG, Rel. Min. Reynaldo Soares da Fonseca, julgado em 24/6/2015, DJe 1º/7/2015. (Info 565)*

♦ **Direito Processual Penal. Competência para processar e julgar crime cometido a bordo de navio.**

Compete à Justiça Federal processar e julgar o crime praticado a bordo de embarcação estrangeira privada de grande porte ancorada em porto brasileiro e em situação de potencial deslocamento internacional, ressalvada a competência da Justiça Militar. De fato, o art. 109, IX, da CF determina a competência da Justiça Federal para processar e julgar "os crimes cometidos a bordo de navios ou aeronaves, ressalvada a competência da Justiça Militar". Contudo, em razão da imprecisão do termo "navio", utilizado no referido dispositivo constitucional, a doutrina e a jurisprudência construíram o entendimento de que "navio" seria embarcação de grande porte – embarcação seria gênero, do qual navio uma de suas espécies – o que, evidentemente, excluiria a competência para processar e julgar crimes cometidos a bordo de outros tipos de embarcações, isto é, aqueles que não tivessem tamanho e autonomia consideráveis que pudessem ser deslocados para águas internacionais (CC 43.404-SP, Terceira Seção, DJe 2/3/2005; e CC 14.488-PA, Terceira Seção, DJ 11/12/1995). Além disso, restringindo-se ainda mais o alcance do termo "navio", a jurisprudência do STJ também tem exigido que a embarcação de grande porte se encontre em situação de deslocamento internacional ou em situação de potencial deslocamento (CC 116.011-SP, Terceira Seção, DJe 1º/12/2011). Nesse sentido, a par da dificuldade de se delimitar a ideia de "potencial deslocamento", cuja análise impõe seja feita de maneira casuística, revela-se ponto comum na interpretação dada pela jurisprudência desta Corte o fato de que a embarcação deva estar apta a realizar viagens internacionais. *CC 118.503-PR, Rel. Min. Rogerio Schietti Cruz, julgado em 22/4/2015, DJe 28/4/2015. (Info 560)*

♦ **Direito Processual Penal. Competência para apreciar pedido de quebra de sigilo telefônico em apuração de crime de uso de artefato incendiário contra edifício-sede da justiça militar da união.**

Compete à Justiça Federal – é não à Justiça Militar – decidir pedido de quebra de sigilo telefônico requerido no âmbito de inquérito policial instaurado para apurar a suposta prática de crime relacionado ao uso de artefato incendiário contra o edifício-sede da Justiça Militar da União, quando o delito ainda não possua autoria estabelecida e não tenha sido cometido contra servidor do Ministério Público Militar ou da Justiça Militar. Isso porque a CF estabelece que a Justiça Militar da União é órgão do Poder Judiciário da União. Desse modo, o edifício-sede da Justiça Militar da União não integra patrimônio militar nem está subordinado à administração castrense, circunstância que afasta a incidência da alínea "a" do inciso III do art. 9º do CPM. Além disso, o ilícito praticado não foi cometido contra servidor do Ministério Público Militar ou da Justiça Militar. Em verdade, o evento delituoso em análise – sem autoria estabelecida – atingiu apenas a edificação em si, sem dano contra pessoa, razão pela qual a hipótese em foco não se subsume à alínea "b" do inciso III do art. 9º do CPM. *CC 137.378-RS, Rel. Min. Sebastião Reis Júnior, julgado em 11/3/2015, DJe 14/4/2015. (Info 559)*

♦ **Direito Processual Penal. Hipótese de competência da justiça federal para julgar crime de latrocínio.**

Compete à Justiça Federal processar e julgar crime de latrocínio no qual tenha havido troca de tiros com policiais rodoviários federais que, embora não estivessem em serviço de patrulhamento ostensivo, agiam para reprimir assalto a instituição bancária privada. O art. 109 da CF prevê que compete à Justiça Federal processar e julgar "os crimes políticos e as infrações penais praticadas em detrimento de bens, serviços ou interesse da União ou de suas entidades autárquicas ou empresas públicas, excluídas as contravenções e ressalvada a competência da Justiça Militar e da Justiça Eleitoral". Assim, se um servidor público federal é vítima de um delito em razão do exercício de suas funções, tem-se que o próprio serviço público é afetado, o que atrai a competência da Justiça Federal para processar e julgar o feito (Súmula 147 do STJ). (...) Assim, o certo é que era incumbência dos policiais rodoviários federais, naquele momento, reprimir a prática criminosa, motivo pelo qual não há dúvidas de que agiram no exercício de suas funções, o que revela a competência da Justiça Federal. Precedente citado: RHC 31.553-MT, Quinta Turma, DJe 26/8/2013. *HC 309.914-RS, Rel. Min. Jorge Mussi, julgado em 7/4/2015, DJe 15/4/2015. (Info 559)*

♦ **Direito Processual Penal. Competência para julgar os crimes de violação de direito autoral e contra a lei de *software* relacionados com o *card sharing***

Compete à Justiça Federal processar e julgar os crimes de violação de direito autoral e contra a lei de software decorrentes do compartilhamento ilícito de sinal de TV por assinatura, via satélite ou cabo, por meio de serviços de card sharing. *STJ. 3ª Seção. CC 150.629-SP, Rel. Min. Nefi Cordeiro, julgado em 22/02/2018 (Info 620).*

♦ **Direito Processual Penal. Competência Justiça Estadual. Crime ambiental ocorrido em programa Minha Casa Minha Vida pelo simples fato de a CEF ter atuado como agente financiador da obra.**

Compete à Justiça estadual o julgamento de crime ambiental decorrente de construção de moradias de programa habitacional popular, nas hipóteses em que a Caixa Econômica Federal atue, tão somente, na qualidade de agente financiador da obra. O fato de a CEF atuar como financiadora da obra não tem o condão de atrair, por si só, a competência da Justiça Federal. Isto porque para sua responsabilização não basta que a entidade figure como financeira. É necessário que ela tenha atuado na elaboração do projeto ou na fiscalização da segurança e da higidez da obra. *STJ. 3ª Seção. CC 139.197-RS, Rel. Min. Joel Ilan Paciornik, julgado em 25/10/2017 (Info 615).*

♦ **Direito Processual Penal. Competência Justiça Federal. Crime cometido no exterior e cuja extradição tenha sido negada.**

Compete à Justiça Federal o processamento e o julgamento da ação penal que versa sobre crime praticado no exterior, o qual tenha sido transferido para a jurisdição brasileira, por negativa de extradição, aplicável o art. 109, IV, da CF/88. *STJ. 3ª Seção. CC 154.656-MG, Rel. Min. Ribeiro Dantas, julgado em 25/04/2018 (Info 625).*

♦ **Competência. Foro por prerrogativa de função perante o STJ. Regra da kompetenz-kompetenz. Art. 105, I, "a" da CF/1988. Interpretação simétrica àquela conferida, pelo STF, ao art. 102, I, "b" e "c". QO na AP 937. Marco temporal para a prorrogação da competência desta Corte Superior. Publicação do despacho de intimação para apresentação de alegações finais.**

As hipóteses de foro por prerrogativa de função perante o STJ restringem-se àquelas em que o crime for praticado em razão e durante o exercício do cargo ou função. *AgRg na APn 866-DF, Rel. Min. Luis Felipe Salomão, por unanimidade, julgado em 20/06/2018, DJe 03/08/2018 (Info 630).*

♦ **Prerrogativa de foro. Competência criminal originária do STJ. Art. 105, I, "a", da Constituição Federal. Crime em tese sem relação com o cargo. Desembargador. Instrução não encerrada. QO na APn 937/STF. Iminência da prescrição. Prorrogação da competência. Excepcionalidade.**

A iminente prescrição do crime praticado por Desembargador excepciona o entendimento consolidado na APn 937 – o foro por prerrogativa de função é restrito a crimes cometidos ao tempo do exercício do cargo e que tenham relação com o cargo – e prorroga a competência do Superior Tribunal de Justiça. *QO na APn 703-GO, Rel. Min. Benedito Gonçalves, por unanimidade, julgado em 01/08/2018, DJe 09/08/2018 (Info 630).*

♦ **Inquérito policial. Descaminho. Venda de cigarros estrangeiros. Importação permitida pela ANVISA. Ausência de nota fiscal. Conduta anterior à Lei n. 13.008/2014. Art. 334, § 1º, alínea "d", do CP. Súmula 151/STJ. Competência da Justiça Federal.**

Compete à Justiça Federal a condução do inquérito que investiga o cometimento do delito previsto no art. 334, § 1º, IV, do Código Penal, na hipótese de venda de mercadoria estrangeira, permitida pela ANVISA, desacompanhada de nota fiscal e sem comprovação de pagamento de imposto de importação. Deve-se averiguar, de início, se a conduta se amolda, ou não, no tipo descrito no art. 334 do Código Penal, na redação anterior à lei n. 13.008/2014. Para que se configure o delito do caput do art. 334 do Código Penal, é necessário identificar indícios de que o agente de alguma forma, dolosamente, aderiu e/ou participou do processo de introdução do bem no país sem o recolhimento dos tributos devidos. Ressalte-se: não há forma culposa do delito, nem se admite o dolo eventual. No caso concreto, não foram apontados pelos Juízos em conflito, tampouco juntados aos autos, indícios de que o investigado tenha, de qualquer maneira, participado da importação dos cigarros, o que demonstra ser inviável a tipificação de sua conduta no caput do art. 334 do CP (na redação anterior à da Lei n. 13.008/2014). Entretanto, a conduta do investigado pode se amoldar ao delito previsto no art. 334, § 1º, IV, do Código Penal que atribui a mesma pena a quem adquire, recebe ou oculta, em proveito próprio ou alheio, no exercício de atividade comercial ou industrial, mercadoria de procedência estrangeira, desacompanhada de documentação legal, ou acompanhada de documentos que sabe serem falsos. Desse modo, como o descaminho tutela prioritariamente interesses da União (ordem tributária), é de se reconhecer a competência da Justiça Federal para conduzir o inquérito policial e, eventualmente, caso seja oferecida denúncia, julgar a ação penal, aplicando-se à hipótese dos autos o disposto no enunciado n. 151 da Súmula desta Corte. *CC 159.680-MG, Rel. Min. Reynaldo Soares da Fonseca, por unanimidade, julgado em 08/08/2018, DJe 20/08/2018. (Info 631)*

♦ **Tribunal do Júri. Art. 155 do CPP. Pronúncia fundada exclusivamente em elementos extrajudiciais. Impossibilidade.**

Não se admite a pronúncia de acusado fundada exclusivamente em elementos informativos obtidos na fase inquisitorial. Cinge-se a controvérsia a saber sobre a possibilidade de o juízo de pronúncia admitir os elementos de prova colhidos no inquérito policial que demonstram indícios de autoria do crime doloso contra a vida, ainda que de maneira tênue, sob pena de contrariar as disposições do art. 413 do CPP, bem como o princípio do *in dubio pro societate*. Inicialmente, convém assinalar que não se descura que há no âmbito do STJ julgados no sentido de admitir a pronúncia do acusado com base em indícios derivados do inquérito policial, sem que isso represente afronta ao art. 155 do CPP: AgRg no AREsp 978.285/SP, Rel. Min. Reynaldo Soares da Fonseca, Quinta Turma, julgado em 13/06/2017, DJe 21/06/2017; e HC 435.977/RS, Rel. Min. Felix Fischer, Quinta Turma, julgado em 15/5/2018, DJe 24/5/2018. No caso dos autos, porém, o Tribunal local manteve a decisão que despronunciou o réu tendo em vista ser a prova dos autos um único depoimento extrajudicial, o qual não foi confirmado na fase processual, e a confissão qualificada em juízo do corréu. Desse modo, nota-se a ausência de indícios de autoria delitiva (art. 413 do CPP) submetidos ao devido processo legal. Portanto, carece de judicialização a prova a apontar os indícios de autoria delitiva. Importa registrar que a prova produzida extrajudicialmente é elemento cognitivo destituído do devido processo legal, princípio garantidor das liberdades públicas e limitador do arbítrio estatal. Assentir com entendimento contrário implicaria considerar suficiente a existência de prova inquisitorial para submeter o réu ao Tribunal do Júri sem que se precisasse, em última análise, de nenhum elemento de prova a ser produzido judicialmente. Ou seja, significaria inverter a ordem de relevância das fases da persecução penal, conferindo maior juridicidade a um procedimento administrativo realizado sem as garantias do devido processo legal em detrimento do processo penal, o qual é regido por princípios democráticos e por garantias fundamentais. Assim, não se pode admitir, em um Estado Democrático de Direito, a pronúncia sem qualquer lastro probatório colhido sob o contraditório judicial, fundada exclusivamente em elementos informativos obtidos na fase inquisitorial, mormente quando essa prova está isolada nos autos. *(AgRg no REsp 1.740.921-GO, Rel. Min. Ribeiro Dantas, por unanimidade, julgado em 06/11/2018, DJe 19/11/2018) – Info 638.*

5.2. STF

♦ **Encaminhamento de cópia de depoimento e definição de competência**

A Segunda Turma, por maioria, proveu dois agravos regimentais interpostos contra decisão que determinara o envio de cópia dos termos de depoimento de colaboradores na operação Lava-Jato às Seções Judiciárias do Distrito Federal e do Estado do Paraná, em razão do declínio da competência do Supremo Tribunal Federal (STF) para a supervisão das investigações. O Colegiado entendeu que, no caso específico, os fatos investigados não guardam relação com a operação Lava-Jato. Assim, o tema não deve ser encaminhado à Seção Judiciária do Estado do Paraná, mas sim às varas competentes da Seção Judiciária do Distrito Federal, onde os fatos ocorreram [Código de Processo Penal, art. 70]. Ademais, pontuou que o encaminhamento de cópia a duas varas, para que os juízes definam quem será competente para o julgamento, gera um conflito indesejado e provoca insegurança jurídica. Vencido o ministro Edson Fachin (relator) que negava provimento aos agravos regimentais. (...) Pet 7075 AgR/DF, rel. orig. Min. Edson Fachin, red. p/ o ac. Min. Gilmar Mendes, julgamento em 15.8.2017. Pet 7076 AgR/DF, rel. orig. Min. Edson Fachin, red. p/ o ac. Min. Gilmar Mendes, julgamento em 15.8.2017. (Info 873)

♦ **Crime praticado por procurador da República e competência**

A Segunda Turma, diante do empate na votação, concedeu "habeas corpus" de ofício em favor de procurador da República e de advogado, presos preventivamente em razão de fatos investigados na "Operação Patmos". Os autos do inquérito tinham sido encaminhados ao TRF da 3ª Região, localidade em que o procurador investigado ocupa seu cargo atualmente. Na época dos fatos, porém, o investigado atuava como procurador da República exclusivamente no âmbito do TRF da 1ª Região. A Turma deliberou, de início, fixar a competência do TRF da 1ª Região para processar e julgar o investigado. Baseou-se, para tanto, na interpretação do art. 108, I, "a", da Constituição Federal (CF), segundo o qual compete aos TRFs processar e julgar, originariamente, os juízes federais da área de sua jurisdição. O mesmo tratamento dado aos juízes federais no tema deve ser conferido aos membros do Ministério Público e aos advogados, tendo em vista que o vocábulo "jurisdição", do texto constitucional, deve ser entendido também como "atribuição". Assim, o procurador da República precisa ser julgado pelo TRF em cuja área exerce suas atribuições, sob pena de ofensa ao princípio do juiz natural. Além disso, o Colegiado destacou o art. 70 do Código de Processo Penal (CPP), segundo o qual o foro para julgar quaisquer crimes se processa segundo o critério "ratione loci". Ademais, os requisitos para a manutenção da prisão, constantes do art. 312 do CPP, não mais subsistem. (...) Os ministros Edson Fachin (relator) e Celso de Mello não concederam a ordem. Pet 7063/DF, rel. orig. Min. Edson Fachin, red. p/ o ac. Min. Ricardo Lewandowski, julgamento em 1º.8.2017. (Info 871)

♦ **Colaboração premiada: prevenção e conexão**

Quanto à prevenção da relatoria, o Supremo Tribunal Federal (STF) negou provimento ao agravo regimental. Inicialmente, o Plenário fez uma cronologia da tramitação dos feitos relacionados à operação Lava Jato. Registrou que, nos termos do art. 69 do Regimento Interno do Supremo Tribunal Federal (RISTF), as ações e os recursos que tratam de fatos conexos ao objeto da Rcl 17.623/PR foram aglutinados sob a mesma relatoria, entre os quais figuram o Inq 3.883/PR e o Inq 4.112/DF, então distribuídos ao ministro Teori Zavascki. Em razão do falecimento do ministro e da posterior opção, por ato da ministra presidente Cármen Lúcia, para integrar a Segunda Turma do STF, o ministro Edson Fachin foi designado, por sorteio, como relator da aludida operação. A redistribuição dos feitos a sua relatoria foi materializada nos autos dos citados inquéritos; pois, à época, a Rcl 17.623/PR já estava arquivada, diante do trânsito em julgado da decisão de mérito. Por isso, tais inquéritos, desde então, vêm sendo utilizados como referência à distribuição por prevenção ao relator dos feitos relacionados à operação Lava Jato, importando afirmar que a correta delimitação do parâmetro de aferição das causas de modificação da competência (conexão e continência) deve ter por referência seus predecessores. (...) O acordo de colaboração premiada submetido à homologação do STF, por conter menção a autoridades detentoras de foro por prerrogativa, demonstra evidente relação de conexidade com o objeto do Inq 4.266, deflagrado para apurar as condutas supostamente delituosas praticadas pelo então deputado federal em

detrimento do FI-FGTS, administrado pela CEF. Considerou, ainda, que, embora o aludido inquérito tenha sido baixado ao primeiro grau de jurisdição, pois o investigado não mais ocupa o cargo que lhe garantia a prerrogativa de foro no STF, o art. 74, § 1º, do RISTF estabelece que "o inquérito ou a ação penal, que retornar ao Tribunal por restabelecimento da competência por prerrogativa de foro, será distribuído ao Relator original". Em outras palavras, caso o investigado incorra em qualquer das situações jurídicas previstas no art. 102, I, "b" e "c", da Constituição Federal (CF), os autos devem retornar ao ministro Edson Fachin, na qualidade de sucessor do ministro Teori Zavascki no que toca à cadeia de prevenção estabelecida com a distribuição da Rcl 17.623/DF. Por todas essas razões, o Plenário julgou não se verificar qualquer ilegalidade na distribuição por prevenção do pedido de homologação do acordo de colaboração premiada em análise, diante da evidente existência de fatos relatados conexos com investigações em curso sob a relatoria do ministro Edson Fachin. Entendeu não se poder falar, ainda, em violação ao princípio do juiz natural no tocante às providências adotadas na decisão proferida em 18.5.2017, relativamente às pessoas mencionadas nos depoimentos dos colaboradores e desprovidas de foro por prerrogativa na Suprema Corte. Constatado o envolvimento de alguma das autoridades elencadas no art. 102, I, "b" e "c", da CF, cabe ao STF decidir, com exclusividade, sobre a permanência da investigação ou da ação penal deflagrada em desfavor das demais pessoas não submetidas à jurisdição criminal originária prevista no citado dispositivo constitucional, adotando-se, como regra, o desmembramento, salvo nas hipóteses em que a cisão possa causar prejuízo relevante. (...) Na hipótese em concreto, tendo em conta que o agravante atualmente ocupa o cargo de governador do Estado do Mato Grosso do Sul e que os fatos a ele relacionados não se afiguram conexos com quaisquer investigações ou ações penais em curso no STF, o relator autorizou o procurador-geral da República a utilizar os respectivos termos de depoimento perante o Superior Tribunal de Justiça, órgão do Poder Judiciário competente, nos termos do art. 105, I, "a", da CF, para o adequado tratamento dos fatos em observância às garantias constitucionais aplicáveis. Por fim, concluiu não haver qualquer mácula no procedimento adotado na Pet 7.003/DF, seja na sua distribuição por prevenção, seja nas providências deferidas na decisão de 18.5.2017. Pet 7074 QO/DF, rel. Min. Edson Fachin, julgamento em 21, 22, 28 e 29.6.2017. Pet 7074/DF, rel. Min. Edson Fachin, julgamento em 21, 22, 28 e 29.6.2017. (Info 870)

♦ **Início de investigação e conexão**

A Primeira Turma, por maioria, denegou ordem em "habeas corpus" em que se pretendia revogar a prisão do condenado, ao argumento da incompetência da Justiça Federal de Curitiba/PR para o julgamento de processo-crime relativo aos delitos de estupro de vulnerável e de produção, armazenamento e disseminação de pornografia infanto juvenil praticados na residência do paciente em São Paulo. O Colegiado pontuou que todas as investigações tiveram início em Curitiba, onde os pedófilos foram presos, a partir das quais foi possível chegar ao paciente e ao "site" russo pelo qual era disseminada a pornografia infantojuvenil. Ressaltou que os investigados trocavam informações no eixo Curitiba – São Paulo, o que evidencia a conexão entre os crimes de uns e de outros. Em razão disso, a Turma concluiu não haver ofensa ao princípio do juiz natural. Vencido o ministro Marco Aurélio (relator), que concedeu a ordem para assentar a competência da Justiça Federal de São Paulo (...). HC 135883/PR, rel. orig. Min. Marco Aurélio, red. p/ o ac. Min. Alexandre de Moraes, julgamento em 6.6.2017. (Info 868)

♦ **Prerrogativa de foro e interpretação restritiva**

O Plenário iniciou julgamento de questão de ordem em ação penal em que se discute o alcance do foro por prerrogativa de função. O ministro Roberto Barroso (relator) resolveu questão de ordem no sentido de que (a) o foro por prerrogativa de função seja aplicado apenas aos crimes cometidos durante o exercício do cargo e relacionados às funções desempenhadas e (b) a competência para processar e julgar as ações penais não seja mais afetada, após o final da instrução processual, com a publicação do despacho de intimação para que sejam apresentadas as alegações finais, em razão de o agente público vir a ocupar outro cargo ou deixar o que ocupava, qualquer que seja o motivo. As ministras Rosa Weber e Cármen Lúcia acompanharam o relator, e o ministro Marco Aurélio o acompanhou em parte. (...) Em seguida, o ministro Alexandre de Moraes pediu vista dos autos. AP 937 QO/RJ, rel. Min. Roberto Barroso, julgamento em 31.5.2017 e 1º.6.2017. (Info 867)

♦ **Defesa prévia e prerrogativa de foro – 2**

A Primeira Turma, por maioria, resolveu questão de ordem no sentido de deferir "habeas corpus" de ofício para trancar ação penal por ausência de justa causa e inépcia da denúncia. Na ação penal, discutia-se nulidade processual em face do recebimento de denúncia sem defesa prévia e da não observância da prerrogativa de foro conferida a prefeitos (CF, art. 29, X). (...) A Turma afirmou que o prefeito detém prerrogativa de foro, constitucionalmente estabelecida. Desse modo, os procedimentos de natureza criminal contra ele instaurados devem tramitar perante o tribunal de justiça (CF, art. 29, X). Observou, também, que não houve submissão das investigações ao controle jurisdicional da autoridade competente. Além disso, a denúncia, ao arrepio da legalidade, fundou-se em supostas declarações, colhidas em âmbito estritamente privado, sem acompanhamento de qualquer autoridade pública (autoridade policial, membro do Ministério Público) habilitada a conferir-lhes fé pública e mínima confiabilidade. Ressaltou que os indícios que serviram de fundamento à denúncia não

lograram indicar, nem mesmo minimamente, a participação ou o conhecimento dos fatos supostamente ilícitos pelo acusado detentor da prerrogativa de foro perante a Suprema Corte. Também não foi observada a ritualística procedimental prevista no Código de Processo Penal para a instauração do inquérito policial. (...) Sublinhou que o prefeito foi incluído entre os acusados, unicamente, em razão da função pública hierarquicamente superior à dos demais envolvidos, sem indicação mínima de sua participação em prática ilícita, o que evidencia, por conseguinte, violação à responsabilidade penal subjetiva, em contraposição à objetiva, cuja demonstração repele a responsabilidade presumida. Portanto, o recebimento da denúncia quanto ao crime licitatório não observou o direito de resposta preliminar do acusado, previsto em procedimento especial, que prevalece sobre o comum. Consectariamente, reconheceu a extinção da punibilidade do crime definido no art. 90 da Lei 8.666/1993, pois a decisão válida de recebimento da denúncia data de 30.1.2014, quando o delito licitatório já havia sido alcançado pela prescrição, ocorrida em 3.8.2013, considerada a pena máxima em abstrato. A Turma determinou a remessa dos autos ao juízo de origem, para as providências cabíveis quanto aos demais acusados. Vencido o ministro Marco Aurélio, que não acolhia a questão de ordem. (...) AP 912/PB, rel. Min. Luiz Fux, julgamento em 7.3.2017. (AP-912) (Info 856)

♦ **Ação de improbidade administrativa: ministro de estado e foro competente**

Os agentes políticos, com exceção do Presidente da República, encontram-se sujeitos a duplo regime sancionatório, de modo que se submetem tanto à responsabilização civil pelos atos de improbidade administrativa quanto à responsabilização político-administrativa por crimes de responsabilidade.

O foro especial por prerrogativa de função previsto na Constituição Federal (CF) em relação às infrações penais comuns não é extensível às ações de improbidade administrativa.

Em relação ao duplo regime sancionatório, a Corte concluiu que não há qualquer impedimento à concorrência de esferas de responsabilização distintas. Em realidade, a única exceção ao referido regime sancionatório em matéria de improbidade se refere aos atos praticados pelo Presidente da República, conforme previsão expressa do art. 85, V , da CF.

Já no concernente à extensão do foro especial, o Tribunal afirmou que o foro privilegiado é destinado a abarcar apenas as ações penais. A suposta gravidade das sanções previstas no art. 37, § 4º, da CF, não reveste a ação de improbidade administrativa de natureza penal.

O foro especial por prerrogativa de função submete-se a regime de direito estrito, já que representa exceção aos princípios estruturantes da igualdade e da República.

Ademais, a fixação de competência para julgar a ação de improbidade no primeiro grau de jurisdição, além de constituir fórmula republicana, é atenta às capacidades institucionais dos diferentes graus de jurisdição para a instrução processual (Info 901).

♦ **Foro por prerrogativa de função e desmembramento de inquérito**

A Segunda Turma negou provimento a agravo regimental em reclamação no qual se pretendia o reconhecimento da usurpação de competência do Supremo Tribunal Federal (STF) pelo juízo reclamado em razão do não desmembramento de inquérito depois de vislumbrado, no curso das investigações, o suposto envolvimento de deputado federal. (...) O Colegiado entendeu não haver cogitar de usurpação de competência desta Corte quando a simples menção a nome de autoridade com prerrogativa de foro – seja em depoimentos prestados por testemunhas ou investigados, seja na captação de diálogos travados por alvos de censura telefônica judicialmente autorizada –, assim como a existência de informações, até então fluidas e dispersas a seu respeito, são insuficientes para o deslocamento da competência para o juízo hierarquicamente superior. Ressaltou que, para haver atração da causa ao foro competente, é imprescindível a constatação da existência de indícios da participação ativa e concreta do titular da prerrogativa em ilícitos penais. (...) Nesse contexto, asseverou ser inviável, em reclamação, o reexame do conteúdo do ato reclamado e de todo o conjunto fático-probatório para chegar à conclusão diversa. Por fim, salientou que, conforme a jurisprudência da Corte, a eventual declaração de imprestabilidade dos elementos de prova angariados em suposta usurpação de competência criminal do STF não alcançaria aqueles destituídos de foro por prerrogativa de função, como no caso. Rcl 25497 AgR/RN, rel. Min. Dias Toffoli, julgamento em 14.2.2017. (Rcl-25497) (Info 854)

♦ **Imprescritibilidade da ação de ressarcimento ao erário em caso de atos de improbidade praticados dolosamente. Repercussão geral.**

São imprescritíveis as ações de ressarcimento ao erário fundadas na prática de ato doloso tipificado na Lei de Improbidade Administrativa (Lei 8.429/1992, artigos 9 a 11). STF. Plenário. RE 852475/SP, Rel. orig. Min. Alexandre de Moraes, Rel. para acórdão Min. Edson Fachin, julgado em 08/08/2018 (Info 910).A prerrogativa de foro de membro do Ministério Público é preservada quando a possível participação deste em conduta criminosa é comunicada com celeridade ao PGJ.

Se uma pessoa sem foro por prerrogativa está sendo interceptada por decisão do juiz de 1ª instância e ela liga para uma autoridade com foro, por exemplo, Promotor de Justiça, a gravação desta conversa não é ilícita. Isso porque se trata de encontro fortuito de provas (encontro fortuito de crimes), também chamado de serendipi-

dade ou crime achado. Se após essa ligação, o Delegado ainda demora três dias para comunicar o fato às autoridades competentes para apurara a conduta do Promotor, este tempo não é considerado excessivo, tendo em vista a dinâmica que envolve as interceptações telefônicas. Assim, o STF decidiu que a prerrogativa de foro de membro do Ministério Público é preservada quando a possível participação deste em conduta criminosa é comunicada com celeridade ao Procurador-Geral de Justiça. Tais gravações, por serem lícitas, podem servir como fundamento para que o CNMP aplique sanção de aposentadoria compulsória a este Promotor. STF. 1ª Turma. MS 34751/CE, Rel. Min. Marco Aurélio, julgado em 14/8/2018 (Info 911)

♦ **Arquivamento e remessa dos autos – 2**

A Primeira Turma, em conclusão e por maioria, deu provimento a agravo regimental em inquérito e determinou a remessa dos autos a juízo de primeira instância para apurar a eventual responsabilidade penal de terceiros em fato criminoso – v. Informativo 837. No caso, os autos foram encaminhados a esta Corte pelo juízo de primeiro grau em razão da presença de um investigado com foro por prerrogativa de função no Supremo Tribunal Federal (STF). (...) A Turma entendeu que, vislumbrando o titular da ação penal a aparência de práticas criminosas contra indivíduos sem prerrogativa de foro antes da declinação de competência a esta Suprema Corte, é adequado o encaminhamento dos autos originais ao juízo declinante para, se for o caso, o órgão do MP na origem prosseguir na investigação com o aproveitamento dos atos até então praticados. Afirmou, ainda, que a atuação judicial deve ser comedida em sede de investigações preliminares e que, por se tratar de um momento ainda bastante embrionário, não cabe definir limites objetivos e subjetivos da investigação. Vencidos os ministros Marco Aurélio (relator) e Luiz Fux, que negavam provimento ao agravo regimental. Segundo eles, o inquérito dizia respeito, unicamente, a investigado com foro por prerrogativa de função no STF, cujos autos foram arquivados. Inq 3158 AgR/RO, rel. orig. Min. Marco Aurélio, red. p/ o ac. Min. Rosa Weber, julgamento em 7.2.2017. (Inq-3158) (Info 853)

♦ **"Habeas Corpus": competência de juiz instrutor e foro privilegiado**

Os juízes instrutores atuam como "longa manus" do magistrado relator e, nessa condição, procedem sob sua supervisão. Trata-se, portanto, de delegação limitada a atos de instrução, com poder decisório restrito ao alcance desses objetivos. Com base nessa orientação, a Primeira Turma, por maioria, indeferiu a ordem de "habeas corpus" em que pretendida a nulidade dos atos processuais. Na espécie, ministro de tribunal superior (desembargador à época dos fatos) e juiz instrutor teriam sido denunciados por praticar diversos delitos associados ao exercício da referida função. Segundo o impetrante, seria indevida a delegação de atos instrutórios a serem praticados nos autos da ação penal. Ademais, a aposentadoria do paciente afastaria a prerrogativa de foro, já que a maioria dos investigados não se encontra investida em cargo ou função pública que justifiquem a competência penal originária do STJ, razão pela qual a ação penal deveria ser desmembrada, com a submissão do paciente às instâncias ordinárias. A Turma ressaltou que não se registra hipótese de incompetência do STJ, questão detidamente analisada por aquela Corte. O procedimento alinha-se com o Enunciado 704 da Súmula do STF ("Não viola as garantias do juiz natural, da ampla defesa e do devido processo legal a atração por continência ou conexão do processo do co-réu ao foro por prerrogativa de função de um dos denunciados"). Registrou a validade e a regularidade da atuação do juiz instrutor no STJ, a referendar o disposto no art. 3º da Lei 8.038/1990 ["Art. 3º – Compete ao relator: ... III – convocar desembargadores de Turmas Criminais dos Tribunais de Justiça ou dos Tribunais Regionais Federais, bem como juízes de varas criminais da Justiça dos Estados e da Justiça Federal, pelo prazo de 6 (seis) meses, prorrogável por igual período, até o máximo de 2 (dois) anos, para a realização do interrogatório e de outros atos da instrução, na sede do tribunal ou no local onde se deva produzir o ato"]. Vencido o Ministro Marco Aurélio, que concedia a ordem. Frisava que as competências do STJ e do STF seriam de direito estrito, definidas na Constituição. Assentava que, com a aposentadoria do paciente – desembargador –, cessaria a competência excepcional do STJ. Assim, o seu recurso de apelação deveria ter permanecido no tribunal de justiça estadual. *HC 131164/TO, rel. Min. Edson Fachin, 24.5.2016. (HC-131164) (Info 827)*

♦ **Prerrogativa de foro e competência**

Por reputar usurpada a competência do STF (CF, art. 102, I, "b"), o Plenário, por maioria, referendou medida cautelar deferida em reclamação ajuizada pela Presidente da República em face de decisão proferida nos autos de procedimento investigatório que tramita perante juízo federal de primeira instância. Na espécie, a decisão objeto de referendo (DJe de 30.3.2016) determinara a suspensão e a remessa ao STF do referido procedimento, bem assim de quaisquer outros com o conteúdo de interceptação telefônica em que captadas conversas mantidas entre a Presidente da República e investigado nos autos do procedimento em questão. Determinara, ademais, a sustação dos efeitos de decisão na qual autorizada a divulgação das conversações telefônicas interceptadas. O Tribunal destacou que haveria dois dispositivos constitucionais fundamentalmente em cotejo na espécie. O primeiro deles, a alínea "l" do inciso I do art. 102 da CF, a estabelecer, nas hipóteses de cabimento da reclamação, a preservação de competência do STF. E o segundo, a alínea "b" do inciso I do art. 102, a fixar a competência originária dessa Corte para processar e julgar, originariamente, nas infrações penais comuns, o Presidente da República, entre outras autoridades. Assim, a reclamação teria por finalidade tutelar e proteger em sua globalidade a competência institucional que a Constituição defere ao STF, ou seja, o instrumento da reclamação deveria ser interpretado como meio de pronta e de eficaz proteção da sua competência originária, da sua competência recursal ordinária e da sua competência recursal extraordinária. No caso, o ato impugnado na reclamação estaria projetado exatamente sobre a esfera de competência originária do STF, a quem incumbiria, em sua condição de juiz natural, processar e julgar, nos processos penais condenatórios, aquelas autoridades detentoras de prerrogativa de foro. Por outro lado, competiria igualmente ao STF, com exclusividade, emitir qualquer juízo a respeito do desmembramento ou não de inquéritos ou processos nos quais se desse o surgimento de questões jurídicas a envolver detentor de prerrogativa de foro. Vencidos, em parte, os Ministros Luiz Fux e Marco Aurélio. (...). *Rcl 23457 Referendo-MC/PR, rel. Min. Teori Zavascki, 31.3.2016. (Rcl-23457) (Info 819)*

♦ Busca e apreensão ordenada contra o marido de Senadora, mas cujo cumprimento ocorreu no imóvel funcional onde ambos residem, deve observar as regras de foro privativo.

No caso sob análise, o marido de uma Senadora era investigado e o juiz de 1º grau determinou, contra ele, busca e apreensão. Ocorre que o marido residia com a sua esposa em um imóvel funcional cedido pelo Senado. Desse modo, a busca e apreensão foi realizada neste imóvel funcional. Diante disso, o STF entendeu que esta prova foi ilícita (art. 5º, LVI, da CF) e determinou a sua inutilização e o desentranhamento dos autos de todas as provas obtidas por meio da referida diligência. O Supremo entendeu que a ordem judicial de busca e apreensão foi ampla e vaga, sem prévia individualização dos bens que seriam de titularidade da Senadora e daqueles que pertenciam ao seu marido. Com isso, o STF entendeu que o juiz, ao dar essa ordem genérica, acabou por também determinar medida de investigação contra a própria Senadora. Logo, como ela tinha foro por prerrogativa de função no STF (art. 102, I, "b", da CF), somente o Supremo poderia ter ordenado qualquer medida de investigação contra a parlamentar federal. Isso significa que o juiz de 1ª instância usurpou uma competência que era do STF. Reconheceu, por conseguinte, a ilicitude da prova obtida (art. 5º, LVI, da CF) e de outras diretamente dela derivadas. Rcl 24473/DF, rel. Min. Dias Toffoli, julgamento em 26.6.2018. (Rcl-24473) (Info 908).

♦ Competência e crime cometido no estrangeiro por brasileiro

O fato de o delito ter sido cometido por brasileiro no exterior, por si só, não atrai a competência da justiça federal, porquanto não teria ofendido bens, serviço ou interesse da União (CF, art. 109, IV). Com base nessa orientação, a Primeira Turma, com ressalva da posição majoritária quanto não conhecimento da impetração, porque substitutiva de recurso extraordinário, denegou a ordem de "habeas corpus". No caso, tratava-se de crime em que a fase preparatória iniciou-se no Brasil, porém, a consumação ocorreu no estrangeiro. (...) O inciso V do art. 109 da CF prevê a competência da justiça federal quando, "... iniciada a execução no País, o resultado tenha ou devesse ter ocorrido no estrangeiro...". No Brasil houve a prática de atos meramente preparatórios. O ato criminoso fora inteiramente cometido no exterior, a afastar a incidência da mencionada regra constitucional, cuja interpretação há de ser estrita. Fixada a competência da justiça estadual e definida a cidade de Ribeirão Preto como o último domicílio do paciente no País, o julgamento compete a um dos tribunais do júri do Estado de São Paulo, nos termos do art. 88 do CPP ("No processo por crimes praticados fora do território brasileiro, será competente o juízo da Capital do Estado onde houver por último residido o acusado. Se este nunca tiver residido no Brasil, será competente o juízo da Capital da República"). *HC 105461/SP, rel. Min. Marco Aurélio, 29.3.2016. (HC-105461) (Info 819)*

♦ Câmara de tribunal de justiça composta por juízes de 1º grau – 2

Não viola o princípio do juiz natural o julgamento de apelação por órgão colegiado presidido por desembargador, sendo os demais integrantes juízes convocados. Com base nessa orientação, a Primeira Turma, por maioria, julgou extinto o "writ" sem resolução do mérito. (...) Consignou que a convocação excepcional e transitória de juízes de primeiro grau para fazer frente ao excessivo número de processos e substituir desembargadores nas câmaras julgadoras, com respaldo em lei específica, não caracterizar ofensa ao princípio do juiz natural. Ao contrário, essa solução, longe de caracterizar a criação de juízos de exceção ou "ad hoc", teria a virtude de tentar concretizar uma prestação jurisdicional célere e efetiva, em plena conformidade com a garantia constitucional da razoável duração do processo (CF, art. 5º, LXXVIII). (...) Vencidos os Ministros Marco Aurélio (relator) e Edson Fachin que concediam a ordem de ofício. *HC 101473/SP, rel. orig. Min. Marco Aurélio, red. p/ o acórdão Min. Roberto Barroso, 16.2.2016. (HC-101473) (Info 814)*

♦ Crime de redução a condição análoga à de escravo e competência – 6

Compete à justiça federal processar e julgar o crime de redução à condição análoga à de escravo (CP, art. 149). Ao reafirmar essa orientação, o Plenário, por maioria, deu provimento a recurso extraordinário, afetado pela 2ª Turma, interposto contra acórdão que declarara a competência da justiça estadual – v. Informativos 556, 573 e 752. O Tribunal aduziu que o caso dos autos seria similar ao tratado no RE 398.041/PA (DJe de 19.12.2008), oportunidade em que se teria firmado a competência da justiça federal para processar e julgar ação penal referente ao crime do art. 149 do CP. Assinalou que o constituinte teria dado importância especial à valorização da pessoa humana e de seus direitos fundamentais, de maneira que a existência comprovada de trabalhadores submetidos à escravidão afrontaria não apenas os princípios constitucionais do art. 5º da CF, mas toda a sociedade, em seu aspecto moral e ético. Os crimes contra a organização do trabalho comportariam outras dimensões, para além de aspectos puramente orgânicos. Não se cuidaria apenas de velar pela preservação de um sistema institucional voltado à proteção coletiva dos direitos e deveres dos trabalhadores. A tutela da organização do trabalho deveria necessariamente englobar outro elemento: o homem, abarcados aspectos atinentes à sua liberdade, autodeterminação e dignidade. Assim, quaisquer condutas violadoras não somente do sistema voltado à proteção dos direitos e deveres dos trabalhadores, mas também do homem trabalhador, seriam enquadráveis na categoria dos crimes contra a organização do trabalho, se praticadas no contexto de relações de trabalho. (...) *RE 459510/MT, rel. orig. Min. Cezar Peluso, red. p/ o acórdão Min. Dias Toffoli, 26.11.2015. (RE-459510) (Info 809)*

♦ Crime de redução a condição análoga à de escravo e competência – 7

A Corte ponderou que, diante da opção constitucional pela tutela da dignidade intrínseca do homem, seria inadmissível pensar que o sistema de organização do trabalho pudesse ser concebido unicamente à luz de órgãos e instituições, excluído dessa relação o próprio ser humano. O art. 109, VI, da CF estabelece competir à justiça federal processar e julgar os crimes contra a organização do trabalho, sem explicitar quais delitos estariam nessa categoria. Assim, embora houvesse um capítulo destinado a esses crimes no Código Penal, inexistiria correspondência taxativa entre os delitos capitulados naquele diploma e os crimes indicados na Constituição, e caberia ao intérprete verificar em quais casos se estaria diante de delitos contra a organização do trabalho. Além disso, o bem jurídico protegido no tipo penal do art. 149 do CP seria a liberdade individual, compreendida sob o enfoque ético-social e da dignidade, no sentido de evitar que a pessoa humana fosse transformada em "res". A conduta criminosa contra a organização do trabalho atingiria interesse de ordem geral, que seria a manutenção dos princípios básicos sobre os quais estruturado o trabalho em todo o País. Concluiu que o tipo previsto no art. 149 do CP se caracterizaria como crime contra a organização do trabalho, e atrairia a competência da justiça federal. (...) Vencido o Ministro Cezar Peluso, que negava provimento ao recurso. *RE 459510/MT, rel. orig. Min. Cezar Peluso, red. p/ o acórdão Min. Dias Toffoli, 26.11.2015. (RE-459510) (Info 809)*

♦ Desmembramento e foro por prerrogativa de função

O Plenário negou provimento a agravo regimental em reclamação na qual se discutia alegada usurpação da competência do STF para o processamento de detentor de foro por prerrogativa de função. Na espécie, o STF, em 19.12.2014, nos autos da Pet 5.245/DF, acolhera requerimento de cisão processual, mantendo-se na Corte o trâmite de termos de depoimento em que figurassem detentores de prerrogativa de foro, com remessa dos demais aos juízos e tribunais com competência para processamento dos demais investigados. Assim, o reclamante fora mencionado especificamente em determinado termo de depoimento, no âmbito de acordo de colaboração premiada devidamente homologada, havendo a instauração de procedimento autônomo (Pet 5.278/DF), com o seguinte desmembramento dos autos, para que prosseguissem no juízo reclamado as investigações contra os demais investigados que não possuíssem prerrogativa de foro no STF. A Corte afirmou que, nesse contexto, com o desmembramento realizado e a remessa de cópia dos termos à origem, eventual encontro de novos indícios da participação de parlamentar em momento subsequente não invocaria, por si só, usurpação de competência, pois apurados por autoridade judiciária que, por decisão do STF, prosseguira na condução de procedimentos relativos aos mesmos fatos, todavia referentes a não detentores de prerrogativa de foro. Ademais, não mereceria prosperar a alegação de que teria havido investigação direta do reclamante por parte do juízo reclamado. A violação de competência implicaria a realização de medidas investigatórias dirigidas às autoridades sujeitas à prerrogativa de foro e não a simples declaração de réu colaborador, com menção sobre a participação de detentores de foro por prerrogativa de função durante audiência de instrução. (...) em casos de desmembramento seria comum a existência, em juízos diversos, de elementos relacionados tanto ao detentor de prerrogativa de foro quanto aos demais envolvidos. Contudo, a existência dessa correspondência não caracterizaria usurpação de competência. Pelo contrário, a simples menção do nome do reclamante em depoimento de réu colaborador, durante a instrução, não caracterizaria ato de investigação, ainda mais quando houvesse prévio desmembramento, como no caso. *Rcl 21419 AgR/PR, rel. Min.Teori Zavascki, 7.10.2015. (Rcl-21419) (Info 802)*

♦ Competência para julgar caixa 2 conexo com corrupção passiva e lavagem de dinheiro

A doação eleitoral por meio de "caixa 2" é uma conduta que configura crime eleitoral de falsidade ideológica (art. 350 do Código Eleitoral). A competência para processar e julgar este delito é da Justiça Eleitoral. A existência de crimes conexos de competência da Justiça Comum, como corrupção passiva e lavagem de capitais, não afasta a competência da Justiça Eleitoral, por força do art. 35, II, do CE e do art. 78, IV, do CPP. STF. 2ª Turma. PET 7319/DF, Rel. Min. Edson Fachin, julgado em 27/3/2018 (Info 895).

♦ Competência justiça militar. Crime cometido por militar licenciado. Data evento delituoso

Na configuração de crime militar observa-se a data do evento delituoso, considerado neutro o fato de o autor estar licenciado. STF. Plenário. HC 132847/MS, Rel. Min. Marco Aurélio, julgado em 26/6/2018 (Info 908).

6. QUESTÕES DE CONCURSOS PÚBLICOS

01. (2018 – UEG – PC-GO – Delegado de Polícia) Sobre o tratamento dado à competência pelo Código de Processo Penal, tem-se o seguinte:

(A) O juiz pode reconhecer, de ofício, incompetência relativa.

(B) No caso de ação penal pública condicionada à representação, o ofendido pode preferir o foro de domicílio ou da residência do réu, ainda quando conhecido o lugar da infração.

(C) O concurso formal de crimes não configura hipótese de continência.

(D) A legislação processual adota a teoria da ubiquidade para determinação do juízo competente pelo lugar da infração.

(E) A competência será determinada pela conexão quando duas ou mais pessoas forem acusadas pela mesma infração.

02. (2017 – MPE-PR – MPE-PR – Promotor Substituto) Assinale a opção correta, de acordo com a legislação processual penal:

(A) A competência será determinada pela continência quando a prova de uma infração ou de qualquer de suas circunstâncias elementares influir na prova de outra infração.

(B) No processo por crimes praticados fora do território brasileiro, será competente o juízo da Capital do Estado onde houver por último residido o acusado. Se este nunca tiver residido no Brasil, será competente o juízo da Capital da República.

(C) Na determinação da competência por conexão ou continência, havendo concurso de jurisdições da mesma categoria, prevalecerá a do lugar em que houver ocorrido o maior número de infrações, independentemente das respectivas penas.

(D) Se, não obstante a conexão ou continência, foram instaurados processos diferentes, que já estão com sentença definitiva, a unidade dos processos não poderá se dar, ulteriormente, para o efeito de soma ou de unificação das penas, no juízo da execução.

(E) Tratando-se de infração continuada, praticada em território de duas ou mais jurisdições, a competência firmar-se-á pelo local em que a última ocorreu.

03. (2017 – CESPE – PJC-MT – Delegado de Polícia Substituto) Em determinado estado da Federação, um juiz de direito estadual, um promotor de justiça estadual e um procurador do estado cometeram, em momentos distintos, crimes comuns dolosos contra a vida. Não há conexão entre esses crimes. Sabe-se que a Constituição do referido estado prevê que crimes comuns praticados por essas autoridades sejam processados e julgados pelo respectivo tribunal de justiça.

Nessa situação hipotética, segundo o entendimento do STF, será do tribunal do júri a competência para processar e julgar somente o

(A) promotor de justiça.

(B) juiz de direito.

(C) procurador do estado e o promotor de justiça.

(D) promotor de justiça e o juiz de direito.

(E) procurador do estado.

04. (2017 – FAPEMS – PC-MS – Delegado de Polícia) Sobre competência no direito processual penal, afirma-se que

(A) a investigação de tráfico internacional de drogas pode ser iniciada pela autoridade policial estadual, em virtude das leis de cooperação entre as polícias.

(B) o incidente de deslocamento de competência para a Justiça Federal, previsto na atual Constituição Federal nas hipóteses de grave violação de direitos humanos, poderá ser suscitado pelo Procurador-Geral da República, atendidos os requisitos legais, perante o Superior Tribunal de Justiça, em qualquer fase do inquérito policial.

(C) ocorre conexão intersubjetiva por simultaneidade quando duas ou mais infrações são praticadas ao mesmo tempo, por várias, pessoas, umas contra as outras, devendo a investigação e o processo seguir conjuntamente.

(D) conforme entendimento do STJ, compete à Justiça Comum Estadual processar e julgar crime em que o indígena figure como autor ou vítima, desde que haja pertinência com direitos indígenas e seja comunicado o fato à FUNAI.

(E) tomando conhecimento de que o crime não é de competência da justiça estadual, o Delegado de Polícia estadual deve encaminhar os autos de investigação à autoridade policial competente, a qual deverá repetir todos os atos praticados, sob pena de nulidade do processo judicial.

05. (2017 – TRF – 2ª Região – TRF – 2ª REGIÃO – Juiz Federal Substituto) Analise as assertivas sobre a competência penal e, depois, marque a opção correta:

I. A conexão entre crimes da competência da Justiça Federal e da Estadual não enseja a reunião dos feitos;

II. São requisitos para o deferimento do incidente de deslocamento de competência para a Justiça Federal a grave violação de direitos humanos, a necessidade de assegurar o cumprimento, pelo Brasil, de obrigações decorrentes de tratados internacionais e a incapacidade de o estado membro, por suas instituições e autoridades, levar a cabo, em toda a sua extensão, a persecução penal.

III. Se cometidos durante o horário de expediente, compete à Justiça Federal julgar os delitos praticados por funcionário público federal.

(A) Apenas a assertiva I está correta.

(B) Apenas a assertiva II está correta.

(C) Apenas a assertiva III está correta

(D) Todas as assertivas estão corretas.

(E) Apenas as assertivas II e III estão corretas.

06. (2016 – FUNCAB – PC-PA – Escrivão de Polícia Civil) A competência é a medida da Jurisdição, distribuída entre os vários magistrados, que compõem organicamente o Poder Judiciário do Estado. A conexão e a continência integram os critérios para a fixação dessa competência. A doutrina brasileira no âmbito do processo penal traz diversas classificações e consectários a respeito da conexão e da continência. Sobre o tema, assinale a alternativa correta.

(A) A conexão intersubjetiva por concurso é a situação de vários agentes que cometem infrações penais em tempo e lugares diferentes, embora umas sejam destinadas, pelo liame subjetivo que liga os autores, a servir de suporte às seguintes.

(B) A conexão instrumental, chamada também pela doutrina de conexão consequencial, lógica ou teleológica, demonstra que há vários autores cometendo crimes para facilitar ou ocultar outros, bem como para garantir a impunidade ou vantagem do que já foi feito.

(C) A conexão intersubjetiva por simultaneidade trata-se da situação dos agentes que cometem crimes uns contra os outros.

(D) A conexão subjetiva é o nome dado à autêntica forma de conexão processual. Denomina-se, também, conexão ocasional, significando que todos os feitos somente deveriam ser reunidos se a prova de uma infração servisse, de algum modo, para a prova de outra, bem como se as circunstâncias elementares de uma terminassem influindo para a prova de outra.

(E) No processo penal brasileiro não se admite a fixação da competência pela continência.

07. (2016 – FCC – DPE-BA – Defensor Público) De acordo com norma expressa do Código de Processo Penal, são fatores que determinam a competência jurisdicional:

(A) O local da residência da vítima e a natureza da infração.

(B) A prevenção e o local da prisão.

(C) A prerrogativa de função e o domicílio ou residência do réu.

(D) O local da investigação e a conexão ou continência.

(E) O local da prisão e o local da infração.

08. (2016 – UFMT – DPE-MT – Defensor Público) Em relação à competência jurisdicional decorrente da prerrogativa de função e à competência do Tribunal do Júri, marque a afirmativa correta.

(A) Caso um Prefeito Municipal venha a cometer um crime de homicídio no exercício de seu mandato, deverá ser julgado pelo Tribunal do Júri do lugar do crime, tendo em vista que este último é o órgão competente constitucionalmente para o julgamento.

(B) Um Juiz de Direito do Estado de Mato Grosso que comete um crime de homicídio no Estado do Acre deverá ser julgado pelo Tribunal de Justiça do Estado do Acre, já que tem foro por prerrogativa de função.

(C) Um Promotor de Justiça do Estado de São Paulo que comete um crime de tentativa de homicídio simples no Estado de Mato Grosso deverá ser julgado pelo Tribunal de Justiça do Estado de São Paulo, já que tem foro por prerrogativa de função.

(D) Um Deputado Federal do Estado de Mato Grosso que comete um crime de homicídio em Brasília deverá ser julgado pelo Tribunal do Júri do Distrito Federal.

(E) Um Juiz de Direito do Estado de Mato Grosso que comete um crime de homicídio no Estado do Acre poderá ser julgado pelo Tribunal de Justiça tanto do Estado do Acre como do Estado de Mato Grosso, já que tem foro por prerrogativa de função.

09. (2016 – CESPE – PC-PE – Agente de Polícia) A respeito da competência no processo penal, assinale a opção correta.

(A) A inércia da jurisdição é um princípio processual que permite ao juiz condenar o réu mesmo quando o Ministério Público postula a sua absolvição.

(B) De acordo com a teoria da ubiquidade, um juiz pode julgar simultaneamente duas ações penais distintas quando as provas de uma possam repercutir na outra.

(C) Conexão e continência são institutos que autorizam a prorrogação da competência, possibilitando que esta seja definida em desacordo com as regras abstratas baseadas no lugar do crime, domicílio do réu, natureza da infração ou distribuição.

(D) A competência ratione loci, que se refere ao local da consumação do crime, deriva da legislação infraconstitucional e é de natureza absoluta, não podendo ser prorrogada nem reconhecida de ofício pelo juiz.

(E) O princípio do juiz natural determina que a ação penal deverá ser julgada pelo juiz que primeiro tiver tomado conhecimento do fato.

10. (2016 – VUNESP – TJM-SP – Juiz de Direito Substituto) Acompanhe o caso fictício. Tício, prefeito de uma cidade do interior de São Paulo/SP, mantém um relacionamento extraconjugal com Mévia, policial militar. Por ciúmes, Mévia decide matar a mulher de Tício, Semprônia. Para tanto, ingressou na casa de Tício e, com uma faca, acerta a vítima no peito. Em defesa de sua mulher, Tício, mediante disparo de arma de fogo, acerta Mévia, de raspão. Tício é processado perante o Tribunal do Júri por homicídio tentado simples, além de posse irregular de arma de fogo, na Justiça Comum, sendo, ao final, absolvido de ambas as imputações, em decisão transitada em julgado; Mévia, por seu turno, foi processada na Justiça Militar, e condenada em decisão que se tornou definitiva.

A respeito do caso, assinale a alternativa correta.

(A) Tratando-se de crime comum, correto o julgamento de Tício pelo Tribunal do Júri, visto que a competência do Tribunal de Justiça para processar e julgar Prefeitos dá-se apenas em crimes de responsabilidade.

(B) Tratando-se de crime doloso contra a vida praticado por militar, correto o julgamento pela Justiça Militar.

(C) O Tribunal do Júri não poderia ter julgado Tício pelo crime de posse irregular de arma de fogo, pois não se trata de crime doloso praticado contra a vida.

(D) Mévia e Tício haveriam de ser julgados pelo Tribunal de Justiça do Estado de São Paulo, haja vista que os fatos se deram em um mesmo contexto.

(E) Tício, por ser Prefeito, haveria de ter sido julgado pelo Tribunal de Justiça do Estado de São Paulo. Todavia, uma vez que a absolvição pelo Tribunal do Júri transitou em julgado, mesmo sendo caso de incompetência absoluta, a decisão não poderá mais ser revista, sob pena de violação ao princípio da refomatio in pejus.

---

11. (2016 – MPE-GO – MPE-GO – Promotor de Justiça Substituto) Sobre a competência penal, marque a alternativa correta:

(A) A competência do Tribunal de Justiça para julgar prefeitos restringe-se aos crimes de competência da Justiça comum estadual; nos demais casos, a competência originária caberá ao respectivo tribunal de segundo grau.

(B) A conexão e a continência importarão unidade de processo e julgamento, salvo no concurso entre a jurisdição comum e a especial.

(C) Instaurados processos diferentes, não obstante a conexão ou continência, a autoridade de jurisdição prevalente deverá avocar os processos que corram perante os outros juízes, inclusive os que já estiverem com sentença definitiva.

(D) A conexão e a continência não consubstanciam formas de alteração da competência, mas de fixação, sendo que sempre resultam na unidade de julgamentos.

---

12. (2015 – FCC – DPE-MA – Defensor Público) "A", policial militar, valendo-se de arma da corporação, efetuou disparos que resultaram a produção dolosa da morte do cidadão "B", farmacêutico com o qual teve uma discussão durante uma abordagem policial. Neste caso,

(A) a competência será da justiça comum somente se os motivos dos disparos não estiverem relacionados com a diligência policial.

(B) "A" deverá ser julgado pela justiça militar, porquanto se encontrava em serviço e utilizava arma da corporação.

(C) o fato de "A" estar em serviço não impõe a competência da justiça militar, mas sim o fato de ter utilizado arma da corporação.

(D) o fato de "A" estar em serviço impõe a competência da justiça militar, não possuindo relevância o fato da arma utilizada pertencer à corporação.

(E) são irrelevantes para competência as circunstâncias citadas.

---

13. (2015/VUNESP/TJ-MS/Juiz Substituto) De acordo com o artigo 80, do Código de Processo Penal, nos processos conexos, será facultativa a separação quando

(A) as infrações tiverem sido praticadas em circunstâncias de tempo ou lugar diferentes, ou, quando pelo excessivo número de acusados e para não lhes prolongar a prisão provisória, ou por outro motivo relevante, o juiz reputar conveniente a separação.

(B) venha o juiz ou tribunal a proferir sentença absolutória ou que desclassifique a infração para outra que não se inclua na sua competência.

(C) houver corréu em local incerto ou não sabido ou foragido que não possa ser julgado à revelia, ainda que representado por defensor constituído e regularmente citado.

(D) concorrerem jurisdição comum e do juízo falimentar.

(E) em relação a algum corréu, por superveniência de doença mental, nos termos do artigo 152 do Código de Processo Penal, ainda que indispensável a suspensão do processo para instauração de incidente de insanidade mental.

---

14. (2015 – VUNESP – MPE-SP – Analista de Promotoria) Para delimitação de competência, entende-se por foro supletivo ou foro subsidiário, previsto no artigo 72, caput, do Código de Processo Penal,

(A) o do juízo prevento, na infração continuada ou permanente, praticada em território de duas ou mais jurisdições.

(B) o do lugar da infração à qual cominada pena mais grave.

(C) o de domicílio ou residência do réu, porque desconhecido o lugar da infração penal.

(D) o da residência da vítima, porque desconhecidos o paradeiro do réu, o local da consumação do delito e, na tentativa, o lugar em que praticado o último ato de execução.

(E) o do juízo da distribuição, porque desconhecidos o paradeiro do réu, o local da consumação do delito e, na tentativa, o lugar em que praticado o último ato de execução.

15. (2015 – FCC – TJ-RR – Juiz Substituto – Adaptada) A definição da competência processual penal possui regras previstas na Constituição Federal, no Código de Processo Penal e nas leis especiais. Sobre a competência, analise as seguintes assertivas:

Conforme a Constituição Federal, caberá ao STF julgar, nas infrações penais comuns e nos crimes de responsabilidade, o Presidente da República, o Vice-presidente, os membros do Congresso Nacional, os Ministros de Estado, os comandantes da Marinha, do Exército e da Aeronáutica.

16. No conflito entre foro determinado pela Constituição Federal, por prerrogativa de função e o foro material, definido para o tribunal do Júri no artigo 5º, XXXVIII, d, prevalecerá este último por ser garantia fundamental individual.

17. O foro por prerrogativa de função é sempre definido pela Constituição Federal, mas as constituições estaduais também podem conferir foro por prerrogativa.

18. Os prefeitos devem ser julgados por Tribunal de Justiça Estadual, mas em cometimento de crimes federais deverão ser julgados pelo Tribunal Regional Federal.

19. Em casos de delitos cometidos em erro na execução e resultado diverso do pretendido a competência será determinada pela conexão.

20. (2015 – FGV – TJ-RO – Oficial de Justiça) Tourinho Filho define a competência como "o âmbito, legislativamente delimitado, dentro do qual o órgão exerce o seu Poder Jurisdicional". Sobre o tema, de acordo com o Código de Processo Penal, é correto afirmar que:

(A) não sendo conhecido o local da infração, a competência regular-se-á pelo domicílio de residência da vítima;

(B) no caso de ação penal privada, o querelante poderá preferir o foro de sua residência, ainda que conhecido o local da infração;

(C) via de regra, a competência será definida pelo local em que foi praticada a infração, ainda que seja outro o local da consumação;

(D) tratando-se de infração permanente praticada em território de duas jurisdições, a competência firmar-se-á pela prevenção;

(E) a distribuição realizada para fins de decretação da prisão preventiva anteriormente à denúncia não prevenirá a da ação penal.

21. (2015 – MPE-BA – MPE-BA – Promotor de Justiça Substituto) Quanto à competência no processo penal, é INCORRETO afirmar que:

(A) Se em qualquer fase do processo o juiz reconhecer motivo que o torne incompetente, declará-lo-á nos autos, haja ou não alegação da parte.

(B) Segundo dispõe o Código de Processo Penal, a incompetência do juízo anula somente os atos decisórios.

(C) De acordo com o Código de Processo Penal, nos casos de conexão e continência, será obrigatória a separação dos processos quando, pelo excessivo número de acusados, houver risco de que seja prolongada a prisão provisória de um deles.

(D) Há conexão intersubjetiva por reciprocidade quando, ocorrendo duas ou mais infrações penais, houverem sido praticadas por várias pessoas umas contra as outras.

(E) O Superior Tribunal de Justiça tem reconhecido que o Tribunal de Justiça Estadual, ao estabelecer a organização e divisão judiciária, pode atribuir a competência para o julgamento de crimes sexuais contra crianças e adolescentes ao Juízo da Vara da Infância e Juventude.

22. (2015 – VUNESP – PC-CE – Delegado de Polícia Civil de 1ª Classe) A competência para a ação penal, caso

(A) desconhecido o domicílio do ofendido, será estabelecida pelo local da infração.

(B) desconhecido o local da infração, será estabelecida pela residência ou domicílio do réu.

(C) desconhecido o domicílio do réu, será estabelecida pela prevenção.

(D) se trate de ação privada, ficará a cargo do querelante, que pode escolher entre o local da infração e o da sua própria residência.

(E) se trate de crime tentado, será fixada no lugar onde deveria ter se consumado a infração.

23. (2015 – FCC – TJ-SC – Juiz Substituto) Após a condenação em primeira instância por um crime de competência federal, o réu de uma ação penal é diplomado como deputado federal. Posteriormente, quanto ao julgamento de sua apelação, interposta antes da diplomação, deverá ser julgada:

(A) pelo Tribunal Regional Federal, se já estiver devidamente instruída com razões e contrarrazões.

(B) normalmente pelo juiz federal da causa, em respeito ao princípio do juiz natural.

(C) pelo Supremo Tribunal Federal.

(D) pelo Superior Tribunal de Justiça.

(E) normalmente pelo Tribunal Regional Federal.

24. (2015 – CESPE – TJ-PB – Juiz Substituto) Em relação às disposições do CPP sobre competência, assinale a opção correta.

(A) Em se tratando de crime permanente praticado em território de duas ou mais jurisdições, a competência será firmada pela residência do réu.

(B) Não há mais hipótese no CPP de competência por distribuição.

(C) Em se tratando de crimes conexos em que existe corréu acometido por doença mental, a unidade processual permanece, embora não seja possível prolatar sentença condenatória em seu desfavor.

(D) A justiça federal deverá julgar os casos de contravenção praticada em detrimento de bens, serviços ou interesses da União.

(E) Caso não se conheça o local da infração e o réu tenha mais de um domicílio, será aplicada a regra da prevenção para fins de fixação da competência jurisdicional.

---

25. (Fundação Aroeira – Delegado de Polícia – TO/2014) Os irmãos A. R., B. R. e C. R, residentes e domiciliados em Palmas, praticam um roubo em Palmas, três furtos em Porto Nacional, um latrocínio em Miracema do Tocantins e mais dois furtos em Miranorte, onde, finalmente, são presos. Na hipótese, a competência será determinada pela

(A) residência dos acusados, prevalecendo a competência de Palmas.

(B) continência, prevalecendo a competência de Porto Nacional.

(C) conexão, prevalecendo a competência de Miracema do Tocantins.

(D) prevenção, prevalecendo a competência de Miranorte.

---

26. (ACAFE – Delegado de Polícia – SC/2014) De acordo com o Código de Processo Penal analise as afirmações a seguir e assinale a alternativa correta.

I. A competência será, de regra, determinada pelo lugar em que se consumar a infração, ou, no caso de tentativa, pelo lugar em que for praticado o último ato de execução.

II. Se, iniciada a execução no território nacional, a infração se consumar fora dele, a competência será determinada pelo lugar em que tiver sido praticado, no Brasil, o último ato de execução.

III. Quando o último ato de execução for praticado fora do território nacional, será competente o juiz do lugar em que o crime, embora parcialmente, tenha produzido ou devia produzir seu resultado.

IV. Quando incerto o limite territorial entre duas ou mais jurisdições, ou quando incerta a jurisdição, por ter sido a infração consumada ou tentada nas divisas de duas ou mais jurisdições, a competência firmar-se-á pela prevenção.

(A) Apenas I, II e III estão corretas.

(B) Apenas II, III e IV estão corretas.

(C) Apenas II e IV estão corretas.

(D) Todas as afirmações estão corretas.

(E) Todas as afirmações estão incorretas.

---

27. (Consulplan – Cartórios – Remoção – TJ – MG/2017) Considerando as regras constitucionais que disciplinam o foro privilegiado que detêm Deputados e Senadores, assinale a afirmativa correta:

(A) Os membros do Congresso Nacional poderão ser presos em flagrante pela prática de contravenções penais tipificadas na Lei nº 3.688/41.

(B) Nos casos de prisão em flagrante por crime afiançável, independerá de autorização da Casa respectiva para instauração de inquérito policial.

(C) No caso de prisão em flagrante dos membros do Congresso Nacional, por crime inafiançável, a manutenção da prisão dependerá de deliberação da Casa respectiva, pelo voto da maioria de seus membros.

(D) O recebimento da denúncia pelo STF contra Deputados e Senadores depende de autorização da Casa respectiva.

---

28. (Cespe – Delegado de Polícia Federal – 2018) Compete à justiça estadual o julgamento de crimes relativos à difusão ou aquisição, em determinado estado da Federação, de material pornográfico envolvendo crianças e adolescentes por meio da rede mundial de computadores. ( ) Certo ( ) Errado

---

29. (Cespe – Técnico Judiciário – Área Administrativa – STJ/2018) Julgue os itens a seguir, relativos à competência para processar e julgar ações penais. No processo penal, em regra, a competência é definida pelo domicílio ou pela residência do réu; no entanto, se este endereço for desconhecido, a ação penal será processada no lugar de consumação da infração.

---

30. (Cespe – Técnico Judiciário – Área Administrativa – STJ/2018) Julgue os itens a seguir, relativos à competência para processar e julgar ações penais. O juiz poderá desmembrar o processo quando houver excessivo número de acusados ou quando as infrações tiverem sido praticadas em circunstâncias de tempo ou de lugar diferentes.

---

31. (Cespe – Juiz de Direito – TJ – CE/2018) Considerando a doutrina e a jurisprudência dos tribunais superiores, assinale a opção correta, acerca da ação civil ex delicto, da competência, da jurisdição e dos processos incidentes.

(A) A sentença que concede o perdão judicial depois de reconhecida a culpa do réu enseja reparação civil ex delicto.

(B) A sentença absolutória do juízo criminal que declare a inexistência do fato ou que o réu não tenha concorrido para o crime faz coisa julgada no juízo cível, obstando a reparação civil ex delicto.

(C) A distinção entre competência absoluta, que é improrrogável, e competência relativa, que é prorrogável, decorre de expressa disposição legal. © As exceções de suspeição, de ilegitimidade da parte e de incompetência do juízo são exemplos de exceções peremptórias que ocasionam a extinção do processo.

(D) No processo penal, somente os juízes e os promotores de justiça poderão ser alvo de impugnações de atuação por meio de exceção de suspeição.

---

32. (Cespe – Delegado de Polícia Federal – DPF/2018) Em cada um dos seguintes itens, é apresentada uma situação hipotética seguida de uma assertiva a ser julgada de acordo com o entendimento dos tribunais superiores acerca das atribuições da PF na persecução criminal e da competência para o processamento e o julgamento de ação penal. Uma investigação iniciada no âmbito da polícia judiciária de determinado estado da Federação buscava apurar crime de tortura praticado no interior de uma penitenciária estadual, com violação a direitos humanos. O crime ganhou repercussão internacional e, em razão disso, o IP foi encaminhado à apuração da PF. Nessa situação, a competência para processar e julgar o crime será deslocada para a justiça federal, já que, de regra, a atuação da PF produz tal efeito processual.

---

33. (Cespe – Delegado de Polícia Federal – DPF/2018) Em cada um dos seguintes itens, é apresentada uma situação hipotética seguida de uma assertiva a ser julgada de acordo com o entendimento dos tribunais superiores acerca das atribuições da PF na persecução criminal e da competência para o processamento e o julgamento de ação penal. O prefeito de determinado município desviou, em proveito próprio, verba federal transferida e incorporada ao patrimônio municipal. Instaurado o competente IP, os autos foram relatados e encaminhados, pela autoridade policial, à justiça estadual. Nessa situação, agiu corretamente a autoridade policial ao encaminhar os autos à justiça comum estadual, a quem compete o processamento e o julgamento de casos como o relatado.

---

34. (Cespe – Analista Ministerial – Área Processual – MPE – PI/2018) Durante uma festa, após desentendimentos entre Carlos e Miro, este proferiu xingamentos racistas contra aquele, o que levou Carlos a empurrar seu agressor, que caiu em uma mesa de vidro. Com o forte impacto, a mesa se despedaçou completamente e seus cacos causaram cortes profundos por todo o corpo de Miro. Os convidados ligaram para a polícia e para o corpo de bombeiros: Carlos foi preso em flagrante e Miro foi encaminhado ao hospital, onde ficou internado por cinco dias, com risco de morte; passou por procedimentos cirúrgicos e, posteriormente, teve de ficar afastado de sua atividade laboral por trinta e dois dias. O Ministério Público denunciou Carlos por lesão corporal de natureza grave. Nessa situação hipotética, a competência para processar e julgar Carlos será da vara criminal do local onde ocorreu o fato, mesmo que Miro tenha passado por risco de morte em razão das lesões.

---

35. (Cespe – Analista Judiciário – Área Judiciária – STJ/2018) Acerca da competência, das questões e dos processos incidentes e das provas, julgue os itens a seguir. De acordo com o Supremo Tribunal Federal, a competência para processar e julgar os crimes de latrocínio é do tribunal do júri, e não do juiz singular.

---

36. (Cespe – Analista do MPU – Direito – MPU/2018) Em relação a inquérito policial, ação penal e competência, julgue os próximos itens, de acordo com o entendimento da doutrina majoritária e dos tribunais superiores. Havendo a prática de contravenção penal contra bens e serviços da União em conexão probatória com crime de competência da justiça federal, opera-se a separação dos processos, cabendo à justiça estadual processar e julgar a contravenção penal.

7. GABARITO ANOTADO

01 – A

Vide:

- Art. 70 do CPP.
- Art. 73 do CPP.
- Art. 76 do CPP.
- Art. 77 do CPP.
- Art. 109 do CPP.
- Art. 6º do CP.
- Item "2.8. Competência absoluta *versus* relative".

02 – B

Vide:

- Art. 88 do CPP.
- Item "2.4.4. Crimes praticados no exterior".

03 – E

Vide:

- Súmula vinculante 45.
- Art. 96, III, da CF.
- Item "2.7.2. Prerrogativa *versus* tribunal do júri"

04 – B

Vide:

- Art. 109, § 5º, da CF.
- Item "2.3.2.4. As causas relativas a direitos humanos (inciso V-A)".

05 – B

Vide:

- Art. 109, § 5º, da CF.
- Itens "2.3.2. Justiça comum federal: 2.3.2.4. As causas relativas a direitos humanos (inciso V-A)".
- Assertiva I: Item "2.12. Foro prevalente"
- Assertiva II: Item "2.3.2. Justiça comum federal"

06 – A

Vide:

- Art. 76, I, do CPP.
- Item "2.11.1. Conexão".

07 – C

Vide:

- Art. 69 do CPP.
- Itens "2. Competência", "2.2. Critérios",

08 – C

Vide:

- Art. 96, III, da CF/88.
- Súmula vinculante nº 45.
- Item "2.7.2. Prerrogativa *versus* tribunal do júri".

09 – C

Vide:

- Item "2.11. Conexão e continência"

10 – E

Vide:

- Art. 29, X, da CF/88.
- Súmula vinculante nº 45.
- Itens "2.7.2. Prerrogativa *versus* tribunal do Júri" e "2.7.3. Prerrogativa funcional dos prefeitos"

11 – A

Vide:

- Art. 29, X, da CF/88.
- Súmula 702 do STF.
- Item "2.7.3. Prerrogativa funcional dos prefeitos".

12 – E

Vide:

- Art. 125, § 4º, da CF/88.
- Art. 9º, parágrafo único, do CPPM.
- Item 2.3.3. Competência da Justiça especializada Militar.

13 – A

Vide:

- Art. 80 do CPP.
- Item "2.13.2. Separação Facultativa"

14 – C

Vide:

- Art. 72, *caput*, do CPP.
- Item "2.4.1. Domicílio ou residência do réu".

15 – E

Vide:

- Art. 102, I, "b" e "c" e art. 52, I, ambos da CF.
- Item "2.7. Competência *ratione personae* ou *ratione funcionae*"

16 – E

Vide:

- Súmula vinculante nº 45.
- Item "2.7.2. Prerrogativa *versus* tribunal do Júri"

17 – C

Vide:

- Item "2.7. Competência *ratione personae* ou *ratione funcionae*"

18 – C

Vide:

- Súmula 702, STF.
- Item "2.7.3. Prerrogativa funcional dos prefeitos".

19 – E

Vide:

- Art. 77, II, do CPP.
- Item "2.11.2. Continência"

20 – D

Vide:

- Art. 71 do CPP
- Item "2.9. Prevenção"

21 – C

Vide:

- Art. 80 do CPP.
- Item "2.13.2. Separação Facultativa"

22 – B

Vide:

- Art. 72, *caput*, do CPP.
- Item "2.4.1. Domicílio ou residência do réu".

23 – C

Vide:

- Item "2.7.1.1. Antes do exercício de função com prerrogativa de foro ou regra da atualidade"

24 – E

Vide:

- Art. 72, § 1º, do CPP.
- Item "2.4.2. Critério Subsidiário"

25 – C

Vide:

- Art. 76, I, CPP
- Item 2.11.1. Conexão

26 – D

- I – Art. 70, CPP
- II – Art. 70, § 1º, CPP
- III – Art. 70, § 2º, CPP
- IV – Art. 70, § 3º, CPP
- Item 2.2. Critérios

27 – C

Vide:

- Item "2.7. Competência *ratione personae* ou *ratione funcionae*".
- Art. 53, §2º da Constituição Federal.

28 – ERRADO

Vide:

- Item "2.4. Competência *ratione loci*".

29 – ERRADO

Vide:

- Art. 69, CPP.

30 – CERTO

Vide:

- Art. 79, §2º, CPP.
- Art. 80, CPP.
- Art. 461, CPP.

31 – B

Vide:

- Art. 935, CC.
- Art. 66, CPP.
- Art. 386, I e IV, CPP.

32 – ERRADO

Vide:

- Art. 109, V, §5º, CF.
- Art. 144, §1º, I da CF.

33 – CERTO

Vide:

- Item "2.3. Competência *ratione materiae*".
- Art. 29, X, CF.
- Súmula 208, STJ.
- Súmula 209, STJ.
- Súmula 702, STF.

34 – CERTO

Vide:

- Item "2.4. Competência *ratione loci*".
- Art. 70, CPP.

35 – ERRADO

Vide:

- Súmula 608, STF".

36 – CERTO

Vide:

- Art. 78, CPP.
- Súmula 122, STJ.
- Súmula 38, STJ.
- Art. 109, IV, CF.
- Item "2.3.1. Justiça comum estadual".

8. QUESTÕES DISCURSIVAS COM COMENTÁRIOS

01. (Investigador de Polícia – BA – 2013 – CESPE) Silas, Juca e Celso, armados com pistola 380 e revólver de calibre 38, abordaram Célia na saída de um *shopping center* na cidade de Salvador – BA e, mediante grave ameaça, obrigaram-na a ingressar no próprio veículo, juntamente com os três. Dentro do veículo, os agentes constrangeram a vítima a lhes entregar cartões bancários e as respectivas senhas. Pretendendo utilizar os referidos cartões em compras e em saques em caixas eletrônicos, os autores do delito restringiram a liberdade de Célia como forma de assegurar o sucesso da empreitada delituosa. Silas assumiu a direção do veículo e rumou para a saída do estacionamento. Policiais civis da delegacia do bairro que lanchavam em estabelecimento comercial próximo ao estacionamento do shopping Center presenciaram a ação dos agentes dentro do veículo e imediatamente empreenderam perseguição aos criminosos. Ao perceber que estava sendo seguido, Silas dirigiu o veículo em direção à cidade de Feira de Santana – BA. Ao entrar no perímetro urbano da cidade, Silas, que dirigia em alta velocidade, perdeu o controle do veículo, que se chocou contra um muro. Os agentes prenderam em flagrante Silas e Juca, tendo Celso sido levado para hospital mais próximo em estado grave. Nada foi subtraído da vítima, que foi libertada pelos policiais. Em face dessa situação hipotética, indique, com base no Código Penal e no Código de Processo Penal: 1 – o(s) crime(s) perpetrado(s) por Silas, Juca e Celso; 2 – o local em que ocorreu a consumação do(s) crimes(s); 3 – a quem e em que localidade deverão ser apresentados os presos; 4 – o juízo competente para conhecer, processar e julgar a(s) infração(ões) penal(is).

Resposta

Quanto ao(s) crime(s) praticado(s) pelos agentes, verifica-se que a conduta se amolda ao tipo da extorsão mediante restrição da liberdade (CP, art. 158, § 3º, última figura). Considerando que o crime de extorsão é formal, consumando-se no momento em que a vítima, depois de sofrer a violência ou grave ameaça, realizar o comportamento desejado pelo agente, o local da consumação é a cidade de Salvador. A apresentação dos presos deve ser feita perante a autoridade policial do local da prisão, no caso da Cidade de Feira da Santana – BA, onde será feita a lavratura do auto de prisão em flagrante (CPP, art. 290). Por fim, o Juízo competente para conhecer, processar e julgar a infração penal é Salvador – BA, lugar em que se consumou a infração, nos termos do art. 70 do CPP.

---

02. (Juiz Leigo – TJ/AC – 2014) Fulano praticou um roubo (artigo 157 do Código Penal – Subtrair coisa móvel alheia, para si ou para outrem, mediante grave ameaça ou violência a pessoa, ou depois de havê-la, por qualquer meio, reduzido à impossibilidade de resistência: pena – reclusão, de 4 (quatro) a 10 (dez) anos, e multa) e ao empreender fuga, acabou praticando uma lesão corporal leve contra outra pessoa que transitava no mesmo local (Artigo 129. Ofender a integridade corporal ou a saúde de outrem. Pena – detenção, de 03(três) meses a 1 (um) ano). Neste contexto, disserte sobre competência para processar e julgar o fato: juízo criminal comum x juizado especial criminal e o concurso de crimes.

Resposta

A questão apresenta questionamentos objetivos, assim como também foi a resposta divulgada no espelho de correção. Em suma, a competência para processar e julgar o fato pertence, no caso exposto, ao Juízo Criminal Comum, pois Fulano praticou duas ações, roubo e lesão corporal leve, formando o concurso material. Deve ser ressaltado, contudo, o art. 60, parágrafo único, da Lei 9.099/95, que dispõe que "na reunião de processos, perante o juízo comum ou o tribunal do júri, decorrentes da aplicação das regras de conexão e continência, observar-se-ão os institutos da transação penal e da composição dos danos civis."

---

03. (Promotor de Justiça – PB – 2011 – MPE-PB) Suponha que, no Município de Cajazeiras-PB, Petrúcio Cabrito, Defensor Público estadual, mantenha um relacionamento com Nalva Calada, Vice-prefeita daquela urbe. Esta última, tomando conhecimento, por meio de carta anônima, de que Petrúcio a estaria traindo com Shayenne, dançarina da boate "Disco Love", foi tomar satisfações com seu companheiro, o qual, oferecendo-lhe uma prova de amor, resolveu propor que juntos ceifassem a vida da referida profissional, o que realmente veio a ocorrer dias depois, em uma estrada vicinal daquela cidade, tendo ela encarregado seu motorista, Jarbas de Castro, de enterrar o corpo da vítima em matagal próximo, denominado "Bosque da Viração". Defina e justifique, à luz de tal situação empírica, a competência jurisdicional inerente ao caso.

Resposta

Primeiramente, é importante destacar que será competente para o julgamento o Tribunal do Júri, em relação a todos os envolvidos, nos termos do art. 5º, XXXVIII, da CF.

Defensores públicos e vice-prefeitos não possuem foro por prerrogativa de função indicado na Constituição Federal. Poderão ter, porém, foro por prerrogativa de função estabelecido na respectiva Constituição Estadual. Note-se, contudo, que a "competência constitucional do tribunal do júri prevalece sobre o foro por prerrogativa de função estabelecido exclusivamente pela Constituição Estadual", conforme dispõe a súmula vinculante 45, recentemente aprovada.

Ademais, o Tribunal do Júri será competente para processar e julgar, além do homicídio, o crime de ocultação de cadáver, imputado a Jarbas de Castro (CPP, art. 78, I).

Por fim, a competência, no caso, se definirá pelo lugar da infração, sendo competente, portanto, o Tribunal do Júri da Comarca de Cajazeiras-PB (CPP, art. 70, caput).

---

04. (FUMARC – Defensor Público – MG/2009) No dia 5 de março do corrente, foi encontrado um cadáver na linha limítrofe entre as cidades de Betim e Contagem. Foi instaurado o inquérito policial inicialmente na cidade de Betim e, posteriormente, outro na de Contagem. Descoberta a autoria do fato, foram concluídas as investigações apontando que os disparos contra a vítima foram efetuados próximo ao centro comercial de Betim e que a vítima foi socorrida e levada até o HPS de Contagem, falecendo ao dar entrada naquele nosocômio. Posteriormente os autos foram enviados à Justiça.

Pergunta-se: Qual o juízo competente, sabendo-se que o primeiro inquérito policial foi instaurado na cidade de Betim e despachado pelo juiz daquela cidade? Explique e fundamente a sua resposta.

Resposta

Estamos diante de delito plurilocal, porquanto os disparos foram efetuados em Betim e o falecimento, por conta dessas lesões, ocorreu em Contagem. O art. 70, CPP, reza que nessa situação a competência do juízo é a do local da produção do resultado. No entanto, a jurisprudência, especificamente quanto ao crime de homicídio, aduz que a competência é a do local da ação ou da omissão. Para justificar o entendimento pretoriano, a doutrina fala na aplicação da teoria do esboço do resultado para este caso. Significa dizer que, não fosse a intervenção para transportar a vítima ao HPS de Contagem, o óbito teria ocorrido onde a infração penal se esboçou ou no local onde houve o esboço do resultado (onde houve os disparos). O STJ reiterou recentemente esse entendimento, fixando todavia a aplicação da teoria da atividade como a definidora da competência no local onde aconteceram os atos executórios.

O juízo competente é o de Betim, não por ter despachado em primeiro lugar, mas por conta dos fundamentos aqui expostos.

---

05. (PC-RJ – Delegado de Polícia – RJ/2009) Tício, brasileiro, imputável, ingressou no território de outro país no dia 01/03/2009 e lá adquiriu certa quantidade de uma substância cuja venda e uso eram permitidos com objetivo de venda no território brasileiro. Após dois dias, Tício retorna ao Brasil, ingressando em território nacional com a citada substância, ciente de que esta possui venda proibida, sendo considerada droga para efeitos penais. Após revista, Tício foi autuado em flagrante delito pelo Delegado da Polícia Federal, que providenciou a imediata comunicação da prisão, com encaminhamento de cópia do respectivo auto à autoridade Judiciária Federal. Esta, no entanto, manifestou-se pela incompetência relativa, determinando o encaminhamento dos autos do inquérito Policial à Justiça Estadual. O Juiz de Direito entendendo ser ele competente, determinou o encaminhamento do Inquérito Policial à Unidade de Polícia Judiciária da Polícia Civil, requisitando a renovação das diligências realizadas no âmbito Polícia Federal. Após o recebimento dos autos do Inquérito Policial a Autoridade Policial renovou a realização das diligências. Transcorrido o prazo de 10 dias, entendendo estar expirado o prazo de permanência dos citados autos na delegacia, a Autoridade Policial determina o retorno dos citados autos à Justiça Estadual. Inconformado, Tício, através de seu patrono, impetra *Habeas Corpus*, requerendo concessão de liberdade provisória. Considerando o disposto no artigo 44, da Lei 11.343/06, o Juiz indeferiu o *Habeas Corpus*, mantendo a prisão. Sendo assim, deverá o candidato analisar as questões acima expostas, sob aspecto jurídico-processual penal, apresentando fundamentação cabível.

Resposta

Como o uso e a comercialização da droga apreendida no território nacional são permitidos no país de origem, corretas as decisões que firmaram a competência da Justiça Estadual, eis que só houve ilícito penal no território nacional, não atraindo o elemento de transnacionalidade do delito que justifique a competência da Justiça Federal.

O inquérito policial que apura tráfico de drogas tem prazos específicos para ser concluído: trinta dias se o indiciado estiver preso e 90 dias se o indiciado estiver solto. Ambos os lapsos podem ser duplicados pelo juiz mediante pedido justificado do delegado de polícia (art. 51, parágrafo único, Lei de Drogas).

Ao declinar competência, com indiciado preso, à disposição do juízo de destino ficará o indiciado. Não há nulidade da decisão prisional, malgrado diga o CPP que a incompetência nulifica os atos decisórios.

Quanto ao art. 44, da Lei 11.343/2006, o STF entendeu inconstitucional o trecho que veda conversão das pensas em restritivas de direito. Desse modo, o indeferimento de liberdade provisória, a teor do princípio da homogeneidade, segue a mesma lógica. Incabível sustentar, em tese, o não cabimento de liberdade provisória só por conta do enunciado referido. Aliás, jurisprudencialmente vem sendo admitida a aplicação de medidas cautelares diversas da prisão aos indiciados e acusados por tráfico de entorpecentes.

---

06. (FGV – Delegado de Polícia – AP/2010) João de Souza comete crime de furto na comarca de Oiapoque. Alguns dias depois, comete novo furto em Macapá, com o mesmo *modus procedendi*. Uma semana depois, comete novo furto, nas mesmas condições dos anteriores, mas dessa vez na comarca de Tartarugalzinho. Um dos objetos furtados em Macapá foi um talão de cheque, com o qual João emitiu um cheque, falsificando a assinatura, para adquirir uma televisão LCD de 42 polegadas em uma loja de eletrodomésticos situada na comarca de Ferreira Gomes.

Qual ou quais os foros competentes para julgar os crimes cometidos por João?

Fundamente as suas respostas demonstrando conhecimento acerca dos institutos jurídicos aplicáveis ao caso e indicando os dispositivos legais pertinentes.

Resposta

Tratando-se de furto em continuidade delitiva (art. 71, CP), o Código de Processo Penal manda aplicar a regra da prevenção, pelo que, com base nesse critério, qualquer um dos foros seria competente, dependendo a fixação da prevenção (art. 71, CPP), verificada pela primeira providência cautelar de um dos juízos.

No entanto, há um delito de estelionato praticado mediante a emissão de cheque objeto do furto, com falsificação de assinatura. Diante da existência de dois delitos na cidade de Macapá, forçoso concluir pela aplicação da regra do art. 78, II, "a" ou "b", do CPP, por força da existência de conexão instrumental ou probatória entre o delito de furto ocorrido em Macapá e o de estelionato nessa mesma localidade. Se os furtos são simples, o estelionato é crime mais grave. Se os furtos são todos qualificados, aplicamos a regra que determina ser o foro competente o do local onde ocorreram o maior número de infrações. Fixado o foro competente em Macapá, devem todas as condutas serem julgadas neste juízo.

---

07. (UEG – Delegado de Polícia – GO/2009) Em 20/07/2007, Merendão, Chino e Tripa Seca, residentes em Brasília-DF, se encontraram em Goiânia-GO para combinar a prática de crimes. Na mesma data, Chino mostra a seus dois comparsas um equipamento eletrônico, vulgarmente conhecido como chupa-cabra, que, quando instalado em terminais de autoatendimento de instituições financeiras, captam e armazenam dados e senhas bancárias de correntistas que utilizam tais terminais. De posse do chupa-cabra, os três, no mesmo dia, se dirigem a Palmas-TO, local onde instalam o chupa-cabra em um terminal de autoatendimento de uma instituição financeira privada, localizada em um movimentado centro comercial da cidade, deixando-o instalado até 22/07/2007. Durante esse período, os correntistas que fizeram uso de tal terminal de autoatendimento para sacar, transferir dinheiro, retirar extratos bancários etc., tiveram seus dados e suas senhas bancárias captados e armazenados pelo chupa-cabra. Munidos do chupa-cabra repleto de dados e senhas bancários dos correntistas que utilizaram o terminal, os três se dirigiram, em 25/07/2007, ao Rio de Janeiro-RJ, local onde pediram a uma pessoa conhecida como Cabelo de Anjo que confeccionasse cartões bancários clonados, magnetizando, em cartões virgens, os dados bancários captados pelo chupa-cabra e identificando, no verso dos cartões, as senhas de acesso às contas. Cabelo de Anjo, então, durante a magnetização dos cartões, observa a existência de senhas e dados bancários de diversas agências e contas da instituição financeira, uma vez que pessoas de outros Estados, de férias em Palmas-TO, teriam utilizado o terminal de autoatendimento onde o chupa-cabra se encontrava instalado. Assim, observou a existência no chupa-cabra de dados e senhas bancárias armazenadas de correntistas do mencionado banco privado em Palmas-TO, Belo Horizonte-MG, Teresina-PI, Brasília-DF, Goiânia-GO, Cuiabá-MT, São Paulo-SP, Porto Alegre-RS e Vitória-ES. De posse de diversos cartões bancários clonados e suas respectivas senhas, os três se dirigiram, em 30/07/2007, a Curitiba-PR, local onde efetuaram diversos saques com os mencionados cartões, causando, assim, prejuízos financeiros a agências bancárias e correntistas da mencionada instituição financeira em Palmas-TO, Belo Horizonte-MG, Teresina-PI, Brasília-DF, Goiânia-GO, Cuiabá-MT, São Paulo-SP, Porto Alegre-RS e Vitória-ES. Levando-se em consideração que o crime praticado é o previsto no artigo 155, § 4º, II e IV c/c artigo 71, do Código Penal (furto qualificado mediante fraude e concurso de agentes em continuidade delitiva) defina, justificadamente, a competência de foro (territorial) para processar e julgar os criminosos.

Resposta

Tratando-se de furto em continuidade delitiva (art. 71, CP), o Código de Processo Penal manda aplicar a regra da prevenção, pelo que, com base nesse critério, qualquer um dos foros seria competente, dependendo a fixação da prevenção (art. 71, CPP), verificada pela primeira providência cautelar de um dos juízos. Como os resultados dos furtos mediante fraude ocorreram em Palmas-TO, Belo Horizonte-MG, Teresina-PI, Brasília-DF, Goiânia-GO, Cuiabá-MT, São Paulo-SP, Porto Alegre-RS e Vitória-ES, qualquer desses foros poderá ser competente para julgar os fatos em continuação delitiva.

---

08. (UEG – Delegado de Polícia – GO/2013) Cabelo de Anjo, residente em Goiânia/GO, líder de um grupo virtual intitulado adoradores de menores, composto, de forma estável, há mais de 5 anos, também por Cara Grande, residente em São Paulo/SP, Magrillo, residente em Campinas/SP, Malacúria, residente em Brasília/DF, e Marreco, residente no Rio de Janeiro/RJ, instigou, por meio da internet, durante viagem a Salvador/BA, a pedido dos demais membros do grupo, sua enteada de 8 anos a se exibir de forma sexualmente explícita, fotografando-a. Ao chegar em sua residência, Cabelo de Anjo transmitiu, de seu computador pessoal, também a pedido dos demais membros do grupo, a eles, as fotografias que produziu e armazenou com conteúdo pornográfico. As fotografias foram acessadas e armazenadas em laptop, primeiramente por Cara Grande e Magrillo, que passavam férias em Fortaleza/CE. Um dia depois, Malacúria e Marreco as acessaram e as armazenaram em seus computadores pessoais, localizados em suas residências. Determinada judicialmente a quebra do sigilo telemático, verificou-se que o provedor de armazenamento dos e-mails encontrava-se localizado em Porto Alegre/RS. Levando-se em consideração que as condutas típicas investigadas se assemelham ao previsto no artigo 288 do Código Penal, e nos artigos 241-A; 241-B, § 1º e 241-D, parágrafo único, II, da Lei 8.069/90, analise, fundamentadamente, considerando-se o entendimento do Superior Tribunal de Justiça, a competência criminal territorial e a competência criminal em razão da matéria.

Resposta

O STJ já firmou posição de que é irrelevante o local do provedor onde se encontram armazenadas as imagens para a definição da competência territorial. Com efeito, do Brasil é possível utilizar-se de provedores e de sites hospedados em qualquer ponto do mundo, não sendo razoável que este elemento defina a competência territorial.

A conduta punida de forma mais grave é a que se enquadra no art. 241-A, do Estatuto da Criança e do Adolescente (a transmissão das imagens), havida em Goiânia/GO e imputada a Cabelo de Anjo. As demais condutas, menos graves (art. 241-B e 241-D, parágrafo único, II, da mesma Lei) aconteceram em Fortaleza/CE, Brasília/DF, Rio de Janeiro/DF e Salvador/BA. Cabível, então, aplicação da regra do art. 78, II, "a", do CPP (foro do local do cometimento da infração penal mais grave, isto é, Goiânia/GO – competência criminal territorial), por força da existência de conexão instrumental ou probatória entre os delitos. Caso não fosse possível apurar esta circunstância, a regra subsidiária teria lugar (prevenção – art. 83, CPP).

Quanto à competência criminal em razão da matéria, cabe ao juiz federal de Goiânia (competência da Justiça Federal – art. 109, CF) julgar a matéria. Isso porque os crimes de pedofilia são objeto de tratado que o Brasil, por este meio, se obrigou a reprimir e, ademais, há elemento de transnacionalidade em face do uso da rede mundial de computadores.

No entanto, há de se distinguir na hipótese. A questão narra que "(...) Cabelo de Anjo transmitiu, de seu computador pessoal (...) a eles", tão somente este elemento não torna possível o acesso ao conteúdo compartilhado à qualquer pessoa no estrangeiro, motivo pelo qual não se configura a transnacionalidade do comportamento tido por criminoso. Nesse sentido, ficou consignado pelo STF, no RE 628.624, que "não se constata o caráter de internacionalidade, ainda que potencial, quando o panorama fático envolve apenas a comunicação eletrônica havida entre particulares em canal de comunicação fechado, tal como ocorre na troca de e-mails ou conversas privadas entre pessoas situadas no Brasil." Com efeito, apenas a previsão da infração penal em tratado ou convenção internacional, não é, por si só, suficiente para atrair a competência da justiça federal. Daí a competência seria da justiça estadual.

---

09. (FUNCAB – Delegado de Polícia – RO/2014) Discorra, fundamentadamente, sobre violência doméstica e familiar contra a mulher (Lei Maria da Penha). Ao elaborar seu texto, aborde, necessariamente, os seguintes aspectos:

(A) conceito e formas de violência doméstica e familiar contra a mulher;

(B) aplicabilidade ou não dos institutos despenalizadores, de penas de multa e de cestas básicas;

(C) competência;

(D) medidas protetivas e prisão preventiva;

Resposta

(a) *Para incidência da Lei Maria da Penha, necessária relação afetiva e que o sujeito passivo do delito seja mulher. Pode ser qualquer delito, desde que presentes estes elementos, tais como os artigos 147 (ameaça), 213 (estupro), 129 (lesão corporal), 121 (homicídio), 155 (furto), 163 (dano), dentre outros, estes do CP, e 21 (vias de fato), da LCP. A Lei arrola as formas de violência contra a mulher em seu art. 7º, podendo ser de natureza física, sexual, psicológica, patrimonial e moral.*

(b) *Os institutos despenalizadores da Lei nº 9.099/1995 não são aplicáveis (art. 41, da Lei nº 11.340/2006). A pena de multa não pode ser aplicada se for a única imposta, podendo o ser quando, ao seu lado, existir pena privativa de liberdade. É possível a substituição de penas por restritivas de direito (artigos 43 e 44, CP), no entanto, é vedada a aplicação de pena de prestação pecuniária (cestas básicas) aos crimes que envolvam violência contra a mulher.*

(c) *A competência pode ser objeto de especialização – vara especializada (juizados de violência doméstica e familiar contra a mulher – art. 7º e 33, da Lei Maria da Penha). Não pode ser fixada a competência nos juizados especiais criminais com competência para julgamento de crimes de menor potencial ofensivo, sendo incabível lavratura de termo circunstanciado de ocorrência. Caso o crime seja doloso contra a vida, prevalece a competência do júri, de índole constitucional, podendo ser aplicadas medidas de proteção dispostas na Lei.*

(d) *São cabíveis medidas de proteção que a própria lei estatui, podendo ser protetiva de urgência que obrigam o agressor (art. 22) ou protetiva de urgência à ofendida (artigos 23 e 24). Presentes os requisitos legais do art. 312, CPP, a prisão preventiva poderá ser decretada, independentemente do quantum da pena máxima abstrata cominada ao crime, visando, dentre outros motivos, garantir a execução de medidas protetivas de urgência (art. 313, II, CPP). As medidas cautelares diversas da prisão, segundo pensamos, podem também ter aplicação, instaurando-se regime de liberdade provisória (art. 282, CPP).*

---

10. (PC-RS – Delegado de Polícia – RS/2009) Fernando, brasileiro, residente na cidade de Santa Maria/RS, em concurso com mais dois agentes, ambos de nacionalidade uruguaia, logo após praticarem crime de roubo qualificado na Agência da Caixa Econômica Federal, na cidade de Uruguaiana/RS, foram perseguidos pelo Delegado e por agentes da Polícia Civil de Uruguaiana, até a cidade de Santana do Livramento/RS. Lá chegando, os referidos policiais civis, ao presenciarem o ingresso dos infratores na cidade de Rivera, República Oriental do Uruguai, prosseguiram na perseguição aos assaltantes no país vizinho, sendo que, após breve tiroteio ocorrido no centro da cidade de Rivera, Uruguai, onde foram danificados inúmeros prédios, e um transeunte acabou falecendo em decorrência de um dos disparos efetivados, todos os infratores foram presos pelos policiais civis. Em seguida, após imobilizarem os três agentes infratores, os policiais brasileiros colocaram os criminosos no interior dos veículos da Polícia Civil, e se dirigiram para a cidade brasileira de Uruguaiana, sem qualquer comunicação às autoridades policiais de Rivera. Na sequência dos fatos, o Juiz da 1ª Vara Criminal da Justiça Estadual de Uruguaiana, além de homologar o flagrante, deferiu a representação oferecida pelo Delegado de Polícia local, a fim de decretar a prisão preventiva de todos os infratores. Cabe salientar que, após a realização de toda a instrução processual, na referida vara criminal, os infratores acabaram sendo condenados a 12 anos de reclusão em regime fechado, não tendo os defensores dos condenados apresentado qualquer recurso para o Tribunal de Justiça. Analise a questão apresentada, destacando todos os aspectos processuais que entender pertinentes.

Resposta

O crime de roubo contra a Caixa Econômica Federal atrai a competência da Justiça Federal. Compete ao juiz federal competente no Rio Grande do Sul (Uruguaiana) processar e julgar crimes cometidos em detrimento de empresa pública federal. Quanto à prisão preventiva, o decreto respectivo deve ser examinado pelo juiz federal competente, passando o preso à sua disposição. Quanto aos demais atos decisórios, comina o CPP a sanção de nulidade – inclusive do despacho de recebimento da denúncia –, mantendo-se os instrutórios. Transitada em julgado a sentença por não terem sido interpostos recursos, cabível o habeas corpus para sanar o vício de incompetência absoluta, como sucedâneo recursal.

11. **(CESPE – Promotor de Justiça – RR/2008)** Marcos, deputado federal e fazendeiro no estado do Amazonas, contratou Gilmar para matar Afonso, em razão de conflitos decorrentes da propriedade de um imóvel rural. Gilmar atentou contra a vida de Afonso, desferindo-lhe três tiros, que lhe causaram a morte. Nessa situação, qual será o órgão judiciário competente para o julgamento do crime? Justifique a sua resposta.

Resposta

O deputado federal tem foro por prerrogativa de função no STF, ali respondendo em razão da autoria intelectual do crime. Quanto ao coautor, tem-se entendido que deve ser ele julgado pelo júri, com separação dos processos. É que a norma constitucional de competência (júri e prerrogativa de foro), apenas excluída por outra de mesma natureza e hierarquia, alija a norma legal que impõe unidade de processo e julgamento em face de conexão ou de continência (artigos 76 e 77, CPP). Tanto o STF, quanto o STJ têm adotado esse posicionamento quando se cuida de crime doloso contra a vida.

12. **(MPE-SC – Promotor de Justiça – SC/2010)** Em relação aos atos praticados pela Internet (web) abaixo arrolados, como se fosse membro do Ministério Público de Santa Catarina defina a competência, citando fundamentada e expressamente a(s) norma(s) aplicável(eis) e indique o(s) dispositivo(s) legal(ais) que tipifica(m) a(s) conduta(s).

(A) G.L., do computador de sua residência situada em Joinville/SC, enviou em 01/01/2011, exclusivamente para S.S., residente em Florianópolis/SC, um e-mail contendo fotos pornográficas e de sexo explícito envolvendo crianças e adolescentes. As imagens foram obtidas na web por G. L., via programa Y., que permite o compartilhamento irrestrito de arquivos, imagens, músicas, dentre outros. Não há, contudo, prova nos autos do inquérito policial de que as fotografias haviam sido conseguidas por G.L. através do programa Y.

(B) N. Y. e W. C., competentes hackers, invadiram em 11/09/2009, a partir dos seus computadores, localizados nas suas residências situadas na cidade de Balneário Camboriú/SC, o sistema de home banking mantido pela Caixa Econômica Federal através da Internet (web), acessaram a conta bancária de D. B., vinculada à Agência 001 situada em Itajaí/SC, sem conhecimento do titular correntista, e efetuaram uma retirada no valor de R$ 10 mil.

(C) D.T., a partir de seu notebook, em Criciúma/SC, efetuou compras pela Internet (web) em lojas virtuais, situadas em Florianópolis/SC, Araranguá/SC e Joinville/SC, utilizando-se indevidamente do número do CPF e do cartão de crédito de R. L., sem a sua anuência, fato este que possibilitou o recebimento, em sua residência em Criciúma, por D. T., das mercadorias adquiridas.

OBSERVAÇÃO: O combate aos crimes de pornografia infantil e pedofilia está previsto na Convenção Internacional sobre os Direitos da Criança, aprovada pelo Decreto Legislativo nº 28/90 e promulgada pelo Decreto Presidencial nº 99.710/90.

Resposta

(A) *A pedofilia cometida mediante compartilhamento de fotos pela rede mundial de computadores (art. 241-A, Lei nº 8.069/1990) é, em tese, competência da Justiça Federal (por estar em tratado a obrigação do Brasil reprimir e por conta do elemento de internacionalidade do delito), mormente quando se vale de sites públicos da Internet. No caso em tela, a foto foi enviada exclusivamente para S.S, através de e-mail. Não havendo provas de ter G.L. feito uso do programa Y – apto ao compartilhamento irrestrito –, não se firma a competência do Justiça Federal. Caso se verifique, no curso do processo, o uso de site da rede mundial de computadores ou o efetivo uso do programa Y, teremos a competência da Justiça Federal (art. 109, V, CF).*

(B) *Nesse caso, o delito é o do art. 155, CP (furto mediante fraude), seguindo a esteira do STJ, o juízo competente é o do local da conta bancária fraudada (teoria do resultado aplicável aos delitos plurilocais – art. 70, CPP). Note-se que o resultado "subtração" ocorreu no local da agência onde situação a conta da pessoa lesada. Como o crime não é objeto de proteção por tratado internacional, a competência é do juízo estadual de Itajaí/SC (art. 109, V, CF, a contrario sensu). Note-se que, conforme entendemos, o prejuízo da CEF, por conta do saque com fraude/furto, quando ocorre (ao patrimônio do ente ou serviço), é reflexo/indireto (dever da CEF de ressarcir o cliente lesado, quando não ocorre recuperação do valor). O dever de ressarcir, se levado às últimas consequências, pode autorizar o posicionamento de que toda falta do serviço da União e entes federais, quando de lesão a um particular, por ação de terceiros, atrairia a competência criminal federal. O tema, no entanto, foi objeto de controvérsia nos tribunais e, majoritariamente, tende a se fixar a competência da justiça federal.*

(C) *A competência é também da Justiça Estadual pelas mesmas razões já aduzidas. O resultado do delito se produziu em Criciúma, quando do recebimento da compra, consumando-se o estelionato (art. 171, CP), com o recebimento da vantagem indevida.*

13. (MPE-MS – Promotor de Justiça – MS/2008) Um Juiz "A", de plantão, expediu mandados de prisão temporária por 30 dias contra dois acusados, mas a polícia não conseguiu prendê-los. Depois de 45 dias, com o inquérito concluído, outro Juiz "B", também de plantão, expediu outros mandados de prisão e a polícia conseguiu prendê-los. Pergunta-se: Quem será o juiz competente para julgar a causa? Fundamente a resposta.

Resposta

O juiz plantonista não se torna competente pela simples razão de estar somente de plantão, praticando atos de urgência. A ordem de prisão temporária referida na questão é insuficiente para tornar o juiz prevento. Competente será o juiz que exercer juízo cautelar sobre a prisão efetivada a partir dos outros mandados de prisão, após a distribuição do inquérito policial. Os juízes plantonistas, portanto, não são competentes, sendo o critério para a definição da competência a distribuição ou, se envolver concorrência de competência territorial (que não foi enunciada na questão), a prevenção.

14. (CESPE – Juiz de Direito – AL/2008) De posse do inquérito X, já devidamente relatado, o membro do Ministério Público do estado do Ceará, em vez de oferecer a denúncia, requereu ao juiz de direito da Comarca de Fortaleza a remessa dos autos do inquérito ao estado de Alagoas, porque entendeu ser da competência do Ministério Público daquele estado oferecer a respectiva denúncia.

O citado juiz, sem qualquer manifestação formal, remeteu, de imediato, os autos do inquérito para o juízo competente do estado do Alagoas, o qual, incontinente e sem qualquer decisão, encaminhou – os ao Ministério Público do estado de Alagoas.

Ao analisar o inquérito, em vez de oferecer a denúncia, o promotor de justiça da comarca de Maceió fez extenso parecer acerca da competência do Ministério Público do estado do Ceará. Solicitou, portanto, ao juiz de direito da comarca de Maceió o retorno dos autos do inquérito para a justiça comum do estado do Ceará.

Com referência à situação hipotética apresentada acima, responda, de forma fundamentada em conflito de competência e de atribuições, ao seguinte questionamento: o que deve fazer o juiz?

Resposta

Ao invés de pleitear a devolução dos autos do inquérito policial ao juiz de direito da Comarca de Fortaleza, o promotor de justiça de Alagoas deveria ter arguido conflito de atribuições que, por sua vez, ocorre quando não há apreciação do judiciário acerca das razões que determinariam a incompetência do juízo em um futuro e eventual processo instaurado com base naquele inquérito. Para apreciar o conflito de atribuições entre membros de Ministério Público diversos, sempre vinha prevalecendo o entendimento de que a competência seria do STF. Esse posicionamento se modificou.

Lastreando-se em argumentos práticos, especialmente pelo grande número de conflitos de atribuições entre órgãos do Ministério Público Federal e do Ministério Público dos Estados, o STF fixou o entendimento de que cabe ao Procurador-Geral da República (chefe do MPF) resolver a questão[148]*. Dessa maneira, a Suprema Corte se afastou das orientações predominantes que oscilavam entre a competência do STF e do STJ, apontando que o Procurador-Geral da República é o "Chefe do Ministério Público", vista sob o princípio da unicidade.*

Nos termos do julgado aludido, não cabe ao STF julgar conflitos de atribuição entre o Ministério Público Federal e os Ministérios Públicos dos estados. Cremos que a nova posição indica que eventual conflito entre Ministérios Públicos estaduais também deva ser resolvido pelo Procurador-Geral da República. O julgado foi tomado por maioria de votos. Sustentou-se que a questão não é jurisdicional e sim administrativa, bem como que não havia conflito federativo a justificar a competência do STF.

Volvendo para a questão em tela, considerando que o promotor de justiça de Alagoas fez extenso parecer pelo reconhecimento da incompetência do juízo de direito de Alagoas, duas posturas são possíveis:

(A) a primeira é a de concordância com o Ministério Público. Aqui, o juiz de direito de Alagoas declara a sua incompetência e remete os autos ao juízo de Fortaleza. Caso o

148. STF – Pleno – ACOs 924 e 1394; PETs 4706 e 4863 – Rel. Min. Dias Toffoli – Data: 19/05/2016

juiz de direito de fortaleza discorde desse posicionamento, poderá suscitar, agora, conflito de competência ao STJ (juízes vinculados a tribunais diversos). Observe-se que, uma vez ratificando, com concordância expressa, a manifestação do MP, o conflito de atribuições se convola em conflito de competência.

(B) a segunda é que, entendendo que se trata da figura do "arquivamento indireto" (que pressupõe que o juiz não pode obrigar o promotor de justiça a oferecer denúncia), o magistrado, aplicando por analogia o art. 28, CPP, deverá remeter os autos do inquérito policial ao procurador-geral de justiça para que este insista na declinatória de competência (quando o juiz deverá acatar), ofereça denúncia ou designe membro para este fim.

15. (TJ/RJ – Juiz de Direito – RJ/2008) Disserte sobre a competência para julgar os Deputados Estaduais nos crimes comuns, inclusive de homicídio doloso, crimes em detrimento de bens, interesses e serviços da União Federal e nos crimes Eleitorais. A dissertação deverá indicar os dispositivos legais aplicáveis, bem como o entendimento doutrinário e jurisprudencial a respeito.

Resposta

O deputado estadual tem prerrogativa de função haurida constitucionalmente no tribunal de segunda instância. No âmbito da Justiça Estadual, compete ao Tribunal de Justiça processar e julgar o deputado estadual. Na esfera federal, essa competência passa ao respectivo Tribunal Regional Federal. Já quanto aos crimes eleitorais, a competência é do Tribunal Regional Eleitoral. Nessa questão, não havendo limite de linhas, o candidato deve apresentar conhecimento consistente sobre o tema, inclusive relativo a princípios constitucionais, tal qual a simetria ou paralelismo. Também importante demonstrar conhecimento jurisprudencial sobre o tema (o STJ tem precedentes assentando esse entendimento).

16. (TJ/RJ – Juiz de Direito – RJ/2008) Intentada por Deputado Estadual ação penal privada por ter sido vítima de crime de difamação, o réu ajuizou exceção da verdade. Como deve proceder o Magistrado? Resposta justificada.

Resposta

Para responder a questão, o candidato deve discernir difamação (atribuir a alguém fato ofensivo à reputação – art. 139, CP), de calúnia (imputar a alguém fato definido como crime – art. 138, CP). A exceção da verdade é amplamente admitida quando a petição inicial acusatória narra calúnia. Tratando-se de difamação, o magistrado deve atentar para o que dispõe o parágrafo único, do art. 139, CP, que estatui que "a exceção da verdade somente se admite se o ofendido é funcionário público e a ofensa é relativa ao exercício de suas funções". Sendo o querelante deputado estadual – funcionário público nos termos do art. 327, CP –, para que a exceção da verdade seja admitida pelo juiz, dando a ela o devido processamento (contraditório), deve o fato ofensivo à reputação ser alusivo ao exercício das funções de deputado estadual do querelante. Caso não seja, deve ser rejeitada liminarmente. Se o fato difamatório for inerente ao exercício parlamentar, deve ser proferido juízo positivo de admissibilidade e processada a exceção da verdade perante o próprio juiz de primeiro grau de jurisdição, nos termos do art. 523, CPP (por não envolver imputação de crime ao deputado que, por deter prerrogativa de função, justificaria a modificação de competência para julgar tanto a exceção quanto à queixa pelo Tribunal de Justiça). Note-se que a questão destacou expressamente o crime de "difamação". Fosse "calúnia" o delito, teríamos modificação de competência provocada pela exceptio veritatis, restrita aos casos em que é possível o reconhecimento de crime imputado ao detentor de prerrogativa de função (art. 85, CPP), conforme expusemos no tópico 2.7.9 deste capítulo. Em tal hipótese, a exceção da verdade proposta deveria ser objeto de juízo de admissibilidade pelo próprio juízo processante da ação penal por crime de calúnia. Sendo positivo o juízo de admissibilidade, os autos deveriam ser remetidos ao tribunal com competência para julgar o deputado estadual. Note-se que a exceção da verdade no crime de calúnia implica a refutação da elementar "falsamente", indicando a possível instauração futura de persecução penal contra o deputado estadual.

17. (TJ/RJ – Juiz de Direito – RJ/2008) Policial Militar apreendeu veículo "Van" sob a justificativa de que o condutor estava exercendo transporte irregular de passageiros. Ocorre que o motorista do veículo possuía ordem liminar expedida pela Vara da Fazenda Pública autorizando-o a trafegar e a executar o dito transporte nas vias públicas. Foi instaurado procedimento penal por crime do art. 349 do Código Penal Militar c/c o art. 3º, "a" e "j", da Lei nº 4.898/65. Suscitado o conflito, entre a Justiça Comum e a Auditoria Militar Estadual, qual a autoridade judicial competente para julgar a ação penal ajuizada? Justifique.

Resposta

Para responder a questão, indispensável ter presente a noção de crime militar. Remetemos o leitor para o tópico 2.3.3 deste capítulo, onde estudamos analiticamente o assunto. A conduta descrita configura crime comum, gizado na Lei nº 4.898/1965. Não se trata de crime militar tipificado no Código Penal Militar. Aliás, o art. 349, CPM, exige que o descumprimento seja de decisão da justiça militar, o que não é o caso da questão. Competência, portanto, da Justiça Comum.

18. (Cespe/TRF/2R/Juiz/2009) Há uma investigação criminal em andamento no Brasil e no exterior, amparada em pedido de cooperação com base na Convenção de Palermo – a Convenção das Nações Unidas contra o Crime Organizado Transacional. O Procurador da República que cuida do caso faz um requerimento de busca e apreensão de um documento (exibição de documento) essencial para concluir a investigação, enviado pelas autoridades policiais estrangeiras, e que se encontra em poder da Embaixada desse mesmo país. O investigado (interessado) aproveita para alegar usurpação da competência do STJ, pois a solicitação do envio do documento não foi feita por carta rogatória ativa. Você precisa decidir pelo deferimento ou indeferimento do pedido. Quais as razões para o seu deferimento ou indeferimento?

Resposta

A cooperação jurídica internacional na investigação de crimes decorre de tratados plurilaterais ou bilaterais que Estados soberanos signatários adotam para facilitar a persecução penal em razão crescente movimentação de pessoas e bens que ultrapassam os limites das fronteiras. Cuida-se do instrumento através do qual um Estado pede ao outro que execute decisão sua ou profira decisão própria sobre litígio que tem lugar em seu território.

Tais pedidos de cooperação jurídica internacional, quando têm por objeto atos que não exijam juízo de delibação pelo Superior Tribunal de Justiça – ainda que levem impropriamente o nome de "carta rogatória" –, serão resolvidos pelo próprio Ministério da Justiça, para as providências necessárias ao cumprimento por auxílio direto, sem exequatur do STJ (exequatur é procedimento necessário para o cumprimento de cartas rogatórias passivas, isto é, no Brasil, relativo a objeto diverso da cooperação internacional).

Cabível atentar para as seguintes distinções.

O auxílio direto é ativo quando o Estado requerente da cooperação é o Brasil relativamente a um Estado estrangeiro.

O auxílio direto é passivo quando o Estado requerido é o Brasil e o requerente é um Governo estrangeiro.

O Auxílio direto – passivo ou ativo –, pode ainda ser judicial ou administrativo.

Será judicial quando o sujeito passivo para o cumprimento do ato de cooperação jurídica internacional for órgão do poder judiciário, a exemplo de juízes que apreciam pedidos de busca e apreensão ou ordenam atos de comunicação processual. Será administrativo quando a cooperação ocorrer entre órgãos de natureza administrativa, como a cooperação levada a cabo por órgãos do Ministério Público e da polícia, através das chamadas "forças-tarefa" (task forces).

Como se depreende, estamos diante de uma ação cautelar de busca e apreensão formulada pelo Ministério Público decorrente da prestação de um auxílio direto administrativo de natureza passiva. Vale destrinçar a expressão:

"Auxílio direto" refere-se justamente à desnecessidade de carta rogatória ou de exequatur do STJ, porquanto o país de origem e o Brasil são signatários da convenção de cooperação.

"Auxílio passivo" em razão de ser o Brasil o Estado requerido e que vai cumprir a providência de cooperação internacional requestada.

"Auxílio administrativo" porque o órgão brasileiro incumbido de conduzir as investigações no Brasil é o Ministério Público (órgão do Poder Executivo, administrativo).

A carta rogatória ativa, que seria emitida como regra, para que o juiz pudesse ordenar providências em território estrangeiro ou em embaixada estrangeira (território alienígena por extensão), é desnecessária em virtude da existência de cooperação fundada na Convenção de Palermo.

Nesses termos, deve o juiz deferir o pedido de busca e apreensão formulado pelo MP para cumprimento na sede da embaixada.

---

19. (TRF/2R/Juiz/2007) Uma equipe local da Polícia Federal apreende mercadorias descaminhadas, na Rodovia Presidente Dutra, na altura da Cidade de Resende, ao determinar revista em ônibus procedente do Paraguai e com entrada no Brasil por Foz do Iguaçu. Feita a comunicação do flagrante, o Juízo Federal de Rezende coloca os indivíduos em liberdade provisória mediante fiança. Após a elaboração do laudo pericial das mercadorias, e em virtude de promoção do Ministério Público Federal, os autos são redistribuídos para uma das Varas Federais Criminais da Seção Judiciária do Rio de Janeiro, especializada no processo e julgamento dos crimes contra o sistema financeiro nacional, cidade esta onde residem os passageiros, proprietários das referidas mercadorias. Nela, o Juiz recebe a denúncia e determina a citação dos acusados. Pergunta-se: o procedimento está adequado aos pressupostos da instauração da relação processual?

Resposta

A competência para o processamento e julgamento do crime de descaminho se resolve nos termos da Súmula 151, do STJ, isto é, é competente o juízo federal prevento do território onde tenha ocorrido a apreensão.

Competência da Justiça Federal para julgar o descaminho em razão do tributo objeto de não recolhimento ser da União (at. 109, IV, CF – interesse da União).

No entanto, atenção especial merece ter o art. 61, da Lei nº 5.010/1966, que reza que, na Seção em que houver Varas da Justiça Federal especializadas em matéria criminal, a estas caberão o processo e julgamento dos mandados de segurança e de quaisquer ações ou incidentes relativos a apreensão de mercadorias entradas ou saídas irregularmente do país ficando o Juiz prevento para o procedimento penal do crime de contrabando ou descaminho (Código Penal, artigo 334).

Resende é sede de Subseção Judiciária, da Seção Judiciária do Rio de Janeiro (Justiça Federal).

Havendo vara especializada com competência para julgar tal crime, afasta-se a súmula 151, STJ, e mitiga-se a competência territorial da vara local, declarando-se a competência daquela.

20. (MPF/18) Parecer. Juiz Federal rejeitou denúncia ofertada pelo Ministério Público Federal, por inexistência de autoria. Há o recurso em sentido estrito, pugnando pelo recebimento da denúncia. No juízo de retratação o juízo Federal declina da competência. O Ministério Público formaliza Carta Testemunhável. Turma do Tribunal Regional Federal, improvendo a Carta Testemunhável, mantém a decisão que afirmou a incompetência da justiça Federal para a causa, assentando que o tema da incompetência absoluta cabe ser avivado no juízo de retratação. O Ministério Público Federal ajuíza recurso extraordinário forte em que não restou observado o inciso IV, do artigo 109, da Constituição Federal, posto que se tratando, como efetivamente se trata, de homicídio consumado em servidor público federal, por seu desempenho funcional, a competência é mesmo da justiça Federal. Enuncie parecer, preferencialmente com o máximo de 30 (trinta) linhas, sobre o que assim se apresenta.

Resposta

O candidato deve, observado o limite de linhas, enunciar incialmente o acerto das questões preliminares relativas ao juízo de retratação (possível em sede de recurso em sentido estrito), possiblidade de reconhecimento de incompetência em juízo de retração e cabimento de carta testemunhável contra a decisão de retratação. Quanto a este último ponto, note-se que o art. 639, I, CPP, admite seu cabimento contra decisão que denegar recurso. Com efeito, embora o reconhecimento de incompetência seja recorrível em sentido estrito (art. 581, II, CPP), o fato de ter sido realizado em juízo de retratação aponta a denegação do recurso que visava o recebimento da denúncia e, de outro lado, implica na perda do objeto daqueles fundamentos, havendo assim, por via transversa, a colocação de um obstáculo a seu seguimento regular para o juízo ad quem (art. 639, II, CPP). Contra a decisão do TRF que manteve a declinatória de competência, adequado o manejo de recurso extraordinário. Admitido o recurso, cabe examinar o mérito. A Justiça Federal tem competência para julgar crime de homicídio cometido em servidor público federal, em razão do seu desempenho funcional. Sendo doloso o crime contra a vida, teremos a formação de um tribunal do júri no âmbito federal (art. 4º, Decreto-Lei nº 253/1967).

21. (MPF/20) Há invasão de atribuições de Promotor de Justiça que, previamente vinculado ao feito, por normal designação acontecida no instante pré-processual, titula-se a formalização da pretensão punitiva em autos de inquérito policial distribuídos, pelo cartório judicial, a vara criminal outra, onde aquele promotor não é titular?

Resposta

Fala-se de invasão de atribuições do Ministério Público relativamente às investigações da polícia judiciária, cuja atribuição é a de conduzir o inquérito policial. Sobre esses limites, o STJ já se manifestou no sentido de que o que o MP não pode é instaurar e conduzir inquérito policial, podendo, no entanto, exercer sua atividade de investigação criminal através dos procedimentos instaurados no âmbito de suas funções.

No enunciado da questão, o promotor de justiça teria sido designado normalmente em instante pré-processual, para investigar o fato que, paralelamente, foi objeto de inquérito policial. Em regra, cada promotor tem atribuição para atuar junto a uma vara criminal. Pode, no entanto, ocorrer de vários promotores se substituírem entre si junto a uma só vara.

Distribuído o inquérito a uma vara que o promotor designado anteriormente não atua, o promotor natural com atribuições junto a esse juízo é quem exercerá a ação penal. Não deve se entender, no entanto, como invasão de atribuições, a titulação da formalização da pretensão punitiva através de denúncia apresentada pelo promotor que havia sido, primeiramente, designado para instaurar procedimento investigativo sobre o fato que também foi objeto do inquérito policial.

Ademais, a instituição é uma e indivisível, admitindo-se a substituição entre seus membros sem que isso implique, no entender do STF, ferimento ao princípio do promotor natural. Daí que, a rigor, na hipótese dada, não existe invasão de atribuições.

Capítulo VI

Questões e Processos Incidentes

Sumário • 1. Considerações iniciais: 1.1. Incidente processual; 1.2. Processo incidente; 1.3. Ponto em sentido processual; 1.4. Questão; 1.5. Questão incidente; 1.6. Questão prévia; 1.7. Questão preliminar ou processual; 1.8. Questão prejudicial; 1.9. Questão sucessiva e posterior; 1.10. Autuação em apartado; 1.11. Classificações dos incidentes processuais: 1.11.1. Quanto à profundidade meritória; 1.11.2. Quanto à finalidade do incidente – 2. Questões prejudiciais: 2.1. Classificação: 2.1.1. Prejudicial homogênea e heterogênea; 2.1.2. Prejudicial obrigatória e facultativa; 2.1.3. Prejudicial total e parcial; 2.1.4. Prejudicial devolutiva e não devolutiva (princípio da suficiência); 2.2. Natureza jurídica e características: 2.2.1. Natureza Jurídica; 2.2.2. Características; 2.3. Sistemas de solução; 2.4. Processamento da prejudicial obrigatória e da facultativa: 2.4.1. Pressupostos: 2.4.1.1. Para o reconhecimento de prejudicial obrigatória (devolutiva absoluta, heterogênea referente ao estado civil das pessoas – art. 92, CPP); 2.4.1.2. Para o reconhecimento de prejudicial facultativa (devolutiva relativa, heterogênea diversa do estado civil das pessoas – art. 93, CPP); 2.4.2. Procedimento: 2.4.2.1. Em razão de prejudicial obrigatória (devolutiva absoluta, heterogênea referente ao estado civil das pessoas); 2.4.2.2. Em razão do reconhecimento de prejudicial facultativa (devolutiva relativa, heterogênea diversa do estado civil das pessoas); 2.5. Recursos; 2.6. Prescrição – 3. Exceções: 3.1. Conceito; 3.2. As espécies de exceções e seus processamentos: 3.2.1. Exceção de suspeição; 3.2.2. Exceção de incompetência; 3.2.3. Exceção de litispendência; 3.2.4. Exceção de ilegitimidade de parte; 3.2.5. Exceção de coisa julgada (*exceptio rei judicatae*) – 4. Incompatibilidades, impedimento e suspeição: 4.1. Processamento; 4.2. Efeitos; 4.3. Recursos – 5. Conflito de jurisdição: 5.1. Espécies e competência; 5.2. Arguição do conflito; 5.3. Processamento; 5.4. Recursos – 6. Conflito de atribuições: 6.1. Competência para dirimir o conflito; 6.2. Processamento – 7. Restituição de coisas apreendidas: 7.1. Introdução; 7.2. Autoridade restituinte; 7.3. Confisco; 7.4. Procedimento da restituição; 7.5. Recurso – 8. Medidas assecuratórias: 8.1. Noção e espécies; 8.2. Disciplina comum às medidas assecuratórias: 8.2.1. Pressupostos para decretação das medidas assecuratórias: *fumus comissi delicti* e *periculum libertatis*; 8.2.2. Possibilidade de alienação antecipada dos bens constritos; 8.3. Previsão de medidas assecuratórias em leis especiais: 8.3.1. Medidas assecuratórias específicas da Lei de Entorpecentes – crimes de tráfico ilícito de drogas (Lei nº 11.343/2006); 8.3.2. Crimes de lavagem de dinheiro (Lei nº 9.613/1998, alterada pela Lei nº 12.683/2012); 8.3.3. Crimes de tráfico de pessoas (Lei nº 13.344/2016); 8.4. Sequestro de bens imóveis: 8.4.1. Cabimento; 8.4.2. Embargos; 8.4.3. Recurso; 8.4.4. Levantamento; 8.4.5. Destinação ao final do processo; 8.5. Sequestro de bens móveis: 8.5.1. Cabimento; 8.5.2. Embargos; 8.5.3. Recurso; 8.5.4. Levantamento; 8.5.5. Destinação ao final do processo; 8.6. Hipoteca legal: 8.6.1. Cabimento e legitimidade; 8.6.2. Embargos; 8.6.3. Procedimento; 8.6.4. Recurso; 8.6.5. Levantamento; 8.6.6. Destinação ao final do processo; 8.7. Arresto de bens móveis (antigo sequestro definitivo ou subsidiário): 8.7.1. Cabimento; 8.7.2. Embargos; 8.7.3. Procedimento; 8.7.4. Recurso; 8.7.5. Levantamento; 8.7.6. Destinação ao final do processo; 8.8. Arresto de imóveis (antigo sequestro prévio): 8.8.1. Cabimento; 8.8.2. Embargos; 8.8.3. Recurso – 9. Incidente de falsidade: 9.1. Introdução; 9.2. Espécies; 9.3. Legitimidade; 9.4. Procedimento do incidente; 9.5. Efeitos; 9.6. Recurso – 10. Incidente de insanidade mental: 10.1. Introdução; 10.2. Procedimento; 10.3. Sequência; 10.4. Recurso; 10.5. Insanidade que se manifesta no cumprimento da pena; 10.6. Insanidade superveniente – 11. Ação civil de confisco (*civil forfeiture action*): 11.1. Noção; 11.2. Distinções; 11.3. Finalidade; 11.4. Perdimento de bens segundo o direito brasileiro; 11.5. Necessidade de criação de ação civil de confisco com objeto amplo; 11.6. Existência de ação confiscatória no direito brasileiro restrita aos casos de culturas ilegais de plantas psicotrópicas e de exploração de trabalho escravo – 12. Quadro Sinótico – 13. Súmulas Aplicáveis: 13.1. STJ; 13.2. STF – 14. Informativos recentes: 14.1. STJ; 14.2. STF – 15. Questões de concursos públicos – 16. Gabarito Anotado – 17. Questões discursivas com comentários

1. CONSIDERAÇÕES INICIAIS

O Código de Processo Penal usa a expressão "questões e processos incidentes" em sentido genérico, designando o conjunto de questões e procedimentos incidentais ou paralelos à solução do mérito do caso penal principal. São questões *a latere*,[1] isto é, paralelas ao processo penal de mérito e que, geralmente, reclamam solução prévia.

A questão ou o objeto do processo incidente será sempre um fato. Não havendo fato para ser decidido, diz-se que não há objeto, que se perdeu o objeto. É indispensável uma *res deducta*, uma coisa para ser examinada. O que há, na temática incidental, é uma relação lógica, de *minus a plus*, entre antecedente e consequente, que impõe um exame prévio.

1.1. Incidente processual

Incidente é todo fato que recai no curso de um processo. A ideia de incidir é a de cair em cima, cair sobre, cair dentro, recair no curso de algo. O incidente processual exige decisão no curso do procedimento do feito principal (decisão *incidenter tantum*) ou de forma paralela, em autos apartados, quando teremos um processo incidente.

1.2. Processo incidente

Processos incidentes são procedimentos independentes, ajuizados no mesmo juízo perante o qual tramita a ação penal condenatória principal. Os processos incidentes têm tramitação em separado[2], o que caracteriza sua autonomia ritual[3]. Não são processos incidentes as questões prejudiciais que são julgadas pelo juízo cível, pois, ali o que existe é processo perante juízo extrapenal, não incidente ao feito criminal.

O procedimento incidental é processo incidente apenso ao processo penal principal. São suas características:

(a) a sequencialidade: o procedimento incidental constitui uma ordenação de atos, um conjunto de atos;

(b) a dependência: o procedimento incidental é autuado em apartado, mas tem vida subordinada à existência do processo penal principal, destinando-se a viabilizar uma melhor decisão deste feito *principaliter*;

(c) a sumariedade e/ou especialidade: o processo incidental tem rito mais abreviado ou especial, segundo as disposições legais;

(d) a simplicidade: há preferência por solução não burocrática, sendo autorizado ao juiz resolver de plano a questão incidente, sem determinar a autuação em apartado, quando verificar a desnecessidade de dilação probatória (daí que os incidentes podem ser resolvidos nos próprios autos ou separadamente; de tal sorte, as decisões poderão ser, no primeiro caso, meramente interlocutórias ou intermédias e, no segundo, de natureza final ou com força de definitiva); e

(e) a celeridade: prestigia-se a rapidez, ao lado da singeleza[4].

---

1. MACHADO, Antônio Alberto. *Curso de processo penal*. 6. ed. São Paulo: Atlas, 2014. p. 405.
2. Nesse sentido: TORNAGHI, Hélio. *Curso de processo penal*: volume 1. 8. ed. São Paulo: Saraiva, 1991. p. 133.
3. MIRABETE, Julio Fabbrini. *Processo Penal*. 14. ed. São Paulo: Atlas, 2003. p. 200.
4. TORNAGHI, Hélio. *Curso de processo penal*: volume 1. 8. ed. São Paulo: Saraiva, 1991. p. 134.

1.3. Ponto em sentido processual

Ponto, na linguagem processual, é a afirmação em estado simples, alegação, pleito ou fato processual não refutado pela parte adversa.

Pode-se dizer que um ponto na demanda é uma proposição, uma afirmação, uma assertiva que informa a existência de um fato do qual decorre direitos. Quando a parte adversa refuta o ponto, este se converte em questão.

1.4. Questão

Questão é o ponto controvertido.

A questão é o ponto concreto acerca do qual ocorre justaposição do direito de punir e do direito de liberdade[5]. É, em outros termos, o que se dá quando há relação de tensão entre o *jus puniendi* estatal e o *jus libertatis* do acusado, surgindo conflito de interesses que é perceptível pela verificação do confronto dos pontos narrados no processo.

1.5. Questão incidente

Questão incidente é o fato que recai no curso do procedimento da ação penal principal e que reclama, em regra, decisão prévia ao julgamento do mérito central. As questões incidentes, no dizer de Magalhães Noronha, caem, vale dizer, sobrevêm, apresentam-se. Implicam ideia de eventualidade e não de obrigatoriedade. É incidente o que é eventual[6].

Hélio Tornaghi[7] bem caracteriza as questões incidentes, observando que:

(a) são secundárias;

(b) são acessórias;

(c) surgem no decorrer do processo;

(d) abrem um parêntese no procedimento;

(e) não absorvem o mérito;

(f) não desmembram a decisão de mérito;

(g) precedem a decisão de mérito sem prejudicá-la.

Com efeito, a solução da questão incidental equivale ao desembaraço da via para a solução da causa. Se a questão incidente constitui obstáculo para o rápido exame da questão principal, a resolução daquela afasta tal óbice e confere celeridade ao julgamento da causa.

1.6. Questão prévia

Refere-se ao momento em que a questão é examinada. Quando sua apreciação deve preceder o julgamento do mérito da ação penal principal.

5. PENTEADO, Jaques de Camargo. *Manual de processo penal*. São Paulo: RT, 2013. p. 279.
6. NORONHA, E. Magalhães. *Curso de direito processual penal*. 28. ed. São Paulo: Saraiva, 2002. p. 72.
7. TORNAGHI, Hélio. *Curso de processo penal*: volume 1. 8. ed. São Paulo: Saraiva, 1991. p. 134.

A questão prévia é gênero, da qual são espécies a questão preliminar (processual) e a questão prejudicial (porção do mérito consistente em infração penal ou fato jurídico civil que integra os elementos do tipo penal).

O exame de questão prévia ocorre em juízo de prelibação, se comparado ao julgamento da questão principal, que acontece em juízo de delibação (resolução do mérito da causa *principaliter*).

1.7. Questão preliminar ou processual

A questão preliminar ou, apenas, preliminar, é o fato processual que deve ser examinado de forma prévia ao julgamento do mérito do caso penal. A existência da preliminar é dependente da existência do processo principal. Não há possibilidade de um processo autônomo para apreciar matéria que seja preliminar do conhecimento do mérito de ação penal condenatória. Por exemplo, não é possível um processo autônomo para examinar a capacidade processual das partes para o fim de ajuizar uma ação penal futura ou para o juiz declarar sua competência para causas futuras.

A questão preliminar pode ser processual ou prefacial de mérito (prescrição). A falta de seu exame prévio constitui óbice para que seja julgada a questão principal (a infração penal). A preliminar não goza de autonomia e depende sempre da existência da questão principal, carecendo de decisão no mesmo feito onde é apreciada aquela[8].

1.8. Questão prejudicial

A questão prejudicial é fato meritório secundário que deve ser apreciado previamente ao julgamento do mérito da causa principal. A prejudicial impõe uma decisão prévia como condição necessária ao exame do mérito.

Consiste em infração penal ou controvérsia de natureza civil, cujo deslinde é indispensável ao julgamento do mérito da ação penal condenatória, por se tratar de questão relevante para o reconhecimento da presença de elementares do tipo penal.

Vale dizer, a questão prejudicial é uma controvérsia que se coloca no curso de um processo, a respeito da qual depende a existência da infração penal e, por tal razão, deve ser resolvida pelo magistrado antes de decidir a causa principal (questão prejudicada)[9]. Sua prévia apreciação se impõe por afetar as elementares do tipo penal, isto é, por dizer respeito à própria tipicidade da conduta.

O valor da questão prejudicial pode ser penal ou extrapenal. Daí que pode ser uma questão prejudicial homogênea (verificação da existência de infração penal antecedente para que se configure o delito de lavagem de dinheiro) ou uma questão prejudicial heterogênea (delito de abandono material imputado ao genitor, que necessita comprovação de filiação e idade do menor de dezoito anos; crime de bigamia, que requer, para sua configuração, a validade do primeiro casamento).

8. PACHECO, Denilson Feitoza. *Direito processual penal*: teoria, crítica e práxis. 4. ed. Niterói: Impetus, 2006. p. 485.
9. DEMERCIAN, Pedro Henrique; MALULY, Jorge Assaf. *Curso de processo penal*. 9. ed. Rio de Janeiro: Forense, 2014. p. 309.

Se vista de per si, não há óbice a que a questão prejudicial seja objeto de processo autônomo. Embora seja uma porção do mérito da demanda principal, a questão prejudicial existe independentemente daquela. Em outros termos, a questão prejudicial pode ser discutida em processo separado, porque autônoma, enquanto a questão preliminar sempre é solucionada no mesmo caderno processual[10].

A questão prejudicial pode, portanto, ser objeto de processo distinto, tal como se dá com o julgamento do furto de forma autônoma em relação ao do crime de receptação e com o julgamento da infração penal antecedente relativamente ao crime de lavagem de dinheiro (Lei 9.613/1998).

1.9. Questão sucessiva e posterior

A questão incidente pode ensejar uma questão sucessiva e posterior ao julgamento do mérito da causa principal[11]. Nesses casos, o que há é uma questão sucessiva à questão prévia e, por tal razão, posterior a esta[12].

Exemplo: os embargos opostos ao sequestro de bens (art. 130, parágrafo único, CPP) é questão que sucede a esta medida assecuratória de bens (processo incidente de sequestro). Note-se que o pedido de sequestro constitui um processo incidente. Os embargos do acusado é questão sucessiva e posterior ao exame do pedido de sequestro. O julgamento desses embargos tem lugar só depois do trânsito em julgado da sentença penal condenatória (questão posterior).

1.10. Autuação em apartado

Com o intuito de não criar tumulto na lide, os incidentes processuais serão apreciados em autos apartados, normalmente apensos ao principal, quando não for possível solução sem que haja desvio da temática processual do caso penal principal ou modificação do procedimento.

De tal maneira, toda vez que for necessário dilatar o rito para viabilizar o contraditório, sem possibilidade de resolução do incidente de plano, a formação de volume procedimental em separado será necessária, para o processamento de questões incidentes ao processo penal, tais como: as prejudiciais, as exceções, as incompatibilidades, os impedimentos, o conflito de jurisdição, a restituição de coisas apreendidas, as medidas assecuratórias, o incidente de falsidade documental e o incidente de insanidade mental.

Necessário frisar que, ademais, que:

(1) os processos incidentes, instaurados no próprio juízo penal, são autuados em apenso, de forma apartada do feito principal. A regra é que esses incidentes sejam examinados pelo juízo penal previamente à demanda criminal principal, que, geralmente, não é suspensa.

10. DEMERCIAN, Pedro Henrique; MALULY, Jorge Assaf. *Curso de processo penal*. 9. ed. Rio de Janeiro: Forense, 2014. p. 309.

11. FREIRE, Rodrigo da Cunha Lima. Preliminares, prejudiciais e mérito da causa. *Jus Navigandi*, Teresina, ano 8, nº 66, 1 jun. 2003. Disponível em: <http://jus.com.br/artigos/4145>. Acesso em: 10 nov. 2014.

12. GUTIER, Murillo Sapia. *Questões prévias no processo civil*. Disponível em: <http://murillogutier.com.br/wp-content/uploads/2011/10/QUEST%C3%95ES-PR%C3%89VIAS-NO-PROCESSO-CIVIL-MURILLO-SAPIA-GUTIER.pdf>. Acesso em: 10 nov. 2014.

(2) As questões prejudiciais de natureza não penal (questões prejudiciais heterogêneas), regradas pelos artigos 92 a 94 do CPP e que envolvem a possibilidade de suspensão do processo penal, não são autuadas em apenso à ação penal, eis que são demandas cíveis, cuja competência é do juízo civil. A relação de prejudicialidade dessas questões será enfrentada adiante.

(3) A disciplina legal dos processos incidentes não tem aplicação à fase de investigação preliminar. Conquanto, do ponto de vista natural, não seja impossível enxergar relação conexa prejudicial entre infração penal apurada em inquérito policial e questão cível que constituirá óbice à propositura de ação penal ou ao exame do processo penal eventualmente instaurado com base naquele, não há lugar para a aplicação das disposições referentes às questões e aos processos incidentes (artigos 92 a 94, CPP), por incompatibilidade procedimental lógica[13].

1.11. Classificações dos incidentes processuais

1.11.1. Quanto à profundidade meritória

Para Hélio Tornaghi, as questões relativas ao processo e aos pressupostos processuais – a exemplo da incompetência e da falta de jurisdição – são questões preliminares. Já as que se referem ao exercício da demanda – tal como a legitimidade para a causa e outras condições da ação – são questões que devem ser examinadas seguidamente às preliminares, porém antes do enfrentamento do mérito, chamadas por isso de questões intermédias ou intermediárias. Por derradeiro, o autor aponta as questões sobre o mérito, inclusive as prejudiciais, como questões finais[14].

1.11.2. Quanto à finalidade do incidente

Seguindo a linha de Pacelli, pode-se, por fim, discernir que questões prejudiciais não são assimiladas pela noção de processos incidentes, ao menos quanto ao sentido formal a eles atribuído. Para o autor, os processos incidentes dizem respeito a procedimentos que envolvam discussão sobre:

(1) questões tipicamente preliminares (exceções de suspeição, incompatibilidade ou impedimento, exceções de incompetência do juízo, de litispendência, de ilegitimidade de parte e de coisa julgada, bem como o conflito de jurisdição), cuja resolução deve ocorrer antes do exame do mérito da demanda penal;

(2) questões de natureza acautelatória patrimonial, sem interferência relevante na solução do caso penal (restituição de coisas apreendidas, medidas assecuratórias – sequestro, arresto e inscrição de hipoteca);

(3) questões tipicamente probatórias, seja no âmbito do exame da culpabilidade do denunciado (incidente de insanidade mental), seja na esfera da materialidade do delito (incidente de falsidade documental)[15].

---

13. STJ – Quinta Turma – HC 67.416/DF – Rel. Ministro Felix Fischer – julgado em 26/06/2007 – DJ 10/09/2007, p. 259.
14. TORNAGHI, Hélio. *Curso de processo penal*. 7. ed. São Paulo: Saraiva, 1990. v.2. p. 506.
15. OLIVEIRA, Eugênio Pacelli. *Curso de processo penal*. 18. ed. São Paulo: Atlas, 2014. p. 293.

2. QUESTÕES PREJUDICIAIS

"Prejudicial" significa aquilo que deve ser julgado antecipadamente. Reclama uma decisão prévia, e está ligada ao ***meritum causae***. No dizer de Antonio Scarance Fernandes, "a questão prejudicial se caracteriza por ser um antecedente lógico e necessário da prejudicada, cuja solução condiciona o teor do julgamento desta, trazendo ainda consigo a possibilidade de se constituir em objeto de processo autônomo"[16].

Assim, distinguem-se das preliminares, que tratam de aspectos processuais, e uma vez reconhecidas, impedem a apreciação do mérito. As prejudiciais caracterizam-se também por sua autonomia e pela possibilidade ou não de serem julgadas pelo juízo criminal, enquanto que as preliminares são absolutamente dependentes e sempre serão julgadas pelo juízo criminal. Nesse compasso, a validade do casamento anterior é prejudicial ao reconhecimento do crime de bigamia (art. 235, CP), pois está umbilicalmente ligada ao mérito da causa, ao passo que a suspeição do juiz é mera preliminar, relacionada a um pressuposto processual.

Em esforço de síntese[17], temos que:

(1) a **questão prejudicial** é caracterizada: (a) por dizer respeito à porção do direito material deduzido no juízo penal condenatório; (b) por se referir à existência da infração delitiva; (c) por ser dotada de existência independente, isto é, existem de forma autônoma, sem dependência com o processo penal no bojo do qual houve a declaração de prejudicialidade; (d) são passíveis de análise tanto no juízo penal, quanto no cível (extrapenal), conforme o seu objeto; (e) é apta a condicionar o julgamento da questão prejudicada;

(2) a **questão preliminar** se caracteriza: (a) por aludir à matéria de direito processual; (b) por se referir aos pressupostos processuais e/ou às condições da ação; (c) por não conter existência autônoma, eis que é matéria do próprio processo penal objeto da decisão; (d) por ficarem restritas ao mesmo juízo criminal; (e) por terem a aptidão de impedir, caso acolhidas, decisão sobre a questão de mérito principal.

É o artigo 92 do Código de Processo Penal que explicita a ideia de questão prejudicial, ao avivar que "se a decisão sobre a existência da infração depender da solução de controvérsia, que o juiz repute séria e fundada, sobre o estado civil das pessoas, o curso da ação penal ficará suspenso até que no juízo cível seja a controvérsia dirimida por sentença passada em julgado, sem prejuízo, entretanto, da inquirição das testemunhas e de outras provas de natureza urgente".

Nesse contexto, a questão prejudicial pode ser: (1) infração penal pressuposta para a configuração de outro crime (antecedente lógico, tal como se dá com o furto ou o roubo relativamente à tipicidade do delito de receptação, que requer que a coisa adquirida seja decorrente de crime); e (2) relação jurídica de natureza cível que, por sua vez, é condição para a existência do crime, embora não seja objeto do processo (a exemplo da dúvida que pode recair sobre a propriedade da coisa objeto do furto, em razão de exigir o crime de furto que tal coisa seja "alheia")[18].

---

16. FERNANDES, Antonio Scarance. *Prejudicialidade*: conceito, natureza jurídica, espécies judiciais. São Paulo: RT, 1988. p. 11.
17. LIMA, Renato Brasileiro de. *Curso de processo penal*. Niterói: Impetus, 2013. p. 1057.
18. GRECO FILHO, Vicente. *Manual de processo penal*. 8. ed. São Paulo: Saraiva, 2010. p. 165-167.

Dessa dupla possibilidade, verifica-se que o legislador denomina "prejudicial" aquela porção que depende de decisão prévia (nesse sentido, a prejudicial necessita ser "pré--julgada", ou seja, previamente decidida por se tratar de antecedente lógico) e que se refere ao mérito da demanda penal condenatória, isto é, é parte constitutiva da tipicidade do fato narrado como delituoso. Nas hipóteses acima narradas, tanto a infração penal pressuposta (art. 92, CPP), como a relação jurídica cível (art. 93, CPP) são hipóteses constitutivas do tipo penal cujos fatos narrados na petição inicial fatos supostamente nele se enquadram, seja o tipo fundamental (tal qual o homicídio em sua forma simples, do art. 121, ***caput***, CP), seja o tipo derivado (o homicídio qualificado, referido no art. 121, § 2º, CP).

2.1. Classificação

2.1.1. Prejudicial homogênea e heterogênea

A classificação em tela concentra seu interesse na jurisdição, sem atentar para o rigor da sua indivisibilidade, mas com a atenção volvida para a necessária divisão do aparelho judicial do Estado, de modo a evidenciar seu poder-dever de prestação jurisdicional, o que nos permite falar, para efeitos didáticos, em jurisdição penal e jurisdição cível.

São ditas homogêneas, comuns ou imperfeitas as questões prejudiciais que pertencem e podem ser resolvidas na mesma jurisdição, ou no mesmo ramo do Direito, a exemplo da investigação de paternidade em relação ao inventário. No âmbito penal, podemos exemplificar com "a exceção da verdade no crime de calúnia (CP, art. 138, § 3º), eis que as duas matérias pertencem ao direito penal"[19]. Em tal caso, o desfecho do processo-crime por calúnia dependerá da resolução da exceção da verdade, que é prejudicial homogênea em relação àquele.

As heterogêneas, jurisdicionais ou perfeitas são as prejudiciais que transbordam os limites da jurisdição da causa prejudicada (causa principal) e vão produzir efeitos em outras esferas do Direito, como o faz a repercussão no espólio (jurisdição cível) daquele que, em virtude de sentença penal condenatória (jurisdição penal), tem o dever de indenizar a vítima. A questão prejudicial heterogênea "é a relação jurídica civil que condiciona a existência da infração penal que o juiz está julgando"[20].

É heterogênea, por exemplo, a prejudicial disposta no art. 93 do CPP, ao assentar que "se o reconhecimento da existência da infração penal depender de decisão sobre questão" afeta ao juízo cível, que não se refira ao estado civil das pessoas, "e se neste houver sido proposta ação para resolvê-la, o juiz criminal poderá, desde que essa questão seja de difícil solução e não verse sobre direito cuja prova a lei civil limite, suspender o curso do processo", depois da oitiva "das testemunhas e realização das outras provas de natureza urgente".

2.1.2. Prejudicial obrigatória e facultativa

Tendo em vista a faculdade ou o dever do juiz de suspender o processo principal (prejudicado), em face da presença da prejudicial, esta se classifica em obrigatória e facultativa.

19. CAPEZ, Fernando. *Curso de processo penal*. 12. ed. São Paulo: Saraiva, 2005. p. 342.
20. PACHECO, Denilson Feitoza. *Direito processual penal*: teoria, crítica e práxis. 4. ed. Niterói: Impetus, 2006. p. 486.

Note-se que o que é obrigatória ou facultativa é a suspensão do processo, não a prejudicial em si, desse modo classificada[21].

A questão prejudicial obrigatória é também denominada de necessária ou de prejudicial em sentido estrito.

Será obrigatória se o juiz, considerando a questão prejudicial séria e fundada, necessariamente tiver que suspender o processo prejudicado até o deslinde da questão prejudicial, situação que ocorre diante de questão atinente ao estado civil das pessoas, a teor do art. 92, CPP. Diante de tal hipótese, o processo criminal ficará suspenso, juntamente com o curso do prazo prescricional (art. 116, I, CP), até o trânsito em julgado da decisão no cível, sem prejuízo, na esfera crime, da realização de providências urgentes[22].

A questão prejudicial facultativa é também chamada discricionária ou de prejudicial em sentido amplo.

A prejudicial facultativa ganha forma quando o reconhecimento do crime depende de solução de questão diversa do estado civil das pessoas. A suspensão não é obrigatória, cabendo ao juiz decidir se suspende ou não o processo. É o que estatui, de certo modo, o art. 93, CPP. É o que ocorre, a título de exemplo, na discussão sobre a titularidade do bem no delito de furto, quando o réu afirma que a coisa lhe pertence, em tese defensiva que almeja o reconhecimento da atipicidade do fato alegado na denúncia. Por se tratar de discussão sobre propriedade, caberá ao juiz criminal decidir se suspende ou não o processo, para que a matéria fique esclarecida no cível (art. 93, CPP).

2.1.3. *Prejudicial total e parcial*

A classificação concentra o foco no grau de influência que a prejudicial terá sobre a decisão final a respeito do crime, objeto da ação principal, portanto, a questão prejudicada. Com efeito, a prejudicial interferirá na existência, ou não, do crime e de outros aspectos peculiares deste. Destarte, será total se a solução da questão prejudicial tiver o condão de fulminar a existência do crime, como, por exemplo, o reconhecimento da invalidade do casamento anterior fará com o crime de bigamia. Ao passo que, limitando-se a questão prejudicial ao reconhecimento de circunstâncias (agravantes, atenuantes, qualificadoras, etc.), deixando incólume a existência do crime, ela é dita parcial.

Sobre a questão prejudicial parcial, duas correntes se formam.

(1) A primeira sustenta que o reconhecimento de uma questão prejudicial apenas é possível se a resolução do litígio constituir obstáculo à verificação da própria existência do delito. Como o art. 92, do CPP, menciona a dependência de solução da questão prejudicial para constatar a "existência da infração", acredita essa corrente que a classificação entre prejudicial total e parcial é imprópria, haja vista que as prejudiciais seriam verdadeiras elementares da infração penal fundamental[23].

21. GRECO FILHO, Vicente. *Manual de processo penal*. 8. ed. São Paulo: Saraiva, 2010. p. 167,
22. LIMA, Marcellus Polastri. *Curso de processo penal*. Rio de Janeiro: Lumen Juris, 2002. v.2. p. 7.
23. LIMA, Renato Brasileiro de. *Curso de processo penal*. Niterói: Impetus, 2013. p. 1061.

(2) A segunda vertente, à qual nos filiamos, entende que a questão prejudicial parcial é capaz de determinar a suspensão do feito principal para que seja resolvida. Assim, controvérsias a respeito de atenuantes, agravantes, qualificadoras e causas de aumento de pena seriam questões que prejudicariam o exame do mérito da ação penal principal, independentemente de serem pertinentes ao tipo derivado (qualificado) ou às circunstâncias majorantes ou minorantes de pena.

Com efeito, questões prejudiciais, embora parciais, podem ser relevantes ao julgamento do litígio, não raras vezes repercutindo sobre o direito de punir estatal. Basta imaginarmos a dúvida que pode recair sobre a idade do acusado (prejudicial de natureza obrigatória por ser referente ao estado civil das pessoas, porém parcial, porque não afeta a existência do crime caso esteja claro que se trata de pessoa adulta). Sendo constatada idade igual ou superior a setenta anos – pensemos na idade de setenta e cinco anos –, pode tal fato implicar a prescrição da pretensão punitiva, notadamente porque esta é contada pela metade para pessoas com aquela idade à época da sentença. Em hipóteses como esta, o crime não deixa de existir, tratando-se de circunstância cuja aferição é relevante para o deslinde da ação penal condenatória. Daí que, a rigor, pouco importa se a circunstância é elementar à tipicidade do fato ou periférica para a dosimetria da pena, sendo, só pelo fato de aludir ao estado civil das pessoas, indispensável a suspensão do processo penal, por falecer competência ao juízo criminal para resolver a controvérsia de tal índole e por repercutir a matéria, em menor ou menor grau, porém de forma relevante, no julgamento do caso penal.

2.1.4. *Prejudicial devolutiva e não devolutiva (princípio da suficiência)*

Mantendo estreita relação com a classificação homogênea e heterogênea da questão prejudicial, esta classificação leva em conta a jurisdição, ou o ramo do Direito. Em assim sendo, são devolutivas as questões prejudiciais que transbordem os limites da jurisdição da questão prejudicada, portanto, são enviadas para conhecimento e solução em outra esfera jurídica. Não devolutivas são aquelas que são conhecidas e solucionadas no mesmo ramo do Direito que trata da questão principal, a questão prejudicada.

Portanto, de regra, o juiz criminal é competente para solucionar a questão principal e eventualmente as prejudiciais que surjam ao longo do processo, isto é, a ação penal é suficiente para tanto. O nosso Código de Processo Penal não prevê expressamente a ideia de suficiência da ação penal. Entretanto, esse princípio (da suficiência) decorre do sistema, significando dizer que a ação penal é apta para, por si só, prestar a tutela jurisdicional, sem a necessidade de propositura de outras demandas para resolução de questões prejudiciais que surjam no curso do processo penal.

Como exceção ao princípio da suficiência da ação penal, existe a possibilidade de uma ação penal ser suspensa até que seja resolvida uma questão prejudicial no juízo cível (questão prejudicial heterogênea), tal como pode ocorrer diante da necessidade de se aguardar o julgamento de ação de nulidade de casamento, por se tratar de questão prejudicial para o exame de ação penal por crime de bigamia (art. 92, CPP).

Luiz Flávio Gomes expressa que as questões devolutivas são bipartidas em absolutas (ou obrigatórias – art. 92, CPP) e em devolutivas relativas (ou facultativas – art. 93, CPP). As questões devolutivas absolutas ou obrigatórias "são questões que devem ser julgadas, necessariamente, por outro juízo, que não o criminal. Mais precisamente, as que versam sobre o estado civil das pessoas. O juiz criminal não decidirá sobre o estado civil das pessoas", tal como se dá com os casos de nulidade de casamento e de nulidade de filiação. As questões devolutivas relativas ou facultativas "são questões civis distintas do estado civil das pessoas, que podem ou não ser julgadas no âmbito criminal", a exemplo, como já dito, da alegação do acusado de crime de furto, de ser proprietário da suposta ***res furtiva***[24].

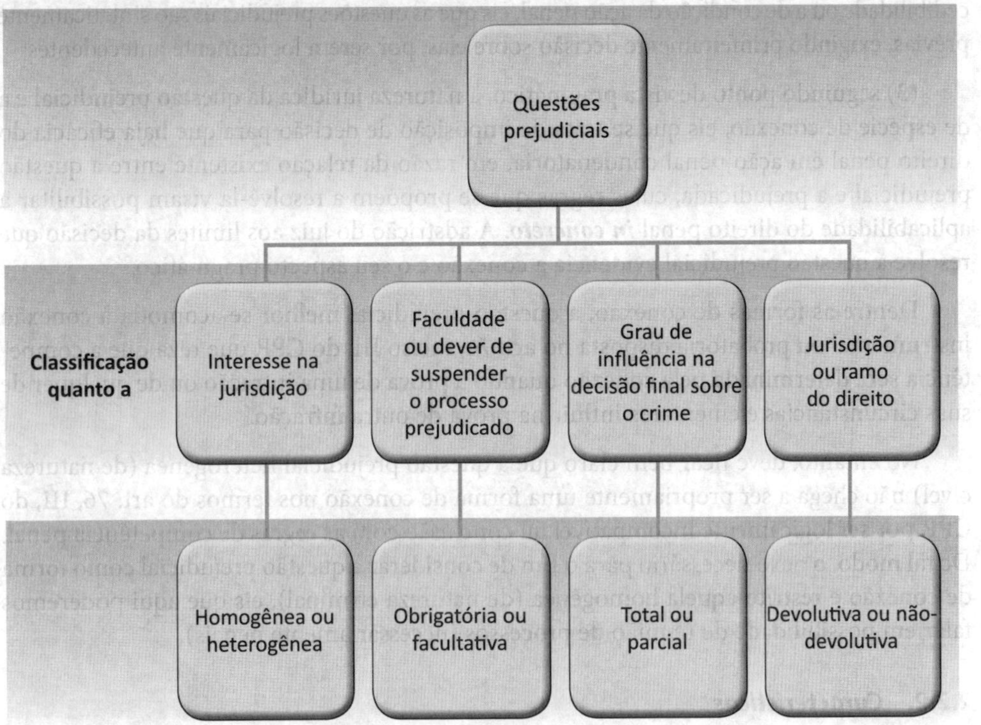

2.2. Natureza jurídica e características

2.2.1. Natureza Jurídica

Apesar da divergência doutrinária, há de se reconhecer que as prejudiciais são uma forma de conexão. É com essa ideia que Mirabete, corroborando a posição de Antonio Scarance Fernandes pontua que a prejudicialidade é caracterizada por se cuidar de uma relação entre duas figuras, a prejudicial e a prejudicada, ocorrendo uma dependência lógica e necessária desta em relação àquela. Existe "entre elas um nexo necessário. Uma está geneticamente ligada à outra. Esse vínculo entre as duas figuras, que representa prejudicialidade, é uma forma de conexão"[25].

Sob outro enfoque, é de ver que a natureza jurídica da questão prejudicial é depreendida conforme o ponto de vista que a doutrina adote:

24. GOMES, Luiz Flávio. *Direito processual penal*. São Paulo: RT, 2005. p. 154-155.
25. MIRABETE, Julio Fabbrini. *Processo Penal*. 14. ed. São Paulo: Atlas, 2003. p. 201.

(1) caso se valha de ponto de vista semântico (conteúdo ou sentido da questão prejudicial), a sua natureza jurídica será a de infração penal ou a de relação jurídica de natureza civil;

(2) caso a doutrina aborde o ponto de vista sintático (isto é, a relação de coordenação e de subordinação entre os temas que constituem o objeto da demanda penal condenatória), a natureza jurídica da questão prejudicial será a de pressuposto processual, a de condição de procedibilidade ou a de condição da ação penal, eis que as questões prejudiciais são sintaticamente prévias, exigindo primeiramente decisão sobre elas, por serem logicamente antecedentes;

(3) seguindo ponto de vista pragmático, a natureza jurídica da questão prejudicial é a de espécie de conexão, eis que se trata de imposição de decisão para que haja eficácia do direito penal em ação penal condenatória, em razão da relação existente entre a questão prejudicial e a prejudicada, cujas regras que se propõem a resolvê-la visam possibilitar a aplicabilidade do direito penal ***in concreto***. A adstrição do juiz aos limites da decisão que resolve a questão prejudicial evidencia a conexão e o seu aspecto pragmático.

Dentre as formas de conexão, a questão prejudicial melhor se acomoda à conexão instrumental ou probatória disposta no art. 76, inciso III, do CPP, que reza que a competência será determinada pela conexão quando a prova de uma infração ou de qualquer de suas circunstâncias elementares influir na prova de outra infração.

No entanto, deve ficar bem claro que a questão prejudicial heterogênea (de natureza cível) não chega a ser propriamente uma forma de conexão nos termos do art. 76, III, do CPP, por ser logicamente incompatível tal conclusão com as regras de competência penal. De tal modo, o nexo necessário para o fim de considerar a questão prejudicial como forma de conexão é restrito àquela homogênea (de natureza criminal), eis que aqui poderemos falar em possibilidade de reunião de processos (necessariamente penais).

2.2.2. *Características*

Para melhor compreender a natureza jurídica da questão prejudicial, a doutrina[26] enumera os caracteres ou características da questão prejudicial, notadamente:

(1) **anterioridade** ou **antecedência lógica**: a questão prejudicial deve ser julgada antecipadamente à questão prejudicada, ou seja, a questão prejudicial é antecedente lógico da prejudicada, carecendo de solução prévia para que seja julgado o mérito da demanda principal, porquanto a solução da questão prejudicial é capaz de influir no resultado do processo penal condenatório;

(2) **valor jurídico**: a questão prejudicial é dotada de valoração jurídica prévia, eis que a sua solução confere a avaliação necessária que ditará, em relação àquela porção, o valor para a resolução da demanda prejudicada, ou seja, a questão prejudicial é caracterizada por demandar uma apreciação jurídica antecipada em relação àquela causa cuja decisão lhe é subordinada. Em outras palavras, caso haja decisão de juiz diverso acerca daquela matéria que tenha sido a razão da suspensão do processo penal, o juiz criminal não poderá ignorar o que foi decidido no processo prejudicante;

26. TOURINHO FILHO, Fernando da Costa. *Processo penal*: 2. 19. ed. São Paulo: Saraiva, 1997. p. 524-525.

(3) **autonomia**: as questões prejudiciais, embora sejam, por assim dizer, prejudiciais, tem existência autônoma, isto é, é possível que não haja o processo criminal contendo a questão prejudicada, mas que exista o processo cível que seria a questão que prejudicaria àquele criminal, caso fosse instaurado. Vale dizer, em tese é possível constatar a autonomia da questão prejudicial, para assim ser considerada;

(4) **suspensividade** ou eficácia suspensiva: a questão prejudicial, por demandar resolução prévia em face do processo penal condenatório conexo, tem o poder de suspender este, seja de forma obrigatória (quando a questão prejudicial se refere ao estado civil das pessoas), seja de forma facultativa (quando em jogo questão civil diversa das atinentes ao estado civil das pessoas, tal como a propriedade);

(5) **essencialidade**, **interdependência** ou **necessariedade**: em razão da dependência de conteúdo que há relativamente entre a questão prejudicial e a configuração da infração penal, tal como se dá na prova da nulidade do casamento pela sentença transitada em julgado para se processar alguém pelo crime de induzimento a erro essencial e ocultação de impedimento (art. 236, parágrafo único, CP)[27].

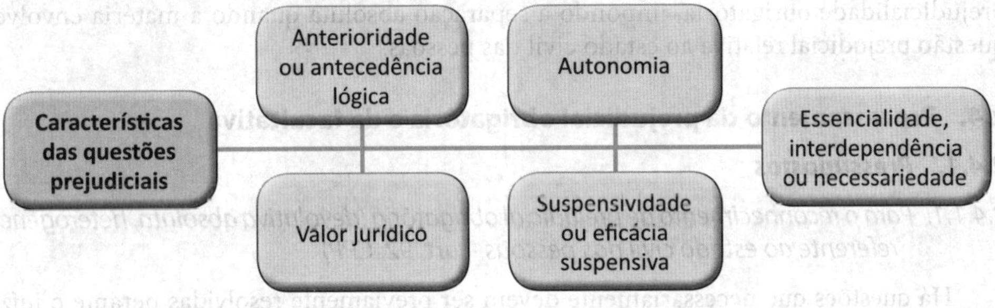

2.3. Sistemas de solução

Vistos o significado, a classificação e a natureza jurídica, vejamos onde e como deve ser julgada a prejudicial. São conhecidos quatro sistemas, cujas características marcantes estão a seguir:

(a) **Predomínio da jurisdição penal**: aqui se argumenta que, quem conhece da ação, conhece da exceção. Logo, o juiz criminal seria o competente para decidir a prejudicial. Daí que esse sistema é também conhecido como sistema da cognição incidental.

(b) **Separação absoluta** ou **prejudicialidade obrigatória** (sistema da prejudicialidade civil compulsória): esse sistema exige que a questão de natureza não penal seja remetida ao juiz especializado. A finalidade é evitar decisões conflitantes, na medida em que o juiz criminal aguarda decisão a ser proferida pelo juiz cível. Os que criticam esta solução o fazem sob o argumento de que, adotando-se tal proposição, restringe-se o livre convencimento do juiz criminal[28], além de revitalizar-se, indiretamente, as limitações à prova e presunções existentes na seara cível.

27. LIMA, Renato Brasileiro de. *Curso de processo penal*. Niterói: Impetus, 2013. p. 1056.
28. CAPEZ, Fernando. *Curso de processo penal*. 12. ed. São Paulo: Saraiva, 2005. p. 344.

(c) **Prejudicialidade facultativa** (sistema da remessa facultativa ou sistema da separação jurisdicional relativa facultativa): os defensores dessa solução propõem que a remessa ou não da prejudicial ao juízo cível deve levar em conta a prevalência cível ou criminal sobre a questão sob apreciação. Esse sistema autoriza maior discricionariedade do juiz criminal para deliberar sobre a necessidade de envio de questão prejudicial ao juiz não penal.

Hélio Tornaghi cita o **sistema da cognição incidental**: "em princípio, o juiz criminal, ao qual está confiada a principal questão, deve resolver todas as que a condicionam, o que costuma exprimir com a máxima um pouco imprópria: o juiz da ação é também o juiz da exceção"[29]. Na verdade, o sistema da cognição incidental nada mais é que faceta do sistema da prejudicialidade facultativa. A prejudicialidade facultativa autoriza discricionariedade ao juiz da ação criminal *principaliter* para julgar a exceção (cognição incidental no processo principal) ou, ainda, poderá o magistrado ordenar a remessa ao juízo cível (a cognição sobre a questão prejudicial será examinada por juízo diverso).

(d) **Misto** ou **eclético**: adotado no Brasil, orienta que a decisão sobre as prejudiciais pode caber tanto ao juízo cível quanto ao criminal. Depende, tão somente, do disciplinamento legal aplicável à situação posta para o magistrado (artigos 92 e 93, CPP)[30]. O sistema brasileiro agrega ingredientes do sistema da prejudicialidade facultativa e do sistema da prejudicialidade obrigatória, impondo a separação absoluta quando a matéria envolver questão prejudicial relativa ao estado civil das pessoas.

2.4. Processamento da prejudicial obrigatória e da facultativa

2.4.1. Pressupostos

2.4.1.1. Para o reconhecimento de prejudicial obrigatória (devolutiva absoluta, heterogênea referente ao estado civil das pessoas – art. 92, CPP)

Há questões que necessariamente devem ser previamente resolvidas perante o juízo cível. Chamam-se questões devolutivas absolutas. A expressão "questão devolutiva" remonta à noção de que, na origem, a matéria seria mesmo afeta ao juízo cível, ou seja, o juízo cível seria o órgão que, naturalmente, teria a competência para julgar a questão afeta ao estado civil das pessoas. Ajuizada a ação penal condenatória na esfera criminal e dependendo esta de pronunciamento prévio a respeito do estado civil das pessoas, tais como matérias de casamento e idade, impreterivelmente a matéria será "entregue" ("devolvida") ao juízo cível, a quem compete resolvê-la de maneira antecipada ao mérito da demanda penal prejudicada.

Os pressupostos das questões prejudiciais obrigatórias são:

(1) **Relação com a existência de infração penal ou a de suas circunstâncias**: a questão prejudicial obrigatória deve afetar a qualificação jurídico-penal do fato narrado na petição inicial, isto é, para que seja evidenciada a existência da infração deve ser necessária decisão prévia sobre a questão prejudicial. Geralmente, a questão prejudicial faz parte do tipo penal, ou seja, é questão elementar da descrição normativa criminal do fato delituoso. No entanto, não necessariamente fará parte do tipo penal, bastando que tenha relevância para a certificação de qualificadora do delito, causa de aumento de pena, circunstância atenuante ou causa extintiva da punibilidade. A título de exemplo, temos a dúvida que pode recair sobre a idade do agente, para se saber se a prescrição deve correr pela metade ou não (se

29. TORNAGHI, Hélio. *Compêndio de processo penal:* tomo I. Rio de Janeiro: José Konfino Ed., 1967. p. 276.
30. MIRABETE, Julio Fabbrini. *Processo Penal*. 14. ed. São Paulo: Atlas, 2003. p. 203.

tinha menos de vinte e um anos na data do fato ou mais de setenta anos na data da sentença, conforme o art. 115, CP). Nesse caso, uma ação para justificação da idade do acusado que não tem registro de nascimento é prejudicial à aplicação de causa extintiva de punibilidade, que não faz parte do contorno típico do delito. Outro exemplo seria a ação de investigação de paternidade, para se saber sobre a relação de ascendência ou descendência que viabilize o agravamento da pena capitulada para o crime (art. 61, II, "e", CP).

Esse entendimento encontra guarida tanto no STJ, quanto no STF:

(a) O STJ entendeu que saber se o índio é integrado ou não para fins penais é fato que compõe o estado civil das pessoas, sendo obrigatória a suspensão do processo, por ser matéria afeta, de maneira absoluta, ao juízo cível, conforme se vê do inteiro teor do acórdão:

> É que ao Juiz criminal está vedada a aferição da condição civil das pessoas, em particular quando dependente de complexa apuração de variados fatores, ou, como está na lei processual, de "*questão de difícil solução*", sendo claro que aí é preciso recorrer-se à jurisdição própria.
>
> No processo penal, a questão prejudicial heterogênea (art. 93, §§ CPP) assim verificada pela prévia necessidade de definir se o réu é indígena ou não – – *eis que daí resultam consequências importantes tanto para o prosseguimento da ação penal quanto, e sobretudo, para a eventual aplicação de penalidade uma vez que a lei estatutária do índio prevê inclusive modo próprio à condição indígena de cumprimento de pena* – – obriga o juiz a suspender o andamento processual até sua resolução ou durante o prazo fixado.
>
> O que não pode ser admitido, como ocorreu, é que o Juiz criminal avance sobre jurisdição civil que não detém para resolver questão que está fora de sua competência.
>
> O juiz impetrado, adotando para si critério da lei civil que imaginava correto, por isso se equivocou, e levou o colegiado ao mesmo erro, de ter o indígena réu como "*integrado*" pela posse de documentos comuns aos não índios (CPF, identidade civil, título de eleitor, etc.), e pois excluindo-o sem discussão da condição de indígena e de sujeição à legislação especial, quando essa não é hoje a inteligência constitucional[31].

(b) O STF, por seu turno, referiu à menoridade penal como aspecto inerente ao estado civil das pessoas e que determina a suspensão do processo penal:

> EMENTA: Menoridade penal: força probatória do registro civil de nascimento, só elidível no juízo cível. 1. A idade compõe o estado civil da pessoa e se prova pelo assento de nascimento, cuja certidão – salvo quando o registro seja posterior ao fato – tem sido considerada prova inequívoca para fins criminais tanto da idade do acusado quanto da vítima: precedentes. 2. Consequente incidência não só do art. 155 – que, quanto ao estado das pessoas, faz aplicáveis no juízo penal as restrições à prova estabelecidas na lei civil – mas também o art. 92 C.Pr.Penal, que, ao disciplinar as questões prejudiciais heterogêneas, tornou obrigatória a suspensão do processo penal para que se resolva no juízo civil a controvérsia sobre o estado civil da pessoa, de cuja solução dependa a existência do crime e, sendo este perseguível por ação penal pública, legitimou o Ministério Público para o processo civil necessário. 3. Até que se obtenha, por decisão do juízo competente,

31. STJ – Quinta Turma – RMS 30.675/AM – Rel. Min. Gilson Dipp – DJe 01/12/2011.

> a retificação do registro civil, a menoridade do acusado, nele assentada, prevalece sobre eventuais provas em contrário e impede, por ilegitimidade passiva, a instauração contra ele de processo penal condenatório.[32]

(2) **Questão prejudicial séria e fundada**: a avaliação de que a questão seja séria e fundada deve ser descrita fundamentadamente pelo magistrado que decidir pelo reconhecimento da prejudicialidade. Não deverá acolher prejudicial que tenha o condão tão somente protelatório, com relação muito remota com o fato investigado e que não tenha relevância para a apuração do fato delituoso.

(3) **Controvérsia referente ao estado civil das pessoas**: tal questão pode aludir aos aspectos subjetivos, familiares, civis e políticos[33]. A questão sobre o estado civil das pessoas deve ser entendida como aquela que exprime as qualidades mais amplas que decorrem da cidadania, das relações de parentesco e dos direitos individuais fundamentais. Caso tais questões repercutam sobre a aplicação do direito penal à espécie, estaremos diante de questão prejudicial obrigatória alusiva ao estado civil das pessoas. Em outras palavras, são os desdobramentos das relações decorrentes do estado de pessoa que tem alguém perante uma sociedade organizada politicamente, tais como as de matrimônio, parentesco, adoção e filiação[34].

Sobre o conceito de estado civil das pessoas, duas posições doutrinárias se formam: (a) a restritiva, que entende que a noção de estado civil das pessoas só abrange relações de parentesco, de idade e de casamento[35]; e (b) a ampliativa – à qual nos filiamos – que admite como tal o conjunto de caracteres que formam a condição de cidadão de um indivíduo, encampando não só as situações de parentesco (filiação etc.), de idade e de casamento (união estável, concubinato e uniões homoafetivas), mas também aquelas que decorrem da noção de cidadania *lato sensu* (profissão, alistamento militar, condição de eleitor, condição de indígena e exercício de outros direitos políticos).

2.4.1.2. Para o reconhecimento de prejudicial facultativa (devolutiva relativa, heterogênea diversa do estado civil das pessoas – art. 93, CPP)

Existem questões prejudiciais a respeito das quais o juiz criminal tem a faculdade de: (1) resolvê-las sem remessa ao juízo cível e sem suspensão do processo, em razão de não se tratar de hipótese que a lei civil limite; e (2) decidir pelo reconhecimento da prejudicialidade, valendo-se da possibilidade de aguardar o desfecho do processo cível para que, após solucionada a controvérsia que constitui porção relevante da demanda penal, prossiga com o julgamento considerando o que foi pontuado pelo juiz da esfera cível. Os pressupostos das questões prejudiciais facultativas são:

(1) **Relação com a existência de infração penal ou a de suas circunstâncias**: a questão prejudicial obrigatória deve afetar a qualificação jurídico-penal do fato narrado na petição inicial. Cuida-se de pressuposto que é inato às questões prejudiciais, isto é, para que seja evidenciada a existência da infração deve ser necessária decisão prévia sobre a questão prejudicial. Para Tourinho Filho, tal aspecto é a pedra de toque das prejudicialidades, haja vista que se não ferir a qualificação jurídico-penal do fato objeto do processo, poderá ser qualquer coisa, mas não uma questão prejudicial[36].

32. STF – Primeira Turma – HC 77278 – Rel. Min. Sepúlveda Pertence – DJ 28/08/1998.
33. BONFIM, Edilson Mougenot. *Curso de processo penal*. 4. ed. São Paulo: Saraiva, 2009. p. 258.
34. TOURINHO FILHO, Fernando da Costa. *Processo penal*: 2. 19. ed. São Paulo: Saraiva, 1997. p. 540.
35. LIMA, Renato Brasileiro de. *Curso de processo penal*. Niterói: Impetus, 2013. p. 1064.
36. TOURINHO FILHO, Fernando da Costa. *Processo penal*: 2. 19. ed. São Paulo: Saraiva, 1997. p. 544.

(2) **Questão de difícil solução**: há um espaço de discricionariedade para que o juiz penal diga o que é a questão de "difícil solução". Entendemos que o critério para que se defina se uma questão é ou não de difícil solução é a necessidade de dilação probatória que refugia aos limites do objeto da lide penal. Exemplificando, se a questão prejudicial alude ao direito de propriedade de um bem e, para ser este definido, é necessária oitiva de pessoas diversas das consignadas no rol numerário da petição inicial ou, ainda, seja preciso realizar perícia sobre o bem, o juiz terá parâmetro para declarar ser a questão de difícil solução.

(3) **Controvérsia de natureza civil, porém diversa da do estado civil das pessoas, de competência do juízo cível**: para que a questão seja heterogênea, deve ser de índole civil. Sendo prejudicial criminal, teremos ***quaestio*** homogênea. Ademais, a questão civil deve ser diferente daquela incluída no conceito de "estado civil das pessoas". O critério para definir esse caráter é de cunho negativo (a partir da noção positiva do âmbito desse conceito, saberemos, a ***contrario sensu***, o que não está sob sua abrangência) e da constatação de inexistência de limitações à produção probatória pela lei civil, em confronto com o princípio da liberdade probatória. Verificando o juiz que o caso é de controvérsia prejudicial de natureza civil que não se enquadra no conceito de "estado civil das pessoas", haverá a faculdade de suspender ou não a demanda penal, enquanto se resolve a matéria no âmbito cível.

(4) **Questão que não seja direito cuja prova a lei civil limite**: agregando ao pressuposto anterior, caso a questão civil seja diversa do estado civil das pessoas, é necessário ainda constatar que não há limitação posta pela lei civil para prová-la. Caso a legislação preveja limites para se provar questão de natureza civil (heterogênea), porém diversa do estado civil das pessoas, o juiz penal não poderá reconhecê-la como prejudicial (que facultativa seria se possível fosse seu reconhecimento). Como exemplo, temos o art. 108, do Código Civil, que limita a prova relativa à validade dos negócios jurídicos sobre a propriedade de imóvel com valor superior vigente no país a 30 (trinta) salários mínimos, declarando, para tal fim, ser essencial a escritura pública.

(5) **Demanda civil já ajuizada**: sendo a prejudicial heterogênea de natureza facultativa, o juiz criminal, não "remete" as partes ao juízo cível. Vale dizer, é necessário que a ação civil que debata sobre questão diversa daquela relativa ao estado da pessoa já esteja tramitando quando suscitada a questão prejudicante.

2.4.2. Procedimento

O procedimento adotado pelo juiz varia conforme se trate de prejudicial obrigatória ou de prejudicial facultativa, vale dizer, para que o juiz suspenda o processo obrigatória ou facultativamente diante de fato que constitua relação jurídica cível que seja antecedente lógico para o enfrentamento do delito objeto do processo.

Tanto na hipótese de prejudicial obrigatória (art. 92, CPP), quanto na de prejudicial facultativa (art. 93, CPP), a decisão de suspensão proferida pelo juiz se refere ao curso do processo penal. O que se deve suspender é o curso do processo penal já iniciado, para se aguardar o desfecho da questão prejudicial no juízo cível, a ser resolvida no bojo de processo civil.

A lei não reconhece relação de prejudicialidade entre inquérito policial e questão civil. Havendo falta de justa causa para o início da persecução penal, em sede de investigação preliminar, a solução jurídica, em sede de *habeas corpus*, é a concessão da ordem para arquivar o inquérito policial (trancamento).

A advertência tem lugar por conta de decisão tomada pela Quinta Turma do Tribunal Regional Federal da Terceira Região que, julgando *habeas corpus*, concedeu a ordem para suspender inquérito policial, invocando norma decorrente do enunciado do art. 93, CPP. Na ementa do julgado, consta que "se o reconhecimento da existência da infração penal depende de decisão sobre questão diversa da prevista no art. 92, da competência do juízo cível, e se neste houver sido proposta ação para resolvê-la, o juiz criminal poderá, desde que essa questão seja de difícil solução e não verse sobre direito cuja prova a lei civil limite, suspender o inquérito policial".

No caso, foi instaurado inquérito policial para apurar crime tributário, sem a necessária constituição definitiva do crédito tributário, nos termos da Súmula Vinculante nº 24, do STF. Isso porque foi concedido mandado de segurança tendente a vedar que a Receita Federal tivesse acesso aos dados bancários do investigado, estando pendente julgamento de recurso extraordinário.

Como se depreende, foi equivocada a aplicação do sistema de suspensão do art. 93, do Código, ao inquérito policial, mormente porque não há aí relação de prejudicialidade, nem aquele dispositivo tem o alcance de autorizar aquela decisão. Deveria o órgão julgador ter ordenado o seu arquivamento (trancamento), fazendo cessar a ilegalidade da persecução penal de delito em afronta à Súmula Vinculante nº 24, STF.

Sublinhada essa advertência, vejamos o procedimento legal para os casos de prejudicialidade obrigatória e facultativa, que deve ser conduzido pelo juiz criminal no curso de processo penal.

2.4.2.1. Em razão de prejudicial obrigatória (devolutiva absoluta, heterogênea referente ao estado civil das pessoas)

(1) o juiz, reputando séria e fundada relação jurídica de natureza cível atinente ao estado civil das pessoas, por decisão fundamentada, suspenderá o curso do processo até que se resolva no juízo cível questões como de parentesco, de casamento, de profissão e de direitos políticos. Sobre o ponto, lembra Vicente Greco Filho, que a capacidade penal (imputabilidade) não é questão relativa ao estado civil das pessoas, pois a inimputabilidade é objeto de incidente de insanidade mental. Entretanto, o autor, adotando posição restritiva quanto ao conceito de estado civil das pessoas, sustenta que também não será o caso de suspensão obrigatória a hipótese em que se debate sobre "determinada qualificação profissional em face da infração de exercício ilegal de profissão regulamentada ou a qualidade de nacional no crime de reingresso de estrangeiro expulso"[37]. De forma diversa, entendemos que os caracteres que viabilizam o exercício da cidadania em sentido amplo informam o conceito de estado civil das pessoas (posição ampliativa);

37. GRECO FILHO, Vicente. *Manual de processo penal*. 8. ed. São Paulo: Saraiva, 2010. p. 167.

(2) para que haja a suspensão do processo penal, não é necessária a existência prévia de ação cível para que ocorra a suspensão do processo criminal;

(3) durante o período em que estiver pendente a solução da questão prejudicial no juízo cível, o prazo prescricional ficará suspenso, por força do disposto no art. 116, I, do Código Penal, até o trânsito em julgado da decisão no cível;

(4) o juiz, depois de suspender o processo na esfera criminal, poderá determinar a realização de providências urgentes (produção probatória), ouvindo testemunhas que correrem o risco de desaparecimento (depoimentos *ad perpetuam rei memoriam*) e realizando perícias sobre elementos facilmente perecíveis. Trata-se de poder acautelatório geral que detém o magistrado, exercido mesmo que durante suspensão processual e do curso do prazo prescricional, com vistas a preservar a utilidade da ação penal.

(5) o MP intervirá no processo cível com o fito de dar-lhe maior celeridade (***custos juris***) ou o promoverá (como autor de ação civil, legitimado extraordinário, nos termos do art. 18, *caput*, do CPC/2015) quando se tratar de suspensão obrigatória de processo por crime de ação penal pública. A atuação do *Parquet* na esfera cível, seja como fiscal da ordem jurídica – em razão da incidência de interesse público evidenciado no processo (arts. 178 e 179, CPC/2015) –, seja como substituto processual do direito do autor (parágrafo único, do art. 92, CPP), é justificada pela necessidade de não se aguardar a vontade do particular para que a ação penal de iniciativa pública tenha andamento válido e regular. Realmente, seria inconcebível que o Ministério Público ficasse impedido de ver a ação penal com trâmite normal pelo fato de não ter sido promovida a ação cível pelo seu legitimado originário ordinário[38];

6) a sentença cível que resolve a prejudicial obrigatória vincula o juiz criminal, que não pode divergir do que consignado a respeito do estado civil das pessoas, sendo o caso de "limitação de competência funcional pelo objeto do juízo". Vale dizer, o juiz penal é aqui compelido a acatar o que definido na seara civil[39]. A solução não é outra na hipótese do processo penal não ter sido suspenso, ou seja, o juiz penal estará sempre adstrito aos termos do que resolvido pelo juízo cível quando a questão prejudicial for de natureza absoluta (estado civil das pessoas), a exemplo do que pode ocorrer quando a ação cível tiver sido ajuizada e eventualmente julgada antes da demanda criminal.

2.4.2.2. Em razão do reconhecimento de prejudicial facultativa (devolutiva relativa, heterogênea diversa do estado civil das pessoas)

(1) o juiz criminal, diante de questão cível diversa do estado civil das pessoas e que já seja objeto de ação cível, poderá suspender o processo, caso repute ser a matéria de difícil solução, fixando prazo em que aguardará o advento de sentença cível dirimindo a prejudicial;

(2) diferentemente do CPC/2015 (art. 315, § 2º), não estabelece o CPP prazo para a suspensão facultativa do processo. Como a lei não estabelece qual o prazo de suspensão,

38. ALENCAR, Rosmar Rodrigues. *Ação popular*: rumo à efetividade do processo coletivo. 2. ed. Porto Alegre: Núria Fabris, 2008. p. 60-62.

39. GRECO FILHO, Vicente. *Manual de processo penal*. 8. ed. São Paulo: Saraiva, 2010. p. 168-169.

ficará ao prudente arbítrio do juiz criminal indicar o quanto pretende aguardar. No entanto, não é necessário que se aguarde indefinidamente a resolução do litígio cível, nem é necessário o trânsito em julgado da sentença cível. Como adverte Tourinho, se a demora pelo retardamento da solução no cível for atribuível à parte, o juiz penal, expirado o prazo, determinará que o processo prossiga, "retomando sua competência para resolver, de fato e de direito, toda a matéria da acusação e da defesa"[40];

(3) durante o período em que estiver pendente a solução da questão prejudicial facultativa no juízo cível e enquanto permanecer suspenso o processo penal, o prazo prescricional ficará suspenso, por força do disposto no art. 116, I, do Código Penal;

(4) findo o prazo sem que advenha sentença (cível), admite-se a prorrogação, ou o juiz criminal pode entender por bem dar andamento ao processo, decidindo toda a matéria (princípio da suficiência da ação penal). Corre-se o risco, sobrevindo sentença cível, que esta seja contraditória à decisão criminal, o que merece apreciação na fase recursal ou eventualmente no âmbito da ação de revisão criminal;

(5) o juiz, depois de suspender o processo na esfera criminal, poderá determinar a realização de providências urgentes (produção probatória);

(6) sendo o crime de ação penal pública, o MP deve intervir na seara cível, na qualidade de *custos juris* (arts. 178 e 179, CPC/2015), com o propósito de imprimir maior rapidez. Note-se que não poderá propô-la, eis que a ação já deve estar tramitando no cível;

(7) uma vez prolatada a decisão no juízo cível sobre a questão prejudicial facultativa, o juiz do processo penal ficará adstrito àquela decisão, isto é, não poderá decidir contrariamente, porquanto se trata de incompetência funcional temporária, em razão do objeto do juízo. Tal incompetência nasce, para o juiz criminal, no momento em que reconhece as circunstâncias autorizadoras e ordena a suspensão[41]. Na questão prejudicial facultativa a incompetência é dita temporária em razão da existência de fixação de prazo pelo juiz criminal no momento em que reconhece a prejudicial relativa e delibera por aguardar a solução do caso na esfera cível. Isso quer dizer que, uma vez expirado o lapso fixado pelo juízo penal sem que haja solução da controvérsia cível, torna o magistrado do feito criminal a ser competente para decidir tanto a matéria penal, quanto a questão incidente cível prejudicial. Ademais, é importante destacar que: a) a suspensão pode ser decretada de ofício ou a requerimento das partes (art. 94, CPP); b) a suspensão não poderá ocorrer nos casos em que a lei civil limite a prova (prejudicial facultativa); c) não cabe prejudicial no inquérito policial; d) vinculação temática: ocorrendo a suspensão do processo em virtude da prejudicial, o juiz criminal estará vinculado ao que foi decidido na esfera cível, sendo indiferente tratar-se de prejudicial obrigatória ou facultativa.

2.5. Recursos

O despacho que nega a suspensão do processo criminal para a solução da prejudicial na esfera extrapenal é irrecorrível. Vislumbramos no ***habeas corpus*** ou na correição

40. . TOURINHO FILHO, Fernando da Costa. *Processo penal*: volume 2. 19. ed. São Paulo: Saraiva, 1997. p. 546.
41. GRECO FILHO, Vicente. *Manual de processo penal*. 8. ed. São Paulo: Saraiva, 2010. p. 169.

parcial a forma de combater o ato do magistrado. Nada impede o manejo do mandado de segurança, notadamente quando os interesses da acusação forem preteridos. Da decisão que determina a suspensão do processo (interlocutória simples) cabe recurso em sentido estrito (581, XVI, CPP).

Haverá nulidade absoluta caso não haja reconhecimento de prejudicial obrigatória (prejudicial heterogênea relativa ao estado civil das pessoas). Se as partes não propuserem *habeas corpus* ou mandado de segurança contra ato do juiz que indefira o requerimento de suspensão obrigatória, a sentença poderá ser vergastada através de recurso de apelação, fundamentando-o na nulidade do julgado, em virtude da incompetência absoluta do juiz penal para decidir a prejudicial incidental de cunho compulsório.

2.6. Prescrição

O art. 116, inciso I, do Código Penal prevê como causa suspensiva do curso da prescrição a questão prejudicial cuja resolução, em outro processo, faça depender o conhecimento da existência de crime. A suspensão indica que, depois de cessado o motivo que a determinou, a prescrição deve recomeçar.

O Código não distingue se a hipótese é de suspensão obrigatória ou facultativa. Enquanto perdurar a suspensão do processo criminal no aguardo do desfecho da questão prejudicial de natureza cível, permanecerá suspensa a prescrição. O legislador dá com uma mão e retira com a outra, vale dizer: (a) em favor do acusado está a necessidade de se aguardar que se resolva questão relevante e fundada da qual dependa a existência do crime; e (b) em seu desfavor está a suspensão da prescrição, pelo tempo que durar a pendência.

O crime de bigamia é um bom exemplo de hipótese de suspensão do processo, apontado por Rogério Greco. Enquanto se discute a validade de casamento anterior no juízo cível, o curso do feito criminal permanecerá suspenso, bem como o respectivo prazo prescricional até que se resolva a questão prejudicial. Quando questão prejudicial for decidida pelo juiz cível, o processo criminal retoma o seu curso, com o reinício da prescrição. Por seu turno, o juízo criminal ficará adstrito à decisão prolatada pelo juízo cível acerca da prejudicial[42].

3. EXCEÇÕES

3.1. Conceito

É uma forma de defesa por meio da qual o acusado objetiva a extinção do processo sem o julgamento do mérito, ou apenas a procrastinação do feito. Manifesta-se na forma de exceção de suspeição; de incompetência; de ilegitimidade de parte; de litispendência; de coisa julgada (art. 95, CPP). Nada impede que a ferramenta seja também utilizada pela acusação, já que as exceções levantam questões atinentes aos pressupostos processuais e às condições da ação.

Exceção é, em sentido amplo, defesa, isto é, a forma pela qual a parte passiva se opõe a uma pretensão. De tal maneira, se temos ação de um lado, do outro temos exceção. A exceção se opõe à ação. O autor "pede" na ação, enquanto o réu "impede" na exceção.

42. GRECO, Rogério. *Curso de direito penal*: parte geral. 2. ed. Rio de Janeiro: Impetus, 2003. p. 821-822.

O demandante "insiste" na ação, enquanto o demandado "resiste". Podemos dizer que ação e exceção são dois lados de uma mesma moeda que se chama processo.

O Código de Processo Penal adota o termo "exceção" em seu sentido amplo. Em sentido estrito, a doutrina aviva a diferença entre "exceção" e "objeção". A partir de Fredie Didier[43], temos a distinção:

(1) exceção em sentido estrito é a alegação de defesa que, para ser conhecida pelo juiz, precisa ter sido arguida pelo interessado. Podem ser de natureza processual ou substancial. Na generalidade dos casos, as exceções processuais (como a arguição de incompetência relativa – no direito processual civil) e as exceções de natureza substancial (que não extinguem propriamente a pretensão punitiva, mas lhe reconhecem sua ineficácia) não podem ser conhecidas independentemente de provocação do interessado, salvo quando a lei admite expressamente (Exemplo: a exceção substancial de prescrição que beneficia incapaz, prevista no art. 194, do Código Civil; a prescrição da pretensão punitiva estatal que deve ser reconhecida de ofício pelo juiz nos termos do art. 61, do CPP).

(2) objeção é a alegação de defesa que não precisa ser aventada para que o magistrado a reconheça. A matéria da objeção tem relevo maior, de ordem pública, e nega a própria pretensão (não fica só no plano da declaração de sua ineficácia) e se relaciona com os pressupostos processuais e as condições da ação. O juiz não precisa ser provocado para conhecer uma objeção, sendo seu dever prover a regularidade do processo (art. 251, CPP). Tal qual a exceção, a objeção pode ser processual (ilegitimidade passiva para figurar no polo passivo da ação penal) ou substancial (extinção da punibilidade pela decadência, em razão do não exercício de representação no prazo legal).

Como se depreende, o CPP utiliza de fato a noção de exceção em seu sentido largo, eis que todas as matérias do seu art. 95 – inclusive a incompetência relativa (em direito processual penal) – são conhecíveis de ofício pelo juiz, não distinguindo tal conceito da definição de objeção. De tal modo, as exceções do direito processual penal não são exceções em sentido estrito, porém exceções em sentido amplo.

As exceções são classificadas para que seja possível compreender melhor sua definição. Na verdade, a classificação do instituto é a forma encontrada para entendê-lo sob diversos pontos de vista. Destarte, as exceções podem ser classificadas:

(1) **Quanto aos efeitos que exercem sobre o processo**, em:

(a) **Peremptórias**: são as que têm a aptidão de extinguir o processo sem julgamento do mérito. Ex.: exceções de litispendência e de coisa julgada.

(b) **Dilatórias**: são as que prorrogam o curso do processo, procrastinando-o. Ex.: exceções de incompetência e de suspeição. No que toca à ilegitimidade de parte, seja a ***ad causam*** ou ***ad processum***, entendemos que se trata de mais uma exceção dilatória, afinal, corrigido o defeito, o processo continua ou poderá ser iniciado novamente com os verdadeiros legitimados[44].

43. DIDIER JR., Fredie. Da exceção: o direito de defesa e as defesas. In: *Estudos de direito processual civil*: homenagem ao Professor Egas Dirceu Moniz de Aragão. Luiz Guilherme Marinoni (org.). São Paulo: RT, 2005. p. 577-578.

44. GOMES, Luiz Flávio. *Direito processual penal*. São Paulo: RT, 2005. p. 156.

(2) **Quanto ao aspecto impugnado da demanda** (natureza ou essência da exceção):

(a) **Processuais** ou **preliminares**: são as que representam óbice que se pode opor ao conhecimento do mérito da ação. No direito processual penal, as exceções processuais são reconhecíveis de ofício, ou seja, independentemente de provocação, pelo magistrado. Por tal motivo, a doutrina critica o uso do nome "exceção" (indicativo de "defesa"), em face de se mais apropriado o vocábulo "objeção"[45]. As exceções processuais são óbices à admissibilidade da ação e, no CPP, estão elencadas no art. 95 (suspeição, incompetência, litispendência, coisa julgada e ilegitimidade de parte) e no art. 112 (acrescendo impedimento e incompatibilidade).

(b) **Material** ou **substancial**: são as que impugnam o mérito da demanda penal, visando à rejeição da pretensão do autor com a consequência de impedir a rediscussão da demanda (coisa julgada material). Podem se apresentar como:

(b.1) Exceção ou defesa direta de mérito: visam evidenciar que a pretensão deduzida em juízo pelo autor da demanda é improcedente, refutando, na ação penal condenatória, a própria imputação de fato típico, antijurídico e culpável, desaguando na improcedência propriamente dita do pedido. Quando se alega legítima defesa, quando se contesta a prova para dizer que o fato não existiu, a parte demandada está apresentando defesa direta de mérito. A exceção ou defesa direta fere o mérito propriamente dito, eis que, uma vez acolhida, representa óbice à repropositura da demanda, tal como se dá com o acolhimento de causa excludente de ilicitude.

(b.2) Exceção ou defesa indireta de mérito ou preliminar de mérito: são as defesas que aduzem fatos extintivos, modificativos ou impeditivos do titular da pretensão punitiva estatal. A prescrição é denominada de prefacial de mérito (impropriamente preliminar). A prescrição é fato extintivo do direito do autor e a sentença extintiva de punibilidade em razão do reconhecimento da prescrição não é absolutória, mas fecha as portas para uma rediscussão dos fatos (coisa julgada material). A *abolitio criminis* é fato extintivo do direito do autor. Fato modificativo do direito do autor é a ***lex mitior***, que reduz a pena, por exemplo. A exceção ou defesa indireta afeta os aspectos processuais da demanda que são requisitos indispensáveis ao exame do seu mérito, a exemplo das questões que envolvem pressupostos processuais e condições da ação. Pode dilatar o processo (sendo, por esse prisma, uma subespécie da exceção dilatória: acolhimento de exceção de incompetência) ou pode por fim ao processo (sendo, sob tal ângulo, espécie de exceção peremptória: acolhimento de coisa julgada). Porém, note-se, não enfrentam o mérito, somente o tangenciando.

(3) **Quanto à sua forma de processamento ou de autuação**:

(a) **interna**: quando apresentada nos mesmos autos da demanda condenatória, sem formação de autos apartados. As exceções podem ser apresentadas como matéria preliminar da resposta à acusação (art. 396-A, CPP). Em regra, quando não há necessidade de dilação probatória, o juiz resolve as exceções nos autos do processo principal, sem necessidade de constituição de volume apenso em separado.

45. TOURINHO FILHO, Fernando da Costa. *Processo penal*: 2. 19. ed. São Paulo: Saraiva, 1997. p. 554.

(b) **instrumental**: o CPP determina, em seu art. 111, que as exceções devem ser autuadas em apartado. O legislador assim dispôs em virtude de considerar a possibilidade de discordância do juiz ou de ser preciso produzir prova antes de decidir o incidente. Com efeito, seria contraproducente se produzir prova sobre a exceção, nos mesmos autos onde se discute o mérito da ação penal condenatória, alargando demasiadamente o objeto da demanda e quebrando a sequência natural dos atos processuais. Para evitar tal inconveniente, deve o juiz, ao receber a petição de exceção que não possa ser resolvida de plano, determinar que seja autuada em separado e formado um caderno processual apenso. Tal solução decorre de que as matérias opostas através de exceção são também reconhecíveis de ofício no processo penal (suspeição, incompetência do juízo, ilegitimidade de parte, litispendência e coisa julgada, a teor do art. 95, CPP) ou sem a necessidade de petição específica. O acusado pode, por exemplo, suscitar quaisquer dessas questões em preliminar de sua resposta à acusação (art. 396-A, CPP). Caso seja necessária produção probatória ou dilatação do procedimento com quaisquer das matérias do art. 95, do CPP, será preciso que o incidente seja autuado separadamente do processo penal principal.

3.2. As espécies de exceções e seus processamentos

3.2.1. *Exceção de suspeição*

O art. 95, I, do CPP, faz menção à possibilidade de oposição de exceção de suspeição.

As hipóteses de suspeição do juiz (e também as de impedimento e de incompatibilidade) referem-se a fatos e circunstâncias, subjetivos ou objetivos, que, de alguma forma, podem prejudicar a necessária imparcialidade do julgador no exame do caso concreto. Verificada a situação que coloca em risco a isenção do julgador, seu afastamento se impõe[46].

O alijamento do magistrado parcial é exigência que decorre do princípio do juiz natural, com todos os cuidados para a sua eficácia. Pouco adiantaria que a Constituição estipulasse que toda pessoa tem direito a ser julgado por autoridade judiciária competente, se não existissem outras regras para garantir a imparcialidade do magistrado.

Acerca dessas causas de afastamento do magistrado do processo por ausência de imparcialidade, duas importantes regras devem ser observadas:

(1) a suspeição (impedimento ou incompatibilidade) decorrente de parentesco por afinidade cessará pela dissolução do casamento que lhe tiver dado causa, salvo se existentes descendentes;

(2) ainda que dissolvido o casamento sem descendentes, o impedimento do juiz persiste em relação ao sogro, ao padrasto, ao cunhado, ao genro ou ao enteado de quem for parte no processo;

(3) a suspeição não poderá ser declarada nem reconhecida, quando a parte injuriar o juiz ou de propósito der motivo para criá-la (art. 256, CPP). Cuida-se de decorrência do princípio da vedação do comportamento contraditório (a ninguém é dado tomar proveito da própria torpeza ou *nemo potest venire contra factum proprium*).

46. OLIVEIRA, Eugênio Pacelli. *Curso de processo penal*. 18. ed. São Paulo: Atlas, 2014. p. 299.

(a) **Exceptos**

A pessoa em face de quem se alega uma exceção é denominada de excepto. Podem ser exceptos: os magistrados (art. 98, CPP); os membros do MP (art. 104, CPP); os peritos, intérpretes, funcionários da justiça e serventuários (art. 105) e os jurados (artigos 448 e 449, CPP).

A autoridade policial nunca assume a condição de excepto, nos termos do art. 107 do CPP. Cabe ao delegado, entendendo-se suspeito ou impedido, declarar-se *ex officio*. Nada impede, por analogia ao art. 5º, § 2º, CPP, a apresentação de recurso administrativo ao Chefe de Polícia.

(b) **Arguição**

Pode ser reconhecida *ex officio* (art. 97, CPP), ou arguida pelas partes através da competente exceção (art. 98, CPP), podendo ainda ser apresentada por procurador com poderes especiais. A exceção de suspeição deve preceder às demais, salvo se o motivo for superveniente (art. 96, CPP).

Há controvérsias sobre se o assistente do Ministério Público pode arguir a exceção (como excipiente), especialmente diante do limite estreito do art. 271, do CPP. Entendemos que a melhor posição, na tendência de serem ampliados os poderes do assistente, é no sentido de conferir-lhe legitimidade para tanto (para ajuizar exceção de suspeição).

Tal ilação decorre do interesse que tem o assistente em manter o processo incólume contra nulidades de quaisquer espécies, mormente aquela que surge da condução do processo por magistrado suspeito (nulidade absoluta, segundo a doutrina majoritária).

Por outro lado, o assistente do Ministério Público, evidentemente, não pode figurar como excepto, nos autos da exceção de suspeição. Afinal de contas, ele é naturalmente parcial, objetiva e subjetivamente, no exercício de sua função dc parte litisconsorcial *coadjuvandum* (art. 268, CPP). Nada impede, porém, que atue como assistente simples nos autos da exceção de suspeição contra membro do Ministério Público[47].

(c) **Petição**

A petição, quando for o caso, deve ser fundamentada, assinada pela própria parte ou por procurador com poderes especiais. Sendo imprescindível, deve vir acompanhada de prova documental e do rol de testemunhas (art. 98, CPP). Quem alega a exceção é o excipiente, ao passo que a pessoa contra quem se alega, como averbado antes, é denominado de excepto.

A forma é escrita, não havendo previsão legal de oposição da exceção em tela oralmente. Inconcebível seria, de fato, a arguição oral da suspeição do juiz em audiência, máxime para evitar proximidade dessa conduta processual com o tipo penal de desacato. Basta imaginar a suspeição averbada oralmente pela prova alegando motivo desarrazoado para pretender afastar o magistrado. Para evitar transtornos como esse, a suspeição deve ser formulada por escrito, não sendo admitida oralmente, nem que por termo nos autos.

47. STJ – Quarta Turma – RESP 200602552213 – Rel. Min. Raul Araújo – DJE DATA:04/08/2014.

Trata-se da única das exceções que deve, obrigatoriamente, ser interposta por petição, salvo no rito do Júri, que admite a forma oral, a teor do art. 470, do CPP. As demais exceções serão interpostas oralmente ou por escrito. É que, de acordo com o art. 108, CPP, a exceção de incompetência será interposta por escrito ou verbalmente e, consoante o art. 110 do mesmo Código, o disposto sobre a exceção de incompetência há de ser observado, no que for aplicável, às exceções de litispendência, ilegitimidade de parte e coisa julgada. Entretanto, é exato que o juiz pode reconhecer de ofício a suspeição (também o impedimento e a incompatibilidade), arrefecendo tais formalidades legais.

(d) **Procedimento.**

O procedimento da exceção de suspeição do juiz também se aplica às hipóteses de impedimento e de incompatibilidade.

A exceção pode ser apresentada durante o curso do processo, caso surjam motivos autorizadores, bem como juntamente com a inicial acusatória, se o fato já for conhecido pelo titular da ação. A defesa, por sua vez, deverá fazê-lo quando da resposta à acusação (art. 396-A, CPP). É, ademais, possível a exceção de suspeição aventada mesmo antes do oferecimento da petição inicial, vale dizer, no curso da investigação preliminar, levando em consideração que o juiz pode ser instado a deliberar sobre providências cautelares quando ainda em curso o inquérito policial.

Apresentada a exceção, o juiz singular, reconhecendo-se suspeito (de ofício, independentemente de provocação), suspende a marcha processual e remete os autos ao seu substituto legal, intimando as partes da sua decisão (art. 99, CPP). Caso não aceite a alegação de suspeição, ordena que seja autuada a petição em apartado, oferece sua resposta no lapso de três dias, podendo instruí-la e oferecer testemunhas[48]. Escoado aquele prazo, o magistrado determina a remessa dos autos da exceção, dentro de vinte e quatro horas, ao tribunal a que competir o julgamento.

Note-se que a exceção de suspeição (como também a de impedimento e a de incompatibilidade) apresentada contra o juiz é julgada pelo tribunal competente, salvo quando ele próprio averba a suspeição. As demais exceções são apreciadas pelo próprio magistrado de primeiro grau (exceções de suspeição de outros sujeitos processuais, de incompetência, de coisa julgada, de litispendência e de ilegitimidade).

Nos tribunais (incluído o Supremo Tribunal Federal), o rito é o estabelecido no art. 103, CPP. Com efeito, quando arguida a exceção pela parte, e sendo ela resistida pelo magistrado, o rito, no que for aplicável, é o mesmo estabelecido para o juízo singular. Reconhecendo a exceção, o magistrado que se julgar suspeito deverá declará-lo nos autos.

Outrossim, sendo o presidente do tribunal a se dar por suspeito, competirá ao seu substituto designar dia para o julgamento e presidi-lo. Quando se cuidar do revisor, este

48. O momento para acostar rol de testemunhas deve ser entendido como preclusivo, ou seja, não deve ser admitida sua complementação posteriormente, a fim de não outorgar maiores chances processuais a uma parte em detrimento da outra, ressalvados os casos de aditamento previstos em lei (art. 384, CPP). O STJ, todavia, admitiu que o Ministério Público pudesse sanar a falta de apresentação de rol de testemunhas, mormente antes de formada a relação processual, aduzindo a inexistência de prejuízo à defesa (STJ – Quinta Turma – RHC 201301244282 – Rel. Min. Reynaldo Soares da Fonseca – DJ: 23/02/2016).

deverá passar o feito ao seu substituto na ordem da precedência. De outro lado, caso seja o relator, deve apresentar os autos em mesa para nova distribuição. Não sendo revisor ou relator, o juiz que se reconhecer suspeito deverá fazê-lo verbalmente, na sessão de julgamento, registrando-se na ata a declaração do magistrado.

Sendo excepto o órgão do Ministério Público, o juiz decidirá depois de ouvi-lo. Se necessário admitirá a produção de provas no prazo de três dias.

Acolhendo a exceção contra o órgão do Ministério Público, o juiz encaminhará os autos ao substituto legal indicado pela legislação de regência da atuação da instituição. A decisão do juiz que reconhece a suspeição do *Parquet* não comporta recurso, sendo admissível mandado de segurança.[49]

Entretanto, certa corrente doutrinária suscita ser inconstitucional o alijamento do membro do Ministério Público por decisão do juiz, em exceção de suspeição, aduzindo não ter sido o art. 104, do CPP, recepcionado, face sua inconciliabilidade com o sistema acusatório. Essa posição, a qual nos filiamos, vem ganhando mais espaço, conquanto ainda minoritária.

Elmir Duclerc, nesse diapasão, argumenta não ser correto que o juiz decida pelo afastamento do promotor. Isso porque a exigência de imparcialidade subjetiva[50] do membro ministerial na condução da ação penal pública é dotada de caráter público e decorre do princípio da obrigatoriedade, que deve, afinal, ser controlada pelo próprio Ministério Público. Para o autor, a solução para a questão que envolve a suspeição do promotor público é a de aplicar, por analogia, o art. 28, do CPP, a fim de que a própria instituição delibere a respeito[51].

Também Antônio Alberto Machado apoia esse entendimento ao asseverar que essa norma que autoriza o afastamento do promotor pelo juiz da causa fere o sistema acusatório. Não é facultado ao juiz, sob esse prisma, o poder de definir, num caso concreto, se o órgão do Ministério Público pode ou não exercer a acusação, porquanto o princípio acusatório tem como pressuposto a existência de um magistrado alheio às atividades próprias da acusação[52].

Incidindo a suspeição sobre os peritos, os intérpretes e os serventuários ou funcionários de justiça, o juiz decidirá de plano, à vista da matéria alegada e prova imediata. Por seu turno, a suspeição dos jurados deverá ser arguida oralmente perante o presidente do Tribunal do Júri. Se negada pelo excepto, deverá ser imediatamente comprovada, sob pena de ser recusada a alegação de suspeição.

49. STJ – Quinta Turma – ROMS 200500700281 – Rel. Min. José Arnaldo da Fonseca – DJ: 05/12/2005.

50. A noção de **parte imparcial** atribuída ao Ministério Público por prestigiada doutrina é equívoca. A parte (em seu sentido **objetivo**), naturalmente, está em um dos lados da relação processual e não no centro (daí que, sob essa perspectiva, o Parquet é parcial quando promove uma ação na condição de autor). No vértice superior da relação angular processual está o juiz. Isso explica porque o Ministério Público tem dois tipos de atuação: uma como parte, outra como *custos legis* (fiscal da lei). Quando fiscal da lei, o *Parquet* é imparcial (objetivamente e subjetivamente). Quando parte, o Ministério Público é parcial (objetivamente) e deve ser imparcial (subjetivamente). Imparcial, no sentido subjetivo, é o membro não se enquadrar nos casos de impedimento, suspeição e incompatibilidade descritas nos artigos 252 a 254, do CPP.

51. DUCLERC, Elmir. *Direito processual penal*. Rio de Janeiro: Lumen Juris, 2008. p. 437.

52. MACHADO, Antônio Alberto. *Curso de processo penal*. 6. ed. São Paulo: Atlas, 2014. p. 408.

Vale ainda ressaltar que não existe procedimento para arguir exceção em face da autoridade policial, não se encaixando ela na figura relativa ao excepto. Contudo, o CPP, em seu art. 107, CPP, preconiza o dever da autoridade policial de, em sendo o caso, declarar-se suspeita, quando presente algum motivo legal. Por analogia, entendemos que se o delegado não se afastar, pode o indiciado recorrer administrativamente ao chefe de Polícia, objetivando retirá-lo do caso (art. 5, § 2º, CPP).

(e) **Recursos**

Inexiste recurso apropriado para combater o reconhecimento da suspeição, relevando notar que o art. 581, inciso III, CPP, estabelece que contra a decisão que julgar procedente as exceções caberá recurso em sentido estrito, ressalvando a de suspeição, visto que esta, quando dirigida contra juiz singular e não reconhecida por ele, é julgada pelo tribunal ao qual está vinculado o juiz e não comporta, por tal razão, recurso em sentido estrito. Não obstante, é plausível sustentar que a parte prejudicada pela decisão a seu respeito possa impetrar *habeas corpus* ou mandado de segurança, consoante esteja em jogo, respectivamente, a liberdade de locomoção do acusado ou direito líquido e certo diverso do direito de ir e vir. Neste cotejo, sendo julgada procedente a suspeição contra membro do MP, entendemos cabível o ingresso com mandado de segurança.

De toda forma, a aplicação da Constituição do Brasil no tocante às disposições dos recursos especial (ao STJ) e extraordinário (ao STF), autoriza o entendimento favorável a admissão deles, desde que estejam presentes os requisitos específicos para serem conhecidos. Nesse sentido, o STF decidiu que "a inexistência de recurso ordinário no art. 104, do CPP ('Se for arguida a suspeição do órgão do Ministério Público, o juiz, depois de ouvi-lo, decidirá, sem recurso, podendo antes admitir a produção de provas no prazo de três dias') não afasta o cabimento, em tese, de recurso extraordinário para o STF"[53].

(f) **Efeitos**

O propósito da exceção de suspeição é afastar do processo aquele sobre quem, reconhecidamente, paira a suspeição.

Sendo arguida em face de magistrado e uma vez reconhecida, a exceção de suspeição gera o seu afastamento e remessa dos autos ao substituto legal, além de serem declarados nulos os atos do processo a partir do motivo causador da suspeição. A nulidade é integral, de todo o processo, não se aproveitando atos decisórios e também instrutórios, conforme entendimento dominante dessumido do art. 101, do CPP. O mesmo se diga caso jurado suspeito participe do Conselho de Sentença no procedimento do júri. Em caso de erro inescusável (indesculpável), deve o juiz pagar as custas do processo (art. 101 c/c art. 564, I, CPP). Se a arguição foi feita de má-fé, deveria ser imprimida multa ao excipiente, contudo, como a lei não sofreu atualização monetária, esta é inexequível.

Se o substituto legal entender que o colega reconheceu de ofício a suspeição sem amparo legal, atuando de má-fé para livrar-se do processo, poderá arguir conflito negativo de competência, a ser dirimido perante o tribunal.

53. STF – RCL 631 – Rel. Min. Octavio Gallotti – j. 3/4/1997 – Informativo-STF nº 65 de 31/3/1997 a 4/4/1997.

A exceção de suspeição, como regra, não suspende o andamento da marcha processual. Entretanto, caso as duas partes que litigam no processo entendam que o magistrado é suspeito, pode o tribunal suspender o curso do processo aguardando-se o julgamento da suspeição, até para que não sejam praticados atos que possivelmente serão anulados (art. 102, CPP). Da mesma forma, quando o magistrado reconhece de ofício a suspeição, ele suspende imediatamente o processo, remetendo os autos ao seu substituto.

3.2.2. *Exceção de incompetência*

A competência é a porção da jurisdição. Faltando-lhe, caberá a apresentação da exceção de incompetência. É conhecida como ***declinatoria fori.***

A exceção de incompetência, no direito processual penal, pode fustigar tanto a incompetência relativa, como a incompetência absoluta.

Enquanto no direito processual civil a exceção de incompetência se dirige somente à incompetência territorial (relativa), a exceção de incompetência, prevista no Código de Processo Penal, é genérica, podendo ser relativa a toda espécie (absoluta ou relativa). De outro lado, o juiz criminal pode reconhecer de ofício (independentemente de provocação) não só a competência absoluta, mas também a de índole relativa.

De mais a mais, o próprio CPP se vale da expressão "exceção de incompetência do juízo", em sentido genérico, tornando tênue a disciplina em razão de ser essa relativa ou absoluta, possuindo o magistrado o poder de estabelecer os contornos de sua própria competência (princípio da ***Kompetenz-Kompetenz***, originário da processualística germânica, e que significa que todo juiz, todo magistrado é, a um só tempo, também juiz de sua própria competência, pelo que lhe é assegurado examinar os contornos do exercício de sua jurisdição no caso concreto, averiguando eventual incompetência para prestá-la, independentemente de arguição das partes).

(a) **Arguição**

A competência penal é questão de ordem pública, pelo que deve ser reconhecida de ofício, inclusive a chamada incompetência relativa (territorial). Não sendo averbada ***ex officio*** pelo magistrado, caberá a exceção, oposta verbalmente ou por escrito, no prazo de defesa (art. 108, CPP). Tratando-se de incompetência relativa, não sendo esta arguida no prazo da defesa preliminar (art. 396, CPP), ocorre a preclusão. Da mesma forma, tratando-se da competência territorial, superada a fase do julgamento antecipado do mérito, não poderá ser declinada de ofício. Nos casos de incompetência absoluta, a alegação e o reconhecimento podem se dar a qualquer momento.

Não obstante a divergência, parcela considerável da doutrina defende que a parte autora pode alegar a exceção de incompetência (nesse sentido: Noronha[54], Tourinho[55], Mirabete[56]). A controvérsia decorre da interpretação literal do art. 108, do CPP, que estatui que a exceção de incompetência deve ser oposta, verbalmente ou por escrito, no prazo da

54. NORONHA, E. Magalhães. *Curso de direito processual penal*. 28. ed. São Paulo: Saraiva, 2002. p. 83.
55. TOURINHO NETO, Fernando da Costa. *Código de processo penal comentado*. 5. ed. São Paulo: Saraiva, 1999. v.1.p. 108.
56. MIRABETE, Julio Fabbrini. *Código de processo penal interpretado*. 11. ed. São Paulo: Atlas, 2006. p. 215.

defesa. Alinhados com a doutrina majoritária, entendemos possível a arguição pelo Ministério Público ou querelante, mesmo antes da propositura da ação penal. Afinal, é cediço que, não raras vezes, há tramitação do inquérito policial junto à Justiça, seja em razão da função anômala do Judiciário de controle de prazos, seja em virtude do juiz atuar como garantidor de direitos fundamentais na fase de investigação preliminar, apreciando medidas cautelares de diversas naturezas.

Na senda da ampliação dos poderes do assistente do Ministério Público, pensamos que também ele tem legitimidade para opor a exceção de incompetência, até porque também ele tem legitimidade expressa para requerer o desaforamento do julgamento pelo júri, a teor do art. 427, do CPP.

Havendo discordância do juiz em relação ao pedido do Ministério Público formulado na exceção de incompetência ou em pedido de reconhecimento de incompetência, teremos o caso do que a doutrina convencionou chamar de requerimento de arquivamento indireto.

Desse modo, como o juiz não pode obrigar o Ministério Público, que avivou não possuir atribuição para oferecer a denúncia, em face de entender que também aquele juízo é incompetente para processar e julgar a causa, cabe a ele magistrado aplicar, por analogia, o art. 28, do CPP, remetendo os autos ao Procurador-Geral de Justiça ou ao órgão do Ministério Público responsável por resolver a matéria (Câmaras de Coordenação e Revisão, no âmbito dos órgãos do Ministério Público da União).

Também pode entender pela ausência de competência o juiz que recebe os autos do processo, após a procedência da exceção de incompetência, sendo cabível, no caso, a instauração de conflito de competência a ser apreciado pelo tribunal ***ad quem***.

(b) **Procedimento**

A exceção de incompetência, que não suspende o curso do processo, deve ser oposta junto ao juiz da causa. A forma de interposição pode ser por petição escrita ou oralmente, registrada por termo. A regra é que ela seja autuada em apartado, pouco importando a natureza absoluta ou relativa do vício de competência alegado. No entanto, o juiz pode abreviar a resolução da questão e, de plano, reconhecer a sua incompetência, quando não haverá necessidade de dilação procedimental, nem tampouco de autuação em apartado.

Uma vez recebida, o magistrado ordenará a notificação do Ministério Público, prolatando decisão em seguida, ouvindo antes a parte contrária, se esta não for o ***Parquet***, como sucede nos crimes de ação privada.

(c) **Recurso**

Não cabe recurso da decisão que julgar improcedente a exceção de incompetência, podendo ser ajuizado *habeas corpus* ou arguida a matéria em preliminar de futura apelação. Caso seja reconhecida a incompetência ou julgada procedente a exceção, cabível será a interposição de recurso em sentido estrito (art. 581, II e III, CPP).

(d) **Efeitos**

Julgada procedente a exceção, os autos são remetidos ao juízo competente, anulando-se os atos decisórios e aproveitando-se os instrutórios (art. 108, § 1º, c/c o art. 567, CPP).

Esta disposição, em que pese o silêncio da lei, tem aplicação apenas nos casos de nulidade relativa, pois, diante da incompetência absoluta, todos os atos devem ser reputados imprestáveis, devendo ser refeitos perante o juízo natural da causa.

Entrementes, tal posição está longe de ser pacificada, valendo registrar, a título de exemplo, que o STF entende que o recebimento da denúncia, apesar de ter carga decisória, não é propriamente ato decisório, pelo que pode ser ratificado no juízo competente[57].

O STF e o STJ[58], aliás, diferentemente do que sustentamos aqui, distinguem: (1) se o reconhecimento for de incompetência absoluta, nulos serão os atos decisórios, inclusive o "despacho" de recebimento da denúncia, mantendo-se válidos os instrutórios[59]; (2) se a incompetência reconhecida for de natureza relativa, o efeito se resume na remessa dos autos ao juízo competente, sem invalidação dos atos instrutórios e decisórios[60], que, a seu turno, deverão ser ratificados[61].

O recurso em sentido estrito manejado contra a decisão que reconhece a incompetência do juízo ou que julga procedente a exceção de incompetência não tem efeito suspensivo, como se infere dos artigos 581, II e III, e 584, *caput*, do CPP. Desse modo, uma vez declarada a incompetência, os autos são remetidos imediatamente ao juízo que se reputa competente.

Se houver indiciado ou acusado preso, deve deliberar sobre a prisão o juízo de destino. É o que se dá na hipótese de desclassificação do delito doloso contra a vida para outro diverso, com reconhecimento de incompetência do júri, conforme parágrafo único, do art. 419, do CPP, que reza que uma vez remetido o processo para outro juiz, à disposição deste ficará o acusado preso.

3.2.3. Exceção de litispendência

É a situação que ocorre quando duas ações estão em curso ao mesmo tempo, tratando da mesma causa de pedir e tendo a mesma parte ré. A litispendência é uma exceção peremptória, extinguindo o processo sem julgamento meritório (absolvição de instância) e o ponto fundamental a ser indagado para seu reconhecimento são os fatos atribuídos ao réu, pouco importando a qualificação jurídica que lhes foi dada.

Note-se que a litispendência do direito processual penal não se confunde com o mesmo instituto do direito processual civil. No âmbito do direito processual civil, fala-se em litispendência quando há identidade de partes, causa de pedir e pedido (§ 2º, do art. 337, CPC/2015). Na esfera do processo penal, basta a coincidência concernente à *causa petendi* (imputação) e à pessoa acusada. O enquadramento dado aos fatos narrados não tem lugar para o reconhecimento da litispendência em matéria penal. Também a identidade de quem figura no polo ativo não é relevante no direito processual penal.

57. STF – HC 72286-5/PR – DJU 16/2/1996. p. 2998.
58. STJ – Quinta Turma – HC 201201220244 – Rel. Min. Jorge Mussi – DJE: 26/03/2014.
59. STF – HC 70531 – Rel. Min. Celso de Mello.
60. STJ – Terceira Seção – CC 200500180624, Rel. Min. Maria Thereza De Assis Moura – DJ: 09/04/2007.
61. STJ – Quinta Turma – HC 201001717213 – Rel. Min. Jorge Mussi – DJE: 26/03/2013.

Desse modo, teremos demandas idênticas, para fins de reconhecimento de litispendência quando, ao lado do ajuizamento de ação penal privada subsidiária da pública pelo querelante que se deparou com omissão ministerial, venha após o Ministério Público oferecer denúncia sem que haja razão plausível para repudiar a queixa-crime subsidiária ou para retomar a titularidade da ação penal proposta em primeiro lugar.

Como se depreende, não há, a rigor, litispendência entre inquéritos ou entre inquéritos e processos que apurem o mesmo fato. Não cabe oposição de litispendência para fazer cessar constrangimento ilegal decorrente de dupla investigação preliminar, com objetos idênticos. Para sanar a ilegalidade, cabe ao prejudicado impetrar *habeas corpus*, visando trancar o inquérito instaurado em segundo lugar ou aquele que estiver tramitando perante órgão sem atribuição legal.

É de ver que existe controvérsia sobre o momento do reconhecimento da litispendência, considerando a propositura da segunda demanda tida por idêntica à primeira já em tramitação regular:

(1) a primeira corrente entende que, igualmente ao direito processual civil, a citação válida ocorrida no segundo processo criminal é que induz litispendência (art. 240, CPC/2015);

(2) a segunda posição sustenta que, no direito processual penal, a litispendência acontece a partir do momento em que há o despacho de recebimento da petição acusatória, independentemente de citação válida (posição doutrinária majoritária);

(3) a terceira vertente – a qual nos filiamos e já foi avivada pelo Pleno do STF em deliberação acerca de recebimento de denúncia contra deputado federal[62] – defende que já há litispendência em matéria penal com o simples manejo de petição inicial, vale dizer, basta o oferecimento de denúncia ou queixa com imputação idêntica a um mesmo réu, relativamente à demanda em curso para que seja possível o seu reconhecimento.

(a) **Arguição**

A exceção de litispendência pode ser arguida a qualquer tempo, inclusive declarada ***ex officio***, não havendo prazo para o seu reconhecimento, devendo ser afirmada no segundo processo. Na hipótese de ser instaurado apenas um novo inquérito policial, este deve ser trancado através de *habeas corpus*, por faltar-lhe justa causa.

(b) **Procedimento**

A exceção de litispendência, que não suspende o curso do processo, deve ser oposta junto ao juiz da causa e autuada em apartado. Uma vez interposta, o magistrado decide após a oitiva da parte contrária e do ***Parquet***.

(c) **Recursos**

A decisão que rejeita a exceção de litispendência é irrecorrível, admitindo-se a interposição de *habeas corpus*, no intuito de trancar o novo processo. É que não há previsão de recurso específico contra a decisão de rejeição da exceção que, por sua vez, tem o condão

62. STF – Pleno – Inq 3218 – Relator Min. Gilmar Mendes – julgado em 21/03/2013 – DJe-192 Divulg 30/09/2013 – Public 01-10-2013.

de determinar o prosseguimento do processo, podendo significar constrangimento ilegal sanável pela via do *writ*.

De outra banda, do reconhecimento da exceção de litispendência arguida pela parte, cabe recurso em sentido estrito, eis que está arrolada de maneira expressa no rol taxativo do art. 581, CPP, especialmente em seu inciso III, que averba o seu cabimento contra decisões que julgarem procedentes as exceções, salvo a de suspeição.

Já se for afirmada de ofício a litispendência, é dizer, sem a oposição de exceção por quaisquer das partes, em decisão que extinga o processo sem julgamento de mérito, o recurso cabível para guerreá-la é a apelação (art. 593, II, CPP). Isso porque se trata de decisão com força de definitiva, sem previsão no rol do art. 581 e que, por previsão legal expressa para casos subsidiários de resolução definitiva da demanda, é apelável.

3.2.4. Exceção de ilegitimidade de parte

Ordinariamente, máxime sob a ótica do direito processual civil, parte legítima é o detentor da relação jurídica de direito material. Portanto, via de regra, somente quem é titular de um direito poderá estar em juízo para defendê-lo, quer no polo ativo, quer no polo passivo. Sob esse prisma, a legitimidade ativa para a propositura da ação penal seria extraordinária, pois o titular do direito de punir não é o Ministério Público, e, portanto, não há a coincidência entre o legitimado e o titular da situação jurídica litigiosa, própria da legitimação ordinária[63].

Todavia, sob a perspectiva do direito processual penal, o legitimado ordinário – no sentido de se ter o órgão indicado por lei para promover a ação penal pública (franca maioria das hipóteses) – é o Ministério Público, enquanto o legitimado extraordinário é o ofendido, segundo as hipóteses de ação penal de iniciativa privada. Isso porque se o direito de punir não é do Ministério Público, enquanto órgão estatal, muito menos o é do particular que figurou como sujeito passivo da relação jurídica material penal, isto é, da infração penal.

Indica Tourinho Filho: "como o Estado, embora sendo a verdadeira parte, o verdadeiro interessado, não pode intervir diretamente no processo, como parte, em virtude da sua qualidade de pessoa jurídica, instituiu-se um órgão encarregado de exercer aquela função pública: o Ministério Público"[64].

A inobservância de tal requisito leva à ilegitimidade de parte, que abrange a ilegitimidade ***ad causam*** (condição da ação) e a ilegitimidade ***ad processum*** (pressuposto processual).

(a) **Procedimento**.

Pode ser arguida a qualquer tempo, verbalmente ou por escrito. Caso a exceção de ilegitimidade seja suscitada oralmente, deve ser reduzida a termo. De todo modo, o incidente é autuado em apartado e o juiz decide após a oitiva da parte contrária e do Ministério Público (art. 110, CPP).

63. MARQUES, José Frederico. *Elementos de direito processual penal*. 2.ed. Campinas: Millennium, 2003. p. 373.
64. TOURINHO FILHO, Fernando da Costa. *Processo penal*. 25.ed. São Paulo: Saraiva, 2003. p. 320.

(b) **Efeitos do reconhecimento**

Em se tratando de ***ilegitimatio ad causam***, anula-se todo o processo, eis que falece a alguém a autorização legal para ser parte na relação jurídica que se estabeleceu. Na ***ilegitimatio ad processum***, que diz respeito aos pressupostos de constituição e desenvolvimento regular do processo, a nulidade pode ser sanada, mediante ratificação dos atos já praticados (art. 568, CPP).

(c) **Recursos**

Da decisão que reconhece a exceção de ilegitimidade provocada pela parte, cabe recurso em sentido estrito (art. 581, III, CPP). Porém, se o juiz reconhece de ofício a ilegitimidade da parte, não há específico recurso para combater a decisão, mercê da falta de previsão específica.

Contudo, há posição doutrinária em sentido contrário, sendo Tourinho Filho[65] partidário do cabimento de recurso em sentido estrito com base no inciso I, do art. 581, do CPP, pois equivaleria a um não recebimento da denúncia ou queixa ***a posteriori***. Por derradeiro, anote-se que, do não reconhecimento da ilegitimidade, não cabe recurso algum, podendo-se utilizar o *habeas corpus* como sucedâneo recursal ou mesmo fazer consignar alegação da matéria em preliminar de apelação.

3.2.5. Exceção de coisa julgada (exceptio rei judicatae)

Denomina-se coisa julgada a matéria já decidida definitivamente por sentença transitada em julgado e que se tornou definitiva e imutável. Seu fundamento é encontrado, especialmente, no princípio do ***ne bis in idem***.

Coisa julgada é a qualidade de imodificabilidade que reveste o aresto que corporifica um julgamento em razão de não ter sido interpostos recursos. A preclusão temporal que decorre da não insurgência contra uma sentença ou um acórdão produz o efeito de coisa julgada.

A coisa julgada se forma quando há julgamento. O julgamento é identificado em razão da existência de uma declaração que põe fim ao litígio. Forma-se a coisa julgada, em especial, sobre a parte do julgado que declara o direito, vale dizer, a coisa julgada recai sobre o dispositivo ou conclusão do julgamento.

A atividade de decidir difere daquela de julgar. Sobre a decisão opera-se a preclusão diante da ausência de impugnação. Sobre o julgamento, constitui-se a coisa julgada. Logo, para precisar os limites objetivos da coisa julgada, devemos distinguir dois elementos do julgamento, materializado na sentença de mérito:

(1) o elemento lógico (a fundamentação racional, exigência que decorre do preconizado pelo art. 93, IX, da Constituição do Brasil); e

(2) o elemento volitivo (a parte conclusiva, núcleo do "*jus dicere*", onde há o acertamento do conflito pela atividade declarativa do Estado-Juiz, com cunho de autoritatividade).

65. TOURINHO FILHO, Fernando da Costa. *Código de processo penal comentado*. 5. ed. São Paulo: Saraiva, 1999. v. 1. p. 287.

Hélio Tornaghi, nessa senda, explica que todos os fundamentos que dão amparo à decisão perdem a importância depois que esta é proferida. O que mais tem relevo é o ato de autoridade. Os argumentos do julgado – o raciocínio do juiz – é meramente instrumental. Daí que o acento deve incidir sobre a vontade do Estado, pelo que a coisa julgada deve aludir a ela e não ao aspecto lógico, racional (inerente à fundamentação), do processo[66].

(a) **Função e espécies**

A coisa julgada é não só uma exigência jurídica, mas também política, diante da necessidade de se conferir eficácia ao princípio da segurança jurídica. Trata-se de uma conveniência, de uma opção escolhida pelo legislador, ao sopesar custos e benefícios. Tal qual a exceção de litispendência, a exceção de coisa julgada visa evitar uma dupla persecução penal em juízo relativamente ao mesmo fato delituoso e ao mesmo acusado, lastreando-se no princípio *ne bis in idem*.

A doutrina costuma dizer que o objetivo da coisa julgada é a pacificação social, através da estabilidade das relações jurídicas[67]. Pode ser coisa julgada formal (imutabilidade dentro do mesmo processo) e coisa julgada material (inalterabilidade que transcende o processo).

A coisa julgada é formal quando ocorre naqueles processos encerrados sem decisão de mérito. Em tais situações, a decisão pelo encerramento torna-se imutável, mas nada obsta que a demanda seja novamente instaurada e decidida noutro processo. Isso porque o efeito da coisa julgada formal só ocorre dentro do processo e só impede que se reabra a discussão da decisão naquele mesmo feito. Todavia, como não houve decisão de mérito, tais efeitos não transbordam para além dos limites do processo encerrado, logo, nada impede que o fato não apreciado possa ser reavaliado em nova demanda.

Por ficar restrita ao processo, sem produção de efeitos para fora ("exo"), diz-se que a coisa julgada formal é uma forma de preclusão – preclusão máxima – ou ainda um fenômeno endoprocessual (que só produz efeitos no interior do processo).

Na coisa julgada material, que sempre contém a formal, além de encerrar-se o processo, decide-se sobre o mérito. A matéria decidida definitivamente por sentença transitada em julgado torna-se imutável, ficando impedida a sua apreciação em nova relação processual.

A coisa julgada material, por repercutir seus efeitos para fora, é fenômeno exoprocessual, além de naturalmente também ser endoprocessual, eis que não cabe modificação tanto através de outro processo, quanto na mesma relação processual.

No direito processual penal, podemos classificar a coisa julgada material da seguinte forma:

(1) coisa julgada material absoluta ou coisa julgada material soberana ou, simplesmente, coisa soberanamente julgada: são as sentenças definitivas que não comportam revisão criminal, isto é, as que não admitem rescisão do julgado, em razão do nosso sistema rejeitar qualquer forma de revisão *pro societate*. São os casos das sentenças absolutórias próprias ou declaratórias de extinção de punibilidade;

66. TORNAGHI, Hélio. *Curso de processo penal*: volume 1. 8. ed. São Paulo: Saraiva, 1991. p. 174.
67. RANGEL, Paulo. *Direito processual penal*. 7. ed. Rio de Janeiro: Lumen Juris, 2003. p. 843.

(2) coisa julgada material relativa: são as sentenças definitivas que admitem rescisão através de ação de revisão criminal que, em matéria penal, não há prazo para ser proposta, sempre em *favor rei*. Nesse tipo estão as sentenças condenatórias e as sentenças absolutórias impróprias (aquelas que impõem medida de segurança ao inimputável).

(b) **Natureza jurídica**

Com Tourinho Filho, pode-se dizer que "há uma variedade imensa de teorias explicativas da natureza jurídica da coisa julgada", sendo uma delas "a da 'presunção da verdade'. Contudo, a mais aceita é a de Liebman, para quem a coisa julgada não constitui efeito da sentença, mas uma qualidade, um atributo, um modo de se manifestarem e se produzirem os efeitos", isto é, "algo que se acrescenta a tais efeitos para qualificá-los e reforçá-los em um sentido bem determinado". Assim, a coisa julgada é de ser vista como "a imutabilidade do comando emergente da sentença"[68].

(c) **Requisitos**

Para que se possa arguir a exceção da coisa julgada, que só pode ser oposta em face do fato principal da causa, mister se faz provar que existem, simultaneamente: uma ação anterior com decisão transitada em julgado; a discussão, em nova demanda, dos mesmos fatos já discutidos na demanda com sentença transitada em julgado, pouco importando a tipificação jurídica dada aos fatos; parte ré em lide nova, configurada na mesma pessoa que foi réu na demanda com decisão passada em julgado (art. 110, § 2º, CPP).

Em outros termos, são necessários dois requisitos básicos para que seja viável a apresentação da exceção de coisa julgada:

(1) a existência de coisa julgada material (sentença definitiva) que se forma sobre o fato principal julgado (sobre a coisa, a *res*), eis que a coisa julgada opera, de fato, *erga omnes*. Não é possível o acolhimento da exceção diante de coisa julgada meramente formal (sentença terminativa); e

(2) uma segunda demanda, com a repetição do caso penal (mesma "coisa", *eadem res*), isto é, uma ação penal condenatória com a mesma causa de pedir da primeira (*eadem causa petendi*) e movida contra o mesmo acusado (*eadem personae*), para assim ser verificada a identidade de demandas[69]. Aqui a coisa julgada opera, de direito, *inter partes*.

Tratando dos limites objetivos da coisa julgada firmados no § 2º, do art. 110, do CPP, Tornaghi aduz que a solução legal é correta ao dizer que "a exceção de coisa julgada poderá ser oposta em relação ao fato principal que tiver sido objeto da sentença". Isso em virtude de que apenas a *res principaliter deducta iudicata est*, ou seja, somente sobre a "coisa principal deduzida em juízo" é que se forma coisa julgada[70].

E, para tanto, não se impõe que tenha ocorrido controvérsia. De um lado, pode a coisa julgada não abranger todas as discussões ocorridas num processo e, de outro, podem ser objeto de julgamento pontos sobre os quais não tenha havido divergência.

68. TOURINHO FILHO, Fernando da Costa. *Manual de processo penal*. 5. ed. São Paulo: Saraiva, 2003. p. 703.
69. Nesse sentido: DEMERCIAN, Pedro Henrique; MALULY, Jorge Assaf. *Curso de processo penal*. 9. ed. Rio de Janeiro: Forense, 2014. p. 300.
70. TORNAGHI, Hélio. *Curso de processo penal*: volume 1. 8. ed. São Paulo: Saraiva, 1991. p. 180.

Daí que a exceção de coisa julgada deve ser oposta em relação ao fato principal narrado como causa de pedir na petição inicial e que tenha sido encampado pela parte dispositiva declarativa do julgado (elemento volitivo, autoritativo).

Não há possibilidade, como regra, de exceção de coisa julgada baseada na fundamentação do julgado (elemento lógico). Também sem cabimento a oposição da *exceptio* lastreada em questões prévias (preliminares ou prejudiciais) apreciadas incidentalmente pelo próprio juiz criminal.

(d) **Procedimento**

Uma vez arguida a exceção de coisa julgada, o juiz determina sua autuação em apartado. Seguem-se as oitivas da parte contrária e do MP. Ao final, o juiz prolata decisão (art. 110, CPP).

A coisa julgada pode ser reconhecida de ofício pelo juiz.

Como o instituto se refere a um pressuposto processual de validade, matéria de ordem pública que é, o magistrado tem o dever de averbá-la, quando com ela se depare, mesmo porque é seu dever prover a regularidade do processo (art. 251, CPP). É por conta dessa peculiaridade que alguns autores enxergam nas exceções processuais penais previstas no art. 95, CPP, verdadeiras objeções[71]. Isso porque, como estudamos acima no item 3.1 deste capítulo, o CPP adotou o termo exceção em sentido amplo.

(e) **Recursos**

Da decisão que julgar procedente a exceção de coisa julgada arguida pela parte, e que leva à extinção do processo sem julgamento de mérito (absolvição de instância), cabe recurso em sentido estrito (art. 581, III, CPP). Será adequado o seu manejo contra decisões que julgarem procedentes as exceções, salvo a de suspeição.

Se for reconhecida a exceção de ofício, o recurso cabível é a apelação (do art. 593, II, CPP), porquanto se cuida de decisão com força de definitiva, não constante do rol do art. 581 e que é impugnável pelo apelo quando diante de casos genéricos de resolução definitiva da demanda.

Não há recurso próprio para combater a decisão que não acolhe a exceção arguida. Pode-se utilizar, porém, o *habeas corpus* ou alegar a matéria em preliminar de apelação, com o fito de se obter o trancamento o novo processo. Como não existe previsão de recurso específico contra a decisão que rejeita a exceção, o remédio heroico tem lugar como sucedâneo recursal.

(f) **Efeitos**

A existência de coisa julgada material em matéria penal pode produzir os seguintes efeitos:

(1) encerramento da demanda proposta em segundo lugar, de ofício ou mediante apresentação de exceção;

71. TORNAGHI, Hélio. *Curso de processo penal*: volume 1. 8. ed. São Paulo: Saraiva, 1991. p. 177.

(2) caso não tenha sido oposta a exceção no tempo devido, sobrevindo uma segunda coisa julgada sobre o mesmo fato principal, deve prevalecer o julgamento que primeiro transitou em julgado, independentemente de ser o mais favorável ou não ao apenado. Como a ausência de coisa julgada é pressuposto de validade do processo, deve ser reconhecida a invalidade (nulidade) do segundo julgamento;

(3) a coisa julgada que reveste o fato julgado definitivamente pode ou não repercutir em fatos diversos que com aquele se relacionem ou em circunstâncias que façam parte do contexto da identidade nuclear do fato:

(3.a) concurso de pessoas: transitada em julgado a condenação por homicídio simples, do suposto autor material do crime (acusado de ter cometido homicídio qualificado mediante paga ou promessa de recompensa), tal coisa julgada material se estende ao suposto autor intelectual de um crime de homicídio qualificado pela promessa de recompensa (note-se que a regra seria que ambos fossem processados em conjunto);

(3.b) crime permanente: se a permanência do delito se protraiu para depois da condenação transitada em julgado, a exceção de coisa julgada não pode ser oposta como fundamento para encerrar uma segunda demanda pelo mesmo delito;

(3.c) crime habitual: a habitualidade é característica do tipo penal, contida no seu núcleo, no verbo da conduta incriminadora. Se, mesmo depois da condenação, o apenado prossegue no cometimento do crime, teremos a possibilidade de uma nova ação penal, sem ter lugar a exceção de coisa julgada;

(3.d) crime continuado: se após a condenação por condutas que constituam crime continuado, o agente for acusado de uma nova conduta que, se vista no contexto daquelas, também seria havida como continuação delitiva (art. 71, CP), a ficção jurídica não terá o condão de evitar um novo processo, nem tampouco será possível o acolhimento de exceção de coisa julgada. No entanto, é possível invocar a regra do crime continuado na fase de execução, para fins de unificação das penas;

(3.e) alteração dos elementos do tipo penal: conforme pondera Keity Saboya[72], modificações de capitulação legal, de elemento psicológico do acusado e da forma de participação (em sentido amplo) não autorizam a propositura de um segundo processo, face à identidade nuclear das acusações. Não é aceitável que um acusado responda por homicídio doloso em razão de um fato e, depois, responda novamente a título culposo pelo mesmo fato, eis que o núcleo central dos acontecimentos restou inalterado (resultado morte da vítima). No entanto, o STF[73] e o STJ[74] já afastaram exceções de coisa julgada em casos como o de acusado que foi absolvido, em um primeiro processo, da acusação de homicídio na condição de autor material e, em um segundo processo, foi novamente apontado como responsável pelo crime na qualidade de autor intelectual.

---

72. SABOYA, Keity Mara Ferreira de Souza e. *Ne bis in idem*: limites jurídico-constitucionais à persecução penal. 2006. 237 f. Dissertação (Mestrado), Universidade Federal do Rio Grande do Norte, Natal. p. 174-176.
73. STF – Primeira Turma – HC 82980 – Relator Min. Carlos Britto – julgado em 17/03/2009 – DJe-200 Divulg 22-10-2009 – Public 23-10-2009.
74. STJ – Quinta Turma – HC 16.242/RJ – Rel. Ministra LAURITA VAZ – julgado em 17/12/2007 – DJe 07/04/2008.

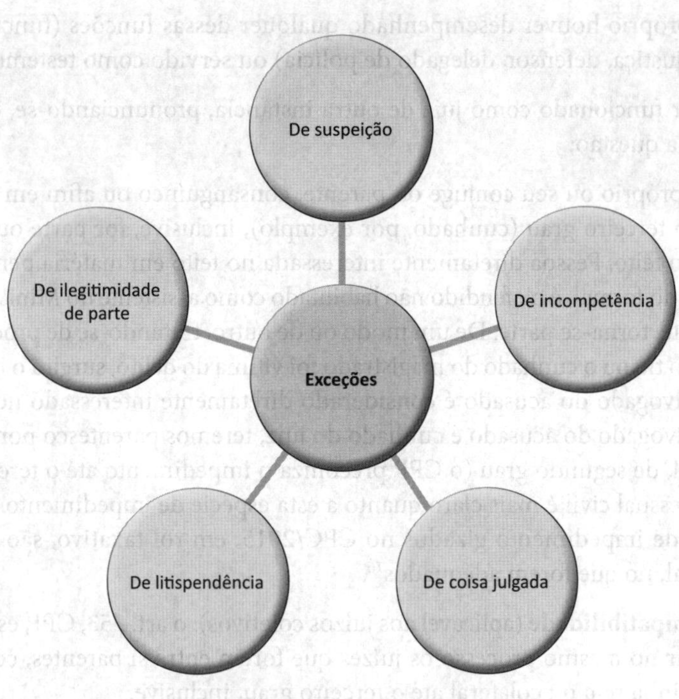

4. INCOMPATIBILIDADES, IMPEDIMENTO E SUSPEIÇÃO

Malgrado não haja previsão de exceção de impedimento ou de incompatibilidade no capítulo das exceções, não há controvérsia sobre sua existência, pois o Código de Processo Penal é bem específico quando elenca os casos em que o juiz está proibido de exercer jurisdição (impedimentos) e os que ele é considerado suspeito. Também há alusão às questões de incompatibilidade dos juízes de órgãos colegiados.

É necessário não misturar as noções de suspeição, incompatibilidades e impedimentos. Polastri distingue as hipóteses, asseverando que "enquanto a suspeição advém do vínculo ou relação do juiz com as partes do processo, o impedimento revela o interesse do juiz em relação ao objeto da demanda, e a incompatibilidade", geralmente, "encontra guarida nas Leis de Organização Judiciária, e suas causas estão amparadas em razões de conveniência"[75].

O Código de Processo Penal, de forma expressa, discerne os casos de:

(1) **Impedimento** (rol taxativo do art. 252, CPP, que veda o exercício da jurisdição, pelo que a doutrina majoritária reputa inexistentes os atos processuais praticados por juiz impedido), quando o juiz:

(I) tiver funcionado seu cônjuge ou parente, consanguíneo ou afim, em linha reta ou colateral até o terceiro grau, inclusive, como defensor ou advogado, órgão do Ministério Público, autoridade policial, auxiliar da justiça ou perito. Embora o Código não mencione, uma interpretação progressiva da lei deve admitir que o impedimento se estenda ao companheiro;

75. LIMA, Marcellus Polastri. *Curso de processo penal*. Rio de Janeiro: Lumen Juris, 2002. v.2. p. 21.

(II) ele próprio houver desempenhado qualquer dessas funções (funcionado como promotor de justiça, defensor, delegado de polícia) ou servido como testemunha;

(III) tiver funcionado como juiz de outra instância, pronunciando-se, de fato ou de direito, sobre a questão;

(IV) ele próprio ou seu cônjuge ou parente, consanguíneo ou afim em linha reta ou colateral até o terceiro grau (cunhado, por exemplo), inclusive, for parte ou diretamente interessado no feito. Pessoa diretamente interessada no feito em matéria penal, que não é parte em sentido formal, é o ofendido não habilitado como assistente do Ministério Público. Caso se habilite, torna-se parte. De um modo ou de outro, tratando-se de processo em que, por exemplo, o tio ou o cunhado do magistrado foi vítima do delito, surgirá o impedimento. Também o advogado do acusado é considerado diretamente interessado no feito. De tal modo, se o advogado do acusado é cunhado do juiz, teremos parentesco por afinidade na linha colateral, de segundo grau (o CPP preconiza o impedimento até o terceiro grau). O diploma processual civil é mais claro quanto a esta espécie de impedimento. Entendemos que os casos de impedimento gizados no CPC/2015, em rol taxativo, são aplicáveis ao processo penal, no que forem adequados[76].

(2) **Incompatibilidade** (aplicável aos juízos coletivos): o art. 253, CPP, estatui que não poderão servir no mesmo processo os juízes que forem entre si parentes, consanguíneos ou afins, em linha reta ou colateral até o terceiro grau, inclusive.

Com o intuito de obstar a atuação no processo do juiz, do membro do MP, dos servidores da justiça e dos peritos ou intérpretes, o art. 112 do CPP reza que quando sobre esses recair "incompatibilidade ou impedimento legal", impõe-se o dever de exarar declaração nos autos. Contudo, caso não se dê espontaneamente "a abstenção, a incompatibilidade ou impedimento poderá ser arguido pelas partes, seguindo-se o processo estabelecido para a exceção de suspeição".

Averbe-se, ainda, que o art. 112 do CPP é aplicável "também aos juízes e tribunais de instâncias superiores, ainda que tenham a designação de desembargadores ou ministros".

76. O art. 144, do CPC/2015, dita que haverá impedimento do juiz, sendo-lhe vedado exercer funções no processo, no que interessa ao processo penal: (1) quando nele estiver postulando, como defensor, advogado ou membro do Ministério Público, seu cônjuge ou companheiro, ou qualquer parente, consanguíneo ou afim, em linha reta ou colateral, até o terceiro grau, inclusive (também há impedimento relativamente ao parentesco do juiz com o "defensor" e com o alcance do "companheiro" – em regime diverso do casamento); (2) quando ele próprio ou seu cônjuge, companheiro ou parente, consanguíneo ou afim, em linha reta ou colateral, até o terceiro grau, inclusive, for parte no feito; (3) quando for órgão de direção ou de administração de pessoa jurídica parte na causa (pessoa jurídica pode ser parte ativa na ação penal e parte passiva quando se trata de crime ambiental. O novo enunciado tem a vantagem de espancar dúvida acerca desse impedimento quanto à pessoa jurídica da qual participe o sujeito processual envolvido); (4) quando alguma das partes for sua credora ou devedora, de seu cônjuge ou companheiro ou de parentes destes, em linha reta até o terceiro grau, inclusive (tal impedimento não se aplica às instituições financeiras que sejam parte da ação. Pensar o contrário seria tornar impedidos quase todos os juízes relativamente aos bancos que possuem conta corrente ou perante os quais recebam seus subsídios); e (5) herdeiro presuntivo, donatário ou empregador de alguma das partes. O inciso VIII, do art. 144, daquele Código, é expresso em destacar que o impedimento referente ao patrocínio da causa pelos parentes de até terceiro grau (consanguíneo ou afim) se verifica mesmo no caso de mandato conferido a membro de escritório de advocacia que tenha em seus quadros advogado que, individualmente, ostente a condição nele prevista, mesmo que não intervenha diretamente no processo. Isto é, permanece impedido o juiz para atuar nas causas conduzidas por escritório de advocacia que tenha nos seus quadros cunhado, tio (agora também até o terceiro grau se constata o impedimento), dentre outros parentes apontados no texto, ainda que não seja àquele outorgada procuração.

O reconhecimento do impedimento tem efeito retro-operante, haja vista que, por impedir a jurisdição, os atos praticados pelo magistrado serão invalidados, via de regra, sem possibilidade de serem sanados[77].

(3) **Suspeição**: os casos de suspeição são tratados pelo Código em rol exemplificativo (podendo ser averbada pelo próprio juiz ou formalizada recusa por meio de exceção oposta por qualquer das partes), a saber:

(I) se for amigo íntimo ou inimigo capital de qualquer deles;

(II) se ele, seu cônjuge, ascendente ou descendente, estiver respondendo a processo por fato análogo, sobre cujo caráter criminoso haja controvérsia;

(III) se ele, seu cônjuge, ou parente, consanguíneo, ou afim, até o terceiro grau, inclusive, sustentar demanda ou responder a processo que tenha de ser julgado por qualquer das partes;

(IV) se tiver aconselhado qualquer das partes;

(V) se for credor ou devedor, tutor ou curador, de qualquer das partes;

(VI) se for sócio, acionista ou administrador de sociedade interessada no processo.

Os casos de suspeição do CPC/2015 estão no seu art. 145. Diante da natureza exemplificativa, as hipóteses podem ser aplicáveis ao processo penal, em especial aquela relativa a desnecessidade de indicar o motivo da declaração de suspeição por motivo de foro íntimo (§ 1º, daquele dispositivo legal).

4.1. Processamento

A exceção de impedimento ou de incompatibilidade segue o mesmo procedimento da exceção de suspeição, de acordo com o que determina o art. 112, do CPP. Desse modo, a par da exceção de suspeição, a exceção de incompatibilidade ou de impedimento precederá a qualquer outra, salvo se fundada em motivo ulterior (art. 96, CPP).

O juiz pode se averbar impedido ou afirmar a incompatibilidade, mediante despacho escrito nos autos, com a indicação do motivo legal, remetendo o processo a seu substituto e ordenando a intimação das partes (artigos 97 e 99, CPP). Todavia, caso não haja reconhecimento espontâneo por parte do magistrado, a parte poderá arguir a incompatibilidade ou o impedimento, por petição assinada por ela própria ou por procurador com poderes especiais, com suas razões acompanhadas de prova documental ou do rol de testemunhas.

Se o juiz não aceitar o impedimento ou a incompatibilidade, ordenará a autuação da petição em apartado e dará sua resposta no prazo de três dias. Nessa oportunidade, poderá instruir documentalmente suas informações e oferecer testemunhas[78], para, seguidamente,

77. MIRABETE, Julio Fabbrini. *Código de processo penal interpretado*. 11. ed. São Paulo: Atlas, 2006. p. 394.

78. O instante procedimental para juntar rol de testemunhas é entendido por nós como preclusivo, isto é, não deve ser admitida sua complementação depois do momento previsto em lei, a fim de não outorgar maiores chances processuais a uma parte em detrimento da outra, ressalvados os casos de aditamento previstos em lei (art. 384, CPP).

determinar a remessa dos autos da exceção ao juiz ou ao tribunal a quem competir o julgamento, no lapso de vinte e quatro horas (art. 100, ***caput***, CPP).

As partes deverão ser intimadas da arguição. O juiz ou o tribunal, se reconhecer preliminarmente a relevância do incidente, marcará dia e hora para oitiva de testemunhas e, ato contínuo, julgará a exceção independentemente de outras alegações. Por outro lado, se a exceção de impedimento ou de incompatibilidade for manifestamente improcedente, o juiz ou o relator proferirá decisão liminar de rejeição (art. 100, §§ 1º e 2º, CPP).

Outrossim, nos termos do art. 102, do CPP, quando a parte contrária reconhecer a procedência da arguição, poderá ser sustado, a seu requerimento, o processo principal, até que se julgue o incidente de impedimento ou de incompatibilidade.

No âmbito dos tribunais, sem prejuízo do disposto nos respectivos regimentos internos, o membro que se julgar suspeito deverá declará-lo nos autos e, se for revisor, passar o feito ao seu substituto na ordem da precedência, ou, se for relator, apresentar os autos em mesa para nova distribuição (art. 103, ***caput***, CPP). Não sendo relator nem revisor, o juiz que houver de dar-se por impedido ou incompatível, deverá fazê-lo verbalmente, na sessão de julgamento, registrando-se na ata a declaração. Se se tratar de presidente de tribunal, competirá ao seu substituto designar dia para o julgamento e presidi-lo. O incidente, por sua vez, não sendo reconhecido o impedimento ou a incompatibilidade, será julgada pelo tribunal pleno, funcionando como relator o presidente (art. 103, e parágrafos, CPP).

A incompatibilidade e o impedimento podem ser suscitados em face do membro do Ministério Público. Nesse caso, o juiz, depois de ouvi-lo, decidirá, sem recurso, podendo antes admitir produção de provas no prazo de três dias (art. 104, CPP). As mesmas observações que fizemos quanto à não recepção do dispositivo que autoriza o juiz a afastar o promotor de justiça de suas funções ao julgar nos casos de suspeição também cabem também para as hipóteses de exceção de impedimento ou de incompatibilidade. Não se afastando por vontade própria o membro do *Parquet* excepto, cabe ao juiz aplicar o art. 28, do CPP, por analogia, remetendo os autos da exceção para o procurador-geral de justiça (Ministério Público dos Estados) ou para as câmaras de coordenação e revisão, no âmbito do Ministério Público da União.

No que toca à autoridade policial, não é cabível a arguição, embora deva ela, quando presente motivo legal, reconhecer o impedimento ou a incompatibilidade (art. 107, CPP). O impedimento ou a incompatibilidade dos jurados, a seu turno, deve ser pronunciado em plenário, cuja decisão será tomada pelo juiz presidente do tribunal do júri, de tudo consignando em ata (art. 106, CPP). Sublinhe-se, ainda, que podem as partes levantar a incompatibilidade ou o impedimento dos peritos, dos intérpretes e dos funcionários de justiça, decidindo o juiz de plano e sem recurso, à vista da matéria alegada e prova imediata (art. 105, CPP).

O STJ, entretanto, admitiu que o Ministério Público pudesse sanar a falta de apresentação de rol de testemunhas, mormente antes de formada a relação processual, aduzindo a inexistência de prejuízo à defesa (STJ – Quinta Turma – RHC 201301244282 – Rel. Min. Reynaldo Soares da Fonseca – DJ: 23/02/2016).

4.2. Efeitos

Se a incompatibilidade ou o impedimento for acolhido, o CPP, em seu art. 101, prevê a nulidade dos atos do processo principal, com a imposição de pagamento das custas ao juiz, se o fundamento era evidente, caracterizando-se erro indesculpável por parte do magistrado. Se houver rejeição do pleito, evidenciando-se a malícia do excipiente, a este será imposta multa, que, por falta de atualização da moeda prevista na legislação, encontra-se sem eficácia (art. 101, CPP).

4.3. Recursos

Contra a decisão que julgar a exceção de impedimento ou incompatibilidade não cabe recurso. De todo modo, é admissível a impetração do mandado de segurança como sucedâneo recursal, ou de ***habeas corpus***, a depender do interesse versado na alegação.

5. CONFLITO DE JURISDIÇÃO

O conflito de jurisdição, que está disciplinado nos artigos 113 a 117, do CPP, ocorre quando dois ou mais juízes se consideram, contemporaneamente, competentes ou incompetentes para tomar conhecimento do fato delituoso. Também se manifesta o conflito se existe controvérsia sobre a unidade de juízo, junção ou separação de processos, nas hipóteses de conexão e continência.

Fala-se em conflito de jurisdição quando a divergência se estabelece entre órgãos de categorias jurisdicionais distintas, como entre juiz estadual e outro federal, ao passo que o conflito de competência seria aquele firmado entre juízes pertencentes à mesma jurisdição[79].

De todo modo, o conflito de jurisdição ou de competência que se instaura entre juízes se apresenta como questão acessória do processo, mas que, por se referir a pressuposto processual de existência ou de validade, a depender do grau do vício, carece de decisão prévia, com o objetivo de assegurar um desenvolvimento regular da marcha procedimental.

Por sua vez, Guilherme Nucci reputa equivocada a expressão conflito de jurisdição, "uma vez que não se trata de confronto de jurisdição, já que esta é inerente à função de qualquer magistrado". O adequado, para o magistrado paulista, seria falar-se apenas em conflito de competência[80].

A nosso ver, podemos utilizar indistintamente qualquer das expressões, afinal, como aponta Eugênio Pacelli, "a distinção, embora facilitando a compreensão das apontadas categorias jurídicas (jurisdição e competência), não tem qualquer utilidade prática, nem pode ser extraída da redação do nosso ordenamento processual"[81].

79. TOURINHO FILHO, Fernando da Costa. *Processo penal*. 25. ed. São Paulo: Saraiva, 2003. v. 2. p. 607.
80. NUCCI, Guilherme de Souza. *Manual de processo penal e execução penal*. 5. ed. São Paulo: RT, 2008. p. 352.
81. OLIVEIRA, Eugênio Pacelli. *Curso de processo penal*. 10. ed. Rio de Janeiro: Lumen Juris, 2008. p. 265.

5.1. Espécies e competência

O conflito de jurisdição pode ser positivo ou negativo. Na primeira espécie temos dois ou mais juízes que se julgam competentes para conhecerem do fato. Na segunda, o conflito negativo, os magistrados julgam-se incompetentes. Nos termos do art. 115, do CPP, têm legitimidade para suscitar o conflito: *(1)* a parte interessada; *(2)* os órgãos do Ministério Público junto a qualquer dos juízos em dissídio; e, *(3)* os juízes ou tribunais em causa.

Situações de aparente conflito já foram pacificadas no STJ por meio das súmulas 22 e 59. Esta assenta o entendimento de que "não há conflito de competência se já existe sentença com trânsito em julgado, proferida por um dos juízos conflitantes". Por seu turno, a primeira assevera que "não há conflito de competência entre Tribunal de Justiça e Tribunal de Alçada do mesmo Estado-membro". Todavia, com a supressão dos Tribunais de Alçada pelo advento da EC nº 45, este entendimento sumular do enunciado nº 22 do STJ perdeu a importância.

Para identificar o órgão competente para apreciar o conflito, é fundamental ter por referência a própria Constituição Federal, sem prejuízo do que dispõe a Constituição dos Estados. Vejamos as principais regras:

(a) Compete ao STF julgar o conflito existente entre o STJ e quaisquer tribunais, entre os Tribunais Superiores, e entre estes e qualquer outro tribunal (art. 102, I, ***"o"***, CF).

(b) Cabe ao STJ julgar o conflito entre quaisquer tribunais, ressalvada a competência do STF, bem como entre tribunal e juízes a ele não vinculados (TRF e juiz estadual), e entre juízes vinculados a tribunais diversos (juiz estadual e federal), de acordo com o art. 105, I, ***"d"***, CF.

(c) Compete ao TRF apreciar o conflito entre juízes federais da mesma região (art. 108, I, *"e"*, CF).

(d) Cabe ao Tribunal de Justiça apreciar o conflito entre juízes estaduais de primeiro grau que lhe sejam vinculados.

De outra banda, o STJ editou a Súmula nº 348, entendendo competir ao Superior Tribunal de Justiça decidir os conflitos de competência entre juizado especial federal e juízo federal, ainda que da mesma seção judiciária. O fundamento era o de que o juizado especial federal não possuía vínculo jurisdicional com o respectivo tribunal regional federal (em que pese administrativamente ele existir), de sorte que, o conflito entre o juizado e juiz federal, ainda que da mesma seção, se caracterizaria como sendo de juízos que não estão vinculados ao mesmo tribunal, competindo ao STJ dirimi-lo. Este mesmo raciocínio acabaria sendo aplicado ao conflito entre o juizado estadual e magistrado do mesmo Estado, de sorte que, ao invés do TJ, resvalaria na competência do Superior Tribunal de Justiça.

O STF, por sua vez, manteve entendimento contrário ao do STJ, de forma que o conflito entre o juizado especial federal e juiz federal, para a Corte Suprema, seria dirimido pelo TRF, órgão a que estariam afetos os magistrados (RE 590409/RJ, Rel. Min. Ricardo Lewandowski). Isso deu margem ao cancelamento da súmula nº 348, e consequente edição pelo STJ de súmula substituta, pacificando a matéria. Assim, a atual regência é da súmula nº 428, coadunando-se ao entendimento esboçado pelo STF, ***verbis***: "Compete ao Tribunal Regional Federal decidir os conflitos de competência entre juizado especial federal e juízo federal da mesma seção judiciária".

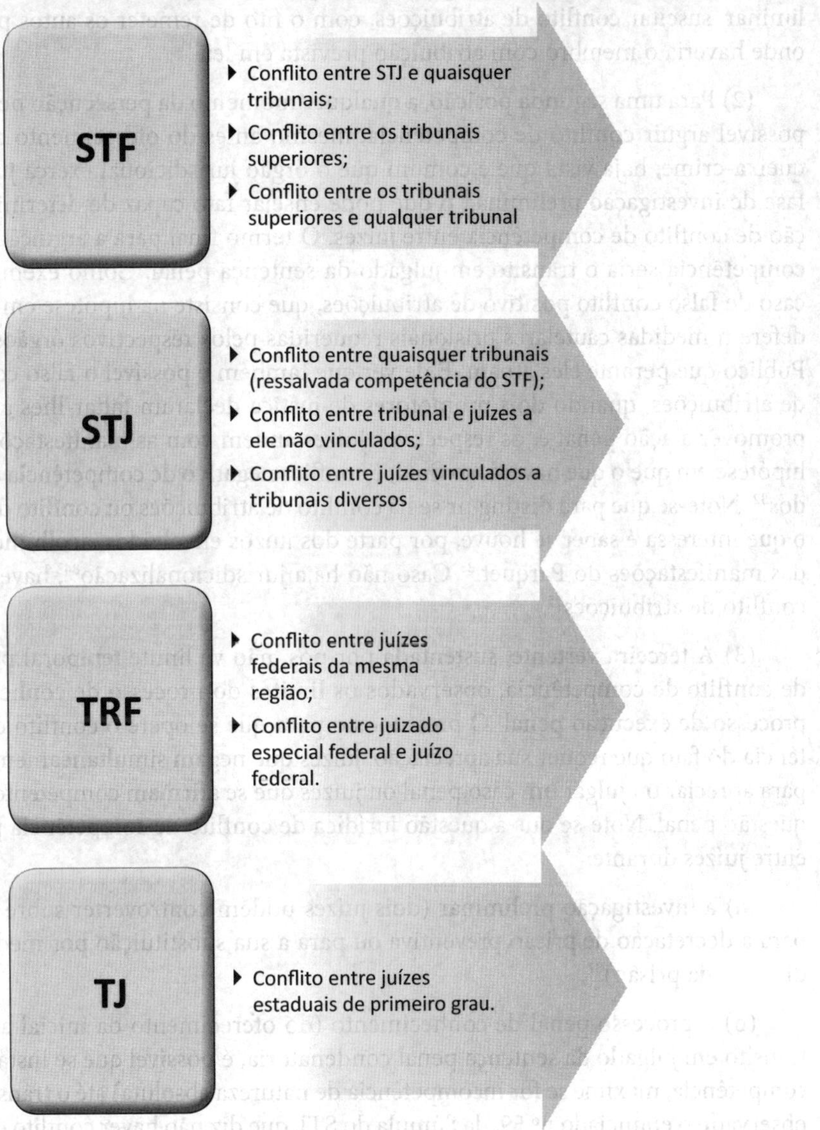

5.2. Arguição do conflito

Debate-se sobre o momento que é possível arguir o conflito de competência ou de jurisdição. Podemos alinhar as seguintes posições, levando em consideração que o conflito em tela se refere a juízes que se afirmam competentes ou incompetentes para processar e/ou julgar um caso penal.

(1) Para uma primeira corrente, o conflito de competência teria lugar somente com o oferecimento da petição inicial acusatória, razão pela qual, antes da prática desse ato processual, só se poderia falar em um conflito virtual de competência. Isso porque só o membro do Ministério Público que teria a legitimidade para, na fase de investigação preliminar, suscitar conflito de atribuições, com o fito de remeter os autos para outro juízo onde haveria o membro com atribuição prevista em lei.

(2) Para uma segunda posição, a qualquer momento da persecução penal estatal seria possível arguir conflito de competência, mesmo antes do oferecimento da denúncia ou queixa-crime, haja vista que é comum que o órgão jurisdicional exerça juízo cautelar na fase de investigação preliminar, o que pode ensejar fato capaz de determinar a instauração de conflito de competência entre juízes. O termo final para a arguição do conflito de competência seria o trânsito em julgado da sentença penal. Como exemplo, teríamos o caso de falso conflito positivo de atribuições, que consiste na hipótese em que dois juízes deferem medidas cautelares prisionais requeridas pelos respectivos órgãos do Ministério Público que perante eles atuam. É de ver que também é possível o falso conflito negativo de atribuições, quando dois promotores de justiça declaram faltar-lhes atribuições para promover a ação penal e, os respectivos juízes anuem com as manifestações ministeriais, hipótese em que o que haverá, ao final, é conflito negativo de competência entre magistrados[82]. Note-se que para distinguir se há conflito de atribuições ou conflito de competência, o que interessa é saber se houve, por parte dos juízos envolvidos, acolhimentos expressos das manifestações do Parquet.[83] Caso não haja jurisdicionalização[84], haverá tão somente conflito de atribuições[85].

(3) A terceira vertente, sustentada por nós, não vê limite temporal para o incidente de conflito de competência, observados os limites do processo de conhecimento[86] e do processo de execução penal. O pressuposto para que se opere o conflito é a efetiva existência do fato que requer sua apreciação: juízes que negam simultaneamente competência para apreciar ou julgar um caso penal ou juízes que se afirmam competentes para idêntica questão penal. Note-se que a questão jurídica de conflito de competência pode acontecer entre juízes durante:

(a) a investigação preliminar (dois juízes podem controverter sobre a competência para a decretação de prisão preventiva ou para a sua substituição por medidas cautelares diversas da prisão)[87];

(b) o processo penal de conhecimento (do oferecimento da inicial acusatória até o trânsito em julgado da sentença penal condenatória, é possível que se instaure conflito de competência, máxime se for incompetência de natureza absoluta) até o trânsito em julgado, observado o enunciado nº 59, da Súmula do STJ, que diz não haver conflito de competência

82. NUCCI, Guilherme de Souza. *Manual de processo penal e execução penal*. 6. ed. São Paulo: RT, 2010. p. 352-355.
83. STF – CA 27 – Rel. Min. Sydney Sanches.
84. STF – Pleno – ACO 1179 ED – Relatora Min. Ellen Gracie – julgado em 04/08/2011 – DJe-196 DIVULG 11-10-2011 – PUBLIC 13-10-2011.
85. AVENA, Norberto. *Processo penal esquematizado*. Rio de Janeiro: Forense; São Paulo: Método, 2009. p. 306.
86. Súmula 59, STJ: não há conflito de competência quando já há sentença com trânsito em julgado proferida por um dos juízos conflitantes.
87. STF – CA 27 – Rel. Min. Sydney Sanches.

se já existe sentença com trânsito em julgado, proferida por um dos juízos conflitantes. Naturalmente, a aplicação da súmula tem lugar para a controvérsia instaurada durante o processo de cognição penal; e

(c) o processo de execução penal (não é descabido que juízes de execução penal controvertam sobre a competência para a condução de processo de execução penal de determinado apenado)[88]. Essa também a posição encampada pela jurisprudência majoritária, eis que o critério para definir o conflito de competência não é temporal (investigação preliminar, processo penal ou execução penal), porém relativo à qualidade dos sujeitos envolvidos (juízes). Naturalmente que este entendimento suplanta a vetusta ideia de que o juízo da execução penal exerceria somente atividade administrativa, pelo que seria possível vislumbrar conflito de atribuições entre juízos de execução penal. No capítulo de execução penal, sustentamos a índole também jurisdicional da atividade judicial durante o acompanhamento da execução da pena. Daí ser o caso de conflito de competência e não de atribuições.

5.3. Processamento

O processamento está disciplinado no art. 116, do CPP. De tal forma, a arguição é feita mediante representação dos juízes em conflito (no caso de conflito positivo de competência) ou requerimento das partes, podendo o conflito negativo ser suscitado nos próprios autos.

Tratando-se de conflito positivo, o relator pode determinar que seja suspenso o processo. Em seguida, o relator requisita informações que serão prestadas pelas autoridades em conflito nos prazos fixados por ele. Uma vez recebidas as informações, o relator, se não precisar instruir o feito, ouve o órgão do MP e a questão é decidida na primeira sessão. Dessa decisão serão enviadas cópias, para sua execução, às autoridades envolvidas.

5.4. Recursos

É possível que o conflito seja resolvido ainda em primeiro grau, pelo reconhecimento da incompetência por um dos magistrados envolvidos, que pode se dar de ofício, ou através do julgamento da exceção específica. Desta forma, contra a decisão que concluir pela incompetência do juízo, em primeiro grau de jurisdição, é cabível o recurso em sentido estrito, ***ex vi*** do art. 581, inciso II, CPP. Sem embargo, cabível também o recurso em sentido estrito contra a decisão que julga a exceção, nos termos do art. 581, inciso III, do CPP.

Se a decisão rejeitar a exceção de incompetência (oposta pela parte), não cabe recurso, sem prejuízo da possibilidade de impetração de ***habeas corpus*** (se envolver crime com pena privativa de liberdade) ou de mandado de segurança (se o delito não contiver abstratamente pena privativa de liberdade), como sucedâneo recursal.

Em segunda instância, o acórdão que julgar conflito de competência estará sujeito aos recursos especial ou extraordinário previstos constitucionalmente. De todo modo, as ações autônomas de impugnação referidas poderão ter lugar sempre que não houver previsão de recurso específico.

88. STJ – Terceira Seção – CC 199100044784 – Rel. Min. Carlos Thibau – DJ: 30/09/1991.

Por sua vez, o art. 117, do CPP, prevê que o STF poderá se valer do incidente da avocatória para restabelecer sua competência, sempre que exercida por qualquer outro órgão jurisdicional. A Constituição Federal, a seu turno, faz previsão de outra ferramenta (art. 102, I, CF/1988), denominada reclamação (vide Capítulo XIV, item 2.10), que também pode ser utilizada pelo STJ, tendo disciplina na Lei nº 8.038/1990.

6. CONFLITO DE ATRIBUIÇÕES

É o conflito "que se estabelece entre o órgão do Poder Judiciário e o órgão de outros Poderes (Executivo e Legislativo), dirimido por aquele, ou entre órgãos não jurisdicionais, resolvidos, ao menos de início, sem a intervenção da autoridade judiciária"[89].

Como se depreende, o conflito de atribuições não se confunde com o conflito de competência. Decerto, enquanto "o conflito de competência se dá entre dois ou mais juízes", "o conflito de atribuições se dá, por exemplo, entre dois promotores"[90]. A distinção recai sobre a existência ou não da nota de jurisdicionalidade de ambos os órgãos envolvidos.

6.1. Competência para dirimir o conflito

A primeira fonte de verificação da competência para julgar o conflito de atribuições é a Constituição do Brasil. É assim que o seu art. 105, I, "g", estabelece a competência do STJ para processar e julgar originariamente "os conflitos de atribuições entre autoridades administrativas e judiciárias da União, ou entre autoridades judiciárias de um Estado e administrativas de outro ou do Distrito Federal, ou entre as deste e da União".

Além da Constituição Federal, a competência para processamento e julgamento dos conflitos de atribuições entre os diversos órgãos dos Poderes públicos tem regulação nas Constituições estaduais e nas leis de organização judiciária. Todavia, diante do grande leque de possibilidade de conflitos entre órgãos públicos, subsistem lacunas legislativas que requerem atividade hermenêutica.

É assim que Afrânio Silva Jardim – relativamente "à atribuição para dirimir conflito de atribuições entre órgãos de Ministério Públicos diversos (União e Estado ou mais de uma Unidade da Federação)" – observa que existem duas alternativas possíveis para resolução, podendo ser conferida aos seguintes órgãos: "a) Supremo Tribunal Federal; b) Procurador Geral da República". Já "se a controvérsia surgir no âmbito de um mesmo Ministério Público, será ela resolvida pelo respectivo Procurador-Geral". O entendimento que vigorava de ser do STF a competência para dirimir o conflito decorria de interpretação extensiva[91], com base na "teoria do órgão", a ser conferida ao art. 102, I, "f", da Constituição de 1988. O dispositivo preconiza que ao STF compete processar e julgar originariamente "as causas e os conflitos entre a União e os Estados, a União e o Distrito Federal, ou entre uns e outros, inclusive as respectivas entidades da administração indireta".

---

89. MIRABETE, Julio Fabbrini. *Processo Penal*. 14. ed. São Paulo: Atlas, 2003. p. 227.
90. GOMES, Luiz Flávio. *Direito processual penal*. São Paulo: RT, 2005. p. 163.
91. JARDIM, Afrânio Silva. *Direito processual penal*. 11. ed. Rio de Janeiro: Forense, 2002. p. 223.

A matéria não é pacífica. Constatando a divergência, Luiz Flávio Gomes aduz que "no conflito entre MP estadual e MP federal, a competência para dirimir o conflito é muito controvertida. Divide-se entre: 1) STF; 2) STJ; 3) Procurador Geral da República"[92]. O entendimento mais antigo do STF, assentado na Pet. 1503/MG, indicava que a competência era do Superior Tribunal de Justiça", posição esta acolhida por nós, eis que, afinal, este conflito acaba sendo, em última análise, fictício, pois irá desaguar na instauração de verdadeiro conflito de jurisdição, senão vejamos: os membros de Ministérios Públicos diversos oficiam perante os respectivos juízos. Caso entendam que não possuem atribuição no caso, é porque o juízo perante o qual atuam é, por sua vez, incompetente. Ora, se os magistrados aquiescerem com as posições do MP, e por sua vez se declararem incompetentes, estaremos diante de um conflito negativo entre juízes de Estados diversos ou entre um juiz federal e outro estadual, o que deve ser resolvido perante o STJ. Por sua vez, se promotores de MPs diversos oferecerem denúncia sobre um mesmo fato, e estas forem recebidas pelos magistrados, que se entendem competentes, haverá conflito positivo de jurisdição, a ser resolvido, mais uma vez, perante o STJ.

Sagrou-se vencedora, inicialmente, a tese de que o conflito de atribuições entre Ministério Público Federal e Ministérios Públicos dos Estados, bem como entre Ministérios Públicos Estaduais é de competência do Supremo Tribunal Federal. Foi assim que o STF assentou que a ele compete tanto "dirimir conflito negativo de atribuição entre representantes do Ministério Público de Estados diversos"[93], quanto resolver "conflito negativo de atribuição entre o Ministério Público Federal e o Ministério Público estadual", mediante a aplicação do artigo 102, I, "f", da Constituição do Brasil[94]. Foi com base nesses argumentos que o Superior Tribunal de Justiça reafirmou o que foi decidido pela Corte Maior brasileira, avivando que "o STJ não possui competência para julgar conflito de atribuição entre Ministério Público Estadual e Ministério Público Federal, pois o caso não se amolda a qualquer das hipóteses previstas no art. 105, I, 'g', da CF"[95].

Sentido diverso desse entendimento foi tomado pelo STF mais recentemente.

Lastreando-se em argumentos práticos, especialmente pelo grande número de conflitos de atribuições entre órgãos do Ministério Público Federal e do Ministério Público dos Estados, o STF fixou o entendimento de que cabe ao Procurador-Geral da República (chefe do MPF) resolver a questão[96]. Dessa maneira, a Suprema Corte se afastou das orientações predominantes que oscilavam entre a competência do STF e do STJ, apontando que o Procurador-Geral da República é o "Chefe do Ministério Público", vista sob o princípio da unicidade.

Nos termos do julgado, não cabe ao STF julgar conflitos de atribuição entre o Ministério Público Federal e os Ministérios Públicos dos estados. Cremos que a nova posição indica que eventual conflito entre Ministérios Públicos estaduais também deva ser resolvido pelo Procurador-Geral da República. O julgado foi tomado por maioria de votos. Sustentou-se

92. GOMES, Luiz Flávio. *Direito processual penal*. São Paulo: RT, 2005. p. 163.
93. STF – Pleno – Pet. 3631/SP – Rel. Min. Cezar Peluso – DJ 7/3/2008 – p. 245.
94. STF – Pleno – ACO 853/RJ – Rel. Min. Cezar Peluso – DJ 27/4/2007 – p. 56.
95. STJ – Primeira Seção – CAt. 163/ES – Rel. Des. Fed. Conv. Carlos Fernando Mathias (TRF 1ª Região) – DJ 23/6/2008.
96. STF – Pleno – ACO's 924 e 1394; PET's 4706 e 4863 – Rel. Min. Dias Toffoli – Data: 19/05/2016.

que a questão não é jurisdicional e sim administrativa, bem como que não havia conflito federativo a justificar a competência do STF.

6.2. Processamento

O processamento do conflito de atribuições segue, no que for compatível, a forma de processamento utilizada no conflito de jurisdição, cuja disciplina está disposta no art. 116, CPP. Desse modo, os órgãos envolvidos, sob a forma de representação, e a parte interessada, sob a de requerimento, comunicarão circunstanciadamente o conflito ao órgão com competência para processá-lo e julgá-lo, fazendo juntar documentos.

Se o conflito for negativo, cabe suscitá-lo nos próprios autos (§ 1º, art. 116, CPP). Se positivo, o relator pode determinar que seja suspenso o processo (§ 2º, art. 116, CPP). Seguidamente, o relator requisita informações que serão prestadas pelas autoridades em conflito nos prazos fixados por ele (§§ 3º e 4º, art. 116, CPP). Uma vez recebidas as informações, o relator, se não precisar instruir o feito, ouve o órgão do MP e decide a questão na primeira sessão (§ 5º, art. 116, CPP). Dessa decisão serão enviadas cópias, para sua execução, às autoridades envolvidas (§ 6º, art. 116, CPP).

7. RESTITUIÇÃO DE COISAS APREENDIDAS

7.1. Introdução

Para instruir o inquérito policial, a autoridade policial deve apreender os instrumentos do crime e objetos outros que tenham relação com o fato criminoso. Os objetos que podem ser apreendidos são os declinados nas alíneas do art. 240, § 1º, CPP. A apreensão pode ocorrer durante a busca pessoal ou domiciliar, que, por seu turno, de regra, depende de mandado judicial (art. 5º, XI, CF). As coisas apreendidas, segundo o art. 118, CPP, enquanto interessarem ao processo, não poderão ser devolvidas antes de transitar em julgado a sentença final.

Mas o que significa a dicção legal "enquanto interessarem ao processo"? Trata-se de expressão vaga que pode ser determinada em compasso com os objetivos que a medida de apreensão de bens tem para a persecução penal estatal.

De tal sorte, as coisas relacionadas à infração penal podem ser apreendidas para atender os seguintes fins: (a) submissão a exames periciais: enquanto pendentes as conclusões periciais, ficam os objetos apreendidos sob custódia, notadamente os instrumentos do crime (*instrumenta sceleris*); (b) necessidade probatória: cuidando-se de instrumentos da infração ou de objetos que atesta a materialidade da infração penal, devem ser acautelados como prova[97], tal como pode acontecer quando é necessário apresentar aos jurados a faca

97. A Lei nº 12.961/2014 alterou a Lei nº 11.343/2006 para prever que uma vez recebida cópia do auto de prisão em flagrante, o juiz, no prazo de 10 (dez) dias, certificará a regularidade formal do laudo de constatação e determinará a destruição das drogas apreendidas, guardando-se amostra necessária à realização do laudo definitivo. Como se depreende, a substância entorpecente apreendida não é restituída, por óbvio, eis que constitui ilícito. Porém, sua destruição antecipada ocorrerá relativamente à quantidade que não mais interessar ao julgamento do feito, mantendo-se, contudo, reserva para fins probatórios. No prazo de quinze dias, serão as drogas destruídas por incineração, com vistoria anterior e posterior, tudo na presença do *Parquet* e da autoridade de vigilância sanitária, lavrando-se auto circunstanciado (art. 50). As amostras guardadas como contraprova serão destruídas depois de encerrado o processo penal ou arquivado o inquérito policial, por determinação do juiz, seja de ofício, a requerimento do Ministério Público ou mediante representação da autoridade policial, também se lavrando auto circunstanciado (art. 72).

instrumento do crime de homicídio; (c) para assegurar a restituição de coisa subtraída ao legítimo dono ou possuidor, eis que constitui o produto direto da empreitada criminosa (*producta sceleris*); e (d) para garantir o confisco de bens em favor da União nos termos do art. 91, do Código Penal.

Observe-se que há coisas que não serão objeto de apreensão, porque não se incluem no catálogo do § 1º, do art. 240, do CPP. É que, para serem apreendidos, os objetos devem ser: (a) elemento de convicção relacionado diretamente com a conduta delinquencial (o resultado indireto não é objeto sujeito à apreensão, tal como o *pretium sceleris*, vale dizer, o proveito, a recompensa recebida pelo autor material do crime de homicídio não se submete à apreensão); (b) coisas achadas ou obtidas por meios criminosos; (c) instrumentos de falsificação ou de contrafação e objetos falsificados ou contrafeitos; (d) armas e munições, instrumentos utilizados na prática de crime ou destinados a fim delituoso; (e) objetos necessários à prova de infração ou à defesa do réu; e (f) cartas, abertas ou não, destinadas ao acusado ou em seu poder, quando haja suspeita de que o conhecimento do seu conteúdo possa ser útil à elucidação do fato.

De tal sorte, os objetos adquiridos ou especificados a partir dos proventos da infração não são passíveis de apreensão, porquanto se referem a bens oriundos do lucro auferido com a prática do delito (*fructus sceleris*), isto é, o resultado mediato. Daí serem estes objetos passíveis de medida assecuratória de sequestro – não de apreensão –, por força do que dispõem os artigos 126 e 132, do CPP. Decerto, para a decretação do sequestro, bastará a existência de indícios veementes da proveniência ilícita dos bens. São, portanto, o produto indireto da infração, decorrente de alienação do bem produto do ilícito criminal.

A doutrina controverte a respeito da natureza da apreensão de objetos e da respectiva restituição. Importante distinguir:

(1) tratando-se de apreensão de coisas pela autoridade policial, com lastro no art. 6º, do CPP, sua natureza não é de medida cautelar, porém de medida assecuratória de índole administrativa e, por assim dizer, pré-cautelar (falta a nota da jurisdicionalidade);

(2) sendo a hipótese de restituição de coisas apreendidas perante a autoridade policial, também não há o preenchimento dos requisitos para ser considerada uma medida cautelar ou contracautelar, mormente porque não jurisdicionalizada a questão;

(3) cuidando-se de restituição de coisas apreendidas pleiteada em juízo é possível sua inserção como cautelar ou contracautelar de viés patrimonial, eis que é o meio do qual se vale o interessado para reaver bens apreendidos durante a persecução penal. Guarda tanto a característica da instrumentalidade, quanto a da acessorialidade[98];

(4) entrementes, em algumas hipóteses pode não revestir de caráter cautelar, especialmente quando a restituição é pedida pela vítima (se deferida em seu favor, assume contornos definitivos, faltando o requisito da provisoriedade). Também é definitivo o provimento de restituição quando concedido em prol do terceiro de boa-fé e do próprio acusado (quando pode restar ausente também o requisito da instrumentalidade, isto é, para assegurar a restituição do produto do crime). De mais a mais, ausente ainda, em regra, o requisito

98. POLASTRI, Marcellus. *A tutela cautelar no processo penal*. 3. ed. São Paulo: Atlas, 2014. p. 129.

da cognição sumária para apreciar o incidente de restituição de coisas apreendidas, sendo mais comum verificar uma cognição plena e exauriente *secundo eventum probationis*[99].

7.2. Autoridade restituinte

O ***caput,*** do art. 120, do CPP, trata da autoridade que poderá deliberar acerca da restituição, quais sejam: o delegado ou o juiz. A deliberação do delegado de polícia está circunscrita aos casos de direito induvidoso e quando a coisa não for apreendida em poder de terceiro de boa-fé.

7.3. Confisco

O Código Penal prevê hipótese de confisco, em dispositivo que encontra respaldo na Constituição. Deveras, o art. 91, II, afirma que são efeitos da condenação a perda em favor da União, ressalvado o direito do lesado ou terceiro de boa-fé: *(1)* dos instrumentos do crime, desde que consistam em coisas cujo fabrico, alienação, uso, porte ou detenção constitua fato ilícito; e *(2)* do produto do crime ou de qualquer bem ou valor que constitua proveito auferido pelo agente com a prática do fato criminoso.

Note-se que em relação aos bens cujo fabrico, alienação, uso, porte ou detenção constituam fato ilícito, a perda definitiva em favor da União ocorrerá com o simples trânsito em julgado de sentença de mérito (absolutória, condenatória ou extintiva de punibilidade) ou preclusão de decisão terminativa (sem mérito, a exemplo do arquivamento homologado de inquérito policial). É hipótese de perda automática de bens e que, embora não exija fundamentação, decorrendo *ex vi legis,* ou seja, por força de lei, o juiz deve se manifestar a respeito para viabilizar a alienação efetiva dos bens[100].

Uma vez confiscados, os objetos poderão ser destruídos, vendidos em leilão, ou recolhidos ao museu (art. 124, CPP). Tratando-se de objetos não reclamados (art. 123, CPP), que não sejam passíveis de confisco, serão eles leiloados e o valor depositado em favor do juízo de ausentes.

Por sua vez, o art. 20, da Lei nº 7.716/1989, que define os crimes resultantes de preconceito de raça ou de cor, prevê o confisco de produtos que utilizem a suástica.

No que tange ao crime de reprodução de obra com violação de direito autoral (art. 184, §§ 1º, 2º e 3º, CP, e art. 530-G, CPP, trazidos pela Lei nº 10.695/2003), o juiz determina, na sentença, a destruição dos bens ilicitamente produzidos ou reproduzidos, bem como o perdimento em favor da Fazenda Nacional dos equipamentos apreendidos que se destinem à prática do ilícito.

Quanto às armas de fogo apreendidas, elas devem ser enviadas ao Comando do Exército, pelo juiz, sempre que não mais interessarem à persecução penal. Elas poderão ser,

99. Nesse sentido: POLASTRI, Marcellus. *A tutela cautelar no processo penal.* 3. ed. São Paulo: Atlas, 2014. p. 131-132. O autor faz referência a Gustavo Badaró, que corrobora a ideia de que a restituição de que trata o art. 120, do CPP, não tem verdadeira natureza cautelar.

100. STJ – Quinta Turma – RESP 200901319251 – Rel. Min. Laurita Vaz – DJE: 01/02/2013.

alternativamente, destruídas ou doadas[101]. Com efeito, a teor do art. 65, do Decreto nº 5.123/2004, as armas de fogo apreendidas, observados os procedimentos relativos à elaboração do laudo pericial e quando não mais interessarem à persecução penal, deverão ser encaminhadas, pelo juiz competente, ao Comando do Exército, no prazo máximo de quarenta e oito horas, para destruição ou doação aos órgãos de segurança pública ou às Forças Armadas.

As armas que poderão ser objeto da aludida doação são as portáteis indicadas expressamente nas normas de regência, quais sejam: carabinas, espingardas, fuzis e metralhadoras, conforme dispõe aquele Decreto e o Regulamento de Fiscalização de Produtos Controlados (Decreto nº 3.665/2000).

A deliberação final sobre o destino das armas é atribuição do Comando do Exército. Aliás, também a decisão sobre o destino final das armas de fogo não doadas aos órgãos de segurança pública (polícia militar, civil ou federal) caberá ao Comando do Exército, que deverá concluir pela sua destruição ou pela doação às Forças Armadas. De todo modo, os órgãos de segurança pública ou das Forças Armadas responsáveis pela apreensão manifestarão interesse pelas armas de fogo apreendidas, respectivamente, ao Ministério da Justiça e Cidadania ou ao Comando do Exército, no prazo de até dez dias, contado da data de envio das armas ao Comando do Exército.

7.4. Procedimento da restituição

O pedido de restituição poderá ser acolhido de imediato, mediante termo nos autos do inquérito policial ou do processo penal. A restituição, nesse caso, será efetivada pela autoridade policial ou pelo juiz sem necessidade de instauração do incidente (art. 120, ***caput***, CPP).

Porém, se duvidoso o direito alegado pelo reclamante, "o pedido de restituição autuar-se-á em apartado, assinando-se ao requerente o prazo de 5 (cinco) dias para a prova. Em tal caso, só o juiz criminal poderá decidir o incidente" (§ 1º, art. 120, CPP). A autuação do incidente também ocorrerá "em apartado e só a autoridade judicial o resolverá, se as coisas forem apreendidas em poder de terceiro de boa-fé, que será intimado para alegar e provar o seu direito, em prazo igual e sucessivo ao do reclamante, tendo um e outro dois dias para arrazoar" (§ 2º, art. 120, CPP).

Requerida a restituição de bem apreendido no contexto do delito objeto de inquérito policial ou de processo penal, o juiz, ao receber e mandar autuar o incidente, também ordenará a notificação do Ministério Público para falar nos autos (§ 3º, art. 120, CPP). Nos processos em que se apura infração tipificada na Lei de Drogas (Lei nº 11.343/2006), o pedido de restituição somente será conhecido com o comparecimento pessoal do acusado, podendo o magistrado determinar a prática de atos necessários à conservação de bens, direitos ou valores (art. 60, § 3º). Previsão semelhante consta da Lei de Lavagem de Dinheiro, com as alterações dadas pela Lei nº 12.683/2012 (art. 4º, § 3º).

101. Cf. Decreto nº 5.123/2004, que regulamenta o Estatuto do Desarmamento (Lei nº 10.826/2003), com as alterações promovidas pelo Decreto nº 8.938/2016.

Havendo "dúvida sobre quem seja o verdadeiro dono" – que dependa de dilação probatória não comportável perante o juízo criminal, o magistrado "remeterá as partes para o juízo cível, ordenando o depósito das coisas em mãos de depositário ou do próprio terceiro que as detinha, se for pessoa idônea" (§ 4º, art. 120, CPP).

A "remessa" das partes ao juízo cível se opera com a declaração do magistrado criminal. A rigor, é decisão terminativa que encerra o procedimento de restituição sem consequências penais e cíveis. Cabe à parte interessada promover ação específica no juízo civil competente, atendendo aos requisitos da petição inicial do art. 319[102], do CPC/2015[103]. Caso a parte interessada seja a Fazenda Pública, o órgão com competência para apreciar a restituição em ação civil própria é o Juízo da Fazenda Pública. Tratando-se de particular, será o Juízo cível comum[104].

Por fim, conforme o § 5º do art. 120 do CPP, em se cuidando "de coisas facilmente deterioráveis", elas "serão avaliadas e levadas a leilão público, depositando-se o dinheiro apurado, ou entregues ao terceiro que as detinha, se este for pessoa idônea e assinar termo de responsabilidade".

7.5. Recurso

Da decisão acerca do pedido de restituição, cabe apelação, com base no art. 593, II, CPP, por ser decisão com força de definitiva, além da possibilidade de impetração de mandado de segurança[105].

Caso se trate de declaração de remessa das partes ao juízo cível, esta decisão é de índole terminativa, ou seja, não resolve o mérito da questão do pleito de restituição e que, por isso, não comporta recurso de apelação (que requer decisão definitiva ou com força de definitiva) nem recurso em sentido estrito (que exige previsão expressa no leque de hipóteses do art. 581, do CPP). No entanto, contra essa a decisão que remete às partes ao juízo cível, é possível a impetração de mandado de segurança como sucedâneo recursal.

8. MEDIDAS ASSECURATÓRIAS

8.1. Noção e espécies

O sequestro, a hipoteca legal e o arresto são medidas cautelares de natureza patrimonial, instrumental ou real. Para Polastri, contudo, capitaneando posição minoritária, medidas cautelares patrimoniais só seriam o sequestro e o arresto, entendendo que a especialização de

---

102. O CPC/2015, em seu art. 319, II, estabelece, como requisitos da petição inicial, a par dos já conhecidos, "os nomes, os prenomes, o estado civil, a profissão, o número no cadastro de pessoas físicas ou do cadastro nacional de pessoas jurídicas, o endereço eletrônico, o domicílio e a residência do autor e do réu". Tal requisito tem lugar, por exemplo, quando da formulação de pedido de restituição de coisa apreendida perante o juízo cível, quando diante de dúvida relevante não contornável no juízo penal. Tal dispositivo não repercute necessariamente na esfera penal (CPP e leis processuais penais), malgrado seja recomendável que também a jurisdição criminal aprimore os meios de identificação e de localização das partes.

103. TRF 3 – Quinta Turma – 1ª Seção – ACR 00002854720134036004 – Desembargador Federal Luiz Stefanini – e-DJF3 Judicial – DATA:05/12/2013.

104. TRF1 – Quarta Turma – ACR 86094020114014100 – Juíza Federal Rosimayre Gonçalves de Carvalho – e-DJF1 DATA: 26/04/2013.

105. MIRABETE, Julio Fabbrini. *Código de processo penal interpretado*. 11. ed. São Paulo: Atlas, 2006. p. 413-414.

hipoteca legal não se acomodaria a esse rótulo. Conforme argumenta, a hipoteca legal penal não possuiria a característica da temporariedade que é exigida para as medidas cautelares, saltando aos olhos sua marcante característica satisfativa. A índole da especialização de hipoteca legal estaria muito mais próxima de uma antecipação de tutela no processo penal condenatório – tendente a se estabilizar com o desfecho do processo penal condenatório –, coerente com seu regramento por normas de direito material e com sua utilidade como direito real de garantia[106].

Pensamos, todavia, com a *venia* devida ao autor, que a especialização de hipoteca legal tem realmente natureza cautelar, se encarada sob o seu aspecto funcional, pragmático, instrumental do processo penal condenatório. Embora tenda à estabilização, fato é que a hipoteca legal pode ser cancelada por conhecimento de fato que evidencie ser indevida, seja ele anterior, seja superveniente, bastando imaginar a improcedência do processo penal condenatório. Daí existir, sob este viés, a nota da temporariedade, embora *secundum eventus litis*.

A natureza de antecipação de tutela enxergada por Polastri, não se refere ao pedido condenatório penal, mas a eventual, futura e incerta ação de reparação civil *ex delicto*, razão pela qual entendemos por prejudicada a tese de que se trata de medida satisfativa ou de tutela antecipada, eis que nada satisfaz nem antecipa relativamente ao núcleo da demanda penal condenatória. Ademais, não perde a nota de temporariedade, pois do fato de tender à estabilização, não decorre a certeza de que, ao final do processo condenatório penal, será a hipoteca de fato mantida para fins de excussão do bem.

Desse modo, sequestro, arresto e especialização de hipoteca legal persistem como medidas cautelares patrimoniais do processo criminal condenatório. Ademais, possuem elas a característica peculiar da cautelaridade que é a jurisdicionalidade.

O poder cautelar exercido pelo magistrado apreciando tais medidas vem hoje reforçado pela doutrina de recuperação de ativos financeiros captados de forma ilícita, mormente quando o delito envolve lavagem de dinheiro (Lei nº 9.613/1998) e criminalidade organizada (Lei nº 12.850/2013). Essa recuperação pode se dar pelas medidas tradicionais assecuratórias em conjunto com as sanções de perda de bens (confisco) e/ou com a repatriação dos valores sequestrados no exterior.

O fito precípuo de tais cautelas é o de, em sentido amplo, garantir a satisfação, em caso de condenação, de eventual pena de multa, custas processuais, ressarcimento dos danos causados pela perpetração delitiva[107], bem como conferir eficácia às decisões que refreiam a sofisticação dos atos de mascaramento de valores por intermédio ou não de organizações criminosas[108].

Medida cautelar é gênero, da qual são espécies aquelas prisionais (a exemplo da prisão preventiva e da prisão temporária), as denominadas diversas da prisão (cautelares limitativas

106. POLASTRI, Marcellus. *A tutela cautelar no processo penal*. 3. ed. São Paulo: Atlas, 2014. p. 152-154.

107. STJ – Quinta Turma – REsp 584.221/RO – Rel. Min. Arnaldo Esteves Lima – DJe 16/11/2009.

108. BADARÓ, Gustavo Henrique; BOTTINI, Pierpaolo Cruz. *Lavagem de dinheiro*: aspectos penais e processuais penais: comentários à Lei 9.613/1998, com as alterações da Lei 12.683/2012. 2. ed. São Paulo: RT, 2013. p. 29-30.

de direitos dispostas no art. 319, CPP, com redação dada pela Lei nº 12.403/2011) e as patrimoniais em sentido estrito.

Para serem consideradas medidas cautelares em sentido estrito, devem ser revestidas dos seus pressupostos específicos típicos (*fumus boni iuris* ou *fumus comissi delicti* e *periculum in mora* ou *periculum libertatis*) e das características inerentes à tutela cautelar, quais sejam: (a) autonomia (geralmente, no processo penal, não há um processo autônomo, mas a tutela cautelar pode ser bem delimitada, de forma independente); (b) instrumentalidade (a tutela cautelar serve à eficácia do processo penal, sendo conhecida como instrumentalidade qualificada); (c) acessoriedade (apesar da autonomia, a tutela cautelar só existe em função da existência, atual ou futura, do processo principal); (d) provisoriedade (tem duração menos duradoura que os provimentos jurisdicionais de mérito, pois tem lugar para resolver situações de urgência, havendo quem a designe por temporariedade); (e) revogabilidade (é *rebus sic stantibus*, vale dizer, a tutela cautelar pode ser modificada diante da verificação de alteração da situação fática que a determinou); (g) não definitividade (não produz coisa julgada material, isto é, suas decisões precluem, não impedindo um revolvimento sobre os fatos apreciados em sede de tutela cautelar); e (h) referibilidade (refere-se a uma situação de perigo que busca suplantar)[109].

As que interessam ao estudo do presente tópico são as medidas assecuratórias nominadas de sequestro, arresto e hipoteca legal. São assim definidas doutrinariamente[110-111]:

(1) Sequestro: trata-se de medida assecuratória fundada em interesse de natureza pública, cujo objetivo é garantir cautelarmente, caso seja julgada procedente a acusação por sentença irrecorrível, o perdimento de bens como efeito da condenação, especialmente de produtos do crime ou adquiridos pelo agente com o proveito da infração penal. Visa, ao cabo, o desfazimento ou a mitigação da vantagem econômica do acusado auferida com a prática do delito. Do interesse público inerente ao sequestro, decorre sua ampla legitimidade ativa, podendo ser decretado pelo juiz *ex officio* (se já instaurada ação penal), por representação da autoridade policial (na fase de investigação preliminar) ou por requerimento do ofendido ou do Ministério Público (durante toda persecução penal estatal). O sequestro pode ser tanto de bens imóveis, quanto de bens móveis.

(2) Arresto: é medida assecuratória com lastro em interesse de natureza privada e que tem como fito acautelar bens para tornar eficaz uma eventual reparação civil do dano causado pela infração penal. Os destinatários finais do resultado que se pretende com o arresto são o ofendido e, na ausência deste, seus sucessores. O arresto tanto pode ser de bens imóveis (também chamado de arresto prévio, preparatório ou preventivo, com a função de individualizar bens imóveis e protegê-los de maneira mais célere para futura especialização de hipoteca legal), quanto de bens móveis (antigo sequestro definitivo, com a função de assegurar futura penhora sobre bens móveis quando o acusado não tiver bens imóveis suficientes para a reparação do dano). Antes das alterações ao CPP promovidas pela Lei nº 11.435/2006, chamavam impropriamente o arresto de sequestro. Foi, portanto, corrigido o *nomen juris*.

109. POLASTRI, Marcellus. *A tutela cautelar no processo penal*. 3. ed. São Paulo: Atlas, 2014. p. 65-77.
110. PACHECO, Denilson Feitoza. *Direito processual penal*: teoria, crítica e práxis. 4. ed. Niterói: Impetus, 2006. p. 933-936.
111. GRECO FILHO, Vicente. *Manual de processo penal*. 8. ed. São Paulo: Saraiva, 2010. p. 176-180.

(3) Hipoteca legal ou especialização e inscrição de hipoteca legal de bem imóvel; cuida-se de medida assecuratória fundada em interesse de natureza privada e que, da mesma forma que o arresto, tem a finalidade de garantir futura reparação civil do dano causado pela infração penal aos ofendidos ou aos seus sucessores. A hipoteca legal é instituída por lei, razão pela qual do cometimento da infração já estão abstratamente, *ex lege*, os bens imóveis do agente hipotecados. Não se confunde com a forma de instituição da hipoteca judicial (que se dá por força de sentença) ou da hipoteca contratual (que decorre de avença, de convenção, de contrato firmado pelos pactuantes interessados). Embora estejam os bens hipotecados legalmente "em tese" desde a prática da infração (hipotecados "em abstrato"), é necessário um registro, vale dizer, é indispensável que a hipoteca legal seja versada em linguagem jurídica. Isso ocorre com a sua "especialização e inscrição" no registro de imóveis. Em outras palavras, detalham-se os bens imóveis a serem hipotecados, estimando-se os respectivos valores, com as respectivas escriturações no cartório de registro de bens imóveis. Daí o nome "especialização e inscrição de hipoteca legal". Como sua ultimação exige maior tempo que pode ser incompatível com a urgência desta medida assecuratória, é ela precedida do arresto prévio, caracterizado como medida cautelar preparatória da hipoteca legal.

Antes de examinarmos as regras de cada uma das medidas assecuratórias de bens para eventual reparação de dano ou perdimento de bens, uma questão se antepõe: o bem de família, considerado impenhorável por força da Lei nº 8.009/1990, pode ser submetido à perda ou mesmo às medidas assecuratórias que, ao final, terá o condão de submetê-lo à penhora ou à excussão equivalente?

A resposta é positiva. Um esclarecimento se faz, porém, necessário.

O bem de família é, geralmente, impenhorável. A Lei nº 8.009/1990 arrola situações que excepcionam essa qualidade. Daí que quatro regras desse diploma, que delimitam os contornos da impenhorabilidade do bem de família, devem ser confrontadas:

(a) o art. 1º, *caput*, que dispõe que o imóvel residencial próprio do casal, ou da entidade familiar, é impenhorável e não responderá por dívida de qualquer natureza, seja ela contraída pelos cônjuges ou pelos pais ou filhos que sejam seus proprietários e nele residam, salvo nas hipóteses ali previstas;

(b) o parágrafo único, do art. 1º, que define que a impenhorabilidade compreende o imóvel sobre o qual se assentam a construção, as plantações, as benfeitorias de qualquer natureza e todos os equipamentos, inclusive os de uso profissional, ou móveis que guarnecem a casa, desde que quitados;

(c) o inciso VI, do art. 3º, que declara que a impenhorabilidade não pode ser oposta relativamente a bem adquirido com produto de crime ou quando o bem se destinar à execução de sentença penal condenatória a ressarcimento, indenização ou perdimento de bens;

(d) o inciso III, do art. 3º, que afasta a impenhorabilidade do bem de família na hipótese de se tratar de execução de crédito de pensão alimentícia. A Lei nº 13.144/2015 modificou esse inciso para resguardar os direitos, sobre o bem, do seu coproprietário que, juntamente com o devedor, integre união estável ou conjugal, atendidas as hipóteses em que eles responderão pela dívida.

Em suma, não há que se falar em impenhorabilidade do bem de família quando for o caso: (a) de bem adquirido com proveito da infração; (b) de bem destinado à execução de sentença penal condenatória, no bojo de ação civil *ex delicto* de execução (art. 63, parágrafo único, CPP), para fins de ressarcimento ou indenização pelo dano causado pela infração penal (art. 91, I, do Código Penal); e (c) de bem declarado perdido nos termos do art. 91, II, do Código Penal, ou da legislação especial correlata.

Por tal razão, a dicção da legislação processual penal do art. 137, do CPP, quando refere à penhora de bens móveis "suscetíveis de penhora" é ineficaz relativamente ao bem de família porque a lei específica sobre impenhorabilidade do imóvel familiar e dos móveis que o guarnecem expressamente autorizou que a execução civil ex delicto recaia sobre eles quando a causa de pedir for relacionada à infração penal[112].

8.2. Disciplina comum às medidas assecuratórias

As medidas assecuratórias são aplicadas de acordo com a disciplina comum do Código de Processo Penal. Existem regras específicas dispostas em leis especiais (a exemplo das Leis de Lavagem de Dinheiro e de Tráfico de Entorpecentes), que excepcionam a lei processual penal comum.

As regras específicas evidenciam um procedimento contraditório: (1) iniciativa do interessado legitimado; (2) manifestação do órgão do Ministério Público, mesmo que como *custos legis* quando o delito envolvido deve ser processado mediante ação de iniciativa privada; (3) decisão judicial; e (4) ciência do interessado para exercer impugnação ou defesa. O contraditório pela parte requerida deve ser prévio quando tal providência não implicar a frustração da efetividade da demanda. Em sede de medidas cautelares de natureza pessoal, há disposição específica nesse sentido, ordenando que o juiz ouça a parte contrária (art. 282, § 3º, do CPP). Quando houver risco de ineficácia do pedido, o contraditório é posterior, podendo ser exercido, por exemplo, através dos embargos ao sequestro do art. 130, I e II, do CPP).

Antes de examinarmos uma a uma, os aspectos a seguir devem ser considerados.

8.2.1. *Pressupostos para decretação das medidas assecuratórias:* fumus comissi delicti e periculum libertatis

A natureza jurídica das medidas assecuratórias é: (a) sob o aspecto pragmático, de medida cautelar; (b) sob o aspecto sintático, de processo incidente; (c) sob o aspecto semântico, tem natureza jurídica de direito subjetivo público de garantia. Interessa a nós a perspectiva de que as medidas assecuratórias são de natureza cautelar, de tal forma que, além serem aplicáveis as regras específicas para cada um dos institutos, também incidem, no que couberem e subsidiariamente, as disposições que constituem o procedimento para decretação das medidas cautelares em geral (art. 282, e parágrafos, CPP).

112. Em sentido contrário, defendendo que o art. 137, CPP, preconiza que o arresto sobre móveis não pode recair sobre bem móvel de família: LIMA, Renato Brasileiro de. *Curso de processo penal*. Niterói: Impetus, 2013. p. 1142.

As medidas assecuratórias têm a finalidade comum de garantir o ressarcimento futuro do dano causado pelo delito. A constrição deve ser efetuada a partir de decisão fundamentada (art. 93, IX, CF). Não pode ser imposta medida assecuratória prevista nos artigos 125 a 144-A, do CPP, sem que haja decisão que descreva fatos que constituam os motivos autorizadores para a decretação de sequestro, arresto ou hipoteca legal. Necessariamente, a decisão deve evidenciar os dois fundamentos cautelares autorizadores (evidência de infração penal ou boa fumaça do direito cautelar e perigo de permanência de liberdade ou perigo da demora da ação penal que impõe a restrição cautelar). Vejamos.

(1) ***Fumus comissi delicti*** ou ***fumus boni juris***: para a decretação de medida assecuratória, é necessária a demonstração de materialidade do delito, a evidenciar a necessidade de reparação do dano (responsabilidade civil) ou de restituição ao ***status quo ante*** (aquisição de bem com proventos da infração que fundamentará o seu perdimento, a teor do art. 91, II, CP).

(a) Para a decretação de medida assecuratória de sequestro, a demonstração do ***fumus comissi delicti*** (materialidade) ou do ***fumus boni juris*** para a constrição é satisfeita com a indicação da proveniência ilícita dos bens móveis ou imóveis através de apresentação de "indícios veementes" dessa circunstância. A conjugação dos artigos 125, 126 e 132, do CPP, aponta que o cabimento da imposição dessa medida assecuratória exige:

(a.1) descrição de que os bens imóveis ou móveis (o sequestro de bem móvel é medida subsidiária que só é admitida quando não cabível a medida de busca e apreensão alinhada no art. 240, CPP), sobre os quais a restrição será imposta ainda que tenham sido transferidos a terceiro. Há quem entenda que não é necessário que haja inquérito policial instaurado para que se dê o sequestro de bens[113]. Entendemos que é preciso, ao menos, a qualidade de indiciado – ou que seja o agente investigado formalmente quando se cuidar de instauração de procedimento criminal diverso do inquérito policial – para que se dê tal medida restritiva. Caso o sequestro recaia sobre bem de terceiro, e este deseje retomar o bem, deverá se valer de instrumento próprio (embargos), cuja petição deve narrar e demonstrar probatoriamente que a aquisição foi de boa-fé (ausência de ciência da proveniência ilícita, ausência de dolo e preço compatível com o valor de mercado do bem);

(a.2) tratando-se de crime do qual resulta prejuízo para a Fazenda Pública, a disciplina do sequestro (ou arresto, quando não se refira a bem de origem ilícita e que se destine ao futuro ressarcimento do dano), gizada no Decreto-Lei nº 3.240/1941, é mais gravosa ao acusado, podendo alcançar qualquer bem do indiciado ou acusado (sem restrição a bem que seja resultante de proventos da infração ou que seja o próprio proveito do crime, conforme pontua o STJ):

> 3. O Superior Tribunal de Justiça já se manifestou no sentido de que o sequestro de bens de pessoa indiciada ou já denunciada por crime de que resulta prejuízo para a Fazenda Pública, previsto no Decreto Lei nº 3.240/41, tem sistemática própria e não foi revogado pelo Código de Processo Penal em seus arts. 125 a 133, continuando, portanto, em pleno vigor, em face do princípio da especialidade.

113. . LIMA, Renato Brasileiro de. *Curso de processo penal*. Niterói: Impetus, 2013. p. 1120.

> 4. O art. 3º do Decreto Lei nº 3.240/41 estabelece para a decretação do sequestro ou arresto de bens imóveis e móveis a observância de dois requisitos: a existência de indícios veementes da responsabilidade penal e a indicação dos bens que devam ser objeto da constrição.
>
> 6. Com efeito, o sequestro ou arresto de bens previsto na legislação especial pode alcançar, em tese, qualquer bem do indiciado ou acusado por crime que implique prejuízo à Fazenda Pública, diferentemente das idênticas providências cautelares previstas no Código de Processo Penal, que atingem somente os bens resultantes do crime ou adquiridos com o proveito da prática delituosa.
>
> 7. Tem-se, portanto, um tratamento mais rigoroso para o autor de crime que importa dano à Fazenda Pública, sendo irrelevante, na hipótese, o exame em torno da licitude da origem dos bens passíveis de constrição[114].

(a.3) narrativa dos elementos encartados nos autos que evidenciam a existência de indícios veementes da proveniência ilícita dos bens. Naturalmente, deve ser feita menção ao delito que antecedeu a formação do patrimônio indicado como ilícito ou como resultado do produto da infração penal (***fumus comissi delicti***). Vale lembrar que o sequestro não será somente cabível em relação a produto que seja diretamente decorrente da infração penal, mas também poderá incidir esta medida assecuratória em relação ao produto que também decorre de maneira indireta da infração penal. Afinal, de acordo com a letra do CPP, para a decretação do sequestro, bastará a existência de indícios veementes da proveniência ilícita do bem, tal como o produto indireto do crime ou proveito auferido com o cometimento da infração penal (*fructus sceleris*).Com a alteração do Código Penal pela Lei nº 12.694/2012, no ponto em que faz menção à perda dos bens decorrentes de sentença condenatória (art. 91, § 1º, CP), o legislador foi expresso ao prever a possibilidade de ser decretada a perda de bens ou valores equivalentes ao produto ou proveito do crime quando estes não forem encontrados ou quando se localizarem no exterior.

De tal modo, se pode ser decretada, por ocasião da sentença penal condenatória, não só a perda dos bens que sejam produto ou proveito do crime (direto ou indireto), mas também dos "valores equivalentes" (na hipótese daqueles não serem encontrados), também será admitido que recaia sequestro sobre valores equivalentes ao proveito ou ao produto obtido pelo crime, quando tais bens não forem encontrados no poder do acusado ou caso estejam situados no exterior[115].

(b) Para a decretação de medida assecuratória de arresto, o ***fumus comissi delicti*** consiste na demonstração:

(b.1) de materialidade do delito (suporte probatório mínimo), idêntica à necessária à deflagração da ação penal. Como o arresto é medida cautelar prévia à inscrição de hipoteca legal, subtende-se que é necessária ação penal instaurada, ou seja, que o agente esteja sob a condição de acusado formal em processo penal regularmente instaurado. No entanto, admite-se que seja ele requerido em face do indiciado quando ainda em curso o inquérito policial, eis que se trata de medida cautelar preparatória da especialização e inscrição de

114. STJ – REsp 1124658/BA, Rel. Ministro OG FERNANDES, SEXTA TURMA, julgado em 17/12/2009, DJe 22/02/2010.

115. . No mesmo sentido: LIMA, Renato Brasileiro de. *Curso de processo penal*. Niterói: Impetus, 2013. p. 1118.

hipoteca legal. Não há que se falar na demonstração de origem ilícita do bem, pressuposto inerente ao sequestro, nem tampouco em ofensa à presunção de inocência[116]. O arresto pode ser visualizado como pré-cautelar, se considerada sua qualidade antecedente à hipoteca legal, quando o bem sobre o qual recai é imóvel;

(b.2) de seu caráter subsidiário, em dois sentidos: (I) deve o arresto recair preferencialmente em bens imóveis, pelo que somente se o responsável não os possuir ou os ter em valor insuficiente, é que poderão ser arrestados bens móveis suscetíveis de penhora, nos termos em que é facultada a hipoteca legal dos imóveis; (II) sendo móvel o bem a ser arrestado, é necessário que não seja cabível, primeiro, a medida de busca e apreensão (art. 240, CPP), conquanto não faça menção o dispositivo legal, tal qual o faz quanto ao sequestro (art. 132, CPP);

(c) Para a decretação de especialização e inscrição de hipoteca legal, o ***fumus comissi delicti*** ou ***fumus boni juris*** consiste na narrativa e na comprovação:

(c.1) de materialidade do delito, que é prenunciada com a certificação de existência de ação penal em curso. Embora o art. 134, CPP, fale que caberá hipoteca legal sobre os imóveis do "indiciado" e que poderá ser requerida pelo ofendido em qualquer fase "do processo", é pacífico o entendimento de que se tratou de lapso do legislador e onde se lê "indiciado", deve-se ler "acusado", palavra compatível com o requerimento formulado no curso "do processo". O dispositivo exige um ***plus*** ao reiterar que deve haver "certeza da infração" (materialidade que não se contenta com meros indícios no tocante à existência de delito) e "indícios suficientes de autoria" (o indício é menos que a certeza, são elementos de provas que podem, por indução, formarem uma prova robusta);

(c.2) diferentemente do arresto de bem imóvel, cujo pedido deve atender a exigências menores, até porque é provisório e prévio à hipoteca legal, para que seja esta especializada, a parte deverá, por requerimento, estimar o valor da responsabilidade civil, designando e estimando, ademais, o imóvel ou os imóveis que serão submetidos à restrição. É necessário que o bem imóvel hipotecado seja do acusado. O juiz, ao analisar o pedido, deve proceder ao arbitramento do valor da responsabilidade e à avaliação dos bens imóveis;

(c.3) O requerente deve instruir a petição com as provas ou indicação das provas em que se fundar a estimação da responsabilidade, com a relação dos imóveis que o responsável possuir, se outros tiver, além dos indicados no requerimento, e com os documentos comprobatórios do domínio.

(2) ***Periculum libertatis*** ou ***periculum in mora***: além da justificação que representa a plausibilidade jurídica para a imposição da medida assecuratória, o seu caráter cautelar requer a demonstração de urgência, que seja uma providência indispensável à garantia da utilidade da sentença penal condenatória quanto ao seu aspecto civil (indenização, custas, multa e restituição de bens). De tal modo, o perigo da demora deve ser evidenciado:

(a) Para a decretação da medida assecuratória de sequestro: o ***periculum in mora*** do sequestro é evidenciado pela própria situação irregular do bem, recaindo sobre aspecto fático que também constitui o ***fumus boni juris*** de sua decretação. Como o crime evidencia o

116. . STJ – RMS 21.967/PR, Rel. Ministro JORGE MUSSI, QUINTA TURMA, julgado em 05/02/2009, DJe 02/03/2009.

auferimento de proveito econômico em bens ou valores, o perigo da demora do julgamento da ação penal indica, pela própria natureza da infração penal, que é urgente a constrição.

(b) Para a decretação da medida assecuratória de arresto: a necessidade é representada pela constatação de atos concretos que indiquem o intento de disposição dos bens pelo acusado. Quando o objeto do arresto é imóvel, é ele decretado no início do processo, com o objetivo de perder a eficácia (pela revogação expressa), caso não seja promovida a hipoteca legal no prazo de quinze dias a contar da efetivação da medida.

(c) Para a decretação da medida assecuratória de hipoteca legal: evidencia o aspecto "necessidade" da constrição. Como a garantia em tela não pressupõe origem ilícita do bem, mas, diversamente, que não haja risco para o efetivo ressarcimento do dano causado pela infração penal caso haja sentença condenatória transitada em julgado, o perigo da demora decorre da possibilidade abstrata de alienação de bens do patrimônio pelo próprio acusado. Diferentemente do processo civil, não são necessários aqui atos concretos de anúncio de venda de bens, pois, com a prática da infração penal, o ofendido passa a ter, de pleno direito, hipoteca legal sobre os bens do acusado, pendente de especialização.

8.2.2. Possibilidade de alienação antecipada dos bens constritos

(1) **Noção**: a alienação antecipada é providência judicial, tomada de ofício pelo juiz ou por requerimento das partes (inclusive, o assistente do Ministério Público), no curso de procedimento para aplicação de medida assecuratória, que autoriza a venda em hasta pública (leilão para bens móveis ou praça para bens imóveis) de bens que estejam sujeitos a qualquer grau de deterioração (em razão do maior risco de perecimento) ou de depreciação (em face do desgaste natural e da oscilação do mercado), com o fito de preservação dos respectivos valores.

(2) **Finalidade**: Os bens constritos através de medidas assecuratórias são carreados à sua destinação final, como regra, depois do trânsito em julgado da sentença penal condenatória. A destinação final de tais bens ou valores pode ser: (a) a alienação (venda, excussão em hasta pública, especialmente: leilão); (b) a perda em favor da União, do Estado ou do Distrito Federal; ou (c) a restituição ao seu legítimo proprietário. No entanto, a mora processual pode causar frustração dos objetivos das medidas assecuratórias, notadamente diante da possibilidade de perda do valor de mercado dos bens, muito provável em razão das variações de preços, bem como da suscetibilidade de danos e de queda de preços de certos bens. A alienação antecipada visa, portanto, assegurar que o valor dos bens não seja diminuído, substituindo-os pelo apurado em alienação antecipada.

(3) **Cabimento**: a Lei nº 12.694/2012 inseriu no CPP o art. 144-A. Com essa disposição, tornou-se expressamente possível a "alienação antecipada", medida assecuratória necessariamente incidental ao processo penal já instaurado (autorizando sua determinação pelo juiz independentemente de provocação da parte interessada). O instituto é aplicável aos procedimentos de sequestro e de hipoteca legal. Quanto ao arresto, é cabível restritamente ao arresto de bem móvel. Como o arresto de bem imóvel é medida pré-cautelar à especialização e inscrição de hipoteca legal – e revogável quando não é proposta a hipoteca no prazo de 15 (quinze) dias da efetuação da medida, não há que se falar em alienação antecipada

quando se cuidar de medida assecuratória de arresto de bem imóvel, eis que se trata de procedimento precário e mesmo incompatível com a antecipação do seu alheamento.

(4) **Objeto**: o objeto da "alienação antecipada" é o bem sujeito a qualquer grau de deterioração ou depreciação, ou, ainda, quando houver dificuldade para sua manutenção. A lei não distingue quanto ao objeto ser bem móvel ou imóvel. O instituto pode ser útil tanto para preservar valor atribuído tanto a um bem móvel, quanto a um bem imóvel. No entanto, é mais provável que sua aplicação seja mais adequada à hipótese de bem móvel, em face de ser mais comum a deterioração e a depreciação de bem dessa natureza. No entanto, é possível que um bem imóvel corra risco de se depreciar (pouco provável, mas basta imaginar obra que está prevista para ser iniciada e ameace desvalorizar os bens da região do bem). Também é possível que um bem imóvel apresente dificuldade para sua manutenção, razão pela qual vislumbramos a aplicação do instituto de forma indistinta para móveis e imóveis, conquanto o procedimento previsto nos parágrafos aluda a "leilão" (forma de alienação própria de bem móvel), ao invés de referir à "hasta pública" e a outras medidas próprias de bens móveis.

(5) **Procedimento**: (a) decidindo o juiz pela alienação antecipada, emitirá ordem para a realização de "leilão", que será realizado, preferencialmente por meio eletrônico; (b) a venda dos bens terão por parâmetro mínimo, no primeiro leilão, o valor fixado na avaliação judicial, sendo possível a alienação por valor maior; (c) caso não seja alienado o bem no primeiro leilão, por não ter sido alcançado o valor ali estipulado, será realizado novo leilão, em até 10 (dez) dias contados da realização do primeiro, quando os bens poderão ser vendidos por valor não inferior a 80% (oitenta por cento) do estipulado na avaliação judicial; (d) havendo a alienação do bem, o seu produto ficará depositado em conta vinculada ao juízo até a decisão final do processo; (e) transitada em julgado sentença condenatória, o produto da alienação será "convertido em renda" (isto é, canalizado aos cofres da União, Estado ou Distrito Federal, de forma definitiva); (f) transitada em julgado sentença absolutória, o produto da alienação deve ser entregue ao acusado (devolvido, nos termos do § 3º, do art. 144-A, do CPP), de forma corrigida; (g) quando a indisponibilidade recair sobre dinheiro, inclusive moeda estrangeira, títulos, valores mobiliários ou cheques emitidos como ordem de pagamento, o juízo determinará a conversão do numerário apreendido em moeda nacional corrente e o depósito das correspondentes quantias em conta judicial; (h) no caso da alienação de veículos, embarcações ou aeronaves, o juiz ordenará à autoridade de trânsito ou ao equivalente órgão de registro e controle a expedição de certificado de registro e licenciamento em favor do arrematante, ficando este livre do pagamento de multas, encargos e tributos anteriores, sem prejuízo de execução fiscal em relação ao antigo proprietário; (h) o valor dos títulos da dívida pública, das ações das sociedades e dos títulos de crédito negociáveis em bolsa será o da cotação oficial do dia, provada por certidão ou publicação no órgão oficial.

8.3. Previsão de medidas assecuratórias em leis especiais

Além da legislação já referida supra, devemos ficar atentos às demais disposições previstas em outras leis especiais e que contém disposições que afetam a disciplina das medidas assecuratórias, a saber:

8.3.1. *Medidas assecuratórias específicas da Lei de Entorpecentes – crimes de tráfico ilícito de drogas (Lei nº 11.343/2006)*

A especialidade das medidas assecuratórias reais aplicáveis aos delitos de tráfico de drogas consiste:

(a) na possibilidade do juiz – de ofício (somente se existente processo penal instaurado), a requerimento do Ministério Público (na fase de investigação preliminar ou no curso do processo penal) ou mediante representação da autoridade de polícia judiciária (durante a investigação preliminar), ouvido o *Parquet* – decretar a apreensão e outras medidas assecuratórias relacionadas aos bens móveis e imóveis ou valores consistentes em produtos dos delitos relacionados ao tráfico ou que sejam proveito auferido em razão de seu cometimento;

(b) na necessidade de "indícios suficientes" para que sejam decretadas a apreensão e outras medidas assecuratórias de bens móveis e imóveis. O *caput*, do art. 60, da Lei nº 11.343/2006 não aponta o objeto dos "indícios suficientes". A omissão pode ser colmatada com a referência fundamentada à autoria e/ou à materialidade do delito relacionado a tráfico de entorpecentes e drogas afins. De todo modo, percebe-se que o legislador da Lei de Drogas estabeleceu critério mais flexível para admitir a decretação de sequestro de bens que o consignado no Código de Processo Penal (art. 126).

(b) em ser ouvido o acusado, em cinco dias, sobre a origem lícita do produto, bem ou valor objeto da decisão que decretar a medida assecuratória, podendo apresentar ou requerer produção de prova para tanto;

(c) na exigência do comparecimento pessoal do acusado a fim de que haja o conhecimento do pedido de restituição, podendo o juiz, nesse interregno, ordenar atos necessários à conservação do que foi objeto de constrição;

(d) na imposição da condição de acusado para que se torne possível a restituição, subtendendo que a liberação dos bens, produtos ou valores é incompatível com a fase de investigação preliminar. Decerto, se ainda está em curso inquérito policial é porque *a priori* se faz ainda necessário elucidar os fatos que determinaram a imposição de medida cautelar real. Naturalmente que, quando se verificar que não houve crime ou nos casos de investigação infundada, o objeto apreendido poderá ser liberado, mediante audiência do juiz, sob pena de sufragar injustiça a partir de formalidade desnecessária. Vale destacar que a decisão acerca da liberação do bem objeto de sequestro fundado na Lei nº 11.343/2006 não precisa aguardar a sentença final com seu trânsito em julgado tal como ocorre com o julgamento dos embargos ao sequestro fundados no art. 130, I e II, do CPP[117], eis que para estes há disposição específica incompatível com a forma de apreciação do pedido de liberação de bens constritos da Lei de Entorpecentes;

(e) uma vez provada a origem lícita do produto, bem ou valor, o juiz decidirá fundamentadamente pela sua liberação. A doutrina majoritária enxerga nas disposições que,

117. Art. 130. O sequestro poderá ainda ser embargado: I – pelo acusado, sob o fundamento de não terem os bens sido adquiridos com os proventos da infração; II – pelo terceiro, a quem houverem os bens sido transferidos a título oneroso, sob o fundamento de tê-los adquirido de boa-fé. Parágrafo único. Não poderá ser pronunciada decisão nesses embargos antes de passar em julgado a sentença condenatória.

em sede cautelar, impõem a comprovação da origem lícita do bem constrito para que seja possível sua devolução ao legítimo dono ou possuidor, uma espécie de inversão do ônus da prova. Badaró e Bottini observam, no contexto da Lei de Lavagem de Dinheiro, que a alegada inversão do ônus da prova, restrita às medidas cautelares assecuratórias, não é novidade no sistema pátrio. Isso porque, em sede diversa da condenatória, notadamente no exercício de juízo cautelar em sede de decretação de medidas coercitivas reais, o ordenamento jurídico sempre exige algo maior que o desaparecimento do *fumus boni iuris* para que o bem seja liberado, como se infere mesmo do sequestro de bens do Código de Processo Penal, que prevê a necessidade de sentença definitiva com trânsito em julgado para que sejam julgados os embargos, cujos argumentos devem se fundar na não aquisição dos bens com proventos da infração ou na aquisição de boa-fé quando alienados os bens a título oneroso (art. 130, I e II)[118].

(f) no deferimento da constrição de forma controlada. Vale dizer, tal qual o flagrante diferido ou ação controlada, o § 4º, do art. 60, da Lei nº 11.343/2006, estabelece que a ordem de apreensão ou de sequestro de bens, direitos ou valores poderá ser suspensa pelo juiz, ouvido o Ministério Público, quando a sua execução imediata possa comprometer as investigações;

g) na sentença de mérito em que o juiz decidirá sobre o perdimento do produto, bem ou valor apreendido, sequestrado ou declarado indisponível. Note-se que a característica da referibilidade da medida cautelar assecuratória ao provimento definitivo de mérito é albergada pelo legislador, ou seja, todos os bens apreendidos devem aludir a uma provável perda a ser decretada na sentença de procedência, quando se tratar de delitos de tráfico de entorpecentes.

8.3.2. Crimes de lavagem de dinheiro (Lei nº 9.613/1998, alterada pela Lei nº 12.683/2012)

O art. 4º, da Lei de Lavagem de Dinheiro, previu a possibilidade de decretação de medidas assecuratórias (em sentido amplo, sem restringir o cabimento de forma exclusiva ao sequestro por exemplo). Como notas características do permissivo legal, que teve o condão de ampliar o cabimento dessas medidas, temos:

(a) o poder que tem o juiz de decretar medidas assecuratórias, observada a iniciativa:

(a.1) de ofício (naturalmente com processo penal instaurado, pressuposto necessário ao sistema acusatório);

(a.2) a requerimento do Ministério Público (durante investigação preliminar ou processo penal);

(a.3) mediante representação do delegado de polícia (durante investigação preliminar), ouvido o Ministério Público em 24 (vinte e quatro) horas;

(b) a necessidade da existência de "indícios suficientes da infração penal" a fim de que seja possível a decretação do sequestro de bens fundado na Lei nº 9.613/1998 (art. 4º,

118. BADARÓ, Gustavo Henrique; BOTTINI, Pierpaolo Cruz. *Lavagem de dinheiro*: aspectos penais e processuais penais: comentários à Lei 9.613/1998, com as alterações da Lei 12.683/2012. 2. ed. São Paulo: RT, 2013. p. 310-311.

caput, da Lei nº 9.613/1998, com redação determinada pela Lei nº 12.683/2012). A noção de "indícios suficientes" refere-se à "infração penal" de lavagem de capitais e/ou àquela que lhe antecedente. A referibilidade é dupla, mas não necessariamente cumulativa para o fim de se verificar "indícios suficientes". A expressão difere da adotada pelo Código de Processo Penal para o deferimento do sequestro comum aos demais tipos de crime. Deveras, o art. 126, do CPP, exige a presença de "indícios veementes da proveniência ilícita dos bens". Comparando os dois termos, pode-se concluir que indícios suficientes da infração penal retrata grau de constatação menor (*standard* probatório de menor grau[119]) que a de "indícios veementes da proveniência ilícita dos bens", ou seja, a noção de indícios veementes representa requisito probatório mais rigoroso para que a medida de sequestro seja deferida.

(c) a exigência de fundamentação para poder decretar medidas assecuratórias de bens, direitos ou valores do investigado ou do acusado, ou existentes em nome de interpostas pessoas, que sejam instrumento, produto ou proveito dos crimes previstos na Lei de Lavagem de Capitais ou das infrações penais antecedentes. Sobre este ponto merece destacar as possibilidades:

(c.1) de recair medida assecuratória sobre bem existente em nome de interpostas pessoas (espectro maior da sua incidência objetiva);

(c.2) de recair a constrição sobre instrumento, produto ou proveito de crimes previstos na Lei de Branqueamento de Capitais ou de infrações penais antecedentes (concepção de referibilidade alargada, eis que sua plausibilidade jurídica pode também decorrer de indícios suficientes da infração penal antecedente). Aliás, como o sequestro é um meio cujo objetivo é o de evitar que o provimento final reste ineficaz, quando condenatório for, apenas tem ele cabimento sobre bens que tenham relação com o próprio crime objeto de investigação ou de ação penal. A já mencionada referibilidade dupla, ainda que alternativa (não carecendo necessariamente de cumulação), é característica específica da medida cautelar deferida com base em comprovação de lavagem de dinheiro e/ou de sua infração penal antecedente correlata. Daí que, se quanto aos crimes de tráfico de drogas, não seria possível promover o sequestro de bens adquiridos com os proventos de um roubo que não se incluiria no objeto da demanda penal (drogas), no caso de lavagem de capitais, em razão do art. 4º, da Lei nº 9.613/1998, é cabível a constrição do produto ou proveito independentemente da infração penal ser a de lavagem de dinheiro ou a que lhe é antecedente[120].

(d) estabelece regras para alienação antecipada para preservação do valor dos bens sempre que estiverem sujeitos a qualquer grau de deterioração ou depreciação, ou quando houver dificuldade para sua manutenção;

(e) a Lei de Lavagem de Capitais dispõe que o juiz determinará a liberação total ou parcial dos bens, direitos e valores quando comprovada a licitude de sua origem, mantendo-se a constrição dos bens, direitos e valores necessários e suficientes à reparação dos danos e ao pagamento de prestações pecuniárias, multas e custas decorrentes da infração penal (no ponto, a doutrina majoritária fala em inversão do ônus da prova para que haja

119. BADARÓ, Gustavo Henrique; BOTTINI, Pierpaolo Cruz. *Lavagem de dinheiro*: aspectos penais e processuais penais: comentários à Lei 9.613/1998, com as alterações da Lei 12.683/2012. 2. ed. São Paulo: RT, 2013. p. 308.

120. BADARÓ, Gustavo Henrique; BOTTINI, Pierpaolo Cruz. *Lavagem de dinheiro*: aspectos penais e processuais penais: comentários à Lei 9.613/1998, com as alterações da Lei 12.683/2012. 2. ed. São Paulo: RT, 2013. p. 290-291.

liberação dos bens, assunto sobre o qual discorremos com mais vagar no capítulo sobre "provas"). Há inversão do ônus da prova para liberação de tais bens em face de que, para fins de deferimento da medida assecuratória real, bastam indícios suficientes da infração penal referente ao branqueamento de capitais (juízo de probabilidade simples, fundado na evidência preponderante), enquanto que, para que o acusado obtenha decisão de liberação dos bens, é indispensável a comprovação da licitude da origem do bem (juízo de probabilidade maior ou elevada, arrimado em prova clara e convincente)[121];

(f) o pedido de liberação só pode ser conhecido se houver o comparecimento pessoal do acusado ou de interposta pessoa, podendo o juiz determinar a prática de atos necessários à conservação de bens, direitos ou valores. O parágrafo único, do art. 130, do CPP – que trata do momento do julgamento dos embargos opostos ao sequestro de bens –, não se aplica ao pedido de liberação de bens constritos com base na Lei nº 9.613/1998, não sendo necessário o aguardo do trânsito em julgado de sentença condenatória para este fim. Imposição desse jaez seria indevida restrição ao direito do patrimônio do possuidor ou proprietário do bem que evidenciasse a proveniência lícita do bem sequestrado;

(g) tanto é possível a decretação de medidas assecuratórias sobre bens, direitos ou valores para reparação do dano decorrente da infração penal antecedente ou da prevista na mesma Lei de Lavagem de Dinheiro, quanto para o pagamento de prestação pecuniária, multa e custas. No entanto, ao cabo da ação penal, tratando-se de sentença condenatória transitada em julgado, só será possível a decretação de perda do produto ou do proveito do crime, a título de efeito da condenação, caso exista prova plena (juízo de certeza, supedaneado em probabilidade elevadíssima a partir de prova além de dúvida razoável)[122].

8.3.3. Crimes de tráfico de pessoas (Lei nº 13.344/2016)

Há previsão específica de decretação de medidas assecuratórias patrimoniais relativamente aos crimes de tráfico de pessoas. As infrações penais que autorizam a incidência desse regramento específico são as tipificadas nos arts. 148, 149, 149-A, § 3º, do art. 158, e 159, do Código Penal, bem como a do art. 239, do Estatuto da Criança e do Adolescente. Além do preenchimento desse pressuposto de fato, devem ser observados os demais requisitos estampados no art. 8º e parágrafos, da Lei nº 13.344/2016, para que o pedido de decretação de tais medidas possa ser objeto de exame e deferimento.

(a) o poder que tem o juiz de decretar medidas assecuratórias, observada a iniciativa:

(a.1) de ofício (naturalmente com processo penal instaurado, pressuposto necessário ao sistema acusatório);

(a.2) a requerimento do Ministério Público (durante investigação preliminar ou processo penal);

(a.3) mediante representação do delegado de polícia (durante investigação preliminar), ouvido o Ministério Público;

121. BADARÓ, Gustavo Henrique; BOTTINI, Pierpaolo Cruz. *Lavagem de dinheiro*: aspectos penais e processuais penais: comentários à Lei 9.613/1998, com as alterações da Lei 12.683/2012. 2. ed. São Paulo: RT, 2013. p. 306-307.

122. BADARÓ, Gustavo Henrique; BOTTINI, Pierpaolo Cruz. *Lavagem de dinheiro*: aspectos penais e processuais penais: comentários à Lei 9.613/1998, com as alterações da Lei 12.683/2012. 2. ed. São Paulo: RT, 2013. p. 306-311.

(b) a necessidade que existam indícios suficientes de infração penal alusiva a tráfico de pessoas. A decisão deve ser fundamentada em base empírica e jurídica;

(c) a decisão que decretar medida assecuratória deve descrever a relação dela com bens, direitos ou valores pertencentes ao investigado ou acusado, ou existentes em nome de interpostas pessoas, que sejam instrumento, produto ou proveito do crime de tráfico de pessoas;

(d) ressalvadas essas diferenças, procedendo-se na forma dos arts. 125 a 144-A, do CPP. A alienação antecipada será admissível quando houver necessidade de preservação do valor dos bens, mormente quando estiverem sujeitos a qualquer grau de deterioração ou depreciação, ou quando houver dificuldade para sua manutenção;

(e) o juiz deve ordenar a liberação total ou parcial dos bens, direitos e valores quando comprovada a licitude de sua origem, mantendo-se a constrição dos bens, direitos e valores necessários e suficientes à reparação dos danos e ao pagamento de prestações pecuniárias, multas e custas decorrentes da infração penal. Sobre o que falamos a respeito de inversão do ônus da prova em matéria penal, remetemos o leitor ao Capítulo VII (provas).

(g) É pressuposto de conhecimento do pedido de liberação de bens que o acusado ou investigado compareça pessoalmente ou por interposta pessoa em cujo nome esteja o bem, podendo o juiz determinar a prática de atos necessários à conservação de bens, direitos ou valores, sem prejuízo do disposto de ser determinada alienação antecipada.

(h) Essa medida assecuratória tem natureza mais assimilável ao sequestro, notadamente porque se destina à efetivar o perdimento de bens decretado na sentença de mérito, a teor do § 4º, da Lei 13.344/2016: "ao proferir a sentença de mérito, o juiz decidirá sobre o perdimento do produto, bem ou valor apreendido, sequestrado ou declarado indisponível".

(i) Além de mesclar institutos processuais penais (sequestro), com aqueles impostos na esfera civil (indisponibilidade de bens), o art. 9º, da Lei de Tráfico de Pessoas, firmou que a Lei nº 12.850/2013 tem aplicação subsidiária a ela.

8.4. Sequestro de bens imóveis

Estudaremos a partir deste ponto as medidas assecuratórias disciplinadas pelo Código de Processo Penal e que são aplicadas à maioria dos casos, ressalvadas as hipóteses examinadas acima (Lavagem de Dinheiro e Entorpecentes) e peculiaridades da legislação extravagante (Decreto-Lei nº 3.240/1941).

8.4.1. Cabimento

O sequestro de bens imóveis pode ser determinado tanto no inquérito quanto no processo, recaindo sobre imóveis adquiridos, pelo indiciado ou acusado, "com os proventos da infração, ainda que já tenham sido transferidos a terceiro" (art. 125, CPP).

Nos termos do art. 126, CPP, "para a decretação do sequestro, bastará a existência de indícios veementes da proveniência ilícita dos bens". No entanto, a ordem de sequestro deve permitir conhecer o motivo pelo qual o objeto ou os objetos que carecem da cautela estão vinculados à atividade ilícita, sua importância como prova, bem como indicar precisamente qual o alcance do sequestro, porquanto, como afirma Claus Roxin, "la orden global de secuestro 'de todos los objetos encontrados'" não se compraz "com el principio del Estado de Derecho"[123].

Outrossim, a ordem de sequestro – que tem cabimento em qualquer fase do processo ou ainda antes de oferecida a denúncia ou queixa – pode ser proferida pelo juiz, "de ofício, a requerimento do Ministério Público ou do ofendido, ou mediante representação da autoridade policial" (art. 127, CPP).

Calha interpretar o art. 127, do CPP, em compasso com o sistema acusatório: o juiz só poderá decretar o sequestro de bens de ofício quando já promovida a ação penal (no curso do processo). Na fase investigatória, será necessário requerimento do Ministério Público ou representação da autoridade policial – seguida de anuência do *Parquet* –, para que o magistrado possa emitir a ordem de sequestro.

Inscrição no registro de imóveis: o art. 128 do CPP estatui que uma vez "realizado o sequestro, o juiz ordenará a sua inscrição no Registro de Imóveis". Cuida-se de uma forma de tornar pública a restrição, assegurando a eficácia do provimento condenatório final, bem como protegendo direito de terceiros contra eventual evicção.

8.4.2. *Embargos*

Em compasso com os ditames da Constituição do Brasil, a medida cautelar de sequestro admite procedimento contraditório através de uma ação autônoma, que são os embargos. Com efeito, de um lado permite-se ao acusado provar que o bem não foi adquirido com os proventos da infração e, de outro, autoriza-se o terceiro a demonstrar que o bem foi adquirido onerosamente e de boa-fé.

Com esse intuito, o art. 129, do CPP, preconiza que "o sequestro autuar-se-á em apartado e admitirá embargos de terceiro", assim como o art. 130, do CPP, verbera que "o sequestro poderá ainda ser embargado":

(1) "pelo acusado, sob o fundamento de não terem os bens sido adquiridos com os proventos da infração"; e

(2) "pelo terceiro, a quem houverem os bens sido transferidos a título oneroso, sob o fundamento de tê-los adquirido de boa-fé". Têm, portanto, fundamentação vinculada aos limites legais.

Como o Código de Processo Penal não fala do momento para a oposição dos embargos, tratando-se de embargos do acusado, devemos aplicar, por analogia (art. 3º, CPP), o prazo do § 4º, do art. 792, do CPC/2015, qual seja, quinze dias contados da intimação. Sendo a hipótese de embargos de terceiro (pessoa diversa do acusado), o juízo penal também deve recorrer às disposições do CPC/2015 para conferir tramitação regular a eles. Deve invocar, nessa hipótese, o art. 675, do CPC/2015, que se reporta aos embargos de terceiro no processo de conhecimento, enquanto não transitada em julgado a sentença, bem como durante o processo de execução. Esses embargos podem ser opostos a qualquer tempo no

123. ROXIN, Claus. *Derecho procesal penal*. Buenos Aires: Editores Del Puerto, 2003. p. 300.

processo de conhecimento enquanto não transitada em julgado a sentença, e, no processo de execução, em até cinco dias depois da adjudicação, da alienação por iniciativa particular ou da arrematação, mas sempre antes da assinatura da respectiva carta.

Na forma estabelecida pelo parágrafo único, do art. 130, do CPP, não poderá ser pronunciada decisão nesses embargos antes de passar em julgado a sentença condenatória. Em outras palavras, esses embargos serão julgados pelo juízo criminal, após o trânsito em julgado do processo principal.

8.4.3. Recurso

Da decisão que concede ou nega o pedido de sequestro, cabe apelação.

Note-se que, além da possibilidade de se embargar o sequestro na forma do art. 130, do CPP, há possibilidade de manejo de recurso de apelação, evidentemente sem efeito suspensivo, admitida doutrinária e jurisprudencialmente com base no art. 593, II, do mesmo Código.

8.4.4. Levantamento

Por ser medida de constrição patrimonial extrema, que retira o suposto titular do bem de sua administração, a sua subsistência deve estar pautada na estrita necessidade. Portanto, se a ação criminal não for intentada em 60 dias, contados da data em que for concluída a diligência (e não do efetivo registro no cartório imobiliário); ou se o terceiro prestar caução, assegurando o ressarcimento dos danos causados pelo delito; ou ainda se houver sentença absolutória ou extintiva da punibilidade transitada em julgado, o instituto deve ser levantado, o que significa a desoneração do bem, que fica livre de qualquer impedimento (art. 131, CPP).

Observação especial merece a exigência do legislador de que a decisão favorável ao réu tenha seu "trânsito em julgado" para que seja possível o levantamento do sequestro nas hipóteses de sentença absolutória ou de extinção de punibilidade. Entendemos que a absolvição do acusado descalça a medida cautelar de sequestro de seu inarredável pressuposto: *fumus comissi delicti* (fumaça do cometimento do delito) ou *fumus boni iuris* (fumaça do bom direito para a imposição de medida cautelar).

Ao que nos parece, medida cautelar restritiva de direitos, seja ela pessoal ou patrimonial, não sobrevive a uma sentença de improcedência da pretensão punitiva estatal ou mesmo de extinção dessa pretensão punitiva. Daí que, no ponto que exige o trânsito em julgado da sentença favorável ao acusado para o levantamento do sequestro sobre bens de suposta origem ilícita, o art. 131, III, CPP, não foi recepcionado pela Constituição do Brasil, por não se conformar com o princípio da proporcionalidade para limitação do direito de propriedade e com o devido processo jurídico substancial.

Evidentemente que a restrição poderá ser útil para garantir medidas cautelares cíveis, na hipótese de sobejar ilícito civil, a exemplo de improbidade administrativa, o que pode justificar alguma utilidade do dispositivo do art. 131, III, CPP.

8.4.5. Destinação ao final do processo

Uma vez transitada em julgado a sentença condenatória, existindo o sequestro de bens imóveis, deverá o próprio juiz da causa criminal valer-se do art. 133 do CPP, determinando a avaliação e venda dos bens em leilão público, sendo a quantia arrecadada, no que não couber ao lesado ou ao terceiro de boa-fé, recolhida ao Tesouro Nacional.

Como se depreende, o confisco de bens decretado na sentença condenatória (art. 91, CPP) opera o efeito de efetivar a reparação do dano causado pela infração penal e o pagamento de demais encargos, tais como prestação pecuniária e multa, caso não tenha a fiança eventualmente prestada sido suficiente para adimplir todas as despesas. Daí a importância do juiz fazer alusão expressa ao destino dos bens sequestrados.

8.5. Sequestro de bens móveis

Quando o bem móvel é produto direto do crime, é passível de busca e apreensão (art. 240 e ss., CPP). Todavia, se é considerado provento do delito, leia-se, bem obtido com a especialização do produto da infração, estará sujeito a sequestro. Assim, o dinheiro tomado em assalto é objeto de busca e apreensão (produto do crime). Já o bem móvel adquirido com os valores é o proveito, sendo passível de sequestro, e sua disciplina, no que for compatível, é a mesma do sequestro de imóveis (art. 132, CPP).

Em outros termos, sendo o bem móvel produto direto da infração penal, a exemplo da coisa furtada, a providência a ser tomada não é o sequestro de bem móvel, mas sim a busca e apreensão. De outro lado, se, com o lucro auferido pelo crime (proveito), o agente adquire bens como veículos e iates, não é o caso de busca e apreensão, porém de sequestro.

Vale lembrar, mais uma vez, que o § 1º, do art. 91, do Código Penal, passou a admitir a decretação da perda de bens ou valores equivalentes ao produto ou proveito do crime, desde que seja constatada a suficiência da seguinte condição: quando não forem encontrados o produto ou proveito do crime ou ainda quando estes se localizarem no exterior. Ora, sendo possível a perda ao final, também é viável no início da persecução penal a decretação de "sequestro" de bens móveis equivalentes ao produto ou proveito do crime. Como esta medida assecuratória pode recair sobre bem de origem lícita ou que não tenha relação de causalidade com a empreitada delituosa (meramente "equivalente"), terá ela, nesta hipótese, muito mais a natureza de arresto do que de sequestro.

8.5.1. Cabimento

Pode ser determinado tanto no inquérito quanto no processo, tendo larga aplicação ao longo de toda a persecução penal.

8.5.2. Embargos

São cabíveis, sob os mesmos argumentos do cabimento de embargos para combater a decretação de sequestro de bens imóveis.

8.5.3. Recurso

Da decisão que concede ou nega o pedido de sequestro, cabe apelação.

8.5.4. Levantamento

O sequestro não subsiste se a ação criminal não for intentada em sessenta dias, ou se o terceiro prestar caução, ou ainda se houver sentença absolutória ou extintiva da punibilidade. Ocorrendo a hipótese, o sequestro será levantado (art. 131, CPP).

Cabe aqui a mesma observação anotada acima para o levantamento de sequestro de bens imóveis: sustentamos a não recepção da parte final do inciso III, do art. 131, do CPP, quando exige trânsito em julgado da sentença absolutória ou daquela extintiva de punibilidade para que a constrição seja levantada.

Ressalva-se a possibilidade da Fazenda Pública se precaver e, na esfera cível, pleitear medidas cautelares ou providência, por exemplo, no bojo de ação civil pública por improbidade administrativa.

8.5.5. Destinação ao final do processo

Da mesma forma que no sequestro de imóveis, uma vez transitada em julgado a sentença condenatória, existindo o sequestro de bens móveis, cabe ao juiz criminal valer-se do art. 133 do CPP, determinando a avaliação e venda em leilão público, e a quantia arrecadada, no que não couber ao lesado ou ao terceiro de boa-fé, será recolhida ao Tesouro Nacional.

8.6. Hipoteca legal

8.6.1. Cabimento e legitimidade

A hipoteca legal é medida assecuratória que recai sobre imóveis de origem lícita, de propriedade do acusado. Sua decretação só é cabível durante o processo. É com essa ideia que o art. 134 do CPP dispõe que "a hipoteca legal sobre os imóveis do indiciado poderá ser requerida pelo ofendido em qualquer fase do processo, desde que haja certeza da infração e indícios suficientes da autoria". Há uma impropriedade terminológica no texto legal, que se refere a indiciado, quando em verdade o adequado seria réu, afinal, a medida é típica da fase processual.

De tal modo, a legitimidade ativa para o requerimento de especialização e inscrição de hipoteca legal é conferida ao ofendido ou aos seus sucessores (herdeiros). Ao juiz não é dado promover de ofício a especialização e inscrição de hipoteca legal. É indispensável que haja o pedido do interessado legitimado, sendo irrelevante que a hipoteca seja medida cujo cabimento só se dá quando já instaurado processo penal condenatório.

Com efeito, nos termos do art. 1.489, inciso III, do Código Civil – na senda de que a medida assecuratória de hipoteca legal tem por fundamento interesse preponderantemente privado –, a lei confere hipoteca ao ofendido, ou aos seus herdeiros, sobre os imóveis do delinquente, para satisfação do dano causado pelo delito e pagamento das despesas judiciais. A Fazenda Pública e o Ministério Público não têm legitimidade para requerer hipoteca legal em favor do ofendido particular, eis que o Código Civil vigente não contempla essa possibilidade como antes fazia o Código Civil de 1916. Caso a Fazenda Pública figure como ofendida de delito, terá, logicamente, legitimidade para pleitear a medida assecuratória de "sequestro" (sequestro em sentido próprio ou com natureza de "arresto"), mas com fundamento no Decreto-Lei nº 3.240/1941, estudado no tópico 8.2.1.

De outro lado, a legitimidade passiva da medida assecuratória é do réu, acusado ou querelado. A hipoteca legal tem o fito de viabilizar a reparação do dano causado pelo crime (art. 91, I, CP), considerando que é "direito real instituído sobre imóvel alheio para garantir uma obrigação de ordem econômica, sem que haja transferência da posse do bem gravado para o credor"[124].

8.6.2. Embargos

Embora não haja previsão expressa no CPP, acreditamos que o terceiro que tenha seus bens afetados poderá opor embargos com amparo no art. 674 e seguintes, do CPC/2015, aplicáveis por analogia (art. 3º, CPP). São, portanto, cabíveis, por analogia, os embargos de terceiro dirigidos à constrição decorrente de arresto de bem móvel ou de hipoteca legal.

Nos termos do referido art. 674, quem, não sendo parte no processo, sofrer constrição sobre bens que possua ou sobre os quais tenha direito incompatível com o ato constritivo, poderá requerer o seu desfazimento por meio de embargos de terceiro. Tal dispositivo não se aplica aos casos de sequestro fundados no CPP (artigos 128 e seguintes), eis que existe regra específica para tais hipóteses. Também não incide sobre as demais situações de sequestros gizadas em legislação especial, porque para essas existem formas especiais de levantamento.

Quanto ao prazo para oposição dos embargos de terceiro, a regra a incidir, em qualquer hipótese, é a do art. 675, do CPC/2015 (a qualquer tempo, durante o processo de conhecimento, antes de transitar em julgado a sentença; em cinco dias, no curso da execução, contados da constrição indevida[125]).

8.6.3. Procedimento

O procedimento da inscrição de hipoteca legal é o estabelecido no art. 135, CPP. Com efeito, a especialização de hipoteca legal ocorre "mediante requerimento, em que a parte estimará o valor da responsabilidade civil, e designará e estimará o imóvel ou imóveis que terão de ficar especialmente hipotecados". Recebido o pedido, "o juiz mandará logo proceder ao arbitramento do valor da responsabilidade e à avaliação do imóvel ou imóveis" (art. 135, ***caput***, CPP).

Os bens que são objetos de hipoteca legal devem ser registrados no nome do acusado. É medida assecuratória de natureza eminentemente formal, imprescindível à especialização e à inscrição de hipoteca legal. Caso não seja o bem registrado regularmente ou exista debate

124. MIRABETE, Julio Fabbrini. *Código de processo penal interpretado*. 11. ed. São Paulo: Atlas, 2006. p. 428.

125. Nos termos do art. 675, do CPC/2015, "os embargos podem ser opostos a qualquer tempo no processo de conhecimento enquanto não transitada em julgado a sentença e, no cumprimento de sentença ou no processo de execução, até 5 (cinco) dias depois da adjudicação, da alienação por iniciativa particular ou da arrematação, mas sempre antes da assinatura da respectiva carta".

sobre se realmente pertence ao acusado, não caberá esta medida assecuratória, sem prejuízo da incidência de outras regras para que sejam requeridas medidas cautelares diversas da hipoteca legal. Evidentemente que se parte ideal do bem estiver registrado no nome do réu (quando o acusado possui direitos sobre a coisa), será possível a hipoteca legal, respeitados os direitos dos terceiros sobre o bem imóvel.

A petição da medida assecuratória de hipoteca legal deve estar acompanhada das provas ou da "indicação das provas em que se fundar a estimação da responsabilidade, com a relação dos imóveis que o responsável possuir, se outros tiver, além dos indicados no requerimento, e com os documentos comprobatórios do domínio" (§ 1º, art. 135, CPP). É o lastro probatório mínimo, essencial para a decretação da medida (justa causa).

O juiz ouvirá as partes no prazo de dois dias, e em que pese a previsão de que o curso deste ocorrerá em cartório (§ 3º, art. 135), entendemos que a intimação é de rigor. Pode ainda corrigir o valor estipulado da responsabilidade, se reputar deficiente ou excessivo o ***quantum*** fixado pelas partes ou pelo perito por ele nomeado (caso não haja avaliador judicial), a teor dos parágrafos 2º e 3º do art. 135, CPP.

Ao final, será proferida decisão, autorizando "somente a inscrição da hipoteca do imóvel ou imóveis necessários à garantia da responsabilidade" (§ 4º, art. 135, CPP).

Como se infere, a destinação dos bens hipotecados é para ressarcimento do dano causado pelo ilícito penal.

Sem embargo, "o valor da responsabilidade será liquidado definitivamente após a condenação, podendo ser requerido novo arbitramento se qualquer das partes não se conformar com o arbitramento anterior à sentença condenatória" (§ 5º, art. 135, CPP).

8.6.4. Recurso

Da decisão do juiz de primeiro grau que determina ou nega a inscrição da hipoteca legal, cabe apelação ao tribunal ***ad quem***, nos termos do art. 593, inciso II, CPP.

O cabimento da apelação se fundamenta no fato de que tal decisão, proferida em autos apartados, é decisão com força de definitiva, ao menos de forma preponderante, já que, conquanto de natureza cautelar, tem traços antecipativos, se examinados os seus efeitos após o trânsito em julgado da sentença penal condenatória.

8.6.5. Levantamento

Conforme o art. 141, CPP, a hipoteca legal será cancelada "se, por sentença irrecorrível, o réu for absolvido ou julgada extinta a punibilidade". A dicção do enunciado normativo está imbricada com a finalidade do instituto que é, ao cabo, ressarcir o ofendido e adimplir despesas processuais. Daí que quando não sobrevier título executivo judicial, porém sentença transitada em julgado desprovida daquela natureza, a restrição real de hipoteca não subsistirá.

Cabe aqui a mesma observação anotada acima para o levantamento de sequestro de bens imóveis: sustentamos a não recepção da parte final do inciso III, do art. 131, do CPP, quando exige trânsito em julgado da sentença absolutória ou extintiva de punibilidade para que a constrição seja levantada. No que toca à disposição do art. 141, CPP, com conteúdo análogo e redação dada pela Lei nº 11.435/2006, teremos a sua inconstitucionalidade na parte que requer trânsito em julgado da sentença de absolvição ou de extinção de punibilidade (verificada na expressão "por sentença irrecorrível") para que a hipoteca legal seja cancelada, eis que restará afastado o pressuposto do *fumus boni iuris* necessário à manutenção da medida cautelar.

Antes do trânsito em julgado da sentença condenatória, a hipoteca legal cuja inscrição tenha se consumado, pode ser cancelada no caso de oferecimento de caução pelo acusado, mediante autorização judicial, haja vista que o § 6º, do art. 135, prevê que a caução suficiente oferecida pelo réu poderá ser fundamento para a não efetivação da inscrição da hipoteca legal.

E se o ofendido, depois de remetidos os autos de hipoteca legal ao juízo cível, não requerer sua excussão, permanecendo inerte? Ficam os bens imóveis com a inscrição de hipoteca legal de forma indefinida no tempo? Caso negativo, depois de quanto tempo o juiz pode determinar o levantamento da hipoteca registrada no cartório de imóveis?

A legislação não resolve expressamente a questão. Duas correntes são possíveis:

(1) a primeira no sentido de que o prazo para que o ofendido requeira a excussão da hipoteca no juízo cível é de noventa dias contados do trânsito em julgado da sentença penal condenatória, com esteio no art. 122, do CPP, por analogia, após o que deve a hipoteca ser cancelada; e

(2) a segunda, que sustentamos, defende que a hipoteca legal será levantada após o decurso do prazo prescricional para a ação de ressarcimento pelo dano causado pelo crime que, segundo o art. 206, § 3º, V, do Código Civil, é o de três anos, lapso este que deve ser contado a partir da data que transitar em julgado a sentença penal condenatória. Enquanto não promovida a necessária ação pelo ofendido no juízo cível, ficam os autos no arquivo provisório. Após o decurso do prazo prescricional, deve o juiz cível ordenar o levantamento da hipoteca e enviar os autos ao arquivo definitivo com baixa na distribuição.

8.6.6. *Destinação ao final do processo*

Os autos de hipoteca legal devem ser remetidos ao juiz cível (art. 143, CPP). Diferentemente do sequestro, cujos bens são inseridos em leilão realizado pelo próprio juízo penal, a excussão hipotecária é de competência da esfera judiciária civil.

O art. 140, do CPP, averba que a hipoteca legal objetiva assegurar o ressarcimento do dano, alcançando também as despesas processuais e as penas pecuniárias, com preferência sobre estas a reparação do dano ao ofendido.

No entanto, esse dispositivo padece de uma incompatibilidade lógica, necessitando de interpretação que o torne útil, válido. Isso porque, como vimos, a hipoteca legal e as medidas de arresto têm lastro em interesse particular. Aliás, sequer a Fazenda Pública tem legitimidade para requerê-la em favor do ofendido, como legitimada extraordinária (art. 18, *caput*, CPC/2015). Ora, a prestação pecuniária tem natureza de pena restritiva de direito, sendo manifestação do *jus puniendi* estatal, pelo que os valores auferidos pela excussão da hipoteca não podem ser diretamente destinados ao seu ressarcimento, mormente quando se admitir a reversão da pena de prestação pecuniária em pena privativa de liberdade.

As despesas processuais, por seu turno, também possuem, ao menos parcialmente, natureza pública, eis que são constituídas pelas custas e, muito remotamente, por honorários de advogado (arbitrados apenas nas ações penais de iniciativa privada, quando acusação e defesa estão patrocinados por defensores constituídos). Quanto ao adimplemento das custas, pensamos que os valores auferidos pela excussão da hipoteca legal não podem, diretamente, servir a esta finalidade. Claro que a Fazenda Pública poderá tomar as providências executivas diversas para que seja satisfeito seu crédito, promovendo demanda autônoma no juízo cível competente e alcançando, por esta via, a satisfação de sua pretensão mediante a penhora do crédito remanescente.

8.7. Arresto de bens móveis (antigo sequestro definitivo ou subsidiário)

Antes da Lei nº 11.435/2006, o arresto de bens móveis era impropriamente chamado de sequestro pelo Código de Processo Penal. Com a redação dada ao art. 137 do CPP, a falta de técnica foi sanada pelo legislador, pontificando que, "se o responsável não possuir bens imóveis ou os possuir de valor insuficiente, poderão ser arrestados bens móveis suscetíveis de penhora, nos termos em que é facultada a hipoteca legal dos imóveis". O § 2º, do art. 137, do CPP, de outro lado, possibilita que "das rendas dos bens móveis poderão ser fornecidos recursos arbitrados pelo juiz, para a manutenção do indiciado e de sua família".

Sem embargo, caso esses bens móveis sejam "coisas fungíveis e facilmente deterioráveis, proceder-se-á na forma do § 5º do art. 120" do CPP, ou seja, podem ser de pronto vendidos em leilão, depositando-se o valor apurado à disposição do juízo, ou podem ser restituídos a quem os detinha mediante lavratura de termo nos autos, sendo esta pessoa idônea e assumindo a responsabilidade (§ 1º, art. 137, CPP).

8.7.1. Cabimento

O arresto de bens móveis do art. 137 será admissível na forma como "é facultada a hipoteca legal", mormente quando:

1) tiver o objetivo de "garantir a satisfação de indenização futura";

2) o acusado não dispuser de "imóveis suficientes para garantir a indenização", razão pela qual este arresto é "subsidiário e complementar", sendo prioridade a "hipoteca legal (sobre bens imóveis); e,

3) haja "prova do crime e indícios de autoria"[126].

Dessa forma, o arresto de móveis é medida residual, sendo invocado quando não existam bens imóveis de origem lícita, ou em havendo, sejam insuficientes para viabilizar a indenização dos danos causados pela infração.

Daí ser o arresto de bens móveis também chamado de residual, subsidiário ou complementar.

126. GOMES, Luiz Flávio. *Direito processual penal*. São Paulo: RT, 2005. p. 169.

Quanto aos requisitos específicos para o seu deferimento, há necessidade de "certeza da infração" e "indícios suficientes de autoria" para o arresto de bens móveis, tal como exigido à hipoteca legal de imóveis.

O pedido deve estar acompanhado de "prova inequívoca", ou seja, "prova clara e convincente" acerca da existência de delito, bem como deve induzir juízo de probabilidade simples, fundado na evidência preponderante, no que toca a sua autoria, representado por indícios suficientes (no plural), categoria análoga à noção de "prova semiplena" ou "prova indiciária" e que é denominada mais tecnicamente de "elementos de informação", em regra constituídos sem procedimento contraditório.

8.7.2. Embargos

Embora não haja previsão expressa no CPP, acreditamos que o terceiro que tenha seus bens afetados poderá opor embargos com amparo no art. 674 e seguintes, do CPC/2015, aplicáveis por analogia (art. 3º, CPP). São, portanto, cabíveis, por analogia, os embargos de terceiro dirigidos à constrição decorrente de arresto de bem móvel ou de hipoteca legal.

Nos termos do referido art. 674, quem, não sendo parte no processo, sofrer constrição sobre bens que possua ou sobre os quais tenha direito incompatível com o ato constritivo, poderá requerer o seu desfazimento por meio de embargos de terceiro. Tal dispositivo não se aplica aos casos de sequestro fundados no CPP (artigos 128 e seguintes), eis que existe regra específica para tais hipóteses. Também não incide sobre as demais situações de sequestros gizadas em legislação especial, porque para essas existem formas especiais de levantamento.

Quanto ao prazo para oposição dos embargos de terceiro, a regra a incidir, em qualquer hipótese, é a do art. 675, do CPC/2015 (a qualquer tempo, durante o processo de conhecimento, antes de transitar em julgado a sentença; em cinco dias, no curso da execução, contados da constrição indevida[127]).

8.7.3. Procedimento

A medida deve ser requerida pela parte interessada. Nas localidades onde existir Defensoria Pública estruturada, não terá incidência o art. 142, CPP, que preconiza que "caberá ao Ministério Público promover as medidas estabelecidas nos artigos 134 e 137, se houver interesse da Fazenda Pública, ou se o ofendido for pobre e o requerer". Perlustre-se, de mais a mais, que não tem mais aplicação a parte do enunciado que atribui ao ***Parquet*** o papel de representante da Fazenda Pública, haja vista que atualmente os entes federativos contam com órgãos de advocacia pública e a Constituição Federal de 1988 traçou nova postura funcional para o Ministério Público (art. 127, CF/1988).

127. Nos termos do art. 675, do CPC/2015, "os embargos podem ser opostos a qualquer tempo no processo de conhecimento enquanto não transitada em julgado a sentença e, no cumprimento de sentença ou no processo de execução, até 5 (cinco) dias depois da adjudicação, da alienação por iniciativa particular ou da arrematação, mas sempre antes da assinatura da respectiva carta".

O processo de arresto de bem móvel correrá em auto apartado, de acordo com a redação do art. 138, do CPP, conferida pela Lei nº 11.435/2006. Uma vez arrestados os bens, serão eles entregues a um depositário, sujeitando-se ao regime processual civil (art. 139, CPP).

8.7.4. Recurso

Da decisão que decreta ou denega o arresto não cabe recurso específico, razão pela qual é plausível admitir a impetração de mandado de segurança como sucedâneo recursal.

No entanto, a jurisprudência tem se manifestado pelo cabimento de apelação, em razão da definitividade da decisão de arresto de bem móvel (não o de bem imóvel, que é prévio, preparatório de hipoteca legal!). É que a decisão que resolve o pleito cautelar de arresto de bem móvel contém contornos permanentes em termos processuais. Ademais, diante da existência de dúvida razoável quanto à espécie de recurso a ser interposto, o que justificaria a aplicação do princípio da fungibilidade, plausível a admissão do apelo[128].

8.7.5. Levantamento

A teor do art. 141 do CPP, com a redação dada pela Lei nº 11.435/2006, "o arresto será levantado" quando, "por sentença irrecorrível, o réu for absolvido ou julgada extinta a punibilidade".

Cabe aqui a mesma observação anotada acima para o levantamento de sequestro de bens imóveis: sustentamos a não recepção da parte final do inciso III, do art. 131, do CPP, quando exige trânsito em julgado da sentença absolutória ou extintiva de punibilidade para que a constrição seja levantada. No que toca à disposição do art. 141, CPP, com conteúdo análogo e redação dada pela Lei nº 11.435/2006, teremos a sua inconstitucionalidade na parte que requer trânsito em julgado da sentença de absolvição ou de extinção de punibilidade (verificada na expressão "por sentença irrecorrível") para que o arresto de bem móvel seja cancelado, eis que restará afastado o pressuposto do *fumus boni iuris* necessário à manutenção da medida cautelar.

8.7.6. Destinação ao final do processo

Os autos do arresto de bens móveis devem ser remetidos ao juiz cível (art. 143, c/c o art. 63, CPP), diversamente do que ocorre com o sequestro, que é resolvido no próprio juízo penal[129] e com o de arresto de bens imóveis, que é prévio à hipoteca legal e deve seguir ao juízo cível com os autos desta última.

---

128. Nesse sentido o TRF5: "A decisão judicial que defere medida cautelar de arresto possui caráter definitivo, em termos processuais. Em razão disso, o meio processual adequado para impugná-la é o recurso de apelação […]" (TRF5 – Segunda Turma – Processo: 00018664720124050000 – MS102892/CE – Relator Desembargador Federal Fernando Braga – Julgamento: 20/08/2013 – DJE 29/08/2013 – Página 540". Também o TRF4: "1. Cabível é a via da apelação para desconstituir decisão definitiva que impõe cautelar penal típica – arresto, sequestro ou hipoteca legal –, após procedimento contraditório legal, ou mesmo ao fim dos competentes embargos. 2. A decisão inicial de arresto provisório, ainda pendente de especialização e manifestação das partes, bem como de final decisão definitiva, não pode ser atacada pelo recurso de apelação, voltado às decisões com força de definitividade – art. 593, inc. II do CPP (TRF4, RSE 0000495-80.2010.404.7102, Sétima Turma, Relator Marcos Roberto Araujo dos Santos, D.E. 12/08/2010).

129. PACHECO, Denilson Feitoza. *Direito processual penal*: teoria, crítica e práxis. 4. ed. Niterói: Impetus, 2006. p. 736.

Ao cabo, a medida cautelar de arresto objetiva garantir o ressarcimento do dano, eis que tem supedâneo de interesse particular do ofendido ou de seus herdeiros. O art. 140, do CPP, aduz que as garantias de ressarcimento de dano alcançam também as despesas processuais e as penas pecuniárias, com preferência sobre estas a reparação do dano ao ofendido. No juízo cível é que serão resolvidas pretensões de ressarcimento, com base em sentença penal condenatória, título executivo que é.

As mesmas observações quanto à incompatibilidade lógica do art. 140, CPP, anotadas para o caso da destinação do apurado pelo bem imóvel submetido à inscrição e à especialização de hipoteca legal, tem cabimento aqui para o arresto de bens imóveis (tópico 8.6.6).

8.8. Arresto de imóveis (antigo sequestro prévio)

O arresto é medida assecuratória que recai sobre imóveis de origem lícita, a serem submetidos, em momento ulterior, à hipoteca legal. Cuida-se de uma providência puramente cautelar dos direitos do lesado, em face do perigo da demora na especialização da hipoteca legal. Caso não seja promovido o procedimento de especialização da hipoteca no prazo de quinze dias da determinação do arresto, será ele revogado (art. 136, CPP).

Cabe destacar que a Lei nº 11.435/2006 modificou o art. 136, do CPP. Antes dessa alteração, a doutrina criticava a denominação da medida em tela de sequestro (sequestro prévio), eis que o bem objeto da cautela não estaria em litígio, elemento distintivo dessas medidas assecuratórias. O legislador conferiu mais técnica ao art. 136, do CPP, ao estatuir que "o arresto do imóvel poderá ser decretado de início, revogando-se, porém, se no prazo de 15 (quinze) dias não for promovido o processo de inscrição da hipoteca legal".

Em se tratando de bens de origem lícita submetidos às medidas assecuratórias, passada em julgado a sentença condenatória no juízo criminal, os autos da hipoteca legal e do arresto serão remetidos ao juízo cível, para que lá se torne efetivo o ressarcimento em face dos danos causados pelo ilícito criminal.

8.8.1. Cabimento

Nos termos da primeira parte do art. 136, CPP, com a redação dada pela Lei nº 11.435/2006, "o arresto do imóvel poderá ser decretado de início". Cuida-se de medida cautelar preparatória de especialização de hipoteca legal superveniente. Por tal razão, para ser cabível o arresto do imóvel, deve este ser de origem lícita e de propriedade do acusado.

Enquanto a inscrição de hipoteca legal deve ser proposta durante o processo, a cautelar preparatória dela – o arresto –, pode ser movida também durante o inquérito policial. Todavia, em face da exiguidade do prazo para o manejo do processo de inscrição de hipoteca legal (quinze dias), se o arresto de imóvel for requerido durante a fase investigativa, haverá maior risco de incidir hipótese para sua revogação (art. 136, CPP).

Para a viabilidade do arresto de imóvel, é mister que se demonstre a existência da infração penal e indícios suficientes de autoria, tal como se exige para a hipoteca legal (art. 134, CPP). De mais a mais, deve ficar evidenciada a existência de dano causado pelo crime, a demandar reparação (art. 91, I, CP).

8.8.2. Embargos

Não são cabíveis, para o arresto de imóveis, os embargos previstos no art. 130 do CPP, já que o antigo "sequestro prévio" tem natureza de garantia à hipoteca legal. Apreciando o tema, o STJ decidiu que "a via impugnativa dos embargos, prevista no art. 130 do CPP, é cabível no caso de o sequestro recair sobre bens imóveis adquiridos com os proventos da infração, medida constritiva prevista no art. 125 do mesmo diploma processual."[130] Assim, recaindo o arresto de imóveis sobre bens de origem lícita, entendemos cabíveis apenas os embargos previstos nos arts. 674 e seguintes do CPC/2015, por aplicação analógica (art. 3º, CPP).

A teor do referido art. 674, quem, não sendo parte no processo, sofrer constrição sobre bens que possua ou sobre os quais tenha direito incompatível com o ato constritivo, poderá requerer o seu desfazimento por meio de embargos de terceiro. Tal dispositivo não se aplica aos casos de sequestro fundados no CPP (artigos 128 e seguintes), eis que existe regra específica para tais hipóteses. Também não incide sobre as demais situações de sequestros gizadas em legislação especial, porque para essas existem formas especiais de levantamento.

Quanto ao prazo para oposição dos embargos de terceiro, a regra a incidir, em qualquer hipótese, é a do art. 675, do CPC/2015 (a qualquer tempo, durante o processo de conhecimento, antes de transitar em julgado a sentença; em cinco dias, no curso da execução, contados da constrição indevida[131]).

8.8.3. Recurso

Da decisão que decreta ou denega o arresto não cabe recurso específico, razão pela qual é plausível admitir a impetração de mandado de segurança como sucedâneo recursal.

Note-se que a decisão que resolve o pedido de arresto de bem imóvel não é definitiva nem tem força de definitiva, pelo que não é possível a interposição de apelação (art. 593, CPP), diversamente do que ocorre com o arresto de bem móvel. É que o arresto de bem imóvel é uma etapa de passagem para a necessária especialização dos bens arrestados e respectiva inscrição de hipoteca legal.

130. STJ – Quinta Turma – RMS 14465/SC – Rel. Min. Arnaldo Esteves Lima – DJ 09/05/2005.

131. Nos termos do art. 675, do CPC/2015, "os embargos podem ser opostos a qualquer tempo no processo de conhecimento enquanto não transitada em julgado a sentença e, no cumprimento de sentença ou no processo de execução, até 5 (cinco) dias depois da adjudicação, da alienação por iniciativa particular ou da arrematação, mas sempre antes da assinatura da respectiva carta".

	Cabimento	Embargos	Recurso	Levantamento	Destinação ao final do processo
Sequestro de bens imóveis	‣ recai sobre imóveis adquiridos com proventos da infração	‣ acusado e terceiro podem opor	‣ Apelação	‣ se a ação não for intentada em 60 dias ‣ se o terceiro prestar caução ‣ sentença absolutória ou extintiva da punibilidade	‣ o que não couber ao lesado ou terceiro de boa-fé será recolhido ao Tesouro Nacional
Sequestro de bens móveis	‣ recai sobre bens móveis adquiridos com proventos da infração cabível durante o IP ou ação penal	‣ acusado e terceiro podem opor	‣ Apelação	‣ se a ação não for intentada em 60 dias se o terceiro prestar caução ‣ se houver sentença absolutória ou extintiva da punibilidade	‣ o que não couber ao lesado ou terceiro de boa-fé será recolhido ao Tesouro Nacional
Hipoteca legal	‣ recai sobre bens imóveis de origem lícita ‣ cabível durante a ação penal	‣ terceiro que tenha seus bens atingidos (art. 674, CPC/2015)	‣ Apelação	‣ se o acusado prestar caução ‣ se houver sentença absolutória ou extintiva da punibilidade	‣ ressarcimento do dano, despesas processuais e as penas pecuniárias
Arresto de bens móveis	‣ é residual em relação à hipoteca legal recai sobre bens móveis suscetíveis de penhora é medida cautelar preparatória de especialização de hipoteca legal ‣ recai sobre bens imóveis de origem lícita ‣ cabível durante o inquérito ou ação penal	‣ terceiro que tenha seus bens atingidos (art. 674, CPC/2015) ‣ terceiro que tenha seus bens atingidos (art. 674, CPC/2015)	‣ não cabe recurso ‣ admite-se impetração de M ‣ não cabe recurso. Admite-se impetraçao de MS S	‣ se houver sentença absolutória ou extintiva da punibilidade ‣ se o acusado prestar caução ‣ se houver sentença absolutória ou extintiva da punibilidade	‣ ressarcimento do dano, despesas processuais e as penas pecuniárias ‣ É medida preparatória da especialização de hipoteca legal

9. INCIDENTE DE FALSIDADE

9.1. Introdução

O documento objeto do incidente de falsidade "pode ser conceituado de forma ampla ou de modo restrito. Em sentido amplo é o objeto idôneo a servir de prova, que inclui não só o escrito, mas também objetos outros", tal como uma fotografia. É o conceito que adotamos para efeito do incidente em estudo. Tomado em seu sentido estrito, documento é "toda peça escrita que condensa graficamente o pensamento de alguém, podendo provar um fato ou a realização de algum ato dotado de significação ou relevância jurídica"[132].

Havendo dúvidas acerca da idoneidade de um determinado documento, o meio hábil para desentranhá-lo dos autos é a instauração do incidente de falsidade. Contudo, no processo penal, não é indispensável a instauração de tal incidente, em face da liberdade probatória que tem o juiz penal para, fundamentadamente, alijar a validade de um documento, sem carecer de providência mais formal[133].

O incidente de falsidade tem a finalidade de retirar dos autos o documento sob o qual recai suspeita quanto a sua seriedade e sinceridade – evitando que o juiz seja levado "a cometer erro, com graves prejuízos para a administração da Justiça" – e, para tanto, será instaurado "um processo especialmente estabelecido para a averiguação da pretendida falsidade" para resolver tal questão incidental[134].

Entrementes, considerando que o cabimento do incidente está atrelado à relevância jurídica da arguição, mais adequado é compreender que os efeitos da declaração devem se referir ao processo penal aludido na petição do incidente. O documento – ou parte dele – pode ser mais ou menos relevante a depender do conteúdo da ação penal principal. Daí que reputar inútil o incidente se cuida de uma ilação excessiva, até porque, como pontifica Afrânio Silva Jardim, "a busca da verdade real ou material, consagrada na segunda parte do art. 156 do Código de Processo Penal, é uma decorrência da própria natureza do bem da vida e valores que justificam a existência mesmo do processo penal", qual seja: "o interesse do Estado em tutelar a liberdade individual"[135].

9.2. Espécies

Os documentos são classificados segundo duas espécies, a saber: originário ou instrumento e eventual. É originário o documento gerado com o propósito de provar, a exemplo do contrato. Eventual é aquele que, embora possa servir como prova, não foi produzido para tal fim. De todo modo, a "característica essencial do documento, ainda, é a relevância jurídica do escrito, ou seja, é necessário que a expressão do pensamento nele contido tenha possibilidade de gerar consequências no plano jurídico"[136].

O incidente de falsidade, em regra, é apropriado para questionar a falsidade material do documento, sua contrafação, eis que o objeto sobre o qual recaiu a alteração poderá ser periciado de maneira objetiva. No entanto, não é de todo impossível que o documento

132. MIRABETE, Julio Fabbrini. *Processo Penal*. 14. ed. São Paulo: Atlas, 2003. p. 245.
133. GRECO FILHO, Vicente. *Manual de processo penal*. 8. ed. São Paulo: Saraiva, 2010. p. 180.
134. TOURINHO FILHO, Fernando da Costa. *Código de processo penal comentado*. 5. ed. São Paulo: Saraiva, 1999. v.1. p. 336.
135. JARDIM, Afrânio Silva. *Direito processual penal*. 11. ed. Rio de Janeiro: Forense, 2002. p. 200.
136. MIRABETE, Julio Fabbrini. *Processo Penal*. 14. ed. São Paulo: Atlas, 2003. p. 245-246.

eivado de falsidade ideológica, com informações inexatas ou inverídicas, apesar de materialmente verdadeiro, seja também objeto de exame pericial por *experts*.

Basta imaginar um documento que tenha numeração equivocada e que evidencie sua falsidade ideológica, embora materialmente perfeito. A perícia recairá sobre a coerência dos dados ali consignados, para concluir pela falsidade do documento. Numerações como a da Carteira Nacional de Habilitação tem regras para verificação de autenticidade. Malgrado a requisição por ofício ao órgão de trânsito possa elucidar a questão, a perícia pode ser necessária caso ainda subsista a dúvida depois das informações prestadas pela autoridade responsável.

9.3. Legitimidade

O incidente de falsidade documental pode ser suscitado pelas partes (Ministério Público, querelante ou acusado). O art. 146 do CPP deixa gizado que "a arguição de falsidade, feita por procurador, exige poderes especiais", especialmente porque o incidente pode evidenciar indícios de crime de quem apresentou o documento e, ***a contrario sensu***, se improcedente, pode indicar delito cometido pelo arguente. Entendemos que também o assistente de acusação tem legitimidade para ingressar com a arguição de falsidade. Essa a tendência legislativa, que vem ampliando os poderes do assistente, para além das hipóteses do art. 271 do CPP. Há, entretanto, posicionamento contrário de Demoro Hamilton, sustentando a inadmissibilidade do incidente quando suscitado pelo acusador particular[137]. De todo modo, o juiz pode reconhecer de ofício a falsidade documental, a teor do art. 147 do Código de Processo Penal.

9.4. Procedimento do incidente

A arguição do incidente deve ser dirigida ao juiz na forma escrita. O magistrado coleta a oitiva da parte contrária, concedendo-lhe prazo de 48 horas para manifestação. Em seguida, abre prazo de três dias, sucessivamente, para alegações das partes. Havendo necessidade, o juiz determinará diligências, para, ao cabo, serem os autos conclusos para decisão.

Deveras, nos termos do art. 145 do CPP, "arguida, por escrito, a falsidade de documento constante dos autos", o juiz: (1) ordenará a autuação da impugnação, em apartado; (2) determinará a intimação da parte contrária para, no prazo de 48 horas, oferecer resposta; (3) assinará o lapso de três dias, de forma sucessiva, a cada uma das partes, com a finalidade de apresentação de prova de suas alegações; (4) mesmo depois de conclusos os autos para decisão, poderá converter o julgamento em diligência, se entender necessário; e, (5) prolatará decisão, rejeitando ou acolhendo a alegação de falsidade, mandando, neste último caso, assim que se tornar irrecorrível tal decisão, "desentranhar o documento e remetê-lo, com os autos do processo incidente, ao Ministério Público".

O incidente de falsidade não implica suspensão da marcha processual.

137. HAMILTON, Sérgio Demoro. Estudos de processo penal: 3ª Série. Rio de Janeiro: Lúmen Júris, 2007. p. 188.

Anote-se, ademais, que o processo incidente de falsidade guarda algumas peculiaridades. Com efeito, em face do interesse que permeia a arguição, a confissão da parte contrária não é capaz de impedir que o juiz determine diligências de ofício, se entender necessário. É que pode estar em jogo a presença de crime de falso ideológico ou material, a compelir o magistrado a enviar cópia dos autos ao ***Parquet***, seja pelo teor do art. 40, CPP, seja pela disposição específica do art. 145, IV, CPP.

A seu turno, é importante destacar que o documento reconhecidamente falso não deixa de ser enquadrado no conceito de prova ilícita, e o seu desentranhamento, com posterior remessa ao MP para apurar eventual infração perpetrada, é de todo salutar. Dessa forma, e como anotaremos mais a frente, no Capítulo pertinente às provas, não entendemos aplicável a previsão do § 3º do art. 157 do CPP, ao determinar que a prova ilícita, uma vez retirada dos autos, deve ser destruída. A posição aqui assumida se deve não só pelo princípio da especialidade, já que para os documentos temos regra própria, estampada no art. 145, inc. IV, CPP, mas também pelo fato de que a destruição da prova ilícita acabaria por eliminar a própria materialidade que demonstra a ilegalidade na sua produção, correndo-se o risco de não ter como responsabilizar aquele que produziu o documento material ou ideologicamente falso.

9.5. Efeitos

O incidente de falsidade só produzirá seus efeitos no âmbito do processo penal relativo ao documento questionado. A arguição não implica coisa julgada material, mas tão somente formal, tal como se depreende do art. 148, CPP. Uma vez reconhecida a falsidade, o documento é retirado do processo, com a remessa dos autos do incidente ao Ministério Público, eis que é o órgão que detém eventual ***opinio delicti***.

No entanto, para que o documento seja efetivamente retirado dos autos, exige-se a preclusão da decisão que reconheceu a falsidade, vale dizer, que haja o decurso *in albis* do prazo para interposição de recurso em sentido estrito. Tal conclusão decorre da interpretação literal do art. 145, IV, do CPP, que sublinha que, uma vez reconhecida a falsidade por decisão irrecorrível, o juiz determinará seu desentranhamento e remessa ao Ministério Público juntamente com os autos do processo incidente.

Frise-se, pois, que essa decisão não fará coisa julgada em futuro processo cível ou criminal. Com Magalhães Noronha, pode-se dizer que, em essência, "o único efeito da decisão, no processo incidente, é manter o documento nos autos principais ou deles desentranhá-lo"[138].

9.6. Recurso

A decisão que resolve, em primeira instância, o incidente de falsidade desafia recurso em sentido estrito (art. 581, XVIII, CPP). Esse recurso não é dotado de efeito suspensivo (art. 584, CPP), subindo ao tribunal de segunda instância "nos próprios autos do incidente"[139].

138. NORONHA, E. Magalhães. *Curso de direito processual penal*. 28. ed. São Paulo: Saraiva, 2002. p. 108.

139. NORONHA, E. Magalhães. *Curso de direito processual penal*. 28. ed. São Paulo: Saraiva, 2002. p. 107.

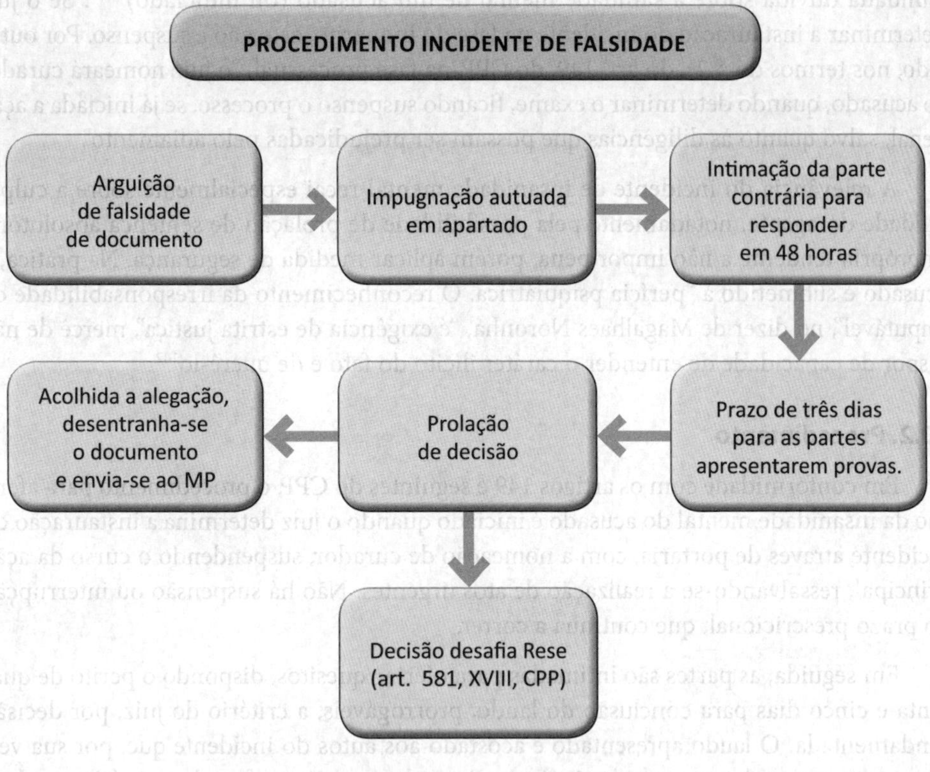

10. INCIDENTE DE INSANIDADE MENTAL

10.1. Introdução

Pairando dúvidas sobre a higidez mental do autor do ilícito, deve ser instaurado o incidente de insanidade mental, podendo ocorrer durante o inquérito ou no processo. Decerto, constatando situação de dúvida sobre a integridade mental do acusado, "o juiz ordenará, de ofício ou a requerimento do Ministério Público, do defensor, do curador, do ascendente, descendente, irmão ou cônjuge do acusado, seja este submetido a exame médico-legal" (art. 149, CPP).

Como se infere, diferentemente do incidente de falsidade, a instauração do incidente de insanidade mental é obrigatória, ato essencial, em razão da necessidade de se adequar ao exigido para a aplicação da lei penal, especialmente para que a perícia responda sobre se o acusado era capaz de entender o caráter ilícito do fato. Cabe enfatizar, na senda de Greco Filho: "outro exame de insanidade ou a interdição civil serão elementos circunstanciais que levam à determinação da realização do exame específico, mas não o substituem"[140].

A instauração do incidente pode ter lugar também em virtude "de representação da autoridade policial" (§ 1º, art. 149, CPP), além dos legitimados acima, desde que haja

140. GRECO FILHO, Vicente. *Manual de processo penal*. 8. ed. São Paulo: Saraiva, 2010. p. 182.

"fundada dúvida sobre a sanidade mental de um acusado (ou indiciado)"[141]. Se o juiz determinar a instauração do incidente na fase do inquérito, este não é suspenso. Por outro lado, nos termos do § 2º, do art. 149, do CPP, na fase processual, "o juiz nomeará curador ao acusado, quando determinar o exame, ficando suspenso o processo, se já iniciada a ação penal, salvo quanto às diligências que possam ser prejudicadas pelo adiamento".

A relevância do incidente de insanidade mental recai especialmente sobre a culpabilidade do agente, notadamente pela possibilidade de prolação de sentença absolutória imprópria tendente a não impor pena, porém aplicar medida de segurança. Na prática, o acusado é submetido à "perícia psiquiátrica. O reconhecimento da irresponsabilidade do imputável", no dizer de Magalhães Noronha, "é exigência de estrita justiça", mercê de não dispor de capacidade de entender o caráter ilícito do fato e de querê-lo[142].

10.2. Procedimento

Em conformidade com os artigos 149 e seguintes do CPP, o procedimento para aferição da insanidade mental do acusado é iniciado quando o juiz determina a instauração do incidente através de portaria, com a nomeação de curador, suspendendo o curso da ação principal, ressalvando-se a realização de atos urgentes. Não há suspensão ou interrupção do prazo prescricional, que continua a correr.

Em seguida, as partes são intimadas para ofertar quesitos, dispondo o perito de quarenta e cinco dias para conclusão do laudo, prorrogáveis, a critério do juiz, por decisão fundamentada. O laudo apresentado é acostado aos autos do incidente que, por sua vez, devem ser apensados aos autos principais. Entendemos que na fase do inquérito o advogado do indiciado deve ser admitido a apresentar quesitos, mesmo ao reconhecimento que nesta etapa impera a inquisitoriedade. Como é o magistrado que tem legitimidade para determinar o incidente, ainda que na fase pré-processual, deve determinar a intimação do advogado do suspeito para que apresente os quesitos que entender pertinentes.

A apresentação de quesitos será facultada às partes (Ministério Público, querelante, assistente do Ministério Público – isto é, ofendido habilitado como assistente e representado por advogado –, acusado e seu defensor), bem como a indicação de assistente técnico.

Apesar de rara a hipótese, o juiz pode discordar das conclusões do laudo pericial que aprecia a insanidade mental do acusado, não estando adstrito ao laudo pericial. Essa possibilidade lhe rende o nome de *peritus peritorum*, isto é, o juiz é o perito dos peritos. A não vinculação do magistrado ao laudo decorre da função judicante que está investido, eis que pode julgar a partir de outros elementos probatórios produzidos.

10.3. Sequência

1º) o juiz baixa portaria, instaurando o incidente;

2º) o curador é nomeado;

141. GOMES, Luiz Flávio. *Direito processual penal*. São Paulo: RT, 2005. p. 170.

142. NORONHA, E. Magalhães. *Curso de direito processual penal*. 28. ed. São Paulo: Saraiva, 2002. p. 110.

3º) o processo principal é suspenso e a prescrição corre normalmente, sem prejuízo da realização de diligências urgentes;

4º) as partes ofertam quesitos;

5º) o(s) perito(s) se manifesta(m) em até quarenta e cinco dias, prorrogáveis a critério do juiz. Com a redação imprimida ao art. 159 do CPP pela Lei nº 11.690/2008, se o perito é oficial, atuará sozinho. Já os peritos nomeados pelo magistrado, na falta de perito oficial, são em número de dois;

6º) os autos, que corriam em apartado, são apensados aos principais.

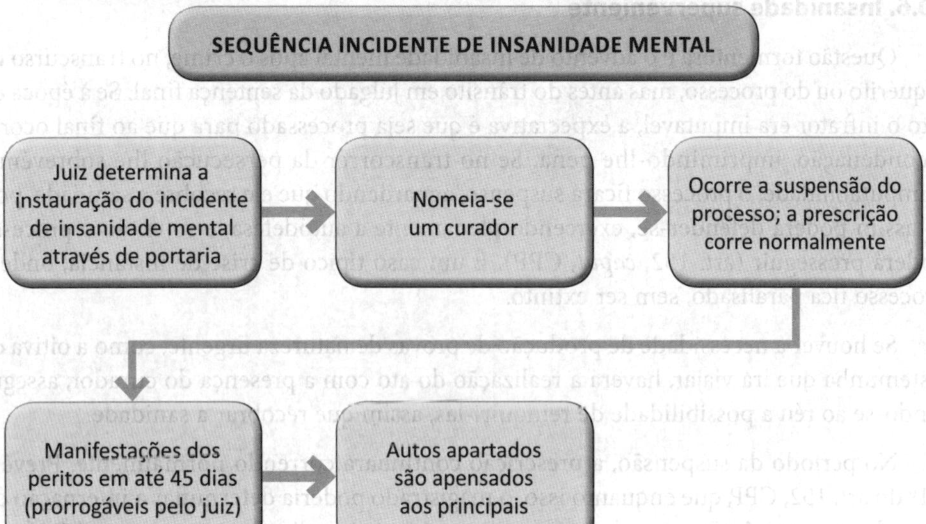

10.4. Recurso

A decisão que determina a instauração do incidente é irrecorrível. Todavia, é possível o ajuizamento de mandado de segurança como sucedâneo recursal. Já no que concerne à decisão que rejeita o incidente de insanidade, cabível é a impetração de *habeas corpus* contra ela. Salvo ilegalidade manifesta, onde seria aventável o mandado de segurança, o agente não pode negar-se a se submeter ao incidente, isto porque o expediente objetiva a detecção da higidez mental que irá refletir na postura a ser assumida em razão da sanção cabível, se pena, ou medida de segurança, não havendo contrariedade ao art. 5º, inc. LXIII, ao asseverar que ninguém pode ser obrigado a fazer autoincriminação.

10.5. Insanidade que se manifesta no cumprimento da pena

Advindo a inimputabilidade na fase da execução da pena, o juízo das execuções poderá valer-se do art. 41 do Código Penal, para determinar o recolhimento do acometido em hospital de custódia e tratamento psiquiátrico, ou na sua falta, em outro estabelecimento adequado. Neste caso, a expectativa é de que o transtorno seja apenas provisório. Tanto é verdade, que durante a internação o indivíduo continua cumprindo pena, e se esta chegar ao seu final, ele deve ser libertado.

Contudo, se estiver seguro de que o transtorno mental do condenado é definitivo, deve agir segundo o art. 183 da Lei de Execuções Penais, que determina que "quando, no curso da execução da pena privativa de liberdade, sobrevier doença mental ou perturbação da saúde mental, o juiz, de ofício, a requerimento do Ministério Público ou da autoridade administrativa, poderá determinar a substituição da pena por medida de segurança". Neste caso, o tratamento agora passa a ser o das medidas de segurança, que não possuem prazo máximo, perdurando até o agente recobrar a sanidade.

10.6. Insanidade superveniente

Questão tormentosa é o advento de insanidade mental após o crime, no transcurso do inquérito ou do processo, mas antes do trânsito em julgado da sentença final. Se à época do fato o infrator era imputável, a expectativa é que seja processado para que ao final ocorra a condenação, imprimindo-lhe pena. Se no transcorrer da persecução lhe sobrevém a inimputabilidade, o processo ficará suspenso, aguardando que ele recobre a sanidade, pois só assim poderá defender-se, exercendo plenamente a autodefesa, e só então o processo poderá prosseguir (art. 152, *caput*, CPP). É um caso típico de crise de instância, onde o processo fica paralisado, sem ser extinto.

Se houver a necessidade de produção de provas de natureza urgente, como a oitiva de testemunha que irá viajar, haverá a realização do ato com a presença do curador, assegurando-se ao réu a possibilidade de reinquiri-las, assim que recobrar a sanidade.

No período da suspensão, a prescrição continuará correndo normalmente. Prevê o § 1º do art. 152, CPP, que enquanto isso, o magistrado poderia determinar a internação do acusado em manicômio ou estabelecimento congênere. Acreditamos que esta previsão fere a presunção de inocência, afinal, haveria antecipação da medida que só pode ser estabelecida com a sentença definitiva. Havendo periculosidade, nada impede, notadamente quando exista intervenção familiar, que o demandado seja submetido a tratamento psiquiátrico, interditado e até mesmo internado em medida extrapenal. Em sentido contrário, Guilherme Nucci é partidário da constitucionalidade da medida (art. 152, § 1º, CPP), não só como forma de proteção social, mas também do próprio imputado, que sofre das faculdades mentais[143].

11. AÇÃO CIVIL DE CONFISCO (*CIVIL FORFEITURE ACTION*)

11.1. Noção

Ação civil de confisco é o instrumento, existente em alguns ordenamentos jurídicos estrangeiros, que tem a finalidade de tornar mais eficaz a recuperação de ativos financeiros que tenha sido objeto de delitos de lavagem de capitais. É a ação judicial de natureza cível cujo objeto é o perdimento de bens de maneira antecipada e independente da tramitação da ação penal.

143. NUCCI, Guilherme de Souza. *Manual de processo e execução penal*. 3.ed. São Paulo: RT, 2007. p. 323.

11.2. Distinções

A ação civil de confisco não se confunde com a ação civil *ex delicto*, nem com a ação civil pública, senão vejamos:

1) A ação civil *ex delicto* visa o ressarcimento do dano provocado pelo crime (paralelamente ou não à ação penal, fundada ou não em título judicial condenatório).

2) A ação civil de confisco visa antecipar o perdimento de bens que sejam proveito, produto do crime ou objeto ilícito para o cometimento de lavagem de dinheiro (corre paralelamente, independentemente ou, ainda, antecipadamente à ação penal condenatória).

3) A ação civil pública visa anular ato ou omissão, e/ou ressarcimento de dano causado pela conduta/omissão ilícita (Lei nº 7.347/1985 e Lei nº 8.429/1992). Embora a ação civil confiscatória se aproxime da ação civil pública por ser da competência do juízo cível e ser promovida pelo Ministério Público, dela se distancia porque, enquanto a ação civil pública tem objeto que colima precipuamente reparar dano, a ação civil de confisco objetiva concretizar o perdimento de bens que, por seu turno, seria efeito secundário (genérico) da ação penal condenatória. Na ação civil de confisco não há necessidade de se identificar pessoa lesada, mas simplesmente a de individualizar a origem ilícita dos bens, direitos e valores que constituam proveito dos crimes previstos na Lei nº 9.613/1998.

11.3. Finalidade

A demanda civil de confisco viabiliza a constituição de um título executivo judicial cível, antes do trânsito em julgado da sentença penal condenatória. Através dela (ação cível confiscatória), é possível dar maior celeridade ao perdimento de bens, sem prejuízo das garantias de um devido processo judicial. Tem a vantagem de ter objeto restrito à questão dos bens, não envolvendo outros assuntos do processo penal típico ou tradicional, cujos limites ocultam problemas relativos aos bens apreendidos[144].

11.4. Perdimento de bens segundo o direito brasileiro

De acordo com o sistema brasileiro, o perdimento de bens em favor da União é efeito genérico da condenação criminal transitada em julgado, na forma do art. 91, II, "b", do Código Penal. Em outras palavras, o perdimento em sentido estrito só ocorre, no nosso sistema, perante o juízo penal condenatório (efeito secundário da sentença penal). Isso porque há, no Brasil, o confisco de natureza criminal, promovido na esfera penal (***criminal forfeiture action***).

Não existe, desse modo, previsão legal específica de uma ação civil de confisco, isto é, destinada ao perdimento dos bens, sendo, em regra, um efeito civil da condenação penal.

Em razão disso, nas persecuções penais fundadas na Lei de Lavagem de Capitais, corre-se o risco de, por motivos relacionados à extinção da punibilidade do delito de lavagem de dinheiro, findar por ser ineficaz a medida cautelar de sequestro ou a alienação antecipada de bens, na forma gizada na Lei nº 9.613/1998, com as alterações da Lei 12.683/2012. Isso

144. BARCELOS, Andréa Beatriz Rodrigues de. Recuperação de ativos provenientes de lavagem de capitais. *Boletim Científico da Escola Superior do Ministério Público da União*, Brasília, ano 5, nº 18-19, p. 139, jan.-jun 2006.

porque a ação penal condenatória pode demorar a ser ajuizada ou, ainda, sua tramitação pode ser demasiadamente lenta.

Note-se que o sequestro cautelar sobre bens, direitos e valores na forma prevista na Lei de Lavagem de Dinheiro (branqueamento de capitais, em Portugal), tem o objetivo de viabilizar confisco futuro que, segundo o sistema brasileiro, só acontece com o trânsito em julgado de sentença penal condenatória.

Em outras palavras, para se tornar definitiva a restrição ao patrimônio objeto da lavagem, é preciso o trânsito em julgado de sentença penal condenatória. Daí que, sem a existência de uma ação civil de confisco, haverá maior possibilidade de frustração do efeito secundário de perdimento de bens, direitos ou valores de proveniência ilícita, notadamente quando ocorrer absolvição ou extinção da punibilidade pela prescrição do delito.

11.5. Necessidade de criação de ação civil de confisco com objeto amplo

O risco de não ser possível a decretação de perdimento de bens, objetos e valores nos crimes de lavagem de capitais, segundo a forma tradicional prevista no art. 91, II, "b", do Código Penal, recomenda que seja criada uma ação civil de confisco (***civil forfeiture action***). Tal demanda seria apropriada para evitar a ineficácia estatal quanto à recuperação de ativos financeiros objeto de infração penal de lavagem de dinheiro, haja vista que seria ajuizada de forma autônoma e independente da promoção e do desfecho da ação criminal correlata. Suas vantagens seriam análogas àquela obtida pela ação civil ***ex delicto*** de conhecimento – mas com esta não se confunde, conforme visto acima –, que pode correr anterior ou paralelamente à ação penal condenatória[145].

11.6. Existência de ação confiscatória no direito brasileiro restrita aos casos de culturas ilegais de plantas psicotrópicas e de exploração de trabalho escravo

No sistema jurídico brasileiro há hipótese autorizadora de ação civil de confisco, conforme dispositivo com sede constitucional.

De acordo com o art. 243, *caput*, da Constituição de 1988, com redação conferida pela Emenda Constitucional nº 81/2014, "as propriedades rurais e urbanas de qualquer região do País onde forem localizadas culturas ilegais de plantas psicotrópicas ou a exploração de trabalho escravo na forma da lei serão expropriadas e destinadas à reforma agrária e a programas de habitação popular, sem qualquer indenização ao proprietário e sem prejuízo de outras sanções previstas em lei, observado, no que couber, o disposto no art. 5º".

Em complementação, o parágrafo único, daquele dispositivo constitucional, enfatiza que "todo e qualquer bem de valor econômico apreendido em decorrência do tráfico ilícito de entorpecentes e drogas afins e da exploração de trabalho escravo será confiscado e reverterá a fundo especial com destinação específica, na forma da lei".

Veja-se que a regra de direito material confiscatória recai de forma independente sobre bens envolvidos com delito de tráfico ilícito de entorpecentes[146] (aplicação restrita aos

145. BARCELOS, Andréa Beatriz Rodrigues de. Recuperação de ativos provenientes de lavagem de capitais. *Boletim Científico da Escola Superior do Ministério Público da União*, Brasília, ano 5, nº 18-19, p. 142, jan.-jun 2006.

146. TRF1 – AC 200133000117567, JUIZ FEDERAL LEAO APARECIDO ALVES, TRF1 – TERCEIRA TURMA, DJ DATA: 19/10/2007.

crimes da Lei nº 11.343/2006) e sobre as propriedades rurais e urbanas onde for verificada exploração de trabalho escravo.

O texto constitucional é expresso ao dizer que as glebas onde forem localizadas culturas ilegais de plantas psicotrópicas serão imediatamente expropriadas, bem como que todo bem de valor econômico apreendido em razão do tráfico ilícito de drogas será confiscado. Mesmo cânone tem lugar para os casos de exploração de trabalho escravo, conforme dispuser a legislação.

12. QUADRO SINÓTICO

CAPÍTULO VI – QUESTÕES E PROCESSOS INCIDENTES		
CONSIDERAÇÕES INICIAIS		
Questão incidente é o fato que pode acontecer no curso do processo (procedimento) e que deve ser decidido pelo juiz antes de adentrar no mérito da causa principal. Com o intuito de não criar tumulto na lide, as questões incidentes serão apreciadas em autos apartados, normalmente apensos ao principal. Julio Fabbrini Mirabete divide os incidentes em questões prejudiciais e processos incidentes. As questões prejudiciais são as que "devem ser resolvidas previamente porque se ligam ao mérito da questão principal, ou seja, há uma dependência lógica entre as duas questões", ao passo que os processos incidentes, *stricto sensu*, "dizem respeito ao processo", podendo "ser resolvidos pelo próprio juiz criminal".		**1**
Incidente processual	É todo fato que recai no curso de um processo. Exige decisão no curso do procedimento do feito principal (decisão incidenter tantum) ou de forma paralela, em autos apartados, quando teremos um processo incidente.	**1.1**
Processo incidente	São procedimentos independentes, ajuizados no mesmo juízo perante o qual tramita a ação penal condenatória principal.	**1.2**
Ponto em sentido processual	É a afirmação em estado simples, alegação, pleito ou fato processual não refutado pela parte adversa.	**1.3**
Questão	É o ponto concreto acerca do qual ocorre justaposição do direito de punir e do direito de liberdade.	**1.4**
Questão incidente	É o fato que recai no curso do procedimento da ação penal principal e que reclama, em regra, decisão prévia ao julgamento do mérito central.	**1.5**
Questão prévia	Refere-se ao momento em que a questão é examinada. Quando sua apreciação deve preceder o julgamento do mérito da ação penal principal.	**1.6**
Questão preliminar ou processual	A questão preliminar ou, apenas, preliminar, é o fato processual que deve ser examinado de forma prévia ao julgamento do mérito do caso penal. A existência da preliminar é dependente da existência do processo principal.	**1.7**
Questão prejudicial	A questão prejudicial é fato meritório secundário que deve ser apreciado previamente ao julgamento do mérito da causa principal. A prejudicial impõe uma decisão prévia como condição necessária ao exame do mérito.	**1.8**

CAPÍTULO VI – QUESTÕES E PROCESSOS INCIDENTES		
Questão sucessiva e posterior	A questão incidente pode ensejar uma questão sucessiva e posterior ao julgamento do mérito da causa principal. Nesses casos, o que há é uma questão sucessiva à questão prévia e, por tal razão, posterior a esta.	**1.9**
Autuação em apartado	Com o intuito de não criar tumulto na lide, os incidentes processuais serão apreciados em autos apartados, normalmente apensos ao principal, quando não for possível solução sem que haja desvio da temática processual do caso penal principal ou modificação do procedimento.	**1.10**
QUESTÕES PREJUDICIAIS		
"Prejudicial" significa aquilo que deve ser julgado antecipadamente. Reclama uma decisão prévia, e está ligada ao *meritum causae*.		**2**
Classificação		
Prejudicial homogênea e heterogênea	São ditas homogêneas, comuns ou imperfeitas as questões prejudiciais que pertencem e podem ser resolvidas na mesma jurisdição, ou no mesmo ramo do Direito. Já as heterogêneas, jurisdicionais ou perfeitas são as prejudiciais que transbordam os limites da jurisdição da causa prejudicada (causa principal) e vão produzir efeitos em outras esferas do Direito.	**2.1.1**
Prejudicial obrigatória ou facultativa	Será obrigatória se o juiz, considerando a questão prejudicial séria e fundada, necessariamente tiver que suspender o processo prejudicado até o deslinde da questão prejudicial. A prejudicial facultativa ganha forma quando o reconhecimento do crime depende de solução de questão diversa do estado civil das pessoas. A suspensão não é obrigatória, cabendo ao juiz decidir se suspende ou não o processo.	**2.1.2**
Prejudicial total e parcial	Será total se a solução da questão prejudicial tiver o condão de fulminar a existência do crime. Limitando-se, porém, a questão prejudicial ao reconhecimento de circunstâncias (agravantes, atenuantes, qualificadoras, etc.), deixando incólume a existência do crime, ela é dita parcial.	**2.1.3**
Prejudicial devolutiva e não devolutiva (princípio da suficiência)	São devolutivas as questões prejudiciais que transbordem os limites da jurisdição da questão prejudicada, portanto, são enviadas para conhecimento e solução em outra esfera jurídica. Não devolutivas são aquelas que são conhecidas e solucionadas no mesmo ramo do Direito que trata da questão principal, a questão prejudicada. Como exceção ao princípio da suficiência da ação penal, existe a possibilidade de uma ação penal ser suspensa até que seja resolvida uma questão prejudicial no juízo cível (questão prejudicial heterogênea), tal como pode ocorrer diante da necessidade de se aguardar o julgamento de ação de nulidade de casamento, por se tratar de questão prejudicial para o exame de ação penal por crime de bigamia (art. 92, CPP).	**2.1.4**
Natureza Jurídica e características		
Natureza jurídica	Apesar da divergência doutrinária, há de se reconhecer que as prejudiciais são uma forma de conexão.	**2.2.1**

CAPÍTULO VI – QUESTÕES E PROCESSOS INCIDENTES		
Características	(1) anterioridade ou antecedência lógica; (2) valor jurídico; (3) autonomia; (4) suspensividade ou eficácia suspensiva; (5) essencialidade, interdependência ou necessariedade.	**2.2.2**
Sistemas de solução		
a) Predomínio da jurisdição penal: o juiz criminal seria o competente para decidir a prejudicial, pois quem conhece da ação, conhece da exceção. b) Separação absoluta ou prejudicialidade obrigatória: mister se faz que a questão seja remetida ao juiz especializado, haja vista que, utilizando-se o juiz criminal da decisão do cível, estaria evitando decisões contraditórias. c) Prejudicialidade facultativa: a remessa ou não da prejudicial ao juízo cível deve levar em conta a prevalência cível ou criminal sobre a questão sob apreciação. d) Misto ou eclético: adotado no Brasil, orienta que a decisão sobre as prejudiciais pode caber tanto ao juízo cível quanto ao criminal.		**2.3**
Processamento da prejudicial obrigatória e da facultativa		
Pressupostos	2.4.1.1. Para o reconhecimento de prejudicial obrigatória (devolutiva absoluta, heterogênea referente ao estado civil das pessoas – art. 92, CPP): (1) Relação com a existência de infração penal ou a de suas circunstâncias; (2) Questão prejudicial séria e fundada; (3) Controvérsia referente ao estado civil das pessoas 2.4.1.2 Para o reconhecimento de prejudicial facultativa (devolutiva relativa, heterogênea diversa do estado civil das pessoas – art. 93, CPP): (1) Relação com a existência de infração penal ou a de suas circunstâncias; (2) Questão de difícil solução; (3) Controvérsia de natureza civil, porém diversa da do estado civil das pessoas, de competência do juízo cível; (4) Questão que não seja direito cuja prova a lei civil limite; (5) Demanda civil já ajuizada	**2.4.1**
Procedimento	2.4.2.1. Em razão de prejudicial obrigatória (devolutiva absoluta, heterogênea referente ao estado civil das pessoas): o juiz suspenderá o curso do processo criminal, se esta for séria e fundada, juntamente com o curso do prazo prescricional (art. 116, I, CP), até o trânsito em julgado da decisão no cível, sem prejuízo, na esfera crime, da realização de providências urgentes, destacando-se que não precisa ter havido o início da ação cível para que ocorra a suspensão do processo criminal. O MP intervirá no processo cível com o fito de dar-lhe maior celeridade (***custos juris***) ou o promoverá (como autor de ação civil, legitimado extraordinário, nos termos do art. 18, *caput*, do CPC/2015) quando se tratar de suspensão obrigatória de processo por crime de ação penal pública. A atuação do *Parquet* na esfera cível, seja como fiscal da ordem jurídica – em razão da incidência de interesse público evidenciado no processo (arts. 178 e 179, CPC/2015) –, seja como substituto processual do direito do autor (parágrafo único, do art. 92, CPP), é justificada pela necessidade de não se aguardar a vontade do particular para que a ação penal de iniciativa pública tenha andamento válido e regular. Realmente, seria inconcebível que o Ministério Público ficasse impedido de ver a ação penal com trâmite normal pelo fato de não ter sido promovida a ação cível pelo seu legitimado originário ordinário.	**2.4.2**

<table>
<tr><th colspan="3">CAPÍTULO VI – QUESTÕES E PROCESSOS INCIDENTES</th></tr>
<tr><td>Procedimento</td><td>2.4.2.2. Em razão do reconhecimento de prejudicial facultativa (devolutiva relativa, heterogênea diversa do estado civil das pessoas): só poderá ser suscitada se já existir no cível ação discutindo a matéria. O juiz criminal poderá suspender o processo (sendo a matéria de difícil solução), fixando prazo em que aguardará o advento de sentença cível dirimindo a prejudicial (não é necessário o trânsito em julgado).
É importante destacar que:
a) a suspensão pode ser decretada de ofício ou a requerimento das partes (art. 94, CPP);
b) a suspensão não poderá ocorrer nos casos em que a lei civil limite a prova (prejudicial facultativa);
c) não cabe prejudicial no inquérito policial;
d) vinculação temática: ocorrendo a suspensão do processo em virtude da prejudicial, o juiz criminal estará vinculado ao que foi decidido na esfera cível, sendo indiferente tratar-se de prejudicial obrigatória ou facultativa.</td><td>2.4.2</td></tr>
<tr><th colspan="3">Recursos</th></tr>
<tr><td colspan="2">O despacho que nega a suspensão do processo criminal para a solução da prejudicial na esfera extrapenal é irrecorrível. Vislumbramos no habeas corpus ou na correição parcial a forma de combater o ato do magistrado. Nada impede o manejo do mandado de segurança, notadamente quando os interesses da acusação forem preteridos. Da decisão que determina a suspensão do processo (interlocutória simples) cabe recurso em sentido estrito (581, XVI, CPP).</td><td>2.5</td></tr>
<tr><th colspan="3">Prescrição</th></tr>
<tr><td colspan="2">O art. 116, inciso I, do Código Penal prevê como causa suspensiva do curso da prescrição a questão prejudicial cuja resolução, em outro processo, faça depender o conhecimento da existência de crime.</td><td>2.6</td></tr>
<tr><th colspan="3">EXCEÇÕES</th></tr>
<tr><th colspan="3">Conceito</th></tr>
<tr><td colspan="2">É uma forma de defesa por meio da qual o acusado objetiva a extinção do processo sem o julgamento do mérito, ou apenas a procrastinação do feito. Manifesta-se na forma de exceção de suspeição; de incompetência; de ilegitimidade de parte; de litispendência; de coisa julgada.
(1) Quanto aos efeitos que exercem sobre o processo, em: (a) Peremptórias e (b) Dilatórias.
(2) Quanto ao aspecto impugnado da demanda: (a) Diretas e (b) Indiretas.
(3) Quanto à essência ou natureza da exceção: (a) Processuais ou preliminares e (b) Material ou substancial, que se subdividem em: (b.1) Exceção ou defesa direta de mérito e (b.2) Exceção ou defesa indireta de mérito.
(4) Quanto à sua forma de processamento ou de autuação: (a) interna e (b) instrumental.</td><td>3.1</td></tr>
<tr><th colspan="3">As espécies de exceções e seus processamentos</th></tr>
<tr><td>Exceção de suspeição</td><td>As hipóteses de suspeição são previstas no art. 254, CPP e se relacionam a fatos que podem atentar contra a imparcialidade do juiz.
a) Exceptos: magistrados, membros do MP, peritos, intérpretes, funcionários da justiça, serventuários e jurados. A autoridade policial nunca assume a condição de excepto.</td><td>3.2.1</td></tr>
</table>

CAPÍTULO VI – QUESTÕES E PROCESSOS INCIDENTES		
Exceção de suspeição	b) Arguição: pode ser reconhecida *ex officio* ou arguida pelas partes. c) Petição: fundamentada, deve ser assinada pela própria parte ou por procurador com poderes especiais. d) Procedimento: o juiz, reconhecendo-se suspeito (o que pode ocorrer *ex officio*), suspende a marcha processual e remete os autos ao seu substituto legal, intimando as partes da decisão. Caso não aceite a alegação de suspeição, ordena a sua autuação e oferece resposta no lapso de três dias. Escoado o prazo, o magistrado determina a remessa dos autos da exceção ao juiz ou tribunal a quem competir o julgamento, dentro em vinte e quatro horas. Sendo excepto o órgão do Ministério Público, o juiz decidirá depois de ouvi-lo. Incidindo a suspeição sobre peritos, intérpretes e serventuários ou funcionários de justiça, o juiz decidirá de plano, à vista da matéria alegada e prova imediata. Já a suspeição dos jurados deverá ser arguida oralmente perante o presidente do Tribunal do Júri. Se negada pelo excepto, deverá ser imediatamente comprovada, sob pena de ser recusada. Por fim, frise-se que não existe procedimento para arguir exceção em face da autoridade policial. e) Recursos: Inexiste recurso apropriado para combater o reconhecimento da suspeição. Não obstante, é plausível sustentar a impetração de *habeas corpus* ou mandado de segurança. f) Efeitos: Reconhecida a suspeição do magistrado, tem-se o seu afastamento e a consequente remessa dos autos a seu substituto legal, além de serem declarados nulos os atos do processo a partir do motivo causador da suspeição.	**3.2.1**
Exceção de incompetência (artigos 108 e 109, CPP)	a) Arguição: A competência penal é questão de ordem pública, pelo que deve ser reconhecida de ofício, inclusive a chamada incompetência relativa. Não sendo averbada *ex officio* pelo magistrado, caberá a exceção, oposta verbalmente ou por escrito, no prazo de defesa. Tratando-se de incompetência relativa, não sendo esta arguida no prazo da defesa prévia, ocorre a preclusão, assim como a impossibilidade de ser declinada de ofício se superada esta etapa. b) Procedimento: deve ser oposta junto ao juiz da causa e autuada em apartado. Uma vez recebida, o magistrado ordenará a notificação do MP, prolatando decisão em seguida, não sem antes ouvir a parte contrária, se esta não for o Parquet. c) Recurso: Não cabe recurso da decisão que julgar improcedente a exceção de incompetência, podendo ser ajuizado habeas corpus ou arguida a matéria em preliminar de futura apelação. Sendo reconhecida a incompetência, cabível será a interposição de recurso em sentido estrito. d) Efeitos: procedente a exceção, os autos são remetidos ao juízo competente, anulando-se os atos decisórios e aproveitando-se os instrutórios. Esta disposição, em que pese o silêncio da lei, tem aplicação apenas nos casos de nulidade relativa, pois, diante da incompetência absoluta, todos os atos devem ser reputados imprestáveis, devendo ser refeitos perante o juízo natural da causa.	**3.2.2**

CAPÍTULO VI – QUESTÕES E PROCESSOS INCIDENTES		
Exceção de litispendência	Ocorre quando duas ações estão em curso ao mesmo tempo, tratando da mesma causa de pedir e tendo a mesma parte ré. a) Arguição: pode ser arguida a qualquer tempo, inclusive declarada *ex officio*, não havendo prazo para o seu reconhecimento. b) Procedimento: deve ser oposta junto ao juiz da causa e autuada em apartado. O magistrado decide após a oitiva da parte contrária e do Parquet. c) Recursos: A decisão que rejeita a exceção de litispendência é irrecorrível, podendo ser interposto *habeas corpus*, no intuito de trancar o novo processo. Por outro lado, do reconhecimento da exceção de litispendência arguida pela parte, cabe recurso em sentido estrito. Já se for afirmada de ofício, o recurso cabível para guerrear a decisão é a apelação.	**3.2.3**
Exceção de ilegitimidade de parte	Somente quem é titular de um direito poderá estar em juízo para defendê-lo, quer no polo ativo, quer no polo passivo. A inobservância de tal requisito leva à ilegitimidade de parte, que abrange a ilegitimidade *ad causam* (condição da ação) e a ilegitimidade *ad processum* (pressuposto processual). a) Procedimento: Pode ser arguida a qualquer tempo, verbalmente (hipótese em que deverá ser reduzida a termo) ou por escrito, sendo autuada em apartado. O juiz decide após a oitiva da parte contrária e do Ministério Público. b) Efeitos do reconhecimento: Em se tratando de ilegitimatio *ad causam*, anula-se todo o processo, eis que falece a alguém a autorização legal para ser parte na relação jurídica que se estabeleceu. Na ilegitimatio ad processum, que diz respeito aos pressupostos de constituição e desenvolvimento regular do processo, a nulidade pode ser sanada, mediante ratificação dos atos já praticados. c) Recursos: Da decisão que reconhece a exceção de ilegitimidade provocada pela parte, cabe recurso em sentido estrito. Porém, se o juiz a reconhece de ofício a ilegitimidade da parte, não há específico recurso para combater a decisão. Contudo, há posição doutrinária em sentido contrário, sendo Tourinho Filho partidário do cabimento de recurso em sentido estrito com base no inciso I, do art. 581, do CPP. Do não reconhecimento da ilegitimidade, não cabe recurso algum, podendo-se utilizar o *habeas corpus* como sucedâneo recursal ou mesmo fazer consignar alegação da matéria em preliminar de apelação.	**3.2.4**
Exceção de coisa julgada (exceptio rei judicatae)	a) Função e espécies: A doutrina costuma dizer que o objetivo da coisa julgada é a pacificação social, através da estabilidade das relações jurídicas. Pode ser coisa julgada formal (imutabilidade dentro do mesmo processo) e coisa julgada material (inalterabilidade que transcende o processo). b) Natureza jurídica: A teoria mais aceita é a de Liebman, para quem a coisa julgada não constitui efeito da sentença, mas uma qualidade, um atributo, um modo de se manifestarem e se produzirem os efeitos. c) Requisitos: Existência simultânea de: ação anterior com decisão transita em julgado; discussão, em nova demanda, dos mesmos fatos já discutidos anteriormente, pouco importando a tipificação jurídica dada; mesma parte ré em ambas as lides.	**3.2.5**

CAPÍTULO VI – QUESTÕES E PROCESSOS INCIDENTES		
Exceção de coisa julgada (exceptio rei judicatae)	d) Procedimento: Arguida a exceção de coisa julgada, o juiz determina sua autuação em apartado. Seguem-se as oitivas da parte contrária e do MP. Ao final, o juiz prolata decisão, e) Recursos: Da decisão que julgar procedente a exceção de coisa julgada arguida pela parte, e que leva à extinção do processo sem julgamento de mérito (absolvição de instância), cabe recurso em sentido estrito (art. 581, III, CPP). Se for reconhecida a exceção de ofício, o recurso cabível é a apelação (do art. 593, II, CPP), porquanto se cuida de decisão com força de definitiva, não constante do rol do art. 581 e que é impugnável pelo apelo quando diante de casos genéricos de resolução definitiva da demanda. Não há recurso próprio para combater a decisão que não acolhe a exceção arguida. Pode-se utilizar, porém, o *habeas corpus* ou alegar a matéria em preliminar de apelação.	**3.2.5**
INCOMPATIBILIDADE, IMPEDIMENTO E SUSPEIÇÃO		
É necessário não misturar as noções de suspeição, incompatibilidades e impedimentos. Com Marcellus Polastri Lima, calha distinguir que "enquanto a suspeição advém do vínculo ou relação do juiz com as partes do processo, o impedimento revela o interesse do juiz em relação ao objeto da demanda, e a incompatibilidade", geralmente, "encontra guarida nas Leis de Organização Judiciária, e suas causas estão amparadas em razões de conveniência". O Código de Processo Penal, de forma expressa, discerne os casos de: (1) Impedimento (rol taxativo do art. 252, CPP, que veda o exercício da jurisdição, pelo que a doutrina majoritária reputa inexistentes os atos processuais praticados por juiz impedido); O diploma processual civil é mais claro quanto a esta espécie de impedimento. Entendemos que os casos de impedimento gizados no CPC/2015, em rol taxativo, são aplicáveis ao processo penal, no que forem adequados. (2) Incompatibilidade (aplicável aos juízos coletivos): o art. 253, CPP, estatui que não poderão servir no mesmo processo os juízes que forem entre si parentes, consanguíneos ou afins, em linha reta ou colateral até o terceiro grau, inclusive. (3) Suspeição: os casos de suspeição são tratados pelo Código em rol exemplificativo (podendo ser averbada pelo próprio juiz ou formalizada recusa por meio de exceção oposta por qualquer das partes). Os casos de suspeição do CPC/2015 estão no seu art. 145. Diante da natureza exemplificativa, as hipóteses podem ser aplicáveis ao processo penal, em especial aquela relativa a desnecessidade de indicar o motivo da declaração de suspeição por motivo de foro íntimo (§ 1º, daquele dispositivo legal).		**4**
Processamento	De acordo com o art. 112 do CPP, a exceção de impedimento ou de incompatibilidade segue o mesmo procedimento da exceção de suspeição. Desse modo, a par da exceção de suspeição, a exceção de incompatibilidade ou de impedimento precederá a qualquer outra, salvo se fundada em motivo ulterior.	**4.1**
Efeitos	Se a incompatibilidade ou o impedimento for acolhido tem-se a nulidade dos atos do processo principal dependentes do falso, com a imposição de pagamento das custas ao juiz, se o fundamento era evidente, caracterizando-se erro indesculpável por parte do magistrado. Se houver rejeição do pleito, evidenciando-se a malícia do excipiente, a este será imposta multa, que, por falta de atualização da moeda prevista na legislação, encontra-se sem eficácia.	**4.2**

<table>
<tr><th colspan="3">CAPÍTULO VI – QUESTÕES E PROCESSOS INCIDENTES</th></tr>
<tr><td>Recursos</td><td>Contra a decisão que julgar a exceção de impedimento ou incompatibilidade não cabe recurso. De todo modo, é admissível a impetração do mandado de segurança como sucedâneo recursal, ou de habeas corpus.</td><td>4.3</td></tr>
<tr><th colspan="3">CONFLITO DE JURISDIÇÃO</th></tr>
<tr><td colspan="2">Ocorre quando dois ou mais juízes se consideram, contemporaneamente, competentes ou incompetentes para tomar conhecimento do fato delituoso. Também se manifesta o conflito se existe controvérsia sobre a unidade de juízo, junção ou separação de processos, nas hipóteses de conexão e continência.</td><td>5</td></tr>
<tr><td>Espécies e competência</td><td>Positivo: dois ou mais juízes que se julgam competentes para conhecerem do fato.
Negativo: os magistrados julgam-se incompetentes.
Têm legitimidade para suscitar o conflito: (1) a parte interessada; (2) os órgãos do Ministério Público junto a qualquer dos juízos em dissídio; e (3) os juízes ou tribunais em causa. (art. 115, CPP).
Ver súmulas 22, 59 e 348 do STJ.</td><td>5.1</td></tr>
<tr><td>Arguição do conflito</td><td>(1) Para uma primeira corrente, o conflito de competência teria lugar somente com o oferecimento da petição inicial acusatória, razão pela qual, antes da prática desse ato processual, só se poderia falar em um conflito virtual de competência.
(2) Para uma segunda posição, a qualquer momento da persecução penal estatal seria possível arguir conflito de competência, mesmo antes do oferecimento da denúncia ou queixa-crime, haja vista que é comum que o órgão jurisdicional exerça juízo cautelar na fase de investigação preliminar, o que pode ensejar fato capaz de determinar a instauração de conflito de competência entre juízes.
(3) A terceira vertente, sustentada por nós, não vê limite temporal para o incidente de conflito de competência, observados os limites do processo de conhecimento e do processo de execução penal.</td><td>5.2</td></tr>
<tr><td>Processamento</td><td>A arguição é feita mediante representação dos juízes em conflito ou requerimento das partes, podendo o conflito negativo ser suscitado nos próprios autos. Tratando-se de conflito positivo, o relator pode determinar que seja suspenso o processo.</td><td>5.3</td></tr>
<tr><td>Recursos</td><td>Contra a decisão que concluir pela incompetência do juízo, em primeiro grau de jurisdição, é cabível o recurso em sentido estrito. Se a decisão rejeitar a exceção de incompetência, não cabe recurso, sem prejuízo da possibilidade de impetração de habeas corpus ou de mandado de segurança. Em segunda instância, o acórdão que julgar conflito de competência estará sujeito aos recursos especial ou extraordinário. Por sua vez, o art. 117 do CPP prevê que o STF poderá se valer do incidente da avocatória para restabelecer sua competência, sempre que exercida por qualquer outro órgão jurisdicional. A Constituição Federal, a seu turno, faz previsão de outra ferramenta (art. 102, I, CF/1988), denominada reclamação (vide Capítulo XIV, item 2.10), que também pode ser utilizada pelo STJ, tendo disciplina na Lei nº 8.038/90.</td><td>5.4</td></tr>
</table>

CAPÍTULO VI – QUESTÕES E PROCESSOS INCIDENTES		
CONFLITO DE ATRIBUIÇÕES		
Segundo Mirabete, é o conflito que se estabelece entre o órgão do Poder Judiciário e o órgão de outros Poderes (Executivo e Legislativo), dirimido por aquele, ou entre órgãos não jurisdicionais, resolvidos, ao menos de início, sem a intervenção da autoridade judiciária.		**6**
Competência para dirimir o conflito	O art. 105, I, "g", CF estabelece a competência do STJ para processar e julgar originariamente "os conflitos de atribuições entre autoridades administrativas e judiciárias da União, ou entre autoridades judiciárias de um Estado e administrativas de outro ou do Distrito Federal, ou entre as deste e da União". Além da Constituição Federal, a competência para processamento e julgamento dos conflitos de atribuições entre os diversos órgãos dos Poderes públicos tem regulação nas Constituições estaduais e nas leis de organização judiciária.	**6.1**
Processamento	O processamento do conflito de atribuições segue, no que for compatível, a forma de processamento utilizada no conflito de jurisdição, cuja disciplina está disposta no art. 116, CPP.	**6.2**
RESTITUIÇÃO DE COISAS APREENDIDAS		
Introdução	Para instruir o inquérito policial, a autoridade policial deve apreender os instrumentos do crime e objetos outros que tenham relação com o fato criminoso. A apreensão pode ocorrer durante a busca pessoal ou domiciliar, que, por seu turno, de regra, depende de mandado judicial.	**7.1**
Autoridade restituinte	Podem deliberar acerca da restituição o delegado ou o juiz.	**7.2**
Confisco	O art. 91, II, CP, afirma que são efeitos da condenação "a perda em favor da União, ressalvado o direito do lesado ou terceiro de boa-fé": 1) "dos instrumentos do crime, desde que consistam em coisas cujo fabrico, alienação, uso, porte ou detenção constitua fato ilícito"; e, 2) "do produto do crime ou de qualquer bem ou valor que constitua proveito auferido pelo agente com a prática do fato criminoso".	**7.3**
Procedimento da restituição	O procedimento da restituição encontra a sua previsão no artigo 120, do CPP, que assim dispõe: "Art. 120. A restituição, quando cabível, poderá ser ordenada pela autoridade policial ou juiz, mediante termo nos autos, desde que não exista dúvida quanto ao direito do reclamante. § 1º Se duvidoso esse direito, o pedido de restituição autuar-se-á em apartado, assinando-se ao requerente o prazo de 5 (cinco) dias para a prova. Em tal caso, só o juiz criminal poderá decidir o incidente. § 2º O incidente autuar-se-á também em apartado e só a autoridade judicial o resolverá, se as coisas forem apreendidas em poder de terceiro de boa-fé, que será intimado para alegar e provar o seu direito, em prazo igual e sucessivo ao do reclamante, tendo um e outro dois dias para arrazoar. § 3º Sobre o pedido de restituição será sempre ouvido o Ministério Público. § 4º Em caso de dúvida sobre quem seja o verdadeiro dono, o juiz remeterá as partes para o juízo cível, ordenando o depósito das coisas em mãos de depositário ou do próprio terceiro que as detinha, se for pessoa idônea. § 5º Tratando-se de coisas facilmente deterioráveis, serão avaliadas e levadas a leilão público, depositando-se o dinheiro apurado, ou entregues ao terceiro que as detinha, se este for pessoa idônea e assinar termo de responsabilidade".	**7.4**

<table>
<tr><th colspan="3">CAPÍTULO VI – QUESTÕES E PROCESSOS INCIDENTES</th></tr>
<tr><td>Recurso</td><td>Da decisão acerca do pedido de restituição, cabe apelação, além da possibilidade de impetração de mandado de segurança.</td><td>7.5</td></tr>
<tr><th colspan="3">MEDIDAS ASSECURATÓRIAS</th></tr>
<tr><td colspan="2">As medidas assecuratórias visam garantir o ressarcimento pecuniário da vítima em face do ilícito ocorrido, além de obstar o locupletamento ilícito do infrator. Servem também para pagamento de custas e de eventual multa. Têm caráter de instrumentalidade e se destinam a evitar o prejuízo que adviria da demora na conclusão da ação penal. São elas: o sequestro, a hipoteca legal e o arresto.
A decretação de tais medidas deve observar os pressupostos do fumus comissi delicti ou fumus boni iuris e periculum in mora ou periculum in mora, a serem analisados de acordo com a medida sob estudo.
A Lei nº 12.694/2012 inseriu no CPP o art. 144-A, criando a possibilidade de alienação antecipada dos bens constritos. Trata-se de providência judicial, tomada de ofício pelo juiz ou por requerimento das partes (inclusive, o assistente do Ministério Público), no curso de procedimento para aplicação de medida assecuratória, que autoriza a venda em hasta pública (leilão para bens móveis ou praça para bens imóveis) de bens que estejam sujeitos a qualquer grau de deterioração (em razão do maior risco de perecimento) ou de depreciação (em face do desgaste natural e da oscilação do mercado), com o fito de preservação dos respectivos valores.
Leis especiais, como a Lei nº 11.343/2006 (art. 60, § 4º) e a Lei de Lavagem de Dinheiro (com alterações dadas pela Lei nº 12.683/2012) contém disposições que influenciam diretamente em algumas das medidas assecuratórias estudadas neste tópico.</td><td>8</td></tr>
<tr><td>Noção e espécies</td><td>O sequestro, a hipoteca legal e o arresto são medidas cautelares de natureza patrimonial, instrumental ou real.</td><td>8.1</td></tr>
<tr><td>Disciplina comum às medidas assecuratórias</td><td>As medidas assecuratórias são aplicadas de acordo com a disciplina comum do Código de Processo Penal. Existem regras específicas dispostas em leis especiais (a exemplo das Leis de Lavagem de Dinheiro e de Tráfico de Entorpecentes), que excepcionam a lei processual penal comum.</td><td>8.2</td></tr>
<tr><td>Pressupostos para decretação das medidas assecuratórias: fumus comissi delicti e periculum libertatis</td><td>1) Fumus comissi delicti ou fumus boni juris: para a decretação de medida assecuratória, é necessária a demonstração de materialidade do delito, a evidenciar a necessidade de reparação do dano (responsabilidade civil) ou de restituição ao status quo ante (aquisição de bem com proventos da infração que fundamentará o seu perdimento, a teor do art. 91, II, CP).
2) Periculum libertatis ou periculum in mora: além da justificação que representa a plausibilidade jurídica para a imposição da medida assecuratória, o seu caráter cautelar requer a demonstração de urgência, que seja uma providência indispensável à garantia da utilidade da sentença penal condenatória quanto ao seu aspecto civil (indenização, custas, multa e restituição de bens).</td><td>8.2.1</td></tr>
<tr><td>Possibilidade de alienação antecipada dos bens constritos</td><td>A alienação antecipada é providência judicial, tomada de ofício pelo juiz ou por requerimento das partes (inclusive, o assistente do Ministério Público), no curso de procedimento para aplicação de medida assecuratória, que autoriza a venda em hasta pública (leilão para bens móveis ou praça para bens imóveis) de bens que estejam sujeitos a qualquer grau de deterioração (em razão do maior risco de perecimento) ou de depreciação (em face do desgaste natural e da oscilação do mercado), com o fito de preservação dos respectivos valores.</td><td>8.2.2</td></tr>
</table>

CAPÍTULO VI – QUESTÕES E PROCESSOS INCIDENTES		
Previsão de medidas assecuratórias em leis especiais		
Medidas assecuratórias específicas da Lei de Entorpecentes – crimes de tráfico ilícito de drogas (Lei nº 11.343/2006)	Possibilidade de o juiz – de ofício (somente se existente processo penal instaurado), a requerimento do Ministério Público (na fase de investigação preliminar ou no curso do processo penal) ou mediante representação da autoridade de polícia judiciária (durante a investigação preliminar), ouvido o Parquet – decretar a apreensão e outras medidas assecuratórias relacionadas aos bens móveis e imóveis ou valores consistentes em produtos dos delitos relacionados ao tráfico ou que sejam proveito auferido em razão de seu cometimento.	**8.3.1**
Crimes de lavagem de dinheiro (Lei nº 9.613/1998, alterada pela Lei nº 12.683/2012)	O art. 4º, da Lei de Lavagem de Dinheiro, previu a possibilidade de decretação de medidas assecuratórias (em sentido amplo, sem restringir o cabimento de forma exclusiva ao sequestro por exemplo).	**8.3.2**
Crimes de tráfico de pessoas (Lei nº 13.344/2016)	Há previsão específica de decretação de medidas assecuratórias patrimoniais relativamente aos crimes de tráfico de pessoas. As infrações penais que autorizam a incidência desse regramento específico são as tipificadas nos arts. 148, 149, 149-A, § 3º, do art. 158, e 159, do Código Penal, bem como a do art. 239, do Estatuto da Criança e do Adolescente. Além do preenchimento desse pressuposto de fato, devem ser observados os demais requisitos estampados no art. 8º e parágrafos, da Lei nº 13.344/2016, para que o pedido de decretação de tais medidas possa ser objeto de exame e deferimento.	**8.3.3**
Sequestro de bens imóveis		
Cabimento	O sequestro de bens imóveis pode ser determinado tanto no inquérito quanto no processo, recaindo sobre imóveis adquiridos, pelo indiciado ou acusado, "com os proventos da infração, ainda que já tenham sido transferidos a terceiro". Outrossim, a ordem de sequestro pode ser proferida pelo juiz, "de ofício, a requerimento do Ministério Público ou do ofendido, ou mediante representação da autoridade policial". O art. 128 do CPP estatui que uma vez "realizado o sequestro, o juiz ordenará a sua inscrição no Registro de Imóveis".	**8.4.1**
Embargos	Trata-se de ação autônoma que, de um lado, permite ao acusado provar que o bem não foi adquirido com os proventos da infração e, de outro, autoriza o terceiro a demonstrar que o bem foi adquirido onerosamente e de boa-fé.	**8.4.2**
Recurso	Da decisão que concede ou nega o pedido de sequestro, cabe apelação.	**8.4.3**
Levantamento	O sequestro não subsiste – sendo levantado – se a ação criminal não for intentada em 60 dias, ou se o terceiro prestar caução, ou ainda se houver sentença absolutória ou extintiva da punibilidade.	**8.4.4**
Destinação ao final do processo	Transitada em julgado a sentença condenatória, em tendo havido o sequestro de bens imóveis, deverá o magistrado criminal determinar a avaliação e venda dos bens em leilão público, sendo a quantia arrecadada, no que não couber ao lesado ou ao terceiro de boa-fé, recolhida ao Tesouro Nacional. Quando os bens móveis não estiverem sujeitos à busca e apreensão, estarão sujeitos a sequestro, tendo aplicação, no que for compatível, os regramentos para o sequestro de imóveis.	**8.4.5**

CAPÍTULO VI – QUESTÕES E PROCESSOS INCIDENTES		
SEQUESTRO DE BENS MÓVEIS		
Cabimento	Pode ser determinado tanto no inquérito quanto no processo, tendo larga aplicação ao longo de toda a persecução penal.	**8.5.1**
Embargos	São cabíveis, sob os mesmos argumentos do cabimento de embargos para combater a decretação de sequestro de bens imóveis.	**8.5.2**
Recurso	Da decisão que concede ou nega o pedido de sequestro, cabe apelação.	**8.5.3**
Levantamento	O sequestro não subsiste se a ação criminal não for intentada em sessenta dias, ou se o terceiro prestar caução, ou ainda se houver sentença absolutória ou extintiva da punibilidade. Ocorrendo a hipótese, o sequestro será levantado (art. 131, CPP).	**8.5.4**
Destinação ao final do processo	Transitada em julgado a sentença condenatória, existindo o sequestro de bens móveis, cabe ao juiz criminal valer-se do art. 133 do CPP, determinando a avaliação e venda em leilão público, e a quantia arrecadada, no que não couber ao lesado ou ao terceiro de boa-fé, será recolhida ao Tesouro Nacional.	**8.5.5**
Hipoteca legal		
Cabimento	Recai sobre imóveis de origem lícita, de propriedade do acusado. Sua decretação só é cabível durante o processo.	**8.6.1**
Embargos	Embora não haja previsão expressa no CPP, acreditamos que o terceiro que tenha seus bens afetados poderá opor embargos com amparo no art. 674 e seguintes, do CPC/2015, aplicáveis por analogia (art. 3º, CPP). São, portanto, cabíveis, por analogia, os embargos de terceiro dirigidos à constrição decorrente de arresto de bem móvel ou de hipoteca legal. Nos termos do referido art. 674, quem, não sendo parte no processo, sofrer constrição sobre bens que possua ou sobre os quais tenha direito incompatível com o ato constritivo, poderá requerer o seu desfazimento por meio de embargos de terceiro. Tal dispositivo não se aplica aos casos de sequestro fundados no CPP (artigos 128 e seguintes), eis que existe regra específica para tais hipóteses. Também não incide sobre as demais situações de sequestros gizadas em legislação especial, porque para essas existem formas especiais de levantamento. Quanto ao prazo para oposição dos embargos de terceiro, a regra a incidir, em qualquer hipótese, é a do art. 675, do CPC/2015 (a qualquer tempo, durante o processo de conhecimento, antes de transitar em julgado a sentença; em cinco dias, no curso da execução, contados da constrição indevida).	**8.6.2**
Procedimento	Art. 135, do CPP.	**8.6.3**
Recurso	Da decisão do juiz de primeiro grau que determina ou nega a inscrição da hipoteca legal, cabe apelação ao tribunal *ad quem*.	**8.6.4**
Levantamento	Conforme o art. 141, CPP, a hipoteca legal será cancelada "se, por sentença irrecorrível, o réu for absolvido ou julgada extinta a punibilidade". Por fim, calha observar que, antes do trânsito em julgado da sentença condenatória, a hipoteca legal cuja inscrição tenha se consumado, pode ser cancelada no caso de oferecimento de caução pelo acusado, mediante autorização judicial.	**8.6.5**

CAPÍTULO VI – QUESTÕES E PROCESSOS INCIDENTES		
Destinação ao final do processo	Os autos de hipoteca legal devem ser remetidos ao juiz cível. Diferentemente do sequestro, cujos bens são inseridos em leilão realizado pelo próprio juízo penal, a excussão hipotecária é de competência da esfera judiciária civil.	**8.6.6**
Arresto de bens móveis		
O artigo 137 do CPP pontifica que "se o responsável não possuir bens imóveis ou os possuir de valor insuficiente, poderão ser arrestados bens móveis suscetíveis de penhora, nos termos em que é facultada a hipoteca legal dos imóveis".		
Cabimento	Será admissível na forma como "é facultada a hipoteca legal".	**8.7.1**
Embargos	Embora não haja previsão expressa no CPP, acreditamos que o terceiro que tenha seus bens afetados poderá opor embargos com amparo no art. 674 e seguintes, do CPC/2015, aplicáveis por analogia (art. 3º, CPP). São, portanto, cabíveis, por analogia, os embargos de terceiro dirigidos à constrição decorrente de arresto de bem móvel ou de hipoteca legal.	**8.7.2**
Procedimento	A medida deve ser requerida pela parte interessada. O processo de arresto de bem móvel correrá em auto apartado. Uma vez arrestados os bens, serão eles entregues a um depositário, sujeitando-se ao regime do CPC.	**8.7.3**
Recurso	Da decisão que decreta ou denega o arresto não cabe recurso específico, razão pela qual é plausível admitir a impetração de mandado de segurança como sucedâneo recursal.	**8.7.4**
Levantamento	A teor do art. 141 do CPP, "o arresto será levantado" quando, "por sentença irrecorrível, o réu for absolvido ou julgada extinta a punibilidade".	**8.7.5**
Destinação ao final do processo	Os autos do arresto de bens móveis devem ser remetidos ao juiz cível (art. 143, c/c o art. 63, CPP), diversamente do que ocorre com o sequestro, que é resolvido no próprio juízo penal e com o de arresto de bens imóveis, que é prévio à hipoteca legal e deve seguir ao juízo cível com os autos desta última.	**8.7.6**
Arresto de imóveis		
O arresto é medida assecuratória que recai sobre imóveis de origem lícita, a serem submetidos, em momento ulterior, à hipoteca legal. Em se tratando de bens de origem lícita submetidos às medidas assecuratórias, passada em julgado a sentença condenatória no juízo criminal, os autos da hipoteca legal e do arresto serão remetidos ao juízo cível, para que lá se torne efetivo o ressarcimento em face dos danos causados pelo ilícito criminal.		
Cabimento	Para ser cabível o arresto do imóvel, deve este ser de origem lícita e de propriedade do acusado. A sua viabilidade exige a demonstração da existência da infração penal e de indícios suficientes de autoria, além da existência de dano causado pelo crime, a demandar reparação. Ressalte-se que o arresto pode ser proposto tanto durante o processo como na fase do inquérito policial.	**8.8.1**

CAPÍTULO VI – QUESTÕES E PROCESSOS INCIDENTES		
Embargos	Não são cabíveis, para o arresto de imóveis, os embargos previstos no art. 130 do CPP, já que o antigo "sequestro prévio" tem natureza de garantia à hipoteca legal. Assim, recaindo o arresto de imóveis sobre bens de origem lícita, entendemos cabíveis apenas os embargos previstos nos arts. 674 e seguintes do CPC/2015, por aplicação analógica (art. 3º, do CPP).	**8.8.2**
Recurso	Da decisão que decreta ou denega o arresto não cabe recurso específico, razão pela qual é plausível admitir a impetração de mandado de segurança como sucedâneo recursal.	**8.8.3**
INCIDENTE DE FALSIDADE		
Introdução	Havendo dúvidas acerca da idoneidade de um determinado documento, o meio hábil para desentranhá-lo dos autos é a instauração do incidente de falsidade. Tem ele a finalidade de retirar dos autos o documento sob o qual recai suspeita quanto a sua seriedade e sinceridade, evitando que o juiz seja levado a erro.	**9.1**
Espécies	Documento originário: é o documento gerado com o propósito de provar. Documento eventual: é aquele que, embora possa servir como prova, não foi produzido para tal fim.	**9.2**
Legitimidade	O incidente de falsidade documental pode ser suscitado pelas partes (Ministério Público, querelante ou acusado).	**9.3**
Procedimento do incidente	A arguição do incidente deve ser dirigida ao juiz na forma escrita. O magistrado coleta a oitiva da parte contrária, concedendo-lhe prazo de 48 horas para manifestação. Em seguida, abre prazo de três dias, sucessivamente, para alegações das partes. Havendo necessidade, o juiz determinará diligências, para, ao cabo, serem os autos conclusos para decisão.	**9.4**
Efeitos	O incidente de falsidade só produzirá seus efeitos no âmbito do processo penal relativo ao documento questionado. Uma vez reconhecida a falsidade, o documento é retirado do processo, com a remessa dos autos do incidente ao Ministério Público, eis que é o órgão que detém eventual *opinio delicti*.	**9.5**
Recurso	A decisão que resolve, em primeira instância, o incidente de falsidade desafia recurso em sentido estrito.	**9.6**
INCIDENTE DE INSANIDADE MENTAL		
Introdução	Pairando dúvidas sobre a higidez mental do autor do ilícito, deve ser instaurado o incidente de insanidade mental, podendo ocorrer durante o inquérito ou no processo, na forma prevista pelo artigo 149 do CPP.	**10.1**
Procedimento	O procedimento para aferição da insanidade mental do acusado é iniciado quando o juiz determina a instauração do incidente através de portaria, com a nomeação de curador, suspendendo o curso da ação principal, ressalvando-se a realização de atos urgentes. Em seguida, as partes são intimadas para ofertar quesitos, dispondo o perito de quarenta e cinco dias para conclusão do laudo, prorrogáveis, a critério do juiz, por decisão fundamentada. O laudo apresentado é acostado aos autos do incidente que, por sua vez, devem ser apensados aos autos principais.	**10.2**

CAPÍTULO VI – QUESTÕES E PROCESSOS INCIDENTES		
Sequência	1º) o juiz baixa portaria, instaurando o incidente; 2º) o curador é nomeado; 3º) o processo principal é suspenso e a prescrição corre normalmente, sem prejuízo da realização de diligências urgentes; 4º) as partes ofertam quesitos; 5º) o(s) perito(s) se manifesta(m) em até quarenta e cinco dias, prorrogáveis a critério do juiz. Se o perito é oficial, atuará sozinho (art.159, CPP) 6º) os autos, que corriam em apartado, são apensados aos principais.	**10.3**
Recurso	A decisão que determina a instauração do incidente é irrecorrível, sendo possível, no entanto, a impetração de mandado de segurança. Contra a decisão que rejeita o incidente de insanidade, é cabível a impetração de *habeas corpus*.	**10.4**
Insanidade que se manifesta no cumprimento da pena	Advindo a inimputabilidade na fase da execução da pena, o juízo das execuções poderá valer-se do art. 41 do Código Penal, para determinar o recolhimento do acometido em hospital de custódia e tratamento psiquiátrico, ou na sua falta, em outro estabelecimento adequado, caso o transtorno seja provisório. Se estiver seguro de que o transtorno mental do condenado é definitivo, o tratamento agora passa a ser o das medidas de segurança, que não possuem prazo máximo, perdurando até o agente recobrar a sanidade.	**10.5**
Insanidade superveniente	Se à época do fato o infrator era imputável, a expectativa é que seja processado para que ao final ocorra a condenação, imprimindo-lhe pena. Se no transcorrer da persecução lhe sobrevém a inimputabilidade, o processo ficará suspenso, aguardando que ele recobre a sanidade, pois só assim poderá defender-se, exercendo plenamente a autodefesa, e só então o processo poderá prosseguir. É um caso típico de crise de instância, onde o processo fica paralisado, sem ser extinto.	**10.6**
AÇÃO CIVIL DE CONFISCO (*CIVIL FORFEITURE ACTION*)		
Noção	Ação civil de confisco é o instrumento, existente em alguns ordenamentos jurídicos estrangeiros, que tem a finalidade de tornar mais eficaz a recuperação de ativos financeiros que tenha sido objeto de delitos de lavagem de capitais.	**11.1**
Distinções	A ação civil de confisco não se confunde com a ação civil ex delicto, nem com a ação civil pública.	**11.2**
Finalidade	A demanda civil de confisco viabiliza a constituição de um título executivo judicial cível, antes do trânsito em julgado da sentença penal condenatória. Através dela (ação cível confiscatória), é possível dar maior celeridade ao perdimento de bens, sem prejuízo das garantias de um devido processo judicial.	**11.3**
Perdimento de bens segundo o direito brasileiro	De acordo com o sistema brasileiro, o perdimento de bens em favor da União é efeito genérico da condenação criminal transitada em julgado, na forma do art. 91, II, "b", do Código Penal.	**11.4**

CAPÍTULO VI – QUESTÕES E PROCESSOS INCIDENTES		
Perdimento de bens segundo o direito brasileiro	Para se tornar definitiva a restrição ao patrimônio objeto da lavagem, é preciso o trânsito em julgado de sentença penal condenatória. Daí que, sem a existência de uma ação civil de confisco, haverá maior possibilidade de frustração do efeito secundário de perdimento de bens, direitos ou valores de proveniência ilícita, notadamente quando ocorrer absolvição ou extinção da punibilidade pela prescrição do delito.	**11.4**
Necessidade de criação de ação civil de confisco com objeto amplo	O risco de não ser possível a decretação de perdimento de bens, objetos e valores nos crimes de lavagem de capitais, segundo a forma tradicional prevista no art. 91, II, "b", do Código Penal, recomenda que seja criada uma ação civil de confisco (*civil forfeiture action*).	**11.5**
Existência de ação confiscatória no direito brasileiro restrita aos casos de culturas ilegais de plantas psicotrópicas e de exploração de trabalho escravo	Há no sistema uma ação civil de confisco em sede constitucional, prevista no art. 243 e parágrafo único, da Constituição Federal (com redação dada pela emenda constitucional 81/2014), que recai de forma independente sobre bens envolvidos com delito de tráfico ilícito de entorpecentes (aplicação restrita aos crimes da Lei nº 11.343/2006) e sobre as propriedades rurais e urbanas onde for verificada exploração de trabalho escravo.	**11.6**

13. SÚMULAS APLICÁVEIS

13.1. STJ

22. Não há conflito de competência entre o Tribunal de Justiça e Tribunal de Alçada do mesmo estado-membro.

59. Não há conflito de competência se já existe sentença com trânsito em julgado, proferida por um dos juízos conflitantes.

348. Compete ao Superior Tribunal de Justiça decidir os conflitos de competência entre juizado especial federal e juízo federal, ainda que da mesma seção judiciária. (cancelada)

428. Compete ao Tribunal Regional Federal decidir os conflitos de competência entre juizado especial federal e juízo federal da mesma seção judiciária.

13.2. STF

525. A medida de segurança não será aplicada em segunda instância, quando só o réu tenha recorrido.

14. INFORMATIVOS RECENTES

14.1. STJ

♦ **Direito Processual Penal. Modo de impugnação de medida assecuratória prevista na lei de lavagem de dinheiro.**

É possível a interposição de apelação, com fundamento no art. 593, II, do CPP, contra decisão que tenha determinado medida assecuratória prevista no art. 4º, caput, da Lei nº 9.613/1998 (Lei de lavagem de Dinheiro), a despeito da possibilidade de postulação direta ao juiz constritor objetivando a liberação total ou parcial dos bens, direitos ou valores constritos (art. 4º, §§ 2º e 3º, da mesma Lei). (...) A par disso, convém esclarecer que, a partir da Lei nº 12.683/2012, introduziram-se alterações na Lei de Lavagem de Dinheiro, entre as quais, de relevante para a espécie, a concernente à previsão de um outro tipo de medida acauteladora, de ordem patrimonial, e que conta com abrangência e requisitos específicos, prevista no art. 4º, *caput*, da Lei de Lavagem de Dinheiro: "O juiz, de ofício, a requerimento do Ministério Público ou mediante representação do delegado de polícia, ouvido o Ministério Público em 24 (vinte e quatro) horas, havendo indícios suficientes de infração penal, poderá decretar medidas assecuratórias de bens, direitos ou valores do investigado ou acusado, ou existentes em nome de interpostas pessoas, que sejam instrumento, produto ou proveito dos crimes previstos nesta Lei ou das infrações penais antecedentes." (...) se o CPP estatui, para as cautelares patrimoniais, como o sequestro e o arresto, mecanismos de impugnação a serem veiculados perante o juízo de primeiro grau, que decretou a medida constritiva, e, não obstante, a jurisprudência vem admitindo que se valha o interessado do recurso de apelação, não há razão idônea conducente ao afastamento do mesmo alvitre no âmbito específico da Lei de Lavagem de Dinheiro. *REsp 1.585.781-RS, Rel. Min. Felix Fischer, julgado em 28/6/2016, DJe 1/8/2016. (Info 587)*

♦ **Direito processual penal. Ilegitimidade do corréu para ajuizar medida cautelar de sequestro de bens dos demais corréus.**

O corréu – partícipe ou coautor – que teve seus bens sequestrados no âmbito de denúncia por crime de que resulta prejuízo para a Fazenda Pública (Decreto-Lei 3.240/1941) não tem legitimidade para postular a extensão da constrição aos demais corréus, mesmo que o Ministério Público tenha manejado medida cautelar de sequestro de bens somente em relação àquele. O Decreto-Lei 3.240/1941 – diploma plenamente vigente no nosso ordenamento jurídico, consoante jurisprudência do STJ –, ao tratar do sequestro de bens de pessoas indiciadas por crimes de que resulta prejuízo para a Fazenda Pública, dispõe, em seu art. 2º, que a legitimidade para postular a constrição é do titular da ação penal. Nesse sentido, o deferimento ou não da medida depende de requerimento do Ministério Público, que, no exercício de suas funções, tem autonomia e independência funcional para agir de acordo com suas convicções ao buscar a aplicação da lei. (...) Ademais, se o titular da ação penal entendeu por bem pleitear a medida apenas com relação a um dos denunciados, o que se pode fazer é se insurgir contra este fato na via adequada, não contra o que não foi feito. *RMS 48.619-RS, Rel. Min. Maria Thereza de Assis Moura, julgado em 15/9/2015, DJe 30/9/2015. (Info 570)*

♦ **Direito processual penal. Procuração com poderes especiais para oposição de exceção de suspeição.**

É exigível procuração com poderes especiais para que seja oposta exceção de suspeição por réu representado pela Defensoria Pública, mesmo que o acusado esteja ausente do distrito da culpa. Segundo o art. 98 do CPP "Quando qualquer das partes pretender recusar o juiz, deverá fazê-lo em petição assinada por ela própria ou por procurador com poderes especiais, aduzindo as suas razões acompanhadas de prova documental ou do rol de testemunhas". A recusa do magistrado por suspeição imputa parcialidade do juiz que não declarou sua suspeição ou impedimento quando supostamente deveria tê-lo feito de ofício, vinculando pessoalmente o excipiente acerca das alegações que podem, inclusive, representar crime contra a honra. Assim, a manifestação da inequívoca vontade da parte interessada na recusa do magistrado por meio da subscrição da petição pela própria parte ou, quando representada em juízo, por meio de procuração com poderes especiais, é exigência legal que não pode ser dispensada, sob pena de negativa de vigência ao comando expresso da norma. A propósito, a regularidade da representação processual é garantia da própria parte, evitando que o representante atue contra a vontade do representado. (...) *REsp 1.431.043-MG, Rel. Min. Maria Thereza de Assis Moura, julgado em 16/4/2015, DJe 27/4/2015. (Info 560)*

♦ **Direito processual penal. Incidente de falsidade. Indeferimento do pedido de incidente de falsidade formulado anos após a prova ter sido juntada e depois da sentença condenatória.**

Não há nulidade na decisão que indefere pedido de incidente de falsidade referente à prova juntada aos autos há mais de 10 anos e contra a qual a defesa se insurge somente após a prolação da sentença penal condenatória, uma vez que a pretensão está preclusa. *STJ. 5ª Turma. RHC 79.834-RJ, Rel. Min. Felix Fischer, julgado em 07/11/2017 (Info 615)*

♦ **Direito processual penal. Coisa julgada. Trânsito em julgado de duas sentenças condenatórias.**

Diante do trânsito em julgado de duas sentenças condenatórias contra o mesmo condenado, por fatos idênticos, deve prevalecer a condenação mais favorável ao réu. Não importa qual processo tenha iniciado antes ou em qual deles tenha ocorrido primeiro o trânsito em julgado. O que irá prevalecer é a condenação que foi mais favorável ao réu. *STJ. 6ª Turma. HC 281.101-SP, Rel. Min. Sebastião Reis Júnior, julgado em 03/10/2017 (Info 616).*

14.2. STF

♦ **Suspeição e inimizade capital**

O Plenário negou provimento a agravo regimental em sede de arguição de suspeição promovida pelo presidente da República em face do procurador-geral da República. No caso, a defesa requereu a declaração de suspeição procurador-geral alegando que ele estaria extrapolando seus limites constitucionais e legais inerentes ao cargo e adotando obsessiva conduta persecutória contra o Presidente da República, cuja motivação seria de ordem pessoal. O ministro Edson Fachin (relator) rejeitou a arguição em decisão monocrática. Contra essa decisão, a defesa interpôs agravo regimental insistindo na existência de inimizade capital entre as partes. O Colegiado aduziu que, de acordo com a análise conjunta das manifestações públicas feitas pelo procurador-geral com os esclarecimentos por ele prestados, não é possível reconhecer inimizade capital. Asseverou que a emissão de opinião por parte do chefe do Ministério Público da União, por si só, não se qualifica como hipótese de inimizade capital. (...) Além disso, ressaltou que o fato de o procurador-geral supostamente não ter informado quais fatos respaldariam eventual acusação por obstrução de Justiça igualmente não traduz inimizade capital, visto que a denúncia sempre deverá observar os requisitos do art. 41 do Código de Processo Penal (CPP), bem como submeter-se aos filtros jurídicos e políticos próprios da imputação de crimes ao presidente da República. Em seguida, a Corte afirmou que o requerimento do procurador-geral para que o acesso aos autos do inquérito fosse restringido apenas ao delegado que já estava trabalhando na investigação não se traduz em interferência ministerial na Polícia Federal. (...) Por fim, apontou que a alegação no sentido de que membro do Ministério Público diverso do arguido informou a advogado (e não à parte) funcionamentos do instituto da colaboração premiada não consubstancia a realidade normativa que legitimaria o reconhecimento de causa de suspeição. Primeiramente porque tal alegação decorre exclusivamente de informe jornalístico sem corroboração mínima, sendo que, sob a sistemática do CPP, a arguição dessa natureza desafia maior robustez. Não bastasse isso, o Tribunal ponderou

que não há como presumir o conhecimento do arguido acerca dessa cogitada circunstância. Explicou que as causas de impedimento e suspeição são sempre pessoais, no sentido de que não é possível acolher a alegação de que eventual esclarecimento prestado por um procurador da República contaminaria, automaticamente, a higidez da atuação do procurador-geral da República. Asseverou que, nesse contexto, não há como potencializar a suposta subordinação entre o referido procurador e o procurador-geral da República. AS 89/DF, rel. Min. Edson Fachin, julgamento em 13.9.2017. (AS-89) (Info 877)

♦ Incidente de insanidade mental e obrigatoriedade

O incidente de insanidade mental é prova pericial constituída em favor da defesa. Logo, não é possível determiná-lo compulsoriamente na hipótese em que a defesa se oponha à sua realização. Essa é a conclusão da Segunda Turma ao conceder a ordem em "habeas corpus" que discutiu a legitimidade de decisão judicial que deferira pedido formulado pelo Ministério Público Militar determinando a instauração de incidente de insanidade mental, com fundamento no art. 156 do Código de Processo Penal Militar (CPPM), a ser realizado por peritos médicos de hospital castrense. A Segunda Turma afirmou que o Código Penal Militar (CPM) e o Código Penal (CP) teriam adotado o critério biopsicológico para a análise da inimputabilidade do acusado. Assim, a circunstância de o agente ter doença mental provisória ou definitiva, ou desenvolvimento mental incompleto ou retardado (critério biológico), não seria suficiente para ele ser considerado penalmente inimputável, sem análise específica dessa condição para aplicação da legislação penal. Havendo dúvida sobre a imputabilidade, seria indispensável que, por meio de procedimento médico, se verificasse que, ao tempo da ação ou da omissão, o agente era totalmente incapaz de entender o caráter ilícito do fato ou de determinar-se de acordo com esse entendimento (critério psicológico). Contudo, no caso em comento, a defesa não solicitara a realização do mencionado exame. Tendo isso em conta, o Colegiado asseverou que o paciente não estaria obrigado a se submeter a esse exame. *HC 133.078/RJ, rel. min. Cármen Lúcia, julgamento em 6-9-2016. (Info 838)*

♦ PGR e conflito de atribuição entre órgãos do ministério público

Cabe ao Procurador-Geral da República a apreciação de conflitos de atribuição entre órgãos do ministério público. Com base nesse entendimento, o Plenário, por maioria, resolveu questão de ordem no sentido do não conhecimento da ação e remeteu os autos ao Procurador-Geral da República. No caso, instaurara-se conflito negativo de atribuições entre ministério público estadual e ministério público federal, para apuração de crime contra o mercado de capitais previsto no art. 27-E da Lei 6.385/1976. O Tribunal consignou que a competência para a apreciação de conflitos de atribuição entre membros do ministério público, por não se inserir nas competências originárias do STF (CF, art. 102, I), seria constitucionalmente atribuída ao Procurador-Geral da República, como órgão nacional do ministério público. Vencidos os Ministros Marco Aurélio e Celso de Mello, que conheciam da ação. Pontuavam que a competência seria do STF e que conclusão diversa culminaria por nulificar, de modo absoluto, a autonomia institucional dos ministérios públicos estaduais. *ACO 1567 QO/SP, rel. Min. Dias Toffoli, 17.8.2016. (ACO-1567) (Info 835)*

15. QUESTÕES DE CONCURSOS PÚBLICOS

01. (2017 – FMP – MPE-RO – Promotor de Justiça Substituto) No que diz respeito aos incidentes de insanidade mental e de falsidade, é CORRETO afirmar:

(A) O incidente de falsidade, quando arguido por procurador, prescinde de procuração com poderes especiais, em razão de o juiz poder procedê-la de ofício.

(B) Independentemente do conteúdo da decisão proferida no incidente de falsidade, ela fará coisa julgada material, sendo considerada coisa julgada em ulterior processo penal ou civil.

(C) O incidente da insanidade mental processar-se-á em auto apartado, que só depois da apresentação do laudo, será apenso ao processo principal; mesmo assim, se não houver prejuízo para a marcha do processo, o juiz poderá autorizar sejam os autos entregues aos peritos, para facilitar o exame.

(D) O juiz nomeará curador ao acusado somente após o recebimento do laudo pericial que concluir positivamente pela insanidade mental daquele, ocasião em que também determinará a suspensão do processo, se já iniciada a ação penal.

(E) Se o acusado vier a restabelecer sua higidez mental, o processo de conhecimento retomará seu curso normal, sendo vedada a renovação de atos, em especial da fase probatória, realizados sem a presença daquele, em obediência aos princípios da celeridade e da boa-fé processual.

02. (2017 – FCC – DPE-PR – Defensor Público) Em relação à insanidade mental do acusado,

(A) o rito de insanidade mental será processado nos autos principais.

(B) o juiz nomeará curador ao acusado, quando determinar o exame, sem estabelecer a suspensão do processo, se já iniciada a ação penal.

(C) o exame não poderá ser ordenado na fase do inquérito policial.

(D) a suspensão processual continua até que o acusado se restabeleça, se a doença mental sobrevier à infração.

(E) o exame não durará mais de trinta dias, salvo se os peritos demonstrarem a necessidade de maior prazo.

03. (2017 – CESPE – TJ-PR – Juiz Substituto) Acerca das modalidades de exceção previstas no CPP, assinale a opção correta, considerando o entendimento dos tribunais superiores.

(A) A arguição de suspeição de jurado poderá ser apresentada a qualquer tempo, preferencialmente antes do início da sessão de julgamento.

(B) As exceções, em regra, suspendem o andamento da ação penal e os prazos processuais.

(C) O juiz decidirá a respeito da arguição de suspeição de membro do MP, após ouvi-lo, sendo admitida a produção de provas.

(D) A arguição de suspeição de magistrado não exige poderes especiais do advogado.

04. (2017 – CESPE – PC-GO – Delegado de Polícia Substituto) Com relação a questões e processos incidentes, assinale a opção correta.

(A) Não poderá ser arguida a suspeição dos intérpretes.

(B) Não poderá ser arguida a suspeição dos funcionários da justiça.

(C) Não poderá ser arguida a suspeição do órgão do Ministério Público.

(D) Não poderá ser arguida a suspeição das autoridades policiais nos atos do inquérito.

(F) Não poderá ser arguida a suspeição dos peritos.

(2016 – CESPE – PC-PE – Delegado de Polícia – Adaptada) Conforme a legislação em vigor e o posicionamento doutrinário prevalente, julgue os itens seguintes com relação às questões e processos incidentes.

05. O processo incidente surge acessoriamente no processo principal, cujo mérito se confunde com o mérito da causa principal, devendo, assim, tal processo – o Incidente – ser resolvido concomitantemente ao exame do mérito da ação penal, sob pena de decisões conflitantes.

06. A restituição de coisas apreendidas no bojo do inquérito policial ainda não concluído poderá ser ordenada pela autoridade policial, quando cabível, desde que seja evidente o direito do reclamante.

07. Havendo fundada dúvida sobre a sanidade mental do indiciado, o delegado de polícia poderá determinar de ofício a realização do competente exame, com o objetivo de aferir a sua imputabilidade.

08. (2016 – MPE-PR – MPE-PR – Promotor Substituto) Assinale a alternativa correta:

(A) O sequestro, modalidade de medida cautelar real, pode recair sobre bens imóveis e móveis, desde que sejam estes produtos do crime, ou seja, produtos diretos da infração;

(B) O levantamento do sequestro ocorrerá exclusivamente nas hipóteses de não ajuizamento da ação penal no prazo de 60 dias, a contar da data em que for concluída a diligência, extinção da punibilidade ou absolvição do réu;

(C) O sequestro é cabível em qualquer fase do processo ou mesmo antes de oferecida a denúncia, hipótese na qual pode ser decretado pela autoridade não investida de jurisdição, como é o caso da Comissão Parlamentar de Inquérito;

(D) Decretado o sequestro em processo que se apura a prática do crime de tráfico de drogas, os embargos em que se pleiteia a liberação do bem ou valores será decidida apenas após o trânsito em julgado da respectiva sentença absolutória;

(E) Caso não sejam encontrados os bens adquiridos com o produto do crime, ou localizando-se estes no exterior, podem ser sequestrados bens ou valores lícitos equivalentes pertencentes ao investigado ou acusado.

09. (2016 – CAIP-IMES – CRAISA de Santo André – SP – Advogado) Assinale a alternativa correta.

Em processo penal podem ser opostas as exceções que seguem:

(A) suspeição; incompetência de juízo; ilegitimidade de parte e de coisa julgada.

(B) suspeição; incompetência de juízo; falsidade, ilegitimidade de parte e de coisa julgada.

(C) suspeição; incompetência de juízo; litispendência; ilegitimidade de parte e de coisa julgada.

(D) suspeição; incompetência de juízo; litispendência; insanidade mental do acusado e de coisa julgada.

10. (2015 – FCC – TJ-GO – Juiz Substituto) Antonio acabou de sofrer hipoteca, determinada por juiz criminal, de imóvel que recebeu de seu pai. Nesse caso,

(A) se houver sentença condenatória transitada em julgado, o próprio juiz criminal determinará a avaliação e a venda do bem em leilão público.

(B) os embargos são o recurso cabível contra a decretação da hipoteca.

(C) a medida é cabível, ainda que Antonio seja terceiro, não investigado.

(D) o imóvel, de origem lícita, não poderia ter sido hipotecado.

(E) Antonio poderia ter oferecido caução em dinheiro para que o juiz deixasse de mandar proceder à inscrição da hipoteca legal.

11. (2015 – CESPE – DPU – Defensor Público Federal de Segunda Categoria) Em relação a coisa julgada, prova criminal e restituição de bens, medidas assecuratórias e cautelares no direito processual penal, julgue o item subsequente.

A hipoteca legal é medida assecuratória que recai sobre os bens imóveis do réu independentemente da origem ou fonte de aquisição, sendo cabível apelação da decisão judicial que a deferir. O juiz determinará a alienação antecipada para preservação do valor dos bens sempre que houver dificuldade para sua manutenção.

---

12. (2015 – MPE-BA – Promotor de Justiça Substituto – Adaptada) Julgue o item seguinte:

No processo de incidente de falsidade documental, qualquer que seja a decisão, não fará coisa julgada em prejuízo de ulterior processo penal ou civil.

---

13. (2015 – CESPE – TRF – 5ª REGIÃO – Juiz Federal Substituto – Adaptada) No que se refere às questões prejudiciais, julgue o item seguinte.

Se, no curso de uma ação penal contra servidor público federal por suposta prática de peculato, na modalidade de apropriação ou desvio de recursos públicos, a defesa apresentar resposta à acusação, alegando regularidade das contas declaradas pelo TCU e idêntico posicionamento encontrado na ação de improbidade administrativa em curso, admitir-se-á a objeção apresentada pela defesa como questão prejudicial heterogênea, o que autoriza a suspensão da ação principal.

---

14. (2015 – CESPE – TJ-DFT – Juiz de Direito Substituto – Adaptada) Julgue o item seguinte, acerca das medidas cautelares e incidentes processuais admissíveis no processo penal.

No caso de haver conflito negativo de competência entre um juízo criminal da Circunscrição Judiciária de Brasília e um juízo criminal da Seção Judiciária Federal de Brasília, competirá ao TRF da 1.ª Região processar e julgar esse conflito de competência.

---

15. (2015 – CESPE – TJ-DFT – Juiz de Direito Substituto – Adaptada) Julgue o item seguinte, acerca das medidas cautelares e incidentes processuais admissíveis no processo penal.

O incidente de falsidade tem por objetivo arguir a falsidade das provas documental, testemunhal e pericial produzidas nos autos da ação penal, caso alguma delas apresente vícios que possam comprometer o resultado do processo.

---

16. (2015 – CESPE – TJ-DFT – Juiz de Direito Substituto – Adaptada) Julgue o item seguinte, acerca das medidas cautelares e incidentes processuais admissíveis no processo penal.

Como o sequestro dos bens do acusado é processado e julgado em autos apartados, se os embargos da decisão que permitir a constrição forem julgados improcedentes, não haverá impedimento da perda desses bens, ainda que a sentença dos autos da ação penal que enseje o sequestro seja absolutória.

---

17. (2015 – CESPE – TJ-DFT – Juiz de Direito Substituto – Adaptada) Julgue o item seguinte, acerca das medidas cautelares e incidentes processuais admissíveis no processo penal.

No caso de exceção de impedimento do magistrado que atua no feito, que deve ser realizada em autos apartados, o magistrado poderá julgá-la procedente, situação em que remeterá os autos a seu substituto, ou improcedente, situação em que continuará a processar o feito.

---

18. (2015 – CESPE – TJ-PB – Juiz Substituto – Adaptada) A respeito das exceções previstas no CPP, julgue o item seguinte.

A suspeição deve ser arguida pela parte antes de qualquer outra alegação, salvo quando sua motivação ocorrer em momento posterior.

---

19. (2015 – CESPE – TJ-PB – Juiz Substituto) A respeito da restituição de coisas apreendidas, assinale a opção correta

(A) Os instrumentos do crime, se a perda for decretada em favor da União, bem como as demais coisas confiscadas, deverão ser inutilizados, sendo vedado que tais instrumentos ou coisas recebam qualquer outra destinação.

(B) A restituição, quando cabível, poderá ser ordenada pela autoridade policial ou pelo juiz, mediante termo nos autos, desde que não haja dúvida quanto ao direito do reclamante.

(C) Após ter sido formulado o pedido de restituição de bens apreendidos, o juiz poderá dispensar a oitiva do MP e decidir o pleito de imediato.

(D) Caso seja facilmente deteriorável, a coisa apreendida deverá ser avaliada e, em seguida, deverá ser vendida, sem que seja necessário realizar leilão público.

(E) As coisas apreendidas, ainda que deixem de ser diretamente importantes ao processo, não poderão ser restituídas antes do trânsito em julgado da sentença final.

---

20. (FCC – Promotor de Justiça – PE/2014) A restituição de coisas apreendidas

(A) poderá ser ordenada pela autoridade policial, se encontradas em poder de terceiro de boa-fé e não houver dúvida quanto ao seu direito.

(B) só pode ser ordenada pelo juiz, desde que não exista dúvida quanto ao direito do reclamado.

(C) não pode ocorrer antes do trânsito em julgado enquanto interessarem ao processo.

(D) dispensa a prévia manifestação do Ministério Público no respectivo incidente.

(E) será decidida pelo juiz criminal no incidente próprio, se houver dúvida sobre quem seja o verdadeiro dono.

21. (MPE-SC – Promotor de Justiça – SC/2014 – Adaptada) Conforme prevê o Código de Processo Penal, ao tratar do incidente de falsidade, arguida, por escrito, a falsidade de documento constante dos autos, o juiz observará o seguinte processo: a) mandará autuar em apartado a impugnação e, em seguida, ouvirá a parte contrária, que, no prazo de 2 (dois) dias, oferecerá resposta; b) assinará o prazo de 5 (cinco) dias, sucessivamente, a cada uma das partes, para prova de suas alegações; c) conclusos os autos, poderá ordenar as diligências que entender necessárias; d) se reconhecida a falsidade, mandará desentranhar o documento e remetê-lo, com os autos do processo incidente, ao Ministério Público. Desta decisão é cabível recurso em sentido estrito.

22. (PUC – PR – Juiz de Direito Substituto – PR/2014) Analise as assertivas abaixo e escolha a resposta CORRETA.

Sobre o sequestro de bens imóveis adquiridos pelo indiciado com proventos da infração, previsto no Código de Processo Penal, considere:

I. O sequestro será possível se o bem ainda estiver na propriedade do indiciado, não cabendo se ele o tiver transferido para terceiros.

II. Para a decretação do sequestro bastará a existência de indícios veementes da proveniência ilícita dos bens.

III. O pedido de sequestro será atuado em separado e seguirá o procedimento previsto para a penhora.

IV. Concedido ou não o sequestro, da decisão cabe o recurso em sentido estrito.

(A) Apenas as alternativas I e II estão corretas.

(B) Apenas a alternativa I está correta.

(C) Apenas as alternativas II e III estão corretas.

(D) Apenas as alternativas II e IV estão corretas.

23. (Cespe – Promotor de Justiça – MPE-AC/2014) Considerando os entendimentos do STF e do STJ acerca dos princípios processuais penais, do inquérito e das questões e dos processos incidentes, assinale a opção correta.

(A) Ao promotor de justiça é vedado, no curso de processo penal, suscitar o conflito de jurisdição.

(B) A hipoteca legal sobre os imóveis do indiciado poderá ser requerida pelo ofendido em qualquer fase do processo, desde que haja certeza da autoria.

(C) A condenação lastreada em declarações colhidas de testemunhas na fase inquisitorial, bem como em depoimentos prestados em juízo, ainda que garantidos o contraditório e a ampla defesa, resulta em ilegalidade, pois o CPP impede que o juiz, para a formação de sua livre convicção, considere elementos informativos colhidos na fase de investigação criminal.

(D) O CPP prevê que, independentemente da demonstração de boa-fé, o terceiro adquirente tem o direito de opor-se, por meio de embargos, ao sequestro incidente sobre imóvel.

(E) Existindo dúvida razoável quanto à saúde psíquica do acusado, competirá ao juiz da causa averiguar a necessidade de instauração de incidente de insanidade mental.

24. (FEPESE – Promotor de Justiça – SC/2014 – Adaptada) Se a decisão sobre a existência da infração depender da solução de controvérsia, que o juiz repute séria e fundada, sobre o estado civil das pessoas, o curso da ação penal ficará suspenso pelo prazo de 90 (noventa) dias, que poderá ser prorrogado uma única vez, se a demora não for imputável à parte. Expirado o prazo, sem que o juiz cível tenha proferido decisão, o juiz criminal fará prosseguir o processo, retomando sua competência para resolver toda a matéria da acusação ou da defesa.

25. (TRF 4 – Juiz Federal Substituto 4ª região/2014 – Adaptada) De acordo com o Código de Processo Penal, o juiz, de ofício, a requerimento do Ministério Público ou do ofendido, ou mediante representação da autoridade policial, poderá ordenar o sequestro de bens imóveis adquiridos com os proveitos da infração, em qualquer fase do processo ou ainda antes de oferecida a denúncia ou a queixa. Inclusive, para a preservação do valor dos bens, sempre que estiverem sujeitos a qualquer grau de deterioração ou depreciação, ou quando houver dificuldade para sua manutenção, poderá o juiz determinar a alienação antecipada, por meio de leilão.

26. (Consulplan – Cartórios – Provimento – TJ – MG/2017) Considerando a medida cautelar de sequestro, que consiste na constrição de bens imóveis, excepcionalmente, de bens móveis, adquiridos com os proventos de uma prática infracional, é correto afirmar:

(A) O sequestro de bens imóveis adquiridos com proventos da infração é cabível, desde que recebida a denúncia, ainda que os bens já tenham sido transferidos para terceiros.

(B) O julgamento dos embargos interpostos contra o sequestro, opostos pelo acusado ou por terceiros, independe do julgamento da ação penal.

(C) As Comissões Parlamentares de Inquérito – CPI podem determinar o sequestro de bens, dentre as medidas assecuratórias possíveis para garantia da eficácia de eventual sentença condenatória.

(D) O Juiz poderá determinar o sequestro de bens, de ofício, antes do oferecimento da denúncia ou queixa.

27. (Delegado de Polícia Federal – Cespe – 2018) Em diligência com o objetivo de combater o tráfico internacional de entorpecentes, policiais federais localizaram uma plantação de maconha, onde encontraram equipamentos utilizados para embalar a droga. No local, foram apreendidos dinheiro e veículos e foram presas cinco pessoas que se encontravam na posse dos bens e cuidavam da plantação. Nessa situação hipotética, independentemente de autorização judicial, a autoridade policial deverá proceder de forma a garantir a imediata destruição da plantação — que poderá ser queimada —, devendo preservar apenas quantidade suficiente da droga para a realização de perícia. ( ) Certo ( ) Errado

28. (FGV – AL-RO – Consultor Legislativo – Assessoramento Legislativo – 2018) Após busca e apreensão determinada pela Justiça, terceiro alega a propriedade de determinado bem que não mais interessava ao processo. Por outro lado, o réu alega que o bem é de sua propriedade. Seguro da propriedade do bem, o terceiro pretende recuperá-lo de imediato, apesar de em curso ação penal e da argumentação do réu. Considerando as informações narradas, é correto afirmar que o terceiro:

(A) poderá buscar a restituição da coisa apreendida, mas deverá formular pedido ao juiz, não podendo ser decidida pela autoridade policial;

(B) não poderá buscar restituição da coisa apreendida, já que não houve trânsito em julgado, ainda que o bem não mais interesse ao processo;

(C) poderá apresentar medida em busca de reaver os bens, medida essa que poderá ser proposta nos autos principais;

(D) poderá buscar o sequestro do bem, garantindo, então, que não seja prejudicado ao final do processo;

(E) não poderá buscar a restituição da coisa apreendida ao juiz da esfera criminal, mas tão só da cível, independente de oitiva do Ministério Público.

29. (UEG – PC-GO – Delegado de Polícia – 2018) Sobre o tratamento dado à competência pelo Código de Processo Penal, tem-se o seguinte:

(A) O juiz pode reconhecer, de ofício, incompetência relativa.

(B) No caso de ação penal pública condicionada à representação, o ofendido pode preferir o foro de domicílio ou da residência do réu, ainda quando conhecido o lugar da infração.

(C) O concurso formal de crimes não configura hipótese de continência.

(D) A legislação processual adota a teoria da ubiquidade para determinação do juízo competente pelo lugar da infração.

(E) A competência será determinada pela conexão quando duas ou mais pessoas forem acusadas pela mesma infração.

30. (VUNESP – PC-SP – Delegado de Polícia – 2018) Caio está sendo processado criminalmente pela prática de crime de furto e em sua resposta alega ser improcedente a acusação, uma vez que discute na seara cível, em ação por ele proposta, a ilegitimidade da posse da res pela suposta vítima. Considerando a situação retratada, assinale a alternativa correta.

(A) O juiz poderá suspender a ação penal a depender tão somente da prévia propositura da ação cível pelo acusado.

(B) O juiz deverá suspender a ação penal até que se dirima no juízo cível a questão da legitimidade da posse.

(C) O juiz criminal pode resolver, incidenter tantum, a questão da posse sem que seja necessária a suspensão da ação penal.

(D) A resolução da questão prejudicial pelo juiz criminal faz coisa julgada.

(E) Não há possibilidade de suspensão da ação penal.

31. (FGV – TJ-SC – Técnico Judiciário Auxiliar – 2018) Patrick foi denunciado e condenado, em primeira instância, perante a 1ª Vara Criminal de Florianópolis, pela prática de crime de corrupção passiva. Após a condenação, dentro do prazo legal, apresentou o recurso cabível, que se encontra pendente de julgamento. Nesse período, foi novamente denunciado pela prática do crime de corrupção passiva, dessa vez perante a 2ª Vara Criminal de Florianópolis, sendo verificado pelo teor da denúncia que os fatos imputados são os mesmos daquela ação da 1ª Vara Criminal. A defesa técnica de Patrick, poderá apresentar, ao responder a segunda ação penal, a exceção de:

(A) incompetência do juízo, que deverá ser processada nos autos principais;

(B) coisa julgada, que deverá ser processada em autos apartados;

(C) coisa julgada, que suspenderá o andamento da ação penal;

(D) litispendência, que deverá ser processada em autos apartados;

(E) suspeição, que precederá a qualquer outra eventualmente oposta.

16. GABARITO ANOTADO

01 – C

Vide:

- Art. 153 e art. 150, § 2º, do CPP.
- Itens "1.2. Processo incidente" e "10. Incidente de insanidade mental".

02 – D

Vide:

- Art. 152, caput, do CPP.
- Item "10.6. Insanidade superveniente"

03 – C

Vide:

- Art. 104 do CPP.
- Item "3.2.1. Exceção de suspeição".

04 – D

Vide:

- Art. 107 do CPP.
- Item "3.2.1. Exceção de suspeição".

05 – E

Vide:

- Art. 135, § 6º, do CPP.
- Itens "1. Considerações iniciais", "1.2. Processo incidente" e "1.8. Questão prejudicial.

06 – C

Vide:

- Artigos 120 do CPP.
- Item "7.2. Autoridade restituinte"

07 – E

Vide:

- Art. 149 do CPP.
- Item "10. Incidente de insanidade mental"

08 – E

Vide:

- Art. 91, § 1º, do CP.
- Item "8.5. Sequestro de bens móveis"

09 – C

Vide:

- Art. 95, do CPP.
- Item "3.2. As espécies de exceções e seus processamentos"

10 – E

Vide:

- Art. 135, § 6º, do CPP.
- Item "8.6.5. Levantamento".

11 – C

Vide:

- Artigos 134, 144-A, 593, II, todos do CPP.
- Item "8.6. Hipoteca legal"

12 – C

Vide:

- Art. 148 do CPP.
- Item "9.5. Efeitos"

13 – C

Vide:

- Art. 93 do CPP.
- Item "2.1.2. Prejudicial obrigatória e facultativa".

14 – E

Vide:

- Art. 105, I, "d", da CF.
- Item "5.1. Espécies e competência".

15 – E

Vide:

- Art. 145 do CPP.
- Item "9. Incidente de falsidade"; Item "9.1. Introdução"

16 – E

Vide:

- Art. 131, III, do CPP.
- Item "8.4.4. Levantamento"

17 – E

Vide:

- Artigos 112 e 100, ambos do CPP.
- Item "3.2.1. Exceção de suspeição"

18 – C

Vide:

- Art. 96 do CPP.
- Item "3.2.1. Exceção de suspeição"

19 – B

Vide:

- Art. 120 do CPP.
- Item "7.2. Autoridade restituinte"; Item "7.4. Procedimento da restituição".

20 – C

Vide

- Art. 118, CPP
- Item 7.1. Introdução

21 – E

Vide

- Art. 145, CPP
- Item 9.4. Procedimento do incidente

22 – C

Vide

- I – Art. 125, CPP
- II – Art. 126, CPP
- III – Art. 129, CPP
- IV – Art. 593, II, CPP
- Item 8.1. Sequestro de bens imóveis

23 – E

Vide

- Art. 149, CPP
- Item 10.1. Introdução

24 – E

Vide

- Art. 92, CPP
- Item 2.4.1.1. Para o reconhecimento de prejudicial obrigatória (devolutiva absoluta, heterogênea referente ao estado civil das pessoas – art. 92, CPP)

25 – C

Vide

- Art. 127, CPP; Art. 120, § 5º CPP
- Item 8.1.1. Cabimento.

26 – D

Vide

- Art. 127, CPP.

27 – CERTO

Vide

- Art. 50, §4º e art. 50-A da Lei nº. 11.343/2006.
- Item "7. Restituição de coisas apreendidas"; "7.1. Introdução".

28 – A

Vide

- Art. 120, CPP.
- Item "7. Restituição de coisas apreendidas".

29 – A

Vide

- Art. 109, CPP.
- Súmula 706, STF.

30 – C

Vide

- Art. 92, CPP.
- Art. 93, CPP.
- Art. 94, CPP.

31 – D

Vide

- Art. 95, III, CPP.
- Art. 111, CPP.

17. QUESTÕES DISCURSIVAS COM COMENTÁRIOS

01. (Delegado de Polícia – SC – 2014 – ACAFE) – O Delegado de Polícia José Carlos tomou ciência, pelo boletim de ocorrência nº 127/2014, do furto ocorrido na casa do senhor Pedro Henrique da Silva, de onde subtraíram cinquenta mil reais, que ele havia recebido dias antes, em virtude da venda de algumas cabeças de gado. Instaurado, o devido inquérito policial apurou que o crime foi praticado por Heloísa da Silva, prima da vítima, que o esteve visitando um dia após ele ter recebido o dinheiro. Apurou-se, ainda, que quarenta e cinco mil reais do dinheiro furtado fora usado por Heloísa da Silva para comprar um carro zero quilômetro na revenda WZ Car, o qual foi pago à vista, sendo que o restante do dinheiro foi gasto numa viagem e com outras despesas não identificadas. Heloísa da Silva, para justificar o crescimento de seu patrimônio, vez que tinha um baixo salário, alegou para família que havia comprado o carro com uma pequena entrada e o restante parcelado, fato que se comprovou, no inquérito, ser inverídico, a partir da cópia da nota fiscal fornecida pela empresa WZ Car. Diante dos indícios veementes da autoria, o Delegado de Polícia José Carlos, visando garantir o ressarcimento causado pelo crime, representou pela busca apreensão do veículo comprado por Heloísa da Silva, tudo conforme o apurado nos autos o IP. Considerando os fatos narrados, o Delegado de Polícia José Carlos agiu corretamente ao solicitar a busca e apreensão? Caso concorde com o procedimento do Delegado de Polícia, justifique a sua resposta, apresentando a fundamentação legal. Caso entenda que o Delegado de Polícia agiu incorretamente, aponte qual medida deveria ser adotada, com a sua fundamentação legal.

Resposta

O delegado não agiu corretamente. O espelho de correção aponta que a situação narrada indica que não se trata de Busca e Apreensão, por ser esta meio de prova, que tem por objetivo resguardar o material probatório e não diretamente garantir o ressarcimento. A medida correta para o caso é o Sequestro, uma medida assecuratória, estando preenchido o requisito previsto no art. 126 do CPP, qual seja, indícios veementes da proveniência ilícita do bem. Note-se que o sequestro, como medida assecuratória, visa garantir o ressarcimento. Ademais, para a representação da medida de sequestro é necessário, além dos indícios de autoria, a demonstração de que o carro foi adquirido com proveito do furto. Importante ressaltar, ainda, o artigo 127 do CPP, que autoriza a representação da medida assecuratória de sequestro pelo Delegado de Polícia. Por fim, o artigo 132 do CPP também deveria ser mencionado, possibilitando este dispositivo a extensão do sequestro a bens móveis.

02. (MPE-PR – Promotor de Justiça – PR/2008) (máximo de 20 linhas).

Conceitue e diferencie questões prévias de questões prejudiciais no Processo Penal.

Resposta

Fizemos no início deste capítulo as distinções que respondem tal enunciado.

Questão prévia é a que deve ser apreciada em primeiro lugar, por ser logicamente antecedente e dela depender o julgamento da questão principal. Questão prejudicial é espécie de questão prévia e consiste em infração penal ou fato jurídico civil que são elementares ou circunstâncias da infração penal principal e, por tal razão, deva ser resolvida em primeiramente. Note-se que questão prévia é gênero, da qual são espécies a preliminar (processual) e a prejudicial (mérito).

03. (MPE-RS – Promotor de Justiça – RS/2012) Epaminondas conheceu Eurípedes, que o convidou a participar de um furto, mediante a paga de metade do butim. Pensando em aproveitar a vida, Epaminondas aceitou participar do furto. Assim, entraram numa mansão que estava vazia (os proprietários haviam viajado), mediante o desligamento do alarme e o uso de chave falsa. Chegaram ao cofre, que foi aberto com o auxílio de um maçarico, de onde retiraram grande quantidade de joias, dólares e euros. Depois de um (1) ano de investigações, a Polícia Judiciária logrou descobrir os autores do delito. A ação penal correu em 12 meses, tendo a sentença condenatória transitado em julgado, com a estipulação do art. 387, IV, do CPP. Os comparsas gastaram todo o produto da infração em viagens, roupas, festas e drogas, não tendo condições de reparar o dano. O advogado das vítimas, então, com base nos arts. 91, I, do Código Penal, e 63, § único, do Código de Processo Penal, ingressou com pedido de constrição da casa própria de Epaminondas, onde vivia com a sua família, visando obter o ressarcimento do prejuízo em valor superior ao mínimo estipulado na sentença condenatória (um salário mínimo). O Magistrado, antes de decidir acerca da hipoteca legal, deu vista ao Ministério Público. O Promotor de Justiça deve concordar ou não com a postulação? Fundamente sua resposta.

Resposta

O promotor deve posicionar-se favorável à constrição tendente à especialização e inscrição de hipoteca legal do imóvel (medida que se fundamenta em interesse preponderantemente privado e que tem o fito precípuo de ressarcimento), em razão da inoponibilidade da impenhorabilidade do bem de família para casos de ações de indenização em razão de ilícito criminal (art. 3º, VI, da Lei nº 8.009/1990).

A questão informa que houve trânsito em julgado da sentença penal condenatória, momento em que, de regra, já seriam os autos de inscrição de hipoteca legal efetivada encaminhados ao juízo cível para a excussão da medida inscrita. Sem embargo ainda não se ultimando as providências a cargo do juízo penal, possível que se dê processamento à medida assecuratória cautelar com a aplicação dos artigos 134 e 135, do CPP, sem necessidade que a parte recorra às vias cíveis para o fim de efetivá-la. Após sua finalização, seguirão os autos de hipoteca legal ao juízo cível competente para aguardar a demanda executiva das vítimas.

04. (FUNCAB – Delegado de Polícia – RJ/2013) Ana Carolina Santos foi presa por policiais lotados na 52ª DP – Nova Iguaçu – e autuada em flagrante delito por ter sido surpreendida no momento em que praticava maus-tratos contra o adolescente Vinícius Silva, deficiente físico, que não possui condições mínimas de administrar sua vida. Durante o curto período em que a conduzida se encontrava custodiada na Delegacia, a autoridade policial percebeu que a mesma apresentava sinais evidentes de deficiência mental. Diante disso, convocou a perícia médico-legal para realizar o exame de corpo de delito, objetivando comprovar uma possível insanidade. Nesse ínterim, concluiu e relatou o inquérito policial. Com base no inquérito policial e no laudo, que concluiu pela insanidade, representou ao juiz pela internação provisória com fundamento de evitar a reiteração criminosa (art. 319, III, parte final do Código de Processo Penal).

No caso hipotético relatado, responda (fundamentadamente):

(A) Agiu corretamente a autoridade policial ao determinar a realização do exame de corpo de delito?

(B) E quanto à representação pela internação provisória?

Resposta

a) A autoridade policial não agiu corretamente. Nos termos do § 1º do art. 149, CPP, quando na fase do inquérito policial houver dúvida sobre a insanidade mental do indiciado, o exame poderá ser ordenado pelo juiz, mediante instauração de portaria, porém precedido de representação da autoridade policial e – acrescentamos nós – de anuência do Ministério Público.

b) A internação provisória é possível, quando os peritos concluírem tratar-se de semi-imputável ou inimputável e houver risco de reiteração. Foi o que ocorreu na hipótese, devendo ainda ser observado o art. 282, CPP, que trata dos pressupostos gerais aplicáveis às medidas cautelares.

---

05. (TJ-GO – Juiz de Direito – GO/2009) José Armando Maranha, mais conhecido como "Zé da Treta", planejou e executou vários sequestros na região metropolitana de Goiânia, exigindo, em todos eles, pagamento em dinheiro para resgate das vítimas. No intuito de não deixar pistas para as investigações policiais, José disfarçava suas práticas delitivas da seguinte forma: repassava todo o dinheiro decorrente da atividade criminosa ao seu cunhado que, como empresário atuante no mercado da bolsa de valores, comprava ações de uma empresa multinacional.

Após várias investigações, a polícia conseguiu prender e indiciar José, que resolveu colaborar e informou com detalhes os fatos.

Existe alguma medida legal para reter as ações? Em caso afirmativo, informe, ainda, em qual prazo deverá ser proposta a ação penal.

Caso seja negada tal medida, a parte inconformada poderá utilizar qual meio para se insurgir contra a negativa?

Justifique com base na legislação penal e processual penal.

Resposta

Estamos diante de crime cometido em coautoria. José terá em seu favor a aplicação de regras de delação premiada (colaboração premiada), eis que possibilitou a identificação do comparsa.

Conquanto os proventos da infração tenham decorrido de crimes de sequestro, estes delitos são antecedentes de uma outra infração penal, a de lavagem de dinheiro.

Daí que as normas que devem reger a espécie são as da Lei nº 9.613/1998, atualmente com as alterações produzidas pela Lei nº 12.683/2012 (posterior ao concurso). Para reter as ações, são cabíveis medidas assecuratórias reais, notadamente a medida assecuratória de sequestro, por serem as ações o proveito da infração penal de lavagem de capitais, diante da existência de "indícios suficientes".

Uma vez deferido o sequestro e efetivada a medida, a ação penal deve ser promovida no prazo legal de sessenta dias contados da conclusão da diligência, nos termos do art. 131, I, CPP, que regula o levantamento do sequestro de bens em geral, aplicável por analogia ao sequestro de bens relacionados a delitos de lavagem de capitais (foi suprimida a previsão legal especial da Lei de Lavagem de Dinheiro que previa o prazo de cento e vinte dias para a promoção da ação penal, também contados a partir da diligência concluída – antigo § 1º, do art. 4º, da Lei nº 9.613/1998).

A negativa de sequestro de bens, sendo decisão com força de definitiva nos termos do art. 593, II, do CPP, é impugnável por apelação.

Capítulo VII

Prova

Sumário • 1. Teoria Geral da Prova: 1.1. Conceito e finalidade: 1.1.1. Prova; 1.1.2. Elementos de informação; 1.1.3. Meios de prova; 1.1.4. Meios de obtenção de prova ou meios de investigação de prova; 1.1.5. Fontes de prova; 1.1.6. Técnicas especiais de investigação; 1.1.7. Sucedâneos probatórios; 1.2. Destinatários; 1.3. Natureza jurídica; 1.4. Objeto: 1.4.1. Objeto da prova; 1.4.2. Objeto de prova; 1.5. Classificação da prova: 1.5.1. Quanto ao objeto: 1.5.1.1. Direta ou positiva; 1.5.1.2. Indireta, negativa ou contrária; 1.5.2. Quanto ao efeito ou valor: 1.5.2.1. Plena; 1.5.2.2. Não plena ou indiciária; 1.5.3. Quanto ao sujeito ou causa: 1.5.3.1. Real; 1.5.3.2. Pessoal; 1.5.4. Quanto à forma ou aparência: 1.5.4.1. Testemunhal; 1.5.4.2. Documental; 1.5.4.3. Material: 1.5.4.3.1. Própria; 1.5.4.3.2. Imprópria; 1.5.5. Quanto à possibilidade de renovação em juízo: 1.5.5.1. Irrepetível ou não repetível; 1.5.5.2. Repetível; 1.5.6. Quanto ao momento procedimental: 1.5.6.1. Cautelar preparatória ou prova (cautelar) antecipada; 1.5.6.2. Cautelar incidental ou antecipação probatória (no curso do processo); 1.5.7. Quanto à previsão legal: 1.5.7.1. Nominada: 1.5.7.1.1. Típica; 1.5.7.1.2. Atípica; 1.5.7.2. Inominada; 1.5.8. Quanto à finalidade da prova: 1.5.8.1. Prova anômala; 1.5.8.2. Prova irritual; 1.5.9. Quanto à imposição legal da forma da prova: 1.5.9.1. Prova legal positiva, prova legal ou prova tarifada; 1.5.9.2. Prova legal negativa; 1.6. Meios de prova; 1.7. Vedação probatória; 1.8. Teorias sobre o tema das provas ilícitas: 1.8.1. Teoria dos frutos da árvore envenenada (*fruits of the poisonous tree*), teoria da ilicitude por derivação ou "taint doctrine": 1.8.1.1. Teorias decorrentes: 1.8.1.1.1. Prova absolutamente independente ou teoria da fonte independente; 1.8.1.1.2. Descoberta inevitável ou exceção da fonte hipotética independente; 1.8.1.1.3 Contaminação expurgada, conexão atenuada, *purged taint exception*, tinta diluída ou doutrina da mancha purgada; 1.8.1.1.4. Boa-fé, exceção da boa-fé, *good faith exception* ou limitação da boa-fé; 1.8.1.2. Quebra da cadeia de custódia das provas; 1.8.2. Princípio da proporcionalidade ou razoabilidade; 1.8.3. Teoria da exclusão da ilicitude da prova; 1.8.4. Princípio ou teoria da serendipidade; 1.8.5. Inutilização da prova ilícita; 1.8.6. Teoria da exceção de erro inócuo; 1.9. Prova emprestada; 1.10. Ônus da prova: 1.10.1. Classificação do ônus da prova: 1.10.1.1. Quanto à consequência da omissão em se desincumbir do ônus; 1.10.1.2. Quanto ao destinatário do ônus; 1.10.2. Ônus da prova e *standards* probatórios; 1.10.3. Inversão do ônus da prova; 1.11. Iniciativa do juiz; 1.12. Sistemas de apreciação da prova: 1.12.1. Sistema da certeza moral do juiz ou íntima convicção ou "secunda conscientia"; 1.12.2. Sistema da certeza moral do legislador, das regras legais ou da prova tarifada; 1.12.3. Sistema do livre convencimento motivado ou persuasão racional; 1.13. Princípios da prova: 1.13.1. Princípio da autorresponsabilidade das partes; 1.13.2. Princípio da audiência contraditória; 1.13.3. Princípio da aquisição ou comunhão; 1.13.4. Princípio da oralidade; 1.13.5. Princípio da publicidade; 1.13.6. Princípio do livre convencimento motivado; 1.14. Procedimento probatório; 1.14.1. Proposição; 1.14.2. Admissão; 1.14.3. Produção e contraditório; 1.14.4. Valoração; 1.15. Cooperação Jurídica Internacional para produção probatória – 2. Provas em espécie: 2.1. Exames periciais: 2.1.1. Considerações gerais: 2.1.1.1. Assistente técnico; 2.1.2. Realização das perícias; 2.1.3. Apreciação dos laudos periciais; 2.1.4. Exame de corpo de delito; 2.1.5. Necessidade do laudo; 2.1.6. Outras perícias: 2.1.6.1. Exame necroscópico: 2.1.6.1.1. Exumação; 2.1.6.2. Exame de lesões corporais; 2.1.6.3. Perícia em incêndio; 2.1.6.4. Perícia laboratorial; 2.1.6.5. Exame grafotécnico; 2.1.6.6. Exame nos instrumentos da infração; 2.1.6.7. Exame na destruição ou rompimento de obstáculo e na escalada; 2.1.6.8. Avaliação; 2.1.6.9. Exame de embriaguez ao volante; 2.2. Interrogatório do acusado: 2.2.1. Conceito e natureza jurídica: 2.2.1.1. Interrogatório como meio de prova; 2.2.1.2. Interrogatório como meio de defesa; 2.2.1.3. Interrogatório como meio de prova e meio de defesa, indistintamente; 2.2.1.4. Interrogatório como meio de defesa, primordialmente, e como meio de prova, de forma subsidiária; 2.2.2. Necessidade e reinterrogatório; 2.2.3. Formalidades do interrogatório: 2.2.3.1. Público; 2.2.3.2. Personalíssimo; 2.2.3.3. Local do interrogatório; 2.2.3.4. Oralidade; 2.2.3.5. Individualidade; 2.2.3.6. Judicialidade; 2.2.3.7. Espontaneidade; 2.2.4. Procedimento; 2.2.4.1. Preliminares; 2.2.4.2. Conteúdo; 2.2.4.3. Formalidades; 2.2.4.4. Interrogatório do réu menor de vinte e um anos; 2.2.4.5. Compatibilidade com o inquérito policial; 2.2.4.6. Interrogatório por videoconferência; 2.3. Confissão: 2.3.1. Conceito e objeto; 2.3.2. Natureza jurídica; 2.3.3. Espécies; 2.3.4. Requisitos: 2.3.4.1. Materiais ou intrínsecos; 2.3.4.2. Formais ou extrínsecos; 2.3.5. Peculiaridades: 2.3.5.1. Divisibilidade; 2.3.5.2. Retratabilidade; 2.3.6. Valor probatório; 2.3.7. Delação e delação premiada: 2.3.7.1. Colaboração premiada prevista na Lei nº 8.072/1990 (crimes hediondos); 2.3.7.2. Colaboração premiada prevista no art. 159, § 4º, do CP (extorsão mediante sequestro); 2.3.7.3. Colaboração premiada prevista na Lei nº 9.807/1999 (proteção a vítimas e testemunhas); 2.3.7.4. Colaboração premiada prevista na Lei nº 9.613/1998 (lavagem de capitais); 2.3.7.5. Colaboração premiada prevista na Lei nº 11.343/2006 (Lei de Tóxicos); 2.3.7.6. Colaboração premiada prevista na Lei nº 7.492/1986 (crimes contra o sistema financeiro nacional); 2.3.7.7. Colaboração premiada prevista na Lei nº 8.137/1990 (crimes contra a ordem tributária, econômica e relações de consumo); 2.3.7.8. Colaboração premiada prevista na Lei nº 12.529/2011 (crimes diretamente relacionados com a prática de cartel); 2.3.7.9. A colaboração premiada da Lei nº 12.850/2013 e os demais meios específicos de obtenção de prova previstos para o combate à criminalidade organizada: 2.3.7.9.1. Distinções conceituais: 2.3.7.9.1.1. Elementos de informação e prova; 2.3.7.9.1.2. Associação criminosa e organização criminosa; 2.3.7.9.2. Os meios específicos de obtenção de prova: 2.3.7.9.2.1. Colaboração premiada; 2.3.7.9.2.2. Captação ambiental de sinais eletromagnéticos, ópticos ou acústicos; 2.3.7.9.2.3. Ação controlada (artigos 8º e 9º, da Lei nº 12.850/2013); 2.3.7.9.2.4. Acesso a registros de ligações telefônicas e telemáticas, a dados cadastrais constantes de bancos de dados públicos ou privados e a informações eleitorais ou comerciais; 2.3.7.9.2.5. Interceptação de comunicações telefônicas e telemáticas; 2.3.7.9.2.6. Afastamento dos sigilos financeiro, bancário e fiscal, nos termos da legislação específica; 2.3.7.9.2.7. Infiltração, por policiais, em atividade de investigação: 2.3.7.9.2.7.1. Infiltração de agentes policiais do art. 10, da Lei nº 12.850/2013; 2.3.7.9.2.7.2. Infiltração de agentes policiais do art. 190-A, do Estatuto da Criança e do Adolescente (inserido pela Lei nº 13.441/2017); 2.3.7.9.2.8. Cooperação entre instituições e órgãos federais, distritais, estaduais e municipais na busca de provas e informações de interesse da investigação ou da instrução criminal; 2.3.7.9.3. Interpretação da Lei nº 12.850/2013; 2.3.7.9.4. Requisitos à aplicação da delação premiada da Lei nº 12.850/2013: 2.3.7.9.4.1. Cláusulas do acordo de colaboração premiada; 2.3.7.9.4.2. Pressupostos necessários à homologação da colaboração premiada pelo juiz; 2.3.7.9.4.3. Sujeitos da relação jurídica da colaboração premiada; 2.3.7.9.4.4. Consequências decorrentes da decisão homologatória da colaboração premiada; 2.3.7.9.5. A decisão homologatória da colaboração premiada da Lei nº 12.850/2013: 2.3.7.9.5.1. Vedação de participação do juiz nas negociações; 2.3.7.9.5.2. Exame não meritório do acordo (regularidade, legalidade e voluntariedade); 2.3.7.9.5.3. Limites legais e suspensão pactuada de garantias; 2.4. Ofendido: 2.4.1. Considerações gerais: conceito e natureza; 2.4.2. Repercussões processuais; 2.4.3. Valor probatório das declarações do ofendido; 2.4.4. Prerrogativas do ofendido; 2.4.5. Escuta especializada e depoimento especial de criança ou de adolescente (Lei nº 13.431/2017 – depoimento sem dano); 2.4.6. Proteção à mulher em situação de violência doméstica ou familiar e regras específicas de atendimento policial e pericial especializado (Lei nº 13.505/2017); 2.5. Testemunhas: 2.5.1. Conceito e natureza; 2.5.2. Características da prova testemunhal; 2.5.3. Recusa e impedimento; 2.5.4. Demais vedações; 2.5.5. Deveres da testemunha; 2.5.6. Número de testemunhas; 2.5.7. Classificação: 2.5.7.1. Quanto ao número de testemunhas estatuído na legislação: 2.5.7.1.1. Numerárias; 2.5.7.1.2. Extranumerárias; 2.5.7.1.3. Informantes; 2.5.7.2. Quanto ao objeto da prova oral: 2.5.7.2.1. Própria; 2.5.7.2.2. Imprópria, instrumentária ou fedatária; 2.5.7.3. Quanto à qualidade do testemunho: 2.5.7.3.1. Laudadores; 2.5.7.3.2. Testemunhas da coroa; 2.5.7.3.3. Inócuas; 2.5.7.3.4. Testemunhas vulneráveis; 2.5.7.3.5. Testemunha anônima; 2.5.7.3.6. Testemunhas ausentes; 2.5.8. Lugar do depoimento, precatória e videoconferência; 2.5.9. Testemunho dos militares e funcionários públicos; 2.5.10. Procedimento para tomar o depoimento; 2.5.11. O depoimento; 2.5.12. Falso testemunho e prisão em flagrante; 2.5.13. Competência para julgamento do falso testemunho; 2.5.14. Proteção; 2.5.15. Valor Probatório; 2.6. Reconhecimento de pessoas e coisas: 2.6.1. Conceito e natureza jurídica; 2.6.2. Reconhecimento de pessoas: 2.6.2.1. Procedimento; 2.6.2.2. Intimidação; 2.6.3. Reconhecimento fotográfico e fonográfico; 2.6.4. Reconhecimento de coisas; 2.7. Acareação: 2.7.1. Conceito e natureza; 2.7.2. Pressupostos; 2.7.3. Procedimento; 2.7.4. Valor probatório; 2.8. Documentos: 2.8.1. Conceito; 2.8.2. Espécies; 2.8.3. Requisitos; 2.8.4. Produção; 2.8.5. Tradução; 2.8.6. Restituição; 2.9. Indícios e presunções: 2.9.1. Conceito; 2.9.2. Classificação; 2.9.3. Valor probatório: 2.9.3.1. Prova indiciária e agente infiltrado; 2.9.3.2 Prova indiciária e testemunha por ouvir dizer (*hearsay witness*); 2.9.3.3. Valor probatório do depoimento do agente infiltrado e da *hearsay testimony*; 2.10. Busca e apreensão: 2.10.1. Conceito e natureza jurídica; 2.10.2. Iniciativa; 2.10.3. Objeto; 2.10.4. Momento; 2.10.5. Espécies: 2.10.5.1. Busca domiciliar; 2.10.5.2. Busca pessoal; 2.11. Interceptação telefônica: 2.11.1. Noções fundamentais: 2.11.1.1. Interceptação telefônica; 2.11.1.2. Escuta telefônica; 2.11.1.3. Gravação telefônica; 2.11.1.4. Registro telefônico; 2.11.1.5. Interceptação ambiental; 2.11.1.6. Gravação ambiental; 2.11.1.7. Interceptação do fluxo de comunicações em sistemas de informática e de telemática; 2.11.1.8. Distinções entre sigilos: telefônico, de dados, fiscal, bancário e financeiro: 2.11.1.8.1. Sigilo telefônico: 2.11.1.8.1.1. Sigilo telefônico e o problema *do smartphone*; 2.11.1.8.1.2. Segredo telefônico e dimensões probatórias (gerações de provas ou Trilogia *Olmstead-Katz-Kyllo*); 2.11.1.8.2. Sigilo de dados; 2.11.1.8.3. Sigilo fiscal; 2.11.1.8.4. Sigilo bancário; 2.11.1.8.5. Sigilo financeiro; 2.11.1.8.6. Sigilo e compartilhamento de informações; 2.11.1.9. Sigilo de dados e sigilo do fluxo de comunicações através do uso da Internet – Lei nº 12.965/2014; 2.11.2. Iniciativa; 2.11.3. Limites à interceptação de comunicações telefônicas; 2.11.4. Procedimento e requisitos ao deferimento da medida; 2.11.5. Prazo e renovação da interceptação telefônica; 2.11.6. Condução da interceptação e acompanhamento pelo Ministério Público; 2.11.7. Transcrição da gravação e auto circunstanciado; 2.11.8. Encontro fortuito de provas ou "serendipidade"; 2.11.9. Inutilização de gravação: 2.11.10. Proteção penal e administrativa: 2.11.11. Problemas de direito intertemporal – 3. Quadro Sinótico – 4. Súmulas aplicáveis: 4.1. STJ; 4.2. STF – 5. Informativos recentes: 5.1. STJ; 5.2. STF – 6. Questões de concursos públicos – 7. Gabarito Anotado – 8. Questões discursivas com comentários.

1. TEORIA GERAL DA PROVA

1.1. Conceito e finalidade

O processo, na visão do ideal, objetiva fazer a reconstrução histórica dos fatos ocorridos para que se possa extrair as respectivas consequências em face daquilo que ficar demonstrado. O convencimento do julgador é o anseio das partes que litigam em juízo, que procurarão fazê-lo por intermédio do manancial probatório carreado aos autos. Esta é a fase da instrução processual, onde se utilizam os elementos disponíveis para descortinar a "verdade" do que se alega, na busca de um provimento judicial favorável. A demonstração da verdade dos fatos é feita por intermédio da utilização probatória, e a prova é tudo aquilo que contribui para a formação do convencimento do magistrado, demonstrando os fatos, atos, ou até mesmo o próprio direito discutido no litígio. Intrínseco no conceito está a sua finalidade, o objetivo, que é a obtenção do convencimento daquele que vai julgar, decidindo a sorte do réu, condenando ou absolvendo.

Segundo Claus Roxin, "probar significa convencer al juez sobre la certeza de la existencia de un hecho"[1]. A noção de verdade dos fatos permeia as tentativas de definição do conceito de prova ou a atividade de provar, o que enseja um leque maior de acepções do conceito de prova e do ato de provar.

Necessário então, um posicionamento em torno do "critério de verdade a ser utilizado para as decisões envolvidas na construção dessa narrativa", de compasso com a advertência de Bianor Arruda[2]. Essa postura, para estar de acordo com o postulado da presunção de inocência, não pode ser a de perseguir uma suposta verdade real, no processo penal, mas a de submeter a construção da verdade ao procedimento previsto em lei, no contexto de um Estado Democrático.

Essa perspectiva se coaduna com o posicionamento teórico de Simone Schreiber e Thiago Bottino, quando postulam que as normas que disciplinam o processo penal sejam "entendidas como garantias do indivíduo, pois asseguram o exercício racional e não arbitrário do poder do Estado estabelecendo os limites de atuação dos órgãos de investigação e persecução penal"[3]. Nesse âmbito, a prova, para ser assim conceituada e admitida, deve passar pelo filtro normativo-constitucional.

A sua vez, Julio Maier pondera que "o procedimento penal é, desde um ponto de vista, um método, regulado juridicamente, para averiguar a verdade acerca de uma imputação". Para o jurista argentino, prova é "tudo aquilo que, no procedimento, representa o esforço para incorporar rastros ou sinais que conduzem ao conhecimento correto ou provável de seu objeto"[4].

Guilherme Nucci, de outro giro, entende que existem "três sentidos para o termo prova: a) ato de provar: é o processo pelo qual se verifica a exatidão ou a verdade do fato alegado pela parte no processo (ex.: fase probatória); b) meio: trata-se do instrumento pelo qual

1. ROXIN, Claus. *Derecho procesal penal*. Buenos Aires: Editores Del Puerto, 2003. p. 185.
2. ARRUDA, Bianor. *O que define um julgamento e quais são os limites do juiz?* Valores hermenêutica e argumentação: elementos para a construção de uma teoria da decisão judicial. São Paulo: Noeses, 2018. p. 182.
3. SCHREIBER, Simone; AMARAL, Thiago Bottino. *Direito processual penal 1*. 3. ed. São Paulo: Saraiva, 2010. p.12.
4. MAIER, Júlio. *Derecho procesal penal argentino:* tomo 1 [vol. b]. Buenos Aires: Hammurabi, 1989. p.579 (tradução livre).

se demonstra a verdade de algo (ex.: prova testemunhal); c) resultado da ação de provar: é o produto extraído da análise dos instrumentos de prova oferecidos, demonstrando a verdade de um fato"[5].

Temos, a nosso ver, uma concepção estática, que é a prova em si mesma; uma expressão dinâmica, através da produção probatória, e uma feição dialética, com a submissão da prova à discussão processual e posterior valoração na sentença.

Busca-se o melhor resultado possível, a verdade viável dentro daquilo que foi produzido nos autos. Por isso a importância de processos com qualidade, pois só poderá haver condenação em face da certeza de culpabilidade, e esta não é obtida através de conjecturas ou suposições, e sim por intermédio de um escorço probatório sólido.

Para a obtenção desse desiderato, o sistema prevê regras consistentes para vedar a produção de prova ilícita, isto é, o ordenamento estabelece ***exclusionary rules***, isto é, regras de exclusão de provas ilícitas, também chamadas de regras de proteção. A prova é produzida para influir na convicção do julgador. Nesse sentido, o juiz deve ser ignorante quanto aos fatos que lhe são apresentados, eis que se conhecê-los previamente restará impedido de exercer jurisdição (se o juiz presencia o fato delituoso ele não poderá julgá-lo, devendo ser testemunha). De outro lado, em sentido estrito, prova é somente aquela que resulta de procedimento contraditório e que é produzida perante juiz. Daí ser importante, tecnicamente, distinguir.

1.1.1. *Prova*

Pressupõe procedimento contraditório, em regra produzida no curso de processo instaurado perante magistrado, com a participação dos litigantes. Quando produzida antes do processo, ou antes de ser oportunizada a participação dialética do interessado, a prova exigirá o contraditório posterior (diferido ou postergado), para que receba a qualificação de prova (***stricto sensu***). A partir do critério do contraditório oportunizado durante a produção da prova ou após sua produção, a doutrina o subdivide em: (a) contraditório real (ou para a prova ou para a constituição da prova), relativo à participação das partes na produção da prova que é feita na presença de juiz (a exemplo da prova testemunhal em juízo); e (b) contraditório diferido (ou sobre a prova ou sobre a prova já produzida), referente ao debate dos interessados a respeito da prova já formada (os assistentes técnicos se manifestam sobre o laudo pericial já elaborado unilateralmente pelo perito).

1.1.2. *Elementos de informação*

São os documentos e outros registros colhidos em procedimento diverso do processo judicial, sem a observância atinente ao contraditório. São chamados elementos de informação aqueles colhidos no curso do inquérito policial, procedimento de natureza inquisitiva, sem contraditório, isto é, na fase de investigação preliminar.

Como prova é vocábulo com múltiplos significados, a depender da função que exerce no contexto, há distinção doutrinária quanto ao que sejam meios de prova, meios de

5. NUCCI, Guilherme de Souza. *Manual de processo penal e execução penal*. 3. ed. São Paulo: RT, 2007. p. 351.

obtenção de prova e fontes de prova, bem como sobre o que se convencionou chamar de "técnicas especiais de investigação".

1.1.3. Meios de prova

São os instrumentos processuais disponíveis para a produção da prova em procedimento contraditório, podendo ser denominado de meio de prova de primeiro grau, na medida em que se destinam a produção da prova de maneira imediata e em sentido estrito, exigindo sua inserção no processo em linguagem com ele compatível. São endoprocessuais, só existindo no processo, naturalmente conduzido por magistrado. A prova se considera produzida quando vertida em linguagem adequada e carreada ao processo. Por exemplo: para se comprovar uma lesão corporal, a parte pode dispor de mais de um meio, tais como a prova pericial, a prova testemunhal, a fotografia ou imagem digitalizada. No entanto, a prova assim o será quando descrita no processo, na forma prevista procedimentalmente (o depoimento pode se apresentar em linguagem escrita ou em linguagem audiovisual, a perícia deverá ser vertida em linguagem no competente laudo pericial confeccionado por profissional habilitado).

1.1.4. Meios de obtenção de prova ou meios de investigação de prova

São, em regra, extraprocessuais. Têm o objetivo de encontrar elementos materiais de prova ou fontes de prova. Ex.: a interceptação telefônica é um meio de obtenção de prova, por se tratar de um meio de prova de segundo grau, eis que se destina a indicar outras fontes de provas, materiais e de primeiro grau, através de investigações amplas; também é um meio de investigação da prova ou de obtenção da prova, a busca e apreensão de documentos.

1.1.5. Fontes de prova

É a **pessoa** ou a **coisa** da qual emana a prova, denominado, em sentido amplo, de **sujeito da prova** (item 1.5.3 *infra*). Segundo Framarino Malatesta "toda prova tem um sujeito e um objeto; o sujeito da prova é a pessoa ou a coisa que afirma: o objeto é a coisa demonstrada. Assim, o sujeito e o objeto da prova necessitam de uma avaliação especial"[6]. Uma fonte de prova constitui um encadeamento com a prova produzida a partir dela. Esta, por sua vez, pode ser fonte de uma prova posterior. Assim, sucessivamente. É importante a noção para que nenhuma fonte de causação de uma prova posterior seja omitida, sob pena de constituir prova ilícita (item 1.8.1.2 *infra*[7]).

Veja-se, a título de exemplo, o caso de transcrição de interceptação telefônica. Ela pode ser fonte de prova quando indica fato delituoso diverso do apurado, servindo como notícia do crime para outra investigação autônoma. A partir dela, é possível saber, por exemplo, quais pessoas conhecem o fato para servirem como testemunha. As pessoas que serão testemunhas são também fontes de prova (fontes da prova testemunhal, eis que possibilitam a produção de um meio de prova que é o depoimento testemunhal). As fontes

6. MALATESTA. Nicola Framarino Dei. *A lógica das provas em matéria criminal*. Tradução: Paolo Capitaneo. 3. ed. Campinas: Bookseller, 2004. p.151.

7. PRADO, Geraldo. *Prova penal e sistemas de controles epistêmicos:* a quebra de cadeia de custódia das provas obtidas por métodos ocultos. São Paulo: Marcial Pons, 2014. p. 77-79.

de prova podem ser, portanto, reais (o cadáver, os documentos) ou pessoais (o perito, a testemunha, a vítima).

1.1.6. Técnicas especiais de investigação

São instrumentos distintos daqueles tradicionais (prova documental ou oral), consistentes em estratégias que visam melhor apurar crimes graves, com a otimização dos resultados através de criatividade investigativa que funcione como meio de obtenção de prova. As técnicas especiais de investigação são caracterizadas por dois elementos: o sigilo e a dissimulação, com o fito de se coligir elementos materiais de prova ou fontes de provas. Caso a técnica especial seja invasiva, ou seja, intrusiva, com risco de afetar direitos fundamentais como a intimidade, haverá necessidade de aquilatar sua legalidade e, se o caso concreto exigir, intervenção por intermédio de decisão judicial, em face de cláusula de reserva jurisdicional que existe quanto a bem relacionado à vida privada do investigado[8]. Exemplos de técnicas especiais de investigação são os meios de obtenção de prova previstos na Lei nº 12.850/2013 (dispõe sobre organizações criminosas), tais como os dispostos em seu artigo 3º:

(a) colaboração premiada;

(b) captação ambiental de sinais eletromagnéticos, ópticos ou acústicos;

(c) ação controlada;

(d) acesso a registros de ligações telefônicas e telemáticas, a dados cadastrais constantes de bancos de dados públicos ou privados e a informações eleitorais ou comerciais;

(e) interceptação de comunicações telefônicas e telemáticas, nos termos da legislação específica;

(f) afastamento dos sigilos financeiro, bancário e fiscal, nos termos da legislação específica;

(g) infiltração, por policiais, em atividade de investigação, na forma do art. 11; e

(h) cooperação entre instituições e órgãos federais, distritais, estaduais e municipais na busca de provas e informações de interesse da investigação ou da instrução criminal.

1.1.7. Sucedâneos probatórios

Os sucedâneos probatórios consistem em elementos de informação de menor densidade epistemológica se comparados às provas primárias. Neles, há déficit cognitivo do julgador relativamente aos fatos informados, seja por não ter sido seguido o procedimento legal para a formação da prova em juízo, seja por não ter sido observado o princípio da imediação, com produção da prova sem anteparos ou intermediários.

Os sucedâneos probatórios, se comparados à prova judicial, em sentido estrito, deve ter menor teor de fiabilidade (redução de confiança), haja vista a maior distância do percurso entre a fonte primária da informação e a comunicação materializada, eis que viabilizada por meio de instrumento mais remoto.

8. LIMA, Renato Brasileiro de. *Curso de processo penal*: volume único. Niterói: Impetus, 2013. p. 562-563.

De todo modo, o regime de cognição probatória por parte do julgador deve ser bem contornado em matéria penal, com rigorosa limitação, porquanto em jogo o direito de liberdade.

Sobre os sucedâneos probatórios, fala-se, no direito português[9], em "princípio da utilização da melhor prova disponível", que impõe o uso de fontes originais de informação ou imediatas, alijando o uso de provas secundárias, menos densas. Nos países de *Common Law*, de outra parte, o cânone equivalente seria a *best evidence rule*, a fim de coibir provas *hearsay*, ouvir dizer ou fruto de boatos[10].

Sucedâneos probatórios podem ser definidos como:

(1) provas secundárias que, por sua vez, podem ser:

(a) indiretas (sem reportar o núcleo do *thema probandum*, *hearsay* – por ouvir dizer – ou de natureza legal negativa, com eficácia limitada por lei);

(b) indiciárias (evidências menores para uso de método indutivo); e

(c) sem valor pleno (inapta a juízo condenatório);

(2) provas em sentido incompleto, do ponto de vista conceitual. Vale dizer, são provas em sentido amplo: nos sucedâneos probatórios, estão ausentes uma ou mais notas que compõem o conceito de prova.

São exemplos de sucedâneos probatórios:

(a) prova produzida sem a presença do juiz (elementos de informação da investigação preliminar);

(b) depoimentos testemunhais tomados de forma mediata (o princípio da imediatidade dita que o testemunho deve ser prestado perante o juiz competente), como fonte direta que retrate a "ideia de fonte de conhecimento de primeira mão[11]);

(c) depoimentos testemunhais tomados com mitigação de contraditório pleno, na forma da lei, tais como:

(c.1) o depoimento especial de criança e de adolescentes – depoimento sem dano (art. 9º, Lei nº 13.431/2017); e

(c.2) o depoimento de testemunha anônima, sob segredo, reserva ou confidencialidade – sem que haja ciência do acusado sobre a identidade do depoente ou sem a presença do réu, em razão de segurança e proteção (art. 7º, IV, Lei nº 9.807/1999; art. 217, *caput*, CPP).

No direito comparado, encontramos referências à expressão "sucedâneos probatórios" no direito lusitano. Há menções que se reportam também ao direito alemão.

Embora autores brasileiros possam fazer alusão aos "sucedâneos probatórios", não tem sido necessário o uso da expressão em face de já contarmos com rica classificação

9. PORTUGAL – Tribunal Constitucional – Acórdão nº 367/2014 – Diário da República nº 230/2014 – Série II – 27 nov. 2014.
10. NANCE, Dale A. *The best evidence principle*. Geneva: Faculty Publications,1988. p. 227.
11. GOMES, Décio Alonso. *Prova e imediação no processo penal*. Salvador: Juspodivm, 2016. p. 40.

doutrinária de origem italiana, em boa medida tomada da obra clássica de Nicola Framarino Dei Malatesta, "Lógica das provas em matéria criminal", dividindo a prova em direta e indireta[12].

É possível relacionar, no ordenamento jurídico brasileiro, os "sucedâneos probatórios" à dicção do art. 155, *caput*, do CPP. O que não for capaz de, por si só, fundamentar uma condenação, é somente elemento para construção de argumento probatório coadjuvante, que se insere na chamada prova não plena e/ou na classe das provas legais negativas (estipuladas regras que impõem restrições rígidas às possibilidades condenatórias).

No processo penal brasileiro, não possuem aptidão para, isoladamente, constituir certeza objetiva própria de juízo condenatório:

(a) a confissão;

(b) os elementos de informação da investigação preliminar (salvo cautelares e irrepetíveis, como a prova técnica pericial);

(c) a delação premiada;

(d) o testemunho por ouvir dizer (*hearsay*); e

(e) o conteúdo probatório de índole abdutiva (método da melhor explicação).

Veja-se que o Código de Processo Penal não proíbe o uso da prova secundária, isto é, não veda que os sucedâneos probatórios citados sejam usados para reforçar argumentos fundados em prova primária. Entretanto, o ordenamento jurídico pátrio é taxativo ao preconizar que eles não têm valor pleno, eis que não pode haver condenação arrimada somente neles.

Nessa linha, o princípio da proporcionalidade não pode ser aplicado para autorizar condenação de réu com lastro em prova de segunda mão, indireta, mediata, por ouvir dizer ou limitada legalmente. Em outros termos, justificativa com esteio na gravidade do delito não deve ser admitida para emissão de juízo condenatório fundado em sucedâneos probatórios.

Sob outro prisma, em matéria processual penal, a expressão "sucedâneos probatórios" suscita a oposição entre:

(a) o princípio da imediação, do qual decorrem imediatidade (não intermediação de terceiros na produção de provas) e oralidade (participação direta e falada das partes na produção da prova perante um juiz competente); e

(b) os sistemas de justiça secreta (típicas dos sistemas inquisitivos e refratárias dos sistemas acusatórios e democráticos).

Nesse sentido, de acordo com Gustavo Alberto Arocena, Fabian Ignácio Balcarce e José Daniel Cesano, em virtude da máxima da *inmediación*, o juiz deve elaborar a sentença sobre a base de suas impressões pessoais que obtém da prova recebida no bojo de um procedimento principal, com debate oral e público[13].

12. MALATESTA. Nicola Framarino Dei. *A lógica das provas em matéria criminal*. Tradução: Paolo Capitaneo. 3. ed. Campinas: Bookseller, 2004. p.148.
13. AROCENA, Gustavo Alberto; BALCARCE, Fabián Ignácio; CESANO, José Daniel. *Prueba en materia penal*. Buenos Aires: Editorial Astrea, 2014. p.13.

1.2. Destinatários

O destinatário direto da prova é o magistrado, que formará o seu convencimento pelo material que é trazido aos autos. As partes também são destinatárias da prova, mas de forma indireta, pois convencidas daquilo que ficou demonstrado no processo, aceitarão com mais tranquilidade a decisão.

Se o processo estiver em trâmite perante tribunal, é todo o colegiado que é o destinatário da prova, não apenas o relator. Sobre esse ponto, o STJ sublinhou que "o julgador é o destinatário final da prova e, na hipótese de ação penal originária, a prova não é dirigida, exclusivamente, ao relator, mas sim ao colegiado, que entendeu, no caso, pela necessidade das medidas"[14].

1.3. Natureza jurídica

A prova está intimamente ligada à demonstração da verdade dos fatos, sendo inerente ao desempenho do direito de ação e de defesa. É verdadeiro direito subjetivo com vertente constitucional para demonstração da realidade dos fatos.

Já as normas atinentes às provas são de natureza processual, tendo aplicação imediata. Se o legislador disciplina um novo meio de prova, ou altera as normas já existentes, tais alterações terão incidência instantânea, abarcando os processos já em curso. Os crimes ocorridos antes da vigência da lei poderão ser demonstrados pelos novos meios de prova.

1.4. Objeto

É o que se deve demonstrar, ou seja, aquilo sobre o que o juiz deve adquirir o conhecimento necessário para resolver a demanda. É o que de fundamental deve estar conhecido e demonstrado para viabilizar o julgamento. Crucial a distinção entre objeto da prova e objeto de prova:

1.4.1. Objeto da prova

O foco são os fatos relevantes. Lembre-se de que o réu se defende dos fatos, e não da tipificação jurídica dada a estes. É a coisa, o fato, o acontecimento que deve ser conhecido pelo juiz, a fim de que possa emitir um juízo de valor.

1.4.2. Objeto de prova

Diz respeito ao que é pertinente ser provado. É saber o que se precisa provar. Identificando o que é preciso provar, por exclusão, elimina-se o que a parte não precisa perder tempo em demonstrar, pois a lei dispensa. Ex.: não se precisa provar que 25 de dezembro é Natal[15], já que este é um fato notório, e por força do art. 374, inciso I, do CPC/2015, independe de demonstração probatória. Nesta ótica:

- O direito, como regra, não precisa ser provado. Eventualmente será necessário provar a existência e a vigência do direito estadual, municipal, consuetudinário e alienígena;

14. STJ – Quinta Turma – HC 117.952/PB – Rel. Ministro Napoleão Nunes Maia Filho – j. 27/05/2010.
15. RANGEL, Paulo. *Direito processual penal*. 4. ed. Rio de Janeiro: Lumen Juris, 2001. p. 278.

- Os fatos notórios são aqueles de domínio de parcela significativa da população informada. São também chamados de verdade sabida, e não carecem de prova. Ex.: feriados nacionais. Ao contrário do processo civil, os fatos incontroversos, que são aqueles alegados por uma parte e reconhecidos pela outra, carecem de demonstração probatória (art. 374, I e II, CPC/2015);
- Os fatos axiomáticos ou intuitivos são aqueles que se auto demonstram, têm força probatória própria, e também não dependem de prova. Ex.: o parágrafo único do art. 162 do CPP dispensa o exame interno cadavérico, quando as lesões externas permitirem precisar a causa da morte, como no caso da decapitação, ou de carbonização do cadáver. Este fato seria evidente. A verdade salta aos olhos;
- Os fatos inúteis também não carecem de prova, pois são irrelevantes para a persecução penal;
- Já as presunções legais, sendo conclusões extraídas da própria lei, ou dispensam a produção de prova, como acontece com as presunções absolutas (***juris et de jure***), ou invertem o ônus da prova, como acontece com as presunções meramente relativas (***juris tantum***). Ex.: não adianta o Ministério Público tentar demonstrar que um menor de dezoito anos tinha capacidade de entender e querer à época do fato delitivo, pois, por presunção insuperável do art. 27, do CP, ele é inimputável. Já quanto à presunção de violência nos crimes contra os costumes (atualmente crimes contra a dignidade sexual), apesar de a lei presumir, na antiga redação do art. 224, alínea ***"a"***, do CP, que as relações sexuais com menor de quatorze anos levariam ao estupro, já se admitia prova em sentido contrário para descaracterizar a infração[16]. Atualmente, com o advento da Lei nº 12.015/2009, fala-se em estupro de vulnerável, englobando o ato de manter relação sexual com o menor de quatorze anos. De qualquer sorte, continuamos a entender, a despeito das posições em sentido contrário, que uma vez demonstrada a capacidade de entender as consequências do ato sexual, que o fato é atípico.

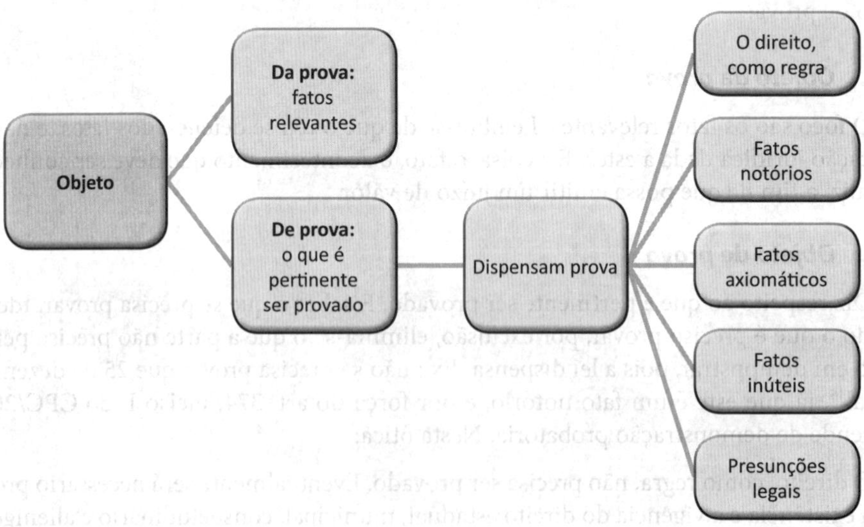

16. STF – 2ª T. – HC 73662/MG – Rel. Min. Marco Aurélio – DJ 20/9/1996. p. 34535.

1.5. Classificação da prova

De maneira usual, a prova comporta a seguinte classificação:

1.5.1. Quanto ao objeto

É a relação ou incidência que a prova tem com o fato a ser provado (objeto da prova – item 1.4). Pode ser:

1.5.1.1. Direta ou positiva

Refere-se diretamente ao fato probando, por si o demonstrando. Tem o escopo de evidenciar a afirmação do fato probando, ou seja, de forma positiva. Ex.: testemunha visual.

1.5.1.2. Indireta, negativa ou contrária

Refere-se a um outro acontecimento que, por ilação, nos leva ao fato principal. Tem o fito de negar que o fato aconteceu, a partir de outro fato que é logicamente incompatível com aquele que a acusação tem a incumbência de provar. Trata-se de prova contrária ou prova com sinal negativo, eis que se opõe àquela asserção que é objeto de prova[17]. Ex.: um álibi (cujo sentido é o de argumento utilizado pelo indiciado ou acusado consistente em afirmar que estava em local diverso quando certa infração penal aconteceu). Não se confunde com a contraprova, que tem espectro menor que o da prova contrária, porquanto aquela é decorrência do contraditório, tendente a oportunizar que a parte adversária possa impugnar prova produzida pela outra. A contraprova tem o cunho específico de mitigar a credibilidade da prova inicialmente produzida pela parte oponente, tal como se dá com a resposta preliminar à acusação do art. 396-A, *caput*, CPP, no ponto em que o denunciado poderá "oferecer documentos".

Essa classificação também é referida segundo o **critério da "representação probatória"**. Nesse sentido, Victor Gonçalves e Alexandre Reis classificam a prova, quanto à eficácia representativa, em: (a) **direta, inartificial ou histórica**, quando a prova, de per si, evidencia o fato controvertido; e (b) **indireta, artificial, crítica ou oblíqua**, quando a prova demonstra um fato que é utilizado como base para comprovar outro fato, por dedução ou indução[18].

Observação: Quando determinada prova for demonstrativa do fato probando, ela será **direta** (podendo ser prova plena ou não plena). Quando tal prova for demonstrativa de elementos circundantes ao fato probando, recaindo sobre fato diverso, mas que, por meio do qual, se torna possível chegar ao fato central, será ela **indiciária**. Os indícios serão sempre indiretos, enquanto as demais provas podem ser diretas ou indiretas[19].

Não é impossível que a prova de um fato, enquanto infração penal indivisível (um todo unitário, uno), envolva um misto de provas diretas e indiretas, como alude Franmarino Malatesta[20].

---

17. A origem da denominada prova contrária decorre da solidificação das regras da prova direta. A primeira nasceu vocacionada a combater os efeitos da segunda. Nessa linha: MICHELI, Gian Antonio. *La carga de la prueba*. Traducion: Santiago Sentis Melendo. Buenos Aires: Europa-América, 1961. p. 5.
18. REIS, Alexandre Cebrian Araújo; GONÇALVES, Victor Eduardo Rios. Direito processual penal esquematizado. 4. ed. São Paulo: Saraiva, 2015. p. 270.
19. GRINOVER, Ada Pellegrini. *Provas ilícitas, interceptações e escutas*. Brasília: Gazeta Jurídica, 2013. p. 267.
20. Pontifica o autor que, "para a prova da totalidade do crime, não há prova direta que não se presente com um misto de prova indireta", vale dizer, "se afirmamos que não existe prova direta sem um misto da indireta, compreender-se-á que, ao contrário, a prova indireta pode apresentar-se sem parcela alguma de prova direta". Essa última conclusão

1.5.2. Quanto ao efeito ou valor

É o grau de convicção gerado no juiz diante da apreciação da prova. 1.5.2.1. **Plena**

É aquela necessária para condenação, imprimido no julgador um juízo de certeza quanto ao fato apreciado.

1.5.2.2. Não plena ou indiciária

É a prova limitada quanto à profundidade, permitindo, por exemplo, a decretação de medidas cautelares.

O critério dessa classificação é o resultado que a prova produz no estado de espírito subjetivo do juiz, considerando que "o conhecimento da prova durante o curso do procedimento penal produz no juiz diferentes estados intelectivos". Os graus de clareza dessa intelecção, denominado de "estados subjetivos do julgador a respeito da verdade", podem ser, segundo Gustavo Arocena, Fabián Balcarce e Daniel Cesano, de certeza, probabilidade ou dúvida: (1) certeza é a firme convicção de ter o juiz reconstruído conceitualmente e acreditado na verdade; (2) probabilidade ocorre quando há, concorrentemente, elementos positivos e negativos referentemente à demonstração do fato delituoso narrado, mas que os primeiros são superiores em idoneidade probatória que os segundos para proporcionar conhecimento, em razão de sua preponderância qualitativa; e (3) dúvida: quando motivos afirmativos e negativos em torno do fato probando se equivalem[21].

Observação: perspectiva semelhante, mas que não se confunde com a distinção ora tratada, é a antiga classificação anotada por Beccaria, que explica que a prova de um delito pode ser diferenciada em provas perfeitas e provas imperfeitas. Nas palavras do autor, as denominadas perfeitas são as que demonstram, de maneira positiva, que é impossível ser o acusado inocente. Por outro lado, as provas são chamadas de imperfeitas quando a possibilidade de inocência do acusado não é excluída[22]. Entendemos que tal classificação é mais útil a um sistema de natureza inquisitória. Isso porque a orientação que o juiz deve seguir para proferir sentença condenatória é buscar prova não somente necessária à condenação, mas também suficiente. De tal maneira, antes de buscar razão para condenar o réu, deve o magistrado pesquisar nos autos se há motivo absolutório. Não havendo, deve ainda verificar se há prova necessária e suficiente. Esta última, a postura acusatória consentânea com os motivos de absolvição do art. 386, do CPP, e, sobremodo, com a constituição.

1.5.3. Quanto ao sujeito ou causa

Trata da prova em si considerada, em que consiste o material produzido.

1.5.3.1. Real

É aquela emergente do fato. Ex.: fotografia, pegadas etc.

do autor é precedida de um exemplo: "Tício encontra-se morto e todo retalhado. A perícia anatômica do cadáver, constatação direta do evento criminoso, pode servir para indicar indiretamente a pessoa do delinquente, pela grande e especial perícia manual que revela na consumação do crime. E basta" (MALATESTA. Nicola Framarino Dei. *A lógica das provas em matéria criminal*. Tradução: Paolo Capitaneo. 3. ed. Campinas: Bookseller, 2004. p.157).

21. AROCENA, Gustavo Alberto; Fabián Ignacio Balcarce; José Daniel Cesano. *Prueba en materia penal*. Buenos Aires; Bogotá: Astrea, 2014. p.78-81.

22. BECCARIA, Cesare. *Dos delitos e das penas*. Tradução: Torrieri Guimarães. São Paulo: Hemus, 1983. p. 23.

1.5.3.2. Pessoal

É a que decorre do conhecimento de alguém em razão do ***thema probandum***. Ex.: confissão, testemunha, declarações da vítima.

1.5.4. Quanto à forma ou aparência

É a maneira como a prova se revela no processo.

1.5.4.1. Testemunhal

É expressa pela afirmação de uma pessoa, independentemente, tecnicamente, de ser testemunha ou não. Ex.: interrogatório do réu.

1.5.4.2. Documental

É o elemento que irá condensar graficamente a manifestação de um pensamento. Ex.: contrato.

1.5.4.3. Material

Simboliza qualquer elemento que corporifica a demonstração do fato. Ex.: exame de corpo de delito, instrumentos do crime etc.

A prova material ainda se subdivide em:

1.5.4.3.1. Própria

Quando é apresentada a própria coisa à constatação do juiz.

1.5.4.3.2. Imprópria

Ocorre quando a constatação dos elementos materiais do delito seja feita por perito. Nesse caso há materialidade por ficção jurídica[23].

Como pondera Franmarino Malatesta, "temos, assim, duas espécies de prova material: prova material própria, cabível para a constatação judicial; prova material por ficção jurídica, a que o é por constatação quase judicial"[24].

1.5.5. Quanto à possibilidade de renovação em juízo

Refere-se àqueles elementos de informação coligidos no inquérito policial que possibilitam ou não a sua renovação em juízo, sob o crivo do contraditório.

1.5.5.1. Irrepetível ou não repetível

É a prova que é produzida a partir de fonte probatória perecível ou passível de desaparecimento ou destruição. Existem provas que se exaurem rapidamente e, mesmo que

23. ALENCAR, Rosmar Rodrigues. Requisitos da prova pericial em matéria criminal. *Revista brasileira de ciências criminais*, São Paulo, a.25, n.136, p.215-216, out. 2017.

24. MALATESTA. Nicola Framarino Dei. *A lógica das provas em matéria criminal*. Tradução: Paolo Capitaneo. 3. ed. Campinas: Bookseller, 2004. p.605.

possam ser renovadas, não são aptas a constatar detalhes que seriam possíveis à época do surgimento da correspondente fonte probatória. O exame sobre lesões corporais tende a ser irrepetível: a pessoa lesionada geralmente se convalesce da lesão, notadamente de lesões leves, inviabilizando a renovação de perícia com o mesmo valor em juízo.

1.5.5.2. Repetível

É a prova que pode ser reproduzida em juízo, sem que haja perda de seu valor, tal como ocorre, via de regra, com a prova testemunhal, salvo se a testemunha estiver enferma, quando o seu depoimento deverá ser colhido cautelarmente, ***ad perpetuam rei memoriam***.

1.5.6. Quanto ao momento procedimental

É o instante da persecução penal estatal que a prova em sentido estrito será produzida. Pode ocorrer na investigação preliminar, no curso do processo, embora em momento antecipado e no curso do processo em seu momento previsto no respectivo procedimento.

1.5.6.1. Cautelar preparatória ou prova (cautelar) antecipada

É produzida no curso da investigação preliminar, ou seja, antes da deflagração do processo penal, em razão de necessidade concernente ao risco de perecimento probatório ou de se obter maiores elementos para supedanear futura ação penal. Ex.: interceptação telefônica; prova testemunhal de pessoa com grave enfermidade (***ad perpetuam rei memoriam***); busca e apreensão de documentos para reforçar os elementos de informação do inquérito policial.

Problema diverso, mas digno de registro, é o das falsas memórias. Não se confunde com o depoimento *ad perpetuam rei memoriam*, porque a necessidade deste último é devida a uma situação de urgência, enquanto a falsa memória é um fenômeno, voluntário ou involuntário, capaz de interferir na credibilidade (fiabilidade) que se pode outorgar à prova penal. O tema das falsas memórias é proposto por Cristiana di Gesu com o objetivo de ser repensada a questão da prova criminal e refletir acerca das suas implicações na prova oral. De compasso com a autora, "embora se fale de memórias falsas, tanto as sugeridas, quanto às espontâneas, não se quer dizer que as demais lembranças sejam verdadeiras ou fidedignas à realidade"[25].

1.5.6.2. Cautelar incidental ou antecipação probatória (no curso do processo)

É produzida durante o curso de processo penal já iniciado, cuidando-se de antecipação probatória que implica não seguir estritamente o rito procedimental para a sua formação. Ex.: A oitiva de testemunha de forma precoce, antes mesmo da audiência designada ou da resposta preliminar à acusação (art. 396, CPP), em razão de urgência por motivo de saúde grave (***ad perpetuam rei memoriam***); a oitiva de testemunha ou a produção de provas urgentes em caso da suspensão do processo de que trata o art. 366, do CPP (réu citado por edital que não comparece nem constitui advogado).

25. GESU, Cristina di. *Prova penal e falsas memórias.* 2. ed. Porto Alegre: Livraria do Advogado, 2014. p. 132.

1.5.7. Quanto à previsão legal

Cuida-se do critério relativo à disposição que enuncia o meio de prova, podendo ou não conter a forma procedimental para sua constituição.

1.5.7.1. Nominada

A legislação prevê o meio de prova (com a indicação do seu ***nomen juris***), podendo deixar ou não em aberto a forma de sua produção. A prova nominada pode ainda ser:

1.5.7.1.1. **Típica**

A doutrina assim classifica a prova que além de nominada, tem seu modo de produção expressamente previsto pela legislação, tal como ocorre com a prova testemunhal que tanto é prevista no CPP, quanto tem seu rito delineado pelo mesmo diploma legal, com indicação da ordem de perguntas (prova nominada típica).

1.5.7.1.2. **Atípica**

É a prova nominada que não tem seu procedimento especificado pela legislação, embora haja indicação de seu ***nomen juris***. Em outras palavras, a lei a prevê, mas não diz o modo como ela deve ser produzida, ou seja, sua forma de produção é livre. Ex.: reprodução simulada dos fatos (há previsão legal gizada no art. 7º, CPP, mas a forma de constituição dessa prova é amplo: prova nominada atípica).

1.5.7.2. Inominada

Como vigora no nosso sistema, a liberdade probatória, trata-se de prova que não é vedada por lei ou pelos bons costumes, embora não haja forma legal expressa, tal como se dá com as certidões de oficiais de justiça que declaram fato (não são provas testemunhais, mas são informações que não é proibida por lei, nem ofende os bons costumes, podendo haver sua utilização se não implicar violação ou abreviação do rito procedimental).

Observações: a classificação indicada encontra certa divergência na doutrina, conforme a amplitude da noção de "atipicidade" da prova. Vale dizer:

(1) seguindo-se a posição restritiva da atipicidade da prova, a prova típica é a que tem *nomen juris* previsto legalmente, pouco importando a existência de rito probatório detalhado em lei (para ser típica, basta que a prova tenha seu nome arrolado no catálogo legal, sendo indiferente que haja a forma de sua constituição ali descrita). De tal sorte, prova atípica é só aquela que decorre de fontes diversas da legislação, em regra, constituída a partir do trabalho da ciência e da tecnologia. Para a essa posição, a distinção entre prova inominada e prova atípica é irrelevante, eis que ambas são incluídas em vala comum (atipicidade), pois o que interessa é a ausência de nome legal para que a prova seja considerada atípica e, *a contrario sensu*, a presença de nome jurídico da prova para que, de per si, seja considerada típica.

(2) já na senda da posição ampliativa da atipicidade da prova, a prova típica exige nome jurídico (*nomen juris*) e respectivo procedimento, ambos previstos em lei. Daí que a prova atípica tem noção mais ampla segundo esta corrente, consistindo tanto naquela que tem só o *nomen juris* averbado na lei processual penal (sem a previsão do rito), quanto naquela

inominada (sem *nomen juris* gizado em lei) e que não tem, naturalmente, disciplina de procedimento probatório estabelecido legalmente[26].

1.5.8. Quanto à finalidade da prova

É classificação doutrinária relacionada à destinação da prova em conformidade ou desconformidade com sua previsão legal, podendo se apresentar como:

1.5.8.1. Prova anômala

Trata-se de desvio de finalidade da prova consistente no uso de meio de prova previsto no ordenamento jurídico, em substituição a outro meio também previsto no sistema e que seria mais apropriado ao fim almejado. Diante da existência de um meio de prova que já tem a aptidão para ser usado como o mais eficaz para a produção probatória, haverá prova anômala se, ao invés de ser constituída a prova por intermédio de tal meio, for substituído por outro, também elencado no ordenamento jurídico, mas que não é o modelo legal mais apropriado para o objetivo almejado. Renato Brasileiro de Lima exemplifica a prova anômala com a ligação telefônica à testemunha que reside fora da sede do juiz processante, em substituição à prova testemunhal que deveria ser colhida por carta precatória, de tudo certificando o oficial de justiça. Embora a certidão do oficial de narrando tal situação possa servir, em situação normal, como meio de prova, ela não tem o condão de conferir ao juízo o mesmo valor que a prova testemunhal[27].

1.5.8.2. Prova irritual

É a prova produzida sem a observância de seu procedimento legal, do seu rito previsto em lei. A prova irritual tem seu modelo disciplinado legalmente e não é prova inadequada para o fim que se almeja (tal qual a prova anômala), porém é prova ilegítima, eis que carente de elementos de sua conformação típica. Exemplo: a tomada de depoimento de vítima de crime sexual, por intermédio de escrito, em substituição à regra da oralidade. O ato processual irritual, embora enseje ilegitimidade, nem sempre determinará a nulidade da prova, notadamente quando sua feitura tenha atingido o fim sem violar direitos fundamentais e com o fito de melhor obtenção da prova[28].

Cabe destacar, portanto, as diferenças entre a prova anômala e a prova irritual: (1) a prova anômala é produzida com vício mais grave que a prova irritual, razão pela qual aquela é eivada de nulidade absoluta, enquanto a última de nulidade relativa (esta depende de demonstração de prejuízo e alegação em tempo oportuno; aquela contém prejuízo presumido legalmente); (2) a prova anômala consiste na substituição de uma prova por outra, vale dizer de uma prova com determinado *nomen juris*, por outra com *nomen juris* diverso; (3) na prova irritual não há alteração da prova em si – cuidando-se da mesma prova com idêntico *nomen juris* –, no entanto, o rito, o procedimento legal é indevidamente modificado ou simplificado, gerando, por exemplo, atipicidade de prova nominada (o testemunho escrito,

26. DEZEM, Guilherme Madeira. *Da prova penal*: tipo processual, provas típicas e atípicas. Campinas: Millennium, 2008. p. 147.
27. LIMA, Renato Brasileiro de. *Curso de processo penal*: volume único. Niterói: Impetus, 2013. p. 574.
28. STJ – Primeira Turma – REsp 453.156/RS – Rel. Min. Luiz Fux – DJ 17/03/2003.

ao invés do oral); (4) a prova anômala é prova constituída com desvio de finalidade em substituição da prova que deveria ter sido produzida, enquanto a prova irritual mantém sua essência (manutenção do seu *nomen juris*, malgrado com seu procedimento viciado); e (5) tanto a prova anômala quanto a prova irritual pressupõem prova nominada (com nome jurídico previsto em lei), mas a prova anômala pode ser substituída por outra que seja ou não prevista expressamente por lei (desvio de finalidade), enquanto a prova irritual se mantém com seu nome jurídico, porém com violação da forma preconizada em lei.

1.5.9. Quanto à imposição legal da forma da prova

É classificação relacionada à limitação da produção probatória para determinados fatos ou para a formação da convicção do juiz, podendo se apresentar como:

1.5.9.1. Prova legal positiva, prova legal ou prova tarifada

Quando a lei exige que só se comprove um fato por determinado meio de prova. Por exemplo, o estado civil das pessoas só é demonstrável através dos documentos previstos na lei civil (parágrafo único, do art. 155, CPP). Desse modo, só se comprova o estado de casado pela certidão de casamento, não sendo aptas fotografias ou o uso de alianças para este fim.

1.5.9.2. Prova legal negativa

Para alguns atos, a lei pode limitar a cognição do juiz, preconizando, por exemplo, que não é possível decretar a condenação de acusado só com base em indícios colhidos na fase de investigação preliminar (art. 155, *caput*, CPP)[29] ou declarando que a confissão não é capaz de, por si só, autorizar prolação de sentença penal condenatória, carecendo de outras provas que a acompanhem (art. 197, CPP).

Quanto ao objeto	**Quanto ao efeito ou valor**	**Quanto ao sujeito ou causa**
▸ Direta ▸ Indireta	▸ Plena ▸ Não plena ou indiciária	▸ Real ▸ Pessoal
Quanto à forma ou aparência	**Quanto à possibilidade de renovação em juízo**	**Quanto ao momento procedimental**
▸ Testemunhal ▸ Documental ▸ Material	▸ Irrepetível ou não repetível ▸ Repetível	▸ Cautelar preparatória ou prova antecipada ▸ Cautelar incidental ou antecipação probatória
Quanto à previsão legal	**Quanto à finalidade da prova**	**Quanto à imposição legal**
▸ Nominada ▸ Inominada	▸ Anômala ▸ Irritual ▸ Material	▸ legal positiva ou prova tarifada ▸ prova legal negativa

29. DEMERCIAN, Pedro Henrique; MALULY, Jorge Assaf. *Curso de processo penal*. 9. ed. Rio de Janeiro: Forense, 2014. p. 326.

1.6. Meios de prova

Os meios de prova são os recursos de percepção da verdade e formação do convencimento. É tudo aquilo que pode ser utilizado, direta ou indiretamente, para demonstrar o que se alega no processo.

Nas palavras de Paulo Rangel, os meios de prova "são todos aqueles que o juiz, direta ou indiretamente, utiliza para conhecer da verdade dos fatos, estejam eles previstos em lei ou não"[30].

A busca da demonstração da verdade nos faz assumir uma vertente libertária na produção probatória. O CPP não traz de forma exaustiva todos os meios de prova admissíveis. Podemos, nesse viés, utilizar as provas nominadas, que são aquelas disciplinadas na legislação, trazidas nos arts. 158 a 250, do CPP, e também as inominadas, é dizer, aquelas ainda não normatizadas (atípicas). O princípio da verdade real (verdade processual, ***rectius***), iluminando a persecução criminal, permite a utilização de meios probatórios não disciplinados em lei, desde que moralmente legítimos e não afrontadores do próprio ordenamento.

Esta não taxatividade pode ser extraída do art. 155, do CPP, no seu parágrafo único, quando assevera que somente quanto ao estado das pessoas, serão observadas as restrições estabelecidas na lei civil. É o que acontece, por exemplo, com a demonstração do estado de casamento, que deve ser feita com a certidão do respectivo registro civil. Da mesma forma, o STJ, na Súmula nº 74, assevera que para efeitos penais, o reconhecimento da menoridade do réu requer prova por documento hábil.

A liberdade probatória é a regra, e as limitações figuram no âmbito da exceção. Esta também a égide do CPPM, que, em seu art. 295, esclarece ser admissível qualquer espécie de prova, desde que não atente contra a moral, a saúde ou a segurança individual ou coletiva, ou contra a hierarquia ou a disciplina militares.

1.7. Vedação probatória

O princípio da liberdade probatória não é absoluto. O intuito da busca da verdade real e a amplitude da produção probatória, fazendo-se aproveitar outros meios de prova que não os disciplinados no CPP, encontram limites. A Carta Magna, no seu art. 5º, inciso LVI, traz o principal obstáculo, consagrando a inadmissibilidade, no processo, "das provas obtidas por meios ilícitos".

Seria impensável uma persecução criminal ilimitada, sem parâmetros, onde os fins justificassem os meios, inclusive na admissão de provas ilícitas. O Estado precisa ser sancionado quando viola a lei. Assegurar a imprestabilidade das provas colhidas em desrespeito à legislação é frear o arbítrio, blindando as garantias constitucionais, e eliminando aqueles que trapaceiam, desrespeitando as regras do jogo.

Na lição de Paulo Rangel, "a vedação da prova ilícita é inerente ao Estado Democrático de Direito que não admite a prova do fato e, consequentemente, punição do indivíduo a qualquer preço, custe o que custar"[31]. Não tem aplicação, no direito brasileiro, o princípio,

30. RANGEL, Paulo. *Direito processual penal*. 7. ed. Rio de Janeiro: Lumen Juris, 2003. p. 414.
31. RANGEL, Paulo. *Direito processual penal*. 7. ed. Rio de Janeiro: Lumen Juris, 2003. p. 414.

teoria ou axioma consistente na afirmação de que a prova que foi mal colhida, porém bem conservada, pode ser aproveitada no processo penal (***male captum, bene retentum***). Em outros termos, é indispensável que as regras do jogo de produção da prova sejam observadas, pelo que não aceita o nosso sistema que, em nome da justiça ou de valores sociais, o acusado seja punido de toda maneira, sem o acatamento do devido processo legal.

A prova é taxada de proibida ou vedada toda vez que sua produção implique violação da lei ou de princípios de direito material ou processual. Por afrontar a disciplina normativa, não seria admitida ao processo. Temos assim, por classificação amplamente aceita[32], as provas vedadas, proibidas ou inadmissíveis, que é o gênero, do qual são espécies:

(a) As **provas ilícitas**: são aquelas que violam disposições de direito material ou princípios constitucionais penais. Ex.: confissão obtida mediante tortura (Lei nº 9.455/1997); interceptação telefônica realizada sem autorização judicial (art. 10, Lei nº 9.296/1996).

(b) As **provas ilegítimas**: violam normas processuais e os princípios constitucionais da mesma espécie. Ex.: laudo pericial subscrito por apenas um perito não oficial (art. 159, § 1º, CPP).

(c) As **provas irregulares**: para Paulo Rangel, além da classificação acima, ainda teríamos as chamadas provas irregulares, que seriam aquelas permitidas pela legislação processual, mas na sua produção, as formalidades legais não são atendidas. "São irregulares as provas que, não obstante admitidas pela norma processual, foram colhidas com infringência das formalidades legais existentes. Quer-se dizer, embora a lei processual admita (não proíba) um determinado tipo de prova, ela exige, para sua validade, o cumprimento de determinadas formalidades que não são cumpridas"[33]. Ex.: busca e apreensão domiciliar, que, embora seja prova admitida, o mandado não atenda aos requisitos formais do art. 243, do CPP, quais sejam, mencionar os motivos e os fins da diligência, ser subscrito pelo escrivão e pela autoridade que o fez expedir etc. Desta maneira, seria uma prova irregular e, por sua vez, inválida.

Data venia, ousamos discordar da utilidade dessa terceira classificação, afinal, as provas ditas irregulares estariam, em última análise, violando normas de caráter processual, e logo seriam ilegítimas. De outro lado, é possível que uma única prova viole tanto regra de direito material, quanto regra de direito processual, podendo se revelar ilícita e ilegítima a um só tempo. Quanto aos efeitos referentes à ilicitude ou à ilegitimidade, em regra, teremos as seguintes consequências: (1) tratando-se de prova ilícita em sentido estrito, que feriu regra de direito material, a prova deve ser desentranhada dos autos (exclusão da prova), não podendo ser parâmetro para fundamentar decisões; (2) cuidando-se de prova ilegítima, que maculou regra processual, a consequência estará afeta ao plano do reconhecimento de nulidade absoluta, nulidade relativa ou mera irregularidade, conforme o caso.

Alheia à classificação doutrinária, a Constituição Federal não fez referência distintiva entre provas ilícitas ou ilegítimas, e tão pouco seria papel do legislador constituinte fazê-lo. A Lei nº 11.690/2008, que imprimiu a reforma no sistema probatório brasileiro, também

32. GRINOVER, Ada Pellegrini; FERNANDES, Antônio Scarance; GOMES FILHO, Antônio Magalhães. *As nulidades no processo penal*. 7. ed. São Paulo: RT, 2001. p. 133.

33. RANGEL, Paulo. *Direito processual penal*. 7. ed. Rio de Janeiro: Lumen Juris, 2003. p. 417.

não fez qualquer diferenciação, reputando, na redação dada ao art. 157, *caput*, como ilícitas aquelas provas obtidas em violação a normas de caráter constitucional ou infraconstitucional, que por consequência, devem ser desentranhadas dos autos. Evita-se, desta forma, a perpetuação no tempo dos efeitos deletérios que a prova ilícita pode causar. Detectando-se o vício na prova enquanto tal ou no procedimento de confecção, deve o magistrado, ouvindo as partes, determinar que ela seja desentranhada, e uma vez preclusa a decisão, haverá a destruição da prova ilícita, facultando-se às partes acompanhar tal expediente.

Deve-se interpretar tal medida com bastante cautela, não só porque a destruição da prova ilícita pode implicar na eliminação da materialidade de algum crime cometido para realizá-la, como a falsificação de documento público ou uma falsa perícia, mas também, e não menos importante, porque com o ato, caso haja equívoco judicial na aferição da falsidade, corre-se o risco de perpetuar-se a injustiça, como na condenação de um inocente ou a absolvição de réu culpado, pela eliminação do material probatório reputado equivocadamente ilegal. Melhor seria que uma vez preclusa a decisão declarando a falsidade probatória, que houvesse remessa do feito ao Ministério Público, para empreender a responsabilidade pela prática de eventual infração perpetrada na produção, por analogia ao art. 145, inciso IV, do CPP, ao tratar do incidente de falsidade documental, ou então, determinar o desentranhamento e a destruição após o trânsito em julgado da decisão final, deixando-se a prova ilícita em total sigilo, apartada dos autos.

Como não foi contemplado recurso específico para combater o desentranhamento, resta a utilização das ações autônomas de impugnação, seja o *habeas corpus*, seja o mandado de segurança. Nada impede, também, que a matéria seja discutida em preliminar de futura apelação, em razão de cerceamento do direito de defesa ou de acusação ocasionado pelo desentranhamento da prova supostamente ilícita.

A seu turno, não se pode ignorar que o magistrado que teve contato com a prova ilícita pode ter comprometido, direta ou indiretamente, a imparcialidade necessária para julgar a contenda. Os influxos da prova ilícita no convencimento do julgador são incomensuráveis, e, mesmo de forma não dolosa, o magistrado, direcionado pelo convencimento pré-concebido, extraído do contato com o material ilegal, corre o risco de refletir na decisão, mesmo que de forma implícita, o que não lhe seria permitido fazer em outras circunstâncias. Deve, portanto, declarar-se suspeito, afastando-se do caso, ao perceber que o acesso à prova ilícita o atingiu diretamente, despindo-lhe da necessária imparcialidade para o exercício jurisdicional. Como argumenta Aury Lopes Jr., ***"não basta anular o processo e desentranhar a prova ilícita: deve-se substituir o juiz do processo,*** na medida em que sua permanência representa um imenso prejuízo, que decorre dos pré-juízos (sequer é pré-julgamento, mas julgamento completo!) que ele fez"[34] (grifo do autor).

Pensando nisso, o legislador reformista inseriu o § 4º ao art. 157, do CPP, de sorte que o juiz que tivesse contato com o material ilícito estaria impedido de proferir decisão, devendo remeter os autos ao substituto legal. Não se pode esquecer, entretanto, que uma presunção desta natureza poderia levar ao afastamento peremptório do juiz natural da causa, mesmo naquelas circunstâncias em que a prova ilícita, por ser meramente acidental, não tivesse reflexo tão contundente no convencimento do julgador. Além disso, correr-se-ia o risco da

34. LOPES JR. Aury. *Direito processual e sua conformidade constitucional*. Rio de Janeiro: Lumen Juris, 2007. p. 573.

parte inserir a prova ilícita, de forma dolosa, com o fito de afastar determinado magistrado da condução da causa, o que, no caso concreto, seria de difícil controle. O referido parágrafo, em meio a intensa discussão, foi vetado pela Presidência da República, sem impedir, entretanto, que o magistrado presidente da instrução, percebendo os maléficos efeitos da prova ilícita no seu convencimento, decline *ex officio*, declarando-se incompatibilizado para sentenciar.

1.8. Teorias sobre o tema das provas ilícitas

É de singular importância o enfrentamento das teorias que tratam do tema provas ilícitas, justificando ou não a sua utilização, e até mesmo estipulando os limites de contaminação de outras provas em face da produção de uma prova ilícita. Vejamos as de maior destaque na doutrina e na jurisprudência:

1.8.1. Teoria dos frutos da árvore envenenada (fruits of the poisonous tree), teoria da ilicitude por derivação ou "taint doctrine"

A produção de prova ilícita pode ser de extrema prejudicialidade ao processo. Os efeitos da ilicitude podem transcender a prova viciada, contaminando todo o material dela decorrente. Em um juízo de causa e efeito, tudo que é originário de uma prova ilícita seria imprestável, devendo ser desentranhado dos autos. A teoria dos frutos da árvore envenenada também é conhecida como teoria da ilicitude derivada ou, ainda, teoria da mácula (***taint doctrine***).

Por esta teoria, de origem na Suprema Corte norte-americana[35], a prova ilícita produzida (árvore), tem o condão de contaminar todas as provas dela decorrentes (frutos). Assim, diante de uma confissão obtida mediante tortura, prova embrionariamente ilícita, cujas informações deram margem a uma busca e apreensão formalmente íntegra, é imperioso reconhecer que esta busca e apreensão está contaminada, pois decorreu de uma prova ilícita. Existindo prova ilícita, as demais provas dela derivadas, mesmo que formalmente perfeitas, estarão maculadas no seu nascedouro. Este é o entendimento, inclusive, do Supremo Tribunal Federal[36].

No mesmo sentido, as lições de Ada Pellegrini Grinover, Scarance Fernandes e Magalhães Gomes Filho, positivando o entendimento majoritário ao aduzirem que "na posição mais sensível às garantias da pessoa humana, e consequentemente mais intransigente com os princípios e normas constitucionais, a ilicitude da obtenção da prova ilícita transmite-se às provas derivadas, que são, assim, igualmente banidas do processo"[37].

Como não existia, até o advento da Lei nº 11.690/2008, disposição expressa no ordenamento brasileiro adotando a teoria da vedação da ilicitude por derivação, havia entendimento minoritário no sentido de que o nosso sistema não tinha adotado a teoria da ilicitude por derivação. Isso porque a Constituição Federal, no seu art. 5º, inciso LVI, só vedou de forma expressa a admissibilidade das provas ilícitas, não dispondo acerca das

35. United States Supreme Court – Silverthorne Lumber Co. v. U.S – 251 U.S. 385 (1920) – Justice Holmes – Argued Dec. 12, 1919 – Decided Jan. 26, 1920.

36. HC 69.912-0 – DJ 25/3/1994. p. 6012. HC 73.351/SP – DJ 9/5/1996. HC 72.588/PB – DJ 12/6/1996.

37. GRINOVER, Ada Pellegrini; FERNANDES, Antônio Scarance; GOMES FILHO, Antônio Magalhães. *As nulidades no processo penal*. 7. ed. São Paulo: RT, 2001. p. 137.

provas derivadas das ilícitas. Nessa linha, Paulo Rangel sustentava que não haveria o nexo necessário a contaminar as provas derivadas de uma ilícita. Esta omissão levaria ao afastamento da contaminação da prova derivada pela prova ilícita que lhe deu origem. Daí concluía o autor que a prova obtida licitamente, através daquela colhida com infringência à lei, era admissível no processo, pois onde a lei (Constituição) não distinguia, não caberia ao intérprete distinguir, haja vista que a Constituição não referiu à prova derivada[38].

Paulo Rangel sustentou esse entendimento – de não adoção da teoria dos frutos da árvore envenenada pelo nosso sistema – até a 13ª Edição de seu livro. Retificando seu posicionamento, o autor passou a se filiar à doutrina majoritária, aduzindo que, no Brasil, "o ordenamento jurídico adota a prova ilícita por derivação, não sendo lícito ao Estado apurar um fato de qualquer forma, sem respeito às garantias fundamentais"[39].

Com efeito, a rigidez de uma ou outra interpretação pode levar a consequências processuais desastrosas. Se é certo que as provas derivadas da ilícita sofrem o mesmo apelo de exclusão, já que também são imprestáveis, deve o magistrado dar os limites desta contaminação, identificando, no caso concreto, a extensão do dano, que está ligado ao grau de vínculo existente entre a prova antecedente e a consequente. Afastado o nexo, afastada estará a ilicitude. Estas regras de exclusão foram disciplinadas na jurisprudência norte-americana, e passam a ter incidência na doutrina e jurisprudência brasileiras. Com a reforma, evidenciou-se o tratamento da teoria da prova ilícita por derivação, até então ausente, sem descurar das regras de exclusão. Esta é a redação dada, pela Lei nº 11.690/2008, ao art. 157, do CPP:

> Art. 157. São inadmissíveis, devendo ser desentranhadas do processo, as provas ilícitas, assim entendidas as obtidas em violação a normas constitucionais ou legais.
>
> § 1º São também inadmissíveis as provas derivadas das ilícitas, salvo quando não evidenciado o nexo de causalidade entre umas e outras, ou quando as derivadas puderem ser obtidas por uma fonte independente das primeiras.
>
> § 2º Considera-se fonte independente aquela que por si só, seguindo os trâmites típicos e de praxe, próprios da investigação ou instrução criminal, seria capaz de conduzir ao fato objeto da prova.

Percebe-se claramente a intenção do novel legislador em albergar a teoria dos frutos da árvore envenenada, consolidando o entendimento doutrinário e jurisprudencial a respeito, caindo por terra as posições em sentido contrário. Por ora, limitamo-nos a dizer que com a adoção da referida teoria, se a contaminação probatória for ampla, faltará verdadeira justa causa para a deflagração da ação penal, de sorte que a inicial acusatória deve ser rejeitada caso os elementos informadores sejam contaminados pela extensão da prova ilícita, com arrimo no art. 395, do CPP. Deflagrado o processo, e faltando-lhe lastro probatório mínimo, pois o coligido está contaminado, o remédio é o *habeas corpus*, com o fito de trancar o procedimento iniciado.

1.8.1.1. Teorias decorrentes

A teoria dos frutos da árvore envenenada não é absoluta, para que não soe como arbítrio. A sua incidência, como adverte Denílson Feitoza Pacheco, sofre várias limitações,

38. RANGEL, Paulo. *Direito processual penal*. 7. ed. Rio de Janeiro: Lumen Juris, 2003. p. 421.
39. RANGEL, Paulo. *Direito processual penal*. 21. ed. São Paulo: Atlas, 2013. p. 472-473.

"como a limitação da fonte independente (***independent source limitation***), a limitação da descoberta inevitável (***inevitable discovery limitation***) e a limitação da 'contaminação expurgada' (***purged taint limitation***) ou, como também é denominada, limitação da conexão atenuada (***attenuated connection limitation***)"[40], às quais se pode ainda acrescentar a teoria da boa-fé, ou ***good faith exception***.

Nessa ordem, temos:

1.8.1.1.1. **Prova absolutamente independente** ou **teoria da fonte independente**

Se existirem provas outras no processo, independentes de uma determinada prova ilícita produzida, não há de se falar em contaminação, nem em aplicação da teoria dos frutos da árvore envenenada, pois, em não havendo vinculação nem relação de dependência, a prova ilícita não terá o condão de contaminar as demais.

A existência de prova ilícita no processo não levará, de forma inexorável, a declaração de nulidade. A prova ilícita, como já visto, não deve sequer ser admitida a entrar nos autos. Caso isso ocorra, deve ser desentranhada e posteriormente destruída, com acompanhamento facultativo das partes (art. 157, § 3º, CPP). O processo poderá ser aproveitado se existirem outras provas, absolutamente independentes das ilícitas, aptas a certificar a autoria e a materialidade delituosa. Não havendo nexo de causalidade entre a prova ilícita e as demais, o sistema de contaminação não se efetiva. Esta assepsia está a cargo do magistrado, que, na exegese necessária, deve aferir os limites de interdependência do material probatório. Se a prova ilícita é isolada, e as demais provas obtidas independem da sua contribuição, não há de se falar em prejuízo. Desta forma, "não evidenciado o nexo" (art. 157, § 1º, CPP), a contaminação está eliminada.

A prova absolutamente independente, ou limitação da fonte independente (***independent source limitation***), não seria propriamente uma exceção aos efeitos da teoria dos frutos da árvore envenenada, e sim uma teoria coexistente, permitindo justamente a devida integração, partindo-se do pressuposto de que, não havendo vínculo entre as provas, não há de se falar em reflexos irradiando contaminação àquelas provas que não derivaram da ilícita.

No Supremo Tribunal Federal, encontramos precedentes de adoção da presente teoria, admitindo-se, inclusive, o aproveitamento de denúncia que estava lastreada em provas distintas e independentes da ilícita, que no caso, tratava do cumprimento de busca e apreensão sem as formalidades legais[41].

Seguindo a mesma linha de raciocínio, o STF[42] e o STJ[43] têm jurisprudência reiterada no sentido de que as nulidades que eventualmente ocorram no âmbito do inquérito policial não contaminam a ação penal, notadamente quando esta tem supedâneo em fonte independente, afastando a teoria da ilicitude por derivação no ponto, eis que a prova colhida durante a ação penal, mediante procedimento contraditório, não está na linha de desdobramento daquela da investigação preliminar.

---

40. PACHECO, Denilson Feitoza. *Direito processual penal*: teoria, crítica e práxis. 4. ed. Niterói: Impetus, 2006. p. 549.
41. HC nº 84.679, Primeira Turma, julgamento em 30/08/2005, *DJU* 30/09/2005, relator Min. Eros Grau.
42. STF – Segunda Turma – HC 73000 – Rel. Min. Maurício Corrêa – DJ 02/02/1996.
43. STJ – Sexta Turma – AgRg no HC 235.840/SP – Rel. Min. Sebastião Reis Júnior – Dje 06/03/2013.

1.8.1.1.2. Descoberta inevitável ou exceção da fonte hipotética independente

Se a prova, que circunstancialmente decorre de prova ilícita, seria conseguida de qualquer maneira, por atos de investigação válidos, ela será aproveitada, eliminando-se a contaminação. A inevitabilidade da descoberta leva ao reconhecimento de que não houve um proveito real, com a violação legal. A prova ilícita, que deu ensejo à descoberta de uma outra prova, que seria colhida mesmo sem a existência da ilicitude, não terá o condão de contaminá-la. Exige-se que a aplicação dessa teoria não se dê a partir de meras conjecturas, sendo preciso que existam elementos concretos que evidenciem que, em linha sucessiva à prova ilícita que ensejou o conhecimento do fato, havia investigação concreta paralela que fatalmente chegaria à demonstração da mesma situação fática (juízo provável). Ex.: não se deve reconhecer como ilícita as declarações de testemunha que foi descoberta mediante interceptação telefônica sem autorização judicial, se esta pessoa foi indicada por várias outras, não vinculadas à testemunha do fato. Mesmo que a interceptação não existisse, a testemunha seria revelada pelas declarações das demais. A interceptação acabou não sendo decisiva para o descobrimento desta pessoa, que inevitavelmente figuraria como testemunha, já que as demais a indicaram como tal.

O que se deseja é impedir a contaminação de provas decorrentes de uma ilícita, caso o seu descobrimento seja inevitável. É dizer, se uma determinada prova viria aos autos de qualquer maneira, mesmo que a ilicitude não tivesse acontecido, esta deve ser encarada como uma fatalidade, e o vínculo entre a prova originária e a derivada não deve levar a mácula desta última. Agrega-se, portanto, um outro ponto de vista quando em comparação com a teoria anterior. É que na prova independente, não existe liame entre a prova ilícita e as demais. Na descoberta inevitável, o nexo existe, mas não é decisivo, pois a prova derivada, mesmo que a ilicitude não se operasse, ainda assim seria produzida dentro da lei. Era apenas uma questão de tempo.

Outra tese que, em consonância com a jurisprudência da Suprema Corte americana, serve para dar flexibilidade à teoria dos frutos da árvore envenenada é a doutrina do descobrimento inevitável (***inevitable discovery***). Tal ocorre quando, sem embargo do procedimento ilegal empregado para o descobrimento do fato, é possível obter-se a prova de forma lícita[44].

A evidente dificuldade é que caberá ao magistrado, analisando as circunstâncias do caso concreto, definir se realmente a inevitabilidade da descoberta existia, ou se a prova ilícita trouxe, de alguma maneira, um fator contributivo para descortinar as demais provas que surgiram. Se houve contribuição efetiva, o vínculo de contaminação estará integralizado. Ademais, não acreditamos que bastaria o simples fato de a prova derivada poder ser descoberta de uma outra maneira para a ilicitude estar afastada. Uma conclusão de tal ordem é por demais indeterminada, podendo levar a um aproveitamento da prova derivada de uma ilícita quase sempre, pois outras possibilidades para descobrir a prova quase sempre existem, e a discussão jurídica se resolveria em especulação. O que se deve demonstrar, de forma cabal, é que o encontro dos demais elementos probatórios era uma questão insofismável, em face da interligação entre outras provas, ou por fruto de investigações ou fontes de produção autônomas.

44. SILVA JÚNIOR, Walter Nunes da. *Curso de Direito processual penal:* Teoria (Constitucional) do processo penal. Rio de Janeiro: Renovar, 2008. p. 505.

O § 1º, do art. 157, do CPP, reconhece a teoria da descoberta inevitável, incorrendo, entretanto, no vício de contentar-se com a mera possibilidade das provas derivadas serem produzidas de outra maneira, por fontes independentes, para que a contaminação seja afastada, tornando frágil e por demais insegura a abrangência da mácula.

1.8.1.1.3 **Contaminação expurgada, conexão atenuada, purged taint exception, tinta diluída ou doutrina da mancha purgada**

É possível que o vínculo entre a prova ilícita e a derivada seja tão tênue ou superficial que acabe não havendo contaminação. Esta seria expungida. Perceba-se que a ausência de vínculo não é absoluta. Ele existe, porém acaba sendo tão insólito que é irrelevante, preservando-se a licitude da prova derivada. O liame causal (relação de causalidade) existente entre a prova ilícita e a derivada é de ser frágil em razão de circunstâncias relacionadas ao tempo (prova ilícita de data muito remota em relação à nova prova), ao espaço ou à força determinante da prova primária relativamente à secundária. Pode-se dizer que o conhecimento da prova derivada se deu por um conjunto de fatores, dentre os quais um é ilícito, mas que, por si só, não é tão determinante para macular por completo a prova secundária. Trata-se de argumento retórico subsidiário para também afastar a ilicitude da prova que assim seria por derivação.

A linha assumida é evitar a declaração da ilicitude de prova que decorra de uma ilícita, se o vínculo entre ambas, em que pese existir, é por demais superficial. A fragilidade do laço impediria a aplicação das consequências de entender que tal prova, mesmo derivada de uma ilícita, fosse lançada no mesmo rol.

Percebe-se claramente na jurisprudência estadunidense o esmero em excepcionar os rigores da teoria dos ***fruits of tue poisonous tree***, na visão do aproveitamento máximo da prova derivada, e na concepção empírica, abre perigoso vértice de exceções, conferindo ao magistrado ferramentas de contenção dos efeitos da ilicitude. Tal gestão, administrada no Brasil, pode levar, por via oblíqua, a colocar em tábula rasa o mandamento constitucional de vedação das provas ilícitas, já que a prova derivada é espécie deste gênero. Ademais, nas exceções trazidas com a reforma (§ 1º do art. 157, CPP), não vislumbramos guarida a esta teoria.

1.8.1.1.4. **Boa-fé, exceção da boa-fé, *good faith exception*** ou **limitação da boa-fé**

Objetiva-se aqui evitar o reconhecimento da ilicitude da prova, caso os agentes de polícia ou da persecução penal como um todo, tenham atuado destituídos do dolo de infringir a lei, pautados verdadeiramente em situação de erro. Como esclarece Walter Nunes da Silva Júnior:

> No sistema americano, ainda se afasta a aplicação das *exclusionary rules* tendo como suporte a boa-fé (*good faith*) dos agentes incumbidos de realizar atos investigatórios. Esse tema é extremamente delicado, visto que trata de situação em que o agente, em razão de erro de fato, finda malferindo, com o seu agir, um direito fundamental; todavia, em virtude de sua boa fé, tem-se por afastada a ilegalidade[45].

45. SILVA JÚNIOR, Walter Nunes da. *Curso de Direito processual penal:* Teoria (Constitucional) do Processo Penal. Rio de Janeiro: Renovar, 2008. p. 507-508.

É o caso, por exemplo, da polícia que cumpre mandado de busca residencial para apreender animais silvestres mantidos irregularmente em cativeiro, mas acaba apreendendo computadores que poderiam revelar um esquema de sonegação fiscal. Os requisitos do mandado de busca e apreensão vêm previstos no art. 243, do CPP, definindo os limites intransponíveis da diligência.

Caso sejam encontrados elementos que caracterizem crime em situação de flagrância, como daquele que armazena em casa substância entorpecente para comercialização, estará constitucionalmente autorizada a intervenção, não em razão do mandado que tinha outro objetivo, e sim por força do art. 5º, XI, da Constituição Federal, que autoriza o ingresso domiciliar, a qualquer hora do dia ou da noite, para que se efetive a prisão em flagrante. Nos demais casos, entendemos, deve a autoridade envolvida na diligência provocar o juiz para que se obtenha uma ampliação do mandado, em razão dos novos elementos eventualmente descobertos, possibilitando assim, com a ordem judicial expressa, captarem-se os demais elementos[46].

A boa-fé, como se conclui, não pode sozinha retirar a ilicitude da prova que foi produzida. A ausência de dolo por parte do agente não ilide a contaminação, posto que é imprescindível não só a boa-fé subjetiva, mas também a objetiva, que é o respeito à lei na produção do manancial probatório.

LIMITAÇÕES À TEORIA DOS FRUTOS DA ÁRVORE ENVENENADA	
	Prova absolutamente independente ou teoria da fonte independente;
	Descoberta inevitável ou exceção da fonte hipotética independente;
	Contaminação expurgada, conexão atenuada, purged taint exception, tinta diluída ou doutrina da mancha purgada;
	Boa-fé, exceção da boa-fé, good Faith exception ou limitação da boa-fé.

1.8.1.2. Quebra da cadeia de custódia das provas

A descrição de um fato delituoso por meio de provas implica encadeamento. Para que a narrativa se dê de forma lógica, inteligível, compreensível, ela deve conter os seus elementos essenciais, tais como sujeitos envolvidos, fato central, circunstância, tempo e lugar. A descrição do desfecho pressupõe a do seu *iter*, do seu caminho. Assim também deve ser a prova que é produzida para construir a versão do fato delituoso, sua base empírica.

Vale dizer, as provas documentadas pressupõem fontes que, muitas das vezes, são também provas. Assim, um primeiro testemunho pode ser fonte de conhecimento da

46. Ainda sobre o tema, Walter Nunes lembra que "o assunto fez parte da discussão encetada no caso COLLOR. Com efeito, naquela oportunidade, discutiu-se, entre os Ministros do Supremo Tribunal Federal, a validade da degravação dos dados da memória de computadores que foram apreendidos em uma das empresas de Paulo César Farias. O problema ali sublinhado foi de que os computadores não haviam sido apreendidos em diligência dos agentes policiais acobertados por mandado de busca e apreensão. Em verdade, os equipamentos de informática foram recolhidos por agentes fiscais, sob suspeita de que eles tinham sido importados sem o devido pagamento do Imposto de Importação, o que, em tese, no nosso ordenamento jurídico, caracteriza o crime de descaminho. Essas máquinas, posteriormente, foram encaminhadas pelos agentes fiscais para os policiais federais, o que foi bastante para se entender que as provas derivadas da recuperação da memória dos equipamentos de informática eram ilícitas, posto que a autoridade policial, para dispor dos microcomputadores que estavam guardados em escritório profissional, teria de ter empreendido, antes, diligência no local com base em mandado de busca e apreensão". In: SILVA JÚNIOR, Walter Nunes da. *Curso de Direito processual penal:* Teoria (Constitucional) do processo penal. Renovar: Rio de Janeiro, 2008. p. 511.

existência de um outro testemunho que, antes daquele, não se conhecia. Pode também ser fonte do conhecimento do local onde se encontram produtos ilícitos, cuja documentação de apreensão constituirá outra prova e assim por diante. Cuida-se de um encadeamento, de uma relação de causação.

Para que a prova derradeira seja considerada lícita, devem ser também lícitas àquelas que lhe antecederam na relação de encadeamento causal. Caso uma delas tenha sido obtida ilicitamente, mediante tortura, por exemplo, haverá contaminação das seguintes. Se, por hipótese, o testemunho sob tortura for ocultado, a cadeia de custódia da prova restará quebrada (*break on the chain of custody*), com ocultação da forma ilícita como obtida. Haverá tão somente aparência de licitude.

Sobre a cadeia de custódia das provas obtidas por métodos ocultos, notadamente por meio de novas tecnologias, utilizadas sigilosamente, Geraldo Prado sublinha a necessidade de que seja possível controle, mediante fundamentação da decisão que deferir prova a ser realizada em ambiente de reserva, a fim de que não haja quebra do encadeamento probatório, preservando a sua **fiabilidade**. Nas suas palavras, "o rastreamento das fontes de prova será uma tarefa impossível se parcela dos elementos probatórios colhidos de forma encadeada vier a ser destruída". Decerto, ausente tal **controle**, "a identificação do vínculo eventualmente existente entre uma prova aparentemente lícita e outra, anterior, ilícita, de que a primeira é derivada, dificilmente será revelado"[47].

1.8.2. Princípio da proporcionalidade ou razoabilidade

A proporcionalidade (***Verhältnismäbigkeitsgrundsatz***) ganhou desenvoltura e disciplina na jurisprudência e doutrina alemãs, adaptada ao Direito judicial estadunidense como teoria da proporcionalidade (***balancing test***), funcionando como regra de exclusão à inadmissibilidade das provas ilícitas, quando, sopesando o caso concreto, chegue-se à conclusão que a exclusão da prova ilícita levaria à absoluta perplexidade e evidente injustiça. Humberto Ávila aduz que

> [...] proporcionalidade não se confunde com a ideia de proporção em suas mais variadas manifestações. Ele se aplica apenas a situações em que há uma relação de causalidade entre dois elementos empiricamente discerníveis, um meio e um fim, de tal sorte que se possa proceder aos três exames fundamentais: o da adequação (o meio promove o fim?), o da necessidade (dentre os meios disponíveis e igualmente adequados para promover o fim, não há outro meio menos restritivo do(s) direito(s) fundamentais afetados?) e o da proporcionalidade em sentido estrito (as vantagens trazidas pela promoção do fim correspondem às desvantagens provocadas pela adoção do meio?)[48].

Nessa trilha, Luiz Avolio, acompanhado de consistente pesquisa, aviva que dois elementos "devem ser levados em consideração: a exigibilidade (*Erforderlchkeit*) e a adequação (*Geeigntheit*)", isto é, na esfera das medidas que importem restrições de direitos, liberdades e garantias, a proporcionalidade tem aplicação para orientar que a limitação daqueles valores

47. PRADO, Geraldo. *Prova penal e sistemas de controles epistêmicos*: a quebra de cadeia de custódia das provas obtidas por métodos ocultos. São Paulo: Marcial Pons, 2014. p.77-79.
48. ÁVILA, Humberto. *Teoria dos princípios*. 7. ed. São Paulo: Malheiros, 2007. p. 161.

somente seja autorizada se "adequada (apropriada), necessária (exigível) e proporcional (com justa medida)"[49].

Por sua vez, salienta Robert Alexy:

> Princípios são mandamentos de otimização em face das possibilidades jurídicas e fáticas. A *máxima da proporcionalidade em sentido estrito*, ou seja, exigência de sopesamento, decorre da relativização em face das possibilidades *jurídicas*. Quando uma norma de direito fundamental com caráter de princípio colide com um princípio antagônico, a possibilidade jurídica para a realização dessa norma depende do princípio antagônico. Para se chegar a uma decisão é necessário um sopesamento nos termos da lei de colisão[50].

O conflito entre bens jurídicos tutelados pelo ordenamento leva o intérprete a dar prevalência àquele bem de maior relevância. Nesta linha, se de um lado está o ***jus puniendi*** estatal e a legalidade na produção probatória, e o do outro o ***status libertatis*** do réu, que objetiva demonstrar a inocência, este último bem deve prevalecer, sendo a prova utilizada, mesmo que ilícita, em seu benefício.

Como asseguram Ada Pellegrini, Scarance Fernandes e Magalhães Gomes Filho, "não deixa de ser, em última análise, manifestação da proporcionalidade a posição praticamente unânime que reconhece a possibilidade de utilização, no processo penal, da prova favorável ao acusado, ainda que colhida com infringência a direitos fundamentais seus ou de terceiros"[51].

Entendemos que o princípio da proporcionalidade deve ser invocado, na sua essência, para preservar os interesses do acusado. Nesse sentido, não há discrepância doutrinária ou jurisprudencial (concepção da prova ilícita utilizada ***pro reo***). Na ponderação axiológica, a violação legal para produção probatória, quando estritamente necessária, só se justifica para manutenção do ***status*** de inocência. Sabe-se, contudo, que já se tem invocado o princípio em exame para tutelar os interesses da acusação (***pro societate***). A nosso ver, é uma contradição em termos, pois se é sabido que algumas modalidades de atividade criminosa exigem um aparato de produção probatória mais eficiente, como a realização de interceptação telefônica, a quebra de sigilos, a infiltração de agentes etc., estas ferramentas devem ser utilizadas nos estritos limites da lei. Não se justifica a quebra de garantias constitucionais, num Estado fora da lei, na busca do combate ao crime.

A proteção da sociedade está melhor amparada pela preservação do núcleo básico de garantias de todos. Afinal, os criminosos integram o corpo social. Flexibilizar os direitos de alguns, como já acontece com o "bode expiatório" das organizações criminosas, que são invocadas toda vez que se quer justificar ilegalidade ou mitigação de direitos, é abrir caminho para o desrespeito à segurança de todos.

Dessa maneira, a prova ilícita poderia ser utilizada em favor da inocência, de sorte a evitar-se uma limitação na utilização de prova que, mesmo produzida ao arrepio da lei, cumpra o papel de inibir condenação descabida. Deve-se avaliar, portanto, a sua real

49. AVOLIO, Luiz Francisco Torquato. *Provas ilícitas:* interceptações telefônicas, ambientais e gravações clandestinas. 4. ed. São Paulo: RT, 2010. p. 69.
50. ALEXY, Robert. *Teoria dos direitos fundamentais*. São Paulo: Malheiros, 2008. p. 117.
51. D'URSO, Flavia. *Princípio constitucional da proporcionalidade no processo penal*. São Paulo: Atlas, 2007. p. 124.

utilidade para a persecução penal e o grau de contribuição para revelar a inocência, além do bem jurídico violado para a obtenção da prova. O balanceamento deve ser checado não só na conclusão solar que a proibição da prova ilícita não deve prosperar diante de uma possível condenação injusta, mas também nos meios utilizados para obtenção desta prova, e o prejuízo provocado por eles. Havendo desproporção, a prova não deve ser utilizada. Ademais, a prova ilícita utilizada para demonstrar a inocência, amparada pela proporcionalidade, não pode servir para prejudicar terceiros. Os efeitos são limitados à obtenção da inocência, não cabendo a utilização desta prova para demonstrar a culpa de outrem, no mesmo ou em outro processo, pois seria verdadeira proporcionalidade às avessas[52].

A ponderação de interesses dá vazão a uma ampla fluidez e instabilidade de garantias, podendo visivelmente albergar arbítrios na concepção utilitária e maniqueísta, já ressaltada, entre interesse social contrapondo-se aos do réu. Como insiste Aury Lopes Jr., "o perigo dessa teoria é imenso, na medida em que o próprio conceito de proporcionalidade é constantemente manipulado e serve a qualquer senhor. Basta ver a quantidade imensa de decisões e até de juristas que ainda operam no reducionismo binário do interesse público *versus* interesse privado, para justificar a restrição de direitos fundamentais (e, no caso, até a condenação) a partir da prevalência do interesse público..."[53].

É o que ocorre, normalmente, como já pontificado, quando enfrentamos os conhecidos "paradigmas do mal", que justificam todo tipo de medida de emergência, desde o endurecimento da legislação, à flexibilização de garantias, numa verdadeira tolerância à ilegalidade da persecução penal pelo regime de intolerância, onde o Estado acaba equiparando-se ao infrator. Como constata Leonardo Sica, ao "lidar com as angústias mais prementes da população, o legislador penal, desidioso ou astuto e desobrigado de atender qualquer desígnio de Política Criminal (inexistente), cede à tentação populista de oferecer o Direito Penal como panaceia de todos os males que a afligem"[54].

A proporcionalidade invocada como capa da condenação acaba por remontar o discurso da possibilidade de exilar do manto constitucional algumas pessoas que, pelo grau de perigosidade, devem ser tratadas como verdadeiras inimigas do Estado, não cidadãs, e portanto, à margem do núcleo básico de proteção aos direitos individuais. É o pensamento de Jakobs, pontuando, em suma, que:

> A essência deste conceito de Direito penal do inimigo está, então, em que constitui uma reação de combate, do ordenamento jurídico, contra indivíduos especialmente perigosos, que nada significam, já que de modo paralelo às medidas de segurança, supõe tão-só um processamento desapaixonado, instrumental, de determinadas fontes de perigo, especialmente significativas. Com este instrumento, o Estado não fala com seus cidadãos, mas ameaça seus inimigos[55].

Admitindo, em última ***ratio***, a utilização da prova ilícita além da tutela do réu, o magistério de Denilson Feitoza Pacheco, entendendo que "em situações extremas e excepcionais

52. LOPES JR. Aury. *Direito processual e sua conformidade constitucional.* Rio de Janeiro: Lumen Juris, 2007. p. 568.
53. LOPES JR. Aury. *Direito processual e sua conformidade constitucional.* Rio de Janeiro: Lumen Juris, 2007. p. 565.
54. SICA, Leonardo. *Direito penal de emergência e alternativas à prisão.* São Paulo: RT, 2002. p. 82.
55. JAKOBS, Gunther; MELIÁ, Manuel Cancio. *Direito penal do inimigo. Noções e Críticas.* Porto Alegre: Livraria do Advogado, 2005. p. 70-71.

se pode admitir a utilização de prova ilícita ***pro societate***, pois, do contrário, o Estado estaria sendo incentivado a violar direitos fundamentais, o que iria frontalmente contra a própria noção de provas ilícitas, que foram originariamente idealizadas e instituídas exatamente para dissuadir o Estado de violar direitos fundamentais. O princípio constitucional da legalidade, por sua vez, também não se prestaria a esse intento, pois sua função precípua de defesa é a de garantir direitos fundamentais em face do Estado e não o contrário"[56].

1.8.3. Teoria da exclusão da ilicitude da prova

Informa que a prova, aparentemente ilícita, deve ser reputada como válida, quando a conduta do agente na sua captação está amparada pelo direito (excludentes de ilicitude).

Percebe-se que a ilicitude é apenas aparente, ficta, pois a legítima defesa, o estado de necessidade etc. (causas justificantes), autorizariam a medida.

Imaginemos que o réu tenha que praticar conduta típica, como a violação de domicílio, prevista legalmente como crime (art. 150, CP), para produzir prova fundamental em favor de sua inocência. Estaria suprimindo um bem jurídico alheio (tutela domiciliar), para salvaguardar outro bem jurídico (liberdade), em face de um perigo atual (a existência de persecução penal), ao qual não deu causa, e cujo sacrifício não era razoável exigir. Está em verdadeiro estado de necessidade, que vai excluir a ilicitude da conduta. A prova produzida é lícita, válida, valorável em qualquer sentido. Nessa linha se pronuncia Paulo Rangel[57].

No caso, o direito à liberdade deve preponderar sobre o da intimidade, considerado o primeiro mais valioso que o direito à privacidade, como defende Luís Grandinetti de Carvalho, para admitir a produção de prova ilícita pelo réu que, carreada aos autos, terá o expurgo de tal antijuridicidade[58].

1.8.4. Princípio ou teoria da serendipidade

No âmbito do direito processual penal, serendipidade significa, em poucas palavras, o encontro fortuito de provas relativas a fato delituoso diverso daquele que é o objeto das investigações. A aplicação da serendipidade para entender válida a prova encontrada casualmente é que nos dá a ideia da existência de um princípio. Tal princípio, que exigirá a presença de certos requisitos, possibilita reconhecer como lícita a prova ou a fonte de prova de outra infração penal, obtida no bojo de investigação cujo objeto não abrangia o que foi, inesperadamente, revelado.

Não raras vezes, acontece de ser deferida, pelo juiz, interceptação telefônica, com o objetivo de apurar infração penal relativamente a certo investigado, mas que, no curso da escuta telefônica, acaba a polícia tendo notícia de prova ou de fonte de prova referente a outro delito, atribuído ao mesmo investigado ou a outra pessoa. Durante a investigação de fato delituoso com indiciado determinado ou indeterminado, pode a polícia se deparar com:

(1) a descoberta de prova relativa a outro crime, com relação de conexão ou de continência com aquele objeto das investigações (artigos 76 e 77, do CPP);

56. PACHECO, Denilson Feitoza. *Direito processual penal*: teoria, crítica e práxis. 4. ed. Niterói: Impetus, 2006. p. 553.
57. RANGEL, Paulo. *Direito Processual Penal*. 7. ed. Rio de Janeiro: Lumen Juris, 2003. p. 423.
58. CARVALHO, Luís Gustavo Grandinetti Castanho de. *O processo penal em face da Constituição*. Rio de Janeiro: Forense, 1992. p. 25-26.

(2) a constatação de provas ou de fontes de provas alusivas a crime diverso do objeto das investigações e que não guarda relação de conexão ou de continência com aquele que é objeto da apuração (razão do deferimento da interceptação telefônica, por exemplo);

(3) a revelação de que o crime apurado foi perpetrado em coautoria, com a inclusão de pessoas que ainda não eram investigadas;

(4) a verificação de que existe a participação de pessoa diversa no crime e que ela detém prerrogativa de função, seja em coautoria, seja em crime diverso, com ou sem relação de conexão ou de continência.

A questão que se põe é: a prova ou a fonte de prova revelada de forma fortuita é válida? Em outros termos, no caso da interceptação telefônica revelar crimes diversos daquele que fundamentou o seu deferimento ou de apontar outras pessoas envolvidas em infrações penais diversas daquela que é objeto da apuração, é possível que as transcrições sirvam de prova em outro processo penal? Ou de forma mais simples: essa prova, encontrada acidentalmente, é lícita?

O desdobramento do problema dependerá dos critérios para fazer incidir o princípio da serendipidade, integral ou parcialmente, conforme as seguintes hipóteses:

(1) a prova obtida fortuitamente – ou seja, a transcrição da interceptação telefônica deferida pelo juiz que aponta para pessoa ou para fato delituoso diverso do objeto inicial das investigações – será válida (serendipidade de primeiro grau ou encontro fortuito de provas de primeiro grau) quando:

(a) houver relação de conexão ou de continência nos estritos termos dos artigos 76 e 77, do CPP;

(b) a autoridade policial responsável pela interceptação autorizada comunicar ao juiz imediatamente a revelação de fato delituoso diverso conexo ou continente, ou, de outra pessoa envolvida em regime de coautoria, notadamente quando a coautoria envolver pessoa com prerrogativa de função, para as cautelas tendentes à autorização do órgão competente para processá-la e julgá-la;

(c) o juiz, ciente da hipótese de serendipidade (também chamada, neste caso, de encontro fortuito de primeiro grau), aferir que o fato descoberto ou a participação de coautor segue o desdobramento histórico do ilícito penal investigado, conforme os parâmetros exarados na decisão que autorizou a medida, mormente quanto à infração penal investigada (o novo delito há de ser conexo ou crime continente) e à autoria (o investigado encontrado deve ser coautor juntamente com a pessoa apontada como autor da infração penal consignada na decisão que determinou, por exemplo, a interceptação telefônica);

(2) a prova obtida não será válida, mas será fonte de prova, isto é, será considerada notícia do crime, *notitia criminis*, sendo motivo suficiente para deflagrar outra investigação preliminar com objeto distinto, tratando-se de serendipidade de segundo grau (encontro fortuito de provas de segundo grau), quando:

(a) for reveladora de crime diverso daquele objeto da investigação, destoando dos parâmetros estabelecidos na decisão que autorizou a medida;

(b) evidenciar que o crime foi cometido por pessoa diversa da investigada, ou seja, que se trata de pessoa que não guarda relação de concurso de agentes com aquela apontada na decisão (sem regime de coautoria);

(c) o juiz verificar que o fato diverso descoberto não seguir o desdobramento histórico alusivamente àquele que foi o motivo determinante da medida, pelo que não será válida a transcrição da prova (da interceptação telefônica autorizada), mas será fonte de prova válida, eis que será notícia de crime apta a desencadear novas providências investigativas (serendipidade de segundo grau ou encontro fortuito de provas de segundo grau);

(d) as conversas entre o investigado e seu advogado, quando a comunicação envolver estritamente relação profissional, conforme disposto no inciso II, do art. 7º, do Estatuto da Ordem dos Advogados do Brasil, com redação dada pela Lei nº 11.767/2008, que preconiza ser direito do profissional da advocacia:

> II – a inviolabilidade de seu escritório ou local de trabalho, bem como de seus instrumentos de trabalho, de sua correspondência escrita, eletrônica, telefônica e telemática, desde que relativas ao exercício da advocacia;

Luiz Flávio Gomes sintetiza a questão, esclarecendo a origem do termo "serendipidade" e que, para nós, é ideia que decorre do sistema regulatório da licitude das provas no processo penal, possibilitando alçá-la ao *status* de princípio:

> Serendipidade: essa estranha palavra (como nos informa Ethevaldo Siqueira – O Estado de S. Paulo de 15.02.09, p. B10) significa "algo como sair em busca de uma coisa e descobrir outra (ou outras), às vezes até mais interessante e valiosa. Vem do inglês serendipity (de acordo com o Dicionário Houaiss), onde tem o sentido de descobrir coisas por acaso. Serendip era o antigo nome da ilha do Ceilão (atual Sri Lanka). A palavra foi cunhada em 1754 pelo escritor inglês Horace Walpole, no conto de fadas Os três príncipes de Serendip, que sempre faziam descobertas de coisas que não procuravam".
>
> [...]
>
> Mas no curso da captação da comunicação telefônica ou telemática podem surgir outros fatos penalmente relevantes, distintos da "situação objeto da investigação". Esses fatos podem envolver o investigado ou outras pessoas. De outro lado, podem aparecer outros envolvidos, com o mesmo fato investigado ou com outros fatos, diferentes do que motivou a decretação da interceptação. É nisso que reside o fenômeno da serendipidade, que significa procurar algo e encontrar coisa distinta (buscar uma coisa e descobrir outra, estar em busca de um fato ou uma pessoa e descobrir outro ou outra por acaso).
>
> A doutrina denomina esse fenômeno de "encontro fortuito" (hallazgos fortuitos) ou "descubrimientos casuales" ou "descubrimientos acidentales" ou, como se diz na Alemanha, Zufallsfunden. Damásio E. de Jesus ainda menciona: conhecimento fortuito de outro crime, novação do objeto da interceptação ou resultado diverso do pretendido.
>
> Em princípio, o que se espera é a "identidade" ("congruência") entre o fato e o sujeito passivo indicados na decisão e o fato e o sujeito passivo efetivamente investigados (congruência entre o que se procura investigar e o que efetivamente foi encontrado). Na eventualidade de que haja discordância (com desvio, portanto, do princípio da identidade ou da congruência), impõe-se a imediata comunicação de tudo ao juiz (princípio do controle judicial), para que se delibere a respeito.

> [...]
>
> Conclusão: se o fato objeto do "encontro fortuito" é conexo ou tem relação de continência (concurso formal) com o fato investigado, é válida a interceptação telefônica como meio probatório, inclusive quanto ao fato extra descoberto. Essa prova deve ser valorada pelo juiz. Exemplo: autorização dada para a investigação de um tráfico de entorpecente; descobre-se fortuitamente um homicídio, em conexão teleológica. De outra parte, se se descobre o envolvimento de outra pessoa no crime investigado (de tal forma a caracterizar a continência do art. 77), também é válido tal meio probatório. Nessas duas hipóteses, em suma, a transcrição final da captação feita vale legitimamente como meio probatório e serve para afetar ("enervar") o princípio da presunção de inocência[59].

Durante interceptação telefônica é possível que sejam encontrados elementos de forma casual (serendipidade). Tal descoberta casual ou encontro fortuito de provas pode revelar infração penal diversa, conexa ou não ao crime objeto da medida, ou coautor não conhecido quando do deferimento da medida.

A conversa interceptada pode, por sua vez, ter sido travada com pessoa detentora de prerrogativa de função ou com conteúdo relacionado a ela. Se houver indícios de autoria de crime atribuível ao agente com prerrogativa de função, a interceptação não deve prosseguir se a ordem não tiver sido emanada do órgão do Poder Judiciário competente para processá-la e julgá-la.

A autoridade policial responsável pela execução da medida deve interromper a escuta e encaminhar essa informação ao juiz. O magistrado, por sua vez, deve dar ciência ao órgão do Ministério Público que, a seu turno, terá a incumbência de requerer a medida ao órgão do Poder Judiciário com competência para investigar a pessoa com prerrogativa de função.

O STJ, por sua Quinta Turma, admitiu a licitude de prova colhida durante inquérito policial instaurado perante o primeiro grau de jurisdição. No caso, descobriu-se envolvimento de pessoa com prerrogativa de função junto a TRF. O juiz do caso, tomando ciência da suposta autoria do detentor de foro privilegiado, remeteu imediatamente os autos ao tribunal competente, em respeito à Constituição (art. 108)[60].

Em julgado diverso[61], a Sexta Turma do STJ foi mais específica, explicando que a captação fortuita de diálogos mantidos por autoridade com prerrogativa de foro não determina, isoladamente, a remessa imediata dos autos ao Tribunal competente. Para tanto, entendeu ser preciso que antes seja avaliada a idoneidade e a suficiência dos dados colhidos para se firmar o convencimento acerca do suposto envolvimento do detentor de prerrogativa de foro com a prática de crime.

Concluiu a Corte Superior, que apenas "em um claro contexto fático do qual se possa com segurança depreender, a partir dos diálogos dos investigados com pessoa detentora de foro especial, que há indícios concretos de envolvimento dessa pessoa com a prática de

59. GOMES, Luiz Flávio. *Natureza jurídica da serendipidade nas interceptações telefônicas*. Disponível em http://www.lfg.com.br. 18 de março de 2009.

60. STJ – Quinta Turma – HC 285.201/MT – Rel. Min. Reynaldo Soares da Fonseca – DJ 10/09/2015.

61. STJ. Informativo nº 575, de dezembro de 2015 a fevereiro de 2016 (Sexta Turma – HC 307.152-GO, Rel. Min. Sebastião Reis Júnior, Rel. para acórdão Min. Rogerio Schietti Cruz – DJ: 15/12/2015).

crime(s), será imperativo o envio dos elementos de informação ao tribunal competente. De mais a mais, a lei não estabelece prazo peremptório para o envio dos elementos de prova obtidos por meio da interceptação telefônica"[62].

O Supremo Tribunal Federal, por sua vez, considerou que "o encontro fortuito de elementos de delito imputados a pessoa com prerrogativa de função não torna a prova ilícita se – havendo conexão (art. 76, CPP) – for desmembrada imediatamente a investigação e remetida ao órgão com atribuição constitucional"[63].

Entendemos que deixar espaço à interpretação da autoridade policial ou do juiz a respeito do possível envolvimento da pessoa com prerrogativa de função em infração penal equivale a violar, por via oblíqua ou mesmo direta, a competência de for privilegiado. Melhor seria fixar precedente para que a remessa se desse imediatamente, diante do travamento de conversa indicativa de qualquer suspeita e não somente dos chamados "indícios concretos". O grande volume de interceptações e de remessas levou a Sexta Turma a exigir uma prelibação do órgão jurisdicional de primeiro grau, no caso.

Sob outro prisma, em hipótese alguma deve ser divulgado o conteúdo da conversa telefônica interceptada, seja fortuitamente (quando se revela a conversa com pessoa com prerrogativa de função) ou não. Ainda que se ordene a "suspensão do sigilo" do conteúdo da conversação telefônica, essa ordem não tem o condão de afastar o sigilo que deve ser mantido para proteger a intimidade dos investigados ou acusados.

O levantamento do sigilo somente deve ter eficácia relativamente às partes e aos interessados legítimos (a exemplo do assistente do Ministério Público), não relativamente à mídia, por exemplo, como autorizativo para a execração pública de investigados. No ponto, de compasso com o art. 10, da Lei nº 9.296/1996, o alijamento do sigilo só deve ser autorizado de forma estrita, isto é, de acordo "com objetivos autorizados em lei" (expressamente previstos).

1.8.5. Inutilização da prova ilícita

A Constituição Federal proclama a inadmissibilidade das provas obtidas por meios ilícitos. Trata-se de norma geral e abstrata que só produz efeito quando aplicada pelo juiz. Em outros termos, para que se faça valer aquela norma constitucional, é necessário um dizer do juiz a respeito, por meio de decisão produtora de norma individual e concreta que ordena a expulsão da prova do processo, isto é, que determina o seu desentranhamento. Desse modo, não há inadmissibilidade automática da prova ilícita, dependendo antes:

(1) de decisão judicial que descreva a situação fática, com a verificação concreta da violação legal, que se acomode ao conceito abstrato de inadmissibilidade probatória, previsto no art. 5º, LVI, da Constituição;

---

62. Ainda de acordo com a Corte Especial, do STJ, "ocorrendo a descoberta fortuita de indícios do envolvimento de pessoa com prerrogativa de foro, os autos devem ser encaminhados imediatamente ao foro prevalente, definido segundo o art. 78, III, do CPP, o qual é o único competente para resolver sobre a existência de conexão ou continência e acerca da conveniência do desmembramento do processo".(STJ – Corte Especial – Rcl 31.629-PR, Rel. Min. Nancy Andrighi, por unanimidade, julgado em 20/09/2017, DJe 28/09/2017 – Informativo nº 612, de 25 de outubro de 2017).

63. STF – Primeira Turma – MS 34751/CE – Rel. Min. Marco Aurélio – julgamento em 14.8.2018 – Informativo nº 911, de 13 a 17 de agosto de 2018 – verbete "Encontro fortuito de provas e prerrogativa de função".

(2) que a decisão judicial conclua pelo reconhecimento de que a prova violou a lei ou a Constituição, declarando-a ilícita;

(3) que a decisão judicial determine, em sua parte dispositiva, que a prova ilícita seja desentranhada do processo, ou seja, excluída dos autos.

O desentranhamento da prova ilícita dos autos, opera o feito pragmático de precaver o magistrado de tomar qualquer decisão que tome a prova inválida como elemento de convicção. Desentranhada a prova, ela deve ficar acautelada em local apropriado até que não paire interesse sobre ela relativamente ao processo ou ao inquérito que ensejou sua produção. Quando não sobejar interesse sobre a prova ilícita, ela poderá ser destruída, mediante incidente que viabilize o acompanhamento pelas partes. Em outras palavras, depois de proferida decisão ou sentença que determine o desentranhamento da prova ilícita:

(1) o setor responsável do Juízo cumprirá a decisão e providenciará a retirada da prova dos autos, certificará o cumprimento e arquivará provisoriamente a prova acautelada em local adequado;

(2) as partes poderão apresentar recursos ou ações autônomas de impugnação conforme a hipótese ou o momento do desentranhamento:

(a) se tiver sido ordenado em sentença condenatória ou absolutória, caberá apelação;

(b) se tiver ocorrer no bojo de decisão extintiva de punibilidade, caberá recurso em sentido estrito;

(c) se a decisão tiver sido proferida no curso do processo, caberá mandado de segurança (se não estiver em jogo privação de liberdade do indiciado ou acusado ou quando o recorrente for o Ministério Público ou o querelante no interesse do ***jus puniendi*** estatal) ou *habeas corpus* (em favor da liberdade do indiciado ou acusado);

(3) preclusa a decisão ou transitada em julgado a sentença, poderá ser instaurado incidente de inutilização da prova ilícita, com o acompanhamento das partes, com fundamento na aplicação por analogia do art., 9º, parágrafo único, da Lei nº 9.296/1996 (destruição dos registros ilícitos de interceptações telefônicas):

> Art 9º A gravação que não interessar à prova será inutilizada por decisão judicial, durante o inquérito, a instrução processual ou após esta, em virtude de requerimento do Ministério Público ou da parte interessada.
>
> Parágrafo único. O incidente de inutilização será assistido pelo Ministério Público, sendo facultada a presença do acusado ou de seu representante legal.

O juiz que teve contato com a prova ilícita desentranhada não fica impedido de permanecer na condução do futuro ou do atual processo penal. Não vigora, portanto, no nosso sistema, a figura da "descontaminação do julgado", providência que foi aprovada pelo Poder Legislativo, mas vetada pelo Presidente da República, que considerou inconveniente a regra que tornaria impedido de julgar o feito o magistrado que tivesse contato com a prova declarada inadmissível.

1.8.6. Teoria da exceção de erro inócuo

Com origem no direito norte americano, a exceção de erro inócuo (*harmless error exception*) tende a relevar ofensas a direitos constitucionais das partes, entendidas como irrelevantes ao procedimento ou ao exame da prova. Nasceu a partir do caso Chapman *versus* Califórnia (1967), quando se decidiu que certas violações a direitos do acusado podem ser qualificadas como erro inócuo quando não tenham influído para a sua condenação[64].

Em outras palavras, essa teoria autoriza que não seja decretada invalidação em razão de ilicitude na condução do procedimento, toda vez que for inapta a prejudicar direitos subjetivos do imputado ou da acusação.

Também se o juiz admite prova ilícita, sustenta-se a possibilidade de aplicação dessa teoria, para afastar a possibilidade de invalidação, quando não haja relevância prática ou lesão significativa a direito constitucional, mormente se existem outras provas hábeis a sustentar suficientemente a condenação.

Não concordamos com a aplicação dessa teoria. A inadmissibilidade de prova ilícita deve ser realizada *a priori*. Admitir a validação de procedimentos viciados e o baixo controle quanto à inserção da prova no processo penal implica violar frontalmente os direitos fundamentais.

1.9. Prova emprestada

É aquela produzida em um processo e transportada documentalmente para outro. A prova pode assim ser importante a mais de um processo. A eficiência da instrução criminal e a colaboração da justiça levam à admissibilidade do empréstimo probatório. Compartilhar provas entre processos pode ser de grande utilidade, mas não pode se tornar um expediente de comodidade. Havendo justificativa plausível, o empréstimo será oportunizado. Pode ser patrocinado o empréstimo probatório, até mesmo de um processo cível a um criminal. São requisitos para o empréstimo da prova:

- mesmas partes: as partes devem ser as mesmas em ambos os processos, tanto no que empresta quanto naquele que vai recepcionar a prova emprestada;

- mesmo fato probando: o fato demonstrado pela prova que se quer emprestar deve ser relevante aos dois processos. Ex.: uma fotografia do criminoso no local do fato pode ser importante tanto para o processo pelo homicídio, quanto para um outro processo por vilipêndio de cadáver. O fato provado, qual seja, a presença do indivíduo em um determinado local, é importante para a demonstração dos dois crimes, apreciados em feitos distintos;

- o contraditório no processo emprestante deve ter sido respeitado: só pode haver o empréstimo da prova que foi produzida sob o crivo do contraditório. Logo, não há empréstimo de prova de um inquérito a um processo, afinal, o procedimento investigativo preliminar é regido pela inquisitoriedade. O empréstimo é entre processos;

- os requisitos formais de produção probatória tenham sido atendidos no processo emprestante: ou seja, a norma que rege a produção da prova deve ter sido rigorosamente respeitada para que se possa falar em empréstimo. Ex.: se o laudo pericial for subscrito por apenas um perito não oficial, por evidente violação à formalidade essencial na produção da prova técnica, que exige a participação de ao menos dois peritos juramentados, esta não poderá ser emprestada.

64. ÁVILA, Thiago André Pierobom de. *Provas ilícitas e proporcionalidade*. Rio de janeiro: Lumen Juris, 2007. p. 152-153.

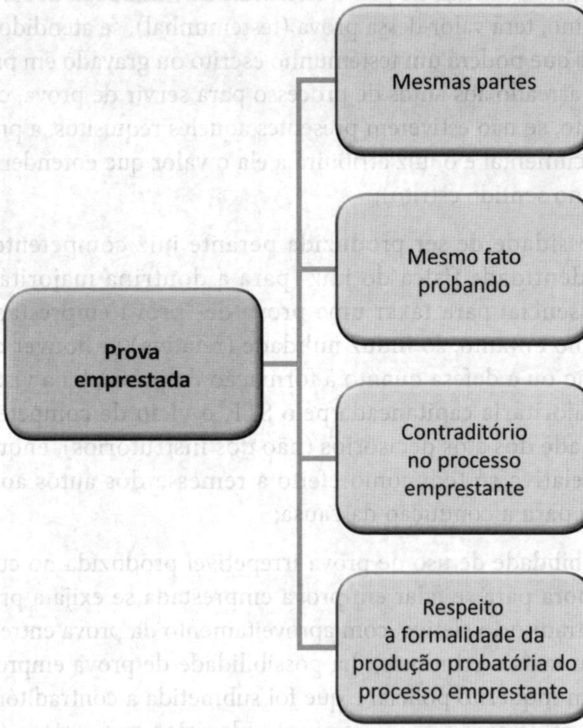

Mirabete se inclina no sentido de ser insuficiente a prova emprestada, por si só, para fundamentar condenação[65]. A mesma deve estar corroborada pelos demais elementos probatórios existentes nos autos. A nosso ver, não existindo hierarquia entre as provas, uma prova emprestada pode ser tão importante quanto qualquer outra, não havendo razões apriorísticas para desprivilegiá-la.

Questão interessante é saber quais os reflexos no processo que recepciona a prova emprestada, caso o processo emprestante seja declarado nulo. Basta indagar se a nulidade contaminou ou não a instrução do processo onde a prova foi produzida. Imaginemos que o processo cedente tenha sido anulado em razão de incompetência relativa do juízo. Por força do art. 567 do CPP, só os atos decisórios serão imprestáveis, aproveitando-se os atos instrutórios. Nesse cotejo, a prova emprestada será válida, e o processo que a recebeu estará intacto. Já se a nulidade do processo emprestante é absoluta, atingindo inclusive a instrução, a prova estará viciada, e os efeitos do vício podem se refletir ao processo emprestado, se a prova foi valorada e se refletiu na decisão. Neste sentido, Paulo Rangel, fazendo o vínculo de consequencialidade para que a nulidade transcenda ao processo emprestado[66].

A prova emprestada, ademais, é caracterizada:

(1) pela sua apresentação em forma documental, porém, presentes os requisitos formais referidos acima, a prova emprestada tem a mesma natureza da prova produzida no processo

65. MIRABETE, Julio Fabbrini. *Processo penal*. 15. ed. São Paulo: Atlas, 2004. p. 257.

66. RANGEL, Paulo. *Direito processual penal*. 7. ed. Rio de Janeiro: Lumen Juris, 2003. p. 433-434.

emprestante, isto é, caso se trate de prova testemunhal trasladada documentalmente para o processo de destino, terá valor dessa prova (testemunhal), se atendidos os pressupostos para tanto. Note-se que poderá um testemunho escrito ou gravado em processo ou inquérito qualquer ser carreado aos autos de processo para servir de prova, com contraditório diferido. No entanto, se não estiverem presentes aqueles requisitos, a prova será recebida como prova só documental e o juiz atribuirá a ela o valor que entender devido (não será prova emprestada no sentido estrito);

(2) pela necessidade de ser produzida perante juiz competente e com respeito ao princípio da identidade física do juiz (para a doutrina majoritária, não se trata de pressuposto essencial para taxar uma prova de "prova emprestada"). Veja-se que esse pressuposto, no entanto, só induz nulidade (relativa) se houver demonstração de prejuízo à acusação ou à defesa quanto à formação da prova, haja vista que, conforme jurisprudência majoritária capitaneada pelo STF, o vício de competência absoluta só determina a nulidade dos atos decisórios (não dos instrutórios), enquanto que o vício de competência relativa só tem como efeito a remessa dos autos ao magistrado que seja o competente para a condução da causa;

(3) pela possibilidade de uso de prova irrepetível produzida no curso do inquérito policial, pois, embora para se falar em prova emprestada se exija a produção de prova sob o crivo de contraditório efetivo, com aproveitamento da prova entre processos (cíveis a criminais ou criminais a criminais), há possibilidade de prova emprestada irrepetível, que foi formada em inquérito policial e que foi submetida a contraditório postergado de processo, tal como se dá com o exame pericial cadavérico que, a rigor, foi constituído no curso do inquérito policial que deu base para a denúncia do processo emprestante e cujo contraditório foi diferido (no curso do processo emprestante). Tal laudo pericial juntado ao processo de destino é de ser conceituado como prova emprestada;

(4) pela avaliação dessa prova pelos jurados quando da sessão de tribunal do júri, porquanto, quando a prova emprestada for produzida no rito do júri, o valor de tal prova é de ser aferido pelos jurados. Os jurados julgam os fatos e, de tal maneira, a possibilidade da prova ser aceita com o mesmo valor da prova originalmente produzida é de ser dita pelos jurados. De tal modo, se houver controvérsia sobre o ponto, deve o juiz-presidente do tribunal do júri formular quesito específico para que os jurados declarem a aceitação ou a recusa da prova emprestada;

Julgados do STF[67] e do STJ[68] se posicionam no sentido de que é possível o empréstimo de provas formadas no processo penal ou inquérito policial a procedimentos diversos do penal (administrativo disciplinar ou ação de improbidade administrativa), notadamente aquelas reunidas através de interceptação telefônica. De tal forma, tem-se admitido o aproveitamento das provas produzidas em processo criminal, como prova emprestada, a outros processos cíveis e procedimentos administrativos, tal como ocorre com o conteúdo das interceptações telefônicas autorizadas judicialmente nos autos de persecução penal[69].

67. STF – HC 102293 – Rel. Min. Ayres Britto.
68. STJ – MS 201102155278 – Primeira Seção – Rel. Min. Benedito Gonçalves – DJE Data: 15/09/2014.
69. STJ – Terceira Seção – MS 14.504/DF – Rel. Min. Jorge Mussi – DJe 20/08/2013.

Discordamos desse entendimento. A admissão de prova emprestada obtida de interceptação telefônica deve ser restrita ao processo penal, de acordo com os limites impostos pela Lei nº 9.296/1996. A admissão de seu uso para fins diversos do penal equivale a ampliar, por via transversa, o alcance da investigação criminal ao âmbito extrapenal, em detrimento aos direitos fundamentais da intimidade e da vida privada, sufragada pela Constituição e pelo legislador.

Ao dispor sobre a admissibilidade de prova emprestada, o CPC/2015 (Lei nº 13.105/2015), em seu art. 372, faculta ao juiz admitir a utilização da prova produzida em outro processo. O legislador positiva regra que já havia sido construída jurisprudencialmente, como aqui estudamos. A prova emprestada será admitida com a atribuição de valor pelo juiz, conforme considerar adequado, observando-se o contraditório.

Sobre os limites da prova emprestada, o STJ editou enunciado de sua Súmula, relacionado com o seu uso no procedimento administrativo, isto é, com o aproveitamento de elementos probatórios processuais para a imposição de sanção disciplinar a funcionário. De acordo com seu teor, "é permitida a prova emprestada no processo administrativo disciplinar, desde que devidamente autorizada pelo juízo competente e respeitados o contraditório e a ampla defesa" (Súmula nº 591, STJ[70]).

1.10. Ônus da prova

O ônus da prova é o encargo atribuído à parte de provar aquilo que alega. A demonstração probatória é uma faculdade, assumindo a parte omissa as consequências de sua inatividade, facilitando a atividade judicial no momento da decisão, já que aquele que não foi exitoso em provar, possivelmente não terá reconhecido o direito pretendido.

Na senda de Gustavo Badaró, relevante é definir o ônus como uma posição jurídica na qual o sistema processual penal estabelece determinada conduta para que o sujeito possa obter um resultado que lhe seja favorável. Vale dizer, para que o sujeito onerado galgue provimento benéfico, terá de praticar o ato previsto como cabível. De outro lado, caso não realize a conduta devida, a consequência é a exclusão do favor legal, sem, contudo, configurar um ato ilícito[71].

A prova da alegação é incumbida a quem a fizer (art. 156, primeira parte, CPP), e se tem indicado que a divisão do ônus da prova entre acusação e defesa levaria a que a primeira demonstrasse a autoria; materialidade (existência da infração); dolo ou culpa e eventuais circunstâncias que influam na exasperação da pena. Já a defesa estaria preocupada na demonstração de eventuais excludentes de ilicitude; de culpabilidade; causas de extinção da punibilidade e circunstâncias que venham a mitigar a pena[72].

70. STJ – Primeira Seção – Súmula nº 591, aprovada em 13/9/2017 – DJe 18/9/2017.
71. BADARÓ, Gustavo Henrique Righi. *Ônus da prova no processo penal*. São Paulo: RT, 2003. p. 173.
72. Neste sentido, Fernando Capez: "A prova da alegação (*onus probandi*) incumbe a quem a fizer (CPP, art. 156, 1º parte). Exemplo: cabe ao Ministério Público provar a existência do fato criminoso, da sua realização pelo acusado e também a prova dos elementos subjetivos do crime (dolo ou culpa); em contrapartida, cabe ao acusado provar as excludentes da antijuridicidade, da culpabilidade e da punibilidade, bem como as circunstâncias atenuantes da pena ou concessão de benefícios legais. Caso o réu pretenda a absolvição com fulcro no art. 386, I, do Código de Processo Penal, incumbe-lhe ainda provar a 'inexistência do fato'" (CAPEZ, Fernando. *Curso de processo penal*. 12. ed. São Paulo: Saraiva, 2005. p. 273).

É necessário que enxerguemos o ônus da prova em matéria penal à luz do princípio da presunção de inocência, e também do favor réu. Se a defesa quedar-se inerte durante todo o processo, tendo pífia atividade probatória, ao final do feito, estando o magistrado em dúvida, ele deve absolver o infrator. A responsabilidade probatória é integralmente conferida à acusação, já que a dúvida milita em favor do demandado. A balança pende em prol deste, já que o art. 386 do CPP, nos incisos II, V e VII, indica que a debilidade probatória implica na absolvição.

Demonstrando a acusação, de forma eficiente, todos os elementos que justificam a condenação, por via indireta acabaria evidenciando a incompatibilidade de eventuais excludentes de ilicitude ou de culpabilidade. Como salienta Afrânio Silva Jardim, "quando o Ministério Público descreve na denúncia, por exemplo, que o réu matou o ofendido com dois tiros, pelas costas, está assumindo o ônus de provar que assim foi cometido o homicídio. Ao prová-lo, está também demonstrando que a conduta não foi praticada em legítima defesa, por absoluta incompatibilidade", ressaltando que "a ilicitude ou a culpabilidade devem ser depreendidas das circunstâncias do fato principal, narradas necessariamente na peça acusatória, sendo ônus do autor provar suficientemente a existência destas circunstâncias que afirmou", já que "o ônus da prova, na ação penal condenatória, é todo da acusação e relaciona-se com todos os fatos constitutivos do poder-dever de punir do Estado, afirmado na denúncia ou queixa; conclusão esta que harmoniza a regra do art. 156, primeira parte, do Código de Processo Penal com o salutar princípio ***in dubio pro reo***"[73].

Apesar da posição aqui assumida ser a mais consentânea com a atual ordem constitucional, atribuindo-se o ônus de provar por completo à acusação, a posição em contrário tem prevalecido, distribuindo-se o ônus da prova entre acusação e defesa[74].

O CPC/2015 fortalece os poderes do juiz, mormente em se artigo 139, outorgando-lhe maior ativismo para iniciativa probatória, o que soa incompatível com os princípios processuais penais que delineiam um sistema de garantias, caso esses poderes sejam próprios da acusação. Entendemos que, quanto a esse ponto, o CPC não repercute no processo penal, dotado este que é de enunciados próprios, especialmente constitucionais, que configuram o sistema acusatório. O protagonismo judicial em matéria processual penal só é admitido para assegurar as garantias individuais fundamentais do acusado (*favor rei*).

1.10.1. Classificação do ônus da prova

1.10.1.1. Quanto à consequência da omissão em se desincumbir do ônus

Refere-se à necessariedade ou não dos efeitos negativos que recaem sobre a parte que tinha o ônus de provar uma asserção e dele não se desincumbiu:

(a) **ônus da prova perfeito** ou **ônus da prova absoluto**: o efeito negativo, representado por um prejuízo à pretensão da parte, é corolário necessário da omissão da parte em provar.

73. JARDIM, Afrânio Silva. *Direito processual penal*. 11. ed. Rio de Janeiro: Forense, 2002. p. 211-214.
74. STJ – 6ª T. – RHC 1330/RJ – Rel. Min. Luiz Vicente Cernicchiaro – DJ 9/9/1991. p. 12214.

Nesse caso, a desídia da parte ou a sua incapacidade de comprovar o alegado é suficiente para desencadear situação desvantajosa para a sua pretensão deduzida em juízo. Como exemplo, teríamos o ônus do Ministério Público em comprovar fato relativo ao estado civil da pessoa para possibilitar o reconhecimento de agravante do art. 61, "e", do CP (crime cometido contra ascendente), sem o que decorre necessariamente o não agravamento da pena fundado nesse motivo.

(b) **ônus da prova menos perfeito** ou **ônus da prova relativo**: o prejuízo atinente ao fato de não ter a parte se desincumbido do ônus de provar fica dependendo de apreciação do juiz, podendo ou não ter lugar, notadamente se existirem outros meios de prova que possam substituir a prova que poderia ter sido produzida e não o foi por falta de requerimento da parte no momento oportuno. Ex.: no rito ordinário, a parte autora pode arrolar até oito testemunhas para comprovar suas alegações, consignadas na petição inicial. Caso arrole somente uma testemunha e confie nas demais provas documentais e periciais, o fato de não ter exaurido seu ônus processual de provar não significa em absoluto que o juiz, ainda assim, não possa condenar o acusado, tratando-se de ônus da prova relativo, sem consequência desvantajosa necessária.

1.10.1.2. Quanto ao destinatário do ônus

(a) **ônus da prova objetivo** ou **sob a perspectiva do participante**: ô ônus da prova objetivo é muito mais uma regra de julgamento para o juiz. O juiz não pode deixar de sentenciar sob o argumento de que não há regra no sistema para a resolução do conflito. O juiz é o intérprete autêntico que não pode se eximir de julgar. Como participante, não admite lacunas que o impeçam de decidir e distribuir o ônus da prova em conformidade com suas regras. No processo penal, diante da insuficiência de provas ou de dúvida quanto à imputação, a regra de julgamento determina a absolvição do acusado.

(b) **ônus da prova subjetivo** ou **sob a perspectiva do observador** ou **ônus da prova em sentido estrito**: trata-se do ônus que recai sobre as partes, vale dizer, cuida-se do encargo que as partes têm de produzir as provas que reforcem suas asserções, mitigando o risco de prejuízo processual que pode ser causado pela inércia ou omissão em provar. As partes, enquanto sujeitos processuais, argumentam como observadores do sistema estatal, com o intento de influir na convicção do juiz e atenuar a possibilidade de decisão que acarrete situação de desvantagem para o seu direito.

CLASSIFICAÇÃO DO ÔNUS DA PROVA			
Quanto às consequências da omissão em se desincumbir do ônus		Quanto ao destinatário do ônus	
▸ Ônus da prova perfeito ou ônus da prova absoluto	▸ Ônus da prova menos perfeito ou ônus da prova relativo	▸ Ônus da prova objetivo ou ônus sob a perspectiva do participante	▸ Ônus da prova subjetivo ou ônus sob a perspectiva do observador ou ônus da prova em sentido estrito

1.10.2. Ônus da prova e standards probatórios

A questão relativa à especificidade do ônus da prova no processo penal, suscita o debate em torno da noção de "***standards* probatórios**", tema mais recorrente no direito comparado. Ao lado das regras de julgamento que preenchem o conteúdo do conceito de ônus da prova, podem-se dizer reconhecidos, no Brasil, como **padrões normativos** em matéria de prova, os seguintes *standards*, arrolados por José Paulo Baltazar Júnior: "a) necessidade de motivação; b) vedação de contradição; c) objetividade da motivação; d) obrigatoriedade do enfrentamento de todas as questões; e) distinção entre o grau de exigência de prova no processo civil e no processo penal".

Os padrões probatórios consistem em "modelos de constatação probatórios são padrões mínimos para aferir a suficiência da motivação de fato nas decisões judiciais", cuja função, além de servir de regra de julgamento ou de resolução de questão processual, é também a de "permitir o controle da motivação judicial das decisões"[75]. Os *standards proof* constituem critérios e regras de julgamento que devem orientar aquele que deve expor seu ponto de vista subjetivo sobre o caso concreto, de maneira a viabilizar o controle das razões tomadas para decidir.

Não é demais dizer que o direito brasileiro possui critérios constitucionais e legais que, seguidos rigorosamente, proporcionam condições de julgamento segundo modo que deve considerar ser o ser humano falível, a fim de proteger o julgador de equívocos de antecipação de pressuposições, notadamente em matéria criminal. Nosso sistema prevê, então, balizas de julgamento, a exemplo dos arts. 155 (livre apreciação da prova, mas liberdade dentro do sistema de direito positivo), 386 (exame exigente acerca dos motivos que devem absolver o réu), do CPP. É vedada condenação com base exclusiva em confissão do acusado, em termo de delação premiada ou em elementos somente do inquérito policial (são as "provas legais negativas", expressão que designa limites ao que pode conhecer e valorar o juiz). São classificáveis como *standards of proof* (padrões/modelos probatórios ou de julgamento), eis que são regras dirigidas ao julgador. A vedação de prova ilícita e o postulado da dúvida que deve militar em favor do réu também o são.

Do direito norte americano, têm sido citados os seguintes modelos de julgamento: (1) preponderância da prova ou *preponderance of evidence*; (2) prova clara e convincente (*clear and convincing evidence*); e (3) além da dúvida razoável ou *beyond a reasonable doubt*. O último, afirmam alguns, seria adequado às causas criminais nos ordenamentos estrangeiros tradicionalmente vinculados ao sistema da *Common Law*. Veja-se que não é tarefa simples saber o significado da fórmula "dúvida razoável", diante de sua excessiva abstração. Mesmo no seu sistema de origem, a expressão é referida como apta a confundir o júri[76], pelo que se entende que seu transplante à fundamentação de decisões judiciais brasileiras implica um proceder equivocado.

---

75. BALTAZAR JÚNIOR, José Paulo. *Standards probatórios no processo penal*. Disponível em: <http://bdjur.stj.jus.br/jspui/bitstream/2011/18424/Standards_Probat%C3%B3rios_no_Processo_Penal.pdf>. Acesso em: 23 mar. 2017.

76. Colhe-se da obra de Zelman Cowen e de P. B. Carter, no contexto da *Common Law* (Reino Unido), que foi dito – ao ser entregue julgamento a Tribunal – que "o uso da fórmula 'além de qualquer dúvida razoável' seria desnecessário. O Presidente da Corte asseverou que, quando um juiz começa a usar as palavras dúvida razoável e o que não é, é muito mais provável que ele possa confundir o júri" (COWEN, Zelman; CARTER, P. B. *Essays on the law of evidence*. London: Oxford University Press, 1956. p.245 – tradução livre).

A diferença de forma de produção do direito no Brasil e na América do Norte é grande. Nós, preponderantemente, pela via legislativa. Eles, inversamente, pelos "cases" (precedentes). Entendemos indispensável mantermos nosso vernáculo e nossas fontes do direito genuínas, entendidas estas como somente as reconhecidas segundo o nosso modelo de produção do direito. Isso porque nossas fontes devem ser aqueles textos estatais que conhecemos previamente a partir da Constituição de 1988. Novidades doutrinárias do direito estrangeiro podem servir para sugerir modificações do sistema brasileiro ou para debates, desde que sejam pela via democrática (legislativa ou constitucional), adequando-as ao princípio da soberania.

A questão em torno da noção de *standards* probatórios tem ponto de contato com o Realismo Jurídico norte-americano[77]. Nessa senda, a fixação dos fatos narrados na acusação deve se desenvolver segundo regras estabelecidas pelo juiz que, por sua vez, não elimina a intuição, malgrado fundamente, a fim de promover a racionalização de sua convicção. Para dizer o direito, por meio de provas, se vale da lógica (razão, dogmática, *standards*), mas não só da lógica, havendo também intuição (experiência, empiria)[78].

Danilo Knijnik, a esse respeito, adverte que, de um ponto de vista metodológico, "a formação do juízo do fato tem de ser mediada pela dogmática processual, não podendo ser considerada terra estranha ao trabalho do jurista prático ou assunto privativo do mundo fenomênico, para o qual todo o saber tecnológico seria dispensável". Em outros termos, aviva que "o realismo, ainda que não se concorde inteiramente com suas premissas, permite evidenciar a necessidade de um direito probatório sistemático, com categorias e instituições próprias, de modo a evitar que o convencimento judicial escape a toda forma de controle dogmático e a um real contraditório"[79].

1.10.3. Inversão do ônus da prova

No direito processual penal, a regra é que não haja inversão do ônus da prova em prejuízo da defesa. A acusação, segundo a corrente que nos filiamos, tem o ônus de evidenciar suas alegações de maneira que não recaia dúvida sobre a imputação, bem como de refutar dúvidas que tenham sido colocadas pela defesa, alijando incertezas quanto a qualquer argumento defensivo. O ônus é todo do Ministério Público, a perspectiva do processo penal condenatório.

Entretanto, é possível falar em inversão do ônus da prova em medidas cautelares assecuratórias regradas pela Lei de Lavagem de Capitais (Lei nº 9.613/1998). Em processo penal, inversão do ônus da prova é atribuir à defesa da pessoa imputada o encargo de desconstituir a evidência de relação entre o ***fumus comissi delicti*** (o lastro que denota a materialidade da infração penal) e um determinado bem valioso (dinheiro, valores, bens).

77. Por Realismo Jurídico norte-americano, vincado na common *law*, entenda-se, brevemente, como o sistema que considera que direito é o que é reconhecido pelos tribunais. Nessa perspectiva, a produção do direito é, primordialmente, função do Poder Judiciário, pela edição dos precedentes (*case law*).
78. A teoria jurídica, embora muito útil à aplicação do direito probatório, não é um critério meramente formal. Nas palavras de Carlos Cossio, a lógica jurídica formal é útil ao nos dar critério negativo de verdade (para negar uma imputação, por exemplo), mas não um critério positivo único para afirmar a verdade (COSSIO, Carlos. *La teoria egologica del derecho*: y el concepto juridico de liberdad. Buenos Aires: Abeledo-Perrot, 1964. p.170-171).
79. KNIJNIK, Danilo. Ceticismo fático e fundamentação teórica de um direito probatório. In: *Prova judiciária*: estudos sobre o novo direito probatório. Danilo Knijnik (org,). Porto Alegre: Livraria do Advogado, 2007. p.25.

Para tal providência assecuratória e para a sua manutenção consoante princípio ***rebus sic stantibus,*** não se aplica a regra do *in dubio pro reu*, porém, inversamente, a do ***in dubio pro societate.***

O cerne da inversão do ônus da prova incidente em medidas assecuratórias referentes a crimes de lavagem de dinheiro reside no art. 4º, e parágrafos, da Lei nº 9.613/1998, com redação determinada pela Lei nº 12.683/2012:

> Art. 4º O juiz, de ofício, a requerimento do Ministério Público ou mediante representação do delegado de polícia, ouvido o Ministério Público em 24 (vinte e quatro) horas, havendo indícios suficientes de infração penal, poderá decretar medidas assecuratórias de bens, direitos ou valores do investigado ou acusado, ou existentes em nome de interpostas pessoas, que sejam instrumento, produto ou proveito dos crimes previstos nesta Lei ou das infrações penais antecedentes.
>
> § 1º Proceder-se-á à alienação antecipada para preservação do valor dos bens sempre que estiverem sujeitos a qualquer grau de deterioração ou depreciação, ou quando houver dificuldade para sua manutenção.
>
> § 2º O juiz determinará a liberação total ou parcial dos bens, direitos e valores quando comprovada a licitude de sua origem, mantendo-se a constrição dos bens, direitos e valores necessários e suficientes à reparação dos danos e ao pagamento de prestações pecuniárias, multas e custas decorrentes da infração penal.
>
> § 3º Nenhum pedido de liberação será conhecido sem o comparecimento pessoal do acusado ou de interposta pessoa a que se refere o *caput* deste artigo, podendo o juiz determinar a prática de atos necessários à conservação de bens, direitos ou valores, sem prejuízo do disposto no § 1º.
>
> § 4º Poderão ser decretadas medidas assecuratórias sobre bens, direitos ou valores para reparação do dano decorrente da infração penal antecedente ou da prevista nesta Lei ou para pagamento de prestação pecuniária, multa e custas. (original sem grifo)

Note-se que, para a decretação da medida assecuratória de bens, direitos e valores, basta, nos termos do referido dispositivo, a presença dos seguintes elementos:

(1) o sujeito passivo da providência cautelar seja investigado, acusado ou interposta pessoa;

(2) a existência de "indícios suficientes" de infração penal; e

(3) os bens, direitos ou valores sejam instrumento, produto ou proveito de crimes previstos na Lei de Lavagem de Capitais ou de infrações penais antecedentes;

(4) pedido do Ministério Público, representação da autoridade policial (neste caso, ouvido o Ministério Público) ou, na fase processual, decisão judicial sem provocação (juiz pode atuar de ofício, supletivamente às partes, quando há processo penal instaurado).

Por outro lado, para que os bens, direitos ou valores sejam liberados, total ou parcialmente, é preciso que haja:

(1) a comprovação da licitude da origem daqueles bens, direitos ou valores;

(2) a reparação do dano causado pelo crime ou a reserva de bens para este fim, bem como para o pagamento dos eventuais encargos processuais e penais;

(3) o comparecimento pessoal do investigado, do acusado ou de interposta pessoa;

(4) o requerimento do interessado, sendo possível que o juiz, de ofício, revogue a medida assecuratória, conquanto seja omissa a lei, por decorrer do sistema de proteção de garantias, desde que comprovados os pressupostos referidos no dispositivo legal.

Como se depreende, a lei é mais exigente para liberar o bem do que para efetuar a constrição. Para decretar a medida assecuratória, contenta-se o legislador com "indícios suficientes" da infração penal, enquanto para ordenar a liberação exige a comprovação da licitude de sua origem.

A Convenção de Viena concluída em 20 de dezembro de 1988, ratificada pelo Brasil, dispôs, em seu art. 5º, nº 7, que cada uma das partes signatárias deverá considerar a possibilidade de inverter o ônus da prova com respeito à origem ilícita do suposto produto ou bens sujeitos a confisco, na medida em que isto seja compatível com os princípios de seu direito interno e com a natureza dos seus procedimentos judiciais e outros procedimentos. A alteração legislativa sobre a Lei nº 9.613/1998 atende ao preconizado pelo referido instrumento internacional[80].

No entanto, a medida assecuratória (e sua relação com o processo penal condenatório) não é ilimitada, sendo regida pelos seguintes parâmetros, conferindo assim interpretação conforme ao preceito transcrito acima:

(1) enquanto a medida assecuratória do art. 4º, § 2º, da Lei nº 9.613/1998, impõe à defesa um ônus maior para a liberação do bem do que aquele que foi atribuído à acusação para pleitear a sua decretação, a sua duração deve guardar compatibilidade com o capítulo da sentença condenatória que deverá enfrentar, com base em juízo de certeza (e não de simples probabilidade), a questão da origem ilícita do bem. Em outras palavras, quando da prolação da sentença condenatória recorrível, não deve subsistir dúvida sobre a ilicitude da origem do bem. Caso subsista dúvida nessa altura, a medida assecuratória não deve subsistir, impondo-se sua revogação, ressalvada a possibilidade de subsistência parcial da constrição se evidenciada a ilicitude de parte dos bens ou em face da finalidade indenizatória que pode ter a medida (§ 4º, do art. 4º, da Lei nº 9.613/1998);

(2) nenhuma medida cautelar subsiste a uma sentença absolutória. Caso haja absolvição, a medida deve ser revogada imediatamente, eis que restará sem lastro quanto ao ***fumus comissi delicti***.

Por último, o juiz também terá o poder de ordenar a liberação total ou parcial dos bens, direitos e valores diz respeito aos delitos de tráfico de pessoas (Lei nº 13.344/2016), eis que exige do interessado que comprove a licitude de sua origem, bem como impõe o seu comparecimento pessoal, ou de interposta pessoa em cujo nome esteja a coisa, podendo o juiz determinar a prática de atos necessários à conservação de bens, direitos ou valores, sem prejuízo da realização de alienação antecipada (art. 8º e parágrafos). De todo

80. MENDRONI, Marcelo Batlouni. *Inversão do ônus da prova*. Disponível em: <http://www.buscalegis.ufsc.br/revistas/files/anexos/12033-12033-1-PB.htm>. Acesso em 04/12/2013.

modo, pode haver liberação de bens, direitos e valores, mas se deve manter a constrição respectiva quando aqueles se mostrarem necessários e suficientes à reparação dos danos e ao pagamento de prestações pecuniárias, multas e custas decorrentes da infração penal.

1.11. Iniciativa do juiz

A trajetória na busca da estabilidade faz do ser humano um signatário do ideal da verdade. Descortinar os fatos para que se demonstre, no processo, o que realmente aconteceu, materializa uma das finalidades da persecução penal em juízo. Entretanto, o conceito de verdade não é unívoco, e os limites do seu alcance perpassam pela atuação dos sujeitos processuais na produção probatória.

Deve-se avivar de pronto, como faz Maria Elizabeth Queijo, que existe um vínculo aproximativo entre os conceitos de verdade, certeza e convencimento, e lembrando as lições de Sabatini, afirma que a certeza

> é a apreensão e a consciência da verdade. É um estado de ânimo, que se apresenta quando se forma o convencimento de se ter atingido a verdade. Desse modo, o convencimento relaciona-se à dinâmica psicológica, resolvendo-se em função do intelecto, enquanto a certeza, representação interna da verdade, reporta-se à estática psicológica, em estado de consciência. Assim, a certeza poderá existir sem que o indivíduo consiga declinar os motivos determinantes de seu convencimento[81].

Por outro lado, a dicotomia entre verdade formal e verdade material deve ganhar nova roupagem. Enquanto a primeira, normalmente vinculada à esfera extrapenal, onde são versados em regra direitos disponíveis, incorreria no reducionismo da atuação das partes em empreender esforço probatório na busca da demonstração fática e/ou jurídica, a segunda contaria com a proatividade do órgão julgador, que de mero espectador passaria a atuar, inclusive de ofício, no esforço conjunto de revelar o ocorrido, em homenagem ao princípio da livre investigação probatória. Em sede penal, portanto, onde os interesses em jogo são indisponíveis, caberia ao julgador ser intransigente com meras especulações ou ilações quanto aos fatos, para que se reconstrua nos autos o que realmente aconteceu quando da ocorrência do delito. Nesta lógica, a verdade formal seria a verdade dos autos, ao passo que a verdade material lhe seria antecedente, é a verdade empírica, vinculada aos fatos, à realidade.

Para Ferrajoli, a "impossibilidade de formular um critério seguro de verdade das teses judiciais depende do fato de que a verdade 'certa', 'objetiva' ou 'absoluta' representa sempre a 'expressão de um ideal inalcançável'"[82]. Após Einstein, de fato, tudo é relativo[83], e a construção da verdade deve servir como expressão conjuntural do manancial probatório trazido aos autos e que permite, dentro do possível, a formatação do convencimento do julgador. Não se deve admitir que a verdade processual seja distanciada do conceito de verdade material, ou que esta não permeasse o processo. A verdade do processo, como

81. QUEIJO, Maria Elizabeth. *Estudos em processo penal*. São Paulo: Siciliano Jurídico, 2004. p. 29.
82. FERRAJOLI. Luigi. *Direito e razão. Teoria do garantismo penal*. 2. ed. São Paulo: RT, 2006. p. 52.
83. LOPES JR. Aury. *Direito processual e sua conformidade constitucional*. Rio de Janeiro: Lumen Juris, 2007.

conclui Ferrajoli, "pode ser concebida como uma verdade aproximada a respeito do ideal iluminista da perfeita correspondência"[84].

Não se deve descurar, entretanto, que a busca da verdade, processual ou material, assumindo este ponto aproximativo, não pode levar o magistrado a refugar o seu papel constitucional, travestindo-se em juiz inquisidor e perdendo a necessária imparcialidade para apreciar o feito. O tênue limite entre a busca da verdade e a fronteira de resguardo ao sistema acusatório e a repartição de poderes deve ser reavivado, a fim de evitar arbítrios e impedir que a prova produzida pelo juiz que perdeu os limites da fronteira, venha transmudar-se em prova ilícita.

Nesse contexto, o art. 156, do CPP, permite ao magistrado, ainda no curso do inquérito policial, determinar a produção antecipada das provas reputadas urgentes, em medida de cautelaridade extrema, na expectativa de que não haja perecimento, observando-se a necessidade, adequação e proporcionalidade da medida, diga-se, o ato deve ser encarado de forma estrita, para que uma suposta busca incondicional da verdade não dispa o magistrado dos valores inerentes ao mister jurisdicional. Da mesma forma, no curso do processo, poderá o magistrado determinar a produção probatória de ofício, para dirimir eventual dúvida acerca de ponto relevante. É visivelmente uma atuação secundária à das partes, na expectativa de consolidar a dinâmica do convencimento.

Nessa senda, milita o STJ, vivificando que "o processo penal, ao contrário do civil, não transige com a busca da verdade real. O juiz pode determinar a reprodução de provas e colher as que sejam úteis à instrução"[85].

O material colhido por iniciativa do magistrado obrigatoriamente deve ser submetido à apreciação das partes, fazendo valer o contraditório.

Não pode o juiz, advirta-se, substituir-se à atuação das partes na produção probatória. O papel do magistrado é complementar, objetivando esclarecer dúvida sobre ponto essencial à demonstração da verdade. A proatividade do julgador em determinar a produção de provas encontra limites na imparcialidade exigida para o julgamento do feito. O sistema acusatório atribui ao titular da ação a diligência necessária na produção probatória. Se não pode o magistrado fechar os olhos à verdade, também não poderá, sob pena de estar maculado subjetivamente, construir por força própria todo o manancial probatório que é levado aos autos. Se o fizer, deve ser afastado, em razão de impedimento (art. 254, IV, CPP) ou suspeição (art. 252, CPP). Não é necessário nem recomendado ao juiz, em prol do réu, atuar como verdadeiro defensor, tomando a frente da iniciativa probatória. Como na dúvida ele deve absolver o demandado, a debilidade probatória da acusação em demonstrar os elementos que caracterizam o crime, por si só militará em favor da defesa. Nesta linha, a atividade do juiz na determinação da prova continua sendo complementar.

Geraldo Prado, por sua vez, trazendo afastamento emblemático do magistrado da produção probatória, na expectativa de manter-se a imparcialidade necessária ao árbitro, que deve valorar os elementos que lhe são trazidos pelas partes, ou no máximo, de forma secundária, atuar em prol da demonstração da inocência, adverte que

84. FERRAJOLI. Luigi. *Direito e razão. Teoria do garantismo penal*. 2. ed. São Paulo: RT, 2006. p. 53.

85. . STJ – Sexta Turma – RHC 1.330/RJ – Rel. Min. Luiz Vicente Cernicchiaro – DJ 09/09/1991.

> o artigo 156 do Código de Processo Penal brasileiro, em sua parte final, que contempla o juiz com poderes probatórios, na linha do art. 209 do mesmo código, é fruto do processo penal do Estado Novo, período autoritário em que a supressão das liberdades contava com o apoio do Sistema de Justiça Penal, para fazer valer os interesses da ditadura Vargas[86].

1.12. Sistemas de apreciação da prova

A gestão da prova e a respectiva apreciação pela autoridade judicial sofrem variações a depender do sistema adotado. As regras de valoração da prova demonstram a transparência no ato de julgar, revelando o porquê do convencimento que deu ensejo ao provimento jurisdicional, funcionando como fator de conformação das partes e de fiscalização do órgão judicante. Vejamos os principais sistemas:

1.12.1. Sistema da certeza moral do juiz ou íntima convicção ou "secunda conscientia"

O juiz está absolutamente livre para decidir, despido de quaisquer amarras, estando dispensado de motivar a decisão. Pode utilizar o que não está nos autos, trazendo ao processo os seus pré-conceitos e crenças pessoais. A lei não atribui valor às provas, cabendo ao magistrado total liberdade. É o sistema que preside, de certa forma, os julgamentos pelo Tribunal do Júri em sua segunda fase, na atuação dos jurados, pois estes votam os quesitos sigilosamente, sem fundamentar.

1.12.2. Sistema da certeza moral do legislador, das regras legais ou da prova tarifada

A lei estipula o valor de cada prova, estabelecendo inclusive hierarquia entre estas, aniquilando praticamente a margem de liberdade apreciativa do magistrado. Cabe à norma, previamente, aquilatar o grau de importância do manancial probatório, restando ao juiz, de forma vinculada, atender ao regramento. Por esse sistema, pode se estabelecer a prova adequada para demonstrar determinado fato ou ato, fazendo-se antecipada distinção qualitativa entre as provas. É o que ocorre com a previsão do art. 158 do CPP, ao exigir, nos crimes que deixam vestígios, que a materialidade seja provada com a realização de exame de corpo de delito, não servindo a confissão para suprir eventual omissão. A lei diz a prova adequada à demonstração da materialidade, rejeitando a confissão e elegendo a perícia como o meio a ser utilizado. Caso não seja possível a realização da perícia, as testemunhas podem ser utilizadas, a confissão jamais (art. 167, CPP). É sem dúvida um resquício do sistema da prova tarifada.

A prova tarifada é classificada pela doutrina em:

(1) **prova tarifada absoluta** ou **tarifação absoluta**: que não permite ao juiz, em qualquer hipótese, afastar-se dos limites traçados pelo legislador, tal como se dá com a forma de comprovar o "estado civil das pessoas", nos termos do art. 92, do CPP, que determina que o processo penal fique obrigatoriamente suspenso até que se resolva no âmbito cível a questão prejudicial heterogênea (ou perfeita), ficando o juiz criminal adstrito ao que for dito, no ponto, pelo juiz do cível;

(2) **prova tarifada relativa** ou **tarifação relativa**: malgrado estabeleça a forma como deve ser comprovado o fato, a própria lei não fecha às portas para que o juiz, na falta justificada

86. PRADO, Geraldo. *Sistema acusatório*. A conformidade constitucional das leis processuais penais. 4. ed. Rio de Janeiro: Lumen Juris, 2006. p. 140.

da prova segundo a forma legal, fundamente sua decisão em outros meios de prova. É o que se vê com o disposto no aludido art. 158, do CPP: a impossibilidade de se realizar exame de corpo de delito direto, não é óbice para que se realize o indireto ou o substitua pela prova testemunhal, conferindo a regra maior espaço de discricionariedade ao magistrado.

1.12.3. Sistema do livre convencimento motivado ou persuasão racional

É o sistema reitor no Brasil[87], estando o juiz livre para decidir e apreciar as provas que lhe são apresentadas, desde que o faça de forma motivada (art. 93, IX, CF/1988). É o que se extrai do art. 155, do CPP, frisando que o juiz formará sua convicção pela livre apreciação da prova produzida em contraditório judicial, não podendo fundamentar sua decisão exclusivamente nos elementos informativos colhidos na investigação, ressalvadas as provas cautelares, não repetíveis e antecipadas.

A liberdade do julgador lhe permite avaliar o conjunto probatório em sua magnitude e extrair da prova a sua essência, transcendendo ao formalismo castrador do sistema da certeza legal. Não existe hierarquia entre as provas, cabendo ao juiz imprimir na decisão o grau de importância das provas produzidas. Quanto aos elementos informativos colhidos na fase preliminar, não devem ser valorados na sentença, afinal, não foram passíveis de contraditório nem ampla defesa, e sequer estão no altiplano das provas. E não se diga que se trata só das decisões condenatórias, pois para absolver, como a dúvida milita em favor do réu, não seria necessário o magistrado socorrer-se aquilo que foi trazido pelo inquérito, e se o fizer, neste caso, não haverá prejuízo. A exceção se deve às provas cautelares, não repetíveis e antecipadas.

Como enfrentado no Capítulo II (Inquérito Policial), a peculiaridade da investigação e os efeitos deletérios que o decurso do tempo poderia causar, autorizam, de forma excepcional, a realização de medidas cautelares como a busca e apreensão ou a interceptação telefônica, em razão da necessidade e urgência, para que os elementos não venham a se esvair. Da mesma forma, as provas irrepetíveis, que não podem ser refeitas na fase processual por impossibilidade material, como a perícia em vestígios que facilmente irão desaparecer, será transplantada para o processo, sendo mais uma exceção da imprestabilidade dos elementos colhidos na fase preliminar. Advirta-se, mais uma vez, que tais elementos só ganham o ***status*** de prova quanto submetidos, na fase processual, ao contraditório (diferido) e a manifestação da defesa. Busca-se ainda, através do incidente de produção antecipada de provas, evitar o perecimento probatório, sendo que tal incidente tramita perante o magistrado, com colaboração efetiva das futuras partes, resguardando-se portanto, na realização do incidente, o contraditório e a ampla defesa, eliminado qualquer obstáculo para utilização dos frutos do incidente na fase processual. Afora estas hipóteses, não se deve aproveitar mais nada do inquérito na prolação da sentença, e a interpretação do art. 155, CPP, *caput*, não pode ser outra, sob pena de afronta cabal à Constituição Federal.

Essa liberdade, por sua vez, não é sinônimo de arbítrio, cabendo ao magistrado, alinhado às provas trazidas aos autos, fundamentar a decisão, revelando, com amparo no manancial probatório, o porquê do seu convencimento, assegurando o direito das partes e o interesse social.

87. O item VII da Exposição de Motivos do CPP assim indica: "o projeto abandonou radicalmente o sistema chamado da *certeza legal*. (...) nem é prefixada uma *hierarquia* de provas: na livre apreciação destas, o juiz formará, honesta e lealmente, a sua convicção. A própria confissão do acusado não constitui, fatalmente, *prova plena* de sua culpabilidade. Todas as provas são relativas; nenhuma delas terá, *ex vi legis*, valor decisivo, ou necessariamente maior prestígio que outra. Se é certo que o juiz fica adstrito às provas constantes dos autos, não é menos certo que não fica subordinado a nenhum critério apriorístico no apurar, através delas, a verdade material. O juiz criminal é, assim, restituído à sua própria consciência".

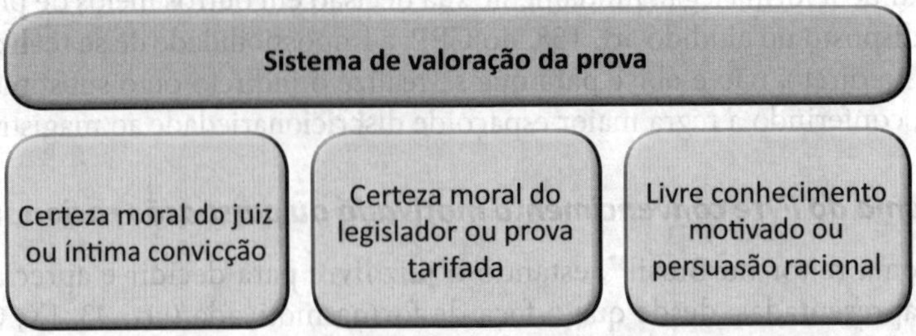

1.13. Princípios da prova

1.13.1. Princípio da autorresponsabilidade das partes

As partes assumem as consequências de sua inação. A frustração ou o êxito estão ligados à conduta probatória do interessado no transcorrer da instrução.

1.13.2. Princípio da audiência contraditória

Toda prova produzida deve ser submetida ao crivo do contraditório, com oportunidade de manifestação da parte contrária.

1.13.3. Princípio da aquisição ou comunhão

A prova não pertence à parte que a produziu e sim ao processo. Se a parte deseja desistir de prova que tenha proposto, a parte contrária deve obrigatoriamente ser ouvida. Em havendo aquiescência, ainda assim o magistrado poderá determinar de ofício a realização da prova. Deve ser analisada com cautela a previsão do art. 401, § 2º, do CPP, autorizando que a parte desista de qualquer das testemunhas arroladas, ressalvando apenas a possibilidade do magistrado determinar a oitiva de ofício. Apesar da omissão legal, se a parte contrária insistir na oitiva, a testemunha deve ser ouvida, em atenção ao princípio da comunhão.

1.13.4. Princípio da oralidade

Deve haver a predominância da palavra falada. Ex.: testemunhos, interrogatório, etc. A oralidade ganhou destaque pela previsão do art. 62, da Lei nº 9.099/1995, tomando-a expressamente como critério reitor nos Juizados Especiais Criminais. Foi também o desejo da reforma, assegurando-se, como regra, a realização dos debates orais, ao invés de alegações finais escritas, que só excepcionalmente terão cabimento (art. 403, CPP). Do princípio da oralidade, decorre o princípio da concentração, buscando-se centralizar a produção probatória em audiência única, ou no menor número delas (art. 400, § 1º, CPP), e o princípio da imediatidade, aproximando o magistrado do contexto probatório, com as provas produzidas perante a autoridade. Além deles, averbou-se no ordenamento o princípio da identidade física do julgador, de sorte que o magistrado que preside a instrução é necessariamente aquele que irá julgar o processo, salvo as exceções legalmente contempladas, como promoção, aposentadoria, dentre outras (art. 399, § 2º, CPP).

Note-se que o princípio da identidade física do juiz só se tornou expresso no direito processual penal com a edição da Lei nº 11.719/2008, que tornou texto positivo a regra do § 2º, do art. 399, do CPP, ao dizer que o juiz que presidiu a instrução deverá proferir a sentença.

Antes de tal modificação, a identidade física do juiz em matéria processual penal só subsistia de maneira muito tímida em procedimentos cujo rito tinha previsão de audiência una (Juizados Especiais Criminais, Lei nº 9.099/1995) ou de sessão única de julgamento (Júri). Diante dessas peculiaridades, há doutrina que sustenta que o princípio da identidade física do juiz não é novidade no direito processual penal.[88] Pensamos, contudo, que só com a reforma de 2008, tal princípio foi efetivamente reconhecido como princípio processual penal. O art. 366, do CPC/2015, consubstancia regra, aplicável por analogia, que autoriza, a nosso ver, concluir pela subsistência do princípio da identidade física. Poderia ter sido mais explícito o texto. No entanto, permanece o comando de que o processo seja julgado pelo juiz que conduziu a instrução, só excepcionando a regra quando de afastamentos legais duradouros.

1.13.5. Princípio da publicidade

A regra é a publicidade dos atos, havendo, entretanto, possibilidades excepcionais de sigilação[89]. É o que ocorre, a título de exemplo, na realização da interceptação telefônica que, por previsão do art. 1º da Lei nº 9.296/1996, atenderá ao segredo de justiça. Por sua vez, impende destacar, à luz da Súmula Vinculante nº 14, do STF, que é direito do defensor, no interesse do representado, ter acesso amplo aos elementos de prova que, já documentados em procedimento investigatório realizado por órgão com competência de polícia judiciária, digam respeito ao exercício do direito de defesa. Havendo obstáculo, poderá se valer, de regra, do mandado de segurança e da reclamação constitucional.

1.13.6. Princípio do livre convencimento motivado

Reconhecido no item VII da Exposição de Motivos do Código de Processo Penal, permite ao magistrado liberdade para decidir, desde que o faça de forma motivada.

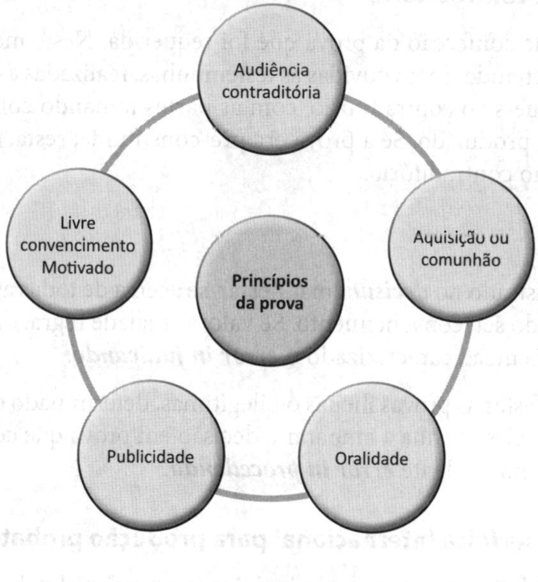

88. LIMA, Renato Brasileiro de. *Curso de processo penal*: volume único. Niterói: Impetus, 2013. p. 621.

89. Prevê o § 1º do art. 792 do CPP: "Se da publicidade da audiência, da sessão ou do ato processual, puder resultar escândalo, inconveniente grave ou perigo de perturbação da ordem, o juiz, ou o tribunal, câmara, ou turma, poderá, de ofício ou a requerimento da parte ou do Ministério Público, determinar que o ato seja realizado a portas fechadas, limitando o número de pessoas que possam estar presentes".

1.14. Procedimento probatório

O passo a passo da produção probatória é composto das seguintes etapas:

1.14.1. Proposição

É o momento de requerer as provas que devem ser produzidas na instrução processual, ou para realizar o lançamento aos autos das provas pré-constituídas. Normalmente o requerimento de produção probatória é apresentado na inicial acusatória, para o Ministério Público ou o querelante e na resposta preliminar (art. 396-A, CPP), para a defesa[90]. Essa oportunidade, contudo, em regra não é preclusiva. Nada impede que no curso do processo as partes requeiram a produção de provas, ou o magistrado determine a sua realização de ofício. As limitações a essa liberdade são exceção, a exemplo do que ocorre com a prova testemunhal, que deve ser indicada na inicial ou na defesa preliminar, pois a omissão levaria à preclusão. Ainda assim, o magistrado, mesmo que a parte não tenha arrolado a testemunha oportunamente, pode optar por ouvi-la como testemunha do juízo. A demonstração da verdade e o bom senso acabam prevalecendo.

1.14.2. Admissão

É nesta etapa do procedimento que a autoridade judicial autorizará a realização das provas requeridas, ou a introdução aos autos das pré-constituídas. Cabe ao juiz, fundamentadamente, funcionar como filtro, verificando a admissibilidade das provas que almejam ingressar nos autos ou daquelas que ainda estão por ser produzidas.

1.14.3. Produção *e* contraditório

Esta é a etapa de confecção da prova que foi requerida. Neste momento, a instrução começa a tomar concretude. Serão ouvidas as testemunhas, realizadas as acareações, perícias etc. À produção segue-se o contraditório, com as partes tomando contato e participando ativamente do que é produzido. Se a prova era pré-constituída, resta, com a admissão aos autos, a subsunção ao contraditório.

1.14.4. Valoração

Caberá ao magistrado no ***decisum*** manifestar-se acerca de todas as provas produzidas, revelando o porquê do seu convencimento. Se valorar mal, de regra, dará ensejo à reforma da decisão na fase recursal, caracterizado o ***error in judicando***.

Deverá ainda afastar as provas ilícitas ou ilegítimas, determinado o desentranhamento (art. 157, § 3º, CPP). Caso venha a amparar a decisão em prova que contraria a lei, haverá nulidade manifesta, em evidente ***error in procedendo***.

1.15. Cooperação Jurídica Internacional para produção probatória

A previsão legislativa de cooperação jurídica internacional pelo CPC/2015, em seus artigos 26 a 41, repercute na produção de provas (por exemplo, busca e apreensão), na

90. Recorde-se que, conforme o rito, a defesa pode receber outra denominação, como é o caso da defesa prévia, prevista na Lei de Drogas. Nesta peça devem ser arroladas até cinco testemunhas (art. 55, § 1º, da Lei 11.343/2006).

comunicação de atos processuais (tal como a citação de acusado), prisões (com ou sem emprego de força e uso de algemas) e incidentes processuais diversos (a exemplo do sequestro e do perdimento de bens).

Tratados bilaterais, doutrina e jurisprudência brasileiras já amadureceram os conceitos que giram em torno da cooperação jurídica internacional. No nosso sistema, até antes da vigência do CPC/2015, a cooperação jurídica internacional na investigação de crimes tinha fundamento em tratados plurilaterais ou bilaterais que Estados soberanos signatários adotaram para facilitar a persecução penal em razão da crescente movimentação de pessoas e bens que ultrapassam os limites das fronteiras.

Em outros termos, a cooperação jurídica internacional é instrumento jurídico através do qual um Estado pede ao outro que execute decisão sua ou profira decisão própria sobre litígio que tem lugar em seu território.

Os pedidos de cooperação jurídica internacional, quando têm por objeto atos que não exijam juízo de delibação pelo Superior Tribunal de Justiça – ainda que levem impropriamente o nome de "carta rogatória" –, são resolvidos pelo próprio Ministério da Justiça, para as providências necessárias ao cumprimento por auxílio direto, sem *exequatur* do STJ.

A cooperação jurídica internacional se dá, desse modo, por intermédio de auxílio direto, que tanto pode ser visto sob a perspectiva ativa, quanto passiva.

O auxílio direto é ativo quando o Estado requerente da cooperação é o Brasil relativamente a um Estado estrangeiro.

O auxílio direto é passivo quando o Estado requerido é o Brasil e o requerente é um Governo estrangeiro.

O Auxílio direto – passivo ou ativo – pode ainda ser judicial ou administrativo.

Será judicial quando o sujeito passivo para o cumprimento do ato de cooperação jurídica internacional for órgão do poder judiciário, a exemplo de juízes que apreciam pedidos de busca e apreensão ou ordenam atos de comunicação processual. Será administrativo quando a cooperação ocorrer entre órgãos de natureza administrativa, como a cooperação levada a cabo por órgãos do Ministério Público e da polícia, através das chamadas "forças-tarefa" (*task forces*).

O CPC/2015 tem a virtude de positivar legalmente a matéria que, por força de tratado, já estava incorporada ao nosso sistema jurídico. Aplicável a regulamentação, por analogia, ao processo penal (art. 3º, CPP), assim que entrar em vigor. Estatui que a cooperação jurídica internacional seja regida por tratado do qual a República Federativa do Brasil seja parte, elucidando que, na ausência de tratado, a cooperação jurídica internacional poderá realizar-se com base em reciprocidade, manifestada por via diplomática. Nessa esteira, seguindo a praxe jurisprudencial e as normas internacionais sobre o assunto, os contornos devem do instituto devem observar que:

(1) a cooperação jurídica internacional prestada a Estados estrangeiros ou organismos internacionais poderá ser executada através de procedimentos administrativos ou judiciais, conforme seja o seu objeto;

(2) os pedidos de cooperação jurídica internacional serão executados pelos seguintes meios:

(a) **auxílio indireto** (carta rogatória e ação de homologação de sentença estrangeira); e

(b) **auxílio direto**. A distinção que justifica uma ou outra forma de auxílio é explicitada pela legislação processual civil, ao esclarecer que quando a cooperação não decorrer de cumprimento de decisão de autoridade estrangeira (que exige *exequatur*) e puder ser integralmente submetida à autoridade judiciária brasileira, o pedido seguirá o procedimento de auxílio direto (artigos 28 e 29, CPC/2015).

Volvendo a atenção para as regras sufragadas do CPC/2015, temos, como fundamentos da cooperação jurídica internacional, regida por tratado de que o Brasil faz parte:

(1) o respeito às garantias do devido processo legal no Estado requerente;

(2) a igualdade de tratamento entre nacionais e estrangeiros, residentes ou não no Brasil, em relação ao acesso à justiça e à tramitação dos processos, assegurando-se assistência judiciária aos necessitados;

(3) a publicidade processual, exceto nas hipóteses de sigilo previstas na legislação brasileira ou na do Estado requerente;

(4) a existência de autoridade central para recepção e transmissão dos pedidos de cooperação;

(5) a espontaneidade na transmissão de informações a autoridades estrangeiras.

Omisso ou ausente o tratado referido, a cooperação jurídica internacional poderá realizar-se com base em reciprocidade, manifestada por via diplomática. É de ver que não se exigirá tal reciprocidade no que toca à homologação de sentença estrangeira.

Outrossim, na cooperação jurídica internacional não será admitida a prática de atos que contrariem ou que produzam resultados incompatíveis com as normas fundamentais que regem o Estado brasileiro. O controle deve ser realizado pelo Ministério da Justiça, eis que é a autoridade central na ausência de designação específica.

Quanto ao objeto da cooperação jurídica internacional (art. 27, CPC/2015) – cujo rol é de ser entendido como meramente exemplificativo, notadamente considerando a sua aplicação para fins criminais –, podem ser os seguintes:

(1) citação, intimação e notificação judicial e extrajudicial;

(2) colheita de provas e obtenção de informações;

(3) homologação e cumprimento de decisão;

(4) concessão de medida judicial de urgência;

(5) assistência jurídica internacional;

(6) qualquer outra medida judicial ou extrajudicial não proibida pela lei brasileira.

Especificamente sobre o auxílio direto, o CPC/2015 traz regras específicas.

O art. 28, do CPC/2015 descreve o cabimento de auxílio direto, rezando que terá lugar quando a medida não decorrer diretamente de decisão de autoridade jurisdicional estrangeira a ser submetida a juízo de delibação no Brasil. O seu art. 29 estatui que a solicitação de auxílio direto será encaminhada pelo órgão estrangeiro interessado à autoridade central, cabendo ao Estado requerente assegurar a autenticidade e a clareza do pedido.

Além dos casos previstos em tratados de que o Brasil faz parte, o art. 30, do CPC/2015, reza que o auxílio direto terá os seguintes objetos:

(1) obtenção e prestação de informações sobre o ordenamento jurídico e sobre processos administrativos ou jurisdicionais findos ou em curso;

(2) colheita de provas, salvo se a medida for adotada em processo, em curso no estrangeiro, de competência exclusiva de autoridade judiciária brasileira;

(3) qualquer outra medida judicial ou extrajudicial não proibida pela lei brasileira.

O CPC/2015 estabelece que a autoridade central brasileira comunicar-se-á diretamente com suas congêneres e, se necessário, com outros órgãos estrangeiros responsáveis pela tramitação e pela execução de pedidos de cooperação enviados e recebidos pelo Estado brasileiro, respeitadas disposições específicas constantes de tratado (art. 31, CPC/2015). De outro lado, tratando-se de caso de auxílio direto para a prática de atos que, segundo a lei brasileira, não necessitem de prestação jurisdicional, a autoridade central adotará as providências necessárias para seu cumprimento (art. 32, CPC/2015).

Uma vez recebido o pedido de auxílio direto passivo, a autoridade central o encaminhará à Advocacia-Geral da União, que requererá em juízo a medida solicitada. O parágrafo único, do art. 33, do CPC/2015 esclarece que o Ministério Público requererá em juízo a medida solicitada quando for o *parquet* a autoridade central. Dispõe o seu art. 34 sobre regra que atribui competência ao juízo federal do lugar em que deva ser executada a medida para apreciar pedido de auxílio direto passivo que demande prestação de atividade jurisdicional.

Nos termos do art. 36, do CPC/2015, o procedimento da carta rogatória perante o Superior Tribunal de Justiça é de jurisdição contenciosa e deve assegurar às partes as garantias do devido processo legal. Especifica os parágrafos do mesmo dispositivo legal, que a defesa restringir-se-á à discussão quanto ao atendimento dos requisitos para que o pronunciamento judicial estrangeiro produza efeitos no Brasil. E, de outra parte, que é vedada a revisão do mérito do pronunciamento judicial estrangeiro pela autoridade judiciária brasileira, em qualquer caso.

No que concerne ao auxílio ativo, o pedido de cooperação jurídica internacional oriundo de autoridade brasileira competente deve ser encaminhado à autoridade central para posterior envio ao Estado requerido para lhe dar andamento. Para tanto, o pedido de cooperação oriundo de autoridade brasileira competente e os documentos anexos que o instruem serão encaminhados à autoridade central, acompanhados de tradução para a língua oficial do Estado requerido. Por outro lado, no que tange ao auxílio passivo (pedido passivo de cooperação jurídica internacional), o art. 39, do CPC/2015, preconiza que será ele recusado se configurar manifesta ofensa à ordem pública.

O art. 40, do CPC/2015 esclarece que a cooperação jurídica internacional para execução de decisão estrangeira dar-se-á por meio de carta rogatória ou de ação de homologação de sentença estrangeira. Ademais, define que se considera autêntico o documento que instruir pedido de cooperação jurídica internacional, inclusive tradução para a língua portuguesa, quando encaminhado ao Estado brasileiro por meio de autoridade central ou por via diplomática, dispensando-se ajuramentação, autenticação ou qualquer procedimento de legalização. Tal, sem embargo, não impede, quando necessária, a aplicação pelo Estado brasileiro do princípio da reciprocidade de tratamento.

O acatamento ao rito legal estabelecido para a obtenção de provas por intermédio de cooperação jurídica internacional é indispensável à possibilidade de reconhecimento da juridicidade dos elementos produzidos fora dos limites da jurisdição brasileira. Havendo violação aos enunciados constitucionais, convencionais e legais, a consequência correlata deverá ser a ilicitude ou a ilegitimidade da prova. São limites ao uso da prova que, por seu turno, não podem circular livremente de um ordenamento jurídico a outro (**princípio da vedação à livre circularidade de provas entre diversos procedimentos**)[91].

Como observa Nereu José Giacomolli, a obtenção de provas por intermédio de cooperação jurídica internacional envolve tensionamentos, quais sejam: (1) entre a necessidade cooperação e a preservação da soberania nacional; (2) entre a soberania nacional e sistemas de integração, regionais ou comunitários; e (3) entre a persecução criminal e a proteção de direitos fundamentais, inclusive em matéria de prova penal. Para o enfrentamento desses confrontos, o processualista sublinha problemas como: (a) "a existência de reservas legais e jurisdicionais, em diversos ordenamentos jurídicos e, de forma diferenciada, total ou parcialmente"; (b) a diversificação de funções e atividades dos órgãos envolvidos; (c) "a ausência de uma clara e objetiva delimitação entre atos de investigação e de atos de prova e qual a funcionalidade da prova"; (d) o debate sobre os limites da produção da prova, diante da ordem pública e da especialidade de diplomas estrangeiros; (e) "a possibilidade ou não do compartilhamento interno das provas obtidas para determinada finalidade e âmbito do ordenamento jurídico (civil, criminal, administrativo)"[92].

2. PROVAS EM ESPÉCIE

2.1. Exames periciais

2.1.1. Considerações gerais

É o exame procedido por pessoa que tenha conhecimentos técnicos, científicos ou domínio específico em determinada área do conhecimento. Afinal, não sendo o magistrado especialista em todas as áreas do saber, vale-se dos peritos para auxiliá-lo. A prova pericial assume papel de destaque na persecução penal, justamente pelo tratamento dado por nossa legislação à figura do perito, estando este sujeito à disciplina judiciária.

A perícia, como aduz Hélio Tornaghi, "nada mais é do que uma pesquisa", que exige aqueles saberes especiais[93]. As perícias, como regra, passam a ser realizadas por um perito oficial, isto é, pessoa que integra os quadros do próprio Estado, e portador de diploma de

---

91. No ponto, citando Danilo Knijinik, Nereu José Giacomolli também aponta que "o ingresso dos elementos obtidos no exterior, portanto, está franqueado ao processo ordinário, de onde partiu o requerimento cooperativo, mas somente poderá figurar em outros procedimentos mediante expressa anuência do Estado Requerido (GIACOMOLLI, Nereu José. Valoração da prova no âmbito da cooperação jurídica internacional. In: *Prova penal:* estado democrático de direito. Florianópolis: Empório do Direito, 2015. p. 66).
92. GIACOMOLLI, Nereu José. Valoração da prova no âmbito da cooperação jurídica internacional. In: *Prova penal:* estado democrático de direito. Florianópolis: Empório do Direito, 2015. p. 55.
93. TORNAGHI, Hélio. *Compêndio de processo penal:* tomo II. Rio de Janeiro: José Konfino Ed., 1967. p. 727.

curso superior, sendo-lhes assegurada autonomia técnica, científica e funcional (art. 2º, Lei nº 12.030/2009). É fundamental o nível universitário, sendo pré-requisito necessário para aqueles que almejam ingressar nos quadros da polícia técnica. Aos que já são peritos oficiais e não atendem a tal requisito, continuarão a atuar nas respectivas áreas, ressalvada a hipótese de perícia médica, onde a necessidade de diploma superior é insuperável (art. 2º da Lei nº 11.690/2008). Por sua vez, o leque de técnicos é assim distribuído: peritos criminais, peritos médico legistas e peritos odontolegistas.

Sendo perito oficial é necessário apenas um profissional para análise do caso e elaboração do laudo, e a exigência de dois peritos fica suprimida. Sendo a perícia complexa, abrangendo mais de uma área do conhecimento, é possível a atuação de mais de um perito oficial, cada um em sua respectiva especialidade, de sorte que na concepção macro teremos mais de um perito, contudo cada um atuando individualmente na sua zona de domínio (art. 159, § 7º, CPP). Mesmo sendo desnecessário, nada impede que atuem dois peritos oficiais em conjunto para elaboração do laudo, ocasionando mera irregularidade.

Na perícia oficial, a investidura do ***expert*** é dada por lei, e independe da nomeação pela autoridade policial ou judiciária, sendo o exame requisitado ao diretor da repartição, juntando-se ao processo o laudo assinado pelo perito. O perito oficial também não será compromissado pela autoridade, afinal, a assunção do compromisso se deu quando foi empossado no cargo.

Na ausência de perito oficial, a autoridade pode valer-se dos peritos não oficiais ou juramentados, é dizer, pessoas idôneas, portadoras de curso superior, leia-se, terceiro grau completo e preferencialmente na área específica, com habilitação técnica relacionada à natureza do exame, que serão, no caso concreto, nomeadas e compromissadas a bem e fielmente desempenharem o seu encargo. A ausência da colheita do compromisso é mera irregularidade, não tendo o condão de macular o laudo. Na atuação dos peritos leigos, o escrivão lavrará o auto respectivo, que será assinado pelos peritos e, se presente ao exame, também pela autoridade. Estes continuam sendo em número de dois.

Quanto ao número de peritos participantes, o STF editou a Súmula nº 361, aduzindo que no processo penal, é nulo o exame realizado por um só perito, considerando-se impedido o que tiver funcionado, anteriormente, na diligência de apreensão. Vale destacar que a referida nulidade assume caráter meramente relativo, aplicando-se apenas às perícias não oficiais. A parte que se sentir prejudicada deve argui-la oportunamente, devendo demonstrar a ocorrência de prejuízo.

A Lei nº 11.343/2006, Lei de Drogas, nos parágrafos 1º e 2º, do art. 50, prevê a flexibilização legal quanto ao número de peritos e quanto ao impedimento daquele que tenha atuado na fase pré-processual, ao disciplinar a elaboração do laudo preliminar ou de constatação, afirmando que, nessa hipótese, o laudo será firmado por um só perito, oficial ou não, e este não ficará impedido de participar da elaboração do laudo definitivo. O laudo preliminar serve para dar viabilidade ao início da persecução penal. Para que ocorra condenação, entretanto, será necessária a realização do laudo definitivo, com a participação de dois peritos. Mesmo se tratando de lei especial, entendemos que pela nova disposição do art. 159, do CPP, aduzindo que o perito oficial atuará isoladamente, caso o laudo preliminar já seja elaborado por perito oficial, com apuração técnica necessária para identificação da substância entorpecente, dispensa-se a elaboração de um novo laudo (definitivo)[94].

94. Importante registrar que o STJ tem entendimento majoritário no sentido da imprescindibilidade da realização do laudo definitivo para a comprovação da materialidade dos crimes previstos na Lei de Drogas (v.g. Quinta Turma – HC 139231 – Rel. Min. Laurita Vaz – DJe 17/11/2011; Sexta Turma – HC 173615 – Rel. Og Fernandes – DJe 29/06/2012).

Exige-se dos peritos ainda a imparcialidade, sendo-lhes extensíveis as mesmas hipóteses de suspeição aplicadas aos magistrados. O perito parcial deve ser afastado através da competente exceção, ou de ofício pelo órgão julgador, em decisão irrecorrível.

Os peritos são auxiliares do juízo e as partes não interferem na nomeação, relevando acrescer que, nas perícias por precatória, os peritos serão nomeados no juízo deprecado, salvo nos crimes de ação penal privada, que, em havendo acordo das partes, os peritos podem ser nomeados pelo órgão deprecante. Isso não significa dizer, à toda evidência, que as partes influenciarão na definição da figura do perito. O que se admite apenas, nesta hipótese, é que as partes acordem que a nomeação ocorra pelo próprio juízo deprecante, desde que se trate de ação titularizada pela vítima.

2.1.1.1. Assistente técnico

A figura do assistente técnico, que até então não era disciplinada no âmbito criminal, ganhou regramento próprio, facultando-se ao MP, querelante, assistente de acusação, ofendido (ainda que não habilitado como assistente) e ao acusado a sua indicação. O assistente técnico é o perito de confiança das partes, que irá atuar com o fito de ratificar ou infirmar o laudo oficial. Como perito, deve ter nível superior, sendo que não se exige imparcialidade, já que o vínculo com a parte é da essência de sua atuação, de sorte que não há de se falar em exceção de suspeição ou impedimento do assistente. Nada impede que as Defensorias Públicas e o MP celebrem convênio com Universidades e centros de pesquisa para facilitar o acesso e franca utilização dos assistentes.

A atuação do assistente ocorrerá na fase processual, e após a elaboração do laudo pelos peritos oficiais. A intervenção do assistente se efetiva quando a perícia oficial já foi concluída, de sorte que cabe ao juiz, após o ingresso do laudo oficial nos autos, deliberar pela admissibilidade ou não do assistente técnico indicado, intimando as partes da sua decisão, que é irrecorrível, o que não afasta a possibilidade do mandado de segurança (ou *habeas corpus*) manejado como sucedâneo recursal, e a discussão da negativa em preliminar de apelação, alegando-se eventual nulidade por cerceamento do direito de defesa ou de acusação.

As conclusões do assistente serão vazadas em parecer técnico, a ser apresentado em prazo estabelecido pelo magistrado. Entendemos que a regra deve ser o prazo de dez dias, por analogia ao parágrafo único do art. 160, do CPP, ao tratar do prazo para os peritos apresentarem o seu laudo. Se houver motivo justificado, não enxergamos obstáculo para a prorrogação, existindo requerimento neste sentido. Os assistentes também poderão ser inquiridos na audiência de instrução e julgamento, pressupondo requerimento dos interessados. Poderá haver até mesmo acareação entre os assistentes de acusação e da defesa, ou entre eles e o perito do juízo, tudo em prol do maior e melhor esclarecimento técnico possível. Estamos diante de mais um meio de prova, afinal, o magistrado, se assim estiver convencido, poderá afastar o laudo oficial e valer-se do parecer do assistente para lastrear a decisão.

Aos assistentes técnicos deve-se proporcionar toda condição de realização do seu mister, tendo acesso não só ao laudo oficial e aos autos do processo, mas também, havendo requerimento das partes, ao material probatório que serviu de base à perícia, sendo disponibilizado

---

Não obstante, a mesma corte já decidiu pela viabilidade da condenação com a juntada extemporânea do referido laudo (v.g. Quinta Turma – REsp 1237332 – Rel. Gilson Dipp – DJe 14/08/2012) e até mesmo sem a juntada do referido laudo (vide Sexta Turma – HC 217418 – Rel. Min. Maria Thereza de Assis Moura – DJe 21/11/2011).

em ambiente do órgão oficial que detém a sua guarda, na presença do perito oficial, ressalvada a hipótese onde a conservação é impossível (art. 159, § 6º, CPP). Deve-se incluir a possibilidade do assistente ter acesso ao local do crime, ao cadáver, e nas infrações onde a análise da própria vítima ou do infrator se faça necessária, sendo viável, deve-se permitir o acesso, no que for compatível com o direito a intimidade e a vedação de autoincriminação.

Tratando-se de perícia complexa, que envolva mais de uma área de conhecimento especializado, as partes podem indicar mais de um assistente técnico (art. 159, § 7º, CPP).

2.1.2. Realização das perícias

A realização da perícia vai culminar na elaboração do laudo, que deve ser produzido no prazo de dez dias, comportando prorrogação, em casos excepcionais, a requerimento dos peritos e mediante autorização da autoridade. O laudo concatena tudo o que foi observado pelos peritos, sendo o produto da análise técnica, podendo ser datilografado, e devendo ser subscrito e assinado pelos peritos, e, se presente, pela autoridade.

Nas lições de Magalhães Noronha, no laudo se destacam quatro partes, quais sejam: "preâmbulo, exposição, discussão e conclusões. O preâmbulo ou introdução contém o nome dos peritos, seus títulos e objeto da perícia. A exposição é a narração de tudo quanto foi observado, feito com ordem e método. A discussão é a análise ou crítica dos fatos observados, com exposição dos argumentos, razões ou motivos que informam o parecer do perito. Na conclusão, ele responde sinteticamente aos quesitos do juiz e das partes"[95].

O laudo pericial realizado antes ou durante o inquérito será carreado aos autos deste. Tratando-se de crime de ação penal privada, pode ser entregue ao requerente mediante traslado.

A perícia poderá ser autorizada pela autoridade policial ou judiciária, ***ex officio*** ou por provocação. Ressalvado o exame de corpo de delito, que não pode ser denegado quando a infração deixe vestígios, as demais perícias, se não necessárias ao esclarecimento da verdade, poderão ser indeferidas pela autoridade.

Já os quesitos, que são as perguntas formuladas pela autoridade ou pelas partes para resposta pelos peritos, podem ser formulados até o ato da diligência, e quando a perícia for determinada por carta precatória, os quesitos serão transcritos na carta. As partes poderão requerer ainda a oitiva dos peritos em audiência, no objetivo de responder a quesitos ou esclarecer a prova, sendo que o mandado de intimação e os quesitos ou as questões a serem esclarecidas devem ser remetidos aos peritos com antecedência mínima de dez dias (art. 159, § 5º, inc. I, CPP). Nada impede que os peritos apresentem suas respostas em laudo complementar, o que pode ou não dispensar o seu comparecimento em audiência, a depender da necessidade do caso concreto.

Na fase do inquérito policial, tem sido predominante a negativa de oportunidade ao advogado do indiciado para formulação de quesitos, sob o fundamente de que nesta fase não há contraditório ou ampla defesa. Em que pese ser esta posição prevalente, não se deve esquecer que as perícias realizadas no inquérito são normalmente aproveitadas na fase processual (art. 155, *caput*, CPP), e com muita razão, se haverá reflexo na futura situação jurídica do suposto autor do crime, deve-se oportunizar à defesa a formulação de quesitos em qualquer fase da persecução penal.

95. NORONHA, E. Magalhães. *Curso de direito processual penal*, 28.ed. São Paulo: Saraiva, 2002. p. 130.

Surgindo divergências entre os peritos, devem estas ficar consignadas no auto do exame, podendo cada um elaborar separadamente o seu próprio laudo, nomeando a autoridade um terceiro perito para apreciar a matéria. Divergindo este dos outros dois, poderá o magistrado determinar a realização de um novo exame, por outros peritos. Ao que tudo indica, é uma mera faculdade a nomeação do terceiro perito ou a determinação de outra perícia, em que pese a infeliz redação do art. 180, do CPP, dando a entender que a nomeação do terceiro perito seria obrigatória. E isso se deve ao fato da liberdade do juiz para apreciação da prova, desde que motive sua decisão. Logo, se convencido do acerto de um dos peritos, mesmo presente a divergência apontada, nada lhe obriga a nomear um terceiro ***expert***, o que importaria, inclusive, na procrastinação do feito.

Havendo irregularidades no laudo, defeitos formais, omissões, obscuridades ou contradições, determinará o magistrado que sejam sanadas. Se, contudo, os defeitos forem de considerável monta, e julgando a autoridade conveniente, poderá ordenar que se proceda a novo exame, por outros peritos.

2.1.3. Apreciação dos laudos periciais

Quanto à apreciação dos laudos periciais, resta-nos saber: pode o magistrado julgar contrariamente às conclusões periciais? Dois sistemas dão resposta à indagação: o sistema vinculatório, pelo qual o juiz estaria adstrito às conclusões dos peritos, pois haveria um vínculo indissociável ao laudo; e, o sistema liberatório, adotado pelo ordenamento pátrio, conferindo liberdade ao julgador na análise do laudo, podendo aceitá-lo ou rejeitá-lo, no todo ou em parte, afinal, o juiz é livre para decidir, desde que o faça de forma motivada. Pode até mesmo, como já afirmado, acatar o parecer técnico do assistente, que é meio de prova, afastando as conclusões do laudo oficial.

2.1.4. Exame de corpo de delito

Corpo de delito é o conjunto de vestígios materiais deixados pela infração penal, seus elementos sensíveis, a própria materialidade, em suma, aquilo que pode ser examinado através dos sentidos. Ex.: a mancha de sangue deixada no local da infração; as lesões corporais; a janela arrombada no crime de furto etc. Já o exame de corpo de delito é a perícia que tem por objeto o próprio corpo de delito.

Se a infração deixa vestígios, impõe-se a realização do exame de corpo de delito, seja ele direto ou indireto (art. 158, CPP)[96-97]. Exame de corpo de delito direto é aquele em que os peritos dispõem do próprio corpo de delito para analisar. Os vestígios estão à disposição

---

96. A Sexta Turma, do STJ, deliberou que o crime do art. 56, *caput*, da Lei nº 9.605/1998 (meio ambiente), é de perigo abstrato ou abstrato-concreto, dispensando, por tal razão, exame de corpo de delito para evidenciar a nocividade ou a periculosidade dos produtos transportados. No ponto, vale confrontar o aludido julgado com a dicção do art. 158, do Código de Processo Penal, que impõe exame de corpo de delito (perícia do objeto material, dos instrumentos ou dos vestígios do delito, isto é, sobre todo elemento necessário à comprovação da materialidade do delito), "quando a infração deixar vestígios." No Informativo-STJ nº 613, de 8 de novembro de 2017, ficou consignado que, além de norma penal em branco, aquele tipo "é de perigo abstrato, sendo dispensável a produção de prova pericial para atestar a nocividade ou a periculosidade dos produtos transportados, bastando que estes estejam elencados na Resolução nº 420/2004 da ANTT." (STJ – Sexta Turma – REsp 1.439.150-RS – Rel. Min. Rogério Schietti Cruz – unânime – DJe 16/10/2017). Discordamos, todavia, do posicionamento da Corte Superior, em razão de conflitar com o supracitado art. 158, CPP, e porque necessária a comprovação cabal da nocividade ou da periculosidade do produto transportado, não suprível sem a perícia.
97. Foi aprovada a Lei nº. 13.721, de 2 de outubro de 2018, que alterou o Decreto-Lei 3.689, de 3 de outubro de 1941 (Código de Processo Penal), em seu art. 158, para estabelecer que será dada prioridade à realização do exame de corpo de delito quando se tratar de crime que envolva violência doméstica e familiar contra mulher ou violência contra criança, adolescente, idoso ou pessoa com deficiência.

dos peritos para que possam realizar seu trabalho. Ex.: no crime de lesões corporais, a vítima comparece ao instituto médico legal logo após a agressão para ser analisada.

Já o exame de corpo de delito indireto é realizado com a ajuda de meios acessórios, subsidiários, pois o corpo de delito não mais subsiste para ser objeto do exame. Imaginemos, no exemplo acima, que a vítima das lesões tenha comparecido meses depois, quando então os hematomas já estavam sanados. Resta a tentativa de elaboração do laudo por outros meios, como a utilização de fotos que tenham sido tiradas à época da agressão, prontuários médicos, dentre outros.

Em não sendo possível a realização do exame, seja o direto ou o indireto, podemos nos valer da prova testemunhal para atestar a materialidade delitiva, como dispõe o art. 167 do CPP. A confissão, como já ressaltado, não se presta a este propósito, por expressa vedação legal.

Nessa ótica, seguimos uma ordem de predileção na tentativa de demonstração da materialidade. Primeiro, e ideal, é a realização do exame direto, que deve ser o mais próximo do acontecimento, sem delongas, para que os vestígios não desapareçam. Tanto é verdade que ele pode ser realizado a qualquer hora do dia ou da noite (art. 161, CPP). Não sendo possível, será realizado o exame indireto, com atuação dos peritos, que elaborarão o respectivo laudo através das percepções extraídas dos elementos acessórios investigados. Na impossibilidade de ambos, a prova testemunhal supre a omissão.

Assumimos aqui a orientação de que exame de corpo de delito, seja o direto ou o indireto, contará com a atuação dos peritos e com a confecção de laudo. Esta é também a posição de Guilherme Nucci[98], dentre outros. A matéria, entretanto, não é pacifica.

Tem prevalecido o entendimento de que o exame indireto careceria de qualquer rigor formal, dispensando a elaboração de laudo e figurando, em alguns casos, como sinônimo de oitiva da prova testemunhal. Esta interpretação se avizinha ao disposto no art. 328 do CPPM, ***verbis***:

> Art. 328. Quando a infração deixar vestígios, será indispensável o exame de corpo de delito, direto ou indireto, não podendo supri-lo a confissão do acusado.
>
> Corpo de delito indireto
>
> Parágrafo único. Não sendo possível o exame de corpo de delito direto, por haverem desaparecido os vestígios da infração, supri-lo-á a prova testemunhal. (grifo nosso).

A propósito, Espínola Filho assim se manifesta: "nem há qualquer formalidade para constituição desse corpo de delito indireto; não se lavra termo algum; inquirindo a testemunha, o juiz perguntará sobre a materialidade do fato, como sobre as demais circunstâncias, e a palavra de uma única testemunha bastará para firmar o convencimento do julgador, de acordo com o princípio da livre apreciação"[99].

Essa também a posição de Tourinho Filho[100], do STF e do STJ, sagrando-se prevalente.

98. NUCCI, Guilherme de Souza. *Manual de processo penal e execução penal*. 3. ed. São Paulo: RT, 2007. p. 362.
99. ESPÍNOLA FILHO, Eduardo. *Código de processo penal brasileiro anotado*. Edição Histórica. Rio de Janeiro: Editora Rio, 1976. Vol.2. p. 521.
100. TOURINHO FILHO, Fernando da Costa. *Processo penal*. São Paulo: Saraiva, 2003. v.3. p. 249.

Interessante é a posição conciliadora de Denilson Pacheco, concluindo que o exame indireto poderá contar com a participação dos peritos, que elaborarão o laudo pela análise dos elementos acessórios; ou poderá resumir-se a uma apreciação judicial sobre outras provas que demonstrariam a materialidade, como a oitiva de testemunhas em audiência[101].

2.1.5. Necessidade do laudo

Deixando a infração vestígios, a realização do exame direto ou indireto é obrigatória, podendo ser suprida, como já visto, pela utilização da prova testemunhal (art. 167, CPP). A não realização da perícia implicaria nulidade absoluta do processo, a teor do art. 564, III, "*b*", do Código de Processo Penal, com a ressalva da possibilidade de utilização das testemunhas. Tal a saída do código, que não nos parece, contudo, a mais adequada para todos os casos. No transcorrer do processo, percebendo o magistrado a ausência do exame, a determinação ***ex officio*** supriria a omissão. Em não sendo possível a realização do exame, e percebendo que a materialidade não ficou demonstrada, a alternativa é a absolvição do réu, e não o reconhecimento da nulidade do processo. Por sua vez, a condenação sem a perícia implicaria nulidade insanável.

Já quanto à admissibilidade da inicial acusatória, nada impede, nas infrações que deixam vestígios, que a denúncia ou a queixa sejam recebidas sem estar acompanhadas pela prova pericial. Isso se deve porque o exame pode ser realizado no curso do processo. Contudo, se a lei exigir como condição de procedibilidade ao início do processo a prévia realização do laudo, a sua presença lastreando a denúncia ou a queixa será obrigatória. Caso contrário, a exordial deve ser rejeitada. É o que ocorre com as infrações contra a propriedade imaterial que deixam vestígios (art. 525, CPP). O mesmo acontece na Lei nº 11.343/2006 (drogas), onde o laudo de constatação é requisito essencial para a lavratura do flagrante e para a oferta da denúncia (art. 50, § 1º).

O enunciado nº 574, da Súmula do STJ, indica que o requisito do laudo pericial para a materialidade do delito de violação de direito autoral é preenchido por meio de perícia realizada por amostragem do produto apreendido, nos aspectos externos do material. Ainda conforme seu texto, é desnecessária a identificação dos titulares dos direitos autorais violados ou daqueles que os representem. Quanto a essa parte final, deve se entender que o exame só pode ser realizado sem a identificação dos titulares dos direitos autorais quando houver presença de delito de ação penal pública incondicionada que o exija para comprovação da materialidade.

2.1.6. Outras perícias

O CPP traça regras para a realização de outras perícias. Elas têm por objeto, na sua essência, a análise dos vestígios deixados pela infração, sendo no geral, exame de corpo de delito. Por suas peculiaridades, têm tratamento diferenciado. Vejamos as mais importantes.

2.1.6.1. Exame necroscópico

Iniciaremos pelo exame necroscópico (art. 162, CPP), qual seja, o exame realizado no cadáver, objetivando a indicação da causa da morte.

101. PACHECO, Denilson Feitoza. *Direito processual penal*: teoria, crítica e práxis. 4. ed. Niterói: Impetus, 2006. p. 579.

Este exame deve ser realizado pelo menos 6 horas depois do óbito. Contudo, havendo evidência da morte, não haverá necessidade de aguardar tal lapso temporal.

O exame, como regra, envolve a análise interna e externa do cadáver. Excepcionalmente, a mera análise externa é suficiente. É o que ocorre nos casos de morte violenta (não natural), a exemplo de um suicídio, e não reste dúvida que não houve algum crime relacionado ao evento. Dessa forma, apenas a análise externa é satisfatória.

Da mesma maneira, quando as lesões externas permitirem identificar a causa da morte e não haja necessidade do exame interno para identificar alguma circunstância relevante, este é dispensado. Imaginemos uma decapitação ou a carbonização da vítima.

As evidências encontradas no local do crime podem ser fundamentais para a identificação da ***causa mortis***. De tal forma, deve a autoridade policial isolar a área, para que não se alterem o estado e a conservação das coisas, até a chegada dos peritos (art. 6º, I, CPP). Para facilitar a futura elaboração do laudo, os cadáveres serão fotografados onde forem encontrados e, sempre que possível, todas as lesões externas e vestígios que permeiam o local da infração. Esses elementos fotográficos vão instruir o laudo, sem prejuízo de esquemas ou de desenhos realizados para elucidar o acontecido. Estes últimos devem seguir devidamente rubricados pelos peritos.

EXAME NECROSCÓPICO (ART. 162, CPP)	› Realizado ao menos seis horas após o óbito, salvo evidência da morte;
	› Análise externa e interna do cadáver, em regra.

2.1.6.1.1. Exumação

Exumar significa desenterrar o cadáver, contrapondo-se à inumação, que é o seu enterro ou o sepultamento. Excepcionalmente, pode se fazer necessária a exumação, objetivando identificar a real causa da morte, ou em que circunstâncias esta teria ocorrido, assim como identificar a pessoa que se encontra sepultada. É medida prevista nos arts. 163 a 166, do CPP e que necessita de justa causa, de modo que a sua realização fora das disposições legais constitui contravenção penal (art. 67, LCP).

A determinação da exumação compete à autoridade policial ou judiciária. Acreditamos que o Ministério Público também poderá fazê-lo, afinal, se o promotor pode requisitar diligências diretamente ao delegado, também poderá, em interface direta com o instituto de criminalística, requisitar exumação. De qualquer sorte, a diligência será conduzida pela autoridade policial, da qual será lavrado termo circunstanciado. Sendo a exumação realizada em cemitério público ou particular, o administrador será convocado a indicar o local onde se encontra enterrado o cadáver e, criando obstáculo, cabe a responsabilização por desobediência. Estando o cadáver enterrado em local ermo, como cemitérios clandestinos ou pontos de desova, deve a polícia proceder às pesquisas necessárias para encontrá-lo, fazendo constar no auto.

Havendo dúvida quanto à identidade do cadáver exumado, este deve ser devidamente identificado, podendo a autoridade valer-se de todos os meios à sua disposição, como impressões datiloscópicas, exame de arcada dentária, DNA, ou até mesmo pela prova testemunhal, lavrando-se o auto de reconhecimento e de identidade, onde se fará constar a descrição cadavérica, confrontações, sinais e indicações encontrados no corpo, além das pessoas que participaram do feito.

Admite-se ainda, para facilitar a identificação, que sejam arrecadados todos os objetos encontrados com o cadáver, pois são ferramentas úteis para o reconhecimento por familiares ou pessoas próximas.

EXUMAÇÃO (ARTS. 163 A 166, CPP)	
	› Diligência realizada em dia e hora marcado, lavrando-se auto circunstanciado;
	› O administrador do cemitério deverá indicar a sepultura, sob pena de desobediência;
	› O cadáver deverá ser identificado em caso de dúvida, lavrando-se auto de reconhecimento e de identidade;
	› Serão arrecadados e autenticados todos os objetos encontrados.

2.1.6.2. Exame de lesões corporais

As lesões corporais são classificadas em leves, graves e gravíssimas. Se o primeiro exame pericial tiver sido incompleto ou insuficiente para precisar num primeiro momento a real gravidade da lesão, pela impossibilidade de se aferir as consequências reais da agressão, será patrocinado o exame complementar de lesões corporais, dispondo os peritos do auto de corpo de delito anteriormente realizado. O objetivo é aferir com segurança o nível da lesão, complementando-se o laudo anterior. Imaginemos uma lesão por disparo de arma de fogo que tenha causado, pelo laudo inicial, debilidade permanente de um membro. Logo depois, e em razão do trauma causado, o membro acaba sendo amputado, caracterizando lesão gravíssima em razão da perda do membro atingido. Nessa hipótese, necessário se faz a realização do exame complementar, para o devido enquadramento na qualificadora apontada (art. 129, § 2º, III, CP).

Tratando-se da lesão corporal grave por ocasionar a impossibilidade para o desempenho das ocupações habituais por mais de trinta dias (art. 129, § 1º, I, CP), logo que completado o referido lapso temporal, deve ser realizado novo exame, para atestar justamente a gravidade da lesão. Se não houver o exame complementar, haverá a desclassificação da infração. O exame realizado antes de 30 dias é ineficaz. Feito de forma intempestiva (2 ou 3 meses depois), quando a pessoa já estava recuperada, é considerado como perícia não realizada.

O exame complementar pode ser determinado de ofício, pelo juiz ou delegado, ou a requerimento do MP, ofendido, acusado, ou do defensor. Sua não realização, por terem desaparecido os vestígios, pode ser suprida por prova testemunhal (art. 168, § 3º, CPP).

EXAME DE LESÕES CORPORAIS (ART. 168, CPP)	
	› Exame inicial;
	› Exame complementar para aferir a gravidade da lesão, caso o primeiro seja incompleto ou insuficiente;
	› Os peritos disporão do auto de delito anteriormente realizado;
	› Em caso de aferição da lesão do art. 129, § 1º, CP, o exame deve ser realizado logo após o prazo de 30 dias;
	› A prova testemunhal pode suprir o exame.

2.1.6.3. *Perícia em incêndio*

O crime de incêndio encontra-se previsto no art. 250, do CP, e diversas peculiaridades circundam a matéria, não só para a ocorrência do enquadramento típico, como a exposição a perigo de vida, integridade física ou patrimônio de outrem; para a incidência de causas de aumento, como o provocado em edifício público ou em lavoura; e na constatação da intenção do agente, já que o incêndio culposo também é apenado.

Nessa linha, os peritos procurarão identificar as causas, o local do início, o perigo causado à vida e ao patrimônio alheio, a dimensão do dano e o seu valor, além das demais circunstâncias relevantes para elucidar o fato.

2.1.6.4. *Perícia laboratorial*

Algumas perícias vão exigir o aparato laboratorial, com a realização de estudos experimentais ou práticos ligados aos diversos ramos da ciência. A tecnicidade e a complexidade de alguns casos levam à necessidade do aparelhamento da polícia técnica que é chamada à realização de complexos exames, objetivando identificar a natureza de algumas substâncias, a resistência ou qualidade de objetos e materiais, o atendimento a regras técnicas em construção etc.

Foi o que ocorreu com o desabamento do metrô no Estado de São Paulo, onde para aferição das causas do incidente, fizeram-se necessários ensaios geotécnicos (para aferir as características do solo), além dos ensaios de resistência do concreto e aço.

É também recorrente a utilização laboratorial nos exames toxicológicos, na aferição do teor alcoólico, DNA, dentre outros.

Devem os peritos guardar material suficiente para eventual necessidade de nova perícia. A contraprova pode ser determinada em razão da imprestabilidade do primeiro laudo, ou pela necessidade de sanar divergências apontadas pelas partes ou pela autoridade, através de uma nova aferição. Também revela a necessidade de conservação o possível acesso dos assistentes técnicos, com o objetivo de elaborar o respectivo parecer, já que podem ter contato com o material paradigma para fazer suas conclusões (art. 159, § 6º, CPP). E por quanto tempo o material deve ficar armazenado? A lei é omissa a respeito, devendo-se ao menos aguardar até a prolação da sentença.

2.1.6.5. *Exame grafotécnico*

O exame caligráfico ou grafotécnico se presta a identificar a autoria de determinado documento, reconhecendo o responsável pelo escrito, o que se faz por comparação de letras.

Inicialmente, deve haver a intimação da pessoa a quem se atribui o escrito para que compareça ao ato. A ausência injustificada pode implicar condução coercitiva[102]. O indiciado

102. No julgamento de arguições de descumprimento de preceito fundamental, esse caso de condução coercitiva (para produção de prova) não foi apreciado. Como dito ali, "a hipótese de condução coercitiva objeto das arguições restringe-se, tão somente, àquela destinada à condução de investigados e réus à presença da autoridade policial ou judicial

ou réu também deve ser intimado para acompanhar o feito, mesmo que o escrito não lhe seja atribuído. Havendo vários infratores, todos devem ser intimados, ainda que o escrito seja imputado a apenas alguns deles. Na fase processual, a ausência de intimação do réu ocasiona nulidade da prova colhida. Se o réu é revel, a intimação estará restrita ao advogado.

Para que a comparação documental seja realizada, o documento que vai servir de paradigma pode ser qualquer um reconhecidamente escrito pelo indivíduo, ou judicialmente reconhecido como dele. Neste caso, funcionaria como verdadeira prova emprestada entre processos. Admitem-se ainda os documentos sobre cuja autenticidade não exista dúvida.

Pode a autoridade ainda requisitar os documentos existentes em arquivos ou repartições públicas, ou realizar a perícia no local onde estes se encontrem, se de lá não puderem ser retirados.

Se o material existente for insuficiente para a realização do exame, a autoridade mandará que a pessoa escreva o que lhe for ditado, como forma de serem colhidos elementos suficientes para a realização da perícia. Advertimos que a contribuição é facultativa, pois ninguém está obrigado a produzir prova contra si mesmo. A omissão em fornecer o escrito para a comparação não pode levar à presunção de culpa em desfavor do imputado, nem desaguar na responsabilização por desobediência. Afinal, é ato inerente à autodefesa. Nesse sentido posicionou-se o STF[103]. Da mesma forma, caso o réu disfarce a letra no momento do escrito, ou se diga canhoto quando na verdade é destro, para dificultar a perícia, não estará incorrendo em nenhuma infração.

Caso o autor do escrito esteja fora da comarca, mas em local sabido, a diligência poderá ser realizada por carta precatória, consignando-se na carta as palavras que a pessoa será intimada a escrever.

O procedimento acima pode ser aplicado, hodiernamente, aos documentos datilografados ou impressos por computador.

2.1.6.6. Exame nos instrumentos da infração

Os instrumentos utilizados para a consecução dos fins delitivos devem ser periciados não apenas para identificação da natureza, leia-se, a espécie, o tipo de objeto: arma de fogo, arma branca, ácido sulfúrico; como também quanto à eficiência, da aptidão para provocar o resultado lesivo, até porque, se o meio empregado é absolutamente ineficaz, poderá caracterizar crime impossível, ilidindo qualquer responsabilidade penal (art. 17, CP).

A perícia nos instrumentos do crime, sempre que possível, deve ser realizada, mas sua ausência não implica nulidade do processo, podendo na espécie ser suprida por outros meios de prova.

2.1.6.7. Exame na destruição ou rompimento de obstáculo e na escalada

O art. 171 do CPP, que disciplina a perícia em destaque, ganha relevo na caracterização do furto qualificado (art. 155, § 4º, I e II, CP), onde a destruição ou o rompimento de obstáculo, além da escalada, são decisivos para o enquadramento típico.

---

para serem interrogados. Assim, não foi analisada a condução de outras pessoas como testemunhas, ou mesmo de investigados ou réus para atos diversos do interrogatório, como o reconhecimento". (STF – Pleno – ADPF's 395/444-DF – Rel. Min. Gilmar Mendes – julgado em 13 e 14.6.2019 – Informativo nº 906, de 11 a 15 de junho de 2018)

103. STF – 1ª T. – HC 77.135/SP – 1º T. – Rel. Min. Ilmar Galvão – DJ 8/9/1998.

Como afirma Heráclito Mossin, "destruir é fazer desaparecer em sua individualidade o obstáculo que dificulta a subtração; enquanto romper é quebrar, rasgar, destruir parcialmente qualquer obstáculo, móvel ou imóvel, para se chegar à apreensão e subtração da ***res*** (***v.g.*** muros, portões, janelas). Em ambas as situações, a violência contra o móvel ou imóvel sempre deixa vestígios".

Já a escalada "é a utilização de meio para penetrar na casa ou local onde vai ser operada a subtração (***v.g.*** muros, andaimes, balcões, terraços, caminhos subterrâneos usados por operários)"[104]. Esta pode ou não deixar vestígios.

Havendo destruição ou rompimento de obstáculo, para a caracterização da qualificadora do furto a realização da perícia é obrigatória, podendo ser suprida pela prova testemunhal, apenas se os vestígios tiverem desaparecido, na esteira do art. 167, do CPP[105].

Já em relação à escalada, ela pode ou não deixar vestígios. Na primeira hipótese, a realização da perícia é obrigatória para caracterização da qualificadora. E se os vestígios desaparecerem? Mais uma vez, a prova testemunhal fará as vezes. Em não deixando vestígios a escalada, a demonstração de que esta existiu será realizada através de testemunhas ou de outros meios probatórios. Ex.: imaginemos que o assaltante invade a residência escalando a janela do piso superior através de uma corda, não deixando sinais de sua conduta. Nada impede que esta atividade seja demonstrada através de outros meios probatórios, a exemplo de testemunhas ou de gravação realizada por câmeras de segurança.

Os peritos deverão na realização do exame não só descrever os vestígios deixados pela conduta, como também com que instrumentos esta se realizou (***v.g.*** pé de cabra, barras de ferro, pás); por que meios (***v.g.*** túncis, escadas) e em que época presumem ter sido o fato praticado. Isso é importante, pois se o arrombamento ou a destruição do obstáculo, assim como a escalada, eram pretéritos, não incidirá a qualificadora. Por outro lado, não é necessária a precisão quanto à data do ocorrido, até porque em determinados casos isto scria impossível de aferir. Basta que por presunção seja aferido se os vestígios são ou não preexistentes à conduta e, por sua vez, dela decorrentes.

2.1.6.8. Avaliação

As coisas destruídas, deterioradas ou que constituam produto do crime serão, quando necessário, avaliadas através de perícia.

A aferição pericial do que foi danificado, além do produto do crime, que é o material obtido através da conduta delituosa, é importante tanto para a dosimetria da pena, como para a mitigação da pena do furto de pequeno valor (art. 155, § 2º, CP) ou para o estelionato de pequeno prejuízo (art. 171, § 1º, CP).

É importante ainda na definição dos danos causados à vítima, já que o ressarcimento é fundamental para a obtenção de benefícios como o livramento condicional ou a reabilitação, além de servir de parâmetro para fins da ação civil ***ex delicto*** (vide Capítulo IV).

---

104. MOSSIN, Heráclito Antônio. *Comentários ao código de processo penal*. São Paulo: Manole, 2005. p. 377.

105. Em sentido contrário ao aqui esboçado, Heráclito Mossin: "*in casu*, a prova testemunhal não pode suprir a pericial, mesmo porque o legislador processual penal é peremptório e categórico em exigir que essa violência à coisa seja constatada tecnicamente" (MOSSIN, Heráclito Antônio. *Comentários ao código de processo penal*. São Paulo: Manole, 2005. p. 377).

Não sendo possível o exame direto, em que os peritos dispõem dos objetos para avaliar, será realizado o exame indireto, através dos elementos existentes nos autos e dos que resultarem de diligências (art. 172, parágrafo único, CPP). Devem os peritos indicar o estado e as condições da coisa avaliada, a extensão do dano, o valor de mercado, sem o que o laudo seria de pouca utilidade.

2.1.6.9. Exame de embriaguez ao volante

Dentro de uma perspectiva de intolerância para com a embriaguez ao volante, o Código de Trânsito Brasileiro vem sofrendo constantes alterações nos dispositivos que tratam do tema, nos âmbitos administrativo e criminal. As leis nº 11.275/2006 e 11.705/2008 já haviam iniciado o endurecimento no trato com o condutor embriagado, já que qualquer concentração de álcool por litro de sangue sujeita o indivíduo às medidas administrativas contempladas no art. 165 do código, caracterizando infração gravíssima, com aplicação de multa, suspensão do direito de dirigir por doze meses, além da apreensão do veículo até a apresentação de condutor habilitado, sem prejuízo do recolhimento da CNH (carteira nacional de habilitação). Na seara administrativa, a rigidez tornou-se ainda maior com a Lei nº 12.760/2012, que elevou de cinco para dez vezes a multa prevista para a infração, além de criar a previsão de sua aplicação em dobro na hipótese de reincidência no período de doze meses.

No campo criminal as alterações sofridas pelo CTB foram ainda mais significativas. A combinação entre substâncias psicoativas (dentre elas, o álcool) e a direção caracteriza o crime previsto no art. 306 do Código. A redação original do dispositivo penal trazia a conduta de "conduzir sob influência de álcool ou substância de efeitos análogos, expondo a dano potencial a incolumidade de outrem". Com o intuito de recrudescer a punição, o legislador criou o limite objetivo para a substância psicoativa e tornou desnecessária a exposição a perigo. Assim, a partir da Lei nº 11.705/2008, conduzir estando com 6 (seis) ou mais decigramas de álcool por litro de sangue ou sob influência de qualquer outra substância psicoativa que determinasse dependência, era crime, com pena de detenção de seis meses a três anos.

A alteração promovida no ano de 2008 deu lugar a diversas polêmicas e, na prática, gerou dificuldades de aplicação. A redação dada ao art. 306 do CTB criava a necessidade de realização do teste com o etilômetro (popularmente conhecido como "bafômetro") ou o exame de sangue para aferição da concentração da substância psicoativa no sangue do condutor. O STJ, julgando a matéria, entendeu ser inviável constatar-se a concentração de 6 (seis) decigramas através da prova testemunhal ou de outros meios[106], dado o caráter objetivo da então elementar do tipo penal.

A Lei nº 12.760/2012 foi publicada com o objetivo de, a um só golpe, aumentar o rigor para o condutor de automóvel embriagado e solucionar as dificuldades de ordem prática na aplicação da lei, dando-lhe a devida eficácia. Assim, a atual redação do art. 306, *caput*, do Código de Trânsito trata da conduta de "conduzir veículo automotor com a capacidade psicomotora alterada em razão da influência de álcool ou de outra substância psicoativa

---

106. STJ – Terceira Seção – REsp 1111566/DF – Rel. Min. Marco Aurélio Bellizze – Rel. p/ acórdão Min Adilson Vieira Macabu (Des. convocado do TJ/RJ) – DJe 04/09/2012.

que determine dependência". A constatação da conduta se dará pela "concentração igual ou superior a 6 decigramas de álcool por litro de sangue ou igual ou superior a 0,3 miligrama de álcool por litro de ar alveolar" ou por "sinais que indiquem, na forma disciplinada pelo Contran, alteração da capacidade psicomotora" (incisos I e II do § 1º). Por outro lado, a prova da alteração da capacidade psicomotora será feita nos termos do § 2º do mesmo dispositivo, ou seja, "mediante teste de alcoolemia, exame clínico, perícia, vídeo, prova testemunhal ou outros meios de prova em direito admitidos, observado o direito à contraprova".

Em síntese:

ART. 306 DO CTB		
Redação Original	**Lei nº 11.705/2008**	**Lei nº 12.760/2012**
Conduzir sob influência de álcool ou substância de efeitos análogos, expondo a dano potencial a incolumidade de outrem	Conduzir veículo automotor, na via pública, estando com concentração de álcool por litro de sangue igual ou superior a 6 (seis) decigramas, ou sob a influência de qualquer outra substância psicoativa que determine dependência	Conduzir veículo automotor com a capacidade psicomotora alterada em razão da influência de álcool ou de outra substância psicoativa que determine dependência
Qualquer meio de prova	Constatação através de "bafômetro" ou exame de sangue. Não eram admitidos outros meios de prova (STJ – REsp 1111566/DF)	Teste de alcoolemia, exame clínico, perícia, vídeo, prova testemunhal ou outros meios de prova em direito admitidos, observado o direito à contra prova (Art. 306, § 2º, CTB)

Apesar da redação pela Lei nº 12.760/2012, a chamada "tolerância zero" com a embriaguez ao volante somente foi instaurada com o advento da Resolução nº 432/2013[107] do Conselho Nacional de Trânsito (Contran). Ao regulamentar a matéria, o órgão de trânsito definiu que configura a infração administrativa qualquer concentração de álcool, em caso de exame de sangue, ou concentração igual ou superior a 0,05 miligrama de ar alveolar expirado, em caso de teste por etilômetro. Por sua vez, a infração criminal se caracteriza de duas maneiras, ambas descritas no art. 7º da Resolução: (I) exame de sangue que apresente resultado igual ou superior a 6 (seis) decigramas de álcool por litro de sangue ou (II) teste de etilômetro que indique quantidade igual ou superior a 0,34 miligrama de álcool por litro de ar expirado, além dos demais procedimentos indicados no art. 306, § 2º.

Nota-se que os contornos criminais da embriaguez ao volante se dão pela análise conjunta do Código de Trânsito Brasileiro e da Resolução nº 432 do Contran, podendo-se classificar o art. 306 do CTB como normal penal em branco heterogênea (vide § 3º do dispositivo).

Aliás, mais uma vez o art. 306, do Código de Trânsito Brasileiro recebeu modificações em seus parágrafos – acrescentando a previsão de teste toxicológico –, desta feita pela Lei nº 12.971/2014. Decerto, na mesma linha aqui esposada, o § 2º daquele dispositivo

107. Esta resolução revogou expressamente a Res. nº 206/2006, que tratava do tema.

estabelece que a verificação da embriaguez poderá ser obtida mediante teste de alcoolemia ou toxicológico, exame clínico, perícia, vídeo, prova testemunhal ou outros meios de prova em direito admitidos, observado o direito à contraprova. Ao Contran incumbe dispor, por resolução, sobre a equivalência entre os distintos testes de alcoolemia ou toxicológicos para efeito de caracterização do citado crime.

Por fim, reiteramos a ressalva já feita no Capítulo I – Linhas Introdutórias, acerca da impossibilidade de se obrigar o condutor a realizar o exame de sangue ou o teste do etilômetro, em face do princípio do ***nemo tenetur se detegere***. A recusa não configura crime, mas nada impedirá que testemunhas, vídeos ou outros meios de prova sejam utilizados em prejuízo do motorista que, ademais, será punido também administrativamente, nos termos do art. 165, § 3º, do CTB.

2.2. Interrogatório do acusado

2.2.1. Conceito e natureza jurídica

O interrogatório é a fase da persecução penal que permite ao suposto autor da infração esboçar a sua versão dos fatos, exercendo, se desejar, a autodefesa. Terá o imputado contato com a autoridade, o que lhe permite indicar provas, confessar a infração, delatar outros autores, apresentar as teses defensivas que entenda pertinente, ou valer-se, se lhe for conveniente, do direito ao silêncio.

Quanto à natureza jurídica do ato, à essência do instituto, destacam-se as posições seguintes.

2.2.1.1. Interrogatório como meio de prova

É o tratamento dado pelo Código, ao enquadrá-lo no Capítulo III do Título VII, destinado às provas em espécie;

2.2.1.2. Interrogatório como meio de defesa

Posição que tem crescido vertiginosamente, na esteira de que o interrogatório é, na essência, meio de defesa, notadamente porque o réu pode invocar o direito ao silêncio, sem nenhum prejuízo à culpabilidade. Ademais, o interrogatório é o momento para o réu, em desejando, esboçar a versão dos fatos que lhe é própria, sendo expressão da autodefesa. Pode até mesmo mentir para livrar-se da imputação. Nesse sentido Ada Pellegrini, Scarance Fernandes, Gomes Filho[108], Tourinho[109], dentre outros. É também a nossa posição. O interrogatório pode funcionar até como ***fonte de prova***, mas não deve ser enquadrado na vala comum dos meios de prova. O mais importante são as consequências processuais de considerar o interrogatório como meio substancial de defesa, ligado ao princípio constitucional correlato. A primeira consequência, já reconhecida, é a impossibilidade de haver prejuízo ao imputado por ter invocado o direito ao silêncio, pois este não pode levar à

108. GRINOVER, Ada Pellegrini; FERNANDES, Antônio Scarance; GOMES FILHO, Antônio Magalhães. *As nulidades no processo penal*. 7. ed. São Paulo: RT, 2001. p. 81.

109. TOURINHO FILHO, Fernando da Costa. *Processo penal*. São Paulo: Saraiva, 2003. v.3. p. 270.

presunção de culpa. Uma segunda seria a impossibilidade de condução coercitiva daquele que mesmo citado pessoalmente, deixa de comparecer ao ato[110]. A ausência deve ser encarada como expressão da autodefesa, evitando-se o constrangimento de trazer o réu, mesmo a contragosto, para a audiência. Uma terceira consequência avistável é a impossibilidade de decretação da revelia do réu ausente, pois o não comparecimento não poderá trazer prejuízos processuais. Filia-se à última corrente Eugênio Pacelli de Oliveira, não obstante não veja problemas em considerar o interrogatório como uma espécie de prova[111].

2.2.1.3. Interrogatório como meio de prova e meio de defesa, indistintamente

Para a terceira corrente, que tem prevalecido, o interrogatório tem natureza jurídica híbrida ou mista, pois tanto é um meio de defesa, em razão das incontestáveis prerrogativas dadas ao réu pela legislação (***v.g.*** direito de calar-se; apresentar a sua versão dos fatos), como também é meio de prova, afinal, o magistrado vai realizar as perguntas pertinentes à elucidação dos fatos, assim como a acusação e o advogado do interrogado também o farão. O material eventualmente colhido servirá na formação do convencimento do julgador. Nessa senda, o magistério de Mirabete[112], Denílson Feitoza Pacheco[113], dentre outros. É também o entendimento do Supremo Tribunal Federal e do Superior Tribunal de Justiça.

2.2.1.4. Interrogatório como meio de defesa, primordialmente, e como meio de prova, de forma subsidiária

A quarta posição apresenta uma gradação de importância quanto ao enquadramento do interrogatório, admitindo que substancialmente seria meio de defesa, mas pode ser encarado, em segundo plano, como meio de prova. É a posição de Guilherme Nucci. Assim se manifesta o autor, sublinhando que "o interrogatório é, fundamentalmente, um meio de defesa, pois a Constituição assegura ao réu o direito ao silêncio. Logo, a primeira alternativa que se avizinha ao acusado é calar-se, daí não advindo consequência alguma. Defende-se apenas". No entanto, "caso opte por falar, abrindo mão do direito ao silêncio, seja lá o que disser, constitui meio de prova inequívoco, pois o magistrado poderá levar em consideração suas declarações para condená-lo ou absolvê-lo"[114].

2.2.2. Necessidade e reinterrogatório

Durante toda a persecução penal, deve ser obrigatoriamente oportunizada a realização do interrogatório. Não é tecnicamente adequado falar em interrogatório na fase pré-processual. Nesta etapa, o indiciado ou o preso em flagrante prestará declarações perante a autoridade policial, em que pese o vício de linguagem ser constante. Interrogatório é o ato realizado perante a autoridade judicial, e enquanto a sentença não transitar em julgado, sempre que possível, deve ser realizado, sob pena de nulidade, como dispõe o art. 564, III, "e", do CPP.

---

110. O STF considerou inconstitucional a condução coercitiva do imputado para seu interrogatório, declarando a não recepção parcial do art. 260, do CPP (STF – Pleno – ADPF's 395/444-DF – Rel. Min. Gilmar Mendes – julgado em 13 e 14.6.2019 – Informativo nº 906, de 11 a 15 de junho de 2018).
111. OLIVEIRA, Eugênio Pacelli. *Curso de processo penal*. 3. ed. Belo Horizonte: Del Rey, 2004. p. 379.
112. MIRABETE, Julio Fabbrini. *Processo penal*. 14. ed. São Paulo: Atlas, 2003. p. 277.
113. PACHECO, Denilson Feitoza. *Direito processual penal*: teoria, crítica e práxis. 4. ed. Niterói: Impetus, 2006. p. 584.
114. NUCCI, Guilherme de Souza. *Manual de processo penal e execução penal*. 3. ed. São Paulo: RT, 2007. p. 381.

Indique-se que a nulidade ocorre não pela não realização efetiva do ato, e sim por sua supressão arbitrária. Sendo o réu intimado regularmente e não comparecendo à audiência de instrução e julgamento, frustrando a realização do interrogatório, não há de se falar em nulidade. O que não pode ocorrer é a dispensa do ato pela autoridade, suprimindo do réu a possibilidade de exercitar a autodefesa, ou a não requisição do réu que estava preso para que seja apresentado, ou tendo havido requisição, a não apresentação pelo poder público (art. 399, § 1º, CPP). No júri, admite-se o pedido de dispensa de apresentação do réu preso para a sessão de julgamento, de sorte que o interrogatório na segunda fase ficará suprimido, pressupondo-se pedido assinado pelo réu e por seu defensor. Entendemos que o pedido de dispensa de apresentação é cabível aos demais procedimentos, por analogia à disciplina do Tribunal Popular (art. 457, § 2º, CPP). Ressalte-se, contudo, que na legislação eleitoral, o interrogatório pode ser substituído pela contestação escrita da inicial acusatória (art. 359, parágrafo único, Código Eleitoral). Já a Lei nº 5.250/1967 (Lei de Imprensa) não contemplava o instituto, mas nada impedia, ao contrário, recomendava-se, que fosse realizado. Com a declaração de não recepção da referida norma, em razão da ADPF nº 130-7, os delitos praticados pela imprensa passam a seguir o rito comum, onde o interrogatório está institucionalizado.

Negando-se o interrogatório, quando sua realização era possível, a nulidade é de natureza absoluta, sendo o prejuízo evidente e o vício insanável. Afinal, a ampla defesa é ferida de morte, além da mácula ao devido processo legal. Nesse sentido se pronuncia Eugênio Pacelli de Oliveira[115].

Entendendo que a nulidade é de natureza relativa, obrigando a defesa a argui-la no momento oportuno, sob pena de preclusão, além da necessidade de demonstração de prejuízo, encontra-se Mirabete[116], Nucci[117] e o STF[118]. É a posição prevalecente.

A condução do réu para o seu interrogatório está vazada no art. 260, do CPP, cujo texto estabelece que "se o acusado não atender à intimação para o interrogatório, reconhecimento ou qualquer outro ato que, sem ele, não possa ser realizado, a autoridade poderá mandar conduzi-lo à sua presença". O teor do dispositivo é genérico, vale dizer, a condução coercitiva do imputado teria lugar não apenas para fins probatórios, mas para todo e qualquer ato, inclusive para aquele ato que, ao acusado, é reservado o direito de ficar calado e a garantia de vedação à autoincriminação.

Ao lado do descompasso do velho art. 260, do CPP, em relação aos direitos fundamentais estampados na Constituição, a prática autoritária se exacerbou no Brasil por meio de um uso rotineiro de conduções coercitivas de acusados, durante as investigações e processos criminais, com cobertura televisiva. Nesse permeio, surgiu a indagação: há sentido em permitir condução coercitiva – a contragosto do imputado – à presença da autoridade policial ou judicial, para que ele exerça o direito ao silêncio? Ou, de outro lado, a condução coercitiva seria uma autêntica ameaça ao direito de ficar calado?

Definindo a questão, o Supremo Tribunal Federal apreciou ações de descumprimento de preceito fundamental, em cujos autos se questionava a não recepção da previsão contida

115. OLIVEIRA, Eugênio Pacelli. *Curso de processo penal*. 3. ed. Belo Horizonte: Del Rey, 2004. p. 379.
116. MIRABETE, Julio Fabbrini. *Processo penal*. 15. ed. São Paulo: Atlas, 2004. p. 273.
117. NUCCI, Guilherme de Souza. *Manual de processo penal e execução penal*. 3. ed. São Paulo: RT, 2007. p. 382.
118. STF – HC 82.933-3/SP – Rel. Min Ellen Gracie – DJ 27/3/2003.

no art. 260, do CPP, especialmente na parte que autoriza a condução coercitiva do imputado "para o interrogatório". Na oportunidade, avivou que "a condução coercitiva representa uma supressão absoluta, ainda que temporária, da liberdade de locomoção", ainda que tal se dê por um período determinado e restrito no tempo. Entendeu a Suprema Corte que a expressão "para o interrogatório", constante do art. 260 do CPP, não foi recepcionada pela Constituição Federal, na medida em que representa limitação desproporcional da liberdade do ser humano, visto que busca objetivo não adequado ao sistema processual em vigor. Ademais, destacou que o interrogatório é ato processual classificado como meio de defesa do acusado, sendo, portanto, "instrumento viabilizador do exercício das prerrogativas constitucionais do contraditório e da plenitude de defesa". De toda sorte, "a ausência de colaboração do indiciado ou réu com as autoridades públicas e o exercício da prerrogativa constitucional contra a autoincriminação não podem erigir-se em fatores subordinantes da decretação de prisão cautelar ou da adoção de medidas que restrinjam ou afetem a esfera de liberdade jurídica do réu". Daí que "não haveria como concluir que a condução coercitiva do indiciado ou do réu para interrogatório, independentemente de prévia e regular intimação, justificar-se-ia em face do poder geral de cautela do magistrado penal. Isso porque, diante do postulado constitucional da legalidade estrita em matéria processual penal, inexiste, no processo penal, o poder geral de cautela dos juízes".

Pode o interrogatório ser realizado a qualquer momento, e a todo tempo o magistrado poderá proceder a novo interrogatório, ***ex officio*** ou a requerimento das partes (art. 196, CPP). Até mesmo na pendência do julgamento da apelação, poderá o tribunal, câmara ou turma proceder a novo interrogatório (art. 616, CPP).

Nas ações que tramitam originariamente perante tribunais, o réu poderá ser ouvido perante o relator (art. 7º, Lei nº 8.038/1990) ou ser interrogado pelo juiz de primeiro grau, cumprindo carta de ordem.

Com a sistemática introduzida pela Lei nº 11.719/2008, nos procedimentos previstos no CPP o interrogatório será o último ato da instrução processual. A legislação especial prevê hipóteses distintas da nova regra trazida pelo Código. Acerca do momento do interrogatório na instrução processual, recomendamos o Capítulo XIII, item 2.1.1.2. "Interrogatório: renovação e momento processual".

2.2.3. *Formalidades do interrogatório*

2.2.3.1. *Público*

É ato **que** deve ser realizado a portas abertas. Excepcionalmente a sigilação pode ser necessária, havendo risco de escândalo, inconveniente grave ou perturbação da ordem (art. 792, § 1º, CPP). Imaginemos o julgamento de um perigoso assassino, em que a população passa a gritar palavras de ordem durante a audiência. Para garantir a regularidade do ato, a permanência no recinto deve ser restringida, limitando-se o número de pessoas que possam estar presentes. Mesmo quando o ato se realize no estabelecimento prisional, a publicidade está assegurada (art. 185, § 1º, CPP).

2.2.3.2. *Personalíssimo*

É ato ***que*** não pode ser realizado por interposta pessoa. Nem a presença do advogado supre a ausência do réu. O advogado pode se fazer presente para justificar a ausência, e não para prestar esclarecimentos em lugar do cliente. Quanto ao interrogatório da pessoa jurídica, a matéria encontra lacuna na lei, já que o CPP é omisso no tratamento do tema. A responsabilidade penal da pessoa jurídica foi idealizada no art. 225, § 3º, da CF/1988, para os crimes ambientais, estando disciplinada pela Lei nº 9.605/1998. Não entraremos no mérito do acerto ou não do constituinte em prever a responsabilização penal dos entes jurídicos, limitando a abordagem na premissa processual. Nessa ordem, a citação da pessoa jurídica, em analogia ao disposto no art. 75, inciso VIII, do CPC/2015, será realizada na figura daquela pessoa indicada no respectivo estatuto, e na falta de designação, nos seus diretores. Para comparecer ao interrogatório, será designada pessoa por instrumento de preposição. As informações eventualmente prestadas, assegurando-se o direito ao silêncio, vinculam a ré. Por sua vez, o § 4º, do art. 9º, da Lei nº 9.099/1995 (incluído pela Lei nº 12.137/2009), tratando dos juizados especiais cíveis, e que pode ser aplicado, por analogia, aos juizados criminais, averba que se o réu é pessoa jurídica ou titular de firma individual, poderá ser representado por preposto credenciado, munido de carta de preposição com poderes para transigir, sem haver necessidade de vínculo empregatício.

2.2.3.3. Local do interrogatório

Em analogia ao art. 222, do CPP, nada impede que residindo o réu fora da comarca, o interrogatório seja realizado mediante precatória, ficando consignadas na carta as perguntas a serem feitas. É possível também, pela enfermidade ou velhice do interrogado, que o ato seja realizado onde este se encontre (art. 220, CPP). Ademais, a inviabilidade de deslocamento do réu também passou a ser fundamento para realização do interrogatório por videoconferência (art. 185, § 2º, II, CPP).

Questão interessante é a realização do interrogatório do réu preso. Sabe-se que os custos de deslocamento de presos aos Fóruns para acompanhamento de atos processuais, e no que nos interessa, para a realização do interrogatório, é bastante dispendioso aos cofres estatais. A utilização de viaturas (algumas vezes até de helicópteros), o emprego de policiais para garantir a segurança, e o risco sempre presente de fuga, acabou por inserir na pauta de discussão a realização do interrogatório ***on-line***, por videoconferência, evitando-se o deslocamento, com a utilização de aparato tecnológico a propiciar que o magistrado interrogue o réu sem precisar trazê-lo ao Fórum, ao vivo, numa rede de transmissão interligando diretamente o estabelecimento prisional e o Judiciário.

O STJ admitiu a realização do instituto dentro da excepcionalidade, quando o perigo, a ordem pública e a preservação da segurança o justificarem[119].

A Lei estadual paulistana nº 11.819/2005, por sua vez, passou a autorizar a realização do instituto, ***verbis***:

> Art. 1º. Nos procedimentos judiciais destinados ao interrogatório e à audiência de presos, poderão ser utilizados aparelhos de videoconferência, com o objetivo de tornar mais célere o trâmite processual, observadas as garantias constitucionais.

O STF, a seu turno, em agosto de 2007, através de sua Segunda Turma, reconheceu a inconstitucionalidade do instituto, sendo uma forma singular não prevista em lei (federal);

119. STJ – 5ª T. – RHC 15.558/SP – Rel. Min. José Arnaldo da Fonseca – DJ 11/10/2004. p. 351.

e por violentar as regras do justo processo legal, ferindo ainda as normas ordinárias do local da realização dos atos processuais, além de violentar a ampla defesa, a igualdade e a publicidade[120]. Por essa razão, além do vício formal, qual seja, ausência de disciplina em lei federal, há vício de ordem material, por ofensa a garantias fundamentais do imputado.

Não podia ser outro o entendimento. O interrogatório é ato de fundamental importância na construção do convencimento do julgador. A expectativa é não só extrair as informações colhidas com as respostas às perguntas feitas ao réu, mas também sentir o comportamento deste. Os gestos, a atitude do réu na audiência, suas expressões, os detalhes só perceptíveis por aqueles que estavam presentes ao ato, são decisivos muitas vezes para o deslinde da causa. Não se pode afastar ainda mais o julgador do julgado. A indiferença não pode imperar, transformando o interrogatório num ato pró-forma, um faz de conta a integrar os autos.

A Lei nº 10.792/2003, por sua vez, que remodelou o tratamento do interrogatório dado pelo CPP, simplesmente não tratou do teleinterrogatório, o que só veio a acontecer com a edição da Lei nº 11.900/2009, em opção política que merecerá crítica específica logo adiante (item 2.2.4.6). A seu turno, trouxe procedimento de duvidosa utilidade, que é a ida do magistrado ao estabelecimento prisional para realização do interrogatório, sempre que o réu estiver preso. A lei não se referiu a presos perigosos nem estabeleceu motivação específica para que o magistrado se desloque até o local em que se encontra o preso. Assim, a simples existência da prisão, levaria o julgador a realizar o interrogatório onde se encontra detido o imputado. É essencial a existência de sala própria, garantia de segurança do juiz, auxiliares, membros do Ministério Público, além da presença do defensor e publicidade do ato (art. 185, § 1º, CPP). Não havendo a possibilidade de realizar-se o interrogatório no estabelecimento prisional, por ausência dos requisitos legais, e não sendo hipótese de realizar-se o ato por videoconferência, o preso será conduzido ao fórum, mediante prévia requisição da autoridade judicial.

2.2.3.4. Oralidade

Como regra, o interrogatório segue a forma oral, a palavra falada reina, até para imprimir fidelidade e espontaneidade ao ato. Pode o interrogado consultar breves apontamentos, o que não prejudica o ato. Algumas peculiaridades para pessoas portadoras de necessidades especiais devem ser lembradas:

(1) para o mudo: as perguntas são feitas oralmente, e respostas na forma escrita;

(2) para o surdo: perguntas por escrito, respostas feitas oralmente;

(3) para o surdo-mudo: perguntas e respostas escritas. Se estes forem analfabetos ou também deficientes visuais, intervirá, sob compromisso, pessoa habilitada a entendê-los.

(4) para o estrangeiro: o interrogatório será realizado através de intérprete, mesmo que as pessoas na sala de audiência dominem a língua estrangeira. Esta formalidade não será necessária, se a língua estrangeira aproxima-se da nacional, como o português de Portugal ou o castelhano.

120. STF – 2ª T. – RHC 88914/SP – Rel. Min. Cezar Peluzo – DJ 5/10/2007 – p. 37.

2.2.3.5. Individualidade

Havendo corréus, serão interrogados separadamente, de sorte que uns não assistam previamente o depoimento dos outros, de acordo com o teor do art. 191, do CPP. Nada impede, existindo corréus, que sejam ouvidos em dias diversos, notadamente quando se faz necessária a expedição de precatória.

Embora não tenha sido a questão submetida a debate, entendemos que a previsão de inquirição isolada de coimputados não se compatibiliza com a Constituição, especialmente por limitar o espectro da defesa ampla. Esse argumento recebe maior realce quando se vê que o interrogatório é ato final que finda por permitir maior eficácia aquele princípio.

De tal modo, pensamos que a previsão que torna o ato final assimilável a um processo inquisitivo, com sigilo em relação ao coimputado, é inconstitucional. O interrogatório deve ser compreendido como um "diálogo com o juiz", sem que o ambiente seja hostil àquele que vai ser julgado[121]. Se ouvido um acusado sem a presença do outro, deve incidir o princípio da desconfiança, orientador do controle epistêmico da prova penal. Na régua de Manuel Jaén Vallejo, podemos dizer que é duvidosa a neutralidade das declarações de corréu quando se referem ao outro, mormente quando se veda a presença de quem pode ser o maior prejudicado pelas afirmações consignadas no interrogatório do coimputado[122].

Em estudo específico, em coautoria com Lincoln Pinheiro Costa, anotamos que "o réu presente no interrogatório do corréu terá condições de se comunicar com seu defensor para que este possa, precisa e efetivamente, intervir no interrogatório do outro"[123]. Ademais, o processo penal filiado ao sistema acusatório obsta produção de prova em segredo[124], de forma desigual, bem como é incompatível com a postura do juiz inquisidor que, para confirmar a verdade que pressupõe e deseja descortinar[125], age com o intuito de obter o fim condenatório com o desprezo do devido processo legal-constitucional, resvalando, destarte, em atipicidade probatória[126].

2.2.3.6. Judicialidade

O ato será realizado pela autoridade judicial que preside o processo. Nos tribunais, pelo relator, ou através de carta de ordem ao magistrado que atua na comarca em que reside o infrator. Lembramos ainda, como já ressaltado, que na fase do inquérito não temos tecnicamente interrogatório, já que este é o prestado perante o juiz.

121. Modificar a cultura tradicionalmente autoritária não é encargo fácil, diante da constatação de que "na América Latina todo suspeito é tratado como inimigo, apesar da legitimação do direito natural", anunciada por Eugênio Raúl Zaffaroni (*O inimigo no direito penal.* Tradução: Sérgio Lamarão. Rio de Janeiro: Revan, 2007. p.189).

122. VALLEJO, Manuel Jaén. *Los principios de la prueba em el processo penal.* Bogotá: Universidade del Externado de Colombia, 2000. p.14.

123. COSTA, Lincoln Pinheiro; ALENCAR, Rosmar Rodrigues. Presença do acusado durante o interrogatório de corréu: a (in) constitucionalidade do art. 191 do CPP. Revista da Escola Superior da Magistratura do Estado de Alagoas, Maceió/AL, n.2 (eletrônica), p.8, 2018.

124. PRADO, Geraldo. *Sistema acusatório:* a conformidade constitucional das leis processuais penais. 4. ed. Rio de Janeiro: Lumen Juris, 2006. p.55.

125. LOPES Jr, Aury. *Direito processual penal e sua conformidade constitucional:* volume I. Rio de Janeiro: Lúmen Júris, 2007. p.68.

126. DEZEM, Guilherme Madeira. *Da prova penal:* tipo processual, provas típicas e atípicas. Campinas: Millennium, 2008. p. 147.

2.2.3.7. Espontaneidade

O interrogatório deve ser livre de pressões ou constrangimentos. A intimidação pelo juiz ou órgão acusador não é admitida, sob pena de invalidação do ato. Da mesma maneira, se o magistrado advertir que o silêncio será interpretado em prejuízo do interrogado, haverá nulidade, contudo meramente relativa, cabendo a demonstração do prejuízo. Não são admitidos detectores de mentira, mesmo que o réu aceite se submeter a tal constrangimento. Se isso ocorrer, a nulidade é insanável.

Acreditamos que o interrogatório realizado dentro do estabelecimento prisional, como prevê o § 1º, do art. 185, do CPP, dificulta a espontaneidade do ato. É claro que o preso não ficará a vontade para relatar, no interrogatório realizado dentro do presídio, circunstâncias que possam esclarecer o fato, principalmente se estas comprometerem outros infratores, afinal, a "lei do silêncio" impera nos estabelecimentos prisionais, e a pena para esta violação é paga muitas vezes com a vida. Como delatar outros infratores que estão no mesmo ambiente prisional? E denunciar a tortura praticada para que houvesse confissão? É o risco que muitos optam por não correr.

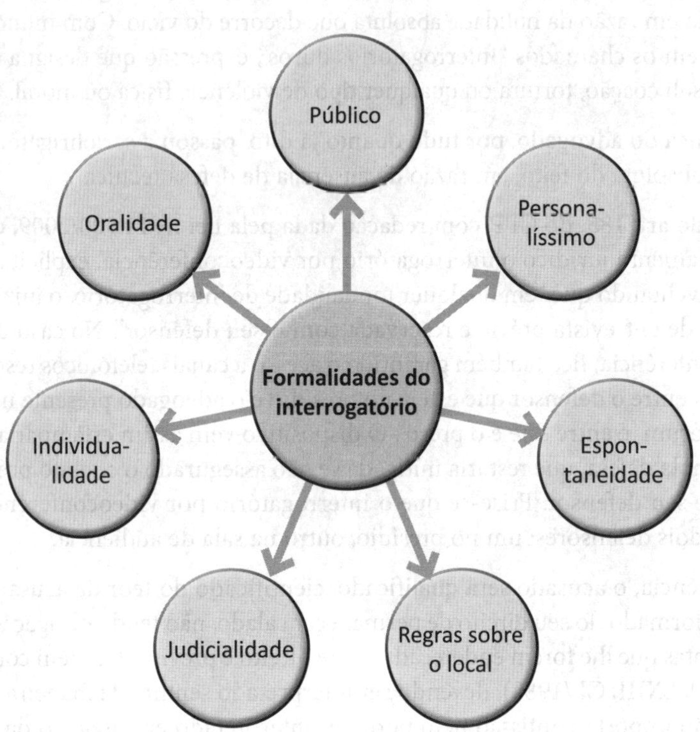

2.2.4. Procedimento

A Lei nº 10.792/2003 disciplinou o procedimento do interrogatório, alterando os artigos 185 e seguintes do CPP, sofrendo incremento da Lei nº 11.900/2009, o que passaremos a enfrentar neste tópico.

2.2.4.1. Preliminares

De início, o interrogado terá o direito de entrevistar-se reservadamente com seu defensor, caso isto ainda não tenha ocorrido. É o momento em que se assegura orientação técnica efetiva ao interrogado, para que ele tenha conhecimento da finalidade do ato, como se comportar, qual o papel dos presentes, quais as suas alternativas etc. Não são poucos os réus, notadamente os de baixa instrução (que é o prevalente), que não têm a menor ideia do que vai se passar na audiência. O interrogatório, então, que seria um momento de suma importância ao processo, acaba se transformando em um martírio processual de pouca utilidade, onde não se consegue evoluir pela dificuldade de trato com o interrogado. Não é raro o fato de a autoridade perder a paciência, na falsa imagem de que o interrogado não deseja colaborar, quando em verdade, é o medo, a ignorância, a falta de orientação que acabam atravancando a audiência.

Caso a autoridade negue a entrevista preliminar, o prejuízo é presumido, ocorrendo vício insanável do ato. Estará o magistrado tumultuando arbitrariamente a evolução procedimental, dando ensejo à correição parcial. A negativa de entrevista prévia viola "direito sensível", que viola "norma sensível", protetiva de direitos individuais de primeira geração, sendo passível de invalidação em razão da nulidade absoluta que decorre do vício. Com muito mais razão, não se admitem os chamados "interrogatórios duros", expressão que designa a tomada de depoimento sob coação, tortura ou qualquer tipo de violência física ou moral.

A presença do advogado, por tudo quanto já dito, passou a ser obrigatória, sob pena de nulidade absoluta do feito, em razão da ausência de defesa técnica.

O § 5º, do art. 185, do CPP, com redação dada pela Lei nº 11.900/2009, que introduziu no ordenamento jurídico o interrogatório por videoconferência, explicita a lição aqui sustentada, aventando que "em qualquer modalidade de interrogatório, o juiz garantirá ao réu o direito de entrevista prévia e reservada com o seu defensor". No caso de realização "por videoconferência, fica também garantido o acesso a canais telefônicos reservados para comunicação entre o defensor que esteja no presídio e o advogado presente na sala de audiência do Fórum, e entre este e o preso". O dispositivo vem assim estampar a garantia do acusado à ampla defesa, que restaria mitigada se não assegurado o contato prévio e efetivo entre o réu e seu defensor. Frise-se que o interrogatório por videoconferência exigirá a presença de dois defensores: um no presídio, outro na sala de audiência.

Na sequência, o acusado será qualificado, cientificado do teor da acusação que pesa contra si e informado do seu direito de permanecer calado, não tendo obrigação de responder as perguntas que lhe forem endereçadas. Este direito é previsto também constitucionalmente (art. 5º, LXIII, CF/1988), devendo ser interpretado sempre de maneira extensiva[127]. O silêncio não importa confissão nem pode ser interpretado em prejuízo da defesa. Tem prevalecido o entendimento de que o direito ao silêncio não abrange a qualificação. O interrogado não poderia calar-se e estaria obrigado a dizer a verdade, podendo incorrer em sanção penal (desobediência ou falsa identidade). Neste sentido, Guilherme Nucci assevera que "o direito ao silêncio não é ilimitado, nem pode ser exercido abusivamente.

127. STJ – Quinta Turma – HC 188.141 – Rel. Min. Laurita Vaz – DJe 28/06/2011.

As implicações, nessa situação, podem ser graves, mormente quando o réu fornece, maldosamente, dados de terceiros, podendo responder pelo seu ato"[128].

Não nos parece, contudo, a melhor solução. Os elementos que caracterizam a qualificação, como nome, sobrenome, filiação, estado civil, endereço, naturalidade, RG, CPF, dente outros, podem vincular o interrogado a outras infrações, ou militar em seu desfavor no transcorrer do processo. Acompanhamos uma audiência na comarca de Pão de Açúcar, Estado de Alagoas, por uso de documento falso, onde o interrogado negou-se a prestar os devidos esclarecimentos acerca de sua qualificação, por ter um vasto histórico criminal, inclusive com mandados de prisão expedidos no Estado de São Paulo. Ora, se ninguém está obrigado a se autoincriminar, é claro que o interrogado não pode ser repreendido por se negar a fornecer os elementos acerca da sua real identidade. A ele é inexigível conduta diversa.

Não obstante nosso entendimento, é importante ressaltar que os Tribunais Superiores[129-130], têm se posicionado pela "tipicidade da conduta daquele que se atribui identidade falsa perante autoridade policial com o intento de ocultar maus antecedentes" não sendo alcançado, portanto, pelo princípio da autodefesa. O STJ, inclusive, sumulou a matéria por meio do enunciado nº 522, assentando que a conduta de atribuir-se falsa identidade perante autoridade policial é típica, ainda que em situação de alegada autodefesa. Em que pese a Súmula referir-se à atribuição de falsa identidade perante à autoridade policial, seu teor pode ser suscitado para falsa identidade durante interrogatório prestado em juízo.

2.2.4.2. Conteúdo

Superada a fase preliminar, quanto ao conteúdo, o interrogatório está subdivido em duas partes: a primeira focando a pessoa do acusado, e a segunda tratando dos fatos que lhe são imputados.

Na **primeira etapa do interrogatório**, também conhecida como "pregressamento", o magistrado vai procurar conhecer o interrogado, individualizando-o, fazendo perguntas "sobre a residência, meios de vida ou profissão, oportunidades sociais, lugar onde exerce a sua atividade, vida pregressa, notadamente se foi preso ou processado alguma vez e, em caso afirmativo, qual o juízo do processo, se houve suspensão condicional ou condenação, qual a pena imposta, se a cumpriu e outros dados familiares e sociais" (art. 187, § 1º, CPP). Esses elementos são importantes não só para a dosimetria da pena, na aferição das circunstâncias judiciais (art. 59, CP), mas também para extrair do interrogatório a coculpabilidade social pela situação de delinquência do interrogado. Esta nada mais é do que a corresponsabilidade da coletividade pela atividade criminosa, já que suas omissões em promover política social levam a propensão ao crime daqueles que estão na condição de excluídos.

Segundo Rogério Greco, a "teoria da coculpabilidade ingressa no mundo do Direito Penal para apontar e evidenciar a parcela de responsabilidade que deve ser atribuída à sociedade quando da prática de determinadas infrações penais pelos seus 'supostos cidadãos'.

128. NUCCI, Guilherme de Souza. *Manual de processo penal e execução penal*. 3. ed. São Paulo: RT, 2007. p. 390.
129. STJ – HC 151.866 – Info 488.
130. STF – Plenário – RE 640139 RG – Rel. Min. Dias Toffoli – DJe 14/10/2011.

Contamos com uma legião de miseráveis que não possuem um teto para se abrigar, morando embaixo de viadutos ou dormindo em praças ou calçadas, que não conseguem emprego, pois o Estado não os preparou ou os qualificou para que pudessem trabalhar, que vivem a mendigar por um prato de comida, que fazem uso da bebida alcoólica para fugir à realidade que lhes é impingida. Quando tais pessoas praticam crimes, devemos apurar e dividir essa responsabilidade com a sociedade"[131].

A falta de oportunidade de emprego, moradia, educação, saúde, que contribuem para que o agente se envolva na atividade delitiva, pode funcionar como atenuante genérica, ou nas situações de maior evidência, pode implicar na absolvição do réu, afastando-se a culpabilidade pela inexigibilidade de conduta diversa. Salutar a previsão do CPP em permitir o conhecimento da vida do interrogado, destinando um tópico do interrogatório com esta finalidade.

Tal como deve ocorrer quando da instauração da investigação preliminar, também quando interrogado o investigado ou o acusado preso, deve a autoridade questionar sobre a existência de filhos ou incapazes sob a sua responsabilidade, garantindo a proteção à Primeira Infância. Foi, desse modo, acrescido o § 10º ao art. 185, gizando que "do interrogatório deverá constar a informação sobre a existência de filhos, respectivas idades e se possuem alguma deficiência e o nome e o contato de eventual responsável pelos cuidados dos filhos, indicado pela pessoa presa".

A informação servirá de norte à aplicação de pena (individualização e acompanhamento), bem como à avaliação acerca da necessidade de substituição da prisão preventiva pela prisão cautelar domiciliar. Cumpre observar que a prisão cautelar domiciliar é regida pelo art. 318, CPP[132], sendo diversa da prisão albergue domiciliar, disciplinada na Lei de Execução Penal. As disposições alteradoras do CPP são direcionadas ao preso provisório. No entanto, é correto concluir que os filhos do preso definitivo também devem ser tutelados pelos postulados da Lei do Marco Legal da Primeira Infância. Daí que essa informação também deve constar dos registros do apenado, aplicando-se, no que couber, a ele, no estrito interesse do menor.

Por outro lado, embora o dispositivo refira a informação sobre a existência de filhos quando se cuidar de pessoa presa, é de bom grado que sempre se indague sobre essa circunstância, mesmo no caso de investigado ou acusado solto, haja vista que é factível um decreto de prisão provisória no curso do processo, o que poderá acarretar prejuízo ao filho menor caso não se conheça aquela situação.

Já a **segunda etapa do interrogatório** destina-se à aferição dos fatos apurados no processo. É a etapa de mérito. Nela o réu poderá aceitar como verdadeira ou negar a imputação que lhe é feita, e caso confesse o crime, será indagado sobre os motivos que o levaram ao delito, além das circunstâncias do fato, e se outras pessoas participaram. Se negar a acusação, total ou parcialmente, poderá prestar esclarecimentos e indicar provas; poderá atribui-la a terceiros; terá a oportunidade de esclarecer onde estava ao tempo do crime, ou até mesmo se ouviu falar dos acontecimentos; se conhece as provas que já foram apuradas, a exemplo

131. GRECO, Rogério. *Curso de direito penal*: parte geral. 2. ed. Rio de Janeiro: Impetus, 2003. p. 469.
132. Art. 318 do CPP modificado pela Lei nº. 13.769/2018 que acrescentou os arts. 318-A e 318-B.

de perícias, documentos, dentre outras; se conhece a vítima e as testemunhas do fato, e se tem algo a alegar contra elas; se conhece os instrumentos do crime e demais objetos a ele relacionados; será indagado, ainda, acerca de todos os pormenores que circundam a infração e que podem ter influência decisiva na dosimetria da pena e tudo o mais que possa militar em favor da sua defesa (art. 187, § 2º, CPP). Deve-se buscar sensibilidade no encadeamento das perguntas. Os modelos de interrogatório pré-fabricados, desconectados do contexto dos fatos, prejudicam substancialmente o entendimento do que é produzido em audiência.

Nada impede, apesar da alteração do art. 191, do CPP, que o magistrado consigne no termo de audiência as perguntas que deixaram de ser respondidas pelo interrogado, relatando, se o imputado desejar, os motivos invocados para permanecer calado.

Findas as perguntas do juiz, este indagará à acusação e ao defensor se restou algum ponto a ser esclarecido, o que oportuniza a realização de reperguntas, que serão formuladas ao interrogado se o juiz entender pertinente e relevante. O STJ tem admitido, inclusive, a pergunta realizada pela defesa do corréu no interrogatório dos demais acusados, assegurando-se a ampla defesa e o contraditório[133]. Em todo caso, deve o magistrado coibir as reperguntas que tenham intuito de insultar ou constranger o réu.

Caso o magistrado negue a pergunta formulada, a negativa ficará consignada no termo de audiência, inclusive com o teor da pergunta apresentada, e o fundamento da denegação, para eventual alegação posterior de nulidade por cerceamento do direito de defesa ou de acusação. O interrogado não está obrigado a responder as reperguntas, inclusive aquelas que forem formuladas pelo próprio advogado. Cabe a ele selecionar o que lhe é ou não conveniente responder.

Seguimos o sistema presidencialista, e as reperguntas são feitas por intermédio do magistrado. Nada impede que este permita que as partes perguntem diretamente ao réu. Com a Lei nº 11.690/2008, admitindo a interpelação direta das testemunhas (art. 212, CPP), sem o obstáculo judicial, entendemos que tal previsão deve se estender a todas as inquirições, não só do interrogado, mas também dos peritos, assistentes, vítima, independentemente do procedimento a ser seguido, superando-se o sistema presidencialista.

No plenário do júri, quanto às perguntas das partes e do assistente, estas serão feitas sem intermédio do juiz presidente, numa interação direta entre o réu e os interpelantes. Os jurados, por sua vez, farão perguntas por meio do magistrado que preside o julgamento (art. 474, § 1º e § 2º, CPP). Havendo interferência do juiz presidente, haverá, em regra, mera irregularidade. Caso haja cerceamento da acusação ou da defesa, tolhidas da atuação plena no júri, por conduto do magistrado que centraliza o encaminhamento das perguntas, haverá nulidade (relativa), devendo a parte demonstrar o prejuízo.

2.2.4.3. Formalidades

As perguntas e respostas ficarão consignadas no termo de audiência, que todos os presentes devem assinar. Nada impede, por analogia ao art. 210 do CPC/2015, o uso da taquigrafia ou estenotipia, que são técnicas de escrita abreviada usando sinais típicos, que

133. STJ – HC 198.668 – Info 503.

permitem uma rápida transcrição daquilo que é ditado. Por previsão do art. 65, § 3º, da Lei nº 9.099/1995, o ato poderá ser gravado em fita magnética ou equivalente. É o que se espera num futuro próximo em todos os procedimentos, evitando-se distorções. Por sua vez, o § 1º, do art. 405, do CPP, assevera que, quando possível, o registro dos depoimentos do investigado, indiciado, ofendido e testemunhas será feito pelos meios ou recursos de gravação magnética, estenotipia, digital ou técnica similar, inclusive audiovisual, destinada a obter maior fidelidade das informações. É a tecnologia sendo empregada para fidelizar o ato e imprimir maior celeridade ao procedimento.

Se o interrogado não souber escrever, por ser analfabeto; não puder assinar, por ser deficiente físico, ou não quiser fazê-lo, tal fato deve ser consignado no termo. Não se deve usar o famigerado expediente de colheita das impressões digitais, por absoluta ausência de previsão legal, além do evidente constrangimento.

Interrogatório do acusado	‣ Entrevista reservada com o defensor:	‣ Assegura a defesa do réu; ‣ Uma vez negado este direito, há nulidade insanável.
	‣ Qualificação do acusado, cientificação da acusação e informação sobre seus direitos	–
	‣ Interrogatório:	‣ Sobre a pessoa e sobre os fatos; ‣ Inquirição: adoção do sistema presidencialista, salvo o júri; ‣ Direito ao silêncio.

2.2.4.4. Interrogatório do réu menor de vinte e um anos

Havia previsão no art. 194, do CPP, da nomeação de curador, pessoa obrigatoriamente alfabetizada, não necessariamente advogado, para acompanhar o interrogatório do réu que tinha entre dezoito e vinte e um anos incompletos. O curador era aquele indivíduo que daria conforto psicológico ao interrogado, que pela pouca idade, poderia estar constrangido na audiência. Advirta-se que o Código Civil de 1916 considerava tais indivíduos relativamente capazes. O STF, tratando do curador, editou à época a Súmula nº 352, informando que não é nulo o processo penal por falta de nomeação de curador ao réu menor que teve a assistência de defensor dativo.

Com o advento do atual Código Civil, que, em seu art. 5º, considerou como absolutamente capazes os maiores de dezoito anos, pairou a dúvida acerca da vigência ou não do art. 194 do CPP, a exigir ainda a figura do curador durante o interrogatório, já que o art. 2043 do Código Civil exigia que os demais diplomas normativos se autorregulamentassem.

Pacificando a discussão, a Lei nº 10.792/2003 revogou de forma expressa o art. 194, do CPP, não havendo mais de se falar em curador, pelo fato de o interrogado possuir entre dezoito e vinte e um anos na data do seu interrogatório, afinal, tais indivíduos são absolutamente capazes. Da mesma forma, o art. 15, do CPP, prevendo a nomeação de curador durante as declarações do indiciado na fase do inquérito policial quando este tenha entre dezoito e vinte e um anos incompletos, encontra-se revogado tacitamente.

E a figura do curador desapareceu? Ainda subsiste o curador para os inimputáveis por doença mental, e para aqueles que não tenham plena capacidade.

2.2.4.5. Compatibilidade com o inquérito policial

Prevê o art. 6º, V, CPP, que a oitiva do indiciado será realizada nos moldes do interrogatório judicial. Entretanto, a disciplina dada pela Lei nº 10.792/2003 ao interrogatório, tais como a obrigatoriedade da presença do advogado, a possibilidade de reperguntas, a entrevista preliminar, não têm aplicação, como regra, na fase do inquérito policial, pois este é inquisitivo, não comportando contraditório ou ampla defesa. O delegado não está obrigado a aguardar a presença do advogado para ouvir o indiciado, contudo, se fazendo presente à delegacia com o causídico, este permanecerá durante a oitiva, o que vai agregar valor ao ato, além de coibir excessos. Nada impede, apesar de ser ato discricionário da autoridade policial, que o delegado admita reperguntas, ou assegure a entrevista preliminar reservada. É ato de bom senso, apesar da inquisitoriedade da fase preliminar.

2.2.4.6. Interrogatório por videoconferência

A tendência reformista do Código de Processo Penal veio consagrar a polêmica possibilidade de interrogatório por videoconferência, mediante a edição de lei de constitucionalidade material duvidosa. A Lei nº 11.900/2009 trouxe a previsão de que, excepcionalmente, o magistrado, por decisão suficientemente motivada, possa realizar o interrogatório do réu preso por sistema de videoconferência ou outro recurso tecnológico de transmissão de sons e imagens em tempo real. A designação de interrogatório "eletrônico", nesses termos, poderá ocorrer de ofício ou a requerimento de qualquer das partes.

A ideia que norteou a edição desse diploma legislativo é conhecida e vem inspirando as sucessivas alterações do Código de Processo Penal, de cunho inquisitivo, embora vez por outra procure fazer crer que se está prestigiando os valores constitucionais. Busca-se, primordialmente, atender os ditames da lei e da ordem, sustentando-se no discurso que enfatiza a necessidade de "segurança", "economia" e "celeridade", deixando ao largo os direitos e garantias processuais constitucionais.

É assim que o § 1º, do art. 185, do CPP, preconiza que o interrogatório do réu preso será realizado, em sala própria, no estabelecimento em que estiver recolhido, desde que estejam garantidas a segurança do juiz, do membro do Ministério Público e dos auxiliares bem como a presença do defensor e a publicidade do ato.

Para justificar a medida, o § 2º utiliza-se de expressões de textura aberta e que dá ensejo à ampliação do poder discricionário do magistrado, autorizando que, "excepcionalmente" e "por decisão fundamentada" o juiz designe interrogatório por videoconferência, desde que necessário "para atender a uma das seguintes finalidades":

(1) prevenir risco à segurança pública, quando exista fundada suspeita de que o preso integre organização criminosa ou de que, por outra razão, possa fugir durante o deslocamento.

(2) viabilizar a participação do réu no referido ato processual, quando haja relevante dificuldade para seu comparecimento em juízo, por enfermidade ou outra circunstância pessoal, a exemplo da avançada idade;

(3) impedir a influência do réu no ânimo de testemunha ou da vítima, desde que não seja possível colher o depoimento destas por videoconferência, nos termos do art. 217, do CPP;

(4) responder à gravíssima questão de ordem pública, como quando a presença do réu ao interrogatório possa conturbar o bom andamento da comarca, com manifestações, e até mesmo risco a integridade física do imputado e dos presentes.

Como se depreende, a aplicação do dispositivo é medida extrema. Tanto isso é verdade que, no caso de acusado que ameace influenciar o ânimo de testemunha ou da vítima, deve ser priorizada a oitiva destas por videoconferência, ao invés do primeiro, isto é, o interrogatório, com sua natureza jurídica de meio de defesa, deve ser prioritariamente realizado pessoalmente com o juiz. A incidência do dispositivo sem justificativa ou com motivação que mascare a possibilidade do interrogatório mediante contato pessoal com o magistrado ocasionará nulidade.

O Supremo Tribunal Federal já teve oportunidade de se manifestar sobre a validade do interrogatório por videoconferência. Entendemos que a previsão, em abstrato, é preponderantemente inconstitucional, mormente quando alusiva ao interrogatório. No plano concreto, a aplicação dos enunciados será inconstitucional toda vez que se revelar desnecessária, isto é, sempre que se mostrar possível a produção da prova por meio de contato pessoal com o juiz, bem como também o será quando os motivos sustentados para a realização do interrogatório por videoconferência não sejam verificados ou quando não atendam ao critério da proporcionalidade.

Foi evidenciando esse entendimento que a Corte Suprema, por sua Segunda Turma, ainda antes de editada a Lei nº 11.900/2009, "deferiu *habeas corpus* impetrado em favor de paciente cujo interrogatório fora realizado por videoconferência, no estabelecimento prisional em que recolhido, sem que o magistrado declinasse as razões para a escolha desse sistema". Na hipótese então apreciada, o acusado não havia sido "citado ou requisitado para se defender, mas apenas instado a comparecer à sala da cadeia pública, no mesmo dia em que o interrogatório acontecera", afrontando o seu direito de ser entrevistado previamente com seu defensor. O STF, naquela ocasião, entendeu que o interrogatório do réu, "realizado – ainda na vigência da redação superada do art. 185 do CPP – por teleaudiência, estaria eivado de nulidade, porque violado o seu direito de estar, no ato, perante o juiz", eis que, na época não estava a videoconferência arrolada no ordenamento jurídico brasileiro[134].

Em acréscimo, o Pretório Excelso asseverou que ainda que houvesse a previsão de interrogatório por videoconferência (agora existente com a edição da Lei nº 11.900/2009), a decisão de realizá-lo "deveria ser motivada, com demonstração de sua excepcional necessidade no caso concreto, o que não ocorrera na espécie". Diante da redação anterior do art. 185, do CPP e "em termos de garantia individual, o virtual não valeria como se real ou atual fosse, haja vista que a expressão 'perante' não contemplaria a possibilidade de que esse ato seja realizado ***on-line***". Finalizando, o STF afastou "as invocações de celeridade, redução dos custos e segurança referidas pelos favoráveis à adoção desse sistema" e considerou "que o interrogatório por meio de teleconferência viola a publicidade dos atos processuais e que o prejuízo advindo de sua ocorrência seria intuitivo, embora de demonstração impossível",

134. STF – 2ª Turma – HC 88914/SP – Rel. Min. Cezar Peluso – Informativo n.º 476 de 13 a 17 de agosto de 2007 – Interrogatório por videoconferência – 1.

concluindo "que a inteireza do processo penal exige defesa efetiva, por força da Constituição que a garante em plenitude, e que, quando impedido o regular exercício da autodefesa, em virtude da adoção de procedimento sequer previsto em lei, restringir-se-ia a defesa penal"[135].

A decisão da Suprema Corte, conquanto tenha assinalado os fundamentos pelos quais entendemos incompatível o interrogatório por videoconferência com a Constituição, acabou abrindo as portas para o advento da Lei nº 11.900/2009. Tanto isso é exato que o texto dessa lei se utilizou de linguagem redefinitória do procedimento para a realização do interrogatório – tal como constam dos fundamentos do julgado do Supremo Tribunal Federal –, visando justificar, retoricamente, o uso de meios tecnológicos para satisfazer a ideologia da segurança que inspira os seus protagonistas.

Como essa matéria tem repercussão nos procedimentos e no sistema de nulidades processuais penais, tornaremos a enfrentar o tema do interrogatório por videoconferência nos capítulos que tratamos daqueles (Capítulos XIII e XV).

2.3. Confissão

2.3.1. Conceito e objeto

É a admissão por parte do suposto autor da infração, de fatos que lhe são atribuídos e que lhe são desfavoráveis. O reconhecimento da infração por alguém que não é sequer indiciado não é tecnicamente confissão, e sim autoacusação. Confessar é reconhecer a autoria da imputação ou dos fatos objeto da investigação preliminar por aquele que está no polo passivo da persecução penal.

Segundo Nucci, deve-se "considerar confissão apenas o ato voluntário (produzido livremente pelo agente, sem qualquer coação), expresso (manifestado, sem sombra de dúvida, nos autos) e pessoal (inexiste confissão, no processo penal, feita por preposto ou mandatário, o que atentaria contra a segurança do princípio da presunção de inocência)"[136].

Como o réu defende-se dos fatos, estes é que podem ser objeto da confissão.

José Frederico Marques caracteriza a confissão por ser:

(1) **prova *contra se pronuntiatio*** (principal característica), eis que é um testemunho da parte acusada cujo conteúdo lhe é contrário;

(2) um **testemunho duplamente qualificado**, haja vista que: (a) sob a ótica objetiva, recai sobre fatos adversos ao interesse da pessoa imputada que confessa; e (b) sob o prisma subjetivo, é declaração que advém do próprio acusado e não de terceira pessoa[137].

2.3.2. Natureza jurídica

A confissão é um meio de prova como outro qualquer, admissível para a demonstração da verdade dos fatos.

135. STF – 2ª Turma – HC 88914/SP – Rel. Min. Cezar Peluso – Informativo n,º 476 de 13 a 17 de agosto de 2007 – Interrogatório por videoconferência – 2.

136. NUCCI, Guilherme de Souza. *Manual de processo penal e execução penal*. 3. ed. São Paulo: RT, 2007. p. 398.

137. MARQUES, José Frederico. Elementos de direito processual penal: volume II. 2. ed. Campinas, 2003. p. 394-395.

2.3.3. Espécies

A classificação da confissão está assim apresentada:

(a) Quanto ao local ou autoridade perante a qual é feita:

- **Judicial**: é a realizada perante o magistrado competente (confissão judicial própria). É possível que seja realizada perante autoridade incompetente para o julgamento do processo, como na hipótese de carta precatória (confissão judicial imprópria)[138];
- **Extrajudicial**: realizada no transcurso do inquérito policial ou fora dos autos, ou ainda perante outras autoridades, como dentro de procedimento administrativo correicional ou perante CPI. Terá que ser reproduzida no processo para surtir algum efeito na esfera penal.

(b) Quanto aos efeitos:

- **Simples**: é o reconhecimento puro e simples da imputação, sem modificação ou implemento de informações;
- **Complexa**: quando o réu reconhece vários fatos criminosos que são objeto do processo;
- **Qualificada**: o réu confessa o fato, agregando novos elementos para excluir a responsabilidade penal, como excludentes de ilicitude, de culpabilidade etc.

(c) Quanto à forma:

- **Expressa** ou **explícita**: é aquela produzida através da palavra falada ou escrita, onde indubitavelmente o agente reconhece os fatos que lhe são imputados;
- **Tácita** ou **ficta**: é a decorrente da não impugnação da inicial acusatória. Evidente, pela presunção de inocência, que a confissão tácita não tem aplicação na esfera criminal. Da mesma forma, a previsão da parte final do art. 198, do CPP, admitindo que o silêncio, apesar de não significar confissão, poderá constituir elemento para a formação do convencimento do julgador não tem mais aplicação, pois está tacitamente revogado, em face da vigente redação do parágrafo único, do art. 186, do CPP, dispondo que o silêncio não pode ser interpretado em desfavor da defesa;
- **Implícita**: é a que decorre de atitude (ação) do agente incompatível com a produção de defesa, tal como se dá com a reparação do dano civil. Tal confissão não tem aplicabilidade no direito processual penal, só incidindo no âmbito onde o direito é disponível.

(d) Quanto à abrangência subjetiva:

- **Individual**, **exclusiva** ou **confissão *stricto sensu***: o agente reconhece exclusivamente os fatos que lhe são imputados, sem apontar a participação de outras pessoas ou fatos imputados a outros agentes;
- **Delatória**: é a confissão que se faz acompanhar da colaboração do agente para apontar coautores ou partícipes da mesma infração penal ou de outras conexas. Cuida-se de afirmação que possibilita o chamamento de coautores ou partícipes e que, se admitida por lei, possibilita uma sanção premial em favor do agente colaborador (delação premiada);

138. NUCCI, Guilherme de Souza. *Manual de processo penal e execução penal*. 3. ed. São Paulo: RT, 2007. p. 399.

2.3.4. Requisitos

Para que a confissão esteja revestida de regularidade, deve atender aos seguintes requisitos[139]:

2.3.4.1. Materiais ou intrínsecos

São requisitos inerentes ao ato, para lhe dar credibilidade e aproveitamento:

- verossimilhança: deve ser aferido se é factível, provável que o fato tenha ocorrido da forma como confessado;
- certeza: provocada no julgador;
- clareza: é a confissão límpida, despida de ambiguidades, contradições ou elementos que possam dificultar o entendimento do ocorrido ou a real vontade do confidente;
- persistência: é a segurança transmitida pela repetição do fato, sem disparidade entre a versão dada inicialmente e as posteriores reproduções;
- coincidência: é a compatibilidade com os demais elementos probatórios existentes nos autos.

2.3.4.2. Formais ou extrínsecos

São questões de ordem procedimental, para dar validade ao ato:

- pessoalidade: a confissão tem que ser feita pelo próprio réu. Não poderá fazê-lo por intermédio de interposta pessoa ou por procurador, mesmo que este possua poderes especiais. Havendo corréus, a confissão de uns não vincula os demais (veja adiante o item 2.3.7, referente à delação premiada).
- ser expressa: já vimos que no processo penal não há de se falar em confissão implícita ou tácita;
- ser feita à autoridade competente;
- ser livre e voluntária: não se admite coação na realização da confissão. A tortura ou a intimidação levam ao reconhecimento da ilicitude da prova;
- higidez mental do confidente: só podem confessar as pessoas que tenham a devida capacidade de entender e querer.

2.3.5. Peculiaridades

2.3.5.1. Divisibilidade

O teor da confissão pode ser desmembrado, tomado em partes, já que o magistrado pode se convencer de parte do que foi admitido, e desconsiderar o restante. Para o STF, entretanto, como exceção, a confissão pode ser incindível, quando se trate de prova única, é dizer, formando um todo indissolúvel[140].

139. MIRABETE, Julio Fabbrini. *Processo penal*. 15. ed. São Paulo: Atlas, 2004. p. 287.
140. RTJ 46/273.

2.3.5.2. Retratabilidade

A confissão não é caminho sem volta. Admite a lei (art. 200, CPP) que o réu venha a desdizer o que afirmou como verdade anteriormente. Em o fazendo, não pode o magistrado negar a realização de novo interrogatório para esta finalidade. Em razão do livre convencimento motivado, é possível que a retratação não convença o juiz, que na decisão, poderá tomar como verdade a confissão anteriormente apresentada. Desta forma, a retratação não vincula o julgador.

2.3.6. Valor probatório

Segundo o item VII, da Exposição de Motivos do CPP, não existe hierarquia entre as provas, sendo a confissão mais um meio probatório, e na sua apreciação o magistrado deverá confrontá-la com as demais provas do processo, para aferir se há compatibilidade entre elas (art. 197, CPP), dando o devido valor à confissão apresentada. A confissão perdeu o ***status*** de prova absoluta, e como as demais, o seu valor é relativo, cabendo ao juiz a justa valoração.

Lembramos que se o crime deixar vestígios, a materialidade não pode ser provada pela confissão, pois é necessária a realização do exame de corpo de delito (art. 158, CPP). Na ausência deste, a prova testemunhal suprirá a omissão (art. 167, CPP). Nestas hipóteses, a confissão servirá para demonstrar a autoria, já que a materialidade estará a depender da realização de perícia.

2.3.7. Delação e delação premiada

É possível que no transcorrer do interrogatório, além de confessar a infração, o interrogado decline o nome de outros comparsas. Esta é a delação, que serve validamente como prova, notadamente quando corroborada pelos demais elementos colhidos na instrução.

Para que obtenha o ***status*** probatório, a delação deve se submeter ao contraditório, oportunizando-se ao advogado do delatado que faça reperguntas no transcorrer do interrogatório, adstritas ao conteúdo da delação. Se necessário for, admite-se a marcação de novo interrogatório, para que se oportunize a participação do defensor do delatado. De acordo com a Súmula nº 65 das Mesas de Processo Penal da USP, "o interrogatório de corréu, incriminando outro, tem, com relação a este, natureza de depoimento testemunhal, devendo, por isso, se admitirem reperguntas". Este entendimento permite a conclusão, ***contrario sensu***, de que o corréu não delator pode deixar de ser ouvido, sem que isso configure cerceamento de defesa[141].

É da natureza da delação premiada ser submetida ao sigilo, notadamente quando essa cautela for necessária para o êxito da colaboração[142].

Segundo o STF, o sistema processual brasileiro não admite a oitiva de corréu na qualidade de testemunha ou, mesmo, de informante, exceção aberta para o caso de corréu

141. STJ – Quinta Turma – HC 189.324/RJ – Rel. Min. Laurita Vaz – DJe 26/09/2012.

142. STF – Tribunal Pleno – AP 477 AgR – Relator Min. Ricardo Lewandowski – julgado em 17/10/2013 – ACÓRDÃO ELETRÔNICO DJe-221 – DIVULG 07-11-2013 – PUBLIC 08-11-2013.

colaborador ou delator, a chamada delação premiada[143]. Isso quer dizer que em razão do compromisso do delator com o êxito das investigações e porque sua colaboração, em regra, implica imputação de autoria de infração penal a outrem, tem ele o dever, nessa parte, de declarar informação verdadeira.

Prevalece o entendimento de que o delator, na parte que atribui a si a prática do crime, produz confissão e, na parte que aponta a participação dos demais coautores age como testemunha[144] (testemunha imprópria).

No entanto, o delator ou colaborador não responde por falso testemunho (art. 342, CP), eis que a condição de corréu ("parte" da relação processual) é incompatível com a qualidade de testemunha (necessariamente isenta de suspeição). Deveras, a delação premiada é um testemunho impróprio (aquele que não presta compromisso de dizer a verdade e é ouvido na condição de informante[145]), eis que possui ingredientes de interrogatório e de prova testemunhal[146] (quando se reporta a participação dos demais coautores).

Também não responde o delator ou colaborador pelo crime de denunciação caluniosa (art. 339, CP), porquanto repugna à racionalidade subjacente à garantia do devido processo legal admitir-se possa o aparelho repressivo estatal, simultaneamente, estar a investigar a veracidade de uma delação e a processar o autor dela por denunciação caluniosa[147]. Embora seja esse o entendimento corrente na jurisprudência, importante distinguir:

(1) não responderá por denunciação caluniosa quando imputar falsamente crime a corréu que, com ele, tenha concorrido para a prática de outras infrações penais diversas daquela que indicou indevidamente (hipótese em que suas declarações não terão valor de prova testemunhal. A constatação da falsidade deve implicar a ineficácia da delação para fins de concessão do benefício premial);

(2) responderá, todavia, por denunciação caluniosa quando imputar falsamente delito a suposto comparsa que, todavia, é inocente relativamente a todas as infrações penais apuradas nos autos em que tiver sido obtida a delação (além da perda do prêmio, responderá o delator pelo crime do art. 339, CP);

(3) caso o delator, além de referir os delitos que participou com outros coautores, também informe detalhes sobre crimes que não tenha concorrido, objeto de outro processo penal, sem relação de conexão ou de continência com a trama delituosa de que fez parte, a natureza de suas declarações, quanto a tais infrações diversas, será de prova testemunhal.

O conhecimento dos fatos pela colaboração se dá, em regra, em momento anterior ao início do processo penal, com a necessidade, porém, de contraditório sucessivo. É,

143. STF – Segunda Turma – RHC 116108 – Relator Min. Ricardo Lewandowski – julgado em 01/10/2013 – PROCESSO ELETRÔNICO – DJe-206 DIVULG 16-10-2013 – PUBLIC 17-10-2013.

144. BADARÓ, Gustavo Henrique; BOTTINI, Pierpaolo Cruz. *Lavagem de dinheiro*: aspectos penais e processuais penais: comentários à Lei 9.613/1998, com as alterações da Lei 12.683/2012. 2. ed. São Paulo: RT, 2013. p. 173.

145. STF – Tribunal Pleno – AP 470 QO-terceira – Relator Min. Joaquim Barbosa – julgado em 23/10/2008 – DJe-079 – DIVULG 29-04-2009 – PUBLIC 30-04-2009.

146. SILVA, Pedro Francisco. *Validade e eficácia dos meios operacionais para prevenção e repressão de ações praticadas por organizações criminosas no Brasil*. 2007. 114 f. Dissertação (Mestrado), Universidade Federal de Santa Catarina, Florianópolis. p. 84.

147. STF – Primeira Turma – HC 82941 – Relator Min. Sepúlveda Pertence – julgado em 16/06/2003 – DJ 27-06-2003.

geralmente, procedimento "extraprocessual", que deve assegurar a participação de defensores, mas que deve ser levado ao juiz, assegurando-se o respeito ao princípio do contraditório, ainda que posterior.

No entanto, não é impossível que a colaboração premiada possa ocorrer após a propositura da ação penal, inclusive mesmo depois do trânsito em julgado da ação penal condenatória, na fase de execução penal ou mesmo em sede de revisão criminal. Caso se dê fora de audiência judicial, carecerá de requerimento dirigido à autoridade judiciária competente para fins de sua homologação e de sua elevação ao patamar de "prova", abrindo-se a possibilidade de aplicação do "prêmio" previsto em lei.

Devem ser assegurados, de todo modo, o contraditório e a aferição dos requisitos legais da colaboração premiada. Vale dizer, a concessão do benefício decorrente da delação premiada requer revolvimento da matéria probatória para que seja identificado o efetivo grau de efetividade da colaboração[148], ainda que se dê mediante incidente nos autos de execução penal. O magistrado deve estar atento aos motivos subjetivos que levaram o agente a delatar, isto é, ao móvel subjetivo para o delator apontar os demais comparsas. É necessária a valoração da prova efetivamente obtida pela atividade colaboradora do agente, a fim de não se admitir delação de fatos sem fundamento empírico ou acusações temerárias contra terceiros (os denominados móveis espúrios, turvos ou inconfessáveis, decorrentes de vinditas ocultas ou dissimuladas).

O "prêmio" a ser aplicável pode consistir em benefícios penais e/ou processuais penais proporcionais ao grau de efetividade da colaboração. Daí que, mesmo antes do início do processo penal, podem o Ministério Público e a autoridade policial, com a prudência necessária, instarem investigados ou indiciados a colaborarem, informando-lhes sobre a possibilidade de auferirem benefícios penais e/ou processuais penais, na hipótese de êxito da colaboração.

Deve haver documentação de todas as tratativas, de forma escrita e, sendo possível, por sistema audiovisual. Esta última previsão não está explícita na Lei nº 12.850/2013, estudada mais adiante (item 2.3.7.9), mas é interpretação que decorre do sistema, cuja necessidade de controle é depreendida do leque de garantias processuais penais fundamentais. Entendemos inconcebível a prévia elaboração de cláusulas de termo de colaboração premiada para submissão ao delator, tal qual um contrato de adesão. O acordo de colaboração premiada deve sofrer forte dirigismo estatal, eis que, no sistema brasileiro, o legislador não deve ceder ao negociado. Vale dizer, as cláusulas mitigadoras do procedimento de aplicação de pena, por exemplo, somente são permitidas se existir dispositivo legal expresso neste sentido. Em acréscimo, o dispositivo deve ser compatível com a Constituição de 1988, para que seja aplicável sem resvalar em inconstitucionalidade[149].

Conquanto sejam, em regra, tratadas como expressões sinônimas, delação premiada e colaboração podem assumir contornos distintos:

148. Nesse sentido: STF – Primeira Turma – HC 119976 – Relator Min. Luiz Fux – julgado em 25/02/2014 – PROCESSO ELETRÔNICO – DJe-053 DIVULG 17-03-2014 – PUBLIC 18-03-2014.

149. ALENCAR, Rosmar Rodrigues. Limites jurídicos da delação premiada e a necessidade de controle recursal contra a sentença homologatória. In: *Justiça federal*: estudos em homenagem aos 45 anos da AJUFE. Roberto Carvalho Veloso; Fernando Quadros da Silva (orgs.). Belo Horizonte: D'Plácido, 2017. p.296.

(1) a **colaboração premiada** é um mecanismo previsto na legislação por meio do qual o investigado ou acusado de uma infração penal colabora, efetiva e voluntariamente, com a investigação e com o processo, recebendo, em contrapartida, benefícios penais. É mais ampla, porque não requer, necessariamente, que o sujeito ativo do delito aponte coautores ou partícipes (que podem, a depender do delito, existir ou não, bastando imaginar a colaboração do agente que, arrependido, torna possível resgate de vítima com integridade física preservada ou a apreensão total do produto do crime, porém não praticou o crime em coautoria);

(2) a **delação premiada** exige, além da colaboração para a elucidação de uma infração penal, que o agente aponte outros comparsas que, em concurso de pessoas, participaram da empreitada criminosa, como uma forma de chamamento de corréu. Outras expressões são verificadas na prática para designá-la, tais como imputação de corréu, chamamento de cúmplice, pentitismo (alusivo a *pentito* ou arrependido), ***crown witness*** (testemunho da coroa) ou, ainda, colaboração processual.[150]

A delação pode, portanto, levar à obtenção de benefício por parte do delator, que se veria estimulado a entregar os demais comparsas, prestando esclarecimentos para desvendar o delito[151]. É a delação premiada ou benéfica, prevista esparsamente na legislação e que pode ser classificada como uma "sanção premial", não sendo incompatível com o princípio que proíbe que o réu seja obrigado a se autoincriminar (*nemo tenetur se detegere*). Vejamos:

Na doutrina, fala-se em colaboração unilateral (cooperação do imputado *lato sensu*) e em colaboração bilateral (acordo de cooperação premiada, com natureza de negócio jurídico processual)[152].

A primeira dispensa negócio jurídico formalizado entre Ministério Público e imputado, devendo o juiz aferir se a colaboração por parte do acusado ocorreu de acordo com os ditames da lei de regência. Nessa perspectiva, é dever do juiz concretizar os benefícios previstos em lei toda vez que a colaboração, também preconizada por lei, revelar-se efetiva. Sendo afirmativa a constatação, deve ser aplicada, pelo juiz, a benesse gizada no texto, ainda que não o queira o órgão ministerial, a vítima ou o corréu[153]. Essa possibilidade está em todos os diplomas legais referidos, à exceção da Lei nº 12.850/2013. Todavia,

150. SILVA, Pedro Francisco. *Validade e eficácia dos meios operacionais para prevenção e repressão de ações praticadas por organizações criminosas no Brasil*. 2007. 114 f. Dissertação (Mestrado), Universidade Federal de Santa Catarina, Florianópolis. p. 23.

151. Com relação ao compartilhamento dos resultados obtidos por meio de delação premiada, a Segunda Turma, do STF, decidiu que "não há óbice ao compartilhamento de delação premiada desde que haja delimitação dos fatos", razão pela qual a Segunda Turma do STF afirmou "a possibilidade de compartilhamento de delação premiada entre o Ministério Público Federal (MPF) e o estadual". Em acréscimo, "para deliberar sobre as pretensões que envolvam o compartilhamento de provas já remetidas a outras instâncias do Poder Judiciário", a Turma "entendeu que remanesce a competência do juízo homologador do acordo de colaboração premiada para deliberação acerca de pretensões que envolvam o compartilhamento de termos de depoimento prestados pelo colaborador, ainda que haja remessa a outros órgãos do Poder Judiciário" (STF – Segunda Turma – PET 7065/DF, rel. Min. Edson Fachin, julgamento em 30.10.2018).

152. JARDIM, Afrânio Silva. Poder judiciário não deve ser refém de acordos de delação premiada do MP. *Conjur*. Disponível em: <http://www.conjur.com.br/2015-out-18/afranio-jardim-judiciario-nao-refem-acordos-delacao-premiada>. Acesso em: 18 jul. 2017.

153. Nesse sentido: SANTOS, Marcos P. D. Colaboração unilateral premiada como consectário lógico das balizas constitucionais do devido processo legal brasileiro. *Revista Brasileira de Direito Processual Penal*, Porto Alegre, vol. 3, nº 1, p. 152-155, jan./abr. 2017.

embora não esteja expressa no conceito deste diploma legal, a possibilidade deve decorrer de interpretação (definição) que considere o texto constitucional, em compasso com a finalidade de proteção da liberdade que deve ter o direito processual penal (*favor rei*).

A segunda espécie de colaboração premiada, bilateral, deve ser precedida de tratativas (negociação a respeito da qual não deve participar o juiz) e acordo prévio formalizado, com cláusulas descritas estritamente em compasso com o modelo legal (Lei nº 12.850/2013), levando-se o termo respectivo ao crivo do Judiciário para homologação.

2.3.7.1. Colaboração premiada prevista na Lei nº 8.072/1990 (crimes hediondos)

Prevê o parágrafo único do art. 8º que o participante ou associado que delatar à autoridade "quadrilha ou bando"[154], constituídos para a prática de crimes hediondos e assemelhados, possibilitando que sejam desmantelados, terá a pena reduzida de 1/3 a 2/3. Havendo a eficácia da delação, com informações valiosas para a dissolução da associação criminosa, a redução da pena é obrigatória, e está restrita ao crime de associação criminosa (art. 288, CP), não abrangendo as demais infrações praticadas pelo grupo.

2.3.7.2. Colaboração premiada prevista no art. 159, § 4º, do CP (extorsão mediante sequestro)

Havendo concurso de infratores, o concorrente que venha a delatar os demais à autoridade, possibilitando com isso a libertação do sequestrado, terá a pena reduzida de 1/3 a 2/3. Mais uma vez, o nexo entre as informações e a libertação é obrigatório, já que a delação ineficaz pode militar apenas como atenuante genérica (art. 66, CP).

2.3.7.3. Colaboração premiada prevista na Lei nº 9.807/1999 (proteção a vítimas e testemunhas)

Admite a delação premiada sem preestabelecer a infração praticada, convivendo harmonicamente com as demais normas que tratam da matéria, fracionando nos arts. 13 e 14 a admissibilidade do instituto em duas modalidades, com requisitos e efeitos distintos, vejamos:

- ***Delação do art. 13:*** admite o perdão judicial em face da delação, o que leva a extinção da punibilidade. O magistrado poderá concedê-lo de ofício, ou por requerimento das partes, desde que o delator, sendo primário, colabore de maneira efetiva e voluntária com a investigação e o processo criminal, resultando:
- na identificação dos demais coautores ou partícipes;
- na localização da vítima, com sua integridade física preservada;
- na recuperação total ou parcial do produto do crime.

A lei deu um passo importante nas consequências da delação, admitindo a clemência do juiz com a concessão do perdão, ilidindo a aplicação de pena para aquele que sendo primário (não reincidente) e voluntariamente (não precisa haver espontaneidade) colabore,

154. A lei nº 12.820/2013 alterou a redação e conteúdo do art. 288 do Código Penal, que passou a se chamar "associação criminosa".

dando ensejo a um, alguns ou todos os resultados almejados. Desta forma, não precisa haver cumulatividade. Basta a obtenção de um deles, para que o instituto seja aplicado.

Daí que se aplica, em relação à delação do art. 13, da Lei de Proteção a Vítimas e Testemunhas, uma cumulatividade relativa, mitigada ou temperada.

Exige-se ainda, no parágrafo único, que para a concessão do perdão judicial o magistrado leve em conta a personalidade do agente, além da natureza, circunstâncias, gravidade e repercussão social da infração.

- ***Delação do art. 14:*** prevê a redução da pena de 1/3 a 2/3 para o acusado ou indiciado que colaborar voluntariamente com a persecução penal (inquérito e/ou processo), na identificação dos demais coautores ou partícipes, na localização da vítima com vida, e na recuperação total ou parcial do produto do crime, que é tudo aquilo conseguido diretamente com a atividade delitiva. As benesses do dispositivo são menos atrativas do que o anterior (art. 13), que prevê a extinção da punibilidade. Assim, não atendendo o delator aos requisitos anteriores, como primariedade, personalidade favorável etc., poderá enquadrar-se no dispositivo em exame, tendo a pena reduzida.

Observações: (a) o art. 19-A, da Lei nº 9.807/1999, incluído pela Lei 12.483/2011, dispõe que aquele que figure como indiciado, acusado, vítima ou réu colaboradores, ou como vítima ou testemunha protegida pelos programas instituídos por aqueles programas legislativos, terá prioridade na tramitação do inquérito e do processo criminal correspondente; (b) o parágrafo único do referido artigo preconiza que qualquer que seja o rito processual criminal, o juiz, após a citação, tomará antecipadamente o depoimento das pessoas incluídas nos programas de proteção previstos naquela Lei, devendo justificar a eventual impossibilidade de fazê-lo no caso concreto ou o possível prejuízo que a oitiva antecipada traria para a instrução criminal; (c) para que o agente seja contemplado com os benefícios previstos na lei em razão da "colaboração", deve haver o preenchimento dos requisitos da relevância das declarações prestadas e da eficácia do resultado decorrente das informações declaradas para a elucidação do caso criminal.

2.3.7.4. Colaboração premiada prevista na Lei nº 9.613/1998 (lavagem de capitais)

A delação premiada, neste diploma, recebeu modificações da Lei nº 12.683/2012. A previsão do instituto encontra-se ainda no art. 1º, § 5º, que contempla três possibilidades ao magistrado: (1) redução da pena de 1/3 a 2/3, iniciando o agente o seu cumprimento no regime aberto ou semiaberto; (2) substituição da pena privativa de liberdade por restritiva de direitos; (3) aplicação do perdão judicial. Além de incluir a possibilidade de cumprimento em regime semiaberto, a alteração legislativa acresceu ao dispositivo em comento a expressão "a qualquer tempo", indicando que o magistrado poderá aplicar o instituto ainda que depois da sentença condenatória com trânsito em julgado. Em todo caso, permanece o requisito da espontaneidade (e não mera voluntariedade) da colaboração com a autoridade, além da necessidade de que os esclarecimentos conduzam à apuração da infração com a respectiva autoria, ou a localização dos bens, direitos ou valores objeto da lavagem. Desse modo, se as informações prestadas revelarem apenas os valores obtidos pela infração, o instituto será aplicado, não havendo a necessidade de coautoria.

	LAVAGEM DE DINHEIRO E DELAÇÃO PREMIADA	
	Antes da Lei nº 12.683/2012	**Depois da Lei nº 12.683/2012**
Previsão Legal	Art. 1º, § 5º da Lei nº 9.613/98	Art. 1º, § 5º da Lei nº 9.613/98
Redução de pena	1/3 a 2/3	1/3 a 2/3
Cumprimento de pena	Regime aberto	Regime aberto ou semiaberto
Substituição da pena	Por restritiva de direitos	Por restritiva de direitos
Perdão judicial	Sim	Sim
Momento	Até a sentença condenatória	A qualquer tempo

2.3.7.5. Colaboração premiada prevista na Lei nº 11.343/2006 (Lei de Tóxicos)

O art. 41 prevê a delação como causa especial de diminuição de pena, assegurando que o "indiciado ou acusado que colaborar voluntariamente com a investigação policial e o processo criminal na identificação dos demais coautores ou partícipes do crime e na recuperação total ou parcial do produto do crime, no caso de condenação, terá pena reduzida de um terço a dois terços". Para a aplicação do instituto, são necessários:

- a existência de inquérito instaurado com o respectivo indiciamento, ou processo criminal já deflagrado;
- voluntariedade do agente (a lei não exigiu espontaneidade);
- obtenção dos seguintes resultados, de forma cumulativa: identificação dos demais infratores e recuperação total ou parcial do produto do crime. Basta que os demais coautores ou partícipes sejam identificados (a captura não foi exigida). Se o delator indica o nome de todos aqueles de que tem conhecimento, e descobre-se depois que outras pessoas estavam envolvidas sem que ele soubesse, como, por exemplo, o grande narcotraficante responsável pela droga que atuava na clandestinidade, entendemos que ainda assim o benefício tem cabimento. Deve-se ter em conta a vontade de colaborar quando o agente delata os comparsas a ele ligados e todos os outros que chegaram ao seu conhecimento. Se dentro do sigilo do crime ele desconhece o inteiro teor da ramificação criminosa, ainda assim será beneficiado. Já o produto do crime é a substância entorpecente e sua apreensão total ou até mesmo parcial satisfaz a exigência legal.

2.3.7.6. Colaboração premiada prevista na Lei nº 7.492/1986 (crimes contra o sistema financeiro nacional)

O § 2º do art. 25 prevê a redução de pena de 1/3 a 2/3, nos crimes cometidos por quadrilhas ou em coautoria, para o agente que confesse espontaneamente a infração, revelando toda a trama delituosa à autoridade policial ou judicial. Temos aqui a necessidade de que o ato seja espontâneo e revele a trama delitiva. Não se exigiu expressamente a identificação dos demais coautores ou partícipes nem a recuperação do produto do crime. Estes fatores, contudo, podem ser sopesados na determinação do quanto de redução da pena.

2.3.7.7. Colaboração premiada prevista na Lei nº 8.137/1990 (crimes contra a ordem tributária, econômica e relações de consumo)

Contava com a mesma previsão aplicada aos crimes contra o sistema financeiro nacional, aduzindo o parágrafo único do art. 16 que, "nos crimes previstos nesta Lei, cometidos em quadrilha ou coautoria, o coautor ou partícipe que através de confissão espontânea revelar à autoridade policial ou judicial toda a trama delituosa terá a sua pena reduzida de um a dois terços". Entretanto, com a recente Lei nº 12.529/2011, a delação premiada poderá resultar em benefício maior, a extinção da punibilidade, desde que cumprido o acordo de leniência – art. 87, parágrafo único.

2.3.7.8. Colaboração premiada prevista na Lei nº 12.529/2011 (crimes diretamente relacionados com a prática de cartel)

A Lei nº 12.529/2011 instituiu o Sistema Brasileiro de Defesa da Concorrência e previu, em seu art. 86, acordo de leniência (acordo de tolerância, de brandura ou de doçura), condicionado à "identificação dos demais envolvidos na infração" e "a obtenção de informações e documentos que comprovem a infração noticiada ou sob investigação". Firmado o acordo, será suspenso o curso do prazo prescricional e fica impedido o oferecimento da inicial acusatória – "em relação ao agente beneficiário". Caso atendidos os requisitos, será extinta a punibilidade do agente, nos termos do art. 87, parágrafo único, da Lei. A previsão do novel diploma além de se aplicar aos crimes contra a ordem econômica, tipificados na Lei nº 8.137/1990, aplica-se aos "demais crimes diretamente relacionados à prática de cartel", tais como os tipificados na Lei nº 8.666/1993, e os tipificados no Código Penal.

O Supremo Tribunal Federal considerou admissível o **compartilhamento de provas** diante de acordo de leniência com colaboração premiada. No entanto, anotou limites à validade do ajuste assim vazado, aventando que ele deve estar em compasso com a jurisprudência do STF fixada na Pet 6.8457.463, assim como que o pedido deve estar delimitado e justificado, observadas cautelas peculiares à espécie. No caso, a Corte entendeu pela possibilidade do uso de elementos obtidos mediante acordo de leniência com colaboração premiada, carreando-os a inquérito civil público por improbidade administrativa, em trâmite perante o *Parquet* estadual e que investiga pessoa que não fez parte daquele ajuste[155].

DELAÇÃO PREMIADA	Lei 12.850/2013 – arts. 4º e 7º
	Lei 8.072/1990 – art. 8º, p. único
	Código Penal – art. 159, § 4º
	Lei 9.807/1999 – arts. 13 a 15
	Lei 9.613/1998 – art. 1º, § 5º (alterado pela Lei 12.683/2012
	Lei 11.343/2006 – art. 41
	Lei 7.492/1986 – art. 25 § 2º
	Lei 8.137/1990 – art. 16, p. único
	Lei 12.529/2011 – art. 87, p. único

155. STF – Segunda Turma – Informativo nº 913, de 27 a 31.8.2018 – Verbete "Acordo de leniência e compartilhamento de provas".

2.3.7.9. A colaboração premiada da Lei nº 12.850/2013 e os demais meios específicos de obtenção de prova previstos para o combate à criminalidade organizada

2.3.7.9.1. Distinções conceituais

2.3.7.9.1.1. Elementos de informação e prova

A Lei nº 12.850/2013, que define organização criminosa e dispõe sobre a investigação criminal, os meios de obtenção da prova, infrações penais correlatas e o procedimento criminal, refere à "prova" (tomada em sentido amplo), em seu art. 3º. Para precisar a aplicação dessas disposições na fase investigativa e na fase processual, usa-se a diferença entre "elementos de informação" e "prova" (em seu sentido estrito).

(1) "Elementos de informação" são os resultados auferidos durante a investigação preliminar. A regra é que não exista contraditório, eis que a investigação é unilateral, tratando-se de pesquisa, busca que se vale de meios cujos procedimentos não necessariamente estão gizados em lei.

(2) "Prova", termo de mais de uma acepção, é, no sentido aqui adotado, o resultado de meio previsto ou não em lei, mas que exige contraditório, haja vista que é produzida na fase processual, de instrução, sob a égide de controle regrado[156]. A instrução é presidida por um magistrado e significa o conjunto de atos cuja finalidade é dar ao juiz o conhecimento de um fato que lhe é submetido a julgamento. A prova é bilateral, com contraditório prévio, contemporâneo ou posterior a sua produção.

O discrímen tem a importância de conferir maior garantia à pessoa qualificada como "acusada" (com o *plus* do contraditório e da ampla defesa para a produção da prova), sem que com isso haja desprezo à proteção normativa que está na esfera das garantias individuais daquela que é suspeita, investigada ou indiciada.

Isso porque as normas de direito processual penal são regras e princípios que formam o rol dos direitos constitucionais de primeira geração. Isso quer dizer que servem de armas defensivas ao indivíduo contra o arbítrio estatal, tendo sede especial no art. 5º, da CF/1988.

(1) Com efeito, a Constituição do Brasil contém, em seu artigo 5º, vários enunciados que estabelecem o núcleo duro do sistema processual penal pátrio. Na Constituição, estão direitos como:

(a) o de que ninguém será processado ou julgado senão pela autoridade judiciária competente;

(b) o de que ninguém será preso senão em flagrante delito ou por ordem judicial fundamentada, salvo nos casos de infrações disciplinares militares e de crimes militares próprios;

(c) o de que são inadmissíveis as provas obtidas por meios ilícitos; e

(d) o de que são assegurados aos acusados o contraditório e a ampla defesa, com os meios e recursos inerentes.

156. TARUFFO, Michele. *La prueba de los hechos*. 3. ed. Tradução: Jordi Ferrer Beltrán. Madrid: Trotta, 2009. p. 427-428.

(2) As regras do Código de Processo Penal e da legislação especial devem ser interpretadas em conformidade com a Constituição, estando jungidas aos princípios constitucionais e, por tal razão, também interpretadas como garantias, como formas para que seja possível invadir a liberdade do cidadão. Desse modo, as molduras legais que instituem meios para obtenção de elementos de informação são vias intransponíveis, isto é, caminhos que devem ser observados com rigor quando aludem a limitações a garantias individuais fundamentais.

2.3.7.9.1.2. Associação criminosa e organização criminosa

Os conceitos de associação criminosa e de organização criminosa foram apartados pela Lei nº 12.850/2013, com a relevância de repercutir, a um só tempo:

(1) na tipificação penal disposta no art. 288, do CPP: foi modificado o *nomen juris* do vetusto crime de "quadrilha ou bando", passando a denominar-se "associação criminosa", bem como os elementos normativos do tipo penal foram alterados, sendo necessária agora a coautoria de apenas três pessoas, com o fim específico de cometer crimes (não mais quatro pessoas, como na descrição anterior), constituindo-se lei mais gravosa no ponto (*lex gravior*);

(2) no conceito de organização criminosa: após anos sem definição precisa do que seria organização criminosa sob a égide da Lei nº 9.034/1995, a Lei nº 12.850/2013 trouxe nova definição que modificou a que há pouco tinha sido dada pela Lei nº 12.694/2012 (que instituiu a possibilidade de formação de colegiado de primeiro grau de jurisdição na esfera criminal). Desse modo, três critérios conceituais sucessivos no ordenamento jurídico brasileiro passaram a servir de norte à definição de organização criminosa:

(a) Lei nº 9.034/1995: organização criminosa não era definida por este diploma que regulava a prevenção e repressão às suas ações, razão pela qual era a jurisprudência do Supremo Tribunal Federal o parâmetro para dar as suas balizas conceituais. Embora alguns julgados da Suprema Corte, de forma não uniforme, tenham procurado dizer negativamente o que não constituía organização criminosa, bem como declarava os elementos que seriam de sua essência – tal como a divisão de tarefas e, por vezes, assimilando organização criminosa a alguns dos elementos normativos da antiga redação do crime de "quadrilha ou bando" (art. 288, do Código Penal[157]) – o STF, ao decidir o HC 96007/SP em 12/6/2012, resolveu, por unanimidade, declarar a inexistência, à época, de um conceito legal de organização criminosa. Ao assim se pronunciar, o Supremo assentou a impossibilidade de se punir crime de lavagem de capitais disposto na Lei nº 9.613/1998, que tivesse por pressuposto delito de organização criminosa, em respeito à tipicidade estrita[158];

(b) Art. 2º, da Lei nº 12.694/2012: organização criminosa entendida como a associação, de três ou mais pessoas, estruturalmente ordenada e caracterizada pela divisão de tarefas, ainda que informalmente, com objetivo de obter, direta ou indiretamente, vantagem de qualquer natureza, mediante a prática de crimes cuja pena máxima seja igual ou superior a quatro anos ou que sejam de caráter transnacional;

157. STF – Segunda Turma – HC 94739 – Relatora: Min. Ellen Gracie, Segunda Turma, DJ: 14/11/2008.

158. STF – Primeira Turma – HC 96007 – Relator: Min. Marco Aurélio, DJ: 08/02/2013.

(c) § 1º, do art. 1º, da Lei nº 12.850/2013: organização criminosa é considerada como a associação de quatro ou mais pessoas estruturalmente ordenada e caracterizada pela divisão de tarefas, ainda que informalmente, com objetivo de obter, direta ou indiretamente, vantagem de qualquer natureza, mediante a prática de infrações penais cujas penas máximas sejam superiores a quatro anos, ou que sejam de caráter transnacional.

(3) na própria tipificação penal de uma infração penal autônoma de "organização criminosa": não havia, antes da Lei nº 12.850/2013, um tipo penal autônomo que pudesse ser subsumido à noção de "organização criminosa". O delito era de quadrilha ou bando e a noção de organização criminosa era útil como elemento constitutivo do antecedente de outras normas jurídicas aplicáveis à persecução penal de crimes atribuídos à "organização criminosa". Passou, portanto, a ser crime, punido com pena de três a oito anos de reclusão, e multa (sem prejuízo das penas correspondentes às demais infrações penais praticadas), a conduta de "promover, constituir, financiar ou integrar, pessoalmente ou por interposta pessoa, organização criminosa" (art. 2, *caput*, da Lei nº 12.850/2013).

De acordo com o novo diploma legal, associação criminosa e organização criminosa assim se diferenciam:

(1) associação criminosa:

(a) crime tipificado no art. 288, do CP, com redação dada pela Lei nº 12.850/2013;

(b) associação de três ou mais pessoas, isto é, pelo menos três coautores;

(c) necessidade de dolo específico, descrito na parte final do dispositivo, ao dizer que a associação deve ter o "fim específico de cometer crimes", não de cometer contravenções.

(2) organização criminosa:

(a) conceito disposto no § 1º, do art. 1º, da Lei nº 12.850/2013, com finalidades:

(a.1) penais (quando serve para colmatar norma penal em branco que carece de sua definição, a exemplo do art. 1º, § 4º, da Lei nº 9.613/1998 ou mesmo do tipo penal autônomo de "organização criminosa" tipificado no art. 2º, *caput*, da própria Lei nº 12.850/2013). Ao descrever como crime a conduta de compor "organização criminosa", esse dispositivo se apresenta como uma norma penal em branco, eis que é necessária complementação do seu conceito mediante busca em outra fonte de cognição (outro enunciado). Na hipótese, trata-se de norma penal em branco imprópria (também chamada de norma penal em branco em sentido amplo, homóloga ou homogênea, em virtude de advir da mesma fonte de produção legislativa: o Congresso Nacional) e univitelina (porque é integrada por artigo que está situado na mesma Lei nº 12.850/2013); ou

(a.2) processuais penais (para a aplicação de medidas de persecução penal disposta nessa lei ou em outras, tal como a Lei nº 12.694/2012, que disciplina a instauração de juízo colegiado de primeiro grau de jurisdição);

(b) associação de quatro ou mais pessoas, ou seja, pelo menos quatro agentes;

(c) deve estar estruturalmente ordenada e caracterizada pela divisão de tarefas, ainda que informalmente;

(d) exige-se o fito de obter, direta ou indiretamente, vantagem de qualquer natureza, por meio da prática de infrações penais (crimes ou contravenções penais), cujas penas máximas sejam superiores a quatro anos, ou que sejam de caráter transnacional (quando existir elemento de internacionalidade, o delito pode ter pena igual ou mesmo inferior a quatro anos).

Apesar de haver elementos coincidentes entre os conceitos de associação criminosa e organização criminosa, fato é que não se confundem quando se passa ao exame de seus contornos. Não há relação de pertinência entre associação criminosa e organização criminosa, malgrado possa existir entre eles, sob o ponto de vista criminal e quando concretizada a conduta, uma relação de *minus* a *plus*:

(a) a depender de outros caracteres, o fato pode não se configurar delito de associação criminosa, mas tipificar-se como organização criminosa quando, sendo cometido por pelo menos quatro pessoas, tratar-se de crime punido com mais de quatro anos ou, quando punido com menos de quatro anos existir o caráter transnacional;

(b) para se ter crime de organização criminosa, deve restar comprovada a estruturação ordenada e caracterizada pela divisão de tarefas, ainda que informalmente. Para precisar tal estrutura ordenada e divisão de tarefa informal, sobrará um campo aberto para a construção semântica de sentido pela jurisprudência.

De outro lado, é possível haver crime de organização criminosa, sem que haja subsidiariedade do delito de associação criminosa, porquanto:

(a) o crime de associação criminosa exige dolo específico de cometer crimes (e somente crimes, não estando abarcadas pelo conceito as contravenções penais);

(b) o crime de organização criminosa permite, em tese, sua tipificação a partir de qualquer infração penal (crime ou contravenção penal), sendo necessário observar o critério quantitativo da pena (maior que quatro anos) ou o critério da transnacionalidade (como pode se dar com a prática da contravenção de jogo do bicho gizado no art. 58, da Lei das Contravenções Penais, com elementos de internacionalidade evidenciado pelo *iter criminis* que transita do Brasil para o exterior ou vice-versa). É indispensável, para a afirmação da existência de organização criminosa, que haja base empírica válida. Inconcebível rotular de organização criminosa qualquer empreitada delituosa, sem o acompanhamento de suporte probatório evidenciador de seus elementos legais.

A diferença entre "organização criminosa" e "associação criminosa" têm relevo para definir seus âmbitos de aplicabilidade. Afinal, é caro ao sistema de garantias delimitar o que seja organização criminosa, pois a partir da constatação de que o suporte fático se acomoda aos elementos do seu conceito, defluem consequências relevantes.

Por exemplo, quanto a pedido de infiltração de agentes, os seguintes cuidados hão de ser observados, considerando que é medida mais excepcional que a interceptação telefônica:

(a) no requerimento do Ministério Público ou na representação da autoridade policial deve ser descrita situação concreta que se amolde a uma das hipóteses do art. 3º, da Lei nº 12.850/2013. Suponha-se que se peça ao juiz a providência gizada no inciso VII, do referido dispositivo, que se trata da providência de infiltração de agentes. O pleito deve estar alicerçado na demonstração da necessidade da medida, no alcance das tarefas dos agentes e, quando viável, os nomes ou apelidos das pessoas investigadas e o local da infiltração, a teor do que reza o art. 11, dessa legislação;

(b) como se cuida de medida investigativa excepcional e prevista na legislação que regula a repressão a crimes atribuídos à organização criminosa, é necessário que estejam presentes os seus elementos conceituais. Abstraindo os demais casos em que também é possível a incidência do regime jurídico da Lei nº 12.850/2013 (a exemplo das hipóteses de crimes praticados por organização terrorista e de crimes com caráter transnacional reprimidos conforme tratado internacional), o juiz deve aferir se a descrição contida no pedido ministerial ou na representação da autoridade policial, satisfaz, ainda que *in status assertionis* (em tese, em estado de asserção, de afirmação), as condições para se ter concretizada a norma jurídica que define organização criminosa e que tem o condão de permitir a deflagração da construção da norma restritiva investigativa (infiltração de agentes). Note-se que tal procedimento funciona como autêntico limite ao arbítrio estatal. A medida é gravosa aos direitos fundamentais, notadamente ao direito à intimidade, mas, para ser imposta, necessita de observância estrita aos pressupostos legais;

(c) verificada a plausibilidade de fazer incidir o § 1º, do art. 1º, da Lei nº 12.850/2013 (que prevê que para ser considerada organização criminosa, a associação de pessoas deve ser em número de quatro ou mais, estruturalmente ordenada e caracterizada pela divisão de tarefas, ainda que informalmente, com objetivo de obter, direta ou indiretamente, vantagem de qualquer natureza, mediante a prática de infrações penais cujas penas máximas sejam superiores a quatro anos, ou que sejam de caráter transnacional), o juiz deve partir para a verificação empírica dos elementos de informação apresentados com o pedido de infiltração de agentes. Deve ser apresentado com o pedido um mínimo de indícios que justifiquem a restrição, na forma exigida pelo art. 11, da supradita lei;

(d) para que haja a produção da norma individual e concreta que ordene a infiltração de agentes, deve o magistrado ficar convencido, com base em juízo de possibilidade do cometimento da infração penal narrada (como não é momento condenatório, mas probatório, não é o caso de juízo de certeza do fato).

2.3.7.9.2. Os meios específicos de obtenção de prova

O art. 3º, da Lei 12.850/2013, previu os meios de obtenção da "prova" (em sentido amplo). O resultado que for alcançado a partir de tais meios será "elementos de informação" se produzidos durante a investigação preliminar ou será "prova" (em sentido estrito), se colhidos durante o processo (instrução criminal). A validade da "prova" depende da observância das cláusulas especiais de reserva de jurisdição (cláusulas constitucionais de reserva qualificada), bem como de obediência ao rito estatuído legalmente.

A Lei de investigação da criminalidade organizada prevê oito "meios de obtenção de prova". Dependendo da função probatória que tenham para investigação criminal ou para o processo penal, tais instrumentos podem se caracterizar ora como "meios de prova", ora como "fontes de prova", conforme os conceitos que expusemos no item 1 deste Capítulo. Para o manejo dos meios de obtenção de prova previstos na Lei da Criminalidade Organizada, é necessário o preenchimento dos elementos que constituem o conceito "organização criminosa" (art. 1º, §§ 1º e 2º, da Lei nº 12.850/2013).

2.3.7.9.2.1. Colaboração premiada

Também conhecida como delação premiada, os benefícios previstos no art. 4º, da Lei do crime organizado, podem ser aplicados em maior ou menor grau ao indiciado ou ao acusado que colaborar em maior ou menor proporção para a persecução penal, com a obtenção de um ou mais dos seguintes resultados:

(a) identificação dos demais coautores e partícipes da organização criminosa e das infrações penais por eles praticadas;

(b) revelação da estrutura hierárquica e da divisão de tarefas da organização criminosa;

(c) prevenção de infrações penais decorrentes das atividades da organização criminosa;

(d) a recuperação total ou parcial do produto ou do proveito das infrações penais praticadas pela organização criminosa; e

(e) a localização de eventual vítima com a sua integridade física preservada.

Sabendo que não é fácil investigar crimes que são imputados a ditas organizações, o legislador previu a possibilidade de aplicar "sanção premial" a quem, sendo coautor do delito, colaborar efetivamente para as investigações ou para o processo penal, com a previsão de leque mais amplo que outros diplomas legais que trataram do tema, tal como a Lei nº 9.807/1999 (item 2.3.7.3), que cuida do programa de proteção a vítimas e testemunhas.

2.3.7.9.2.2. Captação ambiental de sinais eletromagnéticos, ópticos ou acústicos

A captação ambiental não é modalidade de interceptação telefônica. Havendo necessidade de interferência no direito à intimidade dos envolvidos, pede-se autorização judicial. A distinção básica relativamente à captação telefônica é que as formas de registros ambientais não se submetem às mesmas restrições da interceptação telefônica, tal como a exigência do delito ser punido com reclusão (art. 2º, III, da Lei nº 9.296/1996).

2.3.7.9.2.3. Ação controlada (artigos 8º e 9º, da Lei nº 12.850/2013)

A ação controlada consiste em retardar a intervenção policial ou administrativa relativa à ação praticada por organização criminosa ou a ela vinculada, desde que mantida sob observação e acompanhamento para que a medida legal se concretize no momento mais eficaz à formação de provas e obtenção de informações.

Como cautela, o legislador preconizou que o procedimento de retardamento da intervenção policial ou administrativa será previamente comunicado ao juiz competente que, se for o caso, estabelecerá os seus limites e comunicará ao Ministério Público. Naturalmente, a comunicação será distribuída de forma sigilosa, não contendo informações que possam indicar a operação a ser efetuada.

Na hipótese da ação controlada envolver transposição de fronteiras, o retardamento da intervenção policial ou administrativa somente poderá ocorrer com a cooperação das autoridades dos países que figurem como provável itinerário ou destino do investigado, de modo a reduzir os riscos de fuga e extravio do produto, objeto, instrumento ou proveito do crime.

2.3.7.9.2.4. Acesso a registros de ligações telefônicas e telemáticas, a dados cadastrais constantes de bancos de dados públicos ou privados e a informações eleitorais ou comerciais

O acesso a registros telefônicos não se confunde com interceptação telefônica. Trata-se de acesso a banco de dados, que não se submetem a estrita cláusula de reserva jurisdicional qualificada. De tal modo, pode o legislador autorizar o acesso a tais dados por autoridades por ele indicadas, que sejam diversas do juiz.

O art. 15, da Lei nº 12.850/2013, dispôs, a propósito de investigações de crimes que envolvam organizações criminosas, que o delegado de polícia e o Ministério Público terão acesso, independentemente de autorização judicial, apenas aos dados cadastrais do investigado que informem exclusivamente a qualificação pessoal, a filiação e o endereço mantidos pela Justiça Eleitoral, empresas telefônicas, instituições financeiras, provedores de *internet* e administradoras de cartão de crédito.

De outro lado, o art. 17, da mesma Lei, passou a preconizar que as concessionárias de telefonia fixa ou móvel manterão, pelo prazo de 5 (cinco) anos, à disposição daquelas autoridades, registros de identificação dos números dos terminais de origem e de destino das ligações telefônicas internacionais, interurbanas e locais. No mesmo sentido, quando se tratar de delito de lavagem de capitais, passou a rezar o art. 17-B, da Lei nº 9.613/1998, com redação dada pela Lei nº 12.683/2012.

2.3.7.9.2.5. Interceptação de comunicações telefônicas e telemáticas

A Lei nº 9.296/1996 estabelece as condições para que seja possível produzir prova válida a partir de interceptação telefônica ou telemática autorizada judicialmente. A interceptação telefônica de qualquer natureza dependerá de ordem do juiz competente da ação principal, sob segredo de justiça, sendo necessário o atendimento de requisitos específicos, notadamente a observância do princípio da proporcionalidade (artigos 1º e 2º).

2.3.7.9.2.6. Afastamento dos sigilos financeiro, bancário e fiscal, nos termos da legislação específica

A Lei Complementar nº 105/2001, no § 4º, do seu art. 1º, destaca as hipóteses de quebra do sigilo das operações financeiras, consoante os tipos de crimes, em rol exemplificativo, considerando a necessidade de justificação da restrição em face da proximidade de tais delitos com as altas movimentações financeiras, tais como:

(a) de terrorismo;

(b) de tráfico ilícito de substâncias entorpecentes ou drogas afins;

(c) de contrabando ou tráfico de armas, munições ou material destinado a sua produção;

(d) de extorsão mediante sequestro;

(e) contra o sistema financeiro nacional;

(f) contra a Administração Pública;

(g) contra a ordem tributária e a previdência social;

(h) lavagem de dinheiro ou ocultação de bens, direitos e valores; e

(i) praticado por organização criminosa.

Há controvérsia sobre se a autoridade administrativa pode decretar o afastamento de certos sigilos. Para melhor entender a questão, é necessário discernir: de um lado, sigilo fiscal, sigilo bancário e sigilo financeiro; e, de outro, se a espécie de sigilo seria submetida ou não à cláusula especial de reserva de jurisdição (sigilo das comunicações telefônicas), isto é, se só poderia ser afastado o tipo de sigilo por ordem judicial ou se seria possível o acesso a dados protegidos por essa garantia fundamental por outras autoridades diversas da judiciária. Sobre o assunto, remetemos o leitor ao tópico 2.11.1.8, deste capítulo, quando tratamos de interceptações telefônicas.

2.3.7.9.2.7. Infiltração, por policiais, em atividade de investigação

2.3.7.9.2.7.1. Infiltração de agentes policiais do art. 10, da Lei nº 12.850/2013

Tal dispositivo estabelece que a infiltração de agentes de polícia em tarefas de investigação, representada pelo delegado de polícia ou requerida pelo Ministério Público, após manifestação técnica do delegado de polícia quando solicitada no curso de inquérito policial, será precedida de circunstanciada, motivada e sigilosa autorização judicial, que estabelecerá seus limites. De outro lado, o requerimento do Ministério Público ou a representação do delegado de polícia para a infiltração de agentes conterão a demonstração da necessidade da medida, o alcance das tarefas dos agentes e, quando possível, os nomes ou apelidos das pessoas investigadas e o local da infiltração. Trata-se de procedimento investigatório que confere boa dose de autonomia ao agente infiltrado. Por tal razão, prevê o legislador, de um lado, a possibilidade de responsabilização do agente que se exceder ou cometer abusos e, de outro, o seu direito de se recusar a participar da infiltração (art. 13), bem como de preservar sua identidade, o sigilo de sua participação e a possibilidade de modificar seu nome (art. 14).

Quanto ao valor dos elementos obtidos pelo agente infiltrado, deve ser bastante reduzido ou nenhum, por conflitar com as garantias fundamentais, especialmente em virtude de seu difícil controle quanto aos seus aspectos factuais. Em outros termos, a prova supostamente haurida pela infiltração de agentes não terá viabilidade para possibilitar a justificação de veracidade de argumentos de fato para fins condenatórios na decisão final. No dizer de Michele Taruffo, aqueles elementos restarão desprovidos de "la función de las pruebas"[159].

Primeiramente porque se o resultado da investigação não permitir a identificação do agente infiltrado, haverá, como destaca Geraldo Prado, "impossibilidade de perscrutar sua fiabilidade, efeito de exclusão que se estende às provas derivadas". Consequentemente, as informações assim obtidas devem ser "excluídas da análise judicial". Não deve ser legitimada a punição a todo custo ou com a drástica mitigação de direitos individuais[160].

Em segundo lugar, porque é difícil compatibilizar as garantias constitucionais da pessoa investigada com o autorizativo para que um agente público se infiltre em um grupo considerado organização criminosa e, a partir daí, liberar a validade dos elementos obtidos de observar o **princípio da autodeterminação informativa**. Tal princípio impõe transparência, correção e controle da atuação estatal que afete o dever de proteção do núcleo básico do ser humano, tal como a devassa, sem maior controle estatal, à intimidade e à vida privada ensejada pela permissão de infiltração de agentes. Como ensina Geraldo Prado, "o chamado direito à autodeterminação informativa, compreendido como direito de o sujeito

159. TARUFFO, Michele. *La prueba de los hechos*. 3. ed. Tradução: Jordi Ferrer Beltrán. Madrid: Trotta, 2009. p. 445.

160. PRADO, Geraldo. *Estudos jurídicos*. São Paulo: Contracorrente, 2018. p. 229.

sobre o qual são armazenadas informações conhecer previamente os limites de emprego futuro dessas mesmas informações, está previamente prejudicado". Esse problema pode ser agravado se não respeitado os subcritérios que compõem a proporcionalidade que deve permear o deferimento da medida, eis que deve ficar evidenciado que foi apropriada, exigível e de acordo com o parâmetro de justa medida[161].

2.3.7.9.2.7.2. Infiltração de agentes policiais do art. 190-A, do Estatuto da Criança e do Adolescente (inserido pela Lei nº 13.441/2017)

A infiltração de Agentes de Polícia é prevista expressamente para a investigação de crimes contra a dignidade sexual de criança e de adolescente, previstos nos crimes apontados no art. 190-A, da Lei nº 8.069/1990. Para sua admissibilidade, deve ser:

(1) precedida de autorização judicial devidamente circunstanciada e fundamentada, que estabelecerá os limites da infiltração para obtenção de prova, ouvido o Ministério Público;

(2) objeto de requerimento do Ministério Público ou de representação de delegado de polícia e conterá a demonstração de sua necessidade, o alcance das tarefas dos policiais, os nomes ou apelidos das pessoas investigadas e, quando possível, os dados de conexão ou cadastrais que permitam a identificação dessas pessoas;

(3) limitada a, no máximo, 90 (noventa) dias, sem prejuízo de eventuais renovações, desde que o total não exceda a 720 (setecentos e vinte) dias e seja demonstrada sua efetiva necessidade, a critério da autoridade judicial.

O autorizativo de infiltração envolve uma gama de deveres dos agentes envolvidos e dos órgãos do sistema de justiça criminal, tais como: (a) sigilo; (b) apresentação de relatórios parciais da operação; (c) registro de identidade fictícia; (d) preservação de identidade dos agentes; (e) resguardo de intimidade de crianças e de adolescentes.

Por outro lado, a legislação prevê causa específica excludente de ilicitude em favor do policial que oculta sua identidade por meio da *internet* na atividade de infiltração autorizada judicialmente. Havendo excesso na atuação do agente policial, ele poderá ser responsabilizado (art. 190-C, parágrafo único, do Estatuto da Criança e do Adolescente).

2.3.7.9.2.8. Cooperação entre instituições e órgãos federais, distritais, estaduais e municipais na busca de provas e informações de interesse da investigação ou da instrução criminal

A cooperação entre entes federativos, órgãos e demais instituições pode ser feita de forma livre ou conforme estabelecido em convênio. A Lei nº 12.850/2013 estatui a possibilidade de cooperação entre pessoas jurídicas e órgãos estatais internos. No entanto, há previsão em outros diplomas legais (art. 8º, § 1º, da Lei nº 9.613/1998, com redação conferida pela Lei nº 12.683/2012) e convencionais de cooperação na ordem internacional, mediante a celebração de tratados ou convenções plurilaterais ou bilaterais. De todo modo, a cooperação ora gizada deveria ser melhor regulamentada, seja mediante

161. PRADO, Geraldo. *Sistema acusatório:* a conformidade constitucional das leis processuais penais. 4. ed. Rio de Janeiro: Lumen Juris, 2006. p. 268-269.

diploma normativo específico, seja mesmo por intermédio de convênio firmado entre os interessados.

Com origem no sistema norte-americano, essa cooperação, em busca de provas e informações, é denominada de Task-Force ("Força-tarefa" ou "Força-conjunta"), constituída notadamente enquanto persistir situação de "crise" em termos de criminalidade em certo território. A forma dessa instituição de força-tarefa pode se dar por instrumento escrito ou sem que haja elaboração prévia de instrumento, pelo que se classifica, respectivamente, em "Força-tarefa formal" e "Força-tarefa informal". Nessa linha de pensamento, Mendroni destaca que:

> Os grupos denominados task-force (força-tarefa) são considerados pelos agentes norte-americanos o melhor sistema para o efetivo combate às organizações criminosas. Concebidos sob a ideologia da mútua cooperação entre os diversos órgãos de persecução detentores de atribuições variadas para a atuação na área penal, reúnem-se e passam a trabalhar em conjunto, com unidade de atuação e de esforços, com o direcionamento para a investigação, análise e iniciativa de medidas coercitivas voltadas para o desmantelamento das estruturas criminosas, utilizando-se dos mais variados instrumentos de investigação e mecanismos legais[162].

2.3.7.9.3. *Interpretação da Lei nº 12.850/2013*

A legislação serve como limite para atuação dos órgãos públicos. Não é diferente para as disposições que regulam a apuração da criminalidade organizada.

(a) A Lei nº 12.850/2013 (organizações criminosas) preconiza limites à produção de provas. Embora possa se partir do ponto de vista de que essa lei regula o combate ao crime organizado, prevendo técnicas avançadas de investigação, sob outro prisma ela traz conceitos que precisam ser observados para que as provas ou os elementos de informação sejam obtidos de maneira válida e, dessa maneira, sejam úteis à persecução penal estatal.

(b) Não só esse diploma legal deve ser interpretado como barreira protetora das garantias, mas todos os outros que regulam, em maior ou menor medida, a investigação e a instrução criminal, a exemplo da Lei nº 9.613/1998 (lavagem de dinheiro), da Lei nº 12.830/2013 (investigação criminal conduzida pelo delegado de polícia e indiciamento) e da Lei nº 9.296/1996 (interceptações telefônicas).

(c) O conceito de organização criminosa tem notas especiais que precisam ser atendidas para que sejam deflagradas consequências normativas negativas relativamente ao indiciado ou ao acusado. Uma vez verificado o suporte fático necessário à incidência do § 6º, do art. 1º, da Lei nº 12.850/2013, será possível realizar concretamente os procedimentos para obtenção válida de elementos de informação previstos na própria lei, tal como o acesso direto, pelo Ministério Público e pelo delegado de polícia, aos dados cadastrais que informem exclusivamente a qualificação pessoal, a filiação e o endereço mantidos pela Justiça Eleitoral, empresas telefônicas, instituições financeiras, provedores de *internet* e administradoras de cartão de crédito (art. 12, da Lei nº 12.850/2013).

162. MENDRONI, Marcelo Batlouni. *Comentários à lei de combate ao crime organizado*: Lei nº 12.850/13. São Paulo: Atlas, 2014. p. 26-27.

(d) A necessidade de constatação de "sérios indícios" de crimes de lavagem de capitais previstos na Lei nº 9.613/1998 é antecedente indispensável para que surja o dever para as pessoas elencadas em seu art. 9º (administradoras de cartão de crédito, de bolsas de valores, seguradoras etc.) de comunicar ao Conselho de Controle de Atividades Financeiras – COAF as operações suspeitas referidas no seu art. 11, I e II, "b".

A colaboração premiada pode ainda ser vista sob as óticas definitórias[163]: sintática (a estrutura), semântica (o sentido) e pragmática (a função)[164].

(1) No plano sintático, a colaboração premiada requer o exercício de atribuições por parte dos órgãos da persecução penal (delegado de polícia ou membro do Ministério Público) e o acompanhamento do agente colaborador por defensor habilitado. Após a formalização do instrumento de delação premiada, exige-se que este seja levado ao juiz competente, para que se submeta ao procedimento legal para a homologação válida, com a produção dos efeitos legais consequentes.

(2) No plano semântico, a colaboração premiada denota juízo valorativo não suficiente à condenação sobre a conduta do agente colaborador, na medida em que confessa a participação na infração penal investigada. De outro lado, forma-se juízo de valor também não condenatório sobre a conduta dos coautores apontados, mas suficiente para considerar a colaboração eficaz ao desenvolvimento da persecução penal, podendo classificar o reconhecimento de tal eficácia como juízo de probabilidade de valor sobre a conduta colaboradora.

(3) No plano pragmático, a delação premiada enseja a adoção de providências persecutórias efetivas, com produção de efeitos que se verificam no mundo naturalístico: (a) a identificação de corréus torna possíveis o indiciamento e o posterior oferecimento de ação penal contra eles, bem como a tomada de providências cautelares restritivas; (b) o resgate da vítima com a integridade física preservada evita o agravamento das consequências do crime ou a perpetração de novos delitos; e (c) a recuperação parcial ou total do produto do crime minimiza a lesão e previne a prática de novos delitos.

2.3.7.9.4. *Requisitos à aplicação da delação premiada da Lei nº 12.850/2013*

Na Lei nº 12.850/2013, a colaboração premiada é estruturada a partir dos elementos a seguir.

2.3.7.9.4.1. *Cláusulas do acordo de colaboração premiada*

Com o aquecimento dos debates em torno dos seguidos termos de delação premiada firmados no âmbito da batizada "operação lava jato", boa parte da doutrina processual penal passou a dedicar atenção ao teor das suas cláusulas, sob o ponto de vista da constitucionalidade e da legalidade, apontando a inadequação com o sistema brasileiro, eis que de tradição continental (*civil law*).

(1) Na tentativa de evitar que se resvale em inconsistências, as cláusulas devem seguir estritamente os lindes impostos pelos enunciados da Lei nº 12.850/2013. Em outros termos,

163. ARAÚJO, Clarice von Oertzen de. *Semiótica do direito*. São Paulo: Quartier Latin, 2005. p. 25.

164. GAMA, Tácio Lacerda. *Competência tributária*: fundamentos para uma teoria da nulidade. 2. ed. São Paulo, Noeses, 2011. p.XXXVIII.

entende-se que as tratativas e a formalização das cláusulas não devem suplantar a legislação penal e processual penal. É indispensável que a normatividade seja observada, para que não se desague em utilitarismo, como ilustra Rosivaldo Toscano. Nas palavras do autor, alertando sobre os riscos de uma eficiência sem normatividade, "esse discurso fluido e tentador ainda paira sobre boa parcela dos atores jurídicos, e sua adoção inautêntica corrompe a prática judiciária, transformando-a em utilitarismo. Esvazia-se moralmente o direito, e sua autonomia é corrompida" [165]. O discurso eficientista, de combate à impunidade, de guerra à corrupção, não deve autorizar punição a qualquer preço, sem acatamento ao legislado, com prevalência do negociado. Esse proceder não é valioso ao Estado Democrático de Direito[166].

(2) Com essa premissa, não é admitido pelo ordenamento jurídico brasileiro, no âmbito das tratativas, da lavratura do termo de delação premiada e da respectiva homologação, que os órgãos oficiais da persecução penal hajam sem que estejam estrita e expressamente autorizados por lei[167]. O uso de medidas cerceadoras da liberdade deve se adequar ao art. 312, do CPP. Não há autorizativo à aplicação do "**dilema do prisioneiro**", a fim de empurrar o investigado a delatar. Nesse diapasão, Alexandre Morais da Rosa ensina que essa tática foi criada por Merrill Flood e Melvin Dresher, em 1950, com reflexos no campo das delações premiadas, haja vista que "o manejo de prisões cautelares procura colocar os investigados/acusados em situação de déficit de informações". Limita-se a comunicação entre acusados, de forma que o primeiro a confessar ganha quantidade considerável de diminuição da pena. Na esteira do autor, o Estado deve agir com boa-fé objetiva: "não pode praticar ilegalidades, omitir informações desfavoráveis, valer-se de métodos não autorizados em lei, potencializar inescrupulosamente elementos probatórios, mesmo que os agentes pensem que seja por bons motivos, aumentando a capacidade de obter vitórias processuais"[168]. Note-se que, além de inapropriado ao contexto constitucional, as cláusulas de redução de pena devem se submeter aos limites da própria Lei nº 12.850/2013.

(3) Os limites legais devem ser cogentes, retratando constrangimentos dogmáticos aos personagens jurídicos do Estado[169]. O Ministério Público deve estar adstrito à estrita letra do ordenamento posto, observando o princípio da obrigatoriedade da ação penal pública (art. 129, I, CF), suas mitigações excepcionais dentro dos espaços expressamente gizados por diploma legal (lei em sentido formal e material), acatando a cláusula do devido processo

165. SANTOS JÚNIOR, Rosivaldo Toscano dos. *A guerra ao crime e os crimes da guerra*: uma crítica descolonial às políticas beligerantes no sistema de justiça criminal brasileiro. Florianópolis: Empório do Direito, 2016. p.398.

166. JARDIM, Afrânio Silva. Garantismo no processo penal: breve e parcial reflexão. *Revista Eletrônica de Direito Processual* – REDP, Rio de janeiro (UERJ), a.8, n.14, p.10, jul.-dez. 2014. Disponível em: <http://www.e-publicacoes.uerj.br/index.php/redp/issue/view/936>. Acesso em: 22 abr. 2015.

167. Das lições de Franco Cordero, deduz-se que, nos sistemas de tradição codificada (*Continental Law*), como o brasileiro, a aplicação de pena não pode se dar de forma artificial ou decorativa, muito menos com base no que fixado arbitrariamente pelo órgão do Ministério Público. Nas palavras do autor italiano, "os juízes dispõem de um poder terrível, que o legislador há regulado a partir do princípio *nullum crimen sine lege*. Isso significa que não é consentido punir senão por intermédio de uma sentença e mediante previsão legal do fato como delito, exigindo-se previsão em lei incriminadora" (CORDERO, Franco. *Procedura penal*. Roma: Giufrè, 1983. p.9 – tradução livre).

168. ROSA, Alexandre Morais da. *Guia compacto do processo penal conforme a teoria dos jogos*. 3. ed. Florianópolis: Empório do Direito, 2016. p.48;192.

169. João Maurício Adeodato, ao aludir aos "constrangimentos dogmáticos", evidencia a indispensabilidade de um procedimento que estabeleça a forma de produção de normas: "é preciso antes de tudo fixar as regras de base, aquelas que definem quem vai e como vai fixar outras regras para decidir casos individuais. Não pode haver dogmática sem um sistema de regras (supostamente) explícitas" (ADEODATO, João Maurício. *Uma teoria retórica da norma jurídica e do direito subjetivo*. São Paulo: Noeses, 2011. p.116-117).

legal[170]. Afrânio Silva Jardim, a propósito, denunciou, em vários estudos, que cláusulas de termos de delações premiadas extrapolaram o autorizado pelo direito posto. Veja-se que, na hipótese, aponta-se que, através de termos de cooperação premiada, foram constituídos meios de obtenção de prova (as delações documentadas nos termos), em prejuízo de terceiros (supostos corréus), a partir da promessa de vantagens excedentes ao autorizado por lei (capaz de tornar ilegítima a prova obtida a partir daí).

(4) As cláusulas viciadas não devem estar imunes a controle, notadamente dos prejudicados pela delação obtida com negociação contrária à Lei nº 12.850/2013, ao Código Penal e à Lei de Execução Penal. O proceder eivado de nulidade não deve precluir em favor do delator até que se dê ciência aos delatados e lhes seja autorizado impugnar por meio de recurso (apelação, se perante juiz de primeiro grau, a teor do art. 593, II, CPP). Note-se que, uma vez homologado, o Judiciário não pode revisar as cláusulas *ex officio* contra o delator. Entendemos que tal controle poderá ser feito se houver recurso do corréu prejudicado, evidenciando vícios quanto ao exame de regularidade, legalidade e voluntariedade da avença. Somente se nenhum interessado recorrer é que surgirá para o Estado-juiz o dever respeitar os limites impostos por ele mesmo, por ter homologado termo de delação premiada.

Diferentemente do que entendemos, o STF entendeu por imunizar o acordo entre Ministério Público e colaborador, mesmo depois de sustado o sigilo com o oferecimento da denúncia, posicionando-se no sentido de não caber intervenção, nem impugnação contra cláusulas ou contra a decisão que o homologa.

No entanto, a primeira Turma da Suprema Corte averbou que "o sigilo sobre o conteúdo de colaboração premiada deve perdurar, no máximo, até o recebimento da denúncia", exigindo-se que a pessoa delatada tome ciência do conteúdo do termo a fim de que possa exercer contraditório e ampla defesa[171].

Sem embargo, nossa posição de permitir não somente ampla defesa e contraditório nos autos do processo condenatório contra o delatado, mas também a impugnação de prejudicados após a cessação do sigilo do acordo, visa evitar contradição lógica: (a) de um lado, a produção de efeitos de termo de colaboração premiada *contra legem*, com validade para o delator beneficiado, limitando, em certa medida, a cognição do juiz quanto à imposição de pena; (b) de outro, o aproveitamento de prova obtida com base naquele termo, a partir de delação viciada (prova ilegítima, porque se alcançou confissão sem respeito ao regrado pela Lei nº 12.850/2013). A incidência de controle sobre a decisão homologatória, mediante a possibilidade de impugnação dos interessados, por meio dos recursos previstos no ordenamento jurídico, tem o propósito de impedir tal contradição.

(5) O regime de nulidades deve ser aplicado à sentença de homologação e ao termo de colaboração premiada[172]. À luz do § 8º, do art. 4º, da Lei nº 12.850/2013, "o juiz poderá recusar homologação à proposta que não atender aos requisitos legais, ou adequá-la ao caso concreto". A recusa deve ser fundamentada, descrevendo a espécie de nulidade (vício), da

170. JARDIM, Afrânio Silva; AMORIM, Pierre Souto Maior Coutinho de. *Direito processual penal*: Estudos e pareceres. 13. ed. Rio de Janeiro: Lumen Juris, 2014. p.362.
171. STF – Informativo 877, de 11 a 15 de setembro de 2017 – Delação premiada e sigilo – Inq 4435 AgR/DF, rel. Min. Marco Aurélio, julgamento em 12.9.2017.
172. ALENCAR, Rosmar Rodrigues. *Teoria da nulidade no processo penal*. São Paulo: Noeses, 2016. p.515-516.

qual decorre a decretação de invalidação do ajuste. Por exemplo, é hipótese de nulidade absoluta o acordo firmado sem respeito aos ditames do § 15, daquele dispositivo legal, por não estar o colaborador regularmente assistido por defensor de sua livre escolha.

2.3.7.9.4.2. ***Pressupostos necessários à homologação da colaboração premiada pelo juiz***

(a) Formulação do requerimento das partes ao magistrado competente. Essa providência deve ser realizada por petição inicial fundamentada subscrita pelo legitimado legal, acompanhada de documentação que explicite todas as tratativas e do termo de acordo lavrado e assinado por todos;

(b) O indiciado ou acusado deve ter colaborado efetiva e voluntariamente com a investigação e com o processo criminal (não se exige espontaneidade, bastando a voluntariedade). A certificação da efetiva contribuição com a apuração dos fatos delatados deve ser submetida a contraditório judicial. Somente na sentença final de mérito (de condenação ou de absolvição de acusados), é que deve ser aferida sua relevância, por meio de fundamentação suficiente;

(c) A colaboração do indiciado ou do acusado deve ser causa de obtenção de resultado útil, de forma isolada ou cumulativa, tais como: (i) a identificação dos demais coautores e partícipes da organização criminosa e das infrações penais por eles praticadas; (ii) a revelação da estrutura hierárquica e da divisão de tarefas da organização criminosa; (iii) a prevenção de infrações penais decorrentes das atividades da organização criminosa; (iv) a recuperação total ou parcial do produto ou do proveito das infrações penais praticadas pela organização criminosa; e/ou (v) a localização de eventual vítima com a sua integridade física preservada.

2.3.7.9.4.3. ***Sujeitos da relação jurídica da colaboração premiada***

(a) Sujeito ativo da decisão homologatória fundamentada: juiz competente. Para tanto, pressupõe-se que tenha sido impulsionada pelos legitimados às negociações (Ministério Público ou autoridade policial, com intervenção daquele) que, de todo modo, seus termos não devem suplantar o legislado, devendo seguir os estritos termos da Lei nº 12.850/2013. Entendemos que a autoridade policial não tem legitimidade para – sem a intervenção do MP nas negociações ou sem sua anuência – conduzir colaboração premiada de forma autônoma. O resultado da delação premiada tem potencial para interferir diretamente na produção da prova no curso do processo penal cujo letitimado não é o delegado de polícia. Também aquele produto da colaboração tem aptidão para produzir efeitos na aplicação das sanções, ao cabo da ação penal. No entanto, o Pleno do STF, por maioria, vincou a legitimidade da autoridade policial para conduzir e formalizar acordos de delação premiada. A divergência entre os votos se restringiu à definição do momento da manifestação do Ministério Público, dos limites da atribuição do delegado de polícia e da natureza jurídica desse pronunciamento: (i) o voto vencedor consignou que "o delegado de polícia pode formalizar acordos de colaboração premiada, na fase de inquérito policial, respeitadas as prerrogativas do Ministério Público, o qual deverá se manifestar, sem caráter vinculante, previamente à decisão judicial" (Min. Marco Aurélio); (ii) uma parte do órgão colegiado entendeu que a manifestação ministerial deve ocorrer em instante anterior à decisão homologatória do termo de acordo de cooperação premiada conduzido por delegado de polícia, assentando que sem a manifestação do MP favorável à homologação, esta não poderá ocorrer, conferindo àquela a natureza de condição de procedibilidade da ação penal (Ministros Rosa Weber e Luiz Fux); (iii) houve voto que afirmou a necessidade da manifestação do Ministério Público ter de ocorrer em instante anterior ao início do procedimento conduzido pelo delegado de polícia para firmar acordo de cooperação premiada (Min. Edson Fachin). De todo modo, vale sublinhar que, malgrado o *Parquet* seja o titular da ação penal de iniciativa pública, não o é do direito de punir[173].

(**b**) Sujeito passivo: o indiciado ou o acusado que tenha colaborado efetiva e voluntariamente com a investigação e/ou com o processo criminal. Deve ser observada a competência do órgão judicial para homologação de colaboração premiada firmada por agente com prerrogativa de função. Sobre o ponto, o STJ avivou que "a homologação de acordo de colaboração premiada por juiz de primeiro grau de jurisdição, que mencione autoridade com prerrogativa de foro no STJ, não traduz em usurpação de competência"[174]. Entrentanto, reformando tal entendimento, o Supremo Tribunal Federal, considerou ilícitos os elementos obtidos contra o governador de Estado, por meio de colaboração premiada homologada perante juízo de primeiro grau, por ferir a regra de competência (que seria, no caso, do STJ) e de atribuição (que seria do órgão do MP oficiante junto a este tribunal). De acordo com a Suprema Corte, "a delação de autoridade com prerrogativa de foro atrai a competência do tribunal competente para a homologação e, em consequência, do órgão do Ministério Público respectivo", pelo que se "concedeu *habeas corpus* para determinar o trancamento do inquérito instaurado perante o STJ em desfavor de governador"[175].

2.3.7.9.4.4. ***Consequências decorrentes da decisão homologatória da colaboração premiada***

(a) redução de pena em até dois terços da pena privativa de liberdade ou substituição por pena restritiva de direitos;

(b) concessão do perdão judicial ao colaborador, ainda que esse benefício não tenha sido previsto na proposta inicial (§ 2º, do art. 4º, da Lei nº 12.850/2013);

(c) suspensão do prazo para o oferecimento de ação penal ou suspensão do processo pelo prazo de até seis meses, enquanto são cumpridas as condições estabelecidas para o agente colaborador, com a correlata suspensão do lapso prescricional;

(d) redução de pena até a metade ou progressão de regime de forma mais favorável que a prevista legalmente nos casos de delação premiada posterior à sentença penal condenatória;

(e) o juiz deve escolher a sanção premial de forma fundamentada, procedendo segundo parâmetros relativos à personalidade do colaborador, a natureza, as circunstâncias, a gravidade, a repercussão social do fato criminoso e a eficácia da colaboração. Note-se que

173. STF – Plenário – ADI 5508/DF, rel. Min. Marco Aurélio, julgamento em 20.6.2018 – Informativo n. 907, de 18 a 22 de junho de 2018.

174. STJ – Corte Especial – Rcl 31.629-PR, Rel. Min. Nancy Andrighi, por unanimidade, julgado em 20/09/2017, DJe 28/09/2017 – Noticiado no Informativo nº 612, de 25 de outubro de 2017.

175. STF – Segunda Turma – tribunal – HC 151605/PR, rel. Min. Gilmar Mendes, julgamento em 20.3.2018 – Informativo 895, de 19 a 30 de março de 2018.

a imposição válida, com o cumprimento do prêmio, somente deve ser possível no nosso sistema jurídico depois de iniciado processo criminal, em virtude do princípio da legalidade e da obrigatoriedade da ação penal pública (art. 129, I, CF).

A autoridade policial ou o Ministério Público estabelece as cláusulas, enquanto limites que devem obedecer a lei. Ao juiz compete decidir ao que foi proposto, respeitando o pactuado homologado de acordo com a verificação da efetividade da colaboração. Daí pontuar Geraldo Prado que "preservar o acordo homologado, desde que o colaborador cumpra com a sua parte, é a maneira de assegurar que a 'suspensão pactuada de garantias' não seja uma fraude estatal por meio da qual, aí sim, o Estado Policial estaria a se infiltrar"[176].

O juiz, considerando a maior ou menor colaboração, fixará contornos mais ou menos extensos de benefícios em favor do agente colaborador. Malgrado questionável eticamente (porque beneficiaria o agente que, participando do delito com os demais coautores, teria resolvido trair seus comparsas, delatando-os), a colaboração ou delação premiada tem sido considerada mecanismo de persecução de infrações penais de difícil apuração. A condução desse meio de obtenção de elementos de informação ou de provas deve respeitar os limites consignados na Lei nº 12.850/2013, com a observância dos conceitos legais que são pressupostos preliminares para a incidência das demais normas restritivas a direitos fundamentais dos demais corréus.

2.3.7.9.5. A decisão homologatória da colaboração premiada da Lei nº 12.850/2013

A colaboração premiada, para ser aplicada, necessita de decisão fundamentada do juiz. Sem da justificação da concessão do benefício, com esteio no princípio da proporcionalidade, o deferimento estará sujeito à invalidação. Com o reconhecimento da colaboração do agente, segue-se a aplicação dos benefícios na proporção adequada.

Sobre o ponto, vale exemplificar com o seguinte excerto de ementa de julgado do Tribunal Regional Federal da Primeira Região:

> [...] Reconhecido pelo Magistrado que a colaboração do acusado foi fundamental para o desmantelamento da quadrilha e para conhecer o funcionamento de toda a organização criminosa, possibilitando a condenação, inclusive, de autoridades, a diminuição da pena no patamar máximo pelo benefício da delação premiada se impõe. [...][177]

O art. 4º e seus parágrafos, da Lei nº 12.850/2013, estipula os requisitos que devem estar presentes na sentença homologatória de colaboração premiada. Seus elementos devem respeitar a forma legal e não violar vedações expressas, senão vejamos.

2.3.7.9.5.1. Vedação de participação do juiz nas negociações

É vedado ao juiz participar das negociações realizadas entre as partes para a formalização do acordo de colaboração. O acordo de colaboração ou delação terá lugar entre o

176. PRADO, Geraldo. Justificando. Uma vez homologada a delação, pode a justiça voltar atrás e rever o acordo? *Carta Capital*. Disponível em: <http://justificando.cartacapital.com.br/2017/06/28/colaboracao-premiada-acordo-atuacao-do-ministerio-publico-e-homologacao-judicial/>. Acesso em: 17 jul. 2017.

177. TRF 1 – Terceira Turma – ACR 200636000075887 – Rel. Des. Fed. Cândido Ribeiro – e-DJF1 – Data:26/07/2013 – p. 493.

delegado de polícia, o investigado e o defensor, com a manifestação do Ministério Público, ou, conforme o caso, entre o Ministério Público e o investigado ou acusado e seu defensor.

No que concerne à iniciativa das negociações e do pedido de homologação do termo, entende-se que o § 2º, do art. 4º, da Lei 12.850/2013, deve receber interpretação conforme a Constituição a fim de que o Ministério Público possa intervir nas negociações conduzidas pelo delegado de polícia, em razão deste carecer de legitimidade para oferecer ação penal. Sem embargo, é de ver que se noticiou conflito de entendimentos entre a polícia federal e a Procuradoria Geral da República acerca do método e da extensão do acordo de cooperação premiada[178]. Cotejando os posicionamentos dos órgãos referidos, forçoso reconhecer que o sustentado pela Polícia Federal encontra melhor respaldo constitucional e legal.

Na dicção precisa do jurista Afrânio Silva Jardim, reiterando a discordância de que o contrato em processo penal é lei entre as partes, bem como a necessidade de submeter o Ministério Público a controle de legalidade pelo Judiciário (§ 8º, do art. 4º, da Lei nº 12.850/2013), "o prêmio de 'não denunciar' é uma exceção ao princípio da obrigatoriedade do exercício da ação penal pública e deve ser efetivado através de um requerimento de arquivamento do inquérito ou peças de informação". Esclarece ainda que "mesmo que seja mantida a homologação deste acordo, tendo ele efeitos de arquivamento do inquérito, poderá o Ministério Público exercer o direito de ação penal ou serem retomadas as investigações nas hipóteses previstas, respectivamente, na Súmula 524 do S.T.F. e no art. 18 do Cod.Proc.Penal". Ademais, frisa que "o prêmio de não denunciar não acarreta extinção de punibilidade e não tem a imutabilidade da chamada coisa julgada material, pois aqui não haverá ação, processo e jurisdição"[179].

Importante conferir as duas teses ilustradas.

(1) Segundo o entendimento da Chefia do Ministério Público Federal, seria possível, por exemplo, a imediata concessão de perdão judicial ao delator, sem prévia aferição do conteúdo das declarações prestadas em juízo, com a possibilidade de gozar imediatamente dos benefícios propostos no termo de delação premiada (sem checagem prévia e exaustiva das informações prestadas).

(2) A polícia federal, por outro lado, reputou que não seria possível aplicação antecipada de pena, nem concessão liminar de perdão judicial (extinção da punibilidade), devendo tal matéria ser definida em juízo, com a interveniência do Ministério Público, ao final do processo. Aduziu ainda que seria necessária investigação para validação dos dados obtidos através das declarações do colaborador, demonstrando que não se cuidam de meras suspeitas ou insinuações.

2.3.7.9.5.2. Exame não meritório do acordo (regularidade, legalidade e voluntariedade)

Feito o acordo, com o termo respectivo, acompanhado das declarações do colaborador e de cópia da investigação, será encaminhado ao magistrado competente para homologação.

178. VALENTE, Rubens. Poder. Delação de Marcos Valério exacerba diferenças entre PGR e PF. *Folha de S. Paulo*. Disponível em: <http://www1.folha.uol.com.br/poder/2017/07/1903023-delacao-de-marcos-valerio-exacerba-diferencas-entre-pgr-e-pf.shtml>. Acesso em: 21 jul. 2017.

179. JARDIM, Afrânio Silva. Delação premiada: o sistema de justiça criminal sendo substituído por um contrato. *Empório do Direito*. Disponível em: <http://emporiododireito.com.br/delacao-premiada-o-sistema-de-justica-criminal-sendo-substituido-por-um-contrato-por-afranio-silva-jardim>. Acesso em: 17 jul. 2017.

Deve o juiz verificar sua regularidade, legalidade e voluntariedade, podendo para este fim, sigilosamente, ouvir o colaborador, na presença de seu defensor.

Tal aferição do termo pelo juiz deve envolver, portanto, tríplice análise (§ 7º, do art. 4º, da Lei nº 12.850/2013). Ao exigir a apreciação a partir desses três prismas, o legislador incorreu em redundância, apesar de parcial. Isso porque o termo "regularidade", qualidade de "regular", remete ao sentido de "legalidade", por significar algo que é conforme às leis, à praxe e à natureza.

De sua parte, o Supremo Tribunal Federal, por seu órgão pleno, aduziu, em 27/8/2015, ao julgar o *Habeas Corpus* 127483, que "a homologação judicial do acordo de colaboração, por consistir em exercício de atividade de delibação, limita-se a aferir a regularidade, a voluntariedade e a legalidade do acordo, não havendo qualquer juízo de valor a respeito das declarações do colaborador". Note-se, entrementes, que a impossibilidade de recair cognição sobre o valor da prova ou do meio de obtenção de prova não deve significar óbice para o exame da constitucionalidade e da legalidade das cláusulas do acordo[180].

(1) Regularidade indica que o acordo deve ser conforme às regras, dotado de juridicidade (adequação às leis, à Constituição, às fontes do direito estatal).

(2) Legalidade é vocábulo cujo teor está abrangido pela regularidade. No entanto, a sua menção tem importância para além do pleonasmo quando se compreende sua finalidade de frisar que o termo de colaboração premiada deve se ater à legalidade estrita, princípio caro ao direito penal e processual penal.

(3) Voluntariedade: o ato volitivo, de anuência do delator capaz, deve ser livre, isento de pressões, aferido pelo registro das negociações (por meio de áudio, de áudio e vídeo e/ou de escritos). O termo abrange os requisitos intrínsecos e formais da confissão, meio de prova que tem por espécie a delação premiada.

Debateu-se no STF duas questões principais[181].

(1) A primeira, se o relator tem competência para proferir decisão de homologação do termo de acordo de colaboração premiada: a Corte deliberou, por maioria, que não é necessária a submissão do acordo de delação premiada ao órgão colegiado. Esse posicionamento não se revela compatível com a lógica do funcionamento colegiado dos tribunais. Sem embargo, homologado o acordo por decisão monocrática, entende-se possível o manejo de agravo interno (regimental), por um dos pactuantes ou por coautor do delito cuja esfera jurídica se veja afetada pelo teor das cláusulas. A preclusão *pro judicato* da decisão homologatória do termo de acordo, com óbice à revisibilidade de suas condições, deve se subordinar à necessidade de intimação dos sujeitos que possam sofrer prejuízo jurídico, com o fito de não se tornar imutável benefícios fixados sem obediência ao Código Penal e à Lei de Execução Penal. A ilicitude da vantagem (excessiva, ilegal ou inconstitucional) conferida ao delator, quando homologada pelo juiz, tem como decorrência necessária a criação de prova (ilegítima) contra o corréu, obtida mediante ato configurador de abuso do poder de barganha. O questionamento de cláusula assim

180. BRASIL. Supremo Tribunal Federal. Pleno. HC 127483. Rel. Min. Dias Toffoli. j. 27 ago. 2015.

181. BRASIL. Supremo Tribunal Federal. Pleno. PET 7074 QO/DF. Rel Min. Edson Fachin. j. 29 jun. 2017.

viciada, pelo corréu prejudicado, deve ser admitido em sede de apelação ou de outro recurso cabível contra a sentença ou a decisão homologatória, pondo obstáculo à sua imutabilidade, como avivado acima.

A necessidade de intimação de corréu mencionado no acordo de colaboração premiada, com o objetivo de assegurar recurso de fundamentação limitada (restrito ao controle da legalidade, regularidade e voluntariedade do ajuste), justifica a conclusão de que o teor das promessas consignadas nas cláusulas do acordo de colaboração premiada não podem ser reexaminadas. Sem essa cautela, a barganha pode ganhar caráter de discricionariedade, arbítrio e abusos, como, por exemplo, a fixação de penas bem aquém do mínimo legal e aquém da redução autorizada por lei em razão da colaboração (excesso de vantagens ao delator em detrimento da liberdade do coautor). A propósito, o STF destacou que "os princípios da segurança jurídica e da proteção da confiança tornam indeclinável o dever estatal de honrar o compromisso assumido no acordo de colaboração, concedendo a sanção premial estipulada, legítima contraprestação ao adimplemento da obrigação por parte do colaborador"[182]. O impedimento de revisar a brandura concedida (como contrapartida do regime de suspensão pactuada das garantias do delator), depois de sentença de homologação preclusa, encontra respaldo no ordenamento jurídico, afinal, são regras estatuídas no sistema brasileiro as do *favor rei*, da vedação de *reformatio in pejus* (ainda que indireta), da coisa julgada e a de que ninguém deve ser processado duas vezes pelo mesmo fato (*ne bis in idem*). Para dar plausibilidade a essas garantias, há de ser reconhecido o direito de intimação dos delatados com legitimidade para interposição de recurso de fundamentação vinculada aos aspectos lógico-formais do acordo homologado (regularidade, legalidade e voluntariedade). Sem isso, cria-se sistema negociado processual penal suplantador do sistema legislado de tradição continental, em afronta à Constituição.

(2) A segunda questão enfrentada no apontado julgado do STF consiste em saber se é possível, depois de preclusa a decisão homologatória do acordo de cooperação premiada, a revisão das cláusulas pelo mesmo órgão judicial ou pelas instâncias superiores quando da decisão condenatória final. Sobre o tema, o STF já havia se manifestado negativamente: depois de homologado o acordo, o instituto deve ser preservado, para se assegurar sua viabilidade, salvo nulidade tão somente superveniente (e não contemporânea ao acordo ou à homologação). O juízo sobre o mérito, que relaciona os benefícios de forma proporcional, correlata à efetiva contribuição, permanece reservado à sentença condenatória, segundo a Suprema Corte, no referido julgado (sem eficácia geral, ao menos por enquanto).

Com efeito, o Supremo Tribunal Federal destacou que esse provimento interlocutório – o qual não julga o mérito da pretensão acusatória, mas resolve uma questão incidente – tem natureza meramente homologatória, limitando-se ao pronunciamento sobre a regularidade, legalidade e voluntariedade do negociado (art. 4º, § 7º, da Lei 12.850/2013). O juiz, ao homologar o acordo de colaboração, não emite juízo de valor a respeito das declarações eventualmente prestadas pelo colaborador à autoridade policial ou ao Ministério Público, nem confere o signo da idoneidade a seus depoimentos posteriores[183].

---

182. BRASIL. Supremo Tribunal Federal. Pleno. HC 127483. Rel. Min. Dias Toffoli. j. 27 ago. 2015.

183. BRASIL. Supremo Tribunal Federal. Pleno. PET 7074 QO/DF. Rel Min. Edson Fachin. j. 29 jun. 2017 (STF – Informativo nº 870, de 19 a 30 de junho de 2017).

Colocada a problemática que envolve o instituto da cooperação premiada, pergunta-se: a sentença de homologação de termo de colaboração premiada produz coisa julgada material?

O caráter retratável da cooperação premiada, mesmo depois de homologada, indica não ser possível formação de coisa julgada material, com o qualitativo de imutabilidade. Ademais, os efeitos do acordo somente devem ser completados depois da certificação sobre a efetividade da colaboração prometida no ajuste. É o que se depreende do § 10, do art. 4º, da Lei nº 12.850/2013, ao destacar que "as partes podem retratar-se da proposta, caso em que as provas autoincriminatórias produzidas pelo colaborador não poderão ser utilizadas exclusivamente em seu desfavor", e do § 11, do mesmo dispositivo legal, ao frisar que a sentença (logicamente, a final, condenatória ou absolutória) "apreciará os termos do acordo homologado e sua eficácia".

Seguindo os passos de doutrina abalizada, pode-se assentar que o acordo de colaboração premiada não constitui um processo sob o crivo do contraditório, razão pela qual a sua sentença homologatória não tem aptidão para produzir coisa julgada material. James Goldschmidt, nesse diapasão, explica que "el proceso es el procedimiento cuyo fin es la constitución de la cosa juzgada, es decir, del efecto de que la pretensión del actor valga en el porvenir ante los tribunales como jurídicamente fundada o no fundada"[184]. O processo, dialético, é situação jurídica indispensável à formação da *res judicata* (material), não se amoldando a ele procedimentos de natureza investigativa.

A sentença homologatória se submete a um regime preclusivo. Ocorre preclusão para os signatários do acordo de colaboração premiada depois que decorrido prazo recursal. Não deveria se operar preclusão relativamente aos prejudicados (corréus delatados), enquanto eles não tivessem sido intimados de seus termos, notadamente quando o pactuado com o delator permanecer sob sigilo. Depois de cientes estes últimos, e decorrido o prazo recursal, haveria preclusão máxima impeditiva de revisão das cláusulas do termo homologado. Os efeitos do negócio processual deveriam ser perfazidos, ao final, depois de atestada a efetividade da colaboração prometida.

Pondere-se que nos posicionamos no sentido de que a supressão de sigilo não deve autorizar publicidade ampla e irrestrita, própria de *trial by media* ou apta a afetar a imagem, a honra e a intimidade de investigados. A garantia de liberdade de imprensa e o direito à informação não devem chegar a esse ponto. O levantamento do segredo tem como destinatários os demais investigados, que devem ser intimados para fins recursais ou impugnativos.

Na sentença final do processo criminal, aliás, o juiz deverá confrontar os termos do acordo homologado com a prova, a fim de analisar e descrever o grau de efetividade da colaboração pactuada. Esse o sentido do § 11, do art. 4º, da Lei nº 12.850/2013: "A sentença apreciará os termos do acordo homologado e sua eficácia". Isso equivale a afirmar que o juiz poderá declarar a ineficácia do acordo homologado quando se verificar que não foi

184. GOLDSCHMIDT, James. *Principios generales del proceso*: teoria general del proceso. 2. ed. Buenos Aires: EJEA, 1961. p.37.

demonstrada a eficácia da suposta colaboração, quando poderá, justificada e fundamentadamente, negar a aplicação dos benefícios naquele previstos.

Cabe, a propósito, alusão à Súmula Vinculante nº 35, do STF, aplicável à transação penal, do rito dos juizados especiais criminais. Não porque se concorde integralmente com o posicionamento nela cristalizado, mas em face dela realçar a inaptidão para coisa julgada material de uma sentença homologatória. Em compasso com seu teor, caso desatendidas as condições fixadas na transação penal homologada, retorna-se ao *status quo ante*, possibilitando oferecimento de denúncia[185].

2.3.7.9.5.3. Limites legais e suspensão pactuada de garantias

Ao suspender a garantia ao silêncio e o direito de não ser compelido a produzir provas contra si mesmo, o legislador adotou opção que pode ensejar dúvidas sobre sua constitucionalidade. Afinal, os direitos e garantias fundamentais somente podem ser restringidos muito excepcionalmente nos termos gizados na Constituição.

A Lei nº 12.850/2013 poderia ter regulado melhor o instituto. A doutrina e a jurisprudência vêm apontando lacunas. Sem embargo, regras basilares existem, que são limites, garantias, a fim de que o legislado seja respeitado, exercendo dirigismo forte sobre o negócio firmado com o delator. Vejamos.

(1) Não atendendo os requisitos legais ou não se amoldando ao caso concreto, ao juiz é concedido o poder de recusar homologação à proposta defeituosa. Tal poder é de ser entendido como dever.

(2) Uma vez homologado o acordo, o colaborador poderá, sempre acompanhado pelo seu defensor, ser ouvido pelo membro do Ministério Público ou pelo delegado de polícia responsável pelas investigações.

(3) A proposta de delação premiada é retratável. As partes podem retratar-se, hipótese em que as provas autoincriminatórias produzidas pelo colaborador não poderão ser utilizadas exclusivamente em seu desfavor.

(4) A sentença (final, de mérito, condenatória ou absolutória dos acusados) deve apreciar os termos do acordo homologado e sua eficácia, descrevendo as normas individuais e concretas construídas a partir da constatação empírica de seus requisitos para incidência.

(5) Mesmo que já beneficiado por perdão judicial ou não denunciado, o colaborador poderá ser ouvido em juízo a requerimento das partes ou por iniciativa da autoridade judicial. Somos filiados a corrente que entende que não deve haver acordo de não propositura de denúncia entre Ministério Público e acusado[186], eis que a ação penal é

185. BRASIL. Supremo Tribunal Federal. Súmula Vinculante nº 35. "A homologação da transação penal prevista no artigo 76 da Lei 9.099/1995 não faz coisa julgada material e, descumpridas suas cláusulas, retoma-se a situação anterior, possibilitando-se ao Ministério Público a continuidade da persecução penal mediante oferecimento de denúncia ou requisição de inquérito policial".

186. AMORIM, Pierre Souto Maior Coutinho do. Observações sobre a Resolução nº 181/2017 do CNMP. *Empório do direito*. Disponível em: < http://emporiododireito.com.br/backup/observacoes-sobre-a-resolucao-n-181cnmp-por-pierre--souto-maior-coutinho-de-amorim/>. Acesso em: 29 nov. 2017.

obrigatória[187]. Por tal razão, o § 4º, I e II, do art. 4º, da Lei nº 12.850/2013, deve receber interpretação conforme a Constituição, para exigir que o *Parquet* formule ação penal, proponha perdão judicial ou requeira arquivamento das peças de informação, com o necessário controle do princípio da obrigatoriedade[188].

No entanto, o referido acordo entre Ministério Público e acusado tem recebido contornos práticos que vão bem além do que previu a legislação de controle do crime organizado. Note-se que o propósito do § 4º, do art. 4º, da Lei nº 12.850/2013, foi permitir a outorga de um "prêmio" ao colaborador, com a não oferta da denúncia. Como esse regramento está inserido naquela lei, devemos interpretar que somente diante da presença de elementos empíricos indicativos de crime atribuído a organização criminosa é que seja possível cogitar de sua aplicação.

O ponto merece maior atenção porque, o que já considerávamos inconstitucional[189], teve sua órbita de incidência ampliada por meio de veículo normativo que não se adequa ao princípio da legalidade.

Compreendemos como incompatível com o art. 129, inciso I, da Constituição do Brasil, não somente a previsão contida no § 4º, do art. 4º, da Lei nº 12.850/2013, que faculta ao Ministério Público não oferecer denúncia contra o colaborador quando, além de reunidas as condições do *caput* (efetiva colaboração, em maior grau), o agente não for líder da organização criminosa e tiver sido o primeiro a prestar a cooperação. Conhecido como "**acordo de não persecução penal**", foi ele regulado pela Resolução nº 181/2017, sendo esta modificada pela Resolução nº 183/2018, ambas do Conselho Nacional do Ministério Público (CNMP).

Essas normas infralegais inovaram o ordenamento jurídico, com regras que foram além do poder regulamentar, motivo pelo qual as consideramos inconstitucionais, não somente sob o ponto de vista formal (competência legislativa), mas também material (violação a princípios e garantias constitucionais). De todo modo, devemos realçar a necessidade de interpretar estritamente o já praticado "acordo de não persecução penal", para submetê-lo a controle do Poder Judiciário e haurir interpretação compatível com a CF/1988. Objetiva-se adequar a atuação do Ministério Público ao princípio da obrigatoriedade. Trata-se de postulado fundante de um sistema legislado-constitucional, que não deve ser subordinado ao negociado, como tentam fazer crer os enunciados ora examinados.

Na Itália, por exemplo, Vincenzo Manzini há muito aviva que a atuação do Estado moderno, diante da notícia de um delito, é um poder e um dever, diante do interesse

187. Explicando que a possibilidade de não persecução penal pretende instituir mitigação à obrigatoriedade, bem como que a Resolução nº 181/2018, do CNMP, ao prever a exigência de "confissão formal e circunstanciada dos fatos delituosos", finda por flexibilizar "as garantias constitucionais da ampla defesa e do contraditório, bem como do devido processo legal": CARMO, Mara Lina Silva do. *Ampla defesa e colaboração premiada no estado democrático de direito*. 2018. 136 f. Dissertação (Mestrado), Pontifícia Universidade Católica de São Paulo, São Paulo. p.119.

188. JARDIM, Afrânio Silva. Delação premiada: o sistema de justiça criminal sendo substituído por um contrato. *Empório do Direito*. Disponível em: <http://emporiododireito.com.br/delacao-premiada-o-sistema-de-justica-criminal-sendo-substituido-por-um-contrato-por-afranio-silva-jardim>. Acesso em: 17 jul. 2017.

189. A inconstitucionalidade decorre do impedimento ao exercício de garantias fundamentais, como o direito ao devido processo, ao contraditório e à prova, diante da imediata submissão à pena, de forma consensual. Geraldo Prado, aliás, postula, em estudo específico, a incompatibilidade da delação premiada "com um sistema processual que fundamenta a sentença em provas colhias em contraditório. A transformação do agente em testemunha é repudiada dada a evidente falta de isenção do delator" (PRADO, Geraldo. *Transação penal*. 2. ed. Rio de Janeiro: Lumen Juris, 2006. p. 223).

eminentemente público envolvido. Daí a inadequação de se entender que a atividade estatal, nesse contexto, seria mera faculdade, derivando, "logicamente, o princípio da indisponibilidade deste poder-dever: os órgãos do Estado, por meio dos quais deve agir, não podem dispor livremente. O Estado impôs, em face do seu próprio poder, autolimitações inderrogáveis, estabelecidas mediante lei"[190].

No ponto, seguimos o magistério de Afrânio Silva Jardim, ao pontificar que "o prêmio de não oferecer a denúncia, previsto no parágrafo quarto do art. 4º da Lei 12.850/13, tem como pressuposto um acordo de cooperação firmado com inquérito já instaurado, onde serão examinados o preenchimento dos requisitos legais. Ao final da investigação, o requerimento de homologação judicial deve vir acompanhado do requerimento de arquivamento do inquérito ou outra investigação formal, aplicando-se a regra do art. 28 do Código de Processo Penal"[191].

Ocorre que o art. 18, da Resolução-CNMP nº 181/2017 (com redação modificada pela Resolução-CNMP nº 183/2018), estampou dicção que outorga ao Ministério Público o poder de firmar acordo de não persecução penal com imputados de delitos diversos do abrangidos pela Lei nº 12.850/2013. Toda negociação seguirá no âmbito do Ministério Público, com a possibilidade de aplicação de penas descritas no termo de acordo de não propositura de ação penal, nos moldes da transação penal da Lei nº 9.099/1995 cabível a infrações penais de menor potencial ofensivo. Tudo sem a existência de lei e de processo. Ao Judiciário, de acordo com essa sistemática, caberá homologar ou não o acordo de não persecução penal.

A inconstitucionalidade, como se depreende, é grave. O necessário controle de constitucionalidade deve recair sobre a atual redação do art. 18 e parágrafos, da Resolução nº 181/2017, do CNMP. Vejamos.

De acordo com a primeira parte do *caput*, do supradito art. 18, "não sendo o caso de arquivamento, o Ministério Público poderá propor ao investigado acordo de não persecução penal quando, cominada pena mínima inferior a 4 (quatro) anos e o crime não for cometido com violência ou grave ameaça a pessoa, o investigado tiver confessado formal e circunstanciadamente a sua prática". Observa-se que o CNMP, atipicamente, legislou, criando transação penal para crimes diversos dos atribuídos a organizações criminosas, autorizando que o membro do Ministério Público negocie não denunciar qualquer pessoa apontada como autora de delito, desde que este atenda a dois requisitos: (a) tenha previsão abstrata de pena mínima menor que 4 anos; e (b) não tenha sido perpetrado com violência ou grave ameaça a pessoa. Um grande rol de delitos – inclusive de **médio e maior potencial ofensivo** – restará abrangido pela possibilidade de incidência de acordo de não persecução criminal, sob a luz da Resolução nº 181, do CNMP.

Ao final do *caput*, o aludido art. 18, prevê a submissão do imputado que firmar o acordo de persecução penal, a penas restritivas de direito. Vale frisar que todo esse "rito" tem previsão para acontecer sem processo, sem juiz, de forma negociada e não amparada por lei.

190. MANZINI, Vincenzo. *Trattato di diritto processuale penale italiano:* volume primo. 3. ed. Torino: Unione Tipografico, 1949. p.220 (em tradução livre).

191. JARDIM, Afrânio Silva; AMORIM, Pierre Souto Maior Coutinho de. *Direito processual penal:* estudos, pareceres e crônicas. 15. ed. Salvador: Juspodivm, 2018. p. 543-544.

E continua o dispositivo declarando que o "prêmio" de não oferecimento de denúncia será pactuado "mediante as seguintes condições, ajustadas cumulativa ou alternativamente: I – reparar o dano ou restituir a coisa à vítima, salvo impossibilidade de fazê-lo; II – renunciar voluntariamente a bens e direitos, indicados pelo Ministério Público como instrumentos, produto ou proveito do crime; III – prestar serviço à comunidade ou a entidades públicas por período correspondente à pena mínima cominada ao delito, diminuída de um a dois terços, em local a ser indicado pelo Ministério Público; IV – pagar prestação pecuniária, a ser estipulada nos termos do art. 45 do Código Penal, a entidade pública ou de interesse social a ser indicada pelo Ministério Público, devendo a prestação ser destinada preferencialmente àquelas entidades que tenham como função proteger bens jurídicos iguais ou semelhantes aos aparentemente lesados pelo delito; V – cumprir outra condição estipulada pelo Ministério Público, desde que proporcional e compatível com a infração penal aparentemente praticada".

Como se vê, o imputado que firmar acordo de não persecução penal, com base na Resolução aqui vergastada, deverá cumprir sanções similares ou idênticas a penas restritivas de direito (arts. 43 a 44, do Código Penal). Em outras palavras, o CNMP, sem competência legislativa, permitiu que o membro do Ministério Público, com a concordância do investigado, estabeleça medidas que restringem patrimônio e liberdade.

A empolgação para legislar foi além e, no § 1º, do mesmo art. 18, o CNMP editou que "não se admitirá a proposta nos casos em que: I – for cabível a transação penal, nos termos da lei; II – o dano causado for superior a vinte salários mínimos ou a parâmetro econômico diverso definido pelo respectivo órgão de revisão, nos termos da regulamentação local; III – o investigado incorra em alguma das hipóteses previstas no art. 76, § 2º, da Lei nº 9.099/95; IV – o aguardo para o cumprimento do acordo possa acarretar a prescrição da pretensão punitiva estatal; V – o delito for hediondo ou equiparado e nos casos de incidência da Lei nº 11.340, de 7 de agosto de 2006; VI – a celebração do acordo não atender ao que seja necessário e suficiente para a reprovação e prevenção do crime".

Somente depois de todo "trâmite" para aplicação de pena sem processo é que haverá submissão à apreciação judicial. Espera-se que o juiz, garantidor das liberdades constitucionais, recuse homologação e produção de qualquer efeito ao denominado "acordo realizado". O § 4º, do art. 18, da Resolução 181/2017) estampa que "a vítima será comunicada por qualquer meio idôneo, e os autos serão submetidos à apreciação judicial".

Incrivelmente, a indigitada Resolução, do Conselho Nacional do Ministério Público, cria deveres para os membros do Poder Judiciário. Assim, os parágrafos 5º, 6º e 7º ordenam que o juiz adote providências, a saber: **(a)** se o juiz considerar o acordo cabível e as condições adequadas e suficientes, devolverá os autos ao Ministério Público para sua implementação; **(b)** se o juiz considerar incabível o acordo, bem como inadequadas ou insuficientes as condições celebradas, fará remessa dos autos ao procurador-geral ou órgão superior interno responsável por sua apreciação, nos termos da legislação vigente que, por sua vez, poderá: (i) oferecer denúncia ou designar outro membro para oferecê-la; (ii) complementar as investigações ou designar outro membro para complementá-la; (iii) reformular a proposta de acordo de não persecução, para apreciação do investigado; ou (iv) manter o acordo de não persecução, que vinculará toda a Instituição; e **(c)** o acordo de não persecução poderá ser celebrado na mesma oportunidade da audiência de custódia.

Concluídas essas observações acerca do acordo de não persecução penal, que relaciona o tema do controle das organizações criminosas a quase todos os tópicos do direito processual penal, voltemos aos demais limites legais e suspensão pactuada das garantias, nos termos da Lei nº 12.850/2013.

(6) Havendo possibilidade, o registro dos atos de colaboração será feito pelos meios ou recursos de gravação magnética, estenotipia, digital ou técnica similar, inclusive audiovisual, destinados a obter maior fidelidade das informações.

(7) Nas declarações que prestar, o colaborador renunciará, na presença de seu defensor, ao direito ao silêncio e estará sujeito ao compromisso legal de dizer a verdade. A mitigação ao direito fundamental de manter-se calado em seu interrogatório não seria, para a posição prevalente, violadora ao princípio do *nemo tenetur se detegere* (ninguém é obrigado a se autoincriminar). De outra vertente, cabe acentuar que o indiciado ou o acusado não tem o direito de acusar indevidamente terceiros, criando situações inexistentes, em virtude da possibilidade de responder, em tal hipótese, pelo crime de denunciação caluniosa (artigo 339, do Código Penal), conforme se apontou anteriormente.

(8) O defensor do colaborador deve prestar-lhe assistência em todos os atos de negociação, confirmação e execução da colaboração. A falta da defesa técnica é causadora de nulidade absoluta no ponto.

(9) A condenação, caso ocorra, deve ser contextual, com o exame de todas as teses suscitadas nos autos, sendo vedado ao juiz prolatar sentença condenatória que contenha as declarações de agente colaborador como único fundamento.

Como se depreende, o direito brasileiro tem demonstrado que o punitivismo se amolda a novas realidades, sempre recebendo novos meios de ampliação do poder estatal de limitar a liberdade do ser humano, ainda que sob o preço de driblar as garantias estampadas na Constituição. O poder punitivo se renova sempre, seguindo sua maximização progressiva.

Cláudio Langroiva e Fábio Ruiz chamam esse fenômeno de ampliação do punitivismo de antifragilidade. Trata-se de termo usado metaforicamente para designar a forma como o punitivismo se torna cada vez mais implacável, amesquinhando direitos fundamentais nucleares. O antifrágil é muito mais que simplesmente forte, porque renova seu discurso de manipulação do poder. De tal maneira, os juristas apontam a necessidade de que a defesa – dentre os outros compromissados com a liberdade – passem a adotar posturas de oposição também antifrágeis, "por meio de um discurso inacabado, competitivo e, sobretudo, antifrágil"[192].

Para tornar antifrágil o núcleo duro do direito processual penal, sufragado na Constituição, é necessária vigília para que todas as regras que digam respeito ao processo penal passem por rigoroso filtro. Nesse diapasão, Gabriel Antinolfi Divan argumenta que, de um lado, é cediço que o processo é útil à "'proteção' da pessoa contra o arbítrio estatal". No entanto, deve haver empenho para "perceber que se pode alargar essa noção de 'proteção' e a própria noção de 'arbítrio' para percepções muito maiores que dizem respeito à própria

192. PEREIRA, Cláudio José Langroiva; RUIZ, Fábio Nascimento. *A exceção no processo penal e o resgate de antigos riscos às garantias fundamentais.* Prisma Jur., São Paulo, v. 14, n. 1, p.143; p.148-149, jan./jun. 2015.

tomada dos 'espaços públicos' (conceituais ou até mesmo físicos) pela verticalização estatal" (verticalização esta que confere contornos autoritários ao Estado)[193].

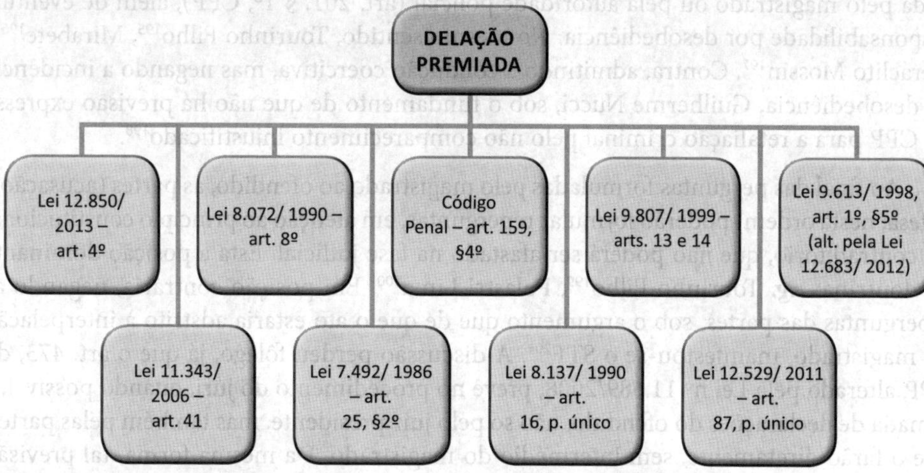

2.4. Ofendido

2.4.1. Considerações gerais: conceito e natureza

O ofendido é o titular do direito lesado ou posto em perigo, é a vítima, sendo que suas declarações, indicando a versão que lhe cabe dos fatos, têm natureza probatória.

Como adverte Nucci, o Estado "é considerado o sujeito passivo constante ou formal, sempre presente em todos os delitos, pois detém o direito de punir, com exclusividade. Entretanto, leva-se em conta, para os fins processuais, o sujeito passivo eventual ou material, isto é, a pessoa diretamente lesada"[194].

2.4.2. Repercussões processuais

O ofendido, que nao é testemunha, e não pode ser tratado como tal, presta suas declarações sempre que possível, sendo qualificado e interpelado acerca das circunstâncias da infração, de quem presuma ser o infrator, das provas que possa indicar, sendo tudo reduzido a termo. Não será compromissado a dizer a verdade, e caso minta, não incide em falso testemunho (art. 342, CP), podendo ser responsabilizado, dando ensejo à instauração de inquérito ou processo contra pessoa sabidamente inocente, pelo crime de denunciação caluniosa (art. 339, CP). Também não poderá invocar o direito ao silêncio, salvo se suas declarações puderem incriminá-lo, como na hipótese da existência de lesões corporais recíprocas, o que o transforma também em agressor, ou por medo de eventual retaliação, em face da fragilidade estatal de possibilitar o amparo efetivo às vítimas coagidas ou ameaçadas.

193. DIVAN, Gabriel Antinolfi. *Processo penal e política criminal:* uma reconfiguração da justa causa para a ação penal. Porto Alegre: Elegantia, 2015. p. 543-544.

194. NUCCI, Guilherme de Souza. *Manual de processo penal e execução penal*. 3. ed. São Paulo: RT, 2007. p. 407.

Entendemos que o ofendido está obrigado a comparecer sempre que devidamente intimado para o ato. A ausência injustificada pode implicar condução coercitiva, determinada pelo magistrado ou pela autoridade policial (art. 201, § 1º, CPP), além de eventual responsabilidade por desobediência. No mesmo sentido, Tourinho Filho[195], Mirabete[196] e Heráclito Mossin[197]. Contra, admitindo a condução coercitiva, mas negando a incidência da desobediência, Guilherme Nucci, sob o fundamento de que não há previsão expressa no CPP para a retaliação criminal pelo não comparecimento injustificado[198].

Ao final das perguntas formuladas pelo magistrado ao ofendido, as partes (acusação e defesa, nesta ordem) poderão formular reperguntas, em atenção ao princípio constitucional do contraditório, que não poderá ser afastado na fase judicial. Esta a posição dominante na doutrina: ***v.g.*** Tourinho Filho[199], Polastri Lima[200]. Em posição contrária, negando as reperguntas das partes, sob o argumento que de que o ato estaria adstrito à interpelação do magistrado, manifestou-se o STF[201]. A discussão perdeu fôlego, já que o art. 473, do CPP, alterado pela Lei nº 11.689/2008, prevê no procedimento do júri, quando possível, a tomada de declarações do ofendido, não só pelo juiz presidente, mas também pelas partes, que o farão diretamente, sem intermédio do magistrado. Da mesma forma, tal previsão deve ser aplicada, por analogia, aos demais procedimentos, inclusive assegurando-se a possibilidade de interpelação direta.

O ofendido é ouvido por iniciativa das partes ou por determinação de ofício da autoridade. Sendo possível, deve ser ouvido. A não realização do ato implica nulidade meramente relativa, devendo o eventual prejudicado demonstrar a ocorrência de prejuízo.

2.4.3. Valor probatório das declarações do ofendido

O conteúdo das declarações, por partir de pessoa diretamente interessada, recomenda certa cautela. Contudo, não há dúvidas que tais declarações são meio de prova, fundamentais em crimes de pouca visibilidade, como, por exemplo, nos crimes sexuais.

Com o advento da Lei nº 11.900/2009, é possível, de acordo com o § 8º, do art. 185, do Código de Processo Penal, a oitiva do ofendido por videoconferência. As críticas à referida previsão que fizemos no tópico relativo ao interrogatório do acusado têm pertinência também quanto à produção dessa prova, guardadas as devidas diferenças entre uma e outra.

2.4.4. Prerrogativas do ofendido

A Lei nº 11.690/2008 modificou o CPP para dar tratamento diferenciado à figura do ofendido, tentando resgatar décadas de esquecimento para com a vítima, que deve ser tratada não apenas como mais um meio de prova, e sim como pessoa que merece proteção e amparo do Estado, não só quanto às pretensões materiais e resguardo individual, mas

195. TOURINHO FILHO, Fernando da Costa. *Processo penal*. São Paulo: Saraiva, 2003. v.3. p. 299.
196. MIRABETE, Julio Fabbrini. *Código de processo penal interpretado*. 11. ed. São Paulo: Atlas, 2006. p. 547.
197. MOSSIN, Heráclito Antônio. *Comentários ao código de processo penal*. São Paulo: Manole, 2005. p. 426.
198. NUCCI, Guilherme de Souza. *Manual de processo penal e execução penal*. 3. ed. São Paulo: RT, 2007. p. 411.
199. TOURINHO FILHO, Fernando da Costa. *Processo penal*. São Paulo: Saraiva, 2003. v.3. p. 300.
200. LIMA, Marcellus Polastri. *Curso de processo penal*. Rio de Janeiro: Lumen Juris, 2002. v.II. p. 148.
201. STF – Primeira Turma – RE 85594/MG – Rel. Min. Antonio Neder – j. 18/10/1977 – RTJ – v. 83-03 – p. 938.

também para que não seja atingida pelos efeitos diretos e indiretos do processo, como a exposição à mídia, traumas psicológicos, risco a integridade física, dentre outros. São prerrogativas do ofendido:

(a) Comunicação dos atos processuais relativos ao ingresso e à saída do acusado da prisão, à designação de data para audiência e à sentença e respectivos acórdãos que a mantenham ou modifiquem (art. 201, § 2º, CPP). Entendemos que para a efetividade do instituto, deve haver a comunicação desde o inquérito policial até a fase das execuções penais, cabendo ao magistrado, sendo possível, a determinação de comunicação da vítima de todas as decisões que impliquem a retirada do réu do cárcere, como relaxamento de prisão, concessão de liberdade provisória, revogação da prisão preventiva, livramento condicional, permissão de saída, dentre outros. Há ainda a necessidade de comunicação das sentenças e acórdãos que mantenham ou modifiquem a prisão, e intimação da vítima para a audiência a que deva comparecer. As comunicações serão feitas no endereço indicado pelo ofendido, admitindo-se, por opção deste, o uso de meio eletrônico. Dessa forma, nada impede que, havendo autorização do ofendido, a comunicação seja feita por ***e-mail*** (art. 201, § 3º, CPP).

(b) Lugar separado antes da audiência e durante sua realização, com o objetivo de que o ofendido tenha o mínimo de contato com o agressor, com os familiares deste, evitando-se também, a depender da situação, o assédio da imprensa. É evidente que pela estrutura dos fóruns no país, tal previsão será de difícil implementação.

(c) Encaminhamento judicial a atendimento multidisciplinar, especialmente nas áreas psicossocial, de assistência jurídica e de saúde, sendo que o ônus será suportado pelo agressor ou pelo Estado. O pleno amparo ao ofendido ganha reforço, na preocupação com o acompanhamento pós-traumático, seja na área psicossocial, com atendimento de psicólogas e assistentes sociais, apoio jurídico, com intervenção das Defensorias Públicas que podem prestar valiosa contribuição, não só na seara cível, em razão dos danos causados pela infração, mas também com a possibilidade de habilitação como assistente de acusação, além do amparo médico, com encaminhamento para tratamento das consequências ocasionadas pela conduta delituosa. As expensas do acompanhamento só poderão ser suportadas pelo ofensor após o trânsito em julgado da sentença condenatória, e desde que fique reconhecido na decisão como parte do valor mínimo indenizatório, pois caso contrário, haverá nítida violação ao princípio da presunção de inocência. Enquanto isso, caberá ao Estado prover o atendimento da vítima, como já ocorre normalmente.

(d) Retirada do réu da sala para que o ofendido preste declarações livre de qualquer desconforto psicológico. O imputado assistirá ao ato por videoconferência, evitando-se que fique no mesmo ambiente do ofendido, quando houver risco comprovado de que sua presença cause humilhação, temor ou constrangimento à vítima. Não sendo possível a videoconferência, pela ausência dos recursos tecnológicos necessários, ainda assim o réu será retirado da audiência, prosseguindo-se com a presença do defensor.

(e) Caberá ainda ao magistrado tomar as providências necessárias à preservação da intimidade, vida privada, honra e imagem do ofendido, podendo, inclusive, determinar o segredo de justiça em relação aos dados, depoimentos e outras informações constantes dos autos a seu respeito para evitar sua exposição aos meios de comunicação. A exposição pública do acontecimento criminoso pode se transformar para a vítima e seus familiares tão degradante quanto a própria infração. Os detalhes do acontecimento, que funcionam como produto de atratividade da grande mídia, que partilha o sofrimento alheio com todos, num paranoico ciclo de um divã coletivo, onde no íntimo o conforto do outro é não ser a vítima, mas por alguns momentos, em frente à tela, sentir-se como ela, acaba exigindo o devido filtro judicial, que pode chegar, em situações como tais, a decretação do segredo de justiça, limitando o acesso aos autos apenas aos interessados, o que pode atingir, inclusive, a fase do inquérito policial, que em si já é, ou pelo menos deveria ser, sigilosa.

2.4.5. Escuta especializada e depoimento especial de criança ou de adolescente (Lei nº 13.431/2017 – depoimento sem dano)

No item 2.5.7, falamos sobre o "depoimento sem dano", agora sufragado expressamente pela Lei nº 13.431/2017. Aquele depoimento pode ser desmembrado em duas técnicas. A primeira, denominada "escuta especializada" (art. 7º). A segunda, "depoimento especial" (art. 8º).

Escuta especializada é o procedimento de entrevista a respeito de situação de violência com criança ou adolescente, perante o órgão da rede de proteção, limitado o relato estritamente ao necessário para o cumprimento de sua finalidade. Cuida-se de depoimento *lato sensu*, isto é, prestado perante órgão que não integra o sistema de persecução penal estatal.

Diferentemente, **depoimento especial** é o procedimento de oitiva de criança ou adolescente vítima ou testemunha de violência perante autoridade policial ou judiciária. Sobre ele, deve recair segredo de justiça.

As seguintes regras, protetivas da criança, do adolescente e do ato, devem ser observadas. Necessariamente, devem ser compatibilizadas com as garantias fundamentais do acusado, em interpretação integradora, sistemática e constitucional.

(1) Proteção contra intimidação, traumas, reiteração delitiva e revitimização:

(a) a criança ou o adolescente deve ser resguardado de qualquer contato, ainda que visual, com o suposto autor ou acusado, ou com outra pessoa que represente ameaça, coação ou constrangimento;

(b) a escuta especializada e o depoimento especial devem ser realizados em local apropriado e acolhedor, com infraestrutura e espaço físico que garantam a privacidade da criança ou do adolescente vítima ou testemunha de violência;

(c) não deverá ser admitida a tomada de novo depoimento especial, salvo quando justificada a sua imprescindibilidade pela autoridade competente e houver a concordância da vítima ou da testemunha, ou de seu representante legal.

(2) Proteção de garantias fundamentais e de documentação:

(a) o depoimento especial deve ser regido por protocolos e, sempre que possível, será realizado uma única vez, em sede de produção antecipada de prova judicial, garantida a ampla defesa do investigado; e

(b) as condições de preservação e de segurança da mídia relativa ao depoimento da criança ou do adolescente serão objeto de regulamentação, de forma a garantir o direito à intimidade e à privacidade da vítima ou testemunha.

(3) Proteção contra fragilidade da prova pelo decurso do tempo: o depoimento especial seguirá o rito cautelar de antecipação de prova quando a criança ou o adolescente tiver menos de 7 (sete) anos; ou em caso de violência sexual. Pensamos que, em um ou outro caso, é admissível a aplicação do procedimento cautelar antecipado, não sendo necessária a cumulação dos dois requisitos (violência sexual e idade inferior a 7 anos).

O procedimento do depoimento especial está regulado no art. 12, da Lei nº 13.431/2017, colmatando o rito de forma a possibilitar a garantia à prova com os direitos fundamentais dos envolvidos, evitando-se, por exemplo, induzimento de respostas:

(a) os profissionais especializados devem esclarecer a criança ou o adolescente sobre a tomada do depoimento especial, informando-lhe os seus direitos e os procedimentos a serem adotados e planejando sua participação, sendo vedada a leitura da denúncia ou de outras peças processuais;

(b) deve ser assegurada à criança ou ao adolescente a livre narrativa sobre a situação de violência, podendo o profissional especializado intervir quando necessário, utilizando técnicas que permitam a elucidação dos fatos;

(c) no curso do processo judicial, o depoimento especial deve ser transmitido em tempo real para a sala de audiência, preservado o sigilo. No ponto, o sigilo não deve comprometer as possibilidades de defesa do imputado. Não é demais frisar que a dúvida deve sempre militar em favor do acusado e o processo penal sigiloso para o réu não se coaduna com o sistema acusatório e com o Estado Democrático de Direito. A interpretação dessas regras deve ser conforme a Constituição;

(d) depois de encerrado o procedimento de narrativa do fato pela criança ou adolescente, com interveniência do profissional especializado se necessário, o juiz, após consultar o Ministério Público, o defensor e os assistentes técnicos, deve avaliar a pertinência de perguntas complementares, organizadas em bloco;

(e) a Lei admite que o profissional especializado adapte as perguntas à linguagem de melhor compreensão da criança ou do adolescente;

(f) o depoimento especial deve ser gravado em áudio e vídeo.

De todo modo, a vítima ou testemunha de violência tem o direito-garantia de prestar depoimento diretamente ao juiz, se assim o entender. Aliás, em matéria de criança e adolescente, a prioridade absoluta é cânone constitucional. O juiz deve tomar todas as medidas apropriadas para a preservação da intimidade e da privacidade da vítima ou testemunha.

O profissional especializado deve comunicar ao juiz se verificar que a presença, na sala de audiência, do autor da violência pode prejudicar o depoimento especial ou colocar o depoente em situação de risco, caso em que, fazendo constar em termo, deve ser autorizado o afastamento do imputado. Ademais, nas hipóteses em que houver risco à vida ou à integridade física da vítima ou testemunha, o juiz tomará as medidas de proteção cabíveis.

Não obstante à importância da previsão legal, com o objetivo de proteger a memória da criança, é importante notar que a suspensão da garantia do contraditório e mitigação do princípio da imediatidade do juiz reduzirão o valor ou o efeito da prova. Em outros termos, se o depoimento da vítima é colhido por pessoa diversa do juiz, teremos a falta do principal elemento conceitual que faz parte da definição de prova em sentido estrito. Se o acusado não tem condições de identificar a fonte da informação que o aponta como autor de um delito, nem tem condições de intervir adequadamente, também o conceito restará desfalcado da importantíssima garantia de defesa ampla e prejudicado o contraditório, ao menos parcialmente.

Nesse sentido, Cristina di Gesu pondera que, o depoimento realizado sob a técnica "sem dano", pode "reduzir o número de inquirições, o que de fato prejudica a defesa", como também o contraditório "resta violado pela possibilidade de a suposta 'prova' ser produzida sem qualquer critério para sua colheita". Em arremate, a autora sublinha que pode haver, na fase investigativa, "produção de uma prova sem que haja uma investigação sobre o fato e seu autor. Sem acusação, o suposto agressor sequer saberia o teor da colheita da prova, não tendo ciência, ao certo, do que se defender"[202].

2.4.6. Proteção à mulher em situação de violência doméstica ou familiar e regras específicas de atendimento policial e pericial especializado (Lei nº 13.505/2017)

A Lei nº 13.505/2017 inseriu o art. 10-A, à Lei nº 11.340/2006. Seu *caput* deixa expresso ser direito da mulher em situação de violência doméstica e familiar o atendimento policial e pericial especializado, ininterrupto e prestado por servidores – preferencialmente do sexo feminino – previamente capacitados. Nessa situação, à ofendida mulher devem ser garantidas as diretrizes de: (1) salvaguarda da integridade física, psíquica e emocional da depoente, considerada a sua condição peculiar de pessoa em situação de violência doméstica e familiar; (2) que, em nenhuma hipótese, tanto ela quanto seus familiares e testemunhas tenham contato direto com investigados ou suspeitos e pessoas a eles relacionadas; e (3) não revitimização, evitando sucessivas inquirições sobre o mesmo fato nos âmbitos criminal, cível e administrativo, bem como questionamentos sobre a vida privada.

O procedimento de inquirição de mulher em situação de violência doméstica e familiar ou de testemunha de delitos com incidência da Lei Maria da Penha, deve ser observado que: (1) a inquirição seja realizada em recinto especialmente projetado para esse fim, o qual conterá os equipamentos próprios e adequados à idade da mulher em situação de violência doméstica e familiar ou testemunha e ao tipo e à gravidade da violência sofrida; (2) a inquirição seja intermediada por profissional especializado em violência doméstica e familiar designado pela autoridade judiciária ou policial, quando o caso indicar; (3) o depoimento seja registrado em meio eletrônico ou magnético, devendo a degravação e a mídia integrar o inquérito.

O art. 12-A, inserido na Lei Maria da Penha, passou a assentar que os Estados e o Distrito Federal, na formulação de suas políticas e planos de atendimento à mulher em situação de violência doméstica e familiar, devem dar prioridade, no âmbito da Polícia Civil, à criação de Delegacias Especializadas de Atendimento à Mulher (DEAMS), de Núcleos Investigativos de Feminicídio e de equipes especializadas para o atendimento e a investigação das violências graves contra a mulher.

202. GESU, Cristina di. Prova penal e falsas memórias. 2. ed. Porto Alegre: Livraria do Advogado, 2014. p. 193-194.

À autoridade policial, incumbe requisitar os serviços públicos necessários à defesa da mulher em situação de violência doméstica e familiar e de seus dependentes.

2.5. Testemunhas

2.5.1. *Conceito e natureza*

Testemunha é a pessoa desinteressada que declara em juízo o que sabe sobre os fatos, em face das percepções colhidas sensorialmente. Ganham relevo a visão e a audição, porém, nada impede que a testemunha amealhe suas impressões através do tato e do olfato.

Quanto à natureza jurídica, é mais um meio de prova, que conta com a colaboração daqueles que, escolhidos pelo destino, acabam tendo conhecimento do acontecimento delitivo.

2.5.2. *Características da prova testemunhal*

São elas:

(a) **judicialidade**: tecnicamente, testemunha é aquela pessoa que presta o seu depoimento perante o magistrado. A oitiva perante o delegado ou outras autoridades, como acontece nas CPIs, deve ser reproduzida na fase processual, notadamente pela inexistência em tais procedimentos de contraditório ou ampla defesa;

(b) **oralidade**: prevalece a palavra falada. Nada impede, contudo, que a testemunha faça breve consulta a apontamentos. Não se deve exigir da testemunha que decore os mínimos detalhes, servindo os apontamentos para reavivá-los. A exceção à oralidade ocorre para os mudos e surdos-mudos. Existe ainda a prerrogativa de algumas autoridades, que podem optar por prestar o depoimento por escrito, quando então as perguntas a serem respondidas, formuladas pelas partes e pelo juiz, lhes serão transmitidas por ofício. São elas: Presidente e Vice-Presidente da República, além dos presidentes do Senado, da Câmara dos Deputados e do Supremo Tribunal Federal (art. 221, § 1º, CPP). A lei não contemplou o presidente do STJ, nem o do Congresso Nacional. Em que pese este último ser o próprio presidente do Senado, como as funções são distintas, sendo ouvido na condição de Presidente do Congresso, não terá tal prerrogativa;

(c) **objetividade**: deve a testemunha cingir-se a declarar aquilo que apreciou, sem emitir opinião pessoal, salvo quando inseparáveis da narrativa dos fatos (art. 213, CPP);

(d) **individualidade**: devem ser ouvidas de per si, separadamente, evitando-se que as testemunhas ainda não ouvidas tenham contato com o depoimento das outras. Ademais, antes de iniciada a audiência e no seu transcurso, serão reservados espaços separados, garantindo-se a incomunicabilidade. Ficando demonstrado que a incomunicabilidade foi violada, ainda assim a testemunha será ouvida, devendo ficar registrado no termo de audiência, para que o magistrado possa dar o devido valor ao aquilatar o depoimento (art. 210, *caput* e parágrafo único, CPP).

(e) **retrospectividade**: a testemunha vai narrar o que sabe sobre os fatos de que tem conhecimento. A percepção é pretérita. Refere-se a acontecimentos passados, para não se tornar mera especuladora.

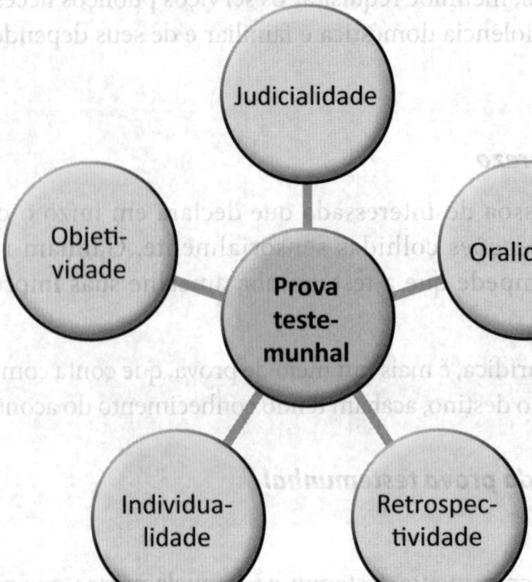

2.5.3. Recusa e impedimento

Como regra, toda e qualquer pessoa poderá figurar como testemunha (art. 202, CPP). O testemunho é um dever, sendo uma forma de contribuir com a Administração da Justiça no intuito de descortinar a verdade.

Contudo, a própria legislação indica pessoas que podem recusar-se, em certas circunstâncias, a depor, ou até mesmo aquelas que estão impedidas de figurar como testemunhas.

Primeiramente, vamos identificar as pessoas que podem recusar-se a contribuir com o testemunho. A legislação, de forma sábia, eximiu da obrigação de depor aquelas pessoas que gozam de parentesco próximo com o réu (art. 206, CPP). A lei não poderia quebrar ou sobrepujar laços muitas vezes indissolúveis de respeito e carinho dentro das relações familiares e conjugais. Assim, os ascendentes e descendentes, os afins em linha reta, o cônjuge, o irmão, o pai, a mãe e o filho adotivo do acusado não estão obrigados a depor. Incluímos nesse rol, por força do art. 226, § 3º, da CF, a companheira. Quanto ao cônjuge, mesmo que separado judicialmente ou até divorciado, a prerrogativa persiste. Muitas vezes os laços afetivos persistem, notadamente quando existem filhos, o que deve ser preservado.

Tais pessoas, contudo, irão depor se desejarem, afinal, podem dispor da prerrogativa que lhes é facultada. Pode acontecer ainda que não seja possível, por outro modo, obter-se ou integrar-se a prova do fato e de suas circunstâncias, quando então estarão obrigadas a figurar como testemunha. Assim, em não havendo outra prova do crime, ou sendo o testemunho fundamental para integrar aquelas até então colhidas, os parentes do réu estarão obrigados a colaborar. Ainda assim, não prestarão compromisso de dizer a verdade, e caso mintam, não praticam falso testemunho.

Já os parentes da vítima estão obrigados a depor sob compromisso, e caso faltem com a verdade, praticam crime. Deve o magistrado ter especial cuidado na valoração de tais depoimentos, em razão do envolvimento emocional que é peculiar em tais situações.

O art. 207, do CPP, por sua vez, trata das pessoas impedidas de figurar como testemunha. Estas, mesmo que desejem, estão impossibilitadas por vedação legal, salvo quando desobrigadas pela parte interessada. Ainda assim, só irão depor se desejarem. Em o fazendo, serão compromissadas, e faltando com a verdade, incorrem em falso testemunho. São aquelas pessoas que pelo desempenho de ministério, ofício, profissão ou em razão de função, devam guardar segredo. Como salienta Mirabete, ao "invés de adotar o sistema de indicar especificamente as profissões compatíveis com o segredo profissional, como outras legislações, a lei pátria usa de palavras compreensivas, de forma genérica, para indicá-las. Considera-se, na doutrina, como pessoas que devem guardar segredo, aquelas: (a) previstas em lei; (b) previstas nos regulamentos que disciplinam o exercício da atividade; (c) previstas por normas consuetudinárias; e (d) as indicadas pela própria natureza da atividade"[203].

Para efeito da vedação legal, considera-se[204]:

(a) função: o encargo que alguém recebe em virtude de lei, decisão judicial ou contrato. Pode abarcar ainda a função pública;

(b) ministério: é o encargo em atividade religiosa ou social;

(c) ofício: é a atividade eminentemente mecânica, manual;

(d) profissão: é a atividade de natureza intelectual, ou aquela que contempla a conduta habitual do indivíduo, tendo fim lucrativo.

2.5.4. Demais vedações

São elas:

(a) os advogados estão impossibilitados de figurar como testemunha, e mesmo quando autorizados pelo interessado, poderão recusar-se. O art. 7º, XIX, do Estatuto da OAB (Lei nº 8.906/1994), estabelece o direito do advogado de "recusar-se a depor como testemunha em processo no qual funcionou ou deva funcionar, ou sobre fato relacionado com pessoa de quem seja ou foi advogado, mesmo quando autorizado ou solicitado pelo constituinte, bem como sobre fato que constitua sigilo profissional". Complementam a norma os arts. 25 a 27, do Código de Ética e Disciplina da Ordem dos Advogados, preceituando o art. 26 que mesmo havendo autorização do cliente, o advogado deve preservar o sigilo que lhe foi confiado.

(b) os Deputados e Senadores não estão obrigados a testemunhar sobre informações recebidas ou prestadas no exercício do mandato, nem sobre pessoas que lhes confiaram ou deles receberam informações (art. 53, § 6º, CF). Se o conhecimento apreendido não se deve ao exercício funcional, estarão obrigados a testemunhar como qualquer outra pessoa;

203. MIRABETE, Julio Fabbrini. *Processo penal*. 15. ed. São Paulo: Atlas, 2004. p. 294.

204. NORONHA, E. Magalhães. *Curso de direito processual penal*. 28. ed. São Paulo: Saraiva, 2002. p. 151.

(c) os magistrados e promotores estão impedidos de atuar na persecução penal e figurar como testemunha concomitantemente (art. 252, II, c/c o art. 258, CPP);

(d) corréu também não pode ser testemunha em relação ao seu comparsa, afinal, não presta compromisso de dizer a verdade, podendo até mesmo mentir. Não se nega valor jurídico à delação do corréu, que pode ter o ***status*** até de ***delação premiada***, devendo-se assegurar reperguntas ao advogado do comparsa delatado, contudo, tais declarações, não têm a natureza de prova testemunhal.

2.5.5. Deveres da testemunha

(a) **comparecimento**: a testemunha, devidamente intimada, tem o dever de comparecer ao juízo no local, dia e hora designados, e caso não compareça nem justifique a ausência, poderá ser conduzida coercitivamente; multada (de 1 a 10 salários mínimos, por previsão do art. 458 c/c art. 436, § 2º, CPP, alterados pela Lei nº 11.689/2008); responsabilizada pelo crime de desobediência, além do pagamento das custas da diligência para trazê-la coercitivamente (art. 219, CPP). Para a incidência do crime de desobediência, além da ausência injustificada, é necessária previsão legal expressa nesse sentido, o que é dado pelos arts. 219 e 458 do CPP. Já a testemunha que no processo civil se faz ausente, não incorre em desobediência, pois não há previsão desta ordem no CPC/2015;

Em outras palavras, diferentemente do processo penal, que prevê delito de desobediência para a testemunha faltosa, o CPC/2015, no § 5º, do seu art. 455, não estipula tal possibilidade, pelo que não incorre em crime de desobediência, perante esse estatuto, a testemunha que não atende à intimação do juízo para comparecer à audiência de processo civil.

(b) **compromisso com a verdade**: a testemunha, como regra, é compromissada a dizer a verdade, e caso venha a fazer afirmação falsa, negar ou calar a verdade, incide nas penas do art. 342, do CP (falso testemunho). Já vimos que as pessoas indicadas no art. 206, do CPP, pelos laços de proximidade e parentesco com o réu, não são compromissadas. Da mesma forma, os menores de quatorze anos, os doentes e deficientes mentais também não são compromissados, pois não possuem a devida noção da importância e das repercussões do ato de testemunhar (art. 208, CPP).

(c) **informação para fácil localização**: a testemunha ainda é obrigada a informar ao juiz, dentro do período de um ano contado do seu testemunho, eventual mudança de residência (art. 224, CPP). Não o fazendo, caso precise ser novamente ouvida e não seja encontrada, será tratada como testemunha faltante, incorrendo nas consequências do art. 219, do CPP (multa, condução coercitiva, pagamento da diligência, responsabilidade por desobediência). Entendemos, portanto, que a mera ausência de comunicação não pode desaguar em tais sanções, como prevê o art. 224, do CPP. A omissão deve ter reflexos efetivos, ou seja, deve frustrar intimação para que ela seja novamente ouvida.

2.5.6. Número de testemunhas

O número de testemunhas pode oscilar de acordo com o procedimento a ser seguido. É entendimento jurisprudencial corrente que este número deve ser contado em atenção a cada réu, no caso de concurso de pessoas, e para cada fato delituoso, em sendo imputada a prática de mais de uma infração. Vejamos:

(a) no procedimento comum ordinário: 8 testemunhas;

(b) no procedimento sumário: 5 testemunhas;

(c) no procedimento sumaríssimo: 3 testemunhas;

(d) na segunda fase do júri: 5 testemunhas.

(e) no procedimento da Lei de Drogas (Lei nº 11.343/2006): 5 testemunhas.

PROCEDIMENTO	NÚMERO DE TESTEMUNHAS
Comum ordinário	8
Comum sumário	5
Comum sumaríssimo	3
Segunda fase do júri	5
Lei de Tóxicos	5

2.5.7. Classificação

A classificação doutrinária elenca as espécies de testemunha na forma abaixo.

2.5.7.1. Quanto ao número de testemunhas estatuído na legislação

2.5.7.1.1. Numerárias

São as arroladas pelas partes e compromissadas, integrando o número legal.

2.5.7.1.2. Extranumerárias

São aquelas ouvidas por iniciativa do juiz, e são de regra compromissadas (art. 209, CPP). É o que pode ocorrer com as testemunhas referidas, que são aquelas referenciadas por outra testemunha. Nada impede que o magistrado determine a oitiva de ofício.

2.5.7.1.3. Informantes

Não prestam o compromisso de dizer a verdade. São as pessoas do art. 206 do CPP, além dos menores de quatorze anos, dos doentes e deficientes mentais (art. 208, CPP). Não são inseridas no número legal.

2.5.7.2. Quanto ao objeto da prova oral

2.5.7.2.1. Própria:

É ouvida sobre o ***thema probandum***, ou seja, acerca dos fatos delituosos.

2.5.7.2.2. Imprópria, instrumentária ou fedatária

Presta depoimento sobre um ato da persecução criminal. Alguns atos exigem, para sua integralização formal, a presença de testemunhas. É o que ocorre na busca e apreensão domiciliar, onde o auto de formalização da diligência será assinado por duas testemunhas presenciais (art. 245, § 7º, CPP). Da mesma forma, na lavratura do auto de prisão em flagrante, se não existirem testemunhas do fato, serão utilizadas as testemunhas de apresentação.

Estas nada sabem do fato delituoso, declarando apenas que presenciaram a apresentação do preso à autoridade (art. 304, § 2º, CPP). A expressão "testemunha fedatária" significa "testemunha de fé", isto é, aquela que tem a finalidade de revestir o ato procedimental de maior credibilidade. O termo "fedatário" também pode se referir aos oficiais de registro que, por força de lei, têm fé pública. Daí a origem da expressão.

2.5.7.3. Quanto à qualidade do testemunho

2.5.7.3.1. Laudadores

São as pessoas que prestam declarações acerca dos antecedentes do infrator. Caso abonem a sua conduta pretérita, são chamadas de testemunhas de beatificação ou abonadoras.

2.5.7.3.2. Testemunhas da coroa

São os agentes infiltrados, como na previsão do art. 10, da Lei nº 12.850/2013 (que revogou expressamente, em seu art. 26, a Lei nº 9.034/1995, que dispunha sobre organizações criminosas) e da Lei nº 11.343/2006 (drogas). Estas pessoas, normalmente agentes policiais, estarão disfarçados durante as investigações, fazendo parte da ritualística do crime, o que lhes permite presenciar, de forma privilegiada, os acontecimentos.

2.5.7.3.3. Inócuas

A pessoa que nada souber de aproveitável à elucidação da causa, não será computada como testemunha (art. 209, § 2º, CPP).

2.5.7.3.4. Testemunhas vulneráveis

Termo referente a pessoas que, em razão de condições físicas especiais, são mais facilmente intimidadas, tais como as crianças, as pessoas com deficiência, enfermas ou idosas. A testemunha vulnerável tem mais propensão a ter sua liberdade para depor limitada. Para proteger tais testemunhas, em especial as crianças, fala-se em depoimento sem dano, figura jurídica instituída na esfera da infância e da juventude em Porto Alegre/RS, objetivando a redução de danos psíquicos em virtude da colheita de depoimentos de crianças e de vítimas de crimes sexuais (busca-se evitar uma revitimização, um segundo sofrimento em razão do crime vivenciado, na medida em que o depoimento implica reviver, parcialmente, o contexto delituoso acontecido no passado). Trata-se de um sistema especial de escuta judicial que envolve a polícia, o Ministério Público, a Defensoria Pública, o Poder Judiciário e um serviço técnico especializado, que faz a ouvida da criança/adolescente em um espaço próprio, protegido e especialmente projetado para o delicado momento do depoimento infanto-juvenil. O trabalho dessas pessoas é esclarecer se os fatos investigados pela justiça ocorreram ou não, no que eles se constituem, se são ou não reprováveis ao olhar da lei, bem como quem os praticou. Para tanto, além da sala de audiência (com os profissionais da área jurídica), há uma sala especial onde fica a criança e um técnico facilitador (profissional de assistência social ou de psicologia), para que ouça a criança ou pessoa vulnerável da maneira mais informal possível, sendo tudo registrado, preferencialmente em sistema audiovisual[205].

205. BEUTLER JÚNIOR, Breno; CEZAR, José Antônio Daltoé. *Depoimento sem dano*. Porto Alegre: TJRGS, 2009. p. 3.

Observação: O Projeto de CPP nº 156/2009, em seus artigos 193 e 194, prevê o "depoimento sem dano", a ser realizado nesses termos, em recinto distinto da sala de audiência. Cabe registrar a ponderação de Cristina di Gesu, advertindo que embora a técnica objetive "salvaguardar a memória da criança ou do adolescente a ser inquirido", há de fato risco de indução de respostas pelo profissional encarregado de realizar a conversão das perguntas das partes e do juízo para a linguagem infantil, como também existirá ameaça ao devido processo legal, aproximando-se do sistema inquisitório, em desfavor do acusado[206].

O procedimento especial para tomada de oitiva de crianças e adolescentes foi inserido em nosso ordenamento jurídico, conforme estudado anteriormente, no item "2.4.5. Escuta especializada e depoimento especial de criança ou de adolescente (Lei nº 13.431/2017 – depoimento sem dano).

Ainda no que tange a esta classificação doutrinária, duas outras espécies merecem destaque. São elas as testemunhas anônimas e as testemunhas ausentes.

2.5.7.3.5. Testemunha anônima

A testemunha denominada impropriamente pela doutrina de "testemunha anônima" é aquela cujos dados são colocados sob sigilo em relação ao imputado. Trata-se de um ***plus*** à proteção legal que deve ser dada a vítimas e testemunhas, visando assegurar que elas não serão ameaçadas nem lesionadas pelo indiciado ou acusado.

Não há propriamente anonimato, haja vista que a identidade da testemunha não é desconhecida dos órgãos da Justiça. O que se colima é acautelar a testemunha ou a vítima contra investidas do indiciado ou acusado nas hipóteses de ameaça grave ou de violência física, protegendo seus dados para que seja atingido este fim específico.

Trata-se de concretização da previsão do art. 7º, IV, da Lei nº 9.807/1999, que prevê, dentre outras medidas possíveis, de forma cumulada ou isolada, que seja preservada a identidade, imagem e dados pessoais da testemunha ou vítima.

O Provimento nº 32/2000, da Corregedoria-Geral da Justiça do Estado de São Paulo, expressa bem o sentido do que seja a testemunha anônima, como se infere da leitura do seu art. 3º:

> Artigo 3º – As vítimas ou testemunhas coagidas ou submetidas a grave ameaça, em assim desejando, não terão quaisquer de seus endereços e dados de qualificação lançados nos termos de seus depoimentos. Aqueles ficarão anotados em impresso distinto, remetido pela Autoridade Policial ao Juiz competente juntamente com os autos do inquérito após edição do relatório. No Ofício de Justiça, será arquivada a comunicação em pasta própria, autuada com, no máximo, duzentas folhas, numeradas, sob responsabilidade do Escrivão.

Preocupação da doutrina com a providência de preservação dos dados da testemunha, é relativamente ao direito ao confronto[207]. Entendemos que a proteção dos dados não deve ser ao ponto de impedir o acesso do advogado a eles. Em outras palavras, o sigilo

206. GESU, Cristina di. *Prova penal e falsas memórias*. 2. ed. Porto Alegre: Livraria do Advogado, 2014. p. 191.

207. LIMA, Renato Brasileiro. *Curso de Processo Penal*. Niterói: Impetus, 2013. p. 691.

não alcança o profissional da advocacia no exercício de seu mister. Naturalmente, que o advogado, ciente dos dados, tem a responsabilidade de assegurar a manutenção do segredo relativamente ao seu cliente.

Sobre o ponto, o STF já se manifestou mais de uma vez, no sentido de não haver nulidade quanto ao depoimento de "testemunha anônima", quando assegurado o acesso dos dados ao juiz, membro do Ministério Público e advogado do acusado (não ao acusado!), a fim de que seja assegurado o direito constitucional ao contraditório (direito ao confronto):

> 2. Não há falar em nulidade da prova ou do processo-crime devido ao sigilo das informações sobre a qualificação de uma das testemunhas arroladas na denúncia, notadamente quando a ação penal omite o nome de uma testemunha presencial dos crimes que, temendo represálias, foi protegida pelo sigilo, tendo sua qualificação anotada fora dos autos, com acesso exclusivo ao magistrado, acusação e defesa. Precedentes[208].

2.5.7.3.6. Testemunhas ausentes

Testemunha ausente é aquela que, ouvida no curso da investigação preliminar (sem contraditório), falece sem que seja ouvida no curso do processo pelo juiz. A regra que é a de que a prova testemunhal, para assim ser considerada, deva ser reproduzida em juízo, submetendo-a ao direito ao confronto, à formação em procedimento contraditório.

O art. 155, do CPP, é expresso em dizer que o juiz não poderá fundamentar sua decisão exclusivamente nos elementos informativos colhidos na investigação, ressalvadas as provas cautelares, não repetíveis e antecipadas.

Prevalece o entendimento segundo o qual a prova colhida na investigação preliminar não é suficiente, por si só, para fundamentar condenação, salvo as cautelares (eis que produzidas sob o crivo do contraditório, como a tomada de depoimento ***ad perpetuam rei memoriam***, em casos de iminência de morte do depoente), as provas irrepetíveis e as antecipadas (também sob contraditório perante juiz).

A doutrina aponta, todavia, hipóteses em que o depoimento de testemunha ausente prestado no curso de inquérito policial pode ser considerado como modo retrospectivo de declaração testemunhal, obtida sem o direito ao confronto, notadamente quando a impossibilidade de tomada do depoimento testemunhal tiver sido causada em razão de conduta ilícita atribuída ao próprio acusado ou por pessoas ligadas a ele, a fim de não findar por admitir comportamento que viole a vedação de se lograr benefício a partir da própria torpeza[209].

Logicamente, caso a impossibilidade da colheita do depoimento testemunhal seja por fato estranho à esfera de conhecimento do imputado (tal como o atraso atribuído a órgão estatal da persecução penal), as declarações da testemunha prestadas no curso do inquérito policial, sem oportunização do contraditório, não terão o mesmo valor daquelas obtidas judicialmente[210].

---

208. STF – Segunda Turma – HC 112811 – Rel. Min. Cármen Lúcia – DJe 12/08/2013.

209. LIMA, Renato Brasileiro. *Curso de Processo Penal*. Niterói: Impetus, 2013. p. 692.

210. LIMA, Renato Brasileiro. *Curso de Processo Penal*. Niterói: Impetus, 2013. p. 692-693. O autor refere trabalho de Diogo Rudge Malan, sobre o tema: "Direito ao confronto no processo penal", publicado pela Editora Lumen Juris, 2009. p. 204.

2.5.8. *Lugar do depoimento, precatória e videoconferência*

Correndo o processo na comarca onde a testemunha reside, esta deve comparecer à sede do juízo no dia e hora aprazados. As pessoas impossibilitadas de comparecer por enfermidade ou velhice serão ouvidas onde estiverem (art. 220, CPP).

Residindo a testemunha em outra comarca, será ouvida através de carta precatória. As partes são intimadas da expedição da carta. A ausência de intimação implica nulidade relativa (súmula nº 155, STF). Não há nulidade por ausência de intimação da data da audiência no juízo deprecado. Neste sentido, o STJ editou a Súmula nº 273: "Intimada a defesa da expedição da carta precatória, torna-se desnecessária a intimação da data da audiência no juízo deprecado". A parte terá que empreender esforços para se informar do dia em que a audiência será realizada, entrando em contato com a respectiva vara criminal. Contra este entendimento encontra-se Tourinho Filho, entendendo que a intimação para a audiência é obrigatória, sob pena de ferir o princípio constitucional da ampla defesa[211].

A presença do réu na audiência perante o juízo deprecado é facultativa, e caso o advogado também não compareça, será nomeado defensor ***ad hoc*** para acompanhar o ato.

A precatória não suspende o curso do processo. É dado prazo razoável, e antes de estar esgotado, não vai haver julgamento. Uma vez devolvida a carta, é juntada aos autos, mesmo após o julgamento.

A Lei nº 11.900/2009, por sua vez, prevê que as disposições relativas ao interrogatório por videoconferência têm aplicação, no que couber, "à realização de outros atos processuais que dependam da participação de pessoa que esteja presa, como acareação, reconhecimento de pessoas e coisas, e inquirição de testemunha ou tomada de declarações do ofendido" (§ 8º, art. 185, CPP). As críticas que apontamos anteriormente têm lugar também aqui, embora com menor ênfase, haja vista que há maior possibilidade de prejuízo ao acusado com a realização de seu interrogatório por videoconferência do que com a tomada de depoimento testemunhal.

Também para evitar a emissão de carta precatória, é possível a oitiva das testemunhas por "videoconferência, ou outro recurso tecnológico de transmissão de sons e imagens em tempo real, permitida a presença do defensor e podendo ser realizada, inclusive, durante a realização da audiência de instrução e julgamento".

Nada impede que haja a expedição de carta rogatória, quando a testemunha esteja no estrangeiro. Também é possível, para tanto, a emissão de carta de ordem pelo tribunal onde o processo tramita, para que seja possível a oitiva perante o juiz da comarca na qual reside a testemunha.

Quanto à **carta rogatória**, atenção especial merece o art. 222-A, do CPP, com redação conferida pela Lei nº 11.900/2009. Prevê o dispositivo que as cartas rogatórias só serão expedidas se demonstrada a sua imprescindibilidade, arcando a parte requerente com os custos do envio. Podemos extrair dois requisitos legais para que seja deferida a oitiva

211. TOURINHO FILHO, Fernando da Costa. *Código de processo penal comentado*. 5. ed. São Paulo: Saraiva, 1999. v.1. p. 433.

por carta rogatória, quais sejam: (1) a **imprescindibilidade** (necessidade comprovada); e (2) a **pertinência** (relação da prova testemunhal com fatos relacionados ao conteúdo do processo penal).

A justificativa do texto legal é razoável, notadamente porque o cumprimento das cartas rogatórias não é tarefa fácil. Há, não raras vezes, demora excessiva até ser cumprida. Daí a necessidade de comprovação antecipada de sua necessidade, com realce para a importância do depoimento. Como adverte Pacelli, a exigência legal não poderá significar a antecipação de teses defensivas, cujo conteúdo só à defesa interesse, mas deve indicar a relevância, no contexto fático objeto da prova. Naturalmente, se o réu for pobre, não há que se falar em recolhimento de custas, estando dispensado de recolhê-las, em homenagem à ampla defesa e ao direito de acesso à justiça[212].

Sobre os requisitos do art. 222-A, do CPP, para a expedição de carta rogatória criminal, o STF manifestou-se pela sua constitucionalidade, averbando, no caso concreto conhecido por "mensalão", que não é cabível a substituição de testemunha a ser ouvida por rogatória, quando não evidenciada a imprescindibilidade da prova, sublinhando que os critérios legais não ofendem o direito constitucional à ampla defesa.

Algumas pessoas, em razão do cargo que ocupam, indicadas pelo art. 221, do CPP, serão ouvidas com a prerrogativa de ajustarem previamente local, dia e hora com o magistrado, é o que ocorre, ***v.g.***, com o Presidente e Vice-Presidente da República, senadores e deputados federais, ministros de Estado, deputados estaduais, juízes, dentre outros.

Tal prerrogativa de "agendamento" de data, hora e lugar do depoimento, em comum acordo entre o magistrado e o detentor da prerrogativa especial, não pode ensejar abusos por parte da autoridade contemplada. Caso ela se valha da prerrogativa para protelar o ato, pode ser afastado o benefício legal para o fim de ser determinada a sua condução à presença do juiz.

Com esse entendimento, o STF decidiu que depois de passados mais de trinta dias sem que a autoridade que goza da prerrogativa prevista no *caput* do art. 221, do CPP, tenha indicado dia, hora e local para a sua inquirição ou, simplesmente, não tenha comparecido na data, hora e local por ela mesma indicados, como se dá na hipótese, impõe-se a perda dessa especial prerrogativa, sob pena de admitir-se que a autoridade arrolada como testemunha possa, na prática, frustrar a sua oitiva, indefinidamente e sem justa causa[213].

2.5.9. Testemunho dos militares e funcionários públicos

Os militares, na condição de testemunha, serão requisitados ao seu superior hierárquico (art. 221, § 2º, CPP). Já os funcionários públicos, apesar da intimação pessoal ser obrigatória, têm a expedição do mandado comunicada ao chefe da repartição, no intuito de viabilizar a continuidade do serviço público, providenciando-se, se possível, a substituição do funcionário que naquele dia não irá trabalhar, pois estará depondo.

212. OLIVEIRA, Eugênio Pacelli. *Curso de processo penal*. 18. ed. São Paulo: Atlas, 2014. p. 423.

213. STF – Pleno – AP 421 QO – Relator Min. Joaquim Barbosa, julgado em 22/10/2009, DJe-023 DIVULG 03-02-2011 PUBLIC 04-02-2011.

2.5.10. Procedimento para tomar o depoimento

O procedimento vai seguir a seguinte ritualística:

(1) Inicialmente, a testemunha devidamente intimada deverá comparecer no dia e hora aprazados. Não o fazendo, poderá ser conduzida coercitivamente, sem prejuízo das demais sanções (art. 219, CPP). Se a testemunha não fosse encontrada, poderia ser substituída, tendo a parte 3 dias para indicar a nova testemunha, contados da devida intimação, por previsão do art. 405, CPP, prazo este que, apesar da omissão legal, era também aplicado para a acusação. O art. 405 sofreu alteração da Lei nº 11.719/2008, e atualmente trata do registro dos atos da audiência do procedimento comum ordinário, sendo que a substituição da testemunha simplesmente não possui mais disciplina legal. Restaria a pergunta: podem as partes substituir as testemunhas não encontradas, ou em razão da revogação da antiga redação do art. 405, isso não é mais possível? Para responder a tal indagação, precisamos nos socorrer do art. 461, § 2º, CPP, que trata do procedimento do júri, ao averbar que se a testemunha não for encontrada, havendo certidão do oficial de justiça neste sentido, a audiência será realizada, não contemplando, portanto, oportunidade para indicar testemunha em substituição. Isso se deve para coibir uma praxe indigesta da parte que indicava testemunha inexistente para procrastinar o feito ou ganhar tempo para indicar o rol verdadeiro de testemunhas. Entretanto, é evidente que não se pode presumir a má fé da parte, e havendo certidão de que a testemunha não foi encontrada, ou que faleceu ou viajou, mesmo sem previsão legal neste sentido, entendemos que a parte deve ser intimada, e poderá trazer, independentemente de qualquer formalidade, a testemunha substituta para audiência de instrução. Desta forma, evita-se a procrastinação processual, respeitando-se tanto o direito da acusação quanto da defesa.

É possível que a oitiva da testemunha seja antecipada, se eventualmente tiver de ausentar-se, como para realizar viagem internacional ou morar em outra localidade, ou ainda se houver receio de falecimento antes da instrução, seja por enfermidade ou velhice (art. 225, CPP).

(2) As testemunhas serão ouvidas separadamente, de sorte que umas não tenham contato com os depoimentos das outras. Fala-se agora, com a inserção do parágrafo único ao art. 210 do CPP pela Lei nº 11.690/2008, em verdadeira incomunicabilidade, tanto que as testemunhas não devem saber nem ouvir os depoimentos das outras, reservando-se espaços separados para que não tenham contato entre si. Não se pode fechar os olhos do quão é difícil a preservação da incomunicabilidade, principalmente porque o contato das testemunhas fora do juízo, notadamente nas comarcas menores, é frequente. Desta sorte, ficarão incomunicáveis no fórum, antes e durante a audiência, mas não se tem como fiscalizar o contato pretérito. Se elas tiverem conversado entre si, o fato deve ser encarado como mera irregularidade, cabendo ao magistrado deixar consignado no termo esta circunstância, chegando ao seu conhecimento, para dar a devida valoração às declarações prestadas.

(3) A testemunha deve ser compromissada, e advertida das penas cominadas ao falso testemunho (art. 210, ***in fine***, CPP). A testemunha não poderá invocar o direito ao silêncio, e se o fizer, responde por falso testemunho, afinal, o falso também se caracteriza quando

alguém cala à verdade. A exceção se dá quando o fato possa incriminar a própria testemunha, que não estará obrigada a se autoincriminar.

(4) Uma vez compromissada, a testemunha será qualificada, devendo declarar seu nome, sua idade, seu estado e sua residência, sua profissão, lugar onde exerce sua atividade, se é parente, e em que grau, de alguma das partes, ou quais suas relações com qualquer delas (art. 203, CPP). Entendemos que a qualificação integra o ato, e se a testemunha falta com a verdade, incorrerá nas sanções do art. 342, do CP (falso testemunho). Contra, acreditando que o crime em espécie seria o de falsa identidade (art. 307, CP), encontra-se Guilherme Nucci[214];

(5) Havendo dúvidas quanto à identidade da testemunha, o juiz patrocinará o esclarecimento pelos meios à sua disposição, podendo até mesmo socorrer-se-á à autoridade policial para tal verificação, sem prejuízo de ouvi-la desde logo (art. 205, CPP);

(6) Após a qualificação, oportuniza-se a contradita, ou seja, a impugnação da testemunha a ser ouvida. É o que ocorre se a pessoa está impedida de depor (art. 207, CPP), ou não deve ser admitida a prestar compromisso (art. 208, CPP). A contradita é julgada na audiência, devendo o magistrado ouvir a parte contrária, a testemunha contraditada, e depois decidir se é caso de exclusão da testemunha, ou simplesmente de não tomada de compromisso, mantendo-se a realização do depoimento. Nada impede que a parte que arrolou a testemunha apresente contradita, se eventualmente descobrir algo que macule a pessoa por ela arrolada. O magistrado, por sua vez, como presidente do feito, identificando impedimento ou hipótese de dispensa de compromisso, deve de ofício tomar as providências adequadas, independente de contradita das partes.

As partes podem alegar ainda circunstâncias ou defeitos que tornem a testemunha suspeita de parcialidade ou indigna de fé (art. 214, CPP). Estes elementos, que nada mais são do que uma forma de impugnação, servem para alertar o julgador de quem seja aquela testemunha, para dar a devida valoração ao depoimento. É possível que a testemunha seja amiga íntima ou inimiga capital do réu, tenha quebrado a incomunicabilidade, ou responda a processo semelhante, ou já tenha sido condenada por falso testemunho. São circunstâncias que não impedem o depoimento, nem a tomada de compromisso, mas alertam o magistrado no momento de valorar a prova.

2.5.11. O depoimento

- A forma oral é a regra (art. 204, CPP), ressalvadas as exceções legalmente previstas, como no caso do mudo ou do estrangeiro. É facultado à testemunha consultar apontamentos.
- De acordo com a nova sistemática adotada pelo art. 212, caput, CPP, entendemos que as partes deverão formular suas perguntas à testemunha em primeiro lugar. Ao juiz incumbirá, ao final, esclarecer pontos ainda não elucidados. A violação da ordem deve implicar nulidade absoluta, porque violados os princípios do contraditório, da

214. NUCCI, Guilherme de Souza. *Código de processo penal comentado*. 3. ed. São Paulo: RT, 2004. p. 415.

ampla defesa e acusatório. Em sentido similar é o entendimento de Antonio Magalhães Gomes Filho[215] e do STJ[216], para quem, todavia, haverá nulidade relativa, no caso de inversão da ordem prevista no dispositivo mencionado. Contra, Luiz Flávio Gomes, Rogério Sanches e Ronaldo Batista Pinto[217] entendem que o juiz continua formulando suas perguntas em primeiro lugar. O STF, nos autos do *Habeas Corpus* nº 111.815/SP[218], declarou a insubsistência do depoimento de testemunha cujas perguntas foram iniciadas pelo juiz, em descompasso com aquele dispositivo legal e em dissonância com o princípio acusatório. Até então, o STF entendia que o vício de inversão de ordem de inquirição era classificado como nulidade relativa (HC 103.525/PR). Com esse mais novo julgado, da Primeira Turma, tomado por maioria, o indicativo é o de que a Suprema Corte passe a considerar tal defeito nulidade absoluta, cujo prejuízo deve ser presumido legalmente.

- O sistema presidencialista, onde as perguntas eram feitas por intermédio do magistrado, fica superado, como já acontecia no júri. Entretanto, quanto aos jurados que desejem reperguntar, terão que se valer do juiz presidente como intermediário. Como o jurado não tem preparo técnico, optou o legislador por manter o juiz presidente como fio condutor da pergunta (art. 212, *caput*, CPP, alterado pela Lei nº 11.690/2008, c/c art. 473, § 2º, CPP, alterado pela Lei nº 11.689/2008). A parte que arrolou a testemunha pergunta em primeiro lugar e, em seguida, a parte contrária. Havendo assistente de acusação, este faz suas perguntas após o MP. Se a testemunha é do Juízo, a defesa pergunta por último. As perguntas das partes são mera faculdade, e acerca dos pontos eventualmente não esclarecidos, o magistrado poderá complementar a inquirição.

Note-se que o exame direto e cruzado foi expressa e inteiramente adotado pela Lei nº 11.689/2008 na tomada do depoimento de testemunhas, consistindo: (1) na inquirição do depoente com perguntas diretas (da parte que arrolou – ***direct examination***) e depois com indagações cruzadas (quando a parte contrária formula suas perguntas – ***cross examination***)[219].

Pela sistemática anterior, falava-se em "reperguntas", porquanto, sob a égide do sistema anterior, presidencialista, a parte formulava perguntas dirigidas ao juiz (por intermédio do magistrado), para que este reperguntasse, reformulando-as, ao depoente. Atualmente, aplicando-se o sistema do exame direto e cruzado quanto à prova testemunhal, não há que se falar em "reperguntas", mas tão somente em "perguntas", porquanto diretas. Reperguntas, só haverá quando formuladas pelos jurados, no plenário do rito do Júri, eis que no ponto vigora, parcialmente, o sistema presidencialista.

- O juiz não indefere pergunta das partes, salvo se "puderem induzir resposta, não tiverem relação com a causa ou importarem na repetição de outra já respondida"

215. GOMES FILHO, Antonio Magalhães. *Provas. Lei 11.690, de 09.06.2008*. In: ASSIS MOURA. Maria Thereza Rocha de (coord.). *As reformas no processo penal*. São Paulo: RT, 2008. p. 287-288.
216. STJ – HC 210.703 – Info 485.
217. GOMES, Luiz Flávio; CUNHA, Rogério Sanches; PINTO, Ronaldo Batista. *Comentários às reformas do código de processo penal e da lei de trânsito*. São Paulo: RT, 2008. p. 302.
218. STF – Primeira Turma – HC 111.815/SP – j. 14/11/2017.
219. FREITAS, Jayme Walmer de. O sistema "cross examination" na reforma processual. *Jus Navigandi*, Teresina, ano 14, nº 2280, 28 set. 2009. Disponível em: <http://jus.com.br/artigos/13588>. Acesso em: 15 dez. 2013.

(art. 212, CPP). O sistema de fiscalização judicial não foi abandonado, pois o juiz, após a formulação da pergunta pela parte, poderá obstar a resposta, desde que haja cabal impertinência, posto que a pergunta não tenha relação com a causa ou já tenha sido respondida, ou ainda, como inovação legislativa, caso a indagação possa induzir a testemunha na resposta. Percebe-se claramente a preocupação do legislador em evitar que a parte faça perguntas tendenciosas, levando a testemunha a erro, onde a resposta acabe sendo fabricada por argúcia do interpelante, retirando do testemunho a espontaneidade necessária para o esclarecimento da verdade. Quer-se evitar também o testemunho moldado, onde a parte faz as afirmações e praticamente convoca a testemunha a concordar ou discordar, retirando-lhe totalmente a liberdade de analisar e até mesmo entender o que foi indagado. A habilidade na condução do testemunho pela acusação ou pela defesa pode acabar fazendo da testemunha verdadeira marionete, alçada ardilosamente a dizer o que se quer ouvir. Neste ponto, deve o juiz intervir, de ofício ou por provocação da parte contrária, objetivando-se, portanto, que a testemunha não responda a tais indagações. Como afirma Malatesta[220]: "Para que o testemunho revele a verdade, não basta que a testemunha não se engane e não queira enganar; é preciso também que exprima a verdade de um modo correspondente a ela, manifestando-a tal qual ela se apresenta em seu espírito. Há testemunhas que percebem a verdade, que pretendem referi-la exatamente e cujos depoimentos, no entanto, acabam por enganar, pela impropriedade e incerteza de sua linguagem; a afirmação sincera de fatos verdadeiros se converte, assim, por seus efeitos, em um falso testemunho".

É necessário, mais uma vez, cuidado redobrado ao se indeferir a pergunta. Não se deve podar a atuação da parte que não venha a incorrer diretamente nas vedações legais. Portanto, a habilidade na formulação das perguntas, que deseja extrair o máximo da testemunha, ou revelar contradições daquele que foi orientado a depor para maquiar a verdade, não podem ser obstadas, sob pena de se dar ensejo à nulidade do ato. Para tanto, a parte que teve a pergunta negada deve requerer que se faça constar no termo de audiência não só o teor da pergunta, mas também a fundamentação judicial da recusa, resguardando-se para futura arguição em preliminar recursal, sem prejuízo da interposição de correição parcial. Nada impede que a parte contrária também se manifeste, fazendo suas considerações. De outro lado, não é admitido que a parte ou o magistrado maltratem a testemunha, já que a urbanidade é ínsita a audiência e deve ser observada por todos. As advertências reiteradas durante o depoimento das penas do crime de falso testemunho ou ameaças de prisão, utilizadas como forma de intimidar o depoente também devem ser combatidas, podendo contaminar o ato e descredibilizar o material probatório.

- A redação do depoimento, dentro do possível, deve reproduzir fielmente as expressões utilizadas pela testemunha (art. 215, CPP). O objetivo é evitar distorções, mantendo-se respeitado o teor do relato. Sempre que possível, o registro deve ser feito "pelos meios ou recursos de gravação magnética, estenotipia, digital ou técnica similar, inclusive audiovisual, destinada a obter maior fidelidade das informações"

220. MALATESTA, Nicola Framarino Dei. *A lógica das provas em matéria criminal*. 3. ed. Campinas: BOOKSELLER, 2004. p. 358.

(art. 405, § 1º, CPP). Busca-se uma maior agilidade e eficiência nos registros, e no caso do recurso audiovisual, a parte receberá cópia do registro original, não sendo necessária a transcrição.

- As declarações serão reduzidas a termo, assinado por ela, pelo magistrado e pelas partes. Caso a testemunha não saiba ou não possa assinar, um terceiro o fará por ela, depois de lido o depoimento na presença de ambos (assinatura a rogo). A lei não contemplou a possibilidade da testemunha negar-se a assinar o termo. Se isso acontecer, deve ser formalizado na ata de audiência os motivos da recusa, esclarecendo-se o porquê da ausência de assinatura. Não será necessária a assinatura a rogo. Nada impede que a testemunha seja responsabilizada por desobediência.

- Havendo receio de intimidação da testemunha, pois a presença do réu poderá causar-lhe humilhação, temor ou sério constrangimento, e desde que haja elementos robustos em tal sentido, prejudicando o próprio ato em sua veracidade, a inquirição será realizada por videoconferência, e o réu assistirá ao procedimento do estabelecimento prisional, ou de sala específica para transmissão, inclusive no próprio Fórum. Não sendo possível, já que o aparato tecnológico a viabilizar o ato ainda é uma realidade distante do Judiciário brasileiro, o réu será retirado da sala, permanecendo o seu defensor. O testemunho deve ser um ato livre, despido de coação, expressa ou implícita. A fragilidade na proteção das testemunhas dá margem a toda sorte de coação, e se a presença do réu na audiência puder constranger de tal ordem a testemunha, de forma a comprometer o depoimento, tais medidas serão adotadas. Não se pode, contudo, presumir a intimidação. A presença do réu na audiência é expressão da ampla defesa, de sorte que os motivos que justifiquem sua retirada devem ser sérios e devidamente comprovados, sendo tudo relatado no termo de audiência (art. 217, CPP).

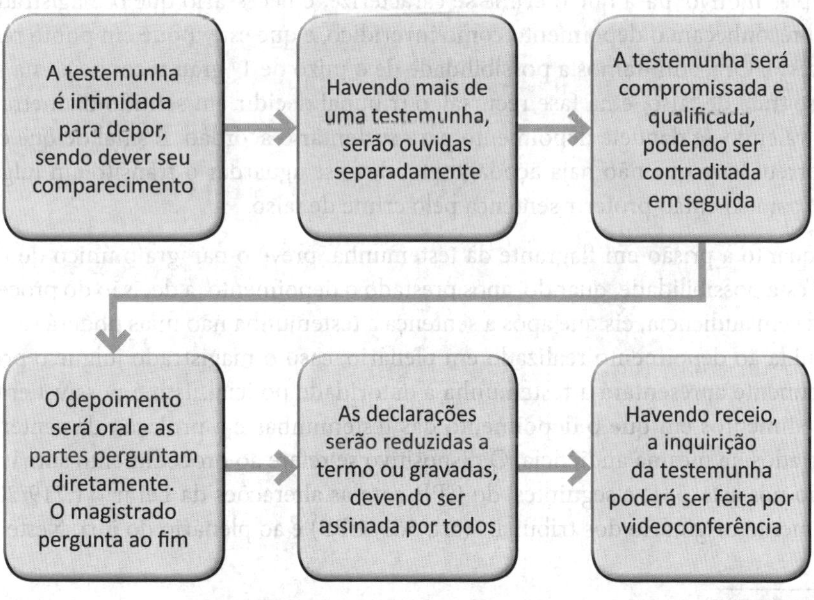

2.5.12. Falso testemunho e prisão em flagrante

Caso a testemunha faça afirmação falsa, cale ou negue a verdade, cabe ao magistrado, uma vez proferida sentença e constatada tal circunstância, remeter cópia do depoimento à autoridade policial, para que se instaure inquérito (art. 211, CPP). Com as investigações, as circunstâncias do fato serão esclarecidas, propiciando-se a futura deflagração da ação penal. Nada impede que o promotor, estando suficientemente convencido pelos elementos constantes dos autos em que ocorreu o falso, deflagre de pronto a ação, dispensando a elaboração do inquérito policial. É de bom tom, portanto, que o magistrado, antes de remeter cópia do depoimento da testemunha ao delegado, abra vistas ao MP (art. 40, CPP), pois o titular da ação, estando convencido, oferecerá, de plano, denúncia, sendo desnecessária a instauração do inquérito.

Já quanto à responsabilidade pelo crime de falso, prevê o § 2º do art. 342, do CP, que o fato deixa de ser punível se, antes da sentença no processo em que ocorreu o ilícito, o agente se retrata ou declara a verdade. Desta forma, se a testemunha se retratar no processo em que tenha mentido, declarando a verdade antes de a sentença ser prolatada, haverá a extinção da punibilidade.

Ficaria a pergunta: e em que momento será instaurada a apuração do falso testemunho? Consoante entendimento do STJ[221], admite-se a apuração do falso paralelamente à instauração do inquérito e até mesmo do processo em que este se deu, objetivando evitar a prescrição deste delito, mesmo que o processo em que a testemunha tenha mentido ainda não tenha chegado ao seu final. Corre-se o risco, contudo, de que o esforço seja em vão, pois se a testemunha se retratar dentro do processo em que tenha mentido e antes da sentença ser proferida, haverá a extinção da punibilidade. É o preço a se pagar. Ressalte-se, porém, que para que o processo pelo falso seja sentenciado, deve-se aguardar o deslinde daquele processo em que a testemunha tenha mentido (decisão transitada em julgado), e isto por um simples motivo: para que o crime se caracterize, é necessário que o magistrado ou o tribunal reconheçam o depoimento como inverídico, e que este toque em ponto relevante do processo. Ora, admitamos a possibilidade de o juízo de 1º grau reconhecer na sentença que se trata de falso, e na fase recursal, o tribunal decidir em sentido diametralmente oposto, valendo-se daquele depoimento para sustentar o acórdão. É sinal de que o crime não ocorreu. Para que não haja açodamento, deve-se aguardar o trânsito em julgado da decisão, para só então proferir sentença pelo crime de falso.

Já quanto à prisão em flagrante da testemunha, prevê o parágrafo único do art. 211 do CPP esta possibilidade, quando, após prestado o depoimento, a decisão do processo for proferida em audiência, eis que após a sentença a testemunha não mais poderá se retratar. Em seguida ao depoimento realizado em plenário, caso o magistrado julgue o processo, imediatamente apresentará a testemunha à autoridade policial. Isto é possível em todos os procedimentos em que o depoimento das testemunhas e a prolação da sentença são concentrados na mesma audiência. O dispositivo se refere ao procedimento sumário, disciplinado nos arts. 531, e seguintes, do CPP, com as alterações da Lei nº 11.719/2008, ao procedimento originário dos tribunais (art. 561, CPP) e ao plenário do júri. Neste último

221. STJ – HC 73059/SP – Rel. Min. Ministro Gilson Dipp – DJ 29/6/2007. p. 678.

caso, deve ser realizado quesito específico aos jurados acerca do falso testemunho, para que só então as providências sejam tomadas. Se eles negarem a ocorrência do crime, nada poderá ser feito contra a testemunha.

Podemos incluir ainda, sem pretensão de exaustão, o procedimento sumaríssimo dos Juizados Especiais (art. 81, Lei nº 9.099/1995), o procedimento da Lei de Tóxicos (artigos 57 e 58, Lei nº 11.343/2006), e o procedimento comum ordinário, de acordo com a Lei nº 11.719/2008, já que, de regra, a sentença será proferida em audiência (art. 403, CPP).

Quanto ao procedimento originário dos tribunais, o art. 561, do CPP, encontra-se revogado pela Lei nº 8.658/1993, estando a matéria atualmente tratada na Lei nº 8.038/1990, e neste procedimento, por ausência de previsão legal oportunizando o flagrante, restará a instauração de inquérito policial para apurar o falso testemunho.

2.5.13. Competência para julgamento do falso testemunho

O juízo competente para julgar o falso é o do local da consumação do delito (art. 70, CPP). Se o depoimento é prestado por carta precatória, a competência firma-se no juízo deprecado. Já no falso praticado perante a Justiça do Trabalho, o STJ editou a Súmula nº 165, assegurando competir à Justiça Federal processar e julgar crime de falso testemunho cometido no processo trabalhista.

2.5.14. Proteção

A Lei nº 9.807/1999 instituiu o Programa Federal de Assistência a Vítimas e Testemunhas Ameaçadas, que é estendido também a infratores que tenham colaborado com a persecução penal. A União, Estados, e o Distrito Federal podem celebrar convênios, acordos ou parcerias entre si ou com entidades não governamentais, objetivando a realização dos programas (art. 1º, § 1º).

Os programas serão dirigidos por um conselho deliberativo, composto por representantes do MP, do Judiciário, e por órgãos públicos e privados vinculados à segurança pública e a defesa dos direitos humanos.

As medidas aplicáveis, de forma isolada ou cumulada, sem prejuízo de outras, estão indicadas no art. 7º, daquela Lei, tais como: segurança na residência; escolta; transferência de residência; preservação da identidade, imagens e dados; ajuda financeira mensal para subsistência, inclusive familiar, em havendo impossibilidade para o trabalho; suspensão das atividades funcionais, sem prejuízo dos vencimentos, no caso dos funcionários públicos civis ou militares; apoio social, médico e psicológico; sigilo em relação aos atos praticados em virtude da proteção; auxílio para prática de atos civis ou administrativos que exijam a presença da pessoa protegida.

As medidas determinadas pelo conselho, contudo, estão condicionadas à disponibilidade orçamentária, de sorte que a efetividade da proteção encontra-se altamente fragilizada pela escassez de recursos.

Ao lado de toda a regulamentação, a Lei nº 12.850/2013 trouxe disciplina específica para os colaboradores envolvidos com organizações criminosas. Foram estabelecidos, como direitos do colaborador: usufruir das medidas previstas na legislação específica, ter dados e imagens pessoais preservados, impedindo também os meios de comunicação de fotografá-lo ou filmá-lo, salvo prévia autorização judicial; ser levado a juízo separadamente dos demais infratores, evitando o contato visual com estes durante as audiências; cumprir a pena em estabelecimento diverso dos demais corréus ou condenados.

2.5.15. Valor Probatório

Sendo meio probatório como outro qualquer, o valor da prova testemunhal é relativo. Como o art. 202, do CPP, assegura a liberdade na seleção da testemunha, dizendo de forma genérica que toda pessoa poderá figurar como tal, salvo as hipóteses legalmente estabelecidas, o depoimento infantil e de policiais não devem ser afastados de pronto, cabendo valoração de acordo com o contexto probatório.

2.6. Reconhecimento de pessoas e coisas

2.6.1. Conceito e natureza jurídica

Eventualmente pode ser fundamental para o deslinde da causa que algum objeto, ou alguém vinculado direta ou indiretamente ao evento delitivo, seja reconhecido. Nessa lógica, a pessoa que tenha tido contato anteriormente com a coisa ou pessoa a ser reconhecida será chamada a prestar sua contribuição, confirmando se realmente se trata da pessoa ou coisa que se imagina ser.

De acordo com Mirabete, "é o ato pelo qual alguém verifica e confirma a identidade da pessoa ou coisa que lhe é mostrada, com pessoa ou coisa que já viu, que conhece, em ato processual praticado diante da autoridade policial ou judiciária, de acordo com a forma especial prevista em lei"[222], tendo natureza jurídica de meio de prova.

2.6.2. Reconhecimento de pessoas

Tem por finalidade identificar o acusado, o ofendido ou testemunhas. Não só a identificação do infrator é importante. Eventualmente uma testemunha, para beneficiar o réu, pode negar que estava presente no local do crime, cabendo assim o expediente de reconhecimento por alguém que a tenha visto. Da mesma forma, a vítima pode negar a sua condição, por temor, por alguma vantagem que lhe é ilicitamente oferecida ou simplesmente para proteger o infrator.

2.6.2.1. Procedimento

O reconhecimento pode ser determinado na fase preliminar ou processual, tanto pelo magistrado, quanto pela autoridade policial, seguindo a seguinte sequência (art. 226, CPP):

- a pessoa a fazer o reconhecimento primeiramente descreverá a pessoa a ser reconhecida;
- a seguir, e se for possível, a pessoa a ser reconhecida é colocada ao lado de outras de semelhantes características. Havendo mais de uma pessoa para realizar o reconhecimento, deverão fazê-lo separadamente, devendo-se evitar comunicação entre elas. Isto se deve para impedir a influência que um reconhecedor possa realizar no outro, maculando o procedimento;

222. MIRABETE, Julio Fabbrini. *Processo penal*. 15. ed. São Paulo: Atlas, 2004. p. 307.

- por fim, procede-se à lavratura de auto pormenorizado, subscrito pela autoridade, pela pessoa que realizou o reconhecimento e por duas testemunhas presenciais. É claro que se a pessoa não reconheceu o indivíduo, esta circunstância deve também ser relatada, até para servir de substrato à futura argumentação defensiva, ou colaborar para que o MP promova o arquivamento dos autos do inquérito policial.

O nosso Código adotou o sistema simultâneo de reconhecimento de pessoas. Simultâneo porque o reconhecimento deve acontecer com a presença da pessoa a reconhecer diante da pessoa a ser reconhecida que, por sua vez, deve ser colocada ao lado das demais pessoas com características semelhantes (juntamente, isto é, simultaneamente). Isso significa dizer que não se admite reconhecimento fracionado, consistente na colocação do imputado ao lado de uma pessoa, seguindo-se com sua colocação ao lado de outra, e assim por diante. Por outro lado, se várias pessoas forem as que devem reconhecer outra, o reconhecimento deve ser sucessivo e isolado, no sentido de que os sujeitos ativos do reconhecimento (pessoas a reconhecer) devem participar do ato separadamente, assim como não devem se comunicar antes ou depois da realização de cada procedimento de reconhecimento. Como se depreende, para que o reconhecimento ganhe valor probatório, deve ser requerido com antecedência (antes da audiência, na denúncia, pelo MP, na queixa-crime, pela defesa, ou na resposta preliminar à acusação, pela defesa). Aliás, o pedido deve ser especificado de logo, a fim de viabilizar sua realização de acordo com os termos do CPP. Não devem ser admitidos reconhecimentos improvisados, tendentes a induzir ou sugestionar que se reconheça alguém como agente de infração penal.

O Superior Tribunal de Justiça reputa que é facultativa aplicação do art. 226, do CPP, que regra o procedimento de reconhecimento de pessoas ou coisas. Pensamos que é equivocado esse posicionamento que conclui que aquela disposição não é cogente. Fosse assim, não seria necessária a previsão do procedimento probatório (tipicidade), além do seu *nomen juris* (prova nominada). De acordo com a Corte Superior, "a eventual inobservância do art. 226 do Código de Processo Penal, constitui nulidade relativa, sendo necessária, portanto, a efetiva demonstração de prejuízo, não observada no caso em análise". Na hipótese julgada, agregou que a condenação estaria fundada "em outras provas, além do reconhecimento pessoal"[223].

Admitir reconhecimento de pessoas sem seguir o procedimento regular ordenado em lei pode ensejar comprometimento da fiabilidade probatória, isto é, a prova produzida não deve ser digna de fé. O reconhecimento improvisado, sem acatamento às regras do art. 266, do CPP, diminui a garantia de que o sujeito da prova (pessoa que está a reconhecer outra) permaneceu com sua cognição inalterada em relação a quem aponta como autora de um delito. Em outras palavras, deixar de seguir o rito, além de ilícito e implicar nulidade absoluta, viola a cadeia de custódia da prova, prejudicando o seu controle epistêmico.

A higidez da cadeia de custódia, na hipótese, não será passível de controle porque a documentação do reconhecimento será incapaz de evidenciar, com maior grau de fé (fiabilidade), que a pessoa reconhecida é, de fato, a mesma pessoa vista, por exemplo, na cena do crime (**princípio da autenticidade da prova** ou da **mesmidade probatória**, como explicado por Geraldo Prado, fazendo incidir o princípio processual de controle epistêmico da **desconfiança da prova**[224]). De mais a mais, como verbera André Nicolitt, "a validade

223. STJ – Quinta Turma – AgRg no AREsp 195.028/PR, Rel. Ministro Ribeiro Dantas – DJe 31/10/2018.

224. PRADO, Geraldo. A quebra da cadeia de custódia das provas no processo penal brasileiro. In: *Prova penal:* estado democrático de direito. Florianópolis: Empório do Direito, 2015. p. 30-31.

do meio de prova em concreto dependerá de a fonte ter permanecido inalterada durante o tempo decorrido desde a comissão dos fatos até o julgamento"[225].

2.6.2.2. *Intimidação*

O reconhecimento deve ser o mais livre possível. Havendo receio de intimidação, a autoridade providenciará para que o reconhecendo não veja o reconhecedor. Essa estratégia não se aplica em juízo, pois violaria o princípio da publicidade, além de espancar a ampla defesa e o contraditório (parágrafo único, art. 226, CPP). Filiando-se ao texto legal, inadmitindo tal expediente na instrução processual ou em plenário de julgamento, Magalhães Noronha[226] e Tourinho Filho[227]. É também a nossa posição.

Não se deve olvidar que o reconhecimento acaba sendo um ato de coragem e de extrema exposição, pela dificuldade e precariedade em se assegurar a integridade física daqueles que se arriscam no ato de reconhecimento. Há assim, aqueles que sustentam que mesmo na fase processual o reconhecedor fique às escondidas, fazendo um reconhecimento informal, despido das exigências legais, e que funcionaria como prova, afigurando-se o reconhecedor como verdadeira testemunha. Neste sentido, Guilherme Nucci[228].

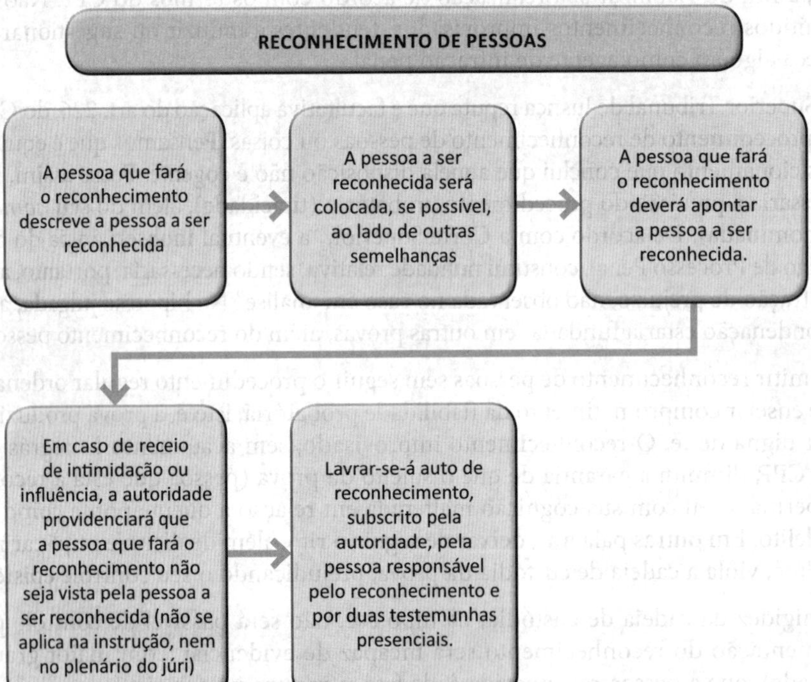

225. NICOLITT, André. *Manual de processo penal*. 7. ed. Belo Horizonte: D'Plácido, 2018. p. 719.

226. NORONHA, E. Magalhães. *Curso de direito processual penal*. 28. ed. São Paulo: Saraiva, 2002. p. 164.

227. TOURINHO FILHO, Fernando da Costa. *Código de processo penal comentado*. 5. ed. São Paulo: Saraiva, 1999. v.1. p. 438.

228. NUCCI, Guilherme de Souza. *Manual de processo penal e execução penal*. 3. ed. São Paulo: RT, 2007. p. 442.

2.6.3. *Reconhecimento fotográfico e fonográfico*

O reconhecimento através de fotografia tem se tornado expediente comum. Os álbuns realizados pela polícia remontam verdadeiro acervo de identificação de infratores. É prova inominada, e segundo o STF[229] e o STJ[230], pode ser utilizada, desde que corroborado por outros elementos de prova, em face de sua precariedade. Deve obedecer, por analogia, às regras do reconhecimento de pessoas (art. 226, CPP).

Já o retrato falado, que é construído pelas informações prestadas ao ***expert*** por pessoa que tenha visto o infrator, em razão de sua evidente fragilidade, não é meio de prova, servindo apenas para auxiliar as investigações.

Quanto ao reconhecimento pela voz (clichê fônico), este pode ser também uma ferramenta importante, notadamente quando os criminosos estiverem encapuzados ou, o que tem sido mais comum, utilizando capacete, nos crimes praticados por motociclistas. Da mesma forma, deve ser encarado como prova inominada, devendo ser analisado em conjunto com os demais elementos probatórios, além de se utilizar, por analogia, o procedimento do reconhecimento de pessoas.

2.6.4. *Reconhecimento de coisas*

Procede-se da mesma forma que no reconhecimento de pessoas, no que for aplicável. Desta forma, o reconhecedor vai narrar o objeto a ser identificado; este será colocado, se possível, ao lado de outros com características similares; de tudo será lavrado termo circunstanciado assinado pelo reconhecedor, pela autoridade, e por duas testemunhas (art. 227, CPP).

2.7. Acareação

2.7.1. *Conceito e natureza*

Acarear ou acaroar é pôr em presença, uma da outra, face a face, pessoas cujas declarações são divergentes. Ocorre entre testemunhas, acusados e ofendidos, objetivando esclarecer a verdade, no intuito de eliminar as contradições. É admitida durante toda a persecução penal, podendo ser determinada de ofício ou por provocação. Tem por natureza jurídica ser mais um meio de prova.

2.7.2. *Pressupostos*

São pressupostos para que a acareação seja realizada:

(a) as pessoas já devem ter prestado declarações;

(b) mister haver divergência no relato das pessoas, sobre fatos ou circunstâncias relevantes;

Ademais, ela pode ocorrer tanto na fase do inquérito quanto no processo.

2.7.3. *Procedimento*

Quando se imagina a acareação, logo vêm à mente debates acalorados, conflitos substanciais entre aqueles que serão colocados frente a frente. Na prática, o procedimento é muito mais simples e menos intenso em conflituosidade.

229. STF – 2ª T. – HC 74.267-0 – Rel. Min. Francisco Rezek – DJ 28/2/1997.

230. STJ – Sexta Turma – HC 216902/SP – Rel. Min. Maria Thereza de Assis Moura – DJe 24/10/2013.

Os acareados serão reperguntados, para que expliquem os pontos de divergência, podendo então modificar ou confirmar as declarações anteriores, realizando-se assim o termo. É realizado o auto, subscrito pelo escrevente e assinado por todos (parágrafo único, art. 229, CP).

Existe ainda a possibilidade de acareação por precatória (art. 230, CPP), caso alguma testemunha esteja ausente, e suas declarações divirjam das de outra pessoa. A testemunha que resida na comarca onde tramita o processo, será chamada para esclarecer o ponto, podendo mudar a sua versão. Persistindo a divergência, expede-se a carta, e o Juízo deprecado deve proceder da mesma forma, notificando a testemunha para que compareça, esclarecendo o ponto, ou mudando eventualmente o depoimento. Desta forma, realiza-se a acareação, sem que as testemunhas tenham sido colocadas frente a frente. A diligência só deve ser realizada quando não importe demora prejudicial ao processo e caso o magistrado entenda relevante. Ao que parece, num futuro próximo, a acareação, em tais situações, será ordinariamente realizada por videoconferência (art. 222, § 3º, CPP).

2.7.4. Valor probatório

É um meio probatório como qualquer outro, tendo valor relativo.

Na prática, o valor probatório da acareação se reduz porque os envolvidos costumam sustentar as versões de suas declarações ou depoimentos. De todo modo, o produto da acareação, seja transcrito, seja gravado em sistema audiovisual, será aferido de forma relacionada com as demais provas dos autos[231].

2.8. Documentos

2.8.1. Conceito

O conceito de documento pode ser visto numa dupla ótica. Na concepção restrita dada pelo *caput*, do art. 232 do CPP, consideram-se "documentos quaisquer escritos, instrumentos ou papeis, públicos ou particulares". Para o CPP, remontando a década de 40, seriam documentos os escritos em papel (matéria-prima, o material que contém o escrito).

Já os instrumentos seriam os documentos confeccionados com o intuito de fazer prova (documentos pré-constituídos), como os contratos, que se distinguem dos documentos eventuais ou acidentais (meros papeis), pois estes não foram feitos com o intuito de provar, mas podem ser utilizados com este objetivo, como uma carta ou um bilhete.

Já na concepção ampla, que é a atual, em face da interpretação progressiva da lei, considera-se documento qualquer objeto representativo de um fato ou ato relevante, e aí poderíamos incluir, ***v.g.***, fotos, desenhos, esquemas, planilhas, e-mails, figuras digitalizadas.

Não é documento o parecer de jurista renomado. O parecer apenas tece argumentos jurídicos favoráveis às teses de uma das partes. Não se destina a provar, demonstrativamente, o fato, mas se cuida de simples opinião sobre a plausibilidade do direito vertido na

231. Nesse sentido: DEMERCIAN, Pedro Henrique; MALULY, Jorge Assaf. *Curso de processo penal*. 9. ed. Rio de Janeiro: Forense, 2014. p. 360.

demanda, não preenchendo os requisitos da legislação para ser considerado documento[232]. Constitui-se o parecer jurídico em um reforço de argumentação[233].

Também não é documento, por não ser revestido de seus requisitos e características (relevância jurídica para o fim de ingressar no mundo do direito), o material jornalístico ou de mídia (reportagens) sobre o fato objeto do caso penal. Pacelli, a propósito, aplaude a vedação de que tais recursos sejam apresentados no Tribunal do Júri, notadamente porque os jurados são leigos e decidem sem justificar seus votos[234].

Seguindo a senda da legislação pioneira sobre informatização do processo judicial (Lei nº 11.419/2006), a legislação processual civil geral regula a utilização de documentos eletrônicos no que denomina "processo convencional" (processo físico), averbando que tal dependerá de sua conversão à forma impressa e de verificação de sua autenticidade, na forma da lei (art. 439, Lei nº 13.105/2015 - CPC/2015). Sem embargo, o juiz terá o poder de apreciar o valor probante do documento eletrônico não convertido, assegurado às partes o acesso ao seu teor. Ademais, na senda da liberdade probatória sufragada pelo nosso sistema, o aludido Código estatui que serão admitidos documentos eletrônicos produzidos e conservados com a observância da legislação específica (arts. 440 e 441).

2.8.2. Espécies

(a) Particular: aquele produzido por particular, ou elaborado por funcionário público que não esteja no exercício de suas funções. Uma vez contestada a autenticidade, a letra e a firma (assinatura) de tais documentos serão submetidas a exame pericial (art. 235, CPP). Mittermaier explica que a legitimidade do documento particular deve ser provada pelo reconhecimento de seu autor que, a sua vez, não pode ser simplesmente tácito. A negativa do reconhecimento pode ensejar a submissão do documento àquele exame pelo *expert*[235].

(b) Público: é o documento elaborado por funcionário público no exercício funcional. Equiparam-se a documentos públicos para efeitos penais (documentos públicos por equiparação), aqueles emanados de entidade paraestatal, o título ao portador, o transmissível por endosso, as ações de sociedade comercial, os livros mercantis e o testamento particular (art. 297, § 2º, CP). Gozam de presunção relativa (***juris tantum***) de autenticidade, podendo se submeter a perícia, havendo fundada suspeita de falsificação. Nas palavras de Mittermaier, a sinceridade do documento público é presumida, sem maiores averiguações, diante da presunção jurídica de veracidade, inferida por meio de firmas autênticas[236].

(c) Original: escrito na fonte originariamente produtora. Em se tratando de escritura lavrada em livro de notas, a primeira certidão por inteiro teor ou traslado é, também, considerada original.

---

232. STF – Primeira Turma – RHC 94350 – Relator Min. Cármen Lúcia, julgado em 14/10/2008, DJe-206 DIVULG 30-10-2008 PUBLIC 31-10-2008.

233. STJ – Segunda Turma – AgRg no REsp 913.720/DF, Rel. Ministro Humberto Martins, julgado em 04/06/2009, DJe 25/06/2009.

234. OLIVEIRA, Eugênio Pacelli. *Curso de processo penal*. 18. ed. São Paulo: Atlas, 2014. p. 438.

235. MITTERMAIER, C. J. A. *Tratado de la prueba en matéria criminal:* o exposición comparada de los principios en materia criminal y sus diversas aplicaciones en Alemania, Francia, Inglaterra, etc. Madrid: Reus, 1979. p.346.

236. MITTERMAIER, C. J. A. *Tratado de la prueba en matéria criminal:* o exposición comparada de los principios en mate-ria criminal y sus diversas aplicaciones en Alemania, Francia, Inglaterra, etc. Madrid: Reus, 1979. p. 346.

(d) Cópia: é a reprodução do documento original. A xerox, o scanner e a impressão têm sido vastamente utilizados para tal desiderato. Se a fotocópia estiver devidamente autenticada, terá o mesmo valor que o original (art. 232, parágrafo único, CPP). A pública-forma, que é uma cópia de escrito avulso, extraída por oficial público, só terá valor quando conferida com o original, na presença da autoridade (art. 237, CPP). Havendo a conferência, a pública-forma fica nos autos, dispensando-se a retenção do original. De outro lado, os microfilmes de documentos particulares e públicos, assim como as certidões, os traslados e as cópias fotográficas obtidas diretamente dos filmes produzirão os mesmos efeitos legais dos documentos originais em juízo ou fora dele, conforme dispõe a Lei nº 5.433/1968.

(e) Nominativo: é aquele que contém o seu autor.

(f) Anônimo: não contempla a indicação do responsável.

(g) Escrito: meio de formação do documento que toma corpo em papel escrito.

(h) Gráfico: o documento de forma através de fatos ou ideias representadas por sinais, a exemplo de desenhos gráficos ou esquemas.

(i) Digital: os documentos constituídos por intermédio de meios eletrônicos e *softwares* (inserido no conceito de documento em sentido amplo).

(j) Direto: documento que representa de forma direta a coisa que pretende demonstrar, tal como a fotografia.

(k) Indireto: documento que é criado pela mente de seu autor, tal como uma pintura.

(l) Instrumental, probatório em sentido estrito ou escrito *ad probationem*: é o documento pré-constituído, produzido com o cunho de servir de prova de um fato. Exemplo: contratos.

(m) Eventual ou acidental: é aquele que foi produzido sem que houvesse motivação para servir de prova de determinado fato, mas que, naturalmente, pode ser plenamente usado para fins probatórios. É o caso das correspondências e das mensagens eletrônicas.

2.8.3. Requisitos

Verdade, que é a constatação do que se expõe no documento, e autenticidade, que é a identificação de quem o produziu. Entendemos que eventualmente os documentos anônimos podem ser utilizados como prova. Nem sempre é possível constatar quem foi o autor do documento, como na hipótese de cartas anônimas, bilhetes ou fotografias. Nem por isso o obstáculo para a utilização de tais elementos deve ser intransponível. Deve a autoridade cercar-se dos cuidados necessários, objetivando constatar acima de tudo a veracidade do conteúdo, e se o documento não foi obtido ilicitamente. Superado o filtro, poderá proceder a valoração.

2.8.4. Produção

Como regra, os documentos podem ser apresentados em qualquer fase do processo (art. 231, CPP). A produção pode ser espontânea, ou seja, quando as partes apresentam o documento, ou provocada (coacta), quando determinada pelo magistrado (art. 234, CPP), valendo-se da mera requisição ou até mesmo da medida de busca e apreensão.

Como regra, os documentos podem ser apresentados em qualquer fase do processo (art. 231, CPP). A produção pode ser espontânea, ou seja, quando as partes apresentam o documento, ou provocada (coacta), quando determinada pelo magistrado (art. 234, CPP), valendo-se da mera requisição ou até mesmo da medida de busca e apreensão.

Atualmente, a legislação não restringe a apresentação documental durante a primeira fase do rito do Júri (juízo da instrução preliminar). Essa possibilidade segue até o momento que antecede a pronúncia.

Na segunda fase do rito do Júri (***judicium causae* ou preparação para julgamento**), distintamente, caso a parte queira apresentar documento no plenário de julgamento, deverá providenciar a juntada aos autos com antecedência de três dias úteis, dando-se ciência à parte contrária (art. 479, CPP). Inclui-se na vedação a leitura de jornais ou qualquer outro escrito que tenha pertinência com o fato versado no processo, além da exibição de vídeos, gravações, fotografias, laudos, quadros, croquis ou qualquer outro meio assemelhado, cujo conteúdo seja pertinente a matéria fática a ser submetida a julgamento. Estão excluídos, contudo, revistas ou jornais que não tratem da matéria discutida em juízo, ou os documentos que já fazem parte dos autos, como a ficha de antecedentes.

Em homenagem à tutela da correspondência, veda-se o lançamento aos autos das cartas particulares interceptadas ou obtidas por meios criminosos (art. 233, CPP). Nem precisava haver tal previsão, afinal, a interceptação da correspondência caracteriza prova ilícita, impedindo a utilização, salvo nas hipóteses excepcionais amparadas pelo princípio da proporcionalidade (***pro reo***). Já o destinatário da carta poderá exibi-la em juízo para defesa de seu direito, independente da aquiescência do remetente (art. 233, parágrafo único, CPP).

2.8.5. Tradução

Quando o documento é produzido em língua estrangeira, pode ser imediatamente lançado aos autos, e, se necessário, será traduzido por tradutor oficial ou pessoa nomeada pela autoridade para tal fim. Caso o documento seja realmente utilizado, entendemos que a necessidade de tradução é presumida, pois mesmo que as partes e a autoridade dominem a língua estrangeira, a publicidade dos autos e a necessidade de acessibilidade do conteúdo assim o exigem.

Mesmo o documento em espanhol deve ser traduzido. O STJ já teve oportunidade de assentar que mesmo o castelhano, idioma mais próximo do português depois do galego, deve ser objeto de tradução, sendo assim acompanhado por versão em vernáculo por tradutor juramentado[237]. A tradução pode ser indeferida fundamentadamente pelo juiz quando verificar que o documento não guarda relevância jurídica ou não interessar ao processo. O indeferimento indevido da tradução é causa de nulidade relativa, dependendo de alegação oportuna e demonstração de prejuízo.

2.8.6. Restituição

Os documentos originais, encerrado o processo e não havendo motivos para que permaneçam nos autos, podem ser restituídos, ficando retidas cópias, exigindo-se a prévia oitiva do Ministério Público (art. 238, CPP). Antes do trânsito em julgado da sentença, não

237. STJ – Terceira Turma – REsp 606.393/RJ – Rel. Ministro Humberto Gomes de Barros, julgado em 19/05/2005, DJ 01/08/2005.

havendo necessidade da manutenção nos autos do documento que tenha sido apreendido por determinação da autoridade, o procedimento adequado é o de restituição de coisas apreendidas (artigos 118, e seguintes, CPP).

2.9. Indícios e presunções

2.9.1. Conceito

O indício é a circunstância conhecida e provada que, tendo relação com o fato, autoriza, por indução, concluir-se a existência de outra ou outras circunstâncias (art. 239, CPP). O indício é elemento de prova situado no passado e que, por si só, é, em regra, débil para se concluir sobre o fato delituoso. Indício é prova semiplena, parcial ou indireta que possibilita, por indução, chegar-se a uma conclusão sobre uma infração penal. Para que se chegue à conclusão geral sobre o fato, o indício deve, em regra, ser cotejado com outros indícios para que seja inferida aquela interpretação sobre o fato, por intermédio de método precipuamente indutivo. Daí que os indícios (a prova indiciária) devem ser plurais, haja vista que só muito excepcionalmente um só indício será suficiente para justificar a atribuição de um fato delituoso a alguém. Exemplos de indícios, relativamente ao crime de homicídio, são: as impressões digitais, a arma deixada no local do crime, o projétil, manchas de sangue, os registros eletrônicos de saída e de entrada do local do delito que, conjuntamente, podem ser conclusivos para atribuir a autoria do crime a alguém, possibilitando que o delegado de polícia fundamente o ato de indiciamento (Lei nº 12.830/2013).

Já a presunção é o conhecimento daquilo que normalmente acontece, a ordem normal das coisas, que uma vez positivada em lei, estabelece como verídico determinado acontecimento. As presunções são parâmetros, apresentados em forma de proposições (assertivas), que nos servem de regra geral para, por dedução, concluir sobre um problema particular. A presunção é regra geral e abstrata que serve para definir o parâmetro maior (premissa maior) de uma conclusão lógica a partir da subsunção efetivada com uma premissa menor (fato provado e que se acomoda à premissa maior), por intermédio de raciocínio dedutivo (conclusão obtida da ideia geral àquela particular).

Assim, fazendo silogismo, temos:

(a) premissa menor: é o indício, ou seja, a circunstância conhecida e provada;

(b) premissa maior: é o princípio de razão ou regra de experiência, utilizados na análise daquilo que normalmente acontece (presunção);

(c) conclusão: comparação entre as premissas, que nos permite chegar ao resultado, ao denominador.

Imaginemos o suspeito que é encontrado, minutos depois do ocorrido, ao lado da vítima, com a arma na mão. Colocando-nos como verdadeiro expectador, percebe-se que a circunstância conhecida e provada é o fato de o indivíduo ter sido encontrado na cena do crime, com a arma em punho (este é o indício – premissa menor). Ora, quem é surpreendido nesta situação, por uma premissa lógica, provavelmente é o autor do crime (esta é a presunção – premissa maior). Pela análise dos fatos, podemos chegar a uma conclusão, que nada mais é do que o resultado obtido em face da análise das premissas.

Note-se que o conceito de indício não se confunde com o de mera suspeita. Enquanto o primeiro se funda em dado de natureza objetiva, a suspeita é lastreada na subjetividade, em fenômeno que, visto isoladamente, consiste no resultado de interpretação sem base empírica suficiente para a produção de convicção com lastro objetivo, eis que fundada em estado de ânimo do sujeito. A simples suspeita – sem que seja "fundada", ou seja, amparada em elemento objetivo – não autoriza a tomada de medida restritiva criminal contra alguém.

2.9.2. Classificação

(a) Quanto aos indícios, temos:

(a.1) Indício positivo: indica a presença do fato ou elemento que se quer provar. O indício, de tal sorte, não é meio de prova, porém um fato. Não pode ser admitido como prova do fato, mormente isoladamente. Visa elucidar as circunstâncias do fato, pelo que deve ser corroborado por outras provas[238]. O indício positivo ratifica a tese sustentada.

(a.2) Indício negativo (contraindício): alimenta a impossibilidade lógica do fato alegado e que se deseja provar. Infirma uma determinada tese. É o exemplo do álibi.

(b) Quanto às presunções:

(b.1) ***Hominis***: é a presunção ordinária, da vida cotidiana. Trata-se de operação mental que conduz o julgador a uma conclusão lógica[239]. Ex.: presume-se que a audiência nos jogos do Brasil durante a Copa será maior do que a do México, em razão do que normalmente se observa pela importância e tradição entre as duas seleções;

(b.2) ***Juris*** ou legal: é aquela que está normatizada, extraindo-se da lei a constatação da veracidade. Esta por sua vez pode ser:

- Presunção relativa ***(juris tantum)***: quando o fato estabelecido como verídico admite prova em contrário, ou seja, esta presunção pode ser ilidida.
- Presunção absoluta ***(juris et de jure)***: de modo inverso, a prova em contrário do fato estabelecido como verídico, não é admitida. Ex.: não adianta tentar provar que o menor de dezoito anos tinha capacidade de entender o caráter ilícito do fato e de determinar-se de acordo com este entendimento, pois, de forma absoluta, presume-se a inimputabilidade (art. 27, CP).

2.9.3. Valor probatório

Estamos diante de prova indireta, que exige uma ilação para que se chegue à determinada conclusão, mas nem por isso de menor importância do que as demais provas, indiretas ou não. Tem valor relativo como todas as demais, podendo lastrear validamente sentença condenatória ou absolutória.

O indício tem valor bastante relativo. É tanto prova indireta, permitindo aliar as presunções para se chegar a um resultado maior, quanto é uma prova semiplena, na medida em que pode constituir prova (parcial) da materialidade de um fato (a exemplo de não se achar o corpo, mas tão somente sangue da vítima).

238. GRINOVER, Ada Pellegrini. *Provas ilícitas, interceptações e escutas*. Brasília: Gazeta Jurídica, 2013. p. 266.
239. GRINOVER, Ada Pellegrini. *Provas ilícitas, interceptações e escutas*. Brasília: Gazeta Jurídica, 2013. p. 266.

A prova indiciária é, por essas razões, uma prova crítica (Carnelutti), servindo, na dicção de Barbosa Moreira, ora como ponto de partida (para se chegar, por indução, a uma conclusão), ora como ponto de chegada (quando ele próprio serve para a realização de exame de corpo de delito)[240].

2.9.3.1. Prova indiciária e agente infiltrado

É possível diferenciar o valor que pode ser atribuído ao depoimento do agente infiltrado prestado em juízo, conforme o seu conteúdo. Por exemplo, o agente infiltrado em organização criminosa pode não chegar a presenciar fato delituoso, limitando-se a ter ouvido falar acerca de infrações penais possivelmente cometidas. É hipótese conhecida pelo testemunho por ouvir dizer, cuja força probatória deve ser a de indício.

2.9.3.2. Prova indiciária e testemunha por ouvir dizer (hearsay witness)

As declarações do agente infiltrado podem ter conteúdo **direto** (entendido como decorrente da percepção imediata do *thema probandum*, sem obtenção de informações através de terceira pessoa) ou **indireto** (especialmente quando decorrente da situação de ***hearsay witness***, isto é, como testemunha "**por ouvir dizer**" ou "**de segunda mão**").

2.9.3.3. Valor probatório do depoimento do agente infiltrado e da hearsay testimony

A credibilidade e o valor atribuídos ao depoimento do agente infiltrado devem ser reduzidos pelo juiz quando, por exemplo, aquele agente não tiver visualizado o *modus operandi* do delito pela percepção direta, pelos seus sentidos, restringindo-se a saber "por ouvir dizer" (*hearsay testimony*). Esse "testemunho" indireto não é prova com valor pleno (isto é, não é suficiente à condenação), sendo equivalente à prova indiciária (indícios ou prova semiplena), submetendo-se à regra de exclusão para fins condenatórios. Vale dizer, não chega a ser uma prova ilícita, mas deve ser evitada, como anotado por Aury Lopes Júnior[241].

Em sistemas jurídicos estrangeiros – de tradição *common law* ou de *civil law* –, há notícia de que não é admitida prova oral decorrente de testemunho por ouvir dizer. De fato, a fiabilidade de tal prova é bastante parca, frágil, diante do desconhecimento da sua fonte originária. Por tal razão, Mirjan Damaska aviva que o *hearsay rule* é de longe o mais conhecido exemplo de cânone dentre as regras de exclusão de prova ilícita[242].

2.10. Busca e apreensão

2.10.1. Conceito e natureza jurídica

A busca tem por objetivo encontrar objetos ou pessoas, ao passo que a apreensão é a medida que a ela se segue. Temos que distinguir os institutos: a busca é a procura, a

240. OLIVEIRA, Eugênio Pacelli. *Curso de processo penal*. 18. ed. São Paulo: Atlas, 2014. p. 440.

241. Segundo o citado autor, "a testemunha de 'ouvi dizer' nada presenciou e, portanto, não corresponde aos requisitos de objetividade e retrospectividade, na medida em que não teve a 'experiência probatória', não conheceu diretamente do fato objeto da discussão na dimensão de caso penal. A título de curiosidade, no sistema inglês existem três provas passíveis de exclusão (*exclusionary rules*) e proibição valoratória: a) *hearsay*: testemunha de 'ouvi dizer'; b) *Bad character*: prova sobre o mau caráter. Importante para evitar o direito penal do autor (eis outra proibição de prova que poderíamos adotar, especialmente no tribunal do júri); c) Prova ilegal: concepção tradicional de proibição de valoração probatória da prova ilícita" (LOPES JÚNIOR, Aury. Limite penal: testemunho "hearsay" não é prova ilícita, mas deve ser evitada. *Conjur*. Disponível em: <http://www.conjur.com.br/2015-out-30/limite-penal-testemunho-hearsay-nao-prova-ilicita-evitada2>. Acesso em: 21 mar. 2017).

242. DAMASKA, Mirjan. *Evidence law adrift*. New Haven US: Yale University, 1997. p. 14-15 (tradução livre).

diligência que objetiva encontrar o que se deseja, ao passo que a apreensão é medida de constrição, para acautelar, pôr sob custódia determinado objeto ou pessoa. Nada impede que exista busca sem apreensão, e vice-versa. Na primeira hipótese, a diligência pode ser frustrada, não se encontrando o que se procura, ou ter simplesmente o objetivo de identificar determinada circunstância, como, por exemplo, gravar imagens de um determinado local. Já a apreensão também pode ser realizada sem a prévia busca, quando, ***v.g.***, o objeto é entregue voluntariamente à autoridade.

Quanto à natureza jurídica, os institutos são tratados pela legislação como meio de prova (Título VII, Capítulo XI, CPP). Contudo, como assevera Marcellus Polastri Lima, "apesar do Código de Processo Penal a classificar como meio de prova, a busca e apreensão, com finalidade de preservar elementos probatórios ou assegurar reparação do dano proveniente do crime, ontologicamente, não é prova, tendo, ao contrário, a natureza jurídica de medida cautelar que visa à obtenção de uma prova para o processo, com o fim, portanto, de assegurar a utilização do elemento probatório no processo ou evitar o seu perecimento"[243].

Neste cotejo, entendemos que a busca e a apreensão podem figurar, cada uma de per si, a depender da finalidade pretendida com o ato:

(1) como meio de prova: quando o fim da apreensão for previamente definido e consistir no objeto material do delito. Exemplo: a apreensão da substância entorpecente para a configuração do delito de tráfico;

(2) como meio de obtenção de prova: quando a busca e apreensão se destinar não a produzir a prova em si, mas a apreender as provas, tal como se dá com a apreensão de documentos. A busca e a apreensão, neste caso, é o meio para a obtenção da prova (o documento).

(3) como medida instrumental, cautelar probatória: quando o ato, em seu aspecto processual, for revestido de urgência (*fumus boni iuris* e *periculum in mora*) e visar assegurar que seja viabilizada produção probatória que, sem o seu deferimento, não seria possível (necessidade).

2.10.2. Iniciativa

A busca e apreensão poderá ser determinada de ofício pela autoridade ou a requerimento das partes (art. 242, CPP). Como adverte Cleonice Bastos Pitombo, em razão "da vigente Constituição, apenas a autoridade judiciária pode determinar a realização da busca processual penal (art. 241, CPP, c/c o art. 5º, XI, CF/1988). Nenhuma outra autoridade, ainda que investida de poderes excepcionais de investigação, poderá expedir mandado de busca. Não podem determinar a busca e apreensão a autoridade policial (civil ou militar); o presidente da comissão parlamentar de inquérito; o Ministério Público. Podem entretanto, pedir a restrição ao direito fundamental ao poder judiciário"[244].

Certamente, a busca e apreensão domiciliar está adstrita a cláusula de reserva jurisdicional, cabendo privativamente ao judiciário a expedição do mandado. Afora esta hipótese, não havendo possibilidade de violação domiciliar, outras autoridades podem

243. LIMA, Marcellus Polastri. *A tutela cautelar no processo penal*. Rio de Janeiro: Lumen Juris, 2005. p. 134.

244. PITOMBO, Cleonice Bastos. *Da busca e da apreensão no processo penal*. 2. ed. São Paulo: RT, 2005. p. 186-187.

determinar a medida, como na hipótese da busca pessoal, que poderá ser determinada pela autoridade policial. Prevê o art. 6º, II, CPP, que tendo a autoridade policial conhecimento da infração, deverá apreender os objetos que tiverem relação com a infração, após liberados pelos peritos. Ora, a autoridade irá atuar de ofício, não carecendo de ordem do magistrado para tanto.

2.10.3. Objeto

Os objetos e pessoas suscetíveis de busca e apreensão estão indicados no art. 240, do CPP, de forma não exaustiva, em que pese a amplitude do dispositivo. O § 1º, daquele dispositivo, trata da busca e apreensão domiciliar, enquanto que o § 2º aborda a busca e apreensão pessoal. Desta forma, a busca e apreensão domiciliar se presta para:

(a) prender criminosos: deve a ordem de prisão constar do próprio texto do mandado (art. 243, § 1º, CPP). Normalmente, até pelas formalidades para que a prisão seja realizada, expede-se documento em separado;

(b) apreender coisas achadas ou obtidas por meios criminosos: coisas achadas são aquelas eventualmente encontradas e que são importantes para o desvendamento do fato. Têm, assim, vínculo probatório. Já as coisas obtidas por meios criminosos devem ser arrecadadas para evitar o locupletamento ilícito, viabilizando também a indenização das possíveis vítimas;

(c) apreender instrumentos de falsificação ou contrafação ou objetos falsificados ou contrafeitos: a norma autoriza não só a busca e/ou apreensão dos instrumentos utilizados para a realização da falsificação ou da contrafação (imitação com aparência de verdadeira), como também os objetos fruto da conduta criminosa;

(d) apreender armas e munições, instrumentos utilizados na prática de crime ou destinados a fim delituoso: admite-se a captação dos objetos especialmente utilizados para o ataque ou para a defesa, que são as armas próprias, ou seja, confeccionadas com esta finalidade. Podem ainda ser utilizadas armas impróprias ou acidentais, que são objetos que não têm especialmente esta finalidade, como uma picareta ou um facão, mas que também servem como instrumento do crime. Já a munição é o objeto de alimentação, de suprimento da arma, como a pólvora ou os cartuchos. Os instrumentos utilizados para a prática da infração serão periciados para verificação da natureza e eficiência (art. 175, CPP), servindo, em si, como meio de prova;

(e) Descobrir objetos necessários à prova da infração ou à defesa do réu: para descortinar a verdade, são infindáveis os elementos que podem servir como prova, sendo passíveis da medida, a exemplo de papeis, fotografias, roupas sujas de sangue, dentre outros;

(f) Apreender cartas, abertas ou não, destinadas ao acusado ou em seu poder, quando haja suspeita de que o conhecimento do seu conteúdo possa ser útil à elucidação do fato: as cartas, uma vez abertas, são documento como outro qualquer, podendo validamente ser apreendidas, se importarem à elucidação do fato. Já as cartas lacradas, em razão da blindagem prevista no art. 5º, XII, da CF/1988, instituindo a inviolabilidade do sigilo da correspondência, não podem ser passíveis de tal medida. A sua apreensão ou interceptação não devem ser admitidas, e se isto ocorrer, a prova é flagrantemente ilícita. Destaque-se, contudo, que o STF já admitiu a violação da correspondência dos presidiários pela administração penitenciária, sob o fundamento de que o direito ao sigilo não pode ser invocado para a prática de infrações por parte daquele que está preso[245]. Em última análise, na ponderação de interesses, entendeu o STF, valendo-se da proporcionalidade, que direito ao sigilo não é absoluto, podendo ceder em circunstâncias excepcionais.

(g) Apreender pessoas vítimas de crime: o objetivo é restituir a liberdade daquele que a teve cerceada em razão da infração, como no sequestro ou no cárcere privado;

(h) Colher qualquer elemento de convicção: previsão de ordem residual, preocupada em permitir que a autoridade determine a diligência para captação de qualquer outro elemento ou constatação de evidência de natureza probatória, como um tapete com manchas de sangue, um absorvente descartado que viabilize a realização de exame de DNA etc.

Já a busca e apreensão pessoal objetiva apreender arma proibida, além de se estender a todos os itens anteriores, ressalvados o "a" e o "g" (art. 240, parágrafo 2º, CPP).

2.10.4. Momento

Existe ampla liberdade temporal para a realização da medida, que pode ocorrer antes do início formal da persecução penal, quando, ***v.g.***, é aprendida substância entorpecente em ***blitz***, sem sequer ter sido instaurado inquérito policial. Da mesma forma, tem cabimento durante a investigação preliminar, no curso da instrução processual, na fase recursal, onde o tribunal, no julgamento da apelação, poderá determinar a realização da diligência (art. 616, CPP), ou até mesmo na fase executória.

2.10.5. Espécies

As repercussões processuais do instituto são distintas, a depender do tipo de diligência: se domiciliar ou pessoal. Senão vejamos:

2.10.5.1. Busca domiciliar

Prevê a Constituição Federal, no art. 5º, XI, que "a casa é asilo inviolável do indivíduo, ninguém podendo nela penetrar sem consentimento do morador, salvo em caso de flagrante delito ou desastre, ou para prestar socorro, ou durante o dia, por determinação judicial".

Logo, durante a noite, admite-se o ingresso domiciliar:

- com o consentimento do morador;
- na hipótese de flagrante;
- desastre;
- para prestar socorro.

Já durante o dia, que é o intervalo que vai das seis às dezoito horas, no horário local, com a incidência das alterações pelo horário de verão, simbolizando justamente o período

245. STF – 1ª T. – HC 70.814/SP – Rel. Min. Celso de Mello – DJ 24/6/1994.

de atividade, de labor, distinto da noite, que é o momento de descanso, soma-se, além das hipóteses anteriores, a possibilidade do cumprimento de mandado judicial.

O conceito de casa é dado pelo art. 150, § 4º, do CP, que trata do crime de violação de domicílio. A expressão casa compreende:

- qualquer compartimento habitado;
- aposento ocupado de habitação coletiva;
- compartimento não aberto ao público, onde alguém exerce profissão ou atividade.

Percebe-se a amplitude legal, estendendo ao máximo a tutela, sempre que o ambiente mereça intimidade, por ser o lugar de ocupação do indivíduo. Estão excluídos do conceito a hospedaria, a estalagem ou qualquer outra habitação coletiva, enquanto abertas, salvo se devidamente ocupadas, além das tavernas, casas de jogo e congêneres, como casas de espetáculo, boates, bingos, clubes, dentre outros (art. 150, § 5º, CP).

BUSCA DOMICILIAR E PROTEÇÃO AO DOMICÍLIO	
A casa é asilo inviolável do indivíduo (art. 5º, XI, CF/1988)	
Considera-se como casa	**Não se considera como casa**
‣ Qualquer compartimento habitado ‣ Aposento ocupado de habitação coletiva ‣ Compartimento não aberto ao público, onde alguém exerce profissão ou atividade	‣ Hospedaria ‣ Estalagem ‣ Qualquer habitação coletiva, enquanto abertas ‣ Tavernas, casas de jogo e congêneres (boates, bingos, clubes etc)
‣ Durante a noite, o ingresso na casa é permitido	‣ Durante o dia, o ingresso é permitido (período de 06h às 18h)
‣ Com o consentimento do morador ‣ Na hipótese de flagrante ‣ Em caso de desastre ‣ Para prestar socorro	‣ Em todas as hipóteses que autorizam o ingresso à noite ‣ Para cumprimento de mandado judicial

a) ***Requisitos do mandado***

A medida de busca e apreensão domiciliar só poderá ser determinada quando fundadas razões a autorizarem, sendo necessário lastro mínimo indicando que os objetos ou pessoas estão realmente na casa passível da medida. Da mesma forma, não se admite mandado genérico, permitindo uma devassa geral na residência, o que simbolizaria verdadeiro abuso de autoridade, ou mesmo mandado franqueando o ingresso em número indeterminado de casas de um complexo de favelas, ou de uma rua inteira. O mandado não pode ser um cheque em branco[246]. O trabalho do magistrado de estabelecer os limites da diligência não pode ser delegado à autoridade policial. Esta está vinculada aos limites estabelecidos pelo juiz, não só quanto aos objetos ou pessoas procuradas, como também aos locais susceptíveis de invasão. Tudo deve estar especificado no mandado, até para facilitar a diligência.

246. Com o mesmo entendimento: NICOLITT, André. *Lei nº 12.403/2011:* o novo processo penal cautelar: a prisão e as demais medidas cautelares. Rio de Janeiro: Elsevier, 2011. p. 111.

Eventuais lacunas no mandado podem existir, desde que sejam facilmente supríveis, e não saiam do controle judicial, como num mandado que não consta o nome do dono da residência, que é usada como ponto de prostituição. Assim, são requisitos do mandado: (1) indicar, o mais precisamente possível, a casa em que será realizada a diligência e o nome do respectivo proprietário ou morador; ou, no caso de busca pessoal, o nome da pessoa que terá de sofrê-la ou os sinais que a identifiquem; (2) mencionar o motivo e os fins da diligência; (3) ser subscrito pelo escrivão e assinado pela autoridade que o fizer expedir.

b) ***Execução da medida***

Atenderemos a seguinte sequência para que a medida seja realizada:

(I) Inicialmente, a diligência é executada por oficiais de justiça ou por policiais. Excepcionalmente, até a polícia militar pode ser utilizada. Apesar de a lei falar em executores, entendemos que a medida pode ser cumprida por uma só pessoa, mesmo que em regra, não seja aconselhável. Prevê o art. 241, do CPP, a possibilidade de a medida ser realizada diretamente pela autoridade judicial ou policial, dispensando-se a apresentação de mandado. Deve, neste caso, declarar previamente sua qualidade e o objeto da diligência. Quanto ao magistrado executando diretamente o ato, fere de morte o sistema acusatório, além de pôr em descrédito a própria imparcialidade do julgador, o que não se coaduna com a nova ordem constitucional. Já quanto ao delegado, ao executar o ato, estará obrigado a apresentar o mandado, pois a tutela constitucional do domicílio assim o exige (art. 5º, XI, CF/1988). Desta forma, entendemos que o referido artigo não foi recepcionado pela Constituição Federal. Contudo, ressaltamos que a possibilidade de o magistrado realizar ou acompanhar diretamente a diligência tem sido amplamente aceita. Neste sentido, Tourinho Filho[247] e Cleonice Bastos Pitombo[248]. Dispensa-se também o mandado nas hipóteses de flagrante, notadamente quando esteja em andamento crime permanente no interior da residência, como o estoque de substância entorpecente caracterizador do tráfico, ou no sequestro, admitindo-se, por autorização constitucional, a invasão a qualquer hora do dia ou da noite.

(II) Antes de adentrarem na residência, os executores mostrarão e lerão o mandado ao morador, ou a quem o represente, intimando-o, na sequência, a abrir a porta. Não sendo atendido o reclamo, será arrombada a porta e forçada a entrada. Neste caso, é possível o enquadramento por desobediência (art. 330, CP).

(III) Se o morador for recalcitrante, criando obstáculos ou mantendo os já existentes no intuito de impedir o acesso ao objeto ou a coisa, como mantendo as portas dos quartos fechadas, deixando cachorros soltos, poderá haver o emprego de força contra a coisa, no intuito de descobrir o que se procura. O ideal é que a diligência flua sem transtornos, requerendo-se ao morador que apresente ou indique o local do que se procura. A sensibilidade dos executores é essencial, e os incômodos aos moradores para o êxito da operação devem ser mínimos (art. 248, CPP).

(IV) Não estando presente o morador, a diligência não ficará frustrada. A porta poderá ser arrombada, assim como serão utilizados os meios necessários para a pronta localização. Neste caso, sendo possível, deve ser intimado um vizinho para acompanhar a diligência.

247. TOURINHO FILHO, Fernando da Costa. *Código de processo penal comentado*. 5. ed. São Paulo: Saraiva, 1999. v.1. p. 461

248. PITOMBO, Cleonice Bastos. *Da busca e da apreensão no processo penal*. 2. ed. São Paulo: RT, 2005. p. 142.

Da mesma forma, se as pessoas presentes em casa não tiverem capacidade para consentir, como no caso de menores de idade ou doentes mentais.

(V) Descoberta a pessoa ou a coisa procurada, esta será imediatamente apreendida e posta sob custódia da autoridade ou de seus agentes. Em se tratando de objetos, estes ficarão à disposição do magistrado ou da autoridade policial, conforme o caso. Já em se tratando de infratores, serão eles encaminhados ao competente estabelecimento prisional;

(VI) A diligência será encerrada com a lavratura de auto circunstanciado, assinado pelos executores, por duas testemunhas presenciais e eventualmente por um vizinho, nas hipóteses que preveem a sua convocação (item IV). A ausência de testemunhas presenciais é mera irregularidade, relevando observar que os executores, naturalmente, não figuram como testemunha. Prevê o art. 247, do CPP, que não sendo encontrada a pessoa ou coisa procurada, os motivos da diligência serão comunicados a quem tiver sofrido a busca, se o requerer. O fundamento da medida deve constar do mandado, que ao ser lido ao morador no início do ato, objetiva esclarecê-lo de tudo que será realizado. Se eventualmente restar alguma dúvida, ou se o morador não estava em casa, poderá requerer mais explicações à autoridade responsável pela ordem.

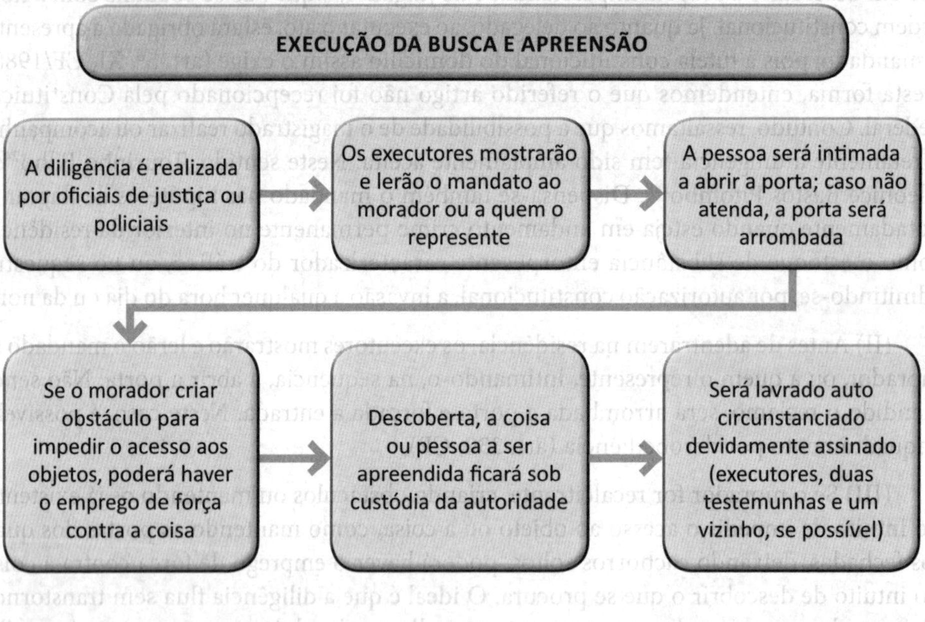

(c) ***Situações especiais***

(c.1) Duração da diligência

Se a busca domiciliar for iniciada durante o dia, poderá estender-se, caso estritamente necessário, para além das dezoito horas, desde que a sua interrupção signifique prejuízo substancial ao ato. Contudo, percebendo a autoridade que o ato irá prolongar-se por tempo considerável, deve interromper a diligência, cercando-se dos cuidados para que os objetos procurados não sejam sonegados, e se necessário, fazendo campana em frente ao imóvel, para que no dia subsequente pela manhã a busca se reinicie.

(c.2) ***Repartição pública***

Havendo necessidade da apreensão de algum documento ou objeto que se encontre em repartição pública ou em outro local público de uso privativo, reservado, como uma aeronave ou embarcação pública, é natural que a autoridade judicial requisite a apresentação do que se deseja, não sendo preciso, ***a priori***, a determinação da medida de busca e apreensão. Nada impede, contudo, que se valha dessa medida cautelar, notadamente se a requisição não for atendida.

Adverte Nucci, entretanto, que "se o juiz precisa autorizar uma busca em uma Vara ou ofício judicial, cujo controle é de outro magistrado, deve a este solicitar que se busque e entregue o necessário. Havendo recusa, cremos que o mandado de busca deve ser expedido por órgão superior, como a Corregedoria Geral de Justiça"[249].

(c.3) Escritório de advocacia

Previa o inciso II, do art. 7º, do Estatuto da OAB, Lei nº 8.906/1994, como direito do advogado: "ter respeitada, em nome da liberdade de defesa e do sigilo profissional, a inviolabilidade de seu escritório ou local de trabalho, de seus arquivos e dados, de sua correspondência e de suas comunicações, inclusive telefônicas ou afins, salvo caso de busca ou apreensão determinada por magistrado e acompanhada de representante da OAB" (negrito nosso).

Contra vários dispositivos do Estatuto da OAB foi ajuizada, perante o Supremo Tribunal Federal, a ADI-1127. Não obstante tenha o STF reconhecido a inconstitucionalidade de vários de seus enunciados, a ação direta de inconstitucionalidade foi julgada improcedente no tocante ao aludido art. 7º, II, da Lei nº 8.906/1994. Durante o julgamento, o Pretório Excelso explicitou que a esfera substancial "da inviolabilidade não elide o art. 5º, XII, da CF e que a exigência do acompanhamento da diligência ficará suplantada, não gerando ilicitude da prova resultante da apreensão, a partir do momento em que a OAB, instada em caráter confidencial e cientificada com as cautelas próprias, deixar de indicar representante"[250].

Deveras, o advogado é peça essencial à administração da justiça (art. 133, CF/1988), sendo ferramenta de garantia das liberdades públicas e da preservação dos direitos e garantias individuais. Para tanto, é mister que o exercício da atividade advocatícia tenha amparo, resguardo, respeito, desde que desempenhado de forma ética e dentro das balizas legais.

Redisciplinando a matéria, a Lei nº 11.767/2008 alterou o Estatuto da OAB (Lei nº 8.906/1994), de sorte que o inciso II, do seu art. 7º, assevera como direito do advogado, "a inviolabilidade de seu escritório ou local de trabalho, bem como de seus instrumentos de trabalho, de sua correspondência escrita, eletrônica, telefônica e telemática, desde que relativas ao exercício da advocacia". Resguarda-se, portanto, o ambiente onde a atividade advocatícia é exercida, seja o escritório ou o local onde é desempenhada, até mesmo na residência; os instrumentos de trabalho, como livros, códigos, computadores, pastas, dentre

---

249. NUCCI, Guilherme de Souza. *Manual de processo penal e execução penal*. 3. ed. São Paulo: RT, 2007. p. 482.

250. STF – Pleno – ADI 1127 – Rel. p/ o Acórdão Min. Ricardo Lewandowski – DJ. 26/5/2006 (noticiado no Informativo-STF nº 427).

outros; e a correspondência, seja ela escrita, eletrônica, telefônica (histórico com registro de chamadas) e telemática, que é a interligação entre os recursos da informática com os sistemas de telecomunicação (***e-mail***). Por sua vez, se presentes "indícios de autoria e materialidade da prática de crime por parte de advogado, a autoridade judiciária competente poderá decretar a quebra da inviolabilidade de que trata o inciso II do *caput* deste artigo, em decisão motivada, expedindo mandado de busca e apreensão, específico e pormenorizado, a ser cumprido na presença de representante da OAB, sendo, em qualquer hipótese, vedada a utilização dos documentos, das mídias e dos objetos pertencentes a clientes do advogado averiguado, bem como dos demais instrumentos de trabalho que contenham informações sobre clientes" (art. 7º, § 6º, Lei nº 8.906/1994).

Como não poderia deixar de ser, o sigilo do advogado não é absoluto, pressupondo-se para quebra ordem judicial devidamente fundamentada, exigindo-se justa causa, que são os indícios de autoria e da materialidade da prática de crime por parte do causídico. Como não houve especificação, o crime pode ser doloso ou culposo, apenado com reclusão ou detenção. Não foram contempladas, entretanto, as contravenções, de sorte que para apurá-las, o sigilo não poderá ser violado. A presença do representante da OAB foi mantida, lembrando-se, mais uma vez, o precedente do STF de que se a OAB for cientificada e não o indicar, não haverá ilicitude. Caso o material apreendido diga respeito a clientes que não figuram como coautores ou partícipes do advogado, não poderão ser utilizados como prova (art. 7º, § 7º, Lei nº 8.906/1994).

O § 2º, do art. 243, do CPP, veda a apreensão de documentos em poder do defensor do acusado, justamente para que se permita defesa efetiva, notadamente quando tais documentos podem servir de prova a subsidiar a tese defensiva. Ressalte-se que se o documento constituir corpo de delito, como um contrato falsificado ou um cheque "clonado", poderá ser apreendido. Da mesma forma, caso o advogado seja coautor ou partícipe da infração, poderá ter documentos vinculados ao ilícito apreendidos.

(c.4) Diligência em território diverso da autoridade

Para efeito da apreensão, a diligência poderá adentrar por território de outra comarca, mesmo que situada em Estado diverso daquele onde a autoridade desempenha suas funções. Deve para tanto o executor apresentar-se à autoridade local competente, antes ou depois da diligência. É o mínimo de fiscalização que se exige, prestando-se contas à autoridade local, funcionando como verdadeira colaboração mútua. Se a autoridade local suspeitar da ilegitimidade da autoridade que conduz a diligência, ou da legalidade do mandado, deve cercar-se das cautelas necessárias, exigindo provas para que se esclareçam eventuais dúvidas, sem contudo frustrar a diligência.

Entende-se que a autoridade está em seguimento de pessoa ou coisa quando, nos termos do art. 250, § 1º, do CPP:

> a) tendo conhecimento direto de sua remoção ou transporte, a seguirem sem interrupção, embora depois a percam de vista;
>
> b) ainda que não a tenham avistado, mas sabendo, por informações fidedignas ou circunstâncias indiciárias, que está sendo removida ou transportada em determinada direção, forem ao seu encalço.

(c.5) Descoberta de outros elementos de prova

O mandado de busca e apreensão deve ser interpretado de forma restrita. Não pode a autoridade, no cumprimento da diligência, angariar todos os elementos que venha a encontrar na residência vasculhada, caso estejam vinculados a infração diversa daquela, objeto da investigação. Deve-se então provocar o juiz, plantonista ou não, para que se obtenha uma ampliação do mandado, em razão dos novos elementos eventualmente descobertos, possibilitando assim, com a ordem judicial expressa, a sua captação.

A exceção diz respeito aos elementos que autorizem a prisão em flagrante, notadamente quando simbolizarem a existência de crime permanente. É o que ocorre, ***v.g.***, com aquele que armazena substância entorpecente em casa. Mesmo que a polícia esteja cumprindo mandado com outra finalidade, poderá apreender a droga, e prender em flagrante os responsáveis, uma vez caracterizado o tráfico.

Mesmo que os objetos pertençam a terceiros, devem ser passíveis da apreensão, caracterizando-se verdadeira notícia crime. Discordamos neste particular de Guilherme Nucci, que não entende possível a apreensão se os objetos não pertencerem àquele que figura como indiciado ou réu[251].

(c.6) Desvio de finalidade

O ingresso pela autoridade em domicílio alheio fora das formalidades e finalidades legais caracteriza crime de abuso de autoridade (art. 3º, "b", Lei nº 4.898/1965). Se isso ocorrer, mesmo que se encontrem elementos que caracterizam a ocorrência de infração penal, tal prova deve ser considerada ilícita, não podendo lastrear eventual sentença condenatória. Os fins não podem justificar os meios. Não se deve aproveitar como prova tais elementos. É o preço a se pagar pelo desrespeito à tutela constitucional do domicílio. E se existirem drogas na residência? E se a casa invadida, mesmo sem o conhecimento da autoridade, era um cativeiro de sequestro? Entendemos que deve a autoridade tomar as providências necessárias para fazer cessar a infração, instaurando até mesmo inquérito policial para que se proceda à devida apuração. Não estará, contudo, descaracterizado o abuso de autoridade, assim como a diligência não serve como meio de prova idôneo.

(c.7) Justa causa visível

As hipóteses permissivas de ingresso domiciliar sem autorização judicial devem ser interpretadas restritamente. Essa conclusão decorre do fato da inviolabilidade de domicílio ter natureza de garantia fundamental de *status* constitucional. Havendo dúvida sobre quaisquer daqueles casos que tornam admissível a entrada forçada em domicílio, deve-se entender como indispensável o mandado judicial.

Em outras palavras, a polícia só está autorizada a penetrar em residência sem o consentimento do morador e sem ordem do juiz se inexistir dúvida plausível de que há situação de flagrante delito, de desastre ou de necessidade de prestação de socorro.

A invasão policial em domicílio fora dessas hipóteses é conduta típica que pode se subsumir na Lei de Abuso de Autoridade (Lei nº 4.898/1965). Somente diante de excludente

251. NUCCI, Guilherme de Souza. *Manual de processo penal e execução penal*. 3. ed. São Paulo: RT, 2007. p. 481.

de ilicitude ou de erro de tipo tendente a excluir o dolo, é que poderá não incidir a responsabilidade penal dos agentes policiais.

Entretanto, o Supremo Tribunal Federal, apreciando repercussão geral em sede de recurso extraordinário, assentou que "a entrada forçada em domicílio sem mandado judicial só é lícita, mesmo em período noturno, quando amparada em fundadas razões, devidamente justificadas *a posteriori*, que indiquem que dentro da casa ocorre situação de flagrante delito, sob pena de responsabilidade disciplinar, civil e penal do agente ou da autoridade, e de nulidade dos atos praticados". A referida decisão foi tomada por maioria, vencido o Ministro Marco Aurélio[252].

A crítica que se dirige ao julgado é a dificuldade de precisar o sentido da expressão "fundadas razões". Tal problema é agregado pela admissão de que tais razões sejam "devidamente justificadas *a posteriori*". Na prática, abre-se o flanco para que argumentos retóricos apresentados seguidamente à violação de domicílio, com o intuito de mascarar diligências policiais realizadas ao arrepio da Constituição.

Seguindo o voto do Ministro Relator[253], o Plenário do Supremo vincou que a ocorrência de um crime permanente torna viável a entrada forçada pelas forças policiais, independentemente de ordem judicial. Isso em virtude de que a consumação do crime permanente se protrai no tempo, possibilitando o ingresso forçado no domicílio. Norteou o entendimento da Corte a tentativa de estabelecer uma interpretação garantidora da inviolabilidade da casa e protetora dos agentes da segurança pública.

Procurando ditar formas de atuação para a polícia, o STF esclareceu que a entrada forçada em domicílio, sem uma justificativa de acordo com o direito, deve ser reputada arbitrária. A constatação de situação de flagrância, posterior ao ingresso, não deve ter o condão de justificar a medida.

Daí ter julgado a Corte Suprema pela necessidade de fortalecer o controle ***a posteriori***, impondo aos policiais o dever de demonstrar que a medida fora adotada mediante "justa causa". Vale dizer, ao ingressar em domicílio sem ordem judicial e sem, ao final, encontrar situação de acordo com as exceções constitucionais, os policiais devem evidenciar os elementos que os fizeram concluir pela presença concreta de suspeita de situação permissiva do ingresso forçado em domicílio.

Para o Pretório Excelso, o modelo probatório dos casos de violação de domicílio sem ordem judicial deve ser o mesmo da busca e apreensão domiciliar, contemplado na apresentação de "fundadas razões", a teor do art. 240, § 1º, do CPP. Arrematou-se, na oportunidade, que tal exigência é modesta e compatível com a fase de obtenção de provas.

Note-se que a fundamentação acerca do motivo do ingresso em domicílio sem o consentimento do morador será realizada pelo agente responsável pela diligência frustrada. A título de exemplo, a polícia, com base em suposição de que há drogas em uma determinada casa, pode não encontrar nada a justificar, concretamente, aquela penetração domiciliar.

252. STF – Pleno – RE 603616-RG/RO – Rel. Min. Gilmar Mendes – Data: 05/11/2015.

253. STF. Informativo nº 806, de 3 a 6 de novembro de 2015. Inviolabilidade de domicílio e flagrante delito. Disponível em: <http://www.stf.jus.br/arquivo/informativo/documento/informativo806.htm#Inviolabilidade de domicílio e flagrante delito>. Acesso em: 18 nov. 2015.

Após, é a própria polícia que assumirá a "carga da argumentação" para deixar evidenciado que sua atuação se deu nos limites permitidos pelo ordenamento jurídico.

Pensamos que a decisão tomada pela Corte Suprema não é compatível com a hermenêutica dos direitos fundamentais e também se afasta da finalidade de se colocar maiores limites ao arbítrio estatal, não raras vezes verificado, malgrado tão combatido historicamente. As balizas formuladas pelo supradito acórdão não tiveram êxito a impedir o subjetivismo que deve ser alijado naquelas situações extremas.

Nessa toada, a questão lançada pelo Ministro Marco Aurélio, em seu voto divergente, é elucidativa: "O que receio muito é que, a partir de uma simples suposição, se coloque em segundo plano uma garantia constitucional, que é a inviolabilidade do domicílio". E, explicou, evidenciando o problema: "O próprio juiz só pode determinar a busca e apreensão durante o dia, mas o policial então pode – a partir da capacidade intuitiva que tenha ou de uma indicação –, ao invés de recorrer à autoridade judiciária, simplesmente arrombar a casa?"[254].

O constitucionalista Ingo Wolfgang Sarlet, em ponderação intermediária, anotou que o STF adotou "**posição prudencial**". Nas palavras do jurista,

> É possível fazer uma leitura positiva da decisão do STF ora comentada, no sentido de evitar uma lógica do tudo ou nada e de, no âmbito das balizas do sistema jurídico-constitucional, estabelecer parâmetros racionais e justificáveis do sentido e alcance dos comandos constitucionais e legais incidentes na espécie, interpretando adequadamente a condição de flagrância nos crimes de natureza permanente e coibindo abusos nessa seara. De qualquer sorte, é preciso sublinhar que se trata de matéria controversa do ponto de vista jurídico, mas também difícil na perspectiva fática, a demandar uma prudencial análise das circunstâncias do caso concreto, na dúvida sempre pendendo a decisão para uma interpretação restritiva das hipóteses autorizativas do ingresso forçado em domicílio alheio[255].

Somente concordamos com o constitucionalista quanto à parte final de sua exposição: a decisão de ingresso domiciliar sem ordem judicial deve pender "para uma interpretação das hipóteses autorizativas do ingresso forçado em domicílio alheio". No mais, a decisão do STF enseja atuação policial discricionária, sem controle eficaz.

Preferimos, assim, agregar à noção aberta de "justa causa", uma adjetivação especial: que ela seja dotada de visibilidade aferida por elementos empíricos (não subjetivos). É de se exigir, para a entrada na casa de alguém sem ordem de juiz, uma "**justa causa visível**". Foi a constatação que chegou Ruchester Marreiros Barbosa, ao criticar o voto que conduziu o julgamento da repercussão geral aqui examinada:

> O critério que se deve considerar para a tomada da decisão é o conhecimento e visibilidade provável que se tem previamente sobre o interior das residências e não o conhecimento que se obtém após a medida, sob pena de resgatarmos o famigerado male captum bene retentum, afastado de nosso ordenamento em razão da vedação das provas obtidas por meios ilícitos.

---

254. STF. Notícias. Supremo define limites para entrada da polícia em domicílio sem autorização judicial. Disponível em: <http://www.stf.jus.br/portal/cms/verNoticiaDetalhe.asp?idConteudo=303364>. Acesso em: 18 nov. 2015.

255. SARLET, Ingo Wolfgang. Decisão do STF indica posição prudencial. *Consultor Jurídico*. Disponível em: <http://www.conjur.com.br/2015-nov-13/direitos-fundamentais-decisao-stf-violacao-domicilio-indica-posicao-prudencial#author>. Acesso em: 18 nov. 2015.

> [...]
> Em outras palavras, os fundamentos para o ingresso em uma casa deve ser pautada em justa causa, que consiste em elementos informativos concretos compatíveis como o objeto de prova, não bastando, por exemplo, denúncias anônimas, disque-denúncia, peças apócrifas, colaboradores que participem da empreitada criminosa ou informantes que não poderão se identificar posteriormente, ou seja, elementos que não possuem força probatória para serem utilizadas em juízo, não poderão ser consideradas justa causa para a medida de ingresso na residência. [...][256]

Em sentido similar a esse posicionamento doutrinário, o STJ pontificou que "não configura justa causa apta a autorizar invasão domiciliar a mera intuição da autoridade policial de eventual traficância praticada por indivíduo, fundada unicamente em sua fuga de local supostamente conhecido como ponto de venda de drogas ante iminente abordagem policial"[257].

No entanto, a Sexta Turma do STJ não reconheceu a ilicitude de provas obtidas mediante o ingresso sem mandado judicial em residência, considerando suficiente o odor de *cannabis sativa*. Na ementa do acórdão, foi destacado que "consta nos autos que os policiais perceberam o nervosismo do paciente e que ao chegarem à residência, já sentiram um forte odor de maconha, razão pela qual fizeram a busca dentro da residência". Para nós, diferentemente, a dispensa do mandado deve exigir, pelo menos, 'justa causa visível', vale dizer, elemento empírico, concreto, indicador de flagrante delito, a ser exaustivamente documentado. O suposto odor de *cannabis sativa*, dependente da apuração do sentido olfativo humano, é elemento cuja abstração deve ser considerada óbice ao registro preciso daquela base empírica[258].

Seguindo, todavia, em outro momento, percurso de maior proteção à inviolabilidade domiciliar, também a Sexta Turma afirmou que "a existência de denúncias anônimas somada à fuga do acusado, por si sós, não configuram fundadas razões a autorizar o ingresso policial no domicílio do acusado sem o seu consentimento ou determinação judicial"[259].

2.10.5.2. Busca pessoal

Envolve a busca nas vestes e demais objetos em poder do revistado, como malas, mochilas, automóveis etc. Advirta-se, contudo, que se o automóvel não é apenas um meio de transporte, sendo utilizado como residência, como ocorre com o ***trailer***, alguns barcos, a parte traseira do interior da boleia do caminhão, o tratamento é o mesmo dado à busca e apreensão domiciliar.

A busca pessoal ou "revista" poderia ser assimilada a uma espécie intervenção corporal em sentido amplo (não invasiva), já que não enseja penetração no organismo do ser humano. No entanto, em sentido estrito, somente são intervenções corporais as "ingerências sobre o corpo vivo da pessoa humana que afetam seus direitos fundamentais", consoante conceito

256. BARBOSA, Ruchester Marreiros. O que é a justa causa visível. *Canal ciências criminais*. Disponível em: <http://canalcienciascriminais.com.br/artigo/o-que-e-a-justa-causa-visivel/>. Acesso em: 18 nov. 2015.
257. STJ – REsp 1.574.681-RS – Informativo nº 606, de 2/8/2017.
258. STJ – Sexta Turma – AgRg no HC 423.838/SP – Rel. Ministro Sebastião Reis Júnior – j. 08/02/2018.
259. STJ – Sexta Turma – RHC 83.501-SP, Rel. Min. Nefi Cordeiro, por unanimidade, julgado em 06/03/2018, DJe 05/04/2018 – Informativo n° 623, de 4 de maio de 2018.

dado por André Nicolitt e Carlos Ribeiro Wehrs que, ademais, reputam não ser possível classificar as denominadas revistas, verdadeiramente, como intervenções corporais[260].

De todo modo, a fim de delimitar a atuação estatal, contendo eventual abuso do poder público (polícia) em buscas pessoais, ainda que consideradas não invasivas, pensamos que seria necessária regulamentação legal detalhando o seu procedimento. Isso porque a busca pessoal afeta espaço sensível que se insere naquela área que Jonh Locke considerava direito natural de não-interferência do ser humano, atualmente chamada de liberdade negativa, lembrada por Eduardo Rabenhorst[261].

A busca pessoal pode dispensar a expedição de mandado nas seguintes hipóteses:

1) quando da realização de prisão. Todo aquele que é preso, em flagrante ou por ordem judicial, será revistado;

2) havendo fundadas suspeitas de o indivíduo portar arma, objetos ou papeis que componham o corpo de delito. Fundada suspeita não pode ser mera conjectura, especulação. Deve haver algum elemento sólido, plausível, justificando a medida;

3) no transcurso da busca domiciliar. Na realização da busca domiciliar, as pessoas que lá se encontram, mesmo que o mandado não diga de forma expressa, podem ser revistadas (art. 244, CPP).

Já busca em mulher, para evitar constrangimentos, será realizada por outra mulher, salvo quando importar retardamento ou prejuízo para a diligência. Nesse sentido, passou a dispor o art. 10-A, da Lei nº 11.340/2006, por força da vigência da Lei 13.505/2017, ditando que "é direito da mulher em situação de violência doméstica e familiar o atendimento policial e pericial especializado, ininterrupto e prestado por servidores – preferencialmente do sexo feminino – previamente capacitados".

Por sua vez, a busca pessoal realizada em festas, ***boates***, aeroportos, não têm tratamento pelo CPP, devendo atender à razoabilidade e respeitar a intimidade. Estão afetas ao lado contratual. Aquele que não desejar se submeter à medida, tem a opção de não se valer do serviço ofertado ou simplesmente não frequentar o estabelecimento.

Digno registrar a advertência de André Nicolitt e Carlos Ribeiro Wehrs acerca do problema brasileiro "da prescindibilidade do mandado para a busca pessoal", haja vista que, "entre nós, há pouco regramento sobre o assunto, dando margem a abusos". Nesse diapasão, poderiam ser diferenciadas ao menos três espécies de "revistas" ou buscas pessoais: (1) exames sobre o corpo, inspeções e registros superficiais, sem ação invasiva; (2) busca pessoal que pretende localizar algo que esteja ocultado no corpo ou nas vestes; e (3) busca pessoal em cavidades íntimas. Estas últimas são consideradas "verdadeiras intervenções corporais, já que podem ser realizadas com manobras invasivas no reto e na vagina". Como se infere, as situações demandam disciplina legislativa específica, para submeter as questões mais drásticas à reserva jurisdicional, devendo o juiz, sob a lente do princípio da proporcionalidade, decidi-las para, somente excepcionalmente, autorizar a emissão de mandado[262].

260. NICOLITT, André; WEHRS, Carlos Ribeiro. *Intervenções corporais no processo penal e a nova identificação criminal:* Lei nº 12.654/2012. Rio de Janeiro: Elsevier, 2014. p. 8.

261. RABENHORST, Eduardo. *Dignidade humana e moralidade democrática*. Brasília: Brasília Jurídica, 2001. p. 31.

262. NICOLITT, André; WEHRS, Carlos Ribeiro. Intervenções corporais no processo penal e a nova identificação criminal: Lei nº 12.654/2012. Rio de Janeiro: Elsevier, 2014. p. 26-27.

2.11. Interceptação telefônica

2.11.1. Noções fundamentais

A Constituição Federal é o fundamento de validade da Lei nº 9.296/1996, que regulamentou o inciso XII, do seu art. 5º, ao destacar a inviolabilidade do sigilo da correspondência e das comunicações telegráficas, de dados e das comunicações telefônicas, salvo, no último caso, por ordem judicial, nas hipóteses e na forma que a lei estabelecer para fins de investigação criminal ou instrução processual penal.

O sigilo das "comunicações telefônicas" é submetido à cláusula qualificada de reserva jurisdicional. Tal regra tem, em regra, vigor pleno, salvo em caso de Estado de Defesa e de Estado de Sítio regularmente decretados, na forma da Constituição do Brasil, cujos artigos 136, § 1º, I, "c", e 139, III, preveem restrições ao direito de sigilo das comunicações.

Note-se que não só as "conversações" estão protegidas constitucionalmente (restritas à emissão de sons), mas também as "comunicações", envolva duas pessoas ou mais pessoas. A restrição ao direito ao sigilo deve ser excepcional, haja vista que se trata de uma **suspensão de um direito fundamental** que, como aduz Geraldo Prado, deve ser regida por duas ideias: (1) a **temporariedade**, eis que "o estado de exceção é fruto de uma situação emergencial e transitória"; e (2) a "**defesa da Constituição**", porque deve tutelar o pacto civilizatório[263].

Surge, então, a primeira indagação. Que são "comunicações telefônicas" protegidas pela regra da inviolabilidade catalogada no rol dos direitos fundamentais individuais da Constituição de 1988?

Comunicações telefônicas, na esteira de Luiz Flávio Gomes e Sílvio Maciel, são as de qualquer natureza, vale dizer, todas aquelas permitidas pelo desenvolvimento tecnológico, podendo se dar por meio de fio, radioeletricidade (tal qual o telefone celular), meios eletromagnéticos, ópticos, seja se valendo da informática ou não. O fax, por exemplo, pode ser emitido com ou sem o uso do computador. O que basta é o uso de sistema de telefonia em sentido amplo, com recursos técnicos que podem ser combinados (*modem*, *internet*), estando incluídas a emissão, a recepção e/ou transferência de dados de natureza variada (símbolos, escritos, imagens, sinais), por intermédio de quaisquer espécies de telefonia (seja fixa ou móvel).[264]

Aliás, a tecnologia cada vez mais sofisticada permite, inclusive, o rastreamento da localização dos interlocutores, mesmo que com o uso de telefones móveis, verificando-se a localização da ERB (a chamada estação radiobase) operada pelo aparelho respectivo.

A regra de proteção do direito ao sigilo recai sobre qualquer tipo de comunicação telefônica. O destinatário da regra, sujeito passivo que se submete ao dever de guardar segredo é a operadora da telefônica ou a empresa responsável pela tecnologia que viabiliza as comunicações através dos diversos tipos de aparelhos. Tanto faz que a titularidade do uso do telefone

263. PRADO, Geraldo. *Limite às interceptações telefônicas e a jurisprudência do Superior Tribunal de Justiça*. 2. ed. Rio de Janeiro: Lumen Juris, 2006. p.31.

264. GOMES, Luiz Flávio; MACIEL, Sílvio. *Interceptação telefônica*: comentários à Lei 9.296, de 24.07.1996. São Paulo: RT, 2013. p. 47-48.

ou da linha respectiva, seja de natureza pública ou particular, deve ser garantida a proteção do sigilo do interlocutor, ou seja, da pessoa que suporta os efeitos da interceptação (sujeito passivo da interceptação e sujeito ativo do direito ao sigilo telefônico). Da mesma forma, se terceira pessoa usa canal telefônico pertencente a outrem, deve ainda assim ser mantida em segredo as conversas, sendo plenamente aplicável o art. 5º, XII, da Constituição Federal.

A partir da análise do artigo 5º, inciso XII, da Constituição do Brasil, podemos arrolar três elementos necessários à interceptação telefônica lícita, quais sejam: **(1)** lei regulamentadora; **(2)** finalidade de aparelhar investigação criminal ou instrução processual penal; e **(3)** ordem judicial fundamentada. Em outras palavras, adotamos a tese de Geraldo Prado para reafirmar que "não são consideradas válidas as interpretações relativas à restrição de direitos fundamentais que busquem a sua fundamentação em outra área, salvo na própria Constituição da República"[265].

A Lei nº 9.296/1996 possibilitou a restrição ao sigilo das comunicações telefônicas de qualquer natureza, com abrangência sobre a transmissão, envio, recepção de símbolos, imagens, caracteres, sinais, escritos, sons ou informações de toda ordem, que se dê por intermédio de telefonia, pública ou particular, estática ou móvel, com o uso de recursos tradicionais, de informática ou de telemática. Compreende assim as comunicações via qualquer tipo de telefone, assim como as realizadas de forma direta (fax, modens) ou indiretamente (***internet***, correios eletrônicos, aplicativos instalados etc.)[266].

O regramento de proteção para a interceptação de comunicações telefônicas é extensivo à interceptação do fluxo de comunicações em sistemas de informática e de telemática. A finalidade da disciplina legal é propiciar que a interceptação autorizada sirva de meio de prova em investigação criminal e em instrução processual penal. Como se trata de garantia com cláusula de reserva jurisdicional, necessário que se dê por intermédio de decisão judicial e, para garantir a eficácia da medida, que sua tramitação observe segredo de Justiça.

2.11.1.1. Interceptação telefônica

A doutrina controverte sobre natureza jurídica da interceptação telefônica. Ada Pelegrini Grinover anota que a interceptação é **coação processual *in re* (coação processual real física)**, inserindo-a no rol das medidas cautelares. Tal como a busca e apreensão, a interceptação telefônica é restritiva de direitos e meio de busca de prova, com vistas a evitar dano jurídico pela eventual demora do processo[267].

A interceptação telefônica é coação processual *in re*, não porque seu objeto seja concreto, porém porque, através da interceptação, são apreendidos sinais sonoros, cujo conteúdo, levado ao conhecimento do juiz, tem natureza física. Trata-se de uma **operação técnica** que coloca à disposição do magistrado a materialização da comunicação telefônica. Daí a sua caracterização como atividade de coação processual real física[268].

265. PRADO, Geraldo. Limite às interceptações telefônicas e a jurisprudência do Superior Tribunal de Justiça. In: *Acesso à justiça e efetividade do processo*. Geraldo Prado (coord.). Rio de Janeiro: Lumen Juris, 2005. p. 75.

266. LIMA, Renato Brasileiro de. *Curso de processo penal*: volume único. Niterói: Impetus, 2013. p. 723-724.

267. GRINOVER, Ada Pellegrini. *Provas ilícitas, interceptações e escutas*. Brasília: Gazeta Jurídica, 2013. p. 260.

268. GRINOVER, Ada Pellegrini. *Provas ilícitas, interceptações e escutas*. Brasília: Gazeta Jurídica, 2013. p. 259-262.

Com efeito, a interceptação telefônica, no seu viés pragmático, é medida cautelar probatória (referente à prova). Por intermédio de seu procedimento, são apreendidos elementos fonéticos que constituem a conversa telefônica, pelo que se cuida de um meio de **apreensão imprópria** (não há propriamente apreensão, mas gravação que viabiliza sua fiel reprodução, possibilitando assim seu conhecimento)[269]. Nessa senda, o resultado da operação técnica de interceptação telefônica é **fonte de prova**, enquanto a gravação e as respectivas transcrições formam o documento que, uma vez inserido no processo, será o **meio de prova.**[270]

Para nós, a interceptação telefônica pode se apresentar, a depender do seu conteúdo e finalidade, como meio de prova, meio de obtenção de prova ou fonte de prova:

(1) será meio de prova em face de que, na Constituição e na legislação, há menção específica a seu *nomen juris* e seu resultado pode servir, diretamente, à comprovação dos elementos típicos que constituem a infração penal. Exemplo: a interceptação telefônica flagra comunicação de delito permanente, cuja consumação se protrai no tempo (alguém comunica que está mantendo outrem em cativeiro ou o agente que informa que está cometendo homicídio naquele momento, deflagrando disparos audíveis pelo telefone interceptado. Nesses casos, o resultado da interceptação será o próprio meio de prova);

(2) será meio de obtenção de prova quando, através das informações obtidas com a interceptação, for possível chegar às provas que, diretamente, demonstram a materialidade de um delito, tal como quando se descobre onde se encontram documentos ou instrumentos que podem constituir a prova propriamente dita do delito;

(3) será fonte de prova quando for considerada a perspectiva de observação da estrutura técnica da interceptação que, por sua vez, viabiliza resultados que poderão ser úteis à produção probatória.

Por outro lado, se é certo que a interceptação telefônica tem vocação para preceder à deflagração da ação penal, não menos exato é que não é vedado que ela seja determinada no curso do processo, assumindo feição de intervenção para não apenas viabilizar melhor conhecimento do fato imputado, mas também para colocar óbice à prática delitiva em curso (casos de infrações penais permanentes, por exemplo). Daí que sua natureza de medida cautelar referente à prova pode ser tanto de preparatória, quanto incidental, sendo assim inserida na classe das "**cautelares conservativas**".

A interceptação telefônica pode ser lícita ou ilícita. Será lícita quando for autorizada judicialmente, de acordo com os pressupostos previstos na Lei nº 9.296/1996. Será ilícita quando não for autorizada judicialmente ou o for em dissonância com os parâmetros desse diploma legislativo.

A Lei nº 9.296/1996 veio suprir a exigência de lei em sentido estrito, eis que o dispositivo constitucional do art. 5º, XII, da CF, restringe direito individual de primeira geração e deve ser interpretado como escudo protetor que só pode ser restringido após a edição de lei em sentido formal. É de ver que após a Constituição de 1988, as permissões judiciais fundadas no Código

269. GRINOVER, Ada Pellegrini. *Provas ilícitas, interceptações e escutas*. Brasília: Gazeta Jurídica, 2013. p. 258.
270. POLASTRI, Marcellus. *A tutela cautelar no processo penal*. 3. ed. São Paulo: Atlas, 2014. p. 315.

Brasileiro de Telecomunicações foram consideradas inconstitucionais, eis que o texto deste diploma normativo não impunha autorização prévia na forma exigida pela atual Constituição.

Há quem equipare interceptação telefônica ao grampo. Diz-se que o telefone está grampeado quando está sendo interceptado. Polastri assim distingue as várias formas de interceptação:

> É necessário diferenciar as várias formas da captação eletrônica da prova. Se há interceptação da conversa telefônica por terceiro, sem o consentimento dos interlocutores, temos o grampeamento ou interceptação telefônica propriamente dita ou *stricto sensu*.[271]

Preferimos distinguir e reservar a expressão "grampo" para a interceptação telefônica ilícita.

As notas distintivas da interceptação telefônica são as seguintes:

(1) na interceptação telefônica há três protagonistas, ou seja, (**a**) dois interlocutores (os sujeitos que se comunicam por intermédio de sistema telefônico) e (**b**) um interceptador que capta a conversação; e

(2) a interceptação telefônica pressupõe que a captação da conversação pelo sujeito interceptador se dê sem o consentimento dos interlocutores.

Nesse contexto, interceptação telefônica lícita é meio de prova consistente no seu deferimento judicial sem o conhecimento dos interlocutores, a partir de requerimento do Ministério Público ou de representação da autoridade policial, na fase da investigação preliminar, ou a partir de requerimento do Ministério Público na fase processual penal, com o intuito de viabilizar a obtenção de prova ou de fonte de prova que se refira ao objeto das investigações ou do processo.

Depois de instaurado o processo, o juiz terá o poder de determinar a interceptação telefônica de ofício, ou seja, independentemente de ser provocado. Esse poder é supletivo às partes e decorre do poder geral cautelar inerente à função jurisdicional. Embora o ideal seja que o juiz não tome iniciativa probatória (sistema acusatório puro), dentro de um prisma funcional do sistema jurídico, sempre resta o poder do magistrado de suprir a inércia das partes, de forma excepcional.

Caso durante a interceptação telefônica, a autoridade se defronte com conversas entre o interceptado e seu advogado, o conteúdo de tal comunicação não poderá ser válido como prova, porquanto protegido pela inviolabilidade do sigilo profissional do advogado. Todavia, caso o advogado seja também investigado na qualidade de coautor da infração penal atribuída a seu cliente, o produto da interceptação poderá ser aproveitado como prova.

2.11.1.2. Escuta telefônica

A captação de conversa telefônica pode se dar por terceira pessoa com o conhecimento de um dos interlocutores. Nesse caso, tem-se a chamada escuta telefônica. Esse meio de

271. LIMA, Marcellus Polastri. *A prova penal*: de acordo com a reforma processual penal. 3. ed. Rio de Janeiro: Lumen Juris, 2009. p. 101.

prova se distingue da interceptação telefônica em razão da escuta telefônica pressupor que um dos interlocutores tenha conhecimento da interceptação telefônica por um agente interceptador (terceiro). De tal maneira, temos os seguintes elementos:

(1) na escuta telefônica existem três protagonistas, de forma idêntica à interceptação telefônica: **(a)** dois interlocutores (os sujeitos que se comunicam por intermédio de sistema telefônico) e **(b)** um interceptador que capta a conversação; e

(2) a escuta telefônica pressupõe que a captação da conversação pelo sujeito interceptador se dê com o consentimento de um dos interlocutores.

Escuta telefônica é a expressão que designa forma de se obter os registros de conversas telefônicas, mediante gravação ou acompanhamento auditivo por terceira pessoa, estranha à conversa, porém com o assentimento de um dos seus participantes. Geralmente, é chamada pelo nome vulgar de "grampo". Quando a escuta telefônica é autorizada judicialmente, recebe a chancela da legalidade. A mera escuta telefônica, sem autorização judicial, é prova ilegal, que não deve ser admitida no processo, salvo quando contiver elemento que favoreça a defesa.

É de ver que o Supremo Tribunal Federal adota a expressão interceptação telefônica em sentido amplo, de forma a abranger tanto a interceptação telefônica em sentido estrito, quanto a escuta telefônica – ambas exigindo autorização judicial (cláusula de reserva legal qualificada), como se depreende do seguinte trecho do voto do Ministro Gilmar Mendes:

> No ponto, importante observar que se distingue a interceptação e a gravação. A interceptação é a captação de conversa realizada por um terceiro, com ou sem o conhecimento de um dos interlocutores. Por exemplo, o denominado grampo telefônico. Por outro lado, se a captação da conversa é feita por um dos interlocutores, sem o conhecimento do outro, tem-se a gravação clandestina.

A referência constante do texto constitucional – art. 5º, XII – diz respeito à interceptação telefônica, com ou sem consentimento de um dos interlocutores, para fins de investigação criminal ou instrução processual penal.

Não se contempla aqui, em princípio, a gravação de conversa telefônica por um interlocutor sem o conhecimento de outro, muitas vezes realizada com propósito de autodefesa em face de situações como sequestro de familiares, extorsão ou outras práticas criminosas. Tal conduta parece não se situar no âmbito do art. 5º, XII, *in fine*, mas no âmbito de proteção do art. 5º, X, que dispõe sobre a proteção da intimidade e da vida privada.

Com efeito, a gravação do interlocutor (protagonista da conversa telefônica) não se inclui no conceito de interceptação (que pressupõe terceira pessoa). Ademais, o texto constitucional permite a interceptação telefônica para fins de investigação criminal ou de instrução processual penal, por ordem judicial, nas hipóteses e na forma da lei (CF, art. 5º, XII). Tem-se aqui típica *reserva legal qualificada*, na qual a autorização para intervenção legal está submetida à condição de destinar-se a investigação criminal ou a instrução processual-penal[272].

272. STF – Segunda Turma – HC 91867 – Rel. Min. Gilmar Mendes – DJe 20/09/2012.

No entanto, diverge parte da doutrina quanto ao ponto. Polastri, escorado nas ideias de Torquato Avolio, entende que a Lei nº 9.296/1996 disciplina apenas a interceptação telefônica propriamente dita (aquela realizada por terceiro sem o conhecimento ou consentimento dos interlocutores). Para ele, caso se trate de escuta telefônica (a captação que conta com a presença de um terceiro cuja presença é conhecida por um dos interlocutores), não haveria violação de segredo e, de conseguinte, não seria o caso de interceptação propriamente dita, pelo que a prova assim obtida seria lícita. O autor coteja seu entendimento com o entendimento oposto, de Camargo Aranha, que sustenta que tal prova (decorrente da escuta telefônica) seria ilícita, em face de violar a Constituição e a Lei nº 9.296/1996[273].

Entendemos que mesmo no caso de "escuta telefônica" (ou seja, captação com o conhecimento de um dos interlocutores), é indispensável autorização judicial, haja vista que a conversa está protegida pelo direito à intimidade de um dos interlocutores, que não tem o conhecimento da captação realizada por terceira pessoa. Afinal, a escuta é interceptação ***lato sensu***, na esteira do que argumenta o Supremo Tribunal Federal, merecendo proteção jurídica. Ademais, os direitos fundamentais devem ser interpretados extensivamente e não de maneira restrita.

2.11.1.3. Gravação telefônica

Gravação telefônica é termo de mais de uma acepção.

Em sentido estrito, gravação telefônica é meio de prova que exige a presença dos seguintes requisitos:

(**1**) a presença de dois interlocutores na conversa, no âmbito da qual um desses efetua a gravação;

(**2**) a indiferença quanto ao conhecimento da gravação pelo segundo participante da conversação telefônica (pode haver ou não a ciência do outro quanto à gravação telefônica).

Nesse sentido, a "gravação telefônica" não é comunicação telefônica protegida pela Lei nº 9.296/1996.

Em sentido amplo, gravação telefônica é o produto da interceptação telefônica, da escuta telefônica ou da gravação telefônica em sentido estrito. É o registro da conversa telefônica em áudio ou de forma escrita. A conversa, para ser carreada aos autos da investigação preliminar ou do processo, deve ter suas partes essenciais degravadas ***ipsis litteris*** e ser acompanhada de auto circunstanciado. A falta do auto circunstanciado, contudo, constitui irregularidade que não é apta, como regra, à decretação de invalidação da prova.

Fala-se em gravação clandestina. A gravação clandestina é a gravação da conversa por um dos interlocutores, sem o conhecimento do outro. No ponto, não há ilicitude. A prova assim obtida é lícita, eis que não há interceptação (terceira pessoa efetuando a escuta e/ou gravação), mas tão somente gravação por um daqueles participantes da conversação. A autorização judicial é dispensável para este fim. Se ela existir, é tão somente um ***plus***,

273. LIMA, Marcellus Polastri. *A prova penal*: de acordo com a reforma processual penal. 3. ed. Rio de Janeiro: Lumen Juris, 2009. p. 101-102.

que só reforça a legitimidade da prova. A ausência de permissão judicial à gravação, no entanto, não tem o condão de maculá-la.

Luiz Flávio Gomes e Silvio Maciel realçam que não é crime gravar clandestinamente uma comunicação ou uma conversa própria, destacando que o ato de gravar, tão somente o de gravar – note-se –, não constitui infração penal. No entanto, há, em certa medida, invasão à intimidade alheia. Daí que, em regra – explicam os autores –, não é permitido divulgar o conteúdo da gravação (dever de não divulgar a conversa entre duas pessoas):

> A isso se dá o nome de "direito à reserva", que se distingue do "direito ao segredo": neste, o que se visa é evitar que um terceiro capte a comunicação alheia; por aquele, o que se pretende é a não divulgação daquilo que foi gravado clandestinamente [...]. A divulgação indevida configura o delito previsto no art. 153 do CP. Quem divulga, sem justa causa, o conteúdo de uma gravação clandestina está praticando um ilícito penal.

E se existe justa causa (divulgação para salvaguardar um direito fundamental relevante, como a vida, a integridade física etc.)? Não há crime[274].

Com efeito, enquanto o **direito ao segredo** (ou **direito de respeito à vida privada**) se destina à proteção das comunicações contra interceptações ilegítimas, o **direito à reserva** (ou **direito à privacidade**) objetiva vedar o abuso por parte de quem obteve conteúdo de comunicação de forma legítima. Em outros termos, o direito ao segredo refere-se ao seu conteúdo das comunicações, que não pode ser devassado sem a presença do autorizativo judicial exigido por lei. Já o direito à reserva vai mais além para proibir manifestações exteriores, como a divulgação abusiva que se segue ao conhecimento do conteúdo da comunicação (divulgação indevida do segredo)[275].

De tudo o que foi dito até este ponto, algumas observações podemos destacar:

(1) Segundo o STF e o STJ, a Lei nº 9.296/1996 somente tem incidência relativamente à interceptação e à escuta telefônica. Caso se trate das demais hipóteses de conversa ambiente, onde não há comunicação telefônica e uma terceira pessoa captadora do diálogo, não tem lugar aplicação desse diploma legal, sendo desnecessária autorização judicial prévia, servindo como provas para processos penais.

(2) A gravação feita pela autoridade policial, com o intuito de registrar confissão do indiciado, é prova ilícita, quando se verifique tratar-se de interrogatório clandestino, que não tenha assegurado os direitos e garantias fundamentais constitucionais e processuais (interrogatório informal ou sub-reptício com policiais, em conversa informal). De outro lado, se a gravação clandestina, informal, feita por policiais com pessoa presa se referir à terceira pessoa, incriminando esta e não o informante, evidentemente não há que se falar em ilicitude da prova, porquanto não haverá, no ponto, violação ao princípio que veda a autoincriminação[276], eis que não incide no ponto o direito ao silêncio, cujo escopo é preservar a **liberdade moral** do agente diante da autoridade estatal[277].

274. GOMES, Luiz Flávio; MACIEL, Sílvio. *Interceptação telefônica*: comentários à Lei 9.296, de 24.07.1996. São Paulo: RT, 2013. p. 28-29.

275. GRINOVER, Ada Pellegrini. *Provas ilícitas, interceptações e escutas*. Brasília: Gazeta Jurídica, 2013. p. 107; p. 248-250.

276. STF – Primeira Turma – HC 69818 – Relator Min. Sepúlveda Pertence, julgado em 03/11/1992, DJ 27-11-1992.

277. GRINOVER, Ada Pellegrini. *Provas ilícitas, interceptações e escutas*. Brasília: Gazeta Jurídica, 2013. p. 257.

(3) No entanto, é de ver que é possível **a gravação não clandestina** (ou seja, ciente o agente de seus direitos fundamentais e da circunstância do registro), feita pela autoridade policial, Ministério Público ou Poder Judiciário, para registrar confissão e obter maior fidedignidade de colaboração de indiciado ou acusado, inclusive conforme previsão do § 13, do art. 4º, da Lei do Crime Organizado (Lei nº 12.850/2013):

> Sempre que possível, o registro dos atos de colaboração será feito pelos meios ou recursos de gravação magnética, estenotipia, digital ou técnica similar, inclusive audiovisual, destinados a obter maior fidelidade das informações.

2.11.1.4. Registro telefônico

Registro telefônico é o histórico das ligações e demais comunicações telefônicas efetuadas de um número a outro. Trata-se de dados consistentes nos horários de chamadas, duração, números de telefones para os quais foram efetuadas chamadas e dos quais migraram ligações, cujo controle está sob a responsabilidade da respectiva concessionária de serviço telefônico.

Os registros telefônicos são "dados" e não se submetem à mesma proteção jurídica das "comunicações de dados". Em outras palavras, a "cláusula de reserva jurisdicional" do art. 5º, XII, da Constituição da República, que protege com a outorga de sigilo às "comunicações de dados" não se estende, na mesma proporção, aos dados que consubstanciam os registros telefônicos, que são apenas o histórico das chamadas realizadas pelo número objeto das investigações.

De tal modo, para haver quebra do sigilo de dados telefônicos (dos registros armazenados na companhia telefônica), não são aplicáveis as disposições da Lei nº 9.296/1996[278], que se destinam às comunicações atuais, presentes. O acesso aos registros telefônicos se refere ao pretérito, ao passado, ao que está armazenado. Pode ocorrer em sede de processo penal que apure crime que seja apenado com detenção e até mesmo para instruir processo de natureza civil.

Note-se que a proteção para os dados (registros) telefônicos existe (necessidade de autorização judicial ou de requisição de órgão que tenha atribuição constitucional e/ou legal para tanto, como as Comissões Parlamentares de Inquérito[279]), apesar de o ser em menor espectro, porquanto não há lugar para os limites opostos pela Lei de Interceptação Telefônica e não se submete, estritamente, à cláusula de reserva judicial qualificada do art. 5º, inciso XII, da CF/1988. Não obstante, malgrado haja opiniões em sentido contrário, entendemos que o poder de requisição que tem o Ministério Público previsto em sua lei orgânica (para requisitar documentos, instauração de inquérito policial etc.), não abrange o acesso aos dados telefônicos ou registros protegidos pelo sigilo, sendo necessária intervenção judicial para tanto.

Na linha de raciocínio de que os dados passados não são protegidos na mesma medida que as transmissões desses dados, as comunicações escritas pela ***internet*** são protegidas pelo sigilo do art. 5º, XII, da CF, enquanto estão sendo transmitidas, nos termos da Lei nº 9.296/1996. Depois de armazenados os registros das conversas, tornam-se dados. Os

278. STJ – Quinta Turma – EDcl no RMS 17.732/MT – Rel. Min. Gilson Dipp – DJ 19/09/2005.
279. STF – Tribunal Pleno – MS 23452 – Rel. Celso de Mello – DJ 12/05/2000.

dados das conversas, que são os registros passados (tal qual o ***e-mail***) não estão sob a égide deste diploma legal, sendo protegidos de forma menos ampla que as comunicações contemporâneas.

2.11.1.5. Interceptação ambiental

Trata-se do meio de prova consistente nos registros de conversas em sede diversa da telefônica ou da digital, ou seja, captação de áudio e/ou de imagem ambiente, realizada por terceira pessoa, ou seja, por agente interceptador que não participa da conversação ambiental.

A interceptação recai sobre comunicação ambiental, entendida como aquela que ocorre sem o uso de meios digitais, eletrônicos, óticos, telefônicos ou artificiais (ambiente diverso do telefônico ou cibernético). A validade da interceptação ambiental depende de mais de um fator. Ela pode ocorrer:

(1) de forma autorizada judicialmente, quando sua execução ocorrerá com a instalação de equipamento para captação de conversas sem o conhecimento dos participantes. Os registros assim obtidos são válidos;

(2) sem autorização judicial, porém com o conhecimento de um dos interlocutores, hipótese em que o registro será inválido, eis que os participantes do diálogo têm o direito de sigilo (direito à intimidade), que não pode ser mitigado sem que seja observada a cláusula de reserva jurisdicional;

(3) sem autorização e sem o conhecimento dos participantes da conversa, conhecida, caso em que os registros serão também inadmissíveis como prova, ressalvada a possibilidade de serem utilizados em favor da defesa do imputado;

(4) em lugar público ou acessível ao público, caso em que a prova será válida, eis que o ambiente interceptado não está protegido pelo direito à intimidade.

A exemplo dos demais meios de captação de comunicações de sons e imagens ambientais, a interceptação ambiental não se submete ao regime legal da Lei nº 9.296/1996 (não envolve comunicação telefônica).

O reconhecimento da validade de interceptação ambiental é análogo ao de um testemunho, ou seja, se alguém se comunica com outrem em local público ou acessível ao público, sem os cuidados para que a conversa se mantenha sigilosa (em ambiente que não seja dotado de privacidade), tal interceptação, em regra, será válida. Isso porque da mesma forma que tal captação ambiente, a conversa poderia ser objeto de depoimento testemunhal, feito por pessoa que, de passagem pelo local, tenha tomado ciência do conteúdo da comunicação. Não havendo violação da intimidade, não há que se falar em invalidade da interceptação realizada pela polícia em ambiente público.

Questão de relevo é saber se é possível a interceptação ambiental em escritório de advocacia, naturalmente, sem o conhecimento dos advogados. Para que seja admitida a interceptação nesse ambiente, é indispensável que o profissional de advocacia esteja sendo investigado por infração penal (crime ou contravenção), em coautoria ou não com cliente seu.

Para tanto, necessária ordem judicial para que seja instalado o aparelho necessário para a realização da interceptação ambiente no escritório de advocacia. O ingresso no escritório pela polícia para tal instalação poderá se dar no período noturno, consoante o entendimento do STF, sem que isso se configure violação de domicílio. Isso porque o sigilo inerente à atividade do advogado não pode servir como escudo para o cometimento de crimes[280].

Quanto às conversas entre advogado e preso no interior do estabelecimento prisional, entendemos que há de ser reservado espaço para que seja assegurado o sigilo profissional. Deve ser reconhecido um núcleo intangível que permita ao advogado – que não seja investigado ou acusado por crime em coautoria com o detento – entrevistar seu cliente sem que sejam devassadas as conversas por interceptação ambiental.

No entanto, a questão está longe de ser pacificada, tendo sido objeto de regulamentação para fins de interceptação da conversação entre preso e advogado no interior do estabelecimento de Catanduvas/PR. A OAB impugnou a normatização editada pela autoridade judiciária federal competente, alegando que há, na hipótese, ultraje à prerrogativa do advogado de avistar-se pessoal e reservadamente com seus clientes. Foi, então, impetrado o *Habeas Corpus* nº 115.114, no Supremo Tribunal Federal, pendente de julgamento e com parecer desfavorável da Procuradoria-Geral da República[281].

Os fundamentos do parecer convergem com o averbado pelo Tribunal Regional Federal da 2ª Região que validou a possibilidade da dita "gravação", argumentando que não há ferimento à regra do art. 7º, inciso III, do Estatuto da OAB, destacando, ademais, que não há violação à ampla defesa se o aparato colocado em estabelecimento prisional, que tem por objetivo a comunicação do preso com seu advogado mediante vidro e/ou interfone, permite a comunicação sem interceptação indevida[282].

2.11.1.6. Gravação ambiental

A gravação ambiental se distingue da interceptação porque não conta com a captação da conversa por terceira pessoa. Trata-se da gravação que é efetuada por um dos participantes do diálogo, com ou sem o conhecimento do outro ou dos demais. O STF já teve oportunidade de assentar a licitude desse meio de prova, eis que não há violação ao sigilo.

A gravação por um dos interlocutores deve ser entendida como um direito de proteção, uma precaução e, por não envolver violação do sigilo da conversa com a participação de agente interceptador, não carece de autorização judicial. Seria impensável, do ponto de vista estrutural, que para todo e qualquer registro de conversa que alguém desejasse ter com outrem,

280. STF – Pleno – Inq 2424, Relator Min. Cezar Peluso, julgado em 26/11/2008, DJe-055 DIVULG 25-03-2010 PUBLIC 26-03-2010. Na ementa desse julgado, assentou a Suprema Corte: "Escuta ambiental e exploração de local. Captação de sinais óticos e acústicos. Escritório de advocacia. Ingresso da autoridade policial, no período noturno, para instalação de equipamento. Medidas autorizadas por decisão judicial. Invasão de domicílio. Não caracterização. Suspeita grave da prática de crime por advogado, no escritório, sob pretexto de exercício da profissão. Situação não acobertada pela inviolabilidade constitucional".

281. MARTINS, Jomar. Gravação em presídio: OAB defende sigilo de conversa entre advogado e preso. *Conjur*. Disponível em: <http://www.conjur.com.br/2013-abr-30/oab-atuar-hc-stf-gravacao-conversas-entre-advogado-preso>. Acesso em: 23 out 2014.

282. TRF2 – Primeira Turma Especializada – HC 200902010107707 – Relator Desembargador Federal Abel Gomes – E-DJF2R – Data: 01/03/2010.

necessitasse de prévia intervenção do Judiciário. O Judiciário só precisa intervir quando se tem a participação de terceira pessoa que está oculta a pelo menos um dos participantes.

Sobre a questão, o Supremo Tribunal Federal, por maioria, destacou em "Repercussão Geral", que a prova obtida através de gravação ambiental, realizada por um dos interlocutores sem conhecimento do outro, é válida, sem qualquer mácula que induza sua ilicitude[283].

2.11.1.7. Interceptação do fluxo de comunicações em sistemas de informática e de telemática

A Lei nº 9.296/1996 previu que a normatização da interceptação telefônica é extensiva à interceptação do fluxo de comunicações em sistemas de informática e de telemática. O legislador, atento aos avanços tecnológicos dos sistemas de comunicação, buscou ser mais abrangente, com uma interpretação atualizadora, progressiva, do art. 5º, XII, da Constituição do Brasil. Em certa medida, a previsão é redundante. Entretanto, tem a virtude de encampar todas as formas de comunicação telefônica, não se restringindo aos sistemas convencionais.

O fluxo de comunicações pode ocorrer por meio de avançados sistemas tecnológicos. A expressão "sistema de telemática" abrange um conjunto de tecnologias de transmissão de dados, inclusive o de "sistemas de informática", de forma integrada, para viabilizar comunicações à distância. Trata-se de sistema que reúne recursos de telecomunicações (fibras óticas, satélite, cabo) e de informática (***hardwares*** e ***softwares***, ou seja, máquinas, computadores, programas e sistemas de rede). A finalidade desse sistema é possibilitar o armazenamento de dados, seu processamento e uma volumosa comunicação, em tempo instantâneo e a partir de grandes distâncias.

O regramento exposto acima é aplicável à interceptação do fluxo de comunicações que envolvam tanto o sistema telefônico tradicional, quanto o que se vale de recursos de informática, digital e telemática. Em outras palavras, o sigilo é protegido de forma ampla toda vez que se trate de comunicação à distância, requerendo, para que haja interceptação (participação de um terceiro protagonista captador), de autorização judicial (reserva legal/constitucional qualificada).

No que toca à interceptação de comunicação de dados, autorizada pela Lei nº 9.296/1996, em aparente dissonância com o art. 5º, inciso XII, da Constituição da República, há doutrina que entende que a extensão dada pela lei é inconstitucional (parágrafo único, art. 1º), ao determinar a aplicação da Lei de Interceptação Telefônica às medidas de interceptação do fluxo de comunicações em sistema de informática e telemática.

Pelas razões já expostas, notadamente em face da necessidade de interpretação progressiva dos enunciados normativos, entendemos que não há inconstitucionalidade na legislação em tela. Note-se que, a cada dia, se torna mais comum a comunicação através de mensagens de texto, via telefonia celular (aplicativos etc.), que propriamente através de conversa telefônica em sentido estrito. Ademais, a Constituição Federal faz menção à interceptação telefônica e à de dados, o que é suficiente para sustentar a constitucionalidade do dispositivo e da interpretação que dele decorre. Entendemos que não é sequer necessário invocar o fundamento de

283. STF – RE 583937 QO-RG – Rel. Min. Cezar Peluso – Repercussão Geral – Mérito – DJe 18/12/2009.

que os direitos individuais não são absolutos, para se atestar que não há inconstitucionalidade na previsão do parágrafo único, do art. 1º, da Lei nº 9.296/1996.

Algumas questões particulares, devem ser ressalvadas, a partir do exame casuístico jurisprudencial:

(1) não estão protegidas pela Lei de Interceptação telefônica o pedido de informação sobre o IP (***internet protocol***) para identificação dos dados do computador do usuário, o que pode ser realizado pelo juízo cível ou pela própria polícia, sem necessidade de decisão judicial. É assim juridicamente possível formular o pedido à empresa de telefonia de exibição do nome do usuário de seus serviços que, utiliza-se da internet para causar danos a outrem, até por ser o único modo de o autor ter conhecimento acerca daqueles que entende ter ferido a sua reputação, na senda do STJ[284];

(2) o STJ afirmou que a conversa realizada em "sala de bate papo" da ***internet***, não está amparada pelo sigilo das comunicações (Lei nº 9.296/1996), sob o fundamento de que o ambiente virtual é de acesso irrestrito e destinado a conversas informais[285];

(3) tem-se entendido que o correio eletrônico corporativo (e-mail de uso exclusivo para o trabalho) não está protegido pelas regras da Lei nº 9.296/1996, pelo que, diante de ilícitos civis ou criminais, no âmbito da relação de trabalho, pode haver controle e fiscalização do seu conteúdo por parte do empregador, sendo a prova eventualmente obtida válida, inclusive, para dispensa por justa causa[286].

2.11.1.8. Distinções entre sigilos: telefônico, de dados, fiscal, bancário e financeiro

Sigilo é segredo. O sigilo telefônico e o sigilo de dados são conceitos distintos. O primeiro consiste no segredo que deve preservar as conversas telefônicas, aí insertas aquelas que se valem de tecnologia encampada pelo termo "telemática". O sigilo de dados é o segredo reservado aos registros de migração e emissão de chamadas telefônicas, assim como o respectivo tempo de duração.

O regramento do sigilo constitucional das comunicações telefônicas, das comunicações de dados e dos próprios dados, inclusive dos seus registros, necessita de melhor delimitação por via de lei, notadamente diante do incremento de novas tecnologias ocorrido nos últimos anos. Geraldo Prado coloca em relevo alguns pontos, a esse propósito, pontificando que: (1) "a comunicação de dados, por qualquer meio automatizado, desde que os dados repousem em banco de dados ou em algo similar, não é passível de interceptação"; e (2) "nem todos os dados informáticos, porém, repousam ao final do processo comunicativo em bancos de dados" [287].

2.11.1.8.1. **Sigilo telefônico**

Segredo inerente às comunicações telefônicas, cujo sujeito passivo do direito fundamental é a respectiva operadora telefônica ou, nas comunicações via *internet*, o correspondente provedor.

284. STJ – Terceira Turma – REsp 879.181/MA – Rel. Min. Sidnei Beneti – DJe 01/07/2010.

285. STJ – Sexta Turma – RHC 18.116/SP – Rel. Min. Hélio Quaglia Barbosa – DJ 06/03/2006.

286. STJ – Segunda Seção – CC 130.701/SP, Rel. Ministro Raul Araújo, julgado em 12/02/2014, DJe 10/03/2014.

287. PRADO, Geraldo. *Limite às interceptações telefônicas e a jurisprudência do Superior Tribunal de Justiça*. 2. ed. Rio de Janeiro: Lumen Juris, 2006. p.74.

O sujeito ativo dessa garantia é o usuário que pode ver limitado esse direito fundamental. É submetido à cláusula de reserva de jurisdição, só podendo ser objeto de mitigação por ordem judicial e de acordo com o regramento da Lei nº 9.296/1996. A proteção é das comunicações, significando dizer que os dados armazenados em aparelhos telefônicos, bem como os registros de *e-mails* já armazenados nas caixas de entrada das contas correlatas, em linha de princípio, não estariam tutelados pela garantia do art. 5º, XII, parte final, da Constituição do Brasil.

2.11.1.8.1.1. Sigilo telefônico e o problema do smartphone

Reputamos urgente um estatuto do telefone celular. Pode-se saber mais da intimidade de alguém acessando os dados depositados em seu *smartphone*, do que, por exemplo, interceptando suas conversas telefônicas ou de dados ou, ainda, realizando busca e apreensão em sua residência. O telefone celular se tornou instrumento para acesso a conta bancária, a correio eletrônico (*e-mail*) e a imagens em tempo real por meio de câmeras instaladas em residência. Por meio dele, pode-se ingressar na própria residência, quando instalada função de controle remoto, assim como ter acesso ao conteúdo de conversas atuais (instantaneamente) e passadas (por meio da consulta de dados).

O acesso indevido a mensagens depositadas em aplicativo deve ser motivo para classificar os elementos obtidos como prova ilícita, inadmissível no processo. Até a prisão em flagrante não deve ser considerada motivo hábil a autorizar que a polícia realize buscas aleatórias no telefone celular do autuado. O aparelho celular deve ser retido e solicitada a autorização judicial para obtenção do seu conteúdo, devendo o pedido apresentar justificativa fundada em indícios de que o aparelho oculta elemento probatório de delito ou se trata de objeto material ou instrumento de infração penal.

Daí ser plausível sustentar que mesmo o *smartphone* sem senha de bloqueio não deve ser examinado pela polícia sem ordem judicial, ainda que em situação de flagrante delito. Nesse sentido, decidiu a Sexta Turma do Superior Tribunal de Justiça que "ilícita é a devassa de dados, bem como das conversas de *Whatsapp*, obtidas diretamente pela polícia em celular apreendido no flagrante, sem prévia autorização judicial". Na hipótese, deferiu-se ordem de *habeas corpus* para "declarar a nulidade das provas obtidas no celular do paciente sem autorização judicial" e determinar o desentranhamento do produto[288].

Situação diversa, enfrentada pelo STJ, consistiu na entrega do aparelho celular da vítima falecida, pelo seu cônjuge à autoridade policial. Entendeu-se que a falta de autorização judicial não eivou a prova decorrente do acesso aos dados do aparelho entregue. Afinal, seria desproporcional exigir ordem judicial na hipótese, considerada a propriedade do celular e o interesse sobre os dados ali depositados[289].

2.11.1.8.1.2. Segredo telefônico e dimensões probatórias (gerações de provas ou Trilogia Olmstead-Katz-Kyllo)

A proteção do sigilo relativo a aplicativos, dados e comunicações que estão reunidas em telefone celular constitui o que a doutrina classifica como prova de terceira geração (ou direito probatório de terceira dimensão). Com os avanços tecnológicos, percebeu-se

288. STJ – Sexta Turma – RHC 51.531/RO – Rel. Min. Nefi Cordeiro – DJ: 09/05/2016.

289. STJ – Sexta Turma – RHC 86.076/MT – Rel. Min. Sebastião Reis Júnior –Rel. p/ Acórdão Ministro Rogerio Schietti Cruz – j. 19/10/2017.

que situações de invasão à privacidade podem acontecer sem que haja qualquer intrusão física em residência ou em comunicações telefônicas convencionais.

João Biffe Júnior e Joaquim Leitão Júnior, a propósito, anotam que "a divisão das gerações de direito probatório, encontra seu nascedouro nos precedentes Olmstead (1928), Katz (1967) e Kyllo (2001), nos quais a Suprema Corte Norte-Americana decidiu em quais casos incidiria a proteção conferida pela 4ª Emenda à Constituição dos Estados Unidos da América, tornando-se assim necessária a expedição prévia de ordem judicial de busca e apreensão para a obtenção lícita das provas"[290].

Tomemos o que narra Danilo Knijnik[291].

(1) No primeiro precedente (**Olmstead**), protegeu-se a inviolabilidade das comunicações telefônicas e a privacidade residencial (**primeira dimensão probatória**: teoria proprietária ou *trespass theory*). Foi conferida proteção às coisas, aos lugares e aos pertences.

(2) No precedente seguinte (**Katz**), avançou-se para proteger as expectativas de privacidade, por exemplo, a confiança na privacidade de comunicações telefônicas, ainda que captados os sons em ambiente público, como em uma cabine telefônica (**segunda dimensão probatória**: teoria da proteção constitucional integral).

(3) No último precedente (**Kyllo**), conferiu-se maior amplitude para proteger a privacidade contra tecnologias capazes de revelar, por exemplo, atividades ilícitas em interior de casa sem sequer carecendo de nela penetrar, por meio de aferidores externos de temperatura (**terceira dimensão probatória**: teoria das provas tecnológicas invasivas, na qual estaria inserida a proteção dos dados de conversa via *WhatsApp*, *Telegram* e similares). O enfoque dessa tutela é o tecnológico.

2.11.1.8.2. **Sigilo de dados:**

Segredo referente aos registros de ligações telefônicas e aos dados cadastrais dos usuários. O sigilo de dados pode ser objeto de requisição de autoridades administrativas, desde que haja previsão específica, a exemplo do poder do Ministério Público e do delegado de polícia previsto no art. 15, da Lei nº 12.850/2013, para os casos de crime organizado, e no art. 17-B (redação da Lei nº 12.683/2012), da Lei nº 9.613/1998, para as hipóteses de lavagem de dinheiro. Como se depreende, a inviolabilidade do sigilo de dados é garantida também pelo art. 5º, XII, da Constituição, mas a forma de afastamento de tal segredo no caso concreto é menos rígida que os casos de sigilo telefônico, tanto não se submetendo à cláusula de reserva qualificada de jurisdição (desde que haja expresso permissivo legal formal), quanto não se impondo restrições da Lei nº 9.296/1996, possibilitando a quebra de sigilo de dados para infrações penais em geral, seja ela apenada com reclusão, seja com detenção.

No CPP foram incluídos os arts. 13-A e 13-B, pela Lei nº 13.344/2016, conferindo poderes requisitórios, sem intermediação da autoridade judicial, aos membros do Ministério Público e às autoridades policiais, relativamente aos crimes de tráfico de pessoas,

290. BIFFE JÚNIOR, João; LEITÃO JÚNIOR, Joaquim. O acesso pela polícia a conversas gravadas no Whatsapp e as gerações probatórias decorrentes das limitações à atuação estatal. *Genjurídico*. Disponível em: <http://genjuridico.com.br/2016/08/12/o-acesso-pela-policia-a-conversas-gravadas-no-whatsapp-e-as-geracoes-probatorias-decorrentes-das-limitacoes-a-atuacao-estatal/>. Acesso em: 23/03/2017.

291. KNIJNIK, Danilo. A trilogia Olmstead-Katz-Kyllo: o art. 5º da Constituição Federal do Século XXI. In: *Temas de direito penal, criminologia e processo penal*. Ângelo Roberto Ilha da Silva (org.). Porto Alegre: Livraria do Advogado, 2014, p.178-187.

gizados no Código Penal (arts. 148, 149, 149-A, § 3º, do art. 158, e art. 159) e no Estatuto da Criança e do Adolescente (art. 239). Entendemos que os dispositivos acrescidos ao CPP necessitam de filtro constitucional (interpretação conforme a Constituição) ou deste filtro não passam, notadamente por esvaziar cláusula de reserva jurisdicional.

Vejamos.

(a) Art. 13-A, *caput*, do CPP (incluído pela Lei nº 13.344/2016). De conformidade com este dispositivo, o membro do Ministério Público ou o delegado de polícia poderá requisitar, de quaisquer órgãos do poder público ou de empresas da iniciativa privada, dados e informações cadastrais da vítima ou de suspeitos. O parágrafo único desse artigo preconiza que a requisição, que será atendida no prazo de vinte e quatro horas, conterá, o nome da autoridade requisitante, o número do inquérito policial e a identificação da unidade de polícia judiciária responsável pela investigação. Como se depreende, esse autorizativo legal pode envolver dados protegidos por sigilo constitucional com reserva de jurisdição. Caso isso possa acontecer, o delegado de polícia ou o Ministério Público deverá pleitear ao juiz o acesso aos dados ou às informações, observados os incisos XII, XIV e XXXIII, do art. 5º, da CF/1988, e outros diplomas legais que delimitam o afastamento de sigilo sobre dados e informações cadastrais.

(b) Art. 13-B, *caput*, do CPP (incluído pela Lei nº 13.344/2016). Tal enunciado dita que "se necessário à prevenção e à repressão dos crimes relacionados ao tráfico de pessoas, o membro do Ministério Público ou o delegado de polícia poderão requisitar, mediante autorização judicial, às empresas prestadoras de serviço de telecomunicações e/ou telemática que disponibilizem imediatamente os meios técnicos adequados – como sinais, informações e outros – que permitam a localização da vítima ou dos suspeitos do delito em curso"[292]. Sobre os dados sob responsabilidade de provedores de *internet* e análogos, o sigilo somente deve ser afastado judicialmente, na forma estatuída na Lei nº 12.965/2014, consoante comentamos no item 2.11.1.9, deste capítulo, visto adiante. Entendemos, aliás, ser inconstitucional o § 4º, do art. 13-B, incluído no CPP, que reza que se não houver manifestação judicial no prazo de doze horas, "a autoridade competente requisitará às empresas prestadoras de serviço de telecomunicações e/ou telemática que disponibilizem imediatamente os meios técnicos adequados – como sinais, informações e outros – que permitam a localização da vítima ou dos suspeitos do delito em curso, com imediata comunicação ao juiz". Isso porque, no ponto, a cláusula de reserva de jurisdição é expressa no inciso XII, do art. 5º, da CF/1988. Pensamos ser desproporcional e inconcebível a autorização da fixação de poder de afastamento do sigilo em degraus (primeiro o juiz e depois o MP ou autoridade policial). A previsão, em outras palavras, afasta, por via legal, a garantia constitucional do sigilo das comunicações telefônicas e de dados nas investigações dos crimes que menciona.

2.11.1.8.3. **Sigilo fiscal**:

É garantia constitucional decorrente do dever que sujeita a fazenda pública, através de seus funcionários, de não permitir que os dados dos contribuintes que estejam em seu

292. Os parágrafos do art. 13-B, CPP, complementam: " § 1º Para os efeitos deste artigo, sinal significa posicionamento da estação de cobertura, setorização e intensidade de radiofrequência. § 2º Na hipótese de que trata o *caput*, o sinal: I – não permitirá acesso ao conteúdo da comunicação de qualquer natureza, que dependerá de autorização judicial, conforme disposto em lei; II – deverá ser fornecido pela prestadora de telefonia móvel celular por período não superior a 30 (trinta) dias, renovável por uma única vez, por igual período; III – para períodos superiores àquele de que trata o inciso II, será necessária a apresentação de ordem judicial".

poder sejam destinados a fins diversos daqueles próprios da administração tributária[293]. O art. 198, do Código Tributário Nacional, estabelece o conceito de sigilo fiscal e trata de suas mitigações, enfatizando que deve se dar por ordem judicial ou solicitações de autoridade administrativa no interesse da administração pública;

2.11.1.8.4. **Sigilo bancário**:

Trata-se de garantia individual que impõe aos bancos e aos seus funcionários o dever de não destinar as informações bancárias que estão em seu poder para fins diversos de sua atividade bancária. Abrange movimentações de conta corrente, de poupança, que digam respeito à situação econômica dos clientes[294]. Existem conceitos mais amplos e mais restritos de sigilo bancário. Será mais amplo quando alcançar não só as informações contratuais, mas também as pré-contratuais e os dados cadastrais. Será mais restrito quando disser respeito às movimentações bancárias propriamente ditas. A tendência atual é a de considerar, para fins da proteção constitucional, o sigilo bancário em sua ótica mais estreita, não alcançando os dados cadastrais, que estaria regido pelas regras de proteção de dados e não pela de sigilo bancário.

2.11.1.8.5. **Sigilo financeiro**:

Consiste na garantia constitucional que protege dados patrimoniais que estão no poder de instituições financeiras (não só os bancos em sentido estrito, mas todas as pessoas jurídicas indicadas no art. 1º, § 1º, da Lei Complementar nº 105/2001), importando no dever destas e de seus funcionários de não permitir a quebra do segredo sobre a situação econômica de cartões de créditos, debêntures e aplicações em geral. De tal sorte, estão sujeitos ao dever de sigilo financeiro não só os bancos (o conceito de sigilo financeiro é mais amplo que o de sigilo bancário e, de outra banda, pode ser visto tanto em seu sentido amplo, como em seu sentido estrito, tal qual este último), como também o Banco Central do Brasil, a Comissão de Valores Imobiliários, administradora de cartões de crédito e instituições de *factoring*[295].

O entendimento do STF era o de que não poderia ocorrer a quebra do sigilo fiscal com base no art. 8º, da Lei nº 8.021/1990, haja vista que seria matéria afeta à legislação complementar e que foi autorizada indevidamente por lei ordinária, pelo que ainda vigorava o art. 38, § 1º, da Lei nº 4.595/1964, que foi recepcionada pela Constituição de 1988, com *status* de lei complementar, e que previa expressamente que tal autorização deveria ser dada pelo Poder Judiciário[296].

2.11.1.8.6. **Sigilo e compartilhamento de informações**

O sigilo fiscal (tributário), o bancário e o financeiro podem ser objeto de afastamento, para fins de investigação criminal, por ordem judicial. Para tanto, devem ser seguidas as disposições constitucionais e legais. Caso contrário, o resultado obtido a partir das

293. VELASQUES, Renato Vinhas. Quebra de sigilo bancário. *Revista do Ministério Público do Rio Grande do Sul*, Porto Alegre, nº 48, 2002.

294. MOTA, Luig Almeida. *Quebra dos sigilos fiscal, bancário e financeiro*. Disponível em; <http://jus.com.br/artigos/24547/quebra-dos-sigilos-fiscal-bancario-e-financeiro#ixzz2yQNPPrjH>. Acesso em: 10/04/2014.

295. MOTA, Luig Almeida. *Quebra dos sigilos fiscal, bancário e financeiro*. Disponível em; <http://jus.com.br/artigos/24547/quebra-dos-sigilos-fiscal-bancario-e-financeiro#ixzz2yQNPPrjH>. Acesso em: 10/04/2014.

296. STF – Decisão Monocrática – ED-AgR-ED-RE 601.341/RS – Rel. Min. Dias Toffoli. Data: 2/10/2012.

informações acessadas constituirá prova ilícita. Além do afastamento do sigilo, pode haver **compartilhamento de informações** entre órgãos e pessoas jurídicas albergadas em lei. No ponto, há divergências em torno da necessidade de decisão judicial para que, por exemplo, a Administração Pública (Fisco) compartilhe informação acerca de suspeita de crime, diretamente (sem ordem judicial), ao Ministério Público.

Apesar de ser constatada posição majoritária no sentido de admitir, de forma um tanto ampla, o compartilhamento de informações entre diversos órgãos, conforme se vê em decisões tomadas pelo STF e pelo STJ, reputamos necessária uma melhor regulamentação para fins de controle da atividade investigativa. O tema envolve o sensível ponto da denominada cláusula especial de reserva jurisdicional, com vistas a tutelar o direito ao sigilo.

Comecemos pelo exame das atividades do COAF.

A Lei nº 9.613/1998 (art. 14 e seguintes) criou, no âmbito do Ministério da Fazenda, o Conselho de Controle de Atividades Financeiras – COAF, com a finalidade de disciplinar, aplicar penas administrativas, receber, examinar e identificar as ocorrências suspeitas de atividades ilícitas relativas a delitos de lavagem de dinheiro, sem prejuízo da competência de outros órgãos e entidades. Dentre as atribuições do COAF, consta a coordenação e a propositura de mecanismos de cooperação e de troca de informações que viabilizem ações rápidas e eficientes no combate à ocultação ou à dissimulação de bens, direitos e valores.

O órgão pode ainda requerer aos órgãos da Administração Pública as informações cadastrais bancárias e financeiras de pessoas envolvidas em atividades suspeitas, devendo comunicar às autoridades competentes para a instauração dos procedimentos cabíveis, quando concluir pela existência de crimes previstos na referida lei de branqueamento de capitais, bem como de fundados indícios de sua prática, ou de qualquer outro ilícito. Como se depreende, as atribuições do COAF mitigam a tese de que a quebra de sigilo bancário estaria submetida à cláusula de reserva de jurisdição.

As medidas excepcionais de comunicação de operações suspeitas ao COAF são justificadas em razão dos *modus operandi* cada vez mais sutis para o cometimento de infrações penais de lavagem de dinheiro. São meios que podem ser explicados por meio de argumentos semelhantes às excludentes de ilicitude, que afastam a antijuridicidade em razão da necessidade imediata de uma ação de defesa da vítima. A propósito, aduz Kai Ambos que:

> [...] hoje constitui um dado adquirido da vida econômica de qualquer país, aliás cada vez mais intensamente potencializado pelo uso da informática, o de que a mobilidade de capitais representa a contribuição em relação à qual não se pode prescindir da pena. O problema em relação a isso exsurge, fundamentalmente, nos casos da moderna e sofisticada criminalidade transnacional, posto que tais atividades criminosas geram grandes somas de dinheiro, de forma que as organizações criminosas necessitam encontrar uma via para utilizar os fundos sem despertar suspeitas quanto à origem ilícita dos mesmos. Em consequência disso, verifica-se que uma das grandes ameaças da atualidade aos Estados constitui, indubitavelmente, a lavagem de dinheiro, face à súbita migração de capitais, decorrente do processo de lavagem, de maneira que o combate a esta tem provocado um enorme esforço internacional de cooperação.[297]

297. AMBOS, Kai. *Lavagem de dinheiro e direito penal*. Tradução: Pablo Rodrigo Alflen da Silva. Porto Alegre: Sergio Antonio Fabris, 2007. p. 44.

A questão de se saber se a quebra de sigilo nesses casos está submetida à cláusula de reserva de jurisdição foi objeto de intenso debate, inclusive no STF, dada a falta de precisão do art. 1º, da Lei Complementar nº 105/2001 quanto ao sujeito ativo competente para decretá-la. Essa observação, inobstante em outro contexto, foi apontada por Álisson dos Santos Cappellari:

> Ainda se busca na legislação nacional um conceito definitivo do que seria o alcance do chamado Sistema Financeiro Nacional. O que há são normas legais esparsas e sobrepostas, resultantes do reexame de outras pré-existentes, que não visam definir a discussão, dificultando muito a sua correta aplicação pelos operadores do Direito. As tentativas legislativas de controle do Estado e, sobretudo, na obtenção de informações acerca da movimentação financeira de sujeitos passivos de investigações administrativas se mostram praticamente inócuas.[298]

Dirimindo a questão, o STF, por maioria, julgou improcedentes os pedidos de ações diretas de inconstitucionalidades movidas contra, notadamente, dispositivos da Lei Complementar nº 105/2001 (que dispõe sobre o sigilo de operações financeiras) e da Lei Complementar 104/2001 (que alterou o Código Tributário Nacional, para admitir o compartilhamento de informações sigilosas entre órgãos da administração pública, para fins penais e de inscrição em dívida ativa tributária). As ações sustentavam a necessidade de ordem judicial para o afastamento dos sigilos bancário, financeiro e tributário[299].

Ao dispensar ordem judicial para o denominado "compartilhamento de informações" entre órgãos da Administração pública, limitando o âmbito de incidência do art. 5º, XII, da Constituição Federal, o STF ampliou possibilidade de investigação preliminar, inclusive sem notícia-crime prévia, indicando a subsistência de um sistema regido pela presunção de culpa, contrário ao estado de inocência.

Entendeu a Suprema Corte que, no caso, não haveria "quebra de sigilo", vedada, mas "transferência de sigilo" dos bancos à Administração Pública (Fisco), regida pela mais estrita legalidade. Por outro lado, estaria compatibilizada a relação entre o dever fundamental de pagar tributos e o dever da Administração de fiscalizar tributos, em compasso com os compromissos assumidos pelo Brasil internacionalmente. Ao lado da regulamentação, por decreto, do proceder da União para compartilhamento de dados sigilosos, estados-membros e municípios, para que possam se valer da transferência de dados sigilosos, devem, conforme a decisão referida, conter regramento análogo ao Decreto nº 3.724/2001, observando como parâmetros, a necessidade de:

(a) pertinência temática entre a obtenção das informações bancárias e o tributo objeto de cobrança no procedimento administrativo instaurado;

(b) prévia notificação do contribuinte quanto à instauração do processo e a todos os demais atos, garantido o mais amplo acesso do contribuinte aos autos, permitindo-lhe tirar cópias, não apenas de documentos, mas também de decisões;

(c) sujeição do pedido de acesso a um superior hierárquico;

298. CAPPELLARI, Álisson dos Santos. *Controle penal das movimentações financeiras*: dever de informar *versus* direito à privacidade. Porto Alegre, Sergio Antonio Fabris, 2013. p. 173.

299. STF. Informativos nº 814 e 815, de fevereiro de 2016 (Pleno – ADIs 2386/DF, 2390/DF, 2397/DF e 2897/DF).

(d) existência de sistemas eletrônicos de segurança que fossem certificados e com o registro de acesso; e

(e) estabelecimento de mecanismos efetivos de apuração e correção de desvios.

Ficaram vencidos os Ministros Celso de Mello e Marco Aurélio, que conferiam interpretação conforme a Constituição aos enunciados impugnados pelas ações, para alijar a possibilidade de acesso direto aos dados bancários pelos órgãos públicos, vedado inclusive o denominado "compartilhamento de informações". Consoante expuseram, tal compartilhamento só deveria ser admissível depois de consideradas as finalidades previstas na cláusula final do inciso XII do art. 5º da CF/1988, para fins de investigação criminal ou instrução criminal. Para tanto, a decretação de afastamento do sigilo bancário ou financeiro dependeria de ordem judicial, sem o que não deveria ser admissível que a instituição financeira forneça à Administração Tributária, ao Ministério Público, à Polícia Judiciária ou ao Tribunal de Constas da União, informações sob os sigilos aludidos.

Entendemos que assiste razão à posição vencida. Não parece haver diferença substancial entre "quebra de sigilo" e "compartilhamento de informações", ainda que tal ocorra no âmbito de órgãos da própria Administração Pública e que o órgão receptor da informação seja obrigado a não a divulgar. Em outros termos, o "compartilhamento de informações" se constitui no método retórico para restringir, sem ordem judicial, o direito ao sigilo bancário e financeiro, inclusive sem impor persecução penal. Sob outro prisma, a decisão indica a supressão de qualquer limite ao exercício do poder de fiscalização tributária da Administração Pública, permitindo acesso facilitado àqueles dados para fins de inscrição na dívida ativa. A existência de decreto para regular um procedimento administrativo indica dissonância com o postulado que exige que sua atividade fiscal seja estreitamente vinculada à lei.

No âmbito dos tribunais, a questão parece estar longe de pacificação. A Sexta Turma, do STJ, denegou *habeas corpus*, considerando ser "possível a utilização de dados obtidos pela Secretaria da Receita Federal, em regular procedimento administrativo fiscal, para fins de instrução processual penal", afirmando seguir o que deliberado pelo STF no julgado transcrito acima[300].

Seguindo essa linha, a Quinta Turma, do STJ, por maioria, decidiu pela licitude do "compartilhamento promovido pela Receita Federal dos dados bancários por ela obtidos a partir de permissivo legal, com a Polícia e com o Ministério Público, ao término do procedimento administrativo fiscal, quando verificada a prática, em tese, de infração penal". Como se infere, tal controvérsia envolve o afastamento da "cláusula de reserva de jurisdição", isto é, dispensa de ordem judicial para que a Receita Federal – ciente de indícios de infração penal – compartilhe informações com o Ministério Público e com a Polícia, para fins de aparelhamento de persecução penal estatal[301].

Entretanto, a mesma Quinta Turma, do Superior Tribunal de Justiça, havia dito, em outra ocasião, que os dados sigilosos obtidos diretamente pela Secretaria da Receita Federal

300. STJ – Sexta Turma – HC 422.473-SP, Rel. Min. Sebastião Reis Júnior, por unanimidade, julgado em 20/03/2018, DJe 27/03/2018 – Informativo nº 623, de 4 de maio de 2018 (o julgado referido é o exarado nos autos do RE 601.314-SP).

301. STJ – Quinta Turma – AgRg no REsp 1.601.127-SP, Rel. Min. Ribeiro Dantas, Rel. Acd. Min. Felix Fischer, por maioria, julgado em 20/09/2018, DJe 26/09/2018.

do Brasil não poderiam ser por ela repassados ao Ministério Público ou à autoridade policial, para uso em ação penal, sem que houvesse prévia autorização judicial. Naquele julgamento, afirmou seguir orientação firmada pelo STF quando do exame do *Habeas Corpus* n° 125.218/RS, sublinhando que a obtenção daqueles dados sigilosos, sem precedência de decisão judicial, estaria ferindo o princípio constitucional da reserva de jurisdição. Na ementa do acórdão, ficou destacado que, em se verificando que "a materialidade do crime tributário tem por base a utilização, para fins penais, de dados sigilosos obtidos diretamente pela Receita Federal, sem a imprescindível autorização judicial prévia, tem-se a nulidade da prova que embasa a acusação", bem como que "a nulidade da prova inicial, obtida por meio da quebra do sigilo bancário sem autorização judicial, a qual deu ensejo à denúncia, acaba por contaminar a toda ação penal"[302].

Por derradeiro, os dados obtidos por intermédio da "quebra dos sigilos bancário, telefônico e fiscal devem ser mantidos sob reserva", isto é, o acesso a eles somente poderá ocorrer conforme autorizativo legal ou judicial. Sob a égide desse entendimento, o Plenário do STF concedeu mandado de segurança para determinar ao Senado Federal que retire de sua página na Internet os dados obtidos por meio da quebra de sigilo determinada por comissão parlamentar de inquérito (CPI)"[303].

2.11.1.9. Sigilo de dados e sigilo do fluxo de comunicações através do uso da Internet – Lei nº 12.965/2014

Sufragando as distinções que apontamos entre sigilo de comunicações por intermédio de recursos telemáticos e sigilo de dados (registros), a Lei nº 12.965/2014 trouxe disciplina sobre princípios, garantias, direitos e deveres para o uso da *Internet* no Brasil. Embora não seja tarefa típica do legislador conceituar, pode a lei desenvolver esse papel quando se está diante de matéria técnica, como na hipótese (Lei Complementar 95/1998).

Dentre os fundamentos que sustentam o uso da *Internet* e que justificam o regramento, temos os direitos humanos, o desenvolvimento da personalidade e o exercício da cidadania em meios digitais. Garante-se a concreção de vários princípios, desde a liberdade de expressão, comunicação e manifestação de pensamento até a proteção da privacidade e dos dados pessoais. Aliás, o art. 7º, do novo diploma legal, destaca como direitos dos usuários, notadamente:

(1) inviolabilidade da intimidade e da vida privada, sua proteção e indenização pelo dano material ou moral decorrente de sua violação;

(2) inviolabilidade e sigilo do fluxo de suas comunicações pela *Internet*, salvo por ordem judicial, na forma da lei;

302. STJ – Quinta Turma HC 77.238/PR – 2016/0271303-0 – Rel. Min. Reynaldo Soares da Fonseca – j. 27/2/2018. A Turma considerou, ademais, ter ficado registrado, quando do julgamento, pelo Supremo Tribunal Federal, do Recurso Extraordinário n° 601.314/SP – cuja repercussão geral foi reconhecida -, "que o 'art. 6º da Lei Complementar 105/01 não ofende o direito ao sigilo bancário, pois realiza a igualdade em relação aos cidadãos, por meio do princípio da capacidade contributiva, bem como estabelece requisitos objetivos e o translado do dever de sigilo da esfera bancária para a fiscal'".

303. STF – Pleno – MS 25940 – Rel. Min. Marco Aurélio – Julgamento em 26.4.2018 – Informativo n° 899, 23 a 27 de abril de 2018.

(3) inviolabilidade e sigilo de suas comunicações privadas armazenadas, salvo por ordem judicial.

A Lei nº 12.965/2014 haure a garantia do direito à privacidade e à liberdade de expressão nas comunicações como condição para o pleno exercício do direito de acesso à Internet (art. 8º), declarando nulas de pleno direito cláusulas que violem o sigilo das comunicações.

De tal sorte, delimita os contornos da proteção aos registros, aos dados pessoais e às comunicações privadas. Note-se que "registros" e "dados pessoais" são, em sentido amplo, "dados", não se submetendo aos ditames da Lei nº 9.296/1996. Já o ponto que alude às "comunicações privadas" se enquadram nas regras da Lei de Interceptação Telefônica, pelo que o afastamento de seu sigilo é regido por cânones mais exigentes.

Seguindo essas diretrizes, o art. 10, da Lei nº 12.695/2014, averba que a guarda e a disponibilização dos registros de conexão e de acesso a aplicações de *Internet* de que ela trata, bem como de dados pessoais e do conteúdo de comunicações privadas, devem atender à preservação da intimidade, da vida privada, da honra e da imagem das partes direta ou indiretamente envolvidas.

De tal modo, o provedor responsável pela guarda somente será obrigado a disponibilizar tais registros, de forma autônoma ou associados a dados pessoais ou a outras informações que possam contribuir para a identificação do usuário ou do terminal, mediante ordem judicial, de acordo com as normas que regem a espécie.

Também o conteúdo das comunicações privadas somente poderá ser disponibilizado mediante ordem judicial, nas hipóteses e na forma que a lei estabelecer, respeitado os direitos envolvidos. É de ver que tais disposições não impedem o acesso aos dados cadastrais que informem qualificação pessoal, filiação e endereço, na forma da lei, pelas autoridades administrativas que detenham competência legal para a sua requisição.

Note-se que as autoridades administrativas referidas precisam ter autorização legal para acessar os dados diretamente. Vale frisar que não podem "interceptar" comunicações. O que alguns diplomas legais autorizam – a exemplo dos artigos 15 e 17, da Lei nº 12.850/2013 – é que possam requisitar ou ter acesso diretamente aos dados ou registros (não às comunicações).

De toda sorte, para assegurar o cumprimento da legislação brasileira atinente à coleta, à guarda, ao armazenamento ou ao tratamento de dados – com respeito à privacidade e ao sigilo de comunicações – devem os provedores de conexão e de aplicações de *Internet* deverão prestar, na forma de regulamentação por meio de decreto, informações que permitam a verificação do atendimento das finalidades legais.

Ao magistrado competente caberá, em arremate, tomar as providências necessárias à garantia do sigilo das informações recebidas e à preservação da intimidade, da vida privada, da honra e da imagem do usuário. Pode o juiz, mormente, determinar segredo de justiça, inclusive quanto aos pedidos de guarda de registro.

2.11.2. Iniciativa

O procedimento para interceptação de comunicações telefônicas (em sentido amplo) deve ser inaugurado, em autos apartados:

(**1**) durante a investigação preliminar (investigação criminal, inquérito policial):

(**a**) por requerimento do Ministério Público dirigido à autoridade judiciária competente;

(**b**) por representação da autoridade policial, também endereçada ao juiz competente, que ouvirá, necessária e previamente, o Ministério Público, que detém a ***opinio delicti***;

(**2**) durante o processo penal (para a instrução criminal):

(**a**) por requerimento do representante do Ministério Público;

(**b**) de ofício pelo juiz (poder supletivo à atuação das partes), mediante decisão fundamentada.

Quanto à parte do dispositivo do art. 3º, da Lei nº 9.296/1996, que autoriza a interpretação de que possa o juiz decretar de ofício a interceptação telefônica na fase da investigação preliminar, foi ajuizada, pelo Procurador-Geral da República, a Ação Direta de Inconstitucionalidade 3450. Nesta ação, que se encontra pendente de julgamento no STF, pede-se que seja declarada a inconstitucionalidade parcial, sem redução de texto, do art. 3º, da Lei Federal nº 9.296, de 24 de julho de 1996, para se ver excluída interpretação que permita ao juiz, na fase pré-processual penal, determinar de ofício a interceptação de comunicações telefônicas.

Não obstante não haja previsão de que o ofendido representado por advogado (na fase da investigação preliminar), o querelante (durante a ação penal privada) ou o assistente da acusação (durante a ação penal pública) possam requerer interceptação telefônica, entendemos, conforme a maioria da doutrina, pela possibilidade do pleito ser formulado por esses, afinal eles também têm direito a produzir prova (art. 271, CPP), seja como titular futuro ou atual de ação penal, seja como parte ***coadjuvandum*** quando o titular é o Ministério Público.

A regra é que a interceptação telefônica seja determinada por autoridade judiciária criminal. No entanto, há precedente do STJ admitindo, excepcionalmente, a validade da prova obtida através de interceptação telefônica deferida no bojo de processo de natureza civil, cujo conteúdo se referia à conduta de subtração de incapazes, que também seria crime tipificado no art. 237, do Estatuto da Criança e do Adolescente[304].

Nessa linha de raciocínio, pensamos ser válida a interceptação telefônica deferida nos autos de procedimento para apuração de ato infracional, correspondente à infração penal punida com reclusão. Embora se cuide de processo cível, o seu conteúdo é coincidente com o de investigação criminal ou de processo penal, pelo que deve ser admitida a prova.

304. STJ – Terceira Turma – HC 203.405/MS, Rel. Ministro Sidnei Beneti, Terceira Turma, julgado em 28/06/2011, DJe 01/07/2011.

2.11.3. Limites à interceptação de comunicações telefônicas

O pedido de interceptação telefônica há de ser fundamentado de forma a evidenciar o ***fumus comissi delicti*** (existência do crime ou de elementos aptos a formar convicção do juiz nesse sentido, bem como indícios razoáveis de autoria de autoria ou de participação) e o ***periculum in mora*** (a providência restritiva deve estar justificada como ***ultima ratio***, demonstração de que a providência é urgente por ser necessária à investigação e de que é indispensável o seu deferimento).

A petição inicial da medida deve descrever com clareza a situação objeto da investigação, inclusive com a indicação e qualificação dos investigados. Caso haja impossibilidade manifesta de se qualificar os investigados, o órgão requerente deve justificar de maneira suficiente.

Constatada, pelo juiz, ser a hipótese de interceptação telefônica ou de interceptações que sejam abrangidas pela incidência da Lei nº 9.296/1996, devem ser observadas as restrições legais. Não será admitida a interceptação de comunicações telefônicas, ou seja, deverá ser indeferido o requerimento do ***Parquet*** ou a representação do delegado de polícia quando o juiz estiver diante das seguintes hipóteses, cumulada ou isoladamente:

(1) inexistência de indícios razoáveis da autoria ou da participação em infração penal: o pleito para a interceptação de comunicação telefônica necessita ser acompanhada de um suporte mínimo de elementos de informação. O legislador exigiu a presença de "indícios razoáveis", isto é, que guardem compatibilidade entre si e que justifiquem a restrição ao direito fundamental do sigilo previsto no art. 5º, inciso XII, da CF. Note-se que a legislação faz menção a "indícios razoáveis" de autoria e de participação, não fazendo alusão à convicção sobre a materialidade do delito. Daí afirmarem, como regra, que não há necessidade de demonstração de materialidade do crime para deferimento da interceptação telefônica. No entanto, é intuitivo, a partir da dicção do art. 2º, inciso I, da Lei nº 9.296/1996, a imposição de que a existência do crime seja evidenciada, com prova bastante, porquanto se fala em indícios razoáveis de autoria ou de participação "em infração penal". Afinal, seria desproporcional medida cautelar restritiva como a interceptação telefônica baseada em meras conjecturas a respeito da materialidade do crime. Vedada, portanto, a chamada **interceptação de prospecção**, entendida como a que não se relaciona com qualquer infração penal, isto é, aquela deferida sem base empírica, sem indícios. Nessa senda, pode se dizer que não cabe interceptação telefônica baseada somente em "delação anônima" ou "apócrifa"[305];

(2) a prova puder ser obtida por outros meios disponíveis: a interceptação telefônica é medida excepcional, **subsidiária**. Trata-se de forte violação do direito ao sigilo, à intimidade e à vida privada. Daí que, para que haja a restrição (afinal, nenhum direito é absoluto), deve ser demonstrado juízo de proporcionalidade (necessidade, adequação e proporcionalidade em sentido estrito), isto é, sendo possível alcançar o mesmo resultado por meio menos gravoso ao investigado, a interceptação deve ser indeferida, evitando sua banalização;

(3) o fato investigado constituir infração penal punida, no máximo, com pena de detenção: para ser deferida a interceptação de comunicações telefônicas, o crime há de ser punido com pena de reclusão. Trata-se de critério qualitativo adotado pelo legislador para, objetivamente, excluir do âmbito da Lei nº 9.296/1996 delitos de menor gravidade.

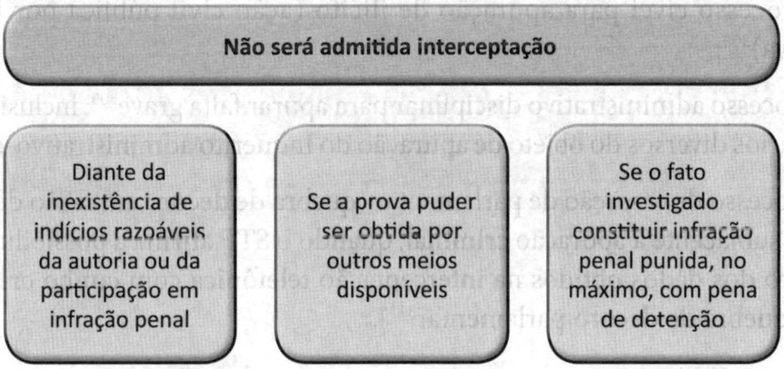

O artigo 5º, inciso XII, da Constituição Federal, é expresso a limitar a interceptação telefônica conforme critério teleológico. A sua finalidade é a de aparelhar investigação

305. Nestor Santiago e Daniela Costa, relacionando a interceptação prospectiva e o problema do encontro fortuito de provas, advertem que se deve evitar a utilização em prospecção de elementos de informação descobertos casualmente. Cabe dizer, devem ser alijados os "elementos de informação fortuitamente obtidos pela interceptação telefônica autorizada pelo Poder Judiciário que não tenham qualquer correlação com o objeto da investigação ou com as pessoas envolvidas, justamente porque desapareceria o liame probatório caracterizador da conexão e/ou da continência" (SANTIAGO, Nestor Eduardo Araruna; COSTA, Daniela Karine de Araújo. O sigilo das comunicações e o encontro fortuito de provas: uma análise principiológico-constitucional. *Proibições probatórias no processo penal*: análise do direito brasileiro, do direito estrangeiro e do direito internacional. Nestor Eduardo Araruna Santiago (org.). Brasília: Gazeta Jurídica, 2013. p.165).

criminal ou instrução processual penal: a interceptação telefônica pode servir a uma persecução penal já existente ou a uma que está, provavelmente, por vir.

Em outros termos, mesmo que não haja ainda inquérito policial formalmente instaurado, o magistrado pode autorizar interceptação telefônica, desde que presentes os requisitos impostos pela Lei nº 9.296/1996.

Nesse sentido, tanto o STF[306] quanto o STJ[307] admitem a prova decorrente de interceptação telefônica sem inquérito policial instaurado (diligências preliminares à instauração do inquérito, devendo, naturalmente, haver a presença dos pressupostos que autorizam a medida).

Malgrado a CF enfatize que a interceptação deva ter o fito penal, a jurisprudência do STF e do STJ distingue:

(a) a interceptação telefônica não pode ser deferida, ou seja, não pode o juiz autorizar interceptação telefônica para:

(a.1) apurar crime apenado com pena diversa da de reclusão, na forma da Lei nº 9.296/1996;

(a.2) apurar ilícito cível ou administrativo, eis que a interceptação deve ser fundada em fim criminal;

(b) o resultado da interceptação (escritos e áudios obtidos para fins de investigação penal), obtido quando da investigação criminal ou do processo penal, pode servir para instruir fato conexo apenado com detenção, bem como a título de prova emprestada a processos não criminais, tais como:

(b.1) processo cível para apuração de ilícito (ação civil pública por improbidade administrativa)[308];

(b.2) processo administrativo disciplinar para apurar falta grave[309], inclusive contra outros funcionários diversos do objeto de apuração do inquérito administrativo-disciplinar[310];

(b.3) processo de cassação de parlamentar (quebra de decoro em razão de ilícito ético-profissional subjacente à apuração criminal, quando o STF afirma a possibilidade de compartilhamento dos dados obtidos na interceptação telefônica com cunho criminal àquele processo de quebra de decoro parlamentar[311]).

2.11.4. Procedimento e requisitos ao deferimento da medida

O pedido ou representação para a interceptação de comunicação telefônica deverá conter a demonstração:

306. STF – Segunda Turma – RHC 106012 – Rel. Min. Gilmar Mendes – DJe 14/08/2013.
307. STJ – Sexta Turma – HC 154.588/PR – Rel. Min. Sebastião Reis Júnior – DJe 04/09/2013
308. STF – Decisão Monocrática – AI 769094 – Rel. Min. Cármen Lúcia – DJe 24/11/2009; STF – Segunda Turma – AgRg no AREsp 282.650/ES – Rel. Min. Humberto Martins – DJe 16/05/2013.
309. STJ – Terceira Seção – MS 14.504/DF – Rel. Min. Jorge Mussi – DJe 20/08/2013.
310. STF – Segunda Turma – HC 102293 – Rel. Min. Ayres Britto – DJe 19/12/2011; STF – Tribunal Pleno – Pet 3683 QO – Rel. Min. Cezar Peluso – DJe 20/02/2009.
311. STF – Tribunal Pleno – Inq 2725 QO – Rel. Carlos Britto – DJe 26/09/2008.

(1) do ***fumus comissi delicti***: indícios razoáveis de autoria ou de participação em infração penal punida, em abstrato, com pena de reclusão;

(2) do ***periculum in mora***: necessidade de sua realização para a apuração da infração penal e impossibilidade de obtenção de prova que não seja através da interceptação.

O pleito, em regra, deve ser por escrito, com os requisitos essenciais de petição inicial de medida cautelar. O Ministério Público ou a autoridade policial deve evidenciar que a sua realização é necessária à apuração da infração penal, com a indicação dos meios a serem empregados, isto é, com a descrição circunstanciada dos números telefônicos e outros dados para a identificação do meio sobre o qual recairá a interceptação.

O sigilo é assegurado pela disposição do art. 8º, *caput*, da Lei de Interceptação Telefônica. A providência prática prevista é a da necessidade de se preservar o segredo das diligências, gravações e transcrições respectivas, determinando-se que corram em autos apartados e separados do inquérito ou do processo penal enquanto estiver sendo interceptado o investigado.

No âmbito do CNJ, foi editada a Resolução nº 59/2008, que estabelece como deve ser processado o incidente de interceptação telefônica, enfatizando, dentre ouras regras, as indispensáveis para a proteção do segredo e, de conseguinte, para a eficácia do incidente, notadamente que:

(1) os pedidos de interceptação de comunicação telefônica, telemática ou de informática, formulados em sede de investigação criminal e em instrução processual penal, sejam encaminhados à distribuição em envelope lacrado contendo o pedido e documentos necessários (art. 2º, da Resolução);

(2) na parte exterior do primeiro envelope, seja colada folha de rosto contendo: **(a)** a informação de que se trata de "medida cautelar sigilosa"; **(b)** a delegacia de origem ou órgão do Ministério Público; **(c)** a comarca de origem da medida (art. 3º, da Resolução).

(3) a proibição da indicação do nome do requerido, da natureza da medida ou qualquer outra anotação na folha de rosto referida (art. 4º, da Resolução);

(4) os cuidados para a abertura do segundo envelope de identificação, viabilizando o cadastro de dados no sistema que não permita a identificação da diligência e dos investigados, com o encaminhamento direto e imediato ao juízo competente com o envelope do requerimento lacrado (artigos 5º ao 9º, da Resolução).

Se o início do procedimento se der por intermédio de representação do delegado de polícia, o juiz, não o indeferindo liminarmente, abrirá vista ao Ministério Público, para se manifestar. Na omissão de prazo para o parecer do ***Parquet***, deve ser aplicado o § 2º, do art. 4º, da Lei nº 9.296/1996, assinando-se o prazo de 24 (vinte e quatro) horas. Entendemos que a anuência do Ministério Público é indispensável ao deferimento da interceptação, por ser ele o ***dominus litis*** em matéria penal.

O juiz poderá admitir, de forma excepcional, que o pedido seja feito verbalmente. De todo modo, deverá ficar demonstrada a presença dos pressupostos autorizadores interceptação. O pleito oral precisa ser reduzido à linguagem competente para ser conhecido, pelo que a lei determina como antecedente lógico, vale dizer, como condição ***sine qua non*** da concessão do pleito formulado oralmente que ele seja reduzido a termo.

Conclusos os autos de interceptação telefônica, o juiz decidirá, fundamentadamente, no prazo máximo de vinte e quatro horas. A decisão judicial fundamentada imposta pela Lei nº 9.296/1996, refere-se ao processo penal que apura a infração penal objeto das investigações. A fundamentação deve aludir aos pressupostos da lei de regência, bem como a decisão judicial deve respeitar as seguintes regras:

(a) deve a decisão emanar da autoridade judiciária competente, ou seja, do órgão judicial indicado por lei como o dotado do poder de emitir a ordem de interceptação telefônica. Disso decorrem outras ilações:

(a.1) o juiz que deferiu a interceptação não pode ser absolutamente incompetente para processar e julgar o fato objeto das investigações. Em outras palavras, não pode o juiz de direito de vara criminal comum autorizar interceptação telefônica em autos de inquérito policial que apura crime militar, quando tal circunstância é evidenciada, eis que o juiz de direito é absolutamente incompetente para julgar crime militar. A questão da competência do juízo deve ser aferida com cautela, em razão da possibilidade de só se perceber a incompetência em momento bem ulterior da persecução penal, quando a incompetência não é evidenciada de plano, nesse sentido o STJ averbou ser lícita a prova decorrente de interceptação telefônica deferida por juízo diverso do militar, quando não é clara a incompetência do juiz em razão da configuração de crime militar[312]. Com raciocínio análogo, porém reconhecendo a invalidade da prova, o STJ declarou a ilicitude de interceptação telefônica deferida por juízo estadual de plantão em razão de ser matéria afeta à Justiça Federal[313];

(a.2) a incompetência superveniente não invalida interceptação judicial deferida anteriormente a este fato, haja vista que ***tempus regit actum***. Havendo modificação de competência, as provas deferidas e as carreadas aos autos até ali com base em decisões que foram emanadas conforme a regra que outorgava competência ao órgão judicial, são válidas. Da mesma forma, caso a incompetência absoluta só se verifique após o desdobramento das apurações, não haverá invalidação da interceptação telefônica deferida segundo o critério que determinava a competência do juízo prolator da decisão à época. Nesse sentido, o STF[314];

(a.3) a prevenção é matéria afeta à incompetência relativa (territorial). O juiz se torna prevento para a ação penal a ser ajuizada quando decreta interceptação telefônica no curso de inquérito policial instaurado[315]. Caso a interceptação seja decretada em providências probatórias preliminares à instauração do inquérito[316], a regra é que, por si só, o juiz que deferiu a medida não se torne prevento[317]. Da mesma forma, juízes com competência funcional segundo o objeto do juízo, tal como aqueles que, por força de leis de organização judiciária, só atuem na fase do inquérito policial, falecendo-lhes competência para processar e julgar ação penal. De tal modo, não se tornam preventos. Como prevenção

312. STJ – Quinta Turma – HC 148.908/MS – Rel. Min. Laurita Vaz – DJe 04/05/2011.
313. STJ – Quinta Turma – HC 148.261/RS – Rel. Min. Laurita Vaz, Rel. p/ acórdão Min. Adilson Vieira Macabu (desemb. Convocado do TJ/RJ) – DJe 14/08/2012.
314. STF – Segunda Turma – HC 102293 – Rel. Min. Ayres Britto – DJe 19/12/2011.
315. STJ – Sexta Turma – HC 132.138/MT – Rel. Min. Sebastião Reis Júnior – DJe 02/04/2012; STF – Primeira Turma – HC 88214 – Rel. Min. Marco Aurélio, Rel. p/ acórdão Min. Menezes Direito – DJe 14/08/2009.
316. STF – Segunda Turma – RHC 106012 – Rel. Min. Gilmar Mendes – DJe 14/08/2013.
317. STF – Primeira Turma – RHC 62876 – Rel. Min. Sydney Sanches – DJ 26/08/1985.

é matéria atinente à competência relativa, não há invalidade da prova obtida a partir de interceptações autorizadas por aqueles juízes;

(a.4) o deferimento da interceptação e a aferição da competência da autoridade judiciária para fins de constatação da validade da prova devem considerar os elementos existentes à época do pedido. De tal forma, a formação do juízo quanto à competência da autoridade judiciária que deferiu a interceptação telefônica é, por assim dizer, *rebus sic stantibus*. Daí que não deve ser invalidada a prova se, por conta de elemento não conhecido quando do seu deferimento, for constatado supervenientemente que o magistrado que a deferiu não era de direito competente para julgar o mérito da demanda penal condenatória.

(b) quanto às Comissões Parlamentares de Inquérito, necessário distinguir:

(b.1) as Comissões Parlamentares de Inquérito, segundo o § 3º, do art. 58, da Constituição do Brasil, terão poderes de investigação próprios das autoridades judiciais[318];

(b.2) nos limites desses poderes (próprios, porém não "idênticos" aos dos juízes), as Comissões Parlamentares de Inquérito podem quebrar sigilo telefônico, consistente no poder de requisição de dados dos registros telefônicos às respectivas operadoras de telefonia (histórico de chamadas, duração, números telefônicos protagonistas das ligações)[319];

(b.3) as Comissões Parlamentares de Inquérito, diante da imposição de reserva jurisdicional qualificada do art. 5º, XII, da CF, não tem o poder de autorizar interceptação telefônica (princípio da reserva de jurisdição)[320]. Em outras palavras, a abrangência dos poderes das Comissões Parlamentares de Inquérito esbarra na garantia da cláusula de reserva de jurisdição qualificada e gizada no rol de direitos e garantias fundamentais, pelo que não pode CPI ter acesso direto às gravações e demais documentos que se refiram à interceptação telefônica e que estejam abarcados pelo sigilo protegido pela Constituição[321].

Contra a decisão que decide o incidente de interceptação, não cabe recurso específico. No entanto, caso seja indeferida, vislumbra-se a possibilidade de manejo do mandado de segurança pelo Ministério Público. O deferimento da interceptação, em tese, desafia recurso de *habeas corpus*, conquanto seja improvável enquanto perdure o sigilo da diligência.

Após a conclusão das diligências interceptadoras, haverá a apensação ao inquérito policial ou ao processo penal, conforme o caso. A Lei nº 9.296/1996 dispõe expressamente sobre o momento em que deve ocorrer tal apensação do incidente no parágrafo único, do seu art. 8º, que deve ser lido em conformidade com as alterações do CPP operadas pela Lei nº 11.719/2008:

---

318. Nos termos do art. 2º, da Lei nº 1.579/1952, alterado pela Lei nº 13.367/2016, "no exercício de suas atribuições, poderão as Comissões Parlamentares de Inquérito determinar diligências que reputarem necessárias e requerer a convocação de Ministros de Estado, tomar o depoimento de quaisquer autoridades federais, estaduais ou municipais, ouvir os indiciados, inquirir testemunhas sob compromisso, requisitar da administração pública direta, indireta ou fundacional informações e documentos, e transportar-se aos lugares onde se fizer mister a sua presença".

319. STF – Tribunal Pleno – MS 23652 – Rel. Min. Celso de Mello – DJ 16/02/2001.

320. Em compasso com Art. 3º-A, da Lei nº 1.579/1952, com redação da Lei nº 13.367/2016, "caberá ao presidente da Comissão Parlamentar de Inquérito, por deliberação desta, solicitar, em qualquer fase da investigação, ao juízo criminal competente medida cautelar necessária, quando se verificar a existência de indícios veementes da proveniência ilícita de bens".

321. STF – Tribunal Pleno – MS 27483 MC-REF – Rel. Min. Cezar Peluso – DJe 10/0/2008.

(1) tratando-se interceptação deferida no curso de inquérito policial: a apensação do incidente de interceptação telefônica deverá ocorrer imediatamente antes do momento da autoridade policial lançar seu relatório conclusivo;

(2) cuidando-se de processo penal instaurado: os autos do incidente serão juntados, conforme o momento em que tenha sido encerrada a interceptação: (**a**) depois de recebida a denúncia ou a queixa, com a ordem de citação do acusado para apresentar resposta preliminar à acusação; (**b**) após o encerramento da audiência de instrução e julgamento e antes das eventuais diligências e das alegações finais escritas ou orais.

2.11.5. Prazo e renovação da interceptação telefônica

Questão que despertou séria controvérsia foi a do limite do prazo para a eficácia da decisão que defere interceptação de comunicações telefônicas. A Lei nº 9.296/1996 é expressa ao dizer, em seu art. 5º, que:

(1) a decisão será fundamentada: em outros termos, a decisão deve conter motivos que justifiquem a medida excepcional, com a expressa menção aos requisitos legais que configuram o ***fumus comissi delicti*** e o ***periculum in mora***. A deficiência ou ausência de fundamentação é vício sancionável com nulidade absoluta;

(2) a parte dispositiva da decisão não pode ser genérica, devendo especificar a forma de execução da diligência, da forma mais precisa possível, indicando números de telefone, identificação de operadoras, de provedores de ***internet*** e/ou de computadores, bem como a tecnologia ou o sistema a ser utilizado na interceptação, tal como o uso do "Sistema Guardião" para interceptação simultânea de conversas telefônicas. A decisão judicial deve precisar a linha telefônica a ser interceptada, com a indicação do número correspondente, a fim de que a interceptação se circunscreva ao número ou aos números apontados ali[322]. Correta a observação. No entanto, o sistema guardião parece ir muito mais além, resvalando em prática de duvidosa constitucionalidade, notadamente diante da validade da prova que é obtida através de conhecimento fortuito de fato conexo (serendipidade). A possibilidade de interceptação simultânea, através do sistema guardião, de mais de dois mil telefones que, por acaso, tenham falado com o número original amplia demasiadamente a produção de uma prova que, em regra, deveria ser a *ultima ratio*. Priscilla Placha Sá denomina essa situação de "chave aberta", criticando o elevado número de deferimento de interceptações telefônicas no Brasil, se comparado esse quadro com outros países[323];

(3) o prazo previsto em lei para a duração da restrição de interceptação telefônica é de 15 (quinze) dias. A Lei nº 9.296/1996 prevê que esse prazo é renovável por igual tempo. Não há limite para sucessivas renovações no dispositivo legal. O texto diz que, para que haja renovação do prazo, é necessária a comprovação da indispensabilidade do meio de prova. Eis aqui o ponto da divergência.

A Suprema Corte enfrentou a questão e decidiu, por maioria de votos, que a possibilidade de renovação do prazo é ilimitada. Na prática, a decisão não impede que alguém

322. BRASILEIRO, Renato. *Curso de processo penal*: volume único. Niterói: Impetus, 2013. p. 739.

323. SÁ, Priscilla Placha. Sobre escutas telefônicas e sobre como Jack Bauer descobre os seus segredos. In: *O novo processo penal à luz da Constituição*: análise crítica de Projeto de Lei nº 156/2009, do Senado Federal. Jacinto Nelson de Miranda Coutinho; Luis Gustavo Grandinetti Castanho de Carvalho (orgs.). Rio de Janeiro: Lumen Juris, 2011. p. 87-88.

seja interceptado por muito mais tempo que os iniciais 15 (quinze) dias ordenados pela primeira decisão que defere a interceptação. A crítica que recai sobre o entendimento do STF é a de viabilizar investigações muito prolongadas em relação a determinada pessoa. Sustenta-se que a não definição de limite para o número de prorrogações finda por violar os fundamentos do Estado Democrático de Direito.

A jurisprudência do Supremo Tribunal Federal é reiterada sobre a possibilidade de renovação do prazo de autorização para a interceptação telefônica, ainda que sucessiva. Entende o STF, inclusive, que a autorização para interceptação telefônica por 30 (trinta) dias consecutivos é possível, eis que nada mais seria do que a soma dos períodos gizados na lei, isto é, 15 (quinze) dias, prorrogáveis por igual período, mormente quando no caso concreto existir maior número de investigado e complexidade decorrente de crime cometido por organização criminosa[324].

Há, no entanto, caso isolado, apreciado pelo STJ que, diante das sucessivas renovações de prazo de interceptação, sem limites, assentou ter ocorrido ofensa ao princípio da proporcionalidade, em face de período de interceptação que corria por mais de dois anos seguidos, sem justificativa para restringir a intimidade e a liberdade da pessoa investigada[325].

2.11.6. Condução da interceptação e acompanhamento pelo Ministério Público

Uma vez deferida a interceptação telefônica pela Justiça, a execução da medida é atribuição da polícia judiciária (civil ou federal). Via de regra, a polícia se vale de aparelho denominado "Guardião", que tem capacidade para gravar várias conversas telefônicas simultâneas. O "Sistema Guardião" tem a função de realizar monitoração de voz e dados, com recursos avançados de análise de áudio e identificação de locutores. Destina-se às investigações legais e, por ser flexível e modular, tem aptidão de ser dimensionado consoante às necessidades das investigações. O "Guardião" é dotado de tecnologia que permite acessar o sistema de qualquer local, de maneira segura.

Para a degravação, com registro escrito, pode ser necessário tradutor ou intérprete, notadamente quando a conversa registrar idioma diverso do brasileiro ou, ainda, quando os interlocutores conversem por meio de gírias, quando os registros serão acompanhados de parecer de analista. O órgão do Ministério Público e o órgão judicial destinatário das provas deve tomar as cautelas necessárias para se certificar acerca da fidedignidade da tradução, interpretação ou parecer para que a gravação possa servir como meio de prova ou fonte de prova.

Deferido o pedido, a autoridade policial é comunicada para que conduza os procedimentos de interceptação. O delegado de polícia diligenciará para cumprir os procedimentos necessários à interceptação, pelo que poderá requisitar serviços e técnicos especializados às concessionárias de serviço público. De tudo, o Ministério Público deve ser cientificado para que, querendo, possa acompanhar a sua realização de todo o procedimento, afinal, é ele o ***dominus litis*** da futura ação penal ou da demanda penal em tramitação. A ausência de ciência do Ministério Público em face de lapso do delegado de polícia tem sido entendida como mera irregularidade, que não invalida a prova.

324. STF – Primeira Turma – HC 106129 – Rel. Min. Dias Toffoli – DJ 06/03/2012.
325. STJ – Sexta Turma – HC 76686/PR – Rel. Min Nilson Naves – DJe 10/1/2008.

O STF entendeu que é válida a prova obtida mediante interceptação telefônica autorizada judicialmente seja conduzida pela polícia militar, notadamente diante do caso concreto que narrava envolvimento de autoridades da delegacia de polícia local na infração penal objeto das investigações[326]. No mesmo sentido, o STJ reiteradas vezes afirma a legalidade das interceptações realizadas com o acompanhamento da polícia militar[327].

Em sentido semelhante, e baseado no teor do art. 1º, X, do Decreto 1.655/1995, o STJ admitiu a possibilidade da polícia rodoviária federal conduzir a execução de interceptação telefônica, em virtude daquele diploma legal atribuir a ela o papel de auxiliar de investigações de diversas infrações penais[328].

2.11.7. Transcrição da gravação e auto circunstanciado

A diligência pode ou não possibilitar a gravação das conversas. A gravação é registro que possibilitar o acesso à prova. No entanto, para tornar a prova acessível à cognição dos destinatários da prova, o § 1º, do art. 6º, da Lei de Interceptação Telefônica, preconiza que deverá ser determinada a transcrição da gravação da comunicação interceptada. Em acréscimo, prevê o § 2º que a autoridade policial, depois de cumprida a diligência, encaminhará o resultado da interceptação ao juiz, acompanhado de auto circunstanciado, que deverá conter o resumo das operações realizadas. A Lei fala assim em:

(1) gravação da comunicação interceptada: é o inteiro teor dos registros das conversas em áudio, assegurando a fidedignidade da prova interceptada na forma falada, que deve permanecer à disposição das partes;

(2) transcrição das conversas: é a degravação minuciosa das conversas, registrando em linguagem escrita o conteúdo verbal da gravação;

(3) auto circunstanciado: é a descrição das diligências pela autoridade policial, podendo conter interpretação de palavras descontextualizadas, de gírias e traduções realizadas por profissionais habilitados (analistas), bem como o resumo das operações realizadas.

Como se depreende, recomenda-se todo cuidado do magistrado ao examinar o auto circunstanciado, cotejando-o com as transcrições das conversas e com os registros em sistema de áudio. Como a reconstrução do histórico das conversas no auto circunstanciado não é a íntegra das conversas, é necessária cautela para aferir a compatibilidade lógica do resultado desse meio de prova.

As gravações em mídia devem ser preservadas em razão da possibilidade de surgir dúvida sobre sua autenticidade, vale dizer, pode ser questionado que a pessoa que é apontada como protagonista da conversa alegue não ser sua voz a captada pela operação de interceptação. A aferição da autenticidade da voz pode ser realizada por intermédio do **espectrograma de voz** (perícia da voz consistente na comparação visual dos espectros

326. STJ – Segunda Turma – HC 96986 – Rel. Min. Gilmar Mendes – DJe 14/09/2012.
327. STJ – Quinta Turma – HC 222.963/SP – Rel. Min. Jorge Mussi – DJe 23/08/2013.
328. STJ – Quinta Turma – HC 45.630/RJ – Rel. Ministro Felix Fischer – julgado em 16/02/2006 – DJ 10/04/2006.

gráficos das vozes, que revelam suas coincidências e diferenças por imagens, a fim de que sejam também comparadas com os sinais acústicos correspondentes)[329].

O espectrograma de voz tem lugar quando a pessoa a que for atribuída a conversação telefônica não a reconhecer como sua. Nesse caso, surge como providência inafastável a demonstração probatória da identidade de voz. A evolução tecnológica no ponto tem reafirmado a segurança e exatidão da comparação de espectrogramas de voz[330].

Ao cabo, os elementos coligidos através da interceptação serão remetidos ao juiz que ordenará a preservação do sigilo enquanto interessar às investigações, sendo as gravações, as transcrições e demais documentos carreados ao procedimento apartado do incidente de interceptação instaurado, ciente o Ministério Público, na forma do art. 8º, da Lei de Interceptação Telefônica.

Segundo entendimento jurisprudencial do STF[331] e do STJ[332], não é necessária a transcrição de todas as conversas captadas pela interceptação telefônica, bastando a transcrição das partes essenciais. Para garantir a fidedignidade das provas, exige-se, como contrapartida, que fique disponível às partes o acesso à mídia que contenha a integra das conversas telefônicas.

Daí que a jurisprudência é remansosa no sentido de que basta assegurar o acesso ao conteúdo das gravações à defesa do investigado ou réu, tal como assegurando senhas de acesso ao respectivo sistema que captou as conversas interceptadas[333]. A publicidade daí resultante, naturalmente, é restrita, vale dizer, publicidade apenas interna, com manutenção do sigilo contra terceiros não interessados.

De todo modo, é possível que haja escuta telefônica, sem que seja realizada gravação. O § 1º, do art. 6º, da Lei nº 9.296/1996, admite expressamente essa hipótese, ao dizer que, quando a diligência possibilitar a gravação da comunicação interceptada, será determinada a sua transcrição. De tal sorte, é plenamente possível que isso aconteça, quando o agente poderá ser ouvido sobre o conteúdo das conversas. No entanto, prova desse jaez terá valor de prova testemunhal.

2.11.8. Encontro fortuito de provas ou "serendipidade"

É possível que, durante a interceptação telefônica autorizada, com investigado e objeto específico constante na decisão judicial que a deferiu, haja descoberta de provas ou fontes de provas relativas a crimes diversos ou pessoas diversas daquela que está sendo investigada. Considerando essa possibilidade, o encontro fortuito de provas pode ser classificado[334]:

(1) quanto à fonte, isto é, quanto a ser encontrada pessoa diversa ou fato diverso:

329. STJ – Sexta Turma – HC 142.565/RJ, Rel. Ministra Maria Thereza de Assis Moura – julgado em 20/03/2012 – DJe 02/04/2012.

330. GRINOVER, Ada Pellegrini. *Provas ilícitas, interceptações e escutas*. Brasília: Gazeta Jurídica, 2013. p. 267.

331. STF – Tribunal Pleno – Inq 2774 – Rel. Min. Gilmar Mendes – DJe 06/09/2011.

332. STJ – Quinta Turma – Rel. Min. Jorge Mussi – DJe 16/10/2013.

333. STJ – Sexta Turma – RHC 201400081839, Rel. Min. Sebastião Reis Júnior, DJE DATA: 09/09/2014.

334. ÁVILA, Thiago André Pierobom de. *Provas ilícitas e proporcionalidade*. Rio de Janeiro: Lumen Juris, 2007. p. 220.

(a) objetivo: o conhecimento fortuito em interceptação recai sobre fato diverso daquele que ensejou o deferimento da interceptação;

(b) subjetivo: quando recai sobre a participação de outras pessoas. Tal participação pode se referir:

(b.1) a coautor ou partícipe da infração penal investigada;

(b.2) a autor de outra infração penal conexa a outra que seja objeto da apuração;

(b.3) a autor de outro delito sem conexão;

(b.3) a autor de outro fato que não constitua delito fato atípico), que constitui ilícito civil ou administrativo;

(2) quanto ao elemento fático diverso encontrado:

(a) infrações penais conexas ou continentes;

(b) infrações penais sem elemento de conexão ou de continência;

(c) fatos atípicos: podem constituir ilícitos civis ou administrativos.

(3) quanto à qualidade de participante da conversa interceptada:

(a) condição de interlocutor do diálogo objeto de captação;

(b) terceira pessoa, que não participa da conversação, mas é referida no âmbito desta.

É possível o aproveitamento dos conhecimentos fortuitos de interceptação, inclusive a processos cíveis e administrativos, segundo a posição majoritária da doutrina e da jurisprudência (STF e STJ), nos seguintes limites, expostos por Thiago Ávila:

> Alguns autores entendem que apenas é admissível a utilização dos conhecimentos fortuitos da interceptação telefônica como prova em relação a delito conexo ou contra terceiro coautor do ilícito ou autor de crime conexo com o crime investigado. Nesse sentido há decisão do STJ: "É lícita a prova de crime diverso, obtida por meio de interceptação de ligações telefônicas de terceiro não mencionado na autorização judicial de escuta, desde que relacionada com o fato criminoso objeto da investigação".

A admissibilidade dessa prova deve ocorrer não apenas para o crime conexo, mas para outros delitos sem conexão, inclusive para outros processos cíveis e administrativos relativos aos mesmos fatos que constituem crime. A possibilidade de admissibilidade da interceptação como prova emprestada para processos cíveis ou administrativos ocorrerá quando o crime também consistir em ilícito civil ou administrativo, diante da incindibilidade da jurisdição. Essa conclusão passa pela natureza jurídica da prova decorrente da interceptação telefônica, da análise dos interesses em colisão da produção da prova e da consideração da inevitabilidade da restrição do direito do eventual interlocutor[335].

O fenômeno do encontro fortuito de provas é também denominado de "serendipidade". Sobre o assunto, discorremos em tópico específico ("princípio da serendipidade"), ao

335. ÁVILA, Thiago André Pierobom de. *Provas ilícitas e proporcionalidade*. Rio de Janeiro: Lumen Juris, 2007. p. 220-221.

tratarmos dos limites da prova ilícita e da ilicitude por derivação, para onde remetemos o leitor (item 1.8.4, deste capítulo).

2.11.9. Inutilização de gravação

O art. 9º, da Lei nº 9.296/1996, dispõe que será inutilizada, por decisão judicial fundamentada, quando a gravação não interessar à prova, durante o inquérito, a instrução processual ou ainda após a instrução, em razão de requerimento do Ministério Público ou da parte interessada.

A contrario sensu, se a gravação consistir em prova que mantenha interesse ao processo, ela não será destruída enquanto persistir esse interesse, o que ocorre, em regra, depois de transitada em julgado a sentença penal ou preclusa decisão cujo conteúdo evidencie a cessação do interesse ao feito.

Se a sentença penal transitada em julgado for de natureza absolutória ou extintiva de punibilidade, após seu trânsito em julgado, poderá ser instaurado o incidente de inutilização da gravação, sem que haja controvérsia.

Caso seja a sentença transitada em julgado de índole condenatória, poderá a gravação, eventualmente, interessar a eventual revisão criminal, recomendando-se cautela na destruição, na hipótese de instauração do incidente de inutilização da prova.

O parágrafo único, do art. 9º, da Lei das Interceptações Telefônicas, destaca que o incidente de inutilização será assistido pelo Ministério Público, sendo facultada a presença do acusado ou de seu representante legal. Para que haja o cumprimento da decisão judicial que deliberou pela inutilização da gravação, são indispensáveis a preclusão (ausência de impugnações) e a notificação do Ministério Público. A decisão que ordena a inutilização, por ter força de decisão com força de definitiva, comporta apelação (art. 593, II, CPP).

Embora o dispositivo pareça fazer crer que o *Parquet* deva assistir à execução do incidente, o que é indispensável é a sua ciência para que, querendo, acompanhe o cumprimento da decisão de inutilização. Quanto ao acusado e ao representante legal, apesar de não ser indispensável o direito à presença a tal incidente, certo é que possuem a faculdade de assistir, não havendo, todavia, que se falar em nulidade em face da ausência de notificação para este fim.

2.11.10. Proteção penal e administrativa

Para conferir maior garantia ao bem jurídico tutelado pelo art. 5º, XII, da Constituição Federal, o legislador da Lei de Interceptação Telefônica capitulou como crime punido com reclusão de dois a quatro anos, e multa, em seu art. 10, a conduta de realizar interceptação de comunicações telefônicas, de informática ou de telemática, bem como, no mesmo tipo penal, a conduta de quebrar segredo da Justiça, sem autorização judicial ou com objetivos não autorizados em lei.

A Resolução nº 59/2008, do Conselho Nacional de Justiça, em seu art. 18 (redação dada pela Resolução-CNJ nº 84/2009), estatui que os Juízos investidos de competência criminal deverão informar, mensalmente, à Corregedoria Nacional de Justiça, por via eletrônica, em caráter sigiloso, a quantidade de interceptações em andamento. É à Corregedoria Nacional de Justiça que incumbe acompanhar o cumprimento administrativo da Resolução.

Movida a ação direta de inconstitucionalidade de nº 4145/DF contra aquela Resolução do CNJ – notadamente sob o argumento de suplantar a competência do Poder Legislativo da União –, apenas foi afirmada a inconstitucionalidade do § 1º, do seu art. 13, que vedava a prorrogação de prazo de medida cautelar de interceptação de comunicação telefônica, telemática ou de informática durante o plantão judiciário, ressalvada a hipótese de risco iminente e grave à integridade ou à vida de terceiros[336].

No âmbito do Conselho Nacional do MP também foi editada a Resolução nº 36/2009. De igual modo, foi ajuizada ação direita de inconstitucionalidade, nº 4263/DF, julgada improcedente pelo STF. Aquele diploma regulamentar dispõe sobre o pedido e a utilização do resultado das interceptações telefônicas, cuja disciplina está consignada na Lei nº 9.296/1996. O debate, tal qual o travado na ADI nº 4145/DF, recaía sobre os limites da competência normativa do CNMP que, segundo a vertente sustentada, extravasaria a sua atribuição de emitir atos regulamentares na esfera dos deveres funcionais dos membros do Ministério Público, a teor do art. 130-A, § 2º, I e II, da CF/1988. Isso, aliás, porque a competência para legislar sobre processo penal é privativa da União (art. 22, I, CF/1988)[337].

2.11.11. Problemas de direito intertemporal

A Lei nº 9.296/1996 foi publicada no Diário Oficial da União de 25/7/1996, data de sua entrada em vigor, conforme cláusula de vigência disposta em seu art. 11, revogadas as disposições em contrário (art. 12).

Como esse diploma legislativo veio regulamentar o inciso XII, do art. 5º, da CF, que constitui garantia individual fundamental de primeira geração (proteção da liberdade do indivíduo contra o arbítrio estatal), com o seu advento, ficaram estabelecidas as seguintes regras sobre sua aplicação:

(1) como o teor do inciso XII, do art. 5º, garantiu a todos que o sigilo das suas comunicações telefônicas só seria quebrado por ordem judicial, nos estritos termos que a lei viesse a estabelecer para fins de investigação criminal ou de instrução processual penal, as interceptações telefônicas ocorridas antes de 25/7/1996 são provas ilícitas, eivadas de nulidade e que devem ser sancionadas com o desentranhamento dos autos;

(2) para os inquéritos policiais e processos penais em tramitação quando da vigência da Lei 9.296/1996 e para os inaugurados posteriormente ao seu advento, seja em razão de crime cometido antes ou a partir de 25/7/1996, não há óbice ao uso desse meio de prova, desde que em conformidade com o texto legal, haja vista que:

(a) aplica-se o art. 2º, do CPP, às leis processuais, isto é, as normas de processo têm aplicação imediata, incidindo plenamente o princípio do ***tempus regit actum*** (a lei processual vigente rege a feitura do ato processual);

336. STF – ADI 4145 – Rel. Min. Edson Fachin – red. p/ o ac. Min. Alexandre de Moraes – j. 26/4/2018.

337. STF – Pleno – ADI 4263/DF – Rel. Min. Roberto Barroso – Julgamento em 25/4/2018. Informativo nº 899, de 23 a 27 de abril, de 2018.

(**b**) as disposições que autorizam a interceptação das comunicações telefônicas e similares são de natureza processual, razão pela qual o parâmetro para aferir a validade desse meio de prova é temporal, consistente em aferir se a ordem foi determinada a partir da data da entrada em vigor da Lei de Interceptação Telefônica;

(**c**) o dispositivo com conteúdo penal sancionador descrito no art. 10, da Lei nº 9.296/1996 só se aplica aos fatos ocorridos a partir de 25/7/1996, haja vista que vigora no ponto, em sua plenitude, a regra da irretroatividade da lei penal mais gravosa.

(**d**) a conduta de interceptar comunicações em desconformidade com a legislação já era capitulada como infração penal pelo Código Brasileiro de Comunicações, conforme os enunciados dos seus artigos 56, 58 e 59 (Lei nº 4.117/1962), embora com pena menor que aquela tipificada no art. 10, da Lei nº 9.296/1996.

Observe-se que a Lei de Interceptação Telefônica só entrou em vigor depois de passados quase oito anos da promulgação da Constituição Federal de 1988. Nesse período, o entendimento que prevaleceu foi o de que as disposições que validavam a interceptação telefônica por decisão do magistrado, previstas na Lei nº 4.117/1962, que dispõe sobre o Código Brasileiro de Comunicações, não foram recepcionadas pela Constituição de 1988.

Com efeito, a Lei nº 4.117/1962 tem texto que é demasiadamente amplo para permitir interceptação telefônica sem controle rigoroso, tal como se infere do seu teor:

> Art. 57. Não constitui violação de telecomunicação:
>
> I – A recepção de telecomunicação dirigida por quem diretamente ou como cooperação esteja legalmente autorizado;
>
> II – O conhecimento dado:
>
> a) ao destinatário da telecomunicação ou a seu representante legal;
>
> b) aos intervenientes necessários ao curso da telecomunicação;
>
> c) ao comandante ou chefe, sob cujas ordens imediatas estiver servindo;
>
> d) aos fiscais do Governo junto aos concessionários ou permissionários;
>
> e) ao juiz competente, mediante requisição ou intimação deste.
>
> Parágrafo único. Não estão compreendidas nas proibições contidas nesta lei as radiocomunicações destinadas a ser livremente recebidas, as de amadores, as relativas a navios e aeronaves em perigo, ou as transmitidas nos casos de calamidade pública.

Considerando que o texto legal não estabelece limites precisos que se ajuste aos ditames do inciso XII, do art. 5º, da CF, assentou o STF que o art. 57, II, a, do Código Brasileiro de Telecomunicações não foi recepcionado pela Constituição de 1988, a qual exige ***numerus clausus*** para a definição das hipóteses e formas pelas quais é legítima a violação do sigilo das comunicações telefônicas[338].

338. STF – Tribunal Pleno – HC 72588 – Rel. Min. Maurício Corrêa – DJ 04/08/2000.

3. QUADRO SINÓTICO

CAPÍTULO VII – PROVAS	
TEORIA GERAL DA PROVA	
Conceito e finalidade	
A prova é tudo aquilo que contribui para a formação do convencimento do magistrado, demonstrando os fatos, atos, ou até mesmo o próprio direito discutido no litígio. Intrínseco no conceito está a sua finalidade, o objetivo, que é a obtenção do convencimento daquele que vai julgar, decidindo a sorte do réu, condenando ou absolvendo.	**1.1**
Prova: Pressupõe procedimento contraditório, em regra produzida no curso de processo instaurado perante magistrado, com a participação dos litigantes. Quando produzida antes do processo, ou antes de ser oportunizada a participação dialética do interessado, a prova exigirá o contraditório posterior (diferido ou postergado), para que receba a qualificação de prova (*stricto sensu*).	**1.1.1**
Elementos de informação: São os documentos e outros registros colhidos em procedimento diverso do processo judicial, sem a observância atinente ao contraditório. São chamados elementos de informação aqueles colhidos no curso do inquérito policial, procedimento de natureza inquisitiva, sem contraditório, isto é, na fase de investigação preliminar.	**1.1.2**
Meios de prova: São os instrumentos processuais disponíveis para a produção da prova em procedimento contraditório, podendo ser denominado de meio de prova de primeiro grau, na medida em que se destinam a produção da prova de maneira imediata e em sentido estrito, exigindo sua inserção no processo em linguagem com ele compatível. São endoprocessuais, só existindo no processo, conduzido por magistrado. A prova se considera produzida quando vertida em linguagem adequada e carreada ao processo.	**1.1.3**
Meios de obtenção de prova ou meios de investigação de prova: são, em regra, extraprocessuais. Têm o objetivo de encontrar elementos materiais de prova ou fontes de prova.	**1.1.4**
Fontes de prova: É a pessoa ou a coisa da qual emana a prova, denominado, em sentido amplo, de sujeito da prova.	**1.1.5**
Técnicas especiais de investigação: são instrumentos distintos daqueles tradicionais (prova documental ou oral), consistentes em estratégias que visam melhor apurar crimes graves, com a otimização dos resultados através de criatividade investigativa que funcione como meio de obtenção de prova. As técnicas especiais de investigação são caracterizadas por dois elementos: o sigilo e a dissimulação, com o fito de se coligir elementos materiais de prova ou fontes de provas.	**1.1.6**
Destinatários	
Direto: juiz; indiretos: partes envolvidas. Se o processo estiver em trâmite perante tribunal, é todo o colegiado que é o destinatário da prova, não apenas o relator.	**1.2**
Natureza jurídica	
Direito subjetivo (com vertente constitucional para demonstração da realidade dos fatos).	**1.3**
Objeto	
É o que se deve demonstrar, ou seja, aquilo sobre o que o juiz deve adquirir o conhecimento necessário para resolver o litígio.	**1.4**
Objeto da prova: é a coisa, o fato, o acontecimento que deve ser conhecido pelo juiz, a fim de que possa emitir um juízo de valor.	**1.4.1**
Objeto de prova: diz respeito ao que é pertinente ser provado. Independem de prova: o direito, salvo o estadual, municipal, consuetudinário e alienígena; os fatos notórios; os fatos axiomáticos ou intuitivos; os fatos inúteis; as presunções legais absolutas, uma vez que as relativas apenas invertem o ônus probatório.	**1.4.2**

CAPÍTULO VII – PROVAS		
Classificação da prova		
Quanto ao objeto	É a relação ou incidência que a prova tem com o fato a ser provado. Pode ser: **1.5.1.1.** Direta ou positiva: refere-se diretamente ao fato probando, por si o demonstrando. **1.5.1.2.** Indireta, negativa ou contrária: refere-se a um outro acontecimento que, por ilação, nos leva ao fato principal.	**1.5.1**
Quanto ao efeito ou valor	É o grau de convicção gerado no juiz diante da apreciação da prova. **1.5.2.1.** Plena: é aquela necessária para condenação, imprimido juízo de certeza quanto ao fato. **1.5.2.2.** Não plena ou indiciária: é a prova limitada quanto à profundidade.	**1.5.2**
Quanto ao sujeito ou causa	Trata da prova em si considerada, em que consiste o material produzido. **1.5.3.1.** Real: é aquela emergente do fato. **1.5.3.2.** Pessoal: é a que decorre do conhecimento de alguém em razão do *thema probandum*.	**1.5.3**
Quanto à forma ou aparência	É a maneira como a prova se revela no processo. **1.5.4.1.** Testemunhal: é expressa pela afirmação de uma pessoa. **1.5.4.2.** Documental. **1.5.4.3.** Material: simboliza qualquer elemento que corporifica a demonstração do fato. Subdivide-se em: 1.5.4.3.1. Própria: Quando é apresentada a própria coisa à constatação do juiz. 1.5.4.3.2. Imprópria: Ocorre quando a constatação dos elementos materiais do delito seja feita por perito.	**1.5.4**
Quanto à possibilidade de renovação em juízo	Refere-se àqueles elementos de informação coligidos no inquérito policial que possibilitam ou não a sua renovação em juízo, sob o crivo do contraditório: **1.5.5.1.** Irrepetível ou não repetível: produzida a partir de fonte probatória perecível ou passível de desaparecimento ou destruição **1.5.5.2.** Repetível: pode ser reproduzida em juízo, sem perder o seu valor	**1.5.5**
Quanto ao momento procedimental	É o instante da persecução penal estatal que a prova em sentido estrito será produzida. **1.5.6.1.** Cautelar preparatória ou prova (cautelar) antecipada: produzida no curso da investigação preliminar. **1.5.6.2.** Cautelar incidental ou antecipação probatória (no curso do processo): é produzida durante o curso de processo já iniciado, sem, contudo, seguir estritamente o rito procedimental para sua formação.	**1.5.6**
Quanto à previsão legal	Cuida-se do critério relativo à disposição que enuncia o meio de prova, podendo ou não conter a forma procedimental para sua constituição: **1.5.7.1.** Nominada: a legislação prevê o meio de prova. Pode ser:	**1.5.7**

<table>
<tr><th colspan="3">CAPÍTULO VII – PROVAS</th></tr>
<tr><td>Quanto à previsão legal</td><td>1.5.7.1.1. Típica: além de nominada, tem seu modo de produção expressamente previsto pela legislação, tal como ocorre com a prova testemunhal.
1.5.7.1.2. Atípica: é a prova nominada que não tem seu procedimento especificado pela legislação, embora haja indicação de seu nomen juris.
1.5.7.2. Inominada: prova que não possui previsão legal expressa</td><td>1.5.7</td></tr>
<tr><td>Quanto à finalidade da prova</td><td>É classificação doutrinária relacionada à destinação da prova em conformidade ou desconformidade com sua previsão legal.
1.5.8.1. Prova anômala: haverá prova anômala se, ao invés de ser constituída a prova por intermédio do meio mais apropriado para a produção probatória, for substituído por outro, também elencado no ordenamento jurídico, mas que não é o modelo legal mais apropriado para o objetivo almejado;
1.5.8.2. Prova irritual: é a prova produzida sem a observância de seu procedimento legal, do seu rito previsto em lei.</td><td>1.5.8</td></tr>
<tr><td>Quanto à imposição legal da forma da prova</td><td>É classificação relacionada à limitação da produção probatória para determinados fatos ou para a formação da convicção do juiz.
1.5.9.1. Prova legal positiva, prova legal ou prova tarifada: quando a lei exige que só se comprove um fato por determinado meio de prova.
1.5.9.2. Prova legal negativa: quando, para alguns atos, a lei pode limitar a cognição do juiz.</td><td>1.5.9</td></tr>
<tr><th colspan="3">Meios de prova</th></tr>
<tr><td colspan="2">Os meios de prova são os recursos de percepção da verdade e formação do convencimento. É tudo aquilo que pode ser utilizado, direta ou indiretamente, para demonstrar o que se alega no processo. O CPP não traz de forma exaustiva todos os meios de prova admissíveis, dando azo, ainda, às provas inominadas. (art. 155, CPP).</td><td>1.6</td></tr>
<tr><th colspan="3">Vedação probatória</th></tr>
<tr><td colspan="2">O princípio da liberdade probatória não é absoluto. A prova é taxada de proibida ou vedada toda vez que sua produção implique em violação da lei ou de princípios de direito material ou processual. Temos assim, por classificação amplamente aceita, as provas vedadas, proibidas ou inadmissíveis, que é o gênero, do qual são espécies as:
a) provas ilícitas: violam disposições de direito material ou princípios constitucionais penais;
b) provas ilegítimas: violam normas processuais e os princípios constitucionais da mesma espécie;
c) provas irregulares: segundo Paulo Rangel, estas provas são permitidas pela legislação processual, mas na sua produção, as formalidades legais não são atendidas.
A Lei nº 11.690/2008, que imprimiu a reforma no sistema probatório brasileiro, não fez qualquer diferenciação entre prova ilícita e ilegítima, reputando na nova redação dada ao art. 157, caput, como ilícitas aquelas provas obtidas em violação a normas de caráter constitucional ou infraconstitucional, que, por consequência, devem ser desentranhadas dos autos.</td><td>1.7</td></tr>
</table>

CAPÍTULO VII – PROVAS		
Uma vez preclusa a decisão que determinou o desentranhamento, haverá a destruição da prova ilícita. Como não foi contemplado recurso específico para combater o desentranhamento, resta a utilização das ações autônomas de impugnação, seja o *habeas corpus*, seja o mandado de segurança. Nada impede também que a matéria seja discutida em preliminar de futura apelação.		**1.7**
Teorias sobre o tema das provas ilícitas		
É de suma importância o enfrentamento das teorias que tratam do tema provas ilícitas, justificando ou não a sua utilização, e até mesmo estipulando os limites de contaminação de outras provas em face da produção de uma prova ilícita.		**1.8**
Teoria dos frutos da árvore envenenada (fruits of the poisonous tree), teoria da ilicitude por derivação ou taint doctrine	Os efeitos da ilicitude podem transcender a prova viciada, contaminando todo o material dela decorrente. Em um juízo de causa e efeito, tudo que é originário de uma prova ilícita seria imprestável, devendo ser desentranhado dos autos. O tema por sua vez não é pacífico, havendo posição minoritária em sentido contrário, ao fundamento de que a CF, no seu art. 5º, inciso LVI, só vedou a admissibilidade das provas ilícitas, não dispondo acerca das provas ilícitas por derivação.	**1.8.1**
Teorias decorrentes	A teoria dos frutos da árvore envenenada não é absoluta. A sua incidência sofre algumas limitações: **1.8.1.1.1.** Prova absolutamente independente ou teoria da fonte independente: se existirem provas outras no processo, independentes de uma determinada prova ilícita produzida, não há de se falar em contaminação. **1.8.1.1.2.** Descoberta inevitável ou exceção da fonte hipotética Independente: se a prova, que circunstancialmente decorre de prova ilícita, seria conseguida de qualquer maneira, por atos de investigação válidos, ela será aproveitada, eliminando-se a contaminação.	**1.8.1.1**
Teorias decorrentes	**1.8.1.1.3.** Contaminação expurgada, conexão atenuada, *purged taint exception*, tinta diluída ou doutrina da mancha purgada: é possível que o vínculo entre a prova ilícita e a derivada seja tão tênue ou superficial que acabe não havendo contaminação. Esta seria expungida. **1.8.1.1.4.** Boa-fé, exceção da boa-fé, *good faith exception* ou limitação da boa-fé: objetiva-se evitar o reconhecimento da ilicitude da prova, caso os agentes de polícia ou da persecução penal como um todo, tenham atuado destituídos do dolo de infringir a lei, pautados verdadeiramente em situação de erro.	**1.8.1.1**
Quebra da cadeira de custódia das provas	A descrição de um fato delituoso por meio de provas implica encadeamento.A descrição do desfecho pressupõe a do seu *iter*, do seu caminho. Assim também deve ser a prova que é produzida para construir a versão do fato delituoso, sua base empírica.	**1.8.1.2**

<table>
<tr><th colspan="3">CAPÍTULO VII – PROVAS</th></tr>
<tr><td>Quebra da cadeira de custódia das provas</td><td>Para que a prova derradeira seja considerada lícita, devem ser também lícitas àquelas que lhe antecederam na relação de encadeamento causal. Caso uma delas tenha sido obtida ilicitamente, mediante tortura, por exemplo, haverá contaminação das seguintes. Se, por hipótese, o testemunho sob tortura for ocultado, a cadeia de custódia da prova restará quebrada (break on the chain of custody), com ocultação da forma ilícita como obtida. Haverá tão somente aparência de licitude.</td><td>1.8.1.2</td></tr>
<tr><th colspan="3">Princípio da proporcionalidade ou razoabilidade</th></tr>
<tr><td colspan="2">Entendemos que o princípio da proporcionalidade deve ser invocado, na sua essência, para preservar os interesses do acusado. Na ponderação axiológica, a violação legal para produção probatória, quando estritamente necessária, só se justifica para manutenção do status de inocência.</td><td>1.8.2</td></tr>
<tr><th colspan="3">Teoria da exclusão da ilicitude da prova</th></tr>
<tr><td colspan="2">A prova, aparentemente ilícita, deve ser reputada como válida, quando a conduta do agente na sua captação está amparada pelo direito (excludentes de ilicitude).</td><td>1.8.3</td></tr>
<tr><th colspan="3">Princípio ou teoria da serendipidade</th></tr>
<tr><td colspan="2">No âmbito do direito processual penal, serendipidade significa, em poucas palavras, o encontro fortuito de provas relativas a fato delituoso diverso daquele que é o objeto das investigações. A aplicação da serendipidade para entender válida a prova encontrada casualmente é que nos dá a ideia da existência de um princípio.
1) a prova obtida fortuitamente será válida (serendipidade de primeiro grau ou encontro fortuito de provas de primeiro grau) quando: (a) houver relação de conexão ou de continência nos estritos termos dos artigos 76 e 77, do CPP; (b) a autoridade policial responsável pela interceptação autorizada comunicar ao juiz imediatamente a revelação de fato delituoso diverso conexo ou continente; (c) o juiz, ciente da hipótese de serendipidade (também chamada, neste caso, de encontro fortuito de primeiro grau), aferir que o fato descoberto ou a participação de coautor segue o desdobramento histórico do ilícito penal investigado, conforme os parâmetros exarados na decisão que autorizou a medida;
2) a prova obtida não será válida, mas será fonte de prova, tratando-se de serendipidade de segundo grau (encontro fortuito de provas de segundo grau), quando: (a) for reveladora de crime diverso daquele objeto da investigação; (b) evidenciar que o crime foi cometido por pessoa diversa da investigada; (c) o juiz verificar que o fato diversos descoberto não seguir o desdobramento histórico alusivamente àquele que foi o motivo determinante da medida, pelo que não será válida a transcrição da prova (da interceptação telefônica autorizada), mas será fonte de prova válida, eis que será notícia de crime apta a desencadear novas providências investigativas (serendipidade de segundo grau ou encontro fortuito de provas de segundo grau); (d) as conversas entre o investigado e seu advogado, quando a comunicação envolver estritamente relação profissional.
3) O Supremo Tribunal Federal, por sua vez, considerou que "o encontro fortuito de elementos de delito imputados a pessoa com prerrogativa de função não torna a prova ilícita se – havendo conexão (art. 76, CPP) – for desmembrada imediatamente a investigação e remetida ao órgão com atribuição constitucional".[339]</td><td>1.8.4</td></tr>
</table>

339. STF – Primeira Turma – MS 34751/CE – Rel. Min. Marco Aurélio – julgamento em 14.8.2018 – Informativo nº 911, de 13 a 17 de agosto de 2018 – verbete "Encontro fortuito de provas e prerrogativa de função".

<table>
<tr><th colspan="3">CAPÍTULO VII – PROVAS</th></tr>
<tr><th colspan="3">Inutilização da prova ilícita</th></tr>
<tr><td colspan="2">Não há inadmissibilidade automática da prova ilícita, dependendo antes: (1) de decisão judicial que descreva a situação fática, com a verificação concreta da violação legal, concluindo pelo reconhecimento de que a prova violou a lei ou a Constituição, declarando-a ilícita e, ainda, determinando que a prova ilícita seja desentranhada do processo, ou seja, excluída dos autos.</td><td>1.8.5</td></tr>
<tr><td colspan="2">Desentranhada a prova, ela deve ficar acautelada em local apropriado até que não paire interesse sobre ela relativamente ao processo ou ao inquérito que ensejou sua produção. Quando não sobejar interesse sobre a prova ilícita, ela poderá ser destruída, mediante incidente que viabilize o acompanhamento pelas partes.</td><td>1.8.5</td></tr>
<tr><th colspan="3">Teoria da exceção de erro inócuo</th></tr>
<tr><td colspan="2">Essa teoria autoriza que não seja decretada invalidação em razão de ilicitude na condução do procedimento, toda vez que for inapta a prejudicar direitos subjetivos do imputado ou da acusação.
Também se o juiz admite prova ilícita, sustenta-se a possibilidade de aplicação dessa teoria, para afastar a possibilidade de invalidação, quando não haja relevância prática ou lesão significativa a direito constitucional, mormente se existem outras provas hábeis a sustentar suficientemente a condenação.</td><td>1.8.6</td></tr>
<tr><th colspan="3">Prova Emprestada</th></tr>
<tr><td colspan="2">É aquela produzida em um processo e transportada documentalmente para outro. A eficiência da instrução criminal e a colaboração da justiça levam à admissibilidade do empréstimo probatório.
Requisitos: identidade de partes; mesmo fato probando; respeito ao contraditório no processo original; obediência aos requisitos formais de produção probatória.
Entendemos que a admissão de prova emprestada obtida de interceptação telefônica deve ser restrita ao processo penal, de acordo com os limites impostos pela Lei nº 9.296/1996. A admissão de seu uso para fins diversos do penal equivale a ampliar, por via transversa, o alcance da investigação criminal ao âmbito extrapenal, em detrimento aos direitos fundamentais da intimidade e da vida privada, sufragada pela Constituição e pelo legislador.</td><td>1.9</td></tr>
<tr><th colspan="3">Ônus da prova</th></tr>
<tr><td colspan="2">O ônus da prova é o encargo atribuído à parte de provar aquilo que alega. A demonstração probatória é uma faculdade, assumindo a parte omissa as consequências de sua inatividade. É necessário que enxerguemos o ônus da prova em matéria penal à luz do princípio da presunção de inocência, e também do favor réu.
O CPC/2015 fortalece os poderes do juiz, outorgando-lhe maior ativismo para iniciativa probatória, o que soa incompatível com os princípios processuais penais que delineiam um sistema de garantias. O CPC não repercute no processo penal, dotado este que é de enunciados próprios. O protagonismo judicial em matéria processual penal só é admitido para assegurar as garantias individuais fundamentais do acusado (favor rei).</td><td>1.10</td></tr>
<tr><th colspan="3">Classificação do ônus da prova</th></tr>
<tr><td>Quanto à consequência da omissão em se desincumbir do ônus</td><td>a) ônus da prova perfeito ou ônus da prova absoluto: a desídia da parte ou a sua incapacidade de comprovar o alegado é suficiente para desencadear situação desvantajosa para a sua pretensão deduzida em juízo.
b) ônus da prova menos perfeito ou ônus da prova relativo: o prejuízo atinente ao fato de não ter a parte se desincumbido do ônus de provar fica dependendo de apreciação do juiz.</td><td>1.10.1.1</td></tr>
</table>

CAPÍTULO VII – PROVAS		
Quanto ao destinatário do ônus	a) ônus da prova objetivo ou sob a perspectiva do participante: trata-se da regra de julgamento segundo a qual o magistrado não pode deixar de sentenciar sob o argumento de que não há regra no sistema para a resolução do conflito.	**1.10.1.2**
Quanto ao destinatário do ônus	b) ônus da prova subjetivo ou sob a perspectiva do observador ou ônus da prova em sentido estrito: cuida-se do encargo que as partes têm de produzir as provas que reforcem suas asserções, mitigando o risco de prejuízo processual que pode ser causado pela inércia ou omissão em provar	**1.10.1.2**
Ônus da prova e *standards* probatórios		
Ao lado das regras de julgamento que preenchem o conteúdo do conceito de ônus da prova, podem-se dizer reconhecidos, no Brasil, como padrões normativos em matéria de prova, os seguintes *standards*, arrolados por José Paulo Baltazar Júnior: "a) necessidade de motivação; b) vedação de contradição; c) objetividade da motivação; d) obrigatoriedade do enfrentamen-to de todas as questões; e) distinção entre o grau de exigência de prova no processo civil e no processo penal". Os padrões probatórios são padrões mínimos para aferir a suficiência da motivação de fato nas decisões judiciais, cuja função, além de servir de regra de julgamento ou de resolução de questão processual, é também a de permitir o controle da motivação judicial das decisões.		**1.10.2**
Inversão do ônus da prova		
A regra é que não haja inversão do ônus da prova em prejuízo da defesa. Entretanto, é possível falar em inversão do ônus da prova em medidas cautelares assecuratórias regradas pela Lei de Lavagem de Capitais (Lei nº 9.613/1998).		**1.10.3**
Iniciativa do juiz		
Frente ao princípio da verdade real, o magistrado tem poder probatório complementar à atuação das partes, podendo determinar, de ofício, no transcorrer da instrução, ou antes de proferir sentença, a realização de diligências para dirimir dúvida sobre ponto relevante. O material colhido por iniciativa do magistrado, obrigatoriamente, deve ser submetido à apreciação das partes, fazendo valer o contraditório. Não pode o juiz, advirta-se, substituir-se à atuação das partes na produção probatória. O papel do magistrado é complementar, objetivando esclarecer dúvida sobre ponto essencial à demonstração da verdade. A proatividade do julgador em determinar a produção de provas encontra limites na imparcialidade exigida para o julgamento do feito. O sistema acusatório atribui ao titular da ação a diligência necessária na produção probatória.		**1.11**
Sistema de gestão da prova		
Sistema da certeza moral do juiz ou íntima convicção ou "secunda conscientia"	O juiz está absolutamente livre para decidir, despido de quaisquer amarras, estando dispensado de motivar a decisão, podendo, inclusive, utilizar o que não está nos autos.	**1.12.1**

CAPÍTULO VII – PROVAS		
Sistema da certeza moral do legislador, das regras legais ou da prova tarifada	A lei estipula o valor de cada prova, estabelecendo inclusive hierarquia entre estas, aniquilando praticamente a margem de liberdade apreciativa do magistrado.	**1.12.2**
Sistema do livre convencimento motivado ou persuasão racional	É o sistema reitor no Brasil, estando o juiz livre para decidir e apreciar as provas que lhe são apresentadas, desde que o faça de forma motivada. A liberdade do julgador lhe permite avaliar o conjunto probatório em sua magnitude e extrair da prova a sua essência, transcendendo ao formalismo castrador do sistema da certeza legal. Não existe hierarquia entre as provas, cabendo ao juiz imprimir na decisão o grau de importância das provas produzidas.	**1.12.3**
Princípios da prova		
Princípio da autorresponsabilidade das partes	As partes assumem as consequências de sua inação. A frustração ou o êxito estão ligados à conduta probatória do interessado no transcorrer da instrução.	**1.13.1**
Princípio da audiência contraditória	Toda prova produzida deve ser submetida ao crivo do contraditório, com oportunidade de manifestação da parte contrária.	**1.13.2**
Princípio da aquisição ou comunhão	A prova não pertence à parte que a produziu e sim ao processo. Se a parte deseja desistir de prova que tenha proposto, a parte contrária deve obrigatoriamente ser ouvida.	**1.13.3**
Princípio da oralidade	Deve haver a predominância da palavra falada. Do princípio da oralidade decorrem os princípios da concentração, da imediatidade e da identidade física do julgador.	**1.13.4**
Princípio da publicidade	A regra é a publicidade dos atos, havendo, entretanto, possibilidades excepcionais de sigilação.	**1.13.5**
Princípio do livre convencimento motivado	Permite ao magistrado liberdade para decidir, desde que o faça de forma motivada.	**1.13.6**
Procedimento probatório		
1.14.1. Proposição: É o momento de requerer as provas que devem ser produzidas na instrução processual, ou para realizar o lançamento aos autos das provas pré-constituídas. Normalmente o requerimento de produção probatória é apresentado na inicial acusatória, para o Ministério Público ou o querelante e na resposta preliminar (art. 396-A, CPP), para a defesa. 1.14.2. Admissão: É nesta etapa do procedimento que a autoridade judicial autorizará a realização das provas requeridas, ou a introdução aos autos das pré-constituídas. 1.14.3. Produção e contraditório: Esta é a etapa de confecção da prova que foi requerida. Neste momento, a instrução começa a tomar concretude. À produção segue-se o contraditório, com as partes tomando contato e participando ativamente do que é produzido.		**1.14**

CAPÍTULO VII – PROVAS	
1.14.4. Valoração: Caberá ao magistrado no *decisum* manifestar-se acerca de todas as provas produzidas, revelando o porquê do seu convencimento. Se valorar mal, de regra, dará ensejo à reforma da decisão na fase recursal, caracterizado o *error in judicando*. Caso venha a amparar a decisão em prova que contraria a lei, haverá nulidade manifesta, em evidente *error in procedendo*.	**1.14**
Cooperação Jurídica Internacional para produção probatória	
O CPC/2015 positivou a cooperação jurídica internacional, cuja disciplina tem repercussão no processo penal (produção de provas, jurisdição e competência, comunicação de atos processuais, prisões e incidentes processuais diversos). A cooperação jurídica internacional já existia em nosso sistema, por força de tratados plurilaterais ou bilaterais firmados pelo Brasil. A cooperação jurídica internacional é instrumento jurídico através do qual um Estado pede ao outro que execute decisão sua ou profira decisão própria sobre litígio que tem lugar em seu território. Ocorre por intermédio de auxílio direto, que tanto pode ser visto sob a perspectiva ativa, quanto passiva. O auxílio direto é ativo quando o Estado requerente da cooperação é o Brasil relativamente a um Estado estrangeiro. Chama-se passivo quando o Estado requerido é o Brasil e o requerente é um Governo estrangeiro. O Auxílio direto – passivo ou ativo – pode ainda ser judicial ou administrativo. Será judicial quando o sujeito passivo para o cumprimento do ato de cooperação jurídica internacional for órgão do poder judiciário. Será administrativo quando a cooperação ocorrer entre órgãos de natureza administrativa.	**1.15**
PROVAS EM ESPÉCIE	
Exames periciais	**2.1**
Considerações gerais	
Os exames periciais são realizados por pessoa que tenha conhecimentos técnicos, científicos ou domínio específico em determinada área do conhecimento. As perícias, como regra, passam a ser realizadas por um perito oficial. É fundamental o nível universitário, sendo pré-requisito necessário para aqueles que almejam ingressar na polícia técnica. Os que já são peritos oficiais e não possuem diploma superior continuarão a atuar nas respectivas áreas, ressalvada a hipótese de perícia médica, onde a necessidade de diploma superior é insuperável (art. 2º da Lei nº 11.690/08). Sendo a perícia complexa, abrangendo mais de uma área do conhecimento, é possível a atuação de mais de um perito oficial, cada um em sua respectiva especialidade. Na ausência de perito oficial, a autoridade pode valer-se dos peritos não oficiais ou juramentados, é dizer, pessoas idôneas, portadoras de curso superior. Exige-se dos peritos ainda a imparcialidade, sendo-lhes extensíveis as mesmas hipóteses de suspeição aplicadas aos magistrados. Os peritos são auxiliares do juízo e as partes não interferem na nomeação, relevando acrescer que, nas perícias por precatória, os peritos serão nomeados no juízo deprecado, salvo nos crimes de ação penal privada, que, em havendo acordo das partes, os peritos podem ser nomeados pelo órgão deprecante. Isso não significa dizer, à toda evidência, que as partes influenciarão na definição da figura do perito.	**2.1.1**

CAPÍTULO VII – PROVAS		
Assistente técnico	O assistente técnico é o perito de confiança das partes, que irá atuar com o fito de ratificar ou infirmar o laudo oficial. Não se exige do mesmo imparcialidade, já que o vínculo com a parte é da essência de sua atuação. Faculta-se ao MP, querelante, assistente de acusação, ofendido e ao acusado a sua indicação.	**2.1.1.1**
Assistente técnico	A atuação do assistente ocorrerá na fase processual, e após a elaboração do laudo pelos peritos oficiais, de sorte que cabe ao juiz, após o ingresso do laudo oficial nos autos, deliberar pela admissibilidade ou não do assistente técnico indicado, intimando as partes da sua decisão, que é irrecorrível, o que não afasta a possibilidade do mandado de segurança, *habeas corpus* ou a discussão da negativa em preliminar de apelação. As conclusões do assistente devem ser apresentadas em prazo estabelecido pelo magistrado. Entendemos que a regra deve ser o prazo de dez dias, por analogia ao parágrafo único do art. 160 do CPP.	**2.1.1.1**
Realização das perícias		
A realização da perícia culmina na elaboração do laudo, que deve ser produzido no prazo de dez dias, comportando prorrogação, em casos excepcionais, a requerimento dos peritos e mediante autorização da autoridade.		**2.1.2**
Apreciação dos laudos periciais		
No Brasil adota-se o sistema liberatório, segundo o qual o juiz, quando da análise do laudo, pode aceitá-lo ou rejeitá-lo, desde que fundamentadamente. Pode até mesmo acatar o parecer técnico do assistente, afastando as conclusões do laudo oficial.		**2.1.3**
Exame de corpo de delito		
Corpo de delito é o conjunto de vestígios materiais deixados pela infração penal. Já o exame de corpo de delito é a perícia que tem por objeto o próprio corpo de delito. Pode ser direto (os peritos dispõem do próprio corpo de delito para analisar) ou indireto (realizado com a ajuda de meios acessórios, subsidiários, pois o corpo de delito não mais subsiste para ser objeto do exame). Em não sendo possível a realização do exame, seja o direto ou o indireto, podemos nos valer da prova testemunhal para atestar a materialidade delitiva, como dispõe o art. 167 do CPP.		**2.1.4**
Necessidade do laudo		
Deixando a infração vestígios, a realização do exame direto ou indireto é obrigatória, podendo ser suprida pela utilização da prova testemunhal (art. 167, CPP). A não realização da perícia implicaria nulidade absoluta do processo, a teor do art. 564, III, b, do Código de Processo Penal, com a ressalva da possibilidade de utilização das testemunhas. Quanto à admissibilidade da inicial acusatória, nada impede, nas infrações que deixam vestígios, que a denúncia ou a queixa sejam recebidas sem estar acompanhadas pela prova pericial. Isso se deve porque o exame pode ser realizado no curso do processo.		**2.1.5**
Outras perícias		
Exame necroscópico	É o exame realizado no cadáver, objetivando a indicação da causa morte. Deve ser realizado pelo menos 6 horas depois do óbito. Contudo, havendo evidência da morte, não haverá necessidade de aguardar tal lapso temporal. O exame, como regra, envolve a análise interna e externa do cadáver.	**2.1.6.1**

CAPÍTULO VII – PROVAS		
Exumação	Exumar significa desenterrar o cadáver, contrapondo-se à inumação, que é o seu enterro ou o sepultamento. Excepcionalmente, pode se fazer necessária a exumação, objetivando identificar a real causa da morte, ou em que circunstâncias esta teria ocorrido, assim como identificar a pessoa que se encontra sepultada.	**2.1.6.1.1**
Exame de lesões corporais	As lesões corporais são classificadas em leves, graves e gravíssimas. Se o primeiro exame pericial tiver sido incompleto ou insuficiente para precisar num primeiro momento a real gravidade da lesão, será patrocinado o exame complementar de lesões corporais, dispondo os peritos do auto de corpo de delito anteriormente realizado. O exame complementar pode ser determinado de ofício, pelo juiz ou delegado, ou a requerimento do MP, ofendido, acusado ou defensor. Sua não realização, por terem desaparecido os vestígios, pode ser suprida por prova testemunhal.	**2.1.6.2**
Perícia em incêndio	Os peritos devem indicar as causas do incêndio, já que diversas peculiaridades circundam a matéria, permitindo a análise do enquadramento típico; a exposição a perigo da vida, integridade física ou patrimônio de outrem; a incidência de causas de aumento; a constatação da intenção do agente, já que o incêndio culposo também é apenado.	**2.1.6.3**
Perícia laboratorial	Algumas perícias exigem o aparato laboratorial, com a realização de estudos experimentais ou práticos ligados aos diversos ramos da ciência. A tecnicidade e a complexidade de alguns casos levam à necessidade do aparelhamento da polícia técnica que é chamada à realização de complexos exames, objetivando identificar a natureza de algumas substâncias, a resistência ou qualidade de objetos e materiais, o atendimento a regras técnicas em construção etc.	**2.1.6.4**
Exame grafotécnico	Se presta a identificar a autoria de determinado documento, reconhecendo o responsável pelo escrito, o que se faz por comparação de letras. Inicialmente, deve haver a intimação da pessoa a quem se atribui o escrito para que compareça ao ato; a ausência injustificada pode implicar em condução coercitiva. Para que a comparação documental seja realizada, o documento que vai servir de paradigma pode ser qualquer um reconhecidamente escrito pelo indivíduo ou judicialmente reconhecido como dele.	**2.1.6.5**
Exame nos instrumentos da infração	Os instrumentos utilizados no crime devem ser periciados não apenas para identificação do tipo de objeto: arma de fogo, arma branca, ácido sulfúrico; como também quanto à eficiência, a aptidão para provocar o resultado lesivo.	**2.1.6.6**
Exame na destruição ou rompimento de obstáculo e na escalada	Disciplinado pelo artigo 171 do CPP, ganha relevo na caracterização do furto qualificado. Havendo destruição ou rompimento de obstáculo, para a caracterização da qualificadora do furto a realização da perícia é obrigatória, podendo ser suprida pela prova testemunhal, apenas se os vestígios tiverem desaparecido, na esteira do art. 167, do CPP.	**2.1.6.7**
Avaliação	A aferição pericial do que foi danificado, além do produto do crime, é importante tanto para a dosimetria da pena, como para a mitigação da pena do furto de pequeno valor ou para o estelionato de pequeno prejuízo. É importante ainda na definição dos danos causados à	**2.1.6.8**

CAPÍTULO VII – PROVAS		
Avaliação	vítima, já que o ressarcimento é fundamental para a obtenção de benefícios como o livramento condicional ou a reabilitação, além de servir de parâmetro para fins da ação civil *ex delicto*. Devem os peritos indicar o estado e as condições da coisa avaliada, a extensão do dano, o valor de mercado, sem o que o laudo seria de pouca utilidade.	**2.1.6.8**
Exame de embriaguez ao volante	Apesar da redação pela Lei nº 12.760/2012, a chamada "tolerância zero" com a embriaguez ao volante somente foi instaurada com o advento da Resolução nº 432/2013 do Conselho Nacional de Trânsito (Contran). A infração criminal se caracteriza de duas maneiras, ambas descritas no art. 7º da Resolução: (I) exame de sangue que apresente resultado igual ou superior a 6 (seis) decigramas de álcool por litro de sangue ou (II) teste de etilômetro que indique quantidade igual ou superior a 0,34 miligrama de álcool por litro de ar expirado, além dos demais procedimentos indicados no art. 306, § 2º. Não se pode obrigar o condutor a realizar o exame de sangue ou o teste do etilômetro, em face do princípio do *nemo tenetur se detegere*. A recusa não configura crime, mas nada impedirá que testemunhas, vídeos ou outros meios de prova sejam utilizados em prejuízo do motorista que, ademais, será punido também administrativamente, nos termos do art. 165, § 3º, do CTB.	**2.1.6.9**
Interrogatório do acusado		
Conceito e natureza jurídica		
O interrogatório é a fase da persecução penal que permite ao suposto autor da infração esboçar a sua versão dos fatos, exercendo, se desejar, a autodefesa. Quanto à natureza jurídica do ato, destacam-se as seguintes posições: **2.2.1.1.** Meio de prova (é o tratamento dado pelo Código); **2.2.1.2.** Meio de defesa; **2.2.1.3.** Meio de prova e meio de defesa (é o que tem prevalecido); **2.2.1.4.** Interrogatório como meio de defesa, primordialmente, e como meio de prova, de forma subsidiária.		**2.2.1**
Necessidade e reinterrogatório		
Durante toda a persecução penal deve ser obrigatoriamente oportunizada a realização do interrogatório. Na fase pré-processual não há interrogatório propriamente dito; o indiciado ou o preso em flagrante prestará declarações perante a autoridade policial. Interrogatório é o ato realizado perante a autoridade judicial, e enquanto a sentença não transitar em julgado, sempre que possível, deve ser realizado, sob pena de nulidade. A nulidade ocorre não pela não realização efetiva do ato, e sim por sua supressão arbitrária. No que se refere à condução coercitiva do acusado, conforme consta no art. 260 do CPP, o STF decidiu que "a condução coercitiva representa uma supressão absoluta, ainda que temporária, da liberdade de locomoção", ainda que tal se dê por um período determinado e restrito no tempo. Entendeu a Suprema Corte que a expressão "para o interrogatório", constante do art. 260 do CPP não foi recepcionada		**2.2.2**

CAPÍTULO VII – PROVAS		
	pela Constituição. A todo tempo o magistrado poderá proceder a novo interrogatório, ex officio ou a requerimento das partes. Até mesmo na pendência do julgamento da apelação, poderá o tribunal, câmara ou turma proceder a novo interrogatório.	**2.2.2**
	Formalidades do interrogatório	
	2.2.3.1. Público: é ato público que, em regra, deve ser realizado a portas abertas; **2.2.3.2.** Personalíssimo: não pode ser realizado por interposta pessoa;	**2.2.3**
	2.2.3.3. Local do interrogatório: nada impede que o interrogatório seja realizado mediante precatória ou no local onde se encontre o interrogado, desde que em casos excepcionais. Sobre o interrogatório on-line ou por vídeo conferência, o STJ já o admitiu em situações de exceção, e, ainda, foi editada lei estadual (SP), dispondo sobre o assunto. O STF, entretanto, reconheceu a sua inconstitucionalidade por se tratar de forma singular não prevista em lei e por violentar as regras do justo processo legal, ferindo ainda as normas ordinárias do local da realização dos atos processuais, além de violentar a ampla defesa, a igualdade e a publicidade; **2.2.3.4.** Oralidade: o interrogatório, em regra segue a forma oral; **2.2.3.5.** Individualidade: havendo corréus, serão interrogados separadamente, de sorte que uns não assistam previamente o depoimento dos outros; **2.2.3.6.** Judicialidade: o ato será realizado pela autoridade judicial que preside o processo; **2.2.3.7.** Espontaneidade: deve prevalecer a espontaneidade do interrogatório, devendo ser livre de pressões ou constrangimentos, sob pena de invalidação do ato.	**2.2.3**
	Procedimento	
Preliminares	De início, o interrogado terá o direito de entrevistar-se reservadamente com seu defensor, caso isto ainda não tenha ocorrido. A presença do advogado passou a ser obrigatória, sob pena de nulidade absoluta do feito, em razão da ausência de defesa técnica. Na sequência, o acusado será qualificado, cientificado do teor da acusação que pesa contra si e informado do seu direito de permanecer calado, não tendo obrigação de responder as perguntas que lhe forem endereçadas. O silêncio não importa em confissão nem pode ser interpretado em prejuízo da defesa. Tem prevalecido o entendimento de que o direito ao silêncio não abrange a qualificação.	**2.2.4.1**
Conteúdo	O interrogatório está subdividido em duas partes. Na primeira etapa, o magistrado vai procurar conhecer o interrogado, individualizando-o, seguindo o art. 187, § 1º, CPP, que traz elementos importantes para a dosimetria da pena e para aferir a coculpabilidade social pela situação de delinquência do interrogado. Já a segunda etapa destina-se à aferição dos fatos apurados no processo. É a etapa de mérito. Nela o réu poderá aceitar como verdadeira ou negar a imputação que lhe é feita. Findas as perguntas, o juiz indagará à acusação e ao defensor se restou algum ponto a ser esclarecido, oportunizando reperguntas.	**2.2.4.2**

CAPÍTULO VII – PROVAS		
Conteúdo	O interrogado não está obrigado a responder as reperguntas, inclusive aquelas que forem formuladas pelo próprio advogado. A Lei nº 11.690/08 admite a interpelação direta das testemunhas (art. 212, CPP) sem o obstáculo judicial. No plenário do júri, quanto às perguntas das partes e do assistente, estas serão feitas sem intermédio do juiz presidente, numa interação direta entre o réu e os interpelantes. Os jurados, por sua vez, farão perguntas por meio do magistrado que preside o julgamento (art. 474, § 1º e § 2º, CPP).	**2.2.4.2**
Formalidades	As perguntas e respostas ficarão consignadas no termo de audiência, que todos os presentes devem assinar. O § 1º do art. 405 do CPP, inserido pela Lei nº 11.719/08, assevera que quando possível, "o registro dos depoimentos do investigado, indiciado, ofendido e testemunhas será feito pelos meios ou recursos de gravação magnética, estenotipia, digital ou técnica similar, inclusive audiovisual, destinada a obter maior fidelidade das informações".	**2.2.4.3**
Interrogatório do réu menor de vinte e um anos	Desde o advento da Lei 10.792/03 não há mais a previsão, antes contida no art. 194 do CPP, da nomeação de curador para o réu menor de 21 anos. Ainda subsiste o curador para os inimputáveis por doença mental, e para aqueles que não tenham plena capacidade.	**2.2.4.4**
Compatibilidade com o inquérito policial	O art. 6º, V, CPP, prevê que a oitiva do indiciado será realizada nos moldes do interrogatório judicial. Entretanto, a disciplina dada pela Lei nº 10.792/2003 ao interrogatório, tais como a obrigatoriedade da presença do advogado, a possibilidade de reperguntas, a entrevista preliminar, não têm aplicação, como regra, na fase do inquérito policial, pois este é inquisitivo, não comportando contraditório ou ampla defesa.	**2.2.4.5**
Interrogatório por videoconferência	Trata-se medida de exceção. O magistrado, por decisão suficientemente motivada, de ofício ou a requerimento de qualquer das partes, pode realizar o interrogatório do réu preso por sistema de videoconferência ou outro recurso tecnológico de transmissão de sons e imagens em tempo real. Para designação do interrogatório por videoconferência, basta atender uma das seguintes finalidades: (1) prevenir risco à segurança pública, quando exista fundada suspeita de que o preso integre organização criminosa ou de que, por outra razão, possa fugir durante o deslocamento; (2) viabilizar a participação do réu no referido ato processual, quando haja relevante dificuldade para seu comparecimento em juízo, por enfermidade ou outra circunstância pessoal; (3) impedir a influência do réu no ânimo de testemunha ou da vítima, desde que não seja possível colher o depoimento destas por videoconferência, nos termos do art. 217 deste Código; e (4) responder à gravíssima questão de ordem pública.	**2.2.4.6**

CAPÍTULO VII – PROVAS	
Confissão	
Conceito e objeto	
Confessar é reconhecer a autoria da imputação ou dos fatos objeto da investigação preliminar por aquele que está no polo passivo da persecução penal. Como o réu defende-se dos fatos, estes é que podem ser objeto da confissão.	**2.3.1**
Natureza jurídica	
Meio de prova.	**2.3.2**
Espécies	
a) quanto ao local ou autoridade perante a qual é feita: judicial ou extrajudicial; b) quanto aos efeitos: simples (reconhecimento puro e simples da imputação), complexa (quando o réu reconhece vários fatos criminosos que são objeto do processo) ou qualificada (o réu confessa o fato, agregando novos elementos para excluir a responsabilidade penal); c) quanto à forma: expressa ou explícita; tácita ou ficta; implícita. d) quanto à abrangência subjetiva: individual, exclusiva ou confissão *stricto sensu* ou delatória.	**2.3.3**
Requisitos	
2.3.4.1. Intrínsecos (inerentes ao ato, para lhe dar credibilidade e aproveitamento): verossimilhança, certeza do julgador, clareza, persistência e coincidência; **2.3.4.2.** Formais (questões de ordem procedimental, para dar validade ao ato): pessoalidade; ser expressa; ser feita à autoridade competente; ser livre e voluntária e higidez mental do confidente.	**2.3.4**
Peculiaridades	
2.3.5.1. Divisibilidade: O teor da confissão pode ser desmembrado, tomado em partes, já que o magistrado pode se convencer de parte do que foi admitido, e desconsiderar o restante; **2.3.5.2.** Retratabilidade: Admite a lei (art. 200, CPP) que o réu venha a desdizer o que afirmou como verdade anteriormente. Em o fazendo, não pode o magistrado negar a realização de novo interrogatório para esta finalidade.	**2.3.5**
Valor probatório	
Não existe hierarquia entre as provas, sendo a confissão mais um meio probatório.	**2.3.6**
Delação e delação premiada	
É possível que no transcorrer do interrogatório, além de confessar a infração, o interrogado decline o nome de outros comparsas. Esta é a delação, que serve validamente como prova. É a delação premiada ou benéfica, prevista esparsamente na legislação, tais como: art. 4º da Lei 12.850/2013; art. 8º, p. u. da Lei 8.072/1990; art. 159, § 4º, do CP; artigos 13 e 14 da Lei 9.807/1999; art. 1º, § 5º da Lei 9.613/1998; art. 41 da Lei 11.343/2006; art. 25, § 2º da Lei 7.492/1986; art. 16, p. u., da Lei 8.137/1990; i)a Lei nº 12.529/2011.	

CAPÍTULO VII – PROVAS		
	Não é impossível que a colaboração premiada possa ocorrer após a propositura da ação penal, inclusive mesmo depois do trânsito em julgado da ação penal condenatória, na fase de execução penal ou mesmo em sede de revisão criminal. Caso se dê fora de audiência judicial, carecerá de requerimento dirigido à autoridade judiciária competente para fins de sua homologação e de sua elevação ao patamar de "prova", abrindo-se a possibilidade de aplicação do "prêmio" previsto em lei. O "prêmio" a ser aplicável pode consistir em benefícios penais e/ou processuais penais proporcionais ao grau de efetividade da colaboração. Delação premiada e colaboração podem assumir contornos distintos: (1) a colaboração premiada é mais ampla, porque não requer, necessariamente, que o sujeito ativo do delito aponte coautores ou partícipes;	**2.3.7**
	(2) a delação premiada exige, além da colaboração para a elucidação de uma infração penal, que o agente aponte outros comparsas que, em concurso de pessoas, participaram da empreitada criminosa, como uma forma de chamamento de corréu. A delação pode levar à obtenção de benefício por parte do delator, que se veria estimulado a entregar os demais comparsas, prestando esclarecimentos para desvendar o delito.	**2.3.7**
Colaboração premiada prevista na Lei nº 8.072/1990 (crimes hediondos)	Prevê o parágrafo único do art. 8º que o participante ou associado que delatar à autoridade "quadrilha ou bando", constituídos para a prática de crimes hediondos e assemelhados, possibilitando que sejam desmantelados, terá a pena reduzida de 1/3 a 2/3. Havendo a eficácia da delação, com informações valiosas para a dissolução da associação criminosa, a redução da pena é obrigatória.	**2.3.7.1**
Colaboração premiada prevista no art. 159, § 4º, do CP (extorsão mediante sequestro)	Havendo concurso de infratores, o concorrente que venha a delatar os demais à autoridade, possibilitando com isso a libertação do sequestrado, terá a pena reduzida de 1/3 a 2/3.	**2.3.7.2**
Colaboração premiada prevista na Lei nº 9.807/1999 (proteção a vítimas e testemunhas)	Admite a delação premiada sem preestabelecer a infração praticada, convivendo harmonicamente com as demais normas que tratam da matéria, fracionando nos arts. 13 e 14 a admissibilidade do instituto em duas modalidades, com requisitos e efeitos distintos. Delação do art. 13: admite o perdão judicial em face da delação, o que leva a extinção da punibilidade. Poderá ser concedido de ofício, ou por requerimento das partes, desde que o delator, sendo primário, colabore de maneira efetiva e voluntária com a investigação e o processo criminal, resultando na identificação dos demais coautores ou partícipes; na localização da vítima, com sua integridade física preservada; na recuperação total ou parcial do produto do crime. Delação do art. 14: prevê a redução da pena de 1/3 a 2/3 para o acusado ou indiciado que colabo-rar voluntariamente com a persecução penal (inquérito e/ou processo), na identificação dos de-mais coautores ou partícipes, na localização da vítima com vida, e na recuperação total ou parcial do produto do crime, que é tudo aquilo conseguido diretamente com a atividade delitiva.	**2.3.7.3**

CAPÍTULO VII – PROVAS		
Colaboração premiada prevista na Lei nº 9.613/1998 (lavagem de capitais)	A delação premiada, neste diploma, recebeu modificações da Lei nº 12.683/2012. A previsão do instituto encontra-se ainda no art. 1º, § 5º, que contempla três possibilidades ao magistrado: (1) redução da pena de 1/3 a 2/3, iniciando o agente o seu cumprimento no regime aberto ou semiaberto; (2) substituição da pena privativa de liberdade por restritiva de direitos; (3) aplicação do perdão judicial.	**2.3.7.4**
Colaboração premiada prevista na Lei nº 11.343/2006 (Lei de Tóxicos)	O art. 41 prevê a delação como causa especial de diminuição de pena, assegurando que o "indiciado ou acusado que colaborar voluntariamente com a investigação policial e o processo criminal na identificação dos demais coautores ou partícipes do crime e na recuperação total ou parcial do produto do crime, no caso de condenação, terá pena reduzida de um terço a dois terços".	**2.3.7.5**
Colaboração premiada prevista na Lei nº 7.492/1986 (crimes contra o sistema financeiro nacional)	O § 2º do art. 25 prevê a redução de pena de 1/3 a 2/3, nos crimes cometidos por quadrilhas ou em coautoria, para o agente que confesse espontaneamente a infração, revelando toda a trama delituosa à autoridade policial ou judicial.	**2.3.7.6**
Colaboração premiada prevista na Lei nº 8.137/1990 (crimes contra a ordem tributária, econômica e relações de consumo)	Contava com a mesma previsão aplicada aos crimes contra o sistema financeiro nacional. Entretanto, com a recente Lei nº 12.529/2011, a delação premiada poderá resultar em benefício maior, a extinção da punibilidade, desde que cumprido o acordo de leniência – art. 87, parágrafo único.	**2.3.7.7**
Colaboração premiada prevista na Lei nº 12.529/2011 (crimes diretamente relacionados com a prática de cartel)	A Lei nº 12.529/2011 instituiu o Sistema Brasileiro de Defesa da Concorrência e previu acordo de leniência (acordo de tolerância, de brandura ou de doçura), condicionado à "identificação dos demais envolvidos na infração" e "a obtenção de informações e documentos que comprovem a infração noticiada ou sob investigação". Caso atendidos os requisitos, será extinta a punibilidade do agente, nos termos do art. 87, parágrafo único, da Lei. A previsão do novel diploma além de se aplicar aos crimes contra a ordem econômica, tipificados na Lei nº 8.137/1990, aplica-se aos "demais crimes diretamente relacionados à prática de cartel".	**2.3.7.8**
A colaboração premiada da Lei nº 12.850/2013 e os demais meios específicos de obtenção de prova previstos para o combate à criminalidade organizada		
	Distinções conceituais	**2.3.7.9.1**
Elementos de informação e prova	(1) "Elementos de informação" são os resultados auferidos durante a investigação preliminar. A regra é que não exista contraditório, eis que a investigação é unilateral, tratando-se de pesquisa, busca que se vale de meios cujos procedimentos não necessariamente estão gizados em lei.	**2.3.7.9.1.1**

CAPÍTULO VII – PROVAS		
Elementos de informação e prova	(2) "Prova", termo de mais de uma acepção, é, no sentido aqui adotado, o resultado de meio previsto ou não em lei, mas que exige contraditório, haja vista que é produzida na fase processual, de instrução, sob a égide de controle regrado.	**2.3.7.9.1.1**
Associação criminosa e organização criminosa	(1) Associação criminosa: (a) crime tipificado no art. 288, do CP, com redação dada pela Lei nº 12.850/2013; (b) associação de três ou mais pessoas, isto é, pelo menos três coautores; (c) necessidade de dolo específico, descrito na parte final do dispositivo, ao dizer que a associação deve ter o "fim específico de cometer crimes", não de cometer contravenções.	**2.3.7.9.1.2**
Associação criminosa e organização criminosa	(2) Organização criminosa: (a) associação de quatro ou mais pessoas, ou seja, pelo menos quatro agentes; (b) deve estar estruturalmente ordenada e caracterizada pela divisão de tarefas, ainda que informalmente; (c) exige-se o fito de obter, direta ou indiretamente, vantagem de qualquer natureza, por meio da prática de infrações penais (crimes ou contravenções penais), cujas penas máximas sejam superiores a quatro anos, ou que sejam de caráter transnacional (quando existir elemento de internacionalidade, o delito pode ter pena igual ou mesmo inferior a quatro anos).	**2.3.7.9.1.2**
Os meios específicos de obtenção de prova	O art. 3º, da Lei 12.850/2013, previu os meios de obtenção da "prova" (em sentido amplo). O resultado que for alcançado a partir de tais meios será "elementos de informação" se produzidos durante a investigação preliminar ou será "prova" (em sentido estrito), se colhidos durante o processo (instrução criminal). A Lei de investigação da criminalidade organizada prevê oito "meios de obtenção de prova": **2.3.7.9.2.1.** Colaboração premiada; **2.3.7.9.2.2.** Captação ambiental de sinais eletromagnéticos, ópticos ou acústicos; **2.3.7.9.2.3.** Ação controlada; **2.3.7.9.2.4.** Acesso a registros de ligações telefônicas e telemáticas, a dados cadastrais constantes de bancos de dados públicos ou privados e a informações eleitorais ou comerciais; **2.3.7.9.2.5.** Interceptação de comunicações telefônicas e telemáticas; **2.3.7.9.2.6.** Afastamento dos sigilos financeiro, bancário e fiscal; **2.3.7.9.2.7.** Infiltração, por policiais, em atividade de investigação; 2.3.7.9.2.7.1. Infiltração de agentes policiais do art. 10, da Lei nº 12.850/2013: Tal dispositivo estabelece que a infiltração de agentes de polícia em tarefas de investigação, representada pelo delegado de polícia ou requerida pelo Ministério Público, após manifestação	**2.3.7.9.2**

CAPÍTULO VII – PROVAS		
Os meios específicos de obtenção de prova	técnica do delegado de polícia quando solicitada no curso de inquérito policial, será precedida de circunstanciada, motivada e sigilosa autorização judicial, que estabelecerá seus limites. 2.3.7.9.2.7.2. Infiltração de agentes policiais do art. 190-A, do Estatuto da Criança e do Adolescente (inserido pela Lei nº 13.441/2017): a infiltração de Agentes de Polícia é prevista expressamente para a investigação de crimes contra a dignidade sexual de criança e de adolescente, previstos nos crimes apontados no art. 190-A, da Lei nº 8.069/1990. Para sua admissibilidade, deve ser. O autorizativo de infiltração envolve uma gama de deveres dos agentes envolvidos e dos órgãos do sistema de justiça criminal, tais como: (a) sigilo; (b) apresentação de relatórios parciais da operação; (c) registro de identidade fictícia; (d) preservação de identidade dos agentes; (e) resguardo de intimidade de crianças e de adolescentes.	**2.3.7.9.2**
Os meios específicos de obtenção de prova	**2.3.7.9.2.8.** Cooperação entre instituições e órgãos federais, distritais, estaduais e municipais na busca de provas e informações de interesse da investigação ou da instrução criminal.	**2.3.7.9.2**
Interpretação da Lei nº 12.850/2013	(a) A Lei nº 12.850/2013 (organizações criminosas) preconiza limites à produção de provas. Embora possa se partir do ponto de vista de que essa lei regula o combate ao crime organizado, prevendo técnicas avançadas de investigação, sob outro prisma ela traz conceitos que precisam ser observados para que as provas ou os elementos de informação sejam obtidos de maneira válida e, dessa maneira, sejam úteis à persecução penal estatal. (b) Não só esse diploma legal deve ser interpretado como barreira protetora das garantias, mas todos os outros que regulam, em maior ou menor medida, a investigação e a instrução criminal, a exemplo da Lei nº 9.613/1998 (lavagem de dinheiro), da Lei nº 12.830/2013 (investigação criminal conduzida pelo delegado de polícia e indiciamento) e da Lei nº 9.296/1996 (interceptações telefônicas). (c) O conceito de organização criminosa tem notas especiais que precisam ser atendidas para que sejam deflagradas consequências normativas negativas relativamente ao indiciado ou ao acusado. (d) A necessidade de constatação de "sérios indícios" de crimes de lavagem de capitais previstos na Lei nº 9.613/1998 é antecedente indispensável para que surja o dever para as pessoas elencadas em seu art. 9º (administradoras de cartão de crédito, de bolsas de valores, seguradoras etc.) de comunicar ao Conselho de Controle de Atividades Financeiras – COAF as operações suspeitas referidas no seu art. 11, I e II, "b". A colaboração premiada pode ainda ser vista sob as óticas definitórias: sintática (a estrutura), semântica (o sentido) e pragmática (a função): (1) No plano sintático, a colaboração premiada requer o exercício de atribuições por parte dos órgãos da persecução penal (delegado de polícia ou membro do Ministério Público) e o acompanhamento do agente colaborador por defensor habilitado.	**2.3.7.9.3**

CAPÍTULO VII – PROVAS		
Interpretação da Lei nº 12.850/2013	(2) No plano semântico, a colaboração premiada denota juízo valorativo não suficiente à condenação sobre a conduta do agente colaborador, na medida em que confessa a participação na infração penal investigada. (3) No plano pragmático, a delação premiada enseja a adoção de providências persecutórias efetivas, com produção de efeitos que se verificam no mundo naturalístico.	**2.3.7.9.3**
Requisitos à aplicação da delação premiada da Lei nº 12.850/2013	Na Lei nº 12.850/2013, a colaboração premiada é estruturada a partir dos elementos a seguir.	**2.3.7.9.4**
Cláusulas do acordo de colaboração premiada	(1) Na tentativa de evitar que se resvale em inconsistências, as cláusulas devem seguir estritamente os lindes impostos pelos enunciados da Lei nº 12.850/2013. (2) Com essa premissa, não é admitido pelo ordenamento jurídico brasileiro, no âmbito das tratativas, da lavratura do termo de delação premiada e da respectiva homologação, que os órgãos oficiais da persecução penal hajam sem que estejam estrita e expressamente autorizados por lei. O uso de medidas cerceadoras da liberdade deve se adequar ao art. 312, do CPP. (3) Os limites legais devem ser cogentes, retratando constrangimentos dogmáticos aos personagens jurídicos do Estado (4) As cláusulas viciadas não devem estar imunes a controle, notadamente dos prejudicados pela delação obtida com negociação contrária à Lei nº 12.850/2013, ao Código Penal e à Lei de Execução Penal. O proceder eivado de nulidade não deve precluir em favor do delator até que se dê ciência aos delatados e lhes seja autorizado impugnar por meio de recurso (apelação, se perante juiz de primeiro grau, a teor do art. 393, II, CPP). (5) O regime de nulidades deve ser aplicado à sentença de homologação e ao termo de colaboração premiada.	**2.3.7.9.4.1**
Pressupostos necessários à homologação da colaboração premiada pelo juiz	(a) Formulação do requerimento das partes ao magistrado competente; (b) O indiciado ou acusado deve ter colaborado efetiva e voluntariamente com a investigação e com o processo criminal (não se exige espontaneidade, bastando a voluntariedade); (c) A colaboração do indiciado ou do acusado deve ser causa de obtenção de resultado útil, de forma isolada ou cumulativa.	**2.3.7.9.4.2**
Sujeitos da relação jurídica da colaboração premiada	(a) sujeito ativo da decisão homologatória fundamentada: juiz competente; (b) sujeito passivo: o indiciado ou o acusado que tenha colaborado efetiva e voluntariamente com a investigação e/ou com o processo criminal;	**2.3.7.9.4.3**

CAPÍTULO VII – PROVAS		
Consequências decorrentes da decisão homologatória da colaboração premiada	(a) redução de pena em até dois terços da pena privativa de liberdade ou substituição por pena restritiva de direitos; (b) concessão do perdão judicial ao colaborador, ainda que esse benefício não tenha sido previsto na proposta inicial (§ 2º, do art. 4º, da Lei nº 12.850/2013); (c) suspensão do prazo para o oferecimento de ação penal ou suspensão do processo pelo prazo de até seis meses, enquanto são cumpridas as condições estabelecidas para o agente colaborador, com a correlata suspensão do lapso prescricional; (d) redução de pena até a metade ou progressão de regime de forma mais favorável que a prevista legalmente nos casos de delação premiada posterior à sentença penal condenatória; (e) o juiz deve escolher a sanção premial de forma fundamentada, procedendo segundo parâmetros relativos à personalidade do colaborador, a natureza, as circunstâncias, a gravidade, a repercussão social do fato criminoso e a eficácia da colaboração.	**2.3.7.9.4.4**
A decisão homologatória da colaboração premiada da Lei nº 12.850/2013	O art. 4º e seus parágrafos, da Lei nº 12.850/2013, estipula os requisitos que devem estar presentes na sentença homologatória de colaboração premiada. Seus elementos devem respeitar a forma legal e não violar vedações expressas. **2.3.7.9.5.1.** Vedação de participação do juiz nas negociações: É vedado ao juiz participar das negociações realizadas entre as partes para a formalização do acordo de colaboração. O acordo de colaboração ou delação terá lugar entre o delegado de polícia, o investigado e o defensor, com a manifestação do Ministério Público, ou, conforme o caso, entre o Ministério Público e o investigado ou acusado e seu defensor. **2.3.7.9.5.2.** Exame não meritório do acordo (regularidade, legalidade e voluntariedade): Feito o acordo, o termo respectivo, acompanhado das declarações do colaborador e de cópia da investigação, será encaminhado ao magistrado competente para homologação. Na sentença final do processo criminal, aliás, o juiz deverá confrontar os termos do acordo homologado com a prova, a fim de analisar e descrever o grau de efetividade da colaboração pactuada. Esse o sentido do § 11, do art. 4º, da Lei nº 12.850/2013. Isso equivale a afirmar que o juiz poderá declarar a ineficácia do acordo homologado quando se verificar que não foi demonstrada a eficácia da suposta colaboração, quando poderá, justificada e fundamentadamente, negar a aplicação dos benefícios naquele previstos. **2.3.7.9.5.3.** Limites legais e suspensão pactuada de garantias: Regras basilares existem, que são limites, garantias, a fim de que o legislado seja respeitado, exercendo dirigismo forte sobre o negócio firmado com o delator. Vejamos.	**2.3.7.9.5**

CAPÍTULO VII – PROVAS		
A decisão homologatória da colaboração premiada da Lei nº 12.850/2013	(1) Não atendendo os requisitos legais ou não se amoldando ao caso concreto, ao juiz é concedido o poder de recusar homologação à proposta defeituosa. Tal poder é de ser entendido como dever. (2) Uma vez homologado o acordo, o colaborador poderá, sempre acompanhado pelo seu defensor, ser ouvido pelo membro do Ministério Público ou pelo delegado de polícia responsável pelas investigações. (3) A proposta de delação premiada é retratável. (4) A sentença (final, de mérito, condenatória ou absolutória dos acusados) deve apreciar os termos do acordo homologado e sua eficácia. (5) Mesmo que já beneficiado por perdão judicial ou não denunciado, o colaborador poderá ser ouvido em juízo a requerimento das partes ou por iniciativa da autoridade judicial. (6) Havendo possibilidade, o registro dos atos de colaboração será feito pelos meios ou recursos de gravação magnética, estenotipia, digital ou técnica similar, inclusive audiovisual. (7) Nas declarações que prestar, o colaborador renunciará, na presença de seu defensor, ao direito ao silêncio e estará sujeito ao compromisso legal de dizer a verdade. A mitigação ao direito fundamental de manter-se calado em seu interrogatório não seria, para a posição prevalente, violadora ao princípio do *nemo tenetur se detegere*. De outra vertente, cabe acentuar que o indiciado ou o acusado não tem o direito de acusar indevidamente terceiros, criando situações inexistentes, em virtude da possibilidade de responder, em tal hipótese, pelo crime de denunciação caluniosa (artigo 339, do Código Penal). (8) O defensor do colaborador deve prestar-lhe assistência em todos os atos de negociação, confirmação e execução da colaboração. (9) A condenação, caso ocorra, deve ser contextual, com o exame de todas as teses suscitadas nos autos, sendo vedado ao juiz prolatar sentença condenatória que contenha as declarações de agente colaborador como único fundamento.	**2.3.7.9.5**
Perguntas ao ofendido		
Considerações gerais: conceito e natureza		
O ofendido é o titular do direito lesado ou posto em perigo, é a vítima, sendo que suas declarações, indicando a versão que lhe cabe dos fatos, têm natureza probatória.		**2.4.1**
Repercussões processuais		
O ofendido, que não é testemunha, e não pode ser tratado como tal, não será compromissado a dizer a verdade, e caso falte com a mesma, não incide em falso testemunho.		**2.4.2**

CAPÍTULO VII – PROVAS	
Entendemos que o ofendido está obrigado a comparecer sempre que devidamente intimado para o ato. Ao final das perguntas formuladas pelo magistrado ao ofendido, as partes (acusação e defesa, nesta ordem) poderão formular reperguntas. O ofendido é ouvido por iniciativa das partes ou por determinação de ofício da autoridade. A não realização do ato implica em nulidade relativa.	**2.4.2**
Valor probatório das declarações do ofendido	
Constituem meio de prova, embora devam ser analisadas com cautela.	**2.4.3**
Prerrogativas do ofendido	
a) Comunicação dos "atos processuais relativos ao ingresso e à saída do acusado da prisão, à designação de data para audiência e à sentença e respectivos acórdãos que a mantenham ou modifiquem" (art. 201, § 2º, CPP). As comunicações serão feitas no endereço indicado pelo ofendido, admitindo-se, por opção deste, o uso de meio eletrônico. (§ 3º, art. 201). b) Lugar separado antes da audiência e durante sua realização, com o objetivo de que o ofendido tenha o mínimo de contato com o agressor, familiares do mesmo, evitando-se também, a depender da situação, o assédio da imprensa (§ 4º).	**2.4.4**
c) Encaminhamento judicial a atendimento multidisciplinar, "especialmente nas áreas psicossocial, de assistência jurídica e de saúde", sendo que o ônus será suportado pelo agressor ou pelo Estado. d) Retirada do réu da sala para que o ofendido preste declarações livre de qualquer desconforto psicológico. O imputado assistirá ao ato por videoconferência, evitando-se que fique no mesmo ambiente do ofendido, quando houver risco comprovado de que sua presença cause humilhação, temor ou constrangimento à vítima. e) Caberá ainda ao magistrado tomar as providências necessárias "à preservação da intimidade, vida privada, honra e imagem do ofendido, podendo, inclusive, determinar o segredo de justiça em relação aos dados, depoimentos e outras informações constantes dos autos a seu respeito para evitar sua exposição aos meios de comunicação" (§ 6º).	**2.4.4**
Escuta especializada e depoimento especial de criança ou de adolescente (Lei nº 13.431/2017 – depoimento sem dano)	
O depoimento sem dano pode ser desmembrado em duas técnicas. A primeira, denominada "escuta especializada" (art. 7º). A segunda, "depoimento especial" (art. 8º). Escuta especializada é o procedimento de entrevista a respeito de situação de violência com criança ou adolescente, perante o órgão da rede de proteção, limitado o relato estritamente ao necessário para o cumprimento de sua finalidade. Diferentemente, depoimento especial é o procedimento de oitiva de criança ou adolescente vítima ou testemunha de violência perante autoridade policial ou judiciária. Sobre ele, deve recair segredo de justiça.	**2.4.5**

<table>
<tr><th colspan="2">CAPÍTULO VII – PROVAS</th></tr>
<tr><th colspan="2">Proteção à mulher em situação de violência doméstica ou familiar e regras específicas de atendimento policial e pericial especializado (Lei nº 13.505/2017)</th></tr>
<tr><td>A Lei nº 13.505/2017 inseriu o art. 10-A, à Lei nº 11.340/2006. Seu caput deixa expresso ser direito da mulher em situação de violência doméstica e familiar o atendimento policial e pericial especializado, ininterrupto e prestado por servidores – preferencialmente do sexo feminino – previamente capacitados.

O procedimento de inquirição de mulher em situação de violência doméstica e familiar ou de testemunha de delitos com incidência da Lei Maria da Penha, deve ser observado que: (1) a inquirição seja realizada em recinto especialmente projetado para esse fim, o qual conterá os equipamentos próprios e adequados à idade da mulher em situação de violência doméstica e familiar ou testemunha e ao tipo e à gravidade da violência sofrida; (2) a inquirição seja intermediada por profissional especializado em violência doméstica e familiar designado pela autoridade judiciária ou policial, quando o caso indicar; (3) o depoimento seja registrado em meio eletrônico ou magnético, devendo a degravação e a mídia integrar o inquérito.</td><td>2.4.6</td></tr>
<tr><th colspan="2">Testemunhas</th></tr>
<tr><th colspan="2">Conceito e natureza</th></tr>
<tr><td>Testemunha é a pessoa desinteressada que declara em juízo o que sabe sobre os fatos, em face das percepções colhidas sensorialmente.
É meio de prova</td><td>2.5.1</td></tr>
<tr><th colspan="2">Características da prova testemunhal</th></tr>
<tr><td>a) judicialidade (de regra, a testemunha presta o seu depoimento perante o magistrado);
b) oralidade;
c) objetividade;
d) individualidade;
e) retrospectividade.</td><td>2.5.2</td></tr>
<tr><th colspan="2">Recusa e impedimento</th></tr>
<tr><td>A legislação indica pessoas que podem recusar-se (art. 206, CPP), em certas circunstâncias, a depor, ou até mesmo aquelas que estão impedidas de figurar como testemunhas (art. 207, CPP). Existem outras vedações, constantes de legislações esparsas.</td><td>2.5.3</td></tr>
<tr><th colspan="2">Demais vedações</th></tr>
<tr><td>a) os advogados estão impossibilitados de figurar como testemunha, e mesmo quando autorizados pelo interessado, poderão recusar-se.
b) os Deputados e Senadores não estão obrigados a testemunhar sobre informações recebidas ou prestadas no exercício do mandato, nem sobre pessoas que lhes confiaram ou deles receberam informações.
c) os magistrados e promotores estão impedidos de atuar na persecução penal e figurar como testemunha concomitantemente.
d) corréu também não pode ser testemunha em relação ao seu comparsa, afinal, não presta compromisso de dizer a verdade, podendo até mesmo mentir.</td><td>2.5.4</td></tr>
</table>

<table>
<tr><th colspan="3">CAPÍTULO VII – PROVAS</th></tr>
<tr><th colspan="3">Deveres das testemunhas</th></tr>
<tr><td colspan="2">a) comparecimento;
O Código de Processo Penal prevê delito de desobediência para a testemunha faltosa. O CPC/2015 não estipula tal possibilidade.
b) compromisso com a verdade;
c) informação para fácil localização.</td><td>2.5.5</td></tr>
<tr><th colspan="3">Número de testemunhas</th></tr>
<tr><td colspan="2">a) no procedimento comum ordinário: 08;
b) no procedimento sumário: 05;
c) no procedimento sumaríssimo: 03;
d) na segunda fase do júri: 05;
e) no procedimento da Lei de Drogas (Lei nº 11.343/2006): 05.</td><td>2.5.6</td></tr>
<tr><th colspan="3">Classificação</th></tr>
<tr><td colspan="2">2.5.7.1. Quanto ao número de testemunhas estatuído na legislação:
2.5.7.1.1. Numerárias (arroladas pelas partes e compromissadas, integram o número legal);
2.5.7.1.2. Extranumerárias (ouvidas por iniciativa do juiz, são, de regra, compromissadas);
2.5.7.1.3. Informantes: Não prestam o compromisso de dizer a verdade. São as pessoas do art. 206 do CPP, além dos menores de quatorze anos, dos doentes e deficientes mentais.</td><td>2.5.7</td></tr>
<tr><td colspan="2">2.5.7.2. Quanto ao objeto da prova oral:
2.5.7.2.1 Própria (ouvida acerca dos fatos delituosos);
2.5.7.2.2 Imprópria (presta depoimento sobre um ato da persecução criminal).
2.5.7.3. Quanto à qualidade do testemunho:
2.5.7.3.1 Laudadores (prestam declarações acerca dos antecedentes do infrator);
2.5.7.3.2. Testemunhas da coroa (são os agentes infiltrados);
2.5.7.3.3. Inócua (a pessoa que nada souber de aproveitável à elucidação da causa, não será computada como testemunha);
2.5.7.3.4. Testemunhas vulneráveis: Termo referente a pessoas que, em razão de condições físicas especiais, são mais facilmente intimidadas, tais como as crianças, as pessoas com deficiência, enfermas ou idosas. A testemunha vulnerável tem mais propensão a ter sua liberdade para depor limitada.</td><td>2.5.7</td></tr>
<tr><td>Testemunhas anônimas</td><td>A testemunha denominada impropriamente pela doutrina de "testemunha anônima" é aquela cujos dados são colocados sob sigilo em relação ao imputado.
Não há propriamente anonimato, haja vista que a identidade da testemunha não é desconhecida dos órgãos da Justiça. O que se colima é acautelar a testemunha ou a vítima contra investidas do indiciado ou acusado nas hipóteses de ameaça grave ou de violência física, protegendo seus dados para que seja atingido este fim específico.</td><td>2.5.7.3.5</td></tr>
</table>

CAPÍTULO VII – PROVAS		
Testemunhas ausentes	Testemunha ausente é aquela que, ouvida no curso da investigação preliminar (sem contraditório), falece sem que seja ouvida no curso do processo pelo juiz. A doutrina aponta, todavia, hipóteses em que o depoimento de testemunha ausente prestado no curso de inquérito policial pode ser considerado como modo retrospectivo de declaração testemunhal, obtida sem o direito ao confronto, notadamente quando a impossibilidade de tomada do depoimento testemunhal tiver sido causada em razão de conduta ilícita atribuída ao próprio acusado ou por pessoas ligadas a ele, a fim de não findar por admitir comportamento que viole a vedação de se lograr benefício a partir da própria torpeza.	**2.5.7.3.6**
Lugar do depoimento, precatória e videoconferência		
Correndo o processo na comarca onde a testemunha reside, deve esta comparecer à sede do juízo no dia e hora aprazados. As pessoas impossibilitadas de comparecer por enfermidade ou velhice serão ouvidas onde estiverem. Residindo a testemunha em outra comarca, será ouvida através de carta precatória. A ausência de intimação da expedição da carta implica em nulidade relativa. A precatória não suspende o curso do processo. As disposições relativas ao interrogatório por videoconferência têm aplicação, no que couber, "à realização de outros atos processuais que dependam da participação de pessoa que esteja presa, como acareação, reconhecimento de pessoas e coisas, e inquirição de testemunha ou tomada de declarações do ofendido" (§ 8º, art. 185, CPP).		**2.5.8**
Também para evitar a emissão de carta precatória, é possível a oitiva das testemunhas por "videoconferência, ou outro recurso tecnológico de transmissão de sons e imagens em tempo real (§ 3º, art. 222, CPP). Algumas pessoas, em razão do cargo que desempenham, serão ouvidas com a prerrogativa de ajustarem previamente local, dia e hora com o magistrado é o que ocorre, v.g., com o Presidente e Vice-Presidente da República, senadores e deputados federais, ministros de Estado, deputados estaduais, juízes, dentre outros.		**2.5.8**
Testemunho dos militares e funcionário públicos		
Os militares, ao figurarem como testemunhas, serão requisitados ao seu superior hierárquico. Já os funcionários públicos, apesar da intimação pessoal ser obrigatória, têm a expedição do mandado comunicada ao chefe da repartição.		**2.5.9**
Procedimento para tomar o depoimento		
Inicialmente, a testemunha devidamente intimada deverá comparecer no dia e hora aprazados, podendo, para tanto, ser conduzida coercitivamente. Não se pode presumir a má-fé da parte, e havendo certidão de que a testemunha não foi encontrada, ou que faleceu ou viajou, mesmo sem previsão legal neste sentido, entendemos que a parte deve ser intimada, e trazer, independente de intimação, a testemunha substituta para audiência de instrução. As testemunhas serão ouvidas separadamente (art. 210, parágrafo único), além de dever ser compromissada, e advertida das penas cominadas ao falso testemunho. A testemunha não poderá invocar o direito ao silêncio, e se o fizer, responde por falso testemunho, salvo se o fato puder incriminá-la. Uma vez compromissada, a testemunha será qualificada. Havendo dúvidas quanto à identidade da testemunha, o juiz patrocinará o esclarecimento pelos meios à sua disposição, ou até mesmo socorrer-se-á à autoridade policial para tal verificação. Após a qualificação, oportuniza-se a contradita, ou seja, a impugnação da testemunha a ser ouvida.		**2.5.10**

CAPÍTULO VII – PROVAS	
O depoimento	
A forma oral é a regra, sendo facultado à testemunha consultar apontamentos. De acordo com a nova sistemática adotada pelo art. 212, caput, CPP, entendemos que as partes deverão formular suas perguntas à testemunha em primeiro lugar. Ao juiz incumbirá, ao final, esclarecer pontos ainda não elucidados. A violação da ordem deve implicar nulidade absoluta, porque violados os princípios do contraditório, da ampla defesa e acusatório. O sistema presidencialista, onde as perguntas eram feitas por intermédio do magistrado, fica superado, como já acontecia no júri. Entretanto, quanto aos jurados que desejem reperguntar, terão que se valer do juiz presidente como intermediário. O exame direto e cruzado foi expressa e inteiramente adotado pela Lei nº 11.689/2008 na tomada do depoimento de testemunhas, consistindo: (1) na inquirição do depoente com perguntas diretas (da parte que arrolou – ***direct examination***) e depois com indagações cruzadas (quando a parte contrária formula suas perguntas – ***cross examination***). O juiz não indefere pergunta das partes, salvo se "puderem induzir resposta, não tiverem relação com a causa ou importarem na repetição de outra já respondida" (art. 212, CPP).	**2.5.11**
A redação do depoimento, dentro do possível, deve reproduzir fielmente as expressões utilizadas pela testemunha (art. 215, CPP). As declarações serão reduzidas a termo, assinado por ela, pelo magistrado e pelas partes. Caso a testemunha não saiba ou não possa assinar, um terceiro o fará por ela, depois de lido o depoimento na presença de ambos (assinatura a rogo). Havendo receio de intimidação da testemunha, pois a presença do réu poderá causar-lhe humilhação, temor ou sério constrangimento, e desde que haja elementos robustos em tal sentido, prejudicando o próprio ato em sua veracidade, a inquirição será realizada por videoconferência, e o réu assistirá ao procedimento do estabelecimento prisional, ou de sala específica para transmissão, inclusive no próprio Fórum.	**2.5.11**
Falso testemunho e prisão em flagrante	
Caso a testemunha faça afirmação falsa, cale ou negue a verdade, cabe ao magistrado, uma vez proferida sentença e constatada tal circunstância, remeter cópia do depoimento à autoridade policial, para que se instaure inquérito. Nada impede que o promotor deflagre de pronto a ação, dispensando a elaboração do inquérito policial. Porém, se a testemunha se retratar no processo em que tenha mentido, declarando a verdade antes de a sentença ser prolatada, haverá a extinção da punibilidade. Já quanto à prisão em flagrante da testemunha, prevê o § único do art. 211 do CPP esta possibilidade, quando, após prestado o depoimento, a decisão do processo for proferida em audiência, eis que após a sentença a testemunha não mais poderá se retratar.	**2.5.12**
Competência para julgamento do falso testemunho	
O juízo competente para julgar o falso é o do local da consumação do delito (art. 70, CPP). Se o depoimento é prestado por carta precatória, a competência firma-se no juízo deprecado. Já no falso praticado perante a Justiça do Trabalho, o STJ editou a súmula nº 165, assegurando competir à Justiça Federal processar e julgar crime de falso testemunho cometido no processo trabalhista.	**2.5.13**

CAPÍTULO VII – PROVAS		
Proteção		
A Lei nº 9.807/1999 instituiu o Programa Federal de Assistência a Vítimas e Testemunhas Ameaçadas, que é estendido também a infratores que tenham colaborado com a persecução penal.		**2.5.14**
Valor probatório		
Sendo meio probatório como outro qualquer, o valor da prova testemunhal é relativo.		**2.5.15**
Reconhecimento de coisas e pessoas		
Conceito e natureza jurídica		
Eventualmente pode ser fundamental para o deslinde da causa que algum objeto, ou alguém vinculado direta ou indiretamente ao evento delitivo, seja reconhecido. O reconhecimento tem natureza jurídica de meio de prova.		**2.6.1**
Reconhecimento de pessoas		
Tem por finalidade identificar o acusado, o ofendido ou testemunhas.		**2.6.2**
Procedimento	O reconhecimento pode ser determinado na fase preliminar ou processual: a pessoa a fazer o reconhecimento primeiramente descreverá a pessoa a ser reconhecida;	**2.6.2.1**
Procedimento	a seguir, e se for possível, a pessoa a ser reconhecida é colocada ao lado de outras de semelhantes características. Havendo mais de uma pessoa para realizar o reconhecimento, deverão fazê-lo separadamente; por fim, procede-se à lavratura de auto pormenorizado, subscrito pela autoridade, pela pessoa que realizou o reconhecimento e por duas testemunhas presenciais.	**2.6.2.1**
Intimidação	Havendo receio de intimidação, a autoridade providenciará para que o reconhecendo não veja o reconhecido. Essa estratégia não se aplica em juízo, pois violaria o princípio da publicidade.	**2.6.2.2**
Reconhecimento fotográfico e fonográfico		
Trata-se de prova inominada, cada vez mais comum nos dias atuais. Destacam-se álbuns de fotografias constantes em delegacias, além da possibilidade do reconhecimento da voz (clichê fônico).		**2.6.3**
Reconhecimento de coisas		
O reconhecedor narra o objeto a ser identificado; este será colocado, se possível, ao lado de outros com características similares; de tudo será lavrado termo circunstanciado assinado pelo reconhecedor, pela autoridade, e por duas testemunhas.		**2.6.4**
Acareação		
Conceito e natureza		
Acarear ou acaroar é pôr em presença, uma da outra, face a face, pessoas cujas declarações são divergentes. Ocorre entre testemunhas, acusados e ofendidos.		**2.7.1**
Pressupostos		
a) as pessoas já devem ter prestado declarações; b) mister haver divergência no relato das pessoas, sobre fatos ou circunstâncias relevantes.		**2.7.2**

CAPÍTULO VII – PROVAS	
Procedimento	
Os acareados serão reperguntados, para que expliquem os pontos de divergência, podendo então modificar ou confirmar as declarações anteriores, realizando-se assim o termo. Existe ainda a possibilidade de acareação por precatória.	**2.7.3**
Valor probatório	
É um meio probatório como qualquer outro, tendo valor relativo.	**2.7.4**
Documentos	
Conceito	
Na concepção restrita dada pelo *caput* do art. 232 do CPP, consideram-se "documentos quaisquer escritos, instrumentos ou papeis, públicos ou particulares". Já na concepção ampla, que é a atual, em face da interpretação progressiva da lei, considera-se documento qualquer objeto representativo de um fato ou ato relevante.	**2.8.1**
Espécies	
a) particular (produzido por particular, ou elaborado por funcionário público que não esteja no exercício de suas funções); b) público (elaborado por funcionário público no exercício funcional); c) original (escrito na fonte originariamente produtora);	**2.8.2**
d) cópia (é a reprodução do documento original); e) nominativo (contém o seu autor); f) anônimo (não contempla a indicação do responsável). (g) Escrito (meio de formação do documento que toma corpo em papel escrito) (h) Gráfico (o documento de forma através de fatos ou ideias representadas por sinais, a exemplo de desenhos gráficos ou esquemas) (e) Digital (os documentos constituídos por intermédio de meios eletrônicos e softwares – inserido no conceito de documento em sentido amplo). (h) Direto (documento que representa de forma direta a coisa que pretende demonstrar, tal como a fotografia). (i) Indireto (documento que é criado pela mente de seu autor, tal como uma pintura). (j) Instrumental, probatório em sentido estrito ou escrito *ad probationem* (é o documento pré-constituído, produzido com o cunho de servir de prova de um fato) (k) Eventual ou acidental (é aquele que foi produzido sem que houvesse motivação para servir de prova de determinado fato, mas que, naturalmente, pode ser plenamente usado para fins probatórios).	**2.8.2**
Requisitos	
Verdade (constatação do que se expõe no documento) e autenticidade (identificação de quem produziu o documento).	**2.8.3**
Produção	
Como regra, os documentos podem ser apresentados em qualquer fase do processo, de forma espontânea ou provocada. Em homenagem à tutela da correspondência, veda-se o lançamento aos autos das cartas particulares interceptadas ou obtidas por meios criminosos (art. 233, CPP). Nem precisava haver tal previsão, afinal, a interceptação da correspondência caracteriza prova ilícita, impedindo a utilização, salvo nas hipóteses excepcionais amparadas pelo princípio da proporcionalidade (*pro reo*). Já o destinatário da carta poderá exibi-la em juízo para defesa de seu direito, independente da aquiescência do remetente (art. 233, parágrafo único, CPP).	**2.8.4**

CAPÍTULO VII – PROVAS	
Tradução	
Quando o documento é produzido em língua estrangeira, pode ser imediatamente lançado aos autos, e, se necessário, será traduzido por tradutor oficial ou pessoa nomeada pela autoridade para tal fim. Caso o documento seja realmente utilizado, entendemos que a necessidade de tradução é presumida, pois mesmo que as partes e a autoridade dominem a língua estrangeira, a publicidade dos autos e a necessidade de acessibilidade do conteúdo assim o exigem.	**2.8.5**
Restituição	
Os documentos originais, encerrado o processo e não havendo motivos para que permaneçam nos autos, podem ser restituídos, ficando retidas cópias, desde que patrocinada a oitiva do Ministério Público.	**2.8.6**
Indícios e presunções	
Conceito	
O indício é a circunstância conhecida e provada, que tendo relação com o fato, autoriza, por indução, concluir-se a existência de outra ou outras circunstâncias. Já a presunção é o conhecimento daquilo que normalmente acontece.	**2.9.1**
Classificação	
O indício pode ser: positivo (indica a presença do fato ou elemento que se quer provar) ou negativo (alimenta a impossibilidade lógica do fato alegado e que se deseja provar). Já a presunção, pode ser: *hominis* (é a presunção ordinária, da vida cotidiana) ou *juris* (é aquela que está normatizada). Esta última ainda se divide em relativa ou *juris tantum*, quando o fato estabelecido como verídico admite prova em contrário e absoluta ou *juris et de jure.*	**2.9.2**
Valor probatório	
Estamos diante de prova indireta, que exige uma ilação para que se chegue à determinada conclusão, mas nem por isso de menor importância do que as demais provas, indiretas ou não. Tem valor relativo como todas as demais, podendo lastrear validamente sentença condenatória ou absolutória. **2.9.3.1.** Prova indiciária e agente infiltrado: É possível diferenciar o valor que pode ser atribuído ao depoimento do agente infiltrado prestado em juízo, conforme o seu conteúdo. **2.9.3.2**. Prova indiciária e testemunha por ouvir dizer (hearsay witness): As declarações do agente infiltrado podem ter conteúdo direto (entendido como decorrente da percepção imediata do *thema probandum*, sem obtenção de informações através de terceira pessoa) ou indireto (especialmente quando decorrente da situação de *hearsay witness*, isto é, como testemunha "por ouvir dizer" ou "de segunda mão"). 2.9.3.3. Valor probatório do depoimento do agente infiltrado e da *hearsay testimony:* A credibilidade e o valor atribuídos ao depoimento do agente infiltrado devem ser reduzidos pelo juiz quando, por exemplo, aquele agente não tiver visualizado o *modus operandi* do delito pela percepção direta, pelos seus sentidos, restringindo-se a saber "por ouvir dizer" (hearsay testimony). Esse "testemunho" indireto não é prova com valor pleno.	**2.9.3**

<table>
<tr><th colspan="3">CAPÍTULO VII – PROVAS</th></tr>
<tr><th colspan="3">Busca e Apreensão</th></tr>
<tr><th colspan="3">Conceito e natureza jurídica</th></tr>
<tr><td colspan="2">A busca é a procura, a diligência que objetiva encontrar o que se deseja, ao passo que a apreensão é medida de constrição, para acautelar, por sob custódia determinado objeto ou pessoa. Nada impede que exista busca sem apreensão, e vice-versa. Quanto à natureza jurídica, os institutos são tratados pela legislação como meio de prova, embora haja entendimento no sentido de que se trata de medida cautelar.</td><td>2.10.1</td></tr>
<tr><th colspan="3">Iniciativa</th></tr>
<tr><td colspan="2">Poderá ser determinada de ofício pela autoridade ou a requerimento das partes.
A busca e apreensão domiciliar está adstrita a cláusula de reserva jurisdicional, cabendo privativamente ao judiciário a expedição do mandado. Afora esta hipótese, não havendo possibilidade de violação domiciliar, outras autoridades podem determinar a medida.</td><td>2.10.2</td></tr>
<tr><th colspan="3">Objeto</th></tr>
<tr><td colspan="2">O artigo 240, CPP, de forma não exaustiva, traz as hipóteses de busca e apreensão domiciliar (§ 1º) e de busca e apreensão pessoal (§ 2º).</td><td>2.10.3</td></tr>
<tr><th colspan="3">Momento</th></tr>
<tr><td colspan="2">Existe ampla liberdade temporal para a realização da medida, que pode ocorrer antes do início formal da persecução penal, durante a investigação preliminar, no curso da instrução processual, na fase recursal, ou até mesmo na fase executória.</td><td>2.10.4</td></tr>
<tr><th colspan="3">Espécies</th></tr>
<tr><td>Busca domiciliar</td><td>Só poderá ser determinada quando fundadas razões a autorizarem, sendo necessário lastro mínimo indicando que os objetos ou pessoas estão realmente na casa passível da medida. Inicialmente, a medida é executada por oficiais de justiça ou por policiais. Antes de adentrarem na residência, os executores mostrarão e lerão o mandado ao morador, ou a quem o represente, intimando-o, na sequência, a abrir a porta.
Não sendo atendido o reclamo, será arrombada a porta e forçada a entrada. Se o morador criar obstáculos ou mantiver os já existentes no intuito de impedir o acesso ao objeto ou a coisa, poderá haver o emprego de força contra a coisa. Não estando presente o morador, a diligência não ficará frustrada: a porta poderá ser arrombada, assim como serão utilizados os meios necessários para a pronta localização. Descoberta a pessoa ou a coisa procurada, esta será imediatamente apreendida e posta sob custódia da autoridade ou de seus agentes. Em se tratando de objetos, estes ficarão à disposição do magistrado ou da autoridade policial, conforme o caso. Já em se tratando de infratores, serão eles encaminhados ao competente estabelecimento prisional. A diligência será encerrada com a lavratura de auto circunstanciado, assinado pelos executores, por duas testemunhas presenciais e eventualmente por um vizinho, nas hipóteses que preveem a convocação do mesmo.
Situações especiais: se a busca domiciliar iniciar-se durante o dia, poderá estender-se, se necessário, para além das 18 horas, desde que a sua interrupção cause prejuízo ao ato; havendo necessidade da apreensão de algum documento ou objeto que se encontre em</td><td>2.10.5.1</td></tr>
</table>

<table>
<tr><th colspan="3">CAPÍTULO VII – PROVAS</th></tr>
<tr><td>Busca domiciliar</td><td>repartição pública ou em outro local público de uso privativo, a autoridade judicial requisitará a sua apresentação, não sendo preciso, a priori, a determinação de busca e apreensão; A Lei nº 11.768/2008 alterou o inciso II, do art. 7º do Estatuto da OAB, que prevê como direito do advogado: "a inviolabilidade de seu escritório ou local de trabalho, bem como dos seus instrumentos de trabalho, de sua correspondência escrita, eletrônica, telefônica e telemática, desde que relativas ao exercício da advocacia"; para efeito da apreensão, a diligência poderá adentrar por território de outra comarca, mesmo que situada em Estado diverso daquele onde a autoridade desempenha suas funções, nos casos do art. 250, § 1º do CPP; o mandado de busca e apreensão deve ser interpretado de forma restrita, não podendo a autoridade, no cumprimento da diligência, angariar todos os elementos que venha a encontrar na residência vasculhada e que não sejam objeto do mandado; o ingresso pela autoridade em domicílio alheio fora das formalidades e finalidades legais caracteriza crime de abuso de autoridade; a polícia só está autorizada a penetrar em residência sem o consentimento do morador e sem ordem do juiz se inexistir dúvida plausível de que há situação de flagrante delito, de desastre ou de necessidade de prestação de socorro. É de se exigir, para a entrada na casa de alguém sem ordem de juiz, uma "justa causa visível".</td><td>2.10.5.1</td></tr>
<tr><td>Busca pessoal</td><td>Envolve a busca nas vestes e demais objetos em poder do revistado, como malas, mochilas, automóveis etc. A busca pessoal pode dispensar a expedição de mandado nas seguintes hipóteses: quando da realização da prisão; havendo fundadas suspeitas de o indivíduo portar arma, objetos ou papeis que componham o corpo de delito; no transcurso da busca domiciliar.</td><td>2.10.5.2</td></tr>
<tr><th colspan="3">Interceptação telefônica</th></tr>
<tr><td>Noções fundamentais</td><td>O art. 5º, XII, da CF/88 declara a inviolabilidade do sigilo da correspondência e das comunicações telegráficas, de dados e das comunicações telefônicas, salvo, no último caso, por ordem judicial. A Lei nº 9.296/1996 possibilitou a restrição ao sigilo das comunicações telefônicas de qualquer natureza, com abrangência sobre a transmissão, envio, recepção de símbolos, imagens, caracteres, sinais, escritos, sons ou informações de toda ordem, que se dê por intermédio de telefonia, pública ou particular, estática ou móvel, com o uso de recursos tradicionais, de informática ou de telemática. Compreende assim as comunicações via qualquer tipo de telefone, assim como as realizadas de forma direta (fax, modens) ou indiretamente (internet, correios eletrônicos, aplicativos instalados etc.)</td><td>2.11.1</td></tr>
<tr><td>Interceptação telefônica</td><td>A interceptação telefônica é coação processual in re, não porque seu objeto seja concreto, porém porque, através da interceptação, são apreendidos sinais sonoros, cujo conteúdo, levado ao conhecimento do juiz, tem natureza física. Trata-se de uma operação técnica que coloca à disposição do magistrado a materialização da comunicação telefônica. Daí a sua caracterização como atividade de coação processual real física.</td><td>2.11.1.1</td></tr>
</table>

CAPÍTULO VII – PROVAS		
Interceptação telefônica	Para nós, a interceptação telefônica pode se apresentar, a depender do seu conteúdo e finalidade, como meio de prova, meio de obtenção de prova ou fonte de prova. A interceptação telefônica pode ser lícita ou ilícita. Será lícita quando for autorizada judicialmente, de acordo com os pressupostos previstos na Lei nº 9.296/1996. Será ilícita quando não for autorizada judicialmente ou o for em dissonância com os parâmetros desse diploma legislativo.Interceptação telefônica lícita é meio de prova consistente no seu deferimento judicial sem o conhecimento dos interlocutores, a partir de requerimento do Ministério Público ou de representação da autoridade policial, na fase da investigação preliminar, ou a partir de requerimento do Ministério Público na fase processual penal, com o intuito de viabilizar a obtenção de prova ou de fonte de prova que se refira ao objeto das investigações ou do processo.	**2.11.1.1**
Escuta telefônica	A captação de conversa telefônica é feita por terceira pessoa com o conhecimento de um dos interlocutores. Esse meio de prova se distingue da interceptação telefônica em razão da escuta telefônica pressupor que um dos interlocutores tenha conhecimento da interceptação telefônica por um agente interceptador (terceiro).	**2.11.1.2**
Gravação telefônica	Em sentido estrito, gravação telefônica é meio de prova que exige a presença de dois interlocutores na conversa, no âmbito da qual um desses efetua a gravação; a indiferença quanto ao conhecimento da gravação pelo segundo participante da conversação telefônica (pode haver ou não a ciência do outro quanto à gravação telefônica). Em sentido amplo, é o produto da interceptação, da escuta ou da gravação telefônica em sentido estrito.	**2.11.1.3**
Registro telefônico	Registro telefônico é o histórico das ligações e demais comunicações telefônicas efetuadas de um número a outro. A "cláusula de reserva jurisdicional" do art. 5º, XII, da Constituição da República, que protege com a outorga de sigilo às "comunicações de dados" não se estende, na mesma proporção, aos dados que consubstanciam os registros telefônicos.	**2.11.1.4**
Interceptação ambiental	Captação de áudio e/ou de imagem ambiente, realizada por terceira pessoa, ou seja, por agente interceptador que não participa da conversação ambiental. O reconhecimento da validade de interceptação ambiental é análogo ao de um testemunho, ou seja, se alguém se comunica com outrem em local público ou acessível ao público, sem os cuidados para que a conversa se mantenha sigilosa (em ambiente que não seja dotado de privacidade), tal interceptação, em regra, será válida.	**2.11.1.5**

CAPÍTULO VII – PROVAS		
Gravação ambiental	Trata-se da gravação que é efetuada por um dos participantes do diálogo, com ou sem o conhecimento do outro ou dos demais. Sobre a questão, o Supremo Tribunal Federal, por maioria, destacou em "Repercussão Geral", que a prova obtida através de gravação ambiental, realizada por um dos interlocutores sem conhecimento do outro, é válida, sem qualquer mácula que induza sua ilicitude.	**2.11.1.6**
Interceptação do fluxo de comunicações em sistemas de informática e de telemática	A Lei nº 9.296/1996 previu que a normatização da interceptação telefônica é extensiva à interceptação do fluxo de comunicações em sistemas de informática e de telemática. O sigilo é protegido de forma ampla toda vez que se trate de comunicação à distância, requerendo, para que haja interceptação (participação de um terceiro protagonista captador), de autorização judi-cial (reserva legal/constitucional qualificada).	**2.11.1.7**
Distinções entre sigilos: telefônico, de dados, fiscal, bancário e financeiro	**2.11.1.8.1.** Sigilo telefônico: segredo inerente às comunicações telefônicas, cujo sujeito passivo do direito fundamental é a respectiva operadora telefônica ou, nas comunicações via internet, o correspondente provedor. O sujeito ativo dessa garantia é o usuário que pode ver limitado esse direito fundamental.	**2.11.1.8**
Distinções entre sigilos: telefônico, de dados, fiscal, bancário e financeiro	2.11.1.8.1.1. Sigilo telefônico e o problema do *smartphone:* Reputamos urgente um estatuto do telefone celular. O telefone celular se tornou instrumento para acesso a conta bancária, a correio eletrônico (e-mail) e a imagens em tempo real por meio de câmeras instaladas em residência. O acesso indevido a mensagens depositadas em aplicativo deve ser motivo para classificar os elementos obtidos como prova ilícita, inadmissível no processo. Daí ser plausível sustentar que mesmo o *smartphone* sem senha de bloqueio não deve ser examinado pela polícia sem ordem judicial, ainda que em situação de flagrante delito. 2.11.1.8.1.2. Segredo telefônico e dimensões probatórias (gerações de provas ou *Trilogia Olmstead-Katz-Kyllo*): A proteção do sigilo relativo a aplicativos, dados e comunicações que estão reunidas em telefone celular constitui o que a doutrina classifica como prova de terceira geração (ou direito probatório de terceira dimensão). Com os avanços tecnológicos, percebeu-se que situações de invasão à privacidade podem acontecer sem que haja qualquer intrusão física em residência ou em comunicações telefônicas convencionais. **2.11.1.8.2.**Sigilo de dados: segredo referente aos registros de ligações telefônicas e aos dados cadastrais dos usuários. O sigilo de dados pode ser objeto de requisição de autoridades administrativas, desde que haja previsão específica. **2.11.1.8.3.** Sigilo fiscal: é garantia constitucional decorrente do dever que sujeita a fazenda pública, através de seus funcionários, de não permitir que os dados dos contribuintes que estejam em seu poder sejam destinados a fins diversos daqueles próprios da administração tributária.	**2.11.1.8**

<table>
<tr><th colspan="3">CAPÍTULO VII – PROVAS</th></tr>
<tr><td></td><td> 2.11.1.8.4. Sigilo bancário: trata-se de garantia individual que impõe aos bancos e aos seus funcionários o dever de não destinar as informações bancárias que estão em seu poder para fins diversos de sua atividade bancária. 2.11.1.8.5. Sigilo financeiro: consiste na garantia constitucional que protege dados patrimoniais que estão no poder de instituições financeiras (não só os bancos em sentido estrito, mas todas as pessoas jurídicas indicadas no art. 1º, § 1º, da Lei Complementar nº 105/2001), importando no dever destas e de seus funcionários de não permitir a quebra do segredo sobre a situação econômica de cartões de créditos, debêntures e aplicações em geral. 2.11.1.8.6. Sigilo e compartilhamento de informações: O sigilo fiscal (tributário), o bancário e o financeiro podem ser objeto de afastamento, para fins de investigação criminal, por ordem judicial. Para tanto, devem ser seguidas as disposições constitucionais e legais. Caso contrário, o resultado obtido a partir das informações acessadas constituirá prova ilícita. Além do afastamento do sigilo, pode haver compartilhamento de informações entre órgãos e pessoas jurídicas albergadas em lei. No ponto, há divergências em torno da necessidade de decisão judicial para que, por exemplo, a Administração Pública (Fisco) compartilhe informação acerca de suspeita de crime, diretamente (sem ordem judicial), ao Ministério Público. Os dados obtidos por intermédio da "quebra dos sigilos bancário, telefônico e fiscal devem ser mantidos sob reserva", isto é, o acesso a eles somente poderá ocorrer conforme autorizativo legal ou judicial. Sob a égide desse entendimento, o Plenário do STF concedeu mandado de segurança para determinar ao Senado Federal que retire de sua página na Internet os dados obtidos por meio da quebra de sigilo determinada por comissão parlamentar de inquérito (CPI)". </td><td></td></tr>
<tr><td>Sigilo de dados e sigilo do fluxo de comunicações através do uso da Internet – Lei nº 12.965/2014</td><td>A Lei nº 12.965/2014 haure a garantia do direito à privacidade e à liberdade de expressão nas comunicações como condição para o pleno exercício do direito de acesso à Internet (art. 8º), declarando nulas de pleno direito cláusulas que violem o sigilo das comunicações. De tal sorte, delimita os contornos da proteção aos registros, aos dados pessoais e às comunica-ções privadas. Note-se que "registros" e "dados pessoais" são, em sentido amplo, "dados", não se submetendo aos ditames da Lei nº 9.296/1996. Já o ponto que alude às "comunicações privadas" se enquadram nas regras da Lei de Interceptação Telefônica, pelo que o afastamento de seu sigilo é regi-do por cânones mais exigentes.</td><td>2.11.1.9</td></tr>
<tr><th colspan="3">Iniciativa</th></tr>
<tr><td colspan="2"> Durante a investigação preliminar: por requerimento do Ministério Público ou representação da autoridade policial endereçados ao juiz competente (neste último caso, ouvindo-se o MP). Durante o processo penal: por requerimento do representante do Ministério Público; (b) de ofício pelo juiz, mediante decisão fundamentada. </td><td>2.11.2</td></tr>
</table>

CAPÍTULO VII – PROVAS	
Limites à interceptação de comunicações telefônicas	
O pedido de interceptação telefônica há de ser fundamentado de forma a evidenciar o *fumus comissi delicti* (existência do crime ou de elementos aptos a formar convicção do juiz nesse sentido, bem como indícios razoáveis de autoria de autoria ou de participação) e o *periculum in mora* (a providência restritiva deve estar justificada como *ultima ratio*, demonstração de que a providência é urgente por ser necessária à investigação e de que é indispensável o seu deferimento). Não será admitida a interceptação: diante da inexistência de indícios razoáveis da autoria ou da participação em infração penal; se a prova puder ser obtida por outros meios disponíveis; se o fato investigado constituir infração penal punida, no máximo, com pena de detenção.	**2.11.3**
Procedimentos e requisitos ao deferimento da medida	
O pedido ou representação deverá conter a demonstração do *fumus comissi delicti* e do *periculum in mora.* O pleito deve ser, em regra, escrito, sendo admitido verbalmente em situações excepcionais. O sigilo deve ser assegurado, preservando-se as diligências, gravações e transcrições respectivas, correndo em autos apartados e separados do inquérito ou processo. A resolução nº 59/2008 do CNJ estabelece regras procedimentais referentes ao pedido de interceptação. Conclusos os autos de interceptação telefônica, o juiz decidirá, fundamentadamente, no prazo máximo de 24 (vinte e quatro) horas. Contra a decisão que decide o incidente de interceptação, não cabe recurso específico. No entanto, caso seja indeferida, vislumbra-se a possibilidade de manejo do mandado de segurança pelo Ministério Público. O deferimento da interceptação, em tese, desafia recurso de *habeas corpus*, conquanto seja improvável enquanto perdure o sigilo da diligência. Após a conclusão das diligências interceptadoras, haverá a apensação ao inquérito policial ou ao processo penal, conforme o caso.	**2.11.4**
Prazo e renovação da interceptação telefônica	
O prazo previsto em lei para a duração da restrição de interceptação telefônica é de 15 (quinze) dias. A Lei nº 9.296/1996 prevê que esse prazo é renovável por igual tempo. Não há limite para sucessivas renovações no dispositivo legal. O texto diz que, para que haja renovação do prazo, é necessária a comprovação da indispensabilidade do meio de prova. A Suprema Corte enfrentou a questão e decidiu, por maioria de votos, que a possibilidade de renovação do prazo é ilimitada.	**2.11.5**
Condução da interceptação e acompanhamento pelo Ministério Público	
Uma vez deferida a interceptação telefônica pela Justiça, a execução da medida é atribuição da polícia judiciária (civil ou federal). Para a degravação, com registro escrito, pode ser necessário tradutor ou intérprete, notadamente quando a conversa registrar idioma diverso do brasileiro ou, ainda, quando os interlocutores conversem por meio de gírias.	**2.11.6**

CAPÍTULO VII – PROVAS	
Uma vez deferido o pedido, a autoridade policial é comunicada para que conduza os procedimentos de interceptação. De tudo, o Ministério Público deve ser cientificado para que, querendo, possa acompanhar a sua realização de todo o procedimento, afinal, é ele o dominus litis da futura ação penal ou da demanda penal em tramitação.	**2.11.6**
Transcrição da gravação e auto circunstanciado	
Para tornar a prova acessível à cognição dos destinatários da prova, o § 1º, do art. 6º, da Lei de Interceptação Telefônica, preconiza que deverá ser determinada a transcrição da gravação da comunicação interceptada. Em acréscimo, prevê o § 2º que a autoridade policial, depois de cumprida a diligência, encaminhará o resultado da interceptação ao juiz, acompanhado de auto circunstanciado, que deverá conter o resumo das operações realizadas. Segundo entendimento jurisprudencial do STF e do STJ, não é necessária a transcrição de todas as conversas captadas pela interceptação telefônica, bastando a transcrição das partes essenciais. Para garantir a fidedignidade das provas, exige-se, como contrapartida, que fique disponível às partes o acesso à mídia que contenha a integra das conversas telefônicas.	**2.11.7**
Encontro fortuito de provas ou "serendipidade"	
É possível o aproveitamento dos conhecimentos fortuitos de interceptação, inclusive a processos cíveis e administrativos, segundo a posição majoritária da doutrina e da jurisprudência (STF e STJ).	**2.11.8**
Inutilização de gravação	
Será inutilizada, por decisão judicial fundamentada, quando a gravação não interessar à prova, durante o inquérito, a instrução processual ou ainda após a instrução, em razão de requerimento do Ministério Público ou da parte interessada.	**2.11.9**
Proteção penal e administrativa	
É crime realizar interceptação ou quebrar segredo de Justiça sem autorização judicial ou com objetivos não autorizados em lei (art. 10 da Lei nº 9.296/96). Os juízos criminais deverão informar mensalmente à Corregedoria Nacional de Justiça a quantidade de interceptações em andamento (art. 18 da Res. 59/2008).	**2.11.10**
Problemas de direito intertemporal	
As interceptações telefônicas ocorridas antes de 25/7/1996 são provas ilícitas, eivadas de nulidade e que devem ser sancionadas com o desentranhamento dos autos Para os inquéritos policiais e processos penais em tramitação quando da vigência da Lei 9.296/1996 e para os inaugurados posteriormente ao seu advento, seja em razão de crime cometido antes ou a partir de 25/7/1996, não há óbice ao uso desse meio de prova, desde que em conformidade com o texto legal	**2.11.11**

4. SÚMULAS APLICÁVEIS

4.1. STJ

74. Para efeitos penais, o reconhecimento da menoridade do réu requer prova por documento hábil.

165. Compete à Justiça Federal processar e julgar crime de falso testemunho cometido no processo trabalhista.

273. Intimada a defesa da expedição da carta precatória, torna-se desnecessária intimação da data da audiência no juízo deprecado.

500. A configuração do crime do art. 244-B do ECA independe da prova da efetiva corrupção do menor, por se tratar de delito formal.

502. Presentes a materialidade e a autoria, afigura-se típica, em relação ao crime previsto no art. 184, § 2º, do CP, a conduta de expor à venda CDs e DVDs "piratas".

522. A conduta de atribuir-se falsa identidade perante autoridade policial é típica, ainda que em situação de alegada autodefesa.

591. É permitida a prova emprestada no processo administrativo disciplinar, desde que devidamente autorizada pelo juízo competente e respeitados o contraditório e a ampla defesa.

4.2. STF

155. É relativa a nulidade do processo criminal por falta de intimação da expedição de precatória para inquirição de testemunha.

352. Não é nulo o processo penal por falta de nomeação de curador ao réu menor que teve a assistência de defensor dativo.

361. No processo penal, é nulo o exame realizado por um só perito, considerando-se impedido o que tiver funcionado, anteriormente, na diligência de apreensão.

5. INFORMATIVOS RECENTES

5.1. STJ

♦ Crime ambiental. Transporte de produtos tóxicos, nocivos ou perigosos. Art. 56, caput, da Lei nº 9.605/1998. Resolução da ANTT nº 420/2004. Crime de perigo abstrato. Perícia. Prescindibilidade.

O crime previsto no art. 56, caput da Lei nº 9.605/1998 é de perigo abstrato, sendo dispensável a produção de prova pericial para atestar a nocividade ou a periculosidade dos produtos transportados, bastando que estes estejam elencados na Resolução nº 420/2004 da ANTT. (...). Em outras palavras, o conceito de nocividade no crime ambiental examinado se esgota na própria capitulação normativa do produto ou substância como tóxica, perigosa ou nociva ao ecossistema. Logo, o crime materializado no art. 56, caput, da Lei nº 9.605/1998, possui a natureza de crime de perigo abstrato, ou, de crime de perigo abstrato-concreto, em que, embora não baste a mera realização de uma conduta, não se exige, a seu turno, a criação de ameaça concreta a algum bem jurídico e muito menos lesão a ele. Basta a produção de um ambiente de perigo em potencial, em abstrato – in casu, com o transporte dos produtos ou substâncias em desacordo com as exigências estabelecidas em leis ou nos seus regulamentos, de modo que a atividade descrita no tipo penal crie condições para afetar os interesses juridicamente relevantes, não condicionados, porém, à efetiva ameaça de um determinado bem jurídico. Deste modo, desnecessária se faz a constatação, via laudo pericial, da impropriedade, perigo ou nocividade do produto transportado, bastando, para tanto, que o "produto ou substância tóxica, perigosa ou nociva para a saúde humana ou o meio ambiente", esteja elencado na Resolução nº 420/04 da ANTT. REsp 1.439.150-RS, Rel. Min. Rogério Schietti Cruz, por unanimidade, julgado em 05/10/2017, DJe 16/10/2017 (Info 613).

♦ Colaboração premiada. Encontro fortuito de provas. Autoridade com prerrogativa de foro. Competência para homologação do acordo. Teoria do juiz aparente.

A homologação de acordo de colaboração premiada por juiz de primeiro grau de jurisdição, que mencione autoridade com prerrogativa de foro no STJ, não traduz em usurpação de competência desta Corte Superior. (...). Sendo a colaboração premiada uma forma de delatio criminis, ou seja, um meio de obtenção de elementos de convicção, as informações prestadas pelo colaborador podem se referir até mesmo a crimes diversos daqueles que dão causa ao acordo, configurando-se, nessa situação, a hipótese da serendipidade ou descoberta fortuita de provas. De fato, o STF possui orientação no sentido de que são válidos os elementos probatórios indicativos da participação de pessoas detentoras de prerrogativa de foro colhidos fortuitamente no curso de medidas investigativas envolvendo indivíduos sem essa prerrogativa. Outra consequência do encontro fortuito de provas é, portanto, a incidência da teoria do juízo aparente, segundo a qual é legítima a obtenção de elementos relacionados a pessoa que detenha foro por prerrogativa de função por juiz que até aquele momento era competente para o processamento dos fatos. Aliás, a tese foi ratificada pela Suprema Corte, segundo a qual: "as provas colhidas ou autorizadas por juízo aparentemente competente à época da autorização ou produção podem ser ratificadas a posteriori, mesmo que venha aquele a ser considerado incompetente, ante a aplicação no processo investigativo da teoria do juízo aparente" (HC 106.152, Primeira Turma, Rel. Min. Rosa Weber, DJe de 24/5/2016 e HC 128.102, Primeira Turma, Rel. Min. Marco Aurélio, DJe de 23/6/2016). Na hipótese, como as investigações até então se referiam a pessoas sem prerrogativa de foro e a

informação a respeito do possível envolvimento de autoridade com prerrogativa de foro no STJ somente surgiu com a formalização do acordo de colaboração premiada, o juízo de primeiro grau de jurisdição era competente para sua homologação, não havendo, portanto, nulidade a ser declarada em relação ao ponto. Rcl 31.629-PR, Rel. Min. Nancy Andrighi, por unanimidade, julgado em 20/09/2017, DJe 28/09/2017 (Info 612)

♦ Colaboração premiada. Encontro fortuito de provas. Autoridade com prerrogativa de foro. Remessa imediata dos autos ao foro prevalente. Inexistência. Usurpação de competência. Caracterização.

Ocorrendo a descoberta fortuita de indícios do envolvimento de pessoa com prerrogativa de foro, os autos devem ser encaminhados imediatamente ao foro prevalente, definido segundo o art. 78, III, do CPP, o qual é o único competente para resolver sobre a existência de conexão ou continência e acerca da conveniência do desmembramento do processo. A segunda insurgência devolvida ao conhecimento do STJ se limita a definir se o juiz responsável pela homologação do acordo de colaboração premiada, que envolva autoridade com prerrogativa de foro, possui competência para decidir sobre o processamento de fatos atribuídos ao delator, com probabilidade de serem conexos ou continentes àqueles imputados à referida autoridade. (...). Aliás, a jurisprudência do STF consigna que "não cabia ao Juízo de primeiro grau, ao deparar-se, nas investigações então conjuntamente realizadas, com suspeitos detentores de prerrogativa de foro – em razão das funções em que se encontravam investidos –, determinar a cisão das investigações e a remessa a esta Suprema Corte da apuração relativa a esses últimos, com o que acabou por usurpar competência que não detinha" (STF, AP 871 QO, Segunda Turma, DJe 29/10/2014). Sendo assim, a existência da probabilidade de condutas atribuíveis a autoridade com prerrogativa de foro nesta Corte estarem envolvidas com os fatos inicialmente apurados no primeiro grau de jurisdição acarreta a modificação da competência para o processamento da investigação, devendo o STJ passar a examinar sua efetiva ocorrência e, se for o caso, deliberar a respeito da existência de conexão ou continência, bem como sobre eventual conveniência do desmembramento do processo. Rcl 31.629-PR, Rel. Min. Nancy Andrighi, por unanimidade, julgado em 20/09/2017, DJe 28/09/2017. (Info 612)

♦ Tráfico de entorpecentes. Momento do interrogatório. Último ato da instrução. Novo entendimento firmado pelo Excelso no bojo do HC 127.900/AM. Modulação dos efeitos. Publicação da ata de julgamento. Acusado interrogado no início da instrução.

Os procedimentos regidos por leis especiais devem observar, a partir da publicação da ata de julgamento do HC 127.900/AM do STF (11.03.2016), a regra disposta no art. 400 do CPP, cujo conteúdo determina ser o interrogatório o último ato da instrução criminal. (...) no julgamento do HC nº 127.900/AM, Rel. Min. Dias Toffoli, DJe 3/8/2016, a Suprema Corte, por seu Plenário, realizou uma releitura do artigo 400 do CPP, à luz do sistema constitucional acusatório e dos princípios do contraditório e da ampla defesa. Naquela assentada, reconheceu-se, em razão de mostrar-se mais compatível com os postulados que informam o estatuto constitucional do direito de defesa, uma evolução normativa sobre a matéria, de forma que, por ser mais favorável ao réu e por se revelar mais consentânea com as novas exigências do processo penal democrático, a norma contida no art. 400 do CPP, na redação dada pela Lei nº 11.719/08, deveria irradiar efeitos sobre todo o sistema processual penal, ramificando-se e afastando disposições em sentido contrário, mesmo em procedimentos regidos por leis especiais (...). Em conclusão: o interrogatório passa a ser o último ato da instrução, sendo que a Lei nº 11.719/2008, geral e posterior, prepondera sobre as disposições em contrário presentes em leis especiais. Por fim, importante ressaltar que, em atenção ao princípio da segurança jurídica, foi realizada a modulação dos efeitos da decisão da Corte Suprema, pelo que a nova interpretação dada somente teria aplicabilidade a partir da publicação da ata daquele julgamento, ocorrida em 11.03.2016 (DJe nº 46, divulgado em 10/3/2016). A partir desse marco, portanto, incorreriam em nulidade os processos em que o interrogatório fosse o primeiro ato da instrução. HC 397.382-SC, Rel. Min. Maria Thereza de Assis Moura, por unanimidade, julgado em 3/8/2017, DJe 14/8/2017. (Info 609)

♦ Tráfico de drogas. Flagrante. Domicílio como expressão do direito à intimidade. Asilo Inviolável. Exceções constitucionais. Interpretação restritiva. Invasão de domicílio pela polícia. Necessidade de justa causa.

Não configura justa causa apta a autorizar invasão domiciliar a mera intuição da autoridade policial de eventual traficância praticada por indivíduo, fundada unicamente em sua fuga de local supostamente conhecido como ponto de venda de drogas ante iminente abordagem policial. (...) embora a jurisprudência tenha caminhado no sentido de que as autoridades podem ingressar em domicílio, sem o consentimento do morador, em hipóteses de flagrante-delito de crime permanente – de que é exemplo o tráfico de drogas –, o entendimento merece ser aperfeiçoado, dentro, obviamente, dos limites definidos pela Carta Magna e pelo Supremo Tribunal Federal, para que se possa perquirir em qual medida a entrada forçada em domicílio é tolerável. O crime de tráfico de drogas, por seu tipo plurinuclear, enseja diversas situações de flagrante que não devem ser confundidas. Nem sempre o agente traz consigo drogas ou age ostensivamente de modo a ser possível antever que sua conduta se insere em alguma das dezoito alternativas típicas que justificam o flagrante, com a mitigação de um direito fundamental. Nesses casos, espera-se que a autoridade policial proceda a investigações preliminares que a levem a descobrir, v. g., que a residência de determinado indivíduo serve de depósito ou de comercialização de substâncias entorpecentes, de modo a autorizar o ingresso na casa, a qualquer hora do dia ou da noite, dada a natureza permanente do tráfico de drogas. Na hipótese em que o acusado encontra-se em local supostamente conhecido como ponto de venda de drogas, e, ao avistar o patrulhamento policial, empreende fuga até sua residência (por motivos desconhecidos) e, em razão disso, é perseguido por policiais, sem, contudo, haver um contexto fático do qual se possa concluir (ou, ao menos, ter-se fundada suspeita), que no interior da residência também ocorre uma conduta criminosa, a questão da legitimidade da atuação policial, ao invadir o domicílio, torna-se extremamente controversa. Assim, ao menos que se possa inferir, de fatores outros que não a mera fuga ante a iminente abordagem policial, que o evasor esteja praticando crime de tráfico de drogas, ou outro de caráter permanente, no interior da residência onde se homiziou, não haverá razão séria para a mitigação da inviolabilidade do domicílio, ainda que haja posterior descoberta e apreensão de drogas no interior da residência – circunstância que se mostrará meramente acidental –, sob pena de esvaziar-se essa franquia constitucional da mais alta importância. (...) REsp 1.574.681-RS, Rel. Min. Rogério Schietti Cruz, por unanimidade, julgado em 20/4/2017, DJe 30/5/2017. (Info 606)

♦ Tráfico de drogas. Prova obtida de conversa travada por função viva-voz do aparelho celular do suspeito. Dúvidas quanto ao consentimento. Inexistência de autorização judicial. Ilicitude constatada.

Sem consentimento do réu ou prévia autorização judicial, é ilícita a prova, colhida de forma coercitiva pela polícia, de conversa travada pelo investigado com terceira pessoa em telefone celular, por meio do recurso "viva-voz", que conduziu ao flagrante do crime de tráfico ilícito de entorpecentes. (...) No caso presente, embora nada de ilícito houvesse sido encontrado em poder do acusado, a prova da traficância foi obtida em flagrante violação ao direito constitucional à não autoincriminação, uma vez que aquele foi compelido a reproduzir, contra si, conversa travada com terceira pessoa pelo sistema viva-voz do celular, que conduziu os policiais à sua residência e culminou com a arrecadação de todo material estupefaciente em questão. Desse modo, está-se diante de situação onde a prova está contaminada, diante do disposto na essência da teoria dos frutos da árvore envenenada (fruits of the poisonous tree), consagrada no art. 5º, inciso LVI, da Constituição Federal, que proclama a nódoa de provas, supostamente consideradas lícitas e admissíveis, mas obtidas a partir de outras declaradas nulas pela forma ilícita de sua colheita. REsp 1.630.097-RJ, Rel. Min. Joel Ilan Paciornik, por unanimidade, julgado em 18/4/2017, DJe 28/4/2017. (Info 603)

♦ Homicídio qualificado. Elemento informativo colhido na fase inquisitorial. Testemunho por ouvir dizer. Fundamento exclusivo da decisão de pronúncia. Inviabilidade.

O testemunho por ouvir dizer (hearsay rule), produzido somente na fase inquisitorial, não serve como fundamento exclusivo da decisão de pronúncia, que submete o réu a julgamento pelo Tribunal do Júri. (...) É verdade que alguns julgados proferidos pela Quinta e Sexta Turmas deste Superior Tribunal, denotam a orientação de que, muito embora não seja possível sustentar uma condenação com base em prova produzida exclusivamente na fase inquisitorial, não ratificada em juízo, tal entendimento não se aplica à decisão de pronúncia (v.g. HC nº 314.454-SC, Rel. Ministro Ribeiro Dantas, 5ª T; DJe 17/2/2017; AgRg no REsp 1.582.122-RS, Rel. Ministro Sebastião Reis Júnior, 6ª T, DJe 13/6/2016). Entretanto, essa orientação não se aplica à hipótese em que testemunhos produzidos na fase judicial não apontem os acusados como autores do delito e os depoimentos colhidos na fase inquisitorial sejam "relatos baseados em testemunho por ouvir dizer". Sobre a temática – já enfrentada na oportunidade em que apreciado o REsp 1.444.372-RS, DJe 25/2/2016 – vale observar que a norma segundo a qual a testemunha deve depor pelo que sabe per proprium sensum et non per sensum alterius impede, em alguns sistemas – como o norte-americano – o depoimento da testemunha indireta, por ouvir dizer (hearsay rule). No Brasil, embora não haja impedimento legal a esse tipo de depoimento, doutrina aponta que "não se pode tolerar que alguém vá a juízo repetir a vox publica. Testemunha que depusesse para dizer o que lhe constou, o que ouviu, sem apontar seus informantes, não deveria ser levada em conta." A razão do repúdio a esse tipo de testemunho se deve ao fato de que, além de ser um depoimento pouco confiável, visto que os relatos se alteram quando passam de boca a boca, o acusado não tem como refutar, com eficácia, o que o depoente afirma sem indicar a fonte direta da informação trazida a juízo. (...) REsp 1.373.356-BA, Rel. Min. Rogerio Schietti Cruz, por unanimidade, julgado em 20/4/2017, DJe 28/4/2017. (Info 603)

♦ Réu foragido. Produção antecipada de provas. Testemunhas policiais. Art. 366 do CPP. Súmula 455 do STJ. Temperamento. Risco de perecimento da prova.

É justificável a antecipação da colheita da prova testemunhal com arrimo no art. 366 do Código de Processo Penal nas hipóteses em que as testemunhas são policiais. O atuar constante no combate à criminalidade expõe o agente da segurança pública a inúmeras situações conflituosas com o ordenamento jurídico, sendo certo que as peculiaridades de cada uma acabam se perdendo em sua memória, seja pela frequência com que ocorrem, ou pela própria similitude dos fatos, sem que isso configure violação à garantia da ampla defesa do acusado. (...) Se, de um lado, pondera-se que a produção antecipada de provas poderia representar prejuízo à ampla defesa, visto que não oportunizaria ao acusado o exercício da autodefesa, não se desconhece que, cuidando-se de prova testemunhal, evidencia-se certa urgência em sua colheita, haja vista o possível esquecimento dos fatos pelos depoentes durante o período em que o processo permanece, por força da norma referida, sobrestado. Este Superior Tribunal firmou o entendimento segun-

do o qual o simples argumento de que as testemunhas poderiam esquecer detalhes dos fatos com o decurso do tempo não autorizaria, por si só, a produção antecipada de provas, sendo mister fundamentá-la concretamente, sob pena de ofensa à garantia do devido processo legal. É que, muito embora esse esquecimento seja passível de concretização, não poderia ser utilizado como mera conjectura, desvinculado de elementos objetivamente deduzidos. Nesse sentido, a súmula nº 455 do STJ: "A decisão que determina a produção antecipada de provas com base no art. 366 do CPP deve ser concretamente fundamentada, não a justificando unicamente o mero decurso do tempo". Contudo, o enunciado na súmula anteriormente mencionada deve ser interpretado criteriosamente. (...) De mais a mais, não se pode olvidar que a realização antecipada de provas não traz prejuízo para a defesa, visto que, além de o ato ser realizado na presença de defensor nomeado, o comparecimento eventual do réu – e a consequente retomada do curso processual – lhe permitirá requerer a produção das provas que julgar necessárias para sua defesa e, ante argumentos idôneos, poderá até mesmo lograr a repetição da prova produzida antecipadamente. RHC 64.086-DF, Rel. Min. Nefi Cordeiro, Rel. para acórdão Min. Rogério Schietti Cruz, por maioria, julgado em 23/11/2016, DJe 09/12/2016. (Info 595)

♦ **Crime de tráfico de drogas. Situação de flagrância. Extração de provas advindas de troca de mensagens por aparelho de telefone celular. Ausência de autorização judicial. Desconsideração das provas obtidas.**

Na ocorrência de autuação de crime em flagrante, ainda que seja dispensável ordem judicial para a apreensão de telefone celular, as mensagens armazenadas no aparelho estão protegidas pelo sigilo telefônico, que compreende igualmente a transmissão, recepção ou emissão de símbolos, caracteres, sinais, escritos, imagens, sons ou informações de qualquer natureza, por meio de telefonia fixa ou móvel ou, ainda, por meio de sistemas de informática e telemática. (...) embora seja despicienda ordem judicial para a apreensão dos celulares, ainda que verificada a situação de flagrância, as mensagens armazenadas no aparelho estão protegidas pelo sigilo telefônico, que deve abranger igualmente a transmissão, recepção ou emissão de símbolos, caracteres, sinais, escritos, imagens, sons ou informações de qualquer natureza, por meio de telefonia fixa ou móvel ou, ainda, através de sistemas de informática e telemática. Logo, a fim de proteger tanto o direito individual à intimidade quanto o direito difuso à segurança pública, deve a autoridade policial, após a apreensão do telefone, requerer judicialmente a quebra do sigilo dos dados nele armazenados. Além disso, somente é admitida a quebra do sigilo quando houve indício razoável da autoria ou participação em infração penal; se a prova não puder ser obtida por outro meio disponível, em atendimento ao princípio da proibição de excesso; e se o fato investigado constituir infração penal punido com pena de reclusão. RHC 67.379-RN, Rel. Min. Ribeiro Dantas, por unanimidade, julgado em 20/10/2016, DJe 9/11/2016. (Info 593)

♦ **Direito Constitucional e Processual Penal. Acesso a dados armazenados em telefone celular apreendido com base em autorização judicial.**

Determinada judicialmente a busca e apreensão de telefone celular ou smartphone, é lícito o acesso aos dados armazenados no aparelho apreendido, notadamente quando a referida decisão o tenha expressamente autorizado. A Lei nº 9.296/1996 foi enfática, em seu art. 1º, parágrafo único, ao dispor especificamente sobre a proteção ao fluxo das comunicações em sistemas de informática e telemática. Nessa ordem de ideias, depreende-se da mencionada norma, ao regulamentar o art. 5º, XII, da Carta Magna, que houve uma preocupação do legislador em distinguir o que é a fluência da comunicação em andamento, daquilo que corresponde aos dados obtidos como consequência desse diálogo. Optou-se, em relação aos sistemas de informática e telemática, pela proteção à integridade do curso da conversa desenvolvida pelos interlocutores. Não há, portanto, vedação ao conhecimento do conteúdo dessa interação, já que cada interlocutor poderia excluir a informação a qualquer momento e de acordo com sua vontade. Logo, a obtenção do conteúdo de conversas e mensagens armazenadas em aparelho de telefone celular ou smartphones não se subordina aos ditames da Lei nº 9.296/1996. (...) *RHC 75.800-PR, Rel. Min. Felix Fischer, julgado em 15/9/2016, DJe 26/9/2016. (Info 590)*

♦ **Direito Processual Penal. Extração sem prévia autorização judicial de dados e de conversas registradas no *whatsapp*.**

Sem prévia autorização judicial, são nulas as provas obtidas pela polícia por meio da extração de dados e de conversas registradas no *whatsapp* presentes no celular do suposto autor de fato delituoso, ainda que o aparelho tenha sido apreendido no momento da prisão em flagrante. Realmente, a CF prevê como garantias ao cidadão a inviolabilidade da intimidade, do sigilo de correspondência, dados e comunicações telefônicas (art. 5º, X e XII), salvo ordem judicial. (...) No caso, existiu acesso, mesmo sem ordem judicial, aos dados de celular e às conversas de *whatsapp*. Realmente, essa devassa de dados particulares ocasionou violação à intimidade do agente. Isso porque, embora possível o acesso, era necessária a prévia autorização judicial devidamente motivada. Registre-se, na hipótese, que nas conversas mantidas pelo programa *whatsapp* – que é forma de comunicação escrita e imediata entre interlocutores – tem-se efetiva interceptação não autorizada de comunicações. A presente situação é similar às conversas mantidas por e-mail, cujo acesso também depende de prévia ordem judicial (HC 315.220-RS, Sexta Turma, DJe 9/10/2015). Atualmente, o celular deixou de ser apenas um instrumento de conversação por voz à longa distância, permitindo, diante do avanço tecnológico, o acesso de múltiplas funções, incluindo a verificação de correspondência eletrônica, de mensagens e de outros aplicativos que possibilitam a comunicação por meio de troca de dados de forma similar à telefonia convencional. Desse modo, sem prévia autorização judicial, é ilícita a devassa de dados e de conversas de *whatsapp* realizada pela polícia em celular apreendido. *RHC 51.531-RO, Rel. Min. Nefi Cordeiro, julgado em 19/4/2016, DJe 9/5/2016. (Info 583)*

♦ **Direito Processual Penal. Mesmo sem autorização judicial, polícia pode acessar conversas do *Whatsapp* da vítima morta, cujo celular foi entregue pela sua esposa.**

Não há ilegalidade na perícia de aparelho de telefonia celular pela polícia, sem prévia autorização judicial, na hipótese em que seu proprietário – a vítima – foi morto, tendo o referido telefone sido entregue à autoridade policial por sua esposa. *STJ. 6ª Turma. RHC 86.076-MT, Rel. Min. Sebastião Reis Júnior, Rel. Acd. Min. Rogerio Schietti Cruz, julgado em 19/10/2017 (Info 617).*

♦ **Direito Processual Penal. Entrega espontânea de documentos e sigilo bancário.**

Não configura quebra de sigilo bancário e fiscal o acesso do MP a recibos e comprovantes de depósitos bancários entregues espontaneamente pela ex-companheira do investigado os quais foram voluntariamente deixados sob a responsabilidade dela pelo próprio investigado. De fato, o STJ, em observância aos arts. 5º, XII, e 93, IX, da CF, é categórico em afirmar que "a quebra do sigilo bancário para investigação criminal deve ser necessariamente submetida à avaliação do magistrado competente" (HC 258.460-SP, Sexta Turma, DJe 18/8/2014). (...) O caso, contudo, não se refere a sigilo bancário e/ou fiscal, não estando, pois, abrangido pelo direito fundamental consagrado no art. 5º, XII, da CF. Isso porque não houve, em momento algum, quebra ilegal de sigilo bancário e/ou fiscal pelo *Parquet*, pois os dados fornecidos não se encontravam mais sob a tutela de instituições financeiras e/ou da Administração Pública – às quais são impostas a obrigatoriedade de proteção do sigilo bancário e fiscal – mas, sim, tratava-se de recibos que foram voluntariamente deixados pelo próprio investigado sob a responsabilidade de sua companheira, tendo esta, espontaneamente, entregue tais documentos ao MP. Ademais, o STJ já se pronunciou, em situação que guarda correlação jurídica com a tese exposta, que, inexistindo hipótese de quebra efetiva de sigilo bancário, desnecessária se faz a respectiva autorização judicial (REsp 1.497.041-PR, Sexta Turma, DJe 9/12/2015). *RHC 34.799-PA, Rel. Min. Reynaldo Soares da Fonseca, julgado em 17/3/2016, DJe 20/4/2016. (Info 581)*

♦ **Direito Processual Penal. Utilização no processo penal de provas obtidas pela administração tributária.**

Os dados bancários entregues à autoridade fiscal pela sociedade empresária fiscalizada, após regular intimação e independentemente de prévia autorização judicial, podem ser utilizados para subsidiar a instauração de inquérito policial para apurar suposta prática de crime contra a ordem tributária. De fato, a Primeira Seção do STJ, ao apreciar o REsp 1.134.665-SP (DJe 18/12/2009), submetido ao rito do art. 543-C do CPC, consolidou o entendimento de que a quebra do sigilo bancário sem prévia autorização judicial para fins de constituição de crédito tributário é autorizada pela Lei nº 8.021/1990 e pela LC nº 105/2001, normas procedimentais cuja aplicação é imediata. Contudo, conquanto atualmente o STJ admita o intercâmbio de informações entre as instituições financeiras e a autoridade fiscal para fins de constituição de crédito tributário, o certo é que tal entendimento não se estende à utilização de tais dados para que seja deflagrada a persecução penal. Isso porque, como é cediço, o sigilo bancário é garantido no art. 5º da CF, e para que haja o seu afastamento exige-se ordem judicial que, também por determinação constitucional, precisa ser fundamentada (art. 93, IX). Na hipótese, todavia, consta do termo de constatação, retenção e intimação, firmado por auditor fiscal da Receita Federal, que a sociedade empresária apresentou diversas notas fiscais e cópias dos extratos bancários das contas por ela movimentadas após ser regularmente intimada. *RHC 66.520-RJ, Rel. Min. Jorge Mussi, julgado em 2/2/2016, DJe 15/2/2016. (Info 577)*

♦ **Direito Processual Penal. Ingresso em domicílio sem autorização.**

A existência de denúncias anônimas somada à fuga do acusado, por si sós, não configuram fundadas razões a autorizar o ingresso policial no domicílio do acusado sem o seu consentimento ou determinação judicial. STJ. 6ª Turma. *RHC 83.501-SP, Rel. Min. Nefi Cordeiro, julgado em 06/03/2018 (Info 623).*

♦ **Direito Processual Penal. Possibilidade de utilizar os dados da Receita Federal para instruir processo penal.**

Os dados do contribuinte que a Receita Federal obteve das instituições bancárias mediante requisição direta (sem intervenção do Poder Judiciário, com base nos arts. 5º e 6º da LC 105/2001), podem ser compartilhados, também sem autorização judicial, com o Ministério Público, para serem utilizados como prova emprestada no processo penal. Isso porque o STF decidiu que são constitucionais os arts. 5º e 6º da LC 105/2001, que permitem o acesso direto da Receita Federal à movimentação financeira dos contribuintes (RE 601314/SP, Rel. Min. Edson Fachin, julgado em 24/2/2016. Info 815). Este entendimento do STF deve ser estendido também para a esfera criminal. Assim, é possível a utilização de dados obtidos pela Secretaria da Receita Federal, em regular procedimento administrativo fiscal, para fins de instrução processual penal. STJ. 6ª Turma. *HC 422.473-SP, Rel. Min. Sebastião Reis Júnior, julgado em 20/03/2018 (Info 623).*

5.2. STF

♦ **Quebra de sigilo bancário de contas públicas e requisição pelo Ministério Público – 2**

A Segunda Turma, em conclusão, negou provimento a recurso ordinário em "habeas corpus" em que se pre-

tendia trancar ação penal instaurada para apurar crimes de desvio de verbas públicas, lavagem de dinheiro e fraudes em licitações. Argumentou-se que as provas seriam ilícitas, pois teriam sido colhidas por meio de quebra de sigilo bancário solicitada por ofício encaminhado pelo Ministério Público (MP), sem autorização judicial, a gerente de instituição financeira. (...) O Colegiado asseverou que o sigilo de informações necessário à preservação da intimidade é relativizado quando há interesse da sociedade em conhecer o destino dos recursos públicos. Diante da existência de indícios da prática de ilícitos penais envolvendo verbas públicas, cabe ao MP, no exercício de seus poderes investigatórios [CF, art. 129, VIII], requisitar os registros de operações financeiras relativos aos recursos movimentados a partir de conta-corrente de titularidade da prefeitura municipal. Essa requisição compreende, por extensão, o acesso aos registros das operações bancárias sucessivas, ainda que realizadas por particulares, e objetiva garantir o acesso ao real destino desses recursos públicos. Decidir em sentido contrário implicaria o esvaziamento da própria finalidade do princípio da publicidade, que é permitir o controle da atuação do administrador público e do emprego de verbas públicas. RHC 133118/CE, rel. Min. Dias Toffoli, julgamento em 26.9.2017. (Info 879)

♦ Crime achado e justa causa

A Primeira Turma do Supremo Tribunal Federal, por maioria, indeferiu ordem de "habeas corpus" em que se discutia a ilicitude de provas colhidas mediante interceptação telefônica durante investigação voltada a apurar delito de tráfico internacional de drogas. No caso, o juízo de origem determinou a prisão preventiva do paciente em razão da suposta prática de homicídio qualificado. O impetrante sustentou a ilicitude das provas colhidas, a inépcia da denúncia e a falta de justa causa para o prosseguimento da ação penal. O Colegiado afirmou que a hipótese dos autos é de crime achado, ou seja, infração penal desconhecida e não investigada até o momento em que se descobre o delito. A interceptação telefônica, apesar de investigar tráfico de drogas, acabou por revelar crime de homicídio. Assentou que, presentes os requisitos constitucionais e legais, a prova deve ser considerada lícita. Ressaltou, ainda, que a interceptação telefônica foi autorizada pela justiça, o crime é apenado com reclusão e inexistiu o desvio de finalidade. (...) Vencido o ministro Marco Aurélio, que deferiu a ordem. Pontuou não haver justa causa e reputou deficiente a denúncia ante a narração do que seria a participação do paciente no crime. HC 129678/SP, rel. orig. Min. Marco Aurélio, red. p/ o ac. Min. Alexandre de Moraes, 13.6.2017.(Info 869)

♦ Instauração de investigação criminal e determinação de interceptações telefônicas com base em denúncia anônima

A Segunda Turma denegou a ordem em "habeas corpus" em que se pretendia o reconhecimento da ilegalidade de ação penal e de interceptações telefônicas iniciadas a partir de denúncias anônimas. No caso, o Ministério Público estadual, após receber diversas denúncias anônimas de prática de crimes e seus possíveis autores, procedeu a investigações preliminares, com a oitiva informal de testemunhas. Diante da verossimilhança das alegações, instaurou procedimento de investigação no qual foi requerida quebra do sigilo telefônico dos envolvidos. (...) A Turma rememorou entendimento do STF no sentido de que a denúncia anônima é válida, quando as investigações se valem de outras diligências para apurar a "delatio criminis". Asseverou que a necessidade das interceptações telefônicas foi devidamente demonstrada pelo juiz natural da causa, bem como que havia indícios suficientes de autoria de crimes punidos com reclusão, conforme exigido pelo art. 2º da Lei 9.296/1996. Quanto às prorrogações das interceptações telefônicas, ponderou que a Corte tem admitido a razoável dilação dessas medidas, desde que respeitado o prazo de quinze dias entre cada uma das diligências, o que não caracteriza desrespeito ao art. 5º da Lei 9.296/1996. (...) HC 133148/ES, rel. Min. Ricardo Lewandowski, julgamento em 21.2.2017. (Info 855)

♦ Direito Processual Penal – Provas. Produção antecipada de prova e pressupostos – 2

A Segunda Turma, em conclusão e por maioria, indeferiu a ordem em "habeas corpus" no qual se pretendia reconhecer a ilegalidade de audiência realizada em ação penal em que o paciente figurou como réu. (...) A Turma entendeu que a antecipação da prova testemunhal configura medida necessária, pela gravidade do crime praticado e possibilidade concreta de perecimento, haja vista que as testemunhas poderiam se esquecer de detalhes importantes dos fatos em decorrência do decurso do tempo. Afirmou que a antecipação da oitiva das testemunhas não revela nenhum prejuízo às garantias inerentes à defesa. Afinal, quando o processo retomar seu curso, caso haja algum ponto novo a ser esclarecido em favor do réu, basta se proceder à nova inquirição. Portanto, segundo decisão da Turma, o magistrado de origem utilizou-se da prudência necessária, a fim de resguardar a produção probatória e, em última análise, o resultado prático do processo penal. Vencidos os ministros Ricardo Lewandowski (relator) e Dias Toffoli, que concediam a ordem. Pontuavam não haver fundamento concreto a indicar a imprescindibilidade da produção antecipada de prova. HC 135386/DF, rel. orig. Min. Ricardo Lewandowski, red. p/ o ac. Min. Gilmar Mendes, julgamento em 13.12.2016. (Info 851)

♦ Quebra de sigilo bancário de contas públicas e requisição pelo Ministério Público

A Segunda Turma iniciou julgamento de recurso ordinário em "habeas corpus" em que se pretende trancar ação penal instaurada para apurar crimes de desvio de verbas públicas, lavagem de dinheiro e fraudes em licitações. Argumenta-se que as provas seriam ilícitas, pois teriam sido colhidas por meio de quebra de sigilo bancário solicitada por ofício encaminhado pelo Ministério Público (MP), sem autorização judicial, a gerente de instituição financeira. (...) O ministro Dias Toffoli (relator) negou provimento ao recurso. Asseverou que o sigilo de informações necessário à preservação da intimidade é relativizado quando há interesse da sociedade em conhecer o destino dos recursos públicos. Citou como precedente o MS 33.340/DF, DJE de 3-8-2015. Para o relator, diante da existência de indícios da prática de ilícitos penais envolvendo verbas públicas, cabe ao MP, no exercício de seus poderes investigatórios (CF, art. 129, VIII), requisitar os registros de operações financeiras relativos aos recursos movimentados a partir de conta corrente de titularidade da prefeitura municipal. Essa requisição compreenderia, por extensão, o acesso aos registros das operações bancárias sucessivas, ainda que realizadas por particulares, e objetivaria garantir o acesso ao real destino desses recursos públicos. Acrescentou, por fim, que decidir em sentido contrário implicaria o esvaziamento da própria finalidade do princípio da publicidade, que é permitir o controle da atuação do administrador público e do emprego de verbas públicas. Em seguida, o ministro Teori Zavascki pediu vista dos autos. *RHC 133118/CE, rel. Min. Dias Toffoli, 18.10.2016. (RHC-133118) (Info 844)*

♦ Produção antecipada de prova e pressupostos

A Segunda Turma iniciou julgamento de "habeas corpus" no qual se pretende reconhecer a ilegalidade de audiência realizada em ação penal em que o paciente figura como réu. No caso, ele foi denunciado pela suposta prática de homicídio culposo na direção de veículo automotor, delito previsto no art. 302 da Lei 9.503/1997. Por estar foragido, foi citado por edital, com a consequente suspensão do processo [Código de Processo Penal (CPP), art. 366]. O juízo determinou, em seguida, a realização de audiência de produção antecipada de prova. Na impetração, sustenta-se haver cerceamento de defesa em virtude da mencionada audiência. A produção antecipada de prova teria como único fundamento o decurso do tempo, o que, no caso, seria justificativa insuficiente. O ministro Ricardo Lewandowski (relator), acompanhado pelo ministro Dias Toffoli, concedeu a ordem. Entendeu não haver fundamento concreto a indicar a imprescindibilidade da produção antecipada de prova. Afinal, a justificativa oferecida pelo juízo – de que o decurso do tempo poderia implicar a imprestabilidade dos depoimentos das testemunhas – foi genérica, ao arrepio da norma processual penal. O relator reputou, ainda, que, para a produção antecipada de prova, é preciso combinar o art. 156, I, com os arts. 225 e 366 do CPP. Nesse sentido, somente se justificaria nas hipóteses em que a testemunha houver de ausentar-se, ou haja receio de que, ao tempo da instrução criminal, já não exista. No caso, entretanto, o juízo justificou a necessidade de produção antecipada de prova somente na possibilidade de as testemunhas não serem localizadas e no fato de uma delas ser policial militar. Em seguida, o ministro Gilmar Mendes pediu vista dos autos. *HC 135386/DF, rel. Min. Ricardo Lewandowski, 18.10.2016. (HC-135386) (Info 844)*

♦ Busca veicular e autorização judicial

A Segunda Turma negou provimento a recurso ordinário em "habeas corpus" no qual se questionava a licitude de prova obtida por policiais durante investigação sobre crime contra a economia popular, caracterizado pela formação de cartel no mercado de gás de cozinha no Distrito Federal (DF). No caso, agentes da Polícia Civil do DF, após o cumprimento de mandado de busca e apreensão na residência do paciente, obtiveram, por meio de interceptação telefônica, ciência da existência de documento relacionado ao objeto das investigações, que estaria escondido no interior do automóvel de um dos investigados. (...) O Colegiado decidiu que as medidas cautelares, por reclamarem especial urgência, não prescindem de agilidade, mas também não podem se distanciar das necessárias autorizações legais e judiciais. Consignou, também, que as apreensões de documentos no interior de veículos automotores, por constituírem hipótese de busca pessoal – caracterizada pela inspeção do corpo, das vestes, de objetos e de veículos (não destinados à habitação do indivíduo) –, dispensam autorização judicial quando houver fundada suspeita de que neles estão ocultados elementos necessários à elucidação dos fatos investigados, a teor do disposto no art. 240, § 2º, do CPP. *RHC 117767/DF, rel. min. Teori Zavascki, 11.10.2016. (RHC-117767) (Info 843)*

♦ Colaboração premiada e requisitos para concessão de perdão judicial

A Primeira Turma iniciou julgamento de "habeas corpus" em que se discute a necessidade de "espontaneidade" ou unicamente de "voluntariedade" na colaboração premiada para conceder perdão judicial. O ministro Marco Aurélio (relator) indeferiu a ordem. Foi acompanhado pelos ministros Edson Fachin e Rosa Weber. (...) Consignou que os vocábulos "voluntariedade" e "espontaneidade" teriam sido utilizados pelo tribunal "a quo" sem distinção de sentido, ressaltando-se a necessidade de a colaboração do réu, para efeito de concessão do perdão judicial, decorrer de livre vontade, desprovida de qualquer tipo de constrangimento. Verificou, por meio de definição colhida em dicionário da língua portuguesa, a sinonímia entre os termos. De acordo com a obra, "voluntário" seria "aquilo que não é forçado, que só depende da vontade; espontâneo". Salientou, ainda, que o tribunal de origem, ao afastar a aplicabilidade do benefício, teria considerado ausente a efetividade da colaboração em comento como meio para obter provas. As investigações policiais, em momento anterior ao da celebração do acordo, teriam revelado os elementos probatórios acerca do esquema criminoso integrado pela paciente, especializado em enviar pessoas ilegalmente para o exterior. No mais, sustentou que, no julgamento impugnado, teria sido levado em conta, na dosagem da diminuição da pena, o alcance da colaboração prestada. O ministro Edson Fachin divergiu parcialmente, apenas quanto à sinonímia entre "voluntariedade" e "espontaneidade". Destacou que a Lei 9.807/1999 prevê expressamente apenas o elemento "voluntariedade". Assim, na ausência de previsão legal, esse critério bastaria para a colaboração premiada. A presença de "espontaneidade", portanto, seria desnecessária. Em seguida, o ministro Luiz Fux pediu vista dos autos. *HC 129.877/RJ, rel. min. Marco Aurélio, julgamento em 13-9-2016. (Info 839)*

♦ Colaboração premiada. Competência delegado de polícia

O delegado de polícia pode formalizar acordos de colaboração premiada, na fase de inquérito policial, respeitadas as prerrogativas do Ministério Público, o qual deverá se manifestar, sem caráter vinculante, previamente à decisão judicial. Os §§ 2º e 6º do art. 4º da Lei nº 12.850/2013, que preveem essa possibilidade, são constitucionais e não ofendem a titularidade da ação penal pública conferida ao Ministério Público pela Constituição (art. 129, I). *STF. Plenário. ADI 5508/DF, Rel. Min. Marco Aurélio, julgado em 20/6/2018 (Info 907).*

♦ Colaboração premiada e termo de compartilhamento

Com relação ao compartilhamento da delação premiada, a Segunda Turma do STF decidiu que não há óbice ao compartilhamento de delação premiada desde que haja delimitação dos fatos. A Turma entendeu que remanesce a competência do juízo homologador do acordo de colaboração premiada para deliberação acerca de pretensões que envolvam o compartilhamento de termos de depoimento prestados pelo colaborador, ainda que haja remessa a outros órgãos do Poder Judiciário. Salientou ser pacífica a jurisprudência no sentido de se admitir, em procedimentos administrativos, o empréstimo de prova do processo penal, bem como para subsidiar apurações de cunho disciplinar. Por fim, afirmou que, reconhecidas as delimitações consubstanciadas, no caso, pelo termo de depoimento, não há causa impeditiva ao compartilhamento requerido. *PET 7065/DF, rel. Min. Edson Fachin, julgamento em 30.10.2018. (PET-7065) – Info 922 do STF*

♦ Busca e apreensão, violação de correspondência e de domicílio

A Primeira Turma iniciou julgamento de recurso ordinário em "habeas corpus" em que se discute a validade de atos realizados durante investigação pela suposta prática de falsidade documental. No caso, procurador do Ministério Público do Trabalho teria forjado a assinatura da procuradora-chefe, em promoção formulada por si próprio. O relator do inquérito deferira diligência requerida pelo "Parquet" apenas em relação ao equipamento usado pelo indiciado, com a finalidade de averiguar se a promoção fora lá elaborada. Quando do cumprimento do mandado, o procurador-chefe substituto autorizara a arrecadação também do computador do gabinete da chefia da Procuradoria Regional. (...) O Ministro Marco Aurélio (relator) proveu parcialmente o recurso, para anular a apreensão e a perícia feitas em computador diverso do usado pelo recorrente. Determinou, também, o desentranhamento do processo. Além disso, reconheceu, no mais, a validade da perícia realizada no equipamento utilizado pelo acusado e assentou inexistir, no inquérito, direito da defesa à indicação de assistente técnico e à formulação de quesitos. (...) Em divergência, o Ministro Edson Fachin desproveu o recurso. Entendeu que, na hipótese, o fato de ter havido a entrega espontânea dos computadores traduz peculiaridade. Além disso, não cabe falar em violação ao direito à intimidade, por se tratar de material disponibilizado, inclusive, para o serviço público. Ademais, no que diz respeito à suposta violação do sigilo de correspondência eletrônica, não houvera quebra da troca de dados, mas sim acesso aos dados registrados nos computadores. Sublinhou, também, no que se refere ao cerceamento de defesa por indeferimento de diligência no curso da investigação, não ser o momento próprio para se invocar o exercício do contraditório e da ampla defesa. Lembrou, inclusive, que a denúncia já fora recebida. Em seguida, pediu vista a Ministra Rosa Weber. *RHC 132062/RS, rel. Min. Marco Aurélio, 9.8.2015. (RHC-123062) (Info 834)*

♦ Prerrogativas da advocacia e interceptação telefônica – 1

A Segunda Turma não conheceu de "habeas corpus" em que se discutia nulidade processual por violação ao direito de defesa e às prerrogativas do advogado em face de interceptação telefônica de defensor. A Turma afirmou que a questão não teria sido examinada pelo STJ e nem houvera manifestação das demais instâncias inferiores, de modo que a sua apreciação por essa Corte implicaria supressão de instância. Ademais, não se vislumbrou a possibilidade de concessão da ordem de ofício. Consignou que a ofensa das prerrogativas da defesa e do advogado poderia produzir consequências processuais de três ordens, mas não gerariam a automática absolvição do imputado. Em primeiro lugar, poderia servir para a cassação ou invalidação do ato judicial. Em segundo lugar, poderia ser fundamento para a invalidação dos atos processuais subsequentes ao ato atentatório e com ele relacionados. Em terceiro lugar, poderia haver base para a recusa do magistrado, caso a transgressão apontar para a parcialidade dele. Observou que o magistrado atendera pedido do paciente e determinara o desentranhamento e a inutilização da prova. Notou que essa autoridade judicial teria feito constar que, da diligência, não resultara material útil e que não percebera que o telefone seria de advogado que atuaria no processo. Tendo em vista esse contexto, a primeira consequência da afronta à prerrogativa profissional – cassação ou invalidação do ato judicial – estaria fora de cogitação nesse caso. O resultado da interceptação fora desentranhado e destruído, após a defesa informar que o terminal interceptado pertenceria ao patrono do acusado. Não haveria nulidade a ser decretada, visto que o ato já se tornara ineficaz. *HC 129706/PR, rel. Min. Gilmar Mendes, 28.6.2016. (HC-129706) (Info 832)*

♦ Prerrogativas da advocacia e interceptação telefônica – 2

No que se refere ao segundo efeito – a invalidação dos atos subsequentes –, o CPP estabelece que a nulidade de um ato atinge aos demais que tenham relação de dependência ou que sejam consequência desse primeiro ato (CPP, art. 573, § 1º). Na situação dos autos, os atos subsequentes não teriam violado as prerrogativas da defesa ou dos advogados, mas dependeriam e seriam consequência do ato violador. Sua invalidade decorreria do nexo com o ato violador de prerrogativas, não da violação em si. Logo, quanto a eles, as garantias defensivas e advocatícias não estariam em jogo. Sendo assim, seria indispensável a demonstração do liame entre o ato violador e o ato contaminado. No caso em julgamento, não haveria, ao menos aparentemente, atos ligados à interceptação. Tampouco, haveria elementos que indicassem que a interceptação tivesse revelado matéria reservada ao interesse da defesa. (...) Em suma, os elementos indicariam que o magistrado não buscara afrontar direitos da defesa. Também não revelariam ofensa a prerrogativas advocatícias decorrentes de desídia do julgador. A atuação, no ponto, não parece ter fugido da conduta que se espera de um magistrado imparcial. Portanto, não haveria evidente violação a direitos do paciente. *HC 129706/PR, rel. Min. Gilmar Mendes, 28.6.2016. (HC-129706) (Info 832)*

♦ Homicídio e desnecessidade da oitiva de todas as vítimas

Não há direito absoluto à produção de prova. Em casos complexos, há que confiar no prudente arbítrio do juiz da causa, mais próximo dos fatos, quanto à avaliação da pertinência e relevância das provas requeridas pelas partes. Assim, a obrigatoriedade de oitiva da vítima deve ser compreendida à luz da razoabilidade e da utilidade prática da colheita da referida prova. Com base nesse entendimento, a Primeira Turma não conheceu de "habeas corpus" em que se pretendia a oitiva da totalidade das vítimas sobreviventes de incêndio ocorrido em boate. (...) *HC 131158/RS, rel. Min. Edson Fachin, 26.4.2016. (HC-131158) (Info 823)*

♦ Sigilo bancário e nulidade

A Segunda Turma negou provimento a recurso ordinário em "habeas corpus" no qual se pleiteava a anulação de condenação criminal lastreada em prova produzida no âmbito da Receita Federal do Brasil por meio da obtenção de informações de instituições financeiras sem prévia autorização judicial de quebra do sigilo bancário. A Turma reiterou o que decidido na ADI 2.390/DF (acórdão pendente de publicação, v. Informativos 814 e 815), no sentido de assentar a constitucionalidade das normas que permitem o acesso direto da Receita Federal à movimentação financeira dos contribuintes (LC 105/2001, artigos 5º e 6º; Decreto 3.724/2001; e Decreto 4.489/2002). *RHC 121429/SP, rel. Min. Dias Toffoli, 19.4.2016. (RHC-121429) (Info 822)*

♦ Processo penal militar e interrogatório ao final da instrução

A exigência de realização do interrogatório ao final da instrução criminal, conforme o art. 400 do CPP, é aplicável no âmbito de processo penal militar. Essa a conclusão do Plenário, que denegou a ordem em "habeas corpus" no qual pleiteada a incompetência da justiça castrense para processar e julgar os pacientes, lá condenados por força de apelação. (...) *HC 127900/AM, rel. Min. Dias Toffoli, 3.3.2016. (HC-127900) (Info 816)*

♦ Interceptação telefônica e competência

A Segunda Turma denegou a ordem em "habeas corpus" em que discutida a competência para o exame de medidas cautelares em procedimento de investigação criminal. Na espécie, o juízo da vara central de inquéritos de justiça estadual deferira interceptação telefônica e suas sucessivas prorrogações nos autos da referida investigação. A defesa alegava que esse juízo especializado seria incompetente, pois o procedimento investigatório seria incidente relacionado a ação penal atribuída a outro juízo. O Colegiado reputou que o art. 1º da Lei 9.296/1996 ("A interceptação de comunicações telefônicas, de qualquer natureza, para prova em investigação criminal e em instrução processual penal, observará o disposto nesta Lei e dependerá de ordem do juiz competente da ação principal, sob segredo de justiça") não fixa regra de competência, mas sim reserva de jurisdição para quebra de sigilo, o que fora observado. Além disso, há precedentes do STF que admitem a divisão de tarefas entre juízes que atuam na fase de inquérito e na fase da ação penal. *HC 126536/ES, rel. Min. Teori Zavascki, 1º.3.2016. (HC-126536) (Info 816)*

♦ Interceptação telefônica e renovação.

A Lei nº 9.296/96 prevê que a interceptação telefônica "não poderá exceder o prazo de quinze dias, renovável por igual tempo uma vez comprovada a indispensabilidade do meio de prova." (art. 5º). A interceptação telefônica não pode exceder 15 dias. Contudo, pode ser renovada por igual período, não havendo restrição legal ao número de vezes para tal renovação, se comprovada a sua necessidade. *STF. 2ª Turma. RHC 132115/PR, Rel. Min. Dias Tóffoli, julgado em 6/2/2018 (Info 890).*

♦ Sigilo e fiscalização tributária – 1

O Plenário iniciou julgamento conjunto de ações diretas de inconstitucionalidade ajuizadas em face de normas federais que possibilitam a utilização, por parte da fiscalização tributária, de dados bancários e fiscais acobertados por sigilo constitucional, sem a intermediação do Poder Judiciário (LC 104/2001, art. 1º; LC 105/2001, artigos 1º, § 3º e 4º, 3º, § 3º, 5º e 6º; Decreto 3.724/2001; Decreto 4.489/2002; e Decreto 4.545/2002). O Ministro Dias Toffoli (relator) julgou improcedentes os pedidos formulados nas ações diretas, no que foi acompanhado pelos Ministros Edson Fachin, Teori Zavascki, Rosa Weber, Cármen Lúcia e, em parte, pelo Ministro Roberto Barroso. (...) *ADI 2390/DF, rel. Min. Dias Toffoli, 17 e 18.2.2016. (ADI-2390); ADI 2386/DF, rel. Min. Dias Toffoli, 17 e 18.2.2016. (ADI-2386); ADI 2397/DF, rel. Min. Dias Toffoli, 17 e 18.2.2016. (ADI-2397); ADI 2859/DF, rel. Min. Dias Toffoli, 17 e 18.2.2016. (ADI-2859) (Info 814)*

♦ **Sigilo e fiscalização tributária – 4**

O Plenário, em conclusão de julgamento e por maioria, reputou improcedentes os pedidos formulados em ações diretas de inconstitucionalidade ajuizadas em face de normas federais que possibilitam a utilização, por parte da fiscalização tributária, de dados bancários e fiscais acobertados por sigilo constitucional, sem a intermediação do Poder Judiciário (LC 104/2001, art. 1º; LC 105/2001, artigos 1º, § 3º e 4º, 3º, § 3º, 5º e 6º; Decreto 3.724/2001; Decreto 4.489/2002; e Decreto 4.545/2002) – v. Informativo 814. A Corte afirmou que, relativamente à alegação de inconstitucionalidade da expressão "do inquérito ou", contida no § 4º do art. 1º da LC 105/2001, a norma impugnada não cuidaria da transferência de informações bancárias ao Fisco, questão que estaria no cerne das ações diretas. Tratar-se-ia de norma referente à investigação criminal levada a efeito no inquérito policial, em cujo âmbito há muito se admitiria a quebra de sigilo bancário, quando presentes indícios de prática criminosa (AC 3.872 AgR/DF, DJe de 13.11.2015; HC 125.585 AgR/PE, DJe de 19.12.2014; Inq 897 AgR/DF, DJU de 24.3.1995). No que tange à impugnação dos artigos 5º e 6º da LC 105/2001, ponto central das ações diretas de inconstitucionalidade, haveria que se consignar a inexistência, nos dispositivos combatidos, de violação a direito fundamental, notadamente de ofensa à intimidade. Não haveria "quebra de sigilo bancário", mas, ao contrário, a afirmação desse direito. Outrossim, seria clara a confluência entre os deveres do contribuinte – o dever fundamental de pagar tributos – e os deveres do Fisco – o dever de bem tributar e fiscalizar. Esses últimos com fundamento, inclusive, nos mais recentes compromissos internacionais assumidos pelo Brasil. Nesse sentido, para se falar em "quebra de sigilo bancário" pelos preceitos impugnados, necessário seria vislumbrar, em seus comandos, autorização para a exposição das informações bancárias obtidas pelo Fisco. A previsão de circulação dos dados bancários, todavia, inexistiria nos dispositivos questionados, que consagrariam, de modo expresso, a permanência no sigilo das informações obtidas com base em seus comandos. O que ocorreria não seria propriamente a quebra de sigilo, mas a "transferência de sigilo" dos bancos ao Fisco. Nessa transmutação, inexistiria qualquer distinção entre uma e outra espécie de sigilo que pudesse apontar para uma menor seriedade do sigilo fiscal em face do bancário. Ao contrário, os segredos impostos às instituições financeiras – muitas das quais de natureza privada – se manteria, com ainda mais razão, com relação aos órgãos fiscais integrantes da Administração Pública, submetidos à mais estrita legalidade. *ADI 2390/DF, rel. Min. Dias Toffoli, 24.2.2016. (ADI-2390); ADI 2386/DF, rel. Min. Dias Toffoli, 24.2.2016. (ADI-2386); ADI 2397/DF, rel. Min. Dias Toffoli, 24.2.2016. (ADI-2397); ADI 2859/DF, rel. Min. Dias Toffoli, 24.2.2016. (ADI-2859) (Info 815)*

♦ **Sigilo e fiscalização tributária – 5**

O Plenário destacou que, em síntese, a LC 105/2001 possibilitara o acesso de dados bancários pelo Fisco, para identificação, com maior precisão, por meio de legítima atividade fiscalizatória, do patrimônio, dos rendimentos e das atividades econômicas do contribuinte. Não permitiria, contudo, a divulgação dessas informações, resguardando-se a intimidade e a vida íntima do correntista. E esse resguardo se tornaria evidente com a leitura sistemática da lei em questão. (...) dado que o pagamento de tributos, no Brasil, seria um dever fundamental – por representar o contributo de cada cidadão para a manutenção e o desenvolvimento de um Estado que promove direitos fundamentais –, seria preciso que se adotassem mecanismos efetivos de combate à sonegação fiscal. No entanto, a Corte ressaltou que os Estados-Membros e os Municípios somente poderiam obter as informações previstas no art. 6º da LC 105/2001, uma vez regulamentada a matéria de forma análoga ao Decreto 3.724/2001, observados os seguintes parâmetros: a) pertinência temática entre a obtenção das informações bancárias e o tributo objeto de cobrança no procedimento administrativo instaurado; b) prévia notificação do contribuinte quanto à instauração do processo e a todos os demais atos, garantido o mais amplo acesso do contribuinte aos autos, permitindo-lhe tirar cópias, não apenas de documentos, mas também de decisões; c) sujeição do pedido de acesso a um superior hierárquico; d) existência de sistemas eletrônicos de segurança que fossem certificados e com o registro de acesso; e, finalmente, e) estabelecimento de mecanismos efetivos de apuração e correção de desvios. Já quanto à impugnação ao art. 1º da LC 104/2001, no ponto em que insere o § 1º, II, e o § 2º ao art. 198 do CTN, o Tribunal asseverou que os dispositivos seriam referentes ao sigilo imposto à Receita Federal quando essa detivesse informações sobre a situação econômica e financeira do contribuinte. Os preceitos atacados autorizariam o compartilhamento de tais informações com autoridades administrativas, no interesse da Administração Pública, desde que comprovada a instauração de processo administrativo, no órgão ou entidade a que pertencesse a autoridade solicitante, destinado a investigar, pela prática de infração administrativa, o sujeito passivo a que se referisse a informação. *ADI 2390/DF, rel. Min. Dias Toffoli, 24.2.2016. (ADI-2390); ADI 2386/DF, rel. Min. Dias Toffoli, 24.2.2016. (ADI-2386); ADI 2397/DF, rel. Min. Dias Toffoli, 24.2.2016. (ADI-2397); ADI 2859/DF, rel. Min. Dias Toffoli, 24.2.2016. (ADI-2859) (Info 815)*

♦ **Sigilo e fiscalização tributária – 6**

A Corte asseverou que, no ponto, mais uma vez o legislador teria se preocupado em criar mecanismos que impedissem a circulação ou o extravasamento das informações relativas ao contribuinte. Diante das cautelas fixadas na lei, não haveria propriamente quebra de sigilo, mas sim transferência de informações sigilosas no âmbito da Administração Pública. Em relação ao art. 3º, § 3º, da LC 105/2001 – a determinar que o Banco Central do Brasil (Bacen) e a Comissão de Valores Mobiliários (CVM) forneçam à Advocacia-Geral da União (AGU) "as informações e documentos necessários à defesa da União nas ações em que seja parte" –, ressaltou que essa previsão seria prática corrente. Isso se daria porque, de fato, os órgãos de defesa da União solicitariam aos órgãos federais envolvidos em determinada lide informações destinadas a subsidiar a elaboração de contestações, recursos e outros atos processuais. E de nada adiantaria a possibilidade de acesso dos dados bancários pelo Fisco se não fosse possível que essa utilização legítima fosse objeto de defesa em juízo por meio do órgão por isso responsável, a AGU. Por fim, julgou parcialmente prejudicada uma das ações, relativamente ao Decreto 4.545/2002. O Ministro Roberto Barroso reajustou seu voto para acompanhar o relator. Vencidos os Ministros Marco Aurélio e Celso de Mello, que conferiam interpretação conforme aos dispositivos legais atacados, de modo a afastar a possibilidade de acesso direto aos dados bancários pelos órgãos públicos, vedado inclusive o compartilhamento de informações. Este só seria possível, consideradas as finalidades previstas na cláusula final do inciso XII do art. 5º da CF, para fins de investigação criminal ou instrução criminal. Nesse sentido, a decretação da quebra do sigilo bancário, ressalvada a competência extraordinária das CPIs (CF, art. 58, § 3º), pressuporia, sempre, a existência de ordem judicial, sem o que não se imporia à instituição financeira o dever de fornecer à Administração Tributária, ao Ministério Público, à Polícia Judiciária ou, ainda, ao TCU, as informações que lhe tivessem sido solicitadas. *ADI 2390/DF, rel. Min. Dias Toffoli, 24.2.2016. (ADI-2390); ADI 2386/DF, rel. Min. Dias Toffoli, 24.2.2016. (ADI-2386); ADI 2397/DF, rel. Min. Dias Toffoli, 24.2.2016. (ADI-2397); ADI 2859/DF, rel. Min. Dias Toffoli, 24.2.2016. (ADI-2859) (Info 815)*

♦ Colaboração premiada: prerrogativa de foro e competência

A interpretação dada pelo STJ e contida no Info 612 – STJ está em descompasso com o entendimento do STF. De acordo com a Corte Suprema, a delação de autoridade com prerrogativa de foro atrai a competência do tribunal competente para a respectiva homologação e, em consequência, do órgão do Ministério Público respectivo.

Com relação à competência para homologação do acordo de colaboração premiada, se a delação do colaborador mencionar fatos criminosos que teriam sido praticados por autoridade com foro por prerrogativa de função (exemplo, Governador) e que teriam que ser julgados por foro privativo (exemplo, STJ), este acordo de colaboração deverá, obrigatoriamente, ser celebrado pelo Ministério Público respectivo (PGR), com homologação pelo Tribunal competente (no exemplo, o STJ). Assim, se os fatos delatados tiverem que ser julgados originariamente por um Tribunal (foro por prerrogativa de função), o próprio acordo de colaboração premiada deverá ser homologado por este respectivo Tribunal, mesmo que o delator não tenha foro privilegiado.

A delação de autoridade com prerrogativa de foro atrai a competência do respectivo Tribunal para a respectiva homologação e, em consequência, do órgão do Ministério Público que atua perante a Corte. Se o delator ou se o delatado tiverem foro por prerrogativa de função, a homologação da colaboração premiada será de competência do respectivo Tribunal.

Quanto à análise da legitimidade do delatado para impugnar o acordo de colaboração premiada, via de regra, o delatado não tem legitimidade para impugnar o acordo de colaboração premiada. Assim, em regra, a pessoa que foi delatada não poderá impetrar um habeas corpus alegando que esse acordo possui algum vício. Isso porque se trata de negócio jurídico personalíssimo.

Esse entendimento, contudo, não se aplica em caso de homologação sem respeito à prerrogativa de foro. Desse modo, é possível que o delatado questione o acordo se a impugnação estiver relacionada com as regras constitucionais de prerrogativa de foro. Em outros termos, se o delatado for uma autoridade com foro por prerrogativa de função e, apesar disso, o acordo tiver sido homologado em 1ª instância, será permitido que ele impugne essa homologação alegando usurpação de competência. *STF. 2ª Turma. HC 151605/PR, Rel. Min. Gilmar Mendes, julgado em 20/3/2018 (Info 895).*

♦ Prova. Indeferimento de todas as testemunhas da defesa sob o argumento de que seriam protelatórias: constrangimento ilegal

O direito à prova é expressão de uma inderrogável prerrogativa jurídica, que não pode ser, arbitrariamente, negada ao réu. O princípio do livre convencimento motivado autoriza que o juiz indefira as provas consideradas irrelevantes, impertinentes ou protelatórias (art. 400, § 1º do CPP). Todavia, no caso concreto, não se trata do indeferimento de uma ou duas testemunhas, mas de todas elas, o que se afigura inadmissível em um Estado Democrático de Direito, em que a ampla defesa é garantia constitucional de todos os acusados (art. 5º, LV, da CF/88). O STF entendeu que a decisão do juiz extrapolou os limites do razoável, especialmente se levado em consideração que a medida extrema foi tomada no estágio inicial do processo (resposta à acusação) e a motivação para tanto foi baseada na impressão pessoal do magistrado de que o requerimento seria protelatório, já que as testemunhas não teriam, em tese, vinculação com os fatos criminosos imputados ao réu. *STF. 2ª Turma. HC 155363/RJ, Rel. Min. Dias Toffoli, julgado em 8/5/2018 (Info 901).*

♦ Inconstitucionalidade da condução coercitiva para interrogatório.

O Plenário do STF, por maioria, julgou procedente o pedido formulado em arguições de descumprimento de preceito fundamental para declarar a não recepção da expressão "para o interrogatório" constante do art. 260 do CPP, e a incompatibilidade com a Constituição Federal da condução coercitiva de investigados ou de réus para interrogatório, sob pena de responsabilidade disciplinar, civil e penal do agente ou da autoridade e de ilicitude das provas obtidas, sem prejuízo da responsabilidade civil do Estado. O Tribunal destacou que a decisão não desconstitui interrogatórios realizados até a data desse julgamento, ainda que os interrogados tenham sido coercitivamente conduzidos para o referido ato processual. Fixado o objeto da controvérsia, afirmou que a condução coercitiva no curso da ação penal tornou-se obsoleta. Isso porque, a partir da Constituição Federal de 1988, foi consagrado o direito do réu de deixar de responder às perguntas, sem ser prejudicado (direito ao silêncio). A condução coercitiva para o interrogatório foi substituída pelo simples prosseguimento da marcha processual, à revelia do acusado (CPP, art. 367). Ademais, a expressão "para o interrogatório", constante do art. 260 do CPP, tampouco foi recepcionada pela Constituição Federal, na medida em que representa restrição desproporcional da liberdade, visto que busca finalidade não adequada ao sistema processual em vigor. Por fim, em relação à manutenção dos interrogatórios realizados até a data desse julgamento, mesmo que o interrogado tenha sido coercitivamente conduzido para o ato, o relator consignou ser necessário reconhecer a inadequação do tratamento dado ao imputado, não do interrogatório em si. Argumentos internos ao processo, como a violação ao direito ao silêncio, devem ser refutados. Assim, não há necessidade de debater qualquer relação da decisão tomada pelo STF com os casos pretéritos, inexistindo espaço para a modulação dos seus efeitos. *STF. Plenário. ADPF 395/DF e ADPF 444/DF, Rel. Min. Gilmar Mendes, julgados em 13 e 14/6/2018. (Info 906).*

♦ **O interrogatório é o último ato da instrução também nas ações penais regidas pela Lei nº 8.038/90.**

Nos processos criminais que tramitam perante o STF e o STJ, cujo procedimento é regido pela Lei nº 8.038/90, o interrogatório também é o último ato de instrução. Apesar de não ter havido uma alteração específica do art. 7º da Lei 8.038/90, com base no CPP, entende-se que o interrogatório é um ato de defesa, mais bem exercido depois de toda a instrução, porque há possibilidade do contraditório mais amplo. Assim, primeiro devem ser ouvidas todas as testemunhas arroladas pela acusação e pela defesa para, só então, ser realizado o interrogatório. *STF. Primeira Turma. AP 1027/DF, Rel. Min. Marco Aurélio, red. p/ o ac. Min. Luís Roberto Barroso, j. 2/10/2018 (Info 918).*

6. QUESTÕES DE CONCURSOS PÚBLICOS

01. (2017 – VUNESP – TJ-SP – Juiz Substituto) No que diz respeito ao exame de corpo de delito e às perícias em geral, é correto afirmar que:

(A) será facultada ao Ministério Público, ao assistente de acusação, ao ofendido, ao querelante e ao acusado a indicação de assistente técnico, vedada, porém, a formulação de quesitos.

(B) é permitido às partes, durante o curso do processo, requerer a oitiva dos peritos para esclarecerem a prova, desde que o mandado de intimação e as questões a serem esclarecidas sejam encaminhados com antecedência mínima de 10 (dez) dias, podendo apresentar as respostas em laudo complementar.

(C) é nulo o exame realizado por um só perito, considerando-se impedido o que tiver funcionado, anteriormente, na diligência de apreensão.

(D) o assistente técnico atuará a partir de sua admissão pelo juiz, sempre antes da conclusão dos exames e elaboração do laudo pelo perito oficial, sendo as partes intimadas desta decisão.

02. (2017 – MPE-PR – MPE-PR – Promotor Substituto – Adaptada) Julgue o item seguinte:

Não sendo possível o exame de corpo de delito, por haverem desaparecido os vestígios, a prova testemunhal poderá suprir-lhe a falta.

03. (2017 – MPE-PR – MPE-PR – Promotor Substituto) Assinale a alternativa correta:

(A) A Lei nº 9.296/96 admite a interceptação de comunicações telefônicas quando não houver indícios razoáveis da autoria ou participação em infração penal, pois é justamente o que a medida visa apurar durante a investigação.

(B) A interceptação telefônica deve ser deferida através de decisão fundamentada e pelo prazo de 30 (trinta) dias, renovável por igual tempo uma vez comprovada a indispensabilidade do meio de prova.

(C) Ao definir regras sobre a medida de busca e apreensão, o Código de Processo Penal estabelece que não será permitida a apreensão de documento em poder do defensor do acusado, salvo quando constituir elemento do corpo de delito.

(D) As buscas domiciliares serão somente executadas de dia, mostrando-se irrelevantes o consentimento do morador para que se realizem à noite ou mesmo a ocorrência de prisão em flagrante, já que constitucionalmente assegurada a inviolabilidade constitucional do domicílio.

(E) Segundo a jurisprudência dominante do Superior Tribunal de Justiça e do Supremo Tribunal Federal, não é autorizado o ingresso, sem mandado judicial, no domicílio alheio para prisão em flagrante por crime de tráfico e para apreensão de drogas ali mantidas em depósito com destinação a venda.

04. (2017 – CESPE – TJ-PR – Juiz Substituto) Considerando os princípios que norteiam o interrogatório do acusado e os requisitos para a realização desse ato, assinale a opção correta.

(A) É válido o interrogatório do acusado que dispensa a presença do advogado e permanece em silêncio, pois, se o silêncio não puder ser interpretado contra a defesa, não haverá prejuízo, considerando-se o princípio *pas de nullité sans grief*.

(B) Se o interrogado não souber escrever, não puder ou não quiser assinar, o juiz nomeará curador e este, após a leitura do interrogatório, assinará o termo.

(C) Por não contar com as garantias constitucionais da ampla defesa e do contraditório, a confissão extrajudicial, ainda que indireta, não é admitida como meio de prova.

(D) O exercício do direito ao silêncio não gera presunção de culpabilidade para o acusado, tampouco pode ser interpretado em prejuízo da defesa.

05. (2016 – TRF – 3ª REGIÃO – TRF – 3ª REGIÃO – Juiz Federal Substituto) No que concerne ao interrogatório, é correto dizer que:

(A) É o primeiro ato do processo;

(B) O réu tem direito a ficar em silencio, no entanto, se decidir falar, está obrigado a dizer a verdade;

(C) Em caso de acusação por tráfico de drogas, deve ocorrer no início da audiência de instrução;

(D) Em caso de acusação por tráfico de drogas, tal qual ocorre relativamente aos demais crimes, deve ocorrer ao término da instrução, sob pena de nulidade absoluta.

06. (2016 – IESES – TJ-PA – Titular de Serviços de Notas e de Registros – Provimento) Acerca das provas no processo penal, responda a alternativa correta:

(A) Com a reforma processual de 2008, o código de processo penal adotou o sistema *cross examination* para inquirição de testemunhas, não vigorando mais o sistema presidencialista.

(B) A inobservância da ordem de inquirição das testemunhas, durante a audiência de instrução e julgamento, acarreta em nulidade absoluta, por atentar contra matéria de ordem pública.

(C) O princípio do "*nemotenetur se detegere*" engloba o direito do acusado de não ser obrigado a praticar qualquer comportamento ativo ou passivo que possa servir de prova para incriminá-lo.

(D) A medida cautelar de busca e apreensão não é cabível na fase de execução da pena, eis que seu uso somente é possível no processo de cognição.

07. (2016 – FAURGS – TJ-RS – Juiz de Direito Substituto) Com relação às provas no Processo Penal brasileiro, assinale a alternativa correta.

(A) No caso de oitiva de testemunhas por carta precatória, segundo o entendimento do Superior Tribunal de Justiça, torna-se desnecessária a intimação da defesa com relação a data da audiência no juízo deprecado, se houve a sua intimação da expedição da precatória.

(B) Na fase policial, o princípio nemo tenetur se detegere pode ser relativizado em função do dever-poder do Estado de exercer a investigação preliminar e diante da ausência de nulidades no inquérito policial.

(C) A ação controlada, nos termos da Lei nº 12.850/2013, consiste em retardar a intervenção policial ou administrativa relativa à ação praticada por organização criminosa ou a ela vinculada, independentemente de prévia comunicação ao juiz, desde que mantida sob observação e acompanhamento para que a medida legal se concretize no momento mais eficaz à formação de provas e obtenção de informações.

(D) Em se tratando de instrução criminal de procedimento comum ordinário no qual quatro acusados respondem, igualmente, por quatro crimes em concurso material, tendo constituído um único advogado, a defesa poderá arrolar até oito testemunhas para cada acusado, não se computando, nesse número, os informantes e as testemunhas referidas.

(E) Consoante entendimento do Supremo Tribunal Federal, é possível submeter, coercitivamente, o indiciado a exame grafotécnico e à perícia para extração de DNA com base no princípio da proporcionalidade e razoabilidade, desde que se esteja apurando a prática de crime hediondo ou, ainda, praticado com violência ou grave ameaça à pessoa.

08. (2016 – CESPE – PC-GO – Escrivão de Polícia Substituto) Quanto à prova e aos seus meios de produção no processo penal, assinale a opção correta.

(A) A acareação no processo penal é admitida entre acusados ou entre estes e testemunhas, sendo legalmente vedado tal procedimento entre acusado ou testemunha e a pessoa ofendida.

(B) O interrogatório, a ser realizado em momento anterior à inquirição das testemunhas e da produção de outras provas, constitui ato restrito à autoridade judiciária e ao acusado, não podendo o defensor do acusado intervir ou influir, de qualquer modo, nas perguntas e nas respostas.

(C) Estão dispensados de depor na condição de testemunha o ascendente ou descendente, o afim em linha reta, o cônjuge, ainda que separado ou divorciado, o irmão e o pai, a mãe, ou o filho adotivo do acusado.

(D) A lei não prevê qualquer medida coercitiva contra o ofendido que, intimado para depor, deixar de comparecer em juízo, com ou sem justificado motivo, porquanto sua inquirição no processo não é obrigatória.

(E) Para os fins de prova documental a ser formalizada na ação penal, consideram-se documentos apenas os escritos, instrumentos ou papéis públicos cuja originalidade possa ser oficialmente comprovada.

09. (2016 – FCC – DPE-ES – Defensor Público) Sobre as provas no processo penal,

(A) após realização do reconhecimento pessoal, deve ser lavrado auto pormenorizado, subscrito pela autoridade, pela pessoa chamada para proceder ao reconhecimento e por duas testemunhas presenciais.

(B) em virtude do princípio do livre convencimento motivado, o juiz pode suprir a ausência de exame de corpo de delito, direto ou indireto, pela confissão do acusado nos crimes que deixam vestígios.

(C) de acordo com o sistema acusatório, o interrogatório é o ato final da instrução, não podendo ocorrer mais de uma vez no mesmo processo.

(D) segundo a Convenção Americana de Direitos Humanos, a confissão do acusado só é válida se feita sem coação de nenhuma natureza, de modo que não há mácula na confissão informal feita no momento da prisão quando apenas induzida por policiais.

(E) diante da notícia concreta de tráfico de drogas e da presença de armas em determinada favela, é possível a expedição de mandado de busca domiciliar para todas as casas da comunidade.

10. (2016 – MPE-GO – MPE-GO – Promotor de Justiça Substituto) A prova testemunhal, decerto, ainda é o meio de prova utilizado mais frequentemente no processo penal brasileiro. Com efeito, sobre a prova testemunhal é correto afirmar:

(A) Não será computada como testemunha a pessoa que nada souber que interesse à decisão da causa.

(B) Não se admite a contradita no processo penal, tendo em conta que sua acolhida não traz repercussão na valoração pelo juiz do depoimento da testemunha contraditada.

(C) As hipóteses legais em que as testemunhas estão proibidas de depor em razão do conhecimento do fato criminoso associado à função, profissão ou ministério, é absoluta, de modo que não se exige que este conhecimento advenha a partir do exercício das funções desempenhadas pela testemunha.

(D) O fato da pessoa prestar depoimento em determinado procedimento administrativo, qualificada ou na qualidade de declarante, não autoriza, caso falseie a verdade, a atração do tipo penal do art. 342 do CP, como sujeito ativo do crime de falso testemunho, vez que o tipo penal exige a presença da elementar "testemunha" para seu aperfeiçoamento.

11. (2016 – MPE-SC – MPE-SC – Promotor de Justiça – Matutina) De acordo com o Código de Processo Penal, o interrogatório do mudo, do surdo ou do surdo-mudo será feito pela forma seguinte: ao surdo serão apresentadas por escrito as perguntas, que ele responderá oralmente; ao mudo as perguntas serão feitas oralmente, respondendo-as por escrito; ao surdo-mudo as perguntas serão formuladas por escrito e do mesmo modo dará as respostas; caso o interrogando não saiba ler ou escrever, intervirá no ato, como intérprete e sob compromisso, pessoa habilitada a entendê-lo.

12. (2016 – MPE-SC – MPE-SC – Promotor de Justiça – Matutina) A teoria dos "frutos da árvore envenenada", de origem norte-americana, encontra-se prevista no art. 157, § 1º, do Código de Processo Penal, quando este dispõe serem inadmissíveis, sem ressalvas, as provas derivadas das ilícitas.

13. (2015/IESES/ TRE-MA/Analista Judiciário – Judiciária) O Juiz formará sua convicção pela livre apreciação da prova produzida em contraditório judicial. Das questões enumeradas a seguir, assinale a alternativa correta:

(A) Não se deferirá o compromisso de dizer a verdade aos doentes e deficientes mentais e aos menores de 16 (dezesseis) anos.

(B) Prova ilícita é aquela que foi produzida mediante violação de norma de direito processual, enquanto que a prova ilegítima foi produzida mediante violação de norma de direito material prevista na Constituição Federal ou em Lei Ordinária.

(C) A testemunha que morar fora da jurisdição do Juiz será inquirido pelo Juiz do lugar de sua residência, expedindo-se, para esse fim, carta precatória com prazo razoável, sendo obrigatória, sob pena de nulidade, a intimação das partes para esse fim.

(D) As testemunhas poderão ser contraditadas, pelas partes, ao final do depoimento. Poderão, também, o Ministério Público ou o Defensor arguir circunstâncias que a tornem suspeitas de parcialidade.

14. (2015/VUNESP/TJ-MS/Juiz Substituto) Na produção de prova testemunhal, com relação ao método direto e cruzado, previsto no artigo 212, do Código de Processo Penal, com nova redação dada pela Lei nº 11.690/08, afirma-se que

(A) é utilizado com reservas porque enfraquece o contraditório e o poder instrutório do juiz, além de afrontar os princípios da ampla defesa e do contraditório.

(B) a testemunha é inquirida, inicialmente, por quem a arrolou e, após, submetida ao exame cruzado pela parte contrária, cabendo ao juiz indeferir perguntas impertinentes e repetitivas e completar a inquirição.

(C) sistema de inquirição idêntico ao desenvolvido em plenário do júri e explicitado pelo artigo 473 do Código de Processo Penal.

(D) é regra de exceção na inquirição de testemunha na segunda fase da persecução penal, condicionada ao requerimento prévio das partes e deferimento judicial.

(E) após a complementação do juiz, ao qual se dirige a prova produzida, encerra-se a oitiva, sem possibilidade de reperguntas pelas partes.

---

15. **(2015/VUNESP/PC-CE/Delegado de Polícia Civil de 1ª Classe)** Determina o art. 156 do CPP que a prova da alegação incumbirá a quem a fizer. Tal norma

(A) é relativizada, pois o juiz pode ordenar, mesmo antes de iniciada a ação penal, a produção antecipada de provas consideradas urgentes e relevantes.

(B) é corolário do Estado Democrático de Direito, pois apenas ao acusado, tecnicamente assistido por advogado, é franqueado o direito de provar o que entende relevante para o sucesso de seus argumentos.

(C) consagra o princípio da imparcialidade da jurisdição, pois ao Estado-Juiz é defeso realizar diligências de ofício no curso do processo.

(D) consagra o princípio do in *dubio pro reo*, pois o juiz não pode determinar de ofício a produção de prova que aproveite a tese da parte autora.

(E) consagra o princípio da inércia judicial, pois o julgador não poderá determinar a produção de provas no curso da ação penal.

---

16. **(2015/CESPE/DPE-PE/Defensor Público)** Ainda acerca de aspectos diversos do processo penal brasileiro, o próximo item apresenta uma situação hipotética, seguida de uma assertiva a ser julgada. Pedro, sem autorização judicial, interceptou uma ligação telefônica entre Marcelo e Ricardo. O conteúdo da conversa interceptada constitui prova de que Pedro é inocente do delito de latrocínio do qual está sendo processado. Nessa situação, embora a prova produzida seja manifestamente ilícita, em um juízo de proporcionalidade, destinando-se esta a absolver o réu, deve ser ela admitida, haja vista que o erro judiciário deve ser a todo custo evitado.

---

17. **(2015/CESPE/ TRF – 1ª REGIÃO/Juiz Federal Substituto)** Em relação à prova testemunhal, assinale a opção correta.

(A) Nos termos do CPP, para que um militar seja inquirido em juízo, deve ser feita uma requisição diretamente à autoridade que lhe seja hierarquicamente superior.

(B) A legislação brasileira é silente no que se refere à realização de oitiva de testemunha por videoconferência, uma vez que os legisladores reconhecem a dificuldade que muitos municípios teriam em providenciar o equipamento necessário.

(C) Quando não for possível obter ou integrar a prova do fato e de suas circunstâncias por outros meios, o ascendente ou descendente do réu não poderá ser eximido de depor sob compromisso.

(D) Caso um deputado federal venha a ser réu em uma ação penal, sua inquirição deverá se dar em local, dia e hora que previamente ele ajustar com a autoridade judicial.

(E) Para a produção de prova testemunhal em outro juízo, deve a parte requerer a expedição de carta rogatória ou precatória ao juiz, demonstrando, em ambos os casos, a imprescindibilidade da prova testemunhal na motivação do requerimento.

---

18. **(2015 – VUNESP – TJ-SP – Juiz Substituto)** A formação da convicção do magistrado no processo penal tem por base inúmeros elementos. Assinale a alternativa que contenha elementos que vão ao encontro da sistemática do Código de Processo Penal como um todo.

(A) Vinculação das provas do processo à sua própria consciência e verdade formal.

(B) Livre convencimento e verdade material.

(C) Livre convencimento e motivação da decisão.

(D) Hierarquia prefixada de provas e livre apreciação dos elementos constatados nos autos.

---

19. **(2015 – FCC – DPE-MA – Defensor Público)** Em matéria de provas, segundo o Código de Processo Penal,

(A) as acareações, em decorrência da própria essência do ato, não poderão ser realizadas por carta precatória.

(B) após a determinação do desentranhamento de prova declarada inadmissível, esta será inutilizada por decisão judicial, facultado às partes o acompanhamento do incidente, sendo vedado ao magistrado que tomou conhecimento da prova ilícita proferir a sentença no mesmo processo.

(C) o juiz poderá ordenar a produção de provas antes mesmo do inicio da ação penal.

(D) sempre que a infração penal deixar vestígios, o exame de corpo de delito poderá ser dispensado por determinação da autoridade policial e judicial quando sua elaboração puder comprometer a moral pública.

(E) nos exames para reconhecimento de escritos exige-se que a pessoa a quem se atribua o escrito forneça, de próprio punho, material gráfico para a comparação, sendo inadmissíveis documentos já produzidos, ainda que a pessoa reconheça-os como de seu punho.

---

20. **(2015 – CESPE – TJ-PB – Juiz Substituto)** Assinale a opção correta a respeito de provas no CPP.

(A) Em caso de divergência entre os peritos, a controvérsia será resolvida internamente pelo diretor da repartição de lotação dos peritos, que elaborará laudo a fim de apresentar uma versão consensual.

(B) No processo penal, a prova do estado de casado deve obedecer às restrições referentes ao estado de pessoas previstas no ordenamento civil.

(C) Em respeito ao princípio acusatório, é vedado ao magistrado ordenar de ofício a produção antecipada de provas.

(D) Por ser uma peça técnica, o laudo pericial deve ser aceito pelo juiz, sendo-lhe vedado inclusive rejeitá-lo em parte.

(E) O assistente técnico atuará no exame de corpo de delito juntamente com o perito oficial.

---

21. (2015 – VUNESP – MPE-SP – Analista de Promotoria) Assinale a alternativa correta quanto ao depoimento de testemunha por carta precatória, disciplinado pelo artigo 222 do Código de Processo Penal.

(A) Há vedação legal à colheita do depoimento testemunhal deprecado, por meio de videoconferência.

(B) A expedição da carta precatória suspende a instrução criminal.

(C) Se intimada, por carta precatória, a testemunha que morar fora da jurisdição do juiz, deverá comparecer para sua oitiva, pelo Juízo Deprecante, sob pena de condução coercitiva.

(D) Anotado prazo razoável para o cumprimento, o seu decurso permite a realização do julgamento, mas, a todo tempo, a carta precatória, uma vez devolvida, será junta aos autos.

(E) Desnecessária a intimação das partes, da expedição da carta precatória, por se tratar de ato ordinatório.

---

22. (2015 – CESPE – TRF – 5ª REGIÃO – Juiz Federal Substituto) Acerca de provas, instrumentos legais de obtenção de prova e procedimento probatório, assinale a opção correta

(A) No sistema processual brasileiro, admite-se prova emprestada, desde que produzida em face das mesmas partes e submetida ao duplo contraditório, ou seja, a observância deste no processo originário será renovada no processo para o qual tiver sido transladada. Por essa razão, não se admitem, no processo penal, os elementos informativos produzidos em inquérito civil, por constituir procedimento não contraditório, assim como não são admitidas as transcrições das interceptações telefônicas autorizadas em ação penal diversa.

(B) O interrogatório é considerado hodierna e majoritariamente como meio de defesa. Caso o réu encontre-se preso, cumprirá ao magistrado realizar o ato processual em sala própria, no estabelecimento em que estiver recolhido o réu, assegurando a publicidade interna do ato, ou então ordenar a requisição do preso para participar da audiência de instrução e julgamento, ainda que este tenha manifestado desejo de ser dispensado do ato, ratificado pela defesa, em razão do direito de presença ser indisponível.

(C) O sistema processual penal brasileiro assegura ao investigado ou ao réu o direito de não produzir provas contra si mesmo, em qualquer fase da persecução penal, e, desse modo, o investigado ou o réu não poderão ser compelidos a se submeter a procedimentos invasivos, como, por exemplo, o reconhecimento pessoal ou a reconstituição simulada dos fatos.

(D) O sistema processual penal brasileiro autoriza a produção antecipada de provas, desde que observados o binômio da urgência e relevância, a adequação ao momento da persecução penal, a legitimação do órgão acusatório e a proporcionalidade da medida. Tem-se como exemplo autorizador a informação acerca do risco de morte de testemunhas ameaçadas por associação criminosa, com possibilidade de perecimento dos depoimentos relevantes

(E) Na obtenção da colaboração premiada, a lei de regência limita o acesso dos defensores aos autos, especialmente no que se refere às diligências em andamento, e impõe o dever de o investigado delator firmar compromisso de dizer a verdade do que souber e do que lhe for perguntado, sendo o depoimento mantido em sigilo até o recebimento da denúncia

---

23. (Vunesp – Delegado de Polícia – SP/2014) No delito de homicídio, o exame de corpo de delito

(A) é prova pericial fundamental, sem a qual não pode haver o oferecimento da denúncia.

(B) deve, em regra, ser realizado por perito oficial, portador de diploma de curso superior.

(C) é dispensável, no caso de confissão do crime.

(D) é dispensável, caso existam outras provas da prática delituosa.

(E) deve ser realizado por dois peritos médicos pertencentes ao Instituto Médico Legal.

---

24. (Fundação Aroeira – Delegado de Polícia – TO/2014) Uma vez arroladas como testemunhas, o Código de Processo Penal determina que serão inquiridas em local, dia e hora, previamente ajustados entre elas e o juiz, as seguintes autoridades, entre outras:

(A) Delegados de polícia.

(B) Vereadores de Capitais.

(C) Secretários de Estado.

(D) Membros dos Tribunais de Contas dos Municípios.

---

25. (Cespe – Promotor de Justiça – MPE-AC/2014) Assinale a opção correta com base no entendimento do STJ a respeito das interceptações telefônicas.

(A) De acordo com a lei que rege as interceptações telefônicas, a competência para deferir esse procedimento no curso do inquérito policial é do promotor de justiça com atribuição para atuar na ação principal.

(B) O investigado possui direito subjetivo não somente ao áudio das escutas telefônicas realizadas, mas também à transcrição, pela justiça, de todas as conversas interceptadas.

(C) A ação penal padecerá de nulidade absoluta, por cerceamento de defesa, caso a defesa não tenha acesso à integralidade do teor das escutas telefônicas antes da colheita da prova oral.

(D) É dispensável que o MP, na condição de fiscal da lei, seja cientificado da necessidade de averiguação da lisura do ato de interceptação telefônica determinada de ofício pelo juiz.

(E) A fim de assegurar a ampla defesa, é necessário apenas que se transcrevam os excertos das escutas telefônicas que tenham servido de substrato para o oferecimento da denúncia.

---

26. (UEG – Delegado de Polícia – PC-GO/2018) Sobre a fase investigatória criminal, verifica-se o seguinte:

(A) A ausência de defensor, nomeado ou constituído, gera nulidade do interrogatório do investigado pela autoridade policial.

(B) O inquérito policial é indispensável para a propositura, pelo titular, da ação penal.

(C) Não é admitida a figura do assistente técnico.

(D) Na falta de perito oficial, o exame de corpo de delito poderá ser realizado por duas pessoas idôneas e com notório saber na área relacionada com a natureza do exame.

(E) Diante de novas provas, o delegado pode, de ofício, desarquivar inquérito já encerrado.

---

27. (UEG – Delegado de Polícia – PC-GO/2018) O Código de Processo Penal dispõe que, nos casos de busca e apreensão:

(A) A busca pessoal independe de mandado, no caso de prisão.

(B) Caso o morador se recuse a colaborar com a diligência, será permitido o emprego de força contra sua pessoa para o descobrimento do que se procura.

(C) Não sendo encontrada a pessoa ou coisa procurada, dispensa-se a lavratura do auto circunstanciado.

(D) Quando ausentes os moradores da casa objeto de busca, devem ser intimadas a assistir a diligência duas pessoas idôneas.

(E) Na impossibilidade de indicação precisa do local em que será realizada a diligência, admite-se a expedição de mandado de busca e apreensão genérico.

---

28. (Delegado de Polícia Federal – Cespe – 2018) Acerca da prova no processo penal, julgue o item a seguir. Na falta de perito oficial para realizar perícia demandada em determinado IP, é suficiente que a autoridade policial nomeie, para tal fim, uma pessoa idônea com nível superior completo, preferencialmente na área técnica relacionada com a natureza do exame. ( ) Certo ( ) Errado

---

29. (Cespe – Analista Judiciário – Área Judiciária – STJ/2018) Acerca da competência, das questões e dos processos incidentes e das provas, julgue os itens a seguir. Sendo possível a realização de exame para investigar crimes que deixam vestígios, não proceder a esse exame é motivo de nulidade do processo, ainda que provas documentais e testemunhais confirmem a autoria e a materialidade do crime.

---

30. (Cespe – Juiz de Direito – TJ – CE/2018) Em relação aos direitos das partes diante da determinação da prova pericial, julgue os itens a seguir.

I O juiz não poderá negar pedido de realização de perícia requerido oportunamente pela defesa do réu.

II A perícia do DNA de suspeito coletado de utensílios usados ou descartados por ele é ilícita se não tiver havido o assentimento dele.

III Em até dez dias do início da perícia, as partes podem apresentar quesitos a ser respondidos pelos peritos.

IV As partes têm direito de requerer nova perícia ou a sua complementação, desde que o façam dentro do prazo marcado pelo juiz.

Estão certos apenas os itens

(A) I e II.

(B) I e III.

(C) III e IV.

(D) I, II e IV.

(E) II, III e IV.

7. GABARITO ANOTADO

01 – B

Vide:

- Art. 159, § 5º, do CPP.
- Item "2.1.2. Realização das perícias",

02 – C

Vide:

- Art. 167 do CPP.
- Item "2.1.4. Exame de corpo de delito"

03 – C

Vide:

- Art. 243, § 2º, do CPP.
- Item ""2.10. Busca e apreensão".

04 – D

Vide:

- Art. 186, parágrafo único, do CPP.
- Item" 2.2.1. Conceito e natureza jurídica".

05 – C

Vide:

- Art. 57, da Lei 11.343/06.
- Item "2.2. Interrogatório do acusado"
- Capítulo XIII – Procedimentos, item 2.1.1.2. Interrogatório: renovação e momento processual.

06 – A

Vide:

- Art. 212 do CPP.
- Item "2.5.11. O depoimento"

07 – A

Vide:

- Súmula. 273 do STJ.
- Item "2.5.8. Lugar do depoimento, precatória e videoconferência"

08 – C

Vide:

- Art. 206 do CPP.
- Item "2.5.3. Recusa e impedimento".

09 – A

Vide:

- Art. 226 do CPP.
- Itens "2.6.2. Reconhecimento de pessoas" e "2.6.2.1. Procedimento".

10 – A

Vide:

- Art. 209, § 2º, do CPP.
- Item "2.5.7. Classificação".

11 – C

Vide:

- Art. 192 do CPP.
- Item "2.2.3. Formalidades do interrogatório".

12 – E

Vide:

- Art. 157, § 1º, do CPP.
- Item "1.8.1. Teoria dos frutos da árvore envenenada (*fruits of the poisonous tree*), teoria da ilicitude por derivação ou "*taint doctrine*".

13 – C

Vide:

- Art. 222 do CPP.
- Item "2.5.8. Lugar do depoimento, precatória e videoconferência"

14 – B

Vide:

- Art. 212 do CPP.
- Item "2.5.11. O depoimento"

15 – A

Vide:

- Art. 156, I, do CPP.
- Item "1.10. Ônus da prova"

16 – C

Vide:

- Art. 157 do CPP.
- Item "1.8.2. Princípio da proporcionalidade ou razoabilidade".

17 – A

Vide:

- Art. 221, § 2º, do CPP.
- Item "2.5.9. Testemunho dos militares e funcionários públicos".

18 – C

Vide:

- Art. 155 do CPP.
- Item "1.12.3. Sistema do livre convencimento motivado ou persuasão racional.

19 – C

Vide:

- Art. 156, I, do CPP.
- Item "1.11. Iniciativa do Juiz".

20 – B

Vide:

- Art. 155, parágrafo único, do CPP.
- Item "1.5.9. Quanto à imposição legal da forma da prova"

21 – D

Vide:

- Art. 222, § 2º, do CPP.
- Item "2.5.8. Lugar do depoimento, precatória e videoconferência"

22 – E

Vide:

- Art. 4º, § 14 e art. 7º, §§ 2º e 3º, da Lei 12.850/13.
- Item "2.3.7.9. A colaboração premiada da Lei nº 12.850/2013 e os demais meios específicos de obtenção de prova previstos para o combate à criminalidade organizada"

23 – B

Vide:

- Art. 159, *caput*, CPP
- Item 2.1.1. Considerações gerais

24 – C

Vide:

- Art. 221, CPP
- Item 2.5.8. Lugar do depoimento, precatória e videoconferência

25 – E

Vide:

- HC 91207/MC, STF
- Item 2.11.1.1. Interceptação telefônica

26 – C

Vide:

- Art. 184, CPP.
- Art. 159, §§ 3º e 4º e inc. II do §5º, CPP.
- Art. 259, §1º, CPP.
- Súmula 254 do STF.
- Item "2.1.1.1. Assistente técnico".

27 – A

Vide:

- Art. 244, CPP.
- Art. 245, CPP.
- Art. 247, CPP.
- Item "2.10. Busca e apreensão".

28 – Errado

Vide:

- Art. 159, CPP.
- Item "2.1.1. Considerações gerais".

29 – CERTO

Vide:

- Art. 158, CPP.
- Item "2.3.6. Valor probatório".

30 – C

Vide:

- Art. 159, §5º, CPP.
- Item "2.1.2. Realização das perícias".

8. QUESTÕES DISCURSIVAS COM COMENTÁRIOS

01. (Promotor de Justiça MPE-PR – 2014 – MPE-PR) Discorra sobre a livre convicção motivada do julgador no processo penal brasileiro. (Máximo de 15 linhas)

Resposta

O sistema do livre convencimento motivado, também conhecido como sistema da persuasão racional, é o sistema adotado no Brasil, tendo o juiz liberdade para decidir e apreciar as provas que lhe foram apresentadas, devendo, contudo, fazer de forma motivada, nos termos do art. 93, IX, da CF. Conforme pontuou-se no espelho de correção, o juiz é livre na formação de seu convencimento, não estando comprometido por qualquer critério de valoração prévio da prova (prova tarifada), de forma que poderá optar livremente por aquela que lhe parecer mais conveniente. Importante ressaltar, novamente, que a liberdade quanto ao convencimento não dispensa a sua fundamentação. Está previsto no art. 155, do CPP e a Constituição Federal prevê a obrigatoriedade de fundamentação da decisão, sob a pena de nulidade. Decerto, o juiz deve declinar as razões que o levaram a optar por tal ou qual prova, com base em argumentação racional, possibilitando que as partes, eventualmente insatisfeitas, possam confrontar a decisão nas mesmas bases argumentativas. Destacou-se, também, que se trata de regra de julgamento, a ser utilizada por ocasião da decisão final, quando se fará a valoração de todo o material probatório dos autos. Por fim, na segunda fase do procedimento do Tribunal do Júri não vigora este sistema de apreciação da prova, aplicando-se o princípio da íntima convicção, tendo em vista que os jurados votam os quesitos sigilosamente, sem fundamentar.

02. (Promotor de Justiça – 2014 – MPE-PR) A Lei nº 9.296/96 (Interceptação Telefônica) visa tutelar primordialmente o bem jurídico consistente no sigilo das comunicações. Mais precisamente a liberdade das comunicações, que está amparada, desde a Magna Carta – art. 5º, inc. XII, pelo sigilo. Sobre o conteúdo penal de referida norma responda fundamentadamente às indagações seguintes: a) Conceitue interceptação telefônica, cite o elemento básico necessário para a configuração do tipo penal do art. 10 da Lei e diferencie interceptação de gravação telefônica; b) O conhecimento casual de comunicação alheia configura conduta criminosa? Se a resposta for afirmativa especifique o tipo penal praticado; c) Quem tomou conhecimento da comunicação nas circunstâncias citadas na alínea "b" e a divulga ou transmite pratica algum ilícito penal? e d) Se o agente do delito, além de captar a comunicação, a divulga pratica mais de um crime?

Resposta

a) A interceptação telefônica é medida cautelar probatória. Consiste na captação de comunicação alheia, sem o conhecimento dos comunicadores. Conforme ressaltado no espelho de correção, requer como elemento básico para sua configuração a existência de um terceiro sujeito que se imiscui em algo que não lhe pertence. Se um dos comunicadores souber da interceptação, será um caso de escuta; ainda assim, há crime, tendo em vista que existe ofensa àquele que não tinha conhecimento da ingerência. Deve ser feita a distinção, também, quanto à gravação telefônica, tendo em vista que esta é feita por um dos comunicadores. A gravação, em si, não é crime. A posterior revelação do conteúdo da comunicação pode configurar o crime previsto no art. 153 do CP.

b) No caso de conhecimento de comunicação alheia resultante de conhecimento casual, não há a conduta de realizar interceptação. Logo, não se encaixa no tipo do art. 10 da lei;

c) Indicou o espelho de correção, também, que quem tomou conhecimento da comunicação de forma casual, está proibido de divulgar ou transmitir a outrem o que sabe, sob pena de praticar o ilícito penal previsto no art. 151, § 1º, inc. II do CP, uma vez que o art. 10 da Lei nº 9.296/96 não o derrogou;

d) Haverá um só delito, qual seja, o previsto no art. 10 da lei, sendo a divulgação mero exaurimento da conduta criminosa, não havendo nova lesão ao bem jurídico protegido.

03. (Defensor Público Estadual – DPE-GO – 2014 – UFG) Em que consiste o fenômeno jurídico da serendipidade? Explicite os casos em que a serendipidade vem sendo expressamente admitida pelo Superior Tribunal de Justiça no contexto de interceptações telefônicas.

Resposta

Consiste o fenômeno jurídico da serendipidade na descoberta fortuita de provas ou fontes de provas referentes a crimes diversos ou pessoas diversas das que são objeto da investigação que está sendo desenvolvida.

Tem sido admitido o aproveitamento dos conhecimentos fortuitos de interceptação telefônica, inclusive em processos civis e administrativos quando o crime também consistir em ilícitos civil e administrativo, pela jurisprudência do STF e do STJ.

Para o Superior Tribunal de Justiça, durante a interceptação das conversas telefônicas, pode a autoridade policial divisar novos fatos, diversos daqueles que ensejaram o pedido de quebra do sigilo, e esses novos fatos, por sua vez, podem envolver terceiros inicialmente não investigados, mas que guardam relação com o sujeito objeto inicial do monitoramento. Essa descoberta de fatos novos, decorrentes do monitoramento judicialmente autorizado, pode resultar na identificação de pessoas inicialmente não relacionadas no pedido da medida probatória, mas que têm íntima ligação com o objeto da investigação. Esta circunstância, contudo, não invalida a utilização das provas colhidas contra esses terceiros. Por fim, ressalte-se que, ainda que as condutas descobertas não guardem relação direta com aquelas que originaram a quebra do sigilo, é legítima a utilização da referida medida cautelar preparatória, quando por meio dela descobriu-se fortuitamente a prática de outros delitos.

04. (Juiz Leigo – TJAC – 2013 – TJAC) Disserte sobre o tema "inadmissibilidade das provas ilícitas no processo penal", abordando os seguintes aspectos: distinção entre prova ilícita e ilegítima, Teoria dos Frutos da Árvore Envenenada e consequência da decisão que declara a prova inadmissível.

Resposta

As provas ilícitas, segundo a redação dada ao art. 157 do CPP, são "as obtidas em violação a normas constitucionais ou legais". Assim, a prova ilícita viola regra de direito material. A prova ilegítima, por sua vez, conforme destacado pela doutrina, é a que viola regra de direito processual no momento de sua produção em juízo.

Segundo a teoria ou princípio dos frutos da árvore envenenada (fruits of the poisonous tree), que tem sua origem na Suprema Corte norte-americana, a prova derivada diretamente da prova ilícita também é ilícita. Ressalte-se que o § 1º do art. 157 do CPP dispõe que "são também inadmissíveis as provas derivadas das ilícitas" (...).

Por fim, de acordo com o sistema da inadmissibilidade da prova ilícita, a decisão que declara a prova inadmissível tem como consequência o seu desentranhamento (exclusão) dos autos do processo (CPP, art. 157, caput e § 3º).

05. (Promotor de Justiça/PR – 2013 – MPE/PR) No tema prova penal, discorra sobre a teoria da descoberta inevitável e aponte ao menos um exemplo prático. (máximo de 20 linhas)

Resposta

A teoria da descoberta inevitável é uma das limitações à teoria dos frutos da árvore envenenada. Por esta teoria, que se originou na Suprema Corte norte-americana, a prova ilícita produzida contaminará todas as provas dela decorrentes (frutos). Quanto à teoria da descoberta inevitável, preconiza que se a prova, circunstancialmente decorrente de prova ilícita, pudesse ser obtida de qualquer maneira, por atos de investigação válidos, ela deverá ser aproveitada, de forma a eliminar a sua contaminação. A prova ilícita, no caso, não terá o condão de contaminar a prova que poderia ser obtida por uma "fonte hipotética independente".

Para a sua aplicação, são exigidos elementos concretos que evidenciem que, além da prova ilícita que ensejou o conhecimento do fato, havia investigação concreta paralela que levaria à demonstração da mesma situação fática.

Cite-se como exemplo a situação de declarações de testemunha descoberta por meio de interceptação telefônica sem autorização judicial, porém tendo sido também indicada por diversas outras pessoas, de forma que, mesmo que não tivesse sido realizada a interceptação ilegal, essa testemunha acabaria sendo revelada pelas declarações das demais. Nesse caso, não deve ser reconhecida como ilícita as declarações da referida testemunha, pois a interceptação não foi decisiva para o seu descobrimento.

---

06. (Vunesp – Defensor Público – MS/2008) As recentes suposições de "grampos telefônicos", envolvendo pessoas públicas do mais alto escalão, têm novamente trazido à tona a polêmica sobre a colheita de provas no processo penal. Diante desse quadro, discorra sobre o tema.

Resposta

A interceptação telefônica deve ser precedida de autorização judicial (Lei nº 9.296/1996). Protege-se o sigilo telefônico, cujo sujeito passivo é a operadora telefônica (pessoa jurídica que se submete ao dever de guardar o segredo das comunicações telefônicas).

Como se noticia que, no Brasil, o número de interceptações telefônicas é acima da média quando comparado a de outros países (algo em torno de 409.000 canais interceptados em 2011). Em 2008, foi instaurada CPI dos grampos telefônicos, o CNJ baixou regulamentação sobre a matéria, com a inserção de sistema de criptografia e decriptografia dos dados telefônicos, visando verificar irregularidades.

À época, a OAB pleiteou providências ao CNJ, em face da divergência de informações quanto ao número de telefones interceptados: enquanto os tribunais informavam em torno de 12.000 interceptações, as operadoras totalizavam mais de 200.000. Certo que, em 2007, este número excedia 300.000 interceptações.

A suspeita de grampos se baseia não só na possibilidade de excesso quanto ao deferimento de interceptações telefônicas pelos juízes (a regulamentação do CNJ obrigou os magistrados a informarem detalhes sobre as interceptações deferidas mês a mês), mas também na possibilidade de irregularidades no uso do sistema guardião. Visa-se evitar e/ou prevenir a interceptação "em teia", que possa captar as comunicações telefônicas de números não abrangidos pela ordem judicial.

---

07. (PC – RJ – Delegado de Polícia – RJ/2001) ESPAÇO MÁXIMO PARA RESPOSTA INTEGRAL: 30 linhas

A autoridade policial instaurou inquérito, *ex officio*, visando apurar a prática de crime de homicídio doloso duplamente qualificado ocorrido em sua circunscrição. As 4 (quatro) testemunhas presenciais do fato já foram identificadas, porém ainda não foram ouvidas por se encontrarem em viagem profissional. O laudo de exame cadavérico comprova a *causa mortis* da vítima: traumatismo craniano produzido por projétil de arma de fogo. Os familiares da vítima juntam aos autos do inquérito cartas ameaçadoras para a vítima onde constavam os seguintes dizeres: "Você ainda vai pagar caro por tudo que fez. Sua boca vai amanhecer cheia de formiga". Assinado: "Tício". Segundo informes, não comprovados, o motivo do crime seria "dívida" oriunda de tráfico de entorpecentes praticado por Tício.

A autoridade policial, necessitando concluir o inquérito a fim de indiciar Tício, representa, à autoridade judiciária competente, pela decretação da quebra do sigilo telefônico de Tício a fim de identificar suas ligações telefônicas pretéritas e confrontá-las com os números dos telefones da vítima e, ainda, interceptação telefônica de Tício para descobrir seu possível envolvimento com o tráfico ilícito de drogas. Diante dos fatos, pergunta-se:

(A) A legislação em vigor permite a decretação da medida? Responda objetivamente à luz da Constituição da República Federativa do Brasil.

(B) É admissível a decretação da prisão temporária de Tício a fim de ser investigada sua autoria e/ou participação no referido homicídio? Responda objetivamente à luz da Teoria Geral da Prisão Cautelar.

Resposta

(A) A legislação em vigor admite a decretação judicial das medidas em tela. Uma distinção a questão requer do candidato: quando se trata de "quebra de sigilo" restrita as ligações pretéritas, o que temos são dados e não comunicações telefônicas, pelo que não se aplicam as regras da Lei nº 9.296/1996. Duas posições se formam aqui. A primeira entende que o ordenamento jurídico autoriza que o delegado de polícia requisite diretamente às operadoras as informações referentes aos registros de chamadas (seriam, nessa perspectiva, similares aos dados cadastrais). Quando se cuida de crime organizado o autorizativo é expresso (art. 17, Lei nº 12.850/2013). A segunda, a qual nos filiamos, exige ordem judicial mesmo assim, salvo quando a lei é expressa. Constatada a necessidade da medida, correto o deferimento pelo juiz. De outro giro, a Lei das Interceptações telefônicas impõe que o deferimento da interceptação telefônica seja medida extrema, quando não seja possível comprovar por outro meio. Como o crime de tráfico é apenado com re-

clusão e a questão aviva que não existem outros meios para comprová-la, sugerindo indícios, presentes os pressupostos para que seja deferida a interceptação (fumus comissi delicti e periculum in mora).

(B) É possível a decretação da prisão temporária. Para tanto, o caso concreto se adequa aos requisitos do art. 1º, inciso I (necessidade do inquérito policial) e III (homicídio qualificado), seguindo posição jurisprudencial predominante. A necessidade deve se lastrear em elementos empíricos, concretos.

---

08. (PC – RJ – Delegado de Polícia – RJ/2002) ESPAÇO MÁXIMO PARA RESPOSTA: 30 linhas

Havendo fundada razão para autoridade policial suspeitar de que em uma determinada residência um dos quatro moradores é receptador de acessórios de carros, o Delegado de Polícia dirige-se pessoalmente ao local para investigar. Trata-se de um apartamento alugado por quatro amigos (MARCIO, JULIO, JOÃO e ANTÔNIO), estudantes universitários, e este fato é comprovadamente informado ao Delegado de Polícia por ANTÔNIO, único dos residentes que foi encontrado em casa na hora da diligência. Ainda assim, na presença de duas testemunhas, vizinhos de ANTÔNIO, a autoridade policial pede autorização ao morador para ingressar na residência, colocando-o a par da suspeita. Sem nenhum constrangimento ANTÔNIO autoriza o ingresso e o Delegado de Polícia encontra entre as coisas pessoais de JULIO três rádios de carro, que teriam sido furtados recentemente. ANTÔNIO e os vizinhos são as únicas testemunham do encontro das coisas produto de crime. Indaga-se:

(A) É juridicamente válida a apreensão realizada nestes termos?

(B) Admitindo-se que previamente a autoridade policial obtivesse ordem judicial para realizar a diligência, objetivando investigar o mesmo fato (receptação de acessórios de automóveis), e a iniciasse às 19h30, no inverno, quando já escurecia, seria juridicamente válida a apreensão?

(C) Na hipótese cogitada na letra "b", dispondo a autoridade policial de mandado judicial e ainda assim realizando a diligência com o expresso consentimento de todos os moradores, por volta das 13h, em busca de evidências da receptação, caso nada encontrasse relativamente ao crime investigado (receptação de acessórios de carros) porém se deparasse com duas joias sabidamente furtadas em outra circunstância, joias que estavam na mochila de MARCIO, seria possível apreender estas joias?

(D) Finalmente, na hipótese cogitada na letra "b", dispondo a autoridade policial de mandado judicial e ainda assim realizando a diligência com o expresso consentimento de todos os moradores, por volta das 13h, em busca de evidências da receptação, caso nada encontrasse relativamente ao crime investigado porém se deparasse com uma carta dirigida a MARCIO, revelando a autoria de homicídio doloso, seria possível apreender esta carta?

Resposta

(A) Embora tenha havido consentimento do morador de nome Antônio, com as cautelas legais de arrolar duas testemunhas instrumentárias do ato de busca e apreensão, verifica-se que a diligência foi realizada sem mandado judicial e sem o assentimento dos demais moradores, locatários do imóvel. De tal modo, a busca e apreensão do corpo do delito apontado é inválida.

(B) O cumprimento de mandado judicial deve ser feito durante o dia, compreendido nesse termo o período das seis às dezoito horas. De tal modo, inválida é a apreensão lastreada em mandado judicial cumprido no período noturno.

(C) Os objetos apreendidos que não estão compreendidos na finalidade do mandado não são passíveis de apreensão, salvo se, por si só, a posse daqueles constituir infração penal. Daí, na hipótese, embora plausíveis todos os demais elementos, haveria ilicitude na apreensão de coisas diversas daquelas indicadas na finalidade da ordem judicial.

(D) Para a validade da apreensão da carta que noticia o homicídio é necessário pedido de extensão do mandado. Não se tratando de objeto relacionado à investigação, não é válida a apreensão da carta para ser usada como prova. Admite-se que tal tenha a força de notícia-crime (não de prova válida), especialmente porque não é referente a delito conexo ao do objeto do mandado. No ponto, se aplica a teoria da serendipidade ou do encontro fortuito de provas (descobertas casuais).

---

09. (PC – RJ – Delegado de Polícia – RJ/2002) ESPAÇO MÁXIMO PARA RESPOSTA: 30 linhas

J.P.C., segurança de uma boate, é acusado de ter matado Carlos, com quem havia brigado semanas antes do crime, ocasião em que várias pessoas assistiram à luta e testemunharam quando J.P.C. jurou que a Carlos mataria.

J.P.C. toma ciência de que seu primo Paulo tem uma carta na qual seu também primo Fábio, irmão de Paulo, confessa a autoria do referido crime. Eis o teor da carta:

Querido irmão Paulo

Não consegui sossegar desde que descobri que Carlos tinha um caso amoroso com a minha mulher e, sem outra saída para meu sofrimento, acabei matando o desgraçado. Agora temo que me descubram e, por isso, fugi. Por favor, dê auxílio a minha filha e não diga a ninguém sobre essa carta. Talvez, quando as coisas se acalmarem, eu possa voltar pra minha casa. Fábio

Desesperado com a ameaça de ser condenado neste processo em que é acusado de ter praticado o homicídio, J.P.C. invade a casa de Paulo e furta um cofre, no interior do qual se achava guardada a tal carta. Ato contínuo, requer a juntada da mesma aos autos. O Magistrado defere o pedido de juntada. Mais tarde, vem a conhecimento do juízo que a carta havia sido obtida mediante furto.

Pergunta-se:

Poderá J.P.C. ser absolvido por força da convicção obtida através do conteúdo da carta?

Resposta

A carta obtida mediante cometimento de crime de invasão de domicílio é formalmente ilícita. No entanto, estamos diante de um caso de aplicação da teoria da exclusão da ilicitude da prova em favor do réu. J.P.C se valeu de meio menos gravoso que a ameaça de processo penal por homicídio, com o fito de demonstrar sua inocência. Nesse contexto, é possível a absolvição com esteio na convicção obtida através do conteúdo da carta.

10. (PC-RJ – Delegado de Polícia – RJ/2009) Analise os casos abaixo e responda:

Caso 1

A polícia militar tinha informações de que Lamesil fazia um movimento de tráfico em uma localidade. Uma guarnição da PM o avistou em uma motocicleta e o abordou. No momento em que um policial militar acabava de revistar Lamesil e com ele encontrou uma pequena quantidade de maconha (um cigarro) alegadamente para seu uso próprio, o telefone de Lamesil tocou e o policial militar, incontinentemente, atendeu à chamada ouvindo: "Lamesil?", quando então respondeu o policial: "pois não!" e daí o interlocutor encomendou uma trouxinha de cocaína para ser entregue em local determinado. A polícia militar se dirigiu ao local e encontrou Osvaldo, o usuário que pretendia comprar droga de Lamesil. Este foi denunciado por tráfico com base no depoimento em sede policial de Osvaldo.

Caso 2

O Juízo de Direito da 1ª Vara Criminal do Rio de Janeiro decretou uma interceptação telefônica com o fim de apurar crime de formação de quadrilha (art. 288 do CP), corrupção passiva (art. 317 do CP) e corrupção ativa (art. 333 6º CP) por parte de Mauro, Edivaldo, Zacarias e Salomão. Após 10 dias de escuta telefônica, lograram descobrir a autoria de crime de advocacia administrativa por parte de Francisco, irmão de Zacarias (art. 321 do CP). Com base nas degravações, Francisco foi denunciado por advocacia administrativa.

Caso 3

O Ministério Público Estadual requereu mandado de busca e apreensão dirigido a um conjunto residencial em uma comunidade, pretendendo revistar toda a quadra 01 da Rua "F, em razão de informações em um inquérito policial, de que no local existia depósito de máquinas de caça níquel da quadrilha de Joãozinho do Pavão. O Juízo de Direito, ao apreciar o pedido, indeferiu o requerimento genérico, autorizando tão somente a busca domiciliar nos números 33 e 44 da Rua "F" da referida comunidade, com o fim de averiguar a existência do indigitado depósito de caça níquel e a existência da quadrilha. Em cumprimento do mandado, não lograram encontrar nenhuma máquina de caça níquel ou qualquer elemento que indiciasse quadrilha com tal atividade. Não obstante, durante a busca domiciliar na casa 44, onde mora Ricardo dos Santos encontraram um revólver calibre 38, com numeração raspada e um documento de porte de arma falso. Ricardo dos Santos foi denunciado por porte de arma e falsificação de documento público (respectivamente art. 16, parágrafo único, inc. I, da Lei 10.826/03 e art. 297 do CP).

Considerando o sistema constitucional e legal sobre a admissibilidade de provas, os casos apresentados terão a mesma solução? Fundamente.

Resposta

Há diferença de soluções entre os casos.

Caso 1: A denúncia por tráfico de drogas contra Osvaldo padece de nulidade por estar lastreada em depoimento também inválido. A eiva se inicia com a obtenção clandestina da informação por parte do policial, utilizando-se de comunicação telefônica, o que só poderia ocorrer com ordem judicial. No ponto, há ilicitude probatória. A outra invalidade é da autuação em flagrante do usuário. Como a polícia preparou o flagrante, indo até o local para simular a venda de entorpecentes, essa provocação cria móvel incompatível com a conduta delitiva. Ademais, a preparação tornou impossível a consumação do crime. Por derradeiro, nota-se o enquadramento inadequado da conduta, eis que se amoldaria melhor ao delito de uso de entorpecentes, caso efetivamente fosse existente.

Caso 2: Este caso envolve a questão do encontro fortuito de provas (serendipidade). A obtenção de fonte que informe o cometimento de delito diverso do objeto da autorização de interceptação (delito de advocacia administrativa) será válida como prova se guardar relação de conexão com os crimes que motivaram a cautelar probatória. Na hipótese de não seguir a mesma linha da investigação, por ser o crime não conexo, propugna-se pelo uso da fonte como notícia-crime para que seja possível a abertura de investigação preliminar autônoma.

Caso 3: Foi encontrado objeto diverso do mandado que, em regra, não poderia ser apreendido para servir como prova (art. 240, CPP). No entanto, o objeto encontrado é, por si só, corpo de delito de crime tipificado no Estatuto do Desarmamento. Na verdade, a apreensão não se fundará no mandado que refere diferentes objeto e finalidade. A apreensão se baseará no fato de existir outro delito, inclusive de natureza permanente.

11. (PC-RJ – Delegado de Polícia – RJ/2009) "A Polícia Federal adotará uma ferramenta bastante usada pelo FBI – a polícia federal norte-americana – para investigar crimes bárbaros. Trata-se do Codis, um software de propriedade exclusiva do FBI, que permite a comparação de perfis genéticos. O sistema já é usado em mais de 30 países. Com ele, será possível ao Brasil, dar o primeiro passo para a criação de uma rede integrada de dados de DNA, parte da célula que transmite a herança genética. (...) Por meio do sistema Codis, o FBI organiza seu banco de dados de perfis genéticos e aprimora as investigações."

(Capturado em 24/11/2009 de http://www.açf>ndabrasil. aov.br)

À luz do ordenamento jurídico constitucional pátrio é admissível a prova produzida a partir da coleta de material genético?

Resposta

O denominado Combined DNA Index System – CODIS é o programa de gerenciamento de perfis genéticos desenvolvido pelo FBI. No Brasil foi nominado de Rede Integrada de Bancos de Perfis Genéticos. A implantação do sistema, com o fim de auxiliar investigações e perícias, teve lugar no Brasil com a Lei nº 12.654/2012 que, por sua vez, determinou alterações na Lei nº 12.037/2009 (identificação criminal) e na Lei nº 7.210/1984 (Lei de Execução Penal). Para situações devidamente justificadas e excepcionais, é admissível a identificação criminal com o recolhimento do material genético para armazenamento do perfil genético. Nos casos de condenados por crime doloso praticado com violência de natureza grave contra pessoa ou por qualquer crime capitulado na Lei da criminalidade hedionda, o art. 9º-A da Lei de Execução Penal dispõe que será obrigatória a identificação do perfil genético por meio de extração de DNA (ácido desoxirribonucleico, por técnica adequada e indolor). A identificação é armazenada em base sigilosa e poderá ser objeto de requerimento para fins probatórios, pela autoridade policial que dela necessite quando instaurar inquérito policial.

Para que seja válida como prova futura, é indispensável que o fornecimento do material genético se dê com o consentimento do condenado. Tratando-se de prova invasiva, não é admissível que a coleta ocorra contra sua vontade. A vedação à autoincriminação dita essa conclusão. Por outro lado, havendo recusa, é possível se valer de meios outros para obtenção do material, notadamente busca e apreensão de objetos, roupas íntimas, materiais descartados pelo condenado, lixo, dentre outros para que seja viável a identificação. A validade da prova dependerá da observância dessas regras, mormente do respeito ao mencionado princípio.

Há debate doutrinário acerca da necessidade de trânsito em julgado da sentença penal condenatória. Pensamos – diante da excepcionalidade da medida e de sua natureza invasiva – que o legislador disse menos do que deveria dizer, devendo-se conferir interpretação ampliativa do texto para só autorizar a identificação genética depois de passada em julgado a sentença penal condenatória. Entendemos, desse modo, que a identificação genética não pode ter cunho probatório cautelar, tendo natureza de efeito da condenação, que requer que contra a sentença penal condenatória não caiba mais recursos.

No entanto, é possível interpretação declarativa, notadamente baseada na ideia de que não há ofensa ao princípio da não culpabilidade em razão da adoção de medida cautelar de cunho probatório, lastreada na necessidade devidamente justificada. Para tanto, necessário entender a identificação do perfil genético como medida acautelatória de fins probatórios.

12. (FUNCAB – Delegado de Polícia – RJ/2013) A autoridade policial está investigando um crime de homicídio. Foram encontradas amostras biológicas no local do crime. Gala, a principal suspeita do delito, recusa-se a fornecer padrões biológicos para confronto de DNA. Não obstante, sabendo que Gala estava gestante, o Delegado, no dia do parto, dirigiu-se ao Hospital onde ela dera à luz, com equipe técnica de legistas, e apreendeu a placenta da indiciada, realizando, então, o confronto de DNA com o material apreendido no local do crime, concluindo pela autoria da indiciada. Proceda a análise jurídica do caso.

Resposta

A prova produzida a partir do material descartado da investigada é válida, se observadas as regras que preservam a intimidade da indiciada. A coleta de DNA não poderia ocorrer caso fosse utilizado método invasivo, sem o consentimento da pessoa suspeita. Como a questão refere à placenta que já não mais fazia parte do corpo da indiciada, a prova formada mediante o confronto de DNA pode ser utilizada para demonstrar a autoria do crime de homicídio. Como cautela, a autoridade policial deve respeitar as regras de inviolabilidade de domicílio e outras que afetem a intimidade das pessoas envolvidas. Sendo a placenta encontrada em local público, lixo descartado, poderá ser objeto de apreensão, sem exigências maiores. Caso não seja descartada de imediato, a autoridade policial deve representar ao juiz para que obtenha autorização, ouvido o Ministério Público. Com essas cautelas, válida a prova.

13. (FGV – Delegado de Polícia – AP/2010) Luiz da Silva, acusado pelo crime de estupro contra Maria dos Santos, entra furtivamente na casa de uma amiga da vítima e subtrai de sua escrivaninha uma carta assinada pela própria Maria, admitindo que as acusações contra ele formuladas eram falsas, e que foram motivadas por vingança, já que a vítima era em verdade apaixonada pelo réu e foi por ele desprezada.

De posse da carta, o advogado do réu promove sua juntada no processo, sob a alegação de que a vítima decidira confessar ao acusado que tudo não passava de uma mentira e que estava arrependida, requerendo que o Juiz o absolva, com base em tais evidências de sua inocência. Contudo, consciente de que tal fato não ocorrera dessa forma, o promotor de justiça requer autorização judicial para a interceptação das comunicações telefônicas do acusado e seu advogado, a qual é deferida, vindo aos autos a transcrição de conversa entre Luiz da Silva e seu advogado na qual o acusado revela que a prova fora obtida mediante a entrada furtiva na casa da amiga da vítima, mas que achou melhor apresentar outra versão em juízo de modo a dar aparência lícita para a prova que levará a absolvição do acusado. O promotor de justiça então requer o desentranhamento da carta em virtude da sua ilicitude. Pergunta-se:

1. Poderá o juiz determinar o desentranhamento da carta obtida por meio da entrada furtiva de Luiz na casa de uma amiga de Maria em virtude do que foi comprovado na interceptação telefônica?
2. Poderá o Juiz proferir sentença absolutória válida com fundamento na carta obtida por meio da entrada furtiva de Luiz na casa de uma amiga de Maria, exclusivamente?

Fundamente as suas respostas demonstrando conhecimento acerca dos institutos jurídicos aplicáveis ao caso e indicando os dispositivos legais pertinentes.

Resposta

1. Aplica-se ao caso a teoria da exclusão da ilicitude da prova em favor do acusado. A prova produzida mediante violação de domicílio é ilícita, ao menos do ponto de vista formal. No entanto, com lastro em critério de proporcionalidade, a obtenção da prova da inocência do acusado de crime de estupro, mediante o cometimento de uma conduta que se amolda ao tipo de violação de domicílio (delito menos grave), confere argumento equiparável à excludente de ilicitude, excepcionando a regra de exclusão da prova ilícita. Daí que o juiz não poderá determinar o desentranhamento da aludida carta.

2. O juiz poderá proferir sentença absolutória válida, baseando-se, exclusivamente, na carta assim obtida (favor rei).

---

14. (FGV – Delegado de Polícia – AP/2010) A polícia está investigando uma organização criminosa integrada por policiais militares, bombeiros militares e policiais civis cujos integrantes são suspeitos da prática de homicídios, extorsão, concussão, corrupção ativa e passiva, dentre outros crimes. De acordo com o que foi apurado até o momento, esses agentes públicos exigem que os comerciantes e moradores de uma determinada localidade paguem prestações semanais em dinheiro. Os criminosos chegaram mesmo a assumir a associação de moradores da comunidade, numa eleição marcada pela intimidação dos eleitores.

Inicialmente o pagamento era feito para que os agentes públicos policiassem a área e não deixassem que comerciantes e moradores fossem furtados, roubados ou sofressem outros crimes. Porém, com o tempo, esse grupo de agentes públicos passou a exigir também que os comerciantes e moradores somente comprassem gás em botijão com determinados revendedores, os quais eram, por sua vez, obrigados a conceder parte dos ganhos a essa organização criminosa. Aqueles que se recusaram a pagar foram espancados, mortos ou expulsos da localidade em que a organização criminosa atua.

Ocorre que a investigação chegou a um ponto em que as provas necessárias para identificar toda a cadeia de comando da organização criminosa só podem ser obtidas com a colaboração de alguém que participe da organização, já que nenhuma das vítimas concorda em depor. Para dificultar ainda mais a investigação, os criminosos não guardam qualquer espécie de registro de suas atividades e nenhum deles utiliza aparelhos telefônicos, com receio de serem interceptados, só discutindo seus planos criminosos na sede da associação.

Na condição de delegado titular responsável pela investigação, você chegou à conclusão de que é preciso lançar mão de medidas investigatórias mais intensas.

Diante desse quadro, redija a peça prática própria para por em prática as duas medidas de investigação adequadas para obter as informações que a polícia necessita, apontando os dispositivos legais pertinentes e fundamentando a necessidade da medida requerida.

Fundamente as suas respostas demonstrando conhecimento acerca dos institutos jurídicos aplicáveis ao caso e indicando os dispositivos legais pertinentes.

Resposta

As duas medidas que podem dar melhores resultados são: (1) a infiltração de agentes; e (2) a colaboração premiada.

Vários diplomas legais tratam da colaboração premiada. Podemos enumerar as Leis: 8.072/1990 (crimes hediondos, para aplicação restrita ao crime do art. 288, CP), 9.807/1999 (Lei de proteção a vítimas e testemunhas), 9.034/1995 (meios de investigação de organizações criminosas, vigente à época do concurso), 12.850/2013 (organizações criminosas – diploma este que melhor responde ao enunciado da questão).

1) *A Lei 12.850/2013 regula a infiltração de agentes – observado o sigilo necessário –, estabelecendo que a autoridade policial poderá representar ao juiz, ouvido o Parquet, para que seja respaldada juridicamente, com a apresentação circunstanciada de como se dará a produ-*

ção probatória a partir deste meio. Caso a iniciativa seja do Ministério Público, haverá manifestação técnica do delegado de polícia. A decisão judicial consignará prazo de até seis meses, com possibilidade de sucessivas prorrogações. No curso das investigações, podem ser realizadas interceptações ambientais, precedidas de autorização judicial quando o local da captação for reservado (direito à intimidade), e ação controlada, visando a identificação de líderes ou de maior número de agentes.

2) *Também a Lei 12.850/2013 regula a colaboração premiada – ou delação premiada (chamamento de corréu) –, exigindo-se voluntariedade relativamente ao coautor que resolver contribuir para a elucidação dos fatos, evidenciando elementos indicados como capazes de tornar eficaz a investigação (identificação de coautores e partícipes, revelação da estrutura hierárquica e divisão de tarefas, dentre outras). Com a eficácia da colaboração, torna-se possível a concessão de benesse prevista em lei, tal qual a redução de pena de até 2/3 ou mesmo o perdão judicial.*

15. (UFRJ – Delegado de Polícia – DF/2005) Em processo penal, o que se entende por "chamada de co-réu"? Este instituto possui alguma eficácia probatória?

Seria oportuna sua realização na fase pré-processual?

Resposta

A chamada de corréu é a delação premiada. Parte da doutrina distingue delação premiada de colaboração premiada. A primeira seria a colaboração de acusado apontando a identificação de comparsas. A segunda seria gênero que tanto poderia se referir à delação premiada propriamente dita, quanto à contribuição de pessoas diversas da relação processual, mas que o ordenamento também contivesse em favor delas uma sanção premial, um prêmio, uma benesse.

A chamada de corréu ou delação premiada é prevista no ordenamento pátrio e tem eficácia probatória, porém limitada. Alguns sustentam que teria o valor de prova testemunhal, mas não chega a tanto. A Lei nº 12.850/2013 prevê que o conteúdo da delação premiada não pode fundar, isoladamente, um decreto condenatório. Isso quer dizer que tem valor próximo ao dos indícios, equiparando-se à prova legal negativa, no sentido de que a lei enfatiza que não pode ela sozinha sustentar decisão condenatória. Porém, caso seja acompanhada de outros elementos, valerá como prova para este fim.

O chamamento de corréu, apesar do nome, tem realização oportuna na fase pré-processual. A lei limita que o juiz participe das negociações. Isso quer dizer que a iniciativa deve partir da autoridade policial ou do Ministério Público, seja na fase investigatória, processual ou de execução penal.

16. (UFRJ – Delegado de Polícia – DF/2005) Cláudio, Delegado de Polícia do 5º Distrito Policial, instaurou inquérito policial para apurar crime de extorsão mediante sequestro de que fora vítima Ana. Durante a investigação, a autoridade policial representou pela decretação das interceptações telefônicas de Manoel e Maria, principais suspeitos, obtendo parecer favorável do Ministério Público e decisão judicial igualmente favorável.

Ocorre que, ao fim do mencionado inquérito, a autoridade policial concluiu que os suspeitos não eram os autores da extorsão, todavia Manoel e Maria teriam revelado onde João deixara o cadáver de Pedro, morto dolosamente por João em circunstâncias totalmente independentes da extorsão mediante sequestro investigada. O corpo foi encontrado no lugar indicado. Indaga-se (Máximo 30 linhas):

(A) É válida a prova produzida para instaurar inquérito policial em face de João, pelo crime de homicídio doloso?

(B) É válida a prova para, sem qualquer outra, possibilitar ao Ministério Público o exercício de ação penal em face de João?

(C) É válida a prova caso o crime descoberto seja o de ameaça e não o de homicídio doloso?

Resposta

(A) A questão exige conhecimento da noção de serendipidade (encontro fortuito de provas). O crime de homicídio não é conexo àquele objeto das investigações. Malgrado se encontre jurisprudência admitindo a prova assim obtida, entendemos necessária a distinção. Será notícia-crime (e não prova), quando o crime revelado nas investigações não tenha relação de conexão com o núcleo da apuração preliminar. Será prova válida quando houver conexão. Como a questão informa que o homicídio doloso se deu em circunstâncias totalmente independentes da extorsão mediante sequestro investigada, devemos concluir que a prova não será válida para, por si só, deflagrar a persecução penal. Todavia, valerá como notícia-crime para que, com base nela, a autoridade policial tome as cautelas necessárias para inaugurar nova investigação (inquérito policial), ajuntando outros elementos.

(B) A prova não será válida para que, sem qualquer outra, seja promovida ação penal pública contra João, pelas razões já apontadas.

(C) Como o crime de ameaça é punido com detenção e ele não é conexo com o delito objeto das investigações, não será válida a prova assim produzida.

17. (UFRJ – Delegado de Polícia – DF/2005) Objetivando a apuração de práticas ilícitas por organização criminosa, a Autoridade Policial representa ao juiz a vigilância de conta bancária por tempo indeterminado, o que é deferido pela Autoridade Judicial. Porém, para resguardar maior sigilo nas investigações, o juiz, pessoalmente, realiza as diligências necessárias ao acesso das informações bancárias. A decisão do juiz, bem como a diligência pessoal, encontram-se em consonância com nosso ordenamento jurídico?

Resposta

Tanto a decisão do juiz quanto a diligência pessoal não encontram respaldo jurídico. Outros mecanismos existem para apuração de crimes relacionados à lavagem de dinheiro e ao crime organizado. O COAF é, aliás, órgão do Ministério da Fazenda encarregado de receber informações das instituições financeiras sobre operações suspeitas em contas bancárias (movimentações acima de certo patamar), podendo encaminhá-las, em seguida, ao Ministério Público. Não há previsão legal, nem necessidade de vigilância de conta bancária, ainda mais por tempo indeterminado. A diligência pessoal, feita pelo próprio juiz, seria, nos dias de hoje, impensável, notadamente quando vigente constitucionalmente o sistema de tipo acusatório. Providência como esta, como a do art. 241, CPP (busca e apreensão pelo próprio juiz), não se coaduna com a Constituição Federal.

---

18. (UFRJ – Delegado de Polícia – DF/2005) Sobre interceptação telefônica, responda aos seguintes itens:

(A) Qual é a natureza jurídica da interceptação das comunicações telefônicas ordenadas na fase de inquérito policial e durante a instrução criminal?

(B) Em que consiste a interceptação telefônica "prospectiva"?

(C) A interceptação telefônica prospectiva é válida como prova no processo penal?

Resposta

(A) Na fase de investigação, a interceptação telefônica tem natureza de meio de obtenção de elemento de informação. Trata-se de operação técnica consistente na apreensão imprópria das comunicações telefônicas. Durante o processo, a interceptação telefônica guarda natureza cautelar probatória, enquadrando seu resultado como "fonte de prova". É autêntica coação processual in re, isto é, coação física, exercida processualmente, com a captação dos sinais fonéticos ou de dados comunicados por meio de recursos telemáticos.

(B) A interceptação prospectiva seria aquela deferida para comprovar fatos delituosos futuros, deferida só com base em suspeita, sem motivação concreta, sem justa causa.

(C) Sendo prospectiva nesse sentido, não é tal interceptação válida como prova no processo penal, eis que a Lei 9.296/1996 exige "indícios razoáveis de autoria ou participação em infração penal", evidenciando o caráter retrospectivo de fundamentação para que seja deferida.

---

19. (PC-GO – Delegado de Polícia – GO/2003) Escreva uma dissertação, de cerca de 20 linhas, expondo os seus conhecimentos sobre a confissão no processo penal. No desenvolvimento de seu texto, aborde, sucintamente, os seguintes aspectos: a natureza jurídica e o objeto da confissão, seu valor no processo penal e a possibilidade de aplicação da teoria dos "frutos da árvore envenenada" quando a confissão é obtida mediante procedimento ilícito. Para estímulo de sua reflexão, leia os textos abaixo:

Texto 1

A tortura, um crime inafiançável de acordo com a Constituição brasileira, continua a ser praticada pelos agentes do Estado, aviltando toda a polícia. O espancamento, o choque elétrico e o pau-de-arara são técnicas usadas rotineiramente para esclarecer crimes. O tratamento nas prisões é cruel, desumano e degradante...

SOBEL, Henry I. Comentários. Art. V. In: CASTRO, Reginaldo O. de (Coord.): Direitos humanos: conquistas e desafios. Brasília, DF: Letraviva, 1999. p. 56.

Texto 2

A tortura, todos sabemos, ainda é uma prática frequentemente utilizada em nosso país. Ontem, com os presos políticos. Hoje, com os presos comuns, que continuam sujeitos a sevícias e a uma série de práticas hediondas e desumanas visando extrair-lhes confissões, muitas vezes de crimes que jamais cometeram. O tratamento brutal e desumano contra os presos no nosso País, eficaz diante da fragilidade física da pessoa humana, vem inibindo e obstacularizando os progressos da investigação técnica e da polícia científica, de cujos trabalhos deveriam originar-se os meios de prova para a devida condenação dos criminosos.

DOURADO, Denisart. Tortura. 2. ed. São Paulo:Editora de Direito, 2001. p. 183.

Resposta

A confissão tem natureza probatória e valor relativo. É um dos exemplos de "prova legal negativa", haja vista que a lei limita o seu valor, só sendo apto à condenação com base nela se existirem outras provas. Ela, por si só, não é capaz de autorizar decreto condenatório válido. O seu objeto são os fatos imputados ao acusado. São esses fatos que são admitidos como verdadeiros. A obtenção ilícita da confissão, mediante a prática de crime, torna a prova ilícita. Tudo que for objeto da confissão obtida por meio ilícita contamina as provas que decorrem do conhecimento daquele conteúdo. Aplica-se, portanto, a teoria dos frutos da árvore envenenada. Remetemos o leitor para o tópico que tratamos do tema, com as respectivas teorias decorrentes (fonte independente, descoberta inevitável e conexão expurgada).

---

20. (UEG – Delegado de Polícia – GO/2009) Explique o que se entende por chamada de co-réu, analisando, em especial, a sua validade no processo penal, sua natureza e suas diferenças com a delação premiada.

Resposta

Mais uma vez o examinador exigindo conhecimento sobre o tema da "delação premiada". Na questão 10 acima respondemos pergunta semelhante.

21. **(UEG – Delegado de Polícia – GO/2009)** Em 19/07/2007, agentes de polícia entraram no domicílio de Merendão, sem quaisquer indícios de que este estivesse ocultando objetos provenientes de crime de roubo, e, encontrando os bens subtraídos, o prenderam em flagrante por receptação (artigo 180, do CP). Imediatamente, Merendão delatou Tripa Seca, imputando-lhe a subtração dos objetos encontrados. Em decorrência da delação, Tripa seca foi preso, o qual, por sua vez, implicou Chino, que também, em decorrência da delação de Tripa Seca, fora preso. Em 20/07/2007, todos foram soltos. Em 20/02/2008, data marcada para seu interrogatório policial, Chino retorna à delegacia e, dizendo-se arrependido, confessa ao delegado de polícia, na presença de seu advogado constituído, a prática do crime, entregando-lhe alguns bens provenientes do delito, mesmo após ter sido advertido, pela autoridade policial, de seu direito ao silêncio. Analise o problema e, justificadamente, dê a solução jurídica ao caso quanto à validade dos elementos probatórios colhidos na esfera policial.

Resposta

A prova encontrada na Casa de Merendão – bens subtraídos que constituem corpo de delito tanto do roubo como da receptação – necessitava de mandado de busca e apreensão ou de situação de flagrante delito. Como o enunciado da questão não fornece essa informação e, ao contrário, diz que tudo foi feito "sem quaisquer indícios" de ocultação de objetos provenientes de crime, os elementos de prova assim obtidos são ilícitos. Note-se que o fato não se adequa à noção de flagrante delito do art. 302, IV, CPP, que assim considera quem "logo depois", embora sem perseguição, é encontrado com objetos ou instrumentos do crime que façam presumir ser alguém autor da infração. Para tanto, seria necessário um liame, um vínculo e, ademais, dado ao espaço temporal entre a prática do crime e a prisão, recomenda-se mandado judicial de busca e apreensão.

A delação de Tripa Seca, isoladamente, não autorizaria a prisão em flagrante. Ademais, como Merendão também é apontado como agente de crime de receptação, a valia de suas declarações dependeria da advertência acerca do direito ao silêncio. Mesma observação cabe para a implicação de Chino. Com essa eiva, ambas as delações não servem como prova válida. Caso fossem admitidas, ainda assim elas precisariam encontrar compatibilidade com as demais provas dos autos.

No que toca ao interrogatório de Chino, com a confissão precedida de advertência do direito ao silêncio e com a entrega de bens, é elemento de informação válido. Para ser útil como prova válida, a delação extrajudicial necessita ser corroboradas por outras provas. Aliás, mesmo se fosse tomada judicialmente, ela, de per si, não seria suficiente a autorizar a condenação de Chino, carecendo de compatibilidade com outras provas.

22. **(UEG – Delegado de Polícia – GO/2009)** Explique em que consiste, no âmbito da cooperação jurídica internacional na investigação de crimes, o auxílio direto ativo e passivo.

Resposta

A cooperação jurídica internacional na investigação de crimes decorre de tratados plurilaterais ou bilaterais que Estados soberanos signatários adotam para facilitar a persecução penal em razão crescente movimentação de pessoas e bens que ultrapassam os limites das fronteiras. Cuida-se do instrumento através do qual um Estado pede ao outro que execute decisão sua ou profira decisão própria sobre litígio que tem lugar em seu território. Tais pedidos de cooperação jurídica internacional, quando têm por objeto atos que não exijam juízo de delibação pelo Superior Tribunal de Justiça – ainda que levem impropriamente o nome de "carta rogatória" –, serão resolvidos pelo próprio Ministério da Justiça, para as providências necessárias ao cumprimento por auxílio direto, sem exequatur do STJ.

O auxílio direto é ativo quando o Estado requerente da cooperação é o Brasil relativamente a um Estado estrangeiro.

O auxílio direto é passivo quando o Estado requerido é o Brasil e o requerente é um Governo estrangeiro.

O Auxílio direto – passivo ou ativo –, pode ainda ser judicial ou administrativo.

Será judicial quando o sujeito passivo para o cumprimento do ato de cooperação jurídica internacional for órgão do poder judiciário, a exemplo de juízes que apreciam pedidos de busca e apreensão ou ordenam atos de comunicação processual. Será administrativo quando a cooperação ocorrer entre órgãos de natureza administrativa, como a cooperação levada a cabo por órgãos do Ministério Público e da polícia, através das chamadas "forças-tarefa" (task forces).

23. **(UEG – Delegado de Polícia – GO/2009)** Agentes de polícia investigavam informações da existência de tráfico de entorpecentes em bairro goiano. Em 29/07/2007, um dos investigadores, passando-se por usuário, faz contato com Merendão, que, em um bar, informou ter cocaína para vender, no valor de R$ 300,00 o "papelote". O agente sob disfarce, então, entrega a Merendão três cédulas de R$ 100,00 cujos números de série anotara com antecedência. Em seguida, Merendão faz contato com Tripa Seca e este, que se encontrava próximo a um "orelhão", aparece, entregando a Merendão um "papelote" que, de pronto, é entregue ao policial disfarçado. Em seguida, os demais agentes de polícia se aproximaram e detiveram ambos, bem como

apreenderam, além do dinheiro que Merendão procurou esconder sob uma estufa do bar, vinte "papelotes" idênticos ao que fora entregue ao policial, que se encontravam dentro de quatro maços de cigarros acondicionados atrás do aparelho do telefone público mencionado. Inquiridos pela autoridade policial, confessaram a prática criminosa. Analise o problema e, justificadamente, dê a solução jurídica ao caso, especialmente quanto à validade dos elementos probatórios colhidos pela autoridade policial.

Resposta

Não há crime quando a preparação do flagrante pela polícia torna impossível a consumação, conforme enunciado sumulado de nº 145 do STF. Na hipótese, o agente investigador se passou por usuário, provocando a conduta de Merendão de viabilizar a venda da droga. A apreensão dos demais papelotes que, não fosse a ilicitude originária da informação obtida deslealmente, configuraria crime permanente (na conduta de guardar ou armazenar substância entorpecente) também restou contaminada. De tal modo, os elementos probatórios colhidos pela autoridade policial a partir de flagrante provocado são considerados prova ilícita.

24. (UEG – Delegado de Polícia – GO/2009) Avalie, justificadamente, a possibilidade de condenação de um acusado com base apenas em indícios.

Resposta

Os indícios, isoladamente, não são suficientes à condenação (art. 157, CPP), enquanto provas colhidas exclusivamente na fase de investigação. Ressalva-se dessa restrição (prova legal negativa), as provas cautelares, não repetíveis e antecipadas.

25. (UEG – Delegado de Polícia – GO/2013) A interceptação das comunicações telefônicas é técnica especial de investigação sigilosa, marcada pelo contraditório diferido, tendo inegável conteúdo cautelar. Assim, explique, analisando a valoração das provas, em que consiste, em relação às interceptações telefônicas, a serendipidade de primeiro e segundo graus.

Resposta

Discorremos sobre a serendipidade de primeiro grau e de segundo grau no tópico 1.8.4. Em suma, a serendipidade de primeiro grau tem como resultado da interceptação telefônica prova válida, porque se revelam outros fatos que constituem infrações penais diversas daquela que justificou a medida cautelar de captação, porém seguem a linha de desdobramento da investigação, a exemplo dos crimes conexos. A serendipidade de segundo grau é o encontro fortuito de provas referentes a delito diverso que não segue o desdobramento das investigações, revelando crimes não conexos ou agentes que não se enquadram na noção de coautoria ou de participação. O resultado desta última é o de uma notícia-crime (não de prova válida).

26. (UEG – Delegado de Polícia – GO/2013) O enunciado de súmula número 524 do Supremo Tribunal Federal reza que "arquivado o inquérito policial por despacho do juiz, a requerimento do promotor, não pode a ação penal ser iniciada sem novas provas". Com base em tal enunciado, explique, fundamentadamente, o que se entende por nova prova e os requisitos necessários para autorizar o desarquivamento do inquérito policial.

Resposta

A prova nova pode ser formalmente nova (acidentalmente nova) ou materialmente nova (essencialmente nova). A primeira decorre da mesma fonte de prova, como a nova versão de um depoimento de testemunha já ouvida anteriormente ou a nova transcrição de interceptação telefônica já realizada antes. A prova materialmente nova se refere àquela fonte não conhecida, a exemplo de um cadáver encontrado ou de uma testemunha presencial que não tenha sido arrolada anteriormente porque não se sabia de sua existência. Para desarquivar inquérito policial, não basta prova formalmente nova, sendo indispensável prova nova no sentido material.

27. (UEG – Delegado de Polícia – GO/2013) Capitão Didi responde a processo por prática de crime previsto no artigo 157, § 2º, I, do Código Penal. Para comprovar sua inocência, subtrai um determinado documento da residência de Pé de Pano e tortura Paco para obter as gravações do dia do assalto, vindo a provar, com tal documento e com as gravações, que é inocente e que, na realidade, o autor do delito teria sido Pé de Pano. Analise, fundamentadamente, a validade das provas.

Resposta

A teoria da exclusão da ilicitude de prova admite que a prova formalmente ilícita seja utilizada em favor do réu, para comprovar sua inocência. No entanto, é indispensável que a ilicitude da prova obtida em favor da absolvição guarde proporcionalidade relativamente ao crime objeto da acusação. No caso, a violação de domicílio é crime que contaminaria a validade do documento subtraído da residência de Pé de Pano. No entanto, a prova é válida para fins absolutórios, pois proporcional a conduta para o fim de se aplicar raciocínio análogo a uma excludente de ilicitude. Capitão Didi não responderá, ademais, pelo crime de violação de domicílio.

Ao contrário, a tortura de Paco para obter as gravações do dia do assalto é inconcebível. As gravações poderão ser usadas como prova, para fins absolutórios do réu Capitão Didi, porque produzidas anteriormente à tortura. Porém, Capitão Didi poderá responder pelo crime de tortura, em face de ser conduta desproporcional relativamente ao fim almejado.

28. (FAURGS - Delegado de Polícia - RS/2006) O Ministério Público, em razão de denúncias anônimas noticiando o tráfico de entorpecentes em determinado bairro da Capital, requisitou à autoridade policial instauração de inquérito para apurar o delito e esclarecer sua autoria. O delegado de polícia, por sua vez, ao receber a requisição do Ministério Público, optou por iniciar procedimento de Verificação de Procedência das Informações (VPI). Realizou, então, diligências no local do fato, confirmando as suspeitas iniciais, pois constatou movimentação compatível com a atividade de comercialização de entorpecentes no endereço investigado. Ainda, junto a vizinhos - que não quiseram se identificar por temerem represálias apurou que o "patrão" do tráfico seria um indivíduo conhecido por "Bolacha", que efetuava suas negociações ilícitas pelo telefone celular nº xxxxxx. De posse dessas informações, circunstanciadas em relatório de investigações, o delegado de polícia representou em juízo pela quebra de sigilo da referida linha telefônica, a fim de obter os extratos das ligações recebidas e efetuadas e os dados cadastrais de seu titular, bem como pela escuta telefônica, nos termos da Lei nº 9296/96. O Juiz de Direito, ao examinar os pedidos, indeferiu a quebra de sigilo e a escuta telefônica, por não ter sido instaurado o respectivo inquérito policial.

Responda as questões abaixo, justificando suas respostas.

(A) Pode o delegado de polida recusar-se a cumprir requisição de inquérito por membro do Ministério Público? Em caso afirmativo, em que situação?

(B) No caso em exame, agiu com acerto o magistrado ao indeferir os pedidos de quebra de sigilo e escuta telefônica, em razão da não instauração de inquérito policial?

(C) Em que consiste o procedimento de Verificação de Procedência das Informações (VPI) e quais os seus limites?

Resposta

(A) Em regra, o sistema de persecução penal não admite recusa de requisição ministerial, por parte da autoridade policial, para instaurar o inquérito policial. Havendo notícia de crime, em tese, é dever da autoridade policial instaurar inquérito policial. No entanto, há limites para a deflagração do inquérito policial, notadamente quando os elementos de informação obtidos ou a serem obtidos estejam limitados pelas garantias individuais fundamentais, tais como o direito ao sigilo e a vedação ao anonimato. Como, no caso, a notícia é apócrifa, correta a providência do delegado de polícia de, antes de instaurar o inquérito requisitado pelo Parquet exclusivamente com base naquela informação, tome as cautelas necessárias no sentido de averiguar a procedência para, somente após verifica-la, através de diligências diversas a fim de confirmar a notícia recebida, instaurar inquérito policial. Nesse sentido, o STJ, arrimado em precedente do STF.

(B) A interceptação telefônica deve ser a ultima ratio para a colheita de elementos de informação. À luz da jurisprudência do STF e do STJ, o magistrado não agiu com acerto, eis que entendem possível a interceptação telefônica preliminar, anterior à instauração do inquérito policial.

(c) *O procedimento de verificação de procedência de informações são as diligências preliminares a uma provável instauração de inquérito policial visando evitar constrangimento desnecessário ao investigado provocado por notícias temerárias. Seus limites são constatados a contrario sensu, isto é, toda vez que não existirem elementos suficientes e válidos para a constatação da plausibilidade do fato ensejador de inquérito policial, a exemplo de notícias anônimas, tem lugar a VPI, que lhe antecede. Havendo notícia-crime válida e suficiente ao inquérito policial, indevida a VPI.*

29. (PC-RS - Delegado de Polícia - RS/2009) João, depois de arrombar a porta principal de uma residência, subtrai do interior do imóvel, para si, a quantia de R$ 2.000,00 (dois mil reais). Na sequência, foge do local em um veículo automotor. Alguns quilômetros depois, perde o controle do automóvel e colide contra outro carro que estava estacionado, bem próximo do local em que estavam dois policiais. De imediato, quando os policiais se aproximam de João, percebem que ele, que estava com visíveis sinais de embriaguez, não se machucou em decorrência da colisão. Diante disso, apresentam-no preso na Delegacia de Polícia em que você acabou de assumir como titular. Também entregam no órgão policial os veículos e o dinheiro subtraído. João concorda em ser submetido a qualquer espécie de perícia. Levando-se em consideração apenas os aspectos relacionados aos exames de corpo de delito e às perícias em geral, questiona-se o seguinte:

(A) Existe necessidade de produção de alguma prova pericial no presente caso? Caso haja. qual(is)?

(B) Havendo somente um médico-legista oficial na cidade e não existindo perito do Departamento de Criminalística na região, nem a possibilidade de os oficiais que trabalham em Porto Alegre se deslocarem até o município, como deverá proceder a autoridade policial para a realização da(s) perícia(s) que seja(m) necessária(s)?

Resposta

(A) Cabível a realização de exame de aferição de alcoolemia ou bafômetro, para constatar a embriaguez. Também possível o exame pericial relativo a qualificadoras do furto, caso presentes circunstâncias de escalada e rompimento ou destruição de obstáculos. Por fim, possível perícia sobre os danos causados nos veículos envolvidos para dimensionar os danos e respectivos valores.

(B) Nesse caso, serão nomeados dois peritos ad hoc, escolhidos dentre pessoas idôneas, portadoras de diploma de curso superior, preferencialmente especializados no campo do exame pericial. É de ver que o bafômetro pode, hoje, suprir exame específico de aferição de embriaguez pela coleta de sangue. Para tanto, sempre deve ser obtida a cooperação voluntária do agente. Caso se recuse, outros meios de prova poderão ser utilizados, nos termos do Código Nacional de Trânsito e Resolução do Contran.

30. (MPE-AC – Promotor de Justiça – AC/2008) Disserte, de forma objetiva, sobre a diferenciação entre testemunhas numerárias e extranumerárias, apontando os exemplos pertinentes a cada uma delas.

Resposta

As testemunhas numerárias são aquelas que são arroladas por cada uma das partes, dentro do número legal. Não entram no cômputo declarantes e aquelas que, por razões que firam a necessária imparcialidade, não prestam compromisso de dizer a verdade.

As testemunhas extranumerárias são as referidas no curso da instrução e que são ouvidas por determinação do juízo, sendo irrelevante o fato de ser ultrapassado ou não o número legal de testemunhas para cada parte e para cada fato.

31. (MPDFT – Promotor de Justiça DF/2011) Justifique a validade ou a invalidade da prova audiovisual nas situações a seguir expostas, considerando que, em todas as hipóteses, os autores dos delitos não tinham conhecimento de que estavam sendo filmados, bem como que não houve autorização judicial para as gravações. Limite a resposta ao máximo de 2 (DUAS) PÁGINAS.

(A) Câmera de tráfego instalada em via pública capta imagens do interior de um apartamento e registra o morador ofendendo a integridade corporal de sua companheira;

(B) Vítima do crime de extorsão grava com seu aparelho celular o momento em que faz a entrega dos valores exigidos pelo investigado;

(C) Policiais civis fazem campana no interior de residência, com autorização do morador, e filmam pessoas vendendo drogas em praça pública localizada em frente à moradia;

(D) Câmera oculta instalada em vestiário de empresa privada grava funcionário guardando mercadorias subtraídas da empresa.

Resposta

(A) Nesse caso, verifica-se invasão da intimidade do morador, eis que seria necessária ordem judicial para captar imagens no interior da residência. Não valerá como prova em sentido estrito, porém será perfeitamente admissível sua utilização como notícia-crime para, a partir dela, serem colhidos outros elementos de informação. Observe-se que, nessa situação, seria pouco provável que uma testemunha visualizasse o interior do apartamento para equiparar o fato a uma ocorrência em espaço público. Seria indispensável decisão judicial para instalar câmera captando imagens invasivas à intimidade.

(B) A prova, produzida pela vítima, protagonista passiva do crime, é plenamente válida, atuando nos limites do exercício regular do direito e, em certa medida, em legítima defesa.

(C) Como as imagens foram captadas de interior de residência com autorização do morador, não há mácula, sendo válida. Aliás, os fatos captados aconteceram em ambiente público, sendo dispensável ordem judicial. Note-se que os policiais poderiam, nessa situação, depor como testemunhas.

(D) O vestiário é local destinado à intimidade do funcionário. Embora se cuide de ambiente da empresa, a violação a essa regra de preservação da intimidade torna a prova ilícita.

32. (CESPE – Promotor de Justiça – ES/2010) No dia 2/10/2008, no decorrer de uma fiscalização de trânsito, foi constatado que o condutor de um veículo, legalmente habilitado, trafegava em via pública em visível estado de embriaguez, comprovado mediante utilização de bafômetro que acusou concentração superior a seis decigramas de álcool por litro de sangue. Na ocasião, uma testemunha afirmou que o condutor, antes da abordagem, realizara manobras perigosas no curso da via, colocando em risco a segurança viária e expondo a dano potencial a incolumidade de outrem. Apresentados o condutor do veículo e a referida testemunha à autoridade policial competente, foi adotado o procedimento legal cabível e os autos, após concluídos, foram remetidos ao Poder Judiciário. Registre-se que o autor da conduta é primário, todavia está sendo processado pela prática de uma contravenção penal.

Considerando as informações apresentadas, à luz dos posicionamentos doutrinários e jurisprudenciais dominantes no que diz respeito ao Código de Trânsito Brasileiro (CTB), à Lei nº 9.099/1995 e aos seus critérios orientadores, redija um texto dissertativo que aborde, necessariamente, os seguintes aspectos:

- obrigatoriedade de realização do teste de alcoolemia, conforme definido no CTB, e sua compatibilidade com o sistema de provas adotado no Código de Processo Penal;
- necessidade da ocorrência de perigo concreto para a tipificação do delito sob análise;
- aplicabilidade da suspensão condicional do processo como alternativa à imposição de pena privativa de liberdade, iniciativa de sua aplicação e natureza jurídica do instituto.

Resposta

O agente não está obrigado a "soprar" o bafômetro. Incide, no caso, a proibição de autoincriminação. No entanto, a atual redação do Código de Trânsito Brasileiro estabelece meios que podem suprir a negativa de submissão a esse meio de prova pelo condutor, consoante Resolução do CONTRAN, tais como depoimentos testemunhais, captação de imagens, auto de constatação de embriaguez.

O tipo penal de embriaguez ao volante não mais requer perigo concreto de dano. O legislador, impacientemente, incrimina a conduta de dirigir alcoolizado, sendo dispensável que o condutor esteja dirigindo de maneira anormal, como era antes exigido.

O sursis processual (suspensão condicional do processo do art. 89, da Lei nº 9.099/1995) é admitido em tese, em face da pena abstrata mínima do crime em tela não exceder um ano de pena privativa de liberdade. A proposta há de partir do Ministério Público e as condições impostas, em juízo, fixadas pelo juiz competente. Trata-se de manifestação que mitiga a indisponibilidade da ação penal pública, com natureza de direito público subjetivo processual do acusado, quando presentes os requisitos legais.

No caso concreto, o agente já respondia a outro processo por contravenção. Segundo o texto do art. 89, o agente não pode estar sendo processado ou não pode ter sido condenado por outro crime. Como o agente já responde a processo, ainda que por contravenção, não pode ser beneficiado com a suspensão condicional do processo, eis que não preenche tal requisito objetivo.

33. (MPE-MG – Promotor de Justiça – MG/2008) (máximo de 20 linhas)
Qual a diferença entre provas vedadas e provas proibidas?

Resposta

Prova vedada e prova proibida são, em regra, tratadas como expressões sinônimas. A prova proibida é inadmissível no processo por violar regras de direito material ou princípios processuais. A doutrina distingue duas espécies de provas vedadas. A primeira, a ilícita, restrita às violações de regras de direito material. A segunda, a ilegítima, por afetarem regras processuais. Ambas são inadmissíveis. Porém, uma distinção relativamente à sanção se põe: a prova ilícita, assim reconhecida, é desentranhada dos autos. A prova ilegítima, por outro lado, é sancionada com invalidade (ilegitimidade).

Na presente questão, o candidato deve atentar para o fato do examinador esperar resposta que distinga a "prova proibida" da "prova vedada". Há doutrina que considera que o Código de Processo Penal brasileiro não adotou o "sistema da prova proibida". Em acréscimo, a Constituição de 1988 foi lacônica ao prever apenas a inadmissibilidade da prova obtida por meio ilícito. Nesse sentido, Alexis de Brito, Humberto Fabretti e Marco Lima explicam que "é comum em outros ordenamentos e mesmo em outras constituições que certos procedimentos sejam expressamente proibidos como meios de se obter uma prova processual". E exemplificam com o art. 136, e parágrafos, do Código de Processo Penal alemão, que preconiza de forma expressa que o acusado tem o direito: (a) de não ser coagido ou enganado em seu interrogatório; (b) de não ser compelido a se autoincriminar; e (c) de sempre consultar advogado escolhido por ele, com a necessária antecedência de seu interrogatório. Com efeito, tais regras citadas pelos autores não estão expressas no Código de Processo Penal brasileiro, embora façam parte do nosso sistema por força do Pacto de São José da Costa Rica e pelo que se deduz da Constituição de 1988 e de outros diplomas legais[339]. A título de conclusão, teremos, sob tal perspectiva: (a) prova proibida: quando há disposição legal específica dispondo quais procedimentos de prova não são permitidos pelo ordenamento jurídico, tratando-se de espécie de prova vedada; e (b) prova vedada: gênero, do qual prova proibida seria espécie, consiste na inadmissibilidade probatória em tese, que exige que o operador do direito consulte outras regras (processuais ou materiais) para, por ilação dedutiva, concluir pela exclusão da prova.

34. (MPE-SP – Promotor de Justiça – SP/2010) Quando o Código de Processo Penal admite o uso da videoconferência ou outro recurso tecnológico de transmissão de sons e imagens em tempo real para realizar o interrogatório do réu (indique duas hipóteses)?

Resposta

O Código de Processo Penal, em seus artigos 185 e seguintes, prevê o interrogatório, bem como as hipóteses excepcionais de sua utilização por videoconferência. Podemos sintetizar que o interrogatório por videoconferência pode ser realizado quando houver fundadas razões de ordem pública que coloque em risco a segurança dos envolvidos (acusado, juiz, membro de Ministério Público) – a lei fala em responder à gravíssima questão de ordem pública – e em face de envolvimento comprovado do acusado em organizações criminosas com o fito de prevenir risco à segurança pública. Remetemos o leitor ao tópico que desenvolvemos amplamente críticas acerca do instituto.

35. (MPE-SP – Promotor de Justiça – SP/2010) Qual é a função do assistente técnico indicado pela parte, em relação aos exames periciais?

Resposta

O assistente técnico atua como expert de confiança das partes, diferentemente do perito judicial, que há de ser imparcial, submetendo-se às regras do art. 342, do CP, e as dos artigos 252 a 254, CPP (impedimento, incompatibilidade e suspeição). O assistente técnico tem oportunidade para falar depois de concluído os trabalhos do perito ofi-

339. BRITO, Alexis Couto de; FABRETTI, Humberto Barrionuevo; LIMA, Marco Antônio Ferreira. Processo penal brasileiro. 2. ed. São Paulo: Atlas, 2014. p. 183-186.

cial ou ad hoc nomeado pelo juízo. A rigor, não apresenta laudo pericial, porém parecer. Com sua participação, o contraditório é ampliado, assegurando às partes a possibilidade de influírem na decisão judicial, haja vista que o juiz não fica adstrito ao laudo apresentado pelo perito (sistema da não vinculação).

36. (MPE-PR – Promotor de Justiça – PR/2011) Dissertação. (MÁXIMO DE 40 LINHAS).

Discorra sobre os limites a respeito do uso de interceptações telefônicas como prova no processo penal.

Resposta

Discute-se sobre se as interceptações são prova ou fonte de prova. Sobre o assunto, remetemos o leitor ao tópico que abordamos analiticamente o instituto, realçando sua natureza de fonte de prova formada com o seu resultado (apreensão imprópria).

Para seu deferimento, o juiz deve observar os requisitos da Lei nº 9.296/1996. Notadamente, devem estar presentes indícios razoáveis de infração penal apenada com reclusão apontada relativamente a um provável agente (fumus comissi deliti). De outro lado, a interceptação deve se mostrar indispensável, evidenciando que não há como obter prova de outra maneira senão por essa medida extrema.

Caso haja encontro fortuito de provas referentes a outra infração penal, estas só serão válidas como prova (serendipidade de primeiro grau) quando houver relação de conexão com aquele crime objeto do deferimento da interceptação telefônica. Quando não existir tal liame, teremos notícia-crime que poderá servir para inaugurar investigação independente, porém não prova válida em sentido estrito.

37. (CESPE – Promotor de Justiça – RR/2008) Redija um texto dissertativo, discorrendo, de forma crítica, sobre as teorias existentes acerca da admissibilida de das provas ilícitas.

Resposta

Abordamos as teorias sobre provas ilícitas neste capítulo. Como o examinador não impôs limite de linhas, o candidato deve demonstrar, o quanto puder, conhecimento sobre o tema. As regras de exclusão de provas ilícitas são acompanhadas de mitigações provocadas pelas teorias decorrentes daquela dos frutos da árvore envenenada. As teorias que eventualmente admitam prova aparentemente ilícita ao processo devem ser aplicadas somente favor rei. É francamente minoritário o entendimento de que a regra da proporcionalidade contra o acusado deve ser, excepcionalmente aplicada no processo penal.

38. (MPE-SC – Promotor de Justiça – SC/2013) O Código de Processo Penal prescreve que: "Quando a infração deixar vestígios, será indispensável o exame de corpo de delito, direto ou indireto, não podendo supri-lo a confissão do acusado".

Nesse contexto, nas hipóteses abaixo diga, fundamentadamente, quando a perícia é imprescindível, desnecessária ou facultativa, nula ou que pode ser suprida:

1) Perícia na arma, munições e acessórios para comprovação da qualificadora da causa especial de aumento de pena previstas no artigo 157, § 2º, inciso I, do Código Penal e crimes tipificados na Lei nº 10.826/2003.

2) Segunda perícia, quando:

a) houver dúvida sobre a parcialidade de um dos peritos que realizaram a primeira.

b) para precisar a classificação do delito no art. 129, § 1º, I, do Código Penal.

c) houver divergência entre os peritos.

d) houver inobservância de formalidades, omissões, obscuridades ou contradições.

3) Laudo de constatação da natureza e quantidade da droga.

4) Laudo pericial firmado por apenas 1 (um) perito oficial, ou por 1 (uma) pessoa idônea, com habilitação técnica relacionada com natureza do exame, justificada pela inexistência, na comarca, de outro profissional habilitado.

5) Para a identificação das vozes captadas nas interceptações telefônicas.

6) De exame criminológico para fins de progressão do regime prisional e livramento condicional.

7) Para caracterizar o crime previsto no art. 7º, IX, da Lei nº 8.137/1990.

Resposta

1) É dispensável a perícia em arma de fogo quando tiver sido produzido disparo, que demonstra sua potencialidade lesiva, ou mesmo diante de outros elementos comprobatórios nesse sentido.

2) a) Malgrado possa ensejar nulidade, tal eiva é de natureza relativa quando se trata de dúvida sobre a parcialidade dos peritos, sendo pois facultado ao juiz determinar a realização de uma nova perícia. Vigora, para o juiz, o sistema da não vinculação ao laudo. Daí a faculdade no ponto.

b) *Em regra é necessário o laudo complementar de lesões corporais para autorizar decreto condenatório na modalidade qualificada. Para oferecer a ação penal, é ele dispensável, bastando, para seu início, o laudo de exame de lesões corporais confeccionado logo após a prática do delito.*

c) *A divergência entre os peritos faculta ao juiz ordenar uma nova perícia, mas não é imprescindível. Vigora, para o juiz, o sistema da não vinculação ao laudo. Daí a faculdade no ponto.*

d) Nesse caso, o laudo estará inquinado de nulidade absoluta, nos termos do art. 563, III, "b", devendo ser refeito, em compasso com sua indispensabilidade relativamente ao delito que deixe vestígio.

3) É imprescindível o laudo de constatação provisório da substância entorpecente para a deflagração da ação penal. Para a condenação, é indispensável o laudo de constatação definitivo. A jurisprudência dos tribunais superiores (STF e STJ) tem mitigado a exigência inarredável do laudo de constatação definitivo para fins condenatórios, admitindo sua juntada extemporânea e caracterizando tal irregularidade como nulidade de natureza relativa. No STJ, de outro lado, encontra-se entendimento isolado autorizando ação penal pelo delito de tráfico sem a existência de laudo quando se trata de caso sem apreensão da substância entorpecente.

4) Realizado o laudo por um perito oficial, este é válido, como regra, salvo quando a disposição especial exigir diversamente. Tratando-se de perito não oficial a regra é que seja em número de dois. Sendo realizado por apenas um perito, tem-se entendido pela nulidade de natureza relativa, dependente de alegação oportuna e demonstração de prejuízo. Nesses termos, facultada a realização de nova perícia.

5) Para identificar os interlocutores da conversa telefônica é indispensável o espectrograma de voz (comparação de vozes por meio de recursos de imagens representativas das vozes).

6) O exame criminológico não é indispensável para fins de concessão de benefícios próprios da execução penal, conforme reiterada jurisprudência e atual redação do art. 112, da Lei de Execução Penal.

7) É indispensável o laudo que ateste que a matéria-prima ou mercadoria é imprópria para o consumo, não se tratando de matéria que autorize seu suprimento por testemunhas ou avaliação judicial.

---

39. (CESPE – Promotor de Justiça – RR/2008) Redija um texto dissertativo acerca das correntes doutrinárias existentes a respeito da natureza jurídica do termo de ajustamento de conduta, apresentando, pelo menos, quatro delas e explicando cada uma das apresentadas.

Resposta

No âmbito criminal, temos o chamado termo de compromisso ambiental, entendido aqui não como um "negócio jurídico declarativo", porém como uma "transação". A natureza jurídica desse termo de ajustamento de conduta se relaciona com a punibilidade da conduta. Daí a controvérsia sobre sua natureza jurídica: (1) compromisso civil, sem repercussão no âmbito penal; (2) lavrado o compromisso ambiental, haveria falta de justa causa para a ação penal; (3) o compromisso só teria repercussão no âmbito criminal se o agente não prosseguisse com a conduta lesiva, cuidando-se de uma espécie de condição negativa ao exercício da ação penal; e (4) a sua natureza jurídica é a de causa supralegal da exclusão da ilicitude[340].

---

40. (UFMT – Promotor de Justiça – MT/2012) Discorra sobre o instituto da delação premiada, especialmente, sobre o conceito, o valor probatório, pontos positivos e negativos e previsões na legislação brasileira.

Resposta

O tema delação premiada foi objeto de ampla discussão no tópico 2.3.7 deste capítulo para onde remetemos o leitor. Não havendo limite de linhas, deve o assunto ser explorado ao máximo. A delação requer confissão e indicação de corréus ou partícipes. Trata-se de chamamento de corréu. A sanção premial decorre de previsão legal, segundo a legislação aplicável. É técnica especial de investigação hoje prevista de forma exauriente na Lei nº 12.850/2013. Seu valor é relativo e não pode ser usado de forma isolada como prova, mas sempre acompanhado de outros elementos com ela compatíveis. Em boa medida, são vantajosas as previsões legislativas da delação premiada, visando diminuir a dificuldade de se apurar determinados delitos. No entanto, há quem aponte pontos negativos, tais como o estímulo em beneficiar o comparsa desleal, a sobreposição normativa existente que possibilita dúvida na aplicação do instituto e mitigação a direitos fundamentais.

---

41. (UFMT – Promotor de Justiça – MT/2012) Disserte sobre a prova no Processo Penal brasileiro sob a perspectiva do princípio da proporcionalidade, abordando, necessariamente:

- O conceito de princípio da proporcionalidade, seus aspectos (adequação, necessidade e proporcionalidade em sentido estrito), seu fundamento constitucional e seu fundamento legal em matéria processual penal;
- A prova inadmissível: fundamento constitucional e fundamento legal, espécies de provas proibidas e seus exemplos, teorias e formas de mitigação (v.g. fonte independente e descoberta inevitável); e
- O entendimento do Supremo Tribunal Federal quanto à possibilidade de utilização da proporcionalidade diante da prova reputada ilícita.

Resposta

No item 1.8.2 expusemos os passos que constituem o princípio da proporcionalidade, que responde a questão em tela. A temática da vedação probatória está exposta

340. GOMES, Luiz Flávio. MACIEL, Silvio. *Crimes ambientais e Termo de Compromisso Ambiental ou TAC: reflexos penais.* Disponível em <http://www.lfg.com.br>. Acesso em: 06 Dez 2014.

no item 1.7. O STF não admite o uso do princípio da proporcionalidade para admitir a prova ilícita, notadamente quando prejudicial ao acusado.

42. (MPE-MS – Promotor de Justiça – MS/2008) Num crime de estupro que resultou em gravidez da vítima menor (adolescente de 13 anos), o réu negou o fato, restando apenas sua palavra contra a da vítima. Nascida a criança, o pai da vítima (homem influente) sequestrou uma pessoa querida do réu para obrigá-lo a fazer exame de DNA, o que foi feito particularmente. O resultado do exame provou que o réu é o pai da criança, demonstrando, assim, que houve o estupro. O pai da vítima entregou o resultado do exame ao Promotor para juntar ao processo para provar houve o estupro. Como promotor(a) de justiça, na fase do art. 500 do CPP, o que você faria? Fundamente a resposta.

Resposta

O fato narrado evidencia violação ao princípio da vedação à autoincriminação (nemo tenetur se detegere). A prova é ilícita e deve ser desentranhada dos autos. O artigo referido foi revogado, mas se reporta à fase de alegações finais. O promotor de justiça, como custos legis nas ações privadas ou autor nas ações públicas deve velar pelo respeito à ordem jurídica, devendo requerer o desentranhamento da prova assim produzida.

43. (MPE-MS – Promotor de Justiça – MS/2008) Num processo crime, homicídio, várias testemunhas idôneas afirmaram, em audiência de sumário de acusação, para o juiz, que viram o acusado, Pelópidas Maranhão, disparando tiros na vítima na saída do restaurante em Campo Grande, no dia e horário narrados na denúncia. Pelópidas Maranhão, entretanto, apresentou termo de assentada de uma audiência judicial, mostrando que ele, naquele mesmo dia e horário, estava em Curitiba depondo em uma audiência como testemunha. Na condição de promotor(a) de justiça do processo, quanto à valoração das provas, em alegações finais, você pediria: a pronúncia, impronúncia ou a absolvição sumária de Pelópidas? Fundamente a resposta.

Resposta

O álibi é prova com sinal negativo, prova contrária ou negativa que autoriza uma conclusão tendente a negar o fato principal. No exemplo dado, existem provas que se amoldam a indícios suficientes de autoria e que autorizam ao juiz se convencer da materialidade do delito. A solução, na esteira do in dubio pro societate, é a pronúncia do acusado. Cabe ao júri, apreciando o confronto de provas e de teses, decidir ao final. Nesses casos, a par de provas a favor e contrária à defesa do réu, não cabe ao juiz acolher quaisquer dessas, devendo remeter o caso a julgamento popular.

44. (CESPE – Promotor de Justiça – SE/2010) Art. 212. As perguntas serão formuladas pelas partes diretamente à testemunha, não admitindo o juiz aquelas que puderem induzir a resposta, não tiverem relação com a causa ou importarem na repetição de outra já respondida.

Tendo como referência inicial o artigo do Código de Processo Penal acima transcrito, redija um texto dissertativo a respeito do sistema processual penal adotado no Brasil e das possíveis nulidades que podem ocorrer em caso de violação a esse modelo. Em seu texto aborde, necessariamente, os seguintes aspectos:

- ordem de formulação de perguntas às testemunhas no procedimento comum ordinário;
- tipo de nulidade em caso de inobservância, pelo magistrado, da ordem de inquirição das testemunhas, segundo o posicionamento do Superior Tribunal de Justiça.

Resposta

No procedimento comum ordinário, o sistema seguido atualmente é o da cross examination e o da direct examination. Vale dizer, as perguntas são formuladas diretamente pelas partes e de forma cruzada (primeiramente pergunta a parte que arrolou, em seguida inquire a parte adversa), não mais subsistindo o sistema presidencialista, que determinava que as perguntas fossem realizadas por intermédio do juiz presidente e que este "reperguntasse" ao depoente.

Tratando-se de testemunha arrolada pelo Ministério Público, as perguntas são formuladas de acordo com a seguinte ordem: Ministério Público, assistente do Ministério Público (se houver habilitado nos autos), defesa do acusado e, por último, juiz. A situação se inverte quando a testemunha foi arrolada pela defesa. Tratando-se de testemunha referida, cuja oitiva tenha sido determinada pelo juízo, o magistrado inicia as perguntas.

O STJ entende que a violação da ordem legal para a formulação de perguntas às testemunhas é causa de nulidade de natureza relativa, carecendo de alegação oportuna e demonstração de prejuízo.

45. (CESPE – Promotor de Justiça – TO/2012) Em 19/7/2013, às 20 h 30 min, durante operação policial em Araguaína – TO, foi interceptado um ônibus da linha Palmas – TO – Belém – PA. Entre os passageiros, viajavam Cristiano Silva, maior e capaz, que trazia consigo um cigarro de maconha para consumo próprio, e Marília Horácio, maior e capaz, suspeita de transportar cápsulas de cocaína no estômago. Ambos viajavam separadamente.

Cristiano, encaminhado à delegacia de polícia, onde foi lavrado termo circunstanciado de ocorrência em relação à sua conduta, recusou-se a assumir o compromisso de comparecer ao juizado especial criminal, tendo, em consequência, sido preso em flagrante pela autoridade policial.

Marília, que vinha sendo monitorada pela polícia, mediante autorização judicial, por envolvimento em rede de tráfico de drogas, foi encaminhada imediatamente ao hospital público local para ser submetida a exame de raios X dada a suspeita de ter ingerido cápsulas de cocaína. Confirmada a existência da referida droga no estômago de Marília e diante do risco de morte que o eventual rompimento das cápsulas poderia ocasionar, a mulher foi submetida a lavagem estomacal para a saída da droga de seu organismo. Em seguida, foi lavrado auto de prisão em flagrante de Marília.

Os autos de prisão em flagrante de Cristiano e Marília foram encaminhados ao juiz, que abriu vistas ao Ministério Público para a devida manifestação.

Em face dessa situação hipotética, redija, na condição de membro do Ministério Público, texto dissertativo em atendimento ao que se pede a seguir:

- manifeste-se, à luz da Lei nº 11.343/2006 (Lei de Drogas) e da jurisprudência do STF acerca da matéria, sobre a natureza jurídica da conduta de Cristiano e sobre sua prisão em flagrante;
- posicione-se, à luz do atual entendimento do STJ, a respeito da legalidade da prova constituída contra Marília, por meio do exame de raios X, analisando eventual questionamento da licitude da prova pela defesa de Marília, sob o argumento de que ninguém pode ser obrigado a fazer prova contra si mesmo e de que os procedimentos adotados para a prisão configurariam violação à dignidade da pessoa humana.

Resposta

Cristiano cometeu conduta que se acomoda ao tipo penal de uso de entorpecentes (trazer consigo para uso próprio – art. 28 e § 2º, do art. 48, da Lei nº 11.343/2006). O delito não prevê pena privativa de liberdade. Estamos diante de infração penal que, nem sequer em tese, é capaz de levar o agente à prisão ao cabo do processo. Desse modo, a liberdade provisória é obrigatória, sem qualquer vinculação, mesmo que o usuário se recuse a assinar o termo de compromisso. Note-se que embora o agente possa receber "voz de prisão" (flagrante de delito, a teor do art. 5º, da CF) e ser conduzido à delegacia para o respectivo registro, em razão da condição de usuário, a vedação legal é óbice para que a prisão em flagrante se aperfeiçoe com a lavratura. Na senda do STF, a nova Lei de Drogas veda a prisão do usuário.

A prova obtida contra Marília por meio de raio-X é válida, na esteira da jurisprudência do STJ. Note-se que a providência não é invasiva nem requer qualquer contribuição ativa por parte da autora da infração penal. Ao contrário, a agente, em casos como esse, fica em situação passiva para ser submetida ao exame de raios-X. Não há violação ao princípio da vedação à autoincriminação. Considerando, ademais, o risco de morte da autuada, não tem respaldo, por mais essa razão, a suposta violação à dignidade da pessoa humana.

46. (TJ/RJ – Juiz de Direito – RJ/2011) Márcio é denunciado por tentativa de homicídio porque, agindo com dolo de matar, fez disparos de arma de fogo em Antônio, que foi atingido, mas sobreviveu por causa da pronta intervenção dos médicos do hospital da posse em Nova Iguaçu, lugar do fato. A vítima ficou internada dez dias, sem contato com a autoridade policial, e não havia testemunhas do crime. Dois dias depois da tentativa de homicídio, Márcio tem sua conversa telefônica com Cláudio, conhecido traficante, interceptada por ordem do juiz da vara criminal de Itaguaí, pois Cláudio estava sendo investigado por suspeita de liderar uma quadrilha de traficantes e receptadores. O alvo da interceptação era Cláudio. Na conversa interceptada Márcio se vangloria de ter atirado contra Antônio e diz que agiu por ciúmes, pois Antônio é o atual marido da ex-mulher de Márcio. Antônio, recuperado, dez dias depois dos fatos identifica seu conhecido Márcio à autoridade policial e com base nisso e nas interceptações, enviadas pelo juiz criminal de Itaguaí ao delegado de Nova Iguaçu no dia seguinte à conversa com Cláudio, o ministério público denuncia Márcio. Instada a apresentar resposta, a defesa de Márcio pleiteia a rejeição da denúncia ao argumento de que a prova da interceptação telefônica é ilícita e teria sido determinante na identificação da autoria. Indaga-se: trata-se de fato de prova ilícita e, na hipótese de acolhida esta tese, a denúncia deve ser rejeitada? responda de forma fundamentada.

Resposta

A questão da incompetência do juízo para autorizar a interceptação telefônica que captou a conversa de Márcio é insuficiente para contaminar o resultado probatório da interceptação, conforme STF e STJ.

A interceptação telefônica tinha por objeto a investigação de crimes de associação criminosa, de tráfico de entorpecentes e de receptação imputado a Cláudio, sem relação de conexão com o crime de homicídio cometido por Márcio. Nesses termos, a interceptação não poderia ter valor probatório para fins de conferir suporte à ação penal pelo homicídio atribuído a Márcio. Seriam necessárias outras provas para este fim. Cuida-se de descoberta casual de provas sem relação com o desdobramento das investigações (serendipidade de segundo grau) e que, por tal razão, tem só valor de notícia-crime para que, com base nela, seja instaurada investigação independente. A denúncia deve ser rejeitada por faltar-lhe suporte probatório válido indicativo de materialidade e de indícios de autoria.

O STJ tem expressamente admitido a serendipidade para autorizar a averiguação de outros crimes que não são objetos da investigação. Essa Corte, aliás, admite de maneira mais ampla o uso desses elementos como "prova indiciária", sem a distinção que sustentamos entre "prova" e simples "notícia-crime".

47. (TJ/RS – Juiz de Direito – RS/2012) Em audiência realizada para coleta de prova oral, o magistrado iniciou a formulação das perguntas antes das partes. Com base na reforma implantada pela Lei nº 11.690/2008, que eliminou o sistema presidencialista de inquirição de testemunhas no processo penal, indaga-se:

(A) deu-se afronta a princípios do processo penal? Fundamente sua resposta.

(B) consoante entendimento do Supremo Tribunal Federal, o ato foi nulo? Fundamente sua resposta.

Resposta

(A) Tratando-se de rito comum ordinário, o juiz violou não só a regra legal que prevê o sistema da cross e direct examination (perguntas diretas e cruzadas pelas partes), mas também o sistema acusatório que recomenda que o juiz não seja o protagonista, em processo penal condenatório, da iniciativa probatória.

(B) o Supremo Tribunal Federal tem precedentes no sentido de que há nulidade meramente relativa, que não dispensa a demonstração de prejuízo.

48. (TJ/SP – Juiz de Direito – SP/2008) Se a gravação resultante da interceptação de comunicações telefônicas colher evidências da inocência do indivíduo investigado e indícios da prática, por outros até então desconhecidos, do crime averiguado e de outros ilícitos, alguns punidos somente com pena de detenção, será admissível a utilização da correspondente transcrição, como elemento de prova em futura ação penal, especificamente quanto às pessoas e às infrações penais não mencionadas na autorização judicial? Fundamentar a resposta.

Resposta

Para fins absolutórios, é possível o uso dessas degravações. Caso se cuidasse de prova tendente a incriminar o réu, não poderia ser ela utilizada, haja vista que a lei restringe a admissibilidade do afastamento do sigilo das comunicações telefônicas, só permitindo quando o crime objeto da investigação seja punido com reclusão. Da mesma forma, não seria possível que a prova fosse utilizada para fins diversos do crime objeto da apuração, nem tampouco relativamente a pessoas diversas da investigada, salvo concurso de crimes e coautoria. No entanto, como o uso da interceptação tem fito absolutório, estaremos diante de prova aparentemente ilícita, mas que pode ser utilizada com esteio na teoria da exclusão da ilicitude da prova, favorecendo o acusado.

49. (TJ/SP – Juiz de Direito – SP/2009) Carta particular obtida por meio criminoso pode ser admitida como prova documental que sirva para determinar a absolvição do réu?

Resposta

A vedação probatória é afastada pela teoria da exclusão da ilicitude da prova, aplicável em favor do acusado para autorizar sua absolvição. Relativamente ao réu, a prova é só aparentemente ilícita, sendo de todo válida para lastrear sua inocência, como explicamos no item 1.8.3.

50. (TRF/4R/Juiz/2008) Aborde a questão da prova ilícita: (i) hipóteses constitucionais e legais de vedação; (ii) prova ilícita por derivação; (iii) tratamento doutrinário e jurisprudencial à admissão da prova ilícita; (iv) casuística: (iv.a) prova ilícita "pro reo"; (iv.b) validade ou não da utilização de informações reconhecidamente sigilosas, licitamente obtidas em feito criminal (para processos disciplinares decorrentes do mesmo fato, ou em procedimentos investigatórios por outros crimes).

Resposta

(i) A Constituição estabelece, genericamente, a inadmissão das provas ilícitas (art. 5º, CF). A doutrina especifica a vedação da prova ilícita (que fere normas de direito material) e da prova ilegítima (que afeta normas de direito processual). O Código de Processo Penal reitera a proibição da prova constituída em violação de normas constitucionais e legais, bem como prevê a vedação da prova derivada da ilícita, salvo quando não evidenciado nexo causal ou quando provierem de fonte independente (art. 157, CPP).

(ii) A prova ilícita derivada tem fundamento na teoria dos frutos da árvore envenenada. O assunto foi objeto de estudo no item 1.8.1, para onde remetemos o leitor.

(iii) A doutrina construiu ampla fundamentação teórica, com remissão a jurisprudência de tribunais estrangeiros e do STF, a respeito da admissão de prova ilícita ou aparentemente ilícita, especialmente quando estas favorecerem o acusado. Sobre tais teorias (proporcionalidade, exclusão da ilicitude da prova, fonte independente, descoberta inevitável, conexão atenuada, encontro fortuito de provas, boa-fé e frutos da árvore envenenada), discorremos a partir do item 1.8.1.

(iv) a casuística refere aos casos concretos verificados na jurisprudência, em especial do STF e do STJ:

(iv.(A) a prova ilícita pro reu é admitida, seja com a aplicação do princípio da proporcionalidade, seja com base na teoria da exclusão da ilicitude da prova, com vistas à prevalência do princípio da presunção de inocência, admitindo-se absolvição com supedâneo nela;

iv.b) o sigilo de comunicações é afastado para fins de investigação criminal e com esteio em autorização judicial prévia, exigindo a Lei nº 9.296/1996 que a infração penal objeto de apuração seja apenada com reclusão. Note-se que não se autoriza interceptação telefônica para fins cí-

veis ou disciplinares. No entanto, o STF e STJ admitem que o resultado dessas interceptações (degravações e mídia), deferidas nos termos da legislação de regência, possam instruir tanto uma ação civil pública relativamente aos mesmos fatos, bem como para arrimar procedimento administrativo disciplinar. O fundamento do entendimento é de que o mesmo fato pode se caracterizar um crime, um ilícito civil ou uma infração disciplinar (mesmo pressuposto de fato), podendo servir como prova emprestada, respeitando-se o contraditório. Por outro lado, tratando-se de descoberta de outros crimes, deve ser observado o princípio da serendipidade diante do encontro fortuito de provas. Em suma, havendo conexão da infração penal descoberta relativamente ao crime objeto da interceptação, valerá como prova. Caso contrário, restará como simples notícia-crime, para abertura de nova investigação, sem maior força probatória.

51. (MPF/19) Discorra sobre a delação premiada.

Resposta

Nessa questão, não havendo limites de linhas, o candidato deve demonstrar o máximo de conhecimento sobre o tema. Abordando desde os conceitos e fundamentos teóricos, até as regras específicas, em especial aquelas dispostas na Lei nº 12.850/2013. Remetemos o leitor ao item 2.3.7 deste capítulo, onde abordamos analiticamente o tema.

52. (MPF/26) Dissertação. O Juiz Substituto da Vara Federal de XXX indeferiu pedido do órgão do MPF para homologação de acordo de delação premiada, realizado na fase investigatória, entre MPF e um dos partícipes de uma quadrilha para a prática de crimes de contrabando no município local. O juiz utilizou os seguintes argumentos: a) a delação implica redução, exclusão ou limitação da pena, só podendo ser examinada na fase de sentença; b) não há hipótese legal de formalização da delação ou de sua homologação pelo juízo. Entretanto, o órgão do MPF avalia ser indispensável a reforma da decisão. Elabore a peça aplicável. (Máximo de 50 linhas).

Resposta

Abordamos o instituto delação premiada a partir do item 2.3.7, para onde remetemos o leitor. Como a negativa de homologação premiada tem força de definitiva (art. 593, II, CPP), cabível o manejo de apelação contra esta decisão. O candidato deve fundamentar a escolha da peça, à míngua de previsão legal expressa. Pensamos melhor a apelação que o mandado de segurança para o caso em tela.

(A) os elementos formais da proposta de delação premiada são submetidos ao juiz para homologação. Em regra, não há limite temporal rigoroso para que seja prolatada sentença homologatória. Em realidade, preenchidos os requisitos legais, deve o juiz homologar a proposta de colaboração premiada, a fim de que produza suas consequências legais. Como exemplo dessa possibilidade, temos hoje uma disciplina pormenorizada de colaboração premiada prevista na Lei nº 12.850/2013, onde é viável que se dê antes da propositura da ação penal (com a possibilidade, inclusive, de não ser esta exercida contra o colaborador enquanto pendente o cumprimento do ajuste), no curso da ação penal ou mesmo já após o seu transcurso, quando da execução penal. Relevante é que o juiz afira o acatamento dos elementos conceituais antecedentes que autorizam o auferimento da "sanção premial". Certificando-se da presença destes, não deve negar homologação. Certo é que o colaborador pode se retratar ou pode ser constatado que, em momento ulterior, não revelou a verdade ou que desatendeu aos termos do acordo de colaboração premiada. Caso isso aconteça, resta proferir decisão que declare a ineficácia da colaboração premiada, com o seguimento do processo e aplicação de sanções sem os benefícios que seriam auferidos caso tivesse o agente colaborador se adequado aos termos propostos.

(B) Atualmente, temos vários diplomas legais que regulam a delação premiada e que, expressamente hoje fala de homologação (§ 8º, do art. 4º, da Lei nº 12.850/2013). Superado, portanto, o argumento de que só na sentença seria possível falar em homologação de delação premiada, bem como que sua eficácia seria independente da homologação judicial.

Capítulo VIII

Sujeitos no Processo Penal

Sumário • 1. A relação processual penal; 2. Órgãos do Poder Judiciário e do Ministério Público: 2.1. Juiz; 2.2. Ministério Público: 2.2.1. Considerações gerais; 2.2.2. Organização e atuação; 2.2.3. Impedimento e suspeição do presentante do Ministério Público; 2.2.4. Princípios atinentes ao Ministério Público; 2.3. Funcionários do Poder Judiciário; 2.4. Auxiliares do juízo; 3. Acusado e defensor; 4. Querelante; 5. Assistente do Ministério Público; 6. Assistente da defesa; 7. Quadro Sinótico; 8. Súmulas aplicáveis: 8.1. STF; 8.2. STJ; 9. Informativos recentes: 9.1. STJ; 9.2. STF; 10. Questões de concursos públicos; 11. Gabarito Anotado; 12. Questões discursivas com comentários.

1. A RELAÇÃO PROCESSUAL PENAL

O processo penal, para os fins ora estudados, é compreendido como uma relação jurídica processual, na qual os seus sujeitos protagonistas são: o juiz, a parte ativa – Ministério Público ou querelante – e a parte passiva, que é o acusado. Essa visão é válida, especialmente, para o processo penal condenatório, não devendo se perder de vista que outros processos, no âmbito penal, podem ser desenvolvidos sem o cunho de condenação, tal como se dá com as medidas cautelares ou com o *habeas corpus*.

Observe-se, sem embargo, que as teorias sobre a natureza do processo não são aptas a esclarecer todas as nuances que envolve a variedade do processo, pelo que Afrânio Silva Jardim afirma que "diante de tantas teorias (existem dezenas), que procuram demonstrar a natureza jurídica do processo, uma coisa se nos afigura indiscutível: são todas elas fruto de um equívoco metodológico de procurar, a todo custo, enquadrar o processo em uma das categorias de direito conhecidas, ou seja, identificar o processo ao contrato, à instituição, à relação jurídica", descurando do fato de que, conquanto não reste "dúvida de que a teoria da relação jurídica é de suma importância", o processo não necessita de qualquer teoria explicativa, não devendo ser identificado com a "teoria da relação jurídica"[1].

Dessarte, o entendimento do processo como relação jurídica é adotado aqui como forma de tornar coerente a exposição. Nessa relação jurídica, os sujeitos processuais se relacionam mutuamente, seguindo a tramitação regrada pelo Código de Processo Penal. Os "sujeitos processuais são todas as pessoas que atuam no processo: juiz, partes, auxiliares da Justiça, testemunhas", dentre outros[2].

É possível classificar os sujeitos processuais em duas categorias:

1. JARDIM, Afrânio Silva. *Direito processual penal*. 11. ed. Rio de Janeiro: Forense, 2002. p. 32-33.
2. TOURINHO FILHO, Fernando da Costa. *Manual de processo penal*. 5. ed. São Paulo: Saraiva, 2003. p. 331.

(1) principais ou essenciais: aqueles cuja existência é fundamental para a construção da relação jurídica processual regularmente instaurada – são o juiz, o acusador e o acusado;

(2) e secundários, acessórios ou colaterais: sujeitos que poderão intervir a título eventual com o objetivo de deduzir uma determinada pretensão, a exemplo do assistente de acusação e do terceiro interessado[3].

2. ÓRGÃOS DO PODER JUDICIÁRIO E DO MINISTÉRIO PÚBLICO

2.1. Juiz

O órgão incumbido de conduzir o processo, proferindo decisão ao final, é a autoridade judiciária. A doutrina afirma que "a rigor, sujeito processual não é o juiz, mas o Estado-juiz, em nome do qual aquele atua", evidenciando a característica da substitutividade da jurisdição, com sua característica de imparcialidade[4]. Eugênio Pacceli, sobre o ponto, explica que "a necessidade de superação de um modelo processual de feição inquisitiva trouxe, como consequência mais importante do advento do sistema acusatório" – tal como o brasileiro – "e do sistema ***adversary*** (sistemas de partes, do direito anglo-americano), a preocupação com a imparcialidade do juiz"[5].

É ao juiz que caberá manter a ordem dos atos processuais, no exercício do que se denomina de poderes de polícia ou administrativos. Nesta sua função, poderá, por exemplo, "requisitar a força pública" (art. 251, CPP) ou, no Júri, "regular a polícia das sessões e prender os desobedientes" (art. 497, I), confirmando a regra do art. 794 do CPP, segundo a qual "a polícia das audiências e das sessões compete aos respectivos juízes ou ao presidente do tribunal, câmara, ou turma".

A ideia de um juiz imparcial, inamovível, vitalício e com irredutibilidade de subsídios, garantias estas seguidas de vedações que asseguram o exercício da jurisdição de forma descomprometida, foi sufragada na Constituição do Brasil, em seu artigo 95 e parágrafo único. O ordenamento jurídico, notadamente o Código de Processo Penal, traz disposições normativas que completam o sistema no sentido de propiciar um julgamento penal honesto e aceitável.

Dentre as regras tendentes a assegurar o exercício hígido das funções judiciais, tem-se a de que a investidura, em primeira instância, deve se dar por concurso público de provas e títulos. O STF assentou a necessidade de comprovação de atividade jurídica de três anos, como requisito prévio ao exercício do cargo de juiz, no ato da inscrição definitiva no concurso. A Corte afastou a tese de que o momento para a comprovação do triênio deveria ser a data da posse[6]. O provimento em tribunais não se dá por concurso público, ocorrendo por promoção (de acordo com requisitos de merecimento e de antiguidade) e/ou por nomeação do Presidente da República, em conformidade com os critérios e procedimentos constitucionais.

3. AVENA, Norberto. *Processo Penal Esquematizado*. 3. ed.São Paulo: Método, 2010. p. 103.
4. CAPEZ, Fernando. *Curso de processo penal*. 6. ed. São Paulo: Saraiva, 2001. p. 148.
5. OLIVEIRA, Eugênio Pacceli de. *Curso de processo penal*. 2. ed. Belo Horizonte: Del Rey, 2003. p. 409.
6. STF – RE 655.265 (Repercussão Geral) – Rel. Min. Edson Fachin – Data: 13/04/2016.

A garantia da imparcialidade do magistrado penal, por sua vez, é efetivada pelos artigos 252 a 256 do CPP, com a previsão de causas de impedimento e de suspeição.

Assim, o juiz estará impedido de atuar no processo que:

(1) tiver funcionado seu cônjuge ou parente, consanguíneo ou afim, em linha reta ou colateral até o terceiro grau, inclusive, como defensor ou advogado, órgão do Ministério Público, autoridade policial, auxiliar da justiça ou perito;

(2) ele próprio houver desempenhado qualquer dessas funções ou servido como testemunha;

(3) tiver funcionado como juiz de outra instância, pronunciando-se, de fato ou de direito, sobre a questão;

(4) ele próprio ou seu cônjuge ou parente, consanguíneo ou afim em linha reta ou colateral até o terceiro grau, inclusive, for parte ou diretamente interessado no feito (art. 252, CPP).

Conquanto seja taxativo o rol de impedimentos descritos no CPP, o art. 144, do CPC/2015[7], aplicável por analogia (art. 3º, CPP), traz hipóteses perfeitamente compatíveis com o sistema processual penal, conforme anotamos sobre o assunto no Capítulo VI (questões e processos incidentes), especialmente no ponto que aborda a exceção de impedimento.

A cautela em favor da imparcialidade do órgão judicial é estendida aos juízos coletivos – tribunais, por exemplo –, onde não poderão servir no mesmo processo os juízes que forem entre si parentes, consanguíneos ou afins, em linha reta ou colateral até o terceiro grau, inclusive, consoante obstáculo do art. 253, CPP (causas de incompatibilidade).

Ao lado das causas de impedimento do juiz – que podem ser alegadas a qualquer tempo pelas partes –, existem as hipóteses de suspeição – sujeitando-se à preclusão temporal –, preconizando o art. 254, CPP, que o juiz dar-se-á por suspeito, e, se não o fizer, poderá ser recusado por qualquer das partes, quando:

(1) for amigo íntimo ou inimigo capital de qualquer deles;

(2) ele, seu cônjuge, ascendente ou descendente, estiver respondendo a processo por fato análogo, sobre cujo caráter criminoso haja controvérsia;

7. Assim dispõe o CPC/2015: "Art. 144. Há impedimento do juiz, sendo-lhe vedado exercer suas funções no processo: I – em que interveio como mandatário da parte, oficiou como perito, funcionou como membro do Ministério Público ou prestou depoimento como testemunha; II – de que conheceu em outro grau de jurisdição, tendo proferido decisão; III – quando nele estiver postulando, como defensor público, advogado ou membro do Ministério Público, seu cônjuge ou companheiro, ou qualquer parente, consanguíneo ou afim, em linha reta ou colateral, até o terceiro grau, inclusive; IV – quando for parte no processo ele próprio, seu cônjuge ou companheiro, ou parente, consanguíneo ou afim, em linha reta ou colateral, até o terceiro grau, inclusive; V – quando for sócio ou membro de direção ou de administração de pessoa jurídica parte no processo; VI – quando for herdeiro presuntivo, donatário ou empregador de qualquer das partes; VII – em que figure como parte instituição de ensino com a qual tenha relação de emprego ou decorrente de contrato de prestação de serviços; VIII – em que figure como parte cliente do escritório de advocacia de seu cônjuge, companheiro ou parente, consanguíneo ou afim, em linha reta ou colateral, até o terceiro grau, inclusive, mesmo que patrocinado por advogado de outro escritório; IX – quando promover ação contra a parte ou seu advogado. § 1º Na hipótese do inciso III, o impedimento só se verifica quando o defensor público, o advogado ou o membro do Ministério Público já integrava o processo antes do início da atividade judicante do juiz. § 2º É vedada a criação de fato superveniente a fim de caracterizar impedimento do juiz. § 3º O impedimento previsto no inciso III também se verifica no caso de mandato conferido a membro de escritório de advocacia que tenha em seus quadros advogado que individualmente ostente a condição nele prevista, mesmo que não intervenha diretamente no processo".

(3) ele, seu cônjuge, ou parente, consanguíneo, ou afim, até o terceiro grau, inclusive, sustentar demanda ou responder a processo que tenha de ser julgado por qualquer das partes;

(4) tiver aconselhado qualquer das partes;

(5) for credor ou devedor, tutor ou curador, de qualquer das partes;

(6) for sócio, acionista ou administrador de sociedade interessada no processo.

Os casos de suspeição estão dispostos em rol exemplificativo, sendo plausível admitir, se adequado à hipótese, a aplicação do art. 145, do CPC/2015[8], no que não conflitar com o art. 254. Por se tratarem de números abertos, a previsão da lei processual civil acerca dos casos de suspeição tem menor repercussão no sistema processual penal.

A dissolução do casamento faz cessar o impedimento ou suspeição defluente de parentesco por afinidade, salvo se daquele sobrevier descendentes. Todavia, ainda que dissolvido o casamento sem descendentes, não funcionará como juiz o sogro, o padrasto, o cunhado, o genro ou enteado de quem for parte no processo (art. 255, CPP).

É de sublinhar que a suspeição motivada por conduta da parte, não lhe aproveitará. Assim, o art. 256, CPP, estabelece que a suspeição não poderá ser declarada nem reconhecida, quando a parte injuriar o juiz ou de propósito der motivo para criá-la. Esse enunciado está em compasso com o dever de boa-fé processual que norteia a atuação dos sujeitos processuais, afinal, ninguém poderá se valer da própria torpeza.

2.2. Ministério Público

2.2.1. Considerações gerais

O Ministério Público tem modelos de atuação peculiares no processo penal. É ele o titular da ação penal pública, nos termos do art. 129, I, da Constituição do Brasil. Porém, essa atribuição não o impede de, mesmo como parte, agir como fiscal da lei (***custos legis***). É que a própria CF/1988 definiu o ***Parquet*** como "instituição permanente, essencial à função jurisdicional do Estado, incumbindo-lhe a defesa da ordem jurídica, do regime democrático e dos interesses sociais e individuais indisponíveis" (art. 127, *caput*). Daí que o Ministério Público, no âmbito da ação penal condenatória, não está obrigado a oferecer denúncia ou a pedir a condenação do acusado, quando não existam elementos legais para tanto. Ao lado dessa ilação, está o princípio da independência funcional[9], disposto no § 1º, do art. 127, da Constituição.

8. Os casos de suspeição estão também em rol exemplificativo no CPC/2015: "Art. 145. Há suspeição do juiz: I – amigo íntimo ou inimigo de qualquer das partes ou de seus advogados; II – que receber presentes de pessoas que tiverem interesse na causa antes ou depois de iniciado o processo, que aconselhar alguma das partes acerca do objeto da causa ou que subministrar meios para atender às despesas do litígio; III – quando qualquer das partes for sua credora ou devedora, de seu cônjuge ou companheiro ou de parentes destes, em linha reta até o terceiro grau, inclusive; IV – interessado no julgamento do processo em favor de qualquer das partes. § 1º Poderá o juiz declarar-se suspeito por motivo de foro íntimo, sem necessidade de declarar suas razões. § 2º Será ilegítima a alegação de suspeição quando: I – houver sido provocada por quem a alega; II – a parte que a alega houver praticado ato que signifique manifesta aceitação do arguido".
9. AZEVEDO, Bernardo Montalvão Varjão de. Ministério Público: por uma verdadeira autonomia funcional. *Jus Navigandi*, Teresina, ano 7, nº 63, mar. 2003. Disponível em: <http://jus2.uol.com.br/doutrina/texto.asp?id=3893>. Acesso em: 09 jan. 2008. p. 6.

É a partir dos princípios institucionais do Ministério Público que os dispositivos a ele pertinentes no Código de Processo Penal devem ser lidos. O art. 257, do CPP, reza que ao Ministério Público cabe a promoção privativa da ação penal pública e a fiscalização da execução da lei, preocupando-se, no art. 258, do CPP, com uma atuação descomprometida do ***Parquet***, ao assentar que os órgãos do Ministério Público não funcionarão nos processos em que o juiz ou qualquer das partes for seu cônjuge, ou parente, consanguíneo ou afim, em linha reta ou colateral, até o terceiro grau, inclusive, e a eles se estendem, no que lhes for aplicável, as prescrições relativas à suspeição e aos impedimentos dos juízes.

Ponto que releva vincar é a controvérsia doutrinária sobre a atuação parcial ou imparcial do Ministério Público: seria possível uma parte imparcial? Antes de responder a questão, é interessante sublinhar que a ideia de neutralidade do ser humano está no plano ideal. É utópica a ideia até mesmo de um juiz neutro, ou, como alvitra Ovídio Baptista, a "neutralidade judicial" é mitológica[10], já que conseguiu seu objetivo de obtenção da crença da quase totalidade dos juristas. O que se quer efetivamente é que os órgãos públicos que atuam no processo ajam com honestidade: imparcialidade seria assim lida como honestidade, como uma vedação de sustentação de teses desprovidas de plausibilidade. Não é possível, pois, abstrair os valores que cada membro do Ministério Público ou do Judiciário traz consigo como fruto de sua formação de vida.

Com essa ressalva, pode-se anuir com o que obtempera Eugênio Pacelli, ao defender que "ao contrário de certos posicionamentos que ainda se encontram na prática judiciária, o Ministério Público não é órgão de acusação, mas órgão legitimado para a acusação nas ações penais públicas". Não está o ***Parquet*** obrigado a "oferecer denúncia, e nem, estando esta já oferecida, pugnar pela condenação do réu, em quaisquer circunstâncias", mercê de sua incumbência de defender a ordem jurídica[11].

A noção de imparcialidade do Ministério Público é assim atrelada ao seu interesse pela busca da verdade e pela realização da Justiça, como averba Manuel Sabino Pontes, ao verificar que "no campo penal, a missão do Ministério Público é promover a acusação de forma eficiente, independente e desprovida de qualquer sentimento que não seja o de Justiça", porquanto "mesmo acusando crimes, o promotor não deixa de ser um fiscal da lei, apenas lhe sendo lícito promover denúncia se estiver convencido da criminalidade, bem como da existência de lastro probatório mínimo para fundamentar a acusação (justa causa)", assim como, "obtendo prova da inocência do acusado ou discordando da pena imposta pelo juiz, por exemplo, tem o dever de atuar no processo em benefício do réu, buscando a correta aplicação da lei"[12].

Sem embargo, é de ver que em ação penal condenatória, o Ministério Público é parte autora. Como parte, destacamos, não é ele dotado de imparcialidade. Mas, observe-se, está ele sujeito às causas de impedimento e de suspeição, mesmo figurando no polo ativo da demanda. Tal fenômeno é explicado com as noções de imparcialidade objetiva e

10. SILVA, Ovídio Araújo Baptista da. *Da sentença liminar à nulidade da sentença*. Rio de Janeiro: Forense, 2001. p. 97.

11. OLIVEIRA, Eugênio Pacceli de. *Curso de processo penal*. 2. ed. Belo Horizonte: Del Rey, 2003. p. 421.

12. PONTES, Manuel Sabino. Investigação criminal pelo Ministério Público: uma crítica aos argumentos pela sua inadmissibilidade. *Jus Navigandi*, Teresina, ano 10, nº 1013, 10 abr. 2006. Disponível em: <http://jus2.uol.com.br/doutrina/texto.asp?id=8221>. Acesso em: 09 jan. 2008. p. 24.

imparcialidade subjetiva. O MP sempre deve ser imparcial no sentido subjetivo (o membro não pode, por exemplo, ter interesse pessoal no desfecho da causa). Porém, o MP, na ação penal condenatória, está de um dos lados da relação jurídica processual – num dos lados do triângulo – e, desse modo, é órgão parcial, sob o aspecto objetivo.

Como fiscal da lei (*custos legis*), por outro lado, o MP deve ser sempre imparcial (tanto subjetiva, quanto objetivamente).

O CPC/2015, em seu artigo 178, modifica a noção para *custos juris*, mais consentânea com a função de defensor da ordem jurídica capitulada no art. 127, CF/1988. O órgão é mais que fiscal da lei, defendendo a ordem jurídica como um todo. Nas ações penais privadas, o MP intervém como fiscal não só da lei (*custos legis*), mas da Constituição e do direito em geral (***custos juris***).

A fim de melhor garantir a independência dos membros do Ministério Público (art. 127, § 1º, CF), o STF julgou procedente em parte a ADPF 388, movida contra ato do Conselho Nacional do MP, para estabelecer a interpretação de que membros do Ministério Público não podem ocupar cargos públicos, fora do âmbito da Instituição, salvo cargo de professor e funções de magistério. Determinou a exoneração de todos os membros ocupantes de cargos de confiança junto ao Poder Executivo, independentemente da data de ingresso ter se dado antes ou depois da promulgação da CF/1988, não aplicando, à hipótese, a parte final do § 3º, do art. 29, de seu Ato das Disposições Constitucionais Transitórias (que determina observar, quanto às vedações, aquelas vigentes naquela data).

De acordo com a Suprema Corte, "ao exercer cargo no Poder Executivo, o membro do Ministério Público passaria a atuar como subordinado ao chefe da Administração", o que poderia fragilizar a instituição. Aduziu, ademais, que "a independência em relação aos demais ramos da Administração Pública seria uma garantia dos membros do Ministério Público, que poderiam exercer suas funções de fiscalização do exercício do Poder Público sem receio de reveses"[13].Referindo ao cabimento da oposição de impedimento ou de suspeição ao membro do *Parquet*, o CPC/2015 distingue que os casos de impedimento ou de suspeição se aplicam ao membro do Ministério Público, quando atuar na condição de fiscal da ordem jurídica (*custos juris*), a teor do seu artigo 148, inciso I. Malgrado não faça menção à possibilidade de impedimento ou de suspeição do MP, quando de sua atuação como parte da ação penal condenatória, pensamos que tais persistem sendo possíveis no âmbito do processo penal. Com efeito, seria impensável que o membro do MP oferecesse denúncia contra réu seu inimigo capital, sem que este pudesse argumentar a suspeição daquele através de exceção.

No mais, remetemos o leitor ao capítulo 6, no ponto que estudamos as exceções de impedimento e de suspeição, com considerações sobre a previsão legal de afastamento do membro do MP suspeito ou impedido pelo juiz singular e seu confronto com a CF/1988.

2.2.2. Organização e atuação

O Ministério Público, enquanto instituição, abrange (1) o Ministério Público da União (Ministério Público Federal, Ministério Público do Trabalho, Ministério Público Militar,

13. STF. Informativo nº 817, de março de 2016 (Pleno – ADPF 388/DF – Rel. Min. Gilmar Mendes – 09/3/2016).

Ministério Público do Distrito Federal), sob a chefia do Procurador Geral da República, nomeado pelo Presidente da República e aprovado pelo Senado Federal e (2) o Ministério Público dos Estados, chefiado pelo Procurador Geral de Justiça e nomeado pelo Governador do respectivo Estado, consoante o art. 128, da Carta Magna. Após a EC nº 45/2004, foi criado, como órgão controlador da atuação financeira e administrativa da instituição o Conselho Nacional do Ministério Público (art. 130-A, da CF/1988).

Foram previstas para os membros do Ministério Público as garantias da vitaliciedade, inamovibilidade e irredutibilidade dos subsídios (art. 128, § 5º, CF/1988, art. 38, da Lei nº 8.625/1993 e art. 17, da LC nº 75/1993), bem como algumas vedações, do mesmo modo como estabelecido em relação aos magistrados.

Feitas essas colocações, é de ver que o Ministério Público tem atuação em diversas instâncias. No órgão de primeiro grau, via de regra, milita como parte. Nas ações de iniciativa privada, sua intervenção é como ***custos legis***. Por sua vez, na ação privada subsidiária da pública assume o papel de interveniente adesivo obrigatório, tendo amplos poderes (art. 29, CPP).

No segundo grau de jurisdição pode atuar tanto como parte como fiscal da lei, especialmente quando exara parecer nos processos, em grau de recurso. Conforme Rômulo de Andrade Moreira, o parecer do "Ministério Público, por intermédio do Procurador de Justiça" é de duvidosa constitucionalidade, pois, "ainda que na condição de *custos legis*, soava estranho, mesmo porque fiscal da lei também é o promotor de justiça atuante junto à primeira instância e, no entanto, nunca se dispensou a ouvida da defesa", razão pela qual "este privilégio fere o contraditório (ação *versus* reação), a isonomia (paridade de armas), o devido processo legal (a defesa fala por último) e a ampla defesa (direito do acusado de ser informado também por último)"[14].

2.2.3. Impedimento e suspeição do presentante do Ministério Público

As hipóteses de impedimento e suspeição do presentante do Ministério Público estão previstas também nos artigos 252 e 254, do CPP. Segundo o art. 258, do CPP, esses dispositivos devem ser aplicados, no que compatíveis, aos órgãos do Ministério Público. Este tratamento analógico é mais um indicativo da premissa de imparcialidade da instituição ministerial, ainda que atuando como parte na ação penal[15].

Ademais, segundo a parte final do art. 258, do Código de Processo Penal, os órgãos do Ministério Público não funcionarão nos processos em que o juiz ou qualquer das partes for seu cônjuge, ou parente, consanguíneo ou afim, em linha reta ou colateral, até o terceiro grau.

Importa anotar, que, com a súmula nº 234, o STJ sedimentou entendimento segundo o qual a participação de membro do Ministério Público na fase investigatória criminal não acarreta o seu impedimento ou suspeição para o oferecimento da denúncia. De igual modo, têm decidido os Tribunais Superiores pela ausência de qualquer nulidade na realização de atos investigatórios por parte dos membros do ***Parquet***[16-17]. Ressalte-se, inclusive, que o tema

14. MOREIRA, Rômulo de Andrade. *Direito processual penal*. Salvador: JusPODIVM, 2007. p. 101.
15. AVENA, Norberto. *Processo Penal Esquematizado*. 3. ed. São Paulo: Método, 2010. p. 103.
16. STF – Segunda Turma – RE 468523 – Relator(a): Min. Ellen Gracie – DJe19/02/2010.
17. STJ – Quinta Turma – REsp 778.545 – Relator Min. Arnaldo Esteves Lima – DJe 10/05/2010.

foi pacificado recentemente pelo STF, em julgamento de recurso extraordinário submetido à sistemática da repercussão geral, tendo sido reconhecida a legitimidade do Ministério Público para promover, por autoridade própria, e por prazo razoável, investigações de natureza penal, ressaltando a necessidade de que essa investigação respeite alguns parâmetros.[18]

2.2.4. Princípios atinentes ao Ministério Público

Da leitura do art. 127, §§ 1º e 2º da Constituição Federal, depreendem-se como princípios referentes ao Ministério Público a:

(1) unidade, "característica muito mais orgânica que propriamente funcional do Ministério Público"[19] segundo a qual os seus membros fazem parte de uma só instituição, a qual tem como chefe o Procurador Geral da República (Ministério Público da União) ou o Procurador Geral de Justiça (Ministério Público dos Estados);

(2) indivisibilidade, princípio que informa que o Ministério Público se manifesta enquanto instituição, ainda que através de um de seus membros (por este motivo, não seria correta a expressão "ofereço denúncia em desfavor de...", mas sim "o Ministério Público oferece denúncia em desfavor de..."[20]);

(3) independência funcional, caracterizada pela discricionariedade e insubordinação, ou seja, o Ministério Público não está submetido às decisões de outros poderes ou instituições e os seus presentantes podem atuar livremente, dentro da lei, sem vinculação com a atuação dos demais membros. A este respeito, em particular, é recorrente a discussão acerca do art. 28 do CPP, segundo o qual, promovido o arquivamento do inquérito policial pelo órgão do Ministério Público, o magistrado poderá remeter os autos para o procurador-geral em caso de discordância. A doutrina francamente majoritária entende que não há qualquer violação à independência funcional, sobretudo porque não se trata de impor ao promotor manifestação com a qual discorda, mas, ao revés, respeitar sua independência e apresentar novo entendimento perante o juízo, seja diretamente, pelo procurador-geral, seja após designação de novo presentante para o ato.

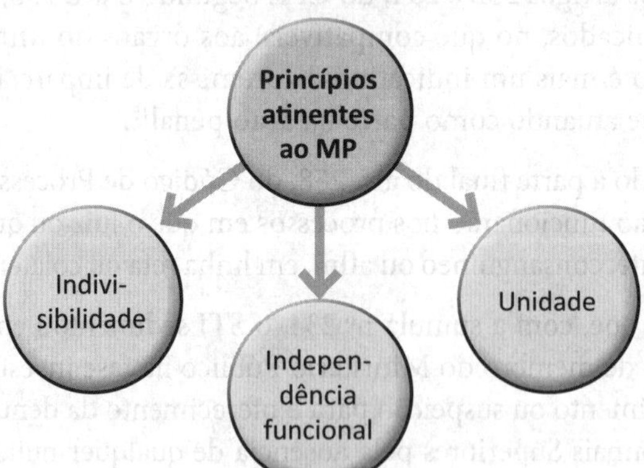

18. STF – Tribunal Pleno – RE 593727/MG – Relator Min. Cezar Peluso, Red. p/acórdão Min. Gilmar Mendes – Dje 04/09/2015.
19. OLIVEIRA, Eugênio Pacelli de. *Curso de Processo Penal.* 11 ed. Rio de Janeiro: Lumen Juris, 2009. p. 404.
20. AVENA, Norberto. *Processo pena esquematizado.* 3. ed. São Paulo: Método, 2011. p. 116.

Por fim, uma menção aos princípios da atividade ministerial se revela necessária. A atuação do Ministério Público é regida, notadamente, pelos princípios da "indisponibilidade (como titular da ação penal pública, condicionada ou não, o promotor não pode dela dispor)", da "irrecusabilidade (o promotor não pode ser recusado, salvo nos casos de impedimento e suspeição)" e da "independência (o membro do Ministério Público não fica, no processo, sujeito a ordem de ninguém)"[21].

Outros princípios eventualmente citados pela doutrina como incidentes na atividade ministerial e que restringem a independência funcional ou mesmo que inviabilizam a possibilidade de responsabilização do membro do ***Parquet***, são aqui entendidos como não recebidos pela Constituição da República de 1988. O princípio da substituição, por exemplo, legitima a avocação de autos pelo procurador-geral do Ministério Público ou a designação injustificada de substituto do promotor natural. Tais práticas autoritárias devem ser proscritas, não obstante seja "extremamente controvertido na doutrina e na jurisprudência o reconhecimento do princípio do promotor natural, é dizer, o direito de ser processado apenas pelo membro do Ministério Público com atribuições previamente fixadas e conhecidas, à semelhança do que ocorre com o princípio do juiz natural"[22] (vide Capítulo I, item 9.16).

2.3. Funcionários do Poder Judiciário

Os servidores da justiça – ou serventuários – são funcionários públicos "pagos pelo Estado, a serviço do Poder Judiciário. São os escrivães-diretores, escreventes, oficiais de justiça, auxiliares, dentre outros". Após definir assim os funcionários do Poder Judiciário, Guilherme de Souza Nucci pontifica que "não há sentido no disposto pelo art. 274, do Código de Processo Penal (regras de suspeição do juiz estendem-se aos funcionários), tendo em vista que os funcionários da justiça não exercem qualquer ato decisório, de repercussão para a parte, no processo"[23].

A observação do processualista deve ser vista com reserva. Não são poucos os atos processuais praticados no processo penal pelos servidores. Diante do aumento da quantidade de feitos, presencia-se uma realidade onde há considerável delegação de atos ordinatórios, com funcionários que assessoram o juiz de forma direta. Caso haja impedimento ou suspeição nos termos do art. 274, do CPP, eventual alegação deve ser examinada pelo magistrado para – em compasso com a maior ou menor relevância da atividade do serventuário – acatá-la ou rejeitá-la, em decisão irrecorrível, a ser desafiada por mandado de segurança.

Para exemplificar, não se justificaria o afastamento por impedimento ou suspeição de um servidor de determinado processo que atuasse no protocolo ou na autuação dos feitos. Diferentemente, a alegação de suspeição ou impedimento do escrivão (diretor de secretaria) ou do assessor do magistrado (responsável por minutar decisões) deveria ser levada em consideração, por afetar de forma mais direta o impulso do processo.

21. MIRABETE, Julio Fabbrini. *Processo penal*. 14. ed. São Paulo: Atlas, 2003. p. 331.
22. TÁVORA, Nestor. *Questões comentadas*: processo penal para OAB. Salvador: JusPODIVM, 2005. p. 66.
23. NUCCI, Guilherme de Souza. *Manual de processo penal e execução penal*. 7. ed. São Paulo: RT, 2011. p. 570.

2.4. Auxiliares do juízo

São auxiliares do juízo aqueles que, não sendo servidores da justiça no sentido esposado no tópico anterior, colaboram com o juiz nos pontos em que este precisa de esclarecimentos ou de conhecimentos especializados. São, portanto, auxiliares do juízo os peritos (***expert*** em assuntos específicos) e os intérpretes (conhecedores de idiomas estrangeiros). As testemunhas, embora sejam, ***lato sensu***, sujeitos processuais, por participarem do processo, não se amoldam perfeitamente ao conceito de auxiliar do juízo. Da mesma forma, os assistentes técnicos, que são os peritos de confiança das partes, admitidos na fase processual, e que apresentarão parecer externando suas conclusões. Os assistentes não contribuem na elaboração da perícia oficial, não precisam ser imparciais e não têm o ***status*** de auxiliares do juízo, pois o vínculo é com as partes (art. 159, § 3º e § 4º, CPP).

Os peritos e os intérpretes podem ser oficiais ou ***ad hoc***. Os experts na área criminal são: os peritos criminais, os peritos médico legistas e os odontolegistas (art. 5º, Lei nº 12.030/2009). Os peritos e os intérpretes oficiais são os que fazem parte do quadro, pessoas aprovadas em concurso público para exercer cargo público específico. Onde não houver quadro de peritos e de intérpretes judiciais, ao juiz cabe a respectiva nomeação – sem que as partes intervenham na nomeação –, sendo o perito escolhido "obrigado a aceitar o encargo", passando a estar "sujeito à disciplina judiciária", salvo se atendível a escusa (artigos 275, 276 e 277, CPP).

Evidentemente, que os dispositivos do Código de Processo Penal sobre os peritos e os intérpretes devem ser interpretados/aplicados consoante a realidade local. Nos juízos onde esses profissionais já estiverem enquadrados como funcionários públicos, medidas coercitivas como a multa e a condução coercitiva não terão incidência antes do regime disciplinar aplicável aos servidores em geral. Por sua vez, o art. 2º da Lei nº 12.030/2009, confere ao perito oficial autonomia técnica, científica e funcional. Já nas pequenas comarcas, onde o juiz se vê diante de escassez de recursos materiais e, não raras vezes, de recursos humanos, entender pela inaplicação dos dispositivos em tela poderá conduzir à estagnação do processo penal.

Com efeito, o Código de Processo Penal prevê a aplicação de multa para o perito que deixar de atender às determinações do juiz no art. 277, e seu parágrafo único, sem justa causa. Como a multa em tela encontra-se com o valor desatualizado e o direito sancionador exige previsão expressa das "penas" que estabelece, o magistrado terá dificuldades de fazer valer a sua incidência, não obstante a previsão de condução coercitiva do perito que não comparecer a sua presença sem justa causa (art. 278, CPP). A propósito, a condução coercitiva é de ser entendida como medida extrema, só havendo incidência quando não haja possibilidade de uso de meios alternativos, como a designação de uma outra pessoa. Sobre a aplicabilidade da multa, entende-se que ela é possível, desde que mediante decisão fundamentada e com espeque nas normas do § 1º, do art. 468, do CPC/2015, que disciplinam as ***astreintes.***

É possível impor multa em desfavor de perito que não se desincumbir de seu dever, sem escusa plausível. Além de comunicar a ocorrência à corporação profissional respectiva, poderá o magistrado impor a multa, fixada equitativamente, de forma proporcional à falta, considerado o possível prejuízo decorrente do atraso no processo. Entendemos que a disposição é aplicável ao direito processual penal, *mutatis mutandis*. Não serve como parâmetro para o arbitramento da multa, nessa seara, o valor da causa (elemento da petição inicial cível)[24]. Há posição minoritária, partidária da inaplicabilidade da multa, por ausência de correção monetária[25].

Não poderão ser peritos os analfabetos, os menores de vinte e um anos, os que prestaram depoimento no processo ou que tenham opinado anteriormente sobre o objeto da perícia e os que estiverem com restrições de direitos, por força de sentença condenatória, nos termos do art. 47, I e II, do Código Penal (art. 275, CPP). Anote-se que, não obstante o Código Civil disponha que os maiores de dezoito anos sejam plenamente capazes, não se vê revogação da exigência do Código de Processo Penal (lei especial em relação ao Código Civil) de idade mínima de vinte e um anos para o exercício da atividade de perito. Ademais, como o perito deve possuir diploma de curso superior (art. 159, CPP), é remota a possibilidade de o requisito ser atingido antes dos vinte e um anos. Discorda-se assim, da conclusão a que chegou Guilherme de Souza Nucci[26].

Por último, o art. 280, do CPP, reza que é extensivo aos peritos, no que lhes for aplicável, o disposto sobre suspeição dos juízes, sendo os intérpretes, para todos os efeitos, equiparados aos peritos (art. 281, CPP). O Código colima que a perícia seja realizada com lisura, precavendo-se dos desvios que poderiam ter lugar se ocorrentes as hipóteses de suspeição e de impedimento.

3. ACUSADO E DEFENSOR

O Código de Processo Penal, em seus artigos 259-267, estabelece a disciplina normativa sobre o acusado e o seu defensor. Esse regramento sofre a influência da legislação que disciplina a Defensoria Pública, tal como ocorre com a previsão de contagem em dobro de todos os prazos processuais (art. 44, I, da Lei Complementar nº 80/1994, e § 5º, do art. 1º, da Lei nº 1.050/1960).

O prazo em dobro concedido aos acusados assistidos pela Defensoria Pública se justifica até quando a estrutura do órgão não estiver dotada de recursos materiais e humanos equiparados ao Ministério Público correspondente, com o fito de se conferir paridade de armas. Vale dizer, trata-se de regra ainda constitucional nas localidades em que não houver Defensoria Pública instituída ou onde, mesmo instituída, sua estrutura seja negativamente desproporcional à do Ministério Público local.

A tendência é, entretanto, no sentido de abolir o prazo em dobro para as Defensorias, como, aliás, manifestou-se o STF, ao destacar que "não é de ser reconhecida a inconstitucionalidade do § 5º, do art. 1 da Lei nº 1.060, de 05.02.1950, acrescentado pela Lei n 7.871, de 08.11.1989, no ponto em que confere prazo em dobro, para recurso, às Defensorias Públicas, ao menos até que sua organização, nos Estados, alcance o nível de organização do respectivo Ministério Público, que é a parte adversa, como órgão de acusação, no processo da ação penal pública[27]".

24. DIDIER JÚNIOR, Fredie. *Curso de direito processual civil*: teoria geral do processo e processo de conhecimento. 6. ed. Salvador: JusPODIVM, 2006. v. I. p. 392-393.

25. MIRABETE, Julio Fabbrini. *Código de processo penal interpretado*. 11. ed. São Paulo: Atlas, 2003. p. 708.

26. NUCCI, Guilherme de Souza. *Manual de processo penal e execução penal*. 7. ed. São Paulo: RT, 2011. p. 573.

27. STF – HC 70514 – Rel. Min. Sydney Sanches.

Havia entendimento de que as disposições especiais do Código de Processo Penal, relativas ao curador para o acusado menor de vinte e um anos não teriam sido revogadas pelo Código Civil, lei geral. Com o advento da Lei nº 10.792/2003, revogando expressamente o art. 194, do CPP, foi colocado fim a essa questão, para se entender pela desnecessidade de nomeação de curador ao acusado menor de vinte e um anos, já que é absolutamente capaz.

Note-se, ainda, que a aludida lei especial, disciplinando matéria relativa ao interrogatório, deixou intactas as redações dos artigos 15 (nomeação de curador pela autoridade policial para o indiciado menor), 262 (ao acusado menor será dado curador) e 564 (cominação de nulidade à falta de nomeação de curador ao menor de vinte e um anos). Verificando que se tratou de lapso legislativo e para se evitar disciplina legislativa conflitante em um mesmo Código, impõe-se que se entenda por revogadas as normas que preconizem a necessidade de nomeação de curador ao menor de vinte e um anos.

Pois bem. O acusado é a parte passiva da ação penal condenatória, ou, no dizer de Rômulo de Andrade Moreira, "é o sujeito passivo da relação processual figurando como parte no processo penal. Já na relação jurídico-material, ou seja, no direito penal, está no polo ativo, pois, em tese, foi o autor de uma infração penal e irá responder ao processo criminal para que seja julgado"[28].

É chamado de acusado ou réu quando existe relação processual instaurada (a partir do recebimento da denúncia). Antes, quando do inquérito, o que se tem é indiciado. Em sede de execução penal, chama-se executado, apenado ou sentenciado. Para que alguém seja sujeito passivo da relação processual, é preciso o preenchimento de alguns requisitos: (1) "capacidade para ser parte", aferida com o "fato de ser sujeito de direitos e obrigações"; (2) "capacidade processual ou capacidade para estar em juízo em nome próprio (***legitimatio ad processum***), que no processo penal advém com a idade de 18 anos", não estando excluída a pessoa com deficiência mental, embora necessite de curador; e, (3) "legitimidade passiva ***ad causam***", aferida pela pertinência da imputação de determinado crime a alguém[29].

A ele se garante o direito à ampla defesa, com a incidência, ademais de toda disciplina constitucional, tais como: (1) o direito ao silêncio; (2) direito ao seu defensor, respeitando-se a possibilidade de entrevista reservada, para orientação técnica, antes do interrogatório; (3) direito de não produzir prova contra si mesmo (não pode ser obrigado, por exemplo, a participar de reconstituição do crime a ele imputado); e, (4) a individualização da pena, de forma que esta não passe de sua pessoa. O acusado não pode dispor do seu direito de defesa, sendo decorrência o fato de que a sua confissão não seja suficiente, por si só, para impor condenação. Mesmo que não queira defensor, ao réu será nomeado um, a menos que esteja se defendendo em causa própria, na qualidade de advogado.

Outrossim, com Fernando da Costa Tourinho Filho, perlustre-se que o Código de Processo Penal "distingue as figuras do defensor, procurador e curador", pois, "quando o defensor for constituído pelo imputado, ou por meio do competente instrumento procuratório, ou mesmo por ele indicado por ocasião do interrogatório, e então se dispensa a procuração, nos termos do art. 266 do CPP, fala-se tecnicamente em 'procurador'". Já quando

28. MOREIRA, Rômulo de Andrade. *Direito processual penal*. Salvador: JusPODIVM, 2007. p. 95.
29. CAPEZ, Fernando. *Curso de processo penal*. 6. ed. São Paulo: Saraiva, 2001. p. 153-154.

o acusado "não constituir defensor nem o indicar por ocasião do seu interrogatório", o juiz nomeará um "defensor" (art. 263, CPP). A seu turno, tem-se a figura do "curador" que será nomeado quando o acusado maior de dezoito anos seja pessoa com "doença mental ou de desenvolvimento mental incompleto ou retardado"[30]. Com a alteração do procedimento comum pela Lei nº 11.719/2008, a indicação do advogado durante o interrogatório perdeu muito de sua utilidade prática, pois o interrogatório passou a ser o último ato da instrução, quando certamente o réu já estará acompanhado por seu defensor. Antes da reforma de 2008, o réu era citado para comparecer ao interrogatório como primeiro passo da instrução, quando era comum declinar o nome do advogado no ato.

A importância do defensor foi expressamente consagrada pela Carta Magna ao estabelecer que o advogado é indispensável à administração da justiça (art. 133) e que à Defensoria Pública incumbe a orientação jurídica e defesa dos necessitados (art. 134). No processo penal, o defensor é uma garantia impostergável do acusado. O art. 261, do CPP, a propósito – em consonância com a Constituição do Brasil –, averba que nenhum acusado, ainda que ausente ou foragido, será processado ou julgado sem defensor, com o arremate de seu parágrafo único, que assenta que a defesa técnica, quando realizada por defensor público ou dativo, será sempre exercida através de manifestação fundamentada.

Aliás, "a representação no processo penal tem um caráter especial já que o direito de defesa é indisponível, devendo ser exercido ainda contra a vontade do acusado ou na sua ausência", interessando esclarecer que "a defesa técnica obrigatória é complementada pela autodefesa, que pode se desenvolver ao seu lado no processo. Essa autodefesa do acusado, que é facultativa, consiste na participação do réu em quase todos os atos do processo, inclusive com a possibilidade de apresentar alegações, como no interrogatório"[31].

O *caput*, do art. 265, CPP[32], determina que o defensor não poderá abandonar o processo, ressalvado motivo imperioso, devendo comunicar previamente ao magistrado, estabelecendo-se multa de dez a cem salários mínimos, além das demais sanções cabíveis, como representação perante a OAB ou na Corregedoria da Defensoria Pública. Tal previsão é de duvidosa constitucionalidade, pois o magistrado não possui poder correicional quanto aos defensores públicos, além de ferir a própria autonomia da instituição.

Ocorrendo a ausência do advogado, a audiência poderá ser adiada se, por motivo justificado, o defensor não puder comparecer, cabendo a este provar o impedimento até a abertura da audiência. Não o fazendo, o juiz não determinará o adiamento de ato algum do processo, devendo nomear defensor substituto, ainda que provisoriamente ou só para o efeito do ato (§ 1º e § 2º, art. 265, CPP). Deve-se interpretar com cautela tal previsão, afinal, o réu não pode ser apenado pela irresponsabilidade do defensor, de sorte que, em alguns casos de evidente complexidade, recomenda-se o adiamento do ato, para se evitar prejuízo, que pode desaguar em nulidade, pela realização de audiência com advogado que simplesmente desconhece o processo. Em hipóteses como tais, recomenda-se o adiamento, remarcando o ato com a pronta nomeação de novo advogado, ou indicação de defensor público. Por sua vez, a justificação da ausência não admite entraves burocráticos, e a depender

30. TOURINHO FILHO, Fernando da Costa. *Manual de processo penal*. 5. ed. São Paulo: Saraiva, 2003. p. 342.
31. MIRABETE, Julio Fabbrini. *Processo penal*. 14. ed. São Paulo: Atlas, 2003. p. 337-338.
32. Dispositivo alterado pela Lei nº 11.719/08.

da situação, devidamente fundamentada pela gravidade do caso, até mesmo por telefone o advogado poderá comunicar o impedimento.

No júri, a falta injustificada do advogado implica adiamento da sessão, o que ocorrerá somente uma vez, sendo que, não sendo outro constituído pelo réu, o fato será comunicado ao presidente da seccional da Ordem dos Advogados do Brasil, para que tome as devidas providências, indicando-se inclusive a data da nova sessão. A Defensoria Pública também será intimada para o novo julgamento, que será marcado para o primeiro dia útil desimpedido, respeitando-se o prazo mínimo de dez dias, para que o novo profissional possa se preparar adequadamente (art. 456, CPP).

No que concerne ao processo de execução penal, a Defensoria Pública tem a atribuição de velar pela regular execução da pena e da medida de segurança, conforme dispõe o art. 81-A e seguintes, da Lei nº 7.210/1984. Cabe-lhe, desse modo, oficiar, no processo executivo e nos incidentes da execução, para a defesa dos necessitados em todos os graus e instâncias, de forma individual e coletiva.

Para fazer valer os direitos dos apenados e dos submetidos à medida de segurança, as Unidades da Federação deverão manter serviços de assistência jurídica, integral e gratuita, pela Defensoria Pública, dentro e fora dos estabelecimentos penais, devendo cada estabelecimento penal ter local apropriado para atendimento a ser prestado pelo Defensor Público, que terá a incumbência de requerer todas as providências ao regular desenvolvimento do processo de execução e de velar para que os apenados e submetidos à medida de segurança não sejam preteridos em seus direitos.

Daí que, ao lado das atribuições que cabe ao Defensor Público enquanto advogado do sentenciado necessitado, deve o órgão da Defensoria Pública visitar periodicamente os estabelecimentos penais, registrando a sua presença em livro próprio. Para o aprofundamento da questão da atuação da Defensoria Pública no processo de execução penal, remetemos o leitor ao Capítulo XIX.

Anote-se ainda que o defensor também está sujeito a impedimentos, nos termos do art. 267, do CPP, que prescreve não poderem funcionar como defensores os parentes do juiz. Assim, "quando já estiver atuando ou já tiver atuado familiar do magistrado na defesa do réu, o juiz ficará impedido de ingressar na relação, em face da regra do art. 252, inciso I. Contudo, se já estiver o juiz oficiando na relação processual, o advogado que apresentar o vínculo de parentesco com ele é que ficará impedido de ingressar no feito"[33].

Por outro lado, admite-se a atuação da defensoria pública, representada por membros distintos, em polos opostos da ação penal. Nessa toada, a Quinta Turma, do STJ, afirmou não acarretar nulidade a atuação da Defensoria Pública em favor da vítima e do acusado em um único processo criminal. Tal possibilidade decorreria, inclusive, da Teoria dos Poderes Implícitos. Como maneira de assegurar o direito de acesso universal à Justiça, aquele órgão "concluiu que a Defensoria Pública pode representar, concomitantemente e por meio de defensores distintos, as vítimas de um delito e os réus do mesmo processo"[34].

33. AVENA, Norberto. *Processo penal esquematizado*. 3. ed. São Paulo: Método, 2011. p. 133.

34. STJ – Quinta Turma – RMS 45793 – j.14.6.2018.

4. QUERELANTE

O querelante é o sujeito ativo da relação processual penal condenatória, quando se trate de ação penal privada. Tal situação é excepcional, podendo ocorrer quando haja desídia do Ministério Público – caso em que será instaurada ação penal privada subsidiária da pública – ou quando a lei penal preveja como de iniciativa do ofendido (art. 100, CP), que, por seu turno, "é o sujeito passivo da infração penal"[35].

Tratando-se de ação penal privada subsidiária da pública, a atuação deficiente, a inércia ou a ausência do querelante aos atos processuais, implicará a retomada da ação penal pelo Ministério Público. Já no caso de ação penal privada exclusiva ou personalíssima, a falta do querelante ou o não atendimento de notificações para a prática de ato processual que a ele competir importa em extinção de punibilidade, pela perempção (art. 60, CPP).

5. ASSISTENTE DO MINISTÉRIO PÚBLICO

Há divergências sobre a natureza da atuação do assistente do Ministério Público no processo penal. Seria litisconsorte (assistente litisconsorcial), parte adjunta (assistência simples) ou parte civil? Se considerarmos que o direito de punir foi encapado pelo Estado, chegaremos a conclusão que o assistente do Ministério Público não atua em defesa de direito próprio, ao menos se o *jus puniendi* for o nosso parâmetro de referência. Ao assistente do Ministério Público, é outorgado o direito a ser ressarcido em razão do dano causado pelo crime de iniciativa pública.

André Nicolitt pontua, nessa esteira, que "a assistência é uma forma de intervenção de terceiro. Não é titular do direito de punir nem do direito de liberdade, mas atua motivado por um interesse público. Assim, não é parte na demanda, apenas no processo, e, após a sua instauração, é mero interveniente"[36].

Não são todos os crimes que admitem assistente do Ministério Público. Para tanto, o crime deve ter um sujeito passivo determinado, um ofendido. A atuação do assistente de acusação no processo penal não é admitida sem controvérsias. Parte da doutrina entende que seu interesse de participação no processo é legitimado pela necessidade que o ofendido tem de obtenção de reparação em eventual ação civil ***ex delicto***. Outra, respaldada em tendência jurisprudencial, vê que o interesse do assistente não deve ser aferido só pela finalidade indenizatória, mas também pelo fato de que o ofendido tem direito em ver aplicada adequadamente a pena.

Digna de registro também é a posição minoritária de parcela da doutrina e da jurisprudência que reputa a figura do assistente do Ministério Público incompatível com a Constituição da República. Os argumentos em favor dessa posição, constante de acórdão do TJRS que acompanhou parecer do Ministério Público subscrito por Lenio Luiz Streck, salientam que ***a possibilidade de uma pretensa e mera assistência ao Parquet contraria duas realidades tidas por irrefutáveis:*** (1) "o Ministério Público nacional é, indiscutivelmente, competente e eficiente na representação social que lhe incumbe, especialmente como

35. CAPEZ, Fernando. *Curso de processo penal*. 6. ed. São Paulo: Saraiva, 2001. p. 153.
36. NICOLITT, André. *Manual de processo penal*. 7. ed. Belo Horizonte: D'Plácido, 2018. p. 507.

órgão acusador; Competindo-lhe o ***dominus litis*** (Art. 129, I, CF/1988), não há margem de subsistência da norma ordinária que outorga o direito de assistência à acusação (Art. 268, CPP)"; (2) "o processo transforma-se em instrumento de vingança particular, o que repugna a consciência social e moral. A nossa tradição privatista assegura, por outro lado, a ação reparatória ***ex delicto,*** sede adequada para o particular reivindicar os danos, tanto quanto possível. No plano criminal, todavia, a postulação acusatória deve ser encargo apenas do Ministério Público, cuja ação será, pela destinação institucional reservada na Carta, isenta e, assim, mais próxima do justo idealizado"[37].

Partindo do pressuposto de que não há inconstitucionalidade na previsão da assistência ao Ministério Público, a forma de conceber o interesse do assistente repercute diretamente na amplitude de sua intervenção no processo, em especial, no seu interesse de recorrer, de acordo com a natureza da sentença prolatada. Em outras palavras, limitando o interesse do assistente ao de reparação de danos em ação ulterior, não teria ele interesse de recorrer de sentença condenatória, para o fim de majorar a pena, sob a alegação de equívoco na sua individualização. Já no caso contrário, vê-se que subsistiria o interesse de recorrer visando um agravamento na dosimetria da pena.

Para o setor doutrinário que sustenta a legitimação da participação ampla das pessoas – físicas e jurídicas (públicas ou privadas) – que sofreram os efeitos do crime, a reaproximação dos protagonistas do crime ao processo seria uma necessidade para a compreensão do processo penal como um instrumento efetivo. Nesse diapasão, as disposições normativas do Código de Processo Penal, poderiam ser ajustadas para viabilizar uma participação efetiva da vítima, com a previsão de ciência desta de todos os atos da persecução penal, desde a fase pré-processual. Essa tendência foi sufragada no art. 201, § 2º, do CPP.

De acordo com tal entendimento, a abstração dos interesses do ofendido não seria condizente com a efetividade dos direitos fundamentais da Constituição, considerando que sustentar que à vítima não interessa a aplicação de pena é posição tendente à mecanização do direito. Nessa toada, essa corrente doutrinária afirma que se ao ofendido não coubesse pelo menos "auxiliar" o Ministério Público, através do assistente – que é o menos –, a Constituição não teria assegurado o exercício de ação penal privada subsidiária da pública como garantia fundamental (que é o ***plus***). Daí a tendência em ver que o assistente pode interpor recurso inclusive contra a sentença condenatória, para o fim de ver a imposição de uma pena que, por ter sido aplicada em limite aquém do razoável, redundaria na prescrição da pena em concreto.

Essa situação, note-se bem, não se assemelha à distinção da atuação do assistente como ***custos legis*** referida por Eugênio Pacceli de Oliveira, quando defende que se o ofendido for pessoa física ou jurídica de direito privado, seu agir processual será como fiscal da lei, enquanto se for pessoa de direito público não ocorre intervenção processual dessa natureza, mas como de "participação assistencial", por ser função de ***custos legis*** atribuída já a outro órgão estatal que é o Ministério Público. O processualista reputa que a atuação do assistente não se resume à "obtenção de título executivo para satisfação de direito civil reparatório", embora tenha retificado sua posição anterior de ver como possível o recurso do assistente "inclusive para fins de aumento da pena aplicada"[38].

37. TJRS – 5ª Câmara Criminal – RSE nº 70007559131 – Rel. Des. Aramis Nassif – j. 3/3/2004.

38. OLIVEIRA, Eugênio Pacceli de. *Curso de processo penal*. 2. ed. Belo Horizonte: Del Rey, 2003. p. 443-447.

Passamos a entender que a participação da vítima no processo penal conflita com as garantias fundamentais do imputado, bem como com a ideia do processo substituir a vingança privada. A permissão de habilitação do assistente do Ministério Público, além de agigantar a acusação, insere o elemento vindita no processo. Por outro lado, caso seja a hipótese de permitir a intervenção da vítima no processo, como assistente do Ministério Público, sua atuação deve visar tão somente a obtenção de título executivo para fins indenizatórios. De todo modo, reputamos que a permissibilidade de atuação da vítima no processo penal também amplia indevidamente, além dos limites subjetivos da demanda, os seus limites objetivos.

Amilton Bueno de Carvalho, sob ótica interdisciplinar, chega à conclusão similar. Para o jurista, o direito penal não deve ser confundido com o direito "em geral", razão pela qual não é recomendável relacionar o processo penal com o processo civil, por exemplo, para interpretar aquele com as lentes deste último, "a ponto de inverter, inclusive, toda a teoria do ônus da prova ou o carcinoma teórico do discurso que ambiciona a 'proteção dos direitos da vítima' no âmbito do processo penal"[39].

Sem embargo, o Código de Processo Penal preconiza que em todos os termos da ação penal pública, poderá intervir, como assistente do Ministério Público, o ofendido ou seu representante legal, ou, na falta deste, o cônjuge, o ascendente, o descendente ou o irmão (art. 268, CPP), não sendo admitida a intervenção do corréu como assistente do Ministério Público no mesmo processo (art. 270, CPP). A sua intervenção é possível enquanto não passar em julgado a sentença e receberá a causa no estado em que se achar (art. 269, CPP).

Sobre o pedido de habilitação do assistente nos autos, será ouvido o Ministério Público (art. 272, CPP), não cabendo recurso contra a decisão que o admitir ou não, sem embargo do dever de constar dos autos o pedido e a decisão (art. 273, CPP). Não obstante não caiba recurso dessa decisão, não é despropositado vislumbrar a possibilidade de mandado de segurança contra a decisão sobre o pedido de assistência, desde que presentes os seus requisitos legais e constitucionais.

De acordo com o art. 271, do CPP, ao assistente será permitido propor meios de prova, requerer perguntas às testemunhas, aditar "o libelo e os articulados, participar do debate oral e arrazoar os recursos interpostos pelo Ministério Público, ou por ele próprio". O libelo foi suprimido do CPP pela Lei Federal nº 11.689/2008, não cabendo se falar mais em aditamento de tal peça processual pelo assistente do Ministério Público.

A atuação do assistente será admissível nos seguintes casos (artigos 584, § 1º, e 598, CPP), mediante interposição de recursos contra:

(1) a sentença de impronúncia;

(2) a sentença que decretar a prescrição ou julgar por outro modo, extinta a punibilidade;

(3) a sentença proferida no âmbito do tribunal do júri, quando não for interposta apelação pelo Ministério Público no prazo legal: nessa hipótese, o assistente só pode apelar supletivamente, ainda que não se tenha habilitado nos autos.

---

39. CARVALHO, Amilton Bueno. *Direito penal a marteladas:* algo sobre Nietzsche e o direito. Rio de Janeiro: Lumen Juris, 2016. p.20-21.

(4) a sentença condenatória, no intuito de majorar a pena imposta.

Nos termos do art. 430, do CPP, para se tornar habilitado, o assistente somente será admitido se tiver requerido em até cinco dias da data da sessão na qual pretenda atuar, sendo tal dispositivo importante justamente porque a sentença da segunda fase do júri é proferida ao final da sessão plenária, a partir de quando se inicia o prazo recursal. É de ver que, estando o assistente habilitado, o prazo para recurso de apelação é o mesmo assegurado ao MP, leia-se, cinco dias (***caput***, do art. 593), devendo necessariamente ser intimado; não estando habilitado, o prazo para apelação é aquele previsto no parágrafo único do art. 598 (quinze dias), não havendo intimação[40].

Nos processos de competência do tribunal do júri, o assistente do ***Parquet*** poderá, se o interesse da ordem pública o exigir ou houver dúvida sobre a imparcialidade do júri ou a segurança pessoal do acusado, requerer o desaforamento do julgamento para outra comarca da mesma região, onde não existam aqueles motivos, preferindo-se as mais próximas (art. 427, CPP).

Rômulo de Andrade Moreira explicita os poderes do assistente a partir da constatação de que "é permitido propor meios de prova que serão produzidos por decisão judicial, após a ouvida do Ministério Público", assim como formular "reperguntas às testemunhas", aditar os articulados (ou seja, a manifestação sobre a resposta à acusação, memoriais finais e alegações finais, quando houver), participar do debate oral, arrazoar os recursos interpostos pelo Ministério Público ou por ele próprio e contra-arrazoar os interpostos pela defesa (considerando-se as contrarrazões como os referidos articulados)". De mais a mais, "o assistente poderá interpor":

(1) recurso em sentido estrito da sentença que decretar a extinção da punibilidade (art. 271, CPP) e da decisão que denegar ou julgar deserta a apelação interposta por ele próprio (art. 581, XV, CPP);

(2) apelação contra sentença absolutória (art. 271, CPP), inclusive contra as sentenças de impronúncia e contra a sentença de absolvição sumária, prolatadas ao final da primeira fase do rito do júri (art. 416, CPP);

(3) carta testemunhável;

(4) embargos de declaração; e,

(5) recurso extraordinário (Súmula nº 210, STF), inadmissível no caso de decisão que concede *habeas corpus* (Súmula 208, STF)"[41].

A Súmula nº 208 do STF, que veda o recurso do assistente do Ministério Público em *habeas corpus* aparenta incompatibilidade superveniente com o CPP, depois das modificações conferidas pela Lei nº 12.403/2011. Depois do seu advento, o assistente, na fase processual – vale dizer, habilitado nos autos criminais –, passou a ter legitimidade para requerer prisão preventiva, com a reafirmação de ampliação dos seus poderes. Essa previsão, consignada no art. 311, do CPP, poderia autorizar a conclusão de que também tem legitimidade para

40. TÁVORA, Nestor. *Questões comentadas*: processo penal para OAB. Salvador: JusPODIVM, 2005. p. 36.
41. MOREIRA, Rômulo de Andrade. *Direito processual penal*. Salvador: JusPODIVM, 2007. p. 90-91.

recorrer das decisões concessivas de liberdade provisória, de medidas cautelares diversas da prisão (art. 319, do CPP) e de decisões que relaxem a prisão ou que defiram *habeas corpus*.

No entanto, o *habeas corpus* tem natureza de garantia fundamental, inserido no art. 5º, da Constituição. É ação autônoma de impugnação desprovida de contraditório e de efeito condenatório. Isso conduz a entender inadmissível intervenção de terceiros que amplie os limites subjetivos e objetivos do *writ*, eis que, por via oblíqua, haveria mitigação de sua eficácia, proibida, mormente, pela via da analogia.

O STJ, a propósito, assentou a impossibilidade de intervenção da parte acusadora em processo de habeas corpus, haja vista ser este um instrumento exclusivo da defesa. Decerto, na relação jurídica processual desse remédio heroico, não está a parte acusadora ou o assistente. Foi, então, rejeitada a impugnação, pela via do recurso extraordinário, apresentada contra a concessão da ordem, que havia sido deferida pela Quinta Turma[42].

6. ASSISTENTE DA DEFESA

A figura do assistente de defesa não foi disciplinada na legislação. Sem embargo, na análise da Lei nº 9.099/1995 (Juizados Especiais), percebe-se que para a audiência preliminar, comparecerão, além do autor do fato e a pretensa vítima, o eventual responsável civil pelos danos causados, todos acompanhados por advogado. A reparação dos danos nas infrações de menor potencial ofensivo ganha destaque, pois em se tratando de crime de iniciativa privada ou pública condicionada à representação, a aceitação da proposta pela vítima leva à extinção da punibilidade.

A efetiva atuação do responsável civil, conduzindo a composição para a satisfação dos interesses patrimoniais da vítima, tendo repercussão direta na situação jurídica do infrator, leva-nos à conclusão de que figura como verdadeiro assistente da defesa. Também neste sentido é a previsão do art. 49, da Lei nº 8.906/1994 (Estatuto da Advocacia), que "autoriza, expressamente, a assistência [da Ordem dos Advogados do Brasil], também, do advogado que seja réu ou querelado, pois refere-se à intervenção em inquéritos e processos em que sejam indiciados (nítida hipótese criminal), acusados ou ofendidos (em igual prisma) os inscritos na Ordem dos Advogados do Brasil"[43].

O fundamento para a admissibilidade do assistente da defesa no processo penal brasileiro está alicerçado no **princípio da paridade de armas**. O direito processual penal se sustenta por meio de relações de validade mantidas com o direito constitucional. Para assegurar um processo justo, indispensável garantir, além da igualdade, a paridade de armas, como apontado por Welton Roberto. Daí a importância da outorga de poderes à defesa, similares àqueles previstos no ordenamento jurídico em favor do Ministério Público. A título de exemplo, temos a necessidade de reconhecer ao investigado o poder de realizar investigação defensiva, com o desempenho de papel proativo levado a cabo pelo advogado[44].

42. STJ – Vice Presidência – RE em HC – 305.141/PB – j. 29 mai. 2015.
43. NUCCI, Guilherme de Souza. *Manual de processo penal e execução penal*. 7. ed. São Paulo: RT, 2011. p. 565.
44. ROBERTO, Welton. *Paridade de armas no processo penal*. Belo Horizonte: Fórum, 2011. p. 87-90.

A partir do momento que o ordenamento jurídico prevê a figura do assistente do Ministério Público, assistente da acusação ou, simplesmente, assistente, sempre referindo unicamente ao sujeito do processo que atua como auxiliar dos interesses do titular da ação penal pública, imprescindível é aplicar a técnica de **interpretação conforme a Constituição**, a fim de se permitir a produção de norma jurídica que também garanta o assistente da defesa, com os mesmos poderes jurídicos dispostos em favor do assistente da parte autora.

Devem ser aplicados os enunciados do art. 5º, *caput*, e do inciso LV, desse mesmo dispositivo, da Constituição de 1988. Além da igualdade, do contraditório e da ampla defesa, a conjugação desses princípios com a garantia da "plena igualdade", preconizada no art. 8, do Pacto de são José da Costa Rica, autorizam arrematar que há, no sistema brasileiro, o princípio da paridade de armas, construído pelos fragmentos dessas disposições.

Sobre esse aspecto, o Supremo Tribunal Federal reúne precedentes que reiteram que "a Constituição de 1988 fez uma opção inequívoca pelo sistema penal acusatório". Vale dizer, que deve ser respeitada "uma separação rígida entre, de um lado, as tarefas de investigar e acusar e, de outro, a função propriamente jurisdicional". Essa divisão de tarefas tem a função de não somente preservar a imparcialidade do Judiciário, mas também de promover "a paridade de armas entre acusação e defesa, em harmonia com os princípios da isonomia e do devido processo legal"[45].

Cabe recordar que os direitos fundamentais contemplados na Constituição de 1988, não representam óbice ao reconhecimento de outros direitos decorrentes do regime e dos princípios por ela adotados, ou dos tratados internacionais em que a República Federativa do Brasil seja parte, nos termos do § 2º, do seu art. 5º. Ademais, a construção da norma jurídica que permite a admissibilidade do assistente de defesa é procedimento que encontra compatibilidade com o art. 3º, do Código de Processo Penal, eis que sufraga a interpretação analógica e a incidência de princípios gerais de direito.

7. QUADRO SINÓTICO

CAPÍTULO VIII – SUJEITOS NO PROCESSO PENAL		
RELAÇÃO PROCESSUAL		
O processo penal é compreendido como uma relação jurídica processual, na qual os seus sujeitos protagonistas são: o juiz, a parte ativa – Ministério Público ou querelante – e a parte passiva, que é o acusado. Outros processos, no âmbito penal, podem ser desenvolvidos sem o cunho de condenação (medidas cautelares ou *habeas corpus*, por exemplo).		**1**
ÓRGÃOS DO PODER JUDICIÁRIO E DO MINISTÉRIO PÚBLICO		
Juiz	O órgão incumbido de conduzir o processo, proferindo decisão ao final, é a autoridade judiciária.	**2.1**

45. STF – Pleno – ADI 5104 MC – Relator: Ministro Roberto Barroso – julgado em 21/05/2014.

<table>
<tr><th colspan="3">CAPÍTULO VIII – SUJEITOS NO PROCESSO PENAL</th></tr>
<tr><td></td><td>A Constituição Federal sufragou a ideia de um juiz imparcial, inamovível, vitalício e com irredutibilidade de subsídios, garantias estas seguidas de vedações que asseguram o exercício da jurisdição de forma descomprometida. O CPP previu, nos artigos 252 a 256 as causas de impedimento e suspeição, como forma de garantir a imparcialidade do magistrado.
Dentre as regras tendentes a assegurar o exercício hígido das funções judiciais, tem-se a de que a investidura, em primeira instância, deve se dar por concurso público de provas e títulos. O STF assentou a necessidade de comprovação de atividade jurídica de três anos, como requisito prévio ao exercício do cargo de juiz, no ato da inscrição definitiva no concurso.
Conquanto seja taxativo o rol de impedimentos descritos no CPP, o art. 144, do CPC/2015, aplicável por analogia (art. 3º, CPP), traz hipóteses perfeitamente compatíveis com o sistema processual penal. Os casos de suspeição estão dispostos em rol exemplificativo, sendo plausível admitir, se adequado à hipótese, a aplicação do art. 145, do CPC/2015, no que não conflitar com o art. 254. Por se tratarem de números abertos, a previsão da lei processual civil acerca dos casos de suspeição tem menor repercussão no sistema processual penal.</td><td></td></tr>
<tr><th colspan="3">Ministério Público</th></tr>
<tr><td>Considerações gerais</td><td>Titular da ação penal pública, nos termos do art. 129, I, da CF/88. Porém, essa atribuição não o impede de, mesmo como parte, agir como fiscal da lei (custos legis).
Daí que o Ministério Público, no âmbito da ação penal condenatória, não está obrigado a oferecer denúncia ou a pedir a condenação do acusado, se ausentes os requisitos legais para tanto.
O Ministério Público está sujeito às causas de impedimento e de suspeição, mesmo figurando no polo ativo da demanda. Tal fenômeno é explicado com as noções de imparcialidade objetiva e imparcialidade subjetiva.
O MP sempre deve ser imparcial no sentido subjetivo, não podendo, por exemplo, ter interesse pessoal no desfecho da causa.
Porém, o MP, na ação penal condenatória, é parte e, nesse sentido, parcial, sob o aspecto objetivo.</td><td>2.2.1</td></tr>
<tr><td>Considerações gerais</td><td>Como fiscal da lei (custos legis), por outro lado, o MP deve ser sempre imparcial (tanto subjetiva, quanto objetivamente).
O CPC/2015, em seu art. 178, modifica a noção custos legis para custos juris, mais consentânea com a função de defensor da ordem jurídica capitulada no art. 127, CF/1988. O órgão é mais que fiscal da lei, defendendo a ordem jurídica como um todo. Nas ações penais privadas, o MP intervém como fiscal não só da lei (custos legis), mas da Constituição e do direito em geral (custos juris).</td><td>2.2.1</td></tr>
</table>

CAPÍTULO VIII – SUJEITOS NO PROCESSO PENAL		
Considerações gerais	A fim de melhor garantir a independência dos membros do Ministério Público (art. 127, § 1º, CF), o STF julgou procedente em parte a ADPF 388, movida contra ato do Conselho Nacional do MP, para estabelecer a interpretação de que membros do Ministério Público não podem ocupar cargos públicos, fora do âmbito da Instituição, salvo cargo de professor e funções de magistério. Determinou a exoneração de todos os membros ocupantes de cargos de confiança junto ao Poder Executivo, independentemente da data de ingresso ter se dado antes ou depois da promulgação da CF/1988, não aplicando, à hipótese, a parte final do § 3º, do art. 29, de seu Ato das Disposições Constitucionais Transitórias (que determina observar, quanto às vedações, aquelas vigentes naquela data).	**2.2.1**
Organização e atuação	O Ministério Público, enquanto instituição, abrange o Ministério Público da União e o Ministério Público dos Estados, chefiados, respectivamente, pelo Procurador Geral da República e pelos Procuradores Gerais de Justiça, respectivamente. Após a EC nº 45/2004, foi criado, como órgão controlador da atuação financeira e administrativa da instituição o Conselho Nacional do Ministério Público (art. 130-A, da CF/88). No órgão de primeiro grau, via de regra, o Ministério Público milita como parte. Nas ações de iniciativa privada, sua intervenção é como ***custos legis***. Por sua vez, na ação privada subsidiária da pública assume o papel de interveniente adesivo obrigatório. No segundo grau de jurisdição pode atuar tanto como parte como fiscal da lei, especialmente quando exara parecer nos processos, em grau de recurso.	**2.2.2**
Impedimento e suspeição do presentante do Ministério Público	O art. 258 do CPP prevê as hipóteses de impedimento e suspeição do MP, prescrevendo a aplicação analógica dos artigos 252 e 254 do mesmo diploma.	**2.2.3**
Princípios atinentes ao Ministério Público	Segundo o art. 127, §§ 1º e 2º da CF/88, são princípios do Ministério Público a unidade, a indivisibilidade e a independência funcional. A atuação do Ministério Público é regida, notadamente, pelos princípios da "indisponibilidade (como titular da ação penal pública, condicionada ou não, o promotor não pode dela dispor)", da "irrecusabilidade (o promotor não pode ser recusado, salvo nos casos de impedimento e suspeição)" e da "independência (o membro do Ministério Público não fica, no processo, sujeito a ordem de ninguém)".	**2.2.4**
Funcionário do Poder Judiciário	Os servidores da justiça – ou serventuários – são funcionários públicos em sentido amplo que prestam serviço aos órgãos do Poder Judiciário e recebem remuneração paga pelos cofres públicos. Exemplos: diretores de secretaria (vara federal), escrivães (varas estaduais), analistas, técnicos, escreventes e oficiais de justiça.	**2.3**
Auxiliares do juízo	São auxiliares do juízo aqueles que, não sendo servidores da justiça, colaboram com o juiz nos pontos em que este precisa de esclarecimentos ou de conhecimentos especializados: peritos (*expert* em assuntos específicos) e os intérpretes (conhecedores de idiomas estrangeiros).	**2.4**

CAPÍTULO VIII – SUJEITOS NO PROCESSO PENAL		
Auxiliares do juízo	As testemunhas e assistentes técnicos não se amoldam perfeitamente ao conceito de auxiliar do juízo. Os peritos e os intérpretes podem ser oficiais ou *ad hoc*. Os *experts* na área criminal são: os peritos criminais, os peritos médico legistas e os odontolegistas (art. 5º, Lei nº 12.030/09). ***É possível impor multa*** em desfavor de perito que não se desincumbir de seu dever, sem escusa plausível. Além de comunicar a ocorrência à corporação profissional respectiva, poderá o magistrado impor a multa, fixada equitativamente, de forma proporcional à falta, considerado o possível prejuízo decorrente do atraso no processo. Entendemos que o § 1º, do art. 468, do CPC/2015, é aplicável ao direito processual penal, *mutatis mutandis*.	**2.4**
ACUSADO E DEFENSOR		
Acusado é o sujeito passivo da ação penal condenatória. É chamado de acusado ou réu quando existe relação processual instaurada (a partir do recebimento da denúncia). Antes, quando do inquérito, o que se tem é indiciado. Em sede de execução penal, chama-se executado, apenado ou sentenciado. A Carta Magna destaca a importância do defensor, estabelecendo que "o advogado é indispensável à administração da justiça" (art. 133) e que à Defensoria Pública incumbe a orientação jurídica e defesa dos necessitados (art. 134). No processo penal, o defensor é uma garantia impostergável do acusado. O defensor também está sujeito a impedimentos, nos termos do art. 267 do CPP, que prescreve não poderem funcionar como defensores os parentes do juiz.		**3**
QUERELANTE		
O querelante é o sujeito ativo da relação processual penal condenatória, quando se trate de ação penal privada. Tratando-se de ação penal privada subsidiária da pública, a atuação deficiente, a inércia ou a ausência do querelante aos atos processuais, implicará a retomada da ação penal pelo Ministério Público. Já no caso de ação penal privada exclusiva ou personalíssima, a falta do querelante ou o não atendimento de notificações para a prática de ato processual que a ele competir importa em extinção de punibilidade, pela perempção		**4**
ASSISTENTE DO MINISTÉRIO PÚBLICO		
O CPP preconiza que em todos os termos da ação penal pública, poderá intervir, como assistente do Ministério Público, o ofendido ou seu representante legal, ou, na falta deste, o cônjuge, o ascendente, o descendente ou o irmão (art. 268, CPP), não sendo admitida a intervenção do corréu como assistente do Ministério Público no mesmo processo (art. 270, CPP). A sua intervenção é possível "enquanto não passar em julgado a sentença e receberá a causa no estado em que se achar" (art. 269, CPP).		**5**
Sobre o pedido de habilitação do assistente nos autos, será ouvido o MP, não cabendo recurso contra a decisão que o admitir ou não. É possível o manejo do mandado de segurança. A Súmula nº 208 do STF, que veda o recurso do assistente do Ministério Público em habeas corpus aparenta incompatibilidade superveniente com o CPP, depois das modificações conferidas pela Lei nº 12.403/2011. Depois do seu advento, o assistente, na fase processual, passou a ter legitimidade para requerer prisão preventiva, com a reafirmação de ampliação dos seus poderes. Essa previsão, consignada no art. 311, do CPP, poderia autorizar a conclusão de que também tem legitimidade para recorrer das decisões concessivas de liberdade provisória, de medidas cautelares diversas da prisão		**5**

CAPÍTULO VIII – SUJEITOS NO PROCESSO PENAL	
(art. 319, do CPP) e de decisões que relaxem a prisão ou que defiram habeas corpus. No entanto, o habeas corpus tem natureza de garantia fundamental, inserido no art. 5º, da Constituição. É ação autônoma de impugnação desprovida de contraditório e de efeito condenatório. Isso conduz a entender inadmissível intervenção de terceiros que amplie os limites subjetivos e objetivos do writ, eis que, por via oblíqua, haveria mitigação de sua eficácia, proibida, mormente, pela via da analogia.	
ASSISTENTE DA DEFESA	
A análise da Lei nº 9.099/1995 (Juizados Especiais) permite afirmar que a efetiva atuação do responsável civil, conduzindo à composição para a satisfação dos interesses patrimoniais da vítima, tendo repercussão direta na situação jurídica do infrator, configura-o como verdadeiro assistente da defesa. De igual modo se depreende da leitura do art. 49 da Lei nº 8.906/1994 (Estatuto da Advocacia) que "autoriza, expressamente, a assistência [da Ordem dos Advogados do Brasil], também, do advogado que seja réu ou querelado, pois refere-se à intervenção em inquéritos e processos em que sejam indiciados (nítida hipótese criminal), acusados ou ofendidos (em igual prisma) os inscritos na Ordem dos Advogados do Brasil (NUCCI). O fundamento para a admissibilidade do assistente da defesa no processo penal brasileiro está alicerçado no princípio da paridade de armas. Os direitos fundamentais contemplados na Constituição de 1988, não representam óbice ao reconhecimento de outros direitos decorrentes do regime e dos princípios por ela adotados, ou dos tratados internacionais em que a República Federativa do Brasil seja parte, nos termos do § 2º, do seu art. 5º. Ademais, a construção da norma jurídica que permite a admissibilidade do assistente de defesa é procedimento que encontra compatibilidade com o art. 3º, do Código de Processo Penal, eis que sufraga a interpretação analógica e a incidência de princípios gerais de direito	6

8. SÚMULAS APLICÁVEIS

8.1. STF

208. O assistente do Ministério Público não pode recorrer, extraordinariamente, de decisão concessiva de "*habeas corpus*".

210. O assistente do Ministério Público pode recorrer, inclusive extraordinariamente, na ação penal, nos casos dos arts. 584, § 1º, e 598 do Código de Processo Penal.

8.2. STJ

234. A participação de membro do Ministério Público na fase investigatória criminal não acarreta o seu impedimento ou suspeição para o oferecimento da denúncia.

9. INFORMATIVOS RECENTES

9.1. STJ

♦ **Direito Processual Penal. Hipótese de deferimento de assistência à acusação.**

É possível a intervenção dos pais como assistentes da acusação na hipótese em que o seu filho tenha sido morto, mas, em razão do reconhecimento de legítima defesa, a denúncia tenha imputado ao réu apenas o crime de porte ilegal de arma de fogo (...) Delineado isso, quanto à análise da legitimidade para o exercício da assistência à acusação, tem-se que o art. 268 do CPP autoriza a intervenção na ação penal pública, como assistente do Ministério Público, do ofendido ou de seu representante legal, ou, na falta destes, de qualquer das pessoas mencionadas no art. 31 do mesmo diploma processual (cônjuge, ascendente, descendente ou irmão). A realização de interpretação literal desse dispositivo poderia levar à conclusão de que, no caso em que for afastada a ilicitude em relação à morte do filho dos habilitandos, pelo reconhecimento da legítima defesa, e restringindo-se a denúncia ao crime de porte ilegal de arma de fogo – que tem por vítima a própria sociedade –, desapareceria a figura do ofendido prevista no art. 268 do CPP e, consequentemente, o próprio interesse jurídico da intervenção na ação penal. Entretanto, entende-se que a interpretação do mencionado artigo, no concernente à delimitação dos legitimados para o exercício da assistência à acusação, deve tomar em consideração principalmente a finalidade da intervenção. Sob esse aspecto, é salutar tratar o instituto processual como expressão do Estado Democrático de Direito e até mesmo como modalidade de controle da função acusatória atribuída privativamente ao Ministério Público. Assim, deve ser mitigado o rigor da análise acerca da presença do interesse jurídico que autorize a assistência, afastando-se a exigência consistente na absoluta vinculação entre a pretensão do interveniente e o objeto jurídico do tipo penal imputado na denúncia. Isso porque, por vezes, diante de peculiaridades do caso concreto, interesses jurídicos podem assumir caráter metaindividual e, pulverizados sobre as relações que permeiam o núcleo da demanda, podem merecer proteção jurídica igualmente legítima. *RMS 43.227-PE, Rel. Min. Gurgel de Faria, julgado em 3/11/2015, DJe 7/12/2015. (Info 574)*

♦ **Direito processual penal. Impossibilidade de seguradora intervir como assistente da acusação em processo que apure homicídio do segurado.**

A seguradora não tem direito líquido e certo de figurar como assistente do Ministério Público em ação penal na qual o beneficiário do seguro devida é acusado de ter praticado o homicídio do segurado. De acordo com o disposto no art. 268 do CPP, em todos os termos da ação pública, poderá intervir, como assistente do Ministério Público, o ofendido ou seu representante legal, ou, na falta, o cônjuge, ascendente, descendente ou irmão. Entretanto, na situação em análise, a seguradora não é vítima do homicídio. (...) Na espécie em exame, entretanto, não existe regra que garanta esse direito à seguradora recorrente. Logo, não há falar em violação a direito líquido e certo a autorizar a concessão da ordem. *RMS 47.575-SP, Rel. Min. Maria Thereza de Assis Moura, julgado em 14/4/2015, DJe 23/4/2015. (Info 560)*

♦ **Direito processual penal. Intervenção de terceiros em *habeas corpus*.**

Admite-se a intervenção do querelante em ***habeas corpus*** oriundo de ação penal privada. Embora a regra seja a impossibilidade de intervenção de terceiros em sede de *habeas corpus*, a jurisprudência do STJ e do STF tem flexibilizado esse entendimento quando se trata de ação penal privada, permitindo-se, por conseguinte, que o querelante participe do julgamento. Precedentes citados do STJ: HC 27.540-RJ, Sexta Turma, DJ 27/6/2005, REsp 33.527-AM, Sexta Turma, DJ 2/8/1993. Precedente citado do STF: Pet 423-SP AgR, Tribunal Pleno, DJ 13/3/1992. *RHC 41.527-RJ, Rel. Min. Jorge Mussi, julgado em 3/3/2015, DJe 11/3/2015. (Info 557)*

♦ **Direito processual civil e processual penal. Legitimidade do ministério público estadual para atuar no âmbito do STJ.**

O Ministério Público Estadual tem legitimidade para atuar diretamente como parte em recurso submetido a julgamento perante o STJ. O texto do § 1º do art. 47 da LC 75/1993 é expresso no sentido de que as funções do Ministério Público Federal perante os Tribunais Superiores da União somente podem ser exercidas por titular do cargo de Subprocurador-Geral da República. A par disso, deve-se perquirir quais as funções que um Subprocurador-Geral da República exerce perante o STJ. É evidente que o Ministério Público, tanto aquele organizado pela União quanto aquele estruturado pelos Estados, pode ser parte e *custos legis*, seja no âmbito cível ou criminal. Nesse passo, tendo a ação (cível ou penal) sido proposta pelo Ministério Público Estadual perante o primeiro grau de jurisdição, e tendo o processo sido alçado ao STJ por meio de recurso, é possível que esse se valha dos instrumentos recursais necessários na defesa de seus interesses constitucionais. Nessas circunstâncias, o Ministério Público Federal exerce apenas uma de suas funções, qual seja: a de *custos legis*. (...) *EREsp 1.327.573-RJ, Rel. originário e voto vencedor Min. Ari Pargendler, Rel. para acórdão Min. Nancy Andrighi, julgado em 17/12/2014, DJe 27/2/2015. (Info 556)*

♦ **Direito processual penal. Dispensa de juntada de procuração com poderes especiais pela defensoria pública.**

Quando a Defensoria Pública atuar como representante do assistente de acusação, é dispensável a juntada de procuração com poderes especiais. Isso porque o defensor público deve juntar procuração judicial somente nas hipóteses em que a lei exigir poderes especiais (arts. 44, XI, 89, XI, e 128, XI, da LC 80/1994). Ressalte-se que a Defensoria Pública tem por função institucional patrocinar tanto a ação penal privada quanto a subsidiária da pública, não havendo incompatibilidade com a função acusatória. Assim, nada impede que a referida instituição possa prestar assistência jurídica, atuando como assistente de acusação, nos termos dos arts. 268 e seguintes do CPP (HC 24.079-PB, Quinta Turma, DJ 29/9/2003). *HC 293.979-MG, Rel. Min. Gurgel de Faria, julgado em 5/2/2015, DJe 12/2/2015. (Info 555)*

♦ **Direito processual penal. Dispensa de juntada de procuração. Nomeação judicial de Núcleo de Prática Jurídica.**

A nomeação judicial de Núcleo de Prática Jurídica para patrocinar a defesa de réu dispensa a juntada de procuração. *STJ. 3ª Seção. EAREsp 798.496-DF, Rel. Min. Nefi Cordeiro, julgado em 11/04/2018 (Info 624).*

9.2. STF

♦ **Princípio do promotor natural e substituição de órgão acusador ao longo processo**

A Primeira Turma, por maioria, indeferiu a ordem em "habeas corpus" no qual se pugnava a nulidade absoluta da ação penal, em face de violação ao princípio do promotor natural. No caso, a denúncia se deu por promotor que não o atuante em face do Tribunal do Júri, exclusivo para essa finalidade. O paciente foi denunciado como incurso nas penas dos arts. 121, "caput", do Código Penal (CP) e 12 da Lei 6.378/1976, por haver ministrado medicamentos em desacordo com a regulamentação legal, tendo a vítima falecido. A Turma reconheceu não haver ferimento ao princípio do promotor natural. No caso concreto, a "priori", houve o entendimento

de que seria crime não doloso contra a vida, fazendo os autos remetidos ao promotor natural competente. Não obstante, durante toda a instrução se comprovou que, na verdade, tratava-se de crime doloso. Com isso, o promotor que estava no exercício ofereceu a denúncia e remeteu a ação imediatamente ao promotor do Júri, que poderia, a qualquer momento, não a ratificar. O colegiado entendeu, dessa maneira, configurada ratificação implícita. Outrossim, asseverou estar-se diante de substituição, consubstanciada nos princípios constitucionais do Ministério Público (MP) da unidade e da indivisibilidade, e não da designação de um acusador de exceção. Vencido o ministro Marco Aurélio, por considerar violado o princípio do promotor natural. HC 114093/PR, rel. orig. Min. Marco Aurélio, red. p/ o ac. Min. Alexandre de Moraes, julgamento em 3.10.2017. (HC 114093) (Info 880)

♦ HC e impedimento ou suspeição de magistrado

A jurisprudência do STF assenta a impossibilidade de interpretação criadora de causas de impedimento e suspeição. Com base nessa tese, a Segunda Turma negou provimento a recurso ordinário em "habeas corpus" no qual se alegava impedimento ou suspeição de desembargador federal para o julgamento de apelação e "habeas corpus", tendo em conta o fato de ele haver exercido a função de corregedor regional da Justiça Federal em processo administrativo instaurado em desfavor do recorrente. *RHC 131735/DF, rel. Min. Cármen Lúcia, 3.5.2016. (RHC-131735) (Info 824)*

♦ Magistratura: triênio para ingresso na carreira e momento de comprovação

A comprovação do triênio de atividade jurídica exigida para o ingresso no cargo de juiz substituto, nos termos do art. 93, I, da CF, deve ocorrer no momento da inscrição definitiva no concurso público. Essa a conclusão do Plenário, tomada por maioria de votos, em recurso extraordinário no qual se discutia o momento de comprovação de tal exigência: se no ato da inscrição definitiva ou na data da posse. Pretendia-se que a ausência de especificação de data certa no edital para o início da inscrição definitiva transferiria para a data da nomeação a comprovação de tempo de prática forense. O Tribunal assinalou que a controvérsia fora dirimida na ADI 3.460/DF (DJe de 12.3.2015), oportunidade em que definido como termo final para comprovação de atividade jurídica, nos termos da reforma empreendida pela EC 45/2004, a data de inscrição definitiva no concurso público. Isso porque é importante que todos os candidatos que adentrem na disputa tenham condições para o exercício do cargo naquele momento, inclusive para se evitar o óbice do certame em razão de medidas judiciais precárias, voltadas a tratar de excepcionalidades, ou mesmo para se prevenir a existência de cargos vagos "sub judice" por período indeterminado. Além disso, impende observar o princípio da isonomia. (...) No caso concreto, entretanto, o Colegiado negou provimento ao recurso extraordinário da União. Na situação dos autos, o requerimento de inscrição definitiva da candidata no certame fora indeferido por ausência de comprovação do triênio até aquela data. A Corte entendeu que se deveria assegurar a posse da recorrida porque, no edital do concurso, não houvera especificidade quanto à data para comprovação do período de atividade jurídica. Além disso, a fase de inscrição definitiva, em relação à candidata, estava sendo discutida judicialmente e, nesse ínterim, o triênio transcorrera. Vencidos, quanto à tese fixada em repercussão geral, os Ministros Luiz Fux (relator), Roberto Barroso e Marco Aurélio, que entendiam que a exigência trazida pela EC 45/2004 tem relação com o ingresso na carreira — que se dá com a posse — e não com a inscrição em concurso público. Por fim, o Plenário decidiu que a redação para o acórdão deve incumbir ao Ministro que encampa a tese firmada. *RE 655265/DF, rel. orig. Min. Luiz Fux, red. p/ o acórdão Min. Edson Fachin, 13.4.2016. (RE-655265) (Info 821)*

♦ Embargos de declaração em embargos de declaração e efeitos infringentes

O Plenário iniciou julgamento de embargos de declaração em embargos de declaração opostos de acórdão proferido em ação penal, em que o embargante, à época vice-presidente de comissão municipal de licitação, fora condenado por fraude nesse tipo de certame. O embargante apresentara petição incidental em que formulara duas questões de ordem: a) a ocorrência de prescrição da pretensão punitiva, haja vista o trânsito em julgado da ação penal; e b) a configuração de nulidade absoluta em face do impedimento do membro do Ministério Público, que atuara como promotor de justiça na comarca em que o embargante fora julgado e, posteriormente, como procurador da República (pela aprovação em concurso público) e, nessa condição, passara a intervir no referido procedimento investigativo. (...) Quanto à segunda questão de ordem, a relatora apontou que não haveria impedimento para que o promotor de justiça que atuara na fase investigativa depois participasse como procurador da República. O Ministério Público seria instituição regida pelos princípios da unidade e indivisibilidade e em ambas as situações teria figurado como titular da ação penal e do inquérito inicialmente instalado. Frisou que essas matérias não teriam sido questionadas em nenhuma passagem da ação penal, do que resultara no indeferimento dos pedidos. (...) Em seguida, pediu vista dos autos o Ministro Dias Toffoli. *AP 565 ED-ED/RO, rel. Min. Cármen Lúcia, 6.4.2016. (AP-565) (Info 820)*

♦ Ministério Público e investigação criminal – 20

O Ministério Público dispõe de competência para promover, por autoridade própria, e por prazo razoável, investigações de natureza penal, desde que respeitados os direitos e garantias que assistem a qualquer indiciado ou a qualquer pessoa sob investigação do Estado, observadas, sempre, por seus agentes, as hipóteses de reserva constitucional de jurisdição e, também, as prerrogativas profissionais de que se acham investidos, em nosso País, os advogados (Lei 8.906/1994, art. 7º, notadamente os incisos I, II, III, XI, XIII, XIV e XIX), sem prejuízo da possibilidade – sempre presente no Estado democrático de Direito – do permanente controle jurisdicional dos

atos, necessariamente documentados (Enunciado 14 da Súmula Vinculante), praticados pelos membros dessa Instituição. Com base nessa orientação, o Plenário, em conclusão de julgamento e por maioria, negou provimento a recurso extraordinário em que discutida a constitucionalidade da realização de procedimento investigatório criminal pelo Ministério Público. (...) Vencidos os Ministros Cezar Peluso (relator), Ricardo Lewandowski (Presidente) e Dias Toffoli, que davam provimento ao recurso extraordinário e reconheciam, em menor extensão, o poder de investigação do Ministério Público, em situações pontuais e excepcionais; e o Ministro Marco Aurélio, que dava provimento ao recurso, proclamando a ilegitimidade absoluta do Ministério Público para, por meios próprios, realizar investigações criminais. *RE 593727/MG, rel. orig. Min. Cezar Peluso, red. p/ o acórdão Min. Gilmar Mendes, 14.5.2015. (RE-593727) (Info 785)*

10. QUESTÕES DE CONCURSOS PÚBLICOS

01. (2017 – FUNDATEC – IGP-RS – Técnico em Perícias) De acordo com o Código de Processo Penal, o juiz dar-se-á por suspeito e, se não o fizer, poderá ser recusado por qualquer das partes se:

(A) Ele, seu cônjuge, ascendente ou descendente, estiver respondendo a processo por fato análogo, sobre cujo caráter criminoso haja controvérsia.

(B) Tiver funcionado seu cônjuge ou parente, consanguíneo ou afim, em linha reta ou colateral até o terceiro grau, inclusive, como defensor ou advogado, órgão do Ministério Público, autoridade policial, auxiliar da justiça ou perito.

(C) Ele próprio houver desempenhado qualquer dessas funções ou servido como testemunha.

(D) Tiver funcionado como juiz de outra instância, pronunciando-se, de fato ou de direito, sobre a questão.

(E) Ele próprio ou seu cônjuge ou parente, consanguíneo ou afim em linha reta ou colateral até o terceiro grau, inclusive, for parte ou diretamente interessado no feito.

02. (2017 – VUNESP – TJ-SP – Escrevente Técnico Judiciário) Nos exatos termos do art. 253 do CPP, nos juízos coletivos, não poderão servir no mesmo processo os juízes que forem entre si parentes,

(A) consanguíneos ou afins, em linha reta ou colateral até o quarto grau, inclusive.

(B) consanguíneos ou afins, em linha reta ou colateral até o terceiro grau, inclusive, bem como amigos íntimos.

(C) consanguíneos ou afins, em linha reta ou colateral até o terceiro grau, inclusive, bem como amigos íntimos ou inimigos capitais.

(D) consanguíneos, excluídos os parentes afins.

(E) consanguíneos ou afins, em linha reta ou colateral até o terceiro grau, inclusive.

03. (2017 – VUNESP – TJ-SP – Escrevente Técnico Judiciário) Determina o art. 261 do CPP que

(A) nenhum acusado, com exceção do foragido, será processado ou julgado sem defensor.

(B) salvo nos processos contravencionais e nos de rito sumaríssimo, nenhum acusado será processado ou julgado sem defensor.

(C) salvo nos casos de força maior, nenhum acusado, ainda que ausente ou foragido, será processado ou julgado sem defensor.

(D) nenhum acusado, ainda que ausente ou foragido, será processado ou julgado sem defensor.

(E) nenhum acusado, com exceção do revel, será processado ou julgado sem defensor.

04. (2017 – VUNESP – TJ-SP – Juiz Substituto) No tocante aos sujeitos do processo, é correto afirmar que

(A) a audiência poderá ser adiada se, por motivo justificado, o defensor não puder comparecer, a ele incumbindo provar o impedimento até a abertura do ato; se não o fizer, deve o juiz nomear defensor substituto, ainda que provisoriamente ou só para o efeito do ato.

(B) a participação de membro do Ministério Público na fase investigatória criminal acarreta o seu impedimento ou suspeição para o oferecimento da denúncia.

(C) o assistente será admitido enquanto não passar em julgado a sentença e receberá a causa no estado em que se achar, podendo recorrer, inclusive extraordinariamente, de decisão concessiva de habeas corpus.

(D) o juiz não poderá exercer a jurisdição no processo em que tiver funcionado como juiz de outra instância, pronunciando-se, de fato ou de direito, sobre a questão, mas não há nulidade no julgamento ulterior pelo Júri com a participação de jurado que funcionou em julgamento anterior do mesmo processo.

05. (2016 – FCC – DPE-ES – Defensor Público) Com relação ao assistente de acusação no processo penal:

(A) o assistente de acusação somente poderá se habilitar na ação penal pública, condicionada ou incondicionada.

(B) é vedado ao assistente de acusação a indicação de assistente técnico nos exames periciais.

(C) a intervenção do assistente de acusação é proscrita após o início da fase instrutória do processo penal.

(D) é vedado ao assistente de acusação arrazoar o recurso interposto pelo Ministério Público, devendo utilizar recurso próprio.

(E) é garantido ao assistente de acusação o mesmo tempo para alegações finais orais no procedimento comum ordinário.

06. (2016 – CESPE – TJ-DFT – Juiz) Assinale a opção correta de acordo com o disposto no CPP sobre os assistentes.

(A) O ofendido ou seu representante legal ou, na falta de um deles, o cônjuge, os ascendentes, os descendentes ou irmãos, poderão intervir como assistentes do MP em ações penais públicas condicionada ou incondicionada.

(B) Na falta do ofendido ou de seu representante legal, apenas o cônjuge poderá atuar como assistente da acusação, seja a ação penal pública condicionada ou incondicionada.

(C) O irmão do ofendido, por ser parente colateral, não tem o direito de atuar como assistente da acusação em ação penal pública condicionada ou incondicionada.

(D) Tratando-se de ação penal pública condicionada à representação, não poderão intervir como assistentes do MP nem o ofendido nem parente seu, pois seu direito foi exercido por meio da própria representação.

(E) Em se tratando de ação penal pública incondicionada, somente o MP poderá sustentar acusação, não sendo permitida a assistência, sob pena de se caracterizar a vingança privada.

(2016 – CESPE – PC-PE – Delegado de Polícia – Adaptada) Em consonância com a doutrina majoritária e com o entendimento dos tribunais superiores, julgue os itens seguintes acerca dos sujeitos do processo e das circunstâncias legais relativas a impedimentos e suspeições.

07. O corréu pode atuar, no mesmo processo, como assistente da acusação do início da ação penal até seu trânsito em julgado, desde que autorizado pelo representante do parquet.

08. Poderá funcionar como perito no processo aquele que tiver opinado anteriormente sobre o objeto da perícia na fase de investigação criminal, em razão da especificidade da prova pericial.

09. (2016 – IESES – TJ-PA – Titular de Serviços de Notas e de Registros – Provimento – Adaptada) Julgue o item seguinte

A Participação de membro do Ministério Público na fase investigatória criminal acarreta o seu impedimento ou suspeição para o oferecimento da denúncia.

10. (2015/Banca/FGV/TJ-SC/Técnico Judiciário Auxiliar) Além das partes propriamente ditas, como autor, réu, assistente e juiz, outras pessoas também são chamadas para intervir no processo e auxiliar o juízo. Sobre o tema, é correto afirmar que:

(A) as prescrições sobre suspeição dos juízes estendem-se aos serventuários e funcionários da Justiça, no que lhes for aplicável;

(B) o perito oficial não se confunde com testemunha, logo o seu não comparecimento injustificado não permite sua condução coercitiva;

(C) o ofendido somente poderá requerer sua admissão como assistente de acusação até o momento do recebimento da denúncia;

(D) não poderá funcionar como perito oficial, de acordo com o Código de Processo Penal, aquele que for menor de 24 anos;

(E) do despacho que admitir ou não o assistente de acusação caberá recurso em sentido estrito.

11. (2015/CESPE/DPU/Defensor Público Federal de Segunda Categoria) Júlio foi preso em flagrante pela prática de furto de um caixa eletrônico da CEF. Júlio responde a outros processos por crime contra o patrimônio.

A respeito dessa situação hipotética, julgue o seguinte item.

O representante da CEF poderá habilitar-se como assistente da acusação a partir da instauração do inquérito policial, não cabendo impugnação da decisão judicial que negar a habilitação.

12. 2015 – MPE-AM – Promotor de Justiça – FMP) Assinale a alternativa correta.

(A) Quando o titular do direito à reparação do dano for pobre, a execução da sentença condenatória ou a ação civil será promovida de ofício pelo Ministério Público, onde não se faça presente a Defensoria Pública.

(B) O impedimento ou suspeição decorrente de parentesco por afinidade cessará pela dissolução do casamento que lhe tiver dado causa, ainda que sobrevenham descendentes.

(C) No processo penal brasileiro, o assistente de acusação será admitido somente a partir do ajuizamento da denúncia e enquanto não passar em julgado a sentença, recebendo a causa no estado em que se achar.

(D) Do despacho que admitir, ou não, o assistente, não caberá recurso, devendo, entretanto, constar nos autos o pedido e a decisão.

(E) Se o interesse da ordem pública o reclamar ou houver dúvida sobre a imparcialidade do júri ou a segurança pessoal do acusado, o Tribunal, a requerimento unicamente do Ministério Público, do acusado ou mediante representação do juiz competente, poderá determinar o desaforamento do julgamento para outra comarca da mesma região onde não existam aqueles motivos, preferindo-se as mais próximas.

13. (FEPESE – Promotor de Justiça – SC/2014 – Adaptada) De acordo com Súmula do Superior Tribunal de Justiça, a participação de membro do Ministério

Público na fase investigatória criminal não acarreta o seu impedimento ou suspeição para o oferecimento da denúncia.

(Cespe – Procurador do Estado – PGE-BA/2014) Em relação à assistência no processo penal, julgue os itens subsecutivos.

14. (CESPE – Procurador do Estado – PGE-BA – 2014) Segundo a jurisprudência do STJ, o assistente de acusação não detém legitimidade para recorrer de decisão judicial que conceda a suspensão condicional do processo.

15. (CESPE – Procurador do Estado – PGE-BA – 2014) A interveniência do assistente de acusação não é permitida no curso do inquérito policial ou da execução penal.

16. (ACAFE – Delegado de Polícia – SC/2014) De acordo com o Código de Processo Penal, assinale a alternativa correta.

(A) Somente depois do interrogatório, nos casos da ação pública, poderá intervir, como assistente do Ministério Público, o ofendido ou seu representante legal.

(B) Nenhum acusado, ainda que ausente ou foragido, será processado ou julgado sem defensor.

(C) Ao corréu, no mesmo processo, será facultado intervir como assistente do Ministério Público.

(D) A admissão do Assistente de Acusação será determinada pelo juiz independentemente de previamente ouvir o Ministério Público.

(E) Da decisão que não admitir o Assistente de Acusação, caberá recurso, devendo, inclusive, constar dos autos o pedido e a decisão.

17. (Escrevente Técnico Judiciário – TJ/SP/Vunesp/2013) O serventuário ou funcionário da justiça dar-se-á por suspeito e, se não o fizer, poderá ser recusado por qualquer das partes,

(A) se ele, seu cônjuge, ou parente, consanguíneo, ou afim, até o quinto grau, inclusive, sustentar demanda ou responder a processo que tenha de ser julgado por qualquer das partes.

(B) se ele, seu cônjuge, ascendente ou descendente, estiver respondendo a processo por fato análogo, sobre cujo caráter criminoso haja controvérsia.

(C) se ele, seu cônjuge, ou parente, consanguíneo, ou afim, até o quarto grau, inclusive, sustentar demanda ou responder a processo que tenha de ser julgado por qualquer das partes.

(D) se não for amigo íntimo ou inimigo capital de qualquer deles.

(E) se ele, seu cônjuge, ou parente, consanguíneo, ou afim, até o terceiro grau, inclusive, estiver respondendo a processo por fato análogo, sobre cujo caráter criminoso haja controvérsia.

18. (Escrevente Técnico Judiciário – TJ/SP/Vunesp/2013) O juiz não poderá exercer jurisdição no processo em que

(A) ele próprio ou seu cônjuge ou parente, consanguíneo ou afim, em linha reta ou colateral até o quinto grau, inclusive, for parte ou diretamente interessado no feito.

(B) ele não houver funcionado como defensor ou advogado, órgão do Ministério Público, autoridade policial, auxiliar de justiça, perito ou servido como testemunha.

(C) tiver funcionado seu cônjuge ou parente, consanguíneo ou afim, em linha reta ou colateral até o quinto grau, inclusive, como defensor ou advogado, órgão do Ministério Público, autoridade policial, auxiliar de justiça ou perito.

(D) tiver funcionado como juiz de outra instância, pronunciando-se, de fato ou de direito, sobre a questão.

(E) ele próprio ou seu cônjuge ou parente, consanguíneo ou afim, em linha reta ou colateral até o quarto grau, inclusive, for parte ou diretamente interessado no feito.

19. (Técnico Judiciário – TRF2/FCC/2012) O juiz poderá exercer a jurisdição no processo em que seu cônjuge tiver funcionado como

(A) perito.

(B) advogado.

(C) autoridade policial.

(D) auxiliar da justiça.

(E) testemunha.

20. (Promotor de Justiça – MPE/SC/2013 – Adaptada) Os órgãos do Ministério Público não funcionarão nos processos em que o juiz ou qualquer das partes for seu cônjuge, ou parente, consanguíneo ou afim, em linha reta ou colateral, até o quarto grau, inclusive, e a eles se estendem, no que lhes for aplicável, as prescrições relativas à suspeição e aos impedimentos dos juízes.

21. (Juiz Federal Substituto – TRF2/CESPE/ 2013 – Adaptada) O assistente de acusação, após ser regularmente habilitado no processo, poderá aditar a denúncia oferecida pelo MP.

22. (Técnico Judiciário – TRF2/FCC/2012) É incorreto afirmar que o assistente do Ministério Público poderá

(A) arrazoar os recursos interpostos pelo Ministério Público.

(B) participar do debate oral.

(C) ser admitido a partir do recebimento da denúncia até a sentença de primeira instância.

(D) propor meios de prova.

(E) formular perguntas às testemunhas.

23. (Analista Judiciário – CNJ/CESPE/2013 – Adaptada) O juiz se dará por suspeito, não caracterizando hipótese de impedimento, se seu ascendente estiver respondendo a processo por fato análogo, sobre cujo caráter criminoso haja controvérsia.

24. (Juiz Federal Substituto – TRF5/CESPE/2013) Em relação aos sujeitos do processo, assinale a opção correta.

(A) A atividade probatória do assistente de acusação independe do MP, sendo, por isso, dispensável a oitiva do órgão de acusação no que se refere às postulações probatórias propostas pelo assistente.

(B) Conforme previsão do CPP, a atuação do assistente de acusação, que receberá a causa no estado em que ela se encontra, é admitida enquanto não transitar em julgado a sentença, vedada a participação de corréu no mesmo processo como assistente do MP.

(C) Será configurada a suspeição do juiz, admitindo-se a recusa por qualquer das partes, quando ele tiver funcionado como juiz de outra instância, tendo se pronunciado, de fato ou de direito, sobre a questão.

(D) O acusado e seu defensor, sejam eles pessoa física ou jurídica, constituem a parte passiva no processo penal, qualquer que seja a infração penal cometida.

(E) O CPP, ao disciplinar os sujeitos, dispõe, de forma expressa, em capítulo específico, sobre a defensoria pública e sua atuação no processo criminal.

25. (Juiz de Direito Substituto – TJ/PI/CESPE/2012 – Adaptada) Mesmo após a vigência do novo Código Civil, faz-se necessária a nomeação de curador especial para acusado com idade entre dezoito e vinte e um anos, em respeito ao princípio da especialidade, porquanto tal exigência não foi suprimida do CPP.

26. (Delegado de Polícia Federal – Cespe – 2018) Julgue o seguinte item, A respeito de suspeição e impedimento no âmbito do processo penal. As hipóteses que impedem o juiz de exercer a sua jurisdição em determinado processo estão vinculadas a fatos e circunstâncias objetivas e subjetivas ligados, em regra, ao próprio processo. ( ) Certo ( ) Errado

27. (VUNESP – PC-BA – Delegado de Polícia – 2018) De acordo com a jurisprudência sumulada do Supremo Tribunal Federal,

(A) a imunidade parlamentar estende-se ao corréu sem essa prerrogativa (Súmula 245).

(B) para requerer revisão criminal, o condenado deve recolher-se à prisão (Súmula 393).

(C) só é lícito o uso de algemas em casos de resistência e de fundado receio de fuga ou perigo à integridade física própria ou alheia, por parte do preso ou terceiros, sem, contudo, necessidade de a autoridade policial justificar a utilização por escrito (Súmula Vinculante 11).

(D) é direito do defensor, no interesse do representado, ter acesso amplo aos elementos de prova que, já documentados em procedimento investigatório realizado por órgão com competência de polícia judiciá- ria, digam respeito ao exercício do direito de defesa (Súmula Vinculante 14).

(E) a homologação da transação penal prevista no art. 76 da Lei nº 9.099/95 faz coisa julgada material e, descumpridas suas cláusulas, retorna-se à situação anterior, possibilitando ao Ministério Público a continuidade da persecução penal (Súmula Vinculante 35).

28. (FGV – TJ-AL – Técnico Judiciário – Área Judiciária – 2018) Tício é funcionário auxiliar da justiça de certo cartório de Vara Criminal. Ao atuar em determinado procedimento, verifica que Mévio, que é seu credor em razão de empréstimo, figura como réu na ação penal. Identificada tal situação, é correto afirmar que Tício:

(A) não poderá participar da ação penal em razão da causa de suspeição prevista no Código de Processo Penal, tendo em vista que as prescrições sobre suspeição dos juízes estendem-se aos serventuários e funcionários da justiça;

(B) poderá participar da ação penal, tendo em vista que ser credor da parte não configura causa de impedimento e nem suspeição do magistrado a ser estendida ao funcionário auxiliar da justiça;

(C) não poderá participar da ação penal em razão da causa de impedimento prevista no Código de Processo Penal, tendo em vista que as prescrições sobre impedimento dos juízes estendem-se aos serventuários e funcionários da justiça;

(D) poderá participar da ação penal, tendo em vista que as prescrições sobre suspeição e impedimento dos juízes não se aplicam aos serventuários e funcionários da justiça;

(E) poderá participar da ação penal, tendo em vista que ser credor da parte é causa de impedimento e apenas as prescrições sobre suspeição dos juízes, de acordo com o Código de Processo Penal, aplicam-se aos funcionários da justiça.

29. (FGV – TJ-AL – Técnico Judiciário – Área Judiciária – 2018) Perante a 1ª Vara Criminal de determinada comarca de Tribunal de Justiça, corre processo em que se investiga a prática de crimes gravíssimos de organização criminosa e tráfico de drogas, sendo, inclusive, investigados grandes empresários do Estado. Considerando o fato de que o juiz titular do órgão estaria afastado de licença médica há muitos anos, diversos juízes participaram do feito: João proferiu decisões autorizando medidas cautelares antes mesmo da denúncia; Jorge foi o responsável pelo recebimento da denúncia e por analisar o teor das respostas à acusação apresentadas pela defesa; José participou da audiência de instrução e interrogatório dos réus. Após apresentação das alegações finais, diante da complexidade do processo e dos inúmeros volumes, o Tribunal de Justiça decidiu criar uma 5ª Vara Criminal especificamente para julgamento desse processo, impedindo que a 1ª Vara Criminal tivesse seu processamento dificultado pela dedicação do magistrado que lá atuava à sentença que deveria ser produzida. Com a sentença publicada, a 5ª Vara Criminal seria extinta. Com base na situação exposta, a criação da 5ª Vara Criminal com o objetivo de proferir sentença no processo complexo:

(A) é válida, mas não poderá ela ser extinta logo após a sentença ser publicada em razão da possibilidade de recursos;

(B) não é válida, cabendo a João proferir a sentença em razão do princípio da identidade física do juiz;

(C) é válida, podendo ela ser extinta logo após a publicação da sentença, nos termos previstos no ato do Tribunal de Justiça;

(D) não é válida, cabendo a Jorge proferir a sentença em razão do princípio da identidade física do juiz;

(E) não é válida, cabendo a José proferir a sentença em razão do princípio da identidade física do juiz.

---

30. (CESPE – PC-MA – Perito Criminal – 2018) Assinale a opção correta acerca das responsabilidades do perito oficial e das exigências técnicas e procedimentais inerentes ao exercício desse cargo.

(A) Os peritos oficiais, em cada laudo elaborado, terão de consignar o compromisso de bem e desempenhar fielmente o encargo.

(B) O laudo pericial, nos termos da legislação processual penal, deverá ser elaborado no prazo máximo de trinta dias, prorrogável por igual período.

(C) A intimação de peritos para oitiva em juízo deverá ser feita com antecedência mínima de dez dias em relação à data do procedimento judicial.

(D) No âmbito da investigação policial, o perito oficial deve se subordinar técnica e funcionalmente à autoridade policial que presidir o inquérito policial.

(E) A elaboração de laudo pericial por profissional sem a devida habilitação legal tornará nula a prova somente se ficar demonstrada a ocorrência de prejuízo à parte interessada.

11. GABARITO ANOTADO

01 – A

Vide:

- Art. 254, II, do CPP.
- Item "2.1. Juiz".

02 – E

Vide:

- Art. 253 do CPP.
- Item "2.1. Juiz".

03 – D

Vide:

- Art. 261 do CPP.
- Item "3. Acusado e Defensor"

04 – A

Vide:

- Art. 265, §§1º e 2º, do CPP.
- Item "3. Acusado e Defensor".

05 – A

Vide:

- Art. 268 do CPP.
- Item "5. Assistente do Ministério Público".

06 – A

Vide:

- Arts. 268 e 31, ambos do CPP
- Item "5. Assistente do Ministério Público".

07 – E

Vide:

- Art. 270 do CPP.
- Item "5. Assistente do Ministério Público"

08 – E

Vide:

- Art. 279, II, do CPP.
- Item "2.4.Auxiliares do juízo"

09 – E

Vide:

- Súmula 234, STJ.
- Item "2.2.3. Impedimento e suspeição do presentante do Ministério Público"

10 – A

Vide:

- Art. 274 do CPP.
- Item "2.3. Funcionários do Poder Judiciário".

11 – E

Vide:

- Arts. 268 e 273, ambos do CPP
- Item "5. Assistente do Ministério Público".

12 – D

Vide:

- Art. 273 do CPP.
- Item "5. Assistente do Ministério Público"

13 – C

Vide:

- Súmula nº 234, STJ
- Item 2.2.3. Impedimento e suspeição do presentante do Ministério Público

14 – C

Vide:

- AgRg no Ag 880214, STJ
- Art. 271, CPP
- Item 5. Assistente do Ministério Público

15 – C

Vide:

- Art. 268, CPP
- Item 5. Assistente do Ministério Público

16 – B

Vide:

- Art. 261, CPP
- Item 3. Acusado e defensor

17 – B

Vide:

- Arts. 254, II e 274, ambos do CPP.
- Itens "2.1. Juiz" e "2.3. Funcionários do Poder Judiciário".

18 – D

Vide:

- Art. 252, III, CPP.
- Item "2.1. Juiz".

19 – E

Vide:

- Art. 252, I, CPP.
- Item "2.1. Juiz".

20 – E

Vide:

- Art. 258, CPP.
- Item "2.2.3. Impedimento e suspeição do representante do Ministério Público".

21 – E

Vide:

- Arts. 269 e 271, ambos do CPP.
- Item "5. Assistente do Ministério Público".

22 – C

Vide:

- Art. 269, CPP.
- Item "5. Assistente do Ministério Público".

23 – C

Vide:

- Art. 254, II, CPP.
- Item "2.1. Juiz".

24 – B

Vide:

- Arts. 269 e 270, ambos do CPP.
- Item "5. Assistente do Ministério Público".

25 – E

Vide:

- Item "3. Acusado e defensor".

26 – ERRADO

Vide:

- Arts. 252 e 254, ambos do CPP.

27 – D

Vide:

- Súmula 245, STF.
- Súmula 393, STF.
- Súmula Vinculante 11.
- Súmula Vinculante 14.
- Súmula Vinculante 35.

28 – A

Vide:

- Arts. 252 e 254, ambos do CPP.

29 – E

Vide:

- Art. 399, §2º, CPP.

30 – C

Vide:

- Art. 159, §5º, CPP.
- Art. 563, CPP.
- Art. 564, IV, CPP.

12. QUESTÕES DISCURSIVAS COM COMENTÁRIOS

01. (Defensor Público Estadual – RO – 2009 – FMP) Disserte, de forma objetiva, sobre a figura do assistente de defesa, indicando o(s) indivíduo(s) legitimado(s) à habilitação, o(s) sujeito(s) beneficiário(s) dessa assistência e o(s) âmbito(s) da persecução em que a assistência será prestada.

Resposta

Primeiramente, é importante ressaltar que a figura do assistente de defesa não foi disciplinada na legislação. Não obstante, na análise da Lei nº 9.099/95, que trata do Juizados Especiais em âmbito estadual, verificamos que para a audiência preliminar, comparecerão, além do autor do fato e a pretensa vítima, o eventual responsável civil pelos danos causados, todos acompanhados por advogado. Note-se, portanto, que a efetiva atuação do responsável civil, conduzindo a composição para a satisfação dos interesses patrimoniais da vítima, tendo repercussão direta na situação jurídica do infrator, permite-nos concluir que figura como verdadeiro assistente da defesa. Outrossim, no mesmo sentido encontramos a previsão do art. 49 da Lei nº 8.906/94 (Estatuto da Advocacia), que autoriza, de forma expressa, a assistência da OAB, também, do advogado que seja réu ou querelado, referindo-se à intervenção em inquéritos e processos em que sejam indiciados (nítida hipótese criminal), acusados ou ofendidos (em igual prisma) os inscritos na Ordem dos Advogados do Brasil, conforme nos ensina Guilherme de Souza Nucci (Manual de processo penal e execução penal. 7. ed. São Paulo: RT, 2011. p. 565)

02. (Analista – MPE-SP – 2013 – IBFC) O assistente da acusação pode recorrer da sentença prolatada no procedimento que apurou a prática de ato infracional?

Resposta

A questão, embora mais pertinente ao Direito da Criança e do Adolescente, também se relaciona ao processo penal, tendo em vista o seu enfoque na atuação do assistente de acusação.

Primeiramente, segundo a Lei nº 8.069/1990 (ECA), a figura do assistente de acusação é estranha aos procedimentos recursais da Justiça da Infância e Adolescência. Ademais, conforme o art. 198 do mesmo Diploma Legal, nos procedimentos afetos à Justiça da Infância e da Juventude, adotar-ser-á a sistemática recursal do Código de Processo Civil (CPC), não havendo previsão legal para aplicação das normas previstas no Código do Processo Penal (CPP). Assim, a disciplina estabelecida no do CPP não tem aplicabilidade nos procedimentos regidos pelo ECA, que possui caráter especial, faltando, destarte, legitimidade ao apelo interposto por assistente de acusação, por manifesta ausência de previsão legal.

03. (MPE-GO – Promotor de Justiça – GO/2010) O sistema do Código de Processo Penal brasileiro possibilita a sobreposição de funções do órgão jurisdicional e do órgão oficial de acusação, fazendo com que se tenha condições quase ilimitadas para o agir jurisdicional no âmbito de busca e produção de prova. Esse agir oficioso por parte do órgão jurisprudencial cria o que Franco Cordero denominou de "quadri mentali paranoidi" (quadros mentais paranóicos), já que quem produz prova desenvolve um raciocínio baseado no primado das hipóteses sobre fatos. Tal situação estão em sintonia com o sistema acusatório previsto na Constituição do Brasil de 1988? Fundamente com argumentos críticos.

Resposta

O sistema acusatório pressupõe repartição de funções bem definidas no processo penal condenatório, com ênfase para a preservação da imparcialidade do magistrado. A Constituição de 1988 assegurou o sistema acusatório, especialmente quando declarou a atribuição do Ministério Público para promover a ação penal pública, permitindo alijar, de uma vez por todas, a possibilidade de juiz ou de autoridade policial iniciar uma ação penal.

A promoção da ação penal subentende a produção probatória. Um dos aspectos da ação é a prova. A gestão da prova só se produz perante um juiz. Mas o sistema acusatório, a rigor, não permite que o juiz tenha a iniciativa probatória. Daí que a questão da gestão da prova é um dos temas centrais do sistema acusatório. Nosso CPP permite o agir de ofício pelo juiz para a produção probatória, porém, essa autuação só tem se entendido possível quando já instaurado processo e, de preferência, de forma supletiva às partes. O protagonismo judicial probatório durante o processo, aliás, só deve ser possível para garantir a eficácia dos direitos do acusado, na senda de que o processo penal é muito mais uma garantia do que um instrumento para efetivar punições. Alguns dispositivos do CPP, como o art. 212, já seguem a tendência de colocar o juiz de acordo com o perfil necessário ao acusatório: ele formula perguntas às testemunhas por último, depois das partes, especialmente porque a parte que arrolou o depoente é a primeira a perguntar. Daí a atuação supletiva e cuidadosa, com vistas a preservar o julgamento do mérito contra o risco da parcialidade.

O quadro mental paranoico referido pelo autor deriva da postura do juiz inquisidor que pretende atestar a hipótese da acusação sobre o fato, buscando a todo custo a prova que pretende para evidenciar a correção da imputação, formulada mentalmente por ele próprio, sem respeito ao contraditório efetivo.

Capítulo IX

Prisões

Sumário • 1. Conceito – 2. Formalidades e execução: 2.1. Mandado de prisão; 2.2. Restrição de horário e inviolabilidade domiciliar; 2.3. Prisão em perseguição; 2.4. Prisão em território diverso da atuação judicial; 2.5. Prisão especial; 2.6. Emprego de força e uso de algemas; 2.7. Emprego de força e uso de instrumentos não letais (Lei nº 13.060/2014); 2.8. Regime disciplinar diferenciado (RDD) – 3. Prisão em flagrante: 3.1. Conceito; 3.2. Espécies de flagrante: 3.2.1. Flagrante próprio (propriamente dito, real ou verdadeiro); 3.2.2. Flagrante impróprio (irreal ou quase flagrante); 3.2.3. Flagrante presumido (ficto ou assimilado); 3.2.4. Flagrante compulsório ou obrigatório; 3.2.5. Flagrante facultativo; 3.2.6. Flagrante esperado; 3.2.7. Flagrante preparado ou provocado; 3.2.8. Flagrante prorrogado (retardado, postergado, diferido, estratégico ou ação controlada); 3.2.9. Flagrante forjado; 3.2.10. Flagrante por apresentação; 3.2.11. Flagrante cataléptico – 4. Flagrante nas várias espécies de crime: 4.1. Crime permanente; 4.2. Crime habitual; 4.3. Crime de ação penal privada e pública condicionada; 4.4. Crime continuado; 4.5. Infração de menor potencial ofensivo – 5. Sujeitos do flagrante: 5.1. Sujeito ativo; 5.2. Sujeito passivo: 5.2.1. Conceito e hipóteses; 5.2.2. Prisão de diplomata estrangeiro; 5.2.3. Prisão e aplicação de outras medidas cautelares a Membro do Congresso Nacional; 5.3. Autoridade competente – 6. Procedimentos e formalidades: 6.1. Nota de culpa; 6.2. Remessa à autoridade; 6.3. Audiência de custódia – 7. Prisão preventiva: 7.1. Conceito; 7.2. Pressupostos; 7.3. As hipóteses de decretação; 7.4. Infrações que comportam a medida; 7.5. Decretação e sistema recursal; 7.6. Fundamentação; 7.7. Revogação; 7.8. Apresentação espontânea; 7.9. Preventiva *versus* excludentes de ilicitude – 8. Prisão temporária: 8.1. Conceito; 8.2. Decretação; 8.3. Cabimento: 8.3.1. Imprescindibilidade para as investigações do inquérito policial (inciso I); 8.3.2. Indiciado não tem residência fixa ou não fornece elementos para sua identificação (inciso II); 8.3.3. Quando houver fundadas razões, de acordo com qualquer prova admitida na legislação penal, de autoria ou participação do indiciado nos seguintes crimes relacionados (inciso III); 8.4. Prazos: 8.4.1. Regra geral (art. 2º da Lei nº 7.960/1989); 8.4.2. Crimes hediondos e assemelhados; 8.5. Procedimento – 9. Prisão na fase dos recursos: 9.1. Prisão decorrente da decisão de pronúncia; 9.2. Prisão decorrente de sentença condenatória recorrível; 9.3. Prisão em segunda instância e execução provisória da pena – 10. Prisão domiciliar – 11. Prisão administrativa – 12. Prisão civil – 13. Prisão para averiguações – 14. "Difusões vermelhas" (*red notices*) e a prisão para fins de extradição – Lei nº 13.445/2017 (Lei de Migração): 14.1. Difusão vermelha e a prisão para fins de extradição: 14.1.1. Difusão vermelha ordenada por autoridade judiciária brasileira; 14.1.2. Difusão vermelha oriunda de outro país (autoridade judiciária ou administrativa de Estado-membro estrangeiro) e prisão cautelar para fins de extradição no Brasil – 15. Quadro sinótico – 16. Súmulas aplicáveis: 16.1. STJ; 16.2. STF – 17. Informativos recentes: 17.1. STJ; 17.2. STF – 18. Questões de concursos públicos – 19. Gabarito anotado – 20. Questões discursivas com comentários

1. CONCEITO

A prisão é o cerceamento da liberdade de locomoção, é o encarceramento. Pode advir de decisão condenatória transitada em julgado, que é a chamada **prisão pena**, regulada pelo Código Penal, com o respectivo sistema de cumprimento, que é verdadeira prisão satisfativa, em resposta estatal ao delito ocorrido, tendo por título a decisão judicial definitiva.

No transcorrer da persecução penal, contudo, é possível que se faça necessário o encarceramento do indiciado ou do réu, mesmo antes do marco final do processo. Isto se deve a uma necessidade premente devidamente motivada por hipóteses estritamente previstas em lei, traduzidas no risco demonstrado de que a permanência em liberdade do agente é um mal a ser evitado. Surge assim a possibilidade da **prisão sem pena**, também conhecida por prisão cautelar, provisória ou processual, que milita no âmbito da excepcionalidade, afinal, a regra é que a prisão só ocorra com o advento da sentença definitiva, em razão do preceito esculpido no art. 5º, inciso LVII da CF, pois "ninguém será considerado culpado até o trânsito em julgado de sentença penal condenatória".

Nesse panorama, importa diferenciar a **prisão *carcer ad poenam da prisão carcer ad custodiam.*** Ambas expressões remontam à época dos tribunais espanhóis da Inquisição, conferiam à prisão o qualificativo de castigo, inspiradas no direito canônico. José Frederico Marques nos informa essa origem histórica, para explicar a distinção clássica entre:

1) prisão ***carcer ad poenam***: que é a prisão penal propriamente dita (prisão-pena), consistente na pena ou sanção específica decorrente da violação ou ameaça de um bem jurídico penalmente tutelado, ou seja, é o consequente sancionador ligado ao antecedente da norma jurídica penal;

2) prisão ***ad custodiam***: é a prisão cautelar, processual ou pré-cautelar (flagrante), que decorre de decisão fundamentada do juiz (prisão preventiva, prisão temporária) ou de permissivo constitucional (prisão em flagrante)[1].

O âmbito do nosso trabalho é o enfrentamento das prisões processuais, conferindo ao direito penal o tratamento da prisão pena. Teremos a seguinte distribuição:

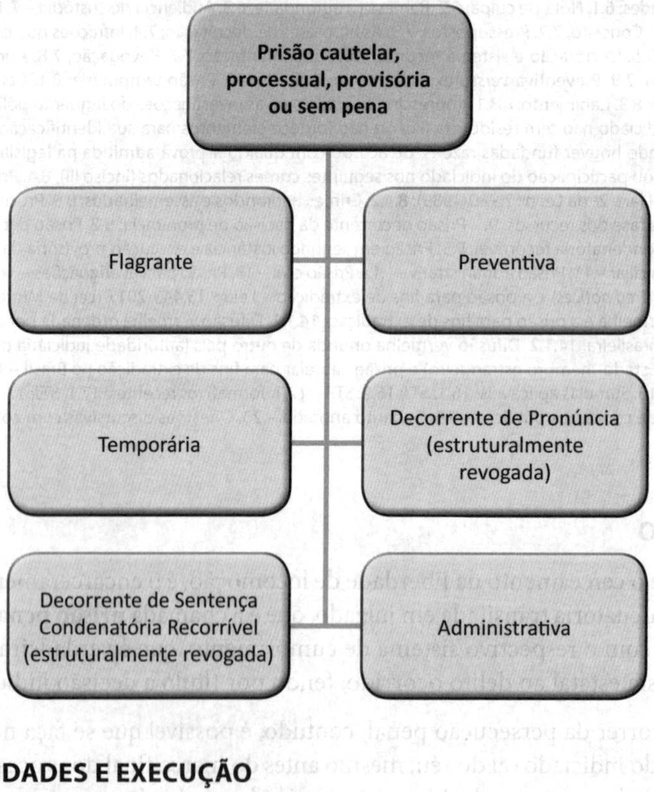

2. FORMALIDADES E EXECUÇÃO

A realização da prisão é cercada de algumas formalidades para que se revista de legalidade e com isso sejam evitados abusos e excessos. Assim teremos:

1. MARQUES, José Frederico. *Elementos de direito processual penal*: volume IV. 2. ed. Campinas: Millennium, 2003. p. 25.

2.1. Mandado de prisão

A Constituição Federal assegura, no art. 5º, inciso LXI que "ninguém será preso senão em flagrante delito ou por **ordem escrita e fundamentada** de autoridade judiciária competente, salvo nos casos de transgressão militar ou crime propriamente militar, definidos em lei" (grifo nosso). O mandado judicial é o título a viabilizar a realização da prisão, ressalvadas as hipóteses que o dispensam, devendo atender aos seguintes requisitos:

- será lavrado pelo escrivão e assinado pela autoridade, que obrigatoriamente deve ser a competente, sob pena de ilegalidade manifesta da prisão;
- designará a pessoa que tiver de ser presa pelo nome, alcunha ou sinais característicos, o que deve ser feito de forma clara e objetiva, para que se preserve a eficiência na execução;
- indicará o valor da fiança, nas infrações que a comportem, evitando assim o cárcere em razão daqueles que têm direito à liberdade provisória;
- será dirigido ao responsável pela execução da prisão.

O mandado será passado em duas vias, sendo uma entregue ao preso, informando dia, hora e o local da diligência (nota de culpa). A outra ficará com a autoridade, devidamente assinada pelo preso, como recibo. Caso o preso não possa, não queira ou não saiba assinar, esta omissão será suprida com a utilização de duas testemunhas, que assinarão declaração mencionando tal circunstância.

Considera-se realizada a prisão em virtude de mandado quando o executor, identificando-se, apresenta o mandado e intima a pessoa a acompanhá-lo. Nada impede, contudo, em se tratando de infração inafiançável, que a prisão seja realizada sem a apresentação do mandado, sendo que nesta hipótese, o preso será imediatamente apresentado à autoridade que tenha expedido a ordem. Saliente-se que o mandado já existe, apenas não foi apresentado na efetivação da prisão, pressupondo-se que o preso seja imediatamente apresentado ao magistrado competente e autor da medida.

Para dar efetividade ao cumprimento dos mandados expedidos pela autoridade judiciária, poderá a autoridade policial expedir tantos outros quantos necessários à realização da diligência, respeitando integralmente o conteúdo do mandado original.

Visando conferir ainda maior efetividade à ordem de prisão, o juiz deverá providenciar o registro do respectivo mandado no banco de dados do Conselho Nacional de Justiça a ser criado com essa finalidade, conforme preconiza o art. 289-A, do CPP (acrescido pela Lei nº 12.403/2011). O registro do mandado no banco de dados do CNJ facilitará o cumprimento da prisão por qualquer agente policial, mesmo fora da jurisdição do juiz processante, eis que confere, de um lado, ampla publicidade ao mandado e, de outro, segurança à fonte de informação sobre a decisão judicial prisional (autenticidade presumida).

E se o mandado não estiver registrado?

Mesmo assim qualquer agente poderá prender, mas deve se precaver para verificar a autenticidade do mandado, devendo tomar as providências para registrá-lo junto ao CNJ. De todo modo, a prisão efetivada deve ser comunicada imediatamente ao juiz do local do cumprimento da medida que, por sua vez, deve providenciar certidão extraída do registro do Conselho Nacional de Justiça, bem como comunicará a prisão ao juiz que a decretou.

O registro do mandado de prisão passou a ser providência necessária para que o cumprimento da ordem se revista de maior clareza, publicidade e segurança, tornando mais eficiente a atuação policial e reduzindo a possibilidade de dúvidas quanto a sua legitimidade, cabendo ao CNJ regulamentá-lo (§ 6º, do art. 289-A, CPP), o que efetivamente foi feito, através da Resolução nº 137/2011 do Conselho.

No entanto, persistindo dúvida quanto à legitimidade da pessoa do executor ou da identidade do preso, continua possível a colocação do agente em custódia até ser dirimida a incerteza (§ 5º, do art. 289-A, e do § 2º, do art. 290, do CPP).

2.2. Restrição de horário e inviolabilidade domiciliar

A realização da prisão não encontra obstáculo quanto à hora de cumprimento. Poderá ser realizada durante o dia ou noite, respeitando-se apenas as restrições relativas à inviolabilidade domiciliar (§ 2º, do art. 283, CPP). O conceito de casa é esboçado pelo art. 150, § 4º do CP, compreendendo:

> I – qualquer compartimento habitado;
>
> II – aposento ocupado de habitação coletiva;
>
> III – compartimento não aberto ao público, onde alguém exerce profissão ou atividade.

Percebe-se a preocupação legislativa na extensão do conceito, resumindo-se, pela leitura constitucional (art. 5º, XI), que a inviolabilidade é a regra, não podendo haver penetração sem o consentimento do morador, salvo em caso de flagrante delito ou desastre, para prestar socorro, ou durante o dia, por determinação judicial. Adotando-se a objetividade necessária para imprimir padronização e segurança num país de dimensões continentais como o Brasil, entendemos que dia é o período entre as seis e as dezoito horas, de acordo com a localidade onde a diligência será cumprida, e não pelo horário de Brasília.

Por sua vez, o § 3º do art. 150 do CP, assevera que não caracteriza infração penal a entrada ou permanência em residência alheia nas seguintes circunstâncias:

> I – durante o dia, com observância das formalidades legais, para efetuar prisão ou outra diligência;
>
> II – a qualquer hora do dia ou da noite, quando algum crime está sendo ali praticado ou na iminência de o ser.

Havendo a necessidade de realização da prisão com ingresso domiciliar, seja a casa de terceiro ou da própria pessoa a ser presa, o morador será intimado a entregar o preso ou a entregar-se, à vista da ordem de prisão. Na falta de atendimento imediato, o executor convocará duas testemunhas e, sendo dia, entrará à força na casa, arrombando as portas, se preciso; sendo noite, o executor, depois da intimação do morador, em não sendo atendido, isolará o local, guardando todas as saídas e tornando a casa incomunicável, e assim que amanheça, arrombará as portas, realizando a prisão (art. 293, CPP).

Não caracteriza infração penal a negativa do morador em permitir o ingresso da autoridade no período noturno, ressalvadas as exceções constitucionais em que se poderá adentrar independente do consentimento. O morador estará no exercício regular do direito, impedindo a caracterização do crime de favorecimento pessoal (art. 348, CP).

Não havendo lastro legal para a negativa, o "morador que se recusar a entregar o réu oculto em sua casa será levado à presença da autoridade, para que se proceda contra ele como for de direito" (art. 293, parágrafo único, CPP). Poderá inclusive ser preso em flagrante, seja pelo favorecimento pessoal, ou por qualquer outra infração realizada para impedir a concretização da diligência ou para facilitar a fuga, caso a prisão já tenha sido efetivada.

Já quanto ao executor, realizando a diligência sem estribo nas formalidades legais, incorrerá, havendo dolo, no crime de abuso de autoridade.

Estas formalidades, no que for compatível, se estendem à realização da prisão em flagrante (art. 294, CPP).

Entendemos que o mandado de prisão deve se fazer acompanhar por autorização judicial para o ingresso domiciliar. Não bastaria a mera ordem prisional para que o domicílio pudesse ser invadido. É essencial que a autoridade judicial especifique em que residência a diligência será realizada, cumprindo a exigência do art. 243, inciso I do CPP. No mesmo sentido, Heráclito Mossin, aduzindo que "além do mandado de prisão, seu executor terá de ter ordem do juiz competente para adentrar no domicílio onde se encontra a pessoa que deva ser presa. O mandado de prisão, por si só, não supre essa exigência provinda da Magna Carta Federal"[2].

Em sentido contrário, Mirabete, entendendo que por "força do próprio dispositivo, o mandado de prisão pressupõe a autorização judicial para a entrada na casa, durante o dia, como meio para que seja ele cumprido regularmente"[3]. A nosso ver, esta não é a melhor solução, afinal, o mandado de prisão acabaria se transformando em algo vago, impreciso, sendo um cheque em branco autorizando o ingresso em qualquer domicílio, na suposição de que o infrator lá esteja homiziado.

2.3. Prisão em perseguição

É possível que o capturando empreenda fuga para ilidir a diligência, ou para evitar a realização do flagrante, dando ensejo ao início da perseguição. O art. 290, § 1º do CPP explica o que se entende por perseguição, advertindo que esta existe quando o executor:

a) tendo-o avistado, persiga-o sem interrupção, embora depois o tenha perdido de vista;

b) sabendo, por indícios ou informações fidedignas, que o réu tenha passado, há pouco tempo, em tal ou qual direção, pelo lugar em que o procure, for no seu encalço.

2. MOSSIN, Heráclito Antônio. *Comentários ao código de processo penal*. São Paulo: Manole, 2005. p. 565.
3. MIRABETE, Julio Fabbrini. *Processo Penal*. 15. ed. São Paulo: Atlas, 2004. p. 365.

Mirabete salienta que nesta última hipótese, estaríamos diante do "encalço fictício", pois não haveria uma perseguição real no sentido usual[4].

Havendo perseguição, nada impede que ela se estenda a outro Município ou Estado, realizando-se a prisão em comarca diversa da originária. Consagrada a prisão, o preso será apresentado à autoridade local, seja para a lavratura do auto de flagrante, seja para que se efetue a transferência ao lugar de origem da expedição do mandado.

Em sendo caso de flagrante, a autoridade do lugar da prisão procederá à lavratura do auto, remetendo-o ao juiz local, para aferição da legalidade do ato. Só após, os autos e o preso serão remetidos à comarca originária.

Por questão de cautela, quando "as autoridades locais tiverem fundadas razões para duvidar da pessoa do executor ou da legalidade do mandado que apresentar, poderão pôr em custódia o réu, até que fique esclarecida a dúvida" (art. 290, § 2º, CPP). O preso ficará detido, por responsabilidade e sob os cuidados da autoridade local, enquanto a situação de incerteza é dirimida imediatamente.

Se em razão da perseguição, o agente vier a adentrar numa casa, diante da situação de flagrância, por não ter havido interrupção da perseguição, o executor poderá invadir a residência, sendo dia ou noite, pois, por autorização constitucional, o ingresso domiciliar ocorreria para concretizar o flagrante, tendo assim pleno cabimento.

Já se a perseguição iniciou-se para cumprir mandado prisional, adentrando o perseguido numa residência, dele ou de terceiro, em sendo dia, o mandado deve conter especificamente a autorização para o ingresso domiciliar, como já ressaltado anteriormente. Caso contrário, a omissão deve ser suprida pela autoridade judicial para a efetivação da invasão. Enquanto isso, a residência deve ser isolada, assegurando-se que o indivíduo não fuja. Durante a noite, deve a polícia esperar o dia raiar para entrar, sempre com a necessidade de mandado específico com esta finalidade.

2.4. Prisão em território diverso da atuação judicial

Se o infrator estiver fora do país, a realização da prisão deve atender às leis ou tratados que dizem respeito à extradição. Já se o agente se encontra no território nacional, fora da jurisdição do juiz processante, será deprecada a sua prisão, devendo constar da precatória o inteiro teor do mandado (art. 289, *caput*, CPP). Perante o juízo deprecado, deverão ser atendidas todas as formalidades para o cumprimento da carta precatória, respeitando-se a legalidade do ato. Teremos assim um esforço de colaboração onde o magistrado deprecante requer ao magistrado que atua no local onde o ato deve ser cumprido que faça acontecer a diligência de prisão. Nada impede que o magistrado federal depreque ao estadual a realização da medida.

Embora a dicção do art. 289, *caput*, CPP, pareça indicar a obrigatoriedade de emissão da carta precatória para a efetivação da prisão em território diverso da atuação judicial, a providência não é inafastável. Havendo urgência, dispensa-se a expedição de precatória, como, aliás, previa o parágrafo único do art. 289, do Código, hoje revogado, nos seguintes termos:

4. MIRABETE, Julio Fabbrini. *Processo Penal*. 15. ed. São Paulo: Atlas, 2004. p. 366.

> o juiz poderia requisitar a prisão por telegrama, do qual deveria constar o motivo da prisão, bem como, se afiançável a infração, o valor da fiança. No original levado à agência telegráfica seria autenticada a firma do juiz, o que seria mencionado no telegrama.

Com base nesse dispositivo, por uma interpretação progressiva, nosso entendimento já era pela admissão da transmissão da requisição por fax, devendo a autoridade receptora se certificar da sua autenticidade para dar cumprimento à prisão.

A partir da vigência da Lei nº 12.403/2011, o art. 289 do CPP e seus parágrafos, encampando essa tendência, estabelecem que, havendo urgência, o juiz poderá requisitar a prisão por qualquer meio de comunicação – vale dizer, e-mail (que, a nosso sentir, era ferramenta útil que já poderia ser utilizada mesmo antes da modificação legislativa para o trato da requisição prisional, desde que tomadas as devidas precauções e com fundamento em interpretação progressiva), fax, comunicação telefônica, telegrama etc. –, do qual deverá constar o motivo da prisão, bem como o valor da fiança (se arbitrada).

Para dar segurança à providência, a autoridade a quem se fizer a requisição tomará as precauções necessárias para averiguar a autenticidade da comunicação. Uma vez efetuada a prisão, é dever do juiz processante adotar as medidas para a remoção do preso no prazo máximo de 30 (trinta) dias, contados da efetivação da medida (art. 289, § 3º, CPP)[5].

Por sua vez, se a autoridade tem conhecimento de que o indivíduo a ser preso encontra-se em local diverso da sua circunscrição, poderá, também por qualquer meio de comunicação, requisitar a sua captura, tomando, a autoridade destinatária da requisição, as precauções necessárias para averiguar a sua autenticidade (art. 299, CPP). Pressupõe-se que a autoridade policial requisitante esteja de posse do mandado judicial, nada impedindo que se valha de fax, e-mail, telegrama, telefone ou outro meio de comunicação para transmitir a ordem.

A ordem prisional poderá ser ainda cumprida independentemente de requisição e por qualquer agente policial que dela tenha ciência, em face do que autoriza o art. 289-A, do CPP, acrescido pela Lei nº 12.403/2011, que estatui a implementação de banco de dados pelo Conselho Nacional de Justiça para registro de mandados de prisão. Registrado o mandado, haverá presunção (relativa) de autenticidade da decisão prisional, só desfeita por prova em contrário. Não registrado o mandado, ainda assim poderá ser efetuada a captura do agente, mas ao cumpridor da medida cabe averiguar a autenticidade da ordem de prisão. Sobre esse tema, remetemos o leitor ao item 2.1 deste capítulo.

2.5. Prisão especial

Algumas pessoas, em razão da função desempenhada, terão direito a recolhimento em quarteis ou a prisão especial, enquanto estiverem na condição de presos provisórios, leia-se, antes do trânsito em julgado da sentença condenatória. O ***status*** de preso especial confere ao detento o recolhimento em local distinto da prisão comum, e não havendo estabelecimento específico para o preso especial, este ficará em cela separada dentro do estabelecimento penal comum (art. 295, §§ 1º e 2º, CPP). Adverte o § 3º do mesmo dispositivo que a "cela

5. STJ – HC 171.356 – Info 478.

especial poderá consistir em alojamento coletivo, atendidos os requisitos de salubridade do ambiente, pela concorrência dos fatores de aeração, insolação e condicionamento térmico adequados à existência humana". Esta parte final é absolutamente ociosa, pois especial ou não, é de todo evidente que as condições mínimas de existência e dignidade devem estar atendidas. Não havendo estabelecimento adequado para a efetivação da prisão especial, o preso poderá ser colocado em prisão provisória domiciliar, por deliberação do magistrado, ouvindo-se o MP (Lei nº 5.256/1967).

Saliente-se ainda que o preso especial será transportado separadamente do preso comum, sendo que os demais direitos do preso especial são os mesmos do comum (§§ 4º e 5º).

Segundo o STF, na súmula nº 717, "não impede a progressão de regime de execução de pena, fixada em sentença não transitada em julgado, o fato de o réu se encontrar em prisão especial". Preclusa a sentença para o MP, e só a defesa tendo recorrido, nada impede a aplicação das benesses da LEP, ainda que o preso cautelar esteja em prisão especial.

O CPP nos artigos 295 e 296 traz um extenso rol de pessoas que gozam da prisão especial, sem prejuízo de vasta legislação extravagante a respeito, a exemplo da Lei nº 8.625/1993 (Lei Orgânica Nacional do MP), prevendo no art. 40, inciso V, a prisão especial para os membros do Ministério Público.

Contudo, a prisão especial em casos de crimes comuns, até o trânsito em julgado da sentença condenatória, que era assegurada a quem efetivamente tivesse exercido a função de jurado (tribunal do júri), caiu com o advento da Lei nº 12.403/2011, que alterou a redação do art. 439 do Código, não mais prevendo o instituto.

Vale notar que há divergência doutrinária sobre a revogação da prisão especial para o jurado, em razão da Lei nº 12.403/2011 não ter revogado expressamente o inciso X, do art. 295, do CPP, embora tenha suprimido intencionalmente a previsão contida no texto anterior do seu art. 439. Pensamos que tende a ser majoritária a corrente que defende a **revogação tácita** da prisão especial para quem tenha exercido efetivamente a função de jurado.

A reedição do citado artigo 439, cuja redação já era "nova" (conferida pela Lei nº 11.689/2008), demonstrou a intenção legislativa derrogatória contida na Lei 12.403/2011, que, por sua vez, teve, como temática central, as "prisões processuais e medidas cautelares", razão pela qual, é plausível interpretar que a alteração de artigo específico do rito do júri (capítulo diverso do de prisões) visou expurgar do sistema a prisão especial para os jurados, haja vista que manteve, no mais, os demais direitos para quem, efetivamente, vier exercer a função de jurado.

Guilherme Nucci, fazendo crítica contundente ao instituto, adverte que todo preso cautelar deveria ficar separado do preso definitivo, ao invés da disseminação de um critério eminentemente elitista, lecionando que "a prisão especial é, em nosso sentir, afrontosa ao princípio da igualdade previsto na Constituição Federal. Criou-se uma categoria diferenciada de brasileiros, aqueles que, presos, devem dispor de um tratamento especial, ao menos até o trânsito em julgado da sentença condenatória"[6].

6. NUCCI, Guilherme de Souza. *Manual de processo penal e execução penal*. São Paulo: RT, 2005. p. 526.

A Lei nº 12.403/2011 deu nova redação ao art. 300, do CPP, para acompanhar o que já estabelece a Lei de Execução Penal, dando ênfase a que as pessoas presas provisoriamente devem ficar separadas das definitivamente condenadas (por sentença transitada em julgado). Tratando-se de militar preso em flagrante delito, após a lavratura dos procedimentos legais, deve ser ele recolhido a quartel da instituição a que pertencer, onde ficará preso à disposição da autoridade competente.

Por fim, saliente-se que, tentando evitar represálias, o art. 84, § 2º da LEP dispõe: "o preso que, ao tempo do fato, era funcionário da Administração da Justiça Criminal, ficará em dependência separada". Mesmo após o trânsito em julgado da sentença, a separação perdurará.

2.6. Emprego de força e uso de algemas

A autoridade policial deve garantir o cumprimento do mandado de prisão, ou a efetivação da prisão em flagrante. É de rigor o acautelamento para que a diligência seja a menos traumática possível, e a situação de tensão possa ser evitada. No cumprimento de mandado para a captura de vários indivíduos, por exemplo, deve-se garantir o número de policiais necessários para a segurança do procedimento, evitando-se, a todo custo, medidas extremas, que podem ser ocasionadas pela imperícia no planejamento.

O uso da força deve ser evitado, salvo quando indispensável no caso de resistência ou tentativa de fuga do preso (art. 284, CPP). O uso desnecessário da força, ou os excessos, podem caracterizar abuso de autoridade, lesões corporais, homicídio etc.

Já quanto ao preso, pode incorrer em resistência (art. 329, CP), desobediência (art. 330, CP) ou até mesmo evasão mediante violência contra a pessoa (art. 352, CP).

Quanto ao uso de algemas, adverte Maria Elizabeth Queijo que só se admite "a contenção física de alguém, por meio de algemas, quando houver resistência, perigo de fuga, ameaça à vida ou à integridade física de terceiros", acrescentando que "tal perigo não é presumido, devendo ser apurado objetivamente, a partir de informações que constem de registros policiais, judiciais ou mesmo do estabelecimento prisional"[7].

O art. 199, da LEP, remete a disciplina do uso de algemas a decreto federal. Depois de mais de vinte anos sem o atendimento de tal regulamentação, foi emitido o Decreto nº 8.858/2016, que expressamente regulamentou aquele enunciado. Em seu art. 1º, anunciou as diretrizes do uso de algemas, especialmente:

(1) o inciso III, do *caput*, do art. 1º, e o inciso III, do *caput*, do art. 5º, da CF/1988, que dispõem sobre a proteção e a promoção da dignidade da pessoa humana e sobre a proibição de submissão ao tratamento desumano e degradante;

(2) a Resolução nº 2.010/2016, de 22 de julho de 2010, das Nações Unidas, sobre o tratamento de mulheres presas e medidas não privativas de liberdade para mulheres infratoras (Regras de Bangkok); e

7. QUEIJO, Maria Elizabeth. *Estudos em processo penal*. São Paulo: Siciliano Jurídico, 2004. p. 20.

(3) o Pacto de San José da Costa Rica, que determina o tratamento humanitário dos presos e, em especial, das mulheres em condição de vulnerabilidade.

No art. 2º, do aludido Decreto regulamentador, ficou estatuído que o emprego de algemas apenas é permitido "em casos de resistência e de fundado receio de fuga ou de perigo à integridade física própria ou alheia, causado pelo preso ou por terceiros, justificada a sua excepcionalidade por escrito". E, em arremate, o seu art. 3º, estabeleceu ser proibido o emprego de algemas em mulheres presas em qualquer unidade do sistema penitenciário nacional durante o trabalho de parto, no trajeto da parturiente entre a unidade prisional e a unidade hospitalar e após o parto, durante o período em que se encontrar hospitalizada".

Sob outro prisma, a Lei nº 13.434/2017, acrescentou parágrafo único ao art. 292, do Código de Processo Penal, conferindo relevante garantia à mulher grávida durante atos médico-hospitalares preparatórios para a realização do parto e durante o trabalho de parto, assim como durante o período de puerpério imediato. Nessas situações, restará vedada a aposição de algemas, constituindo-se importante garantia humanitária.

Como se depreende, permanece válida a advertência de que as algemas somente são autorizadas quando estritamente necessárias pelas circunstâncias, não podendo simbolizar verdadeiras **pulseiras de prata** para desmoralizar aqueles que são presos, principalmente quando em trânsito perante as câmeras ou nas audiências, dando ensejo à caracterização do abuso de autoridade.

Ganha relevo a discussão quanto ao uso de algemas durante o julgamento perante o Tribunal do Júri, já que elas nitidamente impressionam os jurados, que podem ser influenciados diretamente, mesmo que de forma inconsciente. Como julgam de acordo com a íntima convicção, o prejuízo ao réu não tem como ser mensurado. As algemas afrontam nitidamente a dignidade do réu e a presunção de inocência, já que são o símbolo visível da condenação, mesmo antes do advento da sentença, podendo implicar até nulidade do julgamento em plenário do Júri. Consolidando este entendimento, a Lei nº 11.689/08, dando nova redação ao art. 474 do CPP, em seu § 3º assevera que "não se permitirá o uso de algemas no acusado durante o período que permanecer no plenário do júri, salvo se absolutamente necessário à ordem dos trabalhos, à segurança das testemunhas ou à garantia da integridade física dos presentes". É evidente que a proporcionalidade é da essência do ato, devendo estar devidamente justificada e se fazer constar do termo de audiência. O arbítrio pode ser suscitado em preliminar de futura apelação, ensejando nulidade do julgamento.

Segundo o STF[8] e o STJ[9], o uso de algemas no Júri não constitui constrangimento quando necessárias à ordem dos trabalhos e à segurança dos presentes.

O STF ainda, na apreciação do HC nº 91.952[10], anulou julgamento em plenário do júri, de um pedreiro que permaneceu algemado durante a sessão, acusado de homicídio na cidade de Laranjal Paulista, sob o fundamento de ter ocorrido potencial influência perante os jurados, não havendo demonstração de que tal expediente fosse necessário no caso concreto.

8. STF – HC 71.195 – 2ª Turma – Rel. Min. Francisco Rezek, j. 25.10.94
9. QUEIJO, Maria Elizabeth. *Estudos em processo penal*. São Paulo: Siciliano Jurídico, 2004. p. 30.
10. Plenário – Rel. Min. Marco Aurélio – j. 07.08.08 – votação unânime.

Tal julgamento acabou motivando a edição da súmula vinculante nº 11, no intuito de refrear eventuais abusos no uso de algemas. Eis o seu texto:

> Só é lícito o uso de algemas em caso de resistência e de fundado receio de fuga ou de perigo à integridade física própria ou alheia, por parte do preso ou de terceiros, justificada a excepcionalidade por escrito, sob pena de responsabilidade disciplinar civil e penal do agente ou da autoridade e de nulidade da prisão ou do ato processual a que se refere, sem prejuízo da responsabilidade civil do Estado.

Importam alguns esclarecimentos em face da edição do enunciado da súmula vinculante sobre o uso de algemas, especialmente considerando que o Código de Processo Penal Militar, em seu art. 234, prevê que "o emprego de força só é permitido quando indispensável, no caso de desobediência, resistência ou tentativa de fuga", podendo ser usados, se houver resistência da parte de terceiros, "os meios necessários para vencê-la ou para defesa do executor e auxiliares seus, inclusive a prisão do ofensor", lavrando-se, de tudo, auto subscrito pelo executor e por duas testemunhas" (***caput***). Mais especificamente, no parágrafo primeiro daquele dispositivo, está dito que "o emprego de algemas deve ser evitado, desde que não haja perigo de fuga ou de agressão da parte do preso, e de modo algum será permitido, nos presos a que se refere o art. 242".

A parte final desse dispositivo, ao vedar o uso de algemas em determinadas autoridades e portadores de diploma de curso superior, afigura-se anti-isonômica, por não se compatibilizar com o sistema constitucional. Todavia, a primeira parte do texto normativo indica os limites para o uso de algemas e se ajusta aos ditames da Constituição do Brasil. Daí serem necessárias duas observações sobre essa situação de deficiência no acatamento e na concretização jurídica.

A primeira é relativa a um indicativo de crise na aplicação do direito, haja vista que já existiam enunciados normativos no ordenamento jurídico brasileiro que disciplinavam o uso de algemas e que não eram respeitados como deveriam. É que se vê, na prática, que uma súmula é reputada de obrigatoriedade superior à dos enunciados legislativos e constitucionais. Em outras palavras, para se cumprir o direito posto no Brasil, não seria necessária a edição de súmula vinculante, se fosse bem compreendido o seu contexto jurídico.

A segunda observação é a de não serem atendidos os requisitos para a edição da própria súmula vinculante, isto é, para que se justificasse a emissão da súmula vinculante sobre o uso de algemas, seria preciso que existissem reiteradas decisões sobre matéria constitucional, versando sobre a validade, a interpretação e a eficácia de normas determinadas, acerca das quais houvesse controvérsia atual entre órgãos judiciários ou entre esses e a administração pública que acarretasse grave insegurança jurídica e relevante multiplicação de processos sobre questão idêntica, nos termos do art. 103-A, § 1º, da Constituição do Brasil.

Sem embargo, da análise do enunciado, que já tem recebido duras críticas em sua curta existência, afinal a sessão foi realizada em 13/08/2008, parte-se da premissa que o uso de algemas é exceção, que deve estar devidamente justificada, e por escrito, revelando-se o porquê da medida, que terá os seguintes fundamentos:

a) Resistência, que nada mais é que a possibilidade do infrator opor-se "à execução de ato legal, mediante violência ou ameaça a funcionário competente para executá-lo ou a quem lhe esteja prestando auxílio";

b) Receio de fuga, justificada quando o agente, percebendo a atuação policial, empreende esforço para se evadir, ou quando é capturado após perseguição;

c) Perigo à integridade física própria ou alheia, por parte do preso ou de terceiros, já que o uso de algemas pode se materializar em expediente para conferir ao procedimento segurança, evitando-se o mal maior que é o emprego de força física para conter o preso ou seus comparsas, amigos, familiares, inclusive com a utilização de armas, letais ou não.

A necessidade de justificação passa a ser da essência do ato, cabendo ao próprio magistrado, quando já identificada a perigosidade do indivíduo, fazer constar no mandado de prisão a necessidade do uso de algemas. Nada impede que delegue à autoridade policial executora da medida tal análise. Na ausência de manifestação judicial, ou nas hipóteses de flagrante ou de mero deslocamento de presos nos atos de rotina, como ida ao fórum, condução ao IML para realização do exame de corpo de delito, dentre outros, caberá ao condutor justificar o emprego das algemas. Não se deve interpretar a disposição sumular como obstáculo à efetividade do ato, nem como pedra de toque para uma interminável discussão acerca da presença ou não dos fundamentos da medida. Se é certo que existem circunstâncias extremamente tênues para caracterizar algum risco, outras são evidentes, seja quanto a necessidade das algemas, seja quanto a sua dispensa. Se há convicção de que as algemas são necessárias, juízo de valor que já era feito antes da súmula, basta justificar a medida para legitimar o ato. A prestação de contas, materializada pela fundamentação, é o preço a se pagar para minimizar os excessos.

Por sua vez, a súmula traz as consequências do descumprimento das formalidades da medida, caracterizada tanto pela ausência de justificação como pela fundamentação inconsistente, contemplando a responsabilidade disciplinar civil e criminal, que é de todo pertinente, seja por caracterizar abuso de autoridade (Lei nº 4.898/65), como pela necessidade de indenizar em face dos danos materiais e morais eventualmente ocasionados, principalmente com a execração pública na exposição do algemado à imprensa ou expediente degradante similar, sem prejuízo do respectivo procedimento administrativo perante a corregedoria da instituição. Não se deve desconsiderar a responsabilidade do Estado pelo ato do servidor incauto, sendo, neste caso, de natureza objetiva.

Ademais, o ato processual praticado com o uso arbitrário das algemas será reputado nulo, além da ilegalidade da prisão efetivada. Deve-se ter todo cuidado na interpretação de uma previsão de tal natureza. Entendemos que a sanção de nulidade, no que tange aos atos processuais, terá cabimento quando haja prejuízo ao imputado, como na realização de audiências, no júri ou não, com o uso desnecessário das algemas, em que a má impressão ocasionada potencializa o prejuízo não só em relação aos jurados, como também ao próprio magistrado, testemunhas, vítima, perito, que acabam, de algum modo, tirando suas impressões da cena, o que fica marcado no inconsciente de todos. Existem outros atos, entretanto, em que não há prejuízo, e portanto a nulidade estará descartada, como a condução para realização de exame de corpo de delito, para o incidente de insanidade mental, para tratamento médico, dentre outros. Restará a sanção do responsável pelo arbítrio.

De outro lado, na realização da prisão cautelar, a ilegalidade do procedimento na utilização do uso das algemas, implicando no relaxamento prisional, não impedirá, havendo elementos que justifiquem a medida, que nova prisão cautelar seja decretada, desde que motivadamente.

Já quanto ao uso de grilhões, ou seja, peças metálicas para prender os tornozelos, estes se revelam nitidamente desproporcionais, sendo sua utilização injustificada.

2.7. Emprego de força e uso de instrumentos não letais (Lei nº 13.060/2014)

A Lei nº 13.060/2014 passou a regular o uso do que denomina de "instrumentos de menor potencial ofensivo".

Instrumentos de menor potencial ofensivo são aqueles de menor letalidade, que causam menor lesão à pessoa contra qual se dirigem. São instrumentos diversos da arma de fogo, como as algemas, o gás lacrimogêneo, as bombas de efeito moral, os disparos com *paintball* ou com festim, escudos, cassetetes, dentre outros equipamentos e armas que representem menor potencial de lesividade à integridade do agente de delito.

O art. 2º, da Lei 13.060/2014, destaca que os órgãos de segurança pública deverão priorizar a utilização dos instrumentos de menor potencial ofensivo. Para tanto, o uso não deve, por outro lado, colocar em risco a integridade física ou psíquica dos policiais. Segue-se, portanto, o princípio da proporcionalidade para delinear os contornos para a escolha dos instrumentos consoante a ocorrência a ser atendida.

O diploma legal é expresso em dizer que o uso dos instrumentos de menor potencial ofensivo deverão também obedecer aos princípios da legalidade, da necessidade, da razoabilidade e da proporcionalidade. Como se depreende, o texto é inclusive redundante, considerando que a necessidade é subprincípio da proporcionalidade, enquanto razoabilidade é, em certo sentido, sinônimo de proporcionalidade.

De todo modo, cuidando-se de algemas e emprego de força, o texto legislativo se coaduna perfeitamente com os termos da Súmula Vinculante 11, do STF.

Dissecando os limites do uso de instrumentos de menor potencial ofensivo, a Lei nº 13.060/2014 dita, *a contrario sensu*, casos em que não é legítimo o uso de arma de fogo (maior potencial ofensivo), a saber:

1) contra pessoa em fuga que esteja desarmada ou que não represente risco imediato de morte ou de lesão aos agentes de segurança pública ou a terceiros; e

2) contra veículo que desrespeite bloqueio policial em via pública, exceto quando o ato represente risco de morte ou lesão aos agentes de segurança pública ou a terceiros.

Se da ação policial com o uso de instrumentos aqui referidos decorrerem ferimentos em pessoas, deve ser assegurada a imediata prestação de assistência e socorro médico aos afetados, bem como a comunicação do ocorrido à família ou à pessoa por eles indicada.

2.8. Regime disciplinar diferenciado (RDD)

O RDD foi inserido pela Lei nº 10.792/2003, dando tratamento carcerário mais áspero a determinados indivíduos estereotipados com o rótulo de perigosos, tendo caráter eminentemente neutralizador. O instituto foi inserido na subseção "faltas disciplinares" da LEP (Lei nº 7.210/84), sendo verdadeira sanção disciplinar, tendo cabimento, tanto aos presos provisórios como definitivos, nas seguintes hipóteses:

- Prática de crime doloso constituindo falta grave e ocasionando a subversão da ordem ou da disciplina interna do estabelecimento;
- Presos que apresentem alto risco para a segurança do estabelecimento penal ou da sociedade;
- Recaindo fundadas suspeitas de envolvimento ou participação, a qualquer título, em organizações criminosas ou associação criminosa[11].

A colocação no RDD pressupõe requerimento circunstanciado (fundamentado) elaborado pelo diretor do estabelecimento ou outra autoridade administrativa (Secretário de Segurança Pública, autoridade policial, MP), deliberação judicial no prazo máximo de quinze dias, com prévia manifestação do MP e da defesa (art. 54, §§ 1º e 2º da LEP). Não tem cabimento ***ex officio***. A colocação no RDD implica nas seguintes consequências (art. 52 da LEP):

- recolhimento em cela individual;
- visitas semanais de duas pessoas, sem contar as crianças, com duração de duas horas;
- saída da cela por duas horas diárias para banho de sol.

O RDD perdurará pelo período de 360 dias, sem prejuízo de repetição da sanção em havendo nova falta grave da mesma espécie, respeitado o limite de um sexto da pena aplicada. Admite-se ainda que a autoridade administrativa decrete o isolamento preventivo do preso faltoso pelo prazo de até 10 dias, sendo que a inclusão do preso no RDD, no interesse da disciplina e da averiguação do fato, dependerá de despacho do juiz competente (art. 60 da LEP). É o que impropriamente se tem chamado de RDD cautelar, ou seja, o isolamento prévio, por deliberação do administrador prisional, aguardando-se a definição do juiz competente quanto à inserção ou não no RDD.

As críticas ao RDD são as mais variadas, não só em razão das hipóteses de cabimento, mas acima de tudo quanto à utilidade da sanção, sem falar que o instituto não resiste a uma breve leitura constitucional.

Permitir que a inserção em RDD se dê pela prática de crime doloso, materializando falta grave, sem o julgamento definitivo da infração, fere de morte a presunção de inocência. Imagine-se que o agente seja colocado no RDD, e depois absolvido da imputação pelo crime doloso que autorizou a sanção. Estaríamos diante de verdadeira antecipação de sanção, sem prévio julgamento.

Por sua vez, permitir o RDD em razão de o detento representar alto risco para a segurança do estabelecimento ou da sociedade é imputar o ônus da falência do sistema prisional exclusivamente ao preso. E o que seria este alto risco? A sanção seria motivada por aquilo que o preso representa, e não pelo que realmente ele fez, em verdadeiro direito penal do autor, e não do fato.

11. A lei nº 12.820/2013 alterou a redação e conteúdo do art. 288 do Código Penal, que passou a se chamar "associação criminosa".

Já a inserção no RDD pelas fundadas suspeitas de participação em organização criminosa ou associação criminosa também merece reparos. Afinal, a caracterização de novas infrações, simbolizando falta grave, seja ou não com envolvimento em organização criminosa ou associação criminosa[12], já foi tratada acima. Se eventualmente o envolvimento nestas organizações era pretérito, deve estar caracterizado na sentença condenatória, e não mais teríamos fundadas suspeitas, e sim certeza deste envolvimento.

Já quanto às consequências da submissão ao RDD, percebemos que o ideal ressocializador, ressaltado pelo art. 1º da LEP, foi esquecido. O RDD peca por imprimir ao infrator uma sanção estática, onde nada é permitido, leitura, esportes, trabalho, jogos etc. Trava-se uma luta psicológica para não enlouquecer, pois o tempo é paralisado como forma de matizar o criminoso.

A Carta Magna elenca como um de seus vetores a dignidade da pessoa humana (art. 1º, inciso III). No art. 5º, inciso XLIX, por sua vez, assevera que "é assegurado aos presos o respeito à integridade física e moral". Já no inciso III do mesmo dispositivo, informa que "ninguém será submetido a tortura nem a tratamento desumano ou degradante", ao passo que o inciso XLVII, em sua alínea "e", veda as penas cruéis.

Por tudo isso, pensamos que assiste razão a Rômulo Moreira, quando reflete:

> Será que manter um homem solitariamente em uma cela durante 360 ou 720 dias, ou mesmo por até um sexto da pena (não esqueçamos que temos crimes com pena máxima de até 30 anos), coaduna-se com aqueles dispositivos constitucionais? Ora, se o nosso atual sistema carcerário, absolutamente degradante tal como hoje concebido, já não permite a ressocialização do condenado, imagine-se o submetendo a estas condições. É a consagração, por lei, do regime da total e inexorável desesperança[13].

3. PRISÃO EM FLAGRANTE

3.1. Conceito

Flagrante é o delito que ainda "queima", ou seja, é aquele que está sendo cometido ou acabou de sê-lo. A prisão em flagrante é a que resulta no momento e no local do crime. É uma medida restritiva de liberdade, de natureza cautelar e caráter eminentemente administrativo, que não exige ordem escrita do juiz, porque o fato ocorre de inopino (art. 5º, inciso LXI da CF). Permite-se que se faça cessar imediatamente a infração com a prisão do transgressor, em razão da aparente convicção quanto à materialidade e a autoria permitida pelo domínio visual dos fatos. É uma forma de autopreservação e defesa da sociedade, facultando-se a qualquer do povo a sua realização. Os atos de documentação a serem realizados subsequentemente ao cerceio da liberdade do agente ocorrerão normalmente na Delegacia de Polícia.

A doutrina não é uniforme no que toca à natureza jurídica da prisão em flagrante. São basicamente três correntes:

---

12. A lei nº 12.820/2013 alterou a redação e conteúdo do art. 288 do Código Penal, que passou a se chamar "associação criminosa".
13. MOREIRA, Rômulo de Andrade. Este monstro chamado RDD. *Artigo doutrinário*, p. 2, 2004.

1) uma que sustenta que a natureza jurídica da prisão em flagrante é a de ato administrativo, tal como o faz Walter Nunes da Silva Júnior, entendendo que "não se mostra coerente dizer que a prisão em flagrante é, ao mesmo tempo, um ato administrativo e mediada processual acautelatória"[14];

2) outra, capitaneada por Afrânio Silva Jardim, reputa que "a prisão em flagrante, ao lado da preventiva, é uma das espécies de medidas de natureza acautelatória", que reclama pronunciamento judicial acerca de sua manutenção;

3) a última, na esteira de Tourinho Filho – posição a qual nos filiamos –, que a considera um ato complexo, com "duas fases bem distintas: a primeira, que diz respeito à prisão-captura, de ordem administrativa, e a segunda, que se estabelece no momento em que se faz a comunicação ao juiz, de natureza processual, quando a homologação ou manutenção ou transformação da prisão somente deve ocorrer se presente um dos fundamentos para a decretação da prisão preventiva" (seria assim, ato administrativo na origem, sendo judicializado ao final)[15]. Aury Lopes Jr., em análise similar, chega à conclusão de que num primeiro momento o flagrante é medida **pré-cautelar**, "de natureza pessoal, cuja precariedade vem marcada pela possibilidade de ser adotada por particulares ou autoridade policial, e que somente está justificada pela brevidade de sua duração e o imperioso dever de análise judicial em até 24 horas, onde caberá ao juiz analisar sua legalidade e decidir sobre a manutenção da prisão (...)[16]".

É de se observar, entretanto, que o legislador, ao idealizar o cabimento da prisão em flagrante, não se restringiu à acepção restrita da palavra. Neste prisma, conseguiu elastecer aquilo que se entende por flagrante delito, distorcendo a própria essência do instituto, de sorte que teremos uma série de hipóteses, disciplinadas em lei, que refogem ao conceito aqui esboçado, distribuídas logo a seguir entre as espécies de flagrante delito.

3.2. Espécies de flagrante

Vejamos agora as modalidades de flagrante delito disciplinadas no Código de Processo, na legislação especial e aquelas idealizadas pela doutrina e pela jurisprudência, destacando o âmbito de incidência e o aspecto da legalidade. São elas:

3.2.1. Flagrante próprio (propriamente dito, real ou verdadeiro)

Dá-se o flagrante próprio quando o agente é surpreendido cometendo a infração penal ou quando acaba de cometê-la. É a modalidade que mais se aproxima da origem da palavra flagrante, pois há um vínculo de imediatidade entre a ocorrência da infração e a realização da prisão.

Temos duas situações contempladas nesta modalidade: a) daquele que é preso quando da realização do crime, leia-se, ainda na execução da conduta delituosa; b) de quem é preso

---

14. SILVA JÚNIOR, Walter Nunes da. *Curso de direito processual penal: teoria (constitucional) do processo penal*. Rio de Janeiro: Renovar, 2008. p. 879-881.
15. TOURINHO FILHO, Fernando da Costa. Processo Penal. 30ª ed. São Paulo: Saraiva: 2008, p. 456-457.
16. LOPES JR., Aury. *Direito processual penal e sua conformidade constitucional*. Rio de Janeiro: Lumen Juris, 2009. v. II. p. 64.

quando acaba de cometer a infração, ou seja, sequer se desvencilhou do local do delito ou dos elementos que o vinculem ao fato quando vem a ser preso. A prisão deve ocorrer de imediato, sem o decurso de qualquer intervalo de tempo. São as hipóteses previstas nos incisos I e II do art. 302 do CPP.

3.2.2. Flagrante impróprio (irreal ou quase flagrante)

Nesta modalidade de flagrante, o agente é perseguido, logo após a infração, em situação que faça presumir ser o autor do fato. É a hipótese do art. 302, inciso III, do CPP. A expressão "logo após" abarca todo o espaço de tempo que flui para a polícia chegar ao local, colher as provas do delito e iniciar a perseguição do autor.

A crença popular de que é de 24 horas o prazo entre a prática do crime e a prisão em flagrante não tem o menor sentido, eis que, não existe um limite temporal para o encerramento da perseguição. Não havendo solução de continuidade, isto é, se a perseguição não for interrompida, mesmo que dure dias ou até mesmo semanas, havendo êxito na captura do perseguido, estaremos diante de flagrante delito.

O § 1º do art. 290 do CPP exprime o conceito legal de perseguição, entendendo-a quando a autoridade:

a) tendo avistado o infrator, for perseguindo-o sem interrupção, embora depois o tenha perdido de vista. Portanto, o contato visual não é elemento essencial para a caracterização da perseguição;

b) sabendo, por indícios ou informações fidedignas, que o infrator tenha passado, há pouco tempo, em tal ou qual direção, pelo lugar em que o procura, for no seu encalço.

3.2.3. Flagrante presumido (ficto ou assimilado)

No flagrante presumido, o agente é preso, logo depois de cometer a infração, com instrumentos, armas, objetos ou papeis que presumam ser ele o autor do delito (art. 302, IV, CPP). Esta espécie não exige perseguição. Basta que a pessoa, em situação suspeita, seja encontrada logo depois da prática do ilícito, sendo que, o móvel que a vincula ao fato é a posse de objetos que façam crer ser a autora do crime. O lapso temporal consegue ainda ter maior elasticidade, pois a prisão decorre do encontro do agente com os objetos que façam a conexão com a prática do crime.

3.2.4. Flagrante compulsório ou obrigatório

Alcança a atuação das forças de segurança, englobando as polícias civil, militar, rodoviária, ferroviária e o corpo de bombeiros militar (art. 144 da CF). Estas têm o dever de efetuar a prisão em flagrante, sempre que a hipótese se apresente (art. 301, ***in fine***, CPP). Entendemos que esta obrigatoriedade perdura enquanto os integrantes estiverem em serviço. Durante as férias, licenças, folgas, os policiais atuam como qualquer cidadão, e a obrigatoriedade cede espaço à mera faculdade.

Já os integrantes da guarda civil metropolitana não estão obrigados à realização da prisão em flagrante, sendo mera faculdade.

3.2.5. *Flagrante facultativo*

É a faculdade legal que autoriza qualquer do povo a efetuar ou não a prisão em flagrante. Abrange também, como já visto, os policiais que não estejam em serviço (art. 301, CPP).

3.2.6. *Flagrante esperado*

No flagrante esperado temos o tratamento da atividade pretérita da autoridade policial que antecede o início da execução delitiva, em que a polícia antecipa-se ao criminoso, e, tendo ciência de que a infração ocorrerá, sai na frente, fazendo campana (tocaia), e realizando a prisão quando os atos executórios são deflagrados. Ex: sabendo o agente policial, pelas investigações, que o delito vai ocorrer, aguarda no local adequado, e, na hora "H", realiza a prisão em flagrante.

É o que se deseja da atividade policial, com forte desenvolvimento investigativo, e tendo conhecimento de que a infração ainda irá ocorrer, toma as medidas adequadas para capturar o infrator assim que ele comece a atuar. O flagrante esperado não está disciplinado na legislação, sendo uma idealização doutrinária para justificar a atividade de aguardo da polícia. Desta maneira, uma vez iniciada a atividade criminosa, e realizada a prisão, estaremos diante, em regra, de verdadeiro flagrante próprio, pois o indivíduo será preso cometendo a infração, enquadrando-se na hipótese do art. 302, inciso I, do CPP.

Nada impede que o flagrante esperado seja realizado por particular, que poderá, validamente, sabendo que a infração irá ocorrer, aguardar o início dos atos executórios para prender em flagrante. É recomendado, contudo, que havendo tempo hábil e por uma questão de segurança, que se entre em contato com a polícia. Não o fazendo, ainda assim a prisão estará revestida de legalidade.

O flagrante esperado não é ilícito, ao contrário do flagrante provocado. A validade do flagrante provocado só é admitida quando ela não torna impossível a consumação do crime que foi determinado pela ação do agente provocador. Quanto ao flagrante esperado, aguardado, ainda que por sistema de captação de imagens, não se trata de crime impossível. A Súmula nº 567, do STJ, assim explicitou a questão, ao afirmar que o sistema de vigilância realizado por monitoramento eletrônico ou por existência de segurança no interior de estabelecimento comercial, por si só, não torna impossível a configuração do crime de furto. Note-se que se cuida de flagrante diverso do provocado, objeto da Súmula nº 145, do STF, que alinha não haver delito "quando a preparação do flagrante pela polícia torna impossível a sua consumação".

3.2.7. *Flagrante preparado ou provocado*

No flagrante preparado, o agente é induzido ou instigado a cometer o delito, e, neste momento, acaba sendo preso em flagrante. É um artifício onde verdadeira armadilha é maquinada no intuito de prender em flagrante aquele que cede à tentação e acaba praticando a infração.

Ex: policial disfarçado encomenda a um falsário certidão de nascimento de pessoa fictícia, e, no momento da celebração da avença, com a entrega do dinheiro e o recebimento do documento falsificado, realiza a prisão em flagrante.

Seria uma eficiente ferramenta para prender pessoas que sabidamente são criminosas, pois ao serem estimuladas e iniciando a conduta delitiva, seriam surpreendidas em flagrante.

É temerário, contudo, que se admita que o Estado, através dos seus órgãos de investigação, ou até mesmo os particulares, estimulem a prática do delito com o fim de realização da prisão em flagrante. Esta vontade de deflagrar o inquérito policial com o suspeito já preso e com vasta documentação da atividade delitiva já conseguida, não pode endossar condutas não ortodoxas onde os fins justifiquem os meios. Neste sentido, o STF editou a súmula nº 145: "Não há crime quando a preparação do flagrante pela polícia torna impossível a sua consumação". Para o Supremo, havendo a preparação do flagrante, e a consequente realização da prisão, existiria crime só na aparência, pois, como não poderá haver consumação, já que esta é obstada pela realização da prisão, estaríamos diante de verdadeiro crime impossível, de sorte que não só a prisão é ilegal, mas também não há de se falar em responsabilidade penal pela conduta daquele que foi instigado a atuar como verdadeiro objeto de manobra do agente provocador. Por consequência, eventual inquérito ou processo iniciados devem ser trancados via *habeas corpus*, afinal, não houve infração.

Segundo Damásio de Jesus, "ocorre crime putativo por obra do agente provocador quando alguém provoca o agente à prática do crime, ao tempo que cuida para que o mesmo não se consume"[17].

Encontramos forte posição contrária à adoção das consequências do flagrante preparado, sob o fundamento de que não existiria diferença de fundo entre o flagrante esperado e o provocado, já que em ambos, a atuação da polícia se daria para evitar a consumação do delito. Neste sentido, Eugênio Pacelli, quando ao fazer um paralelo entre as duas modalidades de flagrante (preparado e esperado), conclui "que ambas as situações podem estar tratando de uma única e mesma realidade: a ação policial suficiente a impedir a consumação do crime (ou o seu exaurimento), tudo dependendo de cada caso concreto. Não nos parece possível, com efeito, fixar qualquer diferença entre a ***preparação*** e a ***espera*** do flagrante, no que se refere à impossibilidade de consumação do crime, fundada na ideia da eficiente atuação policial. Em ambos os casos, como visto, seria possível, em tese, tornar impossível, na mesma medida, a ação delituosa em curso. Por que então a validade de um (esperado) e invalidade de outro (o preparado)?[18]" Sem embargo, tem prevalecido o entendimento sumular do STF.

Na realidade, a falta de compreensão do problema reside na precária justificativa da súmula nº 145. Não é parâmetro para a aferição da ilegalidade da prisão a "impossibilidade de consumação". Diferentemente, o que distinguirá a prisão válida da inválida é o móvel do delito tentado pelo agente, isto é, se a motivação do cometimento do fato típico for externa (provocado pela polícia), inexistirá crime punível, ao passo que se a polícia simplesmente espera a prática de um crime planejado pelo(s) sujeito(s) ativo(s), restará verificada conduta punível.

Questão delicada é a existência do flagrante provocado na hipótese de crime permanente. Se o delito já vinha se consumando quando incidentalmente ocorreu a provocação, esta não será decisiva para caracterização da infração, sendo apenas fator de constatação do crime que preexistia, de sorte que não só a prisão será válida, como também a responsabilidade penal pela conduta é de todo cabível. O clássico exemplo é o do traficante de

17. JESUS, Damásio E. *Direito penal*. 18. ed. *São Paulo*: Saraiva, 1994. v. 1. p. 176.
18. OLIVEIRA, Eugênio Pacelli. *Curso de processo penal*. 3. ed. Belo Horizonte: Del Rey, 2004. p. 508.

drogas abordado por policial disfarçado de usuário. Se o traficante já tinha a droga consigo, ou em estoque, o crime de tráfico já estava se consumando, independente da abordagem da polícia, que em nada contribuiu para que o delito começasse a ser praticado, de sorte que não estará caracterizado o flagrante provocado. Por sua vez, se a pessoa abordada serviu de ferramenta para a obtenção do entorpecente, posto que não tinha a droga, tendo que empreender esforços para consegui-la pela solicitação do suposto usuário, amolda-se à aplicação da súmula nº 145 do STF.

3.2.8. *Flagrante prorrogado (retardado, postergado, diferido, estratégico ou ação controlada)*

É um flagrante de feição estratégica, pois a autoridade policial tem a faculdade de aguardar, do ponto de vista da investigação criminal, o momento mais adequado para realizar a prisão, ainda que sua atitude implique na postergação da intervenção. Mesmo diante da ocorrência da infração, pode-se deixar de atuar, no intuito da captura do maior número de infratores, ou da captação de um maior manancial probatório.

Esta hipótese não se confunde com o flagrante esperado, pois neste a polícia aguarda o início dos atos executórios, e, uma vez iniciados, estará obrigada à realização da prisão. Já no flagrante diferido, a polícia deixa de efetivar a prisão, mesmo presenciando o crime, pois do ponto de vista estratégico, esta é a melhor opção. A Lei nº 12.850/2013 (nova Lei de Organização Criminosa[19]) previu expressamente esta espécie de flagrante, que recebe a denominação de "ação controlada". Nos termos do art. 8º, a ação controlada consiste em "retardar a intervenção policial ou administrativa relativa à ação praticada por organização criminosa ou a ela vinculada, desde que mantida sob observação e acompanhamento para que a medida legal se concretize no momento mais eficaz à formação de provas e obtenção de informações". Não se exige autorização judicial, tampouco oitiva do MP, cabendo à autoridade policial administrar a conveniência ou não da postergação. De modo a possibilitar o controle judicial da medida, o art. 8º, § 1º, da Lei, estabelece a necessidade de comunicação ao juízo competente, que poderá estabelecer os limites da ação, caso necessário.

Apesar do teor desse dispositivo mencionar que o retardamento da intervenção policial ou administrativa deve ser "previamente comunicado ao juiz", há uma contradição lógica nessa expressão. De um lado, a polícia não atua imediatamente, ao deixar de prender quem está cometendo um delito, conquanto se cuide de modalidade de flagrante obrigatório (eis que a polícia tem o dever de prender). De outro, a polícia deve comunicar ao juiz o retardamento da sua intervenção. Note-se que não há como tal comunicação ao magistrado ser prévia à postergação do agir policial. Isso porque, ao comunicar, a polícia já terá deixado de intervir de imediato. Depois de comunicado o diferimento da intervenção policial ao juiz, este poderá estabelecer limites, prevenindo violações a direitos fundamentais da pessoa que poderá ser autuada (o flagrante não pode ser preparado pela polícia, por exemplo). Diante da urgência da situação, a ciência ao Ministério Público deve ser dada seguidamente à fixação de limites pelo juiz, segundo a dicção do legislador.

O flagrante postergado foi contemplado também na Lei nº 11.343/2006, de combate e repressão ao tráfico de drogas, prevendo, no art. 53, inciso II, "a não-autuação policial

19. A lei anterior, Lei nº 9.034/1995, foi expressamente revogada.

sobre os portadores de drogas, seus precursores químicos ou outros produtos utilizados em sua produção, que se encontrem no **território brasileiro**, com a finalidade de identificar e responsabilizar maior número de integrantes de operações de tráfico e distribuição, sem prejuízo da ação penal cabível" (grifo nosso). A ideia é a mesma, contudo os requisitos são diversos, já que na lei de tóxicos, exige-se autorização judicial, prévia oitiva do MP, além do conhecimento do provável itinerário da droga e dos eventuais agentes do delito ou colaboradores (art. 53, *caput* e parágrafo único). Ademais, o juiz que delibera quanto à prorrogação já é o competente para o futuro processo (prevenção).

A Lei de Lavagem de Dinheiro também prevê o instituto da ação controlada. A previsão, entretanto, consta agora do art. 4º-B da lei, em face da alteração promovida pela Lei nº 12.683/2012. Assim, será possível suspender a ordem de prisão de pessoas (bem como as medidas cautelares reais) quando a execução imediata puder comprometer as investigações.

Acreditamos que o flagrante diferido nada mais é do que uma flexibilização da obrigatoriedade da atuação imediata da polícia, assim que identifica a atividade criminosa em desenvolvimento. Tanto é verdade, que afora as hipóteses de crime permanente, onde a autoridade policial acompanha todo o desenvolvimento da conduta delituosa para no momento mais adequado realizar a prisão, a própria terminologia **flagrante postergado** é inapropriada, afinal, o que ocorre é a não autuação por uma infração, na expectativa de prender por outro crime. É uma mitigação da obrigatoriedade de realizar a prisão em flagrante, inerente à atividade policial. Tomemos como exemplo a hipótese de policiais que acompanham a subtração de veículo que será utilizado para transportar carregamento de armas, deixando de prender em flagrante pelo crime meio (furto), para autuá-los pelo crime fim (tráfico de armas). A toda evidência, o que ocorre, na espécie, é a escolha mais oportuna da infração que vai motivar o flagrante. Caso eventualmente o carregamento de armas não chegue ao seu destino, frustrando a atividade da polícia, restará a instauração de inquérito pelo crime de furto, pois o flagrante, para esta infração, já passou.

AÇÃO CONTROLADA	
Previsão legal	**Depende de autorização judicial?**
Art. 8º da Lei nº 12.850/2013	Não, devendo o juiz ser previamente comunicado
Art. 53, II, Lei nº 11.343/06	Sim, com prévia oitiva do MP
Art. 4º-B, Lei nº 9.613/98	Sim, com prévia oitiva do MP

3.2.9. Flagrante forjado

É aquele armado, fabricado, realizado para incriminar pessoa inocente. É a lídima expressão do arbítrio, onde a situação de flagrância é maquinada para ocasionar a prisão daquele que não tem conhecimento do ardil. Ex.: empregador que insere objetos entre os pertences do empregado, acionando a polícia para prendê-lo em flagrante pelo furto, para com isso demiti-lo por justa causa.

É uma modalidade ilícita de flagrante, onde o único infrator é o agente forjador, que pratica o crime de denunciação caluniosa (art. 339, CP), e sendo agente público, também abuso de autoridade (Lei nº 4.898/65).

3.2.10. Flagrante por apresentação

E se o suposto autor do fato se apresenta voluntariamente à autoridade policial, poderá ser preso em flagrante? Quem se entrega à polícia não se enquadra em nenhuma das hipóteses legais autorizadoras do flagrante. Assim, não será autuado. Não obstante, se estiverem presentes os requisitos legais (art. 312, CPP), poderá a autoridade policial representar ao judiciário pela decretação da prisão preventiva.

Embora não disponha mais o Código sobre a apresentação espontânea, como antes fazia expressamente em seu art. 317, CPP (redação alterada pela Lei nº 12.403/2011), permanece ínsita ao nosso ordenamento jurídico a possibilidade de requerimento do Ministério Público ou de representação da autoridade policial para o fim de ser decretada a prisão preventiva, se presentes as condições do art. 312, CPP. Em outras palavras, como a apresentação espontânea é incompatível com a prisão em flagrante, andou bem o legislador em não mais tratar do que naturalmente é óbvio: a livre apresentação do agente obsta o flagrante, mas não impede a decretação da preventiva de acordo com o caso concreto.

A razão de ser da disciplina legal da apresentação espontânea era a de que ela trazia benefícios ao agente, como a inexistência de efeito suspensivo quando houvesse recurso da acusação contra a sentença absolutória (pelo que previa o antigo texto do art. 318 do CPP, alterado pela Lei nº 12.403/011).

O dispositivo já havia perdido sua aplicabilidade, já que segundo a sistemática processual vigente, independente de ter havido apresentação espontânea ou não, o recurso da acusação contra sentença absolutória não impede que o réu seja posto imediatamente em liberdade (art. 596, CPP).

3.2.11. Flagrante cataléptico

Thiago Sifferman e Rilmo Braga discorrem sobre o denominado flagrante cataléptico[20] para referir a proposta do agente público em não prender em flagrante sujeito ativo de crime, solicitando, em troca, vantagem indevida. Todavia, ao verificar que o pedido de vantagem não teria sido atendido pelo autor da infração penal, o agente condutor do flagrante faz cessar a sustação da prisão que deveria ocorrer logo de início, efetuando-a nesse momento posterior[21].

O flagrante cataléptico é um flagrante de vingança, que fora paralisado em função de exigência ou pedido de vantagem indevida por parte do seu condutor e, seguidamente, retomado, diante da solicitação ou da exigência (para não prender) frustrada.

Consiste em um flagrante imobilizado-e-retomado, isto é, congelado *ex ante* e reiniciado *ex post*. Em permeio, a não submissão da pessoa autuada em flagrante às condições do agente público proponente. Trata-se de modalidade de flagrante ilegal, passível de relaxamento, a teor do art. 310, I, do CPP.

---

20. O termo é tomado da medicina: "catalepsia patológica é uma doença rara em que os membros se tornam rígidos, mas não há contrações, embora os músculos se apresentem mais ou menos rijos. A pessoa fica o tempo todo consciente e quem passa por ela pode ficar horas nesta situação".
21. SIFFERMAN, Thiago; BRAGA, Rilmo. Flagrante cataléptico. *Empório do direito*. Disponível em: <http://emporiododireito.com.br/leitura/flagrante-cataleptico-por-thiago-siffermann-e-rilmo-braga>. Acesso em: 27 nov. 2017.

ESPÉCIE DE FLAGRANTE	SITUAÇÃO	ARTIGO
Próprio, perfeito ou real	Está cometendo a infração penal Acaba de cometer a infração penal	302, I, CPP 302, II, CPP
Impróprio, imperfeito ou quase flagrante	É perseguido, logo após o cometimento da infração penal, em situação que faça presumir ser ele o autor da infração penal	302, III, CPP
Presumido ou ficto	É encontrado, logo depois, com instrumentos do crime, armas, papéis ou objetos que façam presumir ser ele o autor da infração penal.	302, IV, CPP
Preparado ou provocado	O agente é induzido ou instigado à prática da infração penal, na expectativa de que seja capturado em flagrante (ilicitamente)	Súmula nº 145/STF
Compulsório ou obrigatório	As forças de segurança (art. 144, CF) têm o dever de realização da prisão em flagrante	301, CPP
Facultativo	Qualquer do povo tem a faculdade de realizar a prisão em flagrante	301, CPP
Esperado	Ciente da iminência do crime, a autoridade policial aguarda os primeiros atos executórios e realiza a prisão (licitamente)	–
Prorrogado ou ação controlada	Retardamento da ação policial para que se concretize no momento mais eficaz do ponto de vista da formação de provas e fornecimento de informações	Lei nº 12.850/2013 Lei nº 11.343/2006 Lei nº 9.613/1998
Forjado	Conduta ilícita, é aquele armado contra o agente	Pode configurar crime de denunciação caluniosa ou abuso de autoridade
Por apresentação	A apresentação elide a possibilidade de prisão em flagrante	Antiga redação do art. 317, CPP
Cataléptico	É um flagrante de vingança, que fora paralisado em função de exigência ou pedido de vantagem indevida por parte do seu condutor e, seguidamente, retomado, diante da solicitação ou da exigência frustrada. Trata-se de modalidade ilegal, passível de relaxamento.	–

4. FLAGRANTE NAS VÁRIAS ESPÉCIES DE CRIME

Em regra, todas as infrações penais admitem a realização da prisão em flagrante, havendo a necessidade de destacarmos as peculiaridades em razão de algumas delas:

4.1. Crime permanente

Segundo Cezar Roberto Bitencourt, permanente "é aquele crime cuja consumação se alonga no tempo, dependente da atividade do agente, que poderá cessar quando este quiser (cárcere privado, sequestro)"[22]. Enquanto não cessar a permanência, a prisão em flagrante poderá ser realizada a qualquer tempo (art. 303, CPP), mesmo que para tanto seja necessário o ingresso domiciliar. Como a Carta Magna, no art. 5º, inciso XI, admite a violação domiciliar para a realização do flagrante, a qualquer hora do dia ou da noite, em havendo o desenvolvimento de crime permanente no interior do domicílio, atendido está o requisito constitucional. Se o traficante tem substância entorpecente estocada em casa, o crime de tráfico estará caracterizado em situação de permanência, admitindo-se o ingresso para a realização da prisão. Restaria a seguinte indagação: e se os policiais adentrarem na casa e não encontrarem a substância entorpecente, quais as consequências desta diligência frustrada? Em havendo dolo, resta a caracterização do crime de abuso de autoridade (art. 3º, "b", da Lei nº 4.898/1965).

4.2. Crime habitual

O crime habitual é aquele que materializa o modo de vida do infrator, exigindo, para a consumação, a reiteração de condutas, que por sua repetição, caracterizam a ocorrência da infração. Ex: exercício ilegal da medicina, arte dentária ou farmacêutica (art. 282 do CP). Pela dificuldade no caso concreto de aferir a reiteração de atos, somos partidários do entendimento de que não cabe flagrante nas infrações habituais, afinal, colocando-se como expectador, objetivamente o delegado não teria como precisar, no momento em que surpreende o infrator, se existe ou não a habitualidade. Lembremos que o crime habitual só existe pela reiteração de condutas, e a prática isolada de um ato é, em regra, fato atípico. A prisão em flagrante retrataria o ato isolado, que em si não representa infração penal.

No mesmo sentido, Tourinho Filho: "não concebemos o flagrante no crime habitual. Este ocorre quando a conduta típica se integra com a prática de várias ações que, insuladamente, são indiferentes legais. Ora, quando a polícia efetua a prisão em flagrante, na hipótese de crime habitual, está surpreendendo o agente na prática de um só ato. O auto de prisão vai apenas e tão somente retratar aquele ato insulado. Não os demais. Aquele ato insulado constitui um indiferente legal"[23].

Em posição contrária à aqui defendida, Mirabete adverte que "não é incabível a prisão em flagrante em ilícitos habituais se for possível, no ato, comprovar-se a habitualidade. Não se negaria a situação de flagrância no caso da prisão de responsável por bordel onde se encontram inúmeros casais para fim libidinoso, de pessoa que exerce ilegalmente a medicina quando se encontra atendendo vários pacientes etc"[24]. Entendemos, com a devida vênia, que não lhe assiste razão, afinal, permitir tal presunção de habitualidade, é temerariamente admitir a efetivação do flagrante sem a constatação da real consumação da infração, e como já frisado, o crime habitual só estará consumado em face da reiteração de condutas.

4.3. Crime de ação penal privada e pública condicionada

Nada impede a realização da prisão em flagrante nos crimes de ação privada ou pública condicionada, mas para a lavratura do auto, deverá haver a manifestação de vontade do

22. BITENCOURT, Cézar Roberto. *Tratado de direito penal*: parte geral. 9. ed. São Paulo: Saraiva, 2004. v.1. p. 194.
23. TOURINHO FILHO, Fernando da Costa. *Processo penal*. São Paulo: Saraiva, 2003. v.3. p. 457.
24. MIRABETE, Julio Fabbrini. *Processo Penal*. 15. ed. São Paulo: Atlas, 2004. p. 378.

respectivo legitimado. Ora, se nessas infrações toda a persecução penal está a depender de autorização do interessado, seja a vítima, seu representante legal, ou o próprio Ministro da Justiça nos crimes de ação pública delas dependente, para que o auto seja lavrado, é condição essencial esta aquiescência. Por sua vez, se a vítima não puder imediatamente ir à delegacia para se manifestar, por ter sido conduzida ao hospital ou por qualquer motivo relevante, poderá fazê-lo no prazo de entrega da nota de culpa.

Naturalmente, se o agente é surpreendido em flagrante, será conduzido coercitivamente à delegacia, pois a agressão deve cessar. Lá, caso a vítima não emita autorização, aí sim está obstaculizada a lavratura do auto, devendo a autoridade policial liberar o ofensor, sem nenhuma formalidade, documentando o ocorrido em boletim de ocorrência, para efeitos de praxe, pois não haverá prisão nem instauração de inquérito policial.

4.4. Crime continuado

O art. 71, do Código Penal, prevê, por questão relacionada à política criminal, a figura do crime continuado. Isso porque, na verdade, o que se tem são vários delitos. O dispositivo visa dar um tratamento mais brando ao imputado que incorra nas situações apontadas pelo legislador, indicativas de semelhanças entre fatos atribuídos ao mesmo agente.

De tal modo, a expressão "crime continuado" é uma ficção jurídica, porquanto não há um único fato delituoso, porém vários. Os crimes são "parcelares" tão somente de forma fictícia (virtual ou irreal). É o que decorre do citado enunciado do artigo 71, do Código Penal. Vale dizer, os crimes subsequentes devem ser havidos como continuação do primeiro deles quando "o agente, mediante mais de uma ação ou omissão, pratica dois ou mais crimes da mesma espécie", consideradas "as condições de tempo, lugar, maneira de execução e outras semelhantes". Conquanto haja viabilidade de várias prisões em flagrante, a pena será única, não obstante majorada.

Em outras palavras, no caso de continuidade delitiva, existem várias condutas típicas. A ficção jurídica preconizada pelo legislador determina que, quando da prolação da sentença, seja aplicada a pena de um só delito. Esse proceder decorre da **teoria da ficção jurídica do crime continuado** ou **teoria da unidade fictícia limitada**, albergada pela legislação brasileira para fins exclusivos de imposição da sanção penal[25]. Ao invés de serem somadas as penas, o magistrado estará autorizado a majorá-la de um sexto a dois terços (parte final do art. 71).

No que toca ao cabimento da prisão em flagrante, a existência de várias condutas típicas, independentes uma da outra, permite que seja possível a sua efetivação relativamente a cada uma das infrações penais. Em outros termos, é perfeitamente admissível efetuar a prisão em flagrante toda vez que for cometido um dos delitos que, em conjunto, serão havidos como continuação do primeiro. Dessa possibilidade nasceu o impropriamente denominado **flagrante fracionado**.

Como se infere, não se trata de realmente de fracionamento do flagrante. No flagrante fracionado o que há são vários casos concretos que, vistos isoladamente, ensejam prisão

25. FAYET JÚNIOR, Ney. *Do crime continuado*. Porto Alegre: Livraria do Advogado, 2001. p. 59-63.

em flagrante, cada um de per si. Destarte, pode existir, quanto ao conjunto deles, a imposição de uma única pena quando da final sentença ou da unificação das penas em sede de execução penal (exasperada de um sexto até dois terços, nos termos do art. 71, parte final, do Código Penal), embora possam ter existido mais de uma prisão em flagrante, em face de fatos com similares condições de tempo, lugar e maneira de execução.

4.5. Infração de menor potencial ofensivo

Nas infrações de menor potencial ofensivo, que são os crimes com pena máxima de até dois anos, cumulados ou não com multa, e as contravenções penais (art. 61, Lei nº 9.099/1995), ao invés da lavratura do auto de flagrante, teremos a realização do termo circunstanciado, desde que o infrator seja imediatamente encaminhado aos juizados especiais criminais ou assuma o compromisso de comparecer, quando devidamente notificado. Caso contrário, o auto será lavrado, recolhendo-se o agente ao cárcere, salvo se for admitido a prestar fiança. Era possível também que o capturado se livrasse solto, se a infração fosse apenada tão somente com multa, ou com pena privativa de liberdade de até três meses, em verdadeira liberdade incondicionada (art. 321, CPP). Tal prerrogativa foi afastada com o advento da Lei nº 12.403/011, padronizando-se o tratamento das infrações de menor potencial ofensivo.

A Lei nº 11.343/2006 (Lei de Tóxicos) assevera que na posse para uso de substância entorpecente e condutas assemelhadas (art. 28), não se lavrará o auto de prisão em flagrante, realizando-se o termo circunstanciado, providenciando-se ainda as requisições dos exames necessários. O usuário de drogas será então conduzido à presença da autoridade judicial, para que seja realizada a lavratura do TCO (art. 48, § 2º). Só na ausência do juiz, é que as providências serão tomadas diretamente pelo delegado, no local em que se encontrar, vedando-se a detenção do agente (§ 3º). Como adverte Luiz Flávio Gomes, a "nova Lei de Drogas priorizou o 'juízo competente', em detrimento da autoridade policial. Ou seja: do usuário de droga não deve se ocupar a polícia (em regra). Esse assunto configura uma questão de saúde pública, logo, não é um fato do qual deve cuidar a autoridade policial"[26]. A nova lei coloca a autoridade policial em função subsidiária ao papel desempenhado pelo magistrado.

Percebe-se que mesmo que o agente se negue a assumir o compromisso de comparecer aos juizados, ainda assim não será detido, obstando a lei, peremptoriamente, a prisão do usuário de substância entorpecente. É verdadeira hipótese de liberdade provisória incondicionada.

Já a Lei nº 11.340/2006 (Lei Maria da Penha), tratando das hipóteses de violência doméstica, informa, no art. 41, que aos crimes praticados com violência doméstica e familiar contra a mulher[27], independentemente da pena prevista, não se aplica a Lei nº 9.099/1995. Assim, diante de uma infração de menor potencial ofensivo, ao invés do termo circunstanciado, pelo texto da lei, deve a autoridade policial lavrar o auto de prisão em flagrante, recolhendo o agressor ao cárcere, com comunicação ao juiz competente. Homologado o

26. GOMES, Luiz Flávio; BIANCHINI, Alice; CUNHA, Rogério Sanches; OLIVEIRA, William Terra de. *Nova lei de drogas comentada*. São Paulo: RT, 2006. p. 216.

27. A Lei nº 13.772/2018, que alterou o Código Penal, para prever, no art. 216-B, o crime de registro não autorizado de intimidade sexual. De compasso com seus termos, a violação à intimidade da mulher, com registro não autorizado de nudez, bem como montagens, passam a constituir figuras típico-penais e, também, são expressamente inseridas no rol de condutas que podem configurar violência doméstica.

auto, restará ao juiz a conversão do flagrante em medida cautelar não detentiva (art. 319, CPP), já que, de regra, os delitos com pena privativa de liberdade de até quatro anos não comportam a conversão do flagrante em preventiva (art. 313, I, CPP).

Acreditamos que o art. 41, da referida Lei nº 11.340/2006 atenta contra o art. 98, inciso I da Constituição Federal, afinal, o tratamento das infrações de menor potencial ofensivo emana diretamente da Carta Magna, não podendo a lei ordinária, de forma casuística, excepcionar o mandamento constitucional.

5. SUJEITOS DO FLAGRANTE

Passaremos a enfrentar as pessoas envolvidas no procedimento para a efetivação da prisão e também para a lavratura do auto.

5.1. Sujeito ativo

É aquele que efetua a prisão. Como já vimos, pode ser qualquer pessoa, integrante ou não da força policial (art. 301, CPP). Já o condutor é a pessoa que apresenta o preso à autoridade que presidirá a lavratura do auto, nem sempre correspondendo àquele que efetuou a prisão. Imaginemos a possibilidade de populares realizarem a prisão, e entregarem o preso ao destacamento da polícia militar, para encaminhá-lo à delegacia. Neste caso, os policiais figurarão como condutores, em que pese a prisão ter sido realizada por terceiros.

5.2. Sujeito passivo

5.2.1. Conceito e hipóteses

É aquele detido em situação de flagrância. Em regra, pode ser qualquer pessoa. Contudo, temos exceções à realização da prisão em flagrante de determinados indivíduos. Vejamos as principais:

a) Presidente da República: não poderá ser preso cautelarmente (art. 86, § 3º, CF). Só cabe prisão com o advento de sentença condenatória transitada em julgado;

b) Diplomatas estrangeiros: podem desfrutar da possibilidade de não serem presos em flagrante, a depender dos tratados e convenções internacionais (art. 1º, I, CPP).

c) Membros do Congresso Nacional (art. 53, § 2º, CF): só podem ser presos em flagrante por crime inafiançável. Nestas hipóteses, "os autos serão remetidos dentro de vinte e quatro horas à Casa respectiva, para que, pelo voto da maioria de seus membros, resolva sobre a prisão". A autoridade policial deve proceder à lavratura do auto, e remetê-lo dentro das exíguas 24 horas para a respectiva Casa Legislativa. Por oportuno, destacamos, com arrimo no art. 56 da CF, que o Deputado ou Senador não perderá o mandato se investido no cargo de Ministro de Estado, Governador de Território, Secretário de Estado, do DF, de Território, de Prefeitura de Capital ou chefe de missão diplomática temporário. Da mesma forma, se licenciado pela respectiva casa por motivo de doença, ou para tratar, sem remuneração, de interesse particular, sendo que nesta última hipótese, o afastamento não pode ultrapassar 120 dias por sessão legislativa. Com muita razão, se não há a perda do mandato, o parlamentar continuará fazendo ***jus*** à imunidade, mesmo que desempenhando as funções relatadas, ou licenciado pelas hipóteses constitucionais. Não obstante, é importante frisar que o STF, trilhando entendimento diverso, deixou prejudicada a súmula nº 4, que rezava que o congressista, nomeado Ministro de Estado, não perdia a imunidade. Com isso, a Corte Suprema encampou o entendimento distinto do aqui defendido, manifestando-se favoravelmente à perda da imunidade, o que ficou destacado no Informativo nº 135:

> Imunidade Parlamentar: Inaplicabilidade. O deputado afastado de suas funções para exercer cargo no Poder Executivo não tem imunidade parlamentar. Com esse entendimento, a Turma indeferiu *habeas corpus* em que se pretendia o trancamento da ação penal instaurada contra deputado estadual que, à época dos fatos narrados na denúncia, encontrava-se investido no cargo de secretário de estado. Precedente citado: Inquérito 104-RS (RTJ 99/477). HC 78.093-AM, rel. Min. Octavio Gallotti, 11.12.98.

Quanto aos deputados estaduais, e por força do art. 27, § 1º c/c art. 53, § 1º da CF, têm a mesma prerrogativa dos membros do Congresso, só cabendo a prisão em flagrante por crime inafiançável.

Já os vereadores, podem normalmente ser presos em flagrante, não desfrutando da referida imunidade.

d) Magistrados (art. 33, II, LOMAN): só poderão ser presos em flagrante por crime inafiançável, devendo a autoridade fazer a imediata comunicação e apresentação do magistrado ao Presidente do respectivo Tribunal.

e) Membros do MP (art. 40, III, LONMP): também só serão presos em flagrante por crime inafiançável, devendo a autoridade fazer em 24 horas a comunicação e apresentação do membro do MP ao respectivo Procurador-Geral.

f) Advogados: como assegura o § 3º do art. 7º do Estatuto da Advocacia (Lei nº 8.906/1994), "o advogado somente poderá ser preso em flagrante, por motivo de exercício da profissão, em caso de crime inafiançável, observado o disposto no inciso IV deste artigo". O referido inciso IV, por sua vez, estabelece a necessidade da presença de representante da OAB, nas hipóteses de flagrante em razão do exercício profissional, para a lavratura do auto, sob pena de nulidade.

g) Menores de 18 anos: reza o art. 106 do Estatuto da Criança e do Adolescente (Lei nº 8.069/1990): "Nenhum adolescente será privado de sua liberdade senão em flagrante de ato infracional ou por ordem escrita e fundamentada da autoridade judiciária competente". Esta apreensão será comunicada imediatamente à autoridade judiciária, à família do apreendido, ou à pessoa de sua confiança (art. 107).

h) Motoristas: como dispõe o art. 301 do Código de Trânsito, quem presta pronto e integral socorro à vítima de acidente de trânsito não será preso em flagrante, nem lhe será exigida fiança. O objetivo é evitar que o motorista envolvido se veja estimulado a fugir, por medo da prisão.

5.2.2. Prisão de diplomata estrangeiro

Como se anunciou acima, o diplomata estrangeiro, em território nacional, não pode ser sujeito passivo da prisão em flagrante. A imunidade dos diplomatas obsta a aplicação da lei brasileira, em homenagem à soberania do seu país de origem (Estado acreditante).

Para tanto, o diplomata deve ser identificado como tal. Caso não porte documentos pessoais, que atestem a sua condição de diplomata, não haverá outra solução cabível senão o seu encaminhamento à delegacia com atribuição para apurar o delito (notícia-crime). Depois de identificado o autuado como diplomata, deve ser respeitada a convenção que veda a imposição de prisão, providências judiciais ou administrativas.

Como a prisão em flagrante é ato complexo que envolve, pelo menos, as etapas de voz de prisão, condução à delegacia, lavratura do auto de prisão em flagrante e encaminhamento ao cárcere, a situação concreta pode indicar a necessidade de condução do diplomata à presença da autoridade policial. Frise-se que somente em situação excepcional isso é possível, a exemplo do diplomata que não apresenta documentos pessoais ou que os apresenta com rasuras.

Constatada a qualidade de diplomata pelo delegado de polícia, a prisão em flagrante não será imposta, sendo proibida a lavratura de auto de prisão em flagrante. As informações apuradas até a identificação da qualidade da imunidade do suposto autor do fato delituoso têm natureza de notícia-crime.

A rigor, é vedada qualquer providência tendente a instaurar persecução penal contra o diplomata. Tal somente é possível se o país acreditante, que o diplomata representa, autorizar expressamente a incidência das normas do Brasil, país acreditado. É nesse sentido o teor do art. 32, nº 1, da Convenção de Viena sobre Imunidades Diplomáticas, ratificada pelo Decreto nº 56.435/1965.

O STJ, por sua Sexta Turma, concedeu *habeas corpus* para remover medida cautelar de proibição de se ausentar do país, imposta a agente diplomático acusado de homicídio. Assentou que a cautelar aplicada não é adequada quando o Estado de origem do réu tenha renunciado à imunidade de jurisdição cognitiva, porém mantenha a competência para o cumprimento de eventual pena criminal a ele imposta. Do inteiro teor do acórdão, colhe-se que a imunidade diplomática pode ser divida em duas subespécies. A primeira, chamada de **imunidade de jurisdição cognitiva**, constitutiva de óbice à instauração de investigação e de ação penal condenatória contra o agente diplomático estrangeiro no Brasil. A segunda, denominada de **imunidade jurisdicional executiva**, que se trata de impedimento de cumprimento da pena, pelo agente diplomático estrangeiro, no Brasil[28].

É de ver que, outrossim, algumas situações embaraçosas podem acontecer, a exigirem providência da polícia e do delegado de polícia:

(1) instauração de inquérito policial para apurar infração penal, cuja autoria é desconhecida. Se no curso da investigação preliminar for verificada a condição de diplomata do suspeito, o delegado de polícia não deverá prosseguir com a apuração do fato. Sabe-se que o inquérito policial não deve ser encerrado no âmbito da delegacia ou do Ministério Público, devendo ser remetido à Justiça e em seguida ao *Parquet* que, ao seu turno, formulará os requerimentos cabíveis (pedido de arquivamento, se não sobejar delito contra quem não seja detentor da imunidade). Imediatamente, o delegado de polícia deverá encaminhar informações circunstanciadas, com cópias do inquérito e/ou dos elementos de informação

28. STJ – Sexta Turma – RHC 87.825-ES – Rel. Min. Nefi Cordeiro – unânime – DJe 14/12/2017 – Informativo n° 618, de 23 de fevereiro de 2018.

ao Ministério das Relações Exteriores, eis que se trata de questão a ser resolvida pelas vias diplomáticas. Providência similar pode ser adotada pelo Ministério Público e pelo juízo ao qual foi distribuído o inquérito;

(2) flagrante delito de diplomata, devidamente identificado como tal. Nessa hipótese, não pode haver prisão em flagrante. A atuação da polícia significaria ofensa a soberania do Estado acreditante. Porém, não é impossível ocorrer situação de prática de infração penal que ofenda gravemente a incolumidade física de terceiros ou a dignidade sexual de crianças e adolescentes.

Como exemplo, imagine-se o flagrante delito do chefe de diplomacia cometendo estupro, roubo à mão armada ou efetuando disparos a esmo. Nesses casos hipotéticos, a polícia deverá atuar no sentido de conter as agressões, imediatamente. Também *incontinenti* deverá ser comunicado o fato ao Ministério das Relações Exteriores, para ciência da infração penal e adoção das providências cabíveis.

Como se deduz, a instauração de inquérito policial ou de investigação preliminar no âmbito da delegacia, ainda que sob a forma de verificação de procedência das informações, não deverá ser feita quando se constatar que o imputado é possuidor de imunidade diplomática. Chegada notícia de fato dessa natureza, o delegado de polícia deverá comunicá-lo ao órgão com atribuição para conhecê-lo, que é o Palácio do Itamaraty.

Não há incidência de qualquer dispositivo do ordenamento jurídico brasileiro. Se o agente se identificar cabalmente como diplomata, nem sequer é cabível a sua condução à autoridade policial. De tal sorte, o Itamaraty terá a atribuição de analisar a notícia do fato. Levará em consideração não somente a legislação brasileira, mas também a cultura do país acreditante. No prazo de trinta dias, será elaborado relatório e encaminhado ao país de origem do diplomata (acreditante).

O Brasil poderá declarar o agente diplomático como *persona non grata*. Tal providência não tem relevância jurídica, do ponto de vista interno, eis que não se trata de condenação penal ou de imposição de qualquer regra restritiva de direitos do diplomata[29]. Se o país acreditante não adotar postura razoável e compatível com os interesses brasileiros relativamente ao diplomata, é possível fazer cessar as relações diplomáticas com aquele Estado.

A imunidade diplomática se estende aos familiares do diplomata que com ele convivam e desde que não sejam nacionais do estado acreditado. É necessário que o membro da família viva com o diplomata. Além disso, também é preciso um outro requisito para que a imunidade seja estendida, por exemplo, a um filho do diplomata: ele não deve ter nacionalidade brasileira. Caso o filho do diplomata seja brasileiro (nato ou naturalizado) ou não resida com ele, a lei penal brasileira o alcançará, pelo que poderá ser preso em flagrante e processado criminalmente. É esse o sentido do nº 1, do art. 37, da Convenção de Viena sobre Imunidades Diplomáticas:

> Os membros da família de um agente diplomático que com ele vivam gozarão dos privilégios e imunidade mencionados nos artigos 29 e 36, desde que não sejam nacionais do estado acreditado.

29. OLIVEIRA JÚNIOR, Eudes Quintino de. A imunidade diplomática e seus efeitos. *JusBrasil*. Disponível em: <eudesquintino.jusbrasil.com.br/artigos/121823149/a-imunidade-diplomatica-e-seus-efeitos>. Acesso em: 17 nov. 2015.

Deveras, a nacionalidade brasileira do membro da família do diplomata afasta a imunidade (art. 37, 1 e 2, da Convenção de Viena sobre Imunidades Diplomáticas, ratificada pelo Decreto nº 56.435/1965). A imunidade que se estende ao familiar, nessa situação, é a descrita no art. 29, daquele instrumento internacional:

> A pessoa do agente diplomático é inviolável. Não poderá ser objeto de nenhuma forma de detenção ou prisão. O Estado acreditado tratá-lo-á com o devido respeito e adotará todas as medidas adequadas para impedir qualquer ofensa à sua pessoa, liberdade ou dignidade.

No que concerne aos seus funcionários, que tenham nacionalidade do país de origem (empregados natos), haverá limitação da jurisdição brasileira toda vez que tal implicar interferência demasiada no "desempenho das funções da Missão" (art. 37, nº 4, da Convenção de Viena sobre Imunidades Diplomáticas).

Veja-se que o funcionário de nacionalidade brasileira não detém imunidade jurisdicional penal. Já o funcionário de nacionalidade do país acreditante (nato), a princípio, também não possui a imunidade criminal. Só a terá sob a condição de tal exercício jurisdicional importar interferência demasiada no desempenho das funções da Missão diplomática.

A imunidade diplomática consiste em imunidade absoluta em favor do Estado acreditante. Trata-se de instituto que alija a aplicação da lei penal e processual penal brasileira (país acreditado). A finalidade da imunidade é propiciar que o representante do Estado acreditante exerça seu mister representativo sem embaraços, de maneira efetiva, como chefe de missão diplomática. É expressão da soberania do país acreditante.

Sob outro prisma, o cônsul não tem a mesma imunidade que um diplomata. O cônsul tem imunidade restrita aos crimes funcionais no exercício de suas atribuições consulares. Daí que se o cônsul se envolve em delito não relacionado com a representação do Estado acreditante, poderá ser preso, investigado e processado. É o que se infere dos artigos 3, nº 2, e 41, nº 1, da aludida Convenção ratificada pelo Decreto nº 56.435/1965.

5.2.3. Prisão e aplicação de outras medidas cautelares a Membro do Congresso Nacional

O § 2º, do art. 53, da Constituição de 1988, é expresso ao dizer que, desde a emissão do diploma, "os membros do Congresso Nacional não poderão ser presos, salvo em flagrante de crime inafiançável. Nesse caso, os autos serão remetidos dentro de vinte e quatro horas à Casa respectiva, para que, pelo voto da maioria de seus membros, resolva sobre a prisão". Em outros termos, a única possibilidade de prisão provisória de um senador ou de um deputado federal é aquela classificada como flagrante, nos termos do art. 302, do CPP. Aliás, além de ser exigida situação de flagrante delito, a imputação deve se referir a crime inafiançável.

Vale dizer, verificado contexto de flagrante delito atribuído a membro do Congresso nacional, a efetivação da prisão em flagrante só é admitida se o crime estiver catalogado como inafiançável. E, pela ordem jurídica vigente, só são inafiançáveis, em tese, os crimes apontados no art. 5º, da Constituição de 1988, quais sejam: (1) o racismo (inciso XLII); (2)

a tortura (inciso XLIII); (3) o tráfico ilícito de entorpecentes e drogas afins (inciso XLIII); (4) o terrorismo (inciso XLIII); (5) os crimes hediondos (inciso XLIII); e (6) a ação de grupos armados, civis ou militares, contra a ordem constitucional e o Estado Democrático (inciso XLIV). O art. 323, do CPP, reproduz o comando constitucional, asseverando que, nesses casos, "não será concedida fiança".

A Lei nº 13.260/2016 passou a disciplinar os atos que configuram crime de terrorismo. Antes do seu advento, havia dúvida quanto à punibilidade do terrorismo enquanto crime autônomo no Brasil. As condutas hoje capituladas como crime de terrorismo eram punidas, quando típicas, a outro título: homicídio, genocídio, crime contra a segurança nacional. Há, naquele diploma legal, a definição de vários atos que configuram expressamente terrorismo. O interprete deve, assim, recorrer ao conceito de ato terrorista, inferido *ex vi legis*. O critério legal estrito foi o adotado para se inferir o que deve ser considerado terrorismo, tomando como ponto de partida o conceito de ato terrorista.

Queremos crer que o ordenamento jurídico nacional tão somente contempla essas hipóteses de crimes inafiançáveis. São, em outras palavras, os crimes essencialmente inafiançáveis, considerados assim aqueles que, independentemente de qualquer inferência, evidenciam óbice intransponível ao arbitramento de fiança por qualquer órgão do Poder Judiciário e, naturalmente, pela autoridade policial. Nessas hipóteses, e tão somente nessas, um senador ou deputado federal pode ser preso em flagrante delito.

A advertência tem lugar em razão da dicção do art. 324, do CPP, que não aponta delito inafiançável algum, mas restritamente situações impeditivas de arbitramento da fiança, em virtude de incompatibilidade lógica da concessão da cautela. Deveras, diz aquele enunciado que não será concedida igualmente a fiança: (1) aos que, no mesmo processo, tiverem quebrado fiança anteriormente concedida ou infringido, sem motivo justo, qualquer das obrigações aludidas nos artigos 327 e 328, do Código; (2) em caso de prisão civil ou militar; (3) quando presentes os motivos que autorizam a decretação da prisão preventiva.

Essas observações têm cabimento em face da recente decretação de "prisão" de Senador da República pelo Supremo Tribunal Federal. A ordem de prisão emanada da mais alta Corte brasileira preocupou demasiadamente a comunidade jurídica, especialmente juristas dos ramos do direito constitucional e do direito processual penal.

A ordem de prisão decorreu de pedido formulado pelo Procurador-Geral da República, em segredo de Justiça, como desdobramento das investigações da divulgada "Operação Lava Jato". Chama atenção a forma do requerimento subscrito pelo Ministério Público Federal, na pessoa do seu Chefe, no ponto em que requereu a prisão preventiva de senador da República. Chama a atenção porque se trata de pleito que destoa daquele enunciado constitucional transcrito linhas atrás.

O próprio Procurador-Geral, indicando ciência da impossibilidade daquela cautela prisional, formulou pedido subsidiário, ponderando que caso se entendesse descabida a prisão preventiva de congressista, em razão de vedação constitucional, fosse-lhe impostas medidas cautelares do art. 319, CPP.

Pensamos que o só fato do Procurador-Geral da República pleitear medida que ofende claramente a Constituição é situação demasiadamente grave, porquanto indica ameaça aos pilares de sustentação do Estado Democrático de Direito.

Mais grave ainda é o STF acolher o pedido, ainda que sob o argumento de se tratar de situação de flagrante delito de crime permanente.

Primeiramente, porque não nos parece que a narrativa de infração penal imputada ao indigitado senador aponte para qualquer situação de flagrante delito, nem tampouco de permanência delitiva.

Em segundo lugar porque se verificada a ocorrência de algum crime (a partir da sugestão do senador para que o investigado se furte à prisão ou evite incluí-lo em acordo de delação premiada), verdade é que as condutas estão longe de se enquadrarem em quaisquer dos delitos inafiançáveis sufragados pela Constituição e pelas leis de processo.

Na página do STF, foi noticiado que a sua Segunda Turma referendou a prisão do senador e de mais três investigados, decretada pelo Ministro Teori Zavascki, nos autos da Ação Cautelar nº 4039. O argumento sustentador da ordem: "para preservar as investigações realizadas no âmbito da Operação Lava-Jato".

De acordo com o Ministro Teori Zavascki, relator, "não haveria outra forma de se preservar a integridade das investigações que não fosse a decretação das prisões. Ele relatou à Turma que as razões para as prisões estavam fundamentadas no artigo 312 do Código de Processo Penal (CPP) – como prova da existência de crime (materialidade) e indício suficiente de autoria – conforme justificou o Ministério Público nas ações".

Em acréscimo, o relator "destacou a excepcionalidade da prisão preventiva e, mais ainda, que em caso de prisão de parlamentar no exercício do mandato só é permitida em situação de flagrante por crime inafiançável, conforme prevê o artigo 53, parágrafo 2º da Constituição Federal". Sustentou sua conclusão no fato de considerar o caso como "um estado de crime permanente, a partir da formação de associação criminosa com o objetivo de atrapalhar as investigações. Esse estado de permanência, segundo o relator, mantém a caracterização do flagrante para fins de prisão cautelar"

Os demais ministros da Segunda Turma do STF acompanharam o voto do relator.

A Ministra Cármen Lúcia sustentou a necessidade das prisões para resguardar o estado de direito, avivando que "o crime não vencerá a Justiça" e que "em nenhuma passagem, a Constituição Federal permite a impunidade de quem quer que seja".

O Ministro Gilmar Mendes salientou que estariam "preenchidos os requisitos previstos no texto constitucional para a prisão em flagrante de parlamentar", reputando se tratar de caso de "inquérito de crime inafiançável e também caracterizada a flagrância técnica, tendo em vista que se trata de crime permanente".

O Ministro Celso de Mello anotou que, "no Estado Democrático de Direito, 'absolutamente ninguém está acima das leis, nem mesmo os mais poderosos agentes políticos governamentais'. A seu ver, a ordem jurídica não pode permanecer indiferente a 'condutas acintosas de membros do Congresso Nacional, como o próprio líder do governo no Senado ou de quaisquer outras autoridades da República [...]".

Por derradeiro, o Ministro Dias Toffoli gizou que o magistrado tem de decidir de conformidade com "o *rule of law* (estado de direito), que é o que essa Corte historicamente faz". Em compasso com seu voto, cumpre-se "o *rule of law* quando o ministro relator traz para referendo do colegiado uma decisão de extrema gravidade, para verificar se a decisão está de acordo com o parágrafo 2º do artigo 53 da Constituição Federal".

Sobre a questão, Afrânio Silva Jardim sintetizou bem que: "1 – A Constituição é clara e a prisão do parlamentar só poderia ocorrer em flagrante delito por crime inafiançável. 2 – Ao que se sabe, não foi lavrado o necessário auto de prisão em flagrante e nem se realizou a necessária audiência de custódia. 3 – De qualquer forma, a prisão em flagrante não poderia subsistir porque incabível a sua substituição por prisão preventiva. 4 – Não vejo prova mínima do crime de associação criminosa, mas apenas articulação entre pessoas envolvidas em prática criminosa para evitar a produção de prova desfavorável. 5 – Os demais crimes possíveis, no caso, não são permanentes e são afiançáveis. 6 – A existência de um crime permanente não autoriza, por si só, a prisão em flagrante de todos os seus autores e partícipes. Mesmo no crime permanente não se pode prender em flagrante quem não esteja em flagrante delito, dormindo em casa, por exemplo"[30].

Concordamos integralmente com o processualista. Também, nessa toada, são as conclusões de Rômulo Andrade Moreira e Alexandre Morais da Rosa[31]. As consequências da trágica decisão, assim avaliada por nós, são imprevisíveis. O episódio retrata risco de desarmonia entre os Poderes da República em virtude de afastamento dos ditames constitucionais pelo órgão do Poder Judiciário que tem a competência para efetivar a preservação da Constituição de 1988.

A derradeira orientação do Supremo Tribunal Federal, quanto à aplicação de medidas cautelares, prisionais ou não prisionais (a exemplo do recolhimento domiciliar noturno e de outras do art. 319, CPP), envolve o estabelecimento do **critério de constituir óbice, direto ou indireto, ao regular exercício do mandato legislativo**, para determinar o reexame da decisão pela casa legislativa respectiva, para o fim de confirmar ou de sustar os efeitos da decisão restritiva aplicada pelo Poder Judiciário ao parlamentar.

Decerto, deixou vincado o STF que o "ato emanado do Poder Judiciário que houver aplicado medida cautelar que impossibilite direta ou indiretamente o exercício regular do mandato legislativo, deve ser submetido ao controle político da Casa Legislativa respectiva, nos termos do art. 53, § 2º, da CF"[32].

A nosso ver, também essa última orientação da Corte Suprema viola o sentido expresso na Constituição da República, que somente admite a aplicação de uma providência cautelar

30. O processualista, inclusive, destacou o mesmo sentimento que nós tivemos diante da multicitada decisão da Suprema Corte: "É nesta perspectiva que digo que me sinto inseguro e com certo medo do precedente criado: o mais alto Tribunal do país decreta uma prisão preventiva de um parlamentar quando a Constituição da República diz que ele só pode ser preso em flagrante delito. Vale dizer, o Poder Judiciário decreta uma prisão que a Lei Maior diz claramente que isto é proibido. O que vou dizer aos meus alunos na próxima quinta-feira? Não vejo excepcionalidade que permita ao maior tribunal do país ferir tão frontalmente esta garantia constitucional do funcionamento da República. Sou mais velho e já vi militares e seus seguidores justificarem medidas autoritárias para enfrentar situações, que eles também julgavam excepcionais. O S.T.F. não deveria fazer isto conosco … Ele era tão liberal; liberal até demais … Não me sinto mais seguro … Se é possível esta "ginástica interpretativa" para prender um senador, o que dizer de nós, simples cidadãos, e outros que sequer podem dizer que são verdadeiramente cidadãos?" (JARDIM, Afrânio Silva. Sobre a prisão de senador no exercício do mandato: dois questionamentos. *Empório do Direito*. Disponível em: <http://emporiododireito.com.br/sobre-a-prisao-de-senador-no-exercicio-do-mandato-dois-questionamentos-por-afranio-silva-jardim/>. Acesso em: 29 nov. 2015.

31. MOREIRA, Rômulo Andrade; ROSA, Alexandre Morais da. *Empório do Direito*. Para (não) entender a prisão de um senador pelo STF. Disponível em: <http://emporiododireito.com.br/para-nao-entender-a-prisao-de-um-senador-pelo-stf-por-romulo-de-andrade-moreira-e-alexandre-morais-da-rosa/>. Acesso em: 30 nov. 2015.

32. STF – Informativo nº 881 – de 9 a 13/10/2017.

criminal ao parlamentar: a prisão em flagrante por delito inafiançável. Interpretação restritiva que mitigue direito fundamental e a função democrática, esbarra no cânone de que as garantias fundamentais, máxime a da liberdade, devem comportar interpretação extensiva e não a inversa. Para limitar tais pilares garantidores, exige-se lei em sentido formal que, ademais, seja compatível com a Constituição de 1988.

5.3. Autoridade competente

A autoridade policial da circunscrição onde foi efetuada a prisão é, via de regra, a que possui atribuição para presidir a lavratura do auto (art. 290, CPP). Se no local onde foi realizada a captura não houver autoridade policial, o capturado deve ser apresentado à do lugar mais próximo (art. 308, CPP).

Destaque-se ainda que autoridade policial não detém exclusivamente a atribuição de presidência da lavratura do auto. Outras autoridades, em determinadas situações e no exercício de suas atribuições, também podem conduzir à elaboração do auto de prisão em flagrante (art. 4º, parágrafo único, CPP). A súmula nº 397 do STF corrobora este entendimento, ressaltando: "O poder de polícia da câmara dos Deputados e do Senado Federal, em caso de crime cometido nas suas dependências, compreende, consoante o regimento, a prisão em flagrante e a realização do inquérito".

É possível ainda que o crime seja praticado na presença da autoridade, ou contra esta, quando do exercício de suas funções. Nestes casos, deve constar do auto, "a narração deste fato, a voz de prisão, as declarações que fizer o preso e os depoimentos das testemunhas, sendo tudo assinado pela autoridade, pelo preso e pelas testemunhas e remetido imediatamente ao juiz a quem couber tomar conhecimento do fato delituoso, se não o for a autoridade que houver presidido o auto" (art. 307, CPP). Percebe-se claramente que não haverá a figura do condutor, afinal o fato ocorreu na presença da autoridade. Em sendo o próprio magistrado, a exemplo da ocorrência de desacato, ele estará impedido de figurar como juiz da causa, por ter comprometida a imparcialidade (art. 252, CPP). Adverte Mirabete que tal permissão "só se refere às pessoas que podem presidir inquéritos ou ações penais, e não a qualquer uma, ainda que seja autoridade (poder de requisitar, de determinar etc.). Nesta hipótese, o funcionário deverá encaminhar o preso à autoridade competente para o inquérito"[33]. Portanto, entendemos que os membros do MP, ao presidirem inquérito, como o inquérito civil, e se deparando com situação de flagrância, poderiam encampar a lavratura do auto, atendidos os requisitos objetivos, quais sejam, crime praticado na presença da respectiva autoridade ou contra esta, durante o exercício funcional. Todavia, a matéria está longe de ser pacífica, havendo quem, como Heráclito Mossin, afaste veementemente a atribuição dos membros do Ministério Público, restringindo a prerrogativa às autoridades policial e judiciária, na dicção do art. 307, do CPP[34].

A autoridade vai se valer do escrivão para a lavratura do auto, e na falta ou impedimento deste, qualquer pessoa poderá ser designada, prestando o devido compromisso legal (art. 305, CPP).

6. PROCEDIMENTOS E FORMALIDADES

Como pontua Luiz Flávio Gomes, "a prisão em flagrante conta com quatro momentos distintos:

33. MIRABETE, Julio Fabbrini. *Código de processo penal interpretado*. 11.ed. São Paulo: Atlas, 2003. p. 772.
34. MOSSIN, Heráclito Antônio. *Comentários ao código de processo penal*. São Paulo: Manole, 2005. p. 608.

(a) captura do agente (no momento da infração ou logo após a sua realização);

(b) sua condução coercitiva até à presença da autoridade policial (ou judicial);

(c) lavratura do auto de prisão em flagrante; e

(d) recolhimento ao cárcere"[35].

A procedimentalização do flagrante encontra então a sua evolução desde a captura do infrator, quando este é dominado, levado à autoridade para autuação, com a realização das formalidades necessárias, e se encerra com o recolhimento ao xadrez, nas hipóteses em que não se admite a liberação imediata do indivíduo, como na prestação de fiança perante a autoridade policial.

Neste contexto, especial atenção é prestada ao aspecto formal, com a documentação da prisão efetuada em razão da captura, sendo o auto de prisão em flagrante justamente a peça que materializa tal autuação. Vejamos agora o passo a passo que desaguará na lavratura do auto:

(a) A autoridade, antes de lavrar o auto, deve comunicar à família do preso ou pessoa por ele indicada a ocorrência da prisão (art. 5º, LXIII, 2ª parte, CF). A providência é imperativa e sua falta implica nulidade absoluta do auto de prisão em flagrante, só sendo afastada essa sanção quando o preso se omite em indicar familiar ou pessoa de sua confiança quando instado a tanto[36]. Além da comunicação incontinenti à família ou à pessoa indicada pelo preso, a prisão deve ser comunicada imediatamente ao juiz competente e ao Ministério Público (art. 306, *caput*, CPP).

(b) Oitiva do condutor: aquele que levou o preso até a presença da autoridade será ouvido, sendo suas declarações reduzidas a termo, colhida a assinatura, e a ele será entregue cópia do termo e recibo de entrega do preso. Este recibo tem feição nitidamente acautelatória, assegurando a fácil comprovação de que o preso foi entregue a autoridade, eximindo o condutor, a partir dali, de qualquer responsabilidade.

(c) Oitiva das testemunhas: na sequência, serão ouvidas as testemunhas que tenham algum conhecimento do ocorrido, e que acompanham o condutor. Suas declarações serão reduzidas a termo, e colhidas as respectivas assinaturas. Como a lei fala no plural, é pacífico o entendimento que precisam ser ao menos duas as testemunhas, chamadas de numerárias. Não há proibição de que policiais sirvam como testemunhas para a lavratura do auto de flagrante. Advirta-se também que nesta fase não há contradita.

Se eventualmente só existir uma testemunha do ocorrido, nada impede que o condutor funcione como a segunda, caso tenha conhecimento das circunstâncias do fato. Já se não existirem testemunhas, ainda assim não haverá impedimento para realização do auto de prisão em flagrante. Neste caso, serão utilizadas duas pessoas que tenham testemunhado a apresentação do preso à autoridade. Estas testemunhas, chamadas de instrumentais ou indiretas, nada conhecem do delito, sendo utilizadas como uma maneira de integralizar a formalidade do ato, pela ausência de testemunhas do fato.

35. GOMES, Luiz Flávio; BIANCHINI, Alice; CUNHA, Rogério Sanches; OLIVEIRA, William Terra de. *Nova lei de drogas comentada*. São Paulo: RT, 2006. p. 214-215.

36. GRINOVER, Ada Pellegrini; GOMES FILHO, Antonio Magalhães; FERNANDES, Antonio Scarance. *As nulidades no processo penal*. 12. ed. São Paulo: RT, 2011. p. 273.

(d) Oitiva da vítima, quando possível: em que pese a lei ser omissa quanto à oitiva da vítima nesta fase, é de bom tom que seja ouvida, prestando sua contribuição para o esclarecimento do fato e para a caracterização do flagrante. Lembremos que nos crimes de ação penal privada e pública condicionada a representação, sem a autorização da vítima, não haverá a possibilidade da lavratura do auto de flagrante, sendo sua contribuição essencial.

(e) Oitiva do conduzido: a lei (art. 304, CPP) fala em interrogatório do acusado, o que é uma evidente impropriedade, afinal ainda não existe imputação nem processo. O preso será ouvido, assegurando-se o direito ao silêncio (art. 5º, LXIII, CF/1988). Na senda protetiva da primeira infância, o § 4º do art. 304, do CPP, preconiza que, da lavratura do auto de prisão em flagrante, deverá constar a informação sobre a existência de filhos, respectivas idades e se possuem alguma deficiência e o nome e o contato de eventual responsável pelos cuidados dos filhos, indicado pela pessoa presa. Segue-se a necessidade de se ter essa circunstância nos autos, mormente quando imposta medida cautelar cerceadora de liberdade do autuado. Admite-se a presença do advogado, contudo, não é imprescindível à lavratura do auto. Nada impede que o delegado autorize a realização de reperguntas. Se não o fizer, não há ilegalidade, afinal nesta fase impera a inquisitoriedade, não havendo contraditório ou ampla defesa. As declarações do conduzido serão reduzidas a termo, colhendo-se a respectiva assinatura. Deve-se anotar que a prisão em flagrante não impede, por si só, que se reconheça a atenuante da confissão espontânea (art. 65, III, "d", CP), circunstância que poderá ser reconhecida se, por ocasião da sua oitiva, o acusado livremente admitir os fatos que lhe são imputados[37]. Por fim, é possível que o interrogatório não seja realizado por circunstância de força maior, como a hospitalização do suspeito, o que não viciará o flagrante.

(f) Ao final, convencida a autoridade que a infração ocorreu, que o conduzido concorreu para o fato e que se trata de hipótese legal de flagrante delito, determinará ao escrivão que lavre e encerre o auto de flagrante. A toda evidência, não assiste razão para a autoridade determinar a lavratura do auto se não houver lastro legal para tanto, devendo até mesmo apurar a responsabilidade do condutor, se houver algum excesso. Assim, é factível que a autoridade policial relaxe a prisão, liberando o conduzido e deixando de proceder à lavratura do auto. Entendemos que o § 1º do art. 304 deve ser interpretado à luz do *caput*, com a redação que lhe foi dada pela Lei nº 11.113/2005. A lavratura do auto é o termo final, ocorrida após a oitiva dos envolvidos. Não estando convencida a autoridade de que o fato apresentado autorizaria o flagrante, deixará de autuar o conduzido, isto é, não lavrará o auto, **relaxando a prisão,** que já existe desde a captura, e por isso, não mandará recolher o indivíduo ao xadrez (§ 1º), pois a liberdade é de rigor.

Também não permanecerá preso o conduzido quando não houver impedimento ou vedação à concessão de fiança pela autoridade policial (que poderá arbitrá-la nos crimes cuja pena máxima abstrata não exceda quatro anos). Quando a autoridade policial não tiver atribuição para concessão da fiança, ou quando recusá-la ou retardá-la, remeterá os autos ao órgão competente (art. 304, § 1º, CPP). Se requerida a fiança ao juiz, este decidirá em quarenta e oito horas, dispensando-se prévia oitiva do MP. Como se trata de providência que favorece o imputado, entendemos possível a sua concessão de ofício pelo magistrado, mesmo na fase investigativa.

37. STJ – HC 135.666 – Info 464.

Os termos de declaração do condutor e das testemunhas serão anexados ao auto, e este último será assinado pela autoridade e pelo preso. Se o capturado não souber assinar, não quiser ou não puder, esta omissão será suprida pela assinatura de duas testemunhas, que tenham ouvido a leitura do auto na presença do preso (art. 304, § 3º, CPP).

6.1. Nota de culpa

Em cumprimento ao mandamento constitucional do art. 5º, inciso LXIV, a nota de culpa se presta a informar ao preso os responsáveis por sua prisão, além dos seus motivos, contendo o nome do condutor e das testemunhas, sendo assinada pela autoridade (art. 306, § 2º, CPP).

Será entregue em 24 horas da realização da prisão, mediante recibo. Caso o preso se negue a assiná-lo, a antiga redação do parágrafo único do art. 306 previa a utilização de duas testemunhas, que com suas assinaturas, supririam a omissão. Com a nova redação do art. 306, antes dada pela Lei nº 11.449/2007 e, agora, pela Lei nº 12.403/2011, a norma não mais contempla a saída a ser dada em havendo a recusa ou a impossibilidade da assinatura da nota de culpa pelo preso. Entendemos que por analogia ao § 3º do art. 304, a utilização de duas testemunhas continua sendo a solução.

A entrega da nota de culpa é de vital importância para a validade da prisão. Com a nota de culpa, a garantia de informação é assegurada, tendo o preso a cientificação formal dos motivos da prisão, com a indicação dos seus responsáveis e o nome das testemunhas. Neste contexto, a não entrega da nota de culpa, ou a sua entrega a destempo, sem justificativa razoável, pode implicar na ilegalidade da prisão, desaguando em relaxamento (art. 5º, inciso LXV da CF).

6.2. Remessa à autoridade

Além de comunicada imediatamente a prisão ao juiz, ao Ministério Público e à família do preso ou pessoa por ele indicada (art. 306, *caput*, CPP), o Código estatui ainda que, em 24 horas após a realização da prisão, será encaminhado ao juiz competente o auto de prisão em flagrante. Na esteira do entendimento do STJ[38], não haverá vício formal se essa comunicação não atender o prazo fixado no art. 306, § 1º, CPP, constituindo-se o retardo em mera irregularidade, sem o condão de ensejar o relaxamento da segregação cautelar.

De todo modo, o objetivo do dispositivo é que se estabeleça o controle judicial da prisão (art. 5º, LXII, CF), cabendo ao magistrado, em sendo o caso, relaxá-la, ou conceder liberdade provisória, sem prejuízo da evolução do competente inquérito policial. Segundo o STF, não é necessário que o magistrado fundamente a manutenção do flagrante, caso entenda que não é caso de relaxamento ou de liberdade provisória, salvo se o defensor do preso tiver peticionado neste sentido, quando então a denegação do pleito deverá ser fundamentada.

Essa jurisprudência da Suprema Corte, contudo, foi suplantada pela nova redação do art. 310, do Código de Processo Penal, atribuída pela Lei nº 12.403/2011, que estabeleceu providências cogentes a serem adotadas pelo juiz que receber o auto de prisão em flagrante. Desse modo, recebendo o auto de prisão, apresentam-se ao magistrado as seguintes hipóteses:

38. STJ – Quinta Turma – HC 149.875 – Rel. Min. Feliz Fischer – DJe 31/05/2010.

1) deve relaxar a prisão, se eivada de ilegalidade;

2) se presentes os requisitos do art. 312, CPP, deve converter a prisão em flagrante, fundamentadamente (art. 315, CPP), em prisão preventiva, se insuficiente ou inadequada outra medida cautelar menos gravosa ao agente (art. 319, CPP);

3) deve conceder liberdade provisória, com ou sem fiança, atendidos os respectivos requisitos legais. Nada impede a concessão de liberdade provisória sem qualquer vinculação, quando desnecessária a aplicação de medida cautelar cumulativa (art. 319, CPP).

Ressalte-se que a segunda hipótese (conversão em prisão preventiva) dependerá de representação da autoridade policial ou de requerimento do Ministério Público, já que a Lei nº 12.403/2011 vedou a decretação ***ex officio*** da prisão preventiva na fase de investigação (item 7.5).

A lei não fala em vistas do auto de flagrante ao Ministério Público (que deve ser comunicado da prisão imediatamente, nos termos do *caput*, do art. 306, CPP), em que pese resoluções dos Tribunais de Justiça fazerem previsão neste sentido. Na Lei de Tóxicos, contudo, cópia do auto de flagrante será remetida ao magistrado imediatamente, que dará vista ao MP em 24 horas (art. 50).

A depender do que disponha a norma estadual, a distribuição do auto de flagrante previne o juízo.

Prevê ainda o art. 306, em seu § 1º (com redação dada pela Lei nº 12.403/2011), que cópia integral do auto de flagrante será encaminhada à Defensoria Pública toda vez que o autuado não informar o nome de seu advogado. Esta previsão, inserida inicialmente pela Lei nº 11.449/2007, é por demais salutar, afinal os defensores, em regra, só tomavam conhecimento da prisão quando o processo já estava em curso, no momento em que eram nomeados a atuar no caso. Isso se deve em muito ao desconhecimento do papel da Defensoria Pública, onde a família dos presos, notadamente aqueles mais humildes, acaba não sabendo a quem recorrer. Com a remessa dos autos ao defensor, este imediatamente poderá tomar as medidas adequadas ao caso, seja requerendo o relaxamento da prisão, se ilegal, ou pleiteando a liberdade provisória.

Somos partidários que esta medida deve ser estendida, por analogia, a todas as modalidades de prisão cautelar cabíveis na fase do inquérito policial, sempre que o preso não tenha advogado. Assim, decretada a prisão temporária ou a preventiva na fase pré-processual, pois na fase processual já existe obrigatoriamente advogado, e declarando o preso que não está assistido, deve o magistrado encaminhar ao defensor público cópia do mandado de prisão, para que este tome as medidas que entender cabíveis.

Percebe-se que a lei não fala em preso pobre, e sim naquele que não tem advogado. Desta forma, atuando a Defensoria Pública e apurando-se posteriormente que o preso tem condição financeira, deve o juiz arbitrar honorários, a serem depositados em fundo em favor da Instituição.

6.3. Audiência de custódia

Audiência de custódia é a providência que decorre da imediata apresentação do preso ao juiz. Esse encontro com o magistrado oportuniza um interrogatório para fazer valer direitos fundamentais assegurados à pessoa presa. Deve-se seguir imediatamente após à efetivação da providência cerceadora de liberdade. É "interrogatório de garantia" que torna possível ao autuado informar ao juiz suas razões sobre o fato a ele atribuído. Ao cabo, é meio de controle judicial acerca da licitude das prisões.[39]

Não há, no Código de Processo Penal, a previsão expressa de uma audiência de custódia para a pessoa presa em flagrante.

Todavia, a audiência de custódia faz parte do ordenamento jurídico brasileiro, com base no item 5, do artigo 7º, do Pacto de São José da Costa Rica, que reza, em sua primeira parte, que "toda pessoa presa, detida ou retida deve ser conduzida, sem demora, à presença de um juiz ou outra autoridade autorizada por lei a exercer funções judiciais". Tem ela o condão de garantir a audiência do preso com o magistrado competente dentro de um prazo de vinte e quatro horas. Encontra supedâneo em diplomas internacionais ratificados pelo Brasil.

A audiência de custódia tem sido reconhecida como instrumento de controle do excessivo uso do cárcere, constatável pelo aumento progressivo do número de pessoas presas. A propósito, a Comissão Interamericana de Direitos Humanos exarou relatório que, levando em conta que o Brasil possui a quarta maior população carcerária do mundo (726.712 presos), destacou que "um dos principais avanços para reduzir seu uso – e que representa uma boa prática em nível regional – é a implementação de audiências de custódia, o que pode permitir a redução da taxa de determinação da prisão preventiva em casos de flagrância. Quanto ao crescente número de encarceramento de mulheres, a CIDH ressaltou a incorporação da perspectiva de gênero na implementação da prisão domiciliar com a decisão da Segunda Turma do STF, de fevereiro de 2018, que concedeu essa medida a mulheres e adolescentes em prisão preventiva que estejam grávidas, com filhos e filhas de até 12 anos de idade, ou sejam responsáveis por pessoas com deficiência"[40].

A Defensoria Pública da União tem suscitado a necessidade de audiência de custódia, inclusive estabelecendo diretrizes para o exercício de seu mister[41].

A audiência de custódia é cabível também em favor de quem tenha sido preso temporariamente ou preventivamente. O Pacto de São José da Costa Rica não restringe tal direito ao preso em flagrante.

Depois de inaugurada polêmica acerca de sua existência no ordenamento jurídico, o Supremo Tribunal Federal reconheceu expressamente o interrogatório de garantia, em favor do autuado preso em flagrante[42].

---

39. Também se pode conceituar a audiência de custódia como o direito que a pessoa presa possui de ser conduzida, sem demora, à presença de uma autoridade judicial (magistrado), que, por sua vez, irá analisar se os direitos fundamentais dessa pessoa foram respeitados; se a prisão em flagrante foi legal ou se deve ser relaxada (art. 310, I, do CPP), se a prisão cautelar deve ser decretada (art. 310, II do CPP) ou se o preso poderá receber a liberdade provisória (art. 310, III do CPP) ou medida cautelar diversa da prisão (art. 319).
40. CIDH. *Relatório:* observações preliminares da visita *in loco* da CIDH ao Brasil. Disponível em: <http://www.oas.org/es/cidh/prensa/comunicados/2018/238OPport.pdf>. Acesso em: 13 dez. 2018; STF. Notícias: audiência de custódia e prisão domiciliar de mães e gestantes são destaques de relatório da CIDH. Disponível em: <http://www.stf.jus.br/portal/cms/verNoticiaDetalhe.asp?idConteudo=395865>. Acesso em: 13 dez. 2018.
41. DPU – Audiência pública: audiência de custódia: disponível em: <http://www.defensoria.sp.gov.br/dpesp/Repositorio/23/Documentos/Custodia_folder_final2.pdf>. Acesso em: 22 mar. 2015.
42. BRASIL. Supremo Tribunal Federal. Pleno. ADI 5240/SP. Relator: Ministro Luiz Fux. Julgado em: 20 ago. 2015. Disponível em: <http://www.stf.jus.br/arquivo/informativo/documento/informativo795.htm>. Acesso em: 23 set. 2015.

Pensamos, de forma mais ampla, que a audiência de custódia ou interrogatório de garantia pode se apresentar como uma autodefesa do suposto autor do fato, mesmo se tiver sido a ele imposta medida cautelar diversa da prisão no interregno de 24 horas a contar da prisão.

Dessa maneira, o juiz pode melhor decidir a providência cautelar cabível e sua proporcionalidade (art. 282, CPP), notadamente em relação às medidas diversas que implicam certa restrição da liberdade, a exemplo da proibição de se ausentar da comarca ou do recolhimento domiciliar noturno (art. 319, IV e V, CPP)[43].

No entanto, a fixação do âmbito de cabimento da audiência de custódia tem sido bem restrita. O Conselho Nacional de Justiça celebrou termos de cooperação técnica, sendo o de nº 16 firmado com o Conselho de Justiça Federal, e o de nº 7, com o Ministério da Justiça e o Instituto de Defesa do Direito de Defesa.

Ficou assentado como objeto daqueles instrumentos conjugar esforços para a implantação do "Projeto audiência de custódia", como forma de "fomentar e viabilizar a operacionalização da apresentação de pessoa(s) presa(s) ou detida(s) em flagrante delito à autoridade judiciária, no prazo máximo de 24 horas após a sua prisão ou detenção".

As limitações impostas ao instituto consistem no seu cabimento só em relação à prisão em flagrante e na permissão de que a apresentação não se dê imediatamente ou sem demora. A expressão "sem demora" é de natureza um tanto vaga. A demora passaria a existir depois de quanto tempo? Uma hora, duas horas, um dia ou uma semana?

Em certa medida, entendemos que o autorizativo (não legislativo) se afasta do comando do Pacto de São José da Costa Rica no ponto que estabelece que o preso deve ser apresentado "sem demora", vale dizer, imediatamente. Aquele Pacto, tendo *status* legal (convencional), tido por "supralegal" pelo Supremo Tribunal Federal, deve prevalecer para que o preso seja, urgentemente, conduzido à presença do magistrado.

Os termos de cooperação técnica aludidos apontam objetivos que realçam a necessidade da audiência de custódia, mormente: (1) conferir aplicabilidade às normas de direito internacional já integradas ao ordenamento jurídico internacional, tais como as consignadas no Pacto Internacional de Direitos Civis e Políticos (art. 9º, item 3ª) e no Pacto de São José da Costa Rica (art. 7, item 5º); (2) efetivar as garantias sufragadas no art. 310, do Código de Processo Penal, referentemente à pessoa presa em flagrante; (3) aprimorar os mecanismos de persecução penal estatal e de prevenção de delitos de tortura (Lei nº 9.455/1997); (4) reestruturar o sistema de justiça criminal, incentivando a utilização e o acompanhamento de medidas cautelares diversas da prisão; e (5) impulsionar o enfoque restaurativo, coletando dados do impacto das medidas cautelares diversas da prisão, alternativas à prisão provisória.

A audiência de custódia retrata o permeio do princípio da dignidade da pessoa humana no direito processual penal. Trata-se de um modo de humanização da persecução penal estatal, apta à sua democratização tendente tanto a coibir a tortura, quanto a promover o debate sobre a necessidade da prisão. No Brasil, tramita o Projeto de Lei nº 554/2011, visando sua regulamentação.

43. No mesmo sentido: ROBERTO, Welton. *Paridade de armas no processo penal*. Belo Horizonte: Fórum, 2011. p. 123.

Deve ser destacado que, na audiência de custódia, o juízo preliminar exercido é o de validade da prisão, sob os critérios de exigibilidade, de adequação e de justa medida. A teor do art. 310, CPP, o juiz deve verificar se é o caso de relaxá-la por ilegalidade, converter o flagrante em prisão preventiva ou impor liberdade provisória, com a possibilidade de sua substituição por medidas alternativas. Não deve haver qualquer definição sobre o mérito da causa, sob pretexto de celeridade ou para efeito de coisa julgada contra o imputado. A abreviação do rito não deve implicar supressão dos prazos, que são essenciais ao exercício do direito de defesa.

Em caso concreto examinado pela Primeira Turma do STF, verificou-se que o relaxamento da prisão em flagrante, na audiência de custódia, teve, por supedâneo, a atipicidade da conduta, cuja decisão não foi objeto de recurso do Ministério Público. Aí advém a indagação: há coisa julgada material *favor rei* dessa decisão, apesar de tomada em audiência de custódia? O *habeas corpus* impetrado recebeu menor eficácia pela Primeira Turma do STF (por maioria), na linha de jurisprudência defensiva, malgrado encartado no rol dos direitos e garantias individuais fundamentais (art. 5°, CF). Ficou, na oportunidade, consignada a denegação do *writ*, no bojo do qual se discutia formação de coisa julgada relativamente à declaração de atipicidade da conduta pelo magistrado plantonista, sem que o Ministério Público tivesse interposto recurso, embora tivesse oferecido denúncia pelo mesmo fato. O *habeas corpus* objetivava extinguir a ação penal, sem resolução do mérito (trancamento). Foi, de tal modo, denegada a ordem, considerando que a decisão vazada naqueles termos na audiência de custódia, não constitui deliberação de mérito para efeito de coisa julgada e que a atipicidade da conduta apontada pelo juiz plantonista, naquela oportunidade, foi utilizada como fundamento para o relaxamento da prisão[44].

Há previsão de que tal audiência possa ser realizada por videoconferência no corpo desse Projeto. Sobre o ponto, concordamos com Aury Lopes Júnior e Caio Paiva quando apontam que tal praxe economicista pode findar por frustrar objetivos importantes do "interrogatório de garantia", posicionando-se contrariamente à futura previsão legislativa[45]. Nos termos do Projeto, que colima acrescer parágrafos ao art. 306, do Código de Processo Penal, o preso deve ser conduzido à presença do juiz no prazo máximo de 24 horas, ocasião em que deve ser apresentado o auto de prisão em flagrante completo, com oitivas de depoentes e nota de culpa.

Melhor seria que o projeto deixasse expresso o amplo cabimento da audiência de custódia, vale dizer, não só para os casos de prisão em flagrante, mas para toda e qualquer prisão provisória (preventiva e temporária). Aliás, também para os casos de imposição de medida cautelar, haja vista que ela geralmente é providência subsequente à prisão, persistindo os mesmos objetivos do interrogatório de garantia, especialmente a prevenção de infrações penais relacionadas à tortura.

Em síntese, haverá maior incidência da dignidade humana se a audiência de custódia não se limitar aos casos de possibilidade de conversão da prisão em flagrante em

44. STF – HC 157.306/SP, rel. Min. Luiz Fux, julgamento em 25.9.2018 – Informativo 917, de 24 a 28 de setembro de 2018 – verbete "Audiência de custódia e trancamento da ação penal".

45. LOPES JÚNIOR, Aury; PAIVA, Caio. Audiência de custódia e imediata apresentação do preso ao juiz: rumo à evolução civilizatória do processo penal. *Revista Liberdades* [IBCCrim], São Paulo, p. 5, 2015. Disponível em: <http://www.revistaliberdades.org.br/site/outrasEdicoes/outrasEdicoesExibir.php?rcon_id=209>. Acesso em 07 nov. 2015.

preventiva (art. 310, II, CPP). O artifício de conceder medida cautelar diversa da prisão antes de decorridas as 24 horas da prisão em flagrante, para evitar a realização da audiência de custódia mitiga, indevidamente, o alcance do Pacto de São José da Costa Rica, resvalando em inconstitucionalidade (para quem entende que se trata de norma constitucional) ou ilegalidade (para os que reputam tratar-se de norma supralegal, na esteira do STF).

O Ministério Público deve, obrigatoriamente, intervir na audiência de custódia. Entendemos que a ausência não somente de intimação, mas também da intervenção do *Parquet*, implica nulidade absoluta do ato, a teor do art. 564, III, "d", do CPP, contaminando a prisão em flagrante. Isso porque a audiência de custódia, com todas as providências comunicativas, seguidas da aplicação do art. 310, do CPP, deve integrar o ato complexo que é a prisão em flagrante, não se convalidando com a conversão de tal cautela prisional em preventiva na fase extraprocessual, decretada de ofício pelo juiz[46]. STF[47] e STJ[48], contudo, seguem entendendo que a alegação de nulidade em razão da não realização da audiência de custódia fica superada depois de decretada a prisão preventiva.

Nesse sentido, Pierre Souto Maior descreve que "a realização de audiência de custódia, apenas presentes juiz e autuado; a atuação de ofício, pelo juiz, na fase inquisitorial, para a decretação de prisão preventiva; a audiência de instrução e julgamento, sem a presença do Ministério Público, e a dispensa das alegações finais deste órgão são atos processuais atípicos, produtores de nulidade absoluta"[49].

Também o ilustre jurista adverte, apropriadamente, que há violação de competência, dentre outros caros princípios constitucionais, se o juiz, na audiência de custódia, resolve concentrar todos os atos da instrução e, de logo, profere sentença condenatória: "não poderia, o juiz de custódia, suprimir a competência dos juízos das varas criminais (varas comuns, especializadas e até do Tribunal do Júri), realizando instruções ou sentenciando". Ademais – prossegue Pierre Souto Maior – "o 'julgamento' sumário, suprimindo prazos, ritos e formas, viola o devido processo legal, na sua mais básica expressão do contraditório e ampla defesa"[50].

46. *ALENCAR, Rosmar Rodrigues. Teoria da nulidade no processo penal. São Paulo: Noeses, 2016. p.621-640.*

47. *"O reconhecimento de que o direito subjetivo do reclamante à realização de audiência de apresentação não fulmina a prisão preventiva e a respectiva fundamentação, porquanto a situação jurídica não pode ser reparada, uma vez que já se transcorreu mais de 24 (vinte e quatro) horas após a realização do flagrante, circunstância que torna prejudicada a presente ação sob o prisma da impossibilidade fática de revolvimento temporal". (STF – Primeira Turma – Rcl 26244 AgR, Rel. Min. Luiz Fux – DJe-175 – 08-08-2017).*

48. *"Quanto à não realização da audiência de custódia, convém esclarecer que, com o decreto da prisão preventiva, a alegação de nulidade fica superada. Isso porque a posterior conversão do flagrante em prisão preventiva constitui novo título a justificar a privação da liberdade, restando superada a alegação de nulidade decorrente da ausência de apresentação do preso ao Juízo de origem" (STJ – HC 415.266/SP – Quinta Turma – Rel. Min. Reynaldo Soares da Fonseca – DJe 13/11/2017).*

49. *AMORIM, Pierre Souto Maior Coutinho do. Fragmentos jurisprudenciais de um processo inquisitivo. Empório do direito. Disponível em: <http://emporiododireito.com.br/backup/fragmentos-jurisprudenciais-de-um-processo-inquisitivo-por-pierre-souto-maior-coutinho-de-amorim/>. Acesso em: 28 nov. 2017.*

50. A crítica aventada pelo processualista recaiu sobre o Enunciado nº 29, do Fórum Nacional de Juízes Criminais que, querendo substituir o legislador, editaram que "a audiência de custódia poderá concentrar os atos de oferecimento e recebimento da denúncia, citação, resposta à acusação, suspensão condicional do processo e instrução e julgamento". Cuida-se, como se infere, de uma proposição ilícita e inconstitucional. Sobre anotações à Resolução-CNMP nº 181/2017: JARDIM, Afrânio Silva; AMORIM, Pierre Souto Maior Coutinho de. *Direito processual penal:* estudos, pareceres e crônicas. 15. ed. Salvador: Juspodivm, 2018. p.905-910.

7. PRISÃO PREVENTIVA

7.1. Conceito

É a prisão de natureza cautelar mais ampla, sendo uma eficiente ferramenta de encarceramento durante toda a persecução penal, leia-se, durante o inquérito policial e na fase processual. Até antes do trânsito em julgado da sentença admite-se a decretação prisional, por ordem escrita e fundamentada da autoridade judicial competente (art. 5º, inciso LXI da CF), desde que presentes os elementos que simbolizem a necessidade do cárcere, pois a preventiva, por ser medida de natureza cautelar, só se sustenta se presentes o lastro probatório mínimo a indicar a ocorrência da infração, os eventuais envolvidos, além de algum motivo legal que fundamente a necessidade do encarceramento.

Admite-se a decretação da preventiva até mesmo sem a instauração do inquérito policial, desde que o atendimento aos requisitos legais seja demonstrado por outros elementos indiciários, como os extraídos de procedimento investigatório extrapolicial.

A preventiva é medida de exceção, devendo ser interpretada restritivamente, para compatibilizá-la com o princípio da presunção de inocência (art. 5º, inciso LVII da CF), afinal, o estigma do encarceramento cautelar é por demais deletério à figura do infrator.

7.2. Pressupostos

Para a decretação da preventiva é fundamental a demonstração de prova da existência do crime, revelando a veemência da materialidade, e indícios suficientes de autoria ou de participação na infração (art. 312, *caput, in fine,* CPP).

Temos a necessidade de comprovação inconteste da ocorrência do delito, seja por exame pericial, testemunhas, documentos, interceptação telefônica autorizada judicialmente ou quaisquer outros elementos idôneos, impedindo-se a segregação cautelar quando houver dúvida quanto à existência do crime.

Quanto à autoria, são necessários apenas indícios aptos a vincular o indivíduo à prática da infração. Não se exige a concepção de certeza, necessária para uma condenação. A lei se conforma com o lastro superficial mínimo vinculando o agente ao delito.

Os pressupostos da preventiva materializam o ***fumus commissi delicti*** para decretação da medida, dando um mínimo de segurança na decretação da cautelar, com a constatação probatória da infração e do infrator (justa causa). Assim, insistimos:

a) prova da existência do crime: a materialidade delitiva deve estar devidamente comprovada para que o cerceamento cautelar seja autorizado;

b) indícios suficientes da autoria: basta que existam indícios fazendo crer que o agente é o autor da infração penal. Não é necessário haver prova robusta, somente indícios.

7.3. As hipóteses de decretação

Não basta, para a decretação da preventiva, a comprovação da materialidade e os indícios de autoria. Além da justa causa, simbolizada pela presença obrigatória destes dois elementos, é necessário que se apresente o fator de risco a justificar a efetividade da medida. As hipóteses de decretação da preventiva dão as razões para a deflagração da constrição à liberdade. Se a prisão, quanto ao seu fundamento, deve estar pautada na extrema necessidade, a legislação preocupou-se em preestabelecer quais os fatores que representam o perigo da liberdade do agente (***periculum libertatis***), justificando a possibilidade do encarceramento.

Não mais existe hipótese de segregação preventiva obrigatória, onde o criminoso, por imposição legal, desmerecendo-se a aferição da necessidade, responderia a persecução penal preso, em razão da gravidade do delito, quando a pena de reclusão cominada fosse igual ou superior a dez anos (era a antiga previsão do art. 312, CPP). Daí que se, de um lado, a gravidade do crime é vetor interpretativo para se verificar a proporcionalidade da medida cautelar imposta e para se constatar sua adequação, em compasso com o art. 282, II, do CPP (com redação dada pela Lei nº 12.403/2011), não é, de outro, por si só suficiente para fundamentar a prisão preventiva. Vejamos assim quais os fundamentos legais para a preventiva (art. 312, *caput*, CPP), que se consubstanciam no ***periculum libertatis***, integralizando o binômio da medida cautelar:

(a) garantia da ordem pública: não se tem um conceito exato do significado da expressão **ordem pública**, o que tem levado a oscilações doutrinárias e jurisprudenciais quanto ao seu real significado. Em nosso entendimento, a decretação da preventiva com base neste fundamento, objetiva evitar que o agente continue delinquindo no transcorrer da persecução criminal. A ordem pública é expressão de tranquilidade e paz no seio social. Em havendo risco demonstrado de que o infrator, se solto permanecer, continuará delinquindo, é sinal de que a prisão cautelar se faz necessária, pois não se pode esperar o trânsito em julgado da sentença condenatória. É necessário que se comprove este risco. As expressões usuais, porém evasivas, sem nenhuma demonstração probatória, de que o indivíduo é um criminoso contumaz, possuidor de uma personalidade voltada para o crime etc., não se prestam, sem verificação, a autorizar o encarceramento. A mera existência de antecedentes criminais também não seria, por si só, um fator de segurança, afinal, de acordo com a jurisprudência da Suprema Corte, o simples fato de já ter sido indiciado ou processado, implica no reconhecimento de maus antecedentes. Obriga-se assim ao magistrado contextualizar a prisão e seu fundamento. Se os maus antecedentes, ou outros elementos probatórios, como testemunhas e documentos, revelam que o indivíduo pauta o seu comportamento na vertente criminosa, permitindo-se concluir que o crime apurado é mais um, dentro da carreira delitiva, é sinal de que o requisito encontra-se atendido.

Tourinho Filho, fazendo crítica de todo pertinente, ressalta: "'Perigosidade do réu', 'os espalhafatos da mídia', 'reiteradas divulgações pelo rádio ou televisão', tudo, absolutamente tudo, ajusta-se àquela expressão genérica 'ordem pública'. E a prisão preventiva, nesses casos, não passa de uma execução sumária. O réu é condenado antes de ser julgado, uma vez que tais situações nada têm de cautelar"[51].

"Quando se decreta a prisão preventiva como 'garantia da ordem pública', o encarceramento provisório não tem o menor caráter cautelar. É um rematado abuso de autoridade e uma indisfarçável ofensa à nossa Lei Magna, mesmo porque a expressão 'ordem pública'

51. TOURINHO FILHO, Fernando da Costa. *Processo penal*. São Paulo: Saraiva, 2003. v.III. p. 509.

diz tudo e não diz nada"[52]. Para o ilustre autor a preventiva fundamentada pela conveniência da ordem pública é incompatível com a CF, ferindo a presunção de inocência, sendo verdadeira cláusula aberta, em lídima antecipação de pena.

Nucci, emprestando interpretação diversa, assevera que a "garantia da ordem pública deve ser visualizada pelo trinômio ***gravidade da infração*** + ***repercussão social*** + ***periculosidade do agente***"[53]. Assim, a gravidade da infração, a repercussão que esta possa atingir, com a indignação social e a comoção pública, colocando em xeque a própria credibilidade do Judiciário, e a periculosidade do infrator, daquele que por si só é um risco, o que se pode aferir da ficha de antecedentes, ou da frieza com que atua, poderiam, em conjunto ou separadamente, autorizar a segregação cautelar.

Filiamo-nos, como já destacado, à corrente intermediária, conferindo uma interpretação constitucional à acepção da ordem pública, acreditando que ela está em perigo quando o criminoso simboliza um risco, pela possível prática de novas infrações, caso permaneça em liberdade. Destarte, a gravidade da infração ou a repercussão do crime não seriam fundamentos idôneos à decretação prisional. Cabe ao técnico a frieza necessária no enfrentamento dos fatos, e se a infração impressiona por sua gravidade, é fundamental recorrer-se ao equilíbrio, para que a condução do processo possa desaguar na punição adequada, o que só então permitirá a segregação. Caso contrário, estaríamos antecipando a pena, em verdadeira execução provisória, ferindo de morte a presunção de inocência.

Nem se diga que a liberdade do infrator durante a persecução poderia afetar a imagem da Justiça. Ora, o sentimento popular não pode pautar a atuação judicial com repercussão tão gravosa na vida do agente. A política de "boa vizinhança" com a opinião pública ou com a imprensa não pode levar ao descalabro de colocarmos em tábula rasa as garantias constitucionais, em prol da falaciosa sensação de segurança que o encarceramento imprimiria[54]. A imagem do Judiciário deve ser preservada, com a condução justa do processo, não cabendo ao réu suportar este ônus com a sua liberdade.

Advirta-se, por fim, que a preventiva não poderá ser decretada para preservação da integridade do próprio suspeito, por medo de que seja linchado ou assassinado por familiares da vítima. A toda evidência, a prisão não pode significar fator de preservação da integridade física do criminoso, cabendo ao Estado promover as condições necessárias para assegurá-la. Sob outra ótica, como vincando pelo STF, "ainda que graves, fatos antigos não autorizam a prisão preventiva, sob pena de esvaziamento da presunção de não culpabilidade". Ademais, é vedado o uso da custódia preventiva como meio de compelir o imputado a devolver valores auferidos ilicitamente ou, ainda, "a reparar o dano, o que deve ser objeto de outras medidas cautelares de natureza real, como o sequestro ou arresto de bens e valores que constituam produto do crime ou proveito auferido com sua prática"[55].

52. TOURINHO FILHO, Fernando da Costa. *Processo penal*. São Paulo: Saraiva, 2003. v.III. p. 510.
53. NUCCI, Guilherme de Souza. *Manual de processo penal e execução penal*. 3. ed. São Paulo: RT, 2007. p. 547.
54. Nesse sentido, Marcelo Semer enfatiza que "a jurisdição penal não pode estar submetida a um julgamento de popularidade, devendo o juiz, sobretudo, evitar o linchamento processual ou decidir de acordo com os instintos mais vingativos da 'opinião pública'" (SEMER, Marcelo. *Princípios penais no estado democrático*. São Paulo: Estúdio, 2014. p. 107).
55. STF – Reclamação 24.506/SP – Rel. Min. Dias Toffoli – Informativo nº 913, de 27 a 31.8.2018 – Verbete "Reclamação e concessão de 'habeas corpus' de ofício" – Transcrições. No caso, concedeu-se *habeas corpus* de ofício para ratificar a revogação da prisão preventiva imposta à reclamante, bem como foi a ordem estendida aos demais investigados especificados, conforme art. 580, do CPP.

Destoando da orientação de não se admitir prisão provisória sem fundamento cautelar, o STF decidiu, por maioria, que é cabível a execução provisória de pena. Divergiu, desse modo, do seu posicionamento anterior que, com esteio no princípio da presunção de não culpabilidade, vedava a prisão do condenado (execução provisória de pena) sem que ela encontrasse fundamento nas hipóteses de decretação de prisão preventiva (art. 312, CPP)[56]. Pensamos que a base do julgado se arrimou em argumentos inconstitucionais, bem como que o art. 637, do CPP, está revogado tacitamente pela Constituição. Esse dispositivo, que dita que "o recurso extraordinário não tem efeito suspensivo, e uma vez arrazoados pelo recorrido os autos do traslado, os originais baixarão à primeira instância, para a execução da sentença", encontra óbice no postulado do estado de inocência. Em outras palavras, julgamos ser mais adequada a posição dos ministros vencidos que, como o Min. Celso de Melo, concluiu pela liberdade provisória de condenado por homicídio, em razão da ausência de motivo para sua prisão cautelar[57]. A decisão foi objeto de divergências entre os ministros, com o desfecho de reconhecimento de repercussão geral, para que produza efeitos gerais (ARE 964.246)[58].

Nesse contexto, Rubens Casara analisa, sob perspectiva crítica, o retorno do prestígio da prisão como "principal instrumento de manutenção da ordem e repressão dos delitos" e relaciona essa postura com a ideologia do "conservadorismo político" que pode ser denominada de "neopunitivismo". De um lado, percebe-se "com forte adesão de atores jurídicos, em especial em Estados que se encontram inseridos em uma tradição autoritária e nesse contexto optam por soluções de força em detrimento do conhecimento". De outro, nota-se que "os direitos e garantias passam a ser vistos como óbices à eficiência estatal no combate à criminalidade", para satisfazer, antecipadamente, o "desejo de punir as pessoas a quem se atribui a prática de um crime"[59].

(b) conveniência da instrução criminal: tutela-se a livre produção probatória, impedindo que o agente destrua provas, ameace testemunhas, ou comprometa de qualquer maneira a busca da verdade. Deve-se com isso imprimir esforço no atendimento ao devido processo legal, que é expressão de garantia, na faceta da justa e livre produção do manancial de provas.

(c) garantia de aplicação da lei penal: evita-se aqui a fuga do agente, impedindo o sumiço do autor do fato, que deseja eximir-se de eventual cumprimento da sanção penal. Deve haver demonstração fundada quanto à possibilidade de fuga. A mera conjectura[60], ou a possibilidade em razão da condição econômica do réu, não são, isoladamente, fatores suficientes para arregimentar a prisão. A mera ausência do réu ao interrogatório, por si só, mesmo que

56. STF. Informativo nº 814, de fevereiro de 2016 (Pleno – HC 126292/SP – Rel. Min. Teori Zavascki – 17/02/2016).
57. STF. Concedida liminar em *habeas corpus* por violação ao princípio da presunção de inocência. Disponível em: <http://www.stf.jus.br/portal/cms/verNoticiaDetalhe.asp?idConteudo=320306>. Acesso em 25 jul. 2016.
58. Cuidou-se de decisão tomada em "Plenário virtual", no ARE 964.246: "O Tribunal, por unanimidade, reputou constitucional a questão. O Tribunal, por unanimidade, reconheceu a existência de repercussão geral da questão constitucional suscitada. No mérito, por maioria, reafirmou a jurisprudência dominante sobre a matéria, vencidos os Ministros Celso de Mello, Dias Toffoli, Marco Aurélio e Ricardo Lewandowski. Não se manifestou a Ministra Rosa Weber".
59. STF – Reclamação 24.506/SP – Rel. Min. Dias Toffoli – Informativo nº 913, de 27 a 31.8.2018 – Ver-bete "Reclamação e concessão de 'habeas corpus' de ofício" – Transcrições. No caso, concedeu-se *habeas corpus* de ofício para ratificar a revogação da prisão preventiva imposta à reclamante, bem como foi a ordem estendida aos demais investigados especificados, conforme art. 580, do CPP.
60. STF – Segunda Turma – HC 157.604/RJ – Rel. Min. Gilmar Mendes – j. 21.8.2018.

não justificada, não autoriza a decretação da preventiva. No Estado Democrático de Direito, é inconstitucional ameaças ao direito de ficar calado, pelo que também estão proibidas as conduções coercitivas do imputado para o seu interrogatório[61].

(d) garantia da ordem econômica: hipótese acrescentada ao CPP pela Lei nº 8.884/1994 (Lei Antitruste), visando coibir os abusos à ordem econômica, ou seja, evitar que o indivíduo, se solto estiver, continue a praticar novas infrações afetando a ordem econômica. Poderíamos citar como exemplo condutas tipificadas na própria Lei Antitruste, onde no art. 20, prevê:

> I – limitar, falsear ou de qualquer forma prejudicar a livre concorrência;
>
> II – dominar mercado relevante de bens ou serviços.

Existindo ameaça demonstrada de que o agente, solto, continuaria delinquindo e abalando a ordem econômica, a medida poderia se afigurar necessária.

Perceba-se a absoluta ociosidade do dispositivo, afinal, havendo temor da prática de novas infrações, afetando ou não a ordem econômica, já haveria o enquadramento na expressão maior, que é a garantia da ordem pública. A ordem econômica estaria enquadrada num contexto macro, que é o da preservação da ordem pública, não havendo a necessidade de disposição expressa neste sentido.

É de se ressaltar ainda que a Lei nº 7.492/1986, tratando dos crimes contra o sistema financeiro nacional, prevê, em seu art. 30, que nos crimes nela previstos, a preventiva poderá ser decretada, afora as hipóteses do art. 312 do CPP, em razão da magnitude da lesão causada pela infração. Ao que parece, coadunando o entendimento majoritário, que o fundamento não se sustenta, afinal, a necessidade do cárcere não pode estar pautada na magnitude da lesão, que é consequência do crime e não justificativa prisional[62]. Todavia, nos tribunais, esta hipótese prisional ainda subsiste[63].

(e) descumprimento de qualquer das obrigações impostas por força de outras medidas cautelares (art. 282, § 4º, CPP): trata-se de caso acrescentado ao CPP, em face do caráter subsidiário da prisão preventiva (medida cautelar extrema).O legislador reformador previu várias medidas cautelares, menos gravosas ao direito de liberdade do acusado (art. 319, CPP), que devem preferir à prisão preventiva (medida residual, subsidiária) e que são impostas se atendidos os pressupostos gerais do art. 282 do Código. Uma vez descumprida, percebe-se que a medida cautelar em tela pode não se revelar adequada ou suficiente ao caso, admitindo-se a sua substituição ou cumulação com outra, ou em último caso, a decretação da preventiva, desde que o delito praticado comporte a medida, já que, de regra, a preventiva só é admitida para os crimes dolosos com pena superior a quatro anos (art. 313, I, CPP).

Deve-se assegurar ao imputado o contraditório e a ampla defesa prévios, atendendo-se assim ao devido processo legal. Ressalve-se apenas os casos de urgência ou de perigo de ineficácia da medida, quando o contraditório será diferido.

---

61. STF – Pleno – ADPF's 395/444-DF – Rel. Min. Gilmar Mendes – julgado em 13 e 14.6.2019 – Informativo nº 906, de 11 a 15 de junho de 2018.
62. MOREIRA, Rômulo. *Curso temático de direito processual penal*. Salvador: Juspodivm, 2009. p. 364.
63. HC 2005.04.01.015120-3/PR.

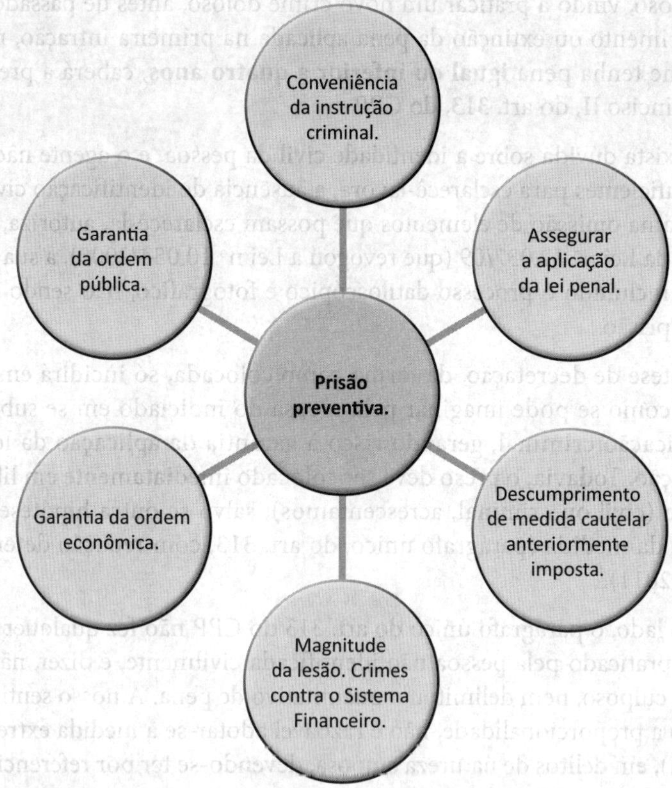

7.4. Infrações que comportam a medida

Resta ainda a necessidade de identificar quais as infrações que comportam a decretação da prisão preventiva (art. 313, CPP). Sendo o encarceramento cautelar medida de exceção, o legislador restringiu o cabimento da preventiva a uma gama restrita de delitos, senão vejamos:

> A preventiva só tem cabimento na persecução penal para apuração de crime doloso, cuja pena, via de regra, seja superior a quatro anos (art. 313, I, CPP, com redação determinada pela Lei nº 12.403/2011). Os crimes culposos e as contravenções penais, neste parâmetro inicial, não admitem a prisão preventiva. A lei é intransigente, restringindo aos crimes dolosos (com pena de reclusão ou detenção superior a quatro anos), o âmbito de incidência desta medida prisional. Daí se conclui que nem todos os crimes dolosos admitem a preventiva, senão vejamos.

A preventiva se reserva a abarcar os crimes dolosos mais graves (pena superior a quatro anos), independentemente de ser apenado com reclusão ou detenção. Esta é a regra. Excepcionalmente, contudo, a preventiva terá cabimento aos crimes dolosos menos expressivos, com pena menor que quatro anos, nas seguintes hipóteses:

- quando o réu já foi condenado por crime doloso, em sentença transitada em julgado, sendo aplicável o período depurador da reincidência (art. 64, I, CP): tratando-se de infrator reincidente, ou seja, já condenado em sentença transitada em julgado por crime doloso, vindo a praticar um novo crime doloso, antes de passados cinco anos do cumprimento ou extinção da pena aplicada na primeira infração, mesmo que o novo crime tenha pena **igual ou inferior a quatro anos**, caberá a preventiva, com esteio no inciso II, do art. 313, do CPP.

- quando exista dúvida sobre a identidade civil da pessoa, e o agente não fornece elementos suficientes para esclarecê-la: ora, a ausência de identificação civil idônea, e a insistência na omissão de elementos que possam esclarecê-la, autoriza, com amparo no art. 3º da Lei nº 12.037/09 (que revogou a Lei nº 10.054/2000), a sua identificação criminal, incluindo o processo datiloscópico e fotográfico, não sendo caso, a nosso sentir, de prisão.

Esta hipótese de decretação, da forma como colocada, só incidirá em situação excepcional, tal como se pode imaginar pela recusa do indiciado em se submeter, inclusive, à identificação criminal, gerando risco à garantia da aplicação da lei penal ou a própria instrução. Todavia, o preso deve ser colocado imediatamente em liberdade após a identificação (civil ou criminal, acrescentamos), salvo se outra hipótese recomendar a manutenção da medida (parágrafo único, do art. 313, com redação determinada pela Lei nº 12.403/2011).

Por outro lado, o parágrafo único do art. 313 do CPP não fez qualquer referência ao tipo de delito praticado pela pessoa não identificada civilmente, é dizer, não especificou se é doloso ou culposo, nem delimitou o quantitativo de pena. A nosso sentir, e mais uma vez invocando a proporcionalidade, não é razoável adotar-se a medida extrema (segregação preventiva), em delitos de natureza culposa, devendo-se ter por referência os próprios incisos do art. 313 do CPP.

- se o crime envolver violência doméstica e familiar, no objetivo de garantir a execução das medidas protetivas de urgência: esta hipótese foi inserida pelo art. 42 da Lei nº 11.340/2006 (Lei Maria da Penha), no intuito de dar maior efetividade às medidas protetivas, disciplinadas nos artigos 22, 23 e 24 do referido diploma normativo. Estas são medidas administrativas visando a proteção da mulher, de cunho nitidamente cautelar, com caráter obrigacional, imprimindo uma série de imposições ao agressor, como o afastamento do lar, proibição de aproximação da ofendida, implemento de alimentos provisórios ou provisionais, etc. Seguindo essa tendência, e ampliando a proteção aos hipossuficientes no seio familiar de forma não restrita à mulher, a Lei nº 12.403/2011 deu nova redação ao inciso III, do art. 313, do Código, para assentar o cabimento da segregação preventiva quando a violência doméstica e familiar envolver não só a mulher, como também a criança, o adolescente, o idoso, o enfermo a as pessoas com deficiência, assegurando-se mais uma vez o nítido objetivo da implementação das medidas protetivas urgentes.

Ressalta Rômulo Moreira que se revela "mais um absurdo e uma inconstitucionalidade da Lei Maria da Penha. Permite-se que qualquer que seja o crime (doloso), ainda que apenado com detenção (uma ameaça, por exemplo), seja decretada a prisão preventiva, bastando que estejam presentes o ***fumus commissi delicti*** (indícios da autoria e prova da existência do crime – art. 312, CPP) e que a prisão seja necessária para garantir a execução das medidas protetivas de urgência. A lei criou, portanto, este novo requisito a ensejar a prisão preventiva. Não seria mais necessária a demonstração daqueles outros requisitos (garantia da ordem pública ou econômica, conveniência da instrução criminal e aplicação da lei penal, além da magnitude da lesão causada – art. 30 da Lei nº 7.492/1986, que define os crimes contra o Sistema Financeiro Nacional)"[64]. Conclui assim o autor que a preventiva não teria cabimento por esse fundamento.

Entretanto, mais uma vez o legislador busca ampliar os tentáculos do punitivismo, desta vez, com a criação de figura incriminadora sob o nome de "crime de descumprimento de medidas protetivas de urgência", disposta no art. 24-A, inserido à Lei Maria da Penha pela Lei nº 13.641, de 3 de abril de 2018. Vale dizer, o descumprimento de medida protetiva de urgência agora tem previsão nesse tipo especial, afastando condutas assemelhadas que estejam previstas em outros diplomas legais penais (*ne bis in idem* e incidência de regras sobre conflitos normativos aparentes de dispositivos penais). No entanto, em tese, e sem descurar do critério de proporcionalidade e das críticas apontadas acima, será possível aplicar, ao agressor que desatende medida protetiva de urgência imposta judicialmente – seja proveniente de juízo civil ou criminal -, notadamente as seguintes providências: (1) substituição, revisão ou acréscimo da(s) medida(s) imposta(s) por outra(s) de maior eficácia (§§ 2º e 3º, do art. 19, da Lei nº 11.340/2006); (2) adoção de providências cabíveis na órbita policial (a autoridade policial poderá lavrar autuação em flagrante delito e instaurar inquérito policial, por exemplo), sendo vedado ao delegado de polícia, contudo, arbitrar fiança; (3) adoção de medidas cíveis, com ajuizamento de ação nova ou formulação de requerimento acidental em demanda em tramitação; e (4) decretação de prisão preventiva, se atendidos concretamente seus requisitos legais, observados os limites quanto a sua iniciativa (ao juiz deve ser vedada a decretação de medidas cautelares *ex officio*, máxime na fase de investigação preliminar).

De outro giro, limitando os excessos legislativos, a Sexta Turma, do Superior Tribunal de Justiça, avivou que "a prática de contravenção penal, no âmbito de violência doméstica, não é motivo idôneo para justificar a prisão preventiva do réu". Decerto, permitir que a prisão preventiva tenha lugar de maneira generalizada, como pretendeu o legislador da Lei nº 11.340/2006, resvala em desproporcionalidade, com nítido afastamento da noção de justa medida para a imposição de medida cautelar[65].

Rechaçamos a hipótese da preventiva figurar como verdadeira prisão de cunho obrigacional, para imprimir efeito coativo à realização das medidas protetivas. E dizemos isso pela própria previsão do § 3º do art. 22, Lei nº 11.340/2006, autorizando ao magistrado valer-se da força policial, a qualquer tempo, para dar efetividade às medidas protetivas, sem para isso ter que decretar prisão cautelar. Da mesma forma, o § 4º do referido dispositivo invoca a aplicação da legislação processual civil, na parte que trata das ferramentas de coação para dar efetividade às obrigações de fazer ou de não fazer, como imposição de multa, busca e apreensão, remoção de pessoas e coisas, etc. O CPC/2015 outorga a possibilidade de aplicação de *astreinte* (multa) em face do sujeito incumbido de cumprir obrigação, se necessária à sua satisfação, sem prejuízo de outras

64. MOREIRA, Rômulo de Andrade. A Lei Maria da Penha e suas inconstitucionalidades. *Artigo doutrinário*, 2007.
65. Essa decisão foi tomada por maioria de votos, colhida do Informativo 632, do STJ, de 28.9.2018 (Sexta Turma – HC 437.535-SP, Rel. Min. Maria Thereza de Assis Moura, Rel. Acd. Min. Rogerio Schietti Cruz, por maioria, julgado em 26/06/2018, DJe 02/08/2018).

providências que prevê (art. 77, IV, § 2º). A multa é periódica e incidirá enquanto não cumprida integralmente a medida protetiva (obrigação). Como, em regra, o valor da multa para tal escopo é inestimável (eis que não há parâmetro máximo do "valor da obrigação" nesse campo), deve o juiz estabelecer o montante máximo que será devido à pessoa lesada com o descumprimento. O que exceder o montante arbitrado deve ser destinado à unidade da Federação onde se situa o juízo no qual tramita o processo ou à União, sendo inscrito como dívida ativa.

Alijamos, desse modo, a possibilidade da prisão preventiva funcionar como verdadeira prisão de cunho obrigacional, ou seja, descartamos a viabilidade da prisão preventiva poder ser decretada como forma de coerção ao cumprimento de medidas protetivas de urgência que obrigam o agressor, nos termos da Lei nº 11.340/2006. Isso porque a autorização de força policial para dar efetividade às medidas protetivas não é previsão equivalente à determinação de prisão cautelar (§ 3º, do art. 22, Lei nº 11.340/2006), sendo cabível a incidência de multa e de outros meios coercitivos mencionados acima.

Entendemos que durante a persecução penal por crime de violência doméstica (essencialmente dolosos), para que tenha cabimento a preventiva, os pressupostos desta medida devem estar presentes, leia-se, indícios de autoria e prova da materialidade (***fumus commissi delicti***), além de uma das hipóteses de decretação, quais sejam, garantia da ordem pública, econômica, conveniência da instrução ou ainda para evitar fuga. Estas são as hipóteses legais autorizadoras. O descumprimento de uma medida protetiva pelo infrator durante a persecução, pode revelar que ele, se solto permanecer, continuará a delinquir, ofendendo a ordem pública, o que caracterizaria o atendimento ao requisito legal autorizador de decretação da segregação cautelar. O desatendimento de uma medida protetiva, por via transversa, pode desaguar na necessidade da prisão, se enquadrável em uma das hipóteses de decretação do art. 312 do CPP. Se não for assim, o dispositivo é insustentável.

Por força do art. 21 da Lei nº 11.340/2006, a ofendida deve ser informada do ingresso e saída do agressor do cárcere, justamente para não ser tomada de surpresa, podendo novamente ser vitimada.

Antes do advento da Lei nº 12.403/2011, existia a hipótese de decretação da preventiva para o caso de criminoso reputado vadio: pelo texto do art. 59 do Decreto-lei nº 3.688/41, vadio é aquele que vem a entregar-se "habitualmente à ociosidade, sendo válido para o trabalho, sem ter renda que lhe assegure meios bastantes de subsistência, ou prover própria subsistência mediante ocupação lícita". Pelo texto anterior do Código, caso o vadio praticasse crime apenado meramente com detenção (antes a preventiva era passível de ser decretada, em regra, para crimes punidos com reclusão), e presentes o ***fumus boni juris*** e o ***periculum in mora***, admitia-se a decretação da preventiva. A ideia que norteava a admissibilidade da preventiva nessa hipótese era consagrar tratamento mais áspero não por aquilo que o indivíduo cometeu, mas sim pelo seu modo de vida, revelando um direito penal voltado ao autor, e não ao fato delituoso por ele praticado, numa seleção comezinha para o cabimento de medida tão agressiva quanto à preventiva, o que não resistia ao filtro constitucional. Com a modificação do art. 313 e com a revogação expressa do inciso IV, do art. 323, do CPP, pelo art. 4º, da Lei nº 12.403/2011, ficou clara a supressão da vadiagem como critério para a aplicação de medidas cautelares, quaisquer que sejam elas.

INFRAÇÕES QUE COMPORTAM A PRISÃO PREVENTIVA (ART. 313)	
Antes da Lei nº 12.403/2011	**Após a Lei nº 12.403/2011**
Crimes dolosos punidos com reclusão	Crimes dolosos com pena máxima cominada maior que 4 anos (inc. I)
Crimes dolosos punidos com detenção se o réu for vadio ou não tiver fornecido elementos para identificação	Quando houver dúvida sobre a identidade civil da pessoa ou quando esta não fornecer elementos suficientes para esclarecê-la (art. 313. p. único)
Reincidente em crime doloso, respeitado o período depurador	Reincidente em crime doloso, respeitado o período depurador (inc. II)
Em caso de violência doméstica e familiar contra a mulher, para assegurar as medidas protetivas de urgência.	Em caso de violência doméstica e familiar contra a mulher, criança, adolescente, idoso, enfermo ou pessoa com deficiência, para garantir a execução das medidas protetivas de urgência (inc. III)

7.5. Decretação e sistema recursal

A prisão preventiva é medida cuja decretação é de competência do juiz, sempre por decisão fundamentada (art. 315, CPP), que terá lugar:

1) em qualquer fase da investigação (inquérito policial ou procedimento de apuração preliminar equivalente), sempre por provocação de um dos legitimados, é dizer, MP ou autoridade policial. Não é mais possível a decretação ***ex officio*** na fase investigativa, respeitando-se o sistema acusatório e afastando definitivamente a figura do juiz inquisidor. Por outro lado, como o querelante e o assistente de acusação não são figurantes na fase investigativa, sua atuação deve estar reservada à etapa processual;

2) em qualquer fase do processo penal, de ofício ou por provocação do legítimo interessado (Ministério Público, assistente, querelante ou por representação da autoridade policial). Nada impede que durante o processo a autoridade policial perceba a prática de atos que simbolizem risco à persecução penal, como a reiteração de delitos que afrontem a ordem pública, representando ao juiz pela decretação da preventiva. Por outro lado, insere-se agora a figura do assistente de acusação como legitimado, ganhando papel de destaque na persecução penal, atuando ao lado do MP na persecução pública, e nos interesses desta, podendo pleitear a preventiva.

A preventiva terá cabimento durante toda a persecução, tanto nos crimes de ação pública, quanto nos de ação penal privada, desde que atendidos os requisitos legais (arts. 312 e 313, CPP). Nos Tribunais, a medida poderá ser tomada pelo relator, nos crimes de competência originária, seja nos Tribunais Superiores (art. 2º, parágrafo único da Lei nº 8.038/1990 c/c art. 311, CPP), nos TJs ou nos TRFs (Lei nº 8.658/1993).

Nada impede que uma vez relaxada a prisão em flagrante, pelo não enquadramento da situação fática em uma das hipóteses legais, ou pelo desatendimento das formalidades essenciais na lavratura do auto, que seja decretada, na sequência, a preventiva, se atendidas todas as exigências legais e se não for mais adequado uma das medidas cautelares não privativas de liberdade (art. 319, CPP).

Quando a prisão em flagrante era relaxada por excesso prazal, não era razoável decretar-se, na sequência, a preventiva, afinal, o tempo de encarceramento cautelar é que passava a ser decisivo para a ilegalidade, não cabendo trocar uma medida por outra. Essa advertência perdeu a razão de ser, afinal, uma vez homologado o auto de flagrante, para que o cárcere persista, o flagrante deverá ser convertido em preventiva, o que ocorre nas 24 horas após a captura. Dessa forma, a preventiva é que justificará a manutenção do agente recluso.

A preventiva é absolutamente incompatível com o instituto da liberdade provisória, seja ela com ou sem fiança. Sendo cabível a liberdade provisória, é porque não estão presentes os requisitos da medida cautelar. E se estiverem presentes os requisitos da preventiva, incompatibilizada está a liberdade provisória.

A medida não poderá ser executada em até cinco dias antes e quarenta e oito horas depois das eleições (art. 236 do Código Eleitoral).

Quanto ao sistema recursal, as decisões interlocutórias sobre o tema prisão e liberdade curiosamente são recorríveis quando desfavoráveis ao pleito carcerário. Se favorecerem o cárcere, em regra, não caberá recurso, devendo a defesa valer-se da ação de *habeas corpus*. Senão vejamos: se o juiz de primeiro grau indeferir requerimento de prisão preventiva, ou revogar a medida, colocando o agente em liberdade, as duas decisões, favorecendo o ***status libertatis***, podem ser combatidas através do recurso em sentido estrito (art. 581, V, CPP), que apreciado pelo tribunal competente, poderá desaguar na decretação da medida.

E se a preventiva já existente for substituída por medida cautelar não privativa de liberdade? Em que pese a ausência de disciplina expressa, havendo irresignação da acusação, entendemos cabível recurso em sentido estrito, por analogia ao que ocorre quando o juiz revoga a preventiva (inc. V, art. 581, CPP).

Já se o juiz negar o pedido de revogação da preventiva, ou decretá-la, estas decisões, por ausência de previsão legal, não comportam recurso, cabendo a defesa invocar a ação de *habeas corpus*.

Se a deliberação é do relator, nas hipóteses de competência originária dos Tribunais, caberá o recurso de agravo, no prazo de cinco dias, como averba o art. 39 da Lei nº 8.038/1990.

7.6. Fundamentação

O art. 315 do CPP exige fundamentação da decisão (interlocutória) que decreta, substitui por outra medida cautelar ou denega a prisão preventiva. Tal exigência decorre também do princípio constitucional da motivação das decisões judiciais (art. 93, IX, CF). O magistrado está obrigado a indicar no mandado os fatos que se subsumem à hipótese autorizadora da decretação da medida. Decisões vazias, com a simples reprodução do texto da lei, ou que impliquem meras conjecturas, sem destacar a real necessidade da medida pelo perigo da liberdade, não atendem à exigência constitucional, levando ao reconhecimento da ilegalidade da prisão.

No entanto, não é necessário que a decisão seja extensa, advirta-se. Basta que de forma objetiva o magistrado demonstre o preenchimento dos requisitos legais, extraídos dos autos do inquérito ou do processo, que contribuíram para a formação do seu convencimento. Tem-se admitido, contudo, que o juiz arrime a decisão com os fundamentos trazidos na representação da autoridade policial ou na representação do Ministério Público (fundamentação ***per relationem***). Entendemos que esta é uma discussão estéril, pois se o pedido dos órgãos da persecução pela decretação da medida está amparado por elementos extraídos dos autos, basta que o magistrado se valha daquilo que já foi compilado pelo promotor ou pelo delegado, indicando a fonte. Se não houver tal amparo, estando o requerimento baseado em especulações, a toda evidência, não poderá o magistrado valer-se de tais elementos, e se o fizer, a prisão será ilegal.

Faltando fundamentação e uma vez impetrado *habeas corpus*, não haverá a convalidação da preventiva e supressão da omissão pelas informações prestadas pela autoridade ao Tribunal. A fundamentação deve existir no momento em que a preventiva foi decretada. Não havendo, o prejuízo é presumido, não podendo o Tribunal manter a medida, no curso da apreciação do HC, por se conformar com as informações prestadas pela autoridade coatora.

Examinando caso de prisão preventiva por tráfico de pequena quantidade de *cannabis sativa*, o STF considerou genérica e insuficiente a fundamentação de decisão que decretou prisão cautelar. Para conceder *habeas corpus*, no entanto, foram usados argumentos não cautelares, quais sejam, a pouca nocividade da substância entorpecente apreendida (maconha) e que "a prisão de jovens pelo tráfico de pequena quantidade de maconha é mais gravosa do que a eventual permanência em liberdade, pois serão fatalmente cooptados ou contaminados por uma criminalidade mais grave ao ingressarem no ambiente carcerário"[66].

Em arremate, interessa frisar a necessidade de fundamentação das decisões judiciais como garantia fundamental constitucional, como forma de assegurar o caráter democrático do processo, viabilizando o controle dos julgados, bem como de maximizar a compreensão dos fatos narrados nos autos. Com essa visão, Ovídio Araújo Baptista da Silva sublinha ainda uma outra base da motivação das decisões judiciais, não menos importante que aquela: "é a que decorre da necessidade de que nossa formação jurídica dogmática seja superada, através do reconhecimento de que o direito não pode submeter-se aos princípios epistemológicos das ciências naturais e menos ainda das matemáticas"[67].

7.7. Revogação

A prisão preventiva, como medida cautelar, irá flutuar ao sabor da presença ou ausência dos elementos que autorizariam a decretação. É movida pela cláusula ***rebus sic stantibus***, assim, se a situação das coisas se alterar, revelando que a medida não é mais necessária, a revogação é obrigatória. Deve o magistrado revogar a medida, de ofício, ou por provocação, sendo historicamente desnecessária a prévia oitiva do Ministério Público, que era apenas intimado da decisão judicial, para se desejasse, apresentar o recurso cabível à espécie. Agora, entretanto, o contraditório prévio deve ser respeitado, ressalvada a urgência, normalmente ínsita a situação prisional (art. 282, § 3º, CPP). Uma vez presentes novamente os permissivos legais, nada obsta a que o juiz a decrete novamente, quantas vezes se fizerem necessárias (art. 316, c/c o § 5º, do art. 282, CPP).

A título de exemplo, se o réu foi preso preventivamente porque estava contaminando a instrução criminal em face de ter ameaçado testemunhas, demonstrando a defesa que este risco não mais existe porque todas as provas já foram colhidas, a preventiva deverá ser revogada. Nada impede que seja novamente decretada se a acusação demonstrar que

66. STF – Primeira Turma – HC 140379/RJ, rel. Min. Marco Aurélio, red. p/ o ac. Min. Roberto Barroso, julgamento em 23.10.2018 – Informativo 921, de 22 a 26 de outubro de 2018.

67. SILVA, Ovídio Araújo Baptista da. *Jurisdição, direito material e processo*. Rio de Janeiro: Forense, 2008. p. 137.

existe um risco iminente de fuga, e neste caso, a medida estaria embasada na garantia da aplicação da lei penal.

A seu turno, se a prisão preventiva é temporalmente excessiva, ofendendo a razoável duração da prisão cautelar, ela se transforma em medida tipicamente ilegal, impondo-se o relaxamento. O expediente judicial de relaxar a prisão (temporalmente excessiva) e renovar o decreto alterando os fundamentos do cárcere preventivo não deve ser tolerado.

É uma via indireta que fragiliza a garantia constitucional, afinal, o excesso de tempo deve ser interpretado pelo cômputo geral de permanência no cárcere cautelar, e não pela individualização dos fundamentos da preventiva, como se fossem considerados de maneira estanque. Assim, se o réu está detido para preservação da instrução criminal, e a prisão é relaxada por excesso de tempo, não cabe ao juiz, na sequência, renovar o decreto prisional para garantir a ordem pública. Seria desconsiderar o critério objetivo suscitado para reconhecer a legalidade, qual seja, a razoável duração do cárcere, que foi desatendida, independente do embasamento que justificou a manutenção da segregação. Em sentido contrário ao aqui esposado, o STF já admitiu a substituição dos fundamentos para manutenção do cárcere cautelar, mesmo com anterior relaxamento por excesso de tempo, pautando-se na necessidade de preservação da ordem pública, notadamente após a decretação da sentença condenatória, negando assim ao réu o direito de recorrer em liberdade[68].

7.8. Apresentação espontânea

Como já ressaltado anteriormente (item 3.2.10), a apresentação espontânea do agente à autoridade ilide a prisão em flagrante, por ausência de previsão legal autorizando o flagrante nestas situações. Nada impede, uma vez presentes os requisitos legais, que se represente pela decretação da prisão preventiva (malgrado não mais disponha nesse sentido o art. 317, CPP, essa possibilidade decorre da lógica do sistema), ou até mesmo pela temporária (Lei nº 7.960/89).

A antiga redação do art. 318 do CPP, suplantada pela Lei nº 12.403/2011, previa ainda, como benefício da apresentação espontânea, que a apelação de eventual sentença absolutória feita pela acusação não teria efeito suspensivo, permitindo que aquele que se apresentou espontaneamente permanecesse em liberdade na fase recursal. Este dispositivo já tinha perdido a razão de existir em face da redação do art. 596, do CPP, dada pela Lei nº 5.941/1973, eis que, ocorrendo sentença absolutória, o réu será imediatamente colocado em liberdade, independentemente de sua apresentação espontânea ou não, o que é corroborado com a redação do inc. II, parágrafo único, do art. 386, dada pela Lei nº 11.690/08, asseverando que com a sentença absolutória, o magistrado "ordenará a cessação das medidas cautelares e provisoriamente aplicadas".

O registro aqui consignado a respeito da redação do art. 318 do CPP, na redação originária disposta no CPP de 1941, é histórico. Com o advento da Lei nº 12.403/2011, o Código de Processo Penal não disciplina mais a apresentação espontânea e seus efeitos, por ser regramento desnecessário, levando em conta o sistema processual penal vigente baseado no "estado de inocência". No lugar da apresentação espontânea, os artigos 317 e 318 do CPP passaram a cuidar da prisão domiciliar, estudada mais adiante.

---

68. *HC 103881, rel. Min. Dias Toffoli, 31.8.2010. 1ª T. (Info 598).*

7.9. Preventiva *versus* excludentes de ilicitude

Se pela análise dos autos percebe-se que o agente atuou sob o manto de uma excludente de ilicitude (art. 23, CP), a preventiva não será decretada (art. 314, CPP). Trata-se de causa impeditiva à decretação da medida prisional. A preventiva deve ser encarada como medida excepcional, e em havendo elementos que façam crer estar a conduta justificada pela lei, como ocorre na legítima defesa, ela não terá cabimento. Não só as excludentes de ilicitude previstas na parte geral do Código Penal estariam elencadas, mas também, por analogia (art. 3º, CPP) as previstas na parte especial e na legislação extravagante.

De *lege ferenda*, e nos valendo mais uma vez da analogia, entendemos que as causas que afastam a culpabilidade também obstariam a segregação cautelar preventiva, afinal, se é provável a absolvição, em razão da presença das justificantes ou das dirimentes, não há razão para o cárcere. É nesse sentido que milita Heráclito Mossin[69].

Não é necessário um juízo de certeza quanto à presença das excludentes. Bastariam apenas indícios (***fumus boni juris***) que convencessem o julgador.

	PRISÃO PREVENTIVA	FUNDAMENTO
Natureza jurídica	Medida cautelar de natureza pessoal	–
Pressupostos	*Fumus comissi delicti* (prova da existência do crime + indícios suficientes de autoria) *Periculum libertatis* (art. 312, *caput*)	Art. 312 e art. 282, ambos do CPP.
Hipóteses de decretação	Garantia da ordem pública Garantia da ordem econômica Conveniência da instrução criminal Assegurar a aplicação da lei penal	Art. 312 do CPP
	Descumprimento de medida cautelar pessoal anteriormente imposta	Art. 312, p. único, e art. 282, § 4º, ambos do CPP.
	Magnitude da lesão causada	Art. 30, Lei nº 7.492/86
Infrações que comportam a medida	Crimes dolosos com pena máxima cominada superior a 4 anos; Agente reincidente em crime doloso, respeitado o art. 64, I, CP; Crime envolvendo violência doméstica e familiar contra a mulher, criança, adolescente, idoso, enfermo ou pessoa com deficiência, para garantir a execução das medidas protetivas de urgência; Dúvida sobre identidade civil da pessoa ou esta não fornece elementos para seu esclarecimento.	Art. 313, CPP
Prazo	Não há prazo determinado.	–

69. MOSSIN, Heráclito Antônio. *Comentários ao código de processo penal*. São Paulo: Manole, 2005. p. 634.

	PRISÃO PREVENTIVA	FUNDAMENTO
Fundamentação	Específica, amparada nos pressupostos + hipóteses + infrações que comportam a medida.	Art. 315, CPP e art. 93, IX, CF/88
Revogação	Cláusula rebus sic stantibus	Art. 316, CPP
Decretação	Investigação criminal – decretação pelo juiz a requerimento do MP ou representação da autoridade policial; Fase processual – requerimento do MP, requerimento do Querelante, do Assistente de acusação ou decretação de ofício.	Art. 311, CPP
Recurso	Indeferimento do pedido de prisão preventiva	Recurso em sentido estrito (Art. 581, V, CPP)
	Decretação de prisão preventiva	Irrecorrível. Cabível HC (Art. 647, CPP)

8. PRISÃO TEMPORÁRIA

8.1. Conceito

A temporária é a prisão de natureza cautelar, com prazo preestabelecido de duração, cabível exclusivamente na fase do inquérito policial – ou de investigação preliminar equivalente, consoante art. 283, CPP, com redação dada pela Lei nº 12.403/2011 –, objetivando o encarceramento em razão das infrações seletamente indicadas na legislação. A Lei nº 7.960/1989 só indica o cabimento de prisão temporária durante a tramitação de inquérito policial, porém o CPP ampliou o âmbito de incidência da medida cautelar ao disciplinar o seu cabimento durante as investigações, sem restringir-se ao inquérito policial (art. 282, § 2º, CPP).

A temporária está disciplinada na Lei nº 7.960/1989, que substituiu a Medida Provisória nº 111/1989. Aí está a primeira mácula do instituto. A temporária ingressou no ordenamento por iniciativa do executivo, dissociada não só do fator relevância e urgência, essencial às medidas provisórias, e o pior, instituiu-se restrição a um direito fundamental – liberdade ambulatorial –, sem lei no sentido estrito, como ato inerente ao Poder Legislativo. Em que pese a conversão posterior da medida provisória na lei infante, é de se ressaltar que a mácula não se convalida, e a inconstitucionalidade perpetua até os dias atuais, apesar de os nossos tribunais não a reconhecerem, tendo o STF na ADIN 162/DF rejeitado a liminar que poderia sepultar o instituto.

8.2. Decretação

Como não poderia deixar de ser, a temporária está adstrita à cláusula de reserva jurisdicional, e, em face do disposto no art. 2º da Lei nº 7.960/1989, somente pode ser decretada pela autoridade judiciária, mediante representação da autoridade policial ou requerimento do Ministério Público. Ressalte-se de logo, que a temporária **não pode ser decretada de ofício pelo juiz**, pressupondo provocação, afinal, trata-se de medida cautelar inerente a fase investigativa. O mesmo se diga em relação à preventiva, que só poderá ser decretada *ex officio* na fase processual.

A lei não contemplou a vítima como legitimada a requerer a temporária. Na fase do inquérito por crime de iniciativa privada, caberá ao delegado representar pela medida. A lei também não tratou do assistente de acusação, haja vista que, de acordo com suas atribuições, ele não poderia requerer decretação de nenhuma modalidade prisional, como também pelo fato da figura do assistente só existir na fase processual, sendo a temporária ínsita à fase do inquérito.

Com a reforma promovida pela Lei nº 12.403/2011, o assistente do Ministério poderá requerer medida prisional, porém só a **preventiva** (e na fase processual, quando sua atuação se inicia).

8.3. Cabimento

Sendo a cautelaridade da prisão temporária sua tônica, é essencial a presença do ***fumus commissi delicti*** e do ***periculum libertatis*** para que a medida seja decretada, pois estes elementos é que podem denotar a necessidade da prisão. Para a decretação da medida temporária, devem ser atendidos os requisitos específicos, a par dos pressupostos gerais regrados no art. 282, do CPP, com redação determinada pela Lei nº 12.403/2011, que impõe, para a imposição de toda medida cautelar, que seja observado juízo de proporcionalidade a partir:

1) da **necessidade** para aplicação da lei penal, para a investigação ou a instrução criminal e, nos casos expressamente previstos, para evitar a prática de infrações penais; e

2) da **adequação** da medida à gravidade do crime, circunstâncias do fato e condições pessoais do indiciado ou acusado.

O cabimento da prisão temporária é excepcionalíssimo, pelo que, além desses pressupostos, devem ser preenchidos os requisitos específicos para a sua decretação que, com supedâneo no art. 1º da Lei nº 7.960/1989, é admitida nas seguintes hipóteses:

8.3.1. Imprescindibilidade para as investigações do inquérito policial (inciso I)

O dispositivo em exame revela a estrita necessidade para que a temporária seja decretada. Não é a mera conveniência, e sim a essencialidade da medida para que as investigações possam lograr êxito, já que o indiciado, se em liberdade, será um obstáculo ao desvendamento integral do crime, pois a sua liberdade é um risco ao sucesso das diligências. É essencial que este fundamento esteja devidamente demonstrado para que a medida possa ser decretada. Mirabete ressalta que a referida hipótese "permite a prisão não só do indiciado, como também de qualquer pessoa (uma testemunha, por exemplo), já que, ao contrário dos demais incisos do art. 1º, não se refere ele especificamente ao 'indiciado'"[70]. Entendemos que o inciso I deve ser lido em consonância com os demais incisos do art. 1º, e como revelaremos mais adiante, os mesmos obrigatoriamente precisam ser conjugados, o que restringe em absoluto a temporária à figura do indiciado, e a ninguém mais.

Já Marcellus Polastri Lima, manifesta-se no sentido de que a temporária poderia ser decretada não apenas no curso do inquérito policial, mas também dentro de outros procedimentos preliminares de investigação, ressaltando que "como é intuitivo, existem outros procedimentos

70. MIRABETE, Julio Fabbrini. *Processo Penal*. 15. ed. São Paulo: Atlas, 2004. p. 398.

administrativos de apuração de crimes, e não só o inquérito policial. Aplica-se, neste caso, interpretação extensiva do *caput* do art. 1º da Lei, adequando-a, assim, ao sistema processual"[71]. Queremos aqui discordar do ilustre membro do Ministério Público do Rio de Janeiro, não só por entender que a interpretação extensiva em sede de restrição da liberdade não seria cabível, mesmo quanto à indicação do procedimento em que a medida teria cabimento, mas também porque haveria alteração na própria legitimidade para requerer a prisão, afinal, pela referida posição, teríamos que reconhecer que a representação caberia ao presidente da investigação extra-policial, o que de todo não foi contemplado pela Lei nº 7.960/1989.

No entanto, com o advento da Lei nº 12.403/2011, o Código passou a fazer menção ao instituto da prisão temporária quando tratou das espécies de prisão possíveis no sistema pátrio, dispondo, em seu art. 283, que "ninguém poderá ser preso senão em flagrante delito ou por ordem escrita e fundamentada da autoridade judiciária competente, em decorrência de sentença condenatória transitada em julgado ou, **no curso da investigação** ou do processo, **em virtude de prisão temporária** ou prisão preventiva" (grifo nosso).

De tal maneira, a restrição da decretação da prisão temporária à existência de inquérito policial em sentido estrito cede diante do texto vigente do CPP, bastando haver investigação criminal instaurada, tal como pode ocorrer no âmbito do Ministério Público, pelo que se infere a possibilidade de sua decretação a requerimento da autoridade que estiver conduzindo a respectiva investigação. É o que se depreende não só do art. 283, CPP, mas também do art. 282, CPP, que cuida dos pressupostos gerais para a decretação de toda e qualquer medida cautelar, estudados anteriormente (item 7.2.1).

8.3.2. *Indiciado não tem residência fixa ou não fornece elementos para sua identificação (inciso II)*

Supostamente, por estes fundamentos, haveria um risco da investigação não se concretizar, em face do provável desaparecimento do infrator, já que este não possui residência nem está identificado civilmente. Qualquer prisão cautelar só tem cabimento em razão de sua estrita necessidade, sendo o simples fato de o indivíduo não ter residência fixa insuficiente para decretar a medida. Queremos crer que a justificação da prisão temporária neste caso só é possível se houver um risco efetivo do agente fugir. O simples fato de não ter comprovação de residência certa, como no caso de ciganos ou sem terra, que levam uma vida itinerante, não poderia justificar medida tão odiosa quanto a prisão temporária, em face de uma suposta presunção de fuga.

Quanto à ausência de elementos para a identificação civil, o que é comum no interior do país, com famílias inteiras sem nenhum documento de identificação, a saída, dada pela própria Lei nº 12.037/09 (que revogou a Lei nº 10.054/2000), é a realização da identificação criminal, e não a prisão. Ora, se a suposta necessidade da prisão seria a ausência de identificação, realizada esta, desaparecido está o motivo do cárcere. Não cremos viável, ante a ordem constitucional, a prisão temporária pela simples ausência de identificação, devendo a autoridade, em casos deste jaez, proceder a identificação criminal, permanecendo o indiciado em liberdade.

---

71. LIMA, Marcellus Polastri. *A tutela cautelar no processo penal*. Rio de Janeiro: Lumen Juris, 2005. p. 243.

8.3.3. *Quando houver fundadas razões, de acordo com qualquer prova admitida na legislação penal, de autoria ou participação do indiciado nos seguintes crimes relacionados (inciso III)*

O que a legislação procurou fazer foi indicar, de forma taxativa, as infrações que admitem a prisão temporária. Por estratégia legislativa, cabe ao texto legal definir os delitos que a comportam, sem prejuízo que outras leis extravagantes tragam no seu texto a admissibilidade do instituto. Assim temos:

a) homicídio doloso (art. 121, *caput*, e seu § 2º)[72];

b) sequestro ou cárcere privado (art. 148, *caput*, e seus §§ 1º e 2º);

c) roubo (art. 157, *caput*, e seus §§ 1º, 2º e 3º);

d) extorsão (art. 158, *caput*, e seus §§ 1º e 2º);

e) extorsão mediante sequestro (art. 159, *caput*, e seus §§ 1º, 2º e 3º);

f) estupro (art. 213, *caput*, e sua combinação com o art. 223, *caput*, e parágrafo único);

g) atentado violento ao pudor (art. 214, *caput*, e sua combinação com o art. 223, *caput*, e parágrafo único);

Com base no princípio da continuidade normativa típica, o legislador manteve o fato como criminoso, mas alterou sua roupagem (art. 213 alterado pela Lei nº 12.015/2009).

h) rapto violento (art. 219, e sua combinação com o art. 223, *caput*, combinado com o art. 285. Esta figura penal foi extinta pela Lei nº 11.106/2005);

i) epidemia com resultado morte (art. 267, § 1º);

j) envenenamento de água potável ou substância alimentícia ou medicinal qualificada pela morte (art. 270, *caput*, combinado com o art. 285);

l) quadrilha ou bando (art. 288), todos do Código Penal[73];

m) genocídio (artigos 1º, 2º e 3º da Lei nº 2.889, de 1.10.1956), em qualquer de suas formas típicas;

n) tráfico de drogas (correspondendo atualmente aos artigos 33, *caput* e § 1º, além dos artigos 34 a 37 da Lei nº 11.343/2006);

o) crimes contra o sistema financeiro (Lei nº 7.492, de 16.06.1986);

p) é necessário ressaltar ainda que os crimes hediondos – inclusive os de genocídio e de posse ou porte de arma de uso restrito[74] –, bem como os assemelhados, quais sejam,

---

72. Vale lembrar que, no rol dos crimes hediondos, passou a constar o crime de homicídio qualificado pela circunstância de ter sido cometido contra a mulher em virtude da condição de sexo feminino (nova redação do inciso I, do art. 1º, da Lei nº 8.072/1990). Cuida-se do crime de homicídio cometido por "razões de condição de sexo feminino", tais como mediante "violência doméstica e familiar" e "menosprezo ou discriminação à condição de mulher". Tal infração penal ganhou o nome jurídico de "feminicídio", consoante expressa previsão legal no Código Penal, alterado que foi alterado pela Lei nº 13.104/2015 (art. 121, § 2º, VI, CP).

73. Em que pese a Lei nº 7.960/89 empregue a expressão "quadrilha ou bando", a lei nº 12.850/2013 alterou a redação e conteúdo do art. 288 do Código Penal, que passou a se chamar "associação criminosa".

74. Lei dos Crimes Hediondos (Lei nº 8.072/1990) – nova redação dada ao parágrafo único, do seu art. 1º, pela Lei nº 13.497/2017: "Consideram-se também hediondos o crime de genocídio previsto nos arts. 1º, 2º e 3º da Lei nº 2.889, de 1º de outubro de 1956, e o de posse ou porte ilegal de arma de fogo de uso restrito, previsto no art. 16 da Lei nº 10.826, de 22 de dezembro de 2003, todos tentados ou consumados".

tráfico, tortura e terrorismo, mesmo os não contemplados no rol do art. 1º da Lei nº 7.960/1989, por força do § 4º do art. 2º da Lei nº 8.072/1990 (Lei de Crimes Hediondos), são suscetíveis de prisão temporária.

A grande discussão sobre o cabimento da temporária diz respeito ao preenchimento dos elementos que justifiquem a decretação da medida. Será que os incisos do art. 1º acima elencados trabalhariam cada um de forma isolada, sendo bastantes individualmente para decretação da temporária, ou necessário se faz uma conjugação de dispositivos, como antecipado inicialmente? A resposta deve ser extraída das principais posições sobre o tema, abaixo indicadas:

1ª posição: francamente majoritária, admite a temporária com base no inciso III obrigatoriamente, pois ele materializaria a fumaça do bom direito para a decretação da medida (***fumus commissi delicti***), por exigir os indícios da concorrência nas infrações acima aludidas, e além dele, uma das hipóteses dos incisos I ou II: ou é imprescindível para as investigações, ou o indiciado não possui residência fixa, ou não fornece elementos para a sua identificação. Assim, em um esforço esquemático:

Prisão temporária	=	**Inciso III**	+	**Inciso I ou inciso II**

Neste sentido, posicionam-se Guilherme Nucci[75] e Antônio Scarance Fernandes[76].

2ª posição: defendida por Marcellus Polastri Lima[77] e Luiz Flávio Gomes[78], ao fundamento de que os incisos I e III sempre deveriam estar presentes, sendo a temporária decretada se for imprescindível para as investigações, e além disso, existirem indícios da prática de um dos delitos listados legalmente. O inciso II, na visão dos autores, seria meramente complementar, subsidiário, pois a presença dos dois anteriores é sempre obrigatória.

3ª posição: como o texto legal não fez restrições, há entendimento no sentido de que os incisos isoladamente autorizariam a medida. Independente de qual crime praticado, por exemplo, poderia ser decretada a temporária ao argumento de que é imprescindível para as investigações. Neste sentido, o magistério de Mirabete[79].

Prisão temporária	=	**Inciso I**	ou	**inciso II**	ou	**inciso III**

4ª posição: encontramos ainda o entendimento de que para a decretação da temporária os três dispositivos deveriam ser conjugados conjuntamente, o que fatalmente restringiria muito o cabimento do instituto, ao se exigir que no mesmo caso o indiciado se enquadrasse nos três incisos cumulativamente. Esta, inicialmente, a posição de Antonio Scarance Fernandes, de sorte a restringir a admissibilidade da medida. Contudo, o autor,

75. NUCCI, Guilherme de Souza. *Manual de processo penal e execução penal*. 3. ed. São Paulo: RT, 2007. p. 529.
76. FERNANDES, Antonio Scarance. *Processo penal constitucional*. 2. ed. São Paulo: RT, 2000. p. 296-297.
77. LIMA, Marcellus Polastri. *Curso de processo penal*. Rio de Janeiro: Lumen Juris, 2002. v.2. p. 286.
78. GOMES, Luiz Flávio. *Direito processual penal*. São Paulo: RT, 2005. p. 248.
79. MIRABETE, Julio Fabbrini. *Processo Penal*. 15. ed. São Paulo: Atlas, 2004. p. 398-399.

em nova reflexão, mudou de posição, admitindo atualmente a temporária com base no inc. III, conjugado ao inc. I ou ao II[80].

Prisão temporária	=	Inciso I	+	inciso II	+	inciso III

5ª posição: já Vicente Greco entende que a temporária só poderia ser decretada em situações que autorizariam a decretação da preventiva. Seria uma simbiose entre as duas ferramentas cautelares, com equiparação dos seus requisitos.

6ª posição: Elmir Duclerc por sua vez, descortinando o instituto, alia o fundamento da inconstitucionalidade formal, em razão da origem repousar em repugnante medida provisória, ao aspecto da inconstitucionalidade material, já que a temporária "nada tem de cautelar, mas constitui apenas uma odiosa antecipação dos efeitos da sentença condenatória, inconstitucional, portanto"[81].

A nosso sentir, a discussão a ser colocada é a real utilidade da temporária. Os incisos I e II do art. 1º, que simbolizam o perigo da demora para a decretação da medida, podem perfeitamente ser inseridos nas hipóteses que comportariam a decretação da preventiva. Ademais, os crimes que comportam a temporária (inciso III), todos apenados com reclusão, também admitem, em tese, a segregação preventiva. O cardápio de prisões cautelares tem de ser reduzido a sua absoluta necessidade, com fundamentos minimamente consistentes para justificar a necessidade prisional. A zona da temporária é por demais fluida, o que pode ser facilmente demonstrado pela diversidade de posições quanto a sua admissibilidade. Aliado a isso, temos um defeito de forma insuperável, que é o nascedouro do instituto através de medida provisória. Neste contexto, na fase do inquérito policial, para o encarceramento, afora o flagrante, temos que a única medida cabível é a preventiva, se presentes os seus fundamentos, não tendo a temporária guarida constitucional. Com razão o Professor Elmir, em que pese, frise-se, a primeira posição ser prevalente.

8.4. Prazos

A prisão "temporária" é assim adjetivada por ter prazo predefinido em lei quanto à sua duração. É importante atentar que a prisão em flagrante e a preventiva não encontram restrição desta ordem, perdurando, supostamente, enquanto se fizerem necessárias. Já na temporária, o indiciado ao menos saberá o dia em que será liberado, salvo se, ao final do lapso temporal, for decretada a prisão preventiva, o que é plenamente possível, se presentes os requisitos desta medida. A questão prazal está assim distribuída:

8.4.1. Regra geral (art. 2º da Lei nº 7.960/1989)

Cinco dias, prorrogáveis por mais cinco dias em caso de comprovada e extrema necessidade. A prorrogação pressupõe requerimento fundamentado, cabendo ao magistrado

80. FERNANDES, Antonio Scarance. *Processo penal constitucional*. 2. ed. São Paulo: RT, 2000. p. 297.
81. DUCLERC, Elmir. *Curso básico de direito processual penal*. Rio de Janeiro: Lumen Juris, 2006. v.II. p. 178.

deliberar quanto à sua admissibilidade. Não cabe prorrogação de ofício. Na prorrogação, deve o juiz ouvir o MP quando o pedido for realizado pela autoridade policial.

8.4.2. Crimes hediondos e assemelhados

Nos crimes hediondos e assemelhados, quais sejam, tráfico de drogas, terrorismo e tortura (parágrafo 4º, art. 2º, Lei nº 8.072/1990), o prazo da prisão temporária é de 30 dias, prorrogáveis por mais 30 dias, em caso de comprovada e extrema necessidade, atendidas as mesmas formalidades acima destacadas.

Acrescente-se que o prazo da temporária será somado ao prazo que a autoridade policial desfruta para concluir o inquérito policial, dentro da perspectiva de tratamento do indiciado preso. A título de exemplo, se o indiciado está solto numa investigação por crime hediondo, e a autoridade policial, após 20 dias de investigação, representa pela temporária, em sendo a mesma decretada, o delegado ganha mais 30 dias para concluir o inquérito, que estará encerrado no tempo máximo de 50 dias. Se houver prorrogação, somando-se mais 30 dias, vamos a 80 dias. Pergunta-se: e se a autoridade policial concluir o inquérito antes de esgotado o prazo da temporária, enviando os autos ao juízo, a medida perdura pelo prazo restante ou estará automaticamente encerrada? A nosso sentir, como a temporária é ínsita à fase inquisitorial, finalizado o inquérito antes do prazo de encerramento da prisão, a liberdade é de rigor, afinal, os próprios fundamentos da temporária estão ligados ao êxito das investigações. Se o inquérito chegou ao fim, a necessidade da temporária desaparece, e a liberdade é obrigatória, só havendo a manutenção no cárcere, como já ressaltado, se o magistrado decretar a preventiva.

8.5. Procedimento

O procedimento para a decretação da medida é bastante escorreito, imprimindo celeridade na sua tramitação, senão vejamos.

a) Como não se admite a decretação da temporária de ofício, contamos com a provocação da autoridade policial, mediante representação, ou requerimento do Ministério Público.

b) O juiz, apreciando o pleito, tem **24 horas** para, em despacho fundamentado, decidir sobre a prisão, ouvindo para tanto o MP, nos pedidos originários da polícia. Em razão da exiguidade do prazo, prevê o art. 5º da Lei nº 7.960/1989 que em "todas as comarcas e seções judiciárias haverá um plantão permanente de 24 (vinte e quatro) horas do Poder Judiciário e do Ministério Público para apreciação dos pedidos de temporária".

c) Decretada a prisão, o mandado será expedido em duas vias e uma delas, que será entregue ao preso, serve como nota de culpa, justamente para atender ao mandamento constitucional de informar a ele os motivos da prisão e quem são os seus responsáveis.

d) Efetuada a prisão, a autoridade policial informará o preso dos direitos assegurados na CF, entre eles o de permanecer em silêncio, além de assistência da família e de advogado (art. 5º, LXIII, CF);

e) Durante o prazo da temporária, pode o juiz, de ofício, a requerimento do MP ou defensor, "determinar que o preso lhe seja apresentado, solicitar informações e esclarecimentos da autoridade policial e submetê-lo a exame de corpo de delito" (art. 2º, § 3º, Lei nº 7.960/1989).

Por demais salutar a preocupação legal com a fiscalização judicial no transcorrer da prisão, aferindo assim eventual coação do preso temporário, inclusive coibindo a tortura;

f) Decorrido o prazo legal (cinco ou trinta dias, conforme o caso) o preso deve ser posto imediatamente em liberdade, salvo, como já visto, se for decretada a preventiva. A liberdade é imediata, por força da lei, não necessitando o delegado de alvará de soltura para liberar o indiciado. Aliás, deve estar atenta a autoridade policial quanto ao prazo, afinal, por força do art. 4º, alínea "i", da Lei nº 4.898/1965, caso não libere o preso, poderá incorrer em abuso de autoridade.

O preso temporário deve permanecer obrigatoriamente separado dos demais detentos, justamente para evitar as mazelas no contato com os presos definitivos. Esta exigência decorre não só do art. 3º da Lei nº 7.960/1989, mas também da nova redação do art. 300, CPP, dada pela Lei nº 12.403/2011. Afasta-se, assim, a antiga redação do Código, que condicionava separação à existência de estrutura carcerária.

PRINCIPAIS DIFERENÇAS ENTRE A PRISÃO TEMPORÁRIA E A PRISÃO PREVENTIVA	
Prisão Preventiva	**Prisão Temporária**
Disciplinada no CPP	**Disciplina em lei especial – Lei nº 7.960/89**
Cabível na fase pré-processual e na fase processual	Cabível no Inquérito Policial apenas
Prazo indeterminado – cláusula rebus sic stantibus	Prazo determinado – até 5 + 5 / Até 30+ 30.
Investigação criminal – decretação pelo juiz a requerimento do MP ou representação da autoridade policial; Fase processual – requerimento do MP, requerimento do Querelante, do Assistente de acusação ou decretação de ofício.	Decretação pelo Juiz, mediante requerimento do MP ou representação da Autoridade Policial – não cabe decretação de ofício.

9. PRISÃO NA FASE DOS RECURSOS

A prisão antes do trânsito em julgado somente deve ser decretada a título cautelar, segundo dois pilares de sustentação do ordenamento jurídico. O primeiro, o princípio da presunção de inocência, base maior do sistema que veda interpretação tendente a antecipar a formação de culpa. Não impede a prisão cautelar, mas obsta prisões provisórias automáticas. O segundo gizado no art. 283, do Código de Processo Penal, que somente permite prisão antes do trânsito em julgado se presentes os requisitos da custódia preventiva.

Desses dois cânones, podemos concluir que são inconstitucionais e ilegais as prisões que decorram simplesmente da condenação, da pronúncia do réu no rito do Júri ou da confirmação da condenação em segunda instância.

As duas primeiras – conhecidas como prisões decorrentes de sentença condenatória ou de decisão de pronúncia – foram contempladas no texto do CPP, segundo sistemática anterior à reforma processual penal de 2008. A última, a seu turno, passou a ser centro dos debates jurídicos após um período de trégua refratário à denominada execução provisória de pena.

Vejamos cada uma delas

9.1. Prisão decorrente de decisão de pronúncia

A decisão de pronúncia encerra a primeira fase do julgamento no procedimento escalonado do júri, remetendo o réu ao ***judicium causae***, que conta com a participação dos jurados. Figurando a primeira fase do júri como um filtro quanto à admissibilidade da acusação, esta interlocutória mista consagra a presença da justa causa (existência do crime e indícios de autoria) para a continuidade do julgamento, que passará a contar com a participação popular, no âmbito da atuação dos jurados. Sendo eles juízes leigos, a força simbólica de uma prisão pode ser decisiva para o julgamento, e é justamente na pronúncia que o magistrado deve deliberar se o réu permanecerá, durante a segunda fase, em liberdade ou no cárcere.

Nesta ordem de ideias, tínhamos o seguinte tratamento legal, na antiga redação do art. 408 do CPP:

a) Primário e portador de bons antecedentes: poderia o magistrado deixar de decretar-lhe a prisão ou revogá-la, caso já se encontrasse preso (§ 2º, art. 408). Nesta linha, os bons antecedentes e a não reincidência autorizariam que o indivíduo enfrentasse a segunda fase em liberdade, gozando de **liberdade provisória sem fiança**.

b) Crimes afiançáveis: se o crime objeto do julgamento era afiançável, como no caso do autoaborto (art. 124, CP), seria então arbitrado o valor da fiança, que constaria do mandado de prisão (§ 3º, art. 408, CPP), desde que o réu atendesse aos requisitos legais para desfrutar da medida. Adimplindo, responderia à segunda fase em liberdade.

A conjuntura legal era de fácil assimilação, afinal, havendo pronúncia, se o réu tivesse bons antecedentes e não fosse reincidente, gozaria da liberdade provisória sem fiança. Caso contrário, seria admitido a prestar fiança, nos crimes que a comportassem e desde que o agente atendesse aos requisitos legais.

A crítica endereçada ao instituto era de que qualquer prisão cautelar deve estar pautada na estrita necessidade da medida, afinal, a liberdade é a regra. Os maus antecedentes ou a reincidência, por esta razão, não simbolizavam fundamento válido para o encarceramento do réu, pois distanciados da ideia de ***periculum libertatis***. Neste contexto, já éramos partidários do entendimento que na pronúncia, só caberia o encarceramento daquele que se encontrava em liberdade, se estivessem presentes os requisitos que autorizariam a decretação da prisão preventiva. Caso contrário, a liberdade é de rigor. Nem se diga, na atual ordem constitucional, que a prisão é efeito jurídico-processual da pronúncia. Este argumento é inaceitável, simbolizando verdadeira antecipação de pena, o que viola a presunção de inocência[82].

E o réu que chegou na fase da pronúncia encarcerado? Bem, aí a questão é quanto à manutenção da prisão preexistente, seja a preventiva que já tinha sido decretada ou o

82. Contra o entendimento esboçado, o magistério de Mirabete: "A prisão decorrente de pronúncia constitui, portanto, segundo a lei, efeito natural e necessário desse ato judicial, não a obstando o princípio da presunção de inocência consagrado no art. 5º, LVII da Constituição Federal de 1988. A Carta Magna não veda a decretação de qualquer espécie de prisão provisória decretada pelo juiz, entre elas a decorrente de pronúncia, e não autoriza indiscriminadamente a liberdade do acusado durante a ação" (MIRABETE, Julio Fabbrini. *Código de processo penal interpretado*. 11. ed. São Paulo: Atlas, 2006. p. 1101).

flagrante. Em situações deste jaez a indagação é se a continuidade da prisão se faz necessária, seja porque os seus elementos fundantes não mais estão presentes, seja em razão do excessivo tempo de prisão cautelar, o que levaria a que a medida fosse declarada ilegal, apesar do STJ, na súmula nº 21, informar que "pronunciado o réu, fica superada a alegação de constrangimento ilegal da prisão por excesso de prazo na instrução".

Com o advento da Lei nº 11.689/08, os maus antecedentes e a reincidência como fundamento do cárcere cautelar foram expressamente revogados. Cabe ao juiz, pronunciando o réu, sendo o crime afiançável, arbitrar o valor da fiança para concessão ou manutenção da liberdade provisória, sem prejuízo da admissibilidade da liberdade provisória sem fiança e/ou cumulação com outra medida cautelar cabível (art. 319 do CPP). Neste último caso (liberdade provisória sem fiança), terá que ouvir o MP (§ 2º, art. 413, CPP), oportunizando assim sempre o contraditório às partes afetadas quando tiver de impor medida cautelar prisional (ou não), salvo urgência ou risco de ineficácia da providência (§ 3º, do art. 282 do CPP).

Por outro lado, o juiz decidirá, "motivadamente, no caso de manutenção, revogação ou substituição da prisão ou medida restritiva de liberdade anteriormente decretada e, tratando-se de acusado solto, sobre a necessidade da decretação da prisão ou imposição de qualquer das medidas previstas no Título IX deste Código" (§ 3º, art. 413, CPP). Exige-se do magistrado a fundamentação da gestão do cárcere ou da liberdade provisória, e a pronúncia é o momento para reafirmar os motivos já existentes, ou detectar as razões que apareceram para decretação prisional, que nesta hipótese, não mais se justifica pelos maus antecedentes ou pela reincidência, que ficam absolutamente superados, substituídos pela presença ou não dos fundamentos da prisão preventiva. Logo, prisão decorrente de pronúncia, propriamente dita, acabou. O que prepondera é que no momento da pronúncia deve o juiz analisar, assim como em qualquer outra etapa da persecução, se a prisão é ou não necessária, e em caso positivo, centraliza-se a base na prisão preventiva.

Deve o juiz, ao decretar a prisão, obrigatoriamente fundamentar a medida, informando quais os motivos que o convenceram da necessidade do cárcere. Ainda que venha a ratificar a prisão previamente existente, deverá fundamentar o porquê da sua manutenção[83]. A fundamentação é da essência do ato, e sua ausência ou deficiência, em evidente ilegalidade, enseja relaxamento. Anulada a pronúncia, desaparece o título prisional, devendo a prisão ser prontamente relaxada, ressalvada a hipótese de decretação da preventiva em nova deliberação.

9.2. Prisão decorrente de sentença condenatória recorrível

Mais uma vez temos uma fase processual onde será discutido o encarceramento cautelar, que será vital para a definição se o réu irá ou não enfrentar a fase recursal em liberdade. Como somos presumivelmente inocentes até o trânsito em julgado de eventual sentença condenatória, o simples fato do advento da sentença, que ainda poderá ser submetida a

83. Neste sentido, STF: "Quer mantenha ou revogue a prisão anteriormente decretada, quer, estando o réu solto, venha a decretá-la ou dispense de fazê-lo, a sentença de pronúncia deve motivar tal ou qual decisão, tendo em vista os termos do art. 408, §§ 1º e 2º do CPP, sob pena de ilegalidade" (1ª T. – HC 68530/DF – Rel. Min. Celso de Mello – DJ 12/4/1991. p. 4159).

recurso e por consequência reformada no seio do tribunal, não é, por si só, fator impositivo da prisão, consoante entendimento do STF[84]. Esta precisa estar arrimada na mais estrita necessidade, como veementemente insistimos, e os contornos para que o magistrado vede o apelo em liberdade, e por consequência decrete a prisão, no que se chamava de prisão decorrente de sentença condenatória recorrível, vinham estampados no art. 594 do CPP, na mesma linha do que já ficou dito para a prisão decorrente de pronúncia, senão vejamos:

a) Sendo o sentenciado primário e portador de bons antecedentes, poderia apelar em liberdade da sentença condenatória, gozando de liberdade provisória sem fiança. A crítica aqui já era a mesma construída acima, afinal, antecedentes e reincidência não podem balizar, sozinhos, a necessidade ou não do encarceramento cautelar.

Nesta ordem, já defendíamos ser possível a vedação do recurso em liberdade apenas se estivessem presentes os requisitos da preventiva.

b) Sendo a infração afiançável, seria o réu admitido a prestar fiança, em se enquadrando nos requisitos legais para tanto (artigos 323 e 324, CPP).

c) Poderia ainda o réu permanecer em liberdade caso viesse a se livrar solto, ou seja, caso tendo sido condenado por infração que não tenha pena privativa de liberdade cominada abstratamente, ou ainda, caso a infração praticada tenha pena privativa de liberdade não superior a três meses. Estas infrações são de tão pouca gravidade, que a lei permitia, na sistemática original do CPP de 1941, que o réu permanecesse na fase recursal em liberdade. Contudo, para tanto, não poderia ser vadio e também não poderia ter sido anteriormente condenado por crime doloso em sentença transitada em julgado, conforme redação anterior do art. 321, CPP. A possibilidade de "livrar-se solto" foi abolida pela Lei nº 12.403/2011, conforme destacamos no item 4.5, afinal, a pouca gravidade de tais delitos já os enquadra no contexto das infrações de menor potencial ofensivo, de forma que a manutenção do ***status libertatis*** já é regra, desde a elaboração do termo circunstanciado de ocorrência (art. 69 da Lei nº 9.099/95).

Com o advento da Lei nº 11.719/08, o art. 594 do CPP que tratava da prisão decorrente de sentença condenatória recorrível foi revogado expressamente, de sorte que a matéria passa a ser disciplinada pelo art. 387, § 1º, CPP[85], asseverando que na sentença condenatória o juiz "decidirá, fundamentadamente, sobre a manutenção ou, se for o caso, imposição de prisão preventiva ou de outra medida cautelar, sem prejuízo do conhecimento da apelação que vier a ser interposta". O direito do acusado de recorrer em liberdade foi reafirmado com a edição da Lei nº 12.403/2011, que expressamente revogou o art. 595, do CPP (já desprovido de eficácia, conforme jurisprudência do STF), que dispunha que a apelação seria julgada deserta na hipótese de fuga do condenado após a interposição da apelação.

Deve o magistrado expressamente revelar a justificativa da prisão, para que esta não se transmude em ilegal, desafiando relaxamento. Cabendo liberdade provisória, deverá concedê-la, com ou sem fiança, ou ainda aplicar medida cautelar cabível, tomando por base o rol do art. 319 do CPP, com esteio na estrita necessidade. Se o réu está preso, terá a

84. STF – Tribunal Pleno – HC 84078 – Rel. Eros Grau – julgado em 05/02/2009 – DJ 25-02-2010.

85. Redação dada pela Lei nº 11.719/2008, com posterior deslocamento do conteúdo, sem modificações, para o § 1º do art. 387 (Lei nº 12.736/2012).

obrigação de justificar a pertinência da manutenção do cárcere, ratificando na decisão os motivos da medida. Se o réu responde ao processo em liberdade, a justificação da prisão também é de rigor, e o móvel passa a ser basicamente a presença ou não dos fundamentos da preventiva, já que os maus antecedentes e a reincidência como base para prisão foram revogados. De qualquer sorte, o recolhimento do réu ao cárcere não é requisito objetivo para o conhecimento do recurso de apelação, e não há deserção pela fuga do apelante, o que já se extraía da súmula nº 347 do STJ, e agora da norma em exame (art. 387, § 1º, CPP[86]).

A legislação extravagante é pródiga em imprimir tratamento à prisão decorrente de sentença condenatória recorrível, por vezes entendendo que seria um efeito automático da sentença, por outras, repetindo a antiga regra geral do CPP, ou inovando nos argumentos, senão vejamos:

a) Crimes hediondos: a Lei nº 8.072/1990, em seu art. 2º, § 3º, informa que "o juiz decidirá fundamentadamente se o réu poderá apelar em liberdade". Caberá ao magistrado, pouco importando se o réu tem maus antecedentes ou se é reincidente, definir quanto à possibilidade do apelo livre do cárcere. Cremos, como já dito, que só os requisitos da preventiva podem justificar a prisão, o que passa a ser endossado pelo art. 387, § 1º, CPP.

b) Crime organizado: o art. 9º da Lei nº 9.034/1995 vedava o direito de apelar em liberdade para os "crimes previstos nesta lei". Nas edições anteriores, criticamos a impropriedade do dispositivo por duas razões: **(i)** a lei não previa nenhum tipo penal, tratando apenas dos meios operacionais de combate e repressão às ações praticadas por organizações ou associações criminosas, quadrilhas ou bandos[87] e **(ii)** o direito de apelar em liberdade não poderia ser vedado aprioristicamente, retirando do magistrado a possibilidade de aferir a real necessidade da medida.

Por ocasião da revogação expressa da Lei nº 9.034/1995, o legislador regulamentou de maneira diversa o tema. A Lei nº 12.850/2013 não repetiu semelhante previsão, de modo que a decretação de prisão cautelar segue claramente a regra geral, sendo admitida apenas quando presentes os requisitos para tanto (em especial aqueles do art. 312).

c) Tráfico de drogas e condutas equiparadas: previstas no artigo 33, *caput* e § 1º, e artigos 34 a 37 da Lei nº 11.343/2006, têm o recurso em liberdade condicionado à primariedade e aos bons antecedentes (art. 59). As mesmas críticas aqui são aplicáveis.

d) Lavagem de dinheiro: a Lei nº 9.613/1998 sofreu alterações legislativas promovidas pela lei nº 12.683/2012. A redação anterior do art. 3º determinava que o juiz deveria decidir fundamentadamente sobre o direito do réu apelar em liberdade, indicando os motivos que implicassem na necessidade do cárcere. Como não foi repetida esta disposição, aplica-se o CPP (regra geral), de modo que a prisão deve ser considerada exceção, ocorrendo apenas se presentes os requisitos para decretação da medida cautelar restritiva de liberdade.

e) Crimes contra o sistema financeiro: a Lei nº 7.492/1986 prevê no art. 31 que "o réu não poderá prestar fiança, nem apelar antes de se recolher à prisão, ainda que primário e

86. Redação dada pela Lei nº 12.736/2012.

87. Em que pese a expressão empregada pela revogada Lei nº 9.034/95, ressalte-se que a expressão "quadrilha ou bando" encontra-se ultrapassada em virtude da alteração promovida pela Lei nº 12.850/2013 ao Código Penal. O art. 288 teve conteúdo e *nomen* iuris alterado, passando a ser denominado "associação criminosa".

de bons antecedentes, se estiver configurada situação que **autoriza a prisão preventiva**" (grifo nosso). Até que enfim temos um exemplo na legislação especial onde o fator necessidade da prisão para recorrer e os seus fundamentos foram objetivamente definidos. Entendemos que a previsão do art. 31 é a regra, e deve se irradiar para todas as outras leis extravagantes. Prisão antes do trânsito em julgado da sentença condenatória é exceção, e a excepcionalidade estará justificada pela presença dos requisitos da preventiva, com fundamentação obrigatória pelo magistrado. É inadmissível que leis bem mais recentes, como a lei de tóxicos (Lei nº 11.343/2006), continuem condicionando o recurso em liberdade aos maus antecedentes e a reincidência. É um anacronismo manifesto, e as repercussões processuais ao réu devem se dar por aquilo que ele fez, e não pelo que ele é ou representa.

9.3. Prisão em segunda instância e execução provisória da pena

A execução provisória de pena, fundada somente na condenação, ainda que já confirmada em segundo grau de jurisdição, não deveria ser admitida, considerando os alicerces da presunção de inocência e da necessidade de cautelaridade para a imposição de prisão provisória (art. 283, do CPP).

Nessa linha, a aplicação da Lei de Execução Penal aos presos provisórios não permitia entender possível execução automática da pena. Por exemplo, se condenado fosse o acusado e da sentença interpusesse recurso, sua prisão somente poderia ser justificada se presentes os requisitos da preventiva (art. 312, do CPP).

Para assegurar aos condenados provisórios direitos estampados naquela legislação de execução penal, poderia ser extraída guia de recolhimento. Essa realidade, contudo, era bem diferente da execução fundada na mera condenação, ainda pendente de recursos, sem demonstração da necessidade do encarceramento.

A tradição brasileira fazia uso da prisão decorrente de condenação como regra para permitir, sem demonstração de requisitos cautelares, a execução provisória da pena. As prisões decorrentes de pronúncia e de decisão condenatória recorrível eram exemplo do caráter autoritário de nossa legislação.

No entanto, em 2009, o STF sufragou posição que vedava a "execução provisória da pena", quando do julgamento do Habeas Corpus nº 84.078 pelo seu órgão Pleno. Naquela ocasião, deixou avivado que: (1) apesar do art. 637, do CPP, estabelecer que o recurso extraordinário não tem efeito suspensivo, a Lei de Execução Penal condicionou a execução de pena privativa de liberdade ao respectivo trânsito em julgado da decisão condenatória, além da previsão de que não se deve formar culpa antes da sentença passada em julgado; (2) a prisão provisória somente pode ser imposta a título cautelar; (3) a execução penal logo após julgamento do recurso de apelação gera prejuízo ao direito de defesa, com desequilíbrio entre o *jus puniendi* e o *jus libertatis*; (4) a jurisprudência defensiva, tendente a desencorajar o uso de recursos extraordinário e especial para evitar a execução da pena, restringe ou amputa garantias constitucionais; e (5) nas democracias, "mesmo os criminosos são sujeitos de direito", não perdendo "essa qualidade, para se transformarem em objetos processuais", isto é, "são pessoas, inseridas entre aquelas beneficiadas pela afirmação da sua dignidade (art. 1º, III, da Constituição do Brasil"[88].

88. STF – Pleno – HC 84078 – Rel. Min. Eros Grau – julgado em 5/2/2009.

O avanço em favor das garantias fundamentais não tardou a sofrer retrações, por diversos fatores, em especial, o apelo midiático e a cultura em favor do uso das prisões, cujo pano de fundo é o discurso do eficientismo e do punitivismo.

Seguindo esse movimento, inverso ao ocorrido quando daquele julgamento de 2009, os tribunais superiores e o próprio STF intensificaram divergências em torno da possibilidade de execução provisória da penal. Em 2016, aliás, ao julgar o HC 126.292/SP, o Pleno da Suprema Corte deliberou que "a execução provisória de acórdão penal condenatório proferido em julgamento de apelação, ainda que sujeito a recurso especial ou extraordinário, não compromete o princípio constitucional da presunção de inocência". Salientou, daquela vez que o tema ensejaria "reflexão sobre a) o alcance do princípio da presunção da inocência aliado à b) busca de necessário equilíbrio entre esse princípio e a efetividade da função jurisdicional penal. Tal equilíbrio deveria atender a valores caros não apenas aos acusados, mas também à sociedade, diante da realidade do intrincado e complexo sistema de justiça criminal brasileiro. A possibilidade da execução provisória da pena privativa de liberdade seria orientação a prevalecer na jurisprudência do STF, mesmo na vigência da CF/1988 (HC 68.726/DF, DJU de 20.11.1992, e HC 74.983/RS, DJU de 29.8.1997)"[89].

A questão em tela continuou oscilando, inclusive por conta de mudança na composição do Supremo Tribunal Federal, mesmo diante do texto preciso do art. 283, do CPP, que proíbe prisão provisória fora das hipóteses cautelares (art. 312).

Ao menos quatro posições são visualizadas, nesse contexto. A primeira, com a qual nos alinhamos, que entende inconstitucional a execução provisória de pena, exigindo cautelaridade se o cerceio for necessário antes do trânsito em julgado da decisão criminal condenatória. A segunda, que sustenta a possibilidade de imediato cumprimento de pena, mesmo antes do julgamento de apelação (confirmação por segunda instância), notadamente nos casos de condenação pelo Tribunal do Júri, diante da soberania dos veredictos[90]. A terceira posição, sustentando que a execução provisória tem lugar após o julgamento em segunda instância, notadamente porque os recursos extraordinário e especial não seriam dotados de efeitos suspensivo (art. 637, CPP). O quarto entendimento, isolado, seguindo ideia de redução de danos ao imputado, prorrogaria o início da execução provisória para depois do julgamento dos recursos perante o STJ (terceira instância), notadamente depois de exaurido o exame de recurso especial.

89. STF – Pleno – HC 126292/SP, rel. Min. Teori Zavascki, 17.2.2016.

90. Nesse sentido, a Primeira Turma, do STF, verberou que "a prisão após a condenação pelo Júri à pena de reclusão em regime fechado não é preventiva", entendendo se tratar, "na verdade, de execução da pena privativa de liberdade imposta pelo órgão competente para o julgamento dos crimes contra a vida, cujos vereditos gozam de soberania, por expressa disposição constitucional" (STF – Primeira Turma – Rcl 27011 AgR – Rel. Min. Roberto Barroso –j. 20/04/2018). Também, de forma contrária e interpretando os direitos fundamentais de maneira restritiva – além de exercendo indevidamente a função de inovar o ordenamento jurídico –, juízes criminais reunidos emitiram o Enunciado nº 14, do Fonajuc, declarando que "o réu condenado pelo Tribunal do Júri deve ser imediatamente recolhido ao sistema prisional a fim de que seja iniciada a execução da pena em homenagem aos princípios da soberania dos veredictos e da efetividade processual". Em decisão monocrática, da lavra da Min. Laurita Vaz, do STJ, relativamente a julgamento em que foi aplicado o aludido enunciado, foi dito que o juiz de primeiro grau se limitou "a invocar entendimento antijurídico, fundado no Enunciado n.º 14 do FONAJUC (Fórum Nacional dos Juízes Criminais)", destacando, ainda que aquela dicção "é contrária ao posicionamento do Supremo Tribunal Federal e desta Corte sobre a controvérsia" (STJ – HC 458.249/TO – Decisão Monocrática – Min. Laurita Vaz – j. 2/8/2018).

O tema retornou ao crivo do Plenário da Suprema Corte, desta vez por meio de *Habeas Corpus* impetrado por ex-Presidente da República. O julgamento foi permeado por intensa controvérsia, especialmente porque a maioria formada não seria condizente com o entendimento pessoal de todos os membros do colegiado. Como o resultado foi por maioria apertada de votos, houve impugnação sob o argumento de que o empate deveria dar lugar ao deferimento da ordem. Naquele contexto, o STF, admitindo "impetração originária substitutiva de recurso ordinário constitucional", assentou que:

(1) independentemente da presença ou não de caráter vinculante dos precedentes daquela Corte – "que admitem a execução provisória da pena" – não haveria "constrangimento ilegal a decisão que se alinha a esse posicionamento, forte no necessário comprometimento do Estado-Juiz, decorrente de um sistema de precedentes, voltado a conferir cognoscibilidade, estabilidade e uniformidade à jurisprudência";

(2) o começo da execução provisória da pena deve acontecer "como desdobramento natural da perfectibilização da condenação sedimentada na seara das instâncias ordinárias e do cabimento, em tese, tão somente de recursos despidos de automática eficácia suspensiva. Tal como ocorre na deflagração da execução definitiva, não se exige motivação particularizada ou de índole cautelar", não sendo cabível, "para fins de excepcional suspensão dos efeitos de condenação assentada em segundo grau, avaliar, antes do exame pelos órgãos jurisdicionais antecedentes, a plausibilidade das teses arguidas em sede de recursos excepcionais";

(3) naquele julgamento, o voto da Ministra Rosa Weber despertou críticas por ressalvar seu entendimento pessoal, prestigiando decisão contrária à soltura do paciente. Argumentou que "o dever de equidade e o princípio da colegialidade devem nortear a prestação jurisdicional, de modo a justificar a obediência da orientação hoje prevalecente no âmbito do STF", pelo que afirmou "não reputar ilegal, abusivo ou teratológico o acórdão impugnado, ao fundamento de que prevalece nesse Tribunal o entendimento de que a execução provisória de acórdão penal condenatório proferido em julgamento de apelação — ainda que sujeito a recurso especial ou extraordinário — não compromete o princípio constitucional da presunção de inocência". Vale dizer, se o voto da Ministra fosse respaldado em seu entendimento pessoal, a maioria da Corte, ainda que por empate (interpretado *favor rei*) poderia ter vedado a possibilidade de execução penal provisória com prisão sem a presença dos requisitos da preventiva (artigos 283 e 312, CPP). A maioria apurada daquela vez foi, como se infere, pontual, para aquele caso concreto[91].

A indefinição em torno do assunto voltou à ribalta no final do ano de 2018, desta feita pela via de controle concentrado de constitucionalidade, nos autos da ADC nº 54, no bojo da qual se pede a declaração de constitucionalidade do art. 283, do CPP. Por decisão monocrática, o Relator, Ministro Marco Aurélio, deferiu liminar para assentar:

(1) a compatibilidade daquele dispositivo com a Constituição do Brasil, determinando "a suspensão de execução de pena nas condenações que não tenham transitado em julgado", referindo-se "a sentenciados com pedido de apelação criminal que tenham sido presos antes de seu exame". Conferiu realce ao argumento de que "a harmonia do dispositivo

91. STF – HC 152752/PR – Rel. Min. Edson Fachin – j. 4.4.2018.

em jogo com a Constituição Federal é completa, considerado o alcance do princípio da não culpabilidade, inexistente campo para tergiversações, que podem levar ao retrocesso constitucional, cultural em seu sentido maior";

(2) a necessidade de que a prisão preventiva só ocorra "nos casos enquadráveis no artigo 312 do Código de Processo Penal (CPP)" e que ninguém será afirmado culpado antes do trânsito em julgado da decisão criminal condenatória; e

(3) a urgência da decisão monocrática, porquanto muito embora "a concessão de cautelar em ação de controle de constitucionalidade seja medida excepcional, a demora em apreciar o pedido, liberado para pauta em abril de 2018 e com julgamento marcado para abril de 2019, constitui no caso dos autos circunstância a autorizar a excepcional atuação unipessoal do relator"[92].

Histórica e juridicamente, tem-se entendido pela admissão de provimento monocrático de urgência, quando a liberdade está sob risco, conforme a Constituição preconiza e diante da natureza de direito de primeira dimensão, que deve tutelar o indivíduo contra o abuso de poder do Estado. Inversamente, frise-se, não seria admitido provimento de urgência monocrático contra a liberdade. Nesse permeio, estima-se que são 34% de presos sem culpa formada no Brasil (provisórios, isto é, sem trânsito em julgado), oscilando de 15 a 82% por unidade da federação[93].

Inovando juridicamente, o Presidente do STF sustou a decisão concessiva de liminar naquela ação declaratória de constitucionalidade, atendendo pedido da Procuradoria Geral da República. Não há previsão legal para aquele tipo de controle. Também reputamos antijurídica decisão monocrática, ainda que da Presidência, que se sobreponha à do relator do processo e que, sobremodo, imponha limites à liberdade tutelada pela primeira. Na decisão monocrática suspensiva, o Presidente aventou que o seu deferimento teria "a finalidade de evitar grave lesão à ordem e à segurança públicas", concordando com os argumentos do MPF que:

(1) defendeu que a liminar objeto do pedido de suspensão "desrespeitou sucessivas decisões colegiadas do próprio STF", destacando que "o entendimento do Tribunal sobre o início do cumprimento de pena antes do trânsito em julgado da condenação mudou desde a promulgação da Constituição Federal de 1988 até que, em 2016, se posicionou pela sua constitucionalidade", representando, "a um só tempo, virada jurisprudencial e mudança de paradigma para a persecução penal no país";

(2) afirmou que "apesar da existência de sucessivos precedentes oriundos do órgão colegiado máximo desta Suprema Corte, a decisão cujos efeitos se pretende suspender simplesmente os desrespeitou, simplesmente por com eles não concordar"[94].

Retomaremos o exame deste ponto, sob a ótica recursal, no Capítulo XIV (item 2.8.2), para o qual remetemos o leitor.

92. STF – ADC 54/DF – Liminar – Decisão Monocrática – Rel. Min. Marco Aurélio – j. 19.12.2018.

93. Brasil. CNJ. Levantamento dos Presos Provisórios do País e Plano de Ação dos Tribunais. Disponível em: <http://www.cnj.jus.br/noticias/cnj/84371-levantamento-dos-presos-provisorios-do-pais-e-plano-de-acao-dos-tribunais>. Acesso em 21 dez. 2018.

94. STF – ADC 54/DF – Presidência – Suspensão de Liminar – Min. Dias Toffoli – j. 19.12.2018.

10. PRISÃO DOMICILIAR

A prisão domiciliar é medida cautelar cerceadora de liberdade prevista expressamente nos artigos 317 e 318 do Código, e tem lugar toda vez que a execução da prisão preventiva não seja recomendada em cadeia pública (para os presos provisórios) ou em prisão especial (para os acusados que detêm essa prerrogativa por força de lei), em razão de condições especiais, mormente as relacionadas à idade e à saúde do agente.

A prisão domiciliar é decretada em substituição da preventiva, sempre por ordem judicial. Consiste no recolhimento do indiciado ou do acusado em sua residência, só podendo dela se ausentar por ordem do juiz. Para seu deferimento é exigida prova idônea evidenciando a situação específica que a autorize.

Nos termos do art. 318, do CPP, com modificações introduzidas pela Lei nº 13.257/2016, o juiz poderá substituir a preventiva pela prisão domiciliar quando o agente, apresentando prova idônea de sua situação de fato:

(1) contar com mais de oitenta anos;

(2) estiver extremamente debilitado por motivo de doença grave;

(3) for imprescindível aos cuidados especiais de pessoa menor de seis anos de idade ou com deficiência;

(4) for gestante, independentemente do tempo de gestação ou do grau de risco de sua gravidez;

(5) mulher com filho de até doze anos de idade incompletos; e

(6) homem, caso seja o único responsável pelos cuidados do filho de até 12 (doze) anos de idade incompletos.

O art. 318, II, do CPP, que prevê prisão domiciliar à pessoa extremamente debilitada por motivo de doença grave, contempla a denominada **prisão domiciliar humanitária**. Aplicando esse dispositivo legal, o STF deferiu a cautela humanitária ao acusado. Levou em consideração, para tanto, o alto risco à saúde, a grande possibilidade de desenvolver infecções no cárcere e a impossibilidade de tratamento médico adequado na unidade prisional ou em estabelecimento hospitalar, conforme laudo pericial. Em acréscimo, asseverou que a concessão da medida era necessária para preservar a integridade física e moral do paciente, em respeito à dignidade da pessoa humana (art. 1º, III, da CF)[95].

A prisão domiciliar, como forma de substituição da prisão domiciliar cautelar, teve mais duas hipóteses para sua admissibilidade com o advento da Lei nº 13.257/2016, bem como ampliação de uma das que já estava prevista no art. 318, do CPP. A Lei do Marco Legal da Primeira Infância buscou abranger situações outras que podem ensejar, concretamente, risco a filho menor de doze anos ou incapaz.

Com efeito, o art. 318, do CPP, passou a estatuir que o juiz poderá substituir a prisão preventiva pela domiciliar quando a pessoa imputada for gestante (inciso IV), não limitando, como antes, a ser gestante a partir do sétimo mês de gravidez ou ser esta de alto risco.

95. STF – Segunda Turma – HC 153961/DF, rel. Min. Dias Toffoli, julgamento em 27.3.2018 – Informativo 895, de 19 a 30 de março de 2018.

O legislador reconheceu que a gestante, independentemente do tempo de gravidez, pode necessitar de cuidados especiais que não são oferecidos, como regra, nas cadeias públicas brasileiras, nem tampouco nas penitenciárias. Destarte, deve o juiz avaliar empiricamente a situação prisional e individual da gestante presa para, se o caso, concluir pela substituição da preventiva pela prisão domiciliar. A exigência de prova idônea para tal desiderato está estampada no parágrafo único do art. 318, do CPP. Sendo necessário, adotará as medidas fiscalizatórias do cumprimento da cautela domiciliar, ajuntando a medida cautelar de monitoração eletrônica.

As duas outras novas hipóteses de substituição da prisão preventiva por prisão domiciliar estão regradas no inciso V e VI, do art. 318, do CPP. O primeiro assegura a possibilidade daquela providência quando a pessoa investigada ou acusada se tratar de "mulher com filho de até 12 (doze) anos de idade incompletos". O segundo, por seu turno, prevê a mesma solução quando se cuidar de "homem, caso seja o único responsável pelos cuidados do filho de até 12 (doze) anos de idade incompletos".

Vale dizer, sendo mulher, com filho de até doze anos de idade incompletos, não se exige que ela seja a única responsável pelos cuidados daquele. Ela pode, então, contar com a ajuda de terceira pessoa, tal como o cônjuge, companheiro ou outro membro da família. No entanto, a necessidade deve ser comprovada com documentos que evidenciem, por exemplo, a residência comum da mulher relativamente ao seu filho de até doze anos. Também é intuitivo que a genitora presa deva ter condições jurídicas de exercer o poder familiar, sem incompatibilidades.

De acordo com o entendimento de ambas as turmas do Superior Tribunal Justiça, não seria cabível a substituição da prisão preventiva pela custódia domiciliar, toda vez que o crime for praticado na própria residência da pessoa imputada, onde convive com seus filhos menores de 12 anos, a exemplo do delito de tráfico de drogas, atribuído à mãe das crianças. O posicionamento colima proteger os filhos menores de situações de risco. Considerando essa diretriz, se o Estado não dispuser de estabelecimento adequado para o regime de pena judicialmente aplicado – ou, ainda, se esse direito estiver sufragado pela legislação –, a substituçao da prisão preventiva pela custódia cautelar domiciliar deve indicar residência diversa daquela da criança, a fim de compatibilizar as garantias fundamentais da pessoa imputada com o dever constitucional de assegurar tratamento prioritário às crianças e adolescentes[96].

Pode-se argumentar que, havendo estabelecimento prisional feminino com espaço adequado para os cuidados maternos ao menor de doze anos, não se deve conceder a prisão domiciliar à mãe. No entanto, a experiência tem evidenciado que os presídios têm se mostrado ambientes inadequados para permanência de crianças e de adolescentes. Aliás, o caráter inóspito das cadeias e penitenciárias tem sido objeto de preocupação a nível nacional e internacional, de modo a recomendar que seja concedida a prisão domiciliar toda vez que se verificar a manutenção do vínculo materno relativamente ao menor de doze anos de idade.

96. STJ – Sexta Turma – HC 441.781-SC, Rel. Min. Nefi Cordeiro, j. 12/06/2018; STJ – Quinta Turma – HC 457.507-SP, Rel. Min. Reynaldo Soares da Fonseca, j. 12/06/2018.

Para fazer face a essa situação de calamidade humana, foi impetrado *habeas corpus*, com pedido genérico, isto é, o pleito foi formulado, em uma única demanda, em favor de várias presas gestantes e mães com filhos de até doze anos de idade. Noticiou-se que teria sido impetrado *habeas corpus* coletivo – embora o nome mais adequado à espécie seja *habeas corpus* genérico – pois o designativo coletivo é destinado às ações movidas por órgãos que representam grupos, o que não se acomoda à estrutura do *writ*, movido em favor de uma pluralidade de pacientes.

Nos autos dessa demanda, o STF reconheceu a situação degradante das mulheres presas, privadas de cuidados médicos básicos e sem local apropriado para acomodar filhos menores e deferiu a ordem de *habeas corpus*, para determinar – sem prejuízo de medidas diversas da prisão (art. 319, CPP) – a substituição de preventiva pela prisão cautelar domiciliar das mulheres presas gestantes, puérperas e mãe de crianças. Por outro lado, firmou o não cabimento da aludida substituição para a mulher presa que tiver: (i) praticado crime mediante violência ou grave ameaça; (ii) praticado crime contra seus descendentes (filhos e/ou netos); e (iii) em outras situações excepcionalíssimas, que deverão ser devidamente fundamentadas pelos juízes que denegarem o benefício[97].

Seguindo essa orientação do Supremo Tribunal, o legislador acrescentou os artigos 318-A e 318-B, ao Código de Processo Penal, por meio da Lei nº 13.769/2018. De acordo com o primeiro, "a prisão preventiva imposta à mulher gestante ou que for mãe ou responsável por crianças ou pessoas com deficiência será substituída por prisão domiciliar, desde que: (1) não tenha cometido crime com violência ou grave ameaça a pessoa; e (2) não tenha cometido o crime contra seu filho ou dependente". Por outro lado, o dispositivo seguinte elucida que a substituição da preventiva pela domiciliar, de que tratam os arts. 318 e 318-A, do Código, "poderá ser efetuada sem prejuízo da aplicação concomitante das medidas alternativas", vale dizer, das medidas cautelares diversas da prisão, elencadas no art. 319, do CPP. Orientação similar foi prevista para a execução penal, conforme comentamos adiante, no capítulo XIX (execução penal).

Quanto ao homem, a lei é mais restritiva. Para que seja concedida a prisão domiciliar é indeclinável que ele seja o único responsável pelos cuidados do filho de até doze anos incompletos. As mesmas razões que expusemos quanto à adequação do estabelecimento feminino devem ser invocadas para o caso de ser homem o imputado.

Pensamos que o rol de hipóteses para a decretação da substituição da preventiva pela prisão domiciliar é meramente exemplificativo, visando o legislador, com este elenco, evidenciar que o cumprimento da prisão preventiva em domicílio é permitido para casos excepcionais, mediante ordem judicial. O juiz poderá assim determinar a prisão domiciliar em outras situações análogas toda vez que se revelar mais adequada (art. 282, CPP), a partir dos casos do art. 318, que servirão como vetores interpretativos, sempre por decisão fundamentada (art. 93, IX, CF/1988).

Esse entendimento pode ser depreendido a partir da jurisprudência do Supremo Tribunal Federal, reconhecendo o cabimento da prisão domiciliar em situação que o art. 318, do CPP, não menciona, ao reafirmar que ela deve ser deferida aos advogados onde não

97. STF – Segunda Turma – HC 143.641/SP – Rel. Min. Ricardo Lewandowski – j. 20/2/2018.

exista na localidade sala com as características daquela prevista no art. 7º, V, do Estatuto da OAB (Lei nº 8.906/1994) – sala de Estado-Maior –, enquanto não houver sentença condenatória transitada em julgado[98].

O STJ, por sua Sexta Turma, enfrentou esse tema e afirmou, em decisão tomada por maioria, que o advogado perde direito à "Sala de Estado-Maior" depois de iniciada a "execução provisória da pena" (ou seja, antes do trânsito em julgado). Vale dizer, para esse órgão, tal prerrogativa somente deve ter lugar para prisões cautelares, substitutivas da prisão preventiva[99].

11. PRISÃO ADMINISTRATIVA

A prisão administrativa não encontra mais sede no Direito Processual Penal brasileiro. Com o advento da Lei nº 12.403/2011, os artigos 319 e 320, do CPP, não cuidam mais desse instituto, mas da possibilidade de imposição de outras medidas cautelares diversas da prisão. Se havia dúvida a respeito da sobrevivência da prisão administrativa depois da Constituição do Brasil de 1988, com a reforma processual penal foi ela banida do sistema.

Todavia, resta no CPP uma menção à prisão administrativa no § 2º, do seu art. 650, avivando o não cabimento de "*habeas corpus* contra a prisão administrativa, atual ou iminente, dos responsáveis por dinheiro ou valor pertencente à Fazenda Pública, alcançados ou omissos em fazer o seu recolhimento nos prazos legais, salvo se o pedido for acompanhado de prova de quitação ou de depósito do alcance verificado, ou se a prisão exceder o prazo legal".

O dispositivo em tela, embora formalmente vigente (plano da expressão), está desprovido de eficácia em face de não mais existir previsão legal que autorize a decretação de prisão administrativa, sendo caso autêntico de revogação tácita (plano normativo).

Pelos mesmos motivos, o art. 201, da Lei de Execução Penal, que reza que "na falta de estabelecimento adequado, o cumprimento da prisão civil e da prisão administrativa se efetivará em seção especial da Cadeia Pública", está sem eficácia no que se refere ao cerceamento administrativo, ocorrendo aqui derrogação tácita (plano normativo).

O registro da prisão administrativa tem aqui, portanto, tão somente importância histórica.

De forma inapropriada, o CPP previa o tratamento da prisão de natureza administrativa, ligada desta maneira a uma autoridade administrativa e com fins da mesma natureza. Como leciona Mirabete, em "seu sentido mais estrito, portanto, é administrativa a prisão quanto ao órgão que a decreta, quanto à razão que a dita, e quanto ao ***fim*** que visa"[100].

A definição da prisão administrativa era construída a partir de tríplice aferição, qual seja, órgão decretante, motivo e finalidade. A antiga redação do art. 319, do CPP, que tratava da matéria, para ser aproveitada, deveria ser lida à luz do art. 5º, inciso LXI, da CF/1988, que realça que "ninguém será preso senão em flagrante delito ou por ordem escrita e fundamentada da autoridade judiciária competente, salvo nos casos de transgressão militar ou

98. STF – Primeira Turma – HC 102128 – Rel. Min. Cármen Lúcia – DJe 05/10/2011.
99. STJ – Sexta Turma – AgRg no HC 412.481/MG – Rel. Min. Nefi Cordero – j. 20/02/2018.
100. MIRABETE, Julio Fabbrini. *Processo Penal*. 15. ed. São Paulo: Atlas, 2004. p. 402-403.

crime propriamente militar, definidos em lei". Desta forma, quanto à legitimidade para a decretação da medida, afora as exceções constitucionais, o encarceramento não mais estava a cargo das autoridades administrativas, sendo da alçada do judiciário.

Nesse passo, restava ainda saber se os motivos e a finalidade da prisão administrativa continuavam em vigor. O texto anterior do art. 319 fazia a seguinte previsão, contemplando a prisão administrativa:

> I – contra remissos ou omissos em entrar para os cofres públicos com dinheiros a seu cargo, a fim de compeli-los a que o façam;

O omisso é aquele que deixa de efetivar o recolhimento aos cofres públicos de valores que tenha recebido em razão da função, ao passo que o remisso é o que retarda tal entrega. Omisso ou remisso, o agente era tratado como depositário infiel, matéria esta disciplinada pela Lei nº 8.866/1994, e por força do art. 4º, § 2º: "Não recolhida nem depositada a importância, nos termos deste artigo, o juiz, nos quinze dias seguintes à citação, decretará a prisão do depositário infiel, por período não superior a noventa dias". Todavia, de acordo com o atual entendimento do STF, inclusive com a súmula vinculante nº 25, não é mais tolerável a prisão do depositário infiel. Portanto, o fundamento prisional neste caso já tinha perdido a razão de existir.

> II – contra estrangeiro desertor de navio de guerra ou mercante, surto em porto nacional;

A prisão tinha cabimento para obrigá-lo a retornar a bordo, e o requerimento era feito pelo cônsul do país a que pertencesse o navio ao juiz federal competente.

> III – nos demais casos previstos em lei.

Tínhamos aqui uma previsão genérica, que sufragava o entendimento que outras situações, disciplinadas legislativamente, podiam autorizar a prisão administrativa, como ocorria com a prisão administrativa do estrangeiro, à época da vigência do revogado Estatuto do Estrangeiro, cuja análise competia ao Judiciário.

Nessa ótica, percebemos que a legitimidade para a decretação havia migrado, ressalvadas as hipóteses constitucionais como a transgressão militar, para a apreciação do judiciário. Já os motivos e os fins continuavam administrativos, mas a legitimidade da medida não mais. Nesta linha, Guilherme Nucci[101] e Mirabete[102]. Em sentido contrário, Tourinho Filho, que entendia que a medida (prisão administrativa) já se encontrava expungida do ordenamento brasileiro[103], o que de fato ocorreu com a vigência da Lei nº 12.403/2011.

12. PRISÃO CIVIL

Não mais prevê o Código de Processo Penal que a prisão decretada na esfera cível – providência tomada contra o inadimplente voluntário e inescusável de alimentos – seja "executada pela autoridade policial a quem forem remetidos os respectivos mandados" (antiga redação do art. 320, CPP, modificado pela Lei nº 12.403/2011).

---

101. NUCCI, Guilherme de Souza. *Código de processo penal comentado*. 3. ed. São Paulo: RT, 2004. p. 575.
102. MIRABETE, Julio Fabbrini. *Processo Penal*. 15. ed. São Paulo: Atlas, 2004.p. 403.
103. TOURINHO FILHO, Fernando da Costa. *Código de processo penal comentado*. 5. ed. São Paulo: Saraiva, 1999. v.1. p. 570.

Contudo, o art. 201 da Lei de Execução Penal, ainda indica que "na falta de estabelecimento adequado, o cumprimento da prisão civil e da prisão administrativa se efetivará em seção especial da Cadeia Pública".

A não previsão pelo CPP da execução da prisão civil pela autoridade policial não impede que assim determine o juiz cível, com base em seu poder geral de cautela depreendido do art. 297 do CPC/2015, cuja execução da medida deve ocorrer em cela especial de Cadeia Pública (art. 201, LEP).

Todavia, malgrado a ausência da expressão no texto legal, permanece o poder geral de cautela como inerente à função jurisdicional, pelo que o juiz mantém o poder de ordenar que a execução da prisão civil ocorra em cela especial de cadeia pública, nos termos do art. 201, da Lei de Execução Penal. Note-se, ainda, que o CPC/2015 suprimiu o processo cautelar autônomo do direito processual civil. Isso não significa dizer que não há mais possibilidade de tutela cautelar ou de exercício de um "poder geral de cautela". Deveras, o CPC/2015 preconiza a possibilidade de tutela de urgência e de tutela da evidência, requeridas antes ou no curso do processo, sejam elas de natureza satisfativa ou cautelar. As medidas satisfativas são as antecipatórias do direito debatido em juízo. As medidas cautelares visam, em geral, afastar riscos e assegurar o resultado útil do processo (artigo 305, CPC/2015). Daí permanecer – até porque inerente à função jurisdicional – o poder geral de cautela do magistrado, inclusive para emitir ordens direcionadas a agentes públicos, tal como o delegado de polícia, com o fito de ver executada a ordem de prisão civil do devedor de alimentos.

De todo modo, a execução da medida, no aspecto procedimental, aproxima-se do tratamento na esfera criminal, por se tratar de cerceamento legal de liberdade. Advirta-se, quanto ao depositário infiel, que o STF cotejou a admissibilidade da prisão civil nessa hipótese com o art. 7º, parágrafo 7º da Convenção Americana de Direitos Humanos, que não contempla a medida, admitindo-a apenas quanto ao devedor de alimentos. O mesmo se diga com relação ao art. 11 do Pacto Internacional sobre Direitos Civis e Políticos, patrocinado pela ONU, com adesão brasileira em 1990. A liberdade é direito fundamental, não cabendo a banalização em sua restrição. Ao que parece, a garantia da dívida pelo corpo, como na prisão do infiel depositário, não se enquadra no atual Estado Democrático de Direito[104]. Este entendimento acabou consolidado no enunciado nº 25 da Súmula Vinculante, do STF, ***verbis***: "é ilícita a prisão civil de depositário infiel, qualquer que seja a modalidade do depósito". É também a posição do STJ, afirmada no enunciado nº 419, da sua Súmula: "descabe a prisão civil do depositário judicial infiel".

A prisão civil do devedor de alimentos, segundo o § 3º, do art. 528, do CPC/2015, deve ser decretada pelo tempo de 1 (um) a (três) meses. O regime de cumprimento é equivalente ao fechado, na forma referida acima. No entanto, pensamos possível a aplicação, por analogia, das regras concernentes à substituição da prisão preventiva pela prisão domiciliar, na forma do art. 318, CPP, tal como no caso de devedor de alimentos que contar com mais de oitenta anos.

104. STF: RE 466.343-SP.

13. PRISÃO PARA AVERIGUAÇÕES

Instrumento utilizado como forma manifesta de constrangimento, implicava no arrebatamento de pessoas pelos órgãos de investigação, que eram literalmente presas, para aferir a vinculação destas a alguma infração, ou para investigar a sua vida pregressa, pesquisando-se, por exemplo, se existe algum mandado de prisão pendente, ou se trata de foragido. Sendo a Constituição enfática de que só cabe prisão, afora o flagrante e as transgressões militares, por ordem escrita e fundamentada da autoridade judiciária competente (art. 5º, LXI, CF/1988), a prisão para averiguação é de todo ilegal, caracterizando abuso de autoridade (art. 4º, alínea "a", Lei nº 4.898/1967).

14. "DIFUSÕES VERMELHAS" (*RED NOTICES*) E A PRISÃO PARA FINS DE EXTRADIÇÃO – LEI Nº 13.445/2017 (LEI DE MIGRAÇÃO)[105]

O instrumento denominado "difusão vermelha" (***red notice***) – ou, mais apropriadamente, "difusões vermelhas" (***red notices***) – designa providências tendentes ao efetivo e imediato cumprimento de mandados de prisão emitidos por autoridades nacionais ou internacionais, diante de elementos de que o foragido migrou para país diverso daquele responsável pela ordem[106].

Com a inclusão de ordem de prisão no sistema de difusões da Interpol, são desencadeadas providências tendentes a tornar efetiva a cooperação penal internacional levada a efeitos pelos seus Estados-membros, para que seja capturado o fugitivo.

Em poucas palavras, difusão vermelha é uma comunicação eficiente aos órgãos representantes da Organização Internacional de Polícia Criminal (Interpol), no sentido de que existe uma ordem de prisão emitida contra alguém, para que lhe dê efeitos internacionais. Trata-se de um alerta de espectro internacional.

O conteúdo das "difusões vermelhas" é constituído, portanto:

1) pelo armazenamento de registros destinados à Interpol, formados pelas comunicações oficiais dos mandados de prisão, expedidos por autoridade competente de Estado-membro aos órgãos policiais que a representam no âmbito do respectivo país signatário (o Brasil é um dos 190 Estados – Partes da Interpol, integrando este sistema desde 1986[107]);

2) pela permissão para que a Interpol divulgue entre os Estados-membros a existência de mandados de prisão em aberto, que podem ser emitidos por autoridades nacionais (no Brasil, só autoridade judiciária) ou internacionais (há países onde também autoridades administrativas emitem ordens de prisão).

A "difusão" adjetivada de "vermelha" refere-se à finalidade prisional internacional. Outros registros para fins de alerta internacional são formados e disponibilizados pela

105. O Estatuto do Estrangeiro foi revogado com a promulgação da Lei 13.445/2017 (Lei de Migração). Em decorrência disso, a Lei nº. 12.878/2013, em que pese alterar o Estatuto do Estrangeiro, já revogado, não foi expressamente revogada. De igual forma, a Instrução Normativa do CNJ nº. 1/2010 permanece em vigência.

106. ARAS, Vladimir. A difusão vermelha no Brasil. Disponível em: <http://blogdovladimir.wordpress.com/2010/02/ 21/a-difusao-vermelha/>Acesso em: 16 Dez 2013.

107. CNJ – Instrução Normativa nº 01, de 10 de fevereiro de 2010. Disponível em: <http://www.cnj.jus.br/atos-administrativos/atos-da-corregedoria/288-instrucoes-normativas-da-corregedoria/12604-instrucao-normativa-nd-01-de-10-de-fevereiro-de-2010>. Acesso em: 16 Dez 2013.

Interpol, com o objetivo de viabilizar "difusões": (**a**) para buscar pessoas desaparecidas são as "difusões amarelas" (***yellow notices***); (**b**) para localizar bens culturais são as "difusões brancas" (***white notices***)[108].

14.1. Difusão vermelha e a prisão para fins de extradição

14.1.1. Difusão vermelha ordenada por autoridade judiciária brasileira

No Brasil, a iniciativa da "difusão vermelha" por autoridade judiciária só pode ser deflagrada a partir do preenchimento de determinados requisitos, que, ao cabo, são exigências da Interpol, fundadas no princípio da reciprocidade entre os países signatários do sistema.

A difusão vermelha só deve ser adotada nos casos de ordem de prisão decorrente de sentença condenatória transitada em julgado ou de prisão preventiva em processo criminal.

Ademais, o juízo responsável pela emissão da ordem de prisão, para ser habilitado na difusão vermelha, deve, notadamente[109]:

1) assumir, formalmente, o compromisso de que solicitará a extradição do foragido, pelas vias diplomáticas, na hipótese de ser localizado ou preso no exterior, por conta da difusão, bem como de que o requerimento diplomático deverá estar acompanhado da documentação necessária com a tradução, sob sua responsabilidade, para o idioma do país requerido (esse compromisso pode constar tanto do mandado de prisão, quanto do ofício, acompanhado de documentação, que encaminhar o mandado de prisão à Superintendência Regional da Polícia Federal, que é o órgão oficial que representa a Interpol no Brasil);

2) incluir, no mandado de prisão, informações sobre indícios de que a pessoa contra quem a prisão foi decretada esteja fora do país ou que haja possibilidade dela sair do território nacional;

3) encaminhar, com o mandado de prisão, documento que descreva as informações sobre a infração penal, mormente data, local do crime e especificação da conduta imputada à pessoa procurada, o que pode se dar pela anexação da petição inicial da ação penal;

4) informar sobre a previsão em tese do tipo penal que se encontra incurso o foragido, ou seja, tipificação legal do delito, pena máxima abstrata e prazo prescricional;

5) fazer acompanhar, se disponível, fotografias e impressões digitais da pessoa procurada.

A habilitação na difusão vermelha, por iniciativa de juiz brasileiro, é, por si só, medida suficiente para propagar seus efeitos, sem necessidade de manifestação de outro órgão no Brasil. A prisão pode ocorrer no Brasil (quando não haverá necessidade de se pedir

108. ARAS, Vladimir. A difusão vermelha no Brasil. Disponível em: <http://blogdovladimir.wordpress.com/2010/02/ 21/a-difusao-vermelha/>Acesso em: 16 Dez 2013.

109. BRASIL. Ministério da Justiça. Manual de extradição. Disponível em: <https://mj.jusbrasil.com.br/noticias/100187261/conheca-o-novo-manual-de-extradicao >. Acesso em: 27 jul. 2018.

extradição) ou no exterior (quando a extradição para o Brasil ocorrerá, lastreada no princípio da reciprocidade).

14.1.2. Difusão vermelha oriunda de outro país (autoridade judiciária ou administrativa de Estado-membro estrangeiro) e prisão cautelar para fins de extradição no Brasil

A difusão vermelha decorrente de habilitação realizada por autoridade estrangeira não produz efeito automático no Brasil. Se em alguns países, tal habilitação pode de plano surtir os efeitos desejados junto aos órgãos representantes da Interpol, no Brasil, o STF deve se manifestar previamente.

De outra parte, a prisão internacional, incluída ou não em sistema de difusão vermelha da Interpol, pressupõe, para ser cumprida no Brasil, a existência de processo de extradição instaurado perante a Suprema Corte.

Além de motivos relacionados à soberania nacional que demandam o pronunciamento do Supremo Tribunal, fato é que a ordem de prisão estrangeira pode se dar:

(1) por ordem judicial internacional (do Tribunal Penal Internacional, por exemplo);

(2) por ordem de autoridade judicial de país estrangeiro;

(3) por ordem administrativa proveniente de país estrangeiro.

Por tais razões, indispensável o crivo do STF para que o órgão representante da Interpol no Brasil esteja autorizado a dar efetividade à difusão vermelha no território nacional.

Sobre o ponto, pode se entender que a exigência de prévia manifestação do STF – para que seja possível o cumprimento de difusão vermelha no Brasil – conflita com o princípio da cooperação internacional.

Nesse diapasão, a "cooperação entre os povos para o progresso da humanidade", nos termos do art. 4º, IX, da Constituição Federal, deve reger as relações internacionais entre os países. Em outros termos, sob essa perspectiva do direito internacional público, tanto a difusão vermelha, habilitada a partir de iniciativa de autoridade judiciária brasileira, deve ser cumprida sem óbices pelos demais Estados-partes, como deve o Brasil adotar postura semelhante, sem impor manifestação prévia da Suprema Corte brasileira.

É de ver, contudo, que o entendimento do STF, impondo mais controle para fins de limitação da liberdade do extraditando, por meio de difusão vermelha, está de acordo com a finalidade limitadora do arbítrio estatal, quando em jogo o *jus libertatis*. Vale dizer, a necessidade de crivo do STF não contradiz o sistema constitucional justamente porque significa maior cautela para segregar o núcleo do direito de ir e vir de um ser humano.

Sob outro prisma, o STF apreciou *habeas corpus* que noticiava a ordem de prisão estrangeira desacompanhada dos requisitos que deveriam ser atendidos, além daqueles impostos nos termos do Sistema Interpol, pelo Governo do Estado-membro de origem.

No julgado, a Suprema Corte apontou que a República do Líbano:

(1) não apresentou os documentos que completariam pedido de extradição, com promessa de reciprocidade; e

(2) não acrescentou a instrução com a anexação dos documentos indispensáveis, embora tenham sido concedidos sucessivos prazos para tal finalidade. Diante desse quadro, e considerando a complexidade da causa, o STF concedeu ao Governo do Líbano novo prazo, porém improrrogável, para o atendimento das diligências requeridas pelo Ministério Público Federal, caso mantivesse o seu interesse na extradição, sob pena de indeferimento do pedido formulado[110].

A prisão cautelar para fins de extradição foi positivada legalmente pela Lei nº 12.878/2013, que alterou o então Estatuto do Estrangeiro, regulado pela Lei nº 6.815/1980. Atualmente, está em vigor a Lei nº 13.445/2017, que instituiu a legislação sobre migração e revogou expressamente o Estatuto do Estrangeiro. No art. 84 e parágrafos, da Lei de Migração, está descrita a forma como deve ser formulado, pelo por Estado estrangeiro, o pedido de prisão cautelar para fins de extradição de pessoa procurada internacionalmente:

(1) havendo situação de urgência, o Estado interessado na extradição poderá requerer, por via diplomática ou por meio de autoridade central do Poder Executivo, prisão cautelar com o objetivo de assegurar a executoriedade da medida de extradição;

(2) o pedido de prisão cautelar para fins extradicionais poderá ser formulado de modo preparatório ou simultâneo, isto é, previamente ou conjuntamente com a protocolização do pleito de extradição;

(3) o órgão de diplomacia destinatário do pedido ou a autoridade central do Poder Executivo, após exame da presença dos pressupostos formais de admissibilidade na Lei de Migração ou em tratado, deverá representar à autoridade judicial competente, ouvido previamente o Ministério Público Federal;

(4) o requerimento de prisão cautelar deverá conter informação sobre o crime cometido e deverá ser fundamentado, podendo ser apresentado por correio, fax, mensagem eletrônica ou qualquer outro meio que assegure a comunicação por escrito;

(5) o requerimento de prisão cautelar poderá ser transmitido à autoridade competente para extradição no Brasil por meio de canal estabelecido com o ponto focal da Interpol no País, devidamente instruído com a documentação comprobatória da existência de ordem de prisão proferida por Estado estrangeiro, e, em caso de ausência dc tratado, com a promessa de reciprocidade recebida por via diplomática;

(6) depois de efetuada a prisão do extraditando, o requerimento de extradição será encaminhado à autoridade judiciária competente;

(7) na ausência de disposição específica em tratado, o Estado estrangeiro deverá formalizar o pedido de extradição no prazo de sessenta dias, contado da data em que tiver sido cientificado da prisão do extraditando;

(8) caso o pedido de extradição não seja apresentado nesse prazo, o extraditando deverá ser posto em liberdade, não se admitindo novo pedido de prisão cautelar pelo mesmo fato sem que a extradição tenha sido devidamente requerida;

(9) a prisão cautelar poderá ser prorrogada até o julgamento final da autoridade judiciária competente quanto à legalidade do pedido de extradição.

110. STF – Tribunal Pleno – PPE 623 QO – Rel. Min. Cármen Lúcia – DJe 03/09/2010.

15. QUADRO SINÓTICO

CAPÍTULO IX – PRISÕES		
CONCEITO		
A prisão é o cerceamento da liberdade de locomoção, é o encarceramento. Pode advir de decisão condenatória transitada em julgado, que é a chamada prisão pena ou, ainda, ocorrer no curso da persecução penal, dando ensejo à prisão sem pena, também conhecida por prisão cautelar, provisória ou processual.		1
FORMALIDADES DA EXECUÇÃO		
Mandado de prisão	Em regra, é o título a viabilizar a realização da prisão. Deve atender aos seguintes requisitos: ser lavrado pelo escrivão e assinado pela autoridade competente; designar a pessoa que tiver de ser presa pelo nome, alcunha ou sinais característicos; indicar o valor da fiança; ser dirigido ao responsável pela execução da prisão. Será passado em duas vias, sendo uma entregue ao preso (informando dia, hora e o local da diligência), ficando a outra com a autoridade (devidamente assinada pelo preso). Considera-se realizada a prisão em virtude de mandado quando o executor, identificando-se, apresenta o mandado e intima a pessoa a acompanhá-lo. A captura poderá ser requisitada, à vista de mandado judicial, por qualquer meio de comunicação, tomadas pela autoridade, a quem se fizer a requisição, as precauções necessárias para averiguar a autenticidade desta (art. 299, CPP, com redação dada pela Lei nº 12.403/2011), sendo o preso imediatamente apresentado à autoridade que tenha expedido a ordem. Visando conferir ainda maior efetividade à ordem de prisão, o juiz deverá providenciar o registro do respectivo mandado no banco de dados do Conselho Nacional de Justiça a ser criado com essa finalidade, conforme preconiza o art. 289-A, do CPP (acrescido pela Lei 12.403/2011). O registro do mandado no banco de dados do CNJ facilitará o cumprimento da prisão por qualquer agente policial, mesmo fora da jurisdição do juiz processante, eis que confere, de um lado, ampla publicidade ao mandado e, de outro, segurança à fonte de informação sobre a decisão judicial prisional (autenticidade presumida).	**2.1**
Restrição de horário e inviolabilidade domiciliar	A prisão poderá ser realizada durante o dia ou noite, respeitando-se as restrições relativas à inviolabilidade domiciliar. Havendo a necessidade de realização da prisão com ingresso domiciliar, seja a casa de terceiro ou da própria pessoa a ser presa, o morador será intimado a entregar o preso ou a entregar-se, à vista da ordem de prisão.	**2.2**
Prisão em perseguição	É possível que o capturando empreenda fuga para ilidir a diligência, ou para evitar a realização do flagrante, dando ensejo ao início da perseguição. Nesses casos (art. 290, § 1º, CPP), permite-se que a prisão seja realizada em outro Município ou Estado. Em caso de flagrante, a autoridade do lugar da prisão procederá à lavratura do auto, remetendo o mesmo ao juiz local, para aferição de sua legalidade. Só após, os autos e o preso serão remetidos à comarca originária.	**2.3**

CAPÍTULO IX – PRISÕES		
Prisão em território diverso da atuação judicial	Se o infrator estiver fora do país, a realização da prisão deve atender às leis ou tratados que dizem respeito à extradição. Já se o mesmo se encontra no território nacional, em local diverso da jurisdição da autoridade judicial que expediu o mandado, poderá ser deprecada a sua prisão, devendo constar da precatória o inteiro teor do mandado. Havendo urgência, pode-se dispensar a expedição de precatória, nos termos do § 1º, do art. 289, CPP, com redação dada pela Lei nº 12.403/2011, podendo o juiz requisitar a prisão por qualquer meio de comunicação, do qual deverá constar o motivo da prisão, bem como o valor da fiança se arbitrada.	**2.4**
Prisão especial	Algumas pessoas, em razão da função desempenhada, terão direito a recolhimento em quarteis ou a prisão especial, enquanto estiverem na condição de presos provisórios. O jurado que tenha exercido a função de forma efetiva não tem mais a prerrogativa de prisão especial, em face do advento da Lei nº 12.403/2011.	**2.5**
Emprego de força e uso de algemas	A autoridade policial deve garantir o cumprimento do mandado de prisão, ou a efetivação da prisão em flagrante. O uso da força, bem como de algemas, deve ser evitado, salvo quando indispensável no caso de resistência ou tentativa de fuga do preso. (Ver súmula vinculante nº 11 do STF). O art. 199, da LEP, remete a disciplina do uso de algemas a decreto federal. Depois de mais de vinte anos sem o atendimento de tal regulamentação, foi emitido o Decreto nº 8.858/2016, que expressamente regulamentou aquele enunciado. Ademais, a Lei nº 13.434/2017, acrescentou parágrafo único ao art. 292, do Código de Processo Penal, conferindo relevante garantia à mulher grávida durante atos médico-hospitalares preparatórios para a realização do parto e durante o trabalho de parto, assim como durante o período de puerpério imediato. Nessas situações, restará vedada a aposição de algemas, constituindo-se importante garantia humanitária.	**2.6**
Emprego de força e uso de instrumentos não letais (Lei nº 13.060/2014)	A Lei nº 13.060/2014 passou a regular o uso do que denomina de "instrumentos de menor potencial ofensivo". Instrumentos de menor potencial ofensivo são aqueles de menor letalidade, que causam menor lesão à pessoa contra qual se dirigem. São instrumentos diversos da arma de fogo, como as algemas, o gás lacrimogêneo, as bombas de efeito moral, os disparos com paintball ou com festim, escudos, cassetetes, dentre outros equipamentos e armas que representem menor potencial de lesividade à integridade do agente de delito. O art. 2º, da Lei 13.060/2014, destaca que os órgãos de segurança pública deverão priorizar a utilização dos instrumentos de menor potencial ofensivo. Para tanto, o uso não deve, por outro lado, colocar em risco a integridade física ou psíquica dos policiais. Segue-se, portanto, o princípio da proporcionalidade para delinear os contornos para a escolha dos instrumentos consoante a ocorrência a ser atendida. São instrumentos diversos da arma de fogo, como as algemas, o gás lacrimogêneo, as bombas de efeito moral, os disparos com paint ball ou com festim, escudos, cassetetes, dentre outros equipamentos e armas que representem menor potencial de lesividade à integridade do agente de delito.	**2.7**

CAPÍTULO IX – PRISÕES		
Regime disciplinar diferenciado	Inserido pela Lei nº 10.792/2003, tem cabimento, tanto aos presos provisórios como definitivos. a) Cabimento: crime doloso constituindo falta grave e ocasionando a subversão da ordem ou da disciplina interna do estabelecimento; presos que apresentem alto risco para a segurança do estabelecimento penal ou da sociedade; fundadas suspeitas de envolvimento ou participação, a qualquer título, em organizações criminosas, quadrilha ou bando. b) Consequências: recolhimento em cela individual; visitas semanais de duas pessoas, sem contar as crianças, com duração de duas horas; saída da cela por duas horas diárias para banho de sol. c) Duração: 360 dias, sem prejuízo de repetição da sanção em caso de falta grave da mesma espécie, respeitado o limite de 1/6 da pena aplicada. Admite-se o isolamento preventivo do preso faltoso pelo prazo de até 10 dias. É o que impropriamente se tem chamado de RDD cautelar.	**2.8**
Regime disciplinar diferenciado	d) Algumas críticas: a inserção em RDD, sem julgamento definitivo quanto à prática de crime doloso, fere a presunção de inocência; a inclusão no RDD em razão de o detento representar alto risco para a segurança do estabelecimento ou da sociedade é imputar o ônus da falência do sistema prisional exclusivamente ao preso, caracterizando o direito penal do autor, vedado em nosso ordenamento jurídico; o ideal ressocializador, ressaltado pelo art. 1º da LEP, foi esquecido, pois o RDD imprime ao infrator uma sanção estática, onde nada é permitido, leitura, esportes, trabalho, jogos etc.	**2.8**
PRISÃO EM FLAGRANTE		
Conceito		
A prisão em flagrante é a que resulta no momento e no local do crime. É uma medida restritiva de liberdade, de natureza cautelar e caráter eminentemente administrativo, que não exige ordem escrita do juiz, porque o fato ocorre de inopino.		**3.1**
Espécies de flagrante		
Flagrante próprio (art. 302, I e II, CPP)	O agente é surpreendido cometendo a infração penal ou quando acaba de cometê-la. A prisão deve ocorrer de imediato, sem o decurso de qualquer intervalo de tempo.	**3.2.1**
Flagrante impróprio (art. 302, III, CPP)	O agente é perseguido, logo após a infração, em situação que faça presumir ser o autor do fato. Não existe um limite temporal para o encerramento da perseguição.	**3.2.2**
Flagrante presumido (art. 302, IV, CPP)	O agente é preso, logo depois de cometer a infração, com instrumentos, armas, objetos ou papeis que presumam ser ele o autor da infração. Note que esta espécie não exige perseguição.	**3.2.3**
Flagrante compulsório ou obrigatório (art. 301, in fine, CPP)	As polícias civil, militar, rodoviária, ferroviária e o corpo de bombeiros militar, desde que em serviço, têm o dever de efetuar a prisão em flagrante, sempre que a hipótese se apresente.	**3.2.4**
Flagrante facultativo (art. 301 CPP)	É a faculdade legal que autoriza qualquer do povo a efetuar ou não a prisão em flagrante.	**3.2.5**

CAPÍTULO IX – PRISÕES		
Flagrante esperado	A atividade da autoridade policial antecede o início da execução delitiva. A polícia antecipa-se ao criminoso, e, tendo ciência de que a infração ocorrerá, sai na frente, fazendo campana (tocaia), e realizando a prisão quando os atos executórios são deflagrados. Nada impede que o flagrante esperado seja realizado por particular.	**3.2.6**
Flagrante preparado ou provocado	O agente é induzido ou instigado a cometer o delito, e, neste momento, acaba sendo preso em flagrante. Ressalte-se, no entanto a súmula nº 145 do STF: "Não há crime quando a preparação do flagrante pela polícia torna impossível a sua consumação".	**3.2.7**
Flagrante prorrogado	A autoridade policial tem a faculdade de aguardar, do ponto de vista da investigação criminal, o momento mais adequado para realizar a prisão, ainda que sua atitude implique na postergação da intervenção. Encontra previsão na legislação extravagante: Lei nº 12.850/2013; Lei nº 11.343/2006; Lei nº 9.613/98 (com alterações dadas pela Lei nº 12.683/2012).	**3.2.8**
Flagrante forjado	É aquele armado, fabricado, realizado para incriminar pessoa inocente. É uma modalidade ilícita de flagrante, onde o único infrator é o agente forjador, que pratica o crime de denunciação caluniosa, e sendo agente público, também abuso de autoridade.	**3.2.9**
Flagrante por apresentação	Quem se entrega à polícia não se enquadra em nenhuma das hipóteses legais autorizadoras do flagrante. Assim, não será autuado.	**3.2.10**
Flagrante cataléptico	O flagrante cataléptico é um flagrante de vingança, que fora paralisado em função de exigência ou pedido de vantagem indevida por parte do seu condutor e, seguidamente, retomado, diante da solicitação ou da exigência (para não prender) frustrada. Trata-se de modalidade de flagrante ilegal, passível de relaxamento, a teor do art. 310, I, do CPP.	**3.2.11**
FLAGRANTE NAS VÁRIAS ESPÉCIES DE CRIME		
Crime permanente	Para Cezar Roberto Bitencourt, permanente é o crime cuja consumação se alonga no tempo, dependente da atividade do agente, que poderá cessar quando este quiser. Enquanto não cessar a permanência, a prisão em flagrante poderá ser realizada a qualquer tempo, mesmo que para tanto seja necessário o ingresso domiciliar.	**4.1**
Crime habitual	O crime habitual é aquele que materializa o modo de vida do infrator, exigindo, para a consumação, a reiteração de condutas, que por sua repetição, caracterizam a ocorrência da infração. Pela dificuldade no caso concreto de aferir a reiteração de atos, somos partidários do entendimento de que não cabe flagrante nas infrações habituais.	**4.2**
Crime de ação penal privada e pública condicionada	Nesses casos, para a lavratura do auto de prisão em flagrante, deverá haver a manifestação de vontade do respectivo legitimado. Se a vítima não puder imediatamente ir à delegacia para se manifestar, por ter sido conduzida ao hospital ou por qualquer motivo relevante, poderá fazê-lo no prazo de entrega da nota de culpa. Caso a vítima não emita autorização, deve a autoridade policial liberar o ofensor, sem nenhuma formalidade, documentando o ocorrido em boletim de ocorrência, para efeitos de praxe.	**4.3**

CAPÍTULO IX – PRISÕES		
Crime continuado	Na hipótese de continuidade delitiva (art. 71, CP), temos, indubitavelmente, várias condutas, simbolizando várias infrações; contudo, por uma ficção jurídica, irá haver, na sentença, a aplicação da pena de um só crime, exasperada de um sexto a dois terços. Como existem várias ações independentes, irá incidir, isoladamente, a possibilidade de se efetuar a prisão em flagrante por cada uma delas. É o que se chama (impropriamente) de **flagrante fracionado.**	**4.4**
Infração de menor potencial ofensivo	Nas infrações de menor potencial ofensivo, ao invés da lavratura do auto de flagrante, teremos a realização do termo circunstanciado, desde que o infrator seja imediatamente encaminhado aos juizados especiais criminais ou assuma o compromisso de comparecer, quando devidamente notificado. Caso contrário, o auto será lavrado, recolhendo-se o mesmo ao cárcere, salvo se for admitido a prestar fiança, nas infrações que a comportem, ou se for adequada aplicação de medida cautelar diversa da prisão, nos termos dos artigos 282 e 319, do CPP, com redação dada pela Lei nº 12.403/2011.	**4.5**
SUJEITOS DO FLAGRANTE		
Sujeito ativo	É aquele que efetua a prisão; pode ser qualquer pessoa, integrante ou não da força policial. Já o **condutor** é a pessoa que apresenta o preso à autoridade que presidirá a lavratura do auto, nem sempre correspondendo àquele que efetuou a prisão.	**5.1**
Sujeito passivo		
Conceito e hipóteses	É aquele detido em situação de flagrância. Em regra, pode ser qualquer pessoa. Exceções: a) o Presidente da República somente poderá ser preso com o advento de sentença condenatória transitada em julgado; b) os diplomatas estrangeiros podem desfrutar da possibilidade de não ser presos em flagrante, a depender dos tratados e convenções internacionais; c) os membros do Congresso Nacional só podem ser presos em flagrante por crime inafiançável. Atenção para a interpretação dada pelo STF no informativo nº 135 que entende que há perda da imunidade parlamentar para congressista que se afasta para exercer cargo no Poder Executivo; d) os magistrados só poderão ser presos em flagrante por crime inafiançável, devendo a autoridade fazer a imediata comunicação e apresentação do magistrado ao Presidente do respectivo Tribunal; e) os membros do MP só poderão ser presos em flagrante por crime inafiançável, devendo a autoridade fazer em 24 horas a comunicação e apresentação do membro do MP ao respectivo Procurador-Geral; f) os advogados somente poderão ser presos em flagrante, por motivo de exercício da profissão, em caso de crime inafiançável, sendo necessária a presença de representante da OAB, nas hipóteses de flagrante em razão do exercício profissional, para a lavratura do auto, sob pena de nulidade;	**5.2.1**

CAPÍTULO IX – PRISÕES		
Conceito e hipóteses	g) "Nenhum adolescente será privado de sua liberdade senão em flagrante de ato infracional ou por ordem escrita e fundamentada da autoridade judiciária competente" (art. 106, Lei nº 8.069/1990); h) o motorista que presta pronto e integral socorro à vítima de acidente de trânsito não será preso em flagrante, nem lhe será exigida fiança (art. 301, CTB).	**5.2.1**
Prisão do diplomata estrangeiro	O diplomata estrangeiro, em território nacional, não pode ser sujeito passivo da prisão em flagrante. A imunidade dos diplomatas obsta a aplicação da lei brasileira, em homenagem à soberania do seu país de origem (Estado acreditante). A imunidade diplomática se estende aos familiares do diplomata que com ele convivam e desde que não sejam nacionais do estado acreditado. No que concerne aos seus funcionários, que tenham nacionalidade do país de origem (empregados natos), haverá limitação da jurisdição brasileira toda vez que tal implicar interferência demasiada no "desempenho das funções da Missão". O cônsul, por sua vez, tem imunidade restrita aos crimes funcionais no exercício de suas atribuições consulares.	**5.2.2**
Prisão e aplicação de outras medidas cautelares a Membro do Congresso Nacional	O § 2º, do art. 53, da Constituição de 1988, dispõe que, desde a emissão do diploma, "os membros do Congresso Nacional não poderão ser presos, salvo em flagrante de crime inafiançável. Nesse caso, os autos serão remetidos dentro de vinte e quatro horas à Casa respectiva, para que, pelo voto da maioria de seus membros, resolva sobre a prisão". Assim, a única possibilidade de prisão provisória de um senador ou de um deputado federal é aquela classificada como flagrante, nos termos do art. 302, do CPP, além de ser exigida que a imputação se refira a crime inafiançável. Pela ordem jurídica vigente, só são inafiançáveis, em tese, os crimes apontados no art. 5º, da Constituição de 1988, quais sejam: (1) o racismo (inciso XLII); (2) a tortura (inciso XLIII); (3) o tráfico ilícito de entorpecentes e drogas afins (inciso XLIII); (4) o terrorismo (inciso XLIII); (5) os crimes hediondos (inciso XLIII); e (6) a ação de grupos armados, civis ou militares, contra a ordem constitucional e o Estado Democrático (inciso XLIV). A derradeira orientação do Supremo Tribunal Federal, quanto à aplicação de medidas cautelares, prisionais ou não prisionais (a exemplo do recolhimento domiciliar noturno e de outras do art. 319, CPP), envolve o estabelecimento do critério de constituir óbice, direto ou indireto, ao regular exercício do mandato legislativo, para determinar o reexame da decisão pela casa legislativa respetiva, para o fim de confirmar ou de sustar os efeitos da decisão restritiva aplicada pelo Poder Judiciário ao parlamentar.	**5.2.3**
Autoridade competente	Em regra, a autoridade policial da circunscrição onde foi efetuada a prisão é a que possui atribuição para presidir a lavratura do auto.	**5.3**
PROCEDIMENTOS E FORMALIDADES		
a) A autoridade, antes de lavrar o auto, deve comunicar à família do preso ou pessoa por ele indicada a ocorrência da prisão. Também devem ser comunicados imediatamente o juiz competente e o Ministério Público (art. 306, *caput*, CPP, com redação dada pela Lei nº 12.403/2011).		

<table>
<tr><th colspan="3">CAPÍTULO IX – PRISÕES</th></tr>
<tr><td colspan="3">b) Aquele que levou o preso até a presença da autoridade será ouvido, sendo suas declarações reduzidas a termo, colhida a sua assinatura, e sendo-lhe entregue cópia do termo e recibo de entrega do preso.
c) Na sequência, serão ouvidas as testemunhas que tenham algum conhecimento do ocorrido, e que acompanham o condutor.
d) Em que pese a lei ser omissa quanto a oitiva da vítima nesta fase, é de bom tom que a mesma seja ouvida, prestando sua contribuição para o esclarecimento do fato e para a caracterização do flagrante.
e) A lei fala em interrogatório do acusado (quando deveria falar conduzido), o que é uma evidente impropriedade, afinal ainda não existe imputação nem processo. O preso será ouvido, assegurando-se o direito ao silêncio. Admite-se a presença do advogado, embora não seja imprescindível à lavratura do auto.
f) Ao final, convencida a autoridade que a infração ocorreu, que o conduzido concorreu para a mesma e que se trata de hipótese legal de flagrante delito, determinará ao escrivão que lavre e encerre o auto de flagrante. Não estando convencida a autoridade de que o fato apresentado autorizaria o flagrante, deixará de autuar o mesmo, relaxando a prisão que já existe desde a captura. Também não permanecerá preso o conduzido se for admitido a prestar fiança, a ser concedida pela autoridade policial. Os termos de declaração do condutor e das testemunhas serão anexados ao auto, e este último será assinado pela autoridade e pelo preso.</td></tr>
<tr><td>Nota de culpa</td><td>A nota de culpa se presta a informar ao preso os responsáveis por sua prisão, além dos motivos da mesma, contendo o nome do condutor e das testemunhas, sendo assinada pela autoridade. Será entregue em 24 horas da realização da prisão, mediante recibo. A entrega da nota de culpa é de vital importância para a validade da prisão. A nulidade que daí decorre, contudo, é relativa, dependendo de demonstração de prejuízo (ineficácia do direito à ampla defesa e ao contraditório, em face de não estar ciente o conduzido dos motivos e das demais formalidades para a validade da prisão).</td><td>6.1</td></tr>
<tr><td>Remessa à autoridade</td><td>O auto de prisão em flagrante, acompanhado de todas as oitivas colhidas, será encaminhado à autoridade judicial competente em 24 horas da realização da prisão e, caso o autuado não informe o nome de seu advogado, cópia integral à Defensoria Pública, no mesmo prazo.</td><td>6.2</td></tr>
<tr><td>Audiência de custódia</td><td>Audiência de custódia é a providência que decorre da imediata apresentação do preso ao juiz. Deve-se seguir imediatamente após à efetivação da providência cerceadora de liberdade. É "interrogatório de garantia" que torna possível ao autuado informar ao juiz suas razões sobre o fato a ele atribuído. Ao cabo, é meio de controle judicial acerca da licitude das prisões.
Sem previsão no CPP, a audiência de custódia encontra amparo em diplomas internacionais ratificados no Brasil (Pacto de São José da Costa Rica). Destina-se especialmente ao preso em flagrante, para que seja apresentado ao juiz competente, dentro do prazo de 24 horas. Cabível também para os casos de prisão temporária e preventiva.
Deve ser destacado que, na audiência de custódia, o juízo preliminar exercido é o de validade da prisão, sob os critérios de exigibilidade, de adequação e de justa medida. A teor do art. 310, CPP, o juiz deve verificar se é o caso de relaxá-la por ilegalidade, converter o flagrante em prisão preventiva ou impor liberdade provisória, com</td><td>6.3</td></tr>
</table>

CAPÍTULO IX – PRISÕES		
Audiência de custódia	a possibilidade de sua substituição por medidas alternativas. Não deve haver qualquer definição sobre o mérito da causa, sob pretexto de celeridade ou para efeito de coisa julgada contra o imputado. A abreviação do rito não deve implicar supressão dos prazos, que são essenciais ao exercício do direito de defesa.	**6.3**
PRISÃO PREVENTIVA		
Conceito	É a prisão de natureza cautelar mais ampla, sendo uma eficiente ferramenta de encarceramento durante o inquérito policial e na fase processual. A preventiva só se sustenta se presentes o lastro probatório mínimo a indicar a ocorrência da infração, os eventuais envolvidos, além de algum motivo legal que fundamente a necessidade do encarceramento. A decretação da preventiva deve ser fundamentada na ideia de medida extrema, subsidiária, residual, que só terá lugar quando não suficiente e adequada outra medida cautelar diversa da prisão (art. 319, CPP, com redação dada pela Lei nº 12.403/2011), e presentes os pressupostos gerais de decretação de medida cautelar dispostos no art. 282, do CPP (com redação dada pela Lei nº 12.403/2011).	**7.1**
Pressupostos	a) prova da existência do crime; b) indícios suficientes da autoria.	**7.2**
As hipóteses de decretação	Além dos pressupostos indicados, é necessário que se apresente o fator de risco a justificar a efetividade da medida. Vejamos assim quais os fundamentos legais para a preventiva: a) garantia da ordem pública: filiamo-nos à corrente intermediária, conferindo uma interpretação constitucional à acepção da ordem pública, acreditando que a mesma está em perigo quando o criminoso simboliza um risco, pela possível prática de novas infrações, caso permaneça em liberdade.	**7.3**
As hipóteses de decretação	Destoando da orientação de não se admitir prisão provisória sem fundamento cautelar, o STF decidiu, por maioria, que é cabível a execução provisória de pena. Divergiu, desse modo, do seu posicionamento anterior que, com esteio no princípio da presunção de não culpabilidade, vedava a prisão do condenado (execução provisória de pena) sem que ela encontrasse fundamento nas hipóteses de decretação de prisão preventiva (art. 312, CPP). b) conveniência da instrução criminal: tutela-se a livre produção probatória, impedindo que o agente comprometa de qualquer maneira a busca da verdade. c) garantia de aplicação da lei penal: evita-se a fuga do agente, que deseja eximir-se de eventual cumprimento da sanção penal. d) garantia da ordem econômica: visa a evitar que o indivíduo, se solto estiver, continue a praticar novas infrações afetando a ordem econômica.	**7.3**

CAPÍTULO IX – PRISÕES		
As hipóteses de decretação	Ressalta-se que a Lei nº 7.492/1986, no seu art. 30, previu a "magnitude da lesão causada" como hipótese de decretação nos crimes contra o sistema financeiro nacional. e) descumprimento de qualquer das obrigações impostas por força de outras medidas cautelares (art. 282, § 4º, CPP): trata-se de caso acrescentado ao CPP, em face do caráter subsidiário da prisão preventiva (medida cautelar extrema). O legislador reformador previu várias medidas cautelares, menos gravosas ao direito de liberdade do acusado (art. 319, CPP), que devem preferir à prisão preventiva (medida residual, subsidiária) e que são impostas se atendidos os pressupostos gerais do art. 282 do Código. Uma vez descumprida, percebe-se que a medida cautelar em tela pode não se revelar adequada ou suficiente ao caso, admitindo-se a sua substituição ou cumulação com outra, ou em último caso, a decretação da preventiva, desde que o delito praticado comporte a medida, já que, de regra, a preventiva só é admitida para os crimes dolosos com pena superior a quatro anos (art. 313, I, CPP).	**7.3**
Infrações que comportam a medida	Em regra, a preventiva tem cabimento na persecução penal para apuração dos crimes dolosos: (1) punidos com pena privativa de liberdade máxima superior a 4 (quatro) anos; (2) se tiver sido condenado por outro crime doloso, em sentença transitada em julgado, ressalvado o período depurador da reincidência; e (3) se o crime envolver violência doméstica e familiar contra a mulher, criança, adolescente, idoso, enfermo ou pessoa com deficiência, para garantir a execução das medidas protetivas de urgência. É admitida a decretação da preventiva se existe dúvida sobre a identidade e o agente não oferece elementos para esclarecê-la, bem como se for descumprida medida cautelar substitutiva, presentes as condições legais (art. 312, CPP). Não distingue mais o CPP os crimes apenados com reclusão ou detenção, nem tem mais importância a circunstância relativa a ser o réu vadio.	**7.4**
Infrações que comportam a medida	A prisão preventiva não deve funcionar como forma de coerção ao cumprimento de medidas protetivas de urgência que obrigam o agressor, nos termos da Lei Maria da Penha. Para dar efetividade às medidas protetivas (de natureza civil), cabível a incidência de multa e de outros meios coercitivos não prisionais.	**7.4**
Decretação e sistema recursal	O juiz pode decretar a prisão preventiva de ofício (se existente ação penal); atendendo a requerimento do MP, do querelante ou do assistente; ou provocado por representação da autoridade policial. A preventiva terá cabimento durante toda a persecução, tanto nos crimes de ação pública, quanto nos de ação penal privada, desde que atendidos os requisitos legais. Nos Tribunais, a medida poderá ser tomada pelo relator, nos crimes de competência originária. A medida não poderá ser executada em até cinco dias antes e quarenta e oito horas depois das eleições.	**7.5**

CAPÍTULO IX – PRISÕES		
Decretação e sistema recursal	Nada impede que uma vez relaxada a prisão em flagrante, seja decretada, na sequência, a preventiva, se atendidas as exigências para a decretação da medida. Todavia, a preventiva é absolutamente incompatível com o instituto da liberdade provisória, seja ela com ou sem fiança, bem como com a aplicação das medidas cautelares do art. 319, CPP, diante da sua residualidade. As decisões interlocutórias que versem sobre prisão e liberdade são recorríveis quando desfavoráveis ao pleito carcerário. Negando a liberdade, normalmente são irrecorríveis, hipótese em que a defesa deverá valer-se do *habeas corpus*. Se o juiz de primeiro grau indeferir requerimento de prisão preventiva, ou revogar a medida, colocando o agente em liberdade, as duas decisões podem ser combatidas através do recurso em sentido estrito. Já se o juiz nega o pedido de revogação da preventiva, ou decreta a mesma, estas decisões, por ausência de previsão legal, não comportam recurso, cabendo a defesa invocar a ação de *habeas corpus*. Se a deliberação é do relator, nas hipóteses de competência originária dos Tribunais, caberá o recurso de agravo, no prazo de cinco dias, ao teor do art. 39 da Lei nº 8.038/1990.	**7.5**
Fundamentação	O magistrado está obrigado a indicar no mandado os fatos que se subsumem à hipótese autorizadora da decretação da medida, sob pena de, não atendendo à exigência constitucional, reconhecimento da ilegalidade da prisão. Tem-se admitido, contudo, que o juiz arrime a decisão com os fundamentos trazidos na representação da autoridade policial ou na representação do Ministério Público. Faltando fundamentação e uma vez impetrado *habeas corpus*, não haverá a convalidação da preventiva e supressão da omissão pelas informações prestadas pela autoridade ao Tribunal, pois a fundamentação deve existir no momento em que a preventiva foi decretada.	**7.6**
Revogação	A prisão preventiva é movida pela cláusula *rebus sic stantibus*, assim, se a situação das coisas se alterar, revelando que a medida não é mais necessária, a revogação é obrigatória, podendo, se adequado e necessário, aplicar medida cautelar em substituição, de acordo com o autorizativo do § 5º, do art. 282, CPP (redação da Lei nº 12.403/2011). Deve o magistrado revogar a medida, de ofício, ou por provocação, sem a necessidade de oitiva prévia do Ministério Público. O promotor será apenas intimado da decisão judicial, para se desejar, apresentar o recurso cabível à espécie. Todavia, uma vez presentes novamente os permissivos legais, nada obsta a que o juiz a decrete novamente, quantas vezes se fizerem necessárias.	**7.7**
Apresentação espontânea	A apresentação espontânea do agente à autoridade ilide a prisão em flagrante, por ausência de previsão legal autorizando o flagrante nestas situações. Nada impede, uma vez presentes os requisitos legais, que se represente pela decretação da prisão preventiva, ou até mesmo pela temporária.	**7.8**

CAPÍTULO IX – PRISÕES		
Preventiva *versus* excludentes de ilicitude	Se pela análise dos autos percebe-se que o agente atuou sob o manto de uma excludente de ilicitude, a preventiva não será decretada, podendo ser concedida pelo juiz liberdade provisória, sem fiança, mediante termo de comparecimento a todos os atos do processo sob pena de revogação (parágrafo único, do art. 310, CPP, com redação dada pela Lei nº 12.403/2011).	**7.9**
PRISÃO TEMPORÁRIA		
Conceito		
A temporária é a prisão de natureza cautelar, com prazo preestabelecido de duração, cabível exclusivamente na fase do inquérito policial ou procedimento investigativo equivalente, objetivando o encarceramento em razão das infrações seletamente indicadas na legislação.		**8.1**
Decretação		
A prisão temporária está adstrita à cláusula de reserva jurisdicional, e, em face do disposto no art. 2º da Lei nº 7.960/1989, somente pode ser decretada pela autoridade judiciária, mediante representação da autoridade policial ou requerimento do Ministério Público. A temporária não pode ser decretada de ofício pelo juiz, pressupondo provocação.		**8.2**
Cabimento		
É essencial a presença do *fumus commissi delicti* e do *periculum libertatis* para que a medida seja decretada, aplicando-se o critério de proporcionalidade estampado nos incisos I e II, do art. 282, do CPP (redação da Lei nº 12.403/2011). O art. 1º da Lei nº 7.960/1989 trata da matéria, admitindo a temporária nas seguintes hipóteses:		**8.3**
Imprescindibilidade para as investigações do inquérito policial (inciso I)	Quando imprescindível para as investigações do inquérito policial.	**8.3.1**
Indiciado não tem residência fixa ou não fornece elementos para sua identificação (inciso II)	Quando o Indiciado não tiver residência fixa ou não fornecer elementos ao esclarecimento de sua identidade;	**8.3.2**
Quando houver fundadas razões, de acordo com qualquer prova admitida na legislação penal, de autoria ou participação do indiciado nos seguintes crimes relacionados (inciso III)	Quando houver fundadas razões, de acordo com qualquer prova admitida na legislação penal, de autoria ou participação do indiciado nos seguintes crimes: a) homicídio doloso; b) sequestro ou cárcere privado; c) roubo; d) extorsão; e) extorsão mediante sequestro; f) estupro; g) atentado violento ao pudor; h) rapto violento; i) epidemia com resultado de morte; j) envenenamento de água potável ou substância alimentícia ou medicinal qualificado pela morte; l) quadrilha ou bando; m) genocídio, em qualquer de suas formas típicas; n) tráfico de drogas; o) crimes contra o sistema financeiro; p) os crimes hediondos e assemelhados, quais sejam, tráfico, tortura e terrorismo, mesmo os não contemplados no rol do art. 1º da Lei nº 7.960/1989, por força do § 4º do art. 2º da Lei nº 8.072/1990 (Lei de Crimes Hediondos), são suscetíveis de prisão temporária. A grande discussão sobre o cabimento da temporária diz respeito ao preenchimento dos elementos que justifiquem a decretação da medida. São diversas as correntes sobre o tema, prevalecendo a que admite a temporária com base no inciso III obrigatoriamente,	**8.3.3**

<table>
<tr><th colspan="3">CAPÍTULO IX – PRISÕES</th></tr>
<tr><td>Quando houver fundadas razões, de acordo com qualquer prova admitida na legislação penal, de autoria ou participação do indiciado nos seguintes crimes relacionados (inciso III)</td><td>pois ele materializaria a fumaça do bom direito para a decretação da medida (fumus commissi delicti), e, além dele, uma das hipóteses dos incisos I ou II: ou é imprescindível para as investigações, ou o indiciado não possui residência fixa, ou não fornece elementos para a sua identificação.</td><td>8.3.3</td></tr>
<tr><th colspan="3">Prazos</th></tr>
<tr><td>Regra geral</td><td>Prazo de 5 dias, prorrogáveis por mais 5 dias em caso de comprovada e extrema necessidade.</td><td>8.4.1</td></tr>
<tr><td>Crimes hediondos e assemelhados</td><td>Crimes hediondos e assemelhados, quais sejam, tráfico, terrorismo e tortura (parágrafo 4º, art. 2º, Lei nº 8.072/1990): o prazo da prisão temporária é de 30 dias, prorrogáveis por mais 30 dias, em caso de comprovada e extrema necessidade.
A prorrogação pressupõe requerimento fundamentado, cabendo ao magistrado deliberar quanto a sua admissibilidade. Não cabe prorrogação de ofício. Na prorrogação, deve o magistrado ouvir o MP quando o pedido for realizado pela autoridade policial.</td><td>8.4.2</td></tr>
<tr><th colspan="3">Procedimento</th></tr>
<tr><td colspan="2">a) O juiz é provocado pela autoridade policial, mediante representação, ou por requerimento do Ministério Público;
b) O juiz, apreciando o pleito, tem 24 horas para, em despacho fundamentado, decidir sobre a prisão, ouvindo para tanto o MP, nos pedidos originários da polícia;
c) Decretada a prisão, o mandado será expedido em duas vias, sendo que uma delas, que será entregue ao preso, serve como nota de culpa;
d) Efetuada a prisão, a autoridade policial informará o preso dos direitos assegurados na CF;
e) Durante o prazo da temporária, pode o juiz, de ofício, a requerimento do MP ou defensor, "determinar que o preso lhe seja apresentado, solicitar informações e esclarecimentos da autoridade policial e submetê-lo a exame de corpo de delito" (§ 3º, art. 2º).
f) Decorrido o prazo legal o preso deve ser posto imediatamente em liberdade, salvo se for decretada a preventiva.</td><td>8.5</td></tr>
<tr><th colspan="3">PRISÃO NA FASE DOS RECURSOS</th></tr>
<tr><td colspan="3">A prisão antes do trânsito em julgado somente deve ser decretada a título cautelar, segundo dois pilares de sustentação do ordenamento jurídico. O primeiro, o princípio da presunção de inocência, base maior do sistema que veda interpretação tendente a antecipar a formação de culpa. Não impede a prisão cautelar, mas obsta prisões provisórias automáticas. O segundo gizado no art. 283, do Código de Processo Penal, que somente permite prisão antes do trânsito em julgado se presentes os requisitos da custódia preventiva.
Desses dois cânones, podemos concluir que são inconstitucionais e ilegais as prisões que decorram simplesmente da condenação, da pronúncia do réu no rito do Júri ou da confirmação da condenação em segunda instância.</td></tr>
</table>

CAPÍTULO IX – PRISÕES	
As duas primeiras – conhecidas como prisões decorrentes de sentença condenatória ou de decisão de pronúncia – foram contempladas no texto do CPP, segundo sistemática anterior à reforma processual penal de 2008. A última, a seu turno, passou a ser centro dos debates jurídicos após um período de trégua refratário à denominada execução provisória de pena.	
PRISÃO DECORRENTE DA DECISÃO DE PRONÚNCIA	
Cabe ao juiz, pronunciando o réu, sendo o crime afiançável, arbitrar o valor da fiança para concessão ou manutenção da liberdade provisória, sem prejuízo da admissibilidade da liberdade provisória sem fiança e/ou com aplicação de outra medida cautelar diversa da prisão (art. 319, do CPP, com redação dada pela Lei nº 12.403/2011). Neste último caso, terá que ouvir o MP (§ 2º, art. 413, CPP) e/ou a parte afetada pela cautelar, oportunizando o contraditório prévio, salvo em situação de urgência ou quando houver risco de ineficácia da medida. O juiz decidirá, "motivadamente, no caso de manutenção, revogação ou substituição da prisão ou medida restritiva de liberdade anteriormente decretada e, tratando-se de acusado solto, sobre a necessidade da decretação da prisão ou imposição de qualquer das medidas previstas no Título IX deste Código" (§ 3º, art. 413, CPP). Exige-se do magistrado a fundamentação da gestão do cárcere ou da liberdade provisória, e a pronúncia é o momento para reafirmar os motivos já existentes, ou detectar as razões que apareceram para decretação prisional, que nesta hipótese, não mais se justifica pelos maus antecedentes ou pela reincidência, que ficam absolutamente superados (Lei nº 11689/20008), substituídos pela presença ou não dos fundamentos da prisão preventiva. Logo, prisão decorrente de pronúncia, propriamente dita, acabou.	**9.1**
PRISÃO DECORRENTE DE SENTENÇA CONDENATÓRIA RECORRÍVEL	
Segundo a redação do art. 387, § 1º, CPP (em virtude das Lei nº 11.719/08 e 12.736/2012), na sentença condenatória o juiz "decidirá, fundamentadamente, sobre a manutenção ou, se for o caso, imposição de prisão preventiva ou de outra medida cautelar, sem prejuízo do conhecimento da apelação que vier a ser interposta". Cabendo liberdade provisória, deverá concedê-la, com ou sem fiança, podendo ainda aplicar medida cautelar diversa da prisão, inclusive de forma cumulada, na forma do art. 319, do CPP (com redação dada pela Lei nº 12.403/2011), cujo rol não é taxativo. Se o réu responde ao processo em liberdade, a justificação da prisão também é de rigor, e o móvel passa a ser basicamente a presença ou não dos fundamentos da preventiva, já que os maus antecedentes e a reincidência como base para prisão foram revogados.	**9.2**
PRISÃO DECORRENTE DE SENTENÇA CONDENATÓRIA RECORRÍVEL	
A execução provisória de pena, fundada somente na condenação, ainda que já confirmada em segundo grau de jurisdição, não deveria ser admitida, considerando os alicerces da presunção de inocência e da necessidade de cautelaridade para a imposição de prisão provisória (art. 283, do CPP). Nessa linha, a aplicação da Lei de Execução Penal aos presos provisórios não permitia entender possível execução automática da pena. Para assegurar ao condenados provisório direitos estampados naquela legislação de execução penal, poderia ser extraída guia de recolhimento. A tradição brasileira fazia uso da prisão decorrente de condenação como regra para permitir, sem demonstração de requisitos cautelares, a execução provisória da pena. As prisões decorrentes de pronúncia e de decisão condenatória recorrível eram exemplo do caráter autoritário de nossa legislação.	**9.3**

CAPÍTULO IX – PRISÕES	
No entanto, em 2009, o STF sufragou posição que vedava a "execução provisória da pena", quando do julgamento do Habeas Corpus nº 84.078 pelo seu órgão Pleno. Seguindo esse movimento, inverso ao ocorrido quando daquele julgamento de 2009, os tribunais superiores e o próprio STF intensificaram divergências em torno da possibilidade de execução provisória da penal. A questão em tela continuou oscilando, inclusive por conta de mudança na composição do Supremo Tribunal Federal, mesmo diante do texto preciso do art. 283, do CPP, que proíbe prisão provisória fora das hipóteses cautelares (art. 312). Ao menos quatro posições são visualizadas, nesse contexto: a primeira, com a qual nos alinhamos, que entende inconstitucional a execução provisória de pena, exigindo cautelaridade se o cerceio for necessário antes do trânsito em julgado da decisão criminal condenatória. A segunda, que sustenta a possibilidade de imediato cumprimento de pena, mesmo antes do julgamento de apelação (confirmação por segunda instância), notadamente nos casos de condenação pelo Tribunal do Júri, diante da soberania dos veredictos. A terceira posição, sustentando que a execução provisória tem lugar após o julgamento em segunda instância, notadamente porque os recursos extraordinário e especial não seriam dotados de efeitos suspensivos (art. 637, CPP). O quarto entendimento, isolado, seguindo ideia de redução de danos ao imputado, prorrogaria o início da execução provisória para depois do julgamento dos recursos perante o STJ (terceira instância), notadamente depois de exaurido o exame de recurso especial.	**9.3**
PRISÃO DOMICILIAR	
A prisão domiciliar é decretada em substituição da preventiva, sempre por ordem judicial. Consiste no recolhimento do indiciado ou do acusado em sua residência, só podendo dela se ausentar por ordem do juiz. Para seu deferimento se exige prova idônea evidenciando a situação específica que a autorize. Nos termos do art. 318, do CPP, com modificações introduzidas pela Lei nº 13.257/2016, o juiz poderá substituir a preventiva pela prisão domiciliar quando o agente, apresentando prova idônea de sua situação de fato: (1) contar com mais de oitenta anos; (2) estiver extremamente debilitado por motivo de doença grave; (3) for imprescindível aos cuidados especiais de pessoa menor de seis anos de idade ou com deficiência; e (4) for gestante, independentemente do tempo de gestação ou do grau de risco de sua gravidez; (5) mulher com filho de até doze anos de idade incompletos; e (6) homem, caso seja o único responsável pelos cuidados do filho de até 12 (doze) anos de idade incompletos.	**10**
PRISÃO ADMINISTRATIVA	
A prisão administrativa não encontra mais sede no Direito Processual Penal brasileiro. Com o advento da Lei nº 12.403/2011, os artigos 319 e 320, do CPP, não cuidam mais desse instituto, mas da possibilidade de imposição de outras medidas cautelares diversas da prisão. Se havia dúvida a respeito da sobrevivência da prisão administrativa depois da Constituição do Brasil de 1988, com a reforma processual penal foi ela banida do sistema.	**11**

<table>
<tr><th colspan="3">CAPÍTULO IX – PRISÕES</th></tr>
<tr><th colspan="3">PRISÃO CIVIL</th></tr>
<tr><td colspan="2">Não mais prevê o Código de Processo Penal que a prisão decretada na esfera cível – providência tomada contra o inadimplente voluntário e inescusável de alimentos – seja "executada pela autoridade policial a quem forem remetidos os respectivos mandados" (antiga redação do art. 320, CPP, modificado pela Lei nº 12.403/2011).

A não previsão pelo CPP da execução da prisão civil pela autoridade policial não impede que assim determine o juiz cível, com base em seu poder geral de cautela depreendido do art. 297 do CPC/2015.

A prisão civil do devedor de alimentos, segundo o § 3º, do art. 528, do CPC/2015, deve ser decretada pelo tempo de 1 (um) a (três) meses. O regime de cumprimento é equivalente ao fechado, na forma referida acima. No entanto, pensamos possível a aplicação, por analogia, das regras concernentes à substituição da prisão preventiva pela prisão domiciliar, na forma do art. 318, CPP, tal como no caso de devedor de alimentos que contar com mais de oitenta anos.</td><td>12</td></tr>
<tr><th colspan="3">PRISÃO PARA AVERIGUAÇÕES</th></tr>
<tr><td colspan="2">Instrumento utilizado como forma manifesta de constrangimento, implicava no arrebatamento de pessoas pelos órgãos de investigação, que eram literalmente presas, para aferir a vinculação das mesmas a uma infração, ou para investigar a sua vida pregressa. Esta prisão para averiguação é de todo ilegal, caracterizando abuso de autoridade.</td><td>13</td></tr>
<tr><th colspan="3">"DIFUSÕES VERMELHAS" (RED NOTICES) E A PRISÃO PARA FINS DE EXTRADIÇÃO – LEI Nº 13.445/2017 (LEI DE MIGRAÇÃO)</th></tr>
<tr><td>Noção</td><td>O instrumento denominado "difusão vermelha" (red notice) – ou, mais apropriadamente, "difusões vermelhas" (red notices) – designa providências tendentes ao efetivo e imediato cumprimento de mandados de prisão emitidos por autoridades nacionais ou internacionais, diante de elementos de que o foragido migrou para o país diverso daquele responsável pela ordem.</td><td>14</td></tr>
<tr><th colspan="3">Difusão vermelha e a prisão para fins de extradição</th></tr>
<tr><td>Difusão vermelha ordenada por autoridade judiciária brasileira</td><td>No Brasil, a iniciativa da "difusão vermelha" por autoridade judiciária só pode ser deflagrada a partir do preenchimento de determinados requisitos, que ao cabo são exigências da Interpol, fundadas no princípio da reciprocidade entre os países signatários do sistema.</td><td>14.1.1</td></tr>
<tr><td>Difusão vermelha oriunda de outro país (autoridade judiciária ou administrativa de Estado-membro estrangeiro) e prisão cautelar para fins de extradição</td><td>A difusão vermelha decorrente de habilitação realizada por autoridade estrangeira não produz efeito automático no Brasil. Se em alguns países, tal habilitação pode de plano surtir os efeitos desejados junto aos órgãos representantes da Interpol, no Brasil, o STF deve se manifestar previamente.
De outra parte, a prisão internacional, incluída ou não em sistema de difusão vermelha da Interpol, pressupõe, para ser cumprida no Brasil, a existência de processo de extradição instaurado perante a Suprema Corte.</td><td>14.1.2</td></tr>
</table>

CAPÍTULO IX – PRISÕES		
Difusão vermelha oriunda de outro país (autoridade judiciária ou administrativa de Estado-membro estrangeiro) e prisão cautelar para fins de extradição	A prisão cautelar para fins de extradição foi positivada legalmente pela Lei nº 12.878/2013, que alterou o então Estatuto do Estrangeiro, regulado pela Lei nº 6.815/1980. Atualmente, está em vigor a Lei nº 13.445/2017, que instituiu a legislação sobre migração e revogou expressamente o Estatuto do Estrangeiro. No art. 84 e parágrafos, da Lei de Migração, está descrita a forma como deve ser formulado, pelo por Estado estrangeiro, o pedido de prisão cautelar para fins de extradição de pessoa procurada internacionalmente.	**14.1.2**

16. SÚMULAS APLICÁVEIS

16.1. STJ

21. Pronunciado o réu, fica superada a alegação do constrangimento ilegal da prisão por excesso de prazo na instrução.

419. Descabe a prisão civil do depositário judicial infiel.

567. Sistema de vigilância realizado por monitoramento eletrônico ou por existência de segurança no interior de estabelecimento comercial, por si só, não torna impossível a configuração do crime de furto.

16.2. STF

4. Não perde a imunidade parlamentar o congressista nomeado Ministro de Estado (cancelada).

145. Não há crime, quando a preparação do flagrante pela polícia torna impossível a sua consumação.

397. O poder de polícia da câmara dos deputados e do senado federal, em caso de crime cometido nas suas dependências, compreende, consoante o regimento, a prisão em flagrante do acusado e a realização do inquérito.

697. A proibição de liberdade provisória nos processos por crimes hediondos não veda o relaxamento da prisão processual por excesso de prazo.

717. Não impede a progressão de regime de execução da pena, fixada em sentença não transitada em julgado, o fato de o réu se encontrar em prisão especial.

Súmula Vinculante nº 11. Só é lícito o uso de algemas em casos de resistência e de fundado receio de fuga ou de perigo à integridade física própria ou alheia, por parte do preso ou de terceiros, justificada a excepcionalidade por escrito, sob pena de responsabilidade disciplinar, civil e penal do agente ou da autoridade e de nulidade da prisão ou do ato processual a que se refere, sem prejuízo da responsabilidade civil do Estado.

Súmula Vinculante nº 25. É ilícita a prisão civil de depositário infiel, qualquer que seja a modalidade do depósito.

17. INFORMATIVOS RECENTES

17.1. STJ

♦ **Prisão Preventiva. Fundamentação deficiente. Frustração na realização de delação premiada não autoriza a imposição de segregação cautelar.**

O descumprimento de acordo de delação premiada ou a frustração na sua realização, isoladamente, não autoriza a imposição da segregação cautelar. (...) Em outras palavras, a prisão provisória não pode ser utilizada como "moeda de troca" ou punição antecipada àquele que, réu em processo penal, celebra ou está em vias de celebrar o mencionado acordo. Outrossim, como se depreende do julgado da Suprema Corte, A Lei nº 12.850/2013 não apresenta a revogação da prisão preventiva como benefício previsto pela realização de acordo de colaboração premiada. Tampouco há previsão de que, em decorrência do descumprimento do acordo, seja restabelecida prisão preventiva anteriormente revogada. Portanto, a celebração de acordo de colaboração premiada não é, por si só, motivo para revogação de prisão preventiva. HC 396.658-SP, Rel. Min. Antônio Saldanha Palheiro, por unanimidade, julgado em 27/6/2017, DJe 1/8/2017. (Info 609)

♦ **Direito Processual Penal. Impossibilidade de recolhimento em sala de estado maior a advogado suspenso do exercício da atividade.**

Decretada a prisão preventiva de advogado, este não fará jus ao recolhimento provisório em sala de Estado Maior caso esteja suspenso dos quadros da OAB. Segundo previsão do art. 7º, V, da Lei nº 8.906/1994 (EOAB), o advogado tem direito de ser recolhido provisoriamente em sala de Estado Maior, o que, por certo, não se conserva diante da suspensão do exercício profissional, *ex vi* da dicção do art. 37, § 1º, do EOAB, a qual pressupõe a interdição dos direitos decorrentes da atuação profissional. *HC 368.393-MG, Rel. Min. Maria Thereza De Assis Moura, julgado em 20/9/2016, DJe 30/9/2016. (Info 591)*

♦ **Direito Processual Penal. Prisão cautelar fundada em atos infracionais.**

A prática de ato infracional durante a adolescência pode servir de fundamento para a decretação de pri-

são preventiva, sendo indispensável para tanto que o juiz observe como critérios orientadores: a) a particular gravidade concreta do ato infracional, não bastando mencionar sua equivalência a crime abstratamente considerado grave; b) a distância temporal entre o ato infracional e o crime que deu origem ao processo (ou inquérito policial) no qual se deve decidir sobre a decretação da prisão preventiva; e c) a comprovação desse ato infracional anterior, de sorte a não pairar dúvidas sobre o reconhecimento judicial de sua ocorrência. No que concerne às medidas cautelares pessoais, o conceito de *periculum libertatis* denota exatamente a percepção de que a liberdade do investigado ou acusado pode trazer prejuízos futuros para a instrução, para a aplicação da lei ou para a ordem pública. É válida a prisão preventiva para garantia da ordem pública, de maneira a evitar a prática de novos crimes pelo investigado ou acusado, ante a sua periculosidade, manifestada na forma de execução do crime, ou no seu comportamento anterior ou posterior à prática ilícita. Ademais, não há como escapar da necessidade de aferir se o bem jurídico sob tutela cautelar encontra-se sob risco de dano, o que, no âmbito criminal, se identifica com a expressão *periculum libertatis*, isto é, o perigo que a liberdade do investigado ou réu representa para a instrução criminal, a aplicação da lei penal ou a ordem pública e/ou econômica. Ao menos no que toca a este último fundamento, sua invocação como motivo para a decretação da cautela extrema funda-se em avaliação concreta da periculosidade do agente, ou seja, a probabilidade de que o autor de um facto-crime repita a sua conduta típica e ilícita. Assim, a probabilidade de recidiva do comportamento criminoso se afere em face do passado do réu ou pelas circunstâncias específicas relativas ao *modus operandi* do crime sob exame. (...) O raciocínio é o mesmo que se utiliza para desconsiderar antecedente penal que, por dizer respeito a fato sem maior gravidade, ou por registrar fato já longínquo no tempo, não deve, automaticamente, supedanear o decreto preventivo. Não será, pois, todo e qualquer ato infracional praticado pelo acusado quando ainda adolescente que poderá render-lhe juízo de periculosidade e autorizar, por conseguinte, a inflição de custódia *ante tempus*. Não teria sentido, seria um verdadeiro despropósito atentatório à excepcionalidade da providência cautelar extrema, considerar, por exemplo, atos infracionais equivalentes a crime de furto ou de falsificação de documento como indicadores da necessidade da prisão preventiva. De igual modo, mesmo em se tratando de atos infracionais graves, equivalentes a crimes de homicídio, roubo ou estupro, não se justificaria a segregação cautelar do réu ante a constatação de que tais atos infracionais foram perpetrados há anos, sem que se tenha notícia de novos atos graves posteriores. Seria, pois, indispensável que a autoridade judiciária competente, para a consideração dos atos infracionais do então adolescente, averiguasse: a) a particular gravidade concreta do ato infracional, não bastando mencionar sua equivalência a crime abstratamente considerado grave; b) a distância temporal entre o ato infracional e o crime que deu origem ao processo (ou inquérito policial) no qual se deve decidir sobre a decretação da prisão preventiva; e c) a comprovação desse ato infracional anterior, de sorte a não pairar dúvidas sobre o reconhecimento judicial de sua ocorrência. Assim, propõem-se os mencionados critérios orientadores que o juiz deve considerar na busca de um ponto de equilíbrio no embate, imanente ao processo penal, entre o poder punitivo do Estado e o direito à liberdade do indivíduo. *RHC 63.855-MG, Rel. Min. Nefi Cordeiro, Rel. para acórdão Min. Rogerio Schietti Cruz, julgado em 11/5/2016, DJe 13/6/2016. (Info 585)*

♦ **Direito Processual Penal. Registro de atos infracionais não justifica prisão preventiva.**

No processo penal, o fato de o suposto autor do crime já ter se envolvido em ato infracional não constitui fundamento idôneo à decretação de prisão preventiva. Isso porque a vida na época da menoridade não pode ser levada em consideração pelo Direito Penal para nenhum fim. Atos infracionais não configuram crimes e, por isso, não é possível considerá-los como maus antecedentes nem como reincidência, até porque fatos ocorridos ainda na adolescência estão acobertados por sigilo e estão sujeitos a medidas judiciais exclusivamente voltadas à proteção do jovem. Por conseguinte, a prática de atos infracionais não serve de lastro para a análise de uma pretensa personalidade voltada à prática de crimes hábil a justificar ameaça a garantia da ordem pública. Portanto, o cometimento de atos infracionais somente terão efeito na apuração de outros atos infracionais, amparando, *v.g.*, a internação (art. 122, II, do ECA), e não a prisão preventiva em processo criminal. *HC 338.936-SP, Rel. Min. Nefi Cordeiro, julgado em 17/12/2015, DJe 5/2/2016. (Info 576)*

17.2. STF

♦ **Excesso de prazo no julgamento de ação penal**

A segunda Turma do Supremo Tribunal Federal (STF), por unanimidade, deferiu a ordem em "habeas corpus" para determinar a soltura do paciente, ante o excesso de prazo da prisão cautelar a ele imposta. No caso, ele foi preso preventivamente pela suposta prática de delitos previstos na Lei 11.343/2006 (Lei de Drogas) (...). A Turma declarou que houve flagrante excesso de prazo na segregação cautelar que se decretou, porquanto já se passaram mais de quatro anos desde a prisão preventiva do paciente, sem haver, sequer, audiência de interrogatório. Asseverou evidente o retardamento injustificado no julgamento da ação penal, configurando, nesse caso, hipótese de situação anômala capaz de comprometer a efetividade do processo. HC 141583/RN, rel. Min. Edson Fachin, julgamento em 19.9.2017. (Info 878)

♦ **Prisão preventiva e destruição de provas**

A Primeira Turma, por maioria, deu parcial provimento a agravos regimentais em que se discutiu a revogação de prisão preventiva de acusados do cometimento dos delitos de corrupção passiva, lavagem de dinheiro, constituição e participação em organização criminosa e obstrução à investigação de organização criminosa

(...). Prevaleceu o voto do ministro Luiz Fux, que deu provimento ao agravo para substituir a prisão preventiva dos agravantes por prisão domiciliar. O ministro também determinou que se proibisse o contato dos investigados entre si, que se exigisse a entrega dos seus passaportes e se monitorassem eletronicamente todos eles. Ainda segundo o ministro, é possível que a atuação livre dos partícipes possa influir na instrução probatória futura. Porém, isso não foi objeto da decretação de prisão. Verificou, além disso, não haver elementos caracterizadores da destruição das provas no tocante ao delito de corrupção e ressaltou existirem indícios para julgar a ação penal quanto a esse delito. Afirmou que os crimes conexos são julgados simultaneamente, mas não há ainda denúncia oferecida. Concluiu que as medidas propostas são explícitas no sentido de inibir toda e qualquer forma de intromissão na produção da prova dos demais delitos. Vencido o ministro Marco Aurélio (relator) (...). Vencidos, também, os ministros Roberto Barroso e Rosa Weber (...). AC 4327 AgR/DF-segundo, rel. Min. Marco Aurélio, red. p/ o ac. Min. Luiz Fux, julgamento em 20.6.2017. (AC-4327) AC 4327 AgR/DF-quarto, rel. Min. Marco Aurélio, red. p/ o ac. Min. Luiz Fux, julgamento em 20.6.2017. AC 4327 AgR/DF-sexto, rel. Min. Marco Aurélio, red. p/ o ac. Min. Luiz Fux, julgamento em 20.6.2017. (Info 870)

♦ Prisão preventiva e excesso de prazo

A Segunda Turma, por unanimidade, concedeu ordem em "habeas corpus" para revogar prisão preventiva dos pacientes em razão do excessivo prazo de duração da prisão. Além disso, determinou que o Superior Tribunal de Justiça julgue recurso especial referente a esse caso no prazo máximo de dez sessões (entre ordinárias e extraordinárias), contado da comunicação da decisão. Na espécie, a prisão cautelar prolongou-se por mais de sete anos. Os pacientes, embora pronunciados, sequer foram submetidos a julgamento perante o Tribunal do Júri. A Turma afirmou que nada justifica a permanência de uma pessoa na prisão, sem culpa formada, quando configurado excesso irrazoável no tempo de sua segregação cautelar. (...) HC 142177/RS, rel. Min. Celso de Mello, julgamento em 6.6.2017. (Info 868)

♦ Marco Legal da Primeira Infância e prisão domiciliar

O Marco Legal da Primeira Infância (Lei 13.257/2016), ao alterar as hipóteses autorizativas da concessão de prisão domiciliar, permite que o juiz substitua a prisão preventiva pela domiciliar quando o agente for gestante ou mulher com filho até 12 anos de idade incompletos (CPP, art. 318, IV e V). Com base nessa orientação, a Segunda Turma superou a restrição fundada no Enunciado 691 da Súmula do STF e concedeu, de ofício, a ordem em "habeas corpus" para determinar a referida substituição. No caso, a paciente, presa preventivamente pela prática do crime de tráfico ilícito de drogas com envolvimento de adolescente, dera à luz enquanto se encontrava encarcerada. A impetração alegava que, pelo princípio da dignidade da pessoa humana, a criança e a mãe têm o direito de permanecerem juntas em ambiente que não lhes cause danos. Ressaltava, ainda, que a paciente possui condições favoráveis, tais como primariedade, bons antecedentes e idade inferior a 21 anos. *HC 134069/DF, rel. Min. Gilmar Mendes, 21.6.2016. (HC-134069) (Info 831)*

♦ Reclamação e uso de algemas por ordem de autoridade policial

A apresentação do custodiado algemado à imprensa pelas autoridades policiais não afronta o Enunciado 11 da Súmula Vinculante ("Só é lícito o uso de algemas em casos de resistência e de fundado receio de fuga ou de perigo à integridade física própria ou alheia, por parte do preso ou de terceiros, justificada a excepcionalidade por escrito, sob pena de responsabilidade disciplinar, civil e penal do agente ou da autoridade e de nulidade da prisão ou do ato processual a que se refere, sem prejuízo da responsabilidade civil do Estado"). Com base nessa orientação, a Primeira Turma julgou improcedente reclamação ajuizada por custodiado que, preso preventivamente por ordem judicial, fora apresentado algemado à imprensa por policiais civis estaduais. A Turma asseverou que a decisão judicial que determinara a segregação do reclamante não determinara o uso de algemas. Destacou que, embora evidenciado o emprego injustificado do referido artefato, seu manuseio decorrera de ato administrativo da autoridade policial, situação não abarcada pelo verbete, que se refere à prática de ato processual. As algemas teriam sido utilizadas um dia após a prisão, quando o reclamante já se encontrava na delegacia de polícia, tão somente no momento da exibição dos presos à imprensa. Assim, eventual responsabilização do Estado ou dos agentes envolvidos, decorrente dos fatos noticiados na inicial, deve ser buscada na via apropriada. *Rcl 7116/PE, rel. Min. Marco Aurélio, 24.5.2016. (Rcl-7116) (Info 827)*

♦ Lei 13.257/2016 e pedido superveniente

A Segunda Turma rejeitou embargos de declaração em agravo regimental em "habeas corpus" no qual pretendido o reexame da causa, porém, concedeu a ordem de ofício para que o tribunal de origem competente verifique se a embargante faz jus à novel prisão domiciliar nos termos da Lei 13.257/2016. Na espécie, a embargante pleiteava o acolhimento dos embargos, com efeitos infringentes, para fins de revogação da sua custódia preventiva ou a concessão da ordem de ofício para substituir a prisão preventiva por domiciliar em atenção ao inciso V do art. 318 do CPP, recentemente incluído pela Lei 13.257/2016 ["Art. 318. Poderá o juiz substituir a prisão preventiva pela domiciliar quando o agente for: ... V – mulher com filho de até 12 (doze) anos de idade incompletos"]. A Turma asseverou que tal pedido superveniente deveria ser analisado pelo juízo de origem, uma vez que não cabe ao STF apreciá-lo de forma originária, sob pena de incorrer em supressão de instância, além de grave violação às regras constitucionais de competência. *HC 132462 AgR-ED/RJ, rel. Min. Dias Toffoli, 10.5.2016. (HC-132462) (Info 825)*

♦ **Prisão Domiciliar Humanitária**

A Segunda Turma, por maioria, conheceu da impetração e concedeu a ordem de habeas corpus para converter a custódia preventiva do paciente em prisão domiciliar humanitária, na forma do art. 318, II, do Código de Processo Penal (CPP). A Corte entendeu que deveria conceder prisão humanitária ao réu tendo em vista o alto risco de saúde, a grande possibilidade de desenvolver infecções no cárcere e a impossibilidade de tratamento médico adequado na unidade prisional ou em estabelecimento hospitalar — tudo demostrado satisfatoriamente no laudo pericial. Considerou-se que a concessão da medida era necessária para preservar a integridade física e moral do paciente, em respeito à dignidade da pessoa humana (art. 1º, III, da CF). *STF. 2ª Turma. HC 153961/DF, Rel. Min. Dias Toffoli, julgado em 27/3/2018 (Info 895)*

♦ **Prisão Preventiva. Prisão domiciliar para gestantes, puérperas, mães de crianças e mães de pessoas com deficiência**

O STF reconheceu a existência de inúmeras mulheres grávidas e mães de crianças que estavam cumprindo prisão preventiva em situação degradante, privadas de cuidados médicos pré-natais e pós-parto. Além disso, não havia berçários e creches para seus filhos. Também se reconheceu a existência, no Poder Judiciário, de uma "cultura do encarceramento", que significa a imposição exagerada e irrazoável de prisões provisórias a mulheres pobres e vulneráveis, em decorrência de excessos na interpretação e aplicação da lei penal e processual penal, mesmo diante da existência de outras soluções, de caráter humanitário, abrigadas no ordenamento jurídico vigente. Os cuidados com a mulher presa não se direcionam apenas a ela, mas igualmente aos seus filhos, os quais sofrem injustamente as consequências da prisão, em flagrante contrariedade ao art. 227 da Constituição, cujo teor determina que se dê prioridade absoluta à concretização dos direitos das crianças e adolescentes. Diante da existência desse quadro, deve-se dar estrito cumprimento do Estatuto da Primeira Infância (Lei 13.257/2016), em especial da nova redação por ele conferida ao art. 318, IV e V, do CPP. Os critérios para a substituição de que tratam esses incisos devem ser os seguintes: como regra deve ser concedida prisão domiciliar para todas as mulheres presas que sejam – gestantes; puérperas; mães de crianças de menores até 12 anos incompletos; ou mães de pessoas com deficiência. Excepcionalmente não deve ser autorizada a prisão domiciliar se: a mulher tiver praticado crime mediante violência ou grave ameaça; a mulher tiver praticado crime contra seus descendentes (filhos e/ou netos); e, em outras situações excepcionalíssimas, as quais deverão ser devidamente fundamentadas pelos juízes que denegarem o benefício. O mesmo raciocínio vale, também, para adolescentes que tenham praticado atos infracionais. De igual modo foi decidido que a regra e as exceções explanadas também valem para a reincidente, o simples fato de que a mulher ser reincidente não faz com que ela perca o direito à prisão domiciliar. STF. 2ª Turma. HC 143641/SP. Rel. Min. Ricardo Lewandowski, julgado em 20/2/2018 (Info 891).

♦ **Audiência de custódia. Decisão proferida em audiência de custódia reconhecendo a atipicidade do fato não faz coisa julgada**

A decisão que, na audiência de custódia, determina o relaxamento da prisão em flagrante sob o argumento de que a conduta praticada é atípica não faz coisa julgada. Assim, esta decisão não vincula o titular da ação penal, que poderá oferecer acusação contra o indivíduo narrando os mesmos fatos e o juiz poderá receber essa denúncia. STF. 1ª Turma. HC 157.306/SP, Rel. Min. Luiz Fux, julgado em 25/9/2018 (Info 917)Prisão preventiva é incompatível com regime semiaberto. Não há como conciliar a manutenção da prisão preventiva se evidenciada a imposição de regime penal menos gravoso que o fechado.

REITERAÇÃO DELITIVA. REGIME SEMIABERTO ESTABELECIDO NO DECRETO CONDENATÓRIO. COMPATIBILIDADE ENTRE A PRISÃO CAUTELAR E O REGIME MENOS GRAVOSO. NECESSIDADE DE ADEQUAÇÃO. HABEAS CORPUS NÃO CONHECIDO. ORDEM CONCEDIDA DE OFÍCIO. (...) V – Estabelecido na sentença condenatória o regime semiaberto para o início do cumprimento da pena, e ressalvado o entendimento pessoal deste relator, deve o paciente aguardar o trânsito em julgado de sua condenação em tal regime, compatibilizando-se a prisão cautelar com o modo de execução determinado na sentença condenatória. Habeas corpus não conhecido. Ordem concedida, de ofício, para determinar que o paciente aguarde o trânsito em julgado da condenação no regime semiaberto, salvo se por outro motivo não estiver preso (...) Assim, na linha do que decidido pela 2ª Turma, a manutenção da prisão preventiva, própria das cautelares, representaria, em última análise, a legitimação da execução provisória da pena em regime mais gravoso do que o fixado no próprio título penal condenatório. Destarte, a violação direta e imediata ao direito de ir e vir do paciente por ilegalidade flagrante, ante a manifesta incompatibilidade entre o instituto da prisão preventiva e o regime estabelecido (semiaberto), autoriza a concessão da ordem, de pronto. 3. Isso posto, concedo a ordem a fim de revogar a prisão preventiva imposta ao paciente, à vista dos argumentos suso expendidos, determinando a imediata soltura do paciente, salvo se preso por outro motivo. (STF – Segunda Turma – HC 165.932/SP – Rel. Min. Edson Fachin – j. 11.12.2018).

18. QUESTÕES DE CONCURSOS PÚBLICOS

01. **(2017 – FMP Concursos – MPE-RO – Promotor de Justiça Substituto)** No que diz respeito à prisão preventiva, é CORRETO afirmar que, de sua disciplina pelo Código de Processo Penal, está previsto que

(A) em qualquer fase da investigação policial ou do processo penal, caberá a prisão preventiva decretada pelo juiz, de ofício, e no curso da ação penal, a requerimento do Ministério Público, do querelante ou do assistente, ou por representação da autoridade policial.

(B) o juiz poderá relaxar a prisão preventiva se, no correr do processo, verificar a falta de motivo para que subsista, bem como de novo decretá-la, se sobrevierem razões que a justifiquem.

(C) a prisão preventiva em nenhum caso será decretada se o juiz verificar, pelas provas constantes dos autos, ter o agente praticado o fato mediante alguma causa excludente da ilicitude, erro sobre a pessoa ou erro sobre a ilicitude do fato.

(D) a prisão preventiva poderá ser decretada como garantia da ordem pública, da ordem econômica, por conveniência da instrução criminal, ou para assegurar a aplicação da lei penal, quando houver prova robusta em relação à existência do crime e em relação à autoria.

(E) será admitida a decretação da prisão preventiva, se o crime envolver violência doméstica e familiar contra a mulher, criança, adolescente, idoso, enfermo ou pessoa com deficiência, para garantir a execução das medidas protetivas de urgência.

---

02. (2017 – FCC – PC-AP – Delegado de Polícia) Sobre a prisão em flagrante, é correto afirmar que

(A) é ato exclusivo da autoridade policial nos casos de perseguição logo após a prática do delito.

(B) deve o delegado de polícia representar pela prisão preventiva, quando o agente é encontrado, logo depois, com instrumentos ou papéis que façam presumir ser ele autor da infração, dada a impossibilidade de prisão em flagrante.

(C) é vedada pelo Código de Processo Penal, em caso de crime permanente, diante da possibilidade de prisão temporária.

(D) a falta de testemunhas do crime impede a lavratura do auto de prisão em flagrante, devendo a autoridade policial instaurar inquérito policial para apuração do fato.

(E) o auto de prisão em flagrante será encaminhado ao juiz em até 24 horas após a realização da prisão, e, caso não seja indicado o nome de seu advogado pela pessoa presa, cópia integral para a Defensoria Pública.

---

03. (2017 – MPE-RS – MPE-RS – Promotor de Justiça – Reaplicação) Assinale a alternativa INCORRETA.

(A) É vedado ao delegado de polícia arbitrar fiança em crimes cuja pena máxima ultrapasse 4 anos.

(B) Admite-se prisão preventiva quando há dúvida sobre a identidade civil da pessoa.

(C) Admite-se prisão preventiva em crimes apenados com detenção.

(D) Admite-se concessão de liberdade provisória mediante fiança consistente em hipoteca.

(E) A prisão preventiva pode ser substituída pela prisão domiciliar quando o agente for maior de 70 anos.

---

04. (2017 – FMP Concursos – MPE-RO – Promotor de Justiça Substituto) No que diz respeito ao instituto da audiência de custódia, é CORRETO afirmar:

(A) No caso de prisão em flagrante delito da competência originária de Tribunal, a apresentação do preso para a audiência de custódia poderá ser feita ao juiz que o Presidente do Tribunal ou Relator designar para esse fim.

(B) Estando a pessoa presa acometida de grave enfermidade, ou havendo circunstância comprovadamente excepcional que a impossibilite de ser apresentada ao juiz no prazo de 24 horas da comunicação do flagrante, deverá, prioritariamente, ser providenciada sua condução para a audiência de custódia logo depois de restabelecida sua condição de saúde ou de apresentação.

(C) A apresentação à autoridade judicial no prazo de 24 horas compreenderá somente as pessoas presas em flagrante, em razão de as privações de liberdade decorrentes de mandado de prisão cautelar ou de prisão definitiva possuírem regramento específico junto ao Código de Processo Penal e Lei de Execuções Penais.

(D) Durante a audiência de custódia, é vedada a presença dos agentes policiais, civis ou militares, independentemente de haverem sido responsáveis pela prisão ou pela investigação, como forma de proporcionar proteção integral à pessoa presa para que informe a ocorrência, ou não, de alguma violência física ou psíquica no ato de sua prisão.

(E) Se, por qualquer motivo, não houver juiz na comarca até o final do prazo de 24 horas da comunicação do flagrante, a pessoa presa será levada imediatamente ao estabelecimento prisional mais próximo, onde aguardará a chegada do juiz competente para a realização daquele ato.

---

05. (2017 – FCC – DPE-SC – Defensor Público Substituto) A prisão domiciliar, regulada no Código de Processo Penal,

(A) teve suas hipóteses alteradas pelo Estatuto da Primeira Infância, passando a permitir sua concessão em qualquer tempo de gravidez, desde que comprovada a inadequação concreta do estabelecimento prisional.

(B) depende, a sua aplicação, da ausência dos requisitos de cautelaridade da prisão preventiva para ser aplicada.

(C) é cabível para todas as pessoas idosas, pois as condições de aprisionamento são notoriamente prejudiciais à saúde dessas pessoas.

(D) é cumprida em Casa de Albergado e apenas na falta de vagas é cumprida na residência do acusado.

(E) é substitutiva da prisão preventiva e seu tempo de cumprimento será detraído do tempo de pena imposta na sentença.

06. (2017 – VUNESP – TJ-SP – Juiz Substituto) Cabe a substituição da prisão preventiva pela domiciliar quando o agente for

(A) gestante ou mulher com filho de até 14 (quatorze) anos incompletos.

(B) homem com filho de até 12 (doze) anos de idade incompletos, caso seja o único responsável por seus cuidados.

(C) portador de doença grave, ainda que não se apresente debilitado.

(D) maior de sessenta anos.

07. (2016 – FAURGS – TJ-RS – Juiz de Direito Substituto) "M" foi presa em flagrante por suposta prática do crime previsto no artigo 33, caput, da Lei nº 11.343/06 (tráfico de drogas), tendo em vista trazer consigo, expor à venda e guardar, para fins de comercialização, 12 (doze) tubos plásticos com cocaína em pó e 8 (oito) porções de maconha. Por vislumbrar presentes os requisitos necessários, o Juízo de primeiro grau converteu a prisão em flagrante em preventiva. Irresignada, a defesa impetrou habeas corpus perante o Tribunal competente, aduzindo, em síntese, a necessidade de concessão da prisão domiciliar, para que "M" possa amamentar seu bebê, que tem apenas 2 (dois) meses de vida.

Considerando essa situação hipotética, assinale a alternativa correta.

(A) A Lei nº 8.072/1990 veda a concessão de liberdade provisória em crimes hediondos, sendo inadmissível, portanto, a concessão da ordem de habeas corpus.

(B) Cuidando-se o tráfico de drogas de crime grave, tanto que equiparado a hediondo, é vedada a substituição da prisão preventiva por prisão domiciliar, e, portanto, a ordem de habeas corpus deverá ser denegada.

(C) O texto constitucional assegura às presidiárias condições para que possam permanecer com seus filhos durante o período da amamentação, sendo silente em relação às presas provisórias. Diante da ausência de previsão legal para concessão da prisão domiciliar e considerando a gravidade do delito, a ordem de habeas corpus deverá ser denegada.

(D) A concessão da prisão domiciliar encontra amparo legal na proteção à maternidade e à infância, como também na dignidade da pessoa humana, porquanto prioriza-se o bem-estar do menor, principalmente, por estar em fase de amamentação, crucial a seu desenvolvimento. Assim, a ordem de habeas corpus poderá ser concedida para que a prisão preventiva seja substituída pela prisão domiciliar, mediante a comprovação dos requisitos estabelecidos no Código de Processo Penal.

(E) A ordem de habeas corpus deverá ser denegada, pois a legislação somente autoriza a concessão de prisão domiciliar no curso da execução da pena, quando a condenada submetida ao regime aberto for gestante ou tiver filho menor ou deficiente físico ou mental.

08. (2016 – CESPE – PC-GO – Agente de Polícia Substituto) José subtraiu o carro de Ana mediante grave ameaça exercida com arma de fogo. Após a prática do ato, ele fugiu do local dirigindo o veículo em alta velocidade, mas foi perseguido por outros condutores que passavam pela via e atenderam ao pedido de ajuda da vítima.

A partir dessa situação hipotética, assinale a opção correta.

(A) Uma vez preso em flagrante, José deverá ser conduzido até autoridade policial, que lavrará o auto de prisão e entregará a nota de culpa no prazo máximo de quarenta e oito horas.

(B) José poderá ser preso em flagrante pelo roubo enquanto estiver na posse do veículo de Ana, independentemente do lapso temporal transcorrido.

(C) A interrupção da perseguição de José descaracteriza o flagrante impróprio, embora José possa ser preso se encontrado, em seguida, com o objeto do crime e em situação pela qual se presuma ser ele o autor do fato.

(D) Caso seja preso em flagrante, José deverá ser informado de suas garantias constitucionais e de seu direito de permanecer calado e de estar acompanhado por advogado, bem como terá direito ao acesso à identificação completa do responsável por sua prisão e da vítima do fato.

(E) Embora a perseguição realizada por pessoas da sociedade civil seja importante para as investigações porque propicia a recuperação do veículo e a identificação do autor do fato, esse tipo de perseguição não caracteriza situação de flagrância.

09. (2016 – CESPE – PC-GO – Agente de Polícia Substituto) Marcos praticou crime de extorsão, cuja pena é de reclusão, de quatro a dez anos, e multa.

Considerando essa situação hipotética, assinale a opção correta.

(A) A presença de indícios de autoria e materialidade é motivo suficiente para o juiz decretar a prisão preventiva de Marcos.

(B) Marcos não poderá ser submetido a prisão temporária, porque o crime que cometeu é hediondo, embora não conste no rol taxativo da lei.

(C) Caso Marcos seja preso em flagrante, admite-se a imposição de medidas cautelares diversas da prisão em substituição da liberdade provisória sem fiança.

(D) Caso Marcos seja preso em flagrante, poderá ser solto mediante arbitramento de fiança pela autoridade policial.

(E) Marcos poderá ser submetido a prisão temporária, que tem prazo fixo previsto em lei e admite uma prorrogação por igual período.

---

10. (2016 – FUNCAB – PC-PA – Delegado de Polícia Civil – Adaptada) Diante de um flagrante no qual a autoridade policial capitulou a conduta no art. 306 c/c 303, na forma do art. 302, § 1º, I e III do CTB (Direção sob a influência de álcool, com lesão corporal culposa no trânsito, sem habilitação e sem prestar socorro), o Delegado de Polícia deixou de arbitrar fiança ao argumento de que com o concurso de crimes (direção embriagada e lesão corporal culposa no trânsito) a pena transcendia a 04 anos, não podendo o mesmo concedê-la. Feitas as comunicações da prisão, o Ministério Público opinou pela conversão do flagrante em preventiva aduzindo que o indiciado alcoolizado, sem CNH e tendo se evadido, deixa dúvida quanto a ter agido com culpa ou dolo eventual. Sobre estes fatos, marque a correta.

(A) O juiz não pode decretar a prisão por não haver hipótese legal de cabimento, vez que sendo dada pelo delegado a capitulação de um crime doloso (art. 306, CTB), com pena inferior a 04 anos, somado a um crime culposo (art. 303, CTB), a pena deste último não pode ser considerada na soma para autorizar a prisão, o que se extrai do art. 313, I do CPP, ao exigir para a medida extrema a ocorrência de crime doloso punido com pena superiora 04 anos. No entanto, após a entrada em vigor do § 2º, do art. 303, do Código de Trânsito, a pena máxima abstrata superará o limite de 04 anos nos casos que envolva redução de capacidade psicomotora pelo álcool ou substância tóxica e resulte lesão corporal grave ou gravíssima, preenchendo, restritamente, o requisito do art. 313, I, do CPP. Decerto, nos termos do § 2º, do art. 303, do CTB, com redação dada pela Lei nº 13.546/2017, "a pena privativa de liberdade é de reclusão de dois a cinco anos, sem prejuízo das outras penas previstas neste artigo, se o agente conduz o veículo com capacidade psicomotora alterada em razão da influência de álcool ou de outra substância psicoativa que determine dependência, e se do crime resultar lesão corporal de natureza grave ou gravíssima". Embora entendamos que não cabe prisão preventiva relativamente aos delitos culposos, por incompatibilidade lógica com seus pressupostos centrais (art. 312, caput, CPP), há setor doutrinário que sustenta o seu cabimento em hipóteses extremas, especialmente quando descumpridas medidas cautelares diversas da prisão (parágrafo único, do art. 312, CPP).

(B) O juiz deveria, à luz doe argumentos do MP e da comunicação do delegado de polícia, decretar a prisão preventiva, pois estavam presentes os requisitos legais para tanto.

(C) Tem razão o Ministério Público, pois diante da dúvida sobre o dolo eventual e a culpa, nesta fase não se aplica a presunção de inocência que é uma regra que vincula apenas o juiz na hora do julgamento. Apesar da eficácia horizontal dos direitos fundamentais, a eficácia vertical não alcança todos os órgãos e agentes do Estado, sendo a presunção de inocência direcionada ao juiz para impor ao julgamento final o in dúbio pro reo.

(D) O delegado, diante da gravidade do fato, deveria ter, não apenas comunicado a prisão mas também representado pela prisão preventiva.

(E) A manifestação do MP está correta, pois diante da gravidade dos fatos, a prisão afigura-se necessária para a garantia da ordem pública.

---

11. (2016 – NUCEPE – SEJUS-PI – Agente Penitenciário) Samuel teve voz de prisão dada por Agostinho, seu vizinho que é alfaiate, quando tentava esfaquear sua madrasta. Neste caso é possível dizer:

(A) Agostinho jamais poderia prender Samuel, pois não é policial.

(B) Agostinho poderia prender Samuel em 48 (quarenta e oito) horas depois, se a polícia não tivesse chegado ao local.

(C) Em face do flagrante delito, Agostinho poderia sim ter dado voz de prisão a Samuel.

(D) Agostinho somente poderia dar voz de prisão a Samuel, se este tivesse cometido o crime contra sua genitora.

(E) Samuel somente poderia ser preso em flagrante, se ele tivesse levado para a Delegacia de Polícia a faca com a qual tentara esfaquear sua madrasta.

---

12. (2016 – FUNCAB – PC-PA – Escrivão de Polícia Civil) A prisão em flagrante consiste em medida restritiva de liberdade de natureza cautelar e processual. Em relação às espécies de flagrante, assinale a alternativa correta.

(A) Flagrante preparado é a possibilidade que a polícia possui de retardar a realização da prisão em flagrante, para obter maiores dados e informações a respeito do funcionamento, componentes e atuação de uma organização criminosa.

(B) Flagrante presumido consiste na hipótese em que o agente concluiu a infração penal, ou é interrompido pela chegada de terceiros, mas sem ser preso no local do delito, pois consegue fugir, fazendo com que haja perseguição por parte da polícia, da vítima ou de qualquer pessoa do povo.

(C) Flagrante impróprio refere-se ao caso em que a polícia se utiliza de um agente provocador, induzindo ou instigando o autor a praticar um determinado delito, para descobrir a real autoridade e materialidade de outro.

(D) Flagrante próprio constitui-se na situação do agente que, logo depois, da prática do crime, embora não tenha sido perseguido, é encontrado portando instrumentos, armas, objetos ou papéis que demonstrem, por presunção, ser ele o autor da infração.

(E) Flagrante esperado é a hipótese viável de autorizar a prisão em flagrante e a constituição válida do crime. Não há agente provocador, mas simplesmente chega à polícia a notícia de que um crime será cometido, deslocando agentes para o local, aguardando-se a ocorrência do delito, para realizar a prisão.

---

13. (2015 – Banca – CESPE – AGU – Advogado da União) Com referência a prisão, julgue o item subsequente.

A prisão temporária somente poderá ser decretada em situações excepcionais, quando for imprescindível para a realização de diligências investigatórias ou para a obtenção de provas durante o processo judicial.

---

14. (2015 – Banca – CESPE – AGU – Advogado da União) Com referência a prisão, julgue o item subsequente.

O juiz poderá substituir a prisão preventiva pela prisão domiciliar, caso o réu tenha mais de oitenta anos ou prove ser portador de doença grave que cause extrema debilidade.

---

15. (2015 – Banca – CESPE – AGU – Advogado da União) Com referência a prisão, julgue o item subsequente.

A conversão da prisão em flagrante em prisão preventiva ocorrerá automaticamente mediante despacho do juiz, ao qual deverá ser apresentado o auto de prisão em flagrante no prazo de vinte e quatro horas.

---

16. (2015 – VUNESP – TJ-MS – Juiz Substituto) A prisão domiciliar, nos termos do artigo 317, do Código de Processo Penal, consiste no recolhimento do indiciado ou acusado em sua residência, só podendo dela ausentar-se com autorização judicial. Poderá o juiz, de acordo com o dispositivo legal seguinte, substituir a prisão preventiva pela domiciliar quando o agente for, comprovadamente:

(A) I. inimputável; II. semi-imputável; ou III. menor de 21 (vinte e um anos), sem comprovação de reincidência por crime doloso praticado com violência ou grave ameaça contra a pessoa.

(B) I. maior de 70 (setenta) anos; II. gravemente doente; III. cuidador de pessoa menor de idade e portadora de necessidades especiais; e IV. gestante de alto risco.

(C) I. portador de bons antecedentes criminais ou II. menor de 21 (vinte e um anos), se não preenchidos os requisitos no artigo 312, caput, do Código de Processo Penal.

(D) I. maior de 80 (oitenta) anos; II. extremamente debilitado por motivo de doença grave; III. imprescindível aos cuidados especiais de pessoa menor de 6 (seis) anos de idade ou com deficiência; ou IV. gestante a partir do 7º mês de gravidez ou sendo esta de alto risco.

(E) I. portador de bons antecedentes; e II. apto ao monitoramento eletrônico.

---

17. (VUNESP – Delegado de Polícia – PC – CE/ 2015) De acordo com o art. 289-A, § 1º do CPP,

(A) qualquer agente policial poderá efetuar a prisão de – terminada no mandado de prisão registrado no Conselho Nacional de Justiça, ainda que fora da competência territorial do juiz que o expediu, mas desde que o juiz do local da prisão seja previamente comunicado e lance seu "cumpra-se".

(B) qualquer agente policial poderá efetuar a prisão determinada no mandado de prisão registrado no Conselho Nacional de Justiça, ainda que fora da competência territorial do juiz que o expediu.

(C) apenas o agente policial lotado em unidade sujeita à competência territorial do juiz que expediu o mandado de prisão poderá efetuar a prisão determinada no respectivo mandado fora da competência territorial do juiz que o expediu, mas desde que o mandado seja registrado no Conselho Nacional de Justiça.

(D) apenas o agente policial lotado em unidade sujeita à competência territorial do juiz que expediu o mandado de prisão poderá efetuar a prisão determinada no respectivo mandado fora da competência territorial do juiz que o expediu.

(E) qualquer agente policial poderá efetuar a prisão determinada no mandado de prisão registrado no Conselho Nacional de Justiça, mas apenas no território de competência do juiz que o expediu.

---

18. (FCC – Juiz Substituto – SC/2015 – adaptada) Durante a investigação policial, havendo indícios suficientes de autoria e materialidade, o juiz, possuindo convicção de que o investigado poderá prejudicar a instrução criminal, poderá decretar a prisão preventiva de ofício, haja vista que o inquérito policial foi devidamente instaurado.

---

19. (Juiz Substituto – GO – FCC/2015) Em relação à prisão temporária, à prisão preventiva e às medidas cautelares alternativas à prisão, é correto afirmar que

(A) somente será admitida fiança nos casos de infração cuja pena privativa de liberdade máxima não seja superior a 4 anos.

(B) quando o acusado estiver no território nacional, fora da jurisdição do juiz processante, será deprecada sua prisão preventiva, devendo constar da precatória o inteiro teor do mandado.

(C) as medidas cautelares alternativas à prisão não podem ser aplicadas cumulativamente, em razão da proporcionalidade e da proibição de excesso.

(D) a prisão domiciliar consiste no recolhimento do indiciado ou acusado em sua residência, só podendo dela ausentar-se com autorização do Delegado de Polícia.

(E) caberá prisão temporária quando houver fundadas razões, de acordo com qualquer prova admitida na legislação penal, de autoria ou participação do indiciado na prática de crime hediondo.

---

20. (2015 – MPE-AM – Promotor de Justiça) Em relação às prisões provisórias, assinale a alternativa correta.

(A) Ninguém poderá ser preso, senão por ordem escrita e fundamentada da autoridade judiciária competente, em decorrência de sentença condenatória transitada em julgado ou, no curso da investigação ou do processo, em virtude de prisão temporária ou prisão preventiva.

(B) Se o réu, sendo perseguido, passar ao território de outro município, Estado ou país, o executor do mandado de prisão poderá efetuar a prisão no lugar onde o al cançar, apresentando-o imediatamente à autoridade local, que, depois de lavrado, se for o caso, o auto de prisão em flagrante, providenciará diretamente a remoção do preso ao juízo de origem do mandado.

(C) A falta de testemunhas da infração não impedirá o auto de prisão em flagrante, mas, nesse caso, com o condutor, deverão assiná-lo pelo menos duas pessoas que hajam testemunhado a apresentação do preso à autoridade.

(D) Recusando ou retardando a autoridade policial a concessão da fiança, o preso, ou alguém por ele, poderá prestá-la, mediante simples petição, perante qualquer juízo criminal durante o horário forense, que decidirá em 48 (quarenta e oito) horas.

(E) Ao Juiz é vedado determinar, de ofício, que o preso temporário lhe seja apresentado, solicitar informações e esclarecimentos da autoridade policial e submetê-lo a exame de corpo de delito, tendo em vista que tal determinação somente poderá ser feita mediante requerimento do Ministério Público e do defensor.

---

21. (Vunesp – Delegado de Polícia – SP/2014) Em relação ao tema prisão, é correto afirmar que.

(A) o emprego de força para a realização da prisão será permitido sempre que a autoridade policial julgar necessário, não existindo restrição legal.

(B) a prisão poderá ser efetuada em qualquer dia e a qualquer hora, respeitadas as restrições relativas à inviolabilidade de domicílio.

(C) a prisão cautelar somente ocorre durante o inquérito policial.

(D) em todas as suas hipóteses, é imprescindível a existência de mandado judicial prévio.

(E) a prisão preventiva somente ocorre durante o processo judicial.

---

22. (Fundação Aroeira – Delegado de Polícia – TO/2014) Caberá prisão temporária quando houver fundadas razões, de acordo com qualquer prova admitida na legislação penal, de autoria ou participação do indiciado, entre outros crimes, em

(A) lesão corporal seguida de morte.

(B) redução a condição análoga à de escravo.

(C) tráfico internacional de pessoa para exploração sexual.

(D) crimes contra o sistema financeiro.

---

23. (Fundação Aroeira – Delegado de Polícia – TO/2014) Entende-se que a prisão preventiva possui caráter rebus sic stantibus porque o juiz

(A) poderá revogá-la se, no correr do processo, verificar a falta de motivo para que subsista, bem como de novo decretá-la, se sobrevierem razões que a justifiquem.

(B) deverá sempre motivar a decisão que decretar, substituir ou denegar esta modalidade de prisão cautelar.

(C) poderá decretá-la de ofício exclusivamente no curso da ação penal, sendo proibido esse tipo de decretação na fase da investigação policial.

(D) poderá decretá-la quando houver prova da existência do crime e indício suficiente de autoria.

---

24. (Fundação Aroeira – Delegado de Polícia – TO/2014) A privação cautelar da liberdade individual reveste-se de caráter excepcional, somente devendo ser decretada em situações de absoluta necessidade, como quando for imprescindível para as investigações do inquérito policial. Nesse sentido, acerca da prisão temporária, nos termos da Lei nº 7.960/1989,

(A) será decidida pelo juiz, na hipótese de representação da autoridade policial, em vinte quatro horas, sendo prescindível, nesse caso, o parecer do Ministério Público.

(B) será cabível quando houver fundadas razões, de acordo com qualquer prova admitida na legislação penal, de autoria ou participação do indiciado em qualquer tipo de crime de homicídio.

(C) será decretada pelo juiz, em face da representação da autoridade policial, e terá o prazo improrrogável de cinco dias.

(D) poderá o juiz, de ofício, determinar que o preso lhe seja apresentado, solicitar informações da autoridade policial e submetê-lo a exame de corpo de delito.

25. (ACAFE – Delegado de Polícia – SC/2014) Analise os crimes a seguir, identifique os passíveis de decretação de prisão temporária quando houver fundadas razões de autoria ou participação do indiciado e assinale a alternativa correta.

I. Homicídio de qualquer natureza e tráfico de drogas.

II. Sequestro, cárcere privado e estupro.

III. Extorsão mediante sequestro e crimes contra o sistema financeiro.

IV. Furto, roubo e extorsão.

(A) Apenas I, II e III estão corretos.

(B) Apenas I e III estão corretos.

(C) Apenas II e III estão corretos.

(D) Apenas III e IV estão corretos.

(E) Todos estão corretos.

26. (UEG – PC-GO – Delegado de Polícia – 2018) Impor-se-á prisão em flagrante:

(A) a Deputado Federal flagrado na prática de crime de estelionato.

(B) à pessoa que for flagrada transportando, para consumo pessoal, drogas, em desacordo com determinação legal.

(C) à pessoa que, flagrada na prática de crime de menor potencial ofensivo, tiver termo circunstanciado de ocorrência lavrado e assumir compromisso de comparecer ao juizado especial criminal.

(D) à pessoa flagrada na prática de crime de furto simples de coisa avaliada em R$ 50,00 (cinquenta reais).

(E) ao condutor de veículo, no caso de homicídio culposo na direção de veículo automotor, que prestar à vítima pronto e integral socorro.

27. (UEG – PC-GO – Delegado de Polícia – 2018) Sobre a prisão, tem-se o seguinte:

(A) A prisão temporária, presentes os seus requisitos, poderá ser decretada no curso da ação penal.

(B) A Constituição da República Federativa do Brasil prevê a incomunicabilidade do preso durante o estado de defesa.

(C) Nos crimes hediondos, a prisão temporária tem, em regra, a duração de trinta dias.

(D) Após a alteração legislativa promovida pela Lei n. 12.403, de 2011, é possível a decretação de prisão preventiva pelo juiz, de ofício, durante a investigação penal.

(E) É causa de revogação da prisão preventiva o extrapolamento, pela autoridade policial, do prazo de conclusão do inquérito policial.

28. (UEG – PC-GO – Delegado de Polícia – 2018) Segundo o Código de Processo Penal, é cabível a prisão domiciliar, em substituição à prisão preventiva, quando o agente for:

(A) magistrado.

(B) Ministro de Estado.

(C) pessoa maior de setenta anos.

(D) pessoa portadora de diploma de ensino superior.

(E) homem, caso seja o único responsável pelos cuidados do filho de até doze anos de idade incompletos.

29. (Cespe – Técnico Judiciário – Área Administrativa – STJ/2018) No que se refere aos tipos de prisão e aos meios processuais para assegurar a liberdade, julgue os seguintes itens. A comunicação de prisão em flagrante deverá ocorrer em até vinte e quatro horas após a sua efetivação: o auto de prisão deverá ser encaminhado ao juízo competente para análise da possibilidade de relaxamento da prisão, de conversão da prisão em liberdade provisória ou de decretação de prisão preventiva.

30. (Cespe – Técnico Judiciário – Área Administrativa – STJ/2018) No que se refere aos tipos de prisão e aos meios processuais para assegurar a liberdade, julgue os seguintes itens. A prisão preventiva poderá ser decretada no curso da investigação criminal ou em qualquer fase do processo penal apenas se houver requerimento do Ministério Público ou da autoridade policial.

31. (Cespe – Técnico Judiciário – Área Administrativa – STJ/2018) No que se refere aos tipos de prisão e aos meios processuais para assegurar a liberdade, julgue os seguintes itens. Situação hipotética: Pedro teve a prisão temporária decretada no curso de uma investigação criminal. Ao final de cinco dias, o Ministério Público requereu a conversão de sua segregação em prisão preventiva. Assertiva: Nessa situação, o prazo para o término do inquérito policial será contado da data em que a prisão temporária tiver sido convertida em prisão preventiva.

32. (Cespe – Técnico Judiciário – Área Administrativa – STJ/2018) A respeito da prisão, dos processos de competência originária e da revisão criminal, julgue os itens subsecutivos. Quando da apreciação da representação de prisão preventiva firmada por autoridade policial, o juiz poderá aplicar, de ofício, outra medida cautelar em substituição à prisão, caso entenda que o pedido tenha sido inadequado.

33. (Cespe – Analista do MPU – Direito – MPU/2018) Em cada um dos itens a seguir é apresentada uma situação hipotética seguida de uma assertiva a ser julgada em consonância com a doutrina majoritária e com o entendimento dos tribunais superiores acerca de provas no processo penal, prisão e liberdade provisória e habeas corpus. Um indivíduo penalmente imputável apresentou-se espontaneamente a autoridade policial depois de ter cometido um crime. Nessa situação, a apresentação espontânea não impede a decretação da prisão preventiva nos casos em que a lei a autoriza.

34. (Cespe – Analista Ministerial – Área Processual – MPE – PI/2018) Durante uma festa, após desentendimentos entre Carlos e Miro, este proferiu xingamentos racistas contra aquele, o que levou Carlos a empurrar seu agressor, que caiu em uma mesa de vidro. Com o forte impacto, a mesa se despedaçou completamente e seus cacos causaram cortes profundos por todo o corpo de Miro. Os convidados ligaram para a polícia e para o corpo de bombeiros: Carlos foi preso em flagrante e Miro foi encaminhado ao hospital, onde ficou internado por cinco dias, com risco de morte; passou por procedimentos cirúrgicos e, posteriormente, teve de ficar afastado de sua atividade laboral por trinta e dois dias. O Ministério Público denunciou Carlos por lesão corporal de natureza grave. Nessa situação hipotética, a prisão em flagrante de Carlos foi legal, não sendo possível a concessão de liberdade provisória pela natureza do crime.

19. GABARITO ANOTADO

01 – E

Vide:

- Art. 313, III, do CPP.
- Item"7.4. Infrações que comportam a medida".

02 – E

Vide:

- Art. 306, § 1º, do CPP.
- Item "6.2. Remessa à autoridade".

03 – E

Vide:

- Art. 318, I, do CPP.
- Item "11. Prisão domiciliar".

04 – A

Vide:

- Resolução 213 de 2015, do CNJ:
- Alternativa A: art. 1º, § 3º
- Alternativa B: Art. 1º, § 4º;
- Alternativa C: art. 13
- Alternativa D: art. 4º, parágrafo único
- Alternativa E: art. 3º.
- Item "6.3. Audiência de custódia".

05 – E

Vide:

- Art. 317 do CPP e art. 42 do CP.
- Item "11. Prisão domiciliar".

06 – B

Vide:

- Art. 318, VI, do CPP.
- Item "11. Prisão domiciliar".

07 – D

Vide:

- Art. 318, do CPP.
- Item "11. Prisão domiciliar".

08 – C

Vide:

- Art. 302, IV, do CPP.
- Item "3.2.3. Flagrante presumido (ficto ou assimilado)".

09 – E

Vide:

- Art. 1º, III, "d", da Lei 7.960/1989.
- Item "8.3.3. Quando houver fundadas razões, de acordo com qualquer prova admitida na legislação penal, de autoria ou participação do indiciado nos seguintes crimes relacionados (inciso III)"

10 – A

Vide:

- Art. 313, inciso I, do CPP.
- Item "7.4. Infrações que comportam a medida".

11 – C

Vide:

- Art. 301 do CPP.
- Item "5. Sujeitos do flagrante"

12 – E

Vide:

- Item "3.2.6. Flagrante esperado"

13 – E

Vide:

- Art. 1º da Lei 7.960/89.
- Item "8.3. Cabimento.

14 – C

Vide:

- Art. 318, incisos I e II, do CPP.
- Item "11. Prisão domiciliar".

15 – E

Vide:

- Art. 310, II, do CPP.
- Item "6.2. Remessa à autoridade"

16 – D

Vide:

- Art. 318 do CPP.
- Item "11. Prisão domiciliar".

17 – B

Vide:

- Art. 289-A, § 1º, do CPP.
- Item 2.1. Mandado de Prisão

18 – E

Vide:

- Art. 311 do CPP.
- Item "7.5. Decretação e Sistema Recursal"

19 – B

Vide:

- Art. 289 do CPP.
- Item "2.4. Prisão em território diverso da atuação judicial"

20 – C

Vide:

- Art. 304, § 2º, do CPP.
- Item "6. Procedimentos e formalidades"

21 – B

Vide:

- Art. 283, § 2º, CPP
- Item 2.2. Restrição de horário e inviolabilidade domiciliar

22 – D

Vide:

- Art. 1º, III, "o", Lei nº 7.960/1989
- Item 8.3. Cabimento

23 – A

Vide:

- Art. 316, CPP
- Item 7.7. Revogação

24 – D

Vide:

- Art. 2º, § 3º, Lei nº 7.960/1989
- Item 8.5. Procedimento

25 – C

Vide:

- Art. 1º, III, "b", "e", "f", "o", Lei nº 7.960/1989
- Item 8.3. Cabimento

26 – D

Vide:

- Art. 53, §2º da CF.
- Art. 48, §2º da Lei nº. 11.343/2006.
- Art. 69 da Lei nº. 9.099/1995.
- Art. 302, I do CPP.
- Art. 301 do Código de Trânsito Brasileiro (CTB).
- Item "3.2.1. Flagrante próprio (propriamente dito, real ou verdadeiro)".

27 – C

Vide:

- Art. 282, CPP.
- Art. 283, CPP.
- Art. 136, §3º, IV, CF.
- Art. 2º, §4º da Lei nº. 8.072/1990.
- Art. 2º da Lei nº. 7.960/1989.
- Item "8. Prisão temporária".

28 – E

Vide:

- Art. 318, CPP.
- Item "11, Prisão domiciliar".

29 – CERTO

Vide:

- Art. 306, §1º, CPP.

30 – ERRADO

Vide:

- Art. 311, CPP.
- Item "7, Prisão preventiva".

31 – CERTO

Vide:

- Art. 312, CPP.
- Art. 319, CPP

32 – CERTO

Vide:

- Art. 318, CPP.
- Item "11, Prisão domiciliar".

33 – CERTO

Vide:

- Art. 302, CPP.
- Art. 319, CPP.

34 – ERRADO

Vide:

- Art. 302, CPP.
- Art. 313, CPP.

20. QUESTÕES DISCURSIVAS COM COMENTÁRIOS

01. (Magistratura Estadual – TJAM – 2013 – FGV) Pablo se encontrava em uma festa com amigos, quando policiais militares de aproximaram e disseram que ele foi apontado como autor de roubo majorado ocorrido três horas antes, sendo vítima uma jovem que também estava na festa e acabara de reconhecê-lo. Nada foi encontrado com Pablo que o ligasse àquele crime, apesar de a vítima insistir em apontá-lo como autor do roubo. Pablo foi levado para a delegacia e a autoridade policial lavrou o flagrante. Comunicada a prisão ao juiz de plantão, este decidiu relaxá-la, para, em seguida, em razão da gravidade do fato, mormente a alegação da vítima de que o acusado estava armado quando da ação delituosa, de ofício decretou a prisão preventiva de Pablo. Analise a decisão do juiz de piso.

Resposta

Conforme constou do padrão de resposta divulgado pela banca, três pontos devem ser analisados nesta questão: presença da situação de flagrância a que se refere o artigo 302 do CPP; a possibilidade de a prisão cautelar ser decretada com base na gravidade em abstrato do fato; e a legalidade do decreto prisional porquanto decretado de ofício pelo juiz antes da instauração da ação penal com o oferecimento da denúncia.

Quanto ao primeiro ponto, não estando presente qualquer das situações descritas no artigo 302 do CPP, mostra-se ilegal a prisão em flagrante, tendo o juiz de atuado corretamente ao relaxá-la. Note-se que, ao ser preso, Pablo não estava cometendo a infração penal (inciso I), não acabara de cometê-la (inciso II), não foi perseguido logo após (inciso III) e não foi encontrado com qualquer objeto que faça presumir ser ele autor da infração (inciso IV).

Em relação ao segundo ponto que deve ser analisado, ressalta-se que a jurisprudência dos Tribunais Superiores é pacífica no sentido de que a prisão preventiva não pode ser decretada ou mantida apenas com base na gravidade em abstrato do crime, devendo o juiz fundamentar a medida excepcional em dados concretos.

Por fim, importante destacar que o juiz não pode decretar de ofício a prisão preventiva antes de deflagrada a ação penal respectiva. Com efeito, o artigo 311 do CPP autoriza o juiz somente a decretar a prisão preventiva de ofício no curso da ação penal. Na fase do inquérito, por sua vez, somente pode ser decretada quando requerida pelo Ministério Público, querelante, assistente ou mediante prévia representação da autoridade policial. Com o relaxamento, o juiz não poderia decretar de ofício a prisão preventiva. Desta forma, se mostra ilegal a prisão preventiva decretada de ofício pelo juiz, tendo em vista que tal decisão foi proferida antes da ação penal ter sido proposta.

02. (Delegado de Polícia – PC/MA – 2012 – FGV) De acordo com a reforma processual penal mais recente, é possível que a prisao preventiva seja decretada de ofício pelo juiz ? Fundamente sua resposta.

Resposta

A lei permite que o juiz de ofício decrete a prisão preventiva do acusado no curso do processo, nos termos do art. 311 do CPP.

Ademais, deve ser destacado que não é possível a decretação da prisão de ofício no curso do inquérito, tendo em vista que o mesmo artigo acima citado exige requerimento do Ministério Público, do querelante ou assistente, ou representação da autoridade policial.

O espelho de correção destacou, também, que era esperada a análise da quebra dos princípios da imparcialidade e da inércia, além do sistema acusatório, com a decretação de ofício, bem como eventual conflito do art. 311 do CPP com o art. 20 da Lei nº 11.340/06, que permite a prisão preventiva do agressor no curso do inquérito, esclarecendo qual a regra que deve prevalecer, certo que quando da edição da Lei Maria da Penha, o CPP permitia a prisão cautelar no curso do inquérito, o que não mais é possível, prevalecendo no STF o entendimento de que como a legislação especial apenas reproduzia o modelo anterior do CPP, com a alteração, deve prevalecer a nova regra.

03. (Promotor de Justiça – 2014 – MPE-GO) Existe vedação legal à imposição das cautelares pessoais para os crimes culposos? Justifique.

Resposta

O espelho de correção indicou os tópicos que devem ser abordados na resposta:

a) As medidas cautelares pessoais no processo penal brasileiro;

b) Aplicação aos delitos de natureza culposa;

c) Princípio da proporcionalidade;

d) Observações específicas relativas a "prisão preventiva".

Conforme indicado no padrão de resposta disponibilizado, não há vedações, em princípio, devendo apenas se ater a algumas particularidades inerentes a prisão preventiva. Isso porque, nos crimes culposos, a possibilidade de efetiva aplicação de restrição da liberdade ao final do processo é muito rara.

Note-se que para os delitos culposos há várias alternativas à pena privativa da liberdade (substituição, sursis, por exemplo), e na maior parte deles sendo cabível, no mínimo, a suspensão condicional do processo. Assim, entende-se melhor evitar também as cautelares diversas da prisão, tendo em vista que o seu descumprimento, injustificado, poderá autorizar o manejo da prisão preventiva subsidiária.

Por outro lado, ressalte-se que existem exceções, que justificam tratamento mais rigoroso em relação a algumas infrações penais culposas, como ocorre, por exemplo, em delitos de trânsito, com ou sem embriaguez, mas com comprovada reiteração de comportamento imprudente.

Por fim, frise-se que a prisão preventiva somente deverá ser decretada nos termos do art. 313, parágrafo único, em não havendo outra medida menos gravosa que possa atingir a finalidade almejada pelo dispositivo, em atenção ao princípio da proporcionalidade-necessidade.

04. (UFRJ – Delegado de Polícia – DF/2005) Objetivando a apuração da autoria de crime de tráfico ilícito de entorpecente, a Autoridade Policial representa à Autoridade Judicial pela prorrogação da interceptação telefônica por mais quinze dias e, concomitante, representa pela decretação da prisão preventiva. Após a manifestação do Ministério Público, o juiz, observando a presença dos requisitos da prisão preventiva, a decreta, bem como determina a prorrogação da interceptação telefônica.

Quanto à decretação da prisão preventiva, agiu corretamente o juiz?

Resposta

É possível a decretação da preventiva, diante de representação da autoridade policial e ouvido o MP, na fase de investigação preliminar. Como o enunciado da questão destacou que o juiz observou a presença daqueles requisitos, embora tenha autorizado a prorrogação da interceptação telefônica, não é sem lastro a decretação da custódia cautelar vazada nesses termos. Devem, contudo, ser observados os prazos legais para conclusão do inquérito respectivo, com vistas a ser evitado eventual excesso quanto ao tempo de prisão preventiva.

05. (PC – RJ – Delegado de Polícia – RJ/2001) ESPAÇO MÁXIMO PARA RESPOSTA INTEGRAL: 30 linhas

A autoridade policial instaurou inquérito, *ex officio*, visando apurar a prática de crime de homicídio doloso duplamente qualificado ocorrido em sua circunscrição. As 4 (quatro) testemunhas presenciais do fato já foram identificadas, porém ainda não foram ouvidas por se encontrarem em viagem profissional. O laudo de exame cadavérico comprova a *causa mortis* da vítima: traumatismo craniano produzido por projétil de arma de fogo. Os familiares da vítima juntam aos autos do inquérito cartas ameaçadoras para a vítima onde constavam os seguintes dizeres: "Você ainda vai pagar caro por tudo que fez. Sua boca vai amanhecer cheia de formiga". Assinado: "Tício". Segundo informes, não comprovados, o motivo do crime seria "dívida" oriunda de tráfico de entorpecentes praticado por Tício.

A autoridade policial, necessitando concluir o inquérito a fim de indiciar Tício, representa, à autoridade judiciária competente, pela decretação da quebra do sigilo telefônico de Tício a fim de identificar suas ligações telefônicas pretéritas e confrontá-las com os números dos telefones da vítima e, ainda, interceptação telefônica de Tício para descobrir seu possível envolvimento com o tráfico ilícito de drogas. Diante dos fatos, pergunta-se:

(A) A legislação em vigor permite a decretação da medida? Responda objetivamente à luz da Constituição da República Federativa do Brasil.

(B) É admissível a decretação da prisão temporária de Tício a fim de ser investigada sua autoria e/ou participação no referido homicídio? Responda objetivamente à luz da Teoria Geral da Prisão Cautelar.

Resposta

a) *A legislação em vigor admite a decretação judicial das medidas em tela. Uma distinção a questão requer do candidato. Quando se trata de "quebra de sigilo" restrita as ligações pretéritas, o que temos são dados e não comunicações telefônicas, pelo que não se aplicam as regras da Lei nº 9.296/1996. Duas posições se formam aqui. A primeira entende que o ordenamento jurídico autoriza que o delegado de polícia requisite diretamente às operadoras as informações referentes aos registros de chamadas (seriam, nessa perspectiva, similares aos dados cadastrais). Quando se cuida de crime organizado o autorizativo é expresso (art. 17, Lei nº 12.850/2013). A segunda, a qual nos filiamos, exige ordem judicial mesmo assim, salvo quando a lei é expressa. Constatada a necessidade da medida, correto o deferimento pelo juiz. De outro giro, a Lei das Interceptações telefônicas impõe que o deferimento da interceptação telefônica seja medida extrema, quando não seja possível comprovar por outro meio. Como o crime de tráfico é apenado com re-*

clusão e a questão aviva que não existem outros meios para comprová-la, sugerindo indícios, presentes os pressupostos para que seja deferida a interceptação (fumus comissi delicti e periculum in mora).

b) *É possível a decretação da prisão temporária. Para tanto, o caso concreto se adequa aos requisitos do art. 1º, inciso I (necessidade do inquérito policial) e III (homicídio qualificado), seguindo posição jurisprudencial predominante. A necessidade deve se lastrear em elementos empíricos, concretos.*

06. (PC-RJ – Delegado de Polícia – RJ/2009) Tício, brasileiro, imputável, ingressou no território de outro país no dia 01/03/2009 e lá adquiriu certa quantidade de uma substância cuja venda e uso eram permitidos com objetivo de venda no território brasileiro. Após dois dias, Tício retorna ao Brasil, ingressando em território nacional com a citada substância, ciente de que esta possui venda proibida, sendo considerada droga para efeitos penais. Após revista, Tício foi autuado em flagrante delito pelo Delegado da Polícia Federal, que providenciou a imediata comunicação da prisão, com encaminhamento de cópia do respectivo auto à autoridade Judiciária Federal. Esta, no entanto, manifestou-se pela incompetência relativa, determinando o encaminhamento dos autos do inquérito Policial à Justiça Estadual. O Juiz de Direito entendendo ser ele competente, determinou o encaminhamento do Inquérito Policial à Unidade de Polícia Judiciária da Polícia Civil, requisitando a renovação das diligências realizadas no âmbito Polícia Federal. Após o recebimento dos autos do Inquérito Policial a Autoridade Policial renovou a realização das diligências. Transcorrido o prazo de 10 dias, entendendo estar expirado o prazo de permanência dos citados autos na delegacia, a Autoridade Policial determina o retorno dos citados autos à Justiça Estadual. Inconformado, Tício, através de seu patrono, impetra *Habeas Corpus*, requerendo concessão de liberdade provisória. Considerando o disposto no artigo 44, da Lei 11.343/06, o Juiz indeferiu o *Habeas Corpus*, mantendo a prisão. Sendo assim, deverá o candidato analisar as questões acima expostas, sob aspecto jurídico-processual penal, apresentando fundamentação cabível.

Resposta

Como o uso e a comercialização da droga apreendida no território nacional são permitidos no país de origem, corretas as decisões que firmaram a competência da Justiça Estadual, eis que só houve ilícito penal no território nacional, não atraindo o elemento de transnacionalidade do delito que justifique a competência da Justiça Federal.

O inquérito policial que apura tráfico de drogas tem prazos específicos para ser concluído: trinta dias indiciado preso e 90 dias indiciado solto. Ambos os lapsos podem ser duplicados pelo juiz mediante pedido justificado do delegado de polícia (art. 51, parágrafo único, Lei de Drogas).

Ao declinar competência, com indiciado preso, à disposição do juízo de destino ficará o indiciado. Não há nulidade da decisão prisional, malgrado diga o CPP que a incompetência nulifica os atos decisórios.

Quanto ao art. 44, da Lei 11.343/2006, o STF entendeu inconstitucional o trecho que veda conversão das pensas em restritivas de direito. Desse modo, o indeferimento de liberdade provisória, a teor do princípio da homogeneidade, segue a mesma lógica. Incabível sustentar, em tese, o não cabimento de liberdade provisória só por conta do enunciado referido. Aliás, jurisprudencialmente vem sendo admitida a aplicação de medidas cautelares diversas da prisão aos indiciados e acusados por tráfico de entorpecentes.

07. (UFRJ – Delegado de Polícia – DF/2005) A Autoridade Judicial pode, de ofício, mediante decisão devidamente fundamentada, decretar prisão temporária por trinta dias, objetivando a investigação policial de crime de tortura, previsto na Lei 9455/97? Justifique.

Resposta

Não pode o juiz de ofício decretar prisão temporária, notadamente porque o momento desta é pré-processual, inerente à fase de investigação preliminar. O magistrado pode decretar tal espécie de prisão, pelo prazo apontado, por se tratar de crime equiparado a hediondo, porém sempre de forma provocada (requerimento do MP ou representação da autoridade policial, ouvido o MP).

08. (UNIVERSA – Delegado de Polícia – DF/2010) Redija um texto descritivo acerca do tema prisão e liberdade provisória, abordando, necessariamente, os seguintes tópicos:

(A) conceito e fundamento legal da prisão;

(B) conceito, fundamento legal e cabimento da liberdade provisória;

(C) modalidades de prisão provisória ou cautelar, conceito e pressupostos respectivos; e

(D) a prisão provisória, o postulado constitucional da presunção de inocência e a atual jurisprudência do Supremo Tribunal Federal.

Resposta

Sendo dissertação, sem limite de linhas, o candidato deve desenvolver exposição estruturada, atendendo ao requerido no enunciado da questão, fundamentando o assunto na Constituição, no Código de Processo Penal e na Lei nº 7.960/1989.

Estudamos pormenorizadamente prisão e liberdade provisória, como medida de contracautela e, hoje, passível de ser instituída de forma autônoma, diante do que dizem os artigos 282 e 319, CPP. Para responder a ques-

tão, remetemos o leitor ao que estudamos neste capítulo e no próximo (liberdade provisória e medidas cautelares diversas da prisão).

Frise-se que a questão é anterior à Lei nº 12.403/2011. Fosse hoje o concurso, o candidato teria de relacionar a prisão cautelar com as medidas cautelares diversas da prisão, distinguindo a natureza de cada uma das espécies, bem como compatibilizando tais restrições com o princípio do estado de inocência. Um dos pontos relevantes é a passagem que se tem hoje da prisão em flagrante (pré-cautelar) e sua conversão em preventiva (cautelar, art. 310, II, CPP).

Sempre o conhecimento acerca da jurisprudência do STF (e do STJ) é cobrada do candidato, como se pode ver pela recorrência das referências.

09. (PC-GO – Delegado de Polícia – GO/2003) É possível o flagrante no crime que se apura mediante ação penal privada? Fundamente sua resposta.

Resposta

Para que seja possível prisão em flagrante de crime cujo processamento dependa de ação penal privada, é indispensável a anuência da vítima, o desejo do ofendido em ver apurado o fato. Sem a concordância do ofendido, com sua manifestação de vontade perante a autoridade policial, não é possível a prisão em flagrante nestes tipos de delito.

10. (PC-MG – Delegado de Polícia – MG/2008) No cumprimento de mandado de prisão temporária, pode o agente policial conduzir o preso provisório sob algemas? JUSTIFIQUE legal, doutrinária e jurisprudencialmente.

Resposta

O uso de algemas pode ser feito, desde que necessário. Para tanto – e evitar excessos –, tem se entendido pela imprescindibilidade de justificativa, tal qual o teor da Súmula Vinculante nº 11, do STF, dispõe. Isso quer dizer que se o preso esboçar reação à ordem de prisão temporária, intentar fuga ou resistência de alguma forma, o uso de algemas poderá ser feito, devendo a autoridade fundamentar suficientemente as razões. Sobre o assunto, remetemos o leitor ao que anotamos no tópico "emprego de força e uso de algemas", do presente capítulo.

11. (PC-MG – Delegado de Polícia – MG/2012) Diante do descumprimento injustificado de medida cautelar diversa da prisão anteriormente imposta (art. 319, CPP) poderá o juiz, em qualquer infração penal punida com pena privativa de liberdade, decretar a prisão preventiva do indiciado/ acusado? Fundamente sua resposta.

Resposta

A doutrina não é uniforme quanto ao cabimento da prisão preventiva diante do descumprimento de medidas cautelares diversas da prisão, de forma autônoma, isto é, pelo simples fato do desatendimento das obrigações impostas. Pelo texto do parágrafo único, do art. 312, do CPP, é admissível a preventiva em caso de descumprimento das obrigações impostas por força de outras medidas cautelares, desde que seja a última razão, como refere o § 4º, do art. 282, CPP. Para nós, duas regras devem ser observadas, ao lado da possibilidade que decorre da letra dos dispositivos aqui mencionados. A primeira, é que seja demonstrada, fundamentadamente, a presença dos requisitos do art. 312, caput, CPP, pois seria inconcebível se impor prisão preventiva pelo descumprimento de cautelar sem ser demonstrada necessidade ou diante da verificação de que não subsistiam mais os motivos para impor a medida cautelar cujo descumprimento se verificou (exemplo: percebeu-se não estar presente prova da existência do crime). A segunda consiste na imperiosidade que o crime seja punido com pena privativa de liberdade, atendendo-se ao princípio da homogeneidade.

12. (PC-PR – Delegado de Polícia – PR/2013) Discorra sobre a prisão processual e seus princípios.

Resposta

O candidato deve discorrer sobre todo o leque de prisões provisórias que temos, reguladas no Código de Processo Penal (prisão em flagrante e prisão preventiva) e na legislação especial (prisão temporária).

A prisão em flagrante ostenta hoje natureza pré-cautelar, não sendo, a rigor, processual, eis que se impõe sem que haja decisão judicial prévia.

A prisão temporária só decretável a fase de investigação preliminar), podendo ser encartada como de natureza cautelar (que demanda decisão de juiz), porém pré-processual (duração restrita ao inquérito policial.

As prisões decorrentes de pronúncia e de sentença condenatória recorrível se encontram estruturalmente revogadas, eis que durante o processo só se admite prisão preventiva (art. 312, CPP).

A prisão preventiva pode ser fruto de conversão do flagrante ou de decretação requerida ou de ofício (a decretação ex officio pelo juiz só deve ocorrer no curso do processo formalmente instaurado). É ela a prisão processual em sentido estrito, eis que a prisão em flagrante e a temporária não podem ser mantidas e/ou decretadas no curso do processo penal condenatório.

O enunciado da questão não indicou limites de linhas, inferindo-se assim que o examinador deseja ver se o candidato domina a matéria.

Os princípios aplicáveis às prisões processuais (leia-se, prisão preventiva) – e, em certa medida, às medidas cautelares diversas da prisão –, são: (1) proporcionalidade (com ênfase no subprincípio da necessidade, evitando-se o excesso); (2) homogeneidade (a prisão preventiva só tem lugar, em regra, para crimes apenados com pena máxima abstrata superior a quatro anos – art. 313, CPP, em termos análogos ao que dispõem os artigos 43 e 44, do Código Penal, ao tratar das penas substitutivas à privação de liberdade); (3) revogabilidade (sujeita-se à cláusula rebus sic stantibus, não se mantendo se não persistirem os motivos que a autorizaram); (4) provisoriedade (somente perdura enquanto não finalizado o processo penal condenatório, haja vista que, finalizando-se o feito com sentença condenatória transitada em julgado, o que haverá é o cumprimento de pena); (5) judicialidade (somente pode ser imposta por ordem fundamentada de juiz); e (6) fungibilidade (permite-se a substituição da prisão preventiva por medidas cautelares diversas da prisão gizadas no art. 319, CPP, de acordo com os pressupostos do art. 282, do mesmo Código).

13. (FUNCAB – Delegado de Polícia – RJ/2013) Ana Carolina Santos foi presa por policiais lotados na 52ª DP – Nova Iguaçu – e autuada em flagrante delito por ter sido surpreendida no momento em que praticava maus-tratos contra o adolescente Vinícius Silva, deficiente físico, que não possui condições mínimas de administrar sua vida. Durante o curto período em que a conduzida se encontrava custodiada na Delegacia, a autoridade policial percebeu que a mesma apresentava sinais evidentes de deficiência mental. Diante disso, convocou a perícia médico-legal para realizar o exame de corpo de delito, objetivando comprovar uma possível insanidade. Nesse ínterim, concluiu e relatou o inquérito policial. Com base no inquérito policial e no laudo, que concluiu pela insanidade, representou ao juiz pela internação provisória com fundamento de evitar a reiteração criminosa (art. 319, III, parte final do Código de Processo Penal).

No caso hipotético relatado, responda (fundamentadamente):

(A) Agiu corretamente a autoridade policial ao determinar a realização do exame de corpo de delito?

(B) E quanto à representação pela internação provisória?

Resposta

(A) A autoridade policial não agiu corretamente. Nos termos do § 1º do art. 149, CPP, quando na fase do inquérito policial houver dúvida sobre a insanidade mental do indiciado, o exame poderá ser ordenado pelo juiz, mediante instauração de portaria, porém precedido de representação da autoridade policial e – acrescentamos nós – de anuência do Ministério Público.

(B) A internação provisória é possível, quando os peritos concluírem tratar-se de semi-imputável ou inimputável e houver risco de reiteração. Foi o que ocorreu na hipótese, devendo ainda ser observado o art. 282, CPP, que trata dos pressupostos gerais aplicáveis às medidas cautelares.

14. (FUNCAB – Delegado de Polícia – RO/2014) Discorra, fundamentadamente, sobre violência doméstica e familiar contra a mulher (Lei Maria da Penha). Ao elaborar seu texto, aborde, necessariamente, os seguintes aspectos:

(A) conceito e formas de violência doméstica e familiar contra a mulher;

(B) aplicabilidade ou não dos institutos despenalizadores, de penas de multa e de cestas básicas;

(C) competência;

(D) medidas protetivas e prisão preventiva;

Resposta

(A) *Para incidência da Lei Maria da Penha, necessária relação afetiva e que o sujeito passivo do delito seja mulher. Pode ser qualquer delito, desde que presentes estes elementos, tais como os artigos 147 (ameaça), 213 (estupro), 129 (lesão corporal), 121 (homicídio),155 (furto), 163 (dono), dentre outros, estes do CP, e 21 (vias de fato), da LCP. A Lei arrola as formas de violência contra a mulher em seu art. 7º, podendo ser de natureza física, sexual, psicológica, patrimonial e moral.*

(B) Os institutos despenalizadores da Lei nº 9.099/1995 não são aplicáveis (art. 41, da Lei nº 11.340/2006). A pena de multa não pode ser aplicada se for a única imposta, podendo o ser quando, ao seu lado, existir pena privativa de liberdade. É possível a substituição de penas por restritivas de direito (artigos 43 e 44, CP), no entanto, é vedada a aplicação de pena de prestação pecuniária (cestas básicas) aos crimes que envolvam violência contra a mulher.

(C) *A competência pode ser objeto de especialização – vara especializada (juizados de violência doméstica e familiar contra a mulher – art. 7º e 33, da Lei Maria da Penha). Não pode ser fixada a competência nos juizados especiais criminais com competência para julgamento de crimes de menor potencial ofensivo, sendo incabível lavratura de termo circunstanciado de ocorrência. Caso o crime seja doloso contra a vida, prevalece a competência do júri, de índole constitucional, podendo ser aplicadas medidas de proteção dispostas na Lei.*

(D) *São cabíveis medidas de proteção que a própria lei estatui, podendo ser protetiva de urgência que obrigam o agressor (art. 22) ou protetiva de urgência à ofendida (artigos 23 e 24). Presentes os requisitos legais do art. 312, CPP, a prisão preventiva poderá ser decretada, independentemente do quantum da pena máxima abstrata cominada ao crime, visando, dentre outros motivos, garantir a execução de medidas protetivas de urgência (art. 313, II, CPP). As medidas cautelares diversas da prisão, segundo pensamos, podem também ter aplicação, instaurando-se regime de liberdade provisória (art. 282, CPP).*

15. (PC-RS – Delegado de Polícia – RS/2009) Conceitue flagrante esperado, preparado e diferido ou retardado, bem como explique quais as principais diferenças entre eles no resultado de uma operação policial.

Resposta

Sobre tais conceitos, remetemos o leitor às classificações das prisões que expusemos no curso do capítulo. No-

te-se que o examinador procura sempre aferir o conhecimento a respeito dessas noções, em especial da Súmula 145, STF, que aduz que não há crime quando a preparação do flagrante pela polícia torna impossível sua consumação. De tal forma, o flagrante preparado é ilícito, por se tratar de induzimento de terceiro para que o agente incorra em infração penal. O flagrante esperado é válido, porque se baseia em conhecimento prévio sobre uma possível infração penal, tomando-se as cautelas necessárias para viabilizar a autuação. A ação controlada, flagrante diferido, retardado ou ainda postergado é cabível legalmente para possibilitar a captura de mais agentes ou a revelação mais eficaz da empreitada delituosa.

16. (PC-RS – Delegado de Polícia – RS/2009) Dois indivíduos foram apresentados à Delegacia de Polícia, detidos em flagrante delito, respectivamente, por tráfico de entorpecentes (sujeito "A") e por lesão corporal culposa na direção de veículo automotor (sujeito "B"). No que tange a "A", o Delegado de Polícia constatou tratar-se de oferecimento eventual de droga, sem objetivo de lucro, à pessoa de relacionamento do flagrado, para juntos consumirem. Diante desse enunciado e dos caminhos processuais que as leis aplicáveis aos casos enunciam, quais os cuidados, em relação à lavratura ou não do auto de prisão em flagrante, que o Delegado deverá ter: a. Em relação ao sujeito "A"; b. Em relação ao sujeito "B".

Resposta

(A) Para o acerto da providência legal, indispensável distinguir o delito de uso de entorpecentes, daquele de tráfico de menor proporção. Este, que é o caso da questão, está tipificado no § 3º, do art. 33, da Lei nº 11.343/2006, com pena máxima abstrata de 1 (um) ano. Cabível, desse modo, lavratura de termo circunstanciado de ocorrência, mediante comparecimento do agente a todos os atos do processo, nos termos da Lei nº 9.099/1995.

(B) Quanto ao crime de lesão corporal na condução de veículo automotor, enquadrado no art. 303, caput, da Lei nº 9.503/1997, ausente qualquer circunstância restritiva do Código de Trânsito Brasileiro e sendo a pena máxima abstrata não excedente a dois anos de privação de liberdade, também cabível termo circunstanciado de ocorrência, sem tomada de compromisso de comparecimento ao processo, em razão de ter prestado socorro à vítima (liberdade provisória obrigatória, art. 301, CTB). Caso o agente não tenha prestado socorro – como sugere o enunciado da questão –, deve ser lavrado o auto de prisão em flagrante e será instaurado inquérito policial, até porque incidente causa especial de aumento que faz extrapolar o limite abstrato máximo de alçada dos juizados especiais criminais (atual § 1º – com redação dada pela Lei nº 13.546/2017 [111]*, do art. 303, c/c o inciso III, do § 1º, do art. 302, CTB).*

17. (FAURGS – Delegado de Polícia – RS/2006) Há julgados de nossos tribunais que salientam o efeito da prisão em flagrante, afirmando que "o flagrante prende por si mesmo". Passa-se, então, a questionar o seguinte: realizada prisão em flagrante, devidamente homologada pela autoridade judiciária, e reconhecida pelo juiz a presença de uma das condições previstas pelo artigo 312 do Código de Processo Penal, deve o magistrado fundamentar sua decisão de manter a custódia do preso? De outra parte, se reconhecer que o agente praticou o fato sob guarda de uma das excludentes de ilicitude (ou antijuridicidade), deve fundamentar o despacho que concede liberdade provisória? Indique os fundamentos legais e constitucionais, se aplicáveis.

Resposta

Atualmente a questão é regulada expressamente pelo Código de Processo Penal. O flagrante deixou de ser prisão suficiente, para passar a ser de natureza pré-cautelar, dependendo sempre de fundamentação que, se presentes os requisitos do art. 312, CPP, para que a prisão em flagrante seja convertida em prisão preventiva (art. 310, II, CPP).

Por outro lado, a jurisprudência e a legislação que legitimavam o entendimento de que a concessão de liberdade provisória fundada em excludente de ilicitude dispensava fundamentação estão inteiramente suplantadas pela nova redação do parágrafo único, do art. 310, do CPP, alterado pela Lei nº 12.403/2011. Atualmente, pouco importa o fundamento, se de ofício ou se a requerimento, se concessivo ou se negativo, a liberdade provisória por conta de verificação de excludente de antijuridicidade há de ser fundamentada.

A base constitucional da matéria está no art. 5º LXVI, e art. 93, IX, da CF.

18. (FAURGS – Delegado de Polícia – RS/2006) Antônio é policial civil e atua na Delegacia de Repressão a Roubos. No sentido de prender assaltante que atua no centro da Capital, passa a caminhar por locais perigosos portando uma pasta executiva, sendo acompanhado de perto por outros policiais disfarçados. Antônio é abordado pelo suspeito, armado com revólver, que acaba sendo preso pelos demais policiais. Pergunta-se:

De que flagrante se trata? Deverá o delegado de polícia lavrar o auto de prisão em flagrante?

111. Foi inserido, pela Lei nº 13.546/2017, o § 2º, ao art. 303, do CTB. Determinou-se, em decorrência, a renumeração do anterior parágrafo único daquele dispositivo para § 1º. De acordo com o atual § 2º, do art. 303, do Código de Trânsito, "a pena privativa de liberdade é de reclusão de dois a cinco anos, sem prejuízo das outras penas previstas neste artigo, se o agente conduz o veículo com capacidade psicomotora alterada em razão da influência de álcool ou de outra substância psicoativa que determine dependência, e se do crime resultar lesão corporal de natureza grave ou gravíssima."

Resposta

No caso em tela, incide a Súmula 145, do STF, que reza que não há crime quando a preparação do flagrante pela polícia torna impossível a consumação do delito. Trata-se de flagrante preparado, ilegal, que, por tal razão, não pode autorizar lavratura de auto de prisão em flagrante.

19. (MPE-GO – Promotor de Justiça – GO/2010) Diferencie o agente infiltrado do agente provocador, indicando os contornos normativo-jurídicos no sistema processual penal brasileiro.

Resposta

"Agente infiltrado" é meio especial de obtenção de prova, com previsão legal, devendo se dar mediante decisão judicial fundamentada, seja no âmbito de delitos envolvendo organizações criminosas (Lei nº 12.850/2013), seja no âmbito de crimes de tráfico de entorpecentes (Lei nº 11.343/2006).

Como estudamos no capítulo de provas, a Lei 12.850/2013 regula a infiltração de agentes – observado o sigilo necessário –, estabelecendo que a autoridade policial poderá representar ao juiz, ouvido o Parquet, para que seja respaldada juridicamente, com a apresentação circunstanciada de como se dará a produção probatória a partir deste meio. Caso a iniciativa seja do Ministério Público, haverá manifestação técnica do delegado de polícia. A decisão judicial consignará prazo de até seis meses, com possibilidade de sucessivas prorrogações. No curso das investigações, podem ser realizadas interceptações ambientais, precedidas de autorização judicial quando o local da captação for reservado (direito à intimidade), e ação controlada, visando a identificação de líderes ou de maior número de agentes.

Quanto ao denominado "agente provocador", trata-se de conduta ilícita da polícia, para fins de efetivar prisão em flagrante de situação que retrata impossibilidade consumativa de crime. Deveras, não há crime quando a preparação do flagrante pela polícia torna impossível a consumação, conforme enunciado sumulado de nº 145 do STF.

20. (MPE-SP – Promotor de Justiça – SP/2011) DISSERTAÇÃO

PRISÃO CAUTELAR PROCESSUAL PENAL

Espécies. Requisitos. Princípios constitucionais correlatos.

O emprego de algemas.

Da liberdade provisória e das medidas cautelares (art. 282 e seguintes do Código de Processo Penal) ao preso em flagrante por crime de tráfico ilícito de drogas.

Resposta

Sobre a prisão cautelar, remetemos o leitor às distinções que traçamos no curso do presente capítulo, em especial os tópicos da prisão em flagrante (pré-cautelar e pré-processual), da prisão preventiva (cautelar e processual) e da prisão temporária (cautelar e pré-processual). Os requisitos que devem ser confrontados estão nos artigos 302 (flagrante), 312 (preventiva), ambos do CPP, e 1º, da Lei nº 7.960/1989 (temporária). O candidato deve cotejar as espécies de prisão com a possibilidade de imposição de medidas cautelares diversas da prisão (art. 319, CPP), bem como com os princípios constitucionais da presunção de inocência, da judicialidade da prisão, da proporcionalidade, da cautelaridade e da sua imediata comunicação à autoridade judiciária.

O emprego de algemas, sempre excepcional, deve atender aos ditames da Súmula Vinculante nº 11, do STF, devendo ser justificada a necessidade, de forma motivada pela autoridade responsável, sob pena de responsabilidade civil, criminal e administrativa.

No caso de tráfico de drogas, o STF declarou a admissibilidade expressa de substituição de penas ao condenado por tráfico. A partir daí, e com espeque no princípio da homogeneidade, passou-se a admitir também a possibilidade de medidas cautelares diversas da prisão (art. 319, CPP), respeitados os requisitos do art. 282, CPP.

21. (MPF/23) Responda, no máximo em 30 linhas, à seguinte questão: Quais são os pressupostos e os requisitos indispensáveis à decretação válida da prisão preventiva do acusado e por que se diz que essa custódia cautelar submete-se à cláusula da imprevisão?

Resposta

Sobre os pressupostos da prisão preventiva, discorremos analiticamente neste capítulo, para onde remetemos o leitor (art. 312, CPP). Importante que o candidato exponha criticamente as hipóteses de decretação, notadamente a denominada garantia da ordem pública e os problemas que decorrem da vaguidade, da abertura dessa expressão. Quanto à cláusula da imprevisão, uma das características da prisão preventiva é sua revogabilidade, lastreada na cláusula rebus sic stantibus. Em outros termos, a prisão preventiva se mantém enquanto se mantiverem os requisitos que autorizaram sua decretação (subprincípio da necessidade). Desaparecendo seus motivos determinantes, cogente que seja revogada, diante da sua desnecessidade.

22. (MPE-SP – Promotor de Justiça – SP/2010) A falta da comunicação à família do preso ou a pessoa por ele indicada (art. 306, *caput*, do Código de Processo Penal) invalida o auto de prisão em flagrante como peça informativa para fins de denúncia? Justifique.

Resposta

A comunicação à família do preso ou à pessoa por ele indicada deve ser oportunizada. Caso ele não informe pessoa a comunicar sua prisão, não haverá invalidade, desde que tenha a polícia cientificado o autuado a respeito desse direito.

No entanto, faltante a formalidade, estaremos diante de uma invalidade da prisão em flagrante, com violação

de regra Constitucional (art. 5º, LXII, CF). Como não estamos diante de processo penal instaurado, não se fala tecnicamente em nulidade, embora se possa sustentar que haveria, no caso, uma nulidade absoluta da prisão em flagrante por conta de falta de formalidade essencial preconizada pela Carta Maior.

Prevalece, todavia, o entendimento de que a invalidade da prisão em flagrante, diante da falta de comunicação referida (formalidade acidental), é de ordem relativa (nulidade relativa) ou mera irregularidade incapaz de invalidar o auto (STJ). A invalidação dependeria, destarte, de alegação temporânea e de demonstração do prejuízo ao autuado.

23. (MPE-PR – Promotor de Justiça – PR/2008) DISSERTAÇÃO (máximo de 50 linhas). Discorra sobre a garantia da ordem pública como fundamento para a prisão preventiva.

Resposta

Sobre garantia da ordem pública e sua crítica doutrinária, remetemos o leitor ao tópico sobre prisão preventiva, deste capítulo. Ordem pública tem sido expressão muito criticada. A maioria da doutrina defende que o termo não cumpre o papel que deve ter a legislação. Não serve a expressão como pauta mínima, diante da abertura, da vaguidade de seu sentido. O STF tem conferido interpretação contextual à garantia da ordem pública, evitando-se que apenas um de seus aspectos seja considerado para autorizar a prisão preventiva. Assim, para o preenchimento do conceito, não bastaria só o clamor público, não é suficiente apenas a gravidade do crime. Também os antecedentes criminais desfavoráveis, de forma isolada, não são capazes de lastrear validamente o decreto prisional preventivo.

24. (MPE-SC – Promotor de Justiça – SC/2013) No dia 15 outubro de 2010, à noite, na Rua do Casario nº 11, bairro da Coroa, na cidade de Piratuba/SC, JALTO GÁLIO agrediu fisicamente a vítima MILA BEOFI, sua companheira, pegando-a pelos cabelos, desferindo-lhe uns tabefes, sem, contudo, causar-lhe lesões corporais. Ato contínuo, o agressor, armando-se de um facão, ameaçou a vítima MILA, dizendo que a mataria.

Diante dos fatos acima relatados, o agressor acabou preso e encaminhado à Delegacia, onde, após os procedimentos legais, foi posto em liberdade.

Ao retornar para casa, já na madrugada seguinte, o agressor JALTO passou novamente a discutir com a vítima MILA, culpando-a pela sua prisão, e, de inopino, pegou um tijolo e arremessou-o contra a vítima, mas, errando o alvo, atingiu a perna da vizinha VILINA ATIVA, causando-lhe, em consequência, as lesões corporais leves descritas no laudo pericial.

Preso e devidamente atuado o agressor, o instrumento policial foi remetido ao juízo, onde, após breve tramitação, sem oitiva do Ministério Público, foi concedida liberdade provisória a JALTO, mediante aplicação de medidas cautelares e de proteção, as quais descumpriu logo em seguida.

Analise o enunciado e responda fundamentadamente:

1) Qual a responsabilidade penal de JALTO diante dos fatos praticados, inclusive o descumprimento das medidas de proteção?
2) Aos fatos praticados pelo agressor aplica-se a Lei nº 9.099/95?
3) Nas infrações penais públicas condicionadas, oferecida a representação, é possível a renúncia?
4) Ao relaxar a prisão em flagrante, poderá o juiz aplicar alguma medida cautelar ou protetiva?
5) No caso, a autoridade policial poderia conceder liberdade provisória, mediante fiança, ao autor de crime ou aplicar alguma medida protetiva de urgência ou medida cautelar?

Resposta

1) O agressor está incurso nas penas do crime de ameaça (art. 147, CP) e da contravenção penal de vias de fato (art. 21, caput, LCP), em concurso material (art. 69, CP), relativamente à vítima Mila, sua companheira. Quanto à vítima Vilina Ativa, o agente está incurso no crime de lesão corporal culposa (art. 129, § 6º). A mesma conduta pode ser capitulada como lesão corporal tentada contra sua companheira. Na aplicação da pena, diante do concurso formal desse último comportamento, aplicável o art. 70, CP, nos termos do art. 73, do mesmo Código (aberractio ictus).

2) Não se aplica a Lei nº 9.099/1995, em razão da incidência do art. 41, da Lei nº 11.340/2006 (Lei Maria da Penha). Quanto ao crime de lesão corporal culposa contra a vítima nãocompanheira do agente, diante da continência (art. 77, CP) – concurso formal e erro de execução –, havendo representação, será apurado o fato em inquérito policial. Porém, só esse fato não é óbice que seja aplicável institutos despenalizadores relativamente a ofendida Vilina.

3) Nesses casos, a renúncia é cabível em relação ao delito cuja inciativa é pública condicionada à representação (art. 147, CP – ameaça), desde que antes do recebimento da denúncia, seja designada audiência para este fim específico, perante o juiz, colhendo-se, por termo, a renúncia à representação, ouvido o MP. Quanto ao processamento do delito de lesão corporal culposa contra Vilina, a representação pode ser objeto de retratação até o oferecimento da denúncia.

4) Relaxando a prisão em flagrante, em face de ilegalidade, ainda é possível que o juiz fixe medida cautelar diversa da prisão (art. 319, c/c art. 282, CPP), bem como medidas protetivas previstas na Lei nº 11.340/2006.

5) Em razão do cabimento, em tese, de prisão preventiva com base no art. 313, III, CPP, entende-se que a autoridade policial não pode arbitrar fiança para os casos que envolvam violência doméstica contra a mulher, não ficando o juiz impedido de concedê-la, inclusive arbitrando a fiança. As medidas que pode o delegado aplicar são aquelas que expressamente prevê a Lei Maria da Penha, notadamente no seu art. 12, que tratam das providências tomadas durante a condução do inquérito policial.

25. (MPE-MS – Promotor de Justiça – MS/2011) No dia 04 de julho de 2011, às 16h15min., policiais faziam ronda pela cidade quando, à Rua das Antilhas, nº 15, Bairro Pernambuco, nesta Capital, abordaram João José da Silva e Aluízio da Costa, que estavam na posse de uma bicicleta, cor-de-rosa, marca Ceci.

Com efeito, minutos antes da abordagem, Maria da Silva ligou para o 190 e declarou que sua bicicleta, de características e marca idêntica à citada, havia sido furtada de sua residência por volta das 14h30min.

Inquiridos pelos policiais, os acusados confessaram que haviam subtraído a bicicleta para trocá-la por "pinga" no bar do Zé. Desta feita, foram conduzidos ao 1º DP e a autoridade policial lavrou o Auto de Prisão em Flagrante pela prática do delito de furto qualificado. O respectivo Auto foi encaminhado ao Juízo que, de conseguinte, remeteu ao Ministério Público para que analisasse sobre eventual prisão preventiva.

Atento aos novos ditames preconizados pela Lei nº 12.403/11, responda fundamentadamente qual a providência a ser adotada pelo Promotor de Justiça, considerando os seguintes dados:

1) João José da Silva e Aluízio da Costa são primos, e ambos sobrinhos de Maria da Silva, eis que esta é irmã de Josefa da Silva e Valéria da Silva, respectivamente genitoras de João José e Aluízio;
2) João José da Silva já foi condenado pelo cometimento de outro delito (art. 155, § 4º, II, do Código Penal), sendo que em 14 de março de 1998 transitou em julgado a sentença condenatória, cuja pena de 02 (dois) anos de reclusão foi integralmente cumprida em 19 de abril de 2000;
3) Aluízo Costa também foi preso, processado e condenado, em 24 de agosto de 2002, pela prática do delito descrito no art. 129, § 2º, III, do Código Penal. A pena aplicada, de 02 (dois) anos de reclusão, restou integralmente satisfeita em 09 de janeiro de 2004;
4) A materialidade do ilícito resta evidenciada no Auto de Prisão em Flagrante (f. 0204), Auto de Apreensão (f. 16), no depoimento da vítima e demais testemunhas;
5) O *periculum libertatis* é fornecido pelo comportamento dos acusados, face a reiterada prática delituosa, bem como porque ao serem avistados por um vizinho subtraindo a bicicleta da residência de Maria, ameaçaram-no dizendo que se contasse a sua tia sobre o furto iria "sofrer as consequências".

Resposta

A Lei nº 12.403/2011 estabeleceu a regra de que a prisão preventiva só tem lugar de forma excepcional, quando não seja possível a imposição de medidas cautelares diversas da prisão (art. 319, CPP), presentes os critérios do art. 282, I e II, CPP, que retratam necessidade e adequação (proporcionalidade).

O Código revigorou o instituto da fiança, admitindo--a, como regra.

No entanto, no caso em tela, algumas especificidades devem ser avaliadas pelo candidato, considerando que o furto qualificado narrado (coautoria) é apenado com sanção máxima abstrata de oito anos.

A primeira é que os antecedentes de ambos são maus (um condenado por outro furto qualificado o outro por lesão corporal de natureza gravíssima), pois constam condenações penais já cumpridas.

A segunda, é que já decorreu o período depurador da reincidência para ambos, comparando a data do concurso (2011) e as datas dos respectivos cumprimentos de pena (2000 e 2004).

A terceira, que é indicativa do cabimento da prisão preventiva, consiste no emprego de ameaça à terceira pessoa (vizinho, testemunha do fato), para garantir que o não esclarecimento da autoria do delito.

As medidas cautelares do art. 319, do CPP, não parecem adequadas aos apontados agentes. A fiança imprópria, que poderia ser cabível de forma autônoma, não se revela compatível com a situação financeira de ambos, nem tampouco com a natureza da infração penal.

Por outro lado, presente o critério de admissibilidade depreendido a contrario sensu do art. 313, I, CPP (crime apenado com sanção abstrata máxima superior a quatro anos de privação de liberdade). De outro lado, existentes os requisitos do art. 312, CPP: **(1)** *materialidade do crime;* **(2)** *indício suficiente de autoria;* **(3)** *para garantir a investigação ou instrução criminal (ameaça à testemunha); e* **(4)** *para a garantia da ordem pública (risco de reiteração delitiva, notadamente diante de antecedentes criminais).*

A questão permite ao candidato discorrer sistematicamente sobre a relação entre medidas cautelares diversas da prisão, homogeneidade e prisão preventiva.

26. (MPE-MS – Promotor de Justiça – MS/2011) O Escritório das Nações Unidas sobre Drogas e Crimes (UNODC) lançou no dia 23 de junho de 2011 simultaneamente em diversas cidades do mundo o Relatório Mundial sobre Drogas 2011 e nele aponta que o Brasil foi em 2009, entre os países das Américas, a principal rota de passagem da cocaína apreendida na Europa. A Lei nº 11.343/06 já trazia em seus dispositivos a meta de atingir os grandes traficantes, sem que se dissemine a prisão dos meros carregadores de drogas ilícitas. A par destas premissas comente sobre a "ação controlada da polícia" diante de uma situação de flagrância, indicando os respectivos pressupostos e fazendo correlação com a teoria dos frutos da árvore envenenada.

(Extensão máxima: 20 linhas)

Resposta

A ação controlada é técnica especial de investigação que, em regra, acontece por meio de agentes infiltrados. A providência está disciplinada legalmente, máxime na Lei nº 11.343/2006 e, recentemente, na Lei nº 12.850/2011. Consiste no retardo da prisão em flagrante, mediante cautelas expressamente previstas em lei, para que a atuação policial alcance êxito em capturar maior número de envolvidos e/ou elucidar, com maior abrangência, os fatos delituosos.

Na Lei de Drogas, a disciplina da ação controlada está no art. 53, II, parágrafo único, exigindo-se, para a autorização judicial – ouvido o MP –, o conhecimento do itinerário provável e a identificação dos agentes do delito ou de colaboradores. Diante desses pressupostos, pode o juiz autorizar a não atuação policial sobre os portadores de drogas, seus precursores químicos ou outros produtos utilizados em sua produção, que se encontrem no território brasileiro, com a finalidade de identificar e responsabilizar maior número de integrantes de operações de tráfico e distribuição, sem prejuízo da ação penal cabível.

A nova Lei de combate ao crime organizado regula a medida como meio especial de obtenção de prova, nos seus artigos 8º e 9º.

O STJ já se manifestou pela aplicação da teoria dos frutos da árvore envenenada quando a ação controlada e a infiltração de agentes acontecem sem o atendimento dos preceitos legais e/ou constitucionais, bem como quando a obtenção de elementos ocorra a partir tão somente de informação anônima. Como são providências que limitam direitos fundamentais constitucionais, é imprescindível que seu deferimento ocorra através de ordem judicial e que sejam respeitados seus conceitos autorizadores, sob pena de invalidade da prova derivada.

---

27. (MPE-MS – Promotor de Justiça – MS/2011) O Supremo Tribunal Federal, em sua evolução jurisprudencial, vem dando, paulatinamente, concreção aos princípios e direitos fundamentais abrigados na denominada Constituição-cidadã, que veio a lume em 1988, dentre os quais figura com destaque a ideia de que a liberdade é a regra básica sobre a qual se assenta a convivência social, representando a prisão uma exceção. Assim, a obrigatoriedade do recolhimento à prisão antes do trânsito em julgado constitui medida excepcional, cuja efetivação subordina-se ao prudente arbítrio do magistrado, ao qual, todavia, só é lícito decretá-la quando as circunstâncias do caso concreto assim o exigirem (STF. HC 91.676-7/RJ).

A Lei nº 12.403, de 04 de maio de 2011, que conferiu nova redação ao art. 310, do Código de Processo Penal, disciplina que ao receber o auto de prisão em flagrante o magistrado deverá se manifestar fundamentadamente sobre a prisão da qual está sendo comunicado. De outro tanto, admite-se a progressão de regime de cumprimento da pena ou a aplicação imediata de regime menos severo nela determinada, antes do trânsito em julgado da sentença condenatória (STF, Súmula 716).

A par dos precitados posicionamentos discorra sobre a "execução provisória" da pena. (Extensão máxima: 20 linhas)

Resposta

Segundo a mais recente jurisprudência do STF sobre o assunto, não há mais que se falar em execução provisória de pena, mormente quando esta decorria da simples condenação do réu e do recebimento de recursos contra a sentença sem efeito suspensivo da então denominada prisão decorrente de sentença condenatória recorrível.

A prisão provisória, processual, hoje só é admitida a título cautelar. Vale dizer, nenhum acusado será preso pelo simples fato de ter sido condenado ou de estar respondendo a processo que ainda não se finalizou com sentença transitada em julgado. Para que haja prisão cautelar no curso do processo, é mister a presença dos requisitos do art. 312, CPP. Até quanto à prisão em flagrante é aplicável o mesmo raciocínio, incidindo o art. 310, II, CPP, ou seja, deve ela ser convertida em preventiva se presentes os pressupostos da preventiva devidamente demonstrados por decisão judicial fundamentada.

E como justificar o teor da Súmula 716, do STF, que admite progressão de regime de pena para o preso provisório?

Como sabemos, a Lei de Execução Penal se aplica não só ao preso definitivo, porém ao preso provisório, naquilo que for compatível (art. 2º, parágrafo único, LEP). Ora, como nesse diploma legal temos direitos fundamentais gerais para pessoas que se encontram com liberdade cerceada, não há óbice que os presos não definitivos sejam beneficiados com progressão de regime. Aliás, seria de todo injusto que não aplicássemos, com esteio no princípio da homogeneidade, as regras mais benéficas da execução penal para aqueles que estão detidos a título cautelar. Evita-se que a providência cautelar seja mais gravosa que a prisão penal.

Colocados nesses termos, a impropriamente chamada "execução provisória de pena" deve ser compreendida como prisão cautelar com o usufruto de direitos próprios da execução penal que sejam compatíveis com a situação do preso provisório. Entendimento diverso viola a dignidade da pessoa humana e a presunção de inocência.

---

28. (MPE-SC – Promotor de Justiça – SC/2013) Zequinha, 40 anos de idade, foi preso em Balneário Camboriú por tráfico de entorpecentes (comercialização de um quilo de maconha) em 12 de maio de 2011, sendo denunciado por tal delito em 25 de maio de 2011, tendo obtido liberdade provisória em 30 de maio do mesmo ano, mediante o recolhimento domiciliar no período noturno. Em 10 de setembro de 2011, Zequinha foi condenado ao cumprimento de 1 ano e 8 meses de prisão, sendo-lhe aplicada a redução da pena de 2/3 pelas condições do § 4º do artigo 33 da Lei nº 11.343/06, com substituição da pena por restritivas de direitos. O Ministério Público recorreu da decisão que ainda não transitou em julgado.

Em 04 de setembro de 2011, Zequinha foi novamente preso em Balneário Camboriú por crime de tráfico de entorpecentes (venda de um quilo de cocaína), obtendo nova liberdade provisória em 08 de setembro de 2011, mediante a proibição de ausentar-se da Comarca. Denunciado em 20 de janeiro de 2012, restou condenado em 13 de abril de 2013, ao cumprimento da pena de 6 anos de prisão (aumento da pena pela quantidade da droga), que restou diminuída em 1/3 pela aplicação da redução da pena prevista no § 4º do artigo 33, da Lei nº 11.343/06, chegando a 4 anos em regime aberto, sem a substituição da pena por restritiva de direito, concedendo o direito de recorrer em liberdade, já que nessa condição respondeu ao processo. Nos dois processos ficou evidenciado que Zequinha não possuía atividade laboral, bem como que os policiais que prestaram depoimento o conheciam como sendo o traficante da localidade.

Por fim, em 18 de fevereiro de 2013, Zequinha foi novamente preso por tráfico de entorpecentes em Balneário Camboriú, quando estava no interior do veículo Citroen C4, placas MEU 0002, adquirido em 1º de fevereiro de 2013, trazendo consigo R$ 5.000,00 em dinheiro e transportando dez quilos de cocaína, em compartimento previamente preparado para omitir a presença de substância entorpecente (constatou-se, no Inquérito, que o veículo estava registrado no nome de Zequinha com alienação fiduciária ao Banco do Povo). A prisão em flagrante de Zequinha foi convertida em preventiva regularmente, sendo lhe negada liberdade provisória. No transcurso das investigações (que contaram com interceptações telefônicas) foi constatado que a esposa de Zequinha, Dona Marta, 37 anos de idade, que assim como seu marido não tinha atividade laboral lícita, era sócia proprietária de uma locadora de automóveis na cidade de Criciúma.

Quebrado o sigilo bancário da referida empresa, verificou-se que, desde o ano de 2011, a conta corrente dessa pessoa jurídica recebia depósitos diversos, sempre de bancos localizados em Balneário Camboriú, todos em espécie, que nunca eram superiores a R$ 10.000,00 e que, somados, ultrapassavam os R$ 100.000,00 mensais, os quais eram efetuados por Guilherme, 17 anos em 2011, filho de Zequinha e Dona Marta o qual tinha ciência da origem dos recursos, que sempre lhe foram repassados por seu pai. Verificou-se, ainda, que esses valores eram repassados semanalmente, por meio de transferências eletrônicas efetuadas pela internet para a empresa de comércio de peças de veículos de Noé, 55 anos de idade, situada em Florianópolis (Noé foi preso por tráfico de entorpecentes em 2005 na cidade de Balneário Camboriú e era vizinho dos pais de Zequinha na época).

Com esses valores, constatou-se que Noé, sabedor da procedência ilícita do dinheiro, adquiriu entre outubro de 2011 e maio de 2013, cinco apartamentos na cidade de Balneário Camboriú pelo valor de R$ 400.000,00 cada imóvel. Três dias após cada negociação, Noé vendeu os imóveis pelo mesmo preço adquirido para a empresa de comércio de compra e venda de automóveis de João Gustavo, 50 anos de idade, situada em Itajaí o qual é tio de Dona Marta, sendo que Zequinha possuía procuração para representar a pessoa jurídica, quando das assinaturas dos contratos de compra e venda com a empresa de Noé, que recebeu 6% de comissão de cada negócio.

Os apartamentos foram locados na Imobiliária de Joel (preso por receptação em 2008) e os valores dos aluguéis eram pagos diretamente em dinheiro para Dona Marta (os aluguéis somavam R$ 15.000,00 mensais) que também possuía procuração da empresa de João Gustavo, o qual estava ciente da real propriedade dos imóveis e da atividade do grupo.

A investigação demonstrou, ainda, que os valores dos aluguéis eram utilizados para manter os gastos da família de Zequinha e Dona Marta, bem como para a aquisição de entorpecentes no Mato Grosso do Sul (no veículo foram encontrados comprovantes de depósitos em conta corrente de pessoa jurídica sediada em Ponta Porã/MS, com datas e valores coincidentes com o recebimento dos aluguéis, sempre em valores menores a R$ 10.000,00).

Além disso, constatou-se que as empresas de Noé e de Dona Marta, embora estivessem estabelecidos em endereço correspondente a imóvel locado, guarnecido com alguns móveis próprios (televisor, mesas, computadores, etc.), não apresentavam movimentação registrada nas Receitas Federal, Estadual e Municipal e não tinham empregados registrados, enquanto que a empresa de João Gustavo era estabelecida e apresentava movimentação compatível com a entrada e saída de veículos, inclusive com pagamento regular de impostos.

De acordo com estas informações acima, responda justificadamente:

1) Intimado, agora, da sentença de 13 de abril maio de 2013 quais providências o Ministério Público deve tomar, fundamentando sua resposta.

2) Recebendo os autos do caderno policial da prisão em flagrante de 18 de fevereiro de 2013, indique a conduta de todos os envolvidos, promovendo, justificadamente, a classificação dos delitos praticados.
3) Qual o Juízo competente para os fatos investigados pelo flagrante de 18 de fevereiro de 2013?
4) Quais as medidas deveriam ser requeridas junto com a ação penal? Fundamente sua resposta.

Resposta

1) Contra a sentença, cabível recurso de apelação, visando, por exemplo, majorar a pena e/ou sustentar o não cabimento da substituição da pena, sabendo que, em tese, o STF admite a substituição para os crimes de tráfico. A fundamentação do recurso deve considerar tal entendimento.

2) Os delitos narrados são, mormente, capitulados na Lei nº 11.343/2006 (entorpecentes), na Lei 9.613/1998 (lavagem de capitais) e no art. 288, CP (associação criminosa).

3) O juízo competente é o do local da aquisição da substância entorpecente, eis que com essa conduta o delito já se perfez, consumando-se (art. 70, CPP). O transporte é um exaurimento ou pos factum impunível. Daí ser competente o Juízo da Comarca de Ponta Porã/MS.

4) É cabível medida assecuratória de sequestro em relação aos apartamentos adquiridos com o proveito auferido dos delitos de tráfico (art. 60, da Lei 11.343/2006). Possível também o afastamento do sigilo fiscal das empresas envolvidas, por ordem judicial, considerando que já foi decretada a quebra de sigilo bancário ali indicada. Quando do oferecimento da ação penal, deve o MP requerer juntada de laudo de constatação definitivo da droga apreendida, bem como a aplicação do art. 50, da Lei de Entorpecentes, para ordenar a destruição da droga apreendida, guardando-se amostra necessária para a confecção do laudo definitivo. É possível, ainda, em petição cautelar autônoma, pleitear a alienação antecipada dos bens apreendidos, seguindo os ditames dos parágrafos do art. 62, da Lei de Drogas. O candidato pode fundamentar a necessidade de medidas cautelares diversas da prisão (art. 319, CPP) em relação aos demais acusados, levando em conta que Zequinha já está com a prisão preventiva convertida (art. 310, II, c/c art. 312, CPP).

29. (TJ-DF – Juiz de Direito – DF/2008) Quando a nossa Carta Política dita no inciso LVII, do artigo 5º, que "ninguém será considerado culpado até o trânsito em julgado de sentença penal condenatória", consagra em nosso sistema constitucional o "princípio da presunção de inocência". Em assim sendo e visando à tutela da liberdade pessoal, é de mister que o Estado, antes de comprovar a culpabilidade do indivíduo, que, segundo tal princípio, é constitucionalmente inocente, assim o considere, dispensando a ele, até o trânsito em julgado da sentença, tal tratamento. Como lidar, então, com as diversas espécies de prisões provisórias, em face da atual ordem constitucional? Poder-se-ia afirmar, já a esta altura, que se encontra afastada a constitucionalidade da prisão temporária nas suas diversas espécies? Fundamente a resposta.

Resposta

As prisões provisórias, desde que fundamentadas no princípio da proporcionalidade (adequação e necessidade) e presentes seus requisitos específicos, são compatíveis com o princípio da presunção de não culpabilidade. Embora haja posicionamento favorável à inconstitucionalidade da prisão temporária, conforme comentamos no tópico sobre este assunto no presente capítulo), prevalece o entendimento, inclusive jurisprudencial, de que não chega ela a ser inconstitucional, notadamente quando atendidos seus pressupostos legais básicos (art. 1º, III e I ou II, da Lei 7.960/1989). A Súmula 9, do STJ – hoje superada parcialmente porque não se impõe recolhimento ao cárcere para que seja aceito recurso do réu –, já aventava que a exigência de prisão provisória para apelar não ofendia a presunção de inocência. Súmula Vinculante nº 11, do STF, autorizando o uso de algemas de forma regrada também chancela a possibilidade de prisões provisórias, devidamente justificadas, sem que isso signifique violação ao princípio do estado de inocência.

30. (TJ-GO – Juiz de Direito – GO/2012) No que tange à prisão domiciliar e ao preso provisório em regime domiciliar, pontue o reflexo ocorrido, em comum, na seara da Lei de Execução Penal (LEP) e na seara da *persecutio criminis* – Código de Processo Penal (CPP), após as inovações trazidas pela Lei nº 12.258/2010 e 12.403/2011, respectivamente.

Resposta

O art. 146-B, da Lei de Execução Penal, com redação conferida pela Lei nº 12.258/2010, passou a prever a possibilidade de monitoração eletrônica de quem estiver cumprindo prisão albergue domiciliar em sede de execução penal.

Em sentido análogo, a Lei nº 12.403/2011, estabeleceu tanto a possibilidade de recolhimento domiciliar noturno (art. 319, V, CPP) e de monitoração eletrônica (art. 319, IX, CPP), quanto a substituição da prisão preventiva pela prisão domiciliar cautelar, estabelecendo requisitos mais exigentes que a Lei de Execução Penal.

Note-se que há similaridade entre a possibilidade de monitoração eletrônica – seja como providência cautelar, seja como medida de execução penal – e entre a prisão domiciliar (cautelar ou albergue de execução penal).

A distinção ficou por conta dos requisitos de uma e de outra.

Tratando-se de prisão domiciliar cautelar substitutiva da prisão preventiva, o legislador impõe, conforme o art. 318, do CPP, que o agente, preso provisório, esteja em uma dessas situações, mediante prova idônea exigida pelo juiz: (1) maior de oitenta anos; (2) extremamente debilitado por motivo de doença grave; (3) imprescindível aos cuidados especiais de pessoa menor de seis anos de idade ou com deficiência; ou (4) gestante a partir do sétimo mês de gravidez ou sendo esta de alto risco.

Cuidando-se de prisão albergue domiciliar, aplicável é o art. 117, da Lei de Execução Penal, impondo-se, para a sua admissão, que o condenado, beneficiário de regime aberto em residência particular, seja: **(1)** *maior de setenta anos;* **(2)** *acometido de doença grave;* **(3)** *pessoa com filho menor ou deficiente físico ou mental; ou* **(4)** *condenada gestante. Como se depreende, sendo pessoa apenada, o juízo de execução penal tem maior dose de discricionariedade para conceder a benesse. Podemos dizer que estamos diante de cânones interpretativos que devem orientar a fundamentação da concessão da prisão albergue domiciliar. Pensamos que os requisitos mais rigorosos, no ponto, lançados pelo legislador da Lei nº 12.403/2011, são restritos à fase cautelar, não se aplicando à fase de execução penal, em razão das peculiaridades que incidem para o preso definitivo.*

---

31. (PUC/PR – Juiz de Direito – MS/2012) Considere a seguinte situação hipotética.

Visando à prática de ação criminosa, um empresário de Campo Grande/MS, um gerente da Caixa Econômica Federal (CEF) da mesma cidade, um membro do Tribunal de Contas do Mato Grosso do Sul, um prefeito do interior e um deputado federal, ambos do mesmo estado (MS), reuniram-se e, após o cometimento de diversos delitos e flagrante liame subjetivo entre todos, lograram êxito em desviar R$ 10 milhões dos cofres da CEF.

Na fase pré-processual, foram investigados pela Polícia e, posteriormente, denunciados pelo Ministério Público, atualmente com *status* processual de réus no processo-crime.

Após o oferecimento da resposta à acusação e antes da data designada pelo magistrado para a audiência da instrução e julgamento, algumas testemunhas de acusação relataram à polícia que receberam do empresário e do deputado federal propostas de grande soma de dinheiro para falsear a verdade em juízo (art. 343, *caput* e parágrafo único do Código Penal. "Dar, oferecer ou prometer dinheiro ou qualquer outra vantagem a testemunha, perito, contador, tradutor ou intérprete, para fazer afirmação falsa, negar, calar a verdade em depoimento, perícia, cálculos, tradução ou interpretação: Pena – reclusão, de três a quatro anos, e multa. Parágrafo único. As penas aumentam-se de um sexto a um terço, se o crime é cometido com o fim de obter prova destinada a produzir efeito em processo penal ou em processo civil em que for parte entidade da administração pública direta ou indireta'). Por terem recusado a oferta ilícita, as testemunhas e seus familiares passaram a ser ameaçados (art. 147, do Código Penal. "Ameaçar alguém, por palavra, escrito ou gesto, ou qualquer outro meio simbólico, de causar-lhe mal injusto e grave: Pena – detenção, de um a seis meses, ou multa'), inclusive com atentados concretos praticados contra suas próprias vidas pelos dois réus (empresário e deputado federal), fatos que puderam ser robustamente comprovados por meio de investigação policial. Em um desses atentados, perpetrado na cidade de Campo Grande/MS, o empresário e o deputado federal, com evidente *animus necandi*, dispararam, cada um, 5 (cinco) tiros contra uma das testemunhas que, fatalmente ferida, foi a óbito no local do crime. Restou a comprovado pelas investigações e pela polícia científica que um dos disparos realizados pelo empresário transfixou a vítima e atingiu um transeunte que, no momento, passava do outro lado da rua, causando-lhe lesões corporais culposas que o incapacitaram permanentemente para o trabalho. Diante dos fatos expostos, atente para as seguintes questões:

(A) Discorra sobre a possibilidade de decretação de prisão preventiva do empresário e do deputado federal em face das condutas ilícitas que praticaram durante a ação penal, após o oferecimento da resposta à acusação. Justifique fundamentadamente sua resposta.

(B) Considerando a ação perpetrada pelo empresário, no que se refere ao homicídio e às lesões corporais, discorra sobre eventual hipótese de concurso de crimes e erro, esclarecendo as consequências jurídicas para fins de fixação de pena levando em conta o mínimo legal.

Obs.: Candidato, você deve responder às questões – alíneas a) e b) – separadamente, em textos específicos, que contemple as duas alíneas, entre 15 a 20 linhas.

Resposta

(A) Antes de responder à questão, o candidato deve atentar para a competência do STF para julgar o deputado federal, sendo facultativo, no ponto, a reunião de julgamentos para que o STF processe todos em um único feito. Tratando-se de crime de homicídio doloso, tem-se entendido pela separação de feitos para que, aqueles que não tenham prerrogativa de função, sejam processados conforme o rito do júri. O enunciado da pergunta dar a entender que o feito está tramitando perante juiz singular, pelo que se deve esclarecer a impossibilidade de decretação de preventiva do deputado federal pelo juiz de primeiro grau. Abstraindo esse fato, há plausibilidade para a decretação da prisão preventiva, em razão da necessidade de se garantir a instrução criminal, diante de testemunhas ameaçadas e vítimas de homicídio. Possível sustentar também a necessidade de se garantir a ordem pública, em face do indicativo de que os agentes tendem, concretamente, à reiteração dos delitos que respondem. Tratando-se de prisão preventiva para garantir a instrução criminal, sua duração

terá termo com a finalização da colheita probatória. Se a preventiva estiver também fundada na necessidade de se garantir a ordem pública, haverá possiblidade de maior elastério para que ela seja mantida enquanto estiver presente a necessidade (art. 312, CPP). A prisão preventiva do deputado federal só poderá ocorrer por decisão do órgão competente do STF (Relator, Turma ou Pleno).

(B) A indagação se refere à matéria de direito penal, denominada doutrinariamente de unidade complexa ou erro na execução com resultado duplo. O disparo efetuado pelo empresário, em razão de erro na execução ou acidente (aberractio ictus), alvejou pessoa visada e, transfixando-a, também atingiu terceira pessoa. Consoante o art. 73, do Código Penal, deve ser aplicada a regra do concurso formal de crimes prevista no art. 70, do mesmo Código, aplicando-se a pena do delito de homicídio qualificado, com a exasperação prevista em virtude do concurso formal próprio.

---

32. (TJ/SC – Juiz de Direito – SC/2008) No dia 18 de fevereiro do corrente ano, o Supremo Tribunal Federal publicou a seguinte notícia;"Presos na 'Operação Propina S/A' obtêm relaxamento de prisão preventiva". Disponível em: <www.stf.gov.br>. Acesso em: 14 de agosto 2008. Tecnicamente, é correto relaxar a prisão preventiva? Justifique.

ATENÇÃO: Responda as questões em folhas distintas. Enumerando-as com clareza.

Resposta

O nome "relaxamento" designa a forma de combater a prisão ilegal. A expressão "revogação" é a forma de fazer cessar uma prisão legal. Considerando que a prisão preventiva pode decorrer de decretação ilegal (quando imposta sem a presença dos requisitos do art. 312, CPP, por exemplo) ou de manutenção ilegal (quando há evidente excesso de prazo, em face de demora desarrazoada para a julgamento do feito), podemos dizer que pode ser correto "relaxar" a prisão preventiva, embora seja mais comum sua "revogação" toda vez que cessam os motivos que admitiram sua decretação.

---

33. (MPF/20) Pode o magistrado de 1º grau condicionar a prisão dos sentenciados ao trânsito em julgado de sua decisão?

Resposta

A questão tinha maior relevância à época que era regra se recolher à prisão para apelar, sob pena de ser julgado inadmissível o recurso por deserção. Falava-se em execução provisória da pena, com o recebimento de recursos especial e extraordinário sem efeito suspensivo quando dirigidos a acórdãos condenatórios ou confirmatórios de condenação. Daí que se o juiz condicionasse a prisão decorrente de sentença condenatória recorrível ao seu trânsito em julgado, adviria a dúvida sobre se estaria o magistrado violando um preceito legal que consistia na regra de efetivar de logo a sentença em razão do recurso não possuir efeito suspensivo.

Hoje, somente deve ocorrer prisão-pena com o trânsito em julgado de sentença penal condenatória (estado de inocência).

O juiz, ao declarar que só haverá prisão após o trânsito em julgado, nada mais faz que cumprir a Constituição, tomando por base que a prisão que alude o magistrado seja a prisão-pena (definitiva).

Quanto à prisão preventiva, aquela declaração não constituirá óbice para que, constatando-se sua necessidade, seja ela decretada durante até o momento do trânsito em julgado da decisão.

Daí que, segundo as regras atuais, pode o magistrado condicionar a prisão dos sentenciados ao transito em julgado da decisão quando tal prisão se referir à pena, à execução penal.

Capítulo X

Liberdade Provisória e Outras Medidas Cautelares Diversas da Prisão

Sumário • 1. Conceito – 2. Espécies: 2.1. Liberdade provisória obrigatória; 2.2. Liberdade provisória permitida; 2.3. Liberdade provisória vedada – 3. Liberdade provisória sem fiança: 3.1. Liberdade provisória sem fiança e sem vinculação; 3.2. Liberdade provisória sem fiança e com vinculação: 3.2.1. Restrições; 3.2.2. Fundamentação; 3.2.3. Outras hipóteses de cabimento; 3.2.4. Sistema recursal – 4. Liberdade provisória mediante fiança: 4.1. Fiança X liberdade provisória mediante fiança; 4.2. Objetivos da fiança; 4.3. Valor da fiança: 4.3.1. Demais critérios para o arbitramento; 4.4. Modalidades de fiança; 4.5. Obrigações do afiançado; 4.6. Vedações legais: 4.6.1. Vedações do art. 323, CPP; 4.6.2. Vedações do art. 324, CPP; 4.6.3. Demais vedações; 4.7. Quebra da fiança; 4.8. Perda da fiança; 4.9. Cassação da fiança; 4.10. Reforço da fiança; 4.11. Dispensa da fiança; 4.12. Procedimento; 4.13. Execução – 5. Outras medidas cautelares diversas da prisão: 5.1. Considerações gerais: 5.1.1. Bipolaridade das medidas cautelares e poder geral de cautela no processo penal; 5.1.2. Princípios informadores; 5.2. Momento e legitimidade; 5.3. Requisitos; 5.4. Cautelares em espécie – 6. Quadro sinótico – 7. Súmulas aplicáveis: 7.1. STJ; 7.2. STF – 8. Informativos recentes: 8.1. STJ; 8.2. STF – 9. Questões de concursos públicos – 10. Gabarito anotado – 11. Questões discursivas com comentários

1. CONCEITO

Para que o processo penal atinja os seus escopos, o Código de Processo Penal prevê uma série de medidas cautelares. Podemos dizer que medida cautelar é gênero, da qual são espécies:

1) as prisões cautelares (medida cautelar prisional), que visam a proteção da efetividade do processo toda vez que ocorra situação da qual se depreenda, por exemplo, o ***fumus comissi delicti*** consistente na existência do crime e nos indícios de autoria do crime, bem como hipótese que caracterize ***periculum libertatis***, tal como se dá com a necessidade de se garantir a aplicação da lei penal em virtude da fuga do agente (sobre o assunto, remetemos o leitor ao Capítulo IX);

2) a liberdade provisória, com ou sem vinculação (medida cautelar não prisional) que, por seu turno, pode consistir não só em prestação de fiança, mas em assunção de outras obrigações, como comparecimento aos atos da persecução penal;

3) outras medidas cautelares diversas da prisão, conforme disposto no art. 319 CPP, tais como o uso de monitoramento eletrônico, a proibição de frequentar determinados lugares e aproximar-se de determinadas pessoas, dentre outras.

Todas englobam as medidas cautelares ***lato sensu***, cujo regramento deve ser lido em compasso com os pressupostos gerais aplicáveis a todas as medidas cautelares, a teor do art. 282, do CPP.

Como vimos, o cardápio de prisões cautelares (medidas cautelares prisionais) era por demais extenso. Tínhamos ao menos cinco prisões cautelares na legislação processual, a saber: a prisão em flagrante, a preventiva, a temporária, a prisão decorrente de pronúncia e a prisão decorrente de sentença condenatória recorrível. Estas duas últimas, como antecipado no Capítulo IX, na sua estrutura originária, foram retiradas do ordenamento pelas Leis nº 11.689/08 e 11.719/08, sendo substituídas pela prisão preventiva. Acreditamos, como já visto no Capítulo sobre prisões, que afora o flagrante, só existe razão para a disciplina de mais uma prisão cautelar, que é a preventiva.

Contudo, partindo da atual realidade, passamos a enfrentar as formas de combate às prisões cautelares. Se o ***status*** de inocência só pode ser ilidido com o advento da sentença condenatória transitada em julgado, a regra é a manutenção da liberdade, e a prisão cautelar só pode existir ou se perpetuar enquanto for **necessária**. Caso contrário, deve-se assegurar ao indiciado ou ao réu a liberdade e, se preciso for, aplicar outra medida cautelar não cerceadora de liberdade (art. 319, CPP). Assim, o intuito inicial é estudar as formas de combate às prisões cautelares, sendo a liberdade provisória uma destas ferramentas, ao lado de outras medidas cautelares diversas da prisão que podem ser cumuladas com aquela.

A liberdade provisória é um estado de liberdade, circunscrito em condições e reservas, que impede ou substitui a prisão cautelar, atual ou iminente. É uma forma de resistência, uma contracautela, para garantir a liberdade ou a sua manutenção, ilidindo o estabelecimento de algumas prisões cautelares. A Constituição Federal assegura que "ninguém será levado à prisão ou nela mantido, quando a lei admitir liberdade provisória, com ou sem fiança" (art. 5º, LXVI). É um direito, e não um favor.

Na lição de Hélio Tornaghi, "a liberdade provisória é uma situação do acusado; situação paradoxal em que ele é, ao mesmo tempo, livre e vinculado. Livre de locomover-se, mas vinculado a certas obrigações que o prendem ao processo, ao juízo e, eventualmente, a um lugar predeterminado pelo juiz"[1]. Cuida-se de situação jurídica constitutiva de liame do imputado com a persecução penal estatal que, dentre os objetivos legais, tem o fito de acautelar a processo contra obstruções em sentido amplo.

Precisamos aqui especificar as formas de combate das variadas prisões cautelares, para saber quando utilizar de forma adequada o pedido de liberdade provisória. Vejamos:

> Percebemos que o instituto da liberdade provisória se presta a combater a prisão em flagrante legal, já que a prisão decorrente de pronúncia e a prisão decorrente de sentença condenatória recorrível, amparadas nos maus antecedentes e/ou na reincidência, encontram-se revogadas, pois nestas etapas, o lastro do encarceramento cautelar é o da prisão preventiva. Por sua vez, se o flagrante for ilegal, caberá **relaxamento**. Quanto à temporária, sendo a única prisão cautelar que tem prazo preestabelecido em lei, encerrado este, ela estará automaticamente **revogada**. Já quanto à preventiva, verificando o juiz que os requisitos que a fundamentavam desapareceram, ela deve ser **revogada** (art. 316, CPP). Esta diferenciação de institutos tem a sua razão de existir, pois quanto à revogação da preventiva ou da temporária, essas, em essência, eram legais, contudo devem ser revogadas porque passaram a não mais estar respaldadas pelos elementos autorizadores. Na temporária,

1. TORNAGHI, Hélio. *Compêndio de processo penal:* tomo IV. Rio de Janeiro: José Konfino Ed., 1967. p.1380-1381.

> pelo encerramento do prazo. Na preventiva, porque não mais subsistem as hipóteses de decretação (art. 312, CPP). Já quanto ao relaxamento, ele tem cabimento para combater qualquer prisão ilegal, assegurando a Constituição no art. 5º, LXV, que "a prisão ilegal será imediatamente relaxada pela autoridade judiciária". Desta forma, para que o juiz conceda a revogação ou o relaxamento das cautelares, ele não imporá nenhuma condição ao beneficiado. Libera-se o preso e pronto.

Na liberdade provisória, esta funciona como moeda de troca, combatendo prisão legal, em que, por autorização normativa, o preso poderá permanecer em liberdade, desde que atenda aos requisitos, e se comprometa a atender as condições que como regra lhe serão impostas. Haverá um ônus para que ele se livre do cárcere cautelar, variável a depender de qual liberdade provisória seja pretendida, se com ou sem fiança, com a possibilidade de cumulação de uma ou mais medidas cautelares previstas no art. 319 do CPP.

2. ESPÉCIES

Fazer uma classificação objetiva da liberdade provisória é partir de um duplo enfoque. O primeiro, em razão da admissibilidade legal. Assim teremos:

2.1. Liberdade provisória obrigatória

Suplantada pela Lei nº 12.403/2011, a liberdade provisória obrigatória constituía-se em direito incondicional do infrator nos crimes em que a lei previa que ele "se livrasse solto".

O agente ficava em liberdade mesmo tendo sido surpreendido em flagrante, ou seja, **se livrava solto**, não se submetendo a nenhuma obrigação para fazer ***jus*** a este direito, nem prestando fiança, quando a infração não estipulasse pena privativa de liberdade ou quando cominada, esta não excedesse a três meses, nos termos do art. 321, incisos I e II, do CPP, em sua redação anterior.

Com a vigência da Lei nº 12.403/2011, o artigo 321, do CPP, passou a dispor que estando ausentes os requisitos que autorizam a decretação da prisão preventiva, o juiz deverá conceder liberdade provisória, impondo, se for o caso, as medidas cautelares previstas no art. 319, do Código, sempre com observância do critério da proporcionalidade (necessidade e adequação) constantes do seu art. 282.

Desse modo, podemos concluir que a liberdade provisória: **(1)** será concedida pela autoridade policial mediante fiança, nas infrações que a comporte e que sejam de sua alçada (não se falando mais em liberdade provisória obrigatória); **(2)** pela autoridade judicial, com ou sem fiança, podendo aplicar em cumulação uma ou mais medidas cautelares diversas da prisão, elencadas no art. 319, do CPP, bem como entender que não é o caso de impor condição alguma para a concessão da liberdade provisória (vale dizer, a liberdade provisória sem qualquer vinculação, sequer a de comparecer aos atos do processo, continua possível, porém seu deferimento passa a ser de competência exclusiva do juiz).

Com essas considerações, necessário frisar que não há mais no CPP parâmetro para definir quais as infrações que possibilitariam ao agente "livrar-se solto", pelo que a liberdade provisória obrigatória, imposta à autoridade policial em prol do autuado em flagrante, deixou de existir. Por outro lado, ainda encontramos precedentes na legislação especial, como ocorre na Lei de Tóxicos, que obsta o cárcere cautelar no porte para uso de substância entorpecente, mesmo que o capturado não assuma o compromisso de comparecimento aos juizados especiais, caracterizando verdadeira situação em que se livrará solto (art. 28, Lei nº 11.343/06).

No entanto, o legislador não cuidou de suprimir a expressão "livrar-se solto" de outros dispositivos do Código de Processo Penal. Pensamos, no entanto, que os artigos que trazem em seu texto essa expressão estão desprovidos de eficácia. Com efeito, embora permaneçam no Código, estão sem aplicabilidade prática os seguintes dispositivos, na medida em que se refiram àquela expressão:

1) o § 1º, do art. 304: "Resultando das respostas fundada a suspeita contra o conduzido, a autoridade mandará recolhê-lo à prisão, **exceto no caso de livrar-se solto** ou de prestar fiança, e prosseguirá nos atos do inquérito ou processo, se para isso for competente; se não o for, enviará os autos à autoridade que o seja";

2) o art. 309: "**se o réu se livrar solto**, deverá ser posto em liberdade, depois de lavrado o auto de prisão em flagrante";

3) o art. 392, II, que dispõe que a intimação da sentença será feita "ao réu, pessoalmente, ou ao defensor por ele constituído, **quando se livrar solto**, ou, sendo afiançável a infração, tiver prestado fiança";

4) o art. 675, *caput*: "no caso de ainda não ter sido expedido mandado de prisão, por tratar-se de infração penal em que **o réu se livra solto** ou por estar afiançado, o juiz, ou o presidente da câmara ou tribunal, se tiver havido recurso, fará expedir o mandado de prisão, logo que transite em julgado a sentença condenatória".

2.2. Liberdade provisória permitida

É admitida quando não estiverem presentes os requisitos de decretação da preventiva, e quando a lei não vedar expressamente. A liberdade provisória permitida terá cabimento:

(1) nos termos do seu art. 321, quando o juiz, verificando a ausência dos requisitos que autorizam a decretação da prisão preventiva, deverá concedê-la, impondo, se for o caso, as medidas cautelares previstas no art. 319, sempre em compasso com os critérios constantes do art. 282 do CPP; e

(2) a teor do parágrafo único, do art. 310, quando, à vista do auto de prisão em flagrante, o juiz constatar que o agente praticou o fato em situação excludente de ilicitude (art. 23, I a III, do Código Penal), quando poderá conceder a liberdade provisória, mediante termo de comparecimento a todos os atos do processo, sob pena de revogação.

2.3. Liberdade provisória vedada

É vedada quando couber prisão preventiva e nas hipóteses que a lei estabelecer expressamente a proibição.

No STF, verificamos, a partir de repetidos precedentes de sua 1ª Turma, a tendência de se reputar vedada a liberdade provisória (sem fiança) toda a vez que a lei afirmar de forma expressa que o crime é inafiançável. A vedação da liberdade provisória decorreria da inafiançabilidade da infração, por entender a Suprema Corte que o deferimento daquele instituto é incompatível com a natureza inafiançável do delito.

Não concordamos com essa posição, pois toda restrição a direitos fundamentais deve ser interpretada estritamente e não de forma extensiva. Desse modo, pensamos que o juiz não fica impedido de conceder liberdade provisória (sem fiança) em razão da inafiançabilidade do delito.

Portanto, não estando presentes os requisitos para a segregação cautelar do agente, admite-se a concessão da liberdade provisória (sem fiança), cumulada ou não com outra medida cautelar diversa da prisão (art. 319, CPP). Nesse sentido, a 6ª Turma do STJ vem decidindo que "com o advento da Lei nº 11.464/07, que alterou a redação do art. 2º, II, da Lei nº 8.072/90, tornou-se possível a concessão de liberdade provisória aos crimes hediondos ou equiparados, nas hipóteses em que não estejam presentes os requisitos do art. 312 do Código de Processo Penal".

No segundo enfoque, identificamos em que termos o instituto pode ser concedido, é dizer:

a) com ou sem a prestação de fiança;

b) com a cumulação de outra medida cautelar ou não (art. 319, CPP);

c) mediante o cumprimento de obrigações ou não.

Vejamos detidamente cada uma delas:

3. LIBERDADE PROVISÓRIA SEM FIANÇA

Pela sistemática anterior à Lei nº 12.403/2011, a liberdade provisória sem a prestação de fiança tinha sido despida de maiores formalidades. Soava estranho ao intérprete perceber que havia uma maior facilidade, em razão do menor índice de exigências, de permanecer em liberdade sem pagar fiança, do que pagando. A fiança, pelo que tinha sido disciplinado no Código, findava por ser um instituto em desuso, de segundo plano, pois intuitivamente, em face do menor ônus, acabava-se lançando mão da liberdade provisória sem a prestação de fiança. A liberdade provisória, por sua vez, podia ser condicionada a obrigações, ou incondicionada.

Com o novo texto do Código, conferido pela Lei nº 12.403/2011, a fiança foi revigorada. Agora, em tese, todo delito é afiançável. Só não o será nas hipóteses da seletividade expressa de proibição para sua concessão, como ocorre em alguns crimes (racismo, tortura, tráfico, terrorismo, hediondos, delitos cometidos por grupos armados civis ou militares e contra o Estado Democrático de Direito – art. 323, CPP) ou nos caso em que, embora não haja previsão de inafiançabilidade, o não cabimento da fiança decorre de impedimento legal a sua concessão, seja por motivos de quebra da fiança, de prisão civil ou militar, seja quando presentes os requisitos da preventiva (art. 324, CPP).

Assim teremos:

3.1. Liberdade provisória sem fiança e sem vinculação

Antes do advento da Lei nº 12.403/2011, essa espécie de liberdade provisória ocorria naquelas situações em que a liberdade devia ser concedida compulsoriamente, sem nenhuma imposição ao beneficiado. Ele apenas "se livrava solto" (gozava de liberdade provisória obrigatória). Permanecia em liberdade sem nenhum constrangimento, não se submetendo a condições legais para tanto. Tinha cabimento nos casos que eram previstos na redação anterior do art. 321, CPP (nas infrações cuja pena de multa era a única cominada e nas infrações cujo máximo de pena privativa de liberdade, isolada, cumulada ou alternadamente, não ultrapassava três meses).

Tais infrações, por sua ínfima gravidade, cediam espaço para que o infrator permanecesse em liberdade durante a persecução penal. A título de exemplo, se o agente era surpreendido em flagrante por uma delas, a autoridade policial lavrava o auto, e em seguida liberava o agente (art. 309, CPP), não o submetendo a nenhum compromisso.

Não gozavam do instituto os vadios e aqueles que já tinham sido condenados por crime doloso, em sentença transitada em julgado, e praticavam um novo crime doloso (art. 321, *caput*, CPP, redação anterior). Com a vigência da Lei nº 12.403/2011, foram expressamente revogadas as restrições à liberdade provisória, com ou sem fiança, em virtude da circunstância pessoal de ser o agente vadio.

A utilidade do instituto "liberdade provisória sem fiança e sem vinculação" já era questionada por nós, afinal, as hipóteses relatadas estavam dentro do conceito de infração de menor potencial ofensivo (crimes com pena máxima de até dois anos e as contravenções). Nestes delitos, o infrator não permanece preso nem se lhe exige fiança, e ao invés do auto de flagrante, é lavrado o termo circunstanciado (art. 69, *caput*, parágrafo único, Lei nº 9.099/1995). É bom lembrar, contudo, que para que o TCO seja lavrado, o autor do fato deve ser encaminhado imediatamente ao Juizado ou assumir o **compromisso** de comparecer. Assim, como salta aos olhos, é uma hipótese de liberdade provisória sem fiança condicionada ao compromisso de comparecimento ao Juizado Especial. Quem não se compromete, em tese pode permanecer preso, e ao invés do TCO, será lavrado o auto de flagrante. Já nos casos supra relatados (em que o infrator se livrava solto), o direito à liberdade era incondicional. Não havia compromisso a ser exigido.

Não obstante, em qualquer caso de delito de menor potencial ofensivo, a autoridade policial, até em nome da celeridade, já dava prevalência à elaboração do TCO, colhendo o respectivo compromisso de comparecimento aos Juizados. Apenas se o agente se negasse a assinar o compromisso, e tratando-se de hipótese em que se livrava solto, era que o delegado lavrava o auto, e na sequência liberava o infrator (art. 309, CPP). Ainda assim, o feito era encaminhado aos Juizados Especiais, pois dele a competência e, se o infrator realmente não comparecia, podia ser conduzido coercitivamente.

Mesmo antes da revogação expressa da referência a ser o agente vadio ou ao fato de ter sido condenado definitivamente por crime doloso (art. 323, III e IV, CPP, redação anterior) para o fim de ser vedada a liberdade provisória, já defendíamos que essas restrições tinham perdido por completo o sentido, sendo de duvidosa constitucionalidade, ainda mais levando em conta o cabimento da lavratura do termo circunstanciado. Com o advento da Lei nº 12.403/2011, não há mais hipótese de vedação da fiança só por conta da condenação por crime doloso ou em virtude de ser o réu vadio (hipóteses revogadas expressamente).

Resta a pergunta: a liberdade provisória incondicionada, em face da alteração do art. 321 do CPP, foi sepultada? Entendemos que não. É preciso sublinhar a possibilidade de ser concedida liberdade provisória sem fiança e sem qualquer obrigação, segundo o sistema do CPP instituído pela Lei nº 12.403/2011.

Trata-se da possibilidade de o juiz entender desnecessária ou inadequada a imposição de qualquer medida cautelar do art. 319, CPP, ou a imposição de outra obrigação, concedendo a liberdade provisória simples, não vinculada a qualquer condição. É o que decorre do art. 321 do CPP, ao frisar que uma vez ausentes os requisitos que autorizam a decretação da prisão preventiva, o juiz deverá conceder liberdade provisória, impondo, se for o caso, as medidas cautelares previstas no art. 319 do Código e observados os critérios constantes do art. 282 (necessidade e adequação para aplicação de medida cautelar).

Percebe-se que se o magistrado reputa inadequado ao caso a imputação de qualquer obrigação, concederá ao agente, mesmo quando capturado em flagrante, o direito de responder a persecução em liberdade, incondicionalmente.

Existem outras regras, em leis especiais, que possibilitam a concessão de liberdade provisória sem fiança e sem vinculação.

Uma hipótese é a liberdade provisória sem fiança e sem vinculação prevista no art. 301 do Código de Trânsito (Lei nº 9.503/1997), aduzindo que ao "condutor de veículo, nos casos de acidentes de trânsito de que resulte vítima, não se imporá a prisão em flagrante, nem se exigirá fiança, se prestar pronto e integral socorro". Como forma de estimular o socorro às vítimas, a lei de trânsito instituiu mais uma hipótese de liberdade incondicional, de todo salutar.

Outro caso, já apontado anteriormente, é o da Lei nº 11.343/2006 (Tóxicos), nos apresenta uma hipótese ao menos ***sui generis***, pois o usuário de drogas, tratado no âmbito da lei dos Juizados, será encaminhado à presença do juiz para a lavratura do TCO, com a colheita do respectivo compromisso de comparecimento. Contudo, mesmo não se comprometendo, ainda assim está vedada a sua detenção (§ 3º, art. 48). Ora, se mesmo não assumindo o compromisso ainda assim não ficará preso, é mais um caso de liberdade provisória sem fiança incondicionada.

3.2. Liberdade provisória sem fiança e com vinculação

É a liberdade provisória condicionada, apesar de não exigir fiança. O infrator permanecerá em liberdade, submetendo-se às exigências legais, sem necessidade de realizar nenhum implemento pecuniário. Enquanto na sistemática anterior, o referido instituto tinha ampla aplicabilidade (na mesma razão da parca incidência do instituto da fiança), com a Lei nº 12.403/2011, foram restauradas e ampliadas as hipóteses de deferimento da fiança, passando a ser regra a de que todo crime seja afiançável, salvo vedação ou impedimento preconizado por lei.

No entanto, continua possível a concessão de liberdade provisória sem fiança e com vinculação (a obrigações ou a outras medidas cautelares não prisionais do art. 319, CPP), embora em um rol menos extenso de casos.

Vejamos as hipóteses de cabimento:

a) Auto de flagrante X excludentes de ilicitude (art. 310, parágrafo único, CPP): a prisão em flagrante e o local onde o preso se encontre deve ser comunicada imediatamente ao juiz competente, ao Ministério Público e à família do preso ou à pessoa por ele indicada (art. 306, *caput*, CPP). Por seu turno, o auto de prisão em flagrante, após lavrado, deverá ser remetido, em até 24 horas, ao magistrado competente (art. 306, § 1º, CPP). Cabe ao Judiciário a fiscalização do flagrante. Dessa forma, e como já visto, sendo a prisão ilegal, deverá ser prontamente relaxada, sem a necessidade sequer de prévia oitiva do MP. Contudo, em sendo lícito o flagrante, resta a seguinte indagação: será que a manutenção do cárcere é necessária? Percebendo o magistrado, pela leitura do auto, que o infrator atuou amparado por uma excludente de ilicitude, é um sinal da probabilidade da ausência de crime. Caberá ao juiz conceder liberdade provisória, de ofício ou por provocação, sem pagamento de fiança.

Malgrado o art. 310, parágrafo único, não faça mais menção à oitiva prévia do MP, é recomendado que seja oportunizado o contraditório, eis que se cuida de concessão de medida cautelar liberatória e assim preconiza o § 3º, do art. 282 do Código, com a ressalva dos casos de urgência e do perigo de eficácia da medida.

O beneficiado apenas irá se comprometer ao comparecimento a todos os atos do inquérito e do processo, para os quais seja devidamente intimado. O instituto é um direito daquele que atende aos requisitos legais, e não uma mera faculdade judicial, como faz crer erroneamente o parágrafo único do art. 310, CPP, quando usa a expressão "poderá" conceder. Não se brinca com o direito de liberdade. Não há favor nestas hipóteses. É direito, e com este não se transige.

Apesar do Código se reportar às excludentes de ilicitude previstas na parte geral do CP (art. 23), nada impede, por interpretação extensiva, que o instituto seja também aplicado quando presente uma excludente contemplada na parte especial. De ***lege ferenda***, somos partidários da aplicação do instituto também quando presente excludente de culpabilidade ou de punibilidade, afinal, se existe a probabilidade da ausência de responsabilização penal (ou de punição), é sinal que a prisão cautelar deve ceder espaço à liberdade. No mesmo sentido, Heráclito Mossin, aduzindo que "nada mais lógico adotar-se a inteligência segundo a qual o preceito examinado deve incidir em todas as circunstâncias onde o legislador prevê a adoção da absolvição, como as excludentes de ilicitude, da culpabilidade e da punibilidade, por força de interpretação extensiva (art. 3º, CPP), uma vez que o legislador no *caput* da norma processual penal adotada disse menos do que deveria ter dito, cabendo ao intérprete aumentar o alcance do preceito legal. Isso decorre do próprio espírito da lei (***mens legis***)". Exclua-se apenas a inimputabilidade, afinal, o simples fato de o agente não ter capacidade de entender e querer não afasta a necessidade eventual do cerceamento da liberdade, notadamente nas hipóteses de periculosidade acentuada, admitindo-se, para os crimes praticados com violência ou grave ameaça, e havendo risco de reiteração da conduta, a determinação judicial da internação provisória (art. 319, inc. VII, CPP).

Não é necessária a certeza da excludente. Bastam indícios suficientes neste sentido.

b) Auto de flagrante X inexistência de hipótese autorizadora da prisão preventiva apresenta-se quando o magistrado, pela apreciação do auto de prisão em flagrante, verifica a inocorrência de qualquer das hipóteses que autorizariam a decretação da prisão preventiva (art. 321, CPP). Se pela leitura do auto o juiz entende que não há risco à ordem pública, econômica, não se faz conveniente à instrução criminal, pois o indivíduo não apresenta risco à livre produção probatória, nem há risco de fuga, deve haver a concessão da liberdade provisória, cumulada ou não com as medidas cautelares não cerceadoras de liberdade, a teor do art. 319, CPP. Da mesma forma, o MP deve ser previamente ouvido, com fundamento no estatuído pela nova redação § 3º, do art. 282, do CPP. Perceba-se que a ideia é a mesma: a prisão é legal, contudo a sua manutenção só é necessária caso estejam presentes os requisitos da preventiva. Do contrário, o agente vai permanecer em liberdade durante toda a persecução penal. Esta é a regra.

Mais uma observação é necessária: a fiança é também medida cautelar prevista no inciso VIII, do art. 319, CPP, de modo que a concessão da liberdade provisória no caso em tela (quando ausentes os requisitos que autorizam a decretação da prisão preventiva) poderá ocorrer com ou sem fiança, a depender do caso concreto e por decisão fundamentada, observados os critérios constantes do art. 282 (necessidade e adequação para aplicação da medida).

3.2.1. *Restrições*

É interessante notar que o legislador, quando pretende dar um tratamento mais rígido ao processamento de algumas infrações, se vale do expediente de vedar a concessão da liberdade provisória. Desta maneira, havendo prisão, o agente responderia à persecução penal no cárcere, em verdadeira antecipação de pena, suprimindo-se do magistrado, no caso concreto, a aferição da necessidade do cárcere cautelar. É, sem dúvida, uma indevida intromissão do Legislativo nas atividades típicas do Judiciário. Não estamos diante de uma ciência exata. Um caso não é igual ao outro, nem os presos se equivalem. Vedar por completo a liberdade provisória é conduzir a persecução penal às cegas, fazendo pouco caso da presunção de inocência.

Para nossa sorte, as restrições historicamente emblemáticas sofreram um forte abalo, seja pela atividade sensata do legislador, reformando a legislação, seja pela intervenção do STF, declarando a inconstitucionalidade de dispositivos legais. A nosso ver, a vedação legal absoluta da liberdade provisória é inconstitucional, ferindo a presunção de inocência e retirando do magistrado a atividade que lhe é peculiar na gestão da conveniência da medida. Nessa ótica, os textos legais que ainda não foram declarados inconstitucionais no controle concentrado pelo STF, e queremos crer que é apenas questão de tempo, e nem alterados pelo Legislativo, devem ser afastados incidentalmente pelo magistrado, pois a vedação absoluta do instituto em estudo não é admitida pelo texto constitucional. Nem se faça uma interpretação às avessas da Carta Magna, quando consagra do art. 5º, LXVI, "que ninguém será levado à prisão ou nela mantido, quando a **lei admitir** a liberdade provisória, com ou sem fiança" (grifo nosso). Nessa linha, se a lei supostamente vedasse a medida, o instituto seria incabível.

Perceba que as restrições podem existir, como acontece por comando da própria CF, que determina que a lei considerará os crimes hediondos e assemelhados (tráfico, tortura e terrorismo) inafiançáveis (art. 5º, XLIII). Contudo, vedação absoluta, obstando qualquer modalidade de liberdade provisória, foge ao razoável. Não é este o propósito da CF. O jogo de palavras é por demais perigoso. Ratificando o que pretendemos demonstrar, atualmente a lei ordinária contempla liberdade provisória sem fiança aos hediondos, apesar de continuarem inafiançáveis. Ora, se estas infrações, supostamente extremamente graves, comportam liberdade provisória sem fiança, qual outra infração (de forma razoável) não comportaria a medida?

O princípio da proporcionalidade, que era implicitamente presente no ordenamento, agora vem depreendido de forma expressa a partir das noções de necessidade e adequação referidas como pressupostos gerais para a aplicação de toda e qualquer medida cautelar (art. 282, CPP).

Se as infrações de maior gravidade, como as hediondas, comportam a medida (liberdade provisória, sem fiança, com a possibilidade de aplicação de outras cautelares não prisionais do art. 319, CPP), nenhuma vedação absoluta pode subsistir. Nesta linha, vejamos o tratamento da matéria na legislação extravagante, pontuando as mais recentes alterações, e identificando de pronto que as vedações absolutas, em nossa opinião, são incompatíveis com a Constituição Federal:

a) Crimes hediondos e assemelhados (tráfico, tortura e terrorismo): estas infrações, como já relatado, não admitem a prestação de fiança (art. 5º, XLIII, CF). Contudo, por força da Lei nº 11.464/2007, alterando o art. 2º, II, da Lei nº 8.072/1990, passaram a admitir **liberdade provisória sem fiança**. Por seu turno, a Lei nº 12.403/2011 deu nova redação ao art. 323, do CPP, reiterando que não será concedida fiança nesses delitos (incisos I e II).

O interessante é que o crime de tortura, que é assemelhado a hediondo, já comportava liberdade provisória sem fiança, em razão do art. 1º, § 6º da Lei nº 9.455/1997.

Vale lembrar que, no rol dos crimes hediondos, passou a constar o crime de homicídio qualificado pela circunstância de ter sido cometido contra a mulher em virtude da condição de sexo feminino (nova redação do inciso I, do art. 1º, da Lei nº 8.072/1990). Tal infração penal ganhou o nome jurídico de "feminicídio", consoante expressa previsão legal no Código Penal, que foi alterado pela Lei nº 13.104/2015 (art. 121, § 2º, VI, CP).

Para o fim de ser verificado o "feminicídio", o Código Penal, no § 2º-A, I e II, do seu art. 121, explicita que são consideradas "razões de condição de sexo feminino" a prática do crime com "violência doméstica e familiar" e com "menosprezo ou discriminação à condição de mulher". De tal modo, caso o homicídio se enquadre no conceito legal de "feminicídio", não será admitida fiança. O mesmo raciocínio se aplica ao crime de favorecimento à prostituição ou de outra forma de exploração sexual de criança e de adolescente (art. 218-B, *caput*, §§ 1º e 2º, Código Penal), por ter sido também inserido o inciso VIII, no catálogo dos crimes hediondos do art. 1º, da Lei nº 8.072/1990, pela Lei nº 12.978/2014.

Ainda, foram inseridos ao rol dos crimes hediondos, pela Lei 13.142/15, o homicídio qualificado praticado contra autoridade ou agente descrito nos artigos 142 e 144 da Constituição Federal, integrantes do sistema prisional e da Força Nacional de Segurança Pública, no exercício da função ou em decorrência dela, ou contra seu cônjuge, companheiro ou parente consanguíneo até terceiro grau, em razão dessa condição (art. 121, VII, do CP – inciso inserido pela mesma Lei 13.142/15) e a lesão corporal dolosa de natureza gravíssima (art. 129, § 2º) e lesão corporal seguida de morte (art. 129, § 3º), quando praticadas contra as mesmas pessoas referidas (incisos I e I-A da Lei 8.072/90).

Quanto ao tráfico de drogas, a análise demanda cautela. O artigo 44 da Lei nº 11.343/2006 (Lei de Drogas) é expresso quanto à vedação da concessão de liberdade provisória para tal delito. Não obstante, já defendíamos, nas edições anteriores, a revogação tácita do dispositivo, em decorrência do advento da Lei nº 11.464/2007, acima mencionada.

Na jurisprudência dos tribunais superiores havia julgados entendendo tanto pela inconstitucionalidade do artigo 44 como pela sua conformidade com a CF/88, contudo a controvérsia parece estar superada com recente decisão do Supremo Tribunal Federal, proferida no julgamento do HC nº 104.339/SP[2]. O Tribunal Pleno da Máxima Corte declarou, ***incidenter tantum***, a **inconstitucionalidade** da vedação à concessão da liberdade provisória. É de grande relevância o entendimento apresentado, já que vedações apriorísticas e peremptórias, dissociadas do caso concreto, não se coadunam com a atual ordem constitucional.

Entenda o tema:

A LEI DE DROGAS E A VEDAÇÃO À CONCESSÃO DA LIBERDADE PROVISÓRIA PARA O CRIME DE TRÁFICO	
Lei nº 11.343/2006	Art. 44 veda a concessão de liberdade provisória para o crime de tráfico de drogas
Lei nº 11.464/2007	Alterou a Lei de Crimes Hediondos para permitir a concessão de liberdade provisória nesses crimes e nos assemelhados
Jurisprudência recente	Primeira Turma1 do STF e Quinta Turma2 do STJ – a vedação do art. 44 da Lei de Drogas é constitucional Segunda Turma3 do STF e Sexta Turma4 do STJ – a vedação do art. 44 da Lei de Drogas é inconstitucional
Atual entendimento	O STF declarou a inconstitucionalidade da vedação do art. 44 da Lei de Drogas ao julgar o HC 104.339.
1. STF – Primeira Turma – HC 107430 – Rel. Min. Ricardo Lewandowski – DJe 07/06/2011. No mesmo sentido, HC 103715 – Rel. Min. Cármen Lúcia – DJe 24/03/2011. 2. STJ – Quinta Turma – HC 173.212 – Rel. Min. Laurita Vaz – DJe 01/12/2011. 3. STF – Segunda Turma – HC 110132 – Rel. Min. Ricardo Lewandowski – DJe 29/11/2011. Cf. STF – Segunda Turma – HC 97346 – Rel. Min. Eros Grau – DJe – 25/06/2010. 4. STJ – Sexta Turma – HC 210348 – Rel. Min. Vasco Della Giustina (desembargador convocado do TJ/RS) – DJe 05/12/2011.	

b) Estatuto do desarmamento: o art. 21 da Lei nº 10.826/2003 vedava a concessão de liberdade provisória aos seguintes crimes:

- Posse ou porte ilegal de arma de uso restrito (art. 16);
- Comércio ilegal de arma de fogo (art. 17);
- Tráfico internacional de armas (art. 18).

O STF, apreciando ação direta de inconstitucionalidade (ADI-3137), declarou tal vedação incompatível com o texto constitucional. Nesta égide, tais infrações passaram a admitir liberdade provisória sem fiança a partir dessa decisão. Por outro lado, também

2. STF – Tribunal Pleno – HC 104339 – Rel. Min. Gilmar Mendes – DJe 24/05/2012.

passaram a ser **afiançáveis** com a vigência da Lei nº 12.403/2011, já que a quantidade da pena (mínima) atribuída ao delito não é mais fator limitador para a concessão de fiança.

Sobre a inconstitucionalidade reconhecida pela Corte Suprema, veja-se o trecho do informativo nº 465 do Supremo:

> Quanto ao art. 21 da lei impugnada, que prevê serem insuscetíveis de liberdade provisória os delitos capitulados nos artigos 16 (posse ou porte ilegal de arma de fogo de uso restrito), 17 (comércio ilegal de arma de fogo) e 18 (tráfico internacional de arma de fogo), entendeu-se haver afronta aos princípios constitucionais da presunção de inocência e do devido processo legal (CF, art. 5º, LVII e LXI). Ressaltou-se, no ponto, que, não obstante a interdição à liberdade provisória tenha sido estabelecida para crimes de suma gravidade, liberando-se a franquia para os demais delitos, a Constituição não permite a prisão *ex lege*, sem motivação, a qual viola, ainda, os princípios da ampla defesa e do contraditório (CF, art. 5º, LV).

A Lei nº 13.497/2017 deu nova redação ao parágrafo único, do art. 1º, da Lei dos Crimes Hediondos (Lei nº 8.072/1990)[3], para também considerar equiparado a hediondo o crime de posse ou porte ilegal de arma de fogo de uso restrito, previsto no art. 16, da Lei nº 10.826/2003, tentado ou consumado. Reputamos equivocada a opção legislativa de tornar mais severa a aplicação das regras processuais e de execução penal mediante a qualificação de crime como hediondo ou como equiparado a hediondo. Até hoje tal técnica não tem sido capaz de diminuir criminalidade, fenômeno cujas causas são muito complexas, objeto de estudos sólidos e importantes de Criminologia e que, a nosso ver, não têm sido devidamente considerados antes da produção de leis de expansão penal (com incremento de punição).

De todo modo, mesmo sendo equiparado a hediondo, permanece possível concessão de liberdade provisória a indiciado ou a acusado de crime previsto no Estatuto do Desarmamento, ainda que tipificado no seu art. 16 (posse ou porte de arma de uso restrito[4]).

c) Crime organizado: o art. 7º da Lei nº 9.034/1995 impedia qualquer modalidade de liberdade provisória, com ou sem fiança, aos agentes que tivessem "efetiva participação na organização criminosa". Com o advento da Lei nº 12.850/2013, que passou a disciplinar o tema e revogou expressamente o diploma anterior, não se renovou tal vedação. Desta maneira, os crimes praticados nesse contexto admitem liberdade provisória, a ser analisada casuisticamente pelo magistrado competente.

d) Lavagem de dinheiro: o art. 3º, *caput*, da Lei nº 9.613/1998, também continha vedação expressa à qualquer espécie de liberdade provisória à lavagem de capitais. Nas edições anteriores já havíamos estabelecido posição crítica no sentido da inconstitucionalidade do dispositivo. Atualmente, com as alterações promovidas pela Lei nº 12.683/2012, deixou de existir tal vedação, alinhando a legislação especial aos ditames constitucionais.

---

3. Parágrafo único. Consideram-se também hediondos o crime de genocídio previsto nos arts. 1º, 2º e 3º da Lei nº 2.889, de 1º de outubro de 1956, e o de posse ou porte ilegal de arma de fogo de uso restrito, previsto no art. 16 da Lei nº 10.826, de 22 de dezembro de 2003, todos tentados ou consumados. (Redação dada pela Lei nº 13.497, de 2017)
4. Arma de uso restrito é aquela que só pode ser utilizada pelas Forças Armadas, por algumas instituições de segurança, e por pessoas físicas e jurídicas habilitadas, devidamente autorizadas pelo Exército, de acordo com legislação específica, conforme inciso XVIII, do art. 3°, do R-105, aprovado pelo Decreto n° 3.665/2000.

e) Crimes contra a economia popular e de sonegação fiscal: estas infrações, por envolverem enriquecimento ilícito, não comportavam liberdade provisória sem fiança (art. 310, CPP), admitindo apenas a prestação de fiança, nos termos do inciso I do § 2º do art. 325 do CPP (redação anterior). Com o advento da Lei nº 12.403/2011, revogou-se a disposição específica que inviabilizava a liberdade provisória sem fiança, de maneira que, atualmente, as duas espécies (com e sem fiança) são cabíveis.

3.2.2. Fundamentação

Sempre defendemos, por injunção do art. 93, inciso IX, da CF, que o magistrado está obrigado a fundamentar a concessão da liberdade provisória, assim como a manutenção da prisão em flagrante, por entender que a medida não era cabível no caso concreto. Com efeito, na transparência necessária, deve o julgador sempre motivar a manutenção da prisão em flagrante, deixando claros os motivos que não o levaram à concessão da liberdade provisória, em face da necessidade da segregação cautelar. Este ato deve ser automático, já que o magistrado é o destinatário imediato do auto de flagrante. E isto se deve porque é ele o fiscal da necessidade prisional. Desta forma, deve revelar os motivos da utilidade da manutenção da medida, ou seja, o ***periculum libertatis*** que justifica a permanência do encarceramento, afinal, isto não se presume do auto de flagrante.

Contudo, prevalecia o entendimento contrário, sob o fundamento de que a motivação da manutenção do flagrante é desnecessária, a não ser que o magistrado tenha sido provocado a se manifestar sobre a concessão da liberdade provisória. Nesse sentido, o STF:

> O parágrafo único do artigo 310 do Código de Processo Penal não impõe ao Juiz, a exarar, de ofício, despacho fundamentado de toda e qualquer prisão que lhe seja comunicada, se entender não configurado qualquer dos pressupostos da prisão preventiva. Todavia, cabe-lhe a obrigação de fundamentar a decisão sempre que a liberdade provisória é postulada e denegada.

Com o novo texto do art. 310 do CPP, a polêmica está superada. O juiz, ao receber em até 24 horas o auto de prisão em flagrante, deverá sempre exarar decisão fundamentada, pois necessariamente proferirá decisão motivada que tenha por condão:

> I – relaxar a prisão ilegal; ou
>
> II – converter a prisão em flagrante em preventiva, quando presentes os requisitos constantes do art. 312 deste Código, e se revelarem inadequadas ou insuficientes as medidas cautelares diversas da prisão; ou
>
> III – conceder liberdade provisória, com ou sem fiança.

Agora, o juiz não deverá simplesmente homologar a prisão em flagrante. Em outras palavras, o auto de prisão em flagrante, por si só, não é título hábil a manter alguém preso sem ser corroborado por decisão fundamentada da autoridade judiciária que evidencie a presença dos requisitos da preventiva e a ausência de justificativa para substituí-la por medida cautelar menos gravosa não cerceadora de liberdade (art. 319, CPP). É que, se for o caso de manter a segregação cautelar iniciada com o flagrante, esta prisão deve ser **convertida** em prisão preventiva de maneira motivada.

Aliás, também se o juiz entender por substituir a prisão preventiva por outra medida cautelar não prisional, ou mesmo cumular medidas cautelares à liberdade provisória concedida com ou sem fiança, deverá decidir fundamentadamente, em ato que tem o ***status*** de decisão interlocutória (art. 315, CPP c/c art. 93, IX, CF).

3.2.3. *Outras hipóteses de cabimento*

a) O art. 350 do CPP prevê a dispensa da prestação de fiança àqueles que sejam considerados economicamente hipossuficientes. O estado de pobreza não impediria a liberdade, e o magistrado relevaria o implemento financeiro, condicionando o beneficiado a todas as obrigações daquele que presta fiança. Trata-se de mais uma hipótese de liberdade provisória sem fiança, porém condicionada. Nada impede, pela nova sistemática, que outras medidas cautelares do art. 319 do CPP sejam cumuladas ao hipossuficiente.

b) Já o art. 69, parágrafo único da Lei nº 9.099/1995, prevê que àquele surpreendido quando da prática de infração de menor potencial ofensivo, em sendo "imediatamente encaminhado ao juizado" ou assumindo o compromisso de a ele comparecer, "não se imporá prisão em flagrante, nem se exigirá fiança". Ora, é mais um exemplo de liberdade provisória sem fiança, condicionada à assunção do compromisso de comparecimento aos Juizados.

c) Os artigos 408, § 2º, e 594, do CPP, tratavam respectivamente da pronúncia e da sentença condenatória recorrível, e admitiam que os bons antecedentes e a ausência de reincidência podiam ensejar o direito de permanecer em liberdade (provisória), mesmo diante das referidas decisões. Tal previsão foi revogada pelas Leis nº 11.689/08 e 11.719/08, de sorte que os bons ou maus antecedentes, além da reincidência, não dosam mais o cabimento ou não de liberdade provisória. Retornaremos a esse ponto adiante.

3.2.4. *Sistema recursal*

É interessante notar que da concessão da liberdade provisória sem a prestação de fiança cabe o recurso em sentido estrito, com fundamento no art. 581, inciso V do CPP. Já a denegação do instituto, curiosamente, é irrecorrível, cabendo o socorro à ação de *habeas corpus*.

4. LIBERDADE PROVISÓRIA MEDIANTE FIANÇA

A liberdade provisória mediante fiança havia cedido espaço ao instituto correlato, que é a liberdade sem a prestação de fiança. Essa situação de baixa aplicabilidade da fiança havia decorrido da alteração do CPP promovida pela Lei nº 6.416/1977, que tinha ampliado a admissibilidade da liberdade provisória sem fiança. Admitia-se que aqueles surpreendidos em flagrante gozassem da liberdade se não estivessem presentes os requisitos da preventiva, bastando, para tanto, que se comprometessem a comparecer a todos os atos da persecução penal (art. 310, parágrafo único, CPP, redação anterior).

Anos se passaram sem que o nosso legislador apresentasse mudanças quanto ao tema. Aliás, acabou por inserir uma série de obstáculos à concessão do instituto, de sorte que, paradoxalmente, era mais fácil obter a liberdade provisória sem fiança do que mediante a sua prestação.

Com o advento da Lei nº 12.403/2011, esse contexto se modificou. Em tese, todo crime passou a ser afiançável, ressalvadas as hipóteses de vedação expressa (proibição constitucional e/ou legal) e de óbice a seu deferimento por falta de requisito objetivo ou subjetivo (impedimento).

4.1. Fiança X liberdade provisória mediante fiança

No primeiro momento, precisamos fazer a distinção entre o objeto e a ferramenta processual. A fiança consiste no fato jurídico de caucionar obrigação alheia, importando, pois, em abonação ou responsabilidade. Teria conotação fidejussória, sendo a expressão da confiança em alguém, que se obrigaria por outrem, suprindo a sua falta.

O tratamento legal toma a fiança, por sua vez, como uma garantia **real** de cumprimento das obrigações do beneficiário. Não existe mais fiança fidejussória no processo penal comum. A confiança na palavra cedeu espaço à prestação financeira. A fiança é uma caução, uma prestação de valor, para acautelar o cumprimento das obrigações do afiançado.

Já a liberdade provisória mediante fiança é o direito subjetivo do beneficiário, que atenda aos requisitos legais e assuma as respectivas obrigações, de permanecer em liberdade durante a persecução penal. É a contracautela destinada ao combate de algumas prisões processuais, imprimindo uma implementação financeira e condicionando o beneficiário a uma série de imposições. Pode haver cumulação, inclusive, com as demais medidas cautelares diversas da prisão (art. 319, CPP). Com isso, se ele está preso, será libertado; se está na iminência do cárcere, a prisão não se estabelece. Negada arbitrariamente, dá ensejo a constrangimento ilegal sanável pelo remédio heroico do HC, além de se constituir em abuso de autoridade (art. 4º, alínea "e", da Lei nº 4.898/1965).

4.2. Objetivos da fiança

Busca-se com a fiança obter a presença do agente a todos os atos da persecução penal, evitando-se os efeitos deletérios do cárcere preliminar. Por consequência, se houver condenação, objetiva-se também garantir a execução da pena. Ocorrida condenação, o valor prestado (dinheiro ou objetos dados em garantia) ainda vai servir para um nobre papel, que é indenização da vítima, o pagamento das custas processuais, da prestação pecuniária e de eventual multa, caso o réu seja condenado (art. 336, *caput*, CPP). Mesmo que ocorra a prescrição da pretensão executória (art. 110, CP), o valor da fiança seguirá este destino (parágrafo único). Se sobrar algo, será devolvido àquele que prestou a fiança. Em havendo absolvição, haverá pronta e integral devolução, sem abatimento. Da mesma forma, se ocorrer a extinção da punibilidade antes do trânsito em julgado da sentença condenatória ou pedido de arquivamento do inquérito policial.

4.3. Valor da fiança

Os valores da fiança estão dispostos no art. 325, incisos I e II, do CPP, conforme redação conferida pela Lei nº 12.403/2011 que, por sua vez, tornou mais simples a sua imposição e forma de cálculo. O valor será fixado pela autoridade que a conceder conforme dois limites:

(a) de 1 (um) a 100 (cem) salários mínimos, quando se tratar de infração cuja pena privativa de liberdade, no grau máximo, não for superior a 4 (quatro) anos;

(b) de 10 (dez) a 200 (duzentos) salários mínimos, quando o máximo da pena privativa de liberdade cominada for superior a 4 (quatro) anos.

O critério de cálculo do valor passou a ser o salário mínimo nacional. Coerente o legislador ao estabelecer este parâmetro, que confere segurança jurídica à imposição da medida cautelar pecuniária, sem os riscos das oscilações próprias das legislações de índices de correção.

Seria possível, todavia, objetar que o salário mínimo não poderia ser vinculado para qualquer fim, conforme disposição da CF/1988 (art. 7º, IV) e, por tal motivo, a alusão ao salário mínimo como base de cálculo para a fixação da fiança seria inconstitucional, eis que vedado o seu uso como índice indexador (de correção monetária).

No entanto, não há inconstitucionalidade na redação do art. 325, I e II, do CPP, porquanto não se está utilizando o salário mínimo como forma de corrigir monetariamente a fiança já fixada, mas tão somente como parâmetro para serem definidos os seus limites mínimos e máximos, sem se falar em vinculação. Válida, portanto, a opção do legislador.

Aliado ao critério objetivo de cálculo, exige-se ainda que se leve em conta a situação financeira do afiançado. Nesta linha, nem a fiança pode ser um fardo impagável, afinal haveria, indiretamente, a violação de um direito, nem pode ser por demais branda, já que sua insignificância em face do poderio econômico do réu descredibilizaria a medida. Pode-se assim reduzir o valor encontrado em até 2/3. Tanto a autoridade judicial quanto o delegado podem fazê-lo. Haverá ainda, pela insuficiência do montante, a possibilidade de aumentá-la até 1.000 (mil) vezes, a teor do inciso III, do § 1º, do art. 325 do CPP (não mais até o décuplo, como previa a redação anterior). Além dos juízes, os delegados também passam a poder promover a exasperação.

A Lei nº 12.403/2011 revogou o § 2º do art. 325, do CPP, que dava tratamento mais árido aos crimes contra a economia popular e de sonegação fiscal, já que, por envolverem lucro fácil e locupletamento ilícito, comportavam fiança com valores mais elevados, e não toleravam liberdade provisória sem fiança. Revogada a situação peculiar, tais delitos passam a estar enquadrados na regra geral, admitindo ambas as modalidades de liberdade provisória, de acordo com a adequação ao caso concreto.

O Código de Defesa do Consumidor (Lei nº 8.078/1990) estabelece que a fiança será arbitrada pelo magistrado ou pela autoridade que preside a investigação, entre 100 (cem) e 200 (duzentas) mil vezes o valor do BTN, ou qualquer outro índice que venha a substituí-lo. Ademais, em razão da situação econômica do imputado, pode ser reduzida até a metade do seu mínimo valor, ou exasperada judicialmente em até vinte vezes. Tratando-se de lei especial, suas disposições permanecem em vigor, não se aplicando o CPP no ponto, por ser lei geral.

4.3.1. Demais critérios para o arbitramento

Além das faixas de valor, definidas pelo art. 325, do CPP, o art. 326 elege outros critérios para que a autoridade arbitre a fiança. São eles:

a) natureza da infração: para o enquadramento nas faixas acima definidas, devem ser levadas em conta as qualificadoras, assim como todas as causas de aumento e diminuição da pena. Nesta ótica, nas causas de diminuição de pena, aplica-se o mínimo da fração sobre o máximo da pena abstratamente considerada. Já nas causas de aumento, aumenta-se da fração máxima, que vai incidir sobre o máximo de pena prevista;

b) condições pessoais de fortuna: é a pedra de toque da definição da fiança, para que ela atenda a razoabilidade necessária. Nem adianta uma fiança débil, nem por demais elevada;

c) vida pregressa: são os antecedentes criminais do agente, a constatação se tem bons ou maus antecedentes, ou se é reincidente. Tendo um passado criminoso, isso influenciará negativamente no valor da fiança. Se, por sua vez, nunca se envolveu com a prática de delitos, isso também deve ser levado em conta;

d) periculosidade: diretamente ligada ao item anterior, esboça um risco inerente ao próprio indivíduo, a merecer uma exasperação no valor da fiança. Como destaca Guilherme Nucci, "trata-se de um elemento imponderável por si mesmo, constituindo a união da vida pregressa com a gravidade do crime, associado à personalidade do agente. Se for considerado perigoso, o valor da fiança deve ser mais elevado, dificultando-se a sua soltura";

e) importância provável das custas: apesar de remota a aplicação, é possível a existência de custas no âmbito penal (artigos 805 e 806, CPP), notadamente nos crimes de iniciativa privada, o que também vai influir na fixação da fiança.

A lei não fez nenhum paralelo para definição do valor, com a possível multa penal prevista para a infração, nem o eventual dano causado à vítima do crime. Por isso, estes elementos não vão influenciar no arbitramento.

4.4. Modalidades de fiança

A fiança pode ser prestada de duas maneiras: por depósito ou por hipoteca, desde que inscrita em primeiro lugar. O depósito pode ser de dinheiro, pedras, objetos ou metais preciosos, e títulos da dívida federal, estadual ou municipal (art. 330, CPP). Já os bens dados em hipoteca estão definidos no art. 1.473 do Código Civil.

Se o valor é prestado em dinheiro, este será recolhido em instituição financeira oficial, em conta vinculada à autoridade, com incidência de juros e correção monetária, juntando-se a comprovação do depósito aos autos. Se em feriados ou finais de semana, quando não há expediente bancário, o montante deve ser entregue ao escrivão, e dentro de três dias será encaminhado à respectiva conta, ficando tudo formalizado no termo de fiança (art. 331, *caput*, e parágrafo único, CPP).

Havendo emprego de moeda estrangeira, deve haver conversão para a moeda nacional, pelo câmbio do dia, e por consequência vai a depósito. Essa, também, a posição de Guilherme Nucci. Mirabete, contudo, entende que se o dinheiro é estrangeiro, deve ser aceito como metal precioso.

No caucionamento de pedras, objetos ou metais preciosos, ou prestação de hipoteca, o bem dado em garantia deve ser avaliado por perito nomeado pela autoridade, justamente para aferição se corresponde ao valor indicado pelo afiançado, atendendo ao quantitativo da fiança (art. 330, § 1º, CPP). Se forem títulos da dívida pública, serão tomados por sua cotação em bolsa, com a demonstração de que estão desonerados (§ 2º). Os bens ficarão com depositário público.

Como ressalta o STJ, na súmula nº 332, a "fiança prestada sem autorização de um dos cônjuges implica a ineficácia total da garantia".

4.5. Obrigações do afiançado

A liberdade provisória mediante fiança é sempre condicionada, exigindo a lei, além do implemento financeiro, uma série de obrigações ao afiançado, sendo possível, ademais, a aplicação cumulativa de uma ou mais medidas cautelares do art. 319 do CPP.

Ao beneficiário da fiança serão impostas as seguintes regras/obrigações (artigos 327, 328 e 341, incisos I a V, do CPP):

- comparecimento perante a autoridade, toda vez que for intimado para os atos do inquérito e da instrução;
- impossibilidade de mudar de residência, sem prévia permissão da autoridade competente;
- proibição de ausentar-se por mais de oito dias de sua residência, sem comunicar àquela autoridade o lugar em que poderá ser encontrado. Perceba que a lei não impede que o agente viaje, nem exige prévia autorização para tanto. A obrigação, nas ausências por período superior a 8 dias, é a de indicar onde poderá facilmente ser localizado;
- vedação de deliberadamente praticar ato de obstrução ao andamento do processo;
- obrigação de cumprir medida cautelar imposta cumulativamente com a fiança;
- dever de não resistir injustificadamente a ordem judicial;
- vedação à prática de novas infrações dolosas.

As obrigações são impostas no objetivo de facilitar o encontro do agente e o bom andamento da persecução penal, garantindo que ele vai estar presente e será encontrado, sem obstáculos, quando necessário, além de fortalecer os laços de confiança entre infrator e autoridade, na expectativa de que a liberdade não seja o mote para a prática de novos delitos. Será lavrado um termo de fiança, sendo o agente devidamente compromissado e, juntamente com aquele que eventualmente tenha pago a fiança em seu lugar, será notificado das obrigações assumidas e das sanções pelo descumprimento. O termo deve ser claro e explícito quanto a todo o seu conteúdo, para que não ocorram equívocos que possam desaguar no descumprimento das medidas. Havendo desatendimento injustificado, acarretará a quebra da fiança (Item 4.7).

4.6. Vedações legais

Temos uma série de restrições à admissibilidade da fiança. Antes da reforma (Lei nº 12.403/2011), o cabimento da fiança era inferido de maneira negativa, o que dava ensejo a dificuldades para se verificar quando deveria ser concedido o instituto. A lei dizia quando não tinha lugar a fiança, e se o agente, superando todas as restrições, não se enquadrava em nenhuma delas, era sinal que poderia prestar fiança.

Com o novo sistema de concessão de fiança inaugurado pela Lei nº 12.403/2011, ficou mais coerente a possibilidade de sua concessão estatuída no Código de Processo Penal. **Não há mais vedações** ao deferimento da prestação de fiança em virtude de:

1) crimes punidos com reclusão cuja pena mínima seja superior a dois anos: a pena mínima de reclusão era o indicativo para a admissibilidade ou não da fiança. Delitos com pena mínima superior a este patamar, eram inafiançáveis. A revogação desse parâmetro para a negativa da fiança retira a eficácia da súmula nº 81, do STJ, com o seguinte texto: "não se concede fiança quando, em concurso material, a soma das penas mínimas cominadas for superior a dois anos de reclusão". Também toda a jurisprudência dos tribunais que girava em torno da qualidade da pena (reclusão) e da quantidade superior a dois anos para impedir a concessão da fiança perdeu o sentido com os novos contornos gizados nos artigos 323 e 324 do CPP.

Antes dessa inovação legislativa, já anotávamos que esta limitação tinha perdido a sua razão de existir. O sistema tinha de ser congruente, razoável, proporcional. A limitação excluía uma série de infrações do instituto da fiança, mas que admitiam liberdade provisória sem fiança, se não consignados os requisitos da preventiva. Assim, por exemplo, no flagrante por roubo, com pena em abstrato de 4 a 10 anos de reclusão (art. 157, CP), não se admitia a prestação de fiança. Contudo, ausentes os requisitos da preventiva, era cabível liberdade provisória sem fiança, com amparo no parágrafo único do art. 310 do CPP. Era uma incoerência! Daí que já éramos partidários da revitalização da fiança, com a extensão do instituto para os mesmos casos onde já se admitia liberdade provisória sem fiança (ressalvadas as vedações constitucionais). Afinal, quem podia o mais, que era ficar livre sem pagar nada, deveria poder o menos, que era permanecer em liberdade pagando. Nesse sentido, Guilherme Nucci defendia que, "para aperfeiçoar o instituto da fiança no Brasil, todos os delitos deveriam ser afiançáveis. Os mais leves [como já ocorria no texto anterior] comportariam a fixação da fiança pela própria autoridade policial, enquanto os mais graves, somente pelo juiz". Desse modo – continua o autor –, "ela retornaria a ter um papel relevante, abrangendo sempre o réu com melhor poder aquisitivo, vinculando-o ao acompanhamento da instrução, desde que os valores também fossem, convenientemente, atualizados e realmente exigidos pelo magistrado".

2) contravenções penais de vadiagem e mendicância: também revogada pela Lei nº 12.403/2011, tal limitação não fazia sentido em face do modelo acusatório de processo penal assentado na Constituição do Brasil. A vadiagem se caracteriza pela entrega habitual ao ócio, daquele que é válido para o trabalho e não tem renda para manter a própria subsistência (art. 59, LCP). O mendigo é o pedinte, que o faz por ociosidade ou cupidez (art. 60, LCP), em que pese o referido tipo penal ter sido revogado pela Lei nº 11.983/09.

Soava ao mais absoluto despautério, na atual ordem constitucional, a vedação da admissibilidade de fiança a tais infrações (se é que tais condutas merecem o ***status*** de infração penal). Ademais, os problemas sociais e a falta de mínima estrutura levam a que o Estado, por obrigação, socorra estas pessoas, ao invés de lhes dar tratamento penal mais árido. Como se não bastasse, as contravenções penais são tratadas pela Lei nº 9.099/1995, e por previsão do art. 69, parágrafo único, não se imporá prisão em flagrante, nem será exigida fiança dos agentes para que permaneçam em liberdade. E na pior das hipóteses, caberia a liberdade provisória sem fiança do art. 310, parágrafo único, do CPP. Com o advento da Lei nº 12.403/2011, estão revogadas tacitamente as previsões de inafiançabilidade da contravenção de aposta sobre corrida de cavalo fora do hipódromo (inafiançabilidade estatuída no art. 9º, § 2º, da Lei nº 7.291/1984) e das contravenções dos artigos 45 a 49 e 58 do Decreto-lei nº 6.259/1944, dentre elas o "jogo do bicho" (inafiançáveis segundo o art. 59 desse diploma legal). Sob a égide do sistema anterior à Lei reformadora de 2011, já sustentávamos que, por serem contravenções e por consequência infrações de menor potencial ofensivo, eram de nenhuma utilidade os dispositivos que proibiam a fiança, bem como que deveriam ser reproduzidas, ***mutatis mutandis***, as mesmas críticas quanto à vadiagem e à mendicância.

3) crimes dolosos punidos com pena privativa de liberdade, se o réu já tinha sido condenado por outro crime doloso, em sentença transitada em julgado: a revogação operada pela Lei nº 12.403/2011 ratifica a impertinência de ser vedada a fiança com base na simples existência de condenação definitiva transita em julgado anteriormente. Pelo antigo texto do CPP, quem já tinha sido condenado definitivamente por um crime doloso, com sentença transitada em julgado, independentemente da natureza da pena aplicada, não podia prestar fiança no caso da prática de outro crime doloso, apenado com reclusão ou detenção, durante o inquérito ou o processo. Para a incidência dessa vedação à fiança, não era necessário tecnicamente a reincidência, potencializando a intolerância do legislador, enfim superada.

4) qualquer caso, se houver no processo prova de ser o réu vadio: a menção ao vadio foi banida pela Lei nº 12.403/2011. A perseguição ao vadio era, até então, implacável. Neste caso, o agente não estava sendo processado pela contravenção de vadiagem. Havia só um processo, versando sobre outra infração, e levavam aos autos prova de ser o réu vadio. Este motivo era suficiente para a inviabilidade da fiança. E o mais absurdo: não se exigia prévia condenação pela vadiagem. Como o Código falava em processo, a restrição em estudo não tinha cabimento na fase do inquérito policial.

5) crimes punidos com reclusão, que provoquem clamor público ou que tenham sido cometidos com violência ou grave ameaça à pessoa: não mais faz o Código menção a essa hipótese de vedação à fiança, depois da modificação promovida pela Lei nº 12.403/2011, restando revogada. O clamor público era a indignação social provocada pela repulsa à infração praticada. Era a indignação em face da repugnância do crime, como pode ocorrer, por exemplo, com a violação da sepultura de uma criança (art. 210, CP), cuja pena é de reclusão de 1 a 3 anos, e por isso, não caía na vedação inerente à pena mínima (não superior a dois anos). Além desse caso, também era prevista a proibição de ser prestada a fiança nos crimes apenados com reclusão praticados com violência ou grave ameaça à pessoa. Desse rótulo ficavam excluídas a violência presumida (expressão abolida pela Lei nº 12.015/09, que trata atualmente dos crimes sexuais contra vulnerável – art. 217-A, CP) e a violência contra objetos ou animais, como ocorre no crime de dano (art. 163, CP) ou de maus tratos (art. 32, Lei nº 9.605/1998). Mais uma vez, percebe-se que a incoerência era manifesta, já que a ocorrência de violência ou grave ameaça à pessoa não impedia a liberdade provisória sem fiança, desde que inexistentes os requisitos da preventiva.

Todas essas hipóteses caíram, porquanto revogadas pela Lei nº 12.403/2011. A regra passou a ser a afiançabilidade, de acordo com os limites legais e ressalvadas as hipóteses em que o deferimento da fiança é vedado (proibição preconizada pelo art. 323, do CPP) ou em que há óbice legal a sua concessão (impedimento estabelecido pelo art. 324 do CPP).

Vejamos assim, pontualmente, cada uma dessas vedações e impedimentos, identificando quando não será admitida fiança (artigos 323 e 324, CPP):

4.6.1. *Vedações do art. 323, CPP*

As vedações do art. 323, do CPP, com redação dada pela Lei nº 12.403/2011, já estavam dispostas no sistema processual penal brasileiro, seja na Constituição do Brasil, seja na legislação extravagante. Dispõe assim o Código que não será concedida a fiança:

> I – nos crimes de racismo;

Por previsão do art. 5º, inciso XLII da CF, é infração inafiançável, apesar de comportar liberdade provisória sem fiança cumulada ou não com as demais medidas cautelares elencadas no art. 319, do CPP. A matéria está disciplinada na Lei nº 7.716/1989, que trata dos crimes resultantes de preconceito de raça ou de cor.

> II – nos crimes de tortura, tráfico ilícito de entorpecentes e drogas afins, terrorismo e nos definidos como crimes hediondos;

São inafiançáveis (art. 5º, XLIII, CF), mas pela alteração do art. 2º, inciso II, da Lei de Crimes Hediondos, realizada pela Lei nº 11.464/2007, passaram a admitir liberdade provisória sem fiança, sem prejuízo de eventual cumulação com as demais medidas cautelares (art. 319, CPP).

> III – nos crimes cometidos por grupos armados, civis ou militares, contra a ordem constitucional e o Estado Democrático.

Também são inafiançáveis tais condutas, por força do art. 5º, inciso XLIV, da Constituição do Brasil. Algumas delas podem ser enquadradas na Lei de Segurança Nacional (Lei nº 7.170/1983). Entendemos possível, conforme critério de necessidade e adequação (art. 282, I e II, CPP), o deferimento de liberdade provisória sem fiança, com eventual cumulação com as demais medidas cautelares (art. 319, CPP).

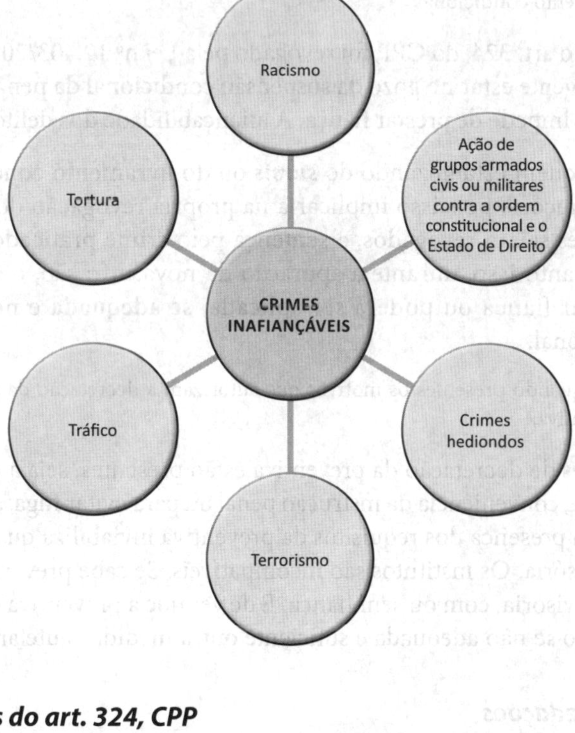

4.6.2. *Vedações do art. 324, CPP*

O art. 324 do CPP apresenta restrições infraconstitucionais à admissibilidade da fiança, por incompatibilidade lógica entre o instituto e a situação apresentada. Vejamos:

> I – aos que, no mesmo processo, tiverem quebrado fiança anteriormente concedida ou infringido, sem motivo justo, qualquer das obrigações impostas;

A quebra da fiança é a sanção em razão do descumprimento das obrigações imputadas ao afiançado. Nessa linha, quem quebra a fiança rompe o vínculo de confiança com a autoridade, e naquele mesmo processo, não será admitido a novamente gozar do instituto. Ao julgar quebrada a fiança, cabe ao juiz decidir sobre a imposição de outras medidas cautelares ou, se for o caso, decretar a prisão preventiva (medida extrema). De todo modo, pode o agente pleitear liberdade provisória **sem fiança**, sempre arrimado nos critérios do art. 282, I e II, do CPP Não obsta também a possibilidade de pleitear fiança em outro processo.

> II – em caso de prisão civil ou militar;

Tais prisões têm caráter nitidamente obrigacional, como no caso da prisão civil do inadimplente em alimentos, ou objetivam o restabelecimento imediato da ordem e da disciplina, como nas transgressões militares, e a admissibilidade de fiança frustraria todo o contexto e eficiência das medidas. Por isso a vedação. Nada impede que tais prisões sejam questionadas e combatidas quanto à sua legalidade, através da ação de *habeas corpus*.

Em consonância com a ordem constitucional, não mais se faz referência à prisão administrativa e disciplinar.

> III – aos que estivessem no gozo da suspensão condicional da pena ou do livramento condicional;

O inciso III, do art. 324, do CPP, foi revogado pela Lei nº 12.403/2011, de forma que o simples fato de o agente estar no gozo da suspensão condicional da pena ou do livramento condicional, não o impede de prestar fiança. A afiançabilidade dos delitos tornou-se regra.

É de ver que quem está gozando do ***sursis*** ou do livramento condicional não pode praticar novas infrações, pois isso implicaria na própria revogação dos institutos. Contanto, para que eles sejam revogados, a sentença pelo crime praticado precisa transitar em julgado. Enquanto isso, durante a apuração da nova infração, o agente poderá ser admitido a prestar fiança ou poderá ser aplicada, se adequada e necessária, medida cautelar não prisional.

> IV – quando presentes os motivos que autorizam a decretação da prisão preventiva;

Se as hipóteses de decretação da preventiva estão presentes, seja a garantia da ordem pública, econômica, conveniência da instrução penal ou para evitar fuga, a fiança estará obstaculizada. Aliás, a presença dos requisitos da preventiva inviabiliza qualquer modalidade de liberdade provisória. Os institutos são incompatíveis. Se cabe preventiva, é porque não cabe liberdade provisória, com ou sem fiança. É de ver que a preventiva é medida extrema, e só terá cabimento se não adequada e suficiente outra medida cautelar menos gravosa.

4.6.3. Demais vedações

Temos ainda uma série de restrições à fiança, em face de algumas infrações. Estão diluídas no texto constitucional e na legislação extravagante. Vejamos.

a) Estatuto do desarmamento (Lei nº 10.826/2003): o parágrafo único do art. 14 (porte ilegal de arma de uso permitido) e o parágrafo único do art. 15 (disparo de arma de fogo), vedavam a admissibilidade de fiança para tais infrações. O STF, contudo, apreciando a ADI-3137, declarou inconstitucionais esses dispositivos. Como já admitiam liberdade provisória sem fiança, também passaram ao rol de infrações afiançáveis. Com a Lei nº 12.403/2011, é possível também a aplicação de outras medidas cautelares diversas da prisão (art. 319, CPP). Do informativo nº 465 do STF, extraímos:

> (...) relativamente aos parágrafos únicos dos artigos 14 e 15 da Lei 10.868/2003, que proíbem o estabelecimento de fiança, respectivamente, para os crimes de porte ilegal de arma de fogo de uso permitido e de disparo de arma de fogo, considerou-se desarrazoada a vedação, ao fundamento de que tais delitos não poderiam ser equiparados a terrorismo, prática de tortura, tráfico ilícito de entorpecentes ou crimes hediondos (CF, art. 5º, XLIII). Asseverou-se, ademais, cuidar-se, na verdade, de crimes de mera conduta que, embora impliquem redução no nível de segurança coletiva, não podem ser igualados aos crimes que acarretam lesão ou ameaça de lesão à vida ou à propriedade.

b) Crime organizado (Lei nº 12.830/2013 – revogada a Lei nº 9.034/1995): com a nova regulamentação do tema, os agentes que tenham tido intensa e efetiva participação na organização criminosa, poderão prestar fiança. A nova Lei de Organização Criminosa não repetiu a previsão contida no art. 7º da Lei nº 9.034/1995, que vedava o instituto. Recorde-se ainda que, a partir da vigência da Lei nº 12.403/2011 é possível a imposição de medidas cautelares diversas da prisão, com vistas a evitar a decretação da preventiva (§ 6º do art. 282, CPP).

c) Crimes contra o sistema financeiro (Lei nº 7.492/1986): o art. 31 veda a admissibilidade de fiança, nos crimes contra o sistema financeiro apenados com reclusão, se estiverem presentes os requisitos da preventiva. Já vimos que a preventiva é incompatível com qualquer modalidade de liberdade provisória. Portanto, ociosa a disposição legal.

d) Lavagem de dinheiro (Lei nº 9.613/1998): o art. 3º vedava a admissibilidade de fiança ao branqueamento de capitais, além de impedir liberdade provisória sem fiança. A Lei nº 12.683/2012 revogou tal dispositivo, passando-se, portanto, a admitir ambos os institutos para esse delito.

4.7. Quebra da fiança

A quebra é ocasionada pelo descumprimento injustificado das obrigações do afiançado (item 4.5). É a sanção processual imposta (apenas) pelo Judiciário àquele que rompeu com o laço de confiança. Para que a quebra seja determinada, acreditamos que o afiançado deve ser ouvido, respeitando-se o contraditório e oportunizando eventual justificativa. A quebra pode ser determinada de ofício ou por provocação, tendo as seguintes consequências (art. 343, CPP):

- perda de metade do valor caucionado, que será recolhido ao fundo penitenciário, depois de deduzidas as custas e demais encargos a que o acusado estiver obrigado. A outra parte será devolvida. Mesmo que ao final o réu seja absolvido, a quebra não é revertida. Assim, fica apenas com 50% do que prestou a título de fiança;

- imposição de outras medidas cautelares pelo juiz ou, se for o caso, a decretação da prisão preventiva, com recolhimento ao cárcere, efetivando-se a prisão que foi evitada pela prestação de fiança, ou restabelecendo-se aquela previamente existente. Naturalmente, na fase investigativa, a decretação da preventiva como consequência da quebra dependerá de provocação judicial (art. 311, CPP). Enquanto o réu não for preso, o processo segue à sua revelia;
- impossibilidade, naquele mesmo processo, de nova prestação de fiança (art. 324, I, CPP).

A decisão pela quebra da fiança, sendo interlocutória, comporta recurso em sentido estrito (art. 581, VII, CPP), que terá efeito suspensivo apenas quanto ao perdimento da metade do valor prestado em garantia (art. 584, § 3º, CPP). Esse recurso pode ser interposto até mesmo pelo terceiro que prestou fiança em favor de outrem. A quebra não implica mais o recolhimento imediato ao cárcere, devendo o juiz aplicar outras medidas cautelares quando julgar quebrada a fiança, conforme critério de proporcionalidade e, só em último caso, decretar a prisão preventiva. Uma vez provido o recurso contra o quebramento, a fiança volta a subsistir em todos os seus efeitos, retirando-se imediatamente a eficácia de outra medida cautelar imposta por ocasião da quebra e/ou colocando-se o agente em liberdade, nas mesmas condições anteriores (art. 342, CPP).

4.8. Perda da fiança

Uma vez transitada em julgado a sentença condenatória que imprima ao réu pena privativa de liberdade, independentemente do regime, se fechado, aberto ou semiaberto, o condenado terá que se recolher ao cárcere para iniciar o cumprimento da pena. Não pode frustrar a efetivação da punição, esquivando-se da apresentação a prisão, ou evadindo-se para não ser encontrado pelo oficial ou outra autoridade encarregada de levá-lo ao cárcere. Se o fizer, a fiança será julgada perdida, e por consequência, o valor remanescente da fiança, que já serviu para pagar custas, adimplir prestação pecuniária, indenizar a vítima, e cobrir eventual multa, não será devolvido, sendo canalizado ao fundo penitenciário, na forma da lei. Assim, 100% do que restar, após as deduções das custas e mais encargos a que o acusado estiver obrigado, será destinado aos cofres federais (art. 345, CPP).

A decisão que decreta a perda, privativa do juiz, comporta recurso em sentido estrito (art. 581, VII, CPP). Da mesma forma, tem efeito suspensivo quanto à destinação do valor remanescente (art. 584, *caput*, CPP).

4.9. Cassação da fiança

Em regra, fiança a ser cassada é aquela concedida por equívoco. A cassação funcionaria como a retificação de um erro, em razão de admissão da fiança em situação que não comportava. Ex: réu que presta fiança em processo por crime hediondo. Sendo a fiança expressamente vedada (art. 5º, XLIII, CF), deve ser cassada, de ofício, ou por provocação. Só o Judiciário pode determinar a cassação.

Admite-se ainda a cassação, caso ocorra uma inovação na tipificação do delito, reconhecendo-se a existência de infração inafiançável (art. 339, CPP). Imaginemos que o agente tenha sido indiciado por lesão corporal grave, e durante o inquérito, foi admitido a prestar fiança. Concluído o inquérito, e no momento da propositura da denúncia, o MP, analisando os autos, entende que o delito praticado pelo agente na função de delegado de polícia, deve ser tipificado como crime de tortura, logo inafiançável. Oferecida a denúncia, a fiança deve ser prontamente cassada, seja por requerimento do MP, seja de ofício, podendo o juiz aplicar medida cautelar diversa da prisão ou decretar, se necessário, a prisão preventiva, por decisão fundamentada.

Como o parâmetro para a fiança não é mais o quantitativo da pena do delito – já que, independentemente da sanção prevista em abstrato, todo crime é, em tese, afiançável, salvo vedação ou impedimento previsto na Constituição ou em lei –, não é mais motivo para a cassação o aditamento da denúncia que impute mais uma infração ao réu. Pelo regime anterior à Lei nº 12.403/2011, em face do concurso material implicar a soma das penas, caso fosse ultrapassado, em tese, o limite mínimo legal (pena mínima de dois anos), devia haver a cassação.

A decisão de cassação da fiança, tendo natureza interlocutória, comporta recurso em sentido estrito (art. 581, V, CPP), sem efeito suspensivo. O recolhimento ao cárcere não é mais imediato, dependendo de decisão fundamentada do juiz que o determine, caso não seja adequada medida cautelar diversa da prisão. Por sua vez, o bem caucionado será devolvido integralmente, afinal não houve nenhuma falta do afiançado. Julgado procedente o recurso, a fiança será **restaurada**, voltando-se ao ***status quo ante.***

A cassação pode até mesmo ocorrer na fase recursal. Uma vez cassada a fiança, dizemos que a mesma foi **julgada inidônea**.

4.10. Reforço da fiança

O bem prestado em fiança deve corresponder ao valor fixado para a sua concessão durante toda a persecução penal. Desta forma, o reforço é a necessidade de complementar a fiança, seja porque ela foi tomada, por equívoco, em valor insuficiente; seja quando ocorrer a depreciação material ou perecimento de bens hipotecados ou caucionados, ou depreciação dos metais ou pedras preciosas; ou quando for inovada a classificação do delito, que tenha repercussão, em razão da alteração da pena, no quantitativo da fiança. Imaginemos um indiciamento por furto simples (art. 155, *caput*, CP), cuja pena em abstrato é de 1 a 4 anos (fiança pode variar de 1 a 100 salários mínimos), e no momento da denúncia, o MP imputa ao infrator furto qualificado, cuja pena é de 2 a 8 (fiança pode ser fixada de 10 a 200 salários mínimos). A qualificadora não impede a manutenção da fiança que tenha sido prestada na fase do inquérito, contudo, como houve alteração da pena (duplicação), e esta circunstância influencia na dosimetria da fiança, esta deve ser reforçada.

Se o reforço não for realizado, a fiança vai ser **julgada sem efeito** (ato fundamentado do juiz), com a possibilidade de aplicação, pela autoridade judiciária, de outra medida cautelar diversa da prisão ou, se necessária, imposição da prisão preventiva. É mais uma modalidade de **inidoneidade** da fiança. Da mesma forma, se a fiança foi prestada sem autorização de um dos cônjuges, havendo tal exigência, implica ineficácia total da garantia (súmula nº 332, STJ). O bem que tinha sido dado em garantia será integralmente devolvido. A decisão que julga sem efeito a fiança comporta recurso em sentido estrito, sem efeito suspensivo (art. 581, V, CPP).

Se em face da situação de pobreza, o agente não tem condições de reforçar a fiança, por ter passado a ser excessivamente onerosa em razão da exigência do reforço, poderá ser dispensado do implemento, permanecendo assim em liberdade, com pleno efeito da fiança prestada, afinal, se pode ser dispensado do todo (art. 350, CPP), nada impede que o juiz o dispense do complemento.

4.11. Dispensa da fiança

Sendo a fiança um direito, é inimaginável que os incluídos financeiramente pudessem ficar livres, por terem condição de pagar, e os pobres tivessem que ficar reclusos, pelo desprestígio da condição financeira. Como o art. 5º, *caput* da CF assevera o princípio da igualdade, e esta tem que ser material, tratando-se desigualmente os desiguais, prevê o art. 350 do CPP que "nos casos em que couber fiança, o juiz, verificando a situação econômica do preso, poderá conceder-lhe liberdade provisória, sujeitando-o às obrigações constantes dos arts. 327 e 328 deste Código e a outras medidas cautelares, se for o caso".

De outra vertente, nos termos do parágrafo único, do mesmo art. 350 do Código, caso o beneficiado descumpra, sem justo motivo, qualquer obrigação que haja sido imposta por ocasião da dispensa do recolhimento da fiança ou outra medida cautelar aplicada (art. 319 do CPP), o juiz, de ofício ou mediante requerimento do Ministério Público, de seu assistente ou do querelante, poderá substituir a medida, impor outra em cumulação, ou, em última hipótese, decretar a prisão preventiva, se presentes os requisitos do art. 312, do Código, e não for suficiente outra cautela não cerceadora de liberdade (art. 319, CPP).

A prova da situação econômica do preso pode ser feita por qualquer elemento idôneo, como contracheque, termo de declaração de testemunhas, ou assistência pela Defensoria Pública. Entendemos que o atestado de pobreza dado pela autoridade policial, com previsão no art. 32, § 2º, do CPP, refoge às atribuições do delegado, contudo reconhecemos que é uma praxe, sendo amplamente aceito.

A dispensa não é uma discricionariedade do magistrado, e sim um direito do beneficiário. Presentes os requisitos que admitiriam a fiança e demonstrada a hipossuficiência, a concessão é de rigor. Nesse sentido Frederico Marques e Heráclito Antônio Mossin. Contra, o magistério de Mirabete, ao argumento de que a fiança "é uma faculdade judicial, podendo o magistrado concluir que o réu não oferece garantia de outras espécies, pela falta de residência fixa, de liame com o distrito da culpa, da periculosidade do agente, de sua vida pregressa ou personalidade etc., devendo denegar o benefício, mesmo porque estarão presentes as razões que autorizam a decretação da prisão preventiva".

4.12. Procedimento

A fiança poderá ser concedida a qualquer momento da persecução penal. Enquanto não transitar em julgado a sentença, admite-se o arbitramento de fiança, até mesmo na pendência de recurso especial ao STJ ou de extraordinário ao STF. Nessa linha, o art. 334 do CPP preconiza que a fiança poderá ser prestada enquanto não advier o trânsito em julgado da sentença condenatória.

Não existe mais a fiança provisória, que era prestada em caráter precário, e depois se submetia ao procedimento verificatório das condições de admissibilidade. Atualmente a análise dos requisitos é prévia, e assim, uma vez admitida a fiança, esta é definitiva (art. 330, CPP).

A fiança pode ser arbitrada tanto pela autoridade policial quanto pela judiciária. Aí está uma das vantagens do instituto. Admitindo-se que o delegado arbitre fiança, somente nos casos de infração cuja pena privativa de liberdade máxima não seja superior a quatro anos (art. 322, *caput*, CPP), há uma celeridade na resolução do problema.

Nos demais casos (se o crime for apenado com pena privativa de liberdade máxima superior a quatro anos, se já se tratar da fase processual ou se for preciso suprir a omissão ou negativa do delegado), caberá ao juiz o arbitramento da medida, e uma vez requerida, terá 48 horas para decidir (art. 322, parágrafo único, CPP). De qualquer sorte, a deliberação, seja pelo delegado ou pelo magistrado, independe da prévia oitiva do MP. O promotor será intimado da decisão, para tomar as medidas que entendia cabíveis, e se quiser, poderá recorrer (art. 333, CPP). Em que pese a literalidade legal, deve-se respeitar o contraditório prévio, salvo os casos de urgência ou de risco de ineficácia da medida (art. 282, § 3º, CPP). Nada impede também que se impetre *habeas corpus* para a obtenção da liberdade provisória mediante fiança. O interessado poderá requerer o instituto diretamente à autoridade que preside o procedimento, ou, indicando-a como autoridade coatora, se valer do HC (art. 648, V, CPP).

Como forma de documentação e organização, "nos juízos criminais e delegacias de polícia, haverá um livro especial, com termos de abertura e de encerramento, numerado e rubricado em todas as suas folhas pela autoridade, destinado especialmente aos termos de fiança. O termo será lavrado pelo escrivão e assinado pela autoridade e por quem prestar a fiança, e dele extrair-se-á certidão para juntar-se aos autos" (art. 329, *caput*, CPP). O livro funciona como ferramenta de controle das fianças concedidas.

4.13. Execução

Com o advento do trânsito em julgado da sentença condenatória, os bens dados em garantia devem ser convertidos em dinheiro, para propiciar o pagamento das custas, indenizar a vítima, e quitar eventual multa. Se a fiança consistir em hipoteca, a execução será realizada na **esfera cível**, com iniciativa do Ministério Público (art. 348, CPP). Já se houve o caucionamento de pedras, objetos ou metais preciosos, o próprio juiz criminal determinará a venda, através de leiloeiro ou corretor, tentando assim obter a melhor arrecadação possível. De igual maneira se procederá se tiver havido a quebra ou a perda da fiança, pois nestas hipóteses, como já visto, parte dos valores será arrecadada para o Fundo Penitenciário Nacional.

5. OUTRAS MEDIDAS CAUTELARES DIVERSAS DA PRISÃO

5.1. Considerações gerais

O sistema cautelar do processo penal sofreu reforma estrutural com a Lei nº 12.403/2011. Além de restabelecer o prestígio da fiança, tornando regra a admissibilidade de sua concessão, salvo nos casos de vedação ou impedimento, o legislador trouxe um rol de medidas cautelares, com a previsão expressa de que devem ser impostas de forma preferencial à prisão.

Encerra-se, portanto, a angustiante dicotomia entre o cárcere e a liberdade, que eram os dois extremos existentes ao longo da persecução penal, numa verdadeira bipolaridade cautelar do sistema brasileiro. Agora, alberga-se um rol de medidas constritivas não tão extremas quanto o cárcere, nem tão brandas quanto a mera manutenção da liberdade do agente, até então condicionada ao mero comparecimento aos atos da persecução penal (antiga redação do art. 310, CPP).

Mesmo sob a égide da disciplina cautelar anterior, o juiz poderia impor medidas cautelares não previstas expressamente no texto legislativo, toda vez que se revelassem menos gravosas que a prisão processual. Entretanto, com a previsão de um elenco de medidas cautelares no art. 319 do CPP, tem-se a vantagem de se indicar ao juiz, de forma exemplificativa, a ampla possibilidade de aplicação de medidas diversas da prisão preventiva, sublinhando que esta só será decretada em último caso.

Desse modo, embora exista um rol expresso de medidas cautelares, nada impede que o juiz estabeleça outras tantas que sejam adequadas ao caso concreto, desde que não exceda os limites autorizados pela legislação. Daí pode o magistrado valer-se do rol do art. 319 do CPP, bem como de outras medidas menos restritivas, mas não pode aplicar medida cautelar mais gravosa sem que haja autorizativo legal expresso. Natural que seja assim, pois ninguém pode ser privado de sua liberdade ou de seus bens sem o devido processo legal, pelo que transbordaria essa limitação constitucional a adoção de medidas cautelares ou assecuratórias mais ásperas que as acolhidas legislativamente.

Sublinhe-se que o cumprimento da medida cautelar imposta pode servir, inclusive, para efeitos de detração, havendo equivalência entre a cautelar cumprida e a pena cominada em futura sentença condenatória. Assim, aplicando-se ao final do processo pena restritiva de direitos, nada impede que o tempo de submissão a uma cautelar similar sirva para abatimento.

5.1.1. Bipolaridade das medidas cautelares e poder geral de cautela no processo penal

A bipolaridade é expressão utilizada para designar o sistema cautelar anterior ao advento da Lei nº 12.403/2011, que previa que o juiz, ao receber o auto de prisão em flagrante, só contaria com duas possibilidades cautelares: **(1)** a prisão (medida cautelar prisional); e **(2)** a liberdade provisória, com ou sem fiança (medida cautelar diversa da prisão)[5].

Com a edição da Lei nº 12.403/2011, o CPP passou a prever nove medidas cautelares diversas da prisão, de forma expressa, nos incisos I a IX, de seu art. 319. A doutrina diverge sobre se este rol é taxativo ou exemplificativo. Sua aplicação deve ser regida pelos pressupostos do art. 282, do Código de Processo Penal.

Na jurisprudência, verifica-se a predominância da admissão do poder geral de cautela em matéria criminal, mormente no âmbito do STJ. Também, pela dicção dada ao art. 319, do CPP, depreende-se a possibilidade de argumentar que o rol de medidas cautelares diversas da prisão é revestido de linguagem aberta, para admitir modificações no modo de aplicação do texto legal.

5. GOMES, Luiz Flávio; SOUSA, Áurea Maria Ferraz. *Em que consiste o sistema bipolar cautelar?* Disponível em:<http://atualidadesdodireito.com.br/lfg/2011/10/21/em-que-consiste-o-sistema-bipolar-cautelar/>. Acesso em: 16/12/2013.

No entanto, existem posicionamentos no Superior Tribunal de Justiça que negam a existência de poder geral de cautelar em processo penal quando seu fito seja restritivo, em razão dos limites impostos pela legalidade penal e pelo princípio da presunção de inocência[6].

Ao que nos parece, o STJ só refuta o poder geral de cautela quando a medida aplicada ***in concreto*** for mais gravosa que aquela que a lei admite ***in abstrato***, ou seja, imposta ao mero talante do juiz[7]. Em outros termos, se o magistrado, fundado no poder geral de cautela, impõe medida menos restritiva que a prevista estritamente por lei, razão não há para qualificar de ilegal ou inconstitucional o seu exercício de poder geral cautelar.

Daí que se a bipolaridade existia só no plano da expressão (conforme a letra do CPP) anteriormente à reforma operada pela Lei nº 12.403/2011, com a vigência do novo sistema de múltiplas medidas cautelares previstas textualmente no art. 319, do CPP, tem um juiz um leque explícito de possibilidades, de acordo com o ali descrito. Para fazer incidir as hipóteses de cautelares diversas da prisão, reputa-se também "imperioso estabelecer parâmetros legais para que tal ponderação seja feita de modo a reduzir o espaço propício ao subjetivismo e ao autoritarismo, como alvitra Luís Gustavo Grandinetti[8].

Passamos a considerar ser vedado, no processo penal, o uso do poder geral de cautela dos juízes, ainda que sob o argumento de que, para proteger garantia do imputado, aplicar medida cautelar menos gravosa que a prisão, por ele construída. Cabe avivar, se não é proporcional a aplicação de prisão cautelar, nem a das medidas cautelares descritas legalmente, o magistrado não terá o poder de alterar o sentido das hipóteses legais ou de combinar os seus conteúdos para forjar medida cautelar nova, ainda que sob o pretexto de outorgar maior "benefício" ao réu. Em todo caso, portanto, deve vigorar o valor liberdade. Se não há lugar para quaisquer medidas cautelares previstas em lei – sejam elas prisionais, pessoais ou patrimoniais – porque excessivas as que atendem o requisito da legalidade estrita, deve o juiz conceder liberdade plena e irrestrita ao réu.

No Informativo-STF nº 906, que noticiou o reconhecimento, por maioria de votos, da condução coercitiva do imputado ficou assentado que "a ausência de colaboração do indiciado ou réu com as autoridades públicas e o exercício da prerrogativa constitucional contra a autoincriminação não podem erigir-se em fatores subordinantes da decretação de prisão cautelar ou da adoção de medidas que restrinjam ou afetem a esfera de liberdade jurídica do réu". Em acréscimo, foi dito, no voto do Ministro Celso de Mello, que a condução coercitiva do indiciado ou do réu para interrogatório, independentemente de prévia e regular intimação, não poderia ser determinada com base no denominado poder geral de cautela do juiz criminal. Decerto, "diante do postulado constitucional da legalidade estrita em matéria processual penal, inexiste, no processo penal, o poder geral de cautela dos juízes"[9].

6. STJ – Quinta Turma – HC 222.298/SE – Rel. Min. Jorge Mussi – DJe 30/10/2013.
7. STJ – Sexta Turma – HC 139.235/GO – Rel. Min. Maria Thereza de Assis Moura – DJe 29/06/2012.
8. CARVALHO, Luís Gustavo Grandinetti Castanho de. Constituição, medidas cautelares e ordem pública. In: *Acesso à justiça e efetividade do processo*. Geraldo Prado (coord). Rio de Janeiro: Lumen Juris, 2005. p.255.
9. STF – Pleno – ADPF's 395/444-DF – Rel. Min. Gilmar Mendes – julgado em 13 e 14.6.2019 – Informativo nº 906, de 11 a 15 de junho de 2018.

5.1.2. Princípios informadores

A imposição das regras das medidas cautelares diversas da prisão são informadas pelos seguintes princípios:

a) Princípio da substitutividade: as medidas cautelares foram encampadas pelo legislador com a função precípua de substituírem as medidas cautelares prisionais. Por outro lado, verificada a ineficiência de uma medida cautelar diversa da prisão menos gravosa, é admissível que seja substituída por medida cautelar também diversa da prisão, de natureza mais restritiva, toda vez que a primeira tenha se revelado insuficiente.

b) Princípio da revogabilidade ou da provisionalidade: as condições que autorizaram a decretação da medida cautelar são a justificativa para a sua manutenção. Diz-se, desse modo, que as medidas cautelares diversas da prisão são regidas pela regra *rebus sic stantibus*. O subprincípio da necessidade norteia a sua manutenção, que pode variar consoante se alterem seus requisitos iniciais. O nome "provisionalidade" referido pela doutrina tem o condão de dar realce para a necessidade da persistência da situação cautelanda. Daí ser uma medida situacional. Nas palavras de Wedy, "tem conexão com interinidade, ou seja, é aquilo que irá durar enquanto não sobrevenha evento novo que modifique a situação"[10].

c) Princípio da proporcionalidade: como toda medida cautelar, os critérios da necessidade, adequação e proporcionalidade em sentido estrito devem preencher a fundamentação da decretação das medidas cautelares diversas da prisão. Em certa medida, a proporcionalidade foi expressamente prevista pelo legislador na atual redação do art. 282, CPP, haja vista como ali dita os pressupostos gerais para a imposição de toda e qualquer medida cautelar.

d) Princípio da fungibilidade: respeitados os limites atinentes ao princípio da iniciativa das partes (o juiz só pode agir de ofício, em regra, depois de instaurado o processo penal), é admissível que o juiz decrete medida cautelar diversa da que foi requerida pelo interessado, notadamente quando menos gravosa ao acusado. De tal sorte, é possível que, recebendo pedido de prisão preventiva, o juiz, ao invés de decretar tal medida extrema, resolva por impor a medida cautelar diversa da prisão mais adequada.

e) Princípio da não taxatividade: é possível a imposição de medida cautelar diversa da prisão não prevista de maneira expressa na legislação, desde que o desacatamento do modelo legal seja aplicável de forma benéfica ao acusado. Não é admissível, por outro lado, a criação de medida cautelar que implique situação mais gravosa da que seria possível nos termos exatos da legislação processual penal.

f) Princípio da temporariedade, temporaneidade ou provisoriedade: a medida cautelar diversa da prisão, por sua natureza precária, limita-se à duração máxima do processo de conhecimento. Melhor seria que as medidas cautelares pessoais (prisionais ou diversas da prisão) tivessem, por ocasião da decretação, um limite temporal previamente estabelecido. Tal só existe para a prisão temporária. No entanto, fato é que as cautelares diversas da prisão não se destinam a durar para sempre, sendo intolerável o seu uso permanente com o fito de submeter o acusado a controle ilimitado no tempo.

10. WEDY, Miguel Tedesco. *Eficiência e prisões cautelares*. Porto Alegre: Livraria do Advogado, 2013. p. 68.

g) Princípio da jurisdicionalidade e da motivação[11]**:** as medidas cautelares diversas da prisão carecem de crivo judicial devidamente motivado. Ainda que se imagine a imposição de fiança pela autoridade policial, certo é que seu controle estará sujeito ao juiz que em tese será competente para o futuro e eventual processo penal. Inconstitucional, portanto, a previsão de possibilidade de aplicação de medidas de natureza cautelar pela via administrativa, tal como o fez a Lei nº 13.506/2017, ao permitir que providências análogas aos do art. 419, do CPP, sejam impostas por meio de processo administrativo conduzido pelo Banco Central do Brasil, ainda que a pretexto de imposição de sanções administrativas[12].

h) Princípio da excepcionalidade: é cediço que a prisão preventiva é a *ultima ratio* dentre as medidas cautelares pessoais e, por isso, dotada de mais excepcionalidade que qualquer outra. Sem embargo, as demais medidas cautelares (diversas da prisão) não devem ter aplicação banalizada. Admitir o contrário seria instaurar sistema da lei e da ordem (inquisitivo), o que não é compatível com o núcleo de processo penal estatuído na Constituição de 1988.

5.2. Momento e legitimidade

As medidas cautelares são passíveis de aplicação ao longo de toda a persecução penal, é dizer, durante toda a investigação criminal, seja ela conduzida pela polícia ou por outros órgãos de investigação, como as CPI´s, e durante o processo.

Não há, na lei, prazo de durabilidade da medida. Portanto, a dilação no tempo depende do fator necessidade. A depender do estado das coisas (cláusula ***rebus sic stantibus***), e da adequação ao caso concreto, a cautelar pode ser substituída, cumulada com outra, ou mesmo revogada, caso não mais se faça necessária. Sobrevindo novas provas indicando a sua conveniência, nada impede que seja redecretada.

Por outro lado, a razoável duração das medidas cautelares é também vetor interpretativo, por conduto do art. 5º, inciso LXXVIII, da CF/1988. A dilação excessiva da cautelar pode trazer constrangimento ilegal, afinal, mesmo sendo substitutivas do cárcere, elas importam ônus e limitação ao imputado, inclusive quando ao seu direito de ir, vir e ficar, como no monitoramento eletrônico, na proibição de frequentar determinados lugares, na proibição de ausentar-se da comarca e no recolhimento domiciliar. Portanto, a irrazoabilidade temporal denota a ilegalidade da medida, desafiando mandado de segurança e até mesmo *habeas corpus*.

11. LOPES JR, Aury. *Direito processual penal*. 12. ed. São Paulo: Saraiva, 2015. p. 662.
12. A Lei nº 13.506/2017 regula procedimento administrativo para aplicação de sanção a pessoas físicas e jurídicas na esfera de atuação do Banco Central e da Comissão de Valores Mobiliários. A recentíssima lei deve merecer controle de constitucionalidade e interpretação conforme a Constituição em alguns de seus dispositivos:(1) a inabilitação para o serviço deve ser imposta após procedimento com contraditório e ampla defesa. Deve, ademais, haver restrição à regra de atribuição outorgada ao órgão administrativo (o que exorbitar à esfera de atribuição legal do Banco Central, deve ser requerido judicialmente, afinal a lei não deve afastar do Poder Judiciário lesão ou ameaça a direito – art. 5º, CF/1988); (2) as medidas coercitivas, antecipadas, devem obedecer cláusula de reserva jurisdicional (veja-se a similaridade com as medidas cautelares do art. 319, CPP); (3) entendemos de duvidosa constitucionalidade as modalidades de colaboração premiada que implicam suspensão pactuada de garantias. Tal problema parece se agravar quando se vê sua previsão em procedimento extrajudicial.

5.3. Requisitos

Como toda medida cautelar, pressupõem a presença do ***fumus commissi delicti*** (indícios de autoria e demonstração da materialidade), que é a justa causa para a decretação da medida, somando-se ao ***periculum*** ao regular transcorrer da persecução penal, ou o risco inerente a liberdade plena, de sorte que as amarras ao agente caracterizam exatamente a pertinência da constrição às circunstâncias do fato. Exigem assim:

1) a necessidade para aplicação da lei penal, para a investigação ou a instrução criminal e, nos casos expressamente previstos, para evitar a prática de infrações penais. Espera-se com isso coibir a ocorrência de fuga, preservar a colheita dos elementos indiciários e/ou a prospecção probatória, assim como evitar a reiteração de delitos, seja quando a manutenção do agente no desempenho funcional facilite a perpetuação criminosa, ou quando a convivência social em horários específicos ou fins de semana facilitem a delinquência.

2) a adequação da medida à gravidade do crime, circunstâncias do fato e condições pessoais do indiciado ou acusado. Tem-se aqui vetores interpretativos que vão balizar, inclusive, a escolha da cautelar que tenha maior aderência, levando em conta a gravidade (concreta) do delito, as circunstâncias de como o fato criminoso foi praticado, retratando a historiografia do crime, além das condições pessoas do agente, individualizando-se a conduta e o seu protagonista.

3) aplicação isolada, cumulada ou alternada de pena privativa de liberdade. É dizer, as cautelares em voga não se destinam a infrações que têm na multa a única pena, caracterizando verdadeiras contravenções. Da mesma forma, quando a única sanção prevista é a restrição de direitos, como ocorre no porte para uso de drogas, caracterizado como crime, porém sem reprimenda cerceadora da liberdade (art. 28, Lei nº 11.343/06).

5.4. Cautelares em espécie

Vejamos cada uma delas, que estão sempre a depender da presença dos pressupostos gerais (cânones interpretativos para imposição dessas restrições):

I – comparecimento periódico em juízo, no prazo e nas condições fixadas pelo juiz, para informar e justificar atividades;

A frequência de comparecimento deve ser estabelecida pelo juiz sempre com a finalidade de que o agente venha a informar e justificar suas atividades, vinculando-o a persecução penal. Nada impede que a finalidade seja outra, menos exigente (para o acusado simplesmente informar que não houve alteração de sua situação financeira, que o impediu de prestar fiança). Trata-se de medida cautelar com possibilidade de ampla imposição.

A periodicidade, fixada judicialmente, deve atender a razoabilidade, de forma que não prejudique a rotina de trabalho do indivíduo, e seja condizente com sua condição pessoal (se idoso, a frequência ao fórum, em regra, será menor que a dos demais acusados).

II – proibição de acesso ou frequência a determinados lugares quando, por circunstâncias relacionadas ao fato, deva o indiciado ou acusado permanecer distante desses locais para evitar o risco de novas infrações;

A vedação deve ser revestida de plausibilidade, não sendo admissível que seja dissociada dos fatos. Daí que, quando a frequência a determinados ambientes seja fator de potencialização da prática de delitos, como festas de largo, bares, prostíbulos, a restrição será pertinente, desde que coerente com o contexto do delito anteriormente praticado.

Não se deve tolerar vedações genéricas, imprecisas. Por outro lado, a medida tem cabimento quando, por si só, seja suficiente a evitar a prática de novas infrações. Percebendo o magistrado que a medida pode não ser bastante, como ***ultima ratio***, é possível a decretação da preventiva, como forma de garantir a ordem pública, se o delito e as circunstâncias comportarem a medida (adequação).

III – proibição de manter contato com pessoa determinada quando, por circunstâncias relacionadas ao fato, deva o indiciado ou acusado dela permanecer distante;

Pode o agente ser proibido de entrar em contato com determinada pessoa, mas a vedação, consoante critério de proporcionalidade, deve guardar relação com o fato delituoso, a exemplo da necessidade dessa cautela no caso de infração que envolva violência ou grave ameaça contra o indivíduo.

Não podemos descurar das pessoas que vão contribuir com a persecução penal, como testemunhas, peritos, assistentes técnicos e a própria vítima. Por essa razão, e para tutela da instrução criminal, a proibição também se faz pertinente.

Percebe-se que a vedação ao contato não se restringe ao mesmo ambiente físico, coibindo-se telefonemas, emails, cartas, e qualquer outra forma da qual possa gerar intimidação. É de bom tom que o beneficiado pela medida seja sempre informado, alimentando o juízo com informações sobre eventual descumprimento, que servirão como mais uma fonte de cognição, que pode gerar, inclusive, havendo revogação do instituto, a decretação eventual da prisão preventiva, se o delito comportar a medida.

IV – proibição de ausentar-se da Comarca quando a permanência seja conveniente ou necessária para a investigação ou instrução;

Como se depreende, a vedação não pode ser arbitrária. Em regra, o acusado deve responder ao processo em liberdade provisória, comumente com a imposição de obrigações. A limitação deve ser justificada pela necessidade de produção indiciária/probatória, seja na fase preliminar, seja na processual. Para que a medida não seja ineficaz, o juízo encaminhará comunicação aos órgãos de fiscalização, com o fito de se certificar que o agente não está se ausentando da sua sede jurisdicional. Nas grandes comarcas, a imposição dessa cautelar é de efetividade duvidosa. Caso se trate de proibição de ausentar-se do País, a decretação da cautelar será comunicada pelo juiz às autoridades encarregadas de fiscalizar as saídas do território nacional, intimando-se o indiciado ou acusado para entregar o passaporte, no prazo de 24 (vinte e quatro) horas (art. 320, CPP).

V – recolhimento domiciliar no período noturno e nos dias de folga quando o investigado ou acusado tenha residência e trabalho fixos;

A medida cautelar em tela é a ideal para tornar a prisão preventiva realmente excepcional. Sendo suficiente o recolhimento domiciliar, desnecessária é a segregação cautelar. Para ser possível sua imposição, exige-se que o agente possua residência e trabalho fixos. Daí não caber o recolhimento domiciliar quando se constatar a necessidade de se garantir a aplicação da lei penal, por já ter o acusado fugido do distrito de culpa, quando a cautelar indicada será a preventiva (art. 312, CPP).

Por outro lado, para que não se fique refém do mero senso de disciplina do agente, pela nítida dificuldade de fiscalização do real cumprimento da medida, nada impede que seja cumulada com o monitoramento eletrônico.

VI – suspensão do exercício de função pública ou de atividade de natureza econômica ou financeira quando houver justo receio de sua utilização para a prática de infrações penais;

As ramificações da atividade criminosa dentro do funcionalismo público são por demais deletérias. A facilitação da atividade delitiva sob o manto da atuação pública é um obstáculo para estancar a reiteração de condutas, o que pode, inclusive, resvalar no comprometimento da ordem pública.

Havendo pertinência funcional, com facilitação da atividade criminosa pela função desempenhada, admite-se que ela seja cautelarmente suspensa, notadamente em se tratando dos crimes contra a administração pública (não é suficiente mera conjectura, mas possibilidade concreta da prática de novas infrações caracterizada pelo histórico/circunstâncias dos fatos e/ou pelos antecedentes do infrator). Em face do ***status*** de inocência, e por ser mera suspensão, o subsídio continuará sendo provido. Por se tratar de medida cautelar, ela não se confunde com a perda da função pública, do cargo ou do mandato eletivo, prevista no art. 92, inc. I, alínea "a" do CP como efeito da condenação, pressupondo condenação a pena igual ou superior a um ano nos crimes praticados com abuso de poder ou violação de dever funcional. Em tal caso, a efetivação pressupõe o trânsito em julgado da decisão.

Importante reiterar que a presente medida tem cabimento antes mesmo do início do processo penal. Esta percepção tem relevância direta quando o investigado é prefeito ou vereador, já que estes detentores de cargo eletivo têm sua responsabilidade prevista em norma específica, o Decreto-Lei nº 201/1967. Segundo este diploma, o juiz decidirá sobre o afastamento cautelar somente quando do recebimento da denúncia (art. 2º, II, do Decreto). Ocorre que, na linha da jurisprudência do Superior Tribunal de Justiça, a Lei nº 12.403/2011 possibilita a suspensão cautelar das atividades políticas mesmo antes do juízo de admissibilidade de acusação, desde que atenda ao critério da razoabilidade, não superando 180 (cento e oitenta dias), sob pena de se caracterizar cassação indireta do mandato[13].

Por outro lado, a suspensão do exercício da atividade econômica ou financeira também estão a exigir pertinência temática, como ocorre no risco de perpetuação de delitos contra o sistema financeiro (Lei nº 7.492/86) ou contra a ordem econômica (Lei nºs 8.137/1990 e 8.176/1991).

O Supremo Tribunal Federal decidiu pela possibilidade de afastamento cautelar de deputado federal ou senador. Aplicou expressamente a medida cautelar disposta no art. 319, VI, CPP, referente à "suspensão do exercício da função pública ou de atividade de natureza econômica ou financeira quando houver justo receio de sua utilização para a prática de infrações penais". O Plenário da Corte entendeu que a imposição da cautela não seria drástica diante dos elementos apontados contra o investigado no sentido de dificultar as investigações. Na dicção do Ministro Teori Zavaskci, a suspensão do parlamentar das funções se baseou, "essencialmente, na existência em diversas instâncias da Câmara dos Deputados, de 'ambiência de constrangimento, de intimidação, de acossamento, que foi

13. STJ – HC 228.023 – Info 500.

empolgada por parlamentares associados ao requerido. Embora não existam provas diretas do envolvimento do investigado nos episódios de extorsionismo descritos com riqueza de detalhes pelo Ministério Público, há uma miríade de indícios a corroborar as suspeitas de que o requerido não apenas participou dos fatos, como os coordenou', enquanto exercia atividade parlamentar"[14]. Seguindo esse posicionamento, o STJ afirmou ser "possível que o Juiz de primeiro grau, fundamentadamente, imponha a parlamentares municipais as medidas cautelares de afastamento de suas funções legislativas sem necessidade de remessa à Casa respectiva para deliberação"[15].

VII – internação provisória do acusado nas hipóteses de crimes praticados com violência ou grave ameaça, quando os peritos concluírem ser inimputável ou semi-imputável (art. 26 do Código Penal) e houver risco de reiteração;

A previsão é salutar, evitando-se o decreto da prisão preventiva, com o recolhimento ao cárcere, de pessoas com incapacidade absoluta ou reduzida de entender o caráter ilícito do fato em virtude de doença mental. No entanto, a medida deve ser justificada pelo risco da reiteração delituosa, o que impede a internação compulsória em razão da simples prática delitiva, como se fosse um efeito automático da doença mental.

A decisão deve estar apoiada no respectivo incidente de insanidade ou similar, não apenas para aferir a higidez mental do agente, como também para dosar a probabilidade da reiteração de condutas.

A internação se dará no Hospital de Custódia e Tratamento, sendo adequada aos crimes praticados com violência ou grave ameaça, leia-se, àqueles com conotação mais gravosa. Como não houve restrição, alberga-se não só a violência contra a pessoa, como também contra objetos, como no crime de dano.

VIII – fiança, nas infrações que a admitem, para assegurar o comparecimento a atos do processo, evitar a obstrução do seu andamento ou em caso de resistência injustificada à ordem judicial;

Como estudado, a fiança é a medida reservada a impugnação do cárcere, impondo implementação financeira e submetendo o agente a uma série de obrigações. De regra, funciona como contracautela, ou até mesmo como cautelar autônoma, assegurando o comparecimento do agente aos atos processuais, evitando a obstrução da persecução, ou sendo imposta quando o agente resiste injustificadamente à ordem judicial, evitando o encarceramento.

IX – monitoração eletrônica.

A tecnologia também deve ser utilizada em favor da persecução penal. O monitoramento eletrônico tem seus contornos na década de 60, ganhando efetividade nos idos da década de 80, notadamente em território americano e europeu. No Brasil, em que pese leis estaduais de duvidosa constitucionalidade tratando do tema, como ocorreu no Estado de São Paulo (Lei nº 12.906/08), fato é que a matéria foi devidamente regulamentada por

14. STF. Notícias. Plenário confirma afastamento de Eduardo Cunha do mandato na Câmara (Pleno – AC 4.070/DF – Rel. Min. Teori Zavaskci – 05/05/2016). Disponível: <http://www.stf.jus.br/portal/cms/verNoticiaDetalhe.asp? idConteudo=316009>. Acesso em: 27/07/2016.
15. STJ – Quinta Turma – RHC 88.804-RN – Rel. Min. Reynaldo Soares da Fonseca – Unânime – julgado em 07/11/2017, DJe 14/11/2017 – Informativo n° 617, de 9 de fevereiro de 2018.

força da Lei nº 12.258/10, alterando a LEP (Lei de Execução Penal – Lei nº 7.210/84), e inserindo o instituto para o seguinte tratamento:

a) Saída temporária aos beneficiários do regime semiaberto;

b) Disciplina da prisão domiciliar.

Com o advento da Lei nº 12.403/011, o instituto passa a permear toda a persecução penal, desde a fase investigativa, contemplando inclusive a evolução processual, funcionando como verdadeiro substitutivo do cárcere cautelar, para aferir a ida, vinda ou permanência do indivíduo em determinados lugares, por meio de aparato tecnológico não ostensivo, com impacto mínimo na sua rotina, em consonância com o estipulado em decisão judicial motivada.

MONITORAÇÃO ELETRÔNICA		
Momento	**Na fase processual**	**Na execução da pena**
Previsão legal	Art. 319, IX do CPP. Redação dada pela Lei nº 12.403/2011	Art. 146-B ss. da LEP. Redação dada pela Lei nº 12.558/2010
Cabimento	Substituição ao cárcere cautelar	Saídas temporárias Disciplina da prisão domiciliar

Como aponta Renato Brasileiro de Lima, o instituto conta com uma tríplice finalidade:

a) detenção: manter o indivíduo em lugar determinado;

b) restrição: para que o agente não frequente determinados ambientes;

c) vigilância: da rotina do agente.

Por outro lado, em face da absoluta ausência de disciplina procedimental e dos regramentos da medida cautelar, que devem ser apontados no mandado judicial, utilizaremos, por analogia, o art. 146-C da Lei nº 7.210/84, de forma que será imputado ao agente o dever de:

a) receber visitas do servidor responsável pela monitoração eletrônica, responder aos seus contatos e cumprir suas orientações;

b) abster-se de remover, de violar, de modificar, de danificar de qualquer forma o dispositivo de monitoração eletrônica ou de permitir que outrem o faça.

Naturalmente, o descumprimento de qualquer dos deveres pode ocasionar a substituição da medida, a cumulação com outra, ou como medida extrema, a decretação da preventiva (se o delito comportar).

X – suspensão da permissão ou da habilitação para dirigir veículo automotor ou proibição de sua obtenção (Lei nº 13.804/2018; art. 278-A, § 2º, do CTB)

Medida cautelar especial, restritiva de direitos, foi introduzida pela Lei nº 13.804/2019, ao inserir o art. 278-A, no Código de Trânsito Brasileiro. Trata-se de medida cautelar com tríplice alternativa, disposta no § 2º, daquele enunciado incluído na Lei nº 9.503/1997 (CTB), que pode consistir na afetação do direito de dirigir veículo automotor, por meio da decretação, por decisão fundamentada, da: (1) "suspensão da permissão"; (2) "suspensão da habilitação"; ou (3) "proibição de sua obtenção". Para tanto, os requisitos específicos foram estabelecidos legalmente. Poderá ser imposta pelo juiz, no curso da investigação preliminar ou da ação penal. Quanto ao momento de sua imposição, o texto legal aviva que tal decisão poderá ser de ofício, a requerimento do Ministério Público ou por representação da autoridade policial. Realçamos nossas objeções à decretação de medidas cautelares de ofício pelo magistrado, máxime na fase pré-processual, em face da estrutura acusatória do processo penal forjado na Constituição do Brasil. No que tange à plausibilidade de cometimento de delito, as medidas cautelares referidas somente têm lugar diante da prática dos crimes de receptação, descaminho ou contrabando (arts. 180, 334 e 334-A, do Código Penal). E, em relação a seu caráter de urgência, o pressuposto gizado é o da "necessidade da garantia da ordem pública", estudado no capítulo anterior (prisões), para o qual remetemos o leitor.

6. QUADRO SINÓTICO

CAPÍTULO X – LIBERDADE PROVISÓRIA E OUTRAS MEDIDAS CAUTELARES DIVERSAS DA PRISÃO		
CONCEITO		
A liberdade provisória é um estado de liberdade, circunscrito em condições e reservas, que impede ou substitui a prisão cautelar, atual ou iminente.		1
ESPÉCIES		
Liberdade provisória obrigatória	Suplantada pela Lei nº 12.403/2011, a liberdade provisória obrigatória constituía-se em direito incondicional do infrator nos crimes em que a lei previa que ele "se livrasse solto".	2.1
Liberdade provisória obrigatória	Com a vigência da Lei nº 12.403/2011, o artigo 321, do CPP, passou a dispor que estando ausentes os requisitos que autorizam a decretação da prisão preventiva, o juiz deverá conceder liberdade provisória, impondo, se for o caso, as medidas cautelares previstas no art. 319, do Código, sempre com observância do critério da proporcionalidade (necessidade e adequação) constantes do seu art. 282. Necessário frisar que não há mais no CPP parâmetro para definir quais as infrações que possibilitariam ao agente "livrar-se solto", pelo que a liberdade provisória obrigatória, imposta à autoridade policial em prol do autuado em flagrante, deixou de existir.	2.1
Liberdade provisória permitida	É admitida quando não estiverem presentes os requisitos de decretação da preventiva, e quando a lei não vedar expressamente. A liberdade provisória terá cabimento: (1) nos termos do seu art. 321, quando o juiz, verificando a ausência dos requisitos que autorizam a decretação da prisão preventiva, deverá concedê-la, impondo, se for o caso, as medidas cautelares previstas no art. 319, sempre em compasso com os critérios constantes do art. 282 do CPP; e (2) a teor do parágrafo único, do art. 310, quando, à vista do auto de prisão em flagrante, o juiz constatar que o agente praticou o fato em situação excludente de ilicitude (art. 23, I a III, do Código Penal), quando poderá conceder a liberdade provisória, mediante termo de comparecimento a todos os atos do processo, sob pena de revogação.	2.2

CAPÍTULO X – LIBERDADE PROVISÓRIA E OUTRAS MEDIDAS CAUTELARES DIVERSAS DA PRISÃO		
Liberdade provisória vedada	É vedada quando couber prisão preventiva e nas hipóteses que a lei estabelecer expressamente a proibição.	**2.3**
LIBERDADE PROVISÓRIA SEM FIANÇA		
Com o novo texto do Código, conferido pela Lei nº 12.403/2011, a fiança foi revigorada. Agora, em tese, todo delito é afiançável. Só não o será nas hipóteses da seletividade expressa de proibição para sua concessão, como ocorre em alguns crimes (racismo, tortura, tráfico, terrorismo, hediondos, delitos cometidos por grupos armados civis ou militares e contra o Estado Democrático de Direito – art. 323, CPP) ou nos caso em que, embora não haja previsão de inafiançabilidade, o não cabimento da fiança decorre de impedimento legal a sua concessão, seja por motivos de quebra da fiança, de prisão civil ou militar, seja quando presentes os requisitos da preventiva (art. 324, CPP).		**3**
Liberdade provisória sem fiança e sem vinculação		
É possível ainda a concessão de liberdade provisória sem fiança e sem qualquer obrigação, segundo o sistema do CPP instituído pela Lei nº 12.403/2011. Trata-se da possibilidade de o juiz entender desnecessária ou inadequada a imposição de qualquer medida cautelar do art. 319, CPP, ou a imposição de outra obrigação, concedendo		**3.1**
a liberdade provisória simples, não vinculada a qualquer condição. É o que decorre do art. 321 do CPP, ao frisar que uma vez ausentes os requisitos que autorizam a decretação da prisão preventiva, o juiz deverá conceder liberdade provisória, impondo, se for o caso, as medidas cautelares previstas no art. 319 do Código e observados os critérios constantes do art. 282 (necessidade e adequação para aplicação de medida cautelar).		
Liberdade provisória sem fiança e com vinculação		
É a liberdade provisória condicionada, apesar de não exigir fiança. O infrator permanecerá em liberdade, submetendo-se às exigências legais. Trata-se de liberdade provisória sem fiança e com vinculação (a obrigações ou a outras medidas cautelares não prisionais do art. 319, CPP). **1. Auto de flagrante X excludentes de ilicitude:** a prisão em flagrante e o local onde o preso se encontre deve ser comunicada imediatamente ao juiz competente, ao Ministério Público e à família do preso ou à pessoa por ele indicada (art. 306, *caput*, CPP). Por seu turno, o auto de prisão em flagrante, após lavrado, deverá ser remetido, em até 24 horas, ao magistrado competente (art. 306, § 1º, CPP). Malgrado o art. 310, parágrafo único, não faça mais menção à oitiva prévia do MP, é recomendado que seja oportunizado o contraditório, eis que se cuida de concessão de medida cautelar liberatória e assim preconiza o § 3º, do art. 282 do Código, com a ressalva dos casos de urgência e do perigo de eficácia da medida. O beneficiado apenas irá se comprometer ao comparecimento a todos os atos do inquérito e do processo, para os quais seja devidamente intimado. O instituto é um direito daquele que atende aos requisitos legais, e não uma mera faculdade judicial. **2. Auto de flagrante X inexistência de hipótese autorizadora da prisão preventiva:** se o juiz entende que não há risco à ordem pública, econômica, não se faz conveniente à instrução criminal, pois o indivíduo não apresenta risco à livre produção probatória, nem há risco de fuga, deve haver a concessão da liberdade provisória, cumulada ou não com as medidas cautelares não cerceadoras de liberdade, a teor do art. 319, CPP. Da mesma forma, o MP deve ser previamente ouvido, com fundamento no estatuído pela nova redação § 3º, do art. 282, do CPP.		**3.2**

CAPÍTULO X – LIBERDADE PROVISÓRIA E OUTRAS MEDIDAS CAUTELARES DIVERSAS DA PRISÃO

Restrições	a) Crimes hediondos e assemelhados (tráfico, tortura e terrorismo): estas infrações, como já relatado, não admitem a prestação de fiança (art. 5º, XLIII, CF). Contudo, por força da Lei nº 11.464/2007, alterando o art. 2º, II, da Lei nº 8.072/1990, passaram a admitir liberdade provisória sem fiança. A Lei nº 12.403/2011 deu nova redação ao art. 323, do CPP, reiterando que não será concedida fiança nesses delitos (incisos I e II). b) Estatuto do desarmamento: o art. 21 da Lei nº 10.826/2003 vedava a concessão de liberdade provisória aos seguintes crimes: Posse ou porte ilegal de arma de uso restrito (art. 16); Comércio ilegal de arma de fogo (art. 17); Tráfico internacional de armas (art. 18). Por outro lado, também passaram a ser afiançáveis com a vigência da Lei nº 12.403/2011, já que a quantidade da pena (mínima) atribuída ao delito não é mais fator limitador para a concessão de fiança. O STF, apreciando ação direta de inconstitucionalidade (ADI-3137), declarou tal vedação incompatível com o texto constitucional. Nesta égide, tais infrações agora admitem liberdade provisória sem fiança.	**3.2.1**
Restrições	A Lei n° 13.497/2017 deu nova redação ao parágrafo único, do art. 1º, da Lei dos Crimes Hediondos (Lei nº 8.072/1990), para também considerar equiparado a hediondo, o crime de posse ou porte ilegal de arma de fogo de uso restrito, previsto no art. 16, da Lei nº 10.826/2003, tentado ou consumados. De todo modo, mesmo sendo equiparado a hediondo, permanece possível concessão de liberdade provisória a indiciado ou a acusado de crime previsto no Estatuto do Desarmamento, ainda que tipificado no seu art. 16 (posse ou porte de arma de uso restrito) .	**3.2.1**
Restrições	c) Crime organizado o art. 7º da Lei nº 9.034/1995 impedia qualquer modalidade de liberdade provisória, com ou sem fiança, aos agentes que tivessem "efetiva participação na organização criminosa". Com o advento da Lei nº 12.850/2013, que passou a disciplinar o tema e revogou expressamente o diploma anterior, não se renovou tal vedação. Desta maneira, os crimes praticados nesse contexto admitem liberdade provisória, a ser analisada casuisticamente pelo magistrado competente. d) Lavagem de dinheiro: o art. 3º, *caput*, da Lei nº 9.613/1998, também continha vedação expressa à qualquer espécie de liberdade provisória à lavagem de capitais. Nas edições anteriores já havíamos estabelecido posição crítica no sentido da inconstitucionalidade do dispositivo. Atualmente, com as alterações promovidas pela Lei nº 12.683/2012, deixou de existir tal vedação, alinhando a legislação especial aos ditames constitucionais. e) Crimes contra a economia popular e de sonegação fiscal: com a Lei nº 12.403/2011, que revogou o art. 325, § 2º, I, do CPP, estas infrações admitem as duas modalidades de liberdade provisória (com e sem fiança).	**3.2.1**

<table>
<tr><th colspan="3">CAPÍTULO X – LIBERDADE PROVISÓRIA E OUTRAS MEDIDAS CAUTELARES DIVERSAS DA PRISÃO</th></tr>
<tr><td>Fundamentação</td><td>Deve o magistrado sempre motivar a manutenção da prisão em flagrante, deixando claros os motivos que não o levaram à concessão da liberdade provisória, em face da necessidade da segregação cautelar.
Tinha prevalecido o entendimento contrário, sob o fundamento de que a motivação da manutenção do flagrante era desnecessária, a não ser que o magistrado tivesse sido provocado a se manifestar sobre a concessão da liberdade provisória.
Com a Lei nº 12.403/2011, o juiz não deverá simplesmente homologar a prisão em flagrante. Em outras palavras, o auto de prisão em flagrante, por si só, não é título hábil a manter alguém preso sem ser corroborado por decisão fundamentada da autoridade judiciária que evidencie a presença dos requisitos da preventiva e a ausência de justificativa para substituí-la por medida cautelar menos gravosa não cerceadora de liberdade (art. 319, CPP). É que, se for o caso de manter a segregação cautelar iniciada com o flagrante, esta prisão deve ser convertida em prisão preventiva de maneira motivada.</td><td>3.2.2</td></tr>
<tr><td>Outras hipóteses de cabimento</td><td>a) O art. 350 do CPP prevê a dispensa da prestação de fiança àqueles que sejam considerados economicamente hipossuficientes. Nada impede, pela nova sistemática, que outras medidas cautelares do art. 319 do CPP sejam cumuladas ao hipossuficiente.</td><td>3.2.3</td></tr>
<tr><td>Outras hipóteses de cabimento</td><td>b) O art. 69, parágrafo único da Lei nº 9.099/1995, prevê que àquele surpreendido quando da prática de infração de menor potencial ofensivo, em sendo "imediatamente encaminhado ao juizado" ou assumindo o compromisso de a ele comparecer, "não se imporá prisão em flagrante, nem se exigirá fiança".</td><td>3.2.3</td></tr>
<tr><td>Sistema recursal</td><td>Da concessão da liberdade provisória sem a prestação de fiança cabe o recurso em sentido estrito. Já a denegação do instituto curiosamente é irrecorrível, cabendo o socorro à ação de habeas corpus.</td><td>3.2.4</td></tr>
<tr><th colspan="3">LIBERDADE PROVISÓRIA MEDIANTE FIANÇA</th></tr>
<tr><td colspan="2">Havia uma série de obstáculos à concessão do instituto, de sorte que paradoxalmente, em regra, era mais fácil obter a liberdade provisória sem fiança, do que mediante a prestação da mesma.
Com o advento da Lei nº 12.403/2011, esse contexto se modificou. Em tese, todo crime passou a ser afiançável, ressalvadas as hipóteses de vedação expressa (proibição constitucional e/ou legal) e de óbice a seu deferimento por falta de requisito objetivo ou subjetivo (impedimento).</td><td>4</td></tr>
<tr><th colspan="3">Fiança X liberdade provisória mediante fiança</th></tr>
<tr><td colspan="2">A fiança é uma caução, uma prestação de valor, para acautelar o cumprimento das obrigações do afiançado.
Já a liberdade provisória mediante fiança é o direito subjetivo do beneficiário, que atenda aos requisitos legais e assuma as respectivas obrigações, de permanecer em liberdade durante a persecução penal.
Pode haver cumulação, inclusive, com as demais medidas cautelares diversas da prisão (art. 319, CPP).</td><td>4.1</td></tr>
</table>

CAPÍTULO X – LIBERDADE PROVISÓRIA E OUTRAS MEDIDAS CAUTELARES DIVERSAS DA PRISÃO		
Objetivos da fiança		
Busca-se com a fiança obter a presença do agente a todos os atos da persecução penal, evitando-se os efeitos deletérios do cárcere preliminar. Se houver condenação, objetiva-se também garantir a execução da pena. Ocorrida condenação, o valor prestado (dinheiro ou objetos dados em garantia) ainda vai servir para um nobre papel, que é indenização da vítima, o pagamento das custas processuais, da prestação pecuniária e de eventual multa, caso o réu seja condenado (art. 336, *caput*, CPP). Mesmo que ocorra a prescrição da pretensão executória (art. 110 do CP), o valor da fiança seguirá este destino (parágrafo único).		**4.2**
Valor da fiança		
a) de 1 (um) a 100 (cem) salários mínimos, quando se tratar de infração cuja pena privativa de liberdade, no grau máximo, não for superior a 4 (quatro) anos; b) de 10 (dez) a 200 (duzentos) salários mínimos, quando o máximo da pena privativa de liberdade cominada for superior a 4 (quatro) anos.		**4.3**
Demais critérios de arbitramento	Aliado ao critério objetivo de cálculo, exige-se ainda que se leve em conta a situação financeira do afiançado. Nesta linha, nem a fiança pode ser um fardo impagável, afinal haveria, indiretamente, a violação de um direito, nem pode ser por demais branda, já que sua insignificância em face do poderio econômico do réu descredibilizaria a medida. Pode-se assim reduzir o valor encontrado em até 2/3. Tanto a autoridade judicial quanto o delegado podem fazê-lo. Haverá ainda,	**4.3.1**
Demais critérios de arbitramento	pela insuficiência do montante, a possibilidade de aumentá-la até 1.000 (mil) vezes, a teor do inciso III, do § 1º, do art. 325 do CPP (não mais até o décuplo, como previa a redação anterior). Além dos juízes, os delegados também passam a poder promover a exasperação.	**4.3.1**
Modalidades de fiança		
A fiança pode ser prestada de duas maneiras: por depósito ou por hipoteca, desde que inscrita em primeiro lugar. O depósito pode ser de dinheiro, pedras, objetos ou metais preciosos, e títulos da dívida federal, estadual ou municipal (art. 330, CPP). Já os bens dados em hipoteca estão definidos no art. 1.473 do Código Civil.		**4.4**
Obrigações do afiançado		
A liberdade provisória mediante fiança é sempre condicionada, exigindo a lei, além do implemento financeiro, uma série de obrigações ao afiançado, sendo possível, ademais, a aplicação cumulativa de uma ou mais medidas cautelares do art. 319 do CPP, quais sejam: – comparecimento perante a autoridade, toda vez que for intimado para os atos do inquérito e da instrução; – impossibilidade de mudar de residência, sem prévia permissão da autoridade competente; – proibição de ausentar-se por mais de oito dias de sua residência, sem comunicar àquela autoridade o lugar em que poderá ser encontrado; vedação de deliberadamente praticar ato de obstrução ao andamento do processo; – vedação de deliberadamente praticar ato de obstrução ao andamento do processo; – obrigação de cumprir medida cautelar imposta cumulativamente com a fiança;		

CAPÍTULO X – LIBERDADE PROVISÓRIA E OUTRAS MEDIDAS CAUTELARES DIVERSAS DA PRISÃO		
– dever de não resistir injustificadamente a ordem judicial; vedação à prática de novas infrações dolosas. – vedação à prática de novas infrações dolosas.		**4.5**
Vedações legais		
Temos uma série de restrições à admissibilidade da fiança. Antes da reforma (Lei nº 12.403/2011), o cabimento da fiança era inferido de maneira negativa, o que dava ensejo a dificuldades para se verificar quando deveria ser concedido o instituto. Com o novo sistema de concessão de fiança inaugurado pela Lei nº 12.403/2011, ficou mais coerente a possibilidade de sua concessão estatuída no Código de Processo Penal.		**4.6**
Vedações do art. 323, CPP	1. nos crimes de racismo; 2. nos crimes de tortura, tráfico ilícito de entorpecentes e drogas afins, terrorismo e nos definidos como crimes hediondos; 3. nos crimes cometidos por grupos armados, civis ou militares, contra a ordem constitucional e o Estado Democrático;	**4.6.1**
Vedações do art. 324, CPP	1. aos que, no mesmo processo, tiverem quebrado fiança anteriormente concedida ou infringido, sem motivo justo, qualquer das obrigações a que se referem os arts. 327 e 328 deste Código; 2. em caso de prisão civil ou militar;	**4.6.2**
Vedações do art. 324, CPP	3. quando presentes os motivos que autorizam a decretação da prisão preventiva (art. 312).	**4.6.2**
Demais vedações	a) Estatuto do desarmamento (Lei nº 10.826/2003): o parágrafo único do art. 14 (porte ilegal de arma de uso permitido) e o parágrafo único do art. 15 (disparo de arma de fogo), vedavam a admissibilidade de fiança para tais infrações. O STF, contudo, apreciando a ADI-3137, declarou inconstitucionais esses dispositivos. Como já admitiam liberdade provisória sem fiança, agora passaram a ser também infrações afiançáveis. Com a Lei nº 12.403/2011, é possível também a aplicação de outras medidas cautelares diversas da prisão (art. 319, CPP).	**4.6.3**
Demais vedações	b) Crime organizado (Lei nº 12.830/2013 – revogada a Lei nº 9.034/1995): com a nova regulamentação do tema, os agentes que tenham tido intensa e efetiva participação na organização criminosa, poderão prestar fiança. A nova Lei de Organização Criminosa não repetiu a previsão contida no art. 7º da Lei nº 9.034/1995, que vedava o instituto. Recorde-se ainda que, a partir da vigência da Lei nº 12.403/2011 é possível a imposição de medidas cautelares diversas da prisão, com vistas a evitar a decretação da preventiva (§ 6º do art. 282, CPP). c) Crimes contra o sistema financeiro (Lei nº 7.492/1986): o art. 31 veda a admissibilidade de fiança, nos crimes contra o sistema financeiro apenados com reclusão, se estiverem presentes os requisitos da preventiva.	**4.6.3**

<table>
<tr><th colspan="3">CAPÍTULO X – LIBERDADE PROVISÓRIA E OUTRAS MEDIDAS CAUTELARES DIVERSAS DA PRISÃO</th></tr>
<tr><td>Demais vedações</td><td>d) Lavagem de dinheiro (Lei nº 9.613/1998): o art. 3º vedava a admissibilidade de fiança ao branqueamento de capitais e impedia a liberdade provisória sem fiança. Com a alteração legislativa promovida pela Lei nº 12.683/2012, não foi renovada a vedação legal, de maneira que os institutos agora são admitidos.</td><td>4.6.3</td></tr>
<tr><th colspan="3">Quebra da fiança</th></tr>
<tr><td colspan="2">A quebra é ocasionada pelo descumprimento injustificado das obrigações do afiançado, podendo ser determinada de ofício ou por provocação.
Consequências: perda de metade do valor caucionado, que será recolhido ao fundo penitenciário, depois de deduzidas as custas e demais encargos a que o acusado estiver obrigado; imposição de outras medidas cautelares pelo juiz ou, se for o caso, a decretação da prisão preventiva, com recolhimento ao cárcere; impossibilidade, naquele mesmo processo, de nova prestação de fiança.
A decisão pela quebra da fiança comporta recurso em sentido estrito (art. 581, VII, CPP), que terá efeito suspensivo apenas quanto ao perdimento da metade do valor prestado em fiança (art. 584, § 3º, CPP). Esse recurso pode ser interposto até mesmo pelo terceiro que prestou fiança em favor de outrem. A quebra não implica mais o recolhimento imediato ao cárcere, devendo o juiz aplicar outras medidas cautelares quando julgar quebrada a fiança, conforme critério de proporcionalidade, só em último caso, decretar a prisão preventiva. Uma vez provido o recurso contra o quebramento, a fiança volta a subsistir em todos os seus efeitos, retirando-se imediatamente a eficácia de outra medida cautelar imposta por ocasião da quebra e/ou colocando-se o agente em liberdade, nas mesmas condições anteriores (art. 342, CPP).</td><td>4.7</td></tr>
<tr><th colspan="3">Perda da fiança</th></tr>
<tr><td colspan="2">Transitada em julgado a sentença condenatória, não pode o condenado frustrar a efetivação da punição, esquivando-se da apresentação a prisão, ou evadindo-se para não ser encontrado pelo oficial ou outra autoridade encarregada de levá-lo ao cárcere. Se o fizer, a fiança será julgada perdida, e por consequência, o valor remanescente da fiança, que já serviu para pagar custas, adimplir prestação pecuniária, indenizar a vítima, e cobrir eventual multa, não será devolvido, sendo canalizado ao fundo penitenciário, na forma da lei. Assim, 100% do que restar, após as deduções das custas e mais encargos a que o acusado estiver obrigado, será destinado aos cofres federais (art. 345, CPP).
A decisão que decreta a perda comporta recurso em sentido estrito (art. 581, VII, CPP). Tem efeito suspensivo quanto à destinação do valor remanescente (art. 584, caput, CPP).</td><td>4.8</td></tr>
<tr><th colspan="3">Cassação da fiança</th></tr>
<tr><td colspan="2">Possibilidades:
Concedida por equívoco (regra). Deve ser cassada, de ofício, ou por provocação. Só o judiciário pode determinar a cassação.
Caso ocorra uma inovação na tipificação do delito, reconhecendo-se a existência de infração inafiançável (art. 339, CPP). Oferecida a denúncia, a fiança deve ser prontamente cassada, seja por requerimento do MP, seja de ofício, podendo o juiz aplicar medida cautelar diversa da prisão ou decretar, se necessário, a prisão preventiva, por decisão fundamentada.</td><td>4.9</td></tr>
</table>

CAPÍTULO X – LIBERDADE PROVISÓRIA E OUTRAS MEDIDAS CAUTELARES DIVERSAS DA PRISÃO	
A decisão de cassação da fiança comporta recurso em sentido estrito sem efeito suspensivo. Julgado procedente o recurso, a fiança será restaurada. A cassação pode ocorrer na fase recursal. Cassada a fiança, diz-se que a mesma foi julgada inidônea.	**4.9**
Reforço da fiança	
O reforço é a necessidade de complementar a fiança (quando for tomada, por equívoco, em valor insuficiente; quando ocorrer a depreciação material ou perecimento de bens hipotecados ou caucionados, ou depreciação dos metais ou pedras preciosas; quando for inovada a classificação do delito, que tenha repercussão, em razão da alteração da pena, no quantitativo da fiança). Se o reforço não for realizado, a fiança vai ser julgada sem efeito (ato fundamentado do juiz), com a possibilidade de aplicação, pela autoridade judiciária, de outra medida cautelar diversa da prisão ou, se necessária, imposição da prisão preventiva. É mais uma modalidade de inidoneidade da fiança. O bem que tinha sido dado em garantia será integralmente devolvido. A decisão que julga sem efeito a fiança comporta recurso em sentido estrito, sem efeito suspensivo. Em face de situação de pobreza, o agente poderá ser dispensado do reforço, permanecendo em liberdade, com pleno efeito da fiança prestada.	**4.10**
Dispensa da fiança	
O art. 350 do CPP dispõe que "nos casos em que couber fiança, o juiz, verificando a situação econômica do preso, poderá conceder-lhe liberdade provisória, sujeitando-o às obrigações constantes dos arts. 327 e 328 deste Código e a outras medidas cautelares, se for o caso". Caso o beneficiado descumpra, sem justo motivo, qualquer obrigação que haja sido imposta por ocasião da dispensa do recolhimento da fiança ou outra medida cautelar aplicada (art. 319 do CPP), o juiz, de ofício ou mediante requerimento do Ministério Público, de seu assistente ou do querelante, poderá substituir a medida, impor outra em cumulação, ou,	**4.11**
em última hipótese, decretar a prisão preventiva, se presentes os requisitos do art. 312, do Código, e não for suficiente outra cautela não cerceadora de liberdade (art. 319, CPP). A dispensa não é uma discricionariedade do magistrado, mas um direito do beneficiário.	**4.11**
Procedimento	
Enquanto não transitar em julgado a sentença, admite-se o arbitramento de fiança, até mesmo na pendência de recurso especial ao STJ ou de extraordinário ao STF. A fiança pode ser arbitrada pela autoridade policial ou pela judiciária, independentemente da prévia oitiva do MP.	**4.12**
Execução	
Com o advento do trânsito em julgado da sentença condenatória, os bens dados em garantia devem ser convertidos em dinheiro, para propiciar o pagamento das custas, indenizar a vítima, e quitar eventual multa.	**4.13**
OUTRAS MEDIDAS CAUTELARES DIVERSAS DA PRISÃO	
Considerações gerais	
O sistema cautelar do processo penal sofreu reforma estrutural com a Lei nº 12.403/2011. Além de restabelecer o prestígio da fiança, tornando regra a admissibilidade de sua concessão, salvo nos casos de vedação ou impedimento, o legislador trouxe um rol de medidas cautelares, com a previsão expressa de que devem ser impostas de forma preferencial à	**5.1**

<table>
<tr><th colspan="3">CAPÍTULO X – LIBERDADE PROVISÓRIA E OUTRAS MEDIDAS CAUTELARES DIVERSAS DA PRISÃO</th></tr>
<tr><td colspan="2">prisão. Encerra-se, portanto, a angustiante dicotomia entre o cárcere e a liberdade, que eram os dois extremos existentes ao longo da persecução penal, numa verdadeira bipolaridade cautelar do sistema brasileiro. Agora, alberga-se um rol de medidas constritivas não tão extremas quanto o cárcere, nem tão brandas quanto a mera manutenção da liberdade do agente, até então condicionada ao mero comparecimento aos atos da persecução penal (antiga redação do art. 310, CPP).</td><td>5.1</td></tr>
<tr><td>Bipolaridade das medidas cautelares e poder geral de cautela no processo penal</td><td>A bipolaridade é expressão utilizada para designar o sistema cautelar anterior ao advento da Lei nº 12.403/2011, que previa que o juiz, ao receber o auto de prisão em flagrante, só contaria com duas possibilidades cautelares: (1) a prisão (medida cautelar prisional); e (2) a liberdade provisória, com ou sem fiança (medida cautelar diversa da prisão).
Com a edição da Lei nº 12.403/2011, o CPP passou a prever nove medidas cautelares diversas da prisão, de forma expressa, nos incisos I a IX, de seu art. 319.</td><td>5.1.1</td></tr>
<tr><td>Princípios informadores</td><td>Informam a imposição das medidas cautelares diversas da prisão:
a) Princípio da substitutividade.
b) Princípio da revogabilidade ou da provisionalidade.
c) Princípio da proporcionalidade.
d) Princípio da fungibilidade.
e) Princípio da não taxatividade.
f) Princípio da temporariedade, temporaneidade ou provisoriedade.
g) Princípio da jurisdicionalidade e da motivação.
h) Princípio da excepcionalidade.</td><td>5.1.2</td></tr>
<tr><th colspan="3">Momento e legitimidade</th></tr>
<tr><td colspan="2">As medidas cautelares são passíveis de aplicação ao longo de toda a persecução penal, é dizer, durante toda a investigação criminal, seja ela conduzida pela polícia ou por outros órgãos de investigação, como as CPI´s, e durante o processo. Não há, na lei, prazo de durabilidade da medida. Portanto, a dilação no tempo depende do fator necessidade. A depender do estado das coisas (cláusula rebus sic stantibus), e da adequação ao caso concreto, a cautelar pode ser substituída, cumulada com outra, ou mesmo revogada, caso não mais se faça necessária. Sobrevindo novas provas indicando a sua conveniência, nada impede que seja redecretada.</td><td>5.2</td></tr>
<tr><th colspan="3">Requisitos</th></tr>
<tr><td colspan="2">1) a necessidade para aplicação da lei penal, para a investigação ou a instrução criminal e, nos casos expressamente previstos, para evitar a prática de infrações penais;
2) a adequação da medida à gravidade do crime, circunstâncias do fato e condições pessoais do indiciado ou acusado; e
3) aplicação isolada, cumulada ou alternada de pena privativa de liberdade.</td><td>5.3</td></tr>
<tr><th colspan="3">Cautelares em espécie (rol não taxativo)</th></tr>
<tr><td colspan="2">I) comparecimento periódico em juízo, no prazo e nas condições fixadas pelo juiz, para informar e justificar atividades;</td><td>5.4</td></tr>
</table>

CAPÍTULO X – LIBERDADE PROVISÓRIA E OUTRAS MEDIDAS CAUTELARES DIVERSAS DA PRISÃO	
II) proibição de acesso ou frequência a determinados lugares quando, por circunstâncias relacionadas ao fato, deva o indiciado ou acusado permanecer distante desses locais para evitar o risco de novas infrações; III) proibição de manter contato com pessoa determinada quando, por circunstâncias relacionadas ao fato, deva o indiciado ou acusado dela permanecer distante; IV – proibição de ausentar-se da Comarca quando a permanência seja conveniente ou necessária para a investigação ou instrução; V) recolhimento domiciliar no período noturno e nos dias de folga quando o investigado ou acusado tenha residência e trabalho fixos; VI) suspensão do exercício de função pública ou de atividade de natureza econômica ou financeira quando houver justo receio de sua utilização para a prática de infrações penais; VII) internação provisória do acusado nas hipóteses de crimes praticados com violência ou grave ameaça, quando os peritos concluírem ser inimputável ou semi-imputável (art. 26 do Código Penal) e houver risco de reiteração; VIII) fiança, nas infrações que a admitem, para assegurar o comparecimento a atos do processo, evitar a obstrução do seu andamento ou em caso de resistência injustificada à ordem judicial; IX) monitoração eletrônica.	5.4

7. SÚMULAS APLICÁVEIS

7.1. STJ

332. A fiança prestada sem autorização de um dos cônjuges implica a ineficácia total da garantia.

7.2. STF

697. A proibição de liberdade provisória nos processos por crimes hediondos não veda o relaxamento da prisão processual por excesso de prazo.

8. INFORMATIVOS RECENTES

8.1. STJ

♦ **Prisão preventiva decretada. Substituição por prisão domiciliar. Medida cautelar imposta. Proibição de contato com os demais réus. Facultada comunicação com as irmãs/corrés. Incomunicabilidade com o seu genitor/corréu. Motivação inidônea. Flagrante ilegalidade.**

É inidônea a decretação de incomunicabilidade de acusado com o genitor/corréu como medida cautelar substitutiva da prisão (...). Ao que se afigura, a paciente/filha restou afastada de seu pai/corréu, pois pretensamente o genitor seria líder da organização criminosa. Contudo, não se mostra viável possibilitar o contato da paciente com suas irmãs, que são corrés na mesma ação penal, e obstar a comunicação com o pai. De fato, a fixação da medida restritiva substitutiva não deve se sobrepor a um bem tão caro, protegido pela Carta Magna, como a família – artigo 226 da Constituição Federal. Afinal, a incomunicabilidade com o seu genitor também atinge, de modo fulminante, a esfera privada e familiar da paciente, sem se descurar que mesmo aos segregados lhes é facultada a visita de familiares. Portanto, inviável levar em conta os parâmetros constitucionais para as irmãs da increpada e restringir o seu alcance, de forma a não abranger o pai. HC 380.734-MS, Rel. Min. Maria Thereza de Assis Moura, por unanimidade, julgado em 28/3/2017, DJe 4/4/2017. (Info 601)

♦ **Monitoramento eletrônico mediante uso de tornozeleira. Pedido de retirada do equipamento por desnecessidade. Indeferimento pelo juízo das execuções sem fundamento concreto. Constrangimento ilegal evidenciado.**

A manutenção de monitoramento por meio de tornozeleira eletrônica sem fundamentação concreta evidencia constrangimento ilegal ao apenado. (...) De qualquer sorte, ainda que o monitoramento eletrônico, com a colocação de tornozeleiras, seja uma alternativa tecnológica ao cárcere, a necessidade de sua manutenção deve ser aferida periodicamente, podendo ser dispensada a cautela em casos desnecessários. Todavia, a simples afirmação de que o monitoramento é medida mais acertada à fiscalização do trabalho externo com prisão domiciliar deferido ao apenado em cumprimento de pena de reclusão no regime semiaberto, sem maiores esclarecimentos acerca do caso concreto, não constitui

fundamento idôneo para justificar o indeferimento do pleito. Assim como tem a jurisprudência exigido motivação concreta para a incidência de cautelares penais durante o processo criminal, a fixação de medidas de controle em fase de execução da pena igual motivação exigem, de modo que a incidência genérica – sempre e sem exame da necessidade da medida gravosa – de tornozeleiras eletrônicas não pode ser admitida. HC 351.273-CE, Rel. Min. Nefi Cordeiro, por unanimidade, julgado em 2/2/2017, DJe 9/2/2017. (Info 597)

♦ Lavagem de dinheiro. Tráfico de drogas. Organização criminosa. Possibilidade de medidas cautelares diversas da prisão.

Na hipótese em que a atuação do sujeito na organização criminosa de tráfico de drogas se limitava à lavagem de dinheiro, é possível que lhe sejam aplicadas medidas cautelares diversas da prisão quando constatada impossibilidade da organização continuar a atuar, ante a prisão dos integrantes responsáveis diretamente pelo tráfico. (...) HC 376.169-GO, Rel. Min. Nefi Cordeiro, Rel. para acórdão Min. Sebastião Reis Júnior, por maioria, julgado em 1/12/2016, DJe 14/12/2016. (Info 594)

♦ Medidas cautelares. Possibilidade de juiz afastar vereador da função que ocupa

É possível que o Juiz de primeiro grau, fundamentadamente, imponha a parlamentares municipais as medidas cautelares de afastamento de suas funções legislativas sem necessidade de remessa à Casa respectiva para deliberação. STJ. 5ª Turma. RHC 88.804-RN, Rel. Min. Reynaldo Soares da Fonseca, julgado em 07/11/2017 (Info 617).

8.2. STF

♦ Imunidade parlamentar e medida cautelar

O Plenário, por maioria, julgou parcialmente procedente ação direta de inconstitucionalidade na qual se pedia interpretação conforme à Constituição para que a aplicação das medidas cautelares, quando impostas a parlamentares, fossem submetidas à deliberação da respectiva Casa Legislativa em 24 horas. Primeiramente, a Corte assentou que o Poder Judiciário dispõe de competência para impor, por autoridade própria, as medidas cautelares a que se refere o artigo 319 do Código de Processo Penal (CPP). Vencido, nesse ponto, o ministro Marco Aurélio que julgou ser inaplicável a referida norma legal. Prosseguindo no julgamento, o Tribunal, também por votação majoritária, deliberou encaminhar, para os fins a que se refere art. 53, § 2º, da Constituição Federal (CF), a decisão que houver aplicado medida cautelar sempre que a execução desta impossibilitar direta ou indiretamente o exercício regular do mandato legislativo. (....). Vencidos os ministros Edson Fachin, Roberto Barroso, Luiz Fux, Rosa Weber e Celso de Mello, que julgaram improcedente o pedido. Entenderam que os poderes conferidos ao Congresso para sustar processos penais em curso são estritos, circunscritos às hipóteses especificamente limitadas na CF, pois as medidas cautelares penais não são instrumentais apenas ao processo penal, mas também meios de tutela da fase pré-processual investigativa e da ordem pública. Nesse sentido, a outorga constitucional de poder para sustar um processo penal não compreende a concessão de poderes para impedir a adoção de providências cautelares necessárias à tutela da ordem pública (visando a impedir reiteração delitiva), bem como, à tutela da investigação e completa elucidação dos fatos. ADI 5526/DF, rel. orig. Min. Edson Fachin, red. p/ o ac. Min. Alexandre de Moraes, julgamento em 11.10.2017. (Info 881)

♦ Senador e imposição de medidas cautelares diversas a prisão

A Primeira Turma, por maioria, deu parcial provimento a agravo regimental interposto para restabelecer as medidas cautelares proferidas pelo ministro Edson Fachin (então relator), além de determinar o recolhimento noturno de senador acusado pela suposta pratica de corrupção passiva e por tentativa de embaraçar investigação a envolver organização criminosa. Na decisão, o então relator suspendeu o exercício das funções parlamentares ou de qualquer outra função pública do senador. Além disso, determinou a proibição do parlamentar de contatar outro investigado ou réu e de ausentar-se do País. Feita a redistribuição dos autos, o ministro Marco Aurélio foi designado relator. Interposto agravo regimental pelo parlamentar, o relator reconsiderou as imposições de medidas cautelares diversas da custodia determinadas pelo ministro Edson Fachin. Contra essa decisão, a PGR interpôs o presente agravo regimental, no qual pleiteia o restabelecimento das medidas cautelares, além da prisão preventiva por flagrante impróprio quanto ao crime de corrupção passiva e flagrante próprio quanto aos crimes de pertencimento à organização criminosa e obstrução de investigação. Preliminarmente, a Turma, resolveu questão de ordem suscitada pelo relator e deliberou manter o julgamento deste agravo no respectivo âmbito. O Colegiado negou o pedido de prisão preventiva. Sublinhou haver dúvida razoável sobre o sentido e o alcance do art. 53, § 2º, da CF e a sua aplicabilidade neste caso concreto. Entretanto, entendeu configurada a autoria e a materialidade. (...). Reputou necessário o recolhimento domiciliar noturno do parlamentar, tendo em visa que a Turma decretou a prisão domiciliar dos que teriam sido mandatários da operação. Considerou incongruente decretar a prisão domiciliar aos coautores menos relevantes, sem a aplicação de nenhum tipo de restrição à liberdade de ir e vir de quem supostamente teria sido o mandante. Vencidos, em parte, os ministros Marco Aurélio (relator) e Alexandre de Moraes, que negaram provimento ao agravo. Pontuaram que a liminar de afastamento é, de regra, incabível, sobretudo se considerado o fato de o desempenho parlamentar estar vinculado a mandato que se exaure no tempo. Portanto, o afastamento do exercício do mandato implica

esvaziamento irreparável e irreversível da representação democrática conferida pelo voto popular. O ministro Alexandre de Moraes consignou que, embora juridicamente possível a aplicação de outras medidas cautelares diversas da prisão ao parlamentar, sua imposição seria inócua, tendo em vista a impossibilidade de decretação de prisão preventiva em caso de descumprimento. AC 4327 AgR-terceiro-AgR/DF, rel. orig. Min. Marco Aurélio, red. p/ o ac. Min. Roberto Barroso, julgamento em 26.9.2017. (Info 879)

♦ **Prisão preventiva, risco de reiteração delitiva e presunção de inocência**

A Segunda Turma, por maioria, concedeu a ordem em "habeas corpus" para revogar a prisão preventiva do paciente e determinar a sua substituição por medida cautelar diversa [Código de Processo Penal (CPP), art. 319], a ser estabelecida pelo juízo de origem. Além disso, determinou a extensão da ordem concedida à prisão decretada em outro processo em que o paciente também é réu (...). O Colegiado pontuou que a prisão cautelar é a "ultima ratio", e somente pode ser imposta se as outras medidas cautelares não se mostrarem adequadas ou suficientes para a contenção do "periculum libertatis" [CPP, art. 282, § 6º]. Os pressupostos que autorizam uma medida cautelar devem estar presentes não apenas no momento de sua imposição, como também necessitam se prolongar no tempo, para legitimar sua subsistência. A constrição cautelar do paciente somente foi decidida e efetivada dez meses após o último pagamento atribuído a ele – em outubro de 2014 – pelo juízo de origem. Com efeito, ainda que a decisão da autoridade judiciária tenha-se amparado em elementos concretos de materialidade, os fatos que ensejaram o aventado risco de reiteração delitiva estão longe de ser contemporâneos do decreto prisional. Nesse contexto, a Turma entendeu subsistir o "periculum libertatis", que pode ser remediado com medidas cautelares diversas da prisão e menos gravosas, o que repercute significativamente no direito de liberdade do réu. (...) Para o Colegiado, descabe utilizar a prisão preventiva como antecipação de uma pena que não foi confirmada em segundo grau. Do contrário, seria implementada verdadeira execução provisória em primeiro grau. Tal medida seria contrária ao entendimento fixado pela Corte no sentido de que a execução provisória de acórdão penal condenatório proferido em grau de apelação, ainda que sujeito a recurso especial ou extraordinário, não compromete o princípio constitucional da presunção de inocência. Vencidos os ministros Edson Fachin (relator) e Celso de Mello, que denegaram a ordem. HC 137728/PR, rel. orig. Min. Edson Fachin, red. p/ o ac. Min. Dias Toffoli, julgamento em 2.5.2017. (Info 863)

♦ **Parlamentar e afastamento do cargo – 1**

Por reputar que os elementos fáticos e jurídicos teriam demonstrado que a presença de parlamentar na função de Presidente da Câmara dos Deputados representaria risco para as investigações penais sediadas no Supremo Tribunal Federal, o Plenário referendou medida cautelar deferida em ação cautelar ajuizada pelo Procurador-Geral da República, no âmbito de inquéritos já instaurados na Corte. A decisão referendada decretara a suspensão do exercício do mandato de deputado federal e, em decorrência, da função de Presidente da Câmara dos Deputados. O Tribunal também determinou que fosse notificado o Primeiro-Vice-Presidente da Câmara dos Deputados, ou, na sua ausência, o Segundo-Vice-Presidente (Regimento Interno da Câmara dos Deputados, art. 18), do inteiro teor da presente decisão, a fim de dar-lhe cumprimento, nos termos regimentais próprios. Na espécie, embora se tratasse de providência inserida no rol das competências originárias do relator das ações penais (Lei 8.038/1990, art. 2º, "caput" e parágrafo único), a decisão fora levada a referendo do Plenário pela relevância institucional de suas consequências (...). Entretanto, o cabimento da medida suspensiva reclama inevitável leitura a respeito da existência de riscos que possam transcender a própria instância processual penal, sobretudo quando se tratar do exercício de funções públicas relevantes. Nestes casos, a decretação da medida servirá a dois interesses públicos indivisíveis: a) a preservação da utilidade do processo (pela neutralização de uma posição de poder que possa tornar o trabalho de persecução mais acidentado); e b) a preservação da finalidade pública do cargo (pela eliminação da possibilidade de captura de suas competências em favor de conveniências particulares sob suspeita). *AC 4070/DF, rel. Min. Teori Zavascki, 5.5.2016. (AC-4070) (Info 824)*

♦ **Parlamentar e afastamento do cargo – 4**

A presença do requerido na função por ele ora ocupada além representar risco para as investigações penais sediadas no Supremo Tribunal Federal, é um pejorativo que conspira contra a própria dignidade da instituição por ele liderada. O exercício do cargo, nas circunstâncias indicadas, compromete a vontade da Constituição, sobretudo a que está manifestada nos princípios de probidade e moralidade que devem governar o comportamento dos agentes políticos. A Corte asseverou que todo ocupante de mandato tem ao menos dois compromissos a respeitar: um deles é com os seus representados; o outro é com o do projeto de país que ele se obriga a cumprir ao assumir sua função pública. A atividade parlamentar só poderá ser exercida, com legitimidade, se for capaz de reverenciar essas duas balizas. Se os interesses populares vierem a se revelar contrários às garantias, às liberdades e ao projeto de justiça da Constituição, lá estará o STF para declará-los nulos, pelo controle de constitucionalidade. No entanto, não são apenas os produtos legislativos que estão submetidos ao controle judicial. Também o veículo da vontade popular – o mandato – está sujeito a controle. A forma preferencial para que isso ocorra é pelas mãos dos próprios parlamentares. Mas, em situações de excepcionalidade, em que existam indícios concretos a demonstrar riscos de quebra da respeitabilidade das instituições, é papel do STF atuar para cessá-los, garantindo uma república para os comuns, e não uma comuna de intocáveis. O Tribunal concluiu que, em razão dos fatos descritos, a medida postulada mostra-se necessária, adequada e suficiente. *AC 4070/DF, rel. Min. Teori Zavascki, 5.5.2016. (AC-4070) (Info 824)*

♦ **Medida cautelar diversa da prisão. Impugnação. *Habeas corpus.***

O *habeas corpus* pode ser empregado para impugnar medidas cautelares de natureza criminal diversas da prisão. STF. 2ª Turma. HC 147426/AP e HC 147303/AP, Rel. Min. Gilmar Mendes, julgados em 18/12/2017 (Info 888).

9. QUESTÕES DE CONCURSOS PÚBLICOS

01. (2017 – FCC – PC-AP – Delegado de Polícia) O regime da fiança no Código de Processo Penal, dispõe que

(A) o descumprimento de medida cautelar diversa da prisão aplicada cumulativamente com a fiança pode gerar o quebramento da fiança.

(B) é vedada a aplicação da fiança em crimes cometidos com violência ou grave ameaça contra a pessoa.

(C) a situação econômica da pessoa presa é irrelevante para a fixação do valor da fiança, que deve ter relação com a gravidade do crime e os antecedentes criminais.

(D) a fiança será prestada em dinheiro, sendo vedada a prestação por meio de pedras preciosas.

(E) a concessão de fiança é ato exclusivo da autoridade judicial, visto que implica em decisão sobre a liberdade da pessoa.

(2017 – CESPE – TJ-PR – Juiz Substituto – Adaptada) No que se refere a medidas cautelares e liberdade provisória, julgue os itens seguintes.

02. A fiança poderá ser definitiva ou provisória.

03. São medidas cautelares diversas da prisão, entre outras, o comparecimento periódico em juízo, a monitoração eletrônica e a fiança.

04. (2017 – FCC – DPE-SC – Defensor Público Substituto) Sobre as medidas cautelares diversas da prisão, é correto afirmar:

(A) A medida cautelar de proibição de manter contato com determinada pessoa é vedada a crimes que não estejam submetidos à Lei Maria da Penha.

(B) a verificação da situação econômica do preso para fins de dispensa de fiança deve vir acompanhada de prova robusta produzida em juízo, mesmo em caso de pessoa assistida pela Defensoria Pública.

(C) É vedada a aplicação de medidas cautelares diversas da prisão de maneira cumulativa, sob pena de violação ao princípio da proporcionalidade.

(D) Se ao receber o auto de prisão em flagrante o juiz verificar de plano que é o caso de aplicação de uma medida cautelar diversa da prisão, pode dispensar a realização da audiência de custódia, pois o resultado é benéfico ao investigado.

(E) Em caso de descumprimento de medidas cautelares diversas da prisão, o Código de Processo Penal prevê expressamente que a decretação da prisão preventiva só deve ocorrer em último caso.

05. (2017 – FCC – DPE-RS – Analista – Processual) É INCORRETO afirmar que

(A) as medidas cautelares somente poderão ser aplicadas isoladamente, para evitar *bis in idem*.

(B) constitui medida cautelar diversa da prisão o recolhimento domiciliar no período noturno e nos dias de folga quando o investigado ou acusado tenha residência e trabalho fixos.

(C) o juiz poderá decretar, no curso do inquérito policial, a proibição de o indiciado manter contato com a vítima quando, por circunstâncias relacionadas ao fato, o indiciado deva permanecer distante dela.

(D) revogada a medida cautelar antes decretada, o juiz pode voltar a decretá-la, se sobrevierem razões que a justifiquem.

(E) se não houver urgência nem perigo de ineficácia da medida cautelar, o juiz, ao receber o pedido de decretação da medida, determinará a intimação da parte contrária, acompanhada de cópia do requerimento e das peças necessárias, permanecendo os autos em juízo.

06. (2016 – MPE-GO – MPE-GO – Promotor de Justiça Substituto – Adaptada) Sobre o regime jurídico das medidas cautelares pessoais no ordenamento jurídico pátrio, julgue o item seguinte:

O quebramento injustificado da fiança importará na perda de metade do seu valor, cabendo ao juiz decidir sobre a imposição de outras medidas cautelares, não se permitindo a decretação da prisão preventiva.

07. (2016 – CONSULPLAN – TJ-MG – Titular de Serviços de Notas e de Registros – Provimento) De acordo com o Decreto-Lei nº 3.689/1941, Código de Processo Penal, julgar-se-á quebrada a fiança quando o acusado

(A) resistir justificadamente a ordem judicial.

(B) cumprir medida cautelar imposta cumulativamente com a fiança.

(C) deliberadamente praticar ato de obstrução ao andamento do processo.

(D) praticar nova infração penal culposa.

08. (2016 – IESES – TJ-PA – Titular de Serviços de Notas e de Registros – Provimento) De acordo com o CPP, entender-se-á perdido, na totalidade, o valor da fiança:

(A) Se, regularmente intimado para ato do processo, o acusado deixar de comparecer, sem motivo justo.

(B) Se, condenado, o acusado não se apresentar para o início do cumprimento da pena definitivamente imposta.

(C) Se, deliberadamente, o acusado praticar ato de obstrução ao andamento do processo.

(D) Se o acusado praticar nova infração penal dolosa.

09. (2016 – FAURGS – TJ-RS – Juiz de Direito Substituto – Adaptada) Sobre medidas cautelares e liberdade provisória, julgue o item seguinte.

A autoridade policial somente poderá se manifestar sobre a decretação de fiança nos crimes cuja pena máxima for igual ou inferior a 2 (dois) anos. Nos demais casos, a competência para sua concessão será exclusiva do juiz.

10. (CESPE – Juiz Substituto – PB/2015 – adaptada) A fiança poderá consistir em pedras, objetos ou metais preciosos.

11. (CESPE – Juiz Substituto – PB/2015 – adaptada) O réu afiançado poderá ausentar-se de sua residência sem comunicar a autoridade processante, desde que o faça por período não superior a trinta dias.

12. (FCC – Juiz Substituto – SC/2015 – adaptada) Após a elaboração de um auto de prisão em flagrante pelo crime de estelionato, diante da impossibilidade do delegado de polícia em arbitrar a fiança, o acusado (ou seu defensor) deve requerê-la diretamente ao juiz, que decidirá no prazo de 48 horas, independentemente de manifestação do Ministério Público.

13. (FCC – Juiz Substituto – SC/2015 – adaptada) Se houver a possibilidade de arbitramento de fiança, que deverá variar entre 10 (dez) e 200 (duzentas) salários mínimos em crimes cuja pena máxima seja superior a 4 (quatro) anos, o juiz ainda assim poderá aumentar o valor, se a situação econômica do réu o recomendar, em até 1000 (mil) vezes. Contudo, para determinar o valor final, deverá se ter em consideração, dentre outros fatores, as circunstâncias indicativas de sua periculosidade.

14. (FUNIVERSA – Delegado de Polícia – DF – 2015 – adaptada) A autoridade policial poderá conceder fiança nos casos de infração penal punida com detenção ou prisão simples, independentemente da duração da pena.

15. (FUNIVERSA – Delegado de Polícia – DF – 2015 – adaptada) A fiança poderá ser dispensada, se assim recomendar a situação econômica do preso, observados os critérios legais.

16. (Juiz Substituto – GO – FCC – 2015 – Adaptada) Somente será admitida fiança nos casos de infração cuja pena privativa de liberdade máxima não seja superior a 4 anos.

17. (Juiz Substituto – GO – FCC – 2015 – Adaptada) As medidas cautelares alternativas à prisão não podem ser aplicadas cumulativamente, em razão da proporcionalidade e da proibição de excesso.

18. (Defensor Público Federal – DPU – CESPE / 2015 Adaptada) Júlio foi preso em flagrante pela prática de furto de um caixa eletrônico da CEF. Júlio responde a outros processos por crime contra o patrimônio. No caso de Júlio ter praticado furto simples, a própria autoridade policial poderia ter arbitrado a fiança com relação a este crime.

19. (Vunesp – Delegado de Polícia – SP/2014) A fiança

(A) poderá ser prestada em todas as hipóteses de prisão, salvo no caso de prisão em decorrência de pronúncia.

(B) poderá ser prestada em qualquer termo do processo, inclusive após o trânsito em julgado da sentença.

(C) poderá ser prestada em qualquer termo do processo, enquanto não transitar em julgado a sentença condenatória.

(D) somente poderá ser prestada durante o inquérito policial.

(E) poderá ser prestada nas hipóteses de prisão temporária.

20. (Fundação Aroeira – Delegado de Polícia – TO/2014) Se assim recomendar a situação econômica do preso, a fiança poderá ser dispensada, e também

(A) reduzida até o máximo de um terço ou aumentada em até cem vezes.

(B) reduzida até o máximo de dois terços ou aumentada em até mil vezes.

(C) reduzida até o máximo de metade ou aumentada em até dez vezes.

(D) reduzida até o máximo de três quintos ou aumentada em até cinquenta vezes.

21. (Fundação Aroeira – Delegado de Polícia – TO/2014) A fiança ficará sem efeito e o acusado será recolhido à prisão, quando ele

(A) deixar de reforçar a fiança, nas hipóteses legais.

(B) descumprir cautelar imposta cumulativamente.

(C) resistir injustificadamente à ordem judicial.

(D) praticar nova infração penal dolosa.

22. (ACAFE – Delegado de Polícia – SC/2014) Considere o Código de Processo Penal quanto as medidas cautelares, analise as afirmações a seguir e assinale a alternativa correta.

I. As medidas cautelares serão decretadas pelo juiz, de ofício ou a requerimento das partes ou, quando no curso da investigação criminal, por representação da autoridade policial ou mediante requerimento do Ministério Público.

II. Não será permitido o emprego de força, mesmo a indispensável, no caso de resistência ou de tentativa de fuga do preso.

III. A prisão preventiva será determinada quando não for cabível a sua substituição por outra medida cautelar.

IV. As medidas cautelares serão decretadas pelo juiz e não poderão ser aplicadas cumulativamente.

(A) Apenas I e III estão corretas.

(B) Apenas II e III estão corretas.

(C) Apenas III e IV estão corretas.

(D) Apenas I, II e III estão corretas.

(E) Todas as afirmações estão corretas.

23. (MPE-SC – Promotor de Justiça – SC/2014 – Adaptada) O quebramento injustificado da fiança importará na perda de todo o seu valor, além da imposição da prisão preventiva.

24. (UFPR – Defensor Público – PR/2014 – Adaptada) O Código de Processo Penal autoriza que o juiz, baseado em seu poder geral de cautela, determine outras medidas cautelares diversas da prisão, para além das previstas nos seus artigos 319 e 320.

25. (UFPR – Defensor Público – PR/2014 – Adaptada) Conforme previsão do Código de Processo Penal, se descumprida a medida cautelar diversa da prisão, o juiz, de ofício ou mediante requerimento do Ministério Público, de seu assistente ou do querelante, poderá substituir a medida, impor outra em cumulação, ou, em última hipótese, decretar a prisão preventiva.

26. (Delegado de Polícia Federal – Cespe – 2018) Acerca de prisão, de liberdade provisória e de fiança, julgue o próximo item de acordo com o entendimento do STF e a atual sistemática do Código de Processo Penal. Situação hipotética: Um cidadão foi preso em flagrante pela prática do crime de corrupção ativa. A autoridade policial, no prazo legal do IP, remeteu os autos ao competente juízo, quando foi decretada a prisão preventiva do indiciado. Assertiva: Nessa situação, estão preenchidos os requisitos legais para a concessão da fiança, razão por que ela poderá ser concedida como contracautela da prisão anteriormente decretada. ( ) Certo ( ) Errado

27. (CESPE – MPU – Analista do MPU – 2018) Em cada um dos itens a seguir é apresentada uma situação hipotética seguida de uma assertiva a ser julgada em consonância com a doutrina majoritária e com o entendimento dos tribunais superiores acerca de provas no processo penal, prisão e liberdade provisória e habeas corpus. Um indivíduo penalmente imputável apresentou-se espontaneamente a autoridade policial depois de ter cometido um crime. Nessa situação, a apresentação espontânea não impede a decretação da prisão preventiva nos casos em que a lei a autoriza. ( ) Certo ( ) Errado

28. (CESPE – MPE-PI – Analista Ministerial – 2018) Durante uma festa, após desentendimentos entre Carlos e Miro, este proferiu xingamentos racistas contra aquele, o que levou Carlos a empurrar seu agressor, que caiu em uma mesa de vidro. Com o forte impacto, a mesa se despedaçou completamente e seus cacos causaram cortes profundos por todo o corpo de Miro. Os convidados ligaram para a polícia e para o corpo de bombeiros: Carlos foi preso em flagrante e Miro foi encaminhado ao hospital, onde ficou internado por cinco dias, com risco de morte; passou por procedimentos cirúrgicos e, posteriormente, teve de ficar afastado de sua atividade laboral por trinta e dois dias. O Ministério Público denunciou Carlos por lesão corporal de natureza grave. Nessa situação hipotética, a prisão em flagrante de Carlos foi legal, não sendo possível a concessão de liberdade provisória pela natureza do crime. ( ) Certo ( ) Errado

29. (CESPE – Polícia Federal – Agente de Polícia Federal – 2018) Depois de adquirir um revólver calibre 38, que sabia ser produto de crime, José passou a portá-lo municiado, sem autorização e em desacordo com determinação legal. O comportamento suspeito de José levou-o a ser abordado em operação policial de rotina. Sem a autorização de porte de arma de fogo, José foi conduzido à delegacia, onde foi instaurado inquérito policial. Tendo como referência essa situação hipotética, julgue o item seguinte. Os agentes de polícia podem decidir, discricionariamente, acerca da conveniência ou não de efetivar a prisão em flagrante de José. ( ) Certo ( ) Errado

30. (CESPE – Polícia Federal – Escrivão de Polícia Federal – 2018) João integra uma organização criminosa que, além de contrabandear e armazenar, vende, clandestinamente, cigarros de origem estrangeira nas ruas de determinada cidade brasileira. A partir dessa situação hipotética, julgue o item subsequente. Se João for preso em flagrante e o escrivão estiver impossibilitado de proceder à lavratura do auto de prisão, a autoridade policial poderá designar qualquer pessoa para fazê-lo, desde que esta preste o compromisso legal anteriormente. ( ) Certo ( ) Errado

10. GABARITO ANOTADO

01 – A

Vide:

- Art. 341, III, do CPP.
- Itens "4.5. Obrigações do afiançado" e "4.7. Quebra da fiança".

02 – E

Vide:

- Art. 330 do CPP.
- Item "4.12. Procedimento".

03 – C

Vide:

- Art. 319 do CPP.
- Item "5.4. Cautelares em espécie".

04 – E

Vide:

- Art. 282, § 4º, do CPP.
- Itens ""5.1.2. Princípios informadores: c) Princípio da proporcionalidade" e "7.3. As hipóteses de decretação" do capítulo prisões (capítulo – Prisões)".

05 – A

Vide:

- Art. 282, § 1º, do CPP.
- Item ""5. Outras medidas cautelares diversas da prisão".

06 – E

Vide:

- Art. 343, CPP.
- Item "4.7. Quebra da fiança".

07 – C

Vide:

- Art. 341, II, do CPP.
- Itens "4.5. Obrigações do afiançado" e "4.7. Quebra da fiança".

08 – B

Vide:

- Art. 344, CPP.
- Itens "4.5. Obrigações do afiançado" e "4.7. Quebra da fiança".

09 – E

Vide:

- Art. 322, CPP.
- Item "4.12. Procedimento".

10 – C

Vide:

- Art. 330, CPP.
- Item "4.4. Modalidades de fiança".

11 – E

Vide:

- Art. 328, CPP.
- Item "4.5. Obrigações do afiançado".

12 – C

Vide:

- Art. 322, CPP.
- Item "4.12. Procedimento".

13 – C

Vide:

- Art. 325, CPP.
- Item "4.3. Valor da Fiança".

14 – E

Vide:

- Art. 322, CPP.
- Item "4.12. Procedimento".

15 – C

Vide:

- Art. 325, § 1º, I, CPP.
- Item "4.3. Valor da fiança".

16 – E

Vide:

- Art. 322 do CPP.
- Item "4. Liberdade provisória mediante fiança".

17 – E

Vide:

- Art. 282, § 1º, do CPP.
- Item "5. Outras medidas cautelares diversas da prisão".

18 – C

Vide:

- Art. 322, CPP
- Item "4.12. Procedimento".

19 – C

Vide:

- Art. 334, CPP
- Item 4.12. Procedimento

20 – B

Vide:

- Art. 325, § 1º, II, CPP
- Item 4.3. Valor da fiança

21 – A

Vide:

- Art. 340, CPP
- Item 4.10. Reforço da fiança

22 – A

Vide:

- I – Art. 282, § 2º, CPP
- II – Art. 284, CPP
- III – Art. 282, § 6º, CPP
- IV – Art. 282, §§ 1º, 2º, CPP
- Item 1. Conceito

23 – E

Vide:

- Art. 343, CPP
- Item 4.7. Quebra da fiança

24 – E

Vide:

- Arts. 319 e 320
- Item "5.1.1. Bipolaridade das medidas cautelares e poder geral de cautela no processo penal"

25 – C

Vide:

- Art. 282, § 4º
- Item "1. Conceito"

26 – ERRADO

Vide:

- Art. 324, IV CPP
- Item "4.6.2. Vedações do art. 324, CPP".

27 – CERTO

Vide:

- Art. 302, CPP.
- Art. 312, CPP.
- Art. 313, CPP.
- Art. 319, CPP.

28 – ERRADO

Vide:

- Art. 302, CPP.
- Art. 310, CPP.
- Art. 312, CPP.
- Art. 313, CPP.
- Art. 321, CPP.

29 – ERRADO

Vide:

- Art. 301, CPP

30 – CERTO

Vide:

- Art. 305, CPP.
- Art. 808, CPP.

11. QUESTÕES DISCURSIVAS COM COMENTÁRIOS

1. **(FUNCAB – Delegado de Polícia – RJ/2013)** Ana Carolina Santos foi presa por policiais lotados na 52ª DP – Nova Iguaçu – e autuada em flagrante delito por ter sido surpreendida no momento em que praticava maus-tratos contra o adolescente Vinícius Silva, deficiente físico, que não possui condições mínimas de administrar sua vida. Durante o curto período em que a conduzida se encontrava custodiada na Delegacia, a autoridade policial percebeu que a mesma apresentava sinais evidentes de deficiência mental. Diante disso, convocou a perícia médico-legal para realizar o exame de corpo de delito, objetivando comprovar uma possível insanidade. Nesse ínterim, concluiu e relatou o inquérito policial. Com base no inquérito policial e no laudo, que concluiu pela insanidade, representou ao juiz pela internação provisória com fundamento de evitar a reiteração criminosa (art. 319, III, parte final do Código de Processo Penal).

   No caso hipotético relatado, responda (fundamentadamente):

   (A) Agiu corretamente a autoridade policial ao determinar a realização do exame de corpo de delito?

   (B) E quanto à representação pela internação provisória?

Resposta

(A) A autoridade policial não agiu corretamente. Nos termos do § 1º do art. 149, CPP, quando na fase do inquérito policial houver dúvida sobre a insanidade mental do indiciado, o exame poderá ser ordenado pelo juiz, mediante instauração de portaria, porém precedido de representação da autoridade policial e – acrescentamos nós – de anuência do Ministério Público.

(B) A internação provisória é possível, quando os peritos concluírem tratar-se de semi-imputável ou inimputável e houver risco de reiteração. Foi o que ocorreu na hipótese, devendo ainda ser observado o art. 282, CPP, que trata dos pressupostos gerais aplicáveis às medidas cautelares.

2. **(UNIVERSA – Delegado de Polícia – DF/2010)** Redija um texto descritivo acerca do tema prisão e liberdade provisória, abordando, necessariamente, os seguintes tópicos:

(A) conceito e fundamento legal da prisão;

(B) conceito, fundamento legal e cabimento da liberdade provisória;

(C) modalidades de prisão provisória ou cautelar, conceito e pressupostos respectivos; e

(D) a prisão provisória, o postulado constitucional da presunção de inocência e a atual jurisprudência do Supremo Tribunal Federal.

Resposta

Sendo dissertação, sem limite de linhas, o candidato deve desenvolver exposição estruturada, atendendo ao requerido no enunciado da questão, fundamentando o assunto na Constituição, no Código de Processo Penal e na Lei nº 7.960/1989.

Estudamos pormenorizadamente prisão e liberdade provisória, como medida de contracautela e, hoje, passível de ser instituída de forma autônoma, diante do que dizem os artigos 282 e 319, CPP. Para responder a questão, remetemos o leitor ao que estudamos neste capítulo e no próximo (liberdade provisória e medidas cautelares diversas da prisão).

Frise-se que a questão é anterior à Lei nº 12.403/2011. Fosse hoje o concurso, o candidato teria de relacionar a prisão cautelar com as medidas cautelares diversas da prisão, distinguindo a natureza de cada uma das espécies, bem como compatibilizando tais restrições com o princípio do estado de inocência. Um dos pontos relevantes é a passagem que se tem hoje da prisão em flagrante (pré-cautelar) e sua conversão em preventiva (cautelar, art. 310, II, CPP).

Sempre o conhecimento acerca da jurisprudência do STF (e do STJ) é cobrada do candidato, como se pode ver pela recorrência das referências.

3. **(PC-RJ – Delegado de Polícia – RJ/2009)** Tício, brasileiro, imputável, ingressou no território de outro país no dia 01/03/2009 e lá adquiriu certa quantidade de uma substância cuja venda e uso eram permitidos com objetivo de venda no território brasileiro. Após dois dias, Tício retorna ao Brasil, ingressando em território nacional com a citada substância, ciente de que esta possui venda proibida, sendo considerada droga para efeitos penais. Após revista, Tício foi autuado em flagrante delito pelo Delegado da Polícia Federal, que providenciou a imediata comunicação da prisão, com encaminhamento de cópia do respectivo auto à autoridade Judiciária Federal. Esta, no entanto, manifestou-se pela incompetência relativa, determinando o encaminhamento dos autos do inquérito Policial à Justiça Estadual. O Juiz de Direito entendendo ser ele competente, determinou o encaminhamento do Inquérito Policial à Unidade de Polícia Judiciária da Polícia Civil, requisitando a renovação das diligências realizadas no âmbito Polícia Federal. Após o recebimento dos autos do Inquérito Policial a Autoridade Policial renovou a realização das diligências. Transcorrido o prazo de 10 dias, entendendo estar expirado o prazo de permanência dos citados autos na delegacia, a Autoridade Policial determina o retorno dos citados autos à Justiça Estadual. Inconformado, Tício, através de seu patrono, impetra *Habeas Corpus*, requerendo concessão de liberdade provisória. Considerando o disposto no artigo 44, da Lei 11.343/06, o Juiz indeferiu o *Habeas Corpus*, mantendo a prisão. Sendo assim, deverá o candidato analisar as questões acima expostas, sob aspecto jurídico-processual penal, apresentando fundamentação cabível.

Resposta

Como o uso e a comercialização da droga apreendida no território nacional são permitidos no país de origem, corretas as decisões que firmaram a competência da Justiça Estadual, eis que só houve ilícito penal no território nacional, não atraindo o elemento de transnacionalidade do delito que justifique a competência da Justiça Federal.

O inquérito policial que apura tráfico de drogas tem prazos específicos para ser concluído: trinta dias indiciado preso e 90 dias indiciado solto. Ambos os lapsos podem ser duplicados pelo juiz mediante pedido justificado do delegado de polícia (art. 51, parágrafo único, Lei de Drogas).

Ao declinar competência, com indiciado preso, à disposição do juízo de destino ficará o indiciado. Não há nulidade da decisão prisional, malgrado diga o CPP que a incompetência nulifica os atos decisórios.

Quanto ao art. 44, da Lei 11.343/2006, o STF entendeu inconstitucional o trecho que veda conversão das pensas em restritivas de direito. Desse modo, o indeferimento de liberdade provisória, a teor do princípio da homogeneidade, segue a mesma lógica. Incabível sustentar, em tese, o não cabimento de liberdade provisória só por conta do enunciado referido. Aliás, jurisprudencialmente vem sendo admitida a aplicação de medidas cautelares diversas da prisão aos indiciados e acusados por tráfico de entorpecentes.

4. **(FAURGS – Delegado de Polícia – RS/1998)** Surpreendida asfixiando seu filho nascido uma hora antes, a jovem NA exibia visível perturbação psíquica, decorrente do parto, a ponto de não oferecer

qualquer resistência à voz de prisão pronunciada pelo segurança LD, no berçário do Hospital. Comunicada a Polícia, os inspetores PA e AP chegaram ao Hospital e tomaram ciência da morte do recém-nascido, provocada por NA, que foi conduzida à Delegacia de Polícia e apresentada à Autoridade Policial. O Delegado de Polícia constatou que NA estava completando 19 anos de idade naquele dia, trabalhava como balconista desde os 15 anos numa loja de tecidos da cidade, era solteira, residia com seus genitores – a quem ajudava financeiramente – e não registrava qualquer antecedente policial ou judicial que a desabonasse naquela comunidade.

(A) Qual ou quais as medidas de Polícia Judiciária a serem adotadas imediatamente?

(B) Qual ou quais os fundamentos jurídicos legais para a adoção dessas providências?

(C) Qual é a situação da acusada, no que se refere ao direito à liberdade? Por quê?

(D) Qual é o procedimento que o futuro processo penal deverá adotar na espécie? Por quê?

Resposta

a) *Lavratura do auto de prisão em flagrante, com a comunicação imediata da prisão ao juiz e ao Ministério Público. Dentro de 24 horas, deve ser enviado o auto de prisão em flagrante ao juiz e entregue nota de culpa à pessoa presa. Caso não informe advogado, deve cópia do auto de prisão em flagrante ser encaminhado à Defensoria Pública. Atualmente, o crime em tela é afiançável, aplicando-se as novas disposições editadas pela Lei nº 12.403/2011. Como a pena máxima abstrata do crime consumado é de seis anos de detenção e, na hipótese, foi ele tentado, com a incidência da redução do art. 14, II, CP (redução de 1/3 a 2/3), a pena máxima será igual a quatro anos. Cabível ao delegado arbitrar a fiança de 1 a 100 salários mínimos. O auto de prisão em flagrante será a peça inaugural do inquérito policial. A criança agredida deve ser encaminhada para exame de corpo de delito de lesões corporais.*

b) *A prisão em flagrante se funda nos artigos 302 e seguintes, com as providências ulteriores. O arbitramento de fiança está regulado no art. 325, com redação determinada pela Lei nº 12.403/2011. O inquérito policial é de ser instaurado nos termos do art. 5º, do CPP.*

c) *Além do cabimento de fiança como providência de contracautela à prisão em flagrante, cabível, pode o delegado representar pela decretação de outras medidas cautelares diversas da prisão, conforme o caso (art. 319, CPP). Verificando-se, por incidente de insanidade mental instaurado judicialmente – mediante representação da autoridade policial –, que a jovem NA estava em situação de inimputabilidade e com doença psíquica duradoura, com possibilidade de reiteração de crime com violência ou grave ameaça à pessoa, pode o delegado de polícia também representar ao juiz pela decretação da internação provisória de NA (art. 319, VII, CPP).*

d) *Reconhecida a inimputabilidade, o processo penal seguirá o procedimento para aplicação de medida de segurança, através da chamada ação penal de prevenção penal. O rito é o comum ordinário, eis que a pena máxima abstrata é de quatro anos considerando o crime de infanticídio na forma tentada.*

---

5. (CESPE – Promotor de Justiça – AM/2007) Redija texto dissertativo acerca da fiança no direito processual penal brasileiro.

Resposta

A fiança foi durante bom tempo instituto ocioso no direito processual penal brasileiro, notadamente com a redação de 1977 do parágrafo único, do art. 310, do CPP, que passou a admitir – corretamente – liberdade provisória para qualquer caso que não apresentasse requisitos autorizadores da prisão preventiva.

No processo penal, a fiança tem natureza mais de caução do que de fidúcia, como deveria ser, tal qual no direito civil. Trata-se de valor ou bem dado em garantia para criação de vínculo do agente com a persecução penal estatal.

Atualmente pode ser a fiança de natureza própria (medida de contracautela referentemente à prisão em flagrante, podendo ser concedida pela autoridade policial ou pelo juiz, conforme a pena abstrata máxima seja ou não superior a quatro anos – artigos 322 a 325, CPP) ou fiança imprópria (medida cautelar diversa da prisão, como aplicação das mesmas regras de arbitramento da fiança própria, porém imposta de forma autônoma ou como substitutiva da prisão preventiva – art. 319, CPP).

Como o assunto é vasto para a abordagem, o candidato – não havendo limite de linhas – deve elaborar texto que estruture conceito, classificação, modalidades, vedações, arbitramento, procedimento, quebra, perda, reforço, cassação e execução da fiança, evidenciando ao máximo conhecimento sobre o instituto e relacionando-o com a liberdade provisória e as prisões em flagrante e preventiva. Sobre tais aspectos, remetemos o leitor ao que escrevemos no presente capítulo.

---

6. (MPF/26) Discorra sobre a sistemática das medidas cautelares pessoais no CPP e sua incidência no delito de tráfico internacional de drogas, com enfoque na atuação do MPF. (Máximo de 15 linhas).

Resposta

O uso da expressão "medidas cautelares pessoais" pode levar o candidato a equívocos. Isso porque as medidas cautelares, em geral, sempre terão um sujeito passivo, um sujeito processual interessado, seja ela prisional (a pessoa é submetida a cerceio de liberdade), diversa da prisão (a pessoa se sujeita a restrições alternativas a vetusta prisão preventiva), patrimonial (a pessoa tem seu patrimônio restringido através de medidas assecuratórias, como o sequestro) e probatória (os sujeitos processuais são destinatários da prova, ainda que de forma indireta).

Pela relação do enunciado da questão com o delito de tráfico de entorpecentes (Lei nº 11.343/2006), infere-se que o examinador pede que o candidato aborde a sistemática das medidas cautelares ditas alternativas, diversas da pri-

são, previstas hoje no art. 319, do CPP, com redação que foi dada pela Lei nº 12.403/2011.

Com a alteração, migrou-se de um sistema bipolar (que se limitava à aplicação dos extremos – prisão ou liberdade), a um sistema que prevê uma série de outras medidas cautelares diversas, cujo rol, a nosso ver, é exemplificativo, malgrado existam opiniões respeitáveis no sentido de sua taxatividade.

Atenção especial merece o texto do art. 44, da Lei 11.343/2006. Isso porque o STF entendeu inconstitucional a vedação ali prevista de conversão das penas privativas de liberdade em restritivas de direito. Daí que, com base no princípio da homogeneidade, é cabível não só a substituição da pena de privação de liberdade, como também é admitida a aplicação de medidas cautelares diversas da prisão aos indiciados e acusados por tráfico de entorpecentes.

No que toca à atuação do MP, o candidato deve realçar que, na fase do inquérito policial ou de investigação preliminar, sendo o MP o órgão que detém a opinio delicti (dominus litis) a imposição de medidas cautelares pessoais depende de provocação do juiz, seja mediante requerimento do Parquet, seja através de representação da autoridade policial, porém com a anuência prévia do MP. A concessão da liberdade provisória, com ou sem fiança, todavia, dispensa oitiva antecedente do MP, podendo ser ouvido a posteriori. Também o juiz, diante de um requerimento de prisão preventiva, não fica impedido de conceder providência menos gravosa (art. 319, CPP). Sempre que possível, deve ser viabilizado contraditório prévio (art. 282, §§, CPP).

7. **(MPF/25)** Discorra, no máximo em 15 linhas, sobre as novas modalidades de medidas cautelares trazidas ao processo penal brasileiro pela Lei nº 12.403/2011, enfatizando: a) seus pressupostos b) a incidência do princípio da proporcionalidade em sua aplicação c) seus limites temporais.

Resposta

Como se vê, novamente a comissão de concurso requerendo do candidato conhecimento sobre as medidas cautelares diversas da prisão, dispostas no art. 319, CPP. Dessa vez, o conhecimento dos limites do art. 282, do CPP, é o foco central. Isso porque, em poucas palavras, o texto positivou o princípio da proporcionalidade, ao estampar como pressupostos de tais medidas: (a) a necessidade para aplicação da lei penal, para a investigação ou a instrução criminal e, nos casos expressamente previstos, para evitar a prática de infrações penais (periculum libertatis); e (b) a adequação da medida à gravidade do crime, circunstâncias do fato e condições pessoais do indiciado ou acusado (fumus comissi delicti). Os limites temporais aludidos na questão consistem na existência de persecução penal instaurada (investigação preliminar ou processo penal em curso até o trânsito em julgado de sentença penal condenatória). Conquanto fale a Lei em "indiciado", pensamos que não é de todo impossível que, diante de procedimento criminal investigatório diverso, seja requerida e deferida a aplicação de quaisquer medidas do art. 319, CPP, desde que presentes os pressupostos do art. 282, I e II, CPP. Por outro lado, julgada improcedente a pretensão punitiva estatal, ainda que não tenha ocorrido seu trânsito em julgado, perde a medida cautelar seu pressuposto de plausibilidade (fumus comissi delicti), devendo ser revogada. É, dessa maneira, sujeita à cláusula rebus sic stantibus, mantendo-se enquanto subsistirem os requisitos autorizadores de sua decretação. Tratando-se de lei unicamente processual, sem conteúdo substancial e com efeitos mais benéficos que a medida cautelar prisional, a sua aplicação é imediata, inclusive para fatos e processos penais anteriores ao seu advento (art. 2º, CPP).

8. **(FUNCAB – Delegado de Polícia – RJ/2013)** Kafka, juntamente com sua esposa Frida, adentra no supermercado "O Baratão", em São Gonçalo, quando são reconhecidos pelo segurança da loja por terem, em outra ocasião, mantido atitude suspeita, no interior desse estabelecimento. Desconfiado, informou, via rádio, aos demais seguranças, que passaram, discretamente, a observar o casal circulando pelo supermercado, até perceberem que Kafka pegou 1,8 Kg de carne de acém e o colocou, sorrateiramente, na bolsa de sua esposa. Em seguida, dirigiram-se para a saída do supermercado e, quando estavam já na calçada, em frente ao estabelecimento, foram abordados pelos mesmos seguranças que lograram encontrar na bolsa da mulher o sobredito produto, avaliado em R$ 13,90 (treze reais e noventa centavos). Policiais militares, acionados, conduziram Kafka e Frida até a Delegacia de Polícia. Você, como Delegado de Polícia, como procederia diante do quadro supracitado? (resposta fundamentada).

Resposta

A questão envolve a possibilidade de relaxamento de prisão em flagrante a ser levada a efeito pelo próprio delegado de polícia.

Como explicamos no tópico 6, do capítulo 9, sobre prisões, ao tratar dos procedimentos e formalidades da prisão em flagrante, o delegado de polícia, depois de ouvir o conduzido e/ou outros envolvidos, pode se convencer de que não houve crime e que a autuação em flagrante é indevida.

Verificando, como no caso, que se trata de furto famélico, com a aplicação do princípio da insignificância, concluirá o delegado de que falta à conduta a necessária tipicidade material (embora formalmente seja o fato típico de furto qualificado – art. 155, § 4º, IV, CP). Deixará, desse modo, de determinar que o escrivão lavre o auto de prisão em flagrante (terceira etapa que faz parte da formalização da prisão em flagrante).

Nesse caso, sequer deve o delegado arbitrar fiança, com concessão de liberdade provisória. O que deve ser concedida é a liberdade plena, diante da inexistência de lesividade que autorize providência de cunho penal.

A nosso ver, não autoriza o ordenamento jurídico o entendimento de que seria necessária a lavratura do flagrante em casos como estes para que, só depois de coroado o constrangimento ilegal à liberdade de locomoção pela autoridade policial, possa ocorrer o relaxamento do flagrante pelo juiz.

Capítulo XI

Atos de Comunicação Processual

Sumário • 1. Formas de comunicação processual – 2. Citação: 2.1. Conceito; 2.2. Espécies: 2.2.1. Citação pessoal: 2.2.1.1. Requisitos do mandado; 2.2.1.2. Horário e local da citação; 2.2.1.3. Citação por carta precatória; 2.2.1.4. Citação em caso de urgência e carta precatória eletrônica; 2.2.1.5. Citação do militar; 2.2.1.6. Citação do acusado preso; 2.2.1.7. Citação do funcionário público; 2.2.1.8. Citação no estrangeiro e uso da videoconferência; 2.2.2. Citação por edital; 2.2.3. Citação por hora certa – 3. Intimação, notificação e contagem de prazos: 3.1. Intimação; 3.2. Notificação; 3.3. Citação; 3.4. Intimações do Ministério Público e da Defensoria Pública; 3.5. Intimação do defensor dativo e do advogado; 3.6. Fluência e contagem dos prazos; 3.7. Suspensão do prazo da advogada adotante ou que se tornar mãe (Lei nº 13.363/2016); 3.8. Intimação em audiência; 3.9. Regras especiais de intimação em matéria processual penal; 3.10. Intimação por edital ou com hora certa no processo criminal e sistema inquisitivo; 3.11. Intimação do acusado preso; 3.12. Intimação por carta – 4. Revelia e suspensão do processo penal – 5. Informatização do processo judicial – 6. Quadro Sinótico – 7. Súmulas Aplicáveis: 7.1. STJ; 7.2. STF – 8. Informativos recentes: 8.1. STJ; 8.2. STF – 9. Questões de concursos públicos – 10. Gabarito Anotado – 11. Questões discursivas com comentários

1. FORMAS DE COMUNICAÇÃO PROCESSUAL

A comunicação processual pode se dar por meio de atos distintos, que serão praticados conforme a sua finalidade. Assim, os atos de comunicação poderão revestir o caráter de citação, intimação ou notificação. O Código de Processo Penal não é uniforme na indicação do nome de cada um desses atos. A definição deles é dada pela doutrina.

Enquanto a citação visa dar ciência de imputação ao acusado, chamando-o a se defender, a intimação é a comunicação à parte de que foi praticado um ato no processo. A notificação, a seu turno, é a comunicação para que a parte ou o interessado adote uma conduta positiva, ou seja, realize uma atividade, um fazer necessário ao andamento regular do processo.

Dentro de um panorama processual penal atualizador, os atos de comunicação processual penal devem ser interpretados/aplicados em compasso com a Constituição do Brasil e com todos os enunciados infraconstitucionais com ela compatíveis. É com essa visão que Bernardo Montalvão destaca as perspectivas das diversas formas de comunicação processual enquanto "garantias individuais do cidadão frente ao Estado", construídas "à luz dos princípios constitucionais", sob a limitação de "valores constitucionais" e com "seus contornos definidos por um processo legislativo democrático"[1]. Com efeito, os atos de comunicação processual conferem efetividade ao art. 5º, incisos LIV e LV, CF/1988, dispositivos que consagraram o devido processo legal e a ampla defesa e o contraditório como direitos fundamentais.

1. AZEVÊDO, Bernardo Montalvão Varjão de. *A importância dos atos de comunicação processual para o processo penal*: o esboço de uma teoria geral e uma análise descritiva. Rio de Janeiro: Lumen Juris, 2008. p. 204-205.

Sem embargo, reformas processuais que afetam especialmente o processo penal vêm sendo inseridas no ordenamento jurídico brasileiro, seja por lei especial extravagante – como aconteceu com a previsão legal de informatização do processo judicial e, com, ela, a introdução de modalidades eletrônicas de atos de comunicação processual –, seja por lei alteradora do Código de Processo Penal, a exemplo da Lei nº 11.719/2008, que, com o fito de conferir maior celeridade ao processo criminal, estabeleceu, pela primeira vez nesse âmbito, a possibilidade de citação por hora certa.

2. CITAÇÃO

2.1. Conceito

Citação é o ato pelo qual o réu toma ciência dos termos da acusação, sendo chamado a respondê-la e a comparecer aos atos do processo, a começar, via de regra, pela resposta preliminar à acusação (conforme o procedimento comum ordinário e sumário, bem como a primeira fase do procedimento do júri, a teor da Lei nº 11.689/2008). Agora, o processo penal não será iniciado pelo ato de interrogatório do acusado, salvo em rito especial que ainda o preveja expressamente, a exemplo do rito estabelecido no Código de Processo Penal Militar.

A citação é providência essencial à validade do processo: "a falta de citação importa na sanção de nulidade"[2], que, no entanto, pode ser suprida pelo comparecimento voluntário do acusado (art. 570, CPP). Vale dizer que "o ato pelo qual se julga nula ou de nenhuma eficácia a citação é chamado de '**circundução**' e, quando anulada "diz-se que há '**citação circunduta**'"[3].

A citação deficiente ou incompleta, por sua vez, acarreta nulidade relativa. Uma vez realizada validamente, a citação tem o efeito de completar a instância, com a formação efetiva da relação jurídica processual. Nesse sentido, o art. 363, ***caput***, CPP (com redação dada pela Lei nº 11.719/2008), estatui que "o processo terá completada a sua formação quando realizada a citação do acusado". O ato citatório eficaz tem o condão de reputar revel o acusado que não atender o seu chamado para se defender, persistindo contumaz, ou que não comunicar alteração de residência. Diferentemente do processo civil, a citação no processo penal não é causa interruptiva da prescrição, nem previne a jurisdição. O recebimento da denúncia ou da queixa é que é causa interruptiva (art. 117, I, CP) e a prevenção se dá com a admissibilidade da inicial, ou com a distribuição, nas comarcas com pluralidade de varas.

2.2. Espécies

A citação pode se classificar em real (pessoal) ou ficta (presumida). No processo penal, a citação real ocorre através de oficial de justiça (por mandado, precatória, requisição, rogatória ou carta de ordem), enquanto a citação ficta pode ser tanto a editalícia quanto a por hora certa.

Embora já exista citação por hora certa no processo penal (novidade trazida pela Lei nº 11.719/2008), não é válida a citação pelo correio, pois não foi contemplada no âmbito do Código de Processo Penal e de suas posteriores reformas. Tampouco existe previsão de

2. RANGEL, Paulo. *Direito processual penal*. 4. ed. Rio de Janeiro: Lumen Juris, 2001. p. 461.
3. CAPEZ, Fernando. *Curso de processo penal*. 6. ed. São Paulo: Saraiva, 2001. p. 525.

citação por e-mail ou por telefone. De igual modo, é vedada, nos termos do art. 6º, da Lei nº 11.419/2006 (vide tópico 5, infra), a citação por meio eletrônico.

2.2.1. *Citação pessoal*

A citação por mandado é a regra geral do Código de Processo Penal, que é excepcionada pelas disposições concernentes à citação do militar (art. 358, CPP) e à citação levada a efeito em legação estrangeira (arts. 352, 368 e 369, CPP). A citação por mandado é realizada pelo oficial de justiça, não havendo previsão para que se dê através do escrivão ou do diretor de secretaria.

2.2.1.1. Requisitos do mandado

O mandado é revestido de formalidades intrínsecas, nos termos do art. 352, CPP, notadamente, com a indicação do nome do juiz, do querelante (quando a ação for de iniciativa privada), do acusado (ou de seus sinais característicos), da residência do réu, da finalidade, o juízo de comparecimento do réu e a subscrição do escrivão com o visto do juiz.

O mandado é acompanhado de cópia da denúncia (ou da queixa crime) para ser entregue ao acusado (a chamada contrafé). O oficial de justiça realizará a citação, fazendo a leitura do mandado e exarando certidão, provida de fé pública, da mesma forma que o fará quando as diligências envidadas não forem frutíferas.

2.2.1.2. Horário e local da citação

Quanto ao horário para a realização de citação, "qualquer dia e hora são admissíveis", não se realizando "durante a noite, se o réu estiver em seu domicílio, por conta, inclusive, da inacessibilidade garantida, constitucionalmente, ao local", pouco importando, fora dessa hipótese, "ser noite ou dia", dada à urgência da citação criminal. Não há ressalvas no Código de Processo Penal, como as preconizadas pelo art. 244, do CPC/2015[4]. Sem embargo, a prudência, lastreada no princípio da necessidade da realização do ato citatório, deve permear a diligência do oficial de justiça[5], com a sua realização em prazo razoável antes da data de audiência. Apesar deste nosso entendimento, os Tribunais Superiores[6-7] têm decidido pela inexistência de nulidade quando citação e interrogatório ocorrem no mesmo dia – a aplicação do entendimento jurisprudencial está restrita aos procedimentos especiais e aos interrogatórios ocorridos antes da Lei nº 11.719/2008.

2.2.1.3. Citação por carta precatória

A citação pode se dar por carta precatória, nos termos do art. 353 do CPP. Cuida-se das hipóteses onde o réu residir em comarca distinta da jurisdição do juiz do processo-crime. A

4. NUCCI, Guilherme de Souza. *Manual de processo penal e execução penal*. 7. ed. São Paulo: RT, 2011. p. 646.
5. Dispõe o CPC/2015, em seu art. 244, que "não se fará a citação, salvo para evitar o perecimento do direito: I – de quem estiver participando de ato de culto religioso; II – de cônjuge, de companheiro ou de qualquer parente do morto, consanguíneo ou afim, em linha reta ou na linha colateral em segundo grau, no dia do falecimento e nos 7 (sete) dias seguintes; III – de noivos, nos 3 (três) primeiros dias seguintes ao casamento; IV – de doente, enquanto grave o seu estado.
6. STF – HC 100.319 – Info 628.
7. STJ – HC 197.391 – Info 477.

precatória deverá conter a indicação do juiz deprecado e do deprecante, a sede da jurisdição de cada um, a finalidade e o local de comparecimento do acusado. No juízo deprecado, uma vez exarado o "cumpra-se", a citação é realizada pelo oficial de justiça conforme as regras da citação por mandado ou, se restar configurada situação prevista no art. 362, CPP, consoante os ditames da citação com hora certa. Da emissão da carta precatória, devem ser intimados o acusado e o seu defensor.

Se o juízo deprecado também não tiver jurisdição sobre o local da residência do citando ou se este mudou de residência para localidade conhecida, a precatória ganhará contornos itinerantes, ou seja, bastará que o juízo deprecado remeta a precatória para o juízo com competência para fazer a citação, comunicando ao deprecante, se ainda em tempo hábil para ser cumprida. É o que a doutrina convencionou chamar de "**precatória itinerante**", que tem previsão legal, a teor do art. 355, § 1º, CPP.

2.2.1.4. Citação em caso de urgência e carta precatória eletrônica

Em casos de urgência, é plausível que seja admitida a precatória telegráfica ou por meios eletrônicos. A carta precatória, aliás, pode ser expedida eletronicamente, de forma preferencial (Lei nº 11.419/2006).

2.2.1.5. Citação do militar

A teor do art. 358, CPP, a citação do militar dar-se-á "por intermédio do chefe do respectivo serviço", devendo o militar ser requisitado quando estiver fora de sua sede. Isso se deve em homenagem à hierarquia militar e a inviolabilidade do quartel[8].

A citação, também nessa hipótese, será, em regra, para que o acusado ofereça resposta escrita à acusação (tratando-se de crime comum), em dez dias (art. 396, CPP). Nas hipóteses que ainda sobejaram de citação para o interrogatório ou mesmo de intimação para que o militar compareça à audiência de instrução e julgamento, onde se dará o seu interrogatório, entendemos que sua presença não deve ser tida por obrigatória, não se impondo ao acusado condução coercitiva para o fim de ser interrogado. Sobre o ponto, o STF reconheceu a não recepção, por inconstitucional, da expressão "para o interrogatório" contida no art. 260, do CPP. Vale dizer, não é admitida a condução coercitiva do acusado para fins de ser interrogado[9]. Todavia, prevalece a posição de que o réu pode ser conduzido coercitivamente, embora se lhe assegure o direito ao silêncio. Quanto à especificidade de ser o acusado militar, se a sua falta ao ato processual tiver ocorrido por culpa do chefe do serviço, poderá haver, conforme a hipótese, responsabilidade criminal, não existindo revelia do réu em tal caso. De outro lado, a citação do militar por edital e a com hora certa só podem ocorrer de forma justificada, sendo indispensável, quanto à primeira, a realização de diligências para localizá-lo, não bastando, por exemplo, a sua condição de desertor.

8. NUCCI, Guilherme de Souza. *Código de processo penal comentado*. 3. ed. São Paulo: RT, 2004. p. 601.
9. STF – Pleno – ADPF's 395/444-DF – Rel. Min. Gilmar Mendes – julgado em 13 e 14.6.2019 – Informativo nº 906, de 11 a 15 de junho de 2018.

2.2.1.6. Citação do acusado preso

Se o acusado estiver preso, a sua citação será feita pessoalmente, com a comunicação da audiência ao diretor do estabelecimento prisional. A citação, em regra será para oferecer resposta escrita à denúncia ou à queixa, em dez dias. Caso seja rito que ainda preconize citação para o interrogatório (ou mesmo intimação para audiência de instrução e julgamento), a comunicação ao diretor do presídio se impõe para o fim de ser providenciada a presença do acusado à audiência de instrução e julgamento, no âmbito da qual poderá ser realizado o seu interrogatório, assegurando-lhe o direito ao silêncio. Averbe-se, portanto, que o preso será citado pessoalmente, e não por meio do diretor do estabelecimento prisional (art. 360, CPP).

2.2.1.7. Citação do funcionário público

Por sua vez, o funcionário público deve ser citado pessoalmente, por mandado, com a comunicação ao chefe da repartição. Esta comunicação só é plausível, insistimos, se o rito comungado conta com a realização inicial de interrogatório, onde o funcionário teria que se ausentar do serviço para comparecer à audiência. O seu superior, em homenagem à continuidade do serviço público, providenciaria a substituição do funcionário faltante. Como, de regra, a citação tem por objetivo convocar o réu a apresentar defesa escrita, entendemos que a comunicação ao chefe da repartição subsiste para a **intimação** da audiência de instrução e julgamento, já ao final do processo (art. 359, CPP).

2.2.1.8. Citação no estrangeiro e uso da videoconferência

Outrossim, o réu no estrangeiro ou em legação estrangeira, em lugar sabido, será citado por carta rogatória, com a suspensão do prazo prescricional até o seu efetivo cumprimento (art. 368, CPP), seguindo-se as vias diplomáticas. Já se o infrator está no estrangeiro em endereço desconhecido pela autoridade, será citado por edital. Com a previsão da realização de interrogatório e da tomada de depoimento testemunhal por videoconferência e de acordo com as novas disposições conferidas pela Lei nº 11.900/2009, a emissão de carta rogatória se tornou medida excepcional, porquanto ela só será expedida "se demonstrada previamente a sua imprescindibilidade, arcando a parte requerente com os custos de envio".

Ademais, tanto nos casos de emissão de carta precatória quanto de rogatória (art. 222, ***caput***, CPP), o § 3º daquele artigo, incluído pela Lei nº 11.900/2009, autoriza a realização da oitiva de testemunha por meio de videoconferência ou de outro recurso tecnológico de transmissão de sons e imagens em tempo real, permitida a presença do defensor e podendo ser realizada, inclusive, durante a realização da audiência de instrução e julgamento.

Em virtude das limitações do recurso tecnológico em cotejo com a qualidade dos personagens que terão com ele contato (a exemplo de pessoas que ficam nervosas não apenas perante a Justiça, mas sobremodo diante de câmeras; e de pessoas que se saem melhor do que outras nas imagens televisivas), reiteramos e remetemos o leitor às críticas consignadas quando tratamos de provas, procedimentos e nulidades processuais penais.

Assentadas essas considerações que repercutem na citação (e também na intimação) por carta precatória e rogatória, cabe anotar que, quando o processo criminal tramitar em tribunal, a citação será efetivada mediante **carta de ordem**, que é uma forma de citação, semelhante à precatória, que ganha esse nome em face da superioridade do grau de jurisdição do órgão colegiado ***ad quem***.

2.2.2. Citação por edital

A citação também pode ser feita por edital, consoante os ditames dos artigos 362 e seguintes, do Código de Processo Penal. A citação por edital é de natureza ficta e deve ocorrer em situações excepcionais, decorrentes da impossibilidade de encontrar o réu, a exemplo do que se dá com a mudança de residência.

A citação editalícia será realizada quando o acusado não for encontrado (§ 1º, art. 363). Entrementes, a presunção de que o acusado está ciente da acusação, com a citação editalícia, foi desfeita pelas alterações supervenientes do Código. O sistema processual penal brasileiro não presume a ciência da imputação pelo acusado citado por edital.

Uma vez citado por edital o réu, o seu não comparecimento determina a suspensão do processo e do curso do prazo prescricional pelo tempo abstratamente fixado para o delito prescrever (art. 109, CP). Transcorrido esse lapso de suspensão, e mantida a ausência do imputado, o processo seguirá suspenso, mas o prazo prescricional voltará a correr normalmente. Nesse sentido dispõe a Súmula nº 415, do STJ, divergindo, no ponto, o STF, como veremos no item 4 deste capítulo.

A produção antecipada de provas, autorizada excepcionalmente em casos de citação por edital e suspensão do processo (art. 366, CPP). Realizado o ato processual urgente, o processo permanecerá em estado de suspensão, evidenciando o que se denomina **crise de instância**. Por sua vez, segundo o STJ, no enunciado nº 455 de sua Súmula, "a decisão que determina a produção antecipada de provas com base no art. 366 do CPP deve ser concretamente fundamentada, não a justificando unicamente o mero decurso do tempo". A urgência deve embasar a medida, notadamente nas hipóteses de iminente perecimento ou desaparecimento da prova que se pretende produzir (art. 225, CPP), o que exige devida motivação, evitando assim uma "regular instrução" enquanto pende a suspensão do processo, agravada pela ausência do réu. A deliberação judicial autorizando ou denegando a antecipação da prova desafia **correição parcial**, além da admissibilidade de *habeas corpus* ou mandado de segurança, conforme o interesse contrariado seja da defesa ou da acusação.

Como se depreende, o desenvolvimento do processo é obstado se o acusado não comparecer a ele, nem constituir advogado, desaparecendo a presunção absoluta de que o réu tem conhecimento da acusação. O processo, no entanto, voltará a correr se o réu "citado por edital, em qualquer tempo" (limitado evidentemente por causa extintiva de punibilidade), comparecer, caso em que se observará o rito preconizado por lei (§ 4º, art. 363, e art. 394 ***et seq***, CPP).

A Lei nº 13.285/2016 incluiu o art. 394-A, do CPP, para rezar que os processos que apurem a prática de crime hediondo terão prioridade de tramitação em todas as instâncias. Na hipótese de citação por edital, teremos impossibilidade fática de aplicar aquela regra toda vez que incidir o art. 366, do CPP (suspensão do processo e do curso da prescrição).

Sob outra vertente, encontrado o réu, incidirá a prioridade de tramitação, observadas as demais prioridades definidas legalmente.

Todo edital tem um prazo de dilação. Prazo de dilação é o tempo que deve correr entre a publicação do edital e a data em que se considera efetivado o ato processual. Vale dizer, a citação não está perfeita com a simples publicação do edital. A citação por edital é ato complexo que só se perfaz com a sua publicação e com o decurso do prazo de dilação consignado no edital. Exemplificando, se for fixado um prazo de cinco dias para a prática de um ato processual, o termo inicial desse prazo só ocorrerá após a dilação constante do edital.

Bem entendido o que vem a ser prazo de dilação do edital, em sede de citação ele deve ser observado com atenção para a data em que o acusado será considerado ciente da acusação em cotejo com a data do interrogatório, mormente para os ritos especiais em que o primeiro ato processual não seja a apresentação de resposta escrita à acusação. Isso porque a realização do interrogatório – meio de defesa hoje reconhecido pela doutrina – pressupõe ciência prévia do teor da acusação.

O Código de Processo Penal estabelece prazos de dilação diferentes, bem como hipóteses específicas para citação por edital. A regra geral é a de que "se o réu não for encontrado, será citado por edital, com o prazo de 15 (quinze) dias". A ocultação do acusado para frustrar a citação pessoal não mais autoriza a citação por edital, com prazo de cinco dias, porém permite a realização da citação com hora certa, de acordo com o art. 362, CPP, com a redação dada pela Lei nº 11.719/2008, que passou a admiti-la expressamente no processo penal.

Com o advento da Lei nº 11.719/2008, não fala mais o Código em citação do réu por edital "quando inacessível, em virtude de epidemia, de guerra ou por outro motivo de força maior, o lugar em que estiver o réu" e "quando incerta a pessoa que tiver de ser citada", caso em que o prazo era estabelecido entre quinze e noventa dias (antigo art. 363, I e II, CPP). Não obstante, entende-se que tais hipóteses persistem no ordenamento jurídico, diante de sua compatibilidade com a dicção do § 1º do art. 363, CPP, que afirma que "não sendo encontrado o acusado, será procedida a citação por edital".

Entendemos possível, para colmatar a lacuna, a aplicação do CPC/2015 por analogia ao processo penal, quando o acusado se encontrar inacessível. De acordo com o art. 256, inciso II, desse diploma legal, a citação por edital será feita, dentre as outras hipóteses já dispostas em lei, "quando ignorado, incerto ou inacessível o lugar em que se encontrar o citando". Para tanto, esclarece o texto que é considerado inacessível, para efeito de citação por edital, o país que recusar o cumprimento de carta rogatória. Ademais, em sendo inacessível o lugar em que se encontrar o réu, a notícia de sua citação será divulgada também pelo rádio, se na comarca houver emissora de radiodifusão (§ 2º, do art. 256, CPC/2015).

É inconcebível dúvida quanto à individualização do acusado para fins de citação por edital. A identificação do delinquente, com os sinais característicos que possam diferenciá-lo dos demais deve estar relatada na inicial acusatória (art. 41, CPP). Já a incerteza de localização, por ter o infrator vida itinerante, fazendo parte do Movimento dos Sem-Terra, ou dos Sem-Teto, leva à realização da citação editalícia, em consonância com o art. 361, CPP.

O edital de citação deve conter requisitos específicos, de acordo com o art. 365, CPP, quais sejam: o nome do juiz que a ordenou, o nome do acusado ou características que possam identificá-lo, a finalidade da citação, o juízo com horário para comparecimento e o prazo de dilação contado da publicação na imprensa ou da afixação em local apropriado. "A prova da publicação em jornal é feita pela juntada da página onde ela se acha, aos autos, ou pela certidão do escrivão em que constará a página e a data da publicação"[10].

O edital, em suma, deve ser o mais completo possível, de preferência com a transcrição da narrativa da denúncia. Todavia, a jurisprudência tem se contentado com a simples indicação do tipo penal no qual se encontra incurso o acusado, dispensada menção à síntese fática da peça acusatória. Corroborando tal entendimento manifesta-se o STF, na sua Súmula nº 366, aduzindo que "não é nula a citação por edital que indica o dispositivo da lei penal, embora não transcreva a denúncia ou a queixa, ou não resuma os fatos em que se baseia". De outro lado, deve ser constatada a efetiva necessidade da citação editalícia, fazendo-a preceder, por cautela, de diligências, para que não seja ela realizada quando possível citação pessoal ou com hora certa. Nesse sentido, o enunciado 351, da Súmula do STF, estatui que "é nula a citação por edital de réu preso na mesma unidade da Federação em que o juiz exerce a sua jurisdição".

Nos Juizados Especiais, por sua vez, não é admitida citação por edital, pois esta é incompatível com a ideia de celeridade do procedimento. Se o infrator não for encontrado para ser citado pessoalmente, ou se o ato não é realizado no próprio juizado, os autos serão remetidos ao juízo comum (art. 66, parágrafo único, Lei nº 9.099/1995). Já a citação por hora certa, em tese, guarda compatibilidade com o rito dos juizados especiais criminais, eis que foi instituída para conferir efetividade a princípios como o da celeridade e o da economia processual, também sufragados no texto da Lei nº 9.099/1995. Todavia, percebendo-se que o ato pode ocasionar procrastinação do procedimento, deve-se remeter os autos ao juízo comum.

2.2.3. Citação por hora certa

O legislador da reforma processual penal realizada pela Lei nº 11.719/2008, inaugurou a possibilidade de citação com hora certa no processo penal, reduzindo os casos de citação por edital que, não raras vezes, ensejam crise de instância (suspensão do processo, art. 366, CPP). A teor do art. 362, CPP, se o oficial de justiça verificar "que o réu se oculta para não ser citado", deve certificar a ocorrência e proceder "à citação com hora certa", nos termos do estatuído nos artigos que atualmente correspondem aos 252 a 254, do CPC/2015. Uma vez "completada a citação com hora certa, se o acusado não comparecer, ser-lhe-á nomeado defensor dativo" (parágrafo único, art. 362, CPP).

A citação com hora certa deve obedecer as cautelas dos referidos artigos do CPC em vigor, com o fito de se precaver contra alegações de nulidade e de ampliar a possibilidade de conhecimento da acusação pelo réu. O autorizativo legal não pode servir de comodidade para que o oficial de justiça realize o ato citatório sem diligenciar o paradeiro do acusado. Antes, o regramento do CPC/2015 é rigoroso, evitando dispensa indevida de tão importante ato de comunicação processual.

10. MIRABETE, Julio Fabbrini. *Processo penal*. São Paulo: Atlas, 2003. p. 435.

José Carlos Barbosa Moreira explica que a citação com hora certa (modalidade de citação por oficial de justiça) tem por pressuposto três tentativas frustradas "de encontrar o réu no domicílio ou residência e mais a suspeita de estar-se ele ocultando para frustrar diligência". Não é bastante a dúplice procura, sem sucesso, no domicílio ou residência indicado no mandado. Não havendo razão de suspeita, "cumpre ao oficial voltar outras vezes ou procurar o citando noutro local em que se afigure mais fácil encontrá-lo". Estando presentes os pressupostos legais, "deve o oficial intimar qualquer pessoa da família - ou, em sua falta, algum vizinho capaz de transmitir ao citando o aviso - de que voltará no dia seguinte (ou se não for possível, noutro dia marcado, tão breve quanto o seja), em hora fixada, a fim de efetuar a citação" (art. 252, CPC/2015). Independentemente de novo despacho nos autos, o oficial de justiça retornará no dia e horário informado (cuidando para não se atrasar e ser necessária nova intimação da pessoa da família ou vizinho), quando poderá citar pessoalmente o acusado ou, não o encontrando, "informar-se das razões da ausência". Caso conclua que há motivo justo para tanto, ficará "sem efeito a marcação de dia e hora", marcando nova data e hora, salvo se negativamente apontarem as circunstâncias. Diversamente, se a ausência ratificar a suspeita de ocultação (e apenas nesta hipótese), "o oficial dará por efetuada a citação, ainda que o citando tenha se deslocado para o território de outra comarca" (§ 1º, art. 253, CPC/2015), "e deixará a contrafé da certidão da ocorrência com pessoa da família ou vizinho do réu, declarando-lhe o nome" (§ 3º, do art. 253, CPC/2015). Não é necessário que se cuide da mesma pessoa com quem fora deixado o aviso a que se reporta o art. 252, *caput*, do CPC/2015[11].

O CPC/2015 exige que o oficial de justiça realize duas tentativas sem êxito (em virtude de estar o réu se ocultando), após o que estará autorizado a proceder à citação com hora certa. Com efeito, o seu art. 252, reza que quando, por 2 (duas) vezes, o oficial de justiça houver procurado o citando em seu domicílio ou residência sem o encontrar, deverá, havendo suspeita de ocultação, "intimar" qualquer pessoa da família ou, em sua falta, qualquer vizinho de que, no dia útil imediato, voltará a fim de efetuar a citação, na hora que designar.

O parágrafo único, do mesmo art. 252, do CPC/2015, deve ter sua aplicação cercada de cautelas indispensáveis ao processo penal, a fim de não retirar a credibilidade do ato de comunicação processual. O aludido texto preconiza que nos condomínios edilícios ou nos loteamentos com controle de acesso, será válida a "intimação" do art. 252, ***caput***, feita a funcionário da portaria responsável pelo recebimento de correspondência.

Em seu art. 253 e parágrafos, o CPC/2015 estabelece o uso de "correspondência eletrônica" para completar a citação com hora certa, não se limitando à carta com aviso de recepção. Daí dispor que no dia e na hora designados para seu retorno, o oficial de justiça, independentemente de novo despacho, comparecerá ao domicílio ou à residência do citando a fim de realizar a diligência. Se o citando não estiver presente, o oficial de justiça procurará informar-se das razões da ausência, dando por feita a citação, ainda que o citando se tenha ocultado em outra comarca, seção ou subseção judiciárias. Esclarece o legislador que a citação com hora certa será efetivada mesmo que a pessoa da família ou o vizinho que houver sido intimado esteja ausente, ou se, embora presente, a pessoa da família ou o

11. MOREIRA, José Carlos Barbosa. *O novo processo civil brasileiro*: exposição sistemática do procedimento. 24. ed. Rio de Janeiro: Forense, 2006. p. 29-30.

vizinho se recusar a receber o mandado. Em arremate, da certidão da ocorrência, o oficial de justiça deixará contrafé com qualquer pessoa da família ou vizinho, conforme o caso, declarando-lhe o nome.

Vale frisar que não há aplicação de efeitos da revelia no direito processual penal. Desse modo, não tem aplicação o § 4º, do art. 253, do CPC/2015, que prevê advertência de nomeação de curador especial nos casos de revelia no processo civil. Por último, o art. 254, do mesmo Código, estatui que, uma vez feita a citação com hora certa, o escrivão ou chefe de secretaria enviará ao réu, executado ou interessado, no prazo de dez dias, contado da data da juntada do mandado aos autos, carta, telegrama ou correspondência eletrônica, dando-lhe de tudo ciência. O texto exclui a menção a radiograma e segue a linha de autorizar comunicações por intermédio de meios tecnológicos digitais (Lei nº 11.419/2006). No mais, averba que a citação por hora certa se dará tanto na hipótese de se ocultar em outra comarca, como em outra seção judiciária, positivando expressão alusiva à Justiça Federal.

3. INTIMAÇÃO, NOTIFICAÇÃO E CONTAGEM DE PRAZOS

3.1. Intimação

A ciência da prática de um ato processual nos autos é dada à parte através de uma intimação. Intimação, assim, pressupõe fato processual já consumado e cuja ciência ao interessado é reclamada para o fito de serem produzidos validamente seus efeitos legais.

3.2. Notificação

A notificação, distintamente, é a ciência que é dada ao interessado de seu dever ou de seu ônus de praticar um ato processual ou de adotar determinada conduta, pressupondo um fazer, um comportamento positivo, tal como ocorre com a comunicação de designação de ato processual a que deva a parte comparecer.

3.3. Citação

Tais conceitos não são tratados uniformemente pelo CPP ou pela doutrina, tendo quem compreenda, como Eugênio Pacelli, que "enquanto por meio da citação se leva ao conhecimento do acusado a existência de uma ação penal contra ele instaurada (...), pela intimação se dá conhecimento da prática dos demais atos processuais realizados e a serem realizados no processo", assim "como da necessidade ou da possibilidade (ou faculdade) da participação, tanto das partes quanto das pessoas (terceiros) que, eventualmente, devam ou possam a eles estar presentes"[12].

A intimação e a notificação têm em comum com a citação a característica de servir de comunicação processual. A falta de intimação da prática de algum ato processual pode dar azo à nulidade, com a impetração de *habeas corpus* ou de mandado de segurança (este se ao crime não for cominada pena privativa de liberdade).

3.4. Intimações do Ministério Público e da Defensoria Pública

As intimações do Ministério Público e da Defensoria Pública são pessoais. Leva-se em conta o volume de trabalho desses órgãos para se respaldar o tratamento diferenciado de maneira a atender o princípio isonômico. Não obstante, uma diferença há na intimação pessoal do Ministério Público – que é procedida mediante a entrega dos autos (com carga) para a intimação da Defensoria Pública que, conquanto pessoal, é feita por mandado, sem carga dos autos. Se houver necessidade, devem ser entregues os autos à Defensoria Pública, nos termos do art. 44, inciso I, da LC nº 80/94, que reza que a entrega dos autos com vistas será realizada sempre que preciso for. Exige-se aqui prudência, para que a prerrogativa não fique no esquecimento. O mais adequado é que os autos sempre sejam entregues com vistas, como ocorre com o MP, preservando-se a isonomia de tratamento.

3.5. Intimação do defensor dativo e do advogado

Já em relação ao advogado dativo (nomeado pela autoridade), este também será intimado pessoalmente, porém sem carga dos autos, isto é, sua intimação deve se dar por mandado. Por sua vez, a intimação do advogado constituído, pelo réu ou querelante, e do assistente, será feita pela imprensa (***Diário Oficial***). Nas comarcas onde não exista tal recuso, a intimação será realizada por mandado, por via postal, ou qualquer outro meio idôneo.

Eventual dúvida que recair sobre a eficácia do ato de comunicação processual deve ser resolvida à luz do princípio da presunção de inocência, por ser este considerado postulado estruturante para um processo penal não autoritário (interpretação conforme à Constituição). Note-se que a ampla defesa e o contraditório são princípios corolários daquele. O direito subjetivo da defesa à efetiva comunicação dos atos processuais penais é regra adjunta àqueles princípios. A interpretação aí deve ser extensiva, vale dizer, não deve ter lugar uma exegese limitativa de direitos individuais do imputado.

Todavia, em sentido diverso do aqui pontuado, a Primeira Turma, do STF, adotou orientação restritiva, em julgamento não unânime, ao denegar *habeas corpus* no bojo do qual se "pleiteava a anulação de intimação realizada por meio de publicação da qual constava somente o nome por extenso de advogado já falecido, acompanhado da expressão 'e outros'". Na hipótese, "o impetrante sustentou a ocorrência de cerceamento de defesa e nulidade absoluta das intimações feitas em nome de patrono já falecido". Porém, aquele órgão "entendeu que não houve prejuízo ao impetrante nem, consequentemente, incidência de nulidade insuperável, pois havia outro advogado constituído à época da referida intimação,

12. OLIVEIRA, Eugênio Pacelli de. *Curso de processo penal*. 11. ed. Rio de Janeiro: Lumem Juris, 2009. p. 506.

o qual seguiu interpondo recursos – recurso em sentido estrito e embargos infringentes decididos por Tribunal de Justiça, além de recursos especial e extraordinário, ambos com trânsito em julgado –, o que afasta a existência de teratologia". Em acréscimo, o colegiado "ressaltou que, antes da intimação, a defesa não havia informado ao Tribunal acerca do falecimento do advogado intimado, incidindo no art. 565 do Código de Processo Penal, que veda a arguição de nulidade à parte que tenha lhe dado causa". Ficou "vencido o ministro Marco Aurélio (relator), que reconheceu a existência de nulidade na intimação realizada mediante publicação apenas com o nome do advogado falecido"[13].

3.6. Fluência e contagem dos prazos

A expressão "contagem do prazo" deve ser usada com sentido diverso de "fluência do prazo", a fim de distinguir os fenômenos envolvidos na comunicação dos autos processuais. **Fluência** é o termo inicial do lapso demarcado pela comunicação do ato à parte. **Contagem** é a unidade de tempo a partir da qual se inclui o cômputo do prazo estipulado por lei, geralmente fixado em dias.

No STJ, vem sendo reiterado posicionamento quanto à isonomia relativa à fluência do prazo para o Ministério Público e para a Defensoria Pública, consoante julgados de sua Terceira Seção. Em um dos julgamentos, afirmou-se que "o termo inicial da contagem do prazo para impugnar decisão judicial é, para o Ministério Público, a data da entrega dos autos na repartição administrativa do órgão, sendo irrelevante que a intimação pessoal tenha se dado em audiência, em cartório ou por mandado"[14]. Em outra deliberação, aquele órgão assentou que "a data da entrega dos autos na repartição administrativa da Defensoria Pública é o termo inicial da contagem do prazo para impugnação de decisão judicial pela instituição, independentemente de intimação do ato em audiência"[15].

Releva fazer menção ao verbete nº 310, da Súmula do STF, por esclarecer a efetivação de intimações em dias não úteis, ao dizer que "quando a intimação tiver lugar na sexta-feira, ou a publicação com efeito de intimação for feita nesse dia, o prazo judicial terá início na segunda-feira imediata, salvo se não houver expediente, caso em que começará no primeiro dia útil que se seguir". Nota-se que o texto desse enunciado se coaduna com o fim comunicativo da intimação, fazendo prevalecer a presunção de que em dias não forenses não há efetiva ciência do ato processual pela parte interessada.

Observe-se que os prazos processuais são contados diferentemente dos lapsos penais, embora corram da intimação. É que sempre se exclui, no âmbito processual penal, o dia do início, para se considerar realizada a intimação no dia seguinte, incluindo, por decorrência, o dia do termo final. Acrescente-se, ademais, que os prazos processuais penais fluem a partir da efetivação, consoante o teor da Súmula nº 710, do STF, que aviva que "no processo

13. STF – Primeira Turma – HC 138097/SP, rel. Min. Marco Aurélio, red. p/ o ac. Min. Roberto Barroso, julgamento em 23.10.2018.
14. STJ – Terceira Seção – REsp 1.349.935-SE, Rel. Min. Rogério Schietti Cruz, Terceira Seção, por maioria, julgado em 23/8/2017, DJe 14/9/2017.
15. STJ – Terceira Seção – HC 296.759-RS – Rel. Min. Rogério Schietti Cruz, por maioria, julgado em 23/8/2017, DJe 21/9/2017.

penal, contam-se os prazos da data da intimação, e não da juntada aos autos do mandado de intimação ou da carta precatória ou de ordem".

Vale frisar que o Código de Processo Penal e a legislação especial correlata têm regras próprias de contagem de prazos. O texto da referida Súmula 710, STF, é inclusive expressa ao dizer que os prazos no processo penal são contados da intimação, diversamente dos prazos processuais civis, que têm como termo inicial a data de juntada do respectivo mandado ou carta aos autos. O princípio da especialidade afasta, no ponto, a incidência das regras do CPC/2015, não havendo que se falar em contagem de prazo em dias úteis no direito processual penal. Por idêntica razão, também nos juizados especiais criminais os prazos não são contados em dias úteis, restrita a alteração legislativa aos órgãos com competência civil[16]. Diferentemente, vigoram as regras do art. 798, CPP, que estatui que todos os prazos correrão em cartório e serão contínuos e peremptórios, não se interrompendo por férias, domingo ou dia feriado.

3.7. Suspensão do prazo da advogada adotante ou que se tornar mãe (Lei nº 13.363/2016)

Se o acusado estiver representado unicamente por advogada adotante ou que se tornar mãe, a fluência dos prazos processuais deve ficar suspensa em seu favor. Nesse sentido, a Lei 13.363/2016 introduziu o art. 7º-A no Estatuto da OAB, sem restrições, sendo aplicável ao processo penal. Tal enunciado afirmou, em seu inciso IV, o direito da advogada adotante ou que der à luz, à suspensão de prazos processuais quando for a única patrona da causa, desde que haja notificação por escrito ao cliente.

3.8. Intimação em audiência

Durante o curso do processo penal, a praxe – que se alia ao princípio da economia processual – é a de que as partes saiam cientes das audiências do ato processual praticado, bem como da designação do ato subsequente. Evitam-se, assim, custos com as intimações por oficial de justiça e pela imprensa. Nas atas das audiências – que são assinadas por todos os presentes –, quando for o caso, já são feitas as consignações de que as partes saem intimadas (art. 372, CPP). Com a reforma processual penal (Lei nº 11.719/2008), que sufragou o princípio da concentração dos atos em audiência (uma única audiência para oitiva de todos os envolvidos no processo penal: ofendido, testemunhas, peritos e acusado), reduziu-se a possibilidade de atrasos pela não observância do art. 372, CPP, em prestígio aos princípios da celeridade e da economia processual.

3.9. Regras especiais de intimação em matéria processual penal

Impende observar as regras especiais de intimação, que podem ser realizadas inclusive "no curso de férias forenses (art. 797, CPP)"[17]. O Código de Processo Penal manda aplicar,

16. Conforme o art. 12-A, inserido na Lei nº 9.099/1995 pela Lei nº 13.728/2018, "na contagem de prazo em dias, estabelecido por lei ou pelo juiz, para a prática de qualquer ato processual, inclusive para a interposição de recursos, computar-se-ão somente os dias úteis".
17. MIRABETE, Julio Fabbrini. *Processo penal*. São Paulo: Atlas, 2003. p. 439.

no que couber, a disciplina dos atos citatórios (art. 370, CPP, com redação dada pela Lei nº 9.271/1996), razão pela qual se entende possível a intimação por hora certa no processo penal, a teor do art. 362, CPP (com redação dada pela Lei nº 11.719/2008). Aliás, no rito do júri, a intimação da pronúncia do acusado solto poderá ser efetivada inclusive por edital, evitando a crise de instância (suspensão do processo) que acontecia antes da sistemática introduzida pela Lei nº 11.689/2008.

3.10. Intimação por edital ou com hora certa no processo criminal e sistema inquisitivo

É de ver que a reforma processual penal vem sendo reputada, em muitos de seus aspectos, como fiel ao princípio inquisitivo, na esteira do sistema inquisitório com origem no Código Rocco[18]. A intimação ficta em processo penal pode se revelar demasiadamente gravosa ao acusado de modo a ofender o princípio da proporcionalidade, não devendo se admitir, por exemplo, que se intime o acusado da sentença condenatória por edital ou por hora certa. Se a previsão legal de intimação ficta da sentença de pronúncia tem a vantagem de conferir celeridade ao feito, pode suscitar debate sobre sua constitucionalidade no caso concreto, notadamente quando se perceber que não foram exauridos todos os meios para intimar o acusado pessoalmente.

Cabe aqui destacar a crítica, bem anterior as alterações reformistas do Código, pontificada por Paulo Cláudio Tovo, acerca da intimação ficta de sentença condenatória em processo penal: "não podemos aceitar outra doutrina senão aquela que sustenta a ideia de que sempre em todos os casos, tanto o defensor técnico (constituído ou dativo) quanto o réu (na sua autodefesa) hão de ser intimados da sentença condenatória, não importando a ordem de tais atos e só podendo fluir o prazo recursal a partir da última intimação real. A intimação ficta de sentença condenatória penal não passa de inaceitável enxerto civilístico, inadequado à espécie de direitos tão indisponíveis"[19].

3.11. Intimação do acusado preso

A intimação do réu preso deve ocorrer pessoalmente, mas dando-se ciência ao diretor do estabelecimento onde se encontre, com vistas a providenciar a presença do acusado aos atos do processo.

3.12. Intimação por carta

A intimação por carta precatória, rogatória ou de ordem, segue, no que for compatível, os regramentos da citação através desse meio, afinal é forma de citação pessoal, levada a cabo pelo juízo deprecado que, a sua vez, deve ordenar o cumprimento do respectivo mandado.

18. COUTINHO, Jacinto Nelson de Miranda. Apresentação. In: BARROS, Flaviane de Magalhães. *(Re)forma do processo penal*: comentários críticos dos artigos modificados pelas Leis nº 11.690/08 e nº 11.719/08. Belo Horizonte: Del Rey, 2008. p.XXXV.
19. TOVO, Paulo Cláudio. Revisão crítica da intimação da sentença penal condenatória ao sucumbente. *Fascículos de ciências penais*, Porto Alegre (safE), p. 60, out.-dez. 1993.

O juízo deprecante deve emitir a carta acompanhada dos documentos necessários. Malgrado o Código não seja expresso, o dever do juízo deprecante de instruir a carta, com todos os documentos necessários ao atendimento de sua finalidade, permite concluir que compete a ele fazer expedir e subscrever o mandado correspondente. Ao deprecado, caberá a despachar com a determinação de cumprimento.

Advirta-se que havendo a expedição de carta precatória para a oitiva de testemunhas que residam em outra comarca, as partes devem ser intimadas da expedição da carta, sob pena de nulidade (relativa), consoante Súmula nº 155, do STF. Todavia, nos termos preconizado pela Súmula nº 273, do STJ, uma vez intimada a defesa da expedição da carta precatória, torna-se desnecessária intimação da data da audiência no juízo deprecado. Deste modo, fica a cargo da parte acompanhar o andamento processual na comarca deprecada para que possa, querendo, participar do ato. Todavia, se o réu for assistido pela Defensoria Pública e, na sede do juízo deprecado, a Instituição estiver estruturada, é necessária a intimação da Defensoria do dia da audiência designada, sob pena de nulidade.[20]

4. REVELIA E SUSPENSÃO DO PROCESSO PENAL

A revelia é a rebeldia do acusado. Diz-se que o réu que não atende ao chamado do juízo é revel, é contumaz. Uma vez declarada a revelia, o acusado sofrerá seus efeitos que, em matéria penal, são reduzidos, em função do postulado da presunção da não culpabilidade e de outras garantias fundamentais. O acusado deixa de ser intimado dos atos processuais subsequentes que não desafiem recurso. Daí são ressalvadas a sentença final e outras decisões que comportem recurso, notadamente por intermédio de postulação leiga.

Sem embargo, o comparecimento do réu em momento ulterior, faz cessar os efeitos da revelia, não tendo, porém, o condão de eliminar os fatos processuais já produzidos sem a sua presença: o acusado passará a participar do processo, conforme o estado em que se encontre, sem prejuízo, contudo, de seu interrogatório ao final da instrução ou em grau de recurso.

Como se depreende, a revelia no processo penal opera efeitos bem mais reduzidos que no processo civil. Podemos dizer que a rebeldia é fenômeno de fato no processo penal, cujas consequências não podem suprimir as garantias constitucionais. No direito argentino, Júlio Maier observa que a rebeldia processual penal "não conduz normalmente (exceção: os recursos) à perda de faculdades ou a eximir outros sujeitos processuais de seu dever de investigar autonomamente a verdade acerca da imputação, senão que tem repercussão, unicamente, sobre as medidas de coerção e o trâmite do procedimento"[21].

Uma vez verificada a revelia do réu ausente injustificadamente, deve ser ela decretada pelo magistrado. O CPP prevê a revelia nas seguintes hipóteses: **(1)** no âmbito do júri, quando o acusado, regularmente intimado, deixar de comparecer à sessão de julgamento, nos termos do art. 457 – não ocorrendo mais a **crise de instância** consistente na suspensão

20. STF – 1ª Turma – RHC 106394/MG – Rel. Min. Rosa Weber – DJE 07/02/2013.

21. MAIER, Júlio. *Derecho procesal penal argentino*: tomo 1 [vol. a]. Buenos Aires: Hammurabi, 1989. p.210.

do processo do acusado solto que, intimado, deixava de comparecer, eis que aquele dispositivo aviva que "o julgamento não será adiado pelo não comparecimento do acusado solto, do assistente ou do advogado do querelante, que tiver sido regularmente intimado" – caso em que ocorrerá o julgamento sem a sua presença; e **(2)** em todo caso, quando o réu, citado ou intimado pessoalmente para qualquer ato processual, deixar de comparecer sem motivo justificado ou, na hipótese de alteração de residência, não comunicar o novo endereço ao juízo (art. 367).

A revelia implica o quebramento da fiança, isto é, dá-se com a revelia a perda de metade do valor pago a título de fiança, o que significa que, ainda que absolvido o acusado ao final, a devolução da quantia afiançada não se fará de maneira integral (artigos 338 e 339, CPP). Porém, a revelia não importa confissão ficta (que não deve ser aplicada em matéria penal) nem obsta que o acusado participe, depois, dos demais atos processuais, quando, então, passará novamente a ser intimado dos atos seguintes.

A suspensão do processo é regulada pelo art. 366, do CPP, com redação dada pela Lei nº 9.271/1996. Publicada em 18/4/1996, data em que entrou em vigor, a redação daquele dispositivo dita que "se o acusado, citado por edital, não comparecer, nem constituir advogado, ficarão suspensos o processo e o curso do prazo prescricional, podendo o juiz determinar a produção antecipada das provas consideradas urgentes e, se for o caso, decretar prisão preventiva, nos termos do disposto".

A prisão preventiva só poderá ser decretada se presentes os requisitos legais estampados nos artigos 312 e 313, do CPP. Se o acusado citado por edital comparecer, em qualquer tempo (e desde que não extinta a punibilidade), o processo seguirá consoante o rito adequado, nos termos do art. 394, do CPP.

Note-se que se a revelia ocorreu depois de efetivada a citação pessoal, não se aplica a suspensão do processo e do prazo prescricional (art. 366, CPP), devendo prosseguir o processo até a sentença, intimando-se desta o acusado.

Como se depreende, o legislador garantiu o direito de o acusado se defender efetivamente do processo, mas – de outra parte – trouxe previsão de suspensão do prazo prescricional até o seu efetivo comparecimento. Durante a suspensão do processo, a regra é de que não seja antecipada produção probatória. Em casos devidamente justificados – a exemplo da iminência de perecimento da prova –, o juiz, a partir de um critério de necessidade, adequação e proporcionalidade da medida, ordenará a antecipação probatória

Entendemos que o prazo de prescrição não deverá ficar indefinidamente suspenso. A doutrina já tinha se fixado no sentido de que o termo final da suspensão era o decurso do tempo correspondente ao prazo prescricional previsto para o crime, consoante as regras do Código Penal. Destarte, uma vez completado o prazo ali previsto com a prescrição suspensa, deveria ser iniciado o curso prescricional propriamente dito, evitando-se que o processo ficasse sem previsão de extinção. A Súmula nº 415, do STJ, orienta que o período de suspensão do curso do prazo prescricional deve ser regulado pelo máximo da pena cominada à infração penal. Sobre o ponto, diverge o STF, reputando que não se trata de caso de imprescritibilidade de delito criado legalmente, razão pela qual a prescrição deve ficar suspensa até ulterior comparecimento do acusado ou constituição de advogado por ele[22].

O art. 366, ***caput***, do CPP, com redação conferida pela Lei nº 9.271/1996, tem natureza híbrida. É que dela podem ser construídas normas jurídicas de conteúdo material e de conteúdo processual. As normas processuais se aplicam de imediato, independentemente da data da prática do crime. As normas substanciais só têm incidência quanto aos fatos praticados durante sua vigência, não cabendo aplicação retroativa. Diante desse contexto, com o advento daquela redação do art. 366, do CPP, surgiu dúvida a respeito de se aquele dispositivo deveria se aplicar aos processos em andamento – cujos crimes foram cometidos em épocas pretéritas –, já que, se entendido afirmativamente, poderia haver retroação da lei penal (referentemente à suspensão da prescrição) em prejuízo do acusado.

A solução para a hipótese – levando em conta que o legislador condicionou a suspensão do processo à suspensão do curso do prazo prescricional – foi a de que o dispositivo não poderia ser aplicado aos crimes passados. As posições favoráveis à incidência só da suspensão do processo, não encontram respaldo lógico. O Supremo Tribunal Federal, reconhecendo o envolvimento de regra de direito material, assentou que "a nova regra do art. 366 somente poderá ser aplicada aos fatos praticados após a vigência da Lei nº 9.271/96". Sobre o ponto, o argumento de que tal redação, em todo e qualquer caso, seria prejudicial ao acusado, não é exato[23], havendo que se aferir na hipótese concreta, se ocorreu prejuízo para o acusado com a aplicação integral do dispositivo.

É mister avivar que o art. 366, do CPP, não se aplica aos crimes de lavagem de dinheiro, não obstante o registro de "que parte da doutrina considera inconstitucional o disposto no § 2º, do art. 2º", da Lei nº 9.613/1998[24]. Esse enunciado excluiu expressamente tal possibilidade, com a atenção voltada "às características e condições pessoais dos agentes que praticam a criminalidade macroeconômica", sendo justificável esse "tratamento evidentemente desigual destinado aos acusados de crime de lavagem"[25].

Por fim, reitere-se que a decretação da prisão preventiva, em caso de suspensão do prazo prescricional decorrente de acusado citado por edital que não comparece nem constitui defensor, não deve ocorrer de forma automática. É inadmissível decretação de prisão preventiva por crime culposo ou por contravenção em hipóteses como essa. A preventiva, ao revés, deve ser motivada de forma bastante, em compasso com a presença dos requisitos dos artigos 312 e 313, do Código de Processo Penal.

5. INFORMATIZAÇÃO DO PROCESSO JUDICIAL

A Lei nº 11.419/2006 dispôs sobre a informatização do processo judicial, passando a admitir, expressamente, o uso de meio eletrônico na tramitação de processos judiciais,

22. Retornaremos ao ponto no Capítulo XIII (procedimentos), especialmente nos estudos sobre o júri (tópico 4.4.1.1), para onde remetemos o leitor.
23. OLIVEIRA, Eugênio Pacelli de. *Curso de processo penal*. 11. ed. Rio de Janeiro: Lumem Juris, 2009. p. 503-506.
24. NUCCI, Guilherme de Souza. *Manual de processo penal e execução penal*. 7. ed. São Paulo: RT, 2011. p. 653.
25. OLIVEIRA, Eugênio Pacelli de. *Curso de processo penal*. 11. ed. Rio de Janeiro: Lumem Juris, 2009. p. 506.

comunicação de atos e transmissão de peças processuais. Alijando controvérsias, a Lei, no § 1º, do seu art. 1º, previu a aplicação de suas disposições a todos os processos, inclusive ao processo penal, com a exposição dos conceitos de meio eletrônico, transmissão eletrônica e assinatura eletrônica.

A aplicação dos enunciados normativos da Lei nº 11.419/2006 está permeada pela preocupação com a segurança e a exatidão na transmissão de dados e da comunicação dos atos processuais, preconizando o atendimento de condições para a viabilidade do processo eletrônico. Daí que "o envio de petições, de recursos e a prática de atos processuais em geral por meio eletrônico serão admitidos mediante uso de assinatura eletrônica", com a obrigatoriedade do credenciamento prévio no Poder Judiciário, com adequada identificação presencial do interessado, em conformidade com a disciplina dos órgãos correspondentes (art. 2º, ***caput***, § 1º, Lei nº 11.419/2006).

Os atos processuais por meio eletrônico são considerados praticados no dia e hora do seu envio ao sistema do Poder Judiciário, com a emissão de protocolo eletrônico, sendo as petições consideradas tempestivas se apresentadas até às vinte e quatro horas do último dia (art. 3º, ***caput*** e parágrafo único, Lei nº 11.419/2006). O envio da petição é de ser feito pelo credenciado, ao qual, antes, "será atribuído registro e meio de acesso ao sistema, de modo a preservar o sigilo, a identificação e a autenticidade de suas comunicações" (§ 2º, art. 2º, Lei nº 11.419/2006).

A comunicação dos atos processuais ganhou disciplina nova e bem abrangente. O art. 4º, ***caput***, da Lei nº 11.419/2006, estabelece que "os tribunais poderão criar Diário da Justiça eletrônico, disponibilizando em sítio da rede mundial de computadores, para publicação de atos judiciais e administrativos próprios e dos órgãos a eles subordinados, bem como comunicações em geral". A cautela com a segurança dos dados – constante do legislador especial – é constatada com o dever de assinatura digital com lastro em certificado emitido por órgão credenciado.

Na esteira da tendência de substituição do papel pelos dados disponibilizados eletronicamente, esse diploma legislativo preconiza que: **(1)** a publicação eletrônica, realizada em conformidade com suas disposições, substitui qualquer outro meio de publicação oficial, para quaisquer efeitos legais, à exceção dos casos que, por lei, exigem intimação ou vista pessoal; **(2)** é considerada como data da publicação o primeiro dia útil seguinte ao da disponibilização da informação no Diário da Justiça eletrônico; **(3)** os prazos processuais terão início no primeiro dia útil que seguir ao considerado como data da publicação; e **(4)** a criação do Diário da Justiça eletrônico deverá ser acompanhada de ampla divulgação, e o ato administrativo correspondente será publicado durante trinta dias no diário oficial em uso.

As intimações devem ser feitas por meio eletrônico em portal próprio aos que se cadastrarem na forma do art. 2º, com a dispensa da publicação no órgão oficial, inclusive o eletrônico (art. 5º, Lei nº 11.419/2006). Tais intimações serão consideradas pessoais para todos os efeitos legais (§ 6º, art. 5º, Lei nº 11.419/2006). É mais um mecanismo de agilização e de economia processual, que, todavia, carece de anuência da parte interessada. A intimação, nessa esteira, é considerada realizada "no dia em que o intimando efetivar a consulta eletrônica ao teor da intimação, certificando-se nos autos a sua realização", sendo natural que quando a intimação se dê em dia não útil, seja "considerada como realizada no primeiro dia útil seguinte". A intimação, de outro prisma, é considerada realizada se a consulta não for realizada "em até dez dias corridos contados da data do envio da informação", automaticamente, na data do término de tal prazo decenal (§ 3º, do art. 5º, Lei nº 11.419/2006).

Na linha de ser garantida a segurança do sistema e da efetividade processual – com as cautelas necessárias quando se tratar de processo penal condenatório – aviva a nova lei que "em caráter informativo, poderá ser efetivada remessa de correspondência eletrônica, comunicando o envio da intimação e a abertura automática no prazo processual nos termos do § 3º deste artigo, aos que manifestarem interesse por esse serviço" (§ 4º, do art. 5º, Lei nº 11.419/2006), com a previsão de que "nos casos urgentes em que a intimação feita na forma deste artigo possa causar prejuízo a quaisquer das partes ou nos casos em que for evidenciada qualquer tentativa de burla ao sistema, o ato processual deverá ser realizado por outro meio que atinja a sua finalidade, conforme determinado pelo juiz".

A **citação eletrônica** não é aplicável ao processo penal (art. 6º, Lei nº 11.419/2006). As cartas precatórias, rogatórias e de ordem – bem como as comunicações oficiais "entre órgãos do Poder Judiciário e entre este e os demais Poderes" – contudo, serão, de forma preferencial, expedidas por meio eletrônico (art. 7º, Lei nº 11.419/2006). Eis a tendência de maximizar o princípio da economia e da celeridade processuais.

Em arremate, note-se que as peculiaridades do processo penal não dispensarão, em várias hipóteses, as intimações por oficial de justiça, em especial, a do acusado, do Ministério Público (com carga dos autos) e da Defensoria Pública, além do advogado dativo. A instituição do processo eletrônico criminal, não obstante viável, deve levar em consideração as particularidades processuais penais que afastarão a incidência de alguns dispositivos, como é o caso da citação, que não é concebível eletronicamente nesta sede. No que for cabível ao processo penal (que atinge o estado de liberdade do acusado), plausível é a cláusula de convalidação dos atos processuais praticados até a data do advento da Lei nº 11.419/2006, desde que haja obtenção da finalidade do ato e não tenha ocorrido prejuízo para as partes. Nem podia ser diferente, afinal os atos processuais são regidos pela lei vigente à época, e o novo diploma passa a disciplinar os atos que estão por vir (art. 19).

6. QUADRO SINÓTICO

CAPÍTULO XI – ATOS DE COMUNICAÇÃO PROCESSUAL		
FORMAS DE COMUNICAÇÃO PROCESSUAL		
Os atos de comunicação poderão revestir o caráter de citação, intimação ou notificação. O Código de Processo Penal não é uniforme na indicação do nome de cada um desses atos, sendo a definição deles dada pela doutrina.		**1**
CITAÇÃO		
Conceito	Citação é o ato pelo qual o réu toma ciência dos termos da acusação, sendo chamado a respondê-la e a comparecer aos atos do processo, a começar, via de regra, pela resposta preliminar à acusação. A falta de citação válida importa em nulidade. Já a citação deficiente ou incompleta acarreta nulidade relativa.	**2.1**

CAPÍTULO XI – ATOS DE COMUNICAÇÃO PROCESSUAL		
	Espécies	
Citação pessoal	A citação por mandado é a regra geral do Código de Processo Penal, que é excepcionada pelas disposições concernentes à citação do militar (art. 358, CPP) e à citação levada a efeito em legação estrangeira (arts. 352, 368 e 369, CPP). A citação por mandado é realizada pelo oficial de justiça, não havendo previsão para que se dê através do escrivão ou do diretor de secretaria. **2.2.1.1.** Requisitos do mandado: é revestido de formalidades intrínsecas, nos termos do art. 352, CPP. **2.2.1.2.** Horário e local da citação: quanto ao horário para a realização de citação, "qualquer dia e hora são admissíveis", não se realizando "durante a noite, se o réu estiver em seu domicílio, por conta, inclusive, da inacessibilidade garantida, constitucionalmente, ao local", pouco importando, fora dessa hipótese, "ser noite ou dia", dada à urgência da citação criminal. **2.2.1.3.** Citação por carta precatória: A citação pode se dar por carta precatória. Cuida-se das hipóteses onde o réu residir em comarca distinta da jurisdição do juiz do processo-crime. **2.2.1.4.** Citação em caso de urgência e carta precatória eletrônica: Em casos de urgência, é plausível que seja admitida a precatória telegráfica ou por meios eletrônicos. **2.2.1.5.** Citação do militar: A teor do art. 358, CPP, a citação do militar dar-se-á "por intermédio do chefe do respectivo serviço", devendo o militar ser requisitado quando estiver fora de sua sede. Isso se deve em homenagem à hierarquia militar e a inviolabilidade do quartel **2.2.1.6.** Citação do acusado preso: Se o acusado estiver preso, a sua citação será feita pessoalmente, com a comunicação da audiência ao diretor do estabelecimento prisional. **2.2.1.7.** Citação do funcionário público: Por sua vez, o funcionário público deve ser citado pessoalmente, por mandado, com a comunicação ao chefe da repartição. **2.2.1.8.** Citação no estrangeiro e uso da videoconferência: o réu no estrangeiro ou em legação estrangeira, em lugar sabido, será citado por carta rogatória, com a suspensão do prazo prescricional até o seu efetivo cumprimento (art. 368, CPP), seguindo-se as vias diplomáticas. Já se o infrator está no estrangeiro em endereço desconhecido pela autoridade, será citado por edital. Com a previsão da realização de interrogatório e da tomada de depoimento testemunhal por videoconferência e de acordo com as novas disposições conferidas pela Lei nº 11.900/2009, a emissão de carta rogatória se tornou medida excepcional, porquanto ela só será expedida "se demonstrada previamente a sua imprescindibilidade, arcando a parte requerente com os custos de envio".	**2.2.1**

CAPÍTULO XI – ATOS DE COMUNICAÇÃO PROCESSUAL		
Citação por edital	A citação por edital (artigos 362 e seguintes do CPP) é de natureza ficta. A citação editalícia, será realizada quando o acusado não for encontrado (§ 1º, art. 363). Entrementes, a presunção de que o acusado está ciente da acusação, com a citação editalícia, foi desfeita pelas alterações supervenientes do Código. O sistema processual penal brasileiro não presume a ciência da imputação pelo acusado citado por edital. Uma vez citado por edital o réu, o seu não comparecimento determina a suspensão do processo e do curso do prazo prescricional pelo tempo abstratamente fixado para o delito prescrever (art. 109, CP). Transcorrido esse lapso de suspensão, e mantida a ausência do imputado, o processo seguirá suspenso, mas o prazo prescricional voltará a correr normalmente. A produção antecipada de provas, autorizada excepcionalmente em casos de citação por edital e suspensão do processo (art. 366, CPP). A citação por edital é ato complexo que só se perfaz com a sua publicação e com o decurso do prazo de dilação consignado no edital. A Lei nº 13.285/2016 incluiu o art. 394-A, para rezar que os processos que apurem a prática de crime hediondo terão prioridade de tramitação em todas as instâncias. Na hipótese de citação por edital, teremos impossibilidade fática de aplicar aquela regra toda vez que incidir o art. 366, do CPP (suspensão do processo e do curso da prescrição). Sob outra vertente, encontrado o réu, incidirá a prioridade de tramitação, observadas as demais prioridades definidas legalmente. Nos Juizados Especiais, por sua vez, não é admitida citação por edital, pois esta é incompatível com a ideia de celeridade do procedimento. Se o infrator não for encontrado para ser citado pessoalmente, ou se o ato não é realizado no próprio juizado, os autos serão remetidos ao juízo comum (art. 66, parágrafo único, Lei nº 9.099/1995). Já a citação por hora certa, em tese, guarda compatibilidade com o rito dos juizados especiais criminais, eis que foi instituída para conferir efetividade a princípios como o da celeridade e o da economia processual, também sufragados no texto da Lei nº 9.099/1995. Todavia, percebendo-se que o ato pode ocasionar procrastinação do procedimento, deve-se remeter os autos ao juízo comum.	**2.2.2**
Citação por hora certa	O legislador da reforma processual penal realizada pela Lei nº 11.719/2008, inaugurou a possibilidade de citação com hora certa no processo penal. Verificando que o réu se oculta para não ser citado, o oficial de justiça certificará a ocorrência e procederá à citação com hora certa, na forma estabelecida nos arts. 252 a 254 do CPC/2015. A citação com hora certa deve obedecer as cautelas dos referidos artigos do CPC em vigor, com o fito de se precaver contra alegações de nulidade e de ampliar a possibilidade de conhecimento da acusação pelo réu. Completada a citação por hora certa, se o acusado não comparecer, ser-lhe-á nomeado defensor dativo. O CPC/2015 exige que o oficial de justiça realize duas tentativas sem êxito (em virtude de estar o réu se ocultando), após o que estará autorizado a proceder à citação com hora certa.	**2.2.3**

CAPÍTULO XI – ATOS DE COMUNICAÇÃO PROCESSUAL		
Citação por hora certa	O parágrafo único, do mesmo art. 252, do CPC/2015, deve ter sua aplicação cercada de cautelas indispensáveis ao processo penal, a fim de não retirar a credibilidade do ato de comunicação processual. O aludido texto preconiza que nos condomínios edilícios ou nos loteamentos com controle de acesso, será válida a "intimação" do art. 252, ***caput***, feita a funcionário da portaria responsável pelo recebimento de correspondência. Vale frisar que não há aplicação de efeitos da revelia no direito processual penal. Desse modo, não tem aplicação o § 4º, do art. 253, do CPC/2015, que prevê advertência de nomeação de curador especial nos casos de revelia no processo civil. Por último, o art. 254, do mesmo Código, estatui que, uma vez feita a citação com hora certa, o escrivão ou chefe de secretaria enviará ao réu, executado ou interessado, no prazo de dez dias, contado da data da juntada do mandado aos autos, carta, telegrama ou correspondência eletrônica, dando-lhe de tudo ciência.	**2.2.3**
INTIMAÇÃO, NOTIFICAÇÃO E CONTAGEM DE PRAZOS		
3.1. Intimação: A ciência da prática de um ato processual nos autos é dada à parte através de uma intimação. Intimação, assim, pressupõe fato processual já consumado e cuja ciência ao interessado é reclamada para o fito de serem produzidos validamente seus efeitos legais. **3.2.** Notificação: A notificação, distintamente, é a ciência que é dada ao interessado de seu dever ou de seu ônus de praticar um ato processual ou de adotar determinada conduta, pressupondo um comportamento positivo. **3.3.** Citação: Tais conceitos não são tratados uniformemente pelo CPP ou pela doutrina, tendo quem compreenda, como Eugênio Pacelli, que "enquanto por meio da citação se leva ao conhecimento do acusado a existência de uma ação penal contra ele instaurada (...), pela intimação se dá conhecimento da prática dos demais atos processuais realizados e a serem realizados no processo", assim "como da necessidade ou da possibilidade (ou faculdade) da participação, tanto das partes quanto das pessoas (terceiros) que, eventualmente, devam ou possam a eles estar presentes" **3.4.** Intimações do Ministério Público e da Defensoria Pública: as intimações do Ministério Público e da Defensoria Pública são pessoais. **3.5.** Intimação do defensor dativo e do advogado: em relação ao advogado dativo, este também será intimado pessoalmente, porém sem carga dos autos, isto é, sua intimação deve se dar por mandado. A intimação do advogado constituído, pelo réu ou querelante, e do assistente, será feita pela imprensa (Diário Oficial). Nas comarcas onde não exista tal recuso, a intimação será realizada por mandado, por via postal, ou qualquer outro meio idôneo. **3.6.** Fluência e contagem dos prazos: Fluência é o termo inicial do lapso demarcado pela comunicação do ato à parte. Contagem é a unidade de tempo a partir da qual se inclui o cômputo do prazo estipulado por lei, geralmente fixado em dias. O Código de Processo Penal e a legislação especial correlata têm regras próprias de contagem de prazos. O princípio da especialidade afasta, no ponto, a incidência das regras do CPC/2015, não havendo que se falar em contagem de prazo em dias úteis no direito processual penal. Diferentemente, vigoram as regras do art. 798, CPP, que estatui que todos os prazos correrão em cartório e serão contínuos e peremptórios, não se interrompendo por férias, domingo ou dia feriado. **3.7.** Suspensão do prazo da advogada adotante ou que se tornar mãe (Lei nº 13.363/2016): Se o acusado estiver representado unicamente por advogada adotante ou que se tornar mãe, a fluência dos prazos processuais deve ficar suspensa em seu favor. Nesse sentido, a Lei 13.363/2016 introduziu o art. 7º-A no Estatuto da OAB, sem restrições, sendo aplicável ao processo penal.		**3**

CAPÍTULO XI – ATOS DE COMUNICAÇÃO PROCESSUAL	
3.8. Intimação em audiência: Durante o curso do processo penal, a praxe – que se alia ao princípio da economia processual – é a de que as partes saiam cientes das audiências do ato processual praticado, bem como da designação do ato subsequente. Evitam-se, assim, custos com as intimações por oficial de justiça e pela imprensa. **3.9.** Regras especiais de intimação em matéria processual penal: O Código de Processo Penal manda aplicar, no que couber, a disciplina dos atos citatórios (art. 370, CPP, com redação dada pela Lei nº 9.271/1996), razão pela qual se entende possível a intimação por hora certa no processo penal, a teor do art. 362, CPP. Aliás, no rito do júri, a intimação da pronúncia do acusado solto poderá ser efetivada inclusive por edital, evitando a crise de instância (suspensão do processo) que acontecia antes da sistemática introduzida pela Lei nº 11.689/2008. **3.10.** Intimação por edital ou com hora certa no processo criminal e sistema inquisitivo: A intimação ficta em processo penal pode se revelar demasiadamente gravosa ao acusado de modo a ofender o princípio da proporcionalidade. Se a previsão legal de intimação ficta da sentença de pronúncia tem a vantagem de conferir celeridade ao feito, pode suscitar debate sobre sua constitucionalidade no caso concreto, notadamente quando se perceber que não foram exauridos todos os meios para intimar o acusado pessoalmente. **3.11.** Intimação do acusado preso: A intimação do réu preso deve ocorrer pessoalmente, mas dando-se ciência ao diretor do estabelecimento onde se encontre, com vistas a providenciar a presença do acusado aos atos do processo. **3.12.** Intimação por carta: A intimação por carta precatória, rogatória ou de ordem, segue, no que for compatível, os regramentos da citação através desse meio.	3
REVELIA E SUSPENSÃO DO PROCESSO PENAL	
A revelia é a rebeldia do acusado. Diz-se que o réu que não atende ao chamado do Juízo é revel, é contumaz. Uma vez declarada a revelia, o acusado sofrerá seus efeitos, não sendo mais intimado dos atos processuais subsequentes, ressalvada a sentença. Em matéria penal, são reduzidos, em função do postulado da presunção da não culpabilidade e de outras garantias fundamentais. O acusado deixa de ser, não sendo mais intimado dos atos processuais subsequentes que não desafiem recurso. Daí são, ressalvadas a sentença final e outras decisões que comportem recurso, notadamente por intermédio de postulação leiga. Sem embargo, o comparecimento do réu em momento ulterior, faz cessar os efeitos da revelia, passando o acusado a participar do processo, conforme o estado em que se encontre, sem prejuízo de seu interrogatório ao final da instrução ou em grau de recurso. A suspensão do processo é regulada pelo art. 366, do CPP, com redação dada pela Lei nº 9.271/1996. Publicada em 18/4/1996, data em que entrou em vigor, a redação daquele dispositivo dita que "se o acusado, citado por edital, não comparecer, nem constituir advogado, ficarão suspensos o processo e o curso do prazo prescricional, podendo o juiz determinar a produção antecipada das provas consideradas urgentes e, se for o caso, decretar prisão preventiva, nos termos do disposto". A prisão preventiva só poderá ser decretada se presentes os requisitos legais estampados nos artigos 312 e 313, do CPP. Se o acusado citado por edital comparecer, em qualquer tempo (e desde que não extinta a punibilidade), o processo seguirá consoante o rito adequado, nos termos do art. 394, do CPP. Se a revelia ocorreu depois de efetivada a citação pessoal, não se aplica a suspensão do processo e do prazo prescricional (art. 366, CPP), devendo prosseguir o processo até a sentença, intimando-se desta o acusado.	4

CAPÍTULO XI – ATOS DE COMUNICAÇÃO PROCESSUAL	
A Súmula nº 415, do STJ, orienta que o período de suspensão do curso do prazo prescricional deve ser regulado pelo máximo da pena cominada à infração penal. Sobre o ponto, diverge o STF, reputando que não se trata de caso de imprescritibilidade de delito criado legalmente, razão pela qual a prescrição deve ficar suspensa até ulterior comparecimento do acusado ou constituição de advogado por ele.	**4**
INFORMATIZAÇÃO DO PROCESSO JUDICIAL	
A Lei nº 11.419/2006 dispôs sobre a informatização do processo judicial, passando a admitir, expressamente, o uso de meio eletrônico na tramitação de processos judiciais, comunicação de atos e transmissão de peças processuais, inclusive no processo penal. Os atos processuais por meio eletrônico são considerados praticados no dia e hora do seu envio ao sistema do Poder Judiciário, com a emissão de protocolo eletrônico, sendo as petições consideradas tempestivas se apresentadas até às vinte e quatro horas do último dia. Deve-se ressaltar, entretanto, que a citação eletrônica não é aplicável ao processo penal (art. 6º, Lei nº 11.419/2006). Note-se, ainda, que as peculiaridades do processo penal não dispensarão, em várias hipóteses, as intimações pessoais, em especial, a do acusado, do Ministério Público (com carga dos autos) e da Defensoria Pública, além do advogado dativo.	**5**

7. SÚMULAS APLICÁVEIS

7.1. STJ

273. Intimada a defesa da expedição da carta precatória, torna-se desnecessária intimação da data da audiência no juízo deprecado.

415. O período de suspensão do prazo prescricional é regulado pelo máximo da pena cominada.

7.2. STF

155. É relativa a nulidade do processo criminal por falta de intimação da expedição de precatória para inquirição de testemunha.

310. Quando a intimação tiver lugar na sexta-feira, ou a publicação com efeito de intimação for feita nesse dia, o prazo judicial terá início na segunda-feira imediata, salvo se não houver expediente, caso em que começará no primeiro dia útil em que se seguir.

351. É nula a citação por edital de réu preso na mesma unidade da Federação em que o juiz exerce a sua jurisdição.

366. Não é nula a citação por edital que indica o dispositivo da lei penal, embora não transcreva a denúncia ou a queixa, ou não resuma os fatos em que se baseia.

710. No processo penal, contam-se os prazos da data da intimação, e não da juntada aos autos do mandado ou da carta precatória ou de ordem.

8. INFORMATIVOS RECENTES

8.1. STJ

♦ **Intimação do Ministério Público. Contagem dos prazos. Início. Necessidade de remessa dos autos à instituição.**

O termo inicial da contagem do prazo para impugnar decisão judicial é, para o Ministério Público, a data da entrega dos autos na repartição administrativa do órgão, sendo irrelevante que a intimação pessoal tenha se dado em audiência, em cartório ou por mandado. (...) conquanto se reconheça que a intimação do ato e o respectivo prazo processual caminhem ligados, uma vez que, em regra, a ciência ou o conhecimento das partes acerca dos atos processuais dispara o início do cômputo do prazo para a prática de novos atos, o início na contagem do prazo pode e deve ser postergado quando adequado e necessário ao exercício do contraditório pleno. Para bem desincumbir-se de suas atribuições constitucionais, assegurou-se ao Ministério Público um extenso rol de prerrogativas, direitos, garantias e deveres, de estatura constitucional (arts. 127 a 129 da CF) e legal (arts. 17 e 18 da Lei Complementar nº 75/1993 e 38 a 42 da Lei nº 8.625/1993), permeados diretamente por princípios que singularizam tal instituição e que influenciam no exercício do contraditório efetivo, entre os quais, a unidade e a indivisibilidade. (...) Aliás, não se descure – notadamente na esfera criminal – a discrepância na quantidade de processos sob a responsabilidade de um membro do Ministério Público com a que normalmente ocupa a carteira de um escritório de advocacia; ideia reforçada pelos princípios da oficialidade e da obrigatoriedade da ação penal que norteiam a atuação de um promotor de justiça. Por tudo isso é que não soa equivocado afirmar, sob o prisma de princípios constitucionais, que a intimação dirigida ao membro do Ministério Público presente em audiência não induz, automaticamente, o início do cômputo do prazo para a prática de atos processuais. A par desses aspectos pragmáticos, que impõem um olhar diferenciado sobre a atuação do Ministério Público no processo penal, não há como fugir da clareza normativa da legislação de regência. Tanto a Lei Orgânica dos Ministérios Públicos Estaduais (art. 41, IV, da Lei nº 8.625/1993) quanto a Lei Complementar nº 75/1993, do Ministério Público da União (art. 18, II, "h") são explícitas em estabelecer a prerrogativa processual aos membros dessa instituição, no sentido de serem intimados pessoalmente nos autos, em qualquer processo ou grau de jurisdição. (...). Diante dessas premissas, inviável a restrição promovida na instância de origem ao mecanismo de intimação pessoal dos membros do Ministério Público, em confronto com os princípios institucionais mencionados, os quais, aliados à dimensão que se tem dado ao contraditório e às peculiaridades que informam a atuação do Parquet perante a jurisdição criminal, permitem o exercício efetivo das atribuições de uma instituição essencial à administração da justiça, voltadas à proteção não apenas da ordem jurídica, mas, também, dos interesses sociais e individuais indisponíveis. REsp 1.349.935-SE, Rel. Min. Rogério Schietti Cruz, Terceira Seção, por maioria, julgado em 23/8/2017, DJe 14/9/2017. (Tema 959) (Info 611)

♦ **Intimação da Defensoria Pública em audiência. Contagem dos prazos. Início. Necessidade de remessa dos autos à instituição.**

A data da entrega dos autos na repartição administrativa da Defensoria Pública é o termo inicial da contagem do prazo para impugnação de decisão judicial pela instituição, independentemente de intimação do ato em audiência. (...) conquanto se reconheça que intimação do ato e respectivo prazo processual caminhem ligados, uma vez que, em regra, a ciência ou o conhecimento das partes acerca dos atos processuais dispara o início do cômputo do prazo para a prática de novos atos, o início na contagem do prazo pode e deve ser postergado quando adequado e necessário ao exercício do contraditório pleno. A Defensoria Pública é instituição essencial à função jurisdicional do Estado, notadamente pela defesa, em todos os graus de jurisdição, dos necessitados (art. 134 da CF) e, para bem desincumbir-se de suas atribuições constitucionais, assegurou-se à Defensoria Pública um extenso rol de prerrogativas, direitos, garantias e deveres, de estatura constitucional (art. 134, §§ 1º, 2º e 4º, da CF) e legal (arts. 370, § 4º, do CPP, 5º, § 5º, da Lei nº 1.060/1950, 4º, V e 44, I, da Lei Complementar nº 80/1994), permeados diretamente por princípios que singularizam tal instituição, dois dos quais – a unidade e a indivisibilidade – interferem na compreensão do tema objeto de análise. Tais princípios podem ser traduzidos, inter alia, no fato de que, observados os preceitos legais, um membro da Defensoria Pública poderá substituir outro quando tal se fizer necessário. Essa circunstância é de sumo relevo para a percepção da singularidade que caracteriza e diferencia a atuação de um defensor público, notadamente nas situações em que o agente público, atuando em audiências criminais, fala, produz prova, debate e requer perante a autoridade judiciária competente, mas nem sempre será ele o membro que, posteriormente, terá o encargo e a atribuição de falar no processo e, eventualmente, impugnar atos praticados durante essa audiência. Observa-se também a existência de legislação específica que assegura à Defensoria Pública a remessa dos autos com vista (art. 4º, V, da LC nº 80/1994). Assim, certamente nas hipóteses em que há ato judicial decisório proferido em audiência, haverá, em tal momento, a intimação pessoal das partes presentes (defesa e acusação). No entanto, essa intimação não é suficiente para permitir ao membro da Defensoria Pública o exercício pleno do contraditório e do consequente direito a impugnar o ato, seja porque o defensor não poderá levar consigo os autos tão logo encerrada a audiência, seja porque não necessariamente será esse mesmo membro que impugnará o ato decisório proferido em audiência. Então, a melhor exegese parece ser a que considera poder a intimação pessoal realizar-se em audiência, mas dependente, para engendrar a contagem do prazo recursal, da remessa dos autos à Defensoria Pública. HC 296.759-RS, Rel. Min. Rogério Schietti Cruz, por maioria, julgado em 23/8/2017, DJe 21/9/2017. (Info 611)

♦ **Direito Processual Penal. Nulidade da intimação por edital de réu preso.**

Preso o réu durante o curso do prazo da intimação por edital da sentença condenatória, essa intimação fica prejudicada e deve ser efetuada pessoalmente. Isso porque, de acordo com entendimento doutrinário e nos termos do HC 15.481 (Quinta Turma, DJ 10/9/2001), "preso o réu durante o prazo do edital, deverá ser intimado pessoalmente do r. decreto condenatório, na forma do art. 392, inciso I, CPP, restando prejudicada a intimação editalícia". *RHC 45.584/PR, Rel. Min. Nefi Cordeiro, julgado em 3/5/2016, DJe 12/5/2016. (Info 583)*

♦ **Direito Processual Penal. Inexigibilidade de termo de recurso ou de renúncia na intimação pessoal do acusado.**

Na intimação pessoal do acusado acerca de sentença de pronúncia, a ausência de apresentação do termo de recurso ou de renúncia não gera nulidade do ato. Isso porque essa exigência não está prescrita em lei, de modo que a sua ausência não pode ser invocada como hábil a anular o ato de intimação. Precedentes citados: HC 183.332-SP, Quinta Turma, DJe 28/6/2012; e HC 95.479-MG, Sexta Turma, DJe 18/4/2011. *RHC 61.365-SP, Rel. Min. Felix Fischer, julgado em 3/3/2016, DJe 14/3/2016. (Info 579)*

8.2. STF

♦ **Tramitação em tribunal superior e intimação de defensoria pública estadual**

A Primeira Turma, por maioria, não admitiu a impetração de "habeas corpus" em que discutida a possibili-

dade de atuação de Defensoria Pública estadual perante o STJ. No caso, Defensoria Pública estadual interpôs, em favor do paciente, agravo em face da não admissão de recurso especial perante o STJ. Ocorre que a Defensoria Pública da União, e não a estadual, foi intimada da decisão proferida no agravo, o que, segundo a defesa, implicou o trânsito em julgado do pronunciamento e a subsequente expedição de mandado de prisão contra o paciente. O Colegiado entendeu ser inadequada a via eleita por se tratar de "habeas corpus" substitutivo de agravo regimental, uma vez que foi impetrado contra decisão monocrática de ministro do STJ. Asseverou que, consoante a jurisprudência desta Corte, a intimação há de ser feita à DPU, já organizada e no desempenho regular de suas atividades perante os tribunais superiores. Ademais, salientou que a DPU foi estruturada sob o pálio dos princípios da unidade e da indivisibilidade para dar suporte às Defensorias Públicas estaduais e fazer as vezes daquelas de Estados-Membros longínquos, que não podem exercer o múnus a cada recurso endereçado aos tribunais superiores. Vencido o Ministro Marco Aurélio, que deferia a ordem. Para ele, haveria de presumir-se que, tendo a Defensoria Pública estadual interposto o recurso especial, ela estaria acompanhando-o e que a falta de representação em Brasília não poderia motivar o direcionamento da intimação à DPU. HC 118294/AP, rel. orig. Min. Marco Aurélio, red. p/ o ac. Min. Roberto Barroso, julgamento em 7.3.2017. (HC-118294) (Info 856)

♦ **Citação com hora certa e processo penal**

É constitucional a citação com hora certa no âmbito do processo penal (CPP: "Art. 362. Verificando que o réu se oculta para não ser citado, o oficial de justiça certificará a ocorrência e procederá à citação com hora certa, na forma estabelecida nos arts. 227 a 229 da Lei nº 5.869, de 11 de janeiro de 1973 – Código de Processo Civil. Parágrafo único. Completada a citação com hora certa, se o acusado não comparecer, ser-lhe-á nomeado defensor dativo"). Essa a conclusão do Plenário, que, por maioria, negou provimento a recurso extraordinário em que discutida a constitucionalidade do aludido preceito processual (...). O Tribunal consignou que a citação com hora certa cerca-se de cautelas, desde a certidão pormenorizada do oficial de justiça até o aval pelo juiz. Julgando inexistirem elementos concretos de ocultação, o juiz determina a citação por edital, com a subsequente suspensão do processo caso o acusado não se apresente nem constitua advogado. A autodefesa, mesmo depois de formalizada a citação com hora certa, fica resguardada na medida em que o réu será cientificado dela, inclusive da continuação do processo (CPC, art. 254). Esconder-se para deixar de ser citado pessoalmente e não comparecer em sede judicial para defender-se revela autodefesa. Não se justifica impor a prisão preventiva. Entretanto, impedir a sequência da ação penal é demasiado, sob pena de dar ao acusado verdadeiro direito potestativo sobre o curso da ação penal, ignorando a indisponibilidade inerente (...). Vencido, em parte, o Ministro Marco Aurélio (relator), que, ao se manifestar acerca da citação com hora certa em processo submetido a juizado especial criminal, entendia pela inadmissibilidade desse ato processual. Explicava que o art. 66, parágrafo único, da Lei 9.099/1995 impõe a remessa do processo à vara criminal quando o acusado não for encontrado. Tal preceito inviabiliza qualquer modalidade de citação ficta no juizado especial criminal, seja a editalícia, seja a com hora certa, por tornar inexequíveis a composição civil e a transação penal, fins últimos dos juizados. Por fim, o Colegiado deliberou conceder "habeas corpus" de ofício em favor do recorrente, para extinguir a punibilidade em decorrência da prescrição da pretensão punitiva. *RE 635145/RS, rel. orig. Min. Marco Aurélio, red. p/ o acórdão Min. Luiz Fux, 1º.8.2016. (RE-635145) (Info 833)*

♦ **Prazo recursal. Ministério Público e tempestividade de agravo em processo criminal**

A Primeira Turma concedeu a ordem de "habeas corpus", com base no art. 39 (1) da Lei 8.038/1990, para declarar a intempestividade de agravo regimental interposto pelo Ministério Público no Superior Tribunal de Justiça (STJ) e reestabelecer as penas impostas pelo juízo de segundo grau, que foram aumentadas a partir do acolhimento do recurso. A Turma afirmou que o prazo para interposição de agravo pelo Estado-acusador em processo criminal é de cinco dias (RE 94.013/DF). O Ministério Público não possui, em matéria criminal, ao contrário da Defensoria Pública, a prerrogativa de prazo recursal em dobro. STF. HC 120275/PR, rel. Min. Marco Aurélio, julgamento em 15.5.2018 (Info 902).

9. QUESTÕES DE CONCURSOS PÚBLICOS

01. (2017 – IBFC – TJ-PE – Técnico Judiciário – Função Judiciária) A citação é o ato oficial que dá ciência ao acusado sobre a existência de processo criminal, garantindo-lhe a possibilidade de se defender das imputações que lhe são lançadas. A respeito do tema, assinale a alternativa incorreta sobre a citação em âmbito processual penal:

(A) A citação pode ser real ou ficta, a primeira quando feita pessoalmente ao acusado e a segunda quando houver presunção de que tenha tomado ciência das acusações que lhe são dirigidas

(B) A citação será realizada por meio de carta precatória quando o réu, em liberdade, residir em outra comarca, ou seja, fora do território de jurisdição do juiz competente para apreciar a ação penal

(C) A citação do militar é realizada por meio da expedição de ofício ao respectivo comandante da organização militar

(D) A citação do funcionário público será feita sempre pessoalmente por meio de mandado, sem a necessidade de notificação do chefe da repartição

(E) A citação do réu preso deverá ser feita pessoalmente, por mandado

02. (2017 – CESPE – TRE-BA – Analista Judiciário – Área Administrativa) Caso verifique que o réu se oculta para não ser citado, o oficial de justiça deverá certificar a ocorrência e proceder à citação

(A) com hora certa, prosseguindo-se o curso processual com nomeação de defensor dativo se o réu não comparecer nos autos.

(B) por edital, com prazo de quinze dias, suspendendo-se o curso processual até o comparecimento do réu nos autos.

(C) por edital, com prazo de quinze dias, prosseguindo-se o curso processual com a nomeação de defensor dativo.

(D) por intermédio de qualquer outra pessoa localizada em seu endereço.

(E) com hora certa, suspendendo-se o curso processual até que o réu compareça nos autos.

03. (2017 – VUNESP – TJ-SP – Escrevente Técnico Judiciário) Estabelece o CPP em seu art. 353 que, quando o réu estiver fora do território da jurisdição do juiz processante, será citado mediante

(A) precatória.

(B) carta com aviso de recebimento, "de mão própria".

(C) edital.

(D) videoconferência.

(E) qualquer meio que o juiz entenda idôneo.

04. (2017 – VUNESP – TJ-SP – Juiz Substituto) Em matéria de citações e intimações, é correto afirmar que

(A) os prazos são contados da data da intimação, e não da juntada aos autos do mandado ou da carta precatória ou de ordem.

(B) nula a citação por edital que apenas indica o dispositivo da lei penal, sem transcrever a denúncia ou queixa, ou resumir os fatos em que se baseia.

(C) a citação do acusado por edital, se ele não comparecer ou constituir advogado, permite a produção antecipada de provas, sob o fundamento de decurso do tempo, e autoriza o decreto de prisão preventiva, se for o caso.

(D) nulo o julgamento de recurso criminal, na segunda instância, sem prévia intimação ou publicação da pauta, inclusive em habeas corpus.

05. (2017 – FCC – DPE-PR – Defensor Público) Sobre as citações e intimações, é INCORRETO afirmar:

(A) Consoante posição do Supremo Tribunal Federal, a intimação pessoal da Defensoria Pública quanto à data de julgamento de habeas corpus não é necessária, exceto se houver pedido expresso para a realização de sustentação oral.

(B) Estando o acusado no estrangeiro, em lugar sabido, será citado mediante carta rogatória, suspendendo-se o curso do prazo de prescrição até o seu cumprimento.

(C) Se o réu estiver solto, será citado por hora certa se estiver em local incerto e não sabido.

(D) É constitucional a citação com hora certa no âmbito do processo penal, consoante jurisprudência majoritária.

(E) O processo seguirá sem a presença do acusado que, citado ou intimado pessoalmente para qualquer ato, deixar de comparecer sem motivo justificado, ou, no caso de mudança de residência, não comunicar o novo endereço ao juízo.

06. (2016 – FAURGS – TJ-RS – Assessor Judiciário) Sobre citação, intimação e notificação, assinale a alternativa correta.

(A) Se o réu estiver preso, será citado por intermédio de seu defensor.

(B) Se o acusado, citado por edital, não comparecer, nem constituir advogado, o processo seguirá sem sua presença, devendo o juiz nomear defensor para patrocinar a sua defesa.

(C) Se o acusado se oculta para não ser citado, o oficial de justiça certificará a ocorrência e procederá à citação por edital.

(D) Será pessoal a intimação do Ministério Público e do defensor nomeado.

(E) No Código de Processo Penal, não há previsão de intimação da sentença por edital.

07. (2016 – CESPE – TJ-AM – Juiz Substituto) Em processo no juizado especial criminal, superada a fase preliminar em razão da ausência do autor do fato, o MP ofereceu denúncia oral pela prática de crime de ameaça. Não tendo o oficial de justiça encontrado o autor para citá-lo nos endereços constantes dos autos, o juiz determinou a sua citação por hora certa. Concluída a citação por hora certa sem que o autor do fato tivesse sido encontrado ou tivesse comparecido à audiência designada, foi-lhe nomeado DP, e sobreveio condenação.

Nessa situação hipotética, conforme a legislação penal processual e a jurisprudência dos tribunais superiores, é correto afirmar que a citação realizada foi

(A) válida, e não precisará ser refeita, pois a citação por hora certa é possível quando o acusado não é encontrado nos endereços constantes nos autos.

(B) nula, e deverá ser refeita pelo juízo comum, com o devido encaminhamento dos autos pelo juizado especial criminal.

(C) válida, e não precisará ser refeita, pois a citação por hora certa sempre precede a citação por edital.

(D) válida, e não precisará ser refeita, pois o processo perante os juizados especiais criminais orienta-se pelos princípios da oralidade, simplicidade, economia processual e celeridade

(E) nula, e deverá ser refeita pelo próprio juizado especial criminal, por meio de edital, em atenção aos princípios da celeridade e da economia processual.

(2016 – CESPE – DPU – Analista Técnico – Administrativo) Recebida a denúncia por crime de estelionato, o juiz determinou a citação do acusado para apresentar resposta à acusação. O oficial de justiça compareceu ao endereço informado pelo Ministério Público, mas não encontrou o acusado para ser citado.

Considerando a situação apresentada, julgue os itens que se seguem.

---

08. Caso não seja mesmo encontrado, o acusado deverá ser citado por edital, que será fixado à porta do edifício onde funciona o juízo e publicado na imprensa.

---

09. Se o acusado estiver se ocultando para não ser citado, será cabível sua citação com hora certa.

---

10. (Delegado de Polícia – DF/FUNIVERSA/2015) A respeito da citação no processo penal, assinale a alternativa correta.

(A) Como regra, no processo penal, a citação inicial será feita por carta, com aviso de recebimento.

(B) O CPP não acolhe o instituto da precatória itinerante.

(C) Diversamente do que ocorre no processo civil, não se admite a citação por hora certa no direito processual penal.

(D) Se o acusado, citado por edital, não comparecer nem constituir advogado, ficarão suspensos o processo e o curso do prazo prescricional, podendo o juiz determinar a produção antecipada das provas consideradas urgentes e, se for o caso, decretar a prisão preventiva do réu.

(E) Se o réu, tendo sido citado ou intimado pessoalmente, deixar de comparecer justificadamente a um ato processual, suspender-se-á a ação penal, visto que não se admite o instituto da revelia no processo penal.

---

11. (Defensor Público – DPE-PE/CESPE/2015) A respeito da prisão, da citação, do aditamento e dos procedimentos nas infrações penais de menor e maior potencial ofensivo, julgue o item seguinte.

O CPP não admite a citação de réu solto por hora certa.

---

12. (Juiz Substituto – TJ-RR/FCC/2015) Com relação à citação, é correto afirmar que

(A) se o réu não for localizado para ser citado pessoalmente em processo que tramite pela Vara dos Juizados Especiais Criminais, o juiz de direito deverá suspender o processo e o prazo prescricional nos termos do artigo 366 do Código de Processo Penal.

(B) será feita, a do funcionário público, por intermédio de seu superior hierárquico.

(C) se o réu estiver preso, sua requisição por ofício dirigido ao diretor do estabelecimento suprirá a citação pessoal.

(D) se o réu citado por edital não comparecer e nem constituir advogado, o processo e o curso do prazo prescricional ficarão suspensos, salvo nos casos de crimes de lavagem de ativos.

(E) se o réu não for encontrado para citação pessoal, será citado por edital, com prazo de 30 dias.

---

13. (Técnico Judiciário – Escrevente – Área Judiciária – TJ-BA/FGV/2015) O processo penal seguirá sem a presença do acusado que citado ou intimado:

(A) pessoalmente para qualquer ato, deixar de comparecer com motivo justificado;

(B) por publicação para qualquer ato, deixar de comparecer sem motivo justificado;

(C) pessoalmente para qualquer ato, deixar de comparecer sem motivo justificado;

(D) por publicação para qualquer ato, deixar de dar andamento ao processo;

(E) pessoalmente para o ato inicial, deixar de comparecer sem motivo justificado.

---

14. (Vunesp – Delegado de Polícia – SP/2014) No processo penal, as intimações

(A) serão sempre pessoais.

(B) do defensor constituído serão feitas pelo órgão incumbido da publicidade.

(C) não são obrigatórias quando se trata do Ministério Público.

(D) são atos que, se desrespeitados, causam nulidade absoluta do processo.

(E) serão pessoais, salvo se o réu estiver preso.

---

15. (Fundação Aroeira – Delegado de Polícia – TO/2014) Nos termos da Lei nº 9.099/1995, as partes serão intimadas da data da sessão de julgamento da apelação na Turma Recursal

(A) por mandado.

(B) por qualquer meio hábil de comunicação.

(C) pela correspondência com aviso de recebimento.

(D) pela imprensa.

---

16. (FCC – Defensor Público – PB/2014) Antônio, assistido por Defensor Público, foi condenado em primeiro grau pela prática do delito de roubo qualificado. Interposto e arrazoado recurso de apelação contra esta decisão, a defesa de Antônio não foi intimada da inclusão, em pauta de julgamento, do seu recurso de apelação. Diante disso,

(A) a intimação pessoal do Defensor Público era medida necessária.

(B) apenas a intimação do Ministério Público deveria ter sido pessoal.

(C) a falta de intimação pela imprensa do Defensor Público é causa de nulidade absoluta.

(D) era necessária a intimação do Defensor Público por publicação no órgão incumbido da publicidade dos atos judiciais da comarca.

(E) a intimação do Ministério Público poderia ter sido feita por órgão incumbido da publicidade dos atos judiciais da comarca.

17. (Vunesp – Defensor Público – MS/2014) Considere que é efetivada a citação por hora certa e, mesmo assim, o acusado não comparece para se defender e nem constitui advogado. Nessa hipótese

(A) ficarão suspensos o processo e o curso do prazo prescricional, com possibilidade de produção antecipada de provas.

(B) ficarão suspensos o processo e o curso do prazo prescricional, com possibilidade de imediata decretação de prisão preventiva.

(C) ser-lhe-á nomeado defensor dativo e o processo seguirá seu curso.

(D) será tentada a citação por edital, com prazo de 1 5 (quinze) dias.

18. (Vunesp – Delegado de Polícia – SP/2014) Quando o réu estiver fora do território da jurisdição processante,

(A) será citado mediante carta precatória.

(B) será citado por hora certa.

(C) será julgado à revelia.

(D) deverá ser dispensado de comparecer nas audiências, devendo ser interrogado por videoconferência.

(E) deverá solicitar que o processo seja remetido para a comarca de sua residência, a fim de que possa se defender melhor dos fatos que lhe são imputados na denúncia.

19. (Vunesp – Juiz de Direito Substituto – PA/2014) Nos termos do quanto determina o art. 366 do CPP, "se o acusado, citado por edital, não comparecer, nem constituir advogado, ficarão suspensos o processo e o curso do prazo prescricional (...)". De acordo com interpretação jurisprudencial sumulada pelo STJ (súmula 455), pode ser realizada produção antecipada de provas nessas hipóteses?

(A) Sim, uma vez que o mero decurso do tempo justifica tal medida.

(B) Sim, desde que o defensor dativo nomeado concorde e acompanhe.

(C) Não, ainda que nomeado defensor dativo, por ofensa ao direito de autodefesa.

(D) Não, pois é direito do acusado acompanhar a prova produzida.

(E) Sim, desde que a decisão seja concretamente fundamentada

20. (UFPR – Defensor Público – PR/2014 – Adaptada) A decisão que determina a produção antecipada de provas com base no artigo 366 do Código de Processo Penal deve ser concretamente fundamentada, não a justificando unicamente o mero decurso do tempo.

21. (Delegado de Polícia – GO/UEG/2013 – Adaptada) O decurso do tempo pode ser único fundamento para, validamente, alicerçar decisão que determina a produção antecipada de provas em face da suspensão do processo pela não localização do acusado.

22. (Delegado de Polícia – GO/UEG/2013 – Adaptada) Intimada a defesa da expedição da carta precatória, torna-se desnecessária intimação da data da audiência no juízo deprecado.

23. (Delegado de Polícia – GO/UEG/2013) Segundo o Código de Processo Penal, a citação do réu preso será feita

(A) por hora certa.

(B) por edital, independentemente de onde o réu se encontrar preso.

(C) mediante requisição à autoridade prisional, dispensando-se o mandado.

(D) pessoalmente.

24. (Defensor Público – DPE/RR/CESPE/2013 – Adaptada) O defeito de citação deve ser alegado pelas partes ou declarado, de ofício, pelo magistrado, até a prolação da sentença; após essa etapa, preclui a arguição para os sujeitos processuais, em razão da ocorrência do fenômeno da citação circunduta.

25. (Defensor Público – DPE/RR/CESPE/2013 – Adaptada) No processo penal, impõe-se, em regra, a citação pessoal, admitindo-se, contudo, a citação ficta e por procurador com poderes especiais, desde que a outorga seja firmada por meio de instrumento público.

26. (IBFC – TRF – 2ª REGIÃO – Juiz Federal Substituto – 2018) Assinale a afirmativa correta:

(A) A expedição da carta rogatória para a citação do acusado que se encontra no estrangeiro em lugar sabido, não suspende o curso da prescrição.

(B) A intimação das partes no processo penal será feita sempre pessoalmente na pessoa dos advogados ou defensores e do ministério público.

(C) As intimações, só serão feitas na imprensa oficial quando o advogado constituído ou o defensor público não forem encontrados nos seus endereços de trabalho.

(D) O acusado que, citado pessoalmente ou por edital, não comparecer nem constituir advogado, terá seu processo suspenso, e o curso do prazo prescricional será interrompido.

(E) O edital será válido quando constar a finalidade para a qual é feita a citação, sendo suficiente para tanto o dispositivo da lei penal que se imputa ao citado.

---

27. (CESPE – MPE-PI – Analista Ministerial – Área Processual – 2018) Tércio, servidor público federal em cargo de direção, foi denunciado pela prática de falsificação de documento público. O oficial de justiça não o localizou em sua residência, tendo citado o acusado em seu local do trabalho. Apesar de citado, Tércio não constituiu advogado e não apresentou defesa em juízo. Nessa situação hipotética, inexiste qualquer razão para que o juiz determine a suspensão do processo e do prazo prescricional.

( ) Certo ( ) Errado

---

28. (CONSULPLAN – TJ-MG – Juiz de Direito Substituto – 2018) A, nascido em 07/02/1963, foi denunciado pelo Ministério Público em 08/01/1993 como incurso no art. 121, § 2º, IV, do Código Penal, por fato ocorrido em 02/07/1992. A denúncia foi recebida em 02/02/1994. O réu foi citado por edital e não compareceu ao ato designado para o interrogatório. O processo prosseguiu. O réu foi pronunciado nos termos da denúncia em 15/12/1998. O processo foi suspenso, porque o réu não foi encontrado para ser intimado pessoalmente da pronúncia. Entrou em vigor a Lei nº 11.689, de 9 de junho de 2008, que criou a possibilidade da intimação da pronúncia por edital. Com referência a essa situação hipotética, de acordo com a Jurisprudência do Superior Tribunal de Justiça, assinale a opção correta.

(A) O Juiz não deverá determinar a intimação do réu por edital sobre a decisão de pronúncia. O processo deverá permanecer suspenso até a captura do réu, se houver decreto de prisão preventiva, ou até o advento da prescrição da pretensão punitiva estatal, previsto para dezembro de 2018.

(B) O Juiz deverá determinar a intimação do réu, nos termos do art. 420, parágrafo único, do CPP, alterado pela Lei nº 11.689/2008, em observância ao princípio "tempus regit actum", não tendo se operado a prescrição da pretensão punitiva estatal, pelo fato de o processo ter sido suspenso após a decisão de pronúncia.

(C) O Juiz deverá extinguir a punibilidade do réu, com fundamento no art. 107, IV, do Código Penal, porque transcorrido lapso temporal superior a 20 (vinte) anos entre a data do recebimento da denúncia e a presente data (02/09/2018), operando-se a prescrição da pretensão punitiva estatal pela pena máxima abstrata cominada ao crime de homicídio.

(D) O Juiz deverá determinar a intimação do réu, nos termos do art. 420, parágrafo único, do CPP, alterado pela Lei nº 11.689/2008 – que permite a intimação por edital do réu solto que não for encontrado –, e, uma vez preclusa a decisão de pronúncia, também deverá aplicar o art. 457, do CPP, alterado pela Lei nº 11.689/2008 – que deixou de exigir a presença do acusado na sessão plenária para que esta se realize – por se tratarem de normas de natureza processual, incidindo de forma imediata sobre os atos processuais pendentes.

---

29. (FGV – TJ-SC – Oficial de Justiça e Avaliador – 2018) Como regra geral, a ciência da prática de um ato processual nos autos é dada à parte através de uma intimação. O Código de Processo Penal traz uma série de regras para assegurar a validade do ato de intimação, bem como disciplina sobre os prazos judiciais a partir desse ato. Sobre o tema, de acordo com as previsões do Código de Processo Penal e a jurisprudência do Supremo Tribunal Federal, é correto afirmar que:

(A) adiada a instrução criminal, ainda que as testemunhas e réu presentes tomem conhecimento da nova data designada, com assinatura nos autos, a validade do ato depende de nova intimação pessoal, nos termos previstos no Código de Processo Penal;

(B) a intimação do membro do Ministério Público deverá ocorrer pessoalmente, o mesmo não ocorrendo em relação ao advogado constituído ou defensor público nomeado;

(C) no processo penal, contam-se os prazos da data da intimação, e não da juntada aos autos do mandado de intimação ou da carta precatória ou de ordem;

(D) no processo penal, o prazo judicial se inicia no mesmo dia da intimação, incluindo-se o dia de início e excluindo-se o termo final, assim como ocorre nos prazos penais;

(E) não é possível intimação da decisão de pronúncia do réu solto por edital, ainda que ele se encontre em local incerto e não sabido.

---

30. (FGV – TJ-SC – Oficial de Justiça e Avaliador – 2018) Gabriel responde a ação penal na condição de réu solto. Em razão da complexidade do procedimento, após oitiva das testemunhas, foi designada nova data para realização exclusivamente do interrogatório do acusado. Apesar de regularmente intimado, Gabriel, por opção, não compareceu à audiência, esclarecendo seu advogado ao juiz o desinteresse do seu cliente de ser interrogado. De acordo com as previsões do Código de Processo Penal e a jurisprudência dos Tribunais Superiores, o juiz:

(A) poderá decretar a revelia de Gabriel e realizar o ato independentemente da presença do acusado, mas permanecerá sob a responsabilidade do Ministério Público provar a acusação;

(B) poderá determinar a condução do réu coercitivamente diante de sua intimação regular para o ato, evitando-se seu adiamento, uma vez que não existe revelia no Processo Penal;

(C) deverá adiar o ato até o comparecimento do réu em razão da inexistência de revelia no Processo Penal, podendo, porém, ser fixada multa diante do não comparecimento injustificado;

(D) poderá decretar a prisão preventiva de Gabriel em razão de sua ausência, já que era obrigado, uma vez intimado, a comparecer para o ato de interrogatório;

(E) poderá decretar a revelia de Gabriel, gerando como consequência a presunção de veracidade dos fatos narrados na denúncia.

31. (FGV – TJ-SC – Oficial de Justiça e Avaliador – 2018) Caio foi denunciado pela prática de crime de organização criminosa, não sendo localizado para citação. Realizadas diversas diligências, o denunciado não foi encontrado, mas foi identificado o endereço de seus familiares. Após ser certificado de que Caio se encontrava em local incerto e não sabido, de acordo com o Código de Processo Penal e o Superior Tribunal de Justiça, caberá ao oficial de Justiça realizar a citação:

(A) com hora certa, mas para tanto deverá o oficial de justiça diligenciar três vezes no endereço dos familiares de Caio, para que o não comparecimento desse em juízo justifique a suspensão do processo e do curso do prazo prescricional;

(B) por edital, e, caso haja suspensão do processo e do curso do prazo prescricional, o período de suspensão desse prazo será regulado pelo tempo abstratamente fixado para o delito prescrever de acordo com a pena máxima cominada;

(C) por edital, e, caso haja suspensão do processo e do curso do prazo prescricional, não poderá o juiz determinar a produção antecipada de provas, uma vez que se presume que o denunciado não tenha conhecimento da acusação;

(D) com hora certa, não havendo que se falar em suspensão do processo e do curso do prazo prescricional, caso o acusado não compareça aos autos;

(E) por edital, e, caso não compareça, ainda que constitua advogado nos autos, o processo ficará suspenso, bem como o curso do prazo prescricional.

32. (FUMARC – PC-MG – Delegado de Polícia Substituto – 2018) Sobre citação no processo penal, é CORRETO afirmar:

(A) O processo penal poderá prosseguir, mesmo que o acusado não tenha sido pessoalmente citado.

(B) Sempre será o primeiro ato de comunicação do denunciado no processo penal.

(C) Estando em lugar incerto e não sabido, será citado por hora certa.

(D) Estando o acusado no estrangeiro, será citado por edital.

10. GABARITO ANOTADO

01 – D

Vide:

- Art. 359 do CPP.
- Item "2.2.1. Citação pessoal".

02 – A

Vide:

- Art. 362 do CPP.
- Item "2.2.3. Citação por hora certa"

03 – A

Vide:

- Art. 353 do CPP.
- Item "2.2.1. Citação pessoal

04 – A

Vide:

- Súmula 710 do STF.
- Item "3. Intimação, notificação e contagem de prazos."

05 – C

Vide:

- Art. 363, § 1º e art. 362 do CPP.
- Item "2.2.2. Citação por editaL".

06 – D

Vide:

- Art. 370, § 4º, CPP.
- Item "3. Intimação, notificação e contagem de prazos".

07 – B

Vide:

- Art. 66, Lei 9.099/95.
- Item "2.2.2. Citação por edital"

08 – C

Vide:

- Artigos 361 e 365, parágrafo único, ambos CPP.
- Item "2.2.2. Citação por edital"

09 – C

Vide:

- Art. 362, CPP
- Item "2.2.3. Citação por hora certa"

10 – D

Vide:

- Art. 366, CPP.
- Item "4. Revelia e Suspensão do Processo Penal".

11 – E

Vide:

- Art. 362, CPP.
- Item "2.2.3. Citação por hora certa"

12 – D

Vide:

- Art. 366, CPP.
- Art. 2º, § 2º, da Lei 9.613/98.
- Item "4. Revelia e Suspensão do Processo Penal"

13 – C

Vide:

- Art. 367, CPP
- Item "4. Revelia e Suspensão do Processo Penal"

14 – B

Vide:

- Art. 370, § 1º, CPP
- Item 3. Intimação, notificação e contagem de prazos

15 – D

Vide:

- Art. 81, § 4º, Lei nº 9.099/1995
- Item 3. Intimação, notificação e contagem de prazos

16 – A

Vide:

- Art. 370, § 1º, CPP
- Item 3. Intimação, notificação e contagem dos prazos

17 – C

Vide:

- Art. 362, Parágrafo único, CPP
- Item 2.2.3. Citação por hora certa

18 – A

Vide:

- Art. 353, CPP
- Item 2.2.1. Citação pessoal

19 – E

Vide:

- Súmula nº 455, STJ
- Item 2.2.2. Citação por edital

20 – C

- Súmula nº 455, STJ
- Item 2.2.2. Citação por edital

21 – E

Vide:

- Súmula 455, STJ.
- Art. 366 do CPP.
- Item "2.2.2. Citação por edital".

22 – C

Vide:

- Súmula 273, STJ.
- Item "3. Intimação, notificação e contagem de prazos".

23 – D

Vide:

- Art. 360, CPP.
- Item "2.2.1. Citação pessoal".

24 – E

Vide:

- Item "2.1. Conceito".

25 – E

Vide:

- Arts. 351, 361 e 362, todos do CPP.
- Item "2.2. Espécies".

26 – E

Vide:

- Art Art. 370, CPP.
- Súmula 366, STF.

27 – CERTO

Vide:

- Art. 362, CPP.
- Art. 366, CPP.
- Art. 367, CPP.

28 – A

HABEAS CORPUS. SUBSTITUTIVO DE RECURSO ORDINÁRIO. HOMICÍDIO QUALIFICADO. FATO OCORRIDO ANTES DA LEI N. 9.271/1996. CITAÇÃO EDITALÍCIA. PROSSEGUIMENTO DO FEITO. DECISÃO DE PRONÚNCIA. INTIMAÇÃO VIA EDITAL. REFORMA DO CÓDIGO DE PROCESSO PENAL (LEI N. 11.689/2008). INCIDÊNCIA DO ART. 420, PARÁGRAFO ÚNICO, DO CPP. APLICABILIDADE IMEDIATA. CIÊNCIA PESSOAL DA ACUSAÇÃO. NECESSIDADE. FLAGRANTE ILEGALIDADE. ORDEM CONCEDIDA DE OFÍCIO.1. À época do fato, dispunha o art. 366 do Código de Processo Penal, em sua redação original, que o processo seguiria à revelia do acusado que, citado inicialmente ou intimado para qualquer ato do processo, deixasse de comparecer sem motivo justificado.

2. As alterações feitas pela Lei n. 9.271/1996 não atingiram os fatos ocorridos antes de sua vigência, especialmente porque, em geral, agravam a situação dos réus, nos termos da pacificada jurisprudência desta Corte.

3. Não obstante a regra inscrita no art. 420 do Código de Processo Penal, introduzida pela Lei n. 11.686/08, possuir aplicabilidade imediata aos feitos em que a instrução criminal se encontra em curso, a novel legislação não atende à situação reportada nos autos, uma vez que o acusado não teve sequer conhecimento da imputação penal, pois a citação pessoal foi frustrada e o réu, citado por edital, nunca foi localizado.

4. Habeas Corpus não conhecido. Ordem concedida, de ofício, para reconhecer a nulidade da intimação editalícia, obstando-se os atos processuais subsequentes ao decisum até que o paciente seja pessoalmente intimado da decisão de pronúncia.

Inteiro Teor: " (...)Dessarte, o paciente deve ser intimado da pronúncia pessoalmente para o conhecimento da persecução deflagrada contra ele, e não por edital, conforme previsto no art. 420 do Código de Processo Penal, com a redação dada pela Lei n. 11.719/2008.

Dessa forma, o referido dispositivo não se aplica à hipótese. Permanece hígida, todavia, a norma do art. 366 do Estatuto Processual Repressivo com a redação vigente à época, ou seja, a decretação da revelia do increpado e o prosseguimento do feito, submetendo-o à chamada crise de instância até o que o paciente seja intimado pessoalmente da decisão de pronúncia". (STJ – HC: 253263 RJ 2012/0186294-4, Relator: Ministro ROGERIO SCHIETTI CRUZ, Data de Julgamento: 05/04/2016, T6 – SEXTA TURMA, Data de Publicação: DJe 18/04/2016).

Vide:

- Art. 366, CPP.
- Art. 420, CPP.
- Art. 109, CP.
- Info 537 do STJ.

29 – C

Vide:

- Art. 370, §4º, CPP.
- Art. 372, CPP.
- Art. 420, CPP.
- Súmula 710, STF.
- Art. 798, §1º, CPP

30 – A

Vide:

- Art. 367, CPP.

31 – B

Vide:

- Art. 363, §1º , CPP.
- Súmula 415, STJ.

32 – A

Vide:

- Art. 362, CPP.
- Art. 366, CPP.
- Art. 367, CPP.

11. QUESTÕES DISCURSIVAS COM COMENTÁRIOS

01. (Analista – Execução de Mandados – TJ/RJ – 2014 – FGV) No dia 13 de novembro de 2014, Eduardo, Matheus e Francisco, unidos em ações e desígnios, praticaram um crime de roubo na cidade de Niterói. Dirigiram-se, então, a São Gonçalo, onde praticaram dois furtos qualificados, fato este presenciado por policiais militares, que conseguiram deter apenas Eduardo, com os demais agentes empreendendo fuga. A prisão em flagrante de Eduardo foi devidamente convertida em preventiva. O Ministério Público apresentou denúncia, perante o Juízo competente, pela prática em conexão dos crimes dos artigos 157, § 2º, inciso II (pena: 04 a 10 anos de reclusão, aumentada de 1/3 a 1/2 e multa); e 155, § 4º, inciso IV – 2 vezes – (pena: 02 a 08 anos de reclusão e multa), todos do Código Penal. Recebida a denúncia, determinou o magistrado que fossem os réus citados para apresentação de resposta à acusação, designando, desde já, data para audiência. Compareceu o Executor de Mandados no dia 24 de novembro aos endereços indicados nos autos como sendo os de Matheus e Francisco e, como os denunciados não foram encontrados naquela oportunidade, certificou que estavam em local incerto e não sabido. Diante disso, foi realizada a citação destes dois réus por edital. Passado o prazo fixado no edital publicado sem comparecimento dos denunciados ou constituição de advogado, o juiz suspendeu o processo e o curso do prazo prescricional em relação a estes dois acusados, inclusive determinando a produção antecipada de provas. Dois meses após esta decisão, o processo voltou a correr normalmente em face de Matheus, pois foi descoberto que desde o dia 16 de novembro de 2014 ele estava preso no Estado do Rio de Janeiro pela prática de novo crime de roubo. Por sua vez, o acusado Eduardo foi requisitado para o dia da audiência designada, somente sendo citado, porém, no início deste ato da instrução, com apresentação de resposta à acusação oral pela Defensoria. Em alegações finais, a Defensoria Pública alegou a nulidade absoluta da citação de Eduardo, pois realizada no dia de seu interrogatório. Sobre essa situação hipotética, responda (máximo 20 linhas):

(A) Qual o juízo territorialmente competente para julgar os crimes praticados em conexão pelos réus? Justifique a resposta (10 pontos).

(B) Quais as principais espécies de citação previstas no Código de Processo Penal? Justifique a resposta (10 pontos).

(C) Os atos citatórios de Matheus, Francisco e Eduardo foram válidos? Justifique a resposta (30 pontos).

Resposta

a) O Juízo territorialmente Competente é o juízo da Vara Criminal de Niterói. Isto porque, o crime de roubo é o mais grave dos praticados em conexão, nos termos do art. 78, inciso II, "a", do CPP.

b) Principais modalidades de citação previstas no CPP: citação pessoal, citação por hora certa e a citação por edital. O espelho de correção destacou, ainda, a classificação de citação entre real (pessoa)l e ficta (por edital e por hora certa).

c) Quanto à citação de Matheus, ela deveria ter sido feita pessoalmente, nos termos do art. 360 do CPP. Em relação a citação de Francisco, deveria ser tratada a necessidade de esgotamento das diligências para localização do réu antes da citação por edital. Por fim, quanto à citação de Eduardo, deveria ser abordada a controvérsia existente quanto à possibilidade da citação ser realizada na audiência em que se realiza o interrogatório, destacando que o STJ não considera que isto, por si só, cause nulidade (HC 76460 / MG, julgado em 19/08/2014).

---

02. (UFRJ – Delegado de Polícia – DF/2005) Gabriel G. Márquez, investigado pela prática de estelionato, constitui Ruy Barbosa como seu defensor, fazendo juntar ao inquérito policial procuração com outorga de poderes específicos. O advogado passa, então, a acompanhar os atos realizados pela Autoridade Policial durante a investigação, que culmina com denúncia ofertada pelo Ministério Público. Realizadas sucessivas citações, na derradeira tentativa, o Oficial de Justiça declara que o réu encontra-se em local incerto e não sabido. É realizada a citação por edital. Com base no narrado, indaga-se:

(A) o defensor constituído pode acompanhar as investigações?

(B) é possível falar em Defesa na fase pré-processual?

(C) na hipótese, deverá ocorrer a suspensão do processo e do prazo prescricional, ou o processo tem sua marcha regular?

Resposta

(A) O defensor constituído por acompanhar as investigações. É direito do investigado ou preso ter advogado. Aliás, quando é o caso de preso em flagrante que não declara ter advogado, a regra é que a Defensoria Pública receba, em vinte e quatro horas, o auto de prisão respectivo.

(B) Em regra, não há que se falar em defesa na fase de investigação preliminar. O inquérito policial é inquisitivo e não há contraditório, malgrado possa o defensor acompanhar as diligências que não requeiram produção sigilosa. A doutrina minoritária vislumbra possibilidade de contraditório na fase pré-processual quando é o caso de provas irrepetíveis.

(C) A aplicação do art. 366, do CPP, impõe tanto a suspensão do processo, quanto a suspensão do prazo prescricional, toda vez que o acusado, citado por edital por estar em local incerto e não sabido, não constitua advogado, nem compareça aos autos. No caso, a procuração juntada ao inquérito, sendo específica para acompanhar esta fase, não é suficiente a autorizar o entendimento de que o acusado constituiu advogado para o processo penal. Daí a conclusão ser a de determinar a suspensão do processo e do curso da prescrição.

---

03. (FUNCAB – Delegado de Polícia – RO/2014) Fernando adquire roupas caras em uma loja de um shopping *center e efetua* o pagamento com um cheque roubado, com o objetivo de obter indevida vantagem econômica. Na ocasião, após solicitação do caixa da loja, apresentou uma carteira de identidade falsa, eis que houve substituição de foto, em nome do titular do cheque apresentado. O fato foi descoberto pelo caixa que percebeu um acentuado nervosismo apresentado pelo consumidor.

Tendo em vista o acima exposto, fundamentadamente:

(A) faça a devida capitulação penal do fato;

(B) analise o cabimento de suspensão condicional do processo e de transação penal, no presente caso.

Resposta

(A) Trata-se de delito de estelionato (art. 171, caput, CP), cuja pena abstrata é de reclusão, de um a cinco anos, e multa. O delito de falso é absorvido pelo estelionato, crime fim, com base no princípio da consunção, aplicável ao conflito aparente de normas (Súmula 17, do STJ).

(B) A transação penal (art. 76, da Lei nº 9.099/1995) não é cabível, por conta de sua pena máxima extrapolar o limite de dois anos, caracterizador de crime de menor potencial ofensivo. Já a suspensão condicional do processo é, em tese – presentes os demais requisitos legais –, perfeitamente possível, haja vista que a pena mínima abstrata não excede um ano, estando de acordo com os limites do art. 89, da Lei nº 9.099/1995.

---

04. (MPE-SP – Promotor de Justiça – SP/2010) Quais são as hipóteses de revogação (obrigatória ou facultativa) da suspensão condicional do processo previstas na Lei nº 9.099/95?

Resposta

O sursis processual ou suspensão condicional do processo (art. 89, da Lei nº 9.099/1995) é cabível para os casos cuja pena abstrata mínima do delito seja igual ou inferior a um ano.

As hipóteses de revogação estão nos parágrafos 3º e 4º, do art. 89, da Lei dos Juizados Especiais:

(A) a revogação da suspensão será obrigatória se, no curso do prazo, o beneficiário vier a ser processado por outro crime ou não efetuar, sem motivo justificado, a reparação do dano;

(B) a revogação será facultativa se o acusado vier a ser processado, no curso do prazo, por contravenção, ou descumprir qualquer outra condição imposta (§ 1º, do art. 89, da referida Lei).

Importante destacar que a revogação do sursis processual deve ser precedida de contraditório, preferencialmente com designação de audiência admonitória, com vistas a colher justificativa do acusado e confirmar se realmente se trata de hipótese de revogação, facultativa ou obrigatória.

---

05. (MPE-PR – Promotor de Justiça – PR/2008) (máximo de 15 linhas).

Tício foi condenado à pena privativa de liberdade de 06 (seis) anos de reclusão por violação ao artigo 157, § 2º, incisos I e II, do Código Penal. Da sentença condenatória Tício foi intimado em 09.05.08 (sexta-feira), oportunidade em que manifestou o interesse de não recorrer da decisão condenatória. O advogado de Tício, defensor devidamente constituído, fora intimado da decisão condenatória em 08.05.08 (quinta-feira). No dia 16.05.08, o advogado de Tício interpôs recurso de apelação. O recurso é tempestivo ou não? Justifique.

Resposta

O conflito entre autodefesa e defesa técnica quanto à vontade de recorrer é resolvido em favor da admissibilidade do recurso, eis que prevalece hoje o entendimento de que deve preponderar o desejo de quem quer recorrer.

O prazo recursal tem seu termo inicial (dies a quo) a partir do dia útil seguinte aquele em que tenha ocorrido a última intimação (do réu, no caso, em 9/5/2008). Como este dia da intimação do acusado ocorreu numa sexta-feira (dia de expediente forense), o prazo de cinco dias para apelar começa a correr da segunda-feira, 12/5/2008, expirando-se na sexta-feira (dies ad quem, termo final), em 16/5/2008.

Daí a tempestividade do recurso interposto pelo advogado de Tício.

Capítulo XII

Sentença

Sumário • 1. Noção de sentença: 1.1. Introdução; 1.2. Outros atos judiciais: 1.2.1. Provimentos: 1.2.1.1. Despachos de mero expediente; 1.2.1.2. Decisões interlocutórias; 1.2.1.3. Decisões definitivas; 1.2.2. Atos reais ou materiais: 1.2.2.1. Atos instrutórios; 1.2.2.2. Atos de documentação – 2. Classificação das sentenças: 2.1. Sentença declaratória; 2.2. Sentença constitutiva: 2.2.1. Sentença constitutiva positiva; 2.2.2. Sentença constitutiva negativa; 2.3. Sentença mandamental; 2.4. Sentença executiva; 2.5. Sentença condenatória; 2.6. Outras classificações: 2.6.1. Interlocutórias simples; 2.6.2. Interlocutórias mistas; 2.6.3. Decisões definitivas ou sentenças em sentido próprio; 2.6.4. Sentenças executáveis; 2.6.5. Sentenças não executáveis; 2.6.6. Sentenças suicidas; 2.6.7. Sentenças vazias; 2.6.8. Sentenças subjetivamente simples; 2.6.9. Sentenças subjetivamente plúrimas; 2.6.10. Sentenças subjetivamente complexas; 2.6.11. Sentenças autofágicas; 2.6.12. Sentenças materiais; 2.6.13. Sentenças formais – 3. Fundamentação e estrutura das sentenças: 3.1. Fundamentação *per relationem* ou *aliunde*; 3.2. Estruturação da sentença; 3.2.1. *Emendatio libelli*; 3.2.2. *Mutatio libelli* – 4. Sentenças em processo penal condenatório e seus efeitos: 4.1. Sentença condenatória: 4.1.1. Efeitos da sentença penal condenatória; 4.1.2. Efeito prodrômico da sentença penal condenatória ou *non reformatio in pejus*; 4.1.3. Técnica da sentença penal condenatória; 4.2. Sentença absolutória; 4.3. Sentença declaratória de extinção da punibilidade; 4.4. Publicação e intimação da sentença; 4.4.1. Publicação da sentença; 4.4.2. Intimação da sentença: 4.4.2.1. Intimação da parte autora nas ações penais privadas; 4.4.2.2. Intimação do Ministério Público, do defensor público e do defensor dativo; 4.4.2.3. Formas de intimação da sentença; 4.4.2.4. Formas de intimação da decisão de pronúncia; 4.4.2.5. Prazo de dilação dos editais de intimação da sentença; 4.4.2.6. Intimação do ofendido; 4.4.2.7. Intimação da sentença por carta precatória 5. Coisa julgada e preclusão: 5.1. Distinção; 5.2. Coisa julgada; 5.3. Preclusão; 5.4. Coisa julgada criminal e revisão criminal favor rei; 5.5. Coisa julgada criminal e o princípio da correlação entre a causa *petendi* e a sentença – 6. Quadro Sinótico – 7. Súmulas aplicáveis: 7.1. STJ; 7.2. STF – 8. Informativos recentes: 8.1. STJ; 8.2. STF – 9. Questões de concursos públicos – 10. Gabarito Anotado – 11. Questões discursivas com comentários

1. NOÇÃO DE SENTENÇA

1.1. Introdução

O Código de Processo Penal não é sistemático quando se refere à sentença, não obstante tenha um título com dispositivos regulando, especialmente, a sentença penal condenatória (artigos 381 a 392, CPP). As sentenças possíveis em direito processual penal não encontram um **padrão** rígido de conceituação, como de certa maneira ainda subsiste no âmbito do processo civil. Pensamos, todavia, ser viável uma noção, um indicativo do que se pode entender por sentença, no âmbito do direito processual penal.

No direito processual civil clássico, era comum se definir sentença de acordo com sua qualidade de por fim ao processo, diferenciando-a dos demais atos do juiz: (1) sentença seria o ato pelo qual o juiz põe termo ao processo; (2) decisão interlocutória, o ato pelo qual o juiz, no curso do processo, resolve questão incidente; (3) despachos seriam todos os demais atos do juiz praticados no processo, de ofício ou a requerimento da parte, a cujo respeito a lei não estabelece outra forma e (4) atos meramente ordinatórios, como a juntada e a vista obrigatória, seriam aqueles que não exigiriam o despacho, mas praticados de ofício pelo servidor e revistos pelo juiz quando necessários.

No direito processual penal, essa divisão não é plenamente adequada. Temos sentenças penais que encerram o processo, porém outras que não o encerram, a exemplo da extinção de punibilidade de um dos delitos conexos.

O CPC/2015, ao tratar da sentença, dispõe, em seus arts. 485 e 487, que o juiz resolverá ou não resolverá o mérito, ou seja, não necessariamente a sentença terá a força de encerrar o processo. Entretanto, em seu art. 203, e parágrafos, tanto permanece com a classificação dos atos processuais do juiz em sentenças, decisões interlocutórias e despachos, quanto os define com base na característica de colocar fim o processo. Preconiza, desse modo, que sentença é o pronunciamento por meio do qual o juiz, com fundamento nos casos de resolução do processo com ou sem exame do mérito, põe fim à fase cognitiva do procedimento comum, bem como o que extingue a execução, ressalvadas as previsões expressas nos procedimentos especiais.

Ovídio Baptista apresenta definição que vai ao encontro da legislação processual penal vigente: "sentença é o ato pelo qual o juiz 'diz o direito', pondo fim ao procedimento, ou pelo menos encerrando a controvérsia a respeito de uma das ações cumuladas", conquanto o procedimento prossiga para tratamento da porção da lide ali não apreciada[1]. A natureza da sentença é depreendida, preponderantemente, pelo condão que tem de definir o direito. Vale dizer, não é plausível assimilar a noção de sentença ao ato de encerramento do processo, por encobrir que o que a caracteriza é o seu conteúdo declarativo do direito deduzido em juízo. Quando o conteúdo decisório não tem esse efeito, a exemplo dos decretos de medidas cautelares prisionais e não prisionais, teremos decisões interlocutórias. Se não existir teor de decisão, o ato judicial deve ser classificado como despacho.

Apesar de assistemático e criticável pela doutrina inquisitória que inspirou o nosso CPP (Código Rocco), reputamos que o legislador processual penal andou melhor em não estampar um conceito de sentença. A leitura dos arts. 381 e seguintes dá margem à interpretação de que "sentença é apenas a decisão que julga o mérito principal, ou seja, a que condena ou absolve o réu"[2], decidindo acerca da imputação feita em desfavor do acusado, o que não é verdadeiro.

Esta noção corresponde à sentença em sentido estrito, mas há sentenças em sentido amplo que não encerram o processo, a exemplo da decisão de pronúncia (§ 1º, art. 413, CPP), classificada como "decisão interlocutória mista não terminativa", porém referida originariamente como "sentença de pronúncia", pelo legislador de 1941. Embora não contenha mérito de julgamento definitivo com aplicação de pena, não deixa de ter um conteúdo declaratório do direito sob o ponto de vista de que faz o "recorte" da imputação. É, ontologicamente, uma sentença, por definir os limites da acusação que será movida na segunda fase do procedimento do júri.

Explicitada a noção de sentença, serão estudadas as sentenças em espécie, com a menção às classificações legais e doutrinárias. A inviabilidade de um conceito fechado será evidenciada a partir do cotejo das sentenças possíveis em processo penal, tal como se dá com a sentença homologatória de transação penal, no âmbito dos juizados especiais criminais que, em sua essência, contém uma "condenação" do autor do fato, impondo-lhe uma "pena", embora sob o rótulo de "medida".

1. SILVA, Ovídio Araújo Baptista da. *Da sentença liminar à nulidade da sentença*. Rio de Janeiro: Forense, 2001. p. 20.
2. FEITOZA, Denilson. *Direito processual penal*: teoria, crítica e práxis. Niterói: Impetus, 2010. p. 1012.

1.2. Outros atos judiciais

Os atos processuais da autoridade judiciária podem ser divididos em (1) provimentos e (2) atos reais ou materiais.

1.2.1. Provimentos

São considerados provimentos os despachos de mero expediente, as decisões interlocutórias e as decisões definitivas. Vejamos.

1.2.1.1. Despachos de mero expediente

São decisões tendentes a impulsionar o processo, caracterizando-se pelo baixo ou irrelevante teor decisório e pela irrecorribilidade (a este respeito, ver capítulo XIV), a exemplo da designação de audiência, determinação de vistas às partes ou citação do réu, etc.

1.2.1.2. Decisões interlocutórias

São "as soluções dadas pelo juiz, acerca de qualquer questão controversa, envolvendo a contraposição de interesses das partes, podendo ou não colocar fim ao processo"[3]. Subdividem-se em interlocutórias simples e interlocutórias mistas (dentre estas, estão as decisões interlocutórias mistas terminativas e mistas não terminativas).

1.2.1.3. Decisões definitivas

São aquelas que julgam o mérito da causa. Existe sentença definitiva que julga o mérito de maneira superficial, sem examinar propriamente a imputação feita ao réu, como ocorre quando se extingue a punibilidade do agente pela ocorrência da prescrição (sentença definitiva em sentido amplo). De outro lado, será sentença definitiva em sentido estrito a que resolver o mérito apreciando a imputação (sentenças absolutórias e condenatórias).

1.2.2. Atos reais ou materiais

Os atos reais ou materiais subdividem-se em:

1.2.2.1. Atos instrutórios

Realização de inspeções em pessoas ou coisas, por exemplo.

1.2.2.2. Atos de documentação

Rubricar as folhas dos autos, subscrever termo de audiência[4].

2. CLASSIFICAÇÃO DAS SENTENÇAS

O processo penal não se resume ao de natureza condenatória. Em processo penal não condenatório, ou mesmo em processos desta natureza, sentenças de outras espécies poderão ter lugar, tais como sentenças declaratórias, executivas, mandamentais ou constitutivas, em

3. NUCCI, Guilherme de Souza. *Manual de Processo Penal e Execução Penal*. 7. Ed. São Paulo: RT, 2010. p. 658.
4. FEITOZA, Denilson. *Direito processual penal*: teoria, crítica e práxis. Niterói: Impetus, 2010. p. 1012.

conformidade com a natureza do processo penal respectivo. Releva, portanto, que sejam enfrentadas tais espécies de sentença, com a advertência de que não há uma sentença com eficácia unicamente declaratória, condenatória, constitutiva, mandamental ou executiva.

Deveras, o que se verifica é uma preponderância de determinada eficácia, na linha do que evidenciado por Pontes de Miranda, ao avivar que "as sentenças, como as ações, podem ser declarativas, constitutivas, condenatórias, mandamentais e executivas", interessando, mormente, "o elemento que prepondera", pois "se não é o declarativo, há outra força, que caracteriza a sentença e lhe dá o lugar certo na classificação"[5].

2.1. Sentença declaratória

A sentença declaratória não necessita de providência ulterior, contendo uma força preponderantemente de declaração, tal como ocorre com aquela que declara reabilitado o apenado (o processo de reabilitação é personalíssimo, de competência do juiz da condenação, só podendo ser requerido pela pessoa que a sofreu, dois anos depois da extinção da pena, não havendo legitimidade de seus sucessores). Na reabilitação, haverá "a declaração judicial de reinserção do sentenciado ao gozo de determinados direitos que foram atingidos pela condenação", na senda de um "instituto autônomo que tem por fim estimular a regeneração"[6] (não assiste razão a Julio Fabbrini Mirabete ao enquadrá-la como constitutiva[7], por não ser a constitutividade seu efeito preponderante. É também declaratória, no âmbito do processo condenatório, a sentença que julga improcedente a denúncia, por conter a declaração de situação tendente a absolver o acusado.

2.2. Sentença constitutiva

A sentença constitutiva, por sua vez, tem como eficácia preponderante a modificação de situação jurídica, estando inserida nessa classificação a sentença em *habeas corpus* que invalida inquérito policial em curso, com o seu conseguinte trancamento. O *habeas corpus* é ação penal não condenatória que visa assegurar o ***status libertatis*** e, conforme o seu fito descrito na petição inicial, pode ter eficácia constitutiva prevalecente. A sentença constitutiva não impõe ação de execução subsequente.

Parte da doutrina faz distinção entre as sentenças constitutivas.

2.2.1. *Sentença constitutiva positiva*

Fazem surgir uma nova situação jurídica.

2.2.2. *Sentença constitutiva negativa*

Importam em desconstituir um ato jurídico anterior, até então válido e eficaz, como a sentença que julga procedente a revisão criminal, uma vez que desfaz uma sentença com trânsito em julgado[8].

---

5. PONTES DE MIRANDA, Francisco Cavalcanti. *Tratado das ações*: tomo 1. Campinas: Bookseller, 1998. p. 173-176.
6. NUCCI, Guilherme de Souza. *Código penal comentado*. 6. ed. São Paulo: RT, 2006. p. 459.
7. MIRABETE, Julio Fabbrini. *Direito processual penal: teoria, crítica e práxis*. 14. ed. São Paulo: Atlas, 2003. p. 446.
8. AVENA, Norberto. *Processo penal esquematizado*. 3. ed. São Paulo: Método, 2011. p. 1003-1004.

2.3. Sentença mandamental

A sentença mandamental pode ser encontrada também em ação de *habeas corpus*, quando termina com a emissão de um alvará de soltura ou de um salvo-conduto, retratando um pronunciamento judicial que consubstancia uma ordem. Da mesma forma que as sentenças declaratórias e constitutivas, não há aqui necessidade de ação ou pedido de execução da sentença, sendo expedido o mandado de imediato.

2.4. Sentença executiva

Existe possibilidade de sentença executiva no processo penal, ainda que em sede de processos instaurados de ofício ou a "requerimento do Ministério Público ou do ofendido, ou mediante representação da autoridade policial" (art. 127, CPP). É o caso da chamada medida assecuratória de sequestro, cabível quando houver indícios veementes de que bens foram adquiridos com os proventos da infração pelo indiciado (art. 125, CPP), que será autuado em apartado, cabendo embargos de terceiro contra a sentença que o ordenar (art. 129, CPP). A eficácia executiva é depreendida pela autorização de venda dos bens inscritos no Registro de Imóveis após a sentença condenatória transitada em julgado (art. 133, CPP).

2.5. Sentença condenatória

Ao lado dessas está a sentença penal condenatória, que tem lugar quando reconhecida a procedência da inicial acusatória. Há um acertamento da pena, com a devida individualização, nos termos da Constituição do Brasil. A sentença condenatória aplica uma pena a ser executada contra o apenado. Para que haja cumprimento da sentença condenatória, é necessária a instauração de um processo de execução penal. O processo de execução penal corre em autos distintos daqueles da ação penal condenatória: são extraídas cópias do processo penal onde exarada a sentença exequenda e expedida guia de execução penal, formando-se os autos de execução penal, com os elementos essenciais do processo originário e, em especial, da sentença e do regime de cumprimento da pena.

2.6. Outras classificações

Outras classificações são esposadas pela doutrina. Julio Fabbrini Mirabete descreve a classificação das decisões ou sentenças em sentido amplo.

2.6.1. *Interlocutórias simples*

Caracterizadas como aquelas que "dirimem questões emergentes relativas à regularidade ou marcha do processo, exigindo um pronunciamento decisório sem penetrar no mérito da causa", a exemplo da decisão de recebimento da denúncia ou da que decreta prisão preventiva, que se distinguem dos meros despachos;

2.6.2. *Interlocutórias mistas*

São as decisões com força de definitivas, em terminologia adotada pelo art. 593, II, CPP, porque encerram: (a) uma etapa do procedimento; ou (b) a própria relação processual, sem resolução do mérito. No primeiro caso, são chamadas "interlocutórias mistas não terminativas", tal como ocorre com a pronúncia (que remete o acusado a julgamento pelo tribunal do júri). No segundo, "interlocutórias mistas terminativas";

2.6.3. *Decisões definitivas ou sentenças em sentido próprio*

Consistem em provimentos que resolvem o mérito da causa[9], podendo se apresentar como condenatórias, absolutórias e terminativas de mérito.[10]

Atenção! As decisões definitivas são aquelas que apreciam o mérito da pretensão punitiva, enquanto que as sentenças definitivas – ou sentença *stricto sensu* – são aquelas que decidem não somente o mérito da pretensão, mas também a imputação feita ao acusado.

Atenção! Decisão ou sentença "definitiva" não é expressão sinônima de decisão ou sentença "transitada em julgado". Nesse sentido: "A 'sentença transitada em julgado' é a sentença de que não caiba mais recurso, pela preclusão das impugnações e das vias recursais, seja porque se esgotaram os recursos, o recurso foi interposto fora do prazo, renunciou-se ao recurso, desistiu-se do recurso interposto ou, simplesmente, deixou-se transcorrer o momento oportuno sem impugnação ou o prazo recursal sem interposição de recurso."

As sentenças ainda podem ser classificadas segundo a possibilidade de sua execução imediata.

2.6.4. *Sentenças executáveis*

Podem ser executadas de plano, como a sentença absolutória, conforme art. 596, CPP.

2.6.5. *Sentenças não executáveis*

São as pendentes de recurso com efeito suspensivo e as sentenças condicionais (carecem de um acontecimento futuro e incerto, tal como se dá com o ***sursis*** penal e o livramento condicional);

De acordo com autores italianos, as sentenças podem ser suicidas e vazias.

2.6.6. *Sentenças suicidas*

Quando há uma contradição entre a parte conclusiva e a fundamentação. Padecem de nulidade absoluta, podendo, todavia, ser corrigidas por embargos de declaração.

2.6.7. *Sentenças vazias*

São aquelas com vício de nulidade absoluta por falta de fundamentação[11], por desrespeitar o art. 93, IX, CF/1988 e o art. 381, III e IV, CPP.

A doutrina, em acréscimo, procura pontos comuns nas sentenças ou decisões, em busca de classificações que indiquem melhor a natureza jurídica de cada uma.

2.6.8. *Sentenças subjetivamente simples*

São as proferidas por órgão singular.

9. MIRABETE, Julio Fabbrini. *Processo penal*. 14. ed. São Paulo: Atlas, 2003. p. 445-446.
10. FEITOZA, Denilson. *Direito processual penal: teoria, crítica e práxis*. Niterói: Impetus, 2010. p. 1012.
11. MIRABETE, Julio Fabbrini. *Processo penal*. 14. ed. São Paulo: Atlas, 2003. p. 446.

2.6.9. Sentenças subjetivamente plúrimas

Aquelas emanadas de órgão colegiado homogêneo, como as câmaras, turmas e seções de tribunais.

2.6.10. Sentenças subjetivamente complexas

São as proferidas por órgão colegiado heterogêneo, a exemplo do Tribunal do Júri.

2.6.11. Sentenças autofágicas

São assim denominadas a que reconhecem a imputação, mas declaram extinta a punibilidade, tal como ocorre com o perdão judicial[12].

Em arremate, de acordo com Guilherme Nucci[13], as sentenças podem se classificar segundo o seu conteúdo meritório em:

2.6.12. Sentenças materiais

São as que resolvem o mérito da causa (ex.: condenação ou absolvição)".

2.6.13. Sentenças formais

São aquelas que resolvem questões meramente processuais, podendo colocar fim ao processo ou à instância, a exemplo da impronúncia.

3. FUNDAMENTAÇÃO E ESTRUTURA DAS SENTENÇAS

A Constituição de 1988 impôs expressamente o dever de fundamentação das decisões judiciais. A motivação dos julgados está imbricada com a garantia do devido processo legal. É com a fundamentação da sentença que são explicitadas as teses da acusação e da defesa, as provas produzidas e as razões do convencimento do juiz. No entanto, a motivação do julgado não deve ficar adstrita à narração de aspectos formais ou à explanação de posicionamentos jurídicos doutrinários ou jurisprudenciais. Antes é preciso que dela constem o enfrentamento dos fatos, de forma compreensiva, como decorrência do ***due process of law***. Nesse sentido, George Marmelstein explicita o "dever de fundamentar as decisões" como elemento essencial do "dever de punir com ética", abrangido pelas garantias processuais fundamentais preconizadas pela Constituição do Brasil[14].

O sistema da persuasão racional ou do livre convencimento motivado é o adotado como regra no direito processual penal, adequando-se ao art. 93, IX, da CF/1988. O CPC/2015 não fez alusão ao termo "livre" para referir a necessidade de um "convencimento motivado" (art. 371). No direito processual penal, sabemos que o juiz é regido pela "livre" apreciação da prova. No entanto, a dicção do legislador processual civil tem a virtude de elucidar que o juiz tem limites para fundamentar. Não pode se arrimar em argumentos fora do sistema jurídico. Isso quer dizer que sua "liberdade" é regrada, deve ter reconhecimento do ordenamento jurídico. É um contorno mais nítido que ganha o ordenamento jurídico para a disciplina que configura o "devido processo legal".

12. GOMES, Luiz Flávio. *Direito processual penal*. São Paulo: RT, 2005. p. 321
13. NUCCI, Guilherme de Souza. *Manual de processo penal e execução penal*. 7. ed. São Paulo: RT, 2010. p. 660.
14. MARMELSTEIN, George. *Curso de direitos fundamentais*. São Paulo: Atlas, 2008. p. 167-169.

Deveras, a garantia do devido processo legal não se limita a evidenciar "um requisito de validade da jurisdição penal", com o impedimento "de lesões dos direitos individuais" e sua materialização "através do contraditório e da igualdade das partes", consoante seu antecedente histórico na Inglaterra. O ***due process of law***, nessa senda avivada por Danielle Souza de Andrade e Silva, é de ser acrescido da construção do "constitucionalismo norte-americano que consolidou a garantia fundamental do ***judicial review***, como proteção máxima, na democracia, do indivíduo contra todo e qualquer desmando do titular do poder". A garantia do devido processo legal não se restringe "a garantir um processo devidamente ordenado", porém também abarca a necessidade de que as regras de direito material sejam "razoáveis e não arbitrárias (era a noção do ***substantive due process***)"[15]. Daí a imposição da fundamentação das sentenças, como especial parâmetro para o controle da concretização das garantias fundamentais no processo penal.

3.1. Fundamentação *per relationem* ou *aliunde*

Fundamentação ***per relationem*** ou *aliunde* (em outro lugar) é a motivação de decisão ou sentença que se reporta às razões de decidir consignadas na fundamentação de outra decisão ou sentença. Geralmente, na motivação ***per relationem***, o juiz faz uso da expressão "adoto como razões de decidir" aquelas expendidas na manifestação do Ministério Público ou na decisão recorrida etc.

Embora a fundamentação ***per relationem*** encontre resistências da doutrina, na jurisprudência ela é francamente admitida. Tanto o STF, quanto o STJ têm se pronunciado favoravelmente ao uso dessa técnica, desde que não implique falta de motivos para decidir. De tal sorte, a fundamentação por remissão (***per relationem***) pode ser validamente utilizada, dentre outras hipóteses, em:

(1) decisões que renovam interceptação telefônica, adotando como razões de decidir àquelas já exaradas na decisão inicial[16];

(2) decisões que decretam a prisão preventiva lastreadas nas razões expostas no requerimento do Ministério Público[17];

(3) acórdãos que confirmam decisões colegiadas anteriores[18], baseando-se nos argumentos desta, bem como nos da sentença penal condenatória ***a quo***[19].

3.2. Estruturação da sentença

De uma maneira geral, nas sentenças, pode ser visualizada a seguinte estrutura: **(1)** o relatório, traduzindo-se num resumo do processo (que é dispensado nas sentenças proferidas na esfera dos juizados especiais criminais, a teor do § 3º, do art. 81, da Lei nº 9.099/1995, sendo, contudo, causa de nulidade absoluta a sua falta nos demais procedimentos e nem

15. SILVA, Danielle Souza de Andrade e. *A atuação do juiz no processo penal acusatório*: incongruências no sistema brasileiro em decorrência do modelo constitucional de 1988. Porto Alegre: Sergio Antonio Fabris, 2005. p. 72-73.
16. STJ – Quinta Turma – RHC 37.968/SP – Rel. Min. Marco Aurélio Bellizze – DJe 23/10/2013.
17. STF – Segunda Turma – HC 114790 – Rel. Min. Gilmar Mendes – DJe 24/09/2013.
18. STJ – Quinta Turma – EDcl no AgRg no REsp 1088586/SC Rel. Min. Marco Aurélio Bellizze – DJe 26/09/2013.
19. STF – Primeira Turma – HC 72009 – Rel. Min. Celso de Mello – DJ 01/12/2006.

sempre gerando nulidade a sua deficiência[20]); (2) a fundamentação, motivação ou fundamentos (são as razões de decidir), cuja falta implica nulidade absoluta, não se confundindo "fundamentação sucinta com falta de motivação"[21]; e (3) o dispositivo ou conclusão (onde consta o núcleo da decisão). As partes da sentença devem figurar, com as devidas adaptações, em todas as decisões proferidas pelo Poder Judiciário, seja de natureza condenatória ou não. Em face dessa similitude das sentenças, os enunciados que cuidam da sentença condenatória no Código de Processo Penal são aplicáveis, ***mutatis mutandis***, às sentenças ou às decisões de natureza diversa.

Segundo o art. 381, do Código de Processo Penal, a sentença penal conterá:

(1) os nomes das partes ou, quando não possível, as indicações necessárias para identificá-las, exigência que se justifica pelo efeito *inter partes* da coisa julgada, valendo observar que somente a omissão do nome do réu na sentença que mitigue sua individualização será causa da nulidade, não tendo esse condão eventual equívoco que não conduza à impossibilidade de sua identificação[22]. A ausência do nome da vítima é mera irregularidade, conforme já decidido pelo STJ[23]. De outro lado, o nome do promotor de justiça que atuou no feito não deve constar da sentença, vez que seu pronunciamento se dá em nome da instituição que presenta – o que não ocorrerá em caso de ação penal privada, em que a alusão ao nome do querelante é obrigatória, sendo sua falta caso de nulidade[24];

(2) a exposição sucinta da acusação e da defesa";

(3) a indicação dos motivos de fato e de direito em que se fundar a decisão;

(4) a indicação dos artigos de lei aplicados;

(5) o dispositivo, conclusão ou parte dispositiva, que contém a decisão propriamente dita, de forma coerente com a fundamentação, onde o juiz aplica a lei ao caso concreto, condenando ou absolvendo o réu, devendo indicar os artigos de lei aplicados[25];

(6) a data e a assinatura do juiz, com rubrica do juiz em todas as páginas, se a sentença for datilografada (art. 388, CPP).

Com o fito de assegurar que a sentença aprecie de maneira completa e coerente os fatos, o art. 382, CPP, prevê os "embarguinhos" (nome vulgar dado pela doutrina aos embargos de declaração no processo penal quando opostos contra a sentença de juiz). O aludido dispositivo assegura que da sentença de primeiro grau que contiver obscuridade, ambiguidade, contradição ou omissão, qualquer das partes poderá, no prazo de dois dias, pedir ao juiz que a declare. Como se depreende, é uma possibilidade que pode decorrer da deficiência de motivação do julgado (art. 93, IX, CF/1988). No entanto, simples erro material não determina a invalidação da sentença. É simples irregularidade, sem conduzir à invalidação da sentença, quando em certo trecho seu ocorre troca do *nomen juris* dos

20. FRANCO, Danúbio Edon. Algumas Considerações de ordem prática sobre a sentença criminal. *Fascículos de ciências penais*, Porto Alegre (safE), p. 5, out.-dez. 1993.
21. RÖHNELT, Ladislau Fernando. Vícios da sentença penal. *Fascículos de ciências penais*, Porto Alegre (safE), p. 33, out.-dez. 1993.
22. FRANCO, Danúbio Edon. Algumas Considerações de ordem prática sobre a sentença criminal. *Fascículos de ciências penais*, Porto Alegre (safE), p. 4, out.-dez. 1993.
23. STJ – Quinta Turma – HC 89324 – Rel. Min. Napoleão Nunes Maia Filho – julgado em 07/02/2008 – Dje 03/03/2008.
24. AVENA, Norberto. *Processo penal esquematizado.* 3. ed. São Paulo: Método, 2011. p. 1010.
25. FEITOZA, Denilson. *Direito processual penal*: teoria, crítica e práxis. Niterói: Impetus, 2010. p. 1019.

crimes[26]. Os meros erros de ordem material devem ser corrigidos de ofício, sem necessidade de provocação das partes.

No momento de sentenciar, o juiz poderá ainda se deparar com situações que impliquem ***emendatio libelli*** ou ***mutatio libelli***. A forma de enfrentamento dessas questões está positivada nos artigos 383 e 384, CPP e guarda íntima relação com os princípios da correlação – ou seja, uma congruência lógica entre o que lhe foi apresentado e a sentença – e da consubstanciação – o acusado se defende dos fatos e não da capitulação legal dada a eles pelo Ministério Público[27].

3.2.1. *Emendatio libelli*

Consoante prevê o art. 383, do CPP, o juiz, sem modificar a descrição do fato contida na denúncia ou queixa, poderá atribuir-lhe definição jurídica diversa, ainda que, em consequência, tenha de aplicar pena mais grave (***emendatio libelli***). Neste caso, a denúncia ou a queixa já contém toda a descrição fática do crime que o juiz está a reconhecer na sentença, havendo simples equívoco na indicação do tipo penal pelo ***Parquet*** ou pelo querelante.

Não há, pois, óbice a que o juiz proceda à correção e sentencie de plano, sem necessidade de oitiva prévia das partes (conquanto seja recomendável, diante do princípio do contraditório), ainda que o dispositivo legal estabeleça pena mais grave. Como o réu se defende dos fatos e não da mera tipificação legal, não há que se falar em prejuízo.

Importante consignar, nos termos do art. 617 do CPP, que a ***emendatio libelli*** pode ser aplicada até mesmo na fase recursal, desde que não implique ***reformatio in pejus***. Tem se entendido que, se for alterada a tipificação dada ao fato no julgado a pena não for objeto de majoração, não terá ocorrido reforma que tenha implicado piora para a situação jurídica do réu, ainda que suprimida, por exemplo, uma circunstância judicial a ele desfavorável. No entanto, tal posicionamento, embora acolhido jurisprudencialmente no STF[28] e no STJ[29], é objeto de crítica doutrinária, notadamente quando a modificação da qualificação do fato suprimir elemento jurídico com aptidão de repercutir no aumento de pena.

Apesar de ser essa a forma tradicional de entender o art. 383, do CPP, isto é, de que o réu se defende somente dos fatos, sendo irrelevante a capitulação legal, entendemos ser mais prudente a abertura de contraditório prévio à sentença ou decisão que vislumbra a possibilidade de mera retificação de enquadramento do fato. Aliás, a hipótese é conducente à aplicação de interpretação conforme a Constituição, a fim de evitar a surpresa das partes e, de outro lado, maximizar a efetividade do princípio do contraditório e da ampla defesa, notadamente em favor do imputado. A aplicação de tese jurídica que consubstancia ***emendatio libelli*** pode, de fato, acarretar mitigações à defesa do réu.

Perfeitamente compatível com essa conclusão o **princípio da não surpresa** adotado pela Lei nº 13.105/2015 (CPC/2015), em seus artigos 9º e 10º. O primeiro dispõe que

26. MIRABETE, Julio Fabbrini. *Processo penal*. 14. ed. São Paulo: Atlas, 2003. p. 448.
27. TÁVORA, Nestor. *Questões comentadas*: processo penal para a OAB. Salvador: JusPODIVM, 2005. p. 74.
28. STF – Segunda Turma – HC 134.872/PR, rel. Min. Dias Toffoli, julgamento em 27.3.2018 – Informativo 895, de 19 a 30 de março de 2018.
29. Em sentido análogo, a Primeira Turma, do STF, decidiu que não viola o princípio da proibição da *reformatio in pejus* a reavaliação das circunstâncias judiciais em recurso de apelação penal, no âmbito do efeito devolutivo, desde que essa não incorra em aumento de pena. HC 126457/PA, rel. orig. Min. Marco Aurélio, red. p/ o ac. Min. Alexandre de Moraes, julgamento em 6.11.2018. (HC 126457/PA – Informativo nº 912).

nenhuma decisão será tomada sem que antes sejam ouvidas as partes, ressalvadas as exceções ali descritas. O último aviva que o juiz não poderá decidir, em qualquer grau de jurisdição, com base em fundamento acerca do qual não se tenha dado às partes oportunidade de se manifestar, mesmo que se trate de matéria sobre a qual deva decidir de ofício.

Questão controversa diz respeito à possibilidade de ***emendatio*** por ocasião do recebimento da inicial acusatória. Trata-se da hipótese em que, vislumbrando capitulação equivocada quando do juízo de admissibilidade da denúncia ou queixa, o magistrado adequa a imputação, prosseguindo-se a instrução normalmente. Os tribunais superiores[30] adotaram o entendimento de que a correção da inicial (bem como a ***mutatio libelli***) deve se dar no momento de prolação da sentença, porém o STF declarou que, em situações excepcionais, quando a qualificação jurídica do crime imputado repercutir na definição da competência, é viável aplicar a ***emendatio libelli***, declinado da competência para que os autos sejam remetidos ao outro juízo[31].

Duas formas de emenda de enquadramento legal da imputação merecem referência: a "***emendatio libelli*** por defeito de capitulação, situação na qual o juiz profere sentença condenatória ou decisão de pronúncia em conformidade exata com o fato descrito na denúncia ou na queixa", apenas corrigindo a capitulação trazida na inicial e a "***emendatio libelli*** por interpretação diferente", ilustrada na hipótese em que o Ministério Público oferece denúncia por homicídio qualificado por meio cruel (art. 121, § 2º, III, CP) enquanto que o magistrado, com amparo na mesma situação fática, vislumbra, em oposição, a qualificadora de recurso que impossibilitou a defesa do ofendido (art. 121, § 2º, IV, CP), conferindo, assim, nova capitulação ao fato[32].

Independentemente da forma de ***emendatio libelli***, da nova tipificação poderá surgir, em acréscimo, as seguintes consequências, em compasso com os parágrafos e *caput*, do art. 383, do CPP:

(1) se da definição jurídica diversa decorrer a possibilidade de proposta de suspensão condicional do processo, o juiz dará vista dos autos ao Ministério Público para que este a ofereça e, caso haja negativa deste, o magistrado procederá nos termos do art. 28, CPP (remessa dos autos ao Procurador Geral de Justiça). Sobre o tema, a Súmula nº 337 do STJ, aviva que é cabível a suspensão condicional do processo na desclassificação do crime e na procedência parcial da pretensão punitiva.

(2) se o novo enquadramento importar em modificação de competência, os autos serão encaminhados ao juízo respectivo.

EMENDATIO LIBELLI	
Conceito	Modificação, pelo juiz, da capitulação jurídica dada ao fato na inicial acusatória.
Momento	Prolação da sentença.

30. Nesse sentido: "A emendatio libelli e a mutatio libelli – previstas, respectivamente, nos arts. 383 e 384 do Código de Processo Penal – são institutos de que o Juiz pode valer-se quando da prolação da sentença. Não há previsão legal para utilização destes em momento anterior da instrução" (STJ – Quinta Turma – HC 213043 – Rel. Min. Laurita Vaz – DJe 13/08/2013).
31. STF – Primeira Turma – HC 115831 – Rel. Min Rosa Weber – DJe 19/11/2013.
32. AVENA, Norberto. *Processo penal esquematizado*. 3. ed. São Paulo: Método, 2011. p. 1033.

EMENDATIO LIBELLI	
Exemplo	MP narra subtração com violência na denúncia (art. 157, CP), requerendo condenação por furto (art. 155, CP).
Procedimento	Sem ouvir as partes, o magistrado altera o tipo penal, ainda que a pena do novo delito seja mais grave.
Defesa do réu	Não há prejuízo, pois o réu se defende de fatos e estes não foram alterados por ocasião da aplicação do instituto.
Aplicação em instância recursal	É possível, vide art. 617 do CPP.
Possíveis consequências da aplicação do instituto	Oferecimento de proposta de suspensão condicional do processo (art. 89 da lei nº 9.099/95)
	Remessa dos autos para o juízo competente

3.2.2. Mutatio libelli

A ***mutatio libelli*** requer cautela diversa (art. 384, e parágrafos, CPP). Aqui se tem a hipótese de se verificar que durante a instrução existe elementar ou fatos diversos dos narrados na peça acusatória. A sentença deve abranger os fatos narrados na denúncia ou queixa. Se outros estiverem presentes no processo, há o indicativo da necessidade de aditamento.

Na doutrina, a atuação positiva do juiz em substituição ao Ministério Público é bastante criticada, por se assimilar a uma postura inquisitiva, sendo-lhe vedado promover a ação penal, no lugar do órgão da acusação, seja formulando imputação, seja produzindo prova não relacionada com a descrição da denúncia ou queixa, seja proferindo sentença condenatória relativamente a fato não contido na formulação da acusação. Em poucas palavras, exige-se que a defesa tenha oportunidade de debater sobre o fato imputado que, por seu turno, deve estar bem delimitado na petição inicial para viabilizar contraditório e ampla defesa.

O vigente art. 384, do CPP, indica a preferência para que a ***mutatio libelli*** fique a cargo do Ministério Público. O seu ***caput*** põe o ***Parquet*** na posição que ele deve ter na ação penal pública, eis que é ele o órgão com atribuição para ajuizá-la privativamente (art. 129, I, CF/1988).

Decerto, o *caput*, do art. 384, do Código, dispõe que, quando encerrada a instrução probatória, se entender cabível nova definição jurídica do fato, em consequência de prova existente nos autos de elemento ou circunstância da infração penal não contida na acusação, o Ministério Público deverá aditar a denúncia ou queixa. O aditamento poderá ocorrer em audiência ou no prazo de cinco dias, exigindo-se que se cuide de processo instaurado por crime de ação penal de iniciativa pública, reduzindo a termo o aditamento, quando feito oralmente.

Como se infere, não há menção à pena do crime decorrente da nova definição jurídica do fato, sendo idêntico o procedimento a ser adotado, bem como se ratifica que a ***mutatio libelli*** só tem cabimento nas ações públicas ou privada subsidiária (não sendo admissível na ação privada exclusiva ou personalíssima), não podendo, ademais, ser invocada na fase recursal, pois haveria supressão de instância (súmula nº 453, STF).

O entendimento consubstanciado na Súmula nº 453, do STF, decorre da interpretação do art. 617, CPP, segundo o qual o tribunal, câmara ou turma atenderá, nas suas decisões ao disposto nos arts. 383, 386 e 387, no que for aplicável. A referida Súmula silencia, portanto, quanto ao art. 384, CPP[33]. Ocorre que, embora vedada a aplicação da ***mutatio libelli*** em grau recursal, nada impede que o juízo ***ad quem*** declare a nulidade da sentença que deixou de aplicar esse instituto. Devolverá, portanto, ao juiz de primeiro grau, a fim de que, sejam aplicadas as disposições do art. 384, do CPP, pelo Ministério Público, que é o órgão detentor da *opinio delicti*. Para tanto, deve-se atentar para o disposto na Súmula nº 160, do STF, que só permite o reconhecimento de nulidade contra o réu em segunda instância se tiver sido expressamente fustigada pela parte autora da ação penal.

Nesse sentido, Denilson Feitosa realça que "a violação do art. 384 do CPP é matéria de ordem pública, de natureza jurídico-constitucional, por acarretar a violação de um conjunto de normas constitucionais (princípio da tripartição de poderes, princípio acusatório e princípio da demanda, bem como, dependendo do caso, princípio da ampla defesa). Por isso, pode ser conhecida de ofício pelo juízo ***ad quem***, se o procedimento em que ocorreu for levado ao seu conhecimento". De tal sorte, ainda que a adequada descrição fática corresponda a delito cuja pena é mais grave, deverá ser anulada a decisão e não absolvido o réu. Entretanto, em razão da proibição da ***reformatio in pejus*** indireta, a "pena fixada na sentença anulada será a pena máxima que o juízo ***a quo*** poderá fixar na nova sentença"[34].

Em sentido diverso, Norberto Avena defende que, na hipótese de ser o agente denunciado e condenado por receptação dolosa e somente em grau recursal ser reconhecida a ocorrência de receptação culposa, restará ao Órgão Recursal a absolvição, já que não poderá ser aplicado o procedimento da ***mutatio libelli*** – súmula nº 453, STF e art. 617, CPP – e, por outro lado, a sentença não é passível de anulação – porque não padece de qualquer vício[35].

Outrossim, considerando que o art. 384, *caput*, do CPP, não faz referência literal à necessidade de aditamento para definir juridicamente fato menos grave ou de gravidade igual que o narrado inicialmente na denúncia, seria vedada a *mutatio libelli* para tal fim. Nesse diapasão, o aditamento só deveria ser admitido para acrescer "elemento" ou "circunstância", pelo que sempre o delito retificado deverá ser mais grave, não se exigindo aditamento se o fato novo importar enquadramento que preveja pena igual ou menor[36].

Não concordamos, todavia, com essa posição. Entendemos que o aditamento será sempre necessário, seja em razão de elemento explícito ou implícito, e que é dever do Ministério Público aditar espontaneamente a denúncia[37].

O artigo 384, *caput*, do CPP faz alusão a "elemento" ou "circunstância". São termos mais precisos que a antiga expressão circunstância elementar, delimitando melhor a atuação

33. AVENA, Norberto. *Processo penal esquematizado*. 3. ed. São Paulo: Método, 2011. p. 1042.
34. FEITOZA, Denilson. *Direito processual penal*: teoria, crítica e práxis. Niterói: Impetus, 2010. p. 1027.
35. AVENA, Norberto. *Processo penal esquematizado*. 3. ed. São Paulo: Método, 2011. p. 1043.
36. BARROS, Flaviane de Magalhães. *(Re)forma do processo penal*: comentários críticos dos artigos modificados pelas Leis nº 11.690/08 e nº 11.719/08. Belo Horizonte: Del Rey, 2008. p. 81.
37. MENDONÇA, Andrey Borges de. *Nova reforma do Código de Processo Penal*: comentada artigo por artigo. São Paulo: Método, 2008. p. 232-235.

do órgão responsável pela persecução penal[38]. O enunciado apontado também restringe as hipóteses de aditamento provocado (por iniciativa do juiz), menos fiel, no ponto específico, ao sistema inquisitório, para expressar que a atribuição para o aditamento é do MP.

Destarte, o juiz só provocará o Ministério Público em caso de inércia deste, quando concederá o prazo de cinco dias para que o MP (o querelante não, por faltar-lhe legitimidade) ofereça o aditamento, seja situação que implique crime mais grave, seja o inverso (descrição de tipo semelhante que tenha previsão de pena menor).

De outro giro, a dicção do dispositivo põe ênfase ao princípio da obrigatoriedade da ação penal pública, onde não há espaço para discricionariedade, ao mesmo tempo em que não afasta o juiz da função de controle do exercício da ação penal pública.

Nessa senda, os parágrafos do art. 384 do CPP, assim preconizam o procedimento da ***mutatio libelli***:

(1) não procedendo o órgão do Ministério Público ao aditamento, aplica-se o art. 28 do Código (o juiz, discordando do ***Parquet***, remete os autos ao Procurador-Geral de Justiça ou às Câmaras de Coordenação e Revisão do Ministério Público Federal). Neste particular, entendemos que a ausência de aditamento por parte do Procurador Geral inviabiliza a condenação do réu, devendo o juiz absolvê-lo por ausência de correlação;

(2) ouvido o defensor do acusado no prazo de 5 (cinco) dias e admitido o aditamento, o juiz, a requerimento de qualquer das partes, designará dia e hora para continuação da audiência, com inquirição de testemunhas, novo interrogatório do acusado, realização de debates e julgamento;

(3) se a nova definição jurídica do fato implicar possibilidade de proposta de suspensão condicional do processo, o juiz dará vista dos autos ao Ministério Público para que este a ofereça e, caso haja negativa, o magistrado procederá nos termos do art. 28, CPP (remessa dos autos ao Procurador-Geral de Justiça ou às Câmaras de Coordenação e Revisão do Ministério Público Federal);

(4) se a definição nova do fato importar em modificação de competência, os autos serão encaminhados ao juízo respectivo;

(5) havendo aditamento, cada parte poderá arrolar até três testemunhas, no prazo de cinco dias, ficando o juiz, na sentença, adstrito aos termos do aditamento; e

(6) não recebido o aditamento, o processo prosseguirá, até final sentença.

Ponto de interesse é o de se o juiz, depois de aditada a denúncia com esteio no enunciado que permite a ***mutatio libelli***, pode condenar o acusado pelo crime definido originariamente na denúncia, por ter ficado convencido, após a instrução acerca de elementar incluída na ***mutatio***, que este não existiu, mas tão somente o que foi descrito na peça acusatória tal como proposta.

38. Podemos dizer que o vigente texto do art. 384, *caput*, do CPP, produz maior constrangimento dogmático à atividade do *Parquet*, em razão de contornar distintamente os termos permissivos do aditamento: "elemento" e "circunstância" (cf. ADEODATO, João Maurício. *Uma teoria retórica da norma jurídica e do direito subjetivo*. São Paulo: Noeses, 2011. p. 156-164).

Em outras palavras, depois de aditada a denúncia e realizada a instrução processual em torno do elemento ou circunstância objeto do acréscimo, se o juiz poderia condenar pelo fato descrito tão somente na imputação originária (denúncia), descartando a imputação superveniente (aditamento).

Afrânio Silva Jardim entende possível a condenação pelo fato originário ou pelo seguinte, descrito no aditamento, de forma alternativa. Sustentando a existência, no processo penal brasileiro, do que nominou de **imputação alternativa objetiva superveniente restrita**. De acordo com sua lição, o acusado, depois de aditada a denúncia, passa a responder por uma nova acusação (imputação de novo fato, de forma alternativa com o primeiramente definido na denúncia), depois do aditamento (supervenientemente à peça acusatória), por dois fatos delituosos (objetivamente), tal como se dá com um crime simples e outro delito qualificado pela inclusão de elementar (restritamente no que concerne a esta circunstância elementar)[39].

Entretanto, a parte final do § 4º, do art. 384, CPP, pode ensejar interpretação de que a possibilidade de imputação alternativa objetiva superveniente foi banida do processo penal. É que tal dispositivo preconiza que, havendo aditamento, o juiz ficará, na sentença, adstrito aos seus termos. Parte da doutrina sustenta a impossibilidade de se condenar o acusado pela definição da denúncia, nessa hipótese, quando só poderá prolatar sentença condenatória com base no aditamento.

Entendemos que essa ilação é parcialmente equivocada.

A incidência da parte final do enunciado do § 4º do art. 384, do CPP, a nosso ver, deve ocorrer quando o fato definido no aditamento suplantar inteiramente os fatos narrados na denúncia, conferindo base descritiva para a classificação do crime em seu tipo fundamental e de suas circunstâncias qualificadoras.

Porém, caso o aditamento se refira ao acréscimo de circunstância que qualifica o crime descrito na forma simples na petição inicial acusatória, o juiz não deve ficar "adstrito" ao aditamento no sentido de que só pode condenar pelo crime em sua forma qualificada. Esse posicionamento pode conduzir à conclusão de que se não for provada a qualificadora incluída no aditamento, malgrado reste patentemente provado o delito na sua forma simples, o juiz deva desacolher a acusação constante da inicial. Pensamos que, ainda que afastado juízo de certeza quanto ao afirmado no aditamento que não suplantou a denúncia (acréscimo de qualificadora) que o juiz tem o poder de condenar o acusado pelo crime simples (consignado na denúncia).

O aditamento pode se referir à circunstância elementar que, acrescida ao fato inicialmente enquadrado, modifica a classificação do próprio crime, a exemplo de um aditamento que adiciona uma elementar que modifica o crime de furto simples para qualificado. É o caso de surgir a dúvida de que o crime de subtração de coisa alheia móvel, furto (já provado cabalmente no momento em que o juiz percebeu a necessidade de nova definição jurídica do fato), teria sido ou não cometido com destruição ou rompimento de obstáculo à subtração da coisa. Se for oferecido o aditamento para incluir esta elementar, não deve

39. JARDIM, Afrânio Silva. *Direito processual penal*. 11. ed. Rio de Janeiro: Forense, 2002. p. 154.

ficar o juiz adstrito apenas a, ao final, condenar o réu pelo crime qualificado ou absolvê-lo, podendo, evidentemente, condenar o acusado pelo menos (se não houver juízo de certeza sobre a elementar), que é pelo crime de furto simples. Desse modo, entendemos que ainda subsiste a imputação alternativa objetiva superveniente restrita, na forma sustentada por Afrânio Silva Jardim, malgrado o vigente teor do § 4º, do art. 384, CPP.

MUTATIO LIBELLI	
Conceito	Oportunização ao MP de inclusão de nova circunstância fática em razão da divergência entre os fatos indicados na inicial e aqueles apurados na instrução processual.
Momento	Encerrada a instrução probatória.
Exemplo	MP narra subtração sem violência na denúncia e requer condenação por furto (art. 155, CP), mas a instrução revela ter havido violência na execução do crime.
Procedimento	Abre-se vistas ao MP para aditamento da denúncia no prazo de 5 dias. O defensor se manifestará também em 5 dias. Haverá novo interrogatório e oitiva de testemunhas (máx. 3).
Defesa	Como se defende de fatos, precisa se manifestar sobre o aditamento.
Aplicação em instância recursal	É vedada, vide súmula nº 453/STF.
Observações	O juiz está adstrito aos termos do aditamento.
	Aplica-se somente às ações pública e privada subsidiária da pública.
Possíveis consequências da aplicação do instituto	Oferecimento de proposta de suspensão condicional do processo (art. 89 da lei nº 9.099/95)
	Remessa dos autos para o juízo competente

A menção à ***emendatio libelli*** deve constar expressamente da motivação da sentença, compondo sua estrutura, isto é, o juiz explicitará que o enquadramento dado aos fatos pelo Ministério Público ou querelante ocorreu equivocadamente, e fará de ofício a correção, passando, a partir daí, a enfrentar as alegações da defesa. A seu turno, como a ***mutatio libelli*** implica conversão do julgamento em diligência, a sentença superveniente aludirá a este fato, por relevante, no relatório e, sendo necessário, também na fundamentação. Tanto uma quanto a outra devem fazer parte da sentença.

Como mencionado, a cautela do legislador processual penal é alusiva ao princípio da congruência entre a denúncia e a sentença, relevando sublinhar que, no sistema jurídico brasileiro, em matéria penal, o pedido condenatório é genérico, não sendo essencial o enquadramento dado pelo signatário da petição inicial acusatória. Não ocorre, no processo penal, o que se dá no processo civil, onde "o provimento final judicial deverá se ajustar ao pedido formulado pela parte, sob pena de configurar sentença ***extra*** (além) ou ***citra*** (aquém) ***petitum***". Com efeito, no "processo penal a questão apresenta-se de modo inteiramente diferente", entendendo-se que "o pedido é sempre genérico" (aplicação de sanção penal), para que com ele se viabilize "a correta aplicação da lei penal, independentemente da alegação do direito cabível trazida aos autos pelas partes". Só há, no processo condenatório criminal, vinculação do juiz "à imputação dos fatos, atribuindo-lhes, uma vez reconhecidos, a consequência jurídica que lhe parecer adequada, tanto no que respeita à classificação (juízo de tipicidade), quanto à pena e à quantidade de pena a ser imposta"[40].

Melhor seria, ***ad lege ferenda*** – para que o acusado melhor aquilatasse o teor da condenação –, que houvesse a necessidade de que a congruência recaísse sobre o pedido, de forma integral, colocando-se o ônus acusatório sobre o Ministério Público e preservando o juiz de adotar posturas que viessem a excepcionar o princípio acusatório. Todavia, de acordo com o Código de Processo Penal em vigor – e consoante a tradição jurisprudencial brasileira –, em matéria penal, a tipificação dada pelo ***Parquet*** não limita a cognição do juiz, porquanto este julga os fatos, devendo conhecer o ordenamento (***jura novit curia*** – o juiz conhece o direito), com o intuito de aplicá-los aos fatos que lhe são trazidos (***narra mihi factum dabo tibi jus*** – narra-me os fatos e te darei o direito)[41].

Nessa esteira, o artigo 385, do CPP, preconiza que nos crimes de ação pública, o juiz poderá proferir sentença condenatória, ainda que o Ministério Público tenha opinado pela absolvição, bem como reconhecer agravantes, embora nenhuma tenha sido alegada. Trata-se de enunciado sobre o qual há debate sobre sua constitucionalidade. Para um setor doutrinário ele não se adequa ao sistema acusatório.

A seguir, cabe enfatizar as particularidades das sentenças em processo penal condenatório.

4. SENTENÇAS EM PROCESSO PENAL CONDENATÓRIO E SEUS EFEITOS

4.1. Sentença condenatória

A sentença condenatória é a que acolhe o pedido em ação penal que imputa um fato delituoso a alguém. Como foi visto supra, tal sentença deve conter: **(1)** o relatório, que é "a história relevante do processo", conferindo certeza às partes de que "o juiz esmiuçou todo o processo para decidir, ou seja, conheceu de tudo o que foi levado ao processo para formar livremente sua convicção" (ressalvando-se as sentenças condenatórias prolatadas na esfera dos juizados especiais criminais, que estão dispensadas de relatório); **(2)** a fundamentação, ou seja, "a exteriorização do raciocínio desenvolvido pelo juiz", cuidando-se para que esteja em consonância com a parte conclusiva; e **(3)** o dispositivo (conclusão), onde há, propriamente, o julgamento do pedido (procedência), sendo parte essencial para que o ato judicial seja caracterizado como sentença[42].

O CPC/2015, no § 1º, do seu artigo 489, estabelece casos em que não se deve considerar fundamentados acórdãos, sentenças e decisões. Diante da omissão do CPP, entendemos aplicável, por analogia, as disposições que daquele Código que permitem aplicação do direito processual penal de acordo com o art. 93, IX, da CF/1988 (dever de fundamentar decisões em geral). Nesse passo, não será considerada fundamentada sentença, decisão ou deliberação de tribunal:

(1) que se limite à indicação, à reprodução ou à paráfrase de ato normativo;

---

40. OLIVEIRA, Eugênio Pacelli de. *Curso de processo penal*. 2. ed. Belo Horizonte: Del Rey, 2003. p. 573.
41. TÁVORA, Nestor. *Questões comentadas*: processo penal para a OAB. Salvador: JusPODIVM, 2005. p. 74.
42. RANGEL, Paulo. *Direito processual penal*. 4. ed. Rio de Janeiro: Lumen Juris, 2001. p. 336-337.

(2) empregue conceitos jurídicos indeterminados sem explicar o motivo concreto de sua incidência no caso;

(3) invoque motivos que se prestariam a justificar qualquer outra decisão; e

(4) não enfrentar todos os argumentos deduzidos no processo capazes de, em tese, infirmar a conclusão adotada pelo julgador.

Passa a ser necessário – como, aliás, já era exigível pelo sistema, embora não de maneira tão clara como agora o é – que a sentença seja explícita quanto ao teor das expressões que adotou como razões de decidir. Se o magistrado fundamentar a sentença com base em regras que contiverem conceitos juridicamente indeterminados, cláusulas gerais ou princípios jurídicos, terá o dever de expor, analiticamente, o sentido que as normas foram compreendidas. Deve o juiz, desse modo, elucidar porque não aplicou um princípio colidente, no caso concreto, com outro de peso análogo. Para tanto, pode tomar como auxílio o princípio da proporcionalidade, o subprincípio da necessidade ou a técnica da ponderação. Importante é que a sentença fique imunizada contra nulidades.

O art. 387, CPP, detalha o conteúdo da sentença condenatória, que é um ato judicial que necessita de especial cuidado, mormente em virtude da necessidade de individualização da pena. Nos termos desse enunciado, o magistrado, ao proferir sentença condenatória, além de enfrentar expressamente os fatos alegados e provas em favor da acusação e da defesa, com fundamentação suficiente:

(1) mencionará as circunstâncias agravantes ou atenuantes definidas no Código, e cuja existência reconhecer;

(2) mencionará as outras circunstâncias apuradas e tudo o mais que deva ser levado em conta na aplicação da pena, a teor dos artigos 59 e 60, do Código Penal;

(3) aplicará as penas, de acordo com essas conclusões;

(4) fixará valor mínimo para a reparação dos danos causados pela infração, considerando os prejuízos sofridos pelo ofendido (inciso IV, com redação dada pela Lei nº 11.719/2008, que mitigou ainda mais a separação antes tida por absoluta entre as esferas civil e penal, e que ressaltamos no Capítulo IV, ao tratar da ação civil *ex delicto*). Há posicionamento doutrinário que entende que a fixação desse *quantum* seja realizado de ofício pelo juiz, por ser este um dever estabelecido legalmente[43]. Não concordamos com essa ideia, por entendermos que a fixação do valor *ex officio* viola o sistema acusatório adotado pelo modelo constitucional de processo penal, bem como amplia sem pedido, o objeto sobre o qual deve recair a cognição judicial. Flaviane Barros sustenta que a alteração "fere frontalmente o modelo constitucional de processo, principalmente o princípio do contraditório, como influência e não surpresa, e o princípio da ampla argumentação"[44]. Como a fixação do dano é norma de natureza substancial, deve ser aplicada somente aos fatos ocorridos após a vigência da legislação que a incluiu (reforma processual de 2008). Entendemos, aliás, que é necessário

43. SILVA JÚNIOR, Walter Nunes da. *Reforma tópica do processo penal*: inovações aos procedimentos ordinários e sumário, com o novo regime de provas e principais modificações do júri. Rio de Janeiro: Renovar, 2003. p. 273.

44. BARROS, Flaviane de Magalhães. *(Re)forma do processo penal*: comentários críticos dos artigos modificados pelas Leis nº 11.690/08 e nº 11.719/08. Belo Horizonte: Del Rey, 2008. p. 94.

pedido formulado pela parte legitimada a requerer a reparação dos danos causados pela infração penal. Embora o entendimento que tem se sagrado majoritário repute necessário pedido, a ser formulado pelo Ministério Público[45], no bojo da ação penal condenatória, pensamos que essa possibilidade esbarra na falta de previsão constitucional para que o *Parquet* possa pleitear direitos individuais disponíveis. Daí ser necessário pedido do ofendido, habilitado na ação penal como assistente do MP. De outro giro, compreendemos como antijurídico e não assimilável ao sistema brasileiro a pretensão indenizatória fundada na categoria "dano moral coletivo", haurida do direito estrangeiro. Nessa linha, o STF, nos autos de ação penal por crime de lavagem de capitais, fixou apenas danos materiais, indeferindo expressamente "o pedido de danos morais coletivos"[46].

(5) decidirá, fundamentadamente, sobre a manutenção ou, se for o caso, imposição de prisão preventiva ou de outra medida cautelar, sem prejuízo do conhecimento da apelação que vier a ser interposta (art. 387, § 1º, do CPP).

A seu turno, o Código Penal arrola as demais providências aplicáveis, preconizando no seu art. 59 que o juiz estabelecerá, conforme seja necessário e suficiente para a reprovação e prevenção do crime:

(1) as penas aplicáveis dentre as cominadas;

(2) a quantidade da pena aplicável, dentro dos limites previstos;

(3) o regime inicial de cumprimento da pena privativa de liberdade, que será fixado levando em consideração o cômputo na pena da detração penal do tempo de prisão provisória, de prisão administrativa ou de internação, no Brasil ou no estrangeiro (§ 2º, do art. 387, CPP). No ponto, trata-se de "legislativização" da jurisprudência. Isso porque a prisão cautelar já era, antes da inclusão dessa previsão pela Lei nº 12.736/2012, por muitos juízes considerada no momento da sentença para evitar a imposição de regime inicial mais severo àqueles que já tinham cumprido muito mais tempo que o necessário para a obtenção de progressão de regime ou mesmo para a concessão do benefício de livramento condicional; e,

(4) a substituição da pena privativa da liberdade aplicada, por outra espécie de pena, se cabível, com observância do seu art. 44.

Tem lugar, portanto, uma nota sobre a individualização da pena. Antes, com Julio Fabbrini Mirabete, é preciso destacar, ainda uma vez, que a fundamentação da sentença condenatória, que exige juízo de certeza (e não de simples probabilidade), deve abranger "matérias jurídicas e de fato, pois a conclusão será a aplicação do direito ao caso. Examinará o juiz este em sua amplitude e pormenores juridicamente apreciáveis e considerará o direito aplicável à espécie". Impõe-se, pois, que o magistrado aprecie "qualquer circunstância juridicamente relevante descrita na denúncia ou mencionada pela defesa"[47].

45. A Terceira Seção do STJ avançou no ponto para dizer que "nos casos de violência contra a mulher praticados no âmbito doméstico e familiar, é possível a fixação de valor mínimo indenizatório a título de dano moral, desde que haja pedido expresso da acusação ou da parte ofendida, ainda que não especificada a quantia, e independentemente de instrução probatória" (REsp 1.643.051-MS, Rel. Min. Rogerio Schietti Cruz, Terceira Seção, por unanimidade, julgado em 28/02/2018, DJe 08/03/2018 – Tema 983).

46. STF – Segunda Turma – AP 996/DF, rel. Min. Edson Fachin, julgamento em 29.5.2018. Informativo-STF n° 904, de 28 a 1° de maio de 2018.

47. MIRABETE, Julio Fabbrini. *Processo penal*. 14. ed. São Paulo: Atlas, 2003. p. 448.

Enfrentados os fatos, e reconhecido o cometimento de algum crime narrado na denúncia, o juiz dará início à lavratura da parte dispositiva da sentença condenatória. É na conclusão que será concretizada a garantia da individualização da pena. A atuação judicial aqui deve ser cercada de atenção, especialmente quando se estiver diante de litisconsórcio passivo (vários réus em concurso de pessoas) e/ou de concurso de crimes formal e/ou material. O juiz, então, julgará procedente o pedido condenatório para declarar o acusado como incurso nas penas do tipo penal considerado. A partir daí terá incidência o sistema trifásico de aplicação da pena, tal como preconizado pelo art. 68, do Código Penal.

Como aduz Adalto Dias Tristão, ao cotejar o critério bifásico (proposto por Roberto Lyra) com o trifásico (preconizado por Nelson Hungria e adotado pelo CP):

> Sem a menor dúvida, o sistema trifásico, que é o mais prudente, atende melhor aos interesses do acusado, eis que o réu tem o direito de saber de que forma o juiz chegou à pena definitiva, que valores atribuiu à pena-base, qual intensidade concedeu a cada atenuante ou agravante, bem assim às causas de diminuição e de aumento.[48]

É de ver, contudo, que no Brasil a doutrina (penal e processual penal) não tem dedicado atenção ao tema da individualização da pena da mesma forma como tem estudado outros assuntos, salvo alguns estudos isolados, como o de Guilherme de Souza Nucci, que realça a individualização da pena não só como preceito constitucional, mas também como valor significativo para a concretização da justiça[49].

Assim também o trabalho de Paulo Xavier de Souza, destacando que no momento de sentenciar, ao juiz cabe "indicar na decisão, quais as finalidades pretendidas com a aplicação da pena (art. 59, CP)", com a verificação da "concreta necessidade da pena ou a possibilidade de sua dispensa", tal como se dá com o "caso do perdão judicial", bem como aplicar "o que considera suficiente e necessário para reprovação e prevenção do delito", com espeque no "princípio da necessidade da pena". Daí a obrigação do magistrado de "avaliar dados concretos da infração penal, vinculando-se às circunstâncias judiciais objetivas e subjetivas do artigo 59 do Código Penal, porquanto são diretrizes gerais para aplicação da pena base", referentes "ao agente, ao fato criminoso e à vítima, ou seja, a culpabilidade, os antecedentes, a conduta social, personalidade do agente, motivos, circunstâncias e consequências do crime e comportamento da vítima"[50].

Decerto, em conformidade com o critério trifásico de aplicação da pena, serão bem salientados os seguintes momentos:

(1) a fixação da pena-base, estando, nessa altura, já motivada a sentença, com a indicação das razões da imposição de "condenação criminal em desfavor do acusado", de modo a retratar que o juiz "já tenha uma compreensão bem abrangente dos fatos, do acusado, da vítima, dos efeitos causados pelo crime, da atuação do Ministério Público naquele processo, da norma jurídica produzida e respaldada no ordenamento constitucional, bem como dos

48. TRISTÃO, Adalto Dias. *Sentença criminal*: prática de aplicação de pena e medida de segurança. 7. ed. Belo Horizonte: Del Rey, 2008. p. 121.
49. NUCCI, Guilherme de Souza. *Individualização da pena*. 3. ed. São Paulo: RT, 2009. p. 358.
50. SOUZA, Paulo S. Xavier de. *Individualização da pena*: no estado democrático de direito. Porto Alegre: Sergio Antonio Fabris, 2006. p. 112-113.

limites abstratos para a aplicação da sanção"[51]. Não se deve olvidar que, havendo qualificadora, é este o momento de aplicação da pena respectiva, eis que o crime qualificado contém, no preceito secundário do respectivo tipo, penas máxima e mínima abstratas autônomas daquelas do tipo fundamental (simples). A pena-base será estabelecida a partir da avaliação concreta das circunstâncias judiciais do art. 59, do Código Penal. Sendo o caso de se aplicar legislação especial na dosimetria da pena, deve-se observar regras específicas, tal como a do § 4º, do art. 291, do Código de Trânsito Brasileiro, incluída pela Lei nº 13.546/2017, dispondo que "o juiz fixará a pena-base segundo as diretrizes previstas no art. 59 do Decreto-Lei nº 2.848, de 7 de dezembro de 1940 (Código Penal), dando especial atenção à culpabilidade do agente e às circunstâncias e consequências do crime"[52].

Sobre o ponto, existe debate jurisprudencial em torno de se a existência de inquéritos policiais e/ou ações penais podem ou não ser considerados antecedentes criminais, com decisões do Supremo Tribunal Federal em ambos os sentidos[53-54].

No STJ, na senda de prestigiar a Constituição, a matéria restou pacificada com a edição do verbete nº 444, da sua súmula, fazendo prevalecer o princípio da presunção de inocência, ao assentar a vedação da utilização de inquéritos policiais e ações penais em curso para agravar a pena-base. O mesmo Superior Tribunal de Justiça afasta por completo a possibilidade de uso, a título de maus antecedentes, de decisões fundadas no Estatuto da Criança e do Adolescente (imposição de medida sócio educativa em face de prática de ato infracional)[55].

Atenção especial deve ser volvida para o posicionamento do STF, firmado em sede de repercussão geral, recentemente. Para a Suprema Corte, inquéritos policiais e processos penais em curso não podem ser usados para fins de dosimetria da pena, a título de maus antecedentes[56]. Esse entendimento foi reafirmado mesmo depois do reconhecimento de que "possui repercussão geral controvérsia sobre a possibilidade de processos em curso serem considerados maus antecedentes para efeito de dosimetria da pena, ante o princípio da presunção de não-culpabilidade"[57].

51. ALENCAR, Rosmar Antonni Rodrigues Cavalcanti de. Individualização da pena e controle de constitucionalidade. In: *Direitos fundamentais na Constituição de 1988*: estudos comemorativos aos seus vinte anos. Rosmar Antonni Rodrigues Cavalcanti de Alencar (org.). Porto Alegre: Núria Fabris, 2008. p. 342-343.
52. Com *vacatio legis* de 120 dias contados de sua publicação (em 20/12/2017), o enunciado acrescentado pela Lei nº 13.546/2017 somente operará efeitos depois de sua entrada em vigor (art. 6º).
53. A favor da utilização de inquérito policial em curso: STF – Primeira Turma – AI 604041 AgR – Rel. Min. Ricardo Lewandowski – julgado em 03/08/2007 – DJ 31/08/2007.
54. Vedando o uso do inquérito e de ações em trâmite, por violar a presunção de inocência, precedentes mais recentes: STF – Primeira Turma – HC 106157 – Rel. Min. Dias Toffoli – julgado em 15/03/2011 – DJ de 26/05/2011.
55. Deixou vincado o STJ que: "1. É ilegal a exasperação da pena-base na parte em que o julgador considerou 'expressivo o grau de culpabilidade' – o qual se refere à maior ou menor reprovabilidade da conduta delituosa – porque os pacientes percorreram 'longo *iter*', elemento inerente à forma consumada do furto, já analisado na tipificação da conduta dos agentes. 2. A 'reprovável conduta social' dos pacientes diante da notícia da prática de atos infracionais e de processo em curso também não configura fundamento válido para o agravamento da pena-base, consoante reiterada jurisprudência desta Corte. 3. Inquéritos e ações penais em curso não podem evidenciar maus antecedentes, conduta social inadequada ou personalidade desfavorável do agente, sob pena de malferimento ao princípio da não culpabilidade. Súmula nº 444 do STJ. 4. A jurisprudência desta Corte Superior é uníssona no sentido de que 'atos infracionais não podem ser considerados maus antecedentes para a elevação da pena-base, tampouco para a reincidência' (HC nº 289.098/SP, Rel. Ministro Moura Ribeiro, 5ª T., DJe 23/5/2014)" (STJ – Sexta Turma – HC 201102643883 – Rel. Min. Rogerio Schietti Cruz – DJE: 27/04/2015).
56. STF – Segunda Turma – HC 104266 – Relator Min. Teori Zavascki – julgado em 12/05/2015.
57. STF – RE 591054 RG – Relator Min. Marco Aurélio – julgado em 23/10/2008.

Entrementes, anuncia-se que a maioria atual da Suprema Corte não concorda com a tese fixada outrora na citada repercussão geral. Em outras palavras, por ora, permanece aquele entendimento, já tradicional, de que inquérito policial e processos criminais em andamento não servem como maus antecedentes. Porém, há notícia de uma possível mudança de entendimento[58], sobre o que discordamos integralmente e consideramos um retrocesso.

Também a jurisprudência diverge sobre se é necessário o trânsito em julgado da sentença condenatória definitiva para que esta possa servir como elemento para definição de maus antecedentes do réu em virtude de prática de nova infração penal naquele ínterim.

Quanto a esse aspecto, o STJ reputa que "a condenação definitiva por fato anterior ao crime descrito na denúncia, mas com trânsito em julgado posterior, diz respeito ao histórico do acusado e pode caracterizar maus antecedentes"[59]. Dissentimos desse posicionamento, porquanto, para que haja possibilidade de afirmação de maus antecedentes, é indispensável a certificação de situação de irreversibilidade da condenação anterior.

Ademais, interpretação mais consentânea com o texto constitucional recomenda a limitação do alcance do critério "maus antecedentes", haja vista que este mais se aproxima de um direito penal/processual penal de autor (inconstitucional), eis que se afasta da ideia de se julgar o fato em si e suas circunstâncias (direito penal/processual penal do fato).

Acerca desse aspecto, ao menos uma luz foi lançada pelo Supremo Tribunal Federal, depois de fixada a repercussão geral em sede de recurso extraordinário[60], quando exigiu o respeito ao período depurador da reincidência, como limite para considerar decisão condenatória penal anterior como maus antecedentes. Cabe dizer, se entre a prática da nova infração penal e a extinção ou cumprimento da pena da infração anterior já tiverem decorrido mais de cinco anos, computado o período de suspensão ou de livramento condicional (art. 64, I, Código Penal)[61]. Outro avanço, limitador à sua aplicação, foi dito pelo STJ, ao assentar que condenações anteriores fundadas na posse de droga para uso próprio (art. 28, da Lei n. 11.343/2006), não são aptas a gerar reincidência[62].

Essas as considerações que devem ser levadas em conta para o estabelecimento da pena base (primeira etapa).

(2) em seguida, passa-se à dosagem da sanção penal, com a "consideração das causas atenuantes e das agravantes", estando o juiz, como é de se exigir, "sempre obrigado a dar os

58. RECONDO, Felipe. STF indica mudança no entendimento e inquéritos em curso poderão ser considerados maus antecedentes. *Jota*. Disponível em: <http://jota.info/stf-muda-e-decide-que-inqueritos-em-curso-podem-ser-considerados-maus-antecedentes>. Acesso em: 29 out. 2015.
59. STJ – Sexta Turma – HC 145.443/DF – Rel. Ministro Rogério Schietti Cruz – julgado em 23/10/2014 – DJe 10/11/2014).
60. STF – RE 593818 RG – Relator Min. Joaquim Barbosa – julgado em 26/02/2009.
61. De acordo com o Pretório Excelso, "Quando o paciente não pode ser considerado reincidente, diante do transcurso de lapso temporal superior a cinco anos, conforme previsto no art. 64, I, do Código Penal, a existência de condenações anteriores não caracteriza maus antecedentes. Precedentes" (STF – Primeira Turma – HC 119200 – Relator Min. Dias Toffoli – julgado em 11/02/2014).
62. STJ – HC – Quinta Turma – CC 453.437-SP, Rel. Min. Reynaldo Soares da Fonseca, por unanimidade, julgado em 04/10/2018, DJe 15/10/2018. Também, na Sexta Turma, afastou-se a "agravante da reincidência", nos seguintes termos: "é desproporcional o reconhecimento da reincidência no delito de tráfico de drogas que tenha por fundamento a existência de condenação com trânsito em julgado por crime anterior de posse de droga para uso próprio" (STJ – Sexta Turma – REsp 1.672.654-SP, Rel. Min. Maria Thereza de Assis Moura, por unanimidade, julgado em 21/08/2018, DJe 30/08/2018).

motivos de sua decisão"[63]. Nos termos da Súmula 231, do STJ, "a incidência da circunstância atenuante não pode conduzir à redução da pena abaixo do mínimo legal", assim como a agravante não permite acréscimo de pena além do máximo abstratamente cominado para crime. Todavia, há entendimento discrepante no tocante a impossibilidade de redução da pena aquém do mínimo previsto em abstrato, notadamente porque o Código Penal dita que as circunstâncias atenuantes sempre devem reduzir a pena (art. 65). Amilton Bueno de Carvalho argumenta, inclusive, que não há proibição legal de redução da pena, assim como que o art. 68, do CP, preconiza "a obrigatoriedade de se considerar as atenuantes (logo, sempre)" e que "há exigência isonômica quando dois réus mereçam pena mínima e um deles tem a favor, ainda, outra atenuante"[64]. De outro ângulo, as agravantes somente são as expressas legalmente, enquanto são admitidas atenuantes genéricas (supralegais). Juarez Cirino dos Santos comentando o permissivo legal de aplicação de atenuantes inominadas (art. 66, do CP), exemplifica com situações como as de "crimes realizados no contexto de condições sociais adversas, por sujeitos marginalizados do mercado de trabalho", para justificá-las com base na noção de "co-culpabilidade da sociedade organizada no poder do Estado, pela sonegação de iguais oportunidades sociais"[65].

(3) após, devem ser consideradas as causas de aumento e diminuição da pena, isto é, "de conformidade com o que dispõe o artigo 68", o julgador concretiza "a agravação ou atenuação, dentro dos percentuais assinalados, em cada uma dessas causas"[66]. A concretização da majoração nessa terceira fase de aplicação da pena exige fundamentação concreta em relação a cada uma das causas de aumento previstas para o tipo penal. Daí que não é suficiente para a exasperação da pena a mera indicação do número de majorantes do crime de roubo circunstanciado, como assentado na súmula nº 443, do STJ. Ademais, em respeito ao princípio da tipicidade penal, também não é aceitável aplicar, no furto qualificado, a majorante estatuída para outro delito, como o de roubo, a teor da súmula nº 442, do STJ. Vale destacar, a propósito, que é perfeitamente possível reconhecer causas especiais de diminuição de pena em crimes qualificados, dependendo, para tanto, de justificação suficiente. Nesse sentido, o STJ editou a Súmula 511, que enfatiza ser possível o reconhecimento do privilégio previsto no § 2º do art. 155 do CP nos casos de crime de furto qualificado, se estiverem presentes a primariedade do agente, o pequeno valor da coisa e a qualificadora for de ordem objetiva.

Como quarta e quinta etapas podem ser eventualmente inseridas a do art. 44, do Código Penal, vale dizer, "a substituição da privação de liberdade pela restrição de direito"[67] e a do art. 77, CP, correspondente à suspensão condicional da pena, conhecida como *sursis*. É indispensável atentar para leis específicas. O STJ, por exemplo, editou a Súmula 588, vedando a aplicação das regras de substituição de pena privativa de liberdade (arts. 43 e 44, CP), quando o delito envolver a Lei nº 11.340/2006. De acordo com o teor daquele

63. FRANCO, Alberto Silva et al. *Código Penal e sua interpretação jurisprudencial*. 5. ed. São Paulo: RT, 1995. p. 826.
64. CARVALHO, Amilton Bueno de. *Teoria e prática do direito alternativo*. Porto Alegre: Síntese, 1998. p.127.
65. SANTOS, Juarez Cirino. *Direito penal*: parte geral. 7. ed. Florianópolis: Empório do Direito, 2017. p.555.
66. ZAFFARONI, Eugenio Raúl; PIERANGELI, José Henrique. *Manual de direito penal brasileiro*: parte geral. 4. ed. São Paulo: RT, 2002. p. 825.
67. ALENCAR, Rosmar Antonni Rodrigues Cavalcanti de. Individualização da pena e controle de constitucionalidade. In: *Direitos fundamentais na Constituição de 1988*: estudos comemorativos aos seus vinte anos. Rosmar Antonni Rodrigues Cavalcanti de Alencar (org.). Porto Alegre: Núria Fabris, 2008. p. 346.

enunciado, "a prática de crime ou contravenção penal contra a mulher com violência ou grave ameaça no ambiente doméstico impossibilita a substituição da pena privativa de liberdade por restritiva de direitos"[68].

Noutra quadra, a sentença condenatória também pode fixar a pena de multa, o que pode ocorrer a título de sanção principal, alternativa ou cumulativamente com a pena de prisão, podendo ser, ainda, aplicada em substituição desta[69]. A aplicação da pena de multa restringe-se às seguintes fases: **(1)** determinação da quantidade de dias-multa, de um mínimo de 10 a um máximo de 360 dias-multa; **(2)** estabelecimento do valor do dia-multa, levando em consideração a situação econômica do réu (art. 60, ***caput***, CP), que não pode ser inferior a um trigésimo do maior salário mínimo mensal vigente ao tempo do fato, nem superior a cinco vezes esse salário; e **(3)** eventualmente, pode aumentar a multa até o triplo, se considerar que, em virtude da situação econômica do réu, é ineficaz, embora aplicada no máximo (art. 60, § 1º, CP)[70] – recordando que, para os crimes previstos na Lei nº 9.605/98, o critério legal para este aumento é "o valor da vantagem auferida" (art. 18 da Lei) e não a situação econômica do réu.

4.1.1. Efeitos da sentença penal condenatória

Com o ordenamento jurídico inaugurado com a Constituição de 1988, a garantia da presunção de inocência impôs a liberdade como regra, mesmo durante o curso do processo. Destarte, o simples fato de haver sentença condenatória não deve ser suficiente para levar alguém à prisão – máxime quando o acusado se encontre solto no curso do processo –, necessitando, antes, da presença dos requisitos autorizadores da decretação da prisão preventiva (art. 312, CPP).

Outro já não era o entendimento do STF. Vale dizer, o ***status*** de inocência só se encerra com o trânsito em julgado da sentença condenatória. Antes deste marco, o encarceramento deve estar pautado nos fundamentos de cautelaridade[71]. Seguia-se a tendência de não se admitir qualquer espécie de execução penal provisória antes do trânsito em julgado da sentença penal condenatória.

Não obstante, há posições no sentido da possibilidade de execução penal provisória, tal como alvitrado por Afrânio Silva Jardim, quando sustenta que tal proceder é mais favorável ao acusado, sendo aplicáveis as disposições da Lei de Execução Penal ao preso cautelar. Isso não significa banalizar o cárcere como efeito automático da sentença que ainda é passível de recurso. Interpretação desta natureza não teria respaldo constitucional. O objetivo é viabilizar a aplicabilidade de alguns institutos da fase executória, mesmo antes do trânsito em julgado da decisão. Nesse sentido, o STF preconiza na súmula nº 716 que se admite "progressão de regime de cumprimento da pena ou a aplicação imediata de regime menos severo nela determinada, antes do trânsito em julgado da sentença condenatória".

68. STJ – Terceira Seção. Súmula nº 588, aprovada em 13/9/2017 – DJe 18/9/2017.
69. AVENA, Norberto. *Processo penal esquematizado*. 3. ed. São Paulo: Método, 2011. p. 1061.
70. FEITOZA, Denilson. *Direito processual penal*: teoria, crítica e práxis. Niterói: Impetus, 2010. p. 1039-1040.
71. STF – Tribunal Pleno – HC 84078 – Rel. Eros Grau – julgado em 05/02/2009 – DJ 25-02-2010.

Mais recentemente, o STF, por seu órgão Pleno, deliberou, por maioria, pelo cabimento de execução provisória de pena após confirmação da condenação penal por tribunal, em segundo julgamento. Primeiramente tal julgado teve efeito não vinculante e *inter partes*[72]. Seguiu-se sentido oposto àquele antes firmado, que somente concebia prisão provisória, ainda que arrimada em condenação recorrível, quando presente o requisito da cautelaridade, isto é, quando indispensável, a teor do art. 312, do CPP. A decisão foi objeto de controvérsias entre os ministros da Suprema Corte, findando por ser reconhecida repercussão geral e passando a produzir efeitos gerais (ARE 964.246)[73]. O STF declarou a reafirmação de sua jurisprudência nesse sentido, assentando que a execução provisória de pena não ofende o princípio constitucional da presunção de inocência, nem fere o art. 283, do CPP. Dissentimos desse posicionamento.

Na sentença, o juiz deve atentar para eventuais limitações a direitos do acusado. Estando preso ou em liberdade o réu, o cárcere só se justifica, como não pode deixar de ser, se presentes os requisitos da preventiva, bem como se não existir outra medida cautelar menos gravosa que a substitua (art. 319, do CPP), por ser a prisão preventiva medida extrema. De qualquer sorte, o recolhimento ao cárcere não condiciona o julgamento do recurso de apelação, o que foi ratificado com a revogação dos artigos 594 (pela Lei nº 11.719/2008) e 595 (pela Lei nº 12.403/2011), do Código.

Da sentença criminal condenatória transitada em julgado podem ser emanados efeitos não só penais, como também civis. Os artigos 91 e 92, do Código Penal, rezam sobre os seguintes **efeitos condenatórios**:

(1) tornar certa a obrigação de indenizar o dano causado pelo crime, sendo a sentença condenatória penal um título executivo judicial que legitima o ofendido a ajuizar, de plano, ação executiva, na parte líquida. Do eventual remanescente ilíquido, exige-se a competente liquidação (art. 63, CPP);

(2) a perda em favor da União dos produtos do crime ou de bem decorrente do proveito do delito, bem como dos instrumentos do crime cujo porte, fabrico, uso, alienação ou detenção constitua fato ilícito, ressalvado o direito do lesado ou de terceiro de boa-fé. Ressalte-se que há outras hipóteses de perda de bens tanto na Constituição quanto na legislação extravagante:

(a) o art. 243, *caput* e parágrafo único, da CF/1988, prevê a expropriação de propriedades rurais e urbanas de qualquer região do País onde forem localizadas culturas ilegais de plantas psicotrópicas ou a exploração de trabalho escravo. De acordo com a legislação de regência, essas propriedades devem ser expropriadas e destinadas à reforma agrária e a programas de habitação popular, sem qualquer indenização ao proprietário e sem prejuízo de outras sanções previstas em lei. Também na forma da lei, todo e qualquer bem de valor econômico apreendido em decorrência do tráfico ilícito de entorpecentes e drogas afins

72. STF. Informativo nº 814, de fevereiro de 2016 (Pleno – HC 126292/SP – Rel. Min. Teori Zavascki – 17/02/2016).

73. Cuidou-se de decisão tomada em "Plenário virtual", no ARE 964.246: "O Tribunal, por unanimidade, reputou constitucional a questão. O Tribunal, por unanimidade, reconheceu a existência de repercussão geral da questão constitucional suscitada. No mérito, por maioria, reafirmou a jurisprudência dominante sobre a matéria, vencidos os Ministros Celso de Mello, Dias Toffoli, Marco Aurélio e Ricardo Lewandowski. Não se manifestou a Ministra Rosa Weber".

e da exploração de trabalho escravo deve ser confiscado e revertido a fundo especial com finalidade específica;

(b) os arts. 63 e 72, da Lei nº 11.343/2006, disciplinam o perdimento de bens a ser explicitado na sentença e a destruição da substância entorpecente apreendida;

(c) o art. 20, § 4º, da Lei nº 7.716/1989, estabelece como efeito da condenação, após o trânsito em julgado da decisão, a destruição de símbolos, emblemas, ornamentos, distintivos ou propaganda que utilizem a cruz suástica ou gamada empregados para fins de divulgação do nazismo;

(d) o art. 7º, da Lei nº 9.613/1998 (lavagem de dinheiro), prevê a perda de todos os bens, direitos e valores relacionados, direta ou indiretamente, à prática dos crimes previstos na lei, incluídos os bens utilizados para prestar fiança;

(e) o § 4º, do art. 8ª, da Lei nº 13.344/2016 (tráfico de pessoas), estatui que o juiz, ao proferir a sentença de mérito, deve decidir sobre o perdimento do produto, bem ou valor apreendido, sequestrado ou declarado indisponível, que esteja relacionado com os crimes ali previstos.

(3) a perda de cargo ou função pública ou mandato eletivo quando aplicada pena superior a quatro anos ou, nos crimes contra a Administração Pública, se a pena for igual ou superior a um ano (efeito do art. 92, I, CP, que não é automático e deve restar motivado na sentença, a teor do seu parágrafo único). Este efeito não se aplica a juízes e membros do Ministério Público, aos quais é assegurada a garantia da vitaliciedade (arts. 95, I e 128, § 5º, I, "a", da CF/1988), dependendo a perda do cargo de ação própria, tampouco aos senadores e deputados federais, cuja perda do mandado dependerá de deliberação da respectiva casa, mediante provocação dos legitimados pelo art. 55, § 2º, CF/1988, estendendo-se esta regra aos deputados estaduais, por disposição do art. 27, § 1º, CF/1988[74].

Existem ainda outras hipóteses na legislação extravagante, tais como na Lei nº 9.455/1997 (que, tratando da tortura, prevê como efeito automático a perda do cargo do agente público, conforme art. 1º, § 5º); na Lei nº 7.716/1989 (define os crimes resultantes de preconceito de raça ou de cor, estabelecendo a perda do cargo ou função pública como efeito – não automático, vide art. 18 do mesmo diploma – da condenação, consoante previsão do art. 16 da Lei); e, ainda, na Lei nº 9.613/1998 (disciplina a "lavagem" ou ocultação de bens, direitos e valores, estatuindo no seu art. 7º, II, não a perda, mas a interdição do exercício de cargo ou função pública de qualquer natureza e de diretor de membro de conselho de administração ou de gerência das pessoas jurídicas referidas na Lei).

(4) a incapacidade para o exercício do pátrio poder, tutela ou curatela, nos crimes dolosos, sujeitos à pena de reclusão, cometidos contra filho, tutelado ou curatelado (efeito do art. 92, II, CP, que não é automático e deve restar motivado na sentença, a teor do seu parágrafo único);

(5) a inabilitação para dirigir veículo, quando utilizado como meio para a prática de crime doloso (efeito do art. 92, III, CP, que não é automático e deve restar motivado na sentença, a teor do seu parágrafo único).

74. AVENA, Norberto. *Processo penal esquematizado.* 3. ed. São Paulo: Método, 2011. p. 1028.

Podem ser destacados, ainda, efeitos da condenação derivados de previsão constitucional, especialmente a suspensão dos direitos políticos[75] (art. 15, III, CF/1988), o impedimento à naturalização e a submissão do oficial (art. 12, II, "b", CF/1988) condenado à pena privativa de liberdade superior a dois anos, a julgamento de indignidade do oficialato ou incompatibilidade (art. 142, § 3º, VII, CF/1988)[76].

São também efeitos da condenação, aplicáveis conforme o caso concreto:

(1) a comunicação de que trata o art. 13, da Lei 8.069/1990, toda vez que, no momento da sentença, o juiz constatar que se confirmou caso de castigo físico, tratamento cruel ou degradante e de maus-tratos contra criança ou adolescente. Isso quer dizer que, sem prejuízo de outras providências já ordenadas ou impostas, deve o magistrado sentenciante determinar que sejam emitidos ofícios comunicando o fato ao Conselho Tutelar da localidade respectiva; e

(2) a destituição do poder familiar do pai e/ou da mãe quando for hipótese de condenação por crime doloso, sujeito à pena de reclusão, contra o próprio filho ou filha. Nesse caso, o Estatuto da Criança e do Adolescente, nos termos do § 2º, do seu art. 23, é expresso ao frisar que tal restrição do poder familiar – a destituição – não ocorrerá quando se cuidar de condenação criminal por outro tipo de delito, isto é, para que haja tal perda é necessário que a procedência de pretensão punitiva estatal se refira à infração penal apenada com reclusão e que se dê de forma dolosa contra filho ou filha. Embora a lei fale em condenação sem mencionar a necessidade de trânsito em julgado, a melhor hermenêutica impõe que, para que sejam operados plenos efeitos jurídicos decorrentes da destituição do poder familiar, tenha se formado coisa julgada. Afinal, a destituição pressupõe caráter de definitividade, o que não se coaduna com a sentença condenatória recorrível;

(3) a submissão obrigatória à identificação do perfil genético para os condenados por crime praticado dolosamente, com violência de natureza grave contra pessoa, ou por qualquer dos crimes previstos no art. 1º, da Lei nº 8.072/1990 (crimes hediondos apenas, ou seja, não inclui os equiparados a hediondos, como o tráfico de entorpecentes), a teor do art. 9º-A, da Lei 12.037/2009 (acrescido pela Lei nº 12.654/2012). Tal submissão também pressupõe trânsito em julgado da sentença penal condenatória, malgrado a lei não seja expressa. Como vimos no capítulo 2 (inquérito policial), é necessário o consentimento do condenado para que se dê a extração de DNA (ácido desoxirribonucleico), por técnica adequada e indolor. É possível, contudo, que no caso de recusa, sejam requeridas ao juiz providências tendentes a apreender material genético já descartado pelo apenado, a exemplo de lixo, saliva, esperma, placenta, roupas íntimas, fios de cabelo dentre outros meios não invasivos. Pensamos que a definitividade da condenação é pressuposto inafastável para a validez dessa forma de identificação, cujo efeito se opera após a constituição da ***res***

---

75. Entendemos que a aplicação do art. 15, III, da CF, não deve ser automática, nem sem motivação suficiente. Desse modo, o trânsito em julgado da sentença penal condenatória não deve levar à suspensão do direito a votar. Veja-se que até a perda de mandato eletivo depende de fundamentação expressa na sentença, em compasso com o art. 92, I e parágrafo único, do Código Penal. Luís Carlos Valois sustenta essa linha, destacando que "a Constituição não poderia pretender se substituir ao Código Penal, criando uma pena que prescindisse de debate no devido processo legal e que não estivesse claramente estipulada em lei, cessando todos os direitos políticos sem especificá-los" (VALOIS, Luís Carlos. *Execução penal e ressocialização*. São Paulo: Estúdio, 2015. p.87).

76. AVENA, Norberto. *Processo penal esquematizado*. 3. ed. São Paulo: Método, 2011. p. 1032.

judicata. Afinal, restrições a direitos fundamentais (presunção de inocência) devem se dar por intermédio de lei estrita e certa;

(4) a destruição das amostras da substância entorpecente guardadas para contraprova nos autos de ação penal por crime relacionado a drogas (Lei nº 11.343/2006). Tanto quando encerrado o processo penal, quanto na hipótese de arquivamento do inquérito policial, o juiz, de ofício, mediante representação do delegado de polícia ou a requerimento do Ministério Público, determinará a destruição das amostras guardadas para contraprova, certificando isso nos autos. Note-se que a destruição ocorrerá sempre quando ultimadas as providências da persecução penal, havendo ou não condenação. Tratando-se de condenação, necessário transitar em julgado a respectiva sentença. A Lei fala em amostras porque passou a prever destruição imediata de plantações pelo delegado de polícia, bem como a determinação de destruição das drogas pelo juiz ao apreciar o auto de prisão em flagrante, cuja execução caberá também à autoridade policial, sempre assegurando a reserva das amostras para fins probatórios (artigos 32, 50 e 50-A, da Lei nº 11.343/2006).

Por fim, o parágrafo único, do art. 63 do Código de Processo Penal, estabelece efeito executório de plano, sem necessidade de liquidação prévia, da parte da sentença condenatória penal **não recorrida** que fixar o valor mínimo para reparação dos danos causados pela infração penal, de acordo com os prejuízos suportados pelo ofendido. Vale dizer, sem prejuízo de que o ofendido requeira a liquidação da parte ilíquida da sentença penal condenatória, em momento posterior, ele pode, de plano, ajuizar execução no que tange à porção líquida da decisão penal condenatória, leia-se, transitada em julgado a sentença condenatória, a execução poderá ser efetuada pelo valor fixado nos termos do inciso IV do ***caput***, do art. 387, do CPP, sem prejuízo da liquidação para a apuração do dano efetivamente sofrido. Na prática, nada obsta que tudo se faça no bojo de uma única ação de execução, onde as providências para a execução por quantia certa contra devedor solvente podem ser fracionadas, executando-se, primeiramente, a parte incontroversa.

4.1.2. Efeito prodrômico da sentença penal condenatória ou non reformatio in pejus

No direito processual penal, o "efeito prodrômico da sentença" foi expressão cunhada para designar o princípio ***non reformatio in pejus*** **direta** ou **indireta** da sentença penal condenatória. Note-se que a vedação à reforma da sentença em prejuízo do acusado, quando só este tenha recorrido, pode se dar:

(1) de forma direta: quando o órgão para o qual foi dirigido o recurso exclusivo da defesa do réu, não pode reformar a sentença impugnada para, por exemplo, majorar a pena do acusado;

(2) de forma indireta: quando o órgão recursal, em recurso exclusivo do acusado, anula a sentença condenatória para determinar um segundo julgamento. Nesse novo julgamento, não pode o juiz proferir sentença que implique situação mais gravosa ao réu, tomando como parâmetro aquela primeira sentença que foi invalidada em razão de recurso exclusivo da defesa.

O efeito prodrômico é o limite criado por aquela primeira sentença penal condenatória que havia transitado em julgado para a acusação. A expressão prodrômico nos remete a prefácio, a espelho, a balizas que definem uma sucessão de atos. Uma sentença condenatória reexaminada por um órgão recursal, não pode ser reformada para piorar a condição do acusado quando não haja impugnação específica. O teor da Súmula 160, do STF, bem explicita tal efeito ao asseverar que é nula a decisão do tribunal que acolhe, contra o réu, nulidade não arguida no recurso da acusação, ressalvados os casos de recurso de ofício.

Na ***reformatio in pejus*** indireta, o efeito prodrômico subsiste com base na sentença penal condenatória anulada, haja vista não ter sido impugnada pelo Ministério Público ou pelo querelante de forma específica. Transitando em julgado ponto que se formou em favor do acusado, ele terá o direito de não ver emitida contra si, em um segundo julgamento, uma sentença com conteúdo condenatório mais gravoso que o primeiro, seja em relação ao tipo penal e circunstâncias acolhidas, seja em razão do quantitativo da pena, que deve ter por limite àquele da sentença anterior.

O direito, não raras vezes, busca termos em outras ciências para melhor explicar seus fenômenos. Uma dessas ciências inspiradoras é a biologia. Também a medicina empresta termos aos juristas. Na medicina, prodrômico refere-se a uma fase que precede o desenvolvimento de uma doença ou os sinais e sintomas que antecedem a manifestação clínica característica de uma doença[77]. De tal forma, prodrômico indica um antecedente que é determinante para os seus consequentes efeitos ou atos sucessivos. Algo como uma introdução, preâmbulo, que evidencia relação entre antecedente e consequente, entre prótese (norma primária) e apódose (norma secundária).

Luiz Flávio Gomes e Áurea Sousa, em artigo específico sobre o tema, anotam que há controvérsia sobre a incidência do princípio da *non reformatio in pejus indireta*, quanto aos casos de invalidação de sentença em virtude de incompetência absoluta. Para uma primeira corrente, o juiz não poderia ter seu poder de impor pena maior, quando a pena da primeira sentença tiver sido fixada por juiz absolutamente incompetente. Para uma segunda corrente, que prevalece no STF, mesmo em razão de invalidação por incompetência absoluta, tem lugar a vedação de *reformatio in pejus* indireta.[78]

Em julgado de longa data, o STF já anunciava o princípio da vedação da reforma da sentença condenatória em prejuízo do acusado que exclusivamente recorreu, deixando vincado que, depois de invalidada uma sentença mediante recurso exclusivo da defesa, do refazimento do ato não é admitido resultar para o réu situação mais gravosa que a que lhe resultaria do trânsito em julgado da decisão de que somente ele recorreu (aplicação da vedação da ***reformatio in pejus*** indireta, consolidada na jurisprudência da Suprema Corte). O princípio deve ser aplicado "ainda quando a anulação da primeira sentença decorra da incompetência constitucional da Justiça da qual emanou"[79]. No que toca às decisões do Tribunal do Júri, pairava alguma divergência jurisprudencial e doutrinária quanto à possibilidade de, num segundo julgamento, em face da soberania dos veredictos, ser prolatada decisão mais gravosa ao acusado que recorreu. No entanto, com o mesmo entendimento,

---

77. Wikizionario. Prodromico. Disponível em: <http://it.wiktionary.org/wiki/prodromico>. Acesso em: 15/12/2013.
78. GOMES, Luiz Flávio. SOUSA, Áurea Maria Ferraz de. *"Reformatio in pejus" indireta: efeito prodrômico da sentença*. Disponível em <http://www.lfg.com.br>. Acesso em: 15 dez 2013.
79. STF – Primeira Turma – HC 75907 – Rel. Min. Sepúlveda Pertence – DJ 09. Relator(a): Min. SEPÚLVEDA PERTENCE, Primeira Turma, 04/1999.

o STJ e o STF pacificaram a questão, para assentar o efeito prodrômico da decisão dos jurados e da sentença penal anulada. O STF, em caso concreto, anulou o julgamento pelo tribunal do júri e a respectiva sentença condenatória, transitada em julgado para a acusação. Entende-se, portanto, que não pode o acusado, na renovação do julgamento, ser condenado a pena maior do que a aplicada na sentença anulada, mesmo que com esteio em circunstância não suscitada no primeiro julgamento.[80]

Do princípio da vedação da ***reformatio in pejus*** decorre a admissão do princípio da ***reformatio in mellius*** (reforma da sentença para melhorar a situação do acusado): são faces da mesma moeda que decorre do efeito devolutivo dos recursos. Aliás, existem dois sistemas, como anota Renato Brasileiro Lima, que podem ser adotados:

(1) o sistema da ***communio remedii*** (sistema do benefício comum), que consiste na regra de que o benefício que decorre da interposição de um recurso por uma das partes aproveita à parte contrária, findando por admitir, em tese, decisão que implique ***reformatio in pejus*** para aquele que recorreu[81];

(2) o sistema da ***reformatio in pejus*** (sistema que veda a reforma para piorar a situação daquele que recorreu de forma exclusiva): adotado pelo Brasil e que enuncia o efeito prodrômico aqui estudado.

4.1.3. Técnica da sentença penal condenatória

A sentença penal condenatória é ato processual cuja complexidade exige que seja estabelecido um roteiro, tanto para se evitar nulidades, quanto para se proporcionar um julgamento justo, com aplicação de pena que encontre respaldo no sistema processual penal.

Em linhas gerais, é indispensável observar os seguintes aspectos mínimos para a elaboração da sentença penal condenatória:

(a) quando o caso tem mais de um réu e mais de um fato criminoso, é recomendável, antes de se elaborar o relatório, previamente destacar a conduta de cada agente, tal como foi tipificada pelo Ministério Público ou querelante, resumidamente com o enquadramento típico;

(b) o relatório é elaborado com a menção dos fatos relevantes ocorridos durante o processo;

(c) ao iniciar a fundamentação, primeiro serão apreciadas as questões processuais (preliminares como competência, ilegitimidade e outras) que, logicamente, precedam a motivação propriamente dita da sentença penal condenatória (o mérito);

(d) caso os fatos descritos pelo Ministério Público ou querelante estejam tipificados de forma equivocada, caberá ***emendatio libelli*** depois das preliminares (o juiz conhece dos fatos e não da capitulação legal dada a eles), a fim de que, com base no princípio da consunção, da especialidade e/ou da subsidiariedade, seja retificado o enquadramento

80. STJ – Sexta Turma – HC 178.850/RS – Rel. Min. Assusete Magalhães – DJe: 13/09/2013; STF – Segunda Turma – HC 89.544 – Rel. Ministro Cezar Peluzo – DJe: 15/05/2009.

81. LIMA, Renato Brasileiro. *Curso de processo penal*: volume único. Niterói: Impetus, p. 1652.

inicial, restringindo a imputação ao) artigo pertinente à conduta do acusado (em relação a cada réu, se for a hipótese). A motivação da aplicação dos princípios penais referentes a conflito aparente de normas penais é indispensável;

(e) a providência anterior é importantíssima para que a sentença se desenvolva organizadamente, sem dispersão de fundamentação. Em seguida, o juiz deve enfrentar as teses da acusação e da defesa, sendo importante a abordagem específica de cada uma delas, isto é, de forma exauriente;

(f) nos casos com mais de um acusado e/ou mais de um crime, a fundamentação pode se referir a cada conjunto de atos praticados por cada acusado ou a cada fato criminoso, delineando as condutas dos participantes. Caso haja coautoria, a técnica de se expor os capítulos da sentença por delito (quando há mais de um crime) é mais favorável para tornar a argumentação consistente, sem ser repetitiva e com o acolhimento/afastamento das teses das partes.

A ideia de **capítulo de sentença** é exposta por Cândido Rangel Dinamarco como "unidades autônomas da sentença", que parte do pressuposto de que o isolamento dos diversos segmentos do decisório é critério apto a orientar diretamente a solução de diversos problemas que decorrem da sentença, a exemplo do recurso que pode ser manejado contra apenas uma porção da decisão[82].

(g) depois de todo o exame fático-probatório, com ênfase na motivação consistente e coerente, é o momento de iniciar a parte dispositiva, cuja técnica requer a descrição da tipificação antes da fundamentação. Por exemplo: "Pelo exposto, julgo procedente [em parte] a imputação [ou a denúncia ou a pretensão punitiva estatal] para: (I) condenar (1) o acusado "X", como incurso nas penas dos artigos [...], c/c os artigos 29 (coautoria e participação) e 69 (concurso material); (2) o acusado "Y" [...] (e assim por diante, cuidando para que a classificação seja realizada nessa ordem); e (II) absolver o acusado "Z", com fundamento no art. 386, inciso [...], CPP";

(h) em seguida, estabelecida a tipificação, o juiz passa a "dosar a pena", acusado por acusado, seguindo o critério trifásico: (I) primeiro o "acusado X": (1) considerando as circunstâncias do art. 59 (com o exame de uma por uma, de forma fundamentada), fixa a pena base do crime mais grave. Algumas circunstâncias do art. 59, CP, ensejam controvérsias na aplicação. Na prática, o juiz menciona uma por uma das circunstâncias, entendendo, para espécie, favorável ou desfavorável ao acusado para fins de aplicação da pena base (evitando eventual ***bis in idem***); (2) na sequência, o juiz leva em linha de conta a eventual existência de agravantes e atenuantes, razão pela qual majora, mitiga ou mantém a pena (critério da proporcionalidade); (3) aplica as causas de aumento e de diminuição (primeiro as constantes da parte especial do Código Penal e, depois, da parte geral, a exemplo da tentativa e da continuação delitiva), para então estabelecer a pena definitiva deste crime. Por exemplo, causa de aumento de pena, nos delitos de tráfico, é a consignada no art. 40, I, da Lei nº 11.343/2006, que a permite quando evidenciada a transnacionalidade do delito[83];

82. DINAMARCO, Cândido Rangel. *Capítulos de sentença*. 4. Ed. São Paulo: Malheiros, 2009. p. 35.

83. Quanto ao ponto, o STJ emitiu a Súmula nº 607, orientando que "a majorante do tráfico transnacional de drogas (artigo 40, inciso I, da Lei 11.343/06) configura-se com a prova da destinação internacional das drogas, ainda que não consumada a transposição de fronteiras".

(i) estabelecida a pena definitiva (com pena privativa de liberdade e, se for o caso, aplicação da multa de forma cumulativa, especificando o valor do dia-multa e a quantidade imposta de dias-multa, a teor do art. 49, CP), deve-se verificar a possibilidade de substituição por pena restritiva de direito (art. 44, CP), para cada um dos crimes isoladamente;

(j) se houver mais de um crime, segue-se o mesmo critério trifásico (para cada um separadamente, crime por crime relativamente a cada réu);

(k) ao final, aplicam-se as regras de concurso de crimes (atenção para identificar se a regra é de concurso material ou formal), para fins de somatório ou exasperação da pena;

(l) totalizada a pena do réu, deve o juiz indicar o regime inicial de pena aplicável (aberto, semiaberto, fechado). Nesta oportunidade, como já mencionado, deverá o magistrado considerar a detração do tempo da prisão cautelar, administrativa ou da internação, no Brasil ou no exterior, nos termos do art. 387, § 2º, CPP. Ademais, para a fixação do regime de pena inicial, é imprescindível fundamentação concretizada e que guarde respaldo nos limites previstos no Código Penal, nos termos da súmula nº 440 do STJ, prevendo que uma vez fixada a pena-base no mínimo legal, é vedado o estabelecimento de regime prisional mais gravoso do que o cabível em razão da sanção imposta ao final do procedimento trifásico de dosimetria da pena, com lastro tão somente na gravidade abstrata do delito, sendo necessária motivação bastante;

(m) após a finalização da dosimetria, importa verificar se é o caso de fundamentar a necessidade ou a desnecessidade de prisão preventiva, considerando inclusive se o acusado permaneceu solto ou preso durante o curso da instrução criminal (art. 387, § 1º, CPP);

(n) somado o total da pena de um acusado, procede-se da mesma maneira para o segundo, e assim por diante;

(o) são providências finais da sentença: **(a)** a fixação de custas ***ex lege*** (a execução das custas por sucumbência na justiça criminal é de difícil ocorrência, especialmente porque a maioria dos acusados é pobre); e **(b)** a determinação de perda dos instrumentos do crime cuja detenção seja ilícita, dentre outras possibilidades em conformidade com a legislação específicas. Outras providências finais podem ser ordenadas, conforme o caso e a legislação de regência; e

(p) deve, ademais, ser considerada a estrutura do art. 387, CPP, notadamente diante da possibilidade de fixação de valor mínimo para fins de indenização da vítima do crime. Entendemos, na linha de julgados dos STJ[84], que só deve ser fixado valor indenizatório mínimo se houver pedido expresso nesse sentido (da vítima, do representante legal ou do Ministério Público), razão pela qual, se não houver, ou sendo de inviável constatação, o juiz deve assentar que deixa de fixar valor de indenização de que trata o art. 387, IV, CPP, em virtude de sua ausência ou da impossibilidade de aferição de tal valor mínimo. Deve ser pontuado, entretanto, o entendimento majoritário adotado pelo STF no julgamento da AP 470/MG, em que consignou-se ser desnecessário tal requerimento, referenciando-se, inclusive, decisão tomada nos autos da AP 396/RO[85].

84. STJ – AgRg no AREsp 389234 – Sexta Turma – Rel. Min. Maria Thereza de Assis Moura – julgado em 08/10/2013.
85. STF – Tribunal Pleno – AP 470/MG – Rel. Min. Joaquim Barbosa – Info nº 693 (item 230).

4.2. Sentença absolutória

A absolvição, na sistemática do CPP, deve ser a regra. De outro lado, a condenação é supletiva, subsidiária, secundária, apenas aplicável depois de afastadas as hipóteses que a legislação prescreve ao juiz o dever de absolver. Essa conclusão é deduzida da dicção do art. 386, do Código de Processo Penal, por meio da expressão "o juiz absolverá o réu", seguindo com o elenco de hipóteses. Não há no CPP uma expressão correlata que, com o mesmo teor, diga "o juiz condenará o réu", evidenciando o vetor hermenêutico que lhe que deve orientar. Vale dizer, somente diante do espancamento de qualquer dúvida sobre a presença de hipótese absolutória, é que o julgador partirá para o exame dos requisitos necessários à condenação. Ainda assim, não basta apenas a presença desses requisitos. É indispensável que, além de presentes, sejam suficientes a tanto.

A absolvição do acusado poderá ocorrer por diversos motivos. A indicação do motivo na sentença é importantíssima, pois ela demarca os efeitos que dela decorrem. A sentença absolutória é aquela que rejeita a pretensão punitiva estatal, isto é, julga improcedente o pedido condenatório. O Código de Processo Penal assinala que o juiz absolverá o réu, mencionando a causa na parte dispositiva, desde que reconheça:

(1) estar provada a inexistência do fato;

(2) não haver prova da existência do fato;

(3) não constituir o fato infração penal;

(4) estar provado que o réu não concorreu para a infração penal;

(5) não existir prova de ter o réu concorrido para a infração penal;

(6) existirem circunstâncias que excluam o crime ou isentem o réu de pena (arts. 20, 21, 22, 23, 26 e § 1º do art. 28, todos do Código Penal);

(7) não existir prova suficiente para a condenação (art. 386, CPP).

Como decorrência da absolvição, o juiz:

(1) mandará, se for o caso, pôr o réu em liberdade;

(2) ordenará a cessação das medidas cautelares e provisoriamente aplicadas;

(3) aplicará medida de segurança, se cabível (parágrafo único, art. 386, CPP).

Uma vez reconhecida, na sentença absolutória, a inexistência do fato, o acusado ficará livre de eventual ação civil de reparação de danos. A declaração judicial de que sequer ocorreu o fato deduzido na exordial, faz coisa julgada na esfera cível, não sendo possível a responsabilização do agente. A mesma solução é dada para o caso de negativa de autoria, ou seja, quando ficar assentado na sentença que o réu não foi o autor do delito. Em outras palavras, as hipóteses de reconhecimento de inexistência do fato e de negativa de autoria fazem coisa julgada na esfera cível, impedindo que o suposto ofendido ou o Estado (para o caso de agente funcionário público) tome providências contra o réu através de ação indenizatória ou de providência disciplinar respectivamente.

Quando a absolvição ocorrer em face de insuficiência de provas (não haver prova da existência do fato, não existir prova de ter o réu concorrido para a infração penal ou não existir prova suficiente para a condenação) ou de reconhecimento de atipicidade (não constituir o fato infração penal[86]), o resultado no âmbito criminal não faz coisa julgada na esfera cível ou administrativa. Para que haja condenação criminal, é necessário que se tenha juízo de certeza, em grau distinto do que se dá nas demais esferas. Desse modo, em caso de se verificar que o julgamento se lastreou em hipótese que se assimile à insuficiência de provas ou à inexistência de provas, não ficam o Estado ou o ofendido impedido de recorrer às vias cíveis.

É relevante perceber que a declaração judicial de que o fato não constitui infração penal (atipicidade), não afasta a possibilidade de que aquele fato subsista como ilícito civil ou administrativo, de sorte a autorizar ação indenizatória ou procedimento administrativo disciplinar. O que não poderá ocorrer, por exemplo, na esfera disciplinar, é a demissão de servidor em virtude de ter cometido um determinado crime, haja vista que foi constatada pela justiça a atipicidade do fato. Isso não impede que subsista infração disciplinar residual ou subjacente cometida no contexto dos fatos que, por sua gravidade autorize a aplicação de sanção disciplinar (advertência, suspensão, prisão disciplinar ou demissão, consoante a gravidade), desde que observado o devido processo legal administrativo.

A sentença absolutória poderá reconhecer circunstância que exclua o crime, ou seja, uma situação de excludente de criminalidade (justificante). É o Código Penal que estabelece, em seu art. 23, que não haverá crime quando o agente praticar o fato: **(1)** em estado de necessidade; **(2)** em legítima defesa; e **(3)** em estrito cumprimento do dever legal ou no exercício regular de direito. A incidência da coisa julgada criminal no cível, obstando a indenização, dependerá, aqui, não só de qual hipótese se trata, mas também de quem desencadeou a situação excludente.

Assim, o acusado absolvido não se sujeitará à ação civil, em razão da aplicação da regra de que a coisa julgada criminal faz coisa julgada no âmbito cível: **(1)** se, em legítima defesa, o ofendido tiver dado causa a situação excludente, iniciando agressão injusta; **(2)** se, em estado necessidade, a vítima tiver provocado a situação de estado de necessidade; **(3)** se, nas hipóteses de estrito cumprimento do dever legal ou de exercício regular de direito, o ofendido tiver sido o responsável pelas respectivas situações excludentes.

Outrossim, se o fato praticado em situação excludente de criminalidade tiver atingido terceiro inocente ou, se o estado de necessidade, o estrito cumprimento de dever legal e o exercício regular de direito não tiverem sido desencadeados pela pessoa ofendida, mas por um terceiro, a vítima não fica impedida de acionar o agente absolvido. Se a situação excludente de criminalidade não tiver sido provocada pela vítima, mas por um terceiro, o agente absolvido, uma vez acionado pelo ofendido, poderá intentar ação regressiva contra o terceiro que deu causa à situação. A providência disciplinar, por parte do Estado contra o seu funcionário, poderá ter lugar, em qualquer caso, se presente infração disciplinar residual ou subjacente, pois a esfera administrativa é independente da criminal.

86. A ideia de insignificância do fato é um tanto imprecisa, mas constitui argumento para considerar o fato, embora típico formalmente, atípico em sentido material. O STJ, a propósito, editou as Súmulas nº 589, vincando ser "inaplicável o princípio da insignificância nos crimes ou contravenções penais praticados contra a mulher no âmbito das relações domésticas" (STJ – Terceira Seção – Súmula nº 589, aprovada em 13/9/2017 – DJe 18/9/2017) e nº. 599, entendendo que "o princípio da insignificância é inaplicável aos crimes contra a administração pública" (STJ. Corte Especial. Aprovada em 20/11/2017, DJe 27/11/2017).

Diversa das hipóteses aludidas até este ponto é a da sentença que absolve o réu por reconhecer excludente de culpabilidade (dirimentes), isto é, em situações que o isentam de pena, tais como: **(1)** o erro inevitável sobre a ilicitude do fato (art. 21, CP); **(2)** coação irresistível ou obediência hierárquica (art. 22, CP); e **(3)** inimputabilidade por doença mental ou desenvolvimento mental incompleto ou retardado que implique na incapacidade de entendimento do fato ou de determinação de acordo com esse entendimento (art. 26, CP).

As hipóteses de isenção de pena, quando o juiz reconhece exclusão de culpabilidade por inimputabilidade (art. 26, CP, ficando ressalvada a menoridade - art. 27, CP -, por ser remetida ao juízo da infância e da juventude, não havendo que se falar em processo penal), dão lugar ao que se tem por sentença absolutória imprópria, que tem conteúdo que reconhece a prática do fato e, ao final, não obstante contenha dispositivo absolutório, aplica medida de segurança, que, nada mais é que uma denominação eufemística para uma "pena" cominada a alguém que sofra de alguma perturbação mental. A chamada "absolvição imprópria" é aqui entendida como um eufemismo, pois disfarça uma "condenação". Daí que, malgrado as controvérsias doutrinárias, entende-se aqui que a sentença absolutória imprópria é título executivo equiparável à sentença condenatória. Da mesma forma, "a sentença em que concede o perdão judicial é condenatória, conforme orientação do STF, valendo também como título executivo"[87] (apesar do STJ afirmar que tal sentença é declaratória da extinção da punibilidade).

Desse modo, as sentenças absolutórias impróprias – fundadas no reconhecimento da inimputabilidade por doença mental ou desenvolvimento mental incompleto ou retardado que implique na incapacidade de entendimento do fato ou de determinação de acordo com esse entendimento – produzem efeitos nas órbitas civil e administrativa, notadamente por terem acertado a controvérsia fática. Não obstante a peculiaridade dessa espécie de sentença, não será dispensada a necessidade de pedido expresso na peça acusatória para que o magistrado possa, ao final, fixar o valor mínimo indenizatório.

No que for compatível, são aplicáveis os enunciados dos artigos 91 e 92, do Código Penal, que dispõem sobre os efeitos da sentença penal condenatória. Daí que a sentença absolutória imprópria: **(1)** tornará certa a obrigação de indenizar o dano causado pelo crime, já que seria equiparável a um título executivo judicial; **(2)** determinará a perda em favor da União dos produtos do crime ou de bem decorrente do proveito do delito, bem como dos instrumentos do crime cujo porte, fabrico, uso, alienação ou detenção constitua fato ilícito, ressalvado o direito do lesado ou de terceiro de boa-fé; e **(3)** a adoção das medidas administrativas que decorram do reconhecimento do cometimento do fato, a exemplo da punição disciplinar por falta residual ou subjacente ao fato definido, em tese, como crime.

Podem ser vislumbrados os seguintes efeitos secundários produzidos pela sentença absolutória, a exemplo do levantamento do sequestro incidente sobre bens do acusado supostamente adquiridos com o produto da infração penal (art. 131, III, CPP); cancelamento da hipoteca legal e do arresto determinados sobre o patrimônio lícito do acusado (art. 141, CPP); e restituição integral da fiança (art. 337, CPP)[88].

87. MIRABETE, Julio Fabbrini. *Processo penal*. 14. ed. São Paulo: Atlas, 2003. p. 157.
88. AVENA, Norberto. *Processo penal esquematizado*. 3. ed. São Paulo: Método, 2011. p. 1020-1021.

Anote-se, por derradeiro, que as absolvições fundadas no chamado erro de direito (erro inevitável sobre a ilicitude do fato, do art. 21, CP), na coação irresistível ou obediência hierárquica (art. 22, CP), e na embriaguez completa proveniente de caso fortuito ou força maior (art. 28, § 1º, CP) não impedem que o acusado seja acionado civilmente. Os fatos reconhecidos judicialmente na esfera criminal são, de antemão, considerados como ocorridos no âmbito cível. Contudo, é preciso que o ofendido ajuíze ação de conhecimento para que obtenha um título executivo. No bojo desta demanda, poderão ser arguidas outras razões não debatidas na esfera criminal, objetivando afastar a responsabilidade civil.

4.3. Sentença declaratória de extinção da punibilidade

A sentença declaratória de extinção de punibilidade é uma decisão definitiva que encerra a relação processual, julga o mérito, mas não condena nem absolve[89]. Em outras palavras, essa sentença aprecia o mérito da demanda, porém não de forma exauriente. É denominada de terminativa de mérito ou de definitiva, eis "que se julga o mérito, se define o juízo, mas não se condena nem absolve o acusado"[90].

As sentenças declaratórias de extinção de punibilidade podem advir em momentos variados, no curso do processo penal condenatório ou de execução. Se já houver sentença condenatória proferida, a declaração de extinção da punibilidade tem o condão de retirar a qualidade de título executivo daquela. Já quando a declaração da extinção da punibilidade em sede de execução penal, seja mesmo com base no dispositivo que autoriza o reconhecimento da prescrição da pretensão executória, não obsta a produção dos efeitos civis da sentença condenatória proferida anteriormente e transitada em julgado.

Diverso é o caso da sentença que reconhece a prescrição da pretensão punitiva. A decisão que reconhece, pura e simplesmente, a prescrição da ação, por si só, não produz qualquer efeito civil, afinal deságua na extinção da punibilidade (art. 107, IV, CP). Nem mesmo a prescrição penal tem a ver com a prescrição preconizada pela lei civil, havendo previsão de lapsos diferenciados.

Mais um exemplo de sentença extintiva de punibilidade é a hipótese de ***abolitio criminis***, a exemplo do que assentou o STJ na sua Súmula 513, que averba que a *abolitio criminis* temporária prevista na Lei nº 10.826/2003 aplica-se ao crime de posse de arma de fogo de uso permitido com numeração, marca ou qualquer outro sinal de identificação raspado, suprimido ou adulterado, praticado somente até 23/10/2005. A Súmula refere caso de prorrogação de incidência de norma penal incriminadora – daí a temporariedade dessa causa de extinção de punibilidade que visava desarmar a população –, conforme determinou o art. 3º, da Lei 11.118/2005.

Um último exemplo de possível sentença de extinção de punibilidade é a hipótese fundada na Lei de Repatriação de Valores (Lei nº 13.254/2016), desde que observados os parâmetros para inclusão da pessoa imputada no Regime Especial de Regularização Cambial e Tributária (RERCT), consoante os ditames do art. 4º, e parágrafos, daquele novel diploma legal. É necessário, em outros termos, que tenha sido entregue, pelo indiciado ou

89. TOURINHO FILHO, Fernando da Costa. *Manual de processo penal*. 5. ed. São Paulo: Saraiva, 2003. p. 687.

90. MIRABETE, Julio Fabbrini. *Processo penal*. 14. ed. São Paulo: Atlas, 2003. p. 157.

acusado, declaração dos recursos, bens e direitos sujeitos à regularização e ao pagamento de imposto, assim como que o cumprimento dessas condições ocorra antes do trânsito em julgado da decisão criminal condenatória. Trata-se de causa de extinção de punibilidade de natureza temporal, aplicável a crimes como de lavagem de dinheiro, evasão de divisas, falsidade documental e sonegação fiscal e previdenciária.

4.4. Publicação e intimação da sentença

Publicação e intimação da sentença são atos distintos. A publicação da sentença é ato que a torna existente juridicamente, consistente na sua inserção no sistema processual, delimitando o termo a partir do qual se considera apta à produção de efeitos jurídicos. A intimação, por outro lado, é formalidade que deve se seguir à publicação. Podem ocorrer simultaneamente, publicação e intimação, como se dá com a sua prolação em audiência, em processo por crime de ação penal privada, que não exija formalidade especial para que o ato de comunicação processual se torne perfeito.

4.4.1. Publicação da sentença

O Código de Processo Penal, em seu art. 389, preconiza que a sentença será "publicada em mão do escrivão". Vale dizer, a prolação da sentença e entrega ao setor que deve juntá-la aos autos é suficiente para se considerar ordenada, pelo juiz, a sua publicação. O perfazimento desse ato, no entanto, ocorrerá com a lavratura do respectivo termo. É o escrivão ou o diretor de secretaria (ou servidor com atribuição prevista normativamente) que deverá assim proceder e registrá-la em livro especialmente destinado para aquela finalidade.

Guilherme Nucci conceitua publicação como uma forma legal que transforma o ato individual do juiz, ainda desprovido de valor jurídico, em ato jurídico processual. Com a publicação, a sentença se torna, ***de jure***, do conhecimento geral. Nas palavras do autor, "nos autos será lavrado um termo, bem como há, em todo ofício, um livro específico para seu registro. Normalmente, é composto pelas cópias das decisões proferidas pelos juízes em exercício na Vara, com termo de abertura e encerramento feito pelo magistrado encarregado da corregedoria do cartório"[91].

A publicação da sentença pode ocorrer de várias formas, a depender do procedimento seguido em juízo. Se sua prolação ocorrer no bojo do próprio termo de audiência, restará dispensada a certidão ou a lavratura de outro termo, eis que já consignada sua emissão, pelo juiz, naquele ato processual. Nos procedimentos dos juizados especiais criminais, comum sumário e do júri, as sentenças são publicadas no ato da audiência ou sessão. No rito do júri, aliás, tem-se por publicada a sentença no instante em que o juiz realiza a sua leitura em plenário, ao final da sessão de julgamento[92]. A decisão de pronúncia, que encerra a primeira fase do júri, também é ato passível de publicação em audiência.

Nos termos da Lei nº 11.419/2008 (que dispõe sobre a informatização do processo judicial), a publicação poderá ser feita através de meio digital. Neste caso, a publicação eletrônica substituirá qualquer outro meio e publicação oficial, exceto quando a lei exija

91. NUCCI, Guilherme de Souza. *Manual de Processo Penal e Execução Penal*. 6. Ed. São Paulo: RT, 2010. p. 673.
92. AVENA, Norberto. *Processo penal esquematizado*. 3. ed. São Paulo: Método, 2011. p. 1064.

intimação pessoal. Entretanto, uma vez feita a publicação digital, será considerada como data da publicação o primeiro dia útil seguinte ao da disponibilização da informação no Diário de Justiça eletrônico (art. 4º, § 3º) e os prazos processuais se iniciarão no primeiro dia útil seguinte àquele considerado para efeitos de publicação.

Vale ressaltar que o STJ entendeu que "havendo dúvida resultante da omissão cartorária em certificar a data de recebimento da sentença conforme o art. 389 do CPP, não se pode presumir a data de publicação com o mero lançamento de movimentação dos autos na internet, a fim de se verificar a ocorrência de prescrição da pretensão punitiva"[93].

A publicação é ato de grande importância, tendo como efeito, a título de exemplo, a interrupção da prescrição quando da hipótese da sentença condenatória recorrível, consoante alteração trazida pela Lei nº 11.596/2007, que modificou a redação do art. 117, IV do Código Penal. Ademais, após a publicação a sentença se torna imutável para aquele juízo, salvo se forem acolhidos embargos de declaração (art. 382, CPP) ou em caso de erro de material, quando a alteração poderá ser feita ***ex officio*** (caso o juiz indique o nome réu de forma equivocada, por exemplo, poderá fazer a correção). Também pode haver modificação posterior da decisão de pronúncia, notadamente quando surgir fato superveniente a ela, ainda que preclusa, a teor do art. 421, § 1º, do CPP.

4.4.2. Intimação da sentença

Uma vez feita a publicação, seguir-se-á a intimação da sentença, ponto em que o Código de Processo Penal foi expresso, destacando sua importância para a efetivação das garantias fundamentais ao contraditório e à ampla defesa, com os meios e recursos a ela inerentes. A mitigação a essas regras macula o texto constitucional.

O art. 391, do CPP, regula a intimação da parte autora nas ações privadas.

O art. 392, de outro lado, dispõe sobre as intimações da sentença, em geral.

Além dessas disposições, convém atentar para a disciplina específica de intimação pessoal dos defensores públicos (art. 128, I, da Lei Complementar nº 80/1994), dos dativos (§ 5º, do art. 5º, da Lei nº 1.060/1950) e dos membros do Ministério Público (art. 41, IV, da Lei nº 8.625/1993).

Por último, a intimação da decisão de pronúncia é regida de forma específica (art. 420, I e II, CPP).

4.4.2.1. Intimação da parte autora nas ações penais privadas

O artigo 391, do CPP, preconiza que o querelante ou o assistente deve ser intimado da sentença, pessoalmente ou na pessoa de seu advogado. A forma é alternativa. Como se trata de parte acusadora, o legislador se satisfaz com a intimação de um ou de outro, não sendo necessária a de ambos, como se dá quando se trata do acusado. Ademais, o querelante não tem a prerrogativa de postular de forma leiga (sem advogado), nos autos, diversamente do querelado ou réu, que tem esse poder na primeira instância.

93. STJ – Sexta Turma – HC 408.736/ES – Rel. Min. Maria Thereza de Assis Moura – j. 06/02/2018.

A parte final do art. 391, do Código, estabelece que se nem o querelante ou o seu advogado for encontrado no lugar da sede do juízo, deve ser efetivada a intimação por edital. O prazo de dilação do edital é de dez dias, devendo ser aposto no lugar de costume.

Se o querelante estiver representado por defensor público ou por defensor dativo, a intimação destes deve ser realizada pessoalmente (sendo o defensor público intimado com a entrega dos autos quando necessário), independentemente de ter sido encontrado e intimado o autor da ação privada.

4.4.2.2. Intimação do Ministério Público, do defensor público e do defensor dativo

Como é cediço, o Ministério Público é de ser intimado pessoalmente, mediante a entrega dos autos, devendo se destacar, na esteira da jurisprudência mais recente do STF, que o ***Parquet*** será considerado intimado pessoalmente com a entrega dos autos na repartição do respectivo órgão, mediante protocolo. A Defensoria Pública também é intimada pessoalmente, porém a entrega dos autos (carga) só ocorre quando necessária. A sua vez, o advogado dativo é intimado pessoalmente, por mandado (sem carga dos autos).

4.4.2.3. Formas de intimação da sentença

Como regra geral, o art. 392, do Código de Processo Penal, é aplicável às intimações das sentenças condenatórias, absolutórias (própria, imprópria ou sumária) e extintivas de punibilidade. É cabível invocar a incidência do artigo para outras decisões que tenham qualidade equivalente à absolvição ou à extinção de punibilidade, toda vez que se verificar o direito do sucumbente de ter em seu favor oportunizada a interposição de recursos. Como exemplos, podem ser citadas a sentença que homologa suspensão condicional do processo (art. 89, Lei nº 9.099/1995) e a que homologa termo de colaboração premiada (Lei nº 12.850/2013).

O art. 392, do CPP, procura assegurar a intimação pessoal do acusado, além da do seu defensor constituído. Esse dispositivo tem redação original, ou seja, de 1941, sem ter sido afetado pelas reformas processuais penais. De tal modo, o texto precisa de leitura constitucional para ser aplicável também ao réu, de forma pessoal, ainda que esteja representado por defensor dativo. À época, não havia defensoria pública, razão pela qual deve ser aplicada a mesma disposição.

Nos termos do mencionado dispositivo, a intimação da sentença deve ser feita:

(1) ao acusado, pessoalmente, se estiver preso. Naturalmente, não se dispensa a intimação do advogado ou do defensor. Cuida-se de uma garantia apta a viabilizar a interposição de recursos pelo réu, ainda que haja discordância de seu causídico;

(2) ao réu pessoalmente, ou ao defensor por ele constituído, quando se livrar solto, ou, sendo afiançável a infração, tiver prestado fiança. Malgrado a limitação do texto (dando a entender pela dispensabilidade da intimação do réu solto, quando intimado seu advogado), a interpretação desse dispositivo deve ser realizada conforme a Constituição. Com efeito, a CF/1988 assegura o contraditório e a ampla defesa, com os meios e recursos a ela inerentes. Tal significa dizer que, se o réu sair sucumbente, ainda que estando em liberdade, deve-lhe ser garantido o direito de recorrer, ainda que contra o desejo do seu advogado ou de defensor. O direito de postular leigamente em primeira instância não conduz a outra conclusão senão a de exigir a intimação do réu, pessoalmente, toda vez que a sentença lhe for desfavorável, sem prejuízo de também ser necessária a intimação do defensor ou advogado;

(3) ao defensor constituído pelo réu, se este, afiançável, ou não, a infração, expedido o mandado de prisão, não tiver sido encontrado, e assim o certificar o oficial de justiça. Não sendo encontrado o réu, a intimação do advogado não dispensa a intimação daquele por edital, caso se trate de sentença condenatória;

(4) por edital, nas hipóteses em que o acusado se livrar solto ou tiver prestado fiança, o réu e o defensor que houver constituído não forem encontrados, e assim o certificar o oficial de justiça. Na hipótese, a intimação do advogado (constituído) ocorre pela imprensa, enquanto a do defensor público ou dativo, de forma pessoal. Pode ser necessária a intimação pessoal do advogado, mormente onde não existir ou não for acessível imprensa oficial. De todo modo, é indispensável a intimação de um defensor, ainda que seja preciso substituir o originário, em face da obrigatoriedade da defesa técnica;

(5) mediante edital, havendo contra o acusado mandado de prisão em infração afiançável ou não, "o defensor que o réu houver constituído também não for encontrado, e assim o certificar o oficial de justiça". Nesse caso, resolve-se também com a substituição do advogado constituído por defensor público ou dativo. Tratando-se de sentença condenatória, é indeclinável a intimação do réu para que possa exercer, querendo, seu direito de recorrer (defesa ampla). Não respeitada a disposição, a sentença condenatória não será apta a passar em julgado de maneira perfeita;

(6) por edital, se o réu, não tendo constituído defensor, não for encontrado e assim o certificar o oficial de justiça. Além do edital, é indeclinável a nomeação de defensor dativo ou a intimação de defensor público, eis que a defesa técnica não é facultativa.

4.4.2.4. Formas de intimação da decisão de pronúncia

A intimação da pronúncia é regida por disciplina própria, a teor do art. 420, do Código. A redação desse dispositivo é decorrente da reforma processual penal dada pela Lei nº 11.689/2008. Nada obstante tratar-se de enunciado posterior à Constituição de 1988, também merece análise e interpretação conforme o aludido texto legal.

Dispõe o art. 420, do CPP, que a intimação da pronúncia deve ser feita:

(1) pessoalmente ao acusado, ao defensor nomeado e ao Ministério Público (com vista e carga dos autos). Mesmo raciocínio se aplica às intimações dos defensores públicos, cuja entrega dos autos deve ocorrer quando necessária. Note-se que a regra, corretamente, não distingue réu preso de réu solto, assegurando o direito a recorrer de forma ampla;

(2) ao defensor constituído, ao querelante e ao assistente do Ministério Público, conforme o preconizado pelo § 1º, do art. 370, do Código. Nos termos deste parágrafo, a intimação do defensor constituído, do advogado do querelante e do assistente deverá ser feita mediante publicação através do órgão com atribuição para dar publicidade aos atos judiciais da comarca. É indispensável que tal intimação via impressa faça constar o nome do acusado. Ausente essa providência, haverá nulidade absoluta do ato de comunicação

processual (hipótese de nulidade cominada e que exige o saneamento do vício, isto é, refazimento da intimação).

O parágrafo único, do art. 420, do Código de Processo Penal, reza que o acusado solto que não for encontrado deve ser intimado por edital. Essa redação, como se disse, é fruto de inclusão pela Lei nº 11.689/2008.

Sobre o ponto, há controvérsia sobre se aquele enunciado enseja norma processual, com aplicação imediata (art. 2º, CPP), ou se tem também conteúdo material, prejudicial ao direito do imputado, haja vista que possibilita, a partir de sua vigência, o julgamento do acusado, sem a sua presença.

Note-se que, antes do advento da modificação legislativa, se o réu não fosse intimado da pronúncia, era inaugurada "crise de instância" e o processo restaria suspenso, embora corresse normalmente a prescrição, até que fosse ele encontrado e intimado. A regra anterior era, de fato, mais favorável e repercutia no ***jus puniendi***.

A hipótese é, portanto, um problema de direito intertemporal. Pensamos que a atual redação do parágrafo único do art. 420 do Código de Processo Penal só deve ser aplicada aos fatos havidos após sua vigência, diante do nítido conteúdo material (além do processual) de seu teor. A aplicação aos casos pretéritos implica a condução de um procedimento que amplia os contornos do direito de punir do Estado, eis que pela dicção daquele texto legal é possível o julgamento do acusado pelo júri, independentemente de sua intimação pessoal.

Rômulo Andrade Moreira, comentando o Enunciado nº 03, do Ministério Público da Bahia, defende essa posição. Para o autor, houve equívoco na edição daquele entendimento ministerial, haja vista que considerou que "o art. 420 do Código de Processo Penal, com redação determinada pela Lei nº 11.689/2008, detém natureza processual e deve ser aplicado de imediato, inclusive aos processos em curso, mesmo que tenham por objeto crimes pretéritos". Concordamos integralmente com as conclusões do processualista. Afinal, há nítida semelhança com as razões que fizeram doutrina e jurisprudência também concluir pela natureza material e processual do art. 366, do CPP, mormente no aspecto de que a incidência para os casos passados representa retroatividade ***in pejus***.[94]

O STJ, todavia, firmou precedentes no sentido de que o supradito parágrafo único, do art. 420, do Código de Processo Penal, com redação conferida pela Lei nº 11.689/2008, tem natureza processual. No entanto, a Corte Superior fez uma conjugação daquele dispositivo com os casos ocorridos anteriormente à Lei nº 9.271/1996, quando o réu tiver sido citado por edital. Em outros termos, se o réu tiver sido citado pessoalmente relativamente a acusação por fato praticado antes da Lei nº 9.271/1996, a intimação da pronúncia por edital não lhe trará prejuízo, eis que realmente ciente da imputação inicial. Porém, se tiver ocorrido sua citação por edital, com o seguimento do curso do processo por fato anterior aquele diploma legal de 1996, não deve ser aplicado o novel parágrafo único, do art. 420,

94. MOREIRA, Rômulo Andrade. Os enunciados do CONCRIM – Conselho de procuradores e promotores de justiça com atuação na área criminal. *Direitos Unifacs*, nº 180, Salvador, jun. 2015. Disponível em: <http://www.revistas.unifacs.br/index.php/redu/article/viewFile/3682/2591>. Acesso em: 11 nov. 2015.

do CPP, sendo vedado o julgamento à revelia do acusado por crime doloso contra a vida inafiançável à época[95].

Como se depreende, o julgado do STJ findou por criar, sem fundamento no art. 2º, do CPP (analogia), procedimento eclético, fundado no composto em torno do momento de incidência das Leis nº 9.271/1996 e nº 11.689/2008, sem permissivo legislativo e sem observar, quanto à última, o princípio da vedação da retroatividade de lei penal em desfavor do réu. Veja-se que, de um lado, afirmou a só natureza processual do parágrafo único, do art. 420, do CPP, e, de outro, considerou que poderia prejudicar réus citados por edital relativamente a casos anteriores à Lei nº 9.271/1996, que modificou o art. 366, do CPP.

4.4.2.5. Prazo de dilação dos editais de intimação da sentença

O prazo de dilação constante dos editais de intimação da sentença, acima referidos, "será de 90 (noventa) dias, se tiver sido imposta pena privativa de liberdade por tempo igual ou superior a 1 (um) ano, e de 60 (sessenta) dias, nos outros casos" (§ 1º, art. 392, CPP). O acusado e/ou o seu defensor são considerados intimados no dia útil subsequente à expiração do prazo de dilação editalícia. Nesse sentido, o § 2º, do art. 392, CPP, verbera que "o prazo para apelação correrá após o término do fixado no edital, salvo se, no curso deste, for feita a intimação por qualquer das outras formas estabelecidas neste artigo". Frise-se que o edital não precisa conter o inteiro teor da decisão, devendo contar, de forma breve e precisa, com os elementos essenciais ao entendimento do ***decisum***, como identificação do réu e a parte dispositiva da sentença[96].

4.4.2.6. Intimação do ofendido

É obrigatória a comunicação ao ofendido quanto à sentença ou acórdão proferido, no intuito de viabilizar a sua ciência acerca da manutenção ou modificação da decisão de prisão do acusado, consoante preceituado pelo art. 201, § 2º, do CPP. Trata-se de medida legislativa direcionada à proteção e à inserção da vítima no processo penal.

Não é impossível que tal intimação se dê de maneira eletrônica, desde que haja prévio cadastro no Poder Judiciário. Nesses casos, a intimação dispensará publicação no órgão oficial (inclusive eletrônico), sendo considerada feita no dia em que for efetivada a consulta ao teor da intimação.

De modo a evitar manobras procrastinatórias, a intimação será considerada realizada, caso transcorridos 10 (dez) dias da data do envio da intimação sem que haja consulta ao seu teor (art. 5º, § 3º da Lei nº 11.419/2008). Noutra quadra, nos casos urgentes em que a intimação eletrônica possa causar prejuízo ou em que evidenciada tentativa de burla ao sistema, o juiz poderá determinar a realização do ato por outro meio, para que seja atingida sua finalidade.

95. Consoante o STJ, "2. O artigo 420, parágrafo único, do Código de Processo Penal, alterado com a entrada em vigor da Lei 11.689/2008, que permite a citação por edital do réu solto que não for encontrado, é norma de natureza processual, motivo pelo qual deve ser aplicada de forma imediata sobre os atos processuais pendentes. Precedentes. 3. Todavia, tal norma processual penal não pode ser aplicada aos fatos anteriores à Lei 9.271/1996, nas específicas hipóteses em que foi decretada a revelia do réu, uma vez que tal compreensão implicaria a sua submissão a julgamento pelo Tribunal do Júri sem que sequer se tenha certeza da sua ciência acerca da acusação que pesa contra si" (STJ – Quinta Turma – HC 262.209/PA – Rel. Ministro Jorge Mussi – julgado em 24/04/2014 – DJe 05/05/2014).

96. MIRABETE, Julio Fabbrini. *Código de processo penal interpretado.* 11. ed. São Paulo: Atlas, 2006. P. 1039.

4.4.2.7. *Intimação da sentença por carta precatória*

Se a intimação, do acusado ou do ofendido, ocorrer por carta precatória ou de ordem, considera-se efetuado esse ato de comunicação processual com a efetiva intimação no juízo deprecado e não com a juntada da carta aos autos, como reza a súmula nº 710 do STF.

5. COISA JULGADA E PRECLUSÃO

5.1. Distinção

Coisa julgada e preclusão se distinguem.

Enquanto a preclusão é técnica que impede que o processo retorne a estágios já exauridos, recaindo sobre atos processuais que não se amoldam a julgamento do mérito do caso penal de forma plena, a coisa julgada em sentido estrito é caráter que pode revestir um julgamento final. A ocorrência de uma ou de outra depende do advento de fatos ou omissões processuais.

5.2. Coisa julgada

Coisa julgada, a rigor, ocorre para situações onde há sentença propriamente dita, com julgamento da pretensão punitiva em seu mérito. A coisa julgada se agrega à parte dispositiva de um julgado, tornando-o imutável. É fenômeno que se dá com o decurso do prazo recursal "em branco" (***in albis***), sem que as partes interponham o recurso cabível, ou, em tendo havido recurso, após a apreciação definitiva deste.

Distinguindo as consequências jurídicas da sentença de seu caráter de perenidade, Eugênio Pacelli pontua que coisa julgada não é propriamente um efeito, porém uma qualidade da sentença que não desafia mais recurso. Nas palavras do autor, a ***res judicata*** "é a imutabilidade da sentença, de modo a impedir a reabertura de novas indagações acerca da matéria nela contida"[97].

5.3. Preclusão

Por seu turno, a preclusão se dá de diferentes maneiras, especialmente sobre as decisões ou "sentenças" que encerram uma fase processual, mas que não têm a força de coisa julgada, notadamente porque seu conteúdo não afeta o mérito propriamente dito da demanda penal (sem aplicação de pena), possibilitando, excepcionalmente, se verificada circunstância superveniente, rediscussão da matéria, com reapreciação pelo juiz. Dessa maneira, se em alguns casos pode-se dizer que a "sentença" de pronúncia passa em julgado, não menos exata é a assertiva de que circunstância superveniente (tal como ocorre com a morte da vítima de homicídio tentado, modificando-o para consumado em decorrência da ação do agente) evidencia que a "coisa julgada" na pronúncia é mais fraca do que a da sentença condenatória, parecendo mais adequado reputar que aquela "sentença" se sujeita à preclusão.

Sob enfoque mais específico, a preclusão se classifica em mais de uma espécie. A preclusão pode ser temporal, lógica, consumativa e ***pro judicato***[98]. A coisa julgada formal é

---

97. OLIVEIRA, Eugênio Pacelli de. *Curso de processo penal*. 2. ed. Belo Horizonte: Del Rey, 2003. p. 590.

98. ALENCAR, Rosmar Antonni Rodrigues Cavalcanti de. *Preclusão da decisão desclassificatória no rito do júri*: (im)possibilidade de arguição de conflito de competência. Porto Alegre: Sergio Antonio Fabris, 2006. p. 34.

também denominada de preclusão (temporal) máxima[99]. No direito romano, tinha-se por coisa julgada a expressão de exigência de certeza e segurança no gozo dos bens da vida[100], ***uma res in judicium deducta***, depois de ***iudicata***: apenas passava em julgado a ***sententia*** (sentença final), não as ***interlocutiones*** (decisões interlocutórias)[101].

A preclusão pode ser classificada também como exaustiva, descrita por Paulo Roberto de Oliveira Lima como a que ocorre toda vez que se esgotam as possibilidades reservadas à parte para debater o ***thema probandum***. Vale dizer:

> É a hipótese da parte que, vencida em um incidente processual, recorre, agravando para o segundo grau de jurisdição, ali também amargando insucesso. Novamente irresignada, a parte intenta outros recursos, até o Especial e o Extraordinário [...], sofrendo novo revezes. Enfim, dia há de chegar em que a parte não mais disporá de recursos para interpor, visto haver esgotado todos aqueles elencados na legislação processual. Nestas circunstâncias fica a parte inibida de insistir no tema. Tem-se então a preclusão exaustiva[102].

5.4. Coisa julgada criminal e revisão criminal *favor rei*

A coisa julgada tanto pode recair sobre a sentença condenatória quanto sobre a absolutória, própria ou imprópria (que aplica medida de segurança). Enquanto a sentença condenatória está sujeita à revisão criminal, de forma indefinida no tempo, a sentença absolutória (própria) passada em julgado não pode ser objeto de revisão criminal (coisa soberanamente julgada). O mesmo se diga em relação às decisões que extinguem a punibilidade.

Em outros termos, a revisão criminal pode ser ajuizada somente em favor do réu. Tem-se reconhecido, inclusive, que o Ministério Público pode promovê-la, conquanto não o preveja o art. 623, CPP. Também não há disposição legal autorizando revisão criminal contra sentença ou acórdão de absolvição imprópria. No entanto, essas decisões, que aplicam medida de segurança, têm sido objeto de revisão criminal. Afinal, para dar tratamento isonômico ao réu inimputável que sofreu limitação de liberdade por meio de medida de segurança, cabível a interpretação analógica para admitir que a absolvição imprópria seja revisível criminalmente.

Questão interessante ocorre com a declaração de extinção da punibilidade pautada em atestado de óbito falso. Segundo o STF, o ato é inexistente, cabendo ao juiz retomar o processo de onde parou, decidindo a causa[103]. A justificativa para tal conclusão é a ausência do suporte de fato necessário para fazer incidir a disposição legal que determina a prolação de decisão extintiva de punibilidade (art. 107, CP, e art. 61, CPP). Não acontecendo a morte de fato, fica impedido o ingresso da sentença extintiva no sistema. Não somos partidários de tal entendimento. Transitada em julgado a decisão, a matéria não mais poderia ser revista (soberania da coisa julgada ***pro reo***), restando a responsabilização criminal daqueles que concorreram para a falsificação documental.

99. SILVA, Ovídio Araújo Baptista da. *Curso de processo civil*. 5. ed. São Paulo: RT, 2000. v.1. p. 484.
100. ALVIM, José Eduardo Carreira. *Teoria Geral do Processo*. 8. ed. Rio de Janeiro: Forense, 2002. p. 313-314.
101. ALENCAR, Rosmar Antonni Rodrigues Cavalcanti de. *Preclusão da decisão desclassificatória no rito do júri*: (im)possibilidade de arguição de conflito de competência. Porto Alegre: Sergio Antonio Fabris, 2006. p. 34.
102. LIMA, Paulo Roberto de Oliveira. *Contribuição à teoria da coisa julgada*. São Paulo: RT, 1997. p. 44-45.
103. STF: RTJ 93/986.

De todo modo, não há revisão criminal de sentença absolutória ou condenatória transitada em julgado quando ajuizada ***pro societate***, dentro da sistemática do Código de Processo Penal. A revisão criminal tem o fito de só beneficiar a defesa e, dessa maneira, mitiga parcialmente a qualidade da coisa julgada de sentença penal condenatória, já que poderá ser requerida em qualquer tempo, antes da extinção da pena ou após (art. 622, CPP). Destarte, a coisa julgada em matéria penal reveste a sentença de uma qualidade que firma o limite além do qual é vedada a intervenção punitiva estatal: é uma espécie de teto, não podendo a situação do acusado ser agravada em decisão criminal superveniente, com a maximização do princípio da vedação da ***reformatio in pejus***.

5.5. Coisa julgada criminal e o princípio da correlação entre a *causa petendi* e a sentença

Sobre a **correlação** entre petição inicial e sentença, também conhecida como **princípio da relatividade** (ou da congruência, para parte da doutrina), necessária uma digressão, considerando as especificidades da ação penal condenatória e da sentença que a julga procedente, ao menos parcialmente.

Se no direito processual civil, a sentença deve ser pronunciada nos limites do pedido, no direito processual penal, não é bem isso que acontece. O pedido condenatório é satisfeito de forma um tanto genérica. Pede-se a condenação do denunciado ou do querelado como incurso em um tipo penal apontado na peça acusatória. O juiz não fica adstrito à classificação dada à infração penal.

Essas idiossincrasias tornam o pedido condenatório um fator não determinante relativamente à sentença. Isto é, a sentença, seja em sua parte fundamentadora, seja em sua parte conclusiva (dispositivo), é alicerçada na causa de pedir. Em outras palavras, no processo penal, a correlação se dá, a rigor, entre a causa de pedir e a sentença.

Na denúncia ou na queixa, narra-se um fato típico, antijurídico, culpável e, decerto, punível. Entrementes, a infração penal é um todo unitário, cujo cerne para a definição dos limites objetivos da coisa julgada é o fato nuclear criminoso. Com esse entendimento, eventuais detalhes da infração penal, circunstâncias ou formas da atuação do agente não periféricas para a identificação da coisa julgada e de seus limites.

Na prática, impede-se a propositura de uma segunda ação penal, em violação ao princípio ***ne bis in idem***, com o uso do artifício de alterar algum dado para sustentar a não identidade de demandas. Esse pensamento está de acordo com a teoria da individualização, aplicável à ação penal condenatória, por autorizar uma força maior à coisa julgada que resulta de seu julgamento. Mais relevante para a identificação das demandas penais é o fundamento jurídico que incide em virtude da narrativa de prática de uma infração penal, como um todo indiviso, incindível. Prestigia-se, com isso, o postulado de que ninguém pode responder criminalmente duas vezes, pelo mesmo fato natural.

Para nós, haverá identidade de demandas se o fato nuclear já foi julgado, malgrado decisões no âmbito do STF e do STJ sustentando a possibilidade do mesmo réu responder duas vezes pelo mesmo fato, a primeira na qualidade de autor (executor material do homicídio) e a segunda na condição de partícipe (mentor intelectual do crime), ou vice-versa. No capítulo anterior, sobre questões e processos incidentes, abordamos esse problema, apontando as inconsistências teóricas.

Ainda sobre coisa julgada, remetemos o leitor ao tópico 3.2.5, do Capítulo 6 (questões e processos incidentes), onde discorremos sobre a exceção de coisa julgada.

6. QUADRO SINÓTICO

CAPÍTULO XII – SENTENÇA		
NOÇÃO DE SENTENÇA		
Introdução	O CPC/2015, ao tratar da sentença, dispõe, em seus arts. 485 e 487, que o juiz resolverá ou não resolverá o mérito, ou seja, não necessariamente a sentença terá a força de encerrar o processo. Entretanto, em seu art. 203, e parágrafos, tanto permanece com a classificação dos atos processuais do juiz em sentenças, decisões interlocutórias e despachos, quanto os define com base na característica de colocar fim o processo. Preconiza, desse modo, que sentença é o pronunciamento por meio do qual o juiz, com fundamento nos casos de resolução do processo com ou sem exame do mérito, põe fim à fase cognitiva do procedimento comum, bem como o que extingue a execução, ressalvadas as previsões expressas nos procedimentos especiais. Apesar de assistemático e criticável pela doutrina inquisitória que inspirou o nosso CPP (Código Rocco), reputamos que o legislador processual Penal andou melhor em não estampar um conceito de sentença. A leitura dos arts. 381 e seguintes dá margem à interpretação de que "sentença é apenas a decisão que julga o mérito principal, ou seja, a que condena ou absolve o réu" (FEITOZA), decidindo acerca da imputação feita em desfavor do acusado, o que não é verdadeiro. Esta noção corresponde à sentença em sentido estrito, mas há sentenças em sentido amplo que não encerram o processo, a exemplo da decisão de pronúncia (§ 1º, art. 413, CPP), classificada como "decisão interlocutória mista não terminativa", porém referida originariamente como "sentença de pronúncia", pelo legislador de 1941.	1.1
Outros atos judiciais	Os atos processuais da autoridade judiciária podem ser divididos em (1) provimentos e (2) atos reais ou materiais. **1.2.1. Provimentos:** São considerados provimentos os despachos de mero expediente (1.2.1.1.), as decisões interlocutórias (1.2.1.2.) e as decisões definitivas (1.2.1.3.). **1.2.2. Atos reais ou materiais:** subdividem-se em: 1.2.2.1. Atos instrutórios (realização de inspeções em pessoas ou coisas, por exemplo); 1.2.2.2. Atos de documentação (rubricar as folhas dos autos, subscrever termo de audiência).	1.2
CLASSIFICAÇÃO DAS SENTENÇAS		
Sentença declaratória	Não necessita de providência ulterior, contendo uma força preponderantemente de declaração.	2.1
Sentença constitutiva	Tem como eficácia preponderante a modificação de situação jurídica, não impondo ação de execução subsequente. Subdivide-se em **2.2.1.** Sentença constitutiva positiva (fazem surgir uma nova situação jurídica); **2.2.2.** Sentença constitutiva negativa (importam em desconstituir um ato jurídico anterior, até então válido e eficaz).	2.2

CAPÍTULO XII – SENTENÇA		
Sentença mandamental	A sentença mandamental pode ser encontrada também em ação de *habeas corpus*, quando termina com a emissão de um alvará de soltura ou de um salvo-conduto, retratando um pronunciamento judicial que consubstancia uma ordem.	2.3
Sentença executiva	É admissível em sede de processo penal, ainda que em sede de processos instaurados de ofício ou a requerimento do Ministério Público ou do ofendido, ou mediante representação da autoridade policial.	2.4
Sentença condenatória	Tem lugar quando reconhecida a procedência da inicial acusatória.	2.5
Outras classificações	2.6.1. Decisões interlocutórias simples: dirimem questões emergentes relativas à regularidade ou marcha do processo, exigindo um pronunciamento decisório sem penetrar no mérito da causa. 2.6.2. Decisões interlocutórias mistas: também chamadas de decisões com força de definitivas, encerram: (a) uma etapa do procedimento – interlocutórias mistas não terminativas – ou (b) a própria relação processual, sem a resolução do mérito da causa – mistas terminativas. 2.6.3. Decisões definitivas ou sentenças em sentido próprio: provimentos que resolvem o mérito da causa, podendo se apresentar como condenatórias, absolutórias e terminativas de mérito. 2.6.4. Sentenças executáveis: podem ser executadas de plano. 2.6.5. Sentenças não executáveis: pendentes de recurso com efeito suspensivo e as sentenças condicionais (carecem de um acontecimento futuro e incerto, tal como se dá com o *sursis* penal e o livramento condicional). 2.6.6. Sentenças suicidas: em que há uma contradição entre a parte dispositiva e a fundamentação, e que são nulas ou podem ser corrigidas por embargos de declaração.	2.6
Outras classificações	2.6.7. Sentenças vazias: decisões passíveis também de anulação por falta de fundamentação. 2.6.8. Sentenças subjetivamente simples: proferidas por órgão singular. 2.6.9. Sentenças subjetivamente plúrimas: emanadas de órgão colegiado homogêneo. 2.6.10. Sentenças subjetivamente complexas: proferidas por órgão colegiado heterogêneo, a exemplo do Tribunal do Júri. 2.6.11. Sentença autofágica: que reconhece a imputação, mas declara extinta a punibilidade, como ocorre com o perdão judicial. 2.6.12. Sentenças materiais: aquelas que decidem o mérito da causa. 2.6.13. Sentenças formais: aquelas que decidem questões meramente processuais, podendo colocar fim ao processo ou à instância.	2.6
FUNDAMENTAÇÃO E ESTRUTURA DAS SENTENÇAS		
É com a fundamentação da sentença que são explicitadas as teses da acusação e da defesa, as provas produzidas e as razões do convencimento do juiz. O sistema da persuasão racional ou do livre convencimento motivado é o adotado como regra no direito processual penal, adequando-se ao art. 93, IX, da CF/1988. O CPC/2015 não fez alusão ao termo "livre" para referir a necessidade de um "convencimento motivado" (art. 371). No direito processual penal, sabemos que o juiz é regido pela "livre" apreciação da prova. No entanto, a dicção do legislador processual civil tem a virtude de elucidar que o juiz tem limites para fundamentar.		3

CAPÍTULO XII – SENTENÇA		
Fundamentação *per relationem* ou aliunde	Embora a fundamentação *per relationem* (motivação de decisão ou sentença que se reporta às razões de decidir consignadas na fundamentação de outra decisão ou sentença) encontre resistências da doutrina, na jurisprudência ela é francamente admitida. Tanto o STF, quanto o STJ têm se pronunciado favoravelmente ao uso dessa técnica, desde que não implique falta de motivos para decidir.	**3.1**
Estruturação da sentença	Pode ser identificada nas sentenças, de uma maneira geral, a seguinte estrutura: (1) o relatório, traduzindo-se num resumo do processo (que é dispensado nas sentenças proferidas na esfera dos juizados especiais criminais); (2) a fundamentação, motivação ou fundamentos (são as razões de decidir); (3) o dispositivo ou conclusão (onde consta o núcleo da decisão). Com o fito de assegurar que a sentença aprecie de maneira completa e coerente os fatos, o art. 382, CPP, prevê os "embarguinhos" (nome vulgar dado pela doutrina aos embargos de declaração no processo penal quando opostos contra a sentença de juiz). O aludido dispositivo assegura que da sentença de primeiro grau que contiver obscuridade, ambiguidade, contradição ou omissão, qualquer das partes poderá, no prazo de dois dias, pedir ao juiz que a declare. No entanto, simples erro material não determina a invalidação da sentença. Os meros erros de ordem material devem ser corrigidos de ofício, sem necessidade de provocação das partes. No momento de sentenciar, o juiz poderá ainda se deparar com situações que impliquem ***emendatio libelli*** ou ***mutatio libelli***.	**3.2**
Emendatio libelli	*Emendatio libelli*: o juiz, sem modificar a descrição do fato contada na denúncia ou queixa, poderá atribuir-lhe definição jurídica diversa, ainda que, em consequência, tenha de aplicar pena mais grave. Pode ser aplicada na fase recursal. Duas formas de emenda de enquadramento legal da imputação *emendatio libelli* merecem referência: a "*emendatio libelli* por defeito de capitulação, situação na qual o juiz profere sentença condenatória ou decisão de pronúncia em conformidade exata com o fato descrito na denúncia ou na queixa", apenas corrigindo a capitulação trazida na inicial e a "*emendatio libelli* por interpretação diferente", ilustrada na hipótese em que o Ministério Público oferece denúncia por homicídio qualificado por meio cruel (art. 121, § 2º, III, CP) enquanto que o magistrado, com amparo na mesma situação fática, vislumbra, em oposição, a qualificadora de recurso que impossibilitou a defesa do ofendido (art. 121, § 2º, IV, CP), conferindo, assim, nova capitulação ao fato.	**3.2.1**
Mutatio libelli	*Mutatio libelli*: "encerrada a instrução probatória, se entender cabível nova definição jurídica do fato, em consequência de prova existente nos autos de elemento ou circunstância da infração penal não contida na acusação, o Ministério Público deverá aditar a denúncia ou queixa. O aditamento poderá ocorrer em audiência ou no prazo de cinco dias, exigindo-se que se cuide de processo instaurado por crime de ação penal de iniciativa pública, reduzindo a termo o aditamento, quando feito oralmente". A *mutatio libelli* só tem cabimento nas ações públicas ou privada subsidiária, não podendo, ademais, ser invocada na fase recursal, pois haveria supressão de instância (súmula nº 453, STF).	**3.2.2**

CAPÍTULO XII – SENTENÇA

<table>
<tr><th colspan="3">SENTENÇA EM PROCESSO PENAL CONDENATÓRIO E SEUS EFEITOS</th></tr>
<tr><td>Sentença condenatória</td><td>A sentença condenatória é a que acolhe o pedido em ação penal que imputa um fato delituoso a alguém.

O CPC/2015, no § 1º, do seu artigo 489, estabelece casos em que não se deve considerar fundamentados acórdãos, sentenças e decisões. Diante da omissão do CPP, entendemos aplicável, por analogia, as disposições que daquele Código que permitem aplicação do direito processual penal de acordo com o art. 93, IX, da CF/1988 (dever de fundamentar decisões em geral).

O art. 387, CPP, detalha o conteúdo da sentença condenatória, em que o magistrado:

1) "mencionará as circunstâncias agravantes ou atenuantes definidas no Código, e cuja existência reconhecer";

2) "mencionará as outras circunstâncias apuradas e tudo o mais que deva ser levado em conta na aplicação da pena", a teor dos artigos 59 e 60, do Código Penal;

3) "aplicará as penas, de acordo com essas conclusões";

(4) fixará valor mínimo para a reparação dos danos causados pela infração, considerando os prejuízos sofridos pelo ofendido (inciso IV, com redação dada pela Lei nº 11.719/2008, que mitigou ainda mais a separação antes tida por absoluta entre as esferas civil e penal, e que ressaltamos no Capítulo IV, ao tratar da ação civil ex delicto). Há posicionamento doutrinário que entende que a fixação desse quantum seja realizado de ofício pelo juiz, por ser este um dever estabelecido legalmente. Não concordamos com essa ideia, por entendermos que a fixação do valor ex officio viola o sistema acusatório adotado pelo modelo constitucional de processo penal, bem como amplia sem pedido, o objeto sobre o qual deve recair a cognição judicial. Flaviane Barros sustenta que a alteração "fere frontalmente o modelo constitucional de processo, principalmente o princípio do contradiìtório, como influência e não surpresa, e o princípio da ampla argumentação". Como a fixação do dano é norma de natureza substancial, deve ser aplicada somente aos fatos ocorridos após a vigência da legislação que a incluiu (reforma processual de 2008). Entendemos, aliás, que é necessário pedido formulado pela parte legitimada a requerer a reparação dos danos causados pela infração penal. Embora o entendimento que tem se sagrado majoritário repute necessário pedido, a ser formulado pelo Ministério Público, no bojo da ação penal condenatória, pensamos que essa possibilidade esbarra na falta de previsão constitucional para que o Parquet possa pleitear direitos individuais disponíveis. Daí ser necessário pedido do ofendido, habilitado na ação penal como assistente do MP. De outro giro, compreendemos como antijurídico e não assimilável ao sistema brasileiro a pretensão indenizatória fundada na categoria "dano moral coletivo", haurida do direito estrangeiro. Nessa linha, o STF, nos autos de ação penal por crime de lavagem de capitais, fixou apenas danos materiais, indeferindo expressamente "o pedido de danos morais coletivos".

5) "decidirá, fundamentadamente, sobre a manutenção ou, se for o caso, imposição de prisão preventiva ou de outra medida cautelar, sem prejuízo do conhecimento da apelação que vier a ser interposta" (art. 387, § 1º, do CPP).</td><td>4.1</td></tr>
</table>

CAPÍTULO XII – SENTENÇA

Com o ordenamento jurídico inaugurado com a Constituição de 1988, a garantia da presunção de inocência impôs a liberdade como regra, mesmo durante o curso do processo. Destarte, o simples fato de haver sentença condenatória não deve ser suficiente para levar alguém à prisão – máxime quando o acusado se encontre solto no curso do processo –, necessitando, antes, da presença dos requisitos autorizadores da decretação da prisão preventiva (art. 312, CPP). Seguia-se a tendência de não se admitir qualquer espécie de execução penal provisória antes do trânsito em julgado da sentença penal condenatória. Mais recentemente, o STF, por seu órgão Pleno, deliberou, por maioria, pelo cabimento de execução provisória de pena após confirmação da condenação penal por tribunal, em segundo julgamento. Primeiramente tal julgado teve efeito não vinculante *e inter partes*. Seguiu-se sentido oposto àquele antes firmado, que somente concebia prisão provisória, ainda que arrimada em condenação recorrível, quando presente o requisito da cautelaridade, isto é, quando indispensável, a teor do art. 312, do CPP. A decisão foi objeto de controvérsias entre os ministros da Suprema Corte, findando por ser reconhecida repercussão geral e passando a produzir efeitos gerais (ARE 964.246). O STF declarou a reafirmação de sua jurisprudência nesse sentido, assentando que a execução provisória de pena não ofende o princípio constitucional da presunção de inocência, nem fere o art. 283, do CPP. Dissentimos desse posicionamento.

Efeitos da sentença condenatória — 4.1.1

Na sentença, o juiz deve atentar para eventuais limitações a direitos do acusado. Estando preso ou em liberdade o réu, o cárcere só se justifica, como não pode deixar de ser, se presentes os requisitos da preventiva, bem como se não existir outra medida cautelar menos gravosa que a substitua (art. 319, do CPP), por ser a prisão preventiva medida extrema. De qualquer sorte, o recolhimento ao cárcere não condiciona o julgamento do recurso de apelação, o que foi ratificado com a revogação dos artigos 594 (pela Lei nº 11.719/2008) e 595 (pela Lei nº 12.403/2011), do Código.

Da sentença criminal condenatória transitada em julgado podem ser emanados efeitos não só penais, como também civis. Os artigos 91 e 92, do Código Penal, rezam sobre os seguintes **efeitos condenatórios**:

1) tornar certa a obrigação de indenizar o dano causado pelo crime;

2) a perda em favor da União dos produtos do crime ou de bem decorrente do proveito do delito, bem como dos instrumentos do crime cujo porte, fabrico, uso, alienação ou detenção constitua fato ilícito. Ressalte-se que há outras hipóteses de perda de bens tanto na Constituição quanto na legislação extravagante;

3) a perda de cargo ou função pública ou mandato eletivo quando aplicada pena superior a quatro anos ou, nos crimes contra a Administração Pública, se a pena for igual ou superior a um ano Existem ainda outras hipóteses na legislação extravagante, tais como na Lei nº 9.455/1997 (que, tratando da tortura, prevê como efeito automático a perda do cargo do agente público, conforme art. 1º, § 5º); na Lei nº 7.716/1989 (define os

CAPÍTULO XII – SENTENÇA		
Efeitos da sentença condenatória	crimes resultantes de preconceito de raça ou de cor, estabelecendo a perda do cargo ou função pública como efeito – não automático, vide art. 18 – da condenação, consoante previsão do art. 16 da Lei); e, ainda, na Lei 9.613/1998 (disciplina a "lavagem" ou ocultação de bens, direitos e valores, estatuindo no seu art. 7º, II, não a perda, mas a interdição do exercício de cargo ou função pública de qualquer natureza e de diretor de membro de conselho de administração ou de gerência das pessoas jurídicas referidas na Lei); 4) a incapacidade para o exercício do pátrio poder, tutela ou curatela, nos crimes doloso, sujeitos à pena de reclusão, cometidos contra filho, tutelado ou curatelado; 5) a inabilitação para dirigir veículo, quando utilizado como meio para a prática de crime doloso; O parágrafo único do art. 63 do CPP, estabelece o efeito executório de plano, sem necessidade de liquidação prévia, da parte da sentença condenatória penal não recorrida que fixar o valor mínimo para reparação dos danos causados pela infração penal, de acordo com os prejuízos suportados pelo ofendido.	4.1.1
Efeito prodrômico da sentença penal condenatória ou *non reformatio in pejus*	No direito processual penal, o "efeito prodrômico da sentença" foi expressão cunhada para designar o princípio *non reformatio in pejus* direta ou indireta da sentença penal condenatória. Note-se que a vedação à reforma da sentença em prejuízo do acusado, quando só este tenha recorrido, pode se dar: 1) de forma direta: quando o órgão para o qual foi dirigido o recurso exclusivo da defesa do réu, não pode reformar a sentença impugnada para, por exemplo, majorar a pena do acusado; 2) de forma indireta: quando o órgão recursal, em recurso exclusivo do acusado, anula a sentença condenatória para determinar um segundo julgamento. Nesse novo julgamento, não pode o juiz proferir sentença que implique situação mais gravosa ao réu, tomando como parâmetro aquela primeira sentença que foi invalidada em razão de recurso exclusivo da defesa. No que toca às decisões do Tribunal do Júri, pairava alguma divergência jurisprudencial e doutrinária quanto à possibilidade de, num segundo julgamento, em face da soberania dos veredictos, ser prolatada decisão mais gravosa ao acusado que recorreu. No entanto, com o mesmo entendimento, o STJ e o STF pacificaram a questão, para assentar o efeito prodrômico da decisão dos jurados e da sentença penal anulada. O STF, em caso concreto, anulou o julgamento pelo tribunal do júri e a respectiva sentença condenatória, transitada em julgado para a acusação. Entende-se, portanto, que não pode o acusado, na renovação do julgamento, ser condenado a pena maior do que a aplicada na sentença anulada, mesmo que com esteio em circunstância não suscitada no primeiro julgamento.	4.1.2

<table>
<tr><th colspan="3">CAPÍTULO XII – SENTENÇA</th></tr>
<tr><td>Técnica da sentença penal condenatória</td><td>É indispensável observar os seguintes aspectos mínimos para a elaboração da sentença penal condenatória, sob pena de nulidade e de um julgamento injusto:
a) quando o caso tem mais de um réu e mais de um fato criminoso, é recomendável, antes de se elaborar o relatório, previamente destacar a conduta de cada agente, tal como foi tipificada pelo Ministério Público ou querelante resumidamente com o enquadramento típico;
b) o relatório é elaborado com a menção dos fatos relevantes ocorridos durante o processo;
c) ao iniciar a fundamentação, primeiro serão apreciadas as questões processuais (preliminares como competência, ilegitimidade e outras) que, logicamente, precedam a motivação propriamente dita da sentença penal condenatória (o mérito);
d) caso os fatos descritos pelo Ministério Público ou querelante estejam tipificados de forma equivocada, caberá emendatio libelli depois das preliminares, a fim de que, com base no princípio da consunção, da especialidade e/ou da subsidiariedade, seja retificado o enquadramento inicial, restringindo a imputação ao(s) artigo(s) pertinente à conduta do acusado (em relação a cada réu, se for a hipótese).
e) a providência anterior é importantíssima para que a sentença se desenvolva organizadamente, sem dispersão de fundamentação. Em seguida, o juiz deve enfrentar (de forma exauriente) as teses da acusação e da defesa.
f) nos casos com mais de um acusado e/ou mais de um crime, a fundamentação pode se referir a cada conjunto de atos praticados por cada acusado ou a cada fato criminoso, delineando as condutas dos participantes. Caso haja coautoria, a técnica de se expor os capítulos da sentença por delito (quando há mais de um crime) é mais favorável para tornar a argumentação consistente, sem ser repetitiva e com o acolhimento/afastamento das teses das partes.
g) depois de todo o exame fático-probatório, deve-se iniciar a parte dispositiva, cuja técnica requer a descrição da tipificação antes da fundamentação.
h) em seguida, estabelecida a tipificação, o juiz passa a "dosar a pena", acusado por acusado, seguindo o critério trifásico: (I) primeiro o "acusado X": (1) considerando as circunstâncias do art. 59 (com o exame de uma por uma, de forma fundamentada), fixa a pena base do crime mais grave. (2) na sequência, o juiz leva em linha de conta a eventual existência de agravantes e atenuantes, razão pela qual majora, mitiga ou mantém a pena (critério da proporcionalidade); (3) aplica as causas de aumento e de diminuição (primeiro as constantes da parte especial do Código Penal e, depois, da parte geral, a exemplo da tentativa e da continuação delitiva), para então estabelecer a pena definitiva deste crime;
i) estabelecida a pena definitiva (com pena privativa de liberdade e, se for o caso, aplicação da multa de forma cumulativa, especificando o valor do dia-multa e a quantidade imposta de dias-multa, a teor do art. 49, CP), deve-se verificar a possibilidade de substituição por pena restritiva de direito (art. 44, CP), para cada um dos crimes isoladamente;
j) se houver mais de um crime, segue-se o mesmo critério trifásico (para cada um separadamente, crime por crime relativamente a cada réu);</td><td>4.1.3</td></tr>
</table>

CAPÍTULO XII – SENTENÇA		
Técnica da sentença penal condenatória	k) ao final, aplicam-se as regras de concurso de crimes (atenção para identificar se a regra é de concurso material ou formal), para fins de somatório ou exasperação da pena; l) totalizada a pena do réu, deve o juiz indicar o regime inicial de pena aplicável (aberto, semiaberto, fechado), observando-se o instituto da detração, nos termos do art. 387, CPP, § 2º, do CPP; m) após a finalização da dosimetria, importa verificar se é o caso de fundamentar a necessidade/desnecessidade de prisão preventiva, considerando inclusive se o acusado permaneceu solto ou preso durante o curso da instrução criminal (art. 387, § 1º, CPP); n) somado o total da pena de um acusado, procede-se da mesma maneira para o segundo, e assim por diante; o) são providências finais da sentença: **a)** a fixação de custas ***ex lege*** (a execução das custas por sucumbência na justiça criminal é de difícil ocorrência, especialmente porque a maioria dos acusados é pobre); e **(b)** a determinação de perda dos instrumentos do crime cuja detenção seja ilícita, dentre outras possibilidades em conformidade com a legislação específicas. Outras providências finais podem ser ordenadas, conforme o caso e a legislação de regência; e p) deve, ademais, ser considerada a estrutura do art. 387, CPP, notadamente diante da possibilidade de fixação de valor mínimo para fins de indenização da vítima do crime. A posição que vem prevalecendo é a de que este valor possa ser fixado de ofício. Entendemos, todavia, que só deve ser fixado se houver pedido expresso nesse sentido.	**4.1.3**
Sentença absolutória	A absolvição, na sistemática do CPP, deve ser a regra. De outro lado, a condenação é supletiva, subsidiária, secundária, apenas aplicável depois de afastadas as hipóteses que a legislação prescreve ao juiz o dever de absolver. Aquela que rejeita a pretensão punitiva estatal. O Código de Processo Penal assinala que "o Juiz absolverá o réu, mencionando a causa na parte dispositiva, desde que reconheça": 1) estar provada a inexistência do fato; 2) não haver prova da existência do fato; 3) não constituir o fato infração penal; 4) estar provado que o réu não concorreu para infração penal; 5) não existir prova de ter o réu concorrido para a infração penal; 6) existir circunstância que exclua o crime ou isente o réu de pena; 7) não existir prova suficiente para a condenação. Como decorrência da absolvição, o juiz: 1) mandará, se for o caso, pôr o réu em liberdade; 2) ordenará a cessação das medidas cautelares e provisoriamente aplicadas; 3) aplicará medida de segurança se cabível. Se a situação excludente de criminalidade não tiver sido provocada pela vítima, mas por um terceiro, o agente absolvido, uma vez acionado pelo ofendido, poderá intentar ação regressiva contra o terceiro que deu causa à situação.	**4.2**

CAPÍTULO XII – SENTENÇA		
Sentença declaratória de extinção da punibilidade	A sentença declaratória de extinção de punibilidade é uma decisão definitiva que encerra a relação processual, julga o mérito, mas não condena nem absolve. (TOURINHO FILHO) Caso da sentença que reconhece a prescrição da pretensão punitiva: não opera efeitos na esfera cível, afinal não há título hábil para execução. Na fase das execuções, havendo prescrição da pretensão executória, o título continua válido, e os efeitos civis intocados.	**4.3**
PUBLICAÇÃO E INTIMAÇÃO DA SENTENÇA		
Publicação da sentença	Prolatada a sentença, "será ela publicada em mão do escrivão, que lavrará nos autos o respectivo termo, registrando-a em livro especialmente destinado a esse fim" (art. 389, CPP). A publicação da sentença é ato que a torna existente juridicamente, consistente na sua inserção no sistema processual, delimitando o termo a partir do qual se considera apta à produção de efeitos jurídicos. A publicação da sentença pode ocorrer de várias formas, a depender do procedimento seguido em juízo.. A publicação é ato de grande importância, tendo como efeito, a título de exemplo, a interrupção da prescrição quando da hipótese da sentença condenatória recorrível. Ademais, após a publicação a sentença se torna imutável para aquele juízo, salvo se forem acolhidos embargos de declaração (art. 382, CPP) ou em caso de erro de material, quando a alteração poderá ser feita *ex officio*. Também pode haver modificação posterior da decisão de pronúncia, notadamente quando surgir fato superveniente a ela, ainda que preclusa, a teor do art. 421, § 1º, do CPP.	**4.4.1**
Intimação da sentença	Uma vez feita a publicação, seguir-se-á a intimação da sentença, ponto em que o Código de Processo Penal foi expresso, mercê de sua importância. O artigo 391, do CPP, regula a intimação da parte autora nas ações privadas. O art. 392, de outro lado, dispõe sobre as intimações da sentença, em geral.	**4.4.2**
Intimação da parte autora nas ações penais privadas	O artigo 391, do CPP, preconiza que o querelante ou o assistente deve ser intimado da sentença, pessoalmente ou na pessoa de seu advogado. A forma é alternativa. Como se trata de parte acusadora, o legislador se satisfaz com a intimação de um ou de outro, não sendo necessária a de ambos, como se dá quando se trata do acusado. Ademais, o querelante não tem a prerrogativa de postular de forma leiga (sem advogado), nos autos, diversamente do querelado ou réu, que tem esse poder na primeira instância.	**4.4.2.1**
Intimação do Ministério Público, do defensor público e do defensor dativo	O Ministério Público deve ser intimado pessoalmente, mediante a entrega dos autos. A Defensoria Pública também é intimada pessoalmente, porém a entrega dos autos (carga) só ocorre quando necessária. A sua vez, o advogado dativo é intimado pessoalmente, por mandado (sem carga dos autos).	**4.4.2.2**

CAPÍTULO XII – SENTENÇA		
Formas de intimação da sentença	O art. 392, do CPP, procura assegurar a intimação pessoal do acusado, além da do seu defensor constituído. Nos termos do mencionado dispositivo, a intimação da sentença deve ser feita: (1) ao acusado, pessoalmente, se estiver preso; (2) ao réu pessoalmente, ou ao defensor por ele constituído, quando se livrar solto, ou, sendo afiançável a infração, tiver prestado fiança; (3) ao defensor constituído pelo réu, se este, afiançável, ou não, a infração, expedido o mandado de prisão, não tiver sido encontrado, e assim o certificar o oficial de justiça; (4) por edital, nas hipóteses em que o acusado se livrar solto ou tiver prestado fiança, o réu e o defensor que houver constituído não forem encontrados, e assim o certificar o oficial de justiça; (5) mediante edital, havendo contra o acusado mandado de prisão em infração afiançável ou não, o defensor que o réu houver constituído também não for encontrado, e assim o certificar o oficial de justiça; (6) por edital, se o réu, não tendo constituído defensor, não for encontrado e assim o certificar o oficial de justiça.	4.4.2.3
Formas de intimação da decisão de pronúncia	A intimação da pronúncia é regida por disciplina própria, a teor do art. 420, do Código de Processo Penal: (1) pessoalmente ao acusado, ao defensor nomeado e ao Ministério Público (com vista e carga dos autos); (2) ao defensor constituído, ao querelante e ao assistente do Ministério Público, conforme o preconizado pelo § 1º, do art. 370, do Código. O parágrafo único, do art. 420, do Código de Processo Penal, reza que o acusado solto que não for encontrado deve ser intimado por edital.	4.4.2.4
Prazo de dilação dos editais de intimação da sentença	O prazo de dilação constante dos editais de intimação da sentença "será de 90 (noventa) dias, se tiver sido imposta pena privativa de liberdade por tempo igual ou superior a 1 (um) ano, e de 60 (sessenta) dias, nos outros casos" (§ 1º, art. 392, CPP).	4.4.2.5
Intimação do ofendido	É obrigatória a comunicação ao ofendido quanto à sentença ou acórdão proferido, no intuito de viabilizar a sua ciência acerca da manutenção ou modificação da decisão de prisão do acusado, consoante preceituado pelo art. 201, § 2º, do CPP.	4.4.2.6.
Intimação da sentença por carta precatória	Se a intimação, do acusado ou do ofendido, ocorrer por carta precatória ou de ordem, considera-se efetuado esse ato de comunicação processual com a efetiva intimação no juízo deprecado e não com a juntada da carta aos autos	4.4.2.7
COISA JULGADA E PRECLUSÃO		
Distinção	Enquanto a preclusão é técnica que impede que o processo retorne a estágios já exauridos, recaindo sobre atos processuais que não se amoldam a julgamento do mérito do caso penal de forma plena, a coisa julgada em sentido estrito é caráter que pode revestir um julgamento final	5.1

CAPÍTULO XII – SENTENÇA		
Coisa julgada	Coisa julgada, a rigor, ocorre para situações onde há sentença propriamente dita, com julgamento da pretensão punitiva em seu mérito. É fenômeno que se dá com o decurso do prazo recursal "em branco" (*in albis*), sem que as partes interponham o recurso cabível, ou, em tendo havido recurso, após a apreciação definitiva deste	5.2
Preclusão	Preclusão se dá de diferentes maneiras, especialmente sobre as decisões ou "sentenças" que encerram uma fase processual, mas que não têm a força de coisa julgada, notadamente porque seu conteúdo não afeta o mérito propriamente dito da demanda penal (sem aplicação de pena), possibilitando, excepcionalmente, se verificada circunstância superveniente, rediscussão da matéria, com reapreciação pelo juiz.	5.3
Coisa julgada e revisão criminal *favor rei*	A coisa julgada tanto pode recair sobre a sentença condenatória quanto sobre a absolutória, própria ou imprópria (que aplica medida de segurança). Enquanto a sentença condenatória está sujeita à revisão criminal, de forma indefinida no tempo, A sentença absolutória (própria) passada em julgado não pode ser objeto de revisão criminal (coisa soberanamente julgada). O mesmo ocorre relação às decisões que extinguem a punibilidade. Questão interessante ocorre com a declaração de extinção da punibilidade pautada em atestado de óbito falso. Segundo o STF, o ato é inexistente, cabendo ao juiz retomar o processo de onde parou, decidindo a causa. Não somos partidários de tal entendimento. De todo modo, não há revisão criminal de sentença absolutória ou condenatória transitada em julgado quando ajuizada *pro societate*, dentro da sistemática do Código de Processo Penal.	5.4
Coisa julgada criminal e o princípio da correlação entre a *causa petendi* e a sentença	O pedido condenatório é satisfeito de forma um tanto genérica. Pede-se a condenação do denunciado ou do querelado como incurso em um tipo penal apontado na peça acusatória. O juiz não fica adstrito à classificação dada à infração penal. Assim, a sentença, seja em sua parte fundamentadora, seja em sua parte conclusiva (dispositivo), é alicerçada na causa de pedir, de forma que, no processo penal, a correlação se dá, a rigor, entre a causa se pedir e a sentença. Para nós, haverá identidade de demandas se o fato nuclear já foi julgado, malgrado decisões no âmbito do STF e do STJ sustentando a possibilidade do mesmo réu responder duas vezes pelo mesmo fato, a primeira na qualidade de autor (executor material do homicídio) e a segunda na condição de partícipe (mentor intelectual do crime), ou vice-versa.	5.5

7. SÚMULAS APLICÁVEIS

7.1. STJ

337. É cabível a suspensão condicional do processo na desclassificação do crime e na procedência parcial da pretensão punitiva.

440. Fixada a pena-base no mínimo legal, é vedado o estabelecimento de regime prisional mais gravoso do que o cabível em razão da sanção imposta, com base apenas na gravidade abstrata do delito.

442. É inadmissível aplicar, no furto qualificado, pelo concurso de agentes, a majorante do roubo.

443. O aumento na terceira fase de aplicação da pena no crime de roubo circunstanciado exige fundamentação concreta, não sendo suficiente para a sua exasperação a mera indicação do número de majorantes.

444. É vedada a utilização de inquéritos policiais e ações penais em curso para agravar a pena-base.

545. Quando a confissão for utilizada para a formação do convencimento do julgador, o réu fará jus à atenuante prevista no art. 65, III, d, do Código Penal.

588. A prática de crime ou contravenção penal contra a mulher com violência ou grave ameaça no ambiente doméstico impossibilita a substituição da pena privativa de liberdade por restritiva de direitos.

589. É inaplicável o princípio da insignificância nos crimes ou contravenções penais praticados contra a mulher no âmbito das relações domésticas.

599. O princípio da insignificância é inaplicável aos crimes contra a administração pública.

7.2. STF

Súmula Vinculante nº 35. A homologação da transação penal prevista no artigo 76 da Lei 9.099/1995 não faz coisa julgada material e, descumpridas suas cláusulas, retoma-se a situação anterior, possibilitando-se ao Ministério Público a continuidade da persecução penal mediante oferecimento de denúncia ou requisição de inquérito policial.

453. Não se aplicam à segunda instância o art. 384 e parágrafo único do Código de Processo Penal, que possibilitam dar nova definição jurídica ao fato delituoso, em virtude de circunstância elementar não contida explícita ou implicitamente na denúncia ou queixa.

611. Transitada em julgada a sentença condenatória, compete ao juízo das execuções a aplicação da lei mais benigna.

710. No processo penal, contam-se os prazos da data da intimação, e não da juntada aos autos do mandado ou da carta precatória ou de ordem.

716. Admite-se a progressão de regime de cumprimento da pena ou a aplicação imediata de regime menos severo nela determinada, antes do trânsito em julgado da sentença condenatória.

8. INFORMATIVOS RECENTES

8.1. STJ

♦ **Direito Processual Penal. Possibilidade de fixação de valor mínimo para compensação de danos morais sofridos pela vítima de infração penal.**

O juiz, ao proferir sentença penal condenatória, no momento de fixar o valor mínimo para a reparação dos danos causados pela infração (art. 387, IV, do CPP), pode, sentindo-se apto diante de um caso concreto, quantificar, ao menos o mínimo, o valor do dano moral sofrido pela vítima, desde que fundamente essa opção. De fato, a legislação penal brasileira sempre buscou incentivar o ressarcimento à vítima (...). Mas, apesar de incentivar o ressarcimento da vítima, a regra em nosso sistema judiciário era a separação de jurisdição, em que a ação penal destinava-se à condenação do agente pela prática da infração penal, enquanto a ação civil tinha por objetivo a reparação do dano. No entanto, apesar de haver uma separação de jurisdição, a sentença penal condenatória possuía o *status* de título executivo judicial, que, no entanto, deveria ser liquidado perante a jurisdição civil. (...) a Lei nº 11.719/2008 trouxe diversas alterações ao CPP, dentre elas, o poder conferido ao magistrado penal de fixar um valor mínimo para a reparação civil do dano causado pela infração penal, sem prejuízo da apuração do dano efetivamente sofrido pelo ofendido na esfera cível. No Brasil, embora não se tenha aderido ao sistema de unidade de juízo, essa evolução legislativa, indica, sem dúvidas, o reconhecimento da natureza cível da verba mínima para a condenação criminal (...). Assim, considerando que a norma não limitou nem regulamentou como será quantificado o valor mínimo para a indenização e considerando que a legislação penal sempre priorizou o ressarcimento da vítima em relação aos prejuízos sofridos, o juiz que se sentir apto, diante de um caso concreto, a quantificar, ao menos o mínimo, o valor do dano moral sofrido pela vítima, não poderá ser impedido de o fazer. ***REsp 1.585.684-DF, Rel. Min. Maria Thereza de Assis Moura, julgado em 9/8/2016, DJe 24/8/2016. (Info 588)***

♦ ***Mutatio libelli*** **e desclassificação do tipo penal doloso para a forma culposa do crime.**

Quando na denúncia não houver descrição sequer implícita de circunstância elementar da modalidade culposa do tipo penal, o magistrado, ao proferir a sentença, não pode desclassificar a conduta dolosa do agente – assim descrita na denúncia – para a forma culposa do crime, sem a observância do regramento previsto no art. 384, *caput*, do CPP. Com efeito, o dolo direto é a vontade livre e consciente de realizar a conduta descrita no tipo penal. A culpa, por sua vez, decorre da violação ao dever objetivo de cuidado, causadora de perigo concreto ao bem jurídico tutelado. A par disso, frise-se que, segundo a doutrina, "no momento de se determinar se a conduta do autor se ajusta ao tipo de injusto culposo é necessário indagar, sob a perspectiva ***ex ante***, se no momento da ação ou da omissão era possível, para qualquer pessoa no lugar do autor, identificar o risco proibido e ajustar a conduta ao cuidado devido (cognoscibilidade ou conhecimento do risco proibido e previsibilidade da produção do resultado típico)". Nesse passo, a prova a ser produzida pela defesa, no decorrer da instrução criminal, para comprovar a ausência do elemento subjetivo do injusto culposo ou doloso, é diversa. Assim, não descrevendo a denúncia sequer implicitamente o tipo culposo, a desclassificação da conduta dolosa para a culposa, ainda que represente aparente benefício à defesa, em razão de imposição de pena mais branda, deve observar a regra inserta no art. 384, ***caput***, do CPP. Isso porque, após o advento da Lei 11.719/2008, qualquer alteração do conteúdo da acusação depende da participação ativa do Ministério Público, não mais se limitando a situações de imposição de pena mais grave, como previa a redação original do dispositivo. Portanto, o fato imputado ao réu na inicial acusatória, em especial a forma de cometimento do delito, da qual se infere o elemento subjetivo, deve guardar correspondência com aquele reconhecido na sentença, a teor do princípio da correlação entre acusação e sentença, corolário dos princípios do contraditório, da ampla defesa e acusatório. ***REsp 1.388.440-ES, Rel. Min. Nefi Cordeiro, julgado em 5/3/2015, DJe 17/3/2015. (Info 557)***

♦ **Limites à fundamentação *per relationem.***

É nulo o acórdão que se limita a ratificar a sentença e a adotar o parecer ministerial, sem sequer transcrevê-los, deixando de afastar as teses defensivas ou de apresentar fundamento próprio. Isso porque, nessa hipótese, está caracterizada a nulidade absoluta do acórdão por falta de fundamentação. De fato, a jurisprudência tem admitido a chamada fundamentação ***per relationem***, mas desde que o julgado faça referência concreta às peças que pretende encampar, transcrevendo delas partes que julgar interessantes para legitimar o raciocínio lógico que embasa a conclusão a que se quer chegar. Precedentes citados: HC 220.562-SP, Sexta Turma, DJe 25/2/2013; e HC 189.229-SP, Quinta Turma, DJe 17/12/2012. ***HC 214.049-SP, Rel. originário Min. Nefi Cordeiro, Rel. para acórdão Min. Maria Thereza de Assis Moura, julgado em 5/2/2015, DJe 10/3/2015. (Info 557)***

♦ **Publicação da sentença. Cartório que não certificou o dia do recebimento da sentença.**

Havendo dúvida resultante da omissão cartorária em certificar a data de recebimento da sentença conforme o art. 389 do CPP, não se pode presumir a data de publicação com o mero lançamento de movimentação dos autos na internet, a fim de se verificar a ocorrência de prescrição da pretensão punitiva. STJ. 6ª Turma. HC 408.736-ES, Rel. Min. Maria Thereza de Assis Moura, julgado em 06/02/2018 (Info 619).

♦ **Direito Processual Penal. Nulidade de sentença. Indeferimento do pedido de incidente de falsidade formulado anos após a prova ter sido juntada e depois da sentença condenatória.**

Não há nulidade na decisão que indefere pedido de incidente de falsidade referente à prova juntada aos autos há mais de 10 anos e contra a qual a defesa se insurge somente após a prolação da sentença penal condenatória, uma vez que a pretensão está preclusa. STJ. 5ª Turma. RHC 79.834-RJ, Rel. Min. Felix Fischer, julgado em 07/11/2017 (Info 615).

♦ **Coisa julgada. Trânsito em julgado de duas sentenças condenatórias.**

Diante do trânsito em julgado de duas sentenças condenatórias contra o mesmo condenado, por fatos idênticos, deve prevalecer a condenação mais favorável ao réu. Não importa qual processo tenha iniciado antes ou em qual deles tenha ocorrido primeiro o trânsito em julgado. O que irá prevalecer é a condenação que foi mais favorável ao réu. STJ. 6ª Turma. HC 281.101-SP, Rel. Min. Sebastião Reis Júnior, julgado em 03/10/2017 (Info 616).

♦ **Princípio da Insignificância.**

Não se aplica o princípio da insignificância ao furto de bem de inexpressivo valor pecuniário de associação sem fins lucrativos com o induzimento de filho menor a participar do ato. STJ. 6ª Turma. RHC 93.472-MS, Rel. Min. Maria Thereza de Assis Moura, julgado em 15/03/2018 (Info 622)..

♦ **Sentença proferida de forma oral. Degravação parcial na ata de audiência. Ausência do registro das razões de decidir. Nulidade absoluta por vício formal.**

É nula a sentença proferida de forma oral e degravada parcialmente sem o registro das razões de decidir. De início, destaca-se que o art. 405 do Código de Processo Penal possibilita o registro dos termos da audiência de instrução em meio audiovisual. Tal regra, cuja redação foi conferida pela Lei n. 11.719/2008, não tem o escopo somente de abreviar o tempo de realização do ato – em razão da desnecessidade da redução, a termo, dos depoimentos do acusado, vítima e testemunhas –, mas também o de possibilitar registro fiel da íntegra do ato, com imagem e som, em vez da simples escrita. Na hipótese, foi proferida sentença oral, com a degravação tão somente da dosimetria das penas e do dispositivo. Essa situação, em um juízo preliminar, contraria o disposto no art. 388 do Código de Processo Penal, pois a busca da celeridade na prestação jurisdicional não dispensa a forma escrita da sentença, que deve vir acompanhada das razões de decidir. Anote-se, por fim, o prejuízo à defesa, com grave dano ao exercício do contraditório e ampla defesa, que acarreta nulidade absoluta do ato, por vício formal. (HC 470.034-SC, Rel. Min. Laurita Vaz, por maioria, julgado em 09/10/2018, DJe 19/11/2018) – Info 638.

8.2. STF

♦ **Teoria do domínio do fato e autoria**

A teoria do domínio do fato não preceitua que a mera posição de um agente na escala hierárquica sirva para demonstrar ou reforçar o dolo da conduta. Do mesmo modo também não permite a condenação de um agente com base em conjecturas. Com base nessa orientação, a Segunda Turma deu provimento ao recurso de apelação a fim de absolver o réu, com base no art. 386, V, do CPP. (...). AP 975/AL, rel. Min. Edson Fachin, julgamento em 3.10.2017. (AP-975) (Info 880)

♦ **Falsidade ideológica e ausência de dolo**

A Primeira Turma, por unanimidade, com base no art. 386, III, do Código de Processo Penal (CPP), absolveu deputado federal acusado de suposta prática do crime de falsidade ideológica, previsto no art. 299 do Código Penal (...). A Turma entendeu que, ausente o dolo, elemento subjetivo do tipo penal, o fato praticado não é típico. Consequentemente, não constitui infração penal. Considerou que a materialidade e a prática da conduta estão comprovadas pela assinatura do denunciado em documentos com informações falsas. No entanto, as provas produzidas não evidenciam que ele tivesse ciência inequívoca do conteúdo inverídico dos documentos que havia assinado na condição de prefeito, tampouco que o tenha feito com o objetivo de prejudicar direito, criar obrigação ou alterar a verdade de fato juridicamente relevante. AP 931/AL, rel. Min. Roberto Barroso, julgamento em 6.6.2017. (Info 868)

♦ **Transação penal e efeitos próprios de sentença penal condenatória – 4**

As consequências jurídicas extrapenais, previstas no art. 91 do CP, são decorrentes de sentença penal condenatória. Isso não ocorre, portanto, quando há transação penal, cuja sentença tem natureza meramente homologatória, sem qualquer juízo sobre a responsabilidade criminal do aceitante. As consequências geradas pela transação penal são essencialmente aquelas estipuladas por modo consensual no respectivo instrumento de acordo. Com base nesse entendimento, o Plenário proveu recurso extraordinário em que se discutia a possibilidade de imposição de efeitos extrapenais acessórios de sentença penal condenatória à transação penal prevista na Lei 9.099/1995. (...) O Tribunal afirmou que a Lei 9.099/1995 introduzira no sistema penal brasileiro o instituto da transação penal, que permitiria a dispensa da persecução penal pelo magistrado em crimes de menor potencial ofensivo, desde que o suspeito da prática do delito concordasse em se submeter, sem qualquer resistência, ao cumprimento de pena restritiva de direito ou multa que lhe tivesse sido oferecida pelo representante do Ministério Público em audiência (art. 76). Assim, a lei teria relativizado, de um lado, o princípio da obrigatoriedade da instauração da persecução penal em crimes de ação penal pública de menor ofensividade e, de outro, teria autorizado ao investigado dispor das garantias processuais penais que o ordenamento lhe conferisse. Por sua vez, as consequências geradas pela transação penal seriam apenas as definidas no instrumento do acordo. Além delas, o único efeito acessório gerado pela homologação do ato estaria previsto no § 4º do art. 76 da Lei 9.099/1995 ("... registrada apenas para impedir novamente o mesmo benefício no prazo de cinco anos"). Os demais efeitos penais e civis decorrentes das condenações penais não seriam constituídos (art. 76, § 6º). Outrossim, a sanção imposta com o acolhimento da transação não decorreria de qualquer juízo estatal a respeito da culpabilidade do investigado, tratando-se de ato judicial homologatório. Além disso, o juiz, em caso de descumprimento dos termos do acordo, não poderia substituir a medida restritiva de direito consensualmente fixada por pena privativa de liberdade compulsoriamente aplicada. ***RE 795567/PR, rel. Min. Teori Zavascki, 28.5.2015. (RE-795567) (Info 787)***

♦ **Transação penal e efeitos próprios de sentença penal condenatória – 5**

A Corte asseverou que as consequências jurídicas extrapenais previstas no art. 91 do CP, dentre as quais a do confisco de instrumentos do crime (art. 91, II, a) e de seu produto ou de bens adquiridos com o seu proveito (art. 91, II, b), só poderiam ocorrer como efeito acessório, reflexo ou indireto de uma condenação penal (...). Ou seja, as medidas acessórias previstas no art. 91 do CP, embora incidissem "ex lege", exigiriam juízo prévio a respeito da culpa do investigado, sob pena de transgressão ao devido processo legal. Assim, a aplicação da medida confiscatória sem processo revelar-se-ia antagônica não apenas à acepção formal da garantia do art. 5º, LIV, da CF, como também ao seu significado material, destinado a vedar as iniciativas estatais que incorressem, seja pelo excesso ou pela insuficiência, em resultado arbitrário. No caso, o excesso do decreto de confisco residiria no fato de que a aceitação da transação revertera em prejuízo daquele a quem deveria beneficiar (o investigado), pois produzira contra ele um efeito acessório – a perda da propriedade de uma motocicleta – que se revelara muito mais gravoso do que a própria prestação principal originalmente avençada (pagamento de cinco cestas de alimentos). Logo, o recorrente fora privado da titularidade de um bem sem que lhe tivesse sido oportunizado o exercício dos meios de defesa legalmente estabelecidos. O Ministro Luiz Fux também deu provimento ao recurso, determinando a devolução do bem apreendido, em razão da impossibilidade do confisco de bem pertencente a condenado cuja posse não fosse ilícita, sob pena de violação ao direito constitucional à propriedade (CF, art. 5º, "caput", XXII e LIV). Entendia, porém, ser constitucional a aplicação dos efeitos da condenação estabelecidos no art. 91, II, do CP, às sentenças homologatórias de transação penal, tendo em vista sua natureza condenatória. ***RE 795567/PR, rel. Min. Teori Zavascki, 28.5.2015. (RE-795567) (Info 787)***

♦ **Recurso exclusivo da defesa e "*reformatio in pejus*"**

O Colegiado afirmou que o Supremo Tribunal Federal considera possível a realização de "emendatio libelli" em segunda instância mediante recurso exclusivo da defesa, contanto que não gere "reformatio in pejus", nos termos do art. 617 do CPP. STF. 2ª Turma. HC 134.872/PR, Rel. Min. Dias Tóffoli, julgado em 27/3/2018 (Info 895).

♦ **Apelação: inclusão de circunstâncias judiciais sem incremento da pena e "reformatio in pejus"**

Não viola o princípio da proibição da reformatio in pejus a reavaliação das circunstâncias judiciais em recurso de apelação penal, no âmbito do efeito devolutivo, desde que essa não incorra em aumento de pena. Com base nesse entendimento, a Primeira Turma, por maioria, denegou a ordem de habeas corpus. HC 126457/PA, rel. orig. Min. Marco Aurélio, red. p/ o ac. Min. Alexandre de Moraes, julgamento em 6.11.2018. (HC 126457/PA) – Info 912 do STF

9. QUESTÕES DE CONCURSOS PÚBLICOS

01. (2017 – CONSULPLAN – TRF – 2ª REGIÃO – Analista Judiciário – Oficial de Justiça Avaliador Federal) O juiz, ao proferir sentença condenatória, NÃO:

(A) Aplicará medida de segurança, se cabível.

(B) Mencionará as circunstâncias agravantes ou atenuantes definidas no Código Penal e cuja existência reconhecer.

(C) Mencionará tudo o mais que deva ser levado em conta na aplicação da pena, de acordo com o disposto no Código Penal.

(D) Fixará valor mínimo para reparação dos danos causados pela infração, considerando os prejuízos sofridos pelo ofendido.

---

02. (2017 – MPE-PR – MPE-PR – Promotor Substituto – Adaptada) Julgue o item seguinte:

O julgador pode, ao exarar sentença condenatória, reconhecer a agravante da reincidência, ainda que ela não tenha sido descrita na denúncia, não configurando ofensa ao princípio da correlação.

---

03. (2017 – CESPE – MPE-RR – Promotor de Justiça Substituto – Adaptada) Com relação às sentenças, julgue o item seguinte de acordo com o entendimento do STJ.

Em recurso exclusivo da defesa, pode o tribunal agravar a pena quando reconhecer equívoco aritmético ocorrido no somatório das penas aplicadas, por se tratar de erro material.

---

04. (2016 – FCC – DPE-BA – Defensor Público) Sobre os institutos jurídicos da *mutatio libelli* e *emendatio libelli*, é correto afirmar:

(A) Havendo o aditamento da denúncia depois de admitida a emendatio libelli, cada parte poderá arrolar até cinco testemunhas para serem ouvidas.

(B) O princípio da congruência não permite que o juiz atribua definição jurídica distinta daquela descrita na denúncia quando a nova tipificação prever pena mais severa.

(C) Na hipótese do juiz reconhecer a *emendatio libelli*, poderá, caso a nova figura típica reflita hipótese de furto qualificado tentado, oferecer a suspensão condicional do processo, mesmo que já encerrada a instrução processual, caso o acusado preencha os requisitos previstos na Lei nº 9.099/95.

(D) O reconhecimento da *emendatio libelli* perpetua a competência do prolator da decisão para a análise da nova figura típica, independentemente da nova tipificação.

(E) No caso do Ministério Público não aditar a denúncia após ser reconhecida nova definição jurídica do fato em vista de provas existentes nos autos de elementos não contidos na denúncia, deverá o Magistrado, de pronto, julgar improcedente a denúncia originalmente proposta.

---

05. (2016 – MPE-GO – MPE-GO – Promotor de Justiça Substituto) A sentença autofágica ou de efeito autofágico, como podemos observar em uma das Súmulas do STJ é:

(A) Aquela em que o juiz reconhece que o fato é típico e antijurídico, porém não culpável, ou seja, o crime existe, mas não pode ser reprovado, não se aplicando pena ao réu.

(B) Aquela em que o juiz reconhece a tipicidade formal do delito, mas observa a existência de excludente(s) de antijuridicidade, absolvendo o réu, não existindo o crime.

(C) Aquela em que o juiz reconhece o crime e a culpabilidade do réu, mas julga extinta a punibilidade concreta.

(D) Aquela em que o juiz reconhece a nulidade do processo sem julgamento do mérito, anulando os atos processuais, determinando que se reinicie a instrução processual.

---

06. (2016 – FAURGS – TJ-RS – Juiz de Direito Substituto) Sobre a sentença em matéria criminal, julgue o item a seguir.

Ainda que tenham sido identificados no curso do processo os prejuízos sofridos pela vítima da infração penal, a sentença condenatória não poderá fixar valores a título de reparação do dano, pois essa atribuição é de competência exclusiva da jurisdição cível no âmbito da ação *ex delicto*.

---

07. (2015 – VUNESP – MPE-SP – Analista de Promotoria) Getúlio foi denunciado pela prática do delito de furto simples, descrito pelo artigo 155, caput, do Código Penal, e, encerrada a instrução, após confissão e oitiva de testemunhas presenciais do fato, restou demonstrado que ele agiu em concurso com Diocleciano, que fugiu na posse dos bens subtraídos da vítima. Assim, por prova existente nos autos, comprovou-se circunstância qualificadora, descrita pelo § 4º, inciso IV, do precitado dispositivo legal, não descrita na denúncia, e, portanto, deve o Ministério Público, nos termos do artigo 384, caput, do Código de Processo Penal (*mutatio libelli*):

(A) aditar a denúncia, no prazo de 5 (cinco) dias, reduzindo-se a termo o aditamento, quando feito oralmente.

(B) oferecer alegações finais, com pedido de absolvição do réu, nos termos do artigo 386, inciso VII, do Código de Processo Penal, porque não comprovados os fatos, como narrados na denúncia.

(C) requerer o encaminhamento dos autos ao Procurador Geral de Justiça, nos termos do artigo 28 do Código de Processo Penal, porque precluso o momento para formação da *opinio delicti*.

(D) oferecer alegações finais, com pedido de condenação do réu, pela prática do delito descrito no artigo 155, § 4º, inciso IV, do Código Penal, diante da confissão espontânea do réu, corroborada pelos depoimentos testemunhais, ante o disposto no artigo 197 do Código de Processo Penal.

(E) requerer a conversão do julgamento em diligência, com vistas à localização de Diocleciano, para que seja indiciado, e, posteriormente, denunciado, diante do princípio da indivisibilidade da ação penal.

---

08. (2015 – FUNIVERSA – PC-DF – Delegado de Polícia) Com relação à sentença no processo penal, é correto afirmar que

(A) o réu não poderá apelar sem que tenha sido recolhido à prisão em caso de sentença penal condenatória em que tenha sido decretada sua prisão preventiva, sob pena de deserção.

(B) o juiz, ao prolatar sentença penal condenatória, poderá, segundo entendimento do STJ, fixar valor mínimo para a reparação dos danos causados pela infração, considerando os prejuízos sofridos pelo ofendido, desde que haja pedido expresso e formal nesse sentido.

(C) ocorre a *mutatio libelli* quando o juiz, sem modificar a descrição do fato contida na denúncia ou na queixa, atribuir-lhe definição jurídica diversa.

(D) é vedado ao juiz, em caso de ação penal pública, proferir sentença penal condenatória, caso o Ministério Público tenha requerido a absolvição do réu em face do princípio da correlação ou congruência.

(E) o juiz que entender, por ocasião da prolação da sentença, que não há prova suficiente para a condenação, deverá converter o feito em diligência para que o inquérito policial seja retomado.

---

09. (FCC – Defensor Público – PB/2014) Em relação à sentença no processo penal,

(A) a sentença conterá a exposição sucinta da acusação, mas detalhada da defesa.

(B) apenas no caso de sentença condenatória, a intimação da sentença será feita ao réu, pessoalmente, se estiver preso.

(C) o assistente será intimado na pessoa de seu advogado, mas o querelante necessariamente será intimado pessoalmente da sentença condenatória.

(D) o tempo de prisão provisória, de prisão administrativa ou de internação, no Brasil e no estrangeiro, será computado para fins de determinação do regime inicial de pena privativa de liberdade.

(E) apenas a defesa pode, no prazo de 2 (dois) dias, opor embargos de declaração, em razão de obscuridade, ambiguidade, contradição ou omissão da sentença.

---

10. (PUC – PR – Juiz de Direito Substituto – PR/2014) Analise as assertivas abaixo e escolha a resposta CORRETA.

I. O juiz, ao proferir a sentença condenatória, não poderá fixar em favor do ofendido valor mínimo para reparação dos danos causados pela infração, devendo a discussão ser dirimida no juízo cível.

II. Qualquer das partes poderá, no prazo de cinco dias, pedir ao juiz que declare a sentença, sempre que nela houver obscuridade, ambiguidade, contradição ou omissão.

III. O juiz, sem modificar a descrição do fato contida na denúncia ou queixa, poderá atribuir-lhe definição jurídica diversa, desde que, em consequência, não tenha de aplicar pena mais grave.

IV. Nos crimes de ação pública, o juiz poderá proferir sentença condenatória, ainda que o Ministério Público tenha opinado pela absolvição, bem como reconhecer agravantes, embora nenhuma tenha sido alegada.

(A) Apenas as alternativas I e IV estão corretas.

(B) Apenas a alternativa II está correta.

(C) Apenas a alternativa IV está correta.

(D) Apenas as alternativas II e IV estão corretas.

---

11. (Vunesp – Defensor Público – MS/2014) Com relação à sentença penal, é correto afirmar que

(A) deverá conter, obrigatoriamente, o nome completo das partes.

(B) é sujeita a embargos de declaração, que no rito sumaríssimo devem ser opostos no prazo de 2 (dois) dias.

(C) fixará valor mínimo para reparação dos danos causados pela infração, mas apenas se houver – por exigência legal – expresso pedido da vítima nesse sentido.

(D) poderá reconhecer nova definição jurídica do fato descrito na denúncia, sem que seja precedida de aditamento, mesmo que aplique pena mais grave.

---

12. (Cespe – Procurador do Estado – PGE-BA/2014 – Adaptada) Considere que Marina tenha sido processada por crime de furto supostamente cometido contra seu primo André e que, após a fase de produção de provas, o MP, convencido de sua inocência, tenha opinado por sua absolvição. Nessa situação hipotética, segundo o Código de Processo Penal, o juiz não poderá proferir sentença condenatória contra Marina.

---

13. (FEPESE – Promotor de Justiça – SC/2014 – adaptada) Ao tratar da sentença criminal, prescreve o Código de Processo Penal que, encerrada a instrução probatória, se entender cabível nova definição jurídica do fato, em consequência de prova existente nos autos de elemento ou circunstância da infração penal não contida na acusação, o Ministério Público deverá aditar a denúncia ou queixa, no prazo de 5 (cinco) dias, se em virtude desta houver sido instaurado o processo em crime de ação pública, reduzindo-se a termo o aditamento, quando feito oralmente. Ouvido o defensor do acusado no prazo de 5 (cinco) dias e admitido o aditamento, o juiz, a requerimento de qualquer das partes, designará dia e hora para continuação da audiência, com inquirição de testemunhas, novo interrogatório do acusado, realização de debates e julgamento. Havendo aditamento, cada parte poderá arrolar até 3 (três) testemunhas, no prazo de 5 (cinco) dias.

---

14. (UFPR – Defensor Público – PR/2014) Ao oferecer denúncia em face de Benedito, o promotor de justiça narrou que o réu subtraiu sub-repticiamente o telefone celular da vítima Jonas, quando ambos saíam da aula no curso de Jornalismo da UFPR. Seguindo na narrativa fática, o promotor de justiça descreveu que o réu se aproveitou de um momento de distração por parte da vítima, para então subtrair a res. Em audiência concentrada, o magistrado abriu a instrução com a oitiva do ofendido, momento em que este afirmou que o celular fora entregue voluntariamente a Benedito, que havia lhe pedido para fazer uma ligação urgente para a sua mãe que estava internada em um hospital, e que, após a entrega do telefone, o réu saiu correndo, apoderando-se definitivamente do objeto, que não mais foi encontrado. Encerrada a instrução probatória deverá o magistrado:

(A) respeitar o princípio da correlação entre acusação e sentença, abrindo os debates orais e em seguida proferir sentença, podendo condenar o réu alterando apenas a classificação jurídica do fato, ainda que tenha de aplicar pena mais grave, por se tratar de hipótese de *emendatio libelli*.

(B) respeitar o princípio da correlação entre acusação e sentença, aguardando que o Ministério Público faça o aditamento da denúncia, no prazo de 5 (cinco) dias, reduzindo a termo o aditamento, caso feito oralmente. Após o aditamento abrirá o prazo de 5 (cinco) dias para a defesa se manifestar, e, uma vez admitido o aditamento, a requerimento das partes, designará dia e hora para a continuação da audiência, com inquirição de testemunhas, novo interrogatório do acusado, realização de debates e julgamento. Isto porque se está diante de hipótese de *mutatio libelli*.

(C) respeitar o princípio da correlação entre acusação e sentença, aguardando que o Ministério Público faça o aditamento da denúncia, no prazo de 5 (cinco) dias, reduzindo a termo o aditamento, caso feito oralmente. Caso não seja feito o aditamento pelo promotor de justiça, ouvirá diretamente a defesa no prazo de 5 (cinco) dias, para preservar a garantia da ampla defesa, e, após, designará dia e hora para a continuação da audiência, com inquirição de testemunhas, novo interrogatório do acusado, realização de debates e julgamento, por se tratar de hipótese de *mutatio libelli*.

(D) respeitar o princípio da correlação entre acusação e sentença, abrindo prazo de 5 (cinco) dias para o Ministério Público aditar a denúncia somente se entender que é caso de aplicação de pena mais grave, por se tratar de hipótese de *mutatio libelli*.

(E) respeitar o princípio da correlação entre acusação e sentença, abrindo prazo de 5 (cinco) dias para o Ministério Público aditar a denúncia, por se tratar de hipótese de *emendatio libelli*.

---

15. (UFPR – Defensor Público – PR/2014 – Adaptada) É cabível a suspensão condicional do processo na desclassificação do crime e na procedência parcial da pretensão punitiva.

---

16. (Delegado de Polícia – GO/UEG/2013 – Adaptada) Incabível a suspensão condicional do processo quando houver desclassificação do crime ou procedência parcial da pretensão punitiva, antes ou no momento da prolação da sentença.

---

17. (Escrivão de Polícia – GO/UEG/2013) Sobre a sentença, segundo o Código de Processo Penal, verifica-se que o magistrado:

(A) aplicará as penas de acordo com as suas conclusões, mas não poderá fixar o valor mínimo de reparação dos danos causados pela infração, questão esta a ser resolvida no juízo cível.

(B) ao prolatar a sentença absolutória, não mandará por o réu em liberdade até o seu trânsito em julgado.

(C) nos crimes de ação pública, poderá proferir sentença condenatória, ainda que o Ministério Público tenha opinado pela absolvição.

(D) não precisará fundamentar a sentença absolutória, mas necessariamente deverá fundamentar a condenatória, em face do princípio da ampla defesa.

---

18. (Juiz Substituto – TJ/AC/CESPE/2012 – Adaptada) Na hipótese de *emendatio libelli*, ainda que a infração seja da competência de outro juízo, o juiz permanecerá, por celeridade e economia processual, competente para julgar o feito.

---

19. (Juiz de Direito Substituto – TJ/SC/2013) Examine as proposições abaixo e assinale a alternativa correta:

I. Na sentença envolvendo réu primário, o juiz, após desclassificar a infração penal para outra considerada como de menor potencial ofensivo, aplicará de imediato a pena correspondente desde que estejam descritas na denúncia as elementares do crime resultante da desclassificação.

II. Encerrada a instrução probatória, o juiz, se entender cabível nova definição jurídica para o fato, deverá determinar o envio dos autos ao Ministério Público para aditamento da denúncia, com posterior remessa ao Procurador-Geral de Justiça se isso não ocorrer. Todavia, mantida pelo Procurador-Geral a capitulação inicial, o juiz, na sentença, verificando que há prova da materialidade e da autoria, bem como que não estão presentes causas de exclusão da antijuridicidade e da culpabilidade, estará obrigado a condenar o réu pelo crime atribuído na denúncia.

III. É requisito obrigatório da sentença a fixação do valor mínimo para a reparação dos danos causados pela infração, independente de requerimento expresso na denúncia.

IV. Aditada a denúncia, o juiz desde logo a receberá se

estiverem presentes os requisitos legais, determinando, na sequência, a continuidade da audiência de instrução e julgamento.

(A) Somente as proposições I e IV estão corretas.

(B) Somente as proposições II e III estão corretas.

(C) Somente as proposições I e II estão corretas.

(D) Somente as proposições III e IV estão corretas.

(E) Todas as proposições estão incorretas.

20. (Promotor de Justiça – MPE/SC/2013 – Adaptada) Segundo o Código de Processo Penal, o juiz, ao proferir sentença condenatória, fixará valor máximo para reparação dos danos causados pela infração, considerando os prejuízos sofridos pelo ofendido.

21. (Analista Judiciário – TRE/RJ/CESPE/2012 – Adaptada) A intimação pessoal do réu que estiver preso faz-se necessária em relação às decisões que lhe forem desfavoráveis em primeiro e segundo grau de jurisdição, mas não em relação às das instâncias superiores.

22. (Juiz Substituto – TJ/AC/CESPE/2012 – Adaptada) O prazo da intimação da sentença por edital será de noventa dias, se tiver sido imposta ao condenado pena privativa de liberdade por tempo igual ou superior a um ano, e de sessenta dias, nos outros casos.

23. (Juiz Substituto – TJ/CE/CESPE/2012 – Adaptada) A respeito da sentença e da coisa julgada, assinale a opção correta.

(A) É inadmissível ao magistrado processante antecipar o juízo desclassificatório antes da sentença, ainda que da qualificação jurídica do fato imputado dependa a fixação da competência.

(B) Segundo a jurisprudência do STJ, é vedada a realização da *emendatio libelli* no segundo grau de jurisdição, ainda que se trate apenas da incidência de circunstância agravante que venha a ser requerida por ocasião das alegações finais do MP.

(C) Na segunda fase do júri (judicium causae), não é permitido alterar as teses balizadas pelas partes na primeira fase (*judicium accusationis*), não dispondo o conselho de sentença dos amplos poderes da *mutatio libelli* conferidos ao juiz togado.

(D) Tratando-se de delito de roubo qualificado, o juiz poderá proferir sentença condenatória, ainda que o MP tenha opinado pela absolvição do réu, bem como reconhecer agravantes, desde que tenham sido alegadas pela acusação.

(E) O acórdão condenatório que reforma sentença penal absolutória não se reveste de eficácia interruptiva da prescrição penal, visto que não se equipara, para tal fim, à sentença condenatória recorrível.

24. (Juiz de Direito Substituto – TJ/AC/CESPE/2012 – Adaptada) A sentença cujo dispositivo não esteja em conformidade com as razões apresentadas na fundamentação é anulável, o que só poderá ser arguido na apelação, sob pena de preclusão.

25. (Advogado da União – CESPE/2012 – Adaptada) Considera-se efeito genérico e automático da condenação a restrição ao exercício de cargo público.

26. (IBFC – TRF – 2ª REGIÃO – Juiz Federal Substituto – 2018) Assinale a assertiva correta a respeito da sentença penal:

(A) A fundamentação da sentença penal tem por fim permitir o exame lógico da decisão, tanto pelos sujeitos do processo, como pelos tribunais e a própria sociedade.

(B) A motivação do juiz constante da fundamentação da sentença, tanto pode ser explícita quanto implícita, haja vista que o que transita em julgado é apenas o dispositivo.

(C) É válida a fundamentação da sentença penal que se limita a exarar: "está provado nos autos que a imputação ministerial é verdadeira", haja vista a força da máxima jura novilt curia para mostrar a convicção do juiz.

(D) É válida a fundamentação da sentença penal que se limita a consubstanciar reportes de ementas diversas de jurisprudência dos tribunais nacionais, que nela são mencionadas como amparo ao dispositivo da decisão.

(E) Não viola o principio da motivação das decisões judiciais, o recebimento puro e simples da denúncia, haja vista que maiores considerações sobre os pressupostos processuais, a inépcia ou a justa causa, só são exigidos quando da decisão sobre a resposta preliminar.

27. (FCC – MPE-PB – Promotor de Justiça Substituto – 2018) Encerrada a instrução probatória, se entender o Juiz cabível nova definição jurídica do fato, em consequência de prova existente nos autos de elemento ou circunstância da infração penal não contida na acusação, o Ministério Público deverá aditar a denúncia, no prazo de cinco dias. Não procedendo o órgão do Ministério Público ao aditamento, o Juiz

(A) julgará o processo e comunicará o fato à Corregedoria Geral do Ministério Público.

(B) absolverá o acusado.

(C) proferirá sentença com base nos fatos descritos na denúncia.

(D) remeterá os autos ao substituto automático do órgão do Ministério Público.

(E) remeterá os autos ao Procurador-Geral.

28. (CONSULPLAN – TJ-MG – Juiz de Direito Substituto – 2018) Analise as afirmativas a seguir.

I. Segundo o Código de Processo Penal, a "emendatio libelli" exige que seja assegurada ao acusado vista sobre a possível modificação da classificação jurídica do fato, para incidência de crime mais gravemente apenado.

II. "Y" foi denunciado por tentativa de furto simples. Encerrada a instrução, a prova coligida aponta para a prática de furto qualificado consumado, a exigir a providência do art. 384 do CPP ("mutatio libelli"). O Promotor de Justiça oficiante recusou-se a aditar a denúncia e, remetidos os autos ao Procurador Geral de Justiça, este avalizou a recusa. Neste caso, nada restará ao magistrado fazer, a não ser proferir sentença pelo crime constante da inicial.

III. No caso de "mutatio libelli", não procedendo o órgão do Ministério Público ao aditamento, o assistente de acusação poderá fazê-lo, no prazo de 5 (cinco) dias, ficando o Juiz, na sentença, adstrito aos termos do aditamento.

IV. É admissível a "mutatio libelli" em segundo grau de jurisdição. Assinale a alternativa correta.

(A) Todas as afirmativas estão incorretas.

(B) A afirmativa II está integralmente correta e as afirmativas I, III e IV estão incorretas.

(C) As afirmativas I, II e III estão integralmente corretas, mas a afirmativa IV está incorreta.

(D) As afirmativas I e II estão integralmente corretas e as afirmativas III e IV estão incorretas.

29. (FGV – TJ-SC – Oficial de Justiça e Avaliador – 2018) Kaique, primário e de bons antecedentes, sem qualquer outra anotação em sua folha de antecedentes criminais, foi denunciado pela prática do crime de furto qualificado (pena: 2 a 8 anos de reclusão e multa).No momento da sentença, entendendo que não estava provada a qualificadora, mas tão só a subtração da coisa alheia, o que configuraria o crime de furto simples (pena: 1 a 4 anos de reclusão e multa), ao magistrado caberá:

(A) encaminhar os autos ao Ministério Público para avaliar possibilidade de oferecimento de proposta de suspensão condicional do processo;

(B) absolver o acusado, não sendo possível a condenação pelo crime de furto simples em razão da violação ao princípio da correlação;

(C) encaminhar os autos ao Ministério Público para avaliar possibilidade de oferecimento de proposta de transação penal;

(D) proferir, de imediato, sentença condenatória em relação ao crime de furto simples, aplicando o instituto da mutatio libelli;

(E) proferir, de imediato, sentença condenatória em relação ao crime de furto simples, aplicando o instituto da emendatio libelli.

30. (FGV – TJ-AL – Analista Judiciário – Oficial de Justiça Avaliador – 2018) Após a instrução probatória e a apresentação de alegações finais pelas partes, caberá ao magistrado proferir sentença, observando as disposições previstas no Código de Processo Penal. De acordo com as disposições legais sobre o tema, é correto afirmar que:

(A) o juiz, entendendo que deve ser mantida a prisão do réu, não precisará justificar tal manutenção por ocasião da sentença; mas, caso conceda a liberdade, deverá justificar;

(B) o juiz não poderá fixar o valor da indenização por ocasião da sentença, ainda que haja requerimento do ofendido, dependendo de ação civil ex delicto;

(C) o tempo de prisão provisória será computado para fins de determinação do regime inicial de pena privativa de liberdade;

(D) a intimação do assistente de acusação será necessariamente pessoal, não podendo ocorrer por meio de seu advogado;

(E) o réu somente poderá ser intimado da sentença condenatória pessoalmente se estiver preso.

10. GABARITO ANOTADO

01 – A

Vide:

- Art. 386, parágrafo único, III, do CPP.
- Item "4.2. Sentença absolutória".

02 – C

Vide:

- Art. 385 do CPP e art. 61, I, do CP.
- Item "Item "3.2.2. Mutatio libelli".

03 – E

Vide:

- STJ. 6ª Turma. HC 250.455-RJ, Rel. Min. Nefi Cordeiro, julgado em 17/12/2015 (Info 576): "No âmbito de recurso exclusivo da defesa, o Tribunal não pode agravar a reprimenda imposta ao condenado, ainda que reconheça equívoco aritmético ocorrido no somatório das penas aplicadas. Isso porque, não tendo o Ministério Público se insurgido contra o referido erro material, o Tribunal não pode conhecê-lo de ofício, sob pena de configuração de reformatio in pejus."
- Item "4.1.2. Efeito prodrômico da sentença penal condenatória ou *non reformatio in pejus*"

04 – C

Vide:

- Art. 383 do CPP.
- Item "3.2.1. *Emendatio libelli*".

05 – C

Vide:

- Item "2.6. Outras classificações".

06 – E

Vide:

- Art. 387, IV, CPP
- Item "4.1. Sentença condenatória"

07 – A

Vide:

- Art. 384 do CPP.
- Item "3.2.2. *Mutatio Libelli*".

08 – B

Vide:

- Art. 387, IV, do CPP.
- STJ, AgRg no AREsp 389234, 6ª Turma, Rel. Min. Maria Thereza de Assis Moura, julgado em 08/10/2013.
- Item "4.1.3. Técnica da sentença penal condenatória".

09 – D

Vide:

- Art. 387, § 2º, CPP
- Item 4.1.3. Técnica da sentença penal condenatória

10 – C

Vide:

- I – art. 387, IV, CPP
- II – Art. 382, CPP
- III – Art. 383, CPP
- IV – Art. 385, CPP

11 – D

Vide:

- Art. 383, CPP
- Item 3.2.1. *Emendatio libelli*

12 – E

Vide:

- Art. 385, CPP
- Item 3.2.2. *Mutatio libelli*

13 – C

Vide:

- Art. 384, CPP
- Item 3.2.2. *Mutatio libelli*

14 – B

Vide:

- Art. 384, CPP
- Item 3.2.2. *Mutatio libelli*

15 – C

Vide:

- Súmula 337, STJ
- Item 3.2.1. *Emendatio Libelli*

16 – E

Vide:

- Súmula 337, STJ.
- Art. 383, § 1º, CPP.
- Item "3.2.1. *Emendatio libelli*".

17 – C

Vide:

- Art. 385, CPP.
- Item "3.2.2. *Mutatio libelli*".

18 – E

Vide:

- Art. 383, § 2º, CPP.
- Item "3.2.1. *Emendatio libelli*".

19 – E

Vide:

- Art. 383, § 2º, do CPP e item "3.2.1. *Emendatio libelli*".
- Art. 384, § 1º, do CPP e item *"3.2.2. Mutatio libelli."*
- Art. 387, IV, do CPP e item *"4.1.3. Técnica da sentença penal condenatória"*.
- Art. 384, § 2º, do CPP e item "3.2.2. *Mutatio libelli*".

20 – E

Vide:

- Art. 387, IV, CPP.
- Item "4.1. Sentença condenatória".

21 – E

"Na linha da iterativa jurisprudência desta corte e do supremo tribunal, a regra do art. 392 do código de processo penal, segundo a qual o réu preso deve ser intimado pessoalmente da sentença, não se estende às decisões de tribunais". (STJ – HC 243503)

Vide:

- Art. 392, I, CPP.
- Item "4.4. Publicação e intimação da sentença".

22 – C

Vide:

- Art. 392, § 1º, CPP.
- Item "4.4. Publicação e intimação da sentença".

23 – C

"É impossível a alteração, na segunda fase do Júri (judicium causae), das teses balizadas pelas partes na primeira fase (judicium accusationis), não dispondo o Conselho de Sentença dos amplos poderes da mutatio libelli conferidos ao juiz togado". (STF – HC 82980)

Vide:

- Art. 384, CPP.
- Item "3.2.2. Mutatio libelli"

24 – E

Vide:

- Art. 381, CPP.
- Item "2.6. Outras classificações".

25 – E

Vide:

- Art. 92, inciso I e parágrafo único, CP.
- Item "4.1.1. Efeitos da sentença penal condenatória".

26 – A

Vide:

- Item "3.1. Fundamentação per relationem ou aliunde".

27 – E

Vide:

- Art. 28, CPP.
- Art. 384, §1º, CPP.

28 – C

Vide:

- Art. 383, CPP.
- Art. 384, CPP.
- Súmula 453, STF.

29 – A

Vide:

- Art. 89, Lei nº. 9.099/1995.
- Art. 383, §1º, CPP.

30 – C

Vide:

- Art. 387, CPP.
- Art. 391, CPP.

11. QUESTÕES DISCURSIVAS COM COMENTÁRIOS

01. (Promotor de Justiça – MA – 2014) Disserte sobre coisa julgada em matéria penal, abordando: a – conceituação; b – espécies; c – comentário de um exemplo prático de cada espécie; d – o cabimento da exceção da coisa julgada; e – revisão em favor da sociedade.

Resposta

A coisa julgada encontra-se consagrada na Constituição da República Federativa do Brasil, art. 5º, XXVI, como direito fundamental. Conforme o art. 6º, § 3º, da Lei de introdução às normas do direito brasileiro, coisa julgada é a decisão judicial de que não cabia mais recurso.

A doutrina divide a coisa julgada em formal e material. A primeira é aquela que se forma no âmbito do próprio processo, ou seja, endoprocessual, e seus efeitos restringem-se a este. É a impossibilidade de recorrer da sentença, seja porque os recursos possíveis já foram esgotados, ou por não terem sido utilizados e atingidos pela preclusão, gerando na sentença os efeitos da coisa julgada. Por outro lado, a coisa julgada material atinge o mérito, reconhecido ou denegado pela sentença irrecorrível, sendo imutável ate mesmo em processo posterior. A coisa julgada material atinge, para além da imutabilidade da sentença (coisa julgada formal), também a matéria decidida (lide/mérito).

Destaque-se que a coisa julgada pode ser mitigada em favor do réu, mesmo após sentença transita da julgada, tendo em vista o princípio da retroatividade da lei penal mais benéfica ao acusado (não sendo caso de lei temporária ou excepcional, consoante o previsto no art. 2º, § único, do Código Penal)

A coisa julgada é fenômeno que ocorre com o decurso do prazo recursal in albis, sem que as partes interponham o recurso cabível, ou, caso tenham recorrido, após a apreciação definitiva deste. É a imutabilidade da sentença, impedindo a reabertura de novas indagações acerca da matéria nela contida.

Exemplo de coisa julgada formal que pode ser citado é a decisão que homologa o arquivamento do inquérito atendendo a requerimento do Ministério Público, por ausência de material probatório suficiente para sustentar a opinio delicti. Quanto à coisa julgada material, cite-se como exemplo a decisão que, atendendo o requerimento do Ministério Público, homologa o arquivamento do inquérito com fundamento na extinção da punibilidade do delito, pela ocorrência da prescrição ou qualquer das outras causas previstas em lei. Outro exemplo é a decisão que absolve o réu, com fundamento nos artigos 386, 387 ou 415, todos do CPP.

A exceção da coisa julgada terá cabimento quando se demonstrar que existem, simultaneamente, um decisão anterior transitada em julgado, bem como a discussão, em outra demanda, dos mesmos fatos já discutidos anteriormente, no bojo da demanda com sentença transitada em julgado, só podendo ser oposta em relação ao fato principal que tiver sido objeto da sentença (art. 110, § 2º, do CPP).

Por fim, ressalta-se que não se admite qualquer hipótese de revisão criminal pro sociatate, nas sentenças absolutórias ou condenatórias com trânsito em julgado. A revisão criminal tem por finalidade apenas beneficiar a defesa.

02. (Magistratura Estadual – TJDFT – 2014 – CESPE) Defina e esclareça as diferenças, se houver, entre sentenças simples, sentenças subjetivamente complexas e decisão subjetivamente plúrima, apresentando pelo menos um exemplo para cada caso.

Resposta

O padrão de resposta definitivo apoiou-se nas lições de Fernando da Costa Tourinho Filho: "fala-se, ainda, em sentenças simples e em sentenças subjetivamente complexas. Dizem-se simples quando promanam de órgão monocrático ou singular. Subjetivamente complexas, quando couber a mais de um órgão apreciar as questões que integram a lide para propiciar o julgamento final. Exemplo típico é a sentença proferida pelo Presidente do Tribunal do Júri. Para a sua prolação há necessidade do concurso de um órgão (Conselho de Sentença), que decide sobre o crime e autoria, e de outro (Presidente), que decide sobre as sanções a serem impostas. Se a decisão final, contudo, provier de um órgão colegiado homogêneo, como é o caso de nossos Tribunais de segundo grau, pode-se falar em decisão coletiva. Os membros de uma Câmara do Tribunal, quando apreciam um recurso, manifestam-se com igual competência, sobre toda a matéria. Não há divisão ou separação de funções, tal como ocorre no Tribunal do Júri. Logo, se a decisão do Tribunal de segundo grau é um ato de vontade de vários Juízes, pode-se falar em decisão subjetivamente plúrima" (Fernando da Costa Tourinho Filho in Processo Penal, 4º volume. 31ª ed. rev. e atual. São Paulo: Saraiva, 2009, p. 307).

Como exemplo de sentença simples, cite-se a sentença proferida por juiz monocrático de primeiro grau quando condena ou absolve acusado pelo crime de furto simples (art. 155, caput, do CP). Pode ser citado como exemplo de sentença subjetivamente complexa a sentença proferida pelo Juiz Presidente do Tribunal do Júri ao condenar ou absolver acusado de homicídio simples (art. 121, caput, do CP), com base na decisão proferida pelo Conselho de Sentença. Por fim, como exemplo de decisão subjetivamente plúrima, tem-se o acórdão proferido por uma das Turmas Criminais do TJDFT confirmando, cassando ou reformando sentença proferida por juiz monocrático de primeiro grau.

03. (Notário – TJPR – 2008) Defina, com suas palavras, o princípio da correlação na sentença penal.

Resposta

Em suma, o princípio da correlação é a regra segundo a qual o fato imputado ao réu deve guardar perfeita correspondência com o fato reconhecido pelo juiz, na sentença. Em outras palavras, deve haver correspondência entre a sentença e o pedido feito na inicial acusatória. Não pode haver julgamento extra, citra ou ultra petita. O magistrado, portanto, está adstrito àquilo que lhe foi pedido.

04. (PC-MG – Delegado de Polícia – MG/2012) A Lei 12.403/11 tratou, entre outros institutos, das medidas cautelares, oportunizando a aplicação de medidas que se situam entre a prisão e a liberdade. Considerando-se que o tempo de duração da prisão provisória é detraído da pena concretamente aplicada ao final do processo, pergunta-se: É possível a detração do tempo de duração de medida cautelar, diversa da prisão provisória, do *quantum* de pena aplicada na sentença? Fundamente sua resposta.

Resposta

A pergunta refere-se a uma lacuna legislativa.

O § 2º, do art. 387, CPP, reza que o tempo de prisão provisória, de prisão administrativa ou de internação, no Brasil ou no estrangeiro, será computado para fins de determinação do regime inicial de pena privativa de liberdade. Não fala quanto ao tempo de cumprimento das medidas cautelares do art. 319, do CPP.

Entendemos possível a detração, considerando a maior ou a menor restrição da liberdade por conta da medida cautelar do art. 319, do CPP.

De tal modo, tratando-se de recolhimento domiciliar no turno (art. 319, V, CPP), plausível computar como tempo de pena já cumprido, a razão de um dia de condenação por dia de recolhimento domiciliar no período noturno. A prisão domiciliar (que é prisão provisória, embora substitutiva da preventiva) prevista no art. 318, do CPP, deve seguir o mesmo raciocínio.

A internação provisória (art. 319, VII, CPP), por restringir a liberdade de maneira análoga à prisão, também deve admitir a detração.

As demais medidas cautelares diversas não permitem a detração penal, em virtude da ausência de previsão legal. Poderíamos sugerir, ad legem ferenda, que o legislador estipulasse critérios proporcionais para este fim, conforme faz para os casos de remissão de pena por dias de trabalho ou horas de estudo, na fase de execução penal.

De todo modo, entendemos possível a detração do tempo alusivo ao cumprimento das demais medidas cautelares diversas da prisão, quando admitida a substituição de pena que encontre homogeneidade com a cautela aplicada no curso do processo (artigos 43 e 44, do Código Penal).

05. (Vunesp – Promotor de Justiça – ES/2013) No sistema processual penal brasileiro, a violação do princípio da correlação entre o fato imputado pela acusação e o fato constante na sentença não se encontra entre as hipóteses expressamente elencadas como causa de nulidade processual. Considerando a assertiva acima, responda justificadamente:

(A) No que consiste esse princípio?

(B) É viável a alteração dos fatos imputados na denúncia no curso da instrução processual? Explique.

(C) É viável defender a tese de que a violação da regra constitui nulidade absoluta? Explique.

Resposta

(A) O princípio da correlação consiste na necessidade que a sentença aprecie os fatos dentro dos limites da imputação descrita na petição inicial.

(B) Pode ocorrer alteração dos fatos imputados na denúncia no curso da instrução processual, mediante aditamento, seja em virtude de elementar ou seja em razão de circunstância não contida na petição inicial, conforme o procedimento que consagra a mutatio libelli (art. 384, CPP).

(C) É viável, eis que o ferimento da regra da correlação prejudica inexoravelmente o direito à ampla defesa e ao contraditório. Para que haja defesa efetiva, o acusado precisa conhecer os fatos a ele imputados de forma completa. Sendo surpreendido com condenação com inclusão de fato não contido na petição inicial ou em aditamento, teremos violação da Constituição e do art. 564, III, "a" e "e", CPP, cujo prejuízo ao réu é presumido legislativamente.

---

06. (MPE-MG – Promotor de Justiça – MG/2010) Estabeleça a distinção conceitual entre decisões definitivas e decisões com força de definitivas, que estão mencionadas no artigo 593, II, do código de processo penal como passíveis de impugnação pelo recurso de apelação. (justifique sua resposta em, no máximo, 15 linhas)

Resposta

As decisões definitivas, para fins processuais penais são as sentenças de mérito.

O Código de processo penal refere, no inciso I, do art. 593, as decisões definitivas de condenação ou absolvição proferidas pelo juiz singular. Poderíamos denominar estas sentenças de decisões definitivas stricto sensu.

No que toca ao inciso II, do mesmo dispositivo legal, objeto da questão, teremos as demais decisões definitivas, em sentido amplo, também de mérito, mas que não estão inseridas no inciso I.

Note-se que existem decisões definitivas que não são apeláveis porque cabível contra elas recurso em sentido estrito, diante do que preconiza o art. 581, CPP (por exemplo, a sentença que declara a extinção da punibilidade ou aquela que rejeita a denúncia com força de coisa julgada material, quando reconhece excludente de ilicitude ou a atipicidade do fato).

Podemos assim conceituar as decisões definitivas do inciso II, do art. 593, CPP, como as sentenças ou decisões também de mérito, apeláveis, mas que não se amoldam às hipóteses absolutórias ou condenatórias dos artigos 386 e 387, CPP. Por exemplo: a decisão que acolhe o pedido de restituição de coisas apreendidas, a que arquiva definitivamente inquérito policial com força de coisa julgada (arquivamento por atipicidade), bem como a que autoriza o levantamento do sequestro de bens (art. 131, CPP).

Já as decisões com força de definitiva – que parte da doutrina assimila à noção de decisão interlocutória mista (mas que com esta classificação não se confunde) –, são as que resolvem questão meritória não central, sendo também apelável (art. 593, II, CPP). Como exemplos temos: as decisões que resolvem – deferindo ou indeferindo –, em regra, as medidas assecuratórias (arresto de bem móvel, sequestro e hipoteca legal), a impronúncia (mais propriamente terminativa, que definitiva), as decisões homologatórias de suspensão condicional do processo (art. 89, da Lei nº 9.099/1995) e de proposta de delação premiada aceita pelo agente (Lei nº 12.850/2013).

---

07. (MPE-MS – Promotor de Justiça – MS/2008) Reclama fundamentação a sentença proferida nos julgamentos pelo Tribunal do Júri? Fundamente a resposta.

Resposta

A sentença do juiz-presidente deve ser fundamentada, atendendo ao disposto no art. 93, IX, CF.

Dois tipos de julgamento podem ficar afetos ao juiz-presidente.

O primeiro, que é a regra, é o que reclama sentença que esteja de acordo com a decisão dos jurados. Nesse caso, o júri declarou existir crime doloso contra a vida e julgou os fatos deste delito e, havendo, de outros conexos. A fundamentação relativa ao reconhecimento da conduta típica, ilícita e culpável se restringe à descrição das votações dos jurados. Remanesce ao juiz-presidente o poder-dever de fundamentar a dosimetria da pena, com o reconhecimento de agravantes e/ou atenuantes.

A segunda hipótese, que consiste na desclassificação do delito doloso contra a vida (artigo 492, §§ 1º e 2º, CPP), se bifurca em duas. A desclassificação própria, que os jurados não limitam a classificação da conduta, deixando-a a cargo do juiz-presidente. E a desclassificação imprópria, quando os jurados declaram o delito que deve ser julgado pelo juiz-presidente, vinculando-o. Na primeira hipótese, o espectro de fundamentação é mais amplo, porquanto o juiz-presidente fica livre para julgar o enquadramento legal delitivo. Na segunda, a fundamentação é mais restrita, porque o juiz pode fundamentar dentro do quadro típico já indicado pelos jurados, malgrado tenha maior liberdade que quando os jurados votam os quesitos.

---

08. (MPE-SP – Promotor de Justiça – SP/2010) DISSERTAÇÃO.

CORRELAÇÃO ENTRE A IMPUTAÇÃO E A SENTENÇA. Abordar os seguintes tópicos relacionados ao tema da dissertação:

1) Princípios processuais pertinentes.

2) *Emendatio Libelli.*
3) *Mutatio Libelli.*
4) Procedimento do Júri.
5) Transação penal e suspensão condicional do processo.

Resposta

1) Além do princípio da correlação, relatividade ou congruência (chamado assim impropriamente), a necessidade de que a sentença respeite os limites da imputação descrita na petição inicial é informada pelos princípios do contraditório e da ampla defesa (a descrição dos fatos é imprescindível à defesa do acusado) e da demanda (ne procedat iudex ex officio), eis que cabe ao MP a promoção da ação penal pública (art. 129, I, CF).

2) A emendatio libelli está disciplinada pelo art. 383, CPP, consistindo em o juiz, quando da sentença, modificar a capitulação dada aos fatos pelo Ministério Público. Lastreia-se na parêmia que pressupõe que o réu se defende dos fatos e não do tipo penal. Desse modo, pode o juiz, sem alterar o contexto fático, dá definição jurídica diversa por ocasião da sentença, ainda que a modificação implique crime mais grave. Caso advenha possibilidade de aplicação de suspensão condicional do processo, a sentença não será concluída, devendo o juiz oportunizar o oferecimento pelo MP do benefício do art. 89, da Lei nº 9.099/1995.

3) A mutatio libelli está regrada pelo art. 384, CPP, que preconiza o dever do MP aditar a denúncia quando surgir, no curso da instrução, elementar ou circunstância não descrita na petição inicial (elemento ou circunstância do fato não descrita na denúncia). Com o aditamento, segue-se procedimento instrutório tipifica, podendo ser o caso de renovar-se proposta de suspensão condicional do processo quando o crime contenha pena abstrata máxima superior a um ano.

4) Além do que falamos acima em "1)" desta questão, o rito escalonado bifásico do júri impõe distinguir: a pronúncia é decisão que encerra a primeira fase e que delimita a acusação a partir da narrativa da petição inicial (denúncia). A decisão dos jurados – resposta aos quesitos – deve sempre ter como limite a pronúncia, considerando-se, no que for possível e dentro dos limites daquela decisão, o teor dos debates (notadamente para inclusão de atenuantes e agravantes). Então podemos concluir que: (a) a pronúncia deve ser correlata à denúncia e/ou aditamento; (b) a decisão dos jurados deve guardar correlação com a pronúncia, observados os debates; e (c) a sentença do juiz-presidente deve ser correlata às decisões dos jurados obtidas com as votações e com os debates (agravantes e/ou atenuantes).

---

09. (FADEMS – Promotor de Justiça – MS/2013) É possível ao magistrado corrigir, de ofício, erro material na sentença condenatória, em prejuízo do condenado, na hipótese de haver recurso exclusivo da defesa? Fundamente à luz do entendimento do Superior Tribunal de Justiça (resposta em no máximo 25 linhas).

Resposta

Os erros materiais da sentença podem ser corrigidos de ofício pelo juiz, ressalvados os direitos do acusado incorporados a sua esfera jurídica. Diante de recurso exclusivo da defesa, operando-se trânsito em julgado da sentença condenatória para o Ministério Público, é vedado reformar o julgado em desfavor do acusado. Trata-se do princípio da non reformatio in pejus, aplicável mesmo diante de simples erro material[104]*. O STF e o STJ permitem que seja refeita a dosimetria nesses casos, porém desde que não acarrete majoração da pena imposta.*

---

10. (MPE-PR – Promotor de Justiça – PR/2012) (máximo de 20 linhas). Em determinada comarca, os réus Aristides Pontes e Gilmar Cervante são condenados pela prática, em conjunto, de um crime de roubo majorado pelo emprego de arma e concurso de pessoas (art. 157, § 2º, incisos I e II, do Código Penal), a idênticas penas privativas de liberdade, definitivamente fixadas em 04 (quatro) anos de reclusão. Tanto o Ministério Público quanto a defesa apelam da sentença. Ao julgar primeiramente o recurso defensivo, o Tribunal de Justiça do Paraná, sem adentrar no mérito recursal, anula o processo por inteiro, *ab initio*, em face de questão preliminar suscitada pela defesa, qual seja, a incompetência absoluta do juízo condenatório, julgando, por consequência, prejudicado o recurso de apelação interposto pelo Ministério Público. Proposta nova denúncia, agora em comarca de juízo competente para o caso, após regular processamento, é prolatada nova sentença condenatória, agora devidamente fundamentada, sendo mantida a quantidade da reprimenda corporal anteriormente fixada, ou seja, 04 (quatro) anos de reclusão.

Indaga-se:

(A) É cabível e pode ser provido novo recurso de apelação interposto pelo Ministério Público que pretenda o aumento da carga penal?

(B) Era possível ao segundo juízo, declarado como competente pelo Tribunal de Justiça, aplicar na nova sentença uma pena superior à anulada?

Justifique ambas as respostas, indicando correntes doutrinárias acerca do tema.

Resposta

(A) A questão exige do candidato conhecimento sobre o denominado efeito prodrômico da sentença condenatória anulada, vale dizer, o chamado princípio da non reformatio in pejus, neste caso indireta, que impede que, em um segundo julgamento ocasionado por recurso exclusivo da defesa que determinou a nulificação do primeiro, possa o réu ser

---

104. STJ – Sexta Turma – HC 201201511370 – Rel. Min. Maria Thereza de Assis Moura – DJE: 04/08/2014.

condenado com pena superior àquela fixada no primeiro. No entanto, para que ele tenha lugar, é necessário que o órgão da acusação deixe de impugnar a sentença proferida pelo juízo incompetente. Como houve recurso contra aquela decisão, embora não conhecido, não fica ele impedido de obter, diante de um segundo julgamento, a majoração da pena do primeiro julgamento, por intermédio de nova apelação. Em outras palavras, para que se estabelecesse o efeito prodrômico da primeira sentença condenatória anulada, com preclusão para a acusação, seria necessário transcorrer in albis o lapso para o aviamento de recurso do MP, o que não ocorreu in casu.

(B) Por ter o MP recorrido da primeira sentença, não se perfez o efeito prodrômico capaz de tornar a primeira pena o limite para a incidência da vedação da reformatio in pejus indireta, mormente se tiver o MP, em seu primeiro recurso, impugnado a quantidade de pena aplicada. Daí a possibilidade do juiz, num segundo julgamento, ficar liberado para aplicar pena maior. Caso o MP não tenha, em seu primeiro recurso não conhecido, manifestado especificamente sua discordância quanto à pena aplicada, terá se verificado a preclusão para a acusação, com a incidência do efeito prodrômico do primeiro julgado, ficando o juiz do segundo julgamento a ele vinculado.

11. (MPE-RS – Promotor de Justiça – RS/2008) Basílio, desconfiado de que Josenaldo, seu empregado, está a subtrair mercadorias de seu estabelecimento comercial, separa duas calças masculinas e um par de sapatos, avaliados em R$ 410,00 (quatrocentos e dez reais). A seguir, atendendo à orientação de policiais previamente informados acerca do quadro, deixou as referidas mercadorias, deliberadamente, ao alcance do respectivo empregado (na cabine de vestir), introduzindo, naquele estabelecimento, três milicianos, a fim de surpreendê-lo, ficando todos de atalaia. Acontece que a desconfiança acabou se confirmando porque, no momento em que Josenaldo já havia introduzido os objetos na sua bolsa, houve a imediata intervenção policial, originando a sua pronta detenção, embora, logo depois, o agente tenha sido liberado por conta da não lavratura de auto de prisão em flagrante. Nada obstante, foram colhidas as respectivas declarações na Delegacia de Polícia. Ainda naquele ensejo, e por conta do contexto em que foi pilhado, Josenaldo acabou por deferir um soco em Basílio, causando-lhe lesões de natureza leve, conforme auto de exame de corpo de delito de fls. Em apreço aos termos do enunciado, considere que adotada a teoria da *ablatio*; o fato ocorreu em 23 (vinte e três) de maio de 2008 (dois mil e oito); o empregado em questão é primário; laborando no local, e na qualidade de deficiente físico (paraplégico – locomovendo-se através de cadeira de rodas), há mais de 15 (quinze) anos.

Diante dos dados trazidos, e na condição de Promotor de Justiça que recebeu as peças do respectivo inquérito policial, indaga-se:

1) Houve a prática de algum ilícito penal? Justifique.
2) Se afirmativa a resposta, houve a consumação? Justifique.
3) Na hipótese de professado o entendimento em torno da ocorrência do crime tentado, qual o critério a ser utilizado na aplicação do redutor respectivo? Justifique.

Resposta

1) quanto ao suposto delito de furto, não há crime porque se trata de flagrante provocado, cuja preparação pela polícia torna impossível a consumação. No que concerte ao crime de lesões corporais de natureza, em tese, configurou-se o tipo do art. 129, caput, CP (delito de menor potencial ofensivo).

2) De acordo com a teoria da ablatio, o momento consumativo do furto se dá com a apreensão da coisa e com seu transporte para outro lugar. No caso em tela, não se consumou o suposto furto, se adotada tal teoria. Se adotada a teoria da apprehensio ou amotio (majoritária no Brasil – STF e STJ), cuja consumação se dá com a detenção da coisa pelo agente, perfez-se o delito. De toda maneira, prejudicada a consumação diante da preparação do flagrante.

3) De acordo com o art. 14, II, parágrafo único, a redução do crime tentado se dá de um terço a dois terços. Trata-se de causa de diminuição de pena, aplicada quando da terceira etapa do critério trifásico. Diante do contexto, supondo que existisse de fato delito possível de furto tentado, as condições objetivas do fato e subjetiva do agente recomendariam a aplicação da redução no patamar máximo legal.

Entendendo que só sobejou o delito de lesão corporal culposa, a providência adequada seria lavratura de termo circunstanciado de ocorrência (Lei nº 9.099/1995). Se também se entender que houve crime de furto tentado, tudo é apurado em inquérito policial.

12. (MPE-SC – Promotor de Justiça – SC/2010) J. S. trabalhava na Prefeitura Municipal de Palhoça. Para conceder alvarás de funcionamento de estabelecimentos comerciais, prevalecendo-se da função que exercia, J. S. impunha o pagamento para si do valor de R$ 500,00. Inúmeras pessoas, durante vários meses consecutivos, a partir de 27/10/2009, efetuaram o pagamento do valor em dinheiro, entregando-o pessoalmente ao referido agente. Alguns efetuaram o pagamento em cheque. Como não sabia o que fazer com os cheques, para não ser descoberto, J. S. resolveu montar, em sociedade com seu cunhado M. M., uma empresa, denominada SUCESSO LTDA, do ramo de compra e venda de sucata, a qual foi constituída formalmente em 19/11/2009, através da inscrição do contrato social na Junta Comercial do Estado de Santa Catarina. Efetivamente a empresa não funcionava, pois não possuía empregados, não tinha sede física real, sequer desenvolvia a atividade comercial apregoada no contrato social. Dando continuidade ao seu intento, J. S. promoveu em 20/12/2009, a abertura de uma conta bancária em nome da SUCESSO LTDA, passando a depositar rotineiramente os cheques que recebia como pagamento da atividade ilícita na conta bancária da empresa SUCESSO LTDA. Pretendendo respaldar a movimentação bancária da empresa SUCESSO LTDA, J. S. contratou em 03/01/2010, M. S. para fazer a "arte gráfica" de uma nota fiscal "fria", aproveitando-se do nome, inscrição estadual e CNPJ verdadeiros da empresa PANAMERICANO LTDA (sem que os sócios desta soubessem, sequer desconfiassem), sediada em Joinville/SC. Para tanto, como se tratava de um negócio ilícito que geraria riscos, M. S. cobrou o montante de R$ 1.000,00, que foi pago por J. S. através de dois cheques de terceiros que havia recebido como pagamento da atividade ilícita que desempenhava. Após, em 20/01/2010, J. S. contratou, sem AIDF, a impressão de um bloco de notas "frias" na GRÁFICA PROPINA, de propriedade de R. T., o qual relutou em executar o serviço, mas resolveu fazê-lo, por conta do preço alto cobrado e aceito, totalizando a importância de R$ 5.000,00, também pago com cheques oriundos do proveito ilícito que recebia. Para acobertar o volume financeiro da conta bancária da empresa SUCESSO LTDA, J. S. contratou, em 19/02/2010, V. F. como secretária, atribuindo-lhe a função de controlar a movimentação bancária mensal e a obrigação de preencher vários documentos administrativos, dentre os quais as "notas frias" no valor correspondente aos depósitos efetuados(os quais eram repassados através de uma planilha), visando aquele fazer crer que os recursos que aportavam na conta bancária (depósitos de cheques) eram oriundos da atividade comercial da empresa SUCESSO LTDA com seus clientes/fornecedores.

(A) Descreva e indique fundamentadamente o(s) tipo(s) penal(is) praticado(s) pelas pessoas acima arroladas, exercitando a subsunção e promovendo a individualização da(s) conduta(s) (considerando inclusive circunstâncias agravantes, atenuantes, causas de aumento ou diminuição de pena, se for o caso).

(B) Analisando-se individualmente o(s) tipo(s) penal(is) arrolado(s) no item anterior, abstraindo-se eventual aplicação da regra de concurso de crimes, questiona-se: – é possível no caso a aplicação dos benefícios previstos na Lei nº 9.099/95? Fundamente sua resposta, indicando o dispositivo legal.

(C) Qual(is) medida(s) processual(is) você adotaria se, como Promotor de Justiça, recebesse um inquérito policial que tratasse dos fatos acima narrados? Considere que todos os fatos estivessem provados nos autos.

(D) Levando em conta o item anterior, imagine hipoteticamente que durante o processo restou evidenciado que J. S., na qualidade de servidor público, não teria sido notificado para responder por escrito, em 15 dias, na forma preconizada pela Lei processual. Por tal razão, seu defensor arguiu a nulidade do feito. O processo veio com vista para você, como membro do Ministério Público. Apresente seu posicionamento, fundamentadamente, levando em conta a qualificação e a observação abaixo arroladas.

Qualificação:

- J.S., brasileiro, casado, servidor público municipal, nascido em 19/10/1990, residente na rua B., nº 13, bairro C., Florianópolis/SC;
- M. M., brasileiro, solteiro, estudante, nascido em 20/12/1991, residente na rua A.L., nº 231, bairro C., Florianópolis/SC;
- M. S., brasileiro, divorciado, designer, nascido em 11/05/1989, residente na rua H. B., s/n, bairro P. B., Palhoça/SC;
- R. T., brasileiro, casado, empresário, nascido em 25/10/1991, residente na rua A. B., nº 222, ap. 903, bl. M., bairro E., Florianópolis/SC;
- V. F., brasileira, casada, secretária terceirizada contratada, nascida em 20/11/90, residente na rua A.L., s/n, bairro I., São José/SC.

Observação: AIDF é Autorização de Impressão de Documento Fiscais, a ser concedida pela Secretaria de Estado da Fazenda sempre que o contribuinte queira confeccionar e gerar a impressão de blocos de notas fiscais.

Resposta

a) *Para individualizar as condutas, necessário cotejar os tipos penais dos artigos 317, § 1º (corrupção passiva, com causa especial de aumento de pena), 333, parágrafo único (corrupção ativa, com causa especial de aumento de pena), estes do Código Penal, 1º, caput, § 1º, I, e § 2º, I, da Lei nº 9.613/1998 (redação dada pela Lei nº 12.683/2012). Os delitos de falsidade (art. 298, Código Penal) são meio para o crime de lavagem de dinheiro, configurando, a partir do princípio da consunção (conflito aparente de normas), um fato anterior não punível, não fazendo parte da tipificação, conquanto deva ser narrada a conduta, com suas circunstâncias na denúncia. Deve o candidato atender a tudo que se pede na questão, relativamente ao direito penal (agravantes, atenuantes, qualificadoras).*

b) *Atualmente, os artigos apontados não são objeto de benefícios da Lei nº 9.099/1995, em razão de alteração legislativa que exasperou o mínimo legal do delito do artigo 317, caput, do Código Penal, não cabendo mais, na sua forma fundamental, a suspensão condicional do processo do art. 89, daquela legislação. Certo é que se o crime de falsidade documental fosse visto isoladamente – e não como ato consistente na dissimulação do crime de lavagem de capitais –, a pena mínima de um ano em abstrato gizada no art. 298, CP, autorizaria o sursis processual. Note-se, contudo, que diante do concurso de crimes isso não seria possível.*

c) *Além do oferecimento de denúncia, o promotor tem hoje à disposição a medida cautelar de afastamento do indiciado funcionário público, toda vez que for apontada a autoria delitiva de crime de lavagem de dinheiro, aplicando o art. 17-D, da Lei 9.613/1998 (acrescentado pela Lei nº*

12.683/2012), c/c o art. 317, VI, do CPP. Como diligências, o promotor de justiça pode requerer perícia sobre os documentos cuja falsidade é apontada, bem como o afastamento do sigilo fiscal da empresa constituída ilicitamente.

d) *A notificação prévia para apresentação de resposta prévia em 15 dias é assegurada só ao funcionário. Tem se entendido que a existência de inquérito policial prévia torna dispensável a notificação que deve anteceder o recebimento da denúncia (ressalvado entendimento do STF). Ademais, seguindo-se o procedimento ordinário, relativamente aos crimes não funcionais mais graves que estes, também se entende que a uniformização do rito, para o comum ordinário não provoca nulidade do feito. Por fim, a natureza da nulidade aventada tem sido considerada relativa, cuja falta só determina a invalidação se demonstrado prejuízo.*

13. (MPE-MS – Promotor de Justiça – MS/2011) Abstraídas as discussões doutrinárias e jurisprudenciais acerca da nulidade ou inexistência da sentença proferida por juiz absolutamente incompetente, responda: Poderá o Promotor de Justiça ofertar nova acusação contra o acusado absolvido por juiz constitucionalmente incompetente?

(Extensão máxima: 20 linhas)

Resposta

Não poderá oferecer nova denúncia. Ainda que se trate de juízo absolutamente incompetente, o fato de já ter sido submetido a processo, com sentença absolutória definitiva (transitada em julgado), é óbice a um novo processo. Aplica-se o princípio ne bis in idem, que garante que ninguém será processado duas vezes pelo mesmo fato. No entanto, caso o julgado absolutório seja submetido a recurso da acusação, com sua invalidação posterior e reconhecimento da incompetência absoluta, naturalmente pode a pessoa ser acusada perante juízo competente, porque não se formou coisa julgada absolutória (nesse sentido, o STF e o STJ, salientando a inaplicabilidade, nessa situação, do princípio do non reformatio in pejus).

14. (MPE-MS – Promotor de Justiça – MS/2011) Manoel foi denunciado pelo Ministério Público pela prática dos crimes de estupro e homicídio contra a vítima Maria. Ao proceder à análise da pretensão acusatória, o magistrado julgou presentes prova da materialidade e indícios de autoria e pronunciou Manoel.

Não obstante operado o trânsito em julgado da decisão que pronunciou o réu, sobreveio laudo psiquiátrico que apontou a sua inimputabilidade. Vale consignar, que a tese inicial da defesa é a de que Manoel não é o autor dos fatos, e, alternativamente sustenta que ao tempo da ação Manoel era inteiramente incapaz de entender o caráter ilícito dos fatos ou de determinar-se de acordo com esse entendimento.

– A partir dos dados oferecidos identifique, pontue e discorra em relação aos crimes assinalados na hipótese fática sobre a conduta correta que deve ser observada pelos operadores do direito. (Extensão máxima: 20 linhas)

Resposta

Como a tese da defesa não é só a inimputabilidade, mas também a de negativa de autoria, é direito do acusado ser julgado pelo tribunal popular, com a pronúncia, ao invés da sentença absolutória imprópria autorizada pelo parágrafo único, do art. 415, do CPP.

De tal modo, embora se trate de ação de prevenção penal, o acusado deve ir a Júri para que tenha a oportunidade de pleitear sua absolvição própria (negativa de autoria), ao lado da imprópria, menos favorável (inimputabilidade).

O STJ decidiu recentemente que a inimputabilidade deve ser compreendida no quesito genérico de absolvição, razão pela qual se for respondida negativamente a questão sobre se "o jurado absolve o acusado", o júri terá se manifestado pela condenação, com rejeição de todas as teses (inimputabilidade e negativa de autoria)[105]

Pensamos, todavia, que se a inimputabilidade é matéria passível de ser apreciada por ocasião da absolvição sumária, não parece adequado negar a possibilidade de absolvição sumária que seria aplicada se não existisse outra tese de defesa em favor do acusado. O júri é direito individual fundamental e não pode ser um meio de agravar a situação do acusado. De tal maneira, entendemos que o quesito genérico não engloba a inimputabilidade e, se esta está comprovada cabalmente por laudo pericial, a decisão dos jurados não pode recair sobre esta circunstância, sendo matéria afeta exclusivamente ao juiz presidente.

Soaria desarrazoado admitir a absolvição sumária do acusado inimputável que não alegou qualquer outra tese absolutória e permitir a condenação deste mesmo acusado quando tenha aventado tese absolutória ao lado da inimputabilidade, em face de terem sido as teses defensivas rejeitadas pelos jurados. Os jurados julgam os fatos e não questões preponderantemente jurídicas, tal qual o caso do acusado acometido de doença mental grave que o tornou incapaz de compreender o caráter ilícito do fato, matéria esta própria de peritos.

15. (FGV – Juiz de Direito – AM/2013) Durante evento que se realizava em uma boate, ocorreu um incêndio que culminou na morte de 30 pessoas e ferimento grave em outras 40. Diante dos elementos de informação colhidos no curso do inquérito, o Ministério Público denunciou João pela prática do crime de incêndio doloso, descrevendo a peça acusatória vestibular que o agente atuou com vontade direta de causar o incêndio para dar prejuízo financeiro ao proprietário do estabelecimento, reconhecendo a forma majorada por força das mortes e lesões decorrentes.

105. STJ – Sexta Turma – HC 201000877560 – Rel. Min. Sebastião Reis Júnior – DJE DATA: 16/12/2013.

Recebida a denúncia e realizada a instrução sob o crivo do contraditório, em alegações finais, o Ministério Público requereu a condenação nos termos do pedido inicial, enquanto a defesa pugnou pela absolvição sob o fundamento de não ter sido o acusado o causador do incêndio.

Considerando que a prova afastou o dolo do acusado, eis que apenas indiciado um comportamento imprudente do mesmo e não havendo qualquer dúvida com relação à autoria, seria possível ao Juiz decidir pela procedência parcial da pretensão punitiva para condenar o acusado na modalidade culposa do crime de incêndio?

(A resposta deve ser objetivamente fundamentada).

Resposta

O tipo penal culposo é aberto, envolvendo conduta imprudente, imperita ou negligente. No caso do incêndio, a previsão está no § 2º, do art. 250, CP.

Acontece que, para ser possível a condenação por delito culposo, deve ser descrita na petição inicial fato que se acomode à noção de imprudência, imperícia ou negligência.

Não é possível que o juiz decida pela procedência parcial da pretensão punitiva para condenar o réu pela modalidade culposa sem que antes seja aditada a denúncia, diante da regra da mutatio libelli. Caso não haja aditamento, cabe ao juiz aplicar o art. 28, CPP, por analogia (§ 1º, do art. 384). Se persistir a situação de não aditamento após manifestação do procurador-geral de justiça, a solução é absolutória, diante do afastamento do elemento subjetivo doloso. Pensar de outra maneira seria concordar na violação do princípio da correlação.

---

16. (TJ-DF – Juiz de Direito – DF/2007) Roberto, inscrito no concurso para ingresso na Polícia Militar do Distrito Federal, na prova de conhecimentos gerais, foi flagrado recebendo informações do gabarito que eram transmitidas a ele por dois amigos que, interessados em ajudá-lo a ser aprovado no concurso, transmitiam as informações por meio eletrônico a partir de um veículo que estacionaram próximo ao local em que era realizado o certame.

Denunciados por formação de quadrilha, falsidade ideológica e estelionato, foram absolvidos com fundamento no artigo 386, inciso III, do Código de Processo Penal. Comente fundamentadamente o acerto ou não da decisão.

Resposta

Roberto não cometeu ardil apto a fazer configurar, de sua parte, o crime do art. 171, CP.

O STF e o STJ, aliás, assentaram que a fraude eletrônica de concurso público, denominada cola eletrônica, não é alcançada pelo tipo penal do estelionato.

Atualmente, há delito específico de fraude de certame público (art. 311-A, CP, acrescido pela Lei nº 12.550/2011), mas que também não engloba a fraude eletrônica.

Quanto à "quadrilha", seriam necessários os elementos do art. 288, CP, o que, pela narrativa, também não se encontram presentes. Atualmente, o tipo penal é denominado de associação criminosa.

A falsidade ideológica também não foi narrada. Não se noticiou qualquer delito de falso (art. 299, CP).

---

17. (TJ/MS – Juiz de Direito – MS/2010) É possível a absolvição de um acusado que já morreu? Fundamente a resposta.

Resposta

Não é possível, salvo se não houver notícia do óbito nos autos e, por equívoco for prolatada decisão absolutória.

Juntada certidão de óbito, é dever do juiz, de ofício, proferir sentença de extinção da punibilidade. É a dicção do art. 61, CPP, diante da causa extintiva de punibilidade gizada no art. 107, I, CP.

Note-se que não se confundem a sentença de absolvição (artigos 386, 393, 397, 415, do CPP – apeláveis) e a sentença de extinção de punibilidade (recorríveis em sentido estrito – art. 61, 397, IV, 581, VIII, CPP e art. 107, CP).

---

18. (MPF/18) H. submetido a Júri Federal, teve, contra si, reconhecido o motivo torpe e a utilização de recurso que tornou impossível a defesa da vítima. Na fixação da pena, o Juiz considerou como qualificadora apenas o motivo torpe, estabelecendo a sanção base em 15 anos de reclusão. Transformou em agravante a outra qualificadora e acresceu mais 3 anos, fixada a sanção definitiva em 18 anos. Avalie, preferencialmente em até 20 linhas, o comportamento judicial, especificamente sobre: a) a natureza jurídica das qualificadoras na estrutura do delito; e b) no caso sua repercussão no método de fixação da sanção.

Resposta

(A) Não há, propriamente falando, homicídio duplamente qualificado. O tipo penal pode ser simples (fundamental) ou derivado (qualificado). O tipo penal qualificado é uma figura típica autônoma, diversamente de quando incidem causas especiais de aumento ou de diminuição de pena (circunstâncias periféricas, não centrais).

(B) Consoante orientação sedimentada no STJ – e recomendada doutrinariamente, inclusive por nós –, diante de duas qualificadoras, é possível a utilização de uma delas para qualificar o delito e da outra como circunstância agravante (quando prevista legalmente nos artigos 61 e 62, CP), ou como circunstância judicial, residualmente.

Na hipótese, a elevação da pena-base encontra-se justificada em razão da maior reprovabilidade da conduta do agente (culpabilidade), eis que se cuida de cometimento de homicídio, com duas condutas aptas a qualificá-lo. Para que seja justificado o acréscimo de três anos em virtude da agravante decorrente da transformação da segunda qualificadora – considerando que o Código Penal não estabelece parâmetro quantitativo para a majoração de agravantes –, necessário o atendimento aos princípios da proporcionalidade (em especial, o subprincípio da necessidade), da suficiência à reprovação e à prevenção de delitos, dentre outros que informam a aplicação da pena.

19. (MPF/26) Tratando-se de condenação por corrupção, há possibilidade de fixação de valor mínimo para reparação dos danos havidos pela União? Deve o órgão do MPF formular, na denúncia, esse *quantum* mínimo? Por quê? (Máximo de 10 linhas).

Resposta

O valor mínimo do dano tem sua fixação pelo juiz prevista no art. 387, IV, CPP. Embora a letra do artigo passe a ideia de que pode ser arbitrado de ofício pelo juiz, o entendimento pretoriano dominante é no sentido de que deve haver requerimento do órgão do Ministério Público.

Pensamos, inclusive, ser necessário distinguir a espécie de direito em jogo, pois, caso se trate de direito disponível, natural que deva o legitimado se habilitar e requerer expressamente nos autos a fixação do valor mínimo do dano, haja vista que o MP não tem legitimidade para a defesa de direitos individuais disponíveis.

Tratando-se de dano causado à União, segundo nosso entendimento, deveria a respectiva procuradoria, caso deseje a fixação do valor mínimo do dano, requerer expressamente, peticionando nos autos da ação penal, para que o contraditório seja exercido. Não tem o MP legitimidade para a defesa de interesses públicos secundários, como aquele próprio da advocacia pública.

No entanto, como se disse, predomina o entendimento de que há de ser requerida a fixação, bem como o de que o MP, presentes os pressupostos legais, deve pleiteá-la ao juiz.

De todo modo, deve o fato ter ocorrido em data posterior ao advento da modificação legislativa que incluiu o inciso IV ao art. 387, CPP, diante de seu teor de direito material, que o impede de retroagir para alcançar fatos passados.

Capítulo XIII

Procedimentos

Sumário • 1. Considerações Gerais – 2. Procedimento comum: 2.1. Procedimento comum ordinário (artigos 394 a 405, CPP): 2.1.1. Questões complementares; 2.1.2. Sequência; 2.2. Procedimento comum sumário (artigos 531 a 536, CPP): 2.2.1. Sequência; 2.3. Procedimento comum sumaríssimo (juizados especiais criminais): 2.3.1. Considerações iniciais; 2.3.2. Fase preliminar; 2.3.3. Audiência preliminar; 2.3.4. Procedimento sumaríssimo – 3. Procedimentos especiais: 3.1. Crimes afiançáveis imputados a funcionário público: 3.1.1. Peculiaridades do procedimento; 3.1.2. Sequência; 3.2. Crimes contra a honra: 3.2.1. Sequência; 3.3. Procedimento especial para processamento dos crimes de drogas: 3.3.1. Sequência; 3.4. Procedimento especial para os crimes falimentares; 3.5. Outros procedimentos especiais: 3.5.1. Procedimento criminal da ação penal originária dos tribunais; 3.5.2. Procedimento para os crimes contra a propriedade imaterial; 3.5.3. Procedimento para a restauração de autos extraviados – 4. Procedimento especial dos crimes dolosos contra a vida: 4.1. Fundamentos do tribunal do júri; 4.2. Princípios reitores; 4.3. Características; 4.4. Rito especial do júri: 4.4.1. Primeira fase ou juízo da instrução preliminar *(judicium accusationis)*: 4.4.1.1. Decisão de pronúncia; 4.4.1.2. Sentença de impronúncia; 4.4.1.3. Despronúncia; 4.5. Sentença de absolvição sumária; 4.6. Decisão de desclassificação da infração penal contra a vida; 4.7. Rito especial do júri: segunda fase ou preparação para o julgamento *(judicium causae* ou juízo de mérito); 4.8. Rol de testemunhas e diligências; 4.9. Desaforamento; 4.10. Instalação da reunião do júri: 4.10.1. Preparativos administrativos e processuais; 4.10.2. Alistamento dos jurados; 4.10.3. Organização da pauta; 4.10.4. Sorteio e convocação dos jurados; 4.10.5. Função de jurado; 4.10.6. Reunião e sessões do tribunal do júri; 4.11. Formação do conselho de sentença; 4.12. Atos instrutórios; 4.13. Debates e poderes do juiz; 4.14. Formulação dos quesitos e votação; 4.15. Sentença e ata da sessão; 4.16. Recurso e anulação parcial do julgamento do júri – 5. Procedimento especial dos crimes militares – 6. Quadro Sinótico – 7. Súmulas Aplicáveis: 7.1. STJ; 7.2. STF – 8. Informativos recentes: 8.1. STJ; 8.2. STF – 9. Questões de concursos públicos – 10. Gabarito Anotado – 11. Questões discursivas com comentários

1. CONSIDERAÇÕES GERAIS

Os procedimentos no processo penal são bem diversificados. O Código de Processo Penal não é sistemático como o Código de Processo Civil. Ao lado disso, algumas leis processuais penais especiais trazem previsão de outros procedimentos em conformidade com o delito que se esteja a apurar ou a instância onde deva ser instaurado o processo.

Processo se distingue de procedimento. O procedimento é a sucessão de atos realizados nos termos do que preconiza a legislação. O processo é o conjunto, isto é, a concatenação dos atos procedimentais, com o desiderato de produzir, ao final, coisa julgada.

O Código de Processo Penal não é preciso nessa distinção. Nele consta, no livro II, a divisão dos "processos em espécie" em "processo comum" e "processos especiais".

Como a divisão da legislação não é didática e nem facilita a sistematização, é conveniente buscar uma linguagem coerente que possibilite a compreensão dos variados procedimentos processuais penais. Para os fins aqui propostos, o processo será concebido como relação jurídica, sendo conceituado como um conjunto de atos tendentes à prestação jurisdicional penal. O procedimento, a seu turno, deve ser entendido como uma forma de atuar, isto é, uma técnica específica, constituindo-se a face formal, extrínseca[1].

1. MOREIRA, Rômulo de Andrade. *Direito processual penal*. Salvador: JusPODIVM, 2007. p. 197.

Esse modo de ver a questão deve ter um compromisso com a garantia constitucional do devido processo legal, seja em seu aspecto formal, seja em sua dimensão substancial. É do devido processo legal que se podem invocar duas outras garantias procedimentais (implícitas): **(1)** a integralidade do rito, que representa a imposição ao juiz do dever a fiel e integral observância dos atos procedimentais previstos em lei e **(2)** a taxatividade do procedimento, segundo o qual não é dado ao juiz ou tribunal aplicar procedimento distinto daquele previsto em lei, bem como não se admite a inversão dos atos procedimentais.

Cabe ressaltar que, não obstante as garantias acima mencionadas, o entendimento adequado do processo e do procedimento é aquele que possibilita uma aplicação do direito que dê efetividade ao ***due process of law***, em respeito aos direitos dos sujeitos processuais envolvidos – podendo, assim, haver flexibilização do rito, desde que seja amparada por outros princípios constitucionais e que se dê em benefício do réu.

2. PROCEDIMENTO COMUM

O procedimento em matéria processual penal poderá ser comum ou especial (***caput, do art. 394, CPP***).A Lei nº 13.285/2016 incluiu o art. 394-A, do CPP, para dispor que os processos que apurem a prática de crime hediondo terão prioridade de tramitação em todas as instâncias. Ao lado da necessidade de estabelecimento de critérios objetivos em face de outras hipóteses legais de tramitação, o art. 3º, CPP, que admite interpretação extensiva, permite concluir que o dispositivo também se aplica aos processos por crime equiparado a hediondo. Como se trata de norma de conteúdo processual (sem trazer, em tese, mitigação ao *jus libertatis* do imputado), deve ter incidência imediata a todos os processos em tramitação na data de sua vigência, sendo irrelevante ter o fato ocorrido em data anterior (art. 2º, CPP). Trata-se do princípio tempus *regit actum*.

O procedimento comum é a regra, aplicando-se a todos os processos, salvo disposição legislativa em contrário. Nesse diapasão, o regramento legislativo do procedimento comum pode ser aplicado supletivamente aos procedimentos especiais, comum sumário e comum sumaríssimo. De acordo com o § 5º, do art. 394, do CPP, a todos os procedimentos, comum ou especiais, será aplicada, subsidiariamente, a disciplina do procedimento comum ordinário.

A noção de "aplicação subsidiária" deve ser inferida em cotejo com o art. 3º, do CPP, para deixar assentado que as disposições do procedimento comum só serão aplicáveis aos demais ritos, inclusive em instância colegiada quando:

(1) houver omissão da disciplina correlata na legislação que regula o outro rito; ou

(2) embora não omissa a legislação disciplinadora de rito diverso, a sua aplicação incorrer em inconstitucionalidade, caso em que deve ser feito controle de constitucionalidade para afastar a incidência do dispositivo inconstitucional e aplicar subsidiariamente as regras do procedimento comum ordinário.

Em outros termos, não se deve aplicar subsidiariamente com base na suposição de que a disciplina do procedimento comum ordinário é melhor do que a de algum procedimento especial.

Na esfera do procedimento comum, serão encontradas três categorias de procedimentos: (1) procedimento comum ordinário; (2) procedimento comum sumário; e (3) procedimento comum sumaríssimo. Já no âmbito do procedimento especial, estarão inseridos todos os ritos que tenham regramento próprio, peculiar, diverso das três categorias apontadas, sejam previstos no Código de Processo Penal, sejam em outros diplomas processuais penais.

A definição da categoria do rito comum terá como parâmetro a pena máxima cominada abstratamente ao crime (art. 394, § 1º, CPP). O procedimento comum será:

(1) ordinário, quando tiver por objeto crime cuja sanção máxima cominada for igual ou superior a 4 (quatro) anos de pena privativa de liberdade (inciso I);

(2) sumário, quando tiver por objeto crime cuja sanção máxima cominada seja inferior a 4 (quatro) anos de pena privativa de liberdade (inciso II);

(3) sumaríssimo, para as infrações penais de menor potencial ofensivo, que, em regra, são aquelas cuja pena máxima abstrata não excede 2 (dois) anos, além das contravenções penais comuns.

PROCEDIMENTO APLICÁVEL	PENA MÁXIMA COMINADA AO DELITO
Ordinário	Pena ≥ 4 anos
Sumário	Pena < 4 anos
Sumaríssimo (Lei nº 9.099/1995)	Pena < 2 anos e contravenções penais.

A pena de multa, nestas hipóteses, é indiferente para a aferição do tipo de procedimento, que é definido pela pena privativa de liberdade em abstrato. Havendo concurso de crimes, a tendência natural é que as penas sejam somadas como indicativo do procedimento a ser seguido. Devem também ser levadas em conta as qualificadoras e as causas de aumento, estas tomadas com a exasperação da fração máxima.

Para a resolução dos problemas relativos à escolha do rito continua sendo necessário o conhecimento do sistema legislativo processual penal e de seus microssistemas, ou seja, não só do Código de Processo Penal, mas das leis especiais, do Código Eleitoral, do Código Penal Militar e, sobremodo, da Constituição. Não é só o fato de ser o crime apenado com pena máxima abstrata igual ou superior a 4 (quatro) anos que fixará, sem outras indagações, o rito comum ordinário.

Em outras palavras, a regra geral é, de fato, a de que o crime punido com pena máxima abstrata igual ou superior a 4 (quatro) anos deve ser processado sob o procedimento comum ordinário. Exemplo de delito que deve ser objeto de procedimento ordinário é o do crime de vender bebida alcoólica a criança ou a adolescente, cuja pena é de detenção de dois a quatro anos, e multa, se o fato não constituir crime mais grave (art. 243, Estatuto da Criança e do Adolescente – redação da Lei nº 13.106/2015). No entanto, o intérprete deve estar atento à possibilidade de incidência de outras normas, que podem excepcionar a regra geral.

É que o rito comum ordinário não será o adequado a depender do crime ou da competência do órgão julgador, não obstante tenham suas disposições aplicação subsidiária aos demais procedimentos. O texto constitucional será o indicativo principal. Assim, os crimes de competência do tribunal do júri – crimes contra a vida segundo a Constituição do Brasil – não seguirão o procedimento comum ordinário. Os crimes eleitorais, ainda que apenados com reclusão, têm rito próprio no Código Eleitoral e nas leis eleitorais. Os crimes militares seguem o rito do Código de Processo Penal Militar. E os crimes de competência dos tribunais – em virtude, por exemplo, de prerrogativa de função do agente – tem procedimento regrado nas leis específicas e regimentos internos, tal como se nota na Lei nº 8.038/1990.

Com efeito, não se deve perder de vista que as disposições pertinentes ao procedimento comum, dispostas nos artigos 395 a 398, CPP, são aplicáveis aos procedimentos penais de primeiro grau, haja vista que a legislação especial rege o processamento criminal nos tribunais. Não obstante, naquilo que for omissa a legislação especial do procedimento criminal perante os tribunais, tem aplicação as disposições do CPP, a exemplo da fase de absolvição sumária. É possível que, antes do desenrolar de todo o procedimento perante um tribunal, resolva o órgão colegiado deliberar pela absolvição sumária do acusado, aplicando, supletivamente, o art. 397, CPP.

Por fim, anote-se que o rito para os processos de competência do Tribunal do Júri é especial e bifásico, não obstante a semelhança da sua primeira fase com o procedimento comum ordinário, e observará as disposições próprias (arts. 406 a 497, CPP), razão pela qual seu estudo não está inserido neste primeiro tópico, porém junto com os demais procedimentos especiais e outros ritos estabelecidos em leis especiais, examinados mais adiante.

2.1. Procedimento comum ordinário (artigos 394 a 405, CPP)

Em regra, ocorrida uma infração, a autoridade policial instaura inquérito policial. Cuida-se da fase investigativa, inquisitiva, que tem o objetivo de coligir elementos que confiram suporte probatório para o desencadeamento da ação penal. Com a conclusão do inquérito, os autos são encaminhados ao Ministério Público – ainda que por intermédio do juiz – para que forme sua opinião sobre o delito. O inquérito não é indispensável, podendo ser a ação penal proposta com base em outras peças de informação. Oferecida a denúncia ou a queixa, ela poderá ser recebida ou rejeitada. A rejeição da denúncia desafia recurso em sentido estrito. Do seu recebimento, de regra, não cabe recurso, havendo, todavia, possibilidade de manejo do *habeas corpus* para o fim de trancar a ação penal em hipóteses como a de falta de justa causa para a demanda penal.

É com base na admissibilidade do ***writ*** que o STJ rejeita o que se convencionou chamar de "exceção de pré-cognição", instrumento de oposição ao recebimento da exordial acusatória (de modo semelhante ao que ocorre na Lei de Drogas, por exemplo). Para este Tribunal Superior, com fundamento na ausência de previsão legal, inexiste violação à ampla defesa[2].O início do procedimento comum ordinário ocorre com o recebimento da petição inicial acusatória, devendo estar embasada nos elementos do inquérito e com a especificação de provas a produzir. As testemunhas enumeradas pelo MP devem estar na denúncia, assim como as do querelante devem constar na queixa-crime. Não deve ser admitida a complementação a apresentação de rol de testemunhas posteriormente ao instante oportuno, a fim de não outorgar maiores chances processuais a uma parte em detrimento da outra, salvo nas hipóteses legais de aditamento da petição inicial (art. 384, CPP). O STJ, todavia, admitiu que o Ministério Público pudesse sanar a falta de apresentação de rol de

2. STJ – Quinta Turma – RHC 23.857 – Rel. Min. Jorge Mussi – DJe 22/06/2010.

testemunhas, mormente antes de formada a relação processual, aduzindo a inexistência de prejuízo à defesa[3]. Para nós, esse posicionamento da Corte Superior desequilibra a relação processual, afetando elemento essencial da ampla defesa do acusado (nulidade absoluta).

Nos termos do art. 396 do Código, "no procedimento ordinário ou sumário, oferecida a denúncia ou queixa, o juiz, se não a rejeitar liminarmente, recebê-la-á e ordenará a citação do acusado para responder à acusação, por escrito, no prazo de (dez) dias".

A denúncia ou a queixa poderá ser rejeitada se inepta, isto é, havendo defeito formal grave, a exemplo da deficiência ou ausência da narrativa fática, se faltar pressuposto processual ou condição para o exercício da ação penal ou, ainda, se faltar justa causa para o exercício da demanda, que é a necessidade do lastro probatório mínimo (art. 395, CPP). Não sendo o caso de rejeição, por verificar o juiz o atendimento a todas as exigências legais, deve ser recebida a inicial acusatória, deflagrando-se assim o processo.

O despacho de recebimento da petição acusatória (causa interruptiva da prescrição) importará no começo de uma fase preliminar de defesa, que se inicia com a citação do acusado para apresentar resposta, no bojo da qual poderá "arguir preliminares e alegar tudo o que interesse à sua defesa, oferecer documentos e justificações, especificar as provas pretendidas e arrolar testemunhas, qualificando-as e requerendo sua intimação quando necessário" (art. 396-A, CPP). Se o réu excepcionar (exceção de incompetência, de suspeição, etc.), o incidente deve ser processado em apartado na forma dos artigos 95 a 112, do Código.

A resposta à inicial acusatória é peça obrigatória. Dessa maneira, não é concebível que não seja a resposta oferecida nos autos, razão pela qual o § 2º, do art. 396-A, CPP, preconiza que "não apresentada a resposta no prazo legal, ou se o acusado, citado, não constituir defensor, o juiz nomeará defensor para oferecê-la, concedendo-lhe vista dos autos por 10 (dez) dias". Como o juiz tem autorizativo legal expresso para julgar antecipadamente o mérito penal quando estiver comprovada situação fática ou jurídica que autorize provimento que afaste o pedido condenatório (art. 397, CPP, pode-se concluir que a resposta preliminar à acusação deve sustentar toda questão processual e de mérito que possa conduzir o juiz a absolver sumariamente o acusado (incisos I a III) ou a extinguir sua punibilidade (inciso IV)

Na resposta preliminar à acusação, o acusado tem a faculdade de arrolar testemunhas. Trata-se do direito subjetivo à prova – indeclinável prerrogativa jurídica – que tem a pessoa que resiste à pretensão condenatória. Não é lícito ao juiz indeferir a prova testemunhal de antemão, sob o argumento de que as testemunhas nada sabem sobre o fato, mas apenas sobre a pessoa do imputado (testemunha de beatificação). É indevido, destarte, o indeferimento de testemunhas arroladas na fase de defesa prévia, de acordo com o entendimento do STF. É desprovido de validade o argumento de que "o requerimento seria protelatório, haja vista que as testemunhas não teriam, em tese, vinculação com os fatos criminosos imputados aos pacientes"[4].

A defesa tem a possibilidade de investir na apresentação de todos os argumentos fáticos e jurídicos que militam em favor do imputado, na expectativa de convencer o magistrado, ***ab initio***, que a lide deve chegar ao fim, com resolução do mérito, num julgamento antecipado

3. STJ – Quinta Turma – RHC 201301244282 – Rel. Min. Reynaldo Soares da Fonseca – DJ: 23/02/2016.
4. STF – Segunda Turma – HC 155.363/RJ, rel. Min. Dias Toffoli, julgamento em 8.5.2018 – Informativo nº 901, de 7 a 11 de maio de 2018.

favorável à defesa. Os cuidados precisam ser redobrados, pois caso o magistrado não se convença acerca da viabilidade da absolvição sumária, o processo irá prosseguir. Note-se que, em tal hipótese, o fator surpresa terá se perdido, pois a acusação já conhecerá todas as teses que serão levantadas ao longo da instrução, pois antecipadas na defesa preliminar. Acreditamos, portanto, como já assentado, que a apresentação da defesa preliminar é obrigatória, contudo, a profundidade e abrangência do seu conteúdo será definida estrategicamente pelo defensor, e nada impede, a depender da conveniência do caso concreto, que ele opte por apresentar uma peça evasiva, superficial, não havendo de se falar em prejuízo para a defesa.

Não obstante os artigos que regulamentam o procedimento ordinário não digam, para dar cumprimento ao contraditório, o juiz deve abrir vista da parte contrária (querelante ou Ministério Público) para se manifestar sobre preliminares e documentos acostados, no prazo de cinco dias, em analogia ao que ocorre no procedimento do júri (art. 409, CPP). A omissão legislativa da previsão dessa réplica pelo MP no rito comum (e não no rito do júri), deve-se a ideia de que o acusado fala por último antes do juiz sentenciar:

(1) no procedimento especial do júri disposto no CPP, o momento da absolvição sumária do art. 415 é posterior ao da audiência de instrução do art. 411, após o debate oral que tem a defesa como a última a falar (§ 4º, do art. 411); e

(2) no procedimento comum, o momento da absolvição sumária do art. 397 vem antes da audiência de instrução e julgamento (art. 400) e depois da resposta preliminar à acusação do art. 396-A (sendo o último ato que consubstancia a regra de que a defesa deve ser a derradeira a se manifestar).

Sem embargo, considerando o princípio do contraditório e em virtude de se vislumbrar possibilidade de uma decisão absolutória ou mesmo extintiva da punibilidade estatal caso esteja presente alguma das hipóteses do art. 397, CPP, recomenda-se que o magistrado não surpreenda o autor da demanda com um provimento a ele desfavorável com base em argumento não conhecido quando do ajuizamento da ação penal. Daí que entendemos ter compatibilidade aplicar, por analogia, o enunciado do art. 409, CPP (incidente no rito do júri), que reza: "apresentada a defesa, o juiz ouvirá o Ministério Público ou o querelante sobre preliminares e documentos, em 5 (cinco) dias".

Com a resposta à acusação e devidamente cumpridas as providências exigidas, abre-se a oportunidade para que o juiz absolva sumariamente o acusado, com base no art. 397, CPP, restando consagrado o julgamento antecipado do mérito penal com fundamento: **(1)** na existência manifesta de causa excludente da ilicitude do fato; **(2)** na existência manifesta de causa excludente da culpabilidade do agente, salvo inimputabilidade; **(3)** evidentemente o fato narrado não constituir crime; ou **(4)** na extinção da punibilidade do agente. Quanto a essa última causa de "absolvição sumária", do art. 397, estampada no seu inciso IV, na verdade, o que se tem é motivo diverso do absolutório.

Como se infere, para provimento desta espécie, que abrevia sobremodo o rito processual penal, é necessário juízo de certeza. Admite-se julgamento antecipado quando presente uma excludente de tipicidade, de ilicitude (seja contemplada na parte geral – art. 23 do CP, ou especial do Código Penal), excludente de culpabilidade, ressalvada a inimputabilidade, pois o processo deve seguir o seu curso regular quanto aos inimputáveis, para ao final ser-lhes aplicada medida de segurança, no que se chama de absolvição imprópria. Invocamos neste ponto a analogia para defender que se a inimputabilidade é o único argumento da defesa, apresentado expressamente na preliminar, e demonstrada no respectivo incidente de insanidade mental, não há obstáculo para a absolvição sumária com esse fundamento, uma verdadeira absolvição sumária imprópria. É o que se admite no júri, ao final da primeira fase, por força do art. 415, parágrafo único, CPP.

Já quanto às causas de extinção da punibilidade (art. 107, CP), sempre foi possível o seu reconhecimento a qualquer tempo, inclusive de ofício (art. 61, CPP). A decisão que declara uma causa extintiva da punibilidade não é, entretanto, verdadeiramente absolutória. É uma decisão ***sui generis***, que faz coisa julgada material, reconhecendo que o estado não pode punir, em razão das circunstâncias reconhecidas em lei, como a prescrição, a decadência, a renúncia, dentre outras. No aspecto recursal, a decisão que absolve sumariamente desafia o recurso de apelação, sendo verdadeira sentença. Se o magistrado nega a absolvição sumária, recurso não há, admitindo-se o manejo do *habeas corpus*, com o objetivo de trancar o processo. Por sua vez, tratando-se de causa extintiva da punibilidade, a decisão que a reconhece ou nega comporta recurso em sentido estrito (art. 581, incisos VIII e IX, CPP).

Não sendo o caso de rejeição da denúncia ou da queixa ou de julgamento antecipado da causa penal, o juiz designará audiência de instrução e julgamento. A reforma processual penal estabeleceu audiência única, sufragando o princípio da concentração dos atos processuais. Em que pese a audiência ser una, já se tem admitido o seu desmembramento, sob o fundamento que o excessivo número de atos pode inviabilizar o seu atendimento em um mesmo dia.

Malgrado o art. 399, CPP, seja iniciado pela menção "recebida a denúncia ou a queixa, o juiz designará dia e hora para a audiência", que poderia incutir o entendimento de que só após a resposta à acusação (defesa preliminar) seria recebida a denúncia ou a queixa (com o consectário de ser interrompida a prescrição), o intérprete deve atentar para o fato de que o art. 396, CPP, preconiza que a citação para responder a ação penal ocorrerá se o juiz receber a petição acusatória, o que se dá ***ab initio*** (art. 396, CPP).

Destarte, o que o art. 399 do Código dispõe é que ele terá aplicação quando o juiz estiver diante de caso de denúncia ou de queixa recebida e que não precise de julgamento antecipado do mérito. Nessa altura do procedimento comum ordinário, o magistrado designará dia e hora para a audiência, ordenando a intimação do acusado, de seu defensor, do Ministério Público e, se for o caso, do querelante e do assistente. Cuidando-se de acusado preso, será ele requisitado para comparecer ao interrogatório, devendo o poder público providenciar sua apresentação.

No que toca aos momentos do recebimento da denúncia e da citação do acusado, cabe registrar que há entendimento contrário de Nereu José Giacomolli, sustentando que "somente deverá ser considerado válido o juízo" de recebimento da denúncia "após ter o acusado se defendido". Para ele, dentre os "dois momentos processuais ao recebimento da acusação, antes da citação (art. 396 do CPP) e depois da defesa preliminar (art. 399 do CPP)", a escolha deve recair sobre a "situação processual que evidentemente milita em benefício de um maior conteúdo de garantia do cidadão, visto que impõe mais uma barreira processual a ser transposta para somente após ser permitida a transformação da pessoa de ser comum em acusada em um processo penal"[5]. Todavia, a posição do autor esbarra na dicção do art. 396, CPP, que preconiza: "nos procedimentos ordinário e sumário, oferecida a denúncia ou queixa, o juiz, se não a rejeitar liminarmente, recebê-la-á e ordenará a citação do acusado para responder à acusação, por escrito, no prazo de 10 (dez) dias" (grifo nosso). Isso quer dizer que o recebimento da denúncia deve anteceder a ordem de citação do réu. Depois da resposta, haverá ensejo para o que chamamos de antecipação do julgamento do mérito penal (absolvição sumária, art. 397, CPP).

Embora declare que o juízo de admissibilidade sobre a inicial acusatória se dê no momento anterior à citação do acusado, o STJ firmou entendimento pela possibilidade de reapreciação da denúncia após o oferecimento da resposta à acusação. Para a Corte, em respeito aos princípios da economia e celeridade processual, pode o magistrado exercer novo juízo de recebimento da peça acusatória. Esta reavaliação da acusação formal levada ao juízo poderia, portanto, conduzir à extinção do processo sem resolução do mérito[6], com base na aplicação analógica do art. 485, § 3º, do CPC/2015.

Note-se que a regra é a de que a denúncia deve ter seus requisitos aferidos em momento anterior à citação, segundo entendimento consolidado dos tribunais superiores. No entanto, recentemente o STJ assentou que, ainda assim, é possível que sejam reexaminados os requisitos da petição acusatória após a resposta preliminar à acusação, com condução ao encerramento do processo penal sem resolução de mérito, com esteio no art. 485, § 3º, CPC/2015, aplicável por analogia.

Nesse julgado, a Corte Superior explicitou que o fato de a denúncia já ter sido recebida (precariamente) não impede o juízo de primeiro grau de, logo após a apresentação da resposta do acusado, prevista nos artigos 396 e 396-A do Código de Processo Penal, reconsiderar a anterior decisão e rejeitar a peça acusatória, ao constatar a presença de uma das hipóteses elencadas nos incisos do art. 395 do Código de Processo Penal, levantadas pela defesa. Isso porque as matérias numeradas no art. 395 do Código de Processo Penal dizem respeito a condições da ação e pressupostos processuais, cuja aferição não está sujeita à preclusão[7] (art. 485, § 3º, do CPC/2015, c/c o art. 3º do CPP).

O CPP contempla o princípio da identidade física do juiz no direito processual penal brasileiro. Este princípio tinha aplicação no direito processual civil, porém não no direito processual penal, consistindo na imposição de que o juiz que venha a proferir a sentença seja o mesmo que presidiu a instrução. Após a reforma processual de 2008, o § 2º, do art. 399, CPP, estampou que "o juiz que presidiu a instrução deverá proferir a sentença"[8].

O procedimento comum ordinário é ainda informado pelos princípios da economia processual, da celeridade, da concentração dos atos processuais em audiência e da identidade física do juiz. Logicamente que diligências indispensáveis em casos de maior complexidade podem demandar mais tempo e dificultar o atendimento integral a esses ditames. Contudo, o mais relevante é existir uma disciplina capaz de se ajustar a uma

5. GIACOMOLLI, Nereu José. *Reformas (?) do processo penal*: considerações críticas: provas, ritos processuais, júri, sentenças. Rio de Janeiro: Lumen Juris, 2008. p. 64.
6. STJ – REsp 1.318.180 – Rel. Min. Sebastião Reis Júnior – Info nº 522.
7. STJ – Sexta Turma – RESP 201200822509 – Rel. Min. Sebastião Reis Júnior – DJE: 29/05/2013.
8. Sobre o princípio da identidade física do juiz, vide Capítulo I deste Curso.

realidade de um processo penal mais justo, rápido e efetivo, sem que isso, contudo, implique mitigação a direitos fundamentais.

Nessa esteira, o art. 400, CPP, aviva que a audiência de instrução e julgamento deve ser realizada no prazo máximo de 60 (sessenta) dias. Há divergências sobre o termo a partir do qual deve fluir esse lapso. Pensamos que tal prazo deve fluir a partir da data da decisão que delibera negativamente sobre hipóteses de absolvição sumária. Segue-se critério tópico-cronológico, de acordo com a ordem dos artigos do CPP, eis que a menção aos sessenta dias (art. 400, CPP) só é feita após a fase preliminar de absolvição sumária gizada no art. 397, CPP e após o dispositivo que trata da designação de audiência (art. 399, CPP). É indiferente se o réu está preso ou solto. O desatendimento ao prazo, sem que haja motivo relevante que justifique a demora, com verdadeira falta de razoabilidade, leva ao reconhecimento de que a prisão cautelar eventualmente existente deve ser reconhecida como ilegal, o que deve imprimir o seu relaxamento.

É na audiência (única) de instrução que serão as provas produzidas (§ 1º), vale dizer:

(1) tomadas as declarações do ofendido, pelo juiz. O Ministério Público e o defensor também poderão reperguntar, e o farão diretamente, em analogia ao que ocorre com as testemunhas (art. 212, CPP). Se o ofendido não comparecer à audiência, tendo sido regularmente notificado para tanto, poderá ser conduzido coercitivamente. Tratando-se de crime de iniciativa privada, o não comparecimento injustificado implica perempção (art. 60,III, CPP). Deve-se buscar, seja antes ou durante a audiência, assegurar ao ofendido um espaço reservado, para que não tenha contato com o réu, familiares deste, ou testemunhas de acusação (art. 201, § 4º, CPP). Certamente, uma previsão salutar, mas de difícil implementação, notadamente nos fóruns de estrutura mais humilde. Se durante a audiência, o ofendido se sentir intimidado, insultado ou humilhado com a presença do réu, o que deve ser devidamente demonstrado através de elementos concretos, e não meras especulações, especificando-se no termo de audiência, poderá ser admitida a utilização de videoconferência, e o réu assistirá ao ato em outro ambiente. Não havendo aparato tecnológico disponível, o imputado será retirado da sala, permanecendo o seu advogado ou defensor (art. 217, CPP);

(2) ouvidas as testemunhas arroladas pela acusação e pela defesa, nesta ordem, ressalvada possibilidade de oitiva posterior de depoente que não se fizer presente oportunamente ou que dependa de emissão de carta precatória (oitiva perante outro juízo). As testemunhas, como já pontificado, são em número de 8 (oito), para cada réu e para cada infração imputada (não se compreendendo nesse número as que não prestem compromisso e as referidas). Após as perguntas do magistrado, a acusação e o defensor poderão reperguntar, diretamente, abandonando-se portanto o sistema presidencialista de inquirição. Nada impede que o magistrado indefira uma repergunta, registrando-se no termo de audiência o fato, desde que possa induzir a resposta, sendo flagrantemente tendenciosa, impertinente ou que simbolize a mera repetição de uma outra já respondida. De todo modo, "a parte poderá desistir da inquirição de qualquer das testemunhas arroladas", sendo adequado que a parte contrária seja ouvida acerca da dispensa – embora a lei não preveja como obrigatório –, ressalvando-se que o juiz pode entender pela oitiva da testemunha dispensada (art. 209, CPP), e também de testemunha referida, que é aquela indicada por outra testemunha durante o seu depoimento;

(3) na sequência, serão procedidos os esclarecimentos dos peritos (que dependerão de prévio requerimento das partes, nos termos do art. 400, § 2º, CPP), acareações e o reconhecimento de pessoas e coisas (art. 226 e seguintes do CPP). Os peritos podem apresentar os esclarecimentos em laudo complementar, e também poderão ser ouvidos os assistentes técnicos, que são os peritos de confiança das partes;

(4) por derradeiro, o acusado será interrogado. Percebe-se, portanto, que o interrogatório foi deslocado para o final da instrução, e o réu irá prestar suas declarações após ter contato com todo o manancial probatório produzido em audiência, tendo maiores elementos para exercer a sua autodefesa, ou valer-se, em sendo o caso, do direito ao silêncio.

Sendo o interrogatório constituído de duas etapas (a primeira sobre a pessoa e a segunda sobre os fatos imputados), interessa atentar para o enunciado nº 522, da Súmula do STJ, que assentou que "a conduta de atribuir-se falsa identidade perante autoridade policial é típica, ainda que em situação de alegada autodefesa". A Súmula refere à apresentação de identidade falsa no curso do inquérito policial. No entanto, é possível sustentar sua incidência no curso de outros procedimentos criminais, inclusive perante autoridade judicial. Sem embargo, discordamos do entendimento sumular, mormente quando caracterizado o interrogatório como meio de defesa. De tal modo, pensamos ser atípico o fato de atribuir-se falsa identidade quando realizado pelo sujeito passivo da persecução penal, com esteio também no princípio de que ninguém pode ser compelido a se autoincriminar.

Em caso de processo – ou inquérito – em que figure acusado, vítima ou réu, colaboradores ou testemunhas protegidas pela Lei nº 9.807/1999 (diploma que estabelece proteção especial a vítimas e testemunhas), além de ser assegurada a prioridade na instrução do feito, o juiz tomará antecipadamente o depoimento das pessoas, salvo impossibilidade justificada de fazê-lo. É o que dispõe o art. 19-A daquele diploma legal, aplicável a qualquer rito criminal.

Sobre o interrogatório, depoimentos de testemunhas, declarações do ofendido e participação de pessoas em atos processuais, é relevante chamar a atenção para a possibilidade de sua realização por videoconferência ou por tecnologia similar em todos os procedimentos (comuns e especiais). Importante ainda frisar que o § 10 do art. 185, do CPP, estatui regra dirigida ao juiz para que, quando do interrogatório do acusado, faça constar a informação sobre a existência de filhos, respectivas idades e se possuem alguma deficiência e o nome e o contato de eventual responsável pelos cuidados dos filhos, indicado pela pessoa presa. É providência acauteladora que objetiva não só individualizar a pena de melhor forma, mas também evitar danos ao filho na fase da primeira infância ou com deficiência, em virtude da limitação da liberdade imposta ao seu responsável/genitor.

Ao estudarmos provas e nulidades, para onde remetemos o leitor, apontamos críticas acerca da duvidosa constitucionalidade da medida. Entrementes, para o presente tópico, releva delinear o procedimento para a realização do interrogatório por teleaudiência, aplicável às demais provas orais produzidas por este meio, a começar pela decisão judicial que o designar, que deve ser suficientemente motivada e se referir a acusado preso.

Uma vez que o juiz decida por determinar a realização de interrogatório por videoconferência, as partes devem ser intimadas com dez dias de antecedência. Os atos processuais realizados antes e depois do interrogatório por videoconferência de acusado preso (inclusive em audiência única de instrução e julgamento, ***ex vi*** dos artigos 400, 411 e 531, CPP) poderão ser acompanhados por ele pelo mesmo sistema tecnológico.

O acusado terá direito a ser entrevistado reservada e previamente com o seu defensor. O § 5º, do art. 185, estatui que sejam garantidos canais telefônicos reservados para comunicação do réu com seu defensor quando do interrogatório por videoconferência, haja vista que o réu estará em sala apropriada do presídio e o seu defensor no fórum, perante o juiz. Tal sala, por sua vez, "reservada no estabelecimento prisional para a realização de atos processuais por sistema de videoconferência, será fiscalizada pelos corregedores e pelo juiz de cada causa, como também pelo Ministério Público e pela Ordem dos Advogados do Brasil" (§ 6º, art. 185, CPP).

Na hipótese de depoimento testemunhal, declarações do ofendido, acareações e outras provas orais por videoconferência, fica garantido o acompanhamento do ato processual pelo acusado e seu defensor, assegurando-se o direito ao contraditório e à defesa ampla, nos termos do § 9º, do art. 185, CPP, e da Constituição do Brasil.

Encerrada a produção probatória, ao final da audiência de instrução e julgamento, "o Ministério Público, o querelante e o assistente e, a seguir, o acusado poderão requerer diligências cuja necessidade se origine de circunstâncias ou fatos apurados na instrução" (art. 402, CPP). Deve-se ter em mente que esta etapa da audiência é verdadeiramente complementar, viabilizando-se o pleito de diligências de caráter probatório, até então não cogitadas pelas partes, e que vão se destinar ao esclarecimento da verdade, já que tais circunstâncias afloram do manancial probatório que acaba de ser produzido. Se a diligência já poderia ter sido requerida, e não o foi por displicência da parte, não deve ser deferida.

Caso não haja pedido de diligências, ou sendo indeferido pelo juiz, serão abertos os debates, com o oferecimento de alegações finais orais por vinte minutos, respectivamente, pela acusação e pela defesa, prorrogáveis por mais dez. Esse tempo será individual para cada acusado na hipótese de mais de um réu (coautoria ou participação). Havendo assistente do Ministério Público, serão concedidos àquele dez minutos logo em seguida ao pronunciamento do ***Parquet***, prorrogando-se por igual período o tempo de manifestação da defesa (art. 403, § 2º, CPP).

Seguidamente, o juiz proferirá sentença, em audiência. Entrementes, o magistrado poderá, considerada a complexidade do caso ou o número de acusados, conceder às partes o prazo de cinco dias sucessivamente para a apresentação de memoriais, caso em que não proferirá sentença em audiência, mas dentro do prazo de dez dias (art. 403, § 3º, CPP). As alegações escritas passam a ser exceção, já que a regra são os debates orais em audiência, que materializam a sustentação final das partes. A regra não deve ser transformada em exceção. A mera conveniência das partes, ou a expectativa de economia de tempo, não deve lastrear a substituição dos debates por memoriais, já que a própria lei assegura em que casos isso é possível. Procedendo desta forma, o magistrado estará tumultuando arbitrariamente o andamento procedimental, ensejando correição parcial. Advirta-se, entretanto, que o STJ, em outros procedimentos que contemplam sustentação oral, já entendeu que a substituição por memoriais, com aquiescências das partes, não implica nulidade[9].

Outrossim, a teor do art. 404 e parágrafo único, do CPP, caso o juiz ordene diligência considerada imprescindível, de ofício ou a requerimento da parte, a audiência será concluída sem os debates orais. Realizada, em seguida, a diligência determinada, as partes apresentarão, no prazo sucessivo de cinco dias, suas alegações finais, por memorial, e, no prazo de 10 (dez) dias, o juiz proferirá a sentença.

Toda audiência deve ser registrada, com lavratura de ata ou termo. É a documentação do ato. Nesse sentido, o CPP, em seu art. 405 e parágrafos, assenta que, do ocorrido em audiência, será lavrado termo em livro próprio, assinado pelo juiz e pelas partes, contendo breve resumo dos fatos relevantes nela ocorridos. A seu turno, pensando na evolução dos sistemas de tecnologia, o registro dos depoimentos do investigado, indiciado, ofendido e testemunhas será feito, sempre que possível, pelos meios ou recursos de gravação magnética, estenotipia, digital ou técnica similar, inclusive audiovisual, destinada a obter maior fidelidade das informações, cumprindo consignar que no caso de registro por meio audiovisual, será encaminhado às partes cópia do registro original, sem necessidade de transcrição.

2.1.1. Questões complementares

Retratado o procedimento comum ordinário, importa realçar pontos relevantes e que estarão presentes quando da construção da norma jurídica a partir desses novos enunciados.

2.1.1.1. Natureza jurídica e efeitos do recebimento da petição inicial

O recebimento da denúncia ou da queixa não só deflagra o processo, mas também transforma até então quem era mero suspeito em acusado, interrompe o prazo prescricional e fixa a prevenção.

Nessa ótica, acreditamos tratar-se de verdadeira decisão judicial (interlocutória), a merecer argumentação (art. 93, IX, CF). Não é necessária fundamentação profunda, até para que o magistrado não adentre prematuramente no mérito. Contudo, deve o juiz demonstrar por que recebeu a inicial, e isso se deve quando ele se convence que os requisitos de admissibilidade da demanda estão presentes (artigos 41 e 395, CPP).

Não obstante, esse não tem sido o entendimento do STF. Partindo da premissa de que o recebimento da denúncia não é ato de caráter decisório, o Supremo tem afirmado reiteradamente que "o juízo positivo de admissibilidade da acusação penal, ainda que desejável e conveniente a sua motivação, não reclama, contudo, fundamentação"[10].

É também no ato de recebimento da denúncia ou da queixa que será determinada a citação do acusado e as notificações devidas, como a do advogado que já estava

9. RT 697/360.

10. STF – Primeira Tuma – HC 101971 – Rel. Min. Cármen Lúcia – Dje 05/09/2011.

constituído desde a fase preliminar. As precauções concernentes à garantia de defesa do réu são impostergáveis, tais como a regularidade da citação com a comunicação escorreita da imputação, respeitando-se as garantias esquadrinhadas no texto constitucional.

2.1.1.2. Interrogatório: renovação e momento processual

Realizado ao final da audiência de instrução e julgamento, o interrogatório deve observar os artigos 185 e seguintes, do Código de Processo Penal. Tratando-se do interrogatório do acusado preso, admite-se a realização do ato no estabelecimento prisional onde estiver recolhido, com as cautelas atinentes à segurança das pessoas que participem da audiência, publicidade do ato, além da presença do defensor.

O acusado, além do seu direito de silenciar, tem a faculdade de não comparecer ao ato de interrogatório, realizado ao final da audiência de instrução. É inconstitucional a condução coercitiva para o interrogatório do acusado, como assentado em julgamento de ações de arguição de preceito fundamental, recaindo sobre o art. 260, do CPP, de forma parcial . O interrogatório está bem afirmado como meio de defesa (apesar de reconhecermos sua natureza híbrida, de também ser meio de prova). A ausência do réu ao ato não pode ser interpretada em seu prejuízo[11].

Para os casos de interrogatório realizado no curso do procedimento comum ordinário ou sumário, antes da regência da Lei 11.719/2008, não é necessária sua renovação. Incide à hipótese o princípio da aplicação imediata da lei processual penal (tempus regit actum), sendo aquele ato perfeito. Após a vigência daquele diploma legal, se o interrogatório for antecipado, haverá violação grave ao procedimento e ao princípio da ampla defesa. O STJ se posiciona no sentido de nulificar o interrogatório realizado no início do procedimento, depois da vigência daquele diploma alterador do CPP[12].

Por outro lado, o STJ vem reiterando antigo entendimento de que o interrogatório determinado como primeiro ato por leis que traçam procedimentos especiais, permanecem sendo aplicadas, não sendo o rito especial afastado pelo procedimento ordinário gizado no CPP. A regra da especialidade, que prevê o interrogatório como primeiro ato, é encontrada na Lei de Licitações (art. 104, Lei nº 8.666/1993), na Lei de Drogas (art. 54, Lei nº 11.343/2006), no Código de Processo Penal Militar (art. 302 e 404, *caput*) e na Lei de Processamento de Crimes junto a Tribunais (art. 7º, Lei nº 8.038/1990).

Nesse sentido, assentou aquela Corte Superior que "se o artigo 57 da Lei de Drogas determina que o interrogatório do réu será o primeiro ato da audiência de instrução e julgamento, ao passo que o artigo 400 da Lei Penal Adjetiva prevê a realização de tal ato somente ao final, não há dúvidas de que deve ser aplicada a legislação específica". Partiu-se

---

11. STF – Pleno – ADPF's 395/444-DF – Rel. Min. Gilmar Mendes – julgado em 13 e 14.6.2019 – Informativo nº 906, de 11 a 15 de junho de 2018. O reconhecimento da inconstitucionalidade da condução coercitiva do imputado para o interrogatório, no entanto, somente terá efeitos *ex nunc*, ou seja, para frente, eis que foi dito pela Corte Suprema, neste julgado, que "a decisão não desconstitui interrogatórios realizados até a data desse julgamento, ainda que os interrogados tenham sido coercitivamente conduzidos para o referido ato processual".
12. STJ – HC 123.958 – Info 470.

da premissa de que "as regras do rito comum ordinário só têm lugar no procedimento especial quando nele houver omissões ou lacunas"[13].

O Plenário do STF, por sua vez, firmou entendimento diverso. Seguindo tendência de ampliar a incidência do rito ordinário aos procedimentos especiais, conferindo maior eficácia ao direito à ampla defesa e ao contraditório, deliberou que "a exigência de realização do interrogatório ao final da instrução criminal, conforme o art. 400 do CPP, é aplicável no âmbito de processo penal militar"[14]. Entretanto, a sua Primeira Turma, em um julgado posterior, tornou a asseverar o posicionamento antigo, refratário à defesa ampla e à presunção de inocência, averbando que "ante o princípio da especialidade, o disposto do art. 400 do CPP não se aplica ao processo-crime militar", diante da arguição de "nulidade processual decorrente da inversão da ordem dos interrogatórios"[15].

2.1.1.3. Testemunhas: número e método de inquirição

No que tange às testemunhas arroladas pela acusação, nos termos do art. 41, CPP, devem elas constar da denúncia ou da queixa. O número de testemunhas também é de até oito para cada acusado e para cada fato delituoso imputado. No número máximo de oito testemunhas não estão compreendidas as que não prestaram compromisso e as referidas. Daí ser possível que o juiz entenda por ouvir outras pessoas não arroladas na peça acusatória ou na defesa preliminar, desde que a omissão tenha sido justificada.

Não sendo encontrada alguma testemunha, poderá ser deferida sua substituição, desde que não tenha havido má-fé da parte que a arrolou. Em que pese a revogação da antiga redação do art. 405 do CPP, que autorizava a substituição da testemunha não encontrada no prazo de três dias da ciência da parte, entendemos que continua sendo possível a troca, mesmo sem previsão legal, e uma vez intimada a parte que a testemunha por ela arrolada não foi encontrada, ela deve trazer para a audiência, independente de qualquer formalidade, a testemunha em substituição à antiga. Havendo testemunha residente em município não abrangido pela jurisdição onde tramita o processo, será expedida carta precatória com a finalidade de ouvi-la. A tomada dos depoimentos deve ser cercada dos cuidados necessários para que uma testemunha não ouça o depoimento da outra.

A oitiva das testemunhas arroladas pela acusação precede à das testemunhas arroladas pela defesa, entretanto. As partes formularão as perguntas diretamente (***direct examination*** e ***cross-examination***), cabendo ao juiz ao final, "tão somente a complementação da inquirição sobre pontos não esclarecidos"[16]. Significa, portanto, a abolição do sistema presidencialista (vide Capítulo VII). Frise-se que, caso ocorra inversão, haverá nulidade absoluta do ato probatório[17], em razão de ofensa ao princípio acusatório e da

13. STJ – RHC 69.458/ES – Quinta Turma – Rel. Min. Jorge Mussi – DJ: 04/05/2016.
14. STF – Pleno – HC 127900 – Rel. Min. Dias Toffoli, j. 03/03/2016.
15. HC 132847/MS – Rel. Min. Marco Aurélio, julgamento em 26.6.2018 – Informativo nº 908, de 25 a 29 de junho de 2018.
16. STJ – HC 210.703-SP – Info 485.
17. ALENCAR, Rosmar Rodrigues. *Teoria da nulidade no processo penal*. São Paulo: Noeses, 2016. p. 70-71.

necessidade de preservar a imparcialidade do juízo. O STF, todavia, relativiza tal vício, averbando que não tem a aptidão de inquinar de nulidade o ato ou a ação penal[18].

2.1.1.4. Defesa preliminar

Esse ponto carece de maior atenção, notadamente para evitar que se configure falta ou deficiência de defesa, considerando-se que a reforma do Código de Processo Penal estatuiu ser obrigatória a apresentação de resposta à denúncia ou à queixa em dez dias, possibilitando a nomeação de defensor pelo juiz, caso o advogado constituído não a apresente no lapso legal (art. 396-A, CPP).

A ausência da resposta preliminar é passível de reconhecimento de nulidade absoluta e, em acréscimo, poderá ser aplicada, em tese, multa de dez a 100 cem salários mínimos, ao defensor que "abandonar o processo senão por motivo imperioso, comunicado previamente ao juiz", sem prejuízo de outras sanções que se mostrem cabíveis, a teor do art. 265, CPP.

Temos que pensar nas consequências processuais da ausência de resposta preliminar, a depender da modalidade de citação que tenha sido implementada. Explicamos o porquê: já que a citação é o ato que completa a formação processual (art. 363, CPP), furtando-se a defesa em apresentar a preliminar, deve o magistrado assim proceder:

(1) **Citação pessoal:** nesta hipótese, cabe ao juiz decretar a revelia do réu, nomeando-lhe defensor para apresentar a defesa preliminar, com a devolução do prazo;

(2) **Citação por hora certa:** da mesma forma, o magistrado decretará a revelia, nomeando defensor para suprir a omissão, com a devolução do prazo;

(3) **Citação por edital:** deve o magistrado, caso o réu não compareça e nem constitua advogado, suspender o processo e o prazo prescricional (art. 366, CPP). A prescrição deve ficar suspensa tomando-se como base o tempo abstratamente fixado para a infração (art. 109, CP). Não é outro o entendimento do STJ, consolidado na súmula nº 415: "O período de suspensão do prazo prescricional é regulado pelo máximo da pena cominada". Superado o lapso e mantida a ausência do réu, o processo continuará suspenso, mas o prazo prescricional volta a tramitar regularmente. Se o réu comparece, o processo seguirá o curso regular (art. 363, § 4º, CPP). O STF, contudo, trilhou entendimento inverso, ao argumento de que o processo e o lapso prescricional ficariam suspensos indefinidamente, até o comparecimento do imputado. Desta forma, a volta da contagem do prazo prescricional estaria condicionada a evento futuro e incerto (comparecimento do réu), o que não significa imprescritibilidade[19]. Por sua vez, durante a suspensão, admite-se a produção de provas consideradas urgentes, notadamente quando exista iminência de perecimento ou desaparecimento da prova pretendida (art. 225 do CPP). Para o STJ, no enunciado nº 455 de sua súmula, "a decisão que determina a produção antecipada de provas com base no art. 366 do CPP deve ser concretamente fundamentada, não a justificando unicamente o mero

18. STF – Primeira Turma – RE 109051 – Rel. Min. Roberto Barroso – j. 23/9/2014.
19. RE 460971/RS, Rel. Min. Sepúlveda Pertence, 13.2.2007. (RE-460971).

decurso do tempo". A decisão que autoriza ou denega a antecipação comporta **correição parcial**, sem prejuízo do manejo do mandado de segurança ou do *habeas corpus*, conforme a interesse desatendido seja da acusação ou da defesa.

2.1.1.5. Debates orais e sentença

Vale notar que as alegações finais escritas, que eram apresentadas ao cabo da instrução, no prazo de cinco dias, foram suprimidas do rito pela reforma processual penal. Em lugar delas, no dia e ao final da audiência de instrução e julgamento, as partes oferecerão alegações finais orais, pelo tempo e na forma do art. 403, CPP. Tais debates são obrigatórios e a ausência deles pode ensejar nulidade insanável. Entrementes, o § 3º, do art. 403 autoriza ao juiz, "considerada a complexidade do caso ou o número de acusados, conceder às partes o prazo de 5 (cinco) dias sucessivamente para a apresentação de memoriais".

Caso a acusação seja omissa em apresentar o memorial, teremos consequências diversas, a depender da titularidade da ação:

(1) nas ações penais públicas, a omissão do MP equivaleria, indiretamente, a uma desistência da ação. Como isso não pode ocorrer, deve o magistrado, por analogia, invocar o art. 28 do CPP, remetendo os autos ao Procurador Geral, para que este supra a omissão, oferecendo o memorial, ou designando outro membro do MP para fazê-lo.

(2) nas ações privadas, por sua vez, a não apresentação de memorial vai implicar desídia do querelante, com a paralisação do processo pela pendência do ato, e a sanção é a declaração da perempção, o que vai desaguar na extinção da punibilidade (art. 60, I, CPP). Já se o querelante deixa de requerer a condenação nas alegações orais ou no memorial, dará causa, da mesma forma, à perempção (art. 60, III, CPP). E se o querelante requerer, em alegações finais orais ou em memorial, a absolvição do réu? Grosso modo, seria mais uma hipótese de perempção. Contudo, entendemos que o magistrado irá prosseguir com o feito, e vinculado ao desejo do titular da ação privada, deverá absolver o réu, pois para este é mais benéfica a sentença absolutória do que a decisão de extinção da punibilidade, principalmente quando levamos em conta as repercussões na esfera cível e na imagem do suposto infrator.

Na hipótese de não apresentação de memorial pelo defensor constituído pelo réu, o juiz deve notificá-lo para contratar outro advogado. Se a omissão persistir, nomeará defensor para a prática desse ato, intimando-se o réu e o seu defensor do respectivo despacho. Se a omissão é do advogado dativo, este será imediatamente substituído, devendo o magistrado oficiar à OAB, para que se inicie o devido procedimento sancionador. Já se a omissão é do defensor público, deve-se oficiar ao Defensor Público Geral.

O art. 265, do CPP, de todo modo e de acordo com a situação concreta, autoriza o juiz a impor multa ao defensor que "abandonar o processo senão por motivo imperioso, comunicado previamente ao juiz", no valor "de dez a 100 cem salários mínimos, sem prejuízo das demais sanções cabíveis". A nosso ver, esse autorizativo legal para o juiz aplicar penalidade pecuniária ao advogado é de duvidosa constitucionalidade, haja vista que: (a) o poder sancionatório em desfavor do defensor já é conferido à OAB e às corregedorias das defensorias públicas (o art. 265, do CPP, amplia o espectro punitivo em desfavor do advogado quando autoriza o juiz a aplicar-lhe multa, com incidência dúplice, em violação ao princípio ne bis in idem); (b) a imposição de pena pecuniária não pode dispensar um procedimento contraditório que permita que o advogado apresente suas razões de defesa; e (c) os atos (e omissões, incluímos), bem como as manifestações do advogado devem ser invioláveis, dentro de contornos legais regidos pelo princípio da proporcionalidade (art. 133, CF/1988).

Havendo debates, com apresentação de alegações finais orais, o juiz proferirá a sentença em audiência (art. 403, ***caput***, CPP). Se as partes tiverem apresentado memoriais, os autos serão conclusos ao juiz para sentença, a ser exarada em dez dias (art. 403, § 3º, CPP), prorrogáveis por igual período, se houver motivo justo (art. 800, I e § 3º, CPP). Nessa fase, em que pese a revogação da antiga redação do art. 502 do CPP, o julgamento poderá ser convertido em diligência. O magistrado poderá, portanto, ordenar diligências para sanar nulidade ou suprir falta que prejudique a exatidão do julgamento. É possível, desse modo, ser visualizada uma postura ativa do juiz, excepcionando a inércia que se vê como regra para o órgão julgador. É de ver que a necessidade de diligências ***ex officio*** tende a se reduzir com o novo procedimento.

De outro prisma, há entendimentos de que a reforma prestigiou o sistema inquisitivo:

(1) Lenio Luiz Streck aviva que "a 'alteração' mantém a perspectiva inquisitorial no Código de Processo Penal", esclarecendo que a legislação processual penal não passou "por uma necessária filtragem constitucional" e que os juristas continuam a apostar no "protagonismo judicial" da "gestão da prova", sem que se compreenda "adequadamente a problemática crise do direito brasileiro", que exige a correção do "vício filosófico de origem" que chancela os juízos discricionários formados a partir da consciência do sujeito, contaminadores dos "demais elementos da reforma processual penal" com dogmas retóricos como o do "'princípio da verdade real' e da ***autorictas*** do ***subjectum*** do livre convencimento", vale dizer: "é na imbricação entre o instrumentalismo do processo e a aposta da discricionariedade que se encontra o problema fundamental"[20];

(2) Jacinto Nelson de Miranda Coutinho, no mesmo sentido, aduz que "as leis das reformas parciais não só burilam no sistema como, de forma definitiva, confirmaram ser ele inquisitorial", seguindo a tendência "de um povo que não consegue encontrar a devida cidadania no processo penal"[21];

(3) também Flaviane de Magalhães Barros adverte que "a (re)forma no processo penal, com todas as três leis já aprovadas e os demais projetos de leis que ainda tramitam no Congresso Nacional, não vai mudar o panorama do processo penal brasileiro, pois mantém um ***status quo*** de uma legislação autoritária e repressiva, que desconsidera o papel dos direitos fundamentais e do processo como garantia no Estado Democrático de Direito"[22]; e

20. STRECK, Lenio Luiz. Prefácio: (mais) uma (re)forma solipsista. In: BARROS, Flaviane de Magalhães. *(Re)forma do processo penal*: comentários críticos dos artigos modificados pelas Leis nº 11.690/08 e nº 11.719/08. Belo Horizonte: Del Rey, 2008. p.XXII-XXIV.

21. COUTINHO, Jacinto Nelson de Miranda. Apresentação. In: BARROS, Flaviane de Magalhães. *(Re)forma do processo penal:* comentários críticos dos artigos modificados pelas Leis nº 11.690/08 e nº 11.719/08. Belo Horizonte: Del Rey, 2008. p.XL.

22. BARROS, Flaviane de Magalhães. *(Re)forma do processo penal:* comentários críticos dos artigos modificados pelas Leis nº 11.690/08 e nº 11.719/08. Belo Horizonte: Del Rey, 2008. p. 159.

(4) não discrepa Nereu José Giacomolli, ao dizer que "essas novas(?) leis fragmentam, além da realidade, ainda mais, o Código de Processo Penal e o próprio processo penal, mas não rompem com a base epistemológica e política da década de quarenta: supremacia do ***ius puniendi*** sobre o direito de liberdade; busca da verdade real a todo custo, inclusive com a atuação ***ex officio***; bases inquisitoriais ofuscante da Constituição, com alto teor de blindagem ordinária, protetiva das subestruturas (lei ordinária e atuação dos sujeitos processuais oficiais)"[23].

2.1.1.6. Tessitura principiológica

Com a nova roupagem procedimental, o princípio da oralidade ganha destaque, com forte apego à palavra falada, notadamente quando se conclui que os debates orais passam a ser a regra, e os memoriais exceção. Ademais, o princípio da concentração também irriga o procedimento, já que os atos de instrução estarão concentrados numa só audiência.

Enxergamos a possibilidade de a audiência ser desmembrada, notadamente pelo elevado número de pessoas a serem ouvidas, o que pode inviabilizar o ato em um só dia. Podemos invocar, por analogia, o art. 384 do CPP, que trata da ***mutatio libelli***, onde, havendo o aditamento da denúncia e posterior manifestação defensiva, o juiz designará dia para a continuação da audiência que tinha sido interrompida.

Tem-se ainda o princípio da imediatidade, onde a instrução probatória irá tramitar perante o juiz que preside o feito, já que é ele quem vai proferir decisão (princípio da identidade física do julgador). O magistrado que preside a instrução é aquele que deve decidir, pois conhece o manancial probatório e por sua vez, o réu a ser julgado. Nada impede que a regra seja excepcionada, como por afastamento, licença, aposentadoria, dentre outros motivos que atendam o princípio da proporcionalidade[24].

O princípio da imediação ou da imediatidade, na lição de Décio Alonso Gomes, expressa "a ideia de ausência de permeio ou de interferência, proximidade ou contiguidade a algo". De outro prisma, a imediação é "mecanismo, instrumento ou princípio em virtude do qual se procura assegurar que o juiz ou tribunal esteja em permanente contato – relação próxima intelectiva – com as alegações das partes e os apontamentos e gestões probatórios", assegurando controle do conhecimento do material da causa na formação do convencimento judicial[25].

O CPC/2015, em seu artigo 366, contém regra, aplicável por analogia, com redação que autoriza, a nosso ver, concluir pela existência do princípio da identidade física. Poderia ter sido mais explícito o texto. No entanto, a ideia que subsiste é a de que o feito seja julgado pelo juiz que conduziu a instrução, só excepcionando a regra quando de afastamentos legais duradouros. Sendo o caso de afastamento temporário e de curta duração do magistrado, não estará configurada situação apta a obrigar que o juiz que o substituiu nesse interregno profira a sentença. A ***contrario sensu***, também não lhe será permitido, nesse breve tempo

23. GIACOMOLLI, Nereu José. *Reformas (?) do processo penal*: considerações críticas: provas, ritos processuais, júri, sentenças. Rio de Janeiro: Lumen Juris, 2008. p. 1.
24. STJ – HC 185.859 – Info 483.
25. GOMES, Décio Alonso. *Prova e imediação no processo penal*. Salvador: Juspodivm, 2016. p.40.

de afastamento, proferir sentença no feito que não instruiu, mormente porque o titular do feito não estará, a rigor, incurso nas condições suficientes que permite a substituição (juiz licenciado, afastado por qualquer motivo, promovido ou aposentado).

Também é perfeitamente possível, não havendo ofensa ao princípio, a realização de atos por precatória, como a oitiva de testemunhas, e o próprio interrogatório do réu. Pensar de outra forma é inviabilizar, em algumas situações, a própria instrução. Entretanto, como o interrogatório é ato eminentemente de defesa, tendo sido deslocado para o final da instrução, ao ser realizado por precatória, o adequado é que a audiência de instrução já tenha sido realizada, até para que o réu tenha conhecimento do manancial probatório que foi produzido em audiência. Assim se manifestam Luiz Flávio Gomes, Rogério Sanches e Ronaldo Batista:

> o juízo deprecante deve se empenhar no sentido de que a audiência de instrução seja realizada antes do interrogatório do acusado, informando, inclusive, sua data ao juízo deprecado, para que esse, de sua parte, vele para que o ato ocorra após a audiência. A sentença, obviamente, não será proferida em audiência, porquanto a carta precatória, a essa altura, ainda não terá sido devolvida, cumprindo ao juiz, por consequência, aplicar o art. 403, § 4º, juntando-se os memoriais das partes e proferindo-se a sentença. Só assim, a nosso juízo, se atenderá a ***ratio legis***[26].

2.1.2. Sequência

(1) remessa e distribuição do IP ao Judiciário. Em alguns Estados, como visto no Capítulo II, a remessa é feita à Central de Inquérito;

(2) oferecimento da inicial acusatória;

(3) recebimento ou rejeição da denúncia ou da queixa-crime;

(4) recebida a inicial, será determinada a citação do acusado para responder à demanda em 10 dias;

(5) resposta à acusação: em 10 dias. No caso de o acusado ser citado por edital, o prazo começa a fluir do seu comparecimento pessoal ou do seu defensor constituído, caso o prazo editalício transcorra ***in albis***. Não comparecendo, nem constituindo defensor, suspende-se o processo e a prescrição. Se, citado por hora certa ou pessoalmente, não apresentar resposta, o juiz nomeará defensor para oferecê-la;

(6) possibilidade de absolvição sumária (julgamento antecipado do mérito), em razão da certeza quanto ao fato não constituir crime; presença de excludente de ilicitude, culpabilidade (salvo a inimputabilidade), e causa de extinção da punibilidade;

(7) audiência de instrução e julgamento, a ser realizada no prazo máximo de 60 dias, quando devem estar concluídas as diligências requeridas pelas partes. Na audiência serão realizados os seguintes atos processuais, nesta ordem: declarações do ofendido; inquirição das testemunhas arroladas pela acusação e pela defesa; esclarecimentos dos peritos;

---

26. GOMES, Luiz Flávio; CUNHA, Rogério Sanches; PINTO, Ronaldo Batista Pinto. *Comentários às reformas do Código de Processo Penal e da Lei de Trânsito.* São Paulo: RT, 2008.

acareações; reconhecimento de pessoas e coisas; interrogatório do acusado; requerimento de diligências (surgida a necessidade na audiência); alegações finais orais (debates), se não requeridas diligências ou se indeferidas; sentença;

(8) diligências (necessidade surgida na audiência, se deferidas, quando então os debates orais serão substituídos por memoriais);

(9) em situação de complexidade, ou pluralidade de réus, serão apresentados memoriais em cinco dias, a deferimento do magistrado;

(10) sendo apresentados memoriais, a sentença será prolatada em 10 dias.

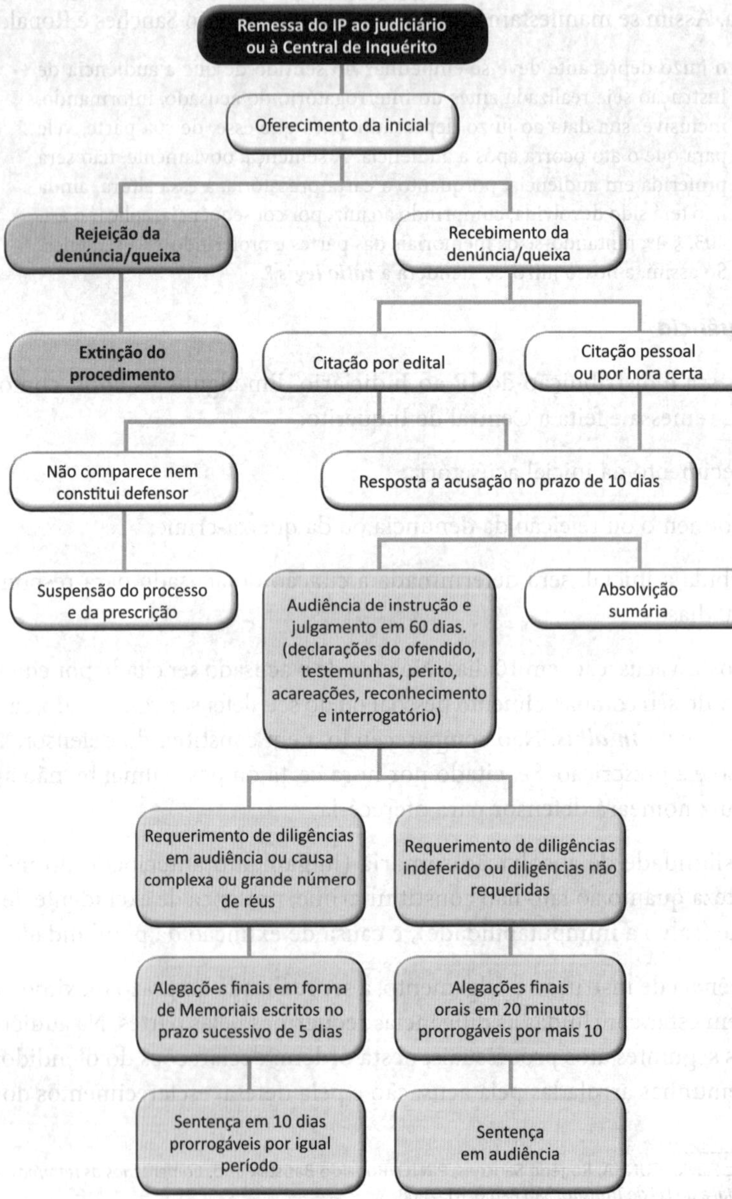

2.2. Procedimento comum sumário (artigos 531 a 536, CPP)

O procedimento comum com rito sumário está previsto nos artigos 531 a 536, do Código de Processo Penal. A aplicação do procedimento comum sumário se baseia no quantitativo máximo em tese estabelecido para o tipo penal, vale dizer, a sanção abstrata máxima não deve ser igual ou superior a quatro anos. Havendo concurso de crimes ou aplicação de causas de aumento de pena com base em quantidades fixas estatuídas legalmente, esses serão considerados no cômputo da pena máxima.

De acordo com o inciso II, do § 1º, do art. 394, do Código, o rito será sumário quando o processo "tiver por objeto crime cuja sanção máxima cominada seja inferior a 4 (quatro) anos de pena privativa de liberdade". Malgrado se fale em "crime", é possível o processamento sob o procedimento sumário por prática de contravenção penal.

Melhor seria que o legislador se valesse do termo "delito" ou da expressão "infração penal". Por exemplo, se o acusado não for encontrado para ser citado perante o juizado especial criminal, "o Juiz encaminhará as peças existentes ao Juízo comum para adoção do procedimento previsto em lei", nos termos do parágrafo único, do art. 66, da Lei nº 9.099/1995.

Sem embargo, como regra, será adotado o rito comum sumário para os crimes, apenados com detenção ou com reclusão cuja pena máxima exceda o limite de dois anos, eis que foi estabelecido este patamar para a fixação da competência dos juizados especiais criminais (procedimento sumaríssimo).

O procedimento comum sumário não se distingue substancialmente do ordinário, salvo quanto:

(1) à pena máxima prevista para a infração penal (inferior a quatro anos);

(2) ao número de testemunhas arroladas (cinco testemunhas para cada fato e para cada parte);

(3) à regra de que a audiência de instrução e julgamento seja realizada no prazo máximo de trinta dias. Na falta de indicação do termo inicial para a contagem desse prazo, entendemos que deve fluir a partir da decisão que deixa de absolver sumariamente o réu (art. 397, CPP);

(4) à falta de previsão de requerimento de diligência em face de fato surgido na audiência. Não obstante, é possível o adiamento excepcional de ato processual quando imprescindível a prova faltante (art. 535, CPP). Por outro lado, se necessário alterar o procedimento para permitir atos similares ao do procedimento ordinário, deve o juiz, fundamentadamente, determinar a sua conversão; e

(5) à ausência de disposição prevendo apresentação de memoriais, sendo cogente a formulação de alegações finais na forma oral (debates), seguindo-se de sentença em audiência.

Em acréscimo, o art. 538, CPP, explicita mais uma possibilidade de aplicação do rito sumário quando se está diante de infração de menor potencial ofensivo que, originalmente, seria passível do rito comum sumaríssimo (dos juizados especiais criminais). Nos termos do aludido dispositivo legal "nas infrações penais de menor potencial ofensivo, quando o juizado especial criminal encaminhar ao juízo comum as peças existentes para a adoção de outro procedimento, observar-se-á o procedimento sumário previsto neste Capítulo". O encaminhamento de peças do juizado especial criminal pode acontecer, notadamente, quando a complexidade da causa assim determinar (inviabilizando a oferta oral da denúncia ou da queixa crime) ou quando o acusado não for encontrado para ser citado pessoalmente, eis que a citação editalícia não é compatível com o rito sumaríssimo dos juizados especiais criminais.

A estrutura do procedimento sumário é descrita no art. 531, CPP, que reza que na audiência de instrução e julgamento, a ser realizada no prazo máximo de trinta dias, proceder-se-á à tomada de declarações do ofendido, se possível, à inquirição das testemunhas arroladas pela acusação e pela defesa, nesta ordem, ressalvada a oitiva por carta precatória (art. 222, CPP).

Seguidamente, poderão ser tomados esclarecimentos de peritos, bem como acareações. Poderá, ainda, ser realizado reconhecimento de pessoas e coisas desde que observadas as regras do Código quanto a esse meio de prova (arts. 226 a 228, CPP). Por último, será interrogado o acusado, finalizando a audiência com os debates.

Nessa audiência de instrução e julgamento, poderão ser inquiridas até cinco testemunhas arroladas pela acusação e cinco pela defesa (art. 532, CPP), não se computando nesse rol aquelas cujas oitivas sejam determinadas pelo juiz (extranumerárias). Da mesma forma que no rito ordinário (art. 533, CPP):

(1) as provas deverão ser produzidas em uma única audiência, indeferindo-se as irrelevantes, impertinentes e protelatórias; e

(2) os esclarecimentos sobre a perícia dependerão de requerimento prévio das partes. De acordo com o princípio da concentração dos atos em audiência, nenhum ato será adiado, salvo quando imprescindível a prova faltante, determinando o juiz a condução coercitiva de quem deva comparecer (art. 535, CPP), bem como que a testemunha que comparecer será inquirida, independentemente da suspensão da audiência, observada em qualquer caso a ordem legal da oitiva (artigos 531 e 536, CPP).

Na audiência de instrução e julgamento, após a colheita das provas, serão oferecidas alegações finais orais, concedendo-se a palavra, respectivamente, à acusação e à defesa, pelo prazo de vinte minutos, prorrogáveis por mais dez, proferindo o juiz, a seguir, sentença. Caso haja mais de um acusado, o tempo previsto para a defesa de cada um será individual e, havendo assistente do Ministério Público, após a manifestação deste, serão concedidos dez minutos, prorrogando-se por igual período o tempo de manifestação da defesa (art. 534, §§ 1º e 2º, CPP).

Encerrados os debates, deve ser prolatada sentença. Não há previsão legal de oferecimento de memoriais escritos no rito comum sumário, nem de conclusão dos autos para a sentença. O desatendimento das regras do rito sumário para possibilitar o oferecimento de razões escritas não ensejará reconhecimento de nulidade, podendo, contudo, autorizar relaxamento de prisão ou providências correicionais, se cabíveis.

No entanto, caso haja motivo razoável e por decisão fundamentada, o juiz poderá determinar o oferecimento de razões finais escritas toda vez que a complexidade do caso recomendar. Tecnicamente, deve o juiz converter o rito sumário em ordinário, decidindo justificadamente que a adoção deste procedimento é mais favorável ao acusado. De todo modo, o elastério do rito determina que o réu, se não estiver, seja colocado em liberdade.

2.2.1. Sequência

(1) remessa e distribuição do IP ao judiciário;

(2) oferecimento da inicial acusatória;

(3) recebimento ou rejeição da denúncia ou da queixa-crime;

(4) recebida a inicial será determinada a citação do acusado para responder a demanda em 10 dias;

(5) resposta à acusação: em 10 dias. No caso de acusado citado por edital, esse prazo começa a fluir do seu comparecimento pessoal ou de seu defensor constituído, caso o prazo editalício transcorra ***in albis***. Não comparecendo, nem constituindo defensor, suspende-se o processo e a prescrição. Se citado por hora certa ou pessoalmente e não apresenta resposta, o juiz nomeará defensor para oferecê-la;

(6) possibilidade de absolvição sumária (julgamento antecipado do mérito), em razão da certeza quanto ao fato não constituir crime; presença de excludente de ilicitude, culpabilidade (salvo a inimputabilidade), e causa de extinção da punibilidade;

(7) audiência de instrução e julgamento, a ser realizada no prazo máximo de 30 dias, quando devem estar concluídas as diligências requeridas pelas partes. Na audiência serão realizados os seguintes atos processuais, nesta ordem: declarações do ofendido; inquirição das testemunhas arroladas pela acusação e pela defesa; esclarecimentos dos peritos; acareações; reconhecimento de pessoas e coisas; interrogatório do acusado; alegações finais orais (debates); sentença.

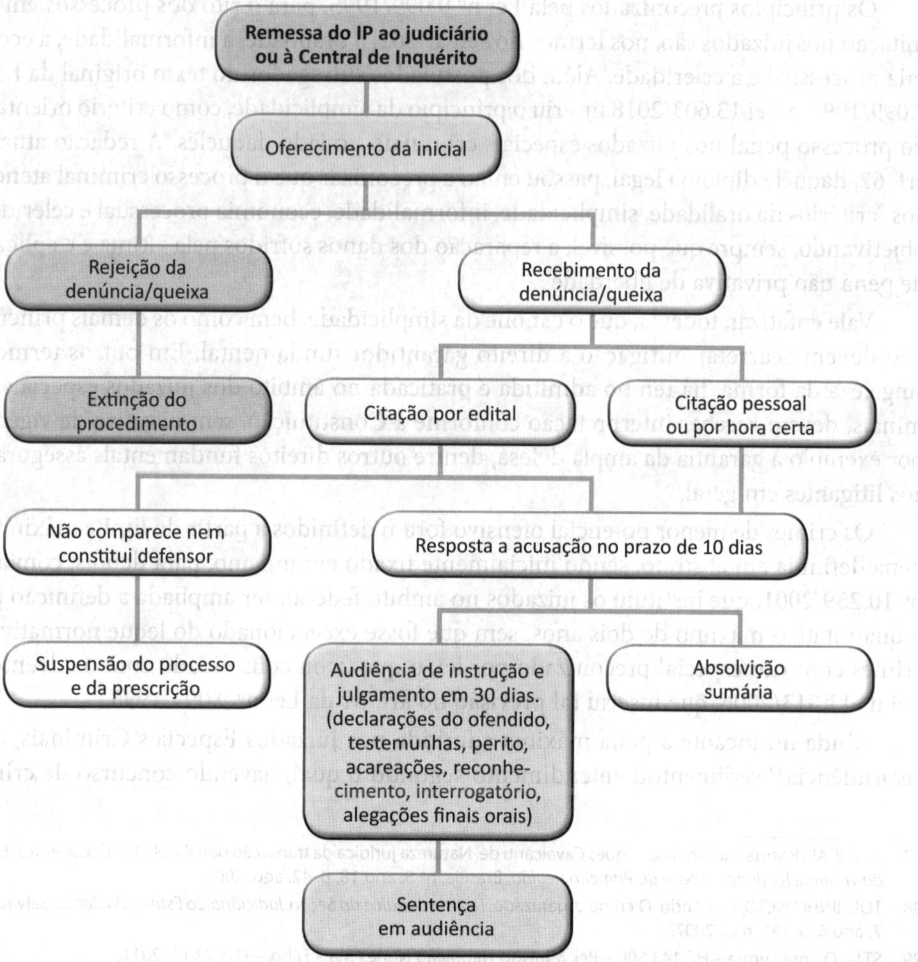

2.3. Procedimento comum sumaríssimo (juizados especiais criminais)

2.3.1. Considerações iniciais

A Constituição do Brasil, em seu art. 98, trouxe previsão da instituição dos juizados especiais criminais com competência para processar e julgar os delitos de menor potencial ofensivo. A regulamentação do dispositivo adveio com a promulgação da Lei nº 9.099/1995, instituindo um discurso de despenalização e de descarcerização, na tendência do mundo globalizado, com a influência preponderante dos sistemas dos países da ***common law***, propiciando o ingresso da justiça criminal consensual no sistema jurídico brasileiro[27], que, por sua vez, alcançou a criminalidade de massa, "que diz respeito aos crimes praticados com pequena ou nenhuma organização"[28].

Dentre as perspectivas trazidas pela Lei nº 9.099/1995 está a ideia de ampliação do acesso à justiça, aproximando o cidadão da efetivação judicial dos seus direitos. Nessa perspectiva inclusiva é que a Lei nº 12.726/2012 acresceu o parágrafo único ao art. 95 da Lei dos Juizados, prevendo a criação dos Juizados Especiais Itinerantes, voltados à solução dos conflitos existentes nas áreas rurais ou nos locais de menor concentração populacional.

Os princípios preconizados pela Lei nº 9.099/1995, para o rito dos processos em tramitação nos juizados são, nos termos do seu art. 62, a oralidade, a informalidade, a economia processual e a celeridade. Além dos postulados sufragados no texto original da Lei nº 9.099/1995, a Lei 13.603/2018 inseriu o princípio da simplicidade, como critério orientador do processo penal nos juizados especiais criminais, ao lado daqueles. A redação atual do art. 62, daquele diploma legal, passou então a preconizar que o processo criminal atenderá aos "critérios da oralidade, simplicidade, informalidade, economia processual e celeridade, objetivando, sempre que possível, a reparação dos danos sofridos pela vítima e a aplicação de pena não privativa de liberdade".

Vale enfatizar, todavia, que o cânone da simplicidade, bem como os demais princípios não devem acarretar mitigação a direito garantidor fundamental. Em outros termos, a singeleza da forma, há tempo admitida e praticada no âmbito dos juizados especiais criminais, devem receber interpretação conforme a Constituição, sem negativa de vigência, por exemplo à garantia da ampla defesa, dentre outros direitos fundamentais assegurados aos litigantes em geral.

Os crimes de menor potencial ofensivo foram definidos a partir do limite máximo da pena definida em abstrato, sendo inicialmente fixado em um ano, para depois, com a Lei nº 10.259/2001, que instituiu os juizados no âmbito federal, ser ampliada a definição para o quantitativo máximo de dois anos, sem que fosse excepcionado do leque normativo os crimes com rito especial preconizado por lei, o que ficou consolidado com o advento da Lei nº 11.313/2006, que inseriu tal previsão no art. 61 da Lei nº 9.099/1995.

Ainda no tocante à pena máxima admitida nos Juizados Especiais Criminais, a jurisprudência[29] sedimentou entendimento segundo o qual, havendo concurso de crimes,

27. ALENCAR, Rosmar Antonni Rodrigues Cavalcanti de. Natureza jurídica da transação penal e efeitos decorrentes. *Revista do Tribunal Regional Federal da Primeira Região*, Brasília, nº 8, ano 18, p. 42, ago. 2006.

28. TOURINHO NETO, Fernando. O crime organizado. *Revista Jurídica da Seção Judiciária do Estado da Bahia*, Salvador, nº 7, ano 6, p. 185, mai. 2007.

29. STJ – Quinta Turma – HC 143.500 – Rel. Ministro Napoleão Nunes Maia Filho, – DJe 27/06/2011.

a competência será definida pelo resultado da soma das penas máximas cominadas aos delitos (seja pelo critério do cúmulo de infrações, seja pelo critério da exasperação). Desse modo, caso o somatório extrapole o limite de dois anos, não caberá o processamento e julgamento das infrações pelo rito sumaríssimo.

Na prática, a lei dos juizados especiais inaugurou ou reforçou uma ideologia de controle das camadas menos abastadas da população, mediante linguagem eufemística que costuma tratar como novos nomes o o acusado (autor do fato), a investigação policial (termo circunstanciado de ocorrência), o processo (procedimento), a ação penal (transação, acordo) e a pena (medida, embora o art. 76, da Lei nº 9.099/1995, fale em proposta imediata de aplicação de "pena restritiva de direitos"). O que em verdade ocorreu foi a efetividade da punição de delitos que antes eram alcançados pela prescrição. É Maria Lúcia Karam que faz a advertência, sublinhando que as sanções se ampliaram "sobre uma população de infratores, que antes não recebia punição efetiva"[30].

Sob esse prisma, a lei, na realidade, não propiciou descriminalização, antes tornando o sancionamento mais eficaz e, de certa forma, aceitável em virtude da manipulação discursiva da linguagem escolhida pelo legislador: "essa lei não descriminaliza conduta alguma, nenhuma conduta que era típica deixou de ser típica, não saiu da esfera do proibido do direito penal"[31].

No entanto, a descarcerização foi ampliada. Não obstante a possibilidade de prisão em flagrante por delito de menor potencial ofensivo – nos termos da Constituição de 1988, que não excepciona a possibilidade de efetivação da prisão por qualquer pessoa –, a lei assegurou que não será ela imposta (não cabendo a lavratura do auto de prisão respectivo), se o autor for encaminhado ao juizado ou se comprometer a comparecer aos atos do processo.

2.3.2. *Fase preliminar*

A fase preliminar se dá no âmbito da polícia judiciária, nas delegacias de polícia. Constatado o cometimento de delito de menor potencial ofensivo, a autoridade policial deverá proceder à lavratura de termo circunstanciado de ocorrência. Não há que se falar em inquérito policial para crimes de menor potencial ofensivo, cuja pena máxima não excede dois anos. O inquérito, todavia, poderá ser realizado, em face da conexão com outro delito que não seja de menor potencial ofensivo, ou se não for conhecido o agressor, quando a investigação regular (inquérito) será instaurada para apuração da autoria.

Também haverá inquérito policial para as hipóteses de não aplicação da Lei nº 9.099/1995, a exemplo dos delitos cometidos contra a mulher no âmbito de relação afetiva (Lei nº 11.340/2006) e dos crimes militares (art. 90-A, da Lei nº 9.099/1995), ainda que tenham pena igual ou inferior a dois anos.

O termo circunstanciado de ocorrência consiste em uma investigação simplificada, com o resumo das declarações das pessoas envolvidas e das testemunhas, e eventualmente com a juntada de exame de corpo de delito para os crimes que deixam vestígios. Objetiva-se, como se infere, coligir elementos que atestem autoria e materialidade delitiva, ainda que de forma sintetizada. Nos autos do termo circunstanciado de ocorrência, o delegado tomará o compromisso do autuado de comparecer ao juizado especial em dia e horário designados previamente.

30. KARAM, Maria Lúcia. *Juizados especiais criminais*: a concreção antecipada do poder de punir. São Paulo: RT, 2004. p. 38.
31. JARDIM, Afrânio Silva. *Direito processual penal*. 11. ed. Rio de Janeiro: Forense, 2002. p. 336.

Concluído o termo circunstanciado de ocorrência, o delegado de polícia deve remetê-lo ao juizado especial criminal. Não pode a autoridade policial arquivar o termo circunstanciado de ocorrência, devendo este seguir para o juízo competente. O juiz dará vista dos autos ao órgão do Ministério Público que, se entender pela atipicidade do fato, requererá o arquivamento.

Todavia, na prática, o que não raras vezes ocorre é que o juízo criminal envia planejamento de pauta à delegacia para que de lá os envolvidos já saiam cientes da audiência preliminar a ser realizada no fórum. Entendemos que essa praxe pode ensejar constrangimento indevido ao autor do fato, especialmente quando seu encaminhamento ao juizado para audiência não se mostrar justificado, a exemplo de ser o fato atípico, de estar o delito prescrito ou de ausência de representação da vítima em infrações penais de ação penal pública condicionada.

O exame prévio dos autos do termo circunstanciado de ocorrência pelo Ministério Público, antes da designação de audiência preliminar, serve para prevenir chamamento do autor do fato sem amparo no ordenamento jurídico.

2.3.3. Audiência preliminar

A audiência preliminar pode ter desfechos distintos a depender da iniciativa da ação penal do delito de menor potencial ofensivo. Na audiência preliminar, presentes o autuado, vítima, respectivos advogados, responsável civil e o órgão do Ministério Público, o juiz estimulará a composição dos danos civis, isto é, sugerirá que as partes se conciliem, mediante indenização ou retratação formulada pelo autor do fato. Uma vez obtida a composição, será lavrado o acordo e homologado por sentença, de natureza irrecorrível (art. 74, Lei nº 9.099/1995).

Veja-se que, para fatos enquadrados como infrações penais de menor potencial ofensivo, deve-se buscar, sempre que possível, a conciliação. Trata-se de pilar do modelo de justiça penal consensual proposto pela Lei nº 9.099/1995, especialmente na parte final do seu art. 2º. Nessa direção conciliatória, o art. 4º, inciso VIII, da Lei nº 13.185/2015 (que instituiu o Programa de Combate à Intimidação Sistemática – ***Bullying***), vincou dentre suas finalidades a de evitar, tanto quanto possível, a punição dos agressores, privilegiando mecanismos e instrumentos alternativos que promovam a efetiva responsabilização e a mudança de comportamento hostil.

Se o crime for de ação penal de iniciativa privada ou de ação penal pública condicionada à representação, a composição dos danos civis equivale à renúncia ao direito de queixa ou de representação, com a conseguinte extinção da punibilidade. Se for obtida composição dos danos civis em crime de ação penal pública incondicionada, prossegue-se com os demais termos do procedimento.

É importante que o ***Parquet*** leve em consideração o bem jurídico afetado pela conduta. Se o crime for contra o ambiente, a composição dos danos civis – e também a transação penal – visará reparar o dano ambiental, com destinação das prestações eventualmente ajustadas às instituições de proteção ao meio ambiente (Lei nº 9.605/1997). O cuidado no estabelecimento do ajuste da composição dos danos civis é essencial para a resolução do problema causado pela prática do crime de menor potencial ofensivo.

Tratando-se de delito de trânsito, a Lei nº 9.503/1997 autorizava o oferecimento de transação penal para os crimes que mencionava no parágrafo único, do seu art. 291, em sua antiga redação – tratando da embriaguez ao volante, cuja pena máxima era e continua sendo de três anos, além da lesão culposa e da participação em competição não autorizada –, excepcionando a definição de crime de menor potencial ofensivo no que tocava ao critério da pena máxima não excedente a dois anos. A antiga redação do art. 291 do CTB era bastante proeminente quando o conceito de infração de menor potencial ofensivo tinha como parâmetro a pena máxima de um ano. Com a ampliação do limite para dois anos, só a embriaguez ao volante acabava gozando das benesses dos juizados, mesmo não sendo infração de menor potencial ofensivo (por ter pena máxima de três anos), já que a pena da lesão culposa e do crime de participação em corrida não autorizada não ultrapassa dois anos. Com a "Lei Seca" (Lei nº 11.705/2008), o art. 291, CTB, embora alterado, manteve a lesão corporal culposa ao volante como infração de menor potencial ofensivo, continuando assim a se submeter ao regime dos juizados especiais criminais, salvo se o agente, nos termos do § 1º daquele dispositivo legal, estiver:

> I – sob a influência de álcool ou qualquer outra substância psicoativa que determine dependência;
>
> II – participando, em via pública, de corrida, disputa ou competição automobilística, de exibição ou demonstração de perícia em manobra de veículo automotor, não autorizada pela autoridade competente;
>
> III – transitando em velocidade superior à máxima permitida para a via em 50 km/h (cinquenta quilômetros por hora).

Nestas hipóteses a lesão culposa sai da esfera dos juizados, passando ao juízo comum, por imperativo legal, mesmo tendo pena de até dois anos, e ao invés de termo circunstanciado, será elaborado inquérito policial (art. 291, § 2º, CTB), afastando-se a composição civil, a transação e o condicionamento à representação. Por sua vez caberá flagrante, e subsiste a suspensão condicional do processo, já que a pena mínima da lesão culposa não é superior a um ano. Tal disposição é de duvidosa constitucionalidade, pois excepciona, por lei ordinária, a competência dos juizados especiais.

Quanto à embriaguez ao volante (art. 306, CTB), não há enquadramento no conceito de infração de menor potencial ofensivo, não atraindo a competência dos juizados e nem se submetendo às benesses típicas de tais infrações. Entretanto, por ter pena mínima não superior a um ano, admite-se a suspensão condicional do processo (art. 89 da Lei nº 9.099/1995).

Também o Estatuto do Idoso, em seu artigo 94, possibilita a aplicação do procedimento previsto na Lei nº 9.099/1995 para os crimes nele previstos, com o limite máximo de quatro anos. Por ter o objetivo de proteger mais eficazmente a pessoa idosa, entendemos que no caso oportuniza-se a aplicação do procedimento sumaríssimo, que é mais célere, objetivando uma resposta mais rápida em crimes de tal natureza. Não obstante, as benesses da composição civil e da transação penal, caso o delito tenha pena máxima superior a dois anos, não poderão ser aplicadas. Conferindo interpretação conforme a Constituição ao art. 94 do Estatuto do Idoso, o STF se posicionou nos autos da ADI nº 3096 pela "impossibilidade de aplicação de quaisquer medidas despenalizadoras e de interpretação benéfica ao autor do crime"[32].

Também não são aplicáveis os institutos despenalizadores da Lei nº 9.099/1995 aos casos que demandam a incidência da Lei nº 11.340/2006. Os compromissos internacionais assumidos pelo Brasil para tutelar as minorias, notadamente a mulher em situação de hipossuficiência, tornam incompatíveis a aplicação de transação penal ou de suspensão condicional do processo. Sobre o tema, o Superior Tribunal de Justiça editou a Súmula nº 536, deixando claro que "a suspensão condicional do processo e a transação penal não se aplicam na hipótese de delitos sujeitos ao rito da Lei Maria da Penha".

Como a questão relacionada à mulher objetiva proporcionar-lhe dignidade humana, consubstanciada em tratado de proteção a direitos humanos, reputamos que esse entendimento pretoriano encontra respaldo constitucional, estando de acordo com os fundamentos da República. Merece registro, todavia, a posição de Rômulo Andrade Moreira, sustentando a inconstitucionalidade do art. 41, da Lei Maria da Penha, por considerar violado o princípio da proporcionalidade. O autor defende que há ofensa à Lei Maior com a interpretação literal daquele enunciado, bem como com a aplicação da Súmula 536, do STJ[33].

Em se tratando de crime de ação penal privada, não obtida a composição dos danos civis – sem possibilidade de conciliação entre os envolvidos – é prudente que o juiz suspenda a audiência advertindo a vítima da necessidade de oferecer queixa-crime antes do decurso do prazo decadencial. Nada impede que a queixa-crime seja oferecida na própria audiência, oralmente, sendo reduzida a termo. Se decorrer tal prazo sem a propositura da queixa, será exarada decisão extintiva da punibilidade do agente. Tal providência evita que ao autuado por crime de ação penal privada seja oferecida transação penal antes de se certificar do efetivo desejo da vítima de ajuizar a ação penal privada.

Em seguida, tendo em vista ser a transação penal medida tendente à aplicação imediata de pena – a aplicação da pena em si é privativa do Estado – é adequado que, uma vez verificada a propositura da queixa (com a potencialidade do desencadeamento da ação penal privada), seja assegurada ao réu a proposta de transação penal. Sobre tal ponto, contudo, pelo menos três correntes se formam:

(1) a primeira, minoritária, consignada em voto vencido de julgado do STJ, no sentido de que, diante da não proposição de transação penal, caberia ao MP ofertá-la, assegurando a concessão do benefício ao imputado de delito de ação penal privada;[34]

(2) a segunda, também não prevalente e que é a nossa posição, sugere que o ofendido manifeste seu interesse em ver promovida a transação penal aplicada pelo Ministério Público, somente depois de ofertar queixa-crime (ação penal privada). Quanto à legitimidade para a efetiva proposta de transação penal, alvitra-se que seja ela exclusiva do MP, após a promoção da ação privada por meio de queixa. Como a pena, ainda que restritiva de

32. STF – Tribunal Pleno – ADI 3096 – Rel. Min. Cármen Lúcia – Dje 02/09/2010.
33. MOREIRA, Rômulo Andrade. O novo enunciado da Súmula do Superior Tribunal de Justiça – a Lei Maria da Penha, a transação penal e a suspensão condicional do processo. *Empório do Direito*. Disponível em: <emporiododireito.com.br/o-novo-enunciado-da-sumula-do-superior-tribunal-de-justiça-a-lei-maria-da-penha-a-transacao-penal-e-a-suspensao-condicional-do-processo/>. Acesso em: 17/11/2015.
34. STJ – Corte Especial – APn. 634/RJ – Rel. Min. Félix Fischer – DJe 03/04/2012.

direito, é emanação do jus puniendi estatal, seria ela indelegável ao querelante (a este só estaria reservada a anuência para que o MP a oferecesse, mediante proposta de transação penal). Pensamos que esse entendimento melhor se coaduna com os princípios da Lei nº 9.099/1995, notadamente por ser mais favorável ao autor do fato, diante da omissão da lei. Asseguraríamos, destarte, o direito do imputado de ver a transação penal a ele oferecida, pelo MP, desde que ofertada previamente queixa crime pelo querelante.

(3) a terceira, que é o entendimento majoritário, consoante jurisprudência do STJ: "havendo manifestação contrária do querelante, em ação penal privada, de que não tem interesse na aplicação de qualquer instituto penal despenalizador, não são aplicáveis os institutos da transação penal e do sursis processual"[35].

Sendo o crime de ação penal pública – condicionada ou incondicionada –, a não obtenção de composição prévia dos danos ou de conciliação, abre a possibilidade de oferecimento de transação penal pelo Ministério Público, nos termos do art. 76, da Lei nº 9.099/1995. Contudo, para que seja a transação penal proposta regularmente, é imprescindível a existência de suporte probatório mínimo, ou seja, que haja indícios de autoria e materialidade delitiva no que tange ao delito de menor potencial ofensivo.

Daí que o ***Parquet*** não está obrigado a oferecer a transação penal independentemente das provas constantes do termo circunstanciado de ocorrência. Ao revés, ele poderá, alternativamente:

(**1**) requerer diligências complementares;

(**2**) requerer o arquivamento do termo circunstanciado de ocorrência (ou procedimento criminal) por atipicidade ou mesmo por falta de condição de procedibilidade (inviabilidade probatória);

(**3**) oferecer transação penal, com a proposta de aplicação imediata de medida restritiva de direitos, tal como a prestação de serviço à comunidade ou a prestação pecuniária;

(**4**) requerer a remessa dos autos ao juízo competente, se entender que não se trata de infração de menor potencial ofensivo; ou

(**5**) recusar, fundamentadamente, propor transação penal, por entender não recomendável para o autuado, em face de não estarem presentes requisitos objetivos e/ou subjetivos (art. 76, da Lei nº 9.099/1995), fazendo, em decorrência, a proposta de denúncia oral, na própria audiência.

Nos crimes de ação penal privada ou de ação penal pública condicionada à representação, é indispensável a presença do ofendido na audiência. Se a vítima não comparecer, não é admissível a sua intimação (novamente), mas tão somente o aguardo do prazo decadencial. Se houver impulso processual da vítima antes do decurso do prazo decadencial (em regra de seis meses a contar do conhecimento do infrator), nova audiência será designada. Caso contrário, ultrapassado o prazo de decadência, a punibilidade será extinta, com sua declaração por sentença.

35. STJ – Quinta Turma – REsp 1374213/MG – Rel. Ministro Campos Marques [Desembargador Convocado do TJPR] julgado em 13/08/2013 – DJe 19/08/2013.

O autor do fato não é obrigado a aceitar a proposta de transação penal, podendo recusá-la, ou até mesmo fazer contraproposta. Todavia, será ele informado de que a transação penal não implica reconhecimento de culpa (diferentemente do que ocorre com o instituto do ***guilty plea*** norte americano, onde a transação está condicionada à confissão da culpa[36]) ou reincidência, nem deixa antecedentes criminais. A única restrição para quem aceita a transação penal é a consistente em não poder aceitar outra transação penal por outro crime pelo prazo de cinco anos. Trata-se de um devido processo legal que está ao lado – e antes – do processo legal convencional: "a natureza jurídica da transação penal é de autêntica ação penal"[37], embora se distinga da denúncia, que é a ação penal convencional.

Uma vez aceita a transação penal, o juiz, verificando a regularidade de sua propositura (autoria e materialidade delitivas), proferirá sentença homologatória. Entendia-se que a homologação impedia o oferecimento de denúncia ulterior, em caso de descumprimento da medida aplicada. Assim, a solução encontrada – ou o artifício que se passou a utilizar – na praxe forense foi a dos juízes consignarem na sentença uma homologação condicionada ao cumprimento da proposta fixada na transação aceita. Destarte, se o acusado não cumpria a medida, o oferecimento de denúncia era admissível, em virtude da porta que ficara aberta na sentença homologatória (apelável no prazo de dez dias). Tratava-se, na realidade, de um artifício que visava constranger o autor do fato e que não encontrava respaldo legal ou constitucional, revelando-se em certa medida inútil em face dos prazos de prescrição dos crimes que tramitam no juizado incidirem não raras vezes antes do oferecimento da denúncia superveniente.

Atualmente esta prática caiu em desuso, já que, STF[38] e o STJ[39] (em decisão posterior) firmaram entendimento segundo o qual abre-se a possibilidade de propositura de nova denúncia uma vez descumpridas as cláusulas da transação penal. O STF, seguindo essa tendência, editou a Súmula Vinculante de nº 35, estabelecendo que "a ***homologação da transação penal prevista no artigo 76 da Lei 9.099/1995 não faz coisa julgada material e, descumpridas suas cláusulas, retoma-se a situação anterior, possibilitando-se ao Ministério Público a continuidade da persecução penal mediante oferecimento de denúncia ou requisição de inquérito policial***".

Cumprida a transação penal, será proferida sentença de extinção da punibilidade. Se o autuado recusar a proposta, ou se esta não tiver cabimento, e contra ele for oferecida denúncia oral – ou já constar queixa crime dos autos –, será designada nova audiência, de instrução e julgamento, quando será decidido sobre o recebimento da inicial acusatória. Se o fato, em razão da complexidade, não permitir a formulação da inicial oralmente, poderá ser requerida a remessa ao juízo comum, e lá o processo será iniciado.

36. JESUS, Damásio E. *Lei dos juizados especiais criminais anotada*: atualizada de acordo com a Lei nº 10.259/2001. São Paulo: Saraiva, 2002. p. 69.
37. ALENCAR, Rosmar Antonni Rodrigues Cavalcanti de. Natureza jurídica da transação penal e efeitos decorrentes. *Revista do Tribunal Regional Federal da Primeira Região*, Brasília, nº 8, ano 18, p. 48, ago. 2006.
38. STF – Tribunal Pleno – RE 602072 QO-RG – Rel. Min. Cezar Peluso – Dje 26/02/2010.
39. STJ – HC 188.959 – Info 485.

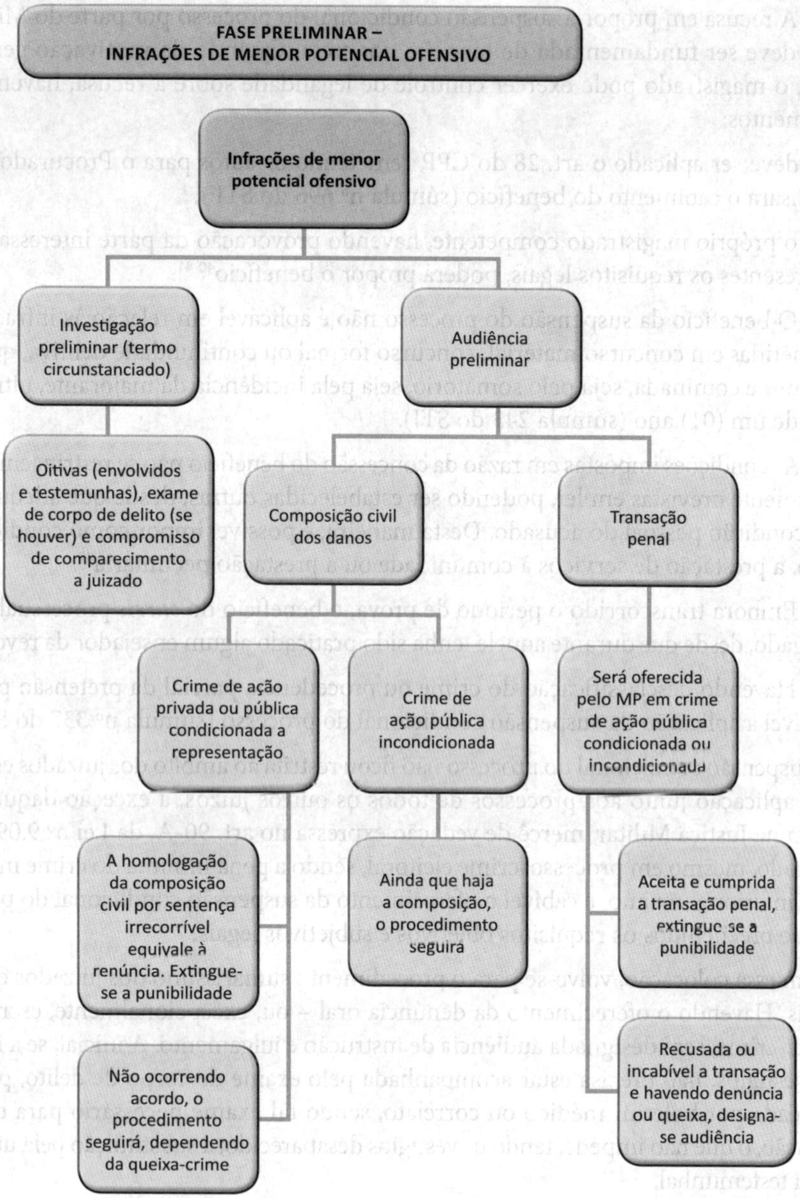

2.3.4. Procedimento sumaríssimo

O procedimento sumaríssimo dos juizados especiais criminais apresenta institutos que acabaram por se aplicar em processos de competência de outros juízos. A suspensão condicional do processo – ***sursis*** processual – foi, assim, sufragada para que o processo criminal com denúncia recebida por crime com pena mínima não superior a um ano ficasse suspenso por um período de prova de dois a quatro anos. Os termos para a proposta e aceitação da suspensão do processo são estatuídos no art. 89, da Lei nº 9.099/1995, tendo a jurisprudência dos tribunais superiores se firmado sobre aspectos relevantes do instituto:

(1) A recusa em propor a suspensão condicional do processo por parte do Ministério Público deve ser fundamentada de maneira concreta. Quando da motivação genérica e abstrata, o magistrado pode exercer controle de legalidade sobre a recusa, havendo dois entendimentos:

(a) deve ser aplicado o art. 28 do CPP, remetendo os autos para o Procurador-Geral, que analisará o cabimento do benefício (súmula nº 696 do STF);

(b) o próprio magistrado competente, havendo provocação da parte interessada e estando presentes os requisitos legais, poderá propor o benefício[40-41].

(2) O benefício da suspensão do processo não é aplicável em relação às infrações penais cometidas em concurso material, concurso formal ou continuidade delitiva, quando a pena mínima cominada, seja pelo somatório, seja pela incidência da majorante, ultrapassar o limite de um (01) ano (súmula 243 do STJ).

(3) As condições impostas em razão da concessão do benefício não se restringem àquelas expressamente previstas em lei, podendo ser estabelecidas outras, desde que adequadas ao fato e à condição pessoal do acusado. Desta maneira, é possível impor como condição, por exemplo, a prestação de serviços à comunidade ou a prestação pecuniária[42].

(4) Embora transcorrido o período de prova, o benefício do ***sursis*** processual poderá ser revogado, desde que durante aquele tenha sido praticado algum ensejador da revogação[43]

(5) Havendo desclassificação do crime ou procedência parcial da pretensão punitiva, será cabível a aplicação da suspensão condicional do processo (súmula nº 337 do STJ).

A suspensão condicional do processo não ficou restrita ao âmbito dos juizados especiais. Ela tem aplicação junto aos processos de todos os outros juízos, a exceção daqueles que tramitam na Justiça Militar, mercê de vedação expressa no art. 90-A, da Lei nº 9.099/1995. Desse modo, mesmo em processo-crime eleitoral, sendo a pena mínima do crime imputado igual ou inferior a um ano, é cabível o oferecimento da suspensão condicional do processo, desde que preenchidos os requisitos objetivos e subjetivos legais.

Com essa colocação, volve-se para o procedimento sumaríssimo dos juizados especiais criminais. Havendo o oferecimento da denúncia oral – ou, excepcionalmente, escrita – ou de queixa-crime, será designada audiência de instrução e julgamento. A inicial, se a infração deixou vestígios, não precisa estar acompanhada pelo exame de corpo de delito, podendo ser lastreada por boletim médico ou correlato, sendo tal exame necessário para eventual condenação, o que não impede, tendo os vestígios desaparecido, a substituição pela utilização da prova testemunhal.

Ao acusado será entregue cópia da denúncia ou da queixa antes mesmo do seu recebimento formal, ficando com ela citado e ciente da designação de audiência instrução e julgamento. Não comparecendo o autor do fato à audiência preliminar, terá que ser citado

---

40. STJ – HC 131.108 – Rel. Min. Jorge Mussi – Info nº 513. Neste julgado, restou consignado que o *sursis* processual é direito subjetivo do acusado.
41. O Supremo Tribunal Federal entende que a suspensão condicional do processo não configura direito subjetivo do réu, porém declara que a recusa em ofertar o benefício deve ser motivada (STF – Segunda Turma – RHC 115997/PA – Rel. Min. Cármen Lúcia – DJe 20/11/2013).
42. STJ – RHC 31.283 – Rel. Min. Laurita Vaz – Info nº 512.
43. STF – Tribunal Pleno – AP 512/BA – Rel. Min. Ayres Brittto – Info 658

pessoalmente. Não sendo encontrado, não tem cabimento citação por edital, restando a remessa dos autos ao juízo comum, nos termos do art. 66, parágrafo único, da Lei nº 9.099/1995.

Na audiência de instrução e julgamento, ao defensor do acusado será dada a palavra para apresentar resposta à acusação, objetivando convencer o magistrado de que a inicial acusatória deve ser rejeitada. Estamos diante de mais um procedimento onde se admite a defesa preliminar, seguindo-se o recebimento ou a rejeição da denúncia ou da queixa-crime. Com esteio no princípio da informalidade, é admissível reiteração de propostas conciliatórias e de transação penal nesta audiência, especialmente se não foram oportunizadas na audiência preliminar.

Rejeitada a denúncia (com fundamento no art. 395, CPP), caberá apelação, por petição escrita, em dez dias, julgada por órgão junto ao próprio juizado composto por três juízes (Turma Recursal). Uma vez recebida a petição inicial, se tiver sido oferecida suspensão condicional do processo, o acusado poderá aceitá-la ou recusá-la. Se aceita a suspensão, com o estabelecimento das condições legais e extralegais – a exemplo do comparecimento mensal do réu em juízo –, o processo ficará suspenso pelo período de prova (de dois a quatro anos), findo o qual, sem revogação, será declarada extinta a punibilidade.

Recebida a denúncia, é possível, em tese, por força do § 4º do art. 394 do CPP, que o magistrado absolva sumariamente o réu (art. 397, CPP). Na verdade, sendo a defesa preliminar exitosa, o magistrado estaria apto a rejeitar a inicial, e acreditamos que esta decisão de rejeição, a depender do fundamento, já funcionaria como verdadeira absolvição sumária, afinal, as hipóteses de absolvição antecipada vêm esquadrinhadas no art. 397 do CPP (fato evidentemente não constituir crime; excludentes de ilicitude; excludentes de culpabilidade; causas de extinção da punibilidade), e havendo certeza de um dos fundamentos da absolvição, ou faltaria interesse de agir ou possibilidade jurídica do pedido para o exercício da ação, afinal, repetimos, quem merece ser absolvido não deve ser processado (art. 395, II, CPP), Entretanto, se o magistrado receber a inicial e imediatamente perceber o equívoco, estaria autorizado a julgar antecipadamente o mérito, absolvendo o réu. Não seria necessária uma nova defesa preliminar após o recebimento da inicial, pois nos juizados, pela peculiaridade do procedimento e concentração da audiência, isto já ocorreu naquela mesma sessão, minutos antes da admissibilidade da inicial acusatória.

Não havendo absolvição sumária, será ouvida a vítima. Na sequência, serão ouvidas as testemunhas, a começar pelas arroladas pela acusação. A Lei nº 9.099/1995 não estabelece número máximo, sendo razoável entender o número máximo de três para o Ministério Público e para defesa. A oitiva de testemunhas obedece à disciplina normativa do Código de Processo Penal, não havendo diferença substancial em razão da especialidade do juízo. É admissível que os depoimentos sejam gravados por meios eletrônicos.

Após a oitiva das testemunhas será o acusado interrogado. Em seguida, são iniciados os debates orais, com a sustentação do Ministério Público ou querelante e do defensor, pelo prazo que o juiz fixar. A sentença, que está dispensada de relatório, será proferida na própria audiência, podendo o juiz determinar a conclusão dos autos se, por motivo justificado, necessitar aprofundar sua cognição acerca do fato.

Da sentença, caberá apelação, em dez dias contados da ciência do Ministério Público ou da ciência do réu e do seu defensor, sendo o recorrido intimado para apresentar contrarrazões pelo mesmo prazo. A contagem dos prazos no processo penal é em dias corridos. Não se aplica alteração legislativa que findou restrita aos órgãos com competência civil[44]. Da sessão de julgamento do apelo, as partes serão intimadas pela imprensa, ressalvados o Ministério Público e a Defensoria Pública (e o advogado dativo) que têm a prerrogativa de intimação pessoal. Anote-se, por último, que são cabíveis embargos de declaração no âmbito do juizado, no prazo de cinco dias, contra sentença ou decisão que contiver obscuridade, dúvida, omissão ou contradição, com o efeito de suspender o prazo recursal para os demais recursos a serem interpostos da decisão declarada.

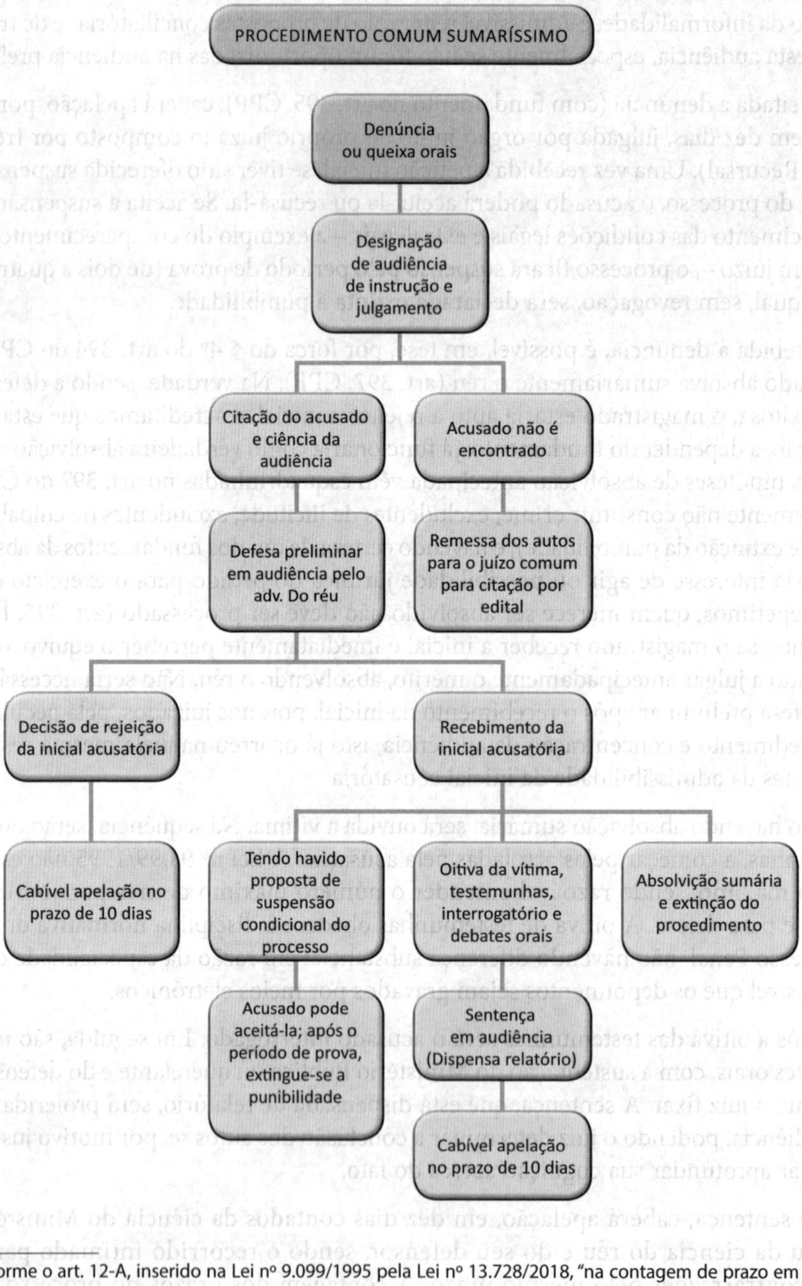

44. Conforme o art. 12-A, inserido na Lei nº 9.099/1995 pela Lei nº 13.728/2018, "na contagem de prazo em dias, estabelecido por lei ou pelo juiz, para a prática de qualquer ato processual, inclusive para a interposição de recursos, computar-se-ão somente os dias úteis".

3. PROCEDIMENTOS ESPECIAIS

São muitos os procedimentos especiais previstos nas leis processuais penais e no próprio Código de Processo Penal. Alguns ritos são tratados como especiais, por exemplo, quando se distinguem apenas por uma fase preliminar, que antecede o recebimento da denúncia, ou a partir do prazo concedido para as alegações finais. A diferença, por vezes, é tênue. Em outros casos, é verificada uma distinção em virtude de tramitar o processo em órgão colegiado.

Deve-se atentar para a multiplicidade de ritos e mesmo para sobreposição de enunciados normativos, a fim de evitar prejuízo às partes. O procedimento envolve, não raras vezes, questões sobre competência e critérios relativos ao sujeito passivo ou ao tipo de crime.

Nos procedimentos especiais que abordaremos, estão incluídos os crimes afiançáveis imputados a funcionário público, os crimes contra a honra, os crimes previstos na lei de entorpecentes e outros procedimentos especiais. Outrossim, o procedimento para os crimes de competência do tribunal do júri é tratado à parte em virtude de suas relevantes peculiaridades.

Aos procedimentos especiais é admitida aplicação subsidiária do procedimento comum ordinário estabelecido pela Lei nº 11.719/2008, desde que omissa a legislação específica e compatível constitucionalmente o seu suprimento.

Garantindo maior amplitude aos direitos fundamentais do imputado, o procedimento comum disciplinado a partir do art. 394, do CPP, prevê resposta preliminar logo em seguida ao recebimento da peça acusatória, possibilidade de julgamento antecipado do mérito penal (a exemplo da admissão de absolvição sumária) e interrogatório após a tomada da prova oral (testemunhas, ofendidos/vítimas e informantes).

Tais regras são aplicáveis aos procedimentos especiais, toda vez que a legislação especial de regência não contiver previsão peculiar. Sem embargo, alguns ritos fazem remissão ao procedimento comum, ou seja, o Código ou a legislação extravagante, depois de traçar as particularidades de alguns ritos especiais, faz alusão ao rito comum, dizendo, ***verbi gratia***, que, nos casos omissos, deve ser seguido o procedimento ordinário ou sumário.

Os parágrafos 2º, 4º e 5º do artigo 394, CPP, devem ser interpretados sistematicamente, a fim de colmatar as lacunas eventualmente existentes na disciplina de procedimento especial.

O § 2º, do art. 394, CPP, determina a aplicação do procedimento comum a todos os processos, salvo disposições em contrário do Código ou de lei especial. O seu § 4º prevê a aplicação dos fundamentos da rejeição da inicial, a defesa preliminar escrita e a possibilidade de julgamento antecipado do mérito a todos os processos que tramitam em primeiro grau, ainda que não regulados no CPP, enquanto o § 5º reza que se aplica subsidiariamente aos procedimentos especial, sumário e sumaríssimo as disposições do procedimento ordinário, vale dizer, em todo e qualquer rito, havendo lacuna legislativa, o intérprete fará incidir os comandos correspondentes do procedimento comum ordinário.

Reputamos que se deve cuidar para não ampliar demasiadamente o alcance do rito comum ordinário para incidi-lo em todo e qualquer procedimento especial. O risco que se corre com a aplicação não justificada dos enunciados do rito comum é o de se padronizar (ordinarizando ou mesmo tornando sumário ou sumaríssimo, a depender da concretização do direito pelos tribunais) os procedimentos especiais. A aplicação subsidiária referida, portanto, deve respeitar as particularidades dos ritos específicos, bem como os princípios constitucionais, notadamente, o da ampla defesa e o do devido processo legal.

3.1. Crimes afiançáveis imputados a funcionário público

Tratando-se de crime cometido por funcionário público impende distinguir se o funcionário tem prerrogativa de função ou não. Se for o agente titular de cargo ou função com foro privilegiado, o rito a ser seguido não será o dos artigos 513-518 do Código de Processo Penal. Quando o processo deve correr perante tribunal, é de se observar normas específicas. Assim é que a Lei nº 8.038/1990 reza sobre o processo no âmbito do Superior Tribunal de Justiça e do Supremo Tribunal Federal, sendo aplicável também no âmbito dos demais tribunais.

Quando o funcionário não é titular de prerrogativa inerente à função ou ao cargo que exerce, a competência para processo e julgamento é do juiz de primeiro grau. É aqui que têm incidência os enunciados normativos dos artigos 513 e seguintes do CPP. A denúncia ou queixa deve vir instruída com a documentação que confira lastro probatório mínimo à acusação, ou seja, com documentos ou justificação que façam presumir a existência do delito ou com declaração fundamentada da impossibilidade de apresentação de qualquer dessas provas (art. 513, CPP).

A especialidade do rito aparecerá quando o crime imputado a funcionário público for afiançável.

Como regra, todo delito imputado a funcionário público, no exercício de suas funções, em tese, é afiançável, de acordo com as disposições em vigor no CPP (artigos 324 e 324).

Só não são afiançáveis os delitos com vedação constitucional ou legal, tais como os crimes hediondos, os equiparados a hediondo, o de racismo e aqueles cometidos por grupos armados, civis ou militares, contra a ordem constitucional e o Estado Democrático (art. 323, CPP).

Por outro lado, há impedimento à concessão da fiança em alguns casos de delitos afiançáveis, toda vez que o agente estiver incurso em alguma das situações do art. 324, CPP, a saber: quebramento de fiança, prisão civil ou militar, ou quando presentes os requisitos da preventiva.

As infrações que contemplam o procedimento em exame são aquelas previstas nos arts. 312 a 326 do CP, isto é, crimes praticados por funcionário público contra a administração em geral (Título XI, Capítulo I, CP), impropriamente chamados de crimes de responsabilidade. Deste rol, os processos que visem apurar as infrações afiançáveis seguem o procedimento em exame. Antes da Lei nº 12.403/2011, dos crimes contemplados no Capítulo I do Código Penal, apenas o excesso de exação (art. 316, § 1º, CP) e a facilitação de contrabando ou descaminho (art. 318, CP) não se enquadravam neste rito especial, por que eram infrações inafiançáveis. Seguiam, portanto, o procedimento comum ordinário. Agora, será a regra a afiançabilidade, só afastada nos casos restritos de vedação e impedimento à fiança.

Em situação de crime afiançável imputado a funcionário público, o juiz, mandando autuar a denúncia ou queixa que esteja em sua devida forma, determinará a notificação do funcionário acusado para responder por escrito, no prazo de quinze dias, à imputação que lhe é feita. Essa resposta do agente antecede o recebimento da peça acusatória. Cuida-se de uma resposta prévia, semelhante a uma contestação, onde o funcionário poderá alegar matéria preliminar e de mérito que tenham o condão de supedanear a rejeição da denúncia ou da queixa, fazendo anexar documentos e justificações. Daí que o juiz – se se convencer dos argumentos do acusado ou de seu defensor concernentes à inexistência do crime ou à improcedência do pedido condenatório – poderá rejeitar a queixa ou a denúncia, fundamentadamente (com base no art. 395, CPP).

É por demais salutar a previsão procedimental da defesa preliminar, afinal, permite-se ao denunciado que se defenda, antes de se tornar juridicamente réu, tentando convencer o magistrado, e levando elementos para tanto, de que a inicial acusatória merece ser rejeitada. É o exercício lídimo do contraditório e da ampla defesa ainda na fase preliminar, sem o início formal da persecução judicial.

De outro lado, se resolver pelo recebimento da denúncia ou da queixa, o magistrado ordenará a citação do acusado, seguindo-se o rito comum ordinário (artigos 517 e 518, CPP). Desta forma, o que faz a lei tratar esse procedimento como especial, é a fase que precede o recebimento da denúncia. Superada esta etapa, com o recebimento da inicial, o procedimento a ser seguido será o ordinário.

3.1.1. Peculiaridades do procedimento

Algumas questões de ordem procedimental merecem ser destacadas, razão pela qual passaremos a enfrentá-las pontualmente:

(1) Obrigatoriedade da defesa preliminar: como se dessume do texto legal (art. 514, CPP), a apresentação da defesa preliminar é mera faculdade, sendo estratégia a ser utilizada ou não pela defesa. Contudo, entendemos que a notificação para a sua apresentação é obrigatória, sob pena de nulidade. Esta, contudo, é meramente relativa, carecendo de demonstração de prejuízo. O STJ, por sua vez, editou a súmula nº 330, asseverando que: "É desnecessária a resposta preliminar de que trata o artigo 514 do Código de Processo Penal, na ação penal instruída por inquérito policial". Desta forma, se a inicial acusatória estiver lastreada em inquérito policial, a defesa preliminar pode ser suprimida, sem a necessidade de intimação, não havendo prejuízo. Somos veementemente refratários a este entendimento. Não se pode suprimir um ato da defesa pelo simples fato da inicial estar embasada em inquérito. A defesa preliminar deve ser vista como ato útil a levar ao magistrado elementos que o permitam realizar um juízo mais equilibrado de admissibilidade da inicial, e em alguns casos, até mesmo rejeitá-la pelos elementos que lhe são trazidos. Admitir a supressão deste momento pelo fato da prévia realização do inquérito é violar de morte o devido procedimento, além do contraditório e da ampla defesa. Se isto ocorrer, haverá nulidade, e por se tratar de ato que tumultua arbitrariamente o procedimento, admite-se o manejo da correição parcial, ou até mesmo a impetração de ***habeas corpus*** para que se reconheça a nulidade. É também o atual entendimento do STF, partidário da tese de que o fato da denúncia estar acompanhada por inquérito policial não dispensa a notificação para apresentação da defesa preliminar[45].

45. *HC* 96058/SP, rel. Min. Eros Grau. 17.3.2009. 2ª T.

(2) Capacidade postulatória: a defesa preliminar, como peça facultativa, pode ser apresentada pelo próprio denunciado ou por seu advogado. É ato que não exige capacidade postulatória. Se o funcionário público não for encontrado para ser notificado, ou estando fora da jurisdição, ser-lhe-á nomeado defensor para prática do ato. Desta forma, não há expedição de precatória nem notificação por edital. Não sendo encontrado o funcionário para ser notificado pessoalmente, e imprimidos esforços neste sentido, nomeia-se advogado dativo.

(3) Perda da condição de funcionário público: o conceito de funcionário público vem colocado no art. 327 do CP, sendo por demais amplo, englobando inclusive aqueles que, "embora transitoriamente ou sem remuneração", exerçam cargo, emprego ou função pública.

Se o funcionário perde o seu ***status***, por ter sido exonerado ou estar aposentado, não mais terá direito à defesa preliminar. Este fato deve ser constatado na fase procedimental adequada, quando o magistrado for determinar a notificação para o ato.

(4) Concurso de infratores e de infrações: havendo mais de um réu, a defesa preliminar só será oportunizada àqueles que estejam na condição de funcionário público. Por seu turno, havendo concurso de crimes, sendo um funcional e outro não funcional, entendemos que deve haver notificação para defesa preliminar em face de ambos os delitos, e o procedimento mais amplo e especial abrangeria até mesmo o delito não funcional, ampliando-se a esfera defensiva. No mesmo sentido, Tourinho Filho[46]. A questão, contudo, não é pacifica, prevalecendo a posição contrária, de que, no caso do concurso de infrações, não deve haver defesa preliminar para nenhuma delas, suprimindo-se a especialidade do procedimento. Nessa linha, o STF[47] e o STJ que, seguindo o primeiro, assentou recentemente que não cabe "a defesa preliminar prevista no art. 514 do Código de Processo Penal se a denúncia imputa ao agente público crime funcional e crime não-funcional"[48].

(5) Efeitos da rejeição da inicial: a nosso ver, a depender dos elementos trazidos na defesa preliminar, a rejeição da inicial acusatória terá o ***status*** de decisão definitiva, fazendo coisa julgada material. A preliminar permite ao magistrado aquilatar, previamente, os argumentos defensivos. Dessa forma, provada de forma inconteste a atipicidade da conduta ou demonstrada desde logo a extinção da punibilidade, deve o magistrado reconhecer tais circunstâncias, de sorte a definir no mérito a questão, em verdadeiro julgamento antecipado do feito. Prevalece, entretanto, a posição em sentido contrário, de sorte que a rejeição teria força de mera interlocutória terminativa. Com esse entendimento, Eugênio Pacelli[49]. Em razão da regra do § 5º, do art. 394, do CPP, que ordena a incidência subsidiária da disciplina do procedimento comum aos procedimentos especiais, uma vez recebida a inicial e seguido o procedimento comum ordinário, teremos, no rito especial aqui examinado, uma segunda defesa preliminar, esta de natureza obrigatória, apresentada no prazo de 10 dias, contados da citação do réu, o que permitirá ou não a ocorrência da absolvição sumária (art. 397, CPP).

46. TOURINHO FILHO, Fernando da Costa. *Código de processo penal comentado*. 5. ed. São Paulo: Saraiva, 1999. v. 2. p. 170.
47. STF – 1ª T. – HC 73099/SP – Rel. Min. Moreira Alves – DJ 15/5/1996. p. 16324.
48. STJ – 5ª T. – HC 79220/DF – Rel. Min. Laurita Vaz – DJ 13/8/2007. p. 401.
49. OLIVEIRA, Eugênio Pacelli. *Curso de processo penal*. 3. ed. Belo Horizonte: Del Rey, 2004. p. 751.

3.1.2. *Sequência*

(1) remessa e distribuição do IP ao judiciário;

(2) oferecimento da inicial acusatória;

(3) notificação para defesa preliminar, a ser apresentada em 15 dias;

(4) rejeição ou recebimento da inicial, seguindo-se, neste último caso, o procedimento comum ordinário.

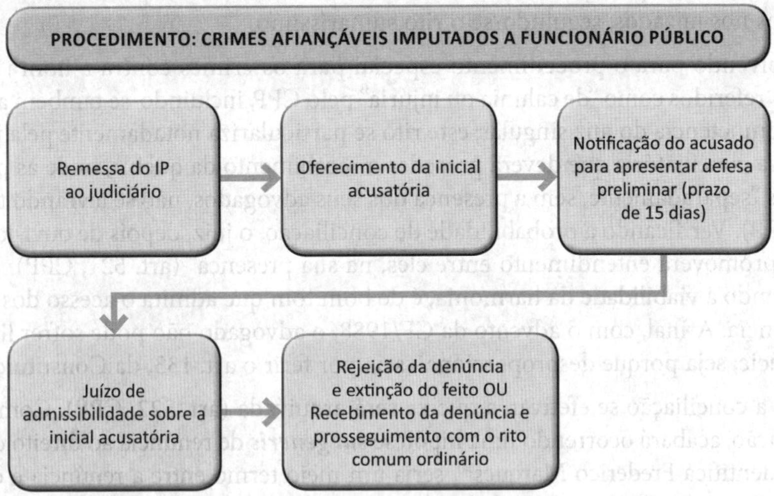

3.2. Crimes contra a honra

Uma boa parte dos crimes contra a honra é regida pela lei dos juizados especiais. Com a promulgação da Lei nº 10.259/2001, que instituiu os juizados especiais federais, a doutrina e a jurisprudência majoritária passaram a entender que a definição de delito de menor potencial ofensivo é baseada, exclusivamente, no quantitativo máximo da pena em abstrato, não excepcionando mais a especialidade do rito, como antes fazia a Lei nº 9.099/1995, em seu art. 61, alterado pela Lei nº 11.313/2006. O que levou à consolidação dessa posição foi a noção de isonomia, de ***status*** constitucional. Dessa forma, quase todos os delitos contra a honra passaram a ser processados perante o juizado especial criminal federal ou estadual, à exceção, por exemplo:

(1) dos crimes eleitorais, onde não se tem um juizado especial eleitoral e há um rito próprio das leis eleitorais;

(2) dos crimes militares, com previsão no Código de Processo Penal Militar;

(3) dos crimes contra honra perpetrados por agente com prerrogativa de função, cujo processo tem rito próprio estatuído em disciplina normativa específica;

(4) se o fato, em razão da sua complexidade, não permitir o oferecimento da inicial nos juizados; e

(5) havendo necessidade de citação por edital, por ser incompatível com o rito sumaríssimo.

O procedimento especial para os crimes contra a honra sobejou, pois, de maneira restrita, já que a regra é que tais infrações sejam processadas no seio dos juizados especiais criminais. O regramento gizado nos artigos 519 e seguintes, CPP, é para o processo e julgamento desses crimes – calúnia, injúria e difamação – com tramitação perante o juiz de primeiro grau, somente aplicável quando não comportar seu processamento em juizado especial criminal sob o procedimento sumaríssimo.

O STF declarou a não recepção da Lei de Imprensa pela Constituição Federal (ADPF nº 130/DF), razão pela qual os crimes contra a honra naquela capitulados devem ser processados nos juizados, seguindo-se o rito sumaríssimo.

Volvendo para o procedimento especial para os crimes contra a honra do Código Penal – referidos como "de calúnia ou injúria" pelo CPP, incluindo-se também a difamação –, de competência do juiz singular, este rito se particulariza notadamente pela previsão de tentativa conciliatória que deverá preceder o recebimento da queixa, onde as partes serão ouvidas "separadamente, sem a presença dos seus advogados, não se lavrando termo" (art. 520, CPP). Verificando a probabilidade de conciliação, o juiz, depois de ouvi-los em separado, "promoverá entendimento entre eles, na sua presença" (art. 521, CPP). Neste caso, percebendo a viabilidade da harmonia, é de bom tom que admita o acesso dos advogados à audiência. Afinal, com o advento da CF/1988, o advogado não pode sofrer limitação de tal espécie, seja porque desproporcional, seja por ferir o art. 133, da Constituição.

Se a conciliação se efetivar, a queixa será arquivada (art. 522, CPP). Com o êxito da conciliação, acabará ocorrendo uma hipótese ***sui generis*** de renúncia ao direito de ação, ou, como identifica Frederico Marques[50], seria um meio termo entre a renúncia e o perdão, o que enseja a extinção da punibilidade. Já se o querelante não comparece à audiência de conciliação, tem-se entendido pelo reconhecimento da perempção, como sanção processual pela ausência do ofendido a um ato da persecução penal, o que levaria à extinção da punibilidade. No STJ, existe posição nesse sentido[51], bem como outra, em senda oposta, avivando que "o não comparecimento do querelante à audiência de conciliação prevista no art. 520 do CPP não implica ocorrência da perempção visto que esta pressupõe a existência de ação penal privada em curso, o que se dá apenas com o devido recebimento da inicial acusatória"[52].

Nada obsta, contudo, notadamente quando o não comparecimento é justificado, que se reconheça na ausência do querelante justamente o não desejo de conciliar, seguindo-se com os demais atos do procedimento. Já a ausência do querelado não poderá desaguar em condução coercitiva[53], implicando a conseguinte análise da admissibilidade da inicial, recebendo-se ou não a queixa-crime.

Não há que se falar em audiência de conciliação se a ação é titularizada pelo MP, a exemplo do que ocorre nos crimes contra a honra do funcionário público vinculados ao exercício funcional (súmula nº 714, STF).

Sob outra ótica, o exercício de "direito de resposta", efetivado na órbita extrajudicial, não constitui impedimento à propositura ou ao seguimento da ação penal pelo delito contra

---

50. MARQUES, José Frederico. *Elementos de direito processual penal*. 2. ed. Campinas: Millennium, 2003. v.I. p. 398-399.
51. STJ – 6ª T. – REsp 45743/RJ – Rel. Min. Pedro Acioli – DJ 19/9/1994. p. 24716.
52. STJ – 5ª T. – REsp 605871/SP – Rel. Min. Felix Fischer – DJ 14/6/2004. p. 274.
53. STF – Pleno – ADPF's 395/444-DF – Rel. Min. Gilmar Mendes – julgado em 13 e 14.6.2019 – Informativo n° 906, de 11 a 15 de junho de 2018.

honra perpetrado. O juiz poderá tomar em consideração a eventual diminuição do dano em face da resposta assegurada via imprensa. Diante dessa situação, será possível reduzir a pena ou minorar o ***quantum*** indenizatório (em ação civil ou em sede de fixação do valor mínimo do dano na sentença penal condenatória).

A Lei nº 13.188/2015 ratificou a independência das esferas penal, civil, administrativa e extrajudicial quando dispôs expressamente que "o ajuizamento de ação cível ou penal contra o veículo de comunicação ou seu responsável com fundamento na divulgação, publicação ou transmissão ofensiva não prejudica o exercício administrativo ou judicial do direito de resposta ou retificação previsto nesta Lei".

Recebida a inicial acusatória, será determinada a citação do demandado (em audiência, se estiver presente, ou por mandado) para responder a acusação em dez dias, nos termos do art. 396, CPP. A exceção da verdade poderá ser oferecida, em especial nas hipóteses em que for admitida segundo o Código Penal. Quando oferecida a exceção da verdade ou da notoriedade do fato imputado, será dada oportunidade para o querelante apresentar contestação em dois dias, com a possibilidade de inquirição de testemunhas arroladas na queixa ou de outras indicadas na exceção ou mesmo na contestação, em substituição às da petição acusatória (art. 523, CPP). A exceção de verdade objetiva demonstrar que os fatos atribuídos ao indivíduo são verdadeiros, ao passo que a exceção de notoriedade intenta demonstrar que as alegações são de domínio público. Acabam funcionando como uma questão prejudicial (homogênea) ao andamento do processo, devendo ser resolvida, por estar ligada diretamente ao mérito da demanda, afinal, se procedente a exceção, o fato objeto do processo passa a ser atípico, devendo o demandado ser absolvido. Se o ofendido goza de foro privilegiado, a exceção de verdade será julgada perante o respectivo tribunal. Exemplificando: se a suposta vítima do crime contra a honra é um deputado federal, caso seja apresentada a exceção, esta deverá ser julgada perante o STF.

Apresentada ou não a exceção, e com esses traços distintivos, o procedimento seguirá, nos demais termos, o rito comum sumário. Entendemos por fim, que tais infrações, mesmo quando apreciadas fora da esfera dos juizados, dentro do procedimento especial, devem se submeter à possibilidade de composição civil e transação penal, adaptando-se o procedimento a esta possibilidade, que pode ocorrer dentro da audiência de conciliação.

3.2.1. Sequência

(1) remessa e distribuição do IP (ou do TCO) ao judiciário;

(2) oferecimento da inicial acusatória;

(3) audiência de conciliação (crimes de ação privada);

(4) recebimento ou rejeição da denúncia ou da queixa-crime;

(5) citação;

(6) defesa preliminar e eventual exceção de verdade;

(7) contestação: em dois dias, podendo-se alterar ou complementar o rol de testemunhas;

(8) julgamento da exceção de verdade e possibilidade de absolvição sumária;

(9) segue-se os demais termos do procedimento comum sumário.

3.3. Procedimento especial para processamento dos crimes de drogas

O procedimento criminal para o processamento dos crimes alusivos a entorpecentes sofreu seguidas alterações legislativas nos últimos anos. Apesar das diferenças entre as leis revogadas e a lei vigente, coincide o fato de sempre ser regrado por lei específica, ressalvando-se, apenas, os delitos que se amoldem à definição de crime de menor potencial ofensivo, de competência dos juizados especiais criminais, por força da Lei nº 9.099/1995 e da Lei nº 10.259/2001.

Desse modo, os crimes de tóxicos tiveram rito de processamento preconizado pela Lei nº 6.368/1976, que estabelecia procedimento "especial para o processo e julgamento dos crimes previstos" nos seus artigos "12 ***usque*** 17, sem distinção de réus presos ou soltos", prevendo contagem em dobro dos prazos para certos delitos (artigos 12, 13 e 14, da Lei nº 6.368/1976)[54].

Com o advento da Lei nº 10.409/2002, novo procedimento especial foi traçado para a apuração dos crimes de tráfico de drogas. Essa lei teve seus dispositivos penais vetados, razão pela qual a Lei nº 6.368/1976 continuou a viger parcialmente, mormente no tocante a sua parte material. A Lei nº 10.409/2002 trouxe "inúmeras inovações em tema de providências investigativas, além de alterar também o rito procedimental, tanto da fase pré-processual quanto da fase processual propriamente dita"[55].

Atualmente, está em vigor a Lei nº 11.343/2006 que, revogando as leis anteriores, trouxe tanto novas definições dos tipos penais, quanto novo procedimento especial para os crimes nela definidos. Aliás, essa lei, em seu artigo 75 foi expressa, ao dizer: "revogam-se a Lei nº 6.368, de 21 de outubro de 1976, e a Lei nº 10.409, de 11 de janeiro de 2002". Para este estudo, interessa mais de perto o "Capítulo III" do seu "Título IV" que cuida "Do procedimento penal" e é dividido em duas seções: a "Seção I" com a epígrafe "Da Investigação" e a "Seção II" intitulada "Da Instrução Criminal". Para os crimes relativos a entorpecentes, portanto, o rito especial é o preconizado pelos artigos 48 e seguintes, da Lei nº 11.343/2006, com a aplicação subsidiária do Código de Processo Penal e da Lei de Execução Penal.

Os delitos de porte para consumo de entorpecentes continuam, todavia, regidos pelo rito da Lei nº 9.099/1995, por serem de menor potencial ofensivo. Com efeito, a Lei nº 11.343/2006 foi explícita ao afirmar, no § 1º de seu artigo 48, que "o agente de qualquer das condutas previstas no art. 28 desta Lei, salvo se houver concurso com os crimes previstos nos arts. 33 a 37 desta Lei, será processado e julgado na forma dos arts. 60 e seguintes da Lei nº 9.099, de 26 de setembro de 1995, que dispõe sobre os Juizados Especiais Criminais".

O porte para uso, como se infere, não foi descriminalizado. O legislador sufragou o que já vinha sendo aplicado na práxis forense. Daí que arrematou que para as infrações penais que envolvam consumo, não se imporá prisão em flagrante ao usuário, que deverá ser encaminhado ao juízo competente ou tomado seu compromisso de a ele comparecer, com a lavratura de termo circunstanciado de ocorrência nos moldes da lei dos Juizados Especiais Criminais. Perceba-se a inovação com a apresentação do usuário diretamente à autoridade judicial. Só se o magistrado estiver ausente, é que o encaminhamento será à autoridade

54. RANGEL, Paulo. *Direito processual penal*. 4. ed. Rio de Janeiro: Lumen Juris, 2001. p. 369.

55. OLIVEIRA, Eugênio Pacelli de. *Curso de processo penal*. 2. ed. Belo Horizonte: Del Rey, 2003. p. 714.

policial, para a lavratura do termo circunstanciado, com a assunção do compromisso de comparecimento aos Juizados. Se o agente negar-se a assumir o compromisso, ainda assim não ficará detido, gozando neste caso de liberdade provisória incondicionada, livrando-se solto. Contempla-se, inclusive, a realização de exame de corpo de delito, se requerido pelo autor do fato ou se a autoridade policial reputar necessário tal procedimento.

A transação penal terá lugar, na forma da Lei nº 9.099/1995, com a observação de que "o Ministério Público poderá propor a aplicação imediata de pena prevista no art. 28 desta Lei, a ser especificada na proposta", a teor do § 5º, do art. 48, da Lei nº 11.343/2006. São as seguintes: "I – advertência sobre os efeitos da droga; II – prestação de serviços à comunidade; III – medida educativa de comparecimento a programa ou curso educativo". Para que se garanta o cumprimento das medidas, caso o infrator se negue injustificadamente a cumpri-las, caberá ao magistrado, sucessivamente, imprimir admoestação verbal ou pagamento de multa. Frustrada a transação penal, segue-se o procedimento regular dos Juizados Especiais.

Quanto ao tráfico e condutas assemelhadas, a fase de investigação, pré-processual, pode iniciar-se com a lavratura do auto de prisão em flagrante, mormente em virtude da natureza material dos crimes de entorpecente. A prisão em flagrante deverá ser comunicada imediatamente, pela autoridade policial, ao juiz competente. Segundo o art. 306, do CPP, também deve ser comunicado imediatamente da prisão em flagrante, além do juiz competente, o Ministério Público, a família do preso ou a pessoa por ela indicada. Por sua vez, cópia do auto de prisão em flagrante será, em 24 horas, encaminhado ao juiz competente. Se o preso não tem advogado, cópia do auto, também em 24 horas, será remetida ao defensor público.

O juiz, a seu turno, dará vista do auto lavrado ao ***Parquet***, em vinte e quatro horas. Nos termos do art. 310, do CPP, o juiz, ao receber o auto de prisão em flagrante, deve, fundamentadamente: **(1)** relaxar a prisão, se ilegal; **(2)** converter a prisão em flagrante em preventiva – se requerida pelo Ministério Público (eis que se cuida de fase pré-processual) –, quando presentes os requisitos constantes do art. 312 deste Código, e se revelarem inadequadas ou insuficientes as medidas cautelares diversas da prisão; ou **(3)** conceder liberdade provisória, com ou sem fiança. Desse modo, se não for o caso de relaxar a prisão em flagrante ilegal, o juiz deverá oportunizar o contraditório (§ 3º, do art. 282, do CPP). É de ver que os crimes de tráfico são inafiançáveis, consoante previsão constitucional. É o que repisa o novo texto do art. 323, II, do CPP. Pensamos, contudo, que o Código não obsta que se conceda liberdade provisória sem fiança, com cumulação de obrigações e/ou medidas cautelares não prisionais (art. 319, do CPP), de acordo com o caso concreto. Sobre este ponto, remetemos o leitor aos Capítulos sobre "Prisões" e "Liberdade provisória e outras medidas cautelares diversas da prisão".

A lei traz prazo diferenciado para a conclusão do inquérito: será ele encerrado em trinta dias se o indiciado estiver preso ou em noventa dias se solto. Tais prazos poderão "ser duplicados pelo juiz, ouvido o Ministério Público, mediante pedido justificado da autoridade de polícia judiciária" (art. 51, parágrafo único, Lei nº 11.343/2006). Nessa fase investigativa, é possível, mediante autorização judicial e ouvido o Ministério Público, a infiltração de agentes policiais e a não autuação imediata de portadores de entorpecentes com o fito de identificar e responsabilizar maior número de pessoas envolvidas com o tráfico de drogas. É o flagrante postergado ou diferido, que terá cabimento se forem conhecidos os infratores envolvidos e o provável itinerário da droga que transita no país (art. 53, I e II, Lei nº 11.343/2006).

O inquérito será encerrado com a elaboração do relatório, onde o delegado "relatará sumariamente as circunstâncias do fato, justificando as razões que a levaram à classificação do delito, indicando a quantidade e natureza da substância ou do produto apreendido, o local e as condições em que se desenvolveu a ação criminosa, as circunstâncias da prisão, a conduta, a qualificação e os antecedentes do agente" (art. 52, I, da Lei nº 11.346/2006). Perceba que deve a autoridade indicar no relatório o porquê do enquadramento típico. É possível que a autoridade requeira a devolução do inquérito para a realização de diligências necessárias, pleiteando assim a prorrogação do prazo.

Nada impede, encerrado o inquérito, que o delegado continue realizando diligências complementares, independente da devolução dos autos ou prorrogação prazal, desde que sejam "necessárias ou úteis à plena elucidação do fato", ou "à indicação dos bens, direitos e valores de que seja titular o agente, ou que figurem em seu nome". Inovando, o legislador autoriza o delegado a continuar atuando mesmo encerrado o inquérito, no objetivo de realizar atos investigatórios aptos a melhor elucidar os fatos, ou para angariar informações acerca do patrimônio do infrator, o que serve como duro golpe na atividade criminosa. Tais diligências não possuem prazo preestabelecido de duração, devendo ser remetidas ao juízo competente até três dias antes da audiência de instrução e julgamento (art. 52, parágrafo único, da Lei de Drogas).

Encerrado o inquérito, com o respectivo relatório, os autos serão remetidos ao magistrado. O Superior Tribunal de Justiça assentou ser admissível a tramitação direta de inquéritos entre a Polícia Judiciária e o Ministério Público, evitando que intermediação desnecessária do Judiciário. Segundo a Corte Superior, o procedimento de tramitação direta garante a duração razoável do processo (leia-se, inquérito policial), a economia processual e a eficiência[56].Como os crimes tratados pela norma são de ação pública incondicionada, os autos serão remetidos ao MP, para que em 10 dias possa: a) requerer o arquivamento; b) requisitar novas diligências, imprescindíveis ao deslinde da causa, quando os autos devem voltar à Delegacia; c) oferecer denúncia; d) requerer a remessa do feito aos Juizados Especiais, se entender que se trata de porte para uso, ao invés de tráfico.

A fase processual tem particularidades traçadas pela Lei nº 11.343/2006, em seu art. 55 e parágrafos:

(1) o prazo para o Ministério Público oferecer denúncia, como já indicado, é de 10 (dez) dias do recebimento do inquérito ou das peças de informação, sem diferenciação quanto a indiciado preso ou solto;

(2) na denúncia, poderão ser arroladas até 5 (cinco) testemunhas, bem como requeridas diligências que o promotor de justiça ou procurador da república entender necessárias à comprovação da conduta narrada;

(3) antes de receber a denúncia, o juiz mandará notificar o denunciado para que, por escrito, ofereça defesa "prévia", em dez dias, no bojo da qual poderá alegar matéria

56. STJ – Quinta Turma – AIRESP 201500690675 – Rel. Min. Reynaldo Soares da Fonseca – DJ: 25/05/2016.

preliminar e exceções (processadas em apartado), sustentar todas as razões de defesa e apresentar documentos e justificações, com a indicação das provas que pretenda produzir, inclusive testemunhas até o número de cinco. Esta defesa é verdadeira defesa preliminar, que permite ao denunciado exercer contraditório e ampla defesa antes de o magistrado receber a inicial, tentando convencê-lo de que a peça deve ser rejeitada por qualquer fundamento defensivo relevante, até mesmo pela desclassificação do tráfico para o porte para uso, quando após a rejeição deve o magistrado remeter os autos aos Juizados Especiais; e,

(4) não apresentada resposta prévia no prazo legal, o juiz nomeará defensor para tanto e, quando apresentada, será prolatada decisão fundamentada em cinco dias sobre o recebimento ou rejeição da denúncia (com base no art. 395, CPP), havendo possibilidade de, antes, o magistrado determinar diligências de ofício, exames, perícias ou a própria apresentação do preso, tudo em 10 dias.

A apresentação da defesa preliminar é obrigatória, devendo o denunciado ser notificado pessoalmente. Não sendo encontrado, admite-se a notificação por edital, e em face da omissão da apresentação, é que será nomeado defensor. Exige-se capacidade postulatória, e o fato da inicial estar acompanhada por inquérito não ilide sua apresentação, como ocorre no procedimento dos crimes funcionais (súmula nº 330, STJ).

A instrução criminal será iniciada após o recebimento da denúncia. É com esse ato judicial, que o magistrado "designará dia e hora para a audiência de instrução e julgamento, ordenará a citação pessoal do acusado, a intimação do Ministério Público, do assistente, se for o caso, e requisitará os laudos periciais" (art. 56, Lei nº 11.343/2006). Advirta-se, em socorro à Lei nº 11.719/2008, que no seu art. 394, § 4º, manda aplicar os arts. 395 a 397 do CPP aos procedimentos que tramitem perante o juízo de primeiro grau, que o magistrado, ao receber a inicial, deve citar o réu para apresentar resposta escrita (nova defesa preliminar), no prazo de 10 dias, à luz do que dispõe o art. 396 do CPP. Em seguida, abre-se a possibilidade da efetivação da absolvição sumária (art. 397, CPP), e não tendo êxito o julgamento antecipado em favor do réu, as partes devem ser notificadas para comparecimento à audiência de instrução e julgamento.

É possível a decretação de afastamento cautelar do denunciado das suas atividades funcionais, quando servidor público, com a comunicação ao órgão a que esteja vinculado, quando se cuidar de crime de tráfico ou a ele ligado diretamente (artigos 33, ***caput*** e § 1º, 34, 35, 36 e 37, c/c o artigo 56, § 1º, Lei nº 11.343/2006).

Além dessa medida cautelar específica – que agora vem ampliada pelo texto do art. 319, inciso VI, do CPP, que estatui que o juiz poderá decretar a "suspensão do exercício de função pública ou de atividade de natureza econômica ou financeira quando houver justo receio de sua utilização para a prática de infrações penais" –, outras medidas que se mostrarem adequadas podem ser impostas, conforme rol exemplificativo do indicado novo art. 319, do CPP.

A audiência de instrução e julgamento deve ser regida pela regra da concentração dos atos processuais. Ela deve ser realizada dentro dos trinta dias seguintes ao recebimento da peça acusatória, ressalvada a hipótese de dúvida quanto à dependência de drogas do acusado, quando será ordenada a realização de avaliação e, de conseguinte, a audiência será designada no prazo de noventa dias contados da data do recebimento da denúncia.

Na audiência, segundo a previsão legal, será, inicialmente, interrogado o acusado, com oportunidade para esclarecimentos de fatos apontados pelas partes. Como já ressaltado (tópico 2.1.1.2.), entendemos que deve haver a adequação procedimental ao rito estabelecido pela Lei nº 11.719/2008, postergando-se para o último momento da instrução esse ato[57].

Seguindo entendimento do Supremo Tribunal Federal, o Superior Tribunal de Justiça deliberou que "os procedimentos regidos por leis especiais devem observar, a partir da publicação da ata de julgamento do HC 127.900/AM do STF (11.03.2016), a regra disposta no art. 400 do CPP, cujo conteúdo determina ser o interrogatório o último ato da instrução criminal"[58]. Com efeito, deve ser dada eficácia máxima aos princípios do contraditório e da ampla defesa.

Postergando-se o interrogatório do acusado para o final do rito, primeiramente serão ouvidas as testemunhas: primeiro as arroladas pela acusação, depois, as indicadas pela defesa. Após a conclusão da produção probatória, na mesma audiência, "será dada a palavra, sucessivamente, ao representante do Ministério Público e ao defensor do acusado, para sustentação oral", pelo tempo de vinte minutos para cada um, prorrogável por mais dez minutos, mediante decisão fundamentada do juiz. Nada impede que os debates sejam substituídos por memoriais, concedendo-se prazo para que as partes, primeiro a acusação e depois a defesa, apresentem as alegações por escrito (art. 57, parágrafo único, Lei nº 11.343/2006).

Encerrados os debates, o juiz prolatará sentença imediatamente ou, não sendo possível, determinará a conclusão dos autos para proferi-la em dez dias (art. 58, ***caput***, Lei nº 11.343/2006). Foram revogados os parágrafos do art. 58, da Lei 11.343/2006, pela Lei nº 12.961/2014. De tal forma, como cabe ao delegado de polícia destruir imediatamente a substância entorpecente, nos termos da atual redação do art. 32, caput, da Lei de Drogas[59], não competirá ao juiz decidir sobre a destruição da substância entorpecente apreendida, que se dava por incineração, e era efetivada no prazo máximo de trinta dias.

---

57. Ressalte-se que, em que pese este entendimento possa ser depreendido do Informativo nº 620 do STF (Tribunal Pleno – AP 528 AgR/DF), o Superior Tribunal de Justiça tem decidido pela aplicação do princípio da especialidade e, à luz do art. 394, § 2º, do CPP, declarado que o interrogatório deve ser o primeiro ato da instrução processual (STJ – Quinta Turma – AgRg no HC 267702/MG – Rel. Min. Marco Aurélio Belizze – DJe 02/10/2013).
58. Tal orientação, da Sexta Turma do STJ, foi noticiada no Informativo 609, de 13/9/2017 (HC 397.382-SC, DJe 14/8/2017), alinhando-se com posicionamento mais recente do STF. Apesar do avanço verificado, no caso, a Corte Superior afastou a alegação de nulidade do interrogatório realizado com lastro na jurisprudência anterior, que aplicava o princípio da especialidade do rito previsto em leis criminais extravagantes. Após a edição da Lei 11.719/2008, surgiu a aparente antinomia de dispositivos do Código de Processo Penal (lei geral) com os antigos artigos da Lei nº 11.343/2006 (legislação especial – drogas): (1) § 5º, art. 394, CPP – "aplicam-se subsidiariamente aos procedimentos especial, sumário e sumaríssimo as disposições do procedimento ordinário"; (2) art. 400, caput, CPP – "na audiência de instrução e julgamento, a ser realizada no prazo máximo de 60 (sessenta) dias, proceder-se-á à tomada de declarações do ofendido, à inquirição das testemunhas arroladas pela acusação e pela defesa, nesta ordem, ressalvado o disposto no art. 222 deste Código, bem como aos esclarecimentos dos peritos, às acareações e ao reconhecimento de pessoas e coisas, interrogando-se, em seguida, o acusado"; (3) art. 57, Lei de Drogas – "Na audiência de instrução e julgamento, após o interrogatório do acusado e a inquirição das testemunhas, será dada a palavra, sucessivamente, ao representante do Ministério Público e ao defensor do acusado, para sustentação oral, pelo prazo de 20 (vinte) minutos para cada um, prorrogável por mais 10 (dez), a critério do juiz". Antinomia, sob ponto de vista tradicional, é conflito lógico entre dispositivos legais incompatíveis. Mais rigorosamente, a antinomia ocorre quando o ordenamento jurídico enseja produção de normas jurídicas em sentidos opostos (nível de sistema jurídico). Nesse caso, deve ser construída uma terceira norma que resolva a aparente dúvida, optando por uma dentre as duas primeiras normas jurídicas confrontadas. A escolha deve ser fundamentada, com a descrição de argumentos que encontrem enlace na Constituição.
59. Lei de Drogas: "Art. 32. As plantações ilícitas serão imediatamente destruídas pelo delegado de polícia na forma do art. 50-A, que recolherá quantidade suficiente para exame pericial, de tudo lavrando auto de levantamento das condições encontradas, com a delimitação do local, asseguradas as medidas necessárias para a preservação da prova".

Nas hipóteses de direito intertemporal, em que as drogas não tiverem sido destruídas por ordem da autoridade policial, ou por qualquer razão, na fase do inquérito, entendemos que subsiste a competência do juiz deliberar sobre a destruição e destino da substância entorpecente, se já iniciado processo criminal. De todo modo, a prova deve ser preservada mediante a guarda de amostras, na fração fixada pela autoridade competente, conforme a hipótese.

Entendemos que medida não deve ser adotada quando tiver ocorrido, no curso do processo, controvérsia sobre a natureza ou a quantidade do entorpecente apreendido ou sobre a regularidade do laudo de constatação, como antes, aliás, dispunha o revogado § 1º, do art. 58, da Lei nº 11.343/2006). Entender diversamente equivale estreitamento ao princípio da ampla defesa, resvalando em inconstitucionalidade.

Por fim, o art. 59, da Lei nº 11.343/2006, estabelece que "nos crimes previstos nos arts. 33, ***caput*** e § 1º, e 34 a 37 desta Lei, o réu não poderá apelar sem recolher-se à prisão, salvo se for primário e de bons antecedentes, assim reconhecido na sentença condenatória". É um enunciado normativo com redação aproximada à do § 3º, do art. 2º, da Lei nº 8.072/1990, que dispõe sobre os crimes hediondos: "em caso de sentença condenatória, o juiz decidirá fundamentadamente se o réu poderá apelar em liberdade". A decretação de prisão cautelar no bojo da sentença condenatória pode se revelar compatível com a Constituição em hipóteses excepcionais. A norma jurídica construída e que evidencie a necessidade de recolhimento à prisão deve ser explicitada, de forma motivada, no corpo da sentença condenatória, e a nosso ver, os maus antecedentes e/ou a reincidência não são, em si, fundamento válido para determinação na sentença do recolhimento ao cárcere. Afinal, ainda está por vir toda fase recursal, e a prisão só poderá ser decretada na sentença se for estritamente necessária, o que se revela pela presença dos requisitos que autorizariam a preventiva. A previsão do art. 59 da Lei de Tóxicos é uma reprodução da antiga redação do art. 594 do CPP, revogado pela Lei nº 11.719/2008, de sorte que, não há mais que se invocar maus antecedentes ou reincidência para decretação de prisão cautelar. Além disso, o recolhimento do réu ao cárcere não pode mais ser encarado como condicionante ao recebimento do recurso de apelação. O STJ já tinha editado a súmula nº 347 neste sentido: "O conhecimento de recurso de apelação do réu independe de sua prisão", o que também ficou assentado no art. 387, § 1º, CPP, que trata da sentença condenatória: "O juiz decidirá, fundamentadamente, sobre a manutenção ou, se for o caso, imposição de prisão preventiva ou de outra medida cautelar, sem prejuízo do conhecimento da apelação que vier a ser interposta".

Em suma, temos: os maus antecedentes ou a reincidência não são mais fundamentos para decretação de prisão cautelar. Além disso, decretada prisão na sentença condenatória (se estiverem presentes os requisitos da preventiva), o recolhimento ao cárcere não condiciona o conhecimento do recurso de apelação. Essa tendência foi verificada com a promulgação da Lei nº 12.403/2011, que revogou expressamente o art. 595, do CPP, segundo o qual a fuga do agente conduzia à deserção da apelação interposta.

3.3.1. Sequência

(1) remessa e distribuição do IP ao judiciário, sem prejuízo de diligências complementares da autoridade policial;

(2) o MP se manifesta em 10 dias: requerendo arquivamento, diligências, declinando da atribuição ou denunciando;

(3) o juiz determina a notificação para defesa preliminar, a ser apresentada em 10 dias. É de natureza obrigatória;

(4) possibilidade de diligências ***ex officio*** pelo juiz, em 10 dias;

(5) rejeição ou recebimento da inicial (em 5 dias), marcando-se audiência de instrução e julgamento para os próximos 30 dias, com a devida citação e notificações pertinentes. Suscitado incidente de dependência, o prazo para a audiência passa para 90 dias;

(6) nova defesa escrita, em dez dias (art. 396 do CPP), que antecede a possibilidade do julgamento antecipado da causa;

(7) as diligências complementares devem chegar aos autos até 3 dias antes da realização da audiência;

(8) audiência: oitiva das testemunhas; interrogatório (por aplicação do art. 400, CPP); debates orais, em 20 minutos, prorrogáveis por mais 10 (nada impede a substituição por memoriais);

(9) sentença: proferida na audiência, ou, conclusos os autos, em 10 dias.

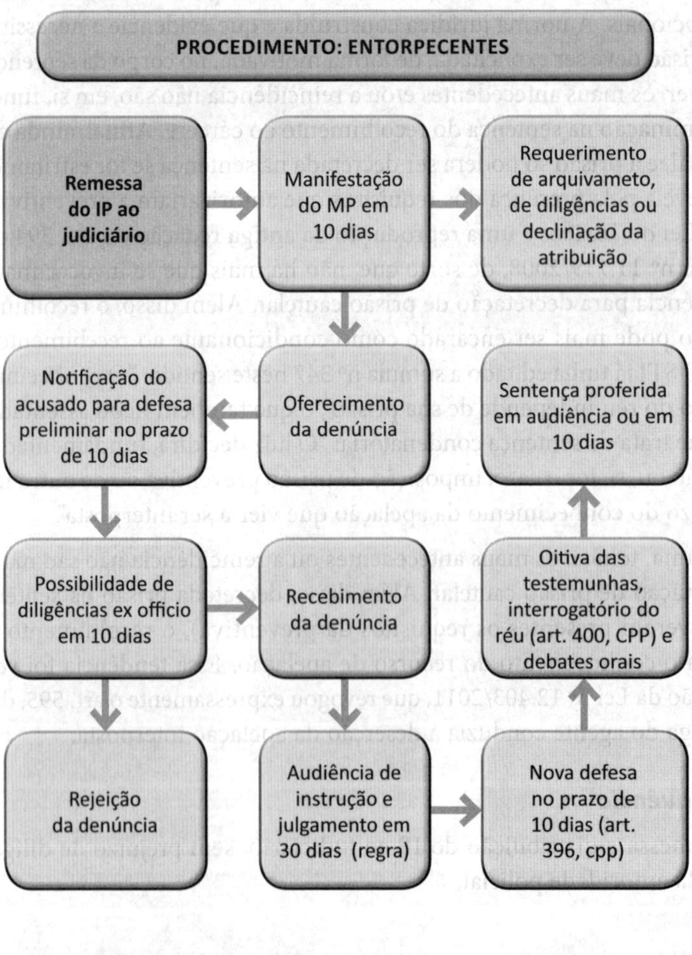

3.4. Procedimento especial para os crimes falimentares

Pode ser considerado procedimento especial o que disciplina o processamento e julgamento dos crimes falimentares. O tratamento legal deste rito não está mais no Código de Processo Penal. Os artigos 503 a 512 deste Código foram revogados pela Lei nº 11.101, de 9/2/2005. Antes, aqueles dispositivos da lei processual penal regiam a tramitação dos processos relativos aos crimes da antiga Lei de Falências (Decreto-lei nº 7.661, de 21/6/1945), que os previa nos seus artigos 186 a 199[60]. O novo diploma legislativo – a Lei nº 11.101, de 9 de fevereiro de 2005 – passou a regular integralmente a matéria atinente à recuperação judicial, à extrajudicial e à falência do empresário e da sociedade empresária, revogando expressamente a lei anterior, na forma do seu art. 200.

A Lei nº 11.101/2005 estatui o procedimento criminal especial nos artigos 183 a 188, para os crimes que ela mesmo tipifica nos seus artigos 168 a 178. Tais crimes são de ação penal pública incondicionada e seu julgamento compete ao juízo penal da jurisdição onde tenha sido decretada a falência, concedida a recuperação judicial ou homologado o plano de recuperação extrajudicial. A nova lei prevê a possibilidade de ação penal subsidiária da pública, com prazo decadencial de seis meses, a contar da configuração de inércia do Ministério Público nos termos do art. 184, parágrafo único, a ser exercida por qualquer credor habilitado ou pelo administrador judicial, denotando-se assim a restrição do rol de legitimados a estas figuras.

Sem embargo, o princípio da obrigatoriedade da ação penal é sufragado no art. 187, que preconiza que o Ministério Público, quando – ao saber da sentença que decreta a falência ou concede a recuperação judicial – verificar a ocorrência de qualquer crime previsto" na Lei nº 11.101/2005, "promoverá imediatamente a competente ação penal" ou, entendendo necessário, "requisitará a abertura de inquérito policial". Observe-se que a nova lei não disciplina o inquérito judicial – investigação presidida pelo magistrado de falências –, que acabou sendo proscrito do ordenamento jurídico. Sob a égide do Decreto-lei nº 7.661/1965, a apuração dos crimes falimentares se dava de maneira diferenciada. Enquanto estes crimes eram apurados em conformidade com os artigos 103 e seguintes da revogada lei de falências, ou seja, "em procedimento próprio", "presidido pelo juiz competente para o processo de falências e de concordatas"[61], os crimes não falimentares seguiam investigados através de inquéritos policiais, instaurados em delegacias. Agora, sem distinção, a atribuição investigativa dos crimes é da polícia judiciária, não sendo eliminada a possibilidade de oferecimento da ação penal pelo Ministério Público com esteio em peças de informação ou cópia do processo falimentar, porquanto o inquérito policial não é imprescindível. A denúncia será oferecida em 5 dias, se o infrator estiver preso, ou em 15, se solto estiver. Neste último caso, pode o MP aguardar a apresentação do relatório circunstanciado pelo administrador judicial, de sorte a extrair maiores elementos para embasar a inicial acusatória. Optando por aguardar e apresentado o relatório, o MP disporá de 15 dias para denunciar, devendo ser intimado da referida apresentação (art. 187, § 1º).

A norma não exigiu, como fazia o Decreto-lei nº 7.661/1945 (art. 109, § 2º), que o recebimento da inicial seja fundamentado, o que levava, de acordo com a súmula nº 564 do

60. MIRABETE, Julio Fabbrini. *Processo Penal*. 14. ed. São Paulo: Atlas, 2003. p. 550.

61. MIRABETE, Julio Fabbrini. *Processo penal*. 14. ed. São Paulo: Atlas, 2003. p. 552.

STF, à nulidade do processo. Portanto, na regra atual, ao receber a inicial, como é comum nos demais procedimentos, o magistrado, em entendimento corredio no STF, não precisa fundamentar o ato.

Apesar da competência para apreciar a admissibilidade da inicial acusatória e prosseguir nos demais termos do processo criminal ser do juízo penal territorialmente competente, admite-se, nos termos do art. 99, VII, da Lei de Falências e Recuperação Judicial", que o juiz da falência, por ocasião da decretação desta, determine a prisão preventiva do falido ou de seus administradores, havendo prova da prática de crime falimentar, e desde que presentes os requisitos de admissibilidade desta medida cautelar (arts. 312 e 313, CPP). Como a prisão preventiva é medida extrema, é possível que o juiz constate ser adequada e necessária outra medida cautelar não cerceadora de liberdade, em compasso com o rol do art. 319, do CPP (com redação dada pela Lei nº 12.403/2011).

No mais, determina o art. 185, da Lei nº 11.101/2005 que uma vez recebida a denúncia ou a queixa (nas hipóteses de ação subsidiária), segue-se agora o procedimento comum sumário, independente da quantidade de pena cominada em abstrato para a infração. Optou-se assim por um procedimento mais célere. Caso seja seguido o procedimento comum ordinário, não há de se falar em nulidade, por ser este procedimento mais amplo. Já a infração prevista no art. 178 da Lei de Falência, por ter pena máxima de 2 anos de detenção, enquadra-se no conceito de infração de menor potencial ofensivo, sendo da competência dos Juizados Especiais, seguindo o procedimento sumaríssimo.

Importa sublinhar, em arremate, que os artigos 503 a 512, do Código de Processo Penal, que tratam do antigo procedimento falimentar, embora tenham sido revogados, guardam ultratividade, isto é, têm aplicação quanto aos crimes ocorridos antes da vigência da nova lei, por expressa disposição do art. 192 do novo diploma, já que este só se aplica aos crimes ocorridos em sua vigência. Aplicam-se subsidiariamente as normas do CPP, no que não forem incompatíveis (art. 188).

3.5. Outros procedimentos especiais

Os procedimentos especiais não têm disciplina exclusiva no Código de Processo Penal. Outras leis extravagantes trazem regramento para o processo e julgamento de crimes, a exemplo do que dispõe a legislação de entorpecentes. Os critérios para a escolha do rito são variados. A política constitucional e legislativa é o ponto de partida para que o jurista defina a competência de um processo criminal. Essa constatação é vista na revogação do Título III, do Livro II, do Código de Processo Penal, que regulava os "processos de competência do Supremo Tribunal Federal e dos tribunais de apelação". A Lei nº 8.658, de 26/5/1993, evitando dúvidas quanto à vigência parcial dessa parte do Código de Processo Penal, revogou expressamente os seus artigos 556 a 562. Vejamos, então, os procedimentos criminais (1) de competência dos tribunais, (2) dos crimes contra a propriedade imaterial e (3) de restituição de autos extraviados.

3.5.1. Procedimento criminal da ação penal originária dos tribunais

Leis especiais e os regimentos internos dos tribunais estão a cuidar da tramitação dos processos perante os órgãos colegiados, na linha da percepção de que o funcionamento de um tribunal como juízo criminal é bem particularizado em relação ao do juiz singular. Foi com base nessa verificação que se fez necessária a promulgação da Lei nº 8.038, de 28 de maio de 1990.

Em face do amplo leque de competência originária e recursal em matéria penal, conferido pela Constituição do Brasil, para o Supremo Tribunal Federal e para o Superior Tribunal de Justiça, instituiu aquele diploma legal "normas procedimentais para os processos que especifica" (ação penal originária, reclamação, *habeas corpus*, recursos criminais, dentre outros), perante aqueles tribunais.

Nos termos da Lei nº 8.038/1990, nos crimes de ação penal pública de competência do STF ou do STJ, aplicável também aos tribunais estaduais e regionais, se o indiciado estiver solto, "o Ministério Público terá o prazo de 15 (quinze) dias para oferecer denúncia ou pedir arquivamento do inquérito ou das peças informativas" (art. 1º, ***caput***), podendo haver deferimento de diligências complementares pelo relator, com a interrupção desse prazo. Porém, se o agente estiver preso, o prazo para ajuizamento "da denúncia será de 5 (cinco) dias" (art. 1º, § 2º, "a") e não haverá interrupção prazal por eventual requerimento de diligências complementares, "salvo se o relator, ao deferi-las, determinar o relaxamento da prisão" (art. 1º, § 2º, "b"). Percebe-se assim que o requerimento de diligências complementares, uma vez deferidas pelo competente relator, devolverá integralmente o prazo de 15 dias para que o MP possa deflagrar a ação.

A instrução do processo penal de competência originária do STF e do STJ será realizada pelo relator, escolhido na forma regimental. Aliás, o Regimento Interno do Tribunal respectivo é aplicável a este procedimento, no que não for incompatível com a Lei nº 8.038/1990.

O relator[62] (juiz da instrução) "terá as atribuições que a legislação processual confere aos juízes singulares" (art. 2º, parágrafo único, Lei nº 8.038/1990), sendo de competência sua (art. 3º, da Lei nº 8.038/1990, com inciso III acrescentado pela Lei nº 12.019/2009):

1) ordenar o arquivamento do inquérito ou de peças de informação, quando o requerer o Ministério Público, ou submeter o requerimento à decisão competente do Tribunal;

2) decretar a extinção da punibilidade, nos casos previstos em lei; e

3) convocar desembargadores de Turmas Criminais dos Tribunais de Justiça ou dos Tribunais Regionais Federais, bem como magistrados de varas criminais da Justiça dos Estados e da Justiça Federal, pelo período de seis meses, prorrogável por igual prazo, até

62. A Quinta Turma do Superior Tribunal de Justiça (STJ), ao julgar o *habeas corpus* nº 437033/SP, entendeu que, na hipótese de ação penal originária em órgão colegiado, a prova não é dirigida exclusivamente ao relator, mas ao colegiado. Por isso, cabe ao colegiado, e não só ao relator, determinar os atos instrutórios da ação, como a quebra de sigilo fiscal e bancário. Para o ministro Relator Reynaldo Soares da Fonseca, "de fato, o julgador é o destinatário final da prova e, na hipótese de ação penal originária, a prova não é dirigida, exclusivamente, ao relator, mas sim ao colegiado, que entendeu, no caso, pela necessidade das medidas". O ministro também destacou que o STF já firmou o entendimento de que os atos praticados em processos originários não são exclusividade do relator ou de órgão fracionário responsável pela análise dos autos. "O próprio Supremo Tribunal Federal, no julgamento do Habeas Corpus 143.333, noticiado no informativo 897/STF, admitiu a remessa dos autos ao plenário para julgamento, considerando não se tratar de violação ao princípio do juízo natural nem do devido processo legal, por ser o plenário do Supremo Tribunal Federal o órgão naturalmente competente para julgar todas as causas da corte, havendo essa divisão em turmas apenas para se conseguir manter uma funcionalidade" (STJ – Quinta Turma – HC 437033/SP – Rel. Min. Reynaldo Soares da Fonseca – j. 21/8/2018).

o máximo de dois anos, para a realização do interrogatório e de outros atos da instrução, na sede do tribunal ou no local onde se deva produzir o ato.

A teor do art. 4º e parágrafos, da Lei nº 8.038/1990, uma vez oferecida a denúncia ou a queixa ao Tribunal, será notificado o acusado para oferecer resposta no prazo de quinze dias, sendo entregues a ele, com a notificação, cópia da peça acusatória, do despacho do relator e dos documentos por este apontados. Se não for conhecido o paradeiro do acusado, ou se ele estiver dificultando o cumprimento da diligência, terá lugar a notificação editalícia, com teor resumido da acusação, com a finalidade do denunciado ou querelado comparecer ao Tribunal, em cinco dias, e, com vista dos autos, apresentar resposta no prazo de quinze dias. É mais um procedimento que oportuniza a defesa preliminar, no intuito de convencer o tribunal que a inicial acusatória não merece acatamento.

Ato contínuo, "o relator pedirá dia para que o Tribunal delibere sobre o recebimento, a rejeição da denúncia ou da queixa, ou a improcedência da acusação, se a decisão não depender de outras provas" (art. 6º, Lei nº 8.038/1990), sendo "facultada sustentação oral pelo prazo de 15 (quinze) minutos, primeiro à acusação, depois à defesa" (§ 1º, art. 6º, Lei nº 8.038/1990). Terminados os debates, o Tribunal deliberará sobre o recebimento da denúncia ou da queixa (§ 2º, art. 6º, Lei nº 8.038/1990). Caberá, portanto, ao Tribunal decidir após eventual debate oral se receberá ou não a inicial. Pode até mesmo, de pronto, deliberar pela improcedência da ação, em verdadeiro julgamento antecipado do mérito, o que imprime coisa julgada material.

Dispõe a Lei que uma vez recebida a petição inicial acusatória, "o relator designará dia e hora para o interrogatório, mandando citar o acusado ou querelado e intimar o órgão do Ministério Público, bem como o querelante ou o assistente, se for o caso". Neste particular, conforme antecipado, entendeu o Pretório Excelso que o art. 400 do CPP deveria suplantar o estatuído no art. 7º da Lei nº 8.038/1990, haja vista possibilitar ao réu o exercício de sua defesa de modo mais eficaz"[63].

A defesa prévia poderá ser oferecida em cinco dias a contar "do interrogatório ou da intimação do defensor dativo" (art. 8º, Lei nº 8.038/1990) e "a instrução obedecerá, no que couber, ao procedimento comum do Código de Processo Penal" (art. 9º, Lei nº 8.038/1990).

Não obstante, o interrogatório e os demais atos instrutórios poderão ser delegados pelo relator a juiz ou membro de tribunal, mediante carta de ordem, dirigida a juízo inserido na sua órbita do tribunal ordenante. Também o relator poderá ordenar que as intimações sejam feitas por carta com aviso de recebimento, sem prejuízo, inclusive, da efetivação de intimações eletrônicas nos termos da Lei nº 11.419/2006 (informatização do processo judicial).

Após a oitiva das testemunhas, serão as partes intimadas para, em cinco dias, requererem diligências (art. 10, Lei nº 8.038/1990). Cumpridas as diligências ou não sendo elas requeridas nem ordenadas pelo relator, "serão intimadas a acusação e a defesa para, sucessivamente, apresentarem, no prazo de 15 (quinze) dias, alegações escritas", valendo salientar que "será comum o prazo do acusador e do assistente, bem como o dos corréus", bem como que "na ação penal de iniciativa privada, o Ministério Público terá vista, por

63. STF – AP 528 AgR – Info 620.

igual prazo, após as alegações das partes". Depois do oferecimento das alegações finais, o relator poderá "determinar de ofício a realização de provas reputadas imprescindíveis para o julgamento da causa" (art. 11, §§, Lei nº 8.038/1990).

Por derradeiro, terminada a instrução, "o Tribunal procederá ao julgamento, na forma determinada pelo regimento interno", atentando para as regras dispostas no art. 12, da Lei nº 8.038/1990: **(1)** "a acusação e a defesa terão, sucessivamente, nessa ordem, prazo de 1 (uma) hora para sustentação oral, assegurado ao assistente 1/4 (um quarto) do tempo da acusação"; e, **(2)** "encerrados os debates, o Tribunal passará a proferir o julgamento, podendo o Presidente limitar a presença no recinto às partes e seus advogados, ou somente a estes, se o interesse público exigir".

3.5.2. Procedimento para os crimes contra a propriedade imaterial

O rito para os crimes contra a propriedade imaterial está disposto nos artigos 524 a 530-I, CPP. Nota-se uma especial preocupação legislativa nessa esfera, mormente em face da ampliação da disciplina normativa e do agravamento das penas dos crimes de pirataria ("crimes contra a propriedade intelectual"), dado pela Lei nº 10.695/2003, que expressou que esse procedimento também é aplicável aos processos iniciados mediante queixa (art. 530-A, CPP), assim como previu expressamente que "as associações de titulares de direitos de autor e os que lhes são conexos poderão, em seu próprio nome, funcionar como assistente da acusação nos crimes previstos no art. 184 do Código Penal" (violação de direito autoral), "quando praticado em detrimento de qualquer de seus associados" (art. 530, H, CPP).

Observe-se que o prazo decadencial para o início da ação penal privada por crime contra a propriedade imaterial que deixe vestígios é peculiar. É assim que o art. 529, CPP, estatui que não será admissível queixa-crime, com fundamento em apreensão e em perícia, depois de transcorridos trinta dias da homologação do laudo. Tem prevalecido o entendimento que a previsão do procedimento especial deve ser compatibilizada com a regra geral para a propositura da ação privada, que é de seis meses, contados do conhecimento da autoria da infração. Desta forma, conhecido o infrator, é deflagrado o prazo decadencial de seis meses. Ficando pronto o laudo, com a respectiva homologação, terá então a vítima no máximo trinta dias para deflagrar a ação. É como se o prazo geral fosse limitado pela homologação do laudo. E se o laudo fosse homologado 5 meses e 20 dias após o conhecimento da autoria? Restaria à vítima a propositura da ação no tempo restante, qual seja, nos dez dias, para que não ocorra a decadência pelo decurso dos seis meses. Entendemos que deve haver a notificação da vítima quanto à homologação do laudo, para que o prazo dos trinta dias possa ser deflagrado.

Se eventualmente a vítima toma a iniciativa para que ocorra a busca e apreensão, e constata-se que o crime é de ação penal pública, "será dada vista ao Ministério Público dos autos de busca e apreensão requeridas pelo ofendido", para que as respectivas providências sejam tomadas (parágrafo único, art. 529, CPP).

Como se depreende, a atividade do legislador brasileiro não disfarça sua raiz liberal de proteger mais eficazmente o direito de propriedade, bastando, para comprovar essa ilação, cotejar os procedimentos e as penas privativas de liberdade dos crimes dos §§ 2º, 3º e 4º, do art. 184, do Código Penal (reclusão de dois a quatro anos, com inviabilidade de aplicação de disposições da lei dos juizados especiais criminais) com o do crime de ameaça (crime contra a liberdade individual tipificado no art. 147, do Código Penal, com pena privativa de liberdade de um a seis meses de detenção, de modo a autorizar seu processamento nos juizados especiais criminais).

O art. 524 do Código de Processo Penal determina que sejam aplicadas ao processo relativo aos crimes contra a propriedade imaterial as disposições relativas à instrução criminal e ao processo e julgamento dos crimes de competência do juiz singular, esposadas nos arts. 394 ***usque*** 405 do CPP, com as alterações introduzidas pela Lei nº 11.719/2008, além das adaptações dispostas e acrescentadas no próprio procedimento especial pela Lei nº 10.695/2003.

O laudo pericial dos objetos que constituam o corpo de delito deve acompanhar a denúncia ou a queixa que narra crime contra a propriedade imaterial sempre que a infração for daquelas que deixem vestígios, sendo o laudo verdadeira condição de procedibilidade sem a qual a inicial não será recebida (art. 525, CPP). Isso equivale dizer que, se o crime não deixar vestígios, a exigência do laudo será despropositada[64].

Entrementes, nos termos do art. 530-B, CPP, "nos casos das infrações previstas nos §§ 1º, 2º e 3º do art. 184 do Código Penal" (crime de violação de direito autoral qualificado, cujas penas variam de dois a quatro anos de reclusão, e multa), "a autoridade policial procederá à apreensão dos bens ilicitamente produzidos ou reproduzidos, em sua totalidade, juntamente com os equipamentos, suportes e materiais que possibilitaram a sua existência, desde que estes se destinem precipuamente à prática do ilícito".

Releva averbar que, por ocasião da apreensão pela polícia, "será lavrado termo, assinado por 2 (duas) ou mais testemunhas, com a descrição de todos os bens apreendidos e informações sobre suas origens, o qual deverá integrar o inquérito policial ou o processo" (art. 530-C, CPP). Em seguida, "será realizada, por perito oficial, ou, na falta deste, por pessoa tecnicamente habilitada, perícia sobre todos os bens apreendidos e elaborado o laudo que deverá integrar o inquérito policial ou o processo" (art. 530-D, CPP). Os bens apreendidos serão entregues ao titular do direito autoral, na condição de fiel depositário, devendo colocá-los à disposição do juiz quando da propositura da demanda art. 530-E, CPP).

Sob o ponto, o enunciado nº 574, da Súmula do STJ, orienta que, "para a configuração do delito de violação de direito autoral e a comprovação de sua materialidade, é suficiente a perícia realizada por amostragem do produto apreendido, nos aspectos externos do material, e é desnecessária a identificação dos titulares dos direitos autorais violados ou daqueles que os representem". A suficiência da amostragem para fins periciais é procedimento adotado em outros procedimentos criminais, a exemplo do que prevê a Lei de Drogas (Lei nº 11.343/2016).A materialidade delitiva é, pois, indispensável para tornar possível o recebimento da denúncia ou da queixa, nos delitos não transeuntes (que deixam vestígios).

64. Nesse sentido, o STF (Pleno – AP-QO8 470 – Rel. Min. Joaquim Barbosa – j. 7/10/2010): "A Lei 8.038/1990 é especial em relação ao Código de Processo Penal, alterado pela Lei 11.719/2008. Por conseguinte, as disposições do CPP aplicam-se aos feitos sujeitos ao procedimento previsto na Lei 8.038/1990 apenas subsidiariamente, somente 'no que for aplicável' ou 'no que couber'. Daí por que a modificação legislativa referida pelos acusados em nada altera o procedimento até então observado, uma vez que a fase processual em que deve ocorrer o interrogatório continua expressamente prescrita no art. 7º Lei 8.038/1990, o qual prevê tal ato processual como a próxima etapa depois do recebimento da denúncia (ou queixa)".

Para tanto, poderá ser requerida busca e apreensão dos objetos relacionados com o crime, quando não tiver sido o caso de apreensão pela autoridade policial. Para a realização dessa diligência, o juiz nomeará dois peritos com a incumbência de verificarem "a existência de fundamento para a apreensão, e quer esta se realize, quer não, o laudo pericial será apresentado dentro de 3 (três) dias após o encerramento da diligência" (art. 527, ***caput***, CPP). É de ver que "o requerente da diligência poderá impugnar o laudo contrário à apreensão, e o juiz ordenará que esta se efetue, se reconhecer a improcedência das razões aduzidas pelos peritos" (parágrafo único, art. 527, CPP). Uma vez encerradas as diligências, os autos de busca e apreensão serão conclusos para fins de homologação do laudo (art. 28, CPP). Em razão da alteração propugnada no art. 159 do CPP pela Lei nº 11.690/2008, entendemos que se o perito é oficial, atuará sozinho, não sendo mais necessária a participação de dois ***experts***.

É de ver que, se não houver impugnação quanto à ilicitude dos objetos apreendidos ou se não for conhecida a autoria delitiva, a vítima poderá requerer a destruição da produção ou reprodução apreendida. O juiz, nesse caso, deferirá o pedido, desde que ressalvada a possibilidade de se preservar o corpo de delito (art. 530-F, CPP).Por fim, o art. 530-G, CPP, explicita que o juiz, ao proferir "sentença condenatória, poderá determinar a destruição dos bens ilicitamente produzidos ou reproduzidos e o perdimento dos equipamentos apreendidos", quando se destinem precipuamente "à produção e reprodução dos bens, em favor da Fazenda Nacional, que deverá destruí-los ou doá-los aos Estados, Municípios e Distrito Federal, a instituições públicas de ensino e pesquisa ou de assistência social", como também "incorporá-los, por economia ou interesse público, ao patrimônio da União, que não poderão retorná-los aos canais de comércio".

3.5.3. *Procedimento para a restauração de autos extraviados*

O processo de restauração de autos extraviados ou destruídos é cuidado pelos artigos 541 a 548, do Código de Processo Penal. A previsão legislativa tem aplicação tanto em primeira quanto em segunda instância., A restauração será realizada na primeira instância, ainda que os autos se tenham extraviado na segunda em grau de recurso. Vale dizer que a restauração de autos terá seu curso perante o órgão jurisdicional competente originariamente para processar e julgar o feito criminal extraviado.

Entrementes, tal regra encontra mitigação na jurisprudência do Superior Tribunal de Justiça, cuja Sexta Turma já decidiu que "a restauração de autos extraviados ou destruídos, quando já decidido o recurso especial interposto, pendente de apreciação embargos de declaração tempestivamente oferecidos (art. 619, CPP)" será "procedida, em princípio, no próprio Superior Tribunal de Justiça"[65].

Sob outra vertente, é de ver que os enunciados que disciplinam o procedimento de restauração de autos visam reproduzir ou reunir as peças processuais de originais não localizados, seja em virtude de extravio seja em face de destruição. O procedimento pode ser abreviado se existir cópia autêntica, que valerá como original. Caso contrário, serão determinadas providências pelo juiz para a instrução dos autos de restauração que, a seu turno, será julgada por sentença ao final, passando a valer pelos originais.

65. STJ – 6ª T. – Pet. 1001/ES – Rel. Min. Fernando Gonçalves – DJ 1/10/2001. p. 245.

Com efeito, na falta de autos suplementares, cópia autêntica ou certidão do processo tendente a substituir o feito original, o juiz ordenará de ofício, a requerimento das partes ou do assistente de acusação: **(1)** que o escrivão certifique o estado do processo, conforme a sua lembrança, reproduzindo o que houver a respeito em seus protocolos e registros (art. 541, § 2º, "a", CPP); **(2)** a requisição de cópias do que eventualmente conste sobre o delito no Instituto Médico-Legal, no Instituto de Identificação e Estatística ou em estabelecimentos congêneres, repartições públicas, penitenciárias ou cadeias (art. 541, § 2º, "b", CPP); e, **(3)** a citação pessoal das partes ou, se não forem encontradas, por edital, com o prazo de dez dias, para o processo de restauração dos autos, sendo caso de nulidade a restauração realizada sem a prévia citação das partes[66].

Determinada ou deferida a solicitação de restauração de autos, o juiz designará dia para a oitiva das partes, quando serão mencionados, em termo circunstanciado, os pontos em que estiverem de acordo e a exibição e a conferência das certidões e demais reproduções do processo apresentadas e conferidas (art. 542, CPP).

O Código de Processo Penal dispõe que o magistrado determinará as diligências necessárias para a restauração, fazendo observar as seguintes regras gizadas no seu art. 543:

(1) caso ainda não tenha sido proferida a sentença, reinquirir-se-ão as testemunhas, podendo ser substituídas as que tiverem falecido ou se encontrarem em lugar não sabido (art. 543, I, CPP);

(2) os exames periciais, quando possível, serão repetidos, e de preferência pelos mesmos peritos;

(3) a prova documental será reproduzida por meio de cópia autêntica ou, quando impossível, por meio de testemunhas;

(4) poderão também ser inquiridas sobre os atos do processo, que deverá ser restaurado, as autoridades, os serventuários, os peritos e mais pessoas que tenham nele funcionado; e

(5) o Ministério Público e as partes poderão oferecer testemunhas e produzir documentos, para provar o teor do processo extraviado ou destruído.

O prazo de conclusão das diligências é de vinte dias, após o que os autos serão conclusos para sentença. Não só durante o curso do processo, mas também depois da conclusão dos autos para julgamento, o juiz poderá exercer seus poderes instrutórios, assentando o parágrafo único, do art. 544, do CPP, a previsão de emissão de requisição de todos os esclarecimentos para a restauração às autoridades ou repartições. Anote-se, contudo que, "se no curso da restauração aparecerem os autos originais, nestes continuará o processo, apensos a eles os autos da restauração" (art. 547, parágrafo único, CPP).

Da sentença que julgar o processo de restauração de autos caberá apelação. O apelo "só pode cuidar da restauração propriamente dita (art. 593, II, do Código de Processo Penal). Não assim da sentença de mérito", como se pronunciou o Supremo Tribunal Federal[67].

---

66. STJ – 6ª T. – HC 30902/MG – Rel. Min. Hamilton Carvalhido – DJ 5/2/2007. p. 383.
67. STF – 1ª T. – HC 74240/SP – Rel. Min. Sydney Sanches – DJ 11/4/1997. p. 12187.

Outrossim, durante o processo de restauração dos autos, o juiz poderá verificar indício de crime de ação penal pública imputado aos causadores de extravio, ordenando, nessa hipótese, a extração de cópias dos autos, remetendo-as ao Ministério Público, bem como os condenará nas custas processuais (art. 546 c/c o art. 40, CPP).

Por fim, em conformidade com a dicção do art. 548, CPP, o extravio dos autos e a tramitação do processo de sua restauração não faz cessar os efeitos da sentença condenatória em execução penal, sendo necessário "que conste da respectiva guia arquivada na cadeia ou na penitenciária, onde o réu estiver cumprindo a pena, ou de registro que torne a sua existência inequívoca".

Por fim, em conformidade com a dicção do art. 548, CPP, o extravio dos autos e a tramitação do processo de sua restauração não fazem cessar os efeitos da sentença condenatória em execução penal, sendo necessário "que conste da respectiva guia arquivada na cadeia ou na penitenciária, onde o réu estiver cumprindo a pena, ou de registro que torne a sua existência inequívoca".

4. PROCEDIMENTO ESPECIAL DOS CRIMES DOLOSOS CONTRA A VIDA

4.1. Fundamentos do tribunal do júri

A doutrina diverge quanto à origem do tribunal do júri. No Brasil, a Constituição de 1988 assegura que o tribunal popular julgará os crimes dolosos contra a vida, prevendo a possibilidade de que seja sua competência ampliada por lei. No contexto mundial, a organização e competência do tribunal do júri variam em conformidade com o sistema adotado em cada país. A ideia do tribunal popular é a de que os casos importantes sejam julgados por pessoas que formam a comunidade a qual pertence o acusado, tal como o acusado seja parte desta, vale dizer, a noção que se tem do júri popular é a de que o julgamento se dê pelos pares do réu.

A origem do tribunal do júri é visualizada tanto na Grécia como em Roma, havendo quem veja um fundamento divino para a legitimidade desse órgão. Sob essa inspiração, o julgamento de Jesus Cristo, malgrado desprovido das garantias mínimas de defesa, é lembrado como um processo com características que se assemelham ao júri. De lado as controvérsias sobre a origem, a maior parte da doutrina indica como raiz do tribunal do júri a Magna Carta da Inglaterra, de 1215, bem como seu antecedente mais recente, a Revolução Francesa de 1789.

No Brasil, o tribunal do júri foi inicialmente instituído por Lei, em 18 de julho de 1822, com competência restrita para julgar os crimes de imprensa. Com a Constituição Imperial de 1824, o tribunal popular foi reafirmado como órgão com competência para julgar crimes que afetam determinados bens jurídicos, em especial, os crimes contra a vida, passando a ter sede constitucional. A única Constituição que não trouxe previsão do tribunal popular foi a Carta outorgada de 1937, inauguradora de um período ditatorial, instaurando-se dúvida quanto a sua subsistência até o ano de 1938[68]. Com a Constituição do Brasil de 1988, o tribunal do júri foi confirmado como direito e garantia fundamental. Garantia de sujeição ao tribunal popular, nos crimes de sua competência, para atendimento

68. ARAÚJO, Gladston Fernandes de. *Tribunal do júri*: uma análise processual à luz da Constituição Federal. Niterói: Impetus, 2004. p. 13.

ao devido processo legal. E direito, conferido de forma ampla, de participar da atividade do Judiciário, na condição de jurado (juízes leigos). Partilhamos, portanto, do magistério de Guilherme Nucci, que sustenta: "não deixamos de visualizar no júri, em segundo plano, mas não menos importante, um direito individual, consistente na possibilidade que o cidadão de bem possui de participar, diretamente, dos julgados do Poder Judiciário. Em síntese: o júri é uma garantia individual, precipuamente, mas também um direito individual. Constitui cláusula pétrea na Constituição Federal (CF. art. 60, § 4º, IV)"[69].

4.2. Princípios reitores

A Constituição, em seu art. 5º, inc. XXXVIII, assenta os princípios do tribunal popular: (1) a plenitude de defesa; (2) o sigilo das votações; (3) a soberania dos veredictos; e (4) a competência para o julgamento de crimes dolosos contra a vida.

A plenitude de defesa revela uma dupla faceta, afinal, a defesa está dividida em técnica e autodefesa. A primeira, de natureza obrigatória, é exercida por profissional habilitado, ao passo que a última é uma faculdade do imputado, que pode efetivamente trazer a sua versão dos fatos, ou valer-se do direito ao silêncio. Prevalece no júri a possibilidade não só da utilização de argumentos técnicos, mas também de natureza sentimental, social e até mesmo de política criminal, no intuito de convencer o corpo de jurados. E se o réu, no interrogatório em plenário, apresenta tese defensiva distinta do seu advogado? Entendemos que as duas devem ser levadas ao conhecimento dos jurados, apesar do STF já ter se manifestado que devem ser quesitadas apenas as teses sustentadas pela defesa técnica, dando evidente prevalência a esta última[70].

Com a recente reforma do procedimento do júri, o quesito obrigatório sobre se o réu deve ser absolvido, disposto no inciso III, do art. 483, CPP (com redação dada pela Lei nº 11.689/2008), findou por abranger tanto a tese do acusado quanto a do seu advogado. Com efeito, o § 2º, do art. 483, CPP, corrobora essa conclusão, ao impor que, mesmo que tenha o júri afirmado a materialidade e a autoria do fato (nos dois primeiros quesitos), deve ser formulado quesito específico com a seguinte redação: "o jurado absolve o acusado?". Como se depreende, tal questão engloba todas as teses de defesa.

O sigilo das votações envolve o voto e o local do voto. Para evitar intimidação dos jurados, as votações ocorrem em uma sala especial. Com efeito, o artigo 485, CPP, dispõe que, ao final dos debates, não havendo dúvida a ser esclarecida, o juiz presidente, os jurados, o Ministério Público, o assistente, o querelante, o defensor do acusado, o escrivão e o oficial de justiça dirigir-se-ão à sala especial a fim de ser procedida a votação. Em acréscimo, o seu § 1º preconiza que na falta de sala especial, o juiz presidente determinará que o público se retire, permanecendo somente aquelas pessoas. É evidente que não havendo sala própria, cabe ao magistrado determinar o esvaziamento do plenário, com a manutenção das pessoas indispensáveis à votação dos quesitos.

Para assegurar o sigilo – e cumprir a Constituição –, é adequado que o juiz se acautele para suspender a divulgação dos demais votos assim que se definir a votação de cada quesito,

69. NUCCI, Guilherme de Souza. *Manual de processo penal e execução penal*. 3. ed. São Paulo: RT, 2007. p. 667.
70. STF – 2ª T. – HC 72.450/SP – Rel. Min. Maurício Corrêa – DJ 24/5/1996. p. 17413.

evitando que seja o sigilo violado por uma eventual votação unânime[71]. Nesse sentido, os parágrafos 1º e 2º, do art. 483, CPP, estabelecem que: **(1)** a resposta negativa, de mais de 3 (três) jurados, a qualquer dos quesitos relativos à autoria e à materialidade delitiva encerra a votação e implica a absolvição do acusado; e, **(2)** respondidos afirmativamente por mais de 3 (três) jurados tais quesitos, será formulado quesito com a seguinte redação: "O jurado absolve o acusado?". Em síntese, é vedada a revelação da unanimidade, com o fito de que, indiretamente, o sigilo não seja quebrado. Ao cabo, visa-se evitar qualquer tipo de pressão ou ingerência na atividade dos juízes do povo.

A soberania dos veredictos alcança o julgamento dos fatos. Os jurados julgam os fatos. Esse julgamento não pode ser modificado pelo juiz togado ou pelo tribunal que venha a apreciar um recurso. Daí que em hipótese de julgamento manifestamente contrário à prova dos autos, a apelação provida terá o condão de cassar o julgamento e mandar o acusado a um novo júri. Note-se que o tribunal não altera o julgamento para condenar ou absolver o acusado, ou mesmo para acrescer ou suprimir qualificadora. Como a existência do crime e de suas circunstâncias é matéria fática, sobre ela recai o princípio da soberania dos veredictos, não podendo seu núcleo ser vilipendiado, senão por uma nova decisão do tribunal popular. Contudo, em prol da inocência, tal princípio não é absoluto, admitindo-se que o Tribunal de Justiça absolva de pronto o réu condenado injustamente pelo júri em sentença transitada em julgado, no âmbito da ação de revisão criminal.

O tribunal do júri, com competência para processar e julgar os crimes dolosos contra a vida, tentados ou consumados, veio com seu conteúdo mínimo definido pela Constituição da República. Houve época em que outros crimes, diversos dos dolosos contra a vida, eram também julgados pelo tribunal do júri, a exemplo dos crimes de imprensa. Atualmente, não há lei ordinária alargando a competência desse tribunal popular. Para evitar a extinção do instituto, o constituinte protegeu assim sua competência mínima, em cláusula pétrea gizada no capítulo dos direitos fundamentais. Além do núcleo básico constitucional, vão também a júri as infrações comuns conexas aos crimes dolosos contra a vida. Desta forma, outros crimes comuns que não os dolosos contra a vida podem ser apreciados pelos jurados, desde que exista conexão (ou continência), e mesmo que a infração conexa seja de menor potencial ofensivo, será atraída ao procedimento escalonado do tribunal popular, assegurando-se, para estas últimas, os institutos despenalizadores da Lei nº 9.099/1995.

Advirta-se que o genocídio, por ser crime contra a humanidade, não irá a júri, da mesma forma que o latrocínio, que é crime contra o patrimônio (súmula nº 603, STF).

4.3. Características

(a) Órgão heterogêneo: na Constituição de 1988, o júri popular é reafirmado como órgão do Poder judiciário. Sua composição é formada por um juiz-presidente e por vinte e cinco jurados, nos do art. 433, CPP, dos quais sete irão compor o Conselho de Sentença. O juiz-presidente aplica o direito de acordo com os fatos que são julgados pelos jurados. Aquele, o juiz do direito, estes, o juiz dos fatos. Sobre aquele, não vigora o princípio da

71. SANTOS JÚNIOR, Rosivaldo Toscano dos. Constituição e sigilo das votações no júri: o resultado unânime. In: *Direitos Fundamentais na Constituição de 1988*: estudos comemorativos aos seus vinte anos. Rosmar Antonni Rodrigues Cavalcanti de Alencar (org.). Porto Alegre: Núria Fabris, 2008. p. 301.

soberania dos veredictos, pelo que o tribunal pode reformar sua sentença, para majorar ou minorar a pena por ele aplicada. Já quanto ao julgamento dos fatos pelos jurados, não cabe ingerência pelo órgão de segundo grau de jurisdição. Impende destacar que quanto à composição do órgão jurisdicional, as decisões estão assim classificadas:

- decisões subjetivamente simples: são aquelas proferidas por órgão singular. Ex: juiz de primeiro grau;
- decisões subjetivamente plúrimas: emanadas de órgão colegiado homogêneo. Ex: turma recursal;
- decisões subjetivamente complexas: exaradas por órgão colegiado heterogêneo. Ex: júri.

(b) Órgão horizontal: não há que se falar em hierarquia entre o juiz presidente e os jurados. Têm funções diversas, e a conjugação de esforços faz a harmonia do tribunal.

(c) Órgão temporário: o tribunal funcionará durante alguns períodos do ano. Desta forma, a reunião do júri é o período do ano em que o tribunal opera, ao passo que a sessão do júri concentra a realização do julgamento. Pelo alto número de crimes dolosos contra a vida, não é raro que o tribunal, notadamente nas capitais, opere durante todos os meses do ano. A definição dos períodos de reunião do júri é dada pela lei de organização judiciária de cada Estado-membro (art. 453, CPP). Em um mesmo dia, o Conselho de Sentença poderá apreciar mais de um processo, desde que as partes concordem, devendo ser tomado novo compromisso (art. 452, CPP).

(d) Decisões por maioria de votos: não é necessário, ao contrário do que ocorre no júri norte-americano, que haja unanimidade na votação. Basta a obtenção de quatro votos num determinado sentido, para que se tenha a majoritariedade na votação de cada quesito. Como salientamos acima, somos partidários de que o magistrado deve zelar para evitar a unanimidade, para que indiretamente não seja quebrado o sigilo das votações, afinal, havendo unanimidade, todos saberão que os jurados, em sua totalidade, se inclinaram a favor desta ou daquela tese, o que pode desaguar eventualmente em retaliação. Foi, aliás, o que fez o legislador recentemente, prevendo bastar a resposta de mais de três jurados em um dado sentido, a fim de resguardar o sigilo das votações (art. 483, §§ 1º e 2º, CPP).

4.4. Rito especial do júri

Para que uma ação penal tenha início de forma válida, não se prescinde de um suporte probatório mínimo. A ação penal se reveste de requisitos, entre eles o da justa causa para o seu oferecimento. Os crimes dolosos contra a vida deixam, em regra, vestígios. Isso leva a concluir que o exame de corpo de delito é quase sempre documento indispensável para a comprovação da materialidade delitiva. Daí que se terá, antes do oferecimento da denúncia, um inquérito policial prévio que a instruirá. Isso não descarta a possibilidade de denúncia com outras peças de informação, mas apenas salienta que a regra será a instauração de um inquérito policial para que o suporte probatório inicial seja formado de maneira regular.

O entendimento do procedimento especial para o julgamento dos crimes dolosos contra a vida deve partir da visão estrutural do seu processo. O seu rito processual é escalonado, isto é, bifásico, com duas etapas bem distintas:

(1) a primeira fase (semelhante ao procedimento comum ordinário, porém com algumas diferenças)): chama-se **juízo da instrução preliminar, também conhecido como juízo de admissibilidade, sumário da culpa**[72]**, juízo de acusação** ou ***judicium accusationis***, sendo uma verdadeira fase de filtro, a propiciar a remessa do réu à segunda etapa do julgamento, que conta com a colaboração do corpo de jurados, somente quando o feito estiver suficientemente maduro; e

(2) a segunda fase, que só ocorrerá se pronunciado o acusado, ou seja, se admitida a acusação, com a prolação de um juízo de admissibilidade positivo pelo juiz sumariante (juiz singular): denomina-se preparação para julgamento, ***judicium causae*** **ou juízo de mérito**, onde os fatos serão apreciados pelos jurados, sob a presidência do juiz-presidente do tribunal do júri. Vejamos cada uma separadamente.

4.4.1. Primeira fase ou juízo da instrução preliminar (judicium accusationis)

A primeira fase, então, será inaugurada com a denúncia ou queixa subsidiária, podendo ser recebida ou rejeitada. É possível ainda que exista verdadeiro litisconsórcio ativo entre o MP e o querelante, na hipótese de conexão entre um crime doloso contra a vida e outro de iniciativa privada, no que se chama de ação penal adesiva.

O órgão da acusação poderá arrolar até oito testemunhas. Recebida a denúncia, o juiz, ao receber a denúncia ou a queixa, ordenará a citação do acusado para responder a acusação, por escrito, no prazo de 10 (dez) dias (art. 406, ***caput***, CPP). Esse prazo deve ser contado a partir do efetivo cumprimento do mandado ou do comparecimento em juízo do réu ou de seu defensor quando inválida a citação ou realizada esta por edital. Em outras palavras, o prazo não é contado a partir da juntada aos autos do mandado, mas da realização da diligência (§ 1º, art. 406, CPP).

O interrogatório não é mais o primeiro ato de instrução juntamente com as diligências requeridas pelo Ministério Público ou querelante na inicial acusatória, porém, na tendência de realçar seu caráter de meio de defesa, o interrogatório é o último ato da instrução, depois da produção de prova testemunhal, pericial e demais diligências, contudo antes dos debates orais finais.

O rol de testemunhas de cada acusado, até o número de oito, deve ser apresentado na sua resposta preliminar escrita. Nos termos do § 3º, do art. 406, CPP, na resposta, o acusado poderá arguir preliminares e alegar tudo que interesse à sua defesa, oferecer documentos e justificações, especificar as provas pretendidas e arrolar testemunhas, até o máximo de 8 (oito), qualificando-as e requerendo sua intimação, quando necessário. As exceções serão autuadas e processadas em apartado, a teor do art. 95 a 112, CPP (art. 407, CPP).

Caso não seja apresentada a defesa (resposta preliminar escrita), no prazo legal, o juiz nomeará defensor para oferecê-la, em até dez dias, abrindo-lhe vista dos autos (art. 408, CPP), já que a peça é de natureza obrigatória. Depois de apresentada a defesa, o Ministério Público ou o querelante será ouvido sobre as preliminares e os documentos carreados, a teor do art. 409, CPP.

---

72. Atualmente, não faz mais sentido chamar a primeira fase de sumário de "culpa", eis que a culpa só se forma após o trânsito em julgado de sentença penal condenatória, não sendo mais autorizado incluir o nome do réu no rol dos culpados antes daquele momento, como acontecia, na sistemática anterior, quando da prolação de pronúncia.

Em seguida – concluída essa fase preliminar do ***judicium accusationis*** (juízo da instrução preliminar) –, o juiz designará audiência de instrução, para que sejam inquiridas testemunhas, e determinará a realização de diligências requeridas pelas partes, tendo dez dias para deliberar a respeito (art. 410, CPP).

Nessa fase, surge a seguinte indagação, é possível a aplicação, por analogia, do art. 397, do Código de Processo Penal, para que o juiz, mesmo antes da audiência de instrução profira decisão de absolvição sumária, quando estiver evidente situação absolutória?

Entendemos possível a antecipação da absolvição sumária para momento anterior à audiência de instrução, com esteio no art. 397, do CPP, aplicado analogicamente com base no art. 2º, do mesmo Código. Afinal, as formas processuais penais servem como limites ou ***conditio sine qua non*** para imposição de tutela limitativa da liberdade do imputado. Tratando-se de prestação jurisdicional ***favor libertatis***, deve ser admitido o afastamento da forma como precaução contra constrangimento desnecessário ao réu que, de forma clarividente, deve ser absolvido.

Compartilha do mesmo entendimento, Rômulo Andrade Moreira. O processualista apontou crítica ao julgado da Quinta Turma do STJ, que concluiu pela impossibilidade da incidência do art. 397 do Código de Processo Penal no procedimento do Tribunal do Júri. No voto da relatoria, ficou vincado que "se as normas que regulam o processo e o julgamento dos crimes dolosos contra a vida determinam que o exame da viabilidade de absolvição sumária do réu só deve ocorrer após o término da fase instrutória, não há dúvidas de que deve ser aplicado o regramento específico, pois, como visto, as regras do rito comum ordinário só têm lugar no procedimento especial quando nele houver omissões ou lacunas"[73]. Consoante sustentou o jurista, em acréscimo ao que anotamos, o art. 394, § 4º, do CPP, "estipula que as disposições dos arts. 395 a 397 aplicam-se a todos os procedimentos penais de primeiro grau, ainda que não por ele regulados"[74].

Afastada a possibilidade de absolvição sumária pelo juiz nesse momento, segue-se o rito do júri, com a realização da audiência de instrução perante o juiz da instrução preliminar.

Sobre o ponto, o art. 411, CPP, reza que, na audiência de instrução, será tomada, se possível, as declarações do ofendido, bem como serão inquiridas as testemunhas arroladas pela acusação e pela defesa, nesta ordem. As diligências e perícias deverão estar concluídas quando da realização dessa audiência. Isso porque, por força do princípio da concentração dos atos processuais, será a audiência de instrução o momento para esclarecimentos dos peritos (sobre a perícia e o laudo), acareações e reconhecimento de pessoas e coisas. Em seguida, será interrogado o acusado, com a realização dos debates orais ao final. Como já se disse, foram suprimidas as alegações escritas no prazo de cinco dias, substituídas assim pela sustentação oral em audiência.

De acordo com o regramento anterior a 2008, uma vez concluída a instrução, não havia fase de diligências tal como se dava com o rito comum ordinário. As partes eram

---

73. STJ – Quinta Turma – ROC no HC nº 52.086/MG – Rel. Ministro Jorge Mussi – Data: 18/12/2014.
74. MOREIRA, Rômulo Andrade. O procedimento do júri e a aplicação do art. 397 do Código de Processo Penal. *Empório do Direito*. Disponível em: <emporiododireito.com.br/o-procedimento-do-juri-e-a-aplicacao-do-art-397-do-codigo-do-processo-penal-por-romulo-de-andrade-moreira/>. Acesso em: 17/11/2015.

notificadas para, querendo, apresentar alegações finais, em cinco dias, não se oportunizando juntada de documentos, face à determinação de que não seria juntado documento algum nessa fase do processo (antiga redação do § 2º, do art. 406, CPP). Excepcionalmente, se um documento essencial que evitasse a pronúncia não estivesse nos autos, poderia ser apresentado, mitigando-se os rigores da lei.

Agora, perdeu relevo tal discussão, pois o momento preclusivo para a conclusão da instrução da primeira fase é a audiência de instrução, que deve concentrar todos os atos e diligências pendentes. É verdade que a intenção do legislador pode ser frustrada em razão de motivos que fujam ao controle do juízo, a exemplo de diligências efetivadas por carta precatória, que estejam pendentes de cumprimento em juízo territorial diverso (deprecado). Isso não retira o mérito das disposições se coadunarem com o princípio da economia processual.

Nessa esteira, o § 1º, do art. 411, CPP, prevê que "os esclarecimentos dos peritos dependerão de prévio requerimento e de deferimento do juiz" e o seu § 2º arremata que "as provas serão produzidas em uma só audiência, podendo o juiz indeferir as consideradas irrelevantes, impertinentes ou protelatórias". Trata-se de uma espécie de saneamento anterior à audiência de instrução, para que ela seja realizada no momento em que o processo esteja em condições de amadurecer. Em acréscimo, o CPP determina que "nenhum ato será adiado, salvo quando imprescindível à prova faltante, determinando o juiz a condução coercitiva de quem deva comparecer" (§ 7º, art. 411, CPP) e que "a testemunha que comparecer será inquirida, independentemente da suspensão da audiência, observada em qualquer caso a ordem estabelecida no ***caput***" do art. 411.

O desfecho do juízo da instrução preliminar (***judicium accusationis***) acontece após as alegações orais, apresentadas nos termos do § 4º do art. 411, CPP: "as alegações serão orais, concedendo-se a palavra, respectivamente, à acusação e à defesa, pelo prazo de 20 (vinte) minutos, prorrogáveis por mais 10 (dez)". Caso haja "mais de 1 (um) acusado, o tempo previsto para a acusação e a defesa de cada um deles será individual" (§ 5º). A manifestação do assistente de acusação terá lugar após a do Ministério Público, concedendo-se 10 (dez) minutos. Nesse caso, será prorrogado por igual período o tempo de manifestação da defesa (§ 6º).

O § 9º, do art. 411, CPP, estatui que encerrados os debates, o juiz proferirá sua decisão imediatamente, ou o fará em dez dias, ordenando, para tanto, a conclusão dos autos. O procedimento deve ser concluído no prazo máximo de noventa dias (art. 412, CPP).

Segundo entendimento do STJ , também será nessa primeira fase do Tribunal do Júri que caberá ao juiz togado apreciar a existência de dolo eventual ou culpa consciente do condutor do veículo que, após a ingestão de bebida alcoólica, ocasiona acidente de trânsito com resultado morte. Para os Ministros a primeira etapa do procedimento bifásico do Tribunal do Júri tem o objetivo principal de avaliar a suficiência ou não de razões (justa causa) para levar o acusado ao seu juízo natural. O juízo da acusação (*iudicium accusationis*) funciona como um filtro pelo qual somente passam as acusações fundadas, viáveis, plausíveis e idôneas a serem objeto de decisão pelo juízo da causa (*iudicium causae*). Deste modo, não é consentâneo, aos objetivos a que representa na dinâmica do procedimento bifásico do Tribunal do Júri, a decisão de pronúncia relegar a juízes leigos, com a cômoda invocação da questionável regra do *in dubio pro societate*, a tarefa de decidir sobre a ocorrência de um estado anímico cuja verificação demanda complexo e técnico exame de conceitos jurídico-penais[75].

De outro giro, deve-se realçar que o dolo é conceito jurídico-penal, carente de base empírico-factual para ser objeto de prova. Há, por tal razão, dificuldade de justificar, racionalmente, a decisão de pronunciar, por exemplo, acusado de homicídio na direção de veículo automotor, sob o argumento de ter aceitado o evento morte da vítima. Pedro Jorge Costa, aliás, perlustra que, quanto a esse ponto, "restam os indícios para a prova dos elementos mentais do dolo" e que "não há meios de prova específicos para os componentes empíricos do dolo", mas comparação entre "comportamentos provados" e "padrões de comportamento racionais"[76].

De todo modo, observados os limites legais, pode, então, o magistrado adotar as seguintes posturas: (1) pronunciar o réu; (2) impronunciá-lo; (3) absolvê-lo sumariamente; (4) desclassificar a infração dolosa contra a vida. Decidindo por pronunciar o réu, terá cabimento o início da segunda fase, assim que precluso o julgado por ausência de interposição de recurso ou por confirmação do tribunal ao apreciá-lo. Nas demais hipóteses, abrevia-se o rito, não havendo início do juízo de mérito perante o tribunal popular, ressalvado o caso de pronúncia de um dos acusados, quando mais de um figurar no polo passivo da ação penal.

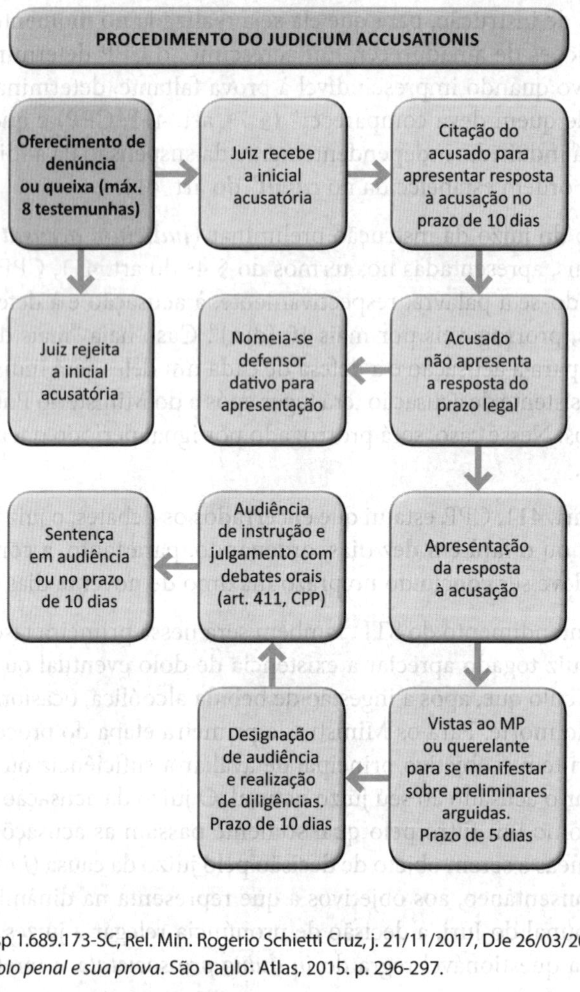

75. STJ – Sexta Turma – REsp 1.689.173-SC, Rel. Min. Rogerio Schietti Cruz, j. 21/11/2017, DJe 26/03/2018 (Info 623 do STJ).
76. COSTA, Pedro Jorge. *Dolo penal e sua prova*. São Paulo: Atlas, 2015. p. 296-297.

4.4.1.1. Decisão de pronúncia

O Código de Processo Penal, em seu art. 413, ***caput*** e § 1º, estatui que a decisão de pronúncia deve ser exarada quando o juiz estiver convencido da existência de lastro probatório necessário para remessa do réu à segunda fase do julgamento. A pronúncia era denominada de "sentença" pelo legislador originário do CPP de 1941. Nos artigos ainda não alterados ou revogados expressamente, permanece a menção à "sentença de pronúncia" (arts. 373, II, 374, II, e 564, III, "f", CPP). O texto dado pela reforma de 2008 confere à pronúncia tratamento mais técnico, reconhecendo-lhe a natureza de "decisão".

A pronúncia conterá fundamentação que se limite "à indicação da materialidade do fato e da existência de indícios suficientes de autoria ou de participação, devendo o juiz declarar o dispositivo legal em que julgar incurso o acusado e especificar as circunstâncias qualificadoras e as causas de aumento de pena". Dado o restrito âmbito de apreciação nesta fase, fala-se em "limite cognitivo da pronúncia"[77].

A decisão de pronúncia não põe propriamente termo ao processo, mas fixa os limites da imputação para que tenha início a segunda fase a partir de sua preclusão (não sendo mais seu marco primeiro o libelo-crime acusatório, extinto com a recente reforma do CPP).

A cognição judicial na pronúncia é caracterizada:

(1) por ser do tipo não exauriente, não vertical, ou seja, não deve o juiz da instrução preliminar aprofundar-se no debate acerca das provas. Ao contrário, deve o magistrado se abster de tecer considerações acerca do valor da prova (plena, apta à condenação, ou não plena, insuficiente à acusação). Também o juiz da instrução preliminar não deve enfrentar teses de defesa que, quando do encerramento da primeira fase do rito do júri, só podem ser objeto de conhecimento na hipótese de ser admitida absolvição sumária (art. 415, CPP);

(2) por ter horizontalidade estreita, isto é, nos casos de infrações penais conexas (art. 76, CPP) que não sejam dolosas contra a vida, a delibação do juiz da instrução preliminar quanto a elas é mais limitada. Para a fixação da competência do tribunal do júri, o que é de relevo é a existência de convencimento sobre a materialidade do fato e indícios de autoria relativamente ao delito doloso contra a vida, por ser este que atrai a competência dos jurados. Quanto aos conexos não dolosos contra a vida, a argumentação do juiz tenderá a remetê-los também a júri, por decorrência lógica, não devendo exercer cognição sobre eles, mas tão somente prelibar o minimamente necessário para justificar a aplicação da regra de conexão;

(3) dessas duas características, decorre outra, que lhes segue, o juiz da instrução preliminar, ao admitir a acusação, para reconhecer a competência dos jurados para julgar os fatos, pronuncia o acusado pelo crime doloso contra a vida, remetendo os crimes conexos ao júri em face da incidência de regra de conexão (art. 76, CPP). Tal conclusão decorre do caput do art. 413 e do seu § 1º, do Código. Nos termos daquele texto, "o juiz, fundamentadamente, pronunciará o acusado, se convencido da materialidade do fato e da existência de indícios suficientes de autoria ou de participação". A teor do último "a fundamentação da pronúncia limitar-se-á à indicação da materialidade do fato e da existência de indícios suficientes de autoria ou de participação, devendo o juiz declarar o dispositivo legal em

77. STJ – REsp 1.279.458 – Info 503.

que julgar incurso o acusado e especificar as circunstâncias qualificadoras e as causas de aumento de pena".A decisão de pronúncia tem a natureza de uma decisão interlocutória mista não terminativa. É mista porque encerra uma fase sem por fim ao processo. É não terminativa por não decidir o ***meritum causae***, nem extinguir o feito sem resolução de mérito (se julgasse o mérito seria definitiva). Não há através dela julgamento do mérito condenatório da ação penal. Apenas há juízo de admissibilidade da acusação. Enquanto para o recebimento da denúncia se faz preciso um suporte probatório mínimo, para a pronúncia se requer um suporte probatório mais robusto, médio, que, no entanto, não é equivalente ao conjunto probatório que se exige para a condenação. Na decisão de pronúncia não há juízo de certeza do cometimento do crime, porém é mister que haja possibilidade da acusação, ou seja, o contexto processual deve evidenciar que os fatos estão aptos ao julgamento pelos leigos, seja para absolver, seja para condenar o acusado.

Arthur Machado Paupério vislumbra três correntes doutrinárias sobre a profundidade possível da cognição da decisão de pronúncia: (a) a que exige maior profundidade de cognição para a decisão de pronúncia: impõe "uma comprovação do fato criminoso que medeia entre a cognição sumária e a exauriente, tendendo para a verificação mais completa da infração penal"; (b) a "posição intermediária, que exige o juízo de verossimilhança preponderante para a decisão de pronúncia"; (c) a postura "menos rigorosa, que exige juízo de verossimilhança simples para a decisão de pronúncia"[78].

Se, de plano, o juiz vê que não há possibilidade de condenação válida, mercê da insuficiência probatória, não deverá pronunciar o acusado. É o que dispõe explicitamente o art. 414, CPP, ao dizer que "não se convencendo da materialidade do fato ou da existência de indícios suficientes de autoria ou de participação, o juiz, fundamentadamente, impronunciará o acusado", ressalvando que, "enquanto não ocorrer a extinção da punibilidade, poderá ser formulada nova denúncia ou queixa se houver prova nova" (parágrafo único). Note-se que vigora, nesta fase, a regra do ***in dubio pro societate***: existindo possibilidade de se entender pela imputação válida do crime contra a vida em relação ao acusado, o juiz deve admitir a acusação, assegurando o cumprimento da Constituição, que reservou a competência para o julgamento de delitos dessa espécie para o tribunal popular. É o júri o juiz natural para o processamento dos crimes dolosos contra a vida. Não deve o juiz togado substituí-lo, mas garantir que o exercício da função de julgar pelos leigos seja exercido validamente. Todavia, o ***in dubio pro societate*** deve ser aplicado com prudência, para evitar que acusados sejam pronunciados sem um suporte probatório que viabilize o exame válido da causa pelos jurados.

Essa cautela – na aplicação do cânone de que "na dúvida, a decisão deve ser em favor da sociedade" – tem sido objeto de ênfase pela doutrina crítica. Isso porque aquela expressão não deve servir para justificar a remessa de julgamentos a júri popular quando, pelo exame do contexto probatório, o juiz perceba que não teria elementos – além de necessários, suficientes – para proferir sentença condenatória (sempre supletiva, relativamente à absolutória), caso fosse sua atribuição julgar singularmente a questão. Tal proceder tem o

78. PAUPÉRIO NETO, Arthur Machado. Da cognição no juízo de admissibilidade para o tribunal do júri. In: *Contributos em homenagem ao Professor Sergio Demoro Hamilton*. Alexander Araujo de Souza; Décio Alonso Gomes (coords.). Rio de Janeiro: Lumen Juris, 2010. p. 101; 104; 116.

condão de submeter o réu ao risco de ser condenado pelo júri leigo, sob o critério de íntima convicção, sem que existam as provas exigidas para a declaração, sob critério racional, de culpa do acusado por um juiz togado.

Não sem razão, Fauzi Hassan Choukr sublinha que "tal 'princípio' não existe fora do seu mero emprego retórico (e este emprego existe à saciedade) e ele nada mais é que fruto direto das manipulações ideológicas que alteraram as estruturas do Tribunal do Júri e que afastaram o juiz natural do momento de admissibilidade"[79]. A admissibilidade deve ser um filtro rigoroso, a fim de controlar a permeabilidade entre a situação de inocente, cuja presunção é assegurada constitucionalmente, àquela de submetido a um julgamento perante leigos. Nesse contexto, André Garcia observa que o cunho da primeira fase do rito do júri consiste em "delimitar a justa causa" para que um réu não seja "levado à sessão do Tribunal do Júri de maneira leviana"[80], isto é, sem base probatória justificadora de validade de eventual condenação.

Nesse sentido, Paulo Thiago Dias aponta que a adoção do *in dubio pro societate* ou do "*in dubio contra reum* é antidemocrático e, portanto, autoritário", em face do que "o Judiciário se distancia do seu papel de órgão contramajoritário" e perde "a posição de guardião último dos direitos fundamentais e parte para uma atuação menos científica e liberal". Em outros termos, o autor aviva que "a decisão de pronúncia não é somente uma decisão destinada a transferir o acusado (quase que como um objeto) para ser julgado perante o Júri. A decisão de pronúncia é garantidora: do grau de civilidade da sociedade, da democraticidade, da liberdade, da dignidade, do respeito aos acusados e do devido processo penal constitucional e convencional"[81].

A acertada conclusão do autor, foi também pontificada por Vicente Greco, destacando que a jurisprudência tem admitido absolvição sumária apenas quando provada uma excludente de forma induvidosa, "sob o argumento de que, sendo o júri o juiz natural dos crimes dolosos contra a vida, não deve o juiz subtrair de seu julgamento o processo se houver qualquer dúvida sobre a excludente". Não obstante – arremata o processualista –, tal orientação não deve ser endossada, porquanto "essa fase existe não para remeter preferencialmente o réu a júri, mas, ao contrário, para impedir que um inocente seja submetido ao risco de uma condenação do júri popular, que decide sem fundamentar"[82].

Com essas ressalvas, entendendo por admitir a acusação, o juiz pronunciará o réu. A pronúncia é uma decisão com fundamentação técnica. Não deve tecer valorações subjetivas em prol de uma parte ou de outra. As teses da acusação e da defesa não são rechaçadas na totalidade. O magistrado fará menção da viabilidade da imputação e da impossibilidade de se acolher naquele momento, por exemplo, a tese da legítima defesa, salientando a possibilidade do júri acolhê-la ou rejeitá-la. É o júri o juiz dos fatos e a pronúncia fará um recorte deles, admitindo os que se sustentam e recusando aqueles evidentemente improcedentes.

79. CHOUKR, Fauzi Hassan. *Iniciação ao processo penal*. Florianópolis: Empório do Direito, 2017. p. 476.

80. JESUS, André Garcia de. *Do procedimento contra a apuração dos crimes dolosos contra a vida, ou, as inconstitucionalidades no procedimento relativo aos processos da competência do tribunal do júri, ou ainda, do fetiche da pronúncia*. Estudo inédito até o fechamento da 14ª edição deste Curso.

81. DIAS, Paulo Thiago Fernandes. *A decisão de pronúncia baseada no in dubio pro societate*: um estudo crítico sobre a valorização da prova no processo penal constitucional. Florianópolis: EMais, 2018. p. 198-199; 202.

82. GRECO FILHO, Vicente. *Manual de processo penal*. 8. ed. São Paulo: Saraiva, 2010. p. 395.

O juiz togado não deverá exarar motivação tendenciosa ou que tenha o condão de influenciar os jurados ao receberem cópia da peça.

A decisão de pronúncia não deve apreciar circunstâncias judiciais, atenuantes ou agravantes, nem tampouco de privilégio que reduza a pena. A matéria de individualização da pena não faz parte da pronúncia. Acolhendo circunstâncias dessa qualidade, o juiz estaria a fundamentar a pronúncia de forma a influenciar os jurados. Acabaria por revelar um juízo absolutório ou condenatório, ainda que de maneira discreta. A pronúncia, congruente com a denúncia e com a instrução criminal realizada na primeira fase, destina-se ao exame da admissibilidade dos fatos para o fim de serem apreciados pelo Conselho de Sentença.

Destarte, a decisão de pronúncia conterá um relatório e uma fundamentação que aprecie limitadamente as provas, com vistas à admissão da acusação para vê-la submetida aos jurados, sem aprofundar qualquer juízo de condenação. É uma decisão sem mérito condenatório ou absolutório. A argumentação do juiz em torno das teses de defesa deve se situar em uma postura de neutralidade, sem dizer que são sem cabimento, eis que, para pronúncia, o pressuposto é que que não há certeza de que, por exemplo, uma excludente de ilicitude restou configurada.

O juiz, antes, deve ele afirmar que a dúvida que recai sobre a tese não autoriza seu acolhimento imediato, razão pela qual deve ser assegurado o julgamento do réu pelo tribunal popular. Acatada a imputação do crime contra a vida, o juiz examinará, mais limitadamente, o suporte probatório dos crimes conexos, para, ao final, em sendo o caso de pronúncia, admitir a acusação quanto a eles, com fundamento na aplicação de regra de conexão (art. 76, CPP).

De todo modo, não pode o julgador, ao pronunciar o réu, afastar de forma taxativa as teses sustentadas pela defesa na primeira fase. Também não pode emitir juízo de certeza quanto à culpabilidade, pois estaria se intrometendo indevidamente em matéria que será apreciada futuramente pelo corpo de jurados, sem contar que significaria uma intromissão indevida no mérito da causa, dando margem à nulidade absoluta do processo.

As qualificadoras são também enfrentadas, pois não são circunstâncias agravantes, mas fatos que compõem a tipicidade. O tipo qualificado ou a circunstância qualificadora tem limites penais expressos e envolvem fatos distintos ou que acrescem o tipo simples fundamental. Daí ser importante sublinhar que a qualificadora deve ser admitida ou rejeitada em compasso com o que restou provado, de maneira não plena, no curso da instrução criminal. Nesse ponto, o juiz não está descendo à matéria de individualização da pena. A seu turno, circunstâncias ou causas de aumento específicas, previstas no próprio tipo penal, em seus parágrafos, são admitidas. Também são admitidas as causas que permitem a aferição do tipo penal por extensão, compondo o próprio tipo base, como a tentativa, as hipóteses de omissão penalmente relevante (art. 13, § 2º, CP) e o concurso de pessoas, recentemente referido pelo STJ, dada a sua imprescindibilidade para a tipicidade formal[83].

Diferentemente, o art. 7º da Lei de Introdução ao CPP é expresso ao vedar na pronúncia causa especial de diminuição de pena. Também não haverá, nesta decisão, agravantes e

83. STJ – REsp 944.676 – Info 478.

atenuantes, a serem discutidas em plenário de julgamento, tampouco manifestação sobre concurso de crimes (formal, material ou continuidade delitiva), critérios a serem considerados quando da dosimetria da pena, havendo condenação.

Se ocorrer erro de tipificação dos fatos narrados na inicial acusatória, caberá ao magistrado corrigi-lo no momento da pronúncia, dando a estes o enquadramento adequado, valendo-se do instituto da ***emendatio libelli***, afinal o réu defende-se dos fatos, tratando-se aqui de mero erro de tipificação (art. 418, CPP).

Já se os fatos revelados na instrução da primeira fase forem distintos dos narrados na denúncia, como a descoberta de qualificadora não contemplada na descrição da inicial, deve o magistrado, antes de proferir a pronúncia, abrir vistas ao MP para que adite a inicial, em no máximo cinco dias, podendo arrolar até três testemunhas, e na sequência, oportunizar que a defesa se manifeste, em até cinco dias, podendo indicar até três testemunhas para combater os fatos novos, aplicando-se, portanto, o instituto da ***mutatio libelli*** (art. 384, CPP), fazendo valer na primeira fase o princípio da correlação, ou seja, o equilíbrio entre a decisão e a descrição da causa de pedir consignada no pedido condenatório (§ 3º, art. 411, CPP).

A rigor, o réu é pronunciado pelo crime contra a vida ou pelos crimes contra a vida. Não é o réu pronunciado pelos crimes conexos. Se o acusado é pronunciado pelo crime contra a vida e foi denunciado também por outro crime àquele conexo, o juiz declarará levados ao júri, por consequência, os delitos conexos, desde que exista lastro probatório em relação a todos eles. A pronúncia é relativa ao delito contra a vida, suas qualificadoras e causas de aumento. Havendo delito conexo, declarará este remetido ao júri, por decorrência. A inclusão de eventual circunstância agravante, como referido, é encargo do Ministério Público ou querelante, por ocasião dos debates orais em plenário.

Prolatada a pronúncia, devem ser dela intimados o ***Parquet***, o acusado e seu defensor, notadamente porque um dos efeitos da pronúncia, uma vez mantida a prisão com base na presença dos requisitos da preventiva, é a superação da alegação de constrangimento ilegal por excesso de prazo, a teor da súmula nº 21 do STJ, o que deve ser tomado com reservas, afinal, se o tempo do cárcere cautelar não é razoável, denotando abuso, a súmula deve ser afastada, e o relaxamento prisional é de rigor. Nos termos do art. 420, CPP, a intimação da pronúncia deve ser feita: **(1)** pessoalmente ao acusado, ao defensor nomeado e ao Ministério Público (também o defensor público deve ser intimado pessoalmente, diante de prerrogativa funcional); **(2)** ao defensor constituído, ao querelante e ao assistente do Ministério Público por publicação no órgão incumbido da publicidade dos atos judiciais da comarca, incluindo, sob pena de nulidade, o nome do acusado; e, **(3)** por edital ao acusado solto que não for encontrado. Antes da reforma de 2008, sendo o crime inafiançável, a intimação da pronúncia deveria necessariamente ser feita de forma pessoal ao réu. Se ele não fosse encontrado, o processo ficava paralisado pela pendência do ato, enquanto o prazo prescricional evoluía normalmente, em verdadeira crise de instância. Agora, com a nova disciplina, não sendo o réu encontrado, a intimação procede-se por edital, e o processo segue até final sentença.

O parágrafo único, do art. 420, do Código de Processo Penal, traz uma previsão que encerra norma de natureza híbrida, ou seja, norma mista, com conteúdo material e processual. Diz o seu texto que o acusado solto, que não for encontrado, deve ter sua intimação procedida por edital. Tal questão envolve problema de direito intertemporal, especialmente porque decorreu de modificação operada pela Lei nº 11.689/2008 e levando em consideração os fatos ocorridos anteriormente a sua vigência.

Para o STJ, contudo, a norma, construída a partir do parágrafo único, do art. 420, do CPP, é de ordem processual, devendo ter aplicação imediata (art. 2º, CPP), inclusive para os processos em curso e para os fatos que ocorreram antes do advento da Lei nº 11.689/2008. No entanto, a aludida Corte buscou uma solução intermediária relativamente aos fatos acontecidos em data pretérita à Lei nº 9.271/1996, alteradora da redação do art. 366, do Código.

Como a partir do advento desta última lei, o regramento do art. 366, do CPP, passou a dispor que a citação por edital deve determinar a suspensão do curso do processo e do prazo prescricional, o STJ firmou o entendimento de que, para os fatos anteriores à legislação de 1996, somente não será aplicada a nova redação do parágrafo único, do art. 420, do CPP, na hipótese do réu ter sido citado por edital. No entanto, se a citação tiver ocorrido pessoalmente, o mesmo Tribunal Superior assentou que o parágrafo único, do art. 420, do CPP, tem incidência integral, por ser norma de natureza processual[84].

Discordamos do posicionamento do STJ. A justificativa para nossa divergência é corroborada pela advertência de Rômulo Andrade Moreira. O novo texto legal importa retroatividade ***in pejus***, vedada pelo Código Penal, quando aplicado aos casos pretéritos, independentemente de ser anterior ou posterior à Lei nº 9.271/1996[85].

Isso porque o parágrafo único, do art. 420 mencionado, afastou a possibilidade de "crise de instância" para o caso de réu não encontrado para citação pessoal. Tal significa a inserção de regra que, se aplicada a casos pretéritos, resvala em maior incidência de disposições punitivas. Daí se sustentar que a disposição tem conteúdo misto (processual e material), não devendo ser aplicado a ela o art. 2º, CPP, que consubstancia a regra ***tempus regit actum***.

A mitigação do direito material do sujeito passivo do crime é constatada pela maior possibilidade de restrição de liberdade com a incidência do parágrafo único, do art. 420, CPP. Decerto, com a sua pretensa aplicação imediata, ele passou a poder sofrer pena sem que esteja presente no dia do julgamento do júri, mesmo que se trate de infração penal inafiançável. Discorremos sobre o tema no item 4.4.2.4, do capítulo XII (sentença), ao tratarmos das formas de intimação da decisão de pronúncia, para onde remetemos o leitor.

Pela importância histórica, cabe frisar que não persiste mais o efeito da pronúncia de determinar o lançamento do nome do réu no rol dos culpados. Daí que também perdeu razão de ser a vetusta expressão "sumário de culpa" para referir à primeira fase do rito do júri (juízo da instrução preliminar), haja vista que não se deve incluir no rol dos culpados o nome do acusado pronunciado.

A disposição que assim dispunha fora objeto de revogação tácita pelo artigo 5º, LVII, da Constituição Federal de 1988, que consagrou o princípio do estado de inocência. Sem

84. STJ – Quinta Turma – HC 262.209/PA – Rel. Ministro Jorge Mussi – julgado em 24/04/2014 – DJe 05/05/2014.
85. MOREIRA, Rômulo Andrade. Os enunciados do CONCRIM – Conselho de procuradores e promotores de justiça com atuação na área criminal. *Direitos Unifacs*, nº 180, Salvador, jun. 2015. Disponível em: <http://www.revistas.unifacs.br/index.php/redu/article/viewFile/3682/2591>. Acesso em: 11 nov. 2015.

embargo, outros efeitos da decisão pronúncia subsistem: quando não recorrida pelos interessados, "apresenta efeitos preclusivos de natureza processual, ante a imutabilidade de sua afirmação sobre a admissibilidade da acusação que encaminha para decisão final pelo tribunal do júri". É desse modo que o art. 421, CPP, deixa assentado que "preclusa a decisão de pronúncia, os autos serão encaminhados ao juiz presidente do Tribunal do Júri". De mais a mais, a decisão de pronúncia e a decisão confirmatória de pronúncia proferida pelo tribunal em grau de recurso causam a "interrupção da prescrição da pretensão punitiva (art. 117, II, CP)"[86].

Há possibilidade de correção da pronúncia. Trata-se de uma nova decisão de pronúncia do acusado, exarada em decorrência de circunstância ulterior ao momento da decisão judicial. Um exemplo clássico é o do acusado pronunciado por homicídio tentado, cuja vítima morre dias depois em decorrência da conduta criminosa. É indispensável a relação de causalidade. A correção da pronúncia está gizada no art. 416, CPP. Constatada situação tendente à modificação da pronúncia, devem ser previamente ouvidos Ministério Público e defesa. É nesse sentido que o § 1º do art. 421, CPP, prevê que "ainda que preclusa a decisão de pronúncia, havendo circunstância superveniente que altere a classificação do crime, o juiz ordenará a remessa dos autos ao Ministério Público", sendo os autos conclusos para decisão em seguida (§ 2º). Caberá ao MP aditar a denúncia, para que esta seja adequada aos novos fatos. Em seguida, mesmo sem menção expressa, a defesa deve se manifestar, e então o magistrado irá proferir uma nova pronúncia, em substituição àquela superada pelas novas circunstâncias.

Na pronúncia deve o magistrado decidir se o réu enfrentará a segunda fase de julgamento em liberdade ou não, e a nosso ver, só terá cabimento o encarceramento se estiverem presentes os requisitos da prisão preventiva. Ao pronunciar o acusado, "se o crime for afiançável, o juiz arbitrará o valor da fiança para a concessão ou manutenção da liberdade provisória" (§ 2º, art. 413, CPP), podendo, se comportar o caso, aplicar medidas cautelares diversas da prisão (art. 319, do CPP).

De outro lado, o magistrado decidirá, motivadamente, no caso de manutenção, revogação ou substituição da prisão ou medida restritiva de liberdade anteriormente decretada e, tratando-se de acusado solto, sobre a necessidade da decretação da prisão ou imposição de quaisquer das medidas cautelares privativas de liberdade (§ 3º, art. 413, CPP). Não dispõe mais o Código de Processo Penal que o juiz recomendará o réu na prisão em que se encontra, indicando ter alijado definitivamente do sistema a prisão decorrente da pronúncia. Remetemos o leitor ao Capítulo sobre prisões cautelares, onde enfrentamos a impropriamente chamada prisão decorrente de pronúncia, hoje não contemplada pelo CPP (Capítulo IX).

4.4.1.2. Sentença de impronúncia

A sentença de impronúncia não julga o mérito da denúncia, tendo, pois, conteúdo terminativo. É autêntica sentença porque encerra o processo (ou, quando mais de um acusado, põe fim ao processo quanto ao que foi impronunciado), embora não aprecie os fatos

86. MIRABETE, Julio Fabbrini. *Processo penal*. 14. ed. São Paulo: Atlas, 2003. p. 493.

com profundidade por deficiência probatória. A impronúncia encerra o juízo da instrução preliminar (***judicium accusationis)*** sem inaugurar a segunda fase.

De acordo com o art. 414, CPP, "não se convencendo da materialidade do fato ou da existência de indícios suficientes de autoria ou de participação, o juiz, fundamentadamente, impronunciará o acusado", esclarecendo, em seu parágrafo único, que "enquanto não ocorrer a extinção da punibilidade, poderá ser formulada nova denúncia ou queixa se houver prova nova".

Em face de se cuidar de uma espécie de coisa julgada (formal) ***secundum eventus probationis***, o aludido dispositivo estampa a possibilidade de repropositura da demanda, desde que surjam provas novas. A expressão coisa julgada ***secundum eventus probationis*** é expressão mais específica que coisa julgada ***secundum eventus litis***, eis que esta é expressão que se refere à improcedência em geral, permitindo, pela natureza da lide, a repropositura da demanda, enquanto a primeira alude especificamente à improcedência por insuficiência de provas, que não tem o condão de imunizar o acusado contra uma nova denúncia com novas provas (***a simili*** do enunciado nº 524, da súmula do STF).

A regra que vigora na fase do encerramento da primeira etapa do rito escalonado do júri é o ***in dubio pro societate***, segundo entendimento corredio. A impronúncia deve ter lugar em situações excepcionais. O juiz deve zelar para que não seja afastada a competência constitucional dos jurados. Releva perceber, de um lado, que a pronúncia requer conjunto de provas mais robusto que aquele suporte probatório mínimo que se faz necessário para o recebimento da denúncia e, de outro, que não deve ir a júri fato que não esteja sustentado por prova apta à condenação do acusado ou que não tenha indicativo de possibilidade de seu reforço probatório ulterior, especialmente no plenário do julgamento.

A teor do art. 416, CPP, para vergastar a impronúncia será cabível apelação, destacando-se sua natureza de sentença terminativa. O recurso de apelo criminal não tem o chamado efeito regressivo (aquele que autoriza o juiz prolator da decisão se retratar e modificar o mérito do julgado). Se o réu, primeiramente, tiver sido pronunciado, contra essa decisão será cabível recurso em sentido estrito, podendo o juiz constatar seu equívoco e resolver por impronunciá-lo. Contra esta última sentença (impronúncia), cabível será a apelação.

Há quem sustente que a previsão legal de sentença de impronúncia é inconstitucional. Primeiro, porque suprime a competência dos jurados. Em segundo lugar porque a permissão para a abertura de um novo processo, caso surja "prova nova" implicaria um duplo julgamento do réu, em violação ao princípio do ne bis in idem, sufragado implicitamente no texto constitucional e, explicitamente, no Pacto de São José da Costa Rica.

Deveras, reputamos inconstitucional e inconvencional a possibilidade de repropositura da ação penal condenatória de réu que tenha sido, em um primeiro processo, impronunciado. Vicente Greco sintetiza os argumentos que tomamos para justificar nossa posição. Nas palavras do autor, aquela admissibilidade de nova demanda contra quem foi impronunciado viola "o princípio de liberdade de que ninguém pode ser processado duas vezes pelo mesmo fato. Por que nos crimes dolosos contra a vida alguém pode sofrer o constrangimento de um processo penal sem que isso extinga definitivamente a pretensão punitiva nos demais crimes não?" Há alguma distinção entre um delito de homicídio e um de latrocínio que, por exemplo, justifique a não incidência do princípio *ne bis in idem*? E continua: "neste, normalmente muito mais reprovável, considerado, aliás, crime hediondo, a absolvição por falta de provas impedirá qualquer nova ação penal sobre o mesmo fato"[87].

4.4.1.3. Despronúncia

Despronúncia é termo cunhado pela doutrina que equivale a impronúncia de um acusado que, inicialmente, havia sido pronunciado. A despronúncia pode se dar pelo juiz de primeiro grau ou pelo tribunal. Haverá despronúncia pelo juiz que prolatou a decisão quando ele se retratar ao apreciar a admissibilidade do recurso em sentido estrito interposto (art. 589, CPP), alterando sua decisão de pronúncia para impronúncia. De outro prisma, caso o juiz não se retrate e resolva sustentar sua decisão, ainda que pelos próprios fundamentos nela lançados, encaminhará os autos ao tribunal ***ad quem***, que, apreciando o mérito do recurso em sentido estrito pode reconhecer que não foi correta a pronúncia, despronunciando (ou impronunciando) o réu.

4.5. Sentença de absolvição sumária

A absolvição sumária do crime contra a vida julga o mérito da ação penal, em momento antecipado. É semelhante ao que se tem como julgamento antecipado do mérito no processo civil. A denúncia é julgada improcedente e, por força da coisa julgada material formada, não pode ser reiniciada demanda penal pelos mesmos fatos narrados na peça acusatória. A sentença de absolvição sumária encerra a primeira fase do rito escalonado do júri, sem dar seguimento à segunda relativamente ao réu absolvido sumariamente. Como essa decisão afasta a competência constitucional do tribunal popular, só era admissível sua prolação em casos onde não existissem dúvidas da ocorrência de excludente de ilicitude ou de culpabilidade, e nesse sentido, a primeira parte da antiga redação do art. 411, CPP, dispunha que, "o juiz absolverá desde logo o réu, quando se convencer da existência de circunstância que exclua o crime ou isente de pena o réu". Havia absolvição sumária quando restasse patente que o fato imputado foi praticado em estado de necessidade, em legítima defesa, no exercício regular do direito ou em estrito cumprimento do dever legal (excludentes de ilicitude, art. 23, I, II e III, CP) ou em situação de inimputabilidade (doença mental, desenvolvimento mental incompleto ou retardado e embriaguez não voluntária, artigos 26 e 28, § 1º, CP).

A reforma traz no art. 415 do CPP as hipóteses que passam a admitir a absolvição sumária, permitindo-se ao magistrado, em grau de certeza, exarar decreto absolutório, julgando o mérito, e evitando a desgastante etapa de submissão ao plenário popular, autorizando a absolvição preliminar com base nos seguintes fundamentos:

(1) provada a inexistência do fato: historicamente, a prova da inexistência do fato levava à impronúncia, o que não certificava o direito, afinal, aquele decreto não promove coisa julgada material. Tal inserção, a nosso sentir, é de todo oportuna, e veio em boa hora, advertindo-se ainda que a absolvição sumária com tal fundamento tranca qualquer pretensão indenizatória, inviabilizando eventual ação civil ***ex delicto*** (art. 66, CPP).

87. GRECO FILHO, Vicente. *Manual de processo penal*. 8. ed. São Paulo: Saraiva, 2010. p. 394.

(2) provado não ser ele autor ou partícipe do fato: a prova da negativa de autoria ou participação, elegida em grau de certeza, passa a viabilizar a absolvição sumária, o que antes era resolvido com a impronúncia. Mais uma vez, percebe-se o espírito de ampla conjugação da absolvição preliminar, obstaculizando-se também a ação civil ***ex delicto***.

(3) o fato não constituir infração penal: é possível que ao final da primeira fase, fique categoricamente demonstrado que o fato, em que pese ter ocorrido, não se enquadra na subsunção típica, como um aborto que aparentemente era criminoso quando da proposta da denúncia, mas fica demonstrado, no transcorrer da primeira fase, em laudo pericial, que foi espontâneo. Mais uma vez, tem ensejo a absolvição sumária, sendo mais um fundamento até então não contemplado legalmente.

(4) demonstrada causa de isenção de pena ou de exclusão do crime: são as excludentes de culpabilidade e de ilicitude, autorizadoras de decisão absolutória antecipada.

Dentro das excludentes de culpabilidade, a absolvição sumária por inimputabilidade do agente tem dado azo ao que se conhece por absolvição imprópria. A sentença é absolutória porque o réu que praticou o crime em situação como a de doença mental é "isento de pena", consoante o teor do art. 26, do Código Penal. Essa isenção, todavia, é substituída pela aplicação de uma "medida de segurança". Vale dizer, embora o réu não seja terminologicamente "condenado", a ele é imposta uma sanção denominada eufemisticamente de "medida de segurança". A medida de segurança, aplicada pelo juiz singular, amputa a competência do júri, com esteio no laudo psiquiátrico acostado aos autos.

Assim procedendo, isto é, "absolvendo sumária e impropriamente" o acusado supostamente portador de enfermidade mental à época do fato denunciado, o juiz viabiliza que, na prática, o réu não tenha possibilidade de, através de seu defensor, sustentar outras teses de defesa perante o plenário. Essa constatação nos fazia indicar a necessidade de se tomar um novo rumo e, fazendo prevalecer a Constituição – que estatui a competência do tribunal do júri para o julgamento dos crimes dolosos contra a vida –, proscrever, de uma vez por todas, o instituto da absolvição imprópria, haja vista que se olhada, em sua essência, ela não passa de uma condenação disfarçada por um rótulo que lhe é bem característico: a medida de segurança.

O Código de Processo Penal estatui, em seu art. 415, parágrafo único, que não deve se absolver sumariamente aquele que estiver em situação de inimputabilidade prevista no ***caput*** do art. 26 do Código Penal, salvo quando esta for a única tese defensiva". Infere-se, a partir da dicção literal desse dispositivo, que a medida de segurança não é algo tão vantajoso ao acusado de modo a suprimir-lhe o direito de se defender em plenário, desde que existam outras teses levantadas pela defesa.

Um ponto a se destacar quanto aos casos de excludente de ilicitude é se é possível, antes mesmo de iniciar a ação penal, ser arquivado o inquérito policial, sem a necessidade de denúncia e instrução para, só na fase do encerramento do sumário da culpa, ser proferida sentença de absolvição sumária. A resposta vai depender do suporte probatório que se tenha acerca da excludente de ilicitude. Assim, se o inquérito policial estampa cabalmente um fato praticado em legítima defesa, não havendo indicativo de situação contrária, o pedido de arquivamento formulado pela acusação é de ser acolhido pelo juiz. Ao revés, se não estiver clara a situação excludente, a denúncia deve ser apresentada e recebida, o que não impede que, no correr da instrução, fique patente que realmente a conduta foi cometida em legítima defesa, dando espaço a uma absolvição sumária. Ainda aqui, se subsistir alguma dúvida quanto à excludente, o juiz deverá pronunciar o réu, remetendo o feito para julgamento pelo tribunal do júri.

Não obstante tenha sido alterada em 2008 a redação do art. 411, CPP, sempre sustentamos o entendimento da manutenção do reexame necessário contra a decisão de absolvição sumária do júri no sistema processual penal, em face do enunciado do art. 574, II, CPP. Analisando o recurso "de ofício", é possível concluir:

(1) o recurso de ofício não é propriamente um recurso, sendo chamado mais tecnicamente de reexame necessário ou remessa necessária para decisões relevantes que o legislador entendeu por bem condicionar seus efeitos a sua confirmação pelo órgão colegiado superior, ou seja, se os autos não forem remetidos para reapreciação da decisão pelo tribunal, não haverá trânsito em julgado (súmula nº 423, STF);

(2) o recurso de ofício tem efeito suspensivo, o que, segundo a redação do revogado art. 411, CPP, poderia aparentemente legitimar a manutenção da prisão de acusado que permaneceu respondendo o processo preso preventivamente, até que houvesse confirmação da absolvição sumária proferida pelo juiz de primeiro grau pelo tribunal; e,

(3) só a absolvição sumária de crime doloso contra a vida é que dá ensejo à remessa necessária, ou seja, se a excludente de ilicitude for reconhecida em sede de arquivamento de inquérito policial, por não se tratar de absolvição sumária, mas de decisão de arquivamento do procedimento preliminar, não caberá a "interposição de recurso de ofício".

Como se infere, a letra do dispositivo revogado e, de certa forma, a do art. 574, II, CPP, são capazes de deixar o aplicador do direito em situação de perplexidade. A redação do Código de Processo Penal, de 3 de outubro de 1941, foi inspirada em ideologia que nutria considerável desconfiança na magistratura de primeira instância. Na época, por outro lado, o Ministério Público não estava constituído como uma instituição essencial à democracia. A realidade atual evidencia um Ministério Público forte com quadros providos mediante concurso público e com estrutura refratária a omissões. Deveras, pode o ***Parquet***, contra a decisão de absolvição sumária, interpor apelação (art. 416, CPP). De outro lado, o horizonte atual tende a centrar maior confiança na magistratura de primeiro grau, evidenciando a desnecessidade do controle do reexame necessário, notadamente quando se observa um consenso doutrinário em considerar absurda a atribuição de efeito suspensivo a absolvição sumária para o fim de desautorizar a revogação de prisão preventiva do réu. Daí que a manutenção da prisão na pendência do reexame necessário não subsiste.

Entendendo que o recurso de ofício contra a absolvição sumária foi simplesmente revogado pela Lei nº 11.689/2008, encontram-se Guilherme Nucci[88], Rogério Sanches e Ronaldo Batista[89]. Com efeito doutrina majoritárias e jurisprudência entendem que o reexame necessário contra a decisão de absolvição sumária do júri foi suprimido desde o advento daquele diploma legal. Trata-se de interpretação (isto é, não se cuida de revogação expressa, porém tácita).

88. NUCCI, Guilherme de Souza. *Manual de processo penal e execução penal*. 5.ed. São Paulo: RT, 2008. p. 754.
89. CUNHA, Rogério Sanches; PINTO, Ronaldo Batista. *Processo Penal: doutrina e prática*. Salvador: Juspodivm, 2008. p. 154.

Ao se admitir como revogado o impropriamente denominado recurso de ofício, tem-se como não aplicável a regra de direito intertemporal consistente no critério de que a data da sentença ou da decisão define o recurso cabível e o respectivo prazo. Isso porque não se trata mesmo de um recurso, mas de uma condição de eficácia da decisão, requisito ao seu trânsito em julgado. A conclusão a que se chega é a de que todas as remessas necessárias, remetidas antes ou depois da Lei nº 11.689/2008, perderam o objeto, porquanto, em se tratando de norma processual, aplicável o art. 2º, do CPP (*tempus regit actum*)[90].

Por derradeiro, é preciso se fazer uma nota sobre os crimes conexos ao crime doloso contra a vida abrangido pela absolvição sumária. Havendo crimes conexos, o juiz que absolver sumariamente o acusado deve determinar a extração de cópias dos autos, remetendo-as ao juízo competente.

4.6. Decisão de desclassificação da infração penal contra a vida

É mister deixar bem vincado que a desclassificação que se tem em vista aqui é a do crime doloso contra a vida para outro delito que não seja de competência do tribunal do júri. Desclassificação tem a ver com uma nova definição jurídica dada aos fatos pelo juiz. A decisão de desclassificação da infração penal contra a vida tratada neste tópico é a prolatada pelo juiz singular, no rito dos crimes dolosos contra a vida, quando do encerramento de sua primeira fase. O magistrado, apreciando os fatos, reconhecerá que o crime ali descrito é diverso de quaisquer tipificações de delitos contra a vida. Note-se bem que o juiz não deve dizer o tipo que entende enquadrada a conduta descrita. A ***opinio delicti*** é do Ministério Público. Ele deve apenas afirmar que não se trata de crime contra a vida e que, por tal razão, não é o júri competente para apreciar o processo. É uma decisão que assenta a incompetência do júri, ou seja, uma decisão declinatória.

A desclassificação tem, portanto, a natureza de uma decisão interlocutória modificadora de competência. O art. 419, CPP, prevê a decisão desclassificatória ao avivar que "quando o juiz se convencer, em discordância com a acusação, da existência de crime diverso dos referidos no § 1º do art. 74 e não for competente para o julgamento, remeterá os autos ao juiz que o seja", ficando à disposição deste último magistrado, o acusado preso (parágrafo único).

Prolatada a decisão desclassificatória, o processo não segue de imediato para o juiz declinado ou para o setor de distribuição criminal. Antes, é aguardado o decurso do prazo de recursos. Contra a decisão de desclassificação é cabível recurso em sentido estrito, a ser interposto tanto pela acusação quanto pela defesa, por se cuidar de ***decisum*** que conclui pela incompetência do juízo, a teor do art. 581, II, CPP. Só depois de transcorrido ***in albis*** o prazo recursal de cinco dias é que este fato é certificado e o feito segue o destino declinado. Em outras palavras, só depois de preclusa a decisão de desclassificação do crime doloso contra a vida que o processo deixa a vara do tribunal do júri, sendo remetido ao juízo criminal competente ou ao setor de distribuição.

Ponto controvertido é saber se o juiz que receber os autos com decisão de desclassificação preclusa pode ou não arguir conflito de competência. A compreensão dos fatos e da

90. STJ – Quinta Turma – HC 201303257630 – Rel. Des. Conv. Leopoldo de Arruda Raposo – DJ: 30/11/2015.

narrativa processual é essencial para se admitir ou não a arguição. Se com o juiz recebedor dos autos for verificada situação que leve a prescrição dos fatos – tal como ocorre com o decorrer de mais de vinte anos sem causa interruptiva válida –, a inadmissão do conflito é de rigor. A solução, antes de ser fechada, dá ensejo a uma série de ordens fáticas, que impõe a conclusão de que o jurista hodierno não deve pensar com lastro em ***standards***, regras tomadas isoladamente, dogmas ou preconceitos.

Em verdade, não é de se afastar a instauração de conflito, seja imediatamente, ou em momento ulterior, se o juiz que recebeu os autos não dispunha de elementos aptos para recusar a competência, quando seria inadmissível a arguição do conflito com base naquele contexto processual. É que pode o magistrado singular, para quem foram remetidos os autos, se deparar, na fase de prolação de sentença, com a não comprovação de elementar que seria apta a desclassificar o delito contra a vida, tal como ocorre com a presença elementar "subtração" junto com o fato "matar alguém" (art. 121, ***caput***, CP), que levou a desclassificação do homicídio para o latrocínio, com a respectiva remessa dos autos. A solução que se propõe, levando em conta que o processo já estará, perante outro juízo, acrescido com outras provas, sendo, de certa forma, distinto do que antes estava na vara do júri, é que ao juiz singular seja possível, "no momento de prolatar a sentença, sem perder de vista o que decidido primeiro pelo juiz do júri – e, se o caso pelo tribunal que apreciou o [primeiro] conflito [eventualmente suscitado] –, simplesmente devolver os autos ao juiz da instrução preliminar (juiz da primeira fase do rito escalonado), com decisão fundamentada que indique, ***verbi gratia***, as razões que entendeu inexistente a subtração tendente a colmatar o conceito do crime de latrocínio (art. 157, § 3º, CP)"[91]. Infere-se assim que há inversão do juiz que terá o ônus de, nessa nova hipótese, instaurar o conflito: o juiz da vara do júri.

Esclarecida a questão, impende constatar que remetido os autos ao juiz competente, seguia-se o seguinte procedimento: era dada vista dos autos à defesa, que poderia indicar testemunhas, desde que ainda não ouvidas. Após, abria-se a possibilidade de requerimento de diligências complementares em 24 horas para e a acusação e em igual prazo para defesa, sucedendo-se às alegações finais (art. 500, CPP), e depois sentença, tudo de acordo com a antiga redação do art. 410, CPP, em sua segunda parte. Tal previsão não foi reproduzida pelo art. 419, CPP, o que deve ser interpretado com todo o cuidado, pois isso não significa que o magistrado competente, ao receber os autos, poderá de pronto sentenciar, suprimindo a dialética necessária na condução processual, travestindo-se em verdadeiro déspota, e surpreendendo as partes.

Havendo alteração fática, somos partidários que deve ser aplicado, como defende Guilherme Nucci[92], o art. 384 do CPP, que trata da ***mutatio libelli***, permitindo-se que a acusação adite a inicial, indicando provas, e na sequência, deve haver manifestação defensiva, para que a instrução seja retomada, agora em razão dos novos fatos, com produção probatória, interrogatório do imputado, debates, e, enfim, prolação de sentença. Por outro lado, não tendo havido alteração fática, e apenas novo enquadramento legal, oportunizando a desclassificação, não haverá aditamento à inicial, entretanto, para que o contraditório seja

91. ALENCAR, Rosmar Antonni Rodrigues Cavalcanti de. *Preclusão da decisão desclassificatória no rito do júri*: (im)possibilidade de arguição de conflito de competência. Porto Alegre: Sergio Antonio Fabris, 2006. p. 61.

92. NUCCI, Guilherme de Souza. *Manual de processo penal e execução penal*. 5.ed. São Paulo: RT, 2008. p. 752.

respeitado, no juízo competente, as partes devem se manifestar, podendo inclusive indicar provas e requerer diligências, e após a instrução e debates, terá cabimento a sentença.

Por último, calha chamar a atenção para o fato de que se o acusado estiver preso quando da emissão de decisão de desclassificação – e sem prejuízo do disposto no parágrafo único do art. 419, CPP, que impõe que o acusado preso fique à disposição do juízo recebedor dos autos –, deve o juiz declinante manifestar-se expressamente sobre a segregação cautelar, mantendo-a ou relaxando-a, motivadamente. Tal precaução é imprescindível especialmente porque o envio dos autos a outro juízo leva tempo, o que pode fazer com que uma prisão legal se resvale em ilegal. Se for a hipótese de manutenção da prisão cautelar, o juiz declinante deve comunicar imediatamente essa decisão ao juízo ou setor de distribuição destinatário dos autos, com a urgência necessária, evitando que alguém permaneça preso sem a ciência da autoridade judicial competente, nos termos da Constituição (art. 5º, LXII).

Decisões possíveis ao final do *judicium accusationis*			
Pronúncia (art. 413, CPP)	Impronúncia (art. 414, CPP)	Absolvição sumária (art. 415, CPP)	Desclassificação (art. 419, CPP)

4.7. Rito especial do júri: *segunda fase ou preparação para o julgamento (judicium causae ou juízo de mérito)*

A segunda fase do rito do júri, denominada preparação para o julgamento (***judicium causae***), só será iniciada se houver pronúncia de acusado em delito doloso contra a vida. Aliás, a consumação da delimitação do ***thema decidendum*** para os jurados só ocorrerá com a preclusão da pronúncia, isto é, com a certidão de que esta decisão precluiu para o Ministério Público e para a defesa, em razão de não ter sido interposto recurso em sentido estrito, ou caso apresentado, após o seu julgamento definitivo.

Note-se que se houver mais de um acusado, o prosseguimento do processo pode se tornar diferenciado em relação a eles em virtude de fatores também distintos, tais como:

(1) o juiz pode pronunciar apenas um acusado e impronunciar o outro ou os demais, quando só haverá ***judicium causae*** para o primeiro;

(2) dois acusados são pronunciados, mas só um deles recorre em sentido estrito, hipótese que em face do acusado contra o qual a decisão de pronúncia precluiu prosseguirá o processo, sendo, ao final, submetido a júri;

(3) dois acusados são absolvidos sumariamente e, por apelação do Ministério Público, o tribunal reforma a sentença em relação a um deles, decisão esta que, uma vez preclusa, remeterá apenas um dos réus a júri; e,

(4) dois acusados são pronunciados, ambos recorrem, porém um o faz intempestivamente, o que implica preclusão da pronúncia no tocante a ele, oferecimento de rol de testemunhas e sua submissão a júri antes do réu que apresentou recurso no prazo legal.

Essa advertência é relevante para consagrar que a regra, o ideal, é que todos os réus de um mesmo fato ou de fatos conexos participem de um julgamento único: um único júri para todos. A exceção – ou o que deveria ser exceção – é a realização de um júri para cada acusado. O aplicador do direito deve estar atento para que manobras não sejam realizadas para o único fim de driblar a finalidade de se ter um único julgamento para acusados de crimes dolosos contra a vida em dado processo.

Bem colocados esses pontos, o que releva vincar bem é que a preclusão da pronúncia é pressuposto para o início da segunda fase do rito do júri. Ela é a delimitação da acusação a ser formulada perante os jurados. Antes da vigência da redação atual do art. 420, CPP, ocorria hipótese de crise de instância (com a suspensão do processo por falta de intimação do acusado). Era bem corriqueira no processo penal a paralisação do processo nessa hipótese. Dizia a anterior redação do art. 414, CPP, que, nos crimes inafiançáveis, a intimação da decisão de pronúncia deveria ser feita pessoalmente ao réu, além da necessidade de intimação do advogado. Se o réu não fosse encontrado para ser intimado, o processo ficaria, de todo modo, suspenso na pendência da realização do ato, sendo o feito paralisado, sem sua extinção. Enquanto isso, o prazo prescricional, por ausência de previsão legal em contrário, corria normalmente. Já se a infração era afiançável, admitia-se até mesmo a intimação por edital, com prazo de 30 dias, correndo o feito à revelia (art. 415, CPP, redação anterior). Com a entrada em vigor da atual redação do art. 420, parágrafo único, CPP (conferida pela Lei nº 11.689/2008), não há mais distinção de tratamento entre acusados por crime afiançável ou inafiançável. Agora, "será intimado por edital o acusado solto que não for encontrado", independentemente da natureza do crime doloso contra a vida, evitando a indesejável crise de instância. Pensamos possível, caso haja suspeita de ocultação, a intimação por hora certa, com esteio na nova disciplina dos atos de comunicação processual.

Por outro prisma, anote-se que a crise de instância em razão de não ter sido intimado pessoalmente o acusado da decisão de pronúncia, para ser submetido a júri em virtude de delito doloso contra a vida afiançável, deve continuar a ter lugar quando a infração penal tiver sido cometida anteriormente ao advento da Lei 11.689/2008.

Trata-se de problema de direito intertemporal.

Entendemos que a modificação da regra tem natureza tanto processual (ao autorizar seguimento do processo), quanto material (por facilitar a imposição da pena, dificultando a incidência de prescrição). De tal modo, deve ser considerado irretroativo o atual texto do art. 420, parágrafo único, do CPP, exigindo-se a intimação pessoal do réu, quando for acusado de fatos anteriores ao advento da Lei nº 11.689/2008.

Com entendimento intermediário, o STJ se posiciona no sentido de que a intimação da pronúncia por edital somente será cabível quando o réu tenha ciência inequívoca da imputação, de modo a assegurar o direito à ampla defesa e ao contraditório, aludindo à atual redação do art. 366, do CPP, conferida pela Lei nº 9.271/1996. Dessa maneira, entende que se o réu tiver sido citado pessoalmente, ainda que relativamente a fato acontecido no interregno entre 1996 e 2008, terá aplicação o art. 420, CPP. Deveras, assentou a Corte Superior que "a intimação da pronúncia por edital, trazida pela alteração do art. 420, parágrafo único, do CPP (Lei nº 11.689/2008), somente pode ser aplicada aos acusados inseridos na situação processual indicada pela legislação vigente, com ciência certa da acusação (atual redação do art. 366 do CPP, dada pela Lei nº 9.271/1996), "não se podendo admitir a conjugação das duas novas alterações para julgar à revelia em Tribunal do Júri quem jamais foi encontrado sequer para a citação ao processo"[93]. Com a imutabilidade do ***thema decidendum***, haverá possibilidade de oferecimento de rol de testemunhas pelas partes, até o número de cinco para cada, no mesmo prazo de cinco dias em que era apresentado o libelo-crime acusatório anteriormente à alteração legislativa trazida pela Lei nº 11.689/2008. O libelo era a petição inicial da segunda fase do júri. Retratava a pronúncia e fixava a amplitude da acusação que não podia ultrapassar seus limites, porém se admitia que ficasse aquém, na esteira de que o papel atual do Ministério Público no processo criminal é dúplice, agindo não só como parte, mas também como fiscal da lei, sem estar obrigado a acusar a todo custo. Com a supressão do libelo, a pronúncia passou a ser o único parâmetro para a delimitação da acusação, ficando o Ministério Público, assistente ou querelante livre para sustentar em plenário circunstâncias agravantes que antes deveriam ser consignadas no libelo-crime acusatório.

4.8. Rol de testemunhas e diligências

O estudo do libelo-crime acusatório reduz-se à importância histórica, por não ser mais previsto na legislação processual penal a partir do advento das modificações inseridas pela Lei nº 11.689/2008. De acordo com o sistema vigente, após a preclusão da pronúncia, deve ser aberto prazo para oferecimento de rol de testemunhas pelas partes, oportunidade que também devem requerer diligências. Esse lapso, que é de cinco dias, é exclusivo quando concedido ao Ministério Público. No entanto, esse prazo é comum no que se refere aos advogados dos réus e ao defensor dativo. Tratando-se de defensor público, além de exclusivo, o prazo é dobrado. Nos termos do art. 422, do CPP, dispõe que, ao receber os autos, o presidente do Tribunal do Júri determinará a intimação do órgão do Ministério Público ou do querelante, no caso de queixa, e do defensor, para, no prazo de 5 (cinco) dias, apresentarem rol de testemunhas que irão depor em plenário, até o máximo de 5 (cinco), oportunidade em que poderão juntar documentos e requerer diligência.

Nesse momento, a parte deve se precaver para requerer a oitiva da testemunha com caráter de indispensabilidade, caso queira que o julgamento somente se realize com sua presença, autorizando a suspensão do julgamento ou mesmo seu adiamento na hipótese de falta injustificada do depoente (art. 461, CPP).

Na sequência, o art. 423. Aviva que o juiz presidente do Tribunal do Júri, deliberando sobre os requerimentos de provas a serem produzidas ou exibidas no plenário do júri, e adotadas as providências devidas: (1) ordenará as diligências necessárias para sanar qualquer nulidade ou esclarecer fato que interesse ao julgamento da causa; e (2) fará relatório sucinto do processo, determinando sua inclusão em pauta da reunião do Tribunal do Júri.

4.9. Desaforamento

Desaforamento é o deslocamento da competência do processo de crime doloso contra a vida para a comarca mais próxima. Essa alteração do foro do julgamento é de natureza excepcional, sendo necessário para o seu deferimento, a incidência de um dos seus pressupostos específicos.

A ideia que norteia o desaforamento é a de que o júri não possa ser realizado no local do cometimento do delito quando haja risco para o julgamento, seja no tocante à parcialidade

93. STJ – Sexta Turma – HC 357.696/RO – Rel. Min. Nefi Cordeiro – julgado em 02/08/2016 – DJe 15/08/2016.

do júri, seja quanto à segurança do acusado. Permeia a interpretação/aplicação do art. 427, CPP, a atenção para o clamor público e para a possível influência do poder econômico ou político existente no foro competente.

O desaforamento, via de regra, só pode ocorrer após a preclusão da pronúncia do acusado. Não é o desaforamento admitido na pendência de recurso contra a decisão de pronúncia ou quando efetivado o julgamento, salvo, neste último caso, "quanto a fato ocorrido durante ou após a realização de julgamento anulado" (§ 4º, do art. 427, CPP).

Não existe um termo final para que seja o feito desaforado, desde que seja determinado pelo tribunal competente até antes da realização do julgamento pelo tribunal do júri. O desaforamento pode se dar por iniciativa da parte, do assistente ou do juiz, sempre perante o tribunal de segunda instância ao qual está vinculado o juízo.

Antes da reforma do CPP em 2008, não se vinha admitindo que o assistente de acusação fizesse o requerimento, já que dentro dos seus poderes, não havia tal prerrogativa (art. 271, CPP). Todavia, atualmente, o art. 427, do Código, prevê que são legitimados a propor o desaforamento não só o MP, o querelante, o acusado e o magistrado, mas também o assistente de acusação, ampliando-se o rol.

Quando requerido pela parte, o juiz prestará informações, sendo seguida de decretação do desaforamento ou seu indeferimento pelo tribunal. Se a provocação para o desaforamento se der por iniciativa do juiz, mediante representação, não há que se falar em solicitação de informações ao magistrado. Bastará a decisão do tribunal decretando ou denegando o desaforamento.

O desaforamento poderá ser decretado pelos seguintes motivos: **(1)** se o interesse da ordem pública o reclamar; e, **(2)** se houver dúvida sobre a imparcialidade do júri ou sobre a segurança pessoal do réu. Existe ainda um outro motivo de desaforamento que não pode se dar a pedido do magistrado, mas tão somente das partes (defesa e Ministério Público) ou do assistente, qual seja: quando o julgamento não se realizar no prazo de seis meses contado do trânsito em julgado da decisão de pronúncia (art. 428, CPP).

Decerto, o art. 428 e seus parágrafos, do CPP, rezam que o desaforamento poderá ser ordenado, em razão do comprovado excesso de serviço, ouvidos o juiz presidente e a parte contrária, se o julgamento não puder ser realizado no prazo de 6 (seis) meses, contado do trânsito em julgado da decisão de pronúncia, não se computando na contagem de tal período o tempo de adiamentos, diligências ou incidentes de interesse da defesa. Todavia, não havendo excesso de serviço ou existência de processos aguardando julgamento em quantidade que ultrapasse a possibilidade de apreciação pelo Tribunal do Júri, nas reuniões periódicas previstas para o exercício, o acusado poderá requerer ao Tribunal que determine a imediata realização do julgamento. Esta última prerrogativa se presta à efetiva celeridade no julgamento. Se é certo que a existência do processo, em si, é fator de estigmatização, alberga-se a possibilidade da defesa pleitear o julgamento nas reuniões vindouras, estando o processo apto a tal.

Não há recurso acerca da admissibilidade ou não do desaforamento, admitindo-se a possibilidade da impetração de *habeas corpus*. O requerimento, em si, não goza de efeito suspensivo, o que pode desaguar na realização do julgamento antes da apreciação do desaforamento, prejudicando a sua apreciação pelo tribunal. Excepcionalmente, havendo motivo relevante, poderá o relator fundamentadamente determinar a suspensão do julgamento, notadamente quando os motivos possam levar a nulidade do feito, como no caso da parcialidade do corpo de jurados (§ 2º, art. 427, CPP). Advirta-se, como consectário lógico, que a suspensão não tem cabimento quando o pedido de desaforamento está embasado na demora da realização da sessão, afinal, o que se deseja é justamente a imediata apreciação do processo.

Por fim, sublinhe-se que o desaforamento deverá acontecer para outra comarca da mesma região, onde não existam aqueles motivos, preferindo-se as mais próximas, conforme dispõe o art. 427, CPP. Uma vez desaforado o julgamento, não cabe, em regra, reaforamento, em face da preclusão. O óbice subsiste mesmo se desaparecida a razão que determinou o deslocamento da competência. Todavia, se no foro de destino sobrevierem motivos para que o processo seja reaforado e se no de origem as razões tiverem cessado, o reaforamento – com retorno do processo ao foro original – é, excepcionalmente, possível. Assegurando o contraditório e a ampla defesa, o STF assevera, na súmula nº 712, que se for determinado o desaforamento sem prévia oitiva da defesa, a decisão é nula.

4.10. Instalação da reunião do júri

4.10.1. Preparativos administrativos e processuais

Estando o processo maduro para o julgamento pelo tribunal do júri, o juiz-presidente providenciará os preparativos para a sessão. A sessão do júri é termo que recai em certa ambiguidade na prática forense. Isso porque em comarcas onde são realizados julgamentos de vários processos de crimes dolosos contra a vida por períodos sucessivos, tem-se o hábito de se dar o nome de sessão à pauta do júri de determinado mês, por exemplo, onde se encontram listados dez processos prontos para julgamento. De outro ângulo, a sessão do júri (sessão de instrução e julgamento) é também a sucessão de atos processuais que compõem o julgamento de um único processo relativo a um acusado ou a vários acusados em coautoria.

Veja-se que, paralelamente às providências processuais que devem ser tomadas em cada processo por crime doloso contra a vida, na segunda fase do rito do júri (preparação para julgamento), a vara competente para processar e julgar aqueles crimes tem uma série de atribuições administrativas (providências iniciais), tomadas fora dos autos criminais e que se destinam a viabilizar o julgamento de todos os processos que estejam maduros para julgamento.

Com efeito, nos autos processuais, o juiz abre prazo de cinco dias para apresentação de rol de testemunhas e requerimento de diligências, lança relatório nos autos e determina inclusão na reunião do júri, consistente em pauta devidamente organizada. Na esfera administrativa da vara criminal do júri, o magistrado deve cuidar de organizar lista geral anual de jurados, apreciar impugnações sobre inclusão ou exclusão de nome de jurado da lista, bem como sortear os jurados para reunião do júri, em audiência previamente designada.

4.10.2. Alistamento dos jurados

Antes da organização da pauta, do sorteio e da convocação dos jurados para a reunião periódica ou extraordinária, será elaborada a listagem geral de jurados, com a indicação das respectivas profissões. Essa lista deve ser anualmente completada, já que alguns jurados podem falecer, não ser encontrados, viajar, e aqueles que efetivamente integrarem o Conselho de Sentença nos doze meses que antecederem a publicação da lista estarão automaticamente excluídos desta (§ 5º e § 4º, art. 426, CPP). O alistamento dos jurados é procedido pelo juiz presidente, nos termos do art. 425, CPP. Os jurados serão alistados com base em informações prestadas ao magistrado por entidades idôneas (públicas e/ou privadas), de que reúnem as condições para o exercício da função (considerada serviço público relevante), mormente que sejam "cidadãos maiores de 18 (dezoito) anos de notória idoneidade" (art. 436, CPP).

A lista será publicada até o dia dez de outubro de cada ano. De forma a assegurar sua publicidade, serão afixados editais com o nome dos jurados à porta do Tribunal do Júri. A inclusão ou exclusão de algum nome da lista geral poderá ser combatida por intermédio de reclamação, apresentada por qualquer do povo, endereçada ao juiz-presidente do júri.

Para combater a inclusão ou a exclusão do nome de jurado da lista geral, o Código prevê dois instrumentos, o recurso em sentido estrito de índole administrativa e a reclamação de qualquer do povo:

(1) o recurso em sentido estrito, de natureza administrativa, dirigido ao presidente do Tribunal de Justiça contra a inclusão ou exclusão de nome da lista geral de jurados, nos termos do art. 581, XIV, CPP, teria sido revogado tacitamente. Isso em razão da modificação integral do rito do júri pela Lei 11.689/2008, com a reiteração de previsão de impugnação com a mesma finalidade, que é a reclamação de qualquer do povo (esse o nosso entendimento, malgrado a previsão de reclamação coexistisse com a do apontado recurso em sentido estrito mesmo antes da reforma de 2008);

(2) o prazo desse recurso em sentido estrito é de 20 dias a contar da publicação da lista geral anual de jurados definitiva. É dirigido a ato não processual da vara do júri, que é a lista definitiva anual dos jurados. Guilherme Nucci, dentre outros autores, sustentam que coexistem as duas ferramentas: reclamação e recurso em sentido estrito. A primeira, endereçada ao juiz do júri. O segundo, cabível após a apreciação da reclamação, ao Presidente do tribunal de segundo grau[94]. A reclamação de qualquer do povo teria lugar a partir da lista provisória, o recurso em sentido estrito a partir da lista definitiva geral anual de jurados.

Após o julgamento de eventual impugnação, será publicada a lista definitiva, até o dia 10 de novembro, com a respectiva publicação. Calcando-se na idoneidade do ato e na mais ampla fiscalização, os nomes e endereços dos alistados, em cartões iguais, após serem verificados na presença do Ministério Público, de advogado indicado pela Seção local da Ordem dos Advogados do Brasil e de defensor indicado pelas Defensorias Públicas competentes, permanecerão guardados em urna fechada a chave, sob a responsabilidade do juiz presidente (art. 426, § 3º, CPP).

O número do universo dos jurados para a formação da lista geral foi aumentado pela reforma processual penal, em razão de que o art. 425, CPP, passou a estabelecer que "anualmente, serão alistados pelo presidente do tribunal do júri de 800 (oitocentos) a 1.500 (um

94. NUCCI, Guilherme de Souza. *Código de processo penal comentado*. 9. ed. São Paulo: RT, 2009. p. 961.

mil e quinhentos) jurados nas comarcas de mais de 1.000.000 (um milhão) de habitantes, de 300 (trezentos) a 700 (setecentos) nas comarcas de mais de 100.000 (cem mil) habitantes e de 80 (oitenta) a 400 (quatrocentos) nas comarcas de menor população". O número de jurados poderá ser ampliado nas comarcas onde houver necessidade, bem como pode ser organizada lista de suplentes, depositadas as cédulas em urna especial.

4.10.3. Organização da pauta

Como se infere, a organização da pauta do júri pressupõe o alistamento dos jurados em uma lista geral. O art. 429, CPP cria a estratégia de predileção na sequência dos julgamentos, estabelecendo que ressalvado motivo relevante que autorize alteração na ordem dos julgamentos, terão preferência: **(1)** os acusados presos; **(2)** dentre os acusados presos, aqueles que estiverem há mais tempo na prisão; **(3)** em igualdade de condições, os precedentemente pronunciados. Nada mais justo, notadamente para aqueles que já amargam o cárcere cautelar enquanto aguardam o deslinde processual. Para viabilizar o julgamento dos processos incluídos na pauta do júri da reunião periódica, evitando adiamentos para uma futura pauta, o § 1º, do art. 429, CPP, preconiza que antes do dia designado para o primeiro julgamento da reunião periódica, será afixada na porta do edifício do Tribunal do Júri a lista dos processos a serem julgados, obedecida a ordem prevista no ***caput*** deste artigo, devendo o juiz presidente reservar "datas na mesma reunião periódica para a inclusão de processo que tiver o julgamento adiado" (§ 2º).

Ainda como providências para a organização da pauta, o art. 430, CPP, averba que o assistente somente será admitido se tiver requerido sua habilitação até cinco dias antes da data da sessão na qual pretenda atuar. Antes da reforma, o limite para o requerimento era de três dias de antecedência à sessão. Em acréscimo, o art. 431, CPP, dispõe que, quando o processo estiver em ordem, o juiz presidente mandará intimar as partes, o ofendido, se for possível, as testemunhas e os peritos, se existir requerimento neste sentido último, para a sessão de instrução e julgamento.

4.10.4. Sorteio e convocação dos jurados

Após a organização da pauta, o juiz presidente determinará a intimação do Ministério Público, da Ordem dos Advogados do Brasil e da Defensoria Pública para acompanharem, em dia e hora designados, o sorteio dos jurados que atuarão na reunião periódica. Esse sorteio é presidido pelo juiz e será feito a portas abertas, cabendo-lhe retirar as cédulas até completar o número de 25 (vinte e cinco) jurados, para a reunião periódica ou extraordinária. O próprio juiz é quem tem a incumbência de retirar as cédulas da urna relativa à lista geral, cujos sorteados farão parte da relação de jurados para a reunião periódica.

Ainda sobre o sorteio, importa observar que:

(1) será ele realizado entre o décimo quinto e o décimo dias úteis antecedentes à instalação da reunião;

(2) a audiência de sorteio não será adiada pelo não comparecimento das partes;

(3) o jurado não sorteado poderá ter o seu nome novamente incluído para as reuniões futuras;

(4) os jurados sorteados serão convocados pelo correio ou por qualquer outro meio hábil para comparecer no dia e hora designados para a reunião, sob as penas da lei, com a transcrição dos dispositivos atinentes à disciplina da função de jurado; e,

(5) serão afixados na porta do edifício do tribunal do júri a relação dos jurados convocados, os nomes do acusado e dos procuradores das partes, além do dia, hora e local das sessões de instrução e julgamento.

4.10.5. Função de jurado

O Código de Processo Penal traz o regramento da função do jurado, verberando que o serviço do júri é obrigatório e que o alistamento compreenderá os cidadãos maiores de 18 (dezoito) anos de notória idoneidade, não podendo nenhum cidadão ser excluído dos trabalhos do júri ou deixar de ser alistado em razão de cor ou etnia, raça, credo, sexo, profissão, classe social ou econômica, origem ou grau de instrução.

De outra parte, a recusa injustificada ao serviço do júri acarretará multa no valor de um a dez salários mínimos, a critério do juiz, de acordo com a condição econômica do jurado (art. 436 e parágrafos, CPP). Também será imposta multa ao jurado que, sem causa legítima, deixar de comparecer no dia marcado para a sessão ou retirar-se antes de ser dispensado pelo presidente no valor de um a dez salários mínimos, a critério do juiz, de acordo com a sua condição econômica (art. 442, CPP). Para que se faça valer multa em desfavor do jurado é indispensável a instauração de procedimento contraditório, formando-se autos separados, a fim de que se possa aquilatar as razões da falta. Não justificada a falta, o título sancionatório estará formado, por meio de decisão judicial, constituindo-se título executivo.

Algumas pessoas, em razão do exercício de cargo, função pública, mandato eletivo ou por situações particulares justificáveis, são isentas do serviço do júri, quais sejam:

(1) o Presidente da República e os Ministros de Estado;

(2) os Governadores e seus respectivos Secretários;

(3) os membros do Congresso Nacional, das Assembleias Legislativas e das Câmaras Distrital e Municipais;

(4) os Prefeitos Municipais;

(5) os Magistrados e membros do Ministério Público e da Defensoria Pública;

(6) os servidores do Poder Judiciário, do Ministério Público e da Defensoria Pública;

(7) as autoridades e os servidores da polícia e da segurança pública;

(8) os militares em serviço ativo;

(9) os cidadãos maiores de 70 (setenta) anos que requeiram sua dispensa; e,

(10) aqueles que o requererem, demonstrando justo impedimento.

Há divergências em torno do sentido da isenção contida no *caput* do art. 437, do CPP, ao averbar que "são isentos do serviço do júri" os agentes políticos, públicos e demais cidadãos elencados. Isso porque, quando o mesmo dispositivo descreve cláusula de abertura no seu inciso X, admitindo interpretação analógica para que outras pessoas comprovem a isenção, menciona a demonstração de "justo impedimento". Surge, então, a indagação: a tomada de assento no Conselho de Sentença por pessoa que esteja elencada como isenta, de acordo com a dicção do art. 437, causa nulidade? Se positiva a afirmação, essa nulidade deve ser reputada absoluta ou relativa? O artigo deve receber interpretação sistemática para, na hipótese, reduzir o espaço de discricionariedade do juiz-presidente, porquanto o legislador equiparou o vocábulo "isenção" do *caput* à expressão "justo impedimento" do seu derradeiro inciso. Quem é considerado impedido para participar do júri deve ser proibido de exercer jurisdição. De tal sorte, o julgamento realizado pelo júri com a presença de jurado impedido legalmente está eivado de nulidade absoluta[95], existindo setor doutrinário que classifica tal vício como inexistência jurídica, por compreender se cuidar de hipótese de ausência de capacidade de exercer o poder jurisdicional[96].

A recusa do serviço do júri, quando fundada em convicção religiosa, filosófica ou política, importará no dever de prestar serviço alternativo, sob pena de suspensão dos direitos políticos, enquanto não prestar o serviço imposto. Note-se que aqui o cidadão apresenta justificativa que afasta a aplicação da multa do § 2º, do art. 436, CPP. Contudo, a ele é imposta a prestação de serviço alternativo, que é o exercício de atividades de caráter administrativo, assistencial, filantrópico ou mesmo produtivo, no Poder Judiciário, na Defensoria Pública, no Ministério Público ou em entidade conveniada para esses fins, devendo ser fixado pelo juiz em compasso com os princípios da proporcionalidade e da razoabilidade (art. 438 e parágrafos, CPP).

Outrossim, o exercício efetivo da função de jurado constituirá serviço público relevante, estabelecerá presunção de idoneidade moral, não tendo mais o jurado direito a prisão especial, em caso de crime comum, até o julgamento definitivo, com antes previa o art. 439, CPP, eis que sua redação vigente não mais contempla a benesse (Lei nº 12.403/2011). Embora o art. 295, inciso X, do CPP, continue prevendo prisão especial para o jurado, a intenção legislativa contida na Lei nº 12.403/2011 foi clara no sentido de suprimir a prisão especial em favor do jurado, sendo forçoso concluir pela revogação tácita do citado inciso X, do art. 295, do CPP. Continua o jurado, porém, a ter o direito de preferência, em igualdade de condições, nas licitações públicas e no provimento, mediante concurso, de cargo ou função pública, bem como nos casos de promoção funcional ou remoção voluntária (art. 440, CPP).

Note-se, ainda, que a "revogação tácita" da prisão especial para quem tenha exercido efetivamente a função de jurado não é de autêntica revogação (revogação expressa), sendo, em verdade, **interpretação (revogação tácita)**, com a possibilidade de vertentes doutrinárias diversas. Tende a ser majoritário o entendimento no sentido aqui adotado, conquanto ainda não haja manifestação expressa quanto ao ponto por parte dos tribunais superiores.

---

95. Nesse sentido pontificou a Câmara Criminal, do Tribunal de Justiça de Alagoas, no julgamento tomado por maioria, da Apelação 0001057.40-2007.8.02.0046, Rel. Des. José Carlos Malta Marques, de 18/10/2007. Do voto do Juiz Convocado Maurílio da Silva Ferraz, exarado nesse julgado, colhe-se que o citado rol consiste em "verdadeiro impedimento ao exercício da função de jurado. Basta interpretar o dispositivo legal como um todo para verificar que, ao mencionar em seu inciso X, que estarão isentos 'aqueles que o requererem, demonstrando justo impedimento', a dicção da lei indica a necessidade de o jurado convocado comprovar seu 'impedimento' para esquivar-se de tal função, o que leva à interpretação de que os demais casos tratam, da mesma forma, de impedimento".

96. ALENCAR, Rosmar Rodrigues. *Teoria da nulidade no processo penal*. São Paulo: Noeses, 2016. p. 581.

Tal conclusão (de que houve revogação tácita do citado inciso X, do art. 295, do CPP, em virtude da alteração da redação do art. 439, do CPP, pela Lei nº 12.403/2011) é respaldada por interpretação histórica (o texto original do CPP é de 1941, o rito do júri foi reformado em 2008 e a alteração pontual do art. 439 do mesmo diploma legal, inserido no procedimento do júri, ocorreu em 2011, em texto de lei que não tratava sobre júri, mas sobre prisões processuais). Também as interpretações lógica e sistemática conduzem a essa conclusão, considerando o entendimento integral do sistema processual penal à luz do princípio constitucional da isonomia.

Por fim, anote-se que a função de jurado é regrada ainda pelas seguintes disposições: **(1)** nenhum desconto será feito nos vencimentos ou salário do jurado sorteado que comparecer à sessão do júri (art. 441, CPP); **(2)** somente será aceita escusa fundada em motivo relevante devidamente comprovado e apresentada, ressalvadas as hipóteses de força maior, até o momento da chamada dos jurados (art. 443, CPP); **(3)** o jurado somente será dispensado por decisão motivada do juiz presidente, consignada na ata dos trabalhos (art. 444, CPP); **(4)** o jurado, no exercício da função ou a pretexto de exercê-la, será responsável criminalmente nos mesmos termos em que o são os juízes togados (art. 445, CPP); e **(5)** aos suplentes, quando convocados, serão aplicáveis os dispositivos referentes às dispensas, faltas e escusas e à equiparação de responsabilidade penal prevista no art. 445 (art. 446, CPP).

4.10.6. Reunião e sessões do tribunal do júri

Depois de instalada a reunião do júri, ocorrerão os julgamentos dos processos pautados, nos dias de sessão do tribunal do júri. Sessão é o dia do julgamento de processos com um ou mais acusados da prática de crime doloso contra a vida, pelo tribunal do júri. Os preparativos para a abertura da sessão de instrução e julgamento do júri acontece com a conferência, pelo juiz-presidente, das cédulas com os nomes dos vinte e cinco jurados sorteados dias antes, mandando que o oficial de justiça realize o pregão.

Quando verificar, pela chamada feita com base na lista dos vinte e cinco jurados, que houve o comparecimento de pelo menos quinze deles, a sessão estará aberta. São desses vinte e cinco jurados que serão sorteados os sete que farão parte do conselho de sentença.

Nos termos do § 2º, do art. 463, CPP, os jurados excluídos por impedimento ou suspeição serão computados para a constituição do número legal. Caso não haja o número de quinze jurados, proceder-se-á ao sorteio de tantos suplentes quantos necessários, e designar-se-á nova data para a sessão do júri, de tudo consignando em ata. Neste particular, há sedimentado entendimento do STJ de que a complementação desse número regular mínimo por suplentes do mesmo Tribunal do Júri não enseja nulidade[97].

As partes devem estar atentas ao andamento da sessão. A preclusão, em regra, tem incidência para o fim de sanar nulidades que não sejam absolutas, isto é, aquelas que não tragam prejuízo para a defesa ou para a acusação de forma irremediável devem ser aduzidas no momento oportuno, sob pena de não ser permitido mais fazê-lo. Daí que, assim que o juiz constatar o comparecimento de quinze jurados, com a abertura da sessão (o juiz declarará a abertura dos trabalhos, *ex vi* do art. 463, CPP), a parte interessada terá o

97. STJ – Quinta Turma – HC 129.377 – Rel. Min. Laurita Vaz – Dje 02/12/2011.

ônus de alegar a nulidade que entende ser arguida em seu favor. Sobre ela o juiz decidirá, consignando-se em ata. Pode se exemplificar com a juntada de provas novas por uma das partes. O CPP determina que o documento novo trazido aos autos seja juntado com antecedência mínima de três dias do início da sessão, dando-se ciência à parte contrária. A rigor, o documento sequer pode ser mencionado durante o julgamento.

Caso a nulidade seja a própria abertura da sessão com número inferior a quinze jurados, haverá igual necessidade de arguição da parte, a fim de que ela seja documentada nos autos. Na esteira do entendimento do STJ[98], tal vício não configura nulidade absoluta, mas relativa – sujeita, assim, aos ditames do art. 563, CPP. Entendemos, todavia, que essa nulidade é absoluta, com prejuízo presumido legalmente.

O juiz deve se acautelar para que o júri não seja adiado, especialmente considerando o trabalho que se tem com sua preparação. Algumas faltas podem ser imperativas para inviabilizar a realização do julgamento. A propósito, para que a falta de testemunha ao plenário seja capaz de adiar o julgamento a parte deve arrolá-la no momento adequado, com a menção de seu caráter de imprescindibilidade. Nessa hipótese, sua ausência pode determinar sua condução coercitiva ou o adiamento da sessão, caso não seja possível encontrá-la no dia do julgamento.

A ausência do acusado solto que tenha sido devidamente intimado não justifica sua condução coercitiva[99], nem tampouco o adiamento do júri. Já se estiver preso, sua presença é obrigatória, ressalvado pedido expresso de dispensa subscrito pelo réu e por seu advogado. Já a ausência injustificada do defensor constituído e do membro do Ministério Público, impõe o adiamento para a data mais próxima. Quanto às faltas injustificadas, cabíveis são as providências disciplinares junto aos órgãos de corregedoria das respectivas instituições.

Somente há obrigatoriedade de comparecimento do acusado intimado se este estiver preso. Ainda assim, pode ser dispensada sua presença, mediante requerimento dele e de seu advogado. Caso o réu esteja solto, é possível não só a realização do julgamento sem a sua presença, como também sua intimação por edital). Embora não preveja o texto do parágrafo único, do art. 420, do CPP, pensamos possível a intimação com hora certa se evidenciado estar o réu se ocultando para não ser intimado, seja quando da intimação da pronúncia, seja para o fim de comparecer a julgamento plenário, mediante interpretação por analogia fundada no art. 362, c/c os arts. 3º e 370, todos do CPP.

Com essas observações, é importante volver para os enunciados que tratam das sessões do tribunal do júri no Código de Processo Penal reformado. O tribunal popular deve se reunir para as sessões de instrução e julgamento nos períodos e na forma estabelecida pela lei local de organização judiciária. O juiz presidente, até o momento de abertura dos trabalhos da sessão, decidirá os casos de isenção e dispensa de jurados e o pedido de adiamento de julgamento, mandando consignar em ata as deliberações.

Caso o ***Parquet*** não compareça, o juiz presidente adiará o julgamento para o primeiro dia desimpedido da mesma reunião, cientificadas as partes e as testemunhas". Nos termos

98. STJ – Quinta Turma – Ag 1141872 – Rel. Min. Arnaldo Esteves Lima – DJe 16/11/2009.
99. STF – Pleno – ADPF's 395/444-DF – Rel. Min. Gilmar Mendes – julgado em 13 e 14.6.2019 – Informativo nº 906, de 11 a 15 de junho de 2018.

do seu parágrafo único, "se a ausência não for justificada, o fato será imediatamente comunicado ao Procurador-Geral de Justiça com a data designada para a nova sessão".

De outra banda, se a falta, sem motivo legítimo, for do advogado do acusado, será comunicado o fato ao presidente da seccional da Ordem dos Advogados do Brasil, com a data designada para a nova sessão. Se não houver escusa legítima, o julgamento será adiado somente uma vez, devendo o acusado ser julgado quando chamado novamente, caso em que o juiz intimará a Defensoria Pública para o novo julgamento, que será adiado para o primeiro dia desimpedido, observado o prazo mínimo de dez dias.

Conforme o art. 457, o julgamento não será adiado pelo não comparecimento do acusado solto, do assistente ou do advogado do querelante, que tiver sido regularmente intimado. O tratamento é diferenciado de forma plausível, eis que, de um lado, o acusado solto é dispensado de comparecer e, de outro, a figura do assistente não invalida a acusação, diante da presença do Ministério Público. No que toca ao querelante, sua ausência enseja perempção caso se trate de ação penal de iniciativa privada. Se a ação penal privada for subsidiária da pública, deve o ***Parquet*** retomá-la para o fim de ser realizado o júri, sem que seja ele adiado.

As solicitações "de adiamento e as justificações de não comparecimento deverão ser, salvo comprovado motivo de força maior, previamente submetidas à apreciação do juiz presidente do tribunal do júri" (§ 1º, art. 457), valendo enfatizar que "se o acusado preso não for conduzido, o julgamento será adiado para o primeiro dia desimpedido da mesma reunião, salvo se houver pedido de dispensa de comparecimento subscrito por ele e seu defensor" (§ 1º).

No tocante à disciplina do comparecimento das testemunhas, o art. 458 preconiza que a ausência de testemunha, sem justo motivo, implicará multa no valor de 1 (um) a 10 (dez) salários mínimos (§ 2º, art. 436), sem prejuízo da ação penal pela desobediência (art. 458).

De outro lado, nenhum desconto será feito nos vencimentos ou salário da testemunha que comparece à sessão (art. 459). Destaque-se, ainda que "o julgamento não será adiado se a testemunha deixar de comparecer, salvo se uma das partes tiver requerido a sua intimação por mandado, na oportunidade de que trata o art. 422, declarando não prescindir do depoimento e indicando a sua localização" (art. 461). Sobre esse ponto, duas regras merecem relevo:

1) "se, intimada, a testemunha não comparecer, o juiz presidente suspenderá os trabalhos e mandará conduzi-la ou adiará o julgamento para o primeiro dia desimpedido, ordenando a sua condução" (§ 1º); e,

2) "o julgamento será realizado mesmo na hipótese de a testemunha não ser encontrada no local indicado, se assim for certificado por oficial de justiça" (§ 2º).

4.11. Formação do conselho de sentença

Comparecendo as partes, as testemunhas e o número mínimo de jurados – estando em ordem a sessão já instalada –, será realizado o sorteio dos sete jurados que formarão o conselho de sentença, com a observação de que antes de constituído o Conselho de Sentença, as testemunhas serão recolhidas a lugar onde umas não possam ouvir os depoimentos das outras (art. 460, CPP).

Deveras, nos termos do art. 463 e seu § 1º, doCPP, estando presentes, pelo menos, 15 (quinze) jurados, o juiz presidente declarará instalados os trabalhos, anunciando o processo que será submetido a julgamento. A seguir, o oficial de justiça fará o pregão, certificando a diligência nos autos.

É mister notar a existência de impedimentos, suspeições e incompatibilidades legais de que cuidam os artigos 448 a 449, CPP. Desse modo, incompatibilidade, suspeição e/ou impedimento poderão existir, em face de parentesco com o juiz, com o promotor ou com o advogado, bem como na hipótese de servir no mesmo conselho marido e mulher, ascendente e descendente, sogro e genro ou nora, irmãos e cunhados (enquanto durar o cunhadio, já que este se encerra com a dissolução da sociedade conjugal), tio e sobrinho, bem como padrasto, madrasta ou enteado. É de se salientar que o jurado que compôs o conselho de sentença do júri anterior do mesmo processo – julgamento, por exemplo, anulado pelo tribunal por ter se dado de forma contrária à prova dos autos – estará impedido de participar da nova sessão, sob pena de nulidade (súmula nº 206, STF). Da mesma forma, não poderá servir o jurado que tiver manifestado prévia disposição em absolver ou condenar o acusado. Todavia, se for realizada a sessão com tal nulidade, ela só será reconhecida se o voto de um jurado tiver sido definidor do resultado do julgamento.

O sorteio dos sete jurados se dá nome por nome, com possibilidade de manifestação de recusa, primeiro pela defesa e, depois, da acusação. As recusas podem ser com ou sem justificativa. O Código estabelece o número de até três recusas sem motivação, isto é, as chamadas recusas peremptórias. Assim, tanto a defesa quanto o Ministério Público poderão recusar a participação de jurado no conselho de sentença sem indicar qualquer justificativa, dentro da estratégia traçada. Além das recusas peremptórias, podem ocorrer recusas justificadas. Nesse caso, a parte que recusar o jurado será instada pelo juiz a apresentar prova de sua alegação, podendo o magistrado aceitar as razões ou rejeitá-las. As recusas justificadas não têm número de limitação legal, já que estão vinculadas às hipóteses de suspeição e de impedimento. Se, em face das recusas, não restar o número de jurados para compor o conselho de sentença, acontece o que se chama de estouro de urna, marcando-se nova data para o julgamento de um ou mais dos acusados, com a convocação de suplentes e possibilidade de separação de processos, no caso de pluralidade de réus, para inibir que o estouro não ocorra novamente.

O art. 468, ***caput***, do Código, não é preciso ao definir o critério para a formulação das recusas imotivadas de jurados pelas partes, nas hipóteses de litisconsórcio no polo ativo (Ministério Público, assistente e querelante) ou no polo passivo (vários réus, com o mesmo ou com advogados distintos). De acordo com sua redação, dada pela Lei nº 11.689/2008, à medida que as cédulas forem sendo retiradas da urna, o juiz presidente as lerá, e a defesa e, depois dela, o Ministério Público poderão recusar os jurados sorteados, até três cada parte, sem motivar a recusa.

Entendemos que as recusas de jurados, formuladas sem justificativas, são limitadas a três, para cada polo da relação processual penal, independentemente do número de partes do lado da acusação ou da defesa. Os respectivos representantes devem entrar em consenso para a escolha de até três jurados que podem ser recusados sem apresentação de fundamentação (recusas peremptórias).

Posicionamento diverso pode implicar maior facilidade de estouro de urna e de cisão de julgamentos, notadamente quando se tratar de crime cometido por vários acusados em coautoria e que estejam sendo assistidos por defensores diversos. De outro lado, o direito a um júri imparcial não fica prejudicado em função de que é garantido a cada um deles, separadamente, recusar justificadamente quantos jurados estejam em situação de incompatibilidade, impedimento ou suspeição (arts. 252 a 254, CPP).

Ocorre que o STJ firmou posição no sentido de que também as recusas imotivadas devem ser asseguradas individualmente a cada acusado, até três cada um, ainda que estejam os réus assistidos por um único defensor. Nos termos do acórdão emanado de sua Sexta Turma, "o direito às três recusas imotivadas é garantido ao acusado, e não à defesa, ou seja, cada um dos réus terá direito às suas três recusas imotivadas, sob pena de violação da plenitude de defesa"[100].

Discordamos do assentado pela Corte Superior pelos argumentos aludidos acima. Na forma do art. 469, e seus parágrafos, do CPP, se forem dois ou mais os acusados, as recusas poderão ser feitas por um só defensor. Por sua vez, a separação dos julgamentos somente ocorrerá se, em razão das recusas, não for obtido o número mínimo de sete jurados para compor o Conselho de Sentença. Uma vez determinada a separação dos julgamentos, será julgado em primeiro lugar o acusado a quem foi atribuída a autoria do fato ou, em caso de coautoria, aplicar-se-á o critério de preferência do art. 429, a começar pelo acusado que estiver preso, com mais tempo de prisão e, por derradeiro, os precedentemente pronunciados.

Uma vez formado o conselho de sentença, todos os presentes devem se posicionar de pé, juntamente com o juiz, para a tomada de compromisso dos jurados, que prometerão julgar com imparcialidade e justiça a causa posta em mesa, consoante os ditames da convicção íntima (art. 472, CPP). O jurado, em seguida, receberá cópias da pronúncia ou, se for o caso, das decisões posteriores que julgaram admissível a acusação (arestos confirmatórios da pronúncia) e do relatório do processo.

4.12. Atos instrutórios

Com o conselho de sentença completo, terá lugar a instrução em plenário

Será iniciada a instrução plenária com a tomada das oitivas segundo a ordem legal. De acordo com o art. 473 e seus parágrafos, o juiz presidente, o Ministério Público, o assistente, o querelante e o defensor do acusado tomarão, sucessiva e diretamente, as declarações do ofendido, se possível, e inquirirão as testemunhas arroladas pela acusação. Para a oitiva das testemunhas arroladas pela defesa, o defensor do acusado formulará as perguntas antes do Ministério Público e do assistente, mantidos no mais a ordem e os critérios estabelecidos neste artigo". Já os jurados só poderão formular perguntas ao ofendido e às testemunhas, por intermédio do juiz presidente.

100. STJ – Sexta Turma – REsp 1.540.151/MT (2015/0067745-2) – Relator: Ministro Sebastião Reis Júnior – Julgamento: 8/9/2015.

Veja-se que, havendo testemunhas a serem ouvidas, serão tomados os respectivos depoimentos de modo que uma não ouça o depoimento das outras.

São ouvidas primeiro as testemunhas arroladas pela acusação. Por último, são ouvidas as indicadas pela defesa. É possível a oitiva de pessoas que não tenham o dever de dizer a verdade, sendo consignada sua qualidade de informante. Sob outro prisma, os jurados podem solicitar que seja tomado por termo o depoimento de pessoa não arrolada expressamente no requerimento que inicia a segunda fase de julgamento, cujo nome tenha surgido durante a sessão. Nessa hipótese, é possível inclusive a suspensão do julgamento para que seja diligenciado o paradeiro do depoente e, em caso extremo, é admissível a dissolução do conselho de sentença se persistir a necessidade do jurado em ouvir a pessoa apontada.

De acordo com o § 3º, do art. 473, CPP, as partes e os jurados poderão requerer acareações, reconhecimento de pessoas e coisas e esclarecimento dos peritos, bem como a leitura de peças que se refiram, exclusivamente, às provas colhidas por carta precatória e às provas cautelares, antecipadas ou não repetíveis. Não deve ser admitido requerimento de leitura de todas as peças do processo sem justificativa razoável, como estratégia da defesa ou da acusação para tornar o processo mais demorado. Caso deseje ler alguma peça processual, a parte deverá assim proceder durante sua sustentação oral. De toda sorte, os jurados recebem cópia do relatório judicial sobre o processo, além de cópia da pronúncia.

Não obstante as divergências sobre a natureza do interrogatório, a disciplina normativa vigente a partir da Lei nº 10.792/2003, evidencia que é ele primordialmente meio de defesa, especialmente porque antes de ser interrogado, o acusado pode silenciar, sem que isso possa ser considerado em prejuízo de sua defesa (art. 185, CPP). Ao final do interrogatório, as partes podem fazer reperguntas, para que o réu esclareça algum ponto de suas declarações. Deve-se permitir que sejam feitas diretamente, sem o intermédio do juiz presidente. No entanto, se este interceder, haverá mera irregularidade.

O interrogatório será o último ato instrutório, sem prejuízo da possibilidade de reinquirição dos depoentes durante a sessão plenária. Na forma dos §§ 1º e 2º, do art. 474, CPP, o Ministério Público, o assistente, o querelante e o defensor, nessa ordem, poderão formular, diretamente, perguntas ao acusado, enquanto os jurados formularão perguntas por intermédio do juiz presidente.

Havendo corréus, entendemos que o interrogatório de um não deve ser tomado sigilosamente em relação ao outro ou aos demais. O próprio termo "interrogatório" carece de releitura para ser compreendido como "diálogo com o juiz". Vale dizer, ao determinar a migração do interrogatório para o momento final do procedimento, o legislador enfatizou a necessidade de defesa ampla, como dita a Constituição. De tal forma, reputamos necessário afastar a aplicação do art. 191, do CPP, que determina a inquirição em separado de corréus, por inconstitucional[101]. No capítulo VII (provas), discorremos com mais vagar sobre o ponto, para onde remetemos o leitor.

101. COSTA, Lincoln Pinheiro; ALENCAR, Rosmar Rodrigues. Presença do acusado durante o interrogatório de corréu: a (in) constitucionalidade do art. 191 do CPP. *Revista da Escola Superior da Magistratura do Estado de Alagoas*, Maceió/AL, n. 2 (eletrônica), p. 8, 2018.

Por último, o art. 475 e seu parágrafo único, do CPP, aviva que o registro dos depoimentos e do interrogatório será feito pelos meios ou recursos de gravação magnética, eletrônica, estenotipia ou técnica similar, destinada a obter maior fidelidade e celeridade na colheita da prova. A sua vez, a transcrição do registro, após feita a degravação, constará dos autos.

4.13. Debates e poderes do juiz

Depois de concluídos os atos de instrução, serão iniciadas as sustentações orais, a começar pela da acusação. O promotor de justiça ou o procurador da república – dividindo o tempo com o assistente de acusação, se houver – terá até uma hora e meia para produzir a acusação, sendo acrescida de uma hora se mais de um acusado estiver sendo julgado.

Na sua sustentação oral, o Ministério Público fará a acusação nos limites da decisão de pronúncia ou das decisões posteriores que julgaram admissível a acusação, sustentando, se for o caso, a existência de circunstância agravante. O libelo-crime acusatório foi suprimido pela reforma processual e o parâmetro para a formulação da acusação oral passou a ser unicamente a pronúncia, conferindo liberdade ao ***Parquet*** para sustentar em plenário a existência de agravantes. O assistente se manifestará oralmente depois do Ministério Público. Caso se trate de ação penal de iniciativa privada, falará em primeiro lugar o querelante e, em seguida, o Ministério Público, salvo se este houver retomado a titularidade da ação.

Note-se que o ***Parquet***, malgrado esteja limitado pela decisão de pronúncia preclusa, não está impedido de pedir menos do que nela contido ou de requerer a absolvição. Os jurados – que se manterão incomunicáveis entre si, sob pena de multa na forma do art. 436, § 2º, CPP, – poderão solicitar a indicação da página dos autos ou do documento pelo orador (parágrafo único, art. 480, CPP).

A incomunicabilidade do júri, no dizer de Magarinos Torres, é requisito para a pureza e a perfeição da justiça diante de um caso concreto. O Código de Processo Penal, ao estabelecer essa condição, impõe que o jurado decida por si, sem influências estranhas, para que assim seja alcançado o sentimento da sociedade em dado momento relativamente a um crime contra a vida[102].

Sem embargo, a teor do art. 478, CPP, durante a sustentação oral, as partes não poderão fazer referências, sob pena de nulidade: **(1)** à decisão de pronúncia, às decisões subsequentes que julgaram admissível a acusação ou à ordem de uso de algemas como argumento de autoridade que favoreçam ou prejudiquem o acusado; e, **(2)** ao silêncio do réu ou à falta de interrogatório por falta de requerimento, em seu prejuízo.

É vedada a leitura da pronúncia ou de decisão posterior a ela com o objetivo de influenciar os jurados como se ali estivesse contido o juízo de valor para o julgamento absolutório ou condenatório (como "argumento de autoridade", de acordo com o enunciado normativo).

A defesa seguirá com sua sustentação, pelo prazo de uma hora e meia, sendo aumentada de uma hora quando existir mais de um réu (art. 477, § 2º, CPP). Sendo vários os defensores, eles combinarão entre si a divisão do tempo. O advogado do acusado responderá a acusação, definindo a tese de defesa.

102. TORRES, Magarinos. *Processo penal do júri no Brasil*. São Paulo: Quorum, 2008. p. 158-162.

Após sua oratória, poderá haver réplica por parte do Ministério Público, querelante e/ou assistente, pelo tempo de uma hora, elevado esse tempo ao dobro se existir mais de um réu. O tempo de réplica será dividido conforme convencionarem os oradores. Havendo réplica, a defesa poderá apresentar tréplica (resposta à réplica), pelo mesmo tempo de uma hora (se um acusado estiver sendo julgado), sendo duplicado se o julgamento for de mais de um acusado.

Naturalmente, se não houver réplica do acusador, não será oportunizada tréplica à defesa. Para tanto, quando o juiz-presidente indagar se o Ministério Público deseja replicar, ele deve se limitar a dizer não. Havendo manifestação do acusador no sentido de responder à sustentação oral da defesa, ainda que de forma singela, tal comportamento será havido como réplica, dando lugar à tréplica. Durante os debates, o juiz-presidente e os jurados não poderão se ausentar. Caso haja necessidade, o julgamento deve ser suspenso, inclusive no tocante à marcação do tempo para a sustentação respectiva. Aos jurados e ao juiz-presidente não é dado sinalizar favoravelmente a qualquer uma das teses. Havendo dúvida por parte de algum dos membros do conselho de sentença, essa pode ser dirigida ao orador por intermédio do juiz.

O juiz regulará os debates, tomando as providências para que sejam os respectivos tempos registrados e para que seja mantida a ordem da sessão. O magistrado tem o poder de polícia necessário para mandar retirar as pessoas inconvenientes. O juiz também disciplinará os apartes (intervenções de um orador na fala do outro) que, atualmente conta com previsão expressa no inciso XII, do art. 497, CPP, quando a parte contrária estiver com a palavra, pelo prazo máximo de até três minutos para cada aparte requerido, acrescendo o tempo da parte que teve sua sustentação interrompida.

Encerrados os debates, o juiz indagará se os jurados estão aptos a julgar os fatos. Nesse momento, o conselho de sentença pode pedir esclarecimentos. Tudo com o objetivo de que a conduta imputada e a tese de defesa tenham sido bem compreendidas. Os jurados terão conhecimento, nessa altura, dos quesitos a que deverão responder. Devem ser eles lidos em plenário, com explicação dos significados correspondentes. Os debatedores também a eles terão acesso, podendo apontar incorreções e a necessidade de ajustes consoante o desenvolvimento do que for sustentado durante a sessão.

4.14. Formulação dos quesitos e votação

A formulação dos quesitos no júri sofreu considerável alteração com da reforma processual penal da Lei nº 11.689/2008. Seguiu-se a tendência de simplificar a formulação e entendimento dos quesitos, reservando aos jurados sua função de juiz dos fatos

É importante perceber que a tendência de simplificação da quesitação mitiga a pureza do sistema francês que era adotado pelos dispositivos revogados do CPP brasileiro. Com Mario Rocha Lopes Filho, pode-se assentar que levando em consideração "o momento do veredicto final", dois sistemas de quesitação são conhecidos: **(1)** "o inglês, em que os jurados, sem que lhes sejam formulados quesitos, resolvem se o réu é ou não culpado (***guilty or not guilty***) do crime de que o acusam, cabendo ao juiz togado a atribuição de qualificar o fato delituoso e graduar a pena"; e, **(2)** "o francês, em que os jurados, mediante quesitos que lhes são apresentados, decidem acerca do fato criminoso e suas circunstâncias"[103].

Com o advento da Lei nº 11.689/2008, o Código de Processo Penal brasileiro passou a adotar um modelo híbrido, isto é, a regra é a do modelo francês, com modificações inspiradas no sistema inglês. É que os jurados hoje são indagados primeiramente sobre a existência dos fatos e sua respectiva autoria e, ao final, há uma questão genérica, que quer saber se os jurados consideram ou não que o réu deve ser absolvido.

Para cada acusado (em hipótese de coautoria e participação), há um questionário específico. Havendo mais de um crime, para cada um deles haverá uma série de quesitos. É o que dispõe o § 6º, do art. 483, CPP. A elaboração dos quesitos, em caso de mais de um crime, começará pela do crime contra a vida. A existência de crime contra a vida é pressuposto da competência dos jurados. Negada a existência de delito contra a vida, com desclassificação para outro delito, cessa a competência do júri, passando esta ao juiz-presidente, que proferirá a sentença de imediato. Daí a relevância de se saber a ordem dos quesitos.

A ordem do art. 483, CPP, impõe que se questione ao Conselho de Sentença tão somente sobre a materialidade de fato, a autoria e se o acusado deve ser absolvido, sem pormenorizar as teses defensivas. Dessarte, os quesitos serão redigidos em proposições afirmativas, simples e distintas, de modo que cada um deles possa ser respondido com suficiente clareza e necessária precisão. Na sua elaboração, o presidente levará em conta os termos da pronúncia ou das decisões posteriores que julgaram admissível a acusação, do interrogatório e das alegações das partes (art. 482, parágrafo único, CPP).

Decerto, os quesitos serão formulados segundo a ordem prevista no Código. Vejamos cada um deles.

(1) Quesito sobre a materialidade do fato (descrição do crime). Este quesito deve conter indagação a respeito dos elementos do tipo penal doloso contra a vida, vale dizer, conduta e resultado. Tratando-se de crime consumado, o juiz deve desdobrar esse quesito em dois (por exemplo, um sobre a conduta e outro sobre a letalidade do crime de homicídio). Caso o crime seja tentado, a indagação deve consistir em uma única pergunta.

Respondendo o Conselho de Sentença afirmativamente a essa questão, seguirá a votação com a questão seguinte. Caso contrário, encerra-se o julgamento com a absolvição do acusado pelo júri.

(2) Quesito sobre a autoria ou participação (se o acusado executou a ação ou concorreu para o seu resultado). Em outros termos, o juiz-presidente indagará aos jurados se o réu de qualquer modo contribuiu para o cometimento do delito. Este quesito poderá ser o segundo ou o terceiro, consoante a existência de morte da vítima ou não, fato que obriga o juiz desdobrar o primeiro quesito.

Respondendo o Conselho de Sentença afirmativamente a essa questão, seguirá a votação com a pergunta seguinte. Caso contrário, encerra-se o julgamento com a absolvição do acusado pelo júri.

103. LOPES FILHO, Mario Rocha. *O tribunal do júri e algumas variáveis potenciais de influência*. Porto Alegre: Núria Fabris, 2008. p. 17.

Aqui devemos ficar atentos à resposta dos quesitos.

Duas possibilidades podem surgir a partir da resposta afirmativa a essa questão:

(a) caso não haja tese de desclassificação do delito doloso contra a vida para outro que não o seja, o quesito seguinte (terceiro ou quarto, conforme a letalidade do resultado imponha o desdobramento da primeira questão) que deve ser inserido perguntará se "o jurado absolve o acusado?".

(b) se houver alegação de tese de desclassificação para delito diverso do doloso contra a vida, a questão desclassificatória será dirigida aos jurados sempre antes do terceiro quesito ou quarto quesito (antes de indagar se "o jurado absolve o acusado?").

Esse o sentido que deve ser depreendido do § 4º do art. 483 do CPP, ao destacar que uma vez sustentada a desclassificação da infração para outra de competência do juiz singular, será formulado quesito a respeito, para ser respondido após o segundo ou terceiro quesito, conforme o caso.

Mesmo raciocínio deve ser usado para hipóteses de dúvida na tipificação ou de alegação de tentativa, nos termos do § 5º, do aludido art. 483, do Código, que enfatiza que se sustentada a tese de ocorrência do crime na sua forma tentada ou havendo divergência sobre a tipificação do delito, sendo este da competência do tribunal do júri, o juiz formulará quesito acerca destas questões, para ser respondido após o segundo quesito. Isso quer dizer que se o quesito se referir à tentativa, necessariamente deve ser respondido após o segundo quesito, haja vista que não será a hipótese de se desdobrar o primeiro quesito em dois (conduta e letalidade), eis que ausente o resultado morte no contexto.

Sobre o ponto, necessária uma digressão em razão de entendimento jurisprudencial divergente e para maior esclarecimento do tema.

Com efeito, na hipótese de sustentação de tese de desclassificação do delito do júri para outro de competência do juiz singular, existe controvérsia séria sobre qual quesito que deve vir primeiro, quando da formulação da série de quesitação aos jurados: se o da absolvição ou se o da desclassificação.

Como afirmamos acima, pensamos que a ordem lógica é a de primeiro o júri se afirmar competente para poder, seguidamente, julgar procedente ou improcedente o pedido condenatório, absolvendo ou condenando o acusado (isto é, iniciando a condenação do réu). É pressuposto para que o órgão jurisdicional possa julgar a causa, ser antes competente. No caso do júri, indispensável que antes se afirme competente, porquanto não é coerente, sintaticamente, primeiro dizer que não absolve o acusado para, em seguida, desclassificar a infração para outra não abrangida pelo tribunal do júri ou, inversamente, primeiro absolver sem antes examinar se é competente para tanto.

A divergência decorre do enunciado do § 4º, do art. 483, do CPP, que dispõe que uma vez "sustentada a desclassificação da infração para outra de competência do juiz singular, será formulado quesito a respeito, para ser respondido após o 2º (segundo) ou 3º (terceiro) quesito, conforme o caso". A ordem dos quesitos, por outro lado, é estatuída pelos incisos do mesmo art. 483, do Código, que prevê que "os quesitos serão formulados na seguinte ordem, indagando sobre: I – a materialidade do fato; II – a autoria ou participação; III – se o acusado deve ser absolvido.

(3) A tese de desclassificação deve ser objeto do terceiro (após o segundo) ou do quarto (depois do terceiro) quesito, de acordo com o caso. A nosso ver, será sempre formulado antes do quesito do inciso III, referente a "se o acusado deve ser absolvido", por imperativo lógico. Não se aplica o *in dubio pro reo* para afastar regra de atribuição de competência, sob pena de nulidade absoluta.

Deve-se, portanto, conjugar a possibilidade de formular um quesito relativo à tentativa, tal como prevê o § 5º, do art. 483, CPP, que dita: "sustentada a tese de ocorrência do crime na sua forma tentada ou havendo divergência sobre a tipificação do delito, sendo este da competência do Tribunal do Júri, o juiz formulará quesito acerca destas questões, para ser respondido após o segundo quesito".

Em outras palavras, se o fato não ostentar a forma tentada, mas houver tese desclassificatória, o quesito de desclassificação deve ser formulado após o terceiro quesito (por conta do desdobramento do quesito alusivo à materialidade do crime). Sendo o fato na modalidade tentada, o quesito da tentativa deve ser objeto de indagação após o segundo quesito. O quesito acerca da desclassificação, neste caso, estará situado em terceiro (quando a negativa de crime tentado esclarecer que o delito foi diverso do doloso contra a vida, coincidindo com o quesito acerca da tentativa) ou em quarto lugar (após o terceiro quesito, da tentativa, quando esta, depois de afirmada, se referir à infração penal sem *animus necandi*).

No STJ se vê o confronto de teses, sob o argumento de ser uma ou outra tese principal (desclassificação ou absolvição):

(a) a Sexta Turma da Corte Superior decidiu que "a tese absolutória de legítima defesa, quando constituir a tese principal defensiva, deve ser quesitada ao Conselho de Sentença antes da tese subsidiária de desclassificação em razão da ausência de *animus necandi*"[104]; de outro lado,

(b) a Quinta Turma, do mesmo STJ, assentou que não houve irregularidade na ordem dos quesitos formulada aos jurados, quando o quesito relativo à tentativa foi formulado depois do questionamento sobre a materialidade e a autoria, portanto antes de se indagar "se o acusado deve ser absolvido". Explicou que, "reconhecida autoria e materialidade, porém refutado o crime de tentativa de homicídio, tem-se como consequência legal a desclassificação do delito, o que retira a competência do Tribunal do Júri". Frisou, ainda, que "com a desclassificação, não é possível dar continuidade à quesitação, pois a competência não é mais do Tribunal do Júri, mas sim o Juiz Criminal, nos termos do art. 492, § 1º, do Código de Processo Penal. Nesse contexto, prejudicado o quesito relativo à absolvição, bem como às demais teses da defesa relativas ao homicídio, razão pela qual não há se falar em nulidade"[105].

Note-se que não é impossível existir mais de uma tese de desclassificação. Além da tentativa, que reconhecidamente deve preceder o quesito absolutório genérico, também outro quesito que vise afastar a competência do júri, como relativo ao intento de subtração

104. STJ. Informativo 573, novembro de 2015 (Sexta Turma – REsp 1.509.504-SP – Rel. Min. Maria Thereza de Assis Moura – DJ: 13/11/2015).

105. STJ – Quinta Turma – HC 262.882/PB, Rel. Min. Reynaldo Soares da Fonseca – DJ: 12/05/2016.

de bem que modifique a tipificação para crime patrimonial (art. 157, §§ , CPP), deve, por imperativo lógico, anteceder o questionamento sobre a absolvição.

(4) O próximo quesito – terceiro ou quarto em conformidade com o caso – indagará se o acusado deve ser absolvido. Trata-se de quesito genérico, que encampa todas as teses de defesa diversas da desclassificação, da incidência de privilégio (causa especial de diminuição de pena) ou da tentativa, e que tenham o fito de afirmar a inocência do réu. Pouco importa o motivo da absolvição – se legítima defesa real ou putativa, se negativa de autoria ou se estado de necessidade –, mesmo diante de teses defensivas concomitantes ou incompatíveis, elas serão reunidas no quesito único: "o acusado deve ser absolvido?". Observe-se que, na toada do pontificado por Eliete Costa Silva Jardim, essa possibilidade se cuida de modelo autorizativo de "absolvição plenamente livre, fundada em quaisquer razões, fáticas ou não, jurídicas ou extrajurídicas, reafirmando o sistema da íntima convicção, a essência e a razão de existir do Tribunal do Júri". Teses supralegais, fundadas na permissibilidade de interpretação analógica ou extensiva em favor do acusado, a exemplo da denominada "clemência" ou "legítima defesa da honra", são permitidas e, contra absolvições fundadas nelas, não devem ser admitidos recursos[106]. O STJ, no entanto, entende possível, por uma única vez, o provimento de apelação contra decisão absolutória com base em fundamento extralegal, considerando-a manifestamente contrária a prova dos autos[107].

(5) O quesito seguinte se refere à existência de causa de diminuição de pena alegada pela defesa. Só será formulada essa questão se o acusado, a essa altura, tiver sido condenado pelos jurados. Embora o inciso I, do § 3º, do art. 483, do CPP, faça menção à causa de diminuição de pena "alegada pela defesa", o Ministério Público também poderá alegar e requerer a inclusão de causas especiais de diminuição de pena, previstas no Código Penal (parte especial ou parte geral) ou em lei extravagante, em face da natureza dessa instituição (art. 127, da Constituição do Brasil). Diferentemente, o assistente ou querelante não tem interesse em sustentar causa de diminuição de pena.

(6) Por derradeiro, os jurados são inquiridos sobre a existência de circunstância qualificadora ou causa de aumento de pena reconhecidas na pronúncia ou em decisões posteriores que julgaram admissível a acusação.

Não há mais espaço para indagações ao Conselho de Sentença sobre circunstâncias agravantes ou atenuantes, sendo a apreciação destas de competência do juiz-presidente por se tratar preponderantemente de matéria de direito.

Encerrada a votação do crime doloso contra a vida – e tendo sido ele apreciado pelos jurados, sem que tenha sido desclassificado para delito de competência diversa do júri –, será seguida a sequência da votação dos crimes conexos. Em caso de mais de um acusado, a votação será tomada a começar pelo que teve participação de maior importância. O juiz

106. JARDIM, Eliete Costa Silva. Tribunal do Júri – absolvição fundada no quesito genérico: ausência de vinculação à prova dos autos e irrecorribilidade. In: JARDIM, Afrânio Silva; AMORIM, Pierre Souto Maior Coutinho de. *Direito processual penal*: estudos, pareceres e crônicas. 15. ed. Salvador: Juspodivm, 2018. p. 592.

107. Nesse sentido, ficou vincado que "a absolvição do réu pelos jurados, com base no art. 483, III, do CPP, ainda que por clemência, não constitui decisão absoluta e irrevogável, podendo o Tribunal cassar tal decisão quando ficar demonstrada a total dissociação da conclusão dos jurados com as provas apresentadas em plenário" (STJ – Terceira Seção – HC 313.251/RJ – Rel. Ministro Joel Ilan Paciornik – DJe 27/03/2018; STJ – Sexta Turma – AgRg no AgRg no AREsp 1026920/DF – Rel. Ministro Nefi Cordeiro – DJe 30/11/2018).

deve cuidar para esclarecer os quesitos, de modo a evitar contradição que comprometa a validade do julgamento.

A tomada dos votos ocorrerá de quesito por quesito. O juiz mandará distribuir cédulas opacas, sete delas com a palavra "sim" e sete com a palavra "não". A cada quesito formulado, com a explanação necessária de seu significado, passarão duas urnas: **(1)** a primeira recolherá os votos de cada um dos jurados; e, em seguida, **(2)** a segunda recolherá os descartes. Antes de ser formulada a pergunta subsequente, será apurado o resultado da questão que lhe antecede. Se o delito contra a vida, responsável por fixar a competência do júri, for desclassificado, a competência dos jurados cessará, sendo o julgamento, de conseguinte, cometido ao juiz-presidente (art. 492, § 2º, CPP). Verificado que restaram prejudicados os quesitos subsequentes, o juiz assim os declarará (art. 490, parágrafo único, CPP).

O juiz-presidente deve cuidar para que seja mantido o sigilo da votação. Cautela especial merece, a propósito, a possibilidade de votação unânime. O que se propõe, para garantir o sigilo preconizado pela Constituição, é que a apuração seja suspensa assim que definido o quarto voto vencedor, também em compasso com o CPP que, em seu art. 488, dispõe que as decisões do júri serão tomadas por maioria de votos.

Com efeito, com esteio na disposição constitucional do sigilo das votações, a interpretação que se chega é a de que, após a Carta Maior de 1988, os textos dos artigos 487 e 488 do Código de Processo Penal "se completam, porém, entendendo-se declarados os votos afirmativos e negativos em cada quesito submetido à votação, até que se atinja a maioria de votos de um ou outro sentido[108]. Foi o que acabou sufragando o legislador da reforma processual penal do rito do júri, consoante já visto.

4.15. Sentença e ata da sessão

Todas as ocorrências da sessão deverão ser registradas em ata. A parte interessada ou que se entender prejudicada por alguma decisão do juiz-presidente, deve consignar os seus protestos de imediato na ata, para que os reitere em eventual apelação. Caso não haja reclamação oportuna, haverá preclusão sobre o ponto, notadamente quando se cuidar de nulidade relativa, que depende de alegação tempestiva. Daí a necessidade de atenção especial dos membros da acusação e dos defensores durante a sessão plenária.

Por sua vez, a sentença, não havendo desclassificação do crime contra a vida, deve ser lavrada pelo juiz-presidente em conformidade com o que decidido pelos jurados, alusivamente aos fatos. Destarte, a sentença ou a decisão poderá ser: **(1)** de absolvição, caso em que o réu deverá ser posto em liberdade de plano, caso esteja preso, relevando notar que "se houver absolvição imprópria, ou seja, o reconhecimento da inimputabilidade, impõe-se, neste caso, medida de segurança"; **(2)** de desclassificação do crime doloso contra a vida, quando o juiz-presidente terá a competência para julgar os fatos de forma mais ou menos ampla a depender da forma do quesito cuja resposta ensejou a desclassificação. Se o juiz tiver maior liberdade para definir juridicamente os fatos, a classificação é denominada

108. SANTOS JÚNIOR, Rosivaldo Toscano dos. Constituição e sigilo das votações no júri: o resultado unânime. In: *Direitos fundamentais na Constituição de 1988*: estudos comemorativos aos seus vinte anos. Rosmar Antonni Rodrigues Cavalcanti de Alencar (org.). Porto Alegre: Núria Fabris, 2008. p. 301.

doutrinariamente de própria, enquanto se o júri indicar o crime que foi cometido – como se dá com o reconhecimento de culpa no homicídio (homicídio culposo) –, a desclassificação é imprópria[109]. Caso a desclassificação implique no reconhecimento que se trata de infração de menor potencial ofensivo, era entendimento corredio que o juiz presidente deveria, aguardando a preclusão dos recursos, enviar os autos aos juizados especiais criminais. Não podia ser diferente, afinal a competência dos juizados decorre da própria Constituição Federal (art. 98, I). Ocorre que, com a atual previsão do art. 492, § 1º, de duvidosa constitucionalidade, advirta-se, se em razão da desclassificação, estivermos diante de uma infração aquilatada como de menor potencial ofensivo, deverá o próprio juiz presidente do júri, proceder a aplicação dos arts. 69 e seguintes da Lei nº 9.099/1995. Uma previsão de tal natureza contempla a invocação de toda a fase preliminar e processual do procedimento dos juizados, abrangendo inclusive o termo circunstanciado, o que não tem sentido prático, afinal, a desclassificação ocorreu no plenário do júri, ao final do processo. Acreditamos assim que deve ser viabilizado o manejo dos institutos despenalizadores dos juizados especiais, quais sejam, composição civil, transação penal e suspensão condicional do processo, além da eventual necessidade de representação, se a desclassificação se deu para o crime de lesão corporal culposa ou leve; (3) de condenação[110], quando o juiz deverá narrar o julgamento pelos jurados e, em seguida, aplicar e dosar a pena, justificando a decretação ou a manutenção da prisão, se presentes os requisitos da prisão preventiva (art. 492, I, "e", CPP).

A decisão no júri é subjetivamente complexa, pois cabe ao juiz presidente elaborar a sentença de acordo com a votação efetuada pelos jurados, sendo decisão de um órgão colegiado heterogêneo. Acabada a sentença, todos voltarão ao plenário, onde esta será lida pelo juiz, saindo as partes já intimadas para apresentação de eventual recurso, encerrando-se a sessão de julgamento (art. 493, CPP).

4.16. Recurso e anulação parcial do julgamento do júri

O recurso de apelação contra as decisões do júri está capitulado no art. 593, III, do Código de Processo Penal.

Para viabilizar seu manejo, há necessidade de se consignar em ata todas as ocorrências havidas durante a sessão de julgamento, para fins de documentação e controle pela via impugnativa.

As hipóteses de apelação são objeto de análise no capítulo XIV, sobre recursos. Estão alinhadas nas alíneas, do referido inciso III, do art. 593, do CPP. Nesses termos, cabe apelação contra as decisões do tribunal do júri quando: (a) ocorrer nulidade posterior à pronúncia; (b) for a sentença do juiz-presidente contrária à lei expressa ou à decisão

109. NUCCI, Guilherme de Souza. *Manual de processo penal e execução penal*. 3. ed. São Paulo: RT, 2007. p. 760-761.

110. Diminuindo, indevidamente, a abrangência do postulado da presunção da inocência, a Primeira Turma do STF, deliberou que "nas condenações pelo tribunal do júri não é necessário aguardar julgamento de recurso em segundo grau de jurisdição para a execução da pena". No caso concreto, aduziu que "as decisões do tribunal do júri são soberanas. Por isso, o tribunal de justiça pode, eventualmente, anulá-las, mas não pode substituí-las". Entretanto, a hipótese se referira a *habeas corpus* manejado contra decisão de segunda instância que confirmou condenação por homicídio tentado e, de outro lado, determinou novo júri por outro homicídio, conexo, na forma consumada (STF – Primeira Turma – HC 140449/RJ, rel. orig. Min. Marco Aurélio, red. p/ o ac. Min. Roberto Barroso, julgamento em 6.11.2018.).

dos jurados; (c) houver erro ou injustiça no tocante à aplicação da pena ou da medida de segurança; ou (d) for a decisão dos jurados manifestamente contrária à prova dos autos.

A apelação, portanto, pode se dirigir contra:

(1) a sentença do juiz presidente que, por exemplo, cometeu equívoco quanto à dosimetria da pena (hipótese que pode haver reforma parcial da sentença e que não macula o julgamento feito pelos jurados);

(2) a decisão dos jurados, quando poderá haver nulidade do julgamento e sua invalidação, para que outro seja realizado. Como exemplo, teríamos a falta de quesito obrigatório ou a contradição de quesitos e respostas.

Surge a questão: é possível a invalidação parcial do julgamento realizado pelos jurados?

Note-se que a indagação é referente ao veredicto dos jurados, consubstanciado nas respostas aos quesitos apresentados. Daí ser necessário distinguir.

Deve ser anulado o julgamento de forma total quando houver vício da quesitação relativa ao único réu processado por um único delito doloso contra a vida (contradição, mal formulação ou ausência de quesito). Em outras palavras, não é possível a designação de novo júri para, por exemplo, apreciar unicamente quesito sobre a qualificadora ou a causa especial de aumento ou de diminuição do delito. Na hipótese, haveria um júri tolhido. Se houver vício de julgamento relativamente a um fato delituoso, devem ser devolvidos todos os aspectos da infração penal, sendo incabível a apreciação parcial dos fatos.

O STJ tem precedentes reiterados nesse sentido[111].

Cuidando-se de um único réu contra o qual foi imputado crimes conexos, é admissível a anulação parcial do julgamento, quando a cisão não implicar limitação à cognição do fato devolvido aos jurados. De tal modo, é possível que o júri julgue, em um segundo júri, um delito que não seja doloso contra a vida. Tal pode ocorrer quando o júri, por exemplo, absolver o réu pelo crime doloso contra a vida e o condenar pelo crime conexo. Havendo apelação do acusado com base em ter sido o julgamento do crime conexo manifestamente contrário à prova dos autos, a absolvição pelo crime doloso contra a vida deve ser mantida, eis que transitada em julgado. O novo júri, quando provida a apelação interposta exclusivamente pelo réu, deve se restringir ao crime conexo, cujo julgamento pelo primeiro júri tenha se dado em descompasso frontal com as provas dos autos[112]. Também é possível a anulação parcial do julgamento quando tal se reportar a um dos réus. É o caso de apelação que só acolhe a pretensão do autor intelectual de crime de homicídio, mantendo, no mais, o julgamento do corréu.

111. STJ – HC 321.872/RO – Quinta Turma – Rel. Rel. Ministro Leopoldo de Arruda Raposo (Desembargador Convocado do TJPE) – julgado em 20/08/2015 – DJe 01/09/2015. Colhe-se da ementa desse julgado que "não é possível a anulação parcial do julgamento proferido pelo Tribunal do Júri, sendo que o reconhecimento de que a decisão dos jurados foi manifestamente contrária à prova dos autos implica a submissão da íntegra dos fatos à nova apreciação do Conselho de Sentença".

112. Luís Fernando de Moraes Manzano esclarece que quando o tribunal, apreciando apelação contra decisão dos jurados, dá provimento ao recurso do réu somente quanto ao delito conexo daquele outro doloso contra a vida, como por exemplo, um estupro conexo ao homicídio, depois de "nulificado parcialmente o julgamento do Júri, o acusado voltará a ser julgado pelo Tribunal Popular somente em relação ao estupro". Tal pode ocorrer "porque firmada a competência do Júri pela conexão, ela perdura até o final, ainda que, no curso processual, venha o réu a ser absolvido pela infração originária" (MANZANO, Luís Fernando de Moraes. *Curso de processo penal*. 3. ed. São Paulo: Atlas, 2013. p. 274).

O STF tem precedente admitindo a anulação parcial das decisões dos jurados quando existe mais de uma série de quesitos formulados aos jurados (mais de um crime e/ou mais de um réu)[113].

5. PROCEDIMENTO ESPECIAL DOS CRIMES MILITARES

Para a definição da aplicação do rito especial previsto no Código de Processo Penal Militar, é importante antes aferir se o fato imputado é crime militar. Os crimes militares podem ser propriamente militares ou impropriamente militares. São crimes propriamente militares aqueles cuja definição típica só é encontrada no Código Penal Militar[114]. De outro lado, são crimes militares impróprios os que são previstos no Código Penal Militar e encontram igual contorno típico no Código Penal Comum. A primeira ilação que se tem é que para que um crime seja considerado militar em sentido largo ele tem que restar tipificado no Código Penal Militar. Se o fato delituoso não estiver ali estatuído, está descartado o seu enquadramento como infração penal militar e, de conseguinte, estará alijado o procedimento especial traçado no Código de Processo Penal Militar.

A Constituição do Brasil trata de forma diferente os crimes militares de competência da Justiça Militar da União dos crimes militares de competência da Justiça Militar dos Estados. Crime militar federal pode ter como sujeito ativo não só os membros das forças armadas, mas também o civil. Já o crime militar de competência da Justiça Militar estadual só pode ser cometido por policial militar ou bombeiro militar. A distinção é inferida do cotejo dos artigos 124 e 125, § 4º, da Constituição de 1988.

Com efeito, o art. 124, ***caput***, reza que "à Justiça Militar compete processar e julgar os crimes militares definidos em lei", não restringindo o sujeito ativo do crime ou a qualidade da pessoa sobre a qual recai sua jurisdição. Já o § 4º, do art. 125, preconiza que "compete à Justiça Militar estadual processar e julgar os militares dos Estados, nos crimes militares definidos em lei e as ações judiciais contra atos disciplinares militares, ressalvada a competência do júri quando a vítima for civil, cabendo ao tribunal competente decidir sobre a perda do posto e da patente dos oficiais e da graduação das praças".

Note-se que só o militar estadual - policial ou bombeiro militar - está sujeito à jurisdição militar estadual. O civil não responde por crime definido na lei penal militar perante a Justiça Militar dos Estados, podendo ser responsabilizado perante o juízo criminal comum estadual se o fato definido como crime encontrar tipificação em lei diversa daquela. Diferentemente, a Justiça Militar da União julga tanto civis quanto militares das forças armadas.

De outra vertente, a Constituição Federal ressalva expressamente que os crimes dolosos contra a vida de civil cometidos por militares em serviço devem ser julgados pelo tribunal popular. A competência será da Justiça Militar, todavia, se o homicídio doloso contra a vida de civil for cometido em ação militar realizada contra aeronave que se encontre em

113. Nessa linha, ficou consignado pela Suprema Corte que, na hipótese de concurso material de crimes contra a vida julgados pelo Júri, o "vício restrito ao questionário relativo a um dos crimes, autoriza concluir pela "validade da anulação parcial do julgamento". (STF – Primeira Turma – HC 68069 – Relator: Ministro Sepúlveda Pertence – julgado em 28/08/1990 – DJ 21-09-1990).

114. LOUREIRO NETO, Jose da Silva. *Direito penal militar*. São Paulo: Atlas, 1993. p. 35.

contexto descrito no artigo 303, do Código Brasileiro de Aeronáutica (Lei nº 7.565/1986), em compasso com redação vigente do parágrafo único, do art. 9º, do Código Penal Militar, estipulada pela Lei nº 12.432/2011.

Ainda para a definição do que seja crime militar, deve-se ter em vista os enunciados normativos dos artigos 9º e 10, do Código Penal Militar, que averbam os critérios para se compreender um fato como crime militar em tempo de paz ou como crime militar em tempo de guerra. Com esses cuidados, será possível observar o rito da lei processual penal militar sem que se resvale em invalidade processual, mormente levando em consideração que competência em matéria penal é de natureza absoluta e que o desrespeito às suas regras é causa de nulidade.

Sobre a competência da Justiça Militar, remetemos o leitor ao Capítulo V (jurisdição e competência), a partir do item 2.3.3, onde estudamos de forma analítica as especificidades daquele assunto.

O Código de Processo Penal Militar, disposto pelo Decreto-lei nº 1.002, de 21 de outubro de 1969, tem 718 artigos e entrou em vigor em 1º de janeiro de 1970. É um Código mais recente que o Código de 1940, com maior sistematização e com princípios próprios.

Em regra, não cabe aplicação de legislação processual penal comum ao processo penal militar, eis que tem índole própria, específica. Exemplo dessa ilação é o disposto no art. 90-A, da Lei nº 9.099/1995, que dispôs, diante das divergências jurisprudenciais da época de sua edição, que aquele diploma legislativo não se aplica no âmbito da Justiça Militar. Excepcionalmente, todavia, pode haver aplicação subsidiária de qualquer outro diploma legislativo processual penal comum, em face do que dispõe o CPPM:

> Art. 3º Os casos omissos neste Código serão supridos: a) pela legislação de processo penal comum, quando aplicável ao caso concreto e sem prejuízo da índole do processo penal militar.

O Código de Processo Penal Militar contém enunciados que disciplinam sua aplicação, a polícia judiciária militar, o inquérito policial militar (fase pré-processual) e o processo penal militar (com previsão de seu sistema de nulidades e recursos).

O inquérito policial militar – que não é indispensável (art. 28, CPPM) – é presidido por um oficial da ativa, denominado encarregado, nos termos do art. 7º e seus parágrafos, do Código de Processo Penal Militar, que prevê a atribuição do exercício da polícia judiciária militar pelos comandantes, diretores e chefes que arrola, com possibilidade de delegação. O que rege a apuração é que o oficial encarregado deve ser de posto superior ao indiciado ou mais antigo em sendo do mesmo posto. O critério de antiguidade não prevalece se o indiciado for oficial da reserva ou reformado. Toda vez que no curso do inquérito policial militar o encarregado constatar indício de cometimento de crime militar por oficial superior ao seu posto ou de posto igual, porém mais antigo e do serviço ativo, deve tomar as providências para que suas atribuições sejam delegadas a outro oficial (§ 5º, do art. 10, CPPM).

O prazo para a conclusão do inquérito policial militar é de vinte dias, se o indiciado estiver preso, ou de quarenta dias se o indiciado estiver solto (art. 20, CPPM), podendo este último prazo, justificadamente (§ 1º, art. 20, CPPM), ser prorrogado por mais vinte dias pela autoridade militar superior. Naturalmente, constatando o encarregado a existência de indícios de crime comum, comunicará o fato à autoridade policial competente, com extração das cópias pertinentes. De maneira semelhante, se houver indicativo de ato infracional imputado a criança ou adolescente, remeterá cópias ao juízo da infância e da juventude.

Os autos do inquérito policial militar não podem ser arquivados pelo encarregado. Não podem ser arquivados no âmbito das unidades militares. É obrigatória a sua remessa às auditorias militares com competência para apreciação do fato delituoso militar. O arquivamento se dá, tal como ocorre no inquérito regido pelo CPP, mediante requerimento do membro do Ministério Público Militar (§ 2º, art. 25, CPPM) e decisão fundamentada do juiz de direito do juízo militar (no âmbito estadual) ou do juiz federal da Justiça Militar da União.

Concluído o inquérito policial militar, com o relatório circunstanciado de que trata o art. 22, CPPM, e não entendendo necessárias diligências esclarecedoras, o Ministério Público Militar oferecerá denúncia quando verificar "prova de fato que, em tese, constitua crime" e "indícios de autoria", ou seja, toda vez que se deparar com suporte probatório mínimo da existência de delito militar, com viabilidade de acusação, tem incidência o princípio da obrigatoriedade e o membro do Ministério Público Militar deverá iniciar a ação penal. A ação penal, para todo e qualquer crime militar – mesmo aqueles que ofendam a honra de superior como a injúria do art. 216, CPM, por exemplo –, é pública incondicionada, iniciada, portanto, exclusivamente por denúncia. A denúncia conterá um rol de até seis testemunhas, que poderá ser dispensado se bastar a prova documental para a comprovação do fato delituoso.

Não há previsão de ação penal pública condicionada à representação ou de ação penal privada no Código Penal Militar ou no Código de Processo Penal Militar. Todavia, existe previsão de ação penal pública condicionada à requisição pelo procurador-geral da Justiça Militar, pelo Ministério da Defesa ou pelo Comando a que o agente estiver subordinado, relativamente aos crimes previstos nos artigos 136-141, do Código Penal Militar.

Por força da garantia constitucional do inciso LIX, do art. 5º, da Constituição do Brasil, "será admitida ação privada nos crimes de ação pública, se esta não for intentada no prazo legal". Vale dizer, se a ação penal pública incondicionada por crime militar não for ajuizada, o ofendido poderá ingressar com queixa-crime subsidiária perante o juízo militar competente.

Outrossim, para aqueles crimes que afetam mais de perto o sujeito passivo em razão da função pública militar que exerce – os crimes que atingem sua honra ***propter officio*** – é de se entender, não obstante a ausência de previsão legal, pela admissibilidade de oferecimento de ação penal privada de forma concorrente com a viabilidade de ação penal pública incondicionada, na esteira, inclusive, da jurisprudência do Supremo Tribunal Federal no tocante aos crimes comuns contra a honra (súmula nº 714, STF).

Antes de ingressar no procedimento propriamente dito, impende deixar bem vincada a alteração constitucional que bipartiu o rito único de julgamento dos crimes militares perante o juízo militar estadual de primeiro grau. A bifurcação da competência foi estendida à Justiça Militar da União, dividindo a competência para julgar delitos em monocrática (do juiz federal militar) e colegiada (dos conselhos), tal como se depreende do art. 30, da Lei nº 8.457/2018, com redação dada pela Lei nº 13.774/2018.

Portanto, as auditorias militares podem funcionar como órgãos singulares (quando o fato é atribuído à competência do juiz de direito do juízo militar ou do juiz federal da Justiça Militar da União) ou colegiados, que são os conselhos permanentes de justiça (que julgam as praças) e os conselhos especiais de justiça (que julgam os oficiais). A composição desses conselhos é de cinco membros: um juiz de direito do juízo militar (no âmbito estadual) ou um juiz federal da Justiça Militar da União (civil concursado para provimento desse cargo ou juiz de direito que o exerce dentro do quadro de cargos de juízes estaduais) e quatro militares que são sempre oficiais, sorteados para o exercício de um mandato de três meses, sendo vedada recondução para o trimestre subsequente. Os membros do conselho especial de justiça – que julga o acusado oficial – não podem ser de posto inferior do réu ou menos antigo que o oficial da ativa que está sendo processado.

O processamento e julgamento dos crimes militares estaduais não se darão incondicionalmente perante os conselhos permanentes e especiais de justiça. Se houver vítima civil, a competência é do juiz de direito (ou juiz de direito do juízo no Estado onde existir o quadro), que funcionará singularmente, subscrevendo todos os atos judiciais sem a participação dos demais membros do Conselho de Justiça. Os conselhos permanente e especial de justiça, no âmbito estadual, serão presididos pelo juiz togado (civil) e não mais pelo oficial mais antigo. Ao Conselho de Justiça competirá o processamento e julgamento dos crimes militares que não tenham como sujeito passivo um civil. Com essas distinções, vê-se que os atos processuais ocorrerão, a depender da fixação da competência de tais órgãos da auditoria militar estadual, perante o juiz singular ou perante o Conselho de Justiça.

De maneira análoga tal também ocorre na esfera da Justiça Militar da União. Deveras, ao juiz federal da Justiça Militar da União compete processar e julgar, monocraticamente: (a) os civis incursos em crime militar, tal como definido nos incisos I e III, do art. 9º, do CPM; e (b) os militares quando estes forem acusados juntamente com aqueles no mesmo processo. No que toca aos Conselhos Permanente e Especial, haverá competência residual, relativamente à competência específica do juiz federal militar, de tal forma que competirá aos conselhos processar e julgar apenas militares (não os civis ou militares acusados juntamente com civis), nos delitos definidos na legislação penal militar.

Assentadas essas premissas necessárias ao entendimento do rito do Código de Processo Penal Militar, retoma-se a exposição do procedimento a partir do recebimento da denúncia, ato praticado singularmente pelo juiz togado, independentemente de ser o processo de competência exclusiva dele ou do Conselho de Justiça. Recebida a denúncia, o juiz de direito do juízo militar ou um juiz federal da Justiça Militar da União providenciará o sorteio do conselho especial ou permanente e designará dia para a sua instalação, determinando a citação do acusado para responder ao processo, com a designação de interrogatório (realizado perante o juiz de direito do juízo militar, pelo juiz federal militar ou perante o conselho competente). O interrogatório deve ser realizado ao final do procedimento[115], com o objetivo de outorgar maior amplitude de defesa ao réu, mesmo nos procedimentos especiais, na esteira de decisão do Pleno do STF[116]. Não há que se falar em defesa prévia no âmbito do processo penal militar, podendo a defesa oferecer testemunhas (art. 348, CPPM), em número de seis por acusado. O prazo para a conclusão da instrução criminal é de cinquenta dias, se preso o acusado, e de noventa dias, se solto, consoante expressa previsão do art. 390, CPPM, com possibilidade de sua suspensão justificada.

O rito prossegue com a designação de audiência para inquirição das testemunhas perante o juiz ou o conselho competente, conforme o caso, sendo ouvidas, primeiro, as arroladas pela acusação e, depois, as indicadas pela defesa (art. 417, CPPM). Todos podem formular reperguntas, inclusive os membros do conselho de justiça, sendo sempre, todavia, por intermédio do juiz federal da Justiça Militar ou juiz de direito do juízo militar (art. 418, CPPM), de tudo se consignando em ata. Após a oitiva das testemunhas, o juiz federal da Justiça Militar ou juiz de direito do juízo militar determinará vista dos autos em cartório às partes pelo prazo comum de cinco dias para, querendo, requererem diligências (art. 427, CPPM). Não havendo diligências ou sendo estas cumpridas, o juiz federal da Justiça Militar ou juiz de direito do juízo militar ordenará vista às partes pelo prazo sucessivo de oito dias, primeiro ao Ministério Público Militar, seguido pela defesa do acusado. Existindo assistente constituído nos autos até o encerramento da instrução criminal, dar-se-á a ele vista destes, se o requerer, por cinco dias. Esses prazos de vista serão unificados e aumentados para doze dias, correndo em cartório de forma comum, se ao processo responderem mais de cinco acusados com diferentes procuradores (art. 428, § 1º, CPPM).

Ao final – e de tudo certificando o escrivão –, será designada sessão para julgamento e sentença, reunindo-se o Conselho de Justiça, exceto nos casos de julgamento pelo juiz de direito do juízo militar ou um juiz federal da Justiça Militar da União de forma singular. A sessão é declarada aberta pelo presidente do Conselho (que será o juiz de direito do juízo militar ou o juiz federal militar), mandando ser apresentado o acusado e ordenando que o escrivão proceda à leitura das peças do processo elencadas no art. 432, CPPM. Após, ocorrerão os debates (art. 433, CPPM): é dada a palavra, para a sustentação oral, em primeiro lugar ao membro do Ministério Público Militar, em seguida, ao assistente (se houver) e, por derradeiro, ao defensor ou defensores. O tempo de sustentação é de até três horas cada parte, acusação e defesa, com a possibilidade de réplica pela acusação e tréplica para a defesa pelo período máximo de uma hora para cada. Já o assistente da acusação disporá de metade do tempo dado ao Ministério Público. Se o advogado estiver defendendo mais de um acusado, seu tempo de sustentação será acrescido de uma hora. De outro lado, o Código prevê que se os acusados excederem a dez, cada advogado disporá de uma hora para a defesa de cada um, se não se utilizar do acréscimo de uma hora para a defesa de mais de um réu, não podendo o tempo total exceder a seis horas. Daí que o

115. Diferentemente e posteriormente à decisão do Plenário do STF, contudo, foi dito pela Primeira Turma que, "ante o princípio da especialidade, o disposto do art. 400 do CPP não se aplica ao processo-crime militar", diante da arguição de "nulidade processual decorrente da inversão da ordem dos interrogatórios" (HC 132847/MS, rel. Min. Marco Aurélio, julgamento em 26.6.2018 – Informativo nº 908, de 25 a 29 de junho de 2018.

116. STF – Pleno – HC nº 127.900/AM – Rel. Min. Dias Toffoli – DJe 3/8/2016.

presidente do conselho poderá fixar o prazo para a melhor distribuição do tempo a ser utilizado pela defesa.

Após os debates, segue-se o julgamento com a votação aberta e motivada dos membros do conselho, votando primeiro o juiz de direito do juízo militar ou um juiz federal da Justiça Militar da União. É possível ao conselho permanente ou especial de justiça invocar a ***emendatio libelli*** ou ***mutatio libelli*** – esta última se realizada oportunamente, com expressa descrição em sede de alegações finais escritas pelo Ministério Público –, bem como decidir pela condenação mesmo se o ***Parquet*** tiver se pronunciado pela absolvição (art. 437, CPPM).

Ao término da votação de cada um dos juízes do Conselho de Justiça, a sentença será lavrada pelo juiz togado, com os requisitos do art. 438, inclusive com "a data e as assinaturas dos juízes do Conselho de Justiça, a começar pelo presidente e por ordem de hierarquia e declaração dos respectivos postos, encerrando-as o juiz de direito do juízo militar ou um juiz federal da Justiça Militar da União " (alínea "e").

6. QUADRO SINÓTICO

CAPÍTULO XIII – PROCEDIMENTOS	
CONSIDERAÇÕES GERAIS	
Processo se distingue de procedimento. Procedimento é a sucessão de atos realizados nos termos do que preconiza a legislação. Já o processo é o conjunto, isto é a concatenação dos atos procedimentais. Registre-se que o CPP não é preciso nessa distinção, dele constando a divisão dos "processos em espécie" em "processo comum" e "processos especiais".	1
PROCEDIMENTO COMUM	
O procedimento comum é a regra, aplicando-se a todos os processos, salvo disposição legislativa em contrário. Na esfera do procedimento comum, serão encontradas três categorias de procedimentos (§ 1º): (1) procedimento comum ordinário; (2) procedimento comum sumário; e, (3) procedimento comum sumarissimo. A definição da categoria do rito comum terá como parâmetro a pena máxima cominada abstratamente ao crime (art. 394, § 1º, CPP). O procedimento comum será: (1) ordinário, quando tiver por objeto crime cuja sanção máxima cominada for igual ou superior a 4 (quatro) anos de pena privativa de liberdade (inciso I); (2) sumário, quando tiver por objeto crime cuja sanção máxima cominada seja inferior a 4 (quatro) anos de pena privativa de liberdade (inciso II); (3) sumaríssimo, para as infrações penais de menor potencial ofensivo, que, em regra, são aquelas cuja pena máxima abstrata não excede 2 (dois) anos, além das contravenções penais. Perceba que a pena de multa, nestas hipóteses, é indiferente para a aferição do tipo de procedimento, que é definido pela pena privativa de liberdade em abstrato. As disposições pertinentes ao procedimento comum, dispostas nos artigos 395 a 398, CPP, são aplicáveis aos procedimentos penais de primeiro grau, já que legislação especial rege o processamento criminal nos tribunais. Não obstante, naquilo que for omissa a legislação especial do procedimento criminal perante os tribunais, tem aplicação as disposições do CPP, a exemplo da fase de absolvição sumária.	2

<table>
<tr><th colspan="3">CAPÍTULO XIII – PROCEDIMENTOS</th></tr>
<tr><th colspan="3">Procedimento comum ordinário (artigos 394 a 405, CPP)</th></tr>
<tr><td colspan="2">Sequência:
(1) remessa e distribuição do IP ao Judiciário. Em alguns estados, como visto no Capítulo II, a remessa é feita à Central de Inquérito;
(2) oferecimento da inicial acusatória;
(3) recebimento ou rejeição da denúncia ou da queixa-crime;
(4) recebida a inicial será determinada a citação do acusado para responder a demanda em 10 dias;
(5) resposta à acusação: em 10 dias. No caso de o acusado ser citado por edital, o prazo começa a fluir do seu comparecimento pessoal ou do seu defensor constituído, caso o prazo editalício transcorra *in albis*. Não comparecendo, nem constituindo defensor, suspende-se o processo e a prescrição. Se, citado por hora certa ou pessoalmente, não apresentar resposta, o juiz nomeará defensor para oferecê-la;
(6) manifestação da parte contrária (querelante ou Ministério Público) em 5 dias, sobre preliminares e documentos apresentados na resposta;
(7) audiência de instrução e julgamento, a ser realizada no prazo máximo de 60 dias, quando devem estar concluídas as diligências requeridas pelas partes. Na audiência serão realizados os seguintes atos processuais, nesta ordem: declarações do ofendido; inquirição das testemunhas arroladas pela acusação e pela defesa; esclarecimentos dos peritos; acareações; reconhecimento de pessoas e coisas; interrogatório do acusado; requerimento de diligências (surgida a necessidade na audiência); alegações finais orais (debates), se não requeridas diligências ou se indeferidas; sentença;
(8) diligências (necessidade surgida na audiência, se deferidas);
(9) em situação de complexidade, serão apresentados memoriais em cinco dias;
10º) sendo apresentados memoriais, a sentença será prolatada em 10 dias.
Observação: A regra é que a denúncia deve ter seus requisitos aferidos em momento anterior à citação, consoante entendimento consolidado dos tribunais superiores. Contudo, o STJ firmou entendimento no sentido de que é possível que sejam reexaminados os requisitos da petição acusatória após a resposta preliminar à acusação, com condução ao encerramento do processo penal sem resolução de mérito, com esteio em aplicação analógica do art. 485, § 3º, do CPC/2015. Na oportunidade, a Corte Superior explicitou que o fato de a denúncia já ter sido recebida (precariamente) não impede o Juízo de primeiro grau de, logo após a apresentação da resposta do acusado, prevista nos artigos 396 e 396-A do Código de Processo Penal, reconsiderar a anterior decisão e rejeitar a peça acusatória, ao constatar a presença de uma das hipóteses elencadas nos incisos do art. 395 do Código de Processo Penal, levantadas pela defesa. Isso porque as matérias numeradas no art. 395 do Código de Processo Penal dizem respeito a condições da ação e pressupostos processuais, cuja aferição não está sujeita à preclusão (art. 485, § 3º, do CPC/2015 c/c o art. 3º do CPP).</td><td>**2.1**</td></tr>
<tr><th colspan="3">Questões complementares</th></tr>
<tr><td>**Natureza jurídica e efeitos do recebimento da petição inicial**</td><td>Acreditamos que o recebimento da denúncia ou queixa é verdadeira decisão judicial interlocutória, a merecer argumentação (art. 93, IX, CF). Deve o juiz demonstrar por que recebeu a inicial, e isso se deve quando ele se convence que os requisitos de admissibilidade da demanda estão presentes (artigos 41 e 395, CPP).</td><td>**2.1.1.1**</td></tr>
</table>

CAPÍTULO XIII – PROCEDIMENTOS		
Interrogatório: renovação e momento processual	Para os casos de interrogatório realizado no curso do procedimento comum ordinário ou sumário, antes da regência da Lei 11.719/2008, não é necessária sua renovação. Incide à hipótese o princípio da aplicação imediata da lei processual penal (*tempus regit actum*), sendo aquele ato perfeito. Após a vigência daquele diploma legal, se o interrogatório for antecipado, haverá violação grave ao procedimento e ao princípio da ampla defesa. O STJ se posiciona no sentido de nulificar o interrogatório realizado no início do procedimento, depois da vigência daquele diploma alterador do CPP. Por outro lado, o STJ vem reiterando antigo entendimento de que o interrogatório determinado como primeiro ato por leis que traçam procedimentos especiais, permanecem sendo aplicadas, não sendo o rito especial afastado pelo procedimento ordinário gizado no CPP. O STF, por sua vez, firmou entendimento diverso. Seguindo tendência de ampliar a incidência do rito ordinário aos procedimentos especiais, conferindo maior eficácia ao direito à ampla defesa e ao contraditório, deliberou que "a exigência de realização do interrogatório ao final da instrução criminal, conforme o art. 400 do CPP, é aplicável no âmbito de processo penal militar"	**2.1.1.2**
Testemunhas: número e método de inquirição	O número de testemunhas também é de até oito para cada acusado e para cada fato delituoso imputado. No número máximo de oito testemunhas não estão compreendidas as que não prestaram compromisso e as referidas. A oitiva das testemunhas arroladas pela acusação precede à das testemunhas arroladas pela defesa, entretanto, as partes formularão as perguntas diretamente (*direct examination* e *cross-examination*), cabendo ao juiz ao final, "tão somente a complementação da inquirição sobre pontos não esclarecidos". Caso ocorra inversão, haverá nulidade absoluta do ato probatório em razão da ofensa ao princípio acusatório e da necessidade de preservar a imparcialidade do juízo. O STF, contudo, relativiza tal vício, averbando que não tem a aptidão de inquinar de nulidade o ato ou a ação penal.	**2.1.1.3**
Defesa preliminar	A ausência da resposta preliminar é passível de reconhecimento de nulidade absoluta e, em acréscimo, poderá ser aplicada, em tese, multa de dez a cem salários mínimos, ao defensor que "abandonar o processo senão por motivo imperioso, comunicado previamente ao juiz", sem prejuízo de outras sanções que se mostrem cabíveis, a teor do art. 265, CPP. Furtando-se a defesa em apresentar a preliminar, deve o magistrado assim proceder: (1) Citação pessoal: cabe ao juiz decretar a revelia do réu, nomeando-lhe defensor para apresentar a defesa preliminar, com a devolução do prazo; (2) Citação por hora certa: o magistrado decretará a revelia, nomeando defensor para suprir a omissão, com a devolução do prazo; (3) Citação por edital: deve o magistrado, caso o réu não compareça e nem constitua advogado, suspender o processo e o prazo prescricional (art. 366, CPP).	**2.1.1.4**

<table>
<tr><th colspan="3">CAPÍTULO XIII – PROCEDIMENTOS</th></tr>
<tr><td>Debates orais e sentença</td><td>Vale notar que as alegações finais escritas, que eram apresentadas ao cabo da instrução, no prazo de cinco dias, foram suprimidas do rito pela reforma processual penal. Em lugar delas, no dia e ao final da audiência de instrução e julgamento, as partes oferecerão alegações finais orais, pelo tempo e na forma do art. 403, CPP. Tais debates são obrigatórios e a ausência deles pode ensejar nulidade insanável. Entrementes, o § 3º, do art. 403 autoriza ao juiz, "considerada a complexidade do caso ou o número de acusados, conceder às partes o prazo de 5 (cinco) dias sucessivamente para a apresentação de memoriais".</td><td>2.1.1.5</td></tr>
<tr><td>Tessitura principiológica</td><td>Com a nova roupagem procedimental, ressaltamos os seguintes princípios: o princípio da oralidade, notadamente quando se conclui que os debates orais passam a ser a regra, e os memoriais a exceção; o princípio da concentração, já que os atos de instrução estarão concentrados numa só audiência; o princípio da imediatidade, pois instrução probatória irá tramitar perante o juiz que preside o feito (princípio da identidade física do julgador).
O CPC/2015 tem regra que que autoriza concluir pela existência do princípio da identidade física do juiz. a ideia que subsiste é a de que o feito seja julgado pelo juiz que conduziu a instrução, só excepcionando a regra quando de afastamentos legais duradouros. Sendo o caso de afastamento temporário e de curta duração do magistrado, não estará configurada situação apta a obrigar que o juiz que o substituiu nesse interregno profira a sentença.</td><td>2.1.1.6</td></tr>
<tr><th colspan="3">Procedimento comum sumário (artigos 531 a 536, CPP)</th></tr>
<tr><td colspan="2">Sequência
1º) remessa e distribuição do IP ao Judiciário;
2º) oferecimento da inicial acusatória;
3º) recebimento ou rejeição da denúncia ou da queixa-crime;
4º) recebida a inicial será determinada a citação do acusado para responder a demanda em 10 dias;
5º) resposta à acusação: em 10 dias. No caso de acusado citado por edital, esse prazo começa a fluir do seu comparecimento pessoal ou de seu defensor constituído, caso o prazo editalício transcorra in albis. Não comparecendo, nem constituindo defensor, suspende-se o processo e a prescrição. Se citado por hora certa ou pessoalmente e não apresenta resposta, o juiz nomeará defensor para oferecê-la;
6º) possibilidade de absolvição sumária (julgamento antecipado do mérito), em razão da certeza quanto ao fato não constituir crime; presença de excludente de ilicitude, culpabilidade (salvo a inimputabilidade), e causa de extinção da punibilidade;
7º) audiência de instrução e julgamento, a ser realizada no prazo máximo de 30 dias, quando devem estar concluídas as diligências requeridas pelas partes.
Na audiência serão realizados os seguintes atos processuais, nesta ordem: declarações do ofendido; inquirição das testemunhas arroladas pela acusação e pela defesa; esclarecimentos dos peritos; acareações; reconhecimento de pessoas e coisas; interrogatório do acusado; alegações finais orais (debates); sentença.</td><td>2.2</td></tr>
</table>

CAPÍTULO XIII – PROCEDIMENTOS		
PROCEDIMENTO COMUM SUMARÍSSIMO (JUIZADOS ESPECIAIS CRIMINAIS – LEI Nº 9.099/1995)		
Fase preliminar/ Audiência preliminar	1º) lavratura de termo circunstanciado de ocorrência pela autoridade policial; 2º) encaminhamento do termo circunstanciado para o Juizado Especial; 3º) o juiz dará vista dos autos ao órgão do Ministério Público; 4º) audiência preliminar: presentes o autuado, vítima, respectivos advogados, responsável civil e o órgão do Ministério Público, o juiz estimulará a composição dos danos civis, isto é, sugerirá que as partes se conciliem, mediante indenização ou retratação formulada pelo autor do fato. Uma vez obtida a composição, será lavrado o acordo e homologado por sentença. 5º) Uma vez aceita a transação penal, o juiz, verificando a regularidade de sua propositura (autoria e materialidade delitiva), proferirá sentença homologatória. Entendia-se que a homologação impedia o oferecimento de denúncia ulterior, em caso de descumprimento da medida aplicada. A solução encontrada na praxe forense foi a dos juízes consignarem na sentença uma homologação condicional ao cumprimento da proposta fixada na transação aceita. Assim, se o acusado não cumpria a medida, o oferecimento de denúncia era admissível (em virtude do artifício da sentença homologatória condicionada). Atualmente esta prática caiu em desuso, já que, STF e o STJ (em decisão posterior) firmaram entendimento segundo o qual abre-se a possibilidade de propositura de nova denúncia uma vez descumpridas as cláusulas da transação penal. 6º) Cumprida a transação penal, será proferida sentença de extinção da punibilidade. 7º) Se o autuado recusar a proposta, ou se a mesma não tiver cabimento, e contra ele for oferecida denúncia oral – ou já constar queixa crime dos autos –, será designada nova audiência, de instrução e julgamento.	**2.3.2/ 2.3.3**
Procedimento sumaríssimo	1º) Ao acusado será entregue cópia da denúncia ou da queixa, ficando com ela citado e ciente da designação de audiência instrução e julgamento. Não comparecendo o autor do fato à audiência preliminar, terá que ser citado pessoalmente. Não sendo encontrado, os autos serão remetidos ao juízo comum, já que não tem cabimento a citação por edital. 2º) Na audiência de instrução e julgamento, o defensor do acusado poderá apresentar resposta à acusação, objetivando convencer o magistrado de que a inicial acusatória deve ser rejeitada. 3º) Rejeitada a denúncia, caberá apelação em dez dias, julgada pela Turma recursal. Uma vez recebida, se tiver sido oferecida suspensão condicional do processo, o acusado poderá aceitá-la ou recusá-la. Se aceita a suspensão, com o estabelecimento das condições legais e extralegais, o processo ficará suspenso pelo período de prova (de dois a quatro anos), findo o qual, sem revogação, será declarada extinta a punibilidade.	**2.3.4**

<table>
<tr><th colspan="3">CAPÍTULO XIII – PROCEDIMENTOS</th></tr>
<tr><td>Procedimento sumaríssimo</td><td>4º) Recebida a denúncia, sendo a defesa preliminar exitosa, é possível, em tese, por força do § 4º do art. 394 do CPP, que o magistrado absolva sumariamente o réu (art. 397, CPP). Não havendo absolvição sumária, será ouvida a vítima. Na sequência, serão ouvidas as testemunhas, a começar pelas arroladas pela acusação.
5º) Após a oitiva das testemunhas será o acusado interrogado. Em seguida, são iniciados os debates orais, com a sustentação do Ministério Público ou querelante e do defensor, pelo prazo que o juiz fixar. A sentença será proferida na própria audiência, podendo o juiz determinar a conclusão dos autos se, por motivo justificado, necessitar aprofundar sua cognição acerca do fato.
6º) Da sentença, caberá apelação, no prazo decenal, contados da ciência do Ministério Público ou da ciência do réu e do seu defensor, sendo o recorrido intimado para apresentar contrarrazões em dez dias.
7º) Da sessão de julgamento do apelo, as partes serão intimadas pela imprensa, ressalvados o Ministério Público e a Defensoria Pública que têm a prerrogativa de intimação pessoal.</td><td>2.3.4</td></tr>
<tr><th colspan="3">PROCEDIMENTOS ESPECIAIS</th></tr>
<tr><td colspan="2">São muitos os procedimentos especiais previstos nas leis processuais penais e no próprio Código de Processo Penal. Alguns ritos são tratados como especiais, por exemplo, quando se distinguem apenas por uma fase preliminar, que antecede o recebimento da denúncia, ou a partir do prazo concedido para as alegações finais. A diferença, por vezes, é tênue. Em outros casos, é verificada uma distinção em virtude de tramitar o processo em órgão colegiado.
Os parágrafos 2º, 4º e 5º do artigo 394 devem ser interpretados sistematicamente, a fim de colmatar as lacunas eventualmente existentes na disciplina de procedimento especial. O § 2º determina a aplicação do procedimento comum a todos os processos, salvo disposições em contrário do Código ou de lei especial. O § 4º prevê a aplicação dos fundamentos da rejeição da inicial, a defesa preliminar escrita e a possibilidade de julgamento antecipado do mérito a todos os processos que tramitam em primeiro grau, ainda que não regulados no CPP, enquanto o § 5º reza que se aplica "subsidiariamente aos procedimentos especial, sumário e sumaríssimo as disposições do procedimento ordinário", vale dizer, em todo e qualquer rito, havendo lacuna legislativa, o intérprete fará incidir os comandos correspondentes do procedimento comum ordinário.</td><td>3</td></tr>
<tr><th colspan="3">Crimes afiançáveis imputados a funcionário público</th></tr>
<tr><td colspan="2">Impende distinguir se o funcionário tem prerrogativa de função ou não. Se for o agente titular de cargo ou função com foro privilegiado, o processo deve correr perante tribunal, atendendo a normas específicas. Quando o funcionário não é titular de tal prerrogativa, a competência para processo e julgamento é do juiz de primeiro grau, aplicando-se os artigos 513 e seguintes do CPP.
A especialidade do rito aparecerá quando o crime imputado a funcionário público for afiançável.
Como regra, todo delito, em tese, é afiançável, de acordo com as disposições em vigor no CPP. Só não são afiançáveis os delitos com vedação constitucional ou legal, tais como os crimes hediondos, os equiparados a hediondo, o de racismo e aqueles cometidos por grupos armados, civis ou militares, contra a ordem constitucional e o Estado Democrático (art. 323, CPP). Por outro lado, há impedimento à concessão da fiança em alguns casos de delitos afiançáveis, toda vez que o agente estiver incurso em alguma das situações do art. 324, CPP, a saber: quebramento de fiança, prisão civil ou militar, ou quando presentes os requisitos da preventiva.</td><td>3.1</td></tr>
</table>

<table>
<tr><th colspan="3">CAPÍTULO XIII – PROCEDIMENTOS</th></tr>
<tr><td colspan="2">Em situação de crime afiançável imputado a funcionário público, o juiz, mandando autuar a denúncia ou queixa que esteja em sua devida forma, determinará a notificação do funcionário acusado para responder por escrito, no prazo de quinze dias, à imputação que lhe é feita. Note-se que essa resposta do agente antecede o recebimento da peça acusatória, podendo o funcionário alegar matéria preliminar e de mérito que tenham o condão de supedanear a rejeição da denúncia ou da queixa. De outro lado, se o juiz resolver pelo recebimento da denúncia ou da queixa, ordenará a citação do acusado, designando interrogatório, seguindo-se o rito comum ordinário, independente da quantidade de pena cominada.</td><td>3.1</td></tr>
<tr><td>Peculiaridades do procedimento</td><td>(1) Defesa preliminar: constitui-se em faculdade da defesa, sendo, contudo, a notificação para a sua apresentação obrigatória;
(2) Capacidade postulatória: não é exigida para apresentação da defesa preliminar;
(3) Perda da condição de funcionário público: acarreta a perda do direito à defesa preliminar;
(4) Concurso de infratores e de infrações: havendo mais de um réu, a defesa preliminar só será oportunizada àqueles que estejam na condição de funcionário público. Por seu turno, havendo concurso de crimes, sendo um funcional e outro não, entendemos que deve haver notificação para defesa preliminar em face de ambos.
(5) Efeitos da rejeição da inicial: prevalece a posição de que a rejeição tem força de decisão interlocutória terminativa.</td><td>3.1.1</td></tr>
<tr><td>Sequência</td><td>(1)remessa e distribuição do IP ao judiciário;
(2)oferecimento da inicial acusatória;
(3)notificação para defesa preliminar, a ser apresentada em 15 dias;
(4)rejeição ou recebimento da inicial, seguindo-se neste último caso o procedimento comum ordinário</td><td>3.1.2</td></tr>
<tr><th colspan="3">Crimes contra a honra</th></tr>
<tr><td colspan="2">Boa parte dos crimes contra a honra é regida pela lei dos juizados especiais, pois têm pena máxima não superior a dois anos. O regramento gizado nos artigos 519 e seguintes, CPP, persiste para o processo e julgamento dos crimes de calúnia, injúria e difamação, com tramitação perante o juiz de primeiro grau, caso se afastem dos juizados por algum motivo legal. Se o crime contra a honra for enquadrável na Lei de Imprensa, afasta-se a regra geral, incidindo a lei especial.
De acordo com o CPP, a tentativa conciliatória deverá preceder o recebimento da queixa, eis que se efetivando a queixa será arquivada.
Recebida a inicial acusatória, será determinada a citação do demandado (em audiência, se estiver presente, ou por mandado) para responder a acusação em dez dias, nos termos do art. 396, CPP. A exceção da verdade poderá ser oferecida, em especial nas hipóteses em que for admitida segundo o Código Penal. Quando oferecida a exceção da verdade ou da notoriedade do fato imputado, será dada oportunidade para o querelante apresentar contestação em dois dias, com a possibilidade de inquirição de testemunhas. Apresentada ou não a exceção, e com esses traços distintivos, o procedimento seguirá o rito comum ordinário.</td><td>3.2</td></tr>
</table>

<table>
<tr><th colspan="3">CAPÍTULO XIII – PROCEDIMENTOS</th></tr>
<tr><td>Sequência</td><td>(1) remessa e distribuição do IP ao judiciário;
(2) oferecimento da inicial acusatória;
(3) audiência de conciliação (crimes de ação privada);
(4) recebimento ou rejeição da denúncia ou da queixa-crime;
(5) citação;
(6) defesa preliminar e eventual exceção de verdade;
(7) contestação: em dois dias, podendo-se alterar ou complementar o rol de testemunhas;
(8) julgamento da exceção de verdade e possibilidade de absolvição sumária;
(9) segue-se os demais termos do procedimento comum sumário</td><td>3.2.1</td></tr>
<tr><th colspan="3">Procedimento especial para processamento dos crimes de drogas</th></tr>
<tr><td colspan="2">A Lei nº 11.343/2006 trouxe novas definições dos tipos penais e do procedimento especial para os crimes nela definidos. Os delitos de consumo de entorpecentes continuam, todavia, regidos pelo rito da Lei nº 9.099/1995, por serem de menor potencial ofensivo.

A lei traz prazo diferenciado para a conclusão do inquérito: 30 dias se o indiciado estiver preso e 90 dias se solto, que poderão ser duplicados pelo juiz, ouvido o MP.

O inquérito será encerrado com a elaboração de relatório fundamentado, que indique o porquê do enquadramento típico. Inovando, o legislador autoriza o delegado a continuar atuando mesmo encerrado o inquérito, no objetivo de realizar atos investigatórios aptos a melhor elucidar os fatos. Tais diligências não possuem prazo preestabelecido de duração, devendo ser remetidas ao juízo competente até três dias antes da audiência de instrução e julgamento. Encerrado o inquérito, com o respectivo relatório, os autos serão remetidos ao magistrado e, sendo os crimes tratados de ação pública incondicionada, remetidos ao MP, para que em 10 dias adote as providências cabíveis.

A fase processual tem particularidades traçadas pela Lei nº 11.343/2006, em seu art. 55 e parágrafos. A instrução criminal será iniciada após o recebimento da denúncia. A audiência de instrução e julgamento deve ser regida pela regra da concentração dos atos processuais, devendo ser realizada dentro dos trinta dias seguintes ao recebimento da peça acusatória, ressalvada a hipótese de dúvida quanto à dependência de drogas do acusado. Segundo a previsão legal, inicialmente será interrogado o acusado, em seguida ouvidas as testemunhas da acusação e da defesa, e, por fim, será dada a palavra, sucessivamente, ao representante do MP e ao defensor do acusado, para sustentação oral. Encerrados os debates, o juiz prolatará sentença imediatamente ou, não sendo possível, determinará a conclusão dos autos para proferi-la em dez dias.

Seguindo entendimento do Supremo Tribunal Federal, o Superior Tribunal de Justiça deliberou que "os procedimentos regidos por leis especiais devem observar, a partir da publicação da ata de julgamento do HC 127.900/AM do STF (11.03.2016), a regra disposta no art. 400 do CPP, cujo conteúdo determina ser o interrogatório o último ato da instrução criminal".

Postergando-se o interrogatório do acusado para o final do rito, primeiramente serão ouvidas as testemunhas. Após a conclusão da produção probatória, será dada a palavra, sucessivamente, ao representante do Ministério Público e ao defensor do acusado, para sustentação oral. Os debates podem substituídos por memoriais (art. 57, parágrafo único, Lei nº 11.343/2006).

Encerrados os debates, o juiz prolatará sentença imediatamente ou, não sendo possível, determinará a conclusão dos autos para proferi-la em dez dias (art. 58, caput, Lei nº 11.343/2006).</td><td>3.3</td></tr>
</table>

<table>
<tr><th colspan="3">CAPÍTULO XIII – PROCEDIMENTOS</th></tr>
<tr><td>Sequência</td><td>(1) remessa e distribuição do IP ao judiciário, sem prejuízo de diligências complementares da autoridade policial;
(2) o MP se manifesta em 10 dias: requerendo arquivamento, diligências, declinando da atribuição ou denunciando;
(3) o Juiz determina notificação para defesa preliminar, a ser apresentada em 10 dias. É de natureza obrigatória;
(4) possibilidade de diligências ex officio pelo juiz, em 10 dias;
(5) rejeição ou recebimento da inicial (em 5 dias), marcando-se audiência de instrução e julgamento para os próximos 30 dias, com a devida citação e notificações pertinentes. Suscitado incidente de dependência, o prazo para a audiência passa para 90 dias;
(6) nova defesa escrita, em dez dias, que antecede a possibilidade do julgamento antecipado da causa;
(7) as diligências complementares devem chegar aos autos até 3 dias antes da realização da audiência;
(8) audiência: oitiva das testemunhas; interrogatório (por aplicação do art. 400, CPP); debates orais, em 20 minutos, prorrogáveis por mais 10 (nada impede a substituição por memoriais);
(9) sentença: proferida na audiência, ou, conclusos os autos, em 10 dias.</td><td>3.3.1</td></tr>
<tr><th colspan="3">Procedimento especial para os crimes falimentares</th></tr>
<tr><td colspan="2">A Lei nº 11.101, de 9 de fevereiro de 2005 passou a regular integralmente a matéria atinente à recuperação judicial, à extrajudicial e à falência do empresário e da sociedade empresária. Os crimes previstos nesta lei são de ação penal pública incondicionada e seu julgamento compete ao juízo penal da jurisdição onde tenha sido decretada a falência, concedida a recuperação judicial ou homologado o plano de recuperação extrajudicial. A nova lei prevê a possibilidade de ação penal subsidiária da pública, com prazo decadencial de seis meses, a ser exercida por qualquer credor habilitado ou pelo administrador judicial. Sem embargo, o princípio da obrigatoriedade da ação penal é sufragado no art. 187. A nova lei não disciplina o inquérito judicial, que acabou sendo proscrito do ordenamento jurídico.

A atribuição investigativa dos crimes, sejam ou não falimentares, é da polícia judiciária, não sendo eliminada a possibilidade de oferecimento da ação penal pelo Ministério Público. A denúncia será oferecida em 5 dias, se o infrator estiver preso, ou em 15, se solto estiver. Apesar da competência para apreciar a admissibilidade da inicial acusatória e prosseguir nos demais termos do processo criminal ser do juízo penal territorialmente competente, admite-se que o juiz da falência, por ocasião da decretação da mesma, determine a prisão preventiva do falido ou de seus administradores.

No mais, determina o art. 185 da Lei nº 11.101/2005 que uma vez recebida a denúncia ou a queixa, segue-se o procedimento comum sumário, mesmo que o crime seja apenado com reclusão.</td><td>3.4</td></tr>
</table>

CAPÍTULO XIII – PROCEDIMENTOS		
Outros procedimentos especiais		
Procedimento criminal da ação penal originária dos tribunais	Nos termos da Lei nº 8.038/1990, nos crimes de ação penal pública de competência do STF ou do STJ, aplicável também aos tribunais estaduais e regionais, se o indiciado estiver solto, "o Ministério Público terá o prazo de 15 (quinze) dias para oferecer denúncia ou pedir arquivamento do inquérito ou das peças informativas" (art. 1º, *caput*), podendo haver deferimento de diligências complementares pelo relator, com a interrupção desse prazo. Porém, se o agente estiver preso, o prazo para ajuizamento "da denúncia será de 5 (cinco) dias" (art. 1º, § 2º, "a"). O relator (juiz da instrução) poderá (1) ordenar o arquivamento do inquérito ou de peças de informação, quando o requerer o Ministério Público, ou submeter o requerimento à decisão competente do Tribunal; (2) decretar a extinção da punibilidade, nos casos previstos em lei; e (3) convocar desembargadores de Turmas Criminais dos Tribunais de Justiça ou dos Tribunais Regionais Federais, bem como magistrados de varas criminais da Justiça dos Estados e da Justiça Federal, pelo período de seis meses, prorrogável por igual prazo, até o máximo de dois anos, para a realização do interrogatório e de outros atos da instrução, na sede do tribunal ou no local onde se deva produzir o ato. Oferecida a denúncia ou a queixa ao Tribunal, será notificado o acusado para oferecer resposta no prazo de quinze dias. Ato contínuo, o relator pedirá dia para que o Tribunal delibere sobre o recebimento, a rejeição da denúncia ou da queixa, ou a improcedência da acusação, se a decisão não depender de outras provas. Uma vez recebida a petição inicial acusatória, o relator designará dia e hora para o interrogatório, mandando citar o acusado ou querelado e intimar o órgão do Ministério Público, bem como o querelante ou o assistente, se for o caso. A defesa prévia poderá ser oferecida em cinco dias. Após a oitiva das testemunhas, serão as partes intimadas para, em cinco dias, requererem diligências. Em seguida, serão intimadas a acusação e a defesa para, sucessivamente, apresentarem, no prazo de 15 (quinze) dias, alegações escritas. Terminada a instrução, o Tribunal procederá ao julgamento, na forma determinada pelo regimento interno.	**3.5.1**
Procedimentos para os crimes contra a propriedade imaterial	O rito para os crimes contra a propriedade imaterial está disposto nos artigos 524 a 530-I, CPP. Nota-se uma especial preocupação legislativa nessa esfera, mormente em face da ampliação da disciplina normativa e do agravamento das penas dos crimes de pirataria ("crimes contra a propriedade intelectual"), dado pela Lei nº 10.695/2003, que expressou que esse procedimento também é aplicável aos processos iniciados mediante queixa (art. 530-A, CPP), assim como previu expressamente que "as associações de titulares de direitos de autor e os que lhes são conexos poderão, em seu próprio nome, funcionar como assistente da acusação nos crimes previstos no art. 184 do Código Penal" (violação de direito autoral), "quando praticado em detrimento de qualquer de seus associados" (art. 530, H, CPP).	**3.5.2**

CAPÍTULO XIII – PROCEDIMENTOS		
Procedimentos para os crimes para a restauração de autos extraviados.	O processo de restauração de autos extraviados ou destruídos é cuidado pelos artigos 541 a 548, do Código de Processo Penal. A previsão legislativa tem aplicação tanto em primeira quanto em segunda instância. A restauração será realizada na primeira instância, ainda que os autos se tenham extraviado na segunda em grau de recurso. Vale dizer que a restauração de autos terá seu curso perante o órgão jurisdicional competente originariamente para processar e julgar o feito criminal extraviado.	**3.5.3**
PROCEDIMENTO ESPECIAL DOS CRIMES DOLOSOS CONTRA A VIDA		
Fundamentos do Tribunal do Júri	No Brasil, desde a Constituição Imperial de 1824, o tribunal popular é órgão com competência para julgar crimes que afetam determinados bens jurídicos, em especial, os crimes contra a vida. A única Constituição que não trouxe previsão do tribunal popular foi a Carta de 1937, que foi outorgada e inaugurou um período ditatorial, instaurando-se dúvida quanto a sua subsistência até o ano de 1938. Com a Constituição do Brasil de 1988, o tribunal do júri foi confirmado como direito e garantia fundamental.	**4.1**
Princípios reitores	(a) Plenitude de defesa: a defesa técnica, de natureza obrigatória, é exercida por profissional habilitado, ao passo que a autodefesa é uma faculdade do imputado, que pode efetivamente trazer a sua versão dos fatos ou valer-se do direito ao silêncio. (b) Sigilo das votações: envolve o voto e o local do voto. (c)Soberania dos veredictos: a decisão dos jurados não pode ser modificada pelo juiz togado ou pelo tribunal que venha a apreciar um recurso. (d) Competência para o julgamento dos crimes dolosos contra a vida: sejam tentados ou consumados.	**4.2**
Características	(a) Órgão heterogêneo: composto por um juiz-presidente e por vinte e cinco jurados, dos quais sete irão compor o Conselho de Sentença. Vale destacar que quanto à composição do órgão jurisdicional, as decisões estão assim classificadas: (a.1) decisões subjetivamente simples: são aquelas proferidas por órgão singular. Ex: juiz de primeiro grau; (a.2) decisões subjetivamente plúrimas: emanadas de órgão colegiado homogêneo. Ex: turma recursal; (a.3) decisões subjetivamente complexas: exaradas por órgão colegiado heterogêneo. Ex: júri. (b) Órgão horizontal: não há hierarquia entre o juiz presidente e os jurados. (c) Órgão temporário: o tribunal funcionará durante alguns períodos do ano. A definição desses períodos é dada pela lei de organização judiciária de cada Estado-membro. (d) Decisões por maioria de votos: não sendo exigida a unanimidade dos votos, como ocorre em outros ordenamentos.	**4.3**

<table>
<tr><th colspan="2">CAPÍTULO XIII – PROCEDIMENTOS</th></tr>
<tr><th colspan="2">Rito especial do Júri</th></tr>
<tr><th colspan="2">Juízo da instrução preliminar (judicium accusationis)</th></tr>
<tr><td>O seu rito processual é escalonado, isto é, bifásico, com duas fases bem distintas:

(1) a primeira fase: chama-se juízo da instrução preliminar (conhecido também por juízo de admissibilidade, sumário de culpa, juízo de acusação ou judicium accusationis) e,

(2) a segunda fase: preparação para o julgamento, que só ocorrerá se pronunciado o acusado, ou seja, se admitida a acusação, com a prolação de um juízo de admissibilidade positivo pelo juiz sumariante (juiz singulare). Essa fase é conhecida por preparação para julgamento, judicium causae ou juízo de mérito. Nessa etapa, os fatos serão apreciados pelos jurados, sob a presidência do juiz-presidente do tribunal do júri.

A primeira fase será inaugurada com a denúncia ou queixa subsidiária, podendo ser recebida ou rejeitada. O órgão da acusação poderá arrolar até oito testemunhas. "O juiz, ao receber a denúncia ou a queixa, ordenará a citação do acusado para responder a acusação, por escrito, no prazo de 10 (dez) dias" (art. 406, caput, CPP).

O interrogatório deve ser o último ato da instrução, depois da produção de prova testemunhal, pericial e demais diligências, contudo antes dos debates orais finais.

Nos termos do § 3º, do art. 406, CPP, na resposta preliminar à acusação, o acusado poderá arguir preliminares e alegar tudo que interesse à sua defesa, oferecer documentos e justificações, especificar as provas pretendidas e arrolar testemunhas, até o máximo de 8 (oito), qualificando-as e requerendo sua intimação, quando necessário.

Caso não seja apresentada a defesa (resposta preliminar escrita), no prazo legal, o juiz nomeará defensor para oferecê-la, em até dez dias, abrindo-lhe vista dos autos (art. 408, CPP). Depois de apresentada a defesa, o Ministério Público ou o querelante será ouvido sobre as preliminares e os documentos carreados, a teor do art. 409, CPP.

Em seguida – concluída essa fase preliminar do judicium accusationis (juízo da instrução preliminar) –, o juiz designará audiência de instrução, para que sejam inquiridas testemunhas, e determinará a realização de diligências requeridas pelas partes, tendo dez dias para deliberar a respeito (art. 410, CPP).

Após, será interrogado o acusado, com a realização dos debates orais ao final.

O desfecho do judicium accusationis acontece após as alegações orais, apresentadas nos termos § 4º do art. 411, CPP: "as alegações serão orais, concedendo-se a palavra, respectivamente, à acusação e à defesa, pelo prazo de 20 (vinte) minutos, prorrogáveis por mais 10 (dez)".

O § 9º, do art. 411, CPP, estatui que encerrados os debates, o juiz proferirá sua decisão imediatamente, ou o fará em dez dias, ordenando, para tanto, a conclusão dos autos. O procedimento deve ser concluído no prazo máximo de noventa dias (art. 412, CPP).

Pode, então, o magistrado adotar as seguintes posturas: (1) pronunciar o réu; (2) impronunciá-lo; (3) absolvê-lo sumariamente; e, (4) desclassificar a infração dolosa contra a vida.

Decidindo por pronunciar o réu, terá cabimento o início da segunda fase, assim que precluso o julgado por ausência de interposição de recurso ou por confirmação do tribunal ao apreciá-lo. Nas demais hipóteses, abrevia-se o rito, não havendo início do juízo de mérito perante o tribunal popular, ressalvado o caso de pronúncia de um dos acusados, quando mais de um figurar no polo passivo da ação penal.</td><td>4.4.1</td></tr>
</table>

CAPÍTULO XIII – PROCEDIMENTOS		
Decisão de pronúncia	A decisão de pronúncia não põe propriamente termo ao processo, mas fixa os limites da imputação para que tenha início a segunda fase a partir de sua preclusão. Tem, portanto, a natureza de uma decisão interlocutória mista não terminativa. Vigora, nesta fase, a regra do *in dubio pro societate*: existindo possibilidade de se entender pela imputação válida do crime contra a vida em relação ao acusado, o juiz deve admitir a acusação. Afinal, é o júri o juiz natural para o processamento dos crimes dolosos contra a vida. Destarte, a decisão de pronúncia conterá um relatório e uma fundamentação que aprecie limitadamente as provas, com vistas à admissão da acusação para vê-la submetida aos jurados, sem aprofundar qualquer juízo de condenação. Se ocorrer erro de tipificação dos fatos narrados na inicial acusatória, caberá ao magistrado corrigi-lo no momento da pronúncia, dando a estes o enquadramento adequado, valendo-se do instituto da *emendatio libelli*. Já se os fatos revelados na instrução da primeira fase forem distintos dos narrados na denúncia, como a descoberta de qualificadora não contemplada na descrição da inicial, deve o magistrado, antes de proferir a pronúncia, abrir vistas ao MP para que adite a inicial, em no máximo cinco dias, podendo arrolar até três testemunhas, e na sequência, oportunizar que a defesa se manifeste, em até cinco dias, podendo indicar até três testemunhas para combater os fatos novos, aplicando-se, portanto, o instituto da *mutatio libelli* (art. 384, CPP). A rigor, o réu é pronunciado pelo(s) crime(s) contra a vida e não pelos crimes conexos. Se o acusado é pronunciado pelo crime contra a vida e foi denunciado também por outro crime àquele conexo, o juiz declarará levados ao júri, por consequência, os delitos conexos. A inclusão de eventual circunstância agravante é encargo do Ministério Público ou querelante, por ocasião dos debates orais em plenário. Prolatada a pronúncia, devem ser dela intimados o *Parquet*, o acusado e seu defensor, da seguinte forma: 1) "pessoalmente ao acusado, ao defensor nomeado e ao Ministério Público" (também o defensor público deve ser intimado pessoalmente, diante de prerrogativa funcional); 2) "ao defensor constituído, ao querelante e ao assistente do Ministério Público por publicação no órgão incumbido da publicidade dos atos judiciais da comarca, incluindo, sob pena de nulidade, o nome do acusado; e, 3) por edital ao acusado solto que não for encontrado. Há possibilidade de correção da pronúncia. Trata-se de uma nova decisão de pronúncia do acusado, exarada em decorrência de circunstância ulterior ao momento da decisão judicial. Por fim, na pronúncia deve o magistrado decidir se o réu enfrentará a segunda fase de julgamento em liberdade ou não, e a nosso ver, só terá cabimento o encarceramento se estiverem presentes os requisitos da prisão preventiva.	**4.4.1.1**
Sentença de Impronúncia	A decisão de impronúncia não julga o mérito da denúncia, tendo, pois, conteúdo terminativo. É autêntica sentença porque encerra o processo (ou, quando mais de um acusado, põe fim ao processo quanto ao que foi impronunciado), embora não aprecie os fatos com profundidade por deficiência probatória. A impronúncia encerra o *judicium accusationis* sem inaugurar a segunda fase e, por isso, deve ter lugar em situações excepcionais. Afinal, o juiz deve zelar para que não seja afastada a competência constitucional dos jurados. Contra a impronúncia é cabível recurso de apelação (art. 416).	**4.4.1.2**

CAPÍTULO XIII – PROCEDIMENTOS		
Despronúncia	Despronúncia equivale a impronúncia de um acusado que, inicialmente, havia sido pronunciado. A despronúncia pode se dar pelo juiz de primeiro grau ou pelo tribunal. Haverá despronúncia pelo juiz que prolatou a decisão quando ele se retrata ao apreciar a admissibilidade de recurso em sentido estrito interposto, alterando sua decisão de pronúncia para impronúncia. De outro prisma, caso o juiz não se retrate e resolva sustentar sua decisão, ainda que pelos próprios fundamentos nela lançados, encaminhará os autos ao tribunal *ad quem*, que, apreciando o mérito do recurso em sentido estrito pode reconhecer que não foi correta a pronúncia, despronunciando (ou impronunciando) o réu.	**4.4.1.3**
Sentença de absolvição sumária	A absolvição sumária do crime contra a vida julga o mérito da ação penal, em momento antecipado. A sentença de absolvição sumária encerra a primeira fase do rito escalonado do júri sem dar seguimento à segunda relativamente ao réu absolvido sumariamente. Como essa decisão afasta a competência constitucional do tribunal popular, só é admissível sua prolação em casos onde não existam dúvidas da ocorrência de excludente de ilicitude ou de culpabilidade. A absolvição sumária por inimputabilidade do agente tem dado azo ao que se conhece por absolvição imprópria, porque o réu que praticou o crime em situação como a de doença mental, embora isento de pena, sujeita-se a uma medida de segurança. Não obstante tenha sido alterada em 2008 a redação do art. 411, CPP, sempre sustentamos o entendimento da manutenção do reexame necessário contra a decisão de absolvição sumária do júri no sistema processual penal, em face do enunciado do art. 574, II, CPP. Entendendo que o recurso de ofício contra a absolvição sumária foi simplesmente revogado pela Lei nº 11.689/2008, encontram-se Guilherme Nucci, Rogério Sanches e Ronaldo Batista. Com efeito doutrina majoritárias e jurisprudência entendem que o reexame necessário contra a decisão de absolvição sumária do júri foi suprimido desde o advento daquele diploma legal. Ao se admitir como revogado o impropriamente denominado recurso de ofício, tem-se como não aplicável a regra de direito intertemporal consistente no critério de que a data da sentença ou da decisão define o recurso cabível e o respectivo prazo. Isso porque não se trata mesmo de um recurso, mas de uma condição de eficácia da decisão, requisito ao seu trânsito em julgado. A conclusão a que se chega é a de que todas as remessas necessárias, remetidas antes ou depois da Lei nº 11.689/2008, perderam o objeto, porquanto, em se tratando de norma processual, aplicável o art. 2º, do CPP (*tempus regit actum*) Havendo crimes conexos, o juiz que absolver sumariamente o acusado deve determinar a extração de cópias dos autos, remetendo-as ao juízo competente.	**4.5**
Decisão de desclassificação da infração penal contra a vida	A desclassificação consiste em uma nova definição jurídica dada aos fatos pelo juiz, ao afirmar que não se trata de crime contra a vida e que, por tal razão, não é o júri competente para apreciar o processo. Tem, portanto, a natureza de uma decisão interlocutória modificadora de competência. Contra a decisão de desclassificação é cabível recurso em sentido estrito, a ser interposto tanto pela acusação quanto pela defesa. Se o acusado estiver preso quando da emissão de decisão de desclassificação, deve o juiz declinante manifestar-se expressamente sobre a segregação cautelar, mantendo-a ou relaxando-a, motivadamente.	**4.6**

CAPÍTULO XIII – PROCEDIMENTOS		
Rito especial do júri: *preparação para o julgamento (judicium causae)*	A segunda fase do rito do júri, o *judicium causae*, só será iniciada se houver pronúncia de acusado em delito doloso contra a vida. Aliás, a consumação da delimitação do *thema decidendum* para os jurados só ocorrerá com a preclusão da pronúncia. Com a imutabilidade do *thema decidendum*, haverá possibilidade de oferecimento de rol de testemunhas pelas partes, até o número de cinco para cada, no prazo de cinco dias.	**4.7**
Rol de testemunhas e diligências	Após a preclusão da pronúncia, deve ser aberto prazo para oferecimento de rol de testemunhas pelas partes, oportunidade que também devem requerer diligências. Esse lapso, que é de cinco dias, é exclusivo quando concedido ao Ministério Público. No entanto, esse prazo é comum no que se refere aos advogados dos réus e ao defensor dativo. Tratando-se de defensor público, além de exclusivo, o prazo é dobrado. Ao receber os autos, o presidente do Tribunal do Júri determinará a intimação do órgão do Ministério Público ou do querelante, no caso de queixa, e do defensor, para, no prazo de 5 (cinco) dias, apresentarem rol de testemunhas que irão depor em plenário, até o máximo de 5 (cinco), oportunidade em que poderão juntar documentos e requerer diligência. Na sequência, o juiz presidente do Tribunal do Júri, deliberando sobre os requerimentos de provas a serem produzidas ou exibidas no plenário do júri, e adotadas as providências devidas: (1) ordenará as diligências necessárias para sanar qualquer nulidade ou esclarecer fato que interesse ao julgamento da causa; e (2) fará relatório sucinto do processo, determinando sua inclusão em pauta da reunião do Tribunal do Júri.	**4.8**
Desaforamento	Desaforamento é o deslocamento da competência do processo de crime doloso contra a vida para a comarca mais próxima. A ideia que norteia o desaforamento é a de que o júri não possa ser realizado no local do cometimento do delito sem que haja risco para o julgamento, seja no tocante à parcialidade do júri, seja quanto à segurança do acusado. Não há um termo final para que seja o feito desaforado. O desaforamento pode ocorrer por iniciativa da parte, do assistente ou do juiz. Não há recurso acerca da admissibilidade ou não do desaforamento, admitindo-se a possibilidade da impetração de *habeas corpus*. O requerimento, em si, não goza de efeito suspensivo, o que pode desaguar na realização do julgamento antes da apreciação do desaforamento, prejudicando a sua apreciação pelo tribunal. Excepcionalmente, havendo motivo relevante, poderá o relator fundamentadamente determinar a suspensão do julgamento, notadamente quando os motivos possam levar a nulidade do feito. Por fim, sublinhe-se que o desaforamento deverá acontecer para outra comarca da mesma região, onde não existam aqueles motivos, preferindo-se as mais próximas (Art. 427, CPP).	**4.9**

<table>
<tr><th colspan="3">CAPÍTULO XIII – PROCEDIMENTOS</th></tr>
<tr><td>Instalação da reunião do júri</td><td>Estando o processo maduro para o julgamento pelo tribunal do júri, o juiz-presidente providenciará os preparativos para a sessão. paralelamente às providências processuais que devem ser tomadas em cada processo por crime doloso contra a vida, na segunda fase do rito do júri (preparação para julgamento), a vara competente para processar e julgar aqueles crimes tem uma série de atribuições administrativas (providências iniciais), tomadas fora dos autos criminais e que se destinam a viabilizar o julgamento de todos os processos que estejam maduros para julgamento. Providências prévias para instalação da sessão do júri:

Alistamento dos jurados (arts. 425 e 426, CPP);
Organização da pauta (arts. 429 a 431, CPP);
Sorteio e convocação dos jurados (arts. 432 a 435, CPP).

Função de jurado:
O serviço do júri é obrigatório para maiores de 18 anos de notória idoneidade, independente de cor, etnia, raça, credo, sexo, profissão, classe social ou econômica.

A recusa injustificada ao serviço do júri, não comparecimento injustificado do jurado no dia marcado para sessão ou sua retirada antes de dispensado pelo presidente, acarretará multa no valor de 1 (um) a 10 (dez) salários mínimos, a critério do juiz, de acordo com a condição econômica do jurado.

Pessoas isentas do serviço do júri: (1) "o Presidente da República e os Ministros de Estado"; (2) "os Governadores e seus respectivos Secretários"; (3) "os membros do Congresso Nacional, das Assembleias Legislativas e das Câmaras Distrital e Municipais"; (4) "os Prefeitos Municipais"; (5) "os Magistrados e membros do Ministério Público e da Defensoria Pública"; (6) "os servidores do Poder Judiciário, do Ministério Público e da Defensoria Pública"; (7) "as autoridades e os servidores da polícia e da segurança pública"; (8) "os militares em serviço ativo"; (9) "os cidadãos maiores de 70 (setenta) anos que requeiram sua dispensa"; e, (10) "aqueles que o requererem, demonstrando justo impedimento".

A recusa do serviço do júri, quando fundada em convicção religiosa, filosófica ou política, importará no dever de prestar serviço alternativo, sob pena de suspensão dos direitos políticos (afasta-se aqui a multa).

Reunião e sessões do tribunal do júri:
Os preparativos para a abertura da sessão de instrução e julgamento do júri acontece com a conferência, pelo juiz-presidente, das cédulas com os nomes dos vinte e cinco jurados sorteados dias, mandando que o oficial de justiça faça realize o pregão.

Quando verificar, pela chamada feita com base na lista dos vinte e cinco jurados, que houve o comparecimento de pelo menos quinze deles, a sessão estará aberta. São desses vinte e cinco jurados que serão sorteados os sete que farão parte do conselho de sentença.</td><td>4.10</td></tr>
</table>

CAPÍTULO XIII – PROCEDIMENTOS		
Instalação da reunião do júri	Nos termos do § 2º, do art. 463, CPP, "os jurados excluídos por impedimento ou suspeição serão computados para a constituição do número legal". Caso não haja o número de quinze jurados, "proceder-se-á ao sorteio de tantos suplentes quantos necessários, e designar-se-á nova data para a sessão do júri", de tudo consignando em ata. Declarada aberta a sessão (com comparecimento de quinze jurados) a parte interessada terá o ônus de alegar a nulidade que entende ser arguida em seu favor, sob pena de preclusão. Sobre ela o juiz decidirá, consignando-se em ata. A ausência do acusado solto que tenha sido devidamente intimado não justifica sua condução coercitiva, nem tampouco o adiamento do júri. Já se estiver preso, sua presença é obrigatória, ressalvado pedido expresso de dispensa subscrito pelo réu e por seu advogado. Quanto às faltas injustificadas, cabíveis são as providências disciplinares junto aos órgãos de corregedoria das respectivas instituições. O tribunal popular deve se reunir "para as sessões de instrução e julgamento nos períodos e na forma estabelecida pela lei local de organização judiciária". O juiz presidente, até o momento de abertura dos trabalhos da sessão, decidirá os casos de isenção e dispensa de jurados e o pedido de adiamento de julgamento, mandando consignar em ata as deliberações. Na ausência justificada do membro do MP o juiz presidente adiará o julgamento para o primeiro dia desimpedido da mesma reunião, cientificadas as partes e as testemunhas. Para o advogado do acusado, se não houver escusa legítima, o julgamento será adiado somente uma vez, devendo o acusado ser julgado quando chamado novamente, caso em que o juiz intimará a Defensoria Pública para o novo julgamento, que será adiado para o primeiro dia desimpedido, observado o prazo mínimo de dez dias. Para as testemunhas, a ausência, sem justo motivo, implicará a multa de no valor de 1 (um) a 10 (dez) salários mínimos, sem prejuízo da ação penal pela desobediência. "O julgamento não será adiado se a testemunha deixar de comparecer, salvo se uma das partes tiver requerido a sua intimação por mandado, na oportunidade de que trata o art. 422, declarando não prescindir do depoimento e indicando a sua localização" (art. 461, CPP). Sobre esse ponto, duas regras merecem relevo: 1) "se, intimada, a testemunha não comparecer, o juiz presidente suspenderá os trabalhos e mandará conduzi-la ou adiará o julgamento para o primeiro dia desimpedido, ordenando a sua condução" (§ 1º); e, 2) "o julgamento será realizado mesmo na hipótese de a testemunha não ser encontrada no local indicado, se assim for certificado por oficial de justiça" (§ 2º).	**4.10**

CAPÍTULO XIII – PROCEDIMENTOS		
Formação do conselho de sentença	O sorteio dos sete jurados se dá nome por nome, com possibilidade de manifestação de recusa, primeiro pela defesa e, depois, da acusação. As recusas podem ser com ou sem justificativa. Caso sejam justificadas, a parte que recusou será instada pelo juiz a apresentar prova de sua alegação, podendo o magistrado aceitar as razões ou rejeitá-las. Não há limite para o número de recusas justificadas. É possível até três recusas sem motivação (recusas peremptórias) Incompatibilidade, suspeição e/ou impedimento poderão existir, em face de parentesco com o juiz, o promotor ou advogado, bem como na hipótese de servir no mesmo conselho marido e mulher, ascendente e descendente, sogro e genro ou nora, irmãos e cunhados, tio e sobrinho, bem como padrasto, madrasta ou enteado. O jurado que compôs o conselho de sentença do júri anterior do mesmo processo estará impedido de participar da nova sessão (súmula nº 206, STF). Não poderá servir o jurado que tiver manifestado prévia disposição em absolver ou condenar o acusado, acarretando nulidade da sessão que será reconhecida se o voto de um jurado tiver sido definidor do resultado do julgamento. Estouro de urna – não restar o número de jurados para compor o conselho de sentença, marcando-se nova data para o julgamento de um ou mais dos acusados, com separação de processos e convocação de suplentes. Uma vez determinada a separação dos julgamentos, será julgado em primeiro lugar o acusado a quem foi atribuída a autoria do fato ou, em caso de coautoria, aplicar-se-á o critério de preferência do art. 429, a começar pelo acusado que estiver preso, com mais tempo de prisão e, por derradeiro, os precedentemente pronunciados. Formado o conselho de sentença, todos os presentes devem se posicionar de pé, juntamente com o juiz, para a tomada de compromisso dos jurados, que prometerão julgar com imparcialidade e justiça a causa posta em mesa, consoante os ditames da convicção íntima (art. 472, CPP). Cada jurado, em seguida, receberá cópias da pronúncia ou, se for o caso, das decisões posteriores que julgaram admissível a acusação e do relatório do processo.	**4.11**
Atos instrutórios	Com o conselho de sentença completo, terá lugar a instrução em plenário. Será iniciada a instrução plenária com a tomada das oitivas segundo a ordem legal. De acordo com o art. 473 e seus parágrafos, o juiz presidente, o Ministério Público, o assistente, o querelante e o defensor do acusado tomarão, sucessiva e diretamente, as declarações do ofendido, se possível, e inquirirão as testemunhas arroladas pela acusação. Para a oitiva das testemunhas arroladas pela defesa, o defensor do acusado formulará as perguntas antes do Ministério Público e do assistente, mantidos no mais a ordem e os critérios estabelecidos neste artigo. Já os jurados só poderão formular perguntas ao ofendido e às testemunhas, por intermédio do juiz presidente.	**4.12**

CAPÍTULO XIII – PROCEDIMENTOS		
Atos instrutórios	Havendo testemunhas a serem ouvidas, serão tomados os respectivos depoimentos de modo que uma não ouça o depoimento das outras. Primeiro as testemunhas da acusação. Depois, aquelas indicadas pela defesa. É possível a oitiva de pessoas que não tenham o dever de dizer a verdade (informante). Os jurados podem solicitar que seja tomado por termo o depoimento de pessoa não arrolada expressamente cujo nome tenha surgido durante a sessão. Nessa hipótese, é possível inclusive a suspensão do julgamento para que seja diligenciado o paradeiro do depoente e, em caso extremo, admissível a dissolução do conselho de sentença se persistir a necessidade do jurado em ouvir a pessoa apontada. As partes e os jurados poderão requerer acareações, reconhecimento de pessoas e coisas e esclarecimento dos peritos, bem como a leitura de peças que se refiram, exclusivamente, às provas colhidas por carta precatória e às provas cautelares, antecipadas ou não repetíveis (§ 3º, do art. 473, CPP). O interrogatório será o último ato instrutório, sem prejuízo da possibilidade de reinquirição dos depoentes durante a sessão plenária. Na forma dos §§ 1º e 2º, do art. 474, CPP, o Ministério Público, o assistente, o querelante e o defensor, nessa ordem, poderão formular, diretamente, perguntas ao acusado, enquanto os jurados formularão perguntas por intermédio do juiz presidente.	**4.12**
Debates e poderes do juiz	A acusação inicia a sustentação e terá até uma hora e meia sendo acrescida de uma hora se mais de um acusado estiver sendo julgado. O parâmetro para a formulação da acusação oral passou a ser unicamente a pronúncia (e não mais o libelo), conferindo liberdade ao *Parquet* para sustentar em plenário a existência de agravantes e, inclusive, pedir menos do que nela estiver contido ou requerer a absolvição. O assistente se manifestará depois do MP. Na ação penal de iniciativa privada, falará primeiro o querelante e depois o MP. Os jurados, que se manterão incomunicáveis entre si, sob pena de multa na forma do art. 436, § 2º, CPP, poderão solicitar a indicação da página dos autos ou do documento pelo orador. Além disso, durante a sustentação oral as partes não poderão, sob pena de nulidade, fazer referências": *(1)* à decisão de pronúncia, às decisões posteriores que julgaram admissível a acusação ou à determinação do uso de algemas como argumento de autoridade que beneficiem ou prejudiquem o acusado; e, *(2)* ao silêncio do acusado ou à ausência de interrogatório por falta de requerimento, em seu prejuízo (art. 478, CPP). A defesa terá uma hora e meia para sua sustentação sendo aumentada de uma hora quando existir mais de um réu. Sendo vários os defensores, eles combinarão entre si a divisão do tempo. Após sua oratória, poderá haver réplica por parte do MP, querelante e/ou assistente, pelo tempo de uma hora, elevado esse tempo ao dobro se existir mais de um réu. O tempo de réplica será dividido conforme convencionarem os oradores. Havendo réplica, a defesa poderá apresentar tréplica, pelo mesmo tempo de uma hora, sendo duplicado se o julgamento for de mais de um acusado. Durante os debates, o juiz-presidente e os jurados não poderão se ausentar. Caso haja necessidade, o julgamento deve ser suspenso.	**4.13**

CAPÍTULO XIII – PROCEDIMENTOS		
Debates e poderes do juiz	O magistrado tem o poder de polícia necessário para mandar retirar as pessoas inconvenientes. O juiz também disciplinará os apartes. Encerrados os debates, o juiz indagará se os jurados estão aptos a julgar os fatos. O conselho de sentença pode pedir esclarecimentos.	**4.13**
Formulação dos quesitos e votação	Para cada acusado há um questionário específico. Havendo mais de um crime, para cada um deles haverá uma série de quesitos (§ 6º, do art. 483, CPP). A ordem dos quesitos é fundamental. A elaboração dos quesitos, em caso de mais de um crime, começará pela do crime contra a vida (pressuposto da competência dos jurados). Essa é a ordem dos quesitos: 1) a materialidade do fato (descrição do crime); 2) a autoria ou participação (se o acusado executou a ação ou para o seu resultado concorreu); 3) se o acusado deve ser absolvido; 4) se existe causa de diminuição de pena alegada pela defesa; 5) se existe circunstância qualificadora ou causa de aumento de pena reconhecidas na pronúncia ou em decisões posteriores que julgaram admissível a acusação. A resposta em sentido negativo, "de mais de 3 (três) jurados, a qualquer dos quesitos referidos nos incisos I (materialidade do fato) e II (autoria ou participação) do *caput* do art. 483, CPP, encerra a votação e implica a absolvição do acusado (§ 1º). "Respondidos afirmativamente por mais de 3 (três) jurados os quesitos relativos aos incisos I e II do *caput* deste artigo será formulado quesito com a seguinte redação: 'O jurado absolve o acusado?'", pergunta esta que abrange todas as teses de defesa. Decidido pela condenação, o julgamento prossegue, devendo ser formulados quesitos sobre: 1) causa de diminuição de pena alegada pela defesa; 2) circunstância qualificadora ou causa de aumento de pena, reconhecidas na pronúncia ou em decisões posteriores que julgaram admissível a acusação (§ 3º, art. 483, CPP). Sustentada a tese de competência do juiz singular, novo quesito deve ser formulado e respondido após o segundo ou terceiro quesito. Se a tese for de ocorrência de crime tentado ou havendo divergência sobre a tipificação do delito, sendo a competência do tribunal do júri, o juiz formulará quesito acerca destas questões, para ser respondido após o segundo quesito. Encerrada a votação do crime doloso contra a vida, há a votação dos crimes conexos. Em caso de mais de um acusado, a votação será tomada a começar pelo que teve participação de maior importância. A tomada dos votos ocorrerá de quesito por quesito. O juiz mandará distribuir cédulas opacas, sete delas com a palavra "sim" e sete com a palavra "não". A cada quesito formulado passarão duas urnas: 1) a primeira recolherá os votos de cada um dos jurados; e, em seguida; 2) a segunda recolherá o descarte. Antes de ser formulada a pergunta subsequente, será apurado o resultado da questão que lhe antecede. O juiz-presidente deve cuidar para que seja mantido o sigilo da votação.	**4.14**

CAPÍTULO XIII – PROCEDIMENTOS		
Sentença e ata da sessão	Todas as ocorrências da sessão deverão ser registradas em ata. Por sua vez, a sentença, não havendo desclassificação do crime contra a vida, deve ser lavrada pelo juiz-presidente em conformidade com o que decidido pelos jurados alusivamente aos fatos. A sentença ou a decisão poderá ser de absolvição, de desclassificação do crime doloso contra a vida ou de condenação. A decisão no júri é subjetivamente complexa, pois cabe ao juiz presidente elaborar a sentença de acordo com a votação efetuada pelos jurados, sendo decisão de um órgão colegiado heterogêneo. A sentença será lida em plenário pelo juiz, saindo as partes já intimadas, encerrando-se a sessão de julgamento.	**4.15**
Recurso e anulação parcial do julgamento do Júri	O recurso de apelação contra as decisões do júri está capitulado no art. 593, III, do Código de Processo Penal. Cuidando-se de um único réu contra o qual foi imputado crimes conexos, é admissível a anulação parcial do julgamento, quando a cisão não implicar limitação à cognição do fato devolvido aos jurados. De tal modo, é possível que o júri julgue, em um segundo julgamento, um delito que não seja doloso contra a vida (crime conexo). Também é possível a anulação parcial do julgamento quando tal se reportar a um dos réus. É o caso de apelação que só acolhe a pretensão do autor intelectual de crime de homicídio, mantendo, no mais, o julgamento do corréu.	**4.16**
PROCEDIMENTO ESPECIAL DOS CRIMES MILITARES		
Os crimes militares podem ser propriamente militares ou impropriamente militares. Os próprios são aqueles cuja definição típica só é encontrada no Código Penal Militar, enquanto os impróprios além de previstos no CPM, encontram igual contorno típico no Código Penal Comum. Crime militar federal pode ter como sujeito ativo não só os membros das forças armadas, mas também o civil. Já o crime militar de competência da Justiça Militar estadual só pode ser cometido por policial militar ou bombeiro militar. Nota-se que só o militar estadual está sujeito à jurisdição militar estadual. De outra vertente, a Constituição ressalva expressamente que os crimes dolosos contra a vida de civil cometidos por militares em serviço devem ser julgados pelo tribunal popular. A competência será da Justiça Militar, todavia, se o homicídio doloso contra a vida de civil for cometido em ação militar realizada contra aeronave que se encontre em contexto descrito no artigo 303, do Código Brasileiro de Aeronáutica (Lei nº 7.565/1986), em compasso com o parágrafo único, do art. 9º, do Código Penal Militar. O inquérito policial militar – que não é indispensável – é presidido por um oficial da ativa, denominado encarregado. Os autos do inquérito policial militar não podem ser arquivados no âmbito das unidades militares, sendo obrigatória a sua remessa às auditorias militares com competência para apreciação do fato delituoso militar. O arquivamento se dá mediante requerimento do membro do Ministério Público Militar e decisão fundamentada do juiz de direito do juízo militar (no âmbito estadual) ou do juiz federal da Justiça Militar da União. Concluído o inquérito policial militar, o Ministério Público Militar oferecerá denúncia quando verificar "prova de fato que, em tese, constitua crime" e "indícios de autoria". A ação penal, para todo e qualquer crime militar é pública incondicionada. Por força da garantia constitucional do inciso LIX, do art. 5º, da CF, "será admitida ação privada nos crimes de ação pública, se esta não for intentada no prazo legal". Vale dizer, se a ação penal pública incondicionada por crime militar não for ajuizada, o ofendido poderá ingressar com queixa-crime subsidiária perante o juízo militar competente.		**5**

CAPÍTULO XIII – PROCEDIMENTOS

A bifurcação da competência foi estendida à Justiça Militar da União, dividindo a competência para julgar delitos em monocrática (do juiz federal militar) e colegiada (dos conselhos), tal como se depreende do art. 30, da Lei nº 8.457/2018, com redação dada pela Lei nº 13.774/2018.

As auditorias militares podem funcionar como órgãos singulares (quando o fato é atribuído à competência do juiz de direito do juízo militar ou do juiz federal da Justiça Militar da União) ou colegiados, que são os conselhos permanentes de justiça (que julgam as praças) e os conselhos especiais de justiça (que julgam os oficiais). A composição desses conselhos é de cinco membros: um juiz de direito do juízo militar (no âmbito estadual) ou um juiz federal da Justiça Militar da União juiz-auditor militar (civil concursado para provimento desse cargo ou juiz de direito que o exerce dentro do quadro de cargos de juízes estaduais) e quatro militares que são sempre oficiais, sorteados para o exercício de um mandato de três meses, sendo vedada recondução para o trimestre subsequente. Os membros do conselho especial de justiça – que julga o acusado oficial – não podem ser de posto inferior do réu ou menos antigo que o oficial da ativa que está sendo processado.

Se houver vítima civil, a competência é do juiz de direito (ou juiz de direito do juízo militar no Estado onde existir o quadro), que funcionará singularmente, subscrevendo todos os atos judiciais sem a participação dos demais membros do Conselho de Justiça. Ao Conselho de Justiça competirá o processamento e julgamento dos crimes militares que não tenham como sujeito passivo um civil. 5

Recebida a denúncia, o juiz de direito do juízo militar ou um juiz federal da Justiça Militar da União providenciará o sorteio do conselho especial ou permanente e designará dia para a sua instalação, determinando a citação do acusado para responder ao processo, com a designação de interrogatório. Não há que se falar em defesa prévia no âmbito do processo penal militar. O prazo para a conclusão da instrução criminal é de cinquenta dias, se preso o acusado, e de noventa dias, se solto. O rito prossegue com a designação de audiência para inquirição das testemunhas perante o juiz ou o conselho competente. Após a oitiva das testemunhas, o juiz federal da Justiça Militar ou juiz de direito do juízo militar determinará vista dos autos em cartório às partes pelo prazo comum de cinco dias para, querendo, requererem diligências, após o que o juiz federal da Justiça Militar ou juiz de direito do juízo militar ordenará vista às partes pelo prazo sucessivo de oito dias. Ao final – e de tudo certificando o escrivão –, será designada sessão para julgamento e sentença, reunindo-se o Conselho de Justiça, exceto nos casos de julgamento pelo juiz de direito do juízo militar ou um juiz federal da Justiça Militar da União de forma singular. A sessão é declarada aberta pelo presidente do Conselho, mandando ser apresentado o acusado e ordenando que o escrivão proceda à leitura das peças elencadas no art. 432, CPPM.

Em seguida, ocorrerão os debates. Após os debates, segue-se o julgamento com a votação aberta e motivada dos membros do conselho, votando primeiro o juiz de direito do juízo militar ou um juiz federal da Justiça Militar da União. Ao término da votação de cada um dos juízes do Conselho de Justiça, a sentença será lavrada pelo juiz togado, com os requisitos do art. 438.

7. SÚMULAS APLICÁVEIS

7.1. STJ

21. Pronunciado o réu, fica superada a alegação do constrangimento ilegal da prisão por excesso de prazo na instrução.

243. O benefício da suspensão do processo não é aplicável em relação às infrações penais cometidas em concurso material, concurso formal ou continuidade delitiva, quando a pena mínima cominada, seja pelo somatório, seja pela incidência da majorante, ultrapassar o limite de um (01) ano.

330. É desnecessária a resposta preliminar de que trata o artigo 514 do Código de Processo Penal, na ação penal instruída por inquérito policial.

337. É cabível a suspensão condicional do processo na desclassificação do crime e na procedência parcial da pretensão punitiva.

347. O conhecimento de recurso de apelação do réu independe de sua prisão.

415. O período de suspensão do prazo prescricional é regulado pelo máximo da pena cominada.

455. A decisão que determina a produção antecipada de provas com base no art. 366 do CPP deve ser concretamente fundamentada, não a justificando unicamente o mero decurso do tempo.

522. A conduta de atribuir-se falsa identidade perante autoridade policial é típica, ainda que em situação de alegada autodefesa.

536. A suspensão condicional do processo e a transação penal não se aplicam na hipótese de delitos sujeitos ao rito da Lei Maria da Penha.

574. Para a configuração do delito de violação de direito autoral e a comprovação de sua materialidade, é suficiente a perícia realizada por amostragem do produto apreendido, nos aspectos externos do material, e é desnecessária a identificação dos titulares dos direitos autorais violados ou daqueles que os representem.

607: A majorante do tráfico transnacional de drogas (art. 40, I, da Lei nº. 11.343/2006) configura-se com a prova da destinação internacional das drogas, ainda que não consumada a transposição de fronteiras.

7.2. STF

Súmula Vinculante nº 35. A homologação da transação penal prevista no artigo 76 da Lei 9.099/1995 não faz coisa julgada material e, descumpridas suas cláusulas, retoma-se a situação anterior, possibilitando-se ao Ministério Público a continuidade da persecução penal mediante oferecimento de denúncia ou requisição de inquérito policial.

Súmula Vinculante nº 45. A competência constitucional do Tribunal do Júri prevalece sobre o foro por prerrogativa de função estabelecido exclusivamente pela constituição estadual.

156. É absoluta a nulidade do julgamento, pelo júri, por falta de quesito obrigatório.

162. É absoluta a nulidade do julgamento pelo júri, quando os quesitos da defesa não precedem aos das circunstâncias agravantes.

206. É nulo o julgamento ulterior pelo júri com a participação de jurado que funcionou em julgamento anterior do mesmo processo.

423. Não transita em julgado a sentença por haver omitido o recurso "*ex officio*", que se considera interposto "ex lege".

524. Arquivado o inquérito policial, por despacho do juiz, a requerimento do promotor de justiça, não pode a ação penal ser iniciada, sem novas provas.

564. A ausência de fundamentação do despacho de recebimento de denúncia por crime falimentar enseja nulidade processual, salvo se já houver sentença condenatória.

603. A competência para o processo e julgamento de latrocínio é do juiz singular e não do tribunal do júri.

696. Reunidos os pressupostos legais permissivos da suspensão condicional do processo, mas se recusando o Promotor de Justiça a propô-la, o Juiz, dissentindo, remeterá a questão ao Procurador-Geral, aplicando-se por analogia o art. 28 do Código de Processo Penal.

707. Constitui nulidade a falta de intimação do denunciado para oferecer contrarrazões ao recurso interposto da rejeição da denúncia, não a suprindo a nomeação de defensor dativo.

712. É nula a decisão que determina o desaforamento de processo da competência do júri sem audiência da defesa.

714. É concorrente a legitimidade do ofendido, mediante queixa, e do ministério público, condicionada à representação do ofendido, para a ação penal por crime contra a honra de servidor público em razão do exercício de suas funções.

8. INFORMATIVOS RECENTES

8.1. STJ

♦ **Tribunal do Júri. Juntada de laudo pericial complementar com prévia antecedência de 3 dias úteis. Ciência à defesa. Necessidade.**

O prazo de 3 dias úteis a que se refere o art. 479 do Código de Processo Penal deve ser respeitado não apenas para a juntada de documento ou objeto, mas também para a ciência da parte contrária a respeito de sua utilização no Tribunal do Júri. O debate jurídico cuida da melhor interpretação a ser dada ao disposto no art. 479 do Código de Processo Penal: se a lei exige apenas que, para que determinado documento seja lido no júri, deve este ser juntado aos autos até 3 dias úteis antes da sua realização, podendo a parte ser cientificada até o seu início, ou que não só a juntada, mas também a ciência da parte interessada deve ocorrer até 3 dias antes do início do júri. (...) De nada adiantaria a exigência de que o documento seja juntado em tempo razoável se não vier acompanhada da necessidade de que a parte contrária seja cientificada também em tempo razoá-

vel da juntada. (...). Sendo assim, considerando que a intensão do legislador é garantir o julgamento justo, permitindo às partes (defesa e acusação) conhecer de documento relevante para o julgamento e, em tempo hábil, se manifestar sobre ele, é de suma importância que a ciência da parte contrária e a juntada do documento ou exibição de objeto se dê no tríduo legal. REsp 1.637.288-SP, Rel. Min. Rogerio Schietti Cruz, Rel. para acórdão Min. Sebastião Reis Júnior, por unanimidade, julgado em 8/8/2017, DJe 1/9/2017. (Info 610)

♦ **Direito Processual Penal. Inexigibilidade de termo de recurso ou de renúncia na intimação pessoal do acusado.**

Na intimação pessoal do acusado acerca de sentença de pronúncia, a ausência de apresentação do termo de recurso ou de renúncia não gera nulidade do ato. Isso porque essa exigência não está prescrita em lei, de modo que a sua ausência não pode ser invocada como hábil a anular o ato de intimação. Precedentes citados: HC 183.332-SP, Quinta Turma, DJe 28/6/2012; e HC 95.479-MG, Sexta Turma, DJe 18/4/2011. *RHC 61.365-SP, **Rel. Min. Felix Fischer, julgado em 3/3/2016, DJe 14/3/2016. (Info 579)***

♦ **Direito Processual Penal. Momento da apresentação de exceção da verdade.**

Nas demandas que seguem o rito dos processos de competência originária dos Tribunais Superiores (Lei nº 8.038/1990), é tempestiva a exceção da verdade apresentada no prazo da defesa prévia (art. 8º), ainda que o acusado tenha apresentado defesa preliminar (art. 4º). Como é cediço, a exceção da verdade é meio processual de defesa indireta do réu, podendo ser apresentada nos processos em que se apuram crimes de calúnia (art. 138, § 3º, do CP) e de difamação, quando praticados em detrimento de funcionário público no exercício de suas funções (art. 139, parágrafo único, do CP). Nesse contexto, o art. 523 do CPP, que cuida do rito relativo aos crimes contra a honra, prevê a possibilidade de contestação à exceção da verdade, no prazo de 2 dias, porém não dispõe sobre o prazo para sua apresentação, que é a celeuma trazida na presente discussão. Diante disso, tem-se entendido, por meio de uma interpretação sistemática, que o referido instituto defensivo deve ser apresentado na primeira oportunidade em que a defesa se manifestar nos autos, portanto, no momento da apresentação da resposta à acusação, no prazo de 10 dias, previsto no art. 396 do CPP (...). Note-se que a exceção da verdade, em virtude da necessidade de se fazer prova do alegado, até mesmo por meio de instrução processual, não pode de plano impedir o recebimento da denúncia, porquanto demanda dilação probatória, inviável nesta sede. De fato, no momento da defesa preliminar (art. 4º), nem ao menos se iniciou a ação penal, razão pela qual não seria apropriado apresentar referida defesa antes do recebimento da denúncia. Ademais, conforme entendimento jurisprudencial e doutrinário, a exceção da verdade possui natureza jurídica de ação declaratória incidental, o que, igualmente, pressupõe a prévia instauração da ação penal. Assim, cuidando-se a exceção da verdade de instrumento que veicula matéria de defesa indireta de mérito, formalizada por meio de verdadeira ação declaratória incidental, mostra-se imprescindível a prévia instauração da ação penal, por meio do efetivo recebimento da denúncia. Dessarte, o prazo para apresentação da exceção da verdade, independentemente do rito procedimental adotado, deve ser o primeiro momento para a defesa se manifestar nos autos, após o efetivo início da ação penal. Portanto, o prazo para a defesa apresentar a exceção da verdade, nos processos da competência de Tribunal, deve ser o previsto no art. 8º da Lei nº 8.038/1990. *HC 202.548-MG, Rel. Min. Reynaldo Soares da Fonseca, julgado em 24/11/2015, DJe 1º/12/2015. (Info 574)*

♦ **Direito Processual Penal. Revogação do *sursis* processual após o período de prova. Recurso repetitivo (art. 543-C do CPC e Res. Nº 8/2008-STJ). Tema 920.**

Se descumpridas as condições impostas durante o período de prova da suspensão condicional do processo, o benefício poderá ser revogado, mesmo se já ultrapassado o prazo legal, desde que referente a fato ocorrido durante sua vigência. A letra do § 4º do art. 89 da Lei nº 9.099/1995 é esta: "A suspensão poderá ser revogada se o acusado vier a ser processado, no curso do prazo, por contravenção, ou descumprir qualquer outra condição imposta". Dessa forma, se descumpridas as condições impostas durante o período de prova da suspensão condicional do processo, o benefício deverá ser revogado, mesmo que já ultrapassado o prazo legal, desde que referente a fato ocorrido durante sua vigência. Precedentes citados: AgRg no REsp 1.366.930-MG, Quinta Turma, DJe 18/2/2015; AgRg no REsp 1.476.780-RJ, Sexta Turma, DJe 6/2/2015; e AgRg no REsp 1.433.114-MG, Sexta Turma, DJe 25/5/2015. *REsp 1.498.034-RS, **Rel. Min. Rogerio Schietti Cruz, Terceira Seção, julgado em 25/11/2015, DJe 2/12/2015. (Info 574)***

♦ **Direito Processual Penal. Condições para o *sursis* processual. Recurso repetitivo (art. 543-C do CPC e Res. Nº 8/2008-STJ). Tema 930.**

Não há óbice a que se estabeleçam, no prudente uso da faculdade judicial disposta no art. 89, § 2º, da Lei nº 9.099/1995, obrigações equivalentes, do ponto de vista prático, a sanções penais (tais como a prestação de serviços comunitários ou a prestação pecuniária), mas que, para os fins do *sursis* processual, se apresentam tão somente como condições para sua incidência. O § 2º do art. 89 da Lei nº 9.099/1995 não veda a imposição de outras condições, desde que adequadas ao fato e à situação pessoal do acusado ("O Juiz poderá especificar outras condições a que fica subordinada a suspensão, desde que adequadas ao fato e à situação pessoal do acusado"). Com o julgamento do RHC 55.119-MG (DJe 6/5/2015), a Sexta

Turma do STJ passou a entender o tema conforme o entendimento da Quinta Turma e do STF, no sentido de que "não há óbice legal ou lógico a que, a par das condições legais, se celebre acordo por meio do qual, nos termos do art. 89, § 2º, da Lei nº 9.099/1995, o réu assuma obrigações equivalentes, do ponto de vista prático, a penas restritivas de direitos (tais como a prestação de serviços comunitários, o fornecimento de cestas básicas a instituições filantrópicas a prestação pecuniária à vítima), visto que tais injunções constituem tão somente condições para sua efetivação e como tais são adimplidas voluntariamente pelo acusado" (...). Ressalte-se que, do descumprimento de uma das condições legais ou judiciais aceitas pelo réu não advém qualquer sanção penal, mas tão somente a retomada do curso processual, findo o qual o acusado poderá até mesmo ser absolvido. Essas características do *sursis* processual afastam, portanto, a ilegalidade de se estabelecerem condições funcionalmente equivalentes a sanções penais, mas que se apresentam meramente como condições para a suspensão do processo, e como tais hão de ser tratadas. Precedentes citados do STJ: REsp 1.472.428-RS, Quinta Turma, DJe 12/11/2014; AgRg no REsp 1.376.161-RS, Quinta Turma, DJe 1º/8/2014; HC 325.184-MG, Sexta Turma, DJe 23/9/2015; e RHC 60.729-RS, Sexta Turma, DJe 11/9/2015. Precedentes citados do STF: HC 123.324-PR, Primeira Turma, DJe 7/11/2014; HC 108.103-RS, Segunda Turma, DJe 6/12/2011; e HC 115.721-PR, Segunda Turma, DJe 28/6/2013. *REsp 1.498.034-RS, Rel. Min. Rogerio Schietti Cruz, Terceira Seção, julgado em 25/11/2015, DJe 2/12/2015. (Info 574)*

♦ **Direito Processual Penal. Júri. Homicídio causado por condutor embriagado. Não presunção de dolo eventual.**

O simples fato do condutor do veículo estar embriagado não gera a presunção de que tenha havido dolo eventual, tendo em vista que a embriaguez do agente condutor do automóvel, por si só, não pode servir de premissa bastante para a afirmação do dolo eventual em acidente de trânsito com resultado morte. A embriaguez do agente condutor do automóvel, sem o acréscimo de outras peculiaridades, não pode servir como presunção de que houve dolo eventual. O Juiz da 1ª fase do Júri deve examinar se o agente que conduzia o veículo embriagado praticou homicídio doloso ou culposo. É na primeira fase do Tribunal do Júri, que ao juiz togado cabe apreciar a existência de dolo eventual ou culpa consciente do condutor do veículo que, após a ingestão de bebida alcoólica, ocasiona acidente de trânsito com resultado morte. STJ. 6ª Turma. REsp 1.689.173-SC, Rel. Min. Rogério Schietti Cruz, julgado em 21/11/2017 (Info 623)

♦ **Direito Processual Penal. Tribunal do Júri. Sustentação oral em tempo reduzido.**

Diante das peculiaridades do Tribunal do Júri, o fato de ter havido sustentação oral em plenário por tempo reduzido não caracteriza, necessariamente, a deficiência de defesa técnica. STJ. 6ª Turma. HC 365.008-PB, Rel. Min. Sebastião Reis Júnior, Rel. Acd. Min. Rogerio Schietti Cruz, julgado em 17/04/2018 (Info 627).

8.2. STF

♦ **Pedido de desclassificação e "emendatio libelli"**

A Primeira Turma, por maioria, indeferiu a ordem em "habeas corpus" no qual se alegava nulidade do processo, por ausência de defesa técnica, e incoerência entre decisão do juiz presidente e entendimento do júri. O paciente foi pronunciado inicialmente por crime de homicídio qualificado, tendo a defesa lançado a tese de desclassificação para o crime de rixa com resultado morte. Ao promover a quesitação, o juiz presidente questionou o júri primeiramente acerca da prática de homicídio, tendo-se constatado concorrência do acusado para o resultado morte. Em seguida, entendeu-se praticado crime menos grave, a rixa. Feitas tais indagações, o juiz prosseguiu à quesitação de qualificadoras do crime de homicídio e condenou o réu por dois crimes, homicídio e rixa, esse último já prescrito. Sustentava a defesa ter havido prejuízo ao réu, à medida que a tese defensiva se converteu em nova acusação, sem oportunidade de defesa. Além disso, afirmava ter sido ultrapassado o limite da pronúncia, em que constava apenas um crime, e ignorado o entendimento do conselho de sentença de que o réu teria cometido crime menos grave, implicando contrariedade aos princípios do tribunal do júri, especialmente o da plenitude da defesa. A Turma, apesar de admitir a erronia do Juiz Presidente quanto à explicação e à ordem adequada dos questionamentos, compreendeu a quesitação de crimes autônomos, em concurso material, evidenciando "emendatio libelli", nos termos do art. 383 do Código de Processo Penal (CPP). Pontuou, ainda, a inexistência de prejuízo à defesa, haja vista a prescrição do crime de rixa acrescido posteriormente à acusação. Vencido o ministro Marco Aurélio (relator) (...). HC 122875/PE, rel. Min. Marco Aurélio, red. p/ o ac. Min. Alexandre de Moraes, julgamento em 19.9.2017. (Info 878)

♦ **Processo eletrônico: corréus com advogados distintos e prazo em dobro**

Não cabe a aplicação subsidiária do art. 229, "caput", do CPC/2015 em inquéritos e ações penais originárias em que os atos processuais das partes são praticados por via eletrônica e todos os interessados – advogados e membros do Ministério Público – têm acesso amplo e simultâneo ao inteiro teor dos autos. Nesse sentido, a Segunda Turma resolveu questão de ordem em que acusados representados por advogados distintos requisitavam prazo em dobro para a resposta prevista no art. 4º da Lei 8.038/1990. Com o advento do novo CPC, o

Colegiado consignou que, nos processos eletrônicos, não há falar em prazo em dobro para as manifestações de corréus com diferentes procuradores, seja em qualquer juízo ou tribunal, dependente ou não de requerimento. Além disso, na situação dos autos, o acesso amplo e simultâneo aos atos processuais praticados por via eletrônica estaria evidenciado, uma vez que junto com o mandado de notificação dos corréus fora enviada uma mídia digital em CD, contendo cópia integral dos autos. Aliado a isso, constantemente é realizada a atualização do material digital, sendo permitido e utilizado o peticionamento eletrônico. *Inq 3980 QO/DF, rel. Min. Teori Zavascki, 7.6.2016. (Inq-3980) (Info 829)*

♦ **Tribunal do júri e novo enquadramento fático-jurídico**

Se houver incorreto enquadramento fático-jurídico na capitulação penal, que repercuta na competência do órgão jurisdicional, admite-se, excepcionalmente, a possibilidade de o magistrado, antes da pronúncia e submissão do réu ao júri popular, efetuar a desclassificação para outro tipo penal e encaminhar o feito ao órgão competente. Com base nessa orientação e, em face da peculiaridade do caso concreto, a Segunda Turma, por maioria, concedeu, em parte, a ordem em "habeas corpus" para afastar o dolo eventual homicida, com a retirada da competência do tribunal do júri. O magistrado competente deve então proceder ao correto enquadramento jurídico mediante a análise do contexto fático-probatório, mantida a higidez dos atos processuais até então praticados, sem prejuízo de eventual "mutatio libelli". (...). Vencido o Ministro Celso de Mello, que denegava a ordem. Destacava que no presente estágio processual seria prematuro, na via sumaríssima do "habeas corpus", proceder à configuração de dolo eventual. Anotava que o magistrado que estivesse a conduzir o processo penal de conhecimento teria mais condições do que a Corte para, ao coligir todos os dados informativos, formar a sua própria convicção. Assim, a partir desse ponto ele iria pronunciar ou impronunciar o réu, desclassificar o delito para outro que não se incluísse na competência penal do júri, ou até mesmo absolve-lo sumariamente. *HC 113598/PE, rel. Min. Gilmar Mendes, 15.12.2015. (HC-113598) (Info 812)*

♦ **Direito Processual Penal. Tribunal do Júri. Execução provisória da pena.**

Nas condenações pelo tribunal do júri não é necessário aguardar julgamento de recurso em segundo grau de jurisdição para a execução da pena. Com base nesse entendimento, a Primeira Turma, por maioria, não conheceu da impetração de habeas corpus e revogou liminar que suspendia a execução da pena privativa de liberdade (HC 140449/RJ, rel. orig. Min. Marco Aurélio, red. p/ o ac. Min. Roberto Barroso, julgamento em 6.11.2018. (HC-140449) – Info 922 do STF.

9. QUESTÕES DE CONCURSOS PÚBLICOS

01. (2017 – IBADE – PC-AC – Delegado de Polícia Civil) No que concerne à legislação que dispõe sobre os Juizados Especiais Cíveis e Criminais (Lei nº 9.099/1995), pode-se afirmar que:

(A) a composição dos danos civis será reduzida a escrito e, homologada pelo Juiz mediante sentença irrecorrível, não pode ser executado no juízo civil competente.

(B) a autoridade policial que tomar conhecimento da ocorrência lavrará termo circunstanciado e o encaminhará em até 24 (vinte e quatro) horas ao Juizado, com o autor do fato e a vítima, providenciando-se as requisições dos exames periciais necessários.

(C) ao autor do fato que, após a lavratura do termo circunstanciado, for imediatamente encaminhado ao juizado ou assumir o compromisso de a ele comparecer, não se imporá prisão em flagrante, podendo-se exigir fiança a critério da autoridade policial.

(D) consideram-se infrações penais de menor potencial ofensivo, para os efeitos desta Lei, as contravenções penais e os crimes a que a lei comine pena máxima não superior a 1 (um) ano, cumulada ou não com multa.

(E) havendo representação ou tratando-se de crime de ação penal pública incondicionada, não sendo caso de arquivamento, o Ministério Público poderá propor a aplicação imediata de pena restritiva de direitos ou multas, a ser especificada na proposta.

02. (2017 – CESPE – TJ-PR – Juiz Substituto) Em relação ao procedimento do tribunal do júri, assinale a opção correta.

(A) O mesmo conselho de sentença poderá conhecer de mais de um processo, no mesmo dia, se as partes os aceitarem e, neste caso, os jurados deverão prestar um novo compromisso legal.

(B) O jurado que participar de um julgamento poderá recusar-se a servir em outro julgamento no mesmo dia.

(C) O julgamento será adiado se o acusado, solto, devidamente intimado para a sessão, não comparecer; ser-lhe-á decretada a prisão preventiva a fim de ele ser apresentado coercitivamente.

(D) O conselho de sentença, ao ser sorteado, se limitará ao conhecimento do processo para o qual foi inicialmente formado.

03. (2017 – MPE-RS – MPE-RS – Promotor de Justiça – Reaplicação) Assinale a alternativa INCORRETA.

(A) Não se admite oferta de proposta de transação se ficar comprovado ter sido o autor da infração condenado, pela prática de crime, à pena restritiva de direitos, por sentença definitiva.

(B) Os conciliadores no Juizado Especial Criminal são recrutados preferencialmente entre bacharéis em Direito (art. 73, parágrafo único, da Lei nº 9099/95).

(C) Da decisão que homologa proposta de transação (art. 76 da Lei nº 9099/95) oferecida pelo Ministério Público e aceita pelo autor do fato, cabe recurso de apelação.

(D) Da decisão que rejeita a denúncia no Juizado Especial Criminal, cabe recurso de apelação.

(E) A não reparação do dano causado pelo crime, injustificada, é causa de revogação da suspensão condicional do processo.

---

04. (2017 – FCC – DPE-PR – Defensor Público) No que diz respeito ao Tribunal do Júri, é INCORRETO afirmar:

(A) Os jurados poderão formular perguntas ao ofendido e às testemunhas, por intermédio do juiz presidente.

(B) Verificando que se encontram na urna as cédulas relativas aos jurados presentes, o juiz presidente sorteará sete dentre eles para a formação do Conselho de Sentença. À medida que as cédulas forem sendo retiradas da urna, o juiz presidente as lerá, e o Ministério Público e, depois dele, a defesa poderão recusar os jurados sorteados, até três cada parte, sem motivar a recusa.

(C) O tempo destinado à acusação e à defesa será de uma hora e meia para cada, e de uma hora para a réplica e outro tanto para a tréplica.

(D) O julgamento não será adiado pelo não comparecimento do acusado solto, do assistente ou do advogado do querelante, que tiver sido regularmente intimado.

(E) O julgamento não será adiado se a testemunha deixar de comparecer, salvo se uma das partes tiver requerido a sua intimaçao por Mandado, na oportunidade de que trata o art. 422 do Código de Direito Penal, declarando não prescindir do depoimento e indicando a sua localização.

---

05. (2016 – FCC – DPE-BA – Defensor Público) Sobre o procedimento relativo ao Tribunal do júri, é correto afirmar:

(A) De acordo com o Código de Processo Penal, no julgamento pelo Tribunal do júri de dois réus soltos, um autor, outro partícipe, havendo separação de julgamentos pela recusa distinta de jurados, será julgado em primeiro lugar aquele que estiver há mais tempo pronunciado.

(B) Na sentença de pronúncia não poderá o juiz declarar o dispositivo legal em que julgar incurso o acusado, pois não é dado ao magistrado decisão aprofundada de mérito, sob pena de invasão na competência dos jurados para análise da causa.

(C) Se o juiz entender pela impronúncia do acusado, fica vedada futura persecução penal pelo mesmo fato enquanto não ocorrer a extinção da punibilidade, ainda que, eventualmente, descobertas novas provas, visto que não existe revisão criminal em desfavor do réu.

(D) Contra sentença de impronúncia cabe recurso em sentido estrito, ao passo que, contra decisão que absolve sumariamente o acusado, cabe apelação.

(E) A intimação da sentença de pronúncia do acusado solto que não for encontrado será feita por meio de edital, sendo que o julgamento ocorrerá independentemente do seu comparecimento, ainda que a pronúncia admita acusação pelo delito de aborto.

---

06. (2016 – UFMT – DPE-MT – Defensor Público) No que se refere à absolvição sumária, no procedimento do Tribunal do Júri, assinale a afirmativa INCORRETA

(A) É a sentença definitiva por meio da qual a pretensão punitiva é julgada improcedente.

(B) Trata-se de decisão de mérito, ao contrário do que ocorre com a impronúncia.

(C) Terá lugar quando o juiz entender provada a inexistência do fato.

(D) Será proferida quando provado não ser o acusado autor ou partícipe do fato.

(E) A Lei nº 11.689/2008 restringiu as hipóteses de absolvição sumária.

---

07. (2016 – CESPE – TJ-AM – Juiz Substituto) Em se tratando de procedimento comum ordinário, o juiz deverá absolver sumariamente o acusado quando verificar que

(A) a punibilidade está extinta em razão da ocorrência da prescrição da pretensão punitiva em perspectiva.

(B) o fato foi cometido em situação de manifesta inexigibilidade de conduta diversa.

(C) estão ausentes indícios mínimos de autoria e materialidade do fato supostamente praticado.

(D) o acusado é portador de doença mental, atestada por laudo médico oficial, e inteiramente incapaz de entender o caráter ilícito do fato.

(E) o fato foi cometido em estrita obediência a ordem manifestamente ilegal.

---

08. (2016 – IESES – TJ-PA – Titular de Serviços de Notas e de Registros – Provimento) Levando em conta as disposições da Lei 9.099/95, no que diz respeito aos juizados especiais criminais, é correto afirmar:

(A) Os embargos de declaração serão opostos por escrito ou oralmente, no prazo de 5 (cinco) dias, contados da ciência da decisão, e quando opostos contra sentença, interromperão o prazo para o recurso.

(B) A composição dos danos civis será reduzida a escrito e, homologada pelo Juiz mediante sentença irrecorrível, terá eficácia de título a ser executado no juízo civil competente.

(C) A suspensão condicional do processo será revogada se o acusado vier a ser processado, no curso do prazo, por contravenção, ou descumprir qualquer outra condição imposta.

(D) A competência do juizado será determinada pelo lugar do resultado da infração penal.

---

09. (2015 – FUNIVERSA – PC-DF – Delegado de Polícia) Assinale a alternativa correta acerca do procedimento penal.

(A) O princípio da identidade física do juiz não se aplica ao processo penal.

(B) As provas devem ser produzidas em uma só audiência, podendo o juiz indeferir as consideradas irrelevantes, impertinentes ou protelatórias.

(C) No procedimento ordinário, após o oferecimento da denúncia, o juiz, recebendo-a, mandará desde logo designar dia e hora para o interrogatório do réu.

(D) A absolvição sumária é instituto exclusivo do rito do júri popular.

(E) O princípio da identidade física do juiz aplica-se ao processo penal por construção jurisprudencial, não sendo previsto no CPP.

---

10. (2015 – FCC – TJ-PE – Juiz Substituto) Em relação ao procedimento relativo ao Tribunal do Júri, é correto afirmar que:

(A) estão isentos do serviço do júri os cidadãos maiores de 65 (sessenta e cinco) anos.

(B) a intimação da decisão de pronúncia será feita pessoalmente ao acusado, ao defensor nomeado ou constituído, e ao Ministério Público.

(C) não se convencendo da materialidade do fato ou da existência de indícios suficientes de autoria ou de participação, o juiz, fundamentadamente, absolverá sumariamente o acusado

(D) não poderá servir o jurado que, no caso de concurso de pessoas, houver integrado o Conselho de Sentença que julgou o outro acusado ou tiver funcionado em julgamento anterior do mesmo processo, independentemente da causa determinante do julgamento posterior.

(E) contra a sentença de impronúncia caberá recurso em sentido estrito.

---

11. (2015 – MPE-BA – MPE-BA – Promotor de Justiça Substituto) Quanto ao procedimento relativo aos processos de competência do Tribunal do Júri, é CORRETO afirmar que:

(A) O procedimento do júri, por abranger crimes dolosos contra a vida, será necessariamente iniciado através de denúncia oferecida pelo Ministério Público, respeitado o princípio da obrigatoriedade da ação penal pública.

(B) O juiz, ao receber a denúncia, ordenará a citação do acusado para responder à acusação, por escrito, no prazo de 15 (quinze) dias.

(C) A fundamentação da pronúncia limitar-se-á à indicação da materialidade do fato e da existência de indícios suficientes de autoria ou de participação, devendo o juiz especificar as circunstâncias qualificadoras, as agravantes e as causas de aumento de pena.

(D) Na primeira fase do procedimento do júri, provado que o acusado não é o autor ou partícipe do fato delituoso, o juiz, fundamentadamente, impronunciará desde logo o acusado, sendo que contra a sentença de impronúncia caberá o recurso de apelação

(E) O mesmo Conselho de Sentença poderá conhecer de mais de um processo, no mesmo dia, se as partes o aceitarem, hipótese em que seus integrantes deverão prestar novo compromisso.

---

12. (2015 – MPE-SP – MPE-SP – Promotor de Justiça) Assinale a alternativa correta:

(A) No procedimento ordinário, o Juiz de Direito, depois de receber a denúncia, determinará a citação do réu para o oferecimento de defesa escrita, que não é, entretanto, obrigatória.

(B) A inobservância do princípio da identidade física do juiz é causa de nulidade absoluta, mesmo em face da promoção do magistrado que tenha presidido a instrução.

(C) O advogado deverá ser intimado da data da audiência designada no juízo deprecado.

(D) A pendência de cumprimento de carta precatória impede o julgamento do feito.

(E) Todas as alternativas estão incorretas.

---

13. (2015 – FCC – DPE-MA – Defensor Público) Sobre o julgamento pelo tribunal do júri, é correto afirmar:

(A) Se a verificação de qualquer fato, reconhecida como essencial para o julgamento da causa, não puder ser realizada imediatamente, o juiz presidente suspenderá a Sessão o quanto for necessário, mantendo o mesmo Conselho, ordenando a realização das diligências entendidas necessárias e a retomada do julgamento assim que possível.

(B) Havendo mais de um acusador ou mais de um defensor, combinarão entre si a distribuição do tempo, que, na falta de acordo, será dividido pelo juiz presidente, aumentando-se o prazo em uma hora.

(C) Havendo mais de um acusado, o tempo para a acusação e a defesa será de uma hora e meia para cada parte.

(D) A acusação poderá replicar e a defesa treplicar, permitindo-se a reinquirição de testemunha já ouvida em plenário.

(E) Durante o julgamento não será permitida a leitura de documento ou a exibição de objeto que não tiver sido juntado aos autos com a antecedência mínima de três dias úteis, dando-se ciência à outra parte, salvo a leitura de jornais ou quaisquer outros escritos que versem sobre a matéria de fato submetida a julgamento.

– **(2015 – FCC – TJ-SC – Juiz Substituto) Sobre o Júri, analise as seguintes assertivas:**

14. A fundamentação da pronúncia limitar-se-á à indicação da materialidade do fato e da existência de indícios suficientes de autoria ou de participação, devendo o juiz declarar o dispositivo legal em que julgar incurso o acusado e especificar todas as circunstâncias do crime: qualificadoras, agravantes e atenuantes e causas de aumento e diminuição de pena.

15. Não se convencendo da materialidade do fato ou da existência de indícios suficientes de autoria ou de participação, o juiz, fundamentadamente, impronunciará o acusado. Havendo prova nova, a acusação poderá requerer o desarquivamento dos autos para a respectiva juntada, após a qual o juiz receberá os autos conclusos para nova decisão sobre a pronúncia.

16. Se houver indícios de autoria ou de participação de outras pessoas não incluídas na acusação, o juiz, ao pronunciar ou impronunciar o acusado, determinará o retorno dos autos ao Ministério Público, pelo prazo de 15 dias, observada, se for o caso, a hipótese de separação dos processos.

17. O juiz poderá dar ao fato definição jurídica diversa da constante da acusação, embora o acusado fique sujeito a pena mais grave.

18. A intimação da decisão de pronúncia ao acusado será somente pessoal.

19. **(2015 – FGV – DPE-MT – Advogado)** No dia 07/01/14, Antônio foi preso em flagrante e denunciado pela prática do crime previsto no Art. 121 do Código Penal. Finda a instrução da primeira fase do procedimento bifásico do júri, o juiz revogou a prisão do acusado e concedeu prazo para as partes apresentarem alegações finais escritas.

Após a apresentação, Antônio foi pronunciado. A intimação dessa decisão foi buscada no endereço constante dos autos, não sendo o réu encontrado. Após diversas diligências, foi certificado que o réu estava em local incerto e não sabido.

Sobre o caso descrito, assinale a afirmativa correta.

(A) O processo não poderá prosseguir, pois a intimação do acusado da decisão de pronúncia deve ser pessoal.

(B) Poderá ser determinada a intimação do réu da decisão de pronúncia por edital, inclusive com posterior julgamento em plenário, independentemente de sua presença.

(C) Poderá ser determinada a intimação do réu da decisão de pronúncia por edital, mas o processo ficará suspenso caso ele não compareça aos atos posteriores.

(D) Caso o réu tenha sido citado pessoalmente, não é necessária sua intimação da decisão de pronúncia.

(E) Mesmo não sendo o acusado encontrado para ser intimado da decisão de pronúncia, o Defensor Público em atuação poderá entrar com recurso de apelação dessa decisão.

20. **(2015 – PGR – Procurador da República – Adaptada)** Julgue a afirmativa:

É integralmente correto afirmar que, nos procedimentos sumário e ordinário, o juiz pode absolver sumariamente o réu se verificar: a existência de manifesta causa que exclui a ilicitude do fato; a existência de manifesta causa que exclua a culpabilidade, salvo a inimputabilidade; que não ha provas do crime ou que o fato não constitui crime; e quando extinta a punibilidade do agente.

21. **(2015 – VUNESP – TJ-SP – Escrevente Técnico Judiciário)** Nas infrações penais de menor potencial ofensivo, quando o juizado especial criminal encaminhar ao juízo comum as peças existentes para a adoção de outro procedimento, de acordo com o art. 538 do CPP, o rito adotado será

(A) o ordinário

(B) o sumário.

(C) livremente estabelecido pelo juiz.

(D) o sumaríssimo.

(E) o especial.

22. **(2015 – FMP – MPE-AM – Promotor de Justiça – Adaptada)** Julgue o item:

Nos crimes contra a propriedade imaterial que procedem mediante ação penal privativa do ofendido, não será admitida queixa com fundamento em apreensão e em perícia, se decorrido o prazo de 30 dias, após a homologação do laudo.

23. **(Fundação Aroeira – Delegado de Polícia – TO/2014)** Os Juizados Especiais Criminais são órgãos da Justiça Ordinária, criados pela União, pelo Distrito Federal, pelos Territórios e Estados, para conciliação, processo, julgamento e execução, nas causas de sua competência, com seus processos orientados pelos critérios da oralidade, simplicidade, informalidade, economia processual e celeridade, buscando, sempre que possível, a conciliação ou a transação. Nesse sentido, no tocante aos Juizados Especiais Criminais, consoante a Lei nº 9.099/1995,

(A) o autor do fato que, após a lavratura do termo, for imediatamente encaminhado ao juizado ou assumir o compromisso de a ele comparecer, mediante fiança, não estará sujeito à prisão em flagrante.

(B) o juiz poderá determinar, em caso de violência doméstica, como medida de cautela, a retirada da vítima do lar, domicílio ou local de convivência com o autor.

(C) as contravenções e os crimes apenados com detenção que a lei comine pena máxima não superior a dois anos são considerados infrações penais de menor potencial ofensivo.

(D) a autoridade policial que tomar conhecimento da ocorrência lavrará termo circunstanciado e o encaminhará imediatamente ao juizado, com o autor do fato e a vítima.

---

24. (Cespe – Juiz de Direito – TJ-DFT/2014) Com relação ao processo e julgamento dos crimes falimentares, assinale a opção correta.

(A) Caso o MP não ofereça denúncia no prazo legal, qualquer credor, ainda que não habilitado, poderá oferecer ação penal privada subsidiária da pública, observado o prazo decadencial de seis meses.

(B) A construção da teoria da unidade do crime falimentar remonta a Hans Welzel, que sustentava que a pluralidade de atos praticados pelo devedor, anteriores à declaração da falência, seria convertida em unidade, por força da declaração da falência, única condição de punibilidade do crime.

(C) Os crimes falimentares são de ação penal pública condicionada à representação dos credores do falido ou de seus sucessores.

(D) Em regra, o princípio da unicidade é aplicável ao concurso de crimes falimentares e aos delitos elencados no CP, como, por exemplo, ao estelionato.

(E) Segundo o princípio da unicidade, havendo o concurso de diversas condutas voltadas ao cometimento de fraudes aos credores da empresa em processo de falência, considera-se a prática de apenas um único tipo penal, aplicando-se, nesse caso, ao agente a sanção do tipo penal a que se comina a pena mais gravosa.

---

25. (ACAFE – Delegado de Polícia – SC/2014) Ante as disposições do Código de Processo Penal, analise as afirmações a seguir.

I. O procedimento comum será ordinário, sumário ou sumaríssimo.

II. O procedimento será ordinário quando tiver por objeto crime cuja sanção máxima cominada for igual ou superior a 3 (três) anos de pena privativa de liberdade

III. O procedimento será sumário sempre que tiver por objeto crime cuja sanção máxima cominada seja inferior a 3 (três) anos de pena privativa de liberdade.

IV. O procedimento será sumaríssimo para as infrações penais de menor potencial ofensivo, na forma da lei.

Assinale a alternativa correta.

(A) Apenas I, II e III estão corretas.

(B) Apenas II e III estão corretas.

(C) Apenas II, III e IV estão corretas.

(D) Apenas I e IV estão corretas.

(E) Todas as afirmações estão corretas.

---

26. (2018 – UEG – PC-GO – Delegado de Polícia Civil) Sobre o procedimento processual penal, verifica-se o seguinte:

(A) O Ministério Público possui prazo em dobro para interpor apelação criminal.

(B) Em caso de revelia do acusado regularmente citado, presumir-se-ão verdadeiros os fatos narrados na denúncia.

(C) Admite-se a citação por hora certa no processo penal.

(D) Ocorre emendatio libelli quando o juiz entende cabível nova definição jurídica do fato, em consequência de prova existente nos autos de elemento ou circunstância da infração penal não contida na acusação.

(E) No processo penal não se aplica o princípio da identidade física do juiz.

---

27. (CONSULPLAN – TJ-MG – Titular de Serviços de Notas e de Registros – Provimento – 2018) De acordo com a Jurisprudência sumulada do Supremo Tribunal Federal, assinale a alternativa correta.

(A) É relativa a nulidade de julgamento pelo Júri, por falta de quesito obrigatório.

(B) O efeito devolutivo da apelação contra decisões do Júri é amplo, não se restringindo aos fundamentos da sua interposição.

(C) Não se admite a suspensão condicional do processo por crime continuado, se a soma da pena mínima da infração mais grave com o aumento mínimo de um sexto for superior a um ano.

(D) A competência constitucional por prerrogativa de função estabelecida pela Constituição Estadual prevalece sobre a competência do Tribunal do Júri, tendo em vista o princípio federativo e a autonomia dos Estados.

28. (CESPE – PC-SE – Delegado de Polícia – 2018) A polícia civil de determinado município deflagrou operação a fim de investigar a exploração ilícita de jogo do bicho, promovida pelos denominados banqueiros. Constatou-se que os chamados recolhedores usavam motocicletas para coletar apostas em municípios vizinhos. Identificadas as motocicletas usadas, o Ministério Público estadual requereu a busca e apreensão dos veículos, o que foi deferido pelo juízo competente. Intimado, Antônio, dono de uma das motocicletas e recolhedor de apostas, compareceu à delegacia, ocasião em que firmou compromisso de posterior comparecimento ao juízo criminal e entregou o veículo, após lavratura do competente termo circunstanciado. Na audiência preliminar, o representante do Ministério Público apresentou proposta de transação penal a Antônio: pagamento de dez cestas básicas a uma instituição de caridade. A proposta foi aceita e devidamente homologada pelo juízo. Comprovado o cumprimento da proposta, foi proferida sentença extintiva da punibilidade de Antônio. Na mesma sentença, o magistrado acolheu manifestação do Ministério Público e decretou o confisco da motocicleta de Antônio. Com referência a essa situação hipotética, julgue o item a seguir, considerando os institutos inerentes à Lei n.º 9.099/1995 e o entendimento dos tribunais superiores acerca da matéria. A condenação penal de Antônio, em caso de eventual inviabilização da transação penal, dependeria da identificação dos denominados banqueiros que promoviam o jogo do bicho. ( ) Certo ( ) Errado

29. (VUNESP – MPE-SP – Analista Jurídico do Ministério Público – 2018) Acerca dos Juizados Especiais Criminais, assinale a alternativa correta.

(A) Os critérios orientadores do processo perante o Juizado Especial previstos na lei são: oralidade, brevidade, discricionariedade regrada e mitigação.

(B) Uma contravenção penal cuja pena máxima ultrapasse o patamar de 2 (dois) anos será julgada no Juizado Especial Criminal.

(C) A competência do Juizado será determinada pelo lugar em que foi praticada ou consumada a infração penal.

(D) Segundo prevê a Lei n° 9.099/95, cabem embargos de declaração quando, em sentença ou acórdão, houver erro, obscuridade, contradição ou omissão.

(E) Se não há previsão na Lei n° 9.099/95 sobre o número de testemunhas que poderão ser ouvidas, deve ser aplicado, por analogia, o quanto previsto para o procedimento ordinário.

30. (VUNESP – MPE-SP – Analista Jurídico do Ministério Público – 2018) Em relação ao procedimento do júri, assinale a alternativa correta.

(A) O jurado que tiver integrado o Conselho de Sentença nos 12 (doze) meses que antecederem à publicação da lista geral não será excluído em casos de comprovada necessidade.

(B) A lista geral dos jurados, com indicação das respectivas profissões, será publicada pela imprensa até o dia 10 de outubro de cada ano e divulgada em editais afixados à porta do Tribunal do Júri.

(C) Ao receber os autos, o presidente do Tribunal do Júri determinará a intimação do órgão do Ministério Público ou do querelante, no caso de queixa, e do defensor, para, no prazo de 5 (cinco) dias, apresentarem rol de testemunhas que irão depor em plenário, até o máximo de 8 (oito), oportunidade em que poderão juntar documentos e requerer diligência.

(D) Nos casos de desaforamento requerido por alguma das partes, poderá ser ouvido o juiz presidente, caso o relator assim julgue necessário.

(E) Excesso de serviço não justifica pedido de desaforamento.

31. (CESPE – MPE-PI – Analista Ministerial – Área Processual – 2018) Tércio, servidor público federal em cargo de direção, foi denunciado pela prática de falsificação de documento público. O oficial de justiça não o localizou em sua residência, tendo citado o acusado em seu local do trabalho. Apesar de citado, Tércio não constituiu advogado e não apresentou defesa em juízo. Nessa situação hipotética, o crime de falsificação de documento público praticado por Tércio é inafiançável e, por isso, ele não estará sujeito ao procedimento especial dos crimes de responsabilidade dos funcionários públicos. ( ) Certo ( ) Errado

10. GABARITO ANOTADO

01 – E

Vide:

- Art. 76 da Lei 9.099/95.
- Item "2.3. Procedimento comum sumaríssimo (juizados especiais criminais)".

02 – A

Vide:

- Art. 452 do CPP.
- Item "4.3. Características".

03 – A

Vide:

- Art. 76, § 2º, da Lei 9.099/95.
- Item "2.3. Procedimento comum sumaríssimo (juizados especiais criminais)".

04 – B

Vide:

- Art. 468 do CPP.
- Item "4.11. Formação do conselho de sentença".

05 – E

Vide:

- Artigos 420 e 457, ambos do CPP.
- Item "4.4.1.1. Decisão de pronúncia"

06 – E

Vide:

- Art. 415 do CPP.
- Item "4.5. Sentença de absolvição sumária"

07 – B

Vide:

- Art. 397 do CPP.
- Item "2.1.Procedimento comum ordinário (artigos 394 a 405, CPP)"

08 – B

Vide:

- Art. 74 da Lei 9.099/95.
- Item "2.3.3. Audiência preliminar"

09 – B

Vide:

- Art. 400, § 1º, do CPC.
- Item "2.1. Procedimento comum ordinário (artigos 394 a 405, CPP)

10 – D

Vide:

- Art. 449, I e II, do CPP.
- Item "4.11. Formação do Conselho de Sentença"

11 – E

Vide:

- Art. 452 do CPP.
- Item "4.3. Características"

12 – E

Vide:

- Artigos 396, 396-A, 399, § 2º, 222, § 2º, todos do CPP.
- Súmula 273 do STJ.
- Item "2.1. Procedimento comum ordinário (artigos 394 a 405, CPP)

13 – D

Vide:

- Art. 476, § 4º, do CPP.
- Item "4.13. Debates e poderes do juiz"

14 – E

Vide:

- Art. 413, § 1º, do CPP.
- Item "4.4.1.1. Decisão de pronúncia"

15 – E

Vide:

- Art. 414, *caput* e parágrafo único, do CPP.
- Item "4.4.1.2. Sentença de Impronúncia"

16 – C

Vide:

- Art. 417 do CPP.
- Item "4.4.1. Primeira fase ou juízo da instrução preliminar (*judicium accusationis*)"

17 – C

Vide:

- Art. 418 do CPP.
- Item "4.4.1.1. Decisão de pronúncia"

18 – E

Vide:

- Art. 420, parágrafo único, do CPP.
- Item "4.4.1.1. Decisão de pronúncia"

19 – B

Vide:

- Artigos 420, parágrafo único, e art. 457, *caput*, ambos do CPP.
- Item "4.4.1.1. Decisão de pronúncia"; Item "4.10.6. Reunião e sessões do tribunal do júri"

20 – E

Vide:

- Art. 397 do CPP.
- Item "2.1. Procedimento comum ordinário (artigos 394 a 405, CPP)

21 – B

Vide:

- Art. 538 do CPP.
- Item "2.2. Procedimento comum sumário (artigos 531 a 536, CPP)"

22 – C

Vide:

- Art. 529 do CPP.
- Item "3.5.2. Procedimento para os crimes contra a propriedade imaterial"

23 – D

Vide:

- Art. 69, Lei nº 9.099/1995
- Item 2.3.2. Fase preliminar

24 – E

- STJ, HC Nº 94.632
- Item 3.4. Procedimento especial para os crimes falimentares

25 – D

Vide:

- I – Art. 394, § 1º, CPP
- II – Art. 394, § 1º, I, CPP
- III – Art. 394, § 1º, II, CPP
- IV – Art. 394, § 1º, III, CPP
- Item 1. Considerações Gerais

26 – C

Vide:

- Art. 593, caput, CPP
- Art. 366, CPP
- Art. 362I, CPP
- Art. 383, CPP
- Item "2.1. Procedimento comum ordinário (artigos 394 a 405, CPP)".

27 – C

Vide:

- Súmula 156, STF.
- Súmula 713, STF.
- Súmula 723, STF.
- Súmula Vinculante 45.

28 – ERRADO

Vide:

- Súmula 51, STJ.

29 – B

Vide:

- Art. 61, Lei nº. 9099/1995.
- Art.62, Lei nº. 9099/1995.
- Art. 63, Lei nº. 9099/1995.
- Art. 83, Lei nº. 9099/1995..

30 – B

Vide:

- Art. Art. 422, CPP.
- Art. 426, CPP.
- Art. 427, §3º, CPP.
- Art. 428, CPP.

31 – ERRADO

RECURSO ORDINÁRIO EM HABEAS CORPUS. PROCESSO PENAL. OPERAÇÃO DELERE LUX. SUPOSTA PRÁTICA DELITUOSA IMPUTADA À AGENTES DA CÂMARA MUNICIPAL DE PEREIRA BARRETO/SP. CRIMES DE FALSIFICAÇÃO DE DOCUMENTO PÚBLICO (ART. 297, CP), USO DE DOCUMENTO FALSO (ART. 304, CP) E FRAUDE PROCESSUAL (ART. 347, CP). ALEGAÇÃO DE INOBSERVÂNCIA DO RITO PROCEDIMENTAL APLICÁVEL AOS CRIMES DE RESPONSABILIDADE DOS FUNCIONÁRIOS PÚBLICOS. ART. 514 DO CPP. INAPLICABILIDADE.

1. Alegação de veracidade do documento. Antecipação da quaestio que futuramente será objeto do julgamento de mérito da ação penal. Intento antecipatório que não se compatibilizada, sob nenhum aspecto, com o viés do presente remédio heróico.

2. Imputação dos crimes de crimes de falsificação de documento público (art. 297, CP), uso de documento falso (art. 304, CP) e fraude processual (art. 347, CP).

3. Ainda que praticado por servidor público, o rito processual suscitado ("Do Processo e do Julgamento dos Crimes de Responsabilidade dos Funcionários Públicos") não é aplicável no caso em apreço, uma vez que apenas atrai-se a incidência de tais dispositivos quando a hipótese versar sobre crimes praticados contra a Administração Pública, elencados nos artigos 312 a 326 do Código Penal. Precedentes.

4. Ademais, a ação penal foi precedida de Procedimento Investigatório Criminal, razão pela qual revelar-se-ia prescindível a observância da aludida notificação da acusada, antevista no art. 514 do Código de Ritos Penais.

5. Exegese extraída do verbete sumular n. 330 do STJ.

6. Recurso a que se nega provimento. (RHC 73.308/SP, Rel. Ministro ANTONIO SALDANHA PALHEIRO, SEXTA TURMA, julgado em 22/11/2016, DJe 06/12/2016)

Vide:

- Art. 323, CPP.
- Art. 324, CPP.

- Art. 513, CPP.
- Art. 5º, XLII, XLIII, XLIV, CF.

11. QUESTÕES DISCURSIVAS COM COMENTÁRIOS

01. (Procuradoria Estadual - PGE-BA - 2014 - CESPE) No dia dez de dezembro de 2012, em delegacia de polícia civil situada no município de Juazeiro – BA, instaurou-se inquérito policial para apurar notícia de prática de peculato, em continuidade delitiva, cuja autoria suposta fora atribuída a três indivíduos, ocupantes de cargos públicos comissionados de nível superior e lotados no setor administrativo de determinada secretaria de Estado da Bahia. No curso das investigações, os três investigados foram exonerados, perdendo, por completo, os vínculos que mantinham com o serviço público e com o estado da Bahia, o qual, por meio de sua procuradoria geral, formulou pedido à autoridade policial para habilitar-se como assistente de acusação, alegando interesse em garantir a eficácia da possível sentença penal condenatória, uma vez que fora vítima da referida ação delituosa. Posteriormente, a autoridade policial indiciou os três investigados por prática de peculato, em continuidade delitiva e em concurso de agentes, porquanto comprovada a apropriação de valores de que tinham a posse em razão de seus cargos. A denúncia oferecida pelo Ministério Público conteve idêntica capitulação e foi recebida, de modo integral e imediato, pelo juízo criminal competente, que, por sua vez, determinou a instauração da ação penal, bem como a expedição dos mandados de citação dos réus. Com base nessa situação hipotética, redija um texto dissertativo que atenda, necessariamente, ao que se pede a seguir. 1 – Em face das normas processuais penais, examine o pleito formulado pelo procurador geral do estado da Bahia, discorrendo sobre sua viabilidade jurídica, sua tempestividade e seu direcionamento. 2 – Discorra sobre a marcha procedimental adotada pelo juízo criminal por ocasião do exame e do imediato recebimento da denúncia, considerando as condições em que o crime foi perpetrado. 3 – Aponte, de modo fundamentado, se foram observadas ou não as normas processuais que regem a hipótese contemplada no texto.

Resposta

O padrão de resposta definitivo, divulgado pela banca, indica que: quanto ao pedido formulado pelo Estado da Bahia, por meio de um de seus procuradores, relativamente à sua viabilidade, não deve ser deferido. Primeiro, o pedido para habilitar-se como assistente de acusação foi apresentado ainda no curso da apuração do fato tido por delituoso, não tendo sido observado o artigo 268 do CPP, que estabelece: "Em todos os termos da ação penal pública, poderá intervir, como assistente do Ministério Público, o ofendido ou o seu representante legal, ou, na falta, qualquer das pessoas mencionadas no artigo 31". Assim, o pedido, para ser admitido, deve ser formulado após a instauração da ação penal pública e não no bojo do inquérito policial. O pedido, portanto, não tem viabilidade. Por outro lado, nota-se também equívoco quanto ao endereçamento do mencionado pedido, uma vez que foi dirigido a autoridade policial. Segundo o CPP, o pedido para habilitar-se como assistente de acusação deve ser dirigido ao juízo criminal competente.

Quanto ao rito procedimental adotado pelo juízo criminal competente, verifica-se que está correto. Na hipótese, não deve ser aplicado o artigo 514 do CPPB, tendo em vista que quando do oferecimento da denúncia e da instauração da ação penal os denunciados já não ocupavam mais cargos no serviço público, em razão de terem sido exonerados. Desta forma, o magistrado adotou corretamente o procedimento comum ordinário e não o rito previsto nos artigos 513 a 518 do CPPB.

02. (UFRJ - Delegado de Polícia - DF/2005) Terminada a instrução criminal, na qual se objetivava a admissibilidade da acusação pela prática do delito previsto no artigo 122 do Código Penal, diante das provas produzidas, o Juiz observou a ausência de dolo, absolvendo desde já o acusado. Agiu corretamente o Juiz?

A decisão que reconhece a ausência de dolo, no caso em tela, fará coisa julgada material?

Resposta

O rito a ser seguido para o crime do art. 122, do CP, é o especial para apuração de crimes dolosos contra a vida (induzimento, instigação ou auxílio a suicídio). Não há previsão de modalidade culposa.

O dispositivo que justifica a atuação do juiz é o art. 415, III, CPP, que autoriza a absolvição de logo do acusado quando o fato não constituir infração penal. Cuida-se de hipótese de absolvição sumária fundada na atipicidade, eis que ausente dolo a respeito de conduta que não admite forma culposa.

O juiz agiu corretamente e a decisão em tela produz coisa julgada material, por declarar, com esteio em juízo de certeza, a ausência de dolo.

03. (UEG - Delegado de Polícia - GO/2009) Avalie, justificadamente, a possibilidade de julgamento antecipado da lide no processo penal brasileiro.

Resposta

Falamos sobre essa possibilidade ao estudarmos o procedimento comum ordinário. As formas processuais penais podem ser mitigadas quando a providência judicial penal for mais favorável ao acusado e maximize direitos fundamentais. É perfeitamente possível o julgamento antecipado da lide, no processo penal brasileiro. Aliás, há previsão legal expressa, como se dá, por exemplo, com o que reza o art. 397, CPP (hipóteses de absolvição sumária).

Note-se que a antecipação de julgamento da lide no sentido absolutório ou extintivo de punibilidade pode ocorrer, inclusive, sem sentença formal, mas através de decisões definitivas ou com força de definitiva, bastando exemplificar o denominado arquivamento definitivo de inquérito policial, cuja decisão faz coisa julgada material.

O que não pode acontecer é a abreviação do rito para ser imposta condenação. Para ser válido provimento condenatório é indispensável o respeito às formas processuais e que ele seja proferido no momento procedimental gizado em lei.

---

04. (FUNCAB – Delegado de Polícia – RO/2014) Fernando adquire roupas caras em uma loja de um *shopping center* e efetua o pagamento com um cheque roubado, com o objetivo de obter indevida vantagem econômica. Na ocasião, após solicitação do caixa da loja, apresentou uma carteira de identidade falsa, eis que houve substituição de foto, em nome do titular do cheque apresentado. O fato foi descoberto pelo caixa que percebeu um acentuado nervosismo apresentado pelo consumidor.

Tendo em vista o acima exposto, fundamentadamente:

(A) faça a devida capitulação penal do fato;

(B) analise o cabimento de suspensão condicional do processo e de transação penal, no presente caso.

Resposta

(A) Trata-se de delito de estelionato (art. 171, caput, CP), cuja pena abstrata é de reclusão, de um a cinco anos, e multa. O delito de falso é absorvido pelo estelionato, crime fim, com base no princípio da consunção, aplicável ao conflito aparente de normas (Súmula 17, do STJ).

(B) A transação penal (art. 76, da Lei nº 9.099/1995) não é cabível, por conta de sua pena máxima extrapolar o limite de dois anos, caracterizador de crime de menor potencial ofensivo. Já a suspensão condicional do processo é, em tese – presentes os demais requisitos legais –, perfeitamente possível, haja vista que a pena mínima abstrata não excede um ano, estando de acordo com os limites do art. 89, da Lei nº 9.099/1995.

---

05. (FUNCAB – Delegado de Polícia – RO/2014) Discorra, fundamentadamente, sobre violência doméstica e familiar contra a mulher (Lei Maria da Penha). Ao elaborar seu texto, aborde, necessariamente, os seguintes aspectos:

(A) conceito e formas de violência doméstica e familiar contra a mulher;

(B) aplicabilidade ou não dos institutos despenalizadores, de penas de multa e de cestas básicas;

(C) competência;

(D) medidas protetivas e prisão preventiva;

Resposta

(A) Para incidência da Lei Maria da Penha, necessária relação afetiva e que o sujeito passivo do delito seja mulher. Pode ser qualquer delito, desde que presentes estes elementos, tais como os artigos 147 (ameaça), 213 (estupro), 129 (lesão corporal), 121 (homicídio),155 (furto), 163 (dono), dentre outros, estes do CP, e 21 (vias de fato), da LCP. A Lei arrola as formas de violência contra a mulher em seu art. 7º, podendo ser de natureza física, sexual, psicológica, patrimonial e moral.

(B) Os institutos despenalizadores da Lei nº 9.099/1995 não são aplicáveis (art. 41, da Lei nº 11.340/2006). A pena de multa não pode ser aplicada se for a única imposta, podendo o ser quando, ao seu lado, existir pena privativa de liberdade. É possível a substituição de penas por restritivas de direito (artigos 43 e 44, CP), no entanto, é vedada a aplicação de pena de prestação pecuniária (cestas básicas) aos crimes que envolvam violência contra a mulher.

(C) A competência pode ser objeto de especialização – vara especializada (juizados de violência doméstica e familiar contra a mulher – art. 7º e 33, da Lei Maria da Penha). Não pode ser fixada a competência nos juizados especiais criminais com competência para julgamento de crimes de menor potencial ofensivo, sendo incabível lavratura de termo circunstanciado de ocorrência. Caso o crime seja doloso contra a vida, prevalece a competência do júri, de índole constitucional, podendo ser aplicadas medidas de proteção dispostas na Lei.

(D) São cabíveis medidas de proteção que a própria lei estatui, podendo ser protetiva de urgência que obrigam o agressor (art. 22) ou protetiva de urgência à ofendida (artigos 23 e 24). Presentes os requisitos legais do art. 312, CPP, a prisão preventiva poderá ser decretada, independentemente do quantum da pena máxima abstrata cominada ao crime, visando, dentre outros motivos, garantir a execução de medidas protetivas de urgência (art. 313, II, CPP). As medidas cautelares diversas da prisão, segundo pensamos, podem também ter aplicação, instaurando-se regime de liberdade provisória (art. 282, CPP).

---

06. (FAURGS – Delegado de Polícia – RS/1998) Surpreendida asfixiando seu filho nascido uma hora antes, a jovem NA exibia visível perturbação psíquica, decorrente do parto, a ponto de não oferecer qualquer resistência à voz de prisão pronunciada pelo segurança LD, no berçário do Hospital. Comunicada a Polícia, os inspetores PA e AP chegaram ao Hospital e tomaram ciência da morte do recém-nascido, provocada por NA, que foi conduzida à Delegacia de Polícia e apresentada à Autoridade Policial. O Delegado de Polícia constatou que NA estava completando 19 anos de idade naquele dia, trabalhava como balconista desde os 15 anos numa loja de tecidos da cidade, era solteira, residia com seus genitores – a quem ajudava financeiramente – e não registrava qualquer antecedente policial ou judicial que a desabonasse naquela comunidade.

(A) Qual ou quais as medidas de Polícia Judiciária a serem adotadas imediatamente?

(B) Qual ou quais os fundamentos jurídicos legais para a adoção dessas providências?

(C) Qual é a situação da acusada, no que se refere ao direito à liberdade? Por quê?

(D) Qual é o procedimento que o futuro processo penal deverá adotar na espécie? Por quê?

Resposta

(A) Lavratura do auto de prisão em flagrante, com a comunicação imediata da prisão ao juiz e ao Ministério Público. Dentro de 24 horas, deve ser enviado o auto de prisão em flagrante ao juiz e entregue nota de culpa à pessoa presa. Caso não informe advogado, deve cópia do auto de prisão em flagrante ser encaminhado à Defensoria Pública. Atualmente, o crime em tela é afiançável, aplicando-se as novas disposições editadas pela Lei nº 12.403/2011. Como a pena máxima abstrata do crime consumado é de seis anos de detenção e, na hipótese, foi ele tentado, com a incidência da redução do art. 14, II, CP (redução de 1/3 a 2/3), a pena máxima será igual a quatro anos. Cabível ao delegado arbitrar a fiança de 1 a 100 salários mínimos. O auto de prisão em flagrante será a peça inaugural do inquérito policial. A criança agredida deve ser encaminhada para exame de corpo de delito de lesões corporais.

(B) A prisão em flagrante se funda nos artigos 302 e seguintes, com as providências ulteriores. O arbitramento de fiança está regulado no art. 325, com redação determinada pela Lei nº 12.403/2011. O inquérito policial é de ser instaurado nos termos do art. 5º, do CPP.

(C) Além do cabimento de fiança como providência de contracautela à prisão em flagrante, cabível, pode o delegado representar pela decretação de outras medidas cautelares diversas da prisão, conforme o caso (art. 319, CPP).Verificando-se, por incidente de insanidade mental instaurado judicialmente – mediante representação da autoridade policial –, que a jovem NA estava em situação de inimputabilidade e com doença psíquica duradoura, com possibilidade de reiteração de crime com violência ou grave ameaça à pessoa, pode o delegado de polícia também representar ao juiz pela decretação da internação provisória de NA (art. 319, VII, CPP).

(D) Reconhecida a inimputabilidade, o processo penal seguirá o procedimento para aplicação de medida de segurança, através da chamada ação penal de prevenção penal. O rito é o comum ordinário, eis que a pena máxima abstrata é de quatro anos considerando o crime de infanticídio na forma tentada.

---

07. (FAURGS – Delegado de Polícia – RS/1998) Em plena campanha pela reeleição, o Deputado Estadual VC ouviu alguns eleitores residentes em Serra Azul, que reclamaram contra a conduta pública do jovem TF, filho do Prefeito Municipal. Alegaram os reclamantes que TF, diariamente, reúne-se na praça central daquela comuna com outros jovens estudantes, todos maiores de dezoito anos, entre os quais o filho do Gerente do Banco do Brasil local, o filho do Coronel Comandante do Batalhão Policial Militar lá sediado, o enteado do Promotor de Justiça da Comarca e outros moços. No final da tarde, o grupo costuma dirigir-se a uma rodovia municipal onde promove disputas automobilísticas, competições não autorizadas e "rachas", pondo em risco a vida e a integridade corporal dos próprios competidores e de eventuais usuários daquela via pública. No "racha" de 14 de março de 1998, o agora reclamante TD teve seu automóvel destruído naquela rodovia, em colisão provocada por TF e, no dia seguinte, os operários BX e CB quase foram atropelados no acostamento daquela via, em razão de manobra imprudente de TF. Conversando com TF, o parlamentar ouviu dele a seguinte ironia: " – O novo Código municipalizou a fiscalização de trânsito, e o meu pai é a máxima autoridade de trânsito em Serra Azul!". Por isso, o Deputado VC procurou a Autoridade Policial local.

(A) Qual ou quais as providências concretas que a Autoridade de Polícia Judiciária deverá adotar?

(B) Qual ou quais os motivos que justificam a adoção dessa(s) medida(s)?

(C) Qual é o pressuposto processual penal básico para a adoção dessa(s) providência(s)? Por quê?

(D) Na hipótese de processo judicial:

1 – Poderá ser utilizado o procedimento processual penal previsto na Lei 9099/95? Por quê?

2 – Cabe suspensão condicional do processo, em tese? Por quê?

Resposta

(A) O crime descrito está tipificado no art. 308, da Lei 9.503/1997, denominado de delito de corrida. A pena máxima abstrata, conforme redação original, era de dois anos. Atualmente, a pena máxima abstrata dessa infração é de três anos, conforme redação dada pela Lei nº 12.971/2014. De tal sorte, cabe a autoridade policial, aferindo a plausibilidade da notícia-crime provocada pelo Deputado VC, instaurar inquérito policial, mediante portaria, para apurar o delito. O caput, do art. 308, do Código de Trânsito Brasileiro, foi modificado para incluir mais uma figura típica de perigo abstrato no seu tipo penal, consistente na exibição ou demonstração de perícia em manobra de veículo automotor, não permitida pela autoridade competente. Nos termos da Lei nº 13.546/2017, o aludido dispositivo passou a ter a seguinte redação: "Art. 308. Participar, na direção de veículo automotor, em via pública, de corrida, disputa ou competição automobilística ou ainda de exibição ou demonstração de perícia em manobra de veículo automotor, não autorizada pela autoridade competente, gerando situação de risco à incolumidade pública ou privada".

(B) Atualmente, sendo a pena máxima abstrata do delito superior a dois anos, não há que se falar em delito de menor potencial ofensivo. Daí que, diante da plausibilidade do cometimento de crime de ação penal pública, deve ser deflagrada a persecução penal por inquérito policial.

(C) O pressuposto processual penal básico é a constatação de existência de infração penal em que caiba ação pública, nos termos que aduz o § 3º, do art. 5º, do CPP, cujo texto destaca que qualquer pessoa do povo que tiver conhecimento da existência de infração penal em que caiba ação pública poderá, verbalmente ou por escrito, comunicá-la à autoridade policial, e esta, verificada a procedência das informações, mandará instaurar inquérito. Ademais, a instauração do inquérito policial decorre do fato de ser a pena máxima do crime em tela superior a dois anos.

(D) Tratando-se de delito que se afasta do limite de ser considerado de menor potencial ofensivo, o rito a ser seguido é o sumário, não se aplicando o procedimento processual penal da Lei nº 9.099/1995. A suspensão condicional do processo é, em tese, admissível, em razão da pena mínima abstrata do delito do art. 308, CTB, não extrapolar o limite mínimo abstrato de um ano (art. 89, Lei nº 9.099/1995).

08. (MPE-BA – Promotor de Justiça – BA/2010) Disserte sobre a transação penal prevista no art. 76 da Lei nº 9.099/95, abordando, necessariamente, os seguintes aspectos:

1) A natureza jurídica e a constitucionalidade da transação penal.
2) A possibilidade da transação penal nos crimes de menor potencial ofensivo de ação penal de iniciativa privada.
3) A natureza jurídica da sentença que acolhe a proposta de transação penal.
4) Consequência para o descumprimento do acordo penal.
5) Aplicação da transação penal na Justiça Eleitoral, na Justiça Militar, nos casos de violência doméstica e familiar contra a mulher, nas hipóteses de prerrogativa de função e nos crimes ambientais.

Observações:

1) O candidato não deve se limitar a transcrever os dispositivos legais.
2) A capacidade de síntese do candidato será objeto de avaliação.

Discorra em até 50 (cinquenta linhas).

Resposta

Estudamos a transação penal no tópico do rito sumaríssimo deste capítulo, para onde remetemos o leitor.

1) Há controvérsia em torno da natureza jurídica desse instituto. Para nós, é uma forma de ação penal não ortodoxa, seguindo-se devido processo legal para imposição de pena restritiva de direito, sem contraditório. Para a corrente majoritária, cuida-se de acordo, com concessões recíprocas, para viabilizar o encerramento da persecução penal, sem reconhecimento formal de culpa.

2) A Lei não é expressa quanto à possibilidade de transação penal relativamente aos crimes cuja ação penal seja de iniciativa privada. Prevalece o entendimento de que é a transação penal é plenamente possível, sendo legitimado para oferecê-la o ofendido (precedentes do STJ). Note-se que há diferença quanto à suspensão condicional do processo do art. 89, da Lei nº 9.099/1995, cujo entendimento predominante é no sentido de não admiti-la à ação penal privada (precedentes do STF), regida que é pela oportunidade, conveniência e sistema preclusivo rígido).

3) A sentença que acolhe proposta de transação penal é homologatória. A tese que pretende sua natureza condenatória não é predominante. Aliás, o STF editou a Súmula Vinculante nº 35 que atesta essa posição ao dizer que "a homologação da transação penal prevista no artigo 76 da Lei 9.099/1995 não faz coisa julgada material e, descumpridas suas cláusulas, retoma-se a situação anterior, possibilitando-se ao Ministério Público a continuidade da persecução penal mediante oferecimento de denúncia ou requisição de inquérito policial.

4) A consequência do descumprimento é o retorno ao status quo ante, com o oferecimento de petição inicial acusatória ou requisição de inquérito policial. Com a Súmula referida, perdeu importância perquirir se a transação penal foi objeto de homologação, eis que o entendimento anterior só permitia o oferecimento de denúncia se o ajuste transacional penal não tivesse sido homologado.

5) A transação penal é aplicável na Justiça Eleitoral, se presentes os requisitos objetivos e subjetivos. No âmbito da Justiça Militar não é ele aplicável, sendo vedada expressamente pelo art. 90-A, da Lei dos Juizados Especiais, tal possibilidade. Também proibida tal incidência para delitos que envolvam violência doméstica contra mulher (art. 41, da Lei nº 11.340/2006). Quanto às infrações penais ambientais, deve a transação penal respeitar os ditames do art. 27, da Lei nº 9.605/1998 – com prévia composição do dano ambiental, salvo em caso de comprovada impossibilidade –, sendo, com essas cautelas, permita. De forma análoga, é cabível transação penal em favor de pessoas com prerrogativa de função, cujo procedimento criminal tenha tramitação junto a tribunal.

09. (MPE-MA – Promotor de Justiça – MA/2009) MÁXIMO DE 40 LINHAS – Durante julgamento pelo Tribunal do Júri o defensor alega tese de homicídio privilegiado na tréplica, quando na primeira exposição alegou tão só a legítima defesa. No exato momento da apresentação da tese inédita e por causa dela, o Promotor de Justiça solicita um aparte ao defensor, mas o Juiz Presidente intervém, diz que é possível a defesa alegar nova tese e não permite a interferência do Ministério Público. Este pede a palavra e sustenta em ata as razões de sua insurgência, o advogado argumenta contrariamente e o Juiz Presidente decide que é possível a alegação de nova tese na tréplica. Diante de tal hipótese:

(A) o que ampararia a decisão judicial de não permitir a intervenção do Ministério Público? (justifique);

(B) o que fundamentaria o protesto do Ministério Público em relação ao incidente processual? Justifique.

Resposta

(A) O princípio do favor rei, em especial, o princípio da plenitude de defesa. Constitucionalmente, tais princípios, diante do conflito assegurado ao júri, respaldam a decisão judicial de não permitir a intervenção do MP na tréplica, garantindo que só a defesa fale por último. Ademais, o inciso XII, do art. 497, CPP, confere ao juiz o poder de regulamentar, durante os debates, a intervenção de uma das partes, facultando-lhe conceder até três minutos para cada aparte requerido.

(B) A justificativa do MP para formulação de seu protesto contra a inovação na tréplica pela defesa é lastreada no princípio do contraditório e da ampla defesa. O STJ tem se manifestado no sentido de não ser possível a inovação, pela defesa, com apresentação de tese defensiva nova na tréplica. De tal modo, admite-se que o juiz-presidente não inclua quesito específico da tese defensiva.

10. (MPE-MG – Promotor de Justiça – MG/2007) Nos processos de competência do júri, a pronúncia, a desclassificação, a impronúncia e a absolvição sumária são atos jurisdicionais que produzem julgamento de mérito? Esgotadas as vias impugnativas, estes atos processuais produzem os efeitos da coisa julgada? Justifique sua resposta (máximo de 20 linhas)

Resposta

A pronúncia é decisão que se sujeita à preclusão. Não produz coisa julgada material. Trata-se de decisão interlocutória mista não terminativa, sem exame do mérito central, que não declara resolvido o litígio, mas que apenas exerce juízo de admissibilidade sobre a remessa da imputação ao crivo do júri popular.

A impronúncia é sentença terminativa, sem conteúdo de julgamento de mérito. Não faz coisa julgada material, mas somente coisa julgada formal, com a possibilidade de reabertura de persecução penal em juízo diante do surgimento de nova prova. Por nova prova deve se entender aquela materialmente nova, apta a modificar o contexto probatório.

A desclassificação é decisão interlocutória declaratória de incompetência. Não aprecia mérito, sujeitando-se apenas à preclusão, quando não esgotados os meios impugnativos.

Já a absolvição sumária proferida pelo juiz da instrução preliminar no rito do júri é decisão de mérito que, não recorrida ou esgotados os recursos interpostos, forma coisa julgada material, obstando o reexame do caso.

11. (MPE-MG – Promotor de Justiça – MG/2009) Serial e Killer foram denunciados pela prática de crime de homicídio doloso. Serial foi denunciado como autor e Killer, na condição de partícipe, pois ofertou a arma para o executor dar cabo à vida do ofendido. Processados e pronunciados, foram os réus levados a julgamento perante o Tribunal do Júri. Na sessão de julgamento, o Conselho de Sentença votou os quesitos pertinentes ao acusado Serial. Votaram afirmativamente os dois primeiros quesitos, reconhecendo a materialidade e a autoria do homicídio. Na votação do quesito genérico de absolvição, os Jurados responderam afirmativamente, por maioria de votos, a indagação: "O Jurado absolve o acusado?".

Indaga-se ao candidato: Considerando que o executor do homicídio foi absolvido, deverá o Juiz de Direito prosseguir no julgamento do partícipe, submetendo os quesitos pertinentes ao Conselho de Sentença? Fundamente sua resposta. (limite a resposta ao máximo de dez linhas)

Resposta

A qualidade de partícipe de um crime de homicídio doloso pressupõe a de um autor. A vontade do partícipe é a que adere àquela do autor do delito.

No caso, teremos a extensão dos efeitos absolutórios.

O juiz deverá suspender o julgamento do partícipe quando verificar – diante das teses defensivas sustentadas e que se incluem no quesito genérico "o jurado absolve o acusado" – que a condenação do partícipe implicará nulidade insanável em virtude de contradição da quesitação ou de suas respostas relativamente ao autor. Há precedentes do STF e STJ nesse sentido.

Como se depreende, a suspensão ocorrerá se houver a percepção de que a condenação do partícipe irá desaguar em conflito insanável com a absolvição do autor já declarada. Como atualmente, o quesito absolutório é geral, pode o juiz, diante do caso concreto, justificar a continuidade do julgamento do partícipe em face da eventual não existência de contradição. Tudo a depender da forma de participação e das teses defensivas sustentadas.

12. (MPE-SP – Promotor de Justiça – SP/2010) No procedimento comum, em que hipóteses o juiz de direito pode absolver sumariamente o acusado (art. 397 do Código de Processo Penal)?

Resposta

As hipóteses estão dispostas no art. 397, CPP, conforme estudamos neste capítulo, quais sejam: (a) a existência manifesta de causa excludente da ilicitude do fato; (b) a existência manifesta de causa excludente da culpabilidade do agente, salvo inimputabilidade; (c) o fato narrado evidentemente não constituir crime; ou (d) extinção a punibilidade do agente.

A extinção de punibilidade, a rigor, não é motivo de absolvição sumária, não se confundido a extinção de punibilidade (recorrível em sentido estrito) com a absolvição propriamente dita (apelável). Houve um equívoco do legislador, razão pela qual reputamos de má técnica legislativa a localização tópica do inciso IV, do art. 397, CPP, entre as causas de absolvição sumária.

13. (CESPE – Promotor de Justiça – SE/2010) Redija um texto dissertativo acerca da atuação do promotor de justiça na ação penal privada cuja pena possibilita a suspensão condicional do processo. Em seu texto, aborde, necessariamente, os seguintes aspectos:

- cabimento da suspensão condicional do processo em ação penal privada – posicionamento da doutrina e da jurisprudência;
- legitimidade para oferecimento da proposta;
- recusa no oferecimento da proposta de suspensão condicional do processo.

Resposta

A doutrina, em geral, admite a suspensão condicional do processo nas ações penais de iniciativa privada, cuja legitimidade deve ser do querelante e não do Ministério Público. Mas sobre o ponto, paira considerável divergência.

O STJ, na senda do STF, firmou o entendimento de que a proposta de suspensão condicional do processo, a que se refere o art. 89 da Lei nº 9.099/95, é cabível também nos casos de ação penal privada por aplicação da analogia in bonam partem, prevista no art. 3º do CPP[117].

A legitimidade para oferecimento da proposta é prerrogativa exclusiva da acusação, mostrando-se nula a decisão que concedeu o benefício sem a concordância do querelante.

A recusa de proposta de suspensão condicional do processo, pelo querelante, não é causa de nulidade. O STF, aliás, avivou que o instituto não é próprio da ação penal privada, não havendo nulidade pela inobservância do art. 89 da Lei 9.099/95. Acresce a esse argumento a existência de meios de encerramento da persecução criminal pela renúncia, decadência, reconciliação, perempção, perdão e retratação[118].

14. (MPE-PR – Promotor de Justiça – PR/2011) (MÁXIMO 15 LINHAS).

Em um caso do Tribunal do Júri, consta dos autos que o réu é menor de 21 anos na data do fato, porém, a circunstância não é sequer aludida nos debates entre a acusação e a defesa, nem consta de quesitação submetida aos jurados que, no entanto, condenam o réu.

Pode o juiz reconhecer, na fixação da pena correspondente à sentença, a atenuante genérica do art. 65, inciso I do Código penal, mesmo diante do impedimento contido no art. 492, inciso I, alínea *b* do Código de Processo Penal? Explique.

Resposta

Segundo o art. 492, I, "b", do CPP, o juiz, ao proferir a sentença condenatória, considerará as circunstâncias agravantes ou atenuantes alegadas nos debates. A restrição de incluí-las na sentença só tem lugar quando se cuidam de agravantes não sustentadas nos debates. Sendo atenuantes, é perfeitamente possível que o juiz reconheça a atenuante do inciso I, do art. 65, CP, mesmo que não tenha sido objeto de pedido específico.

O princípio favor rei dita essa possibilidade, em respeito à ordem jurídica e com a ideia de que o processo penal tem fito protetivo à liberdade do acusado e não o contrário. Tal conclusão é plausível até porque, pelo texto do CPP conferido pela reforma processual penal de 2008, não há mais possibilidade de formulação de quesitos sobre atenuantes e agravantes.

Ademais, o conhecimento da atenuante é evidente, eis que se refere à idade do sujeito, sem necessidade de defesa expressa nesse sentido. Basta conferir documentalmente a situação do acusado. O STJ admite o reconhecimento de atenuante não alegada pela defesa em plenário[119]*. Também o STF tem esse entendimento*[120].

15. (MPE-PR – Promotor de Justiça – PR/2012) (máximo de 20 linhas). Em julgamento pelo júri, o defensor alega a ocorrência do excesso culposo na legítima defesa, sendo tal tese, única em favor do réu, devidamente registrada em ata. O juiz não formula quesito específico sobre a tese, por entender que a questão do excesso já está inserida no quesito genérico "o jurado absolve o acusado?", no que concorda a promotoria. A defesa se conforma e não faz constar protesto na ata a respeito. O réu é condenado e sua defesa interpõe apelação com fundamento nas alíneas "a" e "d", do inciso III, do art. 593, CPP. Quais seriam os argumentos da preliminar do recurso da defesa para demonstrar existência de nulidade processual? Fundamente.

Resposta

No caso, a tese de ocorrência de excesso culposo na legítima defesa deveria ser objeto de quesito específico. Não está ele encampado pelo quesito genérico absolutório ("o jurado absolve o acusado?"). A rejeição da absolvição não significa, de plano, o acolhimento da pretensão punitiva tal qual foi posta em juízo. Daí a indispensabilidade

117. STJ – Sexta Turma – HC 200400901051 (36421) – Rel Paulo Gallotti – DJE 15/6/2009.

118. STF – HC-AgR 115432 – Rosa Weber.

119. STJ – Quinta Turma – HC 201000208027 – Rel. Min. Gurgel de Faria – DJE DATA:26/11/2014.

120. STF – HC 106376 – Rel. Min. Cármen Lúcia.

do quesito referente ao excesso culposo. Isso porque esta circunstância não se encontra subsumida naquele quesito genérico das teses defensivas.

Como se trata de quesito obrigatório, a sua falta determina a nulidade do julgamento, por inteiro, eis que não pode haver, quanto às decisões dos jurados, invalidade parcial. Cuidando-se de nulidade absoluta, a falta do registro em ata não impede o seu conhecimento por intermédio do recurso da defesa. É possível, inclusive, ser decretada de ofício a nulidade.

Note-se que o recurso tanto se fundamenta na nulidade ocorrida em momento posterior à pronúncia, bem como em virtude do julgamento ter sido contrário de forma manifesta à prova dos autos.

16. (MPE-PR – Promotor de Justiça – PR/2008) (máximo de 10 linhas).

A defesa prévia prevista no artigo 395 do Código de Processo Penal é obrigatória ou facultativa? Quais os efeitos da não apresentação de tal peça processual.

Resposta

A questão se referia ao rito ordinário anterior, revogado pela Lei nº 11.719/2008. Tratava-se de peça facultativa, sem maior relevância. O defensor do acusado se limitava a pleitear diligências e arrolar testemunhas, ressalvando seu direito de, nas alegações derradeiras, argumentar juridicamente o cabimento de absolvição. Não havia efeito específico em razão da não apresentação da defesa prévia, salvo o recaimento de ônus processual que decorre do não aproveitamento daquela oportunidade. De todo modo, em processo penal, os efeitos que defluíam da não apresentação eram diminutos, notadamente se entendermos que o ônus probatório incide, unicamente, sobre os ombros da parte acusadora.

Atualmente, o que se tem, é a resposta preliminar à acusação, cuja disciplina está no art. 396-A, do CPP. Trata-se de peça obrigatória, de natureza essencial. A defesa do acusado deve expor de forma exauriente tudo o que possa conduzir à absolvição sumária do réu, bem como questões de ordem processual. Na falta de apresentação da resposta preliminar, o juiz determina a intimação do réu para constituir outro defensor. Caso o acusado assim não proceda, o juízo nomeia defensor dativo ou intima a defensoria pública para a prática desse ato. Com a resposta, devem ser juntados documentos e justificações, bem como devem ser requeridas diligências e intimações de testemunhas, caso necessário. A falta de apresentação de resposta preliminar à acusação, por ser peça processual obrigatória, implica na nulidade absoluta do processo a partir do momento em que deveria ser acostada ou oportunizada sua formulação.

17. (MPE-RS – Promotor de Justiça – RS/2012) Laurêncio, preso em flagrante, está sendo processado por tráfico de entorpecentes numa Vara Criminal. Cumpridos todos os trâmites processuais anteriores, a denúncia foi oferecida e recebida. A ação penal começou a correr com o réu segregado, sob a presidência do Dr. Juiz de Direito Pietro Arruda, que a instruiu devidamente, isto é, colheu toda a prova documental e testemunhai trazida pelas partes. O processo foi-lhe concluso para sentenciar um dia antes de suas férias de 30 dias. O Tribunal de Justiça do Estado designou um substituto, o Dr. Pompílio Reis. Este, no vigésimo dia da substituição, pegou o processo de Laurêncio e verificou que, passados 250 dias de tramitação do feito, estava prestes a ocorrer o excesso de prazo para o seu término. Incontinenti, mesmo sem ter presidido a instrução, sentenciou, condenando o acusado nos termos da denúncia. O defensor constituído, no seu recurso, entendeu que houve uma nulidade no ato decisório. Em contrapartida, o Ministério Público sustentou a inexistência de qualquer ilegalidade. Quem está certo? Justifique sua resposta, utilizando a legislação processual pátria.

Resposta

Houve violação do princípio da identidade física do juiz, adotado expressamente pelo legislador do Código de Processo Penal, no § 2º, do seu art. 399, preconizado ser dever do juiz que conduziu a instrução proferir a sentença.

O CPC de 1973, alterado, no ponto, pela Lei nº 8.137/1993, também já dispunha que o magistrado, titular ou substituto, que concluir a audiência julgará a lide (art. 132, cuja correspondência é o art. 366, do Novo CPC, com redação mais concisa). A exceção da regra constava desse mesmo dispositivo. Não se aplica a identidade física do juiz quando estiver convocado, licenciado, afastado por qualquer motivo, promovido ou aposentado, casos em que passará os autos ao seu sucessor. Tal regra tem aplicação analógica ao processo penal (art. 3º, CPP).

O STF, a propósito, já se manifestou no sentido de que a nulidade que decorre do ferimento do princípio da identidade física do juiz é relativa, asseverando que deve ser mitigado sempre que a sentença proferida por juiz que não presidiu a instrução criminal seja congruente com as provas produzidas sob o crivo do juiz substituído[121]*.*

Diante desse contexto, correto está o Ministério Público ao defender a inexistência de ilegalidade, eis que a substituição é autorizada legalmente, mediante aplicação analógica do texto do CPC.

18. (MPE-SC – Promotor de Justiça – SC/2011) TORQUENIO e GÓRGONA foram denunciados pelo Ministério Público como incursos nas sanções do art. 121, § 2º, incs. II e IV, c/c art. 29, todos do Código Penal, porque, no dia 7.8.2008, agindo por motivo fútil e à traição, no interior da residência situada na rua das Araucárias, em Criciúma, tomados por propósito homicida, desferiram 5 facadas em DRACTUS, causando-lhe lesões corporais que pro-

121. STF – RHC 123572 – Rel. Min. Luiz Fux.

vocaram a sua morte. Pronunciados nos termos da denúncia, foram submetidos a Júri Popular. Em plenário, postulou o Ministério Público a condenação dos réus pelo art. 121, § 2º, inc. IV, pugnando pelo afastamento da qualificadora do inc. II, do § 2º, do art. 121, CP. A defesa dos réus sustentou a tese da legítima defesa própria e de terceiro, bem como a falta de provas para a condenação. Alternativamente, requereu a desclassificação para homicídio culposo, em face da imprudência, ou homicídio privilegiado, ao argumento de que os réus praticaram o crime sob o domínio de violenta emoção logo em seguida a injusta provocação da vítima. Por fim, para a hipótese de inacolhimento daquelas teses, pleiteou o afastamento das qualificadoras, insistindo ainda no reconhecimento da circunstância atenuante da confissão espontânea. Sabendo que cabe ao Juiz Presidente ler os quesitos que serão submetidos aos jurados, indagando do Ministério Público sobre requerimentos ou reclamações a respeito, na condição de Promotor de Justiça atuante na aludida sessão, com base nas informações apresentadas, formule os quesitos que deverão ser apresentados aos jurados.

Resposta

Os quesitos formulados devem obedecer duas séries, relativamente a cada acusado, seguindo-se os termos do art. 483, do CPP, com redação conferida pela Lei nº 11.689/2008.

Então, séries distintas, mas com indagações idênticas para cada réu, separadamente.

Seguindo a ordem da quesitação do art. 483, CPP:

1) Sobre a materialidade do fato: se, no dia 7/8/2008, foram desferidos golpes de faca em Dractus, causando-lhes lesões corporais que lhe provocaram a morte, conforme laudo de exame de corpo de delito cadavérico (alguns autores sugerem desmembrar este quesito, tal como se dava no regime anterior de quesitação, notadamente indagando sobre a causalidade da morte).

2) Sobre a autoria e a materialidade: se o acusado "X" concorreu, de qualquer modo, para o cometimento do fato;

3) Tese desclassificatória: se o acusado "X" agiu de forma imprudente (a tese de homicídio culposo, por retirar a competência dos jurados para apreciar os fatos que possam constituir crime doloso contra a vida, precede a indagação absolutória. Note-se que se for respondida afirmativamente esta pergunta, cessa a competência do tribunal do júri, seguindo os autos para que o juiz-presidente profira sentença, singularmente, a teor da parte final do § 3º, do art. 74, do CPP).

4) Teses da defesa: se o acusado "X" deve ser absolvido (o jurado absolve o acusado?). Esse quesito engloba, em regra, todas as teses de defesa que visem desconstituir o ilícito, sejam elas excludentes de ilicitude ou de culpabilidade. No caso em tela, a tese de legítima defesa – seja ela própria ou de terceira pessoa, está aqui inclusa.

5) causa de diminuição de pena: se o réu "X" praticou o fato sob o domínio de violenta emoção logo em seguida a injusta provocação da vítima. Veja-se que se trata de causa especial de diminuição de pena, conhecida como "homicídio privilegiado".

6) qualificadora do crime ou causa de aumento de pena, que estejam na pronúncia ou nas decisões que a confirmaram. Três quesitos sucessivos: (a) se o acusado "X", agindo de tal maneira, fato foi cometido por motivo fútil; (b) se o réu, agindo dessa forma, praticou o fato à traição. Embora o MP tenha pleiteado o afastamento da qualificadora do inciso II, do § 2º, do art. 121, CP, o juiz deve incluir o quesito, em virtude do mandamento legal que assim determina, em razão dos termos da pronúncia. Realmente, assim deve ser. Mesmo que o MP requeira absolvição ou procedência parcial da pretensão punitiva (independência funcional), os quesitos são formulados e lidos aos jurados para que julguem os fatos de sua competência.

Atenuantes e agravantes não são objetos de quesitação, devendo ser julgada sua aplicação pelo juiz-presidente quando da lavratura da sentença.

---

19. (MPE-SC – Promotor de Justiça – SC/2012) Considerando o regramento legal para a suspensão condicional do processo (art. 89 da Lei nº 9.099/95), responda as questões abaixo, justificando a resposta: (MÁXIMO 15 LINHAS CADA ITEM)

(A) atendidos os requisitos objetivos e havendo negativa do Promotor de Justiça com fundamento em requisito subjetivo, pode o Juiz de Direito, se entender adequado o benefício, conceder a suspensão condicional do processo?

(B) o descumprimento de qualquer das condições fixadas para a suspensão condicional do processo importa na imediata revogação do benefício, com retomada da ação penal?

(C) no caso de concurso de delitos, em face da multiplicidade de condutas criminais, é cabível a aplicação da suspensão condicional do processo?

(D) vencido o prazo de prova, antes de ser extinta a punibilidade, havendo informação da existência de outra ação penal deflagrada no curso do benefício, é possível revogar a suspensão condicional do processo e retomar o andamento da ação penal original?

Resposta

(A) O juiz não tem legitimidade para conceder suspensão condicional do processo. Caso discorde do membro do MP, deve aplicar, por analogia, o art. 28, CPP, para que a divergência seja dirimida pelo órgão de cúpula da instituição (procurador-geral de justiça ou câmaras de coordenação e revisão).

(B) Antes de ser revogado o benefício – seja hipótese de revogação facultativa, seja caso de revogação obrigatória – o juiz deve oportunizar o contraditório, ouvindo a defesa para, querendo, apresentar justificativa. É recomendável, se necessária for, a designação de audiência admonitória para ouvir o acusado sobre as razões de não cumprimento das condições.

(C) O parâmetro para a possibilidade de proposta de suspensão condicional do processo é ter o delito pena mínima abstrata não superior a um ano. Sendo hipótese de vários delitos – concurso de crimes –, as regras de exasperação de penas devem ser observadas para aferir se, com o somatório e/ou causas especiais de aumento de pena, permanece a pena mínima abstrata global não superior a um ano. Caso extrapole, em tese, esse parâmetro mínimo, não será admissível suspensão condicional do processo. Nesse sentido, a Súmula 243, STJ.

(D) Segundo entendimento jurisprudencial francamente majoritário (STF e STJ), é possível a revogação do benefício, quando verificado o descumprimento das condições mesmo após o decurso do prazo necessário para a extinção da punibilidade. Discordamos dessa posição porque o texto da Lei nº 9.099/1995 é expresso ao preconizar a extinção de punibilidade de forma inexorável após o decurso do período de prova. Sendo dispositivo legal, sua interpretação não pode ser alargada em desfavor do acusado.

20. (FADEMS – Promotor de Justiça – MS/2013) Tratando-se de processo do Tribunal do Júri, o Tribunal de Justiça, por uma de suas Câmaras Criminais, dá provimento ao recurso de apelação interposto pelo réu, anulando a decisão dos jurados que o condenou e determinando sua submissão a novo julgamento. Vindo os autos do Tribunal de Justiça para o Juiz Presidente do Tribunal do Júri, este, acolhendo pedido da defesa, permite nova manifestação na fase de preparação prevista no artigo 422, do Código de Processo Penal, com a apresentação de inédito rol de testemunhas. Foi correto o proceder do magistrado? Fundamente a resposta, considerando a jurisprudência atualizada dos Tribunais Superiores (resposta em no máximo 25 linhas).

Resposta

Não foi correto o proceder do magistrado porque fez revolver matéria já preclusa. Note-se que a anulação foi do julgamento pelo Júri, sendo aquele o marco a partir do qual devem ser considerados nulos os demais atos processuais (princípio da concatenação, da causalidade ou da consequencialidade, aplicável às nulidades). Permitindo o retorno procedimental àquele momento, além de violar regras procedimentais, ofende o princípio da paridade de armas e as regras preclusivas construídas para que haja processamento válido e regular dos fatos. Não se admite, em face de um novo julgamento por força da invalidade do primeiro, a inovação probatória a este ponto.

21. (FADEMS – Promotor de Justiça – MS/2013) Ex-prefeito e ex-secretários do Município Nunca Te Vi foram denunciados pela suposta prática de crime previsto no art. 89, *caput*, da Lei 8.666/93, pois teriam deixado de exigir licitação fora das hipóteses previstas em lei. Aduz a denúncia que a Prefeitura Municipal contratou com a empresa NEW OLD BOYS Serviços e Comércio Ltda., o fornecimento de serviços de informática educativa, incluindo projeto pedagógico, assessoria, treinamento e programas de microinformática para implantação na rede municipal de ensino, pelo valor total de 1.700.000,00 (um milhão e setecentos mil reais) e vigência de vinte e quatro meses. Citados para oferecer a resposta à acusação, os denunciados juntam documentos que comprovam a aprovação da dispensa e da celebração do contrato pelo Tribunal de Contas Estadual, pedindo a absolvição sumária, sob o argumento de que a conduta seria atípica. O juiz de direito, acolhendo a tese expendida pelos denunciados, absolve-os sumariamente, com fundamento no artigo 397, inciso III, do Código de Processo Penal. Agiu com acerto o magistrado? Fundamente a resposta, considerando a jurisprudência atualizada dos Tribunais Superiores (resposta em no máximo 50 linhas).

Resposta

A hipótese absolutória escolhida foi a da atipicidade, isto é, considerou o juiz, com base em critério de certeza, que o fato narrado evidentemente não constitui crime.

O tipo penal informado pela questão como correspondente aos fatos narrados é o do art. 89, caput, o qual tipifica como crime o ato de dispensar ou inexigir licitação fora das hipóteses previstas em lei, ou deixar de observar as formalidades pertinentes à dispensa ou à inexigibilidade.

A questão pede do candidato, mais uma vez, conhecimento da jurisprudência dos tribunais superiores. No caso, a jurisprudência do STJ é no sentido de considerar a independência entre as esferas judicial e administrativa. Em outras palavras, o fato de terem sido aprovadas as contas e/ou dispensa de licitação pela Corte de Contas, não significa cheque em branco para o descumprimento das normas legais pertinentes. Desse modo, na fase do art. 397, CPP, não agiu com acerto o magistrado ao absolver sumariamente os acusados, considerando que a manifestação do Tribunal de Contas foi um tanto quanto genérica, considerando os termos da questão, quando aduz a que documentos foram juntados e "que comprovam a aprovação da dispensa e da celebração do contrato pelo Tribunal de Contas Estadual".

É de ver, contudo, que o próprio STJ considera relevante quando a houver, por parte do Tribunal de Contas, específica análise, para considerar que a ação penal foi manejada sem justa causa. No entanto, não havendo certeza quanto a essa ilação, equivocada é a extinção prematura da demanda, com exame de seu mérito.

22. (TJ/RJ – Juiz de Direito – RJ/2011) Arnaldo era juiz titular da 34ª vara criminal da comarca da capital. Realizou audiência de instrução e julgamento num crime de latrocínio chegando a ouvir todas as testemunhas arroladas pela acusação e defesa quando foi removido para o 2º tribunal do júri da capital, não sendo possível interrogar o réu pelo adiantado da hora. Estevão, juiz, assumiu a titularidade da 34ª vara e interrogou o réu e colheu as alegações finais das partes remetendo a Arnaldo os autos do processo para prolação da sentença por entender que ele (Arnaldo) estava vinculado pelo princípio da identidade física do juiz. Pergunta-se: Estevão, juiz, agiu corretamente?

Resposta

A questão envolve a aplicação do princípio da identidade física do juiz e suas respectivas exceções legais. Embora o Novo CPC não reproduza as ressalvas legais em seu art. 366 (juiz licenciado, afastado por qualquer motivo, aposentado ou de férias), pensamos que elas persistem no sistema (art. 132, do antigo CPC/1973), a identidade física do juiz é afastada quando estamos diante de remoção do titular da vara. Desse modo, Estevão não agiu corretamente, eis que não tem incidência o princípio referido no caso em tela. Cabível a invocação do CPC, com base no permissivo do arr. 3º, CPP.

23. (TJ/RJ – Juiz de Direito – RJ/2012) Crime de lesão corporal simples ocorrido em 20.01.2008. A denúncia foi recebida em 16.01.2012, sendo determinada a citação do acusado para responder à acusação no prazo legal. Na resposta a defesa alegou uma excludente de ilicitude. Em 15.02.2012, o juiz, não acatando esta tese defensiva, designou audiência de instrução e julgamento. A defesa atravessou petição requerendo a extinção da punibilidade pela prescrição da pretensão punitiva, ao argumento de que deve ocorrer um novo recebimento da peça exordial. Assiste-lhe razão?

Resposta

A lesão corporal leve (art. 129, caput, CP) prescreve em quatro anos (art. 109, CP). Daí a relevância de se precisar a data do recebimento válido da denúncia. Caso se considere recebida a denúncia na forma do art. 396, CPP, não haverá extinção da punibilidade pela prescrição, eis que o recebimento da denúncia é causa interruptiva da prescrição (art. 117, CP). Ao contrário, tendo por base o recebimento na forma do art. 399, restará prescrita a pretensão punitiva estatal.

A divergência doutrinária a respeito se dá por conta do aparente conflito entre o art. 396 e o art. 399, ambos do CPP, que indicam duplo momento do recebimento da denúncia.

O examinador espera que o candidato discorra sobre as posições a respeito da contradição legislativa.

A primeira sustenta que o recebimento da denúncia só deve ocorrer após a resposta preliminar à acusação, quando do exame das hipóteses de absolvição sumária e rejeição das teses propostas, considerando recebida a denúncia no momento do art. 399, CPP. Para essa posição, onde se fala "citação" (art. 396, CPP), deve-se ler "notificação". A citação deve ocorrer no momento posterior à declaração de não cabimento de absolvição sumária.

A segunda corrente sustenta que o momento de recebimento da denúncia é o do art. 396, CPP, eis que fala não só em recebimento, mas em citação. O art. 399, CPP, não seria nada mais que uma redundância, mencionando a expressão "recebida a denúncia" inutilmente. Trata-se de posição majoritária, inclusive dos tribunais superiores.

24. (TJ/RJ – Juiz de Direito – RJ/2012) Após citado o acusado por edital, o juiz suspendeu o processo e o curso da prescrição. A defesa requereu fosse afastada a suspensão do lapso prescricional ao argumento de que o art. 396, do CPP, em seu parágrafo único, teria revogado tacitamente o art. 366. Assiste-lhe razão?

Resposta

Não assiste razão à defesa.

O parágrafo único, do art. 396, do CPP, aduz que o caso de citação por edital, o prazo para a defesa começará a fluir a partir do comparecimento pessoal do acusado ou do defensor constituído. Esse dispositivo não é incompatível com o art. 366, do mesmo Código, que reza que se o acusado, citado por edital, não comparecer, nem constituir advogado, ficarão suspensos o processo e o curso do prazo prescricional, podendo o juiz determinar a produção antecipada das provas consideradas urgentes e, se for o caso, decretar prisão preventiva, nos termos do disposto no art. 312.

Note-se que o problema da revogação tácita é uma questão de interpretação. Ao lado de norma geral nova (art. 396), a norma geral antiga nao se revela antinômica para que seja entendida como revogada.

Quando o art. 396, CPP, fala que o prazo para a resposta passará a fluir do comparecimento do réu ou de seu defensor constituído, nada mais fez que confirmar a suspensão do processo enquanto aquele acusado permanece em local incerto e não sabido.

25. (TJ/SC – Juiz de Direito – SC/2009) Pedro Pereira, advogado militante, inscrito na OAB-SC sob o nº XXXX/SC, foi nomeado defensor dativo pelo Juízo da 1ª Vara Criminal da comarca da Capital para defender Silvano dos Santos, preso em flagrante delito por infração, em tese, ao art. 33, *caput*, da Lei nº 11.343/06 (tráfico ilícito de drogas).

Ocorre que, intimado para a apresentação da defesa preliminar, nos termos do § 3º do art. 55 da Lei Antitóxicos, o causídico entrou em contato com a genitora do acusado, exigindo, em proveito próprio, a quantia de R$ 300,00 (trezentos reais) mensais, para, efetivamente, defendê-lo durante toda a instrução criminal da denúncia ofertada. Os valores, todavia, não foram pagos.

De acordo com a doutrina majoritária, pergunta-se: a conduta de Pedro Pereira configura fato típico? Fundamente.

Resposta

A controvérsia fica em torno da configuração do delito de concussão (art. 317, CP), em face do conceito de funcionário público (art. 327, CP). A doutrina majoritária sustenta não se enquadrar o defensor dativo – que exerce um munus publico – no conceito de funcionário público.

A recusa implica questão extrapenal, como a possibilidade de ser imposta multa (artigos 264 e 265, CPP), porém não um delito.

O STJ tem precedente nesse sentido[122].

26. (TJ/SC – Juiz de Direito – SC/2013) Discorra sobre a intervenção anódina: conceito, legitimidade e constitucionalidade (em até 20 linhas).

Resposta

A intervenção anódina ou extraordinária é expressão usada no âmbito do STF[123] *e do STJ*[124]*, a partir de empréstimo à medicina, e que significa providência apta a fazer passar a dor ou de pouca importância.*

Para o direito, a intervenção anódina consiste no comparecimento da União a processo que não seja parte, para apresentar elementos que possam elucidar a matéria (memoriais, documentos etc.). Guarda semelhança com intervenção de terceiros, a exemplo do amicus curiae das ações de constitucionalidade.

A legitimidade é da União, diante de causas que tenham como partes não só pessoas jurídicas encampadas pelo âmbito de competência dos juízes federais (art. 109, CF), mas também em relação a outras pessoas jurídicas de direito privado, tais como sociedades de economia mista. A intervenção anódina, como espécie de intervenção branca, de menor relevância, inofensiva, em regra não tem o condão de deslocar a competência para a Justiça Federal, máxime pela falta de interesse jurídico nesse atuar (por vezes, o que há é o mero interesse econômico ou indireto)

Note-se que não é impossível a intervenção anódina da União em feitos criminais, mormente quando verificamos a possibilidade de pessoas jurídicas figurarem como rés (crimes ambientais) ou como autoras de ação penal privada (delito contra a honra, por exemplo). Também a figura da assistência do Ministério Público pode ficar a cargo da pessoa jurídica ofendida pelo crime.

Além da União, a intervenção anódina tem como legitimadas as pessoas jurídicas de direito público.

A previsão legislativa está no art. 5º, caput, da Lei nº 9.464/1997, averbando que União poderá intervir nas causas em que figurarem, como autoras ou rés, autarquias, fundações públicas, sociedades de economia mista e empresas públicas federais. Já seu parágrafo único estatui que as pessoas jurídicas de direito público poderão, nas causas cuja decisão possa ter reflexos, ainda que indiretos, de natureza econômica, intervir, independentemente da demonstração de interesse jurídico, para esclarecer questões de fato e de direito, podendo juntar documentos e memoriais reputados úteis ao exame da matéria e, se for o caso, recorrer, hipótese em que, para fins de deslocamento de competência, serão consideradas partes.

A constitucionalidade da intervenção anódina – compreendida como não suficiente para modificar a competência do juízo – é inferida pelo prestígio que se dá ao critério que estabelece como o lugar dos fatos (independentemente da teoria adotada) como o melhor para se apurar a questão sub judice. Maximiza o contraditório e não ofende a regra de competência do art. 109, CF (competência dos juízes federais), quando a titular da intervenção anódina é a União, em razão de não se revestir de interesse jurídico.

A Súmula 518, do STF, já dispunha, mutatis mutandis, nesse sentido, ao preconizar que a intervenção da união, em feito já julgado pela segunda instância e pendente de embargos, não desloca o processo para o Tribunal Federal de Recursos.

27. (MPF/24) Dissertação. Análise técnico-jurídica e crítica do art. 33 da Lei nº 11.343, de 23 de agosto de 2006, bem como do procedimento penal relativo aos processos por crimes definidos nesse artigo.

Resposta

O crime de tráfico disposto no art. 33, da Lei de Drogas, tem forma nuclear múltipla alternativa. Discorremos sobre o procedimento destinado a apurar tráfico de entorpecentes, destacando a existência de notificação para defesa prévia, com prazo de dez dias. O recebimento só ocorre em seguida, mediante decisão, proferida no prazo de cinco dias. Remetemos o leitor para os detalhes sobre o rito no tópico que tratamos desse procedimento.

Deve o candidato demonstrar conhecimento não apenas do rito especial estabelecido legalmente, mas também da jurisprudência correlata. Não havendo limite estabeleci-

122. STJ – Quinta Turma – RHC 199900489179 – Rel. Min. Felix Fischer – DJ DATA: 18/10/1999.

123. STF – Pleno – CJ 5957 – Relator Min. Cordeiro Guerra – Relator p/ Acórdão: Min. Xavier de Albuquerque – julgado em 20/08/1975 – DJ 26/09/1975. Mais recentemente, em decisão monocrática: STF – AI 807621 AgR-ED-AgR, Rel. Min. Luiz Fux – julgado em 03/06/2013 – publicado em DJe-108 – Divulg 07/06/2013 – Public 10/06/2013.

124. STJ – Primeira Turma – AGRESP 200900866993 – Rel. Min. Napoleão Nunes Maia Filho – DJE Data: 22/05/2013.

do, importante descrever solidamente as particularidades sobre o tema.

Um dos aspectos relevantes é a menção ao art. 44, da Lei 11.343/2006. Sobre o ponto, o STF entendeu inconstitucional o trecho que veda conversão das penas privativas de liberdade em restritivas de direito. A partir desta ilação, chegamos a outra: passou a ser incabível sustentar, em tese, a não admissibilidade de liberdade provisória só por conta do enunciado referido. Aliás, jurisprudencialmente vem sendo admitida a aplicação de medidas cautelares diversas da prisão aos indiciados e acusados por tráfico de entorpecentes.

Questões em torno da juntada posterior à sentença do laudo de constatação definitivo, como sendo causa de nulidade relativa (STF), bem como casos isolados no STJ autorizando o processamento de crime de tráfico de drogas sem apreensão e sem laudo de constatação são de relevo, para tratar o assunto criticamente perante a comissão examinadora.

---

28. (MPF/25) Estabeleça, em no máximo 15 linhas, as diferenças entre rejeição de denúncia e absolvição sumária, e suas consequências no processo penal.

Resposta

A rejeição da denúncia é decisão que precede a angularização da relação jurídico-processual e que, em regra, não produz coisa julgada material, notadamente quando se funda nos motivos do artigo 395, do CPP, tais como inépcia, falta de condição de ação, ausência de pressuposto processual e falta de justa causa. Nesses casos, geralmente, fica admitida a reabertura da ação penal com a promoção de nova petição acusatória. A rejeição do art. 395, CPP, a rigor, não julga, sendo ato judicial com carga decisória submetida a preclusão e recorrível em sentido estrito (art. 581, CPP).

A absolvição sumária é o julgamento antecipado do mérito da lide penal. Funda-se no art. 397, do CPP, para hipóteses em que há juízo de evidência sobre negativa de autoria, excludentes de ilicitude e excludentes de culpabilidade (salvo a inimputabilidade). O dispositivo indica mais um caso que, corretamente falando, é hipótese de extinção de punibilidade que, diferentemente das demais que são impugnáveis por apelação, é recorrível em sentido estrito.

A decisão de absolve sumariamente produz coisa julgada material, impedindo novo processo sobre os mesmos fatos.

No entanto, é possível que a rejeição da denúncia – anterior à citação – se arrime nos motivos do art. 397, CPP (próprios da absolvição sumária). Quando isso ocorrer, também a rejeição da denúncia – porque enfrentou o mérito – transitará materialmente em julgado.

---

29. (MPF/19) Distinga absolvição sumária de sentença de impronuncia.

Resposta

A impronúncia é sentença terminativa, sem conteúdo de julgamento de mérito. Não faz coisa julgada material, mas somente coisa julgada formal, com a possibilidade de reabertura de persecução penal em juízo diante do surgimento de nova prova. Por nova prova deve se entender aquela materialmente nova, apta a modificar o contexto probatório.

Já a absolvição sumária proferida pelo juiz da instrução preliminar no rito do júri é decisão de mérito que, não recorrida ou esgotados os recursos interpostos, forma coisa julgada material, obstando o reexame do caso.

Sobre as duas decisões do rito do júri, remetemos o leitor ao que dissemos neste capítulo.

---

30. (MPF/19) Dissertação. Transação penal nos juizados especiais criminais.

Resposta

Anotamos sobre a transação penal linhas acima (resposta ao quesito 7), salientando a existência da Súmula Vinculante nº 35, STF, que autoriza oferecimento de denúncia ou abertura de inquérito policial quando do descumprimento do ajuste. Para a dissertação, o candidato deve considerar os detalhes que ficam em torno do texto do art. 76, da Lei nº 9.099/1995, evidenciando todo conhecimento possível a respeito do instituto, desde seus fundamentos históricos e de direito comparado, até os pressupostos objetivos e subjetivos para que possa ser oferecida. Sobre o ponto, remetemos o leitor ao que escrevemos sobre o procedimento comum sumaríssimo, que responde a presente questão.

Capítulo XIV
Recursos

Sumário • 1. Teoria geral dos recursos: 1.1. Conceito; 1.2. Natureza jurídica; 1.3. Fundamentos e o duplo grau de jurisdição; 1.4. Princípios recursais; 1.5. Impedimentos; 1.6. Pressupostos de admissibilidade recursal: 1.6.1. Pressupostos objetivos de admissibilidade recursal; 1.6.2. Pressupostos subjetivos de admissibilidade recursal; 1.6.3. Juízo de admissibilidade e competência recursal; 1.7. Efeitos recursais; 1.8. Extinção dos recursos – 2. Recursos em espécie: 2.1. Apelação: 2.1.1. Noção; 2.1.2. Interposição; 2.1.3. Cabimento; 2.1.4. Processamento; 2.1.5. Julgamento; 2.2. Recurso em sentido estrito: 2.2.1. Noção; 2.2.2. Interposição; 2.2.3. Cabimento; 2.2.4. Processamento; 2.2.5. Julgamento; 2.3. Carta testemunhável: 2.3.1. Noção; 2.3.2. Interposição; 2.3.3. Cabimento; 2.3.4. Processamento; 2.3.5. Julgamento; 2.4. Correição Parcial: 2.4.1. Noção; 2.4.2. Interposição; 2.4.3. Cabimento; 2.4.4. Processamento; 2.4.5. Julgamento; 2.5. "Embarguinhos" e embargos de declaração: 2.5.1. Noção; 2.5.2. Interposição; 2.5.3. Cabimento; 2.5.4. Processamento; 2.5.5. Julgamento; 2.6. Agravo interno ou regimental: 2.6.1. Noção; 2.6.2. Interposição; 2.6.3. Cabimento; 2.6.4. Processamento; 2.6.5. Julgamento; 2.7. Embargos infringentes e de nulidade: 2.7.1. Noção; 2.7.2. Interposição; 2.7.3. Cabimento; 2.7.4. Processamento; 2.7.5. Julgamento; 2.8. Recursos especial e extraordinário: 2.8.1. Noção; 2.8.2. Interposição; 2.8.3. Cabimento; 2.8.4. Processamento; 2.8.5. Julgamento; 2.9. Reclamação constitucional: 2.9.1. Noção; 2.9.2. Interposição; 2.9.3. Cabimento; 2.9.4. Processamento; 2.9.5. Julgamento; 2.10. Recurso ordinário constitucional: 2.10.1. Noção; 2.10.2. Interposição; 2.10.3. Cabimento; 2.10.4. Processamento; 2.10.5. Julgamento; 2.11. Agravo em recurso especial e em recurso extraordinário: 2.11.1. Noção; 2.11.2. Interposição; 2.11.3. Cabimento; 2.11.4. Processamento; 2.11.5. Julgamento; 2.12. Embargos de divergência: 2.12.1. Noção; 2.12.2. Interposição; 2.12.3. Cabimento; 2.12.4. Processamento; 2.12.5. Julgamento; 2.13. Agravo em execução: 2.13.1. Noção; 2.13.2. Interposição; 2.13.3. Cabimento; 2.13.4. Processamento; 2.13.5. Julgamento; 2.14. Reclamação contra a lista geral de jurados: 2.14.1. Noção; 2.14.2. Interposição; 2.14.3. Cabimento; 2.14.4. Processamento; 2.14.5. Julgamento; 2.15. Incidente de resolução de demandas repetitivas: 2.15.1. Noção; 2.15.2. Iniciativa; 2.15.3. Cabimento; 2.15.4. Processamento; 2.15.5. Julgamento – 3. Quadro Sinótico – 4. Súmulas aplicáveis: 4.1. STJ; 4.2. STF – 5. Informativos recentes: 5.1. STJ; 5.2. STF – 6. Questões de concursos públicos – 7. Gabarito Anotado – 8. Questões discursivas com comentários

1. TEORIA GERAL DOS RECURSOS

1.1. Conceito

O recurso é o meio voluntário destinado à impugnação das decisões, afigurando-se como intrumento de combate a determinado provimento, dentro da mesma relação jurídica processual, possibilitando nova análise da matéria impugnada.

Trata-se de exercício de direito potestativo, consubstanciado um ônus processual[1], que pode ser "utilizado antes da preclusão e na mesma relação processual, apto a propiciar a reforma, a invalidação, o esclarecimento ou a integração da decisão"[2].

Do conceito, já podemos estratificar os seguintes aspectos:

1. ARANHA, Adalberto José Q. T. de Camargo. *Dos recursos no processo penal*. São Paulo: Saraiva, 2010. p. 32.
2. GRINOVER, Ada Pellegrini; GOMES FILHO, Antônio Magalhães; FERNANDES, Antônio Scarance. *Recursos no processo penal*. 6. ed. São Paulo: RT, 2011. p. 27.

(1) recurso é providência voluntária, razão pela qual não tem natureza recursal as hipóteses de reexame necessário de determinadas decisões pelo tribunal (art. 574, CPP)[3];

(2) o recurso é admitido dentro da mesma relação jurídica processual, o que retira da condição de recurso as ações autônomas de impugnação, como o ***habeas corpus***, o mandado de segurança e a revisão criminal;

(3) o recurso é "aspecto, elemento ou modalidade do próprio direito de ação e de defesa"[4], sendo um desdobramento ou continuidade da relação iniciada em primeiro grau, revelando a sua natureza, como veremos a seguir; e

(4) a finalidade recursal é a invalidação, a integração, o esclarecimento ou a reforma da decisão impugnada, sendo o recurso providência de índole potestativa[5].

1.2. Natureza jurídica

Discorrer sobre a natureza de um instituto jurídico é revelar seu conteúdo, sua diferença ontológica[6]. Assim, para se discorrer sobre a natureza jurídica de determinado instituto, tal como o recurso, é preciso conhecer sua essência[7]. Desse modo, é possível delimitar bem o conteúdo da expressão "recurso", para dela afastar institutos que melhor se adequam à categoria das "ações autônomas de impugnação".

Com essa ideia, importa saber o sentido, a estrutura e a função do recurso, mormente sob as vertentes doutrinárias que procuram explicá-lo a partir de enfoques distintos:

(1) seja como uma decorrência do direito de ação;

(2) seja como o exercício de um novo direito de ação, incidentalmente em um mesmo processo;

(3) seja como um meio adequado para que se consiga o reexame de uma decisão judicial.

A primeira corrente doutrinária **(1)**, que tem se sagrado majoritária, entende a natureza jurídica do recurso como um desdobramento do direito de ação ou de defesa. O recurso seria uma continuidade da relação jurídica processual que subsiste pelo inconformismo de uma das partes, ou de ambas, com o provimento jurisdicional obtido em primeiro grau.

As críticas a essa posição são as mais amplas, ao argumento de que ela incorre em mais de um desvio de perspectiva:

---

3. Em sentido contrário, Nestor Santiago entende que "o recurso ex officio tem natureza jurídica de recurso, pois o que importa para configurá-la é a oportunidade dada pela lei ao Estado-juiz de suscitar o reexame da sentença" (SANTIAGO, Nestor Eduardo Araruna. Do recurso ex officio no processo penal. Belo Horizonte: Mandamentos, 2002. p.120).
4. GRINOVER, Ada Pellegrini; GOMES FILHO, Antônio Magalhães; FERNANDES, Antônio Scarance. *Recursos no processo penal*. 6. ed. São Paulo: RT, 2011. p. 28.
5. DIDIER JUNIOR, Fredie; CUNHA, Leonardo José Carneiro da. *Curso de direito processual civil:* meios de impugnação às decisões judiciais e processo nos tribunais. 5. ed. Salvador: JusPodivm, 2008. v 5. p. 20.
6. STRECK, Lenio Luiz. *Jurisdição constitucional e hermenêutica*: uma nova crítica do direito. 2. ed. Rio de Janeiro: Forense, 2004. p. 848.
7. FIUZA, César. *Direito civil*: curso completo. 5. ed. Del Rey: Belo Horizonte, 2002. p. 146.

(**a**) o primeiro seria o de confundir o direito de obter tutela jurisdicional com o exercício da ação penal, que, por sua vez, não seria assimilado pelo conceito de direito subjetivo[8]. Isso porque a ação penal em si não seria um direito, mas simplesmente um agir, não obstante exista o direito subjacente de obtenção de pronunciamento judicial válido;

(**b**) o segundo desvio de perspectiva é que esse "desdobramento do direito de ação" não é bem ajustado quando o recurso é manejado pelo acusado que restou vencido na ação penal condenatória, ainda que se utilize do artifício de que ele, ao prolongar a "reação" à ação penal, está a prosseguir com o seu "direito" de ação com sinal negativo.

Sem embargo, a trajetória do recurso perpetua no tempo e no espaço o direito que foi deflagrado com a apresentação da inicial acusatória ou, de outro lado, manifesta o exercício defensivo, em segundo grau de jurisdição, através da resistência oposta pelo sucumbente contra o conteúdo da decisão guerreada.

Já a segunda posição (**2**) defende ser o recurso "uma nova ação dentro do mesmo processo", sob o argumento de que "as pretensões são diversas: na ação, o direito com base num fato; no recurso, com fundamento numa sentença que se ataca"[9].

No entanto, afirmar que se trata de ação um ato processual que se interpõe em ação já em curso, encobre um dos aspectos pragmáticos do recurso, qual seja, o de ser desdobramento de relação preexistente, e não a deflagração de uma nova ação.

A terceira corrente (**3**) vê o recurso como qualquer providência destinada à obtenção da reforma de uma decisão. No entanto, pode haver recurso que não pretenda a reforma nem a substituição da decisão, porém, sim, a sua invalidação, com a desconstituição do processo ou da decisão de modo a exigir que seja renovado o ato na instância contra a qual se recorreu[10].

Paulo Rangel coloca outra objeção a essa posição, notadamente por reputar que "todo e qualquer meio capaz de propiciar a reforma de uma decisão é um recurso". Haveria assim o inconveniente de considerar como tal "a própria revisão criminal e o *habeas corpus*", quando estes são "ações autônomas de impugnação, pois podem ser utilizados mesmo depois de transitar em julgado a sentença penal condenatória"[11].

1.3. Fundamentos e o duplo grau de jurisdição

A doutrina processual aduz, quase que de maneira unânime, que os recursos têm por fundamentos "a necessidade psicológica do vencido, a falibilidade humana do julgador e as razões históricas do próprio direito", salientando que "a existência dos recursos tem sua base jurídica no próprio texto constitucional, quando este organiza o Poder Judiciário em duplo grau de jurisdição com a atribuição primordialmente recursal dos tribunais". Parte-se da justificativa de que o "princípio do duplo grau dá maior certeza à aplicação do direito,

---

8. SILVA, Ovídio Araújo Baptista da. Direito subjetivo, pretensão de direito material e ação. In: *Polêmica sobre a ação: a tutela jurisdicional na perspectiva das relações entre direito e processo*. Fábio Cardoso Machado; Guilherme Rizzo Amaral (orgs.). Porto Alegre: Livraria do Advogado, 2006. p. 31.
9. RANGEL, Paulo. *Direito processual penal*. 4. ed. Rio de Janeiro: Lumen Juris, 2001. p. 491.
10. OLIVEIRA, Eugênio Pacelli de. *Curso de processo penal*. 2. ed. Belo Horizonte: Del Rey, 2003. p. 767.
11. RANGEL, Paulo. *Direito processual penal*. 4. ed. Rio de Janeiro: Lumen Juris, 2001. p. 491.

com a proteção ou restauração do direito porventura violado e é por isso que se encontra assente nas legislações"[12].

Entendemos que o duplo grau de jurisdição é um princípio infraconstitucional, ou seja, não é princípio sufragado na Constituição de 1988. Há processos penais onde esse duplo grau inexiste, tais como aqueles de competência originária do Supremo Tribunal Federal.

A garantia do devido processo legal (art. 5º, LIV, CF/1988) e a enunciação que preconiza que "aos litigantes, em processo judicial ou administrativo, e aos acusados em geral são assegurados o contraditório e a ampla defesa, com os meios e recursos a ela inerentes" (art. 5º, LV, CF/1998), não induzem a existência do princípio do duplo grau de jurisdição a nível constitucional.

Por tal razão, a afirmação desse princípio é de ser compreendida como de cunho histórico, tradição de uma política legislativa que encontra sua raiz nos ideais da Revolução Francesa e que se espraiaram na cultura forense brasileira.

É o reconhecimento de que a revolução francesa efetivamente estabeleceu que uma decisão só transita em julgado quando possível o seu exame em dois juízos sucessivos. Como no Brasil temos a possibilidade de julgamento de recurso extraordinário pelo STF, bem como a apreciação de embargos infringentes de alguns julgados, pode-se entender pela multiplicidade ou pluralidade de graus de jurisdição, não apenas duplicidade[13].

Parte da doutrina, contudo, entende que o duplo grau de jurisdição é princípio constitucional implícito, levando em consideração o sistema como um todo, a partir de sua previsão na Convenção Americana de Direitos Humanos (Pacto de San José da Costa Rica), ratificada pelo Brasil em 1992.

Nesse sentido, Grinover, Scarance e Gomes Filho, que reconhecem, no entanto, que o princípio do duplo grau, previsto explicitamente na Constituição do Império (art. 158, da Carta de 1824), não vem mais expresso na Constituição vigente. Os autores sustentam que se cuida "de regra imanente na Lei Maior, que, como as anteriores, prevê não apenas a dualidade de graus de jurisdição, mas até um sistema de pluralidade deles". Desse modo, concluem, é possível afirmar "que a garantia do duplo grau, embora só implicitamente assegurada pela Constituição brasileira, é princípio constitucional autônomo, decorrente da própria Lei Maior, que estrutura os órgãos da chamada jurisdição superior"[14].

A Constituição da República afirma textualmente que "aos litigantes, em processo judicial ou administrativo, e aos acusados em geral são assegurados o contraditório e ampla defesa, com os meios e recursos a ela inerentes" (art. 5º, LV). A partir desse texto, em uma primeira aproximação, é possível sustentar que o direito ao duplo grau é tão somente do imputado. Sob essa ótica, duplo grau de jurisdição não seria princípio, pois não deveria ser aplicado em favor do Ministério Público, mas tão somente em prol de quem é titular da garantia da "ampla defesa, com os meios e recursos a ela inerentes". Como o *Parquet* não exerce ampla defesa, mas formula a imputação e leva nos ombros o ônus da prova, não decorreria o direito a recurso.

12. MIRABETE, Julio Fabbrini. *Processo penal*. 14. ed. São Paulo: Atlas, 2003. p. 605.
13. ARANHA, Adalberto José Q. T. de Camargo. *Dos recursos no processo penal*. São Paulo: Saraiva, 2010. p. 33-34.
14. GRINOVER, Ada Pellegrini; GOMES FILHO, Antônio Magalhães; FERNANDES, Antônio Scarance. Recursos no processo penal. 6. ed. São Paulo: RT, 2011. p. 20-21.

Em uma segunda aproximação, sabemos que o fundamento dos direitos fundamentais coincide com a história da luta do ser humano contra os abusos de poder do Estado, notadamente a partir do Iluminismo. Desse modo, entendemos que o rol do art. 5º, da CF, capitula direitos fundamentais de primeira geração, dentre os quais não está o direito de recorrer do Ministério Público, mas tão somente do acusado.

Apesar desses fundamentos, temos um Código de Processo Penal que arrola inumeráveis possibilidades recursais à disposição da acusação. Basta cotejar os casos do art. 581 que se perceberá que ao acusado foram destinadas menos hipóteses legais para que possa impugnar uma decisão. Tanto isso é exato que o réu, não raras vezes, precisa fazer uso do *habeas corpus* como sucedâneo recursal. Nosso CPP foi inspirado no Código Italiano e nas ideias de Rocco, sendo conhecidamente de índole fascista por colocar o Estado (Estado-acusação e Estado-juiz) em um patamar superior ao cidadão (acusado). Nesse permeio, os direitos fundamentais não germinam, eis que a atmosfera é carregada de autoritarismo.

Salientando que essa tese foi ventilada pela Defensoria Pública de São Paulo e que ganhou ampla repercussão por ser considerada teratológica, Aury Lopes Jr e Thiago Mendes esclarecem que "ao contrário do que pode parecer à primeira visão, a tese não é absurda e encontra respaldo na doutrina, jurisprudência internacional, além de ser adotada em outros ordenamentos jurídicos. Ela exige, contudo, superação de paradigmas, já que os recursos nascem e são concebidos para servirem ao sistema inquisitório". O duplo grau tem supedâneo em fundamentos como: (1) o da exigência "de dupla conformidade em matéria penal", impondo "uma segunda análise da condenação penal em razão da gravidade que lhe é inerente, como *conditio sine qua non* para aplicação da pena"; e (2) a tutela do estado de inocência, "que não pode ser afastada com uma única condenação, além de se reconhecer que o recurso permite a manutenção do estado de inocência até o transito em julgado". Apesar de reconhecerem a dificuldade de fazer valer o tanto que sustentado pela Defensoria Pública do Estado de São Paulo e de tornar eficaz o que disposto nos tratados de proteção a direitos humanos que o Brasil subscreveu, os juristas apontam que os alicerces do duplo grau têm, como destinatário, o acusado e, de tal modo, "permitem afirmar que não há fundamento idôneo para justificar a existência de duplo grau para a acusação"[15].

1.4. Princípios recursais

Alguns princípios dos recursos são tratados como características pela doutrina. A divergência decorre da não unanimidade do que se entende por princípio. Para o presente tópico, princípio é vetor interpretativo das regras que disciplinam os recursos. Em outras palavras, princípios são normas que inspiram a aplicação das regras que estão adstritas a eles. Daí a existência de regras específicas que caracterizam os recursos: do conjunto de regras é possível se constatar características recursais que conformam sua base principiológica.

Esse alicerce normativo é visto como um rol de princípios ou características dos recursos, enquanto entendidos como manifestação volitiva da parte sucumbente, com o objetivo de ver reexaminada uma decisão. Vejamos um a um.

15. LOPES JR, Aury; MENDES, Tiago Bunning. É absurdo sustentar a ausência de duplo grau de jurisdição para a acusação. *Conjur*: limite jurídico. Disponível em: <https://www.conjur.com.br/2018-dez-14/limite-penal-duplo-grau-jurisdicao-nao-vale-acusacao>. Acesso em: 15 dez. 2018.

(1) Princípio da voluntariedade: o recurso é um ato processual decorrente da manifestação de vontade da parte que queira ver reformada ou anulada uma decisão.

O art. 574, CPP, dispõe que "os recursos serão voluntários". Está aqui presente a característica (princípio) da voluntariedade. O recurso deve ser um ato processual volitivo. Daí ser o recurso um ônus processual: não há obrigatoriedade de recorrer, porém, se não exercida essa faculdade, a parte sucumbente pode sofrer consequências a ela desfavoráveis.

De todo modo, o ônus de recorrer encontra mitigações, em favor do acusado, em face da possibilidade de manejo, a qualquer tempo, de ações autônomas de impugnação, tal como a revisão criminal e o *habeas corpus*[16].

Sob outra vertente, o art. 574, CPP, menciona a figura do impropriamente denominado "recurso de ofício", também denominado de "remessa necessária", "duplo grau de jurisdição obrigatório" ou "reexame necessário". Ao invés de recurso, o reexame obrigatório é condição estabelecida legalmente para o trânsito em julgado da sentença ou decisão.

O reexame necessário tem cabimento nos seguintes casos:

(a) da sentença que conceder *habeas corpus*, vale dizer, da decisão do juiz singular ao acatar a ordem. Não há que se falar, portanto, de recurso de ofício contra deliberação do tribunal acerca desse remédio heroico; e,

(b) da sentença que desde logo absolver o acusado com fundamento na existência de circunstância que exclua o crime ou isente de pena o acusado, evitando sua submissão a júri popular (absolvição sumária do procedimento especial para os crimes dolosos contra a vida). Todavia, para a doutrina e jurisprudência majoritárias, esta hipótese encontra-se revogada, por ausência de previsão no art. 415 do CPP.

O reexame necessário não é tecnicamente um recurso. Se considerado revogado pela reforma de 2008, deve-se entender que não se aplica a ele a regra de que a data da sentença ou da decisão define o "recurso" cabível e o respectivo prazo. Em outras palavras, diante da alegada revogação do reexame necessário contra a sentença de absolvição sumária do rito do júri, os tribunais não devem mais apreciar as remessas de ofício relativas às decisões anteriores à alteração legislativa. Coerente com a natureza não recursal do recurso de ofício, o STJ pontuou que "os recursos de ofício não remetidos aos Tribunais de 2ª instância ou não julgados por aquelas Cortes até 8 de agosto de 2008, data em que a Lei nº 11.689/08 passou a ser exigida, não mais poderão ser apreciados, uma vez que tal procedimento, necessário apenas para dar eficácia à sentença de absolvição sumária no procedimento do Tribunal do Júri, já não mais estaria em vigor, por força do princípio tempus *regit actum*"[17].

Sem embargo, ainda caberá reexame necessário nas seguintes hipóteses:

(c) da sentença de absolvição ou a deliberação que arquiva os autos do inquérito policial nos crimes contra a economia popular e saúde pública (art. 7º, Lei nº 1.521/1951);

(d) da decisão que concede a reabilitação criminal (art. 746, CPP);

16. GRINOVER, Ada Pellegrini; GOMES FILHO, Antônio Magalhães; FERNANDES, Antônio Scarance. *Recursos no processo penal*. 6. ed. São Paulo: RT, 2011. p. 28.

17. STJ – Quinta Turma – HC 201303257630 – Rel. Des. Conv. Leopoldo de Arruda Raposo – DJ: 30/11/2015.

(e) do indeferimento liminar pelo relator, no tribunal, da ação de revisão criminal, quando o pedido não estiver suficientemente instruído (art. 625, § 3º, CPP).

Na realidade, o CPP denomina de recurso o que, em sua essência, não o é: o chamado "recurso de ofício" é melhor explicado como um "reexame necessário" ou "remessa obrigatória", não sendo adequada a expressão "recurso não voluntário".

De fato, o que se tem apelidado equivocadamente de recurso de ofício nada mais é do que uma condição sem a qual a decisão não transita em julgado, ou seja, o magistrado, ao proferir a decisão, tem que submetê-la obrigatoriamente a uma reapreciação do tribunal, mesmo que as partes não recorram. Se não o fizer, o julgamento fica em aberto, sem que se opere a coisa julgada, por falta do implemento da condição legal (reexame necessário).

É o que pontifica o enunciado da súmula nº 423 do STF, ao dizer que a sentença não transita em julgado quando houver omitido o reexame ***ex officio***, que se entende interposto ***ex lege***.

Dessa maneira, o magistrado não precisa fundamentar o ato, remetendo imediatamente a decisão ao tribunal assim que ultrapassado o prazo para os recursos voluntários. Da mesma forma, não é necessário intimar as partes para contrarrazões.

(2) **Princípio da taxatividade:** para que seja possível o manejo de um recurso, é preciso que o ordenamento jurídico o preveja expressamente: o rol não é exemplificativo, porém ***numerus clausus***;

No processo penal, não se admite recurso inominado ou recurso de improviso. A previsão legal é condição necessária para que a decisão seja recorrível, e para que o recurso exista.

Como adverte Edilson Mougenot, o princípio da taxatividade recursal não é óbice à aplicação analógica nem à interpretação extensiva das normas processuais penais, na esteira do que dispõe o art. 3º, do Código. Daí ser admissível a interposição de recurso em sentido estrito contra decisão que rejeita o pedido de aditamento da denúncia, malgrado a hipótese não esteja incluída expressamente no rol do art. 581, CPP, mas é depreendida a partir do enunciado que prevê o manejo desse meio recursal contra a decisão que rejeita a denúncia[18].

Também, com base em interpretação sistemática extensiva, é que se admite a interposição de embargos infringentes e/ou de nulidade pela defesa contra decisões não unânimes proferidas por órgão colegiado de tribunal em sede de agravo em execução. Para tanto, leva-se em conta que o agravo em execução (art. 197, LEP) foi instituído em substituição a várias hipóteses de interposição de recurso em sentido estrito (art. 581, CPP), razão pela qual são cabíveis os embargos infringentes e/ou de nulidade que, conforme o texto original do CPP, só poderiam ser opostos pela defesa contra decisões não unânimes prolatadas pelo tribunal quando de julgamento de apelação ou de recurso em sentido estrito (parágrafo único, do art. 609, CPP).

(3) **Princípio da unirrecorribilidade** (também denominado de princípio da singularidade ou princípio da unicidade): cada espécie de decisão judicial, em regra, comporta um único recurso, sendo ônus da parte escolher o recurso adequado para que haja seu reexame.

18. BONFIM, Edilson Mougenot. *Curso de processo penal*. 4. ed. São Paulo: Saraiva, 2009. p. 619.

O princípio da unirrecorribilidade ou da singularidade recursal expressa que a parte não pode manejar mais de um recurso para vergastar a mesma decisão[19]. A concomitância de recurso pode ser possível quando a sentença aprecie ao mesmo tempo questões distintas[20].

Com efeito, excepcionalmente uma mesma decisão pode comportar mais de um recurso. É o que ocorre, por exemplo, com a possibilidade do manejo simultâneo do recurso especial ao STJ e do extraordinário ao STF, quando uma mesma decisão ofenda a Constituição Federal e a legislação infraconstitucional.

É citado por Tourinho Filho, como exemplo de exceção à unirrecorribilidade, a hipótese de acórdão ser formado de uma parte unânime e de outra não unânime, permitindo a interposição simultânea de recurso extraordinário (ou especial) e de embargos infringentes (art. 609, parágrafo único, CPP)[21]. A partir da Lei nº 10.352/2001, que alterou o revogado CPC/1973, essa possibilidade de interposição simultânea daqueles recursos com os infringentes desapareceu do sistema, segundo pensamos. Decerto, prevaleceu o entendimento de que, quando o dispositivo do acórdão contiver julgamento por maioria de votos e julgamento unânime, e forem interpostos embargos infringentes, o prazo para recurso extraordinário ou recurso especial, relativamente ao julgamento unânime, deverá ficar sobrestado até a intimação da decisão nos embargos[22].

O CPC/2015 não prevê o recurso de embargos infringentes. A extinção desse recurso no âmbito processual civil não reflete no direito processual penal, eis que o art. 610, do CPP, prevê o recurso de embargos infringentes e de nulidade contra a decisão não unânime de segunda instância, no prazo legal de dez dias.

No nosso entender, a exceção ao princípio da unirrecorribilidade referida por Tourinho Filho era meramente aparente, especialmente se for considerado que cada um dos recursos simultâneos tem objeto distinto da decisão judicial, ou seja, cada recurso é interposto contra capítulo diverso da decisão judicial penal.

Cuida-se, portanto, de uma hipótese em que não há impugnação integral e simultânea da decisão, porém recursos parciais que aludem somente a um, ou a alguns capítulos do acórdão, pela conjugação de dois fatores: **(a)** por vontade do recorrente; e **(b)** por força de lei[23].

No mesmo sentido, Grinover, Scarance e Gomes Filho aduzem que "nesses casos, cada capítulo da sentença é objeto de recurso distinto, de modo que a hipótese não configura exceção ao princípio da unirrecorribilidade"[24].

A título de registro histórico, tínhamos o exemplo da possibilidade que havia de interposição de protesto por novo júri (revogado pela Lei nº 11.689/2008) e de apelação para

19. TOURINHO FILHO, Fernando da Costa. *Manual de processo penal*. 5. ed. São Paulo: Saraiva, 2003. p. 712.
20. MARQUES, José Frederico. *Elementos de direito processual penal*: volume IV. 2. ed. Campinas: Millennium, 2003. p. 230.
21. TOURINHO FILHO, Fernando da Costa. *Manual de processo penal*. 5. ed. São Paulo: Saraiva, 2003. p. 713.
22. STJ – Quinta Turma – RESP 785679 – Rel. Min. Félix Fischer – DJ 11/6/2006 – p. 340.
23. DINAMARCO, Cândido Rangel. *Capítulos de sentença*. 4. Ed. São Paulo: Malheiros, 2009. p. 98-99.
24. GRINOVER, Ada Pellegrini; GOMES FILHO, Antônio Magalhães; FERNANDES, Antônio Scarance. *Recursos no processo penal*. 6. ed. São Paulo: RT, 2011. p. 33.

combater uma mesma sentença que condenasse o réu a mais de um crime, sendo apenado por um deles, isoladamente, a vinte anos ou mais de reclusão.

No entanto, manejado o protesto por novo júri, a apelação que tivesse por objeto a porção abrangida pelo protesto restaria prejudicada, pelo que também aqui a exceção a unirrecorribilidade era aparente, eis que a concomitância recursal requer impugnações de capítulos diversos da mesma decisão.

(4) Princípio da fungibilidade recursal (também denominado de "teoria do recurso indiferente", "teoria do 'tanto vale'", princípio da permutabilidade dos recursos ou princípio da conversibilidade dos recursos): não havendo erro manifesto ou má-fé na interposição de um recurso equivocado, e atendido o prazo limite do recurso que seria cabível, a parte não será prejudicada pela interposição de um recuso por outro. Nesse caso, o juiz, tomando ciência da impropriedade de uma impugnação recursal por motivo plausível, deve mandar processá-la em conformidade com o rito do recurso que seria cabível, tal como prevê o parágrafo único, do art. 579, CPP.

Para a aplicação do princípio da fungibilidade é necessário que o prazo para o recurso correto não tenha sido extrapolado quando da interposição da impugnação equivocada. Em acréscimo, deve existir dúvida objetiva plausível para que haja o acatamento de um recurso por outro, que indique a existência de boa-fé do recorrente, não se aceitando o recurso que consubstancie equívoco grosseiro. Pensamos que devem ser exigidos simultaneamente ambos os requisitos, ficando evidenciada a má-fé com o ingresso de recurso de prazo maior no lugar de recurso com previsão de interposição em menor lapso. Essa a posição da doutrina e jurisprudência majoritária.

Em sentido contrário, Denílson Feitoza se alinha à posição de Nelson Nery Júnior, para entender que o princípio da fungibilidade seria exceção ao princípio da preclusão, que não deve incidir quando inexistente erro grosseiro ou má-fé, razão pela qual "o recurso impróprio pode ser conhecido, mesmo sendo interposto fora do prazo do recurso próprio, desde que haja dúvida objetiva quanto ao recurso correto; o contrário significaria negar a própria existência do princípio da fungibilidade"[25].

(5) Princípio da convolação: consiste na possibilidade de que um recurso manejado corretamente seja convolado em outro em virtude de se revelar mais útil ao recorrente, com viabilidade de maiores vantagens.

A convolação se diferencia da fungibilidade porque para a aplicação deste princípio é necessário que o recurso tenha sido interposto erroneamente, enquanto a incidência da convolação pressupõe acerto na oferta da impugnação.

Norberto Avena exemplifica esse princípio com o caso em que uma revisão criminal manejada corretamente contra uma decisão condenatória transitada em julgado é recebida como *habeas corpus*, por ser este mais célere e dispensar formalidades relativamente à primeira[26].

25. FEITOZA, Denilson. *Direito processual penal*: teoria, crítica e práxis. Impetus: Niterói, 2009. p. 1047-1048.
26. AVENA, Norberto. *Processo penal esquematizado*. Rio de Janeiro: Forense; São Paulo: Método, 2009. p. 976.

Embora se trate de ações autônomas de impugnação, a argumentação do exemplo é válida se levarmos em consideração que essas demandas funcionam, em sentido amplo, como sucedâneos recursais.

(6) Princípio da vedação da *reformatio in pejus*: proibição de mudança para pior da situação jurídica do recorrente, em virtude de decisão superveniente que reforme o julgado recorrido. Este princípio tem sido também conhecido por "efeito prodrômico da sentença", expressão abordada de maneira mais detida no Capítulo XII – Sentença (item 4.1.2).

Se só a defesa recorre, tendo a acusação se conformado com o provimento jurisdicional, a situação do réu não poderá ser piorada. É o que se chama de proibição da ***reformatio in pejus*** direta, ou seja, na relação recursal, a situação do réu permanecerá como está, se o recurso foi exclusivo da defesa.

Decerto, não pode haver modificação para pior da situação do acusado em recurso seu, mesmo no caso de correção de erro material que incremente a pena[27].

No que toca a mudança de critérios para a fixação do quantitativo da pena quando da utilização do procedimento trifásico, o STF reputou, por maioria, que não há que se falar em ***reformatio in pejus***, quando ao final da fundamentação para a definição de pena-base e de aplicação de causa de diminuição de modo divergente na instância ***ad quem***, a pena total aplicada tenha sido mantida inalterada[28].

De igual modo, entendeu a Suprema Corte que "não viola o princípio da proibição da *reformatio in pejus* a reavaliação das circunstâncias judiciais em recurso de apelação penal, no âmbito do efeito devolutivo, desde que essa não incorra em aumento de pena". Nesse caso, "o tribunal de justiça local, ao reavaliar as circunstâncias em face de apelação defensiva, retirou a relativa aos antecedentes, por falta de sentença transitada em julgado; acrescentou fundamentação, antes omissa, às consequências do crime; reafirmou a culpabilidade; e incluiu um terceiro fator, circunstâncias do crime, não mencionado anteriormente. Dessa forma, manteve a pena-base"[29].

O argumento usado pelo STF, tendente a manter a pena do acusado que teve, em seu favor e em grau de recurso manejado pela defesa, a exclusão de circunstância judicial, não se justifica de forma lógica. Isso porque somente seria possível não minorar a pena se, além de interposto recurso pela acusação, houvesse provimento desta impugnação contra o réu. Em outros termos, se houve exclusão de circunstância judicial utilizada como parâmentro para fins de fixação da pena base, impositiva seria a diminuição da pena em nível recursal. Daí entendermos violado, no caso, a vedação da *reformatio in pejus*.

Por outro lado, caso a acusação tenha recorrido, não poderá o tribunal reconhecer nulidade contra o réu que não tiver sido suscitada, salvo nas hipóteses em que haja recurso de ofício (súmula nº 160, STF).

27. STJ – Sexta Turma – HC 103.460 – Rel. Min. Maria Thereza de Assis Moura – DJe 08/09/2011
28. STF – Primeira Turma – HC 101917 – Rel. Min. Cármen Lúcia – DJ: 31/08/2010 – Informativo 598.
29. STF – Primeira Turma – HC 126457/PA, rel. orig. Min. Marco Aurélio, red. p/ o ac. Min. Alexandre de Moraes, julgamento em 6.11.2018.

Caso o tribunal anule a decisão anterior, em recurso promovido pela defesa, o órgão ***a quo***, recebendo os autos para proferir nova decisão, não poderá piorar a situação do demandado, pois se pudesse fazê-lo, indiretamente estaria exasperando a situação do réu, quando só a defesa tivesse recorrido.

Dessa forma, também está vedada a ***reformatio in pejus*** indireta.

Se a anulação do primeiro julgado se deu em face da incompetência absoluta do juízo, mesmo que por recurso exclusivo da defesa, havendo a remessa ao órgão competente, este não estaria adstrito aos limites da primeira decisão, podendo piorar a situação do réu, aplicando-lhe inclusive pena maior, como vinha se manifestando o STJ[30], em respeito à lógica do juiz natural. Todavia, o art. 617 do CPP não põe ressalva quanto às hipóteses de nulificação do processo anterior, e mesmo que por motivo de incompetência absoluta, deve prevalecer a restrição. O próprio STJ, em decisão mais recente, admitiu o vínculo do juiz competente ao quantitativo de pena fixado por seu antecessor[31].

Já se o tribunal está apreciando recurso exclusivo da acusação, poderá melhorar a situação do réu, mesmo que tenha que julgar ***extra petita***, admitindo-se, portanto, a ***reformatio in melius***, ou seja, a reforma para melhor, mesmo em recurso específico da acusação, pedindo justamente o oposto.

No âmbito do tribunal do júri, a vedação à ***reformatio in pejus*** indireta ganha dimensão especial. Isto porque, havendo recurso exclusivo da defesa que resulte na anulação do primeiro júri, com a submissão do réu a novo julgamento duas situações podem ocorrer:

(a) os jurados integrantes do segundo júri reconhecem as mesmas circunstâncias verificadas no primeiro julgamento ou

(b) os jurados reconhecem nova circunstância prejudicial ao acusado (nova qualificadora, por exemplo).

Na primeira hipótese (mesmas circunstâncias no primeiro e segundo julgamento), a aplicação do princípio da ***reformatio in pejus*** indireta vincula o magistrado sentenciante, que, na dosimetria da pena, não poderá extrapolar a reprimenda imposta na primeira condenação.

A segunda hipótese (reconhecimento de nova circunstância prejudicial) gerou controvérsia por algum tempo em sede jurisprudencial. Ocorre que, diante da soberania dos vereditos (art. 5º, XXXVIII, "c", CF/1988), havia entendimento de que a decisão tomada pelos jurados no segundo julgamento deveria ser respeitada[32]. A título de exemplo, se o réu fosse condenado a 6 (seis) anos por homicídio simples e somente a defesa recorresse, admitia-se a possibilidade de, no segundo júri, ser reconhecida uma das qualificadoras do art. 121, § 2º, CP, e, com isso, exasperar-se a pena, passando a 12 (doze) anos, por exemplo.

30. STJ – 6ª T. – HC 37.101/PR – Rel. Min. Hélio Quaglia Barbosa – DJ 27.06.2005. p. 452.

31. STJ – Quinta Turma – HC 114.729 – Rel. Min. Jorge Mussi – DJ 21/10/2010 – Informativo 452.

32. STJ – Sexta Turma – HC 37.101/PR – Rel. Min. Hélio Quaglia Barbosa – DJ 27/06/2005. No mesmo sentido: "O tribunal do júri é soberano; a "reformatio in pejus" indireta não pode alcançar essa soberania". (STJ – Quinta Turma – REsp 47.696/SP – Rel. Min. Edson Vidigal – DJ 08/09/1998)

Atualmente, STF e STJ estão alinhados e têm decidido ser compatível o princípio da vedação à ***reformatio in pejus*** indireta e a soberania dos vereditos, preservando o "justo processo da lei (***due process of law***), nas cláusulas do contraditório e da ampla defesa"[33-34]. Deste modo, ainda que seja reconhecida nova circunstância no segundo julgamento, realizado após recurso exclusivo da defesa, a pena aplicada não poderá ser superior àquela determinada no primeiro julgamento anulado.

Noutra quadra, nos casos em que o tribunal esteja apreciando recurso exclusivo da acusação, poderá melhorar a situação do réu, mesmo que tenha que julgar ***extra petita***, admitindo-se portanto a ***reformatio in melius***, ou seja, a reforma para melhor, mesmo em recurso específico da acusação, pedindo justamente o oposto.

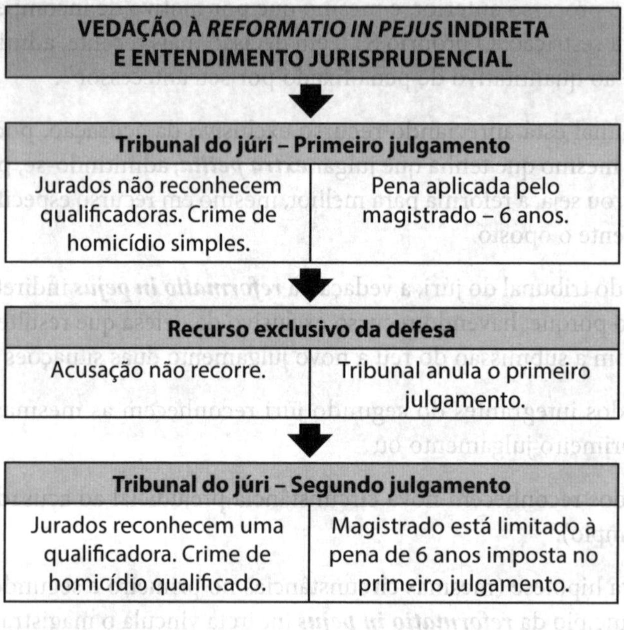

(7) Princípio da conversão: se a parte interpuser um recurso para órgão jurisdicional incompetente para conhecê-lo, este deverá remeter o processo ao que detenha competência recursal[35].

A parte não será prejudicada pelo endereçamento errado do recurso, cabendo ao tribunal incompetente para o qual o recurso foi endereçado remeter os autos ao órgão competente para apreciá-lo.

(8) Princípio da complementariedade dos recursos: é possível que haja integração do recurso já interposto toda vez que a decisão recorrida for modificada supervenientemente, tanto em razão de correção de erro material, como de provimento de outro recurso, em virtude do exercício de retratação pelo juiz.

33. STF – Segunda Turma – HC 89544 – Rel. Min. Cezar Peluso – DJe 15/05/2009.
34. STJ – Sexta Turma – HC 178.850/RS – Rel. Min. Assusete Magalhães – DJe 13/09/2013.
35. RANGEL, Paulo. *Direito processual penal*. 4. ed. Rio de Janeiro: Lumen Juris, 2001. p. 499.

Nas hipóteses em que o juiz alterar a decisão (juízo de retratação ou retificação de erro material) que repercuta nos fundamentos do recurso que já tinha sido interposto, deve haver "a renovação do prazo recursal para a apresentação de novo recurso, adequado às modificações operadas na nova decisão". A nova impugnação é autorizada se a matéria recorrida tiver sido objeto de alteração do julgado[36].

Imaginemos que as partes tenham sido intimadas da sentença e a defesa apresentou, de pronto, apelação, ao passo em que o MP apresentou embargos declaratórios, para que a omissão do julgado fosse suprida. Ocorrendo a alteração da sentença em face do julgamento dos embargos declaratórios, deve a defesa ser admitida a complementar o recurso que já tinha sido apresentado, adaptando-o à nova realidade, após a apreciação dos embargos;

(9) Princípio da suplementariedade ou da suplementação dos recursos: existe a possibilidade de ser renovada a iniciativa recursal já manifestada, quando contra a decisão for cabível mais de um recurso.

A aplicação do princípio em tela é uma exceção, seja diante do princípio da unirrecorribilidade, seja diante do fenômeno preclusivo que se opera. Isso porque depois de ofertado recurso por uma das partes contra uma decisão desfavorável a ela, haverá a preclusão consumativa tendente a impedir o novo exercício da faculdade processual recursal validamente exercida antes.

O princípio da suplementariedade incidirá excepcionalmente "quando, para a aludida decisão, for cabível mais de uma modalidade recursal", tal como ocorria, no júri, com o cabimento de "apelação, em relação a um crime" e do revogado "protesto por novo júri", relativamente a outro delito[37].

(10) Princípio da variabilidade dos recursos: sustentado por corrente minoritária, consiste na possibilidade do interessado, enquanto estiver em andamento o prazo recursal, interpor mais de um recurso contra a mesma decisão. A variabilidade dos recursos tem o propósito de autorizar que o recorrente amplie os limites de seu primeiro recurso, com a interposição de outra impugnação para, por exemplo, abranger outros pontos da decisão recorrida. Entendemos, todavia, que tal princípio não deve ser aplicado no âmbito do processo penal. Isso porque pensamos que, uma vez interposto o recurso pela parte sucumbente, especialmente quando delimitada a sua abrangência pela petição recursal, ocorrerá preclusão consumativa, constitutiva de óbice à admissibilidade de recurso ulterior daquele sujeito processual interessado.

No sentido por nós sustentado, Elmir Duclerc obtempera que a regra da variabilidade é "de aplicação duvidosa no âmbito do nosso sistema recursal" e que "teria amparo, segundo alguns autores, na norma do antigo art. 809 do CPC de 1939, que, todavia não foi repetida no texto atual e tampouco no CPP"[38].

Em direção diversa, Grinover, Scarance e Gomes Filho explicam que o princípio da variabilidade significa que a interposição de um recurso não liga o recorrente ao fundamento

36. OLIVEIRA, Eugênio Pacelli de. *Curso de processo penal*. 2. ed. Belo Horizonte: Del Rey, 2003. p. 780.
37. OLIVEIRA, Eugênio Pacelli de. *Curso de processo penal*. 2. ed. Belo Horizonte: Del Rey, 2003. p. 780-781.
38. DUCLERC, Elmir. *Direito processual penal*. Rio de Janeiro: Lumen Juris, 2008. p. 582.

da petição de impugnação. Isso significa dizer que, segundo essa concepção, é possível a interposição sucessiva do mesmo recurso, quando respeitado o prazo legal. Nesses termos, defendem que não se aplica a regra da preclusão consumativa, ainda que o recorrente tenha avivado na petição de interposição do recurso a sua respectiva abrangência para a apresentação de razões. Como exemplo, apontam o caso de uma mesma decisão ser impugnada por mais de um fundamento, através de recurso de mesma espécie:

> Imagine-se que o recorrente interponha apelação, visando ao reexame da sentença do juiz-presidente do Júri – isso não obsta a que, ainda no prazo, se interponha outra apelação contra o veredicto dos jurados. O mesmo ocorre quando a primeira apelação impugne apenas um capítulo da sentença (por exemplo, a questão da dosagem da pena) e a segunda, a própria condenação[39].

Veja-se que se distinguem os princípios da variabialidade (mesmo recurso, manejado pelo mesmo recorrente, contra uma mesma decisão, dentro do mesmo prazo), da complementariedade (manejo do mesmo recurso em razão da devolução do prazo recursal, diante de alteração superveniente da decisão) e da suplementariedade (possibilidade de interposição de recurso diverso contra a mesma decisão já impugnada anteriormente pelo mesmo recorrente).

Note-se, ainda, que não é hipótese de aplicação do princípio da variabilidade dos recursos quando as interposições sucessivas de um mesmo recurso ocorrem dentro do prazo recursal, embora feitas por legitimados recursais diversos, ainda que em favor do mesmo réu. A título de exemplo temos a possibilidade de interposição autônoma de apelação por um motivo pelo advogado do acusado e por outro fundamento pelo próprio acusado, nos casos de conflito de interesse recursal entre defesa técnica e autodefesa.

(11) Princípio da dialeticidade dos recursos: o recorrente deve expor os fundamentos de sua irresignação, evidenciando os motivos pelos quais pretende ver reexaminada a decisão, viabilizando o contraditório recursal (razões e contrarrazões).

A motivação dos recursos nem sempre é obrigatória no processo penal para que o recurso seja conhecido, especialmente quando a impugnação se dirige à decisão de juiz singular. Desse modo, o Código prevê, por exemplo, a subida de apelação sem as razões recursais, quando permite a sua apresentação na instância ***ad quem*** (tribunal), nos termos do § 4º, do art. 600, do CPP[40]. Já no que se refere ao recurso em sentido estrito, o mesmo Código admite que ele suba com ou sem resposta, isto é, com ou sem contrarrazões (não sem razões!), a teor do ***caput***, do seu art. 589[41].

Embora tolerada pela jurisprudência e sufragada pela legislação a apreciação de recursos sem razões, quando para tanto tenha sido intimado o recorrente, e o tribunal haja

39. GRINOVER, Ada Pellegrini; GOMES FILHO, Antônio Magalhães; FERNANDES, Antônio Scarance. *Recursos no processo penal*. 6. ed. São Paulo: RT, 2011. p. 33-34.
40. Nos termos do citado parágrafo, "se o apelante declarar, na petição ou no termo, ao interpor a apelação, que deseja arrazoar na superior instância serão os autos remetidos ao tribunal *ad quem* onde será aberta vista às partes, observados os prazos legais, notificadas as partes pela publicação oficial".
41. Assim dispõe o *caput*, do art. 589, do CPP: "com a resposta do recorrido ou sem ela, será o recurso concluso ao juiz, que, dentro de dois dias, reformará ou sustentará o seu despacho, mandando instruir o recurso com os traslados que lhe parecerem necessários".

apreciado adequadamente o recurso, entendemos, com Frederico Marques, que "a motivação deve ser requisito essencial do recurso, por tratar-se de pressuposto indispensável para a sua admissibilidade"[42].

De tal maneira, apresentado o recurso de forma leiga pelo acusado, é indispensável a intimação de seu advogado constituído ou defensor para arrazoá-lo. Caso haja conflito entre autodefesa e defesa técnica, deve o magistrado oportunizar a constituição de novo advogado pelo réu, assinando prazo, após o que deve nomear defensor dativo, se não for o caso de assistência pela Defensoria Pública.[43]

Observação: a disponibilidade não é característica ou princípio recursal porquanto não tem aplicação em toda e qualquer hipótese, já que ao Ministério Público não é permitido desistir do recurso já interposto, como decorrência da regra da obrigatoriedade de sua atuação (art. 576, CPP). Assim, só tem aplicação a disponibilidade nos recursos manejados pelo querelante em sede de ação penal privada. No que concerne à defesa, Grinover, Scarance e Gomes Filho averbam que deve ser verificada, caso a caso, ofensa à ampla defesa, pois pode haver invalidade de desistência de recurso pelo defensor quando o acusado ficar em situação de indefeso ou haverá ineficácia da desistência se o réu se opuser à conduta do defensor.

(12) Princípio da intranscendência dos recursos: é princípio de exclusiva aplicação ao recurso manejado pela parte acusadora. Em certa medida, é deduzido de ideia análoga ao princípio da intranscendência da ação penal, que dita que a demanda promovida contra um réu não deve ultrapassar a sua pessoa para incidir efeitos em sujeito diverso. No recurso que estende a pretensão punitiva estatal, a parte acusadora deve especificar o que pretende e contra quem pretende a providência exasperadora. Tratando-se de mais de um acusado, o pleito recursal deve identificar cada um deles, em relação aos quais deseja a reforma da decisão ou da sentença. Se o pedido recursal se restringir a um único agente, ainda que relativamente a fato cometido em coautoria, resta vedado ao tribunal ampliar seu objeto para fazer alcançar o pedido recursal em desfavor do réu/recorrido contra quem a parte autor/recorrente não se insurgiu expressamente. O órgão ***ad quem*** só pode apreciar a matéria não impugnada nas hipóteses de reexame de ofício. Guilherme Madeira Dezem explica a intranscendência sob a denominação de "**princípio da personalidade dos recursos**", pontuando que "recursos só podem beneficiar a parte que recorreu", bem como que ele é "complementado pelo princípio da *non reformatio in pejus*, que impede a piora da situação do acusado se não houve recurso da acusação". De outro prisma, o jurista opõe à personalidade recursal, o "princípio do benefício comum", que não é admitido pelo CPP, por permitir a *reformatio in pejus* sob o argumento do que "o que é levado ao conhecimento do Tribunal é a matéria" e, de tal modo, "este poderá decidir contra ou a favor da parte que recorreu"[44].

(13) Princípio da colegialidade recursal: é outorgada ao recorrente para que a matéria recorrida seja objeto de apreciação por órgão colegiado, integrado por mais de um

42. MARQUES, José Frederico. *Elementos de direito processual penal*: volume IV. 2. ed. Campinas: Millennium, 2003. p. 232.
43. GRINOVER, Ada Pellegrini; GOMES FILHO, Antônio Magalhães; FERNANDES, Antônio Scarance. *Recursos no processo penal*. 6. ed. São Paulo: RT, 2011. p. 38
44. DEZEM, Guilherme Madeira. *Curso de processo penal*. São Paulo: RT, 2015. p. 852-853.

julgador. Esse princípio não é ofendido pela possibilidade de julgamento de um recurso de forma monocrática, por membro de tribunal, relator, haja vista que das decisões monocráticas pode a parte sucumbente pleitear, por simples agravo, o julgamento pelo órgão fracionário, colegiado, que competir o exame do assunto. O afastamento da colegialidade pela possibilidade de julgamento monocrático é tão somente aparente. Tal fica mais evidente quando se vê que as matérias julgadas por um só membro do tribunal, em regra, já foram objeto de julgamento colegiado anterior. Sem embargo, esse princípio não é absoluto, pois alguns recursos não ensejam a possibilidade de exame colegiado, a exemplo dos embargos de declaração. Ademais, a colegialidade decorre do princípio do duplo grau de jurisdição, eis que possibilita a reavaliação do caso por um corpo de juízes. O Pacto de São José da Costa Rica, ratificado pelo Decreto nº 678/1992, ampara sua existência em seu art. 8, item "2", alínea "h".

Vale destacar que o princípio da colegialidade recursal não é encontrado no julgamento de primeira instância dos crimes dolosos contra a vida, de competência do tribunal do júri. O júri não examina recurso, porém julga os fatos concernentes a sua competência para apreciar os crimes dolosos contra a vida. De tal modo, a colegialidade do júri, restrita aos sete jurados (leigos) que formam a composição do conselho de sentença, e que não se estende ao juiz-presidente (togado), não se confunde com a colegialidade dos recursos.

1.5. Impedimentos

Alguns fatores podem obstar o recebimento ou a tramitação regular do recurso. São obstáculos à admissibilidade ou ao processamento, traduzindo-se em verdadeiros impedimentos. Esses impedimentos consistem em fatos alheios aos pressupostos de admissibilidade que obstam que o recurso seja processado ou conhecido.

Temos os seguintes impedimentos, na senda de Guilherme Nucci:

(1) a desistência: ocorre quando o acusado, assistido regularmente por seu advogado/defensor, manifesta o desejo de não persistir com seu inconformismo relativamente à decisão, requerendo que a tramitação do recurso seja interrompida.

A desistência não pode ser exercida pelo Ministério Público, a teor do art. 576, CPP, como corolário da impossibilidade de também desistir da ação penal pública ajuizada por ele (art. 42, CPP);

(2) a renúncia: caracterizada pela manifestação da parte no sentido de que não deseja recorrer da decisão, antes mesmo de interpor a impugnação cabível.

Sob enfoque que distinga fato impeditivo de fato extintivo, a renúncia é mais propriamente um fato extintivo do direito de recorrer, só admissível depois de proferida a decisão e antes de ser ofertado o recurso. Não depende de aceitação da parte contrária, consistindo "em ato unilateral pelo qual o legitimado manifesta a sua vontade de não interpor recurso cabível contra a decisão"[45].

Como decorrência da indesistibilidade da ação penal e do recurso, também ao ***Parquet*** é vedada a renúncia ao direito de recorrer, podendo, no entanto, deixar escoar o prazo sem oferecer o recurso, em face de sua independência funcional.

Importante pontuar que, havendo divergência entre o réu e seu defensor quanto ao interesse de interpor o recurso, entendemos que deve prevalecer a vontade de recorrer[46]. Desta maneira, caso manifeste a renúncia sem assistência de advogado, o defensor constituído poderá apresentar o recurso e este deverá ser conhecido (vide súmula nº 705 do STF).

(3) a deserção: no processo penal é termo que designa situações em que **(a)** o acusado que deveria estar recolhido à prisão para recorrer foge (art. 595, CPP, revogado pela Lei nº 12.403/2011), **(b)** o recorrente deixa de pagar as custas devidas (art. 806, § 2º, parte final, CPP) ou **(c)** o recorrente não providencia o traslado de peças dos autos (art. 601, § 1º, CPP, embora não expressamente prevista a deserção neste dispositivo legal)"[47].

Mesmo antes da revogação expressa do art. 595, CPP, pela Lei nº 12.403/2011, o seu texto já estava sem eficácia. A propósito, o STF já havia assentado a inexistência da deserção pela fuga, entendendo que nestas hipóteses o recurso deveria ser processado regularmente, mantendo-se intocado o mandado prisional[48]. De tal sorte, capturado o acusado com prisão preventiva decretada (art. 312, CPP), será ele regularmente recolhido ao cárcere, mas a fuga não impede a tramitação do recurso, e com muito mais razão, o seu recebimento.

1.6. Pressupostos de admissibilidade recursal

Os pressupostos recursais de admissibilidade, também denominados de condições ou requisitos para a prelibação do recurso, isto é, para a aferição da viabilidade para, em uma segunda etapa, se examinar o mérito recursal, podem ser classificados em pressupostos objetivos e subjetivos.

45. SOUZA, Daniel Barbosa Lima Faria Corrêa de; SOUZA, Letícia Barbosa Lima de. *Recurso extraordinário e especial*: reflexos da emenda constitucional nº 45/2004. Porto Alegre: Núria Fabris, 2008. p. 38
46. Tratamos do tema de forma mais detalhada no Capítulo XV – Nulidades.
47. NUCCI, Guilherme de Souza. *Manual de processo penal e de execução penal*. 3. ed. São Paulo: RT, 2007. p. 807.
48. STF – Pleno – HC 90279/DF – Rel. Min. Marco Aurélio – DJ 21/2/2008 (noticiado no Informativo-STF nº 494, de 1º a 15 de fevereiro de 2008).

Antes de enfrentá-los, é preciso consignar que o juízo recursal é dividido em juízo de admissibilidade e juízo de mérito:

(1) o juízo de admissibilidade (ou de prelibação) consiste na aferição, pelo juízo competente, das condições de admissibilidade da espécie de impugnação recursal apresentada pela parte (recorrente) contra a decisão a ela desfavorável (sucumbência). Quando ausente requisito de admissibilidade, órgão judicante não conhece do mérito do recurso, pelo que se estabiliza a decisão recorrida (preclusão ou trânsito em julgado da decisão recorrida, conforme o caso); e

(2) o juízo de mérito (ou de delibação) é o fundamento que se alega para fins de reforma ou anulação da decisão e que quase sempre (embora nem sempre) coincide com o mérito da ação penal[49]. O mérito do recurso só é conhecido se positivo o juízo de admissibilidade recursal, quando se diz que o órgão ***ad quem*** dá provimento ou nega provimento ao recurso. Nesse caso, a decisão recorrida não transita em julgado, pois a decisão proferida em grau de recurso tem o efeito de substituí-la, passando em julgado no lugar daquela.

Saber se o tribunal conheceu ou não conheceu do recurso é providência indispensável para se definir o juízo competente para a propositura de revisão criminal. Desse modo, deve o tribunal ser preciso na terminologia adotada, evitando a menção à "manutenção da decisão recorrida", por ser dotada de ambiguidade.

Para se recorrer de uma decisão ou de uma sentença é necessário que se tenha interesse e legitimidade (pressupostos subjetivos). Mas, antes, é mister que estejam presentes os pressupostos recursais objetivos, inerentes a todos os recursos: **(1)** a previsão legal; **(2)** a forma prescrita em lei; **(3)** a tempestividade;[50] e **(4)** a adequação[51].

Além desses pressupostos, existe um pressuposto fundamental de todo e qualquer recurso: a sucumbência que, nas palavras de Tourinho Filho, "traduz a existência de um prejuízo que a parte entenda ter-lhe produzido a decisão contra a qual recorre"[52].

A sucumbência é estudada a partir de várias formas classificatórias, podendo ser:

(a) única ou múltipla. Vale dizer, "se o gravame atinge apenas uma das partes, fala-se em sucumbência única". Já se afeta interesses diversos, a sucumbência é múltipla;

(b) paralela ou recíproca. Quando a lesão provocada pela decisão afeta interesses idênticos, a sucumbência é paralela. Será recíproca quando atinge interesses antagônicos/opostos;

(c) direta ou reflexa. Quando fere o direito de uma das partes da relação processual, a sucumbência é dita direta. Será reflexa na hipótese de repercutir em pessoas situadas fora da relação jurídica processual;

(d) total ou parcial. Se o pedido é rejeitado integralmente, a sucumbência é total. Diferentemente, será parcial se só parte do pleito não for acolhido[53].

49. WAMBIER, Luiz Rodrigues; ALMEIDA, Flávio Renato Correia de; TALAMINI, Eduardo. *Curso Avançado de processo civil*: volume 1: teoria do processo e processo de conhecimento. São Paulo: RT, 2005. p. 579-581.
50. MIRABETE, Julio Fabbrini. *Processo penal*. 14. ed. São Paulo: Atlas, 2003. p. 606.
51. NUCCI, Guilherme de Souza. *Manual de processo penal e de execução penal*. 3. ed. São Paulo: RT, 2007. p. 806.
52. TOURINHO FILHO, Fernando da Costa. *Manual de processo penal*. 5. ed. São Paulo: Saraiva, 2003. p. 706.
53. TOURINHO FILHO, Fernando da Costa. *Manual de processo penal*. 5. ed. São Paulo: Saraiva, 2003. p. 706.

Destacado o pressuposto fundamental, vejamos agora o sentido e o alcance dos pressupostos recursais, estudando primeiramente os objetivos para, em seguida, examinarmos os subjetivos.

1.6.1. Pressupostos objetivos de admissibilidade recursal

Os pressupostos processuais objetivos são enumerados de forma mais ou menos extensa pelos diversos autores que abordam o tema. Para melhor detalhamento da matéria que forma o juízo de prelibação ou de admissibilidade recursal, estudaremos os aspectos objetivos a seguir, que precedem o exame do mérito dos recursos em processo penal.

(1) Previsão legal. O cabimento é pressuposto atrelado à característica dos recursos conhecida por taxatividade. É necessária a autorização pelas leis de processo para se ter como cabível algum recurso. As possibilidades de interposição de recursos são informadas pelo princípio da unirrecorribilidade das decisões judiciais. Daí que "a parte necessita respeitar o recurso exato indicado na lei para cada tipo de decisão impugnada, não lhe sendo cabível eleger o recurso que bem entenda"[54].

Em outras palavras, os recursos são aqueles expressamente gizados na lei processual penal, não havendo possibilidade de criação de impugnação recursal pela parte ou pelo juiz. Isso não impede que a parte se valha do manejo de sucedâneos recursais, a exemplo das ações autônomas de impugnação de mandado de segurança e de *habeas corpus*, quando da decisão não couber recurso algum.

Tourinho Filho explica que "o 'remédio deve estar previsto em lei e, além disso, o recurso interposto deve ser o adequado". Se a parte sucumbente desejar interpor recurso contra a decisão, "cumpre lhe, pelo princípio da correspondência, atentar para o recurso próprio, adequado". Por exemplo, contra o não recebimento da peça acusatória é cabível o recurso em sentido estrito (art. 581, I, CPP) e não outro. No entanto, "dês que não haja má-fé, o Juiz pode receber um recurso por outro, nos termos do art. 579 do CPP"[55].

É de ver que existem atos judiciais irrecorríveis no processo penal. Tal como aponta Denílson Feitoza, as decisões não elencadas pelo art. 581 do CPP ou sem força de definitivas e os meros despachos de expediente. Daí que se a interlocutória for irrecorrível, mas for oportunamente impugnada (art. 572 do CPP), "ela poderá, eventualmente, ser reexaminada por ocasião do recurso cabível da decisão seguinte, por exemplo, na apelação cabível da sentença condenatória"[56]. De todo modo, existente constrangimento ilegal que ameace de lesão o direito de liberdade do réu, será admitido *habeas corpus* como sucedâneo recursal, que poderá ter o objetivo, inclusive, de determinar o trancamento da ação penal.

(2) Observância das formalidades legais. É o segundo pressuposto processual, que deve ser compreendido através da regularidade formal da interposição (sem rigorismos formais excessivos, em compasso com a ideia de instrumentalidade das formas) e pela correta formulação do pedido recursal. Decerto, para que seja recebido e conhecido pela instância ***ad quem***, a forma do recurso deve ser aquela prescrita em lei. A impugnação,

---

54. NUCCI, Guilherme de Souza. *Manual de processo penal e de execução penal*. 3. ed. São Paulo: RT, 2007. p. 806.
55. TOURINHO FILHO, Fernando da Costa. *Manual de processo penal*. 5. ed. São Paulo: Saraiva, 2003. p. 706-707.
56. FEITOZA, Denilson. *Direito processual penal*: teoria, crítica e práxis. Impetus: Niterói, 2009. p. 1047-1035.

por exemplo, que não obedece a forma de interposição exigida legalmente está sujeita a não ser recebida, a ter seu seguimento negado ou não ser conhecida.

Alguns recursos devem ser interpostos exclusivamente por petição, seguida de razões. Outros podem ser apresentados não só por petição, como também por termo nos autos (art. 578, CPP): a interposição mediante termo nos autos é admitida no recurso em sentido estrito (art. 587, CPP) e na apelação (art. 600, CPP)[57], que pode ser assinado pelo acusado ou subscrito por duas testemunhas a rogo.

Na prática forense, a forma aceita para a interposição válida do recurso é a seguinte: (1) para os recursos interpostos perante o juízo singular (em processo de conhecimento ou de execução), a regra é que sejam por petição ou por termo nos autos; (2) para os recursos interpostos perante os órgãos colegiados, os recursos devem ser interpostos sempre por petição, que deve estar sempre acompanhada de razões recursais.

O entendimento que prevalece para os recursos manejados em primeiro grau de jurisdição é o de que a interposição ocorra sem apego a formalidades rígidas, ou seja, sem forma sacramental fechada. Daí se tem admitido como válida a interposição de recurso por cota nos autos quando inequívoca a intenção de recorrer do julgado[58]. Entendemos também viável a interposição por meios eletrônicos (Lei nº 11.419/2006) ou pelas formas tradicionais (fax, telegrama etc.).

Sobre a terminologia a ser usada quando se vê a falta de pressuposto ou de requisito para que o recurso seja apreciado em seu mérito, impende dizer que eles são usados a depender da qualidade do órgão jurisdicional que impeça, liminarmente, o processamento da impugnação:

(a) quando é o juiz de primeiro grau que verifica a ausência de pressuposto recursal, diz-se que ele "não recebe" o recurso;

(b) quando se trata de membro de tribunal que decide, monocraticamente, sem apreciar o mérito do recurso, fala-se que ele "nega seguimento" ao recurso interposto;

(c) já quando a decisão é proferida pelo órgão colegiado (tribunal, turma, câmara etc.), o termo técnico a ser usado é o de que o órgão, por unanimidade ou por maioria, decidiu por "não conhecer" do recurso.

(3) Tempestividade. É verificada com base na disposição que estabelece o prazo para a apresentação do recurso a partir da intimação da parte. A regra é que o recurso intempestivo tenha seu seguimento obstado pelo órgão recebedor da petição recursal (juízo negativo de admissibilidade proferido no âmbito do juiz singular). Porém, quando a impugnação tiver o fito de destrancar outro recurso não admitido na origem, o órgão recebedor da petição não poderá negar-lhe seguimento (é o que ocorre, por exemplo, com a interposição de carta testemunhável ou com a de recurso em sentido estrito que, pelos seus objetivos, não podem ter seguimento negado com arrimo na intempestividade, eis que extrapola a competência do juiz de primeiro grau, ***a quo***, aferir juízo de admissibilidade desses recursos, cabendo, exclusivamente, ao órgão ***ad quem***).

Entendemos a tempestividade como pressuposto objetivo de admissibilidade recursal, na esteira da maioria da doutrina. Diversamente, Grinover, Scarance e Gomes Filho

57. TOURINHO FILHO, Fernando da Costa. *Manual de processo penal*. 5. ed. São Paulo: Saraiva, 2003. p. 708.
58. STJ – Quinta Turma – HC 200701717709 – Rel Min. felix Fischer – 10/03/2008.

sustentam que a tempestividade é instituto ligado à preclusão, devendo ser entendido como requisito inerente à regularidade da interposição. De todo modo, a tempestividade é informada pelos princípios da inteireza dos prazos (que preconiza a necessidade de se conhecer de seu termo ***a quo*** efetivamente) e da interpretação em benefício do recorrente (visando preservar o duplo grau ou a pluralidade de graus de jurisdição, bem como o controle das decisões), razão pela qual, na dúvida quanto à expiração do prazo recursal, deve se entender favoravelmente à admissibilidade do recurso, notadamente quando apresentado pela defesa do acusado[59].

O prazo recursal é contado a partir da data em que se considera intimada a parte interessada da decisão, sentença ou acórdão publicado (***dies a quo***). Isso significa dizer que o recurso, em regra, é interposto após a publicação do ***decisum*** a ser vergastado.

Até então, fundando-se em questão lógica, diante da necessidade de se conhecer as razões do acórdão para fundamentar o recurso, não se admitia a apresentação de recursos antes da publicação e conferência do respectivo acórdão. Era o acórdão que servia de base para sustentar a impugnação recursal. Nesse sentido, o entendimento sumulado do STJ, no verbete nº 418, que dispõe que "é inadmissível o recurso especial interposto antes da publicação do acórdão dos embargos de declaração, sem posterior ratificação".

No entanto, a evolução jurisprudencial, considerando o conhecimento prévio dos argumentos que possivelmente serão consignados no acórdão e o acesso ao julgamento, inclusive pela publicidade digital (sistemas de consulta processual), inverteu tal cenário.

Deveras, o Pleno do Supremo Tribunal Federal, quando do julgamento de embargos de declaração (convertidos em agravo regimental) no agravo de instrumento nº 703269, mudou a direção dos recursos que eram considerados intempestivos por conta da interposição anterior à publicação do acórdão. Alterou, dessa forma, a jurisprudência da Corte para afastar o conceito de intempestividade para os recursos apresentados antes da publicação do acórdão, data esta que era, até então, considerada marco temporal do início do prazo para a interposição de embargos declaratórios ou de agravos. Considerou-se, na linha sustentada pelo Relator, Ministro Luiz Fux, que não pode ser considerado intempestivo um recurso apresentado dentro do prazo, ainda que antes da publicação do acórdão[60].

A interposição do recurso no curso do prazo, porém antes de sua expiração (a exemplo da parte recorrer no segundo dia de um prazo de cinco dias), implica, de regra, preclusão consumativa, isto é, a parte que já exerceu o ato não pode tornar a praticá-lo com o fito de, por exemplo, completar as razões já oferecidas (ressalvados os princípios da complementariedade e suplementariedade recursal).

Outrossim, decorrido o prazo para recurso contra sentença (***dies ad quem***), sem que tenha sido exercido pela parte, ocorre o trânsito em julgado (preclusão máxima) para quem não recorreu, em virtude da incidência de preclusão temporal.

59. GRINOVER, Ada Pellegrini; GOMES FILHO, Antônio Magalhães; FERNANDES, Antônio Scarance. *Recursos no processo penal*. 6. ed. São Paulo: RT, 2011. p. 81-82.

60. Na senda do art. 218, § 4º, do CPC/2015, a Primeira Turma, do STF, avivou que "não é extemporâneo recurso interposto antes da publicação do acórdão", eis que "a publicação do acórdão impugnado é elemento neutro, podendo a parte, ciente da decisão proferida, protocolar o recurso" (STF – Primeira Turma – HC 113.826 – Rel. Min. Marco Aurélio – j. 10/4/2018).

Os prazos recursais são contínuos e peremptórios, correndo de maneira fatal, sem possibilidade de suspensão ou interrupção, não se interrompendo em férias, domingos ou feriados, ressalvada situação prevista no § 4º, do art. 798, do Código, cabe dizer, por motivo de impedimento do juiz, força maior ou obstáculo oposto pela parte contrária. Prevalece o entendimento, notadamente em face da supressão das férias forenses para os órgãos de 1ª e 2ª instância do Poder Judiciário pela Emenda Constitucional nº 45/2004, que as férias forenses não suspendem, nem interrompem o prazo recursal.

No que tange ao início do prazo para o recurso, temos como termos ***a quo*** os seguintes: (**a**) a data da intimação; (**b**) a data da audiência em que proferida decisão e presente a parte; e (**c**) o dia da ciência inequívoca manifestada nos autos[61]. No que tange à intimação pessoal do Ministério Público, o STF firmou entendimento que o termo inicial é o da entrada dos autos da repartição (quando se considera intimado o membro do ***Parquet***) e não a data da ciência aposta nos autos[62].

A contagem, por sua vez, é realizada com a exclusão do dia do início (***dies a quo***) e inclusão do dia final (***dies ad quem***), por se tratar de prazo de natureza processual. Tratando-se, pois, de intimação por mandado ou por carta precatória, os prazos contam-se da intimação, computando-o a partir do dia útil seguinte a esta e incluindo o termo final, não tendo relevância, em matéria penal, a data da juntada aos autos (Súmula nº 710, STF).

EXEMPLO DE CONTAGEM DE PRAZO PROCESSUAL PENAL APLICAÇÃO DA SÚMULA Nº 710/STF					
INTERPOSIÇÃO DE RECURSO DE APELAÇÃO – PRAZO DE 5 DIAS					
05	**06**	**07**	**08**	**09**	**10**
Quarta-feira dies a quo	**Quinta- -feira**	**Sexta-feira**	**S**	**D**	**Segunda-feira dies *ad quem***
Intimação pessoal da sentença condenatória através de oficial de justiça Exclui-se o dia início	Início do cômputo	Juntada do mandado de intimação aos autos. Dia irrelevante para a contagem do prazo.	–	–	Fim do prazo Inclui-se o dia do vencimento

Quando a intimação se der pela imprensa, o critério para aferir a intimação é a da efetiva circulação do diário oficial em dia de expediente forense para ser tido como data ***a quo*** do prazo recursal, com arrimo no princípio da inteireza do prazo recursal.

O termo inicial, a partir da intimação, deve ser contado a partir do primeiro dia útil seguinte. Assim, caso seja realizada a intimação na sexta-feira, a contagem se inicia

61. Nesse sentido: "A intimação ficta, ocorrida via publicidade do ato formalizado, e a pessoal, realizada mediante mandado, podem ser suplantadas ante a inequívoca ciência, pelo interessado, da decisão proferida, como acontece quando, independentemente dos fenômenos referidos, interpõe, já existente o pronunciamento judicial no processo, o recurso cabível" (STF – Primeira Turma – AI 514112 AgR – Rel. Min. Carlos Britto, Rel. p/ Acórdão: Min. Marco Aurélio – DJ 20/10/2006.

62. São os termos do seguinte aresto: "Na linha do julgamento do HC 83.255 (rel. min. Marco Aurélio), a intimação pessoal do Ministério Público se dá com a carga dos autos na secretaria do Parquet. 2. Se houver divergência entre a data de entrada dos autos no Ministério Público e a do 'ciente' aposto nos autos, prevalece, para fins de recurso, aquela primeira" (STF – Primeira Turma – HC 83821 – Rel. Min. Joaquim Barbosa – DJ 06/08/2004). No mesmo sentido: STF – Primeira Turma – HC 84166 – Rel. Min. Cezar Peluso – DJ 05/08/2005.

na segunda-feira (se dia útil), a teor da Súmula nº 310, do STF. Como se cuida de prazo processual, a regra é que se prorrogue para o primeiro dia útil seguinte ao seu termo final, quando cair em dia que não haja expediente forense[63].

EXEMPLO DE CONTAGEM DE PRAZO PROCESSUAL PENAL APLICAÇÃO DA SÚMULA Nº 310/STF				
INTERPOSIÇÃO DE RECURSO DE EMBARGOS DE DECLARAÇÃO – PRAZO DE 2 DIAS.				
05	**06**	**07**	**08**	**09**
Sexta-feira dies *a quo*	**Sábado**	**D**	**Segunda-feira**	**Terça-feira *dies ad quem***
Publicação oficial da sentença omissa, obscura, ambígua ou contraditória; Exclui-se o dia início.	Não se inicia o cômputo – não é dia útil.	–	Início do cômputo.	Fim do prazo; Inclui-se o dia do vencimento.

A Lei nº 9.800/1999 faculta às partes a utilização de sistema de transmissão de dados para a interposição do recurso cabível. Nessas situações, o recorrente poderá apresentar sua pretensão recursal por fac-símile ou similar e, no prazo de 5 (cinco) dias, entregar em juízo os originais. A jurisprudência sedimentou o entendimento de que o prazo para a juntada dos originais se inicia no dia imediatamente subsequente ao fim do prazo recursal, independentemente de ser dia útil ou não. O encerramento do prazo, por sua vez, admite prorrogação caso se encerre em dia sem expediente forense[64].

No âmbito do STJ, a sua súmula nº 216 preconiza que a tempestividade de recurso interposto naquele tribunal "é aferida pelo registro no protocolo da secretaria e não pela data da entrega na agência do correio". Vale dizer, o Superior Tribunal de Justiça somente reconhecia a aptidão do registro de recebimento pelo seu setor de protocolo aposto nas petições recursais para fins de aferição de tempestividade, não aceitando como possível, para tal objetivo, a apresentação de documento emitido pelos Correios, nem o registro de recebimento da petição no Tribunal de origem[65].

O protocolo de recurso mediante registro postal continua sendo inadmitido pelo STJ[66].

Diferentemente, quanto ao protocolo descentralizado (unificado) para o fim de interposição de recurso, a tendência é de ser admitido amplamente, notadamente diante: **(a)** da implementação do processo judicial eletrônico, que permitirá a transmissão de dados e de petições através de conexão de ***internet***; **(b)** da norma contida no parágrafo único, do art. 929, do CPC/2015, (com aplicação analógica ao processo penal), que dispõe que, a critério

63. Esta é a regra insculpida na Lei nº 1.408/51: "Art. 3º Os prazos judiciais que se iniciarem ou vencerem aos sábados serão prorrogados por um dia útil. (Redação dada pela Lei nº 4.674, de 1965)".
64. STJ – Corte Especial – AgRg nos EAg 528.063 – Rel. Min. Eliana Calmon – DJe 22/02/2010.
65. STJ – Quarta Turma – AgRg nos EDcl no Ag 1311864/GO – Rel. Min. Aldir Passarinho Junior – DJ 16/12/2010.
66. "PROCESSUAL CIVIL. RECUSO DIRIGIDO AO STJ. PROTOCOLO POSTAL. DESCABIMENTO. 1. Esta Corte tem decidido que o convênio firmado entre os Tribunais de origem e a Empresa Brasileira de Correios e Telégrafos não se aplica às petições endereçadas ao STJ. Súmula 216/STJ. 2. Agravo regimental desprovido". (STJ – Terceira Turma – AGA 201000089157 – Rel. Min. Paulo de Tarso Sanseverino – DJ de 01/10/2010).

do tribunal, os serviços de protocolo poderão ser descentralizados, mediante delegação a ofícios de justiça de primeiro grau"; e (c) de se verificar, na jurisprudência mais recente do STJ[67] e do STF[68], a aceitação do protocolo unificado (descentralizado ou integrado)

Por fim, se o acusado estiver representado unicamente por advogada adotante ou que se tornar mãe, o prazo recursal deverá ser suspenso, tanto para interpor o recurso, quanto para apresentar razões e contrarrazões. A Lei 13.363/2016 introduziu o art. 7º-A no Estatuto da OAB, sem restrições, sendo aplicável ao processo penal. Tal enunciado afirmou, em seu inciso IV, o direito da advogada adotante ou que der à luz, suspensão de prazos processuais quando for a única patrona da causa, desde que haja notificação por escrito ao cliente. No inciso III, do referido artigo, está consignado o direito da advogada gestante, lactante, adotante ou que der à luz, preferência na ordem das sustentações orais e das audiências a serem realizadas a cada dia, mediante comprovação de sua condição.

(4) Adequação[69]. É aferida pelo acerto da via recursal escolhida e repercute no requisito subjetivo denominado interesse recursal. Dentre os recursos previstos na lei processual penal, a parte deve manejar o recurso apropriado.

Todavia, a adequação não é um pressuposto/condição inafastável, haja vista que o art. 579 do CPP sufraga o princípio da fungibilidade recursal: o recurso interposto equivocadamente pode ser recebido e processado se não houve erro grosseiro (que é aferido quando não existe dúvida razoável em sua escolha), bem como se tiver sido atendido o prazo do recurso correto[70].

Ao lado dos já referidos aqui, Eugênio Pacelli de Oliveira acresce como requisitos objetivos, mais dois:

(5) Inexistência de fatos impeditivos. Aludindo, como fatos obstativos, à renúncia manifestada antes da interposição do recurso e à desistência (que tem que ser expressa) manifestada após sua apresentação; e

(6) Motivação. A fundamentação do recurso é a regra. É, entrementes, excepcionada pelos artigos 577 (o réu pode interpor recurso sem estar representado por defensor), 578 (possibilidade de interposição por petição ou termo nos autos apresentada pelo próprio réu) e 601 (prevê a subida de apelação sem as razões)[71]. Comentamos este pressuposto objetivo, quando estudamos o princípio da dialeticidade dos recursos no item 1.4, para onde remetemos o leitor.

1.6.2. Pressupostos subjetivos de admissibilidade recursal

Além dos pressupostos objetivos estudados acima, o exame do mérito recursal fica condicionado à presença de pressupostos de ordem subjetiva, especialmente o interesse recursal e a legitimidade para a interposição da impugnação.

67. STJ – Corte Especial – EAG 200901028808 – Rel. Min. Luiz Fux, DJ de 19/08/2010.
68. STF – 2ª Turma – AI-AgR-ED 709942 – Rel. Min. Eros Grau – j. 25/11/2008.
69. NUCCI, Guilherme de Souza. *Manual de processo penal e de execução penal*. 3. ed. São Paulo: RT, 2007. p. 806.
70. AVENA, Norberto. *Processo penal esquematizado*. Rio de Janeiro: Forense; São Paulo: Método, 2009. p. 973.
71. OLIVEIRA, Eugênio Pacelli de. *Curso de processo penal*. 2. ed. Belo Horizonte: Del Rey, 2003. p. 793-795.

(1) Interesse recursal. É inferido pela necessidade que a parte tem na modificação da decisão que lhe foi desfavorável, ainda que parcialmente.

O interesse é medido pela vantagem prática que a parte pode ter com o eventual provimento do recurso (interesse-utilidade, representado pela possibilidade de obtenção de situação mais vantajosa), bem como pela indispensabilidade de intervenção estatal (estado-juiz) para modificar o julgado recorrido (interesse-necessidade).

Como exemplo de falta de interesse-utilidade, é o recurso movido contra a motivação da sentença, haja vista que não se admite requerer tutela jurisdicional para obtenção de declaração doutrinária, devendo a impugnação ser dirigida à parte dispositiva da decisão. Como exceção a essa regra, é aceito o recurso contra motivação de sentença que absolve por insuficiência de provas, porquanto não obsta que a parte interessada intente ação civil indenizatória contra o acusado[72].

Nesse sentido, Tourinho observa que, a depender da situação, o acusado pode ter interesse em recorrer de sentença que o absolveu, malgrado aqui não se apresente com nitidez o pressuposto fundamental da sucumbência. O recurso do réu contra sentença absolutória terá lugar quando ele desejar a modificação do fundamento, considerando que às vezes "uma sentença absolutória não impossibilita o ofendido de mover em relação ao réu ação civil para satisfação do dano"[73].

Daí o interesse recursal do acusado relativamente à sentença que o absolveu por insuficiência de provas, quando deseja que o fundamento se modifique para negativa de autoria ou inexistência do fato, eis que assim fica imunizado contra futura ação civil ***ex delicto***.

Também, nos termos do enunciado nº 283, do STF, pode-se inferir que não há utilidade que caracterize o interesse recursal nos casos em que a decisão impugnada se arrima em fundamento diverso do objeto do recurso.

Exemplo de falta de interesse-necessidade é o recurso interposto contra sentença sem parte dispositiva (exemplo clássico de sentença inexistente), haja vista que para casos de inexistência jurídica é suficiente simples petição[74].

O interesse recursal (equivalente ao interesse de agir, processual) pode ainda ser constatado pelo trinômio necessidade-utilidade-adequação. A adequação recursal, todavia, é pressuposto objetivo que, por sua vez, pode resvalar na falta de interesse recursal (pressuposto subjetivo).

Para que haja interesse recursal, deve existir o pressuposto fundamental (sucumbência). Se, ao contrário, a parte lograr ser "vencedora em todos os pontos sustentados, não havendo tipo de sucumbência, inexiste motivo para provocar outra instância a reavaliar a matéria"[75].

Essa regra deve ser vista com reservas no processo penal, especialmente quando se analisa a postura do Ministério Público na ação penal, que pode recorrer sem ser sucumbente,

72. GRINOVER, Ada Pellegrini; GOMES FILHO, Antônio Magalhães; FERNANDES, Antônio Scarance. *Recursos no processo penal*. 6. ed. São Paulo: RT, 2011. p. 71-72.

73. TOURINHO FILHO, Fernando da Costa. *Manual de processo penal*. 5. ed. São Paulo: Saraiva, 2003. p. 709.

74. GRINOVER, Ada Pellegrini; GOMES FILHO, Antônio Magalhães; FERNANDES, Antônio Scarance. *Recursos no processo penal*. 6. ed. São Paulo: RT, 2011. p. 70.

75. NUCCI, Guilherme de Souza. *Manual de processo penal e de execução penal*. 3. ed. São Paulo: RT, 2007. p. 806.

em favor do acusado. Com efeito, ele pode atuar não só como parte, mas também como fiscal da lei (ordem jurídica, art. 127, CF/1988). Daí que se entende que o ***Parquet*** tem interesse recursal amplo, constatando-se a vantagem que o autoriza recorrer pela sua atribuição de velar pela correta aplicação da lei (***custos legis***), sendo seu interesse a constituição de título válido, pelo que pode recorrer em favor do réu de maneira a evitar nulidade futura de sentença condenatória.

No entanto, caso o Ministério Público apresente recurso em favor do acusado e este também tenha recorrido contra a mesma porção da decisão (identidade de objeto recursal), deve o recurso ministerial ser julgado prejudicado[76].

(2) Legitimidade para recorrer. É pressuposto recursal que decorre da legitimidade ***ad causam*** ou ***ad processum*** (sobre essa distinção, remetemos o leitor aos Capítulos I, sobre linhas introdutórias, e XV, sobre nulidades).

A legitimidade recursal é a pertinência subjetiva que exige a sucumbência (pois "somente a parte que sofreu gravame é que poderá recorrer"[77]) e a qualidade de parte da relação processual ou autorizativo legal para sujeito que não integre essa relação jurídica recorrer (como acontece com as previsões de interposição de recursos pelo assistente do Ministério Público).

Em outras palavras, "o recurso precisa ser oferecido por quem é parte na relação processual, estando capacitado a fazê-lo, ou quando a lei expressamente autorize a interposição por terceiros"[78]. No processo penal, também têm capacidade de ser parte: as pessoas jurídicas (a exemplo de entidades de defesa do consumidor, que podem propor ação penal subsidiária da pública em defesa dos direitos do consumidor, a teor do art. 80, CDC); entidades e órgãos da administração pública direta e indireta, ainda que sem personalidade jurídica (art. 82, III, CDC); massa falida, herança vacante ou jacente e espólio (pessoas formais); a família, como assistente do MP (art. 268, CPP)[79].

Os legitimados recursais podem ser gerais ou especiais[80]:

(I) gerais: **(a)** o acusado pessoalmente (em postulação leiga); **(b)** o defensor/advogado do acusado (em seu próprio nome, ainda que conflite sua vontade de recorrer com a do réu de não interpor recurso) ou representando o acusado em sua defesa); e **(c)** o Ministério Público ou o querelante (acusação), a depender da natureza da ação penal;

(II) especiais: o assistente da acusação (legitimado em caso de inércia do ***Parquet*** – legitimidade subsidiária ou supletiva, subsistente com o advento da CF/1988, na senda do STJ e do STF[81] – e de forma restrita aos casos previstos no CPP) ou o assistente da defesa (sobre esta figura, remetemos o leitor ao Capítulo 8, que cuida dos sujeitos processuais).

76. GRINOVER, Ada Pellegrini; GOMES FILHO, Antônio Magalhães; FERNANDES, Antônio Scarance. *Recursos no processo penal*. 6. ed. São Paulo: RT, 2011. p. 73.
77. TOURINHO FILHO, Fernando da Costa. *Manual de processo penal*. 5. ed. São Paulo: Saraiva, 2003. p. 708.
78. NUCCI, Guilherme de Souza. *Manual de processo penal e de execução penal*. 3. ed. São Paulo: RT, 2007. p. 806.
79. GRINOVER, Ada Pellegrini; GOMES FILHO, Antônio Magalhães; FERNANDES, Antônio Scarance. *Recursos no processo penal*. 6. ed. São Paulo: RT, 2011. p. 76-77.
80. AVENA, Norberto. *Processo penal esquematizado*. Rio de Janeiro: Forense; São Paulo: Método, 2009. p. 990.
81. STF – Pleno – HC 102085 – Rel. Min. Cármen Lúcia – DJ 10/06/2010 – Informativo 590.

Naturalmente, a existência de uma decisão é pressuposto lógico do recurso (Mirabete). O direito ao recurso "está subordinado à existência de um interesse direto na reforma ou modificação do despacho ou sentença. Tem interesse apenas aquele que teve seu direito lesado pela decisão" (sucumbência)[82].

Todavia, a regra da sucumbência não tem aplicação integral ao Ministério Público, porquanto se entende que ele pode recorrer em favor do acusado com base no perfil constitucional conferido à instituição pelo art. 127 da CF (garantidor dos ditames da ordem jurídica e dos direitos individuais indisponíveis). Assim, mesmo diante de sentença que tenha julgado procedente ação penal por ele proposta, pode o Ministério Público recorrer, sem que tenha sucumbido.

A propósito, Pacelli considera o Ministério Público "órgão absolutamente imparcial, a quem incumbe a tutela da ordem jurídica e a fiscalização da observância das leis penais. E, por isso, em relação a ele, não há qualquer restrição quanto ao manejo de recurso em favor do acusado, seja para diminuição de pena, seja para a absolvição, seja, enfim, para a melhoria da situação do acusado"[83].

Decerto, a sucumbência, da qual nasce o interesse recursal, é mitigada quando o recorrente é o ***Parquet***, pois esse pode recorrer em favor do acusado. Nesse sentido, Mirabete aduz que quando é evidente a "desconformidade entre o que foi pedido na denúncia e o que ficou decidido na sentença", o Ministério Público tem legítimo interesse em recorrer, embora se cuide de decisão penal condenatória[84].

Quanto ao ofendido, tem ele legitimidade para recorrer: **(1)** como assistente habilitado, hipótese em que já é considerado parte; **(2)** como terceiro (assistente não habilitado), quando intervém só no momento de recorrer (art. 598, CPP), ou seja, trata-se do assistente que não interveio no processo e interpõe recurso supletivo (possibilidade que se abre quando não existir recurso, inclusive contra capítulo da sentença)[85].

Os poderes do assistente vêm se ampliando legislativamente ao longo do tempo. Nesse diapasão, o art. 311, do CPP, confere ao assistente do Ministério Público o poder de requerer a prisão preventiva do acusado. Desse modo, poderá o ofendido tanto interpor, quanto arrazoar os recursos interpostos pelo Ministério Público nos casos de absolvição, impronúncia, extinção da punibilidade, revogação de prisão preventiva, bem como contra sentença condenatória quando visar majorar a pena do réu (atuação cooperativa ou ***coadjuvandum***). Não tem legitimidade o assistente para recorrer de decisões proferidas no processo de execução penal (tal como para a revogação de benefícios penais)[86], nem contra decisões em ação de habeas corpus, porquanto se trata de ação autônoma de impugnação desprovida de contraditório e de efeito condenatório, sendo descabida intervenção de terceiros (Súmula nº 208, STF).

82. MIRABETE, Julio Fabbrini. *Processo penal*. 14. ed. São Paulo: Atlas, 2003. p. 610-611.

83. OLIVEIRA, Eugênio Pacelli de. *Curso de processo penal*. 2. ed. Belo Horizonte: Del Rey, 2003. p. 798.

84. MIRABETE, Julio Fabbrini. *Processo penal*. 14. ed. São Paulo: Atlas, 2003. p. 610-611.

85. GRINOVER, Ada Pellegrini; GOMES FILHO, Antônio Magalhães; FERNANDES, Antônio Scarance. *Recursos no processo penal*. 6. ed. São Paulo: RT, 2011. p. 74.

86. GRINOVER, Ada Pellegrini; GOMES FILHO, Antônio Magalhães; FERNANDES, Antônio Scarance. *Recursos no processo penal*. 6. ed. São Paulo: RT, 2011. p. 74.

1.6.3. Juízo de admissibilidade e competência recursal

A competência para julgar o recurso não se trata de condição de admissibilidade recursal[87], podendo, ***lato sensu***, ser entendida como requisito de validade da decisão.

Por sua vez, o juízo de admissibilidade consiste na aferição dos requisitos prévios indispensáveis ao exame do conteúdo do recurso e é exercido, consoante a impugnação adequada ao caso, tanto pelo órgão ***a quo*** (o juiz prolator da decisão, por exemplo), como pelo órgão jurisdicional ***ad quem*** (o tribunal com competência para julgar o recurso).

Vale dizer, a admissibilidade ou a inadmissibilidade do recurso pelo juiz recorrido não vincula o tribunal. Deveras, "o juízo de admissibilidade do recurso, no qual se examina o preenchimento ou satisfação dos requisitos legais de seu conhecimento, é feito no e pelo próprio órgão recorrido, e, também, na e pela instância recursal"[88].

O juízo de admissibilidade é logicamente anterior ao exame do mérito do recurso. Os órgãos colegiados atuam de maneira bem peculiar quando da apreciação do recurso criminal: **(1)** primeiramente são tomados os votos no que toca aos requisitos/condições/pressupostos de admissibilidade (preliminares recursais); **(2)** em seguida são votadas as questões alusivas ao mérito do recurso.

Contudo, não é incomum ver casos onde o mérito do recurso é confundido com preliminar recursal. Havendo preliminar referente à admissibilidade do recurso, são imprescindíveis, pelo menos, duas votações pelos membros do órgão colegiado.

A primeira tomada de votos é referente ao conhecimento do recurso, quando é aferida a presença dos pressupostos, dos requisitos ou das condições de admissibilidade do recurso. O tribunal, câmara ou turma decidirá então se conhece ou não conhece do recurso.

A segunda etapa só é iniciada se conhecido o recurso (ainda que por maioria de votos), quando o tribunal passa a examinar o seu conteúdo. A conclusão, quanto ao mérito recursal, é pelo provimento (integral ou parcial) ou improvimento do recurso, para anular (por vício de procedimento no curso da ação penal, isto é, por ***error in procedendo***) ou para reformar a decisão recorrida (por erro de julgamento, ou seja, ***error in judicando***).

As noções de provimento/improvimento, reforma e anulação não se confundem (Pacelli):

(1) o provimento significa o reconhecimento da procedência da impugnação, com a reforma ou a invalidação do julgado recorrido;

(2) a reforma implica substituição integral da anterior decisão pela nova. No entanto, a ratificação de parte do julgado recorrido não significa substituição parcial. Vale dizer, a decisão do tribunal configura nova resolução da matéria, em substituição a outra vergastada pelo recurso; e

(3) a invalidação equivale à desconstituição dos efeitos da decisão anterior, restabelecendo-se a competência do juiz de primeiro grau para novo julgamento.

87. NUCCI, Guilherme de Souza. *Manual de processo penal e de execução penal*. 3. ed. São Paulo: RT, 2007. p. 806.
88. OLIVEIRA, Eugênio Pacelli de. *Curso de processo penal*. 2. ed. Belo Horizonte: Del Rey, 2003. p. 789.

No que tange à distinção entre preliminar e mérito do recurso, um exemplo se faz necessário.

O cabimento/previsão legal do recurso para uma dada situação processual (que, em regra, é condição de admissibilidade do recurso) pode se apresentar como mérito recursal, tal como pode ocorrer no caso de interposição de recurso em sentido estrito contra decisão do juiz de primeiro grau que não recebeu apelação sob o fundamento de ter sido o apelo cabível contra uma decisão/sentença anterior.

Nesse caso (recurso em sentido estrito contra decisão de não recebimento do apelo por entender não ser cabível na hipótese), o mérito recursal versará sobre o cabimento da apelação que não fora recebida.

Primeiramente então, o tribunal irá votar pelo conhecimento ou não conhecimento do recurso em sentido estrito e, neste âmbito, pode ser suscitada a intempestividade ou mesmo o cabimento desta última impugnação. A alegação de intempestividade/cabimento desse recurso em sentido estrito é votada como preliminar.

Sendo conhecido o recurso em sentido estrito, por ter sido reconhecida sua tempestividade/cabimento, passará o tribunal a votar o seu mérito, que, por sua vez, é a alegação de cabimento do recurso de apelação. Se o recurso em sentido estrito for provido, a apelação será processada, sendo submetida, no momento próprio, ao juízo de admissibilidade pelo tribunal com competência para julgá-la.

Outra questão de relevo é saber o que transita em julgado: a sentença recorrida ou o acórdão que julga o recurso e que contra ele não é interposto recurso?

Interposto recurso contra sentença, caso o seu juízo de admissibilidade seja positivo pelo órgão ***ad quem*** (que tem competência para o seu julgamento), a sentença recorrida nunca transitará em julgado, pois a coisa julgada se formará sobre o que decidido pelo órgão de instância superior, caso contra o acórdão por esta proferido não seja manejado novo recurso. Trata-se da substitutividade que se opera pelo julgamento do recurso que teve seu mérito conhecido (provido ou não provido o recurso, pelo relator ou pelo órgão colegiado do tribunal, ainda que para confirmar a sentença do juiz singular, o acórdão é que transitará em julgado, eis que substitui a sentença recorrida).

Na hipótese de não ter sido o recurso recebido (em primeira instância), de ter sido negado seguimento (pelo relator) ou de ter sido não conhecido (pelo órgão julgador colegiado), não há o efeito substitutivo referido acima, pelo que o trânsito em julgado se constrói sobre a sentença recorrida (proferida pelo juízo ***a quo***) e não sobre a decisão ou o acórdão que não adentrou no mérito recursal. Em outras palavras, o juízo negativo de admissibilidade da impugnação não permite que o acórdão de seu julgamento substitua o julgamento de primeiro grau.

1.7. Efeitos recursais

Os recursos podem ser dotados de um ou mais de um efeito, a saber: devolutivo, suspensivo, regressivo (também denominado de iterativo, reiterativo, diferido ou de retratação) e extensivo.

A depender de previsão da natureza da decisão recorrida, da espécie de recurso, de decisão judicial que os indique e/ou de previsão legal expressa, os efeitos recursais podem decorrer, isolada ou concomitantemente, da interposição de uma impugnação.

A regra é que os recursos sejam recebidos sempre no efeito devolutivo. O efeito suspensivo ocorrerá quando a lei o indicar ou, em função da matéria penal, assim decorrer do sistema.

Nesse contexto, atento às particularidades dos efeitos recursais em matéria criminal, o juiz, ao exercer seu juízo de admissibilidade, deve indicar, em caso de recebimento do recurso, os efeitos que são a ele atribuídos, mormente se só o devolutivo ou o suspensivo. Vejamos cada um desses efeitos.

(1) Efeito devolutivo. Significa que o recurso "devolve" a matéria recorrida para ser novamente apreciada pelo Poder Judiciário. A entrega da matéria impugnada, para reexame, é em regra dirigida a órgão com grau de jurisdição superior. No entanto, existem recursos cujo efeito devolutivo consiste na abertura de uma segunda apreciação da parte impugnada da decisão pelo mesmo órgão prolator, tal como se dá com os embargos declaratórios ou com os embargos infringentes ou de nulidade, estudados adiante. Será **efeito iterativo** (quando a devolução cabe ao mesmo órgão que proferiu o julgado) ou **reiterativo** (quando a devolução da matéria é endereçada ao órgão ***ad quem***).

Essa distinção decorre da noção de instância, adotada por Frederico Marques, que a entende não no sentido atual, mas como equivalente a "ação" (sendo o recurso desdobramento da demanda). Na lição do autor, se "o recurso tem por objeto, através do reexame que provoca, a decisão de todo o litígio, diz-se que há reiteração da instância; e fala-se em iteração da instância, quando o recurso incide apenas sobre algum ato decisório do procedimento de primeiro grau. O recurso de instância reiterada é sempre contra sentença definitiva, ao reverso do que sucede com o de instância iterada, que só abrange o ato decisório de que se recorre, ou seja, uma decisão terminativa ou interlocutória"[89].

A partir dessas noções, exemplos de recurso de instância reiterada são aqueles recursos de cognição ordinária, plena, como a apelação contra sentença condenatória ao tribunal ***ad quem*** e o recurso ordinário ao STF interposto contra decisão do juiz federal que julga o crime político (há devolução parcial ou total da matéria decidida ao tribunal de grau superior, nos limites do ***tantum devolutum quantum appellatum***). Exemplo de recurso de cognição iterada são os embargos declaratórios contra decisão terminativa de primeiro grau, que são julgados pelo próprio juiz de primeiro grau de jurisdição (órgão ***a quo***).

A noção de devolutividade é histórica.

A origem está no exercício do poder de julgamento dos súditos pelo rei. O rei enfeixava em suas mãos todos os poderes do Estado, o de governar, o de legislar e o de julgar.

Entrementes, a competência para julgar crimes era, por vezes, delegada a funcionários. Das decisões desses juízes-funcionários cabiam recursos ao rei.

89. MARQUES, José Frederico. *Elementos de direito processual penal*: volume IV. 2. ed. Campinas: Millennium, 2003. p. 240-241.

O recurso tinha então o efeito de devolver ao rei a matéria apreciada pelo juiz por delegação daquele.

Em matéria criminal tem aplicação o princípio ***tantum devolutum quantum appellatum*** (se devolve ao órgão julgador a matéria impugnada nos limites impugnados pelo recurso), mas com algumas particularidades, em face dos princípios que norteiam a aplicação do direito processual penal, notadamente o princípio do ***favor rei***. Como exemplo, a apelação do acusado contra o capítulo da sentença condenatória que rejeitou a alegação de prescrição de um dos delitos não impede que o tribunal reconheça, de ofício, a atipicidade de outros crimes e profira decisão absolutória. De outro giro, o recurso do Ministério Público pleiteando a majoração de pena do acusado, não obsta que o tribunal reconheça nulidade absoluta que favoreça a defesa.

(2) Efeito suspensivo. É o que tem o fito de paralisar a eficácia da decisão recorrida.

É importante sublinhar que o efeito suspensivo não recai sobre a tramitação do processo: não há suspensão do andamento do processo em face do efeito suspensivo. O que tecnicamente ocorre é a suspensão da produção dos efeitos da decisão impugnada, devendo o processo seguir seus trâmites normais. É assim que não será iniciado o processo de execução da sentença enquanto não transitada em julgado a condenação, com fundamento no princípio da presunção de inocência.

No entanto, pode ocorrer suspensão do andamento do feito se assim o determinar o juiz ou quando houver impossibilidade lógica ou previsão legal expressa no tocante a determinado ato. Destarte, no caso de recurso em sentido estrito contra a decisão de pronúncia de acusado de crime doloso contra a vida, enquanto não precluso esse julgado pelo encerramento da via recursal, o julgamento pelo tribunal do júri não poderá ocorrer. Aliás, nos termos do § 2º, do art. 584, CPP, "o recurso da pronúncia suspenderá tão-somente o julgamento" pelo tribunal do júri.

Em processo penal, portanto, o efeito suspensivo incidirá consoante particularidades da decisão recorrida, da seguinte forma:

(a) se a decisão for penal condenatória ou absolutória imprópria (que aplica medida de segurança), os recursos contra ela dirigidos, ainda que se dirijam ao STJ ou ao STF, são recebidos no efeito suspensivo, só cabendo a imposição de prisão em razão de fundamentação expressa nesse sentido (art. 312, CPP), em face do estado de inocência;

(b) se a decisão for absolutória própria (isto é, que julga improcedente a pretensão punitiva estatal, sem a imposição de medida de segurança), os recursos não serão recebidos no efeito suspensivo, não subsistindo sequer, à absolvição, medida cautelar eventualmente imposta;

(c) se a decisão ordenar a soltura de acusado, em processo condenatório ou de execução penal, os recursos contra ela interpostos não terão efeito suspensivo;

(d) se a decisão decretar medida cautelar, cerceadora de liberdade ou não, os recursos interpostos não terão efeito suspensivo;

(e) os embargos declaratórios não possuem, como essência, efeito suspensivo e interrompem o prazo recursal. Aliás, os embargos declaratórios têm um efeito suspensivo específico, restrito, eis que obstam o curso do prazo para a interposição de outros recursos contra a decisão impugnada (interrompem o prazo, via de regra, diante da aplicação analógica do art. 1.026, CPC/2015).

(3) Efeito regressivo. Chamado impropriamente de efeito diferido, postergado, de retratação, reiterativo ou iterativo (as duas últimas denominações são também referidas como espécies do efeito devolutivo, como visto). Cuida-se efeito atribuível a recursos em que a lei autoriza que o mesmo órgão que proferiu a decisão judicial, exerça o juízo de retratação, modificando-a. Não sendo a hipótese de exercer a retratação, o juiz sustentará a decisão, pelo que manifestará juízo de sustentação.

O recurso em sentido estrito tem naturalmente o efeito regressivo. Desse modo, o juiz que vier a proferir uma sentença de pronúncia poderá, quando do recebimento do recurso em sentido estrito, verificar equívoco seu no que atine ao exame dos fatos e resolver por impronunciar o réu.

O agravo contra despacho denegatório de recurso especial ou extraordinário, o agravo em execução e a carta testemunhável também permitem juízo de retratação. Para aqueles que entendem que a correição parcial tem natureza recursal, com rito do agravo de instrumento[90], incide também o efeito regressivo. Para nós, a correição parcial não é recurso, mas providência administrativo-jurisdicional, razão pela qual não há que se falar em efeito regressivo. No entanto, é possível ao juiz, tomando conhecimento da correição parcial, rever seu ato objetivo da correição, conduta esta análoga ao juízo de retratação.

(4) Efeito extensivo. (art. 580, CPP). Também chamado de efeito expansivo, este efeito se dá em hipótese de concurso de agentes, mormente quando "a decisão do recurso interposto por um dos réus, se fundado em motivos que não sejam de caráter exclusivamente pessoal, aproveitará aos outros", isto é, "quando um dos corréus recorre alegando matéria de caráter que não seja exclusivamente pessoal, este recurso irá beneficiar o consorte que não recorreu"[91].

A ideia central do efeito extensivo é impossibilitar a existência de decisões conflitantes, evitando que mais de um acusado, sob condições idênticas relativamente a um mesmo fato submetido ao crivo judicial, tenham tratamento diverso, sem justificativa plausível. Vale dizer, que o efeito extensivo incide sob circunstâncias objetivas, não sendo aplicável com base em fundamentos exclusivamente pessoais, a exemplo da reincidência ou da idade que implique redução do parâmetro do prazo prescricional.

O efeito extensivo também pode ser aplicado, de maneira imprópria, às ações autônomas de impugnação, cujo julgamento pode se estender ao comparsa do impetrante ou autor da ação, quando benéfica a decisão ao corréu com base em circunstância objetiva não pessoal ou com arrimo em outra circunstância pessoal (subjetiva), desde que esta seja elementar do tipo penal (art. 30, CP).

Informativo do Superior Tribunal de Justiça noticiou a aplicação de efeito recursal extensivo, relativo à decisão dos jurados favorável a um dos corréus que, isoladamente, foi

90. ARANHA, Adalberto José Q. T. de Camargo. *Dos recursos no processo penal*. São Paulo: Saraiva, 2010.p. 66.
91. TÁVORA, Nestor. *Questões comentadas*: processo penal para a OAB. Salvador: JusPODIVM, 2005. p. 87.

submetido a julgamento pelo júri popular. A decisão do conselho de sentença do tribunal do júri desclassificou a infração penal imputada na denúncia e na pronúncia (homicídio doloso tentado) para lesão corporal grave.

Como o julgamento foi de apenas um dos acusados, por ter sido o processo desmembrado, os limites objetivos e subjetivos da decisão referiram-se tão somente ao réu submetido a julgamento.

Para ampliar aqueles limites a fim de alcançar, subjetivamente, o acusado não julgado no momento, porém em situação objetiva idêntica, necessário foi ao STJ, em sede de recurso em *habeas corpus*, fazer incidir o art. 580, do CPP. O teor deste enunciado estatui que, na hipótese de concurso de agentes, "a decisão do recurso interposto por um dos réus, se fundado em motivos que não sejam de caráter exclusivamente pessoal, aproveitará aos outros".

Conquanto se fale em "decisão de recurso" a qual se aplica o efeito extensivo, coerente construir a mesma conclusão relativamente à "decisão do júri" em favor do réu em situação idêntica, por analogia.

Note-se que não somente pelo fato de terem sido os corréus denunciados pelo mesmo crime que estará autorizada a incidência do efeito extensivo. É indispensável que as razões da decisão ou do recurso sejam lastreadas em motivos que não sejam exclusivamente referentes a pessoa de um deles. Vale dizer, deve haver identidade de situação, tanto objetiva (mesmo fato), quanto subjetiva (condutas finalisticamente dirigidas àquele fato).

De compasso com o afirmado no julgado da Corte Superior, a denúncia e a pronúncia apontavam "unidade de desígnios", de objetivos, entre os participantes do racha (ações finalisticamente direcionadas à concretização de um fato). Desse modo, favorecendo o coautor do delito ainda não submetido a julgamento pelo júri, reiterou o STJ que "é possível a extensão de decisão benéfica em processo penal a corréu mesmo se proferida em sede não recursal, considerando-se que tal dispositivo tem como objetivo dar efetividade, no plano jurídico, à garantia de equidade (precedentes do STF)"[92].

(5) Efeito translativo. Faceta do efeito devolutivo, "consiste na devolução, ao órgão ***ad quem***, de toda matéria não atingida pela preclusão. Em outras palavras, possui efeito translativo o recurso que, uma vez interposto, confere ao tribunal julgador o poder de adotar qualquer decisão em favor ou contra qualquer das partes no processo criminal"[93].

Como exemplo desse efeito recursal, geralmente é apontado o impropriamente chamado recurso ***ex officio*** (remessa obrigatória, a teor dos casos do art. 574, CPP). Como não se trata de recurso, estaríamos diante de um efeito estranho aos recursos relativamente ao reexame necessário.

No entanto, é possível perceber a existência desse efeito nos recursos interpostos exclusivamente pela acusação, porque não vigora para ela o princípio ***tantum devolutum quantum appellatum***. É que o tribunal pode, por exemplo, reconhecer nulidades não arguidas pela acusação em seu recurso toda vez que forem benéficas ao acusado. De outro lado, em

92. STJ. Informativo nº 583, de maio de 2016 (Sexta Turma – RHC 67.383/SP – Rel. Min. Maria Thereza de Assis Moura, Rel. p/ Acórdão Min. Sebastião Reis Júnior – DJ: 16/05/2016).

93. AVENA, Norberto. *Processo penal esquematizado*. Rio de Janeiro: Forense; São Paulo: Método, 2009. p. 1006.

recurso exclusivo da acusação, o tribunal não poderá acolher nulidade contra o réu, ainda que absoluta, toda vez que não houver requerimento específico (Súmula nº 160, STF).

(6) **Efeito dilatório-procedimental**. Trata-se do efeito natural de todo recurso, que consiste na sucessão de atos que decorrem da sua interposição. Com a instauração da instância recursal, é seguido um procedimento específico que alarga, distende o rito. No magistério de Aranha, "ao ser pedido o reexame, temos, em primeiro lugar, uma ampliação do procedimento na relação processual, formando toda uma nova fase denominada procedimento recursal"[94].

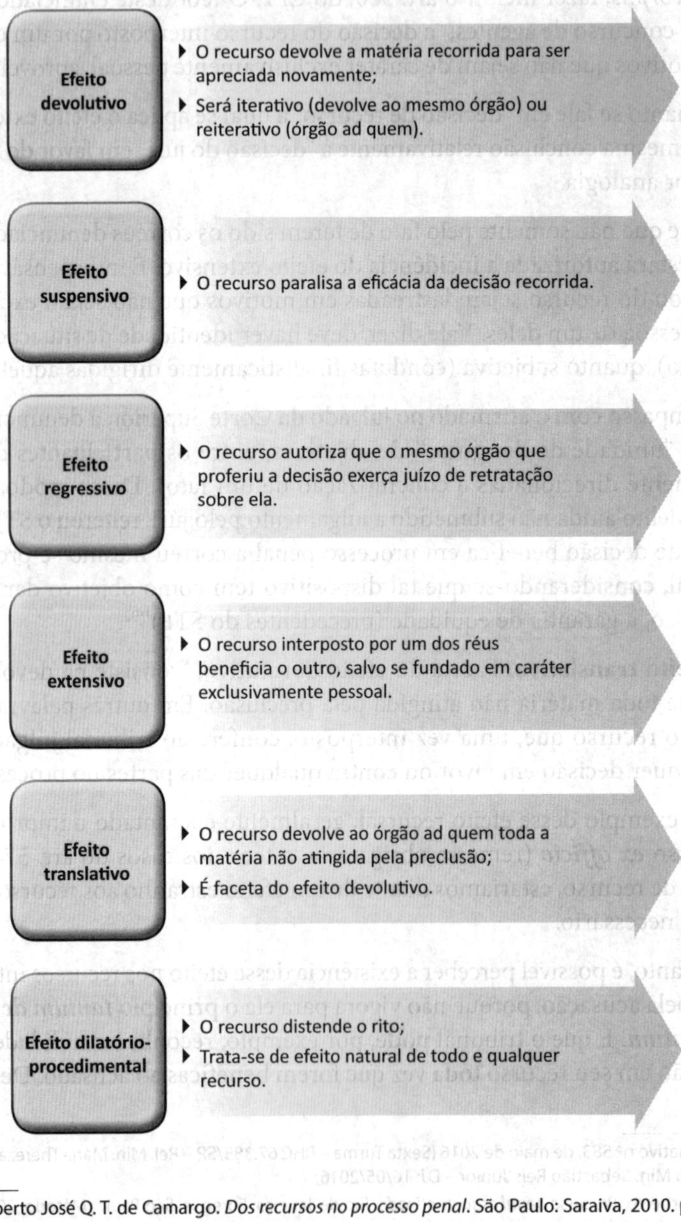

94. ARANHA, Adalberto José Q. T. de Camargo. *Dos recursos no processo penal*. São Paulo: Saraiva, 2010. p. 51.

1.8. Extinção dos recursos

Os recursos podem ser extintos normalmente e anormalmente.

A forma de extinção normal dos recursos é o seu julgamento pelo órgão competente, depois de processado regularmente (devido processo legal recursal). Nas palavras de Tourinho Filho, será normal a extinção quando "a impugnação interposta é admitida pelo juízo de primeiro grau, encaminhada ao tribunal com competência para julgá-la e, se conhecida for, é levada a julgamento, "podendo o órgão julgador dar-lhe ou negar-lhe provimento"[95].

A extinção dos recursos ocorre de maneira anormal quando se dá antecipadamente, sem que haja sua tramitação e seu julgamento regular. A finalização precoce do processamento recursal pode se dar tanto pelo juízo ***a quo***, quanto pelo tribunal ***ad quem***.

Os recursos se extinguem anormalmente nas seguintes hipóteses:

(1) Deserção. No processo penal, a deserção implica no não recebimento, no não processamento ou no não conhecimento do recurso em razão de **falta de preparo** ou pagamento das despesas exigidas por lei (por exemplo, traslado, porte de remessa e de retorno etc.), a teor do art. 806, § 2º, CPP. No processo penal, em regra, não há custas a recolher, especialmente, porque em regra as ações penais são públicas, com o Ministério Público no lado ativo e, do outro, o acusado (que não pode ver seu direito de recorrer restringido em matéria criminal em função de exigência de custas recursais). Daí a possibilidade de deserção só se dá em razão de recurso manejado pelo querelante nas ações penais privadas exclusivas ou personalíssimas (não nas subsidiárias da pública, pois aqui, em essência, o que há é ação que deveria ter sido manejada pelo ***Parquet*** que, ao final, se manteve inerte), sendo necessário, ademais, previsão legal local que imponha o dever de depositar o preparo recursal.

A possibilidade da deserção ser aplicada se reduziu a essa hipótese (falta de preparo em casos raríssimos). Não se fala mais em deserção da apelação por motivo de fuga do acusado-recorrente. Isso decorre da nova sistemática recursal implementada a partir do modelo acusatório constitucional de processo.

De tal sorte, o recolhimento ao cárcere tanto não é mais requisito para a interposição do apelo (o art. 595, do CPP, foi revogado pelo art. 4º, da Lei nº 12.403/2011), quanto não é a fuga do condenado mais motivo para ser julgada deserta a apelação já interposta. O recurso do acusado foragido deve ser conhecido em todo caso, notadamente por ser direito fundamental constitucional (revogado também o art. 594, do CPP, pela Lei nº 11.719/2008).

(2) Desistência. É faculdade que têm o acusado, o seu advogado, o querelante e o assistente de manifestar o desejo de não prosseguir com seu intento recursal[96]. A desistência ocorre em momento posterior à interposição do recurso. Destarte, não se confunde com a renúncia ao direito de recorrer, que se dá em instante que antecede a apresentação de recurso, com o fim de antecipar o trânsito em julgado para a parte que renuncia (no último caso, não há extinção anormal do recurso, mas causa extintiva do direito de recorrer).

95. TOURINHO FILHO, Fernando da Costa. *Manual de processo penal*. 5. ed. São Paulo: Saraiva, 2003. p. 710.

96. MIRABETE, Julio Fabbrini. *Processo penal*. 14. ed. São Paulo: Atlas, 2003. p. 618.

O ***Parquet*** não pode desistir do já recurso interposto. A indisponibilidade e a obrigatoriedade da ação penal pública dão sustentação a essa conclusão. A ação penal pública uma vez ajuizada não pode ser retirada pelo Ministério Público, da mesma forma o recurso proposto por ele não é passível de desistência.

2. RECURSOS EM ESPÉCIE

2.1. Apelação

2.1.1. Noção

O Código de Processo Penal não é sistemático ao tratar dos recursos que prevê. O importante é que o intérprete tenha conhecimento do conteúdo normativo desse diploma legislativo para compreender as impugnações nele previstas, percebendo as hipóteses de cabimento.

Nesse sentido, a noção da apelação é de ser inferida em cotejo com a do recurso em sentido estrito, notadamente porque o art. 581, CPP, prevê hipóteses específicas de cabimento deste, em rol taxativo, enquanto a apelação está disciplinada no art. 593, CPP, em enunciados explicativos e, encarado, sob certo enfoque, subsidiariamente.

Isso quer dizer que o jurista deve, diante de uma sentença, antes se certificar de que não caiba recurso em sentido estrito, para daí recorrer aos casos do art. 593, CPP. Nesse sentido, a apelação tem um caráter subsidiário em relação ao recurso em sentido estrito.

O termo apelação (***appellatio***, vale dizer: a conduta processual de dirigir a palavra ao imperador ou a funcionário superior por ele delegado) tem origem no direito romano e tinha a finalidade de impugnar a sentença, para viabilizar o seu reexame.

No sistema processual penal brasileiro, a apelação é o recurso manejável pela parte/ assistente (sucumbente, ainda que parcialmente) para o fim de que seja uma decisão ou sentença reformada ou anulada pelo órgão de jurisdição de segundo grau. Desse modo, o apelo enseja a devolução da matéria decidida ao órgão ***ad quem*** nos limites da impugnação e, se necessário e diante da necessidade de novas provas, pode permitir a devolução de poderes instrutórios ao órgão de segunda instância (tribunal).

Nas palavras de Ovídio Baptista, a apelação é "o recurso por excelência, não só por ser o mais antigo, já existente no direito romano, como por sua universalidade, comum a todos os ordenamentos modernos que descendam do direito romano-canônico, e também por ser o recurso de efeito devolutivo mais amplo", porquanto enseja "ao juízo ***ad quem***, quando ele seja interposto contra uma sentença de mérito, o reexame integral das questões suscitadas no primeiro grau de jurisdição, com exceção daquelas sobre as quais se tenha verificado preclusão"[97].

A apelação poderá assumir duas funções: **(1)** função rescisória: quando haverá substituição da sentença recorrida por outra, nos casos de reforma da decisão proferida em primeiro grau de jurisdição; **(2)** função rescindente: quando a apelação ao invés de reformar a sentença impugnada, decreta sua nulidade (invalidando o julgamento).

97. SILVA, Ovídio Araújo Baptista da. *Curso de processo civil*. 5. ed. São Paulo: RT, 2000. v.1. p. 424.

A apelação contra as decisões dos jurados não terá o condão de possibilitar o reexame integral das decisões protegidas pela soberania dos veredictos (Tribunal do Júri). Trata-se de apelação mais restrita, de fundamentação relativamente vinculada (de acordo com as hipóteses gizadas no inciso III, do art. 593, do CPP), menos ordinária (se podemos dizer assim). Calha distinguir:

(1) se a apelação for manejada contra a sentença do juiz-presidente do júri, visando redução de pena, o tribunal ***ad quem*** se restringirá a reformar a aplicação do direito que foi dada pelo magistrado, não modificando o que decidido pelos jurados (função rescisória);

(2) quando for a hipótese de modificação do que o júri afirmou, o órgão de segundo grau deverá cassar a decisão do júri para mandar o acusado a novo julgamento, deixando intocada a soberania dos veredictos concernente ao mérito da demanda penal (função rescindente).

Na linha esposada por Mário Lopes Filho, garantir que a última palavra caiba ao júri nos crimes de sua competência, não significa óbice absoluto à revisibilidade das decisões do Conselho de Sentença no que toca ao seu mérito. Destarte, embora não seja "o caso de substituir o veredicto do tribunal popular pelo colegiado togado", o órgão de segundo grau está autorizado a, em hipóteses como a de julgamento manifestamente contrário à prova dos autos, "determinar a realização de um novo julgamento"[98].

Calha fazer uma menção, em arremate, à classificação do recurso em tela em "apelação plena" e em "apelação limitada", que nasceu da dicção do art. 599, CPP, que preconiza que "as apelações poderão ser interpostas quer em relação a todo o julgado, quer em relação a parte dele".

Geralmente, "a apelação devolve ao conhecimento do tribunal ***ad quem*** toda matéria decidida em primeira instância, falando-se então em apelação plena, ou ampla". No entanto, pode ocorrer que o próprio apelante faça a delimitação do objeto do apelo, com o pedido de reexame parcial da decisão recorrida: eis a "apelação limitada, ou parcial, ou restrita". Se a parte apelar "em termos amplos, devolve-se a cognição plena ao juízo ***ad quem***, na extensão do ***tantum devolutum quantum appellatum***"[99].

A extensão do recurso de apelação é medida pelos fundamentos indicados na petição de interposição. Não fazendo a prévia delimitação, presume-se que a parte apelou de forma ampla. Por seu turno, não pode o Ministério Público limitar o apelo amplo nas suas razões recursais, por ser conduta equivalente à desistência do recurso[100]. O advogado do acusado, diferentemente, poderá delimitar sua apelação ampla quando da formulação das razões, desde que essa conduta não caracterize falta ou deficiência de defesa. Não o fazendo, o apelo será conhecido em toda sua extensão possível.

98. LOPES FILHO, Mario Rocha. *O tribunal do júri e algumas variáveis potenciais de influência*. Porto Alegre: Núria Fabris, 2008. p. 22-23.

99. MIRABETE, Julio Fabbrini. *Processo penal*. 14. ed. São Paulo: Atlas, 2003. p. 632-633.

100. "O Código de Processo Penal, ao dispor sobre a devolutividade das apelações criminais, preceitua que estas poderão ser interpostas quer em relação a todo o julgado, quer em relação a parte dele (art. 599). A extensão temática do efeito devolutivo dos recursos interpostos pelo Ministério Público deriva da maior ou menor amplitude dos limites por ele próprio estabelecidos em sua petição recursal, que poderá restringi-los a tópicos determinados da sentença ou estende-los a todas as questões que foram – ou poderiam ter sido – examinadas pelo ato decisório recorrido. Interposto recurso amplo pelo Ministério Público, não pode ele, ao depois, limitar-lhe a extensão temática nas razoes de apelação. Precedentes" (STF – HC 67714 – Rel. Min. Celso de Mello – j. 19/10/1998).

Também nas apelações contra as decisões do tribunal do júri, os fundamentos indicados na petição de apelação (art. 593, III, CPP) delimitam a extensão recursal, não se admitindo que as razões ampliem a abrangência do apelo formulado quando este indicar o respectivo motivo[101]. Nesse sentido, a súmula nº 713, do STF, estatui que o efeito devolutivo das apelações contra as decisões do tribunal popular está adstrito às razões da interposição, vale dizer, aos fundamentos indicados na petição recursal, consoante prevê o art. 593, III, do CPP.

Sem embargo, eventual nulidade absoluta em favor do acusado é reconhecível de ofício pelo tribunal, mesmo que não seja objeto do apelo (súmula nº 160, do STF), regra que decorre do princípio do ***favor rei***.

2.1.2. Interposição

A apelação será interposta por petição escrita ou por termo nos autos.

A interposição por termo nos autos (art. 578, CPP) é realizada notadamente quando se cuide de sentença proferida no plenário do tribunal do júri, hipótese em que o recorrente apresentará as razões de recurso em momento subsequente.

A interposição da petição do apelo, nessa situação, tem lugar logo depois da leitura da sentença condenatória. Basta que o Ministério Público, o querelante, o réu ou o seu defensor requeira que seja consignado em ata que está apelando da sentença, solicitando que seja dada vista dos autos com carga para arrazoar o recurso.

Considerando tais peculiaridades da sentença lida em plenário do júri e da respectiva apelação, o STJ afirmou que o prazo do recurso a ser interposto contra a sentença proferida no plenário do tribunal do júri começa a fluir da data da respectiva sessão de julgamento (art. 798, § 5º, "b", do CPP), pelo que se teve por irrelevante o questionamento sobre se a sentença foi impressa no momento da leitura em plenário, já que é dada ao advogado a oportunidade de recorrer oralmente e apresentar, posteriormente, suas razões recursais (recurso a termo). No caso, a sentença foi lida em computador portátil em plenário e a parte interessada não se insurgiu contra a falta de acesso ao inteiro teor da decisão[102].

Como se infere, a apelação por termo é aquela desprovida de rigor formal, bastando que o recorrente revele o seu inconformismo com a decisão, demonstrando o desejo do recurso. O próprio réu poderá apelar por termo, não se exigindo, portanto, capacidade postulatória para esse proceder, que será necessária, entretanto, para a apresentação das razões.

De tal maneira, na lição de Damásio de Jesus, a apelação será tida por interposta

> desde que, tempestiva e de forma clara, a parte tenha, ainda que por intermédio de simples cota nos autos ao tomar conhecimento da decisão, demonstrado inconformismo com a sentença (RTJ77/119). Assim, deve ser recebida a apelação quando o defensor, ao ser intimado, apõe ao pé da sentença: "Ciente. Apelo".[103]

101. STJ – Quinta Turma – HC 200800365927 – Rel. Min. Jorge Mussi – DJ de 04/10/2010.
102. STJ – Sexta Turma – HC 92.484 – Rel. Min. Maria T. A. Moura – DJ 05/08/2010 – Informativo 441.
103. JESUS, Damásio E de. *Código de processo penal anotado*. 10. ed. São Paulo: Saraiva, 2003. p. 369.

O conflito entre o réu e o defensor sobre o desejo de apelar deve resolver-se, segundo a jurisprudência majoritária, pela prevalência da defesa técnica[104]. Somos partidários, todavia, de que deve prevalecer, como regra, a manifestação de quem queira recorrer (salvo evidente ausência de vantagem prática para o acusado com o manejo do recurso), devendo o juiz nomear defensor para oferecer as razões recursais na hipótese de discordância do procurador constituído pelo réu quanto à vontade deste recorrer. Nesse sentido é o magistério de Grinover, Scarance e Gomes Filho que, no entanto, informam que há divergência sobre o ponto, pois "ao lado de posição no sentido de não conhecimento de recurso do advogado porque houve renúncia por termo do acusado (RT 715/517), há orientação contrária tendente à admissibilidade da apelação nas mesmas circunstâncias (RT 702/362, 850/588)"[105].

O prazo para o ingresso do apelo (petição recursal) é de cinco dias (art. 593, CPP).

A sua tempestividade é aferida pela data de interposição e não pela da juntada aos autos da petição recursal. Daí que não há que se falar em não recebimento da apelação em face de eventual demora de sua juntada, por culpa do cartório ou da secretaria, mormente quando despachada pelo juiz no prazo legal, como afirma o enunciado nº 320 da súmula do STF.

No mesmo sentido, o verbete nº 428 desse repertório reitera que "não fica prejudicada a apelação entregue em cartório no prazo legal, embora despachada tardiamente".

A petição recursal poderá, no ato de sua interposição, ser acompanhada de razões ou não. Para ingressar com a apelação, bastará simples manifestação do desejo da parte em recorrer do julgado contra o qual caiba esse recurso.

No que tange às razões do apelo, o Código possibilita que o recorrente, em regra, apresente-as no prazo de oito dias (art. 600).

Caso o processo seja de contravenção – cuja competência dos juizados especiais tenha sido afastada em face do autor do fato não ter sido encontrado para ser citado –, o prazo para arrazoar será de três dias, que também o será para o caso da existência de assistente da acusação[106], em qualquer hipótese. Todavia, como as contravenções, em regra, são apreciadas nos juizados especiais, lá, o prazo para o apelo é de dez dias, e a petição já se faz acompanhar das razões (art. 82, § 1º, Lei nº 9.099/1995).

Quanto ao assistente do Ministério Público, o prazo para a interposição da apelação, se ele não estiver habilitado nos autos, será de quinze dias contados da expiração do prazo de recurso do Ministério Público (art. 598, ***caput*** e parágrafo único, CPP). Esse dispositivo é objeto da súmula nº 448, STF, que dispõe que "o prazo para o assistente recorrer, supletivamente, começa a correr imediatamente após o transcurso do prazo do Ministério Público".

Se o assistente já estiver habilitado nos autos, o seu prazo para apelar será de cinco dias. Temos que fazer a seguinte distinção: se o assistente for intimado antes ou simultaneamente

104. STJ – Quinta Turma – HC 200201770085 – Rel. Min. Laurita Vaz – DJ de 31/03/2003.

105. GRINOVER, Ada Pellegrini; GOMES FILHO, Antônio Magalhães; FERNANDES, Antônio Scarance. *Recursos no processo penal*. 6. ed. São Paulo: RT, 2011. p. 108.

106. Defendemos que também o seja para o assistente da defesa, como estudamos no Capítulo VIII (sujeitos processuais), para conferir paridade de armas.

ao MP, o prazo será contado após a expiração do lapso conferido legalmente ao ***Parquet***. Se intimado após o decurso prazal do promotor, o prazo passa a fluir a partir da intimação.

Considerando que a apelação pode, dessa maneira, ser interposta pelo Ministério Público e, em caso de inércia, pelo assistente, classifica-se o apelo em: **(1)** principal (quando interposto pelo ***Parquet***); e **(2)** supletiva ou subsidiária (quando apresentada pela vítima, habilitada ou não como assistente, ***ex vi*** do art. 598 do CPP).

2.1.3. Cabimento

A verificação de cabimento de recurso, em processo penal, não deve se basear tão somente na natureza do ato processual recorrido. Vale dizer, nem sempre, em matéria criminal, de sentença caberá apelação, pois contra algumas o recurso adequado é o ***stricto sensu***.

Na dicção do art. 593, CPP, caberá apelação, em cinco dias, nas seguintes hipóteses:

(1) contra as sentenças definitivas condenatórias ou absolutórias prolatadas por juiz singular (inciso I);

(2) contra as decisões definitivas, ou com força de definitivas, exaradas por juiz singular, quando não for cabível recurso em sentido estrito (inciso II);

Acerca desta última hipótese de cabimento, importante pontuar controvérsia doutrinária no que tange ao recurso cabível contra a decisão de arquivamento do inquérito policial. Dada a relevância do ponto (arquivamento definitivo de inquérito policial), necessária a digressão a seguir.

O arquivamento de inquérito policial denominado de "definitivo" é aquele que ocorre por decisão capaz de formar "coisa julgada material". A "coisa julgada material", que qualifica uma decisão ou sentença como imutável, representa óbice à rediscussão da matéria, isto é, uma vez encerrado procedimento criminal por meio de sentença ou decisão definitiva ou com força de definitiva, não admite o ordenamento jurídico que o investigado, indiciado ou acusado seja novamente submetido à persecução penal em sentido amplo. A matéria fica definitivamente encerrada.

O arquivamento definitivo é, a rigor, uma forma imprópria de arquivamento do inquérito policial. Isso porque, em regra, o inquérito policial é arquivado quando a apuração não colige provas suficientes à instauração de ação penal. Quando isso ocorre, não se forma coisa julgada material, mas tão somente formal, não impedindo a reabertura das investigações na hipótese de surgimento de novas provas, a teor da Súmula 524, do STF.

Por outro lado, a decisão de arquivamento será de cunho definitivo, quando contiver parte declarativa "com força de definitiva", ou seja, quando tiver emitido declaração que seria apropriada a uma sentença absolutória, tais como: declaração de atipicidade do fato, reconhecimento de excludentes de ilicitude ou de culpabilidade, declaração de negativa de autoria ou de participação.

Tratando-se de decisão definitiva de inquérito policial, duas posições surgem quanto à possibilidade de interposição de recursos:

(a) a primeira corrente, majoritária, entende que como se trata de arquivamento do inquérito policial, a decisão é irrecorrível, afinal, o juiz arquiva o inquérito quando instado pelo Ministério Público a tanto. Nessa senda, o inquérito policial não se destina à formação de coisa julgada material, afinal se cuida de procedimento desprovido de contraditório, sendo incabível dar-lhe efeitos próprios de processo penal[107]; **e**

(b) a segunda posição, minoritária, reputa que a decisão de arquivamento definitivo é do tipo daquelas que se amoldam ao inciso II, do art. 593, do CPP, que reza que das decisões definitivas, ou com força de definitivas, proferidas por juiz singular nos casos em que não couber recurso específico, será cabível apelação.

Entendemos ser cabível a apelação pelo Ministério Público, nos casos em que pede o arquivamento fundado na insuficiência de provas (Súmula 524, STF), e o juiz defere o arquivamento declarando, por exemplo, que o fato não constitui crime (atipicidade). De outra parte, vislumbramos também a possibilidade de apelação, nesses casos, interposta pelo ofendido, na tendência de se assegurar sua participação na persecução penal.

(3) contra as decisões do tribunal do júri quando: **(a)** advier nulidade subsequente à pronúncia; **(b)** a sentença do juiz-presidente contrariar dispositivo legal expresso ou a decisão dos jurados; **(c)** ocorrer equívoco ou injustiça na imposição de medida de segurança ou de pena; e **(d)** a decisão dos jurados contrariar manifestamente a prova dos autos (inciso III).

Com o advento da Lei nº 11.689/2008, a apelação passa a abranger mais duas hipóteses específicas que antes eram passíveis de recurso em sentido estrito. De acordo com o art. 416, CPP, também caberá apelação:

(4) contra a sentença de impronúncia (sentença terminativa, que não produz coisa julgada material). A impronúncia, uma vez preclusa (com trânsito em julgado meramente formal), não impede nova persecução penal contra o réu, desde que surjam novas provas (Súmula nº 524, STF). Sobre o ponto, debate-se sobre a suposta inconstitucionalidade da sentença de pronúncia, confrontando-a com o princípio do *ne bis in idem* (ninguém pode ser processado duas vezes pelo mesmo fato[108]), estampado no Pacto de São José da Costa Rica, conforme discorremos no capítulo XIII (procedimentos), para o qual remetemos o leitor;

(5) contra a sentença de absolvição sumária (sentença definitiva, com julgamento antecipado do mérito, sendo capaz de fazer coisa julgada material). É proferida pelo juiz da instrução preliminar, abreviando, por exemplo, o julgamento de crime doloso contra a vida, não o submetendo ao tribunal do júri (o permissivo encontra respaldo constitucional, eis que o júri é uma garantia conferida ao acusado e a absolvição sumária autorizada ao juiz singular tende a imprimir mais efetividade ao direito de liberdade do imputado).

Para impugnar as duas últimas hipóteses de sentença (impronúncia e absolvição sumária no rito do júri), o CPP, antes da reforma processual de 2008, previa o cabimento de recurso em sentido estrito. A partir da Lei nº 11.689/2008, passou a ser cabível apelação contra as sentenças de impronúncia ou de absolvição sumária prolatadas no curso de sua vigência. A previsão de recurso voluntário (hoje, apelação) não prejudica a

107. ALENCAR, Rosmar Rodrigues. *Teoria da nulidade no processo penal*. São Paulo: Noeses, 2016. p. 508.

108. O princípio *ne bis in idem*, conforme sublinha Keity Saboya, veda "a renovação de qualquer ação estatal que implique revaloração do que já foi decidido" (SABOYA, Keity Mara Ferreira de Souza e. *Ne bis in idem*: história, teoria e perspectivas. Rio de Janeiro: Lumen Juris, 2014. p.282).

remessa obrigatória dos autos para reapreciação do tribunal (art. 574, CPP) – chamada recurso de ofício –, que nada mais é do que uma condição sem a qual a decisão não transitará em julgado.

Se houver apelação do Ministério Público contra a absolvição sumária do acusado, isso não dispensa que o tribunal reexamine o julgado em face de outros fundamentos. Daí que o tribunal, ao apreciar um caso de absolvição sumária contra a qual tenha havido recurso do ***Parquet***, deverá dizer o resultado não só do recurso de apelação, mas também da remessa oficial.

Todavia, como já ressaltado, a doutrina majoritária vem entendendo que o recurso ***ex officio*** não é mais cabível para desafiar a absolvição sumária, pela omissão do art. 415, CPP, sustentando caso de revogação tácita.

(6) na sistemática da Lei nº 9.099/1995, será cabível a apelação contra a decisão de rejeição da denúncia ou da queixa, contra a sentença absolutória ou condenatória e contra a sentença homologatória de transação penal, não havendo que se falar em recurso em sentido estrito no âmbito dos juizados especiais criminais.

Embora sob o mesmo rótulo ("apelação"), as apelações criminais se diferenciam conforme o fundamento legal que disciplina seus contornos (competência, cabimento e processamento).

Nos juizados especiais, a apelação do rito sumaríssimo tem prazo diverso (10 dias para interpor juntamente com as razões), rito distinto (sem revisor), mais hipóteses de cabimento (comporta apelação a rejeição da petição inicial, a teor do art. 82, *caput*, da Lei nº 9.099/1999) e competência recursal distinta (julgamento deve ser realizado pela turma recursal e não pelo tribunal).

Veja-se, por exemplo, a apelação criminal dirigida contra sentenças definitivas de condenação ou de absolvição prolatadas por juiz singular diverso do magistrado da instrução preliminar do júri: o tribunal terá possibilidade de apreciar amplamente as questões decididas (com um efeito devolutivo em maior extensão), tratando-se de recurso de cognição plenária (recurso ordinário por excelência).

No que atine às sentenças prolatadas no âmbito do tribunal do júri, o órgão de segundo grau não poderá adentrar em matéria fática, cuidando-se de recurso com fundamentação mais vinculada (recurso de apelação de cognição mais restrita). Com efeito, a limitação imposta ao tribunal ***ad quem*** quando do julgamento de apelação das decisões do júri é decorrência da soberania dos veredictos (do verdadeiramente dito pelos jurados/pessoas leigas compromissadas). Daí que o § 1º, do art. 593, do CPP, estatui que se a sentença do juiz-presidente for contrária à lei expressa ou destoar das respostas dos jurados aos quesitos, o tribunal, em segunda instância, fará a devida retificação, sem que haja reforma da decisão do júri relativamente à matéria fática certificada.

De maneira análoga, o § 2º, do mesmo art. 593, do CPP, expressa que interposta a apelação com base em erro ou injustiça na aplicação da sanção penal, o tribunal ***ad quem***, se acolhê-la, corrigirá a aplicação da pena ou da medida de segurança.

Havendo equívoco do magistrado que preside o júri, no momento de proferir sentença e dosar a pena, o tribunal irá, julgando o apelo, fazer a devida retificação quanto à matéria de direito, sendo vedado o ingresso em aspectos fáticos, eis que privativos do Conselho de Sentença.

De tal forma, não se admite que o tribunal reconheça qualificadoras não acatadas pelo júri. Em hipóteses como esta, resta o reconhecimento de que a decisão dos jurados foi contrária à prova dos autos, submetendo o acusado a novo julgamento pelo tribunal popular, com a intervenção de novo corpo de jurados. Em outras palavras, o tribunal de segunda instância não está, nesse caso, autorizado a reformar a sentença do juiz presidente, ou seja, não pode modificar o seu conteúdo, sob pena de violar a competência natural do júri e a garantia de que seus julgamentos sejam soberanos.

É por tal motivo que o § 3º, do art. 593, do CPP, estampa que se a apelação foi interposta contra decisão do júri manifestamente contrária à prova dos autos, o tribunal, se assim o entender, proverá a apelação para submeter o acusado a novo julgamento. Como limite ao direito de recorrer, não se admite segunda apelação por este mesmo motivo (decisão dos jurados manifestamente discrepante da prova dos autos), ainda que diverso o fundamento da decisão do júri.

Por exemplo: o acusado é, no primeiro julgamento, absolvido mediante acolhimento da tese de legítima defesa. Se em apelação do Ministério Público o Tribunal de Justiça anular este julgamento sob o fundamento de manifesta contrariedade à prova dos autos, não é possível nova apelação por este motivo, ainda que a absolvição do acusado se dê pelo acatamento de outra tese de defesa, tal como a negativa de autoria.

Como decorrência do princípio da unirrecorribilidade das decisões, o § 4º, do art. 593 do CPP estabelece que quando for cabível a apelação, não será possível o manejo do recurso em sentido estrito, ainda que apenas de parte da decisão se recorra. Daí que, se na sentença, é arbitrada fiança, reconhecida extinção de punibilidade de um dos crimes e, quanto a outro, imposta condenação e fixado valor mínimo para a reparação do dano, nos termos do art. 387, IV, CPP, contra essa parte da decisão não cabe recurso em sentido estrito, mas apelação[109], em virtude de sua primazia recursal. Evitando controvérsias, o legislador positivou o princípio recursal em tela, fazendo prevalecer, na hipótese de conflito entre possibilidades recursais, a apelação.

Dita previsão do § 4º, do art. 593, do CPP, tem sua razão de ser na prática forense, especialmente porque no bojo de uma sentença poderão ser decididas outras questões que, examinadas isoladamente, seriam recorríveis em sentido estrito. O que tem relevância para a escolha do apelo é a verificação da adequação para impugnar decisões definitivas em sentido amplo – decorrentes de julgamentos com resolução de mérito (especialmente sentenças condenatórias e absolutórias, chamadas de definitivas), toda vez que não houver espaço para a interposição de recurso em sentido estrito.

Com base nesse critério, as decisões com força de definitiva serão apeláveis, mesmo que terminativas, ou seja, ainda que sejam daquelas que colocam termo ao processo sem resolver-lhe o mérito propriamente dito da ação penal condenatória, a exemplo das sentenças que julgam procedimento incidente para restituição de coisas apreendidas.

109. GRINOVER, Ada Pellegrini; GOMES FILHO, Antônio Magalhães; FERNANDES, Antônio Scarance. *Recursos no processo penal*. 6. ed. São Paulo: RT, 2011. p. 95.

Também apelável, segundo entendimento majoritário, a sentença que homologa ***sursis*** processual (suspensão condicional do processo, do art. 89, da Lei nº 9.099/1995)[110], porquanto se trata de decisão com força de definitiva. No entanto, se da decisão com força definitiva existir previsão de cabimento de recurso em sentido estrito (art. 581, CPP), este será a impugnação cabível, tal qual é o caso da sentença que decreta prescrição da pretensão punitiva (extintiva de punibilidade).

De outra vertente, serão irrecorríveis as decisões sem força de definitiva, tal como aquela que ordena arquivamento de inquérito policial, homologando pedido do Ministério Público[111]. Ao interessado – vítima ou sua família, conforme o caso –, restará o direito de petição junto aos órgãos superiores do Ministério Público, notadamente quando o arquivamento se der com fundamento na insuficiência de provas para a deflagração da ação penal (Súmula nº 524, STF).

2.1.4. Processamento

O processamento da apelação envolve a questão prévia relativa ao seu juízo de admissibilidade. A apelação deve se mostrar tempestiva e adequada, assim como apresentada por quem tenha legitimidade e interesse. A legitimidade recursal decorre, em regra, da condição de parte do sujeito processual. O interesse é verificado, notadamente, pela sucumbência da parte ou pela possibilidade de vantagem prática com o eventual provimento do recurso.

Nessa seara, papel peculiar tem o Ministério Público, pois poderá, em regra, apelar amplamente, inclusive em favor do acusado. Da sentença condenatória, tem ele interesse em recorrer, inclusive para majorar pena fixada em ação penal privada. Não tem ele interesse de recorrer, todavia, da sentença absolutória em ação penal privada exclusiva ou personalíssima, podendo recorrer se for sentença de absolvição exarada em ação penal privada subsidiária da pública.

Questão interessante é a dúvida que se coloca sobre o interesse do defensor em apelar quando o acusado tiver renunciado ao direito de recorrer. Trata-se de conflito entre a defesa técnica e a autodefesa. Nesse caso, pelo menos três orientações podem ser sustentadas:

(1) há prevalência da vontade do acusado em renunciar ao direito de recorrer, especialmente quando sua manifestação for tomada por termo na presença do juiz;

(2) deve ser conhecida a apelação do defensor porque a defesa técnica deve prevalecer sobre a autodefesa; e

(3) o defensor tem interesse autônomo para recorrer relativamente ao acusado, não obstando o manejo do recurso daquele o fato do acusado ter renunciado ao seu direito de recorrer, pois a legitimidade para recorrer do defensor é autônoma em relação à do réu, isto é, concorrente e disjuntiva. Em outras palavras, deve prevalecer, como regra geral, a vontade de recorrer, "só se admitindo solução diversa quando, por ausência do interesse-utilidade, não seja possível vislumbrar, em face de circunstâncias do caso, vantagem prática para o

110. GRINOVER, Ada Pellegrini; GOMES FILHO, Antônio Magalhães; FERNANDES, Antônio Scarance. *Recursos no processo penal*. 6. ed. São Paulo: RT, 2011. p. 97.

111. GRINOVER, Ada Pellegrini; GOMES FILHO, Antônio Magalhães; FERNANDES, Antônio Scarance. *Recursos no processo penal*. 6. ed. São Paulo: RT, 2011. p. 96.

acusado"[112] (é a posição prevalente e a nossa posição). A este respeito, vale pontuar a súmula nº 705 do STF, segundo a qual "a renúncia do réu ao direito de apelação, manifestada sem a assistência do defensor, não impede o conhecimento da apelação por este interposta".

Recebida a apelação – que não tem efeito regressivo, não havendo que se falar em retratação pelo juiz diante do apelo criminal –, serão atribuídos, pelo juiz de primeiro grau, os efeitos legais (art. 597, do CPP), da seguinte forma:

(1) a apelação será sempre recebida no efeito devolutivo;

(2) será também, em regra, dotada de efeito suspensivo nas hipóteses de sentença condenatória (art. 597, CPP) e de sentença absolutória imprópria (que aplica medida de segurança), com supedâneo no estado de inocência;(3) a prisão decorrente de sentença condenatória caiu, de forma que para que alguém tenha decretada sua prisão nessa fase, devem ser comprovados os requisitos da prisão preventiva, o que não deve significar execução provisória da pena, embora, no ponto, não seja à apelação dado o efeito suspensivo quanto à imposição da prisão preventiva. Todavia, o Plenário do STF deliberou que, depois de confirmada condenação penal por tribunal, em segundo julgamento, será admitida a execução da pena de forma provisória, antes do trânsito em julgado da sentença penal condenatória[113]. A decisão foi objeto de divergências entre os ministros, com o desfecho de reconhecimento de repercussão geral, para que produza efeitos gerais (ARE 964.246)[114]. O STF reconheceu a reafirmação de sua jurisprudência nesse sentido, reputando que a execução provisória de pena não ofende o princípio constitucional da presunção de inocência, nem fere o art. 283, do CPP. Discordamos do posicionamento da Suprema Corte; e

(4) em se tratando de sentença absolutória (própria), o apelo nunca terá efeito suspensivo, não subsistindo qualquer espécie e medida cautelar imposta ao réu depois de declarada sua absolvição.

Com efeito, o efeito suspensivo da apelação, todavia, não impedirá que o acusado preso, uma vez absolvido, seja posto imediatamente em liberdade, a teor do art. 596, ***caput***, do CPP. Faltaria aí título legítimo para a manutenção da prisão do agente.

Outrossim, o parágrafo único do art. 596, CPP, que preconiza que a apelação não tem o condão de suspender a execução da medida de segurança aplicada provisoriamente encontra-se desprovido de eficácia, diante de sua revogação tácita pela reforma do Código Penal ocorrida em 1984, que modificou a redação dos seus artigos 80 e 81, normatizando as medidas de segurança a partir do art. 96, do mesmo Código.

No entanto, é possível, se presentes os requisitos legais (necessidade e adequação, como pressupostos gerais de imposição de toda medida cautelar, a teor do art. 282, do CPP), que o juiz imponha internação provisória ao acusado nas hipóteses de crimes praticados com

112. GRINOVER, Ada Pellegrini; GOMES FILHO, Antônio Magalhães; FERNANDES, Antônio Scarance. *Recursos no processo penal*. 6. ed. São Paulo: RT, 2011. p. 108.

113. STF. Informativo nº 814, de fevereiro de 2016 (Pleno – HC 126292/SP – Rel. Min. Teori Zavascki – 17/02/2016).

114. Cuidou-se de decisão tomada em "Plenário virtual", no ARE 964.246: "O Tribunal, por unanimidade, reputou constitucional a questão. O Tribunal, por unanimidade, reconheceu a existência de repercussão geral da questão constitucional suscitada. No mérito, por maioria, reafirmou a jurisprudência dominante sobre a matéria, vencidos os Ministros Celso de Mello, Dias Toffoli, Marco Aurélio e Ricardo Lewandowski. Não se manifestou a Ministra Rosa Weber".

violência ou grave ameaça, quando os peritos concluírem ser inimputável ou semi-imputável (art. 26 do Código Penal) e houver risco de reiteração, nos termos do art. 319, inciso VII, do Código de Processo Penal.

O juiz, ao absolver o acusado impropriamente (impondo medida de segurança), pode fundamentar a necessidade de manutenção ou de imposição de internação provisória, de acordo com as peculiaridades do caso concreto. O que não pode haver, frise-se, é a execução da medida de segurança aplicada, antes do trânsito em julgado, pelo simples fato de ter sido aplicada pelo juiz na sentença absolutória imprópria.

No que toca à possibilidade de serem as razões do recurso de apelação apresentadas em segunda instância (§ 4º, do art. 600, CPP), as partes, por seus advogados, devem ser notificadas através de publicação oficial (salvo o Ministério Público e a Defensoria Pública, que serão notificados pessoalmente).

Cuida-se de diferimento do processamento da apelação, em virtude de que as providências concernentes à intimação para razões e contrarrazões serão adotadas pelo membro do tribunal relator do recurso. Essa faculdade de arrazoar o recurso em segunda instância é aplicável somente na apelação, inexistindo essa possibilidade, por exemplo, no recurso em sentido estrito[115], embora preveja o Código que devem ambos os recursos subir, com ou sem razões, para julgamento pela instância ***ad quem*** (art. 589, CPP).

O que normalmente acontece, porém, é que o juiz de primeiro grau, ao receber a apelação contra decisão sua:

(1) se verificar que estão desacompanhadas de razões, determina que o apelante arrazoe o apelo, no prazo de oito dias ou de três dias (este último prazo aplicável ao processo-crime por contravenção penal ou no caso de ser o apelante assistente, que arrazoará o recurso após o Ministério Público);

(2) estando a apelação acompanhada de razões, intimará o apelado para oferecer contrarrazões, no mesmo prazo de oito dias ou de três dias, conforme a hipótese.

(3) se a ação penal for movida pela vítima/querelante, o Ministério Público terá vista dos autos, pelo prazo de três dias após as razões ofertadas pelo ofendido/querelante (art. 600, § 2º, CPP);

(4) quando forem dois ou mais os apelantes ou apelados, os prazos serão comuns (art. 600, § 3º, CPP), salvo para o Ministério Público (que a vista é obrigatoriamente mediante carga dos autos) e para a Defensoria Pública (com vista dos autos quando necessário, nos termos do inciso I, do art. 44, da Lei Complementar nº 80/1994, dada pela Lei Complementar nº 132/2009);

(5) encerrados os prazos para oferecimento de razões, os autos serão remetidos ao tribunal ***ad quem***, com ou sem as razões, no prazo de 5 (cinco) dias, salvo nas jurisdições que forem sede de tribunal, onde subirão em trinta dias, em face da previsão legal da necessidade de ficarem em cartório ou secretaria autos suplementares formados a partir do traslado das peças essenciais do processo (art. 603, CPP).

115. JESUS, Damásio E de. *Código de processo penal anotado*. 10. ed. São Paulo: Saraiva, 2003. p. 377.

Apesar da previsão legal de que a apresentação de razões seria uma mera faculdade, entendemos que as razões são obrigatórias (essenciais ao princípio do contraditório), tanto para a acusação quanto para a defesa, senão vejamos.

No que concerne ao Ministério Público, a ausência de razões implicaria desistência indireta do recurso, o que não lhe é dado fazer, pois o recurso sem razão é destituído de qualquer substância, sendo verdadeiro corpo sem alma. Caberá então ao juiz, por analogia, invocar o art. 28, CPP, remetendo os autos para que o procurador geral supra a omissão.

Tratando-se de ação privada, a ausência de razões implica desistência do recurso pelo querelante.

Já em se tratando da defesa, as razões são expressão do princípio da ampla defesa, sendo a defesa técnica materializada pelas razões uma necessidade. Se o réu tem advogado constituído, deve ser notificado para contratar outro. Não o fazendo, ser-lhe-á nomeado advogado ***ad hoc*** para a prática do ato, assegurando-se a apresentação das razões. Os tribunais superiores, entretanto, seguindo o texto legal, vinham se manifestado pela facultatividade da medida[116]. Todavia, em decisões mais recentes, percebe-se a mudança de direcionamento, e caso o apelado seja o acusado, a falta de apresentação de contrarrazões pelo defensor constituído impõe que o juiz assegure oportunidade para o estabelecimento da dialética processual, intimando-o para que ele constitua outro advogado e, havendo inércia, nomeará defensor público ou dativo para a prática deste ato, tido por essencial ao direito de defesa[117].

(6) havendo mais de um réu, e não tendo sido todos julgados ou não havendo todos apelado da sentença, caberá ao apelante – que terá o ônus de arcar com as despesas correspondentes (salvo se o pedido for do Ministério Público, do réu pobre ou da Defensoria Pública) – promover extração do traslado dos autos, o qual deverá ser remetido à instância superior no prazo de trinta dias, contado da data da entrega das últimas razões de apelação, ou do vencimento do prazo para a apresentação das do apelado.

2.1.5. Julgamento

A competência para julgar a apelação é do tribunal ao qual está vinculado o juiz prolator da sentença, podendo ser os Tribunais de Justiça ou os Tribunais Regionais Federais, que são órgãos de segundo grau de jurisdição. Quando o juiz de direito (estadual) estiver no exercício de judicatura federal, a apelação será endereçada ao Tribunal Regional Federal competente.

Os tribunais são divididos em órgãos julgadores: pleno ou órgão especial, câmaras, turmas e/ou seções. Os regimentos internos e as leis de organização judiciária dispõem sobre a competência julgadora dos órgãos respectivos (artigos 609 e 618, CPP). Assim, a apelação criminal terá seu exame atribuído a um desses órgãos, conforme a matéria penal nela tratada e em compasso com a competência previamente estabelecida.

Os autos, ao chegarem ao tribunal, serão distribuídos a um relator. Nessa altura, a apelação já estará com as razões e contrarrazões de recurso. Caso contrário, tendo

116. STJ – 5ª T. – HC 35.797/SC – Rel. Ministro Gilson Dipp – DJ 6/9/2004. p. 287.

117. STJ – 6ª Turma – HC 118.904 – Rel. Min. Maria Thereza de Assis Moura – DJ 06/05/2010 – Informativo 433.

havido pedido para arrazoar em segunda instância, o relator tomará as providências para o seu processamento. A apresentação intempestiva de razões e de contrarrazões de recurso, em matéria criminal, não deve implicar o seu desentranhamento, sem embargo de poder ser considerado esse fator para fins de apreciação de matéria que careceria de alegação oportuna.

Na segunda instância, o Ministério Público terá vista dos autos para exarar parecer, no prazo de cinco dias (salvo se for o caso de sentença em processo de contravenção ou de processo de ***habeas corpus*** – art. 610, ***caput***, CPP), atuando, na hipótese, como ***custos legis***.

O ***Parquet*** poderá opinar pelo conhecimento, não conhecimento, provimento ou não provimento da apelação. O parecer do Ministério Público nessa instância é apontado por Rômulo de Andrade Moreira como atividade violadora do contraditório, da isonomia, do devido processo legal e da ampla defesa, porquanto não se abre nova oportunidade para o acusado falar por derradeiro[118].

Com efeito, a falta de possibilidade de manifestação do acusado sobre o parecer eventualmente desfavorável, indica um desequilíbrio processual. Não parece infirmar essa conclusão, o argumento que sustenta que o Ministério Público aí está a atuar não "como órgão estatal em busca da pretensão punitiva, e sim, tão somente, como verdadeiro juiz, em prol de um resultado justo"[119].

Antes de ser designada data de julgamento, o relator pode verificar que o processo precisa de diligência imprescindível para o desate do apelo, notadamente quando verifica a ausência de interrogatório do réu revel que compareceu aos autos quando o processo já havia sido remetido à segunda instância. É possível então que o julgamento seja convertido em diligência, com a baixa do processo à primeira instância, ou mesmo que aquela seja cumprida mediante carta de ordem, sem a remessa dos autos ao juízo ***a quo***, quando não se mostre necessária essa providência.

É nesse sentido que dispõe o art. 616, CPP, avivando que no julgamento das apelações poderá o tribunal, câmara ou turma realizar novo interrogatório do réu, reinquirir testemunhas ou determinar outras diligências. Tal providência poderá ocorrer, inclusive, no dia do julgamento, perante o órgão colegiado.

Estando pronto o processo, o relator pedirá dia para julgamento, solicitando inclusão em pauta (art. 610, ***caput***, CPP). Uma vez designada a data, a parte deve ser intimada através de publicação oficial. Se o acusado estiver representado pela Defensoria Pública, a intimação deste órgão é pessoal e, se necessário, com vistas dos autos (inciso I, do art. 44, da Lei Complementar nº 80/1994).

O Ministério Público, da mesma forma, tem a prerrogativa de ser intimado pessoalmente com carga dos autos.

A falta de intimação da parte pela imprensa, ou a intimação realizada, por equívoco, em nome de advogado não constituído nos autos implica nulidade absoluta do julgamento da apelação. O enunciado nº 431, da súmula do STF, reza a propósito que "é nulo o julgamento

118. MOREIRA, Rômulo de Andrade. *Direito processual penal*. Salvador: JusPODIVM, 2007. p. 101.

119. MIRABETE, Julio Fabbrini. *Processo penal*. 14. ed. São Paulo: Atlas, 2003. p. 647.

de recurso criminal, na segunda instância, sem prévia intimação ou publicação da pauta, salvo em *habeas corpus*".

No dia do julgamento, o presidente do tribunal o anunciará, sendo apregoadas as partes e, com a presença delas ou à revelia, o relator fará o relatório do feito e, seguidamente, o presidente, concederá, pelo prazo de dez minutos, a palavra aos representantes das partes e ao procurador-geral, por igual prazo (parágrafo único, art. 610, CPP).

Caso se trate de apelação contra sentenças prolatadas em processo por delito a que a lei comine pena de reclusão, há necessidade de um membro do tribunal como revisor.

No Supremo Tribunal Federal, houve debate sobre a possibilidade de substituição do desembargador revisor, afastado por motivo de férias, por outro membro, juiz de primeira instância convocado.

Sobre o ponto, dois posicionamentos foram aventados quando do julgamento de habeas corpus que enfrentou alegações de nulidades do rito da apelação criminal. Vejamos.

(1) Inicialmente, no Informativo 603-STF, foi noticiado que a substituição do revisor, durante o procedimento recursal da apelação, foi entendida como prejudicial à plenitude de defesa pelo Ministro Celso de Mello. Na oportunidade, ressaltou em seu voto que o CPP, ao tratar do rito recursal da apelação, notadamente nos casos de crimes apenados com reclusão, impôs a dualidade de órgãos – um relator e um revisor –, o que não teria sido respeitado nos autos, causando confusão, no sentido técnico, ao concentrar-se em uma única pessoa a dupla e incompatível condição de revisor e relator. Isso em virtude de não ter sido possível saber qual seria o voto que o revisor originário proferiria, porquanto teria sido substituído por magistrado que se limitava a atuar na primeira instância, evidenciando, no ponto, o prejuízo, sem necessidade ser demonstrado concretamente. O julgamento não foi concluído à época, por ter sido pedida vista dos autos pelo Ministro Joaquim Barbosa[120].

(2) Em um momento posterior, conforme Informativo 656-STF e inteiro teor do acórdão do respectivo julgamento, a Segunda Turma da Suprema Corte, por maioria (vencido o Ministro Celso de Mello), concluiu que a não participação de revisor original da apelação, substituído por juíza federal convocada, nos termos do regimento interno, não implicaria qualquer ilegalidade. Nos termos da posição que se sagrou vencedora, "a magistrada não só demonstrara haver efetivamente revisado o caso concreto, como, inclusive, proferira voto que se tornara o condutor do acórdão, reduzindo o quantum da pena do condenado". Em acréscimo, ficou assentado que "o fato de a juíza integrar a turma julgadora como revisora não seria capaz de acarretar, por si só, a nulidade do processo, sem a demonstração de efetivo prejuízo para a defesa, de acordo com o princípio pas de nullitè sans grief, adotado pelo art. 563 do CPP".[121]

Entendemos que o voto vencido, do Ministro Celso de Mello, é o que encontra respaldo constitucional na hipótese ora narrada, considerando a necessidade de se descrever, nos

120. STF – Informativo nº 603, de 4 a 8 de outubro de 2010 – Apelação criminal e nulidades-3 – Segunda Turma – HC 103433/PR – Rel. Min. Ellen Gracie – j. 5 out. 2010.

121. STF – Informativo nº 656, de 27 de fevereiro a 3 de março de 2012 – Apelação criminal e nulidades-6 – Segunda Turma – HC 103433/PR – Rel. orig. Min. Ellen Gracie, red. p/ o acórdão Min. Joaquim Barbosa – j. 28 fev. 2012.

autos, a atividade de revisão do apelo, com atenção à dualidade de órgãos e respectivos prazos. Em outros termos, a substituição de revisor por juiz convocado não pode implicar dúvidas acerca do efetivo cumprimento da função de revisão imposta pelo CPP no trâmite da apelação relativa a crimes apenados com reclusão. Desatendido dispositivo legal e mitigado direito fundamental constitucional, deveria ser reconhecida nulidade absoluta (sem necessidade de demonstração de prejuízo) e decretada a invalidação do julgamento do recurso.

Na sequência do procedimento da apelação contra sentença em processo por crime apenado com reclusão, serão observadas em acréscimo ao enunciado do art. 610, CPP, as seguintes modificações:

(1) feito o relatório nos autos, passarão estes ao revisor, com igual prazo para o exame do processo, após o que pedirá designação de dia para o julgamento;

(2) os prazos serão ampliados ao dobro;

(3) o tempo para os debates será de um quarto de hora (art. 613, CPP).

Eventual inobservância dos prazos deverá ser justificada nos autos.

Após o debate, será dada a palavra ao relator, que proferirá o seu voto. O voto constará, em regra, de duas partes dispositivas: uma referente ao conhecimento ou ao não conhecimento do apelo; a outra – se conhecida a apelação – pelo provimento ou pelo não provimento do recurso.

Havendo divergência em relação ao conhecimento do recurso, o presidente deverá conduzir a tomada dos votos restritamente a este ponto. Ou seja, como "o tribunal decidirá por maioria de votos" (art. 615, CPP), preliminarmente, seus membros votarão sobre o conhecimento ou não conhecimento do recurso.

Se a maioria decidir pelo não conhecimento, encerra-se o julgamento do apelo. Se for a apelação conhecida, passa-se a tomada dos votos alusivamente ao provimento ou não provimento do recurso.

Se houver empate de votos no julgamento de recursos e se o presidente do tribunal, câmara ou turma, não tiver tomado parte na votação, proferirá o voto de desempate, no caso contrário, prevalecerá a decisão mais favorável ao réu (§ 1º, art. 615, CPP).

Sendo o relator vencido, outro será designado para lavrar o acórdão, recaindo, em regra, sobre o membro que abriu a divergência, devendo o acórdão ser apresentado à conferência na primeira sessão seguinte à do julgamento, ou no prazo de duas sessões, pelo juiz incumbido de lavrá-lo (§ 2º, art. 615, CPP).

Não há possibilidade de aplicação de ***mutatio libelli*** pelo órgão de segunda instância (súmula nº 453, STF). Isso importará que, se for constatado fato delituoso não contido na denúncia ou na queixa, sequer implicitamente, a solução a ser dada pelo tribunal, em caso de provimento de apelação, é a de anular a sentença para que, em primeira instância, sejam adotadas as providências que a ***mutatio libelli*** requer (art. 384, CPP).

Já a ***emendatio libelli*** (simples correção de tipificação de fato criminoso ou de elementar delituosa já contida na acusação) é perfeitamente possível (art. 383, CPP), consoante o art. 617, CPP, que determina, ainda, a observância dos artigos 386 e 387, CPP, que cuidam dos conteúdos essenciais das sentenças absolutórias e condenatórias.

Por fim, deve-se relembrar o que já foi dito sobre a ***reformatio in pejus***. Ela é vedada relativamente ao recurso do acusado, isto é, se só o acusado recorre, com trânsito em julgado para a acusação, não é admitida a modificação da decisão que piore sua situação. Trata-se do efeito prodrômico da sentença condenatória, abordado de maneira detida no capítulo XII (item 4.1.2).

É o Código de Processo Penal que o diz, em seu art. 617, enfatizando que as decisões dos tribunais serão conformes às disposições concernentes às sentenças de primeiro grau, não podendo, porém, ser agravada a pena, quando somente o réu houver apelado da sentença.

Tal enunciado autoriza o entendimento de ser também proibida a ***reformatio in pejus*** indireta, ou seja, se a sentença condenatória do juiz tiver sido anulada para que ele profira outra em seu lugar, a nova sentença não poderá extrapolar o limite estabelecido na anterior, em virtude de ter sido a apelação interposta exclusivamente pelo acusado. No entanto, se o Ministério Público recorrer concomitantemente, ainda que seu recurso seja prejudicado pelo acolhimento integral do recurso do acusado, poderá haver ***reformatio in pejus*** indireta, eis que não terá incidido preclusão sobre a matéria.

Recorde-se que se do julgamento da apelação resulta reforma parcial da decisão condenatória, alterando a pena imposta, permanece sendo a sentença – e não o acórdão – o marco interruptivo da prescrição, na esteira do art. 117, IV e sua interpretação dada pelo STJ[122].

Para evitar a chamada "supressão de instância", toda vez que o juiz de primeiro grau não exerce exame exauriente do mérito da ação, o recurso dirigido ao tribunal, quando provido, tem o condão de determinar a invalidação do julgamento. Nesse caso, a desconstituição do julgamento sem exame completo do mérito, tem por consectário lógico enviar os autos ao juiz de grau anterior, a fim de que prossiga com a fase de produção de provas e, ao final, julgue a ação pelo mérito.

Esse proceder tem por finalidade vedar "saltos de instância", notadamente quando a causa não está madura para julgamento.

A teoria da causa madura, aplicável ao processo civil (não ao processo penal) propugna que, nos casos de julgamento sem resolução do mérito, o recurso eventualmente manejado contra a decisão ou a sentença extintiva possa ser provido pelo tribunal não apenas para determinar que o juiz de primeiro grau examine o mérito da ação.

Estando o processo (civil) pronto para julgamento, o tribunal poderá julgar o mérito do próprio pedido da ação. Em outras palavras, quando o processo está instruído (maduro para julgamento não só do mérito do recurso, porém do mérito da ação), a sentença extintiva sem resolução do mérito poderá ser reformada, tanto para julgar procedente, quanto improcedente a ação civil.

122. STJ – Sexta Turma – REsp 730.407 – Rel. Min. OG FERNANDES – DJe 29/11/2010.

Volvendo para o caso penal, a primeira conclusão que devemos assentar é a de que não é permitido aplicar a "teoria da causa madura" para, em grau recursal, julgar procedente pedido condenatório, quando a sentença ou decisão recorrida for de extinção sem resolução do mérito (indeferimento da inicial, a teor do art. 395, CPP). Em caso como esse, o tribunal deve dar provimento ao recurso para invalidar o indeferimento, a fim de que o processo tenha continuidade.

Quanto às decisões de mérito do procedimento comum e especiais (exceto do júri, que, quando provida apelação contra decisões dos jurados, sempre determinam o reenvio do processo a novo julgamento), de absolvição e de condenação. Importa distinguir:

(1) as decisões condenatórias podem ser: (a) objeto de invalidação, quando padecerem de nulidade, determinando-se novo julgamento; (b) objeto de reforma, quando a hipótese for de erro de julgamento, a exemplo da discordância do tribunal quanto à avaliação da prova feita pelo juiz *a quo*, e da deficiência de aplicação de pena, caso em que o tribunal pode reformar o julgado para corrigir o equívoco, inclusive da sentença do juiz-presidente do tribunal do júri;

(2) as sentenças de absolvição (definitiva, tal como disposta no art. 386, CPP), do rito comum e especial, exceto júri: como o juiz singular aprecia, nesses casos, o mérito de forma exauriente, com produção de provas e todo percurso do rito, o tribunal está autorizado a reformar o julgado para, por exemplo, condenar o acusado por um ou mais delitos, nos limites da denúncia (não há, nessa situação, "supressão de instância);

(3) as sentenças de absolvição sumária (a teor do art. 397, CPP), no procedimento comum e especiais, inclusive júri: nesses casos temos julgamento antecipado da lide penal em favor do acusado. Vale dizer, não é, no caso, completado o rito, com a necessária produção de provas. Embora seja decisão de mérito, não é possível ao tribunal reformar, em sede de apelação, o julgado absolutório sumário, que firmou juízo de improcedência da pretensão punitiva estatal, para, de plano, condenar o acusado. Caso contrário, haverá supressão de instância (julgamento sumário condenatório contra o réu, pelo tribunal, totalmente vedado);

(4) as sentenças de extinção de punibilidade (art. 61, CPP), em qualquer procedimento, a exemplo da que reconhece a prescrição: o recurso em sentido estrito movido contra a decisão extintiva de punibilidade não autoriza sua reforma para declarar a condenação do réu (antecipação do julgamento contra o acusado, proibida pelo ordenamento jurídico). Haveria supressão de instância, tal como explicamos para o caso da sentença de absolvição sumária.

Em recente julgado, na senda do aqui exposto, o STJ, advertindo que ninguém pode ser processado nem sentenciado senão pela autoridade competente (art. 5º, LIII, CF/1988), deixou vincado que "no julgamento de apelação interposta pelo Ministério Público contra sentença de absolvição sumária, o Tribunal não poderá analisar o mérito da ação penal para condenar o réu, podendo, entretanto, prover o recurso para determinar o retorno dos autos ao juízo de primeiro grau, a fim de viabilizar o prosseguimento do processo"[123].

123. STJ. Informativo nº 579, de abril de 2016 (Sexta Turma – HC 260.188-AC – Rel. Min. Nefi Cordeiro – DJ: 15/03/2016).

2.2. Recurso em sentido estrito

2.2.1. Noção

Costuma-se fazer uma analogia entre o recurso em sentido estrito e o recurso de agravo de instrumento (manejado contra as decisões interlocutórias de primeiro grau) disciplinado no CPC/2015.

Com essa ideia, enquanto a apelação criminal está para a apelação cível, o recurso em sentido estrito, no CPP, está para o agravo de instrumento, no CPC/2015.

Essa assimilação, contudo, não esclarece o bastante.

Existem diferenças importantes, notadamente a possibilidade de interposição de recurso em sentido estrito contra algumas espécies de sentenças, não havendo, no CPC/2015, possibilidade de agravo de instrumento contra ato processual dessa ordem.

O que vai delinear o recurso em sentido estrito é a previsão dos casos de cabimento no art. 581, CPP, em rol taxativo, que não admite ampliação sem lei expressa autorizativa.

Destarte, podemos definir o recurso em sentido estrito como a impugnação voluntária, manifestada pela parte interessada e prejudicada por decisão judicial criminal que se amolde a uma das situações dispostas no art. 581, CPP, para o fim de vê-la modificada pelo juiz de primeiro grau, em juízo de retratação, ou pelo tribunal ***ad quem***, mediante julgamento pelo seu órgão com competência criminal, para tanto subindo os autos principais ou mediante traslado, quando a lei assim o determinar.

2.2.2. Interposição

A interposição do recurso em sentido estrito poderá ser realizada, por petição ou por termo nos autos (art. 578, CPP).

O prazo para a interposição de recurso em sentido estrito, regra geral, é de cinco dias.

Esse lapso, contudo, será de vinte dias quando o recurso em sentido estrito for manejado contra decisão que incluir jurado na lista geral ou desta o excluir, consoante o parágrafo único, art. 586, CPP. Esta hipótese se enquadra como recurso em sentido estrito de natureza administrativa. Vale dizer, é movido contra ato administrativo do juiz da vara do júri, que coexiste com um outro meio de impugnação que é a reclamação contra inclusão ou exclusão de jurado da lista geral. Sobre a questão, há divergências sobre a manutenção dessa hipótese de recurso em sentido estrito no sistema, depois do advento da Lei nº 11.689/2008.

Uma vez interposto o recurso em sentido estrito, abrir-se-á prazo para a apresentação de razões escritas, quando o recorrente não as houver oferecido no mesmo ato em que recorreu.

O prazo para arrazoar e contra-arrazoar o recurso ***stricto sensu*** é de dois dias, contados da interposição do recurso, ou do dia em que o escrivão, extraído o traslado, o fizer com vista ao recorrente (art. 588, CPP).

Todavia, para evitar dúvidas quanto ao prazo, tem-se entendido que o prazo para o oferecimento das razões (e contrarrazões) será contado a partir da respectiva intimação, interessando avivar que se o recorrido for o réu, será intimado do prazo na pessoa do defensor (parágrafo único, art. 588, CPP).

2.2.3. Cabimento

Os casos de cabimento de recurso em sentido estrito são fechados, nos termos do art. 581, CPP. Não há possibilidade de ser ampliada a sua enunciação, sem que haja modificação por via legislativa.

Dessa forma, o intérprete escolherá o recurso cabível bem atento às hipóteses do art. 581, CPP, que requer sua conformação ao princípio da especialidade. A previsão desse recurso pode constar também de legislação extravagante que trace rito específico para ações criminais de rito especial.

Com essa advertência, tem lugar apreciar as hipóteses de cabimento do recurso em sentido estrito, manejável, nos termos do art. 581, ***caput***, CPP, contra "decisão, despacho ou sentença", sempre com o cuidado com as leis especiais que prevejam sistemática recursal própria, a excepcionar o regramento do Código de Processo Penal. Uma advertência inicial é necessária: a referência aos despachos é equívoca, já que estes não possuem conteúdo decisório, sendo irrecorríveis.

Vejamos cada um dos casos em separado:

(a) *Caberá recurso em sentido estrito contra a decisão que não receber a denúncia ou a queixa (art. 581, I, CPP).*

O recebimento da peça acusatória é irrecorrível, mas o réu pode manejar ***habeas corpus*** para trancar a ação penal cujo crime comine pena privativa de liberdade ou mandado de segurança para o mesmo fim quando o crime não preveja pena de tal espécie, quando a demanda for desprovida de justa causa.

Quanto à rejeição (não recebimento) da peça acusatória, calha repisar que o verbete nº 707, da súmula do STF averba que "constitui nulidade a falta de intimação do denunciado para oferecer contrarrazões ao recurso interposto da rejeição da denúncia, não a suprindo a nomeação de defensor dativo".

Trata-se de preocupação com a preservação do contraditório, para que se assegure, na respectiva etapa procedimental, o exercício da ampla defesa.

Existem disposições específicas que carecem de atenção.

Nos juizados especiais criminais, a rejeição da inicial acusatória desafia o recurso de apelação (art. 82, § 1º, Lei nº 9.099/1995).

Porém, o regramento especial para interposição recursal nos processos por crime de imprensa, consoante era previsto na aludida Lei Federal nº 5.250/1967, não é mais aplicável, por ter o Supremo Tribunal Federal decidido pela não recepção integral de seu texto pela Constituição de 1988[124].

De tal sorte, os processos por crime de imprensa (previstos, sem distinção, na lei penal comum) serão regidos pelas disposições do Código de Processo Penal, inclusive no que concerne à forma de interposição do recurso em exame.

124. STF – Tribunal Pleno – ADPF 130 – Rel. Min. Carlos Brito – DJ de 6/11/2009.

(b) *Contra a decisão que concluir pela incompetência do juízo, manejável é o recurso em sentido estrito, nos termos do art. 581, II, CPP.*

São as decisões comumente chamadas de declinatórias de competência, quando o magistrado, ***ex officio***, entende que não tem atribuição para atuar no caso.

Enquadra-se nessa hipótese, a decisão desclassificatória no rito do júri, quando o juiz, ao entender que o crime narrado não é da competência do tribunal popular, remeterá o processo ao juiz que o seja, a teor do art. 419, ***caput***, CPP[125].

(c) *O recurso em sentido estrito será interposto contra a decisão que julgar procedente as exceções, salvo a de suspeição (art. 581, III, CPP).*

O dispositivo se refere às exceções de incompetência de juízo, de litispendência, de ilegitimidade de parte e de coisa julgada. O recurso em sentido estrito é cabível quando o juiz julga procedente as exceções, salvo a de suspeição. Realmente, não faria sentido a interposição do recurso em sentido estrito contra decisão que julgar procedente a exceção de suspeição. Nada mais lógico: se o próprio juiz está afirmando que é suspeito para julgar determinado processo, por motivo de foro íntimo, não cabe à parte exigir que ainda assim ele atue no processo que, o próprio magistrado se averbou sem a necessária imparcialidade.

De outro lado, são irrecorríveis as decisões que rejeitam as exceções, sejam elas de suspeição, de incompatibilidade, de impedimento, de coisa julgada, de incompetência, de ilegitimidade de parte ou de litispendência (art. 95, CPP). É que o próprio Código de Processo Penal estabelece o processamento das exceções, com processamento em autos apartados e, em regra, sem suspender o processo. Se a suspeição, o impedimento ou a incompatibilidade não forem reconhecidos pelo próprio juiz, este remeterá os autos ao tribunal para julgamento pelo pleno (§ 4º, do art. 103, CPP).

As demais exceções, se não acolhidas, têm seu processamento encerrado em primeira instância, por decisão irrecorrível. É possível, contudo, a utilização do *habeas corpus* como sucedâneo recursal ou mesmo a rediscussão da matéria, como preliminar, em sede de apelação[126].

(d) *Cabível recurso em sentido estrito contra a decisão que pronunciar o réu (art. 581, IV, CPP).*

A decisão de pronúncia encerra a primeira fase do rito escalonado do júri e dá início à segunda etapa. É uma decisão interlocutória mista não terminativa. Contra ela será cabível o recurso em sentido estrito (art. 581, IV, CPP). Como o efeito regressivo é inerente ao recurso em sentido estrito, o juiz pode, ao receber o recurso, retificar sua decisão, impronunciando o acusado consoante a hipótese. Contra esta decisão (de impronúncia), manejável será a apelação que, naturalmente, não tem efeito de retratação (regressivo).

(e) *Também desafia recurso em sentido estrito a decisão que conceder, negar, arbitrar, cassar ou julgar inidônea a fiança, indeferir requerimento de prisão preventiva ou revogá-la, conceder liberdade provisória ou relaxar a prisão em flagrante (art. 581, V, CPP).*

125. ALENCAR, Rosmar Rodrigues. *Preclusão da decisão desclassificatória no rito do júri*: (im)possibilidade de arguição de conflito de competência. Porto Alegre: Sergio Antonio Fabris, 2006. p. 61.

126. MIRABETE, Julio Fabbrini. *Processo penal*. 14. ed. São Paulo: Atlas, 2003. p. 621.

Como se depreende, as decisões que firam matéria sobre fiança são recorríveis em sentido estrito, independentemente de seu conteúdo (que conceda, negue, arbitre, casse ou julgue inidônea a fiança).

É possível que o juiz imponha medida cautelar diversa da prisão (art. 319, CPP), de forma cumulativa, com a fiança ou sem ela. Entendemos que contra a decisão que aplica medida cautelar cumulada com a fiança ou em substituição à prisão preventiva, cabível será o recurso em sentido estrito, com base no art. 581, V, CPP, com esteio em interpretação extensiva e analógica autorizada pelo art. 3º, do Código. que Não há violação ao princípio da taxatividade recursal (ou especialidade), eis que, ao impor medida cautelar diversa da prisão, o juiz estará concedendo liberdade provisória.

Com efeito, serão recorríveis ***stricto sensu*** as decisões que sejam favoráveis à liberdade do agente, isto é, quando deneguem pedido de prisão preventiva, aplicando ou não medida cautelar não prisional, ou quando a revoguem. Também sujeita ao mesmo recurso será a decisão que conceda a liberdade provisória ou que relaxe a prisão em flagrante.

De outro lado, toda vez que o acusado tiver sua pretensão de soltura cautelar indeferida, cabível não é o recurso em sentido estrito, porém o *habeas corpus*, como sucedâneo recursal.

No Decreto-Lei nº 201/1967, que dispõe sobre os crimes comuns (art. 1º) e de responsabilidade (art. 4º) dos prefeitos, existe previsão específica que autoriza o recurso em sentido estrito tanto da decisão denegatória de prisão preventiva, quanto da que a decreta, no inciso I, do seu art. 2º. Nos termos da parte inicial deste enunciado, "do despacho, concessivo ou denegatório, de prisão preventiva, ou de afastamento do cargo do acusado, caberá recurso, em sentido estrito, para o Tribunal competente, no prazo de cinco dias, em autos apartados". E, em arremate, a sua parte final reza que "o recurso do despacho que decreta a prisão preventiva ou o afastamento do cargo terá efeito suspensivo".

Entendemos que a parte final do dispositivo em tela que prevê o efeito suspensivo a ser atribuído ao recurso que decreta a prisão preventiva ou o afastamento do cargo de prefeito está desprovida de eficácia, eis que está sem aplicabilidade prática, haja vista que o prefeito no exercício do cargo de chefe do executivo municipal detém prerrogativa de função e, por tal razão, tanto a decisão que decreta a prisão preventiva quanto a que ordena o afastamento do cargo não são de competência do juiz singular de primeiro grau de jurisdição, mas do tribunal ***ad quem***, pelo que não faz sentido falar em efeito suspensivo, nem tampouco em interposição de recurso em sentido estrito.

De outro prisma, o processo tramitará perante o juiz singular quando o prefeito já tiver encerrado o mandato, eis que a prerrogativa de foro só perdura enquanto se mantém o agente político no cargo que a confere. Ainda assim, fica sem aplicação o dispositivo que prevê o efeito suspensivo do recurso, pois a restrição relativa à suspensão dos efeitos do decreto de prisão preventiva só teria sentido enquanto fosse o acusado titular da chefia do governo municipal e, ademais, não há possibilidade de se afastar do cargo quem já o tenha deixado.

(f) ***É interponível recurso em sentido estrito contra decisão que julgue quebrada a fiança ou perdido o seu valor (art. 581, VII, CPP).***

Nos crimes afiançáveis, uma vez arbitrada a fiança para o fim de concessão de liberdade provisória vinculada, o acusado que desatende qualquer das condições impostas para que a fiança seja concedida, terá a mesma por quebrada, desafiando recurso em sentido estrito.

O quebramento significa a perda da metade do valor prestado a título de fiança, com o seu recolhimento ao fundo penitenciário depois de deduzidas as custas, e mais encargos a que estiver obrigado o acusado que descumprir qualquer das condições impostas. Com o julgamento da quebra da fiança, devolve-se a outra metade do valor prestado a esse título à pessoa que a tiver recolhido, cabendo ao juiz decidir sobre a imposição de outras medidas cautelares ou, se for o caso, a decretação da prisão preventiva, nos termos do art. 343, do CPP.

Já a perda da fiança ocorre se, condenado, o acusado não se apresentar para o início do cumprimento da pena definitivamente imposta. Verificada a frustração do início da execução da pena, tem lugar a decisão de perda da fiança, a qual também comporta o recurso em estudo.

(g) *A decisão que reconhece a prescrição ou que julga extinta a punibilidade no processo de conhecimento (condenatório) é recorrível em sentido estrito.*

Pode advir tanto em relação a todos os crimes de um processo, quanto em face de um só dos delitos. Em uma e outra hipótese, o recurso cabível é o ***stricto sensu*** do art. 581, VIII, CPP.

Impende vincar bem que as decisões que declarem a extinção da punibilidade em processo de execução penal ou a prescrição da pretensão executória, são agraváveis (agravo em execução). Com a Lei nº 7.210/1984 (art. 197), que disciplina a execução penal, só há que se falar em agravo em execução durante o trâmite do processo de execução.

Igual disciplina – de cabimento de recurso em sentido estrito durante o processo penal condenatório – incide sobre a decisão "que indeferir o pedido de reconhecimento da prescrição ou de outra causa extintiva da punibilidade" (art. 581, IX, CPP). Entende-se que o art. 197, da Lei de Execução Penal, revogou tacitamente a hipótese, quando a extinção da punibilidade ocorrer durante processo de execução penal.

(h) *Contra a decisão do juiz de primeiro grau que conceder ou negar a ordem de habeas corpus é cabível o recurso em sentido estrito (art. 581, X, CPP).*

É o caso da impetração que se dirige contra ato de autoridade policial, onde é competente o magistrado de primeira instância.

Admite-se, contudo, diante da urgência da tutela em matéria de liberdade de locomoção, que seja ajuizado *habeas corpus* substitutivo contra o ato do juiz que o denegou no juízo ***a quo***, com esteio no princípio da celeridade, considerando inclusive que o processamento do recurso em sentido estrito pode demorar mais do que o ajuizamento de uma nova medida contra o ato do magistrado que passou a ser a autoridade coatora.

Ademais, da decisão concessiva do *habeas corpus* em primeiro grau, também caberá recurso ***ex officio*** (art. 574, I, CPP).

> **(i)** *O recurso em sentido estrito pode ser apresentado também contra decisões de primeiro grau de jurisdição que vier a anular, no todo ou parcialmente, o processo, a partir da instrução criminal (art. 581, XIII, CPP), sendo visivelmente decisão de natureza interlocutória.*

Reputamos, inclusive, que caberá recurso em sentido estrito inclusive nos casos de desentranhamento de prova ilícita do processo penal condenatório, haja vista que, para tal, deve ser reconhecida a nulidade absoluta do ato aquisitivo da prova que deveria ter sido inadmitida e não o foi[127].

> **(j) Cabível recurso em sentido estrito contra decisão que** *não receber apelação ou julgá-la deserta (art. 581, XV, CPP).*

No caso, o recurso terá a função de destrancamento de outro recurso. As hipóteses de deserção encontram-se revogadas, ressalvados os casos restritos de não recolhimento de preparo recursal pelo querelante nas ações de iniciativa exclusivamente privada e personalíssima.

> **(k) Da decisão que** *suspender o processo em face de questão prejudicial manejável também o recurso em sentido estrito (art. 581, XVI, CPP).*

As questões prejudiciais estão disciplinadas nos arts. 92 a 94, do CPP, podendo ocorrer a suspensão do processo, obrigatória em alguns casos e facultativa em outros. A decisão deve ser fundamentada e desafia o recurso *stricto sensu.*

> **(l)** *Por último, adequado recurso em sentido estrito contra decisão que julgar o incidente de falsidade documental.*

Havendo dúvida acerca da falsidade de documento carreado aos autos, instaura-se o respectivo incidente. Vale dizer, da decisão exarada no procedimento incidental, declarando ou não a falsidade, caberá recuso em sentido estrito (art. 581, XVIII, CPP).

Insistimos mais uma vez que não mais cabe o recurso ***stricto sensu*** contra a decisão que incluir ou excluir jurado da lista geral (art. 581, XIV, CPP), embora exista séria divergência sobre o ponto (revogação tácita pela reforma de 2008), pelo que remetemos o leitor ao tópico 2.15 deste capítulo.

Por fim, reitere-se que as hipóteses de cabimento de recurso em sentido estrito contra incidentes que são decididos no processo de execução penal são entendidas pela doutrina como revogadas tacitamente pelo art. 197, Lei nº 7.210/1984.

Destarte, não é cabível mais recurso em sentido estrito, mas agravo em execução, em razão de revogação tácita por aquele diploma legal (LEP), contra as decisões que:

(1) conceda, negue ou revogue a suspensão condicional da pena (art. 581, XI, CPP);

(2) conceda, negue ou revogue livramento condicional (art. 581, XII, CPP);

(3) decida sobre a unificação das penas (art. 581, XVII, CPP);

127. ALENCAR, Rosmar Rodrigues. *Teoria da nulidade no processo penal*. São Paulo: Noeses, 2016. p. 601.

(4) decrete medida de segurança, depois de transitar a sentença em julgado (art. 581, XIX, CPP);

(5) imponha medida de segurança por transgressão de outra (art. 581, XX, CPP);

(6) mantenha ou substitua medida de segurança no processo de execução penal (art. 581, XXI, CPP – a alusão ao Código Penal constante deste dispositivo está sem correspondência na sua parte geral promulgada em 1984). Portanto, o dispositivo não tem aplicação;

(7) revogue medida de segurança (art. 581, XXII, CPP);

(8) deixe de revogar a medida de segurança, nos casos em que a lei admita a revogação (art. 581, XXIII, CPP); e

(9) converta a multa em detenção ou em prisão simples (art. 581, XXIV, CPP). Esta hipótese, em verdade, encontra-se revogada tacitamente pelo art. 51 do CP, já que a pena de multa não mais poderá ser convertida em pena privativa de liberdade.

2.2.4. *Processamento*

O processamento do recurso em sentido estrito encontra diferenciações na legislação processual penal, de acordo com o caso a que se refira sua interposição. A ideia que norteia a disciplina legal é a da necessidade ou não de que os autos continuem em primeiro grau de jurisdição.

Vale dizer, há situações em que o recurso não pode subir nos autos originais, notadamente quando o processo deve permanecer tramitando no juízo ***a quo***. Isso se verifica com maior nitidez nas hipóteses de processos com vários acusados, quando apenas um ou alguns deles recorre/recorrem de uma decisão.

Como o processo não poderia ser suspenso em relação a todos para que fosse o recurso apreciado em segunda instância, sob pena de ocorrência de considerável retardo processual, o legislador previu especificidades de processamento do recurso em sentido estrito mediante traslado (poder-se-ia dizer "por instrumento", se comparado com o que ocorre no âmbito do direito processual civil).

Como regra geral, a petição do recurso em sentido estrito é dirigida ao juiz de primeiro grau e as suas razões (e contrarrazões) ao tribunal ou ao órgão julgador ***ad quem*** (em que pese apresentadas perante o juízo ***a quo***). É nesse sentido que o art. 582, ***caput***, CPP, preconiza que os recursos serão sempre para o tribunal de apelação (atualmente tribunais de justiça e tribunais regionais federais), salvo nos casos dos incisos V, X e XIV, do art. 581, do Código.

Com efeito, a regra é a de que, uma vez mantida a decisão recorrida em sentido estrito pelo juiz de primeiro grau, sejam os autos remetidos ao órgão colegiado ***ad quem***, no tribunal, com competência para examinar matéria criminal, sendo designado um desembargador relator.

O recurso em sentido estrito contra decisão que conceder, negar, arbitrar, cassar ou julgar inidônea a fiança, indeferir requerimento de prisão preventiva ou revogá-la, conceder liberdade provisória ou relaxar a prisão em flagrante (art. 581, V, CPP) e contra decisão que conceder ou negar a ordem de *habeas corpus* (art. 581, X, CPP), segundo o texto legal, terão suas razões dirigidas ao próprio juiz de primeiro grau, com competência para apreciá-los, sem prejuízo da possibilidade de impetração de *habeas corpus* no tribunal.

Tal previsão não tem mais aplicação prática, sendo originária de uma época em que eram previstos órgãos jurisdicionais inferiores aos juízes de direito: das decisões daqueles órgãos sobre prisão cautelar cabia, em determinados casos, recurso para o juiz de direito. Atualmente, por força da interpretação dos textos constitucionais e, ainda, em virtude das vigentes leis de organização judiciária, essa possibilidade desapareceu do sistema[128].

Portanto, em tais casos, as razões do recurso em sentido estrito atendem a regra geral, sendo endereçadas ao respectivo tribunal.

Na linha da observância do andamento regular do processo penal, o Código de Processo Penal preconiza que o recurso em sentido estrito deverá subir com os autos originais quando:

(1) houver reexame necessário, como se dá com a absolvição sumária no rito do júri;

(2) for o caso de despacho, decisão ou sentença que não receber a queixa ou a denúncia, que julgar procedentes as exceções (salvo a de suspeição), que pronunciar o acusado, que decretar a prescrição ou julgar extinta a punibilidade e que negar ou conceder a ordem de *habeas corpus*; e

(3) não prejudicar o andamento do processo.

De outro lado, o recurso contra a decisão de pronúncia subirá em traslado, quando, havendo dois ou mais acusados, qualquer deles se resignar com a decisão ou se todos não tiverem sido ainda intimados da pronúncia (art. 583, parágrafo único, CPP).

Sendo necessária a subida do recurso por translado (por instrumento, a teor do art. 587, CPP) a parte recorrente indicará, no respectivo termo, ou em requerimento avulso, as peças dos autos cujas cópias devem acompanhar o recurso, sendo o traslado extraído, conferido e concertado no prazo de cinco dias, e dele constarão sempre a decisão recorrida, a certidão de sua intimação, se por outra forma não for possível verificar-se a oportunidade do recurso, e o termo de interposição. Esse prazo para que o escrivão extraia o traslado poderá ser prorrogado pelo juiz até o dobro, nos termos do art. 590, CPP.

Ao receber o recurso, o juiz apontará os efeitos atribuíveis pela lei processual penal. O recurso em sentido estrito, geralmente, é dotado só dos efeitos devolutivo e regressivo (quando o juiz decidir por se retratar da decisão), não o suspensivo, porquanto os casos de incidência de efeito suspensivo estão no texto legal ou decorrem da natureza da decisão judicial impugnada.

Assim, o art. 584, ***caput***, CPP, estatui que “os recursos terão efeito suspensivo nos casos de perda da fiança” e o seu § 3º enfatiza que a eficácia suspensiva, no caso de quebramento

128. GRINOVER, Ada Pellegrini; GOMES FILHO, Antônio Magalhães; FERNANDES, Antônio Scarance. *Recursos no processo penal*. 6. ed. São Paulo: RT, 2011. p. 144-145.

da fiança, recairá tão somente sobre a metade do seu valor. Em ambos os casos (perda ou quebra da fiança), o recurso terá efeito suspensivo apenas para impedir a implementação da sanção pecuniária, qual seja, a destinação de metade do valor da fiança ou, no caso da quebra, da sua integralidade, ao fundo penitenciário, sempre depois de deduzidas as quantias correspondentes a custas e mais encargos a que o réu estiver obrigado (indenização da vítima, pagamento das custas, prestação pecuniária e multa, caso tenha sido condenado), a teor do art. 345, do CPP.

Também terá efeito suspensivo, segundo a parte final do ***caput***, do art. 584, do Código, o recurso em sentido estrito contra a decisão que denegar a apelação ou julgá-la deserta (art. 581, XV, CPP). A deserção da apelação só ocorrerá em hipóteses restritas no processo penal (falta de recolhimento de custas recursais/preparo pelo querelante, onde existir previsão normativa local que assim determine). O acusado, seja em ação penal pública, seja em ação penal privada (querelado), nunca estará obrigado a recolher preparo, por não ser admissível a restrição ao direito de recorrer em matéria criminal.

A menção do art. 584, ***caput***, do CPP, a incidentes próprios do processo de execução penal está revogada, sendo cabível agora o agravo em execução, sem efeito suspensivo (art. 197, LEP). De outra banda, o recurso contra a decisão de pronúncia suspenderá tão somente o julgamento, querendo dizer que não se suspende eventual ordem de prisão preventiva dela decorrente, decretada no corpo da decisão.

Por derradeiro, uma observação sobre o juízo de retratação é relevante.

Depois de instruído o recurso em sentido estrito (com as razões e as contrarrazões), terá lugar a atribuição ou não do efeito iterativo, reiterativo, diferido ou regressivo (de retratação).

Não obstante a faculdade de arrazoar em segunda instância, previsão legal restrita ao recurso de apelação (art. § 4º, do art. 600, do CPP), as razões e contrarrazões não são obrigatórias para que o recurso em sentido estrito suba ao tribunal, em face do preconizado pelo art. 589, ***caput***, do CPP. Também as razões e contrarrazões não são imprescindíveis para que o juiz se convença de que deve se retratar. Daí a dicção desse artigo no sentido de que, com a resposta do recorrido ou sem ela, será o recurso concluso ao juiz, que, dentro de dois dias, reformará ou sustentará o seu despacho, mandando instruir o recurso com os traslados que lhe parecerem necessários.

Aqui pode haver lugar para ser exercido o "juízo de retratação" ou, inversamente, o "juízo de sustentação" (ainda que pelos próprios fundamentos da decisão recorrida).

O juízo de retratação, a seu turno, só pode ser realizado uma única vez relativamente à mesma decisão judicial, atentando-se que se o juiz reformar o despacho recorrido, a parte contrária, por simples petição, poderá recorrer da nova decisão, se couber recurso, não sendo mais lícito ao juiz modificá-la.

O recurso, nessa hipótese, subirá nos próprios autos ou em traslado, independentemente de novos arrazoados (eis que já oferecidos por ocasião da interposição do recurso em sentido estrito que ensejou a retratação), relevando avivar que, em todo caso, os recursos serão apresentados ao juiz ou ao tribunal ***ad quem***, dentro do prazo de cinco dias da publicação da resposta do juiz ***a quo***, ou entregues ao correio dentro de idêntico lapso (art. 591, CPP).

2.2.5. Julgamento

A disciplina do julgamento do recurso em sentido estrito é prevista no Código de Processo Penal no mesmo capítulo do regramento do processamento e do julgamento da apelação.

A observação que calha fazer, de início, é a de que não cabe falar na figura do revisor em sede de recurso em sentido estrito, tal como se dá com casos restritos de apelação contra decisão em processo penal por crime apenado com reclusão, eis que não é aplicável o enunciado normativo do art. 613, CPP.

O processamento e o julgamento do recurso em sentido estrito são de competência dos tribunais de justiça, dos tribunais regionais federais, das câmaras ou das turmas que os compõem, em compasso com as leis de organização judiciária e com os respectivos regimentos internos (artigos 609 e 618, CPP).

Os autos do recurso em sentido estrito serão distribuídos a um relator, seguindo-se imediatamente com vista ao membro do Ministério Público com atribuição para atuar em segunda instância, pelo prazo de cinco dias, que ofertará parecer sobre a admissibilidade e mérito da impugnação.

Com o retorno do processo ao relator, este pedirá dia para julgamento, com inclusão na pauta correspondente (art. 610, ***caput***, CPP).

No dia do julgamento, o presidente do órgão jurisdicional anunciará o processo relativo ao recurso em sentido estrito, sendo apregoadas as partes. O relator, com ou sem a presença dos interessados (que devem ser intimados pela publicação oficial, salvo Ministério Público e Defensoria Pública que são intimados pessoalmente), procederá à exposição do feito. Subsequentemente, o presidente concederá a palavra aos advogados ou às partes que a solicitarem e ao procurador-geral, quando o requerer, pelo prazo de dez minutos para cada um.

Por fim, as decisões do tribunal, também aqui, são tomadas por maioria (art. 615, CPP), com as mesmas cautelas avivadas para a apelação, mormente quanto à tomada dos votos alusivos à matéria preliminar (de admissibilidade) e de mérito (provimento ou não provimento).

Não é possível, contudo, em sede de recurso em sentido estrito, realizar o interrogatório do acusado, por ser impertinente se cotejado com as hipóteses de seu cabimento, conquanto não seja impossível a conversão de julgamento em diligências em casos devidamente justificados.

Depois de julgado o recurso em sentido estrito, com a conferência do acórdão – e uma vez ocorrida a sua preclusão, em virtude da não interposição de novo recurso por qualquer das partes – deverão os autos ser devolvidos, dentro do prazo de cinco dias, ao juiz de primeiro grau (art. 592, CPP).

2.3. Carta testemunhável

2.3.1. Noção

A carta testemunhável é recurso que tem tal designação por razão histórica. Sua origem está na época imperial e tinha o objetivo de evitar o ocultamento de recursos. É que poderia acontecer de o juiz prolator de decisão recorrida simplesmente não processar a impugnação, sem que a remetesse para instância superior.

Esse procedimento indevido do juiz evitaria que a decisão fosse reformada, sem que sujeitasse a atividade jurisdicional a controle. Daí ter o legislador previsto recurso cujo regramento tem o condão de fazer chegar ao conhecimento do tribunal matéria recursal cujo seguimento foi obstado ilegalmente.

É assim que a origem é indicada pela doutrina, em especial, por Fernando da Costa Tourinho Filho e Julio Fabbrini Mirabete. Este último preleciona que "ao tempo do império, para impedir que se ocultassem e não se desse seguimento aos recursos interpostos, o interessado comparecia com duas testemunhas perante o escrivão, afirmando que desejava o reexame da decisão da qual recorria". Destarte, "se o escrivão negasse tal recurso, o prejudicado levaria o fato ao conhecimento do tribunal com o apoio daquelas testemunhas", surgindo assim "a denominação carta testemunhável"[129].

A noção de carta testemunhável deve ser aferida teleologicamente e considerando sua natureza de recurso residual, só cabível quando inexistente outra via recursal[130]. Ela tem a finalidade de que o órgão jurisdicional de segundo grau, ao qual o juiz ***a quo*** está vinculado, aprecie o mérito do recurso anteriormente interposto contra uma decisão.

O fito da carta testemunhável, portanto, é, primariamente, o de provocar o reexame da decisão antes objurgada por recurso não recebido e/ou sem seguimento regular, em virtude de procedimento ilegal do juízo de primeiro grau, e, secundariamente, determinar o processamento do recurso paralisado indevidamente em primeira instância.

2.3.2. Interposição

A carta testemunhável é interposta através de petição, como se depreende da parte inicial do art. 640, do CPP. É endereçada ao escrivão ou diretor de secretaria da vara. No âmbito dos tribunais, a carta testemunhável deve ser dirigida ao secretário do tribunal, cargo equivalente àquele do juízo singular. Como aduz Adalberto Aranha, "salvo a sua ligação com a origem, não há qualquer justificativa do recurso ser apresentado ao escrivão e não interposto ao juiz ***a quo***, como ocorre com todos os outros"[131].

No entanto, utilização da carta testemunhável contra decisões monocráticas de membros dos tribunais perdeu o sentido, porquanto para tais casos existe à disposição da parte o agravo regimental, estudado adiante.

Embora a regra legal preconize que a interposição da carta se dá por petição, não deve ser negado seu ingresso através de termo nos autos. Com efeito, se a parte comparece à vara e manifesta ao escrivão sua irresignação contra a decisão, deve ser lavrado termo equivalente à petição recursal, por não ser adequando rigorismo formal (excessivo) para o fim de não se receber recurso interposto perante o juízo singular.

129. MIRABETE, Julio Fabbrini. *Processo penal*. 14. ed. São Paulo: Atlas, 2003. p. 702.

130. AVENA, Norberto. *Processo penal esquematizado*. Rio de Janeiro: Forense; São Paulo: Método, 2009. p. 1087.

131. ARANHA, Adalberto José Q. T. de Camargo. *Dos recursos no processo penal*. São Paulo: Saraiva, 2010, p. 185-186.

O prazo para a interposição da carta testemunhável, segundo os termos do art. 640, do Código, é o de quarenta e oito horas seguintes ao despacho que denegar (não receber) o recurso.

O termo inicial do prazo terá começo a partir do minuto seguinte à efetivação da intimação (ciência efetiva do ato gravoso à parte), porquanto a contagem do prazo de quarenta e oito horas é feita, se possível, de minuto em minuto, não se aplicando, a princípio, a regra geral dos prazos processuais (que orienta que não será computado o dia do começo, mas será incluído, porém, o do vencimento).

Caso não seja possível a contagem de minuto a minuto (por ter sido o advogado da parte intimado pela imprensa, por exemplo), o prazo será considerado de dois dias, a teor do art. 798, § 1º, do CPP[132], tendo com termo ***a quo*** o dia seguinte à intimação e, por termo ***ad quem***, a hora do encerramento do expediente forense do segundo dia.

Pensamos que o entendimento que sustenta que à parte interessada cabe solicitar ao funcionário que certifique a hora em que o juiz deixou de receber o recurso, para que daí seja iniciado o prazo para a interposição da carta testemunhável não encontra respaldo nos princípios da ampla defesa e da inteireza dos prazos processuais recursais. Daí a necessidade de conferir interpretação conforme a Constituição, haja vista que, embora o texto disponha que a parte deve estar atenta ao dia em que o juiz proferirá o despacho que obste o processamento do recurso na origem, é imprescindível que tenha ocorrido a efetiva intimação do interessado sucumbente para que o prazo recursal flua.

A carta testemunhável é recurso que não tem efeito suspensivo (art. 646, CPP), mas só devolutivo. Pensamos, contudo, que, no tribunal ***ad quem***, o relator poderá, de ofício (poder geral cautelar) ou por provocação, atribuir efeito suspensivo à carta testemunhável, notadamente se interposta contra negativa de seguimento de recurso em sentido estrito manejado contra o não recebimento de apelação da sentença condenatória que tinha sido apresentada em favor do réu. Essa conclusão decorre do princípio da presunção de inocência, vedando que a prisão do acusado decorra simplesmente do título condenatório não transitado em julgado, sendo, antes, necessária a presença dos requisitos da prisão preventiva.

A carta testemunhável é, de outra vertente, dotada de efeito regressivo, possibilitando juízo de retratação pelo juiz quando lhe forem conclusos os autos, especialmente quando se dirigir contra decisão que negou seguimento a impugnação que era dotada desse efeito, como é o caso do não recebimento de recurso em sentido estrito.

O efeito regressivo, diferido, iterativo ou reiterativo é depreendido da possibilidade de o juiz de primeiro grau exercer o juízo de retratação, a teor do art. 588, CPP, tal como ocorre no âmbito do recurso em sentido estrito e do agravo em execução, e com isso, receber o recurso que tinha rejeitado ou fazer processar aquele que não teve seguimento.

O juízo de retratação poderá ser exercido em maior (juízo regressivo amplo) ou menor extensão (juízo regressivo restrito), consoante os seguintes exemplos:

(1) caso a carta testemunhável seja dirigida contra não recebimento de recurso em sentido estrito interposto de decisão de pronúncia, o juízo de retratação pode ser no sentido de:

132. JESUS, Damásio E. de. *Código de processo penal anotado*. 10. ed. São Paulo: Saraiva, 2003. p. 423.

(a) simplesmente receber e processar o recurso inadmitido para viabilizar sua remessa à segunda instância para julgamento; ou

(b) de não apenas se retratar para receber o recurso trancado, mas também para exercer juízo de retratação sobre a decisão de pronúncia, impronunciando o acusado;

(2) na hipótese de carta testemunhável apresentada contra não recebimento de recurso em sentido estrito interposto da decisão que igualmente não recebeu a apelação, o juízo de retratação pelo juiz singular só pode ser restrito, porquanto não será capaz de modificar o conteúdo da sentença apelada, haja vista que a apelação não possui efeito regressivo. O juízo regressivo, se exercido aqui, será simplesmente para mandar processar o recurso em sentido estrito trancado na origem.

2.3.3. Cabimento

A carta testemunhável é recurso subsidiário, residual. O seu cabimento depende da inexistência de previsão de outro recurso.

A carta testemunhável é assim cabível:

(1) contra decisão denegatória de recurso cuja competência seja de órgão imediatamente superior ao juízo recorrido; ou

(2) contra decisão que impedir o processamento desse recurso que, embora admitido, não tenha sido remetido ao tribunal. Dessa forma, o recorrente é a parte prejudicada (testemunhante) e o recorrido é o juízo prolator da decisão (testemunhado)[133].

Para exemplificar, tem-se que contra o não recebimento da apelação pelo juízo recorrido cabe interposição de recurso em sentido estrito (art. 581, XV, CPP). Havendo a parte recorrido em sentido estrito contra o não recebimento do apelo, e se o juiz também não receber esse recurso, o Código de Processo Penal não prevê outra impugnação específica. Cabível é então a carta testemunhável, recurso subsidiário, para que a questão de mérito seja conhecida e examinada pelo órgão de segunda instância.

Outrossim, o objetivo da carta testemunhável não fica adstrito à desobstrução do processamento do recurso anterior, cujo processamento ao tribunal foi negado, podendo também implicar a apreciação do próprio mérito da decisão cujo recurso interposto tenha sido inadmitido na origem.

Para isso, a carta testemunhável deve conter todos os elementos necessários para que o tribunal aprecie o mérito do recurso não recebido pelo juiz ***a quo***. Todavia, a falta dos documentos imprescindíveis a este desiderato não implicará, de plano, o não conhecimento da carta testemunhável pelo órgão jurisdicional de segundo grau.

Nesse caso, o tribunal pode conferir à carta o efeito de destrancar o recurso, mandando processá-lo (art. 644, CPP). Contudo, é ônus da parte indicar as peças processuais que devam instruir o recurso – pelo menos para esse fim –, não sendo admitida a conversão em diligência pelo tribunal.

De outro giro, como o ***caput*** do art. 639, do CPP, fala do cabimento da carta testemunhável contra denegação de recurso, necessário é concluir que, para ser ela admissível, é

133. JESUS, Damásio E. de. *Código de processo penal anotado*. 10. ed. São Paulo: Saraiva, 2003. p. 422.

indispensável que a denegação pressuposta seja referente a recurso, tal como se dá contra o não recebimento de recurso em sentido estrito, que é, por excelência, hipótese de admissibilidade da carta testemunhável.

Para se certificar acerca do cabimento do recurso em tela, importa investigar se existe previsão de algum outro recurso específico contra a denegação da primeira impugnação, bem como verificar se o instrumento cujo processamento foi obstruído tem natureza de recurso. A título ilustrativo, note-se que se entendia cabível carta testemunhável contra a decisão que indeferia o protesto por novo júri[134] (recurso extinto pela reforma do CPP operada pela Lei nº 11.689/2008). Isso porque o protesto por novo júri tinha a essência de recurso, porquanto visava o reexame de decisão, mediante a invalidação, pelo juiz-presidente, do julgamento do júri quanto ao crime cuja pena aplicada fosse igual ou superior a 20 anos.

Atualmente, com exceção da apelação – cujo não recebimento é impugnável mediante recurso em sentido estrito –, a carta testemunhável deverá ser interposta da inadmissão do recurso em sentido estrito e do agravo em execução (art. 197, Lei nº 7.210/1984), já que é de sua essência "impugnar o não-recebimento de um recurso sempre através de outro recurso e não de ***habeas corpus***"[135].

Outrossim, como a "correição parcial" não tem, em essência, a natureza jurídica de recurso, não cabe, contra a sua denegação, carta testemunhável. Como é pressuposto da carta testemunhável a não existência de recurso específico contra a decisão denegatória, ela é incabível da rejeição da apelação, que tem como recurso adequado o em sentido estrito, e a denegação do recurso especial e extraordinário, que comporta agravo em recurso especial e agravo em recurso extraordinário, respectivamente (art. 1.042, CPC/2015).Por derradeiro, observe-se que não é cabível também a carta testemunhável em razão do não recebimento de embargos de declaração, haja vista que este é dirigido e julgado pelo próprio órgão prolator da decisão embargada, pelo que faltaria o pressuposto de se tratar de obstrução de recurso que seria processado e julgado por instância diversa, de grau superior ao juízo recorrido.

2.3.4. Processamento

O processamento da carta testemunhável é preconizado pelo art. 643, CPP. A sua peculiaridade é alusiva à sua interposição e procedimentos necessários para a extração da carta que servirá à parte "testemunhante". Com essa providência preliminar, o rito recursal da carta testemunhável, dirigida contra decisão do juiz de primeiro grau de jurisdição, é o estabelecido para o recurso em sentido estrito, nos artigos 588 a 592, do Código de Processo Penal.

O escrivão (ou o diretor de secretaria ou o secretário do tribunal) dará recibo à parte da petição recursal (ou certidão de que foi interposta a carta testemunhável por termo nos autos). A parte recorrente deverá conter a indicação das peças do processo a serem trasladadas (art. 640, CPP). A petição recursal, destaque-se, não é dirigida ao juiz, mas ao escrivão de vara estadual, diretor de secretaria de vara federal ou secretário do tribunal[136] (embora essa previsão só pareça encontrar justificativa histórica).

134. OLIVEIRA, Eugênio Pacelli de. *Curso de processo penal*. 2. ed. Belo Horizonte: Del Rey, 2003. p. 829.

135. RANGEL, Paulo. *Direito processual penal*. 4. ed. Rio de Janeiro: Lumen Juris, 2001. p. 577.

136. TOURINHO FILHO, Fernando da Costa. *Manual de processo penal*. 5. ed. São Paulo: Saraiva, 2003. p. 754.

Embora já existam razões e contrarrazões referentes ao recurso não recebido ou com processamento denegado, pensamos recomendável que sejam intimadas as partes para este fim, pelo prazo de dois dias, oportunizando o contraditório. Não há, todavia, oportunidade em primeiro grau de jurisdição para parecer do Ministério Público, notadamente porque, em regra, figurará como parte (nas ações penais de iniciativa pública).

Caso haja possibilidade do exercício de juízo de retratação, por ser dotado o recurso denegado também desse efeito (eis que a carta deve seguir, ***mutatis mutandis***, o procedimento do recurso em sentido estrito ou do recurso obstado), o funcionário deve fazer conclusão dos autos para que o juiz (testemunhado) se manifeste, sustentando sua decisão ou se retratando[137].

Após entregar recibo à parte, certificando a interposição da carta testemunhável, o escrivão, o diretor de secretaria ou o secretário do tribunal, no prazo de cinco dias, fará entrega da carta devidamente conferida e concertada, vale dizer, com as peças indicadas trasladadas e devidamente autenticadas.

O recibo e a carta instruída conferem ao interessado a condição de "testemunhante". Com efeito, a entrega da carta, que conterá certidão circunstanciada e as peças trasladadas, tem o fito de assegurar ao interessado a possibilidade de reclamar/representar, mediante protocolização diretamente ao tribunal, se o juízo de primeiro grau persistir em negar seu processamento, com o encaminhamento à instância ***ad quem***.

O art. 642, CPP, a propósito, prevê sanção disciplinar de suspensão por trinta dias, para o escrivão (ou diretor de secretaria), ou para o secretário do tribunal, que se negar a dar o recibo, ou deixar de entregar, sob qualquer pretexto, o instrumento. Como existem as leis que disciplinam o regime jurídico dos funcionários da justiça, a disposição está desprovida de eficácia, porquanto em vigor o sistema disciplinar dos servidores do Poder Judiciário.

A segunda parte do art. 642, CPP, por sua vez, preconiza que o juiz, ou o presidente do tribunal de apelação, em face de representação do testemunhante, imporá a pena e mandará que seja extraído o instrumento, sob a mesma sanção, pelo substituto do escrivão ou o secretário do tribunal, podendo o testemunhante, se não atendido, reclamar ao presidente do tribunal ***ad quem***, que avocará os autos, para o efeito do julgamento do recurso e imposição da pena.

Reitere-se ainda que a previsão de recurso de agravo interno (também chamado de regimental), no âmbito dos tribunais, constantes das leis específicas e dos respectivos regimentos internos, tornou ociosa a disciplina da carta testemunhável contra decisão denegatória de membro de órgão colegiado. Daí também ser de baixa aplicabilidade o art. 645, CPP, que aviva que o processo da carta testemunhável na instância superior seguirá o processo do recurso denegado.

Para ilustrar, vejamos o rito de carta testemunhável interposta contra decisão de não recebimento de recurso em sentido estrito pelo juiz de primeiro grau (artigos 588-592, CPP):

(1) a carta testemunhável é requerida/direcionada pela parte interessada (testemunhante) ao escrivão, diretor de secretaria ou ao secretário do tribunal, conforme o caso;

137. AVENA, Norberto. *Processo penal esquematizado*. Rio de Janeiro: Forense; São Paulo: Método, 2009. p. 1091.

(2) se a petição de interposição estiver desacompanhada de razões suficientes, será dada vista ao recorrente, por seu defensor, para arrazoá-la, em dois dias;

(3) se já estiver acompanhada de razões recursais ou decorrido o prazo sem apresentação, será intimada a parte contrária para contra-arrazoar também em dois dias;

(4) com resposta do recorrido ou sem ela, serão os autos conclusos ao juiz (testemunhado) nos casos em se que se admitir juízo de retratação ou de sustentação de sua decisão, com possibilidade de, em caso de reforma de sua decisão, a parte contrária recorrer, por simples petição, quando não será mais possível outro exercício de retratação;

(5) após a publicação da decisão de sustentação do juízo de primeiro grau, será extraída a carta (com documentos trasladados conferidos e autenticados) e entregue à parte interessada (testemunhante), de tudo certificando o escrivão, o diretor de secretaria ou o secretário do tribunal; e

(6) em seguida, tem-se o prazo de cinco dias para apresentação dos autos recursais, pelo testemunhante, à instância ***ad quem***;

(7) protocolada a carta na secretaria do tribunal, serão os autos distribuídos ao relator que, se não a denegar liminarmente, ouvirá o Ministério Público (parecer em 2ª instância);

(8) com o retorno dos autos, não sendo o caso de julgamento monocrático, o relator pede inclusão na pauta de julgamento. Não há revisor, privativo que é do julgamento de apelação de rito ordinário.

2.3.5. Julgamento

Como se infere, a carta testemunhável será distribuída a um relator, membro do tribunal com competência para processá-la e julgá-la, incidindo a disciplina normativa do recurso denegado.

São aplicáveis os artigos 609 a 618, do Código de Processo Penal, naquilo que houver pertinência com o recurso em sentido estrito, que também têm incidência na hipótese de agravo em execução obstado na origem.

Na instância competente para o seu exame – não havendo julgamento de plano pelo relator (decisão monocrática) –, o tribunal, câmara ou turma a que competir o julgamento da carta, se dela tomar conhecimento, mandará processar o recurso, ou, se estiver suficientemente instruída, decidirá logo, de ***meritis***, devendo ocorrer, após publicada a decisão, a devolução dos autos, dentro de cinco dias, ao juiz ***a quo***.

2.4. Correição Parcial

2.4.1. Noção

A correição parcial é instrumento de natureza administrativa, com efeitos jurisdicionais, decorrente do direito de petição, que tem por consequência, o desfazimento de ato que cause inversão tumultuária em processo penal, a aplicação de sanção e/ou providência disciplinar, bem como o refazimento dos atos processuais viciados de acordo com a forma instituída em lei.

Trata-se de instituto sem natureza recursal, de cunho preponderantemente administrativo, malgrado produza efeitos processuais. Não é, propriamente, recurso. Em outras palavras, é uma forma de solicitar a um órgão do Poder Judiciário, designado legal ou regimentalmente, para que tome as providências necessárias para impedir ou corrigir atos judiciais abusivos, que causem prejuízo a uma ou a ambas as partes.

Vê-se, portanto, que a correição parcial não conterá a nota de substitutividade própria dos recursos. Na realidade, é uma espécie de reclamação contra ***error in procedendo***, sendo mais assimilada a uma medida administrativa, examinada por um órgão jurisdicional (câmara ou turma do tribunal), podendo ser, inclusive, a corregedoria de justiça, bastando, para tanto, previsão normativa válida.

A denominação correição parcial indica uma síntese da providência administrativa e judiciária que ela representa: corrige o processo naquela parte que consubstancie erro grave de procedimento e contra o qual não caiba qualquer recurso. Para evitar prejuízo às partes, as leis de organização judiciária e/ou os regimentos possibilitam que as partes ingressem com essa reclamação, para ver sanada a inversão tumultuária do processo.

Como anota Frederico Marques, a correição parcial

> é um sucedâneo recursal que a praxe acabou legitimando, mas que atenta flagrantemente contra os princípios que regem as fontes normativas do Direito Processual Penal. Nasceu, essa estranha figura, em leis locais de organização judiciária, sob a forma de providência administrativo-disciplinar destinada a corrigir erros que tumultuam o processo. Ela se estende, igualmente, ao processo penal, embora em forma menos intensa e mais rara que no processo civil[138].

Contudo, a natureza da correição parcial é controvertida na doutrina. São basicamente duas as posições que se opõem, conquanto a doutrina acresça outras naturezas apontadas (recurso anômalo, medida ou recurso administrativo censório-disciplinar), que, a rigor, não se diferenciam das seguintes:

(1) a que vê a correição parcial como autêntico recurso residual, "interposto exclusivamente contra ato do juiz, praticado com ***error in procedendo***, isto é, erro de procedimento"[139]; e

(2) a que a concebe como "espécie de providência administrativo-judiciária prevista normalmente pelos regimentos internos dos tribunais inferiores, por vezes com o nome de reclamação", que, por sua vez, não se confunde com a reclamação manejada no âmbito do STF e do STJ com o intuito de garantir a preservação de suas respectivas competências[140]. Esta a nossa posição.

2.4.2. Interposição

A correição parcial deve ser interposta por petição diretamente no órgão com competência para examiná-la. Embora não haja previsão legal para interposição por termo

138. MARQUES, José Frederico. *Elementos de direito processual penal*: volume IV. 2. ed. Campinas: Millennium, 2003. p. 371-372.
139. OLIVEIRA, Eugênio Pacelli de. *Curso de processo penal*. 2. ed. Belo Horizonte: Del Rey, 2003. p. 832.
140. MIRABETE, Julio Fabbrini. *Processo penal*. 14. ed. São Paulo: Atlas, 2003. p. 705.

nos autos, a correição parcial pode ser apresentada assim perante os órgãos que tenham estrutura para receber reclamações por meios diversos da petição, de forma presencial e com o registro da reclamação feita oralmente, mormente quando existir permissivo legal.

A competência para seu processamento e julgamento é da câmara, da turma do tribunal, da corregedoria de justiça ou de outro órgão, consoante o diploma normativo aplicável.

Na esfera da Justiça Federal de primeira instância, há previsão legal de que o órgão competente para receber e apreciar a correição parcial contra ato de juiz federal deva ser o Conselho da Justiça Federal (art. 6º, I, da Lei nº 5.010/1966[141]). No entanto, entendemos que tal dispositivo se encontra revogado tacitamente em razão de lei mais nova ter arrolado as competências daquele órgão sem inclusão da previsão para julgar correição parcial (art. 5º, da Lei 11.798/2008). De tal modo, passa à corregedoria regional, ou ao órgão indicado pelo respectivo tribunal regional federal, a competência para apreciar correição parcial contra ato de juiz federal.

Embora se tenha como prazo para sua interposição o de cinco dias a contar do dia seguinte à ciência ou à intimação do ato causador da inversão, o entendimento mais razoável é o de que não há um prazo específico para sua apresentação, mormente diante de matéria de ordem pública, que não é sanada pela preclusão. Todavia, o limite máximo para seu ingresso é o da data da prolação da sentença.

Os legitimados para sua interposição são o Ministério Público, o querelante, o assistente da acusação (não obstante haja divergências, a tendência é a de ser cada vez mais afirmada sua legitimidade recursal), o acusado e o seu defensor, sendo aferida a legitimação pela ideia de sucumbência, porquanto as partes e os intervenientes no processo penal podem vir a ser prejudicados pelo ato judicial que cause inversão tumultuária do processo.

2.4.3. *Cabimento*

A correição parcial é cabível quando não haja previsão de recurso específico para a hipótese e quando se trate de ato judicial exarado na persecução penal. Não é ela admissível contra ato administrativo. Como a correição parcial não tem a natureza recursal, não tem aqui incidência o princípio da fungibilidade, próprio da sistemática dos recursos.

Vale dizer, necessária a ausência de previsão legal para ser admitida a correição parcial.

De acordo com a Lei do Mandado de segurança, foi ampliada a possibilidade de impetração do *writ* contra decisão judicial (admissível, com restrições[142], como, aliás, já entendia a jurisprudência). De conseguinte, ficou mais improvável a hipótese de utilização de correição parcial contra decisão judicial que admita o manejo do ***mandado de segurança***.

Assim é que, ***a contrario sensu*** do art. 5º, II e III, da Lei Federal nº 12.016/2009, cabe mandado de segurança contra decisão judicial, de forma excepcional, quando não haja recurso previsto para ela e desde que a sentença não tenha transitado em julgado.

141. Lei nº 5.010/1966: "Art. 6º. Ao Conselho da Justiça Federal compete: I – conhecer de correição parcial requerida pela parte ou pela Procuradoria da República contra ato ou despacho do Juiz de que não caiba recurso ou que importe êrro de ofício ou abuso de poder".

142. CAVALCANTI, Francisco. *O novo regime jurídico do mandado de segurança*: comentários à Lei nº 12.016, de 07 de agosto de 2009. São Paulo: MP Ed., 2009. p. 34.

Em decorrência disso, o manejo da correição parcial, que é mais residual do que a carta testemunhável, ficou ainda mais restrito.

No âmbito estadual, a correição parcial terá o procedimento para sua interposição conferido pela legislação estadual posta pelo estado-membro no exercício de competência concorrente para legislar sobre procedimento, daí não haver inconstitucionalidade na sua utilização[143].

2.4.4. Processamento

O processamento da correição deve ser o disciplinado por cada legislação ou pelo regimento do tribunal correspondente.

A doutrina debate sobre a adoção:

(1) do rito do agravo de instrumento dos arts. 1.015 a 1.020, do CPC/2015, em compasso com os termos do Regimento Interno do respectivo tribunal. É a posição de Adalberto Aranha, que vê na correição parcial um autêntico recurso judicial, com competência de julgamento perante o tribunal[144]; ou,

(2) sobre a incidência do rito do recurso em sentido estrito que, por seu turno, tem prevalecido[145].

A adoção de rito que preveja a interposição da correição parcial perante o mesmo órgão causador da inversão tumultuária do processo não se coaduna com os princípios da celeridade, da efetividade e da economia processual.

A ideia que deve nortear a correição parcial é a de que seja formado um instrumento que propicie diretamente a outro órgão com competência para examiná-la, com cognição ampla dos abusos imputados ao juízo ***a quo***. De toda forma, deve a impugnação seguir o preconizado pela legislação local.

Partindo do pressuposto de que a correição parcial não tem natureza recursal, não há que se falar em efeitos devolutivo, suspensivo ou regressivo, não obstante possa o julgador, uma vez tomando ciência do ingresso da correição parcial, sanar de ofício a inversão tumultuária do processo. Todavia, o efeito suspensivo "pode ser obtido mediante mandado de segurança", quando "demonstrada a existência de ***periculum in mora*** ou dano irreparável"[146].

Para quem entende ter a correição parcial natureza recursal, ela seria dotada: **(1)** de efeito devolutivo limitado, pois apenas é possível o reexame dentro do limite da correção ou reclamação; **(2)** de efeito extensivo, pois pode abarcar corréu em situação jurídica equivalente; **(3)** de efeito suspensivo, em face da possibilidade do relator conferi-lo, a teor do art. 1.019, I, do CPC/2015; e **(4)** de efeito regressivo, eis que o juiz corrigendo pode se retratar ao receber a petição do corrigente comunicando a interposição do recurso em tela[147].

143. NUCCI, Guilherme de Souza. *Manual de processo penal e de execução penal*. 3. ed. São Paulo: RT, 2007. p. 823.
144. ARANHA, Adalberto José Q. T. de Camargo. *Dos recursos no processo penal*. São Paulo: Saraiva, 2010. p. 192.
145. NUCCI, Guilherme de Souza. *Manual de processo penal e de execução penal*. 3. ed. São Paulo: RT, 2007. p. 824.
146. MIRABETE, Julio Fabbrini. *Processo penal*. 14. ed. São Paulo: Atlas, 2003. p. 708.
147. ARANHA, Adalberto José Q. T. de Camargo. *Dos recursos no processo penal*. São Paulo: Saraiva, 2010. p. 192-3.

2.4.5. Julgamento

O julgamento da correição parcial também ocorrerá em conformidade com a legislação aplicável ao órgão jurisdicional causador da inversão tumultuária do processo.

A peculiaridade é que, em compasso com sua disciplina normativa, a correição parcial pode desaguar em imposição de sanção disciplinar, notadamente quando julgada por órgão de corregedoria, bem como produzirá efeitos processuais, com a retificação dos atos prejudiciais ao direito da parte que a interpôs.

2.5. "Embarguinhos" e embargos de declaração

2.5.1. Noção

O Código de Processo Penal prevê dois recursos que, em essência, são equivalentes.

O primeiro é conhecido por "embarguinhos", com previsão no art. 382, CPP, que estatui que qualquer das partes poderá, no prazo de dois dias, pedir ao juiz que declare a sentença, sempre que nela houver obscuridade, ambiguidade, contradição ou omissão.

O Código não dá a esse pedido o nome de "embargos de declaração", nem tampouco de "embarguinhos", sendo este nome criação doutrinária e forense para designar os "embargos de declaração" opostos perante juiz de primeiro grau, com o fim de diferenciá-los dos "embargos de declaração" manejáveis no âmbito dos tribunais.

O segundo recurso equivale ao primeiro, sendo oponível contra decisões dos tribunais. O Código de Processo Penal o trata literalmente como "embargos de declaração", ao dispor, em seu art. 619, que aos acórdãos proferidos pelos tribunais de apelação, câmaras ou turmas, poderão ser opostos embargos de declaração, no prazo de dois dias contado da sua publicação, quando houver na sentença ambiguidade, obscuridade, contradição ou omissão.

Não obstante a distinção, para o fim de seu estudo, o recurso em tela será considerado uniformemente como "embargos de declaração", por serem idênticos em essência, tratando-se de uma forma de impugnação que visa integrar a decisão, a sentença ou o acórdão contra omissões, obscuridades, contradições e ambiguidades, cuja competência para exame é do próprio órgão prolator do julgado vergastado.

2.5.2. Interposição

A oposição de embargos de declaração se dá mediante petição dirigida ao mesmo órgão que proferiu a decisão a qual se atribua ambiguidade, contradição, omissão ou obscuridade. A petição deve expor os fundamentos recursais, que devem acompanhá-la.

O prazo para o seu ingresso é de dois dias contados da ciência do julgado, pela parte prejudicada.

O art. 620, ***caput***, CPP, afirma que os embargos de declaração serão reduzidos em requerimento de que constem os pontos em que o acórdão é ambíguo, obscuro, contraditório ou omisso, enunciado que tem aplicação analógica aos embargos de declaração opostos contra decisão ou sentença do juiz de primeiro grau.

2.5.3. *Cabimento*

Os embargos de declaração são cabíveis contra ato judicial com conteúdo decisório. Não obstante o CPP, em seus artigos 382 e 620, faça alusão a sentença ou a acórdão, os embargos de declaração são admissíveis contra decisões que contenham em seu corpo os vícios apontados, de sorte a carecer de colmatação ou retificação, a exemplo das decisões interlocutórias.

Daí o cabimento dos embargos contra sentença, acórdão ou decisão interlocutória.

Impende avivar que não é necessária a oposição dos embargos de declaração para corrigir simples erro material. Os erros materiais – incorreção da grafia do nome da parte, por exemplo – são sanáveis a qualquer tempo, de ofício pelo juiz, ou por simples petição.

2.5.4. *Processamento*

Os embargos de declaração são julgados pelo próprio órgão prolator da decisão objurgada.

Não se destinam os embargos à modificação do julgado, razão pela qual não é ele dotado de efeito regressivo (diferido, iterativo, reiterativo ou de retratação).

Os embargos declaratórios são dotados de efeito devolutivo (porque devolvem ao mesmo órgão prolator a matéria impugnada, embora de forma restrita aos seus fundamentos – efeito devolutivo limitado).

Quanto ao efeito suspensivo, os embargos têm este efeito quando se tratar de sentença condenatória, eis que só com o seu trânsito em julgado será executada, por força do princípio da presunção de inocência.

Aliás, o prazo recursal para outros recursos não corre para ambas as partes enquanto pendente o processamento e julgamento dos embargos, sendo um efeito suspensivo específico.

Aqui reside uma divergência doutrinária e jurisprudencial quanto ao curso do prazo recursal: há propriamente suspensão (com o computo do prazo já decorrido quando do reinício do lapso a partir da intimação da decisão dos declaratórios) ou interrupção (com a devolução integral do prazo para interposição de outros recursos a partir da intimação da decisão que apreciar os embargos)?

O prazo para apresentação dos demais recursos em razão da decisão embargada é interrompido, com base na regra do art. 1.026, CPC/2015, aplicada analogicamente[148].

Essa interrupção do prazo recursal é para ambas as partes, independentemente de qual tenha oposto o recurso. Isso significa dizer que uma vez julgados os embargos de declaração ou os "embarguinhos", o prazo recursal recomeçará a ser contado.

O entendimento doutrinário e jurisprudencial quanto à interrupção do prazo recursal em face da oposição de embargos de declaração não era pacífico.

148. STF – Primeira Turma – RHC 55036 – Rel. Min. Antonio Neder – DJ de 18/3/1977.

Atualmente, não há motivos para persistir a divergência, prevalecendo a posição de que os embargos de declaração e os "embarguinhos" interrompem o prazo para ambas as partes recorrerem de sua decisão[149]. Inclusive no âmbito dos juizados especiais criminais, o texto em vigor do § 2º, do art. 83, da Lei nº 9.099/1999, preconiza que os embargos de declaração interrompem o prazo para a interposição de recurso, com redação conferida pelo CPC (Lei nº 13.105/2015).

A disposição do art. 1.026, do CPC/2015, no sentido de que os embargos de declaração não têm efeito suspensivo, tem aplicação mais restrita ao processo penal, haja vista que o efeito suspensivo em matéria criminal é a regra quando estamos diante de sentença penal condenatória e, quando se cuida de absolvição, a regra é exatamente contrária (não tem efeito suspensivo o recurso manejado contra ela). No que toca aos poderes do relator de suspender a eficácia da decisão recorrida, em processo penal, tal decorre da necessidade de imposição de medidas cautelares (artigos 282 e 312, CPP), pelo que não há necessariamente repercussão da previsão do dispositivo quanto a este ponto.

Por outro lado, pensamos ser admissível, por analogia, a aplicação do § 4º, do art. 1.026, do CPC/2015, que dita que não serão admitidos novos embargos de declaração se os dois anteriores houverem sido considerados protelatórios. Para tanto, o juiz deve reconhecer em cada decisão, o cunho protelatório dos embargos. Dessa maneira, os embargos de declaração opostos em terceiro lugar não terão o condão de obstar o trânsito em julgado da sentença penal.

É o próprio órgão que reexamina a decisão o competente para sanar o defeito apontado. Fala-se, contudo, em efeito modificativo ou infringente dos embargos de declaração em casos excepcionais. A regra é a de que os embargos de declaração são via inadequada para a reforma ou para o reexame do mérito.

Isso, contudo, pode ocorrer diante de equívoco cuja correção importe na alteração da substância do julgado, podendo-se exemplificar com a sentença que contenha fundamentação tendente à absolvição e dispositivo que imponha condenação ao acusado.

Nesse caso, a correção da contradição pode implicar efeito modificativo da sentença, que passará de condenatória, para absolutória, se o erro tiver recaído sobre a sua parte conclusiva.

Em primeiro grau de jurisdição, os embargos são apreciados pelo próprio juiz. Uma vez apresentado, não se abre vista para a parte contrária respondê-lo, cabendo ao órgão julgador de pronto deliberar. No entanto, caso o embargante pretenda conferir efeito infringente (ou modificativo) ao julgado, deve ser intimada a parte contrária para falar sobre seus fundamentos, em dois dias.

Em segundo grau de jurisdição, será seguida a mesma orientação quanto ao seu processamento. Se os embargos contiverem pedido de efeito infringente, é obrigatória a vista à parte embargada. A petição de embargos de declaração é incluída nos autos e será, por ocasião do julgamento, apresentada pelo relator.

149. STJ – Sexta Turma – AgRg no Ag 876.449/SP – Rel. Min. Maria Thereza de Assis Moura – DJ de 22/6/2009.

2.5.5. *Julgamento*

O juiz de primeiro grau proferirá sentença ou decisão, acolhendo (para solucionar a omissão, a obscuridade, a contradição ou a ambiguidade) ou rejeitando os embargos, em consonância com o caso.

A partir da intimação da sentença ou da decisão em embargos de declaração, o prazo para os demais recursos será integralmente devolvido.

Também na esfera dos tribunais, haverá possibilidade para acolhimento ou rejeição do pedido de embargos de declaração. Nos termos do § 1º, do art. 620, CPP, "o requerimento será apresentado pelo relator e julgado, independentemente de revisão, na primeira sessão".

Fala-se em redator em razão de ser possível que o relator fique vencido, hipótese em que é designado outro membro do tribunal para redigir o acórdão. O julgamento dos embargos de declaração não passa pelo crivo prévio do revisor, ainda que tenha havido sua participação, por força de lei, quando do julgamento anterior.

Por derradeiro, releva anotar que o Código de Processo Penal autoriza que o relator indefira monocrática e liminarmente os embargos de declaração, "se não preenchidas as condições enumeradas" no seu art. 620, ***caput*** (§ 2º, art. 620, CPP).

Se a parte, contudo, quiser ver seu pleito apreciado pelo órgão colegiado, cabe interpor o recurso de agravo (inominado ou regimental), em cinco dias. Sendo os embargos evidentemente protelatórios e declarados como tal, o prazo para a interposição de outro recurso não se interrompe ou suspende (RISTF, art. 339, § 2º).

2.6. Agravo interno ou regimental

2.6.1. *Noção*

O recurso de agravo interno ou regimental, também conhecido simplesmente por agravo ou agravo inominado, é a impugnação dirigida contra decisões monocráticas proferidas por membro de tribunal, que ocasionem gravame a um dos interessados. Esse agravo é tradicionalmente chamado de agravo regimental, por constar em boa parte dos regimentos internos dos tribunais. Entrementes, já existem diplomas legais que fazem referência ao agravo, pelo que também o denominam simplesmente de agravo ou de agravo inominado.

A noção do agravo inominado ou regimental é inferida pela sua finalidade. A parte, ao interpor agravo contra decisão monocrática pretende que a matéria ali julgada por um só membro seja reexaminada por todos os membros do órgão colegiado com competência para apreciá-la. A finalidade, desse modo, é de que a decisão não seja respaldada por um só membro de tribunal, mas pela composição coletiva do órgão colegiado competente para julgar o recurso obstruído pelo relator.

2.6.2. *Interposição*

O agravo interno, inominado ou regimental será interposto por simples petição, no prazo de cinco dias, com o requerimento expresso de que a matéria decidida monocraticamente seja submetida a julgamento pelo plenário, órgão especial ou outro órgão fracionário competente (seção, turma ou câmara).

A Primeira Turma do STF examinou questão alusiva ao prazo para interposição de agravo em matéria criminal, bem como a forma de sua contagem, encerrando o debate que envolvia o teor da sua Súmula 699, que afirma que "o prazo para interposição de agravo, em processo penal, é de cinco dias, de acordo com a Lei 8.038/1990, não se aplicando o disposto a respeito nas alterações da Lei 8.950/1994 ao Código de Processo Civil".

O Supremo Tribunal Federal definiu que o prazo para interposição de agravo regimental perante a Corte, em processos criminais, é de cinco dias corridos (não são dias úteis, como no CPC). Não cabe aplicação do CPC na hipótese, eis que temos regras próprias (art. 798, CPP)[150].

Como sabemos, o CPC que está em vigor é o de 2015: (1) ele revogou muitos dispositivos da Lei nº 8.038/1990, mormente o seu art. 28, que dispunha sobre o prazo de cinco dias para interposição de agravo em matéria criminal contra decisões de inadmissibilidade de recursos extraordinário e especial; (2) porém, manteve o art. 39 dessa lei específica, que prevê aquele prazo de cinco dias para o manejo do agravo interno (regimental ou inominado), cuja aplicação subsiste tão somente a processos criminais.

Sustentamos que a Súmula nº 699, do STF, ficou parcialmente superada depois do CPC/2015. Isso porque ele regulamentou exaustivamente o recurso de agravo em recurso extraordinário e especial, prevendo prazo geral de quinze dias para interposição de recursos, revogando, de outro lado, o art. 28, da Lei nº 8.038/1990, que especificava tempo mais exíguo, de cinco dias, para aquele agravo denegatório, lapso aplicável ao processo penal, nos termos do enunciado da referida Súmula do STF.

Veja-se que, quanto ao agravo regimental – interno ou inominado – em matéria criminal, a Súmula nº 699, do STF, persiste com base textual no art. 39, da Lei nº 8.038/1990.

Outrossim, no mesmo julgamento, como exposto, a Suprema Corte também enfrentou o problema da forma de contagem dos prazos em matéria penal, isto é, devem ser computados em dias corridos e em dias úteis. O CPC/2015 só deve ter incidência subsidiária ao direito processual penal nas hipóteses de falta de previsão no CPP, a teor do art. 3º, deste Código. De igual modo, nos juizados especiais criminais os prazos não são contados em dias úteis, restrita a alteração legislativa aos órgãos com competência civil[151].

Como o art. 798 e seus parágrafos, do CPP, resolvem a questão da contagem dos prazos processuais penais, estabelecendo a regra dos dias corridos, parece não haver lugar para incidência do CPC/2015 quando o conteúdo for penal, ainda que se trate de impugnação de natureza cível ou com regramento na legislação processual civil.

O Supremo Tribunal Federal deliberará sobre esses confrontos entre a legislação processual penal e os artigos 219 e 1003, parágrafo 5º, do CPC/2015[152].

---

150. STF – Primeira Turma – HC 120.275/PR –Rel. Min. Marco Aurélio – J. 15/5/2018.

151. De acordo com o art. 12-A, inserido na Lei nº 9.099/1995 pela Lei nº 13.728/2018, "na contagem de prazo em dias, estabelecido por lei ou pelo juiz, para a prática de qualquer ato processual, inclusive para a interposição de recursos, computar-se-ão somente os dias úteis".

152. STF. Informativo nº 879, de 25 a 29/9/2017. Novo CPC e prazo de interposição de agravo em matéria penal. "A Segunda Turma afetou ao Plenário o julgamento de agravo regimental em recurso extraordinário com agravo. Discute-se o prazo de interposição de agravo contra decisão do relator em matéria penal, assim como a sua forma de contagem,

2.6.3. *Cabimento*

No processo penal, o cabimento do agravo (inominado ou regimental) pode ser verificado, de forma não exaustiva, contra:

(1) decisão monocrática do relator, no âmbito do STF ou do STJ, que cause gravame à parte;

(2) despacho do Presidente do STF ou do STJ que defira ou indefira suspensão de execução de liminar concedida ou de sentença concessiva em mandado de segurança. Não há mais limitação de cabimento do agravo regimental contra o despacho do Presidente do Tribunal que defira a suspensão da execução de liminar em mandado de segurança e não para o que a denegue[153];

(3) decisão de membro de tribunal que conceda ou indefira liminar em mandado de segurança. No âmbito do Supremo Tribunal Federal não cabia agravo contra esse tipo de decisão, nos termos da sua Súmula de nº 622, que entendia que não era admitido agravo regimental da decisão que deferia ou indeferia medida liminar em mandado de segurança, de sua competência originária, embora não impedisse que outros tribunais adotassem entendimento diverso"[154]. Esta Súmula perdeu a eficácia em razão do advento da Lei nº 12.016/2009, que no parágrafo único, de seu art. 16, estabelece que nos mandados de segurança de competência originária dos tribunais, caberá agravo ao órgão competente do tribunal contra decisão de relator que o integre consistente em conceder ou denegar medida liminar. Deverá, pois, ser cancelado o enunciado nº 622, do STF, em face da promulgação de lei nova que não autoriza o seu teor; e

(4) indeferimento liminar, pelo relator, de revisão criminal proposta perante o tribunal competente. Tourinho Filho refere esse agravo como "recurso inominado", aduzindo que

> Nas hipóteses de revisão criminal, distribuído o requerimento, se o Relator julgar insuficientemente instruído o pedido e inconveniente ao interesse da justiça que se apensem os autos originais, indeferi-lo-á ***in limine***, dando recurso ao órgão competente para julgar a revisão (Plenário, Seção Criminal, Grupo de Câmaras). É como soa o § 3º, do art. 625 do CPP. Não disse a lei qual o recurso, mas deixou entrever deva ele ser previsto nos Regimentos Internos dos Tribunais[155].

E quanto ao cabimento de agravo regimental contra decisões monocráticas proferidas em *habeas corpus*? A ação de *habeas corpus* é demanda constitucional e, por estar inserida no rol dos direitos fundamentais, deve ter máxima efetividade. No entanto seu rito é estreito e a cognição é parcial. Tais características fazem da ação de *habeas corpus* uma demanda refratária a recursos.

Aliás, pela sua natureza, os recursos devem estar à disposição do paciente, pessoa com o direito de ir e vi ameaçado. No entanto, a Segunda Turma do STF entendeu que não se

de acordo com o novo Código de Processo Civil (CPC) de 2015" (STF – Segunda Turma – ARE 999675/SP – Rel. Min. Gilmar Mendes – julgamento em 26.9.2017).

153. Foram canceladas as Súmulas 506, do STF ("O agravo a que se refere o art. 4º da Lei 4.348, de 26/06/1964, cabe, somente, do despacho do Presidente do Supremo Tribunal Federal que defere a suspensão da liminar, em mandado de segurança; não do que a 'denega'") e 217, do STJ ("Não cabe agravo de decisão que indefere o pedido de suspensão da execução da liminar, ou da sentença em mandado de segurança").

154. STF – Pleno – Rcl-AgR 5082 – Rel. Min. Ellen Gracie – DJ de 19/4/2007.

155. TOURINHO FILHO, Fernando da Costa. *Processo penal*: volume 4. 31.ed. São Paulo: Saraiva, 2009. p. 596.

admite agravo regimental contra decisão do Ministro Relator que, motivadamente, defere ou indefere liminar no âmbito do *writ*[156].

Como se infere, o manejo do agravo regimental é depreendido do § 3º, do art. 625, do Código de Processo Penal. Em sede de revisão criminal, "se o relator julgar insuficientemente instruído o pedido e inconveniente ao interesse da justiça que se apensem aos autos originais, indeferi-lo-á ***in limine***, dando recurso para as câmaras reunidas ou para o tribunal, conforme o caso". Eis aqui o cabimento do agravo, que, nos regimentos internos, tem disciplina mais pormenorizada.

Ao instituir os procedimentos processuais no âmbito do Supremo Tribunal Federal e do Superior Tribunal de Justiça, a Lei nº 8.038/1990, aplicável também no âmbito dos Tribunais de Justiça e Regionais, estabeleceu, em seu art. 39, hipótese legal expressa de cabimento do recurso de agravo "da decisão do Presidente do Tribunal, de Seção, de Turma ou de Relator que causar gravame à parte", a ser interposto "para o órgão especial, Seção ou Turma, conforme o caso, no prazo de cinco dias", no que é ratificado pela súmula nº 699 do STF:

> O prazo para interposição de agravo, em processo penal, é de cinco dias, de acordo com a Lei nº 8.038/90, não se aplicando o disposto nas alterações da Lei nº 8.950/94 ao Código de Processo Civil.

Sem perder de vista a possibilidade de, em mandado de segurança e mesmo em outros procedimentos penais onde haja deferimento de liminar, ser veiculada matéria criminal, também a Lei nº 8.038/1990 previu que "do despacho que conceder a suspensão caberá agravo regimental", no § 2º, do seu art. 25, cujo ***caput*** atribuiu competência ao Presidente do Superior Tribunal de Justiça para suspender execução de liminar em determinadas hipóteses que causem ou possam causar "grave lesão à ordem, à saúde, à segurança e à economia pública".

2.6.4. Processamento

O processamento do agravo regimental (ou inominado) é geralmente tratado nos regimentos internos dos tribunais. Como se trata de simples pedido de submissão da matéria apreciada monocraticamente ao órgão colegiado competente, não há oportunidade para resposta à petição do agravante, pois já está suficientemente instruído o processo.

Cuidar-se-á, portanto, de renovação do julgamento, desta feita, pelo órgão colegiado. Para tanto, o relator pedirá dia para o julgamento, seguindo-se a inclusão do processo em pauta.

2.6.5. Julgamento

O julgamento do agravo regimental é realizado pelo órgão colegiado competente. O relator fará a exposição do recurso e da sua decisão vergastada, sustentando-a ou votando por sua modificação.

Da mesma forma que os recursos julgados pelos tribunais, o agravo passará pelas etapas de admissibilidade (conhecimento ou não conhecimento do recurso) e de mérito (provimento ou improvimento).

O provimento do agravo regimental importa em acatar as razões que foram rejeitadas monocraticamente, revertendo assim o gravame que ensejou aquele recurso.

---

156. STF – Segunda Turma – HC 157.604/RJ – Rel. Min. Gilmar Mendes – julgado em 4/9/2018.

Na prática, o que acontece é o exercício do juízo de admissibilidade do agravo regimental pelo colegiado e, uma vez este positivo, será realizado o juízo de admissibilidade do recurso cujo seguimento foi negado. Conhecido este recurso, passa o órgão colegiado do tribunal a examinar o mérito recursal do recurso inadmitido pelo relator, podendo dar-lhe ou negar-lhe provimento.

2.7. Embargos infringentes e de nulidade

2.7.1. Noção

Os embargos infringentes e de nulidade é recurso privativo da defesa, estabelecido no art. 609, do CPP. Tais embargos que visam ao reexame de decisões não unânimes proferidas em segunda instância e desfavoráveis ao acusado, a serem apreciados no âmbito do próprio tribunal julgador. Tem por fundamento a existência de pelo menos um voto vencido, indicativo de possível injustiça do julgamento prejudicial ao réu.

Embora o nome pareça indicar a existência de dois recursos, os embargos infringentes e de nulidade são um único recurso, com dupla possibilidade de manejo, interposto perante órgão do mesmo tribunal prolator da decisão.

Nessa senda, Grinover, Scarance e Gomes Filho destacam que

> Apesar da aparente dualidade (embargos infringentes e de nulidade), o recurso é um só e a distinção, sem maior significação prática, é explicada pela natureza da matéria nele debatida: material ou exclusivamente processual. Aliás, essa denominação era adotada pelo CPC de 1939, mas não foi mantida pelo atual estatuto processual civil, que no art. 530 fala tão somente em embargos infringentes[157].

São chamados de embargos infringentes quando a não unanimidade recair sobre o mérito da apelação, do recurso em sentido estrito ou do agravo em execução, visando à reforma do julgado anterior.

De outro lado, serão denominados embargos de nulidade quando impugnarem a discrepância de votação no que concerne à matéria de admissibilidade recursal, ou seja, processual, objetivando nulificação do julgamento anterior.

Poderá ocorrer de os embargos serem, a um só tempo, infringentes e de nulidade, bem como ser constatado caso de "desacordo parcial", quando "os embargos serão restritos à matéria objeto de divergência" (art. 609, CPP).

Sua noção deve assim ser fixada como "recurso privativo da defesa, voltado a garantir uma segunda análise da matéria decidida pela turma julgadora, por ter havido maioria de votos e não unanimidade, ampliando-se o ***quorum*** do julgamento"[158].

2.7.2. Interposição

Os embargos infringentes e de nulidade serão interpostos por petição, acompanhada de razões, no prazo de dez dias, a contar da publicação do acórdão (parágrafo único, art.

157. GRINOVER, Ada Pellegrini; GOMES FILHO, Antônio Magalhães; FERNANDES, Antônio Scarance. *Recursos no processo penal*. 6. ed. São Paulo: RT, 2011. p. 163.

158. NUCCI, Guilherme de Souza. *Manual de processo penal e de execução penal*. 3. ed. São Paulo: RT, 2007. p. 857.

609, CPP). A interposição deve ser realizada no órgão indicado para seu julgamento que, necessariamente, deve ser com maior número de membros que o que proferiu a decisão não unânime recorrida.

Como os tribunais estão, em regra, divididos em órgãos fracionários, com competência para julgar determinadas matérias, as leis de organização judiciária e os regimentos internos devem ser consultados para o fim de se atestar o órgão competente do tribunal respectivo.

É recurso privativo da defesa, tendo como pressupostos básicos: (1) a apresentação de recurso em sentido estrito, de agravo em execução ou de apelação da decisão de primeiro grau de jurisdição; e (2) a sucumbência defensiva no julgamento destes.

O Ministério Público pode ser legitimado a interpor embargos infringentes e de nulidade desde que o faça em favor da defesa. No âmbito do processo penal militar, todavia, o recurso em tela não é privativo da defesa, podendo ser também interposto ***pro societate*** pelo ***Parquet*** Militar (art. 538, CPPM).

O prazo de dez dias para a interposição dos embargos infringentes e de nulidade é contado a partir da intimação que, por sua vez, ocorre pela imprensa, salvo quando o acusado estiver representado pela Defensoria Pública, que tem a prerrogativa de ser intimada pessoalmente, com vistas dos autos quando necessário. A contagem do prazo é na forma processual (exclui-se o dia do início e se inclui o do vencimento).

A intimação do ***Parquet***, por seu turno, é sempre pessoal e com vista dos autos. Nos termos da súmula do STF, em seu verbete nº 431, "é nulo o julgamento de recurso criminal, na 2ª instância, sem prévia intimação, ou publicação da pauta, salvo em *habeas corpus*".

2.7.3. Cabimento

Caberão embargos infringentes e de nulidade de decisões proferidas em sede de apelação, de recurso em sentido estrito e de agravo em execução, quando não houver unanimidade e for o acusado sucumbente na parte objeto de divergência.

Conquanto o texto e a localização do parágrafo único, do art. 609, do CPP, indiquem que tais embargos cabem contra as decisões dos dois primeiros recursos – eis que inserido no capítulo que trata do processamento e julgamento da apelação e do recurso em sentido estrito –, uma interpretação sistemática a partir das sucessivas alterações legislativas, admite a interposição dos embargos infringentes e de nulidade também contra decisões não unânimes proferidas em sede de agravo em execução, haja vista que se trata de recurso que substituiu o recurso em sentido estrito em várias hipóteses do art. 581, do CPP.

Nessa esteira, Paulo Rangel é partidário de que são eles cabíveis contra a decisão tomada por maioria em agravo em execução, sob o fundamento de que "este recurso veio substituir o recurso em sentido estrito", revogando, inclusive, "alguns incisos do art. 581, CPP"[159]. É também a posição de Guilherme de Souza Nucci, avivando que o agravo em execução foi "instituído pela Lei de Execução Penal em substituição ao recurso em sentido

159. RANGEL, Paulo. *Direito processual penal*. 4. ed. Rio de Janeiro: Lumen Juris, 2001. p. 583.

estrito, para as mesmas situações, sendo processado de idêntica maneira"[160]. Nesse sentido, já se manifestou o Supremo Tribunal Federal[161].

Por sua vez, o STJ no enunciado sumular nº 390, e a nosso sentir aplicável ao processo penal, consagrou que "nas decisões por maioria, em reexame necessário, não se admitem embargos infringentes".

Para que seja admissível a interposição dos embargos infringentes e de nulidade, é preciso que:

(1) a decisão não seja unânime, não satisfazendo esse pressuposto a fundamentação divergente de votos no mesmo sentido, e que o voto discrepante seja favorável ao acusado, porquanto só a defesa tem legitimidade para ingressar com eles;

(2) a petição de embargos infringentes e de nulidade obedeça à delimitação recursal constante da divergência parcial da votação, sendo rejeitados quando excedem a extensão do voto vencido na apelação, visando a absolvição, quando aquele cinge à desclassificação do delito;

(3) a decisão decorra de julgamento de apelação ou de recurso em sentido estrito, atentando-se para a taxatividade recursal, não sendo cabíveis os embargos infringentes "em revisão, em *habeas corpus*, em pedido de desaforamento, em embargos infringentes, em agravo regimental" e para parte da doutrina, "em agravo em execução"[162]. Também não cabem embargos infringentes contra as decisões proferidas em sede de mandado de segurança, em compasso com o art. 25, da Lei Federal nº 12.016/2009;

(4) o acórdão seja proferido por tribunal, não sendo admissível de decisão de turma recursal no âmbito dos juizados especiais criminais.

O STF editou verbetes de sua súmula que delineiam o cabimento dos embargos infringentes e de nulidade, especialmente os seguintes:

(1) "são inadmissíveis embargos infringentes contra decisão em matéria constitucional submetida ao plenário dos tribunais" (súmula nº 293); e

(2) "da decisão que se seguir ao julgamento de constitucionalidade pelo tribunal pleno, são inadmissíveis embargos infringentes quanto à matéria constitucional" (súmula nº 455).

O Plenário do STF[163] também decidiu que cabem embargos infringentes para o Plenário do STF contra decisão condenatória proferida em sede de ação penal de competência originária das Turmas do STF. O requisito de cabimento desse recurso é a existência de dois **votos minoritários absolutórios em sentido próprio**, com **divergência relevante**. Como se infere, a expressão é um tanto aberta, permitindo boa dose de subjetividade

160. NUCCI, Guilherme de Souza. *Manual de processo penal e de execução penal*. 3. ed. São Paulo: RT, 2007. p. 856.

161. EMBARGOS INFRINGENTES EM AGRAVO DE QUE TRATA O ART. 197 DA LEI DAS EXECUÇÕES PENAIS (LEI nº 7210, DE 11.07.1984). Se o julgamento de agravo, previsto no art. 197 da lei das execuções penais, for desfavorável ao réu e não unânime, são cabíveis embargos infringentes, face ao que conjugadamente dispõem os artigos 609, parágrafo único, e 581 do C. P. Penal. *habeas corpus* deferido, (diante do empate na votação), para que os embargos sejam processados. (HC 65988, Rel. Min. Sydney Sanches, STF)

162. MIRABETE, Julio Fabbrini. *Processo penal*. 14. ed. São Paulo: Atlas, 2003. p. 670-671.

163.

para definir o sentido da relevância que deve recair sobre a divergência para que sejam admitidos esses embargos.

Nas Turmas do STF, compostas por 5 ministros, a admissão dos embargos infringentes exige 2 votos absolutórios em sentido próprio. A definição desse número de votos decorre de aplicação de critério de proporcionalidade, considerando o número exigido de membros para a admissão deste recurso no âmbito do órgão Plenário. Destarte, cuidando-se de decisão do Plenário da Suprema Corte, impõe-se, de acordo com disposição de seu Regimento Interno, o número de 4 votos em sentido próprio, ressalvada a hipótese de julgamento em sessão secreta, em razão da impossibilidade de se saber o placar de votação, embora haja ciência de se cuidar de votação tomada por maioria.

Voto em sentido próprio refere-se à deliberação que se acomoda às hipóteses de cabimento gizadas no Regimento Interno do STF (RISTF). Em compasso com o seu art. 333, são cabíveis embargos infringentes, em matéria penal, contra decisão não unânime do Plenário ou da Turma: (a) que julgar procedente a ação penal; (b) que julgar improcedente a revisão criminal; e (c) que, em recurso criminal ordinário for desfavorável ao acusado. Recurso ordinário é o que impõe reexame de questão fática e/ou probatória, além de matéria somente de direito.

Sobre o ponto, o Plenário do STF consignou a admissibilidade de embargos infringentes contra decisão condenatória majoritária, com apenas um voto absolutório em sentido próprio. A solução foi dada para os casos de *quorum* incompleto. Na hipótese concreta, "a Turma contava com quatro ministros e a exigência de dois votos conduziria, por si só, à absolvição do acusado. Além disso, a admissibilidade dos embargos deu-se em momento anterior à mencionada construção jurisprudencial".

Cabe frisar que o CPP não prevê a exigência aludida (dois ou quatro votos absolutórios em sentido próprio), construída pela Suprema Corte – inovando o ordenamento jurídico – e cristalizada no art. 333, do RISTF (cf. arts. 609 a 613)[164].

A seu turno, no STJ, foi afirmado que "é inadmissível recurso especial quando cabíveis embargos infringentes contra o acórdão proferido no tribunal de origem" (súmula nº 207).

2.7.4. Processamento

Interpostos os embargos infringentes e de nulidade (no prazo de dez dias, com petição acompanhada de razões recursais), o Ministério Público (pessoalmente) ou o querelante (via imprensa) serão intimados para oferecer contrarrazões em dez dias. Decerto, embora não haja previsão legal para tanto, o contraditório deve ser assegurado, notadamente diante da possibilidade de modificação do julgado.

O parágrafo único do art. 609, do Código, averba que o rito a ser seguido para o processamento desses embargos é o da apelação (art. 613, do CPP). De tal forma, instruído o recurso (com razões e contrarrazões recursais), deve ser, em dez dias, lançado relatório nos autos, passando estes ao revisor, que, também em dez dias, examinará o processo e,

164. STF – Pleno – AP 929 ED-2º julg-EI/AL, rel. Min. Luiz Fux, julgamento em 17.10.2018.

verificando sua regularidade (inexistência de pendências e/ou nulidades processuais), pedirá dia para julgamento (inclusão em pauta).

Os embargos infringentes e de nulidade são dotados de efeito devolutivo, eis que, a partir da argumentação da defesa do acusado, fundada no voto vencido que lhe favorece, a matéria é reapreciada pelo órgão colegiado competente do mesmo tribunal. Como se infere, a devolução é limitada pelo voto vencido.

Quanto ao efeito suspensivo, é preciso distinguir: **(1)** caso se trate de acórdão com conteúdo condenatório, os embargos infringentes e de nulidade são dotados desse efeito, pois não é admitida execução provisória da pena antes do trânsito em julgado de decisão penal condenatória; e **(2)** caso o conteúdo não seja condenatório, a regra é que não tenha efeito suspensivo, salvo quando houver impossibilidade lógica do andamento do processo quanto ao acusado recorrente, tal como se dá com os embargos infringentes manejados contra acórdão não unânime prolatado quando do julgamento de recurso em sentido estrito interposto contra a "sentença" de pronúncia.

O Pleno do STF deliberou que, depois de confirmada condenação penal por tribunal, em segundo julgamento, será admitida a execução da pena de forma provisória, antes do trânsito em julgado da sentença penal condenatória[165]. A decisão foi objeto de divergências entre os ministros, com o desfecho de reconhecimento de repercussão geral, para que produza efeitos gerais (ARE 964.246)[166]. O STF reafirmou sua jurisprudência nesse sentido, reputando que a execução provisória de pena não ofende o princípio constitucional da presunção de inocência, nem fere o art. 283, do CPP. Não concordamos com o posicionamento da Suprema Corte. Aliás a interposição dos embargos infringentes e de nulidade contra apenas parte da decisão recorrida (capítulo do acórdão) não suspendia o prazo para a interposição de recurso extraordinário ou especial quanto às demais porções da decisão em matéria penal. Enquanto pendente o julgamento dos embargos infringentes, ficava sobrestado o processamento do recurso extraordinário e/ou do especial que fossem interpostos simultaneamente. Publicado o acórdão dos embargos infringentes, tem novo início de prazo para a interposição de recurso especial ou extraordinário, agora contra este julgado.

Com o advento da Lei nº 10.352/2001, a parte passou a não ter mais o dever de interpor simultaneamente o recurso extraordinário e/ou especial com os embargos infringentes e de nulidade, prevalecendo a regra de que, quando o dispositivo do acórdão contiver julgamento por maioria de votos e julgamento unânime, e forem interpostos embargos infringentes, o prazo para recurso extraordinário ou recurso especial, relativamente ao julgamento unânime, ficará suspenso até a intimação da decisão nos embargos.

O CPC/2015 não prevê o recurso de embargos infringentes, suprimindo-o do sistema processual civil. Tal extinção do recurso no âmbito processual civil, no entanto, não reflete no direito processual penal, eis que o art. 610, do CPP, prevê o recurso de embargos

165. STF. Informativo nº 814, de fevereiro de 2016 (Pleno – HC 126292/SP – Rel. Min. Teori Zavascki – 17/02/2016).

166. Cuidou-se de decisão tomada em "Plenário virtual", no ARE 964.246: "O Tribunal, por unanimidade, reputou constitucional a questão. O Tribunal, por unanimidade, reconheceu a existência de repercussão geral da questão constitucional suscitada. No mérito, por maioria, reafirmou a jurisprudência dominante sobre a matéria, vencidos os Ministros Celso de Mello, Dias Toffoli, Marco Aurélio e Ricardo Lewandowski. Não se manifestou a Ministra Rosa Weber".

infringentes e de nulidade contra a decisão não unânime de segunda instância, no prazo legal de dez dias. Emboraextinto os embargos infringentes no direito processual civil, entendemos que devem ser aplicadas as normas que foram fruto do amadurecimento do referido recurso, notadamente aquela que fixou que, com a oposição dos embargos infringentes restritos à matéria divergente, deve ficar sobrestado o prazo recursal para a interposição de recursos especial e extraordinário, para que seja objeto de única impugnação.

Isso significa dizer que o início do prazo para a interposição do recurso extraordinário e/ou do recurso especial contra a parte unânime da decisão só tem início depois da publicação do acórdão referente ao julgamento dos embargos infringentes interpostos, possibilitando o manejo de um único recurso extraordinário ou de um só recurso especial.

No que toca ao efeito regressivo, entendemos que é da natureza desses embargos oportunizarem juízo de retratação, haja vista que envolvem "a participação, na turma julgadora, de juízes que já haviam, para aqueles, um juízo de retratação"[167].

2.7.5. Julgamento

No dia da apreciação dos embargos, para o qual as partes devem ter sido intimadas, sob pena de nulidade absoluta, será anunciado o seu julgamento. Depois de relatado o feito e antes da prolação do voto do relator, haverá oportunidade para debates (sustentações orais das partes) pelo tempo de um quarto de hora (quinze minutos).

O julgamento dos embargos infringentes e de nulidade pode dar azo ao que a doutrina convencionou chamar de voto médio. O voto médio consta na adoção de um critério para a obtenção da vontade da maioria, quando os votos dos membros do órgão colegiado são discrepantes entre si.

Como exemplo, temos a divergência sobre o quantitativo da pena base aplicada a um acusado. O critério indicado pode variar conforme se adote a média aritmética das penas votadas pelos membros do tribunal, a pena que se situe em permeio às demais ou, ainda, a sanção que seja mais favorável ao acusado.

A adoção do voto médio não dispensa o cuidado na tomada das votações dos membros do tribunal de maneira sistematizada, primeiramente os votos relativos às matérias pertinentes ao juízo de admissibilidade recursal e, depois, os votos referentes às matérias de direito material.

Assim é que do acórdão constará sempre se o tribunal conheceu do recurso ou não (por maioria ou por unanimidade), bem como se, uma vez conhecido, o recurso foi provido ou improvido (por maioria ou por unanimidade).

Com esse cuidado, tem lugar o que assevera, a propósito, Julio Fabbrini Mirabete, vale dizer, o tribunal, ao apreciar os embargos, "pode ficar com os votos vencedores ou com os vencidos (ou vencido) ou adotar uma terceira solução intermediária, entre ambas", tal como se dá quando "há um voto negando provimento ao recurso, outro dando provimento integral e um terceiro dando provimento parcial", devendo prevalecer este último "como

167. GRINOVER, Ada Pellegrini; GOMES FILHO, Antônio Magalhães; FERNANDES, Antônio Scarance. *Recursos no processo penal*. 6. ed. São Paulo: RT, 2011. p. 168.

voto médio". Se houver empate, porém, deve prevalecer, em matéria criminal, a solução mais favorável ao acusado[168].

2.8. Recursos especial e extraordinário

2.8.1. Noção

Os recursos especial e extraordinário são impugnações previstas na Constituição do Brasil. O estudo desses recursos pelo direito processual penal é justificado pela matéria penal debatida através desses instrumentos de reexame de decisões judiciais.

O recurso especial é processado e julgado pelo Superior Tribunal de Justiça. O recurso extraordinário, por sua vez, é processado e julgado pelo Supremo Tribunal Federal.

O que vai diferenciar, de maneira peculiar, esses recursos são as suas hipóteses de cabimento, haja vista que, ***grosso modo***, o recurso especial terá lugar quando for alegada violação a direito infraconstitucional e o recurso extraordinário quando a afirmação se relacionar com afronta à Constituição. São recursos de fundamentação vinculada e o direito processual penal volverá seu interesse toda vez que tais recursos envolverem matéria criminal.

O julgamento do recurso extraordinário compete ao Supremo Tribunal Federal, nas causas decididas em instância última ou em única instância, quando versar questão que resvale em possível confronto com a Constituição do Brasil[169].

O recurso especial, com disciplina parecida com a do recurso extraordinário, "a par de servir às partes sucumbentes, tem, em última análise, como escopo tutelar o próprio direito federal caso atingido pela decisão guerreada", não sendo passível de perquirição "matéria fática", porém tão somente "as questões de direito já examinadas pelo juízo ***a quo***, mesmo porque, se assim não o fosse, o recurso se prestaria a uma segunda apelação"[170].

2.8.2. Interposição

A interposição do recurso especial e do recurso extraordinário deve ser feita por petição, acompanhada de razões, no prazo de quinze dias. A protocolização desses recursos se dá perante o tribunal ***a quo***.

No âmbito eleitoral, o prazo é de três dias. A esse respeito, a Súmula nº 728, do STF, aduz ser de três dias o prazo para a interposição de recurso extraordinário contra decisão do Tribunal Superior Eleitoral, contado, quando for o caso, a partir da publicação do acórdão, na própria sessão de julgamento, nos termos do art. 12 da Lei nº 6.055/1974.

A petição recursal é dirigida ao presidente do tribunal que proferiu a decisão vergastada. As razões do recurso são endereçadas ao Superior Tribunal de Justiça ou ao Supremo Tribunal Federal, consoante se trate de recurso especial ou de recurso extraordinário, respectivamente. No âmbito da Suprema Corte, compete ao Pleno julgar o recurso ordinário

168. MIRABETE, Julio Fabbrini. *Processo penal*. 14. ed. São Paulo: Atlas, 2003. p. 672.

169. CUNHA JÚNIOR, Dirley da. *Curso de direito constitucional*. Salvador: JusPODIVM, 2008. p. 944-945.

170. MOREIRA, Rômulo de Andrade. *Direito processual penal*. Salvador: JusPODIVM, 2007. p. 407-408.

e o extraordinário interpostos no mesmo processo de mandado de segurança, ou de *habeas corpus* (Súmula nº 299, STF).

É regra consagrada no nosso sistema a de que se o recurso se fundar em dissídio entre a interpretação da lei federal adotada pelo julgado recorrido e a que lhe haja dado outro Tribunal, o recorrente deve fazer prova da divergência mediante certidão, ou indicação do número e da página do jornal oficial, ou do repertório autorizado de jurisprudência, que o houver publicado. Para fins de demonstração analítica no recurso especial, o Diário de Justiça não constitui repositório oficial de jurisprudência, nos termos da jurisprudência do STJ[171].

O CPC/2015 atualmente disciplina o processamento do recurso extraordinário e do recurso especial (respeitadas as peculiaridades do direito processual penal).

A interposição dos recursos especial ao STJ e extraordinário ao STF deve obedecer as seguintes disposições, na forma da legislação em vigor:

(1) prazo: o prazo de quinze dias é mantido, para interposição desses recursos (inclusive nos casos de "agravo em recurso especial e extraordinário" em matéria criminal – este que antes era de cinco dias, conforme previa o revogado art. 28, ***caput***, da Lei nº 8.038/1990). Com efeito, na falta de disciplina específica processual penal sobre o assunto, aplicável, por analogia, a regra do § 5º, do art. 1.003, do CPC/2015, que dispõe que, ressalvados os embargos de declaração, o prazo para interpor recursos e para responder-lhes é de quinze dias;

(2) contagem do prazo: quanto à forma de contagem do prazo, deve ser observada a especificidade do direito processual penal quanto às impugnações das decisões de primeira instância que determina que o curso do prazo começa a correr da data da última intimação (seja do advogado, seja do acusado, nos casos de sentença penal condenatória, de primeira instância).

(3) termo inicial (***a quo***) do prazo recursal: cuidando-se de recurso especial e recurso extraordinário, aplicável o CPC/2015 que, em seu art. 1.003, ***caput***, reza que o prazo para interposição de recurso conta-se da data em que os advogados, a sociedade de advogados, a Advocacia Pública e a Defensoria Pública ou o Ministério Público são intimados da decisão. Isso porque em segunda instância e nas instâncias superiores, não há capacidade postulatória do acusado, pelo que satisfaz o sistema a intimação na forma estatuída pelo CPC/2015, feita naqueles representantes, na forma prevista em lei. Quanto ao ponto, remetemos o leitor ao Capítulo que tratamos dos atos de comunicação processual;

(4) especificidades do CPC/2015: prevê o § 6º, do seu artigo 1.003, que o recorrente terá o ônus de comprovar feriado local, para o fim de ser atestada a tempestividade do recurso. Em processo penal, não há espaço para a incidência de regra que mitigue o acesso à Justiça por parte do acusado. Pensamos que tal disposição não se aplica ao direito processual penal, sendo ônus da Secretaria do Juízo certificar qualquer ocorrência que limite o direito de recorrer das partes da ação penal condenatória. De outro lado, são perfeitamente aplicáveis as regras que dispõem que no prazo para interposição de recurso, a petição será protocolada em cartório ou conforme as normas de organização judiciária, ressalvado o

---

171. STJ – Segunda Turma – REsp 1067902/RS – Rel. Min. Humberto Martins – DJe 09/11/2010.

disposto em regra especial (§ 3º, do art. 1.003, CPC/2015). Também cabível a incidência do § 4º, do art. 1.003, CPC/2015, que reza que, para a aferição da tempestividade do recurso remetido pelo correio, será considerada como data da interposição a data da postagem.

(5) recurso especial e extraordinário adesivo: o CPC/2015 autoriza a interposição de recurso adesivo, que fica subordinado ao recurso especial ou extraordinário independente, tendo lugar as mesmas regras cabíveis a estes, atentando-se que deve ser interposto perante o mesmo órgão a que foi dirigido o recurso independente interposto e no mesmo prazo que a parte tiver para o responder. Ademais, não será conhecido o recurso adesivo se a parte desistir do recurso principal (quando possível desistência em processo penal) ou quando for julgado inadmissível (§ 2º, do art. 997, CPC/2015). A modalidade adesiva de recurso é uma analogia que, por ser vedada em desfavor do acusado, torna inadmissível o seu uso para piorar a sua situação. Em síntese, recurso adesivo esbarra no óbice da coisa julgada material penal *favor rei*. Deveras, a interpretação extensiva e a analogia, autorizadas pelo art. 3º, do CPP, não podem chegar ao ponto de afastar a proibição de reformar a decisão contra a qual não se insurgiu o Ministério Público por meio de recurso principal, em desfavor do acusado. Nesse sentido, decidiu a Sexta Turma do STJ que, "em matéria criminal, não deve ser conhecido recurso especial adesivo interposto pelo Ministério Público veiculando pedido em desfavor do réu"[172]. Aliás, de conformidade com o art. 617, do CPP, não pode haver reformatio in pejus em recurso exclusivo da defesa. E o recurso adesivo ministerial, seguindo a sorte do recurso principal defensivo, não pode violar tal princípio.

(6) a inerente ausência de efeito suspensivo dos recursos especial e extraordinário em matéria não penal: resvalando em "publicidade opressiva de julgamentos criminais", na dicção de Simone Schreiber[173], a grande mídia repete reiteradamente a existência de efeito suspensivo de recursos extraordinário e especial, inclusive em matéria criminal. No entanto, sustentamos que aquele efeito não deve ter aplicação ao processo penal de maneira irrestrita, notadamente quando aqueles recursos forem interpostos em favor do acusado. Isso porque os dispositivos processuais penais devem ser interpretados de acordo com o princípio da presunção de não culpabilidade, cuja natureza é de vetor hermenêutico maior, estruturador, autêntico postulado. Ademais, outros enunciados constitucionais e infraconstitucionais impõem o dever dos órgãos do Poder Judiciário reexaminar amplamente uma decisão condenatória, escoimando-a de qualquer equívoco, considerando a importância que a Constituição conferiu ao valor liberdade do ser humano[174]. Reduzindo a eficácia

172. STJ – Sexta Turma – REsp. 1.595.636-RN – Informativo de Jurisprudência nº 605, de 12/7/2017.

173. Consoante aduz a autora, "a distinção entre a verdade midiática e a verdade processual é de fundamental importância para se compreender a nocividade de determinadas manifestações jornalísticas que se arvoram em desvendar fatos criminosos e pautar a atuação da justiça a partir de sua atuação. A verdade produzida pela imprensa não é mediada pelas garantias do processo, portanto, não pode ser levada em conta pelo juiz quando dita a sentença" (SCHREIBER, Simone. *A publicidade opressiva de julgamentos criminais*. Rio de Janeiro: Renovar, 2008. p. 410).

174. De forma contrária e interpretando os direitos fundamentais de maneira restritiva – além de exercendo indevidamente a função de inovar o ordenamento jurídico –, juízes criminais reunidos emitiram o Enunciado nº 14, do Fonajuc, declarando que "o réu condenado pelo Tribunal do Júri deve ser imediatamente recolhido ao sistema prisional a fim de que seja iniciada a execução da pena em homenagem aos princípios da soberania dos veredictos e da efetividade processual". Em decisão monocrática, da lavra da Min. Laurita Vaz, do STJ, relativamente a julgamento em que foi aplicado o aludido enunciado, foi dito que o juiz de primeiro grau se limitou "a invocar entendimento antijurídico, fundado no Enunciado n.º 14 do FONAJUC (Fórum Nacional dos Juízes Criminais)", destacando, ainda que aquela dicção "é contrária ao posicionamento do Supremo Tribunal Federal e desta Corte sobre a controvérsia" (STJ – HC 458.249/TO – Decisão Monocrática – Min. Laurita Vaz – j. 2/8/2018).

do postulado da presunção da inocência, a Primeira Turma do STF, deliberou que "nas condenações pelo tribunal do júri não é necessário aguardar julgamento de recurso em segundo grau de jurisdição para a execução da pena". Na hipótese, "a Turma asseverou que as decisões do tribunal do júri são soberanas. Por isso, o tribunal de justiça pode, eventualmente, anulá-las, mas não pode substituí-las". No entanto, o caso apreciado se tratou de *habeas corpus* manejado contra decisão de segunda instância que confirmou condenação por homicídio tentado e, de outro lado, determinou novo júri por outro homicídio, conexo, na forma consumada[175].

(7) recursos extraordinário e especial não autorizam reexame de fatos e de provas em matéria não criminal: diferentemente do propalado pela grande mídia, os recursos criminais, ainda que de natureza extraordinária, impõem aos órgãos jurisdicionais exame amplo de provas e de fatos, em função do efeito translativo em favor do réu. Os tribunais superiores mencionam a técnica de concessão de *habeas corpus* de ofício, ou seja, sem provocação, quando, ao apreciarem um recurso extraordinário ou especial, constatam ilicitude, antijuridicidade, mesmo no tocante à prova. Não deve ser tolerada, por exemplo, prova ilícita ou colhida sem respeito à forma gizada na Constituição, nas convenções e nas leis. Ainda que se cuide de recurso extraordinário – cuja jurisprudência reiterada afirma que nele somente cabe exame de matéria de direito –, quando o caso confrontar a limitação de liberdade do réu, é dever do tribunal aplicar o seu efeito translativo, a fim de coibir condenações abusivas, ilícitas, inconstitucionais ou ilegítimas. Diversos dispositivos permitem essa conclusão. Senão vejamos: (a) o inciso LXV, do art. 5º, da Constituição, preconiza que "a prisão ilegal será imediatamente relaxada pela autoridade judiciária", previsão essa que permite concluir, sistematicamente, que o tribunal deve coibir tanto a prisão ilegal quanto a sua ameaça por meio de um processo que consubstancia uma antijuridicidade; (b) a Constituição realça, ademais, que "ninguém será levado à prisão ou nela mantido, quando a lei admitir a liberdade provisória, com ou sem fiança", de modo que, em sede de recurso, pode-se extrair que a atuação fiscalizatória da liberdade do acusado é dever atribuído ao tribunal (art. 5º, LXVI, CF); (c) em conjunto com essas disposições, o LXVIII, do art. 5º, da CF, estatui que será concedido "*habeas corpus* sempre que alguém sofrer ou se achar ameaçado de sofrer violência ou coação em sua liberdade de locomoção, por ilegalidade ou abuso de poder"; e, no plano infraconstitucional, o § 2º, do art. 654, do CPP, que estampa que "os juízes e os tribunais têm competência para expedir de ofício ordem de *habeas corpus*, quando no curso de processo verificarem que alguém sofre ou está na iminência de sofrer coação ilegal". Como se depreende, negar efeito suspensivo a recurso especial e extraordinário manejado contra condenação não encontra respaldo jurídico, seja diante do postulado da presunção de inocência, seja em razão do expresso no art. 283, do CPP, seja ainda pelos dispositivos aqui descritos.

2.8.3. Cabimento

A teor do art. 102, III, "a", "b", "c" e "d", da Constituição Federal, caberá recurso extraordinário, para o Supremo Tribunal Federal, quando a decisão recorrida, proferida em

175. STF – Primeira Turma – HC 140449/RJ, rel. orig. Min. Marco Aurélio, red. p/ o ac. Min. Roberto Barroso, julgamento em 6.11.2018.

única ou última instância: (1) contrariar dispositivo da Constituição do Brasil; (2) declarar a inconstitucionalidade de tratado ou de lei federal; (3) julgar válida lei ou ato de governo local contestado em face da Constituição Federal; e, (4) julgar válida lei local contestada em face de lei federal.

Para o cabimento do recurso extraordinário, a Constituição, no § 3º, do seu art. 102, impõe que o recorrente demonstre a repercussão geral das questões constitucionais discutidas no caso, nos termos da lei, a fim de que o Tribunal examine a admissão do recurso, somente podendo recusá-lo pela manifestação de dois terços de seus membros. Essa exigência é um autêntico requisito de admissibilidade que, contudo, deve ser regulamentada por lei para ser aplicada[176]. O CPC/2015 disciplina o conteúdo da repercussão geral no § 1º, do seu art. 1.035, referindo à existência ou não de questões relevantes do ponto de vista econômico, político, social ou jurídico que ultrapassem os interesses subjetivos do processo.

Quanto ao recurso especial, a competência para o seu julgamento é conferida ao Superior Tribunal de Justiça, que ocorrerá, diante das causas decididas pelos Tribunais Regionais Federais ou pelos tribunais dos Estados, do Distrito Federal e Territórios, quando a decisão recorrida: (1) contrariar tratado ou lei federal, ou negar-lhes vigência; (2) julgar válido ato de governo local contestado em face de lei federal; e, (3) der à lei federal interpretação divergente da que lhe haja atribuído outro tribunal[177] (art. 105, III, "a", "b" e "c", CF/1988).

No que toca à letra "a", do inciso III, do referido art. 105, da Constituição de 1988, é importante precisar o que se deve entender por "contrariar tratado ou lei federal", ou negar-lhes vigência, para fins de admitir o cabimento de recurso especial. Exige se lei em sentido formal ou tratado ratificado pelo Brasil conforme os trâmites normativos para tanto. Os enunciados da súmula de tribunal não é lei estrita para o fim de desafiar recurso especial. Esclarecendo o ponto, o STJ editou a Súmula nº 518, assentando que para fins do art. 105, III, a, da Constituição Federal, não é cabível recurso especial fundado em alegada violação de enunciado de súmula.

O recorrente, como é de acontecer em todos os recursos, deve ter interesse e legitimidade, sendo evidenciados, relativamente à defesa, pela sucumbência. O Ministério Público, diversamente, pode recorrer, especial ou extraordinariamente, mesmo que em favor do acusado, diante de sua condição de defensor da ordem jurídica, com aplicação coerente do direito.

Também o assistente de acusação pode recorrer, inclusive extraordinariamente, na ação penal, nos casos dos arts. 584, § 1º, e 598 do Código de Processo Penal (Súmula 210, STF). O advento da Lei nº 12.403/2011 conferiu ao assistente do Ministério Público a legitimidade expressa para requerer prisão preventiva (art. 311, CPP). No entanto, essa modificação deve ter exegese restrita, não autorizando que o assistente do Ministério Público intervenha na ação de *habeas corpus* para recorrer de suas decisões concessivas. Nesse sentido se posiciona o STF (Súmula nº 208) e o STJ[178].

176. CUNHA JÚNIOR, Dirley da. *Curso de direito constitucional*. Salvador: JusPODIVM, 2008. p. 944-945.
177. CUNHA JÚNIOR, Dirley da. *Curso de direito constitucional*. Salvador: JusPODIVM, 2008. p. 953.
178. STJ – Vice Presidência – RE em HC – 305.141/PB – j. 29 mai. 2015.

Vale abrir um parêntese para destacar posição doutrinária no sentido da inconstitucionalidade da previsão de assistente do Ministério Público no processo penal, como anotamos no capítulo VIII, para o qual remetemos o leitor. Isso porque, pode ser sustentado o argumento de que a acusação se agiganta com o amplo espectro que tem a seu dispor para levar a frente a cruzada persecutória. O processo penal, com a participação do assistente em prol da acusação, segue sentido que, de um lado, tende a se afastar do ideal de ser uma tentativa de palco civilizado e, de outro, maximiza postura de vindita[179]. Nada obstante, os tribunais seguem na tendência de admitir a participação do assistente do Ministério Público de forma ampla.

De todo modo, a praxe forense tem exigido o pré-questionamento, "como verdadeiro requisito de admissibilidade" recursal[180]. Em outras palavras, "o prequestionamento se constitui em requisito-mor" ou "***conditio sine qua non*** para a sua admissibilidade"[181].

O prequestionamento consiste no efetivo debate da matéria objeto do recurso especial ou extraordinário durante o processamento da causa. Eventual omissão de prestação jurisdicional sobre ponto passível de questionamento via recurso especial ou extraordinário deve ser objeto de embargos de declaração, a fim de evidenciar o prequestionamento. Entretanto, a oposição dos embargos está condicionada à existência de vício no ***decisum*** (omissão, contradição, obscuridade ou ambiguidade), sendo rejeitados quando ausente hipótese de cabimento, ainda que seu objetivo seja prequestionar a matéria para interposição dos recursos especial e extraordinário[182].

Não tem cabimento recurso especial ou extraordinário contra matéria de fato: "ambos devem cuidar de questões puramente de direito, a fim de não vulgarizar a sua utilização, tornando os tribunais superiores órgãos de reavaliação da prova, como já fazem os tribunais estaduais ou regionais". Esse objetivo é corroborado pelo enunciado nº 279, da súmula do STF, ao dizer que "para simples reexame de prova não cabe recurso extraordinário", bem como pelo enunciado nº 7, da súmula do STJ, que assenta que "a pretensão de simples reexame de prova não enseja recurso especial"[183].

Nessa linha, o STJ não vem admitindo recurso especial por violação ao art. 59 do CP que, tratando das circunstâncias judiciais na dosimetria da pena, quando importe na necessidade de análise acurada dos elementos probatórios. Em outros termos, somente quando houver flagrante ilegalidade ou abuso de poder na dosimetria é que o recurso especial será cabível[184].

179. Na senda de André Nicolitt e de outros autores como Tourinho Filho, que – se não se entender inconstitucional a figura do assistente da acusação – sua atuação deve se dar "em razão de seu interesse jurídico de obter a sentença penal condenatória, que é título executivo judicial. Sua atuação não pode ser meramente vingativa, buscando auxiliar o Ministério Público para uma condenação que atenda aos seus anseios particulares" (NICOLITT, André. *Manual de processo penal*. 7. ed. Belo Horizonte: D'Plácido, 2018. p. 508).

180. MOREIRA, Rômulo de Andrade. *Direito processual penal*. Salvador: JusPODIVM, 2007. p. 414.

181. SOUZA, Daniel Barbosa Lima Faria Corrêa de. O prequstionamento no recurso especial. Porto Alegre: Núria Fabris, 2008. p. 151.

182. Nesse sentido: "De acordo com a jurisprudência da Corte, os embargos de declaração opostos com o fim de prequestionamento, objetivando a interposição de recurso extraordinário, somente podem ser acolhidos se presentes alguns dos vícios[do art. 1.022, do CPC/2015]. Hipótese não configurada no caso concreto" (STJ – Quinta Turma – EDcl no RHC 32.366/RS – Rel. Min. Campos Marques (desemb. convocado do TJ/PR) – DJe 05/06/2013)

183. NUCCI, Guilherme de Souza. *Manual de processo penal e de execução penal*. 3. ed. São Paulo: RT, 2007. p. 860.

184. STJ – 3ª Seção – RvCr 974 – Rel. Min. Maria T. A. Moura – DJ 25/8.2010 – Informativo 444.

Com ideia análoga – embora com enfoques distintos –, a jurisprudência do STF delimitou e esclareceu ainda mais a abrangência do recurso extraordinário, editando os seguintes enunciados de sua súmula:

(1) "por ofensa a direito local não cabe recurso extraordinário" (Súmula nº 280);

(2) "é inadmissível o recurso extraordinário, quando couber na justiça de origem, recurso ordinário da decisão impugnada" (Súmula nº 281);

(3) "é inadmissível o recurso extraordinário, quando não ventilada, na decisão recorrida, a questão federal suscitada" (Súmula nº 282);

(4) "é inadmissível o recurso extraordinário, quando a decisão recorrida assenta em mais de um fundamento suficiente e o recurso não abrange todos eles" (Súmula nº 283);

(5) "é inadmissível o recurso extraordinário, quando a deficiência na sua fundamentação não permitir a exata compreensão da controvérsia" (Súmula nº 284);

(6) "não se conhece do recurso extraordinário fundado em divergência jurisprudencial, quando a orientação do plenário do Supremo Tribunal Federal já se firmou no mesmo sentido da decisão recorrida" (Súmula nº 286);

(7) "o provimento do agravo por uma das turmas do Supremo Tribunal Federal ainda que sem ressalva, não prejudica a questão do cabimento do recurso extraordinário" (Súmula nº 289);

(8) "julgados do mesmo tribunal não servem para fundamentar o recurso extraordinário por divergência jurisprudencial" (Súmula nº 369). Este enunciado foi elaborado à época em que o STF enfeixava as competências para julgar o recurso extraordinário com objeto de idêntico ao do hoje denominado recurso especial, de competência do STJ. Seu teor é compatível com o manejo do recurso especial, não mais do extraordinário;

(9) "não cabe recurso extraordinário, por violação de lei federal, quando a ofensa alegada for a regimento de tribunal" (Súmula nº 399);

(10) "não cabe recurso extraordinário contra acórdão que defere medida liminar" (Súmula nº 735);

(11) "decisão que deu razoável interpretação à lei, ainda que não seja a melhor, não autoriza recurso extraordinário" (Súmula nº 400); e

(12) "é cabível recurso extraordinário contra decisão proferida por juiz de primeiro grau nas causas de alçada, ou por turma recursal de juizado especial cível e criminal" (Súmula nº 640).

Por sua vez, o STJ também vincou seu entendimento sobre o recurso especial, em enunciados de sua súmula:

(1) "não se conhece do recurso especial pela divergência, quando a orientação do tribunal se firmou no mesmo sentido da decisão recorrida" (Súmula nº 83);

(2) "cabe recurso especial contra acórdão proferido no julgamento de agravo de instrumento" (súmula nº 86);

(3) "é inadmissível recurso especial, quando o acórdão recorrido assenta em fundamentos constitucional e infraconstitucional, qualquer deles suficiente, por si só, para mantê-lo, e a parte vencida não manifesta recurso extraordinário" (Súmula nº 126);

(4) "é inadmissível recurso especial quanto à questão que, a despeito da oposição de embargos declaratórios, não foi apreciada pelo tribunal ***a quo***" (Súmula nº 211) e

(5) "Não é necessário ratificar o recurso especial interposto na pendência do julgamento dos embargos de declaração quando inalterado o julgamento anterior" (Súmula nº 579). Ao emitir este enunciado, o STJ cancelou a Súmula nº 418. Seguiu tendência fixada pelo Pleno do STF, que já havia assentado que não pode ser considerado intempestivo um recurso apresentado dentro do prazo, ainda que antes da publicação do acórdão[185]. Adequou-se também ao CPC/2015.

O CPC/2015, a partir de seu art. 1.029, estatui que o recurso extraordinário e o recurso especial, nos casos previstos na Constituição Federal, serão interpostos perante o presidente ou o vice-presidente do tribunal recorrido, em petições distintas que conterão: **(a)** a exposição do fato e do direito; **(b)** a demonstração do cabimento do recurso interposto; e **(c)** as razões do pedido de reforma ou de invalidação da decisão recorrida.

Quando o recurso extraordinário ou o especial fundar-se em dissídio jurisprudencial, o recorrente fará a prova da divergência com a certidão, cópia ou citação do repositório de jurisprudência, oficial ou credenciado, inclusive em mídia eletrônica, em que houver sido publicado o acórdão divergente, ou ainda com a reprodução de julgado disponível na rede mundial de computadores, com indicação da respectiva fonte; em qualquer caso, as circunstâncias que identifiquem ou assemelhem os casos confrontados devem ser mencionadas.

O Supremo Tribunal Federal ou o Superior Tribunal de Justiça poderá desconsiderar vício formal de recurso tempestivo ou determinar sua correção, desde que não o repute grave. De outro lado, quando, por ocasião do processamento do incidente de resolução de demandas repetitivas, o presidente do Supremo Tribunal Federal ou do Superior Tribunal de Justiça receber requerimento de suspensão de processos em que se discuta questão federal constitucional ou infraconstitucional, poderá, considerando razões de segurança jurídica ou de excepcional interesse social, estender a suspensão a todo o território nacional, até ulterior decisão do recurso extraordinário ou do recurso especial a ser interposto.

O pedido de concessão de efeito suspensivo a recurso extraordinário ou especial poderá ser formulado por requerimento dirigido ao: (a) tribunal superior respectivo, no período compreendido entre a publicação da decisão de admissão do recurso e sua distribuição, ficando o relator designado para seu exame prevento para julgá-lo; (b) relator, se já distribuído o recurso; (c) ao presidente ou vice-presidente do tribunal local, ao presidente ou ao vice-presidente do tribunal recorrido, no período compreendido entre a interposição do recurso e a publicação da decisão de admissão do recurso, assim como no caso de o recurso ter sido sobrestado. Sobre o confronto entre o efeito suspensivo aqui referido e o inerente efeito translativo *favor rei* dos recursos criminais, remetemos o leitor aos itens (6) e (7), do tópico 2.8.2, deste capítulo, acima.

185. STF – Pleno – AI 703269 – Rel. Min. Luiz Fux. Disponível em: <http://www.stf.jus.br/portal/cms/verNoticiaDetalhe.asp?idConteudo=286657>. Acesso em: 10 mar. 2015.

2.8.4. Processamento

De todo modo, o processamento do recurso especial e do recurso extraordinário deverá obedecer ao gizado nos seus artigos 1.029 e seguintes do CPC/2015. Uma vez recebida a petição do recurso pela secretaria do tribunal perante o qual foi interposto o recurso, o recorrido será intimado para apresentar contrarrazões no prazo de quinze dias. Note-se que o CPC/2015 continua a exigir o exercício de juízo de admissibilidade pelo presidente ou vice-presidente do tribunal recorrido, sem prejuízo de que novo juízo de admissibilidade seja efetivado pelo tribunal *ad quem*.

Na esteira do art. 93, IX, da Constituição do Brasil, a Súmula nº 123, do STJ, estampa que "a decisão que admite, ou não, o recurso especial deve ser fundamentada, com o exame dos seus pressupostos gerais e constitucionais". Identicamente, também a decisão que admite ou não o extraordinário deve ser suficientemente motivada.

Caso haja interposição conjunta de recurso extraordinário e recurso especial, os autos serão remetidos ao Superior Tribunal de Justiça. Depois de finalizado o julgamento do recurso especial pelo STJ, os autos serão remetidos ao Supremo Tribunal Federal, para apreciação do recurso extraordinário, na hipótese deste não estar prejudicado. Por outro lado, se o relator do recurso especial considerar prejudicial o recurso extraordinário, em decisão irrecorrível, sobrestará o julgamento e remeterá os autos ao Supremo Tribunal Federal. Entrementes, se o relator do recurso extraordinário, em decisão irrecorrível, rejeitar a prejudicialidade, devolverá os autos ao Superior Tribunal de Justiça, para o julgamento do recurso especial.

Se o relator, no Superior Tribunal de Justiça, entender que o recurso especial versa sobre questão constitucional, deverá conceder prazo de quinze dias para que o recorrente demonstre a existência de repercussão geral (requisito de admissibilidade de índole objetiva deste recurso) e se manifeste sobre a questão constitucional. Cumprida a diligência, remeterá o recurso ao Supremo Tribunal Federal, que, em juízo de admissibilidade, poderá devolvê-lo ao Superior Tribunal de Justiça, nos termos do art. 1.032, do CPC/2015.

Quando o Supremo Tribunal Federal considerar como reflexa a ofensa à Constituição afirmada no recurso extraordinário, por pressupor a revisão da interpretação da lei federal ou de tratado, ordenará a remessa dos autos ao Superior Tribunal de Justiça para julgamento como recurso especial.

Depois de admitido o recurso extraordinário ou especial, o Supremo Tribunal Federal ou Superior Tribunal de Justiça julgará a causa, aplicando o direito. Por outra vertente, tendo sido admitido o recurso extraordinário ou especial por um fundamento, devolve-se ao tribunal superior o conhecimento dos demais fundamentos para a solução do capítulo impugnado, a teor do artigo 1.034, do CPC/2015.

Sob outro prisma, o Supremo Tribunal Federal, em decisão irrecorrível, não conhecerá do recurso extraordinário, quando a questão constitucional nele versada não oferecer repercussão geral, ratificando este pressuposto objetivo de admissibilidade recursal do extraordinário. Delimitando a noção de repercussão geral, o § 3º, do art. 1.035, do CPC/2015 reza que será considerada a existência, ou não, de questões relevantes do ponto de vista econômico, político, social ou jurídico, que ultrapassem os interesses subjetivos da causa.

Por outro lado, o recorrente deverá demonstrar a existência da repercussão geral para apreciação exclusiva do Supremo Tribunal Federal. Tal existirá sempre que o recurso: (**a**) impugnar decisão contrária a súmula ou jurisprudência dominante do Supremo Tribunal Federal; ou (**b**) questionar decisão que tenha reconhecido a inconstitucionalidade de tratado ou lei federal.

Nessa análise da repercussão geral, o relator poderá admitir a manifestação de terceiros, subscrita por procurador habilitado, nos termos do regimento interno do Supremo Tribunal Federal. Embora não seja comum em processo penal, a situação é possível, a exemplo do que, por exemplo, ocorra no julgamento de recurso extraordinário que debata sobre a constitucionalidade da criação de banco de dados de perfis genéticos, nos termos do art. 5º-A, da Lei nº 12.037/2009, acrescido pela Lei nº 12.654/2012.

Caso seja reconhecida a repercussão geral, o relator no Supremo Tribunal Federal determinará a suspensão do processamento de todos os processos pendentes, individuais ou coletivos, que versem sobre a questão e tramitem no território nacional. Sem embargo, o interessado pode requerer, ao presidente ou vice-presidente do tribunal de origem, que exclua da decisão de sobrestamento e inadmita o recurso extraordinário que tenha sido interposto intempestivamente. O recorrente deverá ser ouvido para, em cinco dias, manifestar-se sobre tal requerimento. Da decisão que indeferir aquele requerimento ou que aplicar entendimento firmado em regime de repercussão geral ou em julgamento de recursos repetitivos caberá agravo interno, cujo prazo, em matéria criminal, persiste sendo o de cinco dias, nos termos do artigo 39, da Lei nº 8.038/1990 e da Súmula nº 699, do STF. Na hipótese de ser negada a repercussão geral, o presidente ou vice-presidente do tribunal de origem negará seguimento aos recursos extraordinários sobrestados na origem que versem sobre matéria idêntica, a teor do § 8º, do art. 1.035, do CPC/2015.O recurso que tiver a repercussão geral reconhecida deverá ser julgado no prazo de um ano e terá preferência sobre os demais feitos, ressalvados os que envolvam réu preso e o pedido de *habeas corpus*. A súmula da decisão sobre a repercussão geral deverá constar de ata, que será publicada no diário oficial e valerá como acórdão.

2.8.5. Julgamento

O recurso extraordinário ou especial poderá ser julgado monocraticamente pelo relator (com novo exercício de juízo de admissibilidade e, se superado, de mérito) ou mediante sua submissão de plano ao órgão colegiado com competência para processar a matéria ou mesmo em virtude de agravo interno contra a decisão singular proferida pelo relator. Também no STJ e no STF, o Ministério Público lançará seu parecer. Aqui, aferirá não só o juízo de admissibilidade, mas também o mérito do recurso especial ou extraordinário.

Não sendo a hipótese de julgamento monocrático (de acordo com o regimento interno), o relator pedirá dia para julgamento perante o órgão do tribunal com competência para apreciar a matéria ventilada (pleno, órgão especial, seção ou turma).

A votação, tal como acontece nos órgãos colegiados, será tomada de maneira sistematizada: juízo de admissibilidade e juízo de mérito, vale dizer, são votadas as questões preliminares do recurso especial ou extraordinário (conhecimento ou não conhecimento do recurso) e as questões de mérito recursal (provimento ou não provimento). Nos termos da súmula nº 456, "o Supremo Tribunal Federal, conhecendo do recurso extraordinário, julgará a causa, aplicando o direito à espécie".

Havendo empate, a decisão a ser proclamada deve ser a que mais favorecer o imputado, aplicando-se, se o caso comportar, os efeitos extensivos previstos no art. 580, do CPP conforme posição do STF[186].

O CPC/2015 traz disciplina nova quanto ao julgamento de recursos extraordinário e especial repetitivos. De acordo com o seu artigo 1.036 e parágrafos, aplicáveis às matérias criminais que admitem repetitividade, sempre que houver multiplicidade de recursos com fundamento em idêntica questão de direito, o recurso extraordinário ou o recurso especial terá seu julgamento afetado nos termos do regimento interno do Supremo Tribunal Federal e do Superior Tribunal de Justiça.

Nessa situação, ao presidente do tribunal de origem competirá selecionar um ou mais recursos representativos da controvérsia, os quais serão encaminhados ao Supremo Tribunal Federal ou ao Superior Tribunal de Justiça independentemente de juízo de admissibilidade, ficando suspensos os demais recursos até o pronunciamento definitivo do tribunal superior.

Não sendo adotada tal providência, o relator, no tribunal superior, ao identificar que sobre a questão de direito já existe jurisprudência dominante ou que a matéria já está afeta ao colegiado, poderá determinar a suspensão dos recursos nos quais a controvérsia esteja estabelecida. Na decisão de afetação, o relator deverá identificar com precisão a matéria a ser levada a julgamento, ficando vedado, ao Tribunal, a extensão a outros temas não identificados na referida decisão.

Quanto aos processos em que se discute idêntica controvérsia de direito e que estiverem em primeiro grau de jurisdição, devem ficar suspensos por período não superior a doze meses, salvo decisão fundamentada do relator. Devem ficar também suspensos, no tribunal superior e nos de segundo grau de jurisdição, os recursos que versem sobre idêntica controvérsia, até a decisão do recurso representativo da controvérsia.

O relator poderá requisitar informações aos tribunais inferiores a respeito da controvérsia. Cumprida a diligência, se for o caso, intimará o Ministério Público para se manifestar. Os prazos respectivos são de quinze dias e os atos serão praticados, sempre que possível, por meio eletrônico

Outrossim, o relator, conforme dispuser o Regimento Interno, e considerando a relevância da matéria, poderá solicitar ou admitir manifestação de pessoas, órgãos ou entidades com interesse na controvérsia.

Depois de transcorrido o prazo para o Ministério Público e remetida cópia do relatório aos demais Ministros, o processo será incluído em pauta, devendo ser julgado com preferência sobre os demais feitos, ressalvados os que envolvam réu preso e os pedidos de *habeas corpus*. Decidido o recurso representativo da controvérsia, os demais órgãos fracionários ou declararão prejudicados os demais recursos versando sobre idêntica controvérsia ou os decidirão aplicando a tese.

186. STF – Pleno – AP 565 ED-ED/RO – Rel. Min. Cármen Lúcia – red. p/ o ac. Min. Dias Toffoli – julgamento em 14.12.2017 – Informativo nº 888, de 11 a 19 de dezembro de 2017.

Publicado o acórdão paradigma: (**a**) os recursos sobrestados na origem não terão seguimento se o acórdão recorrido coincidir com a orientação da instância superior; ou (**b**) o tribunal de origem reapreciará o recurso julgado, observando-se a tese firmada, independentemente de juízo de admissibilidade do recurso especial ou extraordinário, na hipótese de o acórdão recorrido divergir da orientação da instância superior.

Diversamente, se for mantido o acórdão divergente pelo tribunal de origem, far-se-á o exame de admissibilidade do recurso especial ou extraordinário. Reformado o acórdão divergente, se for o caso, o tribunal de origem decidirá as demais questões antes não decididas e que o enfrentamento se torne necessário em decorrência da reforma. Sobrevindo, durante a suspensão dos processos, decisão da instância superior a respeito do mérito da controvérsia, o juiz proferirá sentença e aplicará a tese firmada.

Por fim, a parte poderá desistir da ação em curso no primeiro grau de jurisdição, se a questão nela discutida for idêntica à resolvida pelo recurso representativo da controvérsia. Se a desistência ocorrer antes de oferecida a contestação, a parte ficará isenta do pagamento de custas e de honorários de sucumbência. Naturalmente, só se fala em desistência da ação e em honorários de advogado em processo penal, quando se tratar de ação penal de iniciativa privada, eis que é vedado ao Ministério Público desistir da ação penal pública.

2.9. Reclamação constitucional

2.9.1. Noção

A reclamação constitucional tem a função de preservar a competência do Tribunal ou garantir a autoridade das suas decisões, caberá reclamação da parte interessada ou do Ministério Público. Em outros termos, objetiva assegurar que decisões desses tribunais sejam acatadas, leia-se, que seus fundamentos sejam considerados pelos órgãos de grau de jurisdição inferior.

O CPC/2015 disciplina a reclamação constitucional em seus artigos 988 a 993, aplicáveis ao direito processual penal.

A reclamação não tem propriamente a natureza recursal, sendo, "fundamentalmente, uma ação de conhecimento, pois a espécie de tutela que se busca nela é cognitiva, isto é, uma sentença (***rectius***, um acórdão, já que se trata de ação de competência originária de tribunais)"[187].

Contudo, o efeito da procedência de uma reclamação pode se irradiar para o âmbito de outro processo, de forma equivalente a um recurso. Daí que a sua essência, sob este aspecto, é híbrida, com aspecto misto de recurso e de ação, cujo fundamento de validade encontra enlace na Constituição do Brasil[188].

Deveras, é a Constituição Federal de 1988 que prevê a reclamação no rol de competências do STJ e do STF. De um lado, compete ao Superior Tribunal de Justiça processar e julgar, originariamente, "a reclamação para a preservação de sua competência e garantia

187. DANTAS, Marcelo Navarro Ribeiro. *Reclamação constitucional no direito brasileiro*. Porto Alegre: Sergio Antonio Fabris, 2000. p. 463.

188. IVO, Gabriel. *Constituição estadual*: competência para elaboração da Constituição do estado-membro. São Paulo: Max Limonad, 1997. p. 29-30.

da autoridade de suas decisões" (art. 105, I, "f"). De outro, é de competência do Supremo Tribunal Federal processar e julgar, também originariamente, "a reclamação para a preservação de sua competência e garantia da autoridade de suas decisões" (art. 102, I, "l").

Não há óbice, antes até se recomenda, que os regimentos internos prevejam reclamação análoga a aqui estudada com o objetivo de assegurar a competência e a autoridade das decisões dos respectivos tribunais de segunda instância, com base em simetria a partir da disciplina da reclamação dirigida ao STF e ao STJ.

2.9.2. *Interposição*

A reclamação constitucional não tem prazo específico para interposição. Ela é de ser proposta, por petição, perante o Supremo Tribunal Federal ou perante o Superior Tribunal de Justiça, consoante a alegação de desrespeito se refira a julgado deste ou daquele tribunal. A reclamação será dirigida ao Presidente do Tribunal, instruída com prova documental, autuada e distribuída ao relator da causa principal, sempre que possível.

O CPC/2015 preconiza que caberá reclamação da parte interessada ou do Ministério Público para: (1) preservar a competência do Tribunal; (2) garantir a autoridade das decisões do Tribunal; (3) garantir a observância de súmula vinculante; (4) garantir a observância da tese firmada em incidente de resolução de demandas repetitivas; (5) garantir a observância da tese firmada em incidente de assunção de competência (artigo 988). A reclamação deve ser dirigida ao Presidente do Tribunal e instruída com prova documental (§ 2º, do artigo 988).

2.9.3. *Cabimento*

O cabimento da reclamação decorre da estrutura escalonada do Poder Judiciário. As decisões do Supremo Tribunal Federal e do Superior Tribunal de Justiça contêm um comando que guarda uma objetividade que merece ser respeitada. O critério básico de seu cabimento é a utilidade, vale dizer, a maior efetividade da reclamação constitucional quando comparada a outros recursos ou a outras ações autônomas de impugnação.

O enunciado nº 734, da súmula do STF esclarece que "não cabe reclamação quando já houver transitado em julgado o ato judicial que se alega tenha desrespeitado decisão do Supremo Tribunal Federal". Com efeito, a imutabilidade da decisão judicial em razão da formação da coisa julgada da decisão do órgão de instância inferior é óbice à propositura da reclamação, não podendo ser ela um sucedâneo da revisão criminal.

Sob essa vertente, Marcelo Navarro destaca que

> Realmente, há decisões sem conta do Supremo e do STJ nas quais se diz que a reclamação não é sucedânea do recurso ou da ação próprias, e várias especificam que não se conhece da reclamação, quando a decisão, que se diz haver descumprido acórdão, se acha submetida a recurso regularmente interposto; muitas também há em que se afirma a recorribilidade da decisão de origem não impede a reclamação, uma vez presente os seus pressupostos.[189]

A reclamação constitucional é também cabível contra decisões que contrariem a súmula vinculante do STF. O art. 103-A, da Constituição, consagra, no direito brasileiro, esse

189. DANTAS, Marcelo Navarro Ribeiro. *Reclamação constitucional no direito brasileiro*. Porto Alegre: Sergio Antonio Fabris, 2000. p. 485.

instituto. Daí que da decisão judicial em matéria penal, "que contrariar a súmula aplicável ou que indevidamente a aplicar, caberá reclamação ao Supremo Tribunal Federal que, julgando-a procedente, anulará o ato administrativo ou cassará a decisão judicial reclamada, e determinará que outra seja proferida com ou sem a aplicação da súmula, conforme o caso"[190].

Nos termos do § 5º, do art. 988, do CPC/2015, não se admite reclamação: (1) proposta após o trânsito em julgado da decisão reclamada; ou (2) proposta para garantir a observância de acórdão de recurso extraordinário com repercussão geral reconhecida ou de acórdão proferido em julgamento de recursos extraordinário ou especial repetitivos, quando não esgotadas as instâncias ordinárias. O STF, sob outro ângulo, assentou que "a reclamação não é a via adequada para, sob pena de usurpação de competência, veicular insurgência contra a cisão das investigações pelo próprio STF"[191].

2.9.4. *Processamento*

De acordo com o rito estabelecido no CPC/2015, a petição inicial da reclamação será autuada e distribuída ao relator da causa principal, sempre que possível (§ 3º, do artigo 988).

A reclamação constitucional tem natureza jurídica de ação, razão pela qual, em essência, não é dotada de qualquer efeito recursal (devolutivo, suspensivo ou regressivo). No entanto, de certa forma a matéria objeto da reclamação é devolvida, ainda que estritamente, ao conhecimento do tribunal cuja autoridade ou competência foi usurpada, sendo possível ainda: (1) que o relator ordene a suspensão do processo ou do ato impugnado; e (2) que o juiz da causa, tomando conhecimento do seu teor, reexamine sua decisão, se esta comportar retratação.

Deve-se garantir o contraditório no âmbito da reclamação (art. 989). Verificando a possibilidade da parte contrária sofrer os efeitos da cassação do ato reclamado, deverá ser oportunizado a bilateralidade da audiência, na linha do destacado por Adalberto Aranha, em respeito ao preceito constitucional da contrariedade e da ampla defesa"[192].

Uma vez recebendo a reclamação, o relator, ao despachá-la, adotará as seguintes providências: (1) requisitará informações da autoridade a quem for imputada a prática do ato impugnado, que as prestará no prazo de dez dias; e (2) ordenará, se necessário, para evitar dano irreparável, a suspensão do processo ou do ato impugnado.

Ademais, nos termos do artigo 990, do CPC/2015, qualquer interessado poderá impugnar o pedido do reclamante. Nas reclamações que não houver formulado, o Ministério Público deverá ter vista do processo, por cinco dias, após o decurso do prazo para informações.

2.9.5. *Julgamento*

Concluída a instrução da reclamação, o relator pedirá inclusão em pauta de julgamento que, no STF, é de competência do Pleno.

190. CUNHA JÚNIOR, Dirley da. *Curso de direito constitucional*. Salvador: JusPODIVM, 2008. p. 953.

191. STF – Reclamação 24.506/SP – Rel. Min. Dias Toffoli – Noticiado no Informativo nº 913, de 27 a 31.8.2018 – Verbete "Reclamação e concessão de 'habeas corpus' de ofício" – Transcrições.

192. ARANHA, Adalberto José Q. T. de Camargo. *Dos recursos no processo penal*. São Paulo: Saraiva, 2010. p. 387.

Se julgar procedente a reclamação, o Tribunal cassará a decisão exorbitante de seu julgado ou determinará medida adequada à preservação de sua competência. Ao cabo, o presidente determinará o imediato cumprimento da decisão, lavrando-se o acórdão posteriormente (arts. 992 e 993, CPC/2015).

2.10. Recurso ordinário constitucional

2.10.1. Noção

Matéria penal também pode ser debatida mediante recurso ordinário constitucional, que é assim denominado em virtude de expressa indicação da Constituição Federal em algumas hipóteses de seu cabimento, assegurando que a matéria seja reexaminada pelo órgão escolhido para tanto, sem que haja vinculação de sua fundamentação. O princípio ***tantum devolutum quantum appellatum*** incide na disciplina do recurso ordinário constitucional em toda sua inteireza.

O recurso ordinário constitucional destina-se a assegurar, em alguns casos específicos, o duplo grau de jurisdição. Algumas decisões não se sujeitam ao regramento normal dos recursos em geral, sendo cabível o recurso ordinário para o órgão jurisdicional indicado na Constituição.

Um dos exemplos de recurso ordinário constitucional é o que é dirigido contra sentença de juiz federal que julga o crime político (art. 109, IV, CF/1988): não é cabível apelação neste caso, pois o recurso a ser interposto é o ordinário constitucional dirigido ao STF (art. 102, II, "b", CF/1988), com características similares à apelação criminal.

No entanto, sob um mesmo nome, vamos encontrar mais de uma espécie de recurso ordinário, que só terão em comum o fato de não ter fundamentação vinculada (ordinário, nesse sentido), pois a forma de interposição, o processamento e, de certa maneira, o julgamento diferem um do outro, como veremos.

2.10.2. Interposição

O recurso ordinário constitucional, em qualquer hipótese, será interposto por petição. O prazo de interposição e o rito a ser seguido variarão consoante a espécie de cabimento.

(1) Tratando-se de recurso ordinário contra decisão denegatória em mandado de segurança, proferida em única instância por Tribunal de Justiça ou por Tribunal Regional Federal, a ser examinado pelo STJ, o prazo para sua interposição será de quinze dias, seguindo-se o rito do Código de Processo Civil para o recurso de apelação (arts. 1.003, § 5º, e 1.009, CPC/2015), eis que o ***writ of mandamus*** permanece ação cível, ainda que cuide de matéria penal. Em tal caso, a petição deve vir acompanhada de razões.

(2) Diferentemente, cuidando-se de recurso ordinário constitucional endereçado ao STF contra sentença de juiz federal que julgou o crime político, o prazo será de cinco dias, seguindo-se de abertura de vista para oferecimento das razões em oito dias, em compasso com as normas que regulam a apelação criminal (artigos 593 e seguintes, CPP), já que se cuida do recurso que garante o segundo grau de jurisdição no processamento e julgamento do delito político.

(3) Outrossim, cuidando-se de recurso ordinário contra decisão denegatória em *habeas corpus*, para o STF ou para o STJ, o prazo para interposição também é de cinco dias, devendo a petição recursal vir acompanhada das razões do pedido de reforma do julgado guerreado.

Importa sublinhar que o prazo de interposição do recurso ordinário para o STF, inclusive em mandado de segurança em matéria criminal, será sempre de cinco dias. Decerto, em conformidade com a súmula nº 319, da Suprema Corte, "o prazo do recurso ordinário para o Supremo Tribunal Federal, em *habeas corpus* ou mandado de segurança, é de cinco dias".

A justificativa que teríamos para que o prazo seja mais exíguo quando se tratar para o recurso ordinário em mandado de segurança em matéria criminal para o STF seria a necessidade de se conferir maior celeridade, considerando que o processo penal atinge gravemente o estado de dignidade do acusado (evitaria assim que ele aguardasse tempo maior, na expectativa do trânsito em julgado).

A falta de padronização dos prazos (casuísmo prazal) é algo inconveniente, especialmente quando não se vê, na legislação, uma coerência (a Lei nº 8.038/1990, em seu art. 33, estabelece o prazo de 15 dias, para os recursos interpostos para o STJ, silenciando quanto ao STF), constando-se, de outro lado, uma sobreposição normativa (o § 5º, do art. 1.003, CPC/2015, frisa que o prazo para o recurso ordinário – nos casos em que incide aquele Código – é, o mesmo, de 15 dias).

No Regimento Interno do STF há regra expressa quanto ao prazo de 5 dias para o recurso ordinário em *habeas corpus* (art. 310), não destoando, aqui, da previsão do art. 30 da Lei nº 8.038/1990, aplicável ao STJ. Não supre, contudo, a lacuna normativa alusiva ao prazo para a interposição de recurso ordinário em mandado de segurança criminal para o STF.

Seria melhor uma padronização dos recursos criminais. Todavia, a aplicação supletiva do Código de Processo Civil ao processo criminal, de regra, só deve ser autorizada quando houver expressa menção tópica no Código de Processo Penal. Daí porque entendemos que não está superada a solução sufragada no enunciado nº 319, da Súmula do STF, acima transcrito.

2.10.3. Cabimento

O recurso ordinário tem suas hipóteses de cabimento na Constituição Federal. Ele pode ser dirigido ao Supremo Tribunal Federal ou ao Superior Tribunal de Justiça, consoante o que preconiza a Constituição em seus artigos 102 e 105, respectivamente.

De um modo geral, caberá recurso ordinário constitucional contra: **(a)** a sentença de juiz federal que julgar o crime político; **(b)** as decisões denegatórias em mandado de segurança (em única instância); e **(c)** em *habeas corpus* prolatadas originariamente por tribunal ou em última instância.

Mais especificamente, em matéria penal, caberá recurso ordinário constitucional para o Superior Tribunal de Justiça contra (art. 105, II, "a" e "b", CF/1988):

(1) as decisões em *habeas corpus*, proferidas em única ou última instância pelos Tribunais Regionais Federais ou pelos Tribunais dos Estados, do Distrito Federal e Territórios, se denegatórias (alcance recursal mais amplo ao STJ, ou seja, não só permite o recurso ordinário das decisões tomadas em única instância, mas também daquelas tomadas em última instância, ou seja, em grau de recurso); e

(2) as decisões em mandado de segurança, julgados em única instância pelos Tribunais Regionais Federais ou pelos Tribunais dos Estados, do Distrito Federal e Territórios, quando denegatórias (alcance recursal mais restrito ao STJ, autorizando somente de decisão em *habeas corpus* originário no tribunal *a quo*).

Por seu turno, o recurso ordinário constitucional para o Supremo Tribunal Federal será admissível contra (art. 102, II, "a" e "b", CF/1988):

(1) as decisões prolatadas em *habeas corpus*, mandado de segurança, ***habeas data*** e mandado de injunção, em única instância, quando denegatórias; e

(2) as sentenças do juiz federal de primeira instância que julgarem crime político.

Era comum a utilização de *habeas corpus* substitutivo de recurso ordinário, tanto para o STF, como para o STJ. Vale dizer, ao invés de impugnar a decisão denegatória de *habeas corpus* pela via recursal prevista constitucionalmente, o recurso ordinário, a parte escolhia a ação autônoma de impugnação – *habeas corpus* como sucedâneo do recurso ordinário. A nosso ver, a solução forense de impetrar o HC não ofendia a Constituição, mas antes lhe dava maior eficácia, porque se tratava de mecanismo de processamento mais célere, viável quando se queria combater o cerceamento de liberdade de forma urgente. É que o recurso ordinário tem processamento mais demorado, não sendo tão eficaz quanto o ***writ*** para tal desiderato.

Sobre o ponto, em um dado momento, o STF, por sua Primeira Turma, assentou que

> uma vez julgado pelo Superior Tribunal de Justiça o recurso ordinário formalizado em processo revelador de impetração, o acesso ao Supremo faz-se em via das mais afuniladas – mediante recurso extraordinário e não nova impetração[193].

Dentro dessa perspectiva, o STJ, por ambas as turmas especializadas em matéria criminal, seguiu a Suprema Corte, para enfatizar que não é cabível a impetração de *habeas corpus* substitutivo de recurso ordinário, destacando, de regra, a viabilidade de concessão da ordem, de ofício, para os ***writs*** já impetrados antes da mudança do entendimento[194-195].

Esse posicionamento, contudo, foi posteriormente mitigado, para admitir o uso do habeas corpus como substitutivo de recurso quando em jogo, imediatamente, a liberdade de locomoção. Nos termos do atual posicionamento da Suprema Corte, quando em risco, "na via direta a liberdade de ir e vir do cidadão, cabível é o habeas corpus, ainda que substitutivo do recurso ordinário"[196].

Como se infere, a técnica da jurisprudência defensiva, não foi plenamente abolida. O STJ, aliás, que, posiciona-se, na esteira do STF, no sentido de "não admitir o conhecimento

193. STF – Primeira Turma – HC 110.055 – Rel. Min. Marco Aurélio – DJe 10/12/2012 (Info 684).
194. STJ – Quinta Turma – HC 169.556/RJ – Rel. Min. Marilza Maynard – DJe 23/11/2012.
195. STJ – Sexta Turma – HC 182.714/RJ – Rel. Min. Maria Thereza de Assis Moura – DJe 29/11/2012.
196. STF – Primeira Turma – HC 114893 – Rel. Min. Marco Aurélio – DJe-268 – 24 nov. 2017.

de habeas corpus substitutivo". Todavia, tende a analisar o pedido independentemente de provocação diante da possibilidade de se conceder a ordem quando existente eventual coação ilegal[197].

2.10.4. Processamento

O processamento do recurso ordinário variará conforme a hipótese que se cuide, tal como visto quanto aos casos de cabimento.

O recurso ordinário é recebido: (1) só no efeito devolutivo, quando se tratar de sentença absolutória de crime político e quando se cuidar de denegação de mandado de segurança e de *habeas corpus*; (2) no efeito devolutivo e suspensivo, quando for interposto contra sentença condenatória ou absolutória imprópria (que aplica medida de segurança) em processo por crime político.

Não é esse recurso dotado de efeito regressivo.

O recurso ordinário constitucional, como seu próprio nome está a dizer, é a "via ordinária de impugnação" e "o seu efeito devolutivo é o mais amplo possível segundo a regra do ***tantum devolutum quantum appellatum***". Daí que, por meio do recurso ordinário constitucional, é passível de conhecimento não só matéria de direito, mas também de fato[198].

A Lei nº 8.038/1990 traça o rito do recurso ordinário constitucional para o STJ, interposto em *habeas corpus* e em mandado de segurança.

Nos termos do art. 30, desse diploma legal, o recurso ordinário para o Superior Tribunal de Justiça, das decisões denegatórias de *Habeas Corpus*, proferidas pelos Tribunais Regionais Federais ou pelos Tribunais dos Estados e do Distrito Federal, será interposto no prazo de cinco dias, com as razões do pedido de reforma.

Uma vez distribuído o recurso ordinário contra decisão denegatória do *Habeas Corpus*, a Secretaria, imediatamente, fará os autos com vista ao Ministério Público, pelo prazo de dois dias e, conclusos os autos ao relator, este submeterá o feito a julgamento independentemente de pauta.

De outra vertente, o art. 33, da Lei nº 8.038/1990, dispõe que o recurso ordinário para o Superior Tribunal de Justiça, das decisões denegatórias de mandado de segurança, proferidas em única instância pelos Tribunais Regionais Federais ou pelos Tribunais de Estados e do Distrito Federal, será interposto no prazo de quinze dias, com as razões do pedido de reforma.

Nesse processo, "serão aplicadas, quanto aos requisitos de admissibilidade e ao procedimento no Tribunal recorrido, as regras do Código de Processo Civil relativas à apelação" (art. 34, Lei nº 8.038/1990, c/c o art. 1.009, CPC/2015). Assim que distribuído o recurso, a Secretaria, imediatamente, fará os autos com vista ao Ministério Público, pelo prazo de cinco dias e, conclusos os autos ao relator, este pedirá dia para julgamento.

197. STJ – Quinta Turma – HC 420.978/MG – Rel. Min. Reynaldo Soares da Fonseca – DJe 30/11/2017.

198. OLIVEIRA, Eugênio Pacelli de. *Curso de processo penal*. 2. ed. Belo Horizonte: Del Rey, 2003. p. 833-834.

Diferentemente, para o recurso ordinário constitucional contra sentença em processo criminal por crime político (de competência do STF), adequado é o rito para o recurso de apelação, disposto no Código de Processo Penal (artigos 593 e seguintes).

Anote-se, por derradeiro, que, em decorrência do princípio do contraditório, o recorrido será intimado do recurso ordinário constitucional interposto, antes da sua subida ao STJ ou ao STF, para, querendo, contra-arrazoar o recurso no mesmo prazo destinado ao seu ingresso ou à apresentação das razões recursais, consoante a hipótese de cabimento. Destarte, o recurso seguirá ao Ministério Público para parecer quando já estiver instruído com as razões e contrarrazões (se oferecidas).

2.10.5. Julgamento

O julgamento do recurso ordinário constitucional obedecerá às regras para julgamento do pedido originário de *habeas corpus* e do mandado de segurança perante o tribunal.

Cuidando-se de recurso ordinário contra sentença que julgou o crime político, deve ser observado o Regimento Interno do STF ou do STJ, de compasso com a hipótese. A apreciação da matéria, de qualquer sorte, pelo órgão colegiado do STF ou do STJ, obedecerá ao procedimento para julgamento dos recursos por esses tribunais, conforme preconiza o art. 1.028, *caput*, do CPC/2015.

2.11. Agravo em recurso especial e em recurso extraordinário

2.11.1. Noção

Agravo, em sentido amplo, é recurso contra decisão interlocutória com sede normativa na legislação processual extravagante e, sobremodo, no Código de Processo Civil. Em sentido estrito, a denominação agravo pode se referir a recursos com objetivos diversos, ou seja, a mais de uma espécie de recurso.

Isso tem a ver com a origem do instituto no Brasil. Na fase colonial, havia três tipos de agravo na esfera criminal: (1) o agravo de instrumento; (2) o agravo de petição; e (3) o agravo no auto do processo. Esses agravos foram suprimidos pelo Código de Processo Criminal de 1832, que os substituiu pelo recurso em sentido estrito, impugnação esta sufragada no Código de Processo Penal de 1941 e no Código de Processo Penal Militar de 1969.[199-200]

Atualmente, no Código de Processo Civil de 2015, contra as decisões interlocutórias proferidas pelo juiz singular é cabível o agravo de instrumento. Foi suprimido do ordenamento o chamado agravo retido. Não é cabível agravo de instrumento perante juiz criminal de primeira instância.

De outro lado, existe o agravo inominado (aludido comumente como regimental) que se dirige contra as decisões monocráticas prolatadas por membros dos tribunais, com aplicação no âmbito cível e penal.

199. FEITOZA, Denilson. *Direito processual penal*: teoria, crítica e práxis. Impetus: Niterói, 2009. p. 1047-1088.
200. GRINOVER, Ada Pellegrini; GOMES FILHO, Antônio Magalhães; FERNANDES, Antônio Scarance. Recursos no processo penal. 6. ed. São Paulo: RT, 2011. p. 151.

Ainda, com incidência nas esferas processual penal e processual civil, temos o agravo em recurso especial ou em recurso extraordinário, manejável contra decisão denegatória desses recursos, emitida pelos presidentes de tribunais (art. 1.042 e seguintes, CPC/2015).

O agravo em recurso especial ou em recurso extraordinário visa o reexame de ato judicial de natureza decisória que tenha negado seguimento a recurso especial ou a recurso extraordinário, por entender o Presidente ou o Vice-Presidente do Tribunal prolator do acórdão recorrido que faltam ao recurso os seus requisitos de admissibilidade descritos na Constituição do Brasil e na legislação processual de regência.

Esse agravo visa então possibilitar que a matéria seja reexaminada, primeiramente, em juízo de retratação pelo Presidente ou Vice-Presidente do Tribunal ***a quo***e, posteriormente, pelo membro relator do Tribunal ***ad quem***, para possibilitar o julgamento do mérito do extraordinário ou do especial, caso seja positivo o juízo de admissibilidade, vale dizer, a sua prelibação.

Em outras palavras, o agravo contra decisão denegatória de recurso especial ou de recurso extraordinário consiste em impugnação contra decisões exaradas pelos presidentes ou vice-presidentes dos tribunais regionais federais ou dos tribunais de justiça, quando denegatório for o juízo de admissibilidade daqueles recursos.

O art. 1.042, do CPC/2015 expressa que cabe agravo contra decisão do presidente ou do vice-presidente do tribunal recorrido que inadmitir recurso extraordinário ou recurso especial, salvo quando fundada na aplicação de entendimento firmado em regime de repercussão geral ou em julgamento de recursos repetitivos. A partir da vigência do CPC/2015, a disciplina do agravo em tela terá naquele texto sua sede legislativa, aplicável ao processo penal, por analogia. O prazo de cinco dias para interposição passa a ser de quinze dias, em razão da revogação operada sobre os artigos 26 a 29, da Lei nº 8.038/1990. Foi superada no ponto – parcialmente – a Súmula nº 699, do STF.

Com a implementação do processo judicial eletrônico, será desnecessária, também sob essa ótica, a formação de instrumento, com juntada de peças essenciais, pois todas estarão disponíveis no sistema, mediante acesso pela parte interessada ou pelo órgão competente para processamento e julgamento do recurso.

2.11.2. Interposição

O prazo para a interposição do "agravo em recurso especial e extraordinário" – *nomen juris* que substitui o recurso ora estudado –, é de quinze dias, nos termos do § 5º, do artigo 1.003, CPC/2015. De tal modo, ficará superado, ao menos parcialmente, o comando da referida súmula 699, do STF. Isso porque os artigos 26 a 29, da Lei nº 8.038/1990, foram expressamente revogados pelo CPC/2015, não havendo previsão legal do prazo de 5 dias para este agravo (ressalvado o regimental, disposto no art. 39, da mesma Lei nº 8.038/1990). Daí que tanto para interpor o recurso de "agravo em recurso especial e extraordinário", com suas razões, quanto para acostar contrarrazões, o prazo será o genérico de 15 dias, a teor do aludido § 5º, do artigo 1.003, do CPC/2015.

A interposição será feita perante a presidência do Tribunal ***a quo*** (Presidente ou Vice--Presidente). Não será possível negar processamento ao agravo. É na instância ***a quo*** que será o agravado intimado para contra-arrazoar o recurso, no mesmo prazo da interposição. Sua interposição deve ocorrer nos autos do processo (sem formação de instrumento). Pelo mesmo motivo, não haverá recolhimento de preparo recursal, pois tal providência, com porte de remessa e retorno quando exigível, já terá sido adotada previamente pelo recorrente no momento da interposição do recurso especial ou extraordinário que tiveram o seguimento negado.

Pode haver, todavia, necessidade de complementação do preparo, máxime pelo acréscimo de volumes processuais, quando houver juntada de documentos que acompanhem a petição recursal ou suas contrarrazões.

Incluso o agravo nos próprios autos onde interposto o recurso especial ou o extraordinário, não será mais necessária a juntada de documentos para acompanhar a petição recursal, porquanto todos os dados para aferir os requisitos de admissibilidade e de mérito se encontram no feito criminal. No entanto, não é vedada a apresentação de documentos que demonstrem ser relevantes ao processamento e julgamento do recurso.

Diante dessa nova sistemática, entendemos que deve ser revista a redação da Súmula nº 288 do STF, que aduz dever ser negado provimento ao agravo para subida de recurso extraordinário, quando faltar no traslado o despacho agravado, a decisão recorrida, a petição de recurso extraordinário ou qualquer peça essencial à compreensão da controvérsia. O enunciado encontra-se superado porque, com a nova forma de interposição do agravo (nos próprios autos), não será preciso traslado de peças. O que poderá haver, como dito, é a juntada de peças que não estejam inclusas nos autos, para instruir a petição recursal, com vistas a tornar a controvérsia compreensível, providência diversa do mencionado "traslado".

De todo modo, a petição de agravo deverá ser acompanhada de suas razões e, para cada recurso não admitido, deve-se interpor agravo distinto nos autos, notadamente considerando a possibilidade de interposição concomitante de agravo ao STF e ao STJ, a depender dos fundamentos da decisão vergastada. Nesse passo, o § 6º, do artigo 1.042, do CPC/2015 realça que, na hipótese de interposição conjunta de recurso extraordinário e recurso especial, o agravante deverá interpor um agravo para cada recurso não admitido. A petição de agravo em recurso especial e extraordinário deve ser dirigida à presidência do tribunal de origem, não carecendo de pagamento de custas e despesas postais (§ 2º, do mesmo artigo).

2.11.3. Cabimento

É cabível o agravo em tela quando se tratar de decisão denegatória de recurso especial ou de recurso extraordinário. Em conformidade com o art. 1.042, do CPC/2015, não admitido o recurso extraordinário ou o recurso especial, caberá "agravo em recurso especial e extraordinário" para o Supremo Tribunal Federal ou para o Superior Tribunal de Justiça, de acordo com a hipótese.

A inadmissibilidade do recurso especial ou extraordinário causa gravame à parte que interpôs a impugnação ao STF ou ao STJ. Daí o agravo, uma vez evidenciados o interesse e a legitimidade do interessado, para "destrancar" o recurso que foi inadmitido pelo tribunal ***a quo***, possibilitando o exame de sua admissibilidade e de seu mérito pelo órgão ***ad quem***.

2.11.4. Processamento

Interposto o agravo nos autos e oferecida resposta, o Presidente ou Vice-Presidente do Tribunal poderá exercer "juízo de retratação", se redimindo para admitir o recurso especial ou o extraordinário, ou sustentando sua decisão, eis que é da essência do agravo o efeito regressivo.

Além do efeito de retratação ou de sustentação, o agravo é dotado do efeito devolutivo. O efeito suspensivo não é, a princípio, a ele atribuído. No entanto, tratando-se de recurso contra decisão condenatória ou que aplica medida de segurança (absolutória imprópria), deve incidir o efeito suspensivo, haja vista não se deve permitir, no nosso sistema, execução provisória da pena ou da medida de segurança (porquanto ninguém será considerado culpado senão depois de transitada em julgado a sentença condenatória).

Como afirmamos em outras passagens da obra, o Pleno do STF deliberou que, depois de confirmada condenação penal por tribunal, em segundo julgamento, será admitida a execução da pena de forma provisória, antes do trânsito em julgado da sentença penal condenatória[201]. A decisão foi objeto de divergências entre os ministros, com o desfecho de reconhecimento de repercussão geral, para que produza efeitos gerais (ARE 964.246)[202]. O STF reconheceu a reafirmação de sua jurisprudência nesse sentido, reputando que a execução provisória de pena não ofende o princípio constitucional da presunção de inocência, nem fere o art. 283, do CPP. Dissentimos do posicionamento da Suprema Corte. Necessariamente, os autos devem subir ao tribunal ***ad quem***. Não pode o magistrado, por exemplo, deixar de remeter ao Supremo Tribunal Federal o agravo manejado contra decisão que não admite recurso extraordinário, ainda que referente à causa instaurada no âmbito dos juizados especiais, em compasso com a súmula nº 727 do STF. Mesmo que considere o agravo intempestivo, a presidência do Tribunal de origem não pode obstar o seu processamento. Pelo mesmo fundamento, também não pode ser obstada a tramitação do agravo ao STJ quando relativo à decisão denegatória de recurso especial.

O agravo chegará ao STF ou ao STJ pronto para o julgamento do mérito do próprio recurso extraordinário ou especial, caso seja positivo seu juízo de admissibilidade. Isso porque estará incluso nos autos principais, seguido de contrarrazões do agravado, onde também interposto o recurso que pretende "destrancar".

O agravo será distribuído a um relator para proferir decisão (monocrática e, por tal razão, agravável regimentalmente) O Ministério Público que atua no STF ou no STJ terá vista dos autos para oferecer parecer, tal como ocorre no processamento dos recursos extraordinário e especial. Nos termos do artigo 1.042 e § 3º, do CPC/2015, o procedimento desse recurso é seguido com a intimação do agravado, de imediato, para oferecer resposta. Havendo apenas um agravo dessa natureza, o recurso será remetido ao tribunal competente. Cuidando-se de interposição conjunta, os autos serão remetidos ao Superior Tribunal de Justiça.

201. STF. Informativo nº 814, de fevereiro de 2016 (Pleno – HC 126292/SP – Rel. Min. Teori Zavascki – 17/02/2016).

202. Cuidou-se de decisão tomada em "Plenário virtual", no ARE 964.246: "O Tribunal, por unanimidade, reputou constitucional a questão. O Tribunal, por unanimidade, reconheceu a existência de repercussão geral da questão constitucional suscitada. No mérito, por maioria, reafirmou a jurisprudência dominante sobre a matéria, vencidos os Ministros Celso de Mello, Dias Toffoli, Marco Aurélio e Ricardo Lewandowski. Não se manifestou a Ministra Rosa Weber".

Uma vez concluído o julgamento do agravo em tela pelo Superior Tribunal de Justiça e, se for o caso, do recurso especial, os autos serão remetidos ao Supremo Tribunal Federal, para apreciação do agravo em recurso extraordinário a ele dirigido, salvo se estiver prejudicado (§ 8º, do artigo 1.042, CPC/2015).

2.11.5. Julgamento

O julgamento do agravo ocorrerá ou de forma monocrática, pelo relator a quem foram os autos distribuídos, ou colegiada, pelo órgão do Tribunal competente para o exame do seu mérito.

Monocraticamente, com a distribuição dos autos ao relator, este poderá:

(1) não conhecer do agravo manifestamente inadmissível ou que não tenha atacado especificamente os fundamentos da decisão agravada; ou

(2) conhecer do agravo para: **(a)** negar-lhe provimento, se correta a decisão que não admitiu o recurso; **(b)** negar seguimento ao recurso manifestamente inadmissível, prejudicado ou em confronto com súmula ou jurisprudência dominante no tribunal; ou (c) dar provimento ao recurso, se o acórdão recorrido estiver em confronto com súmula ou jurisprudência dominante no tribunal.

Dentre outras hipóteses, o agravo terá seu provimento negado, quando a deficiência na sua fundamentação, ou na do recurso extraordinário, não permitir a exata compreensão da controvérsia, tal como se vê do enunciado da súmula nº 287, do STF.

Se em virtude da natureza da matéria, o tema recorrido demandar decisão colegiada, o relator determinará inclusão na pauta para julgamento pelo órgão competente do tribunal correspondente.

Ao dar provimento ao agravo, o relator pode constatar a necessidade de julgamento do mérito do recurso especial ou extraordinário de forma não monocrática, devendo ordenar, desde logo, sua inclusão em pauta, observando-se, daí por diante, o rito referente àqueles recursos, permitida sustentação oral. De acordo com o STF, "a sustentação oral do representante do Ministério Público que diverge do parecer juntado ao processo, com posterior ratificação, não viola a ampla defesa"[203]. Essa providência não será adotada quando o relator do recurso extraordinário verificar que na mesma causa foi interposto recurso especial que deva ser julgado primeiramente.

Da decisão do relator que negar seguimento ou provimento ao agravo em recurso especial ou extraordinário caberá agravo regimental (inominado) para o órgão julgador no prazo de cinco dias. Esse agravo terá o condão de levar a matéria não admitida ou denegada ao órgão colegiado com competência para analisá-la no STF ou no STJ (art. 1.021, CPC/2015).

Veja-se que, tanto no Supremo Tribunal Federal, quanto no Superior Tribunal de Justiça, o julgamento do agravo em recurso especial ou extraordinário obedecerá ao disposto no respectivo regimento interno, podendo o relator decidir monocraticamente.

203. STF – Primeira Turma – HC 140780/DF, rel. Min. Marco Aurélio, julgamento em 30.10.2018.

2.12. Embargos de divergência

2.12.1. Noção

Os embargos de divergência são recursos admissíveis no âmbito do STF e do STJ. Eles têm a finalidade de uniformização da jurisprudência desses tribunais, notadamente quando houver divergência de interpretação de direito federal.

Em matéria penal, quando a parte sofrer sucumbência em virtude de decisão dissonante de outra que lhe sirva de paradigma, poderá manejar os embargos de divergência, solicitando a uniformização da jurisprudência no sentido que melhor lhe aprouver.

2.12.2. Interposição

Os embargos de divergência deverão ser interpostos por petição, pela parte interessada, no prazo de quinze dias. Devem ser observadas as regras dos artigos 1.043 e seguintes, bem como do § 5º, do artigo 1.003, do CPC/2015. Podem ser interpostos quando se verificar decisões destoantes entre órgãos do mesmo tribunal (pleno, órgão especial, seção, turma). A petição recursal, acompanhada das razões, será dirigida ao relator da causa.

2.12.3. Cabimento

O cabimento dos embargos de divergência é aferido quando se tratar de decisão proferida em sede de recurso especial ou extraordinário, cujo teor seja divergente do julgamento de outra turma, da seção, do órgão especial ou do pleno. Ao lado desse requisito, é exigível legitimidade e interesse do recorrente, que são visualizados através da ideia de sucumbência.

Digno de registro é o fato de que o STJ, sumulando a matéria sobre o cabimento do recurso em tela, assentou a admissibilidade de embargos de divergência contra acórdão que, em agravo regimental, decide recurso especial, a teor do verbete nº 316, de sua Súmula.

Serão cabíveis embargos de divergência do acórdão de órgão fracionário que: **(1)** em recurso extraordinário ou em recurso especial, divergir do julgamento de qualquer outro órgão do mesmo tribunal, sendo os acórdãos, embargado e paradigma, de mérito; **(2)** em recurso extraordinário ou em recurso especial, divergir do julgamento de qualquer outro órgão do mesmo tribunal, sendo os acórdãos, embargado e paradigma, relativos ao juízo de admissibilidade; **(3)** em recurso extraordinário ou em recurso especial, divergir do julgamento de qualquer outro órgão do mesmo tribunal, sendo um acórdão de mérito e outro que não tenha conhecido do recurso, embora tenha apreciado a controvérsia; **(4)** nas causas de competência originária, divergir do julgamento de qualquer outro órgão do mesmo tribunal (artigo 1.043, CPC/2015).

É admissível a possibilidade de confrontação de teses jurídicas contidas em julgamentos de recursos e de ações de competência originária. A divergência que autoriza a interposição de embargos de divergência pode verificar-se na aplicação do direito material ou do direito processual (§ 2º, do artigo 1.043, CPC/2015), bem como aviva que são cabíveis os embargos de divergência quando o acórdão paradigma for da mesma turma que proferiu a decisão embargada, desde que sua composição tenha sofrido alteração em mais da metade de seus membros.

2.12.4. Processamento

O processamento dos embargos de divergência é estabelecido pelo regimento interno do Superior Tribunal de Justiça e do Supremo Tribunal Federal. É importante que o recurso venha instruído com os elementos necessários ao entendimento da divergência jurisprudencial apontada.

Para fins de admissibilidade recursal, o recorrente deve provar a divergência com certidão, cópia ou citação de repositório oficial ou credenciado de jurisprudência, inclusive em mídia eletrônica, onde foi publicado o acórdão divergente, ou com a reprodução de julgado disponível na rede mundial de computadores, indicando a respectiva fonte, e mencionará as circunstâncias que identificam ou assemelham os casos confrontados (§ 4º, art. 1.043, CPC/2015).

Os embargos de divergência devem estar fundamentados, isto é, suas razões devem indicar a divergência, que deverá ser comprovada nos termos do regimento interno (art. 331, RISTF; art. 266, *caput* e seus parágrafos, RISTJ). Os regimentos internos dos tribunais detalham o procedimento legal dos embargos de divergência e dos outros recursos no âmbito de seus órgãos julgadores.

Os embargos de divergência não possuem efeito suspensivo, mas apenas o devolutivo. Entretanto, em matéria penal, é preciso frisar que quando se tratar de decisão condenatória ou absolutória imprópria (com imposição de medida de segurança), deve haver incidência do efeito suspensivo porque decorrente do princípio da presunção de inocência. A teor do § 1º, do art. 1.044, do CPC/2015, a interposição de embargos de divergência no Superior Tribunal de Justiça interrompe o prazo para interposição de recurso extraordinário por qualquer das partes.Juntados aos autos independentemente de despacho e distribuídos ao relator do órgão com competência para processá-los e julgá-los, os embargos de divergência poderão ser indeferidos, "liminarmente, quando intempestivos, ou quando contrariarem Súmula do Tribunal, ou não se comprovar ou não configurar a divergência jurisprudencial (art. 266, § 4º, RISTJ)". Não sendo o caso de rejeição liminar, o embargado será intimado para apresentar contrarrazões, em prazo idêntico ao da interposição (quinze dias) (art. 335, § 2º, RISTF; art. 267, RISTJ). Sendo o caso de intervenção do Ministério Público, será ele ouvido, com vista dos autos por vinte dias (art. 266-D, RISTJ).

2.12.5. Julgamento

Os regimentos internos trazem o regramento para o julgamento dos embargos de divergência. Os órgãos do Superior Tribunal de Justiça ou do Supremo Tribunal Federal com competência para julgá-los encontram fundamento na importância prevalente para uniformizar a jurisprudência diante das decisões em confronto, isto é, devem ser verificados os órgãos julgadores de onde partiram os julgados discrepantes.

Desse modo, não se deve olvidar que a divergência pode ocorrer:

(1) no STJ, entre turmas, é dirimida pela Seção, "entre a Seção e o Pleno", cabe "a este dirimir a divergência, bem como entre Turma e Seção", cabe "ao Pleno o conhecimento do recurso"; e

(2) no STF, "entre as Turmas", que "serão sempre da competência do Plenário".

Quando os embargos de divergência forem desprovidos ou não alterarem a conclusão do julgamento anterior, o recurso extraordinário interposto pela outra parte antes da publicação do julgamento dos embargos de divergência será processado e julgado independentemente de ratificação (art. 1.044, § 2º, CPC/2015). Isso sem prejuízo da reabertura do prazo para interposição daquele recurso, considerando que os embargos de divergência interrompem, no âmbito do STJ, o prazo para interposição de recurso extraordinário.

2.13. Agravo em execução

2.13.1. Noção

O agravo em execução é o recurso cabível contra atos judiciais que decidem incidentes no processo de execução penal, tais como os de deferimento ou indeferimento de livramento condicional, de progressão de regime, de indulto, de graça, de anistia, de saída temporária de apenado e de extinção de punibilidade.

No dizer de Denílson Feitoza, "é um recurso *pro et contra*, ou seja, deferindo ou indeferindo um pedido, na fase de execução da pena ou da medida de segurança, ou mesmo decidindo de ofício, cabe o agravo". O agravo em execução é interposto das decisões prolatadas na execução penal, significando dizer que serão decisões emitidas depois de transitada em julgado sentença condenatória ou absolutória imprópria (que aplica medida de segurança, embora julgue improcedente a pretensão punitiva estatal).

É o artigo 197, da Lei nº 7.210/1984, que traz o contorno geral desse recurso, no âmbito do processo de execução penal, dispondo que das decisões proferidas pelo juiz das execuções penais, que causem prejuízo à acusação ou à defesa, "caberá recurso de agravo, sem efeito suspensivo". A matéria foi uniformizada com a previsão de um recurso geral e amplo para combate das decisões do juízo das execuções, simplificando a questão recursal nesta etapa.

Dessa maneira, não é mais admissível a utilização de outros recursos diversos do agravo em execução na fase de cumprimento da pena, a exemplo do recurso em sentido estrito, cujas hipóteses de cabimento contra decisões incidentes no processo de execução penal estão revogadas.

2.13.2. Interposição

O agravo em execução deve ser interposto por petição ou por termo nos autos, no prazo de cinco dias (súmula nº 700, STF). É recomendável que a petição ou o termo nos autos venham acompanhados das razões recursais, especialmente em virtude da divergência doutrinária relativamente à aplicação das normas do recurso em sentido estrito (art. 581, CPP) ou do agravo de instrumento do CPC/2015 (arts. 1.015 a 1.020).

Pensamos, como veremos adiante, que, quanto ao agravo em execução penal, melhor é a aplicação do rito do recurso em sentido estrito (art. 581 e seguintes, do CPP).

Desse modo, havendo interposição sem as razões recursais, o juiz deve adotar o rito do recurso em sentido estrito, intimando o agravante para oferecê-las em dois dias (art. 588, CPP) e, seguidamente, o agravado, em igual prazo.

É garantida assim a possibilidade da parte que tenha sofrido gravame ver reexaminada a decisão do juiz do processo de execução penal, mediante juízo de retratação ou de sustentação.

A legitimidade para a interposição é do Ministério Público ou da defesa. A vítima, segundo o entendimento dominante, não é parte no processo de execução penal, nem tem interesse em nele intervir.

Sem embargo, é reconhecida ao executado capacidade postulatória no processo de execução penal, ou seja, mesmo que sem advogado constituído ou nomeado, este poderá interpor o agravo ainda que desacompanhado de advogado, conquanto deva o juiz, de imediato, providenciar que o sentenciado escolha um profissional ou, não o fazendo, encaminhe o apenado à Defensoria Pública ou mesmo nomeie defensor dativo.

2.13.3. Cabimento

O recurso de agravo em execução será admitido contra toda e qualquer decisão proferida pelo juiz no processo de execução penal, tais como:

(1) decisão que defere ou indefere livramento condicional;

(2) decisão que concede ou nega prisão albergue domiciliar, imposta em substituição à prisão-pena a ser cumprida em estabelecimento penitenciário (no curso da execução penal);

(3) sentença que declara extinta a punibilidade pelo cumprimento da pena ou pelo reconhecimento de prescrição da pretensão executória;

(4) decisão que defere ou indefere progressão de regime;

(5) decisão que reconhece indulto;

(6) decisão que autoriza saída temporária de apenado durante festividades natalinas, da semana santa ou da semana da pátria;

(7) decisão que converte a pena em medida de segurança;

(8) decisão que unifica as penas aplicadas em processos condenatórios distintos; e

(9) decisão que revogar medida de segurança.

2.13.4. Processamento

O agravo em execução é de ser recebido só no efeito devolutivo. Não tem ele efeito suspensivo. Para que tal efeito seja atribuído, é preciso que haja decisão expressa do juiz *a quo*, devidamente fundamentada. O efeito regressivo, todavia, tem cabimento, podendo o magistrado se retratar da decisão antes proferida.

Como o agravo em execução não tem efeito suspensivo (art. 197, LEP), não é plausível entender que tem incidência o art. 584, CPP, que preconiza esse efeito para o anteriormente cabível recurso em sentido estrito contra decisão de concessão de livramento condicional.

Também não encontra respaldo a aplicação, sem fundamentação plausível, das regras do Código de Processo Penal sobre recurso em sentido estrito tendente a legitimar o efeito suspensivo ao agravo em execução contra as decisões que determinam a desinternação ou a liberação de pessoa submetida à medida de segurança.

Sobre a inexistência de efeito suspensivo de forma ampla no recurso de agravo em execução, Sergio Demoro Hamilton entende equivocada a opção do legislador adotada no art. 197 da Lei de Execução Penal. Para o autor, a opção errônea da lei decorre do fato de que no caso da execução penal o acusado "tem contra si uma sentença condenatória transitada em julgado", sustentando que, "em algumas hipóteses, o recurso do Ministério Público devesse merecer efeito suspensivo"[204].

De outro giro, há divergências doutrinárias sobre o rito a ser seguido para o agravo em execução. Guilherme de Souza Nucci noticia que foi utilizado, "no passado, majoritariamente, o rito do agravo do instrumento do Código de Processo Civil". No entanto, com as modificações realizadas a partir da Lei nº 9.139/1995, a prática forense "recuou no seu entendimento anterior, passando a adotar – o que predomina hoje – o rito do recurso em sentido estrito para regular o agravo em execução criminal"[205].

Sem embargo, o rito do recurso em sentido estrito deve ser adotado com as cautelas de não se estender ao agravo em execução penal, providências com ele incompatíveis, em razão das peculiaridades da fase executória.

2.13.5. Julgamento

Uma vez ouvido o agravado, o juiz de primeiro grau proferirá despacho sustentando sua decisão ou a reformando, vale dizer, o magistrado das execuções penais exercerá juízo de retratação ou de sustentação. Se houver retratação, a parte prejudicada pela modificação da decisão, poderá recorrer por simples petição, sem necessidade de novas razões (art. 589, parágrafo único, CPP).

No tribunal, os autos serão distribuídos a um relator. Não há a figura do revisor em agravo em execução. Deve ser observado o que foi dito para o processamento e o julgamento do recurso em sentido estrito, sendo, pois, aplicáveis ao agravo em execução as disposições que não conflitarem com sua essência (artigos 582 a 592 e 609 a 618, CPP).

2.14. Reclamação contra a lista geral de jurados

2.14.1. Noção

A reclamação contra a lista geral de jurados tem natureza de recurso administrativo. Embora produza efeitos processuais, não repercute diretamente sobre um processo, mas em uma lista que poderá ensejar diferença na formação do corpo de jurados que atuará em uma pauta do júri. Suas repercussões processuais são, portanto, indiretas e seu trâmite ocorre em âmbito diverso do processo penal.

2.14.2. Interposição

O CPP não estabelece prazo para o ingresso da reclamação, porém preconiza, como prazo limite de sua interposição, o dia 10 de novembro, data da publicação definitiva da lista geral, razão pela qual é razoável entender a possibilidade de sua impugnação até o dia anterior à data de sua publicação final.

2.14.3. Cabimento

Contra a lista geral publicada em 10 de outubro de cada ano, caberá reclamação interposta por qualquer do povo e dirigida ao juiz presidente do tribunal do júri (art. 426, ***caput***,

204. HAMILTON, Sergio Demoro. *Estudos de processo penal*: 3ª Série. Rio de Janeiro: Lumen Juris, 2007. p. 173-176.
205. NUCCI, Guilherme de Souza. *Manual de processo penal e execução penal*. 3. ed. São Paulo: RT, 2007. P. 882-884.

CPP). Entendemos que não é mais cabível recurso em sentido estrito contra a lista geral de jurados, considerando a tese de que a Lei nº 11.689/2008 teria revogado tacitamente o inciso XIV, do art. 581, CPP.

Guilherme Nucci, dentre outros autores, sustentam que coexistem as duas ferramentas: reclamação e recurso em sentido estrito. A primeira, endereçada ao juiz do júri. O segundo, cabível após a apreciação da reclamação, ao Presidente do tribunal de segundo grau[206]. A reclamação de qualquer do povo teria lugar a partir da lista provisória, o recurso em sentido estrito (de índole administrativa e interponível dentro do prazo de vinte dias), a partir da lista definitiva geral anual de jurados.

2.14.4. Processamento

Não há um rito traçado legalmente para a reclamação contra a lista dos jurados publicada até o dia 10 de outubro de cada ano. Como se trata de impugnação administrativa com repercussões de ordem pública, recomendável a oitiva do Ministério Público, do representante da Seccional da OAB e do representante da Defensoria Pública, no prazo comum de cinco dias, seguindo-se de decisão do juiz presidente.

2.14.5. Julgamento

Caso não haja tempo hábil para a oitiva do *Parquet* e dos representantes da OAB e da Defensoria Pública (dada a proximidade da data final de publicação da lista geral), deve o juiz presidente decidir de imediato, dando-lhes ciência seguidamente. Julgada procedente a reclamação, o jurado impugnado será excluído da lista. Caso contrário, será ele mantido.

Anote-se, por fim, que a lista poderá ainda ser alterada de ofício, pelo juiz presidente, nos termos do § 1º, art. 426, CPP, havendo previsão expressa, no § 4º deste artigo, de que o jurado que tiver integrado o Conselho de Sentença nos 12 (doze) meses que antecederem a publicação da lista geral fique dela excluído. A lista geral referida pelo dispositivo apontado é a definitiva, a ser publicada até o dia 10 de novembro de cada ano.

2.15. Incidente de resolução de demandas repetitivas

2.15.1. Noção

O incidente de resolução de demandas repetitivas não é um recurso, embora estudado no capítulo de recursos, em virtude de se tratar de técnica aplicável com o fito de minimizar os efeitos decorrentes do ajuizamento de demandas com mesmo fundamento e pedido, bem como, por conseguinte, com o objetivo de reduzir o número de recursos e as decisões discrepantes relativamente a uma mesma matéria.

Esse instrumento é apto a eleger um caso denominado "piloto", para que a decisão nele proferida seja apta a resolver outros casos idênticos, com aplicação especial aos conflitos de massa. De logo, deve ficar registrado que é possível a instauração de incidente de resolução de demandas repetitivas em matéria penal, seguindo-se as novas regras traçadas nos artigos 976 e seguintes, do CPC/2015.

206. NUCCI, Guilherme de Souza. *Código de processo penal comentado*. 9. ed. São Paulo: RT, 2009. p. 961.

2.15.2. Iniciativa

O CPC/2015, em seu art. 977, dispõe acerca da instauração do incidente de resolução de demandas repetitivas. Em linhas gerais, o pedido de instauração do incidente será dirigido ao Presidente do Tribunal:

(a) pelo juiz ou relator, por ofício;

(b) pelas partes, pelo Ministério Público ou pela Defensoria Pública, por petição.

É de ver que o ofício ou a petição correspondente será instruído com os documentos necessários à demonstração da necessidade de instauração do incidente. De outro lado, se não for o requerente, o Ministério Público intervirá obrigatoriamente no incidente e poderá assumir sua titularidade em caso de desistência ou de abandono.

2.15.3. Cabimento

Para que tenha lugar o incidente, não é necessário que haja coincidência total de conteúdo entre as demandas, podendo haver repetitividade de porção da lide. Verificando a reprodução da tese sobre determinada questão em várias demandas, teremos o risco de resultados diversos sobre matéria idêntica. O incidente surge nesse contexto, com o fito de conferir maior celeridade, coerência e efetivo acesso à justiça.

Em matéria penal, podemos vislumbrar o seu cabimento, por exemplo:

(1) nas questões que envolvam debate sobre a constitucionalidade da forma de progressão de regime de pena, seja na sua fixação na sentença, seja na fase de execução penal;

(2) nas questões relativas ao deferimento de benefícios na fase de execução penal;

(3) nas lides que tenham por objeto a persecução penal de delito de duvidosa constitucionalidade; e

(4) nas questões referentes às medidas assecuratórias e ao momento do levantamento da constrição quando julgada improcedente a pretensão punitiva estatal.

Desse modo, torna-se admissível o incidente de demandas repetitivas, também em matéria criminal, sempre que identificada controvérsia com potencial de gerar relevante multiplicação de processos fundada em idêntica questão de direito e de causar grave insegurança jurídica, decorrente do risco de coexistência de decisões conflitantes.

Há debate sobre a constitucionalidade do instituto, eis que se trata de pleito para que, antes de ser julgada definitivamente a demanda, o tribunal de maior grau fixe tese jurídica sobre o ponto controvertido capaz de gerar demandas repetitivas. O argumento principal seria a função atípica "legislativa" exercida pelo Judiciário. São argumentos conhecidos se comparados às críticas tecidas à súmula vinculante, pelo que a tendência é que sejam rejeitados para que se reconheça a constitucionalidade das novas disposições sobre a matéria. Observe-se que outro instituto que tem fito semelhante e permanece aplicável em nosso sistema é o incidente de repercussão geral, de competência do STF.

O CPC/2015 estatui rito minucioso para o incidente.

2.15.4. *Processamento*

Após a instauração do incidente pelos legitimados indicados no CPC/2015, deve ser seguido o procedimento estatuído nos seus artigos 979 e seguintes. Consoante as disposições ali gizadas, teremos a sequência do rito assim alinhadas:

(1) a instauração e o julgamento do incidente serão sucedidos da mais ampla e específica divulgação e publicidade, por meio de registro eletrônico no Conselho Nacional de Justiça;

(2) após a distribuição, o relator poderá requisitar informações ao órgão em cujo juízo tem curso o processo originário, que as prestará em quinze dias;

(3) findo esse prazo improrrogável, será solicitada data para admissão do incidente, intimando-se o Ministério Público;

(4) o juízo de admissibilidade e o julgamento do incidente competirão ao plenário do tribunal ou, onde houver, ao órgão especial; e

(5) na admissibilidade, o tribunal considerará a presença dos requisitos legais e a conveniência de se adotar decisão paradigmática.

2.15.5. *Julgamento*

O julgamento do incidente passará por duas fases bem distintas:

(a) juízo de prelibação ou de admissibilidade;

(b) juízo de delibação ou de mérito.

Quanto ao **juízo de prelibação**, o CPC/2015 (artigos 982 e seguintes) preconiza a forma da documentação da deliberação do tribunal, bem como as providências que devem ser tomadas pelos demais juízes sujeitos ao comando consignado no acórdão, como procedimento prévio ao exercício do juízo de mérito do julgamento do incidente:

(1) uma vez rejeitado o incidente, o curso dos processos será retomado;

(2) por outro lado, admitido o incidente, o tribunal julgará a questão de direito, lavrando-se o acórdão, cujo teor será observado pelos demais juízes e órgãos fracionários situados no âmbito de sua competência;

(3) admitido o incidente, o Presidente do Tribunal determinará, na própria sessão, a suspensão dos processos pendentes, em primeiro e segundo graus de jurisdição;

(4) durante a suspensão, poderão ser concedidas medidas de urgência no juízo de origem;

(5) as partes, os interessados, o Ministério Público e a Defensoria Pública, visando à garantia da segurança jurídica, poderão requerer ao tribunal competente para conhecer de eventual recurso extraordinário ou especial a suspensão de todos os processos em curso no território nacional que versem sobre a questão objeto do incidente;

(6) aquele que for parte em processo em curso no qual se discuta a mesma questão jurídica que deu causa ao incidente é legitimado, independentemente dos limites da competência territorial, para requerer tal providência;

(7) o Relator ouvirá as partes e os demais interessados, inclusive pessoas, órgãos e entidades com interesse na controvérsia, que, no prazo comum de quinze dias, poderão requerer a juntada de documentos, bem como as diligências necessárias para a elucidação da questão de direito controvertida; em seguida, no mesmo prazo, manifestar-se-á o Ministério Público;

(8) concluídas as diligências, o relator pedirá dia para o julgamento do incidente.

No que concerne ao **juízo de delibação** do incidente, assim estatui o CPC/2015 (artigos 984 e 985):

(1) feita a exposição do incidente pelo relator, o presidente dará a palavra, sucessivamente, ao autor e ao réu do processo originário, e ao Ministério Público, pelo prazo de trinta minutos, para sustentar suas razões;

(2) em seguida, os demais interessados poderão se manifestar no prazo de trinta minutos, divididos entre todos, sendo exigida inscrição com quarenta e oito horas de antecedência;

(3) as partes, os interessados, o Ministério Público e a Defensoria Pública, visando à garantia da segurança jurídica, poderão requerer ao tribunal competente para conhecer de eventual recurso extraordinário ou especial a suspensão de todos os processos em curso no território nacional que versem sobre a questão objeto do incidente;

(4) aquele que for parte em processo em curso no qual se discuta a mesma questão jurídica que deu causa ao incidente é legitimado, independentemente dos limites da competência territorial, para requerer essa providência;

(5) julgado o incidente, a tese jurídica será aplicada a todos os processos que versem idêntica questão de direito e que tramitem na área de jurisdição do respectivo tribunal;

(6) se houver recurso e a matéria for apreciada, em seu mérito, pelo plenário do Supremo Tribunal Federal ou pela corte especial do Superior Tribunal de Justiça, que, respectivamente, terão competência para decidir recurso extraordinário ou especial originário do incidente, a tese jurídica firmada será aplicada a todos os processos que versem idêntica questão de direito e que tramitem em todo o território nacional;

(7) o incidente será julgado no prazo de seis meses e terá preferência sobre os demais feitos, ressalvados os que envolvam réu preso e os pedidos de *habeas corpus*;

(8) superado tal prazo previsto, cessa a eficácia suspensiva do incidente, salvo decisão fundamentada do relator em sentido contrário;

(9) o recurso especial ou extraordinário interposto por qualquer das partes, pelo Ministério Público ou por terceiro interessado será dotado de efeito suspensivo, presumindo-se a repercussão geral de questão constitucional eventualmente discutida;

(10) nessa hipótese, interpostos os recursos, os autos serão remetidos ao tribunal competente, independentemente da realização de juízo de admissibilidade na origem; e

(11) não observada a tese adotada pela decisão proferida no incidente, caberá reclamação para o tribunal competente, cujo processamento também está regulado no CPC/2015, como visto acima.

(12) os tribunais promoverão a formação e atualização de banco eletrônico de dados específicos sobre questões de direito submetidas ao incidente, comunicando, imediatamente, ao Conselho Nacional de Justiça, para inclusão no cadastro.

3. QUADRO SINÓTICO

CAPÍTULO XIV – RECURSOS	
TEORIA GERAL DOS RECURSOS	
Conceito	
Recurso é o meio voluntário destinado à impugnação das decisões, afigurando-se como instrumento de combate a determinado provimento, dentro da mesma relação jurídica processual, possibilitando nova análise da matéria impugnada. Do conceito, já podemos estratificar os seguintes aspectos: 1) recurso é providência voluntária, razão pela qual não tem natureza recursal as hipóteses de reexame necessário de determinadas decisões pelo tribunal (art. 574, CPP); 2) o recurso é admitido dentro da mesma relação jurídica processual, o que retira da condição de recurso as ações autônomas de impugnação, como o *habeas corpus*, o mandado de segurança e a revisão criminal; 3) o recurso é "aspecto, elemento ou modalidade do próprio direito de ação e de defesa" (ADA PELLEGRINI GRINOVER), sendo um desdobramento ou continuidade da relação iniciada em primeiro grau, revelando a sua natureza, como veremos a seguir; e 4) a finalidade recursal é a invalidação, a integração, o esclarecimento ou a reforma da decisão impugnada, sendo o recurso providência de índole potestativa.	1.1
Natureza jurídica	
Posições: 1) Direito de ação ou de defesa (majoritária): seria uma continuidade da relação jurídica processual que ainda persiste, agora em fase recursal, pelo inconformismo de uma das partes, ou de ambas, com o provimento jurisdicional obtido em primeiro grau. 2) Nova ação dentro do mesmo processo: para Paulo Rangel, as pretensões são diversas: na ação, o direito com base num fato; no recurso, com fundamento numa sentença que se ataca. 3) Qualquer meio destinado a obter a reforma de uma decisão, o que levaria a equiparar aos recursos as ações de impugnação.	1.2
Fundamentos e o duplo grau de jurisdição	
A doutrina processual aduz, quase que unanimemente, que os recursos têm por fundamentos "a necessidade psicológica do vencido, a falibilidade humana do julgador e as razões históricas do próprio direito". A garantia do devido processo legal (art. 5º, LIV, CF/1988) e a enunciação que preconiza que "aos litigantes, em processo judicial ou administrativo, e aos acusados em geral são assegurados o contraditório e a ampla defesa, com os meios e recursos a ela inerentes" (art. 5º, LV, CF/1998), não induzem a existência do princípio do duplo grau de jurisdição a nível constitucional. Parte da doutrina, contudo, entende que o duplo grau de jurisdição é princípio constitucional implícito, levando em consideração o sistema como um todo, a partir de sua previsão na Convenção Americana de Direitos Humanos (Pacto de San José da Costa Rica), ratificada pelo Brasil em 1992.	1.3

CAPÍTULO XIV – RECURSOS

Princípios recursais

1) Voluntariedade: é a regra. Todavia, o CPP prevê o recurso de ofício da sentença concessiva de *habeas corpus*; da sentença que absolve sumariamente o réu; da sentença de absolvição ou a deliberação que arquiva os autos do inquérito policial nos crimes contra a economia popular e saúde pública; da decisão que concede a reabilitação criminal; do indeferimento liminar pelo relator, no tribunal, da ação de revisão criminal, quando o pedido não estiver suficientemente instruído.

2) Taxatividade: para que seja possível o manejo de um recurso, se faz preciso que o ordenamento jurídico o preveja expressamente.

3) Unirrecorribilidade: em regra, cada espécie de decisão judicial comporta um único recurso, sendo ônus da parte escolher o recurso adequado para que haja seu reexame.

O CPC/2015 não prevê o recurso de embargos infringentes. A extinção desse recurso no âmbito processual civil, no entanto, não reflete no direito processual penal, eis que o art. 610, do CPP, prevê o recurso de embargos infringentes e de nulidade contra a decisão não unânime de segunda instância, no prazo legal de dez dias.

4) Fungibilidade: não havendo erro manifesto ou má-fé na interposição de um recurso equivocado, e sendo atendido o prazo limite do recurso que seria cabível, a parte não será prejudicada pela interposição de um recurso por outro, devendo o juiz, que venha a reconhecer a impropriedade de uma impugnação recursal, mandar processá-la em conformidade com o rito do recurso que seria cabível.

5) Convolação: consiste na possibilidade de que um recurso manejado corretamente seja convolado em outro em virtude de ser de se revelar mais útil ao recorrente, com viabilidade de maiores vantagens

6) Vedação da *reformatio in pejus*: equivalente à proibição de que a parte que recorreu tenha contra si prolatada uma nova decisão, em virtude da reforma do julgado recorrido, que venha a piorar sua situação. **1.4**

7) Conversão: a parte não será prejudicada pelo endereçamento errado do recurso, cabendo ao tribunal incompetente para o qual o recurso foi endereçado remeter os autos ao órgão competente para apreciá-lo.

8) Complementariedade: refere-se "à possibilidade de integração da impugnação já oferecida, se houver mudança na decisão judicial, seja para correção de erro material, seja em razão do acolhimento de outro recurso em que seja possível o juízo de retratação", ocorrendo, nessas hipóteses, "a renovação do prazo recursal para a apresentação de novo recurso, adequado às modificações operadas na nova decisão".

9) Suplementariedade: "proferida a decisão e uma vez interposto o recurso contra a mesma, argumenta-se que teria havido preclusão consumativa das vias recursais, suficiente a acarretar a perda da faculdade processual já exercida", incidindo a regra da suplementariedade, excepcionalmente, "quando, para a aludida decisão, for cabível mais de uma modalidade recursal".

10) Variabilidade dos recursos: permite que a parte interponha mais de um recurso em momentos diferentes, contra uma mesma decisão, se no prazo. Entendemos que não é aplicável este princípio no âmbito do processo penal, diante da incidência da preclusão consumativa.

11) Dialeticidade dos recursos: o recorrente deve expor os fundamentos de sua irresignação, evidenciando os motivos pelos quais pretende ver reexaminada a decisão, viabilizando o contraditório recursal (razões e contrarrazões).

12) Princípio da intranscendência dos recursos: é princípio de exclusiva aplicação ao recurso manejado pela parte acusadora. No recurso que estende a pretensão punitiva estatal, a parte acusadora deve especificar o que pretende e contra quem pretende a providência exasperadora. Se o pedido recursal se restringir a um único agente, ainda que relativamente a fato cometido em coautoria, resta vedado ao tribunal ampliar seu objeto para fazer alcançar o pedido recursal em desfavor do réu/recorrido contra quem a parte autor/recorrente não se insurgiu expressamente.

CAPÍTULO XIV – RECURSOS		
13) Princípio da colegialidade recursal: é outorgada ao recorrente para que a matéria recorrida seja objeto de apreciação por órgão colegiado, integrado por mais de um julgador. Esse princípio não é ofendido pela possibilidade de julgamento de um recurso de forma monocrática, por membro de tribunal, relator, haja vista que das decisões monocráticas pode a parte sucumbente pleitear, por simples agravo, o julgamento pelo órgão fracionário, colegiado, que competir o exame do assunto. O afastamento da colegialidade pela possibilidade de julgamento monocrático é tão somente aparente.		**1.4**
Impedimentos		
Alguns fatores podem obstar o recebimento ou a tramitação regular do recurso, traduzindo-se em verdadeiros impedimentos. Destacam-se: 1) Desistência: verifica-se "quando o réu, acompanhado de seu defensor, não mais deseja persistir no inconformismo, solicitando que o recurso cesse seu trâmite". 2) Renúncia: caracterizada pela manifestação da parte no sentido de que não deseja recorrer da decisão, antes mesmo de interpor a impugnação cabível. A súmula nº 705 do STF trata sobre o tema, enunciando que a renúncia do réu sem assistência do defensor não impede o conhecimento da apelação interposta por este. Tanto a desistência como a renúncia são vedadas aos membros do Ministério Público. 3) Deserção: ocorre quando deixa de pagar as custas devidas (art. 806, § 2º, parte final, CPP) ou o traslado de peças dos autos (art. 601, § 1º, CPP, embora não expressamente prevista a deserção neste dispositivo legal).		**1.5**
Pressupostos de admissibilidade recursal		
O juízo recursal é dividido em juízo de admissibilidade e juízo de mérito. 1) o juízo de admissibilidade (ou de prelibação) consiste na aferição, pelo juízo competente, das condições de admissibilidade da espécie de impugnação recursal apresentada pela parte (recorrente) contra a decisão a ela desfavorável (sucumbência). 2) o juízo de mérito (ou de delibação) é o fundamento que se alega para fins de reforma ou anulação da decisão e que quase sempre (embora nem sempre) coincide com o mérito da ação penal.		**1.6**
Pressupostos objetivos de admissibilidade recursal	1) Previsão legal: os recursos são aqueles expressamente gizados na lei processual penal (taxatividade). 2) Observância das formalidades legais: deve ser compreendido através da regularidade formal da interposição (sem rigorismos formais excessivos, em compasso com a ideia de instrumentalidade das formas) e pela correta formulação do pedido recursal. A impugnação, por exemplo, que não obedece a forma de interposição exigida legalmente está sujeita a não ser recebida, a ter seu seguimento negado ou não ser conhecida. 3) Tempestividade: diz respeito ao prazo dos recursos. A interposição do recurso no curso do prazo recursal, porém antes de sua expiração, implica em preclusão consumativa, isto é, a parte que já exerceu o ato não pode tornar a praticá-lo com o fito de, por exemplo, completar as razões já oferecidas. Por outro lado, não pode ser considerado intempestivo um recurso apresentado dentro do prazo, ainda que antes da publicação do acórdão (STF). 4) Adequação: É aferida pelo acerto da via recursal escolhida e repercute no requisito subjetivo denominado interesse recursal. Dentre os recursos previstos na lei processual penal, a parte deve manejar o recurso apropriado. Não é inafastável.	**1.6.1**

CAPÍTULO XIV – RECURSOS		
Pressupostos objetivos de admissibilidade recursal	5) Inexistência de fatos impeditivos – aludindo, como fatos obstativos, à renúncia manifestada antes da interposição do recurso e à desistência (que tem que ser expressa) manifestada após de sua apresentação; 6) Motivação (fundamentação do recurso): que é excepcionada pelos artigos 577 (o réu pode interpor recurso sem estar representado por defensor), 578 (possibilidade de interposição por petição ou termo nos autos apresentada pelo próprio réu) e 601 (prevê a subida de apelação sem as razões).	**1.6.1**
Pressupostos subjetivos de admissibilidade recursal	1) Interesse: é inferido pela necessidade que a parte tem na modificação da decisão que lhe foi desfavorável, ainda que parcialmente. 2) Legitimidade: É pressuposto recursal que decorre da legitimidade *ad causam* ou *ad processum*. "O recurso precisa ser oferecido por quem é parte na relação processual, estando capacitado a fazê-lo, ou quando a lei expressamente autorize a interposição por terceiros." (Nucci) Pressuposto Fundamental (sucumbência): "traduz a existência de um prejuízo que a parte entenda ter-lhe produzido a decisão contra a qual recorre".	**1.6.2**
Juízo de admissibilidade e competência recursal	A competência para julgar o recurso não é condição de admissibilidade recursal, podendo, lato sensu, ser entendida como requisito de validade da decisão. Por sua vez, o juízo de admissibilidade recursal é exercido, consoante a impugnação adequada ao caso, tanto pelo órgão a quo, como pelo órgão jurisdicional ad quem. O juízo de admissibilidade precede ao exame do mérito do recurso. Releva ficar avivado, com Eugênio Pacelli que o provimento do recurso significa o reconhecimento da procedência da impugnação, com a reforma ou a invalidação do julgado recorrido; a reforma implica substituição integral da anterior decisão pela nova. No entanto, a ratificação de parte do julgado recorrido não significa substituição parcial. Vale dizer, a decisão do tribunal configura nova resolução da matéria, em substituição a outra vergastada pelo recurso; e a invalidação equivale à desconstituição dos efeitos da decisão anterior, restabelecendo-se a competência do juiz de primeiro grau para novo julgamento.	**1.6.3**
Efeitos recursais		
1) Devolutivo: o recurso entrega ("devolve") a matéria recorrida para ser apreciada pelo órgão com grau de jurisdição superior. 2) Suspensivo: o recurso suspende a produção dos efeitos da decisão impugnada, devendo o processo seguir seus trâmites normais. 3) Regressivo: a lei autoriza que o mesmo órgão que proferiu a decisão judicial, exerça juízo de retratação, modificando-a. 4) Extensivo: ocorre em hipótese de concurso de agentes, mormente quando a decisão do recurso interposto por um dos réus, se fundado em motivos que não sejam de caráter exclusivamente pessoal, aproveita aos outros. 5) Translativo: cuida-se da devolução, ao órgão *ad quem*, de todo matéria não atingida pela preclusão. Assim, possui efeito translativo o recurso que, uma vez interposto, atribui ao tribunal julgador o poder de adotar qualquer decisão em favor ou contra qualquer das partes no processo penal. 6) Dilatório-procedimental: trata-se do efeito natural de todo recurso, que consiste na sucessão de atos que decorrem da sua interposição.		**1.7**

CAPÍTULO XIV – RECURSOS		
Extinção dos recursos		
1) **Deserção**: caracterizada pela falta de preparo ou pagamento das despesas exigidas por lei, a teor do art. 806, § 2º, CPP (a fuga do condenado não mais é motivo para se julgar deserto o recurso interposto); 2) **Desistência**: faculdade que tem o acusado, seu advogado, querelante e assistente de manifestar o desejo de não prosseguir com seu intento recursal. O *Parquet* não pode exercer esse direito.		**1.8**
RECURSOS EM ESPÉCIE		
Apelação		
Noção	A apelação é recurso manejável pela parte (sucumbente, ainda que parcialmente) para o fim de que uma decisão ou sentença seja reformada ou anulada pelo órgão de jurisdição de segundo grau.	**2.1.1**
Interposição	A apelação será interposta por petição ou por termo nos autos, no prazo de cinco dias, podendo ser acompanhada de razões ou não. A sua tempestividade é aferida pela data de interposição e não pela da juntada aos autos da petição recursal. As razões poderão ser oferecidas, em regra, no prazo de oito dias. Caso o processo seja de contravenção, o prazo para arrazoar será de três dias, que também o será para o caso da existência de assistente da acusação, em qualquer hipótese. O prazo para a interposição da apelação, no caso de assistente não habilitado nos autos, será de quinze dias contados da expiração do prazo de recurso do MP. Nos juizados especiais, a apelação terá o prazo de dez dias e já será apresentada com as razões. A apelação por termo é aquela desprovida de rigor formal, bastando que o recorrente revele o seu inconformismo com a decisão, demonstrando o desejo do recurso, não se exigindo capacidade postulatória, que será necessária, entretanto, para a apresentação das razões.	**2.1.2**
Cabimento	Na dicção dos arts. 416 e 593, CPP, caberá apelação, em cinco dias: 1) contra as sentenças definitivas de condenação ou absolvição proferidas por juiz singular; 2) contra as decisões definitivas, ou com força de definitivas, proferidas por juiz singula", quando não for cabível recurso em sentido estrito; 3) contra as decisões do tribunal do júri quando (a) advier nulidade subsequente à pronúncia, (b) a sentença do juiz-presidente contrariar dispositivo legal expresso ou a decisão dos jurados, (c) ocorrer equívoco ou injustiça na imposição de medida de segurança ou de pena e, (d) a decisão dos jurados contrariar manifestamente a prova dos autos; 4) contra a sentença de impronúncia 5) contra a sentença de absolvição sumária; 6) na sistemática da Lei nº 9.099/1995, será cabível a apelação contra a decisão de rejeição da denúncia ou da queixa, contra a sentença absolutória ou condenatória e contra a sentença homologatória de transação penal, não havendo que se falar em recurso em sentido estrito no âmbito dos juizados especiais criminais.	**2.1.3**

CAPÍTULO XIV – RECURSOS		
Processamento	A apelação deve se mostrar tempestiva e adequada, assim como apresentada por quem tenha legitimidade e interesse. A legitimidade recursal decorre, em regra, da condição de parte do sujeito processual. O interesse é verificado, notadamente, pela sucumbência da parte ou pela possibilidade de vantagem prática com o eventual provimento do recurso. Nessa seara, papel peculiar tem o Ministério Público, pois poderá, em regra, apelar amplamente, inclusive em favor do acusado. Recebida a apelação pelo órgão de primeiro grau, será ela: 1) sempre recebida no efeito devolutivo; 2) será também, em regra, dotada de efeito suspensivo nas hipóteses de sentença condenatória (art. 597, CPP) e de sentença absolutória imprópria (que aplica medida de segurança), com supedâneo no estado de inocência; 3) a prisão decorrente de sentença condenatória caiu, de forma que para que alguém tenha decretada sua prisão nessa fase, devem ser comprovados os requisitos da prisão preventiva, o que não deve significar execução provisória da pena, embora, no ponto, não seja à apelação dado o efeito suspensivo quanto à imposição da prisão preventiva. Todavia, o Plenário do STF deliberou que, depois de confirmada condenação penal por tribu-nal, em segundo julgamento, será admitida a execução da pena de forma provisória, antes do trânsito em julgado da sentença penal condenatória. A decisão foi objeto de divergências entre os ministros, com o desfecho de reconhecimento de repercussão geral, para que produza efeitos gerais (ARE 964.246).; e 4) em se tratando de sentença absolutória (própria), o apelo nunca terá efeito suspensivo, não subsistindo qualquer espécie e medida cautelar imposta ao réu depois de declarada sua absolvição. A apelação da sentença absolutória não impedirá que o réu seja posto imediatamente em liberdade (art. 596, *caput*, CPP), por faltar título legítimo para a manutenção da prisão do acusado. O apelante poderá afirmar que suas razões serão apresentadas em segunda instância (§ 4º, do art. 600, CPP). O que normalmente acontece, porém, é que o juiz de primeiro grau, ao receber a apelação contra decisão sua: 1) se verificar que estão desacompanhadas de razões, determina que o apelante arrazoe o apelo, no prazo de oito dias ou de três dias (se o processo for de contravenção, ou no caso de ser o apelante assistente); 2) estando a apelação acompanhada de razões, intimará o apelado para oferecer contrarrazões, no mesmo prazo de oito dias ou de três dias; 3) "se a ação penal for movida pela parte ofendida, o Ministério Público terá vista dos autos", pelo mesmo lapso temporal (art. 600, § 2º, CPP); 4) "quando forem dois ou mais os apelantes ou apelados, os prazos serão comuns" (art. 600, § 3º, CPP), salvo para o MP e para a Defensoria Pública (vista mediante carga dos autos); 5) encerrados os prazos para oferecimento de razões, "os autos serão remetidos à instância superior, com as razões ou sem elas, no prazo de 5 (cinco) dias", salvo nas jurisdições que forem sede de tribunal, onde subirão em trinta dias (art. 603, CPP); e, 6) havendo mais de um réu, e não tendo sido todos julgados ou não havendo todos apelado da sentença, caberá ao apelante – que terá o ônus de arcar com as despesas correspondentes.	**2.1.4**

CAPÍTULO XIV – RECURSOS		
Julgamento	A competência para julgar a apelação é do tribunal ao qual está vinculado o juiz prolator da sentença, podendo ser os Tribunais de Justiça ou os Tribunais Regionais Federais, que são órgãos de segundo grau de jurisdição. Quando o juiz de direito (estadual) estiver no exercício de judicatura federal, a apelação será endereçada ao Tribunal Regional Federal competente. Os autos, ao chegarem ao tribunal, serão distribuídos a um relator. Nessa altura, a apelação já estará com as razões e contrarrazões de recurso. Caso contrário, o relator tomará as providências para o seu processamento. A apresentação intempestiva de razões e de contrarrazões de recurso, em matéria criminal, não deve implicar o seu desentranhamento, sem embargo de poder ser considerado esse fator para fins de apreciação de matéria que careceria de alegação oportuna. Na segunda instância, o MP terá vista dos autos para exarar parecer, no prazo de cinco dias (salvo se for o caso de sentença em processo de contravenção ou de processo de *habeas corpus* – art. 610, *caput*, CPP), podendo opinar pelo conhecimento, não conhecimento, provimento ou não provimento da apelação. É possível a determinação de diligência. Estando pronto o processo, o relator pedirá dia para julgamento, solicitando inclusão em pauta. Designada a data, a parte deve ser intimada através de publicação oficial. A Defensoria Pública e o MP têm a prerrogativa da intimação pessoal. No dia do julgamento, o presidente do tribunal o anunciará, sendo "apregoadas as partes" e, "com a presença destas ou à sua revelia, o relator fará a exposição do feito e, em seguida, o presidente, concederá, pelo prazo de dez minutos, a palavra aos advogados ou às partes que a solicitarem e ao procurador-geral, quando o requerer, por igual prazo" (p. único, art. 610, CPP). Caso se trate de apelação contra sentenças prolatadas em processo por delito a que a lei comine pena de reclusão, há necessidade de um membro do tribunal revisor. Serão observadas, pois, em relação ao enunciado do art. 610, CPP, as seguintes modificações: 1) exarado o relatório nos autos, passarão estes ao revisor, que terá igual prazo para o exame do processo e pedirá designação de dia para o julgamento; 2) os prazos serão ampliados ao dobro; 3) o tempo para os debates será de um quarto de hora (art. 613, CPP). Após o debate, será dada a palavra ao relator, que proferirá o seu voto, que constará, em regra, de duas partes dispositivas: uma referente ao conhecimento ou não do apelo, e a outra – se conhecida a apelação – pelo provimento ou não do recurso. Se houver "empate de votos no julgamento de recursos, e se o presidente do tribunal, câmara ou turma, não tiver tomado parte na votação, proferirá o voto de desempate. No caso contrário, prevalecerá a decisão mais favorável ao réu" (§ 1º, art. 615, CPP). Sendo o relator vencido, outro será designado para lavrar o acórdão, recaindo, em regra, sobre o membro que abriu a divergência.	2.1.5

CAPÍTULO XIV – RECURSOS		
Julgamento	Não há possibilidade de aplicação de mutatio libelli pelo órgão de segunda instância. Isso implicará que, se for constatado fato delituoso não contido na denúncia ou na queixa, sequer implicitamente, a solução a ser dada pelo tribunal, em caso de provimento de apelação, é a de anular a sentença para que, em primeira instância, sejam adotadas as providências que a mutatio libelli requer (art. 384, CPP). Já a emendatio libelli (art. 383, CPP) é perfeitamente possível, consoante o art. 617, CPP. Por fim, tem-se que a reformatio in pejus é vedada, segundo o CPP, ao enfatizar que as decisões dos tribunais serão conformes às disposições concernentes às sentenças de primeiro grau, não podendo, porém, ser agravada a pena, quando somente o réu houver apelado da sentença. O art. 617, do CPP, autoriza o entendimento de ser também proibida a reformatio in pejus indireta, ou seja, se a sentença condenatória do juiz tiver sido anulada para que ele profira outra em seu lugar, a nova sentença não poderá extrapolar o limite estabelecido na anterior, em virtude de ter sido a apelação interposta exclusivamente pelo acusado. No entanto, se o Ministério Público recorrer concomitantemente, ainda que seu recurso seja prejudicado pelo acolhimento integral do recurso do acusado, poderá haver reformatio in pejus indireta, eis que não terá incidido preclusão sobre a matéria. Para evitar a chamada "supressão de instância", toda vez que o juiz de primeiro grau não exerce exame exauriente do mérito da ação, o recurso dirigido ao tribunal, quando provido, tem o condão de determinar a invalidação do julgamento. No processo penal não é permitido aplicar a "teoria da causa madura" para, em grau recursal, julgar procedente pedido condenatório, quando a sentença ou decisão recorrida for de extinção sem resolução do mérito (indeferimento da inicial, a teor do art. 395, CPP)	**2.1.5**
Recurso em sentido estrito		
Noção	O que vai delinear o recurso em sentido estrito é a previsão dos casos de cabimento no art. 581, CPP, em rol taxativo, que não admite ampliação sem lei expressa autorizativa.	**2.2.1**
Interposição	Pode ser realizada por petição ou por termo nos autos. O prazo para a interposição de recurso em sentido estrito, *grosso modo*, é de cinco dias. O prazo para arrazoar e contra-arrazoar o recurso *stricto sensu* é de dois dias. O prazo para interposição da decisão que incluir ou excluir jurado da lista geral é de 20 dias. Esta hipótese se enquadra como recurso em sentido estrito de natureza administrativa. Vale dizer, é movido contra ato administrativo do juiz da vara do júri, que coexiste com um outro meio de impugnação que é a reclamação contra inclusão ou exclusão de jurado da lista geral. Sobre a questão, há divergências sobre a manutenção dessa hipótese de recurso em sentido estrito no sistema, depois do advento da Lei nº 11.689/2008.	**2.2.2**

<table>
<tr><th colspan="3">CAPÍTULO XIV – RECURSOS</th></tr>
<tr><td>Cabimento</td><td>Casos fechados (art. 581, CPP). Assim, é cabível:
a) contra o despacho ou a decisão que "não receber a denúncia ou a queixa". O recebimento da peça acusatória é irrecorrível, mas o réu pode manejar HC para trancar a ação penal cujo crime comine pena privativa de liberdade.
Nos juizados especiais criminais, a rejeição da inicial acusatória enseja apelação.
b) contra a decisão que concluir pela incompetência do juízo, manejável é o recurso em sentido estrito. São as decisões comumente chamadas de "declinatórias de competência".
c) contra a decisão que julgar procedente as exceções, salvo a de suspeição. Como a exceção de suspeição tem previsão de julgamento pelo tribunal ao qual está vinculado o juiz, se este não a aceitar, não cabe recurso em sentido estrito (artigos 100 e 101, CPP).
d) contra a decisão que pronunciar o réu. Como o efeito regressivo lhe é inerente, o juiz pode, ao receber o recurso, retificar sua decisão, pronunciando ou impronunciando consoante a hipótese. Contra esta decisão (de impronúncia), manejável será a apelação que, naturalmente, não tem efeito de retratação (regressivo).
e) contra a decisão que conceder, negar, arbitrar, cassar ou julgar inidônea a fiança, indeferir requerimento de prisão preventiva ou revogá-la, conceder liberdade provisória ou relaxar a prisão em flagrante. Toda vez que o acusado tiver sua pretensão de soltura cautelar indeferida, cabível não é o recurso em sentido estrito, porém o habeas corpus como sucedâneo recursal.
f) contra decisão "que julgar quebrada a fiança ou perdido o seu valor". Nos crimes afiançáveis, uma vez arbitrada a fiança para o fim de concessão de liberdade provisória vinculada, o acusado que desatende qualquer das condições impostas para que a fiança seja concedida, terá a mesma por quebrada, desafiando recurso em sentido estrito.
g) contra a decisão que reconhece a prescrição ou que julga extinta a punibilidade no processo de conhecimento (condenatório). As decisões que declarem a extinção da punibilidade em processo de execução penal ou a prescrição da pretensão executória são agraváveis (agravo em execução).
h) contra a decisão do juiz de primeiro grau que conceder ou negar a ordem de habeas corpus. Admite-se, contudo, diante da urgência da tutela em matéria de liberdade de locomoção, que seja ajuizado habeas corpus substitutivo contra o ato do juiz que o denegou no juízo a quo, com esteio no princípio da celeridade.
i) contra decisão de primeiro grau de jurisdição que: (1) vier a anular, no todo ou parcialmente, o processo, a partir da instrução criminal;
j) contra decisão que não receber apelação ou julgá-la deserta; k) contra a decisão que suspender o processo em face de questão prejudicial; e, l) contra a decisão que julgar o incidente de falsidade documental.
As hipóteses de cabimento de recurso em sentido estrito contra incidentes que são decididos no processo de execução penal são entendidas pela doutrina como revogadas tacitamente pelo art. 197 da Lei nº 7.210/1984.</td><td>2.2.3</td></tr>
</table>

<table>
<tr><th colspan="3">CAPÍTULO XIV – RECURSOS</th></tr>
<tr><td>Processamento</td><td>Como regra geral, a petição do recurso em sentido estrito é dirigida ao juiz de primeiro grau e as suas razões (e contrarrazões) ao órgão julgador ad quem.

O CPP preconiza que o recurso em sentido estrito deverá subir com os autos originais quando:

1) houver reexame necessário, como se dá com a absolvição sumária no rito do júri;

2) for o caso de despacho, decisão ou sentença que não receber a queixa ou a denúncia, que julgar procedentes as exceções (salvo a de suspeição), que pronunciar o acusado, que decretar a prescrição ou julgar extinta a punibilidade e, que negar ou conceder a ordem de habeas corpus; e,

3) não prejudicar o andamento do processo. De outro lado, o recurso da pronúncia subirá em traslado, quando, havendo dois ou mais réus, qualquer deles se conformar com a decisão ou todos não tiverem sido ainda intimados da pronúncia (art. 583, parágrafo único, PP).

O recurso em sentido estrito, geralmente, é dotado só dos efeitos devolutivo e regressivo (quando o juiz decidir por se retratar da decisão), não o suspensivo, porquanto os casos de incidência de efeito suspensivo estão no texto legal ou decorrem da natureza da decisão judicial impugnada.

Assim, o art. 584, caput, CPP, estatui que "os recursos terão efeito suspensivo nos casos de perda da fiança" e o seu § 3º enfatiza que a eficácia suspensiva, no caso de quebramento da fiança, recairá tão somente sobre a metade do seu valor. Em ambos os casos (perda ou quebra da fiança), o recurso terá efeito suspensivo apenas para impedir a implementação da sanção pecuniária, qual seja, a destinação de metade do valor da fiança ou, no caso da quebra, da sua integralidade, ao fundo penitenciário, sempre depois de deduzidas as quantias correspondentes a custas e mais encargos a que o réu estiver obrigado (indenização da vítima, pagamento das custas, prestação pecuniária e multa, caso tenha sido condenado), a teor do art. 345, do CPP.

Também terá efeito suspensivo, segundo a parte final do caput, do art. 584, do Código, o recurso em sentido estrito contra a decisão que denegar a apelação ou julgá-la deserta (art. 581, XV, CPP). A deserção da apelação só ocorrerá em hipóteses restritas no processo penal (falta de recolhimento de custas recursais/preparo pelo querelante, onde existir previsão normativa local que assim determine).

Não cabe falar na figura do revisor em sede de recurso em sentido estrito. O processamento e o julgamento do recurso em sentido estrito são de competência dos tribunais de justiça, dos tribunais regionais federais, das câmaras ou das turmas que os compõem, em compasso com as leis de organização judiciária e com os respectivos regimentos internos.</td><td>2.2.4</td></tr>
</table>

CAPÍTULO XIV – RECURSOS		
Julgamento	Os autos do recurso em sentido estrito serão distribuídos a um relator, seguindo-se imediatamente com vista ao MP, pelo prazo de cinco dias. Com o retorno do processo ao relator, este pedirá dia para julgamento, com inclusão na pauta correspondente. No dia do julgamento, o presidente do órgão jurisdicional anunciará o processo, sendo apregoadas as partes. O relator, com ou sem a presença dos interessados, procederá à exposição do feito. Subsequentemente, o presidente concederá a palavra "aos advogados ou às partes que a solicitarem e ao procurador-geral, quando o requerer", pelo prazo de dez minutos para cada um. As decisões do tribunal são tomadas por maioria (art. 615, CPP). Não é possível, em sede de recurso em sentido estrito, realizar o interrogatório do acusado, conquanto não seja impossível a conversão de julgamento em diligências em casos justificados. Depois de julgado o recurso em sentido estrito, com a conferência do acórdão – e uma vez ocorrida a sua preclusão – "deverão os autos ser devolvidos, dentro de cinco dias, ao juiz *a quo*" (art. 592, CPP).	**2.2.5**
Carta Testemunhável		
Noção	O juiz prolator de decisão recorrida poderia, simplesmente, não processar a impugnação, sem que a remetesse para instância superior, evitando, assim, que a decisão fosse reformada, e não se sujeitasse à atividade jurisdicional a controle. Daí ter o legislador previsto recurso cujo regramento tem o condão de fazer chegar ao conhecimento do tribunal matéria recursal cujo seguimento foi obstado ilegalmente. A carta testemunhável deve conter todos os elementos necessários para que o tribunal aprecie o mérito do recurso não recebido pelo juiz *a quo*. Todavia, a falta dos documentos imprescindíveis a este desiderato não implicará, de plano, o seu não conhecimento pelo órgão jurisdicional de segundo grau. Nesse caso, o tribunal pode conferir à carta o efeito de destrancar o recurso, mandando processá-lo (art. 644, CPP). É ônus da parte indicar as peças processuais que devam instruir o recurso – pelo menos para esse fim –, não sendo admitida a conversão em diligência pelo tribunal.	**2.3.1**
Interposição	Através de petição, no prazo de quarenta e oito horas contadas da intimação do despacho denegatório do recurso ou da ciência do seu não processamento regular. A contagem desse prazo é feita de minuto em minuto, cabendo à parte solicitar ao funcionário que certifique a hora em que o juiz deixou de receber o recurso. Caso não seja isso possível, o prazo será considerado de dois dias, a teor do art. 798, § 1º, do CPP. Possui efeito devolutivo e regressivo.	**2.3.2**
Cabimento	Trata-se de recurso subsidiário. O seu cabimento depende da inexistência de previsão de outro recurso. O art. 639, CPP, dispõe que será dada carta testemunhável: 1) "da decisão que denegar o recurso"; 2) "da que, admitindo embora o recurso, obstar à sua expedição e seguimento para o juízo *ad quem*. Não é cabível também a carta testemunhável em razão do não recebimento de embargos de declaração.	**2.3.3**

CAPÍTULO XIV – RECURSOS		
Processamento	A carta testemunhável é interposta através de petição, como se depreende da parte inicial do art. 640, do CPP. É endereçada ao escrivão ou diretor de secretaria da vara. No âmbito dos tribunais, a carta testemunhável deve ser dirigida ao secretário do tribunal, cargo equivalente àquele do juízo singular. O prazo para a interposição da carta testemunhável, segundo os termos do art. 640, do Código, é o de quarenta e oito horas seguintes ao despacho que denegar (não receber) o recurso. O termo inicial do prazo terá começo a partir do minuto seguinte à efetivação da intimação (ciência efetiva do ato gravoso à parte), porquanto a contagem do prazo de 48 (quarenta e oito) horas é feita, se possível, de minuto em minuto, não se aplicando, a princípio, a regra geral dos prazos processuais (que orienta que não será computado o dia do começo, mas será incluído, porém, o do vencimento). A carta testemunhável é recurso que não tem efeito suspensivo (art. 646, CPP), mas só devolutivo. Pensamos, contudo, que, no tribunal *ad quem*, o relator poderá, de ofício (poder geral cautelar) ou por provocação, atribuir efeito suspensivo à carta testemunhável, notadamente se interposta contra negativa de seguimento de recurso em sentido estrito manejado contra o não recebimento de apelação da sentença condenatória que tinha sido apresentada em favor do réu. Interposta contra decisão denegatória do juiz de primeiro grau, terá o seguinte processamento (artigos 588-592, CPP): 1) a carta testemunhável é requerida/direcionada pela parte interessada (testemunhante) ao escrivão, diretor de secretaria ou ao secretário do tribunal, conforme o caso; 2) se a petição de interposição estiver desacompanhada de razões suficientes, será dada vista ao recorrente, para arrazoá-la, em dois dias; 3) se já estiver acompanhada de razões recursais ou decorrido o prazo sem apresentação, será intimada a parte contrária para contra-arrazoar também em dois dias; 4) com resposta do recorrido ou sem ela, serão os autos conclusos ao juiz (testemunhado) nos casos em se que se admitir juízo de retratação ou de sustentação de sua decisão, com possibilidade de, em caso de reforma de sua decisão, a parte contrária recorrer, por simples petição, quando não será mais possível outro exercício de retratação; 5) após a publicação da decisão de sustentação do juízo de primeiro grau, será extraída a carta (com documentos trasladados conferidos e autenticados) e entregue à parte interessada (testemunhante), de tudo certificando o escrivão, o diretor de secretaria ou o secretário do tribunal; 6) em seguida, tem-se o prazo de cinco dias para apresentação dos autos recursais, pelo testemunhante, à instância ad quem. 7) protocolada a carta na secretaria do tribunal, serão os autos distribuídos ao relator que, se não a denegar liminarmente, ouvirá o Ministério Público (parecer em 2ª instância); 8) com o retorno dos autos, não sendo o caso de julgamento monocrático, o relator pede inclusão na pauta de julgamento. Não há revisor, privativo que é do julgamento de apelação de rito ordinário.	**2.3.4**

CAPÍTULO XIV – RECURSOS		
Julgamento	A carta testemunhável será distribuída a um relator, membro do tribunal com competência para processá-la e julgá-la, incidindo a disciplina normativa do recurso em sentido estrito esposada anteriormente. Na instância competente para o seu exame, o tribunal, câmara ou turma a que competir o julgamento da carta, se dela tomar conhecimento, mandará processar o recurso, ou, se estiver suficientemente instruída, decidirá logo, de *meritis*, devendo ocorrer, após publicada a decisão, a devolução dos autos, dentro de cinco dias, ao juiz *a quo*.	**2.3.5**
Correição Parcial		
Noção	A correição parcial é instrumento de natureza administrativa, com efeitos jurisdicionais, decorrente do direito de petição, que tem por consequência, o desfazimento de ato que cause inversão tumultuária em processo penal, a aplicação de sanção e/ou providência disciplinar, bem como o refazimento dos atos processuais viciados de acordo com a forma instituída em lei. Trata-se de instituto sem natureza recursal, de cunho preponderantemente administrativo, malgrado produza efeitos processuais. Não é, propriamente, recurso. A natureza da correição parcial é controvertida na doutrina. São basicamente duas as posições: 1) a que vê a correição parcial como autêntico recurso residual, "interposto exclusivamente contra ato do juiz, praticado com *error in procedendo*, isto é, erro de procedimento" (Pacelli); e 2) a que a concebe como "espécie de providência administrativo-judiciária prevista normalmente pelos regimentos internos dos tribunais inferiores, por vezes com o nome de reclamação" (Mirabete). É também a nossa posição.	**2.4.1**
Interposição	Por petição diretamente no órgão com competência para examiná-la. Embora não haja previsão legal para interposição por termo nos autos, a correição parcial pode ser apresentada assim perante os órgãos que tenham estrutura para receber reclamações por meios diversos da petição, de forma presencial e com o registro da reclamação feita oralmente, mormente quando existir permissivo legal. O entendimento mais razoável é o de que não há um prazo específico para sua apresentação, mormente diante de matéria de ordem pública, que não é sanada pela preclusão. Todavia, o limite para seu ingresso é encontrado na prolação da sentença. Os legitimados para sua interposição são o MP, o querelante, o assistente da acusação (não obstante haja divergências), o acusado e o seu defensor.	**2.4.2**
Cabimento	Não deve haver previsão de recurso específico para a hipótese e deve se cuidar de ato judicial exarado na persecução penal. Não é admissível contra ato administrativo. Como a correição parcial não tem a natureza recursal, não tem incidência o princípio da fungibilidade.	**2.4.3**
Processamento	Deve ser o disciplinado por cada legislação ou regimento do tribunal correspondente. Tem prevalecido a incidência do rito do recurso em sentido estrito.	**2.4.4**

CAPÍTULO XIV – RECURSOS		
Julgamento	Ocorrerá em conformidade com a legislação aplicável ao órgão jurisdicional causador da inversão tumultuária do processo. A peculiaridade é que a correição parcial pode desaguar em imposição de sanção disciplinar, bem como produzirá efeitos processuais, com a retificação dos atos prejudiciais ao direito da parte que a interpôs.	**2.4.5**
"Embarguinhos" e embargos de declaração		
Noção	O CPP prevê dois recursos que, em essência, são equivalentes. O primeiro é conhecido por "embarguinhos", previsto no art. 382, CPP, que estatui que "qualquer das partes poderá, no prazo de dois dias, pedir ao juiz que declare a sentença, sempre que nela houver obscuridade, ambiguidade, contradição ou omissão". Este nome é criação doutrinária e forense dada aos "embargos de declaração" opostos perante juiz de primeiro grau, com o fim de diferenciá-los dos "embargos de declaração" manejáveis no âmbito dos tribunais.	**2.5.1**
Interposição	Mediante petição dirigida ao mesmo órgão que proferiu a decisão a qual se atribua ambiguidade, contradição, omissão ou obscuridade. O prazo para o seu ingresso é de dois dias contados da ciência do julgado, pela parte prejudicada.	**2.5.2**
Cabimento	Contra ato judicial com conteúdo decisório. Não é necessária a oposição dos embargos de declaração para corrigir simples erro material, já que sanável a qualquer tempo, de ofício pelo juiz, ou por simples petição.	**2.5.3**
Processamento	Julgados pelo próprio órgão prolator da decisão objurgada. Não há efeito regressivo ou suspensivo da decisão embargada, malgrado o prazo para apresentação dos demais recursos seja interrompido (isso vale para ambas as partes). Inclusive no âmbito dos juizados especiais criminais, o texto em vigor do 2º, do art. 83, da Lei nº 9.099/1999, preconiza que os embargos de declaração interrompem o prazo para a interposição de recurso. Essa redação foi conferida pelo CPC (Lei nº 13.105/2015). Os embargos são apreciados pelo próprio juiz, que apenas abrirá vista para a parte contrária respondê-lo, caso o embargante pretenda conferir efeito infringente (ou modificativo) ao julgado. Pensamos ser admissível, por analogia, a aplicação do § 4º, do art. 1.026, do CPC/2015, que dita que não serão admitidos novos embargos de declaração se os dois anteriores houverem sido considerados protelatórios. Em segundo grau de jurisdição, será seguida a mesma orientação quanto ao seu processamento. Se os embargos contiverem pedido de efeito infringente, é obrigatória a vista à parte embargada. A petição de embargos de declaração é incluída nos autos e será, por ocasião do julgamento, apresentada pelo relator.	**2.5.4**
Julgamento	O juiz de primeiro grau proferirá sentença ou decisão, acolhendo (para solucionar a omissão, a obscuridade, a contradição ou a ambiguidade) ou rejeitando os embargos. A partir da intimação da sentença ou da decisão em embargos de declaração, o prazo para os demais recursos será integralmente devolvido. No âmbito dos tribunais, o CPP autoriza que o relator indefira monocrática e liminarmente os embargos de declaração, "se não preenchidas as condições enumeradas" no seu art. 620, *caput*. Se a parte, contudo, quiser ver seu pleito apreciado pelo órgão colegiado, cabe interpor o recurso de agravo (inominado ou regimental), em cinco dias.	**2.5.5**

CAPÍTULO XIV – RECURSOS		
Agravo interno ou regimental		
Noção	O recurso de agravo aqui tratado é a impugnação dirigida contra decisões monocráticas proferidas por membro de tribunal, que ocasionem gravame a um dos interessados. A parte, ao interpor agravo contra decisão monocrática pretende que a matéria ali julgada por um só membro seja reexaminada por todos os membros do órgão colegiado com competência para apreciá-la.	**2.6.1**
Interposição	Por simples petição, no prazo de cinco dias. O STF analisou questão alusiva ao prazo para interposição de agravo em matéria criminal, bem como a forma de sua contagem. Ficou decidido que o prazo para interposição de agravo regimental no STF, em processos criminais, é de 5 dias corridos (não são dias úteis, como no CPC). O MP, em matéria penal, não goza da prerrogativa da contagem dos prazos recursais em dobro. Logo, o prazo para interposição de agravo pelo Estado-acusador em processo criminal é de 5 dias. Já para a Defensoria Pública, em matéria penal, são contados em dobro todos os prazos. Logo, o prazo para a Defensoria Pública interpor agravo regimental é de 10 dias. O debate elucidou o teor da sua Súmula 699. O CPC/2015 revogou muitos dispositivos da Lei n° 8.038/1990, mormente o seu art. 28, que dispunha sobre o prazo de cinco dias para interposição de agravo em matéria criminal contra decisões de inadmissibilidade de recursos extraordinário e especial; porém, manteve o art. 39 dessa lei específica, que prevê aquele prazo de cinco dias para o manejo do agravo interno (regimental ou inominado), cuja aplicação subsiste tão somente a processos criminais. Sustentamos que a Súmula nº 699, do STF, ficou parcialmente superada depois do CPC/2015. Isso porque ele regulamentou exaustivamente o recurso de agravo em recurso extraordinário e especial, prevendo prazo geral de quinze dias para interposição de recursos. Quanto ao agravo regimental – interno ou inominado – em matéria criminal, a Súmula n° 699, do STF, persiste com base textual no art. 39, da Lei n° 8.038/1990.	**2.6.2**
Cabimento	De forma não exaustiva, temos que cabe o agravo contra: 1) decisão monocrática do relator, no âmbito do STF ou do STJ, que cause gravame à parte; 2) despacho do Presidente do STF ou do STJ que defira ou indefira suspensão de execução de liminar concedida ou de sentença concessiva em mandado de segurança; 3) decisão de membro de tribunal que conceda ou indefira liminar em mandado de segurança; e 4) indeferimento liminar, pelo relator, de revisão criminal proposta perante o tribunal competente. A Lei nº 8.038/1990, aplicável também no âmbito dos Tribunais de Justiça e Regionais, previu outras hipóteses: contra "decisão do Presidente do Tribunal, de Seção, de Turma ou de Relator que causar gravame à parte", a ser interposto "para o órgão especial, Seção ou Turma, conforme o caso, no prazo de cinco dias" (art. 39) e contra "despacho que conceder a suspensão", em mandado de segurança (§ 2º, do seu art. 25). Por fim, em sede de revisão criminal, "se o relator julgar insuficientemente instruído o pedido e inconveniente ao interesse da justiça que se apensem aos autos originais, indeferi-lo-á *in limine*, dando recurso para as câmaras reunidas ou para o tribunal, conforme o caso". Eis aqui o cabimento do agravo (§ 3º, art. 625, CPP).	**2.6.3**

CAPÍTULO XIV – RECURSOS		
Processamento	Geralmente tratado nos regimentos internos dos tribunais. Como se trata de simples pedido de submissão da matéria apreciada monocraticamente a plenário ou a órgão colegiado, não há necessidade de resposta à petição do agravante.	**2.6.4**
Julgamento	Realizado pelo órgão colegiado competente. O provimento do agravo regimental importa em acatar as razões que foram rejeitadas monocraticamente, revertendo assim o gravame que ensejou aquele recurso. Na prática, o que acontece é o exercício do juízo de admissibilidade do agravo regimental pelo colegiado e, uma vez este positivo, será realizado o juízo de admissibilidade do recurso cujo seguimento foi negado. Conhecido este recurso, passa o órgão colegiado do tribunal a examinar o mérito recursal do recurso inadmitido pelo relator, podendo dar-lhe ou negar-lhe provimento.	**2.6.5**
Embargos Infringentes e de Nulidade		
Noção	Os embargos infringentes e de nulidade é recurso privativo da defesa, estabelecido no art. 609, do CPP. Tais embargos que visam ao reexame de decisões não unânimes proferidas em segunda instância e desfavoráveis ao acusado, a serem apreciados no âmbito do próprio tribunal julgador. Tem por fundamento a existência de pelo menos um voto vencido, indicativo de possível injustiça do julgamento prejudicial ao réu. Embora o nome pareça indicar a existência de dois recursos, os embargos infringentes e de nulidade são um único recurso, com dupla possibilidade de manejo, interposto perante órgão do mesmo tribunal prolator da decisão.	**2.7.1**
Interposição	Por petição, acompanhada de razões, no prazo de dez dias, a contar da publicação do acórdão. A interposição deve ser realizada no órgão indicado para seu julgamento que, necessariamente, deve ser com maior número de membros que o que proferiu a decisão não unânime recorrida. A intimação ocorre pela imprensa, salvo quando o acusado estiver representado pela Defensoria Pública, que tem a prerrogativa de ser intimada pessoalmente, com vistas dos autos quando necessário. A intimação do *Parquet*, por seu turno, é sempre pessoal e com vista dos autos. Nos termos da súmula do STF, em seu verbete nº 431, "é nulo o julgamento de recurso criminal, na 2ª instância, sem prévia intimação, ou publicação da pauta, salvo em *habeas corpus*". Conquanto não haja previsão legal de resposta do embargado, diante da possibilidade de modificação do julgado, deve haver intimação da acusação para contra-arrazoar os embargos no mesmo prazo de dez dias.	**2.7.2**
Cabimento	Contra decisões proferidas em sede de apelação e de recurso em sentido estrito, quando não houver unanimidade e for o acusado sucumbente na parte objeto de divergência. Por sua vez, o STJ no enunciado sumular nº 390 consagrou que "nas decisões por maioria, em reexame necessário, não se admitem embargos infringentes". É recurso privativo da defesa, tendo como pressupostos básicos: 1) a apresentação de recurso em sentido estrito, de agravo em execução ou de apelação da decisão de primeiro grau de jurisdição; e 2) a sucumbência defensiva no julgamento destes. Para que seja admissível a interposição dos embargos infringentes, é preciso que: 1) a decisão não seja unânime e que o voto discrepante seja favorável ao acusado;	**2.7.3**

CAPÍTULO XIV – RECURSOS		
Cabimento	2) a petição de embargos infringentes obedeça à delimitação recursal constante da divergência parcial da votação; 3) a decisão decorra de julgamento de apelação ou de recurso em sentido estrito; 4) o acórdão seja proferido por tribunal, não sendo admissível de decisão de turma recursal no âmbito dos juizados especiais criminais. O STF editou verbetes de sua súmula que delineiam o cabimento dos embargos infringentes e de nulidade, especialmente os seguintes: 1. "são inadmissíveis embargos infringentes contra decisão em matéria constitucional submetida ao plenário dos tribunais" (súmula nº 293); e 2. "da decisão que se seguir ao julgamento de constitucionalidade pelo tribunal pleno, são inadmissíveis embargos infringentes quanto à matéria constitucional" (súmula nº 455). Caberão embargos infringentes contra decisão condenatória proferida em sede de ação penal de competência das Turmas do STF que, por sua vez, terão julgamento afetado ao Plenário da Suprema Corte. O requisito de cabimento desse recurso é a existência de dois votos minoritários absolutórios em sentido próprio. Caso se trate de seu manejo contra decisão do próprio órgão Pleno, o cabimento dos embargos infringentes manejados, sempre em favor do imputado, é aferido pela existência de quatro votos absolutórios em sentido próprio. A seu turno, no STJ, foi afirmado que "é inadmissível recurso especial quando cabíveis embargos infringentes contra o acórdão proferido no tribunal de origem" (súmula nº 207).	**2.7.3**
Processamento	Interpostos os embargos infringentes e de nulidade (no prazo de dez dias, com petição acompanhada de razões recursais), o Ministério Público (pessoalmente) ou o querelante (via imprensa) serão intimados para oferecer contrarrazões em dez dias. Decerto, embora não haja previsão legal tanto, o contraditório deve ser assegurado, notadamente diante da possibilidade de modificação do julgado. Os embargos infringentes e de nulidade são dotados de efeito devolutivo, eis que, a partir da argumentação da defesa do acusado, fundada no voto vencido que lhe favorece, a matéria é reapreciada pelo órgão colegiado competente do mesmo tribunal. Como se infere, a devolução é limitada pelo voto vencido. Quanto ao efeito suspensivo, é preciso distinguir: 1) caso se trate de acórdão com conteúdo condenatório, os embargos infringentes e de nulidade são dotados desse efeito, pois não é admitida execução provisória da pena antes do trânsito em julgado de decisão penal condenatória; e 2) caso o conteúdo não seja condenatório, a regra é que não tenha efeito suspensivo, salvo quando houver impossibilidade lógica do andamento do processo quanto ao acusado recorrente, tal como se dá com os embargos infringentes manejados contra acórdão não unânime prolatado quando do julgamento de recurso em sentido estrito interposto contra a "sentença" de pronúncia. O CPC/2015 não prevê o recurso de embargos infringentes, suprimindo-o do sistema processual civil. Tal extinção do recurso no âmbito processual civil, no entanto, não reflete no direito processual penal, eis que o art. 610, do CPP, prevê o recurso de embargos infringentes e de nulidade contra a decisão não unânime de segunda instância,	**2.7.4**

CAPÍTULO XIV – RECURSOS		
Processamento	no prazo legal de dez dias. Permanece, fundada em precedentes, a regra de que a oposição dos embargos infringentes, restritos à matéria divergente, determina o sobrestamento do prazo recursal para a interposição de recursos especial e extraordinário.	**2.7.4**
Julgamento	No dia da apreciação dos embargos, para o qual as partes devem ter sido intimadas, sob pena de nulidade absoluta, será anunciado o seu julgamento. Depois de relatado o feito e antes da prolação do voto do relator, haverá oportunidade para debates (sustentações orais das partes) pelo tempo de um quarto de hora (quinze minutos).	**2.7.5**
Recursos especial e extraordinário		
Noção	São impugnações previstas na CF. O recurso especial é processado e julgado pelo STJ e o recurso extraordinário pelo STF. *Grosso modo*, o recurso especial terá lugar quando for alegada violação a direito infraconstitucional e o recurso extraordinário quando a afirmação se relacionar com afronta à Constituição. São recursos de fundamentação vinculada.	**2.8.1**
Interposição	A interposição do recurso especial e do recurso extraordinário deve ser feita por petição, acompanhada de razões, no prazo de quinze dias. A protocolização desses recursos se dá perante o tribunal a quo. No âmbito eleitoral, o prazo é de três dias. A esse respeito, a súmula nº 728, do STF, aduz ser de três dias o prazo para a interposição de recurso extraordinário contra decisão do Tribunal Superior Eleitoral, contado, quando for o caso, a partir da publicação do acórdão, na própria sessão de julgamento, nos termos do art. 12 da Lei 6.055/1974. A petição recursal é dirigida ao presidente do tribunal que proferiu a decisão vergastada. As razões do recurso são endereçadas ao Superior Tribunal de Justiça ou ao Supremo Tribunal Federal, consoante se trate de recurso especial ou de recurso extraordinário, respectivamente. O CPC/2015 atualmente disciplina o processamento do recurso extraordinário e do recurso especial (respeitadas as peculiaridades do direito processual penal). A interposição dos recursos especial ao STJ e extraordinário ao STF, devem ser reguladas pelas disposições da legislação em vigor.	**2.8.2**
Cabimento	Caberá recurso extraordinário para o STF, quando a decisão recorrida, proferida em única ou última instância: 1) contrariar dispositivo da Constituição do Brasil; 2) declarar a inconstitucionalidade de tratado ou de lei federal; 3) julgar válida lei ou ato de governo local contestado em face da Constituição Federal; e, 4) julgar válida lei local contestada em face de lei federal (art. 102, III, "a", "b", "c" e "d", CF). O § 3º, art. 102, CF impõe que o recorrente demonstre a repercussão geral das questões constitucionais discutidas no caso, nos termos da lei, a fim de que o Tribunal examine a admissão do recurso, somente podendo recusá-lo pela manifestação de dois terços de seus membros. Quanto ao recurso especial, a competência para o seu julgamento é conferida ao Superior Tribunal de Justiça, que ocorrerá, diante das causas decididas pelos Tribunais Regionais Federais ou pelos tribunais dos Estados, do Distrito Federal e Territórios, quando a decisão recorrida:	**2.8.3**

CAPÍTULO XIV – RECURSOS		
Cabimento	1) contrariar tratado ou lei federal, ou negar-lhes vigência; 2) julgar válido ato de governo local contestado em face de lei federal; e, 3) der a lei federal interpretação divergente da que lhe haja atribuído outro tribunal. Não é cabível recurso especial fundado em alegada violação de enunciado de súmula, por não ser tal conceito assimilável ao de "lei federal" ou ao de "tratado". A praxe forense tem exigido o pré-questionamento, "como verdadeiro requisito de admissibilidade" recursal[185]. Em outras palavras, "o prequestionamento se constitui em "requisito-mor" ou "***conditio sine qua non*** para a sua admissibilidade". Registre-se que não tem cabimento recurso especial ou extraordinário contra matéria de fato. Além do Ministério Público/querelante e do acusado/defensor, também o assistente de acusação pode "recorrer, inclusive extraordinariamente, na ação penal, nos casos dos arts. 584, § 1º, e 598 do Código de Processo Penal" (súmula 210, STF). Com o advento da Lei nº 12.403/2011, o assistente do Ministério Público passou a ter legitimidade expressa para requerer prisão preventiva (art. 311, CPP). Dessa maneira, pensamos que a Súmula nº 208 do STF está superada, não sendo mais o caso de vedar a legitimidade do assistente para recorrer da "de decisão concessiva de *habeas corpus*". O CPC/2015, a partir de seu art. 1.029, estatui que o recurso extraordinário e o recurso especial, nos casos previstos na Constituição Federal, serão interpostos perante o presidente ou o vice-presidente do tribunal recorrido, em petições distintas que conterão: **(a)** a exposição do fato e do direito; **(b)** a demonstração do cabimento do recurso interposto; e **(c)** as razões do pedido de reforma ou de invalidação da decisão recorrida.	**2.8.3**
Processamento	O processamento do recurso especial e do recurso extraordinário deverá obedecer ao gizado nos seus artigos 1.029 e seguintes do CPC/2015. Uma vez recebida a petição do recurso pela secretaria do tribunal perante o qual foi interposto o recurso, o recorrido será intimado para apresentar contrarrazões no prazo de quinze dias. Note-se que o CPC/2015 continua a exigir o exercício de juízo de admissibilidade pelo presidente ou vice-presidente do tribunal recorrido, sem prejuízo de que novo juízo de admissibilidade seja efetivado pelo tribunal *ad quem*. Na esteira do art. 93, IX, da Constituição do Brasil, a Súmula nº 123, do STJ, estampa que "a decisão que admite, ou não, o recurso especial deve ser fundamentada, com o exame dos seus pressupostos gerais e constitucionais". Caso haja interposição conjunta de recurso extraordinário e recurso especial, os autos serão remetidos ao Superior Tribunal de Justiça. Depois de finalizado o julgamento do recurso especial pelo STJ, os autos serão remetidos ao Supremo Tribunal Federal, para apreciação do recurso extraordinário, na hipótese deste não estar prejudicado.	**2.8.4**

<table>
<tr><th colspan="3">CAPÍTULO XIV – RECURSOS</th></tr>
<tr><td>Processamento</td><td>Por outro lado, se o relator do recurso especial considerar prejudicial o recurso extraordinário, em decisão irrecorrível, sobrestará o julgamento e remeterá os autos ao Supremo Tribunal Federal. Entrementes, se o relator do recurso extraordinário, em decisão irrecorrível, rejeitar a prejudicialidade, devolverá os autos ao Superior Tribunal de Justiça, para o julgamento do recurso especial.

Depois de admitido o recurso extraordinário ou especial, o Supremo Tribunal Federal ou Superior Tribunal de Justiça julgará a causa, aplicando o direito. Por outra vertente, tendo sido admitido o recurso extraordinário ou especial por um fundamento, devolve-se ao tribunal superior o conhecimento dos demais fundamentos para a solução do capítulo impugnado, a teor do artigo 1.034, do CPC/2015.

Sob outro prisma, o Supremo Tribunal Federal, em decisão irrecorrível, não conhecerá do recurso extraordinário, quando a questão constitucional nele versada não oferecer repercussão geral, ratificando este pressuposto objetivo de admissibilidade recursal do extraordinário.

Nessa análise da repercussão geral, o relator poderá admitir a manifestação de terceiros, subscrita por procurador habilitado, nos termos do regimento interno do Supremo Tribunal Federal.

Caso seja reconhecida a repercussão geral, o relator no Supremo Tribunal Federal determinará a suspensão do processamento de todos os processos pendentes, individuais ou coletivos, que versem sobre a questão e tramitem no território nacional. Sem embargo, o interessado pode requerer, ao presidente ou vice-presidente do tribunal de origem, que exclua da decisão de sobrestamento e inadmita o recurso extraordinário que tenha sido interposto intempestivamente. Na hipótese de ser negada a repercussão geral, o presidente ou vice-presidente do tribunal de origem negará seguimento aos recursos extraordinários sobrestados na origem que versem sobre matéria idêntica, a teor do § 8º, do art. 1.035, do CPC/2015.O recurso que tiver a repercussão geral reconhecida deverá ser julgado no prazo de um ano e terá preferência sobre os demais feitos, ressalvados os que envolvam réu preso e o pedido de habeas corpus. A súmula da decisão sobre a repercussão geral deverá constar de ata, que será publicada no diário oficial e valerá como acórdão.</td><td>2.8.4</td></tr>
<tr><td>Julgamento</td><td>O RE e o REsp poderão ser julgados monocraticamente pelo relator ou submetidos ao órgão colegiado com competência para processar a matéria ou mesmo em virtude de agravo interno contra a decisão singular proferida pelo relator. Também no STJ e no STF, o MP lançará seu parecer, porém este não mais ficará adstrito ao juízo de admissibilidade, podendo aferir o mérito do recurso.

Havendo empate, a decisão a ser proclamada deve ser a que mais favorecer o imputado, aplicando-se, se o caso comportar, os efeitos extensivos previstos no art. 580, do CPP.

O CPC/2015 traz disciplina nova quanto ao julgamento de recursos extraordinário e especial repetitivos. Nas matérias criminais que admitem repetitividade sempre que houver multiplicidade de recursos com fundamento em idêntica questão de direito, o recurso extraordinário ou o recurso especial terá seu julgamento afetado nos termos do regimento interno do Supremo Tribunal Federal e do Superior Tribunal de Justiça.

Decidido o recurso representativo da controvérsia, os demais órgãos fracionários ou declararão prejudicados os demais recursos versando sobre idêntica controvérsia ou os decidirão aplicando a tese.</td><td>2.8.5</td></tr>
</table>

CAPÍTULO XIV – RECURSOS		
Julgamento	Publicado o acórdão paradigma: **(a)** os recursos sobrestados na origem não terão seguimento se o acórdão recorrido coincidir com a orientação da instância superior; ou **(b)** o tribunal de origem reapreciará o recurso julgado, observando-se a tese firmada, independentemente de juízo de admissibilidade do recurso especial ou extraordinário, na hipótese de o acórdão recorrido divergir da orientação da instância superior. Diversamente, se for mantido o acórdão divergente pelo tribunal de origem, far-se-á o exame de admissibilidade do recurso especial ou extraordinário. Reformado o acórdão divergente, se for o caso, o tribunal de origem decidirá as demais questões antes não decididas e que o enfrentamento se torne necessário em decorrência da reforma. Sobrevindo, durante a suspensão dos processos, decisão da instância superior a respeito do mérito da controvérsia, o juiz proferirá sentença e aplicará a tese firmada.	**2.8.5**
Reclamação constitucional		
Noção	A reclamação constitucional tem a função de preservar a competência do Tribunal ou garantir a autoridade das suas decisões, caberá reclamação da parte interessada ou do Ministério Público. Em outros termos, objetiva assegurar que decisões desses tribunais sejam acatadas, leia-se, que seus fundamentos sejam considerados pelos órgãos de grau de jurisdição inferior. O CPC/2015 disciplina a reclamação constitucional em seus artigos 988 a 933, aplicáveis ao direito processual penal. A reclamação não tem propriamente a natureza recursal. Contudo, o efeito de sua procedência pode se irradiar para o âmbito de outro processo, de forma equivalente a um recurso. A CF/1988 prevê a reclamação no rol de competências do STJ e do STF.	**2.9.1**
Interposição	Não há prazo específico para interposição; deve ser proposta, por petição, perante o STF ou STJ, consoante a alegação de desrespeito se refira a julgado deste ou daquele tribunal; será dirigida ao Presidente do Tribunal, instruída com prova documental", autuada e distribuída ao relator da causa principal, sempre que possível.	**2.9.2**
Cabimento	O cabimento da reclamação decorre da estrutura escalonada do Poder Judiciário. As decisões do Supremo Tribunal Federal e do Superior Tribunal de Justiça contêm um comando que guarda uma objetividade que merece ser respeitada. O critério básico de seu cabimento é a utilidade, vale dizer, a maior efetividade da reclamação constitucional quando comparada a outros recursos ou a outras ações autônomas de impugnação. O enunciado nº 734, da súmula do STF esclarece que "não cabe reclamação quando já houver transitado em julgado o ato judicial que se alega tenha desrespeitado decisão do Supremo Tribunal Federal". A reclamação constitucional é também cabível contra decisões que contrariem a súmula vinculante do STF. Nos termos do § 5º, do art. 988, do CPC/2015, não se admite reclamação: (1) proposta após o trânsito em julgado da decisão reclamada; ou (2) proposta para garantir a observância de acórdão de recurso extraordinário com repercussão geral reconhecida ou de acórdão proferido em julgamento de recursos extraordinário ou especial repetitivos, quando não esgotadas as instâncias ordinárias.	**2.9.3**

CAPÍTULO XIV – RECURSOS		
Processamento	De acordo com o rito estabelecido no CPC/2015, a petição inicial da reclamação será autuada e distribuída ao relator da causa principal, sempre que possível (§ 3º, do artigo 988). A reclamação constitucional tem natureza jurídica de ação, razão pela qual, em essência, não é dotada de qualquer efeito recursal (devolutivo, suspensivo ou regressivo). No entanto, de certa forma a matéria objeto da reclamação é devolvida, ainda que estritamente, ao conhecimento do tribunal cuja autoridade ou competência foi usurpada, sendo possível ainda: 1) que o relator ordene a suspensão do processo ou do ato impugnado; e 2) que o juiz da causa, tomando conhecimento do seu teor, reexamine sua decisão, se esta comportar retratação. Deve-se garantir o contraditório no âmbito da reclamação (art. 989). Verificando a possibilidade da parte contrária sofrer os efeitos da cassação do ato reclamado, deverá ser oportunizado a bilateralidade da audiência, na linha do destacado por Adalberto Aranha, em respeito ao preceito constitucional da contrariedade e da ampla defesa". Uma vez recebendo a reclamação, o relator, ao despachá-la, adotará as seguintes providências: (1) requisitará informações da autoridade a quem for imputada a prática do ato impugnado, que as prestará no prazo de dez dias; e (2) ordenará, se necessário, para evitar dano irreparável, a suspensão do processo ou do ato impugnado.	**2.9.4**
Julgamento	Concluída a instrução da reclamação, o relator pedirá inclusão em pauta de julgamento que, no STF, é de competência do Pleno. Se julgar procedente a reclamação, o Tribunal cassará a decisão exorbitante de seu julgado ou determinará medida adequada à preservação de sua competência. Ao cabo, o presidente determinará o imediato cumprimento da decisão, lavrando-se o acórdão posteriormente.	**2.9.5**
Recurso ordinário constitucional		
Noção	O recurso ordinário constitucional destina-se a assegurar, em alguns casos específicos, o duplo grau de jurisdição. Algumas decisões não se sujeitam ao regramento normal dos recursos em geral, sendo cabível o recurso ordinário para o órgão jurisdicional indicado na Constituição. É assim que o crime político é julgado pelo juiz federal (art. 109, IV, CF/1988), porém, da sentença proferida pelo magistrado de primeiro grau, não caberá apelação, pois o recurso a ser interposto é o ordinário constitucional diretamente para o STF (art. 102, II, "b", CF/1988). Sob um mesmo nome, vamos encontrar mais de uma espécie de recurso ordinário, que só terão em comum o fato de não ter fundamentação vinculada (ordinário, nesse sentido), pois a forma de interposição, o processamento e, de certa maneira, o julgamento diferem um do outro.	**2.10.1**

CAPÍTULO XIV – RECURSOS		
Interposição	O recurso ordinário constitucional, em qualquer hipótese, será interposto por petição, sendo que o prazo de interposição e o rito a ser seguido variarão consoante a espécie de cabimento: a) ROC contra decisão denegatória em MS, proferida em única instância por TJ ou por TRF, a ser examinado pelo STJ: prazo de quinze dias; segue o rito do CPC para o recurso de apelação. b) ROC endereçado ao STF e contra sentença de juiz federal que julgou o crime político: prazo de cinco dias; segue-se de abertura de vista para oferecimento das razões em oito dias, em compasso com as normas do CPP que regulam a apelação criminal. c) ROC contra decisão denegatória em *habeas corpus*, para o STF ou para o STJ: prazo de cinco dias, devendo a petição de interposição vir acompanhada das razões do pedido de reforma do julgado guerreado. Súmula 319, STF – "o prazo do recurso ordinário para o Supremo Tribunal Federal, em *habeas corpus* ou mandado de segurança, é de cinco dias"	**2.10.2**
Cabimento	a) para o STJ, contra: 1) as decisões em *habeas corpus,* proferidas "em única ou última instância pelos Tribunais Regionais Federais ou pelos Tribunais dos Estados, do Distrito Federal e Territórios", se denegatórias; e, 2) as decisões em mandado de segurança, julgados "em única instância pelos Tribunais Regionais Federais ou pelos Tribunais dos Estados, do Distrito Federal e Territórios", quando denegatórias. (art. 105, II, "a" e "b", CF/1988) b) para o STF, contra: 1) as decisões prolatadas em *habeas corpus*, mandado de segurança, habeas data e mandado de injunção, em única instância, quando denegatórias; e 2) as sentenças do juiz federal de primeira instância que julgarem crime político. (art. 102, II, "a" e "b", CF/1988)	**2.10.3**
Processamento	A Lei nº 8.038/1990 traça o rito do ROC para o STJ, interposto em HC e em MS. Para o recurso ordinário constitucional contra sentença em processo criminal por crime político, adequado é o rito para o recurso de apelação, disposto no CPP (artigos 593 e seguintes). O recurso ordinário é recebido: 1) só no efeito devolutivo, quando se tratar de sentença absolutória de crime político e quando se cuidar de denegação de mandado de segurança e de *habeas corpus;* 2) no efeito devolutivo e suspensivo, quando for interposto contra sentença condenatória ou absolutória imprópria (que aplica medida de segurança) em processo por crime político. Não é esse recurso dotado de efeito regressivo.	**2.10.4**

CAPÍTULO XIV – RECURSOS		
Julgamento	Obedecerá às regras para julgamento do pedido originário de *habeas corpus* e do mandado de segurança perante o tribunal. Cuidando-se de recurso ordinário contra sentença que julgou o crime político, deve ser observado o Regimento Interno do STF ou do STJ, de compasso com a hipótese. A apreciação da matéria, de qualquer sorte, pelo órgão colegiado do STF ou do STJ, obedecerá ao procedimento para julgamento dos recursos por esses tribunais, conforme preconiza o art. 1.028, caput, do CPC/2015.	**2.10.5**
	Agravo em recurso especial e em recurso extraordinário	
Noção	Cuida-se de recurso que visa o reexame de ato judicial de natureza decisória que tenha negado seguimento a recurso especial ou a recurso extraordinário, por entender o Presidente do Tribunal prolator do acórdão recorrido que faltam ao recurso os seus requisitos de admissibilidade descritos na Constituição do Brasil e na legislação processual de regência. Em outras palavras, o agravo contra decisão denegatória de recurso especial ou de recurso extraordinário consiste em impugnação contra decisões exaradas pelos presidentes ou vice-presidentes dos tribunais regionais federais ou dos tribunais de justiça, quando denegatório for o juízo de admissibilidade daqueles recursos. O art. 1.042, do CPC/2015 expressa que cabe agravo contra decisão do presidente ou do vice-presidente do tribunal recorrido que inadmitir recurso extraordinário ou recurso especial, salvo quando fundada na aplicação de entendimento firmado em regime de repercussão geral ou em julgamento de recursos repetitivos. A partir da vigência do CPC/2015, a disciplina do agravo em tela terá naquele texto sua sede legislativa, aplicável ao processo penal, por analogia. O prazo de cinco dias para interposição passa a ser de quinze dias, em razão da revogação operada sobre os artigos 26 a 29, da Lei nº 8.038/1990. Foi superada no ponto – parcialmente – a Súmula nº 699, do STF. Com a implementação do processo judicial eletrônico, será desnecessária, também sob essa ótica, a formação de instrumento, com juntada de peças essenciais, pois todas estarão disponíveis no sistema, mediante acesso pela parte interessada ou pelo órgão competente para processamento e julgamento do recurso.	**2.11.1**
Interposição	O prazo para a interposição do "agravo em recurso especial e extraordinário" – *nomen juris* que substitui o recurso ora estudado –, é de quinze dias, nos termos do § 5º, do artigo 1.003, CPC/2015. De tal modo, ficará superado, ao menos parcialmente, o comando da referida súmula 699, do STF. Isso porque os artigos 26 a 29, da Lei nº 8.038/1990, foram expressamente revogados pelo CPC/2015, não havendo previsão legal do prazo de 5 dias para este agravo (ressalvado o regimental, disposto no art. 39, da mesma Lei nº 8.038/1990). A interposição será feita perante a presidência do Tribunal ***a quo*** (Presidente ou Vice-Presidente). Não será possível negar processamento ao agravo. É na instância ***a quo*** que será o agravado intimado para contra-arrazoar o recurso, no mesmo prazo da interposição. Sua interposição deve ocorrer nos autos do processo (sem formação de instrumento). Incluso o agravo nos próprios autos onde interposto o recurso especial ou o extraordinário, não será mais necessária a juntada de documentos para acompanhar a petição recursal, porquanto todos os dados para aferir os requisitos de admissibilidade e de mérito se encontram no feito criminal. No entanto, não é vedada a apresentação de documentos que demonstrem ser relevantes ao processamento e julgamento do recurso. A petição de agravo deverá ser acompanhada de suas razões e, para cada recurso não admitido,	**2.11.2**

CAPÍTULO XIV – RECURSOS		
Interposição	deve-se interpor agravo distinto nos autos, notadamente considerando a possibilidade de interposição concomitante de agravo ao STF e ao STJ, a depender dos fundamentos da decisão vergastada.	**2.11.2**
Cabimento	É cabível o agravo em tela quando se tratar de decisão denegatória de recurso especial ou de recurso extraordinário. De todo modo, a petição de agravo deverá ser acompanhada de suas razões e, para cada recurso não admitido, deve-se interpor agravo distinto nos autos, notadamente considerando a possibilidade de interposição concomitante de agravo ao STF e ao STJ, a depender dos fundamentos da decisão vergastada.	**2.11.3**
Processamento	Interposto o agravo nos autos e oferecida resposta, o Presidente ou Vice-Presidente do Tribunal poderá exercer "juízo de retratação", se redimindo para admitir o recurso especial ou o extraordinário, ou sustentando sua decisão, eis que é da essência do agravo o efeito regressivo. Necessariamente, os autos devem subir ao tribunal *ad quem*. O agravo chegará ao STF ou ao STJ pronto para o julgamento do mérito do próprio recurso extraordinário ou especial, caso seja positivo seu juízo de admissibilidade. Isso porque estará incluso nos autos principais, seguido de contrarrazões do agravado, onde também interposto o recurso que pretende "destrancar". O agravo será distribuído a um relator para proferir decisão (monocrática e, por tal razão, agravável regimentalmente). O Ministério Público que atua no STF ou no STJ terá vista dos autos para oferecer parecer, tal como ocorre no processamento dos recursos extraordinário e especial. Nos termos do artigo 1.042 e § 3º, do CPC/2015, o procedimento desse recurso é seguido com a intimação do agravado, de imediato, para oferecer resposta. Havendo apenas um agravo dessa natureza, o recurso será remetido ao tribunal competente. Cuidando-se de interposição conjunta, os autos serão remetidos ao Superior Tribunal de Justiça. Uma vez concluído o julgamento do agravo em tela pelo Superior Tribunal de Justiça e, se for o caso, do recurso especial, os autos serão remetidos ao Supremo Tribunal Federal, para apreciação do agravo em recurso extraordinário a ele dirigido, salvo se estiver prejudicado (§ 8º, do artigo 1.042, CPC/2015).	**2.11.4**
Julgamento	O julgamento do agravo ocorrerá ou de forma monocrática, pelo relator a quem foram os autos distribuídos, ou colegiada, pelo órgão do Tribunal competente para o exame do seu mérito. Monocraticamente, com a distribuição dos autos ao relator, este poderá: 1) não conhecer do agravo manifestamente inadmissível ou que não tenha atacado especificamente os fundamentos da decisão agravada; ou 2) conhecer do agravo para: a) negar-lhe provimento, se correta a decisão que não admitiu o recurso;	**2.11.5**

CAPÍTULO XIV – RECURSOS		
Julgamento	b) negar seguimento ao recurso manifestamente inadmissível, prejudicado ou em confronto com súmula ou jurisprudência dominante no tribunal; ou c) dar provimento ao recurso, se o acórdão recorrido estiver em confronto com súmula ou jurisprudência dominante no tribunal. Se em virtude da natureza da matéria, o tema recorrido demandar decisão colegiada, o relator determinará inclusão na pauta para julgamento pelo órgão competente do tribunal correspondente. Veja-se que, tanto no Supremo Tribunal Federal, quanto no Superior Tribunal de Justiça, o julgamento do agravo em recurso especial ou extraordinário obedecerá ao disposto no respectivo regimento interno, podendo o relator decidir monocraticamente.	**2.11.5**
Embargos de divergência		
Noção	Admissíveis no âmbito do STF e do STJ. Têm a finalidade de uniformização da jurisprudência desses tribunais.	**2.12.1**
Interposição	Os embargos de divergência deverão ser interpostos por petição, pela parte interessada, no prazo de quinze dias. Devem ser observadas as regras dos artigos 1.043 e seguintes, bem como do § 5º, do artigo 1.003, do CPC/2015. Podem ser interpostos quando se verificar decisões destoantes entre órgãos do mesmo tribunal (pleno, órgão especial, seção, turma). A petição recursal, acompanhada das razões, será dirigida ao relator da causa.	**2.12.2**
Cabimento	Quando se tratar de decisão proferida em sede de recurso especial ou extraordinário, cujo teor seja divergente do julgamento de outra turma, da seção, do órgão especial ou do pleno. É admissível a possibilidade de confrontação de teses jurídicas contidas em julgamentos de recursos e de ações de competência originária. A divergência que autoriza a interposição de embargos de divergência pode verificar-se na aplicação do direito material ou do direito processual.	**2.12.3**
Processamento	Estabelecido pelo regimento interno do STJ e do STF. É importante que o recurso venha instruído com os elementos necessários ao entendimento da divergência jurisprudencial apontada. Para fins de admissibilidade recursal, o recorrente deve provar a divergência com certidão, cópia ou citação de repositório oficial ou credenciado de jurisprudência, inclusive em mídia eletrônica, onde foi publicado o acórdão divergente, ou com a reprodução de julgado disponível na rede mundial de computadores, indicando a respectiva fonte, e mencionará as circunstâncias que identificam ou assemelham os casos confrontados Os embargos de divergência não possuem efeito suspensivo, mas apenas o devolutivo. Entretanto, em matéria penal, é preciso frisar que quando se tratar de decisão condenatória ou absolutória imprópria (com imposição de medida de segurança), deve haver incidência do efeito suspensivo porque decorrente do princípio da presunção de inocência.	**2.12.4**

CAPÍTULO XIV – RECURSOS		
Processamento	Não sendo o caso de rejeição liminar, o embargado será intimado para apresentar contrarrazões, em prazo idêntico ao da interposição (quinze dias) (art. 335, § 2º, RISTF; art. 267, RISTJ). Sendo o caso de intervenção do Ministério Público, será ele ouvido, com vista dos autos por vinte dias (art. 266-D, RISTJ).	**2.12.4**
Julgamento	Os regimentos internos trazem o regramento para o julgamento dos embargos de divergência. Os órgãos do Superior Tribunal de Justiça ou do Supremo Tribunal Federal com competência para julgá-los encontram fundamento na importância prevalente para uniformizar a jurisprudência diante das decisões em confronto, isto é, devem ser verificados os órgãos julgadores de onde partiram os julgados discrepantes. A divergência pode ocorrer: (1) no STJ, entre turmas, é dirimida pela Seção; "entre a Seção e o Pleno", cabe "a este dirimir a divergência, bem como entre Turma e Seção", cabe "ao Pleno o conhecimento do recurso"; e, (2) no STF, "entre as Turmas", que "serão sempre da competência do Plenário".	**2.12.5**
Agravo em execução		
Noção	Art. 197, da Lei nº 7.210/1984: "Das decisões proferidas pelo juiz" das execuções penais, que causem prejuízo à acusação ou à defesa, "caberá recurso de agravo, sem efeito suspensivo". O agravo em execução é interposto das decisões prolatadas na execução penal, significando dizer que serão decisões emitidas depois de transitada em julgado sentença condenatória ou absolutória imprópria (que aplica medida de segurança, embora julgue improcedente a pretensão punitiva estatal). A matéria fica assim uniformizada com a previsão de um recurso geral e amplo para combate das decisões do juízo das execuções.	**2.13.1**
Interposição	Deve ser interposto por petição ou por termo nos autos, no prazo de cinco dias. É recomendável que a petição e/ou o termo nos autos venham acompanhados das razões recursais. Havendo interposição sem as razões recursais, o juiz deve adotar o rito do recurso em sentido estrito, intimando o agravante para oferecê-las em dois dias (art. 588, CPP) e, seguidamente, o agravado, em igual prazo. A legitimidade para a interposição é de do Ministério Público ou da defesa. O executado poderá interpor o agravo ainda que desacompanhado de advogado, conquanto deva o juiz, de imediato, providenciar que o sentenciado escolha um profissional ou, não o fazendo, encaminhe o apenado à Defensoria Pública ou mesmo nomeie um defensor dativo. Cabe anotar que o Novo CPC, revogando o CPC/1973, mantém o agravo de instrumento e proscreve o agravo retido. Tanto um quanto o outro, manejados que eram contra decisões de primeiro grau, não existem no direito processual penal e assim continuará sendo.	**2.13.2**
Cabimento	O recurso de agravo em execução será admitido contra toda e qualquer decisão proferida pelo juiz no processo de execução penal.	**2.13.3**
Processamento	Possui efeito devolutivo. O efeito regressivo, todavia, tem cabimento, podendo o magistrado se retratar da decisão antes proferida. Segue o rito do recurso em sentido estrito. Sem embargo, o rito do recurso em sentido estrito deve ser adotado com as cautelas de não se estender ao agravo em execução penal, providências com ele incompatíveis, em razão das peculiaridades da fase executória.	**2.13.4**

CAPÍTULO XIV – RECURSOS		
Julgamento	Uma vez ouvido o agravado, o juiz de primeiro grau proferirá despacho sustentando sua decisão ou a reformando. Se houver retratação, a parte prejudicada pela modificação da decisão, poderá recorrer por simples petição, sem necessidade de novas razões (art. 589, parágrafo único, CPP). No tribunal, os autos serão distribuídos a um relator. Não há a figura do revisor em agravo em execução. Observar o que foi dito para o processamento e o julgamento do recurso em sentido estrito (desde que não conflite com a essência do recurso de agravo em execução).	**2.13.5**
Reclamação contra a lista geral de jurados		
Noção	A reclamação contra a lista geral de jurados tem natureza de recurso administrativo. Embora produza efeitos processuais, não repercute diretamente sobre um processo, mas em uma lista que poderá ensejar diferença na formação do corpo de jurados que atuará em uma pauta do júri.	**2.14.1**
Interposição	O CPP não estabelece prazo para o ingresso da reclamação, porém preconiza, como prazo limite de sua interposição, o dia 10 de novembro, data da publicação definitiva da lista geral, razão pela qual é razoável entender a possibilidade de sua impugnação até o dia anterior à data de sua publicação final.	**2.14.2**
Cabimento	Contra a lista geral publicada em 10 de outubro de cada ano, caberá reclamação interposta por qualquer do povo e dirigida ao juiz presidente do tribunal do júri (art. 426, ***caput***, CPP). Entendemos que não é mais cabível recurso em sentido estrito contra a lista geral de jurados, considerando a tese de que a Lei nº 11.689/2008 teria revogado tacitamente o inciso XIV, do art. 581, CPP. Guilherme Nucci, dentre outros autores, sustentam que coexistem as duas ferramentas: reclamação e recurso em sentido estrito. A primeira, endereçada ao juiz do júri. O segundo, cabível após a apreciação da reclamação, ao Presidente do tribunal de segundo grau.	**2.14.3**
Processamento	Não há um rito traçado legalmente para a reclamação contra a lista dos jurados publicada até o dia 10 de outubro de cada ano. Como se trata de impugnação administrativa com repercussões de ordem pública, recomendável a oitiva do Ministério Público, do representante da Seccional da OAB e do representante da Defensoria Pública, no prazo comum de cinco dias, seguindo-se de decisão do juiz presidente	**2.14.4**
Julgamento	Caso não haja tempo hábil para a oitiva do Parquet e dos representantes da OAB e da Defensoria Pública (dada a proximidade da data final de publicação da lista geral), deve o juiz presidente decidir de imediato, dando-lhes ciência seguidamente. Julgada procedente a reclamação, o jurado impugnado será excluído da lista. Caso contrário, será ele mantido.	**2.14.5**
Incidente de resolução de demandas repetitivas		
Noção	O incidente de resolução de demandas repetitivas não é um recurso, porém um instrumento apto a eleger um caso denominado "piloto", para que a decisão nele proferida seja apta a resolver outros casos idênticos, com aplicação especial aos conflitos de massa. É possível a instauração de incidente de resolução de demandas repetitivas em matéria penal.	**2.15.1**

CAPÍTULO XIV – RECURSOS		
Iniciativa	O pedido de instauração do incidente será dirigido ao Presidente do Tribunal: (a) pelo juiz ou relator, por ofício; (b) pelas partes, pelo Ministério Público ou pela Defensoria Pública, por petição.	**2.15.2**
Cabimento	Para que tenha lugar o incidente, não é necessário que haja coincidência total de conteúdo entre as demandas, podendo haver repetitividade de porção da lide. Verificando a reprodução da tese sobre determinada questão em várias demandas, teremos o risco de resultados diversos sobre matéria idêntica. O incidente surge nesse contexto, com o fito de conferir maior celeridade, coerência e efetivo acesso à justiça.	**2.15.3**
Processamento	A instauração e o julgamento do incidente serão sucedidos da mais ampla e específica divulgação e publicidade, por meio de registro eletrônico no Conselho Nacional de Justiça. Após a distribuição, o relator poderá requisitar informações ao órgão em cujo juízo tem curso o processo originário, que as prestará em quinze dias. Findo esse prazo improrrogável, será solicitada data para admissão do incidente, intimando-se o Ministério Público. O juízo de admissibilidade e o julgamento do incidente competirão ao plenário do tribunal ou, onde houver, ao órgão especial. Na admissibilidade, o tribunal considerará a presença dos requisitos legais e a conveniência de se adotar decisão paradigmática.	**2.15.4**
Julgamento	O julgamento do incidente passará por duas fases bem distintas: (a) juízo de prelibação ou de admissibilidade, (b) juízo de delibação ou de mérito. No juízo de prelibação, ocorrerá a documentação da deliberação do tribunal, bem como as providências que devem ser tomadas pelos demais juízes sujeitos ao comando consignado no acórdão, como procedimento prévio ao exercício do juízo de mérito do julgamento do incidente. No juízo de delibação, haverá participação das partes, inclusive com sustentação oral e possibilidade de suspensão de todos os processos no território nacional que possam ser afetados com a decisão do incidente.	**2.15.5**

4. SÚMULAS APLICÁVEIS

4.1. STJ

07. A pretensão de simples reexame de prova não enseja recurso especial.

83. Não se conhece do recurso especial pela divergência, quando a orientação do tribunal se firmou no mesmo sentido da decisão recorrida.

86. Cabe recurso especial contra acórdão proferido no julgamento de agravo de instrumento.

123. A decisão que admite, ou não, o recurso especial deve ser fundamentada, com o exame dos seus pressupostos gerais e constitucionais.

126. É inadmissível recurso especial, quando o acórdão recorrido assenta em fundamentos constitucional e infraconstitucional, qualquer deles suficiente, por si só, para mantê-lo, e a parte vencida não manifesta recurso extraordinário.

207. É inadmissível recurso especial quando cabíveis embargos infringentes contra o acórdão proferido no tribunal de origem.

211. Inadmissível recurso especial quanto à questão que, a despeito da oposição de embargos declaratórios, não foi apreciada pelo tribunal ***a quo***.

216. A tempestividade de recurso interposto no Superior Tribunal de Justiça é aferida pelo registro no protocolo da secretaria e não pela data da entrega na agência do correio.

316. Cabem embargos de divergência contra acórdão que, em agravo regimental, decide recurso especial.

347. O conhecimento de recurso de apelação do réu independe de sua prisão.

418. É inadmissível o recurso especial interposto antes da publicação do acórdão dos embargos de declaração, sem posterior ratificação. (Súmula incompatível com o recente entendimento do Pleno do STF no sentido de que não pode ser considerado intempestivo um recurso apresentado dentro do prazo, ainda que antes da publicação do acórdão[207]).

518. Para fins do art. 105, III, a, da Constituição Federal, não é cabível recurso especial fundado em alegada violação de enunciado de súmula.

579. Não é necessário ratificar o recurso especial interposto na pendência do julgamento dos embargos de declaração, quando inalterado o resultado anterior.

4.2. STF

160. É nula a decisão do tribunal que acolhe, contra o réu, nulidade não arguida no recurso da acusação, ressalvados os casos de recurso de ofício.

208. O assistente do ministério público não pode recorrer, extraordinariamente, de decisão concessiva de "*habeas corpus*".

210. O assistente do Ministério Público pode recorrer, inclusive extraordinariamente, na ação penal, nos casos dos arts. 584, § 1º, e 598 do Código de Processo Penal.

279. Para simples reexame de prova não cabe recurso extraordinário.

280. Por ofensa a direito local não cabe recurso extraordinário.

281. É inadmissível o recurso extraordinário, quando couber na justiça de origem, recurso ordinário da decisão impugnada.

282. É inadmissível o recurso extraordinário, quando não ventilada, na decisão recorrida, a questão federal suscitada.

283. É inadmissível o recurso extraordinário, quando a decisão recorrida assenta em mais de um fundamento suficiente e o recurso não abrange todos eles.

207. STF – Pleno – AI 703269 – Rel. Min. Luiz Fux. Disponível em: <http://www.stf.jus.br/portal/cms/verNoticiaDetalhe.asp?idConteudo=286657>. Acesso em: 10 mar. 2015.

284. É inadmissível o recurso extraordinário, quando a deficiência na sua fundamentação não permitir a exata compreensão da controvérsia.

286. Não se conhece do recurso extraordinário fundado em divergência jurisprudencial, quando a orientação do plenário do Supremo Tribunal Federal já se firmou no mesmo sentido da decisão recorrida.

287. Nega-se provimento ao agravo, quando a deficiência na sua fundamentação, ou na do recurso extraordinário, não permitir a exata compreensão da controvérsia.

288. Nega-se provimento a agravo para subida de recurso extraordinário, quando faltar no traslado o despacho agravado, a decisão recorrida, a petição de recurso extraordinário ou qualquer peça essencial à compreensão da controvérsia.

289. O provimento do agravo por uma das turmas do Supremo Tribunal Federal ainda que sem ressalva, não prejudica a questão do cabimento do recurso extraordinário.

293. São inadmissíveis embargos infringentes contra decisão em matéria constitucional submetida ao plenário dos tribunais.

299. O recurso ordinário e o extraordinário interpostos no mesmo processo de mandado de segurança, ou de "*habeas corpus*", serão julgados conjuntamente pelo Tribunal Pleno.

319. O prazo do recurso ordinário para o Supremo Tribunal Federal, em "*habeas corpus*" ou mandado de segurança, é de cinco dias.

320. A apelação despachada pelo juiz no prazo legal não fica prejudicada pela demora da juntada, por culpa do cartório.

322. Não terá seguimento pedido ou recurso dirigido ao Supremo Tribunal Federal, quando manifestamente incabível, ou apresentado fora do prazo, ou quando for evidente a incompetência do tribunal.

344. Sentença de primeira instância concessiva de "*habeas corpus*", em caso de crime praticado em detrimento de bens, serviços ou interesses da união, está sujeita a recurso "***ex officio***".

356. O ponto omisso da decisão, sobre o qual não foram opostos embargos declaratórios, não pode ser objeto de recurso extraordinário, por faltar o requisito do prequestionamento.

369. Julgados do mesmo tribunal não servem para fundamentar o recurso extraordinário por divergência jurisprudencial.

399. Não cabe recurso extraordinário, por violação de lei federal, quando a ofensa alegada for a regimento de tribunal.

400. Decisão que deu razoável interpretação à lei, ainda que não seja a melhor, não autoriza recurso extraordinário pela letra "a" do art. 101, III, da Constituição Federal.

423. Não transita em julgado a sentença por haver omitido o recurso "*ex officio*", que se considera interposto "ex lege".

428. Não fica prejudicada a apelação entregue em cartório no prazo legal, embora despachada tardiamente.

448. O prazo para o assistente recorrer, supletivamente, começa a correr imediatamente após o transcurso do prazo do Ministério Público.

453. Não se aplicam à segunda instância o art. 384 e parágrafo único do código de processo penal, que possibilitam dar nova definição jurídica ao fato delituoso, em virtude de circunstância elementar não contida, explícita ou implicitamente, na denúncia ou queixa.

455. Da decisão que se seguir ao julgamento de constitucionalidade pelo Tribunal Pleno, são inadmissíveis embargos infringentes quanto à matéria constitucional.

640. É cabível recurso extraordinário contra decisão proferida por juiz de primeiro grau nas causas de alçada, ou por turma recursal de juizado especial cível e criminal.

699. O prazo para interposição de agravo, em processo penal, é de cinco dias, de acordo com a lei 8038/1990, não se aplicando o disposto a respeito nas alterações da Lei 8950/1994 ao Código de Processo Civil.

700. É de cinco dias o prazo para interposição de agravo contra decisão do juiz da execução penal.

705. A renúncia do réu ao direito de apelação, manifestada sem a assistência do defensor, não impede o conhecimento da apelação por este interposta.

707. Constitui nulidade a falta de intimação do denunciado para oferecer contrarrazões ao recurso interposto da rejeição da denúncia, não a suprindo a nomeação de defensor dativo.

708. É nulo o julgamento da apelação se, após a manifestação nos autos da renúncia do único defensor, o réu não foi previamente intimado para constituir outro.

709. Salvo quando nula a decisão de primeiro grau, o acórdão que provê o recurso contra a rejeição da denúncia vale, desde logo, pelo recebimento dela.

713. O efeito devolutivo da apelação contra decisões do júri é adstrito aos fundamentos da sua interposição.

727. Não pode o magistrado deixar de encaminhar ao Supremo Tribunal Federal o agravo de instrumento interposto da decisão que não admite recurso extraordinário, ainda que referente a causa instaurada no âmbito dos juizados especiais.

734. Não cabe reclamação quando já houver transitado em julgado o ato judicial que se alega tenha desrespeitado decisão do Supremo Tribunal Federal.

735. Não cabe recurso extraordinário contra acórdão que defere medida liminar.

5. INFORMATIVOS RECENTES

5.1. STJ

♦ **Recurso especial adesivo do Ministério Público Federal. Descabimento.**

Em matéria criminal, não deve ser conhecido recurso especial adesivo interposto pelo Ministério Público veiculando pedido em desfavor do réu. (...) O art. 500, II, do CPC de 1973, vigente quando da interposição do recurso especial analisado, estabelecia que o recurso adesivo seria admissível na apelação, nos embargos infringentes, no recurso extraordinário e no recurso especial. Dessa forma, por não estar em conflito com norma processual penal, poderia entender-se, em análise inicial, ser possível a interposição de recurso especial criminal adesivo. Entretanto, tal admissão recursal, veiculando pedido em desfavor do réu, conflita com a regra do art. 617 do Código de Processo Penal, segundo a qual, não pode ser agravada a pena, quando somente o réu houver apelado da sentença. Em razão da relação de subordinação, o recurso adesivo ministerial somente poderia ser conhecido caso fosse conhecido também o recurso da defesa, ou seja, a admissão do recurso defensivo acarretaria ao réu um efeito negativo, qual seja, o de que o recurso acusatório adesivo também passaria a ser analisado, caracterizando uma reformatio in pejus indireta. Outrossim, o recurso adesivo é acessório do recurso principal. Ao aplicar esse conceito ao Processo Penal, tem-se que o recurso adesivo do Ministério Público, em sentido amplo, passa a integrar formalmente, de maneira acessória, o recurso principal defensivo. Portanto, qualquer agravamento da situação do réu, em razão do provimento do recurso adesivo acusatório, dar-se-ia, na verdade, dentro do âmbito, lato sensu, do recurso defensivo ao qual está subordinado. E, por força do art. 617 do Código de Processo Penal, não pode haver reformatio in pejus em recurso exclusivo da defesa. Sendo assim, não deve ser conhecido o recurso especial adesivo ministerial em matéria criminal. REsp 1.595.636-RN, Rel. Min. Sebastião Reis Júnior, por unanimidade, julgado em 2/5/2017, DJe 30/5/2017. **(Info 605)**

♦ **Recurso em sentido estrito. Rol taxativo. Interpretação Extensiva. Admissão. Revogação de medida cautelar diversa da prisão. Cabimento.**

É cabível recurso em sentido estrito contra decisão que revoga medida cautelar diversa da prisão. Discute-se no processo, em síntese, se é possível ou não interpor re-

curso em sentido estrito contra decisão que revoga medida cautelar diversa da prisão. Inicialmente, saliente-se que as hipóteses de cabimento do recurso em sentido estrito, trazidas no art. 581 do Código de Processo Penal e na legislação especial, são exaustivas, sendo admitida apenas a interpretação extensiva das hipóteses legais de cabimento. Contudo, em razão da legalidade estrita e do próprio princípio do devido processo legal, não é admissível que, por interpretação analógica, permita-se a utilização de determinado recurso quando a lei não o prevê para aquela situação concreta. Além disso, o recurso em sentido estrito constitui exceção à regra geral da irrecorribilidade das decisões interlocutórias no processo penal, motivo pelo qual não se admite a ampliação da sua abrangência por meio da interpretação analógica. Todavia, segundo doutrina "como qualquer norma jurídica, podem as hipóteses receber a chamada interpretação extensiva. Esta não amplia o rol legal; apenas admite que determinada situação se enquadra no dispositivo interpretado, a despeito de sua linguagem mais restritiva". Com base nessas premissas, conclui-se que o ato de revogar prisão preventiva, previsto expressamente no inciso V do art. 581 do CPP, é similar ao ato de revogar medida cautelar diversa da prisão, o que permite a interpretação extensiva do artigo e, consequentemente, a interposição do recurso em sentido estrito. REsp 1.628.262-RS, Rel. Ministro Sebastião Reis Júnior, por unanimidade, julgado em 13/12/2016, DJe 19/12/2016. (Info 596)

♦ **Direito Processual Civil e Penal. Impossibilidade de reexame de tempestividade de agravo de instrumento em julgamento de recurso especial.**

Ainda que a matéria do processo judicial tenha natureza penal, não cabe, por ocasião do julgamento de recurso especial, o reexame de ofício da tempestividade do agravo de instrumento anteriormente provido para determinar o processamento do próprio recurso especial. De fato, a Corte Especial do STJ, por ocasião do julgamento dos EREsp 218.863-BA (DJe 5/2/2009) – ressalvando a norma inserta no § 2º do art. 258 do RISTJ – pacificou entendimento no sentido de que é cabível a interposição de agravo regimental contra decisão do relator que dá provimento ao agravo de instrumento para determinar a subida do recurso especial, quando a irresignação apresentada referir-se à admissibilidade do próprio agravo. Dessa forma, não tendo sido interposto o recurso pertinente, está preclusa a matéria (art. 473 do CPC/1973), de modo que, o juízo de admissibilidade, no momento em que apreciado o recurso especial, é apenas do próprio recurso especial (EREsp 171.499-RS, Corte Especial, DJ 19/2/2001). *EREsp 1.414.755-PA, Rel. Min. João Otávio de Noronha, por maioria, julgado em 18/5/2016, DJe 6/9/2016. (Info 589)*

♦ **Direito Processual Penal. Forma de contagem de prazo para interposição de agravo contra decisão monocrática de ministro relator do STJ.**

No âmbito do STJ, mesmo após a vigência do CPC/2015, em controvérsias que versem sobre matéria penal ou processual penal, a contagem do prazo para interposição de agravo contra decisão monocrática de relator continua sendo feita de forma contínua (art. 798 do CPP), e não somente em dias úteis (art. 219 do CPC/2015). Isso porque, diferentemente do que ocorreu com outros artigos da Lei nº 8.038/1990 – norma especial que institui normas procedimentais para os processos que especifica perante o STJ e o STF –, não foi revogado o art. 39, o qual prevê: "Da decisão do Presidente do Tribunal, de Seção, de Turma ou de Relator que causar gravame à parte, caberá agravo para o órgão especial, Seção ou Turma, conforme o caso, no prazo de cinco dias. "Ademais, tal previsão legal é secundada pelo disposto no *caput* do art. 258 do RISTJ, cujo teor prescreve que: "A parte que se considerar agravada por decisão do Presidente da Corte Especial, de Seção, de Turma ou de relator, poderá requerer, dentro de cinco dias, a apresentação do feito em mesa, para que a Corte Especial, a Seção ou a Turma sobre ela se pronuncie, confirmando-a ou reformando-a." Além disso, importa lembrar que o art. 798 do CPP, em seu *caput* e § 1º, determina, respectivamente, que "Todos os prazos correrão em cartório e serão contínuos e peremptórios, não se interrompendo por férias, domingo ou dia feriado" e que "Não se computará no prazo o dia do começo, incluindo-se, porém, o do vencimento". *AgRg nos EDcl nos EAREsp 316.129-SC, Rel. Min. Reynaldo Soares da Fonseca, julgado em 25/5/2016, DJe 1º/6/2016. (Info 585)*

♦ **Direito Processual Penal. Possibilidade de extensão de decisão de desclassificação adotada por júri em favor de corréu.**

Ocorrido o desmembramento da ação penal que imputava aos coacusados a prática de homicídio doloso tentado decorrente da prática de "racha", a desclassificação em decisão do Tribunal do Júri do crime de homicídio doloso tentado para o delito de lesões corporais graves ocorrida em benefício do corréu (causador direto da colisão da que decorreram os ferimentos suportados pela vítima) é extensível, independentemente de recurso ou nova decisão do Tribunal Popular, a outro corréu (condutor do outro veículo) investido de igual consciência e vontade de participar da mesma conduta e não responsável direto pelas citadas lesões. (...). Nesse contexto, não se vê como permitir que um dos corréus corra o risco de sofrer reprimenda diversa daquela imposta ao outro corréu, sem que haja qualquer motivo que diferencie a situação de ambos os denunciados (não é hipótese de participação de menor importância ou cooperação dolosamente distinta). Acrescente-se que não se vê aqui eventual usurpação da competência do Tribunal do Júri, considerando-se que a decisão que se pretende estender ao paciente foi proferida por um Tribunal leigo. *RHC 67.383-SP, Rel. Min. Maria Thereza de Assis Moura, Rel. para acórdão Min. Sebastião Reis Júnior, julgado em 5/5/2016, DJe 16/5/2016. (Info 583)*

♦ **Direito Processual Penal. Efeito devolutivo da apelação criminal interposta pelo Ministério Público.**

A matéria suscitada em apelação criminal interposta pelo Ministério Público deve ser apreciada quando, em-

bora não tenha sido especificada na petição de interposição, fora explicitamente delimitada e debatida nas razões recursais. De fato, já firmou a jurisprudência do STF e do STJ entendimento no sentido de que a extensão da apelação se mede pela petição de sua interposição e não pelas razões de recurso. No entanto, nas hipóteses em que o referido entendimento foi consignado, tratava-se de situação contrária à presente, na qual o MP havia impugnado toda a sentença e, nas razões recursais, estabeleceu restrições, o que não se admite, porquanto acarretaria ofensa ao art. 576 do CPP, segundo o qual ao MP não se permite desistir de recurso que haja interposto (HC 70.037-RJ, Primeira Turma do STF, DJ 6/8/1993 e EDcl no HC 109.096-RS, Quinta Turma do STJ, DJe 29/3/2012). Na espécie, embora no momento da interposição do recurso de apelação o Órgão Ministerial não tenha especificado a matéria, ela foi explicitamente debatida nas razões de recurso, merecendo, por conseguinte, conforme entendimento do STJ, ser analisada pelo Tribunal de origem por força do aspecto da profundidade do efeito devolutivo. Em outros termos, são as razões recursais que corporificam e delimitam o inconformismo, e não a petição de interposição do recurso, considerando a função precípua de esta cumprir o requisito formal de apresentação da insurgência recursal. Precedentes citados: HC 139.335-DF, Quinta Turma, DJe 3/11/2011; e REsp 503.128-SP, Quinta Turma, DJ 22/9/2003. *HC 263.087-SP, Rel. Min. Nefi Cordeiro, julgado em 17/3/2016, DJe 5/4/2016. (Info 580)*

♦ **Direito Constitucional e Processual Penal. Interposição de recurso ordinário contra decisão concessiva de ordem de *habeas corpus*.**

É admissível a interposição de recurso ordinário para impugnar acórdão de Tribunal de Segundo Grau concessivo de ordem de *habeas corpus* na hipótese em que se pretenda questionar eventual excesso de medidas cautelares fixadas por ocasião de deferimento de liberdade provisória. Ainda que o acórdão recorrido não tenha sido denegatório, como prevê o art. 105, II, "a", da CF, eventual excesso contido na concessão da ordem do *habeas corpus* pode ser impugnado. Vale dizer, ainda que a liberdade provisória tenha sido concedida, caso sejam excessivas as medidas cautelares diversas da prisão aplicadas, presentes estão o interesse e a adequação do recurso ordinário. *RHC 65.974-SC, Rel. Min. Reynaldo Soares da Fonseca, julgado em 10/3/2016, DJe 16/3/2016. (Info 579)*

♦ **Direito Processual Penal. Sentença de absolvição sumária e vedação de análise do mérito da ação penal em apelação.**

No julgamento de apelação interposta pelo Ministério Público contra sentença de absolvição sumária, o Tribunal não poderá analisar o mérito da ação penal para condenar o réu, podendo, entretanto, prover o recurso para determinar o retorno dos autos ao juízo de primeiro grau, a fim de viabilizar o prosseguimento do processo. O enfrentamento antecipado do mérito da ação penal pela segunda instância afronta a competência do Juízo de primeiro grau, com clara supressão de instância, em violação ao princípio do juiz natural – pois ninguém poderá ser processado nem sentenciado senão pela autoridade competente (art. 5º, LIII, CF) –, violando, ainda, os princípios do devido processo legal, da ampla defesa e do duplo grau de jurisdição. *Mutatis mutandis*, o STJ já entendeu que "Viola os princípios do juiz natural, devido processo legal, ampla defesa e duplo grau de jurisdição, a decisão do tribunal *a quo* que condena, analisando o mérito da ação penal em apelação ministerial interposta ante mera rejeição da denúncia" (HC 299.605-ES, Sexta Turma, DJe 1º/7/2015). *HC 260.188-AC, Rel. Min. Nefi Cordeiro, julgado em 8/3/2016, DJe 15/3/2016. (Info 579)*

♦ **Direito Processual Penal. Proibição de agravar a pena em recurso exclusivo da defesa.**

No âmbito de recurso exclusivo da defesa, o Tribunal não pode agravar a reprimenda imposta ao condenado, ainda que reconheça equívoco aritmético ocorrido no somatório das penas aplicadas. Isso porque, não tendo o Ministério Público se insurgido contra o referido erro material, o Tribunal não pode conhecê-lo de ofício, sob pena de configuração de *reformatio in pejus*. Precedentes citados: HC 115.501-MG, Sexta Turma, DJe 3/8/2015; e AgRg no HC 264.579-RS, Sexta Turma, DJe 1º/8/2013. *HC 250.455-RJ, Rel. Min. Nefi Cordeiro, julgado em 17/12/2015, DJe 5/2/2016. (Info 576)*

5.2. STF

♦ **Apelação: inclusão de circunstâncias judiciais sem incremento da pena e "reformatio in pejus"**

A Primeira Turma iniciou julgamento de "habeas corpus" no qual se alega excesso na fixação da pena-base, bem como ocorrência de "reformatio in pejus" na análise de apelação. No julgamento em primeira instância, a pena-base foi fixada em dois anos e seis meses acima do mínimo legal devido à avaliação de três circunstâncias negativas: antecedentes, consequências do crime e culpabilidade. O tribunal de justiça local, ao reavaliar as circunstâncias em face de apelação defensiva, retirou a de antecedentes, por falta de sentença transitada em julgado; acrescentou fundamentação, antes omissa, às consequências do crime; refirmou a culpabilidade; e incluiu um terceiro fator, circunstâncias do crime, não mencionado anteriormente. Dessa forma, manteve-se a pena-base. A defesa aduziu a ausência de embasamento fático em relação aos aspectos culpabilidade e consequências do crime e afirmou o caráter desfavorável da reanálise da sentença ao réu, apesar da não alteração da pena. O ministro Marco Aurélio (relator) deferiu a ordem, ressaltando a impossibilidade de decisão prejudicial ao réu em recurso da defesa e, por conseguinte, da incoerência quanto à substituição das circunstâncias judiciais. Assim, votou pela redução da pena-base ao mínimo previsto pela lei. Em divergência, os ministros Alexandre de Moraes e Rosa Weber votaram pelo indeferimento da ordem, haja vista a possibilidade de reavaliação das circunstâncias em recurso de apelação

penal, no âmbito do efeito devolutivo, desde que essa não incorra aumento de pena. Em seguida, o ministro Luiz Fux pediu vista. HC 126457/PA, rel. Min. Marco Aurélio, julgamento em 12.9.2017. (Info 877)

♦ Interposição de recurso via "e-mail"

A Primeira Turma denegou "habeas corpus" em que se discutia a possibilidade de manejo de peça recursal exclusivamente por meio de correio eletrônico. No caso, foi inadmitido recurso especial em razão da intempestividade, por impossibilidade de apresentação da peça via "e-mail". O Colegiado consignou que a Lei 9.800/1999, ao permitir que as partes utilizem o sistema de transmissão de dados e imagens do tipo fac-símile ou outro semelhante para a prática de atos processuais que dependam de petição escrita, não autoriza a adoção do "e-mail". Ressaltou, ainda, que a excepcionalidade prevista na lei à interposição direta de recurso não dispensa a apresentação subsequente do documento original. HC 121225/MG, rel. Min. Marco Aurélio, julgamento em 14.3.2017. (Info 857)

♦ Interposição de recurso. Tempestividade do recurso interposto antes da decisão recorrida ter sido publicada

Não é extemporâneo recurso interposto antes da publicação do acórdão. Sob o ângulo da oportunidade, a publicação do acórdão impugnado é elemento neutro, podendo a parte, ciente da decisão proferida, protocolar o recurso. STF. 1ª Turma. HC 113826, Rel. Min. Marco Aurélio, julgado em 10/4/2018 (Info 897).

♦ Interposição de recurso. Agravo regimental. Contagem de prazo. Prazo MP e Defensoria Pública

O prazo para interposição de agravo regimental no STF, em processos criminais, é de 5 dias corridos (não são dias úteis, como no CPC). Em matéria penal, o Ministério Público não goza da prerrogativa da contagem dos prazos recursais em dobro. Logo, o prazo para interposição de agravo pelo Estado-acusador em processo criminal é de 5 dias. Já para a Defensoria Pública, mesmo em matéria penal, são contados em dobro todos os prazos da Defensoria Pública. Logo, o prazo para a Defensoria Pública interpor agravo regimental é de 10 dias. STF. 1ª Turma. HC 120275/PR, Rel. Min. Marco Aurélio, julgado em 15/5/2018 (Info 902).

♦ Inadmissibilidade de RE em matéria penal e prazo recursal

A Primeira Turma, por maioria e em razão da intempestividade, não conheceu de agravo regimental interposto contra decisão que inadmitiu, na origem, recurso extraordinário sobre matéria penal. De início, o ministro Edson Fachin (relator) destacou que a decisão de inadmissibilidade foi publicada em 26.4.2016 (terça-feira), com início do prazo recursal em 27.4.2016 (quarta-feira) e fim em 11.5.2016 (quarta-feira), mas o agravo somente foi interposto em 17.5.2016 (terça-feira), quando já expirado o prazo de quinze dias corridos. (...). Logo, diante da nova sistemática processual, o prazo para interposição do agravo que almeja destrancar recurso extraordinário criminal inadmitido na origem passou a ser de 15 dias, com a contagem regida pelo CPP. A ministra Rosa Weber e os ministros Luiz Fux e Roberto Barroso acompanharam o relator quanto à intempestividade do recurso para não o conhecer, uma vez que a interposição se deu 21 dias após o início do prazo, mas não quanto aos fundamentos. Vencido o ministro Marco Aurélio, que afastava a intempestividade, por considerar ter havido a uniformização dos prazos em 15 dias úteis, exceto para embargos declaratórios. *ARE 993407/DF, rel. Min. Edson Fachin, 25.10.2016. (ARE-993407) (Info 845)*

♦ "Reformatio in pejus" e causa de diminuição de pena

A Primeira Turma, em conclusão de julgamento e por maioria, deu provimento a recurso ordinário em "habeas corpus" para determinar ao juízo de origem a aplicação da causa de diminuição de pena prevista no art. 33, § 4º, da Lei 11.343/2006, como entendesse de direito. No caso, o recorrente fora condenado à pena de cinco anos e dez meses de reclusão, no regime inicial fechado, pela prática do crime de tráfico de entorpecentes(...). Os Ministros Luiz Fux e Marco Aurélio, ao dar provimento ao recurso, entenderam configurada, na hipótese, a "reformatio in pejus", dado que o tribunal "a quo", apesar de afastar a reincidência, não dera o devido efeito a isso, fazendo a compensação com argumento próprio. Assim, a situação do recorrente fora piorada – apesar de a pena ter sido diminuída no julgamento da apelação –, porquanto tivesse sido feita a redução, ante a constatação da inexistência da reincidência, a pena seria ainda menor se não tivesse havido a compensação com outro argumento. O Ministro Roberto Barroso igualmente deu provimento ao recurso, porém por fundamento diverso. Ressaltou não haver "reformatio in pejus" quando o tribunal de 2º grau, ao apreciar recurso exclusivo da defesa, mantivesse ou reduzisse a pena aplicada em 1º grau, com justificativas distintas daquelas utilizadas na sentença recorrida. Na situação em comento, a conclusão da Corte de apelação acarretara uma redução de dez meses em relação à pena inicialmente imposta, resultando numa sanção de cinco anos de reclusão. Entretanto, a fundamentação utilizada quando daquele julgamento não seria idônea para impedir a incidência da minorante em questão. Seria certo que a primariedade técnica do réu não conduziria à automática concessão do benefício, mas deveria ser demonstrada concretamente a dedicação do sentenciado às atividades criminosas ou mesmo a sua integração a alguma organização criminosa. Nada disso teria sido feito pela decisão então exarada, que se limitara a afirmar que o réu cometera tráfico de substância com alto poder viciante e que havia sido preso em flagrante. A partir dessas informações, próprias do tipo do art. 33 da Lei 11.343/2006, não se poderia presumir que o réu fosse integrante de organização criminosa, devendo ser aplicada a causa de diminuição. Vencidos os Ministros Dias Toffoli (relator) e Rosa Weber, que entendiam não estar caracterizada na espécie, a "reformatio in pejus".

RHC 117756/DF, rel. Min. Dias Toffoli, red. p/ o acórdão Min. Luiz Fux, 22.9.2015. (RHC-117756) (Info 800)

♦ **Apelação: inclusão de circunstâncias judiciais sem incremento da pena e "reformatio in pejus"**

Não viola o princípio da proibição da reformatio in pejus a reavaliação das circunstâncias judiciais em recurso de apelação penal, no âmbito do efeito devolutivo, desde que essa não incorra em aumento de pena. Com base nesse entendimento, a Primeira Turma, por maioria, denegou a ordem de habeas corpus. HC 126457/PA, rel. orig. Min. Marco Aurélio, red. p/ o ac. Min. Alexandre de Moraes, julgamento em 6.11.2018. (HC 126457/PA) – Info 912 do STF

♦ **Empate no julgamento de ação penal.**

Verificado empate no julgamento de ação penal, deve prevalecer a decisão mais favorável ao réu. Esse mesmo entendimento deve ser aplicado em caso de empate no julgamento dos embargos de declaração opostos contra o acórdão que julgou a ação penal. Terminando o julgamento dos embargos empatado, aplica-se a decisão mais favorável ao réu. STF. Plenário. AP 565 ED-ED/RO, Rel. Min. Cármen Lúcia, red. p/ o ac. Min. Dias Toffoli, julgado em 14/12/2017 (Info 888).

♦ **Foro por prerrogativa de função. Mudança de competência para julgar o recurso, Diplomação do réu como Deputado Federal**

Haverá mudança de competência para julgar o recurso se, após a interposição, houver a diplomação do réu como Deputado Federal. "Se, após a interposição de recurso especial contra a condenação criminal, o réu foi diplomado Deputado Federal, a competência para julgar este recurso passa a ser do STF" – STF. 1ª Turma. RE 696533/SC, Rel. Min. Luiz Fux, red. p/ o ac. Min. Roberto Barroso, julgado em 6/2/2018 (Info 890).

♦ **Interposição de recurso. Embargos infringentes. Cabimento**

Cabem embargos infringentes para o Plenário do STF contra decisão condenatória proferida em sede de ação penal de competência originária das Turmas do STF. O requisito de cabimento desse recurso é a existência de dois votos minoritários absolutórios em sentido próprio. STF. Plenário. AP 863 EI-AgR/SP, Rel. Min. Edson Fachin, julgado em 18 e 19/4/2018; HC 152707/DF, Rel. Min. Dias Toffoli, julgado em 18 e 19/4/2018 (Info 898).

♦ **Interposição de recurso. Embargos infringentes. Cabimento**

Em regra, cabem embargos infringentes para o Plenário do STF contra decisão condenatória proferida pelas Turmas do STF, desde que 2 Ministros tenham votado pela absolvição. Neste caso, o placar terá sido 3 x 2, ou seja, 3 Ministros votaram para condenar e 2 votaram para absolver. Excepcionalmente, se a Turma, ao condenar o réu, estiver com quórum incompleto, será possível aceitar o cabimento dos embargos infringentes mesmo que tenha havido apenas 1 voto absolutório. Isso porque o réu não pode ser prejudicado pela ausência do quórum completo. STF. Plenário. AP 929 ED-2º julg-EI/AL, Rel. Min. Luiz Fux, julgado em 17/10/2018 (Info 920)

6. QUESTÕES DE CONCURSOS PÚBLICOS

01. (2017 – FCC – PC-AP – Delegado de Polícia) Sobre os recursos no processo penal, é correto afirmar:

(A) Por falta de capacidade postulatória, é vedada a interposição de recurso pelo réu.

(B) Em caso de indeferimento de representação por prisão preventiva feita por autoridade policial, o Delegado de Polícia poderá interpor recurso em sentido estrito.

(C) É cabível protesto por novo júri em caso de condenação superior a 20 anos.

(D) Os embargos infringentes e de nulidade são exclusivos da defesa.

(E) O regime de celeridade e informalidade do Juizado Especial Criminal é compatível com a impossibilidade de embargos de declaração nos casos submetidos à sua jurisdição.

02. (2017 – FCC – TRE-SP – Analista Judiciário – Área Judiciária) Sobre o recurso de apelação à luz do Código de Processo Penal,

(A) a apelação de sentença condenatória, em regra, não terá efeito suspensivo.

(B) é vedado ao apelante arrazoar o recurso de apelação na superior instância.

(C) havendo assistente de acusação este arrazoará o recurso de apelação, no prazo de cinco dias após o Ministério Público.

(D) quando cabível a apelação, se a parte pretender recorrer somente de parte da decisão, poderá usar o recurso em sentido estrito.

(E) a renúncia do réu ao direito de apelação, manifestada sem a assistência do defensor, não impede o conhecimento da apelação por este interposta.

03. (2017 – CESPE – MPE-RR – Promotor de Justiça Substituto) Com relação às sentenças e aos recursos em geral, assinale a opção correta de acordo com o entendimento do STJ.

(A) Cabe apelação da decisão que determinar medida assecuratória com o objetivo de reparar dano decorrente da infração penal, a fim de liberar parcialmente os bens constritos.

(B) Interposto recurso de apelação pelo MP contra sentença de absolvição sumária, pode o tribunal de justiça analisar o mérito e condenar o acusado, em razão do efeito devolutivo do recurso.

(C) Em recurso exclusivo da defesa, pode o tribunal agravar a pena quando reconhecer equívoco aritmético ocorrido no somatório das penas aplicadas, por se tratar de erro material.

(D) O juiz criminal só pode estipular a reparação de danos materiais sofridos pela vítima, não podendo determinar a compensação de danos morais, que deverão ser estipulados em procedimento próprio na vara cível.

04. (2017 – MPE-PR – MPE-PR – Promotor Substituto) O Ministério Público foi cientificado de acórdão exarado pela 4ª Câmara Criminal do Tribunal de Justiça do Paraná, que não acolheu pronunciamento da Procuradoria de Justiça e deu provimento a recurso de apelação da Defesa do réu, por maioria de votos. Na análise da fundamentação judicial, verifica-se que a solução dada pela Corte Paranaense beneficiou o réu e contrariou lei federal, estando a matéria já prequestionada no acórdão. Discordando do que foi decidido, o recurso correto a ser interposto pelo Ministério Público é o:

(A) Recurso ordinário dirigido ao Superior Tribunal de Justiça.

(B) Recurso extraordinário dirigido ao Superior Tribunal de Justiça.

(C) Recurso especial dirigido ao Supremo Tribunal Federal.

(D) Recurso especial dirigido ao Superior Tribunal de Justiça.

(E) Embargos infringentes, já que a decisão da segunda instância não foi unânime.

05. (2017 – FCC – DPE-PR – Defensor Público) Da decisão que indeferir prisão preventiva caberá

(A) correição parcial.

(B) carta testemunhável.

(C) agravo em execução.

(D) habeas corpus.

(E) recurso em sentido estrito.

06. (2016 – MPE-GO – MPE-GO – Promotor de Justiça Substituto) No que concerne ao recurso de agravo em execução penal, é correto afirmar que:

(A) O prazo de interposição é de 03 (três) dias, a contar da ciência da decisão, conforme Súmula 700 do STJ. Admite-se que o réu o faça diretamente, por termo, desde que, em seguida, o juiz determine a abertura de vista ao advogado, para a apresentação de razões, garantindo-se a ampla defesa. A legitimidade estende-se ao defensor e ao Ministério Público. O recurso possui tanto o efeito devolutivo, quanto o suspensivo.

(B) O prazo de interposição é de 05 (cinco) dias, a contar da ciência da decisão, conforme Súmula 700 do STF. Admite-se que o réu o faça diretamente, por termo, desde que, em seguida, o juiz determine a abertura de vista ao advogado, para a apresentação de razões, garantindo-se a ampla defesa. A legitimidade estende-se ao defensor e ao Ministério Público. O efeito do recurso é meramente devolutivo. Inexiste o efeito suspensivo, salvo em um caso: quando o juiz expedir ordem para desinternar ou liberar o indivíduo sujeito à medida de segurança.

(C) O prazo de interposição é de 10 (dez) dias, a contar da ciência da decisão, conforme Súmula 700 do STF. Admite-se que o réu o faça diretamente, por termo, desde que, em seguida, o juiz determine a abertura de vista ao advogado, para a apresentação de razões, garantindo-se a ampla defesa. A legitimidade estende-se ao defensor e ao Ministério Público. O efeito do recurso é meramente devolutivo. Inexiste o efeito suspensivo, salvo em um caso: quando o juiz expedir ordem para desinternar ou liberar o indivíduo sujeito à medida de segurança.

(D) O prazo de interposição é de 08 (oito) dias, a contar da ciência da decisão, conforme Súmula 700 do STJ. Admite-se que o réu o faça diretamente, por termo, desde que, em seguida, o juiz determine a abertura de vista ao advogado, para a apresentação de razões, garantindo-se a ampla defesa. A legitimidade estende-se ao defensor e ao Ministério Público. O efeito do recurso é meramente devolutivo. Inexiste o efeito suspensivo, sem exceções.

07. (2016 – MPE-PR – MPE-PR – Promotor Substituto) Assinale a alternativa correta:

(A) É cabível o recurso em sentido estrito nas hipóteses de improcedência das exceções de incompetência de juízo, litispendência, ilegitimidade de parte e coisa julgada;

(B) É de cinco dias o prazo para apresentação das razões do recurso em sentido estrito;

(C) É cabível a apelação na hipótese de rejeição da denúncia e da queixa no âmbito dos Juizados Especiais Criminais;

(D) É cabível o recurso em sentido estrito em caso de nulidade posterior à pronúncia;

(E) É cabível o recurso em sentido estrito contra a sentença de impronúncia.

08. (2016 – UFMT – DPE-MT – Defensor Público) No que concerne aos recursos em matéria criminal, analise as proposições abaixo.

I. O efeito devolutivo é comum a todos os recursos.

II. Nas infrações de competência do Juizado Especial Criminal, o recurso cabível das decisões que não recebe a denúncia é o de apelação para a Turma Recursal.

III. Nos crimes de competência originária dos tribunais, o recurso cabível das decisões que não recebe a denúncia é o Recurso em Sentido Estrito.

IV. O ofendido ou sucessor que não se tenham habilitado terão o prazo de 10 (dez) dias para apelar, contados da data em que se encerrou o prazo para o Ministério Público.

Está correto o que se afirma em

(A) I, II e IV, apenas.

(B) I e II, apenas.

(C) II, III e IV, apenas.

(D) I e III, apenas.

(E) III e IV, apenas.

09. (2016 – CAIP-IMES – Câmara Municipal de Atibaia – SP – Advogado) Assinale a alternativa incorreta.

Caberá recurso, no sentido estrito, da decisão, despacho ou sentença:

(A) que não receber a denúncia ou a queixa.

(B) que indeferir o pedido de reconhecimento da prescrição ou de outra causa extintiva da punibilidade.

(C) definitiva de condenação ou absolvição proferida por juiz singular.

(D) que conceder ou negar a ordem de habeas corpus.

10. (2016 – FGV – MPE-RJ – Técnico do Ministério Público – Notificações e Atos Intimatórios) Ana e Carolina foram denunciadas pela prática de crimes de homicídio em processos distintos, já que foram imputados fatos diferentes a cada uma delas. Após encerrada a instrução probatória da primeira fase do procedimento bifásico do Tribunal do Júri, em alegações finais, o Ministério Público pediu a pronúncia de cada uma das rés em seus processos, enquanto a defesa técnica das duas pediu absolvição sumária ou, subsidiariamente, impronúncia. O juiz proferiu as duas decisões no mesmo dia, impronunciando Ana e pronunciando Carolina, submetendo esta ao julgamento plenário do Tribunal do Júri. Nesse caso, da decisão de impronúncia e da decisão de pronúncia caberão os seguintes recursos, respectivamente:

(A) apelação e recurso em sentido estrito;

(B) apelação e apelação;

(C) agravo e recurso em sentido estrito;

(D) recurso em sentido estrito e recurso em sentido estrito;

(E) recurso em sentido estrito e apelação.

11. (FCC – Juiz Substituto – TJ/SC – 2015) Em matéria de Recurso Extraordinário e Recurso Especial, é correto afirmar:

(A) Admitidos recurso especial e extraordinário, os autos serão remetidos tanto ao STJ quanto ao STF, simultaneamente.

(B) Das decisões de segundo grau de juizados especiais admite-se recurso extraordinário, mas não especial.

(C) Admite-se recurso especial das decisões proferidas pelo Superior Tribunal Militar e do Tribunal Superior do Trabalho, mas não do Tribunal Superior Eleitoral.

(D) Na hipótese de cabimento de embargos infringentes em Tribunal estadual não será cabível o recurso especial.

(E) O recurso extraordinário poderá ser interposto pelo Ministério Público, pelo querelante, pelo réu, seu procurador ou seu defensor, mas não pelo assistente da acusação.

12. (CESPE – Analista Judiciário – Área Judiciária – TRE/GO – 2015) Célio, réu primário e de bons antecedentes, foi condenado em primeira instância à pena de vinte e dois anos de reclusão em regime fechado pela prática do crime de latrocínio tentado, o que motivou o advogado do réu a se preparar para interpor apelação. O juiz que emitiu a sentença decretou também a prisão preventiva de Célio, que havia respondido ao processo em liberdade. No entanto, a polícia, que tentava cumprir o mandado de prisão emitido pelo juiz, não conseguiu encontrar o réu condenado.

Considerando as normas previstas no Código de Processo Penal a respeito de prazos e recursos, julgue o item a seguir, referente à situação hipotética apresentada.

O advogado de Célio tem cinco dias para apelar da sentença, prazo no qual devem ser também oferecidas as razões recursais ao juízo de primeira instância ou ao tribunal competente.

13. (MPE-SP – Promotor de Justiça/SP – 2015 – Adaptada) Sobre os recursos, julgue o item a seguir:

É possível a oposição de embargos infringentes contra acórdão que, por maioria de votos, denegar ordem de habeas corpus.

14. (MPE-SP – Promotor de Justiça/SP – 2015 – Adaptada) Sobre os recursos, julgue o item a seguir:

O Promotor de Justiça pode desistir total ou parcialmente do recurso que haja interposto.

15. (FGV – Advogado – DPE-MT – 2015) Bruno foi condenado pela prática do crime de extorsão qualificada. Quando cumpridos os requisitos objetivos, requereu ao juiz em atuação na Vara de Execuções Penais a progressão de regime, sendo o pleito indeferido com o fundamento na gravidade em abstrato do crime praticado. O defensor público foi intimado pessoalmente dessa decisão.

Assinale a opção que indica o recurso que deve ser interposto e seu prazo.

(A) Agravo de execução e 15 dias.

(B) Recurso em sentido estrito e 05 dias.

(C) Agravo de execução e 10 dias.

(D) Apelação e 10 dias.

(E) Agravo de execução e 05 dias.

16. (Vunesp – Delegado de Polícia – SP/2014) Cabe recurso de ofício da sentença

(A) que conceder *habeas corpus*.

(B) que absolver o réu por inexistência do crime.

(C) de pronúncia.

(D) de absolvição sumária.

(E) que denegar *habeas corpus*.

17. (Vunesp – Delegado de Polícia – SP/2014) Dentre os recursos a seguir, aquele em que não é possível a desistência é:

(A) apelação.

(B) em qualquer recurso interposto pelo Defensor Público.

(C) protesto por novo júri.

(D) em qualquer recurso interposto pelo Ministério Público.

(E) recurso em sentido estrito.

18. (FCC – Defensor Público – PB/2014) Em relação aos recursos no processo penal, é correto afirmar:

(A) O recurso poderá ser interposto pelo Ministério Público, ou pelo querelante, ou pelo réu, seu procurador ou seu defensor.

(B) Caberá recurso em sentido estrito da decisão que impronunciar o réu.

(C) Caberá recurso em sentido estrito da decisão que deferir pedido de prisão preventiva.

(D) Convencido pelas contrarrazões da defesa, o Ministério Público poderá desistir do recurso que haja interposto.

(E) Caberá recurso em sentido estrito da decisão que conceder, mas não da que negar fiança.

19. (MPE-SC – Promotor de Justiça – SC/2014 – Adaptada) Nos crimes da competência do Tribunal do Júri, ou do juiz singular, se da sentença não for interposta apelação pelo Ministério Público no prazo legal, o ofendido, ainda que não se tenha habilitado como assistente, poderá interpor apelação, que terá efeito suspensivo. O prazo para interposição desse recurso será de 10 (dez) dias, e correrá do dia em que terminar o prazo do Ministério Público.

20. (MPE-SC – Promotor de Justiça – SC/2014 – Adaptada) Caberá recurso, no sentido estrito, da decisão que concluir pela competência do juízo. Neste caso, o recurso, que poderá ser interposto no prazo de 5 (cinco) dias, não terá efeito suspensivo.

21. (Vunesp – Juiz de Direito Substituto – PA/2014) Defensor de acusado em juízo criminal por bigamia, em sede de resposta escrita à acusação, faz prova de que corre no juízo cível, ainda em primeiro grau, ação anulatória do primeiro casamento. Pede a suspensão da ação penal. Em caso de deferimento do pedido de suspensão, ________; em caso de indeferimento, ________.

Assinale a alternativa que preenche as lacunas adequada e respectivamente.

(A) cabe recurso em sentido estrito … não cabe qualquer recurso

(B) não cabe qualquer recurso … também não cabe

(C) cabe recurso em sentido estrito … também

(D) cabe apelação … também

(E) cabe apelação …cabe recurso em sentido estrito

22. (Cespe – Procurador do Estado – PGE-BA/2014 – Adaptada) Contra a decisão que recebe a denúncia cabe recurso em sentido estrito.

23. (FCC – Promotor de Justiça – PA/2014 – Adaptada) Os embargos de declaração são recurso exclusivo da defesa.

24. (FCC – Promotor de Justiça – PA/2014 – Adaptada) Não tem efeito suspensivo o recurso em sentido estrito interposto contra a decisão que denegar a apelação.

25. (PUC – PR – Juiz de Direito Substituto – PR/2014 – Adaptada) O prazo para interposição de Carta Testemunhável é de 48 (quarenta e oito) horas, contadas da intimação do despacho que denegar o recurso.

26. (Delegado de Polícia – PC/SP/2018/VUNESP) Tício foi absolvido da acusação de prática do crime de homicídio qualificado. Inconformado com a decisão, o Ministério Público interpõe recurso de apelação por entender ser a decisão manifestamente contrária à prova dos autos. Dado provimento ao recurso e submetido a novo julgamento pelo Tribunal do Júri, Tício é agora condenado pela prática do crime de homicídio qualificado à pena de 12 anos de reclusão. Com base em tais informações, afirma-se corretamente:

(A) o efeito devolutivo da apelação contra decisões do Júri não é adstrito aos fundamentos da sua interposição.

(B) não se cogita a possibilidade de interposição de recurso de apelação quando houver injustiça no tocante à aplicação da pena.

(C) no caso das sentenças do júri, a apelação é recurso vinculado e não de fundamentação livre.

(D) com base no princípio da ampla defesa, é possível que a defesa interponha recurso de apelação contra a sentença condenatória pelo mesmo fundamento (decisão contrária à prova dos autos).

(E) não era dado ao Tribunal de Justiça prover o recurso interposto pelo Ministério Público, violando assim o direito fundamental da soberania dos veredítos do Tribunal do Júri.

---

27. (Delegado de Polícia – PC/SP/2018/VUNESP) Acerca do duplo grau de jurisdição, é correto afirmar que

(A) constitui afronta ao princípio do duplo grau de jurisdição a cogitação da existência de um sistema com irrecorribilidade das decisões interlocutórias.

(B) a possibilidade de interposição de recurso especial e extraordinário não é manifestação do duplo grau de jurisdição.

(C) o exame direto da matéria pelo Tribunal em recurso de apelação constitui supressão do primeiro grau de jurisdição, mas não caracteriza violação do princípio do duplo grau de jurisdição.

(D) a garantia do duplo grau de jurisdição vale tanto para o acusado como para o acusador.

(E) a Constituição de 1988 assegurou expressamente referido princípio constitucional, dentre vários outros, assim como a Convenção Americana de Direitos Humanos, que assegura a todos os acusados, entre as garantias processuais mínimas, o direito de recorrer da sentença a juiz ou tribunal superior.

---

28. (Cespe – Juiz de Direito – TJ – CE/2018) Considerando a jurisprudência dos tribunais superiores acerca do processo penal, da execução penal e dos juizados especiais criminais, assinale a opção correta.

(A) O prazo para o MP recorrer de decisão judicial desfavorável aos seus interesses inicia-se a partir da entrega dos autos na repartição administrativa do próprio ministério.

(B) Não se opera a preclusão para a reclamação contra ato judicial que afronte decisão do STF.

(C) O magistrado poderá deixar de encaminhar ao STF agravo de instrumento contra decisão que não admita recurso extraordinário no âmbito dos juizados especiais criminais.

(D) É admissível a suspensão condicional do processo na continuidade delitiva independentemente da quantidade de tempo de pena cominada.

(E) A progressão de regime de cumprimento de pena só poderá ser efetivada depois do trânsito em julgado da sentença condenatória.

---

29. (Cespe – Juiz de Direito – TJ – CE/2018) A interposição de recurso em sentido estrito é cabível

(A) contra decisão que receber a denúncia ou a queixa ou afirmar a incompetência do juízo.

(B) contra decisão do tribunal do júri quando ocorrer nulidade posterior à pronúncia.

(C) apenas nas hipóteses taxativamente enunciadas na lei processual penal e, excepcionalmente, em leis especiais.

(D) nas hipóteses de absolvição sumária do réu.

(E) contra decisão que julgar procedentes as exceções, salvo a de litispendência.

---

30. (Cespe – Juiz de Direito – TJ – CE/2018) A respeito da teoria geral dos recursos e dos recursos penais em geral, assinale a opção correta.

(A) O princípio da unirrecorribilidade, singularidade ou unicidade prevê que a cada decisão judicial caberá apenas um único recurso.

(B) No âmbito do STF, os embargos de declaração com caráter infringente opostos a decisão do relator não podem ser convertidos em agravo regimental com base no princípio da fungibilidade.

(C) O princípio do non reformatio in pejus não impede que o tribunal corrija a dosimetria da pena caso seja interposto exclusivamente recurso da defesa, sendo possível elevar a pena se constatado erro material na sua aplicação.

(D) Anulada a sentença condenatória proferida pelo tribunal do júri após apreciação do recurso cabível, o segundo julgamento não se vinculará ao primeiro, de sorte que a pena poderá ser eventualmente maior que a primeiramente fixada.

(E) Nas decisões judiciais no âmbito penal, a fundamentação exclusivamente na modalidade per relationem não é admitida, porque enseja nulidade processual.

7. GABARITO ANOTADO

01 – D

Vide:

- Art. 609, parágrafo único, do CPP.
- Item "2.7.1. Noção" (Embargos infringentes e de nulidade).

02 – E

Vide:

- Súmula 705 do STF.
- Item "2.1.4. Processamento" (Apelação).

03 – A

Vide:

- Art. 593, II, do CPP.
- Item 2.1.3. Cabimento (Apelação).

04 – D

Vide:

- Art. 102 da CF.
- Item 2.8.3. Cabimento (Recursos especial e extraordinário)

05 – E

Vide:

- Art. 581, V, do CPP
- Item 2.2.3. Cabimento (Recurso em sentido estrito)

06 – B

Vide:

- Súmula 700, STF.
- Art. 586 do CPP.
- Item "2.13.2.Interposição" (Agravo em execução).

07 – C

Vide:

- Art. 82, Lei 9.099/95.
- Item 2.1.3. Cabimento (Apelação).

08 – B

Vide:

- Art. 82, Lei 9.099/95.
- Art.598, parágrafo único, CPP.
- Item 1.7. Efeitos recursais.
- Item 2.1.3. Cabimento (Apelação).
- Item 2.2.1. Noção (Recurso em sentido estrito)

09 – C

Vide:

- Art. 581, CPP.
- Item 2.2.3. Cabimento (Recurso em sentido estrito)

10 – A

Vide:

- Artigos 416 e 581, IV, ambos do CPP.
- Item 2.1.3. Cabimento (Apelação).
- Item 2.2.3. Cabimento (Recurso em sentido estrito)

11 – B

Vide:

- Art. 102, III, da CF/88.
- Súmula 640, STF.
- Item 2.8.3. Cabimento (Recursos especial e extraordinário).

12 – E

Vide:

- Art. 593, CPP.
- Art. 600, CPP.
- Item 2.1.2. Interposição (Apelação).

13 – E

Vide:

- Art. 609, parágrafo único, CPP.
- Item 2.7.3. Cabimento (Embargos Infringentes).

14 – E

Vide:

- Art. 576, CPP.
- Item 1.5. Impedimentos.

15 – C

Vide:

- Art. 197, da Lei 7.210/84.
- Súmula 700, do STF.
- HC 227.271, STJ.
- Item 2.13.2. Interposição (Agravo em Execução).

16 – A

Vide:

- Art. 574, I, CPP
- Item 1.4. Princípios recursais

17 – D

Vide:

- Art. 576, CPP
- Item 1.4. Princípios recursais

18 – A

Vide:

- Art. 577, CPP
- Item 1. Teoria geral dos recursos

19 – E

Vide:

- Art. 598, CPP
- Item 2.1.2. Interposição

20 – E

Vide:

- Art. 581, II
- Item 2.2.3. Cabimento

21 – A

Vide:

- Art.581, XVI, CPP
- Item 2.2.3. Cabimento

22 – E

Vide:

- Art. 581, CPP
- Item 2.2.3. Cabimento

23 – E

Vide:

- Art. 382, CPP
- 2.5.2. Interposição

24 – E

Vide:

- Art. 584, *caput*, CPP
- Item 2.2.4. Processamento

25 – C

- Art. 648, CPP
- Item 2.3.2. Interposição

26 – C

Vide:

- Art. 593, CPP
- Item 2.1.3, Cabimento

27 – B

- Item 1. Teoria Geral dos Recursos

28 – A

Vide:

- Item "1.6.1. Pressupostos objetivos de admissibilidade recursal".

29 – C

Vide:

- Art. 591, CPP
- Item "2.2. Recurso em sentido estrito";

30 – A

Vide:

- Art. 574, CPP
- Item "1. Teoria geral dos recursos".

8. QUESTÕES DISCURSIVAS COM COMENTÁRIOS

01. (Promotor de Justiça MPE-PR – 2014 – MPE-PR) Discorra sobre o princípio da *reformatio in pejus* abrangendo a) conceituação, b) exemplo prático; c) aplicabilidade aos casos do Júri e d) exponha como ocorre a *reformatio in pejus* indireta. (máximo de 20 linhas)

Resposta

Destaque-se, primeiramente, que no direito processual penal foi cunhada a expressão "efeito prodrômico da sentença" para designar o princípio non reformatio in pejus direta ou indireta da sentença penal condenatória. O princípio diz respeito à vedação da reforma da sentença em prejuízo do acusado, quando só este tenha recorrido.

Além de conceituar o princípio da vedação da reformatio in pejus, deveria ser lembrada, também, a Súmula 160 do STF, esclarecendo que caso a acusação tenha recorrido, não poderá o tribunal reconhecer nulidade contra o réu que não tiver sido suscitada, salvo nas hipóteses em que haja recurso de ofício.

Conforme destacado no espelho de correção, poderia ser citado como exemplo prático a seguinte situação: condenação em 10 anos de reclusão por roubo; recurso exclusivo da defesa e aumento da pena pelo Tribunal para 11 anos.

Em relação à aplicabilidade aos casos do Tribunal do Júri, atualmente, STF e STJ estão alinhados e têm decidido ser compatível o princípio da vedação à reformatio in pejus indireta e a soberania dos vereditos, preservando o "justo processo da lei (due process of law), nas cláusulas do contraditório e da ampla defesa". Assim, mesmo que seja reconhecida nova circunstância no segundo julgamento, realizado após recurso exclusivo da defesa, a pena aplicada não poderá ser superior àquela determinada no primeiro julgamento anulado.

Por fim, destaca-se que a vedaçao a reforma da sentença em prejuízo do acusado, quando só este tenha recorrido, pode se dar de forma direta, quando o órgão para o qual foi dirigido o recurso exclusivo da defesa do réu não pode reformar a sentença impugnada para, por exemplo, majorar a pena do acusado; ou de forma indireta: quando o órgão recursal, em recurso exclusivo do acusado, anula a sentença condenatória para determinar um novo julgamento. Nesse novo julgamento, não pode o juiz proferir sentença que implique situação mais gravosa ao réu, tomando como parâmetro aquela primeira sentença que foi invalidada em razão de recurso exclusivo da defesa.

02. (Vunesp – Defensor Público – MS/2008) O que se entende por efeito extensivo recursal? Há exceções para a aplicação desse efeito? Quais os demais efeitos recursais? Explique-os.

Resposta

O efeito extensivo recursal, no âmbito processual penal, consiste na possibilidade de haver aproveitamento do provimento do recurso manejado por apenas um acusado, em favor do outro ou dos demais. Se um acusado recorre pleiteando o reconhecimento de atipicidade do fato cometido em coautoria, naturalmente o acatamento de tal tese, com o provimento do recurso, é estendido ao coautor.

O efeito extensivo também pode ser assimilado ao denominado efeito expansivo, que pode abranger aspecto subjetivo (para alcançar acusado diverso daquele que re-

correu) ou objetivo (para alcançar fato condenatório não impugnado, mas necessariamente imbricado, como se dá no recurso que ataca o capítulo que reconheceu o furto, mas que nada diz sobre a receptação. Caso seja negada a existência do furto, a absolvição em relação a este delito se expandirá e alcançará o crime consequente, qual seja, a receptação).

Além desse efeito recursal, temos outros, aplicáveis ao direito processual penal.

O efeito suspensivo, que consiste na suspensão da eficácia da decisão impugnada até o desfecho final do recurso. No processo penal, a apelação contra decisões absolutórias tem efeito suspensivo.

O efeito devolutivo que, em sentido estrito, significa que o recurso tem o condão de entregar a matéria impugnada e apreciada em primeiro grau ao órgão jurisdicional superior que, por sua vez, poderá reexaminar dentro dos limites da impugnação (tantum devolutum quantum appellatum).

O efeito regressivo que nada mais é que a possibilidade de exercício de juízo de retratação pelo órgão prolator da decisão recorrida, tal como se dá com a interposição de recurso em sentido estrito contra decisão que julga extinta a punibilidade do agente.

Fala-se em efeito obstativo, consistente na qualidade que tem o recurso de servir de óbice à formação de coisa julgada, protraindo a litispendência e os efeitos da relação jurídico-processual.

Ainda há o denominado efeito translativo, muito aplicado em processo penal quando em favor do acusado. É o efeito que tem o recurso de autorizar o tribunal a declarar provimentos independentemente de provocação, a exemplo do habeas corpus de ofício e do que se depreende da Súmula 160, do STF.

03. (UFRJ – Delegado de Polícia – DF/2005) Eduardo Galeano foi denunciado pelo Ministério Público pela violação dos arts. 12 e 14 da Lei 6.368/76, tendo sido condenado, após regular processo, à pena total de oito anos de reclusão. Inconformado, desafiou a sentença com o recurso de apelação, que recebeu o juízo positivo de admissibilidade no primeiro grau e foi contra-arrazoado. Em segundo grau, distribuída a apelação, o relator, monocraticamente, conheceu do recurso, para, no mérito, aplicando entendimento sumulado, negar provimento. Indaga-se:

Em sede de recursos no processo penal, é possível a aplicação do art. 557 do Código de Processo Civil ("O relator negará seguimento a recurso manifestamente inadmissível, improcedente, prejudicado ou em confronto com súmula ou com jurisprudência dominante do respectivo tribunal, do Supremo Tribunal Federal, ou de Tribunal Superior")?

É necessária a observância de algum requisito? Responda justificadamente.

Resposta

É possível a aplicação da disposição do art. 557, CPP, na esteira do STF e do STJ. O STF, aliás, enfatiza que não há ofensa ao princípio da colegialidade com a permissão para que o relator julgue monocraticamente o recurso.

A aplicação fundada em analogia encontra espaço no art. 2º, CPP, que estampa que a lei processual penal admitirá interpretação extensiva e aplicação analógica, bem como o suplemento dos princípios gerais de direito.

É necessário que se trate de recurso cuja tramitação se dê no âmbito de tribunal, pois a competência para o julgamento monocrático é do relator.

04. (MPE-SP – Promotor de Justiça – SP/2013) Dissertação

Com relação ao tema de recursos no processo penal, discorra sobre os seguintes tópicos:

I. Vedação da "*reformatio in pejus*";

II. Vedação da chamada "*reformatio in pejus*" indireta;

III. A "*reformatio in pejus*" e a soberania do Tribunal do Júri.

Resposta

I) A vedação da reformatio in pejus, no processo penal é aplicada em favor do acusado. O trânsito em julgado para a acusação funciona como limite em favor do acusado que apresentou recurso. Em outras palavras, condenado o acusado a uma pena por conta do reconhecimento de um crime, caso só ele recorra, não pode o tribunal acolher de ofício circunstância que venha a piorar sua situação, com a majoração da pena. É essa a chamada vedação da reformatio in pejus direta.

II) A non reformatio in pejus é princípio também denominado de efeito prodrômico da sentença penal condenatória. Além de direta, a non reformatio in pejus poderá ser indireta. Esta tem sua aplicação justificada diante de um novo julgamento que se seguiu à invalidação do segundo em virtude de recurso exclusivo da defesa. Em outros termos, a sentença condenatória anulada serve como limite máximo que deve ser respeitado por ocasião do segundo julgamento, evitando-se que o recurso do acusado, manejado exclusivamente por ele, acabe por ocasionar situação mais gravosa, sem impugnação específica do MP.

III) A vedação da "reformatio in pejus" não é incompatível com a soberania dos veredictos quando do julgamento levado a efeito pelo tribunal popular. Os jurados votam livremente, enquanto o juiz-presidente, responsável por lavrar a sentença, não poderá impor pena maior que àquela do primeiro julgamento, na hipótese de ser o julgamento proveniente de invalidação por conta de recurso exclusivo do réu. Havia certa divergência no ponto, mas hoje a situação é pacífica para vedar decisões mais gravosas aos acusados que recorreram de sentenças anteriores, sem insurgência do Parquet.

05. (MPE-PR – Promotor de Justiça – PR/2012) (máximo de 20 linhas). Em determinada comarca, os réus Aristides Pontes e Gilmar Cervante são condenados pela prática, em conjunto, de um crime de roubo majorado pelo emprego de arma e concurso de pessoas (art. 157, § 2º, incisos I e II, do Código Penal), a idênticas penas privativas de liberdade, definitivamente fixadas em 04 (quatro) anos de reclusão. Tanto o Ministério Público quanto a defesa apelam da sentença. Ao julgar primeiramente o recurso defensivo, o Tribunal de Justiça do Paraná, sem adentrar no mérito recursal, anula o processo por inteiro, *ab initio*, em face de questão preliminar suscitada pela defesa, qual seja, a incompetência absoluta do juízo condenatório, julgando, por consequência, prejudicado o recurso de apelação interposto pelo Ministério Público. Proposta nova denúncia, agora em comarca de juízo competente para o caso, após regular processamento, é prolatada nova sentença condenatória, agora devidamente fundamentada, sendo mantida a quantidade da reprimenda corporal anteriormente fixada, ou seja, 04 (quatro) anos de reclusão.

Indaga-se:

(A) É cabível e pode ser provido novo recurso de apelação interposto pelo Ministério Público que pretenda o aumento da carga penal?

(B) Era possível ao segundo juízo, declarado como competente pelo Tribunal de Justiça, aplicar na nova sentença uma pena superior à anulada?

Justifique ambas as respostas, indicando correntes doutrinárias acerca do tema.

Resposta

(A) A questão exige do candidato conhecimento sobre o denominado efeito prodrômico da sentença condenatória anulada, vale dizer, o chamado princípio da non reformatio in pejus, neste caso indireta, que impede que, em um segundo julgamento ocasionado por recurso exclusivo da defesa que determinou a nulificação do primeiro, possa o réu ser condenado com pena superior àquela fixada no primeiro. No entanto, para que ele tenha lugar, é necessário que o órgão da acusação deixe de impugnar a sentença proferida pelo juízo incompetente. Como houve recurso contra aquela decisão, embora não conhecido, não fica ele impedido de obter, diante de um segundo julgamento, a majoração da pena do primeiro julgamento, por intermédio de nova apelação. Em outras palavras, para que se estabelecesse o efeito prodrômico da primeira sentença condenatória anulada, com preclusão para a acusação, seria necessário transcorrer in albis o lapso para o aviamento de recurso do MP, o que não ocorreu in casu.

(B) Por ter o MP recorrido da primeira sentença, não se perfez o efeito prodrômico capaz de tornar a primeira pena o limite para a incidência da vedação da reformatio in pejus indireta, mormente se tiver o MP, em seu primeiro recurso, impugnado a quantidade de pena aplicada. Daí a possibilidade do juiz, num segundo julgamento, ficar liberado para aplicar pena maior. Caso o MP não tenha, em seu primeiro recurso não conhecido, manifestado especificamente sua discordância quanto à pena aplicada, terá se verificado a preclusão para a acusação, com a incidência do efeito prodrômico do primeiro julgado, ficando o juiz do segundo julgamento a ele vinculado.

06. (CESPE – Promotor de Justiça – RO/2008) Disserte sobre a colisão entre o direito ao duplo grau de jurisdição e o art. 594 do Código de Processo Penal (CPP), abordando os seguintes aspectos:

- natureza jurídica do duplo grau de jurisdição;
- constitucionalidade do art. 594 do CPP;
- existência de tratado internacional e posicionamento do Supremo Tribunal Federal sobre o tema.

Resposta

Entendemos o duplo grau de jurisdição como princípio recursal infraconstitucional. O candidato pode expor a posição contrária, também sustentando se depreender da Constituição o chamado duplo grau de jurisdição. Para nós, a possibilidade de ajuizamento de ação penal originária junto ao STF retira a plausibilidade da constitucionalidade do princípio, porém não deixa ele de ser princípio que se arrima no reconhecimento da falibilidade do ser humano, em especial, do julgador.

Em boa hora o legislador revogou, em 2008, o art. 594, CPP. A doutrina, desde o advento da Constituição de 1988, já sustentava a não recepção do dispositivo, por incompatível com o estado de inocência. Deveras, o sistema não comportava a exigência de recolhimento à prisão para poder o réu recorrer.

O STF já tinha se manifestado contrariamente à aplicação do referido artigo, haja vista, ademais, que afrontava o Pacto de são José da Costa Rica, ratificado pelo Brasil. Também o STJ editou a Súmula 347, acompanhando o entendimento da Suprema Corte.

07. (MPE-RS – Promotor de Justiça – RS/2008) Atalíbio foi processado em Porto Alegre como incurso no art. 155, *caput*, do Código Penal, em razão de fato ocorrido em 05 (cinco) de maio de 2008 (dois mil e oito) (segunda-feira). A denúncia foi recebida em 11 (onze) de dezembro de 2008 (dois mil e oito) (quinta-feira), tendo a instrução processual ocorrido celeremente. Durante todo o feito, o réu foi defendido por defensor constituído. Tendo sido condenado, iniciou-se a fase das intimações de praxe. O advogado de defesa foi intimado na capital do Estado em 29 (vinte e nove) de abril de 2009 (dois mil e nove) (quarta-feira). Como o sentenciado residia em Santa Maria, a intimação foi feita por precatória, em 30 (trinta) de abril de 2009 (dois mil e nove) (quinta-feira), quando disse ao oficial de justiça que estava em dúvida se desejava recorrer ou não. Depois do feriadão do dia 1º de maio, a precatória estava para ser devolvida, quando o acusado solicitou ao juízo, pessoalmente, que se anexasse ao documento judicial uma missiva sua, desistindo do direito de recorrer por motivos religiosos, o que foi deferido imediatamente pela autoridade judiciária deprecada. A precatória com a carta do réu foi juntada aos autos em 11 (onze) de maio de 2009 (dois mil e nove) (segunda-feira), e no mesmo dia, apesar de tomar conhecimento naquela data do desejo de seu cliente, o causídico protocolou apelação. Como o Magistrado deve decidir o conflito entre cliente e advogado, considerando todas as nuances do feito? Explique.

Resposta

O conflito entre autodefesa e defesa técnica quanto à vontade de recorrer é resolvido em favor da admissibilidade do recurso, eis que prevalece hoje o entendimento de que deve preponderar o desejo de quem quer recorrer.

O prazo recursal tem seu termo inicial (dies a quo) a partir do dia útil seguinte aquele em que tenha ocorrido a última intimação (do réu, no caso, em 30/4/2009). Como este dia da intimação do acusado ocorreu na quinta-feira véspera de feriado (sexta-feira, dia 01/05/2009), o prazo de cinco dias para apelar começa a correr da segunda-feira, 04/05/2009, expirando-se na sexta-feira (dies ad quem, termo final), em 08/05/2009.

O candidato deve atentar para o teor da Súmula 710, STF, que preconiza que no processo penal os prazos são contados da intimação e não da juntada aos autos do mandado ou da carta precatória ou de ordem.

Interposto o recurso só em 11/05/2009, o juiz deve inadmiti-lo por intempestivo.

08. (MPE-SC – Promotor de Justiça – SC/2013) Zequinha, 40 anos de idade, foi preso em Balneário Camboriú por tráfico de entorpecentes (comercialização de um quilo de maconha) em 12 de maio de 2011, sendo denunciado por tal delito em 25 de maio de 2011, tendo obtido liberdade provisória em 30 de maio do mesmo ano, mediante o recolhimento domiciliar no período noturno. Em 10 de setembro de 2011, Zequinha foi condenado ao cumprimento de 1 ano e 8 meses de prisão, sendo-lhe aplicada a redução da pena de 2/3 pelas condições do § 4º do artigo 33 da Lei nº 11.343/06, com substituição da pena por restritivas de direitos. O Ministério Público recorreu da decisão que ainda não transitou em julgado.

Em 04 de setembro de 2011, Zequinha foi novamente preso em Balneário Camboriú por crime de tráfico de entorpecentes (venda de um quilo de cocaína), obtendo nova liberdade provisória em 08 de setembro de 2011, mediante a proibição de ausentar-se da Comarca. Denunciado em 20 de janeiro de 2012, restou condenado em 13 de abril de 2013, ao cumprimento da pena de 6 anos de prisão (aumento da pena pela quantidade da droga), que restou diminuída em 1/3 pela aplicação da redução da pena prevista no § 4º do artigo 33, da Lei nº 11.343/06, chegando a 4 anos em regime aberto, sem a substituição da pena por restritiva de direito, concedendo o direito de recorrer em liberdade, já que nessa condição respondeu ao processo. Nos dois processos ficou evidenciado que Zequinha não possuía atividade laboral, bem como que os policiais que prestaram depoimento o conheciam como sendo o traficante da localidade.

Por fim, em 18 de fevereiro de 2013, Zequinha foi novamente preso por tráfico de entorpecentes em Balneário Camboriú, quando estava no interior do veículo Citroen C4, placas MEU 0002, adquirido em 1º de fevereiro de 2013, trazendo consigo R$ 5.000,00 em dinheiro e transportando dez quilos de cocaína, em compartimento previamente preparado para omitir a presença de substância entorpecente (constatou-se, no inquérito, que o veículo estava registrado no nome de Zequinha com alienação fiduciária ao Banco do Povo). A prisão em flagrante de Zequinha foi convertida em preventiva regularmente, sendo lhe negada liberdade provisória. No transcurso das investigações (que contaram com interceptações telefônicas) foi constatado que a esposa de Zequinha, Dona Marta, 37 anos de idade, que assim como seu marido não tinha atividade laboral lícita, era sócia proprietária de uma locadora de automóveis na cidade de Criciúma.

Quebrado o sigilo bancário da referida empresa, verificou-se que, desde o ano de 2011, a conta corrente dessa pessoa jurídica recebia depósitos diversos, sempre de bancos localizados em Balneário Camboriú, todos em espécie, que nunca eram superiores a R$ 10.000,00 e que, somados, ultrapassavam os R$ 100.000,00 mensais, os quais eram efetuados por Guilherme, 17 anos em 2011, filho de Zequinha e Dona Marta o qual tinha ciência da origem dos recursos, que sempre lhe foram repassados por seu pai. Verificou-se, ainda, que esses valores eram repassados semanalmente, por meio de transferências eletrônicas efetuadas pela internet para a empresa de comércio de peças de veículos de Noé, 55 anos de idade, situada em Florianópolis (Noé foi preso por tráfico de entorpecentes em 2005 na cidade de Balneário Camboriú e era vizinho dos pais de Zequinha na época).

Com esses valores, constatou-se que Noé, sabedor da procedência ilícita do dinheiro, adquiriu entre outubro de 2011 e maio de 2013, cinco apartamentos na cidade de Balneário Camboriú pelo valor de R$ 400.000,00 cada imóvel. Três dias após cada negociação, Noé vendeu os imóveis pelo mesmo preço adquirido para a empresa de comércio de compra e venda de automóveis de João Gustavo, 50 anos de idade, situada em Itajaí o qual é tio de Dona Marta, sendo que Zequinha possuía procuração para representar a pessoa jurídica, quando das assinaturas dos contratos de compra e venda com a empresa de Noé, que recebeu 6% de comissão de cada negócio.

Os apartamentos foram locados na Imobiliária de Joel (preso por receptação em 2008) e os valores dos aluguéis eram pagos diretamente em dinheiro para Dona Marta (os aluguéis somavam R$ 15.000,00 mensais) que também possuía procuração da empresa de João Gustavo, o qual estava ciente da real propriedade dos imóveis e da atividade do grupo.

A investigação demonstrou, ainda, que os valores dos aluguéis eram utilizados para manter os gastos da família de Zequinha e Dona Marta, bem como para a aquisição de entorpecentes no Mato Grosso do Sul (no veículo foram encontrados comprovantes de depósitos em conta corrente de pessoa jurídica sediada em Ponta Porã/MS, com datas e valores coincidentes com o recebimento dos aluguéis, sempre em valores menores a R$ 10.000,00).

Além disso, constatou-se que as empresas de Noé e de Dona Marta, embora estivessem estabelecidos em endereço correspondente a imóvel locado, guarnecido com alguns móveis próprios (televisor, mesas, computadores, etc.), não apresentavam movimentação registrada nas Receitas Federal, Estadual e Municipal e não tinham empregados registrados, enquanto que a empresa de João Gustavo era estabelecida e apresentava movimentação compatível com a entrada e saída de veículos, inclusive com pagamento regular de impostos.

De acordo com estas informações acima, responda justificadamente:

1. Intimado, agora, da sentença de 13 de abril maio de 2013 quais providências o Ministério Público deve tomar, fundamentando sua resposta.
2. Recebendo os autos do caderno policial da prisão em flagrante de 18 de fevereiro de 2013, indique a conduta de todos os envolvidos, promovendo, justificadamente, a classificação dos delitos praticados.
3. Qual o Juízo competente para os fatos investigados pelo flagrante de 18 de fevereiro de 2013?
4. Quais as medidas deveriam ser requeridas junto com a ação penal? Fundamente sua resposta.

Resposta

1. Contra a sentença, cabível recurso de apelação, visando, por exemplo, majorar a pena e/ou sustentar o não cabimento da substituição da pena, sabendo que, em tese, o STF admite a substituição para os crimes de tráfico. A fundamentação do recurso deve considerar tal entendimento.

2. Os delitos narrados são, mormente, capitulados na Lei nº 11.343/2006 (entorpecentes), na Lei 9.613/1998 (lavagem de capitais) e no art. 288, CP (associação criminosa).

3. O juízo competente é o do local da aquisição da substância entorpecente, eis que com essa conduta o delito já se perfez, consumando-se (art. 70, CPP). O transporte é um exaurimento ou pos factum impunível. Daí ser competente o Juízo da Comarca de Ponta Porã/MS.

4. É cabível medida assecuratória de sequestro em relação aos apartamentos adquiridos com o proveito auferido dos delitos de tráfico (art. 60, da Lei 11.343/2006). Possível também o afastamento do sigilo fiscal das empresas envolvidas, por ordem judicial, considerando que já foi decretada a quebra de sigilo bancário ali indicada. Quando do oferecimento da ação penal, deve o MP requerer juntada de laudo de constatação definitivo da droga apreendida, bem como a aplicação do art. 50, da Lei de Entorpecentes, para ordenar a destruição da droga apreendida, guardando-se amostra necessária para a confecção do laudo definitivo. É possível, ainda, em petição cautelar autônoma, pleitear a alienação antecipada dos bens apreendidos, seguindo os ditames dos parágrafos, do art. 62, da Lei de Drogas. O candidato pode fundamentar a necessidade de medidas cautelares diversas da prisão (art. 319, CPP) em relação aos demais acusados, levando em conta que Zequinha já está com a prisão preventiva convertida (art. 310, II, c/c art. 312, CPP).

09. (TJ/MS – Juiz de Direito – MS/2010) Após ter sido condenado a uma pena de 9 (nove) anos de reclusão em regime inicial fechado, com decisão fundamentada decretando sua prisão e obrigatoriedade de recolher-se ao cárcere para poder apelar, o sentenciado fugiu para lugar ignorado. Seu advogado apelou da sentença no prazo legal. O Ministério Público, alegando ausência de condições de procedibilidade, manifestou-se contrário ao recebimento do recurso e pediu a decretação da prisão preventiva do réu em razão da fuga. Na posição de Juiz que substituiu o magistrado sentenciante na época do apelo, fundamente sua atitude quanto ao recebimento ou rejeição do recurso e o pedido de prisão preventiva.

Resposta

Com o sistema processual penal constitucional de 1988, bem como a partir da jurisprudência consolidada pelo STF e pelo compromisso firmado pelo Brasil no Pacto de são José da Costa Rica, não é possível rejeitar o recurso do acusado que se afastou do distrito de culpa. Revogados expressamente estão os artigos 594 e 595, CPP, que poderiam inculcar alguma dúvida sobre a impossibilidade de ser julgado deserto um recurso em virtude de fuga.

A prisão preventiva é admitida, por conta da presença dos requisitos para sua decretação (art. 312, CPP), notadamente o fumus comissi delicti (condenação do acusado a nove anos de reclusão em regime fechado) e periculum libertatis (fuga do acusado que indica a necessidade de se garantir a aplicação da lei penal).

10. (TJ/RS – Juiz de Direito – RS/2012) Proferida sentença condenando o réu como incurso nas sanções do artigo 121, § 2º, II e IV, combinado com os artigos

14, inciso II e 61, inciso I, todos do Código Penal, ante suposto erro material havido na aplicação da pena imposta ao réu quanto à análise dos vetores do artigo 59 do mesmo Diploma Legal, indaga-se:

(A) Em tese, qual o remédio jurídico para nulificar dito julgado?

(B) Cabe *Habeas Corpus* nesse sentido? Justifique ambas as respostas.

Resposta

(A) Meros erros materiais são corrigíveis de ofício ou por intermédio de simples petição. No entanto, tratando-se de obscuridade, ambiguidade, omissão ou contradição, recomendável a oposição de "embarguinhos" perante o próprio juiz de primeiro grau (art. 382, CPP), a fim de que corrija a aplicação dos vetores circunstanciais do art. 59, CP. Após esse proceder – e não sendo sanado o problema – interponível apelação criminal (art. 593, III, "c", CPP).

(B) Cogita-se de cabimento de habeas corpus em casos como este quando se requer urgência relativamente ao constrangimento à liberdade de locomoção. Se o acusado está com prisão preventiva decretada, cuja fundamentação se baseou nas circunstâncias apreciadas erroneamente, recomendável é o uso desse remédio heroico, em virtude da demora que pode levar o processamento da apelação. O habeas corpus pode ser admitido como sucedâneo recursal, especialmente se tiver o acusado e seu defensor deixado de apelar no tempo próprio.

11. (MPF/23) Leia, com atenção, o enunciado adiante: Acusado de cometer o delito de moeda falsa, L constituiu B, advogado de sua confiança, para patrocinar sua defesa. No final, foi condenado no mínimo da pena prevista para o delito. Tempestivamente B apelou da decisão, mas L encaminhou ao Juiz um requerimento renunciando ao direito de recorrer. Responda, explicando em 20 linhas no máximo, à seguinte questão: Apesar da renúncia de L, deverá ter seguimento e ser conhecido o recurso interposto por B?

Resposta

Atualmente a jurisprudência se pacificou no sentido de que o conflito entre defesa técnica e autodefesa quanto ao exercício do direito de recorrer, resolve-se em favor da admissibilidade do recurso. Logo, para o caso de renúncia ao prazo recursal pelo acusado, este não produz efeitos quanto à legitimidade autônoma de seu advogado para, dentro do prazo legal, apresentar a impugnação à sentença.

12. (MPE-PR – Promotor de Justiça – PR/2011) (MÁXIMO 15 LINHAS).

É possível ao Tribunal conhecer de matéria probatória não ventilada em apelação criminal, em processos do Tribunal do Júri? Explique.

Resposta

As sentenças proferidas pelo juiz-presidente a partir das decisões dos jurados são recorríveis dentro de limites mais estreitos. O CPP admite apelação quando: (a) ocorrer nulidade posterior à pronúncia; (b) for a sentença do juiz-presidente contrária à lei expressa ou à decisão dos jurados; (c) houver erro ou injustiça no tocante à aplicação da pena ou da medida de segurança; e/ou (d) for a decisão dos jurados manifestamente contrária à prova dos autos.

Como se depreende, o revolvimento sobre provas em recurso de apelação contra decisões dos jurados é bem limitado, tendo incidência de forma restrita aos motivos de aplicação de pena (que não estão abrangidos pela soberania dos veredictos) e nas hipóteses de decisões manifestamente contrárias à prova dos autos.

Isso quer dizer que, quanto aos fatos julgados pelos jurados, o conhecimento de matéria probatória só tem lugar para o fim de invalidar o julgamento.

Para isso, é preciso atender às seguintes regras:

Daí que o conhecimento de matéria probatória depende de que se tenha impugnado a decisão, nesses termos, por meio de apelação criminal.

No entanto, tratando-se de recurso exclusivo da acusação para majorar pena, pode o tribunal conhecer de matéria probatória nele não ventilada, desde que seja para favorecer o acusado, invalidando o julgamento e remetendo o feito a novo júri (julgamento contrário à prova dos autos).

Também é possível o conhecimento de ofício de matéria probatória relativa à dosimetria da pena, para o fim de abrandá-la (favor rei). No ponto, não há que se falar em soberania dos veredictos, sendo o caso de reforma do julgado e não de sua nulificação.

A técnica para tal fim utilizada é denominada de habeas corpus de officio, objeto de estudo do capítulo "ações autônomas de impugnação".

Capítulo XV
Nulidades

Sumário • 1. Nulidades processuais em geral: 1.1. Introdução: 1.1.1. Noção de nulidade; 1.1.2. Sistemas de nulidades: rol exemplificativo *versus* rol taxativo; 1.1.3. Fundamento constitucional; 1.1.4. Tipicidade e atipicidade do ato processual; 1.1.5. Elementos e formalidades do ato processual penal; 1.1.6. Confronto doutrinário; 1.2. Classificações das nulidades: 1.2.1. Influência do direito privado; 1.2.2. Fundamento das classificações; 1.2.3. Divergências na terminologia classificatória; 1.2.4. Doutrina clássica das nulidades *versus* doutrina das nulidades como sanção; 1.2.5. Vantagens e desvantagens da adoção de uma classificação; 1.2.6. Relativização das nulidades processuais; 1.2.7. Classificações na doutrina; 1.3. Princípios informativos das nulidades: 1.3.1. O princípio da boa boa-fé objetiva e o *duty to mitigate the loss* na esfera criminal – 2. Inexistência dos atos processuais – 3. Nulidades absolutas e relativas: 3.1. A arguição de nulidade; 3.2. Efeitos – 4. Hipóteses passíveis de reconhecimento judicial de nulidade: 4.1. Falta ou deficiência de defesa; 4.2. Ilegitimidade da parte; 4.3. Incompetência do juízo; 4.4. Incompatibilidade, impedimento, suspeição ou suborno do juiz; 4.5. Inexistência ou defeito de peça acusatória ou de representação; 4.6. Ausência de intervenção do Ministério Público; 4.7. Ausência ou defeito de citação e do interrogatório do réu; 4.8. Vícios na decisão de pronúncia e rol de testemunhas; 4.9. Não intimação do réu da data de julgamento pelo júri; 4.10. Presença de pelo menos quinze jurados para o júri; 4.11. Concessão de prazos processuais; 4.12. Falta de intimação de testemunhas; 4.13. Falta de exame de corpo de delito nos crimes que deixam vestígios; 4.14. Irregularidade no sorteio e incomunicabilidade dos jurados; 4.15. Defeito ou contradição na quesitação e nas respectivas respostas no júri; 4.16. Irregularidades surgidas nos debates perante o tribunal popular; 4.17. Vícios na sentença; 4.18. Descumprimento de disposição que preconiza reexame necessário; 4.19. Falta ou irregularidade na intimação de atos processuais; 4.20. Descumprimento do quorum legal de julgamento nos tribunais; 4.21. Omissão de formalidade essencial de ato processual; 4.22. Nulidades no inquérito policial: 4.22.1. Divergência doutrinária; 4.22.2. Jurisprudência – 5. Reconhecimento judicial da nulidade e saneamento do ato processual penal – 6. Quadro Sinótico – 7. Súmulas aplicáveis: 7.1. STF – 8. Informativos recentes: 8.1. STJ; 8.2. STF – 9. Questões de concursos públicos – 10. Gabarito Anotado – 11. Questões discursivas com comentários

1. NULIDADES PROCESSUAIS EM GERAL

1.1. Introdução

1.1.1. Noção de nulidade

Nulidade é a sanção aplicada pelo juiz em razão da verificação de um ato processual defeituoso. A sua imposição terá lugar toda vez que o desatendimento de norma processual penal cause prejuízo a direito das partes ou quando haja presunção legal de tal prejuízo por se cuidar de formalidade essencial.

Em outras palavras, a nulidade processual "só ocorrerá após um ato judicial que decrete que o ato processual inquinado não pode gerar os efeitos a que se destinava"[1]. Essa concepção – sustentada por nós e adotada majoritariamente na doutrina e na jurisprudência – se distingue de outra que, influenciada pelo direito privado, entende que a nulidade processual penal do ato defeituoso é congênita, sendo concebida como "efeito ou consequência da falta de cumprimento das disposições legais"[2].

1. LOUREIRO, Antônio Tovo. O descumprimento das formas processuais penais como maximização do poder de punir: por uma nova teoria das nulidades. *Revista da Faculdade de Direito da Universidade Federal do Rio Grande do Sul*, Porto Alegre, nº 26, p. 14, dez. 2006.
2. FERNANDES, Paulo Sérgio Leite; FERNANDES, Geórgia Bajer. *Nulidades no processo penal*. 5. ed. São Paulo: Malheiros, 2002. p. 41.

Na verdade, a nulidade, no processo penal, não é automática, porquanto é preciso que o juiz se manifeste expressamente para que cessem os efeitos do ato processual viciado (salvo impossibilidade natural ou lógica de produção de seus efeitos normais).

Nulidade é termo plurívoco, com variadas possibilidades de definição, como veremos ao longo desse capítulo. Além de ser vista como sanção, pode ser compreendida como vício. O Código de Processo Penal ora toma o termo nulidade como vício, ora como sanção. Pensamos que o reconhecimento da "nulidade-vício" deve implicar a "nulidade-sanção", em uma estrutura normativa de antecedente a consequente. Dado o fato (vício-nulidade), deve ser a consequência (sanção-invalidade), inserida essa estrutura dúplice no termo "nulidade" (em sentido amplo)[3].

De outro giro, nulidade não se confunde com outra categoria, a rescindibilidade, que tem lugar na ação de revisão criminal. Aroldo Plínio Gonçalves, distinguindo, vivifica que "a nulidade é sanção normativamente prevista para o ato praticado em desconformidade com seu modelo normativo. A rescindibilidade é a rescisão potencialmente considerada, é a possibilidade lógica da desconstituição da sentença de mérito[4].

1.1.2. *Sistemas de nulidades: rol exemplificativo versus rol taxativo*

Os sistemas de nulidades existentes comportam classificação em duas linhas principais, conforme expõem Paulo Sérgio Leite Fernandes e Geórgia Bajer Fernandes: "**(a)** sistemas rígidos, especificando rigorosamente as nulidades; e **(b)** sistemas genéricos, amplos, dando fórmulas abertas e deixando ao intérprete a adequação aos casos concretos". Além dessa classificação, podem ser elencados as seguintes classificações ou sistemas de nulidades processuais penais:

(1) sistema privatista: caracterizado por deixar a critério das partes reclamar a invalidade que só será decretada quando do ato resultar prejuízo e a parte apontá-la. Desse modo, a nulidade dependerá da vontade do interessado. No caso de inércia da parte, o órgão judicial não poderá decretá-la;

(2) sistema legalista: consiste na adstrição do juiz à dicção da lei. É a legislação processual penal que traça os elementos essenciais do ato processual cuja observância é obrigatória; e

(3) sistema judicial (também denominado como **instrumental**): é o que autoriza que o juiz valore a essencialidade do requisito não observado do ato processual, apesar de, em alguns casos, imponha a necessidade de provocação das partes[5].

Paulo Rangel descreve classificação semelhante, embora com distinções. Para ele, os três sistemas das nulidades processuais são:

3. Em estudo específico (ALENCAR, Rosmar Rodrigues. *Teoria da nulidade no processo penal*. São Paulo: Noeses, 2016), para o qual remetemos o leitor, anotamos que "a norma jurídica é o instrumento central para a identificação dos vícios dos atos e classificação de seus elementos". Com o reconhecimento de nulidade-fato (defeito), teremos "o ato jurídico viciado, fruto de incidência imperfeita e objeto de controle", que "servirá de suporte fático à construção de outra norma jurídica", decorrendo o dever de "produzir nulidade-consequência" (invalidação).
4. GONÇALVES, Aroldo Plínio. *Nulidades no processo*. 2. ed. Belo Horizonte: Del Rey, 2014. p.66.
5. FERNANDES, Paulo Sérgio Leite; FERNANDES, Geórgia Bajer. *Nulidades no processo penal*. 5. ed. São Paulo: Malheiros, 2002. p. 18.

(1) o sistema da certeza legal, que "é aquele em que o legislador, desconfiado do juiz, diz, expressamente, em quais casos haverá a aplicação da sanção de nulidade, não dando" a ele "discricionariedade para que possa perquirir se realmente o ato deva ser invalidado";

(2) o sistema da instrumentalidade das formas, com base no qual "o juiz tem liberdade de decidir se o ato imperfeito deve, realmente, ser declarado inválido", ou seja, "mesmo não estando previsto no art. 564, o juiz deve investigar se o ato é atípico e se merece ser invalidado"; e

(3) o sistema misto, tido, pela maior parte da doutrina, como o adotado pelo Código de Processo Penal brasileiro, consistente na mescla dos sistemas da certeza legal e da instrumentalidade das formas, de molde a autorizar "o juiz a perquirir a lei (se ela diz que o ato é inválido) e, ao mesmo tempo, investigar se o ato influenciou na verdade substancial ou na decisão da causa, bem como se do ato imperfeito resultou prejuízo para as partes"[6].

O artigo 564 do CPP enumera vários casos de atos processuais defeituosos que poderão acarretar a sanção de nulidade. Existe divergência doutrinária sobre se esse rol de nulidades é taxativo (***numerus clausus*** ou rol fechado) ou exemplificativo (***numerus apertus*** ou rol aberto).

Quando o sistema processual só reconhece nulidade nas hipóteses previstas em lei, temos a taxatividade do rol, decorrente da incidência do **princípio da especificidade**. Nessa senda, o art. 1030 do Código de Processo Civil francês, refere-se expressamente à regra ***pas de nulitté sans texte*** (não há nulidade sem texto), excluindo a possibilidade de decretação de nulidades implícitas"[7].

No atual Código de Processo Penal italiano, existe dispositivo legal que afirma a taxatividade do rol, também afastando a ideia de nulidades implícitas. Nessa esteira, Heráclito Antônio Mossin entende que o rol do nosso Código de Processo Penal é ***numerus clausus***.

Para ele, apesar da forma confusa com que o instituto das nulidades foi disposto no CPP, deve ser garantida a "estabilidade da relação jurídico-processual, da coisa julgada e a questão relacionada com a economia processual", não sendo apropriado considerar nulo o fato que não tiver previsão explícita. De tal maneira, evita-se um número infindável de casos de nulificação processual, pois "quando a lei não cominar a nulidade o ato ilegal somente será tido como irregular"[8].

Para nós, as hipóteses passíveis de nulidade não representam rol taxativo, mas exemplificativo. O CPP brasileiro adotou um **sistema eclético** (com características dos sistemas legal e judicial/instrumental).

Com idêntico entendimento, Lúcio Santoro de Constantino aviva que o sistema de nulidades do Código de Processo Penal é caracterizado "por uma eclética formação, condimentada **pelo sistema legalista e pelo instrumental**". Existe assim "um elenco de determinadas nulidades, além da admissão de outras, não arroladas legalmente, cujo foco recai na questão do prejuízo e instrumentalidade"[9].

6. RANGEL, Paulo. *Direito processual penal*. 4. ed. Rio de Janeiro: Lumen Juris, 2001. p. 477.
7. SILVA, Ricardo Perlingeiro Mendes da. *Teoria da inexistência no direito processual civil*. Porto Alegre: Sergio Antonio Fabris, 1998. p. 31.
8. MOSSIN, Heráclito Antônio. *Nulidades no direito processual penal*. 3. Ed. Barueri: Manole, 2005. p. 74-77.
9. CONSTANTINO, Lúcio Santoro. *Nulidades no processo penal*. 3. ed. Porto Alegre: Verbo Jurídico, 2008. p. 36.

Vale registrar a opinião divergente de Paulo Rangel, com posição minoritária no sentido de que "o sistema hodierno é o da instrumentalidade das formas", ressalvando, porém, que "há no Código resquícios do sistema da certeza legal"[10].

As possibilidades de defeitos dos atos processuais penais são amplas, não se resumindo nos casos previstos no art. 564 do Código. Tanto isso é exato que o seu inciso IV atesta a natureza aberta do sistema ao dizer que também ocorrerá nulidade "por omissão de formalidade que constitua elemento essencial do ato".

1.1.3. Fundamento constitucional

O direito processual penal brasileiro tem suas linhas fundamentais estabelecidas na Constituição de 1988, que sufraga o sistema acusatório caracterizado pela nítida separação das funções de acusar, de defender e de julgar, entregues a personagens distintos.

Assim, apesar da letra do Código de Processo Penal se acomodar em muitos aspectos ao sistema inquisitório, os seus dispositivos devem ser interpretados à luz da Constituição do Brasil, para que a aplicação do CPP se dê em compasso com o princípio acusatório.

A disciplina legal das nulidades processuais penais (disposta no Título I, do Livro III, do CPP), por sua vez, apresenta imprecisões que precisam ser harmonizadas pelo intérprete. A incoerência no plano legal tem como reflexo as amplas divergências no plano doutrinário e jurisprudencial sobre o assunto, razão pela qual o tema nulidades processuais é de difícil sistematização.

As contradições do texto podem ser atribuídas ao trabalho legislativo influenciado por correntes distintas, quais sejam:

(1) a inspiração fascista advinda dos parâmetros do Código ***Rocco*** (Itália) confere ao nosso Código um perfil inquisitivo, concentrando amplos poderes nas mãos do juiz, a exemplo do poder discricionário (subjetivo) para firmar seu convencimento sobre se um ato deveria ser nulificado ou não; e

(2) a raiz legalista (iluminista) da previsão tipificada dos casos que implicariam a sanção de nulidade do ato processual penal, cujo objetivo era proteger o cidadão (acusado) contra arbitrariedades do Estado no âmbito do processo, em obediência às formalidades atinentes ao devido processo legal e às demais garantias processuais penais.

Para compreender o tema, é preciso estabelecer uma premissa hermenêutica baseada em seu fundamento constitucional: as nulidades processuais devem ser encaradas como sanções estabelecidas legalmente para o fim de assegurar as garantias fundamentais processuais penais dispostas na Constituição Federal. Isso quer dizer que toda tipificação de ato defeituoso no Código de Processo Penal (especialmente os previstos no art. 564) é baseada em uma garantia fundamental de uma das partes.

Por exemplo: **(1)** a hipótese de nulidade do processo por incompetência do juízo (art. 564, I, CPP) visa assegurar o princípio do juiz natural (ninguém será processado ou julgado senão pela autoridade judicial competente – art. 5º, LIII, CF); e **(2)** o caso de falta de citação

10. RANGEL, Paulo. *Direito processual penal*. 4. ed. Rio de Janeiro: Lumen Juris, 2001. p. 477.

do acusado (art. 564, III, "e", CPP) tem o objetivo de assegurar o direito constitucional ao contraditório e à ampla defesa (art. 5º, LV, CF).

Nesse contexto, devemos sublinhar, com apoio em Alberto Binder, que, embora a **função das formas processuais** não se reduza "a garantir os princípios de proteção do imputado" que, sem dúvida, "é a função principal", deve ficar claro que o **sistema de garantias** "só protege o imputado (e só ele) da violação dos princípios para salvaguardar sua pessoa do uso abusivo do poder penal". De compasso com tal sistema, "as formas processuais são mecanismos de proteção"[11].

Com base nessa visão, é chamada a atenção para a relevância ou não do defeito do ato processual para fins de sua invalidação.

Existe a tendência atual de se procurar evitar a decretação de nulidade processual, sob o argumento de que a nulificação não condiz com os objetivos de celeridade e de precaução contra dilações processuais indevidas. Daí que são relativizadas inclusive as nulidades denominadas de absolutas.

Contra essa ideia se insurgem Paulo Sérgio Leite Fernandes e Geórgia Bajer Fernandes, enfatizando que mais grave do que os inconvenientes da decretação de nulidade processual "será a condenação de um acusado com proscrição das garantias fundamentais do contraditório, da ampla defesa, da liberdade plena de produção de prova"[12].

As nulidades processuais penais típicas (previstas expressamente no Código de Processo Penal) e atípicas (implícitas no sistema acusatório) têm a natureza de garantia constitucional.

A função dessa sistematização é completar o regramento do processo com atenção para sua finalidade de fazer valer o ***jus puniendi***, sem descurar da necessidade de também limitar o poder punitivo estatal.

Daí que a tipicidade do processo penal é uma formalidade que assegura o exercício de direito fundamental (processo penal acusatório justo), mediante o "mecanismo da coerção, das condutas contra eles direcionadas, a permanecerem nos limites da ordem jurídica, com a finalidade de proteger os seus titulares contra violações de qualquer natureza". Nesse sentido, o sistema processual penal que sanciona os atos processuais penais defeituosos com a pecha de nulidade se insere no que se denomina garantia constitucional em sentido estrito (proteção processual), na linha esposada por Guilherme Peña de Moraes[13].

1.1.4. Tipicidade e atipicidade do ato processual

Tipicidade do ato processual é a qualidade consistente em sua prática em compasso com todas as disposições constitucionais e legais que o regem.

Atipicidade do ato processual penal ocorre quando, ao revés, o ato é realizado sem a observância das exigências legais e/ou constitucionais.

11. BINDER, Alberto M. *O descumprimento das formas processuais*: elementos para uma crítica da teoria unitária das nulidades no processo penal. Tradução: Ângela Nogueira Pessôa. Rio de janeiro: Lumen Juris, 2003. p. 36; 101.
12. FERNANDES, Paulo Sérgio Leite; FERNANDES, Geórgia Bajer. *Nulidades no processo penal*. 5. ed. São Paulo: Malheiros, 2002. p. 41.
13. MORAES, Guilherme Peña de. *Curso de direito constitucional*. 2. ed. Niterói: Impetus, 2008. p. 501.

A nulidade recairá sobre o ato processual atípico, isto é, será a sanção aplicada pelo juiz quando o ato processual for praticado em desconformidade com as leis processuais penais e/ou com a Constituição Federal. Eis a importância de se distinguir tipicidade de atipicidade do ato processual.

É de ver que "nenhum ato será declarado nulo, se da nulidade não resultar prejuízo para a acusação e para a defesa" (art. 563, CPP). Isso quer dizer que a atipicidade do ato não implica automaticamente sua nulidade.

Calmon de Passos enfatiza esse aspecto: o "ato processual típico é o que se ajusta, com perfeição, ao modelo legal. A atipicidade é a imperfeição do ato. O ato imperfeito é eficaz (ato irregular) e somente perde a eficácia que lhe é própria quando judicialmente sancionado com a nulidade". Mais especificamente, "atipicidade e ineficácia são conceitos que se não implicam necessariamente, como por igual tipicidade e eficácia. Atípico e eficaz é o ato irregular. Atípico e ineficaz é o ato nulo"[14].

Sob essa ótica, não há relevância, em direito processual, de uma distinção precisa entre nulidade relativa, nulidade absoluta (e para alguns, da inexistência), eis que existirá sempre a necessidade de manifestação judicial sobre a atipicidade de ato processual e os seus efeitos decorrentes.

1.1.5. Elementos e formalidades do ato processual penal

O ato processual penal é constituído de elementos de duas naturezas: (1) elementos internos: o conteúdo do ato e a "manifestação volitivo-intelectual de quem atua"; e (2) elementos externos ou formais: a conformação objetiva do ato às disposições abstratas que o regram com o fito de garantir o "cidadão contra o arbítrio judicial"[15].

É assim que Grinover, Scarance e Gomes Filho, embora combatendo o excessivo formalismo, afirmam que "o processo exige uma atividade típica, composta de atos cujos traços essenciais são definidos pelo legislador". Os sujeitos processuais "devem pautar seu comportamento segundo o modelo legal". O devido processo legal é, desse modo, "a garantia de uma efetiva participação na série de atos necessários à formação do convencimento judicial e, para o próprio juiz, instrumento útil para alcançar a verdade sobre os fatos que deve decidir[16]".

No que toca aos elementos formais, por razões práticas a doutrina costuma bipartir os atos processuais em essenciais e acidentais. Ambos têm a ver com a regularidade do ato processual, porém só as formalidades essenciais independem de demonstração de prejuízo para a acusação ou para a defesa.

Heráclito Mossin define os atos processuais essenciais (ou estruturais) como os "imprescindíveis, insubstituíveis para a formação e o desenvolvimento regular da instância". Daí que "a ausência ou inexistência desses atos estruturais implica nulidade absoluta do processo, independentemente do eventual prejuízo às partes, já que este se presume"[17].

---

14. PASSOS, José Joaquim Calmon de. *Esboço de uma teoria das nulidades aplicada às nulidades processuais*. Rio de Janeiro: Forense, 2005. p. 146.
15. FERNANDES, Paulo Sérgio Leite; FERNANDES, Geórgia Bajer. *Nulidades no processo penal*. 5. ed. São Paulo: Malheiros, 2002. p. 23-24.
16. GRINOVER, Ada Pellegrini; FERNANDES, Antônio Scarance; GOMES FILHO, Antônio Magalhães. *As nulidades no processo penal*. 7. ed. São Paulo: RT, 2001. p. 19.
17. MOSSIN, Heráclito Antônio. *Nulidades no direito processual penal*. 3. ed. Barueri: Manole, 2005. p. 54.

Por seu turno, a invalidade processual decorrente de vício que recaia sobre ato processual acidental "é sanção que somente pode ser aplicada se houver a conjugação do defeito do ato processual (pouco importa a gravidade do defeito) com a existência de prejuízo"[18].

Os vícios dos atos processuais acidentais (ou não estruturais) "geram nulidade relativa", que pode ser sanada. Só "serão considerados nulos se acarretarem prejuízo à acusação ou à defesa, conforme previsão normativa encontrada no art. 563 do encimado ***Codex***, ou se exercerem influência na apuração da verdade substancial ou na decisão da causa, nos termos do art. 566 do Código de Processo Penal"[19].

Importa uma distinção ainda. Os atos processuais contêm formalidades. Essas formalidades também podem ser acidentais ou essenciais, como se infere do art. 564, IV, CPP. Contudo, "para que haja formalidade essencial do ato, torna-se necessário que tal ato também seja essencial", porquanto os atos acidentais ou não essenciais são constituídos de formalidades também acidentais. Só a falta das formalidades essenciais provoca a nulidade absoluta do ato. No que tange às formalidades acidentais, para haver sanção nulificadora é preciso manifestação oportuna do interessado acompanhada de comprovação do prejuízo[20].

De todo modo, a nulidade decorre de uma decisão de natureza preponderantemente constitutiva, embora também declare o descumprimento de formas processuais consideradas essenciais ou acidentais prejudiciais, só passando a existir o ato nulo depois de reconhecido o vício judicialmente.

1.1.6. Confronto doutrinário

Nulidades processuais penais não é tema de sistematização pacífica na doutrina. Para uma visão panorâmica, podem ser registrados conceitos diversos, que problematizam a compreensão e que evidenciam um terreno de difícil trânsito. Assim teremos:

Paulo Rangel: "nulidade não é vício que inquina o ato, mas, sim, a sanção que se aplica ao ato viciado, em desconformidade com a lei", ou seja, "a nulidade é consequência da prática do ato em desconformidade com a lei e não a desconformidade em si"[21].

Nucci: nulidade "é o vício que contamina determinado ato processual, praticado sem observância da forma prevista em lei, podendo levar à sua inutilidade e consequente renovação"[22].

Mirabete: nulidade "é, sob um aspecto, vício, sob outro, sanção, podendo ser definida como a inobservância de exigências legais ou uma falha ou imperfeição jurídica que invalida ou pode invalidar o ato processual ou todo o processo"[23].

Pacelli: "a declaração de nulidade" é "a consequência jurídica da prática irregular do ato processual, seja pela não-observância da forma prescrita em lei, seja pelo desvio de finalidade surgido com a sua prática"[24].

18. DIDIER JR., Fredie. *Curso de direito processual civil*: teoria geral do processo e processo de conhecimento. 6. ed. Salvador: JusPODIVM, 2006. p. 235.
19. MOSSIN, Heráclito Antônio. *Nulidades no direito processual penal*. 3. ed. Barueri: Manole, 2005. p. 54-55.
20. MOSSIN, Heráclito Antônio. *Nulidades no direito processual penal*. 3. ed. Barueri: Manole, 2005. p. 56-57.
21. RANGEL, Paulo. *Direito processual penal*. 4. ed. Rio de Janeiro: Lumen Juris, 2001. p. 476.
22. NUCCI, Guilherme de Souza. *Manual de processo penal e de execução penal*. 3. ed. São Paulo: RT, 2007. p. 771.
23. MIRABETE, Julio Fabbrini. *Processo penal*. 14. ed. São Paulo: Atlas, 2003. p. 591.
24. OLIVEIRA, Eugênio Pacelli de. *Curso de processo penal*. 2. ed. Belo Horizonte: Del Rey, 2003. p. 734.

Os autores, como se vê, realçam alguns dos aspectos da nulidade processual enquanto sanção e/ou vício, sem uniformidade entre si. O que importa é a compreensão que não confunda o vício do ato com a sanção (imposta de forma não automática).

Em outras palavras, interessa a percepção de que o fenômeno jurídico acopla, de um lado, a verificação do defeito/vício processual (ato processual atípico) e, de outro, a aplicação da sanção pelo juiz (decretação de nulidade), uma vez preenchidos os pressupostos para tanto (prejuízo presumido legalmente ou demonstrado pela parte interessada).

1.2. Classificações das nulidades

1.2.1. Influência do direito privado

As nulidades processuais são estudadas sob pontos de vista distintos. Nas classificações elaboradas é verificada uma linha doutrinária que se vale das noções de nulidades do direito civil para sistematizar a disciplina da invalidade processual no âmbito processual. Os subsídios para tanto são buscados na teoria do fato jurídico. No entanto, como pondera Aroldo Plínio Gonçalves, "os processualistas admitem que as nulidades no processo não podem ser consideradas sob o mesmo enfoque do direito privado"[25].

1.2.2. Fundamento das classificações

Seguindo o direito material, a doutrina processual procurou dividir as nulidades em categorias que procuram retratar a gravidade do vício. A característica mais notável da classificação é a bipartição em absolutas e relativas. Esta divisão das nulidades é dicotômica e racional, procurando facilitar o trabalho do aplicador do direito.

A origem filosófica desse pensamento é cartesiana (René Descartes), que se revela pelo raciocínio "linear e formalista", fundamentado "na lei da causalidade e nas técnicas de análise, discriminação, classificação e hierarquização", tudo em conformidade com o método científico incorporado à cultura ocidental[26].

1.2.3. Divergências na terminologia classificatória

Existem divergências na terminologia das invalidades processuais. São encontrados rótulos distintos para se referir a fenômenos idênticos, como também são vistas classificações mais detalhadas do que outras. Parte da doutrina se refere à teoria da inexistência do ato processual, bem como menciona denominações como nulidade de pleno direito, anulabilidade e "simples irregularidade". Tais diferenças também encontram a semelhança com o modelo do estudo das nulidades no direito privado, como explicitado acima.

1.2.4. Doutrina clássica das nulidades versus doutrina das nulidades como sanção

No direito processual, são visualizadas uma doutrina clássica e uma "nova" doutrina das nulidades. A primeira, inspirada na doutrina do direito privado, a última, com perfil que se coaduna melhor com a realidade do processo penal.

---

25. GONÇALVES, Aroldo Plínio. *Nulidades no processo*. 2. ed. Belo Horizonte: Del Rey, 2014. p. 11.
26. MOREIRA, João Batista Gomes. *Direito administrativo*: da rigidez autoritária à flexibilidade democrática. Belo Horizonte: Fórum, 2005. p. 45-48.

A doutrina clássica enxerga a nulidade como "uma qualidade do ato, ou uma carência sua, de modo que o ato jurídico seja nulo quando, 'automaticamente, houver nascido com alguma malformação, ou com deficiência de certo elemento que a lei considere indispensável à sua existência ou à sua validade'. Trata-se assim de uma "concepção da nulidade como uma qualidade ou uma carência do ato jurídico" (como algo congênito e de decorrência automática, inviabilizando, por si só, a produção de efeitos do ato jurídico)[27].

A doutrina das nulidades, que adotamos no presente estudo, entende a nulidade simplesmente como sanção contra a violação de uma determinada norma legal, cuja consequência seria "a faculdade que a própria lei outorga a alguém de impugnar o ato praticado em contravenção à norma"[28].

Em compasso com essa noção, é preciso que não seja confundida a nulidade reconhecida processualmente com o ato processual defeituoso (sobre o qual, por exemplo, recai alegação de irregularidade). A decisão judicial será, portanto, o divisor de águas para a cessação da produção de efeitos do ato.

1.2.5. *Vantagens e desvantagens da adoção de uma classificação*

A tipologia doutrinária das nulidades processuais objetiva facilitar sua aplicação aos defeitos dos atos processuais, apresentando uma justificativa racional para a expurgação ou para a sanação do ato viciado.

A vantagem da adoção de uma tipologia das nulidades (uma dada classificação) é a coerência na sua aplicação aos atos que revelem características que mereçam a sanção de nulidade de forma irremediável (quando se cuidar de nulidade absoluta que não admita convalidação, por exemplo) ou sanável (quando a hipótese for de nulidade relativa, que permita sua correção ou preclusão).

A desvantagem da utilização de uma classificação consiste na sua insuficiência verificada no plano concreto para explicar todas as possibilidades processuais de atos defeituosos. Nesse sentido, podemos dizer que a justificação das classificações das nulidades processuais é mais de índole formal, do que propriamente uma coerência efetiva.

O esforço do processualista para uniformizar a classificação e indicar uma espécie de tipologia das invalidades acaba por reduzir as possibilidades de compreensão. É que há uma tensão entre a vinculação a enunciados classificatórios (que estaria de acordo com a noção de "segurança jurídica") e a compreensão (que estimula o intérprete a prosseguir na atividade hermenêutica para encontrar a melhor solução para o caso concreto, tendo a classificação como ponto de partida para uma decisão correta)[29].

Melhor então será que o juiz, sem perder de vista a utilidade das classificações para a aferição dos vícios processuais e da sanção nulificadora que caiba, compreenda o leque de possibilidades para a aplicação e interpretação da legislação processual penal em compasso

27. SILVA, Ovídio Araújo Baptista da. *Curso de processo civil*. 5. ed. São Paulo: RT, 2000. v.1. p. 213.
28. SILVA, Ovídio Araújo Baptista da. *Curso de processo civil*. 5. ed. São Paulo: RT, 2000. v.1. p. 213.
29. ALENCAR, Rosmar Rodrigues. *Efeito vinculante e concretização do direito*. Porto Alegre: Sergio Antonio Fabris, 2009. p. 194-195.

com a Constituição, e confira assim efetividade/celeridade ao processo, sem que isso implique mitigação às garantias fundamentais das partes.

Destarte, constatando, no caso concreto, que "o conceito de resposta ao ato defeituoso" (aplicação da sanção nulidade a partir da simples verificação de ato processual penal atípico) conduz a um resultado que não encontra respaldo constitucional, deve o magistrado procurar uma hermenêutica que viabilize uma decisão que maximize as possibilidades de compreensão do conjunto (sujeitos processuais, ordenamento jurídico e contexto social)[30].

Com essa ideia as formalidades dos atos processuais não serão esquecidas toda vez que a lei presumir prejuízo às partes (nulidade absoluta, que, em tese, dispensa a necessidade de demonstração pelas partes), especialmente quando ao interessado na decretação do vício for difícil a comprovação de prejuízo efetivo em razão da prática de ato defeituoso (atípico), vale dizer, em descompasso com o ordenamento jurídico como um todo.

1.2.6. Relativização das nulidades processuais

Calmon de Passos destacou bem a necessidade de atuação do juiz para que o ato seja extirpado do processo. Para ele, "nada, ontologicamente, é lícito ou ilícito, proibido, devido ou permitido. Para que o seja, é indispensável um dizer do homem a esse respeito". Vale dizer, "o ato imperfeito é eficaz (ato irregular) e somente perde a eficácia que lhe é própria quando judicialmente sancionado com a nulidade"[31].

Essa conclusão pode ser arrematada com Gabriel Ivo, ao constatar que é o homem que dá sentido à incidência da norma – não sendo diferente com a norma jurídica sancionadora da invalidade –, porquanto "se a incidência ocorresse sem a intermediação humana, não haveria a transformação do sentido", haja vista que, embora o texto seja o mesmo, a norma construída é diversa, isto é, "a incidência de ontem não é a mesma de hoje"[32].

Apesar do acerto dessas ideias, elas permitiram a abertura de espaço para o fenômeno da relativização das nulidades processuais, que prestigia a discricionariedade e o subjetivismo do juiz, em detrimento do sistema acusatório, o que é por demais perigoso.

Na jurisprudência do STF e do STJ, é constatada essa tendência em vários julgados, a exemplo da que, no âmbito do Superior Tribunal, avivou que a tramitação indevida de processo penal em segredo de justiça, com violação ao princípio da publicidade, não implica nulidade se não decorrer prejuízo advindo do sigilo[33], embora aí se esteja diante de desatendimento de ditame constitucional (art. 93, IX, CF/1988).

1.2.7. Classificações na doutrina

As classificações podem ser úteis ou inúteis. Não existe, a rigor, uma classificação incorreta, apesar de se poder reputar sem utilidade didática alguma classificação. Contudo,

30. LOUREIRO, Antônio Tovo. O descumprimento das formas processuais penais como maximização do poder de punir: por uma nova teoria das nulidades. *Revista da Faculdade de Direito da Universidade Federal do Rio Grande do Sul*, Porto Alegre, nº 26, p. 23, dez. 2006.
31. PASSOS, José Joaquim Calmon de. *Esboço de uma teoria das nulidades aplicada às nulidades processuais*. Rio de Janeiro: Forense, 2005. p. 143-146.
32. IVO, Gabriel. *Norma jurídica*: produção e controle. São Paulo: Noeses, 2006. p. 53.
33. HC 148.723, Rel. Min. Maria T. A. Moura. j. 7.12.2010. 6ª T. (Info 459).

em se tratando de nulidades, a multiplicidade de classificações tem prejudicado a sua compreensão.

O que se vê "é a consolidação da polissemia dos termos que tratam do tema", tais como: "inexistência, ato nulo de pleno direito, nulidade absoluta", nulidade relativa, nulidade implícita, nulidade virtual, ato inexistente, anulabilidade, irregularidade, entre outros[34].

Diante das divergências, Wilson Alves de Souza observa que não é concebível uma teoria uniforme das nulidades processuais a partir da classificação das teorias das nulidades dos atos jurídicos (direito material). Não haveria coerência para o processo, a distinção das categorias "nulidade relativa, nulidade absoluta e anulabilidade". Isso porque só se falará em nulidade no direito processual "quando existir pronunciamento de tal situação pelo juiz competente"[35].

A conclusão do autor é correta, porém, diante de uma nomenclatura muito utilizada na jurisprudência e na doutrina brasileira e considerando a necessidade de bem compreender o vício em si do ato processual, as garantias processuais das partes e a sanção nulificadora, é importante um cotejo de algumas classificações que retratam a dificuldade de sistematização doutrinária no estudo das nulidades processuais penais.

Na esteira da doutrina clássica das nulidades, com inspiração bem próxima do direito civil, Julio Fabbrini Mirabete assim subdivide as nulidades processuais:

(1) ato inexistente: "aquele em que há falta de um elemento que o direito considera essencial, ou seja, em que ele existe de fato, mas, sem o elemento essencial, ele inexiste ***de jure***", sendo "um não ato";

(2) ato nulo: "aquele que não produz efeitos até que seja convalidado e, se isto não for possível, nunca os produzirá", subdividindo o ato nulo em mais duas categorias: **(a) nulidade relativa** quando o ato é sujeito à condição suspensiva, ficando sanado/corrigido com a sua ocorrência (com o implemento da condição), produzindo efeitos tão só a partir daí; e **(b) nulidade absoluta** quando "é impossível a consolidação" (não há viabilidade de ser implementada qualquer condição para que seja sanado o vício); e

(3) ato anulável: consiste naquele "que produz efeitos até que seja invalidado e, assim, sua eficácia está sujeita a condição resolutiva" (o implemento da condição é a decisão do juiz que decreta a extirpação do ato para que cessem os seus efeitos), diferenciando-se "da nulidade relativa, em que o ato não produz efeito a não ser depois de sanada a nulidade"[36].

Com classificação que enfatiza a necessidade de manifestação judicial, Paulo Rangel, subdivide as categorias das nulidades nas três primeiras a seguir, para depois, em tópicos independentes, diferenciar nulidade absoluta de nulidade relativa:

(1) ato inexistente ou **ato juridicamente inexistente:** aquele que "não produz qualquer eficácia e, portanto, independe de decisão judicial declarando sua invalidade";

34. LOUREIRO, Antônio Tovo. O descumprimento das formas processuais penais como maximização do poder de punir: por uma nova teoria das nulidades. *Revista da Faculdade de Direito da Universidade Federal do Rio Grande do Sul*, Porto Alegre, nº 26, p. 14, dez. 2006.

35. SOUZA, Wilson Alves de. *Sentença civil imotivada*: caracterização da sentença civil imotivada no direito brasileiro. Salvador: JusPODIVM, 2008. p. 234.

36. MIRABETE, Julio Fabbrini. *Processo penal*. 14. ed. São Paulo: Atlas, 2003. p. 592.

(2) ato nulo: é o "ato defeituoso, atípico, que sofreu a sanção de nulidade", isto é, "o estado do ato após o reconhecimento judicial de invalidade";

(3) ato irregular: consiste no "ato defeituoso, viciado, porém que não sofreu sanção de nulidade, permanecendo válido";

(4) nulidade absoluta: é a que "pode ser decretada de ofício, independentemente de manifestação das partes", "não convalesce" e, "para a doutrina majoritária, não necessita demonstrar prejuízo";

(5) nulidade relativa: a que somente é decretada "se houver prejuízo" e, se "não arguida no momento oportuno, haverá a preclusão, portanto, há prazo para ser declarada"[37].

Valendo-se de termos análogos aos de Paulo Rangel, mas equiparando nulidade a vício do ato processual e apresentando-os segundo ordem crescente de gravidade, Norberto Avena esposa a seguinte classificação:

(1) ato irregular: "vício sem qualquer gravidade, sendo incapaz, por si só, de gerar prejuízo", sendo ato, cujo refazimento "poderá ser procedido pelo juiz segundo seu livre arbítrio, vale dizer, com absoluta discricionariedade";

(2) nulidade relativa: "vício que, embora grave, decorre da violação de normas de interesse privado e sem qualquer repercussão em nível constitucional". Seu reconhecimento depende de provocação do interessado, "com demonstração do efetivo prejuízo", para ser "decretada pelo juiz";

(3) ato anulável: "vício com similar gravidade à nulidade relativa. Diferencia-se, porém, da nulidade relativa pelo fato de que, enquanto na primeira o ato não é válido e nem eficaz até ser convalidado ou sanado, aqui é válido e eficaz até quando seja anulado";

(4) nulidade absoluta: "vício com muita gravidade, pois decorre da violação de normas de ordem pública, ou seja, normas que de forma direta ou indireta afetam garantias tuteladas pela CF. É dispensável para seu reconhecimento a prova do prejuízo, que, de resto, é presumido. A nulidade absoluta, opostamente à relativa", é declarada de ofício pelo juiz;

(5) **inexistência**: vício gravíssimo, decorrente da violação de elementos constitutivos do ato jurídico processual. Tem-se um não ato, uma aparência de ato[38].

Classificando as nulidades processuais com ênfase em seu aspecto sancionador e com linha que se aproxima do direito processual segundo a doutrina das nulidades enquanto sanção, Eugênio Pacelli de Oliveira assim as divide:

(1) atos inexistentes: são os que, "exatamente porque inexistentes, não produzem efeito algum";

(2) atos nulos: diferentemente dos inexistentes, "produzem efeitos até serem anulados", bem como "implicam consequências jurídicas mesmo após o reconhecimento de sua nulidade";

37. RANGEL, Paulo. *Direito processual penal*. 4. ed. Rio de Janeiro: Lumen Juris, 2001. p. 477-486.

38. AVENA, Norberto. *Processo penal esquematizado*. Rio de Janeiro: Forense; São Paulo: Método, 2009. p. 843.

(3) nulidades absolutas: são referentes "ao processo penal enquanto função jurisdicional, afetando não só o interesse de algum litigante, mas de todo e qualquer – presente, passado e futuro – acusado, em todo e qualquer processo", eis que a própria função judicante é colocada em risco, "com a violação das formas em tais situações" e "com reflexos irreparáveis na qualidade da jurisdição prestada";

(4) nulidades relativas: são as que têm "o interesse prevalecente das partes, seja no que concerne à identificação da existência, seja no que respeita à identificação das consequências do prejuízo", ou seja, elas dependem "de valoração das partes quanto à existência e consequência do eventual prejuízo", estando "sujeitas a prazo preclusivo, quando não alegadas a tempo e modo"[39].

Levando em consideração o que acontece na realidade do processo penal brasileiro, em especial a jurisprudencial, a classificação mais recomendada (embora passível de críticas, em face das dificuldades e imprecisões que circundam o tema) é a explicitada por Grinover, Scarance e Gomes Filho, que adotamos, com as reservas que faremos nos próximos tópicos deste capítulo:

(1) atos inexistentes: "em alguns casos a desconformidade com o modelo legal é tão intensa que se chega a falar em inexistência do ato". São "não atos" processuais porque não se "cogita de invalidação, pois a inexistência constitui um problema que antecede a qualquer consideração sobre a validade". Como exemplo, temos "a sentença a que falte a parte dispositiva";

(2) nulidade (entendida como sanção passível de ser aplicada em face do defeito do ato): diante de "certos desvios de forma", a lei estabelece uma sanção, possibilitando "que se retire do ato a aptidão de produzir efeitos". Os atos processuais imperfeitos passíveis de nulificação "são aqueles em que a falta de adequação ao tipo legal pode levar ao reconhecimento de sua inaptidão para produzir efeito no mundo jurídico". Serão atos nulos depois de reconhecida a nulidade judicialmente, haja vista que "a nulidade dos atos processuais não é automática, dependendo sempre seu reconhecimento de um pronunciamento judicial em que seja não somente constatada a atipicidade do ato, mas também analisados os demais pressupostos legais para decretação da invalidade". As nulidades ainda se distinguem em: **(a) nulidade absoluta:** quando "a gravidade do ato viciado é flagrante e manifesto o prejuízo que sua permanência acarreta para a efetividade do contraditório ou para a justiça da decisão", vale dizer, "o vício atinge o próprio interesse público" e, "por isso, percebida a irregularidade, o próprio juiz, de ofício, deve decretar a invalidade"; e **(b) nulidade relativa:** "o legislador deixa à parte prejudicada a faculdade de pedir ou não a invalidação do ato irregularmente praticado, subordinando o reconhecimento do vício à efetiva demonstração do prejuízo sofrido".

(3) atos meramente irregulares: quando o "desatendimento às prescrições legais não compromete os objetivos pelos quais a forma foi instituída", sem prejudicar a sua eficácia. São as "situações em que o desacordo com o modelo legal é mínimo, não chegando a descaracterizar o ato" e não afetando "a validade do ato processual, porque a forma, como já dissemos, não é um fim em si mesma"[40].

39. OLIVEIRA, Eugênio Pacelli de. *Curso de processo penal*. 2. ed. Belo Horizonte: Del Rey, 2003. p. 735-739.

40. GRINOVER, Ada Pellegrini; FERNANDES, Antônio Scarance; GOMES FILHO, Antônio Magalhães. *As nulidades no processo penal*. 7. ed. São Paulo: RT, 2001. p. 20-22.

1.3. Princípios informativos das nulidades

A doutrina menciona princípios processuais penais que informam o sistema de nulidades no Código de Processo Penal. A depender do enfoque de estudo, será indicado um rol mais ou menos extenso. A importância do estudo desses princípios é especialmente didática, para ampliar a compreensão do conjunto da disciplina legal das nulidades processuais e facilitar a interpretação/aplicação do direito diante do caso concreto.

Princípio aqui é entendido como norma jurídica que, por sua vez, se distingue do texto de lei. Os princípios que informam o regramento das nulidades processuais penais são construídos pelo intérprete a partir do enunciado legal. O intérprete é o responsável pela produção normativa.

É nesse sentido que Gabriel Ivo explica que "o enunciado é o ponto inicial para a sindicância da produção, bem como para a construção das normas jurídicas"[41].

Os princípios processuais penais aludidos pela doutrina são normas jurídicas que têm incidência quando do reconhecimento ou da convalidação de ato processual inquinado de defeito. Alguns enunciados que tratam das nulidades são pontos de partida para a construção desses princípios.

É assim que o art. 563, CPP, ao deixar explicitado que "nenhum ato será declarado nulo se da nulidade não resultar prejuízo para a acusação ou para a defesa", estampa o vetusto princípio ***pas de nullité sans grief*** (**não há nulidade sem prejuízo**). O reconhecimento judicial de nulidade dependerá de demonstração do prejuízo, decorrendo também desse enunciado normativo o que se convencionou denominar de princípio da conservação dos atos processuais. Deve-se observar o atual posicionamento do STF e STJ no sentido de que a necessidade de demonstração de prejuízo se faz presente mesmo em se tratando de nulidade absoluta. Nesse sentido:

> À luz da norma inscrita no art. 563 do CPP e da Súmula 523/STF, a jurisprudência desta Corte firmou o entendimento de que, para o reconhecimento de nulidade dos atos processuais, relativa ou absoluta, exige-se a demonstração do efetivo prejuízo causado à parte (***pas de nulitté sans grief***)[42]

O **princípio da conservação dos atos processuais** está embutido na regra específica do art. 567, CPP: "a incompetência do juízo anula somente os atos decisórios, devendo o processo, quando for declarada a nulidade, ser remetido ao juiz competente".

Alguns autores sustentam que a nulidade por incompetência da autoridade judiciária em processo criminal, por se cuidar de violação à Constituição, na esfera de proteção às garantias fundamentais, deveria ser absoluta, não se aproveitando todo e qualquer ato processual, decisório ou não. Grinover, Scarance e Gomes Filho, por exemplo, salientam a mitigação, no processo penal, da "diferença entre competência absoluta e relativa: mesmo esta pode ser examinada de ofício pelo juiz (CPP, art. 109), o que não acontece no cível"[43].

41. IVO, Gabriel. *Norma jurídica*: produção e controle. São Paulo: Noeses, 2006. p. 1.
42. STF – Segunda Turma – HC 406648 – Rel. Min. Teori Zavascki – DJe 26/11/2013. No mesmo sentido o entendimento do STJ (Quinta Turma – RMS 35180 – Rel. Min Laurita Vaz – DJe 05/11/2013.
43. GRINOVER, Ada Pellegrini; FERNANDES, Antônio Scarance; GOMES FILHO, Antônio Magalhães. *As nulidades no processo penal*. 7. ed. São Paulo: RT, 2001.p. 46.

Outros, concordando com o enunciado do art. 567, CPP, sustentam que ele "permite a ratificação de atos não decisórios, ainda que praticados posteriormente ao ato nulo, isto é, autoriza a ratificação dos atos instrutórios, mesmo com a nulidade do ato de recebimento da denúncia", quando se cuidar "exclusivamente de nulidade decorrente de incompetência do juízo"[44] (essa é posição prevalente, inclusive no âmbito jurisprudencial).

De toda forma, as possibilidades processuais nulificadoras dependerão de decisão judicial expressa e fundamentada que evidencie compreensão do caso concreto e que encontre respaldo no sistema processual penal brasileiro, especialmente na Constituição Federal.

O art. 565 do CPP consagra o **princípio de que não é dado a alguém se beneficiar da própria torpeza**, bem como o **princípio de que a parte deve ter interesse na declaração da nulidade**. Esse dispositivo estatui que "nenhuma das partes poderá arguir nulidade a que tenha dado causa, ou para que tenha concorrido, ou referente a formalidade cuja observância só à parte contrária interesse".

Como estamos diante de disciplina que afeta o direito de liberdade, a aplicação do princípio que veda o benefício decorrente de torpeza própria encontra alguns óbices quando provocado o vício pelo acusado.

Assim, quando se cuide de direito indisponível (por exemplo, a falta de citação, ainda que causada voluntariamente pelo acusado), não será autorizada a incidência do artigo 565, CPP (vedação de benefício pela própria torpeza), seja porque fere o direito constitucional de defesa ampla, seja porque é causa de nulidade de natureza absoluta (ressalvada a possibilidade de suprimento pelo comparecimento do réu antes da sentença).

Outrossim, a nulidade de ato processual não será declarada quando "não houver influído na apuração da verdade substancial ou na decisão da causa" (art. 566, CPP). O **princípio da instrumentalidade das formas** é depreendido de tal enunciado normativo ao lado do **princípio da verdade real** (verdade processual) que deve nortear o processo penal.

O reconhecimento judicial de nulidade deve se lastrear na ideia de necessidade. O processo demanda tempo e custo. Os **princípios da economia processual** e da **razoável duração do processo** também permeiam a incidência normativa do art. 566, CPP.

É assim que não deve ser reconhecida nulidade do julgamento pelo júri popular em virtude de ter contado com a participação de um jurado impedido, quando se inferir, pelo resultado das votações, que o julgamento não seria modificado com a desconsideração de um voto.

Em outras palavras, a nulidade poderá ser afastada se, em julgamento por maioria de 5 votos contra 2 votos (cuja suspensão da votação a partir do voto definidor do julgamento não tenha sido observada pelo juiz-presidente), for verificada, em momento ulterior, a participação de um jurado com menos de 18 anos. Isso porque se suprimirmos um voto do "placar", seja no sentido da condenação do acusado, seja no sentido de sua absolvição, o resultado não se alterará (aí também a incidência do **princípio *pas de nullité sans grief***).

44. OLIVEIRA, Eugênio Pacelli de. *Curso de processo penal*. 2. ed. Belo Horizonte: Del Rey, 2003. p. 752.

Cabe registrar, no entanto, que a reforma processual retirou muito da relevância desse exemplo, tornando remota a possibilidade de sua ocorrência, diante da suspensão da votação quando se atingir o resultado com a abertura do quarto voto vencedor (art. 483, § 1º, CPP).

O **princípio da convalidação dos atos processuais** aparece em mais de um dispositivo legal do CPP. Está ligado aos **princípios da economia processual,** da **razoável duração do processo** e da **conservação dos atos processuais.**

Nessa esteira, o art. 568, CPP, assegura que "a nulidade por ilegitimidade do representante da parte poderá ser a todo tempo sanada, mediante ratificação dos atos processuais" e o art. 569, CPP, averba que as omissões da denúncia, da queixa ou da representação são supríveis a todo tempo, antes da sentença final. A aplicação desse artigo, contudo, não pode descurar das garantias processuais do acusado relativas à ciência da imputação formulada claramente.

Também o art. 570 do CPP consagra o **princípio da convalidação dos atos processuais** ao dizer que a ausência ou a nulidade da citação, da intimação ou da notificação estará suprida, "desde que o interessado compareça, antes de o ato consumar-se, embora declare que o faz para o único fim de argui-la", cabendo ao juiz, todavia, ordenar "a suspensão ou o adiamento do ato, quando reconhecer que a irregularidade poderá prejudicar direito da parte".

Esse enunciado é paradigmático ao evidenciar que o vício da citação – que pode resvalar na nulidade do ato ou, segundo parte da doutrina, em inexistência processual – pode se apresentar de variadas formas a ensejar, até mesmo, sua regularização, mediante reconhecimento judicial expresso e fundamentado acerca de situação fática que o autorize (o comparecimento do acusado).

Completam o sentido dos **princípios da conservação, da finalidade e da convalidação dos atos processuais penais** os artigos 571, 572 e 573, que respaldam a dicotomia doutrinária das nulidades absolutas e relativas.

Para que ocorra reconhecimento de nulidade, as noções de oportunidade, de preclusão (temporal, lógica, consumativa ou ***pro judicato***)[45], de finalidade, de causalidade (nulidade dos atos subsequentes que dependem do ato viciado), de renovação, de ratificação e de retificação devem ser levadas em consideração conforme as peculiaridades da hipótese apreciada.

São previsões que se referem mais proximamente às nulidades de natureza relativa. De tal sorte, o art. 572, CPP, preconiza:

(1) no seu inciso I, que as nulidades serão sanadas (sanação do vício, **princípio da convalidação** ou sanatória) quando não arguidas em tempo oportuno (**princípio da oportunidade**) após o que haverá preclusão temporal;

(2) no inciso II, que o ato também será convalidado quando, praticado de outra forma, tiver atingido o seu fim (previsão expressa do princípio da finalidade); e

45. GOMES, Luiz Flávio; BIANCHINI, Alice. Efeitos da preclusão *pro judicato* no processo penal. In: *Ensaios penais em homenagem ao Professor Alberto Rufino Rodrigues de Sousa*. Ney Fayet Júnior (org.). Porto Alegre: Ricardo Lenz, 2003. p. 503-504.

(3) no inciso III, que serão as nulidades sandadas "se a parte, ainda que tacitamente, tiver aceito os seus efeitos" (**princípio da preclusão lógica**, segundo o qual a parte não pode tomar atitude incompatível com conduta anterior. Esse princípio não se aplica às nulidades absolutas, especialmente quando a anuência prejudicar o direito de liberdade do acusado, ressalvadas as possibilidades de composição civil e de transação penal no âmbito dos juizados especiais criminais).

Em arremate a este tópico, vale destacar estudo específico de Teresa Arruda Alvim Wambier que salienta "o sistema das nulidades e das anulabilidades" a partir de sua regência "pelo direito positivo e por uma série de princípios que nele se manifestam de forma ora clara, ora sutil, em alguns dispositivos específicos". Em compasso com a autora, os princípios inspiradores desse sistema e que informam sua interpretação podem ser formulados com as seguintes ideias:

(1) "o processo é forma" e o afastamento do conjunto de formas processuais "dá causa às nulidades" (falta formalidade essencial: nulidade absoluta; ausência de formalidade acidental, nulidade relativa);

(2) "as formas têm caráter instrumental", sendo meios para a consecução de fins que, "se atingidos, não fazem com que a ausência de atenção à forma gere nulidade";

(3) "não há nulidade sem prejuízo", também "chamado de princípio da transcendência";

(4) "nulidades instituídas precipuamente no interesse da parte são sanáveis";

(5) "nulidades instituídas precipuamente no interesse público são sempre insanáveis";

(6) princípio da economia processual, que consiste no dever de "obter o máximo de rendimento com o mínimo de atividade jurisdicional";

(7) "nulidades relativas só podem ser levantadas pelo interessado" (encontra mitigação no processo penal, tal como se dá com a incompetência territorial do juízo);

(8) princípio da causalidade ou princípio da concatenação e da interdependência dos atos processuais, que decorre de ser o processo "um conjunto de atos concatenados e interdependentes", pelo que "a anulação ou a decretação de nulidade de um ato afeta todo o segmento processual posterior";

(9) princípio do contraditório;

(10) princípio da proteção, que veda que "a própria parte que praticou o ato viciado" levante "seu vício, pois ninguém pode se beneficiar da própria torpeza";

(11) princípio da conservação ou princípio do aproveitamento, que mitiga a diferença entre nulidades e anulabilidades, porquanto, "no terreno do processo, tudo se emenda ou, melhor, tudo deve emendar-se";

(12) princípio da celeridade;

(13) princípio da comunicação dos atos processuais, que confere às partes a "oportunidade de falar nos autos";

(14) princípio da especificidade, que admite ressalvas, pois nem todas as nulidades estão "expressamente cominadas por texto de lei"; e

(15) princípio da eficácia do ato viciado, que determina a permanência de um ato viciado depois de operada a preclusão[46].

1.3.1. O princípio da boa boa-fé objetiva e o duty to mitigate the loss na esfera criminal

Na tendência de aproximar as nulidades absolutas e as nulidades relativas, o STJ já fixou a aplicação do *duty to mitigate the loss*, que significa o dever de mitigar o próprio prejuízo. Cuida-se de instituto que tem maior incidência na esfera cível contratual, que impõe à parte que a perda verifica o dever de tomar todas as providências para que o dano não seja agravado. A noção tem supedâneo no dever de cooperação e lealdade que deve inspirar as relações jurídicas, pelo que não deve a parte prejudicada permanecer inerte, deliberadamente, diante do aumento significativo da situação danosa.

No processo penal, sabemos que as nulidades absolutas se classificam por prescindir de demonstração de prejuízo para a eficácia do direito fundamental e de alegação oportuna. Não obstante, mesmo nulidades absolutas têm sido objeto da necessidade de fustigação urgente pelas partes, sob pena de preclusão. Em outros termos, STF, STJ e a jurisprudência majoritária têm relativizado, em certa medida, as tradicionais nulidades absolutas reconhecidas pela doutrina e pelos precedentes mais antigos.

É de ver que, embora possa não se concordar com a tendência – de relativização –, o Código de Processo Penal não distingue nulidades absolutas e nulidades relativas. Com efeito, o CPP fala tão somente em "nulidades", sendo expresso no seu art. 563 que nenhuma nulidade será reconhecida se não houver demonstração de prejuízo para a Acusação ou para a Defesa. Considerando essa nuança, podemos justificar a incidência do dever da parte não postergar dolosamente a alegação de nulidade classificada como absoluta que lhe prejudica para momento bem posterior, com o fito de obter o reconhecimento de nulidade de maior número de atos processuais.

Fazendo incidir o dever de reduzir os efeitos do ato processual viciado (atípico), o STJ, mais de uma vez, destacou a compatibilidade da boa-fé e do *duty to mitigate the loss* na esfera criminal. Para a Corte Superior, por exemplo, não tem lugar o reconhecimento de nulidade, decorrente da realização de audiência acompanhada por defensor dativo, quando o próprio defensor constituído (defesa técnica) requereu a providência, sob a justificativa da impossibilidade financeira do paciente custear o transporte dos advogados constituídos até a Comarca onde corria o processo. Nesse julgado e em outros, o STJ assentou que a relação processual é pautada pelo princípio da boa-fé objetiva, da qual deriva o subprincípio da vedação do *venire contra factum proprium* (proibição de comportamentos contraditórios). De tal sorte, diante de uma conduta dita por "sinuosa" (tendente a alcançar vantagem incompatível com a boa-fé), não é adequada a declaração de nulidade. Deveras, o princípio da boa-fé objetiva se espraia por todo o ordenamento jurídico, não se limitando ao campo do direito civil. O subprincípio de realce nesse campo é o *duty to mitigate the loss*. Daí que a insurgência, apenas depois da realização de vários atos processuais (interrogatório, alegações finais e sentença), demonstra a consolidação da situação processual com a eiva

46. WAMBIER, Teresa Arruda Alvim. *Nulidades do processo e da sentença*. 6. ed. São Paulo: RT, 2007. p. 167-177.

da atipicidade, sendo plausível concluir que houve a aceitação tácita da ausência de oitiva da testemunha[47].

Embora sem mencionar expressamente o dever de mitigar o prejuízo, o STF também adota a ideia de que a nulidade só há de ser declarada se evidenciado o prejuízo. Em julgado que declarou não admitir postergação da causa com a impetração de *habeas corpus* substitutivo de recurso ordinário, o STF fez menção ao precedente paradigma do STJ sobre o ***duty to mitigate the loss***[48].

2. INEXISTÊNCIA DOS ATOS PROCESSUAIS

A teoria dos atos inexistentes tem aceitação de parte da doutrina. Um ato processual inexistente é uma expressão que se contradiz em seus próprios termos. Até mesmo os autores que concordam com a categoria dos atos inexistentes admitem o inconveniente de sua designação.

Outros preferem se reportar à simples "inexistência", evitando incoerências terminológicas. A justificação que é comumente apresentada é a de que o ato inexiste "juridicamente", não obstante exista no plano dos fatos. Nesse sentido, Ricardo Perlingeiro sublinha que "a inexistência é um nada jurídico, um fato da vida, totalmente inócuo, daí porque será sempre passível de declaração"[49].

Essa explicação não fica a salvo de críticas, especialmente porque nela está embutida uma manipulação discursiva, que propicia que o jurista prossiga afastado da realidade, embora pareça acreditar que não está. Em outras palavras, se é necessária a declaração de inexistência, é porque o ato (tido como um suposto "nada jurídico") produzia efeitos (ao menos uma incerteza) que precisavam ser cessados.

O jurista terá, portanto, um papel de transformação primordial, qual seja: o de retirar o véu de noções que encobrem realidades processuais, como a do "ato inexistente". É assim que Calmon de Passos pontifica que "o direito é o mais bem-sucedido instrumento institucionalizado pelos homens para pôr limites ao emprego da força. Ele transmuda a força em poder e tenta domesticá-la ainda mais, na democracia, limitando o poder em termos de competência. Nesse espaço do jurídico a ideologia tem papel fundamental"[50].

Essa argumentação quer evidenciar que a inexistência processual não é relevante. Se o ato processual, supostamente inexistente, carecer de pronunciamento judicial sobre seu vício, é porque adquiriu importância, com a possibilidade de produção de efeitos jurídicos (trata-se então de ato processual atípico que carece de nulificação).

Em processo penal, que veicula pretensão atrelada ao estado de liberdade da pessoa humana, o reconhecimento de vício processual, se insanável, deve resvalar em nulidade. Isso porque – como a própria doutrina acaba admitindo – "no caso de ato inexistente" (ou

47. STJ – Sexta Turma – HC 201000826844 – Rel. Min. Maria Thereza de Assis Moura – DJE – DATA: 16/04/2013.

48. STF – RHC 119815 – Rel. Min. Rosa Weber.

49. SILVA, Ricardo Perlingeiro Mendes da. *Teoria da inexistência no direito processual civil.* Porto Alegre: Sergio Antonio Fabris, 1998. p. 75.

50. PASSOS, José Joaquim Calmon de. *Esboço de uma teoria das nulidades aplicada às nulidades processuais.* Rio de Janeiro: Forense, 2005. p. 119.

"ato juridicamente inexistente"), "não há necessidade de se decretar a nulidade, pois não se declara o que não existe"[51].

3. NULIDADES ABSOLUTAS E RELATIVAS

3.1. A arguição de nulidade

A doutrina costuma bipartir as nulidades em abstrato, sendo as hipóteses de nulidades divididas em absolutas e relativas. Essa visão abstrata das hipóteses de nulidades, conquanto aqui criticada, pode ter alguma utilidade se vista em conjunto com o momento oportuno de sua arguição e os efeitos que decorrem do seu reconhecimento. No entanto, a advertência que deve ser colocada é que um caso de nulidade que, abstratamente, seja absoluta, pode, no plano concreto, ser caracterizada, judicialmente, como relativa.

Bem assentada a observação, a regra geral é a de que a nulidade absoluta pode ser arguida a qualquer tempo, enquanto perdurar o processo penal. Aliás, para que seja reconhecida uma nulidade absoluta não é necessária provocação da parte interessada, podendo ocorrer de ofício pelo juiz. Ressalte-se que, em caso de prolação de sentença condenatória, as nulidades absolutas poderão ser reconhecidas em caso de manejo de revisão criminal ou *habeas corpus*, ainda que formada a coisa julgada.

É dessa maneira que Francisco Wildo Lacerda Dantas averba que "a característica que distingue, fundamentalmente, a nulidade absoluta da relativa é o fato de que a primeira é apreciada de ofício pelo juiz, por dizer respeito à matéria de ordem pública", enquanto a nulidade relativa "somente pode ser decretada a pedido da parte prejudicada e nunca por aquela que foi a sua causadora"[52].

O vício compreendido como de natureza absoluta, em face de comprometer irremediavelmente o processo e a justeza da aplicação do direito, é que, uma vez declarado pelo magistrado, importa nulidade. É o juiz que constituirá a nulidade, mediante decisão judicial que delineie a extensão do decreto respectivo.

Para o correto entendimento da arguição de nulidades, o intérprete deve partir dos enunciados dos artigos 571 a 573, CPP. O art. 571, CPP, indica os prazos em que deverão ser alegadas:

(1) da instrução criminal dos processos de competência do júri (até o encerramento da instrução, no momento dos debates orais finais, a teor do § 4º, do art. 411, CPP);

(2) da instrução criminal dos processos de competência do juiz singular e dos processos especiais, no encerramento da instrução quando das alegações finais orais ou apresentação de memoriais, ***ex vi*** do art. 403, CPP;

(3) da instrução criminal do processo sumário, no prazo de resposta à acusação (dez dias, art. 396, CPP) ou, se verificadas depois, logo que aberta a audiência ou até o momento das alegações finais orais, se não preclusa a matéria (art. 534, CPP);

51. RANGEL, Paulo. *Direito processual penal*. 4. ed. Rio de Janeiro: Lumen Juris, 2001. p. 477.

52. DANTAS, Francisco Wildo Lacerda. *Teoria geral do processo*: jurisdição, ação (defesa), processo. 2. ed. São Paulo: Método, 2007. p. 534.

(4) ocorridas após a pronúncia, logo depois de anunciado o julgamento e apregoadas as partes;

(5) da instrução criminal dos processos de competência dos tribunais, no prazo das alegações finais;

(6) verificadas após a decisão de primeira instância, nas razões de recurso ou logo depois de anunciado o seu julgamento e apregoadas as partes; e

(7) do julgamento em plenário, em audiência ou em sessão do tribunal, logo depois que ocorrerem.

Como se vê, as nulidades relativas devem ser arguidas no primeiro momento em que a parte tiver oportunidade de falar nos autos. Se não houver arguição tempestiva, a regra é a de se operar a preclusão sobre o ato viciado, que será considerado sanado. É por esta razão que se entende que, no júri, eventuais protestos devem ser consignados na ata de julgamento, sob pena de preclusão. Não são presumidos, segundo o STF, os protestos das partes, que devem se manifestar no momento oportuno acerca dos vícios constatados durante o julgamento[53].

Por expressa disposição do art. 572 do CPP, haverá convalidação do ato defeituoso nas hipóteses do art. 564, III, "d" e "e", segunda parte, "g e h", e IV, toda vez que não sejam alegadas oportunamente, o ato processual defeituoso atinja sua finalidade ou se a parte interessada aceitar os seus efeitos, ainda que tacitamente.

Tais hipóteses de atipicidade processual, que serão estudadas adiante, são:

(1) a falta de intervenção do Ministério Público em todos os termos da ação por ele intentada e nas intentadas pela parte ofendida, quando se tratar de crime de ação pública (art. 564, III, "d", CPP);

(2) a falta ou irregularidades nos prazos concedidos à acusação e à defesa (art. 564, III, "e", segunda parte, CPP);

(3) a falta de intimação do acusado para a sessão de julgamento, pelo tribunal popular, quando a lei não permitir seu julgamento à revelia (art. 564, III, "g", CPP).

(4) falta de intimação das testemunhas arroladas nos cinco dias concedidos às partes após o trânsito em julgado da pronúncia, para fins de oitiva em plenário (não há mais libelo depois da Lei nº 11.689/2008), nos termos estabelecidos em lei (art. 564, III, "h", CPP); e

(5) por omissão de formalidade que constitua elemento essencial do ato (art. 564, IV, CPP).

Outrossim, o ***caput*** do artigo 573, CPP, aviva que "os atos, cuja nulidade não tiver sido sanada", como determina o Código, "serão renovados ou retificados". Em outros termos, toda vez que não for possível a sanação do vício, a solução legal é a renovação ou retificação do ato (prática de um novo ato com respeito à forma legal), desde que sejam respeitadas as garantias processuais constitucionais e penais.

53. STF – Tribunal Pleno – HC 100598 – Rel. Min. Ayres Britto – Dje 04/10/2011.

Por fim, em compasso com o **princípio da causalidade ou da consequencialidade,** a nulidade de um ato, uma vez declarada, causará a dos atos que dele diretamente dependam ou sejam consequência, cabendo ao magistrado a cautela de, ao "pronunciar a nulidade", declinar os atos a que ela se estende (art. 573, §§ 1º e 2º, CPP).

3.2. Efeitos

Além dos efeitos no processo penal, o reconhecimento judicial de nulidade implica efeitos penais. O reconhecimento de nulidade que importe, por força do princípio da causalidade, a nulificação da pronúncia do réu, pode ser suficiente à consumação da prescrição, porquanto a causa interruptiva que antes produzia o efeito de servir de marco a novo curso do prazo prescricional da pretensão punitiva, uma vez nulificada, pode ensejar extinção da punibilidade do agente.

A nulificação de ato processual pode produzir o especial efeito de que os atos sejam renovados ou mesmo retificados. O juiz deve declarar precisamente a extensão dos efeitos de seu decreto de nulidade. Os parágrafos 1º e 2º, do artigo 573, CPP, preconizam esse dever judicial. Daí que o princípio da causalidade não é automático.

Isso porque é possível, em dada hipótese, que não haja necessidade de decretação de nulidade de todos os atos subsequentes, em especial daqueles que não dependam do ato viciado. Sem embargo, fundamentação consistente na decisão judicial é imprescindível, notadamente para não mitigar as garantias processuais das partes.

É de ver, de mais a mais, que em conformidade com a nulidade processual declarada, o processo poderá retomar seu curso com o aproveitamento de atos processuais já praticados ou mesmo poderá ser encerrado, com o arquivamento dos autos. Por exemplo:

(1) o art. 567, CPP, "permite a ratificação de atos não decisórios, ainda que praticados posteriormente ao ato nulo, isto é, autoriza a ratificação dos atos instrutórios, mesmo com a nulidade do ato de recebimento da denúncia", quando se cuidar "exclusivamente de nulidade decorrente de incompetência do juízo"[54]; e

(2) a nulidade do ato de recebimento de denúncia, por incompetência do juízo, implicará novo exame pelo órgão do ***Parquet*** com atribuição perante o juízo competente (que poderá re/ratificar a peça acusatória ou requerer o arquivamento dos autos) e nova apreciação pelo juiz (que poderá receber a denúncia, homologar o pedido de arquivamento, rejeitar a denúncia ou discordar do pedido de arquivamento do Ministério Público).

4. HIPÓTESES PASSÍVEIS DE RECONHECIMENTO JUDICIAL DE NULIDADE

Tecidas as considerações essenciais à compreensão do tema de nulidades processuais penais, é chegada a hora do debate dos defeitos em espécie, cujo estudo não deve seguir uma divisão rígida em nulidades absolutas e relativas. Isso porque no plano concreto os vícios podem requerer providências que não se acomodam perfeitamente a um dos rótulos classificatórios.

54. OLIVEIRA, Eugênio Pacelli de. *Curso de processo penal*. 2. ed. Belo Horizonte: Del Rey, 2003. p. 752.

O enfoque deve ser dirigido aos defeitos processuais passíveis de reconhecimento judicial de nulidade no processo penal, com ênfase para a posição jurisprudencial dominante no Supremo Tribunal Federal e no Superior Tribunal de Justiça, sem perder de vista o aspecto crítico doutrinário. Levamos assim em conta, especialmente, a jurisprudência atual que vem relativizando nulidades tradicionalmente absolutas.

Com o exame dos casos particulares a seguir, será possível verificar que as nulidades não ocorrem em apenas dois níveis (nível do absoluto e nível do relativo). Antes, é possível depreender **multiníveis de nulidades**, ou melhor, extensões de efeitos dos atos defeituosos em maior ou menor grau, de acordo com as possibilidades do caso concreto, ou hipótese em que a preclusão pode se dar em momento antecipado ou diferido. O papel do julgador é salientado ao lado do seu dever de fundamentar a decisão.

4.1. Falta ou deficiência de defesa

Não é admissível, no processo penal, a **falta de defesa**. Ao acusado que não tiver condições ou que não quiser constituir advogado, deve ser dado um defensor. Nesse sentido, o Código de Processo Penal é expresso ao prevê, no § 2º do seu art. 396-A, que se o acusado, uma vez citado, não apresentar resposta preliminar nem constituir defensor, o juiz deverá nomear defensor para oferecê-la em dez dias, com vista dos autos.

O defensor poderá então ser nomeado pelo juiz, quando será chamado de dativo. Com a Constituição de 1988, a instituição da Defensoria Pública passou a ser obrigação da União e dos Estados, incumbindo-lhes "a orientação jurídica e a defesa, em todos os graus, dos necessitados".

Com a institucionalização das Defensorias Públicas, também não é mais justificável admitir, no processo penal, a **deficiência de defesa**. A garantia constitucional do art. 5º, LXXIV, que preconiza que "o Estado prestará assistência jurídica integral e gratuita aos que comprovarem insuficiência de recursos" corrobora essa afirmação. De todo modo, caso o patrono constituído do réu renuncie ao mandato que lhe foi outorgado, o magistrado deverá dar preferência à intimação do réu para constituir novo advogado, não sendo suficiente a assistência da Defensoria quando houver tempo hábil. Nesse sentido o entendimento do STF, expresso através da súmula nº 708, que enfatiza ser nulo o julgamento da apelação se, após a manifestação nos autos da renúncia do único defensor, o réu não foi previamente intimado para constituir outro.

A crítica aqui é feita contra o teor do enunciado nº 523, da súmula do STF, que verbera que "no processo penal, a falta de defesa constitui nulidade absoluta, mas a deficiência só o anulará se houver prejuízo para o réu".

É que com os cargos da Defensoria Pública providos por concurso público, o Estado certamente contará com profissionais qualificados e remunerados pelos cofres públicos, não sendo razoável a aceitação de conduta processual postulatória deficiente.

Sobre o enunciado nº 523, da súmula do STF, Antônio Tovo Loureiro observa que há "conivência do Judiciário com as violações ao escudo protetivo do réu". Com isso, o acusado será prejudicado duplamente: **(1)** "pela deficiência de defesa"; e **(2)** pelo ônus de produzir prova de que "realmente sofreu prejuízo". O autor critica a excessiva discricionariedade para a definição do limite entre as nulidades absolutas e relativas, criando um ambiente próprio para um "formalismo inquisitivo" que autoriza que o juiz considere nulidade relativa hipótese que subjetivamente não queira sancionar com a invalidade (sabendo "que é praticamente impossível comprovar dito prejuízo")[55].

Com a reforma processual prevendo a apresentação de defesa preliminar que enfrente matéria processual e de mérito, a ausência de oportunidade para tanto ou o seu não oferecimento pelo advogado constituído pelo acusado caracteriza vício passível de declaração de nulidade pelo juiz.

Da mesma forma, a omissão na apresentação de razões finais orais ou de memoriais pela defesa pode implicar nulidade que, em regra, será absoluta. Em regra porque se, ao final, a sentença for favorável ao acusado (absolutória, por exemplo) e só depois o vício tiver sido verificado, não há que se decretar a sanção de nulidade.

Como já dito, na atual jurisprudência do Supremo Tribunal Federal existe a tendência de relativizar as nulidades absolutas, não sendo raro que se requeira, para sua declaração, o prejuízo para o réu[56]. Entendemos que esse prejuízo só não estará presente se a sentença for absolutória, pois caso contrário, o que haverá é a consagração do sistema inquisitório.

Essa linha retrata a fragilidade da classificação dividida em nulidades absolutas e relativas. A referência que fazemos a multiníveis de nulidades processuais tem a vantagem de realçar as várias formas que a nulidade absoluta (visualizada em abstrato) pode se apresentar no plano concreto de aplicação do direito. É que a extensão em maior ou menor grau da sanção dependerá das repercussões do vício e de decisão judicial que fundamente e explicite seus efeitos.

O reconhecimento judicial de nulidade por falta ou deficiência de defesa deverá ser esposado suficientemente pelo magistrado. Nem sempre a deficiência de defesa deve ser considerada nulidade relativa, notadamente quando se cuidar de réu pobre, mercê de a ele ser garantido pela Constituição o patrocínio por advogado concursado, integrante dos quadros da Defensoria Pública. A falta de defesa, por sua vez, é ainda mais inconcebível.

Existem ainda duas situações cujo exame é de relevo, com Grinover, Scarance e Gomes Filho:

(1) colidência entre defesas de corréus: ocorre quando há a nomeação/constituição de um só defensor/advogado para acusados que apresentam versões conflitantes. Em caso dessa natureza, as "versões antagônicas para os fatos apontados como delituosos sacrifica irremediavelmente o direito de defesa". Diante do prejuízo evidente, a sanção a ser aplicada é a de nulidade absoluta a partir da nomeação/constituição do defensor/advogado; e

(2) colidência entre a defesa técnica e a autodefesa: acontece quando a defesa técnica e a autodefesa seguem linhas diversas e que não são nem alternativas nem cumuláveis, mas

55. LOUREIRO, Antônio Tovo. O descumprimento das formas processuais penais como maximização do poder de punir: por uma nova teoria das nulidades. *Revista da Faculdade de Direito da Universidade Federal do Rio Grande do Sul*, Porto Alegre, nº 26, p. 26, dez. 2006.

56. STF – 2ª Turma – HC 92568 – Relator Min. Cezar Peluso – julgado em 18/11/2008 – DJe-232 de 5/12/2008 – Ement. vol. 2344/02. p. 239.

incompatíveis. Nesse caso, o que se deve evitar é, por exemplo, que a divergência entre as defesas possibilite a apresentação de quesitos contraditórios aos jurados (eis que aqui haverá nulidade), o que, em tese, fica mitigado com a simplificação da quesitação do júri, com a formulação de quesito genérico acerca da absolvição ou não do réu. Haverá colidência também quando defesa técnica e acusado divergem sobre a interposição de recurso, caso que a posição ainda majoritária entende "prevalecer a posição da defesa técnica, mais benéfica ao réu"[57]. Somos partidários, no entanto, de que deve prevalecer, como regra, a manifestação de quem queira recorrer (salvo evidente ausência de vantagem prática para o acusado com o manejo do recurso), **devendo o juiz nomear defensor para oferecer as razões recursais na hipótese de discordância do procurador constituído pelo réu quanto à vontade deste recorrer.** Na jurisprudência, encontramos uma tendência em direção ao nosso entendimento:

(a) o STJ, até bem pouco tempo, entendia, que deveria prevalecer a defesa técnica, no caso de colidência entre vontade de recorrer do acusado e do seu defensor[58]. Mais recentemente, o STJ passou a adotar entendimento diverso, assentando que havendo conflito entre o desejo de recorrer do próprio acusado e o de não recorrer da defesa técnica, ou vice-versa, deveria ser resolvido no sentido do desejo daquele que quer recorrer[59].

(b) o STF editou a Súmula 705, assentando que "a renúncia do réu ao direito de apelação, manifestada sem a assistência do defensor, não impede o conhecimento da apelação por este interposta", o que abre o flanco para a prevalência do entendimento de que o interesse daquele que quer recorrer, independentemente de ser o da defesa técnica ou o do próprio acusado. No entanto, julgados recentes da Suprema Corte apontam no sentido de fazer preponderar a indicação da defesa técnica, tanto quanto à interposição dos recursos[60], como quanto à apresentação das respectivas razões[61].

4.2. Ilegitimidade da parte

O Código de Processo Penal estabelece hipótese de nulidade quando a parte for ilegítima para figurar em um dos polos da relação processual (art. 564, II, CPP), afirmando que haverá nulidade quando ocorrer "**ilegitimidade de parte**". O uso desse termo amplo impõe a necessidade de nos reportarmos ao tema pressupostos processuais e condições da ação.

Os pressupostos processuais são os requisitos prévios para a constituição válida e regular da relação processual. Oskar Von Bülow enumerou como pressupostos processuais:

(1) "a competência, a capacidade e a insuspeitabilidade do tribunal";

(2) "a capacidade processual das partes", isto é, que seja "pessoa legítima para estar em juízo";

(3) a legitimação do representante da parte;

57. GRINOVER, Ada Pellegrini; FERNANDES, Antônio Scarance; GOMES FILHO, Antônio Magalhães. *As nulidades no processo penal*. 7. ed. São Paulo: RT, 2001. p. 87-89.
58. STJ – Sexta Turma – HC 26.802/SP – Rel. Min. Hamilton Carvalhido – DJ 04/08/2003.
59. STJ – Quinta Turma – RHC 33.756/RR – Rel. Min. Marco Aurélio Bellizze – Dje 29/05/2013.
60. STF – Segunda Turma – HC 114107 – Rel. Min. Ricardo Lewandowski – DJe 12/12/2012.
61. STF – Segunda Turma – HC 114089 – Rel. Min. Ricardo Lewandowski – DJe 26/03/2013.

(4) "as qualidades próprias e imprescindíveis de uma matéria litigiosa";

(5) a comunicação/notificação/citação da demanda; e

(6) "a ordem entre vários processos" (tal como não existir coisa julgada ou litispendência) [62].

Em termos mais didáticos – seguindo esquema proposto por Francisco Wildo Lacerda Dantas (com referências a Lopes da Costa e a Galeno Lacerda) –, os **pressupostos processuais** podem ser:

(1) **de existência:** (a) pedido (pretensão); (b) jurisdição; (c) existência de partes (citação); (d) capacidade postulatória;

(2) **de validade:**

(a) requisitos subjetivos: (I) quanto ao juiz: jurisdição, competência e compatibilidade; (II) quanto às partes: capacidade para ser parte, capacidade de estar em juízo (processual) e capacidade de postular em juízo;

(b) requisitos objetivos: (I) inexistência de fatos impeditivos: litispendência, coisa julgada e perempção; (II) subordinação do procedimento à lei: petição inicial com os requisitos legais (arts. 41 e 395, CPP), citação e procuração específica para a propositura de ação penal privada[63].

Pressupostos processuais não se confundem com condições da ação. Enquanto os **pressupostos processuais** são os requisitos para a constituição do processo de forma válida e regular, as **condições da ação** são os requisitos para que o titular da ação a promova eficazmente, quais sejam: legitimidade para a causa (ativa e passiva), interesse de agir (interesse processual) e justa causa para a ação penal[64].

Como anotamos no Capítulo 3 (sobre ação penal), o CPC/2015 suprimiu a categoria "condições da ação" e também não fala mais em "possibilidade jurídica do pedido", só mencionando a "legitimidade para a causa" e o "interesse processual". Correto o legislador ao extirpar a denominada "possibilidade jurídica do pedido", cuja exemplificação já era atividade difícil para a doutrina. Quanto à proscrição do gênero "condições da ação", não há repercussão no direito processual penal, em virtude do CPP fazer alusão expressa à categoria "condições para o exercício da ação penal", em seu art. 395, II[65].

O Código de Processo Penal, ao se referir à "ilegitimidade de parte" encampou em um rótulo genérico tanto a ilegitimidade de parte ***ad causam*** (condição da ação), quanto a

62. BÜLOW, Oskar Von. *Teoria das exceções e dos pressupostos processuais*. Tradução: Ricardo Rodrigues Gama. 2. ed. Campinas: 2005. p. 9.

63. DANTAS, Francisco Wildo Lacerda. *Teoria geral do processo*: jurisdição, ação (defesa), processo. 2. ed. São Paulo: Método, 2007. p. 436.

64. JARDIM, Afrânio Silva. *Direito processual penal*. 11. ed. Rio de Janeiro: Forense, 2002. p. 54.

65. Afrânio Silva Jardim defende a "originalidade" como condição da ação, explicando que os tradicionais pressupostos objetivos extrínsecos "litispendência" e "coisa julgada" são, na realidade, condições da ação, porquanto não podem ser sanados nem mesmo por meio de renovação da ação penal (o vício é incorrigível nesses casos), porquanto é vedada dupla persecução penal (JARDIM, Afrânio Silva. *A originalidade como condição para o regular exercício do direito de ação* (texto inédito: Novíssimo trabalho sobre as condições de ação). Disponível em: <https://www.youtube.com/watch?v=hPK00ihVFyc>. Acesso em: 10/2/2015.

ilegitimidade de parte ***ad processum*** (pressuposto processual que inclui a capacidade para ser parte, para estar em juízo/capacidade processual e capacidade postulatória).

Em outras palavras, a "legitimidade de parte" pode figurar como condição da ação (legitimidade ***ad causam***) ou como pressuposto processual (legitimidade ***ad processum***).

Legitimidade para a causa (legitimidade *ad causam*) é **condição para o exercício da ação penal** que deve ser compreendida a partir da relação jurídica de direito material que no processo penal condenatório é o fato criminoso. Os protagonistas do delito são o sujeito ativo (agente) e o sujeito passivo (ofendido ou vítima).

Quando se está diante de uma ação penal privada, a relação jurídica de direito material esclarece a legitimação processual: **(1)** o legitimado ativo (ou querelante), titular da ação, será a vítima maior de 18 anos ou o seu representante legal; **(2)** o legitimado passivo (ou querelado) será o agente do crime maior de 18 anos (independente da higidez mental).

No caso de ação penal pública, a relação jurídica de direito material indicará o legitimado passivo: o agente do crime (sujeito ativo da conduta delituosa).

O legitimado ativo é o Ministério Público, não em razão da noção de relação jurídica de direito material, mas por força do regramento constitucional do art. 129, I, CF.

Daí que haverá ilegitimidade ***ad causam***, ensejadora de reconhecimento de nulidade processual, consoante exemplificam Grinover, Scarance e Gomes Filho:

(1) no que concerne à legitimação ativa, quando o autor da ação penal não é o seu titular, como se dá "quando o Ministério Público propõe a ação em crimes em que ela é de iniciativa exclusiva do ofendido";

(2) no que toca à legitimação passiva, "quando a denúncia for oferecida, erroneamente, contra a vítima ou testemunha, que evidentemente não teve participação na infração penal" ("a legitimação passiva, no processo penal condenatório, significa que o réu deve ser o titular da relação jurídico-litigiosa de direito material")[66].

Nessas hipóteses, a **nulidade** a ser reconhecida é de natureza **absoluta**.

Deveras, não há possibilidade de convalidação de ato processual quando a parte que vier a responder ao processo não seja a mesma que faça parte da relação jurídica material criminosa.

Um exemplo passível de ocorrer é a de indivíduos homônimos. Comprovada a ilegitimidade do réu (***ad causam***), o reconhecimento da nulidade é de rigor, de forma absoluta. Da mesma forma, caso o Ministério Público proponha ação em crime de ação privada ou vice-versa. A nulidade será insanável, por ilegitimidade para a causa.

Legitimidade *ad processum* é **pressuposto processual** que se divide em três aspectos:

(1) a capacidade para ser parte: ser pessoa física ou jurídica (para os crimes em que esta pode ser sujeito ativo);

66. GRINOVER, Ada Pellegrini; FERNANDES, Antônio Scarance; GOMES FILHO, Antônio Magalhães. *As nulidades no processo penal*. 7. ed. São Paulo: RT, 2001. p. 19.

(2) a capacidade processual para estar em juízo: no caso de pessoa física, ser maior de 18 anos ou seu representante legal devidamente autorizado legalmente; e

(3) capacidade postulatória (ser membro do Ministério Público nas ações públicas ou ser advogado com procuração com poderes especiais nas ações penais privadas).

Os atos processuais praticados por representante não constituído pela parte podem ser convalidados mediante manifestação expressa ou tácita do procurador legítimo. Nesse sentido, o art. 568, CPP, dispõe que "a nulidade por ilegitimidade do representante da parte poderá ser a todo tempo sanada, mediante ratificação dos atos processuais". É hipótese de ilegitimidade ***ad processum*** (pressuposto processual), que admite convalidação.

Outro exemplo de ilegitimidade ***ad processum*** por deficiência de representação (pressuposto processual) que pode ser sanada é a prática de atos por promotor que originariamente não deveria atuar no caso (sem atribuições).

Nesse caso, é possível a (re)ratificação pelo Promotor com atribuições dos atos praticados anteriormente pelo outro órgão do Ministério Público, com esteio nos princípios da unidade e da indivisibilidade da instituição.

Todavia, não é dispensável manifestação expressa e fundamentada do membro do ***Parquet***, bem como decisão judicial também motivada do juiz competente. Como o ato de recebimento da denúncia é causa interruptiva da prescrição, forçoso é o reconhecimento de que a decisão de recebimento perante o órgão judicial competente é que terá o condão de produzir esse efeito.

Por último, temos como exemplo de ilegitimidade de parte ***ad processum*** o caso de ação penal movida equivocadamente contra adolescente. Aí o procedimento adequado não é o criminal, mas aquele destinado à aplicação de medida socioeducativa e/ou específica de proteção previsto no Estatuto da Criança e do Adolescente.

Para Grinover, Scarance e Gomes Filho, esse exemplo ("fatos típicos praticados por menores de dezoito anos"), não parece "consubstanciar falta de legitimidade passiva"[67]. No entanto, os autores abordam a questão da ilegitimidade de parte sob o único aspecto "condição da ação" (***legitimatio ad causam***), quando aqui se está diante de pressuposto processual para o desenvolvimento válido e regular do processo penal.

4.3. Incompetência do juízo

A nulidade também poderá ocorrer por incompetência da autoridade judiciária (art. 564, I, CPP). A competência em matéria penal é definida, em boa medida, constitucionalmente, sendo, ademais, especificada pela legislação ordinária.

É a Constituição do Brasil que garante que ninguém será processado ou julgado senão pelo juiz competente (art. 5º, LIII, CF/1988). A letra do artigo, levada às últimas consequências, aponta para o sentido de que nenhum ato deveria ser aproveitado se reconhecida a incompetência do juiz processante.

---

67. GRINOVER, Ada Pellegrini; FERNANDES, Antônio Scarance; GOMES FILHO, Antônio Magalhães. *As nulidades no processo penal*. 7. ed. São Paulo: RT, 2001. p. 66.

Não é assim, todavia. Não se interpreta a Constituição em tiras, aos pedaços, como aviva Eros Roberto Grau[68]. A norma jurídica não se confunde com o texto, mas antes é uma realidade: ela é a norma do caso. Soluções interpretativas que conduzam a absurdos ou a descompasso entre o jurista e o leigo devem ser alijadas.

É assim que a garantia constitucional do juízo competente não pode redundar em invalidade de todo o processo, mas apenas dos atos decisórios ou dos instrutórios que restaram comprometidos em virtude do vício de competência.

Portanto, é essencial a indicação de qual a incompetência que recai sobre o magistrado. Se for absoluta, é natural que nenhum ato seja aproveitado, nem os decisórios, nem os instrutórios, pois todos terão que ser refeitos perante o juízo competente.

Já se a nulidade é decorrente de incompetência relativa, admite-se o aproveitamento dos atos de prova, sendo nulos os de caráter decisório. Esse é o entendimento que preconizamos e que também é defendido por Julio Fabbrini Mirabete.

Embora o art. 567, CPP, disponha que "a incompetência do juízo anula somente os atos decisórios", deve-se considerar que "a incompetência ***ratione personae*** e ***ratione materiae*** são de caráter absoluto, e pode ser alegada a qualquer momento, devendo o processo ser anulado ***ab initio***", pelo que "o chamado princípio do aproveitamento dos atos processuais só pode ser aceito na hipótese de incompetência ***ratione loci***, causa de nulidade relativa que deve ser alegada oportunamente"[69].

Essa posição, contudo, não é a que tem prevalecido na jurisprudência dos tribunais. O Supremo Tribunal Federal, ***verbi gratia***, entende que a nulidade em face de incompetência absoluta implica nulidade dos atos decisórios e que a incompetência relativa não importa em nulidade de qualquer ato já praticado.

Em outros termos, uma vez reconhecida a incompetência relativa, o único efeito é o deslocamento do processo ao juízo competente, com o aproveitamento de todos os atos já realizados.

Destarte, na linha da jurisprudência majoritária, exemplificamos as seguintes decisões em matéria de nulidade por vício de incompetência, que retrata a tendência dos tribunais brasileiros:

(1) "a declaração de nulidade por incompetência do Juizado Especial depende da demonstração de prejuízo"[70] (nessa hipótese, a rigor, a incompetência seria de natureza absoluta, mas vem sendo relativizada, pelo Supremo Tribunal Federal);

(2) a incompetência absoluta da Justiça Militar estadual implica na nulidade dos atos decisórios, por violar o princípio do juiz natural[71];

(3) "em se tratando de incompetência territorial, como é o caso examinado, de natureza relativa, não há falar em anulação dos atos processuais decisórios e não-decisórios", pois,

68. GRAU, Eros Roberto. *A ordem econômica na Constituição de 1988*: interpretação e crítica. 11. ed. São Paulo: Malheiros, 2006. p. 166.
69. MIRABETE, Julio Fabbrini. *Processo penal*. 14. ed. São Paulo: Atlas, 2003. p. 594.
70. STF – Segunda Turma – HC 85019, Rel. Min. Ellen Gracie – DJ 4/3/2005. p. 36.
71. STF – Primeira Turma – HC 70604 – Rel. Min. Celso de Mello – DJ 1/7/1994. p. 17497.

nessa hipótese, "o juízo declarado competente receberá os autos para prosseguir com os demais atos processuais, reconhecendo-se válidos todos os anteriores praticados pelo juiz reconhecido como relativamente incompetente"[72]; e

(4) "A usurpação da competência do STF para supervisionar investigações criminais causa a nulidade dos atos praticados na persecução penal"[73].

Entendemos, como já salientado, que o recebimento da inicial acusatória só deve operar efeitos jurídicos se realizado por magistrado competente (tal como o efeito de interromper a prescrição).

Isso porque partimos do pressuposto de que o recebimento da denúncia ou da queixa é ato decisório que, por si só, afeta o ***status dignitatis*** do réu.

Contudo, tem prevalecido o entendimento de que pode haver ratificação perante o juízo competente, mesmo que o ato de recebimento tenha sido realizado por órgão absolutamente incompetente. Nessa esteira, o Supremo Tribunal Federal reafirmou sua posição, ao destacar que a sua jurisprudência atual "admite a ratificação dos atos decisórios praticados por órgão jurisdicional absolutamente incompetente"[74].

4.4. Incompatibilidade, impedimento, suspeição ou suborno do juiz

Para entender a previsão do CPP no inciso I do seu art. 564, é preciso distinguir bem as noções de incompatibilidade, suspeição, impedimento e suborno.

A noção de incompatibilidade é genérica relativamente à de suspeição e à de impedimento. Na origem do termo, incompatibilidade é gênero do qual suspeição e impedimento são espécies. Nessa senda, afirma Heráclito Mossin que "haverá incompatibilidade para o juiz funcionar em uma causa quando ele for suspeito (***iudex suspectus***) ou impedido (***iudex inhabilis***)".[75]

Porém, o legislador do Código de Processo Penal trata tais termos como distintos, a exemplo da redação dos artigos seus 448, § 2º, 464, 470 e 471.

Também o art. 112, CPP, refere a incompatibilidades e a impedimentos dos órgãos que atuam na jurisdição criminal, destacando que se não for averbada espontaneamente a abstenção pelo juiz, pelo Ministério Público ou pelos demais agentes, "a incompatibilidade ou impedimento poderá ser arguido pelas partes, seguindo-se o processo para a exceção de suspeição".

Entretanto, os motivos para o reconhecimento de incompatibilidade, de impedimento e de suspeição estão regrados de forma não muito clara nos artigos 252, 253 e 254, do CPP. Nestes artigos, a lei fala de suspeição em sentido genérico, daí a necessidade de distingui-los.

---

72. STJ – Primeira Turma – EDcl no REsp 355.099/PR – Rel. Min. Denise Arruda, Rel. p/ Acórdão Min. José Delgado – DJ 18/8/2008.
73. STF – Informativo nº 913, de 27 a 31.8.2018 – Verbete "Reclamação e concessão de 'habeas corpus' de ofício" – Transcrições – Reclamação 24.506/SP – Rel. Min. Dias Toffoli.
74. STF – Segunda Turma – HC 94372 – Rel. Min. Joaquim Barbosa – DJ de 6/2/2009.
75. MOSSIN, Heráclito Antônio. *Nulidades no direito processual penal*. 3. Ed. Barueri: Manole, 2005. p. 119.

O termo **incompatibilidade** deve ser reservado às relações de parentesco do juiz com os demais juízes nos órgãos colegiados, como estatui o art. 253, CPP: "nos juízos coletivos, não poderão servir no mesmo processo os juízes que forem entre si parentes, consanguíneos ou afins, em linha reta ou colateral até o 3º grau, inclusive". Da mesma forma, nas hipóteses em que a imparcialidade está comprometida, pouco importa se o magistrado integra ou não tribunal, mas não há previsão legal para a situação, como quando o juiz é amasiado da ré.

Os casos de **impedimento** estão dispostos no art. 252, retratando quando "o juiz não poderá exercer jurisdição". Trata-se dos casos em que há proibição para o exercício da jurisdição[76]. A noção de impedimento se coaduna com a ideia de objetividade da imparcialidade do juiz, tal como: **(1)** quando um parente seu (até o 3º grau na linha colateral ou na linha reta) já tiver atuado antes no processo; **(2)** quando ele próprio já tiver servido como testemunha; **(3)** quando ele tenha funcionado como juiz de outra instância; ou **(4)** quando ele ou parente em linha reta ou na colateral até o 3º grau for diretamente interessado no feito.

O CPC/2015 traz ampliação dos casos de impedimento do juiz em seu artigo 144, em rol taxativo. Há repercussão no direito processual penal em face dessa alteração legislativa. Sobre o ponto, remetemos o leitor às observações que fizemos no Capítulo VI (sobre questões e processos incidentes) e no Capítulo VIII (sobre sujeitos processuais).

A **suspeição** tem a ver com situações mais subjetivas, gizadas no art. 254 do CPP e aludem a algumas situações que são mais difíceis de comprovação pela parte: **(1)** amizade ou inimizade capital do juiz com qualquer das partes; **(2)** quando ele, cônjuge/companheiro, ascendente ou descendente estiver respondendo a processo por fato análogo com controvérsia sobre sua natureza delituosa; **(3)** se o juiz, cônjuge/companheiro ou parente, consanguíneo ou afim, tiver de ser julgado por qualquer das partes; **(4)** se tiver aconselhado qualquer das partes; **(5)** se ele for credor ou devedor, tutor ou curador de qualquer das partes; e **(6)** se for sócio, acionista ou administrador de sociedade interessada no feito criminal.

Por último, o **suborno** é corrupção pelo recebimento ou promessa de recebimento de vantagem pecuniária ou não pecuniária por parte do juiz. Heráclito Mossin, partilhando da mesma ideia, entende o suborno de maneira ampla, mediante interpretação extensiva. Desse modo aduz que "suborno é sinônimo de peita. Suborno significa desonestidade funcional. É a prostituição da judicatura"[77].

O juiz do processo deve estar apto para julgá-lo sem que haja dúvida sobre sua imparcialidade e honestidade. O Código de Processo Penal prevê nulidade para o caso de "suspeição ou suborno do juiz" (art. 564, I, CPP). As hipóteses de incompatibilidade e de impedimento, embora não mencionadas nesse inciso, estão nele subentendidas.

As hipóteses de **suspeição** devem ser alegadas no primeiro momento que se seguir ao seu conhecimento pela parte interessada, sob pena de preclusão, admitindo-se, diante da inércia, que a parte aceitou tal condição (nulidade relativa). Todavia, há forte posição (na doutrina e na jurisprudência) de que a suspeição do magistrado é causa de **nulidade absoluta.**

---

76. CONSTANTINO, Lúcio Santoro. *Nulidades no processo penal*. 3. ed. Porto Alegre: Verbo Jurídico, 2008. p. 88.
77. MOSSIN, Heráclito Antônio. *Nulidades no direito processual penal*. 3. Ed. Barueri: Manole, 2005. p. 128.

Por outro prisma, as situações de impedimento, de incompatibilidade e de suborno subsistem durante todo o trâmite processual, pois não desaparecem com o decurso do tempo. Reconhecida a nulidade (absoluta) pelo próprio juiz ou pelo tribunal, a consequência é a invalidação dos atos processuais praticados pelo juiz suspeito, impedido, incompatível ou subornado, com o seu respectivo afastamento, e remessa dos autos ao substituto legal.

Tal nulidade só encontra óbice na sentença absolutória transitada em julgado. Não reputamos, pois, adequada ao sistema processual penal pátrio a posição de Lúcio Santoro de Constantino que sustenta que se o "acusado for absolvido por um juiz sem jurisdição, o decisório não terá eficácia jurídica por ser ato inexistente"[78].

A tese do autor é sedutora, notadamente por distinguir impedimento enquanto causa de inexistência de jurisdição em virtude da privação do juiz de seu exercício, afastando-se dos julgados que afirmam que se trata de hipótese de nulidade absoluta.

Porém, o réu em processo penal não pode ser prejudicado com a instauração de mais de um processo por culpa do Estado na condução do primeiro, mormente quando se considera que o acusado já suportou efeitos negativos em seu ***status dignitatis***.

4.5. Inexistência ou defeito de peça acusatória ou de representação

Também haverá nulidade por falta de peça acusatória (hipótese de difícil configuração na prática, ressalvada possibilidade de equívocos no âmbito dos juizados especiais criminais, eis que neste juízo é comum o oferecimento de denúncia oral com transcrição de seus termos na ata da audiência preliminar).

A **falta** de denúncia, de queixa, de representação do ofendido ou de requisição do Ministro da Justiça é motivo de nulidade absoluta (art. 564, III, "a", CPP) – ou de inexistência (para os que admitem essa classificação).

O vício/defeito na queixa, na denúncia ou na representação, por outro lado, nem sempre levam à decretação de nulidade, dependendo se o caso é de ausência de formalidade essencial ou acidental, para configurar caso de nulidade absoluta, de nulidade relativa ou de mera irregularidade.

A peça acusatória deve conter a exposição do fato criminoso, com todas as suas circunstâncias, a qualificação do acusado ou esclarecimentos pelos quais se possa identificá-lo, a classificação do crime e, quando necessário, o rol das testemunhas (art. 41, CPP).

O fundamento da previsão dessa nulidade consiste no fato de que a denúncia ou a queixa deve conter os requisitos legais para que possibilite ao acusado individualizado o exercício do contraditório e da defesa ampla.

Os vícios da inicial, assim entendidos, serão arguidos até a prolação da sentença. Proferida decisão, os vícios existentes passam a ser da sentença, eis que se embasou em denúncia ou queixa-crime inepta, recaindo sobre aquela eventual reconhecimento de nulidade processual penal.

78. CONSTANTINO, Lúcio Santoro. *Nulidades no processo penal*. 3. ed. Porto Alegre: Verbo Jurídico, 2008. p. 88.

Exemplo de inépcia da acusatória é a descrição ambígua do fato supostamente criminoso. A narrativa da denúncia ou da queixa deve ser clara. Não é apropriado, por exemplo, usar o verbo "arrebatar" para descrever o crime de roubo.

Isso porque, naquele verbo, não está implícita a violência física ou psíquica para a caracterização do crime do art. 157, CP. É necessário, portanto, que o Ministério Público afirme que o acusado subtraiu coisa alheia móvel mediante determinada violência, não bastando dizer que o réu "arrebatou" uma carteira, por exemplo, sob pena de incidir em ambiguidade vedada pelo sistema.

É caso de rejeição a denúncia ou a queixa manifestamente inepta, carente de algum pressuposto processual ou condição para o exercício regular da ação penal ou mesmo quando faltar justa causa para o seu exercício (art. 395, CPP).

A ação penal iniciada por denúncia inepta pode ser nulificada. Também a mesma solução é dada para a ação penal que não evidenciar justa causa que, na lição de Afrânio Silva Jardim, é "um suporte probatório mínimo em que se deve lastrear a acusação, tendo em vista que a simples instauração do processo penal já atinge o chamado ***status dignitatis*** do imputado. Tal lastro probatório nos é fornecido pelo inquérito policial ou pelas peças de informação, que devem acompanhar a acusação penal"[79].

De outro giro, a representação, entendida como manifestação da vontade do ofendido para os crimes de ação penal pública condicionada, é condição de procedibilidade indispensável para a sua regularidade. Também o é a requisição do Ministro da Justiça nas situações exigidas pela lei penal.

É preciso estabelecer uma distinção para fins de reconhecimento de nulidade absoluta ou relativa entre: **(1)** a inexistência/falta da representação; e **(2)** o vício/defeito/omissão na representação.

A **inexistência (ou falta) da representação** para os processos de ação penal pública condicionada é causa de rejeição da denúncia. Trata-se de ausência de uma condição de procedibilidade essencial para deflagração da persecução penal. O processo assim instaurado padece de vício ensejador de nulidade absoluta.

Nesse caso, a ausência da representação leva à nulidade insanável, não admitindo que a vítima supra a omissão, oferecendo representação no curso do processo. A regra vale ainda que não decorrido o prazo decadencial, isto é, o processo iniciado indevidamente deve ser extinto sem resolução de mérito, por ausência de condição de procedibilidade para a ação penal, sem possibilidade de convalidação do vício.

Diversa é a hipótese de **vício/defeito/omissão na representação**. Aqui a representação existe, mas lhe falta uma formalidade que, não obstante essencial, pode ser corrigida antes de decorrido o prazo decadencial. É o caso da representação (que é regrada pela informalidade) ser apresentada por vítima menor de 18 anos sem a anuência de seu representante legal.

A omissão da anuência pode ser suprida se o representante, antes do decurso do prazo decadencial para ele, comparecer ao processo e ratificar o desejo do ofendido menor de ver processado o acusado pelo crime de ação penal pública condicionada.

79. JARDIM, Afrânio Silva. *Direito processual penal*. 11. ed. Rio de Janeiro: Forense, 2002. p. 54.

4.6. Ausência de intervenção do Ministério Público

É caso de nulidade a falta de "intervenção do Ministério Público em todos os termos da ação por ele intentada e nos da intentada pela parte ofendida, quando se tratar de crime de ação pública" (art. 564, III, "d", CPP).

Desta forma, podemos fazer a seguinte distinção: havendo ausência de intervenção do MP nas ações penais públicas (incondicionadas ou condicionadas), a nulidade será absoluta.

Já se a omissão é na ação privada subsidiária da pública, normalmente essa nulidade (relativa) será considerada sanada (art. 572, CPP):

(1) se não for arguida no tempo oportuno (princípio da preclusão temporal ou da oportunidade);

(2) se o ato processual tiver atingido sua finalidade (princípio da finalidade); ou

(3) se houver anuência do ***Parquet*** e da defesa (quando esta tiver interesse).

A participação do Ministério Público deve ter sublinhada sua importância em virtude de sua atribuição de defensor da ordem jurídica, ainda que seja parte no processo (art. 127, CF/1988).

Contudo, a simples ausência do ***Parquet*** não equivale e nem se confunde com a dispensa de comunicação processual. O membro do Ministério Público, intimado, pode entender, justificadamente, pela desnecessidade de seu comparecimento em determinado ato processual.

Daí a discordância parcial do entendimento de Eugênio Pacelli de Oliveira, no ponto em que aduz que se cuida "de nulidade absoluta, na medida em que impede a participação de uma das partes no processo"[80], haja vista que só haverá nulidade absoluta se não tiver sido intimado o Ministério Público, caso em que efetivamente terá ocorrido impedimento de participar.

4.7. Ausência ou defeito de citação e do interrogatório do réu

A citação é ato essencial à formação do processo penal. A citação do acusado propicia a angularização da relação processual. A citação é a comunicação da imputação ao réu. Ela é a base necessária para se garantir o contraditório e a ampla defesa.

Em face de sua importância, autores entendem que sem citação inexiste processo. Outros consideram nulidade absoluta. E alguns, ainda, veem a falta ou defeito de citação como de natureza relativa, já que o comparecimento da parte é capaz de supri-la.

O CPP, em seu art. 363, ***caput***, dispõe que "o processo terá completada a sua formação quando realizada a citação do acusado". De outro lado, reza que a falta ou o defeito de "citação do réu para ver-se processar" e do "seu interrogatório, quando presente" é caso de nulidade (art. 564, III, "e", CPP).

80. OLIVEIRA, Eugênio Pacelli de. *Curso de processo penal*. 2. ed. Belo Horizonte: Del Rey, 2003. p. 763.

A hipótese de falta ou de defeito de citação é caso de **nulidade absoluta**. Estará sanada, contudo, pelo comparecimento do acusado, ainda que o faça só para alegar o vício.

Nessa hipótese, o magistrado ordenará "a suspensão ou o adiamento do ato, quando reconhecer que a irregularidade poderá prejudicar direito da parte" (art. 570, CPP).

Como se infere, a ausência ou o defeito de citação pode importar em nulidade superável (se o réu comparece oportunamente ainda que tão somente para suscitá-la) ou em nulidade absoluta (se houver prolação de sentença condenatória com esse vício[81]). Lado outro, caso o período entre a citação e a realização do interrogatório seja exíguo, manifesta-se o Superior Tribunal de Justiça pela inocorrência de nulidade absoluta e pela necessidade de demonstração de prejuízo para que seja reconhecida nulidade por cerceamento de defesa[82].

Outrossim, o réu deve ser necessariamente interrogado. O interrogatório, em regra, será realizado ao final da instrução. A tendência é a de considerar tal ato processual autêntico meio de defesa. Daí que se o réu for localizado antes do trânsito em julgado da sentença penal condenatória, deve ser oportunizado o seu interrogatório, sob pena de nulidade absoluta.

Pensamos que o interrogatório deve ser autêntico ato de diálogo com o juiz, vedada sua realização sob sigilo relativamente a corréu (com o afastamento do art. 191, do CPP por inconstitucional), bem como sem que o ambiente processual seja de qualquer forma hostil ao imputado. Considerar o interrogatório ato de defesa do imputado implica proibir a formulação de perguntas que visem colocar o acusado em contradição. A sexta Turma do STJ, entretanto, não reconheceu nulidade em razão da "condução do interrogatório do réu de forma firme durante o Júri", ponderando que tal "não importa, necessariamente, em quebra da imparcialidade do magistrado e em influência negativa nos jurados"[83].

Cabe ao juiz oportunizar a realização do interrogatório do réu presente, sob pena de nulidade (absoluta). Todavia, se devidamente convocado, voluntariamente não comparecer, a ausência deve ser considerada como expressão do direito de defesa, não ocasionando nulidade. Entendemos, inclusive, que não deve haver condução coercitiva.

Durante o interrogatório, deve ser dado tratamento isonômico às partes quando de seus esclarecimentos, não havendo que se falar em nulidade "se houve oportunidade igual para a formulação de perguntas tanto pela acusação quanto pela defesa"[84].

O comparecimento do advogado ou a designação prévia de defensor para assistir o réu (com entrevista prévia) é indispensável, sob pena de nulidade absoluta, não suprida por estagiário autorizado.

A gravidade do vício importa que, na hipótese, seja o prejuízo presumido para que outro interrogatório seja designado, ainda que o defeito seja alegado em grau de recurso.

81. DANTAS, Francisco Wildo Lacerda. *Teoria geral do processo*: jurisdição, ação (defesa), processo. 2. ed. São Paulo: Método, 2007. p. 532.
82. STJ – Quinta Turma – Resp 1116081/RS – Min. Laurita Vaz – DJe 26/09/2012.
83. STJ – Sexta Turma – HC 410.161-PR – Rel. Min. Maria Thereza de Assis Moura, por unanimidade, julgado em 17/04/2018, DJe 27/04/2018.
84. STJ – Sexta Turma – RHC 18.943/GO – Rel. Min. Maria Thereza de Assis Moura – DJ de 10/11/2008.

Só não será o caso de nulidade se a sentença final tiver sido favorável ao acusado. No que toca ao comparecimento do Ministério Público, a jurisprudência segue a tendência de considerar suficiente sua intimação, tratando-se de nulidade relativa a sua ausência ao interrogatório do acusado[85].

Cabe frisar que a falta do interrogatório é, em regra, nulidade absoluta. Em regra porque, se absolvido o acusado, a ausência do interrogatório não terá a mesma relevância, cuidando-se, no ponto, de nulidade superável.

A previsão de interrogatório por videoconferência, inserida no ordenamento jurídico pela Lei nº 11.900/2009, suscitou debates sobre sua constitucionalidade.

A perda de dados sensíveis desse ato processual realizado por via eletrônica é um fator que pode prejudicar a defesa do acusado (especialmente para os que não têm aptidão para se defender por este meio), bem como dificultar a apuração da verdade.

As intenções do legislador foram claras e divulgadas de forma sincera: busca-se "reduzir gastos e dar mais segurança às audiências", permitindo realizar "depoimento de réus presos e de testemunhas por meio de videoconferência". A medida, quando implantada em São Paulo essa tecnologia, foi, à época, tida por inconstitucional pelo Supremo Tribunal Federal[86], especialmente com o fundamento de ser formalmente inconstitucional, por ter o Estado invadido a competência privativa da União para legislar sobre processo penal.

Para nós, o destino da nova Lei deveria ser idêntico àquela estadual, porquanto soa incompatível interrogatório por videoconferência com o sistema acusatório garantista positivado na Constituição do Brasil.

Grosso modo (ressalvada situação de autêntica excepcionalidade e requerida pela defesa), entendemos, com os Ministros Carlos Britto e Marco Aurélio, que há também inconstitucionalidade material do dito interrogatório por videoconferência[87], não se justificando a manutenção de tal expediente.

É que o Estado deve se precaver com outros meios para garantir a segurança das pessoas que participam do processo penal. Assim, a realização de interrogatório por videoconferência como regra geral (sem observância de seu caráter excepcional), ou até mesmo a oitiva da prova testemunhal, em algumas situações, como aquelas que levam à total imprestabilidade do ato pela não adaptação do depoente ao sistema, é vício que ensejará nulidade, devendo o órgão judicial afastar a norma que o autoriza (Lei nº 11.900/2009), por inconstitucional, e nulificar o ato processual defeituoso.

A 2ª Turma do Supremo Tribunal Federal, aliás, decidiu, em oportunidade anterior, que a medida não se ajusta aos ditames do processo penal, permeado que deve ser pelo

85. STF – Segunda Turma – HC 95142 – Rel. Min. Cezar Peluso – DJ 232 de 5/12/2008 – Ement. Vol. 2344/02. p. 288.
86. NEWSTIN. *Câmara aprova permissão para depoimentos por videoconferência*. Disponível em: <http://www.newstin.com.br/rel/br/pt-010-000667275>. Acesso em: 9/1/2009.
87. STF – Pleno – HC 90900 – Rel. Min. Ellen Gracie, Rel. p/ o Acórdão Min. Menezes Direito – Informativo nº 526 de 27 a 31 de outubro de 2008 – Interrogatório por videoconferência – 2.

princípio constitucional da ampla defesa, embora tenha admitido sua possibilidade em situações extremas, devidamente justificadas e desde que existente permissivo legal[88].

4.8. Vícios na decisão de pronúncia e rol de testemunhas

O art. 564, III, "f", CPP, preconiza que haverá nulidade na desconformidade legal que recaia sobre "a sentença de pronúncia, o libelo e a entrega da respectiva cópia, com o rol de testemunhas nos processos perante o Tribunal do Júri".

Com a supressão do libelo-crime acusatório pela Lei nº 11.689/2008, substituído que foi pelo requerimento de diligências e de rol de testemunhas, o texto legal deve ser lido como se estivesse referindo a estes atos processuais e não mais ao primeiro.

No dispositivo está envolvido o princípio da ampla defesa, haja vista que a pronúncia delimita o âmbito da imputação e a produção probatória preparativa para a sessão plenária é importante para o julgamento do acusado.

A sentença de pronúncia não pode conter:

(1) argumentação que favoreça uma das partes, para não influenciar o ânimo dos jurados;

(2) juízo de mérito, indicando condenação ou absolvição do acusado;

(3) menção a agravantes ou atenuantes;

(4) ordem para inserção do nome do réu no rol dos culpados; e,

(5) aplicação de regras de individualização da pena, tal como as de concurso de crimes, de situação de privilégio ou de continuação delitiva.

A sentença de pronúncia se limita a admitir a acusação, pronunciando o réu pelo crime contra a vida, na forma simples ou qualificada e, levando, se for o caso, os demais crimes conexos a júri.

Daí que o § 1º, do art. 413, do CPP, averba que a fundamentação da pronúncia limitar-se-á à indicação da materialidade do fato e da existência de indícios suficientes de autoria ou de participação, devendo o juiz declarar o dispositivo legal em que julgar incurso o acusado e especificar as circunstâncias qualificadoras e as causas de aumento de pena.

Pela importância da pronúncia, o desatendimento de suas normas essenciais determina o reconhecimento de nulidade absoluta. O vício da pronúncia pode comprometer a isenção do julgamento pelos jurados e o devido processo legal que deve ter lugar na segunda fase do rito do júri.

A pronúncia que não contém fundamentação supedaneada na neutralidade é capaz de invalidar todos os atos que lhe são subsequentes (**princípio da causalidade ou da consequencialidade**), mormente agora que serve ela de único parâmetro para a formulação da acusação em sede de sessão plenária de julgamento. As agravantes que eram incluídas no

88. STF – 2ª Turma – HC 88914/SP – Rel. Min. Cezar Peluso – Informativo nº 476 de 13 a 17 de agosto de 2007 – Interrogatório por videoconferência – 2.

libelo-crime acusatório na sistemática anterior, devem ser suscitadas na sustentação oral do Ministério Público ou do querelante (em plenário).

A reforma processual de 2008 pode ser visualizada, no ponto, como nociva aos direitos do acusado, que estará sujeito a uma sustentação oral ministerial com acréscimos de agravantes não vislumbradas pela defesa com antecedência, em descompasso com o princípio da vedação de surpresas no processo criminal.

4.9. Não intimação do réu da data de julgamento pelo júri

Os princípios da ampla defesa e do contraditório estão atrelados ao princípio da comunicação dos atos processuais[89].

É imprescindível que tenha sido o réu intimado da data do seu julgamento para que este se dê de forma válida ou, consoante o caso, que seja o acusado intimado da sentença para que esta produza efeito, ainda que tal ato processual tenha que ser viabilizado por edital.

Nesse sentido, o Código de Processo Penal reza que ocorrerá nulidade quando faltar "a intimação do réu para a sessão do julgamento pelo tribunal do júri, quando a lei não permitir o julgamento à revelia" (art. 564, III, "g").

A nulidade por ausência do acusado intimado para a sessão de julgamento pelo tribunal do júri após a reforma processual penal que foi operada pela Lei nº 11.689/2008, decorrerá, em regra, se o acusado estiver preso e não tiver solicitado dispensa de comparecimento ao plenário em petição subscrita por ele e por seu defensor (art. 457, §§ 1 e 2º, CPP). Caso o julgamento se dê em violação a tais normas, a nulidade é absoluta[90].

A falta do acusado solto, regularmente intimado, não é mais óbice à realização válida do julgamento.

Entende-se, no entanto, que se o resultado da decisão dos julgados for de absolvição, não deve ser decretada a nulidade, mercê da inexistência de prejuízo para a parte a quem aproveitaria. O comparecimento do réu não intimado para o julgamento supre eventual vício do ato processual.

4.10. Presença de pelo menos quinze jurados para o júri

Nos termos do art. 447 do CPP, o Tribunal do Júri é formado por um juiz togado (seu presidente) e por vinte e cinco jurados (sorteados dentre os alistados). Desses vinte e cinco juízes leigos, 7 constituirão o Conselho de Sentença em cada sessão de julgamento.

Dos vinte e cinco jurados (juízes de fato) sorteados, a presença de pelo menos quinze para a abertura da sessão plenária é indispensável, seguindo-se ao sorteio dos sete jurados que comporão o conselho de sentença.

Havendo número inferior a quinze jurados ou se, em razão de impedimento, suspeição, incompatibilidade, dispensa ou recusa, não for completado o número para a formação do

89. WAMBIER, Teresa Arruda Alvim. *Nulidades do processo e da sentença*. 6. ed. São Paulo: RT, 2007. p. 178.
90. NUCCI, Guilherme de Souza. *Manual de processo penal e de execução penal*. 3. ed. São Paulo: RT, 2007. p. 784.

Conselho, o julgamento será adiado para o primeiro dia desimpedido, após sorteados os suplentes (art. 464, CPP).

O sorteio realizado para a formação do conselho de sentença quando não estiverem no plenário ao menos quinze dos vinte e cinco jurados é vício que causa nulidade do julgamento realizado. A presunção de prejuízo para o acusado e para a sociedade, na hipótese, é absoluta.

Entendemos que não há justificativa nem se deve admitir (tal como pode ocorrer nas capitais onde haja mais de uma vara do júri com julgamentos simultâneos) que sejam emprestados jurados de improviso de uma vara à outra, para integrar o número mínimo legal. A nulidade aí deve ser absoluta, por descurar de formalidade essencial.

Todavia, a posição jurisprudencial dominante é no sentido inverso, como noticia Heráclito Mossin: "a jurisprudência não tem admitido a nulidade do julgamento levado a efeito pela magistratura popular para a instalação da sessão, se este for completado por juiz de fato de outro plenário"[91].

O Superior Tribunal de Justiça, seguindo essa linha, decidiu recentemente que: **(1)** "não enseja nulidade a complementação do número regulamentar mínimo de 15 jurados", "por suplentes do mesmo Tribunal do Júri (Precedentes)"; **(2)** "no caso, o Presidente do Júri, visando completar o ***quorum*** legal, "tomou por empréstimo" de outro plenário quatro jurados. Contudo, "nenhum deles veio a integrar o Conselho de Sentença"[92].

4.11. Concessão de prazos processuais

Os vícios nas formalidades necessárias à concessão de prazos processuais ou a falta de concessão de tais lapsos à defesa ou à acusação é defeito processual que pode ensejar nulidade (art. 564, III, "e", ***in fine***, CPP).

O Código de Processo Penal, em seu art. 572, prevê que a desconformidade legal quanto à concessão de prazos à defesa ou à acusação é **nulidade relativa**, ao dizer que ela será considerada sanada:

(1) se não for arguida no tempo oportuno;

(2) se o ato processual tiver atingido sua finalidade; ou

(3) se houver anuência do ***Parquet*** e da defesa.

Isso quer dizer que a atipicidade processual relativa à concessão de prazos processuais não implicará obrigatoriamente decreto de nulidade, haja vista que o caso concreto pode indicar a desnecessidade dessa providência, seja pela citada regra do art. 572 do CPP, seja pela incidência do princípio ***pás de nullitè sans grief***.

Impende, todavia, uma distinção. Quando o ato a ser praticado é essencial ao direito de defesa, a falta de concessão implica, em tese, nulidade absoluta.

É, por exemplo, o caso de faltar à defesa concessão de prazo para:

91. MOSSIN, Heráclito Antônio. *Nulidades no direito processual penal*. 3. Ed. Barueri: Manole, 2005. p. 208.
92. STJ – Sexta Turma – HC 132.268/SP – Rel. Min. Og Fernandes – DJ de 19/10/2009.

(1) oferecer resposta preliminar à acusação, em dez dias, nos termos do art. 396-A, CPP (rito comum)

(2) oferecer defesa prévia, em dez dias, depois de notificado da denúncia o acusado por crime alusivo a entorpecentes (art. 55, ***caput***, Lei nº 11.343/2006); e

(3) apresentar alegações finais, na esteira de jurisprudência da Suprema Corte, que avivou recentemente que "a simples apresentação de contrarrazões ao recurso de apelação acusatório não tem a força de substituir, à altura, a relevante fase procedimental das alegações finais defensivas"[93];

(4) apresentar contrarrazões ao recurso do Ministério Público, na senda de precedentes do STJ:

> Nos termos da jurisprudência do Superior Tribunal de Justiça, a falta de apresentação de contrarrazões ao recurso ministerial por inércia do defensor dativo enseja nulidade absoluta, em obediência aos princípios constitucionais da ampla defesa e do contraditório.[94]

No âmbito do STF, há jurisprudência sumulada no enunciado nº 707 vincando que "constitui nulidade a falta de intimação do denunciado para oferecer contrarrazões ao recurso interposto da rejeição da denúncia, não a suprindo a nomeação de defensor dativo".

É nesse sentido que se deve entender a afirmação de Pacelli consistente em que "a falta de intimação ou ainda a supressão de prazos para as partes serão também causa de nulidade absoluta do processo, sobretudo em relação à defesa, em face do princípio da ampla defesa". De ver que na hipótese de trânsito em julgado de sentença absolutória, a impossibilidade de revisão criminal em favor da sociedade é óbice à nulificação do feito[95].

No entanto, importante é destacar que no STF existem decisões relativizando algumas das nulidades aqui debatidas. Assim, na senda de que os defeitos no tocante à concessão de prazos processuais são relativos, encontramos o entendimento da sua Segunda Turma, assinalando que a falta de apresentação de razões recursais não implica nulidade se o tribunal apreciou adequadamente o recurso[96].

Nossa posição é no sentido de que as formalidades atinentes à concessão de prazos para o exercício do contraditório e da ampla defesa são essenciais, razão pela qual a sua falta importa nulidade absoluta, insanável.

É como, aliás, se manifestam Grinover, Scarance e Gomes Filho, fazendo menção à jurisprudência do STF:

> A apresentação de recurso, pela defesa, é ato essencial, que não pode ser dispensado, sob pena de infringência à plenitude da defesa. E mesmo sua inépcia há de ser reconduzida à figura do réu indefeso. [...]
>
> A apresentação de razões fora do prazo e a inversão da ordem para arrazoar têm sido entendidas como mera irregularidade, não conduzindo à nulidade.

93. STF – Primeira Turma – HC 94168 – Rel. Min. Carlos Britto – DJ de 18/9/2008.
94. STJ – Sexta Turma – HC 166003/SP – Rel. Min. Vasco Della Giustina (Desemb. Convocado) – Dje 15/06/2011.
95. OLIVEIRA, Eugênio Pacelli de. *Curso de processo penal*. 2. ed. Belo Horizonte: Del Rey, 2003. p. 763-764.
96. STF – Segunda Turma – RHC 91070 – Rel. Min. Ellen Gracie – DJ de 25/9/2008.

> Pode-se questionar a posição da jurisprudência quanto a este último aspecto, pois a inversão poderá causar prejuízo ao contraditório. [...]
>
> Também aqui, a falta de vista e de intimação para contrarrazões acarreta nulidade. É também imprescindível que o defensor ofereça contrarrazões ao recurso do MP, sem o que ocorre falta de defesa, levando à nulidade do processo a partir da ausência de tal ato. [...]
>
> Sobre a necessidade de oferecimento de contrarrazões pela defesa, o STF só se refere ao defensor dativo, considerando dispensáveis quando se trate de advogado constituído: RTJ65/338 e 57/162. Como já afirmado, não parece esta a distinção a ser corretamente estabelecida: o que vale aferir é se houve, ou não, prejuízo para a defesa.

4.12. Falta de intimação de testemunhas

As testemunhas arroladas pelas partes devem ser intimadas para comparecerem em audiência. Caso a testemunha regularmente intimada não compareça, poderá ser determinada a sua condução coercitiva.

A ausência de intimação da testemunha, por seu turno, impõe a renovação do ato processual. Se não for oportunizada às partes a produção de prova testemunhal, haverá **nulidade absoluta**[97], tal como pode ocorrer com o juiz que veda a intimação das testemunhas arroladas na denúncia/queixa e/ou na defesa preliminar do acusado.

De outro prisma, se a testemunha regularmente intimada faltar à audiência, haverá possibilidade de invalidação processual se não for determinada a sua condição coercitiva e se as partes não anuírem com a sua dispensa, diante da possibilidade de violação ao contraditório e à defesa ampla.

Outrossim, é possível que o juiz entenda por indeferir o pedido de condução coercitiva do depoente faltoso, por verificar a desnecessidade de sua oitiva[98]. Em tal hipótese para o reconhecimento do vício, o interessado deve comprovar o prejuízo, alegando-o oportunamente nos autos[99] (nulidade relativa).

Questão específica é a referente ao retorno de carta precatória emitida com a finalidade de se tomar o depoimento de testemunha residente em jurisdição de outro juízo.

Segundo o ***caput*** do art. 222 do CPP, a carta precatória deve ser expedida com prazo razoável para o seu cumprimento. De todo modo, a instrução não se suspende enquanto se aguarda a devolução da precatória. Uma vez exaurido o lapso, poderá ser realizado o julgamento, porém, a carta, uma vez devolvida, será acostada aos autos a qualquer tempo.

Embora haja divergências, a jurisprudência majoritária é firme no sentido de autorizar o julgamento da ação penal uma vez esgotado o prazo para cumprimento da carta precatória. Com essa posição, o STJ reiterou que "a ausência de juntada aos autos de

97. CONSTANTINO, Lúcio Santoro. *Nulidades no processo penal*. 3. ed. Porto Alegre: Verbo Jurídico, 2008. p. 143.
98. STF – Segunda Turma – HC 94542 – Rel. Min. Eros Grau – DJ de 19/3/2009.
99. STF – Primeira Turma – HC 84318 – Rel. Min. Marco Aurélio – DJ de 24/9/2004.

carta precatória expedida para inquirição de testemunha não tem o condão de obstar o encerramento da ação penal"[100].

O entendimento sufragado está coerente com o enunciado nº 155 da súmula do STF, que giza que "é relativa a nulidade do processo criminal por falta de intimação da expedição de precatória para inquirição de testemunha".

Com efeito, a parte só deve ser intimada da emissão da carta precatória para a oitiva testemunha pelo juízo deprecante (cuja falta é motivo para nulidade de natureza relativa), sem a necessidade de intimá-la da designação da audiência no juízo deprecado. Isso indica que é ônus da parte, depois de sua intimação da expedição da precatória, o acompanhamento de sua tramitação na vara criminal de destino.

As regras tecidas até aqui neste tópico são de ordem geral, aplicável à instrução perante o juiz singular.

No que toca ao dispositivo específico da alínea "h", do inciso III, do art. 564, CPP, temos uma regra especial, pertinente à segunda fase do rito escalonado do tribunal do júri. Cuida-se de previsão de nulidade pela falta (ou vício) da intimação das testemunhas arroladas para a oitiva no plenário da sessão do júri popular, nos termos da lei.

Antes da reforma processual, o momento para a apresentação do rol de testemunhas era o do libelo e o da contrariedade. Tais peças processuais foram suprimidas, mas o CPP manteve o prazo de cinco dias, para que as partes requeiram diligências e arrolem até cinco testemunhas (art. 422, CPP).

A regra é a de que o julgamento pelo júri não seja adiado pela ausência da testemunha intimada, salvo se a parte tiver afirmado o caráter de imprescindibilidade de sua oitiva, a teor do art. 461, CPP. A testemunha faltosa está sujeita à ação penal por desobediência e à multa do § 2º do art. 436 (art. 458, CPP).

Ademais, sendo imprescindível o caráter de seu depoimento, o juiz deve suspender os trabalhos e determinar a condução coercitiva da testemunha ou, sendo impossível, ordenará o adiamento da sessão de julgamento para o primeiro dia desimpedido, determinando as providências para conduzi-la (art. 461, § 1º, CPP).

Se o julgamento se realizar e o juiz dispensar indevidamente a testemunha cuja oitiva foi afirmada imprescindível pela parte interessada, haverá vício insuperável (nulidade absoluta).

De todo modo, como leciona Heráclito Mossin, é possível que a parte que arrolou a testemunha pleiteie a desistência de sua oitiva. Entretanto, o magistrado somente deve deferir o requerimento caso haja concordância da parte contrária e dos jurados, que também devem ser consultados. Logo, não havendo a concordância da parte contrária e mesmo assim o juiz acolher o pedido de desistência, haverá nulidade.[101]

De outra vertente, sem a parte acentuar a imprescindibilidade da oitiva das testemunhas arroladas ou não residindo a testemunha no local do juízo (Comarca ou Seção Judiciária), o julgamento prosseguirá e não haverá, em razão desse fato, nulidade processual.

100. STF – Quinta Turma – HC 128.567/MT – Rel. Min. Laurita Vaz – DJ de 3/8/2009.

101. MOSSIN, Heráclito Antônio. *Comentários ao código de processo penal*. São Paulo: Manole, 2005. p. 207.

Em outras palavras, no caso de testemunha que reside em outra jurisdição, o júri não é suspenso em razão da sua ausência ao plenário, ainda que requerida sua intimação com caráter de imprescindibilidade.

Para viabilizar sua oitiva, a parte interessada deve se acautelar para que ela compareça à sessão. É possível também a inquirição prévia mediante a emissão de carta precatória, requerida, todavia, na fase de diligência, para que seja juntada aos autos antes do julgamento pelo júri.

A carta terá prazo para cumprimento e o julgamento não pode ser postergado em razão de não ser atendida tempestivamente. A regra é que o processo prossiga, sem interrupções.

Imaginemos se a defesa requer a oitiva de alguém que reside em local muito distante, alegando sua imprescindibilidade. O júri, em tal caso, não poderá ser adiado, nem é viável condução coercitiva, razão pela qual não há que se falar em nulidade na falta da oitiva, mormente porque efetivada a intimação da testemunha.

A Lei nº 11.900/2009 trouxe a previsão de interrogatório e oitiva de depoentes por videoconferência, consoante tratamos acima. A previsão será aplicada de forma inconstitucional se a finalidade se restringir a ideias genéricas de segurança e celeridade, descurando das garantias fundamentais relativamente ao direito de produção probatória.

A videoconferência para a oitiva de testemunhas será, no entanto, justificável em hipóteses extremas, devidamente motivadas, como para sanar a impossibilidade de tomada de depoimento durante a sessão do julgamento do júri, por residir o depoente em outra jurisdição que não permita sua condução coercitiva.

4.13. Falta de exame de corpo de delito nos crimes que deixam vestígios

O exame de corpo de delito é indispensável nos crimes que deixam vestígios, ressalvada justificativa plausível da impossibilidade de sua realização, quando deverá ser suprido por prova testemunhal.

É a dicção do art. 564, II, "b", CPP, que prevê hipótese de nulidade quando faltar "o exame de corpo de delito nos crimes que deixam vestígios, ressalvado o disposto no art. 167".

Em regra, a nulidade da hipótese em tela é de natureza absoluta, radical. A propósito, Heráclito Mossin averba que "se houver a omissão ou a ausência material ou física do exame de corpo de delito direto ou indireto a nulidade será absoluta, insanável". Porém, "como a declaração de nulidade absoluta seria totalmente inócua, uma vez que não haveria como realizar-se o exame de corpo de delito pelo desaparecimento dos vestígios do crime, a solução processual mais racional é a absolvição do acusado por falta de prova"[102].

Se for o caso de crime material (delito não transeunte, que deixa vestígio, a exemplo do homicídio) e, mesmo tendo deixado vestígios, não tenha sido realizado exame de corpo de delito na época própria, mas prova indireta, o resultado do julgamento, em cotejo com o conjunto probatório, poderá indicar que a nulidade não deve ser decretada.

102. MOSSIN, Heráclito Antônio. *Nulidades no direito processual penal*. 3. Ed. Barueri: Manole, 2005. p. 140-141.

Quando a falta de fórmula legal do exame de corpo de delito aludir à não participação de dois peritos ***ad hoc*** (***experts*** não oficiais) portadores de diploma de curso superior (nomeados na falta de perito oficial: art. 159, ***caput*** e § 1º, CPP), tal defeito procedimental "pode ser causa de nulidade", porém de natureza relativa, que necessita de comprovação do prejuízo e alegação oportuna[103].

O perito oficial não presta compromisso, diferentemente dos peritos ***ad hoc***, cujo compromisso é formalidade essencial. No entanto, a sua falta é defeito que só é nulificado se alegado tempestivamente e comprovado o prejuízo.

Para Grinover, Scarance e Gomes Filho, a falta de compromisso do perito não oficial é hipótese de nulidade relativa[104]. Para Heráclito Mossin, arrimado na jurisprudência dominante[105], cuida-se de mera irregularidade, consagrando-se como posição majoritária[106].

4.14. Irregularidade no sorteio e incomunicabilidade dos jurados

A lisura no sorteio dos jurados é indispensável. Havendo defeito que comprometa a imparcialidade do conselho de sentença, impõe-se que seja reconhecida nulidade absoluta.

Com o mesmo intuito, o Código de Processo Penal veda que os jurados se comuniquem entre si ou com outras pessoas durante o julgamento. Isso não é óbice, contudo, para que seja autorizada comunicação de algum assunto importante, que não diga respeito ao processo submetido ao julgamento.

Entrementes, gestos que acarretem influência de um jurado sobre os demais podem importar nulidade do julgamento, a exemplo da insistência do jurado em censurar com a cabeça a tese de uma das partes.

Se o juiz reconhecer que o vício prejudicou a imparcialidade do conselho de sentença, deverá dissolvê-lo para que nova sessão do júri seja designada.

A pergunta do jurado dirigida diretamente ao promotor de justiça ou ao defensor não implica nulidade se, de imediato, o juiz-presidente interfere, orientando que as dúvidas sejam sanadas por seu intermédio.

Foi nesses termos que o STF destacou que "o fato de um jurado, durante os debates, dirigir-se diretamente ao representante do Ministério Público não constitui nulidade, mas mera irregularidade, que foi de pronto reparada pelo juiz"[107]. Porém, deve ser declarada a nulidade absoluta do Júri em que o membro do Conselho de Sentença declara, durante a sessão, que o crime existiu[108].

---

103. NUCCI, Guilherme de Souza. *Manual de processo penal e de execução penal*. 3. ed. São Paulo: RT, 2007. p. 781.
104. GRINOVER, Ada Pellegrini; FERNANDES, Antônio Scarance; GOMES FILHO, Antônio Magalhães. *As nulidades no processo penal*. 7. ed. São Paulo: RT, 2001. p. 148.
105. STF – Primeira Turma – HC 66559 – Rel. Min. Sydney Sanches – DJ de 27/10/1988.
106. MOSSIN, Heráclito Antônio. *Nulidades no direito processual penal*. 3. Ed. Barueri: Manole, 2005. p. 144.
107. STF – Segunda Turma – HC 74515 – Rel. Min. Carlos Velloso – DJ 19/12/1996.
108. STJ – Sexta Turma – HC 436.241-SP, Rel. Min. Maria Thereza de Assis Moura, por unanimidade, julgado em 19/06/2018, DJe 27/06/2018.

Sob outro enfoque, ocorrerá nulidade quando não forem atendidas as formalidades legais para "o sorteio dos jurados do conselho de sentença em número legal e sua incomunicabilidade" (art. 564, III, "j", CPP).

Não obstante se cuide de nulidade absoluta, é possível que o contexto indique a não incidência dessa sanção, tal como se dá com o resultado amplamente majoritário em determinado sentido, a indicar a irrelevância da participação, por exemplo, de jurado impedido.

É também o caso do jurado menor de idade (com menos de dezoito anos), que não poderia participar do júri, mas cujo voto não se fez decisivo, ou mesmo quando o fato indicador de quebra da incomunicabilidade não se mostrar relevante para a invalidação do julgamento.

De todo modo, não se prescinde de decisão judicial suficientemente motivada. É certo que com a reforma processual que determinou que o julgamento seja suspenso toda vez que a votação o defina (a divulgação do quarto voto vencedor), o exemplo acima mencionado perdeu relevância, salvo a título de registro histórico e didático.

4.15. Defeito ou contradição na quesitação e nas respectivas respostas no júri

A quesitação do júri deve guardar uma técnica peculiar. A importância de ser seguida a forma estabelecida pelo CPP é a de que os jurados devem compreender bem os fatos. Eles são juízes leigos. Não apreciam matéria estritamente jurídica, mas fática.

Os princípios da simplicidade e da objetividade orientam a redação dos quesitos, para permitir que os jurados respondam monossilabicamente "sim" ou "não". O quesito não pode permitir perplexidade, confusão ou incompreensão[109].

Os quesitos devem atender as regras dos artigos 482 e 483, CPP, que salientam a ordem das perguntas a depender das teses postas em debate pelas partes no plenário, em cotejo com a pronúncia e com o interrogatório (conforme sua característica de meio de defesa, enfatizada a partir da Lei nº 11.689/2008).

Não é sem razão que os dois primeiros quesitos versarão sobre a materialidade e sobre a autoria ou participação (art. 483, I e II, CPP) e que a votação deve ser suspensa toda vez que for definido o julgamento.

Cabe ao juiz zelar para que não haja contradição não só nas perguntas, mas também nas respostas (art. 564, III, "k", CPP). Se estas se opuserem, a nulidade é absoluta, obrigando-se à realização de novo júri.

Outrossim, a ausência de quesito obrigatório é causa de nulidade absoluta nos termos do enunciado nº 156, da súmula do STF.

Deveras, o questionário (que é o conjunto de quesitos) deve ser claro, constando as indagações sobre as teses da acusação e da defesa (enfrentadas na pronúncia e debatidas oralmente em plenário), bem como os quesitos necessariamente elaborados pelo juiz[110].

---

109. CONSTANTINO, Lúcio Santoro. *Nulidades no processo penal*. 3. ed. Porto Alegre: Verbo Jurídico, 2008. p. 148.

110. GRINOVER, Ada Pellegrini; FERNANDES, Antônio Scarance; GOMES FILHO, Antônio Magalhães. *As nulidades no processo penal*. 7. ed. São Paulo: RT, 2001. p. 271-272.

Assim, por imposição legal, o juiz-presidente do tribunal do júri deve formular, como o preconizado pelo § 2º do art. 483 do CPP, a indagação: "o jurado absolve o acusado?" (previsão que mesclou o sistema brasileiro – tradicionalmente ligado ao francês – com as ideias do sistema inglês – ***guilty or not guilty***, simplificando as perguntas quanto às teses de defesa em uma única indagação genérica).

Vale registrar que se a parte entender que a explicação do juiz sobre o sentido do quesito não ficou clara, deve protestar imediatamente durante o júri, solicitando consignação de sua reclamação em ata, sob pena de preclusão.

Com efeito, não sendo o caso de vício que enseje falta de quesito ou cause perplexidade nos jurados, cuja aferição seja objetiva, a nulidade será relativa, dependendo de protesto oportuno durante a sessão e de comprovação de prejuízo[111].

4.16. Irregularidades surgidas nos debates perante o tribunal popular

A falta ou irregularidade na defesa ou na acusação sustentada oralmente em plenário podem dar azo à nulidade.

As partes têm igual oportunidade para sustentar verbalmente suas teses, com possibilidade de réplica para a acusação e de tréplica para a defesa. Os prazos para os debates devem ser necessariamente oferecidos durante a sessão plenária.

A falta de defesa é motivo para reconhecimento de nulidade absoluta do julgamento. A deficiência de defesa – que, para nós, deveria implicar nulidade absoluta – abre oportunidade para nulificação se demonstrado o prejuízo e alegado em momento oportuno.

É o sentido do já criticado enunciado nº 523, da Súmula do STF, que preconiza que "no processo penal, a falta de defesa constitui nulidade absoluta, mas a deficiência só o anulará se houver prejuízo para o réu".

Sob essa ótica, a defesa em plenário do Júri deve ser lastreada em bases consistentes. No entanto, no âmbito da Sexta Turma, do STJ, foi dito que a sustentação oral defensiva realizada em lapso reduzido, no Tribunal do Júri, não caracteriza, necessariamente, deficiência de defesa técnica, embora tenha durado apenas 7 minutos, descontados os cumprimentos iniciais[112]. Discordamos dessa conclusão da Corte Superior porque reputamos esse tempo muito exíguo para uma defesa eficiente, máxime quando se vê que o resultado do Júri foi condenatório.

De outro giro, a falta de acusação é motivo para anulação, se o ***Parquet*** for impedido, de algum modo, de exercer sua sustentação oral, caracterizando nulidade absoluta. No entanto, a leitura do dispositivo não pode autorizar que o juiz presidente declare indefesa a sociedade, quando discordar da sustentação oral do membro do Ministério Público, pois, com o advento da Constituição do Brasil, não paira mais dúvida acerca do princípio da independência funcional que norteia a atividade ministerial.

---

111. STF – Segunda Turma – HC 93753 – Rel. Min. Cezar Peluso – DJ de 6/11/2008.

112. STJ – Sexta Turma – HC 365.008-PB, Rel. Min. Sebastião Reis Júnior, Rel. Acd. Min. Rogerio Schietti Cruz, por maioria, julgado em 17/04/2018, DJe 21/05/2018 – Informativo nº 627, de 29 de junho de 2018.

Em compasso com o artigo 478, CPP, poderão ensejar nulidade, a ser reconhecida pelo juiz, as referências durante os debates:

(1) à decisão de pronúncia, às decisões posteriores que julgaram admissível a acusação ou à determinação do uso de algemas como argumento de autoridade que beneficiem ou prejudiquem o acusado[113]; e

(2) ao silêncio do acusado ou à ausência de interrogatório por falta de requerimento, em seu prejuízo.

Importa frisar que nessas hipóteses é indispensável, para nulificação do julgamento em segunda instância, que a parte prejudicada proteste oportunamente e solicite a consignação na ata do júri da ocorrência do vício, eis que são defeitos que reclamam decreto de nulidade de cunho relativo.

Nesse sentido, o STF avivou que "a eloquência acusatória somente gera a nulidade almejada caso as expressões sejam lidas na sessão plenária do Tribunal do Júri, irresignação que deve ser registrada na ata respectiva"[114].

4.17. Vícios na sentença

A sentença em matéria penal pode ocorrer de maneira mais singela, como é o caso da que reconhece prescrição ou declara extinta a punibilidade, ou pode se dar mediante labor mais aprofundado, tal como é o caso da sentença penal condenatória, que além de apreciar os fatos debatidos nos autos, deve pormenorizar a individualização da pena.

As formalidades da sentença penal estão dispostas no art. 381 do CPP, tais como nome das partes (ou elementos indicativos de quem seja o réu), exposição sucinta da acusação e da defesa, fundamentos fáticos e jurídicos da decisão, indicação dos artigos de lei aplicados, parte dispositiva, data e assinatura.

Esses requisitos, em geral, são essenciais (a sentença, vista isoladamente, é ato essencial do processo[115]), ensejando nulidade absoluta, que dispensa demonstração de prejuízo, eis que a lei já o pressupõe.

No entanto, não raras vezes os casos passíveis de nulidade são relativizados na jurisprudência (para considerar nulidade relativa ou simples irregularidade), levando em consideração o contexto e o atendimento da finalidade da sentença defeituosa prolatada, apesar do art. 572, II, CPP, não ter contemplado a aplicação do princípio da finalidade para a hipótese de vícios na sentença.

Os defeitos na sentença penal podem ter origem nela própria ou no trâmite do processo, ou seja, podem ser: (1) vícios intrínsecos: quando as sentenças são defeituosas em

113. A Sexta Turma do STJ anulou uma sessão do tribunal do júri porque o réu, acusado de homicídio, foi mantido algemado durante todo o julgamento. O réu – acusado de matar o próprio tio, crime pelo qual foi condenado – obteve o direito de recorrer em liberdade. Ainda assim, durante a sessão do júri, teve de usar algemas, sob a alegação de que não havia número de policiais suficientes para garantir a segurança no local (STJ – Sexta Turma – AREsp 1053049/SP – Rel. Min. Sebastião Reis Júnior – j. 17/8/2017.

114. STF – Primeira Turma – HC 93313 – Rel. Min. Ricardo Lewandowski – DJ de 17/10/2008.

115. GRINOVER, Ada Pellegrini; FERNANDES, Antônio Scarance; GOMES FILHO, Antônio Magalhães. *As nulidades no processo penal*. 7. ed. São Paulo: RT, 2001. p. 208.

si mesmas; ou **(2)** extrínsecos: que decorrem de vício no curso do processo que acabou sendo chancelado pela sentença.

Essa divisão nos conduz à classificação dos vícios da sentença proposta por Teresa Arruda Alvim Wambier:

(1) sentenças nulas em si mesmas, que são as que contêm vícios intrínsecos e decorrem: (a) de não observância do princípio da congruência, originando as sentenças ***citra petita*** (decisão aquém do pedido), ***ultra petita*** (decisão além do que foi pedido) e ***extra petita*** (decisão fora do que foi pleiteado); e **(b)** de defeito ou de falta de requisitos essenciais (relatório, fundamentação e dispositivo);

(2) sentenças nulas por decorrência (os vícios são extrínsecos à sentença), provenientes de nulidades cometidas no curso da instrução;

(3) casos *sui generis* (outros casos): tais como os passíveis de revisão criminal, que não se acomodam bem na classificação bipartida em nulidades por vícios intrínsecos e extrínsecos; e

(4) sentenças inexistentes: em virtude de vícios mais graves, intrínsecos (como se dá com a falta da parte dispositiva) ou extrínsecos (como ocorre com a sentença proferida em processo juridicamente inexistente[116].

A classificação esposada é bem esclarecedora, não obstante coloquemos reserva sobre a categoria de "inexistência" (ainda que vista sob o prisma estritamente jurídico), por encobrir, de certo modo, o que de fato existe (a sentença tida por inexistente é uma realidade).

Quanto ao defeito intrínseco da sentença, ele pode ser alusivo à falta de formalidade essencial ou de formalidade acidental.

Caso o defeito macule essencialmente o ato processual sentencial, haverá nulidade absoluta (art. 564, III, "m", CPP), tal como ocorre com a sentença com motivação deficiente (vício intrínseco). É que a sentença (ato judicial por excelência) deve enfrentar suficientemente as teses expendidas nos autos, com fundamentação judicial consistente (art. 93, IX, CF).

A fundamentação possibilita se constatar se a decisão do juiz se baseou em prova lícita (formada regularmente). A **ausência de motivação** da sentença é entendida pela maioria da doutrina como caso de **inexistência** de sentença, por ser a fundamentação "a vida da sentença como ato processual"[117].

Caso a prova seja inválida, e mesmo assim o julgador tenha se reportado a ela para fundamentar a sentença, haverá nulidade absoluta da sentença não porque a motivação foi deficiente ou inexistente, porém porque a sentença não extirpou uma nulidade em matéria probatória (vício extrínseco, em face de vício na instrução)[118].

116. WAMBIER, Teresa Arruda Alvim. *Nulidades do processo e da sentença*. 6. ed. São Paulo: RT, 2007. p. 288.

117. MOSSIN, Heráclito Antônio. Comentários ao código de processo penal. São Paulo: Manole, 2005. p. 230.

118. GRINOVER, Ada Pellegrini; FERNANDES, Antônio Scarance; GOMES FILHO, Antônio Magalhães. *As nulidades no processo penal*. 7. ed. São Paulo: RT, 2001. p. 215.

Não são poucos os defeitos possíveis em sentença penal. Na doutrina e na jurisprudência, são encontrados vícios que, a depender da gravidade e do caso concreto, ensejam nulidades absolutas, relativas ou simples irregularidades:

(1) a omissão ou dúvida quanto ao nome do réu, quando inviabiliza irremediavelmente a sua identificação em um processo com vários acusados, implica nulidade absoluta. Daí que, "se houver omissão no relatório, mas na motivação e no decisório for ele referido, não há por que ser declarada a nulidade, cuidando-se de mera irregularidade"[119];

(2) a ausência do relatório, nos juizados especiais, não é sequer irregularidade, em face de autorizativo expresso que dispensa sua elaboração (art. 81, § 3º, Lei nº 9.099/1995);

(3) a falta do relatório nos demais ritos importa nulidade absoluta;

(4) a deficiência do relatório (em juízo diverso dos juizados especiais), por sua vez, é nulidade relativa, eis que pode ser suprida se a fundamentação enfrenta suficientemente as teses da defesa e da acusação;

(5) a motivação deficiente, sem valoração suficiente da prova produzida, é causa de nulidade (não é nulidade, no entanto, a fundamentação sucinta)[120];

(6) a omissão dos artigos que devem ser referidos no dispositivo só implica nulidade (relativa, via de regra, e sanável via embargos de declaração) se ensejar dúvida a respeito da decisão/sentença[121]; e

(7) a falta de data é simples irregularidade, sendo suprida pela certidão de juntada ou de publicação da sentença. Já a falta de assinatura do juiz pode ensejar nulidade absoluta, ou, para parte da doutrina, o ato seria juridicamente inexistente[122].

É de ver que se não houver dúvida quanto à autenticidade da sentença, não será reconhecida nulidade, mas declarado sanado o vício, tal como se dá quando anteceder a sentença despacho do juiz afirmando que "segue sentença, em quatro laudas", por exemplo.

Merece atenção, ainda, o vício quanto ao nome do réu.

Ele pode decorrer de lapso do juiz ou pode ter sido provocado pelo próprio réu. Em ambos os casos, se o erro quanto à identidade física do réu importar prejuízo quanto à aplicação da pena (individualização da sanção penal) ou quanto ao exame da conduta, forçosa será a nulificação do julgado para que outra sentença seja prolatada[123]. A nulidade, em casos como esse, é absoluta.

Todavia, deve se ter cautela quanto à provocação da nulidade pelo acusado para que os efeitos eventualmente benéficos a ele (como seria o afastamento de causa interruptiva

119. GRINOVER, Ada Pellegrini; FERNANDES, Antônio Scarance; GOMES FILHO, Antônio Magalhães. *As nulidades no processo penal*. 7. ed. São Paulo: RT, 2001. p. 209.

120. RÖHNELT, Ladislau Fernando. Vícios da sentença penal. *Fascículos de ciências penais*, Porto Alegre (safE), a.6, nº 4, p. 33, out./dez. 1993.

121. FRANCO, Danúbio Edon. Algumas considerações de ordem prática sobre a sentença criminal. *Fascículos de ciências penais*, Porto Alegre (safE), a.6, nº 4, p. 4-7, out./dez. 1993.

122. FRANCO, Danúbio Edon. Algumas considerações de ordem prática sobre a sentença criminal. *Fascículos de ciências penais*, Porto Alegre (safE), a.6, nº 4, p. 9, out./dez. 1993.

123. RÖHNELT, Ladislau Fernando. Vícios da sentença penal. *Fascículos de ciências penais*, Porto Alegre (safE), a.6, nº 4, p. 31, out./dez. 1993.

da prescrição) não lhe seja aproveitado pela decretação de nulidade, com base no princípio de que a ninguém é dado se locupletar da própria torpeza.

Em outras palavras, quando o acusado tenha dado causa a nulidade insanável, nova sentença será prolatada, mas os efeitos da primeira (que seriam afastados se a nulidade não tivesse sido provocada pelo acusado), especialmente concernentes à interrupção da prescrição na data do decisório anterior, não devem ser afastados.

Outro aspecto, especialmente da sentença penal condenatória, precisa de atenção. A sentença criminal condenatória pode ser nulificada integral ou parcialmente, especialmente quando se tem em vista a individualização da pena, como garantia constitucional[124].

A nulidade será total quando, por exemplo, a motivação da sentença é deficiente, quando a fundamentação é remissiva às razões de outra sentença ou às razões contidas nas alegações finais de uma só das partes, tudo em desrespeito à necessidade de fundamentação individualizada[125].

Haverá nulidade parcial no caso da sentença conter relatório e fundamentação consistente, mas apresentar parte dispositiva condenatória com dosimetria da pena inadequada, sem observância, por exemplo, do critério trifásico estabelecido no artigo 68, do Código Penal.

Em tal hipótese, a decretação de invalidade absoluta da sentença recairá tão somente sobre a parte relativa à dosimetria da pena do acusado, para que outra seja realizada em seu lugar com atenção para as etapas do critério trifásico estabelecido pelo legislador penal.

No que se refere à incidência do princípio da correlação (ou da congruência), a sentença será absolutamente nula toda vez que impor condenação por fato não narrado na denúncia (ou em aditamento) ou na queixa.

Nos casos de ***emendatio libelli***, entende-se que o réu se defende dos fatos e não da capitulação legal (aqui a narrativa está perfeita), razão pela qual não haverá nulidade se o juiz condenar o acusado com a simples retificação da tipificação dada pelo Ministério Público[126].

Quanto à ***mutatio libelli***, na qual há modificação substancial fática concernente ao elemento do tipo ou à circunstância, é necessária a aplicação da regra do art. 384 do CPP, oportunizando-se que, depois do aditamento, o acusado formule sua defesa e seja realizada instrução probatória sobre os novos fatos.

Como enfatizam Grinover, Scarance e Gomes Filho,

> não pode o juiz condenar por fato não articulado na denúncia e que venha a ficar evidenciado durante o fluir do processo, ou abranger na sentença corréu não incluído na denúncia, cuja participação venha a ficar evidenciada durante a instrução; nessas hipóteses, impõe-se nova acusação, por aditamento ou denúncia separada. Se houver aditamento, o réu deve ser citado, realizando-se nova instrução, sob pena de nulidade.[127]

124. ALENCAR, Rosmar Rodrigues. Individualização da pena e controle de constitucionalidade. In: *Direitos fundamentais na Constituição de 1988*: estudos comemorativos aos seus vinte anos. Rosmar Rodrigues Alencar (org.). Porto Alegre: Núria Fabris, 2008. p. 357.
125. CONSTANTINO, Lúcio Santoro. *Nulidades no processo penal*. 3. ed. Porto Alegre: Verbo Jurídico, 2008. p. 160-161.
126. CONSTANTINO, Lúcio Santoro. *Nulidades no processo penal*. 3. ed. Porto Alegre: Verbo Jurídico, 2008. p. 162.
127. GRINOVER, Ada Pellegrini; FERNANDES, Antônio Scarance; GOMES FILHO, Antônio Magalhães. *As nulidades no processo penal*. 7. ed. São Paulo: RT, 2001. p. 215.

Daí que haverá nulidade absoluta da sentença se houver condenação pelo fato não descrito inicialmente na denúncia, toda vez que não forem observadas as determinações do enunciado que disciplina a ***mutatio libelli*** (art. 384, CPP).

Por fim, pode haver nulidade por duplicidade de sentenças, em face do mesmo fato. Entendemos que haverá nulidade da sentença que não transitou em julgado, afinal contra a outra, aplicável será a rescindibilidade, por meio de revisão criminal. Em outros termos, a sentença que tiver transitado em julgado primeiro se imuniza contra alegação de nulidade. Se houver vício, a sentença transitada em julgado será revisível criminalmente, não sendo aplicada a sistemática da nulidade[128].

Porém o que fazer se ambas tiverem operado coisa julgada acerca do mesmo fato? O STJ, apreciando questão similar, assentou que "diante do trânsito em julgado de duas sentenças condenatórias por fatos idênticos, deve prevalecer a condenação mais favorável ao réu"[129]. Decerto, no processo penal, a presunção de inocência é preceito interpretativo maior que, diante do confronto com a forma, esta cede em favor do acusado.

4.18. Descumprimento de disposição que preconiza reexame necessário

Algumas decisões judiciais em matéria penal se sujeitam ao chamado (impropriamente) recurso de ofício ou recurso obrigatório, que impõem que a matéria decidida em primeira instância seja reexaminada no órgão ***ad quem***.

O reexame necessário, duplo grau de jurisdição obrigatório ou remessa necessária é providência imprescindível para que a decisão ou sentença seja chancelada pelo trânsito em julgado.

Não transita em julgado a sentença que a lei submete ao reexame necessário e que tal comando não é obedecido pelo juiz. Nesse sentido dispõe o enunciado nº 423 da súmula do Supremo Tribunal Federal. Em tal situação, as providências subsequentes à decisão não transitada em julgado serão passíveis de nulidade absoluta.

O art. 564, III, "n", CPP, prevê expressamente tal caso de nulidade, assentando a imprescindibilidade do "recurso de ofício, nos casos em que a lei o tenha estabelecido".

As hipóteses de reexame necessário em matéria penal são:

(1) da sentença de absolvição sumária no rito do júri, pelo juiz da instrução preliminar (expressão correspondente à vetusta "juiz sumariante", que se reportava ao "sumário de culpa"), nos termos do art. 415, CPP (art. 574, II, CPP), em que pese a doutrina majoritária entendê-la revogada;

(2) da sentença que concede *habeas corpus* (art. 574, I, CPP);

(3) da decisão que concede reabilitação criminal (art. 746, CPP);

(4) da absolvição ou o arquivamento dos autos do inquérito policial nos crimes contra a saúde pública e contra a economia popular (art. 7º, Lei nº 1.521/1951);

128. ALENCAR, Rosmar Rodrigues. *Teoria da nulidade no processo penal*. São Paulo: Noeses, 2016. p.584.

129. STJ – Sexta Turma – HC 281.101-SP, Rel. Min. Sebastião Reis Júnior, por unanimidade, julgado em 03/10/2017, DJe 24/11/2017 – Informativo nº 616, de 17 de janeiro de 2018.

(5) do indeferimento liminar pelo relator, no tribunal, da ação de revisão criminal, quando o pedido não estiver suficientemente instruído (art. 625, § 3º, CPP); e

(6) da sentença concessiva de mandado de segurança que veicule matéria criminal, nos termos do § 1º do art. 14 da Lei nº 12.016/2009.

Faltando o recurso de ofício, poderá a parte interessada requerer, por exemplo, o reconhecimento judicial de nulidade da certidão de trânsito em julgado, a teor do art. 564, III, "n", CPP.

Lúcio Santoro de Constantino sublinha que o que se tem não é propriamente nulidade, mas falta de condição de eficácia da decisão que não está revestida pelo manto da coisa julgada[130]. Com efeito, a nulidade (sanção) não é dirigida à decisão propriamente dita (que carece de implemento de condição para operar plenamente seus efeitos), mas sobre eventual providência que dela depender.

O STJ interpretou que o reexame de ofício contra decisão de absolvição sumária proferida no rito do júri, previsto no art. 574, II, do CPP, foi revogado tacitamente pela Lei nº 11.689/2008. Note-se que o instituto "revogação tácita" não é autêntica revogação, mas interpretação, eis que o texto legal persiste no sistema. Considerando o firmado nesse julgado, que sufraga norma processual, deve ser aplicável o art. 2º, do CPP, aos casos pendentes (aplicação imediata, para os processos pendentes de apreciação de reexame necessário, inclusive para aqueles cuja absolvição sumária se deu antes do advento da Lei nº 11.789/2008). Por decorrência, perde relevância a alegação de nulidade contra decisões de absolvição sumária por falta de submissão ao indigitado recurso de ofício, tomando como parâmetro o apontado precedente do STJ[131].

4.19. Falta ou irregularidade na intimação de atos processuais

A previsão de sanção de nulidade para esse defeito processual decorre do princípio da comunicação dos atos processuais.

A intimação é o pressuposto necessário para o decurso válido do prazo para as partes. Está atrelada ao princípio da ampla defesa e do contraditório. Com essas ideias, o enunciado do art. 564, III, "o", CPP, estatui hipótese de nulidade pela falta ou vício da "intimação, nas condições estabelecidas pela lei, para ciência de sentenças e despachos de que caiba recurso".

Desse modo, exige-se que o intérprete esteja atento às normas processuais que regem a espécie de intimação para verificar a ocorrência de tipicidade ou de atipicidade do ato processual.

Por exemplo, caso seja necessária a intimação de defensor público, o inciso I, do art. 44, da Lei Complementar nº 80/1994, preconiza que a sua intimação deve ser pessoal e, quando necessário, mediante entrega dos autos com vista, em todo processo e grau de jurisdição com a contagem em dobro de todos os prazos.

130. CONSTANTINO, Lúcio Santoro. *Nulidades no processo penal*. 3. ed. Porto Alegre: Verbo Jurídico, 2008. p. 166.

131. STJ – Quinta Turma – HC 201303257630 – Rel. Des. Conv. Leopoldo de Arruda Raposo – DJ: 30/11/2015.

A ausência ou defeito na intimação da sentença é óbice à preclusão temporal ou ao trânsito em julgado para a parte não intimada, desaguando em nulidade absoluta ou relativa, em compasso com o caso concreto. Isso porque a falta de intimação do acusado de uma sentença ensejará nulidade absoluta se for o caso de sentença condenatória e houver uma certidão de trânsito em julgado (a nulidade decorre da própria desconformidade entre o certificado e a realidade).

Caso se trate de sentença absolutória, com decurso do prazo recursal para a acusação, a ausência de intimação do acusado não é relevante para ensejar a nulidade da certidão de trânsito em julgado (nulidade de natureza relativa ou mera irregularidade), porquanto falta a ele interesse para alegar este vício em virtude de uma decisão que o favoreceu.

Isso em razão de que a nulidade de natureza relativa deve ser alegada por quem tenha interesse, que não haja dado causa e que demonstre prejuízo (tratando-se de sentença absolutória, não há prejuízo para o acusado que esteja solto e dela não tenha sido intimado).

Sob outra vertente, a falta de intimação do acusado para constituir novo defensor antes de ser julgada sua apelação importa prejuízo à defesa, razão pela qual deve ser declarado nulo o julgamento realizado sem que seja dada aquela oportunidade (nulidade absoluta).

Sobre o ponto, o Superior Tribunal de Justiça já assentou que "a decretação da nulidade absoluta do acórdão é medida imperiosa quando se verifica que o julgamento do recurso foi realizado sem que se procedesse à intimação pessoal do defensor público, em flagrante afronta ao disposto no art. 370, § 4º, do Código de Processo Penal e no art. 5º, § 5º, da Lei nº 1.060/1950"[132].

Como se infere, a regra é a de que seja garantido o direito de defesa da parte, na esteira das garantias processuais constitucionais. Daí que a nulidade por falta de intimação do defensor sobre a data do julgamento de apelação criminal é absoluta. Essa é a regra e o prejuízo, em caso de decisão desfavorável ao acusado, é presumido, sem haver que exigir que ele prove essa situação.

Como exemplo dessa presunção legal, cabe citar o § 1º do art. 370, do CPP, que dispõe sobre a intimação do defensor constituído, do advogado do querelante e do assistente sobre os atos processuais, determinando que seja feita mediante publicação na imprensa oficial. Na publicação, de outra parte, deve constar obrigatoriamente o nome do acusado. Isso significa dizer que a falta do nome de um deles na intimação publicada acarretará **nulidade absoluta**, somente sanável pelo comparecimento espontâneo na forma do art. 570 do CPP[133].

4.20. Descumprimento do *quorum* legal de julgamento nos tribunais

A legislação e os regimentos internos disciplinam o ***quorum*** de julgamento nos tribunais, considerando inclusive os órgãos fracionários que os compõem.

Embora a alínea "p", do inciso III, do art. 564 do CPP refira que ocorrerá nulidade em face da falta de ***quorum*** "no Supremo Tribunal Federal e nos Tribunais de Apelação",

132. STJ – Quinta Turma – HC 108.786/SP – Rel. Min. Laurita Vaz – DJ 3/11/2008.

133. GRINOVER, Ada Pellegrini; FERNANDES, Antônio Scarance; GOMES FILHO, Antônio Magalhães. *As nulidades no processo penal*. 7. ed. São Paulo: RT, 2001. p. 118.

o dispositivo deve ser entendido como referente a todos os tribunais com competência criminal no país.

O desatendimento do ***quorum*** legal compromete a legitimidade do julgamento, redundando em caso de declaração judicial de nulidade absoluta (art. 564, III, "p", CPP).

Justifica-se a invalidação do julgamento em seu grau máximo em virtude da lei presumir o comprometimento essencial do resultado do julgamento.

Nesse sentido, Lúcio Santoro de Constantino:

> o *quorum* necessário para o julgamento deve ser observado, pois é evidente o prejuízo quando não se obedece a regra de quem deve julgar. Se o julgamento deixa de ser monocrático e obriga a uma decisão colegiada, é fundamental que se atente ao número legal de composição do colegiado. O regimento interno de cada Tribunal, outrossim, estabelecerá os ditames atinentes ao *quorum* para o julgamento.

No caso de um dos prolatores do acórdão ser suspeito, por exemplo, o *quorum* restará prejudicado e haverá nulidade insanável.[134]

4.21. Omissão de formalidade essencial de ato processual

O Código de Processo Penal, ao prever como nulidade processual a "omissão de formalidade que constitua elemento essencial do ato", na última cláusula (inciso IV), do art. 564, deixou sublinhado o caráter exemplificativo do rol de nulidades.

Mitigou assim, expressamente, o princípio da especificidade das nulidades processuais, evidenciando a importância da atividade interpretativa do jurista, a partir da sistemática traçada.

A nulidade, vista essa previsão legal isoladamente, seria absoluta, por se referir a **elemento essencial** do ato processual, não se reportando aos elementos acidentais que requerem a comprovação de prejuízo e a alegação em tempo oportuno.

No entanto, o artigo 572, CPP, de forma inapropriada, expressamente relativizou esse vício processual, possibilitando que a nulidade em tela seja sanada quando não levantadas em momento hábil, tiver o ato atípico atingido sua finalidade e se a parte tiver aceitado os seus efeitos.

É diante desse contexto, por exemplo, que a apresentação de contrarrazões intempestivas não acarreta nulidade absoluta, nem desentranhamento da peça processual dos autos, caracterizando mera irregularidade (a formalidade "prazo para apresentação de contrarrazões" não é essencial).

De outro lado, na esteira do STJ, "não há nulidade a ser sanada quando o defensor constituído pelo réu, regularmente intimado para apresentação de contrarrazões à apelação interposta pelo Ministério Público, por duas vezes, não o faz no prazo legal"[135].

134. CONSTANTINO, Lúcio Santoro. *Nulidades no processo penal*. 3. ed. Porto Alegre: Verbo Jurídico, 2008. p. 171-172.

135. STJ – Quinta Turma – HC 108.679/SP – Rel. Min. Félix Fischer – DJ de 2/2/2009.

No ponto, embora se cuide de formalidade essencial (as contrarrazões é, de ***per si***, ato essencial), foi tratado o vício como caso de nulidade relativa, a teor do art. 572 do CPP e das noções de prejuízo e de interesse na alegação.

Cabe distinguir então os casos distintos: **(1)** contrarrazões intempestivas: irregularidade; **(2)** não apresentação de contrarrazões de parte regularmente intimada com advogado constituído: nulidade relativa; **(3)** não apresentação de contrarrazões por defensor dativo (nomeado) ou por defensor público: nulidade absoluta; e **(4)** falta de intimação para apresentação de contrarrazões: nulidade absoluta, por ausência de concessão de prazo para prática de ato essencial e impostergável à defesa ampla[136].

Outro exemplo de ausência de formalidade essencial é o caso de laudo pericial subscrito por um só perito ***ad hoc*** (quando o CPP exige dois peritos não oficiais nos juízos onde inexistir quadro de peritos oficiais, a teor do seu art. 159, § 1º).

Nesse sentido, o STJ:

> O art. 572, *caput* e inciso I, c.c. o art. 564, inciso IV e art. 571, inciso II, todos do Código de Processo Penal, estabelece que, no procedimento comum de competência do juiz singular, a nulidade decorrente da omissão de formalidade que constitua elemento essencial do ato – na qual se insere a subscrição do laudo pericial por apenas um perito – preclui, caso não arguida até o término do prazo para alegações finais.[137]

4.22. Nulidades no inquérito policial

4.22.1. Divergência doutrinária

Não é pacífico na doutrina sobre a existência de nulidades no inquérito. Duas vertentes se formam:

(1) Para nós, é possível se falar em nulidades no inquérito policial ou, mais precisamente, durante a fase de investigação preliminar. Isso porque, atos procedimentais defeituosos podem ser editados no curso do inquérito policial, abrindo a possibilidade para a aplicação da sanção de nulidade. Basta imaginar a juntada de laudo pericial nos autos do inquérito sem que seja subscrito por pessoa que atenda os requisitos legais ou, ainda, as declarações do indiciado que, para tanto, foi submetido à tortura. O auto de prisão em flagrante, peça inaugural do inquérito policial, também pode ser averbado de nulo.

(2) Para a posição ainda majoritária, como o inquérito policial não é procedimento jurisdicionalizado, com natureza de elementos de informação para subsidiar futura ação penal, não há nulidades no inquérito policial, mas tão somente irregularidades que são incapazes de contaminar a ação penal. Nesse sentido, o entendimento autorizado de Ada Grinover, Scarance e Gomes Filho, destacando que "o reconhecimento da nulidade do auto de prisão em flagrante atinge unicamente o seu valor como instrumento da coação cautelar, não tendo repercussão no processo crime"[138].

---

136. STJ – Quinta Turma – HC 61.440/SP – Rel. Min. Laurita Vaz – Rel. p/ Acórdão Min. Arnaldo Esteves Lima – DJ de 24/11/2008.

137. STJ – Quinta Turma – HC 74.910/MG – Rel. Min. Laurita Vaz – DJ de 26/10/2009.

138. GRINOVER, Ada Pellegrini; GOMES FILHO, Antonio Magalhães; FERNANDES, Antônio Scarance. *As nulidades no processo penal*. 12. ed. São Paulo: RT, 2011. p. 268.

4.22.2. Jurisprudência

Na Jurisprudência, podemos apontar um entendimento tradicional e um mais recente, acerca da possibilidade de se falar ou não em nulidades no inquérito policial:

(1) Predomina o entendimento jurisprudencial que reiteradamente afirma que as nulidades no inquérito policial não contaminam a ação penal dele decorrente. Isso porque o inquérito policial, ou qualquer outro procedimento investigatório, constitui peça meramente informativa, sem valor probatório. Nessa linha, os autos de investigação preliminar apenas servem de suporte para a propositura da ação penal. Daí que eventual vício ocorrido nessa fase não transmite a eiva da nulidade à ação penal, pois a plena defesa e o contraditório são reservados para o processo, quando há acusação formalizada por meio da denúncia. O STJ tem, nesse sentido, jurisprudência remansosa, que considera que eventual vício na prisão em flagrante ou no inquérito policial não tem o liame de contaminar a ação penal, dada a natureza meramente informativa das peças processuais e sua dispensabilidade na formação da ***opinio delicti***.[139]. Também a jurisprudência do STF é firme nesse mesmo sentido[140].

(2) O STJ já teve oportunidade de trancar ação penal que só se funda em prova ilícita. Vale dizer, embora não destoe da ideia de que as nulidades do inquérito não contaminam a ação penal, o STJ já fez cessar constrangimento ilegal decorrente de ação penal cuja base informativa era só constituída de prova ilícita[141]. Firme nessa orientação, a Corte reiterou recentemente que, quando existir outras provas que lastreiam a denúncia, não há que se reconhecer contaminação da ação penal em virtude de prova ilícita não exclusiva colhida na fase investigativa[142]. Naturalmente, é possível a instauração de novo inquérito policial, diante de novas provas. Só haveria óbice a tanto caso a prova ilícita fosse de natureza não repetível. Como se depreende, de forma é possível que nulidade ocorrida na colheita de provas durante o inquérito policial contamine a ação penal, notadamente quando se tratar de única prova, exclusive e/ou irrepetível.

5. RECONHECIMENTO JUDICIAL DA NULIDADE E SANEAMENTO DO ATO PROCESSUAL PENAL

A releitura da sistematização das nulidades processuais penais é importante para tornar o processo penal apto a atingir sua finalidade de maneira justa, mormente em conformidade com a Constituição da República.

O processo não tolera dilações indevidas, porém deve ser compreendido em seu todo. O cerne das nulidades processuais está nas possibilidades de reconhecimento judicial e de saneamento do ato processual penal, sem perder de vista o contexto legislativo que traça a sua sistemática.

É que a busca pela celeridade processual não deve implicar subjetividade/discricionariedade exacerbada do juiz, com o esquecimento de formalidades que foram instituídas

139. STJ – Quinta Turma – HC 179.290/RJ – Rel. Min. Laurita Vaz – DJe 13/08/2013.
140. STF – Primeira Turma – RHC 103581 – Rel. Min. Luiz Fux – DJe 03/10/2013.
141. STJ – Sexta Turma – HC 100.879/RJ – Rel. Min. Maria Thereza de Assis Moura – DJe 08/09/2008.
142. STJ – Sexta Turma – HC 237.057/RJ – Rel. Min. Maria Thereza de Assis Moura – DJe 27/02/2013.

para evitar arbitrariedades. A crítica se dirige aqui contra a tendência jurisprudencial da relativização das nulidades no processo penal.

De outra vertente, ao verificar defeito/atipicidade do ato processual, o intérprete deve partir da premissa de que as nulidades ocorrem em concreto: o ato defeituoso deve ser reconhecido judicialmente, porque nulidade é sanção que exige uma atuação volitiva (não automática).

O reconhecimento judicial de nulidade ou o saneamento do ato processual defeituoso será realizado pelo magistrado após compreender as circunstâncias que envolvem o desatendimento das formalidades processuais. Tal compreensão impõe uma visão conjuntural (do crime, do acusado, da vítima, da dignidade da pessoa humana, do estado de liberdade, da sociedade, do processo e do seu contexto).

6. QUADRO SINÓTICO

CAPÍTULO XV – NULIDADES		
NULIDADE PROCESSUAL EM GERAL		
Introdução		
Noção de nulidade	Nulidade é termo plurívoco, com variadas possibilidades de definição. Nulidade é a sanção aplicada pelo juiz em razão da verificação de um ato processual defeituoso. A sua imposição terá lugar toda vez que o desatendimento de norma processual penal cause prejuízo a direito das partes ou quando haja presunção legal de tal prejuízo por se cuidar de formalidade essencial.	**1.1.1**
Sistemas de nulidades: rol exemplificativo *versus* rol taxativo	Segundo a posição prevalente, as hipóteses passíveis de nulidade não representam rol taxativo, mas exemplificativo. Isso quer dizer que o Código não exaure todas as possibilidades de invalidação processual, podendo existir outras hipóteses de nulidades (implícitas). O CPP brasileiro adotou um sistema eclético (com características dos sistemas legal – que preconiza só haver nulidade na forma legal previamente determinada – e judicial/instrumental – que dá ao juiz o poder de valorar o defeito processual para fins de decidir sobre sua nulificação).	**1.1.2**
Fundamento constitucional	As nulidades processuais penais típicas (previstas expressamente no Código de Processo Penal) e atípicas (implícitas no sistema acusatório) têm a natureza de garantia constitucional. A tipicidade do processo penal é uma formalidade que assegura o exercício de direito fundamental (processo penal acusatório justo), com a finalidade de fazer valer o *jus puniendi* sem descurar da necessidade de também limitar o poder punitivo estatal.	**1.1.3**
Tipicidade e atipicidade do ato processual	Tipicidade do ato processual é a qualidade consistente em sua prática em compasso com todas as disposições constitucionais e legais que o regem. Atipicidade do ato processual penal ocorre quando, ao revés, o ato é realizado sem a observância das exigências legais e/ou constitucionais.	**1.1.4**

CAPÍTULO XV – NULIDADES		
Elementos e formalidades do ato processual penal	Os elementos do ato processual penal podem ser: 1) internos (o conteúdo do ato e a manifestação volitivo-intelectual); e 2) externos ou formais (a conformação objetiva do ato às disposições abstratas que o regram). Os elementos externos ou formais são classificados em: 1) elementos essenciais (que são aqueles indispensáveis à constituição de ato processual imprescindível à formação e ao desenvolvimento regular do processo, cuja ausência implica nulidade absoluta); e 2) elementos acidentais (que são os requisitos cuja falta não macula a constituição do ato processual, razão pela qual o ato processual viciado em seu elemento acidental enseja nulidade relativa, dependente de comprovação de prejuízo e alegação oportuna).	**1.1.5**
Confronto doutrinário	As divergências doutrinárias sobre o tema são caracterizadas pelo realce que alguns autores dão aos aspectos da nulidade processual enquanto sanção e/ou do vício, sem uniformidade entre si. O que importa é a compreensão que não confunda o vício do ato com a sanção (imposta de forma não automática). Em outras palavras, interessa a percepção de que o fenômeno jurídico acopla, de um lado, a verificação do defeito/vício processual (ato processual atípico) e, de outro, a aplicação da sanção pelo juiz (decretação de nulidade), uma vez preenchidos os pressupostos para tanto (prejuízo presumido legalmente ou demonstrado pela parte interessada).	**1.1.6**
Classificação das nulidades		
Influência do direito privado	Nas classificações elaboradas pela doutrina é verificada a utilização de noções de nulidades do direito civil para sistematizar a disciplina da invalidade processual no âmbito processual.	**1.2.1**
Fundamento das classificações	A divisão das classificações em categorias dúplices de invalidades (nulidades absolutas e relativas) tem fundamento cartesiano, caracterizado pelo pensamento racional, linear e formalista.	**1.2.2**
Divergências na terminologia classificatória	Na doutrina e na jurisprudência são encontrados rótulos distintos para se referir a fenômenos idênticos de invalidade processual, como também são vistas classificações mais detalhadas do que outras.	**1.2.3**
Doutrina clássica das nulidades *versus* doutrina das nulidades como sanção	A doutrina clássica das nulidades, mais próxima da sistematização das invalidades dos atos jurídicos estudada no direito privado, enxerga a nulidade como consequência automática do vício do ato processual, como se a nulidade fosse algo congênito à atipicidade. A doutrina das nulidades, que adotamos no presente estudo, entende a nulidade simplesmente como sanção contra a violação de uma determinada norma legal, cuja consequência seria a faculdade que a própria lei outorga a alguém de impugnar o ato praticado em contravenção à norma.	**1.2.4**

<table>
<tr><th colspan="3">CAPÍTULO XV – NULIDADES</th></tr>
<tr><td>Vantagens e desvantagens da adoção de uma classificação</td><td>A vantagem da adoção de uma tipologia das nulidades (uma dada classificação) é a coerência na sua aplicação aos atos que revelem características que mereçam a sanção de nulidade de forma irremediável (quando se cuidar de nulidade absoluta que não admita convalidação, por exemplo) ou sanável (quando a hipótese for de nulidade relativa, que permita sua correção ou preclusão).
A desvantagem da utilização de uma classificação consiste na sua insuficiência verificada no plano concreto para explicar todas as possibilidades processuais de atos defeituosos. Nesse sentido, podemos dizer que a justificação das classificações das nulidades processuais é mais de índole formal, do que propriamente uma coerência efetiva.</td><td>1.2.5</td></tr>
<tr><td>Relativização das nulidades processuais</td><td>A relativização das nulidades processuais significa dizer que aquelas nulidades tidas tradicionalmente como absolutas (cujo prejuízo não precisaria ser demonstrado, eis que presumido legalmente), para serem reconhecidas processualmente, necessitam igualmente de comprovação de prejuízo a uma das partes, para prestigiar a celeridade processual.
Dentre as diversas classificações doutrinárias, adotamos a proposta por Grinover, Scarance e Gomes Filho:
1. atos inexistentes: desconformidade intensa equiparável a um não ato processual. Não necessita de manifestação judicial para sancionar o vício;
2. nulidade: é sanção passível de ser aplicada em face do defeito do ato, com o objetivo de retirar dele seus efeitos processuais. O ato nulo só existirá depois de reconhecida a desconformidade judicialmente e aplicada a sanção-nulidade.</td><td>1.2.6</td></tr>
<tr><td>Classificações na doutrina</td><td>As nulidades ainda se distinguem em: (a) nulidade absoluta: é a sanção a ser imposta obrigatoriamente quando a gravidade do ato processual atípico é flagrante e o prejuízo é manifesto e presumido legalmente; e (b) nulidade relativa: é aplicada quando o vício é menos grave e não afeta irremediavelmente o interesse público, pelo que para ser decretada é necessária a demonstração do prejuízo sofrido e a alegação oportuna.
3. atos meramente irregulares: quando o desacordo do ato processual relativamente às formalidades legais não prejudica os objetivos pelos quais aquelas foram instituídas e não compromete sua eficácia.</td><td>1.2.7</td></tr>
<tr><th colspan="3">Princípios informativos das nulidades</th></tr>
<tr><td colspan="2">São normas que auxiliam na aplicação da sanção de nulidade aos atos processuais defeituosos:
1. princípio da transcendência ou pas de nullité sans grief: não há nulidade sem prejuízo;
2. princípio da conservação dos atos processuais: prevê que a incompetência do juízo somente anula somente os atos decisórios (prestigia os princípios da economia processual, da necessidade, da celeridade e da razoável duração do processo);
3. princípio de que não é dado a alguém se beneficiar da própria torpeza: veda que a parte que tenha dado causa ao defeito ensejador da nulidade, alegue-o posteriormente;</td><td>1.3</td></tr>
</table>

CAPÍTULO XV – NULIDADES		
4. princípio do interesse: só a parte que for beneficiada pela declaração da nulidade tem interesse em alegá-la, não podendo levantar nulidade referente a formalidade cuja observância só à parte contrária interesse; 5. princípio da instrumentalidade das formas ou princípio da finalidade: a nulidade não deve ser declarada quando o ato, praticado sob outra forma, tiver atingido sua finalidade ou não tenha influído na apuração da verdade substancial ou na decisão da causa (princípio da verdade real); 6. princípio da convalidação dos atos processuais: possibilita que o ato viciado seja sanado, mediante sua ratificação ou suprimento do defeito, em razão de ter o ato atingido sua finalidade (princípio da finalidade), de não ter sido arguido o vício oportunamente (princípio da oportunidade ou preclusão temporal) ou de ter a parte interessada anuído com seus efeitos (princípio da preclusão lógica); 7. princípio da causalidade ou da consequencialidade: a declaração de nulidade de um ato causará a dos atos que dele diretamente dependam ou sejam consequência.		1.3
O princípio da boa boa-fé objetiva e o *duty to mitigate the loss* na esfera criminal	Na tendência de aproximar as nulidades absolutas e as nulidades relativas, o STJ já fixou a aplicação do *duty to mitigate the loss*, que significa o dever de mitigar o próprio prejuízo. Cuida-se de instituto que tem maior incidência na esfera cível contratual, que impõe à parte que a perda verifica o dever de tomar todas as providências para que o dano não seja agravado. Fazendo incidir o dever de reduzir os efeitos do ato processual viciado (atípico), o STJ, mais de uma vez, destacou a compatibilidade da boa-fé e do duty to mitigate the loss na esfera criminal. Embora sem mencionar expressamente o dever de mitigar o prejuízo, o STF também adota a ideia de que a nulidade só há de ser declarada se evidenciado o prejuízo.	1.3.1
INEXISTÊNCIA DOS ATOS PROCESSUAIS		
A teoria dos atos inexistentes tem aceitação de parte da doutrina. Um ato processual inexistente é uma expressão que se contradiz em seus próprios termos. Trata-se de ato cuja gravidade do vício dispensa manifestação judicial a respeito. A inexistência processual não é ato judicial relevante. Se o ato processual, supostamente inexistente, carecer de pronunciamento judicial sobre seu vício, é porque adquiriu importância, com a possibilidade de produção de efeitos jurídicos (trata-se então de ato processual atípico que carece de nulificação).		2
NULIDADES ABSOLUTAS E RELATIVAS		
A arguição de nulidade	A regra geral é a de que a nulidade absoluta pode ser arguida a qualquer tempo, enquanto perdurar o processo penal. Para que seja reconhecida uma nulidade absoluta não é necessária provocação da parte interessada, podendo ocorrer de ofício pelo juiz. O vício compreendido como de natureza absoluta, em face de comprometer irremediavelmente o processo e a justeza da aplicação do direito, é que, uma vez declarado pelo magistrado, importa em nulidade. É o juiz que constituirá a nulidade, mediante decisão judicial que delineie a extensão do decreto respectivo.	3.1

CAPÍTULO XV – NULIDADES		
A arguição de nulidade	As nulidades relativas devem ser arguidas no primeiro momento em que a parte tiver oportunidade de falar nos autos. Se não houver arguição tempestiva, a regra é a de se operar a preclusão sobre o ato viciado, que será considerado sanado.	**3.1**
Efeitos	O juiz deve declarar precisamente a extensão dos efeitos de seu decreto de nulidade. É possível que, em dada hipótese, não haja necessidade de decretação de nulidade de todos os atos subsequentes, em especial daqueles que não dependam do ato viciado. A depender da nulidade processual declarada, o processo poderá retomar seu curso com o aproveitamento de atos processuais já praticados ou mesmo poderá ser encerrado, com o arquivamento dos autos.	**3.2**
HIPÓTESES PASSÍVEIS DE RECONHECIMENTO JUDICIAL DE NULIDADE		
Falta ou deficiência de defesa	Nos termos do enunciado nº 523, da Súmula do STF, a falta de defesa, no processo penal, constitui nulidade absoluta, porém a sua deficiência só o anulará se houver prejuízo para o acusado (nulidade relativa). É causa de nulidade absoluta, mercê do evidente prejuízo, a colidência entre defesas de corréus (quando há a nomeação/constituição de um só defensor/advogado para acusados que apresentam versões conflitantes). De outro lado, a colidência entre a defesa técnica e a autodefesa nem sempre acarreta nulidade (quando a defesa técnica e a autodefesa seguem linhas diversas e que não são nem alternativas nem cumuláveis, mas incompatíveis, só haverá nulidade se a divergência entre as defesas acarretar a apresentação de quesitos contraditórios aos jurados. A colidência relativa à divergência da defesa técnica e do sobre a interposição de recurso não implica em nulidade, caso que se entende prevalecer a posição mais benéfica ao réu (via de regra, a da defesa técnica). Sobre o ponto, ver súmula nº 705 do STF.	**4.1**
Ilegitimidade da parte	O Código de Processo Penal, ao se referir à "ilegitimidade de parte" encampou em um rótulo genérico tanto a ilegitimidade de parte *ad causam* (condição da ação), quanto a ilegitimidade de parte ad processum (pressuposto processual que inclui a capacidade para ser parte, para estar em juízo/capacidade processual e capacidade postulatória. Em outras palavras, a "legitimidade de parte" pode figurar como condição da ação (legitimidade ad causam) ou como pressuposto processual (legitimidade ad processum). Legitimidade para a causa (legitimidade *ad causam*) é condição da ação penal que deve ser compreendida a partir da relação jurídica de direito material que no processo penal condenatório é o fato criminoso. Os protagonistas do delito são o sujeito ativo (agente) e o sujeito passivo (ofendido ou vítima).	**4.2**

CAPÍTULO XV – NULIDADES		
Ilegitimidade da parte	Haverá ilegitimidade de parte *ad causam*, quando: 1) o autor da ação penal não é o seu titular legítimo (legitimatio ad causam ativa); e 2) quando a denúncia for apresentada contra pessoa que não concorreu para a infração penal (legitimatio ad causam passiva). Nessas hipóteses, a nulidade a ser reconhecida é de natureza absoluta. Legitimidade ad processum é pressuposto processual que se divide em três aspectos: 1) a capacidade para ser parte: ser pessoa física ou jurídica (para os crimes em que esta pode ser sujeito ativo); 2) a capacidade processual para estar em juízo: no caso de pessoa física, ser maior de 18 anos ou ser representante legal devidamente autorizado legalmente; e 3) capacidade postulatória (ser membro do Ministério Público nas ações públicas ou ser advogado com procuração com poderes especiais nas ações penais privadas). Só na hipótese de falta ou de vício do pressuposto processual capacidade postulatória é que se admite convalidação.	**4.2**
Incompetência do juízo	Conforme a doutrina e jurisprudência majoritária, inclusive do STF, a nulidade em face de incompetência absoluta implica nulidade dos atos decisórios, enquanto que a incompetência relativa não importa em nulidade de qualquer ato já praticado, mas simples remessa dos autos ao juízo competente. Em outros termos, uma vez reconhecida a incompetência relativa, o único efeito é o deslocamento do processo ao juízo competente, com o aproveitamento de todos os atos já realizados no processo.	**4.3**
Incompatibilidade, impedimento, suspeição ou suborno do juiz	A noção de incompatibilidade é genérica relativamente à de suspeição e à de impedimento. Na origem do termo, incompatibilidade é gênero do qual suspeição e impedimento são espécies. Porém, o legislador do Código de Processo Penal trata tais termos como distintos. O termo incompatibilidade deve ser reservado às relações de parentesco do juiz com os demais juízes nos órgãos colegiados (art. 253, CPP). Os casos de impedimento estão dispostos no art. 252, retratando quando o juiz estará proibido de exercer jurisdição. A suspeição tem a ver com situações mais subjetivas (como o interesse que o juiz pode ter no desfecho do processo), estão gizadas no art. 254 do CPP e aludem a algumas situações que são mais difíceis de comprovação pela parte. O suborno é corrupção pelo recebimento ou promessa de recebimento de vantagem pecuniária ou não pecuniária por parte do juiz. O entendimento francamente majoritário (doutrina e jurisprudência) é no sentido de se aplicar a sanção de nulidade absoluta em face de quaisquer das hipóteses (incompatibilidade, impedimento, suspeição ou suborno). Há, contudo, posição entendendo que o impedimento é causa de inexistência, por se tratar de falta de pressuposto processual de existência (de natureza objetiva).	**4.4**

CAPÍTULO XV – NULIDADES		
Inexistência ou defeito de peça acusatória ou de representação	A falta de denúncia, de queixa, de representação do ofendido ou de requisição do Ministro da Justiça é motivo de nulidade absoluta ou de inexistência (para os que admitem essa classificação). O vício/defeito na queixa, na denúncia ou na representação, por outro lado, nem sempre levam à decretação de nulidade, dependendo se o caso é de ausência de formalidade essencial ou acidental, para configurar caso de nulidade absoluta, de nulidade relativa ou de mera irregularidade. Distinguem-se a inexistência/falta da representação do vício/defeito/omissão na representação. A inexistência (ou falta) da representação é causa de ausência de uma condição de procedibilidade que implica na ilegitimidade de parte ad processum do Ministério Público (pressuposto processual). O processo assim instaurado padece de vício ensejador de nulidade absoluta, insanável. O vício/defeito/omissão na representação é a hipótese em que a representação existe, mas lhe falta uma formalidade que, não obstante essencial, pode ser corrigida antes de decorrido o prazo decadencial. É o caso da representação (que é regrada pela informalidade) ser apresentada por vítima menor de 18 anos sem a anuência de seu representante legal. Cuida-se de nulidade relativa que pode ser suprida se o representante, antes do decurso do prazo decadencial para ele, comparecer ao processo e ratificar o desejo do ofendido menor de ver processado o acusado pelo crime de ação penal pública condicionada.	**4.5**
Ausência de intervenção do Ministério Público	É caso de nulidade a falta de "intervenção do Ministério Público em todos os termos da açao por ele intentada e nos da intentada pela parte ofendida, quando se tratar de crime de ação pública" (art. 564, III, "d", CPP). Desta forma, podemos fazer a seguinte distinção: havendo ausência de intervenção do MP nas ações penais públicas (incondicionadas ou condicionadas), a nulidade será absoluta. Já se a omissão é na ação privada subsidiária da pública, normalmente essa nulidade (relativa) será considerada sanada (art. 572, CPP): (1) se não for arguida no tempo oportuno (princípio da preclusão temporal ou da oportunidade); (2) se o ato processual tiver atingido sua finalidade (princípio da finalidade); ou (3) se houver anuência do Parquet e da defesa (quando esta tiver interesse).	**4.6**
Ausência ou defeito de citação e do interrogatório do réu	Em face de sua importância, autores entendem que sem citação inexiste processo. Outros consideram nulidade absoluta. E alguns, ainda, veem a falta ou defeito de citação como de natureza relativa, já que o comparecimento da parte é capaz de supri-la. No entanto, entendemos que a hipótese de falta ou de defeito de citação é caso de nulidade absoluta. Estará sanada, contudo, pelo comparecimento do acusado, ainda que o faça só para alegar o vício. Outrossim, o réu deve ser necessariamente interrogado. O interrogatório, em regra, será realizado ao final da instrução. A tendência é a de considerar tal ato processual autêntico meio de defesa. Daí que se o réu for localizado antes do trânsito em julgado da sentença penal condenatória, deve ser oportunizado o seu interrogatório, sob pena de nulidade absoluta.	**4.7**

CAPÍTULO XV – NULIDADES		
Vícios na decisão de pronúncia e rol de testemunhas	O art. 564, III, "f", CPP, preconiza que haverá nulidade na desconformidade legal que recaia sobre "a sentença de pronúncia, o libelo e a entrega da respectiva cópia, com o rol de testemunhas nos processos perante o Tribunal do Júri". Com a supressão do libelo-crime acusatório pela Lei nº 11.689/2008, substituído que foi pelo requerimento de diligências e de rol de testemunhas, o texto legal deve ser lido como se estivesse referindo a estes atos processuais e não mais ao primeiro. A sentença de pronúncia não pode conter: 1) argumentação que favoreça uma das partes, para não influenciar o ânimo dos jurados; 2) juízo de mérito, indicando condenação ou absolvição do acusado; 3) menção a agravantes ou atenuantes; 4) ordem para inserção do nome do réu no rol dos culpados; e, 5) aplicação de regras de individualização da pena, tal como as de concurso de crimes, de situação de privilégio ou de continuação delitiva. Pela importância da pronúncia, o desatendimento de suas normas essenciais determina o reconhecimento de nulidade absoluta. O vício da pronúncia pode comprometer a isenção do julgamento pelos jurados e o devido processo legal que deve ter lugar na segunda fase do rito do júri. A pronúncia que não contém fundamentação supedaneada na neutralidade é capaz de invalidar todos os atos que lhe são subsequentes (princípio da causalidade ou da consequencialidade), mormente agora que serve ela de único parâmetro para a formulação da acusação em sede de sessão plenária de julgamento. As agravantes que eram incluídas no libelo-crime acusatório na sistemática anterior, devem ser suscitadas na sustentação oral do Ministério Público ou do querelante (em plenário). A reforma processual de 2008 pode ser visualizada, no ponto, como nociva aos direitos do acusado, que estará sujeito a uma sustentação oral ministerial com acréscimos de agravantes não vislumbradas pela defesa com antecedência, em descompasso com o princípio da vedação de surpresas no processo criminal.	4.8
Não intimação do réu da data de julgamento pelo júri	É imprescindível que tenha sido o réu intimado da data do seu julgamento para que este se dê de forma válida ou, consoante o caso, que seja o acusado intimado da sentença para que esta produza efeito, ainda que tal ato processual tenha que ser viabilizado por edital ou por hora certa. A nulidade por ausência do acusado intimado para a sessão de julgamento pelo tribunal do júri após a reforma processual penal que foi operada pela Lei nº 11.689/2008, decorrerá, em regra, se o acusado estiver preso e não tiver solicitado dispensa de comparecimento ao plenário em petição subscrita por ele e por seu defensor (art. 457, §§ 1 e 2º, CPP). Caso o julgamento se dê em violação a tais normas, a nulidade é absoluta. A falta do acusado solto, regularmente intimado, não é mais óbice à realização válida do julgamento.	4.9

CAPÍTULO XV – NULIDADES		
Presença de pelo menos quinze jurados para o júri	Dos vinte e cinco jurados (juízes de fato) sorteados, a presença de pelo menos quinze para a formação do tribunal do júri é indispensável para que o sorteio dos sete jurados que comporão o conselho de sentença seja válido. Se não for completado o número mínimo para a formação do Conselho, o julgamento será adiado para o primeiro dia desimpedido, após sorteados os suplentes (art. 464, CPP). O sorteio realizado para a formação do conselho de sentença quando não estiverem no plenário ao menos quinze dos vinte e cinco jurados é vício que causa nulidade absoluta do julgamento realizado.	**4.10**
Concessão de prazos processuais	A só atipicidade processual relativa à concessão de prazos processuais não implicará obrigatoriamente decreto de nulidade, haja vista que o caso concreto pode indicar a desnecessidade dessa providência, seja pela citada regra do art. 572 do CPP (não haverá nulidade alegada inoportunamente, cujo ato tenha atendido à finalidade ou se a parte tiver concordado com seus efeitos), seja pela incidência do princípio pás de nullitè sans grief. Todavia quando o ato a ser praticado é essencial ao direito de defesa, a falta de concessão implica, em tese, nulidade absoluta. Por exemplo, o enunciado nº 707 da Súmula do STF afirma que "constitui nulidade a falta de intimação do denunciado para oferecer contrarrazões ao recurso interposto da rejeição da denúncia, não a suprindo a nomeação de defensor dativo".	**4.11**
Falta de intimação de testemunhas	A falta de oportunidade à parte para produzir prova testemunhal importará nulidade absoluta. Tal situação pode ocorrer com o juiz que veda a intimação das testemunhas arroladas na denúncia/queixa e/ou na defesa preliminar do acusado. A ausência de intimação da testemunha, por seu turno, impõe a renovação do ato processual. Se a testemunha regularmente intimada faltar à audiência, haverá possibilidade de invalidação processual se não for determinada a sua condução coercitiva e se as partes não anuírem com a sua dispensa, diante da possibilidade de violação ao contraditório e à defesa ampla. Outrossim, é possível que o juiz entenda por indeferir o pedido de condução coercitiva do depoente faltoso, por verificar a desnecessidade de sua oitiva. Em tal hipótese para o reconhecimento do vício, o interessado deve comprovar o prejuízo, alegando-o oportunamente nos autos (nulidade relativa). De acordo com o enunciado nº 155 da Súmula do STF, a nulidade do processo criminal por falta de intimação da expedição de precatória para inquirição de testemunha é de cunho relativo. Daí que não há nulidade em razão da intimação da designação da audiência no juízo deprecado. No que toca ao dispositivo específico da alínea "h", do inciso III, do art. 564, CPP, temos uma regra especial, pertinente à segunda fase do rito escalonado do tribunal do júri. Cuida-se de previsão de nulidade pela falta (ou vício) da intimação das testemunhas arroladas para a oitiva no plenário da sessão do júri popular, nos termos da lei.	**4.12**

CAPÍTULO XV – NULIDADES		
Falta de intimação de testemunhas	A regra é a de que o julgamento pelo júri não seja adiado pela ausência da testemunha intimada, salvo se a parte tiver afirmado o caráter de imprescindibilidade de sua oitiva. Sendo imprescindível o caráter de seu depoimento, o juiz deve suspender os trabalhos e determinar a condução coercitiva da testemunha ou, sendo impossível, ordenará o adiamento da sessão de julgamento para o primeiro dia desimpedido, determinando as providências para conduzi-la. Se o julgamento se realizar e o juiz dispensar indevidamente a testemunha cuja oitiva foi afirmada imprescindível pela parte interessada, haverá vício passível de decretação de nulidade absoluta.	**4.12**
Falta de exame de corpo de delito nos crimes que deixam vestígios	O exame de corpo de delito é indispensável nos crimes que deixam vestígios, ressalvada justificativa plausível da impossibilidade de sua realização, quando deverá ser suprido por prova testemunhal. É a dicção do art. 564, II, "b", CPP, que prevê hipótese de nulidade quando faltar "o exame de corpo de delito nos crimes que deixam vestígios, ressalvado o disposto no art. 167". Em regra, a nulidade da hipótese em tela é de natureza absoluta, radical. A nulidade recairá então sobre todo o processo que se desenvolveu sem o exame de corpo de delito que deveria ter sido realizado. O perito oficial não presta compromisso, diferentemente dos peritos ad hoc, cujo compromisso é formalidade essencial. No entanto, a sua falta é defeito que só é nulificado se alegado tempestivamente e comprovado o prejuízo. A jurisprudência dominante entende que a falta do compromisso do perito não oficial é hipótese de mera irregularidade.	**4.13**
Irregularidade no sorteio e incomunicabilidade dos jurados	A lisura no sorteio dos jurados é indispensável. Havendo defeito que comprometa a imparcialidade do conselho de sentença, impõe-se que seja reconhecida nulidade absoluta. Não obstante se cuide de vício insanável, é possível que o contexto indique a não incidência da sanção nulificadora, tal como se dá com o resultado amplamente majoritário em determinado sentido, a indicar a irrelevância da participação, por exemplo, de jurado impedido. O Código de Processo Penal veda que os jurados se comuniquem entre si ou com outras pessoas durante o julgamento. Isso não é óbice, contudo, para que seja autorizada comunicação de algum assunto importante, que não diga respeito ao processo submetido ao julgamento. O referencial para a dissolução do conselho de sentença (nulidade absoluta em razão da violação à incomunicabilidade dos jurados) é a constatação da possibilidade de quebra da imparcialidade em razão da violação da regra.	**4.14**
Defeito ou contradição na quesitação e nas respectivas respostas no júri	Os princípios da simplicidade e da objetividade orientam a redação dos quesitos, para permitir que os jurados respondam monossilabicamente "sim" ou "não". O quesito não pode permitir perplexidade, confusão ou incompreensão, sob pena de nulidade absoluta. Cabe ao juiz zelar para que não haja contradição não só nas perguntas, mas também nas respostas (art. 564, III, "k", CPP). Se estas se opuserem, a nulidade é insanável, obrigando-se à realização de novo júri. Também será decretada a nulidade absoluta quando se verificar a ausência de quesito obrigatório (enunciado nº 156, da Súmula do STF).	**4.15**

CAPÍTULO XV – NULIDADES		
Irregularidades surgidas nos debates perante o tribunal popular	A falta ou irregularidade na defesa ou na acusação sustentada oralmente em plenário podem dar azo à nulidade. A falta de defesa é motivo para reconhecimento de nulidade absoluta do julgamento. A deficiência de defesa – que, para nós, deveria implicar nulidade absoluta – abre oportunidade para nulificação se demonstrado o prejuízo e alegado em momento oportuno. De outro lado, a falta de acusação nem sempre é motivo para anulação. Se o Parquet for impedido, de algum modo, de exercer sua sustentação oral, a nulidade absoluta é de ser reconhecida. No entanto, a leitura do dispositivo não pode autorizar que o juiz presidente declare indefesa a sociedade, quando discordar da sustentação oral do membro do Ministério Público, pois, com o advento da Constituição do Brasil, não paira mais dúvida acerca do princípio da independência funcional que norteia a atividade ministerial. Casos como os da referência ao uso de algemas, à sentença de pronúncia e ao silêncio do acusado como argumentos para favorecer ou prejudicar alguma das partes é motivo de nulidade relativa, que precisa ser alegado oportunamente e consignado em ata, com a demonstração de prejuízo.	**4.16**
Vícios na sentença	A sentença, vista isoladamente, é ato essencial do processo. Ela é composta por requisitos essenciais (cuja falta implica nulidade absoluta, que dispensa demonstração de prejuízo, eis que a lei já o pressupõe) e por requisitos acidentais (importa nulidade relativa ou simples irregularidade). Os defeitos na sentença penal podem ter origem nela própria ou no trâmite do processo, ou seja, podem ser: (1) vícios intrínsecos: quando as sentenças são defeituosas em si mesmas; ou (2) extrínsecos: que decorrem de vício no curso do processo que acabou sendo chancelado pela sentença. O defeito intrínseco da sentença pode ser decorrente de falta de formalidade essencial ou de formalidade acidental. O vício extrínseco decorre de atipicidade ocorrida no curso do processo e que seja chancelada pela sentença. Caso o defeito macule essencialmente o ato processual sentencial, haverá nulidade absoluta (art. 564, III, "m", CPP), tal como ocorre com a sentença com motivação deficiente (vício intrínseco). A sentença criminal condenatória pode ser nulificada integral ou parcialmente, especialmente quando se tem em vista a individualização da pena, como garantia constitucional. A nulidade será total quando, por exemplo, a motivação da sentença é deficiente, quando a fundamentação é remissiva às razões de outra sentença ou às razões contidas nas alegações finais de uma só das partes, tudo em desrespeito à necessidade de fundamentação individualizada. Haverá nulidade parcial no caso da sentença conter relatório e fundamentação consistente, mas apresentar parte dispositiva condenatória com dosimetria da pena inadequada, sem observância, por exemplo, do critério trifásico estabelecido no artigo 68, do Código Penal. Em tal hipótese, a decretação de invalidade absoluta da sentença recairá tão somente sobre a parte relativa à dosimetria da pena do acusado, para que outra seja realizada em seu lugar com atenção para as etapas do critério trifásico estabelecido pelo legislador penal.	**4.17**

CAPÍTULO XV – NULIDADES		
Vícios na sentença	No que se refere à incidência do princípio da correlação (ou da congruência), a sentença será nula absolutamente toda vez que impor condenação por fato não narrado na denúncia (ou em aditamento) ou na queixa. Nos casos de emendatio libelli, entende-se que o réu se defende dos fatos e não da capitulação legal, razão pela qual não haverá nulidade se o juiz condenar o acusado com a simples retificação da tipificação dada pelo Ministério Público. Quanto à mutatio libelli, na qual há modificação substancial fática concernente ao elemento do tipo ou à circunstância, é necessária a aplicação da regra do art. 384 do CPP, oportunizando-se que, depois do aditamento, o acusado formule sua defesa e seja realizada instrução probatória sobre os novos fatos.	**4.17**
Descumprimento de disposição que preconiza reexame necessário	O reexame necessário, duplo grau de jurisdição obrigatório ou remessa necessária é providência imprescindível para que a decisão ou sentença seja chancelada pelo trânsito em julgado. Não transita em julgado a sentença que a lei submete ao reexame necessário e que tal comando não é obedecido pelo juiz. Nesse sentido dispõe o enunciado nº 423 da Súmula do Supremo Tribunal Federal. Em tal situação, as providências subsequentes à decisão não transitada em julgado serão passíveis de nulidade absoluta. O STJ interpretou que o reexame de ofício contra decisão de absolvição sumária proferida no rito do júri, previsto no art. 574, II, do CPP, foi revogado tacitamente pela Lei nº 11.689/2008. Note-se que o instituto "revogação tácita" não é autêntica revogação, mas interpretação, eis que o texto legal persiste no sistema. Considerando o firmado nesse julgado, que sufraga norma processual, deve ser aplicável o art. 2º, do CPP, aos casos pendentes (aplicação imediata, para os processos pendentes de apreciação de reexame necessário, inclusive para aqueles cuja absolvição sumária se deu antes do advento da Lei nº 11.789/2008). Por decorrência, perde relevância a alegação de nulidade contra decisões de absolvição sumária por falta de submissão ao indigitado recurso de ofício, tomando como parâmetro o apontado precedente do STJ.	**4.18**
Falta ou irregularidade na intimação de atos processuais	A intimação é o pressuposto necessário para o decurso válido do prazo para as partes. Está atrelada ao princípio da ampla defesa. Com essas ideias, o enunciado do art. 564, III, "o", CPP, estatui hipótese de nulidade pela falta ou vício da "intimação, nas condições estabelecidas pela lei, para ciência de sentenças e despachos de que caiba recurso". A ausência ou defeito na intimação é óbice à preclusão temporal ou ao trânsito em julgado para a parte não intimada, desaguando em nulidade absoluta ou relativa, em compasso com o caso concreto. A depender do caso concreto porque a falta de intimação do acusado de uma sentença ensejará nulidade absoluta se for o caso de sentença condenatória e houver uma certidão de trânsito em julgado (a nulidade decorre da própria desconformidade entre o certificado e a realidade). Caso se trate de sentença absolutória, com decurso do prazo recursal para a acusação, a ausência de intimação do acusado não é relevante para ensejar a nulidade da certidão de trânsito em julgado (nulidade de natureza relativa ou mera irregularidade), porquanto falta a ele interesse para alegar este vício em virtude de uma decisão que o favoreceu.	**4.19**

CAPÍTULO XV – NULIDADES		
Falta ou irregularidade na intimação de atos processuais	A falta de intimação do acusado para constituir novo defensor antes de ser julgada sua apelação importa prejuízo à defesa, razão pela qual deve ser declarado nulo o julgamento realizado sem que seja dada aquela oportunidade (nulidade absoluta). A intimação do defensor constituído, do advogado do querelante e do assistente sobre os atos processuais é feita mediante publicação na imprensa oficial (art. 370, § 1º, CPP). Nessa intimação deve constar o nome do acusado, sob pena de nulidade absoluta, somente sanável pelo comparecimento espontâneo na forma do art. 570 do CPP.	**4.19**
Descumprimento do quorum legal de julgamento nos tribunais	A legislação e os regimentos internos disciplinam o quorum de julgamento nos tribunais, considerando inclusive os órgãos fracionários que os compõem. O desatendimento do quorum legal compromete a legitimidade do julgamento, redundando em caso de declaração judicial de nulidade absoluta (art. 564, III, "p", CPP). Justifica-se a invalidação do julgamento em seu grau máximo em virtude da lei presumir o comprometimento essencial do resultado do julgamento.	**4.20**
Omissão de formalidade essencial de ato processual	O Código de Processo Penal, ao prever como nulidade processual a "omissão de formalidade que constitua elemento essencial do ato", na última cláusula (inciso IV), do art. 564, deixou sublinhado o caráter exemplificativo do rol de nulidades. Mitigou assim, expressamente, o princípio da especificidade das nulidades processuais, evidenciando a importância da atividade interpretativa do jurista, a partir da sistemática traçada. A nulidade, vista essa previsão legal isoladamente, seria absoluta, por se referir a elemento essencial do ato processual, não se reportando aos elementos acidentais que requerem a comprovação de prejuízo e a alegação em tempo oportuno. No entanto, o artigo 572, CPP, expressamente relativizou esse vício processual, possibilitando que a nulidade em tela seja sanada quando não levantadas em momento hábil, tiver o ato atípico atingido sua finalidade e se a parte tiver aceitado os seus efeitos. Desse modo, temos as seguintes conclusões: (1) contrarrazões intempestivas: irregularidade; (2) não apresentação de contrarrazões de parte regularmente intimada com advogado constituído: nulidade relativa; (3) não apresentação de contrarrazões por defensor dativo (nomeado) ou por defensor público: nulidade absoluta; e (4) falta de intimação para apresentação de contrarrazões: nulidade absoluta, por ausência de concessão de prazo para prática de ato essencial e impostergável à defesa ampla.	**4.21**
Nulidades no inquérito policial	Há divergência sobre o tema: I – na doutrina: em posição minoritária, entendemos ser possível a declaração de nulidade de ato produzido no curso do inquérito policial. A doutrina majoritária, contudo, entende que há somente irregularidades nesta fase da persecução penal. II – na jurisprudência: predomina o entendimento de que as nulidades do inquérito policial não contaminam a ação penal dela decorrente, entretanto o STJ já trancou a ação penal que se fundou em prova ilícita, elementos colhidos no inquérito policial.	**4.22**

CAPÍTULO XV – NULIDADES	
RECONHECIMENTO JUDICIAL DA NULIDADE E SANEAMENTO DO ATO PROCESSUAL PENAL	
A busca pela celeridade processual não deve implicar em subjetividade/discricionariedade exacerbada do juiz, com o esquecimento de formalidades que foram instituídas para evitar arbitrariedades. A crítica se dirige aqui contra a tendência jurisprudencial da relativização das nulidades no processo penal. De outra vertente, ao verificar defeito/atipicidade do ato processual, o intérprete deve partir da premissa de que as nulidades ocorrem em concreto: o ato defeituoso deve ser reconhecido judicialmente, porque nulidade é sanção que exige uma atuação volitiva (não automática).	5

7. SÚMULAS APLICÁVEIS

7.1. STF

155. É relativa a nulidade do processo criminal por falta de intimação da expedição de precatória para inquirição de testemunha.

156. É absoluta a nulidade do julgamento, pelo júri, por falta de quesito obrigatório.

160. É nula a decisão do tribunal que acolhe, contra o réu, nulidade não arguida no recurso da acusação, ressalvados os casos de recurso de ofício.

162. É absoluta a nulidade do julgamento pelo júri, quando os quesitos da defesa não precedem aos das circunstâncias agravantes.

206. É nulo o julgamento ulterior pelo júri com a participação de jurado que funcionou em julgamento anterior do mesmo processo.

351. É nula a citação por edital de réu preso na mesma unidade da federação em que o juiz exerce a sua jurisdição.

352. Não é nulo o processo penal por falta de nomeação de curador ao réu menor que teve a assistência de defensor dativo.

366. Não é nula a citação por edital que indica o dispositivo da lei penal, embora não transcreva a denúncia ou queixa, ou não resuma os fatos em que se baseia.

431. É nulo o julgamento de recurso criminal, na segunda instância, sem prévia intimação, ou publicação da pauta, salvo em "*habeas corpus*".

523. No processo penal, a falta da defesa constitui nulidade absoluta, mas a sua deficiência só o anulará se houver prova de prejuízo para o réu.

706. É relativa a nulidade decorrente da inobservância da competência penal por prevenção.

707. Constitui nulidade a falta de intimação do denunciado para oferecer contrarrazões ao recurso interposto da rejeição da denúncia, não a suprindo a nomeação de defensor dativo.

708. É nulo o julgamento da apelação se, após a manifestação nos autos da renúncia do único defensor, o réu não foi previamente intimado para constituir outro.

709. Salvo quando nula a decisão de primeiro grau, o acórdão que provê o recurso contra a rejeição da denúncia vale, desde logo, pelo recebimento dela.

712. É nula a decisão que determina o desaforamento de processo da competência do júri sem audiência da defesa.

8. INFORMATIVOS RECENTES

8.1. STJ

♦ **Busca e apreensão. Nulidade. Ausência de lacre em todo o material apreendido. Prejuízo não demonstrado. Presunção de validade dos atos praticados por funcionários públicos.**

A ausência de lacre em todos os documentos e bens – que ocorreu em razão da grande quantidade de material apreendido – não torna automaticamente ilegítima a prova obtida. (...) Ante a presunção de validade e legitimidade dos atos praticados por funcionários públicos, compete à defesa demonstrar de forma concreta o descumprimento das formalidades legais e essenciais do ato e, especificamente, que o material apreendido e eventualmente não lacrado foi corrompido ou adulterado, de forma a causar prejuízo à defesa e modificar o conteúdo da prova colhida. Por fim, à mingua de exigência legal específica, a ausência de lacre em todos os documentos e bens apreendidos – que decorreu da grande quantidade de material – desacompanhada de maiores dados concretos sobre efetiva interferência dos agentes públicos ou da acusação sobre as provas colhidas –, não tem o condão de nulificar o ato e a ação penal. RHC 59.414-SP, Rel. Min. Reynaldo Soares da Fonseca, por unanimidade, julgado em 27/6/2017, DJe 3/8/2017. (Info 608)

♦ **Direito Processual Penal. Nulidade em ação penal por falta de citação do réu.**

Ainda que o réu tenha constituído advogado antes do oferecimento da denúncia – na data da prisão em flagrante – e o patrono tenha atuado, por determinação do Juiz, durante toda a instrução criminal, é nula a ação penal que tenha condenado o réu sem a sua presença, o qual não foi citado nem compareceu pessoalmente a qualquer ato do processo, inexistindo prova inequívoca de que tomou conhecimento da denúncia. De início, esclareça-se que, em matéria de nulidade, orienta o princípio *pas de nullité sans grief* que não há nulidade sem que o ato tenha gerado prejuízo para a acusação ou para a defesa. Não se prestigia, portanto, a forma pela forma, mas o fim atingido pelo ato. Por essa razão, a desobediência às formalidades estabelecidas na legislação processual penal só poderá acarretar o reconhecimento da invalidade do ato quando a sua finalidade estiver comprometida, em prejuízo às partes da relação processual. A demonstração do prejuízo – que, em alguns casos, por ser evidente, pode decorrer de simples procedimento lógico do julgador – é reconhecida pela jurisprudência atual como essencial tanto para a nulidade relativa quanto para a absoluta, conforme retratado pelo STF por ocasião do julgamento do HC 122.229-SP (Segunda Turma, DJe 29/5/2014). Nesse contexto, é exigência fundamental ao exercício do contraditório o conhecimento, pelo acusado, de todos os termos da acusação, para que possa participar ativamente da produção de provas e influenciar o convencimento do juiz. A citação, ato essencial e mais importante do processo, deve ser induvidosa, e sua falta somente poderá ser sanada nos termos do art. 570 do CPP, quando o interessado comparecer espontaneamente aos autos, demonstrando, de maneira inequívoca, que tomou ciência da denúncia que lhe foi formulada. Quando o advogado é constituído antes do oferecimento da denúncia, é, de fato, possível que ele tenha informado o cliente sobre o desenrolar do processo, mas isso se trata de mera conjectura que não pode afastar o vício grave da relação, que se desenvolveu sem a presença do principal sujeito processual, o réu. Na presente hipótese, a relação processual não foi constituída de forma válida, até porque o comparecimento do advogado nos autos da ação penal também não foi espontâneo e o processo prosseguiu, em sua totalidade, sem a presença do acusado. Nem se diga que o prejuízo deixou de ocorrer porque o advogado particular atuou durante a instrução criminal, pois não se pode perder de vista que a defesa se desdobra na defesa técnica e na autodefesa, esta última relacionada à possibilidade de que o próprio acusado intervenha, direta e pessoalmente, na realização dos atos processuais. (...). *REsp 1.580.435-GO, Rel. Min. Rogerio Schietti Cruz, julgado em 17/3/2016, DJe 31/3/2016. (Info 580)*

♦ **Direito Processual Penal. Nulidade. O simples fato de o juiz ser "duro" no interrogatório não implica quebra da imparcialidade.**

A condução do interrogatório do réu de forma firme e até um tanto rude durante o júri não importa, necessariamente, em quebra da imparcialidade do magistrado e em influência negativa nos jurados. STJ. 6ª Turma. HC 410.161-PR, Rel. Min. Maria Thereza de Assis Moura, julgado em 17/04/2018 (Info 625).

♦ **Direito Processual Penal. Não ocorrência de quebra de imparcialidade do magistrado.**

A utilização de termos mais fortes e expressivos na sentença penal condenatória — como "bandido travestido de empresário" e "delinquente de colarinho branco" — não configura, por si só, situação apta a comprovar a ocorrência de quebra da imparcialidade do magistrado. STJ. 5ª Turma. REsp 1.315.619-RJ, Rel. Min. Campos Marques (Desembargador convocado do TJ-PR), julgado em 15/8/2013 (Info 530).

♦ **Direito Processual Penal. Tribunal do Júri. Quebra da incomunicabilidade entre os jurados. Membro do Conselho de Sentença que afirmou em plena fala da acusação que havia crime. Nulidade. Ocorrência.**

Deve ser declarado nulo o júri em que membro do conselho de sentença afirma a existência de crime em plena fala da acusação. STJ. 6º Turma. HC 436.241-SP, Rel. Min. Maria Thereza de Assis Moura, por unanimidade, julgado em 19/06/2018, DJe 27/06/2018 (Info 630).

♦ **Direito Processual Penal. Complementação de denúncia com rol de testemunhas.**

A intimação do Ministério Público para que indique as provas que pretende produzir em Juízo e a juntada do rol de testemunhas pela acusação, após a apresentação da denúncia, mas antes da formação da relação processual, não são causas, por si sós, de nulidade absoluta. Isso porque, a despeito da previsão legal do momento processual adequado para o arrolamento das testemunhas tanto para a acusação (art. 41 do CPP) quanto para a defesa (arts. 396 e 396-A), aspectos procedimentais devem ser observados pelas partes, devendo-se proceder a uma visão global do todo previsto, interpretando sistematicamente o CPP. E, nos termos do art. 284 do CPC, aplicado subsidiariamente ao processo penal, por força do art. 3º do Diploma Processual Penal, "Verificando o juiz que a petição inicial não preenche os requisitos exigidos nos arts. 282 e 283, ou que apresenta defeitos e irregularidades capazes de dificultar o julgamento de mérito, determinará que o autor a emende, ou a complete, no prazo de 10 dias" e, acaso se mantenha inerte a parte autora, deverá o magistrado, aí sim, nos termos do parágrafo único do art. 284 do CPC, indeferir a petição inicial. Referida previsão legal foi aprimorada no Novo CPC, o qual dispõe no seu art. 319 que o juiz tem o dever de, ao verificar que a petição inicial não preenche os requisitos legais dos arts. 319 e 320 ou que apresente defeitos e irregularidades capazes de dificultar o julgamento de mérito, determinar ao autor que emende a inicial ou a complemente, indicando com precisão o que deve ser corrigido ou completado, quando, tão somente após, estará legitimado a indeferir a petição inicial, caso o vício não seja suprimido. Com efeito, o nosso sistema processual é informado pelo princípio da cooperação, sendo pois, o processo, um produto da atividade cooperativa triangular entre o juiz e as partes, no qual todos devem buscar a justa aplicação do ordenamento jurídico no caso concreto, não podendo o magistrado se limitar a ser mero fiscal de regras, devendo, ao contrário, quando constatar deficiências postulatórias das partes, indicá-las, precisamente, a fim de evitar delongas desnecessárias e a extinção do processo sem a análise de seu mérito. (...). *RHC 37.587-SC, **Rel. Min. Reynaldo Soares da Fonseca, julgado em 16/2/2016, DJe 23/2/2016. (Info 577)***

♦ **Direito Processual Penal. Inquirição de testemunhas pelo magistrado e ausência do MP na audiência de instrução.**

Não gera nulidade do processo o fato de, em audiência de instrução, o magistrado, após o registro da ausência do representante do MP (que, mesmo intimado, não compareceu), complementar a inquirição das testemunhas realizada pela defesa, sem que o defensor tenha se insurgido no momento oportuno nem demonstrado efetivo prejuízo. Destaca-se, inicialmente, que a ausência do representante do Ministério Público ao ato, se prejuízo acarretasse, seria ao próprio órgão acusatório, jamais à defesa, e, portanto, não poderia ser por esta invocado, porquanto, segundo o que dispõe o art. 565 do CPP, "Nenhuma das partes poderá arguir nulidade [...] referente a formalidade cuja observância só à parte contrária interesse". De mais a mais, as modificações introduzidas pela Lei nº 11.690/2008 ao art. 212 do CPP não retiraram do juiz a possibilidade de formular perguntas às testemunhas, a fim de complementar a inquirição, na medida em que a própria legislação adjetiva lhe incumbe do dever de se aproximar o máximo possível da realidade dos fatos (princípio da verdade real e do impulso oficial), o que afasta o argumento de violação ao sistema acusatório. (...). *REsp 1.348.978-SC, **Rel. Min. Rogerio Schietti Cruz, Rel. para acórdão Min. Nefi Cordeiro, julgado em 17/12/2015, DJe 17/2/2016. (Info 577)***

8.2. STF

♦ **Intimação da Defensoria Pública e sessão de julgamento de HC**

A intimação pessoal da Defensoria Pública quanto à data de julgamento de "habeas corpus" só é necessária se houver pedido expresso para a realização de sustentação oral. Com base nesse entendimento, a Segunda Turma denegou a ordem. Pleiteava-se, no caso, a declaração de nulidade de sessão de julgamento de recurso ordinário em "habeas corpus" ante a ausência de prévia intimação da Defensoria. Alegava-se cerceamento de defesa. A Turma reiterou, assim, orientação firmada no julgamento do RHC 116.173/RS (DJe de 10-9-2013) e do RHC 116.691/RS (DJe de 1º-8-2014). *HC 134.904/SP, rel. min. Dias Toffoli, julgamento em 13-9-2016. (Info 839)*

♦ **Intimação pessoal da Defensoria Pública e preclusão**

A não observância da intimação pessoal da Defensoria Pública – prerrogativa para o efetivo exercício de sua missão institucional – deve ser impugnada, imediatamente, na primeira oportunidade processual, sob pena de preclusão. Com base nesse entendimento, a Segunda Turma indeferiu a ordem de "habeas corpus". No caso, no julgamento da apelação, não teria havido intimação pessoal da Defensoria Pública. No entanto, tal insurgência somente fora veiculada no recuso especial, não obstante a Defensoria anteriormente houvesse oposto embargos de declaração. *HC 133476, rel. Min. Teori Zavascki, 14.6.2016. (HC-133476) (Info 830)*

♦ **Vício em inquérito policial e nulidade de ação penal**

É incabível a anulação de processo penal em razão de suposta irregularidade verificada em inquérito policial. Esse o entendimento da Segunda Turma, que, ao reafirmar a jurisprudência assentada na matéria, negou provimento a recurso ordinário em "habeas corpus" em que se pleiteava a anulação de atos praticados em inquérito policial presidido por delegado alegadamente suspeito. Precedentes citados: RHC 43.878/SP (DJU de 5.4.1967) e HC 73.271/SP (DJU de 4.10.1996). *RHC 131450/DF, rel. Min. Cármen Lúcia, 3.5.2016. (RHC-131450) (Info 824)*

♦ **Mais de um advogado constituído. Não ocorrência de nulidade na intimação de apenas um deles que, no entanto, já estava morto, mas cujo falecimento não foi comunicado ao juízo**

Não há nulidade se o réu possui mais de um advogado constituído nos autos e a intimação para a sessão de julgamento ocorre em nome de apenas um dos causídicos que, no entanto, já havia falecido, mas cuja morte não tinha sido comunicada ao Tribunal. Vale ressaltar que, neste caso, não havia pedido da defesa para que todos os advogados fossem intimados ou para que constasse o nome de um causídico em específico nas publicações. Assim, estando o réu representado por mais de um advogado, basta, em regra, que a intimação seja realizada em nome de um deles para a validade dos atos processuais, salvo quando houver requerimento expresso para que as publicações sejam feitas de forma diversa. STF. Primeira Turma. HC 138097/SP, Rel. Min. Marco Aurélio, red. p/ o ac. Min. Roberto Barroso, j. 23/10/2018 (Info 921)

9. QUESTÕES DE CONCURSOS PÚBLICOS

01. (2017 – MPE-RS – MPE-RS – Promotor de Justiça – Reaplicação – Adaptada) Julgue o item que segue.

No processo penal, a falta da defesa constitui nulidade absoluta, mas a sua deficiência só o anulará se houver prova de prejuízo para o réu.

02. (2017 – MPE-PR – MPE-PR – Promotor Substituto – Adaptada) Sobre nulidade, julgue o item seguinte:

Nenhuma das partes poderá arguir nulidade a que haja dado causa, ou para que tenha concorrido.

03. (2017 – FCC – TRE-SP – Analista Judiciário – Área Administrativa) Sobre as nulidades, à luz do Código de Processo Penal, é INCORRETO afirmar que

(A) a nulidade de citação estará sanada se o acusado comparecer em juízo, antes de o ato consumar-se, ainda que declare que o faz para o único fim de argui-la.

(B) as omissões da denúncia poderão ser supridas a todo tempo antes da sentença final.

(C) nenhuma das partes poderá arguir nulidade referente a formalidade cuja observância só à parte contrária interesse.

(D) a nulidade decorrente de omissão de formalidade que constitua elemento essencial do ato é considerada absoluta e não poderá ser sanada.

(E) a incompetência do juízo anula somente os atos decisórios, devendo o processo, quando for declarada a nulidade, ser remetido ao juiz competente.

04. (2016 – VUNESP – TJ-RJ – Juiz Substituto) Acerca das nulidades processuais e dos vícios procedimentais, assinale a alternativa correta.

(A) As nulidades processuais penais sofrem influência da instrumentalidade do processo, não se declarando qualquer tipo de nulidade se não verificado o prejuízo.

(B) Segundo a jurisprudência do Superior Tribunal de Justiça, a inversão da ordem das perguntas (art. 212, CPP) não gera nulidade, não implicando afronta ao princípio do contraditório.

(C) As nulidades são divididas conforme a gravidade dos vícios, em relativas e absolutas, sendo a nulidade de ordem absoluta reconhecida ainda que não haja prejuízo.

(D) A inépcia da acusação só pode ser apreciada na fase do artigo 396, do Código de Processo Penal, não podendo tal análise ser refeita na fase do artigo 397, do Código de Processo Penal, após a resposta à acusação.

(A) A coisa julgada sana todas as hipóteses de nulidades processuais penais.

05. (2016 – VUNESP – Prefeitura de Rosana – SP – Procurador do Município) É correto afirmar que

(A) a nulidade ocorrerá por incompetência, suspeição, impedimento ou suborno do juiz.

(B) caberá apelação da decisão que anula o processo da instrução criminal, no todo ou em parte.

(C) a nulidade do julgamento em plenário, em audiência ou em sessão do tribunal, poderá ser arguida logo depois que ocorrer ou por ocasião da interposição do recurso.

(D) a incompetência do juízo anula os atos ordinatórios e decisórios, devendo o processo, quando for declarada a nulidade, ser remetido ao juiz competente.

(E) a nulidade por ilegitimidade do representante da parte poderá ser a todo tempo sanada, mediante ratificação dos atos processuais.

06. (2016 – CAIP-IMES – Órgão: Câmara Municipal de Atibaia – SP – Advogado) Considerando o tema nulidade em processo penal é incorreto o que se afirma em:

(A) A incompetência, a suspeição ou o suborno do juiz geram nulidade em processo penal.

(B) A incompetência do juízo anula todos os atos do processo, devendo o processo, quando for declarada a nulidade, ser remetido ao juiz competente e reiniciado.

(C) A nulidade por ilegitimidade do representante da parte poderá ser a todo tempo sanada, mediante ratificação dos atos processuais.

(D) A nulidade de um ato, uma vez declarada, causará a dos atos que dele diretamente dependam ou sejam consequência.

07. (2016 – MPE-GO – MPE-GO – Promotor de Justiça Substituto) "Fenício" foi denunciado pela prática de furto simples e o Juiz rejeitou de plano a peça inaugural da persecutio criminis, entendendo, in casu, que se aplica o princípio da insignificância. Houve interposição de recurso pelo Ministério Público. O Juiz de primeiro grau nomeou defensor dativo ao recorrido para contrarrazoar o recurso. O réu não foi citado da ação penal interposta, devido ao fato de ter sido a Denúncia rejeitada. Diante do texto e do que dispõe o entendimento sumulado pelo STF:

(A) Mesmo não tendo sido o réu intimado pessoalmente para oferecer Contrarrazões, havendo nomeação de advogado dativo que ofereça a peça apropriada, refutando os termos do recurso do Ministério Publico, não há prejuízo ao recorrido e, portanto, não há nulidade absoluta ou relativa.

(B) A nulidade existe, mas é relativa, somente se configurando se houver desídia do defensor dativo, se mostrando ineficiente na defesa do recorrido.

(C) Constitui nulidade a falta de intimação do Denunciado para oferecer contrarrazões ao recurso interposto da rejeição da Denúncia, não a suprindo a nomeação de defensor dativo.

(D) Constitui nulidade a falta de citação do Denunciado para apresentar defesa à Denúncia ofertada. Restará suprida tal nulidade com a nomeação de defensor dativo se a atuação do causídico no feito for sem desídia. Caso contrário, havendo desídia do defensor, a nulidade será absoluta e não relativa.

(2015 – CESPE – TJ-PB – Juiz Substituto – Adaptada) A respeito de nulidades, julgue os itens seguintes à luz da jurisprudência do STF e do STJ.

08. No processo penal, a falta e a deficiência de defesa constituem nulidade processual absoluta; portanto, o prejuízo é presumido e independe de prova.

09. A ausência de intimação do acusado para apresentar contrarrazões ao recurso interposto da rejeição da denúncia constitui nulidade que não pode ser suprida pelo juízo por meio de nomeação de defensor dativo.

10. A decisão que determina o desaforamento do processo da competência do tribunal do júri sem audiência da defesa caracteriza mera irregularidade.

11. (2015 – CESPE – TJ-DFT – Juiz de Direito Substituto – Adaptada) No que diz respeito à nulidade, julgue o próximo item.

Anulado o julgamento do tribunal do júri em razão de a decisão ser manifestamente contrária às provas dos autos, jurados da sessão anterior poderão participar da sessão ulteriormente convocada.

12. (2015 – FCC – TJ-GO – Juiz Substituto) Conforme a orientação deste Superior Tribunal de Justiça, a inquirição das testemunhas pelo juiz antes que seja oportunizada a formulação das perguntas às partes, com a inversão da ordem prevista no art. 212 do Código de Processo Penal, constitui nulidade relativa (STJ, HC nº 237.782, Rel. Min. Laurita Vaz, DJe de 21/08/2014).

Diante deste entendimento do Superior Tribunal de Justiça, a nulidade, neste caso,

(A) será declarada mesmo que não tenha influído na decisão da causa.

(B) deve ser reconhecida de ofício.

(C) independe de comprovação do prejuízo.

(D) deve ser arguida pela parte interessada em tempo oportuno.

(E) não se sujeita à preclusão.

13. (2015 – CESPE – DPE-PE – Defensor Público) Com relação a habeas corpus e nulidades, julgue o item a seguir.

Nulidade ocorrida após a pronúncia deverá ser arguida na fase de especificação das provas que serão produzidas em plenário, sob pena de preclusão.

14. (2015 – FMP – MPE-AM – Promotor de Justiça – Adaptada) A nulidade, quando decorrente de ilegitimidade do representante da parte, poderá ser sanada até a sentença de primeiro grau, mediante ratificação dos atos processuais.

15. (Vunesp – Delegado de Polícia – SP/2014) Segundo o princípio da pas de nullité sans grief,

(A) não há diferença entre nulidades absolutas e relativas.

(B) no processo penal há prevalência do interesse do réu.

(C) nenhum ato será declarado nulo, se da nulidade não resultar prejuízo.

(D) o réu tem direito de ser julgado por um juiz previamente determinado por lei.

(E) é garantida publicidade aos atos processuais, sob pena de nulidade.

16. (FCC – Promotor de Justiça – PA/2014) No que toca as nulidades no Processo Penal, é correto afirmar que

(A) a falta ou a nulidade da citação, da intimação ou notificação estará sanada, desde que o interessado compareça, antes de o ato consumar-se, embora declare que o faz o único fim de argui-la. O juiz ordenará, todavia, a suspensão ou o adiamento do ato, salvo quando houver risco de prescrição.

(B) não é nulo o julgamento da apelação se, após a manifestação nos autos da renúncia do único defensor, o réu não foi previamente intimado para constituir outro.

(C) nenhum ato será declarado nulo se da nulidade resultar prejuízo para a acusação.

(D) a nulidade por ilegitimidade do representante da parte é absoluta e não pode ser sanada.

(E) constitui nulidade a falta de intimação do denunciado para oferecer contrarrazões ao recurso interposto da rejeição da denúncia, não a suprindo a nomeação de defensor dativo.

17. (Vunesp – Juiz de Direito Substituto – PA/2014) Acusado não é intimado para contrarrazoar recurso interposto pelo Ministério Público contra decisão que rejeitou a denúncia. De acordo com o entendimento sumulado pelo STF (súmula 707):

(A) deve-se aguardar o julgamento do recurso e, somente em caso de procedência e prejuízo, há de ser decretada nulidade.

(B) a ausência de intimação constitui nulidade, mesmo que tenha sido nomeado defensor dativo.

(C) não há nulidade, uma vez que a relação processual só se aperfeiçoa com o recebimento da denúncia e a citação do acusado.

(D) apenas haverá nulidade se constatado prejuízo, sendo este presumido se o recurso ministerial for julgado procedente.

(E) não há nulidade se houver nomeação de defensor dativo, sendo que eventual deficiência da defesa apenas gera nulidade se causar prejuízo

18. (Defensor Público – DPE/RR/CESPE/2013) Acerca das nulidades no processo penal, assinale a opção correta.

(A) De acordo com a doutrina majoritária, é taxativo o rol de nulidades previsto no CPP, em razão de estas se consubstanciarem em sanções processuais, que devem ser expressamente estabelecidas na lei processual (nulla nullitatis sine lege).

(B) De acordo com a doutrina majoritária, haverá nulidade absoluta quando o ato processual for praticado em detrimento do interesse público ou de ambas as partes.

(C) É facultado ao julgador, a todo tempo e em qualquer grau de jurisdição, conhecer, de ofício, de nulidades, ainda que contrárias aos interesses do réu, de modo a se assegurar regularidade do processo.

(D) O reconhecimento da nulidade de qualquer ato processual depende sempre de um provimento judicial, não decorrendo automaticamente da lei.

(E) De acordo com o princípio da causalidade, o reconhecimento dos atos eivados de nulidade implica a automática nulidade de todos os subsequentes, sendo desnecessária a declaração judicial em relação a estes.

19. (Defensor Público – DPE/RR/CESPE/2013 – Adaptada) O comparecimento espontâneo do réu, no curso da instrução do processo, por meio de advogado constituído, supera o vício inicial de ausência ou defeito de citação válida.

20. (Promotor de Justiça – MPE/SC/2013 – Adaptada) Segundo o CPP, algumas nulidades previstas no art. 564, III serão consideradas sanadas se não forem arguídas, em tempo oportuno, de acordo com as regras do artigo 571 do CPP; se, praticado por outra forma, o ato tiver atingido o seu fim; ou se a parte tiver aceito os seus efeitos.

21. (Promotor de Justiça – MPE/MS/2013 – Adaptada) O Ministério Público não pode arguir a invalidade da citação, em razão da regra de que nenhuma das partes poderá arguir nulidade de formalidade cuja observância só a parte contrária interesse.

22. (Promotor de Justiça – MPE/MS/2013 – Adaptada) É relativa a nulidade do processo criminal por falta de intimação da expedição de precatória para inquirição de testemunha.

23. (Juiz Federal Substituto – TRF2/CESPE/2013 – Adaptada) Não poderá ser declarada, pelo tribunal, a nulidade do ato processual praticado mediante corrupção passiva do juiz prolator da decisão.

24. (Juiz Federal Substituto – TRF2/CESPE/2013 – Adaptada) Declarada a incompetência jurisdicional, o juiz deverá declarar nulos todos os atos processuais praticados e encaminhar os autos ao juiz competente.

25. (Juiz de Direito Substituto – TJ/ES/CESPE/2012 – Adaptada) De acordo com o sistema da instrumentalidade das formas, não se declara nulidade do ato sem a demonstração do efetivo prejuízo, e, de acordo com a recente jurisprudência do STJ, apenas na hipótese de nulidade absoluta tal demonstração será prescindível.

26. (Cespe – Juiz de Direito – TJ – CE/2018) Acerca das questões probatórias e das nulidades processuais penais, assinale a opção correta, à luz da doutrina e da jurisprudência dos tribunais superiores.

(A) Na coleta de prova testemunhal, a inquirição das testemunhas pelo juiz antes da diligência das perguntas formuladas pelas partes acarreta nulidade processual absoluta.

(B) A prova pericial, pelo seu conteúdo técnico-científico, prevalece sobre as demais provas apresentadas no âmbito da ação penal.

(C) O exame do corpo de delito incide sobre os elementos constitutivos da materialidade do crime, de forma que deve ser afastada majorante de uso de arma de fogo em crime de roubo se o artefato não tiver sido apreendido e periciado.

(D) No âmbito do tribunal do júri, a alegação de nulidade na quesitação deve ocorrer logo em seguida à leitura dos quesitos e à explicação dos critérios pelo juiz presidente do órgão, sob pena de preclusão.

(E) A falta de advertência ao réu sobre o direito de permanecer em silêncio durante o interrogatório policial é causa de nulidade processual absoluta.

27. (VUNESP – MPE-SP – Analista Jurídico do Ministério Público – 2018) Escolha a afirmação a seguir que representa o entendimento correto sobre nulidades.

(A) A nulidade do ato não será pronunciada quando o julgamento de mérito for favorável à parte beneficiada pelo seu reconhecimento.

(B) O princípio da causalidade significa que não se anula o ato se, embora praticado em desacordo com a forma prevista em lei, atingiu o seu fim.

(C) Com o trânsito em julgado, as nulidades absolutas que possam ser reconhecidas em prejuízo do acusado podem ser sanadas via habeas corpus ou revisão criminal.

(D) A nulidade absoluta é a que decorre da violação de uma determinada forma do ato, que visava à proteção de interesse processual das partes.

(E) A falta de intervenção do Ministério Público nos atos do processo não impede a efetividade do contraditório quando atua como custos legis.

28. (IBFC – TRF – 2ª REGIÃO – Juiz Federal Substituto – 2018) Considere as seguintes assertivas e assinale a alternativa correta:

I – Em recurso ministerial, exclusivamente interposto para o agravamento da pena, não poderá o tribunal diminui-la por erro na sua dosimetria.

II – Tratando-se de denúncia recebida por juiz absolutamente incompetente, o reconhecimento da nulidade da decisão impedirá a interrupção do prazo prescricional.

III – salvo quando nula a decisão de primeiro grau, o acórdão que provê o recurso contra a rejeição da denúncia vale, desde logo, pelo recebimento dela.

(A) Somente a assertiva III está correta.

(B) Todas as assertivas estão erradas.

(C) Estão corretas as assertivas II e III.

(D) Estão corretas as assertivas I e II.

(E) Todas as assertivas estão corretas.

30. (CONSULPLAN – TJ-MG – Juiz de Direito Substituto – 2018) Considerando as disposições do Código de Processo Penal, analise as afirmativas a seguir.

I. Nos crimes de competência do Tribunal do Júri, ou do Juiz singular, se da sentença não for interposta apelação pelo Ministério Público no prazo legal, o ofendido, ainda que não se tenha habilitado como assistente, poderá interpor apelação.

II. Da decisão que denegar a apelação ou julgá-la deserta é cabível carta testemunhável, que será requerida ao diretor de secretaria ou ao secretário do tribunal, conforme o caso, nas 48 (quarenta e oito) horas seguintes, devendo o requerente indicar as peças do processo que deverão ser trasladadas.

III. O Código de Processo Penal não prevê expressamente a legitimidade do Ministério Público para impetração de habeas corpus, sendo esta decorrente de sua atuação como custos legis.

IV. A falta ou a nulidade da citação fica sanada quando o réu comparece antes de o ato consumar-se, mesmo que o faça, expressamente, para o único fim de arguir a falta ou a nulidade.

A partir da análise, conclui-se que está(ão) correta(s) a(s) afirmativa(s)

(A) I, II, III e IV.

(B) I, apenas.

(C) III, apenas.

(D) I e IV, apenas.

10. GABARITO ANOTADO

01 – C

Vide:

- Súmula 523 do STF.
- Item "4.1. Falta ou deficiência de defesa"

02 – C

Vide:

- Art. 565 do CPP.
- Item "1.3. Princípios informativos das nulidades."

03 – D

Vide:

- Art. 564, IV, e art. 572 do CPP.
- Item "1.3. Princípios informativos das nulidades".

04 – A

Vide:

- Art. 563 do CPP.
- Item "1.3. Princípios informativos das nulidades"

05 – E

Vide:

- Art. 568 do CPP.
- Item "4.2. Ilegitimidade da parte"

06 – B

Vide:

- Art. 567 do CPP.
- Item "1.3. Princípios informativos das nulidades".

07 – C

Vide:

- Súmula 707, STF.
- Item "4.11. Concessão de prazos processuais"
- Item "7. Súmulas aplicáveis".

08 – E

Vide:

- Súmula 523, STF
- Item "4.1. Falta ou deficiência de defesa"

09 – C

Vide:

- Súmula 707, STF
- Item "4.11. Concessão de prazos processuais"

10 – E

Vide:

- Súmula 712, STF.
- Item "7. Súmulas aplicáveis".

11 – E

Vide:

- Súmula 206, STF.
- Art. 449, I, do CPP.
- Item "7. Súmulas aplicáveis".

12 – D

Vide:

- Item "3.1. Arguição de nulidade".

13 – E

Vide:

- Art. 571, V, do CPP.
- Item "3.1. Arguição de nulidade".

14 – E

Vide:

- Art. 568 do CPP.
- Item "4.2. Ilegitimidade da parte".

15 – C

Vide

- Art. 563, CPP
- Item 1.1.4. Tipicidade e atipicidade do ato processual

16 – E

Vide

- Súmula nº 707, STF
- Item 4.11. Concessão de prazos processuais

17 – B

Vide

- Súmula nº 707, STF
- Item 4.11. Concessão de prazos processuais

18 – D

Vide:

- Item "1.1.1. Noção de nulidade".

19 – E

Vide:

- Arts. 564, III, "e", e 570, CPP.
- Item "4.7. Ausência ou defeito de citação e do interrogatório do réu".

20 – C

Vide:

- Art. 572, CPP.
- Item "3.1. A arguição de nulidade".

21 – E

Vide:

- Art. 565, CPP.
- Item "1.3. Princípios informativos das nulidades".

22 – C

Vide:

- Súmula nº 155, STF.
- Item "4.12. Falta de intimação de testemunhas".

23 – E

Vide:

- Art. 564, I, CPP.
- Item "4.4. Incompatibilidade, impedimento, suspeição ou suborno do juiz".

24 – E

Vide:

- Art. 567, CPP.
- Item "4.3. Incompetência do juízo".

25 – E

"O entendimento deste Tribunal, de resto, é o de que para o reconhecimento de eventual nulidade, ainda que absoluta, faz-se necessária a demonstração do prejuízo, o que não ocorreu na espécie. Nesse sentido, o Tribunal tem reafirmado que a demonstração de prejuízo, 'a teor do art. 563 do CPP, é essencial à alegação de nulidade, seja ela relativa ou absoluta, eis que (...) o âmbito normativo do dogma fundamental da disciplina das nulidades pas de nullité sans grief compreende as nulidades absolutas' (HC 85.155/SP, Rel. Min. Ellen Gracie)" (STF – HC 110361)

Vide:

- Art. 563, CPP.
- Item "1.3. Princípios informativos das nulidades".

26 – D

Vide:

- Art. 571, VIII, CPP.
- Item "4.15. Defeito ou contradição na quesitação e nas respectivas respostas no júri".

27 – A

Vide:

- Art. 565, CPP.
- Art. 564, III, CPP.

28 – C

Vide:

- Súmula 709, STF.
- Info 846, STF.

29 – D

Vide:

- Art. 571, CPP.

30 – D

Vide:

- Art. 598, CPP.
- Art. 581, XV, CPP.
- Art. 654, CPP.
- Art. 577, CPP.
- Art. 570, CPP.

11. QUESTÕES DISCURSIVAS COM COMENTÁRIOS

01. (Vunesp – Promotor de Justiça – ES/2013) No sistema processual penal brasileiro, a violação do princípio da correlação entre o fato imputado pela acusação e o fato constante na sentença não se encontra entre as hipóteses expressamente elencadas como causa de nulidade processual. Considerando a assertiva acima, responda justificadamente:

(A) No que consiste esse princípio?

(B) É viável a alteração dos fatos imputados na denúncia no curso da instrução processual? Explique.

(C) É viável defender a tese de que a violação da regra constitui nulidade absoluta? Explique.

Resposta

a) O princípio da correlação consiste na necessidade que a sentença aprecie os fatos dentro dos limites da imputação descrita na petição inicial.

b) Pode ocorrer alteração dos fatos imputados na denúncia no curso da instrução processual, mediante aditamento, seja em virtude de elementar ou seja em razão de circunstância não contida na petição inicial, conforme o procedimento que consagra a mutatio libelli (art. 384, CPP).

c) É viável, eis que o ferimento da regra da correlação prejudica inexoravelmente o direito à ampla defesa e ao contraditório. Para que haja defesa efetiva, o acusado precisa conhecer os fatos a ele imputados de forma completa. Sendo surpreendido com condenação com inclusão de fato não contido na petição inicial ou em aditamento, teremos violação da Constituição e do art. 564, III, "a" e "e", CPP, cujo prejuízo ao réu é presumido legislativamente.

02. (MPE-MG – Promotor de Justiça – MG/2007) As nulidades ocorridas no auto de prisão em flagrante delito atingem o processo penal e nele podem exercer alguma influência? Justifique sua resposta (máximo de 20 linhas).

Resposta

A doutrina, tecnicamente, fala em nulidade relativamente a atos processuais (art. 564, CPP). A rigor, não se usa o termo nulidade para os vícios ocorridos em procedimento de investigação preliminar (inquérito policial, auto de prisão em flagrante etc.).

No entanto, pode algum ato produzido no inquérito policial ou mesmo o auto de prisão em flagrante padecer de vício que exija invalidação.

Nesses termos, podemos denominar "nulidade" (defeito) o vício ocorrido por ocasião da lavratura do auto de prisão em flagrante.

A jurisprudência dominante – STF e STJ – manifesta-se no sentido de que as invalidades do inquérito policial (inclusive do auto de prisão em flagrante) não contaminam a ação penal correspondente. Essa é regra. Muito excepcionalmente, porém, diante da ação penal se basear unicamente na prova viciada produzida no auto de prisão em flagrante (como aquela produzida mediante tortura ou coação), é que há possibilidade de se vislumbrar influência nulificadora da ação penal.

03. (MPE-MG – Promotor de Justiça – MG/2008) DISSERTATIVA (máximo de 60 linhas) O réu Pedro Malignus foi levado a julgamento perante o Tribunal do Júri da Comarca de Limoeiro. Tomadas as providências para a instalação da sessão de julgamento, o MM. Juiz Presidente elaborou os quesitos com lastro no que consta da decisão de pronúncia, dos debates orais, da réplica e da tréplica. Formulados os quesitos, o Conselho de Sentença proferiu as seguintes respostas às proposições apresentadas:

QUESITOS FORMULADOS E RESPOSTAS CONSIGNADAS	
1º) No dia 25 de agosto de 2007, a vítima João Baderneiro sofreu as lesões corporais descritas no auto de corpo de delito de fls. 27/32, que foram a causa eficiente de sua morte?	7 SIM X 0 NÃO
2º) O réu Pedro Malignus foi o autor dessas lesões?	7 SIM X 0 NÃO
QUESITOS DE DEFESA	
3º) O réu deve ser absolvido	4 SIM X 3 NÃO

<table>
<tr><th colspan="2">QUESITOS FORMULADOS
E RESPOSTAS CONSIGNADAS</th></tr>
<tr><th colspan="2">LEGÍTIMA DEFESA PRÓPRIA</th></tr>
<tr><td>4º) O réu agiu em defesa de sua pessoa?</td><td>3 SIM X
4 NÃO</td></tr>
<tr><th colspan="2">INIMPUTABILIDADE</th></tr>
<tr><td>5º) O réu, em virtude de doença mental, era inimputável na época do fato?</td><td>3 SIM
X
4 NÃO</td></tr>
<tr><th colspan="2">HOMICÍDIO CULPOSO</th></tr>
<tr><td>6º) O réu deu causa à morte por imprudência, considerando que almejou atingir a parede do imóvel, vindo o projétil a acertar o peito da vítima?</td><td>2 SIM
X
5 NÃO</td></tr>
<tr><th colspan="2">QUALIFICADORAS</th></tr>
<tr><td>7º) O réu agiu impelido por motivo fútil, consistente no fato de a vítima, em tom de brincadeira, tê-lo chamado de "safado" no interior do bar onde se encontravam?</td><td>7 SIM
X
0 NÃO</td></tr>
<tr><td>8º) O réu agiu mediante a utilização de recurso que dificultou a defesa do ofendido, uma vez que o colheu inopinadamente?</td><td>1 SIM
X
6 NÃO</td></tr>
</table>

Consta da Ata de Julgamento que o crime foi cometido na Comarca de Pinhalzinho e o julgamento foi desaforado para a Comarca de Limoeiro. Com a aquiescência do MM. Juiz de Direito da Comarca de Limoeiro e do defensor do acusado, registrando-se o protesto do Dr. Promotor de Justiça, o MM. Juiz de Direito de Pinhalzinho assumiu a presidência da sessão de julgamento, ao fundamento de que o desaforamento é apenas do julgamento. Consta ainda da Ata de Julgamento que o Dr Promotor de Justiça deixou consignado protesto quanto ao fato de o MM. Juiz de Direito ter admitido que a defesa, na tréplica, apresentasse a tese de que o réu era inimputável na época do fato, não conferindo ao Ministério Público o direito de contrariá-la. Consta também na ata protesto do Ministério Público pelo fato de a defesa ter feito referências aos fundamentos da decisão que absolveu sumariamente o réu, por reconhecê-lo inimputável. A defesa pediu que também constasse seu protesto na ata. Disse o douto Defensor que não poderiam ser formulados quesitos pertinentes a cada tese sustentada no plenário (legítima defesa e inimputabilidade), devendo ser formulado apenas o quesito genérico que indaga se "o réu deve ser absolvido". O MM. Juiz de Direito deixou consignado que nada obsta que o patrono apresente a tese na tréplica, pois ainda está exercitando o direito de defesa; disse que o desdobramento dos quesitos é necessário para que se saiba qual é o fundamento da absolvição, inclusive o excesso culposo ou a inimputabilidade, a qual importa na aplicação de medida de segurança. Por fim, o Magistrado ressaltou que a douta defesa mencionou que a decisão de absolvição sumária reconheceu a inimputabilidade do réu, sustentação que não trouxe nenhum prejuízo à acusação, uma vez que a causa de exclusão da culpabilidade se encontra comprovada pelo exame pericial juntado aos autos.

Em face do ocorrido neste julgamento, pede-se ao candidato que enumere e comente os fatos juridicamente relevantes que ocorreram e que podem dar lastro à arguição de nulidade do julgamento, tanto por provocação do Ministério Público quanto da defesa, através dos recursos cabíveis.

(NÃO É NECESSÁRIA A ELABORAÇÃO DE PEÇA PROCESSUAL)

Resposta

1) Defeito de quesitação. Nulidade absoluta. O quesito relativo à existência de imprudência no cometimento do homicídio, desclassifica a forma dolosa – de competência do júri – para a modalidade culposa, de competência do juiz singular. Deveria tal quesito ser formulado após o segundo quesito, em obediência ao disposto no § 4º, do art. 483, CPP, que prevê que, uma vez sustentada a desclassificação da infração para outra de competência do juiz singular, será formulado quesito a respeito, para ser respondido após o 2º (segundo) ou 3º (terceiro) quesito, conforme o caso. O vício relativo à ordem lógica dos quesitos prejudica o resultado do julgamento, de forma irremediável.

2) Violação da regra de proteção ao sigilo das votações, pois o juiz-presidente apurou todos os votos de quesitos que foram respondidos de maneira unânime (quesitos 1º, 2º e 8º), ao invés de fazer cessar a contagem toda vez que apurou o quarto voto vencedor (§§ 1º e 2º, do art. 483, CPP). A irregularidade enseja nulidade de natureza relativa, sendo necessária a demonstração de prejuízo ao direito fundamental protegido pela norma constitucional que garante o sigilo e protesto oportuno com consignação em ata (logo que acontecer o vício).

3) Inclusão de quesito da defesa referente à tese aventada na tréplica (inimputabilidade do acusado). Nulidade relativa. O promotor de justiça, diante de inovação que viole o contraditório, deve protestar logo que surja a questão, consignando sua irresignação em ata. Sujeita-se tal vício ao princípio do pas de nulitté sans grief, isto é, não há nulidade sem prejuízo. Em regra, não se deve admitir inovações na tréplica (última sustentação oral, feita pela defesa do réu), segundo posicionamento do STJ. No entanto, diante de dúvida diante da colisão dos princípios da plenitude de defesa (do acusado) e do contraditório (do MP), resolve-se a questão em favor do réu.

4) Ainda a questão de inclusão do quesito de defesa relativo à inimputabilidade, bem como o problema de se incluir quesito da defesa referente à legítima defesa própria. Nulidade absoluta (salvo se apurada decisão favorável ao réu). Tal ponto ainda é tormentoso. Entendemos que todas as teses de defesa estão albergadas pelo quesito genérico "o jurado absolve o acusado?" (§ 2º, do art. 483, CPP), salvo a inimputabilidade. O inconveniente desse entendimento é a imprecisão do motivo pelo qual os jurados absolveram o acusado (podem coexistir várias teses de defesa, não evitando que o réu absolvido se sujeite ao processamento de ação civil ex delicto). Sem embargo, cabe frisar que o quesito genérico absolutório alude, segundo sustentamos, à absolvição própria (não à imprópria por inimputabilidade). Por outro lado, pensamos que o juiz não deveria ter submetido à votação o quesito acerca da inimputabilidade quando a situação já era capaz de ensejar, ausente outra tese de defesa, a absolvição sumária (art. 414, parágrafo único, CPP). Não podemos esquecer que o júri é uma garantia fundamental, disposta no art. 5º, CF. Está catalogado como direito individual de primeira geração que protege a liberdade do indivíduo contra o arbítrio estatal. Desse modo, assegurar que o acusado inimputável à época dos fatos vá a júri popular não pode implicar-lhe situação mais gravosa (condenando-o à pena, ao invés de lhe impor medida de segurança).

5) Condução de parte da sessão de julgamento pelo juiz de direito da comarca de origem, com anuência da defesa e do juiz da comarca para onde foi o feito desaforado. Trata-se nulidade relativa, por vício de competência territorial, especialmente porque desaforado o feito para outra comarca, cessa a competência do juiz de origem. A incompetência territorial não determina a nulidade dos atos praticados, porquanto a aplicação do art. 567, CPP, que determina a manutenção dos atos instrutórios e nulidade dos decisórios é restrita aos casos de incompetência absoluta, na senda do STF e do STJ. De tal modo, registrado o protesto em ata oportunamente, a nulidade só será averbada se demonstrado prejuízo para o direito fundamental protegido pela norma. No caso, não há demonstração de prejuízo, mormente porque o juiz da comarca de origem, não praticou atos de julgamento, mas só de disciplina dos trabalhos.

6) O CPP não veda que seja feita menção à decisão de absolvição sumária por inimputabilidade por ocasião dos debates. Com efeito, não está a hipótese dentre as vedações arroladas pelo legislador nos artigos 478 e 479, do CPP. De todo modo, correto o juiz ao afastar a alegação de nulidade em virtude de inexistir demonstração de prejuízo a direito da acusação, especialmente considerando a existência de laudo que comprova a inimputabilidade do acusado.

7) Recursos. No júri, devem as partes apresentar, contra as irregularidades ocorridas no plenário, a impugnação denominada "protesto". Após esse proceder e proferida a sentença, cabível recurso de apelação, fundada no art. 593, III, "a" (nulidades posteriores à pronúncia), CPP, reiterando os vícios que foram objeto de protesto consignado em ata durante a sessão plenária.

---

04. (MPE-MG – Promotor de Justiça – MG/2010) A decisão que recebe o aditamento da denúncia interrompe a prescrição? O acórdão que anula a sentença condenatória extingue o efeito interruptivo da prescrição? (Justifique suas respostas em, no máximo, 15 linhas)

Resposta

Para responder a questão, indispensável ter em vista o art. 117, I, CP, que reza que a prescrição será interrompida pelo recebimento da denúncia ou queixa. Além desse aspecto, relevante definir a natureza jurídica do aditamento que é de petição inicial acusatória. O aditamento, em regra, é nova petição inicial, especialmente se contiver inclusão de elementar ou circunstância configuradora da tipicidade do fato. Tratando-se de aditamento próprio, com inclusão de fatos, terá ele o condão de interromper o lapso prescricional. Sendo impróprio o aditamento, com simples correções de falhas, não há que se falar em interrupção porque não terá este a natureza específica de nova denúncia.

Havendo nulidade de sentença condenatória de forma total, com determinação de prolação de outra pelo juízo de origem, desaparece seu efeito interruptivo da prescrição. A nulidade integral espraia seus efeitos nos termos do princípio da causalidade, invalidando as qualidades positivas e negativas da sentença, bem como os atos que dela dependam.

No entanto, se a nulidade decretada é só parcial, a exemplo daquela decisão que determina o refazimento da dosimetria da pena fixada na sentença, mantendo-a quanto ao mais, persiste o efeito interruptivo da prescrição (precedentes do STJ).

---

05. (MPE-SP – Promotor de Justiça – SP/2010) Qual é o primeiro momento em que deve ser arguida a nulidade relativa, ocorrida durante o julgamento em plenário do júri?

Resposta

Nos termos do art. 571, VIII, CPP, as nulidades ocorridas durante sessão plenária do júri devem ser arguidas logo depois de acontecerem, isto é, imediatamente.

---

06. (MPF/22) Capazes de invalidar o processo no todo ou em parte, as nulidades se encontram regulamentadas na legislação, que estabelece critérios para se desfazer ou sanar os atos defeituosos, ou seja, aqueles praticados com inobservância das formas previstas no ordenamento em vigor. Aponte, dando algumas explicações, quais são os princípios informadores das nulidades no processo penal.

Resposta

O item 1.3 deste capítulo de nulidades responde suficientemente esta questão, para onde remetemos o leitor. Não havendo limite de linhas, o candidato deve expor a matéria da forma mais completa possível, destacando os aspectos dogmáticos (artigos 563, 565 a 573, CPP) e salientando que os princípios informadores das nulidades no processo penal são depreendidos da interpretação dessas regras em consonância com o sistema constitucional de direito processual penal.

Capítulo XVI
Ações Autônomas de Impugnação

Sumário • 1. De ordem geral – 2. *Habeas corpus*: 2.1. Fundamentos; 2.2. Natureza jurídica; 2.3. Cabimento: 2.3.1. Violação à liberdade de ir e vir; 2.3.2. *Habeas corpus* preventivo, repressivo e suspensivo; 2.3.3. Crime com pena privativa de liberdade; 2.3.4. Transgressão disciplinar; 2.4. Processamento e julgamento: 2.4.1. Competência; 2.4.2. Legitimidade ativa e passiva; 2.4.3. Forma de propositura; 2.4.4. Rito processual; 2.4.5. Julgamento; 2.4.6. Trancamento do inquérito, do processo ou do termo circunstanciado de ocorrência; 2.4.7. *Habeas corpus ex officio*, liberdade provisória e relaxamento de prisão; 2.4.8. Recursos em *habeas corpus* e *habeas corpus* substitutivo; 2.4.9. Jurisprudência defensiva: o habeas corpus substitutivo de recurso ordinário constitucional e a concessão de habeas corpus de ofício – 3. Mandado de Segurança: 3.1. Fundamentos; 3.2. Cabimento; 3.3. Processamento e julgamento: 3.3.1. Competência; 3.3.2. Legitimidade ativa e passiva; 3.3.3. Procedimento do mandado de segurança; 3.3.4. Julgamento; 3.4. Mandado de segurança coletivo – 4. Revisão Criminal: 4.1. Fundamentos; 4.2. Cabimento; 4.3. Processamento e julgamento: 4.3.1. Competência; 4.3.2. Legitimidade *ad causam*; 4.3.3. Propositura; 4.3.4. Rito da revisão criminal; 4.3.5. Julgamento e indenização – 5. Quadro Sinótico – 6. Súmulas aplicáveis: 6.1. STJ; 6.2. STF – 7. Informativos recentes: 7.1. STJ; 7.2. STF – 8. Questões de concursos públicos – 9. Gabarito Anotado – 10. Questões discursivas com comentários

1. DE ORDEM GERAL

Ações autônomas de impugnação são formas previstas no ordenamento jurídico para interferir em prestação jurisdicional emanada de demanda processual penal distinta ou para atacar situação fática que afete ou possa afetar a liberdade de locomoção garantida constitucionalmente ou interesses atinentes à matéria criminal. As ações de impugnação podem ter o objetivo de rever decisão criminal condenatória transitada em julgado ou de servir de sucedâneo recursal nas hipóteses em que não houver recurso específico para o reexame de decisão judicial que cause gravame a uma das partes do processo penal.

O *habeas corpus*, o mandado de segurança e a revisão criminal são as ações autônomas de impugnação que têm fundamento constitucional e que são manejáveis em razão de questões penais. Deve-se afastar, portanto, a natureza de recurso que eventualmente se pode inferir da posição topográfica que tem a revisão criminal e o *habeas corpus* no Código de Processo Penal (Livro III, Título II, Capítulos VII e X, respectivamente).

A Lei nº 13.285/2016 incluiu o art. 394-A, do CPP, para regrar que os processos que apurem a prática de crime hediondo terão prioridade de tramitação em todas as instâncias. Ao lado da necessidade de respeitar, segundo critérios objetivos, a prioridade legal também prevista para outros assuntos, pensamos indispensável interpretar o dispositivo de forma a atender a isonomia processual. Isso significa dizer que a prioridade de tramitação não deve se restringir à ação penal condenatória que apura o crime hediondo, porém às demais ações que tenham por conteúdo crime hediondo e visem apurá-lo, ainda que em maior perspectiva *favor rei*, a exemplo das ações de revisão criminal, de mandado de segurança e de *habeas corpus*.

Enquanto o *habeas corpus* é ação de cariz criminal, o mandado de segurança é ação cível que, todavia, pode ter conteúdo penal. Por seu turno, a revisão criminal, que é equivalente à ação rescisória do processo civil, é a demanda, promovida exclusivamente em favor do réu-sentenciado, que tem o objetivo de rever sentença penal com trânsito em julgado.

Para que sejam essas ações autônomas de impugnação compreendidas, serão estudados, nos tópicos seguintes, os seus aspectos fundamentais, os seus casos de cabimento e os respectivos processamentos e julgamentos.

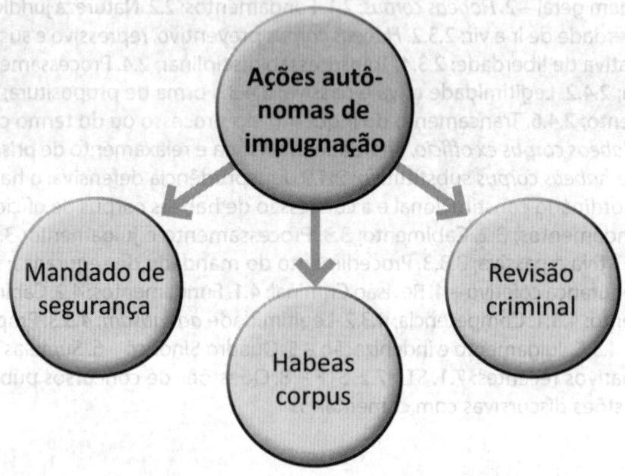

2. *HABEAS CORPUS*

2.1. Fundamentos

Desde sua gênese, o *habeas corpus* tem sido "o meio de garantir a liberdade ambulatória, direito individual básico de que goza a pessoa". O direito à liberdade é pressuposto para o exercício de vários outros direitos. Caso não seja assegurado, "torna-se ilusório o exercício dos demais". Com essas palavras, Júlio Maier acrescenta que essa garantia é "uma síntese que contém virtualmente toda a afirmação da personalidade humana frente aos possíveis avanços do arbítrio do poder público"[1]. De outro prisma, José Henrique Pierangelli noticia que o *habeas corpus* é, tradicionalmente, "pretensão, ação e remédio", pois "como pretensão, ele surge no Código Criminal do Império; como ação e remédio, aparece com o Código do Processo Criminal de Primeira Instância, de 1832"[2].

Com Dirley da Cunha Júnior, pode-se dizer que o *habeas corpus* é "uma ação constitucional de natureza penal destinada especificamente à proteção da liberdade de locomoção quando ameaçada ou violada por ilegalidade ou abuso do poder". Sua origem no Brasil está "no código de processo criminal de 1832 (art. 340), vindo a ter assento constitucional com a Constituição de 1891", que o previa, no § 22, do seu art. 72, "em termos amplos, circunstância que originou a famosa e sempre lembrada doutrina brasileira do

1. MAIER, Júlio. *Cuestiones fundamentales sobre la libertad del imputado y su situación en el proceso penal*: análisis doctrinario y jurisprudencial. Buenos Aires: Lerner, 1981. p. 169.
2. PIERANGELLI, José Henrique. *Processo penal*: evolução histórica e fontes legislativas. Bauru: Jalovi, 1983. p. 207.

habeas corpus liderada por Ruy Barbosa, que o entendia como ação destinada a proteger qualquer direito"[3].

Conquanto outras origens da ação de *habeas corpus* sejam verificadas em outros ordenamentos jurídicos, a mais lembrada é a do "Capítulo XXIV da Magna Carta, que, por pressão dos barões, foi outorgada pelo Rei João sem Terra em 19 de junho de 1215 nos campos de Runnymed". Este é o antecedente remoto mais identificado com o atual *habeas corpus*. No entanto, há quem indique outras fontes, em especial "no Direito Romano", que autorizava ao cidadão "reclamar a exibição do homem livre detido ilegalmente por meio de uma ação privilegiada que se chamava ***interdictum libero homine exhibendo***", assim como na Espanha, em 1679, durante o império de Carlos II[4].

A Constituição do Brasil de 1988 prevê o *habeas corpus* como garantia fundamental, afirmando que será ele concedido "sempre que alguém sofrer ou se achar ameaçado de sofrer violência ou coação em sua liberdade de locomoção, por ilegalidade ou abuso de poder" (art. 5º, LXVIII). O *habeas corpus* pode ser impetrado, então, em caráter preventivo ou repressivo (liberatório). Preventivamente será ajuizado quando o cerceio de liberdade estiver em vias de se concretizar. Repressivamente, quando a violação da liberdade de locomoção já tiver se concretizado.

A garantia do *habeas corpus* está ligada a uma outra garantia, que é a de liberdade de locomoção. É a Constituição Federal que dispõe que "é livre a locomoção no território nacional em tempo de paz, podendo qualquer pessoa, nos termos da lei, nele entrar, permanecer ou dele sair com seus bens" (art. 5º, XV). No plano infraconstitucional, o Código de Processo Penal preconiza, em seu art. 647, que o *habeas corpus* será dado "sempre que alguém sofrer ou se achar na iminência de sofrer violência ou coação ilegal na sua liberdade de ir e vir, salvo nos casos de punição disciplinar".

A noção literal de *habeas corpus* "indica a essência do instituto", significando "corpo livre, corpo solto, corpo aberto"[5], ou ainda "'tome o corpo', isto é, tome a pessoa presa e a apresente ao juiz, para julgamento do caso", sendo "entendida a expressão também como a própria 'ordem de libertação'"[6]. Em compasso com a finalidade do remédio heroico, permeiam sua interpretação os princípios da celeridade, da gratuidade e da informalidade. Não é necessário que o impetrante seja advogado. Qualquer pessoa, física ou jurídica, pode ajuizá-lo sem que precise seguir uma forma definida de recolher custas processuais.

2.2. Natureza jurídica

O *habeas corpus* é uma ação penal não condenatória. Segundo Denilson Feitoza, o *habeas corpus* é uma "ação de conhecimento que pode visar a um provimento" meramente declaratório – "reconhecimento da extinção da punibilidade (art. 648, VII, CPP)" –, constitutivo – "anulação da sentença ou do processo após o trânsito em julgado da sentença (art.

3. CUNHA JÚNIOR, Dirley. *Curso de direito constitucional*. Salvador: JusPODIVM, 2008. p. 749-750.
4. MIRABETE, Julio Fabbrini. *Processo Penal*. 14. ed. São Paulo: Atlas, 2003. p. 708.
5. RANGEL, Paulo. *Direito processual penal*. 4. ed. Rio de Janeiro: Lumen Juris, 2001. p. 590.
6. MIRABETE, Julio Fabbrini. *Processo Penal*. 14. ed. São Paulo: Atlas, 2003. p. 709.

648, VI, CPP)" –, ou condenatório, hipótese em que, além da declaração da existência do direito à liberdade, também se condena nas custas a autoridade que, por má-fé ou evidente abuso de poder, determinou a coação (art. 653, CPP)[7].

Além de sua natureza de demanda para proteger especificamente a liberdade de locomoção, a praxe forense tem admitido o seu uso como sucedâneo recursal, ou seja, como uma forma de impugnar decisões que causam gravame à parte durante o trâmite de um outro processo, condenatório, cuja pena do delito prevista em abstrato seja privativa de liberdade. Se o delito não contiver previsão de pena privativa de liberdade, mas apenas de multa ou restritiva de direitos, a via manejável é o mandado de segurança, examinado mais adiante.

Vale dizer, o uso do *habeas corpus* pode se apresentar como: (1) ação sem relação com ato processual específico, mas para, estritamente, alijar a prisão ou a sua ameaça; ou (2) sucedâneo recursal que se subdivide, a seu turno, em: (a) substitutivo recursal, em função da maior utilidade do *writ* comparativamente a um recurso cabível; e (b) na lição de Fábio Roque e Klaus Negri Costa, "via alternativa de ataque aos atos judiciais" (colateral *attack*), quando manejado o *habeas corpus* com o fito de "obstar o curso de um inquérito policial (trancamento)", de "impedir que a ação seja iniciada" ou de "impugnar algum meio de prova"[8].

Como sucedâneo recursal, a decisão proferida nos autos da ação *habeas corpus* produzirá efeito em outro processo (o condenatório). A regra é a de que ele tenha esse condão quando o processo penal condenatório não tenha se encerrado. Caso haja sentença condenatória, com trânsito em julgado, a via adequada é a revisão criminal. No entanto, em hipótese de ***error in judicando*** ou ***in procedendo*** comprovado de plano por prova pré-constituída, o *habeas corpus* é admissível, notadamente por ser dotado de rito mais célere que a revisão criminal, tendente a fazer cessar constrangimento ilegal.

Por fim, calha observar que o resultado da ação de *habeas corpus* é o de uma ordem judicial. Naturalmente, expede-se um alvará de soltura (quando se dirige contra a prisão ilegal de alguém) ou um salvo-conduto (quando é o caso de ameaça à liberdade de ir, vir ou ficar). Em tais casos, o remédio heroico e sua sentença têm natureza preponderantemente mandamental. Sem embargo, o *habeas corpus* pode se destinar a trancar uma ação penal em relação a algum acusado ou mesmo a trancar o inquérito policial quando a apuração, por si só, representar ameaça à liberdade de locomoção, tal como ocorre quando o fato apurado não é típico como pode(ria) supor a autoridade policial. Aqui, a natureza constitutiva se agrega à mandamental, preponderando aquela, porque visa, especialmente, desconstituir o inquérito policial ou a ação penal. Também como sucedâneo recursal – reformando ou nulificando uma decisão no processo penal condenatório – o ***writ*** assume caráter prevalentemente constitutivo.

7. FEITOZA, Denilson. *Direito Processual Penal:* teoria, crítica e práxis. 7. ed. Niterói: Impetus, 2010. p. 1170.
8. ARAÚJO, Fábio Roque; COSTA, Klaus Negri. *Processo penal didático*. Salvador: Juspodivm, 2018. p.1276. Os autores citam Aury Lopes Jr que, por sua vez, explica que "o HC sempre pode ser usado, no Brasil, como instrumento de 'collateral attack', não só nos casos de prisão, mas também como uma via alternativa de ataque processual contra atos judiciais e coações ilegais no curso do processo" (LOPES JR, Aury. A moda é dar *habeas corpus*, mas só quando eu quiser. *Conjur*: limite penal. São Paulo, 22 ago. 2014. Disponível em: < https://www.conjur.com.br/2014-ago-22/moda-dar-habeas-corpus-oficio-quando-eu-quiser>. Acesso em: 9 dez. 2018).

2.3. Cabimento

2.3.1. Violação à liberdade de ir e vir

Toda ação, civil ou penal, tem uma causa de pedir (***causa petendi***).

A ação de *habeas corpus* não foge à regra. Há uma causa de pedir próxima e uma causa de pedir remota, na esteira da teoria da substanciação, "centralizando o objeto do processo não sobre o direito ou sobre a relação jurídica, mas sobre o fato apresentado como seu fundamento (sobre o direito delimitado pelo fato deduzido)"[9].

A causa de pedir delimita a resposta jurisdicional requestada pela parte. A causa de pedir remota é o detalhamento do ato que viola ou ameaça a liberdade de locomoção, espelhada na narração fática da petição inicial, que deu origem à pretensão[10]. A ***causa petendi*** próxima é a norma jurídica construída em face da compreensão da relação jurídica de direito material do caso concreto, mormente a partir do enunciado do art. 5º, XV e LXVIII, da Constituição do Brasil, retratada nos fundamentos jurídicos do pedido de cessação de ameaça ou lesão à liberdade de locomoção.

Em poucas palavras, a causa de pedir do *habeas corpus* é a violação ou a ameaça de violação à liberdade de ir e vir do indivíduo tutelada pelo ordenamento jurídico. O impetrante deve descrever não só os fundamentos jurídicos (o cerne que fere a liberdade de locomoção do paciente e que encontra respaldo no dispositivo da Constituição: a causa de pedir próxima), mas também os elementos fáticos que o circundam (fundamentos de fato: a causa de pedir remota).

Esse aspecto tem importância para a definição dos limites da coisa julgada da ação. Se houver não coincidência tanto em relação aos fundamentos fáticos, quanto aos jurídicos, será possível renovação do *habeas corpus* perante a mesma instância, eis que os efeitos da coisa julgada não se estenderiam aqui ao ponto de obstar essa possibilidade[11]. Se as ações se identificarem e se decorrido prazo para o recurso, a solução é a propositura de ***writ*** substitutivo na instância superior (como sucedâneo recursal).

Em outros termos, modificado os aspectos que circundam os fundamentos de direito (isto é, alterados os fundamentos de fato), a ação de *habeas corpus* pode e deve ser renovada na instância originária, porque a coisa julgada não o limitará (teoria da substanciação, que diverge da teoria da individualização, segundo a qual a ação deve ser formada pela ***causa petendi*** próxima, isto é, só pelos fundamentos de direito) e não será permitida supressão de instância (que ocorreria se o ***writ*** fosse renovado na instância ***ad quem*** como sucedâneo recursal).

Como se pode inferir, a extensão da coisa julgada é limitada de forma melhor se adotada a teoria da substanciação (pela qual se alterados aspectos circunstanciais, haverá nova demanda sem incidência de coisa julgada). A teoria da individualização é incompatível com o *habeas corpus* porque nela incide o princípio da eventualidade (atribuindo a parte o ônus

---

9. JARDIM, Augusto Tanger. *A causa de pedir no direito processual civil*. Porto Alegre: Livraria do Advogado, 2008. p. 74.
10. DANTAS, Francisco Wildo Lacerda. *Jurisdição, ação (defesa) e processo*. Recife: Nossa Livraria, 2004. v.2. p. 39-40.
11. JARDIM, Augusto Tanger. *A causa de pedir no direito processual civil*. Porto Alegre: Livraria do Advogado, 2008. p. 74.

de alegar tudo o que for possível sob pena de se reputar deduzido em juízo) e a formação da coisa julgada recai sobre o direito (pouco interessando os aspectos fáticos circundantes à relação jurídica material concernente à liberdade) e assim a coisa julgada ganha âmbito muito vasto, o que conferiria interpretação demasiadamente restrita ao direito individual de liberdade.[12]

Com efeito, as garantias fundamentais devem ser compreendidas de maneira ampla. Assim, a lesão à liberdade de locomoção deve ser entendida como concretizada não só quando efetiva, mas também quando haja fundado receio de que ela venha a ocorrer. Daí que a liberdade de locomoção é assegurada até mesmo em perspectiva, ou seja, a impetração do *habeas corpus* é admitida quando o inquérito ou o processo penal vise à apuração de delito que tenha cominação em abstrato, dentre suas penas previstas, de privação de liberdade. O *habeas corpus* pode se dirigir contra prisão ilegal, contra ameaça de prisão e contra inquérito, procedimento criminal ou processo penal cuja conclusão possa resultar em pena privativa de liberdade.

Frise-se que a violação à liberdade de ir e vir é constatada de forma extensiva. É nesse sentido que o Código de Processo Penal, em seu art. 648, explicita que "a coação considerar-se-á ilegal" quando:

1) "não houver justa causa", conceito que pode ser subdividido em "justa causa para a ordem proferida, que resultou coação contra alguém" e "justa causa para a existência de processo ou investigação contra alguém"[13]. Na primeira hipótese – "para a ordem proferida" –, a justa causa para a prisão está diretamente relacionada com o art. 5º, LXI, CF/1988, que dispõe sobre a necessidade de ordem fundamentada para a realização da prisão, salvo em caso de flagrante delito. Deste modo, não haverá justa causa quando a coação exercida sobre a liberdade do indivíduo estiver desamparada legalmente. Quanto à segunda hipótese – "para a existência do processo ou investigação" –, deve-se ressaltar que é ela o fundamento para o trancamento de inquéritos e ações penais, admito pelo STF excepcionalmente quando o fato não constitui infração penal, quando não há indícios suficientes de autoria ou quando extinta a punibilidade do agente.[14] Da mesma forma, quando não subsista lastro probatório mínimo de sustentabilidade procedimental;

2) "alguém estiver preso por mais tempo do que determina a lei", situação que se verifica quando se escoa o prazo legal previsto para a prisão imposta – seja ela provisória, como a prisão temporária, ou definitiva, como a prisão pena – ou quando os prazos para a conclusão do procedimento são descumpridos. Nesta situação especificamente, os Tribunais têm relativizado a construção doutrinária segundo a qual o prazo a ser observado para o encerramento da instrução deveria corresponder à exata soma dos prazos previstos para cada etapa procedimental. Admite-se, assim, o alargamento da instrução, desde que respeitados o princípio da razoável duração do processo (art. 5º, LXXVIII, CF/1988) e a dignidade da pessoa humana (art. 1º, III, CF/1988)[15-16];

---

12. JARDIM, Augusto Tanger. *A causa de pedir no direito processual civil*. Porto Alegre: Livraria do Advogado, 2008. p. 77.
13. NUCCI, Guilherme de Souza. *Manual de processo penal e execução penal*. 7. ed. São Paulo: RT, 2010. p. 948.
14. STF – Segunda Turma – HC 94398 – Rel. Min. Eros Grau – julgado em 04/05/2010 – DJ 27/05/2010.
15. STF – Primeira Turma – HC 104346 – Rel. Min. Luiz Fux – julgado em 07/06/2011 – DJ 29/07/2011.
16. STJ – Sexta Turma – HC 202200 – Rel. Og Fernandes – julgado em 21/06/2011 – DJ 24/08/2011.

3) "quem ordenar a coação não tiver competência para fazê-lo", exigência fundamental que visa impedir situações teratológicas, como a expedição de ordem de prisão por juiz cível em decorrência de processo em trâmite perante vara criminal;

4) "houver cessado o motivo que autorizou a coação", situação em que a decretação da prisão não caracterizava coação ilegal, entretanto passa a constituir porque deixa de existir o seu fundamento. É o que acontece quando a prisão preventiva é decretada, por exemplo, por conveniência da instrução e esta se encerra;

5) "não for alguém admitido a prestar fiança, nos casos em que a lei autoriza", hipótese de cabimento que atende ao disposto no art. 5º, LXVI, CF/1988, segundo o qual "ninguém será levado à prisão ou nela mantido, quando a lei admitir a liberdade provisória, com ou sem fiança". Nestes casos, embora o objetivo mediato da impetração seja a liberdade do indivíduo, o objetivo imediato é o arbitramento da fiança, conforme § 3º do art. 660, CPP, que dispõe que "se a ilegalidade decorrer do fato de não ter sido o paciente admitido a prestar fiança, o juiz arbitrará o valor desta, que poderá ser prestada perante ele, remetendo, neste caso, à autoridade os respectivos autos, para serem anexados aos do inquérito policial ou aos do processo judicial". Deve-se ressaltar que o instituto da fiança, com a Lei nº 12.403/2011, ganhou novos contornos e importância (vide Capítulo X);

6) "o processo for manifestamente nulo", oportunidade em que, como no dispositivo anterior, o ***writ*** não tem como pedido imediato a liberdade do paciente, mas a anulação do processo. Desde que a nulidade seja flagrante, a impetração pode ser feita até mesmo para desconstituir sentença condenatória transitada em julgado, funcionando como sucedâneo da revisão criminal[17-18]. No ponto, importante lembrar que o art. 652, do CPP, reza que se o *habeas corpus* for concedido em virtude de nulidade do processo, este será renovado. Porém, a admissibilidade de reabertura da persecução penal, depois de findo um primeiro processo contra o acusado, importa violação ao princípio *ne bis in idem*[19], consoante comentamos no item 4.1, deste capítulo, ao estudarmos a ação de revisão criminal; e

7) quando estiver "extinta a punibilidade", já que o direito de punir do Estado não mais subsiste. Aliás, nos termos do verbete nº 695, da súmula do STF, "não cabe *habeas corpus* quando já extinta a pena privativa de liberdade", que é uma das formas pela qual se manifesta a extinção da punibilidade do agente, máxime diante do cumprimento integral da pena. Apesar do enunciado sumular, deve-se pontuar, como faz Guilherme de Souza Nucci, que a simples extinção da pena privativa de liberdade não afasta completamente a possibilidade de interposição de *habeas corpus*, o que poderia ocorrer, por exemplo, se embora com a punibilidade extinta, o indivíduo não tivesse sido efetivamente solto pela autoridade pública[20].

Além das hipóteses legais que conferem maior amplitude a essa ação constitucional, é também cabível *habeas corpus* para impugnar medidas cautelares diversas da prisão (art. 319, CPP), segundo declarou o Supremo Tribunal Federal[21].

17. STF – Segunda Turma – HC 91650 – Rel. Min. Cezar Peluso – julgado em 01/04/2008 – DJ 08/05/2008.
18. STF – Segunda Turma – HC 94376 – Rel. Min. Joaquim Barbosa – julgado em 16/11/2010 – DJ 31/01/2011.
19. SABOYA, Keity Mara Ferreira de Souza e. *Ne bis in idem*: história, teoria e perspectivas. Rio de Janeiro: Lumen Juris, 2014. p. 282.
20. NUCCI, Guilherme de Souza. *Manual de processo penal e execução penal*. 7. ed. São Paulo: RT, 2007. p. 950.
21. STF – Segunda Turma – HC 147.426/AP; HC 147.303/AP – Rel. Min. Gilmar Mendes – julgados em 18/12/2017.

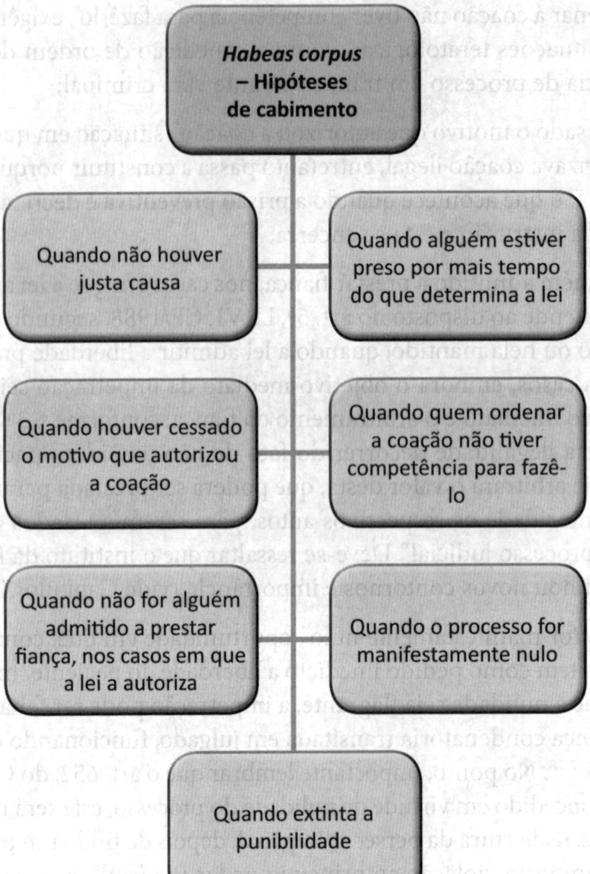

Releva ainda sublinhar que "não cabe *habeas corpus* contra a imposição da pena de exclusão de militar ou de perda de patente ou de função pública", eis que não se cuida de sanção privativa da liberdade do acusado (súmula nº 694, STF). Faltaria ao impetrante o necessário interesse de agir, em virtude da inadequação da via eleita para o fim desejado de nulificar o ato administrativo de exclusão ou de perda da patente.

Restringindo o alcance da ação heroica, impetrada em defesa de pretensão cível, a Quarta Turma do STJ declarou o seu cabimento "para impugnar decisão que determinou retenção de passaporte", porém negou seu manejo contra a suspensão da Carteira Nacional de Habilitação"[22].

De outro ponto, retrata ausência de carência de agir a previsão hipotética consignada no verbete nº 692, da súmula do STF, ao estabelecer que "não se conhece de *habeas corpus* contra omissão de relator de extradição, se fundado em fato ou direito estrangeiro cuja prova não constava dos autos, nem foi provocado a respeito".

22. Noticiado no Informativo 631, de 14.9.2018, do STJ (Quarta Turma – RHC 97.876-SP, Rel. Min. Luis Felipe Salomão, por unanimidade, julgado em 05/06/2018, DJe 09/08/2018).

Como se infere, esse enunciado indica que o cabimento do *habeas corpus* está atrelado à necessidade de prova pré-constituída, cuja apresentação é ônus do impetrante perante o relator do processo de extradição. Trata-se de jurisprudência do Supremo Tribunal Federal que impõe, para a caracterização do interesse de agir enquanto condição da ação de *habeas corpus*, a necessidade de que a pretensão nesta demanda deduzida tenha sido antes levada ao conhecimento do relator do feito que se esteja questionando, com o fito de obtenção de seu trancamento[23].

O Plenário do STF[24] entendeu que a superveniência de sentença condenatória que mantém a prisão preventiva prejudica a análise do *habeas corpus* que havia sido impetrado contra o título originário da custódia. Entretanto, é de ver que o tribunal tem o poder de conceder *habeas corpus* de ofício em hipótese como essa, mormente quando é possível orientar a interpretação de forma a dar maior eficácia ao direito fundamental. Naturalmente, para a concessão do *writ ex officio* será exigível a presença de elementos que possibilitem o conhecimento da ilicitude da prisão[25].

2.3.2. Habeas corpus *preventivo, repressivo e suspensivo*

Os limites amplos de conformação do *habeas corpus* ensejam basicamente duas possibilidades de sua propositura. Pode a impetração se dar preventivamente ou repressivamente.

O *habeas corpus* repressivo é o conhecido como liberatório, visando à soltura de quem se encontra preso de forma ilegal. No caso de concessão da ordem, nos termos do § 1º do art. 660, CPP, será expedido alvará de soltura, "salvo se por outro motivo dever ser mantido na prisão".

Outrossim, o preventivo dá azo à emissão de salvo-conduto, como dispõe o § 4º do art. 660, CPP. Contudo, o ajuizamento preventivo pode se deparar, no curso da demanda, com a efetivação da ameaça à liberdade de locomoção. Em tal caso, o *habeas corpus* preventivo se transmuda em liberatório, mercê do princípio da fungibilidade que permeia a compreensão da demanda. Não se faz necessário, portanto, que o autor, diante da concretização da lesão, desista do primeiro *habeas corpus* (preventivo) para mover outro (liberatório).

Na esteira da jurisprudência do STJ[26], deve-se registrar que o cabimento do *habeas corpus* preventivo está vinculado ao fundado receio de que o paciente possa vir a sofrer a coação ilegal ao seu direito de ir, vir e ficar, ou seja, a ameaça combatida deve ser iminente, estando desautorizado o ***writ*** por mero receio infundado de coação tida como ilegal.

Ainda se fala em *habeas corpus* suspensivo, que "ocorre quando já existe constrangimento ilegal, mas o sujeito ainda não foi preso". Nesse caso, emite-se contramandado de prisão, haja vista que se cuida "de uma ameaça efetiva à liberdade, mas o sujeito não está preso"[27].

23. STF – Pleno – HC 92702 – Rel. Min. Joaquim Barbosa – 18/02/2010 – Informativo 575.
24. STF – Plenário – HC 143333/PR – Rel. Min. Edson Fachin – julgado em 11 e 12/4/2018 (Info 897).
25. Na dicção do art. 654, § 2º, do CPP, os juízes e os tribunais têm competência para expedir, de ofício, ordem de *habeas corpus* quando, no curso do processo, verificarem que alguém sofre ou está na iminência de sofrer coação ilegal. Nesse sentido: STF – Rcl 24.506/SP – Rel. Min. Dias Toffoli – Informativo nº 913, Transcrições, de 27-31.8.2018.
26. STJ – Sexta Turma – HC 27373 – Rel. Og Fernandes – julgado em 10/06/2010 – DJ 01/07/2010.
27. GOMES, Luiz Flávio. *Direito processual penal*. São Paulo: RT, 2005. p. 397.

É possível fazer menção a uma quarta espécie, denominada de *habeas corpus* profilático, "destinado a suspender atos processuais ou impugnar medidas que possam importar em prisão futura com aparência de legalidade, porém intrinsecamente cominada por ilegalidade anterior. Neste caso, a impugnação não visa ao constrangimento ilegal à liberdade de locomoção já consumado ou à ameaça iminente de que ocorra esse constrangimento, mas sim a potencialidade de que este constrangimento venha a ocorrer"[28]. O *habeas corpus* para o trancamento da ação penal enquadra-se nesta categoria.

ESPÉCIE DE *HABEAS CORPUS*	OBJETIVO
Repressivo ou liberatório	Expedição de alvará de soltura
Preventivo	Emissão de salvo-conduto
Suspensivo	Expedição de contramandado de prisão
Profilático Ex: HC trancativo do IP ou da ação penal	Impugnação de ato ou medida que importem em constrangimento futuro.

2.3.3. *Crime com pena privativa de liberdade*

Importa destacar um aspecto que pode ser considerado uma condição de admissibilidade da ordem de *habeas corpus*: em virtude da lesão ou ameaça de lesão ser direcionada à liberdade de locomoção, o crime veiculado no inquérito, procedimento ou ação penal deve prever, abstratamente, pena privativa de liberdade. Quando o processo se referir a delito que imponha pena restritiva de direitos, tal como ocorre com os crimes imputados à pessoa jurídica, ou naqueles que tenham só a pena de multa como possível, não cabe a demanda de *habeas corpus*. Sobre o assunto, enuncia o verbete nº 693, da súmula do STF, que "não cabe *habeas corpus* contra decisão condenatória a pena de multa, ou relativo a processo em curso por infração penal a que a pena pecuniária seja a única cominada".

A verificação do crime e da pena abstratamente cominada é importantíssima para que a escolha da via autônoma de impugnação, quando não haja previsão de recurso contra o ato processual reputado ilegal ou abusivo. Também não caberá, assim, *habeas corpus* para trancar procedimento administrativo que não veicula conteúdo tendente a cercear a liberdade de ir e vir, como decidiu, recentemente, o STF[29].

O mandado de segurança será a via adequada quando se cuide de processo que veicule narrativa delituosa cuja sanção cominada não imponha pena privativa de liberdade. Na prática, ambas as demandas (*habeas corpus* e mandado de segurança) se prestarão à mesma finalidade (de rechaçar ilegalidade), sendo justificada a distinção da via processual em virtude da possibilidade de cerceio da liberdade de ir e vir.

Adotando esse critério, é possível verificar que, apesar de previsto recurso próprio em sede de execução penal (na hipótese, o agravo em execução), o ajuizamento de *habeas corpus* não fica obstado toda vez que se queira como resultado prático o combate à limitação

28. AVENA, Norberto. *Processo penal esquematizado*. 3. ed. São Paulo: Método, 2011. p. 1225.
29. STF – Primeira Turma – HC 100664 – Rel. Min. Marco Aurélio – 02/12/2010 – Informativo 611.

indevida da liberdade do apenado. Foi o que decidiu o STJ, ao anuir com o manejo do ***writ*** como meio para impugnar decisão do juízo da execução que havia indeferido pedido de comutação da pena (substituição da pena imposta ao condenado por uma menor), haja vista que a existência de recurso próprio ou de ação adequada à análise do pedido não é óbice à análise das questões na via do *habeas corpus*, notadamente quando não necessário exame do conjunto fático-probatório[30].

Também o STF, em sede de execução penal, entendeu possível o manejo do remédio heroico, que não se submete às regras preclusivas, com o intuito de excluir anotação de falta disciplinar de apenado, por repercutir na respectiva progressão de regime[31].

Sob outro prisma, a Suprema Corte admitiu *habeas corpus*, com pedido genérico. A demanda ficou conhecida como coletiva. No entanto, o pedido foi formulado, pela Defensoria Pública, em uma única demanda, em favor de várias presas gestantes e mães com filhos de até doze anos de idade, razão pela qual a melhor designação seria a de *habeas corpus* genérico. Reconhecendo situação degradante das mulheres presas, a Corte traçou requisitos e limites para substituição de prisão preventiva por prisão cautelar domiciliar, sem prejuízo da aplicação de medidas diversas da prisão. Sobre o tema, remetemos o leitor ao capítulo IX (prisões)[32].

2.3.4. Transgressão disciplinar

Transgressão disciplinar é o nome dado às infrações administrativas previstas nos regulamentos disciplinares militares. As transgressões disciplinares preveem, a depender da gravidade da conduta, sanções de advertência, detenção ou prisão. São penas administrativas que podem se consubstanciar em privação da liberdade.

No que tange ao regramento legal do *habeas corpus*, o Código de Processo Penal, em seu art. 647, estatui o seu cabimento toda vez que alguém sofrer ou se achar na iminência de sofrer violência ou coação ilegal na sua liberdade de locomoção, afastando a impetração na hipótese de punição disciplinar.

O entendimento ortodoxo, assim, era o de que contra a prisão ou detenção fundada em regulamento militar não teria lugar o ajuizamento de *habeas corpus*, sendo, todavia, admitido mandado de segurança, se presentes seus pressupostos.

Com ideia análoga ao art. 647, CPP, o § 2º, do art. 142, da Constituição Federal preconiza o não cabimento de *habeas corpus* relativamente a punições disciplinares militares. Embora pareça ter reafirmado a posição tradicional, esses dispositivos devem ser interpretados sistematicamente com o enunciado que assegura o remédio heroico como garantia individual fundamental e que, por ter essa natureza, deve ser compreendido extensivamente.

Decerto, como estatui o art. 5º, LXVIII, da Constituição do Brasil, a impetração de *habeas corpus* é autorizada, sem restrições, "sempre que alguém sofrer ou se achar ameaçado de sofrer violência ou coação em sua liberdade de locomoção, por ilegalidade ou abuso de poder". Daí que contra punição disciplinar ilegal que tenha o efeito de cercear a liberdade

30. STJ – Quinta Turma – HC 177.595 – Rel. Min. Gilson Dipp – DJ 19/10/2010 – Informativo 452.

31. STF – Primeira Turma – HC 104190 – Red. p/ ac. Min. Marco Aurélio – DJ 05/10.2010 – Informativo 603.

32. STF – Segunda Turma – HC 143.641/SP – Rel. Min. Ricardo Lewandowski – j. 20/2/2018.

de militar deve ser admitido o *habeas corpus*, que é o remédio próprio para discutir matéria referente à liberdade de locomoção.

Os enunciados normativos do art. 647, CPP, e do § 2º, do art. 142, da Constituição do Brasil, que vedam o manejo do *habeas corpus* contra punição disciplinar são adequados para os casos em que se pretenda invadir o mérito do ato administrativo punitivo, pondo-se em risco a própria hierarquia militar. Em outras palavras, se a punição disciplinar é aplicada dentro dos limites legais e regulamentares, a propositura do *habeas corpus* é vedada.

No entanto, no caso de punições disciplinares que extrapolem os parâmetros do permitido à autoridade competente, com cerceio indevido à liberdade de locomoção, cabível é o *habeas corpus*, a teor do art. 5º, LXVIII, da Constituição do Brasil, não sendo plausível sustentar limitação a essa garantia fundamental. Daí o entendimento já citado da súmula nº 694 do STF é compatível com essa regra, só não cabendo *habeas corpus* contra imposição da pena de exclusão de militar ou de perda de patente ou de função pública, por se tratar de sanções administrativas, não estando em discussão violação ou ameaça à liberdade de locomoção.

O *habeas corpus* impetrado em favor de militar dos estados tem seu processamento e julgamento afeto à Justiça Militar estadual, nos termos do § 4º, do art. 125, da Constituição do Brasil, eis que afirma a sua competência para processar e julgar as ações judiciais contra atos disciplinares militares.

Também sob a luz desse dispositivo, é plausível concluir que caberá *habeas corpus* quando o ato disciplinar impuser, em desconformidade com a lei ou com o regulamento, prisão ou detenção ao militar, porquanto em jogo a sua liberdade de ir e vir. De outro lado, caberá mandado de segurança (ou outra ação judicial, se for necessária instrução probatória) quando o ato disciplinar aplicar sanções não privativas de liberdade, a exemplo da advertência, ou quando a punição disciplinar for imposta nos limites normativos previamente estabelecidos.

Sobre o ponto, Guilherme de Souza Nucci aduz que quando a punição disciplinar militar não atinge a liberdade de locomoção do militar não comporta jamais *habeas corpus*. Nesse caso, o militar inconformado com a punição deve antes exaurir a esfera recursal administrativa e, se não obtiver sucesso quando da finalização dos seus recursos, deve buscar o Judiciário. Já se a sanção importa em "prisão disciplinar contra militar", ainda que se cuide de "uma das modalidades de exclusão da esfera do *habeas corpus*", deve ser ele admitido "em situações excepcionais", tais como nos casos de "incompetência da autoridade, falta de previsão legal para a punição, inobservância das formalidades legais ou excesso de prazo de duração da medida restritiva da liberdade"[33].

2.4. Processamento e julgamento

2.4.1. Competência

A competência para o julgamento da ação de *habeas corpus* é definida em conformidade com a qualidade da pessoa que seja responsável pelo ato coator ou com a qualidade da pessoa que esteja sofrendo a lesão ou ameaça de lesão à sua liberdade de locomoção. A competência em matéria de *habeas corpus* deve ser estudada casuisticamente, a começar

33. NUCCI, Guilherme de Souza. *Manual de processo penal e execução penal*. 7. ed. São Paulo: RT, 2010. p. 947-948.

pela Constituição do Brasil. As disposições normativas do art. 650, I e II, CPP, devem ser relidas em compasso com o regramento constitucional das competências dos tribunais.

Diante das dúvidas interpretativas, a disciplina do *habeas corpus* ganhou edição de verbetes da súmula do STF. Foi assim que a súmula nº 690 passou a esclarecer que "compete originariamente ao Supremo Tribunal Federal o julgamento de *habeas corpus* contra decisão de turma recursal de juizados especiais criminais" e a de nº 691, de outro lado, a averbar que "não compete ao Supremo Tribunal Federal conhecer de *habeas corpus* impetrado contra decisão do Relator que, em *habeas corpus* requerido a tribunal superior, indefere a liminar".

Todavia, impende deixar bem vincada a superação da aludida súmula nº 690 do STF. Deveras, a partir do julgamento do HC nº 86.834/SP, o Supremo Tribunal Federal passou a estatuir a competência do Tribunal de Justiça do Estado ou do Distrito Federal ou do Tribunal Regional Federal respectivo, para processar e julgar o *habeas corpus* impetrado contra ato emanado de turma recursal de juizados especiais criminais. Por sua vez, se o coator é o juiz singular dos juizados especiais, o *habeas corpus* será apreciado pela própria turma recursal.

Sem embargo, ao Supremo Tribunal Federal compete processar e julgar, originariamente, o *habeas corpus*, quando: **(1)** o paciente se tratar de Presidente da República, Vice-Presidente, membros do Congresso Nacional, Ministros do próprio STF, Procurador-Geral da República, Ministros de Estados, Comandantes da Marinha, do Exército e da Aeronáutica, membros dos Tribunais Superiores, membros do Tribunal de Contas da União e chefes de missão diplomática de caráter permanente (art. 102, I, "d", CF/1988); ou **(2)** quando o coator for Tribunal Superior ou quando o coator ou o paciente for autoridade ou funcionário cujos atos estejam sujeitos diretamente à jurisdição do Supremo Tribunal Federal, ou se trate de crime sujeito à mesma jurisdição em uma única instância (art. 102, I, "i", CF/1988). Ainda compete ao STF julgar, em grau de recurso ordinário, o *habeas corpus* decidido em única instância pelos tribunais superiores, quando denegatória a decisão (art. 102, II, "a", CF/1988).

Por seu turno, ao Superior Tribunal de Justiça compete processar e julgar, originariamente, o *habeas corpus*, quando: (1) o coator ou paciente for Governador de Estado ou do Distrito Federal, desembargador de Tribunal de Justiça, de Tribunal Regional Federal ou de Tribunal Regional do Trabalho, membro de Tribunal de Contas do Estado ou do Distrito Federal, membro de Tribunal Regional Eleitoral, membro do Conselho ou Tribunal de Contas dos Municípios e membro do Ministério Público da União que oficie perante tribunal; ou (2) quando o coator for tribunal sujeito à sua jurisdição, Ministro de Estado ou Comandante da Marinha, do Exército ou da Aeronáutica, ressalvada a competência da Justiça Eleitoral (art. 105, I, "c", CF/1988) Ainda ao STJ compete julgar, em recurso ordinário, "os *habeas corpus* decididos em única ou última instância pelos Tribunais Regionais Federais ou pelos Tribunais dos Estados, do Distrito Federal e Territórios, quando a decisão for denegatória" (art. 105, II, "a", CF/1988).

No âmbito da Justiça Federal, os Tribunais Regionais Federais têm competência para processar e julgar, originariamente, "os *habeas corpus* quando a autoridade coatora for juiz federal", bem como o recurso contra decisão de *habeas corpus* julgado por juiz federal (art. 108, I, "d", e II, CF/1988). É da competência de juiz federal processar e julgar "os *habeas corpus*, em matéria criminal de sua competência ou quando o constrangimento provier de autoridade cujos atos não estejam diretamente sujeitos a outra jurisdição" (art. 109, VII, CF/1988).

A Justiça Militar, a Justiça Eleitoral e a Justiça dos Estados têm competência para processar e julgar *habeas corpus*, em compasso com as respectivas legislações. Aliás, a

Justiça dos Estados detém a competência residual em matéria criminal, ou seja, tudo o que não estiver afeto especificamente à Justiça Federal e às justiças especializadas é remetido à Justiça Estadual. Sob enfoque diverso, a competência do juiz para o exame do ***writ*** cessará sempre que a violência ou coação provier de autoridade judiciária de jurisdição igual ou superior.

Quanto à Justiça do Trabalho, anote-se que, com a EC nº 45/2004, foi-lhe conferida competência para processar e julgar *habeas corpus* quando o ato questionado envolver matéria sujeita à sua jurisdição.

Por derradeiro, impende que se sublinhe que as competências do STF, do STJ e da Justiça Federal são ***numerus clausus*** (número fechado ou rol taxativo). Todavia, lapsos involuntários do legislador constituinte não são impossíveis. A competência para o julgamento do *habeas corpus* dos Tribunais Regionais Federais é expressa na Constituição do Brasil "quando a autoridade coatora for juiz federal". Não há menção quando a autoridade coatora seja procurador da república. Daí a polêmica sobre se o *habeas corpus* contra ato de promotor de justiça ou de procurador da república seria de competência do tribunal ou do juiz de primeiro grau, prevalecendo a posição no sentido de que, sendo a autoridade coatora promotor de justiça, "a competência é originária do Tribunal de Justiça", bem como que, sendo o coator procurador da república, a competência para processar e julgar o *habeas corpus* é do Tribunal Regional Federal[34]. Excepcionalmente, será da Turma Recursal a competência para o julgamento, caso o ato ministerial tenha sido proferido por promotor ou procurador vinculado a Juizado Especial Criminal – estadual ou federal.

COMPETÊNCIA PARA PROCESSAMENTO E JULGAMENTO DO *HABEAS CORPUS*			
Competência	**Hipóteses**		**Fundamento constitucional**
STF	**Quando for paciente:**	‣ o Presidente da República; ‣ o Vice-Presidente; ‣ os Membros do Congresso Nacional, os Ministros de Estado, o Procurador-Geral da República, os comandantes da Marinha, do Exército e da Aeronáutica; ‣ os membros dos Tribunais Superiores, do Tribunal de Contas da União e os chefes de missão diplomática de caráter permanente.	Art. 102, I, "d"
	Quando for coator:	‣ Tribunal Superior.	Art. 102, I, "i"
	Quando forem coatores ou pacientes:	‣ autoridade ou funcionário cujos atos estejam sujeitos diretamente à jurisdição do Supremo Tribunal Federal.	Art. 102, I, "i"
	Quando se tratar de:	‣ crime sujeito à jurisdição do Supremo Tribunal Federal, em única instância.	Art. 102, I, "i"
		‣ *habeas corpus* decidido em única instância pelos tribunais superiores, quando denegatória a decisão, em grau de recurso ordinário.	Art. 102, II, "a"

34. NUCCI, Guilherme de Souza. *Manual de processo penal e execução penal*. 3. ed. São Paulo: RT, 2007. p. 900.

COMPETÊNCIA PARA PROCESSAMENTO E JULGAMENTO DO *HABEAS CORPUS*			
Competência	**Hipóteses**		**Fundamento constitucional**
STJ STJ	**Quando forem coatores ou pacientes:**	‣ Governadores dos Estados e do Distrito Federal; ‣ Desembargadores dos Tribunais de Justiça dos Estados e do Distrito Federal; ‣ membros dos Tribunais de Contas dos Estados e do Distrito Federal; ‣ membros dos Tribunais Regionais Federais, dos Tribunais Regionais Eleitorais e do Trabalho; ‣ membros dos Conselhos ou Tribunais de Contas dos Municípios e os do Ministério Público da União que oficiarem perante Tribunais.	Art. 105, I, "c"
	Quando for coator	‣ tribunal sujeito à jurisdição do Superior Tribunal de Justiça; ‣ Ministro de Estado ou Comandante da Marinha, do Exército ou da Aeronáutica, ressalvada a competência da Justiça Eleitoral.	Art. 105, I, "c"
	Quando se tratar de:	‣ *habeas corpus* decidido em única ou última instância pelos Tribunais Regionais Federais ou pelos Tribunais dos Estados, do Distrito Federal e Territórios, quando a decisão for denegatória, em grau de recurso ordinário.	Art. 105, II, "a"
TRF	**Quando for coator:**	‣ Juiz Federal.	Art. 108, I, "d"
	Quando se tratar de:	‣ recurso contra decisão de *habeas corpus* julgado por juiz federal.	Art. 108, II
Juízes Federais	**Quando o constrangimento provier de autoridade cujos atos não estejam diretamente sujeitos a outra jurisdição.**		Art. 109, VII
Justiça Militar, Justiça Eleitoral e Justiça dos Estados	–		Vide respecti vas legislações
Justiça do Trabalho	**Quando o ato questionado envolver matéria sujeita à sua jurisdição.**		Art. 114, IV

2.4.2. *Legitimidade ativa e passiva*

No processo de *habeas corpus*, podem ser visualizados três sujeitos processuais: o impetrante, o paciente e o impetrado. O impetrante ou autor é a pessoa que intenta a ação processual. O paciente é a pessoa em favor de quem o *habeas corpus* é ajuizado. O impetrado, parte passiva ou demandado é a pessoa – autoridade ou não – responsável pelo ato apontado como lesivo à liberdade de locomoção. O impetrante e o paciente podem coincidir na mesma pessoa. Não é exigível ao impetrante a capacidade postulatória, vale dizer, não é obrigatório que quem proponha a demanda seja advogado. Entrementes, deve ficar sublinhado que a pessoa jurídica não pode ser paciente, porquanto não está sujeita, por óbvio, à pena privativa de liberdade. Quando de violação a direito de pessoa jurídica em matéria penal, será admissível o mandado de segurança sempre que inexistir recurso específico para combater a ilegalidade.

A legitimidade ativa do *habeas corpus* é ampla. Qualquer pessoa, física ou jurídica, ciente da violação à liberdade de locomoção de alguém, pode mover essa ação. Pode o impetrante ser bacharel em direito, com inscrição na OAB, pessoa jurídica representada ou não por advogado ou, simplesmente, ser pessoa leiga, sem capacidade postulatória e sem se fazer representar por advogado. Neste sentido, o Estatuto da Advocacia, Lei nº 8.906/1994, no seu art. 1º, § 1º, dispõe que "não se inclui na atividade privativa de advocacia a impetração de *habeas corpus* em qualquer instância ou tribunal". Também regulando a legitimidade ativa, o art. 654, *caput*, CPP, explicita que "o *habeas corpus* poderá ser impetrado por qualquer pessoa, em seu favor ou de outrem, bem como pelo Ministério Público".

Quanto ao órgão ministerial, é necessária a referência à Lei Orgânica Nacional do Ministério Público (Lei nº 8.625/1993) segundo a qual "compete aos promotores de justiça, dentro das suas esferas de atribuições: I – impetrar *habeas corpus* e mandado de segurança e requerer correição parcial, inclusive perante os Tribunais locais competentes" (art. 32, I).

Deve-se afastar a possibilidade de impetração de *habeas corpus* por parte do delegado e do juiz de direito, salvo se, despidos da sua investidura, impetrarem o ***writ*** como cidadãos comuns. Como afirma Guilherme de Souza Nucci, "não há sentido algum em se permitir ao delegado, quando estiver atuando como condutor de investigação criminal, impetrar *habeas corpus* em favor da pessoa que ele mesmo indiciou ou mesmo em favor do réu, cujo inquérito por ele presidido deu margem à instauração da ação penal", bem como seria "esdrúxula" a opção de conferir a legitimidade ativa ao magistrado que fiscaliza o inquérito ou preside a instrução, "uma vez que ele tem o poder para fazer cessar qualquer tipo de constrangimento contra o indivíduo, processado ou investigado"[35]

Outrossim, o *habeas corpus* pode ter lugar ***ex officio***, isto é, o juiz ou o tribunal pode concedê-lo sem que haja necessidade de propositura prévia. É uma exceção ao princípio de que ao juiz não é permitido agir de ofício. Na prática, o juiz ou o tribunal, ao tomar ciência de prisão ou de ato ameaçador da liberdade de locomoção através do exame de inquérito policial, ação penal ou recurso criminal, declara a ilegalidade e concede a ordem de *habeas corpus*. É o que reza o § 2º, do art. 654, CPP, ao afirmar que "os juízes e os tribunais têm competência para expedir de ofício ordem de *habeas corpus*, quando no curso de processo verificarem que alguém sofre ou está na iminência de sofrer coação ilegal".

A legitimidade passiva do *habeas corpus* recai sobre a pessoa responsável pelo ato ilegal e lesivo à liberdade de ir e vir da pessoa física. Não é necessário que o sujeito passivo seja autoridade. A exigência que o ato provenha de autoridade (ainda que delegada de atribuição do poder público) é restrita ao mandado de segurança, estudado adiante. O cerceio indevido à liberdade de locomoção pode ser imputável à autoridade policial, autoridade judiciária (juiz ou tribunal) ou mesmo a particular. O *habeas corpus* tem essência de ação criminal, mas pode ser dirigido contra ato de juiz com competência cível, quando a prisão decorre, por exemplo, de inadimplência de prestação alimentícia, já que a prisão do depositário

35. NUCCI, Guilherme de Souza. *Manual de processo penal e execução penal*. 7. ed. São Paulo: RT, 2010. p. 956.

infiel não tem mais cabimento. De todo modo, importa notar que toda vez que o ato ilegal cometido por uma pessoa for ratificado pela autoridade com competência para apreciar a lesão, esta passará a ser a parte legítima passiva, para fins de ajuizamento de outro *habeas corpus*, substitutivo, perante o órgão judiciário de grau de jurisdição superior.

2.4.3. *Forma de propositura*

A forma de propositura do *habeas corpus* é livre. Como o remédio heroico pode até ser deferido de ofício, as disposições que enunciam os requisitos da petição inicial não exigem formalidades intransponíveis. É assim que o CPP, no § 1º, do seu art. 654, estatui que a petição de *habeas corpus* conterá: **(1)** "o nome da pessoa que sofre ou está ameaçada de sofrer violência ou coação e o de quem exercer a violência, coação ou ameaça"; **(2)** "a declaração da espécie de constrangimento ou, em caso de simples ameaça de coação, as razões em que funda seu temor"; e, **(3)** "a assinatura do impetrante, ou de alguém a seu rogo, quando não souber ou não puder escrever, e a designação das respectivas residências".

Anote-se, por oportuno, que a ação de *habeas corpus* é de rito abreviado e de cognição sumária. Essa circunstância deve permear a interpretação de sua propositura. Decerto, a petição deve ser acompanhada de prova pré-constituída, haja vista que não é via própria para ser realizada instrução probatória pormenorizada, porquanto, apesar de haver entendimento de que a impetração seja instruída com rol de testemunhas[36], a jurisprudência e a doutrina majoritária posicionam-se pelo não cabimento de "qualquer colheita de prova testemunhal ou pericial", mormente quando a questão demande "urgência, como ocorre no *habeas corpus* liberatório"[37]. Sem embargo, admite-se "que o requerimento seja feito por telegrama, radiograma ou telex", "por telefone e reduzido a termo pela Secretaria"[38], sendo plausível até sua impetração por via eletrônica (e-mail), diante da informatização do Poder Judiciário.

Conquanto seja a ação de habeas corpus demanda de cognição restrita ao exame do que foi produzido de antemão, não sendo viável digressão do rito para constituição de outras provas[39], é possível a requisição de documentos pelo órgão judicial quando se verificar que não foi possível ao impetrante aparelhar a petição inicial adequadamente. Trata-se de direito fundamental constitucional, cuja exegese deve ser ampliativa, a fim de conferir maior eficácia ao *writ*.

Em julgamento de recurso ordinário em habeas corpus, a Segunda Turma do STF, malgrado negando a pretensão do paciente (apenado) – que alegou estar, indevidamente, cumprindo pena em regime mais gravoso em face da falta de vaga em estabelecimento prisional compatível com o regime semiaberto -, aplicou técnica equivalente à concessão

---

36. MIRABETE, Julio Fabbrini. *Processo Penal*. 14. ed. São Paulo: Atlas, 2003. p. 726.
37. NUCCI, Guilherme de Souza. *Manual de processo penal e execução penal*. 7. ed. São Paulo: RT, 2010. p. 963.
38. MIRABETE, Julio Fabbrini. *Processo Penal*. 14. ed. São Paulo: Atlas, 2003. p. 726.
39. No Informativo 608, do STJ, de 30/8/2017, foi noticiada decisão tomada nos autos de Recurso Ordinário em Habeas Corpus, pela Quinta Turma daquela Corte Superior (RHC 59.414-SP), no âmbito do qual se vincou que "a ausência de lacre em todos os documentos e bens – que ocorreu em razão da grande quantidade de material apreendido – não torna automaticamente ilegítima a prova obtida". Veja-se que o julgado envolve importante debate sobre: (1) os limites ao exame da prova em sede de habeas corpus; (2) a presunção de legitimidade dos atos da administração pública; e (3) o sentido e o alcance do art. 563, CPP (princípio do pas de nullitè sans grief).

de habeas corpus *ex officio*. Vale dizer, apesar de negar provimento ao recurso manejado contra decisão do STJ em sede de habeas corpus, fundando-se na restrição à apreciação de fatos e provas no seu bojo, a Segunda Turma da Suprema Corte:(1) verificou "a existência de divergência entre o entendimento do juiz de primeiro grau e do Tribunal de Justiça de Santa Catarina (TJSC)"; e (2) decidiu determinar emissão de ofício "ao Conselho Nacional de Justiça, para verificar se o Complexo Penitenciário Industrial de Santa Catarina atende aos requisitos para o cumprimento do regime semiaberto"[40].

2.4.4. Rito processual

O rito da ação de *habeas corpus* é o disposto no Código de Processo Penal, independentemente de ser o órgão jurisdicional competente juiz ou tribunal. Nessa esteira, a Lei nº 8.038/1990, que disciplina o procedimento dos processos de competência do Supremo Tribunal Federal e do Superior Tribunal de Justiça, quando trata do *habeas corpus*, faz remissão ao rito previsto no CPP.

Uma vez impetrado o remédio heroico, deve ser observado o regramento do Código para o seu processamento. O juiz competente, ao receber a petição inicial e "se julgar necessário, e estiver preso o paciente, mandará que este lhe seja imediatamente apresentado em dia e hora que designar" (art. 656, *caput*, CPP).

Com o objetivo de assegurar a tramitação regular do *habeas corpus* e do cumprimento das ordens nele expedidas, o CPP verbera que "em caso de desobediência, será expedido mandado de prisão contra o detentor, que será processado na forma da lei, e o juiz providenciará para que o paciente seja tirado da prisão e apresentado em juízo" (parágrafo único, art. 656, CPP).

A emissão do mandado de prisão contra o detentor nessa hipótese foi suplantada pela Lei nº 12.403/2011. Permanece a desobediência à ordem judicial como delito passível de prisão em flagrante[41]. Contudo, por ser a desobediência infração de menor potencial ofensivo, a regra é que a lavratura do auto seja substituída pela elaboração do termo circunstanciado (art. 69 da Lei nº 9.099/95), liberando-se, na sequência, o indivíduo.

Analogamente, "o carcereiro ou o diretor da prisão, o escrivão, o oficial de justiça ou a autoridade judiciária ou policial que embaraçar ou procrastinar a expedição de ordem de *habeas corpus*, as informações sobre a causa da prisão, a condução e apresentação do paciente, ou a sua soltura, será multado", "sem prejuízo das penas em que incorrer" (art. 655, CPP). A aplicação da multa está comprometida diante da desatualização do valor indicado no dispositivo. Contudo, entende-se possível a fixação de ***astreinte***, mediante decisão judicial fundamentada e com esteio na disciplina legal do CPC/2015 (art. 77 e parágrafos), ao lado da possibilidade de aplicação de sanção prevista disciplinarmente, de acordo com procedimento administrativo para este fim.

Ao ser determinada a apresentação do preso ao juiz, não será possível alegação de motivo para não fazê-lo, exceto em caso de "grave enfermidade do paciente" ou de "não

40. STF – Segunda Turma –RHC 146317/SC, Rel. Min. Dias Toffoli, julgamento em 22.8.2017 (Informativo 874, de 21 a 25 de agosto de 2017).
41. NUCCI, Guilherme de Souza. *Manual de processo penal e execução penal*. 3. ed. São Paulo: RT, 2007. p. 908.

estar ele sob a guarda da pessoa a quem se atribui a detenção". Entretanto, "o juiz poderá ir ao local em que o paciente se encontrar, se este não puder ser apresentado por motivo de doença" (art. 657, parágrafo único, CPP). De todo modo, a teor do art. 658, CPP, "o detentor declarará à ordem de quem o paciente estiver preso".

Outrossim, o pedido de *habeas corpus* pode ser julgado prejudicado quando o juiz ou o tribunal tomar conhecimento de que cessou a coação ou ameaça à liberdade de locomoção (art. 659, CPP). Porém, não sendo essa a hipótese, "o juiz ou o tribunal, dentro dos limites de sua jurisdição, fará passar imediatamente a ordem impetrada, nos casos em que tenha cabimento, seja qual for a autoridade coatora" (art. 649, CPP), salientando-se, de um lado, que "a concessão do *habeas corpus* não obstará, nem porá termo ao processo, desde que este não esteja em conflito com os fundamentos daquela" e, de outro, que "se o *habeas corpus* for concedido em virtude de nulidade do processo, este será renovado" (art. 652, CPP), salvo se, evidentemente, estiver extinta a punibilidade, tal como ocorre com a prescrição da pretensão punitiva estatal. O art. 652, CPP, no entanto, não resiste ao exame de sua convencionalidade (Pacto de São José de Costa Rica), diante do princípio de que ninguém deve ser processado duas vezes pelo mesmo fato (*ne bis in idem*)[42].

Nos termos do art. 661, CPP – que segue a senda de celeridade que deve ter a ação em tela –, quando o exame do *habeas corpus* competir originariamente a tribunal, a petição inicial "será apresentada ao secretário, que a enviará imediatamente ao presidente do tribunal, ou da câmara criminal, ou da turma, que estiver reunida, ou primeiro tiver de reunir-se".

A autoridade judiciária competente poderá conceder liminar em *habeas corpus*, com ou sem a oitiva prévia do impetrado. Diante dessa possibilidade, é de ver que "a apresentação imediata do paciente ao juiz, embora possível, é inviável e está em desuso", pois, "quando a coação ilegal for evidente, basta ao magistrado, de qualquer grau de jurisdição, conceder medida liminar para a cessação do constrangimento". Sendo incabível a liminar, são requisitadas as informações[43].

Entrementes, a petição de *habeas corpus* poderá ser rejeitada liminarmente pelo juiz quando "não preenchidos os requisitos extrínsecos previstos pelo artigo 654, bem como se houver carência de ação". Tal rejeição liminar, contudo, "deve ser cercada de máxima cautela, já que em jogo a liberdade física do paciente, podendo lançar mão o juiz do recurso de conceder prazo para que sejam preenchidas as formalidades legais e regularizado o pedido"[44].

É que, de acordo com o artigo 662, CPP, "se a petição contiver os requisitos do art. 654, § 1º, o presidente, se necessário, requisitará da autoridade indicada como coatora informações por escrito. Faltando, porém, qualquer daqueles requisitos, o presidente mandará preenchê-lo, logo que lhe for apresentada a petição". Observe-se, todavia, que tais diligências "não serão ordenadas, se o presidente entender que o *habeas corpus* deva ser indeferido ***in limine***. Nesse caso, levará a petição ao tribunal, câmara ou turma, para que delibere a respeito".

42. SABOYA, Keity Mara Ferreira de Souza e. *Ne bis in idem*: história, teoria e perspectivas. Rio de Janeiro: Lumen Juris, 2014. p. 282.
43. NUCCI, Guilherme de Souza. *Manual de processo penal e execução penal*. 7. ed. São Paulo: RT, 2010. p. 963.
44. MIRABETE, Julio Fabbrini. *Processo Penal*. 14. ed. São Paulo: Atlas, 2003. p. 727.

O rito da ação de *habeas corpus* é especial, porém sumário, célere. As informações da autoridade coatora poderão ser requisitadas ou não. De mais a mais, o remédio heroico tem prioridade de julgamento em relação às outras contendas. É assim que o art. 664, CPP, estatui que "recebidas as informações, ou dispensadas, o *habeas corpus* será julgado na primeira sessão, podendo, entretanto, adiar-se o julgamento para a sessão seguinte".

Uma observação se faz necessária sobre a possibilidade de apresentação de parecer do Ministério Público em *habeas corpus*. É preciso distinguir se o ***writ*** é de competência de tribunal ou de juiz de primeira instância:

1) perante os tribunais: há oportunidade para manifestação do Ministério Público, consoante Decreto – Lei nº 552/1969, que dispõe especificamente sobre a concessão de vista ao Ministério Público nos processos de *habeas corpus*, pelo prazo de dois dias, após o qual, segundo o § 1º do art. 1º, "com ou sem parecer os autos serão conclusos". Apesar da previsão, melhor seria que o relator, não concedendo liminar, designasse julgamento, com a intimação do Ministério Público, que já se faz presente na sessão, sem mais uma "fase" do procedimento (mais coerente com a "razoável duração do processo");

2) perante o juiz de 1º grau: não há previsão legal de abertura de prazo para parecer do ***Parquet***. Ele apenas é intimado da decisão tomada em sede de cognição sumária, podendo recorrer, consoante art. 581, X, CPP (pode até impetrar *habeas corpus*, sendo reconhecida sua legitimidade para tanto em favor do acusado).

Entendemos que não há que se oportunizar pronunciamento do Ministério Público em *habeas corpus* com tramitação em primeira instância. Isso decorre da própria finalidade do instituto: urgência em face da alegada ameaça ou constrição em prejuízo da liberdade de locomoção (ilegalidade que requer urgente relaxamento). Desse modo, a intimação do Ministério Público deve ser efetivada em razão da decisão judicial liminar e/ou da sentença.

No entanto, existe posição no sentido que se deve ouvir o Ministério Público sobre o *habeas corpus*, mesmo perante o primeiro grau de jurisdição (corrente minoritária). Na praxe forense, há situações onde o Promotor de Justiça/Procurador da República oferece parecer em *habeas corpus* em primeiro grau de jurisdição, sem qualquer alegação de invalidade nesse proceder. É possível que isso ocorra, não havendo, depois de encerrado o ***writ***, que se declarar nulidade por tal motivo (abertura de vista).

Porém, como o fato de possibilitar que o ***Parquet*** ofereça parecer importa demora maior na solução do *habeas corpus*, isso poderia ser usado como argumento para reforçar a alegação de constrangimento ilegal e, desse modo, autorizar a propositura de *habeas corpus* substitutivo no Tribunal, desta feita tendo o juiz como autoridade coatora (pois não seguiu o rito preconizado legalmente e agravou o constrangimento do indiciado).

2.4.5. Julgamento

O Código de Processo Penal determina que uma vez efetuadas as diligências, e interrogado o paciente, o juiz decidirá, fundamentadamente, no prazo de 24 (vinte e quatro) horas (art. 660, *caput*), esclarecendo que:

1) caso seja decisão favorável ao paciente, será ele logo posto em liberdade, salvo se por outro motivo deva permanecer preso (§ 1º);

2) se os documentos que instruírem a petição inicial demonstrarem a ilegalidade da coação, o juiz ou o tribunal determinará que cesse imediatamente o constrangimento (§ 2º);

3) na hipótese da ilegalidade decorrer do fato de não ter sido permitida ao paciente a prestação de fiança, o juiz arbitrará o valor para esta, a qual poderá ser prestada perante ele, enviando, neste caso, à autoridade policial os autos respectivos para serem acostados aos do inquérito policial ou ordenando sua inclusão no processo judicial (§ 3º). É possível, ademais, que o juiz imponha ou cumule medida cautelar diversa, conforme o rol do art. 319 do CPP;

4) se o *habeas corpus* for concedido para evitar ameaça de violência ou coação ilegal, dar-se-á ao paciente salvo-conduto assinado pelo magistrado (§ 4º);

5) será imediatamente enviada cópia da decisão à autoridade que tiver determinado a prisão ou tiver o paciente à sua disposição, para que seja juntada aos autos do processo (§ 5º); e

6) se o paciente estiver preso em lugar diverso da sede do juízo ou do tribunal que concedera a ***writ***, o alvará de soltura será emitido pelo telégrafo, por via postal (§ 6º), por fax (conforme interpretação progressiva da lei) ou por via eletrônica (Lei nº 11.419/2006, que dispôs sobre a informatização do processo judicial, que passou a admitir, expressamente, o uso de meio eletrônico na tramitação de processos judiciais, comunicação de atos e transmissão de peças processuais).

Como se depreende, o *habeas corpus* pode ser julgado por juiz singular ou por tribunal. O processamento e julgamento por juiz de primeiro grau de jurisdição ocorrerão sempre que incidir a regra de competência correspondente. Nesse caso, o processo de *habeas corpus* será encerrado por sentença que, sendo concessiva, ensejará, de regra, a expedição de mandado (alvará de soltura ou salvo-conduto).

Já a decisão em *habeas corpus*, proferida por órgão colegiado, "será tomada por maioria de votos". Se houver empate e "se o presidente não tiver tomado parte na votação, proferirá voto de desempate". Mas, no caso de ter aquele participado da votação, "prevalecerá a decisão mais favorável ao paciente" (parágrafo único, art. 664, CPP).

Pode ocorrer julgamento antecipado do mérito em *habeas corpus*. O § 2º, do art. 660, CPP, prevê tal possibilidade ao asseverar que "se os documentos que instruírem a petição evidenciarem a ilegalidade da coação, o juiz ou o tribunal ordenará que cesse imediatamente o constrangimento". Sem embargo, a previsão legal também é legítima para autorizar concessão de liminar. É com essa ideia que "se tem entendido que nada impede seja concedida liminar no processo de *habeas corpus*, preventivo ou liberatório, quando houver extrema urgência", com a ilação de que "a concessão de liminar em *habeas corpus*, construída pretorianamente, tem o mesmo caráter de medida cautelar atribuída à liminar em mandado de segurança"[45].

Importa anotar que, muito embora se exija que a petição inicial esteja acompanhada de provas pré-constituídas que comprovem a ameaça ou coação ilegal, não há vedação absoluta ao exame de provas por ocasião do julgamento. Neste sentido tem inclusive julgado o STJ

45. MIRABETE, Julio Fabbrini. *Processo Penal*. 14. ed. São Paulo: Atlas, 2003. p. 726.

que "quando fundado, por exemplo, na alegação de falta de justa causa, impõe-se sejam as provas verificadas. O que se veda em *habeas corpus*, semelhantemente ao que acontece no recurso especial, é a simples apreciação de provas, digamos, a operação mental de conta, peso e medida dos elementos de convicção"[46].

Em arremate, é de se notar que com o intuito de que as decisões em *habeas corpus* sejam efetivas, o art. 653, CPP, enuncia que uma vez "ordenada a soltura do paciente em virtude de *habeas corpus*, será condenada nas custas a autoridade que, por má-fé ou evidente abuso de poder, tiver determinado a coação", caso este que recomendará a remessa de cópias das peças necessárias ao Ministério Público para que seja "promovida a responsabilidade da autoridade" (parágrafo único, art. 653, CPP). A regra é que o ***writ*** seja gratuito, sem condenação em custas, salvo comprovada má-fé, nos termos desse dispositivo.

2.4.6. Trancamento do inquérito, do processo ou do termo circunstanciado de ocorrência

O pedido em *habeas corpus* pode se referir à causa diversa do cerceio da liberdade ou da iminência de sofrer violação à liberdade de locomoção. A regra é que a ameaça à liberdade de locomoção seja iminente. Contudo, a ausência de previsão de recurso específico contra certo ato exarado em procedimento criminal pode ensejar a admissão do *habeas corpus* com natureza jurídica de sucedâneo recursal. Em casos como esse, exige-se que o feito a que aludir o ato guerreado seja apto a aplicar, ao final, pena privativa de liberdade. Em outras palavras, a apuração deve ser relativa ao delito que tenha em sua previsão abstrata pena privativa de liberdade.

Para que seja cabível o *habeas corpus*, é necessária então a presença do que se entende por constrangimento ilegal, com possibilidade de um desfecho cerceador da liberdade de ir e vir. É preciso, ademais, que não haja previsão de recurso específico contra o ato violador ou ameaçador da liberdade de locomoção. Atendidas essas peculiaridades, pode ser ajuizada ação de *habeas corpus* para ver trancado inquérito policial, processo penal, termo circunstanciado de ocorrência ou procedimento criminal junto ao juizado especial criminal. O que importa é que a ***causa petendi*** seja alusiva à falta de justa causa em virtude da existência do feito ameaçar a liberdade de locomoção em face de apurar, por exemplo, fato que não encontre correspondência nas leis penais.

O *habeas corpus* terá o condão de encerrar o processo, o procedimento ou o inquérito. O trancamento de um processo penal pode ser decorrente da nulidade da peça acusatória, mercê de inépcia por narrar fato atípico. Se o fato, ainda assim, for delituoso, a concessão do *habeas corpus* "em virtude da nulidade do processo", não impedirá que este seja renovado, consoante o art. 652, CPP, desde que a sentença anterior não tenha transitado em julgado (***habeas corpus*** como sucedâneo de recurso e não de revisão criminal). No âmbito dos juizados especiais criminais, a lavratura de termo circunstanciado de ocorrência sem que o fato constitua crime autoriza o deferimento do ***writ***.

Calha registrar, ainda, que o termo **trancamento** não encontra menção na legislação. Paulo Rangel, a propósito, afirma que "não se tranca ação penal ou inquérito policial", porém

46. STJ – Sexta Turma – HC 150.608 – Rel. Min. Nilson Naves – julgado em 24/08/2010 – DJe 09/09/2010.

se arquiva o inquérito ou se extingue o processo com ou sem resolução do mérito, já que a ação penal "tem seu pedido julgado procedente ou improcedente, mas jamais trancado"[47]. Entretanto, a linguagem forense consagrou, à margem da legislação, o termo **trancamento**, que, por seu turno, ganhou reconhecimento doutrinário.

2.4.7. Habeas corpus ex officio, *liberdade provisória e relaxamento de prisão*

O § 2º, do art. 654, CPP, preconiza que "os juízes e os tribunais têm competência para expedir de ofício ordem de *habeas corpus*, quando no curso de processo verificarem que alguém sofre ou está na iminência de sofrer coação ilegal". Tal enunciado legal consubstancia o chamado *habeas corpus* de ofício, que é uma medida para o relaxamento da prisão, porquanto este tem lugar toda vez que alguém estiver preso ilegalmente.

Enquanto o *habeas corpus* de ofício é mais abrangente – recaindo tanto sobre o ato que efetive coação ilegal quanto sobre o ato que ameace a realização desse constrangimento –, o relaxamento da prisão é providência a ser tomada pelo juiz, de ofício ou a pedido, contra a efetivação de prisão ilegal ou a manutenção dessa prisão a partir de quando tenha se tornado indevida. Como aviva Eugênio Pacelli de Oliveira, "a expressão **relaxamento** quer significar unicamente uma via de controle da legalidade da prisão, independentemente da modalidade, não se restringindo à hipótese de flagrante delito", haja vista que o relaxamento da prisão ocorrerá "em todos os casos de ilegalidade, dirigindo-se contra todas as modalidades de prisão previstas no CPP, desde que tenham sido determinadas sem a observância das previsões legais"[48]. Dessa forma, o relaxamento da prisão tem ampla admissibilidade, servindo como instituto de controle para fazer cessar a ilegalidade, tendo cabimento, inclusive, pela concessão de ofício do *habeas corpus*.

A liberdade provisória, diferentemente, pressupõe prisão legal. É um modo de colocação do infrator em liberdade para que ele responda à persecução penal. A liberdade provisória vincula o acusado a um dado processo, em razão de a lei admitir essa possibilidade. Pela sistemática do Código de Processo Penal, não havendo obstáculo legal, o juiz concederá ao agente liberdade provisória, com ou sem fiança, podendo, inclusive, aplicar, em substituição à prisão, medida cautelar diversa (art. 319 do CPP), consagrando-se o entendimento que o cárcere cautelar é exceção (vide Capítulo X).

2.4.8. *Recursos em* habeas corpus *e* habeas corpus *substitutivo*

Da sentença do juiz singular que conceder ou negar a ordem de *habeas corpus*, caberá recurso em sentido estrito, a ser interposto pelas partes do processo penal condenatório, pelo paciente ou pelo Ministério Público, nos termos do art. 581, X, do CPP. É de ver, ainda, que da decisão concessiva de *habeas corpus*, o Código de Processo Penal prevê hipótese de reexame necessário (também chamado de recurso de ofício, remessa necessária, recurso ***ex officio*** ou duplo grau de jurisdição obrigatório), consoante o seu art. 574, I.

Com a previsão do art. 311, do CPP, no sentido de legitimar o assistente do Ministério Público para requerer prisão preventiva, entendemos que, por decorrência, passou o

47. RANGEL, Paulo. *Direito processual penal*. 4. ed. Rio de Janeiro: Lumen Juris, 2001. p. 608.
48. OLIVEIRA, Eugênio Pacelli. *Curso de processo penal*. 2. ed. Belo Horizonte: Del Rey, 2003. p. 525-526.

assistente a ser legitimado para recorrer contra as sentenças e, porém, restritamente aos processos penais condenatórios. O assistente do Ministério Público não tem legitimidade, portanto, para recorrer contra as decisões proferidas em *habeas corpus* que sejam favoráveis ao acusado.

O habeas corpus tem caráter de garantia fundamental (inserto no rol do art. 5º, da Constituição), sendo ação autônoma de impugnação desprovida de contraditório e de efeito condenatório. Inadmissível, portanto, intervenção de terceiros que estenda os lindes seus subjetivos e objetivos. Do contrário, por via reflexa, sua eficácia seria diminuída, o que é vedado, notadamente, por meio de analogia. Nesse sentido, posicionam-se o STF (Súmula nº 208) e o STJ[49].

Outrossim, contra a decisão concessiva de *habeas corpus*, proferida pelos Tribunais de Justiça ou pelos Tribunais Regionais Federais, será cabível recurso especial ao STJ e/ou recurso extraordinário ao STF, conforme a hipótese de cabimento. Se a decisão prolatada por esses tribunais de segunda instância for denegatória, a Constituição do Brasil estabelece o cabimento de recurso ordinário constitucional ao Superior Tribunal de Justiça, a teor do seu art. 105, II, "a".

Por seu turno, segundo o art. 102, II, "a", da Constituição Federal, compete ao Supremo Tribunal Federal o julgamento, em recurso ordinário constitucional, do *habeas corpus* decidido "em única instância pelos Tribunais Superiores, se denegatória a decisão". Impende sublinhar, de mais a mais, que os embargos declaratórios (não os embargos infringentes ou de nulidade!) poderão ter lugar no processo de *habeas corpus*, caso ocorra omissão, obscuridade ou contradição do julgado.

Como se pode observar, a Constituição Federal estabeleceu, expressamente, qual o recurso cabível para atacar a decisão denegatória do *habeas corpus*. Ocorre que era comum a utilização desta ação autônoma de impugnação como substitutivo de recurso ordinário, tanto para o STF, como para o STJ. Vale dizer, ao invés de impugnar a decisão denegatória pela via recursal prevista constitucionalmente (o recurso ordinário), a parte manejava o *habeas corpus*, pretendendo o seu reexame pelo STJ ou STF. Funcionava o HC, portanto, como **sucedâneo recursal** (daí a expressão "*habeas corpus* substitutivo"). A nosso ver, a solução forense de impetração do ***writ*** não ofendia a Constituição, mas antes lhe dava maior eficácia, por se tratar de mecanismo de processamento mais célere, viável quando se queria combater o cerceamento de liberdade de forma urgente. É que o recurso ordinário tem processamento mais demorado, não sendo tão eficaz quanto o *habeas corpus* para tal desiderato.

A mesma utilização do *habeas corpus* era feita em relação a outros recursos. A título de exemplo, de decisões proferidas em sede de execução penal, embora o recurso cabível seja o agravo em execução, não raro manejava-se o ***writ*** para conferir celeridade na apreciação da demanda pelo Judiciário. Com a apelação, o recurso especial e outras formas de impugnação das decisões não era diferente, de modo que os tribunais passaram a identificar um abarrotamento das cortes. Delineou-se, então, posicionamento jurisprudencial pela inadmissibilidade, como regra, do *habeas corpus* substitutivo da via recursal adequada,

49. STJ – Vice Presidência – RE em HC – 305.141/PB – j. 29 mai. 2015.

ressalvando-se a possibilidade de concessão do ***writ*** de ofício quando demonstrada **(a)** ilegalidade flagrante, **(b)** abuso de poder ou **(c)** teratologia jurídica.

Com efeito, assim tem se manifestado a Primeira Turma do STF, entendimento que tem sido seguido por ambas as turmas especializadas em direito penal do STJ[50]:

> "1. Segundo o entendimento da Primeira Turma, é inadmissível o uso do *habeas corpus* que tenha por objetivo substituir o recurso ordinário constitucional prescrito no art. 102, inciso II, alínea a, da Carta da República (HC nº 109.956/PR, Primeira Turma, Relator o Ministro Marco Aurélio, DJe de 11/9/12). 2. Essa circunstância, entretanto, não impede que a Suprema Corte, quando do manejo inadequado do *habeas corpus* como substitutivo (art. 102, inciso II, alínea a, da CF), analise a questão de ofício nas hipóteses de flagrante ilegalidade, abuso de poder ou teratologia"[51]

2.4.9. *Jurisprudência defensiva: o* habeas corpus *substitutivo de recurso ordinário constitucional e a concessão de* habeas corpus *de ofício*

Essa tendência refratária ao conhecimento do *habeas corpus* como sucedâneo recursal substitutivo de recurso ordinário constitucional é uma das formas da denominada de **jurisprudência defensiva**, entendida como o conjunto de técnicas consistente na estruturação de requisitos de admissibilidade racionais para filtrar o cabimento de ações e recursos perante os tribunais, com o fito de conferir à corte funcionalidade que, ao final, garanta acessibilidade à justiça.

Note-se que o acesso à justiça, com lastro na "jurisprudência defensiva", é garantido com base em critérios de necessidade e de possibilidade. Vale dizer, como a quantidade excessiva de processos significa risco à prestação jurisdicional pela demora, a solução pragmática dessa técnica se apega ao que é possível e indispensável ao bom funcionamento do tribunal, evitando o julgamento de matéria que não seria prioritária ou mesmo desnecessária.

Impelida pela necessidade de gerir elevado número de processos, o STF estabeleceu uma condição a mais para o conhecimento do *writ* constitucional heroico, valendo-se da técnica de adoção do *habeas corpus* de ofício (a própria corte verifica a ilegalidade e a corrige) para conter o conhecimento e julgamento do *habeas corpus* substitutivo (a não interposição do recurso ordinário constitucional contra a negativa de *habeas corpus* na origem, com o ajuizamento de novo *habeas corpus* perante a corte de superior instância).

Em certa medida, esse entendimento "defensivo" acaba por ampliar a razão da Súmula nº 691, do STF, que giza que "não compete ao Supremo Tribunal Federal conhecer de '*habeas corpus*' impetrado contra decisão do relator que, em '*habeas corpus*' requerido a Tribunal Superior, indefere a liminar".

50. STJ: Sexta Turma – HC 259.417/SP – Rel. Min. Rogério Schietti Cruz – DJe 29/11/2013; Quinta Turma – AgRg no HC 256137/SP – Rel. Min. Regina Helena Costa – DJe 21/10/2013.

51. STF – Primeira Turma – HC 120219 AgR/ES – Rel. Min. Dias Toffoli – DJe 19/12/2013. No mesmo sentido: "Diante da dicção do art. 102, II, a, da Constituição da República, a impetração de novo *habeas corpus* em caráter substitutivo escamoteia o instituto recursal próprio, em manifesta burla ao preceito constitucional" (STF – Primeira Turma – HC 116545 AgR/DF – Rel. Min. Rosa Weber – DJe 18/12/2013)

O Ministro Marco Aurélio foi, à época, o autor da tese que levou o STF a adotar aquele posicionamento, visando também restringir o manejo de ações de *habeas corpus* substitutivos do recurso ordinário cabível contra a própria denegação do *habeas corpus* proposto perante o STJ. Depois de passado o tempo, o próprio Ministro Marco Aurélio reconheceu que se trata de excesso de racionalização de trabalho do STF que, ao cabo, prejudica o exercício da cidadania[52].

A jurisprudência defensiva da Suprema Corte criou inclusive limites para o *habeas corpus* ser impetrado como sucedâneo recursal da revisão criminal[53].

Com efeito, como já afirmávamos, o *habeas corpus* tem rito muito mais célere e eficaz contra violações à liberdade de locomoção que o recurso ordinário constitucional contra decisão denegatória de *habeas corpus*. De tal forma, é plausível concluir que não são apropriadas criação de técnicas de restrição de sua admissibilidade, por significar menor eficácia de direito fundamental individual constitucional. Por tal razão, o STF mitigou, posteriormente, o rigor de seu posicionamento, permitindo o uso do habeas corpus como sucedâneo recursal, toda vez que estiver em jogo a liberdade de locomoção, "na via direta a liberdade de ir e vir do cidadão, cabível é o habeas corpus, ainda que substitutivo do recurso ordinário"[54].

Destarte, permanece, em boa medida a técnica da jurisprudência defensiva, inclusive no âmbito do STJ, que entende viável, contudo, a possibilidade de concessão do *writ* quando existente eventual coação ilegal[55].

3. MANDADO DE SEGURANÇA

3.1. Fundamentos

O mandado de segurança tem suas raízes na ação de *habeas corpus*[56]. Conquanto encontre, no direito estrangeiro, institutos com características análogas – "aproximando-se, em particular, do ***juicio de amparo*** mexicano" –, o mandado de segurança é em verdade "uma invenção brasileira", inserida no ordenamento jurídico pátrio "pela Constituição de 1934, desprezada pela Carta autoritária de 1937, mas restabelecida pela Constituição democrática de 1946 (art. 141, § 24) e mantida pela de 1967 (art. 150, § 21), inclusive por sua Emenda nº 01/69 (art. 153, § 21), e pela atual"[57].

A Constituição do Brasil reconhece o ***writ of mandamus*** individual no seu art. 5º, LXIX, aventando que ele será concedido "para proteger direito líquido e certo, não amparado por *habeas corpus* ou ***habeas data***, quando o responsável pela ilegalidade ou abuso de poder for autoridade pública ou agente de pessoa jurídica no exercício de atribuições do Poder Público". Como se infere, diversamente do *habeas corpus* – que admite sua propositura

52. CONJUR. *Entrevista com o Ministro Marco Aurélio por Pedro Canário*: Exagero na racionalização dos tribunais prejudica cidadania. Disponível em: <http://www.conjur.com.br/2014-dez-21/entrevista-marco-aurelio-ministro-supremo--tribunal-federal>. Acesso em 04 jan. 2015.
53. STF – RHC-AgR 92886 – Rel. Min. Joaquim Barbosa – Julgado em: 21 set. 2010.
54. STF – Primeira Turma – HC 114893 – Rel. Min. Marco Aurélio – DJe-268 – 24 nov. 2017.
55. STJ – Quinta Turma – HC 420.978/MG – Rel. Min. Reynaldo Soares da Fonseca – DJe 30/11/2017.
56. DANTAS, Francisco Wildo Lacerda. *Jurisdição, ação (defesa) e processo*. Recife: Nossa Livraria, 2004. v.2. p. 325.
57. CUNHA JÚNIOR, Dirley. *Curso de direito constitucional*. Salvador: JusPODIVM, 2008. p. 751.

contra ato de particular, bastando que haja ameaça ou cerceio à liberdade de ir e vir –, o ***mandamus*** pressupõe ato de autoridade pública ou de pessoa no exercício de função pública.

O mandado de segurança, sob outra vertente, é ação subsidiária em relação ao *habeas corpus* e ao ***habeas data***, isto é, terá cabimento toda vez que contra o ato não for admitido recurso, *habeas corpus* (pois este se dirige contra violação à liberdade de locomoção) e ***habeas data*** (já que este se destina à obtenção de informações de caráter pessoal ou à retificação dessas informações em bancos de dados).

O mandado de segurança atualmente tem sua disciplina traçada pela Lei Federal nº 12.016/2009, que revogou expressamente a Lei nº 1.533/1951, depois de um longo período de vigência e de consolidação da jurisprudência sobre o assunto. A nova lei repetiu em larga medida dispositivos da antiga lei. Sem embargo, também positivou construções jurisprudenciais e o mandado de segurança coletivo previsto na Constituição de 1988.

O mandado de segurança, em essência, não é ação penal, mas ação de natureza cível. A ideia que norteia o mandado de segurança é de que tenha um rito abreviado. Em matéria penal, o ***writ of mandamus*** servirá como sucedâneo recursal. Vale dizer, nas hipóteses em que não houver recurso específico e que não seja possível o *habeas corpus* – especialmente quando a lei não preveja em abstrato pena privativa de liberdade para o crime apurado –, terá lugar a impetração de mandado de segurança. Rege-se, desse modo, pelo princípio da subsidiariedade (ou residualidade).

O mandado de segurança é ação de cognição sumária. Na senda de Francisco Wildo Lacerda Dantas, "a cognição desenvolvida no mandado de segurança é, no plano horizontal, sumária, por limitada à apreciação da existência de direito líquido e certo e de situações de lesão ou ameaça a esse direito por ato ilegal ou arbitrário de autoridade". Já no plano vertical, a cognição do ***mandamus*** é "parcial porque o magistrado somente examina as provas documentais produzidas no processo", pelo que "também se chama o processo do mandado de segurança de processo documental"[58].

Sublinhe-se, ademais, que o mandado de segurança não é recurso, mas ação autônoma de impugnação, que pode ser impetrada repressiva ou preventivamente. O ***writ*** "tem caráter mandamental e índole constitucional; é uma ação de conhecimento que pode ter efeito meramente declaratório ou constitutivo", haja vista que uma ação penal que objetiva punir delito não apenado com privação de liberdade, pode ser trancada por mandado de segurança[59], notadamente quando não for o caso de incidência do verbete nº 267, da súmula do STF, que pontifica não caber "mandado de segurança contra ato judicial passível de recurso ou correição".

3.2. Cabimento

O cabimento do mandado de segurança, em matéria penal, é aferido por exclusão das demais possibilidades de impugnação. Ele será ajuizado quando não for o caso de

58. DANTAS, Francisco Wildo Lacerda. *Jurisdição, ação (defesa) e processo*. Recife: Nossa Livraria, 2004. v.2. p. 326.
59. MOREIRA, Rômulo de Andrade. *Direito processual penal*. Salvador: JusPODIVM, 2007. p. 368.

propositura de *habeas corpus*. O Ministério Público pode mover, portanto, mandado de segurança para assegurar a aplicação da lei processual penal, quando a providência não favorecer o réu ou, quando o beneficiar, o crime não estabeleça, em abstrato, pena privativa de liberdade.

No entanto, para que seja admissível o mandado de segurança, é preciso que estejam presentes seus requisitos específicos dispostos no art. 1º da Lei nº 12.016/2009 (correspondente ao art. 1º, Lei nº 1.533/1951):

1) o ato impugnado tem que ser de autoridade ou de pessoa no exercício de atribuição do poder público. No caso do mandado de segurança em matéria criminal, será ele dirigido contra ato judicial contra o qual não caiba recurso específico;

2) o impetrante deve evidenciar a existência de direito líquido e certo, não amparado por *habeas corpus* ou por ***habeas data***, quando, diante de ilegalidade ou de abuso de poder, vier a sofrer violação ou tiver o receio de sofrê-la injustamente.

A menção a direito líquido e certo tem íntima relação com a cognição e o rito estreitos do mandado de segurança. É que o autor deve, no ato de interposição, demonstrar, por prova documental pré-constituída, a lesão ou a ameaça de lesão a direito seu. Se existir necessidade de instrução, o ***writ*** não será a via adequada. Essa é a noção de direito líquido e certo, entendida corretamente: o impetrante comprova de imediato o fato que alega na petição em seu favor.

Francisco Wildo Lacerda Dantas, com visão distinta, porém não incompatível com o aqui defendido, explica que "a existência de direito líquido e certo não constitui requisito para que se exerça a ação de mandado de segurança", representado, em verdade, "o próprio mérito da segurança", porque nessa sede "o juiz já está antecipadamente limitado a apreciar, por se tratar de uma técnica de sumarização da demanda, o alegado direito líquido e certo"[60].

Caso a prova documental não evidencie o direito do impetrante, a denegação do ***writ***, conquanto faça coisa julgada material relativamente à porção conhecida naquela demanda, não o impedirá de ajuizar ação de cognição mais ampla, eis que aquela coisa julgada não exauriu todo o âmbito do direito deduzido em juízo, em virtude da técnica de sumarização da ação de segurança.

É considerando essa nuance que o § 6º, do art. 6º, da Lei nº 12.016/2009, possibilita que o pedido de mandado de segurança seja renovado se a decisão denegatória não tiver apreciado o seu mérito, como também o seu art. 19 aviva que a decisão do mandado de segurança não obstará que o impetrante, por ação própria, requeira os seus direitos e correspondentes efeitos patrimoniais.

Outrossim, a impugnação "pela via do ***mandamus*** abrange qualquer conduta positiva ou omissiva lesiva a direito, de tal modo que esse remédio constitucional revela-se como um poderoso mecanismo de controle incidental das ações e omissões do poder público", nos casos "de violação a direito líquido e certo, decorrente de ato ou omissão total ou parcial, normativa ou não normativa, do poder público"[61].

60. DANTAS, Francisco Wildo Lacerda. *Jurisdição, ação (defesa) e processo*. Recife: Nossa Livraria, 2004. v.2. p. 332.

61. CUNHA JÚNIOR, Dirley. *Curso de direito constitucional*. Salvador: JusPODIVM, 2008. p. 751-752.

A Lei nº 12.016/2009, seguindo a linha da Lei nº 1.533/1951, delineia, de forma negativa, o cabimento do mandado de segurança. O seu art. 5º, desse modo, dispõe que não se concederá mandado de segurança quando se tratar:

1) "de ato de que caiba recurso administrativo com efeito suspensivo, independentemente de caução", não sendo obrigatório, contudo, que o prejudicado tenha de exaurir as vias administrativas (todavia, ingressando com o recurso administrativo com efeito suspensivo, o cabimento do mandado de segurança ficará postergado até a resolução daquele);

2) "de decisão judicial da qual caiba recurso com efeito suspensivo", eis que o ***writ*** é ação de índole subsidiária quando visar ato processual; e

3) "de decisão judicial transitada em julgado", que consagrou o enunciado nº 268 da súmula do STF, que assenta não caber mandado de segurança contra decisão transitada em julgado.

Não obstante seja ação, a exemplo do *habeas corpus*, "o mandado de segurança pode ser utilizado como recurso para provocar o reexame de uma decisão ou ato judicial"[62].

Trata-se, nas palavras de Francisco Cavalcanti, de uma admissibilidade excepcional, "em situações que a jurisprudência vem rotulando de teratológicas, e só nessas, é que se deve admitir a utilização da via mandamental", muito embora seja princípio básico que o mandado de segurança não é substituto de recurso, nem instrumento para, como regra, atribuir-se efeito suspensivo a recurso para o qual o sistema processual não previu aquele efeito, sobretudo para que tal não funcione como uma ferramenta para a procrastinação dos processos.[63]

Aliás, como o ***mandamus*** inaugura uma nova relação processual, mais correto é caracterizá-lo, em casos de reexame de alguma decisão judicial, como sucedâneo recursal: funciona como um recurso, mas de recurso essencialmente não se trata.

Outrossim, para que seja cabível o mandado de segurança, é exigida a produção de efeitos concretos, não sendo admitido contra lei em tese (verbete nº 266, da súmula do STF).

Na prática forense, o mandado de segurança em matéria criminal tem sido utilizado nos seguintes casos, noticiados por Guilherme de Souza Nucci:

1) para obstar a injustificada quebra do sigilo fiscal, bancário ou de outros dados (impetração contra o juiz que deu a ordem);

2) para autorizar o acesso do advogado aos autos, ainda que o inquérito ou processo corra em segredo de justiça (impetração contra o magistrado, se este deu a ordem, ou contra a autoridade policial, se partiu desta a medida de restrição ao advogado;

3) para assegurar a presença do advogado/defensor durante a produção de alguma prova na fase inquisitorial (não significando que o advogado/defensor possa manifestar-se, mas apenas estar presente), em face de se debater sobre prerrogativa sua;

62. MIRABETE, Julio Fabbrini. *Processo Penal*. 14. ed. São Paulo: Atlas, 2003. p. 733.

63. CAVALCANTI, Francisco. *O novo regime jurídico do mandado de segurança*: comentários à Lei nº 12.016, de 07 de agosto de 2009. São Paulo: MP Ed., 2009. p. 73.

4) pelo ofendido, quando o assistente do Ministério Público for impedido de se habilitar nos autos pelo juiz, sem justificação plausível; e

5) pela acusação, quando o julgador ordena a soltura de um acusado, agindo contra expressa disposição de lei, já que inviável o *habeas corpus* quando o ***Parquet*** estiver agindo ***pro societate***[64].

De mais a mais, interessa registrar, com Julio Fabbrini Mirabete, que apesar de não caber "mandado de segurança contra ato judicial passível de recurso ou correição" (enunciado nº 267, da súmula do STF), tem-se admitido o mandado de segurança em matéria criminal:

1) quando o recurso cabível é desprovido de efeito suspensivo;

2) quando se quer dar efeito suspensivo ao recurso apresentado. Todavia, foi editada, pelo STJ, o enunciado nº 604, de sua Súmula, prevendo que o "mandado de segurança não se presta para atribuir efeito suspensivo a recurso criminal interposto pelo Ministério Público". A *contrario sensu*, podemos concluir que o *writ of mandamus* continua a ter o efeito de atribuir suspensividade a recurso, desde que impetrado em favor do acusado;

3) quando do ato vergastado advenha dano irreparável demonstrado prontamente;

4) contra apreensão excessiva de material para fundamentar ação penal por crime contra a propriedade industrial;

5) para que o advogado obtenha vista dos autos da ação penal ou do inquérito policial;

6) para que o advogado/defensor se comunique pessoal e reservadamente com seu constituinte/assistido;

7) visando evitar desentranhamento de documentos;

8) para apresentar quesitos em perícia;

9) contra a ordem de fechamento de estabelecimento de diversões públicas;

10) objetivando a entrega de aeronave apreendida;

11) contra providência de sequestro; e

12) para a restituição de coisas apreendidas[65].

Destaque-se ainda, como já visto, o cabimento do mandado de segurança para trancamento do inquérito ou do processo tendo como indiciada ou ré a pessoa jurídica.

Nessa senda, é também cabível o ***mandamus***, e não o ***HC***, para trancar inquérito ou processo por iniciativa da vítima, notadamente nas infrações privadas ou públicas condicionadas à representação, quando esta não tenha autorizado o início da persecução penal, afinal a sua aquiescência é verdadeira condição de procedibilidade para a ação penal que lhe diga respeito enquanto ofendido.

64. NUCCI, Guilherme de Souza. *Manual de processo penal e execução penal*. 7. ed. São Paulo: RT, 2010. p. 968-969.
65. MIRABETE, Julio Fabbrini. *Processo Penal*. 14. ed. São Paulo: Atlas, 2003. p. 735.

3.3. Processamento e julgamento

3.3.1. Competência

A Constituição Federal de 1988 é o ponto de partida para a interpretação da competência para julgamento do mandado de segurança. As leis de organização judiciária e os regimentos internos pormenorizam o regramento respectivo.

A distinção da competência dos tribunais para processar e julgar o mandado de segurança em relação ao *habeas corpus* destaca-se no que toca a competência para julgar ato imputado a membro de órgão colegiado ou a tribunal: em tal caso a competência para processar e julgar o mandado de segurança é do próprio tribunal, enquanto para examinar o *habeas corpus*, a competência, de regra, é a do órgão de grau de jurisdição mais elevado.

Assim, nos termos do art. 102, I, "d", da Constituição do Brasil, ao Supremo Tribunal Federal, compete processar e julgar originariamente o mandado de segurança "contra atos do Presidente da República, das Mesas da Câmara dos Deputados e do Senado Federal, do Tribunal de Contas da União, do Procurador-Geral da República e do próprio Supremo Tribunal Federal".

Já ao Superior Tribunal de Justiça compete o processamento e julgamento originário do ***mandamus*** "contra ato de Ministro de Estado, dos Comandantes da Marinha, do Exército e da Aeronáutica ou do próprio Tribunal" (art. 105, I, "b", CF/1988).

Outrossim, na esfera da Justiça Federal, compete aos Tribunais Regionais Federais processar e julgar, originariamente, os mandados de segurança "contra ato do próprio Tribunal ou de juiz federal" (art. 108, I, "c", CF/1988) e, aos juízes federais, compete processar e julgar os mandados de segurança "contra ato de autoridade federal, excetuados os casos de competência dos tribunais federais" (art. 109, VIII, CF/1988).

Por fim, tratando-se de ato dos juízes dos Juizados Especiais Criminais, o julgamento compete às Turmas Recursais, o que, aliás, está sedimentado na súmula nº 376 do STJ. Caso a autoridade coatora seja a própria Turma Recursal, o ***mandamus*** deverá ser impetrado perante o Tribunal de Justiça respectivo (ou no TRF, no âmbito federal).

Note-se que o mesmo raciocínio aplicado ao *habeas corpus* contra ato de promotor de justiça ou procurador federal deve ser adotado para fins do mandado de segurança. Assim, é Tribunal ao qual está vinculado a autoridade a competência para processar e julgar a ação de impugnação.

Em arremate a este tópico, importa consignar que, pelo princípio da simetria, a mesma regra alusiva ao mandado de segurança em senda criminal, é aplicada no âmbito da Justiça Eleitoral, da Justiça Militar e da Justiça dos Estados, salientada, quanto a esta, a natureza residual de sua competência em matéria criminal.

3.3.2. Legitimidade ativa e passiva

A legitimidade ativa para propor mandado de segurança em matéria criminal pode ser constatada através das noções de interesse e de sucumbência.

Pode assim ser impetrante o acusado, o querelante, o Ministério Público (conforme art. 32, I, da Lei nº 8.625/93), o defensor (para defender prerrogativas da advocacia) e o ofendido, através do assistente da acusação.

Em outras palavras, o impetrante ou sujeito ativo, "é a pessoa que sofre o constrangimento ilegal, não referente à liberdade de locomoção, podendo ser física ou jurídica", devendo "estar representada por advogado, diversamente do que ocorre com o *habeas corpus*"[66].

Quando se estiver diante de processo criminal com vários acusados com procuradores diversos e advier uma decisão que prejudique todos e que contra ela não caiba recurso específico, não há impedimento para que só um dos réus ajuíze o mandado de segurança individual com esteio no § 3º, do art. 1º, da Lei nº 12.016/2009.

O sujeito passivo em mandado de segurança é ponto controvertido na doutrina.

O entendimento ajustado às características da demanda é o de que não há propriamente uma legitimidade passiva, até porque é uma medida sumária, que não enseja contestação por parte da autoridade coatora, mas simples informações sobre os motivos da prática do ato. Tanto isso é exato que a autoridade coatora não se confunde com a pessoa que ocupa o cargo ou função em razão do qual foi editado o ato vergastado.

Havendo substituição da pessoa do juiz criminal, a autoridade coatora em mandado de segurança não segue o substituído, pelo que as informações serão prestadas pelo juiz que passou a exercer o cargo ocupado pelo primeiro. Essa posição não é infirmada em razão do autorizativo do Estado intervir na demanda de segurança antes da sentença ou na fase recursal.

Henrique Mouta esclarece, a propósito, que a posição do magistrado é a de autoridade coatora, porém as informações por ele prestadas não têm natureza de defesa. Desse modo, a autoridade coatora não chega a ser sujeito passivo do ***writ***, figurando "como (re) presentante, devendo ser instada a pessoa jurídica a atuar no feito, mesmo que diretamente não diga respeito a ato ligado ao serviço ou atividade pública"[67].

Francisco Wildo Lacerda Dantas identifica três posturas relativas à legitimidade passiva:

1) aquela que a identifica na autoridade impetrada;

2) a que entende ser a pessoa do órgão representado (ou presentado); e

3) uma postura eclética, que define a parte passiva entre esses dois sujeitos: a autoridade coatora e, ao mesmo tempo, o ente administrativo[68].

Sobre as divergências doutrinárias, aduz o autor que a corrente que melhor se coaduna com a Lei nº 1.533/1951 (hoje revogada) é a que considera como sujeito passivo no mandado de segurança:

1) sob o aspecto formal, a autoridade coatora que, na linguagem ponteana, "presenta o órgão da administração pública, contra quem de fato, se dirige a pretensão mandamental";

2) sob o aspecto material, "o órgão da administração que, de acordo com o conceito de Chiovenda, irá suportar os efeitos da sentença"[69].

66. NUCCI, Guilherme de Souza. *Manual de processo penal e execução penal*. 3. ed. São Paulo: RT, 2007. p. 914.
67. MOUTA, José Henrique. *Mandado de segurança*: atualizado com a Lei 12.016/09 que disciplina o mandado de segurança individual e coletivo. 2. ed. Salvador: JusPODIVM, 2010. p. 209.
68. DANTAS, Francisco Wildo Lacerda. *Jurisdição, ação (defesa) e processo*. Recife: Nossa Livraria, 2004. v.2. p. 329.
69. DANTAS, Francisco Wildo Lacerda. *Jurisdição, ação (defesa) e processo*. Recife: Nossa Livraria, 2004. v.2. p. 330.

A nova Lei do Mandado de Segurança seguiu essa orientação no seu art. 7º, alinhando, em seus incisos I e II, a necessidade de comunicação da impetração a ambos: autoridade coatora e ente público que a representa.

Não se deve olvidar que, nos exatos termos do § 1º, do art. 1º, da Lei nº 12.016/2009, "equiparam-se às autoridades [...] os representantes ou órgãos de partidos políticos, bem como os dirigentes de pessoas jurídicas ou as pessoas naturais no exercício de atribuições do poder público, somente no que disser respeito a essas atribuições". A previsão legal se coaduna com o entendimento do STF, expresso no verbete sumular nº 510, de acordo com o qual "praticado o ato por autoridade, no exercício de competência delegada, contra ela cabe o mandado de segurança ou a medida judicial".

Por fim, insta sublinhar o teor do enunciado nº 701, do STF, rezando que "no mandado de segurança impetrado pelo Ministério Público contra decisão proferida em processo penal, é obrigatória a citação do réu como litisconsorte passivo". Como a decisão do ***writ*** tem a possibilidade de afetar a esfera jurídica do acusado, nessa hipótese, a citação dele é condição de eficácia da sentença.

Desse modo, não obstante as inconsistências de ordem técnica, quando se tratar de mandado de segurança em matéria criminal, serão visualizados, a depender da hipótese e do impetrante, três sujeitos passivos, em litisconsórcio necessário:

1) a autoridade coatora (se identificando com o ocupante do cargo ou da função pública, especialmente diante de seu dever de prestar informações);

2) o acusado (quando o mandado de segurança for ajuizado pelo Ministério Público ou pelo querelante); e

3) a pessoa jurídica de direito público interessada, que será o Estado (causas estaduais) ou a União (nas causas perante os órgãos judiciários da União ou que tramitam nos tribunais superiores e no Supremo Tribunal Federal), seja por força dos artigos 2º e 7º, II, da Lei Federal nº 12.016/2009, seja mesmo diante das possibilidades recursais em mandado de segurança, cujas atribuições são das procuradorias públicas.

Deve-se registrar a divergência, da qual não compartilhamos, proposta por Norberto Avena, para quem "questão relevante concerne à possibilidade de a **pessoa jurídica de direito público** integrar o polo passivo do mandado de segurança, visto que, sob a égide da legislação anterior, havia controvérsias". Evidentemente, isso não é viável. Basta ver que o texto constitucional, ao contemplar o mandado de segurança, refere-se à ilegalidade ou abuso de poder praticados por ***autoridade pública*** ou ***agente de pessoa jurídica no exercício de atribuições do Poder Público.*** Na mesma esteira, o art. 1º, § 1º, da Lei nº 12.016/2009, que faz menção aos ***dirigentes de pessoas jurídicas no exercício de atribuições do Poder Público.*** Deduz-se, então, que o sujeito da relação processual, no ***mandamus***, não será a pessoa jurídica de direito público, mas sim o agente que o representa – uma pessoa física (inciso II, art. 7º, da Lei Federal nº 12.016/2009).

3.3.3. Procedimento do mandado de segurança

O rito do mandado de segurança é traçado pela Lei nº 12.016/2009, que seguiu, com algumas alterações, a disciplina posta no direito positivo brasileiro pela legislação anterior (Lei nº 1.533/1951).

O procedimento sofrerá adaptações em conformidade com o órgão competente, máxime diante de um juiz singular ou de um tribunal, pois, as ações de segurança que tramitam nos órgãos colegiados são distribuídas a um relator, com todo o seguimento necessário à preparação do julgamento.

A petição inicial do mandado de segurança, além de conter os requisitos dos artigos 319 e 320, do Código de Processo Civil de 2015, "será apresentada em duas vias com os documentos que instruírem a primeira reproduzidos na segunda e indicará, além da autoridade coatora, a pessoa jurídica que esta integra, à qual se acha vinculada ou da qual exerce atribuições" (art. 6º, *caput*, Lei nº 12.016/2009).

É ônus do impetrante instruir documentalmente o mandado de segurança quando de seu manejo, inclusive como forma de provar a existência de direito líquido e certo. Não é possível juntada posterior de documentos ou dilação probatória não comportável nessa via. Contudo, se o documento necessário à prova do alegado se encontrar em poder do impetrado ou de órgão que recuse seu fornecimento, é possível que o juiz ou o tribunal ordene diligências para serem cumpridas em dez dias (art. 6º, § 1º, Lei nº 12.016/2009).

O art. 7º, da Lei nº 12.016/2009, preconiza que o juiz, ao despachar a petição inicial, ordenará:

(1) a notificação do coator a respeito do conteúdo do ***writ***, mediante o envio da 2ª via da petição inicial com cópias dos documentos, para prestar informações em dez dias;

(2) que seja dada ciência do processo ao órgão de representação judicial da pessoa jurídica interessada, remetendo-lhe cópia da peça inicial desacompanhada de documentos, para que, querendo, ingresse no processo; e

(3) a suspensão do ato que motivou o pedido, quando o fundamento for relevante e do ato objurgado puder haver a ineficácia da medida, caso deferida ao final. Para tanto, o juiz tem a faculdade de exigir do impetrante que preste caução, fiança ou realize depósito, com o fito de garantir o ressarcimento da pessoa jurídica.

Em acréscimo, nos termos do verbete nº 701, da súmula do STF, o juiz determinará a citação do acusado, caso tenha sido o ***mandamus*** proposto pelo ***Parquet***.

A liminar de suspensão do ato impugnado pode ser deferida com ou sem a oitiva prévia da autoridade impetrada e, para tanto, deve ser requerida pelo autor, ressalvado o poder geral de cautela do órgão com competência para processar e julgar a segurança. Sobre o ponto, embora o CPC/2015 tenha suprimido o processo cautelar autônomo do direito processual civil, tal não significa dizer que não há mais possibilidade de tutela cautelar ou de exercício de um "poder geral de cautela". Decerto, o CPC/2015 preconiza a possibilidade de tutela de urgência e de tutela da evidência, requeridas antes ou no curso do processo, sejam elas de natureza satisfativa ou cautelar (artigos 294 e 305). As medidas satisfativas são as antecipatórias do direito debatido em juízo. As medidas cautelares visam, em geral, afastar riscos e assegurar o resultado útil do processo. Daí permanecer no ordenamento jurídico – até porque inerente à função jurisdicional – o poder geral de cautela do magistrado.

A sentença concessiva da segurança tem o condão, em regra, de confirmar a liminar que eventualmente tenha sido concedida. Contra a decisão que conceda ou denegue a liminar, é cabível o agravo de instrumento nos termos do Código de Processo Civil de 2015 (art. 7º, § 1º, Lei nº 12.016/2009), eis que o mandado de segurança é ação cível, embora aqui veicule pretensão criminal.

Sem embargo, "denegado o mandado de segurança pela sentença, ou no julgamento do agravo, dela interposto, fica sem efeito a liminar concedida, retroagindo os efeitos da decisão contrária" (verbete nº 405, da súmula do STF).

Se a petição inicial não evidenciar ser o caso de mandado de segurança, ou lhe faltar algum requisito que não seja sanável ou sanado, ou, ainda, quando decorrido o prazo legal de cento e vinte dias da ciência do ato pelo interessado, o magistrado poderá indeferi-la de plano (artigos 10 e 23, da Lei nº 12.016/2009). Deve-se pontuar que o prazo de cento e vinte dias tem natureza decadencial, não se interrompendo, prorrogando ou suspendendo, nos termos do art. 207 do Código Civil.

Tratando-se de mandado de segurança indeferido por juiz de primeira instância, será cabível recurso de apelação cível (embora se cuide de matéria criminal, eis que a ação mandamental é regida por disposições processuais civis), a teor do art. 14, da Lei nº 12.016/2009. Por outro lado, em caso concessivo, a "sentença estará sujeita obrigatoriamente ao duplo grau de jurisdição", conforme § 1º do mesmo dispositivo.

Findo o prazo para a apresentação das informações, será o Ministério Público ouvido não mais em cinco dias (como antes previa a Lei nº 1.533/1951), mas no prazo improrrogável de dez dias, quando poderá exarar parecer, como ***custos legis*** (*caput* do art. 12 da Lei nº 12.016/2009).

Contudo, importa distinguir, com Guilherme Nucci, as diversas formas que assume a intervenção do Ministério Público:

(1) se o acusado impetrar mandado de segurança contra ato do delegado, por exemplo, caberá o julgamento ao juiz e será ouvido, como litisconsorte necessário, o ***Parquet***;

(2) sendo a acusação patrocinada pelo Ministério Público, não tem sentido ser ele ouvido, novamente, como ***custos legis***;

(3) se a acusação for promovida pelo ofendido, no entanto, ouve-se este, como litisconsorte necessário, e o Ministério Público, como ***custos legis***;

(4) quando o acusado impetrar mandado de segurança no Tribunal, contra ato do juiz, será ouvida a Procuradoria-Geral de Justiça (ou Procuradoria-Geral da República, se na área federal), que intervirá como ***custos legis***, não havendo necessidade de ser litisconsorte o ***Parquet*** de primeiro grau; e

(5) se o impetrante do mandado de segurança for o promotor ou procurador da república, contra ato do magistrado, será ouvida a Procuradoria de Justiça (órgão do Ministério Público no segundo grau de jurisdição), como ***custos legis***[70].

Em seguida, nos termos do parágrafo único, do art. 12, da Lei nº 12.016/2009, com ou sem o parecer do Ministério Público, os autos serão conclusos ao magistrado, para sentença, que deverá ser obrigatoriamente prolatada no prazo de trinta dias.

70. NUCCI, Guilherme de Souza. *Manual de processo penal e execução penal*. 7. ed. São Paulo: RT, 2010. p. 973.

Acerca da aplicação do referido art. 12, da Lei do Mandado de Segurança, que determina abertura de vista ao *Parquet*, a Segunda Turma do STF reputou desnecessária sua aplicação quando a solução da controvérsia estiver cristalizada na jurisprudência. Esse julgamento não foi unânime. O posicionamento vencido reputou impositiva a prévia oitiva do Ministério Público quando não foi ele o impetrante[71].

A Lei nº 12.016/2009 alargou os prazos. Tanto o lapso para parecer foi aumentado de cinco para dez dias, quanto o prazo para a decisão final foi ampliado de cinco para trinta dias. Esse aspecto é criticável especialmente porque não é adequado à celeridade que inspirou o mandado de segurança, tratando-se, no ponto, de um retrocesso legislativo.

Quanto ao rito nos órgãos colegiados, cumpre anotar que:

(1) nos casos de competência originária dos tribunais, compete ao relator a instrução do processo, sendo garantida a defesa oral na sessão do julgamento do mérito ou do pedido liminar (art. 16, *caput*, Lei nº 12.016/2009, com redação dada pela Lei nº. 13.676/2018); e

(2) da decisão do relator que denegue ou que conceda liminar é impugnável mediante agravo (regimental) ao órgão competente do tribunal do qual faça parte (parágrafo único, do art. 16, da Lei nº 12.016/2009).

3.3.4. Julgamento

O julgamento do mandado de segurança pelo juiz singular, ocorrerá mediante sentença. Quando for o caso de julgamento por tribunal, serão observadas as regras regimentais de apreciação pelo órgão colegiado respectivo, sem prejuízo dos autorizativos para julgamento monocrático pelo relator.

Impende se notar que, de acordo com o entendimento majoritário, consubstanciado no verbete nº 105, da súmula do STJ, "na ação de mandado de segurança não se admite condenação em honorários advocatícios". Essa regra foi positivada no art. 25, da Lei nº 12.016/2009.

Tratando-se de mandado de segurança contra ato jurisdicional penal, a competência para conhecê-lo e decidi-lo "é do tribunal que seria competente para conhecer de eventual recurso relativo à causa"[72], não sendo admissíveis embargos infringentes, em compasso com o que estabelece o enunciado nº 169, da súmula do STJ, e com o rito sumário da ação de segurança. Também essa regra foi consubstanciada no art. 25, da nova lei.

Ressalvada a ação de *habeas corpus*, o mandado de segurança e os seus respectivos recursos terão prioridade sobre todos os atos judiciais. Na esteira de se conferir celeridade, a nova lei prevê, de um lado, que o prazo para conclusão dos autos ao magistrado, por seu turno, não poderá exceder cinco dias; e, de outro, que nos tribunais, os autos deverão ser levados a julgamento na primeira sessão que se seguir à data em que forem conclusos ao relator (art. 20, §§ 1º e 2º, da Lei nº 12.016/2009).

71. STF – Segunda Turma – RMS 32.482/DF – rel. orig. Min. Teori Zavaski – red. p/ o ac. Min. Edson Fachin – j. 21.8.2018.
72. MIRABETE, Julio Fabbrini. *Processo Penal*. 14. ed. São Paulo: Atlas, 2003. p. 736.

Uma vez concedido o mandado, o juiz transmitirá em ofício, por mão do oficial do juízo ou pelo correio, mediante registro com aviso de recebimento, o inteiro teor da sentença ao impetrado e à pessoa jurídica interessada (art. 13, da Lei nº 12.016/2009).

Em caso de urgência, são admissíveis meios eletrônicos de comunicação desses atos, notadamente radiograma, telegrama fax ou outro meio eletrônico que assegure a autenticidade, com a apresentação dos originais nos cinco dias úteis seguintes (artigos 13, parágrafo único, e 4º, §§ 1º e 2º, da Lei nº 12.016/2009).

Releva enfatizar, ainda, por conta da natureza cível da ação de mandado de segurança, que da sentença, negando ou concedendo o mandado, cabe apelação, seja em virtude do indeferimento da inicial (art. 10, § 1º, da Lei nº 12.016/2009), seja em face da sentença final (art. 14, da Lei nº 12.016/2009).

Caso o julgamento seja originário de tribunal, caberá recurso ordinário constitucional (se denegatória a decisão), recurso especial ou recurso extraordinário, conforme a espécie, nos termos do art. 18, da nova Lei.

Em sendo o julgado proferido por juiz de primeiro grau, a sentença concessiva do ***mandamus*** fica sujeita ao duplo grau de jurisdição, podendo a autoridade coatora dela recorrer. Embora sujeita a uma condição suspensiva de seu trânsito em julgado, a sentença sujeita à remessa necessária pode ser executada provisoriamente (art. 14, §§ 1º, 2º e 3º, da Lei nº 12.016/2009).

Acresça-se que quando o mandado for concedido e o Presidente do Tribunal, ao qual competir o conhecimento do recurso, ordenar ao juiz a suspensão da execução da sentença (suspensão da segurança), desse seu ato caberá agravo (regimental) para o tribunal a que presida, no prazo de cinco dias, nos termos do art. 15, *caput*, da Lei do Mandado de Segurança.

Contra essa decisão nos autos do pedido de suspensão da segurança, proferida pelo tribunal, seja no sentido de concedê-la ou de negá-la, caberá novo pedido de suspensão dirigido ao tribunal imediatamente superior, competente para julgar recurso especial ou recurso extraordinário, conforme o caso. Também é admissível o pedido de suspensão se negado provimento a agravo de instrumento interposto contra a liminar que ensejaria o pedido de suspensão da decisão do juízo de primeiro grau (art. 15, §§ 1º e 2º, da Lei nº 12.016/2009).

Por derradeiro, é de ver que ao processo de mandado de segurança são aplicáveis, no que couber, as disposições do Código de Processo Civil, notadamente os seus artigos que regulam o litisconsórcio (artigos 113 a 118), como preconizado pelo art. 24, da Lei nº 12.016/2009 c/c art. 1.046, § 4º, do CPC/2015.

3.4. Mandado de segurança coletivo

Foi a Constituição de 1988 que inovou o ordenamento jurídico brasileiro ao estatuir o cabimento do mandado de segurança coletivo, cuja virtude consistiu em ser "mecanismo de substituição processual visando racionalizar a prestação jurisdicional"[73].

73. CAVALCANTI, Francisco. *O novo regime jurídico do mandado de segurança*: comentários à Lei nº 12.016, de 07 de agosto de 2009. São Paulo: MP Ed., 2009. p. 155.

O art. 21, da Lei nº 12.016/2009, delineia o perfil do mandado de segurança coletivo que já era adotado jurisprudencialmente, afirmando que ele pode ser impetrado por partido político com representação no Congresso Nacional, na defesa de seus interesses legítimos relativos a seus integrantes ou à finalidade partidária, ou por organização sindical, entidade de classe ou associação legalmente constituída e em funcionamento há, pelo menos, 1 (um) ano, em defesa de direitos líquidos e certos da totalidade, ou de parte, dos seus membros ou associados, na forma dos seus estatutos e desde que pertinentes às suas finalidades, dispensada, para tanto, autorização especial.

O mandado de segurança coletivo, a princípio, não guarda pertinência com a matéria criminal, no sentido de ser viável sua utilização. Poderíamos imaginar, no entanto, o seu uso em sede de execução penal para, com uma só demanda, defender direitos coletivos ou individuais homogêneos dos apenados. Mas, essa possibilidade reclamará solução diversa a depender da finalidade da demanda.

De um lado, temos o exemplo do manejo do mandado de segurança coletivo para o atendimento das regras dispostas na Lei de Execução Penal sobre as condições de higiene dos estabelecimentos prisionais. Nesse caso, o ***writ*** coletivo seria menos adequado que o ajuizamento de ação civil pública.

De outro lado, se o mandado de segurança coletivo for utilizado para defender direito relativo aos limites para o deferimento de progressão do regime de pena, o que teremos é uma ação autônoma que teria o cunho de compelir o magistrado a adotar uma norma em tese para o deferimento ou indeferimento de benefícios em processos de execução (que são ações individuais).

Esse modo de entender, ao nosso sentir, não se coaduna com o sistema processual brasileiro e tem o inconveniente de abstrativizar o mandado de segurança coletivo relativamente ao processo de execução, que prestigia a individualização do apenado no cumprimento da ação penal.

A vantagem que se vislumbra, todavia, é a de racionalizar decisões que seriam discrepantes nas diversas ações individuais de execução penal, dispensando a interposição de seguidos recursos de agravo em execução penal (economia processual).

No que tange ao rito do mandado de segurança coletivo, ele é o mesmo do ***writ of mandamus*** individual visto acima, distinguindo-se pelas seguintes particularidades a serem observadas:

(1) a legitimidade ativa é restrita a partido político com representação no Congresso Nacional, na defesa de seus interesses legítimos relativos a seus integrantes ou à finalidade partidária, ou por organização sindical, entidade de classe ou associação legalmente constituída e em funcionamento há, pelo menos, um ano, em defesa de direitos líquidos e certos, e em favor da totalidade, ou de parte, dos seus membros ou associados, na forma de seus estatutos e desde que pertinente às suas finalidades – "pertinência temática" (art. 21, *caput*, da Lei nº. 12.016/2009);

(2) não é necessária autorização especial dos eventuais beneficiados pela sua decisão (art. 21, *caput*, parte final, da Lei nº 12.016/2009);

(3) a sentença fará coisa julgada limitadamente aos membros do grupo ou categoria substituídos pelo impetrante (art. 22, *caput*, da Lei nº 12.016/2009);

(4) sua interposição não implica litispendência para as ações individuais, porém os efeitos da coisa julgada não beneficiarão o impetrante de mandado de segurança individual caso ele não requeira a desistência desta demanda no lapso de trinta dias contados da ciência comprovada do ajuizamento do mandado de segurança coletivo (§ 1º do art. 22 da Lei nº 12.016/2009); e

(5) a liminar só poderá ser concedida depois da oitiva do representante judicial da pessoa jurídica de direito público, que deverá se manifestar em setenta e duas horas (§ 2º do art. 22 da Lei nº. 12.016/2009).

4. REVISÃO CRIMINAL

4.1. Fundamentos

A ação de revisão criminal tem o objetivo de reexaminar sentença condenatória ou decisão condenatória proferida por tribunal, que tenha transitado em julgado. Tal demanda tem o condão de excepcionar a coisa julgada em matéria criminal, pelo que só se permite seu ajuizamento quando em favor do sentenciado. Não há, assim, revisão criminal ***pro societate***, mas tão somente quando seu manejo é permeado pelos princípios do ***favor rei*** e da verdade real (verdade processual), caracterizando-se como demanda para o resgate do ***status dignitatis*** do acusado[74].

Além de se dirigir, naturalmente, contra sentenças condenatórias, há entendimento crescente no sentido de admitir a revisão criminal contra sentenças absolutórias impróprias, especialmente porque a medida de segurança aplicada tem o condão de sancionar o sentenciado "absolvido"[75]. É também o nosso entendimento, já que existe nítido interesse de agir. Persiste, sem embargo, a restrição quanto ao manejo da revisional para o fim de se modificar o fundamento absolutório, quando se cuidar apenas de sentença **absolutória própria**.

A revisão criminal é análoga à ação rescisória do processo civil. Ambas visam rever a coisa julgada material em determinadas hipóteses estritas. A revisão criminal tem natureza preponderante de ação constitutiva negativa. Seu manejo se dá contra sentença condenatória eivada de vício de procedimento ou de julgamento. A ação de revisão criminal envolve "a rescisão da sentença (rescindir = abrir), para proferir um novo julgamento em substituição ao anterior", distinguindo-se assim o que se conhece por "juízo ***rescindens***", daquele denominado "juízo ***rescisorium***"[76]. O primeiro tem o fito de nulificar o processo e o segundo o de julgá-lo pelo mérito.

Decerto, a ação de revisão criminal, julgada procedente, poderá implicar a alteração da classificação da infração, a absolvição do réu, a modificação da pena ou a anulação do processo, sem prejuízo de novo julgamento perante o juiz competente (art. 626, parágrafo único, CPP). O ***judicium rescindens*** pode se dar isoladamente ou cumulativamente com o ***judicium rescisorium***: aquele nulifica o feito e manda o acusado a novo julgamento (não podendo este ser mais gravoso ao réu do que o que foi anulado), enquanto o último

---

74. RANGEL, Paulo. *Direito processual penal*. 4. ed. Rio de Janeiro: Lumen Juris, 2001. p. 620.
75. GOMES, Luiz Flávio. *Da revisão criminal*. Disponível em: <http://www.lfg.com.br/public_html/article.php?story=20041009134406l1p>. Acesso em: 20/01/2010.
76. DANTAS, Francisco Wildo Lacerda. *Jurisdição, ação (defesa) e processo*. Recife: Nossa Livraria, 2004. v.2. p. 293.

autoriza o tribunal a, de plano, exarar a decisão absolutória ou condenatória mais benéfica ao acusado, em substituição da rescindida.

Entretanto, a possibilidade de renovação de persecução penal, em razão de procedência de ação rescisória que anule o julgamento (*judicium rescidens*) esbarra na proibição convencional de que ninguém pode ser processado duas vezes pelo mesmo fato. Ainda que se cogite de pena menor em um segundo julgamento, haverá um novo processo depois de findo o primeiro, cuja sentença tenha sido rescindida. Entendemos, portanto, que a anulação do processo cuja sentença tenha sido certificada com o trânsito em julgado, por meio de ação rescisória e, inclusive, *habeas corpus*, não deve autorizar reabertura de novo processo e/ou julgamento. O Estado deve assumir o risco de processar incorretamente um ser humano, não devendo submeter este à reiteração de persecução penal. Pensar inversamente é admitir a baixa eficácia do *ne bis in idem*, com "indevida duplicidade de (re) ação – *sobrerreacción* ou *overreaction* – do poder punitivo estatal"[77].

4.2. Cabimento

Nos termos do art. 621, CPP, "a revisão criminal dos processos findos será admitida":

1) "quando a sentença condenatória for contrária ao texto expresso da lei penal ou à evidência dos autos";

2) "quando a sentença condenatória se fundar em depoimentos, exames ou documentos comprovadamente falsos"; e

3) "quando, após a sentença, se descobrirem novas provas de inocência do condenado ou de circunstância que determine ou autorize diminuição da pena". Ao lado das hipóteses legais, deve-se incluir, como já salientado, a impugnação via revisional da sentença absolutória imprópria. Nessa toada, Paulo Rangel assevera que negar revisão criminal a quem foi submetido à medida de segurança por meio de sentença absolutória imprópria, apesar de novos elementos que apontem sua inocência, "seria negar a existência de um Estado de Direito"[78].

Não há prazo estipulado para a propositura de revisão criminal. Pressuposto lógico de seu cabimento é que tenha ocorrido o trânsito em julgado da decisão penal condenatória. Desse modo, o art. 622, CPP, assevera que "a revisão poderá ser requerida em qualquer tempo, antes da extinção da pena ou após", não sendo "admissível a reiteração do pedido, salvo se fundado em novas provas" (parágrafo único, art. 622, CPP). Com efeito, a revisão criminal pode ser pleiteada em momento posterior a extinção da pena pelo seu cumprimento e, inclusive, depois da morte do réu (art. 623, ***in fine***, CPP), quando temos a denominada "reabilitação da memória".

Outrossim, não é admitida revisão criminal tendente a reexaminar decisão absolutória ou que reconhece a prescrição, com vistas, por exemplo, a ver reconhecido motivo de absolvição mais benéfico ao acusado. O rol das hipóteses de revisão criminal previsto no

77. SABOYA, Keity Mara Ferreira de Souza e. *Ne bis in idem*: história, teoria e perspectivas. Rio de Janeiro: Lumen Juris, 2014. p. 282.
78. RANGEL, Paulo. *A coisa julgada no processo penal brasileiro como instrumento de garantia*. São Paulo: Atlas, 2012. p. 281.

art. 621, CPP, é, portanto, taxativo, muito embora seja recomendável que seja ampliado o leque das possibilidades de revisão criminal, para autorizar a revisão dos fundamentos, já que estes, se mais favoráveis ao condenado, produzem efeitos relevantes nas esferas cível e administrativa.

Em arremate, impende destacar que a revisão criminal é cabível contra toda e qualquer decisão condenatória, mesmo aquelas proferidas pelo tribunal do júri. A soberania dos veredictos (art. 5º, XXXVIII, "c", CF/1988) não é invocável para vedar a revisão criminal contra os seus julgados, haja vista que a própria Constituição Federal conferiu ***status*** constitucional à ação de revisão criminal, atribuindo-a aos tribunais, em favor da garantia constitucional da ampla defesa. De mais a mais, "o princípio da soberania dos veredictos e mesmo a garantia do próprio tribunal do júri para o julgamento dos crimes dolosos contra a vida foram instituídos em favor dos interesses da defesa"[79-80].

4.3. Processamento e julgamento

4.3.1. Competência

A Constituição do Brasil estatui a competência para o julgamento de revisões criminais em três disposições específicas: art. 102, I, "j", art. 105, I, "e" e art. 108, I, "b". Destarte, **(1)** o Supremo Tribunal Federal tem competência para processar e julgar originariamente as revisões criminais contra seus julgados, **(2)** o Superior Tribunal de Justiça tem competência originária para processar e julgar as revisões criminais contra seus julgados e **(3)** os Tribunais Regionais Federais têm competência para processar e julgar não só as revisões criminais contra julgados seus, mas também contra as sentenças dos juízes federais que tenham passado em julgado.

Com base no princípio da simetria e em conformidade com as constituições estaduais e com as leis de organização judiciária (art. 125, § 1º, CF/1988), no âmbito estadual, compete aos Tribunais de Justiça processar e julgar originariamente as revisões criminais contra seus julgados e os dos juízes de direito. O mesmo raciocínio é aplicável à Justiça Militar e à Justiça Eleitoral, isto é, a competência para o processamento da ação de revisão criminal é do tribunal prolator da decisão final que tenha apreciado o mérito da demanda condenatória ou do recurso respectivo ou ainda do tribunal ao qual esteja vinculado diretamente o juiz que proferiu a sentença passada em julgado. Quanto às decisões proferidas pelos Juizados Especiais Criminais, embora não haja previsão legal, infere-se ser da Turma Recursal respectiva a competência para o julgamento, como inclusive já decidido pelo STJ[81].

Registre-se, por fim, que as disposições sobre competência para o julgamento das revisões criminais, gizadas no art. 624, CPP, devem ser relidas à luz da Constituição de 1988, sendo verificável a compatibilidade de suas regras nos seguintes termos:

1) as revisões criminais serão processadas e julgadas pelo Supremo Tribunal Federal, quanto às condenações por ele proferidas e serão de competência dos tribunais nas demais hipóteses;

79. OLIVEIRA, Eugênio Pacelli. *Curso de processo penal*. 2. ed. Belo Horizonte: Del Rey, 2003. p. 846.
80. Também nesse sentido, STJ – HC 137.504 – Info 502.
81. STJ – Terceira Seção – CC 47718 – Rel. Min. Jane Silva – julgado em 13/08/2008 – DJ 26/08/2008.

2) no Supremo Tribunal Federal e no Superior Tribunal de Justiça, o processo e julgamento das revisões criminais atenderão ao que for estipulado no correspondente regimento interno;

3) nos Tribunais Regionais Federais e nos Tribunais de Justiça, o julgamento será realizado pelas câmaras ou turmas criminais, reunidas em sessão conjunta, quando existir mais de uma, e, no caso contrário, pelo pleno ou órgão especial; e

4) nos tribunais onde houver quatro ou mais câmaras ou turmas criminais, poderão ser formados dois ou mais grupos de câmaras ou turmas para o julgamento da revisão, atendido o que for estabelecido no regimento interno correspondente.

Embora não haja previsão legal expressa, tem-se entendido pelo cabimento de revisão criminal no âmbito dos Juizados Especiais Criminais, cuja competência será da respectiva Turma Recursal.

4.3.2. *Legitimidade* ad causam

Dispõe o art. 623, CPP, que "a revisão poderá ser pedida pelo próprio réu ou por procurador legalmente habilitado ou, no caso de morte do réu, pelo cônjuge, ascendente, descendente ou irmão". Diferentemente da reabilitação, que tem o propósito de reintegrar o sentenciado e que só pode ser movida pelo réu, exclusivamente, não sendo admitida sua propositura depois da morte, os sucessores têm interesse na revisão criminal, não só pelos efeitos patrimoniais decorrentes de sua acolhida, mas também diante do apreço familiar relativamente ao condenado falecido.

Embora o Código não faça referência, entendemos que a Constituição do Brasil autoriza o Ministério Público, pelo teor de seu art. 127, a propositura de revisão criminal, desde que o faça em favor do acusado. No mesmo sentido, Paulo Rangel pontifica que o ***Parquet*** tem legitimidade ativa ***ad causam*** "para requerer a revisão criminal em favor do restabelecimento da ordem jurídica violada com um erro judiciário, pois a legitimidade não é em favor do condenado, mas, sim, a favor da reintegração do ordenamento jurídico agredido com o erro judiciário"[82].

Também Sergio Demoro Hamilton vê como acertada a posição da doutrina que defende o cabimento do provimento revisional mediante iniciativa do ***Parquet***, entendimento que decorre não só da Constituição do Brasil, mas também de interpretação sistemática do CPP, mormente no ponto que autoriza que o Ministério Público ajuíze *habeas corpus* em favor do acusado[83].

A posição aqui esboçada, contudo, está longe de ser pacífica, havendo forte entendimento de que ao MP não assiste legitimidade, por ausência de previsão legal. Neste sentido, adverte Guilherme de Souza Nucci: "finda a relação processual, transitada em julgado a sentença, não há mais cabimento em se admitir ação proposta por representante do Ministério Público. Perdeu o interesse, visto inexistir ***direito de punir*** do Estado nessa ação"[84].

---

82. RANGEL, Paulo. *Direito processual penal*. 4. ed. Rio de Janeiro: Lumen Juris, 2001. p. 623.
83. HAMILTON, Sergio Demoro. *Estudos de processo penal*: 3ª Série. Rio de Janeiro: Lumen Juris, 2007. p. 61.
84. NUCCI, Guilherme de Souza. *Código de processo penal comentado*. 3. ed. São Paulo: RT, 2004. p. 930.

<table>
<tr><th colspan="2">LEGITIMIDADE ATIVA DO MINISTÉRIO PÚBLICO PARA PROPOSITURA DE REVISÃO CRIMINAL</th></tr>
<tr><th>Corrente 1 – Possibilidade</th><th>Corrente 2 – Impossibilidade</th></tr>
<tr><td>› Nestor e Rosmar;
› Norberto Avena;
› Ada Pellegrini,
› Antônio Gomes Filho; e
› Antônio Scarance.</td><td>Guilherme de Souza Nucci</td></tr>
<tr><td>Embora o Código não faça referência, entendemos que a Constituição do Brasil autoriza o Ministério Público, pelo teor de seu art. 127, a propositura de revisão criminal, desde que o faça em favor do acusado.</td><td>"Não nos afigura razoável, como entendem alguns (MÉDICI, Revisão criminal, p. 155; ADA, MAGALHÃES e SCARANCE, Recursos no processo penal, p. 311), que o Ministério Público possa constituir parte ativa nessa modalidade de ação. A lei não o autoriza a agir, diferentemente do que ocorre no processo, quando atua como parte, podendo recorrer, inclusive, em favor do acusado. Finda a relação processual, transitada em julgado a sentença, não há mais cabimento em se admitir ação proposta por representante do Ministério Público."</td></tr>
<tr><td colspan="2">Nos autos do RHC 80796/2001, de relatoria do Min. Marco Aurélio, a Segunda Turma do STF entendeu pela ilegitimidade do Ministério Público para propositura de Revisão Criminal.
"REVISÃO CRIMINAL – LEGITIMIDADE. O Estado-acusador, ou seja, o Ministério Público, não tem legitimidade para formalizar a revisão criminal, pouco importando haver emprestado ao pedido o rótulo de habeas corpus, presente o fato de a sentença já ter transitado em julgado há mais de quatro anos da impetração e a circunstância de haver-se arguido a competência da Justiça Federal, e não da Justiça Estadual, sendo requerente o Procurador da República". (STF – Segunda Turma – RHC 80796 – Rel. Min. Marco Aurélio – julgado em 29/05/2001 – DJ 10/08/2001)."</td></tr>
</table>

A legitimidade passiva é do Estado ou da União consoante se cuide de decisão proferida na esfera estadual ou federal. O Ministério Público não é citado para contestar a demanda, atuando, em verdade, como fiscal da lei, prevendo o CPP a abertura de vista dos autos para que seja exarado parecer. Daí que como a revisão criminal pode ensejar pedido de indenização pelo seu autor contra o Estado ou a União, forçoso é reconhecer a legitimidade passiva de um desses entes – e não do ***Parquet*** –, de acordo com a hipótese.

4.3.3. Propositura

A revisão deve ser ajuizada, por petição, perante o tribunal competente, sendo o requerimento "instruído com a certidão de haver passado em julgado a sentença condenatória e com as peças necessárias à comprovação dos fatos arguidos" (§ 1º, art. 625, CPP). Se não forem atendidos tais requisitos, o relator deve oportunizar que a parte possa sanar a irregularidade, só indeferindo a petição quando a parte permanecer inerte com o decurso do prazo assinado.

A doutrina e jurisprudência admitem a postulação leiga para a ação revisional. Dessa maneira, não é necessário que o apenado seja representado por advogado para que sua revisão seja processada, a semelhança do que ocorre no *habeas corpus*, razão pela qual pode ele, pessoalmente, propor revisão criminal.

Frise-se que, nos termos da súmula nº 393, do STF, "para requerer revisão criminal, o condenado não é obrigado a recolher-se à prisão".

Sergio Demoro Hamilton, com entendimento minoritário, porém coerente, adverte que a revisão criminal é uma ação penal constitutiva que carece de um processo cognitivo limitado que observe requisitos técnicos, não sendo razoável admitir a postulação leiga. Daí sugere, no caso da petição revisional ser apresentada pessoalmente pelo condenado, que o relator remeta à Defensoria Pública com atribuições no órgão colegiado, a fim de que, em sendo possível, dê forma jurídica ao pedido, sem prejuízo de que o apenado, caso assim deseje, escolha advogado de sua confiança no futuro[85].

Uma vez proposta a revisão criminal, poderá o relator "determinar que se apensem os autos originais, se daí não advier dificuldade à execução da sentença" (§ 2º, art. 625, CPP), embora possa, se "julgar insuficientemente instruído o pedido e inconveniente ao interesse da justiça", indeferir a revisão criminal "***in limine***, dando recurso para as câmaras reunidas ou para o tribunal, conforme o caso" (§ 3º, art. 625, CPP).

Em face dos requisitos específicos para a admissibilidade da revisão criminal, é preciso deixar bem vincada que tal via não é tão ampla, não se tratando "de uma nova ação penal invertida, isto é, promovida pelo acusado", razão pela qual se fala que, para a propositura de tal ação, é necessária que ela tenha, em sua petição inicial, uma "fundamentação vinculada", alusiva "às hipóteses de cabimento da ação"[86].

4.3.4. *Rito da revisão criminal*

A petição inicial da ação de revisão criminal, uma vez protocolizada, será distribuída "a um relator e a um revisor, devendo funcionar como relator um desembargador que não tenha pronunciado decisão em qualquer fase do processo" (art. 625, *caput*, CPP). Sendo movida a ação "por petição e independentemente de termo, o relator apresentará o processo em mesa para o julgamento e o relatará, sem tomar parte na discussão" (§ 4º, art. 625, CPP). A revisão criminal não tem efeito suspensivo relativamente ao cumprimento da pena do condenado, não impedindo a execução do veredicto[87].

Nos termos do § 5º, do art. 625, CPP, "se o requerimento não for indeferido ***in limine***, abrir-se-á vista dos autos ao procurador-geral, que dará parecer no prazo de 10 (dez) dias", seguindo-se do exame dos autos, "sucessivamente, em igual prazo, pelo relator e revisor", para que seja julgado o pedido "na sessão que o presidente designar", em conformidade com a pauta do tribunal.

Apesar de não haver disciplina expressa do tema, o Superior Tribunal de Justiça admitiu a aplicação analógica das regras previstas no art. 615, § 1º e art. 664, ambos do CPP, para favorecer o réu em caso de empate no julgamento da revisão criminal. Sem dúvidas, este entendimento privilegia o princípio do ***favor rei***, devendo prevalecer aquele voto que beneficia o revisionando, em caso de entendimento dividido na turma ou câmara do tribunal.

---

85. HAMILTON, Sergio Demoro. *Estudos de processo penal*: 3ª Série. Rio de Janeiro: Lumen Juris, 2007. p. 66.
86. OLIVEIRA, Eugênio Pacelli. *Curso de processo penal*. 2. ed. Belo Horizonte: Del Rey, 2003. p. 846.
87. STJ – Sexta Turma – HC 169.605 – Rel. Min. Og Fernandes – DJ 19/08/2010 – Informativo 443.

Embora não caiba dilação probatória em sede de revisão criminal, "quando provas novas dependerem de produção judicial, como oitiva de testemunhas, ofendidos, peritos, etc., pode o acusado requerer ao juízo de 1º grau a realização de audiência de justificação prévia, que consiste em espécie de ação cautelar de natureza preparatória, para que sejam realizadas tais provas", lastreando esse pedido na circunstância de que pretende ajuizar revisão criminal, mediante aplicação, por analogia, dos arts. 381 e 382 do CPC/2015"[88]. Segue-se o rito da produção antecipada de provas. Objetiva-se coletar provas para acompanhar revisão criminal, haja vista que é procedimento desprovido de maior espaço para produção de provas.

Se, no curso da ação revisional, "falecer a pessoa, cuja condenação tiver de ser revista, o presidente do tribunal nomeará curador para a defesa" (art. 631, CPP). Como se infere, não impõe o Código de Processo Penal a suspensão do processo para que os herdeiros se habilitem. A revisão criminal deve ter curso normal com a simples nomeação de curador, sem prejuízo de que qualquer dos legitimados ingresse na demanda como autor, sucedendo o demandante originário.

Por fim, calha frisar que as normas complementares para o processo e julgamento das revisões criminais estão dispostas nos regimentos internos e leis de organização judiciária (art. 628, CPP), sendo admissível, "a sustentação oral pelas partes durante o julgamento", consoante permite "o Regimento Interno do STF"[89].

4.3.5. Julgamento e indenização

O julgamento da revisão criminal dar-se-á nos limites do que foi requerido. O requerimento delimita se será o caso de ***judicium rescindens***, de ***judicium rescisorium*** ou de cumulação de ambos.

Vale dizer, o julgamento da ação de revisão pode ensejar:

1) nulidade do julgamento por ***error in procedendo***, quando o processo poderá ser reiniciado contra o acusado (***judicium rescindens***);

2) reforma do julgado, por ***error in judicando***, sem reconhecimento de nulidade do processo, mas com diminuição da pena aplicada (***judicium rescisorium***); e,

3) nulidade da decisão anterior e realização do julgamento pelo tribunal com decreto absolutório (***judicium rescindens + judicium rescisorium***).

Deveras, o art. 626, CPP, preconiza que "julgando procedente a revisão, o tribunal poderá alterar a classificação da infração, absolver o réu, modificar a pena ou anular o processo", enfatizando o seu parágrafo único que, "de qualquer maneira, não poderá ser agravada a pena imposta pela decisão". O desdobramento das possibilidades de aplicação/interpretação desse enunciado retratará o exercício do ***judicium rescindens*** e/ou do ***judicium rescisorium***, conforme o tribunal avance para definir o mérito da demanda penal condenatória.

Concluído o julgamento da revisão criminal pelo tribunal, o acórdão é lavrado pelo relator que, nos termos do citado art. 625, *caput*, CPP, não deve ter proferido decisão em qualquer fase do processo rescindendo. Caso o relator fique vencido, é designado para lavrar

88. AVENA, Norberto. *Processo penal esquematizado.* 3. ed. São Paulo: Método, 2011. p. 1253.

89. MIRABETE, Julio Fabbrini. *Processo Penal.* 14. ed. São Paulo: Atlas, 2003. p. 684.

o acórdão o membro do órgão colegiado que tiver aberto a divergência, salvo quando já houver pronunciado decisão no processo objeto da revisão criminal, hipótese em que será designado o revisor para lavrar o acórdão. No entanto, vencidos relator e revisor, deve ser considerada válida a lavratura do acórdão pelo membro que conduziu o voto vencedor, ainda que tenha tomado parte no julgamento da apelação do processo rescindendo, funcionando como revisor. Nesse sentido, o STF[90].

Questão específica diz respeito à revisão criminal relativamente às decisões do Júri Popular, em face da posição majoritária no sentido de ser possível a rescisória sem limites (***judicium rescindens*** e ***judicium rescisorium***) nos casos da decisão emanada desse Tribunal. Naturalmente, havendo visível equívoco na condenação pelo júri popular, o tribunal, ao apreciar a ação revisional, poderá subverter o mérito do veredicto.

Entrementes, sublinha Sergio Demoro Hamilton, em posição minoritária, que não é correto o exercício da revisão sobre o mérito (***judicium rescisorium***) do julgamento pelo Júri em sede de ação revisional, pois o tribunal, ao desconstituir o julgado, "restaura a competência do Júri, único juiz dotado de jurisdição, reafirme-se, para, quanto ao mérito, julgar o réu nos crimes dolosos contra a vida" (grifo do original)[91].

Sob outro enfoque, se a procedência da revisão consistir em absolvição, o julgamento importará no "restabelecimento de todos os direitos perdidos em virtude da condenação, devendo o tribunal, se for o caso, impor a medida de segurança cabível" (art. 627, CPP). Para tanto, o juiz da execução penal deve ser comunicado e, "à vista da certidão do acórdão que cassar a sentença condenatória", ordenará sua juntada imediata "aos autos, para inteiro cumprimento" (art. 629, CPP).

Além desse efeito, final, cogita-se de outro, durante o trâmite processual, que é "a possibilidade de libertação provisória do réu até o julgamento da revisão criminal". Decisão favorável à liberdade do acusado durante o curso da revisão criminal, deve ser excepcional, tal como pode ocorrer em "casos teratológicos de erros judiciários". Essa possibilidade decorre "do poder geral de cautela" do juiz. Normalmente, porém, não deve ser suspensa a execução penal, já que "há uma decisão condenatória com trânsito em julgado, cuja presunção é guarnecida pelo manto da coisa julgada"[92].

Nesse sentido também se posiciona Sergio Demoro Hamilton, criticando o entendimento de Grinover, Gomes Filho e Scarance consistente em ter por "equivocada a afirmação de que na revisão criminal o princípio ***in dubio pro societate*** substitui o do ***in dubio pro reo*** do processo penal condenatório, incumbindo, destarte, ao condenado, autor na ação revisional, o ônus da prova de suas alegações". É que na ação de revisão criminal "incumbe ao revisionado o ônus de provar o ***error in judicando*** ou o ***error in procedendo*** da sentença condenatória favorecida pela coisa julgada formal"[93].

Outrossim, a ação de revisão criminal pode conter a cumulação de pedido indenizatório pelo erro judiciário alegado e reconhecido pelo tribunal. É assim que o art. 630, *caput*, CPP, reza que "se o interessado requerer", poderá o tribunal "reconhecer o direito a

90. STF – Primeira Turma – HC 100243 – Rel. Min. Ricardo Lewandowski – DJ: 28/09/2010 – Informativo 602.
91. HAMILTON, Sergio Demoro. *Estudos de processo penal*: 3ª Série. Rio de Janeiro: Lumen Juris, 2007. p. 67.
92. NUCCI, Guilherme de Souza. *Manual de processo penal e execução penal*. 3. ed. São Paulo: RT, 2007. p. 886.
93. HAMILTON, Sergio Demoro. *Estudos de processo penal*: 3ª Série. Rio de Janeiro: Lumen Juris, 2007. p. 55-58.

uma justa indenização pelos prejuízos sofridos". Tal indenização, a ser liquidada no juízo cível, será de responsabilidade da União, se a condenação tiver sido proferida pela justiça federal, do Distrito Federal ou do Estado, se prolata pela justiça respectiva (§ 1º, art. 630, CPP). Essa previsão legal é permissiva da ampliação do objeto da demanda e de sua cognição horizontal, exigindo-se a citação do ente público legitimado para contestar a ação[94].

Observe-se, por fim, que, a teor do § 2º, do art. 630, CPP, a indenização não será devida "se o erro ou a injustiça da condenação proceder de ato ou falta imputável ao próprio impetrante, como a confissão ou a ocultação de prova em seu poder" e/ou "se a acusação houver sido meramente privada".

No que concerne a esta última restrição, forçoso é convir com Eugênio Pacelli de Oliveira, no ponto que aduz que ela "não sustenta uma análise mínima de seu conteúdo", haja vista que "na ação penal privada, embora a iniciativa seja reservada ao particular, a condenação nem por isso deixará de partir de órgãos do poder público", acrescendo que "o erro, apto e suficiente a justificar a indenização, teria sido praticado pelo Estado, por meio do Poder Judiciário"[95]. Sem embargo, é possível ao Poder Público, ajuizar ação regressiva contra o particular que deu ensejo ao erro judiciário, para se ver ressarcido da indenização fixada na ação rescisória.

5. QUADRO SINÓTICO

CAPÍTULO XVI – AÇÕES AUTÔNOMAS DE IMPUGNAÇÃO		
DE ORDEM GERAL		
As ações de impugnação podem ter o objetivo de rever decisão criminal condenatória transitada em julgado ou de servir de sucedâneo recursal nas hipóteses em que não houver recurso específico para o reexame de decisão judicial que cause gravame a uma das partes do processo penal. São formas previstas no ordenamento jurídico para interferir em prestação jurisdicional emanada de demanda processual penal distinta e, ainda, para atacar situação fática que afete ou possa afetar a liberdade de locomoção garantida constitucionalmente ou interesses atinentes à matéria criminal. Exemplos: *habeas corpus*, mandado de segurança e a revisão.		1
HABEAS CORPUS		
Fundamentos	Garantia fundamental. Açao penal não condenatória. Concedido "sempre que alguém sofrer ou se achar ameaçado de sofrer violência ou coação em sua liberdade de locomoção, por ilegalidade ou abuso de poder". Preventivamente será ajuizado quando o cerceio de liberdade estiver em vias de se concretizar; repressivamente, quando a violação da liberdade de locomoção já tiver se concretizado. A garantia do *habeas corpus* está ligada a uma outra garantia, que é a de liberdade de locomoção (art. 5º, XV). No plano infraconstitucional, o Código de Processo Penal preconiza, em seu art. 647, que o *habeas corpus* será dado "sempre que alguém sofrer ou se achar na iminência de sofrer violência ou coação ilegal na sua liberdade de ir e vir, salvo nos casos de punição disciplinar".	2.1

94. HAMILTON, Sergio Demoro. *Estudos de processo penal*: 3ª Série. Rio de Janeiro: Lumen Juris, 2007. p. 63.

95. OLIVEIRA, Eugênio Pacelli. *Curso de processo penal*. 2. ed. Belo Horizonte: Del Rey, 2003. p. 852.

CAPÍTULO XVI – AÇÕES AUTÔNOMAS DE IMPUGNAÇÃO		
Natureza Jurídica	O *habeas corpus* é uma ação penal não condenatória. A praxe forense tem admitido o seu uso como sucedâneo recursal, ou seja, como uma forma de impugnar decisões que causam gravame à parte durante o trâmite de outro processo, condenatório, cuja pena do delito prevista em abstrato seja privativa de liberdade. O resultado da ação de *habeas corpus* é o de uma ordem judicial. Expede-se um alvará de soltura (quando se dirige contra a prisão ilegal de alguém) ou um salvo-conduto (quando é o caso de ameaça à liberdade de ir, vir ou ficar). O *habeas corpus* pode se destinar a trancar uma ação penal em relação a algum acusado ou mesmo a trancar o inquérito policial quando a apuração, por si só, representar ameaça à liberdade de locomoção.	**2.2**
Cabimento		
Violação à liberdade de ir e vir	É a causa de pedir do *habeas corpus*. Deve ser entendida em sentido amplo. "A coação considerar-se-á ilegal" quando: 1) "não houver justa causa"; 2) "alguém estiver preso por mais tempo do que determina a lei"; 3) "quem ordenar a coação não tiver competência para fazê-lo"; 4) "houver cessado o motivo que autorizou a coação";	**2.3.1**
Violação à liberdade de ir e vir	5) "não for alguém admitido a prestar fiança, nos casos em que a lei autoriza"; 6) "o processo for manifestamente nulo"; e, 7) estiver "extinta a punibilidade". "Não cabe *habeas corpus* contra a imposição da pena de exclusão de militar ou de perda de patente ou de função pública" (súmula nº 694, STF). "Não se conhece de *habeas corpus* contra omissão de relator de extradição, se fundado em fato ou direito estrangeiro cuja prova não constava dos autos, nem foi provocado a respeito" (súmula nº 692, STF).	**2.3.1**
***Habeas corpus* preventivo, repressivo e suspensivo**	**Repressivo (liberatório):** tem como objetivo a soltura de quem se encontra preso de forma ilegal. Será expedido alvará de soltura, nos termos do art. 660, § 1º, CPP. **Preventivo:** tem como objetivo a emissão de salvo-conduto (art. 660, § 4º, CPP). Se, no curso da demanda, se efetivar a ameaça à liberdade de locomoção, o *habeas corpus* preventivo se transmuda em liberatório (princípio da fungibilidade). **Suspensivo:** ocorre quando já existe a expedição de mandado prisional, mas o sujeito ainda não foi preso. **Profilático:** destinado a suspender atos processuais ou impugnar medidas que possam importar em prisão futura com aparência de legalidade, porém intrinsecamente cominada por ilegalidade anterior.	**2.3.2**
Crime com pena privativa de liberdade	O crime veiculado no inquérito, procedimento ou ação penal deve prever, abstratamente, pena privativa de liberdade.	**2.3.3**

CAPÍTULO XVI – AÇÕES AUTÔNOMAS DE IMPUGNAÇÃO		
Transgressão disciplinar	Os enunciados normativos do art. 647, CPP, e do § 2º, do art. 142, da Constituição do Brasil, que vedam o manejo do *habeas corpus* contra punição disciplinar tem aplicação para os casos que se pretenda invadir o mérito do ato administrativo punitivo. Em outras palavras, se a punição disciplinar é aplicada dentro dos limites legais e regulamentares, a propositura do *habeas corpus* é vedada. No entanto, no caso de punições disciplinares que extrapolem os parâmetros do permitido à autoridade competente, com cerceio indevido à liberdade de locomoção, cabível é o *habeas corpus*, a teor do art. 5º, LXVIII, da Constituição do Brasil, não sendo plausível sustentar limitação a essa garantia fundamental.	**2.3.4**
Processo e Julgamento		
Competência	Definida em conformidade com a qualidade da pessoa que seja responsável pelo ato coator ou com a qualidade da pessoa que esteja sofrendo a lesão ou ameaça de lesão à sua liberdade de locomoção. **STF** – compete processar e julgar, originariamente, o *habeas corpus*, quando o paciente se tratar de Presidente da República, Vice-Presidente, membros do Congresso Nacional, Ministros do próprio STF, Procurador-Geral da República, Ministros de Estados, Comandantes da Marinha, do Exército e da Aeronáutica, membros dos Tribunais Superiores, membros do Tribunal de Contas da União e chefes de missão diplomática de caráter permanente (art. 102, I, "d", CF/1988) e quando o coator for Tribunal Superior ou quando o coator ou o paciente for autoridade ou funcionário cujos atos estejam sujeitos diretamente à jurisdição do Supremo Tribunal Federal, ou se trate de crime sujeito à mesma jurisdição em uma única instância (art. 102, I, "i", CF/1988). Ainda compete ao STF julgar, em grau de recurso ordinário, o *habeas corpus* decidido em única instância, quando denegatória a decisão (art. 102, II, "a", CF/1988). **STJ** – compete processar e julgar, originariamente, o *habeas corpus*, quando o coator ou paciente for Governador de Estado ou do Distrito Federal, desembargador de Tribunal de Justiça, de Tribunal Regional Federal ou de Tribunal Regional do Trabalho, membro de Tribunal de Contas do Estado ou do Distrito Federal, membro de Tribunal Regional Eleitoral, membro do Conselho ou Tribunal de Constas dos Municípios e membro do Ministério Público da União que oficie perante tribunal ou quando o coator for tribunal sujeito à sua jurisdição Ministro de Estado ou Comandante da Marinha, do Exército ou da Aeronáutica, ressalvada a competência da Justiça Eleitoral (art. 105, I, "c", CF/1988). Ainda ao STJ compete julgar, em recurso ordinário, "os *habeas corpus* decididos em única ou última instância pelos Tribunais Regionais Federais ou pelos Tribunais dos Estados, do Distrito Federal e Territórios, quando a decisão for denegatória" (art. 105, II, "a", CF/1988). **Tribunais Regionais Federais** – têm competência para processar e julgar, originariamente, "os *habeas corpus* quando a autoridade coatora for juiz federal", bem como o recurso contra decisão de *habeas corpus* julgado por juiz federal (art. 108, I, "d", e II, CF/1988). É da competência	**2.4.1**

CAPÍTULO XVI – AÇÕES AUTÔNOMAS DE IMPUGNAÇÃO		
Competência	de juiz federal processar e julgar "os *habeas corpus*, em matéria criminal de sua competência ou quando o constrangimento provier de autoridade cujos atos não estejam diretamente sujeitos a outra jurisdição" (art. 109, VII, CF/1988). As competências do STF, do STJ e da Justiça Federal são numerus clausus (número fechado ou rol taxativo). **Justiça Militar, Justiça Eleitoral e Justiça dos Estados** – têm competência para processar e julgar *habeas corpus*, em compasso com as respectivas legislações. A Justiça dos Estados detém a competência residual em matéria criminal, ou seja, tudo o que não estiver afeto especificamente à Justiça Federal e às justiças especializadas é remetido à Justiça Estadual. A competência do juiz cessará sempre que a violência ou coação provier de autoridade judiciária de igual ou superior jurisdição. No caso de *habeas corpus* contra ato de promotor de justiça ou de procurador da república, prevalece o entendimento que a competência é originária do Tribunal de Justiça ou Tribunal Regional Federal, respectivamente (GUILHERME NUCCI). Excepcionalmente, será da Turma Recursal a competência para o julgamento, caso o ato ministerial tenha sido proferido por promotor ou procurador vinculado a Juizado Especial Criminal – estadual ou federal.	**2.4.1**
Legitimidade ativa e passiva	O paciente é a pessoa em favor de quem o *habeas corpus* é ajuizado. O impetrado, parte passiva ou demandado é a pessoa – autoridade ou não – responsável pelo ato apontado como lesivo à liberdade de locomoção. O impetrante e o paciente podem coincidir na mesma pessoa. Não é exigível ao impetrante a capacidade postulatória. A pessoa jurídica não pode ser paciente. Qualquer pessoa, física ou jurídica pode mover essa ação. O promotor de justiça também está autorizado (Lei nº 8.625/1993). O *habeas corpus* pode ter lugar *ex officio*. A legitimidade passiva do *habeas corpus* recai sobre a pessoa responsável pelo ato ilegal e lesivo à liberdade de ir e vir da pessoa física. Toda vez que o ato ilegal cometido por uma pessoa for ratificado pela autoridade com competência para apreciar a lesão, esta passará a ser a parte legítima passiva. A Primeira Turma do STF não tem admitido o HC substitutivo de recurso ordinário constitucional. Esse entendimento tem sido acompanhado pelas duas turmas especializadas em matéria criminal do STJ.	**2.4.2**
Forma de propositura	A forma de propositura do *habeas corpus* é livre. Deve conter: **(1)** "o nome da pessoa que sofre ou está ameaçada de sofrer violência ou coação e o de quem exercer a violência, coação ou ameaça"; **(2)** "a declaração da espécie de constrangimento ou, em caso de simples ameaça de coação, as razões em que funda seu temor"; e **(3)** "a assinatura do impetrante, ou de alguém a seu rogo, quando não souber ou não puder escrever, e a designação das respectivas residências". A petição deve ser acompanhada de prova pré-constituída. Admite-se "que o requerimento seja feito por telegrama, radiograma ou telex", "por telefone e reduzido a termo pela Secretaria" (JULIO FABBRINI MIRABETE), sendo plausível até sua impetração por via eletrônica (e-mail), diante da informatização do Poder Judiciário.	**2.4.3**

CAPÍTULO XVI – AÇÕES AUTÔNOMAS DE IMPUGNAÇÃO		
Forma de propositura	Conquanto a ação de habeas corpus seja demanda de cognição restrita ao exame do que foi produzido de antemão, não sendo viável digressão do rito para constituição de outras provas , é possível a requisição de documentos pelo órgão judicial quando se verificar que não foi possível ao impetrante aparelhar a petição inicial adequadamente	**2.4.3**
Rito processual	O juiz competente, ao receber a petição inicial e "se julgar necessário, e estiver preso o paciente, mandará que este lhe seja imediatamente apresentado em dia e hora que designar" (art. 656, *caput*, CPP). "Em caso de desobediência, será expedido mandado de prisão contra o detentor, que será processado na forma da lei, e o juiz providenciará para que o paciente seja tirado da prisão e apresentado em juízo" (parágrafo único, art. 656, CPP). Por ser a desobediência infração de menor potencial ofensivo, a regra é que a lavratura do auto seja substituída pela elaboração do termo circunstanciado (art. 69 da Lei nº 9.099/95), liberando-se, na sequência, o indivíduo. A emissão do mandado de prisão contra o detentor nessa hipótese foi suplantada pela Lei nº 12.403/2011. Permanece a desobediência à ordem judicial como delito passível de prisão em flagrante. Analogamente, "o carcereiro ou o diretor da prisão, o escrivão, o oficial de justiça ou a autoridade judiciária ou policial que embaraçar ou procrastinar a expedição de ordem de *habeas corpus*, as informações sobre a causa da prisão, a condução e apresentação do paciente, ou a sua soltura, será multado", "sem prejuízo das penas em que incorrer" (art. 655, CPP). Entende-se possível a fixação de *astreinte*. Não será possível alegação de motivo para não apresentar o paciente ao juiz, exceto em caso de "grave enfermidade do paciente", "não estar ele sob a guarda da pessoa a quem se atribui a detenção" ou, por consectário lógico, "se o comparecimento não tiver sido determinado pelo juiz ou pelo tribunal". "O juiz poderá ir ao local em que o paciente se encontrar, se este não puder ser apresentado por motivo de doença" (art. 657, parágrafo único, CPP). Quando o exame do *habeas corpus* competir originariamente a tribunal, a petição inicial "será apresentada ao secretário, que a enviará imediatamente ao presidente do tribunal, ou da câmara criminal, ou da turma, que estiver reunida, ou primeiro tiver de reunir-se" (art. 661, CPP). A autoridade judiciária competente poderá conceder liminar em *habeas corpus*, com ou sem a oitiva prévia da autoridade coatora. A petição de *habeas corpus* poderá ser rejeitada liminarmente pelo juiz quando "não preenchidos os requisitos extrínsecos previstos pelo artigo 654, bem como se houver carência de ação". Tal rejeição liminar, contudo, "deve ser cercada de máxima cautela, já que em jogo a liberdade física do paciente, podendo lançar mão o juiz do recurso de conceder prazo para que sejam preenchidas as formalidades legais e regularizado o pedido". (JULIO FABBRINI MIRABETE). O rito da ação de *habeas corpus* deve ser sumário. As informações da autoridade coatora poderão ser requisitadas ou não. O remédio heroico tem prioridade de julgamento em relação às outras contendas.	**2.4.4**

CAPÍTULO XVI – AÇÕES AUTÔNOMAS DE IMPUGNAÇÃO		
Julgamento	Prescreve o CPP que "efetuadas as diligências, e interrogado o paciente, o juiz decidirá, fundamentadamente, dentro de 24 (vinte e quatro) horas" (art. 660, *caput*), esclarecendo que: **1)** "se a decisão for favorável ao paciente, será logo posto em liberdade, salvo se por outro motivo dever ser mantido na prisão" (§ 1º); **2)** "se os documentos que instruírem a petição evidenciarem a ilegalidade da coação, o juiz ou o tribunal ordenará que cesse imediatamente o constrangimento" (§ 2º); **3)** "se a ilegalidade decorrer do fato de não ter sido o paciente admitido a prestar fiança, o juiz arbitrará o valor desta, que poderá ser prestada perante ele, remetendo, neste caso, à autoridade os respectivos autos para serem anexados aos do inquérito policial ou aos autos do processo judicial" (§ 3º); **4)** "se a ordem de *habeas corpus* for concedida para evitar ameaça de violência ou coação ilegal, dar-se-á ao paciente salvo-conduto assinado pelo juiz" (§ 4º); **5)** "será incontinenti enviada cópia da decisão à autoridade que tiver ordenado a prisão ou tiver o paciente à sua disposição, a fim de juntar-se aos autos do processo" (§ 5º); e, **6)** "quando o paciente estiver preso em lugar que não seja o da sede do juízo ou do tribunal que concedera a ordem, o alvará de soltura será expedido pelo telégrafo", nos termos da lei, por via postal (§ 6º) ou por via eletrônica, nos termos da Lei nº 11.419/2006.	**2.4.5**
Trancamento do inquérito, do processo ou do termo circunstanciado de ocorrência	O pedido em *habeas corpus* pode se referir à causa diversa do cerceio **direto** da liberdade ou da iminência de sofrer violação à liberdade de locomoção. A ausência de previsão de recurso específico contra certo ato exarado em procedimento criminal pode ensejar a admissão do *habeas corpus* com natureza jurídica de sucedâneo recursal. A apuração deve ser relativa ao delito que tenha em sua previsão abstrata pena privativa de liberdade. Para que seja cabível é necessária a presença do que se entende por constrangimento ilegal, com possibilidade de um desfecho cerceador da liberdade de ir e vir. É preciso que não haja previsão de recurso específico contra o ato violador ou ameaçador da liberdade de locomoção. Atendidas essas peculiaridades, pode ser ajuizada ação de *habeas corpus* para ver trancado inquérito policial, processo penal, termo circunstanciado de ocorrência ou procedimento criminal junto ao juizado especial criminal. O *habeas corpus* terá o condão de encerrar o processo, o procedimento ou o inquérito. O trancamento de um processo penal pode ser decorrente da nulidade da peça acusatória.	**2.4.6**
***Habeas corpus ex officio*, liberdade provisória e relaxamento de prisão**	O *habeas corpus* pode ser concedido de ofício pelos juízes e tribunais, sempre que tiverem conhecimento que a ilegalidade que põe em risco a liberdade já ocorreu ou está prestes a acontecer. O HC também pode servir de veículo para a obtenção da liberdade provisória e do relaxamento prisional.	**2.4.7**

CAPÍTULO XVI – AÇÕES AUTÔNOMAS DE IMPUGNAÇÃO		
Recursos em *habeas corpus* e *habeas corpus* substitutivo	Da sentença do juiz singular que conceder ou negar a ordem de *habeas corpus*, caberá recurso em sentido estrito, a ser interposto pelas partes do processo penal condenatório, pelo paciente ou pelo Ministério Público, nos termos do art. 581, CPP. Da decisão concessiva de *habeas corpus*, o CPP prevê hipótese de reexame necessário (também chamado de recurso de ofício, remessa necessária, recurso *ex officio* ou duplo grau de jurisdição obrigatório), consoante o seu art. 574, I. Contra a decisão concessiva de *habeas corpus*, proferida pelos Tribunais de Justiça ou pelos Tribunais Regionais Federais, será cabível recurso especial ao STJ e/ou recurso extraordinário ao STF. Se a decisão prolatada por esses tribunais de segunda instância for denegatória, a CF estabelece o cabimento de recurso ordinário constitucional ao Superior Tribunal de Justiça, a teor do seu art. 105, II, "a". O art. 102, II, "a", da CF: compete ao STF o julgamento, em recurso ordinário constitucional, do *habeas corpus* decidido "em única instância pelos Tribunais Superiores, se denegatória a decisão". Os tribunais superiores têm limitado a impetração de *habeas corpus* quando se trata de substituto do recurso cabível para impugnar a decisão, especialmente quando manejado para substituir o recurso ordinário constitucional. Os embargos declaratórios (não os embargos infringentes ou de nulidade!) poderão ter lugar no processo de *habeas corpus*, caso ocorra omissão, obscuridade ou contradição do julgado.	**2.4.8**
Jurisprudência defensiva: o *habeas corpus* substitutivo de recurso ordinário constitucional e a concessão de *habeas corpus* de ofício	Conjunto de técnicas consistente na estruturação de requisitos de admissibilidade racionais para filtrar o cabimento de ações e recursos perante os tribunais, com o fito de conferir à corte funcionalidade que, ao final, garanta acessibilidade à justiça. O STF estabeleceu uma condição a mais para o conhecimento do writ constitucional heroico, valendo-se da técnica de adoção do *habeas corpus* de ofício (a própria corte verifica a ilegalidade e a corrige) para conter o conhecimento e julgamento do *habeas corpus* substitutivo (a não interposição do recurso ordinário constitucional contra a negativa de *habeas corpus* na origem, com o ajuizamento de novo *habeas corpus* perante a corte de superior instância). O *habeas corpus* tem rito muito mais célere e eficaz contra violações à liberdade de locomoção que o recurso ordinário constitucional contra decisão denegatória de *habeas corpus*. Assim, é plausível concluir que não são apropriadas criação de técnicas de restrição de sua admissibilidade, por significar menor eficácia de direito fundamental individual constitucional. Por tal razão, o STF mitigou, posteriormente, o rigor de seu posicionamento, permitindo o uso do habeas corpus como sucedâneo recursal, toda vez que estiver em jogo a liberdade de locomoção, "na via direta a liberdade de ir e vir do cidadão, cabível é o habeas corpus, ainda que substitutivo do recurso ordinário". Permanece, em boa medida a técnica da jurisprudência defensiva, inclusive no âmbito do STJ, que entende viável, contudo, a possibilidade de concessão do writ quando existente eventual coação ilegal.	**2.4.9**

<table>
<tr><th colspan="3">CAPÍTULO XVI – AÇÕES AUTÔNOMAS DE IMPUGNAÇÃO</th></tr>
<tr><th colspan="3">MANDADO DE SEGURANÇA</th></tr>
<tr><td>Fundamentos</td><td>O mandado de segurança tem suas raízes na ação de habeas corpus. Foi inserido no ordenamento jurídico pátrio pela Constituição de 1934, desprezado pela Carta autoritária de 1937, mas restabelecido pela Constituição democrática de 1946 (art. 141, § 24) e mantido pela de 1967 (art. 150, § 21), inclusive por sua Emenda nº 01/69 (art. 153, § 21), e pela atual CF/88, que, em seu artigo 5º, LXIX, dispõe que será concedido “para proteger direito líquido e certo, não amparado por habeas corpus ou habeas data, quando o responsável pela ilegalidade ou abuso de poder for autoridade pública ou agente de pessoa jurídica no exercício de atribuições do Poder Público”.
O mandado de segurança atualmente tem sua disciplina traçada pela Lei Federal nº 12.016/2009, que revogou expressamente a Lei nº 1.533/1951, depois de um longo período de vigência e de consolidação de jurisprudência sobre o assunto. A nova lei repetiu em larga medida dispositivos da antiga lei. Sem embargo, também positivou construções jurisprudenciais e o mandado de segurança coletivo previsto na Constituição de 1988.
O mandado de segurança, em essência, não é ação penal, mas ação de natureza cível, manejável como sucedâneo recursal em matéria criminal.</td><td>3.1</td></tr>
<tr><td rowspan="2">Cabimento</td><td>O cabimento do mandado de segurança, em matéria penal, é aferido por exclusão das demais possibilidades de impugnação. Ele será ajuizado quando não for o caso de propositura de habeas corpus. Para que seja admissível o mandado de segurança, é preciso que estejam presentes seus requisitos específicos:
1) o ato impugnado tem que ser de autoridade ou de pessoa no exercício de atribuição do poder público. No caso do mandado de segurança em matéria criminal, será ele dirigido contra ato judicial contra o qual não caiba recurso específico;</td><td rowspan="2">3.2</td></tr>
<tr><td>2) o impetrante deve evidenciar a existência de direito líquido e certo, não amparado por habeas corpus ou por habeas data, quando, diante de ilegalidade ou de abuso de poder, vier a sofrer violação ou tiver o receio de sofrê-la injustamente.
Caso a prova documental não evidencie o direito do impetrante, a denegação do writ, conquanto faça coisa julgada material relativamente à porção conhecida naquela demanda, não o impedirá de ajuizar ação de cognição mais ampla.
A impugnação “pela via do mandamus abrange qualquer conduta positiva ou omissiva lesiva a direito, de tal modo que esse remédio constitucional revela-se como um poderoso mecanismo de controle incidental das ações e omissões do poder público”, nos casos “de violação a direito líquido e certo, decorrente de ato ou omissão total ou parcial, normativa ou não normativa, do poder público”.
“O mandado de segurança pode ser utilizado como ferramenta para provocar o reexame de uma decisão ou ato judicial”.
Cabe mandado de segurança para trancamento do inquérito ou do processo tendo como indiciada ou ré a pessoa jurídica.
É cabível mandamus, e não o HC, para trancar inquérito ou processo por iniciativa da vítima, notadamente nas infrações privadas ou públicas condicionadas à representação, quando esta não tenha autorizado o início da persecução penal.</td></tr>
</table>

CAPÍTULO XVI – AÇÕES AUTÔNOMAS DE IMPUGNAÇÃO		
Processo e Julgamento		
Competência	**STF** – compete processar e julgar originariamente o mandado de segurança "contra atos do Presidente da República, das Mesas da Câmara dos Deputados e do Senado Federal, do Tribunal de Contas da União, do Procurador-Geral da República e do próprio Supremo Tribunal Federal". Já ao **Superior Tribunal de Justiça** compete o processamento e julgamento originário do *mandamus* "contra ato de Ministro de Estado, dos Comandantes da Marinha, do Exército e da Aeronáutica ou do próprio Tribunal" (art. 105, I, "b", CF/1988). **Tribunais Regionais Federais** – processar e julgar, originariamente, os mandados de segurança "contra ato do próprio Tribunal ou de juiz federal" (art. 108, I, "c", CF/1988). Tratando-se de ato dos juízes dos Juizados Especiais Criminais, o julgamento do mandado de segurança compete às Turmas Recursais (súmula nº 376 do STJ). Caso a autoridade coatora seja a Turma Recursal, o *mandamus* deverá ser impetrado perante o Tribunal de Justiça respectivo (ou no TRF, no âmbito federal). A impugnação de ato de promotor de justiça ou procurador federal será processada e julgada pelo Tribunal respectivo. **Juízes federais** – processar e julgar os mandados de segurança "contra ato de autoridade federal, excetuados os casos de competência dos Tribunais federais". Pelo princípio da simetria, a mesma regra alusiva ao mandado de segurança em senda criminal, é aplicada no âmbito da **Justiça Eleitoral**, da **Justiça Militar** e da **Justiça dos Estados**, salientada, quanto a esta, a natureza residual de sua competência em matéria criminal.	**3.3.1**
Legitimidade ativa e passiva	Pode ser impetrante o acusado, o querelante, o Ministério Público, o defensor (para defender prerrogativas da advocacia) e o ofendido, através do assistente da acusação.	**3.3.2**
Procedimento do mandado de segurança	O rito do mandado de segurança é traçado pela Lei nº 12.016/2009, que seguiu, com algumas alterações, a disciplina posta no direito positivo brasileiro pela legislação anterior (Lei nº 1.533/1951). A petição inicial do mandado de segurança, além de conter os requisitos dos artigos 319 e 320, do Código de Processo Civil de 2015, "será apresentada em duas vias com os documentos que instruírem a primeira reproduzidos na segunda e indicará, além da autoridade coatora, a pessoa jurídica que esta integra, à qual se acha vinculada ou da qual exerce atribuições" (art. 6º, *caput*, Lei nº 12.016/2009). O art. 7º, da Lei nº 12.016/2009, preconiza que o juiz, ao despachar a petição inicial, ordenará: 1) a notificação do coator a respeito do conteúdo do *writ*, mediante o envio da 2ª via da petição inicial com cópias dos documentos, para prestar informações em dez dias; 2) que seja dada ciência do processo ao órgão de representação judicial da pessoa jurídica interessada, remetendo-lhe cópia da peça inicial desacompanhada de documentos, para que querendo, ingresse no processo; e	**3.3.3**

CAPÍTULO XVI – AÇÕES AUTÔNOMAS DE IMPUGNAÇÃO		
Procedimento do mandado de segurança	3) a suspensão do ato que motivou o pedido, quando o fundamento for relevante e do ato objurgado puder haver a ineficácia da medida, caso deferida ao final. Para tanto, o juiz tem a faculdade de exigir do impetrante que preste caução, fiança ou realize depósito, com o fito de garantir o ressarcimento da pessoa jurídica. Em acréscimo, nos termos do verbete nº 701, da súmula do STF, o juiz determinará a citação do acusado, caso tenha sido o *mandamus* proposto pelo *Parquet*. A liminar de suspensão do ato impugnado pode ser deferida com ou sem a oitiva prévia da autoridade impetrada e, para tanto, deve ser requerida pelo autor, ressalvado o poder geral de cautela do órgão com competência para processar e julgar a segurança. A sentença concessiva da segurança tem o condão, em regra, de confirmar a liminar que eventualmente tenha sido concedida. Contra a decisão que conceda ou denegue a liminar, é cabível o agravo de instrumento nos termos do Código de Processo Civil (art. 7º, § 1º, Lei nº 12.016/2009, eis que o mandado de segurança é ação cível, embora aqui veicule pretensão criminal. Sem embargo, "denegado o mandado de segurança pela sentença, ou no julgamento do agravo, dela interposto, fica sem efeito a liminar concedida, retroagindo os efeitos da decisão contrária" (verbete nº 405, da súmula do STF). Findo o prazo para a apresentação das informações, será o Ministério Público ouvido não mais em cinco dias (como antes previa a Lei nº 1.533/1951), mas no prazo improrrogável de dez dias, quando poderá exarar parecer, como *custos legis*. Em seguida, nos termos do parágrafo único, do art. 12, da Lei nº 12.016/2009, com ou sem o parecer do Ministério Público, os autos serão conclusos ao magistrado, para sentença, que deverá ser obrigatoriamente prolatada no prazo de trinta dias. Quanto ao rito nos órgãos colegiados, cumpre anotar que: 1) nos casos de competência originária dos tribunais, compete ao relator a instrução do processo, sendo garantida a defesa oral na sessão do julgamento do mérito ou do pedido liminar (art. 16, *caput*, Lei nº 12.016/2009); e 2) da decisão do relator que denegue ou que conceda liminar é impugnável mediante agravo (regimental) ao órgão competente do tribunal do qual faça parte (parágrafo único, do art. 16, da Lei nº 12.016/2009). A liminar de suspensão do ato impugnado pode ser deferida com ou sem a oitiva prévia da autoridade impetrada e, para tanto, deve ser requerida pelo autor, ressalvado o poder geral de cautela do órgão com competência para processar e julgar a segurança. Embora o CPC/2015 tenha suprimido o processo cautelar autônomo do direito processual civil, tal não significa dizer que não há mais possibilidade de tutela cautelar ou de exercício de um "poder geral de cautela". Decerto, o CPC/2015 preconiza a possibilidade de tutela de urgência e de tutela da evidência, requeridas antes ou no curso do processo, sejam elas de natureza satisfativa ou cautelar (artigos 294 e 305). As medidas satisfativas são as antecipatórias do direito debatido em juízo. As medidas cautelares visam, em geral, afastar riscos e assegurar o resultado útil do processo. Daí permanecer no ordenamento jurídico – até porque inerente à função jurisdicional – o poder geral de cautela do magistrado.	3.3.3

CAPÍTULO XVI – AÇÕES AUTÔNOMAS DE IMPUGNAÇÃO		
Julgamento	O julgamento do mandado de segurança pelo juiz singular, ocorrerá mediante sentença. Quando for o caso de julgamento por tribunal, serão observadas as regras regimentais de apreciação pelo órgão colegiado respectivo, sem prejuízo dos autorizativos para julgamento monocrático pelo relator. Impende se notar que, de acordo com o entendimento majoritário, "na ação de mandado de segurança não se admite condenação em honorários advocatícios" (súmula nº 105, STJ), nem são cabíveis embargos infringentes (súmula nº 169, STJ). Tais regras foram positivadas no art. 25, da Lei nº 12.016/2009. Da sentença, negando ou concedendo a segurança, cabe apelação, seja em virtude do indeferimento da inicial (art. 10, § 1º, da Lei nº 12.016/2009), seja em face da sentença final (art. 14, da Lei nº 12.016/2009). Caso o julgamento seja originário de tribunal, caberá recurso ordinário constitucional (se denegatória a decisão), recurso especial ou recurso extraordinário, conforme a espécie, nos termos do art. 18, da nova Lei. Em sendo o julgado proferido por juiz de primeiro grau, a sentença concessiva do *mandamus* fica sujeita ao duplo grau de jurisdição, podendo a autoridade coatora dela recorrer.	**3.3.4**
Mandado de segurança coletivo	O mandado de segurança coletivo, a princípio, não guarda pertinência com a matéria criminal, no sentido de ser viável sua utilização. Poderíamos imaginar, no entanto, o seu uso em sede de execução penal para, com uma só demanda, defender direitos coletivos ou individuais homogêneos dos apenados. Mas, essa possibilidade reclamará solução diversa a depender da finalidade da demanda: 1) de um lado, temos o exemplo do manejo do mandado de segurança coletivo para o atendimento das regras dispostas na Lei de Execução Penal sobre as condições de higiene dos estabelecimentos prisionais. Nesse caso, o writ coletivo seria menos adequado que o ajuizamento de ação civil pública; 2) de outro, se o mandado de segurança coletivo for utilizado para defender direito relativo aos limites para o deferimento de progressão do regime de pena, o que teremos é uma ação autônoma que teria o cunho de compelir o magistrado a adotar uma norma em tese para o deferimento ou indeferimento de benefícios em processos de execução (que são ações individuais). O rito do mandado de segurança coletivo é o mesmo do *writ of mandamus* individual visto acima, distinguindo-se pelas seguintes particularidades a serem observadas: 1) a legitimidade ativa é restrita a partido político com representação no Congresso Nacional, na defesa de seus interesses legítimos relativos a seus integrantes ou à finalidade partidária, ou por organização sindical, entidade de classe ou associação legalmente constituída e em funcionamento há, pelo menos, um ano (na forma de seus estatutos e desde que pertinente às suas finalidades – "pertinência temática"); 2) não é necessária autorização especial dos eventuais beneficiados pela sua decisão;	**3.4**

<table>
<tr><th colspan="3">CAPÍTULO XVI – AÇÕES AUTÔNOMAS DE IMPUGNAÇÃO</th></tr>
<tr><td>Mandado de segurança coletivo</td><td>3) a sentença fará coisa julgada limitadamente aos membros do grupo ou categoria substituídos pelo impetrante;
4) sua interposição não implica litispendência para as ações individuais, porém os efeitos da coisa julgada não beneficiarão o impetrante de mandado de segurança individual caso ele não requeira a desistência desta demanda no lapso de trinta dias contados da ciência comprovada do ajuizamento do mandado de segurança coletivo; e
5) a liminar só poderá ser concedida depois da oitiva do representante judicial da pessoa jurídica de direito público, que deverá se manifestar em setenta e duas horas.</td><td>3.4</td></tr>
<tr><th colspan="3">REVISÃO CRIMINAL</th></tr>
<tr><td>Fundamentos</td><td>A ação de revisão criminal tem o objetivo de reexaminar sentença condenatória ou decisão condenatória proferida por tribunal, que tenha transitado em julgado. Tal demanda tem o condão de excepcionar a coisa julgada em matéria criminal, pelo que só se permite seu ajuizamento quando em favor do sentenciado.</td><td>4.1</td></tr>
<tr><td>Cabimento</td><td>Nos termos do art. 621, CPP, "a revisão criminal dos processos findos será admitida":
1) "quando a sentença condenatória for contrária ao texto expresso da lei penal ou à evidência dos autos";
2) "quando a sentença condenatória se fundar em depoimentos, exames ou documentos comprovadamente falsos"; e,
3) "quando, após a sentença, se descobrirem novas provas de inocência do condenado ou de circunstância que determine ou autorize diminuição da pena".
Não há prazo estipulado para a propositura de revisão criminal. O rol das hipóteses de revisão criminal previsto no art. 621, CPP, é taxativo, não sendo admitida revisão criminal tendente a reexaminar decisão absolutória ou que reconhece a prescrição, com vistas, por exemplo, a ver reconhecido motivo de absolvição mais benéfico ao acusado.</td><td>4.2</td></tr>
<tr><th colspan="3">Processo e Julgamento</th></tr>
<tr><td>Competência</td><td>Está prevista em três disposições específicas: art. 102, I, "j", art. 105, I, "e" e art. 108, I, "b". Destarte,
1) o Supremo Tribunal Federal tem competência para processar e julgar originariamente as revisões criminais contra seus julgados,
2) o Superior Tribunal de Justiça tem competência originária para processar e julgar as revisões criminais contra seus julgados e
3) os Tribunais Regionais Federais têm competência para processar e julgar não só as revisões criminais contra julgados seus, mas também contra as sentenças dos juízes federais que tenham passado em julgado.
No âmbito estadual, compete aos Tribunais de Justiça processar e julgar originariamente as revisões criminais contra seus julgados e os</td><td>4.3.1</td></tr>
</table>

CAPÍTULO XVI – AÇÕES AUTÔNOMAS DE IMPUGNAÇÃO		
Competência	dos juízes de direito (princípio da simetria). Quanto às decisões proferidas pelos Juizados Especiais Criminais, embora não haja previsão legal, infere-se ser da Turma Recursal respectiva a competência para o julgamento.	**4.3.1**
Legitimidade *ad causam*	Dispõe o art. 623, CPP, que "a revisão poderá ser pedida pelo próprio réu ou por procurador legalmente habilitado ou, no caso de morte do réu, pelo cônjuge, ascendente, descendente ou irmão". Embora o Código não faça referência, entende-se que a Constituição do Brasil autoriza o Ministério Público, pelo teor de seu art. 127, a propositura de revisão criminal, desde que o faça em favor do acusado. A legitimidade passiva é do Estado ou da União consoante se cuide de decisão proferida na esfera estadual ou federal.	**4.3.2**
Propositura	A revisão deve ser ajuizada, por petição, perante o tribunal competente, sendo o requerimento "instruído com a certidão de haver passado em julgado a sentença condenatória e com as peças necessárias à comprovação dos fatos arguidos" (§ 1º, art. 625, CPP).	**4.3.3**
Rito da revisão criminal	A petição inicial da ação de revisão criminal, uma vez protocolizada, será distribuída "a um relator e a um revisor, devendo funcionar como relator um desembargador que não tenha pronunciado decisão em qualquer fase do processo" (art. 625, *caput*, CPP). Sendo movida a ação "por petição e independentemente de termo, o relator apresentará o processo em mesa para o julgamento e o relatará, sem tomar parte na discussão" (§ 4º, art. 625, CPP). Nos termos do § 5º, do art. 625, CPP, "se o requerimento não for indeferido *in limine*, abrir-se-á vista dos autos ao procurador-geral, que dará parecer no prazo de 10 (dez) dias", seguindo-se do exame dos autos, "sucessivamente, em igual prazo, pelo relator e revisor", para que seja julgado o pedido "na sessão que o presidente designar", em conformidade com a pauta do tribunal. Se, no curso da ação revisional, "falecer a pessoa, cuja condenação tiver de ser revista, o presidente do tribunal nomeará curador para a defesa" (art. 631, CPP). Por fim, calha frisar que as normas complementares para o processo e julgamento das revisões criminais estão dispostas nos regimentos internos e leis de organização judiciária. Embora não caiba dilação probatória em sede de revisão criminal, "quando provas novas dependerem de produção judicial, como oitiva de testemunhas, ofendidos, peritos, etc., pode o acusado requerer ao juízo de 1º grau a realização de audiência de justificação prévia, que consiste em espécie de ação cautelar de natureza preparatória, para que sejam realizadas tais provas", lastreando esse pedido na circunstância de que pretende ajuizar revisão criminal, mediante aplicação, por analogia, dos arts. 381 e 382 do CPC/2015"78. Segue-se o rito da produção antecipada de provas. Objetiva-se coletar provas para acompanhar revisão criminal, haja vista que é procedimento desprovido de maior espaço para produção de provas.	**4.3.4**

CAPÍTULO XVI – AÇÕES AUTÔNOMAS DE IMPUGNAÇÃO

	O julgamento da revisão criminal dar-se-á nos limites do que foi requerido e pode ensejar: **1)** nulidade do julgamento por *error in procedendo*, quando o processo poderá ser reiniciado contra o acusado (*judicium rescindens*); **2)** reforma do julgado, por *error in judicando*, sem reconhecimento de nulidade do processo, mas com diminuição da pena aplicada (*judicium rescisorium*); e, **3)** nulidade da decisão anterior e realização do julgamento pelo tribunal com decreto absolutório (*judicium rescindens + judicium rescisorium*). Além desse efeito, final, cogita-se de outro, durante o trâmite processual, que é "a possibilidade de libertação provisória do réu até o julgamento da revisão criminal". Normalmente, porém, não deve ser suspensa a execução penal, já que "há uma decisão condenatória com trânsito em julgado, cuja presunção é guarnecida pelo manto da coisa julgada" (GUILHERME DE SOUZA NUCCI).	
Julgamento e indenização	O julgamento da revisão criminal dar-se-á nos limites do que foi requerido e pode ensejar: **1)** nulidade do julgamento por *error in procedendo*, quando o processo poderá ser reiniciado contra o acusado (*judicium rescindens*); **2)** reforma do julgado, por *error in judicando*, sem reconhecimento de nulidade do processo, mas com diminuição da pena aplicada (*judicium rescisorium*); e, **3)** nulidade da decisão anterior e realização do julgamento pelo tribunal com decreto absolutório (*judicium rescindens + judicium rescisorium*). Além desse efeito, final, cogita-se de outro, durante o trâmite processual, que é "a possibilidade de libertação provisória do réu até o julgamento da revisão criminal". Normalmente, porém, não deve ser suspensa a execução penal, já que "há uma decisão condenatória com trânsito em julgado, cuja presunção é guarnecida pelo manto da coisa julgada" (GUILHERME DE SOUZA NUCCI). A ação de revisão criminal pode conter a cumulação de pedido indenizatório pelo erro judiciário alegado e reconhecido pelo tribunal. Observe-se, por fim, que, a teor do § 2º, do art. 630, CPP, a indenização não será devida "se o erro ou a injustiça da condenação proceder de ato ou falta imputável ao próprio impetrante, como a confissão ou a ocultação de prova em seu poder" e/ou "se a acusação houver sido meramente privada". No que concerne a esta última restrição, forçoso é convir com EUGÊNIO PACELLI DE OLIVEIRA que "na ação penal privada, embora a iniciativa seja reservada ao particular, a condenação nem por isso deixará de partir de órgãos do poder público", acrescendo que "o erro, apto e suficiente a justificar a indenização, teria sido praticado pelo Estado, por meio do Poder Judiciário". É possível ao Poder Público, ajuizar ação regressiva contra o particular que deu ensejo ao erro judiciário, para se ver ressarcido da indenização fixada na ação rescisória.	**4.3.5**

6. SÚMULAS APLICÁVEIS

6.1. STJ

21. Pronunciado o réu, fica superada a alegação do constrangimento ilegal da prisão por excesso de prazo na instrução.

52. Encerrada a instrução criminal, fica superada a alegação de constrangimento por excesso de prazo.

64. Não constitui constrangimento ilegal o excesso de prazo na instrução, provocado pela defesa.

105. Na ação de mandado de segurança não se admite condenação em honorários advocatícios.

169. São inadmissíveis embargos infringentes no processo de mandado de segurança.

376. Compete a turma recursal processar e julgar o mandado de segurança contra ato de juizado especial.

599. O princípio da insignificância é inaplicável aos crimes contra a administração pública.

604. O mandado de segurança não se presta para atribuir efeito suspensivo a recurso criminal interposto pelo Ministério Público.

606. Não se aplica o princípio da insignificância aos casos de transmissão clandestina de sinal de internet via radiofrequência que caracterizam o fato típico previsto no artigo 183 da lei 9.472/97.

6.2. STF

266. Não cabe mandado de segurança contra lei em tese.

267. Não cabe mandado de segurança contra ato judicial passível de recurso ou correição.

268. Não cabe mandado de segurança contra decisão judicial com trânsito em julgado.

343. Não cabe ação rescisória por ofensa a literal dispositivo de lei, quando a decisão rescindenda se tiver baseado em texto legal de interpretação controvertida nos tribunais.

393. Para requerer revisão criminal o condenado não é obrigado a recolher-se à prisão.

395. Não se conhece do recurso de *habeas corpus* cujo objeto seja resolver sobre o ônus das custas, por não estar mais em causa a liberdade de locomoção.

405. Denegado o mandado de segurança pela sentença, ou no julgamento do agravo, dela interposto, fica sem efeito a liminar concedida, retroagindo os efeitos da decisão contrária.

510. Praticado o ato por autoridade, no exercício de competência delegada, contra ela cabe o mandado de segurança ou a medida judicial.

606. Não cabe *habeas corpus* originário para o tribunal pleno de decisão de turma, ou do plenário, proferida em *habeas corpus* ou no respectivo recurso.

690. Compete originariamente ao Supremo Tribunal Federal o julgamento de "*habeas corpus*" contra decisão de Turma Recursal de Juizados Especiais Criminais. *

Súmula sem aplicabilidade em razão dos HCs 86834, 89378 e 90905 – 691. Não compete ao Supremo Tribunal Federal conhecer de "*habeas corpus*" impetrado contra decisão do relator que, em "*habeas corpus*" requerido a tribunal superior, indefere a liminar.

692. Não se conhece de "*habeas corpus*" contra omissão de relator de extradição, se fundado em fato ou direito estrangeiro cuja prova não constava dos autos, nem foi ele provocado a respeito.

693. Não cabe "*habeas corpus*" contra decisão condenatória a pena de multa, ou relativo a processo em curso por infração penal a que a pena pecuniária seja a única cominada.

694. Não cabe "*habeas corpus*" contra a imposição da pena de exclusão de militar ou de perda de patente ou de função pública.

695. Não cabe "*habeas corpus*" quando já extinta a pena privativa de liberdade.

701. No mandado de segurança impetrado pelo ministério público contra decisão proferida em processo penal, é obrigatória a citação do réu como litisconsorte passivo.

7. INFORMATIVOS RECENTES

7.1. STJ

♦ **Revisão criminal. Perícia realizada pela autoridade policial. Juntada do laudo. Agravo contra decisão que inadmitiu recurso especial defensivo. Pendência de julgamento. Irrelevância. Prova nova. Configuração.**

O laudo pericial juntado em autos de ação penal quando ainda pendente de julgamento agravo interposto contra decisão de inadmissão de recurso especial enquadra-se no conceito de prova nova, para fins de revisão criminal (art. 621, III, do CPP). (...) Na hipótese analisada, o encaminhamento do laudo pericial elaborado pela polícia civil, realizado nos telefones celulares apreendidos no momento da prisão em flagrante, ocorreu quando já havia sido julgada a apelação, estando pendente de julgamento apenas o agravo de instrumento contra decisão que inadmitira o recurso especial defensivo. O fato de que, quando juntado o referido laudo pericial aos autos da ação penal, estava pendente de julgamento o citado agravo não lhe retira o caráter de prova nova, tendo em vista que a jurisdição das instâncias ordinárias, que são responsáveis pela análise do acervo probatório, já havia se encerrado. Observa-se, portanto, em primeiro lugar, que a juntada do laudo pericial ocorreu após a protocolização do agravo. Em segundo, que o agravo de instrumento defensivo não foi conhecido, em decisão que acabou por transitar em julgado, após o desprovimento de outros recursos manifestados pela defesa. Por fim, como é cediço, em recursos de natureza extraordinária não se examinam provas e, portanto, não houve apreciação judicial de seu conteúdo, motivo pelo qual o referido laudo pericial se enquadra no conceito de prova nova. REsp 1.660.333-MG, Rel. Min. Sebastião Reis Júnior, por unanimidade, julgado em 6/6/2017, DJe 13/6/2017. (Info 606)

♦ **Direito Penal e Processual Penal. Indenização em razão de equívoco no reconhecimento de reincidência.**

No caso em que o reconhecimento da reincidência tenha origem em infração anterior cuja pena tenha sido cumprida ou extinta há mais de 5 anos, deferido o pedido revisional para diminuir a pena equivocadamente fixada, será devida a indenização ao condenado que tenha sofrido prejuízos em virtude do erro judiciário. É que tendo sido reconhecido que o acusado foi considerado indevidamente reincidente, há clara contrariedade ao disposto no art. 64, I, do CP. Sobre o assunto, pondera doutrina: "o conceito de erro judiciário deve transcender as barreiras limitativas da sentença condenatória impositiva de pena privativa de liberdade, para envolver toda e qualquer decisão judicial errônea, que tenha provocado evidente prejuízo à liberdade individual ou mesmo à imagem e à honra do acusado [...]". E, nessa perspectiva, outra doutrina arremata: "é importante notar que, tal como a sentença condenatória – que serve como título judicial para a execução do dano praticado pelo agente em favor do ofendido (art. 63, CPP) –, também o acórdão rescindido em que se tenha reconhecido o direito à indenização servirá unicamente como título executivo para o réu condenado injustamente demandar o Estado, cujo *quantum* deverá ser apurado na esfera cível." *REsp 1.243.516-SP, Rel. Min. Reynaldo Soares da Fonseca, julgado em 22/9/2016, DJe 30/9/2016. (Info 590)*

♦ **Direito Processual Penal. Revisão criminal na hipótese em que a questão atacada também tenha sido enfrentada pelo STF em HC.**

O julgamento pelo STF de HC impetrado contra decisão proferida em recurso especial não afasta, por si só, a competência do STJ para processar e julgar posterior revisão criminal. Inicialmente, destaca-se que não pode subsistir o recente posicionamento adotado pela Terceira Seção do STJ, no sentido de ser inviável que o STJ, ao julgar revisão criminal, revise questão por ele decidida que também fora enfrentada pelo STF em HC (AgRg na RvCr 2.253-RJ, DJe 28/4/2014). Isso porque a perpetuidade desse entendimento significaria obstáculo intransponível ao manejo de revisão criminal nessas hipóteses. De fato, quando o STJ julga determinada questão em recurso especial, afasta-se a competência do Tribunal de origem para o processamento e julgamento de revisão criminal quanto ao tema, competência que passa a ser exercida pelo Tribunal Superior. Ademais, compete ao STF processar e julgar, originariamente, a revisão criminal de seus julgados (art. 102, I, "j", da CF), sendo que, no Regimento Interno desse Tribunal, existe a previsão de se admitir a revisão criminal dos processos findos cuja condenação tenha sido proferida ou mantida no julgamento de ação penal originária, recurso criminal ordinário (art. 263) ou, se o fundamento coincidir com a questão federal apreciada, recurso extraordinário (art. 263, § 1º). Assim, o STF não seria competente para o julgamento de revisão criminal proposta contra julgado proferido em HC. O que, aliás, já foi reconhecido pela própria Suprema Corte, por ocasião da apreciação da RvC 5.448-MG (DJe 2/10/2015) e da RvC 5.426-DF (DJe 15/2/2011). Portanto, desde que observados os demais requisitos, conclui-se que o fato de a questão haver sido julgada pelo STF em HC não afasta a possibilidade de que seja apresentada no STJ a revisão criminal. RvCr 2.877-PE, Rel. Min. Gurgel de Faria, julgado em 25/2/2016, DJe 10/3/2016. (Info 578)

♦ **Direito Processual Penal. HC e medidas protetivas previstas na lei Maria da Penha.**

Cabe *habeas corpus* para apurar eventual ilegalidade na fixação de medida protetiva de urgência consistente na proibição de aproximar-se de vítima de violência doméstica e familiar. O eventual descumprimento de medidas protetivas arroladas na Lei Maria da Penha pode gerar sanções de natureza civil (art. 22, § 4º, da n. Lei 11.340/2006, c/c art. 461, §§ 5º e 6º do CPC), bem como a decretação de prisão preventiva, de acordo com o art. 313, III, do CPP (HC 271.267-MS, Quinta Turma, DJe 18/11/2015). Ademais, prevê o CPP o seguinte: "Art. 647. Dar-se-á *habeas corpus* sempre que alguém sofrer ou se achar na iminência de sofrer violência ou coação ilegal na sua liberdade de ir e vir, salvo nos casos de punição disciplinar". Se o paciente não pode aproximar-se da vítima ou de seus familiares, decerto que se encontra limitada a sua liberdade de ir e vir. Assim, afigura-se cabível a impetração do *habeas corpus*. *HC 298.499-AL, Rel. Min. Reynaldo Soares da Fonseca, julgado em 1º/12/2015, DJe 9/12/2015. (Info 574)*

7.2. STF

♦ **"Habeas corpus" e estabelecimento prisional adequado**

A Segunda Turma negou provimento a recurso ordinário em "habeas corpus" interposto contra decisão do Superior Tribunal de Justiça (STJ). No "writ", o sentenciado alegou estar cumprindo pena em regime mais gravoso em razão da ausência de vaga em estabelecimento prisional compatível com o regime semiaberto. O colegiado constatou a existência de divergência entre o entendimento do juiz de primeiro grau e do Tribunal de Justiça de Santa Catarina

(TJSC). Contudo, relatou que a decisão do STJ se fiou nos fundamentos sólidos apresentados pelo TJSC. Nesse contexto, concluiu que seria necessário o reexame de fatos e provas para se chegar a um entendimento diverso. Pontuou que o "habeas corpus" não comporta tal análise, por se tratar de instrumento de cognição restrita. Não obstante o não provimento do recurso, a Turma decidiu oficiar ao Conselho Nacional de Justiça, para verificar se o Complexo Penitenciário Industrial de Santa Catarina atende aos requisitos para o cumprimento do regime semiaberto. RHC 146317/SC, rel. Min. Dias Toffoli, julgamento em 22.8.2017. (Info 874)

♦ 'Habeas corpus' e direito à visitação

Não cabe "habeas corpus" para tutelar o direito à visita em presídio. Com base nesse entendimento, a Primeira Turma, por maioria, não admitiu a impetração. No caso, a paciente, possuidora de prótese metálica, requereu o direito a visita sem submeter ao detector de metais. O juízo indeferiu o pedido e esclareceu que, quando houver restrições à utilização do aparelho detector de metais, por motivo de saúde, a visita deve ser realizada no parlatório. A Turma afirmou que não há, na hipótese dos autos, restrição ao direito de liberdade. A decisão atacada tem natureza administrativa. Portanto, o "habeas corpus" não é o meio processual adequado para discutir a questão controvertida. Vencido o ministro Marco Aurélio (relator), que deferiu a ordem. (...) HC 128057/SP, rel. Min. Marco Aurélio, red. p/ o ac. Min. Alexandre de Moraes, julgamento em 1º.8.2017. (Info 871)

♦ 'Habeas corpus' e prisão preventiva e pressupostos

Entendimento do STF, no julgamento pela Segunda Turma, do HC 157.604/RJ, rel. Min. Gilmar Mendes, julgamento em 4.9.2018. (HC-157604). Na decisão, por maioria, houve a concessão da ordem de "habeas corpus" e a confirmação da liminar deferida, para substituir a prisão preventiva decretada por juiz federal de primeira instância, se por outro motivo não estiver preso o paciente, pelas seguintes medidas cautelares diversas da prisão [CPP, art. 319]: a) comparecimento periódico em juízo, no prazo e nas condições fixadas pelo magistrado, para informar e justificar atividades (inciso I); b) proibição de manter contato com os demais investigados, por qualquer meio (inciso III); c) proibição de deixar o País sem autorização do juízo, devendo entregar seu(s) passaporte(s) em até 48 horas [inciso IV e art. 320]. A maioria dos Ministros entendeu que houve a superação do Verbete 691 da Súmula do STF, por vislumbrar constrangimento ilegal, e conheceu do "writ". Para os Ministros o art. 312 do CPP exige a prova da existência do crime. O decreto prisional, no entanto, descreve de forma genérica e imprecisa a conduta do paciente e não deixa claro, em nenhum momento, os delitos a ele imputáveis e que justificariam a prisão preventiva. A Turma reiterou entendimento do STF no sentido de que a liberdade de um indivíduo suspeito da prática de infração penal somente pode sofrer restrições se houver decisão judicial devidamente fundamentada, amparada em fatos concretos, e não apenas em hipóteses ou conjecturas, na gravidade do crime ou em razão de seu caráter hediondo. Nos termos da nova redação do art. 319 do CPP, o juiz pode dispor de outras medidas cautelares de natureza pessoal, diversas da prisão, e escolher aquela mais ajustada às peculiaridades da espécie, de modo a tutelar o meio social, mas também dar, mesmo que cautelarmente, resposta justa e proporcional ao mal supostamente causado pelo acusado. Assim, o perigo que a liberdade do paciente representa à ordem pública ou à aplicação da lei penal pode ser mitigado por medidas cautelares menos gravosas do que a prisão. Além disso, os fatos imputados ao paciente são consideravelmente distantes no tempo da decretação da prisão (HC 157.604/RJ, rel. Min. Gilmar Mendes, julgamento em 4.9.2018. (HC-157604) – Info 914

♦ Súmula 691/STF e supressão de instância

A Segunda Turma, por maioria, não conheceu de pedido de "habeas corpus" em que se pretendia revogar a prisão preventiva do paciente acusado da prática dos delitos de lavagem de dinheiro e participação em organização criminosa. No caso, o "writ" foi impetrado contra decisão monocrática de ministro do Superior Tribunal de Justiça (STJ) na qual se indeferiu liminar requerida nos autos de recurso ordinário em "habeas corpus" em trâmite no STJ. A Turma entendeu ser o caso de aplicação do Enunciado da Súmula 691 do STF. Ressaltou que o enunciado somente pode ser superado quando houver teratologia, flagrante ilegalidade ou abuso de poder que possam ser constatados "ictu oculi", o que não se verifica na espécie. (...) Vencidos os ministros Gilmar Mendes (relator) e Dias Toffoli, que concederam a ordem para revogar a prisão preventiva decretada em desfavor do paciente e determinar que o juízo analise a necessidade de aplicação das medidas cautelares previstas no art. 319 do Código de Processo Penal (CPP), acompanhando sua execução. (...) HC 143476/RJ, rel. orig. Min. Gilmar Mendes, red. p/ o ac. Min. Ricardo Lewandowski, julgamento em 6.6.2017. (Info 868)

♦ Oitiva de testemunha e devido processo legal

A Segunda Turma, com base no Enunciado 691 da Súmula do Supremo Tribunal Federal, não conheceu de impetração, mas concedeu a ordem de ofício para, por força da matriz constitucional do "devido processo legal" (CF, art. 5º, inciso LIV), assegurar a oitiva das testemunhas arroladas pela defesa dos pacientes.

Na espécie, em fase de defesa prévia, a oitiva de todas as testemunhas indicadas pela defesa dos pacientes fora indeferida, ao fundamento de que o requerimento seria protelatório, haja vista que as testemunhas não teriam, em tese, vinculação com os fatos criminosos imputados aos pacientes.

A Turma entendeu que as circunstâncias expostas nos autos encerravam situação de constrangimento ilegal apta a justificar a concessão da ordem de ofício.

O ministro Celso de Mello, ao se reportar aos fundamentos do voto do relator, acentuou que o direito à prova é expressão de uma inderrogável prerrogativa jurídica, que não pode ser, arbitrariamente, negada ao réu.

O ministro Edson Fachin, também ao fazer referência ao voto do relator, destacou o princípio do livre convencimento motivado (CPP, art. 400, § 1º), que faculta ao juiz o indeferimento das provas consideradas irrelevantes, impertinentes ou protelatórias. Afirmou ser recomendável, em um juízo de discricionariedade regrada, haver a possibilidade de limitar uma expansão demasiadamente criativa que adentre o campo da protelação. No entanto, observou que, no caso, teria havido o indeferimento de todas as testemunhas de defesa.

Dessa forma, evidente a infringência à matriz constitucional do devido processo legal, visto que frustrou a possibilidade de os acusados produzirem as provas que reputam necessárias à demonstração de suas alegações.

♦ 'Habeas corpus': pedido de extensão e circunstâncias fáticas incomunicáveis

A Segunda Turma conheceu em parte, e, na parte conhecida, por unanimidade, indeferiu pedido de extensão dos efeitos do acórdão proferido neste "habeas corpus". (...) Inicialmente, observou que o art. 580 do Código de Processo Penal (CPP) é norma processual penal garantidora de tratamento jurídico isonômico para os corréus que apresentam idêntica situação jurídica à do réu beneficiado em seu recurso. De acordo com a referida norma, no caso de concurso de agentes, a decisão do recurso interposto por um deles aproveitará aos demais quando seus fundamentos não forem de caráter exclusivamente pessoal. Essa regra da teoria geral dos recursos é aplicável ao "habeas corpus", porque, embora não seja recurso, é ação autônoma de impugnação e deve receber o mesmo tratamento legislativo. (...). Desse modo, o Colegiado entendeu haver, em relação a um dos pedidos formulados, legitimidade do requerente, haja vista ele figurar como corréu do paciente beneficiado com a ordem em duas ações penais. Entretanto, julgou ser inviável a extensão na forma do art. 580 do CPP. No que se refere à primeira dessas ações penais, registrou que o voto condutor do acórdão, ao reputar adequada a substituição da custódia do paciente por medidas cautelares diversas, considerou, além dos crimes investigados, a condição pessoal do paciente naquele contexto fático-processual. Segundo o Colegiado, não há relação de identidade com a situação do requerente. Existem, quanto a este, incomunicáveis circunstâncias fáticas na custódia processual com aquelas que viabilizaram a prisão do paciente do "habeas corpus". Em razão disso, indeferiu-se o pedido de extensão. No tocante à segunda ação penal, não há interesse de agir do requerente, visto que, ao contrário do que o juízo da 13ª Vara Federal de Curitiba havia feito em relação ao paciente deste "habeas corpus", não teria sido necessário decretar nova prisão cautelar do requerente. A Turma não conheceu do pedido de extensão para outras três ações penais desse mesmo requerente, nas quais o paciente do "habeas corpus" não seria corréu. (...) Por fim, a Turma também não conheceu dos pedidos de extensão de outros dois requerentes por entender que isso seria pretensão revisional do que fixado no HC 138.850/PR (DJE de 16.3.2017) e no HC 141.431/PR (DJE de 22.3.2017), cujos agravos regimentais pendem de julgamento. (...) HC 137728 EXTN/PR, rel. Min. Dias Toffoli, julgamento em 30.5.2017. (Info 867)

♦ 'Habeas corpus' impetrado contra decisão de ministro do STF

Não cabe "habeas corpus", se a impetração for ajuizada em face de decisões monocráticas proferidas por ministro do Supremo Tribunal Federal. O Plenário, por maioria, não conheceu do "writ" impetrado contra decisão de ministro desta Corte que determinou a custódia cautelar do paciente. Vencido o ministro Marco Aurélio (relator), que julgou prejudicada a impetração ante a revogação da prisão preventiva do paciente. HC 115787/RJ, rel. Min. Marco Aurélio, red. p/ o ac. Min. Dias Toffoli, 18.5.2017. (Info 865)

♦ Habeas corpus e julgamento monocrático em tribunais

A Primeira Turma deferiu a ordem de "habeas corpus" para determinar ao STJ a análise, por órgão colegiado, do tema de fundo de "habeas corpus" lá impetrado. No caso, o relator do processo no STJ, em decisão monocrática, não conheceu do pedido por considerar que a impetração foi utilizada como substitutiva de recurso ordinário. A impetrante sustentava a inconstitucionalidade do art. 34, XVIII, do Regimento Interno do STJ. Tal dispositivo possibilita ao relator, monocraticamente, negar seguimento aos pedidos ou recursos evidentemente intempestivos, incabíveis, improcedentes, contrários à súmula, ou quando o Tribunal for manifestamente incompetente para apreciar o pleito formulado. A Turma asseverou que reiterados pronunciamentos do STF são no sentido de incumbir não ao relator no âmbito do STJ, mas a este último, como colegiado, julgar o "habeas corpus". Ressaltou, ainda, que a situação está a merecer a glosa, sob pena de os 27 Tribunais de Justiça e os 5 Tribunais Regionais Federais virem a proceder de idêntica forma, esvaziando o sentido da impetração. HC 120496/MS, rel. Min. Marco Aurélio, julgamento em 14.3.2017. (Info 857)

♦ Habeas corpus. Relator pode determinar, de forma discricionária, que o Habeas Corpus seja julgado pelo Plenário do STF e não pela Turma

É possível a remessa de habeas corpus ao Plenário do STF, pelo relator, de forma discricionária, com fundamento no art. 6º, II, "c" e no art. 21, XI, do RI/STF. STF. Plenário. HC 143333/PR, Rel. Min. Edson Fachin, julgado em 11 e 12/4/2018 (Info 897).

♦ "Habeas corpus" e trancamento de ação penal

A Primeira Turma denegou a ordem em "habeas corpus" em que se pretendia trancar ação penal contra paciente acusado da prática de atividade clandestina de telecomunicação por disponibilizar provedor de internet sem fio. A defesa, ao sustentar a insignificância da conduta, ponderava que a atividade desenvolvida teria sido operada abaixo dos parâmetros objetivos estabelecidos pela Lei 9.612/1998. Acrescentava, ainda, que não teria sido realizado, nos autos da ação penal, qualquer tipo de exame técnico pericial que comprovasse a existência de lesão ao serviço de telecomunicações. Porém, para o Colegiado, houve o desenvolvimento de atividade clandestina de telecomunicações, de modo que a tipicidade da conduta está presente no caso. Ademais, o trancamento da ação penal, por meio de "habeas corpus", seria algo excepcional. *HC 118400/RO, rel. min. Marco Aurélio, julgamento em 4-10-2016. (Info 842)*

♦ "Habeas corpus" e superveniência de sentença condenatória

A superveniência de sentença condenatória que mantém a prisão preventiva prejudica a análise do habeas corpus que havia sido impetrado contra o título originário da custódia. Se, após o habeas corpus ser impetrado contra a prisão preventiva, o juiz ou Tribunal prolata sentença/acórdão condenatório e mantém a prisão anteriormente decretada, haverá uma alteração do título prisional e, portanto, o habeas corpus impetrado contra prisão antes do julgamento não deverá ser conhecido. STF. Plenário. HC 143333/PR, Rel. Min. Edson Fachin, julgado em 11 e 12/4/2018 (Info 897)

♦ "Habeas corpus" e medida cautela diversa da prisão

O habeas corpus pode ser empregado para impugnar medidas cautelares de natureza criminal diversas da prisão. STF. 2ª Turma. HC 147426/AP e HC 147303/AP, Rel. Min. Gilmar Mendes, julgados em 18/12/2017 (Info 888).

♦ "Habeas corpus" e princípio da insignificância na pesca no período de defeso

O princípio da bagatela não se aplica ao crime previsto no art. 34, "caput" c/c parágrafo único, II, da Lei 9.605/1998

Com base nesse entendimento, a Primeira Turma denegou a ordem de "habeas corpus" em que se pleiteava a aplicação do princípio da insignificância à realização de pesca em período de defeso com o uso de método não permitido, ante a alegada irrelevância do dano ambiental causado pela pesca de sete quilos de camarão.

A Turma afirmou que as circunstâncias da prática delituosa não afastam a configuração do tipo penal. Tais circunstâncias devem repercutir na fixação da pena. Ademais, a natureza do bem protegido — o meio ambiente — afasta a construção jurisprudencial do crime de bagatela (Info 901).

♦ "Habeas corpus": é possível a impetração de "habeas corpus"

O STF admitiu a possibilidade de habeas corpus coletivo. O *habeas corpus* se presta a salvaguardar a liberdade. Assim, se o bem jurídico ofendido é o direito de ir e vir, quer pessoal, quer de um grupo determinado de pessoas, o instrumento processual para resgatá-lo é o *habeas corpus*, individual ou coletivo. A ideia de admitir a existência de *habeas corpus* coletivo está de acordo com a tradição jurídica nacional de conferir a maior amplitude possível ao remédio heroico. Apesar de não haver uma previsão expressa no ordenamento jurídico, existem dois dispositivos legais que, indiretamente, revelam a possibilidade de *habeas corpus* coletivo. Trata-se do art. 654, § 2º e do art. 580, ambos do CPP. O art. 654, § 2º estabelece que compete aos juízes e tribunais expedir ordem de *habeas corpus* de ofício. O art. 580 do CPP, por sua vez, permite que a ordem concedida em determinado *habeas corpus* seja estendida para todos que se encontram na mesma situação. Assim, conclui-se que os juízes ou Tribunais podem estender para todos que se encontrem na mesma situação a ordem de *habeas corpus* concedida individualmente em favor de uma pessoa. Diante da inexistência de regramento legal, o Supremo entendeu que se deve aplicar, por analogia, o art. 12 da Lei nº 13.300/2016, que trata sobre os legitimados para propor mandado de injunção coletivo. Assim, possuem legitimidade para impetrar *habeas corpus* coletivo: o Ministério Público; o partido político com representação no Congresso Nacional; a organização sindical, entidade de classe ou associação legalmente constituída e em funcionamento há pelo menos 1 (um) ano; e, a Defensoria Pública. STF. 2ª Turma. HC 143641/SP. Rel. Min. Ricardo Lewandowski, julgado em 20/2/2018 (Info 891).

♦ Audiência de instrução e ausência de testemunha – 2

Na via estreita do "habeas corpus" não se admite o exame de nulidade cujo tema não foi trazido antes do trânsito em julgado da ação originária e tampouco antes do trânsito em julgado da revisão criminal. Com base nessa orientação, a Primeira Turma, em conclusão de julgamento e por maioria, negou provimento a recurso ordinário em "habeas corpus" em que se pleiteava a reabertura da instrução para oitiva de testemunhas, sob a alegação de que teria havido cerceamento de defesa — v. Informativo 767. Tratava-se de controvérsia relativa ao ato de magistrado que realizara audiência sem a presença de advogado da defesa e não nomeara defensor "ad hoc". A Turma consignou, quanto à testemunha que fora arrolada pela defesa e determinada sua condução coercitiva, o não cumprimento da diligência pelo oficial de justiça porque ela encontrava-se hospitalizada. Além disso, o advogado do recorrente não protestara pela substituição da testemunha. Assim, a referida nulidade não fora apontada pela defesa, seja nas alegações finais do processo originário ou em qualquer outro momento, mas somente apresentada na via do "habeas corpus". Desse modo, a matéria estaria preclusa(...). Vencido o Ministro Dias Toffoli (relator), que dava provimento ao recurso para anular o processo a partir do encerramento da instrução. Assentava constituir nulidade absoluta o término daquela fase processual sem a oitiva das testemunhas de defesa. RHC 124041/GO, rel. orig. Min. Dias Toffoli, red. p/ o acórdão Min. Roberto Barroso, 30.8.2016. (RHC-124041) (Info 837)

♦ Desmembramento de processo e cerceamento de defesa

A Segunda Turma denegou a ordem em "habeas corpus" em que pleiteado o trancamento de ação penal instaurada em face de acusada da prática dos crimes previstos nos artigos 288 e 317, § 1º, do CP, e no art. 90 da Lei 8.666/1993. A impetração sustentava, em síntese, que: a) a denúncia oferecida contra a paciente seria inepta, em razão da carência de descrição dos fatos específicos que pudessem caracterizar os crimes imputados; b) o desmembramento do processo careceria de amparo legal, pois o excessivo número de acusados somente poderia ensejar a cisão processual "quando acompanhada do relevante intuito de não prolongar a prisão processual", circunstância não comprovada nos autos; e c) a separação dos autos, seguido de posterior reunião, teria acarretado disparidade de armas e cerceamento à defesa, tendo em conta a realização da oitiva das testemunhas de acusação em duas oportunidades. A Turma afirmou que a jurisprudência do STF seria no sentido de que a extinção da ação penal de forma prematura, via "habeas corpus", somente se daria em hipóteses excepcionais, quando patentemente demonstrada: a) a atipicidade da conduta; b) a ausência de indícios mínimos de autoria e materialidade delitivas; ou c) a presença de causa extintiva da punibilidade. Entretanto, a denúncia formulada na espécie exporia de forma individualizada e detalhada como teriam se dado as condutas imputadas à paciente, correlacionando-as aos respectivos tipos penais. (...) Outrossim, a insurgência contra o desmembramento do processo também não prosperaria. O juízo de origem justificara tal medida na necessidade de se evitar a "procrastinação da instrução processual e delonga no deslinde da causa", tendo em conta o número elevado de réus e advogados, o que tornaria praticamente inviável efetivar o bom andamento do feito (...). Com relação ao alegado cerceamento de defesa e ofensa à paridade de armas após o desmembramento dos autos, o Colegiado destacou que a posterior reunião dos processos teria implicado a superação dessas questões. Ademais, sobre essa matéria específica, o STJ não teria se pronunciado. Logo, o exame no "writ" em comento implicaria supressão de instância. HC 127288/SP, rel. Min. Teori Zavascki, 23.8.2016. (HC-127288) (Info 836)

♦ **"Habeas corpus" e trancamento de processo de "impeachment"**

"Habeas corpus" não é o instrumento adequado para pleitear trancamento de processo de "impeachment". Com base nessa orientação, o Plenário, por maioria, negou provimento a agravo regimental em que se pretendia trancar o aludido processo movido em face da Presidente da República. Vencido o Ministro Marco Aurélio, que provia o agravo por não considerar cabível a negativa de seguimento a "habeas corpus" por força de decisão monocrática tendo em conta a manifesta improcedência do pedido (RISTF, art. 21; e CPC, art. 557). HC 134315 AgR/DF, rel. Min. Teori Zavascki, 16.6.2016. (HC-134315) (Info 830)

♦ **Visita a detento e impetração de "habeas corpus"**

A Segunda Turma não conheceu de "habeas corpus" no qual pleiteada a realização de visita direta a interno em estabelecimento penal e não nas dependências de parlatório. No caso, fora vedada a manutenção de contato direto entre detento recluso em penitenciária de segurança máxima e sua mãe, ambos pacientes no "writ" em comento. Não sendo possível a realização dos movimentos exigidos no procedimento de revista íntima em razão de doença — artrose no joelho direito — de que seria portadora a visitante, o juiz de execução penal, com fundamento em norma regimental, recomendara a utilização de parlatório. A Turma, ao assentar a inadequação da via eleita, reiterou os fundamentos expendidos quando do julgamento do RHC 121.046/SP (DJe de 26.5.2015) e do HC 127.685/SP (DJe de 20.8.2015) no sentido de que, por não haver efetiva restrição ao "status libertatis" do paciente, o "habeas corpus" seria meio inidôneo para discutir direito de visita a preso. (...) Vencido o Ministro Gilmar Mendes, que admitia o "habeas corpus". HC 133305/SP, rel. Min. Dias Toffoli, 24.5.2016. (HC-133305) (Info 827)

♦ **"Habeas corpus" e desclassificação**

É incabível a utilização de "habeas corpus" impetrado com a finalidade de obter a desclassificação de homicídio com dolo eventual (CP, art. 121, c/c art. 18, I) para homicídio culposo na direção de veículo automotor (CTB, art. 302, § 2º), na hipótese em que discutida a existência de dolo eventual ou culpa consciente na conduta do motorista que se apresente em estado de embriaguez. Essa a orientação da Primeira Turma, que não conheceu de "habeas corpus" impetrado em face de acórdão do STJ, porquanto inviável a interposição de "habeas corpus" com caráter substitutivo de recurso extraordinário. (...) Vencidos os Ministros Luiz Fux (relator) e Marco Aurélio, que, ao invocar precedente firmado quando do julgamento do HC 107.801/SP (DJe de 13.10.2011), conheciam do "habeas corpus" e deferiam a ordem. HC 131029/RJ, rel. orig. Min. Luiz Fux, red. p/ o acórdão Min. Edson Fachin, 17.5.2016. (HC-131029) (Info 826)

♦ **HC e desclassificação**

É incabível a utilização do "habeas corpus" com a finalidade de se obter a desclassificação de imputação de homicídio doloso, na modalidade dolo eventual, para homicídio culposo, na hipótese em que apurada a prática de homicídio na direção de veículo automotor. Isso porque os limites estreitos dessa via processual impossibilitariam a análise apurada do elemento subjetivo do tipo penal para que se pudesse afirmar que a conduta do paciente fora pautada pelo dolo eventual ou pela culpa consciente. Essa a conclusão da Segunda Turma ao indeferir a ordem de "habeas corpus" em que pleiteada tal desclassificação. (...) HC 132036/SE, rel. Min. Cármen Lúcia, 29.3.2016. (HC-132036) (Info 819)

♦ **Ação penal e "habeas corpus" de ofício – 4**

Em conclusão de julgamento, a Primeira Turma, por maioria, resolveu questão de ordem no sentido de conceder "habeas corpus", de ofício, para trancar ação penal por ausência de justa causa. No caso, delegado de polícia, hoje parlamentar, teria autorizado o pagamento de diárias a policial para viagens oficiais não realizadas. O juízo recebera a denúncia referente ao crime de peculato apenas em relação à policial.

O tribunal provera recurso do "Parquet" para dar prosseguimento à ação penal relativamente ao então delegado. Em seguida, diplomado deputado, os autos vieram ao STF. Instado a se pronunciar, o Procurador-Geral da República deixara de ratificar a denúncia e requerera o arquivamento por entender ausente o dolo do acusado, o que afastaria a justa causa da ação penal — v. Informativos 797 e 802. A Turma observou que a alteração da competência inicial em face de posterior diplomação do réu não invalidaria os atos regularmente praticados e o feito deveria prosseguir da fase em que se encontrasse, em homenagem, ao princípio "tempus regit actum". Ressaltou que a denúncia teria sido regularmente recebida pelo então juízo natural. Não caberia, portanto, a ratificação da peça, o novo oferecimento e consequentemente a renovação do ato de recebimento. Por outro lado, o pedido de arquivamento também não seria possível neste momento processual, na medida em que o titular da ação penal na origem exercera regularmente o recebimento da denúncia. Entretanto, não se poderia extirpar o direito de o Procurador-Geral da República não querer encampar a acusação. AP 905 QO/MG, rel. Min. Roberto Barroso, 23.2.2016. (AP – 905) (Info 815)

♦ Ação penal e "habeas corpus" de ofício – 5

Além disso, o STF não estaria vinculado ao recebimento da denúncia pelo juízo de 1º grau. Todavia, seria processualmente adequado o exame de eventual concessão de "habeas corpus" de ofício com base na manifestação do Procurador-Geral da República. Frisou que a orientação jurisprudencial do Tribunal seria no sentido de que o trancamento de ação penal pela via do "habeas corpus" só seria cabível quando estivessem comprovadas, desde logo, a atipicidade da conduta, a extinção da punibilidade ou a evidente ausência de justa causa. Assinalou que o Procurador-Geral da República concluíra pela falta de justa causa. Constatou não haver nos autos prova do dolo efetivo do acusado. Haveria, na denúncia, um conjunto relevante de depoimentos, no sentido de que o réu, como delegado chefe, cumpriria função puramente burocrática. A atribuição de autorização do pagamento das diárias seria, efetivamente, do chefe imediato da policial. Assim, o parlamentar estaria sendo submetido a processo penal apenas pela sua posição hierárquica, sem nenhum tipo de envolvimento direto com os fatos. Vencido Ministro Marco Aurélio e a Ministra Rosa Weber, que entendiam não ser cabível o implemento da ordem de ofício à falta de flagrante ilegalidade, abuso de poder ou decisão teratológica. AP 905 QO/MG, rel. Min. Roberto Barroso, 23.2.2016. (AP – 905) (Info 815)

♦ "Habeas corpus" contra decisão monocrática

Ao proferir decisão pelo não conhecimento do "writ", o Tribunal, por maioria, reafirmou sua jurisprudência no sentido de não ser cabível "habeas corpus" impetrado contra decisão monocrática de ministro da Corte. Na espécie, os pacientes impugnaram decisão do Ministro Cezar Peluso, que prorrogara o prazo para a realização de escutas telefônicas anteriormente autorizadas. O Tribunal esclareceu que o ato apontado como coator — decisão monocrática — não poderia ser questionado pela via estreita do presente "writ". Ademais, o tema estaria materializado no Enunciado 606 da Súmula do STF ("Não cabe 'habeas corpus' originário para o Tribunal Pleno de decisão da Turma ou do Plenário, proferida em 'habeas corpus' ou no respectivo recurso"). (...) Vencidos os Ministros Marco Aurélio (relator), Dias Toffoli, Gilmar Mendes, Celso de Mello e Ricardo Lewandowski (Presidente), que admitiam a impetração. Enfatizavam a importância da proteção judicial efetiva que se materializaria no "habeas corpus". Aduziam que o próprio texto constitucional reconheceria cabível o "habeas corpus" contra autoridade submetida à Constituição, nos termos especificados, no caso, juízes do STF. HC 105959/DF, rel. orig. Min. Marco Aurélio, red. p/ o acórdão Min. Edson Fachin, 17.2.2016. (HC-105959) (Info 814)

♦ "Habeas corpus" e cabimento

O "habeas corpus", cuja finalidade é a tutela da liberdade de locomoção, não é cabível para o reexame de pressupostos de admissibilidade de recursos. Com base nessa orientação, a Primeira Turma, por maioria, não conheceu da impetração. Na espécie, a paciente interpusera recurso especial cujo seguimento fora obstado por intempestividade. A petição fora apresentada por correspondência eletrônica, no prazo final para sua interposição e o original fora protocolizado no dia subsequente. A defesa manejara agravo em recurso especial, não conhecido ante a extemporaneidade. Na sequência, fora indeferido o "habeas corpus" impetrado perante o STJ para afastar o óbice à sequência do recurso especial. A Turma esclareceu que o "habeas corpus" seria substitutivo de recurso. (...) Vencido o Ministro Marco Aurélio (relator), que deferia a ordem para que o recurso especial tivesse seguimento. (...). HC 114293/MG, rel. orig. Min. Marco Aurélio, red. p/ o acórdão Min. Edson Fachin, 1º.12.2015. (HC-114293) (Info 810)

♦ Mandado de segurança e oitiva do Ministério Público

Julgamento pela Segunda Turma do STF [RMS 32.482/DF, rel. orig. Min. Teori Zavaski, red. p/ o ac. Min. Edson Fachin, julgamento em 21.8.2018. (Rcl-32482)] de recurso ordinário em mandado de segurança em que se discutiu: a) a nulidade de acórdão proferido pelo Superior Tribunal de Justiça (STJ), em sede de mandado de segurança, sem a oitiva do Ministério Público, na forma do art. 12 da Lei 12.016/2009; e b) a validade do art. 6º da Resolução 12/2009 do STJ (revogada), que ensejava a irrecorribilidade da decisão de relator proferida em reclamação ajuizada contra decisão de turma recursal dos juizados especiais. O colegiado entendeu que a oitiva do Ministério Público Federal é desnecessária quando se tratar de controvérsia acerca da qual o tribunal já tenha firmado jurisprudência. Inexiste, portanto, qualquer vício na ausência de remessa dos autos ao "parquet" que enseje nulidade processual, se houver posicionamento sólido da Corte. Nessa hipótese, considerou legítima a apreciação de pronto pelo relator. É nesse sentido o entendimento pacífico do Supremo Tribunal Federal. Vencidos os ministros Teori Zavaski e

Celso de Mello, que reputaram obrigatória a prévia oitiva do Ministério Público quando o órgão ministerial não for o impetrante do mandado de segurança. No mérito, a Turma negou provimento ao recurso ordinário por não considerar o mandado de segurança mecanismo adequado para o controle abstrato de constitucionalidade de leis e atos normativos, no caso, o do art. 6º da Resolução 12/2009 do STJ (Info 912).

♦ **Mandado de segurança e declaração lei ou ato normativo inconstitucional**

O mandado de segurança não é o instrumento processual adequado para o controle abstrato de constitucionalidade de leis e atos normativos. STF. 2ª Turma. RMS 32.482/DF, rel. orig. Min. Teori Zavaski, red. p/ o ac. Min. Edson Fachin, julgado em 21/8/2018 (Info 912)

8. QUESTÕES DE CONCURSOS PÚBLICOS

01. (2017 – FCC – DPE-RS – Analista – Processual) De acordo com entendimento dos Tribunais Superiores,

(A) é cabível habeas corpus originário para o Tribunal Pleno da decisão de Turma, ou do Plenário do Supremo Tribunal Federal, proferida em habeas corpus ou no respectivo recurso.

(B) é cabível habeas corpus contra decisão condenatória a pena de multa.

(C) são incabíveis habeas corpus e revisão criminal quando já extinta a pena privativa de liberdade.

(D) é incabível habeas corpus relativo a processo em curso por infração penal a que a pena pecuniária seja a única cominada.

(E) compete originariamente ao Superior Tribunal de Justiça o julgamento de habeas corpus contra decisão de turma recursal de juizados especiais criminais.

02. (2017 – VUNESP – TJ-SP – Escrevente Técnico Judiciário) Assinale a alternativa correta no que concerne à revisão criminal, tratada nos artigos 621 a 630 do CPP.

(A) É possível a revisão de decisões que ainda não transitaram em julgado, ou seja, ainda não findos.

(B) É vedado arbitrar indenização em favor do beneficiado por decisão que julgue procedente a revisão.

(C) Quando, no curso da revisão, falecer a pessoa cuja condenação tiver de ser revista, o processo será extinto.

(D) É pedido que pode ser articulado a qualquer tempo, antes da extinção da pena ou após.

(E) Em seu julgamento, admite-se o agravamento da pena imposta na decisão revista.

03. (2017 – IBADE – SEJUDH – MT – Agente Penitenciário) Dar-se-á habeas corpus sempre que alguém sofrer ou se achar na iminência de sofrer violência ou coação ilegal na sua liberdade de ir e vir, salvo nos casos de punição disciplinar. A coação considerar-se-á ilegal:

(A) quando não houver justa causa, salvo em se tratando de acusado de crime hediondo.

(B) quando quem ordenar a coação não tiver competência para fazê-lo , salvo em relação a agente público com foro por prerrogativa de função.

(C) nos casos de condução coercitiva, salvo se determinada por Juiz Federal no mínimo de primeira instância.

(D) quando o processo for manifestamente nulo: com exceção aos processos nos quais se apura crime de tráfico e hediondos.

(E) quando extinta a punibilidade.

04. (2017 – IBADE – PC-AC – Delegado de Polícia Civil – Adaptada) Julgue o item seguinte.

Para a doutrina, o habeas corpus, a revisão criminal e o mandado de segurança não são recursos e sim ações autônomas de impugnação.

05. (2016 – CESPE – TRE-PI – Analista Judiciário – Judiciária) Considerando as disposições legais e jurisprudenciais sobre o habeas corpus, assinale a opção correta.

(A) Na qualidade de titulares de seus cargos, o delegado de polícia, o promotor de justiça e o juiz de direito podem impetrar habeas corpus em favor de terceiros.

(B) Conforme a lei e a jurisprudência, não se admite liminar em habeas corpus, ainda que presentes o fumus boni iuris e o periculum in mora.

(C) É inadmissível a reiteração de pedido de habeas corpus, ainda que haja novos fatos, não analisados no pedido anterior.

(D) É indispensável, sob pena de nulidade, a manifestação do Ministério Público no procedimento de habeas corpus impetrado perante juiz de direito.

(E) Qualquer pessoa, quer se trate de brasileiro, quer de estrangeiro não residente no país, pode impetrar habeas corpus, devendo o writ ser redigido em português.

06. (2016 – CESPE – TJ-DFT – Juiz – Adaptada) Acerca da revisão, à luz das previsões legais, julgue os itens a seguir.

A revisão criminal poderá ser requerida a qualquer momento, inclusive depois de extinta a pena em decorrência de seu cumprimento.

07. (2016 – FCC – DPE-ES – Defensor Público) Sobre a revisão criminal,

(A) é vedada discussão sobre indenização por erro judiciário em sede de revisão criminal, devendo ser proposta ação própria em caso de revisão procedente.

(B) é cabível a revisão criminal da sentença absolutória imprópria.

(C) em virtude da soberania dos veredictos, é vedada a revisão criminal de sentença do Tribunal do Júri.

(D) sem a falsidade da prova utilizada para condenar o réu ou de nova prova capaz de inocentá-lo não há possibilidade jurídica do pedido de revisão criminal.

(E) ao contrário do habeas corpus, é necessária capacidade postulatória para a revisão criminal.

08. (2016 – UFMT – DPE-MT – Defensor Público) No que se refere à Revisão Criminal, marque V para as assertivas verdadeiras e F para as falsas.

( ) A revisão, se julgada procedente, não poderá acarretar a redução ou a modificação de pena imposta ao sentenciado.

( ) A revisão pode ser ajuizada mesmo depois do falecimento do sentenciado e de eventual extinção da pena.

( ) É cabível a revisão quando a sentença condenatória for contrária ao texto expresso de lei penal ou à evidência dos autos.

( ) Diferentemente do que ocorre em relação aos recursos, a revisão criminal dá ensejo a uma nova relação jurídica processual, não se limitando a prolongar aquela já constituída.

Assinale a sequência correta.

(A) F, V, V, V

(B) F, F, V, V

(C) V, V, F, F

(D) V, V, V, F

(E) F, F, F, V

09. (2016 – MPE-GO – MPE-GO – Promotor de Justiça Substituto) O Ministério Público impetrou Mandado de Segurança contra decisão de Juiz de primeiro grau, proferida em Processo Penal. O Tribunal deverá garantir, nos termos do entendimento sumulado pelo Supremo Tribunal Federal:

(A) A intimação do advogado de defesa pelo Diário Oficial da Justiça.

(B) A intimação pessoal do advogado de defesa.

(C) A intimação pessoal do réu.

(D) A citação do réu como litisconsorte passivo.

10. (2015 – VUNESP – TJ-MS – Juiz Substituto) Com relação ao Habeas Corpus, é correto afirmar que

(A) habeas corpus liberatório confere tutela cautelar, destinada a evitar lesão à liberdade de locomoção, o que o difere do habeas corpus preventivo, voltado a impedir a convalidação da ordem ilegal.

(B) não se admite o habeas corpus, por ausência de ameaça à liberdade de locomoção, na hipótese em que somente imposta pena restritiva de direitos.

(C) se vislumbra possibilidade jurídica no pedido de concessão de ordem em habeas corpus para atacar o mérito de prisões disciplinares militares, por força do artigo 142, parágrafo 2º, da Constituição Federal.

(D) não se admite o habeas corpus para atacar ilegalidade decorrente da imposição de medidas cautelares alternativas à prisão preventiva.

(E) não se admite habeas corpus, por ausência de ameaça à liberdade de locomoção, na hipótese em que somente imposta pena de multa.

11. (2015 – VUNESP – TJ-MS – Juiz Substituto) Nos termos da jurisprudência do Supremo Tribunal Federal, o processo e julgamento do habeas corpus impetrado contra ato ilegal da Turma recursal compete ao

(A) pleno da Turma Recursal composta de 5 juízes em exercício no primeiro grau de jurisdição, reunidos na sede do Tribunal de Justiça.

(B) pleno da Turma Recursal composta de 15 juízes em exercício no primeiro grau de jurisdição, reunidos na sede do Juizado Especial.

(C) Supremo Tribunal Federal.

(D) Tribunal de Justiça dos Estados.

(E) Superior Tribunal de Justiça.

12. (2015 – FUNIVERSA – SEAP-DF – Agente de Atividades Penitenciárias) No que se refere ao direito processual penal, julgue o item, segundo o entendimento dos tribunais superiores e da doutrina dominante.

De acordo com a jurisprudência do STF, o habeas corpus pode ser utilizado para o trancamento da ação penal quando transparecer dos autos, de forma inequívoca, a inocência do acusado, a atipicidade da conduta ou a extinção da punibilidade.

13. (2015 – FUNIVERSA – SEAP-DF – Agente de Atividades Penitenciárias) No que se refere ao direito processual penal, julgue o item, segundo o entendimento dos tribunais superiores e da doutrina dominante.

Segundo entendimento do STJ, é adequado o habeas corpus em substituição a recursos especiais e ordinários, bem como é admissível a concessão da ordem, de ofício, ante a constatação de ilegalidade flagrante, abuso de poder ou teratologia.

14. (2015 – FUNIVERSA – SEAP-DF – Agente de Atividades Penitenciárias) No que se refere ao direito processual penal, julgue o item, segundo o entendimento dos tribunais superiores e da doutrina dominante.

É assente, na doutrina e na jurisprudência, o entendimento de que a pessoa jurídica pode figurar como paciente em habeas corpus.

15. (2015 – FUNIVERSA – PC-GO – Papiloscopista) Com relação ao habeas corpus e ao inquérito policial, segundo entendimento do STJ, assinale a alternativa correta.

(A) O habeas corpus pode ser utilizado para trancar o inquérito policial quando restar provada, inequivocamente, sem a necessidade de exame valorativo do conjunto fático-probatório, a atipicidade dos fatos.

(B) Como regra, o habeas corpus serve para o trancamento de inquérito policial

(C) O rito do habeas corpus prescinde de prova pré-constituída do direito alegado, não necessitando a parte de demonstrar, por meio de documentos que evidenciem a pretensão aduzida, a existência de constrangimento ilegal.

(D) É inadmissível a utilização do habeas corpus para o trancamento de inquérito policial quando restar provada, inequivocamente, sem a necessidade de exame valorativo do conjunto fático-probatório, a ausência de indícios de autoria ou de prova da materialidade do delito.

(E) O mero indiciamento em inquérito policial, ainda que existam fundadas suspeitas de participação ou autoria delitiva, configura constrangimento ilegal sanável mediante habeas corpus.

16. (2015 – FCC – TJ-GO – Juiz Substituto) Em relação ao habeas corpus, é correto afirmar:

(A) Se o habeas corpus for concedido em virtude de nulidade do processo, este não poderá ser renovado.

(B) Juiz de primeiro grau não tem competência para expedir de ofício ordem de habeas corpus.

(C) Compete originariamente ao Supremo Tribunal Federal o julgamento de habeas corpus contra decisão de turma recursal de juizados especiais criminais.

(D) De acordo com a jurisprudência mais recente dos Tribunais Superiores, não se concede, em hipótese alguma, ordem de habeas corpus, caso este tenha sido impetrado como substitutivo do recurso oponível ou da revisão criminal.

(E) Não se conhece de habeas corpus contra omissão de relator de extradição, se fundado em fato ou direito estrangeiro cuja prova não constava dos autos, nem foi ele provocado a respeito.

17. (2015 – FCC – TRE-RR – Analista Judiciário – Área Judiciária) Considere as seguintes situações hipotéticas:

I. Paulo é regularmente processado e condenado pelo Tribunal de Justiça do Estado de Roraima, quando do julgamento do recurso de apelação que manteve a sentença de primeiro grau, ao pagamento de 20 dias-multa, no valor unitário mínimo, como incurso no crime do artigo 331, do Código Penal (desacato). Inconformado, Paulo através de seu advogado, interpôs habeas corpus perante o Superior Tribunal de Justiça, sustentando que estaria na iminência de sofrer violência ou coação ilegal na sua liberdade de ir e vir.

II. Moisés foi regulamente processado e condenado pela Justiça Pública do Estado do Maranhão a cumprir pena de 03 anos de reclusão, em regime inicial semiaberto, após cometer crime de excesso de exação. Após cumprir a pena privativa de liberdade aplicada, Moisés tem a sua punibilidade extinta por decisão do Juiz da Vara de Execução Penal. Pretendendo discutir o mérito da causa e a sua prisão irregular, Moisés, através de seu advogado, interpôs habeas corpus perante o Superior Tribunal de Justiça.

III. O Delegado de Polícia titular de um determinado Distrito Policial da cidade de São Paulo/SP instaura um Inquérito Policial contra Augusto, imputando-lhe a prática de crime de corrupção passiva. Inconformado, Augusto, através de seu advogado ingressa com habeas corpus que é distribuído para a Primeira Vara Criminal da Comarca de São Paulo, Capital, que indefere a liminar e autoriza o prosseguimento das investigações. Encerradas as investigações, o Inquérito Policial é distribuído para a Segunda Vara Criminal da Comarca de São Paulo, Capital, e o Ministério Público denuncia Augusto pelo crime de estelionato, denúncia esta recebida pelo Magistrado. Novamente inconformado e sustentando estarem presentes os requisitos legais, cessada a competência do Juiz da Primeira Vara Criminal da comarca de São Paulo, Capital, onde o habeas corpus originalmente interposto aguardava julgamento, Augusto interpôs, através de seu advogado, habeas corpus perante o Tribunal de Justiça de São Paulo com o escopo de trancar a ação penal.

De acordo com o Código de Processo Penal e com entendimento Sumulado dos Tribunais Superiores, agiu corretamente o advogado do réu APENAS em

(A) II e III

(B) III.

(C) I

(D) I e III.

(E) I e II.

18. (2015 – FUNIVERSA – SAPeJUS – GO – Agente de Segurança Prisional) Segundo a doutrina, a liberdade de locomoção é um dos direitos mais sagrados do ser humano, direito que não poderá sofrer quaisquer restrições e(ou) limitações, senão as previstas em lei. Assim, para assegurar tal direito, de maneira célere e eficaz, a Constituição Federal outorga a qualquer pessoa, nacional ou estrangeira, a garantia do habeas corpus. Na dicção da doutrina, a expressão habeas corpus significa "exiba o corpo ou apresente-se a pessoa que está sofrendo ilegalidade na sua liberdade de locomoção ao juiz". Para a doutrina, o habeas corpus é uma ação autônoma de impugnação, de natureza constitucional, vocacionada a tutela da liberdade de locomoção. (Renato Brasileiro de Lima. Curso de Processo Penal. Impetus, 2013). Com relação ao habeas corpus, assinale a alternativa correta.

(A) Não se conhece habeas corpus contra omissão de relator de extradição, se fundado em fato ou direito estrangeiro cuja prova não constava dos autos, nem foi ele provocado a respeito.

(B) O Ministério Público não possui legitimidade para impetrar ordem de habeas corpus, mas poderá requerer a absolvição do réu no processo criminal.

(C) É pacífica a possibilidade de figurar como paciente de habeas corpus a pessoa jurídica, assim, por exemplo, se uma pessoa jurídica for acusada da prática de um crime contra o meio ambiente (Lei nº 9.605/1998), cuidando-se de ação penal injustificada, sem respaldo algum, recebida a denúncia, caberá o remédio heroico para fins de trancamento da ação penal.

(D) Caberá recurso ordinário constitucional ao Supremo Tribunal Federal da decisão denegatória de habeas corpus, proferida em única ou última instância pelos Tribunais Regionais Federais.

(E) Como não há previsão em lei, a jurisprudência e a doutrina pátrias não admitem a concessão de medida liminar em habeas corpus.

---

19. (2015 – CESPE – DPU – Defensor Público Federal de Segunda Categoria) Em relação a habeas corpus e revisão criminal, julgue o item a seguir.

Não se admite revisão criminal contra sentença absolutória imprópria por falta de interesse de agir.

---

20. (2015 – CESPE – DPU – Defensor Público Federal de Segunda Categoria) Em relação a habeas corpus e revisão criminal, julgue o item a seguir.

Se a defesa de um indivíduo impetrar habeas corpus em tribunal regional federal para trancar ação penal contra ele proposta, e esse tribunal denegar a ordem por maioria de votos, a defesa deverá manejar embargos infringentes.

---

21. (2015 – MPE-BA – MPE-BA – Promotor de Justiça Substituto – Adaptada) Acerca das ações autônomas de impugnação no processo penal, julgue o item seguinte:

Segundo o Código de Processo Penal, será admitida a revisão criminal quando a sentença condenatória se fundar em depoimentos, exames ou documentos supostamente falsos.

---

22. (2015 – MPE-BA – MPE-BA – Promotor de Justiça Substituto – Adaptada) Acerca das ações autônomas de impugnação no processo penal, julgue o item seguinte:

No mandado de segurança impetrado pelo Ministério Público contra decisão proferida em processo penal, é obrigatória a citação do réu como litisconsorte passivo.

---

23. (2015 – MPE-BA – MPE-BA – Promotor de Justiça Substituto – Adaptada) Acerca das ações autônomas de impugnação no processo penal, julgue o item seguinte:

De acordo com o Supremo Tribunal Federal, não é possível em habeas corpus a reapreciação dos critérios subjetivos considerados pelo magistrado para a dosimetria da pena.

---

24. (2015 – CESPE – DPE-PE – Defensor Público) Com relação a habeas corpus e nulidades, julgue o item a seguir.

Os tribunais superiores não mais têm admitido o manejo do habeas corpus originário como meio de impugnação substitutivo da interposição de recurso ordinário constitucional.

---

25. (FCC – Defensor Público – PB/2014) José, preso preventivamente pela prática do delito de tráfico de entorpecentes, impetrou *habeas corpus* em causa própria no Tribunal local. Segundo o Código de Processo Penal,

(A) se o Tribunal verificar que já cessou a violência ou coação ilegal, julgará o mérito do pedido da impetração.

(B) o pedido somente pode ser conhecido depois de a Defensoria Pública devidamente arrazoá-lo.

(C) caso o *habeas corpus* seja concedido em virtude de nulidade do processo, este não pode ser renovado, em razão da proibição de bis in idem.

(D) havendo empate na votação, se o presidente não tiver tomado parte na votação, proferirá voto de desempate, ou, no caso contrário, prevalecerá a decisão mais favorável ao paciente.

(E) o Ministério Público não poderia ter impetrado *habeas corpus* em favor de José.

---

26. (Cespe – Técnico Judiciário – Área Administrativa – STJ/2018) No que se refere aos tipos de prisão e aos meios processuais para assegurar a liberdade, julgue os seguintes itens. Membro do Ministério Público não tem legitimidade ativa para impetrar habeas corpus, mesmo que constate alguma das hipóteses de ilegalidade na prisão do autor do delito.

27. **(Cespe – Analista Judiciário – Área Judiciária – STJ/2018)** A respeito da prisão, dos processos de competência originária e da revisão criminal, julgue os itens subsecutivos. A revisão criminal é o instrumento processual adequado para se obter a anulação ou a revisão tanto das sentenças penais absolutórias próprias quanto das condenatórias transitadas em julgado.

28. **(Cespe – Juiz de Direito – TJ – CE/2018)** O habeas corpus

(A) abrange, na atualidade, qualquer ato constritivo à liberdade, direta ou indiretamente, mesmo que não envolva a decretação da prisão.

(B) não pode ser concedido contra decisão do tribunal do júri transitada em julgado.

(C) não pode analisar questões extremamente complexas, especialmente porque seu procedimento é sumário e de cognição limitada.

(D) não é cabível nas hipóteses de punição disciplinar aplicada a militar, de acordo com os tribunais superiores.

(E) é cabível contra qualquer sentença penal condenatória, inclusive aquelas que fixem somente a pena de multa.

29. **(Cespe – Analista do MPU – Direito – MPU/2018)** Em cada um dos itens a seguir é apresentada uma situação hipotética seguida de uma assertiva a ser julgada em consonância com a doutrina majoritária e com o entendimento dos tribunais superiores acerca de provas no processo penal, prisão e liberdade provisória e habeas corpus.Um cidadão foi indiciado por supostamente ter praticado crime contra a administração pública. O próprio indiciado, que não possui formação universitária, impetrou habeas corpus por meio de carta manuscrita. Nessa situação, é incabível o habeas corpus, devido à falta de capacidade postulatória do impetrante.

9. GABARITO ANOTADO

01 – D

Vide:

- Súmula 693 do STF.
- Item "2.3.3. Crime com pena privativa de liberdade"

02 – D

Vide:

- Art. 622 do CPP.
- Item "4.2. Cabimento"

03 – E

Vide:

- Art. 648, VII, do CPP.
- Item "2.3.1. Violação à liberdade de ir e vir"

04 – C

Vide:

- Item "1. De ordem geral"

05 – E

Vide:

- Habeas corpus – Impetração redigida em língua espanhola – Extradição – Formulação de pedido de clemência ao Presidente da república – Ausência de indicação de ato configurador de ilegalidade ou abuso de poder – HC não conhecido. – é inquestionável o direito de súditos estrangeiros ajuizarem, em causa própria, a ação de habeas corpus, eis que esse remédio constitucional – por qualificar-se como verdadeira ação popular – pode ser utilizado por qualquer pessoa, independentemente da condição jurídica resultante de sua origem nacional. – A petição com que impetrado o habeas corpus deve ser redigida em português, sob pena de não conhecimento do writ constitucional (cpc, art. 156, c/c cpp, art. 3.), eis que o conteúdo dessa peça processual deve ser acessível a todos, sendo irrelevante, para esse efeito, que o juiz da causa conheça, eventualmente, o idioma estrangeiro utilizado pelo impetrante. A imprescindibilidade do uso do idioma nacional nos atos processuais, além de corresponder a uma exigência que decorre de razões vinculadas a própria soberania nacional, constitui projeção concretizadora da norma inscrita no art. 13, caput, da Carta Federal, que proclama ser a língua portuguesa "o idioma oficial da República Federativa do Brasil". (...) (STF, HC 72391 QO, Relator(a): Min. CELSO DE MELLO, Tribunal Pleno, julgado em 08/03/1995, DJ 17-03-1995 PP-05791 EMENT VOL-01779-02 PP-00331)
- Item "2.4.2.Legitimidade ativa e passiva"

06 – C

Vide:

- Art. 622 do CPP.
- Item "4.2. Cabimento"

07 – B

Vide:

- Item "4.1. Fundamentos"
- Item "4.2. Cabimento"

08 – A

Vide:

- Artigos 626, 623, 621, todos do CPP.
- Item "4.1. Fundamentos"
- Item "4.2. Cabimento"

09 – D

Vide:

- Súmula 701 do STF.
- Item "3.3.2. Legitimidade ativa e passiva"

10 – E

Vide:

- Súmula 693 do STF.
- Item "2.3.3. Crime com pena privativa de liberdade"

11 – D

Vide:

- HC 86.834/SP
- Item "2.4.1. Competência"

12 – C

Vide:

- *"O trancamento da ação penal por meio de habeas corpus é medida excepcional, somente admissível quando transparecer dos autos, de forma inequívoca, a inocência do acusado, a atipicidade da conduta ou a extinção da punibilidade. Precedentes: HC 101754, Segunda Turma, Relatora a Ministra Ellen Gracie, DJ de 24.06.10; HC 92959, Primeira Turma, Relator o Ministro Carlos Britto, DJ de 11.02.10."* (STF, RHC 118100 AgR / DF, julgamento em 10/12/2013)
- Item "2.4.6. Trancamento do inquérito, do processo ou do termo circunstanciado de ocorrência"

13 – E

Vide:

- *"A jurisprudência do Superior Tribunal de Justiça, acompanhando a orientação da Primeira Turma do Supremo Tribunal Federal, firmou-se no sentido de que o habeas corpus não pode ser utilizado como substituto de recurso próprio, sob pena de desvirtuar a finalidade dessa garantia constitucional, exceto quando a ilegalidade apontada for flagrante, hipótese em que se concede a ordem de ofício."* (STJ, 247408-RJ, julgado em 07/04/2015)
- Item "2.4.9. Jurisprudência defensiva: o habeas corpus substitutivo de recurso ordinário constitucional e a concessão de habeas corpus de ofício"

14 – E

Vide:

- Item "2.4.2. Legitimidade ativa e passiva"

15 – A

Vide:

- Item "2.4.6. Trancamento do inquérito, do processo ou do termo circunstanciado de ocorrência"

16 – E

Vide:

- Súmula 692, STF
- Itens "2.3. Cabimento"; "2.3.1. Violação à liberdade de ir e vir"

17 – B

Vide:

- Súmulas 693 e 695, do STF
- Item "2.4.6. Trancamento do inquérito, do processo ou do termo circunstanciado de ocorrência"
- Item "2.4.1. Competência"

18 – A

Vide:

- Súmula 692, STF
- Itens "2.3. Cabimento"; "2.3.1. Violação à liberdade de ir e vir"

19 – E

Vide:

- Item "4.1. Fundamentos"

20 – E

Vide:

- Art. 105, II, "a", da CF/88.
- Item "2.4.9. Jurisprudência defensiva: o habeas corpus substitutivo de recurso ordinário constitucional e a concessão de habeas corpus de ofício"

21 – E

Vide:

- Art. 621, II, do CPP.
- Item "4.2. Cabimento"

22 – C

Vide:

- Súmula 701, STF
- Item "3.3.2. Legitimidade ativa e passiva"

23 – C

Vide:

- "A dosimetria da pena, bem como os critérios subjetivos considerados pelos órgãos inferiores para a sua realização, não são passíveis de aferição na via estreita do habeas corpus, por demandar minucioso exame fático e probatório inerente a meio processual diverso. Precedentes: HC 97058, Relator(a): Min. JOAQUIM BARBOSA, Segunda Turma, julgado em 01/03/2011; HC 94073, Relator(a): Min. RICARDO LEWANDOWSKI, Primeira Turma, julgado em 09/11/2010. (STF, HC110960-DF, julgado em 19/08/2014)"
- Item "2.4.5. Julgamento"

24 – C

Vide:

- 2.4.9. Jurisprudência defensiva: o habeas corpus substitutivo de recurso ordinário constitucional e a concessão de habeas corpus de ofício

25 – D

Vide:

- Art. 615, § 1º, CPP
- Item 2.1.5. Julgamento

26 – Errado

Vide:

- Art. 654 CPP

27 – Errado

Vide:

- Art. 621 CPP
- Item "4. Revisão criminal".

28 – A

Vide:

- Item "2. *Habeas* Corpus".

29 – ERRADO

Vide:

- Item "2. *Habeas* Corpus".

10. QUESTÕES DISCURSIVAS COM COMENTÁRIOS

01. (Promotor de Justiça Militar – MPU – 2013 – Adaptada) Um subtenente da ativa do Exército está sendo processado na Justiça Comum pela prática, em tese, de crimes de estupro. Segundo descrito na denúncia oferecida pelo órgão do Ministério Público Estadual, o referido subtenente teria praticado relações sexuais com três crianças, com idade entre oito e dez anos. Diante da repercussão dos crimes atribuídos ao subtenente, o comandante do Batalhão em que servia o militar acusado, oficial no posto de tenente-coronel, decidiu nomear um Conselho de Disciplina (CD), a fim de julgar a incapacidade do militar em permanecer no servo ativo. Concluídos os trabalhos, os membros do CD julgaram o subtenente incapaz de permanecer na ativa, tendo a autoridade nomeante aceitado o julgamento, remetendo os autos do CD ao Comandante Militar de Área, autoridade que, por sua vez, decidiu excluir a bem da disciplina o mencionado subtenente, embora esse militar ainda estivesse sendo processado criminalmente.

Da análise do caso acima, responda ao seguinte questionamento:

A vedação de cabimento de "habeas corpus" em relação a punições disciplinares militares, prevista no artigo 142, § 2º, da Constituição Federal, é absoluta? Justifique a resposta?

Resposta

O artigo 142, § 2º, da CF, prevê que não caberá "habeas-corpus" em relação a punições disciplinares militares. Por outro lado, o habeas-corpus tem amparo constitucional, previsto no artigo 5º, LXVIII. Note-se que o dispositivo autoriza a impetração de habeas corpus, sem restrições, "sempre que alguém sofrer ou se achar ameaçado de sofrer violência ou coação em sua liberdade de locomoção, por ilegalidade ou abuso de poder".

Ademais, é certo que a Constituição não possui dispositivos antagônicos, razão pela qual não é possível entender pela existência de antinomia entre os seus arts. 5º, LXVIII e, o § 2º do art. 142, sendo necessário conciliá-los. Conclui-se, portanto, que contra punição disciplinar ilegal que tenha o efeito de cercear a liberdade de militar deve ser admitido o habeas corpus, que é o remédio próprio para discutir matéria referente à liberdade de locomoção.

Conclui-se, portanto, que para a conciliação entre os dois dispositivos constitucionais, deve-se garantir a apreciação pelo Poder Judiciário de eventual violência ou coação dirigida à liberdade de locomoção. Dessa forma, no caso de punições disciplinares que extrapolem os parâmetros do permitido à autoridade competente, com cerceio indevido à liberdade de locomoção, tem cabimento o habeas corpus, nos termos do art. 5º, LXVIII, da Constituição. Por outro lado, se a punição disciplinar é aplicada dentro dos limites legais e regulamentares, a propositura do habeas corpus restará vedada. Em suma, a vedação inserta no artigo 140;§ 2º, da CF, limita-se ao exame do mérito, não alcançando o exame formal do ato administrativo disciplinar, tido como abusivo.

02. (Defensor Público Estadual – DPE-MS – 2014 – VUNESP) Sobre a revisão criminal, responda: a) conceito; b) natureza processual; c) requisitos; d) limites e efeitos.

Resposta

A revisão criminal tem natureza preponderante de ação constitutiva negativa. Trata-se do meio processual adequado para que uma decisão condenatória com trânsito em julgado seja revista, admitindo-se o seu manejo a qualquer tempo se presente uma das hipóteses descritas no art. 621 e incisos do CPP, com o objetivo o acusado se ver absolvido ou beneficiado de alguma outra forma.

Frise-se que embora tenha sido arrolada pelo legislador como recurso, a revisão criminal tem natureza de ação penal de natureza constitutiva, sendo uma ação autônoma de impugnação, destinada ao desfazimento dos efeitos produzidos por uma sentença condenatória com trânsito em julgado. Assemelha-se à ação rescisória do processo civil.

Destaque-se o crescente entendimento no sentido de admitir a revisão criminal também contra sentenças absolutórias impróprias, tendo em vista que a medida de segurança aplicada apresenta-se como uma sanção ao sentenciado "absolvido" (impropriamente).

Os requisitos destacados pelo espelho de correção são aqueles previstos no art. 621 do CPP, ou seja, é necessário que a decisão final condenatória tenha transitado em julgado e esteja presente uma das hipóteses previstas nos incisos I, II e III do citado artigo e Código. Frise-se que não há necessidade de o condenado recolher-se à prisão.

Quanto aos limites e efeitos, importante ressaltar que a revisão criminal não permite ser reiterada, exceto se verificadas novas provas, nos termos do art. 622, parágrafo único, do CPP. Poderá ter como efeito a alteração da classificação penal, a absolvição do réu, a modificação da pena e a anulação do processo. Ademais, a revisão não poderá agravar a situação do acusado, conforme preceitua o art. 626, parágrafo único, do CPP. Por fim, destaque-se que se a decisão da revisão não for exclusiva às condições pessoais do acusado, ela terá o efeito extensivo ao corréu, por aplicação analógica do art. 580 do CPP.

---

03. (Analista de promotoria – MP/SP – 2015 – VUNESP) Discorra sobre os efeitos do provimento da revisão criminal, de acordo com o disposto no artigo 627 do Código de Processo Penal, exemplificando, e esclareça se há extensão ao sentenciado não recorrente, por aplicação do artigo 580 do mesmo diploma legal.

Resposta

Provida a revisão criminal para absolver o réu, estabelece o artigo 627 do Código de Processo Penal que serão restabelecidos todos os direitos perdidos em razão de efeitos penais da condenação, tanto os efeitos primários (ex.: liberdade), como também os secundários (ex.: devolução da fiança perdida) e, ainda, os extrapenais (ex.: restabelecimento do poder familiar). Note-se, ademais, que os efeitos da absolvição, obtida na revisão criminal, se estendem ao condenado não recorrente, desde que seus fundamentos não sejam de caráter pessoal, bem como se firmem em situação comum aos corréus na ação penal condenatória, como estabelece o artigo 580 do Código de Processo Penal.

---

04. (TJ/RS – Juiz de Direito – RS/2012) Proferida sentença condenando o réu como incurso nas sanções do artigo 121, § 2º, II e IV, combinado com os artigos 14, inciso II e 61, inciso I, todos do Código Penal, ante suposto erro material havido na aplicação da pena imposta ao réu quanto à análise dos vetores do artigo 59 do mesmo Diploma Legal, indaga-se:

(A) Em tese, qual o remédio jurídico para nulificar dito julgado?

(B) Cabe Habeas Corpus nesse sentido? Justifique ambas as respostas.

Resposta

(A) Meros erros materiais são corrigíveis de ofício ou por intermédio de simples petição. No entanto, tratando-se de obscuridade, ambiguidade, omissão ou contradição, recomendável a oposição de embarguinhos perante o próprio juiz de primeiro grau (art. 382, CPP), a fim de que corrija a aplicação dos vetores circunstanciais do art. 59, CP. Após esse proceder – e não sendo sanado o problema – interponível apelação criminal (art. 593, III, "c", CPP).

(B) Cogita-se de cabimento de habeas corpus em casos como este quando se requer urgência relativamente ao constrangimento à liberdade de locomoção. Se o acusado está com prisão preventiva decretada, cuja fundamentação se baseou nas circunstâncias apreciadas erroneamente, recomendável é o uso desse remédio heroico, em virtude da demora que pode levar o processamento da apelação. O habeas corpus pode ser admitido como sucedâneo recursal, especialmente se tiver o acusado e seu defensor deixado de apelar no tempo próprio.

---

05. (MPF/17) É cabível a impetração de "*habeas corpus*" ou de mandado de segurança contra indiciamento no inquérito policial? Responder fundamentadamente.

É cabível *habeas corpus* quando o delito, em tese, contiver previsão de pena privativa de liberdade. Será o caso de mandado de segurança quando se cuidar de pena restritiva de direito, vale dizer, de pena diversa daquela privativa de liberdade. Falamos do indiciamento de forma exauriente no curso deste capítulo, explicando a carga negativa que tal ato produz, afetando o *status dignitatis* do investigado, modificando seu estado jurídico, facilitando a imposição de medidas cautelares restritivas de direitos, privativas de liberdade e reais, bem como contribuindo para o *strepitus judicii*. Ora, diante dessa afetação aos direitos fundamentais do indiciado, cabíveis as ações referidas para ver cessar constrangimento ilegal, seja ele a liberdade de ir e vir, seja mesmo direcionado a direito líquido e certo.

Capítulo XVII

Disposições Gerais do CPP

Sumário • 1. Audiências e sessões – 2. Publicidade – 3. Poder de polícia do juiz – 4. Prazos: 4.1. Prazos penais *versus* prazos processuais; 4.2. Fluência dos prazos processuais; 4.3. Prazos processuais em espécie; 4.4. Princípios informadores da disciplina dos prazos processuais – 5. Retirada de autos – 6. Custas processuais – 7. Substituição do escrivão/diretor de secretaria – 8. Estatística judiciária criminal – 9. Quadro sinótico – 10. Súmulas aplicáveis: 10.1. STJ; 10.2. STF – 11. Informativos recentes: 11.1. STJ; 11.2. STF – 12. Questões de concursos públicos – 13. Gabarito anotado – 14. Questões discursivas com comentários

1. AUDIÊNCIAS E SESSÕES

Os processos criminais seguem um rito que se destina a um provimento jurisdicional. Para que seja possível a finalização do procedimento, é realizada uma fase instrutória. Essa etapa às vezes é cumulada com a fase de julgamento, daí a expressão audiência de instrução e julgamento. Além da referência a audiências, o Código de Processo Penal menciona o termo sessão, com o fito de designar um tipo especial de audiência nos órgãos colegiados dos tribunais e no Tribunal do Júri.

As audiências e as sessões podem ser ordinárias ou extraordinárias. São designadas pelo juiz (singular ou presidente do Tribunal do Júri) ou pelo relator do processo (nos tribunais). Havendo tramitação normal dos feitos criminais, com observância dos prazos, a regra é que as audiências e sessões sejam ordinárias e agendadas para dia útil no horário de funcionamento normal do órgão jurisdicional.

Em caso de acúmulo de serviço, pode o julgador verificar a necessidade de audiências ou de sessões extraordinárias[1]. É nesse sentido que o art. 791 do CPP estatui que, em compasso com as necessidades de andamento rápido dos feitos, haverá audiências ou sessões extraordinárias nos juízos ou tribunais com competência criminal. Serão, portanto, sessões extraordinárias "as que o juiz designar, fora da previsão normal, para a produção de alguma prova complementar (ex.: audiência especialmente designada para promover uma acareação ou para submeter o réu a novo interrogatório)"[2].

A celeridade processual é princípio constitucional (razoável duração do processo). A Lei nº 13.285/2016 incluiu o art. 394-A, do CPP, para dispor que os processos que apurem a prática de crime hediondo terão prioridade de tramitação em todas as instâncias. Tal

1. JESUS, Damásio E. de. *Código de processo penal anotado*. 10. ed. São Paulo: Saraiva, 2003. p. 464.
2. NUCCI, Guilherme de Souza. *Manual de processo penal e execução penal*. 7. ed. São Paulo: RT, 2011. p. 984.

prioridade de tramitação deve, contudo, guardar compatibilidade com as demais prioridades legais, como as dos processos de *habeas corpus*, mandado de segurança ou que envolvam direito da criança, do adolescente e da pessoa idosa. O critério de prioridade ao processo por delito hediondo não deve prejudicar a necessidade de celeridade que deve nortear toda a atividade jurisdicional.

De outro prisma, o art. 797 do CPP permite a designação de audiências e sessões para dias de domingo ou de feriado. No entanto, coloca uma restrição: o autorizativo não inclui as sessões de julgamento, que só poderão ser marcadas para dia útil. Porém, caso os julgamentos tenham começado em dia útil, eles não serão suspensos pela superveniência de domingo ou de feriado.

No que concerne à disciplina das audiências e das sessões, o *caput* do art. 793 do CPP preconiza que os advogados, as partes, os escrivães e os espectadores poderão estar sentados, contanto que se levantem quando se dirigirem aos juízes ou quando estes ficarem de pé para qualquer ato processual.

Essa regra é aplicável aos órgãos colegiados dos tribunais e, especialmente, ao tribunal do júri, vale dizer, sua incidência tem lugar nas sessões, porquanto quando o processo criminal tramitar perante os juízes singulares, os advogados formularão seus pedidos sentados, nos termos do parágrafo único, do art. 793, do CPP. Aqui as audiências, realizadas pelo juiz singular, terão formalidades menos rígidas que as das sessões de órgãos colegiados.

2. PUBLICIDADE

A Constituição do Brasil dispõe que todos os julgamentos do Poder Judiciário serão públicos. A lei, contudo, pode restringir a publicidade, limitando a presença, em determinados atos processuais, às partes e a seus advogados, ou somente a estes, se o interesse público determinar essa providência (art. 93, IX).

O Código de Processo Penal, nessa linha, prevê, em seu art. 792, que as audiências, as sessões e os atos processuais serão, em regra, públicos e se realizarão nas sedes dos juízos e dos tribunais, com a participação dos escrivães (diretores de secretaria), do secretário, do oficial de justiça que servir de porteiro, em dia e hora previamente designados.

Como exceção é que a publicidade da audiência, da sessão ou do ato processual pode ser afastada. Assim o será se dela puder decorrer escândalo, inconveniente grave (como ameaça à segurança dos participantes da audiência) ou perigo de perturbação da ordem. Nessas hipóteses, o juiz ou o tribunal (pleno, câmara, ou turma) poderá, de ofício ou a requerimento das partes ou do Ministério Público, determinar que o ato seja procedido a portas fechadas, limitando o número dos presentes, na forma do § 1º do art. 792 do CPP.

O § 2º desse artigo permite que, em caso de necessidade, as audiências, as sessões e os atos processuais poderão ocorrer na residência do juiz, ou em outra casa por ele especialmente designada. Por exemplo, temos o caso de testemunha que esteja impossibilitada de se deslocar à presença do juiz por motivo de saúde, quando poderá ser marcada a audiência no local em que se encontrar.

3. PODER DE POLÍCIA DO JUIZ

O julgador pode estabelecer limitações aos direitos das pessoas que assistem ou participam de audiências ou de sessões. Essa faculdade é o poder de polícia do magistrado que é inerente a sua competência para processar e julgar regularmente os processos criminais (vide Capítulo VIII).

A partir dessa ideia, que decorre implicitamente da função jurisdicional, o art. 794 do CPP assenta que compete aos juízes ou ao presidente do tribunal (pleno, câmara ou turma), a polícia das audiências e das sessões, determinando o que for conveniente à manutenção da ordem. Para esse desiderato, os juízes têm o poder de requisitar força pública, que ficará exclusivamente à sua disposição.

Os espectadores das sessões ou das audiências não poderão se manifestar, pelo que o juiz ou o presidente ordenará que sejam retirados da sala os desobedientes (art. 795, parágrafo único). Caso haja resistência ou cometimento de outro delito tipificado penalmente, serão adotadas as providências criminais cabíveis (prisão em flagrante, mediante autuação ou com lavratura de termo circunstanciado de ocorrência, se o delito for de menor potencial ofensivo).

O acusado poderá ser retirado da sala caso se porte inconvenientemente, hipótese em que os atos de instrução ou julgamento seguirão com a assistência de seu advogado/defensor. Será igualmente retirado o réu se sua presença causar humilhação, temor ou sério constrangimento a testemunha ou ao ofendido, caso não seja possível realizar a inquirição por videoconferência (art. 217, CPP). Por fim, se o acusado estiver com enfermidade contagiosa ou que prejudique seu direito de defesa, o ato deve ser adiado[3].

4. PRAZOS

4.1. Prazos penais *versus* prazos processuais

Os prazos de direito criminal se subdividem em prazos penais e prazos processuais penais. A distinção é importante para fins de contagem do lapso prazal.

O prazo de direito penal é contado com o cômputo do dia do início (*dies a quo*) e exclusão do dia do final (*dias ad quem*). Assim, se o crime de injúria foi cometido em 3 de janeiro de 2010, o prazo decadencial de seis meses para a propositura de queixa crime irá se expirar em 2 de julho do mesmo ano.

O prazo de direito processual, diferentemente, tem como termo inicial o dia seguinte ao do evento que determina sua fluência. É assim que o CPP averba no § 1º, do seu art. 798, que não se computará no prazo o dia do começo, incluindo-se, todavia, o do vencimento.

Como exemplo, se o Ministério Público foi intimado da sentença absolutória do acusado em 3 de dezembro de 2009 (quinta-feira), o prazo para interposição de apelação terá início em 4 de dezembro (***dies a quo***), expirando-se em 8 de dezembro desse ano (***dies ad quem***).

Em outras palavras e na esteira do STF:

3. JESUS, Damásio E. de. *Código de processo penal anotado*. 10. ed. São Paulo: Saraiva, 2003. p. 465.

> Os prazos previstos no Código Penal são contados de forma que o dia do começo se inclui no cômputo (CP, art. 10). Os do Código de Processo Penal são contados de forma que não se computará o dia do começo, incluindo-se, porém, o do vencimento (CPP, art. 798, § 1º). É da antiga jurisprudência deste Tribunal que o prazo de quinze dias do edital de citação, referido no art. 361 do CPP, é de direito processual, de forma que na sua contagem não se considera o dia do início, e inclui-se o do vencimento.[4]

Devemos considerar, para efeito de determinação da natureza do prazo (se penal ou processual), a influência do instituto regrado temporalmente no ***jus puniendi*** estatal, ou no ***status libertatis*** do agente, independente do tratamento do prazo dentro do Código Penal ou do Código de Processo. Assim, o prazo para conclusão do inquérito policial, estando o indiciado preso, indicado no art. 10 do CPP (10 dias), deve ser contado à luz do art. 10 do Código Penal, incluindo-se o primeiro dia, e ficando excluído o do vencimento, já que a liberdade está em pauta.

4.2. Fluência dos prazos processuais

O art. 798, e seus parágrafos, do CPP, determina que todos os prazos processuais correrão em cartório, de forma contínua e peremptória, não sendo interrompidos por férias, domingo ou feriado. Uma vez finalizado o prazo, será certificado esse fato nos autos. Se omitida a certidão, o prazo será ainda assim considerado terminado, bastando a prova do dia em que teve início.

Sem embargo, algumas regras específicas devem ser observadas:

(1) quando o prazo findar em domingo ou em feriado, será considerado prorrogado até o dia útil imediato;

(2) os prazos processuais não se iniciam em dia sem expediente forense. Assim, caso seja o réu citado numa sexta-feira, seu prazo começa a correr na segunda subsequente (Súmula nº 310 do STF e art. 3º da Lei nº 1.408/1951);

EXEMPLO DE CONTAGEM DE PRAZO PROCESSUAL PENAL				
Interposição de Recurso de Embargos de Declaração – prazo de 2 dias.				
05	**06**	**07**	**08**	**09**
Sexta-feira ***dies a quo***	**Sábado**	**D**	**Segunda-feira**	**Terça-feira** ***dies ad quem***
Publicação oficial da sentença omissa, obscura, ambígua ou contraditória Exclui-se o dia início	Não se inicia o cômputo – não é dia útil.	–	Início do cômputo	Fim do prazo Inclui-se o dia do vencimento

(3) os prazos processuais não fluirão se houver impedimento do juiz, força maior, ou obstáculo judicial oposto pela parte contrária, tal como pode ocorrer com a retirada dos autos pelo advogado de um dos acusados quando o processo deveria permanecer em cartório por se tratar de prazo comum de recurso para todos os corréus;

4. STF – Segunda Turma – HC 76034 – Rel. Min. Maurício Corrêa – DJ de 30/4/1998 – p. 9.

(**4**) salvo os casos expressos, os prazos correrão: (**a**) da intimação; (**b**) da audiência ou sessão em que proferida a decisão ou a sentença, se a ela estiver presente a parte; (**c**) do dia em que a parte manifestar no feito ciência inequívoca do ato processual;

(**5**) quando a publicação for feita por meio eletrônico, o prazo processual terá como data da publicação o primeiro dia útil seguinte ao da disponibilização da informação no Diário de Justiça eletrônico e os prazos processuais terão início no primeiro dia útil seguinte a este dia (art. 4º, §§ 3º e 4º da Lei nº 11.419/2006). Exemplificando, caso seja publicada eletronicamente uma decisão numa sexta-feira 13, o dia da publicação a ser considerado é a segunda-feira, 16, e o prazo somente se iniciará na terça-feira, dia 17;

EXEMPLO DE CONTAGEM DE PRAZO PROCESSUAL PENAL PUBLICAÇÃO ELETRÔNICA				
Interposição de Recurso de Embargos de Declaração no JECrim – prazo de 5 dias.				
13	**14**	**15**	**16**	**17**
Sexta-feira	**S**	**D**	**Segunda-feira** ***dies a quo***	**Terça-feira**
Publicação eletrônica da sentença	Não se inicia o cômputo – não é dia útil.		Considera-se publicada a sentença neste dia. Exclui-se o dia do início	Início do prazo

(**6**) a atividade jurisdicional será ininterrupta, sendo vedado férias coletivas, o que “implica que os atos processuais podem ser praticados e os prazos correm normalmente durante o que antes seriam as férias forenses (coletivas)”[5].

Os prazos processuais penais têm início a partir do dia útil seguinte ao dia da efetivação da diligência, vale dizer, considera-se o dia do ato de intimação/citação em si e não o dia em que foi o mandado acostado aos autos. A teor do enunciado nº 710 da Súmula do STF, “no processo penal, contam-se os prazos da data da intimação, e não da juntada do mandado ou da carta precatória ou de ordem”.

EXEMPLO DE CONTAGEM DE PRAZO PROCESSUAL PENAL: APLICAÇÃO DA SÚMULA Nº 710/STF					
Interposição de Recurso de Apelação – prazo de 5 dias.					
05	**06**	**07**	**08**	**09**	**10**
Quarta-feira ***dies a quo***	**Quinta-feira**	**Sexta-feira**	**S**	**D**	**Segunda-feira** ***dies ad quem***
Intimação pessoal da sentença condenatória através de oficial de justiça Exclui-se o dia início	Início do cômputo	Juntada do mandado de intimação aos autos. Dia irrelevante para a contagem do prazo.	–		Fim do prazo Inclui-se o dia do vencimento

Entendimento minoritário, mas digno de registro, é o de Nucci, para quem, no tocante à intimação mediante carta precatória, em virtude das dificuldades de saber o que efetivamente ocorreu, “o correto seria que o prazo somente começasse a fluir da juntada da precatória aos autos principais”[6].

5. FEITOZA, Denilson. *Direito processual penal: teoria, crítica e práxis*. Niterói: Impetus, 2010. p. 992.
6. NUCCI, Guilherme de Souza. *Manual de processo penal e execução penal*. 7. ed. São Paulo: RT, 2011. p. 990.

O autor, aludindo a duas posições divergentes referentes à intimação por mandado (de um lado, a que considera o início do prazo a partir da intimação e não da juntada do mandado e, de outro, a que usa a legislação processual civil, por analogia, para contar o prazo a partir da juntada do mandado), sugere ainda:

> Para evitar posições contrapostas, parece-nos acertado equiparar os casos de intimação por mandado e por precatória, considerando-se o início a partir da juntada dos autos. Há maior segurança de ciência da parte, o que somente enaltece os princípios constitucionais do contraditório e da ampla defesa.[7]

Sustentamos que **não** são aplicáveis ao processo penal os dispositivos do CPC/2015 que preconizam regras como:

(1) a contagem dos prazos em dias úteis, consoante o enunciado que dispõe que os atos processuais são contados em dias úteis, das seis às vinte horas. Para o direito processual penal, diferentemente do cível, vigoram as regras do art. 798, CPP, que estatui que todos os prazos correrão em cartório e serão contínuos e peremptórios, não se interrompendo por férias, domingo ou dia feriado (artigo 212, parágrafos, CPC/2015);

(2) a prolação de sentença ou de acórdão segundo a ordem cronológica de conclusão. O próprio CPC/2015 afasta a possibilidade de aplicação de tal disposição ao processo penal (artigo 12, parágrafos).

4.3. Prazos processuais em espécie

O diretor de secretaria ou escrivão dispõe do prazo de dois dias para praticar os atos determinados em lei ou ordenados pelo magistrado, nos termos do art. 799, do Código de Processo Penal. Esse dispositivo prevê, pelo descumprimento do prazo, a aplicação de multa e, na reincidência, de sanção disciplinar de suspensão de até 30 (trinta) dias. A mesma consequência é preconizada pelo § 2º do art. 800, se o escrivão ou diretor de secretaria não enviar os autos ao juiz ou ao ***Parquet*** no dia em que assinar termo de conclusão ou de vista.

Como atualmente, de um lado, a multa ali disposta está com o valor defasado (cinquenta a quinhentos mil-réis) e, de outro, os servidores da Justiça são regidos por estatutos que rezam sobre o procedimento administrativo para imposição de penas disciplinares específicas, entendemos que esses dispositivos só estão em vigor nas partes em que preconizam o prazo de dois dias para a prática dos atos nele indicados e o necessário envio dos autos ao juiz ou ao Ministério Público no dia da subscrição dos respectivos termos. Em caso de desatendimento a essas regras, só será cabível a aplicação de sanção devidamente regrada nos estatutos aplicáveis aos funcionários da Justiça.

Quanto aos juízes, o art. 800 do CPP especifica os prazos que deverão ser observados toda vez que não houver outro estabelecido especificamente pela lei. Destarte, os despachos e as decisões dos juízes singulares serão proferidos em:

(1) dez dias, se a decisão for definitiva, ou interlocutória mista;

(2) cinco dias, se for interlocutória simples;

(3) um dia, caso se cuide de despacho de expediente.

7. NUCCI, Guilherme de Souza. *Manual de processo penal e execução penal*. 7. ed. São Paulo: RT, 2011. p. 990.

Esses prazos são contados do termo de conclusão dos autos pelo escrivão/diretor de secretaria ao juiz. A conclusão é desse modo o termo a partir do qual é computado o lapso para que o juiz sentencie, decida ou despache nos autos.

Importa anotar que esses prazos são denominados "prazos impróprios", uma vez que "não são preclusivos, pois o juiz e seus auxiliares, se não praticarem o ato processual no prazo, continuam a ter que praticá-los, sem prejuízo de eventual sanção processual ou administrativa a que estejam sujeitos pela inobservância do prazo"[8].

Quanto aos prazos do Ministério Público, a regra do art. 800, § 2º, do CPP, que prevê que os prazos do Ministério Público serão contados do termo de vista, salvo para a interposição do recurso, deve ser relida em razão da prerrogativa da qual dispõem os membros do ***Parquet*** consistente em serem intimados pessoalmente e com carga dos autos, isto é, mediante entrada dos autos com vista, em compasso com o art. 41, IV, da Lei Federal nº 8.625/1993.

Com entendimento diverso do nosso, Nucci defende que quando a secretaria ou o cartório dá vista dos autos ao Ministério Público, em regra está lhe concedendo a oportunidade para se pronunciar em um prazo impróprio[9]. Quando o lapso é fatal (próprio ou improrrogável), como é o caso do ingresso de recurso, "não se fala em contar o prazo a partir do termo de vista e sim da data em que houve efetiva ciência da decisão, como estipula o art. 798, § 5º, ***c***, do CPP. Não fosse assim, estar-se-ia dando tratamento diverso às partes – maior prazo para o Ministério Público e menor à defesa"[10].

Malgrado também Mirabete afirme restritamente que quando se trata de prazo para recorrer, "não substitui a intimação a abertura de vista ao Ministério Público, ou seu simples ciente"[11] – dando a entender, como Nucci, que nos demais casos bastaria a abertura de vista (a aposição de carimbo nos autos, deixando os autos à disposição do ***Parquet*** na secretaria ou no cartório da vara) –, a interpretação sistemática que mais se coaduna com a ideia de isonomia material inferida da Constituição do Brasil é a de que o Ministério Público deve ser intimado sempre na forma do art. 41, IV, de sua Lei Orgânica Nacional (intimação com entrega dos autos).

Leva-se em consideração, de tal sorte, a complexidade e o cúmulo das atribuiçoes da instituição que tornaria desequilibrada a relação processual se não fosse a ela outorgada a prerrogativa. Na tendência aqui realçada, também a Defensoria Pública detém essa prerrogativa, agora ampliada pela Lei Complementar nº 132/2009, assegurando que sejam seus membros intimados pessoalmente e, inclusive quando necessário, com carga dos autos, como dispõe a nova redação do art. 44, I, da Lei Complementar nº 80/1994.

O Código de Processo Penal autoriza que os prazos nele fixados sejam excedidos pelos magistrados, em qualquer instância, se houver motivo justo assim declarado nos autos

8. FEITOZA, Denilson. *Direito processual penal: teoria, crítica e práxis*. Niterói: Impetus, 2010. p. 987.
9. Nesse sentido: "Na linha do julgamento do HC 83.255 (rel. min. Marco Aurélio), a intimação pessoal do Ministério Público se dá com a carga dos autos na secretaria do *Parquet*. 2. Se houver divergência entre a data de entrada dos autos no Ministério Público e a do 'ciente' aposto nos autos, prevalece, para fins de recurso, aquela primeira" (STF – Primeira Turma – HC 83821 – Rel. Min. Joaquim Barbosa – DJ 06/08/2004).
10. NUCCI, Guilherme de Souza. *Manual de processo penal e execução penal*. 7. ed. São Paulo: RT, 2011. p. 991.
11. MIRABETE, Júlio Fabbrini. *Processo penal*. 18 ed. São Paulo: Atlas, 2007. p. 788.

(§ 3º, art. 800, CPP). Nessa situação, o juiz deve, por exemplo, justificar o atraso em face da complexidade da causa ou de acúmulo do serviço.

Como sanção para a não observância dos prazos pelos juízes e membros do Ministério Público responsáveis pelo retardamento, o Código de Processo Penal, em seu art. 801, determina a perda de tantos dias de vencimentos quantos forem os excedidos, bem como a perda em dobro desses dias, na contagem do tempo de serviço, para o efeito de promoção e aposentadoria.

Em complementação a esse dispositivo, o art. 802 reza que o aludido desconto será feito à vista da certidão do escrivão/diretor de secretaria ou do secretário do tribunal, que deverão (de ofício, ou a requerimento de qualquer interessado), remetê-la aos órgãos incumbidos do pagamento e da contagem do tempo de serviço, sob pena de incidirem, de pleno direito, em multa (de quinhentos mil-réis), imposta por autoridade fiscal.

As sanções estabelecidas nesses dispositivos estão suplantadas pelas normas estatutárias que traçam o procedimento para aplicação de medida disciplinar contra os magistrados e os membros do Ministério Público. Também está sem eficácia a parte do artigo 802 que fixa multa contra o servidor da Justiça que fizer remessa da certidão para as repartições encarregadas do pagamento e da contagem de tempo de serviço.

Não só por esse fundamento, tais artigos estão derrogados (revogação parcial quanto suas partes sancionatórias), mas também pelos seguintes:

(1) de um lado, a Constituição do Brasil já prevê que o juiz que, injustificadamente, retiver autos em seu poder além do prazo legal, não será promovido ou removido, sendo-lhe vedado devolvê-los ao cartório sem o devido despacho ou decisão (art. 93, II, "e", VIII-A", de acordo com a EC nº 45/2004); e

(2) de outro, a aplicação de uma sanção que importe desconto de vencimento violaria a irredutibilidade de vencimentos, consagrada constitucionalmente. Já o desconto de dias em dobro para fins de promoção ou de aposentadoria, também não é aplicável, já que as respectivas Leis Orgânicas das categorias provisionam sanções diversas pela desídia.

4.4. Princípios informadores da disciplina dos prazos processuais

Arruda Alvim destaca dois princípios informativos do processo que afetam profundamente o tempo e os prazos, quais sejam:

(1) o princípio da paridade ou da igualdade de tratamento, inspirado em princípio político fundamental do direito moderno: o da igualdade de todos perante a lei, razão pela qual o legislador deve proporcionar um tratamento isonômico aos sujeitos processuais, seja do ponto de vista formal, seja substancial;

(2) o princípio da brevidade que tem inspiração política na percepção de que o processo é indubitavelmente um mal, pelo que o seu alongamento injustificado é um mal ainda mais grave[12].

12. ALVIM, Arruda. *Manual de direito processual civil*: volume 1: parte geral. 8. ed. São Paulo: RT, 2003. p. 517.

Em acréscimo a estes, outros podem ser depreendidos:

(3) o princípio da economia processual, com pontos de contato com o princípio da brevidade, que põe ênfase na necessidade de se praticar um ato processual valendo-se da forma menos custosa e mais célere para o alcance do resultado;

(4) o princípio da utilidade: baseado na ideia de que o prazo deve ser maior ou menor consoante a relevância do ato a ser praticado, o que justifica o prazo de cinco dias para a interposição da petição recursal de apelação (art. 593, CPP) e o prazo de oito dias para a apresentação das razões desse recurso (art. 660, CPP)[13];

(5) o princípio da preclusão (especialmente a temporal), que deve ser compreendido em íntima conexão com as normas que atribuem ônus processuais às partes, por meio dos quais elas se sujeitam a praticar determinados atos (a exemplo de interpor recurso), sob pena de perder a oportunidade para tanto (com o decurso do prazo)[14];

(6) o princípio da continuidade, expressamente previsto no CPP (art. 798), significa que os prazos correm inclusive em dias não úteis (ou seja, durante o curso prazal, os feriados são irrelevantes[15]) e não são interrompidos, no processo penal, sequer no período de férias;

(7) o princípio da irredutibilidade ou da inalterabilidade de prazos: no processo penal não é admitida a redução dos prazos (peremptórios), sob qualquer pretexto, pelo magistrado[16];

(8) o princípio da improrrogabilidade subjetiva significa a diretriz de os prazos processuais, geralmente, não se prorrogarem por vontade dos sujeitos processuais, é dizer, não se fica refém da mera conveniência dos sujeitos do processo. Pode-se falar, contudo, no **princípio da prorrogabilidade objetiva**, pois o prazo pode ser, em regra, objetivamente prorrogado, independentemente da vontade dos sujeitos processuais, por exemplo, quando terminam em dia que não é útil[17].

5. RETIRADA DE AUTOS

O art. 803 do CPP verbera que é proibida a retirada de autos do cartório (ou da secretaria da vara ou do tribunal), ainda que em confiança, sob pena de responsabilidade do escrivão, ressalvados os casos expressos em lei.

Isso quer dizer que, em regra, só mediante autorização legal expressa é que os autos podem sair do cartório ou da secretaria. Contudo, na hipótese de inexistir permissivo legal, o juiz, verificando ser necessária vista a uma das partes com carga, poderá autorizar motivadamente a retirada do feito criminal.

A previsão legal consiste numa cautela contra o extravio dos autos, bem como contra a procrastinação do processo criminal, notadamente quando se tem em linha de conta que existem prazos comuns (durante os quais as partes podem consultar os autos no cartório/

13. MIRABETE, Júlio Fabbrini. *Processo penal*. 18 ed. São Paulo: Atlas, 2007. p. 787.
14. SILVA, Ovídio Araújo Baptista da. *Curso de processo civil*. 5. ed. São Paulo: RT, 2000. v.1. p. 207-208.
15. ALVIM, Arruda. *Manual de direito processual civil*: volume 1: parte geral. 8. ed. São Paulo: RT, 2003. p. 517.
16. MIRABETE, Júlio Fabbrini. *Processo penal*. 18 ed. São Paulo: Atlas, 2007. p. 787.
17. FEITOZA, Denilson. *Direito processual penal: teoria, crítica e práxis*. Niterói: Impetus, 2010. p. 994.

secretaria, tomando apontamentos, sem retirá-los), seja para a prática de atos processuais mais simples, seja diante da pluralidade de acusados. Ao cabo, é prestigiado o princípio da celeridade/brevidade, em consonância com a razoável duração do processo.

6. CUSTAS PROCESSUAIS

As despesas processuais são constituídas pelas custas processuais e pelos honorários de advogado. O valor das custas do processo é fixado pelo juiz a partir do critério ***ex lege***.

Nos termos do art. 804, CPP, a sentença ou o acórdão, que julgar ação penal, incidente processual ou recurso, condenará o vencido nas custas. Como se depreende, deve ter sido o acusado ou o querelante sucumbente na ação para ser responsabilizado pelas custas. Desse modo, se for "decretada a extinção da punibilidade pela prescrição retroativa, o réu não tem que pagar custas"[18], eis que não restou vencido na demanda penal. O Ministério Público não é condenado nas custas processuais, ainda que vencido, eis que a ação penal é movida por órgão do Estado, titular da própria Fazenda Pública[19].

O valor dos honorários de advogado em regra não é determinado na sentença penal, ressalvando-se essa possibilidade quando:

(1) se trate de defensor dativo nomeado pelo magistrado e de réu que não seja pobre (art. 263, parágrafo único, CPP). Nessa hipótese, o STJ tem jurisprudência pacífica que a decisão do Poder Judiciário que arbitra honorários em favor de defensor dativo, nas localidades onde a Defensoria Pública esteja impedida de atuar, é título executivo judicial de responsabilidade do Estado[20] (se o processo criminal tiver tramitado em juízo estadual) ou da União (se tiver corrido em juízo federal, eleitoral ou militar da União).

(2) se cuide de ação penal privada, aplicando-se, por analogia (art. 3º, CPP), o art. 85 e parágrafos, do CPC/2015, para condenar o vencido a pagar custas processuais e honorários advocatícios ao vencedor" (posição majoritária, com precedentes do STJ[21] e do STF[22]). Conforme aquele Código de Processo Civil, que sufraga o princípio da sucumbência, a sentença condenará o vencido a pagar honorários ao advogado do vencedor (art. 85). A verba honorária de que trata será devida também na reconvenção (no processo penal, temos algo similar, como a "exceção da verdade"), no cumprimento de sentença, na execução resistida ou não e nos recursos interpostos, cumulativamente (§ 1º, do artigo 85). Como não há valor da causa no processo penal, o juiz arbitrará equitativamente os honorários, considerando o objeto da causa, bem como: **(1)** o grau de zelo do profissional; **(2)** o lugar de prestação do serviço; **(3)** a natureza e a importância da causa; e **(4)** o trabalho realizado pelo advogado e o tempo exigido para o seu serviço (§ 2º, do artigo 85).

A instância recursal fixará, de ofício ou a requerimento, nova verba honorária. Os honorários serão cumulativos com multas e outras despesas processuais, sendo observado o princípio da causalidade para o fim de determinar quem deve suportar o pagamento

---

18. JESUS, Damásio E. de. *Código de processo penal anotado*. 10. ed. São Paulo: Saraiva, 2003. p. 469.
19. NUCCI, Guilherme de Souza. *Manual de processo penal e execução penal*. 7. ed. São Paulo: RT, 2011. p. 992.
20. CC 110.659/DF, Rel. Ministro FELIX FISCHER, CORTE ESPECIAL, julgado em 15/09/2010, DJe 07/10/2010
21. STJ – Sexta Turma – EDcl no REsp 275.650/SP – Rel. Min. Hamilton Carvalhido – DJ de 6/2/2006. p. 364.
22. STF – Primeira Turma – RE 91112 – Rel. Min. Soares Munoz – DJ de 10/8/1979. p. 5849.

do valor. O § 14, do art. 85, do CPC/2015, dispõe ainda que os honorários são direito do advogado, devidos mesmo no caso do advogado atuar em causa própria, que não podem ser objeto de compensação em caso de sucumbência parcial – observado o princípio da proporcionalidade, notadamente para as demais despesas processuais –, possuindo aqueles, ademais, natureza alimentar.

Pensamos que são devidos os honorários advocatícios, inclusive, à Defensoria Pública, quando se tratar de ação penal privada, porquanto aqui estarão litigando, em tese, sujeitos processuais particulares assistidos por advogados, tanto no polo ativo, quanto no passivo da relação jurídica processual penal. Por sua vez, o enunciado nº 421 da súmula do STJ especifica que não são devidos honorários advocatícios à Defensoria Pública quando ela atua contra a pessoa jurídica de direito público à qual pertença, o que não acontece nas ações penais iniciadas por queixa-crime.

Com entendimento contrário ao nosso, Nucci se filia à corrente que entende não ser cabível a verba honorária em hipótese alguma no processo penal, em virtude de lidar com o interesse público e não com interesses patrimoniais, não existindo sequer valor atribuído à causa[23].

Nos respectivos entes federativos existem tabelas de custas regulamentadas. As custas têm natureza jurídica de taxa de serviço (prestado pelo Poder Judiciário) e serão calculadas e cobradas em compasso com as normas expedidas pela União e pelos Estados.

Elas devem ser recolhidas previamente nas ações penais privadas, salvo se o querelante comprovar seu estado de pobreza (art. 32, CPP). Desse modo, tirante essa exceção, nenhum ato ou diligência será realizado sem a comprovação do depósito da do valor das custas (art. 806, *caput*, CPP). De forma análoga, nenhum ato requerido no interesse do querelado será realizado, sem o prévio pagamento das custas, salvo se ele for pobre.

Ausente o pagamento das custas dentro do lapso fixado legalmente ou pelo juiz, a diligência será tida por renunciada pelo requerente ou o recurso interposto julgado será julgado deserto, conforme a hipótese. Não haverá nulidade nesse proceder se só posteriormente a prova da pobreza tiver sido comprovada nos autos (§§ 2º e 3º, art. 806, CPP). No entanto, essa previsão legislativa não é obstativa da faculdade atribuída ao juiz, com base em seu poder geral de cautela, de ordenar de ofício inquirição de testemunhas ou a realização de outras diligências (art. 807, CPP), como inclusive já reafirmou o STJ, em homenagem aos princípios da ampla defesa e da verdade real[24].

7. SUBSTITUIÇÃO DO ESCRIVÃO/DIRETOR DE SECRETARIA

O art. 808 do CPP reza que, na falta ou impedimento do escrivão/diretor de secretaria e de seu substituto, atuará pessoa idônea, nomeada pela autoridade, perante quem prestará compromisso, com a lavratura do correspondente termo.

23. NUCCI, Guilherme de Souza. *Manual de processo penal e execução penal*. 7. ed. São Paulo: RT, 2011. p. 993.
24. STJ – Sexta Turma – HC 125.883-SP – Rel. Min. Maria Thereza de Assis Moura – julgado em 26/04/2011.

Esse dispositivo tem baixa aplicabilidade em virtude da existência de quadros de servidores públicos concursados e comissionados, com leis que disciplinam as formas de substituição. Em regra, o que acontece é a edição de um ato administrativo pela autoridade competente designando o servidor para ocupar a função durante o período em que o ocupante efetivo se encontre afastado.

8. ESTATÍSTICA JUDICIÁRIA CRIMINAL

Os dados estatísticos são importantes para que seja atestada a movimentação processual penal em cotejo com a logística do órgão do Poder Judiciário. Além desses aspectos, outros de cunho social são retratados pela estatística judiciária criminal.

O artigo 809, do Código de Processo Penal estabelece que a estatística judiciária criminal, a cargo dos órgãos competentes, será elaborada a partir do denominado boletim individual.

O boletim individual é documento dividido em três partes destacáveis: **(1)** a primeira parte deve ser arquivada no respectivo departamento de polícia; **(2)** a segunda deve ser enviada ao órgão de estatística; e **(3)** a terceira acompanhará o processo criminal e, depois de transitada em julgado a sentença definitiva e lançados os dados derradeiros, deverá ser enviada ao referido órgão de estatística visando a atualização dos dados

Como se infere, o boletim individual é parte integrante dos processos e versará sobre:

(1) os crimes e as contravenções praticados durante o trimestre, com especificação da natureza de cada um, dos meios utilizados e das circunstâncias de tempo e lugar;

(2) as armas proibidas apreendidas;

(3) o número de acusados, referidas as infrações imputadas, nacionalidade, sexo, idade, filiação, estado civil, prole, residência, meios de vida e condições econômicas, grau de instrução, religião, e condições de saúde física e psíquica;

(4) o número dos casos de coautoria;

(5) a reincidência e os antecedentes judiciários;

(6) as decisões condenatórias ou absolutórias, assim como as de pronúncia ou de impronúncia;

(7) a natureza das sanções impostas;

(8) a natureza das medidas de segurança aplicadas;

(9) a suspensão condicional da execução da pena, quando concedida;

(10) as concessões ou denegações de *habeas corpus*.

Esses dados são lançados semestralmente em mapa e remetidos ao Serviço de Estatística Demográfica Moral e Política do Ministério da Justiça. Eles constituem o mínimo exigível, podendo ser acrescidos de outros elementos úteis ao serviço da estatística criminal, tais como:

(1) número de agentes (indiciados/acusados) com quebra de sigilo telefônico decretada; e

(2) a suspensão condicional do processo (art. 89, Lei nº 9.099/95).

Atualmente, com o avanço tecnológico, os dados criminais podem servir melhor à finalidade da estatística judiciária, notadamente com a utilização de meios eletrônicos (informatização), especialmente programas adequados para a comunicação e o registro do conteúdo dos boletins individuais.

9. QUADRO SINÓTICO

CAPÍTULO XVII – DISPOSIÇÕES GERAIS DO CPP		
AUDIÊNCIAS E SESSÕES		
As audiências e as sessões podem ser ordinárias ou extraordinárias. São designadas pelo juiz (singular ou presidente do Tribunal do Júri) ou pelo relator do processo (nos tribunais). Havendo tramitação normal dos feitos criminais, com observância dos prazos, a regra é que as audiências e sessões sejam ordinárias e agendadas para dia útil no horário de funcionamento normal do órgão jurisdicional. Em caso de acúmulo de serviço, pode o julgador verificar a necessidade de audiências ou de sessões extraordinárias. A celeridade processual é princípio constitucional (razoável duração do processo). A Lei nº 13.285/2016 incluiu o art. 394-A, do CPP, para dispor que os processos que apurem a prática de crime hediondo terão prioridade de tramitação em todas as instâncias. Tal prioridade de tramitação deve, contudo, guardar compatibilidade com as demais prioridades legais, como as dos processos de habeas corpus, mandado de segurança ou que envolvam direito da criança, do adolescente e da pessoa idosa. O critério de prioridade ao processo por delito hediondo não deve prejudicar a necessidade de celeridade que deve nortear toda a atividade jurisdicional.		**1**
PUBLICIDADE		
As audiências, as sessões e os atos processuais serão, em regra, públicos e se realizarão nas sedes dos juízos e dos tribunais, com a participação dos escrivães (diretores de secretaria), do secretário, do oficial de justiça que servir de porteiro, em dia e hora previamente designados. Como exceção é que a publicidade da audiência, da sessão ou do ato processual pode ser afastada. Assim o será se dela puder decorrer escândalo, inconveniente grave (como ameaça à segurança dos participantes da audiência) ou perigo de perturbação da ordem.		**2**
PODER DE POLÍCIA DO JUIZ		
Compete aos juízes ou ao presidente do tribunal (pleno, câmara ou turma), a polícia das audiências e das sessões, determinando o que for conveniente à manutenção da ordem. Para esse desiderato, os juízes têm o poder de requisitar força pública, que ficará exclusivamente à sua disposição.		**3**
PRAZOS		
Prazos penais *versus* prazos processuais	O prazo de direito penal é contado com o cômputo do dia do início (*dies a quo*) e exclusão do dia do final (*dias ad quem*). O prazo de direito processual, diferentemente, tem como termo inicial o dia seguinte ao do evento que determina sua fluência. É assim que o CPP averba no § 1º, do seu art. 798, que não se computará no prazo o dia do começo, incluindo-se, todavia, o do vencimento.	**4.1**

CAPÍTULO XVII – DISPOSIÇÕES GERAIS DO CPP		
Fluência dos prazos processuais	Todos os prazos processuais correrão em cartório, de forma contínua e peremptória, não sendo interrompidos por férias, domingo ou feriado. Uma vez finalizado o prazo, será certificado esse fato nos autos. Se omitida a certidão, o prazo será ainda assim considerado terminado, bastando a prova do dia em que teve início. Os prazos processuais penais têm início a partir do dia útil seguinte ao dia da efetivação da diligência, vale dizer, considera-se o dia do ato de intimação/citação em si e não o dia em que foi o mandado acostado aos autos. A teor do enunciado nº 710 da Súmula do STF, "no processo penal, contam-se os prazos da data da intimação, e não da juntada do mandado ou da carta precatória ou de ordem". Sustentamos que não são aplicáveis ao processo penal os dispositivos do CPC/2015, que preconizam regras como: (1) a contagem dos prazos em dias úteis, consoante o enunciado que dispõe que os atos processuais são contados em dias úteis, das seis às vinte horas. Para o direito processual penal, diferentemente do cível, vigoram as regras do art. 798, CPP, que estatui que todos os prazos correrão em cartório e serão contínuos e peremptórios, não se interrompendo por férias, domingo ou dia feriado; e (2) a prolação de sentença ou de acórdão segundo a ordem cronológica de conclusão. O próprio CPC/2015 afasta a possibilidade de aplicação de tal disposição ao processo penal.	**4.2**
Prazos processuais em espécie	O diretor de secretaria ou escrivão dispõe do prazo de dois dias para praticar os atos determinados em lei ou ordenados pelo magistrado, nos termos do art. 799, do Código de Processo Penal. Quanto aos juízes, o art. 800 do CPP especifica os prazos que deverão ser observados toda vez que não houver outro estabelecido especificamente pela lei. Destarte, os despachos e as decisões dos juízes singulares serão proferidos em: (1) dez dias, se a decisão for definitiva, ou interlocutória mista; (2) cinco dias, se for interlocutória simples; (3) um dia, caso se cuide de despacho de expediente. Esses prazos são denominados "prazos impróprios", uma vez que não são preclusivos, pois o juiz e seus auxiliares, se não praticarem o ato processual no prazo, continuam a ter que praticá-los, sem prejuízo de eventual sanção processual ou administrativa a que estejam sujeitos pela inobservância do prazo (FEITOZA)	**4.3**
Princípios informadores da disciplina dos prazos processuais	1. Princípio da paridade ou da igualdade de tratamento: o legislador deve proporcionar um tratamento isonômico aos sujeitos processuais, seja do ponto de vista formal, seja substancial. 2. Princípio da brevidade: parte da ideia de que o processo é indubitavelmente um mal, pelo que o seu alongamento injustificado é um mal ainda mais grave. 3. Princípio da economia processual: põe ênfase na necessidade de se praticar um ato processual valendo-se da forma menos custosa e mais célere para o alcance do resultado. 4. Princípio da utilidade: baseado na noção de que o prazo deve ser maior ou menor consoante a relevância do ato a ser praticado (deve corresponder à finalidade para o qual foi instituído).	**4.4**

<table>
<tr><th colspan="3">CAPÍTULO XVII – DISPOSIÇÕES GERAIS DO CPP</th></tr>
<tr><td>Princípios informadores da disciplina dos prazos processuais</td><td>5. Princípio da preclusão: que deve ser compreendido em íntima conexão com as normas que atribuem ônus processuais às partes, por meio dos quais elas se sujeitam a praticar determinados atos em um tempo oportuno, sob pena de perder essa faculdade.
6. Princípio da continuidade: significa que os prazos correm inclusive em dias feriados e não são interrompidos, no processo penal, sequer no período de férias.
7. O princípio da irredutibilidade: no processo penal não é admitida a redução dos prazos (peremptórios), sob qualquer pretexto, pelo magistrado.
8. O princípio da improrrogabilidade subjetiva: significa a diretriz de os prazos processuais, geralmente, não se prorrogarem por vontade dos sujeitos processuais, podendo se falar também no princípio da prorrogabilidade objetiva, pois o prazo pode ser, em regra, objetivamente prorrogado, independentemente da vontade dos sujeitos processuais, por exemplo, quando terminam em dia que não é útil.</td><td>4.4</td></tr>
<tr><th colspan="3">RETIRADA DE AUTOS</th></tr>
<tr><td colspan="2">É proibida a retirada de autos do cartório (ou da secretaria da vara ou do tribunal), ainda que em confiança, sob pena de responsabilidade do escrivão, ressalvados os casos expressos em lei, vale dizer, só mediante autorização legal expressa é que os autos podem sair do cartório ou da secretaria.</td><td>5</td></tr>
<tr><th colspan="3">CUSTAS PROCESSUAIS</th></tr>
<tr><td colspan="2">As despesas processuais são constituídas pelas custas processuais e pelos honorários de advogado. O valor das custas do processo é fixado pelo juiz a partir do critério ex lege. A sentença ou o acórdão, que julgar ação penal, incidente processual ou recurso, condenará o vencido nas custas.
O Ministério Público não é condenado nas custas processuais, ainda que vencido, eis que a ação penal é movida por órgão do Estado, titular da própria Fazenda Pública.
O valor dos honorários de advogado em regra não é determinado na sentença penal, ressalvando-se essa possibilidade quando: (1) se trate de defensor dativo nomeado pelo magistrado e de réu que não seja pobre; (2) se cuide de ação penal privada, aplicando-se, por analogia, o art. 85 e parágrafos, CPC/2015.
Nos respectivos entes federativos existem tabelas de custas regulamentadas. As custas têm natureza jurídica de taxa de serviço (prestado pelo Poder Judiciário) e serão calculadas e cobradas em compasso com as normas expedidas pela União e pelos Estados. Elas devem ser recolhidas previamente nas ações penais privadas, salvo se o querelante comprovar seu estado de pobreza (art. 32, CPP).
Ausente o pagamento das custas dentro do lapso fixado legalmente ou pelo juiz, a diligência será tida por renunciada pelo requerente ou o recurso interposto julgado será julgado deserto, conforme a hipótese. Não haverá nulidade nesse proceder se só posteriormente a prova da pobreza tiver sido comprovada nos autos (§§ 2º e 3º, art. 806, CPP).
No entanto, essa previsão legislativa não é obstativa da faculdade atribuída ao juiz, com base em seu poder geral de cautela, de ordenar de ofício inquirição de testemunhas ou a realização de outras diligências (art. 807, CPP), como inclusive já reafirmou o STJ, em homenagem aos princípios da ampla defesa e da verdade real.</td><td>6</td></tr>
</table>

CAPÍTULO XVII – DISPOSIÇÕES GERAIS DO CPP	
SUBSTITUIÇÃO DO ESCRIVÃO/DIRETOR DE SECRETARIA	
Na falta ou impedimento do escrivão/diretor de secretaria e de seu substituto, atuará pessoa idônea, nomeada pela autoridade, perante quem prestará compromisso, com a Lavratura do correspondente termo (art. 808, CPP). Em virtude da existência de quadros de servidores públicos concursados e comissionados, com leis que disciplinam as formas de substituição, esse artigo tem baixa aplicabilidade.	7
ESTATÍSTICA JUDICIÁRIA CRIMINAL	
O artigo 809, do Código de Processo Penal estabelece que a estatística judiciária criminal, a cargo dos órgãos competentes, será elaborada a partir do denominado "boletim individual", com diversos dados a respeito do crime, de seu instrumento e do acusado. Atualmente, com o avanço tecnológico, os dados criminais podem servir melhor à finalidade da estatística judiciária, notadamente com a utilização de meios de informatização, especialmente programas adequados para a comunicação e o registro do conteúdo dos boletins individuais.	8

10. SÚMULAS APLICÁVEIS

10.1. STJ

421. Os honorários advocatícios não são devidos à Defensoria Pública quando ela atua contra a pessoa jurídica de direito público à qual pertença.

10.2. STF

310. Quando a intimação tiver lugar na sexta-feira, ou a publicação com efeito de intimação for feita nesse dia, o prazo judicial terá início na segunda-feira imediata, salvo se não houver expediente, caso em que começará no primeiro dia útil que se seguir.

710. No processo penal, contam-se os prazos da data da intimação, e não da juntada aos autos do mandado ou da carta precatória ou de ordem.

11. INFORMATIVOS RECENTES

11.1. STJ

♦ **Direito Processual Penal. Forma de contagem de prazo para interposição de agravo contra decisão monocrática de ministro relator do STJ.**

No âmbito do STJ, mesmo após a vigência do CPC/2015, em controvérsias que versem sobre matéria penal ou processual penal, a contagem do prazo para interposição de agravo contra decisão monocrática de relator continua sendo feita de forma contínua (art. 798 do CPP), e não somente em dias úteis (art. 219 do CPC/2015). Isso porque, diferentemente do que ocorreu com outros artigos da Lei nº 8.038/1990 – norma especial que institui normas procedimentais para os processos que especifica perante o STJ e o STF –, não foi revogado o art. 39, o qual prevê: "Da decisão do Presidente do Tribunal, de Seção, de Turma ou de Relator que causar gravame à parte, caberá agravo para o órgão especial, Seção ou Turma, conforme o caso, no prazo de cinco dias. "Ademais, tal previsão legal é secundada pelo disposto no *caput* do art. 258 do RISTJ, cujo teor prescreve que: "A parte que se considerar agravada por decisão do Presidente da Corte Especial, de Seção, de Turma ou de relator, poderá requerer, dentro de cinco dias, a apresentação do feito em mesa, para que a Corte Especial, a Seção ou a Turma sobre ela se pronuncie, confirmando-a ou reformando-a." Além disso, importa lembrar que o art. 798 do CPP, em seu *caput* e § 1º, determina, respectivamente, que "Todos os prazos correrão em cartório e serão contínuos e peremptórios, não se interrompendo por férias, domingo ou dia feriado" e que "Não se computará no prazo o dia do começo, incluindo-se, porém, o do vencimento". *AgRg nos EDcl nos EAREsp 316.129-SC, Rel. Min. Reynaldo Soares da Fonseca, julgado em 25/5/2016, DJe 1º/6/2016. (Info 585)*

♦ **Direito processual penal. Termo inicial do prazo para o MP recorrer.**

Quando o Ministério Público for intimado pessoalmente em cartório, dando ciência nos autos, o seu prazo recursal se iniciará nessa data, e não no dia da remessa dos autos ao seu departamento administrativo. Isso porque o prazo recursal para o MP inicia-se na data da sua intimação pessoal. **Trata-se de entendimento extraído da leitura dos dispositivos legais que regem a matéria (arts. 798, § 5º, e 800, § 2º, do CPP), que visa garantir a igualdade de condições entre as partes no processo penal.** Precedentes citados: AgRg nos EREsp 310.417-PB, Terceira Seção, DJe 27/3/2008; REsp 258.826-TO, Sexta Turma, DJe 7/12/2009; e AgRg no REsp 1.102.059-MA, Quinta Turma, DJe 13/10/2009. *EREsp 1.347.303-GO, Rel. Min. Gurgel de Faria, julgado em 10/12/2014, DJe 17/12/2014. (Info 554)*

♦ **Direito processual penal. Prazo para recursos do MP em matéria penal.**

Em matéria penal, o Ministério Público não goza da prerrogativa da contagem dos prazos recursais em dobro. Precedentes citados: AgRg no AgRg no HC 146.823-RS, Sexta Turma, DJE 24/9/2013; e REsp 596.512-MS, Quinta Turma, DJ 22/3/2004. ***AgRg no EREsp 1.187.916-SP, Rel. Min. Regina Helena Costa, julgado em 27/11/2013 (Info 533)***

11.2. STF

♦ **CPC: processo penal e contagem de prazo em reclamação**

O Plenário iniciou julgamento de agravo regimental em que se discute a forma de contagem de prazo processual, na hipótese de recurso interposto em sede de reclamação que trata de matéria penal e processual penal. No caso, era necessário elucidar se a contagem do prazo processual submete-se a critérios de continuidade, nos termos do art. 798 do Código de Processo Penal (CPP) ou, se a teor do art. 219 do Código de Processo Civil (CPC), somente devem ser computados os dias úteis. O ministro Edson Fachin (relator) negou provimento ao agravo regimental. Reputou que a contagem de prazo no contexto de reclamações, na hipótese de o ato impugnado ter sido produzido em processo ou procedimento de natureza penal, submete-se ao art. 798 do CPP. Afirmou que, pelo critério da especialidade, deve ser observada norma regimental que possui "status" de lei e que disciplina a reclamação no Supremo Tribunal Federal (STF). (...) Sublinhou que, na hipótese de reclamação, a forma de contagem de prazo deve observar a natureza do processo ou procedimento em que se insere o ato reclamado. Enfatizou que, se, por um lado, a opção de aplicação indistinta do art. 219 do CPC poderia permitir a conveniente uniformização na forma de contagem de prazo em sede de reclamação, de outro, tal proceder acarretaria grave heterogenia no contexto dos procedimentos penais, pois a contagem dos demais prazos seguiria, de modo inafastável, os ditames do CPP. Em seguida, o julgamento foi suspenso em virtude do pedido de vista do ministro Dias Toffoli. Rcl 23045 ED-AgR, rel. Min. Edson Fachin, julgamento em 8.6.2017. (Info 868)

♦ **Ação pública. Custas. Ausência de preparo.**

Em se tratando de crime sujeito à ação penal pública, as custas só se tornam exigíveis depois do trânsito em julgado da condenação, motivo pelo qual não pode o recurso do réu deixar de ser admitido por ausência de preparo. Com base nessa orientação, a Turma deferiu *habeas corpus* para afastar a deserção por falta de preparo e desconstituir o trânsito em julgado da condenação imposta ao paciente pela prática do crime de porte ilegal de arma (Lei 10.826/2003, art. 14). (...). Considerou-se que tanto a decisão singular que negara seguimento ao recurso especial quanto as decisões do STJ que não admitiram tal recurso – ante a falta de preparo – transgrediriam os princípios constitucionais da presunção de inocência e da ampla defesa. Ademais, ressaltou-se que, depois de transcorrido o prazo assinalado para a complementação do preparo, o paciente a realizara, não podendo esse fato ser ignorado. **Dessa forma, consignou-se ser incabível a incidência do art. 806, § 2º, do CPP, que somente se aplica às ações penais privadas** ("Salvo o caso do art. 32, nas ações intentadas mediante queixa, nenhum ato ou diligencia se realizará, sem que seja depositada em cartório a importância das custas. … § 2º A falta do pagamento das custas, nos prazos fixados em lei, ou marcados pelo juiz, importará renúncia à diligência requerida ou deserção do recurso interposto."). Por fim, determinou-se que o tribunal de justiça de origem analise os demais pressupostos de admissibilidade do recurso especial interposto pelo paciente. *HC 95128/RJ, rel. Min. Dias Toffoli, 9.2.2010. (Info 574)*

♦ **Exceção da verdade. Intempestividade.**

Observou-se, inicialmente, que o presente *writ* não ficaria prejudicado com o julgamento da ADPF 130/DF (j. 30.4.2009), pois, embora não recepcionada a Lei de Imprensa, tanto o tipo penal de calúnia quanto o instituto da exceção da verdade continuariam a existir no ordenamento jurídico brasileiro, nos termos do art. 138, *caput* e § 3º, do CP. Ressaltou-se que, em se tratando de procedimento de natureza penal, o prazo para apresentação da exceção da verdade deveria ser contado da data da intimação feita à parte e não da data da juntada do mandado aos autos, nos termos do art. 798, § 5º, a, do CPP. Salientou-se, inclusive, que tal entendimento restara consolidado no Enunciado 710 da Súmula desta Corte. Desse modo, aduziu-se que, tendo o querelado protocolizado a exceção da verdade dez dias após sua intimação, forçoso o reconhecimento de sua intempestividade, já que ultrapassado o prazo de cinco dias fixado no art. 43, §§ 1º e 3º, da Lei 5.250/67, nos termos do art. 798, § 5º, a, do CPP. Por fim, asseverou-se que não se poderia falar em preclusão para a verificação da tempestividade da exceção da verdade, pois, sendo o STF o órgão competente para o julgamento da exceção da verdade, poderia ele, a qualquer tempo, fiscalizar o cumprimento de seus pressupostos de admissibilidade. *HC 92618/SP, rel. Min. Ellen Gracie, 24.11.2009. (Info 569)*

12. QUESTÕES DE CONCURSOS PÚBLICOS

01. (2017 – VUNESP – TJ-SP – Juiz Substituto – Adaptada) Em matéria de citações e intimações, julgue o item que segue

Os prazos são contados da data da intimação, e não da juntada aos autos do mandado ou da carta precatória ou de ordem.

02. (2015 – VUNESP – TJ-MS – Juiz Substituto) Com relação ao Princípio Constitucional da Publicidade, com correspondência no Código de Processo Penal, é correto afirmar que

(A) a publicidade ampla e a publicidade restrita não constituem regras de maior ou menor valor no processo penal, cabendo ao poder discricionário do juiz a preservação da intimidade dos sujeitos processuais.

(B) a publicidade restrita tem regramento pela legislação infraconstitucional e não foi recepcionada pela Constituição Federal, que normatiza a publicidade ampla dos atos processuais como garantia absoluta do indivíduo.

(C) de acordo com o artigo 93, inciso IX, da Constituição Federal, com nova redação dada pela EC 45/2004, os atos processuais serão públicos, sob pena de nulidade, cabendo ao juiz limitar a presença, nas audiências, de partes e advogados.

(D) a publicidade restrita é regra geral dos atos processuais, ao passo que a publicidade ampla é exceção e ocorre nas situações expressas em lei, dependendo de decisão judicial no caso concreto.

(E) a publicidade ampla é regra geral dos atos processuais, ao passo que a publicidade restrita é exceção e ocorre nas situações expressas em lei, dependendo de decisão judicial no caso concreto.

03. (2015 – FCC – TRE-SE – Analista Judiciário – Área Judiciária – Adaptada) Julgue a assertiva:

No processo penal, contam-se os prazos da data de juntada aos autos do mandado ou da carta precatória ou de ordem e não da data da intimação.

04. (Defensor Público – DPE/RR/CESPE/2013) A respeito dos prazos no processo penal, assinale a opção correta.

(A) De acordo com o CPP, a contagem dos prazos processuais deve ser feita conforme o estabelecido no CP, ou seja, conta-se o dia inicial, o dies a quo, que corresponde ao da intimação, e exclui-se o do vencimento, o dies ad quem.

(B) Ao MP e à DP, por serem órgãos estatais, fazem jus a prazo em dobro para a interposição de recurso e em quádruplo para a contestação.

(C) Em relação aos recursos interpostos pela DP e pelo MP, os prazos devem ser contados a partir da ciência pessoal do órgão oficiante no feito, e não da data do ingresso dos autos na sede da instituição.

(D) De acordo com a doutrina, os prazos legais, como os fixados pela lei, vinculam os sujeitos processuais, e sua inobservância acarreta preclusão.

(E) Segundo preceito expresso no CPP, todos os prazos do processo devem ser contínuos e peremptórios, não se interrompendo por férias, domingo ou dia feriado.

05. (Analista Judiciário – TRF2/FCC/2012) O réu e seu defensor constituído foram pessoalmente intimados da sentença condenatória no dia 3 de fevereiro de 2012, sexta-feira. O prazo de 5 dias para apelação terminará no dia

(A) 13 de fevereiro, segunda-feira.

(B) 07 de fevereiro, terça-feira.

(C) 08 de fevereiro, quarta-feira.

(D) 09 de fevereiro, quinta-feira.

(E) 10 de fevereiro, sexta-feira.

06. (Técnico Judiciário – TJ/PE/FCC/2012) Em um processo penal, a sentença condenatória foi proferida pelo juiz em audiência, com a presença do acusado e de seu defensor constituído. O prazo para o acusado recorrer começará a correr do dia

(A) da intimação pessoal do acusado por Oficial de Justiça.

(B) da audiência.

(C) da intimação pessoal do defensor do acusado por Oficial de Justiça.

(D) seguinte à intimação do Ministério Público.

(E) seguinte ao decurso do prazo para recurso do Ministério Público.

07. (Juiz Substituto – TJ/AC/CESPE/2012 – Adaptada) Os prazos processuais correm ainda que haja impedimento do juiz ou obstáculo judicial oposto pela parte contrária.

08. (Juiz Substituto – TJ/AC/CESPE/2012 – Adaptada) O escrivão, sob pena de multa por desobediência e suspensão de até sessenta dias em caso de reincidência, deve executar dentro do prazo de cinco dias os atos determinados em lei ou ordenados pelo juiz.

09. (Juiz Substituto – TJ/BA/CESPE/2012 – Adaptada) No processo penal, os prazos são contados a partir da juntada do mandado de intimação aos autos.

10. (Juiz Substituto – TJ/BA/CESPE/2012 – Adaptada) Tratando-se de crimes sujeitos à ação penal pública e de ações intentadas mediante queixa, nenhum ato ou diligência pode realizar-se sem o pagamento das custas processuais.

11. (Juiz Substituto – TJ/BA/CESPE/2012 – Adaptada) Consoante o que determina o CPP, todos os prazos devem correr em cartório.

12. (Promotor de Justiça – MPE/TO/CESPE/2012 – Adaptada) O prazo para interposição de apelação começa a correr a partir da juntada da carta precatória ou do mandado ao processo.

13. **(Promotor de Justiça – MPE/TO/CESPE/2012 – Adaptada)** No processo penal, incluem-se na contagem dos prazos o dia do início e o dia do final do prazo.

14. **(Analista – TJ/PE/FCC/2012)** O defensor constituído do acusado foi pessoalmente intimado para praticar determinado ato processual no prazo de 5 dias no dia 06 de setembro de 2011, terça-feira. Dia 7 de setembro foi feriado nacional. Os dias 8 e 9 de setembro foram dias úteis. Dia 10 foi sábado e 11 foi domingo. O prazo processual terá início no dia

(A) 8 e vencimento no dia 12 de setembro.
(B) 6 e vencimento no dia 13 de setembro.
(C) 8 e vencimento no dia 13 de setembro.
(D) 7 e vencimento no dia 12 de setembro.
(E) 9 e vencimento no dia 13 de setembro.

13. GABARITO ANOTADO

01 – C

Vide:

- Súmula nº 710, STF.
- Item "4.2. Fluência dos prazos processuais".

02 – E

Vide:

- Art. 792 do CPP.
- Item "2. Publicidade"

03 – E

Vide:

- Súmula 710 do STF.
- Art. 798, § 5º, I, do CPP.
- Item "4.2. Fluência dos prazos processuais"

04 – E

Vide:

- Art. 798, CPP.
- Item "4.2. Fluência dos prazos processuais".

05 – E

Vide:

- Súmula nº 310, STF.
- Art. 798, §§ 1º e 5º, a, do CPP.
- Item "4.2. Fluência dos prazos processuais".

06 – B

Vide:

- Art. 798, § 5º, b, CPP.
- Item "4.2. Fluência dos prazos processuais".

07 – E

Vide:

- Art. 798, § 4º, CPP.
- Item "4.2. Fluência dos prazos processuais".

08 – E

Vide:

- Art. 799, CPP
- Item "4.3. Prazos processuais em espécie".

09 – E

Vide:

- Súmula nº 710, STF.
- Item "4.2. Fluência dos prazos processuais".

10 – E

Vide:

- Art. 806, § 2º, CPP.
- Item "6. Custas processuais".

11 – C

Vide:

- Art. 798, CPP.
- Item "4.2. Fluência dos prazos processuais".

12 – E

Vide:

- Súmula nº 710, STF.
- Item "4.2. Fluência dos prazos processuais".

13 – E

Vide:

- Art. 798, § 1º, CPP.
- Item "4.2. Fluência dos prazos processuais".

14 – A

Vide:

- Art. 798, § 1º, CPP.
- Item "4.2. Fluência dos prazos processuais".

14. QUESTÕES DISCURSIVAS COM COMENTÁRIOS

1. **(MPE-PR – Promotor de Justiça – PR/2008)** (máximo de 15 linhas).

Tício foi condenado à pena privativa de liberdade de 06 (seis) anos de reclusão por violação ao artigo 157, § 2º, incisos I e II, do Código Penal. Da sentença condenatória Tício foi intimado em 09.05.08 (sexta-feira), oportunidade em que manifestou o interesse de não recorrer da decisão condenatória. O advogado de Tício, defensor devidamente constituído, fora intimado da decisão condenatória em 08.05.08 (quinta-feira). No dia 16.05.08, o advogado de Tício interpôs recurso de apelação. O recurso é tempestivo ou não? Justifique.

Resposta

O conflito entre autodefesa e defesa técnica quanto à vontade de recorrer é resolvido em favor da admissibilidade do recurso, eis que prevalece hoje o entendimento de que deve preponderar o desejo de quem quer recorrer.

O prazo recursal tem seu termo inicial (dies a quo) a partir do dia útil seguinte aquele em que tenha ocorrido a última intimação (do réu, no caso, em 9/5/2008). Como este dia da intimação do acusado ocorreu numa sexta-feira (dia de expediente forense), o prazo de cinco dias para apelar começa a correr da segunda-feira, 12/5/2008, expirando-se na sexta-feira (dies ad quem, termo final), em 16/5/2008.

Daí a tempestividade do recurso interposto pelo advogado de Tício.

---

2. **(MPE-RS – Promotor de Justiça – RS/2008)** Atalíbio foi processado em Porto Alegre como incurso no art. 155, *caput*, do Código Penal, em razão de fato ocorrido em 05 (cinco) de maio de 2008 (dois mil e oito) (segunda-feira). A denúncia foi recebida em 11 (onze) de dezembro de 2008 (dois mil e oito) (quinta-feira), tendo a instrução processual ocorrido celeremente. Durante todo o feito, o réu foi defendido por defensor constituído. Tendo sido condenado, iniciou-se a fase das intimações de praxe. O advogado de defesa foi intimado na capital do Estado em 29 (vinte e nove) de abril de 2009 (dois mil e nove) (quarta-feira). Como o sentenciado residia em Santa Maria, a intimação foi feita por precatória, em 30 (trinta) de abril de 2009 (dois mil e nove) (quinta-feira), quando disse ao oficial de justiça que estava em dúvida se desejava recorrer ou não. Depois do feriadão do dia 1º de maio, a precatória estava para ser devolvida, quando o acusado solicitou ao juízo, pessoalmente, que se anexasse ao documento judicial uma missiva sua, desistindo do direito de recorrer por motivos religiosos, o que foi deferido imediatamente pela autoridade judiciária deprecada. A precatória com a carta do réu foi juntada aos autos em 11 (onze) de maio de 2009 (dois mil e nove) (segunda-feira), e no mesmo dia, apesar de tomar conhecimento naquela data do desejo de seu cliente, o causídico protocolou apelação. Como o Magistrado deve decidir o conflito entre cliente e advogado, considerando todas as nuances do feito? Explique.

Resposta

O conflito entre autodefesa e defesa técnica quanto à vontade de recorrer é resolvido em favor da admissibilidade do recurso, eis que prevalece hoje o entendimento de que deve preponderar o desejo de quem quer recorrer.

O prazo recursal tem seu termo inicial (dies a quo) a partir do dia útil seguinte aquele em que tenha ocorrido a última intimação (do réu, no caso, em 30/4/2009). Como este dia da intimação do acusado ocorreu na quinta-feira véspera de feriado (sexta-feira, dia 01/05/2009), o prazo de cinco dias para apelar começa a correr da segunda-feira, 04/05/2009, expirando-se na sexta-feira (dies ad quem, termo final), em 08/05/2009.

O candidato deve atentar para o teor da Súmula 710, STF, que preconiza que no processo penal os prazos são contados da intimação e não da juntada aos autos do mandado ou da carta precatória ou de ordem.

Interposto o recurso só em 11/05/2009, o juiz deve inadmiti-lo por intempestivo.

Capítulo XVIII

Tribunal Penal Internacional

Sumário • 1. Sistema internacional de persecução criminal – 2. Jurisdição e competência: 2.1. Competência material irretroativa; 2.2. Atuação da jurisdição do Tribunal Penal Internacional; 2.3. Princípios informadores da jurisdição e da competência do Tribunal Penal Internacional – 3. Princípios informadores do Direito Penal e do Processo Penal Internacional – 4. Inquérito – 5. Procedimento criminal: 5.1. Juízo de Instrução; 5.2. Juízo de Julgamento; 5.3. Juízo de Recursos – 6. Execução da pena – 7. Quadro sinótico – 8. Informativos recentes: 8.1. STF – 9. Questões de concursos públicos – 10. Gabarito anotado – 11. Questões discursivas com comentários

1. SISTEMA INTERNACIONAL DE PERSECUÇÃO CRIMINAL

O Sistema Internacional de Persecução Penal é formado pelo conjunto de disposições normativas que compõe a criação, a estruturação e o funcionamento do Tribunal Penal Internacional, com a finalidade de possibilitar de forma permanente o alcance da jurisdição internacional criminal sobre todas as pessoas responsáveis pelos crimes de maior gravidade com alcance que extrapole o âmbito meramente interno dos Estados nacionais.

Através do denominado Estatuto de Roma, foi instituído o Tribunal Penal Internacional. Tal órgão internacional, dotado de personalidade jurídica própria, é fruto de iniciativa mais abrangente do que as experiências de criação de tribunais internacionais já verificadas no curso da história, com o foco voltado à proteção dos direitos humanos. Isso porque esses tribunais tinham finalidade mais limitada e temporária (a exemplo do Tribunal Militar Internacional, sediado em Nurembergue/Alemanha, criado em 1945, para o julgamento de crimes relativos à Segunda Guerra Mundial).

Com efeito, diferentemente do Tribunal Penal Internacional criado pelo Estatuto de Roma, Antônio Medeiros salienta que os demais tribunais internacionais (Nurembergue, Tóquio, antiga Iugoslávia e Ruanda), ainda que lastreados "em sólida consciência coletiva internacional de que atos monstruosos merecem punição, arcam com o peso de terem sido criados em função dos acontecimentos e em caráter temporário"[1].

Sobre o ponto, Teodomiro Noronha Cardozo[2] explica a crítica que recaiu sobre tais tribunais, justamente por conta de terem sido criados para julgar fatos passados:

---

1. MEDEIROS, Antônio Paulo Cachapuz de Medeiros. A diplomacia brasileira em face do Tribunal Penal Internacional. In: A diplomacia brasileira em face do Tribunal Penal Internacional. In: *Os rumos do direito internacional dos direitos humanos*: ensaios em homenagem ao Professor Antônio Augusto Cançado Trindade: tomo IV. Renato Zerbini Ribeiro Leão (org.). Porto Alegre: Sergio Antonio Fabris, 2005. p. 600.
2. CARDOZO, Teodomiro Noronha. *Direito internacional penal*: a redefinição do conceito de culpabilidade: análise da obediência hierárquica no direito internacional penal e no ordenamento jurídico-penal brasileiro. Rio de Janeiro: Lumen Juris, 2012.

> A realidade cruel da Segunda Guerra Mundial, com destaque para o holocausto que vitimou milhões de judeus pelos nazistas e a brutalidade da agressão japonesa contra os chineses, foi fator determinante para a instituição de dois Tribunais Internacionais: o de Nuremberg e o de Tóquio, denominados "tribunais *ad hoc*", estabelecidos por meio de resoluções do Conselho de Segurança da ONU.

A defesa dos acusados, submetidos a julgamentos por esses tribunais, instituídos *post facto*, lançou diversas críticas. A mais grave delas foi, justamente, a do descumprimento do princípio da legalidade: *nullum crimen, nulla poena sine lege*; ao princípio da imparcialidade etc. Neste aspecto, a defesa escudou-se em três pontos para impugnar os julgamentos por um tribunal que violava o princípio do Juiz Natural:

> a) o castigo *post facto* é inclusive repudiado pelo Direito das nações civilizadas;
>
> b) nenhuma nação soberana poderia tipificar o crime à guerra de agressão após a prática dos atos delituosos;
>
> c) o tipo penal de guerra de agressão não estava previsto e nenhum estatuto previa pena para esse crime e, bem assim, nenhum tribunal fora instituído antes para julgar e punir os agressores[3].

Desse vício, não padece o Tribunal Penal Internacional.

Sediado em Haia, Países Baixos – com a denominação de "o Estado anfitrião", no item 1, do art. 3º, do Estatuto –, o Tribunal Penal Internacional tem por finalidade complementar as jurisdições penais nacionais. O Estatuto de Roma, nesse mister, estabelece disposições que evidenciam a preocupação de ser evitada burla à persecução criminal de crimes de genocídio, contra a humanidade, de guerra e de agressão.

A assinatura do Tratado aconteceu em Roma, no dia 17 de julho de 1998, e entrou em vigor internacionalmente em 1º de julho de 2002, nos termos do seu art. 126, item 1, que previu sua vigência no prazo de sessenta dias após a data do depósito do sexagésimo instrumento de ratificação, de aceitação, de aprovação ou de adesão junto do Secretário-Geral da Organização das Nações Unidas.

Nas palavras de Hansjörg Gêiser:

> A aprovação do Estatuto de Roma, que deduziu seu nome do local de reunião da Conferência, foi um avanço histórico. Com ela foi criada pela primeira vez um Tribunal Penal Internacional permanente. [...]

Os pilares do Estatuto de Roma constituem os quatro grupos de crimes, o princípio da complementariedade, bem como a definição da sua jurisdição, sua competência e as situações desencadeadoras do processo.[4]

3. CARDOZO, Teodomiro Noronha. O Tribunal Penal Internacional e o princípio da legalidade. *Revista Científica*, v.2, nº 1, p. 2, jan.-jun. 2007. Disponível em: <http://www.culturasjuridicas.com.br/pdf/vol2num1/tpi_principiolegalidade.pdf>. Acesso em: 20/12/2013.
4. GEISER, Hansjörg. O Tribunal Penal Internacional e os aspectos do novo Código Penal Internacional Alemão. In: *Tribunal Penal Internacional*: aspectos fundamentais e o novo Código Penal Internacional alemão. Pablo R. Alflen da Silva (org.). Porto Alegre: Sergio Antonio Fabris, 2004. p. 71.

No Brasil, o Congresso Nacional aprovou o texto desse Estatuto em 6 de junho de 2002, através do Decreto Legislativo nº 112, de 6 de junho de 2002. O texto passou a vigorar em nosso país em 1º de setembro do mesmo ano (ou seja, no primeiro dia do mês seguinte ao termo de um período de 60 dias após a data do depósito do respectivo instrumento de ratificação, de aceitação, de aprovação ou de adesão, a teor do art. 126, item 2, do Estatuto), razão pela qual o Presidente da República editou o Decreto nº 4.388, de 25 de setembro de 2002, promulgando no Brasil o Estatuto de Roma do Tribunal Penal Internacional.

O Tribunal Penal Internacional retrata a concretização de desejo da comunidade internacional para tornar possível um sistema de justiça penal internacional com competência permanente e ampla diante da verificação de uma série de experiências negativas com conflitos mundiais. Trata-se de uma "antiga aspiração da sociedade internacional", a exemplo da tentativa, sem êxito, de criação de uma corte criminal dessa natureza pela Liga das Nações[5].

Com essa constatação, Margarida Cantarelli destacou que é de se reconhecer que Kai Ambos bem analisou que o Estatuto de Roma, embora não chegue a ser, do ponto de vista dogmático, um modelo internacional de código de direito penal e de direito processual penal, é uma tentativa de erigir um sistema de justiça criminal a partir da junção de mais de cento e cinquenta países num documento que fosse mais ou menos aceitável para cada delegação presente em Roma. Essa consideração é aplicável a todo Estatuto, mas, em particular, à parte 3, a qual é intitulada "Princípios Gerais".[6]

Desse modo, o sistema internacional de persecução criminal passou a ser uma realidade que vem a reconhecer a existência de uma jurisdição internacional penal efetiva. Para tanto, foi fundamental:

(1) que o art. 120 do Estatuto de Roma tenha estabelecido a vedação de sua ratificação com reservas, razão pela qual se tem um sistema uniforme para os Estados que ratificaram o tratado; e

(2) a adoção de um modelo de sistema acusatório, com uma disciplina coerente de direito processual penal, com vistas a assegurar a entrega do acusado nacional ao Tribunal Penal Internacional, bem como a conferir poderes específicos e independentes ao procurador, aos juízes e ao advogado, sem descurar de prestigiar o princípio da legalidade.

2. JURISDIÇÃO E COMPETÊNCIA

2.1. Competência material irretroativa

A competência do Tribunal Penal Internacional será restrita aos crimes mais graves, que afetam a comunidade internacional como um todo, notadamente para processar e julgar os crimes de genocídio, contra a humanidade, de guerra e de agressão. Para o exercício

5. MEDEIROS, Antônio Paulo Cachapuz de. A diplomacia brasileira em face do Tribunal Penal Internacional. In: *Os rumos do direito internacional dos direitos humanos*: ensaios em homenagem ao Professor Antônio Augusto Cançado Trindade: tomo IV. Renato Zerbini Ribeiro Leão (org.). Porto Alegre: Sergio Antonio Fabris, 2005. p. 599.

6. CANTARELLI, Margarida de Oliveira. O Tratado de Roma e o sistema da justiça penal internacional. In: *Ciências criminais no século XXI*: estudos em homenagem aos 180 anos da Faculdade de Direito do Recife. Ivan Luiz da Silva, Teodomiro Noronha Cardoso, Gamil Föpelo (orgs.). Recife: UFPE, 2007. p. 422.

desta competência, o art. 5º, 2, do Estatuto, exige a aprovação de uma disposição em que se defina o crime e se enunciem as condições em que o Tribunal terá competência relativamente a este crime.

Essa disposição definitória deve ser compatível com a Carta das Nações Unidas. Em acréscimo, o próprio Estatuto prevê o conteúdo dos delitos de sua competência, buscando evitar a demasiada abertura dos tipos penais tal como ocorreu em Nurembergue, onde a tipicidade e a punibilidade de crimes de guerra foram definidas posteriormente à ocorrência dos fatos, a partir do costume internacional, da práxis estatal, e não de proposições jurídicas previamente normatizadas[7].

Destarte, o art. 11, do Estatuto definiu a competência ***ratione temporis*** (irretroativa) do Tribunal, sublinhando que só a terá relativamente aos crimes cometidos após a sua entrada em vigor, assim como que se um Estado se tornar Parte em momento subsequente a este, o Tribunal só poderá exercer a sua competência em face de crimes praticados depois da entrada em vigor do presente Estatuto relativamente a esse Estado, salvo se este tiver feito uma declaração de aceitação de competência em razão de determinado delito cometido anteriormente em seu território.

Sobre a incidência da competência da Corte tão somente para atos delituosos futuros, Bourdon e Duverger destacam que a ausência de seu caráter retroativo foi, naturalmente, uma condição ***sine qua non*** de aceitação do estatuto pela totalidade dos Estados, para evitar objeções variadas. Em outros termos, seria impensável que o Tribunal Penal Internacional pudesse ter competência para julgar crimes como, por exemplo, aqueles ocorridos na Argélia nos idos de 1960 a 1962, os crimes acontecidos no Vietnam ou, ainda, em outros situados na África[8].

2.2. Atuação da jurisdição do Tribunal Penal Internacional

O exercício da jurisdição pelo Tribunal está autorizado diante de qualquer um dos crimes de sua competência e desde que (art. 13):

(1) um Estado Parte leve ao conhecimento do Procurador (sujeito processual correspondente ao Promotor de Justiça/Procurador da República que atua junto aos juízes do Tribunal) situação fática em que haja indícios de ter havido o cometimento de um ou de vários desses delitos;

(2) o Conselho de Segurança, agindo segundo o Capítulo VII da Carta das Nações Unidas, "denunciar" ao Procurador qualquer situação em que exista tais indícios;

(3) o próprio procurador tiver promovido o início a um inquérito sobre um desses crimes.

7. SILVA, Pablo Rodrigo Alfen da. O Tribunal Penal Internacional: antecedentes históricos e o novo Código Penal Internacional alemão. In: *Tribunal Penal Internacional*: aspectos fundamentais e o novo Código Penal Internacional alemão. Pablo R. Alflen da Silva (org.). Porto Alegre: Sergio Antonio Fabris, 2004. p. 19-20.
8. BOURDON, William; DUVERGER, Emmanuelle. *La Cour pénale internationale*: le statut de Rome. Paris: Éditions du Seuil, 2000. p. 74-75.

A independência outorgada pelo Estatuto ao Procurador (eleito para seu mandato pela Assembleia dos Estados Partes[9]) é nota distintiva para ser possível maior alcance das disposições do Estatuto. Tem ele poderes para, por iniciativa própria, abrir um inquérito e colher informações diretamente de Estados e outros órgãos. Para a abertura do inquérito, deve, no entanto, solicitar autorização ao Juízo de Instrução do Tribunal. Caso haja resposta negativa a seu requerimento, ele não fica impedido de, com base em provas/fatos referentes à mesma situação, formular novo pedido.

2.3. Princípios informadores da jurisdição e da competência do Tribunal Penal Internacional

O Estatuto de Roma estatui regras que incidem na delimitação da competência e da jurisdição do Tribunal Penal Internacional. Não basta a ocorrência de um dos delitos do seu art. 5º, sendo necessários outros requisitos que vão além da adesão do Estado ao Tratado. Essas limitações podem ser bem depreendidas a partir dos princípios informadores que vamos examinar a seguir:

(1) Princípio da subsidiariedade ou da complementariedade: a jurisdição do Tribunal Penal Internacional é complementar/subsidiária às jurisdições penais nacionais, ou seja, sua criação não teve a finalidade de suplantá-las, mas a de realçar o dever que cada Estado tem de exercer a respectiva jurisdição penal sobre os responsáveis por crimes internacionais.

(2) Princípio da vedação de dupla acusação *(ne bis in idem)*: decorre do princípio da complementariedade e tem a finalidade, por um lado, de impedir que alguém seja processado e julgado por um mesmo fato (na jurisdição internacional e na nacional) e, por outro, de permitir a atuação da jurisdição internacional toda vez que a nacional não tenha desempenhado seu papel a contento.

O princípio ***ne bis in idem*** refere-se, de outro enfoque, a um juízo prévio de admissibilidade e do direito aplicável[10] exercido pelo Tribunal. Compreende assim a possibilidade que tem o Tribunal de não admitir uma situação fática delitiva que já tenha sido objeto de inquérito ou de procedimento criminal por parte de um Estado com jurisdição sobre ele (a não ser que o Estado não tenha evidenciado vontade de levar adiante o inquérito/procedimento ou não tenha apresentado condições para tanto).

A partir dessa noção, o art. 20, do Estatuto, preconiza que nenhuma pessoa poderá ser julgada: **(a)** pelo Tribunal Penal Internacional, em razão de atos constitutivos de crimes pelos quais este já a tenha condenado ou absolvido; ou **(b)** por qualquer outro tribunal por um dos delitos de sua competência, relativamente ao qual já tenha sido condenada ou absolvida pelo Tribunal Penal Internacional.

Ademais, o Tribunal Penal Internacional também terá sua competência afastada se a pessoa já tiver sido julgada por outro tribunal, por atos que constituam crimes punidos de

9. MEDEIROS, Antônio Paulo Cachapuz de. A diplomacia brasileira em face do Tribunal Penal Internacional. In: *Os rumos do direito internacional dos direitos humanos*: ensaios em homenagem ao Professor Antônio Augusto Cançado Trindade: tomo IV. Renato Zerbini Ribeiro Leão (org.). Porto Alegre: Sergio Antonio Fabris, 2005. p. 602.

10. CANTARELLI, Margarida de Oliveira. O Tratado de Roma e o sistema da justiça penal internacional. In: *Ciências criminais no século XXI*: estudos em homenagem aos 180 anos da Faculdade de Direito do Recife. Ivan Luiz da Silva, Teodomiro Noronha Cardoso, Gamil Föpelo (orgs.). Recife: UFPE, 2007. p. 426.

acordo com o Estatuto. Essa regra, contudo, não será aplicada se o processo: (**a**) houver sido instaurado com o fito de subtrair o acusado à sua responsabilidade criminal por crimes da competência do Tribunal; ou (**b**) não tiver sido conduzido de maneira independente ou imparcial, em compasso com as garantias de um processo equitativo reconhecidas pelo direito internacional, ou tiver sido impulsionado de uma forma que, na hipótese concreta, se mostre incompatível com a intenção de sujeitar a pessoa à justiça criminal.

(3) **Princípio da territorialidade**: o Tribunal Penal Internacional tem como componente de seu regime jurisdicional o autorizativo para julgar nacional de qualquer país que tenha cometido um dos crimes previstos no Estatuto em território de Estado abrangido pela sua vigência (Estado-parte).

Em outras palavras, o princípio da territorialidade tem preponderância sobre o critério da nacionalidade do agente, para fins de definição de sua competência alusivamente aos crimes de genocídio, de guerra, de agressão e contra a humanidade.

(4) Princípio da jurisdição universal (ou **da universalidade da jurisdição**): significa dizer que existe, independentemente das jurisdições nacionais baseadas na soberania, uma base diversa para a jurisdição internacional, a qual incide inclusive sobre os Estados que não sejam partes do Estatuto de Roma.

Sobre jurisdição universal do Tribunal Penal Internacional, Claus Kreβ, enfatiza:

> Pelo princípio da universalidade, cada Estado pode processar o genocídio, os crimes contra a humanidade e os crimes de guerra, independentemente do lugar em que foram cometidos e da nacionalidade do ofensor e da vítima. A razão subjacente é que estes crimes não são apenas crimes nacionais, mas crimes segundo o Direito costumeiro internacional que – segundo a formulação usada em muitos instrumentos internacionais – são de "preocupação da comunidade internacional como um todo".[11]

Sobre este princípio, os Estados Unidos da América discordaram e, depois de retirarem, com o Governo Bush, em junho de 2002, a subscrição que deram ao Estatuto de Roma anteriormente, em 2000 (Governo Clinton), pressionaram o Conselho de Segurança das Nações Unidas para a edição de uma resolução com esteio no art. 16, do Estatuto, que tem a seguinte redação:

> Nenhum inquérito ou procedimento crime poderá ter início ou prosseguir os seus termos, com base no presente Estatuto, por um período de doze meses a contar da data em que o Conselho de Segurança assim o tiver solicitado em resolução aprovada nos termos do disposto no Capítulo VII da Carta das Nações Unidas; o pedido poderá ser renovado pelo Conselho de Segurança nas mesmas condições.

O apoio político recebido pelos Estados Unidos foi propício à aprovação, por unanimidade, da Resolução nº 1422, de 12 de julho de 2002, com o cunho de isentar os soldados americanos da jurisdição do Tribunal Penal Internacional, pelo período de 12 meses contados da data da solicitação do Conselho de Segurança com lastro naquele diploma

11. KREβ, Claus. O Tribunal Penal Internacional e os Estados Unidos: reflexões sobre a Resolução 1422 do Conselho de Segurança das Nações Unidas. In: *Tribunal Penal Internacional*: aspectos fundamentais e o novo Código Penal Internacional alemão. Pablo R. Alflen da Silva (org.). Porto Alegre: Sergio Antonio Fabris, 2004. p. 50.

normativo aprovado. Como esse pedido pode ser renovado, os Estados Unidos obtiveram êxito em sucessiva prorrogação, a partir do ano seguinte (12 de junho de 2003), com a aprovação (não unânime) da Resolução nº 1487 do Conselho de Segurança[12].

No ano seguinte (2004), os EUA reiteraram a tentativa, mas não lograram sucesso, pois "o Conselho de Segurança das Nações Unidas não renovou a imunidade dos Estados Unidos perante o Tribunal Penal Internacional", embora aquele país persista no seu intento de firmar acordos bilaterais que garantam a imunidade de norte-americanos envolvidos em missões no estrangeiro[13].

A situação dos Estados Unidos frente ao Tribunal Penal Internacional ainda é a de não aceitar sua jurisdição. A sua participação recente em reunião desse Tribunal, não significou, porém, que tenha sido afastada sua resistência relativa à jurisdição internacional sobre cidadãos que não são membros e à capacidade de exercício deste poder sem autorização do Conselho de Segurança[14].

Apesar da consignação de boas intenções nos tratados de proteção a direitos humanos e no Estatuto de Roma, tem-se propalado a crítica de que o Tribunal Penal Internacional tende a reproduzir uma lógica de dominação, seletiva, que autoriza que países ricos do norte condenem países pobres do sul. Os Estados Unidos da América, por exemplo, seguem imunizando seus nacionais contra a jurisdição daquela Corte, trabalhando contra esta ativamente.

Os Casos sob investigação se referem a países do continente africano (República Democrática do Congo, Uganda, República Centro-Africana, Sudão, Quênia, Líbia, Costa do Marfim, Mali). Envolvem, como regra, graves violações aos direitos humanos e ao direito internacional humanitário em situações de conflito armado, tais como genocídios, ataques à população civil, crimes sexuais em contexto de guerra, recrutamento de crianças, execuções sumárias e desaparições forçadas[15].

3. PRINCÍPIOS INFORMADORES DO DIREITO PENAL E DO PROCESSO PENAL INTERNACIONAL

O Estatuto de Roma tratou pormenorizadamente sobre o que chama de "princípios gerais de direito penal". Tais princípios, ora se apresentam como de direito penal em sentido estrito, ora repercutem, em maior ou menor extensão, no direito processual penal, apresentando-se como princípios processuais penais aplicáveis perante o Tribunal Penal Internacional, quais sejam:

12. KREβ, Claus. O Tribunal Penal Internacional e os Estados Unidos: reflexões sobre a Resolução 1422 do Conselho de Segurança das Nações Unidas. In: *Tribunal Penal Internacional*: aspectos fundamentais e o novo Código Penal Internacional alemão. Pablo R. Alflen da Silva (org.). Porto Alegre: Sergio Antonio Fabris, 2004. p. 52-60.
13. DESARME. Conselho de segurança da ONU derruba imunidade dos Estados Unidos no TPI. Disponível em: <http://www.desarme.org>. Acesso em: 5 dez. 2009.
14. UOL NOTÍCIAS. EUA participarão de reunião do Tribunal Penal Internacional como observadores. Disponível em: <http://noticias.uol.com.br>. Acesso em: 5 dez. 2009.
15. CHARLEAUX, João Paulo. *Nexo*. Por que o Tribunal Penal Internacional só julga africanos? Disponível em: <https://www.nexojornal.com.br/expresso/2016/01/29/Por-que-o-Tribunal-Penal-Internacional-s%C3%B3-julga-africanos>. Acesso em: 25 jul. 2016.

1) ***nullum crimen sine lege*** (princípio da legalidade), que exige a tipificação como crime nos termos do direito internacional, ainda que não previsto expressamente no Estatuto (legalidade menos estrita, art. 22.3)[16];

2) ***nulla poena sine lege***, que exige que a punição se dê em compasso com o Estatuto;

3) não retroatividade ***ratione personae***: as condutas anteriores à vigência do Estatuto não serão punidas de acordo com suas disposições;

4) responsabilidade criminal individual: o tribunal é competente para julgar pessoas físicas, que nada afetará a responsabilidade do Estado, em conformidade com o direito internacional;

5) exclusão da Jurisdição relativamente a menores de 18 anos;

6) irrelevância da qualidade oficial, isto é, não são consideradas as imunidades conferidas pelo direito interno a pessoas ocupantes de mandato, cargo ou função de qualquer natureza, para fins de ser definida a competência do Tribunal Penal Internacional.

No que se refere a este princípio, a sua incompatibilidade com a Constituição do Brasil é meramente aparente. É que os crimes de guerra, contra a humanidade, de genocídio e de agressão, como perlustra Antonio Medeiros, são, em boa medida, cometidos "à sombra de autoridades que segundo o ordenamento interno de seus Países desfrutam de prerrogativas de foro ou de imunidades", razão pela qual a imunidade não pode ser oposta nessas situações. Ademais, a tradição em nosso país é a de se juntar ao "esforço mundial em prol da afirmação do princípio da responsabilidade penal de indivíduos pela prática de delitos contra o Direito Internacional"[17].

7) responsabilidade dos chefes militares e outros superiores hierárquicos: tem o condão de atribuir culpa ao comandante pelos atos cometidos sob seu comando, inclusive em virtude de sua falta de controle sobre seus subordinados;

8) imprescritibilidade: os delitos da competência do Tribunal não prescrevem pelo decurso do tempo;

9) presunção de inocência: nos termos do art. 66, do Estatuto, toda pessoa é presumida inocente até a comprovação da sua culpa perante o Tribunal Penal Internacional, consoante o direito aplicável, sendo incumbência do Procurador (Promotor) o ônus da prova da culpa do acusado. Decorre desse princípio a regra expressa no item 3 do referido artigo, que sublinha que "o Tribunal deve estar convencido de que o acusado é culpado, além de qualquer dúvida razoável";

10) ampla defesa/contraditório: o Estatuto traça um rol de direitos do acusado que assegura um processo que otimiza o perfil garantista (art. 67), com ciência pormenorizada da acusação, com a assistência de advogado e com o direito a produzir provas;

16. CANTARELLI, Margarida de Oliveira. O Tratado de Roma e o sistema da justiça penal internacional. In: *Ciências criminais no século XXI*: estudos em homenagem aos 180 anos da Faculdade de Direito do Recife. Ivan Luiz da Silva, Teodomiro Noronha Cardoso, Gamil Föppel (orgs.). Recife: UFPE, 2007. p. 426.

17. MEDEIROS, Antônio Paulo Cachapuz de. A diplomacia brasileira em face do Tribunal Penal Internacional. In: *Os rumos do direito internacional dos direitos humanos*: ensaios em homenagem ao Professor Antônio Augusto Cançado Trindade: tomo IV. Renato Zerbini Ribeiro Leão (org.). Porto Alegre: Sergio Antonio Fabris, 2005. p. 607.

11) isonomia processual, que requer o tratamento igualitário e imparcial relativamente às partes durante as audiências e demais atos processuais;

12) razoável duração do processo, pelo que o acusado tem o direito a ser julgado sem dilações indevidas;

13) não obrigatoriedade do acusado em produzir provas contra si mesmo: permite-se o direito ao silêncio, sem que isso implique determinação de culpa ou de inocência;

14) proteção das vítimas e das testemunhas, garantindo segurança na sua participação no inquérito e no procedimento criminal; e

15) publicidade das audiências, que pode ser restringida quando, por exemplo, se tiver por objetivo proteger vítima ou testemunha em situações que recomendem essa providência.

4. INQUÉRITO

O inquérito poderá ser aberto a partir de informação que constitua fundamento razoável para se conceber que foi, ou está sendo, praticado um crime da competência do Tribunal.

A iniciativa para a sua instauração é do Procurador que deve solicitar autorização bastante ao Tribunal toda vez que constatar a presença de situação autorizadora. De outra vertente, caso conclua que não há motivo razoável para abrir o inquérito, ele deve comunicar suas razões ao Juízo de Instrução.

Depois da instauração e finalização do inquérito, o Procurador também pode decidir por não proceder criminalmente contra o agente, por não existirem elementos suficientes, por ser inadmissível ou por não servir aos interesses da justiça internacional.

Dessa decisão, cabe pedido do Estado que houver submetido o caso ou do Conselho de Segurança, em razão de que o Juízo de Instrução poderá apreciar a decisão do Procurador de não proceder criminalmente contra o agente e solicitar-lhe que reconsidere essa decisão.

É assegurado ao Procurador, a todo o momento, o direito de reconsiderar a sua decisão de abrir um inquérito ou de proceder criminalmente, com base em novos fatos ou em novas informações.

No curso do inquérito são asseguradas ao Procurador as atribuições investigativas necessárias ao seu desiderato, bem como o respeito aos direitos fundamentais das pessoas nele envolvidas.

Precavendo-se contra a possibilidade de produção de provas no inquérito que não sejam passíveis de repetição no curso da instrução (procedimento criminal), o art. 56, 1, do Estatuto reza que "sempre que considere que um inquérito oferece uma oportunidade única de recolher depoimentos ou declarações de uma testemunha ou de examinar, reunir ou verificar provas, o Procurador comunicará esse fato ao Juízo de Instrução", para que, a seu pedido, possam ser adotadas as medidas necessárias "para assegurar a eficácia e a integridade do processo e, em particular, para proteger os direitos de defesa". É nitidamente um incidente de produção antecipada de provas ditas irrepetíveis.

Se o Procurador não requerer tal providência, o Estatuto prevê forma de controle pelo Juízo de Instrução, com vistas a assegurar o direito de defesa, pedindo informações aquele e, se entender injustificadas as razões, adotar a medida probatória de ofício, contra o que, caberá recurso do Procurador.

5. PROCEDIMENTO CRIMINAL

5.1. Juízo de Instrução

O Juízo de Instrução, constituído de três juízes da Seção de Instrução, do Tribunal Penal internacional, detém competência ampla para viabilizar a coleta de provas a fim de que o processo criminal internacional se torne apto a julgamento pelo Juízo de Julgamento.

Em regra, exerce suas atribuições depois de encerrado o inquérito com a decisão do Procurador de proceder criminalmente contra o acusado. No entanto, esse Juízo exerce também funções de controle, cabendo-lhe, por exemplo, autorizar a abertura do inquérito e, a pedido do Procurador, proferir os despachos e emitir os mandados que se revelem necessários para o inquérito.

O Estatuto de Roma é repleto de normas que conferem atribuições ao Juízo de Instrução em contrapartida àquelas amplamente concedidas ao Procurador. Visa-se o equilíbrio do sistema penal internacional, com base no princípio acusatório. Nesse âmbito, o Juízo de Instrução assegura providências com o objetivo de garantir um devido processo legal.

De outro lado, eventuais iniciativas probatórias tomadas em razão da discordância com o Procurador (como se dá com aquelas de natureza irrepetível no curso do inquérito para se assegurar a eficácia da prova e o direito de defesa), são resolvidas pelo sistema a partir da realização do julgamento por um juízo diverso (o Juízo de Julgamento).

Dentre as competências do Juízo de Instrução, está o pedido de prisão preventiva ou de detenção e entrega formulado a um "Estado Parte", o qual deverá adotar imediatamente as medidas necessárias ao seu atendimento, segundo o regime de cooperação entre os Estados Partes regrado no próprio Tratado de Roma.

Comparecendo voluntariamente ou entregue a pessoa ao Tribunal, o Juízo de Instrução deverá assegurar-se de que ela foi informada dos crimes que lhe são atribuídos e dos direitos conferidos pelo Estatuto, inclusive o de requerer permissão para aguardar o julgamento em liberdade.

Entrega do nacional ao Tribunal Penal Internacional não se confunde com extradição. Esse aspecto distintivo foi construído doutrinariamente para assegurar que o conflito de normas entre o Estatuto de Roma e a Constituição do Brasil é meramente aparente, mormente quando o texto daquele veda sua ratificação com reservas.

Em outros termos, a extradição é medida relativa ao direito interno (entrega de um nacional de um Estado a outro Estado) e baseada na Constituição de 1988, cuja criação se deu em momento muito anterior à entrada em vigor do Tratado. A entrega (entrega de um nacional de um Estado ao Tribunal Penal Internacional), por sua vez, é medida inerente à necessidade de efetividade da jurisdição internacional, com vistas a garantir a punibilidade de crimes da mais alta gravidade que afetam a humanidade.

Nesse sentido, Antônio Medeiros realça que no Tribunal Internacional se cuida de uma jurisdição internacional (não simplesmente de uma jurisdição estrangeira) construída com a participação do Brasil, em virtude do que guarda vínculo com a Justiça nacional de forma muito mais próxima. Nas palavras do autor:

> É essencial para que se garanta a efetiva administração da Justiça Penal Internacional que esta tenha faculdade de determinar que os acusados da prática dos crimes reprimidos pelo Estatuto sejam colocados à disposição do Tribunal. Seria inútil o esforço de criar o Tribunal Penal Internacional caso não se conferisse ao mesmo o poder de terminar que os acusados sejam compelidos a comparecer em juízo.[18]

5.2. Juízo de Julgamento

O Juízo de Julgamento tem suas funções desempenhadas por três juízes da Seção de Julgamento em Primeira Instância. Como se depreende, este Juízo, com competência para prolatar decisão absolutória ou condenatória em relação ao acusado, é composto por juízes diversos dos que constituem o Juízo de Instrução, objetivando melhor garantir a imparcialidade do Tribunal (sistema acusatório).

O julgamento, que terá lugar na sede do Tribunal (ressalvada decisão em sentido contrário), contará com a presença do acusado, podendo ser retirado pelo Juízo de Julgamento em Primeira Instância em circunstâncias excepcionais (como na hipótese de perturbar a audiência insistentemente) e pelo período estritamente necessário, após o esgotamento de outras medidas razoáveis.

As garantias fundamentais do acusado devem ser respeitadas mediante a condução do julgamento de forma equitativa e célere, sem perder de vista a necessidade de ser assegurada a proteção das vítimas e das testemunhas.

Para garantir a correção do julgamento e o direito de defesa, por exemplo, o Juízo de Julgamento (ressalvada disposição em sentido contrário constante do Estatuto) deverá providenciar a revelação de quaisquer documentos ou da informação que não tenha sido divulgada anteriormente, com a antecedência necessária ao início do julgamento, com o fito de possibilitar a sua preparação adequada.

Havendo necessidade de se preservar o princípio da imparcialidade e o seu funcionamento regular eficaz, o Juízo de Julgamento poderá ainda remeter questões preliminares ao Juízo de Instrução ou, se preciso, a um outro juiz disponível da Seção de Instrução. No entanto, isso não é óbice para que exerça o poder de decidir a respeito da admissibilidade de uma prova ou sobre outros incidentes que se façam presentes até o momento da decisão.

A decisão do Juízo de Julgamento em Primeira Instância, nos termos do art. 74, item 2:

1) deverá ser fundamentada com arrimo na apreciação das provas e do processo no seu conjunto;

2) não deverá exorbitar dos fatos e das circunstâncias narrados na acusação ou nas modificações que lhe tenham sido feitas;

---

18. MEDEIROS, Antônio Paulo Cachapuz de. A diplomacia brasileira em face do Tribunal Penal Internacional. In: *Os rumos do direito internacional dos direitos humanos*: ensaios em homenagem ao Professor Antônio Augusto Cançado Trindade: tomo IV. Renato Zerbini Ribeiro Leão (org.). Porto Alegre: Sergio Antonio Fabris, 2005. p. 605-606.

3) deverá ser motivada exclusivamente nas provas produzidas ou apreciadas em audiência de julgamento; e

4) preferencialmente, deve ser tomada por unanimidade e, não sendo possível, por maioria de votos.

É de ver ainda que as deliberações (não as audiências!) do Juízo de Julgamento em Primeira Instância serão e permanecerão secretas (art. 74, item 4). Com essa observância, a decisão será seguidamente proferida por escrito. A decisão será uma só, devendo constar, em caso de julgamento por maioria, as opiniões tanto da maioria como da minoria dos juízes. Por fim, a leitura da decisão ou de súmula far-se-á em audiência pública (sempre que possível com a leitura da sentença na presença do acusado).

O artigo 75, do Estatuto de Roma, preconiza que o Tribunal estabelecerá princípios pertinentes às formas de reparação em favor das vítimas dos delitos. De tal maneira, poderá, tanto de ofício, quanto a requerimento, "em circunstâncias excepcionais, determinar a extensão e o nível dos danos, da perda ou do prejuízo causados às vítimas ou aos titulares do direito à reparação, com a indicação dos princípios nos quais fundamentou a sua decisão". A interpretação desse dispositivo e dos demais referentes à reparação das vítimas não pode implicar prejuízo a elas.

No que tange às penas aplicáveis, sem prejuízo da possibilidade de redução da pena em face de reexame da decisão pelo Tribunal Penal Internacional, as sanções privativas de liberdade aplicadas poderão ser de:

1) prisão por número certo de anos, até ao limite abstrato máximo de 30 anos; ou

2) prisão perpétua, quando se estiver diante de elevado grau de ilicitude do fato e houver justificativa diante das condições pessoais do condenado.

Já quanto às penas restritivas de direito, o Tribunal poderá impor:

1) uma multa, conforme os critérios gizados no Regulamento Processual;

2) a perda de bens, produtos e haveres provenientes, direta ou indiretamente, do delito, sem prejuízo dos direitos de terceiros que tenham atuado de boa fé.

A questão da aplicação da pena de prisão perpétua desperta polêmica se cotejada com as regras da Constituição do Brasil que vedam a pena de prisão perpétua e a pena de morte em tempo de paz. O conflito de normas entre a CF/1988 e o Estatuto de Roma é aparente, porquanto a jurisdição internacional é regida por regras específicas, enquanto os enunciados dispostos na Constituição se dirigem ao direito interno.

De mais a mais, a Constituição da República expressa, no § 4º, de seu artigo 5º, que "o Brasil se submete à jurisdição de Tribunal Internacional a cuja criação tenha manifestado adesão" (acrescentado pela EC nº 45/2004), na senda dos princípios fundamentais postos pelo Poder Constituinte Originário em seu art. 4º, especialmente na parte que preconiza a prevalência dos direitos humanos, bem como na linha do fundamento da República estampado no seu art. 1º, III (princípio da dignidade da pessoa humana).

É nesse sentido que Antônio Medeiros pontifica, explicitando as razões da validade da aplicação da pena de prisão perpétua à pessoa submetida a julgamento pelo Tribunal Penal Internacional, ainda que se trate de brasileiro (nato ou naturalizado):

> A proibição constitucional da pena de caráter perpétuo restringe apenas o legislador interno brasileiro. Não constrange nem legisladores estrangeiros, nem aqueles que labutam na edificação do sistema jurídico internacional.

No momento em que foi promulgada a Constituição brasileira vigente (1988) não existia o Estatuto de Roma do Tribunal Penal Internacional (1998). Não poderia, pois, o constituinte ter se debruçado sobre a questão da pena de prisão perpétua aplicada por tribunal internacional.[19]

5.3. Juízo de Recursos

O Juízo de Recursos será composto por todos os juízes da Seção de Recursos que, por sua vez, é composto pelo Presidente e quatro juízes. Com composição diferente dos Juízos de Instrução e de Julgamento, ficam garantidos o contraditório e a defesa ampla, na parte atinente ao aspecto recursal.

A sentença (prolatada na forma do artigo 74 do Estatuto) é recorrível consoante o disposto no Regulamento Processual:

1) pelo Procurador, que poderá interpor recurso com fundamento em vício processual, erro de fato ou erro de direito;

2) pelo condenado e/ou pelo Procurador (que tem a faculdade de recorrer no interesse daquele), que poderão interpor recurso com base em vício processual, erro de fato, erro de direito ou qualquer outro motivo capaz de afetar a equidade ou a regularidade do processo criminal ou da sentença, a exemplo da desproporção entre a pena decretada e o crime cometido.

Depois de condenado o acusado, merece ser analisada a sua situação prisional. Assim, o art. 81, item 3, "a", dispõe que salvo decisão em sentido contrário do Juízo de Julgamento em Primeira Instância, o condenado será mantido sob prisão preventiva durante a tramitação recursal. Será colocado em liberdade, contudo, se o tempo de prisão preventiva ultrapassar o previsto para a duração da pena decretada, impondo-se que o condenado seja posto em liberdade. Porém, se o Procurador (acusação) também interpuser recurso, a libertação do condenado poderá não ser imediata, aguardando o julgamento recursal no cárcere (prisão preventiva), se presentes as hipóteses do art. 81, item 3, "c", quais sejam: risco de fuga, gravidade da infração, e probabilidade do recurso acusatório ser provido.

Durante a tramitação do recurso, o cerceamento de liberdade do acusado só pode ser lastreado em prisão preventiva. Isso porque a execução da sentença condenatória ou

19. MEDEIROS, Antônio Paulo Cachapuz de. A diplomacia brasileira em face do Tribunal Penal Internacional. In: *Os rumos do direito internacional dos direitos humanos*: ensaios em homenagem ao Professor Antônio Augusto Cançado Trindade: tomo IV. Renato Zerbini Ribeiro Leão (org.). Porto Alegre: Sergio Antonio Fabris, 2005. p. 607.

da pena permanecerá suspensa tanto pelo tempo fixado para a interposição do recurso, quanto durante o rito recursal.

Além de outras possibilidades recursais contra decisões diversas da sentença absolutória ou condenatória, é possível que haja "revisão da sentença condenatória ou da pena" (análoga à revisão criminal brasileira), com legitimidade ativa ampla, pelo que podem requerer não só o acusado, mas outras pessoas em caso de seu falecimento (reabilitação da memória), em situações que, por exemplo, evidenciem novos elementos de provas.

O Juízo de Recursos rejeitará (se manifestamente infundado) ou acolherá o pedido. Caso acolha o pedido revisional, o Juízo de Recursos poderá:

1) convocar de novo o Juízo de Julgamento em Primeira Instância que proferiu a sentença inicial;

2) constituir um novo Juízo de Julgamento em Primeira Instância; ou

3) manter a sua competência para conhecer da causa, a fim de determinar se, após a audição das partes nos termos do Regulamento Processual, haverá lugar à revisão da sentença (art. 84, item 2, do Estatuto).

Por fim, em face da possibilidade de erro no tocante a prisão, o Estatuto de Roma, em seu artigo 85, assegura indenização do detido ou condenado. Assenta assim a regra segundo a qual "quem tiver sido objeto de detenção ou prisão ilegal terá direito a reparação".

6. EXECUÇÃO DA PENA

O Tratado de Roma disciplina ainda a execução penal, sublinhando a importância do pacto de cooperação entre os Estados que o ratificaram. É desse modo que delineia, em seu artigo 103, a função dos Estados na Execução das Penas Privativas de Liberdade, verberando que as penas privativas de liberdade serão cumpridas em Estado que seja indicado pelo Tribunal, consoante lista de Estados que tenham manifestado disponibilidade para recebimento de pessoas condenadas.

Durante a execução, o Estado responsável informará ao Tribunal qualquer fato que possa afetar materialmente as condições ou a duração da detenção, devendo ser informado previamente (com pelo menos 45 dias de antecedência) a respeito de circunstância dessa natureza, conhecida ou previsível. A execução da pena será submetida ao controle do Tribunal.

A natureza e o quantitativo da pena é vinculativa para o Estado parte que aceita o apenado, não podendo modificá-la em qualquer hipótese. Daí que se a pena aplicada pelo Tribunal Penal Internacional foi de prisão perpétua, não pode o Estado onde se situa a pessoa presa, limitá-la a trinta anos.

Por fim, no que toca à execução das penas de multa, assim como às medidas de perda determinada pelo Tribunal, os Estados Partes farão sua aplicação, sem prejuízo de direitos de terceiros de boa fé e de acordo com os procedimentos previstos no respectivo direito interno. Estamos diante, mais uma vez, do dever de cooperação que norteia as relações entre os Estados que tomaram parte do Estatuto de Roma.

7. QUADRO SINÓTICO

<table>
<tr><th colspan="3">CAPÍTULO XVIII – TRIBUNAL PENAL INTERNACIONAL</th></tr>
<tr><th colspan="3">SISTEMA INTERNACIONAL DE PERSECUÇÃO CRIMINAL</th></tr>
<tr><td colspan="2">O Sistema Internacional de Persecução Penal é formado pelo conjunto de disposições normativas que compõe a criação, a estruturação e o funcionamento do Tribunal Penal Internacional, com a finalidade de possibilitar de forma permanente o alcance da jurisdição internacional criminal sobre todas as pessoas responsáveis pelos crimes de maior gravidade com alcance que extrapole o âmbito meramente interno dos estados nacionais.
Através do denominado Estatuto de Roma, foi instituído o Tribunal Penal Internacional. Tal órgão internacional, dotado de personalidade jurídica própria, é fruto de iniciativa mais abrangente do que as experiências de criação de tribunais internacionais já verificadas no curso da história, com o foco voltado à proteção dos direitos humanos.</td><td>1</td></tr>
<tr><th colspan="3">JURISDIÇÃO E COMPETÊNCIA</th></tr>
<tr><td>Competência material irretroativa</td><td>A competência do Tribunal Penal Internacional será restrita aos crimes mais graves, que afetam a comunidade internacional como um todo, notadamente para processar e julgar os crimes de genocídio, contra a humanidade, de guerra e de agressão.
O art. 11, do Estatuto definiu a competência ratione temporis (irretroativa) do Tribunal, sublinhando, como regra, que sua competência é relativa aos crimes cometidos após a sua entrada em vigor.</td><td>2.1</td></tr>
<tr><td>Atuação da jurisdição do Tribunal Penal Internacional</td><td>O exercício da jurisdição pelo Tribunal está autorizado diante de qualquer um dos crimes de sua competência e desde que (art. 13):
1) um Estado Parte leve ao conhecimento do Procurador (sujeito processual correspondente ao Promotor de Justiça/Procurador da República que atua junto aos juízes do Tribunal) situação fática em que haja indícios de ter havido o cometimento de um ou de vários desses delitos;
2) o Conselho de Segurança, agindo segundo o Capítulo VII da Carta das Nações Unidas, "denunciar" ao Procurador qualquer situação em que exista tais indícios; ou
3) o próprio procurador tiver promovido o início a um inquérito sobre um desses crimes.</td><td>2.2</td></tr>
<tr><td>Princípios informadores da jurisdição e da competência do Tribunal Penal Internacional</td><td>1. Princípio da subsidiariedade ou da complementariedade: a jurisdição do Tribunal Penal Internacional é complementar/subsidiária às jurisdições penais nacionais.
2. Princípio da vedação de dupla acusação (ne bis in idem).
3. Princípio da territorialidade: o Tribunal Penal Internacional tem como componente de seu regime jurisdicional o autorizativo para julgar nacional de qualquer país que tenha cometido um dos crimes previstos no Estatuto em território de Estado abrangido pela sua vigência (Estado-parte).
4. Princípio da jurisdição universal: significa dizer que existe, independentemente das jurisdições nacionais baseadas na soberania, uma base diversa para a jurisdição internacional, a qual incide inclusive sobre os Estados que não sejam partes do Estatuto de Roma.</td><td>2.3</td></tr>
</table>

CAPÍTULO XVIII – TRIBUNAL PENAL INTERNACIONAL		
PRINCÍPIOS INFORMADORES DO DIREITO PENAL E DO PROCESSO PENAL INTERNACIONAL		
1. *nullum crimen sine lege* (princípio da legalidade); 2. *nulla poena sine lege*, que exige que a punição se dê em compasso com o Estatuto; 3. irretroatividade *ratione personae*: as condutas anteriores à vigência do Estatuto não serão punidas de acordo com suas disposições; 4. responsabilidade criminal individual: o tribunal é competente para julgar pessoas físicas; 5. exclusão da Jurisdição relativamente a menores de 18 anos; 6. irrelevância da qualidade oficial dos agentes políticos e públicos; 7. responsabilidade dos chefes militares e outros superiores hierárquicos: tem o condão de atribuir culpa ao comandante pelos atos cometidos sob seu comando, inclusive em virtude de sua falta de controle sobre seus subordinados; 8. imprescritibilidade dos delitos; 9. presunção de inocência; 10. ampla defesa/contraditório; 11. isonomia processual das partes; 12. razoável duração do processo; 13. não obrigatoriedade do acusado em produzir provas contra si mesmo; 14. proteção das vítimas e das testemunhas; e 15. publicidade das audiências, podendo ser restringida.		**3**
INQUÉRITO		
O inquérito poderá ser aberto a partir de informação que constitua fundamento razoável para se conceber que foi, ou está sendo, praticado um crime da competência do Tribunal. A iniciativa para a sua instauração é do Procurador que deve solicitar autorização bastante ao Tribunal toda vez que constatar a presença de situação autorizadora. No curso do inquérito são asseguradas ao Procurador as atribuições investigativas necessárias ao seu desiderato, bem como os direitos fundamentais das pessoas nele envolvidas.		**4**
PROCEDIMENTO CRIMINAL		
Juízo de Instrução	O Juízo de Instrução, constituído de três juízes da Seção de Instrução, do Tribunal Penal internacional, detém competência ampla para viabilizar a coleta de provas a fim de que o processo criminal internacional se torne apto a julgamento pelo Juízo de Julgamento. Em regra, exerce suas atribuições depois de encerrado o inquérito com a decisão do Procurador de proceder criminalmente contra o acusado. Comparecendo voluntariamente ou entregue a pessoa ao Tribunal, o Juízo de Instrução deverá assegurar-se de que ela foi informada dos crimes que lhe são atribuídos e dos direitos conferidos pelo Estatuto, inclusive o de requerer permissão para aguardar o julgamento em liberdade. A extradição é medida relativa ao direito interno (entrega de um nacional de um Estado a outro Estado) e baseada na Constituição de 1988 cuja criação se deu em momento muito anterior à entrada em vigor do Tratado. A entrega (entrega de um nacional de um Estado ao Tribunal Penal Internacional), por sua vez, é medida inerente à necessidade de efetividade da jurisdição internacional, com vistas a garantir a punibilidade de crimes da mais alta gravidade que afetam a humanidade.	**5.1**

<table>
<tr><th colspan="3">CAPÍTULO XVIII – TRIBUNAL PENAL INTERNACIONAL</th></tr>
<tr><td>Juízo de Julgamento</td><td>O Juízo de Julgamento tem suas funções desempenhadas por três juízes da Seção de Julgamento em Primeira Instância. Este Juízo, com competência para prolatar decisão absolutória ou condenatória em relação ao acusado, é composto por juízes diversos dos que constituem o Juízo de Instrução, objetivando melhor garantir a imparcialidade do Tribunal (sistema acusatório).

As penas privativas de liberdade aplicadas pelo Juízo de Julgamento poderão ser de:

1) prisão por número certo de anos, até ao limite abstrato máximo de 30 anos; ou

2) prisão perpétua, quando se estiver diante de elevado grau de ilicitude do fato e houver justificativa diante das condições pessoais do condenado.

Já quanto às penas restritivas de direito, o Tribunal, por seu Juízo de Julgamento, poderá impor:

1) uma multa, conforme os critérios gizados no Regulamento Processual;

2) a perda de bens, produtos e haveres provenientes, direta ou indiretamente, do delito, sem prejuízo dos direitos de terceiros que tenham atuado de boa-fé.

A questão da aplicação da pena de prisão perpétua pode indicar um possível conflito de normas entre a CF/1988 e o Estatuto de Roma. Entrementes, esse conflito é apenas aparente, porquanto a jurisdição internacional é regida por regras específicas, enquanto os enunciados dispostos na Constituição se dirigem ao direito interno. Daí que é válida a aplicação da pena de prisão perpétua à pessoa submetida a julgamento pelo Tribunal Penal Internacional, ainda que se trate de brasileiro (nato ou naturalizado).</td><td>5.2</td></tr>
<tr><td>Juízo de Recursos</td><td>O Juízo de Recursos será composto por todos os juízes da Seção de Recursos que, por sua vez, é composto pelo Presidente e quatro juízes. Com composição diferente dos Juízos de Instrução e de Julgamento, fica garantidos o contraditório e a defesa ampla, na parte atinente ao aspecto recursal.

A sentença (prolatada na forma do artigo 74 do Estatuto) é recorrível consoante o disposto no Regulamento Processual.

Depois de condenado o acusado, a regra é que ele permaneça preso. Assim, o art. 81, item 3, "a", dispõe que salvo decisão em sentido contrário do Juízo de Julgamento em Primeira Instância, o condenado será mantido sob prisão preventiva durante a tramitação recursal, com possibilidade de ser colocado em liberdade se preenchidas determinadas condições.

Durante a tramitação do recurso, o cerceamento de liberdade do acusado só pode ser lastreado em prisão preventiva. Isso porque a execução da sentença condenatória ou da pena permanecerá suspensa tanto pelo tempo fixado para a interposição do recurso, quanto durante o rito recursal.</td><td>5.3</td></tr>
</table>

CAPÍTULO XVIII – TRIBUNAL PENAL INTERNACIONAL		
Juízo de Recursos	Além de outras possibilidades recursais contra decisões diversas da sentença absolutória ou condenatória, é possível que haja "revisão da sentença condenatória ou da pena" (análoga à revisão criminal brasileira), com legitimidade ativa ampla, pelo que podem requerer não só o acusado, mas outras pessoas em caso de seu falecimento (reabilitação da memória), em situações que, por exemplo, evidenciem novos elementos de provas. Em face da possibilidade de erro no tocante a prisão, o Estatuto de Roma, em seu artigo 85, assegura indenização do detido ou condenado, com a regra segundo a qual "quem tiver sido objeto de detenção ou prisão ilegal terá direito a reparação".	**5.3**
EXECUÇÃO DA PENA		
O Tratado de Roma delineia, em seu artigo 103, a função dos Estados na Execução das Penas Privativas de Liberdade (dever de cooperação), prevendo que as penas privativas de liberdade serão cumpridas em Estado que seja indicado pelo Tribunal, mediante o controle deste e consoante lista de Estados que tenham manifestado disponibilidade para recebimento de pessoas condenadas. A natureza e o quantitativo da pena é vinculativa para o Estado parte que aceita o apenado, não podendo modificá-la em qualquer hipótese.		**6**

8. INFORMATIVOS RECENTES

8.1. STF

♦ **PPE: ausência de tratado e pedido não regularizado.**

O Plenário revogou prisão preventiva para fins de extradição e indeferiu pedido extradicional formulado, pela República do Líbano, contra nacional daquele país, incluso na lista de "Difusão Vermelha" – relação de pessoas mais procuradas pela Interpol. O pleito fundamentara-se em condenação à pena de prisão perpétua pela prática do crime de tráfico internacional de drogas. Destacou-se que o Estado requerente, mesmo intimado para que, no prazo de 60 dias: a) formalizasse o pedido de extradição; b) providenciasse cópia dos documentos necessários à aferição de ocorrência, ou não, de trânsito em julgado da condenação e de cópias das normas penais concernentes ao crime em questão, bem como de normas atinentes às penas correspondentes, à prescrição e a suas causas de interrupção e suspensão; c) esclarecesse os pressupostos que garantiriam a possibilidade jurídica de o país requerente formular pleito extradicional com base em promessa de reciprocidade; d) elucidasse sobre a possibilidade de libaneses naturalizados estarem sujeitos a pedido extradicional; e e) indicasse a autoridade libanesa com poderes para autorizar o oferecimento, em nome do Estado, de promessa de reciprocidade, a representação diplomática do requerente não atendera integralmente às exigências discriminadas nos itens "c" e "d", o que impediria o prosseguimento do feito. Observou-se não bastar a cópia da nota verbal pela qual formalizada a solicitação, bem como da decisão judicial que decretara a custódia do extraditando e dos textos do Código de Processo Penal libanês a autorizar prisão cautelar para o processamento do pedido. Lembrou-se inexistir tratado de extradição entre os 2 países. Ademais, o art. 30 do Código Penal do Estado requerente afirmaria que extradição apenas poderia ocorrer na existência de tratado. Assim, em face da carência de informações imprescindíveis para o regular prosseguimento do feito e de a segregação cautelar imposta já perdurar por longo período, apesar de reiterados pedidos da Corte para que a documentação necessária fosse juntada aos autos, determinou-se a revogação da prisão – com a consequente expedição de alvará de soltura a ser cumprido com as cautelas legais –, bem como fosse encaminhada cópia integral do feito ao Ministério Público, para as providências cabíveis, considerada a periculosidade do extraditando. *PPE 623/República do Líbano, rel. Min. Cármen Lúcia, 29.6.2012. (Info 672)*

♦ **Estatuto de Roma – Tribunal Penal Internacional – Prisão de Chefe de Estado Estrangeiro (Transcrições)**

Estatuto de Roma – Tribunal Penal Internacional – Prisão de Chefe de Estado Estrangeiro (Transcrições) Pet 4625/ República do Sudão* Relatora: min. Ellen Gracie ementa: estatuto de Roma. Incorporação dessa convenção multilateral ao ordenamento jurídico interno brasileiro (decreto nº 4.388/2002). Instituição do tribunal penal internacional. Caráter supra-estatal desse organismo judiciário. Incidência do princípio da complementaridade (ou da subsidiariedade) sobre o exercício, pelo tribunal penal internacional, de sua jurisdição. Cooperação internacional e auxílio judiciário: obrigação geral que se impõe aos estados partes do estatuto de Roma (artigo 86). Pedido de detenção de chefe de estado estrangeiro e de sua ulterior entrega ao tribunal penal internacional, para ser julgado pela suposta prática de crimes contra a humanidade e de guerra. Solicitação formalmente dirigida, pelo tribunal penal internacional, ao governo brasileiro. Distinção entre os institutos da entrega ("surrender") e da extradição. Questão prejudicial pertinente ao reconhecimento, ou não, da competência originária do supremo tribunal federal para examinar este pedido de cooperação internacional. Controvérsias jurídicas em torno da compatibilidade de determinadas cláusulas do estatuto de Roma em face da constituição do brasil. o § 4º do art. 5º da constituição, introduzido pela ec nº 45/2004: cláusula constitucional aberta destinada a legitimar, integralmente, o estatuto de Roma? A experiência do direito comparado na busca da superação dos conflitos entre o estatuto de Roma e as constituições nacionais. A questão da imunidade de jurisdição do chefe de estado em face do tribunal penal internacional: irrelevância da qualidade oficial, segundo o estatuto de Roma (artigo 27). Magistério da doutrina. Alta relevância jurídico-constitucional de diversas questões suscitadas pela aplicação doméstica do estatuto de Roma. Necessidade de prévia audiência da douta procuradoria-geral da república […] *PET 4625, Relator(a): min. Ellen Gracie, dje-145 divulg 03/08/2009 public 04/08/2009 (Info 554)*

9. QUESTÕES DE CONCURSOS PÚBLICOS

01. (2017 – CESPE – Instituto Rio Branco – Diplomata – Prova 1) No que se refere à solução pacífica das controvérsias, incluindo-se os tribunais internacionais, julgue (C ou E) o item que se segue.

O Estatuto de Roma, que criou o Tribunal Penal Internacional, exige que o acusado esteja presente durante o seu julgamento.

02. (2016 – FUNCAB – PC-PA – Delegado de Polícia Civil) Sobre Estatuto de Roma do Tribunal Penal Internacional, é correto afirmar que:

(A) o Tribunal Penal Internacional poderá impor pena de expatriação se o elevado grau de ilicitude do fato e as condições pessoais do condenado a justificarem.

(B) são considerados crimes contra a humanidade os atos praticados com intenção de destruir, no todo ou em parte, um grupo nacional, étnico, racial ou religioso.

(C) o Tribunal Penal Internacional (TPI) terá competência apenas para julgar os crimes de genocídio, os crimes contra a humanidade e os crimes de agressão.

(D) nenhuma pessoa poderá ser julgada por outro tribunal por um crime de competência do Tribunal Penal Internacional, relativamente ao qual já tenha sido condenada ou absolvida pelo TPI.

(E) o Tribunal Penal Internacional e vinculado a Comissão Interamericana de Direitos Humanos e possui competência para julgar pessoas físicas.

03. (2016 – VUNESP – TJM-SP – Juiz de Direito Substituto) Nos que diz respeito ao Estatuto Penal de Roma, assinale a alternativa que indica uma condição no julgamento realizado no Brasil que impediria a realização de um novo julgamento pelo Tribunal Penal Internacional pelos mesmos fatos.

(A) O julgamento realizado no Brasil foi conduzido de uma maneira que, no caso concreto, se revela incompatível com a intenção de submeter a pessoa à ação da justiça.

(B) O julgamento realizado no Brasil não foi conduzido de forma imparcial, em conformidade com as garantias de um processo equitativo reconhecidas pelo direito internacional.

(C) O julgamento realizado no Brasil teve por objetivo subtrair o acusado à sua responsabilidade criminal por crimes da competência do Tribunal.

(D) O julgamento realizado no Brasil não foi conduzido de forma independente, em conformidade com as garantias de um processo equitativo reconhecidas pelo direito internacional.

(E) O julgamento realizado no Brasil teve por conclusão sentença absolutória fundada na atipicidade da conduta.

04. (Defensor Público – DPE-SP/FCC/2009) O Tribunal Penal Internacional tem competência para julgar pessoas

(A) acusadas de crimes de guerra, contra a humanidade e genocídio, ocorridos a partir da entrada em vigor do Estatuto de Roma, em 2002.

(B) acusadas de crimes de guerra, contra a humanidade e genocídio, ocorridos a partir da entrada em vigor do Estatuto de Roma, em 1998.

(C) acusadas de crimes de guerra, contra a humanidade, genocídio e terrorismo.

(D) e Estados acusados de crimes de guerra, contra a humanidade, genocídio e terrorismo.

(E) e Estados acusados de crimes de guerra, contra a humanidade e genocídio.

05. (Delegado de Polícia – SP/PC-SP/2012) As penas que poderão ser fixadas pelo Tribunal Penal Internacional (Estatuto de Roma, 1998) são

(A) expatriação, prisão até 30 anos ou perpétua e perda dos produtos, bens e haveres provenientes do crime.

(B) prisão, no mínimo de 3 anos e, no máximo, perpétua, multa, ou perda de produtos e bens provenientes do crime, ainda que de forma indireta.

(C) advertência, prisão, de 3 anos a 30 anos e a perda dos produtos, bens e haveres provenientes do crime

(D) prisão até 30 anos ou perpétua, multa e perda dos produtos, bens e haveres provenientes do crime

(E) expatriação, prisão de 3 a 30 anos ou perpétua e perda dos produtos, bens e haveres decorrentes do crime

06. (Defensor Público – DPE/SP/2007) A respeito do Tribunal Penal Internacional, é INCORRETO afirmar:

(A) Sua jurisdição é adicional e complementar à dos Estados, cabendo a estes a responsabilidade primária quanto ao julgamento das violações de direitos humanos.

(B) Suas penas estão limitadas à prisão por 30 anos, podendo ser aplicada excepcionalmente a pena de morte, quando justificada pela extrema gravidade do crime e pelas circunstâncias pessoais do condenado.

(C) Além de sanções de natureza penal, pode determinar a reparação às vítimas de crimes e respectivos familiares.

(D) Tem competência para apreciar denúncias de cometimento de crimes contra os direitos humanos praticados por agentes públicos, sem distinções baseadas em cargo oficial.

(E) Tem natureza permanente e pode ser acionado em face do cometimento dos crimes contra a humanidade, de genocídio, e de guerra, os quais obedecem aos princípios da legalidade e anterioridade penal.

07. (Juiz Substituto – TRF3/2006) O Tribunal Penal Internacional:

(A) Foi criado pelo Estatuto de Haia, tem sede na ONU e sua competência está restrita aos crimes de agressão contra estrangeiro fora de seu país de origem, especialmente os de natureza étnica.

(B) Está sediado em Roma e a sua competência está restrita aos incidentes que envolvam violência contra estrangeiro fora de seu país de origem, especialmente os crimes de genocídio.

(C) Foi criado pelo Estatuto de Haia, está sediado em Roma e tem competência para julgar crimes de qualquer natureza, especialmente: o crime de genocídio, crimes contra a humanidade, crimes ambientais e o crime de agressão.

(D) Foi criado pelo Estatuto de Roma, tem a sede em Haia, e a sua competência é restrita aos crimes mais graves, que afetam a comunidade internacional em seu conjunto, entre eles: crimes de guerra e crimes contra a humanidade.

08. (Advocacia da União – PFN/2006) Nos termos do Estatuto do Tribunal Penal Internacional, assinado em Roma, em 1998, ao qual o Brasil aderiu em fevereiro de 2000, é competência deste tribunal julgar, exceto:

(A) crimes de genocídio, a exemplo de ofensas graves à integridade física ou mental de membros de grupo.

(B) crimes contra a humanidade, a exemplo de agressão sexual, escravatura sexual, prostituição forçada, gravidez forçada, esterilização forçada ou outra forma de violência no campo sexual de gravidade comparável.

(C) crimes de guerra, a exemplo da destruição ou a apropriação de bens em larga escala, quando não justificadas por quaisquer necessidades militares e executadas de forma ilegal e arbitrária.

(D) crimes políticos, a exemplo de manipulação de eleições, do forjamento de dados e de agressões à liberdade de expressão.

(E) a transferência, direta ou indireta, por uma potência ocupante de parte da sua população civil para o território que ocupa ou a deportação ou transferência da totalidade ou de parte da população do território ocupado, dentro ou fora desse território.

10. GABARITO ANOTADO

01 – C

Vide:

- Art. 63, do Estatuto de Roma.

02 – D

Vide:

- Art. 20, item 2, do Estatuto de Roma.
- Item "2.3. Princípios informadores da jurisdição e da competência do Tribunal Penal Internacional".

03 – E

Vide:

- Art. 20 do Estatuto de Roma.
- Item "2.3. Princípios informadores da jurisdição e da competência do Tribunal Penal Internacional".

04 – A

Vide:

- Art. 5º do Estatuto de Roma.
- Art. 11 do Estatuto de Roma.
- Item "2.1. Competência material irretroativa".

05 – D

Vide:

- Art. 77, itens 1 e 2, do Estatuto de Roma.
- Item "5.2. Juízo de Julgamento".

06 – B

Vide:

- Art. 77 do Estatuto de Roma.
- Itens "5.2. Juízo de julgamento".

07 – D

Vide:

- Art. 1º, art. 3º, item 1 e art. 5º, item 1 do Estatuto de Roma.
- Itens "1. Sistema internacional de persecução criminal" e "2.1. Competência material irretroativa".

08 – D

Vide:

- Art. 5º; art. 6º, b; art. 7º, item 1, g; art. 8º, item 2, a, iv; 8º, item 2, b, viii do Estatuto de Roma.
- Itens "2.1. Competência material irretroativa"

11. QUESTÕES DISCURSIVAS COM COMENTÁRIOS

1. **(UFMT – Promotor de Justiça – MT/2012)** Discorra sobre a Convenção Americana sobre Direitos Humanos (Pacto de São José, da Costa Rica), promulgada pelo Decreto nº 678/1992, e os direitos e garantias processuais penais. Coteje os direitos e garantias processuais penais constantes na Convenção com os direitos e garantias incorporados (ou não) ao processo penal brasileiro, apontando o entendimento do Supremo Tribunal Federal sobre a questão.

Resposta

O Supremo Tribunal Federal reconhece status supralegal ao Pacto de São José de Costa Rica, incorporado ao ordenamento jurídico nacional, em 1992, embora tenha sido firmada em 1969. Sobre a qualidade desse tratado protetivo de direitos humanos, anotamos nesse capítulo.

As disposições da Convenção que afetam o processo penal são:

***1)** o seu art. 7º, que prevê o direito à liberdade pessoal, assegurando que:*

***a)** toda pessoa tem direito à liberdade e segurança pessoais (a CF/1988 garantiu o estado de inocência como regra e que ninguém será preso salvo em flagrante delito ou por ordem judicial, ressalvados crimes militares e transgressões disciplinares militares);*

***b)** ninguém pode ser privado de sua liberdade física, salvo pelas causas e nas condições previamente fixadas pelas Constituições políticas dos Estados-partes ou pelas leis de acordo com elas promulgadas (o sistema processual penal brasileiro tem disposições em sentido análogo, conferindo prevalência à liberdade);*

c) ninguém pode ser submetido a detenção ou encarceramento arbitrários;

***d)** toda pessoa detida ou retida deve ser informada das razões da detenção e notificada, sem demora, da acusação ou das acusações formuladas contra ela (o CPP dispõe sobre a necessidade de comunicação das razões da prisão à pessoa detida, com formalidades bem delineadas, bem como que devem ser comunicadas as autoridades judiciais e do Ministério Público);*

***e)** toda pessoa presa, detida ou retida deve ser conduzida, sem demora, à presença de um juiz ou outra autoridade autorizada por lei a exercer funções judiciais e tem o direito de ser julgada em prazo razoável ou de ser posta em liberdade, sem prejuízo de que prossiga o processo. Sua liberdade pode ser condicionada a garantias que assegurem o seu comparecimento em juízo (o sistema processual penal brasileiro carece de previsão expressa de uma "audiência de custódia" da pessoa presa. Temos regras para que o juiz competente fique imediatamente ciente da prisão, mas falta previsão de apresentação imediata do preso, salvo no processo de habeas corpus, prevendo o art. 656, CPP, a faculdade do juiz determinar a apresentação do preso).*

***f)** toda pessoa privada da liberdade tem direito a recorrer a um juiz ou tribunal competente, a fim de que este decida, sem demora, sobre a legalidade de sua prisão ou detenção e ordene sua soltura, se a prisão ou a detenção forem ilegais. O recurso não pode ser restringido nem abolido e pode ser interposto pela própria pessoa ou por outra pessoa (o sistema recursal brasileiro assegura, na quase totalidade dos casos, essa possibilidade. No entanto, quando se trata de recursos contra decisões de tribunais, há mitigação, porque em regra, para insurgência contra decisão de tribunal se exige advogado, salvo no processo de habeas corpus. Ademais, das decisões do STF, em ações penais originárias, o direito recursal a instância superior fica prejudicado).*

***2)** O seu art. 8º estabelece as garantias judiciais, afirmando que:*

***a)** toda pessoa terá o direito de ser ouvida, com as devidas garantias e dentro de um prazo razoável, por um juiz ou Tribunal competente, independente e imparcial, estabelecido anteriormente por lei, na apuração de qualquer acusação penal formulada contra ela (essas regras estão também regradas no direito processual penal interno brasileiro, a exemplo da previsão do princípio da razoável duração do processo).*

***b)** toda pessoa acusada de um delito tem direito a que se presuma sua inocência, enquanto não for legalmente comprovada sua culpa (o estado de inocência gizado na Constituição vigora até o transito em julgado de sentença penal condenatória);*

***c)** durante o processo, toda pessoa tem direito, em plena igualdade, às seguintes garantias mínimas:*

c.1) direito do acusado de ser assistido gratuitamente por um tradutor ou intérprete, caso não compreenda ou não fale a língua do juízo ou tribunal (falta previsão mais específica sobre o ponto, embora tenhamos defensoria pública e, de certo modo, haja disposição no sentido de assegurar tradutor ou intérprete, bem como a assistência judiciária gratuita);

c.2) comunicação prévia e pormenorizada ao acusado da acusação formulada (as regras de citação da legislação processual penal pátria assegura, em boa medida, a ciência da imputação de forma prévia);

c.3) concessão ao acusado do tempo e dos meios necessários à preparação de sua defesa (as leis brasileiras preveem prazos, viabilizando essa regra);

c.4) direito do acusado de defender-se pessoalmente ou de ser assistido por um defensor de sua escolha e de comunicar-se, livremente e em particular, com seu defensor (poderíamos ter regras mais específicas, porém, o ordenamento nacional assegura defesa técnica e autodefesa, bem como a comunicação livre do acusado e de seu advogado, mediante regras que garantem prerrogativas funcionais aos advogados);

c.5) direito irrenunciável de ser assistido por um defensor proporcionado pelo Estado, remunerado ou não, segundo a legislação interna, se o acusado não se defender ele próprio, nem nomear defensor dentro do prazo estabelecido pela lei (atualmente essa regra é eficaz segundo o próprio Código de Processo Penal, a exemplo dos parágrafos do seu art. 396-A, garantindo o caráter irrenunciável da defesa técnica);

c.6) direito da defesa de inquirir as testemunhas presentes no Tribunal e de obter o comparecimento, como testemunhas ou peritos, de outras pessoas que possam lançar luz sobre os fatos (as leis processuais penais preveem a possibilidade de ser garantida condução coercitiva dessas pessoas, caso haja necessidade);

c.7) direito de não ser obrigada a depor contra si mesma, nem a confessar-se culpada (nosso sistema vem se adequando para garantir que ninguém seja obrigado a se autoincriminar. As regras que eventualmente violam o princípio do nemo tenetur se detegere vêm sendo objeto de controle de constitucionalidade ou de interpretação conforme a Constituição).

c.8) direito de recorrer da sentença a juiz ou tribunal superior (temos previsão de recursos, salvo quando mitigados pela natureza do órgão, como é o caso de julgados proferidos em ações originárias ajuizadas perante o STF);

***d)** A confissão do acusado só é válida se feita sem coação de nenhuma natureza (o art. 187, do CPP, assegura o direito ao silêncio, não permitindo que esta circunstância seja utilizada para desfavorecer o réu. A Lei nº 9.455/1997 pune a tortura);*

***e)** O acusado absolvido por sentença transitada em julgado não poderá ser submetido a novo processo pelos mesmos fatos (nosso sistema legislado atende razoavelmente essa regra. É o ne bis in idem – ninguém poderá ser processado duas vezes pelo mesmo fato. No entanto, na jurisprudência do STF e do STJ tem se verificado a admissão de um novo processo contra o agente quando, na segunda denúncia, é modificada a sua condição de autor para partícipe ou vice-versa. Para nós, há violação ao princípio em tela);*

***f)** processo penal deve ser público, salvo no que for necessário para preservar os interesses da justiça (a Constituição e nossas leis processuais penais asseguram tal regra. Pensamos que o fato do inquérito policial ser sigiloso não é violador da publicidade processual, já que não temos, na fase de investigação preliminar, um processo penal instaurado);*

***3)** o art. 25 da Convenção estatui regras de proteção judicial, preconizando, notadamente, que toda pessoa tem direito a um recurso simples e rápido ou a qualquer outro recurso efetivo, perante os juízes ou tribunais competentes, que a proteja contra atos que violem seus direitos fundamentais reconhecidos pela Constituição, pela lei ou pela presente Convenção, mesmo quando tal violação seja cometida por pessoas que estejam atuando no exercício de suas funções oficiais (o sistema processual penal brasileiro prevê ações autônomas de impugnação eficazes, notadamente o habeas corpus e o mandado de segurança).*

Capítulo XIX

Execução Penal

Sumário • 1. Considerações gerais: 1.1. Noção; 1.2. Natureza jurídica da execução penal; 1.3. Autonomia do processo executivo penal – 2. Requisitos da execução penal – 3. Objetivos da execução penal – 4. Princípios e garantias da execução penal: 4.1. Devido processo legal; 4.2. Juízo competente; 4.3. Individualização da pena; 4.4. Personalização da pena; 4.5. Legalidade e irretroatividade da lei; 4.6. Contraditório e ampla defesa; 4.7. Direito à prova; 4.8. Isonomia; 4.9. Direito a não autoincriminação; 4.10. Reeducação; 4.11. Duplo grau de jurisdição; 4.12. Humanização; 4.13. Cooperação comunitária; 4.14. Oficialidade; 4.15. Publicidade; 4.16. Aplicação ao preso provisório; 4.17. Motivação das decisões; 4.18. *Numerus clausus* – 5. Órgãos da execução penal – 6. Estabelecimentos para cumprimento de pena: 6.1. Definição do estabelecimento; 6.2. Penitenciária; 6.3. Colônia agrícola, industrial ou similar; 6.4. Casa do Albergado; 6.5. Centro de Observação; 6.6. Hospital de Custódia e Tratamento Psiquiátrico; 6.7. Cadeia pública; 6.8. Critérios para separação de presos provisórios e apenados; 6.9. Execução indireta de atividades acessórias (privatização ou terceirização no sistema prisional) – 7. Jurisdição e competência da execução penal – 8. Restrição de direitos na execução da pena: 8.1. Deveres; 8.2. Direitos; 8.3. Direitos políticos; 8.4. Visita; 8.5. Comunicação; 8.6. Assistência: 8.6.1. Assistência material; 8.6.2. Assistência à saúde; 8.6.3. Assistência jurídica; 8.6.4. Assistência educacional; 8.6.5. Assistência social; 8.6.6. Assistência religiosa; 8.6.7. Assistência ao egresso; 8.7. Trabalho; 8.8. Faltas disciplinares: 8.8.1. Espécies; 8.8.2. Apuração, defesa técnica e aplicação; 8.9. Regime Disciplinar Diferenciado; 8.10. Sanções; 8.11. Recompensas – 9. Intervenção do Ministério Público na execução penal – 10. Processo de execução penal: 10.1. Penas privativas de liberdade; 10.2. Penas restritivas de direito; 10.3. Pena de multa; 10.4. Medida de segurança; 10.5. Prisão albergue domiciliar; 10.6. Procedimento da execução penal: 10.6.1. Iniciativa; 10.6.2. Guia de execução penal; 10.6.3. Processamento; 10.7. Execução provisória da pena: 10.7.1. Execução provisória de pena privativa de liberdade e dissídio jurisprudencial; 10.7.2. Impossibilidade de execução provisória de pena restritiva de direitos; 10.8. Regressão de regime: 10.8.1. Regressão cautelar; 10.9. Progressão de regime: 10.9.1. Requisitos; 10.9.2. Progressão por salto; 10.10. Incidentes e conversões: 10.10.1. Doença mental superveniente; 10.10.2. Desvio e excesso de execução; 10.10.3. Anistia e indulto; 10.11. Remição; 10.12. Detração penal; 10.13. Autorizações de saída; 10.14. Livramento condicional; 10.15. Monitoração eletrônica; 10.16. Suspensão condicional da pena; 10.17. Meios de impugnação: 10.17.1. Recursos; 10.17.2. Ações autônomas de impugnação; 10.18. Extinção de punibilidade pelo cumprimento da pena – 11. Tecnologia aplicada à execução penal – Lei nº 12.714/2012 – 12. Quadro sinótico – 13. Súmulas aplicáveis: 13.1. STJ; 13.2. STF – 14. Informativos recentes: 14.1. STJ: 14.1.1. Saída temporária; 14.1.2. Detração penal; 14.1.3. Falta grave; 14.1.4. Trabalho externo; 14.1.5. Programas de recuperação; 14.1.6. Progressão de regime; 14.1.7. Regime de cumprimento de pena; 14.1.8. Remição; 14.1.9. Substituição da pena: 14.1.10. Outros temas; 14.2. STF: 14.2.1. Falta grave; 14.2.2. Execução provisória da pena; 14.2.3. Remição; 14.2.4. Regime de cumprimento da pena; 14.2.5. Progressão de regime; 14.2.6. Trabalho Externo; 14.2.7. Outros temas – 15. Questões de concursos públicos – 16. Gabarito anotado – 17. Questões discursivas com comentários

1. CONSIDERAÇÕES GERAIS

1.1. Noção

Execução penal é procedimento destinado à aplicação de pena ou de medida de segurança fixada por sentença. Em regra, a execução penal não prossegue como fase subsequente ao processo penal condenatório, mas como processo autônomo. Isso equivale a dizer que os autos são reproduzidos por cópia e, desse modo, formado novo volume com as peças imprescindíveis ao acompanhamento do cumprimento da pena e da concessão de benefícios, notadamente com a guia de execução penal inclusa.

Diferentemente do processo de conhecimento (condenatório), onde pode ser encontrada situação de litisconsórcio passivo (com vários acusados com narrativa de imputação em coautoria ou participação em uma mesma denúncia ou queixa), é constituído um processo de execução por acusado, para que assim seja atendido adequadamente o princípio da individualização da pena. Em outras palavras, será formado um caderno processual para o desenvolvimento do procedimento executório da pena para cada apenado, com tantos processos de execução para quantos apenados existirem no polo passivo do único processo de conhecimento.

No processo penal, a execução penal é um novo processo com caráter jurisdicional (porque se desenvolve perante autoridade judiciária e nele são proferidas decisões fundamentadas) e administrativo (eis que também implica uma série de providências tendentes a dar condições ao cumprimento da pena ou de medida de segurança em estabelecimento adequado), com o objetivo de efetivar as disposições de sentença ou de decisão criminal e oferecer condições para a integração social do condenado e do internado.

No entanto, a promessa de integração social do condenado, por meio da pena, e do internado, por intermédio da medida de segurança, é constatada como expectativa frustrada. É fato notório a raridade de êxitos na reintegração de pessoa submetida a controle criminal. A Criminologia, notadamente a de viés crítico[1], coloca luz nesse problema, evidenciando que, para além da culpabilidade afirmada judicialmente, no bojo processo condenatório, há uma co-culpabilidade social e estatal.

Nesse contexto, podemos entender, com Sérgio Salomão Shecaira, que a pena privativa de liberdade, cumprida sob as regras do processo de execução penal, "é forma mais extremada de controle penal"[2]. Do ponto de vista histórico, a "prisão" é criação Europeia, Ocidental, espraiada pela América. Seguindo as pegadas de Michel Foucault, pode-se afirmar que "a reclusão do Século XIX é uma combinação de controle moral e social nascido na Inglaterra e a instituição propriamente francesa e estatal da reclusão é um local, um edifício, uma instituição, em um espaço fechado"[3].

Além das funções da pena (preventivas e retributivas), tradicionalmente explicadas pela doutrina, nota-se, ainda com Shecaira, que, no plano da realidade, há pretensão de "utilizar a pena como meio de ordenar condutas dos cidadãos, além do mínimo essencial" e que "irremediavelmente levará à arbitrariedade e ao autoritarismo do regime"[4].

1.2. Natureza jurídica da execução penal

Existe debate em torno da natureza jurídica do processo de execução penal, se jurisdicional ou administrativa. Embora o juiz da execução penal pratique atos eminentemente

1. Ao lado do discurso tradicional (consensual), permeamos alguns elementos do discurso crítico (conflitual), notadamente neste capítulo, em razão da dogmática não ter logrado efetividade na seara dos direitos e das garantias fundamentais também asseguradas às pessoas submetidas à incidência da lei de execução penal. Por discurso crítico ou do conflito, devemos entender aquele relacionado ao pensamento crítico, que consiste na "tentativa de buscar outra direção ou outro referencial epistemológico que atenda à modernidade presente, pois os paradigmas de fundamentação (tanto ao nível das ciências humanas quanto da Teoria Geral do Direito) não acompanham as profundas transformações sociais e econômicas por que passam as modernas sociedades políticas industriais e pós-industriais" (WOLKMER, Antonio Carlos. *Introdução ao pensamento jurídico crítico*. 6. ed. São Paulo: Saraiva, 2008. p.87).
2. SHECAIRA, Sérgio Salomão. *Criminologia*. São Paulo: RT, 2004. p. 23.
3. FOUCAULT, Michel. *La verdad e las formas jurídicas*. Tradução: Enrique Lynch. México: Gedisa, 1978. p.126 (tradução livre).
4. SHECAIRA, Sérgio Salomão. *Criminologia*. São Paulo: RT, 2004. p.59.

administrativos, a exemplo da expedição de guia de execução penal e da emissão de ordens à direção do estabelecimento prisional, com o controle e a fiscalização do cumprimento da pena, também exerce jurisdição, consistente na prolação de atos jurisdicionais com cunho decisório, tais como decisões sobre progressão de regime, livramento condicional, saídas temporárias, regressão de regime, indulto, anistia e extinção de punibilidade.

Diante da natureza jurídica híbrida da execução penal, pensamos que o processo executivo criminal tem natureza preponderantemente jurisdicional e, secundariamente, administrativa, mercê do desenvolvimento de atividade não decisória em seu âmbito. Cabe anotar que a ideia tradicional de ser o processo executivo penal de índole administrativa, deve-se ao entendimento iluminista consistente em considerar autêntico julgamento só aquele decorrente da sentença de mérito (processo cognitivo condenatório), eis que nas demais decisões se entendia que o juiz não estava julgando. Esse posicionamento encontra-se ultrapassado, prevalecendo o entendimento de que o processo de execução penal tem natureza jurídica jurisdicional preponderante, conquanto tenha índole administrativa de forma residual.

Nosso entendimento encontra ressonância na doutrina majoritária, guardadas tênues diferenças de ênfases:

(1) Nucci averba que a natureza jurídica da execução penal "é, primordialmente, um processo de natureza jurisdicional, cuja finalidade é tornar efetiva a pretensão punitiva do Estado, envolvendo, ainda, atividade administrativa"[5];

(2) Ishida pontifica que no processo penal, a natureza do processo de execução é eclética, porquanto, "simultaneamente, o juiz das execuções, representando a soberania do Poder Judiciário, é acompanhado do Estado-Administração"[6];

(3) Gomes Lima e Peralles afirmam que "a natureza jurídica da execução penal é complexa, isto é, jurisdicional e administrativa"[7];

(4) Geder Gomes enfatiza que o processo de execução penal é "integralmente jurisdicionalizado", considerando que "a execução penal evoluiu da feição administrativa para a jurisdicional em conexão com a própria história da evolução da pena, dando lugar a uma mudança de postura, bem como a importantes consequências dela decorrentes"[8]; e

(5) Renato Marcão entende que "a execução penal é de natureza jurisdicional, não obstante a intensa atividade administrativa que a envolve"[9].

1.3. Autonomia do processo executivo penal

A autonomia da execução penal referida pela doutrina é predominantemente a didática. Essa conclusão é constatada na ilação de que "um ramo do Direito é autônomo quando ele possui legislação específica e autônoma disciplinando a matéria, quando ele é

5. NUCCI, Guilherme de Souza. *Manual de processo penal e execução penal*. 6. ed. São Paulo: RT, 2010. p. 988.
6. ISHIDA, Válter Kenji. *Processo penal*. 2. ed. São Paulo: Atlas, 2010. p. 357.
7. LIMA, Roberto Gomes; PERALLES, Ubiracyr. *Teoria e prática da execução penal*. Rio de Janeiro: Lúmen Júris, 2010. p. 2.
8. GOMES, Geder Luiz Rocha. O processo de execução penal e a questão recorrente acerca da sua natureza jurídica. In: *Leituras complementares de processo penal*. Rômulo Moreira (org.). Salvador: JusPODIVM, 2008. p. 247-248.
9. MARCÃO, Renato. *Curso de execução penal*. 8. ed. São Paulo: Saraiva, 2010. p. 32.

constitucionalizado e, finalmente, quando é disciplina regular nas Faculdades de Direito"[10]. Esse o sentido pontificado na Exposição de Motivos à Lei de Execução Penal, no seguinte trecho:

> 8. O tema relativo à instituição de lei específica para regular a execução penal vincula-se à autonomia científica da disciplina, que em razão de sua modernidade não possui designação definitiva. Tem-se usado a denominação Direito Penitenciário, à semelhança dos penalistas franceses, embora se restrinja essa expressão à problemática do cárcere. Outras, de sentido mais abrangente, foram propostas, como Direito Penal Executivo por Roberto Lyra (*As execuções penais no Brasil*. Rio de Janeiro, 1963, p. 13) e Direito Executivo Penal por Ítalo LUDER (El princípio de legalidad en la ejecución de la pena, *in Revista del Centro de Estudios Criminológicos*, Mendoza, 1968, p. 29 e ss.).
>
> 9. Em nosso entendimento pode-se denominar esse ramo Direito de Execução Penal, para abrangência do conjunto das normas jurídicas relativas à execução das penas e das medidas de segurança (cf. CALÓN, Cuello. *Derecho Penal*. Barcelona, 1971. v. II, tomo I, p. 773; DIAS, Jorge de Figueiredo. *Direito Processual Penal*. Coimbra, 1974. p. 37).
>
> 10. Vencida a crença histórica de que o direito regulador da execução é de índole predominantemente administrativa, deve-se reconhecer, em nome de sua própria autonomia, a impossibilidade de sua inteira submissão aos domínios do Direito Penal e do Direito Processual Penal.

Cabe anotar por fim que, sob o enforque dinâmico, o processo de execução penal é autônomo, não tendo relação de continuidade com o processo de conhecimento criminal (ação penal condenatória). Isso equivale dizer que a relação executiva penal é diversa daquela criminal condenatória. Na prática, depois de encerrado o processo penal condenatório, os autos são arquivados e, por cópia e com a emissão da guia de execução penal, são formados outros autos, onde será desenvolvido o procedimento executivo penal de forma individualizada. Para atender à individualização e à personalização da pena, para cada condenado haverá um processo de execução penal, com autos devidamente separados.

2. REQUISITOS DA EXECUÇÃO PENAL

Constitui requisito indispensável da execução penal – também denominado de pressuposto pela doutrina especializada[11] – a existência de título executivo judicial consistente em sentença criminal condenatória (que aplica pena privativa de liberdade ou restritiva de direitos) ou sentença absolutória imprópria (que impõe medida de segurança de tratamento ambulatorial ou de internação em hospital de custódia e tratamento psiquiátrico).

É de ver que também se sujeitam à execução, a sentença que homologa transação penal nos termos da Lei nº 9.099/1995, na senda do nosso entendimento de que se cuida de sentença com natureza jurídica predominantemente condenatória, não obstante entendimento majoritário em sentido contrário afirmando sua natureza eminentemente declaratória.

Ishida aviva que em certos casos, é exigida a capacidade do sujeito passivo (apenado), pelo que, na aplicação da pena, deve o executado ser imputável. Se advir doença mental

10. NUNES, Adeildo. *Da execução penal*. Rio de janeiro: Forense, 2009. p. 12.
11. MARCÃO, Renato. *Curso de execução penal*. 8. ed. São Paulo: Saraiva, 2010. p. 31.

superveniente, isto é, inimputabilidade no curso da execução (depois de prestada a jurisdição em sede de processo de conhecimento), será cabível converter a pena em medida de segurança. De outro ponto, a pena pecuniária passou a seguir "os mesmos parâmetros do processo civil, dependendo da solvibilidade do executado", sem possibilidade de conversão em pena privativa de liberdade pelos dias equivalentes, razão pela qual se insolvente o condenado, o processo ficará suspenso[12].

Quanto à doença mental superveniente, deve-se fazer uma distinção. Tratando-se de doença mental persistente, duradoura ou permanente, a solução é, de fato, a conversão da pena em medida de segurança, para que esta seja cumprida conforme suas regras, pelo tempo restante da pena fixada na sentença transitada em julgado[13], sem que haja possibilidade de retorno à situação anterior (execução penal, com cumprimento de pena em estabelecimento prisional). De outro lado, caso se cuide de doença transitória ou de transtorno psiquiátrico episódico, deve o apenado seguir para estabelecimento hospitalar penitenciário adequado até recobrar sua higidez mental, sem necessidade de substituição da pena por medida de segurança.

3. OBJETIVOS DA EXECUÇÃO PENAL

O objetivo geral da execução penal é o de efetivar as disposições da sentença ou decisão criminal.

Ao lado desse objetivo maior, somam-se os escopos específicos de proporcionar condições para a harmônica integração social do condenado e do internado, vale dizer, a reintegração do apenado ou do submetido à medida de segurança. Em acréscimo, "a natureza retributiva da pena não busca apenas a prevenção, mas também a humanização". Na senda da teoria eclética ou mista, a execução penal também visa "punir e humanizar"[14].

Como se infere, os objetivos da execução penal coincidem, em parte, com os objetivos da pena e da medida de segurança. É levando em conta essa nuance que Nucci assevera que "a pena tem caráter multifacetado, envolvendo, necessariamente, os aspectos retributivo e preventivo, este último nos prismas positivo geral e individual, bem como negativo geral e individual". De outro lado, a medida de segurança tem o fito de "prevenir o cometimento de novos delitos e garantir a cura do autor do fato havido como infração penal, quando constatada a sua inimputabilidade ou semi-imputabilidade"[15].

4. PRINCÍPIOS E GARANTIAS DA EXECUÇÃO PENAL

4.1. Devido processo legal

O processo de execução penal é permeado pela cláusula do devido processo legal. Os meios executivos na esfera criminal, que atinge mais proximamente o estado de liberdade do apenado, são delineados pela lei, não incidindo a liberdade de meios executivos, porém a legalidade da qual decorre o procedimento traçado pela legislação, o devido processo legal, para a validade da imposição da sanção penal estabelecida na sentença.

12. ISHIDA, Válter Kenji. *Processo penal*. 2. ed. São Paulo: Atlas, 2010. p. 357.
13. STJ – Sexta Turma – HC 44.972/SP, Rel. Ministro Paulo Gallotti, julgado em 09/02/2006, DJ 08/10/2007.
14. MARCÃO, Renato. *Curso de execução penal*. 8. ed. São Paulo: Saraiva, 2010. p. 31-32.
15. NUCCI, Guilherme de Souza. *Manual de processo penal e execução penal*. 6. ed. São Paulo: RT, 2010. p. 990-991.

O ***due process of law*** que incide no processo de execução penal decorre do enunciado do inciso LIV, do art. 5º, da Constituição do Brasil, que explicita que "ninguém será privado da liberdade ou de seus bens sem o devido processo legal", máxime em face da constatação de que a execução penal é procedimento de natureza "eminentemente jurisdicional (relativamente aos processos executivos ou incidentes da execução)"[16].

4.2. Juízo competente

Compete ao juiz indicado na lei de organização judiciária conduzir a execução penal. Na falta de previsão específica, tal competência será do juiz da sentença. Essa a dicção do art. 65, da Lei de Execução Penal, que estabelece como regra a competência do juiz indicado na respectiva lei de organização judiciária para prosseguir com o processo executivo, tal como pode ocorrer nas comarcas ou seções judiciárias de maior porte, com a especialização de varas de execução penal. Para as sedes menores, é comum a cumulação de competências em um único juiz, vale dizer, a competência para a execução penal será do juiz da sentença.

Pairam divergências sobre a competência do juízo para a execução das penas privativas de liberdade, com duas correntes principais conforme noticia Renato Marcão: **(1)** a primeira que "entende que o juízo competente para a execução é o juízo do local da condenação, ainda que o executado se encontre cumprindo pena em estabelecimento prisional localizado em outra comarca, sob outra jurisdição"; **(2)** a segunda que defende "o critério do local do recolhimento do preso. Para esta, juízo competente para a execução é aquele do local em que se encontra o estabelecimento prisional"[17]. Esta a corrente majoritária, que seguimos e que é a tendência contemporânea, inclusive em face da instalação de presídios federais.

Essa questão, de relevo, é tratada pelo enunciado nº 192, da súmula do STJ, que pontifica que compete à Justiça Estadual a execução de pena imposta a sentenciados pela Justiça Federal, quando recolhidos em estabelecimentos sujeitos a administração estadual. Seguindo essa orientação, reiterou, recentemente, o STJ, que "cabe à Justiça Estadual, ao conceder o benefício da prisão domiciliar ao apenado, tendo em vista a inexistência de vaga em estabelecimento prisional adequado ao regime estabelecido na sentença, prosseguir na execução da pena, inclusive para acompanhar o cumprimento das condições fixadas", embora a hipótese se refira à condenação da Justiça Federal, mercê de se cuidar de estabelecimento prisional estadual[18].

De outro giro, a competência do juízo de execução penal para fiscalizar os presídios não é exclusiva. Antes, tem o Ministério Público e a Defensoria Pública também o dever de visitar as penitenciárias e as cadeias públicas. Nesse sentido, decidiu o STJ que a competência de fiscalização dos estabelecimentos prisionais, atribuída aos juízes da execução, não exclui a possibilidade de atuação do ***Parquet***[19].

A definição do juízo competente em execução penal é matéria que tem casuística própria, explicitada no art. 66, da LEP, comentado adiante (item 7) e em decisões judiciais.

16. LIMA, Roberto Gomes; PERALLES, Ubiracyr. *Teoria e prática da execução penal*. Rio de Janeiro: Lúmen Júris, 2010. p. 45.
17. MARCÃO, Renato. *Curso de execução penal*. 8. ed. São Paulo: Saraiva, 2010. p. 91-92.
18. STJ – Terceira Seção – CC 109.299/MG, Rel. Min. Jorge Mussi – DJ 06/09/2010.
19. STJ – Quinta Turma – AgRg no REsp 853.788/SP – Rel. Min. Jorge Mussi – DJ 06/09/2010.

A aferição da competência para apreciar incidentes próprios da execução penal vai demandar interpretação desse dispositivo e da jurisprudência dominante sobre o tema.

A título de exemplo, a competência originária para apreciar o pedido de retroatividade da lei penal mais benéfica é do juiz das execuções, especialmente quando o novo diploma legal entra em vigor depois de já imposta e transitada em julgado a condenação, como, aliás, decorre do enunciado nº 611 da súmula do STF[20].

Também compete ao juiz das execuções penais decidir acerca da pretensão de que seja aplicada a causa de diminuição de pena, tal como a prevista no art. 33, § 4º, da Lei nº 11.343/06,[21] relativamente aos condenados com trânsito em julgado em data anterior a sua vigência, eis que "o art. 66, I, da Lei de Execução Penal é muito claro, atribuindo ao juiz da execução a competência para 'aplicar aos casos julgados lei posterior que de qualquer modo favorecer o condenado'"[22]. Com espeque em fundamento análogo, "eventual abatimento do período em que permaneceu o réu preso cautelarmente será operado pelo Juízo das Execuções, a quem compete, pelo art. 66, III, "c", da Lei nº 7.210/84, proferir decisão sobre detração penal"[23].

4.3. Individualização da pena

O princípio da individualização da pena é concretizado em três etapas: **(1)** na atividade legislativa que estabelece abstratamente os limites máximos e mínimos das penas cominadas aos crimes; **(2)** na atividade de aplicação da pena na sentença do juiz; e **(3)** na atividade executiva, que é o derradeiro momento de sua atuação, estágio este em que, no dizer de Xavier de Souza, "as consequências do delito materializam-se, ou seja, a advertência abstrata no comando secundário da norma penal se torna real, podendo ser sentida pelo condenado, que em regra deverá cumprir a pena (ou medida de segurança) fixada pelo juiz ou Tribunal na sentença penal condenatória definitiva"[24].

Para orientar a individualização da execução penal, os condenados são classificados, segundo os seus antecedentes e personalidade, classificação esta que é realizada por Comissão Técnica de Classificação, existente em cada estabelecimento e que tem o dever de elaborar o programa individualizador da pena privativa de liberdade adequada ao condenado ou preso provisório.

Tal Comissão é presidida pelo diretor e composta, no mínimo, por 2 (dois) chefes de serviço, 1 (um) psiquiatra, 1 (um) psicólogo e 1 (um) assistente social, quando se tratar de condenado à pena privativa de liberdade e, nos demais casos, atuará junto ao Juízo da Execução e é integrada por fiscais do serviço social.

Do princípio da individualização da pena decorre que a sanção penal deve ser individualizada no que toca a seu modo de cumprimento, levando em conta o caráter retributivo da pena e o seu objetivo ressocializador. Daí que, seguidamente à emissão de

20. STJ – Sexta Turma – HC 157.468/SP – Rel. Des. Conv. Haroldo Rodrigues – DJ 25/10/2010.
21. STJ – Sexta Turma – HC 154.333/SP – Rel. Min. Maria Thereza de Assis Moura – DJ 04/10/2010.
22. STJ – Sexta Turma – HC 120.444/RJ – Rel. Des. Conv. Celso Limongi – DJ 02/08/2010.
23. STJ – Sexta Turma – HC 169.072/SP – Rel. Min. Og Fernandes – DJ 01/07/2010.
24. SOUZA, Paulo S. Xavier de. *Individualização da pena: no estado democrático de direito*. Porto Alegre: Sergio Antonio Fabris, 2006. p. 249.

guia de execução penal, é realizado exame relacionado tanto aos antecedentes quanto à personalidade do apenado[25].

4.4. Personalização da pena

O princípio da personalização da pena ou da intranscendência[26] é norteado pela noção de que a pena não pode passar da pessoa do apenado, pelo que a obrigação de reparar o dano e a decretação do perdimento de bens podem ser, nos termos da lei, estendidas aos sucessores e contra eles executadas, até o limite do valor do patrimônio transferido, a teor do art. 5º, XLV, da Constituição do Brasil.

Sob outro prisma, a personalização da pena pode ser entendida em conjunto com o princípio da individualização da pena, especialmente quando a Lei de Execução Penal se refere à personalidade do agente (arts. 5º e 6º, LEP)[27], afirmando ser obrigatório exame criminológico para o condenado a pena privativa de liberdade em regime fechado, com o objetivo de se obter elementos necessários a uma adequada classificação e com vistas à individualização da execução, enquanto, para o apenado em regime aberto, é facultativa sua submissão a esse exame (art. 8º, LEP).

É de ver que, da mesma forma que o apenado em regime aberto, é facultada a realização do exame criminológico também ao apenado em regime semiaberto, para aquela finalidade de individualização da pena (parágrafo único, do art. 8º, LEP).

Para a obtenção de dados reveladores da personalidade, observando a ética profissional e tendo sempre presentes peças ou informações do processo, a Comissão Técnica de Classificação poderá: **(1)** entrevistar pessoas; **(2)** requisitar, de repartições ou estabelecimentos privados, dados e informações a respeito do condenado; e **(3)** realizar outras diligências e exames necessários.

4.5. Legalidade e irretroatividade da lei

O princípio da legalidade é garantia constitucional cujas raízes mais próximas se encontram nos fundamentos liberais do Iluminismo. Não só decorre do devido processo legal comentado acima, mas tem fonte autônoma no inciso II, do art. 5º, da Constituição da República, que reza que ninguém será obrigado a fazer ou deixar de fazer alguma coisa senão em virtude de lei. Essa lei referida pela Constituição é lei em sentido formal, a Lei nº 7.210/1984, que dispõe sobre a execução penal.

Como a execução penal é atividade que restringe garantia fundamental – o ***status libertatis*** –, ela é regulada de forma exauriente pelo legislador, não se admitindo, nessa esfera, meios executivos que não estejam expressamente previstos naquele diploma legal. Trata-se de característica do necessário garantismo penal que deve inspirar o sistema de aplicação de penas no direito brasileiro. Em outras palavras, não é permitida a liberdade dos meios de execução, mas que a execução penal se dê na forma legalmente estabelecida.

---

25. Nesse sentido: ISHIDA, Válter Kenji. *Processo penal*. 2. ed. São Paulo: Atlas, 2010, p. 359, citando Pedro Henrique Demercian e Jorge Assaf Maluly.
26. MARCÃO, Renato. *Curso de execução penal*. 8. ed. São Paulo: Saraiva, 2010. p. 35.
27. Nesse sentido: ISHIDA, Válter Kenji. *Processo penal*. 2. ed. São Paulo: Atlas, 2010. p. 359.

Decorre do princípio da legalidade a ideia de irretroatividade da lei. Para conferir efetividade à garantia da legalidade dos meios executivos, o sistema acresce a garantia da garantia, sufragando o entendimento que não há pena – em sentido amplo – (inclusive individualizada em sede de execução penal) sem lei anterior que a defina, ou seja, não há pena sem procedimento judicial previsto de forma estrita pela lei (***nulla poena sine judicio***).

O STF já reconheceu em reiterados julgados a incidência do princípio da irretroatividade da Lei no processo de execução penal, reconhecendo que quando se refere à aplicação (***rectius***: individualização), a lei que impõe prazos maiores para progressão de regime de pena de crimes hediondos é lei material mais severa. Deveras, o STF aludiu à Lei nº 11.464/2007, que estabeleceu a necessidade de cumprimento de 2/5 (réu primário) e de 3/5 (acusado reincidente) da pena aplicada para fins de progressão.

Daí que destacou que aquela lei só pode ser aplicada "a fatos praticados após a sua vigência. Quanto aos crimes hediondos cometidos antes da entrada em vigor da Lei nº 11.464/2007, a progressão de regime está condicionada ao preenchimento dos requisitos do art. 112 da LEP"[28], eis que antes do advento daquela lei foi admitida a progressão de regime para os condenados por crime hediondo a partir do cumprimento de 1/6 da pena, mercê do regime integralmente fechado previsto originalmente pela Lei nº 8.072/1990 ter sido considerado inconstitucional.

No mesmo sentido, pacificando o tema, o STJ editou o verbete sumular nº 471, com a seguinte redação: "Os condenados por crimes hediondos ou assemelhados cometidos antes da vigência da Lei nº 11.464/2007 sujeitam-se ao disposto no art. 112 da Lei nº 7.210/1984 (Lei de Execução Penal) para a progressão de regime prisional".

Quanto ao crime do art. 218-B, do Código Penal, com atual *nomen juris* de "favorecimento da prostituição ou de outra forma de exploração sexual de criança ou adolescente ou de vulnerável", necessário observar que passou a ser considerado hediondo com o advento da Lei nº 12.978/2014.

Desse modo, só em relação aos fatos cometidos após a sua vigência é que será aplicável as regras mais severas de progressão de regime, eis que antes não estava tal delito catalogado como delito hediondo (inciso VIII acrescido ao art. 1º, da Lei nº 8.072/1990).

Por outro lado, necessário atentar que a progressão de regime diferenciada para crimes hediondos e equiparados é aplicada ao delito de tráfico de drogas (infração penal equiparada a hedionda). O STF firmou o entendimento de que o tráfico de drogas com previsão legal de redução de pena não tem natureza equiparável à hedionda. A tipificação consignada no art. 33, § 4º, da Lei nº 11.343/2016 encerra privilégio de minoração da pena quando o agente é primário, de bons antecedentes, não se dedica a atividades criminosas e nem integra organização criminosa. Com efeito, soa logicamente incompatível tratar como delito hediondo aquele que a própria lei capitula política criminal redutora de pena (tráfico privilegiado). Na hipótese concreta, a Suprema Corte reformou decisão do STJ, que seguia orientação distinta. Ao cabo, o STJ cancelou a sua Súmula nº 512, que dispunha em sentido contrário[29].

---

28. STF – Primeira Turma – AI 757480 – Rel. Min. Ayres Britto – DJe 16/06/2011.
29. STF. Informativo nº 831, de junho de 2016 (HC 118533/MS – Pleno – Rel. Min. Cármen Lúcia – 23.6.2016)

4.6. Contraditório e ampla defesa

Como é ínsito a todo processo, especialmente aos processos judiciais, a execução penal é procedimento que garante o contraditório e a ampla defesa. A Constituição do Brasil estatui expressamente que aos litigantes em processo judicial ou administrativo serão assegurados o contraditório e a ampla defesa com os meios e recursos a ela inerentes (art. 5º, LV).

A ampla defesa é garantida ao apenado mediante a necessidade de defesa técnica. Isso não significa dizer que o juízo da execução penal desconsidere as manifestações do apenado sem a assistência de advogado, haja vista que o contato direto entre apenado, juiz e Ministério Público é bastante elucidativo para o esclarecimento de dúvidas no processo de execução penal, a exemplo de esclarecimentos sobre cumprimento de parte ainda não computada. Desse modo, o juiz da execução deve manter nos autos petições ou cartas subscritas pelo condenado, admitindo sua postulação leiga toda vez que signifique otimização do direito ao contraditório e à ampla defesa.

Todavia, quando se tratar de possibilidade de restrição de direito do apenado, tal como pode ocorrer com a instauração de procedimento administrativo para aplicação de sanção em virtude de cometimento de falta grave ou diante da possibilidade de suspensão de algum benefício ou de regressão de regime, a defesa técnica se impõe sob pena de nulidade. Se prevista a manifestação do defensor para fins de progressão de regime (art. 112, § 1º, LEP), com muito mais razão se impõe a existência de defesa técnica quando iniciado procedimento que limite direito do condenado ou do submetido à medida de segurança.

A defesa técnica é assegurada pela presença de defensor constituído, pela nomeação de defensor dativo ou pela existência de atuação de assessor jurídico de presídio em procedimento administrativo, em que pese o enunciado nº 5 da súmula vinculante do STF que preconiza que "a falta de defesa técnica por advogado no processo administrativo disciplinar não ofende a constituição"[30]. De todo modo, pensamos que a tendência, em sede de execução penal, é a de exigir defesa técnica quando possível a adoção de medida que agrave a situação do apenado, mesmo em se tratando de procedimento para apuração de falta disciplinar[31].

Nesse sentido, o STJ editou a Súmula 533, consolidando o entendimento de que "para o reconhecimento da prática de falta disciplinar no âmbito da execução penal, é imprescindível a instauração de procedimento administrativo pelo diretor do estabelecimento prisional, assegurado o direito de defesa, a ser realizado por advogado constituído ou defensor público nomeado". Note-se, portanto, que não basta a autodefesa, devendo ser garantida a defesa técnica, realizada por profissional habilitado.

4.7. Direito à prova

Os princípios gerais de direito probatório têm incidência integral no processo de execução penal, a exemplo da vedação de provas admitidas por meios ilícitos e do direito da parte de produzir prova, notadamente o condenado quando necessitar demonstrar

30. STJ – Quinta Turma – HC 146.326/RS – Rel. Min. Laurita Vaz – DJ 22/03/2010.
31. Nesse sentido: STJ – Quinta Turma – HC 103.450/SC – Rel. Min. Napoleão Nunes Maia Filho – DJ 27/04/2009.

o atendimento de requisitos objetivos e subjetivos para o deferimento de benefício por ele pleiteado.

4.8. Isonomia

Isonomia é vetor interpretativo geral do direito. Na execução penal tem aplicação com o fito de conferir tratamento igualitário aos apenados e aos submetidos à medida de segurança que estejam em idêntica condição. Ao impor a necessidade de individualização e de personalização da pena, o sistema assegura a isonomia, cuidando de aplicar distintamente a lei quando se verificar situações dessemelhantes, garantindo isonomia não somente formal, porém substancial.

O princípio isonômico é encontrado na Constituição da República, que estabelece, em seu art. 5º, I, a igualdade de todos perante a lei, sem distinções. Aliás, já no seu art. 3º, IV, a Lei Maior traça o objetivo fundamental de promover o bem de todos, sem preconceitos de origem, raça, sexo, cor, idade e quaisquer formas de discriminação.

Na Lei de Execução Penal, o parágrafo único, do seu art. 3º, preconiza que não haverá entre os condenados e os internados qualquer distinção de natureza racial, social, religiosa ou política. No *caput* desse dispositivo, é afirmada a garantia de todos os direitos que não sofram limitação pela lei ou pela sentença.

4.9. Direito a não autoincriminação

Elencado por Nucci como uma das garantias processuais penais mínimas do processo executivo, que leva em consideração que ao condenado e ao internado são asseguradas, na execução penal, todos os direitos que têm durante o processo de conhecimento[32].

O direito a não autoincriminação, corolário do direito ao silêncio sediado na Constituição do Brasil (art. 5º, LXIII), guarda pontos de contato com institutos que podem ser manejados quando já em curso a execução penal, tal como a revisão criminal (onde há dilação probatória e não é impossível a oitiva do condenado na sua instrução) e o procedimento administrativo para apuração de falta disciplinar (no âmbito do qual o apenado tem o direito de não narrar fato que o desfavoreça).

É a partir dessas premissas que devem ser lidas as alterações feitas na Lei de Execução Penal pela Lei nº 12.654/2012[33]. Alcunhado de "Lei do Perfil Genético", este diploma acresceu à LEP o art. 9º-A, estabelecendo a possibilidade de identificação **compulsória mediante a extração de DNA** do condenado a crime doloso cometido com violência ou grave ameaça ou a qualquer crime hediondo. Ainda que a lei preveja técnica adequada e indolor para a extração do ácido desoxirribonucleico, somos completamente refratários à obrigatoriedade deste procedimento.

Ressalte-se que os dados obtidos serão armazenados em banco de dados sigiloso, podendo ser acessado pela autoridade policial (federal ou estadual), desde que haja **(1)** requerimento ao juiz competente e **(2)** inquérito já instaurado (§§ 1º e 2º do art. 9º-A da LEP).

32. NUCCI, Guilherme de Souza. *Manual de processo penal e execução penal*. 6. ed. São Paulo: RT, 2010. p. 991.
33. Publicada em 28 de maio de 2012, a "Lei do Perfil Genético" tem previsão de *vacatio legis* de 180 (cento e oitenta) dias.

4.10. Reeducação

A lei de execução penal tem ideologia reeducativa. Sendo o processo de execução penal destinado precipuamente à aplicação de pena (não descurando de também servir à imposição de medida de segurança), os objetivos da sanção penal são concretizados com o seu desenvolvimento.

Essa observação é anotada por Adeildo Nunes, quando leva em consideração a discrepância entre o plano teórico e o pragmático, vale dizer, quando cotejados os dispositivos da Lei de Execução Penal com a prática do cumprimento da pena e com os efeitos do cárcere:

> Ocorre que é preciso distinguir finalidade da pena e objetivos da execução penal. São duas coisas completamente diferentes. Enquanto a pena tem o condão de prevenir, reprimir e reintegrar socialmente o condenado, a execução da pena tem a finalidade de efetivar o cumprimento da sentença penal condenatória e, também, de realizar a recuperação do condenado. Se a execução é de medida de segurança, sua finalidade é o tratamento médico psiquiátrico do interno, mas, há necessidade de também se efetivar a sentença absolutória imprópria que estabeleceu a medida.[34]

A função reeducativa da execução penal pode ser depreendida não só pela feição preventiva da pena (ao lado de seu fito retributivo, punitivo), mas também pela previsão de direito do preso e do submetido à medida de segurança à assistência educacional, social e religiosa, consoante prevê o art. 41, VII, da Lei de Execução Penal.

4.11. Duplo grau de jurisdição

É garantido o duplo grau de jurisdição no processo de execução, não por se tratar de princípio constitucional – haja vista que na verdade não o é-, mas porque a execução penal se desenvolve perante o juiz de primeiro grau ao qual cabe a administração do estabelecimento penal, cujos incidentes são por ele resolvidos por decisão fundamentada sujeita a agravo em execução, cabendo o seu julgamento ao órgão ***ad quem*** (Tribunal).

4.12. Humanização

A Lei de Execução Penal tem seus dispositivos inspirados pelo princípio da humanização, encontrando respaldo na Constituição da República de 1988, que tem como um de seus fundamentos a dignidade da pessoa humana. A preocupação do sistema brasileiro é o de prever penas que não violem esse fundamento. Tanto isso é exato que veda integralmente penas cruéis, de caráter perpétuo, de banimento e de trabalhos forçados, só admitindo a pena de morte nos casos previstos em lei e em situação de guerra declarada (art. 5º, XLVII).

Decorre do princípio da humanização da pena a sujeição legal do condenado a "direitos e deveres, que devem ser respeitados, sem que haja excesso de regalias, o que tornaria a punição desprovida da sua finalidade"[35].

Esses direitos e deveres previstos na Lei de Execução Penal e estudados adiante também encontram enlace na Constituição do Brasil, notadamente por garantir o respeito à

34. NUNES, Adeildo. *Da execução penal*. Rio de janeiro: Forense, 2009. p. 12.
35. MARCÃO, Renato. *Curso de execução penal*. 8. ed. São Paulo: Saraiva, 2010. p. 34.

integridade física e moral do preso (art. 5º, XLIX), pela previsão de que a pena deve ser cumprida em estabelecimentos diversos em compasso com a natureza do crime, idade e sexo do condenado (art. 5º, XLVIII) e por preconizar que as presas têm o direito a condições que assegurem a permanência de seus filhos com elas enquanto estiverem amamentando (art. 5º, I).

Como se depreende, a Constituição Federal alberga um modelo constitucional de processo, que se aplica não só ao direito penal e processual penal, mas também ao direito de execução penal[36].

4.13. Cooperação comunitária

É dever do Estado recorrer à cooperação da comunidade nas atividades de execução da pena e da medida de segurança. A Lei de Execução Penal é fundada em ideologia que tem a pretensão de obter a "integração da comunidade, através de organismos representativos, no acompanhamento das penas", acreditando que com isso se torna "maior a probabilidade de recuperação do condenado, até porque, quando findar a pena, possivelmente já terá apoio garantido para a sua reinserção social, mormente no mercado de trabalho"[37]. Daí a previsão de vários órgãos atuando em conjunto na execução penal, como se verá a seguir (item 5).

4.14. Oficialidade

A execução penal é conduzida por órgão estatal, pelo juiz das execuções, não sendo admissível que o particular presida seu procedimento. Quando pena alternativa é cumprida em entidade particular (pessoa jurídica com fins beneficentes, por exemplo), esse fato não implica abdicação da atividade jurisdicional executiva penal, mas tão somente de ato de cooperação previsto na própria legislação.

4.15. Publicidade

O processo de execução penal, como determina a Constituição do Brasil, em seu art. 93, IX, é público. Não há, em regra, motivo para determinar o sigilo dos atos praticados no feito executivo penal, ressalvada situação que envolva vítima de crimes contra a dignidade sexual ou contra direito de crianças e de adolescentes. Daí que se pode concluir que a publicidade só será restringida em hipóteses excepcionais.

4.16. Aplicação ao preso provisório

A Lei de Execução Penal se aplica: **(1)** ao preso definitivo, assim entendido aquele que foi condenado por sentença transitada em julgado, seja impondo pena restritiva de liberdade, seja infligindo pena restritiva de direito; **(2)** ao submetido à medida de segurança, isto é, ao acusado em processo penal que é encerrado por sentença absolutória imprópria (ocasionando internação ou tratamento ambulatorial); e **(3)** no que couber, ao preso provisório, que é o acusado com a liberdade cerceada de forma cautelar e cuja eventual sentença ainda não transitou em julgado.

36. NUCCI, Guilherme de Souza. *Manual de processo penal e execução penal*. 6. ed. São Paulo: RT, 2010. p. 990.
37. NUCCI, Guilherme de Souza. *Manual de processo penal e execução penal*. 6. ed. São Paulo: RT, 2010. p. 997.

Isso significa dizer que ao preso provisório são assegurados os mesmos direitos do preso definitivo, só não tendo aplicação os dispositivos que se dirigem exclusivamente ao preso definitivo ou ao submetido à medida de segurança. É a dicção do parágrafo único, do art. 2º, da Lei de Execução Penal, que expressamente assevera que ela se aplica "igualmente ao preso provisório e ao condenado pela Justiça Eleitoral ou Militar, quando recolhido a estabelecimento sujeito à jurisdição ordinária".

4.17. Motivação das decisões

Princípio constitucional estampado no art. 93, IX, da Constituição do Brasil, concluindo que os atos judiciais com conteúdo decisório no processo de execução penal devem ser fundamentados. Decerto, é dever do Poder Judiciário fundamentar todas as suas decisões, sob pena de nulidade, cânone este que também incide no feito executivo da Lei nº 7.210/1984.

4.18. *Numerus clausus*

O princípio em tela faz parte da tessitura que estrutura e concretiza a imposição de que a execução penal se adeque ao fundamento da dignidade humana. O princípio *numerus clausus* em sede de execução penal norteia a interpretação de que a política criminal deve traçar metas tendentes a limitar a superpopulação carcerária. Na doutrina de Rodrigo Roig, o princípio dos "números fechados" consiste em metas de redução de danos aos apenados, no curso do cumprimento de penas privativas de liberdade. Significa afirmar que, para cada entrada de um preso no sistema penitenciário, corresponda, pelo menos, a saída de um outro detento[38].

5. ÓRGÃOS DA EXECUÇÃO PENAL

Os órgãos da execução penal são: **(1)** o Conselho Nacional de Política Criminal e Penitenciária; **(2)** o Juízo da Execução; **(3)** o Ministério Público; **(4)** o Conselho Penitenciário; **(5)** os Departamentos Penitenciários; **(6)** o Patronato; **(7)** o Conselho da Comunidade; **(8)** a Defensoria Pública.

O **Conselho Nacional de Política Criminal e Penitenciária**, com sede na Capital da República, é subordinado ao Ministério da Justiça e é constituído por 13 (treze) membros designados através de ato do Ministério da Justiça, dentre professores e profissionais da área do Direito Penal, Processual Penal, Penitenciário e ciências correlatas, bem como por representantes da comunidade e dos Ministérios da área social, com mandato de 2 (dois) anos, renovado 1/3 (um terço) em cada ano, com as seguintes atribuições:

1) propor diretrizes da política criminal quanto à prevenção do delito, administração da Justiça Criminal e execução das penas e das medidas de segurança;

2) contribuir na elaboração de planos nacionais de desenvolvimento, sugerindo as metas e prioridades da política criminal e penitenciária;

38. ROIG, Rodrigo Duque Estrada. *Execução penal*: teoria crítica. São Paulo: Saraiva, 2014. p. 89-91.

3) promover a avaliação periódica do sistema criminal para a sua adequação às necessidades do País;

4) estimular e promover a pesquisa criminológica;

5) elaborar programa nacional penitenciário de formação e aperfeiçoamento do servidor;

6) estabelecer regras sobre a arquitetura e construção de estabelecimentos penais e casas de albergados;

7) estabelecer os critérios para a elaboração da estatística criminal;

8) inspecionar e fiscalizar os estabelecimentos penais, bem assim informar-se, mediante relatórios do Conselho Penitenciário, requisições, visitas ou outros meios, acerca do desenvolvimento da execução penal nos Estados, Territórios e Distrito Federal, propondo às autoridades dela incumbida as medidas necessárias ao seu aprimoramento;

9) representar ao Juiz da execução ou à autoridade administrativa para instauração de sindicância ou procedimento administrativo, em caso de violação das normas referentes à execução penal;

10) representar à autoridade competente para a interdição, no todo ou em parte, de estabelecimento penal.

O **Conselho Penitenciário** é órgão consultivo e fiscalizador da execução da pena e é integrado por membros nomeados pelo Governador do Estado, do Distrito Federal e dos Territórios, dentre professores e profissionais da área do Direito Penal, Processual Penal, Penitenciário e ciências correlatas, bem como por representantes da comunidade, com mandato de 4 (quatro) anos, com as seguintes atribuições:

1) emitir parecer sobre indulto e comutação de pena, excetuada a hipótese de pedido de indulto com base no estado de saúde do preso;

2) inspecionar os estabelecimentos e serviços penais;

3) apresentar, no 1º (primeiro) trimestre de cada ano, ao Conselho Nacional de Política Criminal e Penitenciária, relatório dos trabalhos efetuados no exercício anterior;

4) supervisionar os patronatos, bem como a assistência aos egressos.

O **Departamento Penitenciário Nacional**, subordinado ao Ministério da Justiça, é órgão executivo da Política Penitenciária Nacional e de apoio administrativo e financeiro do Conselho Nacional de Política Criminal e Penitenciária, com a incumbência de:

1) acompanhar a fiel aplicação das normas de execução penal em todo o Território Nacional;

2) inspecionar e fiscalizar periodicamente os estabelecimentos e serviços penais;

3) assistir tecnicamente as Unidades Federativas na implementação dos princípios e regras estabelecidos nesta Lei;

4) colaborar com as Unidades Federativas mediante convênios, na implantação de estabelecimentos e serviços penais;

5) colaborar com as Unidades Federativas para a realização de cursos de formação de pessoal penitenciário e de ensino profissionalizante do condenado e do internado;

6) estabelecer, mediante convênios com as unidades federativas, o cadastro nacional das vagas existentes em estabelecimentos locais destinadas ao cumprimento de penas privativas de liberdade aplicadas pela justiça de outra unidade federativa, em especial para presos sujeitos a regime disciplinar.

7) coordenar e supervisionar os estabelecimentos penais e de internamento federais.

O **Departamento Penitenciário Local** ou órgão similar poderá ser criado pela legislação local, com as atribuições por ela estatuídas, nos termos do art. 73, da Lei de Execução Penal, e tem por finalidade supervisionar e coordenar os estabelecimentos penais da Unidade da Federação a que pertencer.

A **Direção do Estabelecimento Penal** é constituída pelo cargo de diretor que deverá residir no estabelecimento, ou nas suas proximidades, com dedicação de tempo integral à sua função, satisfazendo os seguintes requisitos:

1) ser portador de diploma de nível superior de Direito, ou Psicologia, ou Ciências Sociais, ou Pedagogia, ou Serviços Sociais;

2) possuir experiência administrativa na área;

3) ter idoneidade moral e reconhecida aptidão para o desempenho da função.

O **Quadro do Pessoal Penitenciário** deve ser organizado em diferentes categorias funcionais, segundo as necessidades do serviço, com especificação de atribuições relativas às funções de direção, chefia e assessoramento do estabelecimento e às demais funções. A escolha do pessoal administrativo, especializado, de instrução técnica e de vigilância atenderá a vocação, preparação profissional e antecedentes pessoais do candidato. Serão exigidos cursos específicos de formação, com reciclagem periódica dos servidores em exercício, tanto para o ingresso do pessoal penitenciário, quanto para a progressão ou a ascensão funcional. Caso se trate de estabelecimento para mulheres, apenas será permitido o trabalho de pessoal do sexo feminino, salvo quando se tratar de pessoal técnico especializado.

O **Patronato público ou particular** destina-se a prestar assistência aos albergados e aos egressos, incumbindo-lhe:

1) orientar os condenados à pena restritiva de direitos;

2) fiscalizar o cumprimento das penas de prestação de serviço à comunidade e de limitação de fim de semana;

3) colaborar na fiscalização do cumprimento das condições da suspensão e do livramento condicional.

O **Conselho da Comunidade**, que deve existir em cada comarca, será composto, no mínimo, por 1 (um) representante de associação comercial ou industrial, 1 (um) advogado indicado pela Seção da Ordem dos Advogados do Brasil, 1 (um) Defensor Público indicado pelo Defensor Público Geral e 1 (um) assistente social escolhido pela Delegacia Seccional do Conselho Nacional de Assistentes Sociais. Caso falte membro para completar essa representação, ficará a critério do Juiz da execução a escolha dos integrantes do Conselho. As atribuições do Conselho são:

1) visitar, pelo menos mensalmente, os estabelecimentos penais existentes na comarca;

2) entrevistar presos;

3) apresentar relatórios mensais ao Juiz da execução e ao Conselho Penitenciário;

4) diligenciar a obtenção de recursos materiais e humanos para melhor assistência ao preso ou internado, em harmonia com a direção do estabelecimento.

A **Defensoria Pública** velará pela regular execução da pena e da medida de segurança, oficiando, no processo executivo e nos incidentes da execução, para a defesa dos necessitados em todos os graus e instâncias, de forma individual e coletiva, incumbindo-lhe ainda:

1) requerer: **(a)** todas as providências necessárias ao desenvolvimento do processo executivo; **(b)** a aplicação aos casos julgados de lei posterior que de qualquer modo favorecer o condenado; **(c)** a declaração de extinção da punibilidade; **(d)** a unificação de penas; **(e)** a detração e remição da pena; **(f)** a instauração dos incidentes de excesso ou desvio de execução; **(g)** a aplicação de medida de segurança e sua revogação, bem como a substituição da pena por medida de segurança; **(h)** a conversão de penas, a progressão nos regimes, a suspensão condicional da pena, o livramento condicional, a comutação de pena e o indulto; **(i)** a autorização de saídas temporárias; **(j)** a internação, a desinternação e o restabelecimento da situação anterior; **(k)** o cumprimento de pena ou medida de segurança em outra comarca; **(l)** a remoção do condenado na hipótese prevista no § 1º do art. 86 desta Lei;

2) requerer a emissão anual do atestado de pena a cumprir;

3) interpor recursos de decisões proferidas pela autoridade judiciária ou administrativa durante a execução;

4) representar ao Juiz da execução ou à autoridade administrativa para instauração de sindicância ou procedimento administrativo em caso de violação das normas referentes à execução penal;

5) visitar os estabelecimentos penais, tomando providências para o adequado funcionamento, e requerer, quando for o caso, a apuração de responsabilidade;

6) requerer à autoridade competente a interdição, no todo ou em parte, de estabelecimento penal.

É dever do órgão da Defensoria Pública visitar periodicamente os estabelecimentos penais, registrando a sua presença em livro próprio.

6. ESTABELECIMENTOS PARA CUMPRIMENTO DE PENA

6.1. Definição do estabelecimento

Os estabelecimentos penais destinam-se ao condenado, ao submetido à medida de segurança, ao preso provisório e ao egresso, devendo ser respeitada a condição pessoal da mulher e do maior de sessenta anos, pelo que serão, separadamente, recolhidos a estabelecimento próprio e adequado, sem prejuízo do mesmo conjunto arquitetônico poder abrigar estabelecimentos de destinação diversa desde que devidamente isolados.

O estabelecimento penal, conforme a sua natureza, deverá contar em suas dependências com áreas e serviços destinados a dar assistência, educação, trabalho, recreação e prática esportiva, com instalação destinada a estágio de estudantes universitários. Serão instaladas salas de aulas destinadas a cursos do ensino básico e profissionalizante e haverá instalação destinada à Defensoria Pública.

Quando se cuidar de estabelecimento penal destinado a mulheres, será ele dotado de berçário, onde as condenadas possam cuidar de seus filhos, inclusive amamentá-los, no mínimo, até 6 (seis) meses de idade. Estabelecimentos dessa espécie deverão possuir, exclusivamente, agentes do sexo feminino na segurança de suas dependências internas. Ressalte-se, ademais, que a Lei complementar 153/2015 inseriu uma nova situação em que devem ser aplicados os recursos do FUNPEN (Fundo Penitenciário Nacional), incluindo ao art. 3º da Lei Complementar 79/1994 o inciso XV, autorizando a aplicação dos referidos recursos para a implantação e manutenção de berçário, creche e seção destinada à gestante e à parturiente nos estabelecimentos penais, nos termos do § 2º do art. 83 e do art. 89 da Lei de Execução Penal.

A Lei Complementar nº 79/1994 tornou a ser modificada pelo legislador, desta vez por meio de lei ordinária – Lei nº 13.500/2017, fundada na competência concorrente da União (art. 24, I, CF). Como a matéria disposta não é reservada à lei complementar, as modificações não padecem de inconstitucionalidade formal. Os novos enunciados estabelecem critérios de repasses, dispondo sobre a transferência de recursos financeiros do Fundo Penitenciário Nacional.

O preso provisório ficará separado do condenado por sentença transitada em julgado. Por sua vez, o preso primário cumprirá pena em seção distinta daquela reservada para os reincidentes, enquanto que o preso que, ao tempo do fato, era funcionário da Administração da Justiça Criminal ficará em dependência separada.

O estabelecimento penal deverá ter lotação compatível com a sua estrutura e finalidade e o limite máximo de sua capacidade será definido pelo Conselho Nacional de Política Criminal e Penitenciária, atendendo a sua natureza e peculiaridades. O estabelecimento penal (penitenciária ou cadeia pública) poderá excepcionalmente ser utilizado para o segregamento de preso civil, notadamente quando faltar estabelecimento adequado, hipótese que autoriza o cumprimento da prisão civil (devedor de pensão alimentícia) e da prisão administrativa (a exemplo do estrangeiro em situação irregular e submetido a procedimento de deportação) em seção especial da Cadeia Pública, a teor do art. 201, da Lei nº 7.210/1984.

A regra é a de que a pena privativa de liberdade seja executada pelo mesmo juízo que aplicou a sanção por sentença condenatória transitada em julgado. No entanto, as penas privativas de liberdade aplicadas pela Justiça de uma Unidade Federativa podem ser executadas em outra unidade, em estabelecimento local ou da União.

Essa ideia vem reforçada pela possibilidade que tem a União Federal de construir estabelecimento penal em local distante da condenação para recolher os condenados, quando a medida se justifique no interesse da segurança pública ou do próprio condenado.

No entanto, embora a penitenciária destinada ao cumprimento de pena de homens deva ser construída em local afastado do centro urbano, tal distância não deve restringir a visitação.

A transferência do apenado de uma unidade prisional a outra não pode ser arbitrária. A Segunda Turma do STF, verificando manifesta ilegalidade na transferência de detento para outra unidade federativa, concedeu, por maioria, *habeas corpus* para determinar o retorno de preso preventivo a estabelecimento penal no juízo de origem, diante da manifesta ilegalidade de sua transferência para presídio em outra unidade da federação. No caso a mudança foi determinada com fundamento em supostas regalias que o paciente teria recebido no ambiente carcerário, em atendimento a requisição do Ministério Público Federal. Para o Colegiado, no entanto, inviável a remoção de apenado para outro Estado com fundamento em suposto tratamento privilegiado. Apenas razões excepcionalíssimas e devidamente fundamentadas poderiam legitimar essa medida. Vale frisar que o art. 5º, LXIII, da Constituição Federal assegura o direito do preso à assistência da família, bem como o art. 103 da Lei de Execução Penal prevê que o recolhimento deve ocorrer "em local próximo ao seu meio social e familiar"[39].

Consoante a natureza do estabelecimento, nele poderão trabalhar os liberados ou egressos que se dediquem a obras públicas ou ao aproveitamento de terras ociosas, cabendo ao juiz competente, a requerimento da autoridade administrativa definir o estabelecimento prisional adequado para abrigar o preso provisório ou condenado, em atenção ao regime e aos requisitos estabelecidos.

6.2. Penitenciária

Penitenciária é estabelecimento penal destinado ao condenado à pena de reclusão, em regime fechado. É também chamado **presídio** e tem por finalidade acomodar o apenado (preso definitivo, via de regra) para fins de cumprimento de pena privativa de liberdade.

Em razão da Lei nº 10.792/2003, que instituiu o regime disciplinar diferenciado (art. 52 e ss., LEP), a União Federal, os Estados, o Distrito Federal e os Territórios poderão construir Penitenciárias destinadas, exclusivamente, aos presos provisórios e condenados que estejam em regime fechado, sujeitos àquele regime.

Nos termos da Lei de Execução Penal, o condenado deverá ser alojado em cela individual que conterá dormitório, aparelho sanitário e lavatório, com requisitos básicos da unidade celular, quais sejam: **(1)** salubridade do ambiente pela concorrência dos fatores de aeração, insolação e condicionamento térmico adequado à existência humana; e **(2)** área mínima de 6,00m² (seis metros quadrados).

Quando se tratar de penitenciária de mulheres, além desses requisitos, será ela dotada de seção para gestante e parturiente e de creche para abrigar crianças maiores de 6 (seis) meses e menores de 7 (sete) anos, com a finalidade de assistir a criança desamparada cuja responsável estiver presa. Por sua vez, a seção e a creche terão os seguintes requisitos básicos: **(1)** atendimento por pessoal qualificado, de acordo com as diretrizes adotadas pela

39. STF – Segunda Turma – HC 152.720/DF, rel. Min. Gilmar Mendes, julgamento em 10.4.2018 – Informativo nº 897, de 9 a 13 de abril de 2018, verbete "Regalias e transferência para outra unidade da federação"

legislação educacional e em unidades autônomas; e (2) horário de funcionamento que garanta a melhor assistência à criança e à sua responsável.

6.3. Colônia agrícola, industrial ou similar

A Colônia Agrícola, Industrial ou Similar destina-se ao cumprimento da pena em regime semiaberto, hipótese em que o condenado poderá ser alojado em compartimento coletivo, observado o requisito básico previsto para o condenado recolhido em penitenciária consistente na salubridade do ambiente pela concorrência dos fatores de aeração, insolação e condicionamento térmico adequado à existência humana, bem como os seguintes alusivos às dependências coletivas: (1) a seleção adequada dos presos; e (2) o limite de capacidade máxima que atenda os objetivos de individualização da pena.

Cabe lembrar que a Lei nº 6.001/1973, que dispõe sobre o Estatuto do índio prevê, no parágrafo único do seu art. 56, que as penas de reclusão e de detenção deverão ser "cumpridas, se possível, em regime especial de semiliberdade, no local de funcionamento do órgão federal de assistência aos índios mais próximos da habitação do condenado". O dispositivo tem inserido, lamentavelmente, em seu corpo a cláusula "se possível".

A propósito, Edson Damas da Silveira anunciou pesquisa empírica a esse respeito, com entrevistas às autoridades do Estado de Roraima, com competência para fiscalizar a "efetividade dos direitos humanos fundamentais dentro do cárcere, principalmente aqueles que dizem respeito ao direito do indígena brasileiro cumprir pena em regime especial de semiliberdade, na forma descrita no supradito Estatuto[40].

6.4. Casa do Albergado

A Casa do Albergado destina-se ao cumprimento de pena privativa de liberdade, em regime aberto, e da pena de limitação de fim de semana. Neste caso, o prédio respectivo deverá situar-se em centro urbano, separado dos demais estabelecimentos, e caracterizar-se pela ausência de obstáculos físicos contra a fuga.

O art. 95 da Lei de Execução Penal reza que em cada região haverá, pelo menos, uma Casa do Albergado, a qual deverá conter, além dos aposentos para acomodar os presos, local adequado para cursos e palestras, devendo o estabelecimento conter instalações para os serviços de fiscalização e orientação dos condenados.

Entretanto, o que se vê na prática é a omissão do Estado no cumprimento desse mister, verificando-se que em muitas regiões do país inexiste a referida Casa do Albergado. Em face dessa realidade, pondera Renato Marcão que é necessário considerar que

> a pena em regime aberto, ou de limitação de fim de semana, podem ser cumpridas em ala distinta de prédio destinado ao cumprimento de pena em regime fechado ou semiaberto, desde que não seja possível e/ou permitido o

40. SILVEIRA, Edson Damas. Direitos humanos, jusdiversidade indígena e a prova no processo penal brasileiro. In: *Prova penal*: estado democrático de direito. Florianópolis: Empório do Direito, 2015. p.100.

> contato entre os presos desses regimes e aqueles submetidos à modalidade aberta ou à limitação de fim de semana.[41]

Inexistindo Casa de Albergado, bem como a referida ala distinta em estabelecimento prisional, existem duas posições a respeito do cumprimento da pena em prisão albergue domiciliar:

(1) a primeira, sufragada pelo STJ e que é a nossa posição, entende possível a concessão de prisão albergue domiciliar fora das hipóteses do art. 117, da Lei de Execução Penal, sob pena de constrangimento ilegal, eis que é vedado o recolhimento de apenado em regime mais gravoso que o estabelecido na sentença[42]. Enfrentando a questão, a Terceira Seção, da Corte Superior, considerando o teor da Súmula Vinculante nº 56[43], do STF, afirmou ser imprescindível o exaurimento das possibilidades estabelecidas no julgamento do RE 641.320/RS, quais sejam: (i) a saída antecipada de outro sentenciado no regime com falta de vagas, abrindo-se, assim, vagas para os reeducandos que acabaram de progredir; (ii) a liberdade eletronicamente monitorada ao sentenciado que sai antecipadamente ou é posto em prisão domiciliar por falta de vagas; e (iii) o cumprimento de penas restritivas de direitos e/ou estudo aos sentenciados em regime aberto"[44]; e

(2) a segunda, seguida pelo STF, entende não ser admitido o deferimento de prisão albergue domiciliar sem previsão no referido art. 117, da Lei nº 7.210/1984, mesmo ausente estabelecimento adequado para o cumprimento da pena em regime aberto[45]. No entanto, o STF, sem autorizar expressamente a prisão domiciliar, tem entendido que, diante da falta de estabelecimento para o cumprimento do regime fixado na sentença, seja deferido ao apenado regime menos gravoso:

> 1. O regime consignado no Título Executivo Judicial para o cumprimento da pena é o semiaberto. A falta de local adequado não tem o condão de admitir o regime mais gravoso para o seu cumprimento. 2. Ordem concedida para assegurar ao paciente que cumpra a sua pena no regime fixado pelo título, não podendo esse regime ser mais gravoso.[46]

Como se depreende, reiterando jurisprudência assentada, inclusive, em sede de repercussão geral de recurso extraordinário, o referido Supremo Tribunal Federal editou o enunciado nº 56, de sua Súmula Vinculante. Fixou o entendimento de que "a falta de vagas em estabelecimento prisional não autoriza a manutenção do preso em regime mais gravoso, devendo-se observar, nessa hipótese, os parâmetros do Recurso Extraordinário 641.320".

41. MARCÃO, Renato. *Curso de execução penal*. 8. ed. São Paulo: Saraiva, 2010. p. 141.
42. STJ – Quinta Turma – HC 201000239533 – Rel. Min. Napoleão Nunes Maia Filho – DJ 21/06/2010.
43. Súmula Vinculante nº 56 – STF: "a inexistência de estabelecimento penal adequado ao regime prisional determinado para o cumprimento da pena não autoriza a concessão imediata do benefício da prisão domiciliar".
44. STJ – Terceira Seção – REsp 1.710.674-MG, Rel. Min. Reynaldo Soares da Fonseca, por maioria, julgado em 22/08/2018, DJe 03/09/2018 – Tema 993.
45. STF – Primeira Turma – HC 71590 – Rel. Min. Celso de Mello – DJ 23/08/1994.
46. STF – Primeira Turma – HC 94829 – Rel. Min. Cármen Lúcia, Rel. p/ Acórdão Min. Menezes Direito – DJe 18/12/2008.

6.5. Centro de Observação

Centro de Observação é o local destinado à realização dos exames gerais e do criminológico, cujos resultados serão encaminhados à Comissão Técnica de Classificação. Nesse Centro poderão, ainda, ser realizadas pesquisas criminológicas, sendo instalado em unidade autônoma ou em anexo a estabelecimento penal. Na falta do Centro de Observação, os exames poderão ser realizados pela Comissão Técnica de Classificação.

6.6. Hospital de Custódia e Tratamento Psiquiátrico

O Hospital de Custódia e Tratamento Psiquiátrico é estabelecimento penal destinado aos inimputáveis e semi-imputáveis, aplicando-se a ele, no que couber, as disposições referentes aos requisitos básicos necessários a assegurar o cumprimento da medida de segurança de maneira a garantir a efetividade do princípio da dignidade humana.

Para os internados, são obrigatórios o exame psiquiátrico e os demais exames necessários ao tratamento, valendo sublinhar que o tratamento ambulatorial que se fizer necessário também será realizado no Hospital de Custódia e Tratamento Psiquiátrico ou em outro local com dependência médica adequada.

6.7. Cadeia pública

A cadeia pública destina-se ao recolhimento de presos provisórios. No seu art. 103, a Lei de Execução Penal enfatiza que cada comarca terá, pelo menos 1 (uma) cadeia pública a fim de resguardar o interesse da Administração da Justiça Criminal e a permanência do preso em local próximo ao seu meio social e familiar, estabelecimento este que deve ser instalado próximo de centro urbano, observando-se na construção as exigências mínimas referidas à penitenciária. Também esse ditame da Lei encontra-se, em boa medida, desatendido pelo Estado.

6.8. Critérios para separação de presos provisórios e apenados

Os parágrafos do art. 84, da Lei de Execução Penal, sofreram modificação pela Lei nº 13.167/2015, estabelecendo critérios mais específicos para a separação de presos, não se limitando a distinguir o local de cumprimento consoante a reincidência ou a primariedade do apenado, nem apenas porque o preso se inclui na classe do funcionário da justiça criminal (hipótese do § 2º, do mesmo dispositivo legal).

De acordo com o novo § 1º, daquele enunciado, os presos provisórios devem ficar separados, consoante sejam: (1) acusados pela prática de crimes hediondos ou equiparados; (2) acusados pela prática de crimes cometidos com violência ou grave ameaça à pessoa; e (3) acusados pela prática de outros crimes ou contravenções diversos dos dois primeiros.

Quanto aos “presos condenados”, pensamos que os casos insertos no § 3º exigem o trânsito em julgado, porquanto a ausência dessa qualidade à condenação inclui o preso na categoria de detento provisório.

Com essa advertência, os critérios para a separação de presos condenados (definitivamente) devem ser os de: (1) condenados pela prática de crimes hediondos ou equiparados;

(2) reincidentes condenados pela prática de crimes cometidos com violência ou grave ameaça à pessoa; (3) primários condenados pela prática de crimes cometidos com violência ou grave ameaça à pessoa; e (4) demais condenados pela prática de outros crimes ou contravenções em situação diversa das três primeiras.

Ademais, o § 4º, do citado art. 84, da LEP, reza que "o preso que tiver sua integridade física, moral ou psicológica ameaçada pela convivência com os demais presos ficará segregado em local próprio". Tal enunciado visa fazer cessar a situação alarmante de violência perpetrada não só pelo Estado contra os apenados (pela falta ou deficiência de condições mínimas para outorgar às pessoas presas o direito à dignidade humana), mas também a violência cometida pelos apenados entre si.

6.9. Execução indireta de atividades acessórias (privatização ou terceirização no sistema prisional)

A partir do advento da Lei nº 13.190/2015, passou-se a admitir a terceirização de serviços não tipicamente públicos no âmbito do sistema prisional. O art. 83-A, caput, da LEP, usa a expressão "execução indireta", mencionando a possibilidade de outorga de "atividades materiais acessórias, instrumentais ou complementares desenvolvidas em estabelecimentos penais".

Realçando o caráter exemplificativo dos serviços passíveis de delegação, o dispositivo aviva que podem ser objeto de terceirização, "notadamente": (1) serviços de conservação, limpeza, informática, copeiragem, portaria, recepção, reprografia, telecomunicações, lavanderia e manutenção de prédios, instalações e equipamentos internos e externos; e (2) serviços relacionados à execução de trabalho pelo preso.

Entendemos ser preocupante a terceirização de serviços na área de estabelecimentos penais, mormente quando se vê que o legislador arrolou, em numerus apertus (rol exemplificativo), as hipóteses de "execução indireta de serviços". Pensamos que a alteração legislativa se apresenta como conivente com o estado de coisas inconstitucional que grassa no interior dos nossos presídios.

Ademais, os serviços ali desenvolvidos, embora possam ser classificados como privados quando visualizados fora da penitenciária, não devem ostentar essa classificação quando prestados no interior de um sistema tão sensível quanto o prisional. Ao invés de se investir no respeito às condições mínimas dos presídios, com estruturação dos serviços envolvidos, de forma pública, opta-se por permitir diminuição da estrutura material e pessoal pública, em favor da inserção de pessoas privadas na seara da prestação de serviços. A nosso ver, o princípio da dignidade da pessoa humana foi e continua sendo ofendido com a permissão desse nível de terceirização (aberto e com possibilidade de prejudicar atividades essenciais do sistema prisional).

De forma contrária ao art. 83-A, no art. 83-B, da LEP, o legislador vedou a delegação a terceiros dos serviços que inseriu no núcleo mínimo a ser prestado exclusivamente pelo Estado no espaço do sistema penitenciário. Também aqui arrolou, de forma exemplificativa, os serviços que não podem ser objeto de delegação (execução indireta ou terceirização).

7. JURISDIÇÃO E COMPETÊNCIA DA EXECUÇÃO PENAL

A jurisdição em sede de execução penal será exercida pelos juízes ou tribunais com competência criminal ordinária em todo o Território Nacional, nos termos da Lei de Execução Penal e do Código de Processo Penal, cabendo destacar que a Lei de Execução Penal tem aplicação tanto ao preso provisório quanto ao condenado pela Justiça Eleitoral ou Militar, quando recolhido a estabelecimento sujeito à jurisdição ordinária.

O art. 62, do Código Penal Militar, a propósito, dispõe que o civil deve cumprir "a pena aplicada pela Justiça Militar, em estabelecimento prisional civil, ficando ele sujeito ao regime conforme a legislação penal comum, de cujos benefícios e concessões, também, poderá gozar". O civil pode ser o militar licenciado das forças armadas ou ex-militar estadual ou o civil (processado apenas na Justiça Militar da União), condenado por crime militar ou submetido à medida de segurança.

A Terceira Seção do STJ – examinando execução de medida de segurança imposta a marinheiro que veio a ser licenciado do serviço ativo (excluído dos quadros das forças armadas), com a cessação do liame com a Justiça Militar – entendeu que a medida de segurança deveria ser executada pela Justiça Estadual. Consoante o julgado, a execução da medida imposta deve ocorrer "em estabelecimento estadual, ante a inexistência de estabelecimentos penais federais próprios para essa finalidade". Como previsto no enunciado da Súmula 192, dessa Corte Superior, "compete ao Juízo das Execuções Penais do Estado a execução das penas impostas a sentenciados pela Justiça Federal, Militar ou Eleitoral, quando recolhidos a estabelecimentos sujeitos a administração estadual"[47].

Ao juiz da execução compete:

- aplicar aos casos julgados lei posterior que de qualquer modo favorecer o condenado;
- declarar extinta a punibilidade;
- decidir sobre: a) soma ou unificação de penas; b) progressão ou regressão nos regimes; c) detração e remição da pena; d) suspensão condicional da pena; e) livramento condicional; f) incidentes da execução;
- autorizar saídas temporárias;
- determinar: a) a forma de cumprimento da pena restritiva de direitos e fiscalizar sua execução; b) a conversão da pena restritiva de direitos e de multa em privativa de liberdade; c) a conversão da pena privativa de liberdade em restritiva de direitos; d) a aplicação da medida de segurança, bem como a substituição da pena por medida de segurança; e) a revogação da medida de segurança; f) a desinternação e o restabelecimento da situação anterior; g) o cumprimento de pena ou medida de segurança em outra comarca; h) a remoção do condenado na hipótese prevista no § 1º, do artigo 86, desta Lei;
- zelar pelo correto cumprimento da pena e da medida de segurança;
- inspecionar, mensalmente, os estabelecimentos penais, tomando providências para o adequado funcionamento e promovendo, quando for o caso, a apuração de responsabilidade;

47. STJ – Terceira Seção – CC 149.442-RJ, Rel. Min. Joel Ilan Paciornik, por unanimidade, julgado em 09/05/2018, DJe 17/05/2018 – Informativo nº 626, de 15 de junho de 2018.

- interditar, no todo ou em parte, estabelecimento penal que estiver funcionando em condições inadequadas ou com infringência aos dispositivos desta Lei;
- compor e instalar o Conselho da Comunidade; e
- emitir anualmente atestado de pena a cumprir.

8. RESTRIÇÃO DE DIREITOS NA EXECUÇÃO DA PENA

8.1. Deveres

São deveres do condenado – e também, no que couber, do preso provisório –, além das obrigações legais inerentes ao seu estado, submeter-se às normas de execução da pena, especialmente:

- comportamento disciplinado e cumprimento fiel da sentença;
- obediência ao servidor e respeito a qualquer pessoa com quem deva relacionar-se;
- urbanidade e respeito no trato com os demais condenados;
- conduta oposta aos movimentos individuais ou coletivos de fuga ou de subversão à ordem ou à disciplina;
- execução do trabalho, das tarefas e das ordens recebidas;
- submissão à sanção disciplinar imposta;
- indenização à vítima ou aos seus sucessores;
- indenização ao Estado, quando possível, das despesas realizadas com a sua manutenção, mediante desconto proporcional da remuneração do trabalho;
- higiene pessoal e asseio da cela ou alojamento;
- conservação dos objetos de uso pessoal.

8.2. Direitos

Todos os direitos não atingidos pela sentença ou pela lei são garantidos ao condenado e ao internado, sendo vedada qualquer distinção de natureza racial, social, religiosa ou política. Daí que as autoridades devem assegurar o respeito à integridade física e moral dos condenados, dos presos provisórios e dos submetidos à medida de segurança, constituindo direitos da pessoa com a liberdade cerceada:

- alimentação suficiente e vestuário;
- atribuição de trabalho e sua remuneração;
- Previdência Social;
- constituição de pecúlio;
- proporcionalidade na distribuição do tempo para o trabalho, o descanso e a recreação;
- exercício das atividades profissionais, intelectuais, artísticas e desportivas anteriores, desde que compatíveis com a execução da pena;
- assistência material, à saúde, jurídica, educacional, social e religiosa;

- proteção contra qualquer forma de sensacionalismo, sendo vedado ao integrante dos órgãos da execução penal, e ao servidor, a divulgação de ocorrência que perturbe a segurança e a disciplina dos estabelecimentos, bem como exponha o preso à inconveniente notoriedade, durante o cumprimento da pena, devendo o emprego de algemas obedecer ao critério da necessidade. Cabe avivar que atualmente existe o Decreto nº 8.558/2016, regulamentando o uso de algemas[48]. De outro lado, a Lei nº 13.434/2017, acrescentou o parágrafo único ao art. 292, do Código de Processo Penal, conferindo garantia humanitária à mulher grávida durante atos médico-hospitalares preparatórios para a realização do parto e durante o trabalho de parto, assim como durante o período de puerpério imediato. Nessas situações, restará vedada a aposição de algemas.
- entrevista pessoal e reservada com o advogado;
- visita do cônjuge, da companheira, de parentes e amigos em dias determinados;
- chamamento nominal;
- igualdade de tratamento salvo quanto às exigências da individualização da pena;
- audiência especial com o diretor do estabelecimento;
- representação e petição a qualquer autoridade, em defesa de direito;
- contato com o mundo exterior por meio de correspondência escrita, da leitura e de outros meios de informação que não comprometam a moral e os bons costumes;
- atestado de pena a cumprir, emitido anualmente, sob pena da responsabilidade da autoridade judiciária competente.

Os direitos de proporcionalidade na distribuição do tempo para o trabalho, o descanso e a recreação; de visita do cônjuge, da companheira, de parentes e amigos em dias determinados; e de contato com o mundo exterior por meio de correspondência escrita, da leitura e de outros meios de informação que não comprometam a moral e os bons costumes poderão ser suspensos ou restringidos mediante ato motivado do diretor do estabelecimento.

A Lei de Execução Penal, em seu art. 43, garante a liberdade de contratar médico de confiança pessoal do internado ou do submetido a tratamento ambulatorial, por seus familiares ou dependentes, a fim de orientar e acompanhar o tratamento. Em caso de divergências entre o médico oficial e o particular, o Juiz da execução resolverá por decisão fundamentada.

8.3. Direitos políticos

Em compasso com o que determina o art. 15, III, da Constituição do Brasil, os direitos políticos não serão cassados. Todavia, na hipótese de condenação criminal transitada em julgado, os direitos políticos ficarão suspensos enquanto persistirem os efeitos da condenação.

Destarte, tem-se entendido que o preso definitivo, condenado por sentença transitada em julgado, não pode exercer os direitos de cidadania no sentido estrito, vale dizer, votar e

48. Após mais de vinte anos sem regulamentação do art. 199, da LEP, foi emitido o Decreto nº 8.858/2016, sobre o uso de algemas. Estudamos o assunto no item "2.6. Emprego de força e uso de algemas", do Capítulo IX – Prisões.

ser votado. É o que se vê nas providências finais das sentenças condenatórias, com a ordem do juiz para oficiar à Justiça Eleitoral, comunicando a suspensão dos direitos políticos em virtude da pena imposta.

No entanto, deve-se ponderar que a aplicação do art. 15, III, da CF, não seja aplicado automaticamente, nem sem justificativa plausível. Em outras palavras, a suspensão dos direitos políticos do apenado, especialmente o direito a votar, não pode ser suspenso à míngua de legislação complementar que delimite as hipóteses permissivas e que sejam proporcionais e relacionadas à infração objeto de condenação com trânsito em julgado. Trata-se de corolário da aplicação de pena sem processo sob contraditório (*nulla poena sine judicio*), afinal a suspensão dos direitos políticos deve ser objeto de debate no âmbito do processo penal condenatório. Note-se que a perda de mandato eletivo depende de fundamentação expressa na sentença, em compasso com o art. 92, I e parágrafo único, do Código Penal.

Nesse sentido, Luís Carlos Valois pontua duas conclusões: (1) "a primeira é a de que, se um direito político muito mais importante, de mais influência na sociedade, que confere ao titular poder de maior amplitude, como o poder de exercer mandato eletivo, só é efeito da sentença se declarado, o direito político de todos, o direito que confere cidadania, o direito de voto, não pode ser vedado de forma genérica, sem fundamentação suficiente"; (2) a outra, a de que "os direitos políticos abrangem diversos direitos e a Constituição não poderia pretender se substituir ao Código Penal, criando uma pena que prescindisse de debate no devido processo legal e que não estivesse claramente estipulada em lei, cessando todos os direitos políticos sem especificá-los"[49].

No que toca aos presos provisórios e aos submetidos à medida de segurança, não se cogita de suspensão dos seus direitos políticos. Embora os direitos políticos não fiquem suspensos, na prática há dificuldades para que os exerçam, notadamente pelo óbice ao exercício do sufrágio, consistente na "inviabilidade de instalação de sessões eleitorais no interior dos presídios", conforme o entendimento majoritário da Justiça Eleitoral[50].

8.4. Visita

É direito do preso receber visita do cônjuge, da companheira, de parentes e amigos em dias determinados. Caso esteja em Regime Disciplinar Diferenciado, as visitas serão semanais de duas pessoas, sem contar as crianças, com duração de duas horas.

O direito à visitação não poderá ser obstado, razão pela qual embora a penitenciária de homens deva ser construída em local afastado do centro urbano, essa distância não pode restringir o acesso. No entanto, o direito de visitas poderá ser suspenso ou restringido mediante ato motivado do diretor do estabelecimento, que explicite justificativa plausível, o que não significa imposição de incomunicabilidade, pois esta é incompatível com a Constituição Federal.

O direito de visita ao preso é, por outra ótica, garantido como direito da criança e do adolescente filho do apenado. O § 4º, do art. 19, da Lei nº 8.069/1990, garante a convivência

49. VALOIS, Luís Carlos. *Execução penal e ressocialização*. São Paulo: Estúdio, 2015. p.87.

50. NUCCI, Guilherme de Souza. *Manual de processo penal e execução penal*. 6. ed. São Paulo: RT, 2010. p. 997.

da criança e do adolescente com a mãe ou o pai privado de liberdade, por meio de visitas periódicas promovidas pelo responsável ou, nas hipóteses de acolhimento institucional, pela entidade responsável, independentemente de autorização judicial. Tal regra foi acrescida pela Lei nº 12.962/2014.

8.5. Comunicação

O apenado tem o direito a se comunicar com seu advogado e com as pessoas da família. Esse direito sofre restrições, porém. Embora decorra do direito de visita, a possibilidade e o direito do preso de se comunicar, existem limitações quanto ao uso de aparelhos telefônicos, máxime telefones celulares – cujo uso é proibido no interior do estabelecimento, constituindo falta disciplinar. Admite-se, inclusive, em situações excepcionais, o monitoramento de comunicações, tal como se dá com as correspondências destinadas ou emitidas pelos presos, em favor da segurança pública e do estabelecimento, como tem admitido o STF[51].

8.6. Assistência

Ao preso e ao internado é assegurado o direito à assistência. O dever de prestá-la é do Estado, com o fito de prevenir o crime e orientar o retorno à convivência em sociedade, sendo extensiva ao egresso. A assistência referida pela Lei de Execução Penal será das seguintes espécies:

8.6.1. Assistência material

Consistirá no fornecimento de alimentação, vestuário e instalações higiênicas, devendo o estabelecimento dispor de instalações e serviços que atendam às necessidades pessoais de seus destinatários, bem como de locais destinados à venda de produtos e objetos permitidos e não fornecidos pela Administração.

8.6.2. Assistência à saúde

Compreenderá atendimento médico, farmacêutico e odontológico, pelo que toda vez que o estabelecimento penal não estiver dotado de recursos para prover a assistência médica necessária, esta será prestada em outro local, mediante permissão da direção do estabelecimento. À mulher é garantido acompanhamento médico, notadamente no pré-natal e no pós-parto, extensivo ao recém-nascido, conforme § 3º, do art. 14, da LEP, com redação incluída pela Lei nº 11.942/2009.

8.6.3. Assistência jurídica

É devida aos presos e aos internados sem recursos financeiros para constituir advogado, pelo que as Unidades da Federação deverão ter serviços de assistência jurídica, integral e gratuita, pela Defensoria Pública, dentro e fora dos estabelecimentos penais, consoante o art. 15, *caput*, da LEP, com redação dada pela Lei nº 12.313/2010. Para fazer valer a previsão legal, as Unidades da Federação têm o dever de prestar auxílio estrutural, pessoal e material à Defensoria Pública, no exercício de suas funções, dentro e fora dos estabelecimentos

51. *(HC 70814, Relator(a): Min. Celso de Melo, Primeira Turma, julgado em 01/03/1994, DJ 24-06-1994).*

penais, devendo existir em todos os estabelecimentos penais, local apropriado destinado ao atendimento pelo Defensor Público, bem como devem ser implementados Núcleos Especializados da Defensoria Pública fora dos estabelecimentos penais, para a prestação de assistência jurídica integral e gratuita aos réus, sentenciados em liberdade, egressos e seus familiares, sem recursos financeiros para constituir advogado.

8.6.4. Assistência educacional

Compreenderá a instrução escolar e a formação profissional do preso e do internado. O ensino de 1º grau (fundamental) será obrigatório, com sua integração no sistema escolar da Unidade Federativa e o ensino profissional será ministrado em nível de iniciação ou de aperfeiçoamento técnico. Para tanto, poderão ser celebrados convênios com entidades públicas ou particulares, que instalem escolas ou ofereçam cursos especializados, bem como cada estabelecimento penal será dotado de biblioteca para uso de todas as categorias de reclusos, provida de livros instrutivos, recreativos e didáticos.

Com o advento da Lei nº 13.163/2015, a Lei de Execução Penal passou a prever a implantação do ensino médio nas penitenciárias, a fim de conferir maior abrangência à assistência educacional dos apenados. Decerto, nos termos do art. 18-A, da LEP, "o ensino médio, regular ou supletivo, com formação geral ou educação profissional de nível médio, será implantado nos presídios, em obediência ao preceito constitucional de sua universalização".

Para concretizar a esse direito, o § 1º, daquele dispositivo, estatui que aquele ensino, ministrado aos presos e presas, será integrado ao sistema estadual e municipal de ensino. A sua manutenção, administrativa e financeira, deve contar com o apoio da União, com recursos destinados à educação e com os do sistema estadual de justiça ou administração penitenciária.

De outra vertente, devem ser ofertados cursos supletivos de educação de jovens e adultos aos apenados, atribuição que deve ser levada a efeito pelos sistemas de ensino. Aliás, a União, os Estados, os Municípios e o Distrito Federal devem incluir o atendimento aos apenados em seus programas de educação à distância e de uso de novas tecnologias de ensino (§§ 2º e 3º, do art. 18-A, da LEP).

Ainda foi incluído, por aquela legislação alteradora da Lei de Execução Penal, o art. 21-A, que dispôs sobre o censo penitenciário, a fim de se ter um diagnóstico do nível educacional atual dos apenados. Tal providência tem o fito de otimizar os resultados com a implementação de programas de educação adequados às condições pessoais dos presos e presas. Daí que deve aquele censo apurar, relativamente aos apenados: (1) o nível de escolaridade; (2) a existência de cursos nos níveis fundamental e médio e o número de presos e presas atendidos; (3) a implementação de cursos profissionais em nível de iniciação ou aperfeiçoamento técnico e o número de detentos atendidos; (4) a existência de bibliotecas e as condições de seu acervo; (5) outros dados relevantes para o aprimoramento educacional de presos e presas".

8.6.5. Assistência social

Tem por objetivo amparar o preso e o internado e prepará-los para o retorno à liberdade, com a incumbência de levar ao conhecimento da direção do estabelecimento os problemas e as dificuldades enfrentadas pelo assistido, promovendo sua orientação para obtenção de direitos previdenciários e de seguro por acidente de trabalho ao preso/internado e à sua família, bem como na fase final do cumprimento da pena, para fins de retorno ao convívio social.

8.6.6. Assistência religiosa

É garantida aos presos e aos internados, com liberdade de culto, pelo que é permitida a participação nos serviços organizados no estabelecimento penal, bem como a posse de livros de instrução religiosa, devendo existir no estabelecimento local apropriado para os cultos religiosos. No entanto, nenhum preso ou internado poderá ser obrigado a participar de atividade religiosa.

8.6.7. Assistência ao egresso

Consiste na orientação e apoio para reintegrar a pessoa egressa (liberada definitivamente, pelo prazo de 1 ano contado da saída do estabelecimento ou em liberdade condicional, durante o período de prova) à vida em liberdade, bem como na concessão, se necessário, de alojamento e alimentação, em estabelecimento adequado, pelo prazo de 2 (dois) meses, lapso este que poderá ser prorrogado uma única vez, comprovado, por declaração do assistente social, o empenho na obtenção de emprego, devendo, outrossim, colaborar para a obtenção de trabalho.

8.7. Trabalho

O trabalho, na Lei de Execução Penal, tem natureza híbrida. É direito do preso, eis que é instrumento que assegura sua dignidade humana, com finalidade educativa e produtiva, e também, sob este último enfoque, é um dever social que deve respeitar às precauções referentes à segurança e à higiene, conquanto não esteja sujeito ao regime da Consolidação das Leis do Trabalho (CLT). No entanto, a própria Lei de Execução Penal traz uma exceção ao dever de trabalhar ao preso político, quando aduz, em seu artigo 200, que "o condenado por crime político não está obrigado ao trabalho".

É devida remuneração em razão do trabalho prestado pelo condenado, sendo-lhe garantidos os benefícios da previdência social, consoante preconiza o art. 39, do Código Penal. Não estão incluídas no conceito de trabalho para fins remuneratórios, as tarefas executadas como prestação de serviço à comunidade. Para o trabalho prestado pelo preso que não seja pena restritiva de direito (prestação de serviço à comunidade), será devida remuneração não inferior a 3/4 (três quartos) do salário mínimo.

O produto dessa remuneração deverá atender: **(1)** à indenização dos danos causados pelo crime, desde que determinados judicialmente e não reparados por outros meios; **(2)** à assistência à família; **(3)** a pequenas despesas pessoais; e **(4)** ao ressarcimento ao Estado das despesas realizadas com a manutenção do condenado, em proporção a ser fixada e sem prejuízo da destinação prevista nas letras anteriores. Com essas ressalvas e observadas outras aplicações legais, a quantia eventualmente remanescente será destinada à constituição de pecúlio, mediante depósito em Caderneta de Poupança, que será entregue ao condenado quando posto em liberdade.

O trabalho do condenado poderá ser interno ou externo. A Lei de Execução Penal estabelece que o condenado à pena privativa de liberdade tem o dever de trabalhar na medida de suas aptidões e capacidade, ressalvando que o trabalho não é obrigatório para o preso provisório e, quando prestado por este, só poderá ser executado no interior do estabelecimento. De outro lado, o preso maior de 60 (sessenta) anos poderá solicitar ocupação adequada à sua idade, enquanto as pessoas com doenças ou com deficiência física só poderão exercer atividades apropriadas ao seu estado.

No que concerne ao apenado com deficiência, é necessária a observância do seu direito à prioridade de tramitação processual, nos termos do art. 9º, inciso VII, do Estatuto da Pessoa com Deficiência (Lei nº 13.146/2015). Tal diploma legal, aliás, trouxe regras específicas para assegurar o acesso à justiça também ao indivíduo com deficiência submetido à medida restritiva de liberdade, esclarecendo que é considerada deficiência a que seja de longo prazo, de natureza física, mental, intelectual ou sensorial.

Por sua vez, o § 2º, do art. 79, daquela legislação, estampou que ao detento com deficiência serão assegurados todos os direitos e garantias a que fazem *jus* os apenados sem deficiência, garantida a acessibilidade. Em complemento, o art. 81, da mesma Lei Brasileira de Inclusão da Pessoa com Deficiência, é enfático ao gizar que "os direitos da pessoa com deficiência serão garantidos por ocasião da aplicação de sanções penais".

Nessa linha, enfatiza o artigo 32 que na atribuição do trabalho ao preso deverão ser levadas em conta a habilitação, a condição pessoal e as suas necessidades futuras, assim como as oportunidades oferecidas pelo mercado. O trabalho é regrado pela limitação, tanto quanto possível, de artesanato sem expressão econômica, salvo nas regiões de turismo.

No tocante à jornada normal de trabalho, esta não será inferior a 6 (seis) nem superior a 8 (oito) horas, com descanso nos domingos e feriados, podendo ser atribuído horário especial de trabalho aos presos designados para os serviços de conservação e manutenção do estabelecimento penal. O trabalho do preso poderá ser gerenciado por fundação, ou empresa pública, com autonomia administrativa, com o fito de formação profissional do condenado. A entidade gerenciadora tem a incumbência de promover e supervisionar a produção, com critérios e métodos empresariais, encarregando-se de sua comercialização, bem como suportando despesas, inclusive pagamento de remuneração adequada.

Para viabilizar o trabalho dos presos, os governos federal, estadual e municipal poderão celebrar convênio com a iniciativa privada, para implantação de oficinas de trabalho referentes a setores de apoio dos presídios. Também os órgãos da Administração Direta ou Indireta da União, Estados, Territórios, Distrito Federal e dos Municípios adquirirão, com dispensa de concorrência pública, os bens ou produtos do trabalho prisional, sempre que não for possível ou recomendável realizar-se a venda a particulares. As importâncias arrecadadas com as vendas reverterão em favor da fundação ou empresa pública gerenciadora ou, na sua falta, do estabelecimento prisional.

De outra vertente, o trabalho externo será admissível para os presos condenados em regime fechado, desde que se trate de serviço ou obras públicas realizadas por órgãos da Administração Direta ou Indireta, ou entidades privadas, sendo necessária a tomada das cautelas contra a fuga e em favor da disciplina. Para o trabalho externo prestado nessas condições, devem ser observadas as seguintes condições: **(1)** o limite máximo do número de presos será de 10% (dez por cento) do total de empregados na obra; (2) o órgão da administração, a entidade ou a empresa empreiteira tem o dever de remunerar esse trabalho; e (3) a prestação de trabalho à entidade privada depende do consentimento expresso do preso.

Por derradeiro, a prestação de trabalho externo, a ser autorizada pela direção do estabelecimento, dependerá de aptidão, disciplina e responsabilidade, além do cumprimento mínimo de 1/6 (um sexto) da pena, devendo ser revogada tal autorização, se o preso praticar fato definido como crime, for punido por falta grave, ou tiver comportamento contrário aos requisitos legais.

8.8. Faltas disciplinares

O preso tem o dever colaborar com a ordem, obedecendo às determinações das autoridades e de seus agentes, desempenhando o trabalho que lhe for outorgado. Em outras palavras, o condenado à pena privativa de liberdade ou restritiva de direitos e o preso provisório estão sujeitos à disciplina carcerária, sendo cientificados, no início da execução da pena ou da prisão, das normas disciplinares vigentes.

Na hipótese de violação de deveres disciplinares, poderá ser imposta sanção ao preso, desde que haja previsão expressa e anterior, legal ou regulamentar, da respectiva falta (transgressão). As sanções não poderão colocar em perigo a integridade física e moral do condenado, sendo vedados o emprego de cela escura e as sanções coletivas.

Durante a execução da pena privativa de liberdade, o poder disciplinar será exercido pela autoridade administrativa conforme as disposições regulamentares, enquanto na execução das penas restritivas de direitos, o poder disciplinar será exercido pela autoridade administrativa a que estiver sujeito o condenado.

Tratando-se de faltas graves, a autoridade representará ao juiz da execução para os fins de abertura de procedimento para regressão de regime, revogação de autorização de saída temporária, perda de dias remidos (cuja revogação só poderá ocorrer até 1/3 do tempo remido, recomeçando a contagem a partir da data da infração disciplinar, nos termos do art. 127, da LEP, com redação dada pela Lei nº 12.433/2011) ou conversão de pena restritiva de direitos em privativa de liberdade. O cometimento de falta grave, todavia, não interrompe o prazo para obtenção de livramento condicional, a teor da súmula nº 441 do STJ. Também não há interrupção de prazo, quando do cometimento de falta grave, para a concessão de comutação de pena.

O STJ editou enunciado de Súmula de nº 535, destacando que "a prática de falta grave não interrompe o prazo para fim de comutação de pena ou indulto". Aliás, o mesmo Tribunal, por sua Sexta Turma, fixou o entendimento de que a recusa injustificada ao trabalho interno, feita pelo apenado, constitui falta disciplinar de natura grave[52].

Já no que toca à concessão dos demais benefícios referentes à execução da pena, inclusive a progressão de regime, o entendimento do STJ é no sentido de que o cometimento de falta grave pelo apenado importa o reinício da contagem do prazo da pena remanescente, vale dizer, implica interrupção do prazo, conforme jurisprudência reiterada dessa Corte:

52. STJ – Sexta Turma – HC 264.989-SP – Rel. Min. Ericson Maranho, julgado em 4/8/2015, DJe 19/8/2015.

> A prática de falta grave acarreta a interrupção do prazo para a obtenção de benefícios em sede de execução criminal, salvo no que tange ao livramento condicional (Súmula nº 441/STJ) e à comutação de pena[53].

A Súmula nº 534, dessa Corte Superior, especifica a questão no tocante à progressão de regime, ao vincar que "a prática de falta grave interrompe a contagem do prazo para a progressão de regime de cumprimento de pena, o qual se reinicia a partir do cometimento dessa infração".

A prática de falta grave acarreta ainda a perda de dias remidos.

Sobre a previsão da perda de dias remidos – ora autorizada até 1/3 daquele tempo de remição –, há corrente doutrinária e jurisprudencial crítica que entende que a previsão do art. 127, da LEP, incorre em inconstitucionalidade. Para Amilton Bueno de Carvalho, a perda dos dias remidos pelo cometimento de falta grave "se traduz em mais uma irracionalidade e perversão do ordenamento jurídico" – desumanizante e violador do direito adquirido conforme o art. 126, da mesma lei –, máxime quando levada em conta a realidade calamitosa do sistema prisional, chocando-se com "os princípios da proporcionalidade e da individualização da pena", consistentes em balizas materiais que orientam "a aplicação e execução da sanção penal"[54].

Não se aplica o art. 58, da LEP (que limita a 30 dias o prazo para punições de suspensão, isolamento e restrição de direitos, ressalvada a hipótese de regime disciplinar diferenciado). A respeito disso, o STF editou a Súmula Vinculante 9, ratificando que "o disposto no artigo 127 da Lei nº 7.210/1984 (Lei de Execução Penal) foi recebido pela ordem constitucional vigente, e não se lhe aplica o limite temporal previsto no *caput* do artigo 58".

Incide, no caso, o art. 127, da LEP, com redação determinada pela Lei nº 12.433/2011, que é específico para o caso ao assentar que em caso de falta grave, o juiz poderá revogar até 1/3 (um terço) do tempo remido, observado o disposto no art. 57, recomeçando a contagem a partir da data da infração disciplinar.

Como o referido art. 57 reza que na aplicação das sanções disciplinares, o juiz deve levar em conta a natureza, os motivos, as circunstâncias e as consequências do fato, bem como a pessoa do faltoso e seu tempo de prisão, forçoso concluir que o juiz poderá decretar a perda de poucos dias remidos pelo trabalho ou mesmo entender que não é o caso de revogar qualquer tempo já remido, limitada a revogação até o limite de 1/3 desse tempo.

De toda maneira, todo ato jurisdicional do qual decorra restrição de direitos às partes (em especial, limitação de direitos do apenado) deve ser precedido de contraditório, assegurando o direito de defesa ao condenado antes da decisão do juiz, não havendo que se falar em aplicação automática dessas sanções.

Nesse sentido, a Súmula 533, do STJ, regrando que "para o reconhecimento da prática de falta disciplinar no âmbito da execução penal, é imprescindível a instauração de procedimento administrativo pelo diretor do estabelecimento prisional, assegurado o direito de defesa, a ser realizado por advogado constituído ou defensor público nomeado". Como se

53. STJ – Quinta Turma – HC 170.179/RS – Rel. Ministro Jorge Mussi – DJ 01/02/2011.

54. CARVALHO, Amilton Bueno de. *Garantismo penal aplicado*. Rio de Janeiro: Lumen Juris, 2003. p.214-215.

depreende, não basta a autodefesa (facultativa, porém que deve ser oportunizada), devendo ser garantida a defesa técnica, realizada por profissional habilitado.

8.8.1. Espécies

As faltas disciplinares são classificadas em leves, médias e graves, devendo a legislação local especificar as leves e médias, com as respectivas sanções. As sanções previstas para as faltas consumadas são utilizadas para punição da tentativa.

As faltas graves e suas sanções encontram tipificação na própria Lei de Execução Penal, que preconiza que comete falta grave o condenado à pena privativa de liberdade e o preso provisório, no que couber, que:

- incitar ou participar de movimento para subverter a ordem ou a disciplina;
- fugir;
- possuir, indevidamente, instrumento capaz de ofender a integridade física de outrem;
- provocar acidente de trabalho;
- descumprir, no regime aberto, as condições impostas;
- inobservar o dever de obedecer ao servidor e respeitar qualquer pessoa com quem deva relacionar-se, bem como o dever de execução do trabalho, das tarefas e das ordens recebidas; e
- tiver em sua posse, utilizar ou fornecer aparelho telefônico, de rádio ou similar, que permita a comunicação com outros presos ou com o ambiente externo.

No que toca ao condenado à pena restritiva de direitos, dispõe a Lei de Execução Penal que comete falta grave aquele que:

- descumprir, injustificadamente, a restrição imposta;
- retardar, injustificadamente, o cumprimento da obrigação imposta;
- inobservar o dever de obedecer ao servidor e respeitar qualquer pessoa com quem deva relacionar-se, bem como o dever de execução do trabalho, das tarefas e das ordens recebidas.

8.8.2. Apuração, defesa técnica e aplicação

A aplicação de sanção decorrente do cometimento de falta disciplinar requer um procedimento específico, gizado na Lei de Execução Penal. Daí que estabelece o seu art. 59 que uma vez praticada a falta disciplinar, deverá ser instaurado o procedimento para sua apuração, consoante regulamento, assegurado o direito de defesa.

A defesa aqui referida pela Lei é a defesa técnica, isto é, representado o preso por advogado constituído ou defensor nomeado no início do procedimento para assegurar a garantia do contraditório e da ampla defesa, nos termos do art. 5º, LV, da Constituição. Nesse sentido se manifestam o STF[55] e o STJ[56], cominando nulidade em caso de inobservância do preceito.

55. STF, HC 77862, Rel. Min. Ilmar Galvão.

56. STJ, 6ª Turma, HC 199900495462, Rel. Min. Hamilton Carvalhido, DJ: 19/02/2001.

O contraditório e a ampla defesa devem ser exercidos nos autos do procedimento administrativo para apuração da falta grave, segundo entendimento corredio do STJ. Sem embargo, no âmbito da Sexta Turma, afirma-se que é prescindível nova oitiva do apenado perante o juiz se, antes da homologação da falta grave, foi dada oportunidade a ele de se manifestar no âmbito do procedimento administrativo instaurado para apurar a prática de infração disciplinar, acompanhado de defesa técnica[57].

A decisão será motivada, podendo a autoridade administrativa decretar o isolamento preventivo do faltoso pelo prazo de até dez dias. De outro lado, a inclusão do preso no regime disciplinar diferenciado, no interesse da disciplina e da averiguação do fato, dependerá de despacho do juiz competente. Em todo caso, o tempo de isolamento ou inclusão preventiva no regime disciplinar diferenciado será computado no período de cumprimento da sanção disciplinar.

As sanções consistentes em advertência verbal, repreensão, suspensão ou restrição de direitos e isolamento na própria cela, ou em local adequado, nos estabelecimentos que possuam alojamento coletivo, observados os requisitos mínimos da carceragem, serão aplicadas por ato motivado do diretor do estabelecimento. Já a sanção de inclusão no regime disciplinar diferenciado será aplicada mediante prévio e fundamentado despacho do juiz competente.

É de ver que a autorização para a inclusão do preso em regime disciplinar dependerá de requerimento circunstanciado elaborado pelo diretor do estabelecimento ou outra autoridade administrativa (como o Secretário de Segurança Pública), não tendo lugar sua imposição *ex officio* pelo juiz. Atendido esse requisito que prestigia o princípio do ***ne procedat judex ex officio***, a decisão judicial sobre inclusão de preso em regime disciplinar será precedida de manifestação do Ministério Público e da defesa e prolatada no prazo máximo de quinze dias.

Para a aplicação das sanções, deverão ser levadas em consideração a natureza, os motivos, as circunstâncias e as consequências do fato, bem como a pessoa do faltoso e seu tempo de prisão, respeitados os seguintes parâmetros:

- para as faltas graves, serão impostas as sanções de suspensão ou restrição de direitos, isolamento na própria cela, ou em local adequado, nos estabelecimentos que possuam alojamento coletivo, e inclusão no regime disciplinar diferenciado;
- o isolamento, a suspensão e a restrição de direitos não poderão exceder a trinta dias, ressalvada a hipótese do regime disciplinar diferenciado.
- o isolamento será sempre comunicado ao Juiz da execução.

8.9. Regime Disciplinar Diferenciado

A Lei nº 10.792/2003 instituiu o regime disciplinar diferenciado (RDD), alterando a Lei nº 7.210/1984 para conferir nova redação ao seu art. 52. Trata-se de uma forma de cumprimento de pena fixada em regime fechado, vale dizer, de "uma sub-divisão do regime fechado, mais rigoroso e exigente, caracterizando verdadeira **sanção disciplinar**. Não

57. STJ – Sexta Turma – HC 408.879/SP – Rel. Min. Antonio Saldanha Palheiro – j. 10/4/2018.

se trata, pois de um quarto regime de cumprimento de pena. Continuamos a ter somente três: fechado, semiaberto e aberto"[58].

Nesse sentido entendemos que o regime disciplinar diferenciado é incompatível com a ideia de progressão de regime. Caso o apenado tenha direito à progressão (presentes os requisitos objetivos e subjetivos), deve ser retirado do regime disciplinar diferenciado.

No entanto, digna de registro é o posicionamento de Renato Marcão, fundamentando a necessidade de se regulamentar a matéria e sustentando que "não há vedação expressa à progressão de regime prisional durante o tempo de cumprimento da sanção disciplinar denominada Regime Disciplinar Diferenciado (RDD)", não sendo possível alcançar essa proibição de progressão "por qualquer forma de interpretação, notadamente a ampliativa, já que a conclusão seria sempre em prejuízo do preso e bem por isso não autorizada", pelo que deve ser admitida a possibilidade de progressão de regime prisional estando o preso submetido a Regime Disciplinar Diferenciado; deve cada caso ser apreciado com especial atenção, ficando afastada a genérica e superficial conclusão no sentido da impossibilidade por incompatibilidade.

Importa observar, por fim, que, mesmo recebendo a progressão, por exemplo, para o regime semiaberto, o preso deverá cumprir a sanção disciplinar integralmente, antes de ir, de fato, para o novo regime. Vale dizer: deverá cumprir todo o tempo restante de Regime Disciplinar Diferenciado antes de ver efetivada sua transferência para o novo regime.[59]

Fonte de controvérsias doutrinárias sobre sua constitucionalidade, o art. 52, da LEP, cuja nova redação instituiu o RDD, dispõe que a prática de fato previsto como crime doloso constitui falta grave e, na hipótese de causar subversão da ordem ou da disciplina internas, sujeita o preso provisório, ou condenado, sem prejuízo da sanção penal, ao regime disciplinar diferenciado, com as características a seguir:

- duração máxima de trezentos e sessenta dias, sem prejuízo de repetição da sanção por nova falta grave de mesma espécie, até o limite de um sexto da pena aplicada;
- recolhimento em cela individual;
- visitas semanais de duas pessoas, sem contar as crianças, com duração de duas horas;
- direito à saída da cela por 2 horas diárias para banho de sol.

Embora destinado preferencialmente para presos definitivos (com condenação transitada em julgado) cuja permanência em carceragem comum não seja recomendada em face do cometimento de falta grave ou crime doloso que ocasione subversão da ordem ou da disciplina internas, o regime disciplinar diferenciado também poderá abrigar presos provisórios ou condenados, nacionais ou estrangeiros, que apresentem alto risco para a ordem e a segurança do estabelecimento penal ou da sociedade. É a noção de perigosidade permeando o sistema penal brasileiro.

Na mesma senda, estará sujeito ao regime disciplinar diferenciado o preso provisório ou o condenado sob o qual recaiam fundadas suspeitas de envolvimento ou participação, a

58. NUCCI, Guilherme de Souza. Leis penais e processuais penais comentadas. 5. ed. RT: São Paulo, 2010. p. 449.

59. MARCÃO, Renato. *Curso de execução penal*. 8. ed. São Paulo: Saraiva, 2010. p. 190-191.

qualquer título, em organizações criminosas ou associação criminosa[60]. Toda essa ideologia de proteção contra a perigosidade de apenados deu ensejo ao debate sobre a constitucionalidade do Regime Disciplinar Diferenciado.

8.10. Sanções

As sanções possíveis em razão do cometimento de faltas disciplinares são:

- advertência verbal;
- repreensão;
- suspensão ou restrição de direitos;
- isolamento na própria cela, ou em local adequado, nos estabelecimentos que possuam alojamento coletivo, observado o disposto no artigo 88 desta Lei; e
- inclusão no regime disciplinar diferenciado.

8.11. Recompensas

As recompensas têm em vista o bom comportamento reconhecido em favor do condenado, de sua colaboração com a disciplina e de sua dedicação ao trabalho, podendo consistir em elogio e concessão de regalias, devendo a legislação local e regulamentos estabelecerem a natureza e a forma de concessão de regalias.

9. INTERVENÇÃO DO MINISTÉRIO PÚBLICO NA EXECUÇÃO PENAL

O Ministério Público é elencado como um dos órgãos da execução penal. Pela importância de sua intervenção, entendemos que seu estudo deve ser apartado, eis que lhe cabe fiscalizar a execução da pena e da medida de segurança, oficiando no processo executivo e nos incidentes da execução, especialmente para:

- fiscalizar a regularidade formal das guias de recolhimento e de internamento;
- requerer: **(a)** todas as providências necessárias ao desenvolvimento do processo executivo; **(b)** a instauração dos incidentes de excesso ou desvio de execução; **(c)** a aplicação de medida de segurança, bem como a substituição da pena por medida de segurança; d) a revogação da medida de segurança; e) a conversão de penas, a progressão ou regressão nos regimes e a revogação da suspensão condicional da pena e do livramento condicional; **(f)** a internação, a desinternação e o restabelecimento da situação anterior;
- interpor recursos de decisões proferidas pela autoridade judiciária, durante a execução.

A Lei de Execução Penal preconiza ainda que o órgão do Ministério Público visitará mensalmente os estabelecimentos penais, registrando a sua presença em livro próprio. É uma atribuição relevante que possibilita o controle da regularidade do cumprimento da pena, notadamente no tocante aos prazos para concessão de benefícios em conformidade com a guia de execução penal.

60. A lei nº 12.850/2013 alterou a redação e conteúdo do art. 288 do Código Penal, que passou a se chamar "associação criminosa".

O Ministério Público, durante a visita, dará oportunidade aos presos de serem entrevistados, colhendo informações sobre direitos que eventualmente aleguem ter e peticionando nos autos. Na prática, o preso contará com visitação mensal do juízo, da Defensoria Pública e do Ministério Público, garantindo a adequada execução da pena, minimizando, inclusive, o risco de rebeliões.

10. PROCESSO DE EXECUÇÃO PENAL

10.1. Penas privativas de liberdade

As penas privativas de liberdade, segundo o art. 33, Código Penal (eis que a Lei de Contravenções Penais prevê a "prisão simples"), são a de reclusão e a de detenção. A principal diferença de uma para a outra é quanto aos limites deferidos ao juiz para a fixação do regime de cumprimento de pena. Daí que a pena de reclusão deve ser cumprida em regime fechado, semiaberto ou aberto, enquanto que a de detenção, em regime semiaberto, ou aberto, salvo necessidade de transferência a regime fechado.

Para o cumprimento de pena privativa de liberdade, é imprescindível a emissão de guia de execução penal, sendo que ninguém será recolhido, para cumprimento de pena privativa de liberdade, sem a guia expedida pela autoridade judiciária (art. 107, LEP). Uma vez remetida à autoridade administrativa incumbida da execução, esta passará recibo da guia de recolhimento para juntá-la aos autos do processo, e dará ciência dos seus termos ao condenado. Em caso de doença mental superveniente, o apenado será internado em Hospital de Custódia e Tratamento Psiquiátrico. Depois de cumprida ou extinta a pena, o condenado será posto em liberdade, mediante alvará do Juiz, se por outro motivo não estiver preso.

10.2. Penas restritivas de direito

De acordo com o art. 43, do Código Penal (não descurando da previsão de outras penas restritivas de direito em outros microssistemas penais disciplinados em leis especiais que preveem tipos delitivos referentes ao ambiente, ao trânsito e aos entorpecentes), as penas restritivas de direitos podem consistir em: **(1)** prestação pecuniária; **(2)** perda de bens e valores; **(3)** prestação de serviço à comunidade ou a entidades públicas; **(4)** interdição temporária de direitos; e **(5)** limitação de fim de semana.

O regramento de aplicação das penas restritivas de direito tem por pressuposto a autonomia, substituindo as penas privativas de liberdade quando presentes os seguintes requisitos:

- aplicada pena privativa de liberdade não superior a quatro anos e o crime não for cometido com violência ou grave ameaça à pessoa ou, qualquer que seja a pena aplicada, se o crime for culposo;
- o réu não for reincidente em crime doloso; e
- a culpabilidade, os antecedentes, a conduta social e a personalidade do condenado, bem como os motivos e as circunstâncias indicarem que essa substituição seja suficiente.

Essas condições devem ser interpretadas em cotejo com as disposições dos parágrafos 2º a 5º, do art. 44, do Código Penal, pelo que:

- na condenação igual ou inferior a um ano, a substituição pode ser realizada por multa ou por uma pena restritiva de direitos; se superior a um ano, a pena privativa de liberdade pode ser substituída por uma pena restritiva de direitos e multa ou por duas restritivas de direitos;
- se reincidente o condenado, o magistrado poderá aplicar a substituição, desde que, em face de condenação anterior, a medida seja socialmente recomendável e a reincidência não se tenha operado em virtude da prática do mesmo crime (reincidência específica);
- haverá conversão da pena restritiva de direitos em privativa de liberdade quando houver o descumprimento injustificado da restrição imposta. Nessa hipótese, será deduzido, no cálculo da pena privativa de liberdade a executar, o tempo cumprido da pena restritiva de direitos, respeitado o saldo mínimo de trinta dias de detenção ou reclusão;
- advindo condenação a pena privativa de liberdade, por outro crime, o juiz da execução penal decidirá sobre a conversão, podendo deixar de aplicá-la se for possível ao condenado cumprir a pena substitutiva anterior.

É de ver que a regra é que se cumpra primeiro as penas mais gravosas para depois as de menor interferência no ***jus libertatis*** (art. 69, *caput*, e art. 76, CP). No entanto, cuidando-se de cumulação com pena restritiva de direito, o legislador outorgou ao magistrado o poder de aferir a possibilidade de cumprimento da pena substitutiva anterior, com esteio em critério de conveniência.

A execução da pena restritiva de direito é ordenada pelo juiz da execução, de ofício ou a requerimento do Ministério Público. O juiz promoverá a execução depois de transitada em julgado a sentença que aplicou a pena restritiva de direitos, podendo, para tanto, requisitar, quando necessário, a colaboração de entidades públicas ou solicitá-la a particulares.

A regra é que a execução da pena, seja ela restritiva de direito ou privativa de liberdade, só venha a ser implementada depois do trânsito em julgado, firmando o Supremo Tribunal Federal, mais recentemente, a orientação de que ofende o princípio da não culpabilidade a execução da pena privativa de liberdade antes do trânsito em julgado da sentença condenatória, permitindo-se a prisão cautelar do réu, desde que presentes os requisitos autorizadores da decretação da prisão preventiva[61].

No entanto, o entendimento anterior e que prevalecia, especialmente quando se cuidava de pena restritiva de direito, era de que a pendência do recurso especial ou extraordinário não impedia "a execução imediata da pena, considerando que eles não têm efeito suspensivo, são excepcionais, sem que isso implique em ofensa ao princípio da presunção da inocência"[62].

Durante o curso da execução penal, a forma de cumprimento das penas de prestação de serviços à comunidade e de limitação de fim de semana pode ser modificada pelo juiz, por decisão motivada, com o fito de adequá-la às condições pessoais do condenado e às características do estabelecimento, da entidade ou do programa comunitário ou estatal.

61. HC 84.078/MG – Rel. Min. Eros Grau – DJ 05/02/2009 – Informativo STF nº 534.
62. STF – HC 90645 – Rel. Min. Marco Aurélio.

No que concerne à **prestação de serviços à comunidade**, compete ao juiz da execução penal: (**1**) designar a entidade ou programa comunitário ou estatal, devidamente credenciado ou convencionado, junto ao qual o condenado deverá trabalhar gratuitamente, de acordo com as suas aptidões; (**2**) determinar a intimação do condenado, cientificando-o da entidade, dias e horário em que deverá cumprir a pena; e (**3**) alterar a forma de execução, a fim de ajustá-la às modificações ocorridas na jornada de trabalho.

A prestação de serviços consistirá em trabalho com duração de oito horas semanais, nos horários estabelecidos pelo Juiz. Como se infere, são oito horas por semana, podendo o juiz autorizar que o apenado ajuste com o diretor da entidade os dias e a jornada diária. O importante é o perfazimento do período semanal, ainda que variável o número de horas por dia de serviço. O trabalho pode ser realizado aos sábados, domingos e feriados, ou em dias úteis, de modo a não prejudicar a jornada normal de trabalho. A execução, por sua vez, terá início a partir da data do primeiro comparecimento.

É dever da entidade beneficiada com a prestação de serviços encaminhar mensalmente, ao Juiz da execução, relatório circunstanciado das atividades do condenado, bem como, a qualquer tempo, comunicação sobre ausência ou falta disciplinar. Na hipótese de não cumprimento da pena de prestação de serviço à comunidade, a conversão em pena privativa de liberdade não ocorre de maneira automática ou sem contraditório. Daí que o juiz deve oportunizar ao apenado e à sua defesa que explicitem suas razões para valorá-las e, só depois, decidir fundamentadamente se a pena deve ser convertida em privativa de liberdade.

A **limitação de fim de semana** é pena restritiva de direito que é executada a partir da determinação do juiz da execução penal para intimar o apenado, cientificando-o do local, dias e horário em que deverá cumprir a pena. O início da execução da limitação de fim de semana se dá a partir da data do primeiro comparecimento ao local indicado. Durante o tempo de permanência, ao apenado poderão ser ministrados cursos e palestras, ou atribuídas atividades educativas.

Nas hipóteses específicas de violência doméstica (Lei nº 11.340/2006), o juiz poderá determinar o comparecimento obrigatório do agressor a programas de recuperação e reeducação. De todo modo, é dever do estabelecimento designado encaminhar, mensalmente, ao Juiz da execução, relatório, bem assim comunicará, a qualquer tempo, a ausência ou falta disciplinar do condenado, só podendo ser convertida a restrição de direito em privação de liberdade após procedimento contraditório, assegurada a defesa técnica.

Outra pena restritiva é a interdição temporária de direitos. Neste caso, cabe ao juiz da execução comunicar à autoridade competente a pena aplicada, determinada a intimação do condenado. A interdição de direito pode consistir em: (**1**) proibição do exercício de cargo, função ou atividade pública, bem como de mandato eletivo; (**2**) proibição do exercício de profissão, atividade ou ofício que dependam de habilitação especial, de licença ou autorização do poder público; (**3**) suspensão de autorização ou de habilitação para dirigir veículo; e (**4**) proibição de frequentar determinados lugares.

Na hipótese de proibição do exercício de cargo, função ou atividade pública, bem como de mandato eletivo, a autoridade deve, em vinte e quatro horas, contadas do recebimento do ofício, baixar ato, a partir do qual a execução tem seu início. Nos casos de proibição do exercício de profissão, atividade ou ofício que dependam de habilitação especial, de licença ou autorização do poder público e de suspensão de autorização ou de habilitação para dirigir veículo, o juízo da execução determinará a apreensão dos documentos, que autorizam o exercício do direito interditado. Já em se tratando de proibição de frequentar determinados lugares, a praxe tem sido a de enviar ofício às autoridades policiais da jurisdição da residência do condenado, para fins de fiscalização.

Verificado o descumprimento da pena, a autoridade deverá comunicar imediatamente ao juiz da execução, sem prejuízo de que ela se realize por meio de qualquer prejudicado.

10.3. Pena de multa

A execução da pena de multa era, segundo a Lei de Execução Penal em seu art. 164, promovida pelo Ministério Público. Consoante este dispositivo, depois de extraída certidão da sentença condenatória com trânsito em julgado (que é título executivo judicial), ao ***Parquet*** cabia requerer, em autos apartados, a citação do condenado para, no prazo de 10 (dez) dias, pagar o valor da multa ou nomear bens à penhora. Se expirado o prazo sem o pagamento respectivo, ou o depósito da importância, teria lugar a penhora de tantos bens quantos bastassem para garantir a execução, com a observância, a partir daí, das disposições da lei processual civil.

Com o advento da Lei nº 9.268/1996 (lei posterior) que alterou a redação do art. 51, do Código Penal, a multa passou a ser considerada "dívida de valor". Destarte, com o trânsito em julgado da sentença condenatória que impuser multa, o juízo da execução penal determinará a elaboração dos cálculos e intimará o apenado para recolher o valor da multa. Caso o condenado não realize o adimplemento, o juízo da execução da pena emitirá ofício para a Fazenda Pública competente a fim de que ela proceda a excussão do ***quantum debeatur*** no juízo cível competente e nos termos da legislação referente à dívida ativa do poder público (Lei nº 6.830/1980).

A modificação legislativa teve um efeito prático. Com o deslocamento da competência para execução da multa ao juízo cível, não é mais possível, em caso de inadimplemento do valor correspondente, a conversão da multa em pena privativa de liberdade. Cabível então as providências executivas de acordo com a lei civil. Como adverte Nucci, "a meta pretendida era evitar a conversão da multa em prisão, o que anteriormente era possível. Não se deveria, com isso, imaginar que a pena de multa transfigurou-se a ponto de perder a sua identidade, ou seja, passaria a constituir, na essência, uma sanção civil". Isso tanto é exato que, falecendo o agente, não é possível "estender a sua cobrança aos herdeiros do condenado, respeitando-se o disposto na Constituição Federal de que 'nenhuma pena passará da pessoa do condenado' (art. 5º, XLV)"[63].

Caso a condenação criminal provenha de juízo federal, a competência para a execução da multa será da vara federal civilmente competente (cujos valores serão destinados ao Fundo Penitenciário Nacional). Se proveniente do juízo criminal estadual, a competência

63. NUCCI, Guilherme de Souza. *Leis penais e processuais penais comentadas*. 5. ed. RT: São Paulo, 2010. p. 601-602.

se fixará na vara da fazenda pública estadual (cujos valores serão destinados ao fundo penitenciário local)[64]. Essa a nossa posição.

No entanto, esse panorama foi parcialmente modificado a partir do julgamento da ADI3150, pelo Supremo Tribunal Federal, cuja controvérsia girava sobre o art. 51, do Código Penal, que estabelece a conversão da multa pecuniária em dívida de valor quando do trânsito em julgado da sentença penal condenatória, ordenando que a cobrança se dê na forma da legislação alusiva à dívida ativa. Por decisão majoritária, o Pleno da Corte Suprema entendeu que a transformação da multa em dívida de valor não suprime a atribuição do Ministério Público para executar o *quantum debeatur*, haja vista que a multa continuaria a ter natureza jurídica penal, não sendo possível desnaturá-la por meio de lei. Desse modo, como a Lei de Execução Penal possui previsão para que o Ministério Público execute a multa (art. 164, *caput*, LEP), a prioridade para a sua cobrança deve ser atribuída a este órgão e não à Fazenda Pública. Daí, a Corte assentou que caso o *Parquet*, no prazo de noventa dias, não cobre a multa, o juízo da vara criminal deverá comunicar ao órgão da Fazenda Pública[65].

Não obstante os argumentos exarados nesse julgado, pensamos que a promoção da execução de dívidas, ainda que de valores decorrentes de sanção criminal, não se acomoda a qualquer das funções institucionais do Ministério Público, instituição com o dever de promover e defender interesses primários, sejam eles difusos, coletivos e individuais indisponíveis (art. 127, CF/1988). Como o valor da multa é carreado à União, o órgão que detém essa atribuição é, segundo as divisões de tarefas instituídas na legislação brasileira, o da Fazenda Pública.

No âmbito da Lei nº 9.099/95, o STJ tem decidido que a pena de multa aplicada isoladamente deve ser executada no próprio Juizado Especial Criminal[66]. A opção pela execução nos juizados especiais criminais e não nos civis decorre da própria sistemática das Leis nº 9.099/1995 (art. 8º) e 10.259/2001 (art. 6º, I e II), que limita a legitimidade para propor demandas neste âmbito, eis que não pode ser autora nos juizados pessoa jurídica de direito público. Desse modo, caso o apenado não cumpra espontaneamente a sentença depois de intimado para depositar o valor da multa, pensamos que deve o juiz comunicar à Fazenda Pública competente para execução civil na vara comum competente.

Por sua vez, Nucci, se filiando à corrente doutrinária que reputa ser competente para a execução da pena de multa o juízo criminal, sublinha inconvenientes que decorrem da posição oposta que defende a competência do juízo das execuções fiscais, avivando que

(a) a multa penal deve ser cobrada com todo o empenho possível, ainda que de baixo valor, para não gerar o indevido sentimento de impunidade, afinal, trata-se de condenação na esfera criminal, muitas vezes substitutiva da pena privativa de liberdade;

64. Nesse sentido: LIMA, Roberto Gomes; PERALLES, Ubiracyr. *Teoria e prática da execução penal*. Rio de Janeiro: Lúmen Júris, 2010. p. 265.

65. STF – ADI 3150 – Rel. Min. Roberto Barroso –j. 13/12/2018 – Notícias: Notícias. Legitimidade para execução da multa penal é do Ministério Público. Disponível em: <http://www.stf.jus.br/portal/cms/verNoticiaDetalhe.asp?idConteudo=398607>. Acesso em: 15 dez. 2018.

66. STJ – Terceira Seção – AGRCC 200900806826 – Rel. Min. Laurita Vaz – DJ: 17/09/2009.

(b) o excesso de execuções fiscais e os valores baixos das multas estabelecidas desestimulam os procuradores e demais agentes da Execução Fiscal a promover a efetiva cobrança;

(c) a certidão de dívida ativa não contém dados do processo criminal que a originou, de modo que, quando o executado morre, não se sabe a quem remeter o feito para que seja julgada extinta a punibilidade. Na prática, tem-se arquivada a execução, permanecendo em aberto a questão penal.[67]

Com o nosso entendimento, Renato Marcão pontua que "guardada a necessária coerência com o que concluímos ser o nosso posicionamento em relação à legitimação ativa, que é Fazenda Pública estadual, estamos certos de que o juízo competente para a execução da pena de multa é a Vara da Fazenda Pública estadual". Na hipótese de multa proveniente "de transação penal ou condenação em processo de competência da Justiça Federal, há que se observar a legitimação ativa correspondente no âmbito federal, e a Vara competente na mesma esfera de jurisdição, para a execução dos créditos da União"[68].

Também Rômulo Moreira, diante da "impossibilidade absoluta da odiosa conversão", reputa que a atribuição para a execução da pena de multa criminal será da Fazenda Pública "e o respectivo processo deve ser encaminhado às varas especializadas da fazenda pública, não mais as varas de execução penal"[69]

A Lei de execução penal determina que a execução da pena de multa será suspensa quando sobrevier ao condenado doença mental. Ciente o juízo cível do caráter penal da multa e da superveniência de doença mental, deve suspender o curso da execução, não havendo solução de continuidade no lapso prescricional por falta de previsão legal[70].

Nos termos do art. 168, da Lei de Execução Penal, o Juiz poderá determinar que a cobrança da multa se efetue mediante desconto no vencimento ou salário do condenado, nas hipóteses do artigo 50, § 1º, do Código Penal (vale dizer, quando a multa for aplicada isoladamente, aplicada cumulativamente com pena restritiva de direitos ou quando concedida a suspensão condicional da pena). Para a incidência desse dispositivo, devem ser observados os seguintes requisitos: **(1)** o limite máximo do desconto mensal será o da quarta parte da remuneração e o mínimo o de um décimo, o desconto será feito mediante ordem do Juiz a quem de direito; **(2)** o responsável pelo desconto será intimado a recolher mensalmente, até o dia fixado pelo Juiz, a importância determinada.

Conquanto haja entendimento no sentido da aplicabilidade integral do dispositivo em tela[71], somos partidários de que o referido desconto em folha só pode ser efetivado com a anuência do condenado, para dar aos artigos 168, da LEP, e 50, § 1º, do Código Penal, interpretação que se coadune com o sistema. Isso porque o salário é impenhorável nos termos do art. 833, IV, CPC/2015, ressalvados créditos de pensão alimentícia.

---

67. NUCCI, Guilherme de Souza. *Leis penais e processuais penais comentadas*. 5. ed. RT: São Paulo, 2010. p. 602.
68. MARCÃO, Renato. *Curso de execução penal*. 8. ed. São Paulo: Saraiva, 2010. p. 297.
69. MOREIRA, Rômulo. *Direito processual penal*. Salvador: JusPODIVM, 2007. p. 427.
70. Na mesma senda: NUCCI, Guilherme de Souza. *Leis penais e processuais penais comentadas*. 5. ed. RT: São Paulo, 2010. p. 603.
71. Cf. NUCCI, Guilherme de Souza. *Leis penais e processuais penais comentadas*. 5. ed. RT: São Paulo, 2010. p. 603.

Sem embargo, até o prazo de pagamento espontâneo da dívida (citação do condenado para pagar, em sede de execução fiscal, a dívida constante da Certidão de Dívida Ativa que retrata os cálculos elaborados no juízo das execuções penais), o apenado poderá requerer ao juiz o pagamento da multa em prestações mensais, iguais e sucessivas. De todo modo, o juiz, antes de decidir, poderá determinar diligências para verificar a real situação econômica do condenado e, ouvido o Ministério Público, fixará o número de prestações. Trata-se de benefício que não é incompatível com as disposições da Lei de Execução Fiscal (Lei nº 6.830/1980). Daí que se o condenado for impontual ou se melhorar de situação econômica, o juiz, de ofício ou a requerimento do Ministério Público, revogará o benefício, com a execução da multa nos termos da lei ou prosseguindo-se na execução já iniciada.

Por derradeiro, quando a pena de multa for aplicada cumulativamente com pena privativa da liberdade, enquanto esta estiver sendo executada, poderá aquela ser cobrada civilmente, nos termos do art. 170, *caput*, da Lei de Execução Penal, mediante desconto na remuneração do condenado gizado no artigo 168. Tem cabimento aqui a necessária correção de rumo para a aplicação constitucional do referido desconto em folha, só possível, conforme entendemos, com a anuência do apenado. Caso o condenado cumpra a pena privativa de liberdade, obtenha livramento condicional ou lhe seja concedida suspensão condicional da pena, sem haver resgatado a multa, far-se-á a cobrança nos termos aqui comentados. De todo modo, vale sublinhar que na hipótese de previsão em abstrato de pena privativa de liberdade cumulativamente com prestação pecuniária, é defeso ao juiz aplicar substituição da pena de prisão por multa, consoante os termos do verbete nº 171 da súmula do STJ.

Frise-se que a legitimidade *ad causam* ativa para a execução da multa fixada na condenação penal é exclusiva da Procuradoria da Fazenda Pública (estadual ou federal, conforme o título condenatório seja emanado da justiça dos estados ou de órgão do Poder Judiciário da União). Nesse sentido, a Súmula 521, do STJ, passou a orientar expressamente que "a legitimidade para a execução fiscal de multa pendente de pagamento imposta em sentença condenatória é exclusiva da Procuradoria da Fazenda Pública.

10.4. Medida de segurança

A execução de medida de segurança terá lugar depois de transitada em julgado a sentença que aplicá-la, ordenada a expedição de guia para a execução. A sentença que aplica medida de segurança decorre do reconhecimento de semi-imputabilidade (sentença condenatória) ou de inimputabilidade do agente (sentença absolutória imprópria, que declara que o acusado cometeu o fato, mas reconhece sua incapacidade de entender o seu caráter ilícito e de determinar-se conforme o direito à época da sua prática).

É nesse último sentido que deve ser entendido o enunciado nº 422, da súmula do STF, que averba que "a absolvição criminal não prejudica a medida de segurança, quando couber, ainda que importe privação da liberdade". Com efeito, a absolvição aludida pelo texto desse verbete é a imprópria, não tendo lugar medida de segurança para casos de autêntica absolvição, tais como excludentes de ilicitude, insuficiência de provas, inexistência de crime ou negativa de autoria.

É imprescindível a guia expedida pela autoridade judiciária para ser possível a internação ou o início do tratamento ambulatorial do submetido à medida de segurança.

Tal guia de internamento ou de tratamento ambulatorial, extraída pelo escrivão ou pelo diretor de secretaria, que a rubricará em todas as folhas e a subscreverá com o juiz, deve ser remetida à autoridade administrativa incumbida da execução, com o seguinte conteúdo:

(1) a qualificação do agente e o número do registro geral do órgão oficial de identificação;

(2) o inteiro teor da denúncia e da sentença que tiver aplicado a medida de segurança, bem como a certidão do trânsito em julgado;

(3) a data em que terminará o prazo mínimo de internação, ou do tratamento ambulatorial;

(4) outras peças do processo reputadas indispensáveis ao adequado tratamento ou internamento.

Sobre a guia de recolhimento e da sujeição a tratamento, terá ciência o Ministério Público, bem como será cientificado das supervenientes modificações quanto ao prazo de execução, eis que ocorrerá retificação da guia sempre que sobrevier situação fática que a altere o seu lapso de cumprimento. Essa possibilidade decorre especialmente da aplicação dos artigos 8º e 9º, da Lei de Execução Penal, que prevê o exame criminológico com vistas à individualização da execução, a teor do art. 174, desse diploma legal.

A medida de segurança de internação ou de tratamento ambulatorial não tem prazo determinado, perdurando enquanto não for verificada, por perícia médica, a cessação de periculosidade. No entanto, o prazo mínimo da medida de segurança encontra seus limites definidos no art. 97, § 1º, do Código Penal, variando de 1 (um) a 3 (três) anos. Como se depreende, o critério para a limitação máxima da medida de segurança é a cessação da periculosidade. Todavia, a jurisprudência vem entendendo que a medida não deve exceder o limite do art. 75 do CP, razão pela qual nenhuma medida de segurança deve subsistir por prazo superior a trinta anos, independente da cessação da periculosidade do internado. Nesse sentido, precedentes do STF[72] e a doutrina especializada, salientando que se trata da hermenêutica dos artigos 75 e 97 do CP, bem como do art. 183 da LEP, cuja aplicação tem lugar mesmo persistindo a enfermidade, devendo o submetido à medida ser encaminhado a "hospital psiquiátrico comum, ou seja, não prisional"[73].

Estabelecendo um patamar máximo a fim de evitar que a medida de segurança perdure *ad eternum*, o STJ assentou, em sua Súmula 527, que "o tempo de duração da medida de segurança não deve ultrapassar o limite máximo da pena abstratamente cominada ao delito praticado". O parâmetro para se obstar a continuação da medida de segurança de forma ilimitada passou a ser aquele máximo da pena abstrata cominada para o delito objeto da sua imposição. Rodrigo Ferro, a propósito, questiona sobre "a obrigatoriedade da medida de segurança e a imposição de um prazo mínimo". Segundo o autor, isso demonstra, mais

---

72. STF – Primeira Turma – HC 98360, Rel. Min. Ricardo Lewandowski – julgado em 04/08/2009 – DJ de 22/10/2009.
73. LIMA, Roberto Gomes; PERALLES, Ubiracyr. *Teoria e prática da execução penal*. Rio de Janeiro: Lumen Juris, 2010. p. 271-272.

uma vez, que o sistema pátrio confere tratamento efetivo de pena à medida de segurança, "utilizando-se da gravidade do delito para justificar a internação compulsória, bem como a imposição de um prazo mínimo de internação", explicitando o descompasso da legislação relativamente aos regramentos alusivos à saúde mental[74].

A cessação da periculosidade será averiguada ao cabo do prazo mínimo fixado de duração da medida de segurança (art. 175, da Lei de Execução Penal). Como se depreende, para se requerer o exame, não se exige cumprimento de mais da metade da medida imposta, conforme dispõe a súmula nº 520, do STF, se referindo ao art. 777, do CPP, hoje suplantado pelo aludido art. 175, da LEP. O requerimento do exame de cessação de periculosidade pode acontecer anteriormente à expiração do prazo mínimo, especialmente para prevenir que o submetido à medida de segurança permaneça com a liberdade cerceada por mais tempo que fixado minimamente.

O exame será realizado pela aferição das condições pessoais do agente, com a observância das seguintes regras:

(1) a autoridade administrativa, até 1 (um) mês antes de expirar o prazo de duração mínima da medida, remeterá ao juiz minucioso relatório que o habilite a resolver sobre a revogação ou permanência da medida;

(2) o relatório será instruído com o laudo psiquiátrico;

(3) juntado aos autos o relatório ou realizadas as diligências, serão ouvidos, sucessivamente, o Ministério Público e o curador ou defensor, no prazo de 3 (três) dias para cada um;

(4) o juiz nomeará curador ou defensor para o agente que não o tiver;

(5) o juiz, de ofício ou a requerimento de qualquer das partes, poderá determinar novas diligências, ainda que expirado o prazo de duração mínima da medida de segurança;

(6) ouvidas as partes ou realizadas as diligências a que se refere o inciso anterior, será proferida decisão pelo magistrado, no prazo de 5 (cinco) dias.

O exame para verificação de cessação da periculosidade poderá ser determinado a qualquer tempo, mesmo que no decorrer do prazo mínimo de duração da medida (art. 176, LEP), desde que provocado o juiz da execução por requerimento fundamentado do Ministério Público ou do interessado, seu procurador ou defensor, seguindo as regras citadas acima. Também nos exames sucessivos, será observado idêntico procedimento.

Nos casos de desinternação ou de liberação, o beneficiário se sujeitará, no que for pertinente, às condições equivalentes ao livramento condicional (arts. 132 e 133, LEP). A sentença de desinternação ou de liberação do submetido a medida de segurança se sujeita a agravo em execução, com efeito suspensivo (art. 179, LEP). Daí que a efetiva liberdade do beneficiado só tem lugar após o trânsito em julgado da decisão, isto é, o juiz só determinará a efetiva desinternação ou liberação depois de transcorrido o prazo legal ***in albis***.

74. FERRO, Rodrigo Cavalcante. Medida de segurança: considerações críticas acerca da internação sob o pretexto de perigosidade. In: *Temas atuais do direito*. Carla Priscilla Barbosa Santos Cordeiro; Rodrigo Cavalcante Ferro (coords.). Recife: Nossa Livraria, 2016. p. 148.

10.5. Prisão albergue domiciliar

A prisão domiciliar é excepcional, somente se admitindo o recolhimento do beneficiário de regime aberto em residência particular quando se tratar de: (1) condenado maior de 70 (setenta) anos; (2) condenado acometido de doença grave; (3) condenada com filho menor ou deficiente físico ou mental; e (4) condenada gestante.

Entendemos que na falta de casa do albergado, destinada ao cumprimento de pena em regime aberto e de pena de limitação de fim de semana, é possível o deferimento de prisão albergue domiciliar, não sendo admissível restringir direito do apenado em virtude de omissão do Estado. Sobre o ponto, remetemos o leitor ao item 6.4 supra.

A prisão albergue domiciliar não se confunde com a prisão domiciliar cautelar. Esta, por sua vez, substitui a prisão preventiva, que seria cumprida em estabelecimento prisional adequado, qual seja, cadeia pública (art. 317 e 318 do CPP alterados pela Lei nº 12.403/2011). Ambas são cumpridas no domicílio do réu ou do apenado, mas por força de títulos distintos: aquela em face do decreto de prisão preventiva e a última em virtude de sentença penal condenatória transitada em julgado.

Embora diversos os requisitos para o deferimento da prisão domiciliar cautelar, entendemos que o juiz poderá se valer dos critérios que sejam mais favoráveis ao apenado para o fim de deferir prisão albergue domiciliar a partir do disposto no art. 318, do CPP, notadamente quando sua presença em casa seja imprescindível aos cuidados especiais de pessoa menor de doze anos de idade. Decerto, de acordo com as modificações introduzidas pela Lei nº 13.257/2016 (Lei do Marco da Infância), o juiz poderá substituir a preventiva pela prisão domiciliar quando o agente, apresentando prova idônea de sua situação de fato:

(1) contar com mais de oitenta anos;

(2) estiver extremamente debilitado por motivo de doença grave;

(3) for imprescindível aos cuidados especiais de pessoa menor de seis anos de idade ou com deficiência;

(4) for gestante, independentemente do tempo de gestação ou do grau de risco de sua gravidez;

(5) mulher com filho de até doze anos de idade incompletos; e

(6) homem, caso seja o único responsável pelos cuidados do filho de até 12 (doze) anos de idade incompletos.

10.6. Procedimento da execução penal

10.6.1. Iniciativa

O procedimento para a execução penal se desenvolve judicialmente, perante o juízo da execução, ou seja, perante o juiz criminal com competência prevista nas leis de organização judiciária. A legitimidade para o impulso da execução penal é ampla. O rito pode ser assim iniciado de ofício, a requerimento do Ministério Público, do interessado, de quem o represente, de seu cônjuge, parente ou descendente, mediante proposta do Conselho Penitenciário, ou, ainda, da autoridade administrativa.

Tratando-se de ação criminal de competência dos juizados especiais criminais, a execução penal é desenvolvida perante ele próprio, porquanto nos termos do art. 3º, § 1º, I, da Lei nº 9.099/1995, compete aos juizados promover a execução de seus julgados.

10.6.2. Guia de execução penal

Ao transitar em julgado a sentença que aplicar pena privativa de liberdade e se o réu estiver ou vier a ser preso, o juiz ordenará a expedição de guia de recolhimento para a execução (guia de execução penal). Nada impede – antes recomenda, por ser mais benéfico ao acusado, embora não deva se entender que aí se tem execução provisória da pena – que a emissão de guia de recolhimento seja também ordenada para o acusado preso preventivamente e condenado por sentença recorrível, porquanto é na guia de recolhimento que constam os dados necessários para a segregação do agente, possibilitando a concessão de benefícios que só seriam auferíveis se transitada em julgado a sentença, a exemplo da progressão de regime e livramento condicional.

A guia de recolhimento é extraída pelo escrivão, com sua rubrica em todas as folhas, bem como com a assinatura do juiz, dando-se ciência ao Ministério Público de sua emissão. Uma vez concluída, a guia de execução penal será remetida à autoridade administrativa incumbida da execução, com o seguinte conteúdo:

(1) o nome do condenado (para cada apenado será expedida uma guia de execução penal, vale dizer, a guia de recolhimento é individual);

(2) a sua qualificação civil e o número do registro geral no órgão oficial de identificação;

(3) o inteiro teor da denúncia e da sentença condenatória, bem como certidão do trânsito em julgado;

(4) a informação sobre os antecedentes e o grau de instrução;

(5) a data da terminação da pena;

(6) outras peças do processo reputadas indispensáveis ao adequado tratamento penitenciário.

Depois de emitida, podem ser verificados equívocos na guia de recolhimento, bem como pode sobrevir alterações na quantidade e na qualidade da sanção penal, a exemplo de eventual unificação das penas, pelo que a guia de execução criminal será retificada sempre que sobrevier modificação quanto ao início da execução ou ao tempo de duração da pena. De todo modo, caso o condenado, ao tempo do fato, pertença aos quadros da Administração da Justiça Criminal, far-se-á, na guia, menção dessa circunstância, para que seja recolhido em dependência separada.

As guias de execução penal devem ser registradas em livro especial, conforme a ordem cronológica do recebimento, e anexadas ao prontuário do apenado, aditando-se, no curso da execução, o cálculo das remições e de outras retificações ulteriores.

10.6.3. Processamento

Consoante seja a iniciativa do juízo da execução penal ou de outro legitimado, a portaria ou petição será autuada ouvindo-se, em 3 (três) dias, o condenado e o Ministério

Público, quando não figurem como requerentes da medida. Os autos de execução penal são formados de cópias das peças essenciais da ação penal, tais como denúncia, sentença e acórdãos, não sendo necessária produção de prova, pelo que o juiz proferirá decisão de plano, em igual prazo, determinando a emissão de guia de execução penal.

No entanto, o juiz pode verificar a necessidade de realização de prova pericial, reputando sua indispensabilidade, devendo, em tal caso, ordenar sua produção e/ou realização de audiência e, após, proferir decisão. Pode acontecer situação que indique que o apenado já cumpriu parte da pena (detração) ou faz jus à remição, sendo necessário dirimir a dúvida antes da emissão da guia de execução penal ou, se já expedida esta, retificá-la para o adequado cumprimento da pena.

10.7. Execução provisória da pena

A execução provisória da pena se fundamenta na ideia de que depois de prolatada a sentença condenatória, já preclusa ao MP, se impõe a prisão decorrente da condenação.

Sobre o tema, Afrânio Silva Jardim, em estudo já clássico, defende que "a prisão em decorrência de sentença penal condenatória recorrível não apresenta características essenciais às medidas cautelares", sendo, na realidade, "efeito da sentença condenatória que aprecia o mérito da pretensão punitiva", com "indisfarçável natureza de tutela satisfativa, ainda que submetida a condição resolutiva". Com essa conclusão, o autor sublinha que "o reconhecimento da natureza de execução provisória à prisão em decorrência de sentença condenatória recorrível permite ao réu se beneficiar dos direitos outorgados pela Lei de Execução Penal, mesmo antes da apreciação do seu recurso"[75].

O STF e demais tribunais vêm oscilando de entendimento sobre a matéria.

10.7.1. Execução provisória de pena privativa de liberdade e dissídio jurisprudencial

Em um momento, a Suprema Corte decidiu pela inconstitucionalidade da execução provisória da pena, entendendo só possível a prisão antes do trânsito em julgado com esteio no princípio da necessidade (feição cautelar), expurgando do ordenamento jurídico a possibilidade de se ter aquele instituto, embora seja possível a emissão de guia de recolhimento para fins de concessão de benefícios próprios de condenado com trânsito em julgado, nos termos da Lei de Execução Penal, com a cautela de não ofender o princípio da presunção de inocência, eis que só admitida prisão se presentes os requisitos da prisão preventiva (art. 312, CPP). Assim, são assegurados os benefícios da LEP ao condenado por sentença recorrível, consoante, aliás, preconiza o verbete de nº 716, da súmula da Suprema Corte, que pontifica a admissibilidade de progressão de regime de cumprimento da pena ou de aplicação imediata de regime menos severo nela determinada, antes do trânsito em julgado da sentença condenatória.

Pela importância do tema, cabe transcrever o seguinte trecho da ementa do respectivo acórdão:

> 1. O art. 637 do CPP estabelece que "[o] recurso extraordinário não tem efeito suspensivo, e uma vez arrazoados pelo recorrido os autos do traslado,

75. JARDIM, Afrânio Silva. *Direito processual penal*. 11. ed. Rio de Janeiro: Forense, 2002. p. 277.

> os originais baixarão à primeira instância para a execução da sentença". **A Lei de Execução Penal condicionou a execução da pena privativa de liberdade ao trânsito em julgado da sentença condenatória. A Constituição do Brasil de 1988 definiu, em seu art. 5º, inciso LVII, que "ninguém será considerado culpado até o trânsito em julgado de sentença penal condenatória"**. 2. Daí que os preceitos veiculados pela Lei nº 7.210/84, além de adequados à ordem constitucional vigente, sobrepõem-se, temporal e materialmente, ao disposto no art. 637 do CPP. 3. **A prisão antes do trânsito em julgado da condenação somente pode ser decretada a título cautelar.** 4. **A ampla defesa, não se a pode visualizar de modo restrito. Engloba todas as fases processuais, inclusive as recursais de natureza extraordinária. Por isso a execução da sentença após o julgamento do recurso de apelação significa, também, restrição do direito de defesa, caracterizando desequilíbrio entre a pretensão estatal de aplicar a pena e o direito, do acusado, de elidir essa pretensão.** 5. Prisão temporária, restrição dos efeitos da interposição de recursos em matéria penal e punição exemplar, sem qualquer contemplação, nos "crimes hediondos" exprimem muito bem o sentimento que EVANDRO LINS sintetizou na seguinte assertiva: "Na realidade, quem está desejando punir demais, no fundo, no fundo, está querendo fazer o mal, se equipara um pouco ao próprio delinquente". 6. **A antecipação da execução penal, ademais de incompatível com o texto da Constituição, apenas poderia ser justificada em nome da conveniência dos magistrados – não do processo penal.** A prestigiar-se o princípio constitucional, dizem, os tribunais [leia-se STJ e STF] serão inundados por recursos especiais e extraordinários e subsequentes agravos e embargos, além do que "ninguém mais será preso". Eis o que poderia ser apontado como incitação à "jurisprudência defensiva", que, no extremo, reduz a amplitude ou mesmo amputa garantias constitucionais. A comodidade, a melhor operacionalidade de funcionamento do STF não pode ser lograda a esse preço[76].

O STF, à época, sublinhou a vedação de execução provisória da pena pela simples existência de sentença condenatória ou mesmo pela interposição de recurso extraordinário ou especial sem efeito suspensivo, já que o sistema requer que toda prisão antes do trânsito em julgado seja de natureza cautelar, com base na necessidade. Daí que a regra é a impossibilidade de execução provisória da pena, sem prejuízo de incidência dos dispositivos da lei de execução penal benéficos ao acusado quando existente prisão cautelar (provisória) e sentença condenatória recorrível, com a emissão de guia de recolhimento penal.

Essa era a tendência da Suprema Corte que reiteradamente afirmava "o entendimento de que a execução provisória da pena, ausente a justificativa da segregação cautelar, fere o princípio da presunção de inocência"[77]. Ou seja, há possibilidade de execução provisória da pena, de forma precária e porque mais favorável ao acusado, desde que a prisão seja lastreada na necessidade regulada pelo art. 312, CPP (segregação cautelar), cuidando assim para não ofender a presunção de inocência.

Renato Marcão, por seu turno, chama atenção que o art. 2º, da Lei de Execução Penal, dispõe que ela se aplica de maneira igual ao preso provisório, mencionando o enunciado nº 717, da súmula do STF, que aduz que "nada impede a progressão de regime de execução

76. STF – Pleno – HC 84078, Rel. Min. Eros Grau – DJ 26/02/2010.
77. STF – Primeira Turma – HC 99717 – Rel. Min. Ricardo Lewandowski – DJ 24/11/2010.

de pena, fixada em sentença não transitada em julgado, o fato de o réu se encontrar em prisão especial". Ademais, "por ser execução provisória" (de benefício), destaca o autor, "não há falar em violação de norma constitucional por quebra da presunção de inocência"[78].

Modificada a composição do STF, o seu órgão Pleno deliberou, por maioria, pelo cabimento de execução provisória de pena após confirmação da condenação penal por tribunal, em segundo julgamento. Inicialmente tal julgado teve efeito não vinculante e *inter partes*[79]. Essa decisão seguiu direção oposta à orientação antes firmada, que somente admitia a prisão provisória, ainda que lastreada em condenação não transitada em julgado, quando presente o requisito da cautelaridade, ou seja, quando indispensável, nos termos do art. 312, do CPP. A decisão foi objeto de divergências entre os ministros, com o desfecho de reconhecimento de repercussão geral, para que produza efeitos gerais (ARE 964.246)[80]. O STF reconheceu a reafirmação de sua jurisprudência nesse sentido, reputando que a execução provisória de pena não ofende o princípio constitucional da presunção de inocência, nem fere o art. 283, do CPP. Discordamos do posicionamento da Suprema Corte.

Em suma, quanto à denominada execução provisória da pena, o tema segue sendo objeto de divergência nas Cortes Superiores brasileiras:

(1) há decisão isolada, em sede liminar, sugerindo a execução da pena não depois de confirmada a condenação de primeira instância pelo tribunal ad quem, mas depois de confirmada a decisão pelo Superior Tribunal de Justiça, como forma de redução de danos[81];

(2) as decisões que admitiram cumprimento de pena privativa de liberdade antes da formação de culpa não devem possuir efeito vinculante aos demais órgãos jurisdicionais;

(3) de todo modo, pensamos não ser possível, sob a ótica de técnica de controle de constitucionalidade, superar o preceito do art. 283, do Código de Processo Penal, independentemente de se cuidar de imposição de pena restritiva de direito ou de privativa de liberdade[82].

10.7.2. Impossibilidade de execução provisória de pena restritiva de direitos

O STJ, de outro prisma, se manifestou sobre a impossibilidade de execução da pena restritiva de direitos antes do trânsito em julgado da sentença penal condenatória, afirmando não ser "possível a execução da pena restritiva de direitos antes do trânsito em julgado da

78. MARCÃO, Renato. *Curso de execução penal*. 8. ed. São Paulo: Saraiva, 2010. p. 148-149.

79. STF. Informativo nº 814, de fevereiro de 2016 (Pleno – HC 126292/SP – Rel. Min. Teori Zavascki – 17/02/2016).

80. Cuidou-se de decisão tomada em "Plenário virtual", no ARE 964.246: "O Tribunal, por unanimidade, reputou constitucional a questão. O Tribunal, por unanimidade, reconheceu a existência de repercussão geral da questão constitucional suscitada. No mérito, por maioria, reafirmou a jurisprudência dominante sobre a matéria, vencidos os Ministros Celso de Mello, Dias Toffoli, Marco Aurélio e Ricardo Lewandowski. Não se manifestou a Ministra Rosa Weber".

81. Noticiou-se que "o ministro Gilmar Mendes, do Supremo Tribunal Federal, reafirmou sua mudança de entendimento em relação à execução antecipada da pena. Ao conceder liminar em Habeas Corpus afastando a execução provisória após decisão em segundo grau, o ministro seguiu o entendimento do ministro Dias Toffoli, de que é preciso aguardar o julgamento do recurso especial no Superior Tribunal de Justiça para que seja executada a pena" (Conjur. Aguardando o STJ Disponível em: <https://www.conjur.com.br/2017-set-19/hc-gilmar-mendes-volta-afastar-execucao-provisoria-pena>. Acesso em: 29 nov. 2011).

82. Vale confrontar aquele enunciado com o da Lei Maior: (1) Art. 5°, LVII, da CF/1988 – "ninguém será considerado culpado até o trânsito em julgado de sentença penal condenatória" (princípio da presunção de inocência)"; (2) Art. 283, do CPP: "ninguém poderá ser preso senão em flagrante delito ou por ordem escrita e fundamentada da autoridade judiciária competente, em decorrência de sentença condenatória transitada em julgado ou, no curso da investigação ou do processo, em virtude de prisão temporária ou prisão preventiva".

condenação"[83]. Nesse julgado, o Superior Tribunal de Justiça segue o STF relativamente ao cumprimento de penas restritivas de direito, aplicadas inclusive em substituição às penas privativas de liberdade.

10.8. Regressão de regime

Durante a execução da pena privativa de liberdade, pode haver regressão de regime de pena. A forma regressiva terá lugar, com a transferência para qualquer dos regimes mais rigorosos, quando o apenado:

1) praticar fato definido como crime doloso ou falta grave;

Vale frisar que há independência da apuração administrativa da falta grave consistente em crime doloso na seara da execução penal e seu processamento na justiça, em consonância com o entendimento do STJ. Com efeito, de acordo com sua Súmula de nº 526, "o reconhecimento de falta grave decorrente do cometimento de fato definido como crime doloso no cumprimento da pena prescinde do trânsito em julgado de sentença penal condenatória no processo penal instaurado para apuração do fato".

2) sofrer condenação, por crime anterior, cuja pena, somada ao restante da pena em execução, torne incabível o regime. Tal ocorre quando se tem necessidade de se unificar as penas, notadamente quando houver condenação por mais de um crime, em processos distintos.

Como se depreende, a unificação das penas em razão do advento de nova condenação por delito anterior ao trânsito em julgado daquele da execução já em curso, tem o efeito de tornar mais intenso o cumprimento de pena, isto é, há um recrudescimento da execução penal em tramitação. No entanto, o teto de trinta anos estabelecido legalmente é um limite a uma maior intensidade penal.

Daí não se pode permitir a alteração do parâmetro temporal inicial (data-base, termo *a quo*), quando da unificação das penas, para a concessão de benefícios subsequentes, à míngua de previsão legal e desconsiderando o tempo anterior. Se tal fosse permitido, a cada unificação, ficaria sobremodo difícil ao apenado lograr completar o tempo previsto em lei para lograr o deferimento de progressão de regime ou de livramento condicional.

Nesse sentido, o STJ, por sua Terceira Seção, vivificou que "a unificação de nova condenação definitiva já possui o condão de recrudescer o *quantum* de pena restante a ser cumprido pelo reeducando, logo, a alteração da data-base para concessão de novos benefícios, a despeito da ausência de previsão legal, configura excesso de execução, baseado apenas em argumentos extrajurídicos"[84].

Além dessas hipóteses, o apenado será transferido do regime aberto se frustrar os fins da execução ou não pagar, podendo, a multa cumulativamente imposta. De todo modo, tanto no caso de prática de fato definido como crime doloso ou falta grave, como no de frustração dos fins da execução penal ou do pagamento da multa, a decisão regressiva será precedida de oitiva prévia do condenado, que deve estar assistido por defesa técnica.

83. Nesse sentido, decidiu a Terceira Seção, do STJ (Informativo 609, de 13/9/2017 – EREsp 1.619.087-SC, decisão por maioria, DJe 24/8/2017).

84. STJ – Terceira Seção – REsp 1.557.461-SC, Rel. Min. Rogerio Schietti Cruz, por maioria, julgado em 22/02/2018, DJe 15/03/2018 – Informativo 621, de 6 de abril de 2018.

10.8.1. Regressão cautelar

A regressão ou suspensão cautelar de regime pode ser aplicada pelo juiz, em decisão fundamentada. Decorre do poder geral de cautela do magistrado que, diante de situações determinadas, ordene o retorno do apenado ao regime anterior (regime fechado, por exemplo), caso verifique fato dotado de ***fumus commissi delicti*** e que recomende decisão que afaste ***periculum in mora*** (ou mais precisamente, ***periculum libertatis*** que deflui do regime progredido).

Como averba Guilherme Nucci,

> dependendo do caso concreto, pode o juiz da execução penal suspender cautelarmente o regime mais benéfico (aberto ou semiaberto), inserindo o condenado em regime fechado. Afinal, conforme o crime, em tese, cometido, podendo, inclusive, haver prisão em flagrante, a gravidade da situação impõe medida urgente, de modo a evitar qualquer frustração no cumprimento da pena.[85]

Daí asseverar Renato Marcão que o juiz da execução penal tem "o poder-dever, diante do caso concreto, de determinar medidas emergenciais visando assegurar os fins e a efetividade do processo executivo, inibindo qualquer ato atentatório aos destinos da execução"[86].

10.9. Progressão de regime

10.9.1. Requisitos

É na sentença que o juiz define o regime no qual o condenado deve iniciar o cumprimento da pena privativa de liberdade, nos termos do art. 33, do Código Penal. O regime inicial de pena é fixado na sentença pelo juiz, segundo os parâmetros estatuídos no Código Penal, não podendo ser determinado regime mais gravoso que o previsto legalmente, com base apenas na gravidade em tese do crime (fundamentação insuficiente).

Tal entendimento está em compasso com a súmula nº 440, do Superior Tribunal de Justiça, rezando que uma vez "fixada a pena-base no mínimo legal, é vedado o estabelecimento de regime prisional mais gravoso do que o cabível em razão da sanção imposta, com base apenas na gravidade abstrata do delito", bem como de acordo com o do STF, em sua súmula nº 718, determinando que "a opinião do julgador sobre a gravidade em abstrato do crime não constitui motivação idônea para a imposição de regime mais severo do que o permitido segundo a pena aplicada".

De todo modo, caso seja necessária a imposição do regime de cumprimento mais severo do que a pena aplicada permitir segundo o Código Penal, é exigida motivação idônea (súmula nº 719 do STF).

Caso haja condenação por mais de um crime, no mesmo processo ou em processos distintos, a determinação do regime de cumprimento será feita pelo resultado da soma ou unificação das penas, observada, quando for o caso, a detração ou remição (art. 111, LEP). De maneira análoga, sobrevindo condenação no curso da execução, será somada a

85. NUCCI, Guilherme de Souza. *Leis penais e processuais penais comentadas*. 5. ed. RT: São Paulo, 2010. p. 562.
86. MARCÃO, Renato. *Curso de execução penal*. 8. ed. São Paulo: Saraiva, 2010. p. 199.

pena ao restante da que está sendo cumprida, para determinação do regime, em decisão judicial fundamentada.

Em respeito ao princípio da individualização da pena, a sanção privativa de liberdade será executada em forma progressiva com a transferência para regime menos rigoroso, a ser determinado pelo juiz, quando o preso tiver cumprido ao menos um sexto da pena no regime anterior e ostentar bom comportamento carcerário, comprovado pelo diretor do estabelecimento, atendidas as normas que vedam a progressão (art. 112, *caput*, da Lei nº 7.210/1984, com redação dada pela Lei nº 10.792/2003).

O deferimento da progressão de regime, contudo, era, anteriormente à referida alteração legislativa, necessariamente precedido de parecer da Comissão Técnica de Classificação e do exame criminológico, conforme dispunha o parágrafo único, do aludido art. 112. A nova redação, no entanto, apenas exigiu a comprovação de bom comportamento atestada pelo diretor do estabelecimento, o que acabou por dar sustentação a uma corrente jurisprudencial que defendia a desnecessidade do exame criminológico, notadamente quando o Estado não se mostra eficiente na sua realização tempestiva.

Diante das divergências sobre o tema, o STJ editou a súmula nº 439, que temperou a solução, para afirmar a admissibilidade do exame criminológico sempre que as peculiaridades do caso recomendar, desde que em decisão suficientemente fundamentada. Assim, mesmo não previsto expressamente o exame criminológico pelo art. 112, da Lei de Execução Penal[87], ele pode ser determinado para complementar os demais requisitos para concessão de benefícios que tornem menos gravoso o regime de pena do condenado. Pacificada a questão na mesma senda do STF, que em seguidos precedentes destacou que "a alteração do art. 112 da Lei de Execuções Penais pela Lei nº 10.792/2003 não proibiu a realização do exame criminológico"[88].

Cabe avivar, de outro giro, o enunciado sumular nº 717, do STF, que, na linha de entender a progressão de regime como direito subjetivo do preso, aventa: "não impede a progressão de regime de execução da pena, fixada em sentença não transitada em julgado, o fato de o réu se encontrar em prisão especial".

Apropriado o entendimento do STF, embora interesse registrar a discordância de Nucci, argumentando que "o acusado colocado em prisão especial não conta com o mesmo tratamento dos demais presos provisórios", haja vista que "estes, quando almejam a progressão de regime, são transferidos para o sistema penitenciário, para que possam ser avaliados pela Comissão Técnica de Classificação", levando em conta a necessidade de comprovação de merecimento para a progressão, "bem como para que possam trabalhar regularmente"[89].

Nos termos do art. 2º, §§ 1º e 2º, da Lei nº 8.072/1990, com redação dada pela Lei nº 11.464/2007, quando se cuidar de crime hediondo ou equiparado, cuja pena deve ser cumprida no regime inicialmente fechado, a progressão de regime só ocorrerá após o

87. O art. 112 da Lei de Execução Penal foi alterado pela Lei nº. 13.769/2018 que acrescentou os parágrafos 3º, com seus incisos, e 4º.

88. STF – Primeira Turma – HC 103733, Rel. Min. Ricardo Lewandowski – DJ: 18/11/2010.

89. NUCCI, Guilherme de Souza. *Leis penais e processuais penais comentadas*. 5. ed. RT: São Paulo, 2010. p. 455.

cumprimento de 2/5 (dois quintos) da pena, se o apenado for primário, e de 3/5 (três quintos), se reincidente.

A modificação legislativa decorreu da declaração de inconstitucionalidade da redação anterior do art. 2º, da Lei nº 8.072/1990, que estabelecia obrigatoriamente o regime integralmente fechado para os condenados por crime hediondo, com a subsequente edição da súmula vinculante nº 26, com o seguinte teor:

> Para efeito de progressão de regime no cumprimento de pena por crime hediondo, ou equiparado, o juízo da execução observará a inconstitucionalidade do art. 2º da Lei nº 8.072, de 25 de julho de 1990, sem prejuízo de avaliar se o condenado preenche, ou não, os requisitos objetivos e subjetivos do benefício, podendo determinar, para tal fim, de modo fundamentado, a realização de exame criminológico.

Como se depreende, ao afirmar a inconstitucionalidade referida pelo enunciado vinculante em tela, ao juiz é facultado determinar exame criminológico de acordo com as nuances do caso concreto e de modo fundamentado, não sendo tal procedimento uma consequência automática[90].

Com a nova redação do art. 2º e parágrafos, da Lei dos Crimes Hediondos, ficou atendida a necessidade de progressão de regime e de diferenciação dos prazos para concessão desse benefício, com base no critério da hediondez do delito. Nesse contexto, deve-se frisar, na esteira da jurisprudência do STJ, que a modalidade tentada do delito não afasta a sua hediondez[91].

De todo modo, ainda que o delito seja hediondo, deve ser observada a situação peculiar da mulher apenada que tenha filhos com deficiência ou com idade inferior a 12 anos (criança), bem como se estiver gestante. Seguindo essa orientação, a Lei nº 13.769/2018 inseriu ao § 2º, do art. 2º, da Lei nº 8.072/1990 (Lei dos Crimes Hediondos), a necessidade de serem observadas as regras para progressão especial de regime que a mulher faz jus, desde que atendidas as condições estipuladas nos parágrafos 3º e 4º[92], do art. 112, da Lei de Execução Penal.

A decisão que concede a progressão será sempre motivada e precedida de manifestação do Ministério Público e do defensor. Procedimento idêntico será adotado na concessão de livramento condicional, indulto e comutação de penas, respeitados os prazos previstos nas normas vigentes.

O ingresso do apenado em regime aberto supõe a aceitação de seu programa e das condições impostas pelo juiz, somente podendo ingressar nesse regime o apenado que (1)

90. STF – Segunda Turma – Rcl 27616 AgR/SP – Relator Min. Ricardo Lewandowski, j. 9.10.2018 – Informativo 919, de 8 a 12.10.2018.

91. STJ – Quinta Turma – HC 220.978/RJ – Rel. Min. Laurita Vaz – DJe 16/10/2012. (Info 506)

92. Como descrito nos mencionados enunciados do art. 112, da Lei nº 7.210/1984. No seu § 3º, estatui que "no caso de mulher gestante ou que for mãe ou responsável por crianças ou pessoas com deficiência, os requisitos para progressão de regime são, cumulativamente: I – não ter cometido crime com violência ou grave ameaça a pessoa; II – não ter cometido o crime contra seu filho ou dependente; III – ter cumprido ao menos 1/8 (um oitavo) da pena no regime anterior; IV – ser primária e ter bom comportamento carcerário, comprovado pelo diretor do estabelecimento; V – não ter integrado organização criminosa". Já no seu § 4º, preconiza, em arremate, que "o cometimento de novo crime doloso ou falta grave implicará a revogação do benefício previsto no § 3º deste artigo".

estiver trabalhando ou comprovar a possibilidade de fazê-lo imediatamente e (2) apresentar, pelos seus antecedentes ou pelo resultado dos exames a que foi submetido, fundados indícios de que irá ajustar-se, com autodisciplina e senso de responsabilidade, ao novo regime.

Atento às condições individuais dos apenados, o legislador autorizou dispensa do trabalho do condenado (1) maior de setenta anos, (2) acometido de doença grave, (3) com filho menor ou deficiente físico ou mental e (4) gestante.

São condições gerais e obrigatórias para a concessão do regime aberto: (1) permanecer o condenado no local que for designado, durante o repouso e nos dias de folga; (2) sair para o trabalho e retornar, nos horários fixados; (3) não se ausentar da cidade onde reside, sem autorização judicial; e (4) comparecer a Juízo, para informar e justificar as suas atividades, quando for determinado.

Além das condições acima, o juiz poderá estabelecer condições especiais, como autoriza o art. 115 da Lei de Execução Penal. Entretanto, nos termos do verbete sumular nº 493 do STJ, editado em 2012, "é inadmissível a fixação de pena substitutiva (art. 44 do CP) como condição especial ao regime aberto". Com a súmula, impede-se que o magistrado obrigue o apenado, por exemplo, a prestar serviços à comunidade para poder progredir ao regime aberto. Como a prestação de serviços é pena autônoma e substitutiva, esta prática configura claro ***bis in idem***, agora vedado pelo STJ.

É possível a modificação das condições estabelecidas inicialmente para o ingresso no regime aberto, podendo o juiz determiná-la motivadamente, de ofício, a requerimento do ***Parquet***, da autoridade administrativa ou do condenado, desde que as circunstâncias assim o recomendem. A par das disposições da Lei de Execução Penal, a legislação local (lei de organização judiciária) poderá estabelecer normas complementares para o cumprimento da pena privativa de liberdade em regime aberto.

Atenção especial foi dada, pelo legislador, à situação da mulher que cumpre pena, notadamente gestante ou mãe de pessoa com deficiência ou com idade inferior a 12 anos (criança). A Lei nº 13.769/2018, destarte, incluiu o § 3º, ao art. 112, da lei nº 7.210/1984, para assentar que, "no caso de mulher gestante ou que for mãe ou responsável por crianças ou pessoas com deficiência, os requisitos para progressão de regime" deverão ser, de forma cumulativa: (1) não ter, a apenada, "cometido crime com violência ou grave ameaça a pessoa"; (2) "não ter cometido o crime contra seu filho ou dependente"; (3) "ter cumprido ao menos 1/8 (um oitavo) da pena no regime anterior"; (4) "ser primária e ter bom comportamento carcerário, comprovado pelo diretor do estabelecimento"; e (5) "não ter integrado organização criminosa".

Em acréscimo ao citado art. 112, da Lei de Execução Penal, a Lei nº 13.769/2018 estampou no § 4º, daquele dispositivo que "o cometimento de novo crime doloso ou falta grave implicará a revogação do benefício". Apesar da dicção cogente dessa previsão, é indispensável a instauração de procedimento contraditório, ainda que nos autos da execução penal, com designação de audiência para a oitiva da mulher apenada, a fim de ser avaliada a proporcionalidade da medida, diante da necessidade de dar efetividade ao princípio da prioridade absoluta que deve ter a criança, bem como à necessária tutela das pessoas em situação de vulnerabilidade.

10.9.2. Progressão por salto

Pensamos ser possível que o apenado seja beneficiado pela progressão por salto. Isso pode ocorrer quando se verificar, em execução penal iniciada com o trânsito em julgado da sentença condenatória, que o condenado já cumpriu tempo de prisão provisória suficiente para fazer incidir a progressão de regime ***per salto*** – sem a necessidade de cumprir a pena pelo prazo previsto para a progressão no regime imediatamente anterior –, notadamente se a sentença fixou o regime inicial fechado e o condenado já havia permanecido preso por prazo que seria suficiente para progressão não só para o regime semiaberto, mas também para o regime aberto.

Não se entendendo dessa forma, o apenado será prejudicado duplamente, apesar da ineficiência estatal, porquanto, ao lado de não gozar indevidamente dos benefícios da Lei de Execução Penal durante o período que ficou preso provisoriamente (mormente por não ter sido a ele assegurada à progressão pretendida), deverá permanecer por mais tempo para ser colocado no regime que seria devido se atendidos os ditames da legislação de forma integral.

Pela mesma razão, deve ser admitida a designação de audiência admonitória para fins de colocação do apenado em livramento condicional, caso ele já tenha cumprido mais de 2/3 (dois terços) da pena por força de prisão cautelar decretada na fase de instrução do processo de conhecimento criminal.

No entanto, **não** é esse a posição que prevalece sobre o tema. Renato Marcão aviva que "o condenado que cumpre pena no regime fechado não pode progredir diretamente para o regime aberto. Para obter a progressão, deverá, antes, cumprir um sexto de sua pena no regime semiaberto, e demonstrar a satisfação de seu mérito, preenchendo assim os requisitos objetivos e subjetivos"[93].

É o entendimento dos tribunais, notadamente do STJ, que, recentemente, editou a súmula nº 491, cujo conteúdo é claro e peremptório: "é inadmissível a chamada progressão ***per saltum*** de regime prisional".

10.10. Incidentes e conversões

A disciplina da substituição da pena privativa de liberdade em penas restritivas de direitos encontra-se, especialmente, disposta no Código Penal, a partir de seu art. 44, com redação dada pela Lei nº 9.714/1998. Tal substituição é aplicada por ocasião da prolação da sentença condenatória e depende da presença dos requisitos ali estampados.

Diferente é a conversão da pena privativa de liberdade cujo cumprimento se encontra em curso em pena restritiva de direitos. Nesta hipótese, o que se requer, primeiramente, é que não tenha sido aplicado o artigo 44, do Código Penal, ou, mais precisamente, que o apenado esteja cumprindo pena em regime aberto (não superior a dois anos). Além dessa condição, para a conversão é preciso que o condenado tenha cumprido pelo menos ¼ (um quarto) da pena, bem como que seus antecedentes e personalidade indiquem ser recomendável a providência.

93. MARCÃO, Renato. *Curso de execução penal*. 8. ed. São Paulo: Saraiva, 2010. p. 167.

De outro lado, a conversão da pena restritiva de direitos em privativa de liberdade ocorrerá na hipótese de descumprimento injustificado da restrição imposta. Para a conversão, no cálculo da pena privativa de liberdade a se executar será deduzido o tempo cumprido da pena restritiva de direitos, respeitado o saldo mínimo de trinta dias de detenção ou reclusão, a teor do § 4º, do art. 44, do Código Penal.

Caso sobrevenha condenação à pena privativa de liberdade, por outro crime, o juiz da execução penal decidirá sobre a conversão, podendo deixar de aplicá-la se for possível ao condenado cumprir a pena substitutiva anterior. Como se infere, tem-se aí um espaço de decisão para o magistrado que levará em conta a viabilidade da continuidade de cumprimento da pena restritiva de direito. Se impossível o cumprimento simultâneo, na decisão unificadora das penas o juiz da execução converterá aquela em pena privativa de liberdade, somando-a com a condenação superveniente.

Estabelece a Lei das Execuções Penais que a pena de prestação de serviços à comunidade será convertida em pena privativa de liberdade quando o condenado: (1) não for encontrado por estar em lugar incerto e não sabido, ou desatender a intimação por edital; (2) não comparecer, injustificadamente, à entidade ou programa em que deva prestar serviço; (3) recusar-se, injustificadamente, a prestar o serviço que lhe foi imposto; (4) praticar falta grave; e (5) sofrer condenação por outro crime à pena privativa de liberdade, cuja execução não tenha sido suspensa.

Já a pena de limitação de fim de semana será convertida em privação de liberdade quando o condenado: (1) não comparecer ao estabelecimento designado para o cumprimento da pena; (2) recusar-se a exercer a atividade determinada pelo Juiz; (3) não for encontrado por estar em lugar incerto e não sabido ou se desatender a intimação por edital; (4) praticar falta grave; ou (5) sofrer condenação por outro crime à pena privativa de liberdade, cuja execução não tenha sido suspensa.

Por último, a pena de interdição temporária de direitos será convertida quando o condenado: (1) exercer, injustificadamente, o direito interditado; (2) não comparecer ao estabelecimento designado para o cumprimento da pena; ou (3) sofrer condenação por outro crime à pena privativa de liberdade, cuja execução não tenha sido suspensa.

10.10.1. Doença mental superveniente

O artigo 183, da Lei de Execução Penal, com redação dada pela Lei nº 12.313/2010, preconiza que se no decorrer da execução da pena privativa de liberdade, advier doença mental ou perturbação da saúde mental, o juiz das execuções, de ofício, a requerimento do Ministério Público, da Defensoria Pública ou da autoridade administrativa, poderá determinar a substituição da pena por medida de segurança.

Em tal caso, de superveniência de doença mental, o apenado deve ser recolhido a hospital de custódia e tratamento psiquiátrico ou, à falta, a outro estabelecimento adequado. De outra vertente, o tratamento ambulatorial poderá ser convertido em internação se o agente revelar incompatibilidade com a medida, hipótese em que o prazo mínimo de internação será de um ano.

Para fazer valer a regra do art. 183, da LEP, é plenamente possível o manejo de incidente de insanidade mental, durante o curso do processo de execução penal. Com o acometimento da enfermidade, o apenado perde a capacidade de compreender a reprimenda criminal, pelo que se faz necessária a substituição da pena por medida de segurança.

10.10.2. Desvio e excesso de execução

Desvio ou excesso de execução se configurará toda vez que algum ato for praticado além dos limites fixados na sentença, em normas legais ou regulamentares. Nessa situação fática, é possível suscitar o incidente de excesso ou desvio de execução, nos termos do art. 186, da LEP, cujos legitimados são: (1) o Ministério Público; (2) o Conselho Penitenciário; (3) o sentenciado; (4) a defensoria pública; e (5) qualquer dos demais órgãos da execução penal.

10.10.3. Anistia e indulto

A anistia e o indulto são benefícios concedidos como decorrência da soberania estatal (indulgência soberana ou ***indulgentia principis***), a primeira de competência do Congresso Nacional e o segundo por decreto do Presidente da República, a exemplo do indulto natalino[94] concedido com efeitos a partir de 25 de dezembro de cada ano.

A anistia é instituto de abrangência preponderantemente coletiva, por se referir a crimes determinados que serão objeto de extinção da punibilidade. O indulto, como ato de clemência do Poder Público, pode ser individual ou coletivo, extinguindo a punibilidade de crimes cometidos pelos apenados contemplados, de acordo com os requisitos que impuser, seja relativamente à época do delito, seja no tocante ao tempo de cumprimento da pena.

Em outros termos, o indulto individual é também denominado de graça na Constituição do Brasil[95] e em outros diplomas legislativos, consistindo em benefício que "pode ser total (pleno, irrestrito ou ilimitado), hipótese em que alcança todas as sanções impostas ao condenado, ou parcial (restrito ou limitado), hipótese em que ocorrerá o instituto da comutação, que implicará tão somente a redução ou substituição da sanção aplicada"[96]. Enquanto o indulto coletivo "é concedido espontaneamente (de ofício) pelo Presidente da República a diversas pessoas que se encontrem em determinadas condições ou situações estabelecidas em decreto", o indulto individual ou graça "é pleiteado pelo interessado ou por quem o represente ou pelo próprio Ministério Público ou pelo Conselho Penitenciário ou por qualquer autoridade administrativa, por petição, encaminhada ao Conselho Penitenciário, para este órgão emitir o competente parecer e encaminhá-lo ao Ministério da Justiça"[97].

Em que pese a citada vedação constitucional ao indulto (art. 5º, XLIII, CF/88), discute-se a possibilidade de sua concessão no chamado "tráfico de drogas privilegiado". Previsto no art. 33, § 4º, da Lei de Drogas, representa a redução de pena do agente de

94. Não se deve confundir o "indulto natalino" – que extingue a punibilidade – com as saídas temporárias concedidas por ocasião do período natalino. O indulto é causa extintiva da punibilidade, enquanto a saída temporária é benefício da execução penal concedido aos presos em regime semiaberto que, após o período pré-fixado pelo juízo, deverão retornar para o cumprimento do restante da pena.

95. No julgamento da ADI 2.795, o STF assentou o entendimento de que a expressão "graça", empregada no art. 5º, XLIII da Constituição, corresponde ao indulto individual. A dúvida surgira por força da previsão do art. 2º, I, da Lei nº 8.072/90 (Lei de Crimes Hediondos), que veda a concessão de anistia, graça "e" indulto nos crimes desta natureza, o que levaria à distinção entre os dois termos. Embora haja doutrina minoritária entendendo que a CF/88 não vedou o indulto (apenas teria vedado a graça), prevalece a corrente aqui adotada.

96. MARCÃO, Renato. *Curso de execução penal*. 8. ed. São Paulo: Saraiva, 2010. p. 344.

97. LIMA, Roberto Gomes; PERALLES, Ubiracyr. *Teoria e prática da execução penal*. Rio de Janeiro: Lúmen Júris, 2010. p. 174

1/6 a 2/3 em razão da sua primariedade e bons antecedentes, desde que ele não se dedique a atividades criminosas, nem integre organização criminosa. O STJ tem rechaçado reiteradamente este benefício sob o argumento de que, a despeito da acentuada redução da sanção penal, "remanesce a tipicidade" do crime – e, assim, a vedação criada pelo constituinte. Nesse sentido:

> "É pacífico o entendimento do STJ de não ser possível o deferimento de indulto a réu condenado por tráfico ilícito de drogas, ainda que tenha sido aplicada a causa de diminuição de pena prevista no art. 33, § 4º, da Lei nº 11.343/2006, já que remanesce a tipicidade do crime. O STF já asseverou a inconstitucionalidade da concessão do indulto ao condenado por tráfico de drogas, independentemente do *quantum* da pena imposta, diante do disposto no art. 5º, XLIII, da CF"[98].

Por outro lado, para a concessão do indulto, a Suprema Corte tem adotado exegese literal. Em informativo de jurisprudência, foi noticiado que a Primeira Turma do STF, por maioria, denegou *habeas corpus* no qual se pretendia o cômputo do período de prova cumprido em suspensão condicional da pena para o preenchimento do requisito temporal para concessão de indulto, instituído pelo Decreto 8.172/2013. No caso, o apenado permaneceu, durante o curso do processo de conhecimento, preso provisoriamente por cinco dias até obter o benefício do "*sursis* penal", que se deu na própria sentença condenatória, enquanto a defesa insistia na possibilidade de concessão do indulto, tendo em vista que o paciente cumprira um quarto do período de prova do *sursis*. A Primeira Turma, todavia, consignou que o réu não faria *jus* ao benefício do indulto porque não preencheria o requisito temporal objetivo para sua concessão, qual seja o cumprimento, em prisão provisória, de um sexto da pena ou, se reincidente, um quinto (Decreto 8.172/2013, art. 1º, XIV). Ficou vencido, na ocasião, o Ministro Marco Aurélio, que concedia a ordem. Destacava que o *sursis* penal seria uma ficção jurídica de execução da pena e que o período cumprido nesse sistema deveria ser considerado como tempo de cumprimento de pena restritiva de liberdade, para fins de concessão do indulto[99].

Está pendente de julgamento a ação direta de inconstitucionalidade[100] que questiona dispositivos do Decreto concessivo de indulto natalino de nº 9.246/2017, emitido pelo Presidente da República. O diploma infralegal dispõe não só sobre a concessão de indulto natalino a apenados submetidos ao regime penitenciário, mas também acerca da comutação de penas.

Duas posições se formaram.

(1) uma, minoritária que, nos termos do voto do relator, Ministro Roberto Barroso, seguida pela Ministro Edson Fachin, deliberou pela declaração de "impossibilidade da concessão de indulto a condenados por crimes de peculato, concussão, corrupção passiva, corrupção ativa, tráfico de influência, os dois votos praticados contra o Sistema Financeiro Nacional, os previstos na Lei de Licitações, os crimes de lavagem de dinheiro, os previstos na lei de organizações criminosas e associação criminosa".

98. STJ – HC 167.825 – Info 502.
99. STF – Informativo de Jurisprudência – HC 123381/PE – Rel. Min. Rosa Weber – julgado em: 30 set. 2014.
100. STF – Pleno – ADI 5874/DF – Rel. Min. Roberto Barroso, j. 28 a 29.11.2018 – Informativo 925, de 26 a 30.11.2018.

Foi dito, ademais, que o Presidente da República, ao emitir do decreto de indulto, "deve se pautar por critérios rígidos e procedimentalmente complexos, de forma que sejam considerados compatíveis com o Estado Democrático de Direito, o que, segundo seu entendimento, não ocorreu no caso". Também foi enfatizada a impossibilidade de o indulto alcançar condenações ainda não definitivas e as sanções pecuniárias (multas) impostas, haja vista que o pagamento destas seria pressuposto do alcance da indulgência presidencial.

(2) outra corrente, com ampla margem de votos proferidos (seis votos dos onze Ministros), até o fechamento desta edição, seguiu a divergência aberta pelo Ministro Alexandre de Moraes para julgar constitucional o indulto concedido pelo Presidente da República. Salientou que, "apesar de restrições pessoais à política formulada, em especial quanto ao seu alcance ao crime de corrupção, não vê como se chegar a um juízo de invalidade do Decreto 9.246/2017", porquanto "o que se está aqui a discutir é a própria validade constitucional do instituto do indulto".

Enfatiza Renato Marcão que "a anistia não se confunde com a ***abolitio criminis***", tratando-se de "um ato político que tem embasamento constitucional" que se insere no elenco de competências exclusivas da União, ***ex vi*** do art. 21, XVII, da Constituição do Brasil, cuja atribuição para concessão é do Congresso Nacional, a teor do seu art. 48, VIII, referindo-se, "como regra, a crimes políticos, militares ou eleitorais, embora nada impeça sua aplicação a outros tipos de ilícitos penais, consistindo em medida de interesse geral, coletivo, inspirada por razões políticos"[101].

A anistia, como se infere em face de seu fundamento e alcance, "dirige-se a fatos e não a pessoas", extinguindo, "com efeito ***ex tunc***, todas as consequências penais", mas não os efeitos extrapenais da conduta perpetrada, subsistindo "a obrigação de reparar o dano e a perda de bens, instrumentos e produtos do crime". Vale dizer, atinge "o ***jus puniendi*** do Estado, e pode ser concedida antes ou depois da instauração do processo. Dada sua natureza jurídica, ela produz o esquecimento total do fato, fazendo desaparecer as consequências penais, consistindo, por isso mesmo, em notável medida de política criminal"[102].

Uma vez concedida a anistia, o juiz, de ofício, a requerimento do interessado ou do Ministério Público, por proposta da autoridade administrativa ou do Conselho Penitenciário, declarará extinta a punibilidade. Já o indulto individual poderá ser provocado por petição do condenado, por iniciativa do Ministério Público, do Conselho Penitenciário, ou da autoridade administrativa. A petição do indulto, acompanhada dos documentos que a instruírem, deverá ser entregue ao Conselho Penitenciário, para a elaboração de parecer e posterior encaminhamento ao Ministério da Justiça.

Como se depreende, papel relevante desempenha o Conselho Penitenciário. Assim é que à vista dos autos do processo e do prontuário, ele promoverá as diligências que entender necessárias e fará, em relatório, a narração do ilícito penal e dos fundamentos da sentença condenatória, a exposição dos antecedentes do condenado e do procedimento deste depois da prisão, exarando seu parecer sobre o mérito do pedido e esclarecendo qualquer formalidade ou circunstâncias omitidas na petição.

---

101. MARCÃO, Renato. *Curso de execução penal*. 8. ed. São Paulo: Saraiva, 2010. p. 341.
102. MARCÃO, Renato. *Curso de execução penal*. 8. ed. São Paulo: Saraiva, 2010. p. 341.

A petição será processada no Ministério da Justiça com documentos e o relatório do Conselho Penitenciário, com sua submissão ao Presidente da República para despacho, a quem serão remetidos os autos do processo ou a certidão de qualquer de suas peças, se ele o determinar.

Depois de concedido o indulto e anexada aos autos cópia do decreto, o juiz declarará extinta a pena ou ajustará a execução aos termos do decreto, no caso de comutação. Caso o sentenciado seja beneficiado por indulto coletivo, o juiz, de ofício, a requerimento do interessado, do Ministério Público, ou por iniciativa do Conselho Penitenciário ou da autoridade administrativa, também decretará a extinção da punibilidade ou adequará a execução penal aos termos do decreto quando for a hipótese de comutação de penas.

10.11. Remição

A remição consiste no direito do condenado que cumpre pena em regime fechado ou semiaberto abater, pelo trabalho ou pelo estudo, parte do tempo de execução da pena, cuja contagem será feita à razão de:

(1) 1 (um) dia de pena a cada 12 (doze) horas de frequência escolar divididas, no mínimo, em 3 (três) dias (inciso I, do § 1º, do art. 126, da LEP, incluído pela Lei nº 12.433/2011);

(2) 1 (um) dia de pena por 3 (três) de trabalho (inciso II, do § 1º, do art. 126, da LEP, incluído pela Lei nº 12.433/2011)

(3) 4 (quatro) dias de pena para cada obra lida, seja ela literária, clássica, científica ou filosófica, possibilitando, segundo critério legal de avaliação, a remição de 04 (quatro) dias de sua pena e ao final de até 12 (doze) obras lidas e avaliadas, terá a possibilidade de remir 48 (quarenta e oito) dias, no prazo de 12 (doze) meses, de acordo com a capacidade gerencial da Unidade (art. 4º da Portaria Conjunta nº 276/2012, do Departamento Penitenciário Nacional).

Embora o art. 126, *caput*, da LEP, faça menção à aplicação da remição ao apenado que cumpre pena em regime fechado ou semiaberto, o seu § 6º, prevê também o direito à remição não só de parte do tempo de execução da pena, como também, alternativamente, do período de prova, ao condenado que cumpre pena em regime aberto ou semiaberto e o que usufrui liberdade condicional, à razão de:

(4) 1 (um) dia de pena a cada 12 (doze) horas de frequência escolar divididas, no mínimo, em 3 (três) dias, em virtude de frequência a curso de ensino regular ou de educação profissional.

O preso provisório, por sua vez, pode ser beneficiado pela remição, devendo ser registrada sua frequência ao trabalho ou ao curso regular na forma do art. 126, da LEP, para fins de declaração judicial após sobrevir a aplicação da pena. É o que se depreende do estampado no seu § 7º, acrescido pela Lei nº 12.433/2011, que destaca que "o disposto neste artigo aplica-se às hipóteses de prisão cautelar".

De acordo com a concepção ampla que deve ser entendido o trabalho do apenado para fins de remição, o STJ emitiu o enunciado nº 562, de sua Súmula, para vincar que "é possível a remição de parte do tempo de execução da pena quando o condenado, em regime fechado ou semiaberto, desempenha atividade laborativa, ainda que extramuros". Também se admite a remição pelo trabalho prestado antes do início da execução da pena, porém posterior à pratica do delito[103].

A atividade de estudo do apenado, objeto do reconhecimento do direito à remição da pena, deverá ser de ensino fundamental, médio, inclusive profissionalizante, ou superior, ou ainda de requalificação profissional. Tal possibilidade de remir a pena pelo estudo veio expressamente prevista na Lei de Execução Penal com a redação dada ao inciso I, do § 1º, do seu art. 126, pela Lei nº 12.433/2011, contemplando o que já preconizava a doutrina e a jurisprudência.

Com efeito, mesmo antes da nova disciplina legal já defendíamos que o trabalho objeto de remição deveria ser entendido de maneira ampla, conferindo interpretação extensiva ao texto legal. Daí que se considerava trabalho para fins de remição da pena o ensino regularmente frequentado pelo condenado, nos termos do enunciado nº 341, da súmula do STJ, que destaca que "a frequência a curso de ensino formal é causa de remição de parte do tempo de execução de pena sob regime fechado ou semiaberto". Com a Lei nº 12.433/2011, foram estabelecidos os parâmetros para a decretação da remição pelo estudo, na forma descrita no inciso I, do § 1º, do art. 126, da LEP, ora referido.

As hipóteses de remição de pena constituem rol aberto, não taxativo. O STJ, nesse sentido, verberou que "o reeducando tem direito à remição de sua pena pela atividade musical realizada em coral", com fundamento em interpretação extensiva, em favor do apenado[104].

A ideia de aplicação do instituto deve ser interpretada da maneira mais favorável ao apenado. É com essa perspectiva que o § 2º, do art. 126, dispõe que as atividades de estudo poderão ser desenvolvidas de forma presencial ou por metodologia de ensino a distância e deverão ser certificadas pelas autoridades educacionais competentes dos cursos frequentados. O sistema fomenta o estudo pelo apenado, coerente com os princípios que visam dar ênfase ao aspecto regenerativo da pena.

O tempo a ser remido em função das horas de estudo será incrementado com um acréscimo de 1/3 (um terço) na hipótese do apenado concluir com aproveitamento o ensino fundamental, médio ou superior durante o cumprimento da pena. Como condição para a aplicação dessa remição bonificada, a lei exige que a conclusão do ensino aludido seja certificada pelo órgão competente do sistema de educação.

Uma vez ampliada a hipótese de cabimento da remição para abranger o estudo, abriu-se a possibilidade para a remição pela leitura de obra literária, clássica, científica ou filosófica. A ampliação do instituto se deu através da Portaria Conjunta nº 276/2012, do Departamento Penitenciário Nacional aplicável no âmbito do Sistema Penitenciário Federal. Através deste instrumento normativo, de maneira salutar, permitiu-se ao preso, no regime fechado ou semiaberto, remir 4 (quatro) dias da sua pena para cada obra lida, desde que o tenha feito dentro do prazo estabelecido de 21 (vinte e um) a 30 (trinta) dias, apresentando, ao final,

103. STF – Primeira Turma – HC 124520/RO – rel. Min. Marco Aurélio, red. p/ ac. Min. Roberto Barroso, julgado em 29/5/2018. Também a Quinta e Sexta Turma do STJ, respectivamente, nos julgamentos do HC 421.425/MG – Rel. Min. Felix Fischer, j. 27/02/2018, e do HC 425.155/MG – Rel. Min. Nefi Cordeiro, j. 06/03/2018.

104. STJ – Sexta Turma – REsp 1.666.637/ES – Rel. Min. Sebastião Reis Júnior – DJe 09/10/2017.

uma resenha sobre o assunto. É dado ao preso ler até 12 (doze) obras por ano, remindo, em consequência, 48 (quarenta e oito) dias nesse lapso.

Em todo caso, se o preso estiver impossibilitado de prosseguir no trabalho ou nos estudos, por acidente, ele continuará a beneficiar-se com a remição (art. 126, § 4º, LEP, com redação dada pela Lei nº 12.433/2011). Cuida-se de impedimento justificado do apenado de prosseguir em sua atividade laborativa ou escolar, razão pela qual não seria razoável a suspensão da contagem do tempo de remição em face de evento imprevisível que o atingiu (acidente).

O preso poderá remir a pena de forma concomitante: pelas horas de trabalho e pelas horas de estudo. Para tanto, as horas devem ser definidas de forma a se compatibilizarem, para que as de uma atividade não se sobreponham as da outra (4 horas diárias de estudo ou 8 horas de trabalho, ou seja, 1 hora de estudo equivale a 2 horas de trabalho). É a dicção do § 3º, do art. 126, da LEP (redação dada pela Lei nº 12.433/2011), que estabelece que "para fins de cumulação dos casos de remição, as horas diárias de trabalho e de estudo serão definidas de forma a se compatibilizarem".

A jurisprudência anterior à Lei nº 12.433/2011 alinhava que não era possível a contagem em dobro do tempo de trabalho em razão de atividades concomitantes (trabalho e estudo) em razão da limitação do tempo de trabalho a 8 horas por dia. Nesse sentido, julgado do STJ sublinha que "não se revela possível reconhecer duas vezes a remição da pena em decorrência de trabalho e estudo realizados no mesmo período, porque a remição deve guardar correspondência com a jornada de trabalho prevista no art. 33, da Lei de Execuções Penais". Deveras, "nada impede que condenado estude e trabalhe no mesmo dia, contudo, as horas dedicadas a tais atividades somente podem ser somadas, para fins de remição da reprimenda, até o limite máximo de 8 (oito) horas diárias".

Pensamos que com a nova redação do § 3º, do art. 126, da Lei de Execução penal, o entendimento do STJ deve ser relido de acordo com esse regramento legal: a jornada diária de estudo deve ser apurada separadamente da jornada de trabalho, mas pode ser cumulada se houver compatibilidade: a primeira considerando o limite de 12 horas divididas em 3 dias (isto é, 4 horas diárias) e a segunda, o de 8 horas diárias, significando dizer que 1 hora de estudo equivale a 2 horas de trabalho.

De toda forma, a remição será decretada pelo juiz da execução, ouvidos o Ministério Público e a defesa, nesta ordem (§ 8º, do art. 126, da LEP, com redação dada pela Lei nº 12.433/2011).

Caso o apenado seja punido por falta grave, o juiz poderá revogar até 1/3 (um terço) do tempo remido, levando em conta a natureza, os motivos, as circunstâncias e as consequências do fato, bem como a pessoa do faltoso e seu tempo de prisão, recomeçando a contagem a partir da data da infração disciplinar (art. 127, da LEP, com redação conferida pela Lei nº 12.433/2011).

O tempo remido será computado como pena cumprida, para todos os efeitos (não só para a concessão de livramento condicional ou indulto, mas para qualquer outro benefício, a teor da atual redação do art. 128, da LEP). A declaração ou atestado falso de prestação de serviços para fim de instruir pedido de remição constitui crime de falsidade ideológica (art. 299, Código Penal), nos termos do art. 130, da Lei de Execução Penal.

Nos termos do art. 129, *caput*, da LEP (redação dada pela Lei nº 12.433/2011), a autoridade administrativa encaminhará, mensalmente, ao Juízo da execução cópia do registro de todos os condenados que estejam trabalhando ou estudando, com informação dos dias de trabalho ou das horas de frequência escolar ou de atividades de ensino de cada um deles.

Não prevê mais o texto a remessa mensal dessa documentação ao Ministério Público e à Defensoria Pública (no caso de apenado necessitado e sem advogado constituído), como o fazia o texto anterior determinado pela Lei nº 12.313/2010. Entendemos ser recomendável, para fins de maior controle e fiscalização, o envio de cópia do referido registro a esses órgãos, embora reconheçamos que não há inconstitucionalidade na supressão normativa por questão de política legislativa criminal.

Com relação a disciplina de controle e de fiscalização da remição, o parágrafo 1º, do art. 129, da LEP, estatui que o condenado autorizado a estudar fora do estabelecimento penal deverá comprovar mensalmente, por meio de declaração da respectiva unidade de ensino, a frequência e o aproveitamento escolar. Por sua vez, o § 2º do mesmo dispositivo arremata que deve ser entregue ao apenado a relação de seus dias remidos.

O legislador já avançou para admitir a remição pelo estudo. Contudo, falta contemplar outras situações de fato que justificariam a remição, mas que não é admitida a sua aplicação por falta de previsão legal. Fala-se, portanto, em remição ficta e em remição degradante. Ambas, por ora, não são aceitas pelo sistema jurídico penal pátrio.

Nessa linha de raciocínio, a **remição ficta** teria lugar na hipótese de não ser proporcionada, pelo Estado, atividade laboral ou educacional aos internos do sistema penitenciário. No entanto, o STF negou reconhecimento a essa espécie de remição, prevalecendo o entendimento de que seria necessária a prática da atividade laboral ou educacional. E arrematou aduzindo que, "embora o Estado tenha o dever de prover trabalho aos internos que desejem laborar, reconhecer esse direito faria com que todas as pessoas do sistema prisional obtivessem remição, fato que causaria substancial mudança na política pública do sistema carcerário, além de invadir a esfera do Poder Executivo"[105].

Por outro lado, objeto de proposição legislativa consignada no PL 9.054/2017 que sugere acrescer o art. 126-A à Lei de Execução Penal, a **remição degradante** consistiria no direito do apenado ou do preso provisório remir a pena à razão de 1 (um) dia de pena a cada 7 (sete) dias de encarceramento em condições degradantes.

10.12. Detração penal

Detração penal consiste no cômputo, na pena privativa de liberdade e na medida de segurança, do tempo de prisão provisória, no Brasil ou no estrangeiro, o de prisão administrativa e o de internação em estabelecimento prisional, consoante prevê o art. 42, do Código Penal. Nada mais natural que o abatimento na pena definitiva, ou na medida de segurança, do tempo de cárcere cautelar, em verdadeiro sistema de compensação. Segundo parâmetros jurisprudenciais, esta compensação pode ser feita com o tempo da prisão

105. STF – Primeira Turma – HC 124520/RO, rel. Min. Marco Aurélio, red. p/ ac. Min. Roberto Barroso, julgamento em 29.5.2018.

ocorrida em outro processo[106], mas não poderá se dar em relação aos crimes cometidos posteriormente à custódia cautelar[107].

Ressalte-se que, com o advento da Lei nº 12.736/2012, que alterou o art. 387 do Código de Processo Penal, a operação da detração deverá ser feita pelo juízo sentenciante, esvaziando-se, portanto, o instituto no âmbito da execução penal. Com efeito, é esta a redação do novel dispositivo: "O tempo de prisão provisória, de prisão administrativa ou de internação, no Brasil ou no estrangeiro, será computado para fins de determinação do regime inicial de pena privativa de liberdade" (art. 387, § 2º, CPP).

10.13. Autorizações de saída

As autorizações de saída são subdivididas em permissão de saída e em saída temporária (autorização de saída em sentido estrito ou propriamente dita).

A **permissão de saída** do estabelecimento é aquela **concedida pelo diretor do estabelecimento** onde se encontra o preso. É deferida aos condenados que cumprem pena em regime fechado ou semiaberto e aos presos provisórios, mediante escolta, quando poderão obter permissão para sair do estabelecimento ocorrendo um dos seguintes fatos: **(1)** falecimento ou doença grave do cônjuge, companheira, ascendente, descendente ou irmão; e **(2)** necessidade de tratamento médico. Daí que a permanência do preso fora do estabelecimento terá a duração necessária à finalidade da saída.

A **saída temporária** (autorização de saída em sentido estrito) do estabelecimento é destinada aos condenados que cumprem pena em regime semiaberto, sem vigilância direta, nos seguintes casos: **(1)** visita à família; **(2)** frequência a curso supletivo profissionalizante, bem como de instrução do 2º grau ou superior, na Comarca do Juízo da Execução; e **(3)** participação em atividades que concorram para o retorno ao convívio social.

Embora prevista a ausência de vigilância direta, não há óbice à utilização de equipamento de monitoração eletrônica pelo condenado, quando assim ordenar o juiz da execução, nos termos da Lei nº 12.258/2010. Embora exista controvérsia sobre tal providência, a tendência é que seja ela aceita, com fundamento em critério de proporcionalidade, notadamente quando se leva em conta que a monitoração eletrônica pode ser feita sem interferência excessiva no direito à intimidade do apenado, na justa medida da necessidade de ser concedido o benefício sem risco ao processo de execução.

A **autorização de saída** (propriamente dita ou saída temporária) é concedida por **ato motivado do juiz da execução**, ouvidos o Ministério Público e a administração penitenciária e dependerá do preenchimento dos seguintes requisitos: **(1)** comportamento adequado; **(2)** cumprimento mínimo de 1/6 (um sexto) da pena, se o condenado for primário, e 1/4 (um quarto), se reincidente; e **(3)** compatibilidade do benefício com os objetivos da pena.

O ato judicial de **autorização de saída** é indelegável, a teor da Súmula 520, do STJ, que elucida que "o benefício de saída temporária no âmbito da execução penal é ato jurisdicional insuscetível de delegação à autoridade administrativa do estabelecimento prisional".

106. STJ – HC 155.049 – Info 465

107. STJ – HC 197.192 – Info 473.

O STF, no entanto, entendeu ser possível uma espécie do que poderíamos chamar "decisão condicional", em sede de execução penal. Trata-se de autorização judicial de saída temporária com viés de automaticidade, sem exame prévio individualizado de cada processo. A vantagem do procedimento automatizado-condicional é o de se alijar atrasos injustificados às concessões de saída temporária, em virtude do acúmulo de serviço do juízo das execuções penais e do *Parquet*. Se o ideal seria examinar caso a caso, esse ideal não deve se sobrepor aos direitos individuais dos apenados.

É cediço que, ao juiz da execução penal, cabe deliberar pelo exame dos requisitos para saída temporária do apenado, em datas especiais, tais como na "Semana da Pátria" e no "Natal", sendo proibido delegar esse poder ao diretor do presídio. Como regra, quando da proximidade de cada época de saída temporária (que não se confundo com o instituto "permissão de saída", mais estreito e de atribuição do diretor do estabelecimento prisional), os processos de execução penal seguem ao juiz para dar início ao procedimento que culminará na autorização judicial de saída temporária, precedida de parecer do Ministério Público.

O STF, todavia, por sua Primeira Turma, divergindo do STJ, entendeu correta a fixação de calendário anual de saídas temporárias para que o preso possa visitar a família. Com essa posição, concedeu ordem em *habeas corpus* "para restabelecer ato do Juízo das Execuções Penais do Estado do Rio de Janeiro, que concedera autorização de saída temporária para visita periódica à família do paciente". Na oportunidade, aduziu que "a saída temporária autorizada repercutiria sobre outras saídas, desde que não houvesse cometimento de falta grave pelo custodiado"[108].

O prazo de duração da autorização de saída não excederá sete dias, podendo ser renovado por mais quatro vezes durante o ano. No ato de concessão da saída, o juiz imporá ao beneficiário as seguintes condições, entre outras que entender compatíveis com as circunstâncias do caso e a situação pessoal do condenado: **(1)** fornecimento do endereço onde reside a família a ser visitada ou onde poderá ser encontrado durante o gozo do benefício; **(2)** recolhimento à residência visitada, no período noturno; e **(3)** proibição de frequentar bares, casas noturnas e estabelecimentos congêneres (art. 124, LEP).

De outra vertente, quando se cuidar de frequência a curso profissionalizante, de instrução de ensino médio ou superior, o tempo de saída temporária será o necessário para o cumprimento das atividades discentes. Nas outras hipóteses, as autorizações de saída somente poderão ser concedidas com prazo mínimo de quarenta e cinco dias de intervalo entre uma e outra.

As possibilidades de saída do preso do estabelecimento mediante ato do diretor do presídio são somente aquelas referidas pela Lei de Execução Penal como permissão de saída (falecimento ou doença grave de pessoa da família indicada pela lei ou tratamento médico do apenado), em compasso com o art. 120, incisos I e II, e parágrafo único, da Lei de Execução Penal.

Desse modo, não é admissível que o juiz estenda o poder do diretor do estabelecimento para também conceder saída temporária (autorização de saída) fora dos casos legais, por delegação. Sobre o ponto, já se manifestou o STJ, ao assentar, de um lado, que "a autorização

108. STF – Informativo 831, junho de 2016 (Primeira Turma – HC 130502/RJ – Rel. Min. Marco Aurélio, 21.6.2016).

das saídas temporárias é ato jurisdicional da competência do Juízo das Execuções Penais, que deve ser motivado com a demonstração da conveniência da medida"[109] e, de outro, que é "indevida a delegação da competência ao administrador do estabelecimento prisional para autorizar as saídas temporárias e sua renovação automática, sendo o argumento da desburocratização insuficiente para autorizar a modificação da competência"[110].

Por fim, a saída temporária será automaticamente revogada quando o condenado praticar fato definido como crime doloso, for punido por falta grave, desatender as condições impostas na autorização ou revelar baixo grau de aproveitamento do curso. Ocorrendo essa situação, a recuperação do direito dependerá da absolvição no processo penal, do cancelamento da punição disciplinar ou da demonstração do merecimento do condenado.

10.14. Livramento condicional

O livramento condicional é benefício que pode ser conferido ao condenado a pena privativa de liberdade igual ou superior a dois anos, com o deferimento de sua liberdade sob determinadas condições que devem ser cumpridas sob pena de revogação do instituto. Para a concessão do benefício, o art. 83 do Código Penal prevê os requisitos objetivos e subjetivos, a saber:

(1) cumprimento de mais de um terço da pena se o condenado não for reincidente em crime doloso e tiver bons antecedentes;

(2) cumprimento de mais da metade da pena se o condenado for reincidente em crime doloso;

(3) comprovação de comportamento satisfatório durante a execução da pena, bom desempenho no trabalho que lhe foi atribuído e aptidão para prover à própria subsistência mediante trabalho honesto;

(4) efetiva reparação do dano causado pela infração, salvo efetiva impossibilidade de fazê-lo;

(5) cumprimento de mais de dois terços da pena, nos casos de condenação por crime hediondo, prática da tortura, tráfico ilícito de entorpecentes e drogas afins, e terrorismo, se o apenado não for reincidente específico em crimes dessa natureza.

A pena que deve ser tida como parâmetro para a concessão do benefício, conforme jurisprudência majoritária e entendimento sumulado do STF, é a efetivamente aplicada, porquanto, na forma da sua súmula nº 715, "a pena unificada para atender ao limite de trinta anos de cumprimento, determinado pelo art. 75 do Código Penal, não é considerada para a concessão de outros benefícios, como o livramento condicional ou regime mais favorável de execução".

Em acréscimo, para o condenado por crime doloso, cometido com violência ou grave ameaça à pessoa, a concessão do livramento é também subordinada à constatação de condições pessoais que façam presumir que o liberado não voltará a delinquir.

109. STJ – Quinta Turma – REsp 1.099.230/RJ – Rel. Min. LAURITA VAZ – DJ: 13/10/2009.

110. STJ – Quinta Turma – REsp 1154379 – Rel. Min. Arnaldo Esteves Lima – DJ: 10/05/2010.

Para a concessão do livramento condicional, o juiz da execução deve aferir tais requisitos, bem como ouvir o Ministério Público e o Conselho Penitenciário. Se a decisão for denegatória e vier a ser reformada em instância superior por força de julgamento de agravo em execução, os autos baixarão ao juízo de primeiro grau para as providências cabíveis.

Uma vez deferido o pedido, o juiz especificará as condições a que fica subordinado o livramento, sendo impositivas ao liberado condicional sempre as seguintes obrigações:

(1) obter ocupação lícita, dentro de prazo razoável se for apto para o trabalho;

(2) comunicar periodicamente ao juiz sua ocupação;

(3) não mudar do território da comarca do juízo da execução, sem prévia autorização deste.

Além desses deveres, podem ser impostas ao liberado condicional outras obrigações, tais como:

(1) não mudar de residência sem comunicação ao Juiz e à autoridade incumbida da observação cautelar e de proteção;

(2) recolher-se à habitação em hora fixada;

(3) não frequentar determinados lugares.

No caso de ser autorizado ao liberado residir fora da jurisdição do juízo da execução, será remetida, por carta precatória, cópia da sentença do livramento ao juízo do lugar para onde ele houver se transferido e à autoridade incumbida da observação cautelar e de proteção, devendo o liberado ser advertido do dever de se apresentar imediatamente às referidas autoridades.

Assim que concedido o benefício, é de ser emitida carta de livramento com a cópia integral da sentença em 2 (duas) vias, com a remessa de uma via à autoridade administrativa incumbida da execução e de outra ao Conselho Penitenciário. A seu turno, a cerimônia do livramento condicional deve ser realizada solenemente no dia marcado pelo Presidente do Conselho Penitenciário, no estabelecimento de cumprimento da pena, com o seguinte procedimento:

(1) a sentença será lida ao liberando, na presença dos demais condenados, pelo Presidente do Conselho Penitenciário ou membro por ele designado, ou, na falta, pelo juiz;

(2) a autoridade administrativa chamará a atenção do liberando para as condições impostas na sentença de livramento;

(3) o liberando declarará se aceita as condições, sendo tudo registrado em livro próprio, com a lavratura de termo subscrito por quem presidir a cerimônia e pelo liberando, ou alguém a seu rogo, se não souber ou não puder escrever, devendo ser remetida cópia desse termo ao juiz da execução penal.

O liberado, ao sair do estabelecimento penal, receberá, além do saldo de seu pecúlio e do que lhe pertencer, uma caderneta, que exibirá à autoridade judiciária ou administrativa, sempre que lhe for exigida, com o seguinte conteúdo:

(1) a identificação do liberado;

(2) o texto impresso do capítulo da Lei de Execução Penal que dispõe sobre o livramento condicional. É conveniente que também contenha texto com as disposições referentes ao assunto do Código Penal, malgrado a omissão da Lei de Execução Penal nesse sentido;

(3) as condições impostas para o livramento condicional.

Na ausência de caderneta, será entregue ao liberado condicional um salvo-conduto contendo as condições do livramento. A Lei de Execução Penal autoriza ainda a substituição da ficha de identificação do liberado ou de seu retrato pela descrição dos sinais que possam identificá-lo. Ademais, na caderneta e no salvo-conduto deverá haver espaço para consignar-se o cumprimento das condições estabelecidas quando da concessão do benefício.

Durante o cumprimento do livramento condicional, haverá observação cautelar e proteção realizadas por serviço social penitenciário, Patronato ou Conselho da Comunidade, com a finalidade de: **(1)** fazer observar o cumprimento das condições especificadas na sentença concessiva do benefício; e **(2)** proteger o beneficiário, orientando-o na execução de suas obrigações e auxiliando-o na obtenção de atividade laborativa. É dever da entidade encarregada da observação cautelar e da proteção do liberado apresentar relatório ao Conselho Penitenciário, para efeito de eventual representação para revogação do benefício ou para modificação de suas condições.

O benefício poderá ser revogado obrigatoriamente ou facultativamente. A revogação do livramento condicional será obrigatória se o liberado vem a ser condenado a pena privativa de liberdade, em sentença irrecorrível, por crime cometido durante a vigência do benefício, ou por crime anterior, depois de somadas as penas em decisão que as unifique e exceda o limite mínimo de cumprimento de pena para o seu deferimento.

De outro lado, haverá possibilidade de revogação (facultativa), caso o liberado deixe de cumprir qualquer das obrigações constantes da sentença, ou for irrecorrivelmente condenado, por crime ou contravenção, a pena que não seja privativa de liberdade. Mantido o livramento condicional, na hipótese da revogação facultativa, o juiz deverá advertir o liberado ou agravar as condições, especialmente em audiência designada para essa finalidade. De todo modo, antes de decidir, o magistrado ouvirá o apenado, possibilitando o contraditório que será exercido por defesa técnica e pessoalmente, caso se verifique a necessidade de sua oitiva.

Como aduz Geraldo Prado, o procedimento oral deve ser observado, apesar da execução penal pouco respeitar o princípio da oralidade, diante da cultura autoritária arraigada e da indevida indefinição de sua natureza jurisdicional. A audiência deve ser realizada presencialmente. O uso de tecnologias deve merecer cuidados especiais, considerando que "um dos pressupostos elementares do processo oral está em permitir o contato direto entre o juiz e a parte, contato que não deve ser mediado por sofisticados recursos de transmissão de voz e imagem, distanciando fisicamente os protagonistas do processo e deixando um deles isolado em ambiente que lhe possa ser hostil, justamente aquele sujeito mais necessitado de segurança que o contato direto proporciona[111]. É de ver que o discurso autoritário e refratário às garantias fundamentais constitucionais, que permeia a legislação e aplicação do direito processual penal,

111. PRADO, Geraldo. *Sistema acusatório*: a conformidade constitucional das leis processuais penais. 4. ed. Rio de Janeiro: Lumen Juris, 2006. p. 236.

de maneira peculiar, durante a execução penal, é dotado dos atributos da emergencialidade, simbolismo e eficientismo, referidos por Hugo Leonardo Rodrigues Santos[112].

Na hipótese de revogação motivada por infração penal anterior à vigência do livramento, computar-se-á como tempo de cumprimento da pena o período de prova, sendo permitida, para a concessão de novo livramento, a soma do tempo das 2 (duas) penas. Já se for o caso de revogação por outro motivo, não se computará na pena o tempo em que esteve solto o liberado, e tampouco se concederá, em relação à mesma pena, novo livramento.

A revogação será ordenada a requerimento do Ministério Público, mediante representação do Conselho Penitenciário, ou, de ofício, pelo Juiz, ouvido o liberado (art. 143, LEP). Ao invés de revogar o benefício, o juiz, de ofício, a requerimento do Ministério Público, da Defensoria Pública ou mediante representação do Conselho Penitenciário, e sempre depois de ouvido o liberado, poderá modificar as condições especificadas na sentença, devendo o respectivo ato decisório ser lido ao liberado pelo presidente do Conselho Penitenciário ou membro por ele designado, ou, na falta, pelo juiz, chamando a atenção do liberado e tomando por termo sua declaração de anuência.

Quando praticada pelo liberado outra infração penal, o juiz poderá decretar a suspensão do curso do livramento condicional, ordenando, por conseguinte a sua prisão, ouvidos o Conselho Penitenciário e o Ministério Público. Entrementes, a revogação do livramento condicional ficará dependendo de decisão final, com respeito ao contraditório e a defesa ampla.

Se expirar o prazo do livramento condicional sem revogação ou prorrogação do seu prazo, vale dizer, sem notícia tempestiva de descumprimento das condições impostas e sem a sua suspensão antes do decurso temporal, o juiz da execução penal, de ofício, a requerimento do interessado, do Ministério Público ou mediante representação do Conselho Penitenciário, julgará extinta a pena privativa de liberdade. Nesse sentido, o STJ tem entendido que a revogação ou suspensão do benefício do livramento condicional, após o período de prova, caracteriza coação ilegal[113]. Em outras palavras, caso se verifique, após o decurso do prazo do livramento, que o apenado desatendeu as condições impostas, não é lícita a sua revogação posterior, eis que automaticamente extinta a punibilidade.

Seguindo essa tendência, o STJ editou o enunciado de nº 617, de sua Súmula, estatuindo que "a ausência de suspensão ou revogação do livramento condicional antes do término do período de prova enseja a extinção da punibilidade pelo integral cumprimento da pena"[114].

10.15. Monitoração eletrônica

O uso de tecnologia para minimizar a aplicação e os efeitos deletérios do cárcere[115] e otimizar a segurança tem sido propugnado por estudiosos sobre o assunto, sublinhando

112. SANTOS, Hugo Leonardo Rodrigues. *Estudos críticos de criminologia e direito penal*. Rio de Janeiro: Lumen Juris, 2015. p. 79.

113. STJ – Sexta Turma – HC 201000477831, Rel. Des. Conv. Celso Limongi – DJ 13/09/2010.

114. Súmula aprovada em 27/9/2018, pela Terceira Seção, do Superior Tribunal de Justiça.

115. BUJES, Janaína de Souza; HAUCK, João Ricardo. A pena de prisão (re)pensada por seus significados: o monitoramento eletrônico e o cumprimento progressivo objetivando a redução da barbárie. In: *Processo penal contemporâneo*. Nereu José Giacomolli; André Machado Maya (orgs.). Porto Alegre: Nuria Fabris, 2010. p. 222.

inclusive que se trata de providência menos onerosa em cotejo com os encargos do funcionamento do sistema prisional. De outro enfoque, a evolução tecnológica pode "evitar violações ao princípio fundamental da liberdade e à presunção de inocência", bem como que "o sistema de vigilância eletrônica demonstra ser uma solução mais adequada, pois não encontra o efeito criminógeno da prisão e permite ao acusado, dependendo do local e forma de monitoramento, a preservação dos laços familiares, sociais e profissionais"[116].

Malgrado essa ideia extensiva da utilização do monitoramento eletrônico, vetos presidenciais restringiram a intenção do legislado quando da inserção do art. 146-B, da Lei de Execução Penal, incluído pela Lei nº 12.258/2010. Nessa senda, estatui este dispositivo que o juiz poderá definir a fiscalização por meio da monitoração eletrônica nos seguintes casos:

(1) quando autorizar a saída temporária no regime semiaberto; e

(2) quando determinar a prisão domiciliar.

A Lei nº 12.258/2010 previa outras situações para a monitoração eletrônica (vigilância indireta), que foram vetadas pelo Presidente da República sob o argumento de contrariedade ao interesse público, especialmente porque tais disposições contrariavam a sistemática de cumprimento de pena no Brasil e, por decorrência, a individualização, proporcionalidade e suficiência da execução penal. Em acréscimo, o veto se lastreou no argumento de que o projeto aumentava os custos com a execução penal sem auxiliar no reajuste da população dos presídios, já que não retirava do cárcere quem lá não deveria estar e não impedia o ingresso daqueles que não deviam ser presos.

As hipóteses vetadas do art. 146-B, da LEP, foram as que autorizavam a monitoração eletrônica de maneira muito ampla, notadamente quando o juiz:

(1) aplicasse pena restritiva de liberdade a ser cumprida nos regimes aberto ou semiaberto, ou concedesse progressão para tais regimes;

(2) aplicasse pena restritiva de direitos que estabelecesse limitação de horários ou de frequência a determinados lugares; e

(3) concedesse o livramento condicional ou a suspensão condicional da pena.

Pelas mesmas razões, também foi vetado o parágrafo único do art. 146-B, eis que permitia que os usuários da monitoração eletrônica que estivessem cumprindo o regime aberto ficassem dispensados do recolhimento ao estabelecimento penal no período noturno e nos dias de folga.

Uma vez definida a monitoração eletrônica pelo juiz da execução, o apenado será instruído sobre os cuidados que deve adotar com o equipamento eletrônico, bem como sobre os seguintes deveres:

(1) receber visitas do servidor responsável pela monitoração eletrônica, responder aos seus contatos e cumprir suas orientações; e

116. ALMEIDA, Marcius Alexandros Antunes de. Monitoramento eletrônico como alternativa ao cárcere na prisão preventiva. In: *Processo penal contemporâneo*. Nereu José Giacomolli; André Machado Maya (orgs.). Porto Alegre: Nuria Fabris, 2010. p. 197.

(2) abster-se de remover, de violar, de modificar, de danificar de qualquer forma o dispositivo de monitoração eletrônica ou de permitir que outrem o faça;

Foi vetado, por motivo idêntico ao aludido acima, o dever do apenado consignado no inciso III, do art. 146-C (que seria inserido na Lei nº 7.210/1984 pelo projeto que deu origem a Lei nº 12.258/2010), consistente em "informar, de imediato, as falhas no equipamento ao órgão ou à entidade responsável pela monitoração eletrônica".

A Lei estabelece as seguintes sanções para a violação comprovada dos deveres previstos para o apenado usuário do monitoramento eletrônico, que serão aplicadas a critério do juiz da execução, ouvidos o Ministério Público e a defesa: (1) a regressão do regime; (2) a revogação da autorização de saída temporária; (3) a revogação da prisão domiciliar; e (4) advertência, por escrito, para todos os casos em que o juiz da execução decida não aplicar alguma dessas medidas.

O veto presidencial já referido também recaiu sobre os incisos III, IV e V, do parágrafo único, do art. 146-C, que iriam estabelecer, ao lado dessas sanções, mais as seguintes, de forma desproporcional: (1) a revogação da suspensão condicional da pena; (2) a revogação do livramento condicional; e (3) a conversão da pena restritiva de direitos em pena privativa de liberdade.

Por derradeiro, a monitoração eletrônica poderá ser revogada: (1) quando se tornar desnecessária ou inadequada; e (2) se o acusado ou condenado violar os deveres a que estiver sujeito durante a sua vigência ou cometer falta grave.

10.16. Suspensão condicional da pena

O juiz poderá suspender, pelo período de dois a quatro anos, a execução da pena privativa de liberdade, não superior a dois anos, na forma prevista nos artigos 77 a 82 do Código Penal, que também disciplinam a matéria (art. 156, LEP). Nos termos do § 2º, do art. 77, CP, a execução da pena privativa de liberdade, não superior a quatro anos, poderá ainda ser suspensa, por quatro a seis anos, desde que o condenado seja maior de setenta anos de idade, ou razões de saúde justifiquem a suspensão.

A possibilidade de suspensão condicional da pena se tornou mais remota depois da reforma penal que possibilitou com maior facilidade a substituição da pena privativa de liberdade por pena restritiva de direitos. Assim, a suspensão condicional da pena só terá lugar quando impossível a substituição das penas e presentes os requisitos para a sua concessão, não sendo óbice a tanto o fato de ter sido o apenado condenado anteriormente à pena de multa, consoante vincado na súmula 499, do Supremo Tribunal Federal.

De todo modo, o juiz ou tribunal, na sentença que aplicar pena privativa de liberdade, deverá pronunciar-se, motivadamente, sobre a suspensão condicional, quer a conceda, quer a denegue, quando surgir a possibilidade, em tese, de seu deferimento.

Uma vez concedida a suspensão, o juiz especificará as condições a que fica sujeito o condenado, pelo prazo fixado, começando este a correr da audiência. As condições, a seu turno, serão adequadas ao fato e à situação pessoal do condenado, devendo ser incluída entre as mesmas a de prestar serviços à comunidade, ou limitação de fim de semana, salvo na hipótese de ter o acusado reparado o dano ou ter sido impossível fazê-lo, quando o juiz aplicará cumulativamente as seguintes condições (art. 78, § 2º, Código Penal):

(1) proibição de frequentar determinados lugares;

(2) proibição de ausentar-se da comarca onde reside, sem autorização do juiz; e

(3) comparecimento mensal e obrigatório a juízo, mensalmente, para informar e justificar suas atividades.

As condições e regras estabelecidas na sentença, afirmadas em audiência admonitória para a suspensão condicional da pena, poderão ser modificadas a qualquer tempo, de ofício, a requerimento do Ministério Público ou mediante proposta do Conselho Penitenciário, ouvido o condenado. Apesar da omissão da Lei, também a defesa do condenado pode solicitar modificação das condições, ouvido o Ministério Público, justificando a necessidade de alterações.

É atribuição do serviço social penitenciário, patronato, conselho da comunidade ou instituição beneficiada com a prestação de serviços, inspecionados pelo Conselho Penitenciário, pelo Ministério Público, ou ambos, a fiscalização do cumprimento das condições, reguladas nos Estados, Territórios e Distrito Federal por normas supletivas, devendo o juiz da execução suprir, por ato normativo seu, a falta das regras supletivas.

Durante a suspensão condicional da pena, o beneficiário, ao comparecer periodicamente à entidade fiscalizadora, para comprovar a observância das condições a que está sujeito, comunicará, também, a sua ocupação e os salários ou proventos de que vive. Por sua vez, a entidade fiscalizadora deverá comunicar imediatamente ao órgão de inspeção, para os fins legais, qualquer fato capaz de acarretar a revogação do benefício, a prorrogação do prazo ou a modificação das condições. Caso seja permitido ao beneficiário mudar-se, será feita comunicação ao juiz e à entidade fiscalizadora do local da nova residência, aos quais o primeiro deverá apresentar-se imediatamente.

Tratando-se de suspensão condicional da pena concedida por Tribunal, a este competirá estabelecer as condições do benefício. Também competirá ao Tribunal definir tais condições quando, em razão de recurso, modificar as condições estabelecidas na sentença recorrida. Sem embargo, ao conceder a suspensão condicional da pena, o Tribunal poderá atribuir ao Juízo da execução a incumbência de estabelecer as condições do benefício, e, em qualquer caso, a de realizar a audiência admonitória.

Na audiência admonitória, designada depois de transitada em julgado a sentença condenatória, o juiz fará sua leitura ao condenado, advertindo-o sobre as consequências de nova infração penal e sobre eventual descumprimento das condições impostas. É de ver que se o condenado, embora intimado pessoalmente ou por edital com prazo de vinte dias, não comparecer injustificadamente à audiência admonitória, a suspensão ficará sem efeito e será executada imediatamente a pena.

A revogação da suspensão condicional da pena poderá ser obrigatória ou facultativa (art. 81, CP). Com efeito, a revogação será obrigatória se o apenado: **(1)** é condenado, em sentença irrecorrível, por crime doloso; **(2)** frustra, embora solvente, a execução de pena de multa ou não efetua, sem motivo justificado, a reparação do dano; ou (3) descumpre a condição de no primeiro ano do prazo prestar serviço à comunidade ou de submeter-se à limitação de fim de semana.

A seu turno, a revogação será facultativa quando o condenado descumpre qualquer outra condição imposta ou é irrecorrivelmente condenado, por crime culposo ou por contravenção, a pena privativa de liberdade ou restritiva de direitos. Haverá, diferentemente, prorrogação do prazo de suspensão até julgamento definitivo, se o beneficiário estiver sendo processado por outro crime ou contravenção. É de ver que quando facultativa a revogação, o juiz pode, ao invés de decretá-la, prorrogar o período de prova até o máximo, se este não foi o fixado.

A sentença condenatória será registrada, com a nota de suspensão em livro especial do juízo a que couber a execução da pena (art. 163, LEP). A providência tem a finalidade de viabilizar o controle e a fiscalização do benefício. Daí que se revogada a suspensão ou extinta a pena, será o fato averbado à margem do registro. Tanto o registro quanto a averbação são sigilosos, salvo para efeito de informações requisitadas por órgão judiciário ou pelo Ministério Público, com o fito de instruir processo criminal.

10.17. Meios de impugnação

10.17.1. Recursos

Das decisões proferidas pelo juiz das execuções caberá recurso de agravo, via de regra, sem efeito suspensivo. Na dicção da súmula nº 700, do STF, "é de cinco dias o prazo para interposição de agravo contra decisão do juiz da execução penal".

Não é mais cabível recurso em sentido estrito previsto no art. 581 do CPP nas matérias alusivas ao processo de execução penal, mercê da redação do art. 197 da LEP, eis que se cuida de legislação mais recente sobre o assunto e que regulou a espécie, prevendo o agravo em execução.

Quando se tratar de sentença que determina a liberação de pessoa submetida à medida de segurança de internação, o agravo em execução terá efeito suspensivo. Trata-se de hipótese única de atribuição desse efeito em sede de execução penal[117], mercê do disposto no art. 179, da Lei de Execução Penal, que estabelece que uma vez transitada em julgado a sentença, o Juiz expedirá ordem para a desinternação ou a liberação.

Acerca do processamento do agravo em execução, remetemos o leitor ao capítulo sobre recursos.

10.17.2. Ações autônomas de impugnação

Toda vez que houver óbice ao processamento de agravo em execução, surge para o apenado a possibilidade de ajuizar, como sucedâneos recursais, as ações de *habeas corpus* (quando em jogo a liberdade de locomoção) e de mandado de segurança (quando não haja risco à liberdade de locomoção, a exemplo da aplicação isolada de pena de multa).

117. NUCCI, Guilherme de Souza. *Manual de processo penal e execução penal*. 6. ed. São Paulo: RT, 2010. p. 1040.

Não somente o apenado, mas também o recolhido por força de submissão a medida de segurança têm em favor deles as ações autônomas de impugnação, como detalhamos no Capítulo XV.

Nessa trilha, a Segunda Turma do STF reconheceu o cabimento de *habeas corpus* em favor de pessoa submetida a medida de segurança, que permanecida em hospital de custódia e tratamento psiquiátrico, mesmo depois de decretada a prescrição da pretensão punitiva e de decretada a nulidade do processo pelo tribunal ***a quo***. Com a concessão da ordem, o paciente foi encaminhado para centro de atenção psicossocial ou a unidade de saúde similar, com o fito de verificar a necessidade de tratamento médico. Isso porque aquele outro estabelecimento "é destinado àqueles que cumprem medida de segurança, resposta penal oferecida às pessoas que apresentam diagnóstico psiquiátrico e tenham praticado crime"[118].

É de ver que durante o curso da execução penal, o condenado pode propor revisão criminal ou *habeas corpus* (se munido de prova documental e se ameaçada sua liberdade de locomoção) com vistas a rescindir o julgado condenatório penal. Essa demanda, embora não incidente no processo executivo, se procedente, terá o condão de produzir efeitos na execução penal, seja reduzindo a pena, seja pondo fim a execução

10.18. Extinção de punibilidade pelo cumprimento da pena

O processo de execução penal se encerra com decisão do juiz das execuções que declara extinta a punibilidade em virtude do integral cumprimento da pena. Uma vez cumprida ou extinta a pena, não constarão da folha corrida, atestados ou certidões fornecidas por autoridade policial ou por auxiliares da Justiça, qualquer notícia ou referência à condenação, salvo para instruir processo pela prática de nova infração penal ou outros casos expressos em lei.

Isso significa dizer que se o apenado solicitar certidão de antecedentes criminais na Justiça ou na polícia, deverá obter "nada consta". Em concursos públicos, a praxe tem sido de constar nos editais previsão de que o candidato declare, sob as penas do art. 299, do Código Penal (falsidade ideológica), que não responde ou que não respondeu a processo criminal ou inquérito policial, ou, em caso afirmativo, que explicite as circunstâncias em que ocorreu o fato.

Embora a Lei preconize que cumprida ou extinta a pena, o condenado será posto em liberdade, mediante alvará do juiz, se por outro motivo não estiver preso, o que deve acontecer é a imediata colocação em liberdade pelo responsável administrativo pela segregação do apenado, independentemente de alvará, pois já constam os prazos predeterminados na própria de guia de execução penal. Esse dever decorre da previsão de responsabilização criminal do agente público que violar o direito à liberdade de locomoção gizada na Lei nº 4.898/1965.

11. TECNOLOGIA APLICADA À EXECUÇÃO PENAL – LEI Nº 12.714/2012

A Lei nº 12.714, de 14 de setembro de 2012, é o diploma legal que dispõe sobre o sistema de acompanhamento da execução penal, da prisão cautelar e da medida de segurança.

118. STF – Segunda Turma – HC 151523/SP, rel. Min. Edson Fachin, julgamento em 27.11.2018 – Informativo 925, de 26 a 30.11.2018.

Trata-se de um subsistema do sistema jurídico, com regras próprias para o controle e fiscalização do cerceio de liberdade imposto pelo aparato estatal. Foi publicada no Diário Oficial da União de 17 de setembro de 2012. Para colocar em prática a ideia, ao Poder Executivo federal foi dada a competência material de instituir sistema nacional, visando à interoperabilidade das bases de dados e informações dos sistemas informatizados instituídos pelos Estados e pelo Distrito Federal. Nesse intento, a União poderá apoiar os Estados e o Distrito Federal no desenvolvimento, implementação e adequação de sistemas próprios que permitam interoperabilidade.

A cláusula especial de vigência estatuída pela supracitada lei é de 365 dias a contar de sua publicação oficial de (***vacatio legis***). Desse modo, a lei referida entrou em vigor no dia 18 de setembro de 2013. O longo prazo para a sua vigência teve a finalidade de não só tornar público o seu teor à comunidade jurídica e à população, porém, sobremodo, outorgar lapso razoável para que os entes federativos envolvidos promovam as adaptações necessárias à efetividade do sistema. Não havendo implementação da execução penal eletrônica por questão de ordem material, padecerá a aludida lei de ineficácia técnica.

O acompanhamento eletrônico de medidas limitativas de liberdade de indiciados, apenados e custodiados submetidos à medida de segurança depende da manutenção e da atualização de dados. A Lei nº 12.714/2012 fala de um sistema informatizado que, por sua vez, deve ser, preferencialmente, de tipo aberto. O enunciado disposto no § 2º, do art. 1º, do citado diploma legal, estabelece a conceituação de "sistema ou programa aberto".

Em regra, cabe a doutrina conceituar e definir os limites dos termos legais. O legislador, no entanto, quando está diante de assuntos técnicos, que possam suscitar ambiguidades, busca enunciar as notas para estabelecer conceitos e mesmo traçar os contornos de definição. Foi o que se deu na hipótese em tela, porquanto, em função metalinguística, a Lei nº 12.714/2012, no § 2º, do seu art. 1º, estampou que se considera "sistema ou programa aberto aquele cuja licença de uso não restrinja sob nenhum aspecto a sua cessão, distribuição, utilização ou modificação, assegurando ao usuário o acesso irrestrito e sem custos adicionais ao seu código fonte e documentação associada, permitindo a sua modificação parcial ou total, garantindo-se os direitos autorais do programador".

Como se depreende, o legislador expôs o conceito de sistema aberto, assunto técnico que, por este motivo, a Lei Complementar 95/1998, em seu art. 11, I, "a", permite ao legislador a atividade atípica de estabelecer noções. Note-se, a propósito, que conceito é noção de natureza axiológica seletora de propriedades de predicados que a ocorrência deve ter para fazer parte da descrição típica. O conceito é mais abrangente que a definição. A definição tende a estabelecer limites, dar-lhe contornos, impor diferenciações e assim agregar mais conotação a um certo conceito, estabelecendo classes. Nesse sentido, definir é "operação lógica demarcatória dos limites, das fronteiras, dos lindes que isolam o campo de irradiação semântica de uma ideia, noção ou conceito. Com a definição, outorgamos à ideia sua identidade, que há de ser respeitada do início ao fim do discurso"[119].

O sistema conterá dados e informações. Os dados são fatos brutos, ou seja, conteúdos quantificáveis que, vistos isoladamente, não retratam a situação contextualizada. Os dados

119. CARVALHO, Paulo de Barros. *Direito tributário*: linguagem e método. 5. ed. São Paulo: Noeses, 2013. p. 120.

são de natureza mais estática, unidades básicas para a construção das informações. As informações são o resultado do processamento dos dados. Embora também esse resultado seja estático em um certo momento, ele é mais dinâmico que o primeiro porque impõe maior dose de interpretação.

A Lei nº 12.714/2012 preconiza que os dados e as informações do sistema serão acompanhados pelos seguintes agentes: **(1)** magistrado; **(2)** representante do Ministério Público; e **(3)** defensor. Para tanto, esses sujeitos devem se cadastrar no sistema. De todo modo, os dados e as informações devem estar disponíveis à pessoa presa ou custodiada. O cadastramento deve ser permitido não só a esses agentes, mas também aos representantes dos conselhos penitenciários estaduais e do Distrito Federal e dos conselhos da comunidade. O objetivo é tornar possível o acesso aos dados e informações, com um controle mais eficaz.

Os dados e as informações que necessariamente o sistema deve ter estão no art. 2º, da Lei nº 12.714/2012. Cuida-se de rol não taxativo. Em outras palavras, a pragmática de aplicação das normas a partir desse enunciado pode recomendar interpretação progressiva, extensiva ou analógica para incluir outros dados que se revelem úteis, além dos seguintes: **(1)** nome, filiação, data de nascimento e sexo; **(2)** data da prisão ou da internação; **(3)** comunicação da prisão à família e ao defensor; **(4)** tipo penal e pena em abstrato; **(5)** tempo de condenação ou da medida aplicada; **(6)** dias de trabalho ou estudo; **(7)** dias remidos; **(8)** atestado de comportamento carcerário expedido pelo diretor do estabelecimento prisional; **(9)** faltas graves; **(10)** exame de cessação de periculosidade, no caso de medida de segurança; e **(11)** utilização de equipamento de monitoração eletrônica pelo condenado.

A precisão dos dados e das informações é fundamental para a segurança do funcionamento do sistema. Os agentes incumbidos pela inserção de dados ficarão sujeitos à responsabilidade nas diversas esferas sancionadoras – notadamente a administrativa e a criminal –, toda vez que se verificar inexatidão de informações. Naturalmente, a punição depende de procedimento previsto em lei. É possível constatar o nome do agente que inseriu determinado dado, bem como saber em que documento se baseou, eis que o sistema pede ***login*** e senha para cadastro e acesso a sua base. Desse modo, o lançamento dos dados ou das informações ficará a cargo:

(1) da autoridade policial, por ocasião da prisão, quanto: **(a)** ao nome, à filiação, à data de nascimento e ao sexo; **(b)** à data da prisão ou da internação (aspecto este que poderá ser, a qualquer tempo, revisto pelo magistrado); **(c)** à comunicação da prisão à família e ao defensor; e **(d)** ao tipo penal e à pena em abstrato;

(2) do magistrado que proferir a decisão ou acórdão, no que tange: **(a)** ao tempo de condenação ou da medida aplicada; **(b)** aos dias remidos; e **(c)** à utilização de equipamento de monitoração eletrônica pelo condenado;

(3) do diretor do estabelecimento prisional, no que toca: **(a)** aos dias de trabalho ou estudo **(b)** ao atestado de comportamento carcerário expedido pelo diretor do estabelecimento prisional **(c)** às faltas graves; e,

(4) do diretor da unidade de internação, quanto ao exame de cessação de periculosidade, no caso de medida de segurança.

O cumprimento de medida cautelar prisional ou cumprimento de medida de segurança de forma segura, sem excessos e com atendimento da legislação de regência, o art. 4º, da Lei nº 12.714/2012, depende de ferramentas do sistema. Ferramentas são ***softwares***, em linguagem de ambiente cibernético, que possibilitam otimização do trabalho, com potencialização de resultados. Trata-se, mais especificamente, de uma região de um ***software*** mais geral que visa prover maior funcionalidade ao sistema, geralmente se apresentando em forma de "barra de ferramentas" ou "menu de tarefas".

De tal sorte, o sistema de acompanhamento, objetivando um controle mais eficaz, deverá conter, em rol também não taxativo (***numerus apertus***), ferramentas aptas a: **(1)** informar as datas estipuladas para a conclusão do inquérito, o oferecimento da denúncia, a obtenção da progressão de regime, a concessão do livramento condicional, a realização do exame de cessação de periculosidade e o enquadramento nas hipóteses de indulto ou de comutação de pena; **(2)** calcular a remição da pena; e **(3)** identificar a existência de outros processos com determinação de prisão de acusado.

A eficácia do sistema é garantida com métodos aplicativos que notifiquem os usuários sobre a proximidade das datas referidas na lei. Em outras palavras, deve o sistema ser programado para informar tempestiva e automaticamente, por aviso eletrônico, as datas mencionadas, por se referirem a atos relevantes. Tal proceder retrata a possibilidade da tecnologia ser aplicada ao processo penal de maneira a maximizar as garantias individuais que constituem o núcleo do modelo constitucional de processo penal brasileiro.

A ampla comunicação a respeito do acompanhamento do cumprimento da execução penal, da medida cautelar prisional e da medida de segurança, tende a assegurar melhor funcionalidade ao sistema. O juiz competente é o gestor das garantias fundamentais nessa esfera. Cabe a ele, recebido o aviso eletrônico sobre quaisquer das situações prazais constantes da indigitada "barra de ferramentas", verificar o cumprimento das condições legalmente previstas para soltura ou concessão de outros benefícios à pessoa presa ou custodiada e dará vista ao Ministério Público.

12. QUADRO SINÓTICO

CAPÍTULO XIX – EXECUÇÃO PENAL		
CONSIDERAÇÕES GERAIS		
Noção	Execução penal é procedimento destinado à aplicação de pena ou de medida de segurança fixada por sentença.	**1.1**
Natureza jurídica da execução penal	Diante da natureza jurídica híbrida da execução penal, pode-se dizer que o processo executivo criminal tem natureza preponderantemente jurisdicional e, secundariamente, administrativa, em razão do desenvolvimento de atividade não decisória em seu âmbito.	**1.2**
Autonomia do processo executivo penal	A autonomia da execução penal referida pela doutrina é predominantemente a didática, em virtude dos princípios próprios que a informam. É autônomo, ainda, por não ter relação de continuidade com o processo de conhecimento criminal (ação penal condenatória).	**1.3**

CAPÍTULO XIX – EXECUÇÃO PENAL		
REQUISITOS DA EXECUÇÃO PENAL		
Constitui requisito indispensável a existência de título executivo judicial consistente em sentença criminal condenatória (que aplica pena privativa de liberdade ou restritiva de direitos) ou sentença absolutória imprópria (que impõe medida de segurança de tratamento ambulatorial ou de internação em hospital de custódia e tratamento psiquiátrico). Também a sentença que homologa transação penal nos termos da Lei nº 9.099/1995, se sujeita a uma forma de execução.		**2**
OBJETIVOS DA EXECUÇÃO PENAL		
O objetivo geral da execução penal é o de efetivar as disposições da sentença ou decisão criminal. Especificamente, a execução penal visa proporcionar condições para a harmônica integração social do condenado e do internado, prevenir crimes, humanizar e punir.		**3**
PRINCÍPIOS E GARANTIAS DA EXECUÇÃO PENAL		
Devido processo legal	O *due process of law* decorre do enunciado do inciso LIV, do art. 5º, da CF, que explicita que "ninguém será privado da liberdade ou de seus bens sem o devido processo legal", na esteira de reconhecer que se trata de procedimento de natureza preponderantemente jurisdicional.	**4.1**
Juízo competente	Compete ao juiz indicado na lei de organização judiciária conduzir a execução penal. Na falta de previsão específica, tal competência será do juiz da sentença. Duas correntes principais se dividem sobre o critério para a definição do juízo competente em execução penal (Renato Marcão): 1) a primeira que "entende que o juízo competente para a execução é o juízo do local da condenação, ainda que o executado se encontre cumprindo pena em estabelecimento prisional localizado em outra comarca, sob outra jurisdição"; 2) a segunda que defende "o critério do local do recolhimento do preso. Para esta, juízo competente para a execução é aquele do local em que se encontra o estabelecimento prisional" (RENATO MARCÃO). Esta a corrente majoritária, que seguimos e que é a tendência contemporânea, inclusive em face da instalação de presídios federais.	**4.2**
Individualização da pena	O princípio da individualização da pena é concretizado em três etapas: 1) na atividade legislativa que estabelece abstratamente os limites máximos e mínimos das penas cominadas aos crimes; 2) na atividade de aplicação da pena na sentença do juiz; e 3) na atividade executiva, que é o derradeiro momento de sua atuação. Do princípio da individualização da pena decorre que a sanção penal deve ser individualizada no que toca a seu modo de cumprimento, levando em conta o caráter retributivo da pena e o seu objetivo ressocializador.	**4.3**
Personalização da pena	O princípio da personalização da pena ou da intranscendência é norteado pela noção de que a pena não pode passar da pessoa do apenado, pelo que a obrigação de reparar o dano e a decretação do perdimento de bens podem ser, nos termos da lei, estendidas aos sucessores e contra eles executadas, até o limite do valor do patrimônio transferido (art. 5º, XLV, CF).	**4.4**

CAPÍTULO XIX – EXECUÇÃO PENAL		
Legalidade e irretroatividade da lei	O princípio da legalidade (art. 5º, II, CF) determina que ninguém será obrigado a fazer ou deixar de fazer alguma coisa senão em virtude de lei. Essa lei referida pela Constituição é lei em sentido formal, a Lei nº 7.210/1984, que dispõe sobre a execução penal, e não pode retroagir de forma desfavorável ao acusado, notadamente no que toca aos seus efeitos penais.	**4.5**
Contraditório e ampla defesa	A ampla defesa e o contraditório são garantidos ao apenado, mormente em virtude da necessidade de defesa técnica quando se referir a fato que possa causar restrição a direito do apenado.	**4.6**
Direito à prova	Os princípios gerais de direito probatório têm incidência integral no processo de execução penal, tal como a vedação de provas admitidas por meios ilícitos e do direito da parte de produzir prova.	**4.7**
Isonomia	O princípio isonômico é encontrado na Constituição da República, que estabelece, em seu art. 5º, I, a igualdade de todos perante a lei, sem distinções. Na LEP, o parágrafo único, do seu art. 3º, preconiza que não haverá entre os condenados e os internados qualquer distinção de natureza racial, social, religiosa ou política.	**4.8**
Direito a não autoincriminação	O direito a não autoincriminação, corolário do direito ao silêncio sediado na CF (art. 5º, LXIII), guarda pontos de contato com institutos que podem ser manejados quando já em curso a execução penal, tal como a revisão criminal (onde há dilação probatória e não é impossível a oitiva do condenado na sua instrução) e o procedimento administrativo para apuração de falta disciplinar (no âmbito do qual o apenado tem o direito de não narrar fato que o desfavoreça).	**4.9**
Reeducação	A função reeducativa da execução penal pode ser depreendida não só pela feição preventiva da pena (ao lado de seu fito retributivo, punitivo), mas também pela previsão de direito do preso e do submetido à medida de segurança à assistência educacional, social e religiosa, consoante prevê o art. 41, VII, da LEP.	**4.10**
Duplo grau de jurisdição	É garantido o duplo grau de jurisdição no processo de execução, não por se tratar de princípio constitucional – haja vista que na verdade não o é –, mas porque a execução penal se desenvolve perante o juiz de primeiro grau ao qual cabe a administração do estabelecimento penal, cujos incidentes são por ele resolvidos por decisão fundamentada sujeita a agravo em execução, cabendo o seu julgamento ao órgão ad quem (Tribunal).	**4.11**
Humanização	O princípio da humanização inspira a LEP e encontra respaldo na CF, que tem como um de seus fundamentos a dignidade da pessoa humana. A preocupação do sistema brasileiro é o de prever penas que não violem esse fundamento.	**4.12**
Cooperação comunitária	É dever do Estado recorrer à cooperação da comunidade nas atividades de execução da pena e da medida de segurança, através de organismos representativos, no acompanhamento das penas.	**4.13**
Oficialidade	A execução penal é conduzida por órgão estatal, pelo juiz das execuções, não sendo admissível que o particular presida seu procedimento.	**4.14**

CAPÍTULO XIX – EXECUÇÃO PENAL		
Publicidade	O processo de execução penal, como determina a CF, em seu art. 93, IX, é público, só cabendo restrição em hipóteses excepcionais.	**4.15**
Aplicação ao preso provisório	A LEP se aplica: 1) ao preso definitivo, assim entendido aquele que foi condenado por sentença transitada em julgado, seja impondo pena restritiva de liberdade, seja infligindo pena restritiva de direito; 2) ao submetido à medida de segurança, isto é, ao acusado em processo penal que é encerrado por sentença absolutória imprópria (ocasionando internação ou tratamento ambulatorial); e 3) no que couber, ao preso provisório, que é o acusado com a liberdade cerceada de forma cautelar e cuja eventual sentença ainda não transitou em julgado.	**4.16**
Motivação das decisões	É dever do Poder Judiciário fundamentar todas as suas decisões, sob pena de nulidade, cânone este que também incide no feito executivo da Lei nº 7.210/1984.	**4.17**
Numerus clausus	Consiste em metas de redução de danos aos apenados, no curso do cumprimento de penas privativas de liberdade Significa afirmar que, para cada entrada de um preso no sistema penitenciário, corresponda, pelo menos, a saída de um outro detento.	**4.18**
ÓRGÃOS DA EXECUÇÃO PENAL		
Os órgãos da execução penal são: (1) o Conselho Nacional de Política Criminal e Penitenciária; (2) o Juízo da Execução; (3) o Ministério Público; (4) o Conselho Penitenciário; (5) os Departamentos Penitenciários; (6) o Patronato; (7) o Conselho da Comunidade; (8) a Defensoria Pública.		**5**
ESTABELECIMENTOS PARA CUMPRIMENTO DE PENA		
Definição do estabelecimento	Os estabelecimentos penais destinam-se ao condenado, ao submetido à medida de segurança, ao preso provisório e ao egresso, devendo ser respeitada a condição pessoal da mulher e do maior sessenta anos, pelo que serão, separadamente, recolhidos a estabelecimento próprio e adequado, sem prejuízo do mesmo conjunto arquitetônico poder abrigar estabelecimentos de destinação diversa desde que devidamente isolados.	**6.1**
Penitenciária	Penitenciária é estabelecimento penal destinado ao condenado à pena de reclusão, em regime fechado. É também chamado presídio e tem por finalidade acomodar o apenado (preso definitivo, via de regra) para fins de cumprimento de pena privativa de liberdade.	**6.2**
Colônia agrícola, industrial ou similar	A Colônia Agrícola, Industrial ou Similar destina-se ao cumprimento da pena em regime semiaberto, hipótese em que o condenado poderá ser alojado em compartimento coletivo, observado o requisito básico previsto para o condenado recolhido em penitenciária.	**6.3**
Casa do Albergado	A Casa do Albergado destina-se ao cumprimento de pena privativa de liberdade, em regime aberto, e da pena de limitação de fim de semana. Neste caso, o prédio respectivo deverá situar-se em centro urbano, separado dos demais estabelecimentos, e caracterizar-se pela ausência de obstáculos físicos contra a fuga.	**6.4**

CAPÍTULO XIX – EXECUÇÃO PENAL		
Centro de Observação	Centro de Observação é o local destinado à realização dos exames gerais e do criminológico, cujos resultados serão encaminhados à Comissão Técnica de Classificação.	**6.5**
Hospital de Custódia e Tratamento Psiquiátrico	O Hospital de Custódia e Tratamento Psiquiátrico é estabelecimento penal destinado aos inimputáveis e semi-imputáveis, aplicando-se a ele, no que couber, as disposições referentes aos requisitos básicos necessários a assegurar o cumprimento da medida de segurança de maneira a garantir a efetividade do princípio da dignidade humana.	**6.6**
Cadeia pública	A cadeia pública destina-se ao recolhimento de presos provisórios, sendo dever do Estado manter em cada comarca pelo menos 1 (uma) cadeia pública a fim de resguardar o interesse da Administração da Justiça Criminal e a permanência do preso em local próximo ao seu meio social e familiar.	**6.7**
Critérios para separação de presos provisórios e apenados	A Lei 13.167/2015 modificou os parágrafos do art. 84, da Lei de Execução Penal, estabelecendo critérios mais específicos para a separação de presos. De acordo com o novo § 1º, os presos provisórios devem ficar separados, consoante sejam: (1) acusados pela prática de crimes hediondos ou equiparados; (2) acusados pela prática de crimes cometidos com violência ou grave ameaça à pessoa; e (3) acusados pela prática de outros crimes ou contravenções diversos dos dois primeiros. Quanto aos "presos condenados" (definitivamente), conforme o § 3º, os critérios para a separação devem ser os de: (1) condenados pela prática de crimes hediondos ou equiparados; (2) reincidentes condenados pela prática de crimes cometidos com violência ou grave ameaça à pessoa; (3) primários condenados pela prática de crimes cometidos com violência ou grave ameaça à pessoa; e (4) demais condenados pela prática de outros crimes ou contravenções em situação diversa das três primeiras. Por fim, o § 4º, do citado art. 84, da LEP, reza que "o preso que tiver sua integridade física, moral ou psicológica ameaçada pela convivência com os demais presos ficará segregado em local próprio".	**6.8**
Execução indireta de atividades acessórias (privatização ou terceirização no sistema prisional)	A partir do advento da Lei nº 13.190/2015, passou-se a admitir a terceirização de serviços não tipicamente públicos no âmbito do sistema prisional. O art. 83-A, caput, da LEP, usa a expressão "execução indireta", mencionando a possibilidade de outorga de "atividades materiais acessórias, instrumentais ou complementares desenvolvidas em estabelecimentos penais. Entendemos ser preocupante a terceirização de serviços na área de estabelecimentos penais, mormente quando se vê que o legislador arrolou, em numerus apertus (rol exemplificativo), as hipóteses de "execução indireta de serviços". De sua vez, o art. 83-B, da LEP, o legislador vedou a delegação a terceiros dos serviços que inseriu no núcleo mínimo a ser prestado exclusivamente pelo Estado no espaço do sistema penitenciário. Também aqui arrolou, de forma exemplificativa, os serviços que não podem ser objeto de delegação (execução indireta ou terceirização).	**6.9**

CAPÍTULO XIX – EXECUÇÃO PENAL	
JURISDIÇÃO E COMPETÊNCIA DA EXECUÇÃO PENAL	
A jurisdição em sede de execução penal será exercida pelos juízes ou tribunais com competência criminal ordinária em todo o Território Nacional, nos termos da LEP e do Código de Processo Penal. Ao juiz da execução compete decidir os incidentes ocorridos ou suscitados durante o processo de execução, bem como fazer valer efetivamente os ditames da LEP.	7
RESTRIÇÃO DE DIREITOS NA EXECUÇÃO DA PENA	
Deveres	
Os deveres do condenado dispostos na Lei nº 7.210/1984 são aplicáveis, no que couber, aos presos provisório, pelo que devem ambos observar as normas de execução da pena, tendente a manter um comportamento disciplinado e a cumprir fielmente a sentença.	8.1
Direitos	
Todos os direitos não atingidos pela sentença ou pela lei são garantidos ao condenado e ao internado, sendo vedada qualquer distinção de natureza racial, social, religiosa ou política. As autoridades devem assegurar o respeito à integridade física e moral dos condenados, dos presos provisórios e dos submetidos à medida de segurança.	8.2
Direitos políticos	
Os direitos políticos não serão cassados (art. 15, III, CF). Todavia, na hipótese de condenação criminal transitada em julgado, os direitos políticos ficarão suspensos enquanto persistirem os efeitos da condenação.	8.3
Visita	
É direito do preso receber visita do cônjuge, da companheira, de parentes e amigos em dias determinados. Caso esteja em Regime Disciplinar Diferenciado, as visitas serão semanais de duas pessoas, sem contar as crianças, com duração de duas horas.	8.4
Comunicação	
O apenado tem o direito a se comunicar com seu advogado e com as pessoas da família, podendo sofrer limitações, tal como se dá com o monitoramento das correspondências destinadas ou emitidas pelos presos, em favor da segurança pública e do estabelecimento, como tem admitido o STF.	8.5
Assistência	
Ao preso e ao internado é assegurado o direito à assistência. O dever de prestá-la é do Estado, com o fito de prevenir o crime e orientar o retorno à convivência em sociedade, sendo extensiva ao egresso. A assistência referida pela LEP será das seguintes espécies: material, à saúde, jurídica, educacional, social, religiosa e ao egresso.	8.6
Trabalho	
O trabalho é tanto direito quanto dever do preso. É direito enquanto instrumento que assegura sua dignidade humana, com finalidade educativa e produtiva, e também, sob este último enfoque, é um dever social que deve respeitar às precauções referentes à segurança e à higiene, conquanto não esteja sujeito ao regime da Consolidação das Leis do Trabalho (CLT). O condenado por crime político não está, no entanto, obrigado ao trabalho.	8.7

CAPÍTULO XIX – EXECUÇÃO PENAL		
Faltas disciplinares		
Na hipótese de violação de deveres disciplinares, poderá ser imposta sanção ao preso, desde que haja previsão expressa e anterior, legal ou regulamentar, da respectiva falta (transgressão). As sanções não poderão colocar em perigo a integridade física e moral do condenado, sendo vedados o emprego de cela escura e as sanções coletivas. O cometimento de falta grave não interrompe o prazo para obtenção de livramento condicional, a teor da súmula nº 441 do STJ. Também não há interrupção de prazo, quando do cometimento de falta grave, para a concessão de comutação de pena ou indulto (Súmula 535, STJ). Já no que toca à concessão dos demais benefícios referentes à execução da pena, inclusive a progressão de regime, o entendimento do STJ é no sentido de que o cometimento de falta grave pelo apenado importa o reinício da contagem do prazo da pena remanescente, vale dizer, implica interrupção do prazo. Quanto à progressão de regime, especifica a súmula nº 534, do STJ, que "a prática de falta grave interrompe a contagem do prazo para a progressão de regime de cumprimento de pena, o qual se reinicia a partir do cometimento dessa infração". A prática de falta grave acarreta ainda a perda dos dias remidos, não havendo que se falar em limitação a 30 dias, pois não se aplica a essa hipótese o teor do art. 58, da Lei de Execução Penal, que alude a isolamento, suspensão e restrição de outros direitos, devendo incidir nos termos do art. 127, da LEP, que é específico para o caso ao assentar que o juiz poderá revogar até 1/3 (um terço) do tempo remido, observado o disposto no art. 57 (ou seja, levando-se em conta a natureza, os motivos, as circunstâncias e as consequências do fato, bem como a pessoa do faltoso e seu tempo de prisão), recomeçando a contagem a partir da data da infração disciplinar. De toda maneira, todo ato jurisdicional do qual decorra restrição de direitos às partes (em especial, limitação de direitos do apenado) deve ser precedido de contraditório, assegurando o direito de defesa ao condenado antes da decisão do juiz, não havendo que se falar em aplicação automática dessas sanções (nesse sentido, a súmula 533 do STJ).		**8.8**
Espécies	As faltas disciplinares são classificadas em leves, médias e graves, devendo a legislação local especificar as leves e médias, com as respectivas sanções. As sanções previstas para as faltas consumadas são utilizadas para punição da tentativa. As faltas graves e suas sanções encontram tipificação na própria LEP.	**8.8.1**
Apuração, defesa técnica e aplicação	A aplicação de sanção decorrente do cometimento de falta disciplinar requer um procedimento específico, gizado na LEP. Uma vez praticada a falta disciplinar, deverá ser instaurado o procedimento para sua apuração, consoante regulamento, assegurado o direito de defesa. A defesa aqui referida pela Lei é a defesa técnica. A decisão será motivada, podendo a autoridade administrativa decretar o isolamento preventivo do faltoso pelo prazo de até dez dias.	**8.8.2**
Regime Disciplinar Diferenciado		
Trata-se de uma forma de cumprimento de pena fixada em regime fechado, vale dizer, de "uma sub-divisão do regime fechado, mais rigoroso e exigente, caracterizando verdadeira sanção disciplinar. Não se trata, pois de um quarto regime de cumprimento de pena. Continuamos a ter somente três: fechado, semiaberto e aberto" (Nucci). Nesse sentido entendemos que o regime disciplinar diferenciado é incompatível com a ideia de progressão de regime. Caso o apenado tenha direito à progressão (presentes os requisitos objetivos e subjetivos), deve ser retirado do regime disciplinar diferenciado.		**8.9**

CAPÍTULO XIX – EXECUÇÃO PENAL	
Sanções	
As sanções possíveis em razão do cometimento de faltas disciplinares são: 1) advertência verbal; 2) repreensão; 3) suspensão ou restrição de direitos; 4) isolamento na própria cela, ou em local adequado, nos estabelecimentos que possuam alojamento coletivo; e 5) inclusão no regime disciplinar diferenciado.	**8.10**
Recompensas	
As recompensas têm em vista o bom comportamento reconhecido em favor do condenado, de sua colaboração com a disciplina e de sua dedicação ao trabalho, podendo consistir em elogio e concessão de regalias, devendo a legislação local e regulamentos estabelecerem a natureza e a forma de concessão de regalias.	**8.11**
INTERVENÇÃO DO MINISTÉRIO PÚBLICO NA EXECUÇÃO PENAL	
O Ministério Público é elencado como um dos órgãos da execução penal, cabendo-lhe fiscalizar a execução da pena e da medida de segurança, oficiando no processo executivo e nos incidentes da execução.	**9**
PROCESSO DE EXECUÇÃO PENAL	
Penas privativas de liberdade	
São a de reclusão e a de detenção (art. 33, CP). A principal diferença de uma para a outra é quanto aos limites deferidos ao juiz para a fixação do regime de cumprimento de pena. Daí que a pena de reclusão deve ser cumprida em regime fechado, semiaberto ou aberto, enquanto que a de detenção, em regime semiaberto, ou aberto, salvo necessidade de transferência a regime fechado. Para o cumprimento de pena privativa de liberdade, é imprescindível a emissão de guia de execução penal (art. 107, LEP).	**10.1**
Penas restritivas de direito	
As penas restritivas de direitos podem consistir em: 1) prestação pecuniária; 2) perda de bens e valores; 3) prestação de serviço à comunidade ou a entidades públicas; 4) interdição temporária de direitos; e 5) limitação de fim de semana. A regra é a de que se cumpra primeiro as penas mais gravosas para depois as de menor interferência no jus libertatis (art. 69, *caput*, e art. 76, CP). No entanto, cuidando-se de cumulação com pena restritiva de direito, o legislador outorgou ao magistrado o poder de aferir a possibilidade de cumprimento da pena substitutiva anterior, com esteio em critério de conveniência.	**10.2**
Pena de multa	
A pena de multa é "dívida de valor". Com o trânsito em julgado da sentença condenatória que a impuser, o juízo da execução penal determinará a elaboração dos cálculos e intimará o apenado para recolher o valor da multa. Caso o condenado não realize o adimplemento, o juízo da execução da pena emitirá ofício para a Fazenda Pública competente a fim de que ela proceda a excussão do quantum debeatur no juízo cível competente e nos termos da legislação referente à dívida ativa do poder público (Lei nº 6.830/1980).	**10.3**

<table>
<tr><th colspan="3">CAPÍTULO XIX – EXECUÇÃO PENAL</th></tr>
<tr><th colspan="3">Medida de segurança</th></tr>
<tr><td colspan="2">A sentença que aplica medida de segurança decorre do reconhecimento de semi-imputabilidade (sentença condenatória) ou de inimputabilidade do agente (sentença absolutória imprópria, que declara que o acusado cometeu o fato, mas reconhece sua incapacidade de entender o seu caráter ilícito e de determinar-se conforme o direito à época da sua prática).

A medida de segurança de internação ou de tratamento ambulatorial não tem prazo determinado, perdurando enquanto não for verificada, por perícia médica, a cessação de periculosidade. No entanto, o prazo mínimo da medida de segurança encontra seus limites definidos no art. 97, § 1º, do Código Penal, variando de 1 (um) a 3 (três) anos. O critério para a limitação máxima da medida de segurança é a cessação da periculosidade. Todavia, a jurisprudência vem entendendo que a medida não deve exceder o limite do art. 75 do CP, razão pela qual nenhuma medida de segurança deve subsistir por prazo superior a trinta anos, independente da cessação da periculosidade do internado. Estabelecendo um patamar máximo a fim de evitar que a medida de segurança perdure ad eternum, o STJ, por sua vez, assentou, em sua Súmula 527, que "o tempo de duração da medida de segurança não deve ultrapassar o limite máximo da pena abstratamente cominada ao delito praticado".</td><td>10.4</td></tr>
<tr><th colspan="3">Prisão albergue domiciliar</th></tr>
<tr><td colspan="2">A prisão domiciliar é excepcional, somente se admitindo o recolhimento do beneficiário de regime aberto em residência particular quando se tratar de:

1) condenado maior de 70 (setenta) anos;

2) condenado acometido de doença grave;

3) condenada com filho menor ou deficiente físico ou mental; e

4) condenada gestante.

Na falta de casa do albergado, destinada ao cumprimento de pena em regime aberto e de pena de limitação de fim de semana, é possível o deferimento de prisão albergue domiciliar, não sendo admissível restringir direito do apenado em virtude de omissão do Estado. A prisão albergue domiciliar não se confunde com a prisão domiciliar cautelar que substitui a prisão preventiva que seria cumprida em estabelecimento prisional adequado (cadeia pública), nos termos dos artigos 317 e 318, do Código de Processo Penal (com redação dada pela Lei nº 12.403/2011).</td><td>10.5</td></tr>
<tr><th colspan="3">Procedimento da execução penal</th></tr>
<tr><td>Iniciativa</td><td>O procedimento para a execução penal se desenvolve judicialmente, perante o juízo da execução, cujo impulso inicial pode ocorrer a requerimento do Ministério Público, do interessado, de quem o represente, de seu cônjuge, parente ou descendente, mediante proposta do Conselho Penitenciário, ou, ainda, da autoridade administrativa.</td><td>10.6.1</td></tr>
<tr><td>Guia de execução penal</td><td>Ao transitar em julgado a sentença que aplicar pena privativa de liberdade e se o réu estiver ou vier a ser preso, o juiz ordenará a expedição de guia de recolhimento para a execução (guia de execução penal). É possível que sua emissão seja também ordenada para o acusado preso preventivamente e condenado por sentença recorrível, porquanto é na guia de recolhimento que constam os dados necessários para a segregação do agente, possibilitando a concessão de benefícios que só seriam auferíveis se transitada em julgado a sentença, a exemplo da progressão de regime e livramento condicional.</td><td>10.6.2</td></tr>
</table>

<table>
<tr><th colspan="3">CAPÍTULO XIX – EXECUÇÃO PENAL</th></tr>
<tr><td>Processamento</td><td>Consoante seja a iniciativa do juízo da execução penal ou de outro legitimado, a portaria ou petição será autuada ouvindo-se, em 3 (três) dias, o condenado e o Ministério Público, quando não figurem como requerentes da medida. Os autos de execução penal são formados de cópias das peças essenciais da ação penal, tais como denúncia, sentença e acórdãos, não sendo necessária produção de prova, pelo que o juiz proferirá decisão de plano, em igual prazo, determinando a emissão de guia de execução penal.</td><td>10.6.3</td></tr>
<tr><th colspan="3">Execução provisória da pena (Execução provisória de pena privativa de liberdade e dissídio jurisprudencial; Impossibilidade de execução provisória de pena restritiva de direitos)</th></tr>
<tr><td colspan="2">A execução provisória da pena se fundamenta na ideia de que depois de prolatada a sentença condenatória, já preclusa ao MP, se impõe a prisão decorrente da condenação. O STF e demais tribunais oscilou vêm oscilando de entendimento sobre a matéria.</td><td>10.7</td></tr>
<tr><td colspan="2">Em um momento, a Suprema Corte decidiu pela inconstitucionalidade da execução provisória da pena, entendendo só possível a prisão antes do trânsito em julgado com esteio no princípio da necessidade (feição cautelar), expurgando do ordenamento jurídico a possibilidade de se ter aquele instituto, embora seja possível a emissão de guia de recolhimento para fins de concessão de benefícios próprios de condenado com trânsito em julgado, nos termos da Lei de Execução Penal, com a cautela de não ofender o princípio da presunção de inocência, eis que só admitida prisão se presentes os requisitos da prisão preventiva (art. 312, CPP). O STF, à época, sublinhou a vedação de execução provisória da pena pela simples existência de sentença condenatória ou mesmo pela interposição de recurso extraordinário ou especial sem efeito suspensivo, já que o sistema requer que toda prisão antes do trânsito em julgado seja de natureza cautelar, com base na necessidade.
Modificada a composição do STF, o seu órgão Pleno deliberou, por maioria, pelo cabimento de execução provisória de pena após confirmação da condenação penal por tribunal, em segundo julgamento. Inicialmente tal julgado teve efeito não vinculante e inter partes. A decisão foi objeto de divergências entre os ministros, com o desfecho de reconhecimento de repercussão geral, para que produza efeitos gerais (ARE 964.246). O STF reconheceu a reafirmação de sua jurisprudência nesse sentido, reputando que a execução provisória de pena não ofende o princípio constitucional da presunção de inocência, nem fere o art. 283, do CPP. Discordamos do posicionamento da Suprema Corte.</td><td>10.7.1</td></tr>
<tr><td colspan="2">O STJ se manifestou sobre a impossibilidade de execução da pena restritiva de direitos antes do trânsito em julgado da sentença penal condenatória, afirmando não ser "possível a execução da pena restritiva de direitos antes do trânsito em julgado da condenação". Nesse julgado, o Superior Tribunal de Justiça segue o STF relativamente ao cumprimento de penas restritivas de direito, aplicadas inclusive em substituição às penas privativas de liberdade.</td><td>10.7.2</td></tr>
<tr><th colspan="3">Regressão de regime</th></tr>
<tr><td colspan="3">Durante a execução da pena privativa de liberdade, pode haver regressão de regime de pena. A forma regressiva terá lugar, com a transferência para qualquer dos regimes mais rigorosos, quando o apenado praticar fato definido como crime doloso ou falta grave, bem como quando sofrer condenação, por crime anterior, cuja pena, somada ao restante da pena em execução, torne incabível o regime. O apenado, ademais, será transferido do regime aberto se frustrar os fins da execução ou não pagar, podendo, a multa cumulativamente imposta. A decisão regressiva será precedida de oitiva prévia do condenado, que deve estar assistido por defesa técnica.</td></tr>
</table>

CAPÍTULO XIX – EXECUÇÃO PENAL		
Regressão cautelar	A regressão ou suspensão cautelar de regime pode ser aplicada pelo juiz, em decisão fundamentada. Decorre do poder geral de cautela do magistrado ao examinar fato dotado de *fumus commissi delicti* e que recomende decisão que afaste *periculum in mora* (ou mais precisamente, *periculum libertatis* que deflui do regime progredido).	**10.8.1**
Progressão de regime		
Requisitos	O regime inicial de pena é fixado na sentença pelo juiz, segundo os parâmetros estatuídos no Código Penal, não podendo ser determinado regime mais gravoso que o previsto legalmente, com base apenas na gravidade em tese do crime (fundamentação insuficiente). Caso seja necessária a imposição do regime de cumprimento mais severo do que a pena aplicada permitir segundo o Código Penal, é exigida motivação idônea. Atenção especial foi dada, pelo legislador, à situação da mulher que cumpre pena, notadamente gestante ou mãe de pessoa com deficiência ou com idade inferior a 12 anos (criança) com a promulgação da Lei nº 13.769/2018. A sanção privativa de liberdade será executada em forma progressiva (individualização da pena) com a transferência para regime menos rigoroso, a ser determinado pelo juiz, quando o preso tiver atendido os requisitos objetivos e subjetivos legais. A decisão que concede a progressão será sempre motivada e precedida de manifestação do Ministério Público e do defensor. Procedimento idêntico será adotado na concessão de livramento condicional, indulto e comutação de penas, respeitados os prazos previstos nas normas vigentes. Ao afirmar a inconstitucionalidade do cumprimento de pena em regime integralmente fechado (referido pelo enunciado vinculante de nº 26, do STF), ao juiz é facultado determinar exame criminológico de acordo com as nuances do caso concreto e de modo fundamentado, não sendo tal procedimento uma consequência automática. Deve ser observada a situação peculiar da mulher apenada que tenha filhos com deficiência ou com idade inferior a 12 anos (criança), bem como se estiver gestante. Seguindo essa orientação, a Lei nº 13.769/2018 inseriu ao § 2º, do art. 2º, da Lei nº 8.072/1990 (Lei dos Crimes Hediondos), a necessidade de serem observadas as regras para progressão especial de regime que a mulher faz *jus*, desde que atendidas as condições estipuladas nos parágrafos 3º e 4º, do art. 112, da Lei de Execução Penal.	**10.9.1**
Progressão por salto	Pensamos ser possível que o apenado seja beneficiado pela progressão por salto. Isso pode ocorrer quando se verificar, em execução penal iniciada com o trânsito em julgado da sentença condenatória, que o condenado já cumpriu tempo de prisão provisória suficiente para fazer incidir a progressão de regime per salto – sem a necessidade de cumprir a pena pelo prazo previsto para a progressão no regime imediatamente anterior –, notadamente se a sentença fixou	**10.9.2**

<table>
<tr><th colspan="3">CAPÍTULO XIX – EXECUÇÃO PENAL</th></tr>
<tr><td>Progressão por salto</td><td>o regime inicial fechado e o condenado já havia permanecido preso por prazo que seria suficiente para progressão não só para o regime semiaberto, mas também para o regime aberto. No entanto, não é esse a posição que prevalece sobre o tema, como se observa da súmula nº 491 do STJ: "é inadmissível a progressão per saltum de regime prisional".</td><td>10.9.2</td></tr>
<tr><th colspan="3">Incidentes e conversões</th></tr>
<tr><td colspan="3">Para a conversão da pena privativa de liberdade, cujo cumprimento se encontra em curso, em pena restritiva de direitos, é necessário, primeiramente, que o apenado esteja cumprindo pena em regime aberto (não superior a dois anos). Além dessa condição, para a conversão é preciso que o condenado tenha cumprido pelo menos ¼ (um quarto) da pena, bem como que seus antecedentes e personalidade indiquem ser recomendável a providência.
A conversão da pena restritiva de direitos em privativa de liberdade ocorrerá na hipótese de descumprimento injustificado da restrição imposta. Caso sobrevenha condenação à pena privativa de liberdade, por outro crime, o juiz da execução penal decidirá sobre a conversão, podendo deixar de aplicá-la se for possível ao condenado cumprir a pena substitutiva anterior.</td></tr>
<tr><td>Doença mental superveniente</td><td>Se no decorrer da execução da pena privativa de liberdade, advier doença mental ou perturbação da saúde mental, o juiz das execuções, de ofício, a requerimento do Ministério Público, da Defensoria Pública ou da autoridade administrativa, poderá determinar a substituição da pena por medida de segurança.</td><td>10.10.1</td></tr>
<tr><td>Desvio e excesso de execução</td><td>Desvio ou excesso de execução se configurará toda vez que algum ato for praticado além dos limites fixados na sentença, em normas legais ou regulamentares. Nessa situação fática, é possível a um dos legitimados suscitar o incidente de excesso ou desvio de execução.</td><td>10.10.2</td></tr>
<tr><td>Anistia e indulto</td><td>A anistia é instituto de abrangência preponderantemente coletiva, por se referir a crimes determinados que serão objeto de extinção da punibilidade. O indulto, como ato de clemência do Poder Público, pode ser individual ou coletivo, extinguindo a punibilidade de crimes cometidos pelos apenados contemplados, de acordo com os requisitos que impuser, seja relativamente à época do delito, seja no tocante ao tempo de cumprimento da pena.
Uma vez concedida a anistia, o juiz, de ofício, a requerimento do interessado ou do Ministério Público, por proposta da autoridade administrativa ou do Conselho Penitenciário, declarará extinta a punibilidade. Já o indulto individual poderá ser provocado por petição do condenado, por iniciativa do Ministério Público, do Conselho Penitenciário, ou da autoridade administrativa. A petição do indulto, acompanhada dos documentos que a instruírem, deverá ser entregue ao Conselho Penitenciário, para a elaboração de parecer e posterior encaminhamento ao Ministério da Justiça.</td><td>10.10.3</td></tr>
<tr><th colspan="3">Remição</th></tr>
<tr><td colspan="2">A remição consiste no direito do condenado que cumpre pena em regime fechado ou semiaberto abater, pelo trabalho, pelo estudo ou pela leitura, parte do tempo de execução da pena, cuja contagem será feita à razão de: (1) 1 (um) dia de pena a cada 12 (doze) horas de frequência escolar divididas, no mínimo, em 3 (três) dias; (2) 1 (um) dia de pena por 3 (três) de trabalho; (3) 4 (quatro) dias de pena por 1 (uma) obra literária, clássica, científica ou filosófica lida; (4) 1 (um) dia de pena a cada 12 (doze) horas de</td><td></td></tr>
</table>

CAPÍTULO XIX – EXECUÇÃO PENAL	
frequência escolar divididas, no mínimo, em 3 (três) dias, em virtude de frequência a curso de ensino regular ou de educação profissional. As hipóteses de remição de pena constituem rol aberto, não taxativo. A ideia de aplicação do instituto deve ser interpretada da maneira mais favorável ao apenado. Se o preso estiver impossibilitado de prosseguir no trabalho ou nos estudos, por acidente, ele continuará a beneficiar-se com a remição. O preso poderá remir a pena de forma concomitante: pelas horas de trabalho e pelas horas de estudo. Para tanto, as horas devem ser definidas de forma a se compatibilizarem, para que as de uma atividade não se sobreponham as da outra (4 horas diárias de estudo ou 8 horas de trabalho, ou seja, 1 hora de estudo equivale a 2 horas de trabalho). De toda forma, a remição será decretada pelo juiz da execução, ouvidos o Ministério Público e a defesa, nesta ordem (§ 8º, do art. 126, da LEP, com redação dada pela Lei nº 12.433/2011). O tempo remido será computado como pena cumprida, para todos os efeitos (não só para a concessão de livramento condicional ou indulto, mas para qualquer outro benefício, a teor da atual redação do art. 128, da LEP).	10.11
Detração penal	
Detração penal consiste no cômputo, na pena privativa de liberdade e na medida de segurança, do tempo de prisão provisória, no Brasil ou no estrangeiro, o de prisão administrativa e o de internação em estabelecimento prisional, com o abatimento na pena definitiva, ou na medida de segurança, do tempo de cárcere cautelar, em verdadeiro sistema de compensação.	10.12
Autorizações de saída	
As autorizações de saída são subdividas em permissão de saída e em saída temporária (autorização de saída em sentido estrito ou propriamente dita). A permissão de saída do estabelecimento é aquela concedida pelo diretor do estabelecimento aos condenados em regime fechado ou semiaberto e aos presos provisórios, mediante escolta, em casos de falecimento ou doença grave do cônjuge, companheira, ascendente, descendente ou irmão, assim como de necessidade de tratamento médico. A saída temporária (ou autorização de saída em sentido estrito) do estabelecimento é destinada aos condenados que cumprem pena em regime semiaberto, sem vigilância direta, nos seguintes casos de visita à família, frequência a curso supletivo profissionalizante, a de instrução do 2º grau ou superior, na Comarca do Juízo da Execução; e de participação em atividades que concorram para o retorno ao convívio social. A saída temporária é concedida por ato motivado do juiz da execução, ouvidos o Ministério Público e a administração penitenciária e dependerá do preenchimento dos requisitos legais, e seu prazo de duração não excederá sete dias, podendo ser renovado por mais quatro vezes durante o ano. O ato judicial de autorização de saída é indelegável, a teor da Súmula 520, do STJ, que elucida que "o benefício de saída temporária no âmbito da execução penal é ato jurisdicional insuscetível de delegação à autoridade administrativa do estabelecimento prisional". O STF, no entanto, entendeu ser possível uma espécie do que poderíamos chamar "decisão condicional", em sede de execução penal. Trata-se de autorização judicial de saída temporária com viés de automaticidade, sem exame prévio individualizado de cada processo. A vantagem do procedimento automatizado-condicional é o de se alijar atrasos injustificados às concessões de saída temporária, em virtude do acúmulo de serviço do juízo das execuções penais e do Parquet. Se o ideal seria examinar caso a caso, esse ideal não deve se sobrepor aos direitos individuais dos apenados.	10.13

CAPÍTULO XIX – EXECUÇÃO PENAL		
Livramento condicional		
O livramento condicional é benefício que pode ser conferido ao condenado a pena privativa de liberdade igual ou superior a dois anos, com o deferimento de sua liberdade sob determinadas condições que devem ser cumpridas sob pena de revogação do instituto. Para a concessão do benefício, é necessário o atendimento dos requisitos objetivos e subjetivos, notadamente o cumprimento de mais de um terço da pena se o condenado não for reincidente em crime doloso e tiver bons antecedentes ou o cumprimento de mais de dois terços da pena, nos casos de condenação por crime hediondo, prática da tortura, tráfico ilícito de entorpecentes e drogas afins, e terrorismo, se o apenado não for reincidente específico em crimes dessa natureza. Se expirar o prazo do livramento condicional sem revogação ou prorrogação do seu prazo, vale dizer, sem descumprimento das condições impostas e sem a sua suspensão antes do decurso temporal, o juiz da execução penal, de ofício, a requerimento do interessado, do Ministério Público ou mediante representação do Conselho Penitenciário, julgará extinta a pena privativa de liberdade.		**10.14**
Monitoração eletrônica		
O uso de tecnologia para minimizar a aplicação e os efeitos deletérios do cárcere e otimizar pode ser definido pelo juiz por meio da monitoração eletrônica nos casos de autorizar a saída temporária no regime semiaberto e de determinar a prisão domiciliar. A monitoração eletrônica poderá ser revogada quando se tornar desnecessária ou inadequada, como também quando o acusado ou condenado violar os deveres a que estiver sujeito durante a sua vigência ou cometer falta grave.		**10.15**
Suspensão condicional da pena		
Quando não for o caso de substituição de penas por ocasião da prolação da sentença penal condenatória (art. 44, CP), o juiz poderá ainda suspender, pelo período de dois a quatro anos, a execução da pena privativa de liberdade, não superior a dois anos, na forma prevista nos artigos 77 a 82 do Código Penal, que também disciplinam a matéria (art. 156, LEP). A execução da pena privativa de liberdade, não superior a quatro anos, poderá ainda ser suspensa, por quatro a seis anos, desde que o condenado seja maior de setenta anos de idade, ou razões de saúde justifiquem a suspensão.		**10.16**
Meios de impugnação		
Recursos	Das decisões proferidas pelo juiz das execuções caberá recurso de agravo, via de regra, sem efeito suspensivo, no prazo de cinco dias (agravo em execução, art. 197, LEP). Não é mais cabível recurso em sentido estrito em sede de execução penal.	**10.17.1**
Ações autônomas de impugnação	Não sendo o caso de agravo em execução, surge para o apenado a possibilidade de ajuizar, como sucedâneos recursais, as ações de *habeas corpus* (quando em jogo a liberdade de locomoção) e de mandado de segurança (quando não haja risco à liberdade de locomoção, a exemplo da aplicação isolada de pena de multa).	**10.17.2**
Extinção de punibilidade pelo cumprimento da pena		
O processo de execução penal se encerra com decisão do juiz das execuções que declara extinta a punibilidade em virtude do integral cumprimento da pena. Uma vez cumprida ou extinta a pena, não constarão da folha corrida, atestados ou certidões fornecidas por autoridade policial ou por auxiliares da Justiça, qualquer notícia ou referência à condenação, salvo para instruir processo pela prática de nova infração penal ou outros casos expressos em lei.		**10.18**

CAPÍTULO XIX – EXECUÇÃO PENAL	
TECNOLOGIA APLICADA À EXECUÇÃO PENAL – LEI Nº 12.714/2012	
A Lei nº 12.714, de 14 de setembro de 2012, é o diploma legal que dispõe sobre o sistema de acompanhamento da execução penal, da prisão cautelar e da medida de segurança. O acompanhamento eletrônico de medidas limitativas de liberdade de indiciados, apenados e custodiados submetidos à medida de segurança depende da manutenção e da atualização de dados. A Lei nº 12.714/2012 fala de um sistema informatizado que, por sua vez, deve ser, preferencialmente, de tipo aberto. O enunciado disposto no § 2º, do art. 1º, do citado diploma legal, estabelece a conceituação de "sistema ou programa aberto". O sistema conterá dados e informações. Os dados são fatos brutos, ou seja, conteúdos quantificáveis que, vistos isoladamente, não retratam a situação contextualizada. Os dados são de natureza mais estática, unidades básicas para a construção das informações. As informações são o resultado do processamento dos dados. Embora também esse resultado seja estático em um certo momento, ele é mais dinâmico que o primeiro porque impõe maior dose de interpretação A eficácia do sistema é garantida com métodos aplicativos que notifiquem os usuários sobre a proximidade das datas referidas na lei. Em outras palavras, deve o sistema ser programado para informar tempestiva e automaticamente, por aviso eletrônico, as datas mencionadas, por se referirem a atos relevantes. Tal proceder retrata a possibilidade da tecnologia ser aplicada ao processo penal de maneira a maximizar as garantias individuais que constituem o núcleo do modelo constitucional de processo penal brasileiro.	11

13. SÚMULAS APLICÁVEIS

13.1. STJ

171. Cominadas cumulativamente, em lei especial, penas privativa de liberdade e pecuniária, é defeso a substituição da prisão por multa.

192. Compete ao juízo das execuções penais do Estado a execução das penas impostas a sentenciados pela Justiça Federal, Militar ou Eleitoral, quando recolhidos a estabelecimentos sujeitos à administração estadual.

341. A frequência a curso de ensino formal é causa de remição de parte do tempo de execução de pena sob regime fechado ou semiaberto.

439. Admite-se o exame criminológico pelas peculiaridades do caso, desde que em decisão motivada.

440. Fixada a pena-base no mínimo legal, é vedado o estabelecimento de regime prisional mais gravoso do que o cabível em razão da sanção imposta, com base apenas na gravidade abstrata do delito.

441. A falta grave não interrompe o prazo para obtenção de livramento condicional.

471. Os condenados por crimes hediondos ou assemelhados cometidos antes da vigência da Lei nº 11.464/2007 sujeitam-se ao disposto no art. 112 da Lei nº 7.210/1984 (Lei de Execução Penal) para a progressão de regime prisional.

491. É inadmissível a chamada progressão per saltum de regime prisional.

493. É inadmissível a fixação de pena substitutiva (art. 44 do CP) como condição especial ao regime aberto.

520. O benefício de saída temporária no âmbito da execução penal é ato jurisdicional insuscetível de delegação à autoridade administrativa do estabelecimento prisional.

521. A legitimidade para a execução fiscal de multa pendente de pagamento imposta em sentença condenatória é exclusiva da Procuradoria da Fazenda Pública.

526. O reconhecimento de falta grave decorrente do cometimento de fato definido como crime doloso no cumprimento da pena prescinde do trânsito em julgado de sentença penal condenatória no processo penal instaurado para apuração do fato.

527. O tempo de duração da medida de segurança não deve ultrapassar o limite máximo da pena abstratamente cominada ao delito praticado.

533. Para o reconhecimento da prática de falta disciplinar no âmbito da execução penal, é imprescindível a instauração de procedimento administrativo pelo diretor do estabelecimento prisional, assegurado o direito de defesa, a ser realizado por advogado constituído ou defensor público nomeado.

534. A prática de falta grave interrompe a contagem do prazo para a progressão de regime de cumprimento de pena, o qual se reinicia a partir do cometimento dessa infração.

535. A prática de falta grave não interrompe o prazo para fim de comutação de pena ou indulto.

562. É possível a remição de parte do tempo de execução da pena quando o condenado, em regime fechado ou semiaberto, desempenha atividade laborativa, ainda que extramuros.

13.2. STF

442. A absolvição criminal não prejudica a medida de segurança, quando couber, ainda que importe privação da liberdade.

499. Não obsta à concessão do "sursis" condenação anterior à pena de multa.

520. Não exige a lei que, para requerer o exame a que se refere o art. 777 do Código de Processo Penal, tenha o sentenciado cumprido mais de metade do prazo da medida de segurança imposta.

604. A prescrição pela pena em concreto é somente da pretensão executória da pena privativa de liberdade.

611. Transitada em julgado a sentença condenatória, compete ao juízo das execuções a aplicação de lei mais benigna.

700. É de cinco dias o prazo para interposição de agravo contra decisão do juiz da execução penal.

715. A pena unificada para atender ao limite de trinta anos de cumprimento, determinado pelo art. 75 do Código Penal, não é considerada para a concessão de outros benefícios, como o livramento condicional ou regime mais favorável de execução.

716. Admite-se a progressão de regime de cumprimento da pena ou a aplicação imediata de regime menos severo nela determinada, antes do trânsito em julgado da sentença condenatória.

717. Não impede a progressão de regime de execução da pena, fixada em sentença não transitada em julgado, o fato de o réu se encontrar em prisão especial.

718. A opinião do julgador sobre a gravidade em abstrato do crime não constitui motivação idônea para a imposição de regime mais severo do que o permitido segundo a pena aplicada.

719. A imposição do regime de cumprimento mais severo do que a pena aplicada permitir exige motivação idônea.

Súmula Vinculante nº 5. A falta de defesa técnica por advogado no processo administrativo disciplinar não ofende a Constituição.

Súmula Vinculante nº 9. O disposto no artigo 127 da Lei nº 7.210/1984 (Lei de Execução Penal) foi recebido pela ordem constitucional vigente, e não se lhe aplica o limite temporal previsto no *caput* do artigo 58.

Súmula Vinculante nº 26. Para efeito de progressão de regime no cumprimento de pena por crime hediondo, ou equiparado, o juízo da execução observará a inconstitucionalidade do art. 2º da Lei nº 8.072, de 25 de julho de 1990, sem prejuízo de avaliar se o condenado preenche, ou não, os requisitos objetivos e subjetivos do benefício, podendo determinar, para tal fim, de modo fundamentado, a realização de exame criminológico.

Súmula Vinculante nº 56. A falta de estabelecimento penal adequado não autoriza a manutenção do condenado em regime prisional mais gravoso, devendo-se observar, nessa hipótese, os parâmetros fixados no RE 641.320/RS.

14. INFORMATIVOS RECENTES

14.1. STJ

14.1.1. Saída temporária

♦ **Direito Processual Penal. Possibilidade de fixação de calendário anual de saídas temporárias por ato judicial único. Recurso repetitivo. Tema 445**

É recomendável que cada autorização de saída temporária do preso seja precedida de decisão judicial motivada. Entretanto, se a apreciação individual do pedido estiver, por deficiência exclusiva do aparato estatal, a interferir no direito subjetivo do apenado e no escopo ressocializador da pena, deve ser reconhecida, excepcionalmente, a possibilidade de fixação de calendário anual de saídas temporárias por ato judicial único, observadas as hipóteses de revogação automática do art. 125 da LEP. A Terceira Seção do STJ, no julgamento dos REsps 1.166.251-RJ (DJe 4/9/2012) e 1.176.264-RJ (DJe 3/9/2012), em análise de matéria repetitiva, fixou a interpretação do art. 122 e seguintes da LEP, relacionados à saída temporária. Os precedentes deram ensejo à tese firmada sob o Tema 445: "A autorização das saídas temporárias é ato jurisdicional da competência do Juízo das Execuções Penais. Não é possível delegar ao administrador do presídio a fiscalização sobre diversas saídas temporárias, por se tratar de atribuição exclusiva do magistrado das execuções penais, sujeita à ação fiscalizadora do Ministério Público." Também ensejaram esses precedentes a edição da Súmula nº 520 do STJ, *verbis*: "O benefício de saída temporária no âmbito da execução penal é ato jurisdicional insuscetível de delegação à autoridade administrativa do estabelecimento prisional." Vê-se que a jurisprudência majoritária do STJ repudia as denominadas saídas temporárias em bloco ou automatizadas, por meio de ato judicial único, na medida em que cada saída temporária deve ser precedida de decisão motivada do Juízo da execução, com a intervenção do Ministério Público, sem a possibilidade de delegar ao administrador do presídio a escolha da data em que o reeducando usufruirá do benefício. Contudo, insta destacar que o respeito aos precedentes também envolve o dever de aperfeiçoá-los, adaptá-los ou mesmo revogá-los, quando não mais correspondam aos padrões de congruência social e de consistência sistêmica, conforme doutrina. (...). Inclusive, o STF, em diversas oportunidades, ao analisar acórdãos do STJ apoiados nos recursos repetitivos já referidos, concedeu *habeas corpus* para reconhecer a possibilidade de renovação periódica da saída temporária, que "permite ao juízo das execuções penais programar, observados os restritos limites legais, as saídas subsequentes à da concessão do benefício, a fim de inibir eventual delonga ou até mesmo impossibilidade no usufruto da saída não vigiada" (HC 129.167-RJ, Segunda Turma, DJe 11/12/2015). (...). *REsp 1.544.036-RJ, Rel. Min. Rogerio Schietti Cruz, Terceira Seção, julgado em 14/9/2016, DJe 19/9/2016. (Info 590)*

♦ **Direito Processual Penal. Competência para fixação de calendário prévio de saídas temporárias. Recurso repetitivo. Tema 445**

O calendário prévio das saídas temporárias deverá ser fixado, obrigatoriamente, pelo Juízo das execuções, não se lhe permitindo delegar à autoridade prisional a escolha das datas específicas nas quais o apenado irá usufruir os benefícios. Inteligência da Súmula nº 520 do STJ. (...). Apesar de haver entendimentos em contrário, a execução penal não constitui mera atividade administrativa, mas implica tutela jurisdicional. Em análise crítica, escolher a data das saídas temporárias acaba por conferir indevido poder decisório ao diretor do estabelecimento, com inegável acúmulo de atribuições não previstas na legislação específica. A LEP é expressa ao estabelecer as hipóteses nas quais é possível a interferência da autoridade administrativa, sempre em situações pontuais, mediante comunicação do Poder Judiciário e do Ministério Público, tais como a permissão de saída do art. 120 da LEP, a regressão cautelar de regime *etc*. Não há obstáculos relevantes que impeçam o juiz de indicar as datas das saídas temporárias, de sorte que não se justifica e não se mostra legítima a pretensão de transferir ao diretor do presídio tal competência (opção que, afastada da lei, traria também o acúmulo de atribuições no âmbito administrativo, com inexorável incremento da demora na análise de pedidos particulares de reclusos). Por tais motivos, deve permanecer incólume o entendimento consagrado na Súmula nº 520 do STJ. *REsp 1.544.036-RJ, Rel. Min. Rogerio Schietti Cruz, Terceira Seção, julgado em 14/9/2016, DJe 19/9/2016. (info 590)*

♦ **Direito Processual Penal. Possibilidade de concessão de mais de cinco saídas temporárias por ano. Recurso repetitivo. Tema 445.**

Respeitado o limite anual de 35 dias, estabelecido pelo art. 124 da LEP, é cabível a concessão de maior número de autorizações de curta duração. Prevaleceu o entendimento consagrado pela Terceira Seção do STJ nos REsps 1.166.251-RJ (DJe 4/9/2012) e 1.176.264-RJ (DJe 3/9/2012), julgados sob o rito dos recursos repetitivos, de que é possível à autoridade judicial, atenta às peculiaridades da execução penal, conceder maior número de saídas temporárias (mais de 5 vezes durante o ano), de menor duração (inferior a 7 dias), desde que respeitado o limite de 35 dias no ano, porquanto o fracionamento do benefício é coerente com o processo reeducativo e com a reinserção gradativa do apenado ao convívio social. *REsp 1.544.036-RJ, Rel. Min. Rogerio Schietti Cruz, Terceira Seção, julgado em 14/9/2016, DJe 19/9/2016. (Info 590)*

♦ **Direito Processual Penal. Prazo mínimo entre saídas temporárias. Recurso repetitivo. Tema 445.**

As autorizações de saída temporária para visita à família e para participação em atividades que concorram para o retorno ao convívio social, se limitadas a cinco vezes durante o ano, deverão observar o prazo mínimo de 45 dias de intervalo entre uma e outra. Na hipótese de maior número de saídas temporárias de curta duração, já intercaladas durante os doze meses do ano e muitas vezes sem pernoite, não se exige o intervalo previsto no art. 124, § 3º, da LEP. A redação literal do art. 124, § 3º, da LEP estabelece que as autorizações de saídas temporárias fora dos casos de estudo (frequência a cursos profissionalizantes, de instrução de ensino médio ou superior) somente poderão ser concedidas com prazo mínimo de 45 dias de intervalo entre uma e outra saída. Contudo, para demonstrar, de forma coerente, o alcance da norma legal, a disposição do § 3º deve ser interpretada não de forma restritiva e isolada, mas em conjunto com o comando do art. 124 da LEP e com a diretriz máxima do art. 1º do mesmo diploma legal, para concretizar o objetivo da saída temporária. De fato, prevaleceu o entendimento consagrado pela Terceira Seção do STJ nos REsps 1.166.251-RJ (DJe 4/9/2012) e 1.176.264-RJ (DJe 3/9/2012) julgados sob o rito dos recursos repetitivos, de que é possível à autoridade judicial, atenta às peculiaridades da execução penal, conceder maior número de saídas temporárias (mais de 5 vezes durante o ano), de menor duração (inferior a 7 dias), desde que respeitado o limite de 35 dias no ano. (...). Portanto, na hipótese de maior número de saídas temporárias de curta duração, já intercaladas durante os 12 meses do ano e muitas vezes sem pernoite, não se exige o intervalo previsto no art. 124, § 3º, da LEP. *REsp 1.544.036-RJ, Rel. Min. Rogerio Schietti Cruz, Terceira Seção, julgado em 14/9/2016, DJe 19/9/2016. (Info 590)*

14.1.2. Detração penal

♦ **Direito Penal. Indulto e detração.**

O período compreendido entre a publicação do decreto concessivo de indulto pleno e a decisão judicial que reconheça o benefício não pode ser subtraído na conta de liquidação das novas execuções penais, mesmo que

estas se refiram a condenações por fatos anteriores ao decreto indulgente. (...). Conclui-se, portanto, que a detração é um instituto que pretende amenizar as consequências de uma custódia processual, abatendo-se da pena efetivamente aplicada o período em que o réu esteve preso por meio de medida cautelar, seja em razão de prisão provisória, prisão administrativa ou internação em hospital de custódia e tratamento psiquiátrico. Assim, o instituto da detração não pode tangenciar o benefício do indulto porque, enquanto o período compreendido entre a publicação do Decreto Presidencial e a decisão que reconhece o indulto, decretando-se a extinção da punibilidade do agente, refere-se a uma prisão pena, a detração somente se opera em relação à medida cautelar, o que impede a sua aplicação no referido período. *REsp 1.557.408-DF, **Rel. Min. Maria Thereza de Assis Moura, julgado em 16/2/2016, DJe 24/2/2016. Info 577)***

14.1.3. Falta grave

♦ **Uso de tornozeleira eletrônica. Perímetro estabelecido para monitoramento. Não observância. Constituição de falta grave. Não ocorrência. Aplicação de sanção disciplinar.**

A não observância do perímetro estabelecido para monitoramento de tornozeleira eletrônica configura mero descumprimento de condição obrigatória que autoriza a aplicação de sanção disciplinar, mas não configura, mesmo em tese, a prática de falta grave. (...) Inicialmente, cabe destacar que resta incontroverso na doutrina e na jurisprudência que é taxativo o rol do artigo 50 da Lei de Execuções Penais, que prevê as condutas que configuram falta grave. No caso em apreço, o apenado foi identificado fora do endereço declarado no período noturno (área de inclusão), descumprindo assim uma das condições impostas na decisão que lhe concedera saída temporária. Todavia, tal conduta não está prevista no rol supracitado – o que veda o seu reconhecimento, mesmo em tese, como falta disciplinar de natureza grave, sob pena de ofensa ao princípio da legalidade. Trata-se, sim, de descumprimento de condição obrigatória que autoriza sanção disciplinar diversa, podendo ser aplicada, a critério do juiz da execução, a regressão do regime, a revogação da saída temporária, da prisão domiciliar ou a advertência por escrito, nos termos do artigo 146-C, parágrafo único da Lei de Execuções Penais, incluído pela Lei n. 12.258, de 2010, bem como a revogação do próprio benefício de monitoração, por descumprimento do disposto no art. 146-D do referido diploma legal. Importante ressaltar que esta Corte vem admitindo a ocorrência de falta grave nas hipóteses em que o condenado rompe a tornozeleira eletrônica ou mantém a bateria sem carga suficiente para o uso normal. Ocorre, contudo, que em casos tais, o apenado deixa de manter o aparelho em funcionamento, restando impossível o seu monitoramento eletrônico, o que até poderia equivaler, em última análise, à própria fuga (...). REsp 1.519.802-SP, Rel. Min. Maria Thereza de Assis Moura, por unanimidade, julgado em 10/11/2016, DJe 24/11/2016. (Info 595)

♦ **Direito Processual Penal. Falta grave homologada após publicação do decreto que previu comutação de penas.**

O benefício da comutação de penas previsto no Decreto nº 8.172/2013 deve ser negado quando o apenado tiver praticado falta disciplinar de natureza grave nos doze meses anteriores à publicação do Decreto, mesmo que a respectiva decisão homologatória tenha sido proferida posteriormente. (...) A Quinta Turma, interpretando de forma literal o artigo, firmou-se no sentido de que o prazo de 12 (doze) meses limita tão somente a expressão "por falta disciplinar grave" e não todo o artigo, uma vez que a homologação não fica condicionada ao mencionado tempo. Em outras palavras, somente a falta grave está condicionada a lapso anterior ao Decreto, mas o processo administrativo para apuração e a homologação da falta podem ocorrer após à publicação do Decreto (AgRg no REsp 1.478.459-RS, Quinta Turma, DJe 25/2/2015; AgRg no REsp 1.593.381-MG, Quinta Turma, DJe 24/8/2016; HC 317.211-MG, Quinta Turma, DJe 30/5/2016; HC 350.021-SP, Quinta Turma, DJe 28/4/2016). A manutenção do entendimento adotado pacificamente pela Quinta Turma harmoniza-se com a orientação de ser de natureza declaratória a decisão proferida pelo Juízo da execução, seja deferindo progressão seja determinando regressão por faltas graves (STF, HC 115.254-SP, Segunda Turma, DJe 26/2/2016). *EREsp 1.549.544-RS, **Rel. Min. Felix Fischer, julgado em 14/9/2016, DJe 30/9/2016. (Info 591)***

♦ **Direito penal. Perda dos dias em razão de cometimento de falta grave.**

Reconhecida falta grave, a perda de até 1/3 do tempo remido (art. 127 da LEP) pode alcançar dias de trabalho anteriores à infração disciplinar e que ainda não tenham sido declarados pelo juízo da execução no cômputo da remição. A remição na execução da pena constitui benefício submetido à cláusula *rebus sic stantibus*. Assim, o condenado possui apenas a expectativa do direito de abater os dias trabalhados do restante da pena a cumprir, desde que não venha a ser punido com falta grave. Nesse sentido, quanto aos dias de trabalho a serem considerados na compensação, se, por um lado, é certo que a perda dos dias remidos não pode alcançar os dias trabalhados após o cometimento da falta grave, sob pena de criar uma espécie de conta-corrente contra o condenado, desestimulando o trabalho do preso, por outro lado, não se deve deixar de computar os dias trabalhados antes do cometimento da falta grave, ainda que não tenham sido declarados pelo juízo da execução, sob pena de subverter os fins da pena, culminando por premiar a indisciplina carcerária. Precedente citado: HC 286.791-RS, Quinta Turma, DJe 6/6/2014. *REsp 1.517.936-RS, Rel. Min. Maria Thereza de Assis Moura, julgado em 1º/10/2015, DJe 23/10/2015. (Info 571)*

14.1.4. Trabalho externo

♦ **Direito penal. Concessão de trabalho externo em empresa da família.**

O fato de o irmão do apenado ser um dos sócios da empresa empregadora não constitui óbice à concessão do benefício do trabalho externo, ainda que se argumente sobre o risco de ineficácia da realização do trabalho externo devido à fragilidade na fiscalização. Com efeito, a execução criminal visa ao retorno do condenado ao convívio em sociedade, com o escopo de reeducá-lo e ressocializá-lo, sendo que o trabalho é essencial para esse processo. Nesse contexto, é importante considerar que os riscos de ineficácia da realização de trabalho externo em empresa familiar, sob o argumento de fragilidade na fiscalização, não podem ser óbice à concessão do referido benefício. Em primeiro lugar, porque é muito difícil para o apenado conseguir emprego. Impedir que o preso seja contratado por parente é medida que reduz ainda mais a possibilidade de vir a conseguir uma ocupação lícita e, em consequência, sua perspectiva de reinserção na sociedade. Em segundo lugar, porque o Estado deve envidar todos os esforços possíveis no sentido de ressocializar os transgressores do Direito Penal, a fim de evitar novas agressões aos bens jurídicos da coletividade. Ademais, o Estado possui a atribuição de fiscalizar o efetivo cumprimento do trabalho extramuros, estando autorizado a revogar a benesse nas hipóteses elencadas no parágrafo único do art. 37 da LEP. Além disso, não há qualquer vedação na LEP quanto à concessão de trabalho externo em empresa da família do sentenciado. *HC 310.515-RS, Rel. Min. Felix Fischer, julgado em 17/9/2015, DJe 25/9/2015. (Info 569)*

14.1.5. Execução provisória da pena

♦ **Pena privativa de liberdade substituída por restritivas de direitos. Execução provisória. Impossibilidade. Art. 147 da Lei de Execução Penal. Proibição expressa. Ausência de manifestação do STF.**

Não é possível a execução da pena restritiva de direitos antes do trânsito em julgado da condenação.(...) Sobre o tema, o STF já se manifestara expressamente a respeito da impossibilidade da execução das reprimendas restritivas de direitos antes do trânsito em julgado, por força na norma prevista no art. 147 da LEP. Recentemente, o Supremo Tribunal Federal por meio do HC n. 126.292/SP, não considerou a possibilidade de se executar provisoriamente a pena restritiva de direitos, mas restringiu-se à reprimenda privativa de liberdade, na medida em que dispôs tão somente sobre a prisão do acusado condenado em segundo grau, antes do trânsito em julgado. Em vista da ausência de apreciação pelo Plenário do Supremo Tribunal Federal quanto à possibilidade de executar a reprimenda restritiva de direitos antes do trânsito em julgado da condenação, somado ao texto expresso do art. 147 da Lei de Execução Penal, deve prevalecer o entendimento firmado no acórdão embargado. EREsp 1.619.087-SC, Rel. Min. Maria Thereza de Assis Moura, Rel. para acórdão Min. Jorge Mussi, por maioria, julgado em 14/6/2017, DJe 24/8/2017. (Info 609)

♦ **Execução provisória da pena. Possibilidade. Adoção da nova orientação do Supremo Tribunal Federal. Desaforamento. Competência do juízo da comarca em que o feito foi desaforado. Deslocamento do foro tão somente para a realização do tribunal popular.**

A execução provisória da decisão proferida pelo Tribunal do Júri – oriunda de julgamento desaforado nos termos do art. 427 do CPP – compete ao Juízo originário da causa e não ao sentenciante. Entre outras insurgências aventadas no habeas corpus, importa analisar a competência para execução provisória de pena estabelecida em decisão proferida pelo Tribunal do Júri; se do Juízo sentenciante ou do Juízo em que o processo foi desaforado no intuito de garantir a imparcialidade do Conselho de Sentença. (...) conclui-se que o art. 427 do CPP não comporta interpretação ampliativa, de modo que o deslocamento de competência dar-se-á tão somente quanto ao Tribunal Popular, ao passo que, uma vez realizado, esgota-se a competência da comarca destinatária, inexistindo, no caso, nenhuma violação quanto à execução provisória determinada pelo juízo originário da causa, em observância à exegese do art. 70 do mesmo diploma legal. HC 374.713-RS, Rel. Min. Antônio Saldanha Palheiro, por unanimidade, julgado em 6/6/2017, DJe 13/6/2017. (Info 605)

♦ **Condenação em segunda instância. Execução provisória da pena. Ausência de esgotamento da instância ordinária. Ilegalidade.**

Na hipótese em que ainda não houve a intimação da Defensoria Pública Estadual acerca de acórdão condenatório, mostra-se ilegal a imediata expedição de mandado de prisão. Insta destacar, sobre o tema, que a possibilidade de execução provisória da pena foi recentemente confirmada pelo Supremo Tribunal Federal, por ocasião do julgamento das medidas cautelares nas ADCs 43 e 44. (...) no presente writ, verificou-se que ainda não se encerrou a jurisdição em segunda instância, haja vista que o processo foi baixado à primeira instância para intimação da Defensoria Pública Estadual. Diante desse contexto, na hipótese, não se mostra possível, portanto, a execução provisória da pena, tal como já consignado pelo Supremo Tribunal Federal, sendo manifestamente ilegal a determinação de imediata expedição de mandado de prisão pelo Tribunal de origem. HC 371.870-SP, Rel. Min. Felix Fischer, por unanimidade, julgado em 13/12/2016, DJe 1/2/2017. (Info 597)

♦ **Execução provisória da pena. Não esgotamento da jurisdição ordinária. Impossibilidade.**

A execução da pena depois da prolação de acórdão em segundo grau de jurisdição e antes do trânsito em julgado da condenação não é automática, quando a decisão

ainda é passível de integração pelo Tribunal de Justiça. (...)De acordo com o hodierno entendimento, os arts. 637 do CPP c/c os arts. 995 e 1.029, § 5º, ambos do CPC, ao atribuírem efeito meramente devolutivo aos recursos extraordinário e especial, excepcionam a regra geral do art. 283 do CPP, permitindo o início da execução quando o provimento condenatório for proferido ou confirmado por Tribunal de Justiça ou Tribunal Regional Federal. Na hipótese, contudo, há peculiaridade a ser observada. O Juiz de primeiro grau concedeu à ré, na sentença penal condenatória, o direito de recorrer em liberdade, por não estarem presentes os requisitos da prisão preventiva, e, em consulta eletrônica, é possível identificar que não houve prévio esgotamento da jurisdição do Tribunal, pois há registro de interposição de Embargos de Declaração ainda não julgado. Como o acórdão condenatório é passível de integração e não há, ainda, pronunciamento definitivo do Tribunal de Justiça passível de ser impugnado por meio de recurso especial e de recurso extraordinário, deve ser afastada a possibilidade de execução das penas impostas. Não se olvida que os embargos de declaração não possuem efeito suspensivo e apenas interrompem o prazo para a interposição dos recursos cabíveis. No entanto, dada a falibilidade que é característica do ser humano, excepcionalmente, existe a possibilidade de atribuir efeito infringente aos aclaratórios. Assim, em casos de réus que responderam a ação penal ou recorreram da sentença condenatória em liberdade, soa desarrazoado determinar a prisão de forma automática, antes de possibilitar a integração do acórdão, quer para sanar eventuais vícios ou para afastá-los, sendo prudente aguardar-se a confirmação da condenação, em última análise, pelo Tribunal de Justiça. HC 366.907-PR, Rel. Min. Rogério Schietti Cruz, por unanimidade, julgado em 6/12/2016, DJe 16/12/2016. (Info 595)

♦ Direito Processual Penal. Execução provisória de pena.

Pendente o trânsito em julgado do acórdão condenatório apenas pela interposição de recurso de natureza extraordinária, é possível a execução de pena. Numa mudança vertiginosa de paradigma, o STF, no julgamento do HC 126.292-SP (Tribunal Pleno, DJe 17/5/2016), mudou sua orientação para permitir, sob o *status* de cumprimento provisório da pena, a expedição de mandado de prisão depois de exaurido o duplo grau de jurisdição. Em verdade, pelas razões colhidas do voto condutor, o exaurimento da cognição de matéria fática é o balizador determinante a autorizar a execução provisória da pena. Não se cogita, portanto, de prisão preventiva. Em outros termos, pendente o trânsito em julgado apenas pela interposição de recurso de natureza extraordinária, é possível iniciar-se o cumprimento da pena, sem ofensa ao direito fundamental inserto no art. 5º, LVII, da CF. Nesses moldes, é possível iniciar-se o cumprimento da pena, pendente o trânsito em julgado, porque eventual recurso de natureza extraordinária não é, em regra, dotado de efeito suspensivo. *QO na APn 675-GO, **Rel. Min. Nancy Andrighi, julgado em 6/4/2016, DJe 26/4/2016. (Info 582)***

♦ **Direito Processual Penal. Execução provisória de pena em ação penal originária.**

É possível a execução provisória de pena imposta em acórdão condenatório proferido em ação penal de competência originária de tribunal. Inicialmente, ao que tudo está a indicar, a decisão proferida pela composição plena do STF no HC 126.292-SP (julgado em 17/2/2016, ainda não publicado) sufragou pensamento de que o direito é disciplina prática, necessariamente ancorada na realidade. (...). A compreensão externada pelo Supremo, por ocasião do julgamento do HC 126.292-SP, poderia ser resumida na conclusão de que o recurso especial, tal como o recurso extraordinário, por ser desprovido de efeito suspensivo, não obsta o início da execução provisória da pena, sem que isso importe em inobservância ao princípio da não culpabilidade, porquanto "o acusado foi tratado como inocente no curso de todo o processo ordinário criminal, observados os direitos e as garantias a ele inerentes, bem como respeitadas as regras probatórias e o modelo acusatório atual. Não é incompatível com a garantia constitucional autorizar, a partir daí, ainda que cabíveis ou pendentes de julgamento de recursos extraordinários, a produção dos efeitos próprios da responsabilização criminal reconhecida pelas instâncias ordinárias" (excerto de voto de Ministro daquela Corte). Como o mencionado acórdão ainda não foi publicado, é possível que ele venha a ser integrado e modelado, de modo a fornecer elementos mais precisos e objetivos para se saber, efetivamente, a partir de qual momento poderá ser autorizado o início da execução da pena, confirmada (ou imposta) em acórdão condenatório. Contudo, isso não implica afastar a possibilidade de o julgador, dentro de seu inerente poder geral de cautela, atribuir, no exercício da jurisdição extraordinária, efeito suspensivo ao REsp ou RE e, com isso, obstar a execução provisória da pena. Isso seria possível, por exemplo, em situações excepcionais, nas quais estivesse caracterizada a verossimilhança das alegações deduzidas na impugnação extrema, de modo que se pudesse constatar, à *vol d'oiseau*, a manifesta contrariedade do acórdão com a jurisprudência consolidada da Corte a quem se destina a impugnação. Por fim, é necessário se ressaltar que nenhum acréscimo às instituições e ao funcionamento do sistema de justiça criminal resulta da não vinculação de magistrados à clara divisão de competências entre os diversos órgãos judiciários, com base na qual cabe ao STJ a interpretação do direito federal e ao STF a interpretação da CF, motivo pelo qual se deve dar efetivo e imediato cumprimento à nova interpretação dada, pelo STF, aos limites e ao alcance da presunção de não culpabilidade (art. 5º, inc. LVII). *EDcl no REsp 1.484.415-DF, Rel. Min. Rogerio Schietti Cruz, julgado em 3/3/2016, DJe 14/4/2016. (Info 581)*

14.1.6. Progressão de regime

♦ **Direito processual penal. Progressão de regime do reincidente condenado por crime hediondo.**

A progressão de regime para os condenados por crime hediondo dar-se-á, se o sentenciado for reincidente, após o cumprimento de 3/5 da pena, ainda que a reincidência não seja específica em crime hediondo ou equiparado. Isso porque, conforme o entendimento adotado pelo STJ, a Lei dos Crimes Hediondos não faz distinção entre a reincidência comum e a específica. Desse modo, havendo reincidência, ao condenado deverá ser aplicada a fração de 3/5 da pena cumprida para fins de progressão do regime. Precedentes citados: HC 173.992-MS, Quinta Turma, DJe 10/5/2012, HC 273.774-RS, Rel. Quinta Turma, DJe 10/10/2014, HC 310.649-RS, Sexta Turma, DJe 27/2/2015. *HC 301.481-SP, Rel. Min. Ericson Maranho (Desembargador convocado do TJ-SP), julgado em 2/6/2015, DJe 11/6/2015. (Info 563)*

14.1.7. Regime de cumprimento de pena

♦ **Direito processual penal. Inexistência de casa de albergado e cumprimento da pena em local compatível.**

A inexistência de casa de albergado na localidade da execução da pena não gera o reconhecimento de direito ao benefício da prisão domiciliar quando o paciente estiver cumprindo a reprimenda em local compatível com as regras do regime aberto. O STJ tem admitido, excepcionalmente, a concessão da prisão domiciliar quando não houver local adequado ao regime prisional imposto. Todavia, na hipótese em que o paciente, em face da inexistência de casa de albergado, esteja cumprindo pena em local compatível com as regras do regime aberto – tendo o juízo da execução providenciado a infraestrutura necessária, atento ao princípio da razoabilidade e da proporcionalidade –, não se vislumbra o necessário enquadramento nas hipóteses excepcionais de concessão do regime prisional domiciliar. *HC 299.315-RS, Rel. Min. Gurgel de Faria, julgado em 18/12/2014, DJe 2/2/2015. (Info 554)*

14.1.8. Remição

♦ **Direito Penal. Remição de pena por leitura e resenha de livros.**

O fato de o estabelecimento penal assegurar acesso a atividades laborais e a educação formal não impede a remição por leitura e resenha de livros. (...). Assim, as horas dedicadas à leitura e resenha de livros, como forma da remição pelo estudo, são perfeitamente compatíveis com a participação em atividades laborativas fornecidas pelo estabelecimento penal, nos termos do art. 126, § 3º, da LEP, uma vez que a leitura pode ser feita a qualquer momento do dia e em qualquer local, diferentemente da maior parte das ofertas de trabalho e estudo formal. Precedente citado: HC 317.679-SP, Sexta Turma, DJe 2/2/2016. *HC 353.689-SP, **Rel. Min. Felix Fischer, julgado em 14/6/2016, DJe 1/8/2016. (Info 587)***

♦ **Direito Processual Penal. Remição de pena por trabalho em domingos e feriados.**

Se o preso, ainda que sem autorização do juízo ou da direção do estabelecimento prisional, efetivamente trabalhar nos domingos e feriados, esses dias deverão ser considerados no cálculo da remição da pena. A remição da pena pelo trabalho se perfaz à razão de 1 dia de pena a cada 3 dias de trabalho, conforme o regramento do art. 126, § 1º, II, da LEP. E, nos termos do art. 33 do mesmo estatuto, considera-se dia trabalhado aquele em que cumprida jornada não inferior a 6 nem superior a 8 horas. Assim, a remição da pena pelo trabalho, nos termos do art. 33, c/c o art. 126, § 1º, é realizada à razão de um dia de pena a cada três dias de trabalho, cuja jornada diária não seja inferior a 6 nem superior a 8 horas, o que impõe, para fins de cálculo, a consideração dos dias efetivamente trabalhados (HC 218.637-RS, Quinta Turma, DJe 19/4/2013). *HC 346.948-RS, **Rel. Min. Reynaldo Soares da Fonseca, julgado em 21/6/2016, DJe 29/6/2016. (Info 586)***

♦ **Direito penal. Remição da pena pela leitura.**

A atividade de leitura pode ser considerada para fins de remição de parte do tempo de execução da pena. O art. 126 da LEP (redação dada pela Lei 12.433/2011) estabelece que o "condenado que cumpre a pena em regime fechado ou semiaberto poderá remir, por trabalho ou por estudo, parte do tempo de execução da pena". De fato, a norma não prevê expressamente a leitura como forma de remição. No entanto, antes mesmo da alteração do art. 126 da LEP, que incluiu o estudo como forma de remir a pena, o STJ, em diversos julgados, já previa a possibilidade. (...) Sendo um dos objetivos da LEP, ao instituir a remição, incentivar o bom comportamento do sentenciado e sua readaptação ao convívio social, impõe-se a interpretação extensiva do mencionado dispositivo, o que revela, inclusive, a crença do Poder Judiciário na leitura como método factível para o alcance da harmônica reintegração à vida em sociedade. Além do mais, em 20/6/2012, a Justiça Federal e o Departamento Penitenciário Nacional do Ministério da Justiça (Depen) já haviam assinado a Portaria Conjunta 276, a qual disciplina o Projeto da Remição pela Leitura no Sistema Penitenciário Federal. E, em 26/11/2013, o CNJ – considerando diversas disposições normativas, inclusive os arts. 126 a 129 da LEP, com a redação dada pela Lei 12.433/2011, a Súmula 341 do STJ e a referida portaria conjunta – editou a Recomendação 44, tratando das atividades educacionais complementares para fins de remição da pena pelo estudo e estabelecendo critérios para a admissão pela leitura. *HC 312.486-SP, Rel. Min. Sebastião Reis Júnior, julgado em 9/6/2015, Dje 22/6/2015. (Info 564)*

♦ **Direito penal. Remição de pena em razão de atividade laborativa extramuros. Recurso repetitivo (art. 543-C do CPC e Res. 8/2008-STJ). Tema 917.**

É possível a remição de parte do tempo de execução da pena quando o condenado, em regime fechado ou semiaberto, desempenha atividade laborativa extramuros. Segundo o art. 126, caput, da Lei de Execução Penal (LEP), "O condenado que cumpre a pena em regime fechado ou semiaberto poderá remir, por trabalho ou por estudo, parte do tempo de execução da pena". Ainda, dispõe o § 6º do referido dispositivo legal que: "O condenado que cumpre pena em regime aberto ou semiaberto e o que usufrui liberdade condicional poderão remir, pela frequência a curso de ensino regular ou de educação profissional, parte do tempo de execução da pena ou do período de prova, observado o disposto no inciso I do § 1º deste artigo". Constata-se que os dispositivos supracitados não fizeram nenhuma distinção ou referência, para fins de remição de parte do tempo de execução da pena, quanto ao local em que deve ser desempenhada a atividade laborativa, de modo que se mostra indiferente o fato de o trabalho ser exercido dentro ou fora do ambiente carcerário. (...). Na verdade, a LEP direciona-se a premiar o apenado que demonstra esforço em se ressocializar e que busca, na atividade laboral, um incentivo maior à reintegração social: "A execução penal tem por objetivo efetivar as disposições de sentença ou decisão criminal e proporcionar condições para a harmônica integração social do condenado e do internado" (art. 1º). A ausência de distinção pela lei, para fins de remição, quanto à espécie ou ao local em que o trabalho é realizado, espelha a própria função ressocializadora da pena, inserindo o condenado no mercado de trabalho e no próprio meio social, minimizando suas chances de recidiva delitiva. De mais a mais, ausentes, por deficiência estrutural ou funcional do Sistema Penitenciário, as condições que permitam a oferta de trabalho digno para todos os apenados aptos à atividade laborativa, não se há de impor ao condenado que exerce trabalho extramuros os ônus decorrentes dessa ineficiência. Cabe ressaltar que a supervisão direta do próprio trabalho deve ficar a cargo do patrão do apenado, cumprindo à administração carcerária a supervisão sobre a regularidade do trabalho. Por fim, se concedida ao apenado pelo Juízo das Execuções Criminais a possibilidade de realização de trabalho extramuros, mostrar-se-ia, no mínimo, contraditório o Estado-Juiz permitir a realização dessa atividade fora do estabelecimento prisional, com vistas à ressocialização do apenado, e, ao mesmo tempo, ilidir o benefício da remição. *REsp 1.381.315-RJ, Rel. Min. Rogerio Schietti Cruz, Terceira Seção, julgado em 13/5/2015, DJe 19/5/2015. (Info 562)*

♦ **Direito penal. Remição de pena pelo trabalho em período anterior ao início da execução. Possibilidade se posterior a prática do delito.**

O STJ, por meio do julgamento do HC 420.257-RS (STJ, Sexta Turma, HC 420.257-RS, Rel. Min. Nefi Cordeiro, por maioria, julgado em 19/04/2018, DJe 11/05/2018), entendeu que é possível a remição do tempo de trabalho realizado antes do início da execução da pena, desde que em data posterior à prática do delito. Neste julgamento a maioria da Turma entendeu que a impetrante pretendeu que se fizesse uma analogia in bonam partem, aplicando--se, no caso em apreço – relativo ao instituto da remição -, o entendimento adotado quanto à detração, aproveitando-se, na execução em curso, o período trabalhado no cumprimento da pena de processo anterior. É sabido que o Superior Tribunal de Justiça firmou orientação quanto à impossibilidade de remição por trabalho executado em momento anterior à prática do delito referente à pena a ser remida. No caso denota-se que o trabalho em questão foi realizado em momento posterior à prática de um dos delitos cuja condenação se executa, de modo que, nesta hipótese, ainda que anterior ao início da execução, é possível a remição da pena pelo trabalho relativamente ao delito praticado anteriormente. Embora haja a possibilidade de o condenado remir o tempo de cumprimento da reprimenda pelo exercício do trabalho, como forma de implementar o objetivo ressocializador da pena, integrando-o, gradativamente, ao convívio social, a concessão de benefícios não pode favorecer o estímulo à prática de novas infrações penais. Por isso, entende-se não ser possível a detração ou a remição em processo distinto, dos dias trabalhados durante a execução de pena já extinta. O que se pretende evitar é o estímulo à prática de novos delitos, ou seja, que, em razão de eventual "crédito" já constante em seu favor, o apenado cometa uma nova infração, sobre a qual pretenderia eventual abatimento em razão do trabalho já realizado, o que, com efeito, não pode ser admitido. Todavia, observa-se que, não se trata de fato praticado após o trabalho realizado pelo apenado, mas de delito anterior ao labor, de modo que não há falar em estímulo ou em "crédito", pois a infração já havia sido praticada. Por essa razão, não se verifica similitude entre as hipóteses de vedação de incidência do instituto da remição, devendo, nesse contexto, ser dado o mesmo tratamento utilizado para a detração. (Info 625)

14.1.9. Substituição da pena

♦ **Direito Penal. Impossibilidade de reconversão de pena a pedido do sentenciado.**

Não é possível, em razão de pedido feito por condenado que sequer iniciou o cumprimento da pena, a reconversão de pena de prestação de serviços à comunidade e de prestação pecuniária (restritivas de direitos) em pena privativa de liberdade a ser cumprida em regime aberto. (...). Nesse sentido, oportuna a transcrição do seguinte entendimento doutrinário: "Reconversão fundada em lei e não em desejo do condenado: a reconversão da pena restritiva de direitos, imposta na sentença condenatória, em pena privativa de liberdade, para qualquer regime, a depender do caso concreto, depende do advento dos requisitos legais, não bastando o mero intuito do sentenciado em cumprir pena, na prática, mais fácil. Em tese, o regime carcerário, mesmo o aberto, é mais prejudicial ao réu do que a pena restritiva de direitos; sabe-se, no entanto, ser o regime aberto, quando cumprido em prisão albergue domiciliar, muito mais simples do que a prestação de serviços à comunidade, até pelo fato de inexistir fiscalização. Por isso, alguns condenados manifestam preferência pelo regime aberto em lugar da restritiva de direitos. A única possibilidade para tal ocorrer será pela reconvenção formal, vale dizer, ordena-se o cumprimento da restritiva e ele não segue a determinação. Outra forma é inadmissível." *REsp 1.524.484-PE, **Rel. Min. Reynaldo Soares da Fonseca, julgado em 17/5/2016, DJe 25/5/2016. (Info 584)***

♦ **Direito Penal. Direito Processual Penal. Execução de sentença penal condenatória. Pena substitutiva de prestação pecuniária. Descumprimento. Arresto de bem de família. Descabimento. Reconversão da pena restritiva de direitos em privativa de liberdade.**

Havendo expressa previsão legal de reconversão da pena restritiva de direitos em privativa de liberdade, não há falar em arresto para o cumprimento forçado da pena substitutiva. De início, tratando-se de pena substitutiva, fixada com base no artigo 44 do Código Penal, tem-se que o eventual descumprimento da obrigação dá ensejo à reconversão da pena restritiva de direitos em privativa de liberdade, por força do comando expresso da norma do parágrafo 4º do referido artigo. No cálculo da pena privativa de liberdade a executar será deduzido o tempo cumprido da pena restritiva de direitos, respeitado o saldo mínimo de trinta dias de detenção ou reclusão. Ressalta-se que a execução das penas restritivas, assim como de modo geral de todas as alternativas à prisão, demanda um mecanismo coercitivo, capaz de assegurar o seu cumprimento, e este só pode ser a pena privativa de liberdade. Assim, não há falar em arresto para o cumprimento forçado da pena substitutiva já que a reconversão da pena é medida que, por si só, atribui coercividade à pena restritiva de direitos. REsp 1.699.665-PR, Rel. Min. Maria Thereza de Assis Moura, por unanimidade, julgado em 07/08/2018, DJe 15/08/2018 (Info 631)

14.1.10. Outros temas

♦ **Direito Processual Penal. Competência para expedição de guia de recolhimento de réu em execução provisória de pena.**

Em execução provisória de pena fixada em ação penal originária, a expedição de guia de recolhimento de réu cabe ao tribunal competente para processá-la e julgá-la. De fato, o art. 105 da Lei nº 7.210/1984 (que deve ser conjugado com o art. 2º da mesma lei, respeitante à execução provisória da pena) dispõe que: "Transitando em julgado a sentença que aplicar pena privativa de liberdade, se o réu estiver ou vier a ser preso, o Juiz ordenará a expedição de guia de recolhimento para a execução". Sobre o tema, há doutrina no sentido de que "regra geral é a de que cabe ao juiz da ação a competência para a execução da sentença, nela proferida, afinal". De acordo com essa vertente doutrinária, o início da execução da reprimenda compete ao juiz "perante o qual correu a ação penal, pouco importando tenha a executar a sentença por ele próprio proferida, ou a substituída a essa, em virtude do provimento dado, no todo ou em parte, a recurso, ordinário, extraordinário ou misto (revisão), interposto contra aquela sentença". Por fim, na mesma linha, existe entendimento doutrinário no viés de que "compete aos tribunais superiores a execução quando se trata de competência originária da respectiva Corte, ainda que o acórdão por esta proferido tenha sido reformado pelo Supremo Tribunal Federal". *EDcl no REsp 1.484.415-DF, **Rel. Min. Rogerio Schietti Cruz, julgado em 3/3/2016, DJe 14/4/2016. (Info 581)***

♦ **Direito penal. Extinção da punibilidade independentemente do adimplemento da pena de multa. Recurso repetitivo (art. 543-C do CPC e Res. 8/2008-STJ). Tema 931.**

Nos casos em que haja condenação a pena privativa de liberdade e multa, cumprida a primeira (ou a restritiva de direitos que eventualmente a tenha substituído), o inadimplemento da sanção pecuniária não obsta o reconhecimento da extinção da punibilidade. A Lei 9.268/1996 deu nova redação ao art. 51 do CP e extirpou do diploma jurídico a possibilidade de conversão da pena de multa em detenção, no caso de inadimplemento da sanção pecuniária. (...). Após a alteração legislativa que considerou a pena de multa como dívida de valor, deve-se assinalar também a alteração da competência para a execução da sanção, exclusiva, então, da Fazenda Pública, conforme disposto no enunciado da Súmula 521 do STJ: "A legitimidade para a execução fiscal de multa pendente de pagamento imposta em sentença condenatória é exclusiva da Fazenda Pública". Portanto, extinta a pena privativa de liberdade (ou restritiva de direitos) pelo seu cumprimento, o inadimplemento da pena de multa não obsta a extinção da punibilidade do apenado, porquanto, após a nova redação do art. 51 do CP, dada pela Lei 9.268/1996, a pena pecuniária é considerada dívida de valor e, desse modo, possui caráter extrapenal, de forma que sua execução é de competência exclusiva da Procuradoria da Fazenda Pública. *REsp 1.519.777-SP, Rel. Min. Rogerio Schietti Cruz, Terceira Seção, julgado em 26/8/2015, DJe 10/9/2015. (Info 568)*

♦ **Execução penal. Unificação das penas não é considerado como sendo a data-base para a concessão de novos benefícios da execução penal.**

A alteração da data-base para concessão de novos benefícios executórios, em razão da unificação das penas, não encontra respaldo legal. Assim, não se pode desconsiderar o período de cumprimento de pena desde a última prisão ou desde a última infração disciplinar, seja por delito ocorrido antes do início da execução da pena, seja por crime praticado depois e já apontado como falta disciplinar grave. Se isso for desconsiderado, haverá excesso de execução. *STJ. 3ª Seção. REsp 1.557.461-SC, Rel. Min. Rogerio Schietti Cruz, julgado em 22/02/2018 (Info 621).*

14.2. STF

14.2.1. Falta grave

♦ **Cometimento de falta grave e indulto natalino**

A Segunda Turma, por maioria, negou provimento a recurso ordinário em "habeas corpus" no qual se pedia a concessão de indulto, desconsiderando-se o cometimento de falta disciplinar de natureza grave. O pedido teve como base a não homologação judicial de falta grave dentro do período de doze meses anteriores à entrada em vigor do Decreto 8.380/2014, visto que a norma condiciona a concessão do benefício ao não cometimento de falta disciplinar de natureza grave nos doze meses anteriores a sua publicação (...). Na espécie, foi negada a concessão do indulto ao paciente em decorrência do cometimento de falta grave nos doze meses antecedentes à publicação do Decreto 8.380/2014, embora a homologação judicial da falta disciplinar tenha ocorrido em momento posterior. (...). No caso em comento, coube à Turma decidir se, para obstar a concessão do indulto, a sanção por falta grave precisaria de fato ser homologada pela via judicial no prazo de doze meses — contados retroativamente à data de publicação do decreto —, ou se bastaria que a falta grave tivesse sido praticada nesse interstício, ainda que a homologação judicial da sanção ocorresse em momento posterior. O Colegiado deliberou que, não só em face do próprio texto legal, como também de sua "ratio", é exigível apenas que a falta grave tenha sido cometida no prazo em questão, sendo irrelevante a data de sua homologação judicial. Entendeu, ademais, que o art. 5º do Decreto 8.380/2014 se limita a impor a homologação judicial da sanção por falta grave, não se exigindo que ela tenha sido realizada nos doze meses anteriores à sua publicação. Não bastasse isso, uma vez que se exige a realização de audiência de justificação, assegurados o contraditório e a ampla defesa, não faria sentido que a homologação judicial devesse ocorrer dentro daquele prazo, sob pena de nem sequer haver tempo hábil para a apuração de eventual falta grave praticada em data próxima à publicação do decreto. Vencido o ministro Ricardo Lewandowski, que dava provimento ao recurso por entender que o juízo da execução deveria realizar a audiência de justificação — prevista no art. 5º do Decreto 8.380/2014 — dentro do interstício de doze meses, não se admitindo imputar uma falha do Estado ao paciente, de modo a obstar-lhe a concessão do indulto. *RHC 133443/SC, rel. min. Dias Toffoli, julgamento em 4-10-2016. (Info 842)*

♦ **Cometimento de falta grave e comutação de pena**

A Turma não conheceu de pedido formulado em "habeas corpus" no qual pleiteada a concessão do benefício de comutação de pena concedido pelo Decreto 7.873/2012. Essa norma concede a referida benesse a determinadas pessoas, desde que observados os requisitos nela fixados, dentre eles a exigência prevista no seu art. 4º (...). Na espécie, fora negado o pleito de aplicação de comutação de pena ao paciente em razão do cometimento de falta grave. Segundo afirmado pelo magistrado "a quo", tal fato ensejaria a impossibilidade de concessão do benefício. A impetração sustentava que a falta grave ocorrida em 5.11.2012 teria sido homologada apenas em 31.3.2014, portanto, em data posterior à publicação do decreto (26.12.2012). Isso, de acordo com a defesa, inviabilizaria o indeferimento da comutação de pena, porquanto não teria sido observado o período estabelecido no indigitado dispositivo do Decreto 7.873/2012, levando-se em consideração a data da homologação judicial. (...). Não somente em face do próprio texto legal, como também de sua "ratio", seria de se exigir apenas que a falta grave tivesse sido cometida no prazo em questão. O art. 4º do Decreto 7.873/2012 se limitaria a impor a homologação judicial da sanção por falta grave, mas não exigiria que ela tivesse que se dar nos 12 meses anteriores à sua publicação. Não bastasse isso, uma vez que se exige a realização de audiência de justificação, assegurando-se o contraditório e a ampla defesa, não faria sentido que a homologação judicial devesse ocorrer dentro daquele prazo, sob pena de nem sequer haver tempo hábil para a apuração de eventual falta grave praticada em data próxima à publicação do decreto. *HC 132236/SP, rel. Min. Dias Toffoli, 30.8.2016. (Info 837)*

14.2.2. Execução provisória da pena

♦ **Execução provisória da pena**

A Primeira Turma, por maioria, não conheceu de "habeas corpus" em que discutido o direito do paciente permanecer em liberdade até o trânsito em julgado da condenação. (...) A Turma afirmou que não é cabível "habeas corpus" contra decisão monocrática. A impetração é substitutiva de agravo regimental. Mesmo que fosse conhecido o "habeas corpus", o Plenário admite atualmente a execução provisória da pena a partir de condenação em segundo grau. Mencionou que até este momento há três decisões do Plenário: uma, em "habeas corpus"; uma medida cautelar; e outra, em Plenário Virtual, no sentido dessa possibilidade. Além disso, ainda que prevalecesse a posição minoritária defendida pelo ministro Dias Toffoli, no sentido de que só é possível a execução provisória da pena a partir de condenação proferida pelo STJ, foi efetivamente esse Tribunal Superior que, sem inovar factualmente nos autos, se valeu de provas já existentes produzidas e consideradas para condenar o paciente. Vencido o ministro Marco Aurélio (relator) que conheceu da impetração e concedeu a ordem. Para o ministro, o STJ, ao restabelecer a condenação, silenciou a respeito de o réu poder, ou não, recorrer em liberdade e só veio a determinar a prisão provisória em embargos de divergência. HC 139391/RN, rel. orig. Min. Marco Aurélio, red. p/ o ac. Min. Alexandre de Moraes, julgamento em 29.8.2017. (Info 875)

♦ **Execução antecipada da pena e ação cautelar**

A Primeira Turma, por maioria, não conheceu de "habeas corpus" no qual se buscava a suspensão da execução provisória da pena pelos quais os pacientes foram condenados em primeira instância. No caso, os impetrantes foram condenados pela prática dos crimes de associação criminosa [CP, art. 288, "caput"] e estelionato contra entidade de direito público, em continuidade delitiva [CP, art. 171, § 3º, c/c o art. 71]. O Tribunal Regional Federal da 2ª Região, ao julgar a apelação, reduziu as penas. O Ministério Público Federal interpôs recurso especial (REsp) requerendo a execução provisória da pena. Esse pedido foi concedido pelo Superior Tribunal de Justiça (STJ). O Colegiado destacou que a defesa, ao invés de ingressar com "habeas corpus" contra determinação do imediato cumprimento da pena, ajuizou uma ação cautelar para dar efeito suspensivo ao recurso especial. Pontuou que, nesse caso, a ação cautelar tem o mesmo efeito de um "habeas corpus", porque mantém soltos os condenados até que o STJ possa analisar o recurso interposto. Ressaltou que ainda caberia recurso contra a decisão do STJ por se tratar de decisão monocrática de ministro relator. Nesse contexto, a Turma considerou que incide, por analogia o Enunciado 691 da Súmula do STF. Ademais, salientou que não caracteriza teratologia ou manifesta ilegalidade negar efeito suspensivo a um recurso que, em regra, não o tem. Vencido o ministro Marco Aurélio (relator) que concedia a ordem para que os pacientes aguardassem em liberdade o desfecho do processo. Para ele, o caráter provisório da execução deve ser afastado porque é impossível devolver a liberdade perdida ao cidadão. HC 138633/RJ, rel. Min. Marco Aurélio, red. p/ o ac. Min. Alexandre de Moraes, julgamento em 8.8.2017. (Info 872)

♦ **Execução antecipada da pena e "reformatio in pejus"**

A Segunda Turma iniciou o julgamento de "habeas corpus" no qual se questiona decisão do Superior Tribunal de Justiça (STJ) que determinou o início da execução da pena em processo no qual a sentença de primeiro grau e a decisão de segunda instância haviam garantido ao réu o direito de aguardar em liberdade o trânsito em julgado da condenação. (...) A defesa interpôs recurso especial no Superior Tribunal de Justiça (STJ) sustentando que o acórdão da apelação foi publicado com erro material, pois a pena teria sido reduzida para 3 anos e 9 meses, conforme registrado nas notas taquigráficas da sessão de julgamento. O ministro relator no STJ, em decisão monocrática, determinou o encaminhamento de cópia dos autos ao juízo da condenação a fim de que tome as providências cabíveis para o início da execução da pena imposta à parte recorrente. Contra essa decisão foi impetrado "habeas corpus" ao Supremo Tribunal Federal (STF). Primeiramente, o ministro Ricardo Lewandowski (relator) afastou a alegação da defesa quanto à existência de divergência entre o acórdão de apelação e as notas taquigráficas. Consignou que eventual equívoco nas notas taquigráficas foi suprido pelo TJPB no julgamento dos embargos de declaração. Em seguida, concedeu parcialmente a ordem para que o paciente possa aguardar, em liberdade, o trânsito em julgado da sentença penal condenatória. Pontuou que o magistrado de primeira instância condicionou o início da execução da pena ao trânsito em julgado da sentença condenatória e que tal direito foi mantido pelo TJPB. Narrou que o STJ, ao analisar recurso especial interposto pela defesa, revogou um direito que lhe tinha sido conferido desde a primeira instância, sem contestação pelo Ministério Público, agravando indevidamente a situação do recorrente. Nesse contexto, concluiu que houve "reformatio in pejus", pois a condicionante de início da execução da pena somente após o trânsito em julgado já configurava coisa julgada em favor do réu. Por fim, ressaltou que a antecipação do cumprimento da pena, em qualquer grau de jurisdição, somente pode ocorrer mediante um pronunciamento específico e fundamentado que demonstre, à saciedade, e com base em elementos concretos, a necessidade da custódia cautelar. Os ministros Gilmar Mendes e Celso de Mello acompanharam o voto do relator. Em seguida, o ministro Edson Fachin pediu vista. HC 136720/PB, rel. Min. Ricardo Lewandowski, julgamento em 8.8.2017. (Info 872)

♦ **Reclamação, preso advogado e execução provisória da pena**

A Segunda Turma, por unanimidade, negou provimento a agravo regimental em reclamação no qual se pretendia a transferência do agravante de cela comum de estabelecimento prisional para sala de estado-maior em razão da sua condição de advogado preso provisoriamente. (...) O Colegiado pontuou que a execução em debate diz respeito a acórdao penal condenatório proterido em segundo grau. Dessa forma, seguindo a orientação jurisprudencial do STF, ainda que não transitada em julgado a condenação do agravante, a prisão não mais se reveste de natureza cautelar, mas sim das características de prisão-pena, a qual exige a formulação de juízo de culpabilidade em título judicial condenatório. Salientou ainda que a Corte não discutiu, na ADI 1.127/DF, se o direito de o advogado permanecer recolhido em sala de estado-maior se estenderia, ou não, ao preso em razão de acórdão penal condenatório de segundo grau. Nesse contexto, a Turma reputou ausente a estrita aderência do objeto do ato reclamado ao conteúdo da ação direta paradigma e concluiu pela impropriedade da reclamação constitucional. Rcl 25111 AgR/PR, rel. Min. Dias Toffoli, julgamento em 16.5.2017. (Info 865)

♦ **Execução provisória da pena e trânsito em julgado – 2**

Em conclusão de julgamento, o Plenário, por maioria, indeferiu medida cautelar em ações declaratórias de constitucionalidade e conferiu interpretação conforme à Constituição ao art. 283 do Código de Processo Penal (CPP) ("Art. 283. Ninguém poderá ser preso senão em flagrante delito ou por ordem escrita e fundamentada da autoridade judiciária competente, em decorrência de sentença condenatória transitada em julgado ou, no curso da investigação ou do processo, em virtude de prisão temporária ou prisão preventiva"). Dessa forma, permitiu a execução provisória da pena após a decisão condenatória de segundo grau e antes do trânsito em julgado — v. Informativo 837. O Tribunal assentou que a execução provisória de acórdão penal condenatório proferido em grau de apelação, ainda que sujeito a recurso especial ou extraordinário, não compromete o princípio constitucional da presunção de inocência afirmado pelo art. 5º, LVII, da Constituição Federal (CF). Esse entendimento não contrasta com o texto do art. 283 do CPP. A Corte ressaltou que, de acordo com os arts. 995 e 1.029, § 5º, do Código de Processo Civil (CPC), é excepcional a possibilidade de atribuir efeito suspensivo aos recursos especial e extraordinário na seara criminal. A regra geral continua a ser o recebimento desses recursos excepcionais com efeito meramente devolutivo. Entretanto, é possível atribuir-se efeito suspensivo diante de teratologia ou abuso de poder. Dessa forma, as decisões jurisdicionais não impugnáveis por recursos dotados de efeito suspensivo têm eficácia imediata. Assim, após esgotadas as instâncias ordinárias, a condenação criminal poderá provisoriamente surtir efeito imediato do encarceramento, uma vez que o acesso às instâncias extraordinárias se dá por meio de recursos que são ordinariamente dotados de efeito meramente devolutivo. (...). A finalidade que a Constituição persegue não é outorgar uma terceira ou quarta chance para a revisão de um pronunciamento jurisdicional com o qual o sucumbente não se conforma e considera injusto. O acesso individual às instâncias extraordinárias visa a propiciar ao STF e ao STJ o exercício de seus papéis de estabilizadores, uniformizadores e pacificadores da interpretação das normas constitucionais e do direito infraconstitucional. Por isso, o art. 102, § 3º, da Constituição Federal exige demonstração de repercussão geral das questões constitucionais debatidas no recurso extraordinário. Portanto, ao recorrente cabe demonstrar que, no julgamento de seu caso concreto, malferiu-se um preceito constitucional e que há, necessariamente, a transcendência e relevância da tese jurídica a ser afirmada pela Suprema Corte. É a Constituição que alça o STF primordialmente a serviço da ordem jurídica constitucional e igualmente eleva o STJ a serviço da ordem jurídica. (...). Portanto, o peso da presunção da inocência ou não culpabilidade, após a condenação em segundo grau de jurisdição, fica muito mais leve, muito menos relevante, em contraste com o peso do interesse estatal de que os culpados cumpram pena em tempo razoável. Desse modo, o estado de inocência vai-se esvaindo à medida que a condenação se vai confirmando. Vencidos os ministros Marco Aurélio (relator), Rosa Weber, Ricardo Lewandowski e Celso de Mello, que deferiam a medida cautelar para reconhecer a constitucionalidade do art. 283 do CPP e determinar a suspensão de execução provisória de pena cuja decisão ainda não houvesse transitado em julgado. Afirmavam que a execução provisória da pena, por tratar o imputado como culpado, configuraria punição antecipada e violaria a presunção de inocência, bem como a disposição expressa do art. 283 do CPP. Também pontuavam que a presunção de inocência exige que o réu seja tratado como inocente não apenas até o exaurimento dos recursos ordinários, mas até o trânsito em julgado da condenação. Vencido, parcialmente, o ministro Dias Toffoli, que acolhia o pedido sucessivo para determinar a suspensão de execução provisória de réu cuja culpa estivesse sendo questionada no STJ. Segundo o ministro, esse Tribunal desempenha o relevante papel de uniformizar a aplicação da lei federal nacionalmente. Todavia, no âmbito do STF, o recurso extraordinário não teria mais o caráter subjetivo. Afinal, a questão nele debatida deverá ter repercussão geral e ultrapassar os limites subjetivos do caso concreto, o que, geralmente não existe em matéria criminal. Ademais, a jurisprudência é no sentido de que a questão do contraditório e da ampla defesa é matéria infraconstitucional. *ADC 43 MC/DF, rel. min. Marco Aurélio, julgamento em 5-10-2016. ADC 44 MC/DF, rel. min. Marco Aurélio, julgamento em 5-10-2016. (Info 842)*

♦ **Presunção de inocência e execução provisória de condenação criminal – 1**

A execução provisória de acórdão penal condenatório proferido em julgamento de apelação, ainda que sujeito a recurso especial ou extraordinário, não compromete o princípio constitucional da presunção de inocência. Esse o entendimento do Plenário, que, por maioria, denegou a ordem em "habeas corpus" que visava a desconstituição de acórdão que, em sede de apelação, determinara a imediata prisão do paciente por força de sentença condenatória de primeiro grau. (...). *HC 126292/SP, rel. Min. Teori Zavascki, 17.2.2016. (Info 814)*

Presunção de inocência e execução provisória de condenação criminal – 2

(...) Ao réu ficaria assegurado o direito de acesso, em liberdade, a esse juízo de segundo grau, respeitadas as prisões cautelares porventura decretadas. Desse modo, ressalvada a estreita via da revisão criminal, seria, portanto, no âmbito das instâncias ordinárias que se exauriria a possibilidade de exame de fatos e provas e, sob esse aspecto, a própria fixação da responsabilidade criminal do acusado. Portanto, os recursos de natureza extraordinária não configurariam desdobramentos do duplo grau de jurisdição, porquanto não seriam recursos de ampla devolutividade, já que não se prestariam ao debate da matéria fática e probatória. Noutras palavras, com o julgamento implementado pelo tribunal de apelação, ocorreria uma espécie de preclusão da matéria envolvendo os fatos da causa. Os recursos ainda cabíveis para instâncias extraordinárias do STJ e do STF — recurso especial e extraordinário — teriam âmbito de cognição estrito à matéria de direito.

Nessas circunstâncias, tendo havido, em segundo grau, juízo de incriminação do acusado, fundado em fatos e provas insuscetíveis de reexame pela instância extraordinária, pareceria inteiramente justificável a relativização e até mesmo a própria inversão, para a situação concreta, do princípio da presunção de inocência até então observado. Faria sentido, portanto, negar efeito suspensivo aos recursos extraordinários, como o fazem o art. 637 do CPP e o art. 27, § 2º, da Lei 8.038/1990. *HC 126292/SP, rel. Min. Teori Zavascki, 17.2.2016. (Info 814)*

♦ **Presunção de inocência e execução provisória de condenação criminal – 3**

A Corte destacou, outrossim, que, com relação à previsão constitucional da presunção de não culpabilidade, ter-se-ia de considerá-la a sinalização de um instituto jurídico, ou o desenho de garantia institucional, sendo possível o estabelecimento de determinados limites. Assim, a execução da pena na pendência de recursos de natureza extraordinária não comprometeria o núcleo essencial do pressuposto da não culpabilidade, na medida em que o acusado tivesse sido tratado como inocente no curso de todo o processo ordinário criminal, observados os direitos e as garantias a ele inerentes, bem como respeitadas as regras probatórias e o modelo acusatório atual. (...). *HC 126292/SP, rel. Min. Teori Zavascki, 17.2.2016. (Info 814)*

♦ **Presunção de inocência e execução provisória de condenação criminal – 4**

O Plenário asseverou que seria possível tanto a ocorrência de equívocos nos juízos condenatórios proferidos pelas instâncias ordinárias quanto em relação às instâncias extraordinárias. Todavia, para essas eventualidades, sempre haveria outros mecanismos aptos a inibir consequências danosas para o condenado, suspendendo, se necessário, a execução provisória da pena. Assim sendo, medidas cautelares de outorga de efeito suspensivo ao recurso extraordinário ou especial seriam instrumentos inteiramente adequados e eficazes para controlar situações de injustiça ou excessos em juízos condenatórios recorridos. Por outro lado, a ação constitucional do "habeas corpus" igualmente comporia o conjunto de vias processuais com inegável aptidão para controlar eventuais atentados aos direitos fundamentais decorrentes da condenação do acusado. Portanto, mesmo que exequível provisoriamente a sentença penal contra si proferida, o acusado não estaria desamparado da tutela jurisdicional em casos de flagrante violação de direitos. Vencidos os Ministros Marco Aurélio, Rosa Weber, Celso de Mello e Ricardo Lewandowski (Presidente), que, ao concederem a ordem, mantinham a jurisprudência firmada a partir do julgamento do HC 84.078/MG (DJe de 26.2.2010), no sentido de que a prisão antes do trânsito em julgado da condenação somente poderia ser decretada a título cautelar, e de que a ampla defesa não poderia ser visualizada de modo restrito, porquanto englobaria todas as fases processuais, inclusive as recursais de natureza extraordinária. *HC 126292/SP, rel. Min. Teori Zavascki, 17.2.2016. (Info 814)*

14.2.3. Remição

♦ **Não é possível a remição ficta da pena.**

Não se admite a remição ficta da pena. Embora o Estado tenha o dever de prover trabalho aos internos que desejem laborar, reconhecer a remição ficta da pena, nesse caso, faria com que todas as pessoas do sistema prisional obtivessem o benefício, fato que causaria substancial mudança na política pública do sistema carcerário, além de invadir a esfera do Poder Executivo. O instituto da remição exige, necessariamente, a prática de atividade laboral ou educacional. Trata-se de reconhecimento pelo Estado do direito à diminuição da pena em virtude de trabalho efetuado pelo detento. Não sendo realizado trabalho, estudo ou leitura, não há que se falar em direito à remição.STF. 1ª Turma. HC 124520/RO, rel. Min. Marco Aurélio, red. p/ ac. Min. Roberto Barroso, julgado em 29/5/2018 (Info 904).

14.2.4. Regime de cumprimento da pena

♦ **Roubo: pena-base no mínimo legal e regime inicial fechado – 2**

A Segunda Turma, em conclusão e por maioria, deu provimento a recurso ordinário em "habeas corpus" em que o recorrente pleiteava a fixação do regime semiaberto para o início do cumprimento da pena. No caso, ele foi condenado pela prática de roubo duplamente circunstanciado, em razão do concurso de agentes e do uso de arma de fogo. Na sentença, o juízo fixou a pena-base no mínimo legal, mas estabeleceu o regime inicial fechado — v. Informativo 841. O Colegiado entendeu, de acordo com precedentes da Turma, que o juízo, ao analisar os requisitos do art. 59 do Código Penal, havia considerado todas as circunstâncias favoráveis. Concluiu que, fixada a pena no mínimo legal, não cabe determinar regime inicial fechado. Lembrou, também, orientação do Enunciado 440 da Súmula do Superior Tribunal de Justiça nesse mesmo sentido ("Fixada a pena-base no mínimo legal, é vedado o estabelecimento de regime prisional mais gravoso do que o cabível em razão da sanção imposta, com base apenas na gravidade abstrata do delito"). Vencido o ministro Ricardo Lewandowski (relator), que desprovia o recurso. *RHC 135298/SP, rel. orig. Min. Ricardo Lewandowski, red. p/ o ac. Min. Teori Zavascki, 18.10.2016. (Info 844)*

♦ **"Habeas corpus" e regime de cumprimento de pena**

A Primeira Turma, por maioria, concedeu a ordem em "habeas corpus" em que se pretendia alterar o regime inicial de cumprimento de pena e substituir a pena privativa de liberdade pela restritiva de direitos. Na espécie, o paciente foi condenado à pena de dois anos de reclusão, em regime inicial fechado, e ao pagamento de duzentos dias-multa. Isso ocorreu em razão da prática do delito tipificado no art. 33, "caput", da Lei 11.343/2006 (Lei de Drogas), com a incidência de causa de diminuição da pena prevista no § 4º do referido dispositivo legal. Segundo a defesa, não haveria justificativa legal para a imposição de regime inicial fechado de cumprimento da pena. Alegava, ainda, que seria inconstitucional a vedação da substituição da pena privativa de liberdade pela restritiva de direitos no âmbito da Lei de Drogas e que o paciente, antes da concessão da medida liminar, já teria cumprido mais da metade da pena em regime fechado. A Turma decidiu que, em caso de réu não reincidente, tendo sido a pena base fixada em seu mínimo legal e sendo positivas as circunstâncias judiciais previstas no art. 59 do Código Penal (CP), é cabível a imposição do regime aberto de cumprimento da pena e a substituição da pena privativa de liberdade pela restritiva de direitos, a teor dos arts. 33 e 44 do CP. Os ministros Roberto Barroso e Rosa Weber, com ressalva de seus entendimentos pessoais quanto ao não cabimento do "writ", impetrado contra decisão monocrática de ministro do Superior Tribunal de Justiça, concederam a ordem de ofício, nos termos do voto do ministro Marco Aurélio (relator). Vencido o ministro Edson Fachin, que denegava a ordem por entender que a natureza e a quantidade da substância ou do produto, bem como a personalidade e a conduta social do agente deveriam preponderar sobre as circunstâncias judiciais genéricas do art. 59 do CP, conforme dicção expressa do art. 42 da Lei de Drogas. *HC 129714/SP, rel. min. Marco Aurélio, 11.10.2016. (HC-129714) (Info 843)*

♦ PSV: regime de cumprimento de pena e vaga em estabelecimento penal – 2 (Enunciado 56 da Súmula Vinculante)

O Plenário, em conclusão de julgamento e por maioria, acolheu proposta de edição de enunciado de súmula vinculante com o seguinte teor: "A falta de estabelecimento penal adequado não autoriza a manutenção do condenado em regime prisional mais gravoso, devendo-se observar, nessa hipótese, os parâmetros fixados no RE 641.320/RS" — v. Informativo 777. O Ministro Ricardo Lewandowski (Presidente) reajustou voto proferido em assentada anterior, acatando, assim, proposta redacional sugerida pelo Ministro Roberto Barroso. Vencido o Ministro Marco Aurélio, que aprovava a proposta originalmente apresentada pelo Defensor Público-Geral Federal ("O princípio constitucional da individualização da pena impõe seja esta cumprida pelo condenado, em regime mais benéfico, aberto ou domiciliar, inexistindo vaga em estabelecimento adequado, no local da execução"). *PSV 57/DF, 29.6.2016. (PSV-57) (Info 832)*

♦ Regime de cumprimento de pena e execução penal – 4

O Plenário, em conclusão de julgamento e por maioria, deu parcial provimento a recurso extraordinário em que se discutia a possibilidade de cumprimento de pena em regime menos gravoso, diante da impossibilidade de o Estado fornecer vagas para o cumprimento no regime originalmente estabelecido em condenação penal — v. Informativo 810. Na espécie, o acórdão recorrido fixara a prisão em regime domiciliar a condenado à pena de 5 anos e 4 meses de reclusão, em razão da não existência de estabelecimento destinado ao regime semiaberto que atendesse todos os requisitos da LEP. A Corte determinou que, havendo viabilidade, ao invés da prisão domiciliar, se observasse: a) a saída antecipada do sentenciado no regime com falta de vagas; b) a liberdade eletronicamente monitorada do recorrido, enquanto em regime semiaberto; e c) o cumprimento de penas restritivas de direito e/ou estudo após progressão ao regime aberto. Assentou, assim, em sede de repercussão geral, o entendimento de que: a) a falta de estabelecimento penal adequado não autorizaria a manutenção do condenado em regime prisional mais gravoso; b) os juízes da execução penal poderiam avaliar os estabelecimentos destinados aos regimes semiaberto e aberto, para qualificação como adequados a tais regimes. Seriam aceitáveis estabelecimentos que não se qualificassem como "colônia agrícola, industrial" (regime semiaberto) ou "casa de albergado ou estabelecimento adequado" (regime aberto) (art. 33, § 1º, "b" e "c"); c) havendo "déficit" de vagas, deveria ser determinada: 1) a saída antecipada de sentenciado no regime com falta de vagas; 2) a liberdade eletronicamente monitorada ao sentenciado que saísse antecipadamente ou fosse posto em prisão domiciliar por falta de vagas; 3) o cumprimento de penas restritivas de direito e/ou estudo ao sentenciado que progredisse ao regime aberto. Outrossim, até que fossem estruturadas as medidas alternativas propostas, poderia ser deferida a prisão domiciliar ao sentenciado. O Tribunal ressaltou, ainda, que o CNJ deveria apresentar: a) em 180 dias, contados da conclusão do julgamento: 1) projeto de estruturação do Cadastro Nacional de Presos, com etapas e prazos de implementação, devendo o banco de dados conter informações suficientes para identificar os mais próximos da progressão ou extinção da pena; 2) relatório sobre a implantação das centrais de monitoração e penas alternativas, acompanhado, se for o caso, de projeto de medidas ulteriores para desenvolvimento dessas estruturas; e b) em um ano, relatório com projetos para: 1) expansão do Programa Começar de Novo e adoção de outras medidas buscando o incremento da oferta de estudo e de trabalho aos condenados; e 2) aumento do número de vagas nos regimes semiaberto e aberto. *RE 641320/RS, rel. Min. Gilmar Mendes, 11.5.2016. (RE-641320) (Info 825)*

♦ Regime de cumprimento de pena e execução penal – 5

A Corte destacou que o sistema progressivo de cumprimento de penas não estaria funcionando a contento. Haveria falta de vagas nos regimes semiaberto e aberto, este último sendo desprezado por várias unidades da Federação. Assim, a lei prevê 3 degraus da progressão, mas o último grau simplesmente não existiria em mais da metade do País. Por outro lado, na prática, os modelos de estabelecimentos de cumprimento de pena, necessariamente adequados aos regimes semiaberto e aberto (CP, art. 33, § 1º, "b" e "c"), teriam sido abandonados. Desse modo, os presos dos referidos regimes estariam sendo mantidos nos mesmos estabelecimentos que os presos em regime fechado e provisórios. Contudo, a possibilidade de manutenção de condenado em regime mais gravoso, na hipótese de inexistir vaga em estabelecimento adequado ao seu regime, seria uma questão ligada a duas garantias constitucionais em matéria penal da mais alta relevância: a individualização da pena (CF, art. 5º, XLVI) e a legalidade (CF, art. 5º, XXXIX). (...). A manutenção do condenado em regime mais gravoso seria um excesso de execução, com violação a direitos dele. Em outra perspectiva, haveria que ser rechaçada qualquer possibilidade de ponderar os direitos dos condenados à individualização da pena e à execução da pena de acordo com a lei e com os interesses da sociedade na manutenção da segurança pública. Não se poderia negar o dever do Estado de proteger os bens jurídicos penalmente relevantes. A proteção à integridade da pessoa e ao seu patrimônio contra agressões injustas estaria na raiz da própria ideia de Estado Constitucional. Em suma, o Estado teria o dever de proteger os direitos fundamentais contra agressões injustas de terceiros, como corolário do direito à segurança (CF, art. 5º). No entanto, a execução de penas corporais em nome da segurança pública só se justificaria com a observância de estrita legalidade. Regras claras e prévias seriam indispensáveis. Permitir que o Estado executasse a pena de forma deliberadamente excessiva seria negar não só o princípio da legalidade, mas a própria dignidade humana dos condenados (CF, art. 1º, III). Por mais grave que fosse o crime, a condenação não retiraria a humanidade da pessoa condenada. Ainda que privados de liberdade e dos direitos políticos, os condenados não se tornariam simples objetos de direito (CF, art. 5º, XLIX). *RE 641320/RS, rel. Min. Gilmar Mendes, 11.5.2016. (Info 825)*

♦ **Regime de cumprimento de pena e execução penal – 6**

O Plenário asseverou que, atualmente, haveria duas alternativas de tratamento do sentenciado que progredisse de regime quando não houvesse vagas suficientes. Ou seria mantido no regime mais gravoso ao que teria direito (fechado), ou seria colocado em regime menos gravoso (prisão domiciliar). Contudo, já não bastaria apenas afirmar o direito ao regime previsto na lei ou ao regime domiciliar. Apesar de ser imprescindível cobrar dos poderes públicos soluções definitivas para a falta de vagas — pela melhoria da administração das vagas existentes ou pelo aumento do número de vagas —, não haveria, porém, solução imediata possível. Desse modo, seria necessário verificar o que fazer com os sentenciados se a situação de falta de vagas estivesse configurada. A prisão domiciliar seria uma alternativa de difícil fiscalização e, isolada, de pouca eficácia. Todavia, não deveria ser descartada sua utilização, até que fossem estruturadas outras medidas, como as anteriormente mencionadas. Desse modo, seria preciso avançar em propostas de medidas que, muito embora não fossem tão gravosas como o encarceramento, não estivessem tão aquém do "necessário e suficiente para reprovação e prevenção do crime" (CP, art. 59). As medidas em questão não pretenderiam esgotar as alternativas a serem adotadas pelos juízos de execuções penais no intuito de equacionar os problemas de falta de vagas nos regimes adequados ao cumprimento de pena. As peculiaridades de cada região e de cada estabelecimento prisional poderiam recomendar o desenvolvimento dessas medidas em novas direções. Assim, seria conveniente confiar às instâncias ordinárias margem para complementação e execução das medidas. O fundamental seria afastar o excesso da execução — manutenção do sentenciado em regime mais gravoso — e dar aos juízes das execuções penais a oportunidade de desenvolver soluções que minimizassem a insuficiência da execução, como se daria com o cumprimento da sentença em prisão domiciliar ou outra modalidade sem o rigor necessário. Vencido o Ministro Marco Aurélio, que desprovia o recurso por entender que o acórdão recorrido teria observado a jurisprudência do STF na matéria, devendo ser considerados os parâmetros objetivos e subjetivos do recurso em comento. *RE 641320/RS, rel. Min. Gilmar Mendes, 11.5.2016. (RE-641320) (Info 825)*

14.2.5. Progressão de regime

♦ **Cumprimento de pena em penitenciária federal de segurança máxima e progressão de regime**

O cumprimento de pena em penitenciária federal de segurança máxima por motivo de segurança pública não é compatível com a progressão de regime prisional. Com base nesse entendimento, a Segunda Turma, por maioria, não conheceu de "habeas corpus" em que se discutia a possibilidade da concessão do benefício em face de seu deferimento por juiz federal sem que houvesse a impugnação da decisão pela via recursal. No caso, o juízo da execução penal suscitou conflito de competência ao ser comunicado de que a benesse da progressão de regime fora concedida ao paciente. O Superior Tribunal de Justiça (STJ), ao resolver o conflito, cassou a progressão. A Segunda Turma afirmou que a transferência do apenado para o sistema federal tem, em regra, como fundamento razões que atestam que, naquele momento, o condenado não tem mérito para progredir de regime. Observou que a transferência seria cabível no interesse da segurança pública ou do próprio preso (Lei 11.671/2008, art. 3º). Frisou que o paciente seria líder de organização criminosa. Ademais, mesmo sem cometer infrações disciplinares, o preso que pertencesse à associação criminosa não satisfaria aos requisitos subjetivos para a progressão de regime. A pertinência à sociedade criminosa seria crime e também circunstância reveladora da falta de condições de progredir a regime prisional mais brando. A Segunda Turma ainda registrou que a manutenção do condenado em regime fechado, com base na falta de mérito do apenado, não seria incompatível com a jurisprudência do STF. Vencida a ministra Cármen Lúcia, que concedia a ordem para que fosse assegurado ao condenado o regime semiaberto. Pontuava configurar constrangimento ilegal o afastamento pelo STJ, em conflito de competência, da decisão transitada em julgado que deferira ao paciente a progressão de regime. *HC 131.649/RJ, rel. orig. min. Cármen Lúcia, rel. p/ac. min. Dias Toffoli, julgamento em 6-9-2016. (Info 838)*

♦ **Regressão de regime: inadimplemento de pena de multa e cometimento de novo crime**

O Plenário, em julgamento conjunto e por maioria, negou provimento a agravos regimentais em execuções penais referentes a condenados nos autos da AP 470/MG (DJe de 22.4.2013). No primeiro caso, o agravante, durante o cumprimento da pena em regime semiaberto, fora condenado pela justiça comum em outro processo, tendo em conta crimes praticados concomitantemente ao cumprimento da reprimenda. Insurgia-se, então, contra a decisão que determinara a regressão de regime. O Colegiado aduziu que a prática de fato definido como crime doloso no curso da execução penal acarreta a regressão de regime. Vencido o Ministro Marco Aurélio, que provia o agravo. Reputava que o processo-crime ainda estaria em curso na justiça comum, sem poder repercutir, portanto, no cumprimento de pena já formalizada. No segundo caso, a progressão de regime da sentenciada fora condicionada ao adimplemento da pena de multa. Para obter esse direito, a agravante realizara acordo de parcelamento do valor, razão pela qual progredira. Posteriormente, deixara de pagar as parcelas, a implicar a regressão. O Tribunal entendeu que o inadimplemento injustificado das parcelas da pena de multa autoriza a regressão no regime prisional. Vencido o Ministro Marco Aurélio, que provia o agravo, ao fundamento de que o descumprimento de pena de multa não implicaria a sua transformação em reprimenda restritiva de liberdade. *EP 8 ProgReg-AgR/DF, rel. Min. Roberto Barroso, 1º.7.2016. (EP-8); EP 16 Agr-terceiro/DF, rel. Min. Roberto Barroso, 1º.7.2016. (EP-16) (Info 832)*

14.2.6. Trabalho Externo

♦ **Trabalho externo e cumprimento mínimo de pena**

A exigência objetiva de prévio cumprimento do mínimo de 1/6 da pena, para fins de trabalho externo, não se aplica aos condenados que se encontrarem em regime semiaberto. Essa a conclusão do Plenário ao dar provimento, por maioria, a agravo regimental, interposto de decisão proferida em sede de execução penal, para afastar a exigência do referido requisito temporal a condenado pela prática do crime de corrupção ativa. (...). A Corte afirmou que a interpretação do direito não poderia ignorar a realidade. Ressaltou que juízes e tribunais deveriam prestigiar entendimentos razoáveis que não sobrecarregassem, ainda mais, o sistema, nem tampouco impusessem aos apenados situações mais gravosas do que as que decorreriam da lei e das condenações que teriam sofrido. Sublinhou que o STJ – órgão encarregado de uniformizar a interpretação do direito federal –, há mais de 15 anos sedimentara jurisprudência de que o prévio cumprimento de 1/6 da pena, para fins de trabalho externo, não se aplicaria aos que se encontrassem em regime semiaberto, mas somente aos condenados a regime fechado. Consignou que alguns tribunais de justiça dos Estados-membros teriam passado a adotar a mesma linha de entendimento. Rememorou que o único precedente do STF na matéria a esposar a mesma tese da decisão agravada fora o HC 72.565/AL (DJU de 30.8.1996), julgado em 1995, quando ainda não teria ocorrido – ou, pelo menos, sido percebida – a explosão nas estatísticas de encarceramento, que passaram do patamar de 100.000 para o de 500.000 ou 700.000, se computadas as prisões domiciliares. O Colegiado sublinhou que teria sido essa realidade fática que impusera a virada jurisprudencial conduzida pelo STJ no final da década de 90. Asseverou que jamais fora consistente e volumosa a jurisprudência do STF no sentido de aplicar-se a exigência de cumprimento de 1/6 da pena para autorizar-se o trabalho externo. Enfatizou que negar o direito ao trabalho externo, e reintroduzir a exigência de prévio cumprimento de 1/6 da pena, significaria drástica alteração da jurisprudência em vigor e iria de encontro às circunstâncias do sistema carcerário brasileiro dos dias de hoje. Destacou que boa parte da doutrina especializada defenderia a possibilidade de trabalho externo, independentemente do cumprimento de 1/6 da pena. (...). **A Corte frisou não existir vedação legal ao trabalho externo em empresa privada. Ao contrário, destacou que o art. 36 da LEP expressamente menciona "entidades privadas". Anotou que, não obstante esse dispositivo cuidasse especificamente do trabalho externo para os condenados em regime fechado, que deveria ser realizado em obras públicas, não seria coerente imaginar que o regime semiaberto, menos restritivo, estaria sujeito a vedações adicionais e implícitas. Explanou que o trabalho externo em entidade privada seria não apenas possível, mas efetivamente praticado na realidade do sistema, a beneficiar numerosos condenados que se valeriam de oportunidades como essa para proporcionar a sua reinserção social.** Realçou que, na situação dos autos, após procedimento que incluiriam entrevistas e treinamentos com os candidatos a empregador e inspeções no local de trabalho, além da exigência do compromisso formal no sentido de não se criar embaraços à atividade fiscalizatória do Poder Público, o escritório de advocacia que oferecera ao agravante a oportunidade de trabalho externo obtivera manifestação favorável das autoridades do sistema penitenciário. Assinalou que não se impusera óbice a esse fato. Pontuou que eventual dificuldade fiscalizatória justificaria a revogação imediata do benefício. Consignou, ainda, não haver elementos para afirmar a existência de relação pessoal entre o titular do escritório e o agravante. Registrou que o trabalho externo teria uma finalidade relevante de reinserção social a permitir ao apenado exercitar – e, sobretudo demonstrar à sociedade – o seu senso de responsabilidade e readequação. Reputou que a legislação criara essa possibilidade a fim de promover a reintegração supervisionada dos condenados, em benefício deles mesmos e da sociedade que, mais cedo ou mais tarde, teria de recebê-los de volta em definitivo. **Vencido o Ministro Celso de Mello, que negava provimento ao agravo regimental. Entendia que a exigência temporal mínima prevista no art. 37 da LEP não poderia ser desconsiderada, mesmo em se tratando de regime penal semiaberto. Recordava que essa exigência constaria da exposição de motivos do projeto de lei que culminara na LEP.** Aduzia que haveria atualmente projeto de lei em tramitação no Congresso Nacional, que pretenderia suprimir, da regra equivalente ao art. 37 da atual LEP, a exigência temporal mínima de 1/6. Portanto, a matéria seria de "lege ferenda". Em seguida, o Plenário autorizou o relator a decidir monocraticamente os demais incidentes sobre a concessão de trabalho externo. ***EP 2 TrabExt-AgR/DF, rel. Min. Roberto Barroso, 25.6.2014. (Info 738)***

14.2.7. Outros temas

♦ **Tráfico privilegiado e crime hediondo – 4**

O crime de tráfico privilegiado de drogas não tem natureza hedionda. Por conseguinte, não são exigíveis requisitos mais severos para o livramento condicional (Lei 11.343/2006, art. 44, parágrafo único) e tampouco incide a vedação à progressão de regime (Lei 8.072/1990, art. 2º, § 2º) para os casos em que aplicada a causa de diminuição prevista no art. 33, § 4º, Lei 11.343/2006. Com base nessa orientação, o Plenário, por maioria, concedeu a ordem de "habeas corpus" para afastar a natureza hedionda de tal delito. No caso, os pacientes foram condenados pela prática de tráfico privilegiado, e a sentença de 1º grau afastara a natureza hedionda do delito. Posteriormente, o STJ entendera caracterizada a hediondez, o que impediria a concessão dos referidos benefícios — v. Informativos 791 e 828. O Tribunal superou a jurisprudência que se firmara no sentido da hediondez do tráfico privilegiado. Sublinhou que a previsão legal seria indispensável para qualificar um crime como hediondo ou equiparado. Assim, a partir da leitura dos preceitos legais pertinentes, apenas as modalidades de tráfico de entorpecentes definidas no art. 33, "caput" e § 1º, da Lei 11.343/2006 seriam equiparadas a crimes hediondos. Entendeu que, para alguns delitos e seus autores, ainda que se tratasse de tipos mais gravemente apenados, deveriam ser reservadas algumas alternativas aos critérios gerais de punição. A legislação alusiva ao tráfico de drogas, por exemplo, prevê a possibilidade de redução da pena, desde que o agente seja primário e de bons antecedentes, não se dedique a atividades criminosas e nem integre organização criminosa. Essa previsão legal permitiria maior flexibilidade na gestão da política de drogas, pois autorizaria o juiz a avançar sobre a realidade pessoal de cada autor. Além disso, teria inegável importância do ponto de vista das decisões de política criminal. *HC 118533/MS, rel. Min. Cármen Lúcia, 23.6.2016. (HC-118533) (Info 831)*

♦ **Tráfico privilegiado e crime hediondo – 5**

A Corte observou que, no caso do tráfico privilegiado, a decisão do legislador fora no sentido de que o agente deveria receber tratamento distinto daqueles sobre os quais recairia o alto juízo de censura e de punição pelo tráfico de drogas. As circunstâncias legais do privilégio demonstrariam o menor juízo de reprovação e, em consequência, de punição dessas pessoas. Não se poderia, portanto, chancelar-se a hediondez a essas condutas, por exemplo. Assim, a imposição de pena não deveria estar sempre tão atrelada ao grau de censura constante da cominação abstrata dos tipos penais. O juiz deveria ter a possibilidade de exame quanto à adequação da sanção imposta e o respectivo regime de cumprimento, a partir do exame das características específicas na execução de determinados fatos, cujo contexto em que praticados apresentasse variantes socialmente relevantes em relação ao juízo abstrato de censura cominada na regra geral. De outro lado, o art. 33, § 4º, da Lei 11.343/2006 mereceria crítica na medida em que proíbe a substituição da pena privativa de liberdade por restritiva de direito. Assentou, ainda, que a etiologia do crime privilegiado seria incompatível com a natureza hedionda. Além disso, os Decretos 6.706/2008 e 7.049/2009 beneficiaram com indulto os condenados pelo tráfico de entorpecentes privilegiado, a demonstrar inclinação no sentido de que esse delito não seria hediondo. Demais disso, cumpre assinalar que o crime de associação para o tráfico, que reclama liame subjetivo estável e habitual direcionado à consecução da traficância, não seria equiparado a hediondo. Dessa forma, afirmar que o tráfico minorado fosse considerado hediondo significaria que a lei ordinária conferiria ao traficante ocasional tratamento penal mais severo que o dispensado ao agente que se associa de forma estável para exercer a traficância de modo habitual, a escancarar que tal inferência consubstanciaria violação aos limites que regem a edição legislativa penal. Vencidos os Ministros Luiz Fux, Dias Toffoli e Marco Aurélio, que denegavam o "writ". Reajustaram os votos os Ministros Edson Fachin, Teori Zavascki e Rosa Weber. *HC 118533/MS, rel. Min. Cármen Lúcia, 23.6.2016. (HC-118533) (Info 831)*

♦ **Saída temporária e decisão judicial**

É legítima a decisão judicial que estabelece calendário anual de saídas temporárias para que o preso possa visitar a família. Esse o entendimento da Primeira Turma, que concedeu a ordem em "habeas corpus" para restabelecer ato do Juízo das Execuções Penais do Estado do Rio de Janeiro, que concedera autorização de saída temporária para visita periódica à família do paciente. Essa decisão, mantida em grau de recurso, fora, no entanto, reformada pelo STJ, que assentara o descabimento da concessão de saídas automatizadas. Segundo aquela Corte, seria necessária a manifestação motivada do juízo da execução, com intervenção do Ministério Público, em cada saída temporária. A Turma afirmou que a saída temporária autorizada repercutiria sobre outras saídas, desde que não houvesse cometimento de falta grave pelo custodiado. *HC 130502/RJ, rel. Min. Marco Aurélio, 21.6.2016. (HC-130502) (Info 831)*

♦ **"Habeas Corpus": saída temporária de preso e contagem de prazo**

A contagem do prazo do benefício de saída temporária de preso é feita em dias e não em horas. Com base nessa orientação, a Segunda Turma denegou a ordem de "habeas corpus" em que se pretendia a contagem de tal benesse a partir da 00h do primeiro dia. No caso, o paciente aduzia que sua liberação apenas às doze horas do primeiro dia do benefício prejudicaria a fruição do prazo legalmente previsto de sete dias (LEP, art. 124), porque usufruiria apenas seis dias e meio de tal direito. Assim, considerava que a saída temporária não deveria se sujeitar à estrita forma de contagem do prazo prevista no art. 10 do Código Penal ("Art. 10. O dia do começo inclui-se no cômputo do prazo. Contam-se os dias, os meses e os anos pelo calendário comum"). A Turma destacou ser indevida, na ordem penal, a contagem do prazo em horas e, por isso, manteve o cômputo em forma de dias. Ademais, a se entender de forma diversa, estar-se-ia colocando em risco a segurança do estabelecimento penal, bem como a organização do sistema prisional. *HC 130883/SC, rel. Min. Dias Toffoli, 31.5.2016. (HC-130883) (Info 828)*

♦ Sistema carcerário: estado de coisas inconstitucional e violação a direito fundamental - 6

O Plenário concluiu o julgamento de medida cautelar em arguição de descumprimento de preceito fundamental em que discutida a configuração do chamado "estado de coisas inconstitucional" relativamente ao sistema penitenciário brasileiro. Nessa mesma ação também se debate a adoção de providências estruturais com objetivo de sanar as lesões a preceitos fundamentais sofridas pelos presos em decorrência de ações e omissões dos Poderes da União, dos Estados-Membros e do Distrito Federal. No caso, alegava-se estar configurado o denominado, pela Corte Constitucional da Colômbia, "estado de coisas inconstitucional", diante da seguinte situação: violação generalizada e sistêmica de direitos fundamentais; inércia ou incapacidade reiterada e persistente das autoridades públicas em modificar a conjuntura; transgressões a exigir a atuação não apenas de um órgão, mas sim de uma pluralidade de autoridades. Postulava-se o deferimento de liminar para que fosse determinado aos juízes e tribunais: a) que lançassem, em casos de decretação ou manutenção de prisão provisória, a motivação expressa pela qual não se aplicam medidas cautelares alternativas à privação de liberdade, estabelecidas no art. 319 do CPP; b) que, observados os artigos 9.3 do Pacto dos Direitos Civis e Políticos e 7.5 da Convenção Interamericana de Direitos Humanos, realizassem, em até 90 dias, audiências de custódia, viabilizando o comparecimento do preso perante a autoridade judiciária no prazo máximo de 24 horas, contadas do momento da prisão; c) que considerassem, fundamentadamente, o quadro dramático do sistema penitenciário brasileiro no momento de implemento de cautelares penais, na aplicação da pena e durante o processo de execução penal; d) que estabelecessem, quando possível, penas alternativas à prisão, ante a circunstância de a reclusão ser sistematicamente cumprida em condições muito mais severas do que as admitidas pelo arcabouço normativo; e) que viessem a abrandar os requisitos temporais para a fruição de benefícios e direitos dos presos, como a progressão de regime, o livramento condicional e a suspensão condicional da pena, quando reveladas as condições de cumprimento da pena mais severas do que as previstas na ordem jurídica em razão do quadro do sistema carcerário, preservando-se, assim, a proporcionalidade da sanção; e f) que se abatesse da pena o tempo de prisão, se constatado que as condições de efetivo cumprimento são significativamente mais severas do que as previstas na ordem jurídica, de forma a compensar o ilícito estatal. Requeria-se, finalmente, que fosse determinado: g) ao CNJ que coordenasse mutirão carcerário a fim de revisar todos os processos de execução penal, em curso no País, que envolvessem a aplicação de pena privativa de liberdade, visando a adequá-los às medidas pleiteadas nas alíneas "e" e "f"; e h) à União que liberasse as verbas do Fundo Penitenciário Nacional – Funpen, abstendo-se de realizar novos contingenciamentos — v. Informativos 796 e 797. ADPF 347 MC/DF, rel. Min. Marco Aurélio, 9.9.2015. (ADPF-347) (Info 798)

♦ Sistema carcerário: estado de coisas inconstitucional e violação a direito fundamental - 7

O Colegiado deliberou, por decisão majoritária, deferir a medida cautelar em relação ao item "b". A Ministra Rosa Weber acompanhou essa orientação, com a ressalva de que fossem observados os prazos fixados pelo CNJ. Vencidos, em parte, os Ministros Roberto Barroso e Teori Zavascki, que delegavam ao CNJ a regulamentação sobre o prazo para se realizar as audiências de custódia. O Tribunal decidiu, também por maioria, deferir acautelar no tocante à alínea "h". Vencidos, em parte, os Ministros Edson Fachin, Roberto Barroso e Rosa Weber, que fixavam o prazo de até 60 dias, a contar da publicação da decisão, para que a União procedesse à adequação para o cumprimento do que determinado. O Plenário, também por maioria, indeferiu a medida cautelar em relação às alíneas "a", "c" e "d". Vencidos os Ministros Marco Aurélio (relator), Luiz Fux, Cármen Lúcia e Ricardo Lewandowski (Presidente), que a deferiam nessa parte. De igual modo indeferiu, por decisão majoritária, a medida acauteladora em relação à alínea "e". Vencido o Ministro Gilmar Mendes. O Tribunal, ademais, rejeitou o pedido no tocante ao item "f". Por fim, no que se refere à alínea "g", o Plenário, por maioria, julgou o pleito prejudicado. Vencidos os Ministros Edson Fachin, Roberto Barroso, Gilmar Mendes e Celso de Mello, que deferiam a cautelar no ponto. Por fim, o Colegiado, por maioria, acolheu proposta formulada pelo Ministro Roberto Barroso, no sentido de que se determine à União e aos Estados-Membros, especificamente ao Estado de São Paulo, que encaminhem à Corte informações sobre a situação prisional. Vencidos, quanto à proposta, os Ministros relator, Luiz Fux, Cármen Lúcia e Presidente. *ADPF 347 MC/DF, rel. Min. Marco Aurélio, 9.9.2015. (ADPF-347)* (Info 798)

♦ Sistema carcerário: estado de coisas inconstitucional e violação a direito fundamental - 8

Plenário anotou que no sistema prisional brasileiro ocorreria violação generalizada de direitos fundamentais dos presos no tocante à dignidade, higidez física e integridade psíquica. As penas privativas de liberdade aplicadas nos presídios converter-se-iam em penas cruéis e desumanas. Nesse contexto, diversos dispositivos constitucionais (artigos 1º, III, 5º, III, XLVII, e, XLVIII, XLIX, LXXIV, e 6º), normas internacionais reconhecedoras dos direitos dos presos (o Pacto Internacional dos Direitos Civis e Políticos, a Convenção contra a Tortura e outros Tratamentos e Penas Cruéis, Desumanos e Degradantes e a

Convenção Americana de Direitos Humanos) e normas infraconstitucionais como a LEP e a LC 79/1994, que criara o Funpen, teriam sido transgredidas. Em relação ao Funpen, os recursos estariam sendo contingenciados pela União, o que impediria a formulação de novas políticas públicas ou a melhoria das existentes e contribuiria para o agravamento do quadro. Destacou que a forte violação dos direitos fundamentais dos presos repercutiria além das respectivas situações subjetivas e produziria mais violência contra a própria sociedade. Os cárceres brasileiros, além de não servirem à ressocialização dos presos, fomentariam o aumento da criminalidade, pois transformariam pequenos delinquentes em "monstros do crime". A prova da ineficiência do sistema como política de segurança pública estaria nas altas taxas de reincidência. E o reincidente passaria a cometer crimes ainda mais graves. Consignou que a situação seria assustadora: dentro dos presídios, violações sistemáticas de direitos humanos; fora deles, aumento da criminalidade e da insegurança social. Registrou que a responsabilidade por essa situação não poderia ser atribuída a um único e exclusivo poder, mas aos três — Legislativo, Executivo e Judiciário —, e não só os da União, como também os dos Estados-Membros e do Distrito Federal. Ponderou que haveria problemas tanto de formulação e implementação de políticas públicas, quanto de interpretação e aplicação da lei penal. Além disso, faltaria coordenação institucional. A ausência de medidas legislativas, administrativas e orçamentárias eficazes representaria falha estrutural a gerar tanto a ofensa reiterada dos direitos, quanto a perpetuação e o agravamento da situação. O Poder Judiciário também seria responsável, já que aproximadamente 41% dos presos estariam sob custódia provisória e pesquisas demonstrariam que, quando julgados, a maioria alcançaria a absolvição ou a condenação a penas alternativas. Ademais, a manutenção de elevado número de presos para além do tempo de pena fixado evidenciaria a inadequada assistência judiciária. A violação de direitos fundamentais alcançaria a transgressão à dignidade da pessoa humana e ao próprio mínimo existencial e justificaria a atuação mais assertiva do STF. Assim, caberia à Corte o papel de retirar os demais poderes da inércia, catalisar os debates e novas políticas públicas, coordenar as ações e monitorar os resultados. A intervenção judicial seria reclamada ante a incapacidade demonstrada pelas instituições legislativas e administrativas. Todavia, não se autorizaria o STF a substituir-se ao Legislativo e ao Executivo na consecução de tarefas próprias. O Tribunal deveria superar bloqueios políticos e institucionais sem afastar esses poderes dos processos de formulação e implementação das soluções necessárias. Deveria agir em diálogo com os outros poderes e com a sociedade. Não lhe incumbira, no entanto, definir o conteúdo próprio dessas políticas, os detalhes dos meios a serem empregados. Em vez de desprezar as capacidades institucionais dos outros poderes, deveria coordená-las, a fim de afastar o estado de inércia e deficiência estatal permanente. Não se trataria de substituição aos demais poderes, e sim de oferecimento de incentivos, parâmetros e objetivos indispensáveis à atuação de cada qual, deixando-lhes o estabelecimento das minúcias para se alcançar o equilíbrio entre respostas efetivas **às violações de direitos** e as limitações institucionais reveladas. O Tribunal, no que se refere **às** alíneas "a", "c" e "d", ponderou se tratar de pedidos que traduziriam mandamentos legais já impostos aos juízes. As medidas poderiam ser positivas como reforço ou incentivo, mas, no caso da alínea "a", por exemplo, a inserção desse capítulo nas decisões representaria medida genérica e não necessariamente capaz de permitir a análise do caso concreto. Como resultado, aumentaria o número de reclamações dirigidas ao STF. Seria mais recomendável atuar na formação do magistrado, para reduzir a cultura do encarceramento. No tocante **à** cautelar de ofício proposta pelo Ministro Roberto Barroso, o Colegiado frisou que o Estado de São Paulo, apesar de conter o maior número de presos atualmente, não teria fornecido informações a respeito da situação carcerária na unidade federada. De toda forma, seria imprescindível um panorama nacional sobre o assunto, para que a Corte tivesse elementos para construir uma solução para o problema. *ADPF 347 MC/DF, rel. Min. Marco Aurélio, 9.9.2015. (ADPF-347)* (Info 798)

♦ **Execução da pena. Impossibilidade de transferência do apenado para outro Estado da Federação sob a alegação de que estaria recebendo tratamento privilegiado**

É inviável a remoção de apenado para outro Estado com fundamento em suposto tratamento privilegiado. Apenas razões excepcionalíssimas e devidamente fundamentadas poderiam legitimar essa medida. STF. 2ª Turma. HC 152.720/DF, Rel. Min. Gilmar Mendes, julgado em 10/4/2018 (Info 897).

♦ **O juiz da execução criminal tem a faculdade de requisitar o exame criminológico e utilizá-lo como fundamento da decisão que julga o pedido de progressão**

Nada impede que o magistrado das execuções criminais, facultativamente, requisite o exame criminológico e o utilize como fundamento da decisão que julga o pedido de progressão. STF. Segunda Turma. Rcl 27616 AgR/SP, Rel. Min. Ricardo Lewandowski, j. 9/10/2018 (Info 919)

♦ **Prisão preventiva é incompatível com regime semiaberto. Não há como conciliar a manutenção da prisão preventiva se evidenciada a imposição de regime penal menos gravoso que o fechado.**

REITERAÇÃO DELITIVA. REGIME SEMIABERTO ESTABELECIDO NO DECRETO CONDENATÓRIO. COMPATIBILIDADE ENTRE A PRISÃO CAUTELAR E O REGIME MENOS GRAVOSO. NECESSIDADE DE ADEQUAÇÃO. HABEAS CORPUS NÃO CONHECIDO. ORDEM CONCEDIDA DE OFÍCIO. (...) V – Estabelecido na sentença condenatória o regime semiaberto para o início do cumprimento da pena, e ressalvado o entendimento pessoal deste relator, deve o paciente aguardar o trânsito em julgado de sua condenação em tal regime, compatibilizando-se a prisão cautelar com o modo de execução determinado na sentença condenatória. Habeas corpus não conhecido.

Ordem concedida, de ofício, para determinar que o paciente aguarde o trânsito em julgado da condenação no regime semiaberto, salvo se por outro motivo não estiver preso (...) Assim, na linha do que decidido pela 2ª Turma, a manutenção da prisão preventiva, própria das cautelares, representaria, em última análise, a legitimação da execução provisória da pena em regime mais gravoso do que o fixado no próprio título penal condenatório. Destarte, a violação direta e imediata ao direito de ir e vir do paciente por ilegalidade flagrante, ante a manifesta incompatibilidade entre o instituto da prisão preventiva e o regime estabelecido (semiaberto), autoriza a concessão da ordem, de pronto. 3. Isso posto, concedo a ordem a fim de revogar a prisão preventiva imposta ao paciente, à vista dos argumentos suso expendidos, determinando a imediata soltura do paciente, salvo se preso por outro motivo. (STF – Segunda Turma – HC 165.932/SP – Rel. Min. Edson Fachin – j. 11.12.2018).

15. QUESTÕES DE CONCURSOS PÚBLICOS

01. (2017 – CESPE – MPE-RR – Promotor de Justiça Substituto) Acerca do processo de execução, assinale a opção correta de acordo com o entendimento dos tribunais superiores.

(A) Em razão da vedação constitucional de imposição de pena de trabalhos forçados, a recusa injustificada de apenado a trabalho interno não constitui falta grave.

(B) O apenado que deva cumprir pena em regime aberto não poderá fazê-lo em prisão domiciliar, mesmo que não haja casa de albergado na localidade.

(C) Segundo o princípio da não culpabilidade, reconhecida falta grave decorrente do cometimento de crime doloso, o cumprimento da pena só se dará com o trânsito em julgado de sentença penal condenatória.

(D) O condenado terá direito a remir o tempo efetivamente trabalhado em domingos e feriados, mesmo que ainda não tenha a efetiva autorização do juízo ou da direção do estabelecimento prisional para esse labor.

---

02. (2017 – FCC – DPE-PR – Defensor Público) Elvira foi condenada pelo Juízo da 7ª Vara Criminal de Curitiba/PR, em 21/01/2016, à pena de três anos de reclusão, em regime inicial aberto, pelo crime de porte de arma de uso restrito ocorrido em 18/04/2015. Em 01/12/2015, Elvira foi presa em flagrante pelo crime de roubo majorado. Ela ficou custodiada por ordem do juízo da 1ª Vara Criminal de Curitiba/PR até 10/02/2016, data em que foi absolvida pelo roubo.

Considerando o caso concreto, em relação ao direito à detração penal, Elvira

(A) tem direito à detração porque o crime pelo qual foi condenada ocorreu antes da sua prisão provisória.

(B) não tem direito à detração porque o crime por qual foi condenada ocorreu antes da sua prisão provisória.

(C) não tem direito à detração porque a condenação ocorreu depois de sua prisão em flagrante.

(D) não tem direito à detração porque se trata de processos distintos, não podendo ser computado o período de prisão provisória do segundo feito no cumprimento da pena.

(E) tem direito à detração porque a condenação ocorreu depois de sua prisão em flagrante.

---

03. (2017 – FCC – DPE-PR – Defensor Público) Taís foi condenada à pena de cinco anos e quatro meses de reclusão, em regime inicial semiaberto, pela prática de roubo majorado, tendo progredido ao regime aberto. No curso da execução, porém, foi novamente presa em flagrante pela prática, em tese, do crime de furto simples. Em razão disso, foi regredida ao regime fechado, sendo determinada, ainda, a alteração da data-base para o reconhecimento do direito à progressão de regime e do direito ao livramento condicional.

Considerando o caso concreto e o entendimento jurisprudencial predominante, é

(A) lícito o julgamento procedente do incidente disciplinar de falta grave sem prévia oitiva do sentenciado se a falta grave consistir na suspeita da prática de novo crime, já com denúncia recebida pelo juízo criminal.

(B) lícita a alteração da data-base para o cálculo do livramento condicional e da progressão de regime se julgado procedente o incidente disciplinar de falta grave.

(C) ilícita a alteração da data-base para o cálculo do livramento condicional, mesmo que reconhecida a prática de falta grave.

(D) ilícita a alteração da data-base para o cálculo da progressão de regime quando a falta grave corresponde à suspeita da prática de novo crime.

(E) ilícita a regressão cautelar de regime sem a realização de audiência de justificativa.

---

04. (2017 – CESPE TJ-PR – Juiz Substituto) João, maior de setenta anos de idade ao tempo do fato, foi condenado pelo crime de estelionato à pena privativa de liberdade de quatro anos e três meses de reclusão em regime inicial semiaberto e, ainda, ao pagamento de cinquenta dias-multa, fixado o valor de um vinte avos do salário mínimo vigente.

Nessa situação hipotética, conforme o CPP,

(A) caso o presidente da República conceda a João graça parcial, o benefício não poderá ser recusado.

(B) o juiz poderá, a requerimento do réu, demonstradas as circunstâncias que o justifiquem, permitir que o pagamento da pena de multa se faça em parcelas mensais.

(C) João terá direito ao livramento condicional, preenchidos os requisitos, e somente este ou o seu advogado poderá requerê-lo ao juízo da execução penal, tendo em vista a natureza personalíssima da pena.

(D) o requisito temporal do livramento condicional será reduzido pela metade, em razão de João contar com mais de setenta anos de idade na data do fato.

---

05. (2016 – FCC – DPE-ES – Defensor Público) Sobre a remição, é correto afirmar:

(A) Para o cômputo da remição, os dias remidos devem ser considerados como pena cumprida pelo sentenciado.

(B) A remição por estudo é concedida na mesma proporção da remição pelo trabalho, ou seja, a cada dezoito horas de estudo, deve ser remido um dia de pena.

(C) É vedada a cumulação de remição por trabalho e por estudo dada a incompatibilidade resultante da quantidade de horas diárias necessárias para remir por cada atividade.

(D) A remição por estudo é cabível nos três regimes de cumprimento de pena, sendo vedado apenas no livramento condicional.

(E) Em caso de falta grave, o juiz deverá revogar um terço do tempo remido, sendo vedada nova concessão de remição durante o período de cumprimento da sanção.

---

06. (2016 – FCC – DPE-ES – Defensor Público) Sobre as autorizações de saída,

(A) somente poderão ser concedidas com prazo mínimo de quarenta e cinco dias de intervalo entre uma e outra.

(B) são cabíveis apenas no regime semiaberto.

(C) a saída temporária será concedida pelo diretor do estabelecimento prisional.

(D) o lapso temporal para deferimento da saída temporária ao reincidente é de um quarto.

(E) o Decreto natalino de saída temporária é de competência exclusiva do Presidente da República.

---

07. (2016 – NUCEPE – SEJUS-PI – Agente Penitenciário) A Lei de Execução Penal estabelece que as faltas disciplinares são classificadas em leves, médias e graves. Marque a alternativa que NÃO trata de falta grave quanto ao condenado à pena privativa de liberdade:

(A) tiver de posse de aparelho celular.

(B) fugir.

(C) participar de movimento para subverter a ordem ou a disciplina.

(D) provocar acidente de trabalho.

(E) não manter sua higiene pessoal e de sua cela.

---

08. (2016 – FCC – DPE-BA – Defensor Público) No que toca à disciplina carcerária,

(A) a submissão de preso ao regime disciplinar diferenciado poderá ser determinada pelo diretor da casa prisional, em caráter emergencial e excepcional, sendo que a decisão deverá ser ratificada pelo juiz no prazo máximo de vinte e quatro horas, contadas da efetivação da medida.

(B) são vedadas, pela Lei de Execuções Penais, as sanções coletivas.

(C) depois da Constituição Federal de 1988, qualquer sanção disciplinar deve contar com homologação judicial, tendo em conta a atuação fiscalizatória do juiz.

(D) a Lei de Execuções Penais especifica de forma taxativa as faltas de natureza grave e média, sendo que remete ao legislador local a especificação das faltas de caráter leve.

(E) a autoridade administrativa poderá decretar o isolamento preventivo do faltoso pelo prazo de até vinte dias.

---

09. (2016 – FCC – DPE-BA – Defensor Público) Sobre os incidentes de execução previstos na Lei de Execuções Penais,

(A) o excesso de execução ocorre quando o ato for praticado além dos limites fixados na sentença, mas não se caracteriza quando a ilegalidade decorrer de inobservância de normas regulamentares, pois nesses casos a apuração das responsabilidades ficará a cargo da autoridade administrativa.

(B) sobrevindo condenação à pena privativa de liberdade no regime semiaberto, estando em curso a execução de penas restritivas de direito, deverá o juiz automaticamente reconverter as penas alternativas em prisão, dada a natureza distinta das duas espécies de sanção.

(C) é possível, para apenados do regime aberto e com penas não superiores a três anos, desde que cumpridos os requisitos legais, a conversão da pena privativa de liberdade em pena restritiva de direito.

(D) na hipótese de sobrevir doença mental no curso da execução da pena privativa de liberdade, não poderá ser convertido referido apenamento em medida de segurança, posto se tratar de providência gravosa ao apenado, portanto impossível de ser formalizada por força da coisa julgada.

(E) o próprio sentenciado poderá suscitar o incidente de desvio de execução.

---

10. (2016 – VUNESP – TJM-SP – Juiz de Direito Substituto) A respeito da execução das penas em espécie e incidentes de execução, assinale a alternativa correta.

(A) Compete ao Juízo da Execução Penal do Estado a execução da pena imposta a sentenciado pela Justiça Federal, quando recolhido a estabelecimento sujeito à administração estadual.

(B) O livramento condicional poderá ser requerido pelo Ministério Público, em favor do sentenciado, sendo certo que as condições de admissibilidade, conveniência e oportunidade serão verificadas pelo Conselho Penitenciário, a cujo relatório ficará adstrito o Juiz.

(C) A pena de multa, não paga pelo sentenciado, será convertida em título executivo de dívida, ficando a cargo do Ministério Público propor a execução no Juízo da Execução Criminal do local em que tramitou o processo.

(D) A suspensão condicional da pena compreende, além da privativa de liberdade, as penas acessórias.

(E) A concessão do livramento condicional da pena competirá ao Juiz que proferiu a sentença condenatória.

---

11. (2015 – FGV – TJ-RO – Oficial de Justiça) Vinicius foi condenado pela prática de um crime de extorsão simples a pena de 05 anos de reclusão, a ser cumprida em regime inicial fechado, pois, apesar de, antes desses fatos, ser primário e de bons antecedentes, as circunstâncias do crime foram graves. Após cumprimento de 1/6 da pena aplicada, obteve progressão para o regime semi-aberto. Ocorre que, no cumprimento da pena, praticou falta grave, devidamente reconhecida após observância de todas as exigências legais e garantida a ampla defesa. Nesse caso, poderá o juiz da execução determinar a:

(A) regressão de regime e a interrupção do prazo para concessão do livramento condicional;

(B) regressão de regime, revogação de até 1/3 do tempo remido, mas não a interrupção do prazo para concessão do livramento condicional;

(C) interrupção do prazo para concessão do livramento condicional, mas não a regressão de regime;

(D) revogação de todo o tempo remido, a regressão de regime, mas não a interrupção do prazo para concessão do livramento condicional;

(E) revogação de até 1/3 do tempo remido, regressão de regime e a interrupção do prazo para concessão do livramento condicional.

---

12. (2015 – CESPE – TJ-DFT – Juiz de Direito Substituto) Assinale a opção correta no que se refere à execução penal.

(A) Preso provisório que cometer fato tipificado como crime doloso enquanto estiver no estabelecimento prisional poderá ser submetido a regime disciplinar diferenciado.

(B) É ato privativo do juízo da vara de execuções penais aplicar as sanções disciplinares de suspensão de direitos e de isolamento na própria cela ao condenado que cumpre pena em regime fechado.

(C) Compete ao juízo prolator da sentença decidir os incidentes de detração, remissão e suspensão condicional da pena.

(D) Ocorrendo *abolitio criminis* após o trânsito em julgado da sentença penal condenatória, caberá à vara de execuções penais competente, mediante revisão criminal, conhecer e aplicar a lei mais benéfica.

(E) É cabível recurso de agravo em execução, no prazo de dez dias, contra decisão do juízo da vara de execução penal que negou pedido de conversão de pena privativa de liberdade em restritiva de direitos.

---

13. (2015 – FAURGS – TJ-RS – Outorga de Delegação de Serviços Notoriais e Registrais – Remoção – Adaptada) Sobre as medidas de segurança, julgue o item seguinte.

Em que pese a ausência de limitação legal, o prazo máximo para cumprimento das medidas de segurança, conforme a jurisprudência do Supremo Tribunal Federal, é de 30 (trinta) anos.

---

14. (2015 – FAURGS – TJ-RS – Outorga de Delegação de Serviços Notoriais e Registrais – Remoção – Adaptada) Sobre a execução das penas privativas de liberdade, julgue o item seguinte.

No caso de revogação do livramento condicional, independentemente do seu fundamento, o período em que o liberado esteve solto não será computado para fins de cálculo da pena cumprida.

---

15. (2015 – FAURGS – TJ-RS – Outorga de Delegação de Serviços Notoriais e Registrais – Remoção – Adaptada) Sobre as medidas de segurança, julgue o item seguinte.

O exame de verificação da cessação da periculosidade do agente submetido a medida de segurança deverá ser realizado em intervalos mínimos de 6 (seis) meses.

---

16. (2015 – FAURGS – TJ-RS – Outorga de Delegação de Serviços Notoriais e Registrais – Remoção – Adaptada) Sobre a execução das penas privativas de liberdade, julgue o item seguinte.

A remição da pena é admitida apenas em decorrência da realização de atividade laboral pelo preso e será computada à razão de 1 (um) dia de pena para cada 3 (três) dias de trabalho.

17. (2015 – FUNIVERSA – PC-DF – Delegado de Polícia) Quanto à execução penal, assinale a alternativa correta.

(A) Não se admite a regressão de regime *per saltum*.

(B) Admite-se a progressão de regime *per saltum*.

(C) Se João for condenado a duzentos anos de prisão, poderá, em virtude do princípio da individualização da pena, progredir após cumprir um sexto de trinta anos, desde que os crimes não sejam hediondos e João tenha bom comportamento.

(D) Conforme o STJ, não se admite que condenado à medida de segurança cumpra tal medida por mais tempo do que a pena máxima cominada ao crime, independentemente de ter, ou não, cessado a periculosidade.

(E) Só será obrigado a cumprir três quintos da pena para progredir de regime o condenado por crime hediondo que seja reincidente específico.

18. (2015 – FCC – TJ-RR – Juiz Substituto) O trabalho é reconhecido como um dever e um direito. Nesse sentido, segundo a Lei de Execução Penal, é correto afirmar que

(A) o trabalho externo será permitido nos regimes aberto e semiaberto, sendo proibido no regime fechado.

(B) o condenado perderá sempre 1/3 dos dias remidos pelo trabalho em caso de cometimento de falta grave, desde que devidamente apurada em processo administrativo e homologada pelo juiz da execução.

(C) a remuneração deverá atender, dentre outras finalidades, as pequenas despesas pessoais do condenado.

(D) a autoridade administrativa deverá encaminhar ao juiz, semestralmente, uma cópia dos registros de todos os condenados que estejam trabalhando com informação dos dias trabalhados.

(E) o juiz, ao conceder o livramento condicional, poderá, em caráter complementar e facultativo, subordinar o livramento a obtenção de ocupação lícita pelo liberado.

19. (2015 – FGV – TJ-SC – Técnico Judiciário Auxiliar) Michael, condenado em regime fechado pela prática do crime de roubo, vinha trabalhando dentro da penitenciária de modo a garantir a remição de parte do tempo de execução da pena. Ocorre que foi punido pela prática de falta grave dentro da unidade. Diante disso, Michael:

(A) poderá ter revogado todo o tempo remido;

(B) recomeçará a contagem para remição a partir da data em que o juiz confirmar a perda dos dias remidos;

(C) poderá ter revogado até 1/3 do tempo remido;

(D) não poderá recorrer da decisão do juiz da Vara de Execuções Penais que determinar a perda dos dias remidos;

(E) poderá ter revogado até 1/2 do tempo remido.

20. (Cespe – Promotor de Justiça – MPE-AC/2014) Considerando a jurisprudência do STJ, assinale a opção correta conforme a Lei de Execução Penal.

(A) A concessão da progressão de regime prisional depende da satisfação dos requisitos objetivo – decurso do lapso temporal – e subjetivo – atestado de bom comportamento carcerário e da existência de exame criminológico favorável ao sentenciado.

(B) A gravidade abstrata do delito praticado e a extensão da pena ainda a ser cumprida não são suficientes, por si sós, para fundamentar a exigência de realização de exame criminológico.

(C) A transferência para regime menos rigoroso poderá ser determinada pelo diretor do estabelecimento prisional se o preso tiver cumprido ao menos um sexto da pena no regime anterior e apresentar bom comportamento carcerário.

(D) A denominada progressão por salto é admitida desde que o condenado tenha cumprido tempo exigido para progredir para o regime aberto.

(E) O sentenciado tem que cumprir 2/3 da pena no regime em que se encontra antes que possa ser concedida a progressão para o regime subsequente.

21. (FCC – Defensor Público – PB/2014) Segundo a Lei de Execução Penal, são órgãos da execução penal:

(A) o Conselho da Comunidade e a direção do estabelecimento prisional.

(B) a Defensoria Pública e o Patronato, mas não o Ministério Público.

(C) o Juízo da Execução Penal e o Conselho Penitenciário.

(D) o Conselho Nacional de Política Criminal e Penitenciária, mas não o Patronato.

(E) a direção do estabelecimento prisional e os Departamentos Penitenciários, mas não a Defensoria Pública.

22. (FCC – Promotor de Justiça – PA/2014) No que toca à execução penal, constitui entendimento sumulado pelos Tribunais Superiores:

(A) A frequência a curso de ensino formal é causa de remição de parte do tempo de execução apenas sob regime semiaberto.

(B) Não impede a progressão de regime de execução da pena, fixada em sentença não transitada em julgado, o fato de o réu se encontrar em prisão especial

(C) Em caso de fuga, o prazo para a contagem do prazo prescricional inicia-se da data da recaptura do réu.

(D) A pena unificada para atender ao limite de trinta anos de cumprimento é também considerada para a concessão do livramento condicional.

(E) Não se admite a aplicação de regime menos severo determinada na sentença condenatória antes do seu trânsito em julgado.

---

23. (UFG – Defensor Público – GO/2014) Nos termos da Lei nº 7.210/1984, a Defensoria Pública velará pela regular execução da pena e da medida de segurança, oficiando, no processo executivo e nos incidentes da execução, para a defesa dos necessitados em todos os graus e instâncias, de forma individual e coletiva. Incumbe, ainda, à Defensoria Pública

(A) fiscalizar a regularidade formal das guias de recolhimento e de internamento.

(B) supervisionar os patronatos, bem como a assistência aos egressos.

(C) estimular e promover a pesquisa criminológica.

(D) compor e instalar o Conselho da Comunidade.

(E) requerer a emissão anual do atestado de pena a cumprir.

---

24. (Vunesp – Defensor Público – MS/2014) A remição é instituto que se aplica

(A) apenas aos presos definitivos, excluídos os detidos por força de medidas cautelares.

(B) inclusive, durante o período em que o sentenciado esteja impossibilitado, por acidente, de prosseguir no trabalho.

(C) a presos em regime fechado ou semiaberto, não podendo dela se valer o preso que cumpre pena em regime aberto.

(D) por disposição legal, quando o sentenciado trabalha; por criação jurisprudencial não positivada, também pode diminuir a pena daquele que estuda.

---

25. (Vunesp – Defensor Público – MS/2014) Regra estabelecida pelo art. 202 da Lei de Execução Penal: salvo para instruir processo pela prática de nova infração, as anotações referentes à condenação não constarão da folha corrida, de atestados ou certidões a partir

(A) do cumprimento ou extinção da pena.

(B) de 5 (cinco) anos contados da extinção da pena.

(C) de julgado procedente o incidente de reabilitação.

(D) do início do cumprimento da pena em regime aberto.

---

26. (Delegado de Polícia Federal – Cespe – 2018) Acerca de execução penal, de crimes de abuso de autoridade, de crimes contra a criança e o adolescente e de crimes contra o Sistema Financeiro Nacional, julgue o item que se segue. Delegado da PF não poderá instaurar, de ofício, IP para apurar crime de abuso de autoridade supostamente praticado por gestor público federal que age no exercício da função. ( ) Certo ( ) Errado

---

27. (Delegado de Polícia Federal – Cespe – 2018) Em cada item a seguir, é apresentada uma situação hipotética, seguida de uma assertiva a ser julgada com base na legislação de regência e na jurisprudência dos tribunais superiores a respeito de execução penal, lei penal no tempo, concurso de crimes, crime impossível e arrependimento posterior. Diogo, condenado a sete anos e seis meses de reclusão pela prática de determinado crime, deve iniciar o cumprimento da pena no regime semiaberto. Todavia, na cidade onde se encontra, só há estabelecimento prisional adequado para a execução da pena em regime fechado. Nessa situação, o juiz poderá determinar que Diogo inicie o cumprimento da pena no regime fechado. ( ) Certo ( ) Errado

16. GABARITO ANOTADO

01 – D

Vide:

- STJ, 5ª Turma. HC 346.948-RS, Rel. Min. Reynaldo Soares da Fonseca, julgado em 21/6/2016: "A remição da pena pelo trabalho, nos termos do art. 33, c/c 126, § 1º, da LEP, é realizada à razão de um dia de pena a cada três dias de trabalho, cuja jornada diária não seja inferior a 6 nem superior a 8 horas, o que impõe, para fins de cálculo, a consideração dos dias efetivamente trabalhados, incluídos os domingos e feriados."
- Item "10.11. Remição".

02 – A

Vide:

- STJ, 5ª Turma, HC 178.894-RS, Rel. Min. Laurita Vaz, julgado em 13/11/2012 (Info 509): "É cabível a aplicação do benefício da detração penal previsto no art. 42 do CP em processos distintos, desde que o delito pelo qual o sentenciado cumpre pena tenha sido cometido antes da segregação cautelar, evitando a criação de um crédito de pena."
- Item "10.12. Detração penal".

03 – C

Vide:

- Súmula 441 do STJ.
- Item "8.8. Faltas disciplinares".

04 – B

Vide:

- Art. 169, LEP e art. 50 CP.
- Item "10.3. Pena de multa".

05 – A

Vide:

- Art. 128 da LEP.
- Item "10.11. Remição".

06 – D

Vide:

- Art. 123, II, da LEP.
- Item "10.13. Autorizações de saída".

07 – E

Vide:

- Art. 50 da LEP.
- Item "8.8. Faltas disciplinares".
- Item "8.8.1. Espécies".

08 – B

Vide:

- Art. 45, § 3º, da LEP.
- Item "8.8. Faltas disciplinares".

09 – E

Vide:

- Art. 186, III, da LEP.
- Item "10.10. Incidentes e conversões".
- Item "10.10.2. Desvio e excesso de execução".

10 – A

Vide:

- Súmula 192 do STJ.
- Item "4.2.Juízo competente".

11 – B

Vide:

- Art. 118, I, da LEP.
- Art. 127 da LEP.
- Súmula 441 do STJ.
- Item "8.8. Faltas disciplinares".

12 – A

Vide:

- Art. 52 da LEP.
- Item "8.9. Regime Disciplinar Diferenciado".

13 – C

Vide:

- (…)Esta Corte, todavia, já firmou entendimento no sentido de que o prazo máximo de duração da medida de segurança é o previsto no art. 75 do CP, ou seja, trinta anos. Precedente. (…) (STF, HC 98360)
- Item "10.4. Medida de Segurança".

14 – E

Vide:

- Art. 141 da LEP.
- Item "10.14. Livramento condicional".

15 – E

Vide:

- Art. 97, § 1º, do CP.
- Item "10.4. Medida de Segurança".

16 – E

Vide:

- Art. 126 da LEP.
- Item "10.11. Remição".

17 – D

Vide:

- Súmula 527, STJ.
- Item "10.4. Medida de Segurança".

18 – C

Vide:

- Art. 29, § 1º, "c", da LEP.
- Item "8.7. Trabalho".

19 – C

Vide:

- Art. 127 da LEP.
- Item "10.11. Remição".

20 – B

Vide:

- Art. 112
- HC nº 151.268/PR, SSTJ
- Item 10.9.1. Requisitos

21 – C

Vide:

- Art. 61, II e IV, LEP
- Item 5. Órgãos da execução penal

22 – B

Vide:

- Súmula nº 717, STF
- Item 10.9.1. Requisitos

23 – E

Vide:

- Art. 81-B, II, LEP
- Item 5. Órgãos da execução penal

24 – B

Vide:

- Art. 126, § 4º, LEP
- Item 10.11. Remição

25 – A

Vide:

- Art. 202, LEP
- Item 10.18. Extinção de punibilidade pelo cumprimento da pena

26 – CERTO

Vide:

- Lei 4.898/1965, arts. 7, 9 e 12.

27– ERRADO

Vide:

- Súmula vinculante nº. 56.
- Art. 86 da Lei nº. 7.210/1984.
- Art. 33, §2º do CP.

17. QUESTÕES DISCURSIVAS COM COMENTÁRIOS

01. (Promotor de Justiça MPE-PR – 2014 – MPE-PR) Num intervalo de três anos, por crimes praticados em 2011, 2012 e 2013, Juca Bacana foi condenado, sequencialmente, em três processos diversos (em dois deles, às sanções do artigo 157,§ 3º do Código Penal e, em outro, às do artigo 121, "caput", do Código Penal), cujas penas somadas atingiram o total de 45 (quarenta e cinco) anos de reclusão, a serem cumpridas inicialmente em regime fechado. Ocorreu a unificação das penas, em observância ao § 1º, do art. 75, do Código Penal. Supondo que Juca iniciou o cumprimento de pena hoje (06 de novembro de 2014), a partir de quando ele terá direito aos benefícios de progressão de regime e livramento condicional? Discorra fundamentadamente. (Máximo de 15 linhas)

Resposta

O espelho de correção divulgado pela banca esclareceu que, embora o enunciado indique os anos em que os crimes foram praticados, a ausência de informação sobre a data das sentenças foi proposital. A progressão de regime e o livramento condicional, assim como o crime comum (art. 121, caput) e os hediondos (art. 157,§ 3º in fine) terão tratamentos diferenciados se Juca Bacana for reincidente ou tecnicamente primário. Sendo primário, alcançará a progressão de regime para o crime previsto no artigo 121, caput, CP, após o cumprimento de 1/6 da pena, conforme o artigo 112, da Lei de Execução Penal. E, para os crimes previstos no artigo 157,§ 3º, CP, após o cumprimento de 2/5 da pena, consoante o artigo 2º, § 2º da Lei 8072/1990. Por outro lado, o livramento condicional exigirá o cumprimento de 1/3 da pena, de acordo com o artigo 83, I, do Código Penal. Sendo reincidente, a progressão de regime se dará após o cumprimento de 1/6 da pena aplicada ao homicídio (art. 112, LEP) e após 3/5 relativamente aos latrocínios (art. 2º, § 2º, II, da Lei de Crimes Hediondos). Com relação ao livramento condicional, terá de cumprir mais da metade da pena do homicídio (art. 83, II, CP) e mais de 2/3 das penas dos latrocínios. Por fim, se for reincidente especifico quanto aos crimes de latrocínio, será insuscetível de obter o benefício do livramento condicional, conforme se depreende do art. 83, V do CP.

02. (Promotor de Justiça MPE-PR – 2014 – MPE-PR) Discorra sobre indulto coletivo, contendo: a) conceituação; b) diferenciação de anistia; c) natureza da sentença que declara o indulto; d) efeito na ação de reparação de dano decorrente de ilícito penal. (Máximo de 15 linhas)

Resposta

Primeiramente, importante destacar que anistia e indulto são benefícios concedidos como decorrência da soberania estatal. O indulto coletivo é um ato de indulgência privativo e discricionário do Presidente da República, abrangendo toda ou parte da pena (comutação). Como exemplo, o indulto natalino, concedido com efeitos a partir de 25 de dezembro de cada ano. O indulto difere-se da anistia, porque esta é concedida pelo Congresso Nacional (Poder Legislativo), referindo a fatos e não a pessoas, e é geralmente motivada por considerações de ordem política (crimes político, militar e eleitoral), e extingue com efeitos retroativos todas as consequências penais, porém não os efeitos extrapenais da conduta perpetrada. Quanto à natureza da sentença de indulto, ela é declaratória, e o juiz declarará extinta a pena ou ajustará a execução penal aos termos do decreto concessivo. Por fim, destaque-se que o indulto não abrange os efeitos civis, de forma que não repercutirá sobre a ação de reparação de dano decorrente do ilícito penal.

03. (Defensor Público Estadual – PA – 2015 – FMP) Disserte sobre o regime disciplinar diferenciado (RDD), apontando seu conceito, sua aplicação e suas principais críticas.

Resposta

O Regime Disciplinar Diferenciado, instituído pela Lei 10.792/03, é uma forma de cumprimento de pena fixada em regime fechado, caracterizando-se como sanção administrativa, aplicável no âmbito da execução penal, e destinado aos presos provisórios ou condenados, nacionais ou estrangeiros, que pratiquem fato previsto como crime doloso (o que também constitui falta grave) e ocasione subversão da ordem ou disciplina internas (art. 52, caput, da Lei 7.210), bem como no caso de apresentarem alto risco para a ordem e a segurança do estabelecimento penal ou da sociedade, ou sob o qual recaiam fundadas suspeitas de envolvimento ou participação, a qualquer título, em organizações criminosas, quadrilha ou bando (§§ 1º e 2º).

Conforme se extrai dos incisos do art. 52, o RDD possui as seguintes características: I – duração máxima de trezentos e sessenta dias, sem prejuízo de repetição da sanção por nova falta grave de mesma espécie, até o limite de um sexto da pena aplicada; II – recolhimento em cela individual; III – visitas semanais de duas pessoas, sem contar as crianças, com duração de duas horas; IV – o preso terá direito à saída da cela por 2 horas diárias para banho de sol.

Sobre as críticas, importante ressaltar que parcela da doutrina sustenta a inconstitucionalidade do instituto, argumentando que se trata de modalidade de pena cruel, vedada pelo art. 5º, XLVII, da Constituição Federal, bem como por ferir a dignidade da pessoa humana, garantida pelo art. 1º, III, da CF, indo de encontro aos direitos humanos defendidos pelo art. 4º, II, da Carta Magna. O espelho de correção indicou como crítica, também, o fato do isolamento celular expor a perigo a integridade física e moral do preso (condenado ou provisório), em contrariedade à previsão do § 1º do art. 45 da LEP. Nesse sentido, constou do espelho de correção o julgamento do caso Bámaca Velásquez v. Guatemala (2000), em que a Corte Interamericana de Direitos Humanos reiterou o entendimento de que "o isolamento prolongado e a incomunicabilidade coativa a que se vê submetido a vítima representam, por si mesmos, formas de tratamento cruel, e desumano, lesivas da integridade psíquica e moral da pessoa e do direito de todo detido ao respeito devido à dignidade inerente ao ser humano. Essa incomunicabilidade produz, no preso, sofrimentos morais e perturbações psíquicas, coloca-o numa situação de particular vulnerabilidade e aumenta o risco de agressão e arbitrariedade nos centros prisionais". Critica-se, ademais, o fato de as hipóteses estabelecidas no art. 52 da LEP serem demasiadamente vagas, o que causa insegurança jurídica.

04. (Defensor Público Estadual – GO – 2014 – UFG) Leia o caso apresentado a seguir.

J. W., reincidente, praticou, em concurso material, dois crimes de homicídio qualificado, na data de 15/12/2006. A sentença que o condenou a 30 anos de reclusão, em regime inicialmente fechado, transitou em julgado em 18/03/2014. Quantos anos de pena J. W. terá que cumprir para poder progredir para o regime semiaberto? Explicite o fundamento jurisprudencial sumulado para a fixação desse quantum.

Resposta

J. W. terá que cumprir cinco anos da pena para poder progredir para o regime semiaberto, o equivalente a 1/6 da pena. Isto com base na Súmula 471, do Superior Tribunal de Justiça, que dispõe: "Os condenados por crimes hediondos ou assemelhados cometidos antes da vigência da Lei nº 11.464/2007 sujeitam-se ao disposto no art. 112 da Lei nº 7.210/1984 (Lei de Execução Penal) para a progressão de regime prisional". A Lei 11.464, que alterou a lei de crimes hediondos (Lei 8.072/90), estabelecendo que a "progressão de regime, no caso dos condenados aos crimes previstos neste artigo, dar-se-á após o cumprimento de 2/5 (dois quintos) da pena, se o apenado for primário, e de 3/5 (três quintos), se reincidente." (art. 2º, § 2º), é de 2007, posterior, portanto, a data dos fatos (15/12/2006), não se aplicando ao caso narrado, por ser mais gravosa.

05. (Promotor de Justiça/PR – 2013 – MPE/PR) Discorra sobre agravo na execução penal, abordando conceituação, cabimento, prazo e efeitos.

Resposta

Agravo na execução penal é recurso, cabível em face das decisões proferidas pelo juiz da execução penal, via de regra sem efeito suspensivo.

Conforme entendimento consolidado, inclusive na súmula 701 do STF, o prazo para interposição de agravo contra decisão do juiz da execução penal é de cinco dias.

Ressalte-se que não é mais cabível recurso em sentido estrito, previsto no art. 581 do CPP, nas matérias referentes ao processo de execução penal, tendo em visto o art. 197 da Lei de Execução Penal, legislação mais recente sobre o tema, prevendo o agravo em execução nos seguintes termos: "Das decisões proferidas pelo Juiz caberá recurso de agravo, sem efeito suspensivo."

Conforme ressaltado acima, em regra não possui efeito suspensivo. Terá efeito suspensivo, contudo, na hipótese de sentença que determina a liberação de pessoa submetida à medida de segurança de internação, nos termos do art. 179 da LEP, que autoriza a desinternação ou a liberação tão somente após o trânsito em julgado da sentença.

Quanto ao seu processamento, aplica-se o rito do recurso em sentido estrito.

06. (Defensor Público Estadual/PR – 2014 – UFPR) Em 26/02/2013, Mauro, 20 anos, primário, foi preso em flagrante pela prática dos delitos previstos nos arts. 157, § 2º, I e II (2 vezes, na forma do art. 70) e 288, todos do CP, permanecendo preso ao longo de todo o processo. Foi, enfim, condenado definitivamente à pena de 8 anos de reclusão em regime fechado em função dos referidos crimes. Em 04/07/2014, sem histórico de faltas disciplinares, Mauro formula pedido de progressão de regime perante o Juízo da Vara de Execuções Penais, pedido este instruído com a declaração de bom comportamento carcerário, assinada pelo diretor do estabelecimento. Na data de hoje, alegando demora na apreciação judicial do pleito defensivo, a família de Mauro procura você, Defensor(a) Público(a) em exercício junto à Vara de Execuções Penais, solicitando a adoção das medidas judiciais cabíveis. Na hipótese de manejo do habeas corpus para a defesa do condenado, indique: a) Qual/quais pedido(s) formularia em sede liminar? b) Quais pedidos (principal e subsidiário) formularia no mérito? A opção pelos pedidos deve ser justificada.

Resposta

O espelho de correção indicou a possibilidade de adoção de duas linhas argumentativas:

A primeira possibilidade, enfrentando-se apenas a morosidade:

Em sede liminar, requerimento de colocação, em caráter provisório, em unidade do regime semiaberto (ou mesmo regime aberto ou prisão domiciliar, em caso de falta de estabelecimento adequado) até julgamento final do habeas corpus.

Note-se que a colocação liminar, em caráter provisório, em unidade do regime semiaberto é distinta da concessão da progressão de regime em sede liminar, medida esta que poderia ser combatida sob o fundamento de confusão com o mérito;

Quanto ao mérito, requerimento de concessão da progressão diretamente pelo Tribunal de Justiça. Subsidiariamente, caso o Tribunal de Justiça entenda haver supressão de instância, que este mantenha a ordem liminar, determinando que o próprio Juízo da Vara de Execuções Penais proceda à pronta análise da Progressão de Regime.

A segunda possibilidade, enfrentando o problema de forma mais completa, além da questão da morosidade, aborda-se o regime inicial fixado, considerando a primariedade e a necessidade de prévia detração. Nesta hipótese, o regime inicial deveria ser o semiaberto, com os seguintes pedidos:

Liminarmente, a colocação provisória (até o julgamento do habeas corpus) em unidade de regime aberto ou prisão domiciliar (ou eventualmente unidade de semiaberto);

No mérito, requerimento de adequação do regime (semiaberto) e concessão da progressão ao aberto (ou domiciliar) diretamente pelo Tribunal de Justiça (caso se entenda que o atestado de comportamento carcerário torna objetiva a análise do requisito subjetivo para a progressão). Caso o Tribunal de Justiça entenda haver supressão de instância, subsidiariamente que o próprio Juízo da Vara de Execuções Penais proceda à pronta análise da Progressão de Regime ao aberto (ou prisão domiciliar) ou, subsidiariamente, progressão ao semiaberto.

07. (Agente Penitenciário – SAPeJUS-GO – 2015 – FUNIVERSA) Proclama a Lei de Execução Penal, com o objetivo, entre outros, de prevenir o crime e orientar o retorno do preso à convivência em sociedade, que a assistência ao detento e ao internado é dever do Estado, o que inclui a orientação e o apoio para reintegrá-lo à vida em liberdade. Internet: (com adaptações).

O sistema de execução penal brasileiro prevê a punição do indivíduo, bem como a sua reeducação. O indivíduo, apesar de preso, tem direito à saúde e à educação, ou seja, ao piso vital mínimo para que ele possa viver com dignidade, pois, apesar de ele ter perdido o direito à liberdade, seus demais direitos não cessam com o cumprimento da pena. Internet: (com adaptações).

Considerando que os trechos de texto acima apresentados têm caráter unicamente motivador, redija um texto dissertativo abordando o seguinte tema: O sistema prisional e o duplo objetivo da pena aplicada ao infrator da lei: punir e reintegrar à sociedade.

Resposta

O tema da dissertação é bastante aberto, permitindo abordá-lo sob diferentes perspectivas. Basicamente, a Lei 7.210, logo em seu art. 1º, dispõe que "a execução penal tem por objetivo efetivar as disposições de sentença ou decisão criminal e proporcionar condições para a harmônica integração social do condenado e do internado." Daí se extrai a conclusão de que, além de punir, a execução penal também visa, em tese, humanizar. A partir dessa constatação inicial, é possível desenvolver a dissertação analisando os mecanismos de reintegração, bem como o atual sistema carcerário.

08. (Analista – MPE-RS – 2014 – MPE-RS) Disserte sobre as diversas implicações decorrentes da fuga de detento do regime semiaberto, levando em conta os procedimentos e consequências atuais e futuros na vida do detento.

Resposta

Primeiramente, para o "reconhecimento da prática de falta disciplinar no âmbito da execução penal, é impres-

cindível a instauração de procedimento administrativo pelo diretor do estabelecimento prisional, assegurado o direito de defesa, a ser realizado por advogado constituído ou defensor público nomeado", a teor da súmula 533 do STJ. Assim, uma vez praticada a falta disciplinar, deverá ser instaurado o procedimento para sua apuração, nos termos do art. 59 da LEP.

Note-se que, configurada a falta grave, a autoridade representará ao juiz da execução, para a aplicação das penalidades dela decorrentes, ou seja, deve ser feita através de pronunciamento judicial (reserva de jurisdição). As consequências decorrentes da fuga serão a regressão de regime, acarretando a modificação da data-base e o início de nova contagem do lapso necessário para o preenchimento do requisito objetivo, devendo ser considerado como novo termo a quo do período aquisitivo a data da recaptura do apenado, por se tratar de infração disciplinar de natureza permanente; perda de até 1/3 dos dias remidos; interferência na concessão de benefícios (mudança de regime; indulto/comutação de pena; saídas temporárias).

Frise-se que será preservada a contagem temporal para obtenção do benefício do livramento condicional (súmula 441 do STJ), bem como não haverá interrupção do prazo para fim de comutação de pena ou indulto (súmula 535 do STJ).

Para atacar a decisão do juiz da execução penal, será cabível o agravo em execução, nos termos do art. 197 da LEP.

---

09. (Analista – TJGO – 2007 – TJGO) Quais são as espécies de pena privativa de liberdade?

Resposta

As espécies de pena privativa de liberdade, segundo o art. 33 do CP, são a reclusão e a detenção. A principal diferença entre elas diz respeito aos limites deferidos ao juiz para a fixação do regime de cumprimento de pena. Quanto à pena de reclusão, deve ser cumprida em regime fechado, semiaberto e aberto, sendo certo que a pena pode ser iniciada em qualquer um dos regimes. Por outro lado, a pena de detenção poderá ser iniciada tão somente nos regimes semiaberto ou aberto, salvo necessidade de transferência a regime fechado.

---

10. (Delegado – BA – 2013 – CESPE) Antônio foi condenado a cumprir pena em regime semiaberto e, após o trânsito em julgado da sentença que determinou o imediato cumprimento da pena, foi encaminhado a uma cadeia pública pelo delegado responsável, sob o argumento de que não havia vaga disponível no estabelecimento apropriado ao cumprimento do regime semiaberto. Interpelado pela defesa do condenado, o delegado informou que, assim que surgisse uma vaga, Antônio seria imediatamente transferido da cadeia pública para o estabelecimento apropriado. Em face dessa situação hipotética, esclareça, de forma justificada, com base na legislação e na jurisprudência, se a conduta do delegado foi adequada e se violou algum preceito constitucional. Aponte, ainda, o que deveria ter sido feito quanto ao cumprimento da pena.

Resposta

A conduta do delegado foi inadequada. Com efeito, a jurisprudência tem entendido que não havendo vaga no regime fixado na sentença, deve ser permitido ao acusado cumprir a pena em regime mais benéfico. No caso, não havendo vaga no estabelecimento adequado para cumprimento da pena em regime semiaberto, ao acusado deve ser concedida a possibilidade de cumprimento de pena em regime aberto ou em prisão domiciliar, até o surgimento da vaga. Considera-se, inclusive, constrangimento ilegal a permanência de condenado em regime prisional mais gravoso do que aquele fixado na sentença ou depois que lhe foi concedida a progressão para o regime mais brando. Conforme indicado na resposta padrão disponibilizada, um dos dispositivos constitucionais violados na situação foi o art. 5º, XLVIII, que determina que a pena deve ser cumprida em estabelecimentos distintos, de acordo com a natureza do delito, a idade e o sexo do apenado.

---

11. (CESPE – Promotor de Justiça – ES/2010) Bruno, oficial da polícia militar do estado do Espírito Santo, foi condenado à pena privativa de liberdade por três anos de reclusão pelo delito de peculato, cuja sentença penal condenatória transitou em julgado, tendo-lhe sido fixado o regime inicial aberto, na forma do Código Penal comum. O referido oficial encontra-se custodiado no batalhão motorizado da capital, por força da prisão preventiva, ocorrida há mais de seis meses, enquanto aguarda o desfecho do procedimento de declaração de indignidade para o oficialato.

Com referência à situação hipotética acima e com base no direito penal militar, no direito processual penal militar e na execução penal, redija um texto dissertativo, de forma fundamentada, abordando, necessariamente, os seguintes aspectos:

- cumprimento do regime prisional fixado na sentença e estabelecimento prisional;
- juízo competente para conhecer, processar e julgar os incidentes na execução penal;
- progressão de regime prisional e seus lapsos temporais;
- possibilidade do livramento condicional.

Resposta

Nos termos do art. 61, do Código Penal Militar, a pena privativa da liberdade por mais de 2 (dois) anos, aplicada a militar, é cumprida em estabelecimento prisional militar e, na falta deste, em estabelecimento prisional civil, ficando o recluso ou detento sujeito ao regime conforme a legislação penal comum, de cujos benefícios e concessões, também, poderá gozar.

Tendo sido fixada a pena em três anos de reclusão, enquanto mantiver a qualidade de militar, deve o apenado Bruno, cumprir a pena em estabelecimento prisional militar, caso exista disponível. Apenas quando não houver é que a pena poderá ser cumprida em estabelecimento prisional comum.

Note-se que penitenciária se distingue de cadeia pública, porquanto esta se destina ao preso provisório, enquanto aquela para presos definitivos que cumprem pena de reclusão em regime fechado.

Vale observar que a condenação referida na questão foi fixada pela Justiça Comum. No entanto, a condição de militar assegura cumprimento de pena em estabelecimento prisional militar, enquanto se mantiver no posto.

Caso o oficial aludido seja julgado indigno do oficialato – sanção de competência da Justiça Militar – e perca o status militar, cumprirá a pena em estabelecimento prisional não militar.

Por outro lado, na falta de estabelecimento prisional militar adequado, tem-se entendido possível o cumprimento em quartel, tal como se dá com as regras de prisão especial para o militar.

A espécie de estabelecimento prisional variará de acordo com a pena fixada.

O regime de pena que, em regra, é fixado para o caso de condenação penal a três anos é o aberto, a teor do art. 33, § 2º, "c", que dispõe que o condenado não reincidente, cuja pena seja igual ou inferior a quatro anos, poderá, desde o início, cumpri-la em regime aberto. Para o regime aberto, o estabelecimento adequado é a chamada casa de albergado ou outro adequado.

Caso seja a pena superior a quatro e não excedente a 8, com imposição do regime semiaberto, o estabelecimento será colônia agrícola, industrial ou similar.

Sendo a pena superior a 8 anos, com regime fechado, o estabelecimento será a penitenciária (estabelecimento de segurança máxima ou média).

É possível, desde que haja justificativa plausível, que o juiz estabeleça regime mais gravoso, diante do caso concreto (precedentes do STF e do STJ). Como a questão narra que o oficial se encontrava preso preventivamente, pode-se argumentar a necessidade de regime incialmente fechado.

O juízo competente para autorizar, conhecer e julgar os incidentes da execução penal é o juízo da execução penal, responsável jurisdicional e administrativamente pelo estabelecimento prisional.

A regra de progressão de regime aplicada é a do art. 112, da LEP. Não há indeclinabilidade de exame criminológico, bastando o cumprimento do requisito temporal e bom comportamento carcerário. Com efeito, a pena privativa de liberdade será executada em forma progressiva com a transferência para regime menos rigoroso, a ser determinada pelo juiz, quando o preso tiver cumprido ao menos um sexto da pena no regime anterior e ostentar bom comportamento carcerário, comprovado pelo diretor do estabelecimento, respeitadas as normas que vedam a progressão.

O delito em que incurso o condenado não é hediondo. Caso fosse, haveria incidência do § 2º, do art. 2º, da Lei nº 8.072/1990, que estatui que a progressão de regime acontecerá após o cumprimento de dois quintos da pena, se o apenado for primário, e de três quintos, se reincidente (redação conferida pela Lei nº 11.464/2007).

É admissível, em tese a concessão de livramento condicional ao sentenciado em tela, considerando que a pena privativa de liberdade é superior a 2 (dois) anos, desde que: **(1)** *cumprida mais de um terço da pena se o condenado não for reincidente em crime doloso e tiver bons antecedentes;* **(2)** *cumprida mais da metade se o condenado for reincidente em crime doloso;* **(3)** *comprovado comportamento satisfatório durante a execução da pena, bom desempenho no trabalho que lhe foi atribuído e aptidão para prover à própria subsistência mediante trabalho honesto;* **(4)** *tenha reparado, salvo efetiva impossibilidade de fazê-lo, o dano causado pela infração;* **(5)** *cumprido mais de dois terços da pena, nos casos de condenação por crime hediondo, prática da tortura, tráfico ilícito de entorpecentes e drogas afins, e terrorismo, se o apenado não for reincidente específico em crimes dessa natureza.*

O Código Penal, no parágrafo único, do seu art. 83, impõe mais uma restrição ao livramento condicional para o condenado por crime doloso, cometido com violência ou grave ameaça à pessoa, a concessão do livramento ficará também subordinada à constatação de condições pessoais que façam presumir que o liberado não voltará a delinquir.

---

12. (MPE-MS – Promotor de Justiça – MS/2007) Com base no julgado proferido pelo E. Supremo Tribunal Federal, no HC nº 82.959-7 – São Paulo, relator Min. MARCO AURÉLIO – conforme reprodução abaixo; explique qual a situação daqueles que se encontravam condenados em crimes hediondos, na época do julgado, e a situação daqueles que vieram a ser condenados após o mesmo, no que concerne à execução da pena.

PENA – REGIME DE CUMPRIMENTO – PROGRESSÃO – RAZÃO DE SER.

A progressão no regime de cumprimento da pena, nas espécies fechado, semiaberto e aberto, tem como razão maior a ressocialização do preso que, mais dia ou menos dia, voltará ao convívio social.

PENA – CRIMES HEDIONDOS – REGIME DE CUMPRIMENTO – PROGRESSÃO – ÓBICE – ARTIGO 2º, § 1º, DA LEI Nº 8.072/90 – INCONSTITUCIONALIDADE – EVOLUÇÃO JURISPRUDENCIAL.

Conflita com a garantia da individualização da pena – artigo 5º, inciso XLVI, da Constituição Federal – a imposição, mediante norma, do cumprimento da pena em regime integralmente fechado. Nova inteligência do princípio da individualização da pena, em evolução jurisprudencial, assentada a inconstitucionalidade do artigo 2º, § 1º, da Lei nº 8.072/90.

ACÓRDÃO

Vistos, relatados e discutidos estes autos, acordam os ministros do Supremo Tribunal Federal, em sessão plenária, sob a presidência do ministro Nelson Jobim, na conformidade da ata do julgamento e das notas taquigráficas, por maioria, em deferir o pedido de *habeas corpus* e declarar, *incidenter tantum*, a inconstitucionalidade do § 1º do artigo 2º da Lei nº 8.072, de 25 de julho de 1990, nos termos do voto do relator, vencidos os ministros Carlos Velloso, Joaquim Barbosa, Ellen Gracie, Celso de Mello e Nelson Jobim, Presidente. O Tribunal, por votação unânime, explicitou que a declaração incidental de inconstitucionalidade do preceito legal em questão não gerará consequências jurídicas com relação às penas já extintas nesta data, pois esta decisão plenária envolve, unicamente, o afastamento do óbice representado pela norma ora declarada inconstitucional, sem prejuízo da apreciação, caso a caso, pelo magistrado competente, dos demais requisitos pertinentes ao reconhecimento da possibilidade de progressão.

Brasília, 23 de fevereiro de 2006.

MARCO AURÉLIO – RELATOR

Resposta

A questão tem por objeto a redação original do § 1º, do art. 2º, da Lei nº 8.072/1990, que dizia que as penas dos delitos catalogados naquele diploma legal deveriam ser cumpridas no regime integralmente fechado. Isso porque o STF se pronunciava, até o advento do julgado transcrito, pela constitucionalidade do dispositivo referido que, por ter natureza penal (material, substancial), só se aplicava aos fatos ocorridos depois de sua vigência.

De tal sorte, para os apenados por delitos hediondos, havia regra que impunha o regime fechado integral, sem prejuízo da possibilidade de concessão de livramento condicional após alçar 2/3 da pena cumprida.

Com o novel entendimento do STF, declarando a inconstitucionalidade daquele enunciado, todos os condenados por crime hediondo passaram a ter direito à progressão de regime, a razão de um sexto da pena cumprida sob o regime anterior, fato que tornou possível a progressão tanto para os que ainda estavam cumprindo pena, quanto para os que passaram a ser condenados a partir daquela data.

Para a progressão de regime, aplica-se o art. 112, da LEP. Não há obrigatoriedade de exame criminológico, bastando o cumprimento do requisito temporal e bom comportamento carcerário.

Após o julgado paradigma examinado, foi promulgada a Lei nº 11.464/2007, estabelecendo regras de progressão de regime mais rígidas restritas aos crimes hediondos e equiparados. Foi, então, conferida nova redação ao § 2º, do art. 2º, da Lei nº 8.072/1990, que estatui que a progressão de regime acontecerá após o cumprimento de dois quintos da pena, se o apenado for primário, e de três quintos, se reincidente (redação conferida pela Lei nº 11.464/2007).

Como a modificação repercute na esfera penal material que impõe irretroatividade, somente deve ser concretizada para os fatos ocorridos após a data de sua vigência.

Daí que, atualmente, quanto aos condenados por crimes hediondos e equiparados, temos:

a) *a progressão de regime irrestrita, nos mesmo moldes dos demais crimes (progressão à base de um sexto da pena), aplicável aos fatos ocorridos anteriormente à vigência da Lei nº 11.464/2007;*

b) *a progressão de regime mais estreita, para os crimes hediondos, à base de dois quintos (agente primário) ou de três quintos (se reincidente), incidente para os delitos ocorridos depois da produção de efeitos da Lei nº 11.464/2007.*

13. (MPE-SP – Promotor de Justiça – SP/2010) Em que hipóteses a Lei de Execução Penal admite a regressão de regime prisional do condenado a pena privativa de liberdade?

Resposta

A regra de progressão de regime aplicada é a do art. 112, da LEP, sem necessidade de exame criminológico, bastando o cumprimento do requisito temporal e bom comportamento carcerário. Com efeito, a pena privativa de liberdade será executada em forma progressiva com a transferência para regime menos rigoroso, a ser determinada pelo juiz, quando o preso tiver cumprido ao menos um sexto da pena no regime anterior e ostentar bom comportamento carcerário, comprovado pelo diretor do estabelecimento, respeitadas as normas que vedam a progressão.

Observe-se que a questão pede do candidato a regra de progressão para os crimes não hediondos, haja vista que o dispositivo que assegura progressão mais estreita para esses tipos de crimes (e equiparados) está assentado na Lei nº 8.072/1990.

14. (MPE-SC – Promotor de Justiça – SC/2007) Com fundamento nos artigos 5º, XII da Constituição Federal e 41, XV da Lei de Execução Penal, Joaquim dos Anzóis, preso definitivo, requer ao Juízo da Execução Penal que a Administração Prisional se abstenha da inspeção e leitura da sua correspondência pessoal. O Juiz oferece "vista" ao Ministério Público. Apresente sua manifestação sobre o caso, imaginando-se o Promotor de Justiça com atribuição na Execução Penal.

Resposta

O art. 5º, XII, CF, trata da inviolabilidade do sigilo das correspondências, enquanto o art. 41 descreve como direito do preso o contato com o mundo exterior por meio de correspondência escrita, da leitura e de outros meios de informação que não comprometam a moral e os bons costumes. A fundamentação da questão deve se lastrear na ideia de que nenhum direito fundamental deve ser compreendido como absoluto, tendo cabimento invocar regra de proporcionalidade quando se estiver diante de colisão entre princípios igualmente constitucionais. Nessa senda, o STF declarou possível, em situação excepcional devidamente justificada, a violação da correspondência dos presidiários pela administração penitenciária, sob o fundamento de que o direito ao sigilo não pode ser invocado para o cometimento de infrações penais por parte daquele que está cumprindo pena.

15. (MPE-PR – Promotor de Justiça – PR/2008) (máximo de 10 linhas).

É possível a progressão do regime prisional fechado diretamente para o regime prisional aberto? Justifique.

Resposta

O STJ pacificou o entendimento de que não é possível a progressão de regime per saltum, ou seja, não se permite que o apenado que cumpre pena em regime fechado progrida diretamente para o regime aberto, em virtude do que preconizam os artigos 112 e 122, da Lei de Execução Penal (Súmula 491, STJ).

Posiciona-se assim pela necessidade do cumprimento de pena pelo tempo necessário no regime intermediário para que haja a progressão. Também o STF adota essa mesma corrente.

Doutrinariamente, entendemos possível a progressão por salto especialmente quando haja demora injustificada em conceder a progressão para o regime intermediário, prejudicando o apenado com a mora processual.

Note-se que, na fixação da pena (aplicada na sentença), pode o juiz aplicar regime mais ou menos gravoso que o previsto na norma penal, desde que seja motivada a decisão suficientemente. Não se confunde esta hipótese, com aquela da progressão per saltum adotada pelos tribunais.

16. (MPE-PR – Promotor de Justiça – PR/2012) (máximo de 20 linhas). Jurandir Soares, cumprindo pena privativa de liberdade de 07 (sete) anos e 04 (quatro) meses de reclusão, em regime semiaberto, observados os requisitos insculpidos no art. 123, da Lei de Execução Penal (Lei nº 7.210/84), obtém do juízo da execução, em contrariedade a manifestação lançada nos autos pelo Ministério Público, autorização de saída temporária para estar junto à sua família nas festividades do Natal ao Ano Novo, sendo estipulado pela decisão, de modo expresso, o prazo do benefício como sendo do dia 24 de dezembro até o dia 03 de janeiro.

Indaga-se:

(A) Por quais razões fáticas e legais, ainda que omissas na hipótese acima, o Ministério Público pode ter lançado manifestação pelo indeferimento do pleito, se estavam cumpridos os requisitos do art. 123, da Lei de regência? Indique os dispositivos legais aplicáveis à espécie.

(B) Quais os incidentes processuais adequados e cabíveis a serem propostos pelo Ministério Público após a ciência da decisão concessiva? O candidato deve nominar corretamente as medidas.

(C) Tendo havido assistente de acusação no processo de conhecimento, teria este legitimidade para a propositura de incidentes de execução? Justifique a resposta.

(D) Após as decisões dos eventuais incidentes, qual o recurso cabível destas decisões proferidas pelo juízo da execução e qual o prazo recursal?

Resposta

(A) Os requisitos do art. 123, CPP, não são taxativos. Basta imaginar o justo receio de fuga, verificado concretamente, para se argumentar pela inadmissibilidade do benefício. Ademais, o inciso III, do art. 123, da Lei de Execução Penal, traz um requisito aberto consistente em compatibilidade do benefício com os objetivos da pena. Desse modo, o indeferimento de saída extramuros, na linha do STF, pode se fundamentar tanto no perigo de fuga, como em outros análogos à decretação da prisão preventiva, mormente quando o crime envolve violência ou grave ameaça à pessoa e/ou grande tempo de pena por cumprir. Tais circunstâncias, para a Corte Suprema, são incompatíveis com os objetivos da pena, bem como com a concessão prematura de benefícios da execução penal.

(B) Pode o MP requerer instauração de incidente em execução penal para comprovar a não satisfação de requisitos que não estejam expressamente em lei, diante das condições pessoais do agente. Vislumbramos a possibilidade de impetração de mandado de segurança – providência útil e mais célere que o recurso de agravo em execução (art. 197, LEP) – para que se atribua imediato efeito suspensivo à decisão permissiva da saída temporária. O cabimento do mandado de segurança decorre dos termos vazados na nova Lei que o regulamenta.

(C) A execução penal, de natureza administrativo--jurisdicional não comporta a figura do assistente do MP. Trata-se de manifestação direta do jus puniendi que não justifica a outorga de legitimidade ao assistente. Ademais,

não há previsão legal para essa atuação anômala em sede de execução penal. O STJ, aliás, restringe sua atuação aos casos expressamente gizados em lei, a exemplo do art. 271, CPP. No caso da LEP, não há previsão legal para a intervenção do assistente do MP, valendo notar os legitimados para pleitear incidentes de execução no seu art. 186. Todavia, há uma tendência de se ampliar os poderes do assistente, autorizando-o a apresentar recursos para agravar penas e recursos contra revogação de prisão preventiva, notadamente no processo penal condenatório (de conhecimento). Contudo, em sede de execução penal, dada as peculiaridades deste procedimento, não se admite o ingresso do assistente da acusação. Da mesma maneira, incompatível logicamente seu ingresso na fase de investigação preliminar.

(D) Contra as decisões dos incidentes no processo de execução penal, é cabível o agravo em execução (art. 197, LEP), com rito de processamento do recurso em sentido estrito (art. 581 e seguintes do CPP).

---

17. (MPE-PR – Promotor de Justiça – PR/2012) (máximo de 15 linhas). O que se deve entender por falta grave para autorizar pedido de regressão de regime a ser formulado pelo Ministério Público e quais outros eventuais efeitos que ela pode ocasionar no curso da execução penal?

Resposta

O art. 118, I, da LEP, prevê a regressão de regime de pena quando o apenado praticar fato definido como crime doloso ou falta grave.

O parágrafo único, do art. 49, da Lei de Execução Penal, estabelece que a tentativa de falta é punida nos mesmos termos que a falta consumada.

Quanto à definição do que seja falta grave, os artigos 50, 51 e 52, dessa Lei, informam seus contornos, assim considerando as seguintes condutas relativas ao apenado preso, sob regime aberto, semiaberto ou fechado: (1) incitar ou participar de movimento para subverter a ordem ou a disciplina; (2) fugir; (3) possuir, indevidamente, instrumento capaz de ofender a integridade física de outrem; (4) provocar acidente de trabalho; (5) descumprir, no regime aberto, as condições impostas; (6) inobservar o dever de obediência ao servidor e respeito a qualquer pessoa com quem deva relacionar-se; (7) não observar o dever de executar trabalho, tarefas e ordens recebidas; e (8) tiver em sua posse, utilizar ou fornecer aparelho telefônico, de rádio ou similar, que permita a comunicação com outros presos ou com o ambiente externo.

No que toca ao apenado que cumpre pena em liberdade (pena restritiva de direitos), justificará pedido de regressão dessa forma de cumprimento de pena para pena privativa de liberdade, o fato do sentenciado: (1) descumprir, injustificadamente, a restrição imposta; (2) retardar, injustificadamente, o cumprimento da obrigação imposta; (3) inobservar o dever de obediência ao servidor e respeito a qualquer pessoa com quem deva relacionar-se; (4) não observar o dever de executar trabalho, tarefas e ordens recebidas.

Considera-se falta grave ainda a prática de fato definido como crime doloso. Caso esse fato ocasione subversão da ordem e disciplinas internas, sujeita o preso provisório, ou condenado, sem prejuízo da sanção penal, ao regime disciplinar diferenciado, com características mais rigorosas.

Vale frisar que, para que haja decisão de regressão de regime, deve ser oportunizado o contraditório, ouvindo-se a defesa do apenado e o Ministério Público (art. 146-C, parágrafo único, LEP).

---

18. (MPE-SC – Promotor de Justiça – SC/2007) Leônidas Tigre Figueira foi condenado em três processos diversos (dois furtos simples – art. 155, *caput* e um roubo – art. 157, *caput*, ambos do Código Penal). Num dos furtos, seu regime de cumprimento de pena foi o aberto, no outro o semiaberto e no roubo, o fechado. Suas penas foram: um ano de reclusão para um dos furtos, um ano e seis meses de reclusão para o segundo furto e quatro anos de reclusão para o roubo. Já recolhido ao presídio por força de custódia cautelar (preventiva), argumentando "bom comportamento carcerário", pede ao Juízo da Execução Penal seja definido seu regime de cumprimento de pena, pleiteando ainda progressão para o "regime aberto", vez que se encontra preso há mais de um ano e dois meses. Pergunta-se: o direito socorre tal pretensão? (justifique a resposta, indicando a solução para o caso).

Resposta

As penas devem ser unificadas conforme art. 66, III, "a", LEP. Somam, ao todo, seis anos e seis meses de reclusão. Um ano e dois meses corresponde a mais de um sexto da pena. A progressão de regime, como vimos, nao pode ser admitida per saltum. Porém, no caso em tela, o apenado já se encontrava recolhido, sob regime análogo ao fechado (prisão preventiva). De tal modo, comprovado o bom comportamento carcerário e implementado o requisito temporal, pode o pleito ser deferido, a teor do art. 112, LEP.

O art. 387, § 2º, admite a progressão de regime com cômputo do tempo de prisão provisória, de prisão administrativa ou de internação, no Brasil ou no estrangeiro, para fins de determinação do regime inicial de pena privativa de liberdade. A Súmula 716, do STF, chancela essa possibilidade.

---

19. (MPE-MS – Promotor de Justiça – MS/2011) O Supremo Tribunal Federal, em sua evolução jurisprudencial, vem dando, paulatinamente, concreção aos princípios e direitos fundamentais abrigados na denominada Constituição-cidadã, que veio a lume em 1988, dentre os quais figura com destaque a ideia de que a liberdade é a regra básica sobre a qual se assenta a convivência social, representando a prisão uma exceção. Assim, a obrigatoriedade do recolhimento à prisão antes do trânsito em julgado constitui medida excepcional, cuja efetivação subordina-se ao prudente arbítrio do magistrado, ao qual, todavia, só é lícito decretá-la quando as circunstâncias do caso concreto assim o exigirem (STF. HC 91.676-7/RJ).

A Lei nº. 12.403, de 04 de maio de 2011, que conferiu nova redação ao art. 310, do Código de Processo Penal, disciplina que ao receber o auto de prisão em flagrante o magistrado deverá se manifestar fundamentadamente sobre a prisão da qual está sendo comunicado. De outro tanto, admite-se a progressão de regime de cumprimento da pena ou a aplicação imediata de regime menos severo nela determinada, antes do trânsito em julgado da sentença condenatória (STF, Súmula 716).

A par dos precitados posicionamentos discorra sobre a "execução provisória" da pena. (Extensão máxima: 20 linhas)

Resposta

O STF definiu que não é admitida "execução provisória" da pena. O que há é a possibilidade de prisão provisória antes do trânsito em julgado, com a incidência dos benefícios da LEP, eis que esta expressamente declara se aplicar aos presos provisórios, naquilo que for compatível.

Em outros termos, não se admite que, só por força da condenação ainda não transitada em julgado, se tenha título hábil para determinar a prisão imediata do sentenciado. Não há mais, assim, a antiga "prisão decorrente de sentença condenatória recorrível". Também caiu a necessidade de se recolher à prisão para apelar, bem como a inadmissibilidade do recurso em razão de deserção pela fuga do acusado.

Prestigia-se, dessa forma, o princípio do estado de inocência, bem como o sistema acusatório.

O candidato deve relacionar essas regras com o art. 310, CPP (redação dada pela Lei nº 12.403/2011), com ênfase no princípio da homogeneidade entre providências executivas e aquelas ditas cautelares. A interpretação das regras que conduzem à aplicação de benefícios em sede provisória (processual, cautelar) decorre da verificação de qual restrição final será aplicada ao réu, quando iniciada a execução penal após o trânsito em julgado da sentença penal condenatória. Não se deve admitir, de tal maneira, que a medida cautelar imposta seja, em tese, mais gravosa que a pena que será imposta ao apenado ao cabo do processo de conhecimento.

---

20. (CESPE – Promotor de Justiça – TO/2012) Vítor, condenado em 2/10/06, por crime de roubo, cumpre, agora, pena total de vinte anos, nove meses e vinte dias de reclusão, em regime inicialmente fechado, em razão da prática de homicídio qualificado cometido em 1º/2/08.

Seu advogado requereu a progressão de regime. O juiz da execução, então, determinou, de forma fundamentada, como medida prévia à avaliação para progressão de regime, a realização de exame criminológico, que foi favorável ao condenado. A despeito disso, o juiz indeferiu o pedido, nos seguintes termos: "De acordo com os assentamentos carcerários e as informações acostados aos autos, o apenado foi preso em 19/7/2008; evadiu-se em 14/8/2008; foi preso em novamente em 25/5/2009; empreendeu nova fuga em 14/12/2009; sendo, por fim, preso em 30/4/2010. No que diz respeito ao seu histórico carcerário, durante a execução da pena, requisito de ordem subjetiva, essencial para obtenção do direito à progressão de regime, os autos demonstram que o réu evadiu-se quando cumpria pena, demonstrando, assim, que não tem boa conduta carcerária."

Diante disso, a defesa recorreu, alegando que Vítor preenchia o requisito subjetivo para progressão de regime, uma vez que o exame criminológico fora-lhe favorável. Aduziu, ainda, que não se poderia exigir, no caso, o cumprimento de três quintos da pena, pois Vítor, embora fosse reincidente, não era reincidente específico.

Com base na situação hipotética acima apresentada, responda, com fundamento na jurisprudência do STJ e do STF, aos seguintes questionamentos.

- Agiu legalmente o juiz ao exigir a realização do exame criminológico?
- O resultado do exame criminológico vincula o juiz?
- Procede, considerando-se o disposto na Lei dos Crimes Hediondos, o argumento da defesa a respeito da reincidência específica?
- Quais requisitos Vítor deve preencher para ter direito à progressão de regime?

Resposta

Não agiu corretamente o juiz ao exigir o exame criminológico, diante da atual redação do art. 112, da Lei de Execução Penal.

O resultado do exame criminológico não vincula o magistrado (perito dos peritos). Aliás, também o atestado de bom comportamento não obriga que o juiz fique a ele adstrito.

Não procede a alegação de necessidade de reincidência específica em crime hediondo para fins de progressão de regime de pena, ex vi do art. 2º, § 2º, da Lei nº 8.072/1990 (redação dada pela Lei nº 11.464/2007). A vedação legal em razão de reincidência específica nesse tipo de crime é dirigida apenas à concessão de livramento condicional, na forma do art. 83, V, do CP, com texto conferido pela Lei nº 11.464/2007.

Os requisitos que Vitor deve preencher são, em suma, dois, consoante aponta o art. 112. LEP: um temporal (três quintos da pena aplicada, em razão de ser apenado reincidente) e outro comportamental (boa conduta carcerária, atestada pelo diretor do estabelecimento prisional).

---

21. (TJ-GO – Juiz de Direito – GO/2012) No que tange à prisão domiciliar e ao preso provisório em regime domiciliar, pontue o reflexo ocorrido, em comum, na seara da Lei de Execução Penal (LEP) e na seara da *persecutio criminis* – Código de Processo Penal (CPP), após as inovações trazidas pela Lei nº 12.258/2010 e 12.403/2011, respectivamente.

Resposta

O art. 146-B, da Lei de Execução Penal, com redação conferida pela Lei nº 12.258/2010, passou a prever a possibilidade de monitoração eletrônica de quem estar cumprindo prisão albergue domiciliar em sede de execução penal.

Em sentido análogo, a Lei nº 12.403/2011, estabeleceu tanto a possibilidade de recolhimento domiciliar noturno (art. 319, V, CPP) e de monitoração eletrônica (art. 319, IX, CPP), quanto a substituição da prisão preventiva pela prisão domiciliar cautelar, estabelecendo requisitos mais exigentes que a Lei de Execução Penal.

Note-se que há similaridade entre a possibilidade de monitoração eletrônica – seja como providência cautelar, seja como medida de execução penal – e entre a prisão domiciliar (cautelar ou albergue de execução penal).

A distinção ficou por conta dos requisitos de uma e de outra.

Tratando-se de prisão domiciliar cautelar substitutiva da prisão preventiva, o legislador impõe, conforme o art. 318, do CPP, que o agente, preso provisório, esteja em uma dessas situações, mediante prova idônea exigida pelo juiz: (1) maior de oitenta anos; (2) extremamente debilitado por motivo de doença grave; (3) imprescindível aos cuidados especiais de pessoa menor de seis anos de idade ou com deficiência; ou (4) gestante a partir do sétimo mês de gravidez ou sendo esta de alto risco.

Cuidando-se de prisão albergue domiciliar, aplicável é o art. 117, da Lei de Execução Penal, impondo-se, para a sua admissão, que o condenado, beneficiário de regime aberto em residência particular, seja: (1) maior de setenta anos; (2) acometido de doença grave; (3) pessoa com filho menor ou deficiente físico ou mental; ou (4) condenada gestante. Como se depreende, sendo pessoa apenada, o juízo de execução penal tem maior dose de discricionariedade para conceder a benesse. Podemos dizer que estamos diante de cânones interpretativos que devem orientar a fundamentação da concessão da prisão albergue domiciliar. Pensamos que os requisitos mais rigorosos, no ponto, lançados pelo legislador da Lei nº 12.403/2011, são restritos à fase cautelar, não se aplicando à fase de execução penal, em razão das peculiaridades que incidem para o preso definitivo.

Bibliografia

ADEODATO, João Maurício. *Uma teoria retórica da norma jurídica e do direito subjetivo*. São Paulo: Noeses, 2011.

ALENCAR, Rosmar Rodrigues. *Teoria da nulidade no processo penal*. São Paulo: Noeses, 2016.

_______. Limites jurídicos da delação premiada e a necessidade de controle recursal contra a sentença homologatória. In: *Justiça federal*: estudos em homenagem aos 45 anos da AJUFE. Roberto Carvalho Veloso; Fernando Quadros da Silva (orgs.). Belo Horizonte: D'Plácido, 2017. p.289-311.

______. Requisitos da prova pericial em matéria criminal. *Revista brasileira de ciências criminais*, São Paulo, a.25, n.136, p.205-234, out. 2017._______. *Efeito vinculante e concretização do direito*. Porto Alegre: Sergio Antonio Fabris, 2009.

_______. *Preclusão da decisão desclassificatória no rito do júri*: (im)possibilidade de arguição de conflito de competência. Porto Alegre: Sergio Antonio Fabris, 2006.

_______. Individualização da pena e controle de constitucionalidade. In: *Direitos fundamentais na Constituição de 1988*: estudos comemorativos aos seus vinte anos. Rosmar Rodrigues Alencar (org.). Porto Alegre: Núria Fabris, 2008. p. 335-359.

_______. "Causa petendi" e coisa julgada em matéria criminal. In: *Tributo a Afrânio Silva Jardim: escritos e estudos*. Marcelo Lessa Bastos; Pierre Souto Maior Coutinho de Amorim (orgs.).Rio de Janeiro: Lumen Juris, 2011. p. 523-540.

_______. Natureza jurídica da transação penal e efeitos decorrentes. *Revista do Tribunal Regional Federal da Primeira Região*, Brasília, n. 8, ano 18, p. 42-49, ago. 2006.

_______. *Ação popular*: rumo à efetividade do processo coletivo. 2. ed. Porto Alegre: Núria Fabris, 2008.

_______. Improbidade administrativa: pedido e sentença. In: Cláudio Henrique dos Santos Lucon; Eduardo José da Costa Fonseca (Orgs.). *Improbidade administrativa*: aspectos processuais da Lei nº 8.429/92. São Paulo: Atlas, 2013, p. 387-398.

_______. Redefinições normativas na decisão judicial e validação do discurso jurídico pela fundamentação: estudo de caso sobre decisão em *habeas corpus* contra investigação criminal baseada em delação anônima. *Revista dos Tribunais*, São Paulo, nº 916, p. 369-383, fev. 2012.

_______. Da sentença no Projeto de Código de Processo Penal. In: Leonardo Barreto Moreira Alvez; Fábio Roque Araújo (Orgs.). *O Projeto do novo Código de Processo Penal*. Salvador: JusPODIVM, 2012. p. 389-403.

_______. Reclamação constitucional e arguição de descumprimento de preceito fundamental. In: Eduardo José da Fonseca Costa; Pedro Henrique Pedrosa Nogueira (Orgs.). *Reclamação constitucional*. Salvador: JusPODIVM, 2013. p. 399-416.

_______. Indiciamento e persecução penal das organizações criminosas: limites conceituais à incidência das normas. In: Paulo de Barros Carvalho; Robson Maia Lins (Orgs.). *Ensaios sobre jurisdição federal*. São Paulo: Noeses, 2014. p. 933-975.

_______. Informática jurídica e tecnologia no processo penal. *Revista dos tribunais*, São Paulo, n 940, p. 283-306, mar. 2014.

_______. Estrutura normativa dos meios para obtenção de elementos de informação e os limites à investigação do crime organizado. *Revista dos tribunais nordeste*, São Paulo, n. 7/8, p.255-275, set/out 2014.

_______. Direito à memória e aspectos criminais: a ditadura militar e os efeitos da anistia. *Revista dos tribunais*, São Paulo, nº 952, p. 195-211, fev. 2015.

ALEXY, Robert. *Teoria dos direitos fundamentais*. São Paulo: Malheiros, 2008.

ALMEIDA, Marcius Alexandros Antunes de. Monitoramento eletrônico como alternativa ao cárcere na prisão preventiva. In: *Processo penal contemporâneo*. Nereu José Giacomolli; André Machado Maya (orgs.). Porto Alegre: Nuria Fabris, 2010. p. 187-200.

ALVIM, Arruda. *Manual de direito processual civil*: volume 1: parte geral. 8. ed. São Paulo: RT, 2003.

ALVIM, José Eduardo Carreira. *Teoria geral do processo*. 8. ed. Rio de Janeiro: Forense, 2002.

AMBOS, Kai. *Lavagem de dinheiro e direito penal*. Tradução: Pablo Rodrigo Alflen da Silva. Porto Alegre: Sergio Antonio Fabris, 2007.

AMORIM, Pierre Souto Maior Coutinho do. Fragmentos jurisprudenciais de um processo inquisitivo. *Empório do direito*. Disponível em: <http://emporiododireito.com.br/backup/fragmentos-jurisprudenciais-de-um-processo-inquisitivo-por-pierre-souto-maior-coutinho-de-amorim/>. Acesso em: 28 nov. 2017.

_______, Observações sobre a Resolução nº 181/2017 do CNMP. *Empório do direito*. Disponível em: < http://emporiododireito.com.br/backup/observacoes-sobre-a-resolucao-n-181cnmp-por-pierre-souto-maior-coutinho-de-amorim/>. Acesso em: 29 nov. 2017.

ARANHA, Adalberto José Q. T. de Camargo. *Dos recursos no processo penal*. São Paulo: Saraiva, 2010.

ARAS, Vladimir. A difusão vermelha no Brasil. Disponível em: <http://blogdovladimir.wordpress.com/2010/02/ 21/a-difusao-vermelha/>Acesso em: 16 Dez 2013.

ARAÚJO, Fábio Roque; COSTA, Klaus Negri. *Processo penal didático*. Salvador: Juspodivm, 2018.

ARAÚJO, Gladston Fernandes de. *Tribunal do júri*: uma análise processual à luz da Constituição Federal. Niterói: Impetus, 2004.

AROCENA, Gustavo Alberto; Fabián Ignacio Balcarce; José Daniel Cesano. *Prueba en materia penal*. Buenos Aires; Bogotá: Astrea, 2014.

ARRUDA, Bianor. *O que define um julgamento e quais são os limites do juiz?* Valores hermenêutica e argumentação: elementos para a construção de uma teoria da decisão judicial. São Paulo: Noeses, 2018.

ASSIS, Araken de. *Eficácia civil da sentença penal*. 2. ed. São Paulo: RT, 2000.

AVENA, Norberto. *Processo penal esquematizado*. Rio de Janeiro: Forense; São Paulo: Método, 2009.

ÁVILA, Humberto. *Teoria dos princípios*. 7. ed. São Paulo: Malheiros, 2007.

ÁVILA, Thiago André Pierobom de. *Provas ilícitas e proporcionalidade*. Rio de Janeiro: Lumen Juris, 2007.

AVOLIO, Luiz Francisco Torquato. *Provas ilícitas*: interceptações telefônicas, ambientais e gravações clandestinas. 4. ed. São Paulo: RT, 2010.

AZEVÊDO, Bernardo Montalvão Varjão de. Ministério Público: por uma verdadeira autonomia funcional. *Jus Navigandi*, Teresina, ano 7, nº 63, mar. 2003. Disponível em: <http://jus2.uol.com.br/doutrina/texto.asp?id=3893>. Acesso em: 09 jan. 2008.

_______. *A importância dos atos de comunicação processual para o processo penal:* o esboço de uma teoria geral e uma análise descritiva. Rio de Janeiro: Lumen Juris, 2008.

BADARÓ, Gustavo Henrique Righi. *Ônus da prova no processo penal*. São Paulo: RT, 2003.

_______. *Juiz natural no processo penal*. São Paulo: RT, 2014.

BADARÓ, Gustavo Henrique; BOTTINI, Pierpaolo Cruz. *Lavagem de dinheiro*: aspectos penais e processuais penais: comentários à Lei 9.613/1998, com as alterações da Lei 12.683/2012. 2. ed. São Paulo: RT, 2013.

BAHIA, Saulo José Casali. O Tribunal Penal Internacional e a Constituição brasileira. *Revista dos Mestrandos em Direito Econômico da UFBA,* Salvador, nº 9, 2002.

BALTAZAR JÚNIOR, José Paulo. *Standards probatórios no processo penal*. Disponível em: <http://bdjur.stj.jus.br/jspui/bitstream/2011/18424/Standards_Probat%C3%B3rios_no_Processo_Penal.pdf>. Acesso em: 23 mar. 2017.

BAPTISTA, Francisco das Neves. *O mito da verdade real na dogmática do processo penal*. Rio de Janeiro: Renovar, 2001.

BARBOSA, Marcelo Fortes. *Garantias constitucionais de direito penal e de processo penal na Constituição de 1988*. São Paulo: Malheiros, 1993.

BARBOSA, Ruchester Marreiros. O que é a justa causa visível. Canal ciências criminais. Disponível em: <http://canalcienciascriminais.com.br/artigo/o-que-e-a-justa-causa-visivel/>. Acesso em: 18 nov. 2015.

BARCELOS, Andréa Beatriz Rodrigues de. Recuperação de ativos provenientes de lavagem de capitais. *Boletim Científico da Escola Superior do Ministério Público da União*, Brasília, ano 5, nº 18-19, p. 139, jan.-jun 2006.

BARROS, Flaviane de Magalhães. *(Re)forma do processo penal*: comentários críticos dos artigos modificados pelas Leis nº 11.690/08 e nº 11.719/08. Belo Horizonte: Del Rey, 2008.

BELLO FILHO, Ney de Barros. *Sistema constitucional aberto*. Belo Horizonte: Del Rey, 2003.

BEUTLER JÚNIOR, Breno; CEZAR, José Antônio Daltoé. *Depoimento sem dano*. Porto Alegre: TJRGS, 2009.

BIFFE JÚNIOR, João; LEITÃO JÚNIOR, Joaquim. O acesso pela polícia a conversas gravadas no Whatsapp e as gerações probatórias decorrentes das limitações à atuação estatal. *Genjurídico*. Disponível em: <http://genjuridico.com.br/2016/08/12/o-acesso-pela-policia-a-conversas-

-gravadas-no-whatsapp-e-as-geracoes-probatorias-decorrentes-das-limitacoes-a-atuacao--estatal/>. Acesso em: 23/03/2017.

BINDER, Alberto M. *O descumprimento das formas processuais*: elementos para uma crítica da teoria unitária das nulidades no processo penal. Tradução: Ângela Nogueira Pessôa. Rio de janeiro: Lumen Juris, 2003.

_______. *Introdução ao direito penal*. Tradução: Fernando Zini. Rio de Janeiro: Lumen Juris, 2003.

BITENCOURT, Cézar Roberto. *Tratado de direito penal:* parte geral. 9. ed. São Paulo: Saraiva, 2004. v.1.

BOURDON, William; DUVERGER, Emmanuelle. *La Cour pénale internationale*: le statut de Rome. Paris: Éditions du Seuil, 2000.

BRITO, Alexis Couto de; FABRETTI, Humberto Barrionuevo; LIMA, Marco Antônio Ferreira. *Processo penal brasileiro*. 2. ed. São Paulo: Atlas, 2014.

BRITO, Edvaldo. *Limites da revisão constitucional*. Porto Alegre: Sergio Antonio Fabris, 1993.

BOBBIO. Norberto. *Teoria do ordenamento jurídico*. Tradução: Maria Celeste Cordeiro Leite dos Santos. 10. ed. Brasília: UnB, 1997.

_______. *O positivismo jurídico*: lições de filosofia do direito. Tradução: Márcio Pugliesi; Edson Bini; Carlos E. Rodrigues. São Paulo: Ícone, 2006. p. 215.

BOMFIM, Thiago. *Os princípios constitucionais e sua força normativa*: análise da prática jursiprudencial. Salvador: JusPodivm, 2008.

BONFIM, Edilson Mougenot. *Curso de processo penal*. 4. ed. São Paulo: Saraiva, 2009.

BOSCHI, José Antonio Paganella. *Ação penal*: denúncia, queixa e aditamento. 3. ed. Rio de Janeiro: AIDE, 2002.

BUJES, Janaína de Souza; HAUCK, João Ricardo. A pena de prisão (re)pensada por seus significados: o monitoramento eletrônico e o cumprimento progressivo objetivando a redução da barbárie. In: *Processo penal contemporâneo*. Nereu José Giacomolli; André Machado Maya (orgs.). Porto Alegre: Nuria Fabris, 2010. p. 201-224.

BÜLOW, Oskar Von. *Teoria das exceções e dos pressupostos processuais*. Tradução: Ricardo Rodrigues Gama. 2. ed. Campinas: 2005.

CÂMARA, Alexandre Freitas. *Lições de direito processual civil*. 7. ed. Rio de Janeiro: Lumen Juris, 2002. v. I.

CANTARELLI, Margarida de Oliveira. O Tratado de Roma e o sistema da justiça penal internacional. In: *Ciências criminais no século XXI*: estudos em homenagem aos 180 anos da Faculdade de Direito do Recife. Ivan Luiz da Silva, Teodomiro Noronha Cardoso, Gamil Föpelo (orgs.). Recife: UFPE, 2007. p. 419-437.

CAPPELLARI, Álisson dos Santos. *Controle penal das movimentações financeiras*: dever de informar *versus* direito à privacidade. Porto Alegre, Sergio Antonio Fabris, 2013.

CAPEZ, Fernando. *Curso de processo penal*. 6. ed. São Paulo: Saraiva, 2001.

_______. *Curso de processo penal*. 12. ed. São Paulo: Saraiva, 2005.

CARDOZO, Teodomiro Noronha. *Direito internacional penal*: a redefinição do conceito de culpabilidade: análise da obediência hierárquica no direito internacional penal e no ordenamento jurídico-penal brasileiro. Rio de Janeiro: Lumen Juris, 2012.

______. O Tribunal Penal Internacional e o princípio da legalidade. *Revista Científica*, v.2, nº 1, p. 2, jan.-jun. 2007. Disponível em: <http://www.culturasjuridicas.com.br/pdf/vol2num1/tpi_principiolegalidade.pdf>. Acesso em: 20/12/2013.

CARMO, Mara Lina Silva do. *Ampla defesa e colaboração premiada no estado democrático de direito*. 2018. 136 f. Dissertação (Mestrado), Pontifícia Universidade Católica de São Paulo, São Paulo.

CARVALHO, Amilton Bueno. *Direito penal a marteladas*: algo sobre Nietzsche e o direito. Rio de Janeiro: Lumen Juris, 2016.

______. *Garantismo penal aplicado*. Rio de Janeiro: Lumen Juris, 2003.

______. *Teoria e prática do direito alternativo*. Porto Alegre: Síntese, 1998.

CARVALHO, Aurora Tomazini de. *Curso de teoria geral do direito*: o construtivismo lógico-semântico. 3. ed. São Paulo: Noeses, 2013.

CARVALHO, Luís Gustavo Grandinetti Castanho de. Constituição, medidas cautelares e ordem pública. In: *Acesso à justiça e efetividade do processo*. Geraldo Prado (coord). Rio de Janeiro: Lumen Juris, 2005. p.221-258.

______. *O processo penal em face da Constituição*. Rio de Janeiro: Forense, 1992.

CARVALHO, Paulo de Barros. *Direito tributário*: fundamentos jurídicos da incidência. 9. ed. São Paulo: Saraiva, 2012.

______. *Direito tributário*: linguagem e método. 5. ed. São Paulo: Noeses, 2013.

CARVALHO, Vladimir Souza. *Competência da Justiça Federal*. 6. ed. Curitiba: Juruá, 2006.

CASARA, Rubens R. R. *Estado pós-democrático:* neo-obscurantismo e gestão dos indesejáveis. Rio de Janeiro: Civilização Brasileira, 2017.

______. *Prisão e liberdade*. São Paulo: Estúdio, 2014.

______. *Interpretação retrospectiva*: sociedade brasileira e processo penal. Rio de janeiro: Lumen Juris, 2004.

CASTRO, Henrique Hoffmann Monteiro de; COSTA, Adriano Sousa. Advogado é importante no inquérito, mas não obrigatório. *Consultor jurídico*. Disponível em: <http://www.conjur.com.br/2016-jan-14/advogado-importante-inquerito-policial-nao-obrigatorio>. Acesso em: 19 jan. 2016.

CAVALCANTI, Danielle Souza de Andrade e Silva. *A investigação preliminar nos delitos de competência originária de tribunais*. Niterói: Lumen Juris, 2011.

CAVALCANTI, Francisco. *O novo regime jurídico do mandado de segurança*: comentários à Lei nº 12.016, de 07 de agosto de 2009. São Paulo: MP Ed., 2009.

CHOUKR, Fauzi Hassan. *Iniciação ao processo penal*. Florianópolis: Empório do Direito, 2017.

CONSTANTINO, Lúcio Santoro. *Nulidades no processo penal*. 3. ed. Porto Alegre: Verbo Jurídico, 2008.

CORDERO, Franco. *Procedura penal*. Roma: Giufrè, 1983.

CORDEIRO, Paulo Machado. *A responsabilidade social dos juízes e a aplicação dos direitos fundamentais*. Salvador: JusPodivm, 2007.

COSSIO, Carlos. *La teoria egologica del derecho*: y el concepto juridico de liberdad. Buenos Aires: Abeledo-Perrot, 1964.

COSTA, Adriano Soares da. *Instituições de direito eleitoral:* teoria da inelegibilidade; direito processual eleitoral. Belo Horizonte: Fórum, 2016.

COSTA, Lincoln Pinheiro; ALENCAR, Rosmar Rodrigues. Presença do acusado durante o interrogatório de corréu: a (in) constitucionalidade do art. 191 do CPP. Revista da Escola Superior da Magistratura do Estado de Alagoas, Maceió/AL, n.2 (eletrônica), p.1-14, 2018.

COSTA, Pedro Jorge. *Dolo penal e sua prova.* São Paulo: Atlas, 2015.

COUTINHO, Jacinto Nelson de Miranda. Apresentação. In: BARROS, Flaviane de Magalhães. *(Re) forma do processo penal*: comentários críticos dos artigos modificados pelas Leis nº 11.690/08 e nº 11.719/08. Belo Horizonte: Del Rey, 2008. p.XXIX-XLIII.

COWEN, Zelman; CARTER, P. B. *Essays on the law of evidence.* London: Oxford University Press, 1956.

CUNHA, Rogério Sanches; LORENZATO, Gustavo Muller; FERRAZ, Maurício Lins; PINTO, Ronaldo Batista. *Processo penal prático:* fundamentos teóricos e módulos de peças de acusação e defesa. Salvador: JusPodivm, 2006.

CUNHA JÚNIOR, Dirley. *Curso de direito constitucional.* Salvador: JusPodivm, 2008.

_______. *Curso de direito administrativo.* 5. ed. Salvador: JusPodivm, 2007.

CUNHA JÚNIOR, Dirley; RATIS, Carlos. *Emenda Constitucional 45/2004*: comentários à reforma do Poder Judiciário. Salvador: JusPodivm, 2005.

DAMASKA, Mirjan. *Evidence law adrift.* New Haven US: Yale University, 1997.

DANTAS, Francisco Wildo Lacerda. *Teoria geral do processo*: jurisdição, ação (defesa), processo. 2. ed. São Paulo: Método, 2007.

_______. *Jurisdição, ação (defesa) e processo.* Recife: Nossa Livraria, 2004. v.2.

DANTAS, Marcelo Navarro Ribeiro. *Reclamação constitucional no direito brasileiro.* Porto Alegre: Sergio Antonio Fabris, 2000.

DEMO, Roberto Luis Luchi. *Competência penal originária*: uma perspectiva jurisprudencial crítica. São Paulo: Malheiros, 2005. p. 59.

DEMERCIAN, Pedro Henrique; MALULY, Jorge Assaf. *Curso de processo penal.* 9. ed. Rio de Janeiro: Forense, 2014.

DEZEM, Guilherme Madeira. *Curso de processo penal.* São Paulo: RT, 2015.

_______. *Da prova penal*: tipo processual, provas típicas e atípicas. Campinas: Millennium, 2008.

DIAS, Paulo Thiago Fernandes. *A decisão de pronúncia baseada no in dubio pro societate*: um estudo crítico sobre a valorização da prova no processo penal constitucional. Florianópolis: EMais, 2018.

DIDIER JÚNIOR, Fredie. *Curso de direito processual civil*: teoria geral do processo e processo de conhecimento. 6. ed. Salvador: JusPodivm, 2006. v.I.

_______. Da exceção: o direito de defesa e as defesas. In: *Estudos de direito processual civil*: homenagem ao Professor Egas Dirceu Moniz de Aragão. Luiz Guilherme Marinoni (org.). São Paulo: RT, 2005. p. 577-578.

DINAMARCO, Cândido Rangel. *A reforma da reforma*. 5. ed. São Paulo: Malheiros, 2003.

_______. *Capítulos de sentença*. 4. Ed. São Paulo: Malheiros, 2009.

DIVAN, Gabriel Antinolfi. *Processo penal e política criminal*: uma reconfiguração da justa causa para a ação penal. Porto Alegre: Elegantia, 2015.

DUCLERC, Elmir. *Curso básico de direito processual penal*. Rio de Janeiro: Lumen Juris, 2006. v.II.

_______. *Direito processual penal*. Rio de Janeiro: Lumen Juris, 2008.

_______. *Por uma teoria do processo penal*. Florianópolis: Empório do Direito, 2015.

D'URSO, Flavia. *Princípio constitucional da proporcionalidade no processo penal*. São Paulo: Atlas, 2007.

ESPÍNOLA FILHO, Eduardo. *Código de processo penal brasileiro anotado*. Edição Histórica. Rio de Janeiro: Rio, 1976. Vol.2.

FAYET JÚNIOR, Ney. *Do crime continuado*. Porto Alegre: Livraria do Advogado, 2001.

FAYET JÚNIOR, Ney; FAYET, Marcela; BRACK, Karina. *Prescrição penal: temas atuais e controvertidos:* doutrina e jurisprudência. Porto Alegre: Livraria do Advogado, 2007.

FEITOZA, Denilson. *Direito processual penal*: teoria, crítica e práxis. Impetus: Niterói, 2009.

FERNANDES, Antonio Scarance. *Processo penal constitucional*. 2. ed. São Paulo: RT, 2000.

FERNANDES, Paulo Sérgio Leite; FERNANDES, Geórgia Bajer. *Nulidades no processo penal*. 5. ed. São Paulo: Malheiros, 2002. p. 41.

FERRO, Rodrigo Cavalcante. Medida de segurança: considerações críticas acerca da internação sob o pretexto de perigosidade. In: *Temas atuais do direito*. Carla Priscilla Barbosa Santos Cordeiro; Rodrigo Cavalcante Ferro (coords.). Recife: Nossa Livraria, 2016.148.

FERRAJOLI. Luigi. *Direito e razão*: teoria do garantismo penal. 2. ed. São Paulo: RT, 2006.

FIUZA, César. *Direito civil*: curso completo. 5. ed. Del Rey: Belo Horizonte, 2002.

FOUCAULT, Michel. *La verdad e las formas jurídicas*. Tradução: Enrique Lynch. México: Gedisa, 1978.

FRANCO, Alberto Silva et al. *Código penal e sua interpretação jurisprudencial*. 5. ed. São Paulo: RT, 1995.

_______. *Código de processo penal e sua interpretação jurisprudencial*. 2. ed. São Paulo: RT, 1995. v.1.

FRANCO, Danúbio Edon. Algumas Considerações de ordem prática sobre a sentença criminal. *Fascículos de ciências penais*, Porto Alegre (safE), p. 3-9, out.-dez. 1993.

FREIRE, Rodrigo da Cunha Lima. Preliminares, prejudiciais e mérito da causa. *Jus Navigandi*, Teresina, ano 8, nº 66, 1 jun. 2003. Disponível em: <http://jus.com.br/artigos/4145>. Acesso em: 10 nov. 2014.

GAMA, Tácio Lacerda. *Competência tributária*: fundamentos para uma teoria da nulidade. 2. ed. São Paulo: Noeses.

GEISER, Hansjörg. O Tribunal Penal Internacional e os aspectos do novo Código Penal Internacional Alemão. In: *Tribunal Penal Internacional*: aspectos fundamentais e o novo Código Penal

Internacional alemão. Pablo R. Alflen da Silva (org.). Porto Alegre: Sergio Antonio Fabris, 2004. p. 61-87.

GESU, Cristina di. *Prova penal e falsas memórias*. 2. ed. Porto Alegre: Livraria do Advogado, 2014.

GIACOMOLLI, Nereu José. *Reformas (?) do processo penal*: considerações críticas: provas, ritos processuais, júri, sentenças. Rio de Janeiro: Lumen Juris, 2008.

_______. Valoração da prova no âmbito da cooperação jurídica internacional. In: *Prova penal*: estado democrático de direito. Florianópolis: Empório do Direito, 2015. p.39-79.

GOLDSCHMIDT, James. *Principios generales del proceso:* teoria general del proceso. 2. ed. Buenos Aires: EJEA, 1961.GOLDSTEIN, Brooke; MEYER, Aaron Eitan. Lawfare: the war against free speech. EUA: Createspace Pub, 2011.

GOMES, Décio Alonso. *Prova e imediação no processo penal*. Salvador: Juspodivm, 2016.

_______. *Desaceleração processual penal*: abordagens sobre dromologia na busca de tempo razoável do processo penal. Rio de Janeiro, 2007.

GOMES, Geder Luiz Rocha. O processo de execução penal e a questão recorrente acerca da sua natureza jurídica. In: *Leituras complementares de processo penal*. Rômulo Moreira (org.). Salvador: JusPodivm, 2008. p. 225-251.

GOMES, Luiz Flávio. *Direito processual penal*. São Paulo: RT, 2005.

_______. Identificação criminal. *Revista Consulex*, Brasília, nº 99, p. 42-45, fev.2001.

_______. *Natureza jurídica da serendipidade nas interceptações telefônicas*. Disponível em http://www.lfg.com.br. 18 de março de 2009.

GOMES, Luiz Flávio; BIANCHINI, Alice; CUNHA, Rogério Sanches; OLIVEIRA, William Terra de. *Nova lei de drogas comentada*. São Paulo: RT, 2006.

GOMES, Luiz Flávio; CUNHA, Rogério Sanches; PINTO, Ronaldo Batista Pinto. *Comentários às reformas do Código de Processo Penal e da Lei de Trânsito*. São Paulo: RT, 2008.

GOMES, Luiz Flávio; BIANCHINI, Alice. Efeitos da preclusão *pro judicato* no processo penal. In: *Ensaios penais em homenagem ao Professor Alberto Rufino Rodrigues de Sousa*. Ney Fayet Júnior (org.). Porto Alegre: Ricardo Lenz, 2003. p. 503-517.

GOMES, Luiz Flávio; MACIEL, Sílvio. *Interceptação telefônica*: comentários à Lei 9.296, de 24.07.1996. São Paulo: RT, 2013.

_______. *Crimes ambientais e Termo de Compromisso Ambiental ou TAC: reflexos penais*. Disponível em <http://www.lfg.com.br>. Acesso em: 06 Dez 2014.

GOMES, Luiz Flávio. SOUSA, Áurea Maria Ferraz de. *"Reformatio in pejus" indireta: efeito prodrômico da sentença*. Disponível em <http://www.lfg.com.br>. Acesso em: 15 dez 2013.

_______. *Em que consiste o sistema bipolar cautelar?* Disponível em:<http://atualidadesdodireito.com.br/lfg/2011/10/21/em-que-consiste-o-sistema-bipolar-cautelar/>. Acesso em: 16/12/2013.

GONÇALVES, Aroldo Plínio. *Nulidades no processo*. 2. ed. Belo Horizonte: Del Rey, 2014.

GRAU, Eros Roberto. *A ordem econômica na Constituição de 1988*: interpretação e crítica. 11. ed. São Paulo: Malheiros, 2006.

GRECO, Rogério. *Curso de direito penal*: parte geral. 2. ed. Rio de Janeiro: Impetus, 2003.

GRECO FILHO, Vicente. *Manual de processo penal*. 8. ed. São Paulo: Saraiva, 2010.

GRINOVER, Ada Pellegrini. *Provas ilícitas, interceptações e escutas*. Brasília: Gazeta Jurídica, 2013.

________. *As garantias constitucionais do direito de ação*. São Paulo: RT, 1973.

GRINOVER, Ada Pellegrini; FERNANDES, Antônio Scarance; GOMES FILHO, Antônio Magalhães. *As nulidades no processo penal*. 7. ed. São Paulo: RT, 2001.

________. *As nulidades no processo penal*. 12. ed. São Paulo: RT, 2011.

________. *Recursos no processo penal*. 6. ed. São Paulo: RT, 2011.GUASP, Jaime. *Derecho procesal civil*: tomo primeiro [introduccion y parte general]. Madrid: IEP, 1968.

GUTIER, Murillo Sapia. *Questões prévias no processo civil*. Disponível em: <http://murillogutier.com.br/wp-content/uploads/2011/10/QUEST%C3%95ES-PR%C3%89VIAS-NO-PROCESSO-CIVIL-MURILLO-SAPIA-GUTIER.pdf>. Acesso em: 10 nov. 2014.

HAMILTON, Sergio Demoro. *Estudos de processo penal*: 3ª Série. Rio de Janeiro: Lumen Juris, 2007.

HORA, Nilo César Martins Pompílio da. *Ação penal*: retrospectiva e perspectiva. Rio de Janeiro Lumen Juris, 2001.

ISHIDA, Válter Kenji. *Processo penal*. 2. ed. São Paulo: Atlas, 2010.

IVO, Gabriel. *Constituição estadual*: competência para elaboração da Constituição do estado-membro. São Paulo: Max Limonad, 1997.

________. *Norma jurídica*: produção e controle. São Paulo: Noeses, 2006.

JAKOBS, Gunther; MELIÁ, Manuel Cancio. *Direito penal do inimigo*: noções e críticas. Porto Alegre: Livraria do Advogado, 2005.

JARDIM, Afrânio Silva. *Direito processual penal*. 11. ed. Rio de Janeiro: Forense, 2002.

________. *Ação penal pública*: princípio da obrigatoriedade. 3. ed. Rio de Janeiro: Forense, 1998.

________. *A originalidade como condição para o regular exercício do direito de ação* (texto inédito: Novíssimo trabalho sobre as condições de ação). Disponível em: <https://www.youtube.com/watch?v=hPK00ihVFyc>. Acesso em: 10/2/2015.

________. Sobre a prisão de senador no exercício do mandato: dois questionamentos. *Empório do Direito*. Disponível em: <http://emporiododireito.com.br/sobre-a-prisao-de-senador-no-exercicio-do-mandato-dois-questionamentos-por-afranio-silva-jardim/>. Acesso em: 29 nov. 2015.

________. Algumas reflexões sobre as investigações de condutas delituosas e a atuação dos advogados. *Empório do Direito*. Disponível em: <http://emporiododireito.com.br/algumas-reflexoes/>. Acesso em: 18 jan. 2016.

________. Garantismo no processo penal: breve e parcial reflexão. *Revista Eletrônica de Direito Processual – REDP*, Rio de janeiro (UERJ), a.8, n.14, p.10, jul.-dez. 2014. Disponível em: <http://www.e-publicacoes.uerj.br/index.php/redp/issue/view/936>. Acesso em: 22 abr. 2015.

______. Delatando (sem prêmio) as delações premiadas. *Empório do Direito*. Disponível em: <http://emporiododireito.com.br/delatando-sem-premio-as-delacoes-premiadas-por-afranio--silva-jardim>. Acesso em: 17 jul. 2017.

______. Poder judiciário não deve ser refém de acordos de delação premiada do MP. *Conjur*. Disponível em: <http://www.conjur.com.br/2015-out-18/afranio-jardim-judiciario-nao-refem--acordos-delacao-premiada>. Acesso em: 18 jul. 2017.

______. Delação premiada: o sistema de justiça criminal sendo substituído por um contrato. *Empório do Direito*. Disponível em: <http://emporiododireito.com.br/delacao-premiada-o--sistema-de-justica-criminal-sendo-substituido-por-um-contrato-por-afranio-silva-jardim>. Acesso em: 17 jul. 2017

JARDIM, Afrânio Silva; AMORIM, Pierre Souto Maior Coutinho de. *Direito processual penal*: estudos, pareceres e crônicas. 15. ed. Salvador: Juspodivm, 2018.

______. *Direito processual penal: Estudos e pareceres*. 13. ed. Rio de Janeiro: Lumen Juris, 2014.

______. *Direito processual penal*: estudos e pareceres. 14. ed. Salvador: Juspodivm, 2016.

JARDIM, Augusto Tanger. *A causa de pedir no direito processual civil*. Porto Alegre: Livraria do Advogado, 2008.

JARDIM, Eliete Costa Silva. Tribunal do Júri – absolvição fundada no quesito genérico: ausência de vinculação à prova dos autos e irrecorribilidade. In: JARDIM, Afrânio Silva; AMORIM, Pierre Souto Maior Coutinho de. *Direito processual penal*: estudos, pareceres e crônicas. 15. ed. Salvador: Juspodivm, 2018. p.577-592.

JESUS, André Garcia de. *Do procedimento contra a apuração dos crimes dolosos contra a vida, ou, as insconstitucionalidades no procedimento relativo aos processos da competência do tribunal do júri, ou ainda, do fetiche da pronúncia*. Estudo inédito até o fechamento da 14ª edição deste Curso.

JESUS, Damásio E. de. *Lei dos juizados especiais criminais anotada*: atualizada de acordo com a Lei nº 10.259/2001. São Paulo: Saraiva, 2002.

______. *Direito penal*: parte geral. 18. ed. *São Paulo*: Saraiva, 1994. v.1.

______. Só os pobres vão sujar os dedos. São Paulo: Complexo Jurídico Damásio de Jesus, dez. 2000. Disponível em: <www.damasio.com.br>. Acesso em: 16/ 02/2008. ______. *Código de processo penal anotado*. 10. ed. São Paulo: Saraiva, 2003.

KARAM, Maria Lúcia. *Juizados especiais criminais*: a concreção antecipada do poder de punir. São Paulo: RT, 2004.

KREβ, Claus. O Tribunal Penal Internacional e os Estados Unidos: reflexões sobre a Resolução 1422 do Conselho de Segurança das Nações Unidas. In: *Tribunal Penal Internacional*: aspectos fundamentais e o novo Código Penal Internacional alemão. Pablo R. Alflen da Silva (org.). Porto Alegre: Sergio Antonio Fabris, 2004. p. 47-60.

KNIJNIK, Danilo. A trilogia Olmstead-Katz-Kyllo: o art. 5º da Constituição Federal do Século XXI. In: *Temas de direito penal, criminologia e processo penal*. Ângelo Roberto Ilha da Silva (org.). Porto Alegre: Livraria do Advogado, 2014.

KNIJNIK, Danilo. Ceticismo fático e fundamentação teórica de um direito probatório. In: *Prova judiciária:* estudos sobre o novo direito probatório. Danilo Knijnik (org,). Porto Alegre: Livraria do Advogado, 2007.

LACERDA, Galeno. *Teoria geral do processo*. Rio de Janeiro: Forense, 2008.

LEAL, Rosemiro Pereira. *Teoria geral do processo*: primeiros estudos. 8. ed. Rio de Janeiro: Forense, 2009.

LIEBMAN, Enrico Tullio. *Manual de direito processual civil*. 2. ed. Rio de Janeiro: Forense, 1986. v.1.

LIMA, Marcellus Polastri. *Curso de processo penal*. Rio de Janeiro: Lumen Juris, 2002. v.1-2.

_______. *A tutela cautelar no processo penal*. Rio de Janeiro: Lumen Juris, 2005.

_______. *A prova penal*: de acordo com a reforma processual penal. 3. ed. Rio de Janeiro: Lumen Juris, 2009

LIMA, Paulo Roberto de Oliveira. *Contribuição à teoria da coisa julgada*. São Paulo: RT, 1997.

LIMA, Renato Brasileiro de. *Competência criminal*. Salvador: JusPodivm, 2010.

_______. *Curso de Processo Penal*. Niterói: Impetus, 2013.

LIMA, Renato Brasileiro de. *Nova prisão cautelar*. Impetus: 2011 – LIMA, Roberto Gomes; PERALLES, Ubiracyr. *Teoria e prática da execução penal*. Rio de Janeiro: Lúmen Júris, 2010.

LINS, Robson Maia. *Curso de direito tributário brasileiro*. São Paulo: Noeses, 2019.

LOPES FILHO, Mario Rocha. *O tribunal do júri e algumas variáveis potenciais de influência*. Porto Alegre: Núria Fabris, 2008.

LOPES JR. Aury. *Direito processual e sua conformidade constitucional*: volume I. Rio de Janeiro: Lumen Juris, 2007.

_______. *Sistemas de investigação preliminar no processo penal*. Rio de Janeiro: Lumen Juris, 2001.

_______. (Re) descobrindo as teorias acerca da natureza jurídica do processo (penal). *Revista Brasileira de Ciências Criminais*, São Paulo, nº 75, p. 101-129, dez. 2008.

_______. Limite penal: testemunho "hearsay" não é prova ilícita, mas deve ser evitada. *Conjur*. Disponível em: <http://www.conjur.com.br/2015-out-30/limite-penal-testemunho-hearsay--nao-prova-ilicita-evitada2>. Acesso em: 21 mar. 2017.

_______. A moda é dar *habeas corpus*, mas só quando eu quiser. *Conjur*: limite penal. São Paulo, 22 ago. 2014. Disponível em: < https://www.conjur.com.br/2014-ago-22/moda-dar-habeas-corpus-oficio-quando-eu-quiser>. Acesso em: 9 dez. 2018)

LOPES JR, Aury; MENDES, Tiago Bunning. É absurdo sustentar a ausência de duplo grau de jurisdição para a acusação. *Conjur*: limite jurídico. Disponível em: <https://www.conjur.com.br/2018-dez-14/limite-penal-duplo-grau-jurisdicao-nao-vale-acusacao>. Acesso em: 15 dez. 2018.

LOPES JÚNIOR, Aury; PAIVA, Caio. Audiência de custódia e imediata apresentação do preso ao juiz: rumo à evolução civilizatória do processo penal. *Revista Liberdades* [IBCCrim], São Paulo, p. 1-9, 2015. Disponível em: <http://www.revistaliberdades.org.br/site/outrasEdicoes/outrasEdicoesExibir.php?rcon_id=209>. Acesso em 07 nov. 2015.

LOUREIRO, Antônio Tovo. O descumprimento das formas processuais penais como maximização do poder de punir: por uma nova teoria das nulidades. *Revista da Faculdade de Direito da Universidade Federal do Rio Grande do Sul*, Porto Alegre, nº 26, p. 7-29, dez. 2006.

LOUREIRO NETO, Jose da Silva. *Direito penal militar*. São Paulo: Atlas, 1993.

MACEDO, Igor Teles Fonseca de. *Prescrição virtual*. Salvador: JusPodivm, 2007.

MACHADO, Antônio Alberto. *Curso de processo penal*. 6. ed. São Paulo: Atlas, 2014.

MAIA, Rodolfo Tigre. *Dos crimes contra o Sistema Financeiro Nacional*. São Paulo: Malheiros, 1996.

MAIER, Júlio. MAIER, Júlio. *Derecho procesal penal argentino*: tomo 1 [vol. a]. Buenos Aires: Hammurabi, 1989.

_______. *Derecho procesal penal argentino*: tomo 1 [vol. b]. Buenos Aires: Hammurabi, 1989.

_______. *Cuestiones fundamentales sobre la libertad del imputado y su situación en el proceso penal*: análisis doctrinario y jurisprudencial. Buenos Aires: Lerner, 1981.

MALATESTA, Nicola Framarino Dei. *A lógica das provas em matéria criminal*. 3. ed. Campinas: BOOKSELLER, 2004.

MANZANO, Luís Fernando de Moraes. *Curso de processo penal*. 3. ed. São Paulo: Atlas, 2013.

MANZINI, Vicenzo. *Tratado de derecho procesal penal*. Tradução: Santiago Sentís Melendo e Marino Ayerra Redín. Buenos Aires: El Foro, 1996, v. I

MARCÃO, Renato. *Curso de execução penal*. 8. ed. São Paulo: Saraiva, 2010.

MARMELSTEIN, George. *Curso de direitos fundamentais*. São Paulo: Atlas, 2008.

MARQUES, José Frederico. *Elementos de direito processual penal*: volume I. 2. ed. Campinas: Millennium, 2003.

_______. *Elementos de direito processual penal*: volume II. 2. ed. Campinas: Millennium, 2003.

_______. *Elementos de direito processual penal*: volume IV. 2. ed. Campinas: Millennium, 2003.

_______. *Da competência em material penal*. Campinas: Millennium, 2000.

MARTINS, Jomar. Gravação em presídio: OAB defende sigilo de conversa entre advogado e preso. *Conjur*. Disponível em: <http://www.conjur.com.br/2013-abr-30/oab-atuar-hc-stf-gravacao--conversas-entre-advogado-preso>. Acesso em: 23 out 2014.

MANZINI, Vincenzo. *Trattato di diritto processuale penale italiano*: volume primo. 3. ed. Torino: Unione Tipografico, 1949.

MAZZILLI, Hugo Nigro. *A defesa dos interesses difusos em juízo*. 20. ed. São Paulo: Saraiva, 2007.

MEDEIROS, Antônio Paulo Cachapuz de. A diplomacia brasileira em face do Tribunal Penal Internacional. In: *Os rumos do direito internacional dos direitos humanos*: ensaios em homenagem ao Professor Antônio Augusto Cançado Trindade: tomo IV. Renato Zerbini Ribeiro Leão (org.). Porto Alegre: Sergio Antonio Fabris, 2005. p. 599-608.

MEIRA, José Boanerges, *Inquérito policial*. Belo Horizonte: Mandamentos, 2009.

MENDONÇA, Andrey Borges de. *Nova reforma do Código de Processo Penal*: comentada artigo por artigo. São Paulo: Método, 2008.

MENDONÇA, Tabata Cassenote; ROCHA, Álvaro Filipe Oxley da. A deturpação do princípio da publicidade pela mídia durante a investigação policial: perspectivas críticas. Mídias e direitos da sociedade em rede. Santa Maria (RS), 29 mai. 2015. Disponível em: <http://coral.ufsm.br/congressodireito/anais/2015/2-15.pdf>. Acesso em: 25 dez. 2016.

MENDRONI, Marcelo Batlouni. *Inversão do ônus da prova.* Disponível em: <http://www.buscalegis.ufsc.br/revistas/files/anexos/12033-12033-1-PB.htm>. Acesso em: 04 dez 2013.

______. *Comentários à lei de combate ao crime organizado*: Lei nº 12.850/13. São Paulo: Atlas, 2014.

MICHELI, Gian Antonio. *La carga de la prueba.* Traducion: Santiago Sentis Melendo. Buenos Aires: Europa-América, 1961.

MIRABETE, Julio Fabbrini. *Processo penal.* 14. ed. São Paulo: Atlas, 2003.

______. *Processo penal.* 15. ed. São Paulo: Atlas, 2004.

______. *Processo penal.* 18 ed. São Paulo: Atlas, 2007.

______. *Código de processo penal interpretado.* 11. ed. São Paulo: Atlas, 2003.

MITTERMAIER, C. J. A. *Tratado de la prueba en matéria criminal*: o exposición comparada de los principios en materia criminal y sus diversas aplicaciones en Alemania, Francia, Inglaterra, etc. Madrid: Reus, 1979.

MORAES, Guilherme Peña de. *Curso de direito constitucional.* 2. ed. Niterói: Impetus, 2008.

MOREIRA, João Batista Gomes. *Direito administrativo*: da rigidez autoritária à flexibilidade democrática. Belo Horizonte: Fórum, 2005.

MOREIRA, José Carlos Barbosa. *O novo processo civil brasileiro: exposição sistemática do procedimento.* 24. ed. Rio de Janeiro: Forense, 2006.

MOREIRA, Rômulo de Andrade. *Direito processual penal.* Salvador: JusPodivm, 2007.

______. *Este monstro chamado RDD.* Disponível em: <http://www.juspodivm.com.br/artigos/artigos_250.html>. Acesso em: 2 fev. 2008.

______. *A Lei Maria da Penha e suas inconstitucionalidades.* Disponível em: <http://www.juspodivm.com.br/artigos/artigos_1748.html>. Acesso em: 2 fev. 2008.

______. O fim do protesto por novo júri e a questão do direito intertemporal. *Jus Navigandi*, Teresina, ano 12, nº 1808, 13 jun. 2008. Disponível em: <http://jus2.uol.com.br/doutrina/texto.asp?id=11385>. Acesso em: 23 jun. 2008.

______. Polícia Legislativa pode realizar investigação criminal?. Revista *Jus Navigandi*, Teresina, ano 20, nº 4467, 24 set. 2015. Disponível em: <http://jus.com.br/artigos/42640>. Acesso em: 3 nov. 2015.

______. Os enunciados do CONCRIM – Conselho de procuradores e promotores de justiça com atuação na área criminal. *Direitos Unifacs*, nº 180, Salvador, jun. 2015. Disponível em: <http://www.revistas.unifacs.br/index.php/redu/article/viewFile/3682/2591>. Acesso em: 11 nov. 2015.

______. O procedimento do júri e a aplicação do art. 397 do Código de Processo Penal. *Empório do Direito*. Disponível em: <emporiododireito.com.br/o-procedimento-do-juri-e-a-aplicacao-

-do-art-397-do-codigo-do-processo-penal-por-romulo-de-andrade-moreira/>. Acesso em: 17/11/2015.

_______. O novo enunciado da Súmula do Superior Tribunal de Justiça – a Lei Maria da Penha, a transação penal e a suspensão condicional do processo. *Empório do Direito*. Disponível em: <emporiododireito.com.br/o-novo-enunciado-da-sumula-do-superior-tribunal-de-justiça--a-lei-maria-da-penha-a-transacao-penal-e-a-suspensao-condicional-do-processo/>. Acesso em: 17/11/2015.

MOREIRA, Rômulo Andrade; ROSA, Alexandre Morais da. *Empório do Direito*. Para (não) entender a prisão de um senador pelo STF. Disponível em: <http://emporiododireito.com.br/para-nao--entender-a-prisao-de-um-senador-pelo-stf-por-romulo-de-andrade-moreira-e-alexandre--morais-da-rosa/>. Acesso em: 30 nov. 2015.

MOREIRA, Rômulo de Andrade; ROSA, Alexandre Morais da. Lei nova 13.245/2016: saiba quando, onde e como o advogado deve ter vista da investigação preliminar. *Empório do Direito*. Disponível em: <http://emporiododireito.com.br/lei-nova-13-24516-saiba-quando-onde--e-como-o-advogado-deve-ter-vista-da-investigacao-preliminar-por-romulo-de-andrade--moreira-e-alexandre-morais-da-rosa/>. Acesso em 18 jan. 2016.

MOSSIN, Heráclito Antônio. *Comentários ao código de processo penal*. São Paulo: Manole, 2005.

_______. *Nulidades no direito processual penal*. 3. ed. São Paulo: Manole, 2005.

MOTA, Luig Almeida. *Quebra dos sigilos fiscal, bancário e financeiro*. Disponível em; <http://jus.com.br/artigos/24547/quebra-dos-sigilos-fiscal-bancario-e-financeiro#ixzz2yQNPPrjH>. Acesso em: 10/04/2014.

MOURA, Maria Thereza Rocha de Assis. *Justa causa para a ação penal*: doutrina e jurisprudência. São Paulo: RT, 2001.

MOUSSALLEM, Tárek Moysés. *Revogação em matéria tributária*. São Paulo: Noeses, 2005.

MOUTA, José Henrique. *Mandado de segurança*: atualizado com a Lei 12.016/09 que disciplina o mandado de segurança individual e coletivo. 2. ed. Salvador: JusPodivm, 2010.

NANCE, Dale A. *The best evidence principle*. Geneva: Faculty Publications,1988.

NERY JUNIOR, Nelson. *Princípios do processo civil na Constituição Federal*. 6. ed. São Paulo: RT, 2000.

NEWSTIN. *Câmara aprova permissão para depoimentos por videoconferência*. Disponível em: <http://www.newstin.com.br/rel/br/pt-010-000667275>. Acesso em: 9/1/2009.

NICOLITT, André. *Manual de processo penal*. 7. ed. Belo Horizonte: D'Plácido, 2018.

_______. *Manual de processo penal*. 5. ed. São Paulo: RT, 2014.

_______. *Intervenções corporais no processo penal e a nova identificação criminal*: Lei nº 12.654/2012.

_______. *Lei nº 12.403/2011: o novo processo penal cautelar*: a prisão e as demais medidas cautelares. Rio de Janeiro: Elsevier, 2011.

NORONHA, E. Magalhães. *Curso de direito processual penal*. 28. ed. São Paulo: Saraiva, 2002.

NUCCI, Guilherme de Souza. *Manual de processo penal e execução penal*. 3. ed. São Paulo: RT, 2007.

_______. *Manual de processo penal e execução penal*. 6. ed. São Paulo: RT, 2010.

______. *Código de processo penal comentado*. 3. ed. São Paulo: RT, 2004.

______. *Código penal comentado*. 6. ed. São Paulo: RT, 2006.

______. *Individualização da pena*. 3. ed. São Paulo: RT, 2009.

______. *Leis penais e processuais penais comentadas*. 5. ed. RT: São Paulo, 2010.

NUNES, Adeildo. *Da execução penal*. Rio de janeiro: Forense, 2009.

OLIVEIRA, Eugênio Pacelli. *Curso de processo penal*. 18. ed. São Paulo: Atlas, 2014.

______. *Curso de processo penal*. 3. ed. Belo Horizonte: Del Rey, 2004.

______. *Curso de processo penal*. 2. ed. Belo Horizonte: Del Rey, 2003.

OLIVEIRA JÚNIOR, Eudes Quintino de. A imunidade diplomática e seus efeitos. *JusBrasil*. Disponível em: <eudesquintino.jusbrasil.com.br/artigos/121823149/a-imunidade-diplomatica-e-seus--efeitos>. Acesso em: 17 nov. 2015.

PACHECO, Denilson Feitoza. *Direito processual penal*: teoria, crítica e práxis. 4. ed. Niterói: Impetus, 2006.

PASSOS, José Joaquim Calmon de. *Esboço de uma teoria das nulidades aplicada às nulidades processuais*. Rio de Janeiro: Forense, 2005.

PAUPÉRIO NETO, Arthur Machado. Da cognição no juízo de admissibilidade para o tribunal do júri. In: *Contributos em homenagem ao Professor Sergio Demoro Hamilton*. Alexander Araujo de Souza; Décio Alonso Gomes (coords.). Rio de Janeiro: Lumen Juris, 2010.p.93-137.

PEDROSO, Fernando de Almeida. Competência penal: princípio do esboço do resultado e crimes qualificados pelo evento. *Justitia*, São Paulo, v. 54, nº 158, p. 17-19, abr./jun. 1992. Disponível em: <http://www.justitia.com.br/revistas/5c48a8.pdf>. Acesso em: 13 nov. 2013.

PENTEADO, Jaques de Camargo. *Manual de processo penal*. São Paulo: RT, 2013.

PEREIRA, Cláudio José Langroiva; RUIZ, Fábio Nascimento. A exceção no processo penal e o resgate de antigos riscos às garantias fundamentais. *Prisma Jur.*, São Paulo, v. 14, n. 1, p.143; p.115-151, jan./jun. 2015.

PIERANGELLI, José Henrique. *Processo penal*: evolução histórica e fontes legislativas. Bauru: Jalovi, 1983.

PIMENTEL, Mariana Barsaglia. 'Backlash' às decisões do Supremo Tribunal Federal sobre união homoafetiva. *Revista de Informação Legislativa*. Brasília, a.54, n.214, p.189-202, abr./jun. 2017.

PITOMBO, Cleonice Bastos. *Da busca e da apreensão no processo penal*. 2. ed. São Paulo: RT, 2005.

POLASTRI, Marcellus. *A tutela cautelar no processo penal*. 3. ed. São Paulo: Atlas, 2014.

PONTES, Manuel Sabino. Investigação criminal pelo Ministério Público: uma crítica aos argumentos pela sua inadmissibilidade. *Jus Navigandi*, Teresina, ano 10, nº 1013, 10 abr. 2006. Disponível em: <http://jus2.uol.com.br/doutrina/texto.asp?id=8221>. Acesso em: 09 jan. 2008.

PONTES DE MIRANDA, Francisco Cavalcanti. *Tratado das ações*: 1. ed. Campinas: Bookseller, 1998. tomo 1.

PRADO, Geraldo. *Sistema acusatório*: a conformidade constitucional das leis processuais penais. 4. ed. Rio de Janeiro: Lumen Juris, 2006.

_______. *Limite às interceptações telefônicas e a jurisprudência do Superior Tribunal de Justiça*. 2. ed. Rio de Janeiro: Lumen Juris, 2006.

_______. *Prova penal e sistemas de controles epistêmicos:* a quebra de cadeia de custódia das provas obtidas por métodos ocultos. São Paulo: Marcial Pons, 2014.

_______. Justificando. Uma vez homologada a delação, pode a justiça voltar atrás e rever o acordo? *Carta Capital*. Disponível em: <http://justificando.cartacapital.com.br/2017/06/28/colaboracao-premiada-acordo-atuacao-do-ministerio-publico-e-homologacao-judicial/>. Acesso em: 17 jul. 2017

_______. *Estudos jurídicos*. São Paulo: Contracorrente, 2018.

_______. A quebra da cadeia de custódia das provas no processo penal brasileiro. In: *Prova penal*: estado democrático de direito. Florianópolis: Empório do Direito, 2015. p.13-37.

_______. PRADO, Geraldo. Limite às interceptações telefônicas e a jurisprudência do Superior Tribunal de Justiça. In: *Acesso à justiça e efetividade do processo*. Geraldo Prado (coord.). Rio de Janeiro: Lumen Juris, 2005. p.49-104.

_______. *Transação penal*. 2. ed. Rio de Janeiro: Lumen Juris, 2006.

QUEIJO, Maria Elizabeth. *Estudos em processo penal*. São Paulo: Siciliano Jurídico, 2004.

RABENHORST, Eduardo. *Dignidade humana e moralidade democrática*. Brasília: Brasília Jurídica, 2001.

RANGEL, Paulo. *Direito processual penal*. 21. ed. Rio de Janeiro: Lumen Juris, 2013.

_______. *Direito processual penal*. 7. ed. Rio de Janeiro: Lumen Juris, 2003.

_______. *Direito processual penal*. 4. ed. Rio de Janeiro: Lumen Juris, 2001.

_______. *A coisa julgada no processo penal brasileiro como instrumento de garantia*. São Paulo: Atlas, 2012.

RECONDO, Felipe. STF indica mudança no entendimento e inquéritos em curso poderão ser considerados maus antecedentes. *Jota*. Disponível em: <http://jota.info/stf-muda-e-decide--que-inqueritos-em-curso-podem-ser-considerados-maus-antecedentes>. Acesso em: 29 out. 2015.

REIS, Alexandre Cebrian Araújo; GONÇALVES, Victor Eduardo Rios. *Direito processual penal esquematizado*. 4. ed. São Paulo: Saraiva, 2015.

ROBERTO, Welton. *Paridade de armas no processo penal*. Belo Horizonte: Fórum, 2011. p. 88.

RÖHNELT, Ladislau Fernando. Vícios da sentença penal. *Fascículos de ciências penais*, Porto Alegre (safE), p. 31-35, out.-dez. 1993.

ROIG, Rodrigo Duque Estrada. *Execução penal: teoria crítica*. São Paulo: Saraiva, 2014.

ROSA, Alexandre Morais da. *Guia compacto do processo penal conforme a teoria dos jogos*. 3. ed. Florianópolis: Empório do Direito, 2016.

ROSA; Alexandre Morais da; KHALED JR., Salah. *In dubio pro hell I:* profanando o sistema penal. 2. ed. Florianópolis: Empório do Direito, 2015.

ROXIN, Claus. *Derecho procesal penal*. Buenos Aires: Del Puerto, 2003.

SÁ, Priscilla Placha. Sobre escutas telefônicas e sobre como Jack Bauer descobre os seus segredos. In: *O novo processo penal à luz da Constituição*: análise crítica de Projeto de Lei nº 156/2009, do Senado Federal. Jacinto Nelson de Miranda Coutinho; Luis Gustavo Grandinetti Castanho de Carvalho (orgs.). Rio de Janeiro: Lumen Juris, 2011. p. 85-91.

SAAD, Marta. *O direito de defesa no inquérito policial*. São Paulo: RT, 2004.

SABOYA, Keity Mara Ferreira de Souza e. *Ne bis in idem*: história, teoria e perspectivas. Rio de Janeiro: Lumen Juris, 2014.

_______. *Ne bis in idem*: limites jurídico-constitucionais à persecução penal. 2006. 237 f. Dissertação (Mestrado), Universidade Federal do Rio Grande do Norte, Natal.

SAMPAIO, Alex; TÁVORA, Nestor. Princípio da presunção de inocência. In: *Princípios penais constitucionais*. Ricardo Augusto Schmitt (org.). Salvador: JusPodivm, 2007. p. 171-190.

SAMPAIO JÚNIOR, José Herval. *Processo constitucional*: nova concepção de jurisdição. São Paulo: Método, 2008.

SAMPAIO JÚNIOR, José Herval; CALDAS NETO, Pedro Rodrigues. *Manual de prisão e soltura sob a ótica constitucional*: doutrina e jurisprudência. 2. ed. Rio de Janeiro: Forense; São Paulo: Método, 2009.

SANTIAGO, Nestor Eduardo Araruna. O princípio do defensor natural no processo penal brasileiro. In: *A Renovação Processual Penal após a Constituição de 1988*: estudos em homenagem ao Professor José Barcelos de Souza. Nestor Eduardo Araruna Santiago; Marcellus Polastri Lima (orgs.). Rio de Janeiro: Lumen Juris, 2009. p. 227-243.

_______. *Do recurso ex officio no processo penal*. Belo Horizonte: Mandamentos, 2002.

SANTIAGO, Nestor Eduardo Araruna; COSTA, Daniela Karine de Araújo. O sigilo das comunicações e o encontro fortuito de provas: uma análise principiológico-constitucional. *Proibições probatórias no processo penal:* análise do direito brasileiro, do direito estrangeiro e do direito internacional. Nestor Eduardo Araruna Santiago (org.). Brasília: Gazeta Jurídica, 2013. p.139-170.

SANTOS, Hugo Leonardo Rodrigues. *Estudos críticos de criminologia e direito penal*. Rio de Janeiro: Lumen Juris, 2015.

SANTOS, Juarez Cirino. *Direito penal*: parte geral. 7. ed. Florianópolis: Empório do Direito, 2017.

SANTOS, Marcos P. D. Colaboração unilateral premiada como consectário lógico das balizas constitucionais do devido processo legal brasileiro. *Revista Brasileira de Direito Processual Penal*, Porto Alegre, vol. 3, n. 1, p. 152-155, jan./abr. 2017.

SANTOS, Moacir Amaral. *Primeiras linhas de direito processual civil*: 21. ed. São Paulo: Saraiva, 2008. v. 1.

SANTOS JÚNIOR, Rosivaldo Toscano dos. Constituição e sigilo das votações no júri: o resultado unânime. In: *Direitos fundamentais na Constituição de 1988*: estudos comemorativos aos seus vinte anos. Rosmar Antonni Rodrigues Cavalcanti de Alencar (org.). Porto Alegre: Núria Fabris, 2008. p. 283-304.

______. *A guerra ao crime e os crimes da guerra:* uma crítica descolonial às políticas beligerantes no sistema de justiça criminal brasileiro. Florianópolis: Empório do Direito, 2016.

______. *Controle remoto e decisão judicial:* quando se decide em decidir. Niterói: Lumen Juris, 2014.

SARLET, Ingo Wolfgang. Decisão do STF indica posição prudencial. Consultor Jurídico. Disponível em: <http://www.conjur.com.br/2015-nov-13/direitos-fundamentais-decisao-stf-violacao-domicilio-indica-posicao-prudencial#author>. Acesso em: 18 nov. 2015.

SARMENTO, George. A presunção de inocência no sistema constitucional brasileiro. In: *Direitos fundamentais na Constituição de 1988*: estudos comemorativos aos seus vinte anos. Rosmar Antonni Rodrigues Cavalcanti de Alencar (org.). Porto Alegre: Núria Fabris, 2008. p. 217-243.

SCHMITT, Ricardo Augusto. *Sentença penal condenatória*: aspectos práticos e teóricos à elaboração. Salvador: JusPodivm, 2006.

SCHREIBER, Simone. *A publicidade opressiva de julgamentos criminais*. Rio de Janeiro: Renovar, 2008.

______. O princípio da presunção de inocência. *Revista Jus Navegandi*. Teresina, ano 10, nº 790. 1 set. 2005. Disponível em: <https://jus.com.br/artigos/7198>. Acesso em: 9 dez. 2016.

SCHREIBER, Simone; AMARAL, Thiago Bottino. *Direito processual penal 1*. 3. ed. São Paulo: Saraiva, 2010.

SHECAIRA, Sérgio Salomão. *Criminologia*. São Paulo: RT, 2004.

SEMER, Marcelo. *Princípios penais no estado democrático*. São Paulo: Estúdio, 2014.

SICA, Leonardo. *Direito penal de emergência e alternativas à prisão.* São Paulo: RT, 2002.

SIFFERMAN, Thiago; BRAGA, Rilmo. Flagrante cataléptico. *Empório do direito*. Disponível em: <http://emporiododireito.com.br/leitura/flagrante-cataleptico-por-thiago-siffermann-e-rilmo-braga>. Acesso em: 27 nov. 2017.

SILVA, Beclaute Oliveira. *A garantia fundamental à motivação da decisão judicial*. Salvador: JusPodivm, 2007.

SILVA, Danielle Souza de Andrade e. *A atuação do juiz no processo penal acusatório*: incongruências no sistema brasileiro em decorrência do modelo constitucional de 1988. Porto Alegre: Sergio Antonio Fabris, 2005.

SILVA, Luciano Nascimento. *Teoria do direito penal econômico e fundamentos constitucionais da ciência criminal secundária.* Curitiba: Juruá, 2010.

SILVA, Ovídio Araújo Baptista da. *Da sentença liminar à nulidade da sentença*. Rio de Janeiro: Forense, 2001.

______. *Curso de processo civil*. 5. ed. São Paulo: RT, 2000. v.1.

_______. Direito subjetivo, pretensão de direito material e ação. In: *Polêmica sobre a ação: a tutela jurisdicional na perspectiva das relações entre direito e processo*. Fábio Cardoso Machado; Guilherme Rizzo Amaral (orgs.). Porto Alegre: Livraria do Advogado, 2006. p. 265-281.

_______. *Jurisdição, direito material e processo*. Rio de Janeiro: Forense, 2008.

SILVA, Pablo Rodrigo Alfen da. O Tribunal Penal Internacional: antecedentes históricos e o novo Código Penal Internacional alemão. In: *Tribunal Penal Internacional*: aspectos fundamentais e o novo Código Penal Internacional alemão. Pablo R. Alflen da Silva (org.). Porto Alegre: Sergio Antonio Fabris, 2004. p. 15-45.

SILVA, Pedro Francisco. *Validade e eficácia dos meios operacionais para prevenção e repressão de ações praticadas por organizações criminosas no Brasil*. 2007. 114 f. Dissertação (Mestrado), Universidade Federal de Santa Catarina, Florianópolis.

SILVA, Ricardo Perlingeiro Mendes da. *Teoria da inexistência no direito processual civil*. Porto Alegre: Sergio Antonio Fabris, 1998.

SILVA JÚNIOR, Walter Nunes da. *Curso de direito processual penal*: teoria (constitucional) do processo penal. Rio de Janeiro: Renovar, 2008.

_______. *Reforma tópica do processo penal*: inovações aos procedimentos ordinários e sumário, com o novo regime de provas e principais modificações do júri. Rio de Janeiro: Renovar, 2009.

SILVEIRA, Edson Damas. Direitos humanos, jusdiversidade indígena e a prova no processo penal brasileiro. In: *Prova penal*: estado democrático de direito. Florianópolis: Empório do Direito, 2015. p.81-124.

SILVEIRA FILHO, Sylvio Lourenço da. *Introdução ao direito processual penal*. 2. ed. Florianópolis: Empório do Direito, 2015.

SOUZA, Daniel Barbosa Lima Faria Corrêa de. O prequestionamento no recurso especial. Porto Alegre: Núria Fabris, 2008.

SOUZA, Daniel Barbosa Lima Faria Corrêa de; SOUZA, Letícia Barbosa Lima de. *Recurso extraordinário e especial*: reflexos da emenda constitucional nº 45/2004. Porto Alegre: Núria Fabris, 2008.

SOUZA, Paulo S. Xavier de. *Individualização da pena*: no estado democrático de direito. Porto Alegre: Sergio Antonio Fabris, 2006.

SOUZA, Wilson Alves de. *Sentença civil imotivada*: caracterização da sentença civil imotivada no direito brasileiro. Salvador: JusPodivm, 2008.

STRECK, Lenio Luiz. *Jurisdição constitucional e hermenêutica*: uma nova crítica do direito. 2. ed. Rio de Janeiro: Forense, 2004.

_______. Prefácio: (mais) uma (re)forma solipsista. In: BARROS, Flaviane de Magalhães. *(Re)forma do processo penal*: comentários críticos dos artigos modificados pelas Leis nº 11.690/08 e nº 11.719/08. Belo Horizonte: Del Rey, 2008. p. XIX-XXVIII.

SUMARIVA, Paulo Henrique. Inquérito policial deixa de ser inquisitivo: Lei 13.245/2016 altera as regras da investigação criminal. JusBrasil. Disponível em: <http://paulosumariva.jusbrasil.com.br /artigos/296224010/ inquerito-policial-deixa-de-ser-inquisitivo – lei-13245-2016-altera-as--regras-da-investigacao-criminal>. Acesso em: 19 jan. 2016.

TARUFFO, Michele. *La prueba de los hechos*. 3. ed. Tradução: Jordi Ferrer Beltrán. Madrid: Trotta, 2009.

TÁVORA, Nestor. *Princípio da adequação e resolução antecipada do mérito do processo penal*. Salvador: JusPodivm, 2009.

_______. *Questões comentadas*: processo penal para OAB. Salvador: JusPodivm, 2005.

TORNAGHI, Hélio. *Curso de processo penal*. 8. ed. São Paulo: Saraiva, 1991. v.1.

_______. *Curso de processo penal*. 7. ed. São Paulo: Saraiva, 1990. v.2.

_______. *Compêndio de processo penal*: tomos I a IV. Rio de Janeiro: José Konfino Ed., 1967.

TORRES, Magarinos. *Processo penal do júri no Brasil*. São Paulo: Quorum, 2008.

TOURINHO FILHO, Fernando da Costa. *Manual de processo penal*. 5. ed. São Paulo: Saraiva, 2003.

_______. *Comentários à lei dos juizados especiais criminais*. 2. ed. São Paulo: Saraiva, 2002.

_______. *Processo penal*. São Paulo: Saraiva, 2003. v.1-4.

_______. *Processo penal*: volume 4. 31.ed. São Paulo: Saraiva, 2009.

_______. *Processo penal*: volume 2. 19.ed. São Paulo: Saraiva, 1997.

_______. *Código de processo penal comentado*. 5. ed. São Paulo: Saraiva, 1999. v.1-2.

TOURINHO NETO, Fernando. O crime organizado. *Revista Jurídica da Seção Judiciária do Estado da Bahia*, Salvador, nº 7, ano 6, p. 176-201, mai.2007.

TOVO, Paulo Cláudio. Revisão crítica da intimação da sentença penal condenatória ao sucumbente. *Fascículos de ciências penais*, Porto Alegre: safE, p. 59-67, out.-dez. 1993.

TOVO, Paulo Cláudio; TOVO, João Baptista. *Primeiras linhas sobre o processo penal em face da nova Constituição*. Porto Alegre: safE, 1989.

TRISTÃO, Adalto Dias. *Sentença criminal*: prática de aplicação de pena e medida de segurança. 7. ed. Belo Horizonte: Del Rey, 2008.

TUCCI, Rogério Lauria. *Direitos e garantias individuais no processo penal brasileiro*. 2. ed. São Paulo: RT, 2004.

VALENTE, Rubens. Poder. Delação de Marcos Valério exacerba diferenças entre PGR e PF. *Folha de S. Paulo*. Disponível em: <http://www1.folha.uol.com.br/poder/2017/07/1903023-delacao-de--marcos-valerio-exacerba-diferencas-entre-pgr-e-pf.shtml>. Acesso em: 21 jul. 2017.

VALLEJO, Manuel Jaén. *Los princípios de la prueba em el processo penal*. Bogotá: Universidade del Externado de Colombia, 2000.

VALOIS, Luís Carlos. *Execução penal e ressocialização*. São Paulo: Estúdio, 2015.

VELASQUES, Renato Vinhas. Quebra de sigilo bancário. *Revista do Ministério Público do Rio Grande do Sul*, Porto Alegre, nº 48, 2002.

WAMBIER, Luiz Rodrigues; ALMEIDA, Flávio Renato Correia de; TALAMINI, Eduardo. *Curso Avançado de processo civil*: volume 1: teoria do processo e processo de conhecimento. São Paulo: RT, 2005.

WAMBIER, Teresa Arruda Alvim. *Nulidades do processo e da sentença*. 6. ed. São Paulo: RT, 2007.

WARAT, Luis Alberto. *Introdução geral ao direito*: interpretação da lei: temas para uma reformulação. Porto Alegre: Sergio Antonio Fabris, 1994.

WOLKMER, Antonio Carlos. *Introdução ao pensamento jurídico crítico*. 6. ed. São Paulo: Saraiva, 2008.

ZAFFARONI, Eugênio Raúl. *O inimigo no direito penal*. Tradução: Sérgio Lamarão. Rio de Janeiro: Revan, 2007. p.189.

ZAFFARONI, Eugenio Raúl; PIERANGELI, José Henrique. *Manual de direito penal brasileiro*: parte geral. 4. ed. São Paulo: RT, 2002.

EDITORA JusPODIVM
www.editorajuspodivm.com.br

Impressão e acabamento:
Geográfica editora